TESTANHANG

BIBLIOGRAPHIE

A B C D E F G H I J K L M N O P Q R S T U V W X Y Z

Dorsch

Psychologisches Wörterbuch

Dorsch
Psychologisches Wörterbuch

Herausgegeben von
Prof. Dr. phil. Hartmut Häcker
Prof. Dr. rer. nat. Kurt H. Stapf

unter ständiger Mitarbeit von
Prof. Dr. Christian Becker-Carus
PD Dr. Franz Caspar
Prof. Dr. Volker Gadenne
Prof. Dr. Siegfried Greif
Prof. Dr. Herbert Heuer
Prof. Dr. Wilhelm Janke
Prof. Dr. Gerold Mikula
Prof. Dr. Heinz-Dieter Schmalt
Prof. Dr. Lothar Schmidt
Prof. Dr. Bernd Six
Prof. Dr. Rolf Ulrich
Prof. Dr. Friedrich Wilkening

13. überarbeitete und erweiterte Auflage

Verlag Hans Huber
Bern · Göttingen · Toronto · Seattle

Die Deutsche Bibliothek – CIP-Einheitsaufnahme

Dorsch Psychologisches Wörterbuch / hrsg. von Hartmut Häcker ;
Kurt H. Stapf. Unter ständiger Mitarb. von Christian Becker-Carus . . . –
13. überarb. und erw. Aufl. – Bern ; Göttingen ; Toronto ; Seattle: Huber, 1998
Bis 12. Aufl. u.d.T.: Dorsch, Friedrich: Psychologisches Wörterbuch
ISBN 3-456-83007-6

13. überarbeitete und erweiterte Auflage 1998

Satz: SATZSPIEGEL, Nörten-Hardenberg
Druck/Bindearbeiten: Druckerei Kösel, Kempten
Printed in Germany

Vorwort zur 13. Auflage

Es gibt Hinweise darauf, daß das Interesse an der Psychologie als Wissenschaft vom menschlichen Erleben und Verhalten in den letzten Jahren noch weiter zugenommen hat. Dieser Trend ist anhand verschiedener Indikatoren, u. a. bei Publikationen psychologischer Lehrbücher, Enzyklopädien und Fachwörterbüchern, erkennbar. Dementsprechend wurde auch schon nach einer relativ kurzen Laufzeit der 12. Auflage des vorliegenden Wörterbuches eine Neuauflage erforderlich.

Im Vorwort zur 12. Auflage hatten wir den traditionsreichen Werdegang dieses Wörterbuchs dargestellt. Mit der nun vorgelegten 13. Auflage sind die Bemühungen um Anpassungen dieses einbändigen Wörterbuches an einen Leserkreis mit sehr heterogenen Erwartungen noch intensiviert worden. Die rückgemeldeten Anregungen haben wir versucht zu berücksichtigen.

Ein psychologisches Wörterbuch soll nicht nur das gegenwärtig verwendete Begriffsrepertoire zur Darstellung bringen, sondern auch die historische Entwicklung der Fachtermini. In dieser 13. Auflage wurden allzu umfangreiche Ausführungen zu Stichwörtern mit nur noch historischer Bedeutung reduziert. Dadurch konnten neue Fachbegriffe aufgenommen werden, die sich auch durch die Entwicklung neuer Teildisziplinen ergeben haben. Gleichzeitig wurde die etymologische Herleitung vieler Fachbegriffe erweitert. Zusätzlich wurden Stichwörter integriert, die sich aus dem angloamerikanischen Sprachraum eingebürgert haben und längst zum gängigen Bestandteil der deutschsprachigen Psychologie geworden sind.

Der Testanhang wurde überarbeitet, aktualisiert und benutzerfreundlicher gestaltet. Er liefert einen recht umfassenden Überblick über ältere und neuere psychodiagnostische Verfahren und gibt Hinweise für deren Geltungsbereich. Um den fachlich interessierten Leser auf weiterführende Literatur hinzuweisen, wurden die Literaturangaben aktualisiert.

Wir sind uns der Tatsache bewußt, daß auch die jetzt vorgelegte 13. Auflage des Psychologischen Wörterbuches noch fachlicher Erweiterungen und redaktioneller Verbesserungen bedarf. Anregungen für diesbezügliche Hinweise aus dem Leserkreis nehmen wir gern entgegen.

Die elektronische Manuskripterstellung ermöglicht es, Änderungen, Homogenisierungen und Aktualisierungen rasch vorzunehmen. Dennoch können bei der Textgestaltung eines Wörterbuchs auch bei moderner Technik noch Komplikationen auftreten. In Herrn J. A. Smith haben wir jedoch einen Experten gefunden, der es uns nicht nur ermöglichte, in der laufenden Satzherstellung nachträgliche Änderungen vornehmen zu können, sondern der auch mit seinen produktiven Vorschlägen unsere Arbeit wesentlich erleichterte.

Wir möchten allen Gebietsbetreuern und Autoren für ihre wertvolle Mitarbeit danken. Ebenso gilt unser Dank Herrn Dr. G.-J. Hogrefe und Herrn Dr. P. Stehlin für ihre nachhaltige Unterstützung bei der Realisierung der vorliegenden Auflage. Nicht zuletzt danken wir Frau A. Schaal und Frau C. Treiber für ihre umfangreiche redaktionelle Mitarbeit, aus der wertvolle Hinweise und Anregungen zur Optimierung der Texte resultierten.

H. Häcker und K.-H. Stapf
Wuppertal und Tübingen, Herbst 1998

Autorenverzeichnis*

Univ.-Doz. Dr. Elisabeth ARDELT
Univ. Salzburg – Inst. f. Ps.

Prof. Dr. Christian BECKER-CARUS
Univ. Münster – Ps. Inst. II

Prof. Dr. Hellmuth BENESCH, Emer.
Univ. Mainz – Ps. Inst.

Prof. Dr. Rudolf BERGIUS, Emer.
Univ. Tübingen – Ps. Inst.

Prof. Dr. Niels BIRBAUMER
Univ. Tübingen – Inst. f. Med. Ps.

Prof. Dr. Jürgen BREDENKAMP
Univ. Bonn – Ps. Inst.

Prof. Dr. Burkhard BROCKE
TU Dresden – Fachber.Ps.

Prof. Dr. Willi BUTOLLO
Univ. München – Inst. f. Klin. Ps.

PD Dr. Franz CASPAR
Univ. Bern – Inst. f. Ps.

Dr. Peter DAY
Univ. Tübingen – Ps. Inst.

Dipl.-Psych. Reinhard DEROW
Nürnberg

Prof. Dr. Dietrich DÖRNER
Univ. Bamberg – Lehrstuhl f. Ps. II

Prof. Dr. Friedrich DORSCH†
Univ. Tübingen – Ps. Inst.
ehem. Herausgeber

Dipl.-Biol. Petra DRÜGE
Univ. Essen – Inst. f. Zellbiologie

Prof. Dr. Wilfried ECHTERHOFF
Univ. Wuppertal – FB3 – Ps.

Dr. Hans Henning ECKHARDT
Nürnberg

Prof. Dr. Johann Heinrich ELLGRING
Univ. Würzburg – Inst. f. Ps.

Prof. Dr. Johannes ENGELKAMP
Univ. Saarbrücken – Fachrichtung Ps.

Prof. Dr. Alwin ENGEMANN
Stuttgart

Prof. Dr. Gisela ERDMANN
TU Berlin – Inst. f. Ps.

Prof. Dr. Suitbert ERTEL, Emer.
Univ. Göttingen – Inst. f. Ps.

Prof. Harald A. EULER, Ph.D.
Univ. GH Kassel – Fachr. Ps.

Dr. Barbara FEGER, M.A.
Aachen

Prof. Dr. Eva FEUCHTER
FHS Wiesbaden – FB Sozialwesen

Prof. Dr. Herta FLOR
Univ. Berlin – Klinische Ps.

Prof. Dr. Hartmut GABLER
Univ. Tübingen – Inst. f. Sportwiss.

Dr. Helmut GACHOWETZ
Univ. Salzburg – Forschungsinst. f. Org. Ps.

Prof. Dr. Volker GADENNE
Inst. f. Philosophie u. Wissenschaftstheorie, Univ. Linz

Prof. Dr. Wilhelm GLASER
Univ. Tübingen – Ps. Inst.

Dr. Klaus-Martin GOETERS
Hamburg – DLR, Inst. f. Flugmedizin

Prof. Dr. Siegfried GREIF
Univ. Osnabrück – FB Ps.

Prof. Dr. Hannelore GRIMM
Univ. Bielefeld – Fakultät f. Ps. u. Sportwiss.

Prof. Dr. Hartmut HÄCKER
Univ. Wuppertal – FB 3 – Ps.
Herausgeber

Dipl.-Psych. Konrad Ch. HAMBORG
Univ. Osnabrück

Prof. Dr. Hans-Jörg HERBER
Univ. Salzburg – Päd. Ps.

Prof. Dr. Herbert HEUER
Univ. Dortmund – Inst. f. Arbeitsphysiologie

Prof. Dr. Oswald HUBER
Univ. Freiburg/Schweiz – Ps. Inst.

PD Dr. Michael HÜPPE
Univ. Würzburg – Inst. f. Ps.

Dr. Angelika HÜPPE
Univ. Würzburg – Inst. f. Ps.

* Das Verzeichnis beschränkt sich auf diejenigen Stichwort-Autoren, die bei der 12. und 13. Auflage mitgearbeitet haben.

Dipl.-Psych. Marcus Ising
Univ. Würzburg – Inst. f. Ps.

Prof. Dr. Wilhelm Janke
Univ. Würzburg – Inst. f. Ps.

Prof. Dr. Gerhard Kaminski, Emer.
Univ. Tübingen – Ps. Inst.

Mag. Dr. Bernhard Kettemann, M.A., M.I.L.
Univ. Graz – Inst. f. Anglistik

Prof. Dr. Dieter Klebelsberg, Emer.
Univ. Innsbruck – Inst. f. Ps.

Prof. Dr. Wolfgang Klimesch
Univ. Salzburg – Inst. f. Ps.

Prof. Dr. Eberhard Klippstein
Päd. Hochschule Kiel

Prof. Dr. Max J. Kobbert
Kunstakademie Münster

PD Dr. Horst Krist
Univ. Zürich – Ps. Inst.

Prof. Dr. Wolfgang Larbig
Univ. Tübingen – Inst. f. Med. Ps.

Prof. Dr. Reinhart Lempp, Emer.
Univ. Tübingen – Nervenklinik

Prof. Dr. Maria Limbourg
Univ. Essen – FB2

Prof. Dr. Gudula List
Univ. Köln – Heilpäd. Fakultät

Prof. Dr. Gerd Lüer
Univ. Göttingen – Inst. f. Ps.

Prof. Dr. Heinz Mandl
Univ. München – Inst. f. Päd. Ps.

Prof. Dr. Gerold Mikula
Univ. Graz – Inst. f. Ps.

Prof. Dr. Erich Mittenecker, Emer.
Univ. Graz – Inst. f. Ps.

Prof. Dr. Günter Mühle, Emer.
Univ. Osnabrück – FB 3

Prof. Dr. Dr. Petra Netter
Univ. Gießen – FB Ps.

Dipl.-Biol. Volker Preuss
Univ. Bremen – Bibliothek

Dr. Ulf-Dietrich Reips
Univ. Zürich – Ps. Inst.

Prof. Dr. Hans Reinecker
Univ. Bamberg

Dipl-Psych. Martin Reuter
Univ. Würzburg – Inst. f. Psych.

Prof. Dr. Dirk Revenstorf
Univ. Tübingen – Ps. Inst. – Abt. Klin. Ps.

Prof. Dr. Erwin Roth, Emer.
Univ. Salzburg – Forschungsinst. f. Org. Ps.

Univ.-Doz. Dr. Joachim Sauer
Univ. Salzburg – Inst. f. Ps.

Prof. Dr. Peter F. Schlottke
Univ. Tübingen – Ps. Inst. – Abt. Klin. Ps.

Prof. Dr. Heinz-Dieter Schmalt
Univ. Wuppertal – FB 3 – Ps.

Lic. phil. Marianne Schmid
Univ. Zürich – Fachbereich Ps.

Prof. Dr. Lothar Schmidt
Univ. Trier – Fachbereich Ps.

Lic. phil. Marianne Schneider
Univ. Zürich – Fachbereich Ps.

Prof. Dr. Wolfgang Schnotz
Univ. Koblenz-Landau – FB Ps.

Prof. Dr. Gerhard Schusser
Univ. Osnabrück – FB Erz.- u. Kulturwiss.

Prof. Dr. Bernd Six
Univ. Halle, Inst. f. Ps.

Dr. Aiga Stapf
Univ. Tübingen – Ps. Inst.

Prof. Dr. Kurt H. Stapf
Univ. Tübingen – Ps. Inst.
Herausgeber

Prof. Dr. Rolf Ulrich
Univ. Wuppertal – FB3 – Ps.

Prof. Dr. Udo Undeutsch, Emer.
Univ. Köln – Ps. Inst.

AR Dr. Peter Weyers
Univ. Würzburg – Inst. f. Ps.

Prof. Dr. Friedrich Wilkening
Univ. Zürich – Ps. Inst.

Prof. Dr. Heinz Wimmer
Univ. Salzburg – Inst. f. Ps.

PD Dr. Gerhard Winter
Univ. Tübingen – Ps. Inst.

Prof. Dr. Alf Zimmer
Univ. Regensburg – Inst. f. Ps.

Prof. Dr. Dirk Zimmer
Univ. Tübingen – Ps. Inst. – Abt. Klin. Ps.

Hinweise zur Benutzung

Anordnung der Stichwörter

Die Anordnung erfolgte alphabetisch, wobei die Umlaute (ä, ö, ü, äu) wie nichtumgelautete Vokale (a, o, u, au) behandelt werden.

Symbol-/Verweiszeichen des Wörterbuchs

[E] = Etymologie	Hinweis auf Herkunft und Geschichte der Wörter
[L] = Literatur	Hinweis auf Bibliographie (ab S. 1055)
[T] = Testanhang	Hinweis auf Testautoren mit Erklärungen des Testaufbaus und Verzeichnis ausgewählter Arbeitswissenschaftlicher Methoden (ab S. 971)

Bibliographie

Die bei den Stichwörtern jeweils nach [L] aufgeführte Literatur (Autor und zumeist Erscheinungsjahr) ist im Autorenverzeichnis *Bibliographie* zu finden. Mit Ausnahmen gilt dies auch für Literaturangaben, die innerhalb eines Stichworts mit Autor und Jahreszahl genannt sind.

Abkürzungen

AA	Anwendungsalter bei Tests
Abk., abgk.	Abkürzung, abgekürzt
ags.	angelsächsisch
ahd.	althochdeutsch
ak.	akustisch
amerik.	amerikanisch
Anat., anat.	Anatomie, anatomisch
Anat.	Anatom (Berufsbez.)
Bed.	Bedeutung
Begr.	Begriff
ben.	benannt
Beob.	Beobachter, Beobachtung
bes.	besonders, besondere
best.	bestimmte
Bew., bew.	Bewußtsein, bewußt
Bez., bez.	Bezeichnung, bezeichnet
Biol., biol., biolog.	Biologie, biologisch
Biol.	Biologe (Berufsbez.)
Darb., darb.	Darbietung, darbieten
Def.	Definition
dt., dtsch.	deutsch
ebd.	ebenda, ebendort
Ed., Eds.	editor(s), Herausgeber
ehem.	ehemals, ehemalig
Emer., emer.	Emeritus, emeritiert
Empf.	Empfindung
empir.	empirisch
engl.	englisch
Ersch.	Erscheinung
et al.	und andere, weitere (et alii)
Exp., exp.	Experiment, experimentell
ff.	folgend(e)
frz.	französisch
gebr.	gebraucht, gebräuchlich
Gef.	Gefühl
gen.	genannt
Ges.	Gesetz
Ggs., ggs.	Gegensatz, gegensätzlich
gr.	griechisch
Hdb.	Handbuch
hist.	historisch
Hrsg., hrsg.	Herausgeber, herausgegeben
IA	Intelligenzalter
i. a., i. allg.	im allgemeinen
i. a. S.	im angegebenen Sinne
i. e. S.	im engeren Sinne
Inh.	Inhalt
Inst.	Institut
IQ	Intelligenzquotient
it., ital.	italienisch
i. U.	im Unterschied
i. ü. S.	im übertragenen Sinne
i. w. S.	im weiteren Sinne
Jh.	Jahrhundert
LA	Lebensalter
lat., lt.	lateinisch
Lbj., Lj.	Lebensjahr
ling.	linguistisch
M	Mittelwert; Morbus
Math., math.	Mathematik, Mathematiker, mathematisch
m. d. B.	mit der Bedeutung

Med., med.	Medizin, medizinisch	sec., s	Sekunde
Med.	Mediziner, Arzt (Berufsbez.)	s. d.	siehe dort
Meth., meth.	Methode, methodisch	Sex., sex.	Sexualität, sexuell
min.	Minute	Stat., stat., statist.	Statistik, statistisch
mind.	mindestens	stud.	studiert(e)
mot.	motorisch	Stw.	Stichwort, Stichwörter
m. o. w.	mehr oder weniger	s. u.	siehe unten
musik.	musikalisch	Subj., subj.	Subjekt, subjektiv
naturwiss.	naturwissenschaftlich	svw.	soviel wie
Neurol., neurol.	Neurologie, neurologisch	syn.	synonym
Neurol.	Neurologe (Berufsbez.)	Theol., theol.	Theologie, theologisch
NS	Nervensystem	theor.	theoretisch
Obj., obj.	Objekt, objektiv	therap.	therapeutisch
opt.	optisch	Tp., Tpn	Testperson(en)
org.	organisch	U., Univ.	Universität, University
östr., österr.	österreichisch	ugs.	umgangssprachlich
Päd., päd.	Pädagogik, Pädagoge, pädagogisch	Unters., unters.	Untersuchung, untersuchen
		UP	University Press
Pb, Pbn	Proband(en)	UProf.	Universitätsprofessor
Path., path.	Pathologie, Pathologe, pathologisch	v. a.	vor allem
		Verf.	Verfahren
PD	Privatdozent	Verh.	Verhalten
Philos., philos.,	Philosophie, Philosoph, philosophisch	Vers.	Versuch
		Vl	Versuchsleiter
phys.	physisch	VNS	vegetatives Nervensystem
Physiol., physiol.	Physiologie, Physiologe, physiologisch	Vorr.	Vorrichtung
		Vorst.	Vorstellung
physk.	physikalisch	Vp, Vpn	Versuchsperson(en)
Physk.	Physiker	vs.	versus (svw.: gegen[über])
Prüf.	Prüfung	Wahrn.	Wahrnehmung
Ps., ps.	Psychologie, psychologisch, psychisch	Wiss., wiss.	Wissenschaft, wissenschaftlich
		Wiss.	Wissenschaftler (Berufsbez.)
Psa., psa.	Psychoanalyse, psychoanalytisch	wörtl.	wörtlich
		Wtb.	Wörterbuch
PsA.	Psychoanalytiker	Wtvb.	Wortverbindung
Psth., psth.	Psychotherapie, psychotherapeutisch	WZ	Warenzeichen
		Z.	Zeitschrift
PsTh.	Psychotherapeut (Berufsbez.)	z. B.	zum Beispiel
		zit.	zitiert
Red.	Redaktion	ZNS	Zentralnervensystem
resp.	respektiv	z. T.	zum Teil
russ.	russisch	zus.	zusammen
Schol.	Scholastik, Scholastiker	zw.	zwischen
schw.	schweizerisch	z. Z., z. Zt.	zur Zeit

A

a..., ab..., abs... [lat.], in Wtvb. weg-, ab-, ent-, miß- **[E]**

A.A. Abk. für →Anonyme Alkoholiker

AAM, Abk. für angeborener auslösender Mechanismus →Auslösemechanismus

A.A.S., Abk. für allg. →Adaptationssyndrom

abasement (MURRAY), Bedürfnis nach Unterordnung, Untertanengeist als Ausgleich für ein Zukurzgekommensein.

Abasie, Astasie [gr. *basis* Gang, *stasis* Stehen], Unfähigkeit zu gehen oder zu stehen (zumeist kombiniert). Die Begr. werden vorwiegend bei Unfähigkeit als Folge ps. Konfliktsituationen (Neurose, Hysterie) gebraucht. →Dysbasie

Abbau →Gerontologie, →Ps. des Alterns

Abbau-Quotient, Abbau-Index, nach WECHSLER ein Maß für den Abfall bzw. den Verlust der intellektuellen Fähigkeiten, welcher mit Faktoren der altersbedingten Beeinträchtigungen verbunden ist. →Intelligenz-Abbau. **[L]** WECHSLER 1964

Abbildung, math. eine Regel R, die jedem x ε X (lies: «x ist Element der Menge X») genau ein y ε Y zuordnet. Man nennt diese Regel auch rechtseindeutige Relation. Ein Element x wird auch als Urbild oder Argument von R, ein durch R x zugeordnetes y auch als Bild oder Wert von R für x bezeichnet. Ist jedes y ε Y Bild für wenigstens ein x, spricht man von einer surjektiven A. oder einer A. von X auf Y; gibt es wenigstens ein y ε Y, das nicht Bild für ein x ist, nennt man R nicht surjektiv oder A. von X in Y. Surjektive oder nicht surjektive A. heißen injektiv, wenn jedem Bild y maximal ein Urbild x zugeordnet ist. Eine zugleich surjektive und injektive A. wird bijektiv genannt. • Nahezu alle A.begriffe der empirischen Wissenschaften lassen sich als Spezialisierungen des math. A.begriffes interpretieren (z. B. die A. des Gesichtsfeldes durch Hornhaut, Linse und Glaskörper auf die Netzhaut des Auges). Die Kognitionsps. versteht Wahrnehmung und Verhalten als A.prozesse zwischen Organismus und Umwelt (KLIX 1971); die Interpretation des Verhältnisses von Theorie oder Modell und Realität als A. spielt eine erhebliche Rolle in der →Wissenschaftstheorie. *W. Glaser*

abdominal [lat. *abdomen* Bauch], im oder am Unterleib gelegen

abdominaler Typus →Typologie (Sprechtypen)

Abdrängung →Verdrängung

Abduktion [lat. *abducere* wegführen], Wegführen von der Medianebene, z. B. Heben des Armes nach außen, Abspreizen eines Fingers, Ggs. →Adduktion

Aberglaube, der Glaube an Kräfte, Zusammenhänge, Übernatürliches, das den wissenschaftl. Erkenntnissen wie auch den religiösen Anschauungen nicht entspricht. Der Begr. wurde erst im 15. Jh. eingeführt. Der A. äußert sich in geistigen Einstellungen und Handlungen, meist verbunden mit der Vorst., damit ein Unheil abwehren oder das Heil herbeiholen zu können. Wurzeln des A. sind Reste von Vorstellungen aus vergangenen Kulturstufen und Religionen, aber auch eine im Menschen angelegte Bereitschaft. →Glauben, →mythologische Theorien. **[L]** BÄCHTOLD-STÄUBLI 1927–41, P. SCHMIDT 1958

abergläubisches Verhalten [engl. *superstitious behavior*], nach SKINNER (1961) ein Verhalten, das nach einem →Verstärkungsplan mit festen Intervallen gehäuft auftritt, weil es zufällig vor einer Verstärkung eingetreten ist, und das relativ lange ohne weitere Verstärkungen beibehalten wird. Es ist also ein →Operant-Verhalten im Sinne des Operant-Konditionierens. Der Ausdruck soll u. a. exzessiven Widerstand gegen das Auslöschen beschreiben. Kritiker (FRANKEL 1971) haben darauf hingewiesen, daß der Ausdruck im Bezugssystem des deskriptiven Behaviorismus inkonsequent ist, weil in ihm keine anderen Kriterien für Verstärkerwirkungen gelten als das Häufigerwerden von Verhaltenseinheiten. Man könne also nicht entscheiden, ob ein Verhalten instrumentell oder abergläubisch sei. *R. Bergius*

aberrant, abweichend, →abnormes Verhalten

Aberration [lat. *errare* irren] →Chromosomen-Aberration

Abfuhr, nach den von FREUD entwickelten physikalisch-ökonomischen Modellvorstellungen des ps. Geschehens ist die A. (der Affekte) die notwendige Entladung von Energie, die dem ps. Apparat durch äußere oder innere Reize zugeführt worden ist. Die Spannung wird dadurch verringert und das ps.

Gleichgewicht hergestellt. Dabei helfen Konstanzprinzip, Trägheitsprinzip und →Lustprinzip, das ökonomische Funktionieren zu regeln. Störungen in der A. können zu →Aktualneurosen und zu Libidostauungen führen.

abgeleitete Liste (EBBINGHAUS), aus einer Original-Reihe I1, I2, I3 ... I15 gebildete neue Silbenreihe in anderer Reihenfolge (z. B. I1, I3, I5 ... I15, I2, I4 ...) zur Prüfung der Assoziationsstärken zwischen Items, die in der Original-Reihe nicht benachbart waren. Kritische Überprüfung der Methode durch G. BÄUMLER 1974.

Abhängigkeit, (allg.) Bez. für das unausweichliche Angewiesensein eines Individuums, einer Sache, eines Zustandes auf andere Individuen usw., z. B. die A. des Kleinkindes, die A. bei der →Sucht

• (stat.) bei der A. zwischen Ereignissen oder Merkmalen (Variablen) das Bestehen eines Zusammenhangs zwischen dem Eintreffen oder Auftreten dieser Ereignisse oder Merkmale. Es werden zwei Arten unterschieden: (1) funktionale A.: Bei nur zwei Variablen ist eine von ihnen sog. «unabhängige Variable». Jedem ihrer Werte entspricht ein und nur ein Wert der anderen, sog. «abhängigen Variablen». Statt einer einzigen unabhängigen Variablen kann es auch mehrere geben. Die funktionale A. ist die vollkommenste Art von A. • (2) korrelative A.: Hier kann die abhängige Variable verschiedene Werte annehmen, die aber eine bestimmte, durch die unabhängige Variable bedingte, Verteilung haben. In der Ps. haben wir es meist mit dieser zweiten Art von A. zu tun. • (3) faktorielle A.: →Faktorenanalyse.

Abhärtung, Kennzeichnung der Bemühungen, durch Steigerung der Anpassungsfähigkeit an bestimmte Anforderungen die körperliche und seelisch-geistige Leistung zu verbessern, →systematische Desensibilisierung.

Abhebung, methodischer Grundbegriff W. STERNS. →Einbettung

ability [engl.], syn. →Eignung, →Fähigkeit, →Talent, →Begabung im Sinne aller empirisch unterscheidbaren Begabungen, wie die sprachliche, mathematische, motorische. Der Begriff a. hat in verschiedenen Sprachen versch., wenn auch ähnliche Bedeutungen. Das französische *«aptitude»* entspricht ihm semantisch am ehesten. Das englische *«aptitude»* wird als anlagemäßige Begabung verstanden. Oberbegriff zu a. und *aptitude* ist *capacity* im Sinne der einem Menschen von Natur aus eigenen «Ausstattung». →Fertigkeit

ability-test, engl. Bez. für Begabungstests, die sowohl zur Prüfung der Allgemeinbegabung = *general ability* (z. B. Test zum Faktor g nach SPEARMAN) als auch zur Feststellung der Ausprägung von Sonderbegabungen = *special abilities* dienen.

Abklingen, die nach Reizung durch weißes Licht im →Nachbild (bes. bei Dunkelbeobachtung) in bestimmter Folge und Anordnung auftretenden bunten Farben. **[L]** BERRY 1927.

Ablation [lat. *ablegere, ablatus* entfernen, fortgetragen], Beseitigung. • (med.) operative Entfernung eines Organs oder Körperteils z. B. A. der Netzhaut, →Exstirpation. • In der Ps. und Psa. die Auflösung seelischer Bindungen, →Ablösung

Ablationshypnose (auch Ablösungshypnose), die unabhängig vom Psychotherapeuten erfolgende Hypnotisierung über Schallplatte, Tonband oder Bildschirm.

Ablegeprobe [T] COUVE, KLEMM

Ablehnungsbereich →soziales Urteil

Ablehnung, soziale, Zurückweisung *(rejection)*. Ggs. von Akzeptierung *(acceptance)*, Annahme. In der Persönlichkeitsforschung wird A. durch wichtige Bezugspersonen als →Prädiktor für spätere Unangepaßtheit angesehen. Insbesondere ROGERS hat die Bedeutung des unbedingten Akzeptierens für die Persönlichkeitsentwicklung betont (vgl. auch ERIKSON). A. ist selten total, sie äußert sich in häufiger Kritik, feindlichen Akten oder im Ignorieren. A. wird soziometrisch durch einen besonderen A.-Index (PROCTOR & LOOMIS 1951) gemessen. Bei der Einstellungsmessung nach THURSTONE und in manchen Persönlichkeitsinventaren führen A. von Aussagen «stimmt nicht» und ihre Akzeptierung «stimmt» zur Messung von Einstellungen und Persönlichkeitsdimensionen. Zum Ablehnungsbereich: →Assimilations-Kontrast-Theorie (HOVLAND & SHERIF 1952). Vermehrte A. von Überzeugungssystemen *(belief systems)* (z. B. von Nichtmitgliedern einer Gruppe durch ein Gruppenmitglied) kennzeichnet nach ROKEACH (1960) das geschlossene Meinungssystem *(closed mind)*; er nennt *opinionated rejection* die gleichzeitige Ablehnung von Personen, mit deren Überzeugungen man nicht übereinstimmt. Akzeptierung ist das Kennzeichnen des offenen Systems von Meinungen *(open mind, open mindedness)*. *R. Bergius*

Ablösung, svw. Auflösung einer seelischen Bindung, d. h. einer seelischen Abhängigkeitsbeziehung zwischen zwei Menschen (z. B. des Jugendlichen von den Eltern). • In der Psa. die

Auflösung der seelischen Bindung des →Analysanden an den Analytiker (scherzhaft die «Abnabelung» des Analysanden).

Abney →BEZOLD-BRÜCKE-Phänomen

Abney, Sir William (1847–1921), Physiker / London →Bezold

abnorm, nicht einem Standard (statistischem oder idealem) entsprechend, auch svw. krankhaft. →abnormes Verhalten

abnorme Persönlichkeit, grundsätzlich jede vom Durchschnitt abweichende Persönlichkeit. Das wesentliche Unterscheidungsmerkmal zwischen der a.P., «die nur eine vom Durchschnitt abweichende Veranlagung, eine extreme Variation menschlicher Art» darstellt, und der «eigentlich kranken Persönlichkeit» wird üblicherweise (so nach K. JASPERS) darin gesehen, daß letztere «infolge eines hinzukommenden Prozesses entstanden» anzusehen ist. In neueren Untersuchungen wird diese – statistisch, sozial oder ethisch definierte – →Norm, die zumeist auf eine bestimmte Kultur bezogen ist, und die in den Begr. «abnorm» häufig eingehende Bewertung stärker problematisiert. • Unter a.P. lassen sich folgende psychopathologische Phänomene subsumieren: Psychose, Neurose und psychosomatische Erkrankungen, Charakterstörungen und geistige Defekte, bei denen fast stets eine Wechselwirkung zw. Anlage und Umwelt feststellbar ist. →Norm, →Normalität

abnormes Verhalten, von der Norm abweichendes Verhalten. Naiv psychologisch und teils auch in klinischen Klassifikationssystemen wird oft von einer bimodalen (normal – abnormal) Verteilung ausgegangen. Die Ps. geht dagegen von einer kontinuierlichen Verteilung im Hinblick auf statistische, funktionale (Abweichung von der persönlichen Zielsetzung, der Idealnorm) und soziale Normen aus. Sie spricht meist von Verhaltens- und Erlebensstörungen anstelle von a.V. und/oder abweichendem Verhalten.

Die Kritik am →medizinischen Modell (KEUPP 1972, 1979; ULLMANN & KRASNER 1969) wird verstärkt durch die Verbindung zum diagnostischen Etikettieren und durch die prinzipielle Ablehnung der Diagnose. Um den Bezug auf die gesellschaftliche Setzung (und den möglichen Wandel) der Norm zu kennzeichnen, schlägt KEUPP statt «abnorm» «abweichend» vor. Welche Bedeutung soziale Faktoren bei der Entstehung ps. Störungen haben, wie sich die Merkmale verteilen, welche Basiswahrscheinlichkeiten bestehen, welche Notwendigkeit – sind Fragen, die nach dieser Diskussion noch nicht beantwortet sind. Darüber hinaus wird die Unterscheidung zwischen Prädisposition, auslösenden und unterscheidenden Bedingungen bei a.V. gefordert. [L] WETZEL 1980 *H. Ries*

Abreaktion, abreagieren, (allg.) die Entladung von aufgestauten (auch unbewußten) Affekten im Ggs. zu deren allmählichem Abklingen mit bewußter Verarbeitung. • (psa.) Als therapeut. Maßnahme wurde der Begr. «abreagieren» von BREUER u. FREUD um 1890 eingeführt. A. ist hierbei der Teil der →kathartischen Methode. Der Patient wird durch die Erinnerung an das traumatische Ereignis und die damit eingeleitete ps. Verarbeitung vom Affekt befreit. Die Psa. entwickelte weitere Wege des Abreagierens, wie die Begr. →Übertragung, →Durcharbeiten und →Agieren belegen. →Aggression

Abruf [engl. *retrieval*], in der Gedächtnisforschung angenommener Vorgang, durch den gespeicherte Informationen wieder in den Verarbeitungsprozeß gerufen werden (nach der Spurentheorie werden die Gedächtnisspuren wieder aktiviert). Selbstproduzierte Abrufsignale sind z. B. Suchmodelle, die beim Suchen nach «vergessenen» Namen zuerst einfallen; spezifisch signalisierter Abruf *(cued retrieval)* und unspezifisch signalisierter Abruf *(non-cued retrieval)* werden unterschieden, je nach Art der von außen gebotenen Abrufreize oder Hilfen *(promptings)*. →Besinnen, →Ekphorie. [L] J. JUNG 1967

Abschwächung (psth.), Verhaltenshäufigkeit reduzieren. →Auslöschung

absence [frz. Abwesenheit]. Kurzzeitiger Bewußtseinsausfall bei →Epilepsie, →petit mal oder auch zerebralen Krampfleiden. [L] BLEULER 1966

Absentismus, syn. für →Arbeitsabwesenheit

Absentismus [lat. *absentia*, Abwesenheit], in der Betriebswirtschaftslehre und in der Organisationspsychologie versteht man darunter die aus betriebl. Sicht nicht geplante und auch nicht einplanbare Abwesenheit von Mitarbeitern vom Arbeitsplatz. A. ist begrifflich zu unterscheiden von Krankenstand und Fehlzeiten, die durch Urlaub, Heirat, Aus- u. Fortbildung, Dienstreisen usw. bedingt sind. A. ist das Fernbleiben vom Arbeitsplatz aufgrund einer besonderen Einstellung des Mitarbeiters und der motivational bedingten Entscheidung, nicht zur Arbeit zu gehen (umgangssprachl. «blau machen»). A. kann sowohl von der allg. Lebenssituation und den familiären Verhältnissen als auch von der Arbeitssituation abhängig sein. Hier können Unzufriedenheit mit der Arbeit, das Verhalten des Vorgesetzten oder Konflikte mit Arbeitskollegen (→Mobbing) eine Rolle spielen. [L] MARR 1996 *K. Stapf*

absolute Koordination →relative Koordination

absolute Schwelle, obere, *(terminal limen)*, [engl. *threshold*], der stärkste, höchste Reiz, auf den adäquat reagiert wird, z. B. bei der Tonhöhe etwa 20 000 Schwingungen/Sek. Mit dem Alter absinkend (vgl. Schmerzschwelle).

absolutes Gehör →Gehör, absolutes

absolutes Urteil, bei der →Skalierung gelegentlich gefordertes →Kategorialurteil mit der Vorgabe von Kategorien, wie z. B. «sehr klein», «klein», «groß», «sehr groß».

Absolutschwelle →Reizschwelle

absolving [engl.] →Ablösung, z. B. von Mutter, Familie, Berufsleben. Fragestellung der Entwicklungsps. im Zusammenhang mit →Erziehungsstil, Erzieherverhalten und der Ps. des Alters.

Absonderung [engl. *detachment*] (HORNEY), Bedürfnis nach emotionaler und räumlicher Distanz zur sozialen Umgebung, das zur Isolation führen und von Enttäuschung begleitet sein kann. [L] HORNEY 1951

Absorption, Aufnahme, z. B. Absorption von Licht (→Photon) an Oberflächen oder durch die →Rezeptoren der Netzhaut, von Schall durch elastische/weiche Oberflächen. *H. Heuer*

Absorption des Schalls, erfolgt in Räumen mit weichen Baustoffen stark, mit harten schwach. Zur Verbesserung der «Hörsamkeit» können die akustischen Verhältnisse unter Berücksichtigung von Raumgröße, Raumform und Nachhallzeit den jeweiligen Anforderungen angepaßt werden.

Abstammungslehre, Deszendenztheorie, eine Hypothese, die die einzige plausible Erklärung für die Ähnlichkeit der Organismen untereinander liefert. Zum erstenmal konsequent durchdacht und formuliert von Ch. DARWIN (1859). Die Theorie besagt, daß die heutige Artenfülle im Laufe der Erdgeschichte durch sukzessive Artaufspaltungen aus wenigen oder einer einzigen Organismen-Art entstanden ist. Unter Evolution versteht man den Ablauf dieses Geschehens. Die Evolution arbeitet auf den drei fundamentalen Mechanismen Mutation, Selektion und Artaufspaltung.

Eine Mutation ist eine ungerichtete Änderung des Erbgutes (eine Veränderung der Basensequenz in der DNS, →Genetik). Der Streit darüber, ob es «Mikro»- oder «Makro»mutationen gibt, ist unwissenschaftlich, da es kein stichhaltiges Argument für die letzteren gibt und da zur Erklärung der gesamten Stammesgeschichte das Auftreten von «Mikro»mutationen genügt. Der Begr. Selektion (Auslese der für eine jeweilige ökologische Situation Geeignetsten) besagt nicht, daß der Geeignete den Ungeeigneten tötet oder ihn seiner Lebensgrundlage beraubt (wie dies oft – unreflektiert – in bezug auf menschliche Gesellschaften ausgelegt wurde), sondern lediglich, daß der Geeignetere mit dem gleichen Gesamtenergieaufwand mehr zur Fortpflanzung kommende Nachkommen hervorbringt. Zur Artaufspaltung →Art, Artbildung.

Neben bzw. vor der DARWINschen Abstammungslehre gab es die Theorie des LAMARCKismus, die ebenfalls eine Evolution annahm, jedoch mit Hilfe einer Weitervererbung von Eigenschaften, die während des Individuallebens erworben werden, sowie die CUVIERsche Katastrophentheorie, die eine periodische Vernichtung aller Lebewesen und eine anschließende Neuschöpfung postulierte. Beide Theorien sind heute widerlegt. Aus heutiger biologischer Sicht finden sich nur dafür Belege, daß die Evolution «zufällig» verläuft.

absteigendes Verhalten →Grenzverfahren

Abstinenz, Enthaltsamkeit. Sprachgebräuchlich bei der Enthaltung von Rausch- und Suchtmitteln, sexueller Betätigung u. a. →A.erscheinungen

Abstinenzerscheinungen, syn. Entziehungserscheinungen, ein Sammelbegr. für die körperlichen und ps. Veränderungen beim Entzug von Sucht- und Rauschmitteln i. w. S. schwere vegetative Gleichgewichtsstörungen und Kreislaufstörungen bis zum «Entzugskollaps» mit Erbrechen, Unruhe und Verstimmungen oder Aggressivität bis zu Halluzinationen oder deliranten Erregungszuständen treten auf (die sog. Abstinenzdelirien und Abstinenzsyndrome). →Alkoholismus. Der Begriff A. wird auch für die Folgen von Enthaltsamkeit (ohne Entziehung) gebraucht.

Abstinenzregel →Therapeut-Patient-Beziehung

Abstinenzsyndrom, Entzugssyndrom, ein bei fehlender Zufuhr einer über längere Zeit verwendeten, körperliche und/oder ps. Abhängigkeit hervorrufenden psychotropen Substanz (Alkohol, Psychopharmaka, Morphin etc.) auftretendes Syndrom mit Schlaflosigkeit, psychomotorischer Unruhe, psychovegetativer Erregung, depressiven Zuständen. Kann in einem Entzugdelir enden. Die scharfe Unterscheidung zwischen körperlicher und ps. Abhängigkeit ist heute fraglich geworden. [L] SOLMS 1960

abstract [engl.], kurze, nicht wertende Zusammenfassung, z. B. einer Veröffentlichung

abstraktes Denken [T] GOLDSTEIN, ZILIAN

abstraktes und konkretes Verhalten, Unterscheidung wurde von GOLDSTEIN und GELB anläßlich der Untersuchung hirnpathologischer Fälle eingeführt und auf das Verhalten von gesunden Menschen ausgedehnt. Konkret verhält sich z. B. ein Mensch, der bei der Darbietung einer einfachen geometrischen Figur in dieser unmittelbar einen konkreten Gegenstand sieht. Bei der Figur Rechteck würde die Reaktion etwa «Spiegel» sein. Dagegen löst sich das abstrakte Verhalten vom konkreten Gegenstand in einer bestimmten Situation und faßt ihn als Repräsentanten eines Allgemeineren, seiner Gattung oder Kategorie auf. Der Gesunde ist in der Lage, je nach Anforderung von beiden Verhaltensweisen Gebrauch zu machen, während Kranke weitgehend auf die konkrete beschränkt sind. [L] GOLDSTEIN-SCHEERER 1941, GELB & GOLDSTEIN 1920

Abstraktion [lat. *abstrahere* abziehen], der gedankliche Prozeß, der Teilinhalte vom Ganzen des Bew.inhaltes ablöst, heraushebt oder zurückdrängt, das sog. abstrakte Denken. • Herausheben = «positive A.», Zurückdrängen = «negative A». Das positiv Abstrahierte kann bloß isoliert worden sein = «isolierende A.», wobei nur der Vorgang des Isolierens beachtet wird. Wird jedoch das Ergebnis beachtet, zudem das Allgemeine und Gemeinsame angestrebt, so ist dies die «generalisierende A.». Zielt die A. auf ideale Modelle, spricht man von «idealisierender A.». Jede A. ist gegensätzlich zu «konkretem» Denken und Verhalten →abstraktes und konkretes Verhalten). Die A.leistung ist abhängig vom Willen bzw. von der Aufmerksamkeit. • In der Entwicklungsps. versteht man unter A. den Prozeß, durch den das Kleinkind von seinen ursprünglichen, triebnahen, vorbegrifflichen Ganzheiten abläßt und zu Allgemeinbegriffen gelangt. • Mit der Bezeichnung «gegenständliche A.» (WERNER) soll dem Vorgang Rechnung getragen werden, daß bei der Diffusität von kindlichem und primitivem Wahrnehmen und Denken eine einzelne Eigenschaft der Anschauungsdinge so sehr in den Vordergrund treten kann, daß das Ganze davon bestimmt wird, ohne daß diese Eigenschaft sich ablöst. [L] KÜLPE, WERNER

Abstraktion des Gleichen und Ungleichen [T] GRÜNBAUM

Abstraktionsvermögen, die Fähigkeit (z. B. beim Problemlösen), abstrakte, d. h. nicht-gegenständliche Vorstellungen verwenden zu können. →Abstraktion, →Denken, →Intelligenzfaktoren

Abstumpfung, das Absinken der (insbes. emotionalen) Reaktion. Ursachen sind: Gewöhnung, Anpassung, Erschöpfung, psychische Übersättigung, alters- oder schicksalsbedingte seelische Veränderungen, Frontalhirnschäden.

A-B-Typologie, eine von HERB (1948) getroffene Unterscheidung zwischen der Intelligenz A (die genetisch bestimmte Fähigkeit des Gehirns) und der Intelligenz B (das derzeitige Intelligenzniveau, abhängig von der Stimulation). • (psth.) Gliederung der Therapeuten nach problemlösungsorientierten (A-Typ) und praktisch interessierten (B-Typ) →Typ A, Typ B. [L] BERZINS et al. 1971

Abusus [lat.], Mißbrauch, besonders von Genuß-, Arznei-, Betäubungsmitteln. →Sucht

Abwehr, eine Form der Auseinandersetzung mit der Umwelt – hier der Bedrohung. Ob als Ausweichen (→Fluchtbewegung, Verstecken, →Totstellreflex) oder aktiv als Angriff bzw. Kampf, stets liegen komplizierte Verhaltens- u. Erregungsmuster (→patterns) zugrunde und steuern den spezifischen Ablauf. →Furcht und →Angst integrieren mehr oder minder die A. Beim Menschen treten vielerlei erworbene Reaktionen hinzu (auch angenommene Praktiken, z. B. magische) bzw. eigenartige «Mechanismen».

Abwehrbewegung, meist reflektorische Bewegung zum Schutz des eigenen Körpers

Abwehrmechanismen des Ich [engl. *defense mechanism*], ein von S. FREUD 1894 zuerst nur mit der Bez. «Abwehr» eingeführter Begr. für das Sträuben gegen peinliche oder unerträgliche Triebregungen, Affekte und Vorstellungen, der im weiteren von FREUD ausgeweitet wurde zu einer allgemeinen Bezeichnung für alle beschränkt-bewußten Techniken, «deren sich das Ich in seinen eventuellen, zur Neurose führenden Konflikten bedient». Die wichtigsten sind →Verdrängung →Regression →Konversion →Reaktion →Projektion →Introjektion →Kompensation – Autoaggression →Sublimation →Rationalisation →Substitution – Isolation →Skotomisation. Für die Gesamtheit dieser «Techniken» prägte Anna

FREUD 1936 den Begr. Abwehrmechanismen. Das Gelingen der Abwehr ist nach der FREUDschen Theorie an bestimmte Voraussetzungen geknüpft: funktionstüchtige A. müssen vorhanden sein, sie müssen rechtzeitig ins Spiel kommen, lange genug wirksam sein u. a. Auch gilt, daß dem einzelnen Individuum nicht alle A. gleichermaßen zur Verfügung stehen, sondern jeweils nur eine für das Individuum kennzeichnende Anzahl. SANDLER (1984) gibt eine kritische Neubewertung des Konzepts. **[L]** A. FREUD 1936, SANDLER & FREUD 1985

Abwehrpsychoneurosen (syn. →Psychoneurosen), Bez. von FREUD

Abwehrstoffe, vom Organismus gebildete Stoffe (meistens Proteinkörper), die in der Lage sind, Fremdstoffe (Gifte, Krankheitserreger) unschädlich zu machen. →Antigen-Antikörper-Reaktion *V. Preuss*

abweichendes Verhalten →Devianz

Abweichung, mittlere und durchschnittliche →Streuungsmaß

Abweichungs-IQ-Skala →Normskalen

Abweichung, soziale, fast ausschließlich auf Verhalten bezogene Klassifikation, bei der entweder die Abweichung von einer geltenden Norm zur Kategorisierung eines bestimmten Verhaltens als sozial abweichend bezeichnet wird oder aber – bei einer stärker «operationalisierten» Form der Definition – wird ein Verhalten dann als sozial abweichend bezeichnet, wenn es Sanktionen in Form von Strafen zur Folge hat bzw. haben würde, sofern es entdeckt würde, da für sehr viele abweichende Verhaltensweisen, die gegen geltende Rechtsvorschriften verstoßen, relativ hohe Dunkelziffern bestehen. **[L]** AMELANG 1986, LAMNEK 1979 *B. Six*

Abwertungshinweis [engl. *discounting cue*], als Erklärung für die Entstehung des →sleeper-Effekts verwendetes Konzept. Verbindet der Adressat oder Empfänger einer Botschaft (Information mit persuasivem Inhalt mit dem Sender (der Quelle der Botschaft o. Information), der den Adressaten mit Hilfe seiner Botschaft überzeugen will o. dessen Einstellungen ändern will, negative Assoziationen (discounting cues), dann sind die intendierten Überzeugungsversuche o. Einstellungsänderungen nicht zu erwarten. Derartige Hinweisreize führen i. d. R. dazu, daß der Wert der Botschaft deutlich abgemindert oder sogar unwirksam wird. Da beim sleeper-Effekt dennoch Wirkungen der Botschaft nachweisbar sind, wird davon ausgegangen, daß es zu einer Dissoziation der Verknüpfung von Botschaft u. Quelle kommt, d. h. zum Vergessen eben dieser Beziehung, so daß die Botschaft i. S. der intendierten Überzeugung und Einstellungsänderung wirksam werden kann. **[L]** COOK & FLAY 1978 *B. Six*

Abwicklungsmethode **[T]** POPPELREUTER, RUPP

Abzeichnen-Test **[T]** BUSEMANN, ZIEHEN

Acamprosat WZ Campral®, seit 1996 im Handel befindliche Substanz, die das Verlangen nach →Alkohol unterdrücken soll und deshalb als →Anticravingsubstanz bei der Therapie des →Alkoholismus verwendet wird. Die Substanz ist ein Modulator an den Glutamat-, GABA- und Serotoninrezeptoren, die neurochemischen Effekte sind aber bei Gesunden kaum nachweisbar. **[L]** SOYKA 1996 *W. Janke*

acceleration →Akzeleration

accessibility [engl.], Zugänglichkeit →availability

ACE-Hemmer, Medikamente, therapeutisch bei mehreren Millionen Patienten mit →Hypertonie und Herzinsuffizienz eingesetzt, so Captopril und Endapril. Der Wirkungsmechanismus besteht in der Hemmung des angiotensin converting enzyme (ACE), das für die Umwandlung von →Angiotensin I in →Angiotensin II verantwortlich ist. A. vermindern u. a. vasokonstriktorische Wirkungen des Angiotensins II sowie dessen Einfluß auf →Catecholamine und →Aldosteron und andere negative Effekte. A. werden aufgrund von leistungshemmenden Effekten in Tiermodellen im Hinblick auf die Behandlung von Gedächtnisstörungen diskutiert, jedoch derzeit aufgrund fehlender Spezifität sowie der Nebenwirkungen nicht als Therapeutika eingesetzt. Gesichert sind aber neurotrope Effekte. Ein weiterer Hinweis für zentalnervöse Beteiligung von ACE an ps. Prozessen ist, daß ACE bei Schizophrenie zentralnervös vermindert sein soll, welches auf eine veränderte Metabolisierung zentralnervöser Neuropeptide hinweist. **[L]** FORTH et al. 1996, DOMENY 1994 *W. Janke*

Acetaldehyd, Stoff, der beim Abbau von →Alkohol entsteht. Erhöhter Spiegel führt zu einem unangenehmen Zustand mit Erbrechen (A-Syndrom). A. hat neurotoxische Effekte und ist mitverantwortlich für bei →Alkoholembryopathie auftretende ps. Störungen. **[L]** COLLINS 1988 *W. Janke*

Acetylcholin, Abk. ACh, endogene Substanz. Synthese aus Cholin und Essigsäure, Inaktivierung durch das Enzym ACh-Esterase, was durch Esterasehemmer gehemmt wird und damit A. erhöht verfügbar ist. Stoffe, die die ACh-Verfügbarkeit erhöhen/erniedrigen, werden als →Cholinomimetika/→Cholinolytika bezeichnet. A. ist wichtiger Neurotransmitter. Im peripheren NS ist ACh Transmitter 1) an allen präganglionären Synapsen des vegetativen NS, 2) an postganglionären des →Parasympathikus, 3) an einigen des →Sympathikus (z. B. Schweißdrüsen) und 4) den motorischen Endplatten. Im ZNS ist →ACh →Transmitter in mehreren an der Motorik beteiligten Systemen (Rückenmark, Hirnstamm, Basalganglien); weiterhin ist A. Transmitter in Neuronen, die von Kerngruppen im Hirnstamm und von subcorticalen Kernen (z. B. Septum, Nucleus basalis) ausgehen. Nach ihren unterschiedlichen Agonisten unterscheidet man 2 Typen von Rezeptoren: nicotinerg (N) und muscarinerg (M_1 und M_2). Ps. Funktionen, die mit A. in Zusammenhang stehen, sind Aktivierung (ARAS, Stimulation des Cortex), Schlaf (REM-Schlaf, Aufwachen); Aufmerksamkeit, Informationsaufnahme, Lernen/Gedächtnis (Speicherung und Abruf), Emotion/Motivation, so etwa Aggression. **[L]** BLOKLAND 1995, EVERITT & ROBBINS 1997, SINGH et al. 1985, WARBURTON & WESNES 1984 *G. Erdmann/W. Janke*

Acetylcholinesterase, Enzym, das am Abbau von →Acetylcholin zu Wasser und Acetat beteiligt ist. Die Aktivität von A. kann reversibel oder irreversibel durch →Cholinesterase-Hemmer blockiert werden. *W. Janke*

Acetylcystein →Antitussiva

Acetylsalicylsäure WZ Aspirin®, peripheres →Analgetikum, keine ZNS-Wirkung, oft mit Zusatzstoffen wie Coffein versehen im Handel als Mischanalgetikum erhältlich. A. wirkt auch fiebersenkend und entzündungshemmend. Es hemmt die Synthese der →Prostaglandine. Direkte ps. Wirkungen sind häufig diskutiert, aber nicht nachgewiesen. **[L]** KETTERER et al. 1996 *W. Janke*

ACH, Abk. für →Acetylcholin

achievement [engl.] Konstrukt von MURRAY, das das Leistungsstreben beschreibt. →Leistung

achievement-test, engl. Bez. für Leistungstest, Schulleistungstest (dem ein Training vorausgeht), Wissenstest (zu unterscheiden von Fähigkeitstest, →ability). a.t. können allgemeine wie spezifische Leistungen erheben, wie z. B. i. der Diagnostik der Schulleistung i. S. von Wissen i. schulischen Bereich

Ach, Narziss Kaspar (1871–1946), Psychologe u. Mediziner / Willens- und Begriffsforschung / Promotion u. Habil. Uni. Würzburg, studierte zus. m. G. E. Müller u. O. Külpe. Assistent v. Carl Stumpf, Mitglied der «Würzburger Schule», entwickelte die Methode der systematischen experimentellen Introspektion. Auch bekannt durch seine Überlegungen zur determinierenden Tendenz u. Bewußtsein.

Achromasie →Albinismus

achromatisch, farblos, frei von Farbenfehlern, farbenecht. Bei Linsen (Achromaten) ohne bzw. annähernd ohne →Aberration.

Achromatopsie →Farbenblindheit

Ach-Vigotsky-Methode, syn. VIGOTSKY-Test, Bez. für den von ACH eingeführten und von VIGOTSKY modifizierten Versuch zur Begriffsbildung. Stereometrische Körper (verschieden nach Gestalt, Farbe, Gewicht usw.) werden mit sinnlosen Silben belegt (z. B. GAZUN, CEV) und damit wird im weiteren erreicht, daß diese Bezeichnungen «Sinn» bekommen (z. B. GAZUN = großer, schwerer Körper). →Begriff, →Psycholinguistik, →SAPIR-WHORF-Hypothese. **[L]** ACH 1921, VIGOTSKY 1969, PAULI & ARNOLD 1972

Acht-Faktoren-Theorie der Intelligenz →Intelligenzfaktoren

Achtmonatsangst →Fremdenreaktion

acquiescence, Akquieszenz, in der Testps. die Reaktionstendenz des spontanen, unreflektierten Zustimmens bei Testfragen, Aufgaben etc. A. verfälscht das Ergebnis. →response set

Acrylamid, von einer einfachen Fettsäure durch Polymerisation entstandener Kunststoff, neurotoxische Substanz, als →Umweltschadstoff von Bedeutung. A. hat unmittelbar schädigende Effekte auf Neurone und Axonleitungsgeschwindigkeit, die sich auf sensorische und motorische Prozesse beeinträchtigend auswirken. **[L]** HARTMAN 1995, TILSON 1990 *W. Janke*

ACTH, Abk. für →adrenocorticotropes Hormon

acting out, ein in der Psa. verwendeter, nicht eindeutiger Ausdruck. Nach LAPLANCHE (1972) dient er «zur Bezeichnung von Handlungen meist impulsiven Charakters, die im Vergleich mit dem üblichen Motivationssystem des Subjekts einen Bruch darstellen, im Laufe seiner Handlungen relativ isolierbar sind und oft eine auto- oder heteroaggressive Form annehmen». Das a.o. wird als Hervortreten von Verdrängtem gewertet. →kathartische Methode, →Psychodrama

action research, Aktionsforschung (→Hand-

lungsforschung), nach LEWIN (1946, 1948) die systematische (mit Standardmethoden der Sozialps. eingeführte) Erfolgskontrolle bei Maßnahmen, die von sozialen Agenten (Erziehungsinstitutionen, Leitung industrieller Firmen, Strafvollzugsbehörden etc.) zur Verhaltens- oder Einstellungsänderung vorgenommen werden.
Als Forschung der Angew. Sozialps. soll a.r. Lernprozesse bei den sozialen Agenten ermöglichen, weil die Erfolge ihres Handelns mit Normen verglichen werden. Als Methode der Grundlagenforschung hat a.r. nur begrenzten Wert, weil meistens die unabhängigen Variablen (Maßnahmen der sozialen Agenten) unüberschaubar komplex sind und Kontrollgruppen oft fehlen. Neuerdings vorkommende Verfälschung der Methode: der engagierte Sozialwissenschaftler verfolgt selbst beide Ziele, sowohl eine (propagandistisch intendierte) Verhaltensänderung als auch die Kontrolle. Aus diesem Grund wird a.r. von Kritikern nicht als Alternative, sondern als Ergänzung zur herkömmlichen Forschungsstrategie verstanden. Zunehmende Bedeutung erhält der Ansatz in der klinischen Ps., sowohl in systematischen Einzelfallstudien, aber auch bei der bedarfsgerechten Weiterentwicklung klinischer Institutionen und Angebote. →Feldstudie, →Feldforschung, →Begleitforschung. **[L]** HAAG et al. 1972, SCHUSSER 1981 *D. Zimmer/R. Bergius*

activities index [T] STERN, GEORGE

AD, Abk. für *Average Deviation*, die durchschnittliche absolute Abweichung; sie gibt den Durchschnitt der in Absolutbeträgen gemessenen Abweichung vom arithmetischen Mittel an. →mittlere Variation.

Adaptation, Adaption [lat. *adaptare* anpassen], Anpassung, meist Anpassung eines Lebewesens an seine Umwelt. Der Begriff wird häufig in der Wahrnehmungspsychologie benutzt und bezeichnet dort die Anpassung an die vorhandenen Reizverhältnisse, die meist in einer Änderung der →Empfindlichkeit (z. B. →Dunkeladaptation) oder des «neutralen Punktes» (→Adaptationsniveau) besteht, oder die Anpassung an experimentell eingeführte Veränderungen (→Störungsexperimente). In der Sinnes- und Neurophysiologie bezeichnet der Begriff die bei konstant bleibendem Reiz abnehmende Aktivität von Rezeptoren und anderen Nervenzellen (→Adaptation, selektive); Ausmaß und Geschwindigkeit der Adaptation werden oft zur Klassifikation von Zellen herangezogen. *H. Heuer*

Adaptation, chromatische, die beim längeren Fixieren einer bestimmten Farbe oder Wechsel der vorherrschenden Beleuchtungsfarbe eintretenden Helligkeits-, Sättigungs- und Farbtonänderungen in ähnlicher Weise wie beim →BEZOLD-ABNEYschen Phänomen (V. I. FEDEROWA, 1941). Diese sich auch auf die Farbe eines nachfolgend betrachteten Feldes auswirkende Anpassung an eine bestimmte Farbe wird auch als Umstimmung (E. HERING) des Auges bezeichnet, die HELMHOLTZ als Ermüdung der Netzhautelemente (farbige Ermüdung) deutete. Die zu einer Farbwandlung *(color conversion)* führende Umstimmung ist im Zusammenhang mit dem Farbenkontrast für die Farbkonstanz von Bedeutung (H. HELSON, 1938). Für die Adaptions- und Umstimmungsvorgänge werden (R. M. BOYTON, 1964) statt photochem. elektrophysiologische Prozesse an den Synapsen verantwortlich gemacht (TERSTIEGE, 1967). →Farbensehen

adaptation-level (AL) →Anpassungsniveau

Adaptation, lokale (v. KRIES), im Ggs. zur Totaladaptation die Umstimmung auf einer umschriebenen Netzhautstelle

Adaptation, negative, Bez. von SMITH und GUTHRIE für die Erscheinung, daß die Wiederholung eines Reizes zur Senkung des Schwellenwertes führt, der Reiz nach mehreren Wiederholungen also kleiner gewählt werden kann und trotzdem noch die gleiche Empfindungsstärke hervorruft. Im Ggs. zu den gewöhnlich mit Adaptation bezeichneten Phänomenen, bei denen wiederholte Reizung zum Ausbleiben der Empf. führen und den Schwellenwert heraufsetzen. **[L]** GUTHRIE 1935

Adaptation, selektive, hypothetische →Adaptation (i. S. abnehmender Empfindlichkeit) von →Filtern oder →Detektoren; erklärt (1) selektive Schwellenerhöhungen, z. B. nach längerer Betrachtung einer Bewegung in eine bestimmte Richtung, die auf einen Bereich von Richtungen beschränkt sind, (2) Nacheffekte wie z. B. die scheinbare Bewegung eines stationären Reizes nach längerer Betrachtung eines bewegten Reizes. Analoge selektive Schwellenerhöhungen und Nacheffekte gibt es auch für eine Reihe anderer Reiz-Dimensionen, z. B. →Ortsfrequenz, Orientierung von Linien, Farbe (→Adaptation, chromatische). →figurale Nachwirkung *H. Heuer*

Adaptationsniveau →Anpassungsniveau

Adaptation, soziale →Anpassung

Adaptationssyndrom, die von SELYE (1936)

in enger Verknüpfung mit der Bedeutung des →Streß aufgewiesene biologische Umstimmung des Organismus. Das A. (abgekürzt: AAS = Allg. A.syndrom) wird durch Faktoren ausgelöst, die Streß verursachen und Abwehrerscheinungen hervorrufen. Ablauf erfolgt in drei Stufen: Alarmreaktion, Widerstands- und Erschöpfungsstadium. →Lokales Adaptationssyndrom (LAS) [L] SELYE 1936

Adaption →Adaptation

Adaptionsbrett [T] SEGUIN

adäquat [lat. *adaequare* gleichmachen], entsprechend, angemessen. • Adäquate Reize sind die dem Bau der Sinnesorgane angemessenen Reize, i. ü. S. auch die einer seelischen Struktur entsprechenden Reize. Ggs. inadäquate Reize. Syn. homologe, spezifische Reize. →spezifische Sinnesenergien.

ADCLUS, Abk. für *Additive Clustering*, Verfahren (bzw. Computer-Programm) der multidimensionalen Skalierung, das darauf abzielt, auf Ähnlichkeitsurteilen basierende Daten als überlappende Cluster (Kategorien) darzustellen. *E. Mittenecker*

Addiermethode, das fortlaufende Rechnen (Zusammenzählen) in der von KRAEPELIN eingeführten Methode zur Feststellung (Erforschung) von Übung, Ermüdung, Störung u. a. PAULI hat diese Methode zu einem «Charaktertest» weiterentwickelt. [T] KRAEPELIN 1902, PAULI 1933

Addiktion [engl. *addiction*], zwanghaftes Streben nach etwas. Extreme Abhängigkeit von Drogen (Alkohol, Haschisch etc.), Tabak und auch Personen (bis zum Grenzfall Hörigkeit).

Addison-Krankheit, auf Unterfunktion der Nebennierenrinde beruhende, auch als Bronzekrankheit bezeichnete Erkrankung, mit vermehrter Hautpigmentierung, →Hypotonie, nervöser Reizbarkeit, Stoffwechsel- und Verdauungsstörungen, ps. →Adynamie, schweren Störungen im Elektrolythaushalt sowie starker Ermüdbarkeit und Trägheit des Denkens. →Hormone

Addison, Thomas (1793–1860), Mediziner / London

Additionssatz, die Wahrscheinlichkeit für das Auftreten eines beliebigen Ereignisses a_i aus einer Menge einander wechselseitig ausschließender Ereignisse $a_1, \ldots, a_n$ ist gleich der Summe der Wahrscheinlichkeiten der einzelnen Ereignisse. Beispielsweise ist die Wahrscheinlichkeit für das Auftreten der 1, bzw. 2, bzw. 3 bei einem Würfel: 1/6 + 1/6 + 1/6 = 1/2. *D. Dörner*

additive clustering →ADCLUS

Additive Faktorenmethode (additiv factor method) wird eingesetzt, um Effekte bestimmter experimentell kontrollierter Faktoren (z. B. Reizintensität, Reizqualität, Alkohol) innerhalb der Verarbeitungskette zwischen einem Reiz und der damit verknüpften Reaktion zu lokalisieren. [L] STERNBERG 1969

additive Größe, ein durch Summierung der Teilwerte gewonnenes Ganzes. Die Auffassung des Psychischen als einer a.G. steht im Ggs. zur Auffassung als einem nichtadditiven Ganzen in der →Gestaltpsychologie.

Adduktion [lat. *adducere* heranführen], Heranführen nach der Mittellinie des Körpers. Ggs. →Abduktion

Adelat® →Nimodipin

Adenohypophyse, drüsiger Teil der →Hypophyse. →Drüsen, →Hormone

Adenosin, 1. Intermediärstoff des Nucleotid-Stoffwechsels, 2. Neurotransmitter (-modulator) im ZNS mit mindestens 3 Rezeptorarten. Wichtige Adenosinantagonisten (A1-Rezeptor) sind →Coffein, das bei chron. Gabe zu A-Rezeptorenveränderung führt und →Theophyllin. [L] BOULENGER et al. 1987, ERFURTH & SCHMAUSS 1995, STONE 1991 *W. Janke*

Adenylatcyclase, Enzym, das die Umwandlung von Adenosintriphosphat in cyclisches Adenosinmonophosphat katalysiert. A. wird durch viele →Hormone und →Transmitter aktiviert oder gehemmt und durch →G-Proteine moduliert. →Biochemie *W. Janke*

ADH, Abk. für antidiuretisches Hormon →Vasopressin

Adiadochokinese [gr. *diadochos* Nachfolger, *kinesis* Bewegung], Unfähigkeit zu schnell aufeinanderfolgenden Gegen-(antagonistischen)Bewegungen, z. B. schnelles Beugen und Strecken der Finger. Ursache: Kleinhirnschädigung. Ggs. →Diadochokinese

Adiaphora, das Nichtunterschiedene, Gleichgültigkeit im ethischen Sinne.

Adie-Syndrom, ein mit Störungen der Pupillenreaktionen und Hypo- bzw. Areflexie der Beine verbundenes Syndrom. Auch WEILL-REYS-ADIE-Syndrom oder pupillotonische Pseudotabes genannt. Ätiologisch wird eine vegetative Störung des Reflexverhaltens auf heredo-degenerativer Grundlage oder eine Läsion im Hypothalamus angenommen. →Tabes

Adie, William John (1886–1935), Neurologe / London

Adipositas →Eßstörungen

Adjektiv-Check-Liste (ACL), Liste von Eigenschaftswörtern zur Beschreibung von Stimmungen, Befindlichkeiten, Personen und Ereignissen.

adjustment [engl. Anpassung] →Anpassung

Adler, Alfred (1870–1937), geb. i. Wien, Begründer der →Individualpsychologie. 1895 Promotion an der med. Fakultät in Wien, ab 1934 in USA, ab 1929 Gastprof. Columbia University, 1932 Prof. am Long Island Medical College. Mit FREUD und JUNG an der Wiener Psychoanalytischen Gesellschaft, trennte sich jedoch 1911 von FREUD, u. a. da er nicht – wie FREUD – in der «Lust» die Triebziele d. psych. Entwicklung sah, sondern in «Geltung», «Macht» u. «Sicherheit». «Neurosen» interpretierte er als Produkte einer fehlgeleiteten Suche nach Überlegenheit und nicht eines Konfliktes von Bewußtem und Unbewußtem. A. hörte seine Patienten nicht «auf der Couch», sondern partnerschaftlich «von Angesicht zu Angesicht». Der Einfluß A.'s auf die (Tiefen)Psychologie und Pädagogik ist auch heute noch beträchtlich.

ADM, Stichprobenplan, vom Arbeitskreis Deutscher Marktforschungsinstitute erstelltes komplexes Stichprobendesign. →Stichprobe

administrieren, Administration, gelegentliche Bez. für die Anwendung von diagnostischen, beraterischen, therapeutischen und statistischen Techniken.

Adoleszenz [lat. *adolescere* heranwachsen], das Jünglings- bzw. Jungfrauenalter nach eingetretener Geschlechtsreife, aber noch nicht abgeklungener ps. →Pubertät. Periode der Nachpubertät mit zunehmender Persönlichkeitsfestigung. **[L]** Ch. BÜHLER 1959, HURLOCK 1949, WATTENBERG 1955

Adoleszent-Maximum-Hypothese →Psychologie des Alterns

Adorno, Theodor (1903–1969), Soziologe und Philosoph. Begründer der Kritischen Theorie. Emigrierte unter NS-Regime nach England, dann an die Berkeley University (Kalifornien). Nach dem II. Weltkrieg kehrte er nach Deutschland zurück und befaßte sich mit Ursachen und Folgen des Nationalsozialismus. Daraus entstanden seine Veröffentlichungen zu «Autorität».

Adrenalin (syn. Epinephrin), →Hormon des →Nebennierenmarks und sympathikusaktivierender Stoff mit Affinität zu den sog. α- und β-Rezeptoren. In niedrigen Dosen führt A. zu Gefäßverengung der Haut und Eingeweide, zur Erweiterung der Gefäße der Skelettmuskulatur und des Herzens. Als Hormon ist A. ein Gegenspieler des →Insulins und erhöht Blutzuckerspiegel und Stoffwechsel. Bei allen Arten von Aktivierung (Streß, Emotionen, Muskeltätigkeit, O_2-Mangel) wird A. verstärkt produziert und ist im Urin und Blut nachweisbar. Intravenöse Gabe von A. führt zu Aktivation, Erregtheit. Bei Vorliegen kognitiver und situativer Bedingungen können auch Emotionen wie Furcht und Ärger auftreten oder verstärkt werden. A. hat als →Transmitter im ZNS kaum Bedeutung für ps. Vorgänge. **[L]** FELDMAN et al. 1997, STOLK et al. 1988, FRANKENHAEUSER 1971, 1980, SCHACHTER & SINGER 1962 *W. Janke*

adrenerg, Kennzeichnung für neuronale Verbindungen, die →Adrenalin und/oder →Noradrenalin als →Transmitter verwenden und/oder deren Wirkungen auf die Zielsysteme. Peripher ist ein adrenerges Reaktionsmuster Ausdruck sympathischer Erregung. Die Gleichsetzung von sympathikomimetisch und andrenerg ist jedoch mißverständlich, da an einigen postganglionären sympathischen Synapsen Acetylcholin Transmitter ist und Noradrenalin oder verwandte Substanzen wichtige Transmitter im →Zentralnervensystem sind. **[L]** →Adrenalin *W. Janke/G. Erdmann*

adrenerg-cholinerge Imbalance-Hypothese, Entstehungs-Modell zur Depression, wonach das adrenerge und cholinerge System nicht balanciert sind, was als Mediator für Depressionen diskutiert wurde. **[L]** FRITZE 1996, JANOWSKY & OVERSTREET 1995 *W. Janke*

adrenocorticotropes Hormon, Abk. ACTH, syn. Corticotrop(h)in, glandotropes →Hormon des Hypophysenvorderlappens, Polypeptid, das innerhalb weniger Minuten die Ausschüttung von →Cortisol in der Nebennierenrinde anregt. Die Biosynthese erfolgt über Proopiomelanocortin (POMC), das auch die Information für die →opioiden Peptide, (→Opioide), →β-Endorphin, β-Lipoprotein und →MSH trägt. Die Ausschüttung folgt, wie die des Cortisols, einer cirkadianen Periodizität mit Spitzen morgens. Sie wird stimuliert durch →CRH über viele physische Stressoren (u. a. Infektionen, Läsionen, Kälte) und ps. Faktoren. Die Sekretion wird durch negative Rückkopplung des Cortisols reguliert. ACTH hat auch direkte neurotrope Wirkungen. Diese werden auch durch Fraktionen von ACTH induziert, so durch $ACTH_{4-10}$. Belegt ist die Beeinflussung des Kurzzeitgedächtnisses bei Ratten. Über die ps. Wirkungen physiologischer Dosen beim Menschen ist wenig bekannt. Untersuchungen an Gesunden lassen keine stärkeren ps. Effekte erkennen. Bei Patienten sollen überwiegend euphorische Reaktionen auftreten, die aber nicht eindeutig interpretierbar sind. [L] BORN et al. 1986, BORN & DEBUS 1998, DE WIED 1984, FEHM-WOLFSDORF 1994 *W. Janke/M. Reuter*

Adreno(re)zeptor-Agonisten, Substanzen, die auf Adrenorezeptoren (α_1, α_2, β_1 β_2) wirken, die dadurch gekennzeichnet sind, daß →Adrenalin oder →Noradrenalin endogene Liganden sind, und zwar entweder im ZNS oder im sympathischen Teil des VNS, wobei sie in diesem Fall →Sympathikomimetika sind. *W. Janke*

Adultomorphismus, syn. Enelicomorphismus, die Erklärung (Interpretation) des kindlichen Verhaltens in Analogie zum Verhalten des Erwachsenen. →Anthropomorphismus

Adumbran®→ Oxazepam

advance organizers [engl.], «Orientierer», «Einordnungshilfe», Text oder Zeichen, die die Einordnung nachfolgender Lernaufgaben erleichtern. Die a.o. verwenden bekannte Schlüsselbegriffe und geben Abgrenzungen an. Diese Verankerung in übergeordnete Wissensstrukturen soll die Integration des Neuen fördern und auch die «spätere Widerstandskraft gegen Löschung» stärken (AUSUBEL, 1974). *H. Ries*

adverbiale Modifikatoren →Modifikatoren, adverbiale

Adversionsreflex, Zuwendungsreflex

Adynamie [gr. *dynamis* Kraft], Kraftlosigkeit bei Alter, Krankheit usw. →Asthenie

Affekt [lat. *affectus* Stimmung, Leidenschaft, Begierde], der Begriff wird sehr unterschiedlich definiert: Meist versteht man darunter ein intensives, relativ kurz dauerndes →Gefühl. In der weitesten Bedeutung wird jede emotionale Regung als affektiver Prozeß bezeichnet. Die äußeren Begleiterscheinungen bestehen oft in starken Ausdrucksbewegungen. A. sind mit Organempfindungen verknüpft. Man definiert deshalb den A. auch als peripher-nervöse Bewegung bei zentralnervöser Erregung.

Das A.system ist ein Verarbeitungssystem, das parallel mit dem kognitiven System funktioniert, aber mit völlig anderen Merkmalen und Regeln – nach ZAJONC mit sog. *hot cognitions*. Die Theorien von LANGE und JAMES sehen in diesen Ausdruckssymptomen das Wesen der A. LERSCH sieht in den A. Erregungsformen des Lebensgefühls, die in umgekehrtem Verhältnis zur Festigkeit des noetisch-willensmäßigen Oberbaus der Persönlichkeit stehen (→Charakteraufbau). Zugleich ruht in den A. meist instinktive Zielstrebigkeit. Beispiele: Jubel, Zorn, Wut, Haß, Ekstase, Hoffnung, Sorge, Schreck, Begeisterung, Freude, Leid, Angst, Ärger, Scham, Kummer, Trauer. – Eine dynamische Theorie des A., besonders exemplifiziert am Ärger, liefern LEWIN und DEMBO. Danach beruht der A. auf einem Konflikt zwischen Feldkräften (→Feldtheorie) in einer Situation, die ein Aus-dem-Felde-gehen unmöglich macht. Der Übergang vom Normalzustand bis zum A.ausbruch geht kontinuierlich mit dem Ansteigen der Spannung, die sich auf Grund von →Barrieren nicht ausgleichen kann, vor sich. Die →Wandfestigkeit der →gespannten Systeme des Ichs hält dem wachsenden Druck nicht mehr stand, so daß sich die Spannungsenergie weitgehend über alle Bereiche des Ichs ausbreiten kann. Ebenso verwischen sich die Grenzen zwischen dem Ich und dem übrigen Feld. Ergebnis ist das Abfallen der Differenziertheit bis auf einen minimalen Grenzwert.

Nach der Theorie der objektiven Selbstaufmerksamkeit von DUVAL und WICKLUND (1972) erlebt man einen (positiven oder negativen) A., wenn bei der auf das Subjekt gelenkten Aufmerksamkeit eine Diskrepanz zwischen dem Ergebnis der Selbstwahrnehmung einerseits und den idealen oder →sozialen Normen andererseits besteht (SCHEIER & CARVER 1977).

Dauernde Neigungen zu A.ausbrüchen nähern sich den Leidenschaften, die von den A. dann zu unterscheiden sind, wenn die dauernde Richtung eines intensiven Begehrens auf einen Gegenstand Merkmal ist. Leidenschaft gehört zum «Wollen» mit Gefühlen von großer Motivationskraft als Grundlage. Unters. zur psychophysischen Festlegung des Ursprunges von A. wurden zahlreich unternommen. Einspritzungen von Adrenalin (MARANON, CANTRIL & HUNT) führen zwar zu allen körperlichen Begleiterscheinungen von A., aber in den meisten Fällen nicht zu eigentlichen A. Dasselbe gilt von elektrischen Reizungen des →Hypothalamus (MASSERMANN u. a.). Man kann also weder die Wirkung des Adrenalins noch die Tätigkeit des Hypothalamus als den eigentlichen Ursprung von A. ansehen. FRÖHLICH (1965) meint, daß dem A.zustand (→Angst) keine eindeutigen physiologischen Korrelate zugeordnet werden könnten. SCHACHTER und SINGER (1962) zeigen die Abhängigkeit des A. sowohl von der physiol. Erregung (→arousal), als auch von der Interpretation des situativen Kontextes. →Emotion. [L] BOLLNOW 1956, EWERT 1965, MASSERMANN 1942, MEILI & ROHRACHER 1972, WUNDT 1922 *R. Bergius*

Affektausdruck, die bei den Affekten als Begleiterscheinungen auftretenden Ausdrucksphänomene der Mimik, Gestik, Motorik, von vegetativen Reaktionen u. a., z. B. das Ballen der Faust im Zorn, Schreien, Weinen, die Gänsehaut bei Angst (nach DARWIN ein Rest des ursprünglichen, zweckvollen Sträubens der Haare, um den Gegner abzuschrecken).

Affektaustausch, die besondere Wechselbeziehung in den Affekten (Gefühlen) von Person zu Person, Gruppe zu Gruppe usw. →Ansteckung, ps. • LE BON vertrat die Auffassung, daß A. besonders in der →Masse erfolge. →Gefühlsansteckung, →Echothymie

Affektbetonung, das «Ausstrahlen» von Affekten auf Empfindungen und Vorstellungen. Diese erhalten damit auch Farbe, Richtung, Hemmung oder Kraft, Positives oder Negatives. →Affekt, →Motivation

Affektbetrag, quantitativer Faktor, der als Substrat des subjektiv erlebten Affekts postuliert wird. A. bezeichnet das bei den verschiedenen Modifikationen des Affekts (Verschiebung, Ablösung von der Vorstellung, qualitative Umwandungen) unveränderlich bleibende.

Affektdämmerzustand, die bei tiefgreifender affektiver Erregung (etwa ausgelöst durch bedrohliche Erlebnisse) erfolgende Aufhebung der Besinnung und Einengung des Bew.

Affektdelikt, die im Affekt begangene strafbare Handlung.

Affektdisposition →Affektivität

Affektdissoziation →Affektstörungen

Affektentzugssyndrom →Depression, anaklitische

Affektepilepsie, diejenige Ausprägung der →Epilepsie, bei der Anfälle nach heftigen emotionalen Erregungen im Vordergrund stehen

Affektfixierung, Bez. für das Verharren eines →Affektes bzw. dessen Auswirkungen, z. B. kann ein infantiler Erlebnisinhalt als Affekt fixiert bleiben.

Affekthandlung, die unkontrollierte, nur vom Affekt gesteuerte Handlung, z. B. Kurzschlußhandlung als Entladung einer Affektstauung. Das →Affektdelikt ist zumeist extreme A.

Affektillusion, die im Ggs. zur →Halluzination (Pseudohalluzination) stehende «Trugwahrnehmung» (illusionäre Verkennung), die verursacht ist durch Affekte (Affektspannung). Die Wahrnehmung und deren korrekte Verarbeitung wird affektiv überlagert. →Illusion

Affektinkontinenz →Affektstörungen

Affektinversion →Affektstörungen

Affektion [lat. *affectio* Einwirkung], Zustandsänderung durch äußere Einwirkung, psychische Erregung durch äußere Reize (Sinnesaffektion, Gemütsaffektion), auch svw. Krankheitsbefall. • Zuneigung, Gewogenheit.

affektiv, affekthaft, im Wortgebrauch teils svw. «gefühlsbetont», teils svw. «affektbedingt» (durch Affekt verursacht). →Affekt

affektive Psychose, Affektpsychose, ältere Bez. für →manisch-depressives Irresein. Zur Therapie →Depression

Affektivität, von BLEULER eingeführte Bez. für die Gesamtheit des emotionalen Geschehens, des Gefühls-, Gemütslebens; i. e. S. die Gefühlsansprechbarkeit eines Menschen. →Emotionalität • Je nach Ausprägung der A. (Affektdisposition) können unterschiedliche Affekttypen (→Typologie) abgegrenzt werden.

Affektivität, (allg.) Gefühlsansprechbarkeit, wobei der Ausdruck «Gefühl» mißverständlich sein kann. • E. BLEULER sah im Begr. A. die Zusammenfassung von →Affekt, →Emotion, →Gefühl von Lust und Unlust. • H. RORSCHACH benützte A. testdiagnostisch in Anlehnung an BLEULER zur Ermittlung von →Labilität, →Stabilität, Stärke, Schwäche der Affekte, sowie deren «Beherrschtheit, Unbeherrschtheit, Verdrängtheit oder Freiheit». [L] E. BLEULER 1966, RORSCHACH 1921

Affektkrampf, die mit krampfartigen Erscheinungen verbundene Übersteigerung von affektiven →Ausdrucksbewegungen (Hysterie?). • Die respiratorische Verkrampfung des Kleinkindes, wobei sich das Schreien in Atemnot (-stillstand) und Bewußtlosigkeit steigert.

Affektkrise, nach TRAMER et al. der in der kindlichen Entwicklung (Trotzphase) und in der Pubertät auftretende Widerstreit zwischen dem ichbezogenen, affektiv gesteuerten Denken (Handeln) und der zugleich erstrebten sozialen Anpassung und Angleichung. [L] TRAMER 1960

Affektlabilität →Affektstörungen

Affektleere →Emotionsstupor

Affektmattigkeit, →Affektstörungen

Affektlogik, Die durch starke Affekte bewirkte Störung des logischen Denkens. Eine zweite, vom Psychiater CIOMPI vertretene

Auffassung meint im Gegensatz dazu ein zusammenhängendes System von Affekt und Intellekt. Aus der auf PIAGET und Psychoanalyse beruhenden Theorie der Einheitlichkeit des Psychischen leitet CIOMPI einen Behandlungsansatz insbesondere für →Schizophrenie ab, bei dem gesunde Anteile der Patienten und die heilende Kraft der sozialen Umwelt betont werden. [L] CIOMPI 1982

F. Caspar

Affektmensch →Typologie (Affekttypen)

affektprimitiv →Typologie (Affekttypen)

Affektprojektion, die Verlegung der emotionalen Anmutung in Lebewesen, Dinge und Vorgänge der Außenwelt, wodurch diese so erlebt werden, als ob sie selbst Träger emotionaler Äußerungen wären. A. findet sich besonders bei Primitiven und Kindern. Sie wird als Ursprung des →Tabu und des →Animismus betrachtet. →Projektion

Affektpsychosen, →schizoaffektive Psychosen

Affektsperre →Affektstörungen

Affektstauung →Affektstörungen

Affektstörungen, Sammelbegr. für die von der Norm abweichenden Veränderungen in der Ansprechbarkeit und Äußerung der Affekte, vor allem deren Steigerung und Herabsetzung sowie deren «Auseinanderfallen» (Affektdissoziation), sei es innerhalb des Affektablaufes oder zwischen den Affekten, Vorstellungen und Denkinhalten. A. sind nach BLEULER Störungen der affektiven Synthonie, d. h. der Übereinstimmung und des Ausgewogenseins der Affekte. Es gehören hierzu die mit vielfältiger Abwandlung der Bez. vorkommenden Zustände wie:
Affektabstumpfung als geringe Erregbarkeit der Affekte und der Gefühlsansprechbarkeit (affektive Nivellierung, Affektlahmheit, Affektmattigkeit, Affektverflachung, Affektverödung). Weiter zugehörig zu den als Erscheinung sehr verschiedenartigen A. sind die Affektlabilität als überaus leicht auslösbarer Wechsel in der Gefühlsgrundstimmung (z. B. unvermittelter Übergang vom Weinen zum Lachen, wie bei der sog. Affektinkontinenz). Dann die Affektinversion als der Umschlag des Affektes in eine Gegenrichtung, die Affektirritation als Ausdehnung eines Affektes auf primär Unbeteiligtes, der inadäquate Affekt, der Affektsturm als übermäßig starke Reaktionsbereitschaft. Zudem sind zugehörig: die Affektsperre (Bez. von BLEULER für die besondere Art von Gefühlsarmut, Starrheit und Gefühlsdistanzierung bei Schizophrenen. Nach der Psa. eine neurotische Hemmung der emotionalen Ansprechbarkeit, wobei lust- wie unlustvolle Gefühle nicht in einer ihrem Anlaß angemessenen Stärke erlebt, sondern aus einem unbewußten Selbstschutzbedürfnis unterdrückt werden), die Affektsteifigkeit (charakterologisches Merkmal für den schizoiden Aristokratentyp nach KRETSCHMER), affektive Verödung, Affektstauung, Affektverdrängung, Affektverflachung, Affektverhaltung.

Affekttypus →Typologie (Affekttypen)

Affektverschiebung (FREUD) →Verschiebung

Affenfurche, syn. Vierfingerfurche, die bei Affen und als Abart auch beim Menschen (z. B. →DOWN-Syndrom) vorkommende Querfurche der Innenhand.

afferente Nerven →Efferenz, →Nerv

Afferenz →Efferenz, →Nerv

Afferenzsynthese, Begr. von P. K. ANOCHIN. Die physiologische wie psychologische Reaktion zu einem bestimmten Zeitpunkt hängt von allen Reizen ab, die in einem bestimmten Zeitraum vorher in das Nervensytem gelangt sind. Die A. bringt alle diese Reize in Beziehung zueinander und zur Erfahrung des Individuums. Unter den Reizen werden Anlasser- und Situationsreize unterschieden. Die ersteren bestimmen die Reaktion, die ausgeführt werden soll, die anderen bestimmen die situationsspezifische Modifikation der Reaktion.

D. Dörner

Affiliation →Anschlußmotiv

Affinität, affin [lat. *affinis* benachbart, verwandt, zueinander passend], Verwandtschaft. Vorwiegend in der Chemie gebräuchlicher Begriff, der in die Ps. (etwa für die Art, wie bestimmte Gefühle andere Gefühle auslösen, wie bestimmte Reize nur bestimmte Personen anziehen, wie sozialps. Bindungen und Gefühle entstehen u. a. m.) Eingang gefunden hat. • Bei LERSCH Bez. für den «Integrationszusammenhang der abhebbaren Einzelzüge des Charakters». So sind z. B. Strebertum und Hartherzigkeit im Hinblick auf ihr Vorkommen in einem Charakter affin. Ggs. →diffug. • HELLPACH bez. das Hingezogensein von Mensch zu Mensch als holotrope A. bzw. monotrope A., je nachdem ob die Gesamterscheinung oder ein einzelnes Merkmal entscheidend ist. Ggs. →Diffugität.

affizieren [lat. *afficere* mit etwas ausstatten], erregen, eine →Affektion verursachen, beeinflussen

affordance [engl. Neubildung von *to afford*

anbieten], nach J. J. GIBSON (1979) Bez. für den unmittelbar in der Wahrnehmung gegebenen handlungsauffordernden Charakter bestimmter Umweltgegebenheiten *(ecological events)*. Affordancen sind als invariante Eigenschaftskomplexe auf ökologischer Ebene definiert, wobei die Angepaßtheit des sensorischen und lokomotorischen Systems eines Organismus an seine Umwelt beachtet wird sowie seine biologischen und evtl. sozialen Bedürfnisse. Feste, horizontale Oberflächen affordieren einem Landtier Begehbarkeit, rote, runde Oberflächen bestimmter Größe affordieren Eßbarkeit. →Aufforderungscharakter *P. Day*

AFS, Abk. für Angstfragebogen für Schüler [T] WIECZERKOWSKI

Agamie [gr. *gamos* Ehe], Fortpflanzung ohne Befruchtung (Parthenogenese = Jungfernzeugung). • regellose Geschlechtsbeziehung bei Naturvölkern, Promiskuität.

Agape →Eros

AGCT [T] US-Army

Ageusie, Aufhebung des Geschmacksvermögens

Agglutination [lat. *agglutinare* ankleben], Anleimung. • Sprachps. (W. v. HUMBOLDT) Bez. für Aneinanderreihen von Wörtern zu einem neuen Gesamtbegr., etwa wie in Eisen-Bahn, Tauf-Stein. • Wortagglutination ist auch Symptom bei Schizophrenie. Unsinnige Wortdichtungen aus zwei oder mehreren nichtzusammengehörigen Begr. →Kontamination. • Zusammenballung von Bakterien und roten Blutkörperchen bei Zuführung bestimmter Serumarten.

Aggravation, aggravieren [lat. *gravis* schwer], absichtliche Übertreibung oder Verstärkung, besonders bei bestehenden Krankheitssymptomen. Während man von →Simulation eher bei der Vortäuschung von Symptomen im verbalen Bereich spricht, liegt A. dann vor, wenn sich die Täuschung im Verhaltens- und Ausdrucksbereich bemerkbar macht.

Aggregat, Anhäufung von Teilen ohne innere Beziehung im Ggs. zum Organismus. Soziales A. ist die Ansammlung von Menschen, die keine differenzierte Gruppengliederung zeigt (Aufläufe, Zusammenrottungen, Theaterpublikum usw.). Gerade durch ihre Ungegliedertheit bieten solche A. die wesentliche Bedingung für die affektive Übersteigerung, wie sie in der Massenps. beachtet wird.

Aggregation →Datenaggregation

aggression [engl.], Konstrukt in der MURRAYschen «need»-Hierarchie

Aggression [lat. *aggredi* angreifen], eine Klasse von Verhaltensweisen, die mit der Absicht ausgeführt werden, ein Individuum direkt oder indirekt zu schädigen (GEEN 1990, MUMMENDEY 1983, SELG, MEES & BERG 1988). Es gibt andere Definitionen, die auf die Kennzeichnung der «Absicht» oder «Intention» als Definitionsbestandteil verzichten, während z. B. bei GEEN (1990) als expliziter Definitionsbestandteil die Erwartung des Aggressors miteinbezogen wird, daß die schädigenden Reize auch ihre intendierten Effekte haben. Die A. tritt als Reaktion auf eine wirklich oder auch nur scheinbar drohende Minderung der eigenen Macht in Erscheinung. Sie richtet sich primär gegen andere Personen und Gegenstände, kann sich aber nach Ansicht mancher A.forscher auch sekundär gegen die eigene Person zurückwenden, wenn sie durch äußere Widerstände gehemmt bzw. auf Grund der Forderung der Gesellschaft und zum Zwecke der sozialen Anpassung verdrängt wird (Selbsthaß, Selbstschädigung, Selbstmord, Masochismus). Die A. kann von den primitivsten Reaktionen (beißen, schlagen, treten usw.) bis zu den sublimsten Reaktionen (entwerten, herabsetzen usw.) in Erscheinung treten. Der Anteil und die Bedeutung der A. im Verhalten des Menschen wurde von der Psychoanalyse betont. Im Zusammenhang mit den sexuellen Beziehungen kann A. als Lust an der Grausamkeit und als Lust an der Zufügung von Schmerz auftreten (Sadismus). BERKOWITZ empfiehlt, zwischen impulsiver (spontaner) A., die als konditionierte Response von Schlüsselreizen ausgelöst wird, und instrumenteller A., die anderen Zielen dient (Machtgewinn, Besitz, Verteidigung des Territoriums, der Jungen usw.), zu unterscheiden.

Über den Ursprung der A. stehen sich drei Auffassungen gegenüber: (1) die Trieb- oder Instinkttheorie im engeren Sinne der Psychoanalyse oder Ethologie (FREUD, LORENZ); (2) die Frustrations-Aggressions-Hypothese (DOLLARD & MILLER); (3) die Aggressions-Theorie des sozialen Lernens (BANDURA & WALTERS). – Die psa. Annahme besagt, daß die vielen verschiedenen Verhaltensweisen, die als A. oder Ableitungen der A. definiert werden, aus einer gemeinsamen «primären», als nach ihr die Nichtbefriedigung eines Triebes A. zur Folge hat. Eine Annäherung zwischen (2) und (3) vollzieht BERKOWITZ, der die Möglichkeit der angeborenen «Passung» zwischen Schlüsselreizen und impulsiven

A.akten einräumt. Er modifiziert die Frustrations-Aggressions-Hypothese aber wesentlich und betont, daß die meisten A. gelernt (konditioniert) sind. Die Mehrzahl der empirischen Forschung belegt die Annahme, daß A., d.h. aggressives Verhalten, wie anderes auch im Beobachtungs- und Verstärkungs-Lernen erworben wird, ohne gänzlich auszuschließen, daß es angeborene Verbindungen zwischen aversiven Reizen und bestimmten Verhaltensmustern geben könnte.
A. dagegen erzeugt eher neue A. statt einer kathartischen Befriedigung (BERKOWITZ). Ob kathartische oder Vorbild-Wirkung aus Darstellung von Gewaltszenen in Medien (bes. in Film und Fernsehen) gegeben ist, wird unterschiedlich beurteilt; MACCOBY (1968) glaubte an erstere, BERKOWITZ zeigte, daß dargestellte Gewalttaten oft nachgeahmt werden. Die inzwischen relativ zahlreichen Studien zur Wirkung von Gewalt im Fernsehen und seine Auswirkungen auf Kinder und Jugendliche zeigen zwar ein uneinheitliches Bild, bestätigen jedoch nur selten die These, daß es zu kathartischen Effekten kommt. Im Zusammenhang mit Aggressionen werden insbesondere verhaltenstherapeutisch orientierte Interventionsprogramme diskutiert und eingesetzt. Entspannung, Situationsanalyse, Problemlösetraining, Selbstkontrolle und das Training nichtaggressiver Verhaltensalternativen stehen dabei im Vordergrund. Ein Diskriminationstraining mit aggressiven Kindern – insbes. in Kombination mit Imitationslernen und differentieller Verstärkung – erbrachte positive Effekte, wie auch →Stressinokulationstraining und familienbezogene Interventionen. Relevant ist hier auch der Zusammenhang von Aggressionen mit →Persönlichkeitsstörungen →therapeutischer Zugang in Zh mit antisozialer Persönlichkeitsstörung: →kognitive Verh.th. (BECK 1990), deren Wirksamkeit noch nicht geklärt ist; im Zh. mit →Borderline-Störung häufig Einsatz von medikamentöser Therapie (antidepressive, antipsychotische, antibipolar). Die rein medikamentöse Therapie ist umstritten, empfohlen wird eine Kombination von medikamentöser und Psychotherapie. Als Teil solcher Störungen werden Aggressionen vom Betroffenen nicht als unangemessen empfunden, was den therapeutischen Zugang erschwert. HUESMAN & ERON 1986, KAGELMANN & WENNINGER 1982, WINTERHOFF-SPURK 1986

R. Bergius/F. Caspar

Aggression, (biol.), Angriffs-, Droh- bzw. →Kampfverhalten mit dem Ziel der Dominanz gegenüber einem Gegner der gleichen oder einer anderen Art. →Territorialverhalten

Aggressionsmaschine →Reaktionssimulator

Aggressions-Test **[T]** ROSENZWEIG, SELG

Aggressionstraining →Selbstsicherheitstraining

Aggressionstrieb, der als Ursache der →Aggression angenommene Antrieb.

Aggressivität, Bez. für die habituell gewordene aggressive Haltung. →Aggression

Agieren [lat. *agere* handeln], Handeln. • In der Psa. besagt A. das Wiederholen einer früheren Verhaltensweise an Stelle des Erinnerns. Besondere Bedeutung gewinnt das A. in der psychotherapeut. Behandlung, da der Patient hier seine verdrängten Verhaltensweisen gegenüber dem Analytiker u. U. bis zum Eintritt der Wiedererinnerung agiert.

Agilität [lat. *agilis* beweglich], Beweglichkeit, Flinkheit, Rührigkeit

Agitation [lat. *agitare* antreiben, aufregen], Handeln bes. als Aufreizen. • (med.) Unruhe, Erregung, erregte Bewegung, wie z. B. bei *paralysis agitans* (Schüttellähmung) oder agitierter Depression (hochgradige motorische Unruhe mit klagend-anklagender Verstimmung). • Agitiert-sein svw. in Erregung sein mit best. Zeichen innerer und äußerer Unruhe.

agitiert →Agitation

Aglossie, angeborenes Fehlen der Zunge; behindert die Artikulation, führt aber nicht zu Stummheit. →Stammeln, →Dysglossie

Agnosie [gr. *gnosis* Erkennung], syn. agnostische Störung, die Unfähigkeit, trotz erhaltener Funktionstüchtigkeit der Sinnesorgane, Wahrnehmbares zu erkennen und einzuordnen. A. ist Folge einer Hirnschädigung, →Assoziationsfelder. Sonderformen sind:

- «akustische A».,syn. auditorische Amnesie, Aphasia auditoria, Aphasia acustica, Seelentaubheit;
- «literale A.», Wortblindheit, gedruckte oder geschriebene Buchstaben werden nicht erkannt;
- «optische A.», syn. visuelle Amnesie, Seelenblindheit, Asymbolie (Fehlen des Verstehens von Symbolen und konventionellen Zeichen);
- «pragmatische A.», fehlendes Wiedererkennen;
- «räumliche A.», Entfernungen oder Strecken können nicht erfaßt werden;
- «taktile A.», Tastblindheit, Tastlähmung, Stereoagnosie, Seelenanästhesie, Gegenstände können durch Betasten nicht erkannt werden.

Agnosie, akustische, zentrale Hörstörung, bei der gehörte Sprachlaute (Lautagnosie), Geräusche wie Schlüsselklappern, Geldzählen etc. oder Tierlaute nicht unterschieden werden können. Gestört sind ferner das →Richtungshören und das Hören von Entfernungen sowie das Erkennen von Melodien und Rhythmen (→Amusie); ferner findet sich häufig eine auditive →Unaufmerksamkeit. Die A. verursacht bei Erwachsenen →Aphasie, bei Kindern, besonders wenn angeboren oder früh erworben, schwere Verzögerungen der →Sprachentwicklung mit →Dysphasien (→Hörstummheit).

Agnostizismus, Lehre, nach der das Wesen der Welt unergründlich ist. →Pragmatismus

Agogik [gr. *agoge* Tempo der Musik], Lehre von der individuellen Gestaltung des musikalischen Tempos

Agonie [gr. *agonia* Kampf, Angst], Todesqual, Seelenqual, Todeskampf

Agonist, in der →Pharmakologie Stoff, der einen anderen Stoff in seiner Wirkung unterstützt/fördert. Rezeptoragonisten sind Stoffe, die die gleichen Rezeptoren binden wie endogene Stoffe, etwa Transmitter. Je nach Wirkungsmechanismus sind verschiedene A. zu differenzieren. [**L**] →Pharmakologie *W. Janke*

Agonist-Antagonist [gr. *agonistes* Wettkämpfer], die paarweise entgegengesetzt wirkenden Muskeln. • I. w. S. allg. Bezeichnung für «Wirker» und «Gegenwirker», z. B. bei Drogen, Nerven (Sympathikus – Parasympathikus).

agonistisches Verhalten, Sammelbez. für (offensives wie defensives) kämpferisches Verhalten, insbes. bei sozialen Auseinandersetzungen

Agoraphobie [gr. *agora* Markt, *phobos* Furcht], Platzfurcht, Angst beim Überschreiten von Straßen, Plätzen, Menschenmengen, Situationen u. a., ohne «Ausweichmöglichkeit», manchmal u. a. verbunden mit Schwindelgefühl. In schweren Fällen wird jede Mobilität vermieden, der Betroffene verläßt sein Haus nicht mehr. Wie bei anderen Phobien, bei denen das Vermeiden im Vordergrund steht und für einen großen Teil der Problematik verantwortlich ist, sollten →Expositionstechniken Teil des therapeutischen Vorgehens sein. Im Gegensatz zu anderen Phobien zeigt dabei →Systematische Desensibilisierung kaum Wirkung. Eine Verstärkung agoraphobischen Verhaltens durch Bezugspersonen ist oft zu beachten. Daneben spielen Neubewertungen im Sinne der kognitiven Verhaltenstherapie, Aufbau von Kompetenzen, in vielen Fällen aber auch eine Unterstützung einer guten Ablösung aus der Abhängigkeit in Beziehungen eine wichtige Rolle. Insbesondere bei verhaltenstherapeutischem Vorgehen ist die Erfolgsaussicht sehr gut. Begleitende depressive Verstimmungen – als Folge des Rückzuges verstehbar – verschwinden oft ohne zusätzliche Behandlung. →Phobie, Panikstörung [**L**] CHAMBLESS & GOLDSTEIN 1982

F. Caspar/L. Schmidt

Agrammatismus, das völlige Fehlen syntaktisch-grammatikalischer (→Syntax, →Grammatik) Strukturen in sprachlichen Äußerungen; entweder ihr noch fehlender Aufbau – kurzdauernd in der normalen kindlichen Sprachentwicklung (physiologischer A.), anhaltender bei verzögerter Sprachentwicklung (→S., verzögerte, →Hörstummheit) oder Oligophrenie – oder aber der Verlust grammatikalischer Strukturen durch Hirnverletzungen und -erkrankungen (→Aphasie), auch bei Psychosen (→Dysphrasie).

In ungenauer Weise wurde die Bez. A. in der älteren neurologischen und phoniatrischen Literatur (wie viele andere der mit einem Alpha privativum gebildeten Begr., z. B. Aphasie – Dysphasie) auch auf sprachliche Äußerungen mit nur fehlerhafter oder unvollständiger syntaktisch-grammatikalischer Struktur (→Dysgrammatismus) ausgedehnt. Als A. können in strenger Unterscheidung nur manche →holophrastischen Äußerungen, nicht einmal in einem Wort gegebene Befehle, oder psychotische Dysphasien und Wortsalat (z. B. «Elefant vergrün lamperstift») angesehen werden. Selbst →Echolalien sind zwar immer aus ihrer semantischen und pragmatischen Zeichenverankerung gelöst, weisen aber doch gelegentlich noch syntaktische Oberflächenstrukturen auf.

Agraphie, syn. Akatagraphie, Unfähigkeit, die zum Schreiben erforderlichen →Bewegungsvorstellungen zu bilden, bei voller Bewegungsfähigkeit der Hände und normaler Intelligenz. →Aphasie. Sonderformen der A. sind: «literale A.», voller Verlust des Schreibens oder Schreiben entstellter Buchstaben; «verbale A.», dasselbe gegenüber Worten; «motorische A.», Betonung des motorischen Verlustes.

agreement [engl. Zustimmung] Übereinkunft

Agrypnie [gr. *agrypnia*], Schlaflosigkeit

Aha-Erlebnis (K. BÜHLER), ein eigenartiges, im Denkverlauf auftretendes, lustbetontes

Erlebnis, das sich bei plötzlicher Einsicht in einen zuerst undurchsichtigen Zusammenhang einstellt.

Ahnenerbe →Regressionsprinzip

Ahnenkult →Manismus

Ähnlichkeit, Ähnlichkeitsgesetz, eine eigentümlich ausgezeichnete Beziehung zwischen zwei oder mehreren Objekten (Sachen, Personen, Eigenschaften). Ä. kann von vollständiger Gleichartigkeit ausgehend alle Abstufungen durchlaufen bis zu entferntester Ä. So besitzen zwei eben noch unterscheidbare Nuancen des Farbtons gelb einen Höchstwert an Ä., der (bezogen auf den →Farbenkreis) nach beiden Seiten hin stetig abnimmt bis zu dem Grenzwert an den beiden Polen rot und grün. Ebenso kann z. B. zwischen einem Gemälde, einem Musikstück und einem Vers spontan Ä. erlebt werden. Da unter wechselnden Bedingungen offenbar zwischen nahezu beliebigen Dingen Ä. auftreten kann, ist dies nicht mit den Dingen selbst innewohnenden Eigenschaften begründbar, wie etwa durch →«identische Elemente» (MACH u. a.) oder gleiche Strukturen. Dagegen spricht auch, daß Ä. auftreten kann bei strukturlosen Komplexqualitäten (KRUEGER). TERNUS (1926) konnte experimentell Bedingungen erzeugen, unter denen sich «phänomenale Identität» gegen «objektive Identität» durchsetzt, und konnte zeigen, daß die «homologe Funktion» zweier Momente in verschiedenen Situationen den Identitätseindruck hervorruft. →Identität

• Das Ähnlichkeitsgesetz (→Assoziationsgesetze, →Gestaltgesetze) besagt, daß Ä. nicht nur phänomenal in Erscheinung tritt, sondern auch funktional wirksam wird. Zwischen ähnlichen Elementen treten Kräfte auf, die einzelnes zu höheren Einheiten zusammenschließen (Assoziationen, Gestalten, Systeme).

Das Ä.gesetz gilt für alle Bereiche der Ps.: Wahrnehmung (untereinander ähnliche Elemente sondern sich aus und schließen sich zu einer Gestalt zusammen); Gedächtnis (→Spurenfeld organisiert sich nach Ä., aktueller Wahrnehmungsprozeß und Spur ebenso); Sozialps. (Gruppenbildung nach Ä. hinsichtlich Bildungsstand, Einkommen, Alter usw.); Typologie (Charakterstrukturen schließen sich nach Ä. zusammen zu einem Typus). Eine bestimmte Reiz-Reaktionsverbindung *(habit)* bleibt erhalten trotz Variation der Reizsituationen (→Generalisation, →äquivalente Reize), wobei alle die als ähnlich (äquivalent) bezeichnet werden, die die ursprüngliche Reaktion noch hervorrufen können. Die →Reaktionszeit ist dabei dem Abfall des Ä.grades proportional und kann somit als Maß des letzteren angesehen werden (SCHLOSBERG & SOLOMON 1943). Auch kann das Ausmaß, in dem durch das Erlernen einer Tätigkeit →Mitübung anderer Tätigkeiten erfolgt, als Ausdruck des Ä.grades zwischen diesen angesehen werden. Die Ä. von Begriffen bzw. ihren Bedeutungen läßt sich mittels einer von OSGOOD (1952) entwickelten Methode messen, indem man ihre Polaritäts-Profile (→semantisches Differential) herstellt und die Distanz zwischen diesen ermittelt. Ferner bedient man sich der Korrelationsrechnung, um Ä. festzustellen. Interpersonelle Ä.korrelationen in bezug auf bestimmte Merkmalsgruppen können zu empirischen Typenlehren führen (HOFSTÄTTER). Die für die Psychotherapie z. B. wichtige Frage nach Ä. von Wunsch- und Selbstbild kann mit Hilfe der →Q-Sortierung (ROGERS & STEPHENSON) durchgeführt werden, indem man die Korrelation zwischen den unter beiden Gesichtspunkten erhaltenen Sortierungen errechnet. →Repräsentativitätsheuristik

Ähnlichkeitshemmung →RANSCHBURGsches Phänomen

Ähnlichkeitsindex, statistischer Kennwert für die Beurteilung der Ähnlichkeit bzw. Unterschiedlichkeit von Profilen, speziell von →Testprofilen. Ein Maß, bei dem der Abstand zwischen den Profilen nicht berücksichtigt wird, stellt der Korrelationskoeffizient dar. OSGOOD und SUCI haben als Ähnlichkeitsindex das D-Maß entwickelt, bei dem Profilhöhe und Profilverlauf berücksichtigt wird. Da dieses D-Maß nicht standardisiert ist, wurden standardisierte Ähnlichkeitsindizes durch Umformung des D-Maßes in ein Korrelationsmaß entwickelt. *H. Häcker*

AI, Abk. für (1) artificial intelligence, künstliche, d. h. computer-simulierte Intelligenz (→artifizielle Intelligenz); (2) Adjustment Inventory **[T]** BELL.

AID [T] KUBINGER

AIDA-Modell, in den USA entwickeltes Stufenmodell der Werbewirkung, bei dem zwischen *attention* (Aufmerksamkeit), *interest* (Interesse), *desire* (Kaufverlangen) und *action* (Kaufdurchführung) unterschieden wird. Diese und ähnliche Modellvorstellungen dienen der Abschätzung der Werbewirkung.

AIDS, Abk. für *Acquired Immune Deficiency Syndrome*, durch (→HIV)-Viren erworbene Erkrankung des menschl. Immunsystems (Immunschwäche), wird von Mensch zu

Mensch durch Körperflüssigkeiten wie Blut, Sperma, Speichel übertragen. 1981 als eigenständiges Krankheitsbild für ein erworbenes Immundefekt-Syndrom anerkannt, zunächst nur mit männlicher Homosexualität verknüpft. [L] BRANDIS & ANSORG 1994, HAHN, FALKE & KLEIN 1994 *K. Stapf/H. Häcker*

Air Crew Classification Battery [T] US Air Force

AIT [T] MEILI

Akalkulie, Störung oder Verlust der bereits erworbenen Rechenfähigkeit; z. B. nach Hirnverletzungen (→Aphasie). Als sehr hoch integriertes, funktionelles System (ANOCHIN 1967) kann das Lösen mathem. Aufgaben durch verschiedene Teilleistungsschwächen des ZNS gestört werden (LURIA 1970); dementsprechend vielgestaltige Charakteristik der Störung u. syndromatische Überschneidungen mit →Sprachstörungen, körperlichen (GERSTMANN-Syndrom) und räumlichen Orientierungsschwierigkeiten, mit →Apraxien oder Planzerfall im Handeln, Rechenschwächen in der kindl. Entwicklung (→Dyskalkulie).

Akatagraphie [gr. *kata* hinterher, herab], seltene Bez. für →Agraphie

Akatamathesie [gr. *katamanthano* erlerne], seltene Bez. für →Aphasie, sensorische

Akataphasie [gr. *kataphemi* bejahen, bestimmen], Bez. für sprachliche Entgleisungen (ähnlich →Agrammatismus) infolge Hirnschädigung oder Schizophrenie. Beim Sprechen werden für fehlende zutreffende Ausdrücke bloß ähnlich klingende Wendungen oder ganz abwegige Äußerungen gebraucht.

Akinesie [gr. *kinesis* Bewegung], Akinese, Bewegungsarmut, Unbeweglichkeit, Ggs. →Hyperkinese. →PARKINSONsche Erkrankung

Akineton® →Biperiden

Aldehyddehydrogenase, Enzym, das am Abbau von →Alkohol beteiligt ist, indem es die Umwandlung von →Acetylaldehyd in Acetat katalysiert. [L] →Alkohol, AGARWAL & GOEDDE 1987 *W. Janke*

Akklimatisation, Anpassung von Lebewesen an veränderte klimatische Einflüsse. I. w. S. Anpassung an neue Umwelteinflüsse (→Akkommodation, →Konformität). →Domestikation. [L] HUNTINGTON 1948, MISSENARD 1949, RUDDER 1952

Akkommodation [lat. *accomodare* anpassen], Anpassung der Brechkraft der Linse des Auges (→Auge) an die Entfernung des fixierten Reizes so, daß auf der Netzhaut ein scharfes Bild entsteht (zuerst beschrieben von Th. YOUNG 1793); die Größe der Akkommodation wird in →Dioptrien angegeben, wobei für unendliche Entfernung des Reizes der Wert Null gesetzt wird (parallel auf das Auge fallende Strahlen); für nähere Reize wird die Brechkraft der Linse angegeben, durch die die Strahlen parallel werden (ihre Brennweite entspricht der Entfernung des Reizes). Der Nahpunkt der Akkommodation liegt bei jungen Erwachsenen bei ca. 10 cm; im Alter nimmt die Fähigkeit zur Akkommodation stark ab infolge der abnehmenden Elastizität der Augenlinse. Akkommodation und →Konvergenz sind miteinander gekoppelt. *H. Heuer*

Akkommodation, kognitive, von PIAGET aus der Biologie übernommener Ausdruck für die Veränderung von sensomotorischen und kognitiven Schemata durch äußere Inhalte. Das Saugschema akkommodiert sich z. B. an verschieden geformte Nippel oder an einen Finger. Im Unterschied dazu wird in der →Assimilation nach PIAGET der vom Organismus erfaßte Inhalt an vorhandene Schemata angeglichen. RIEDEL (1967) meint mit informationeller A. die Angleichung der subjektiven Erwartungswahrscheinlichkeit von Ereignissen an die tatsächliche Auftretenswahrscheinlichkeit. Auch Veränderungsprozesse in der Psychotherapie werden als Akkommodationsprozesse betrachtet, wobei aber auch emotionale Aspekte eine wichtige Rolle spielen. →Information

R. Bergius/F. Caspar

Akkommodationsbreite, Bereich, über den die →Akkommodation des Auges verändert werden kann; bei 20-jährigen beträgt sie ca. 11 →Dioptrien (Nahpunkt: ca. 10 cm), beim 50-jährigen nur noch 2 Dioptrien (Nahpunkt: ca. 50 cm). *H. Heuer*

Akkord [aus lat. *ad* zu, *cor* Herz entstand mlat. *accordium* u. frz. *accord*], Übereinstimmung, Vertrag • (musikps.) Mehrklang von drei u. mehr Einzeltönen, wobei Konsonanzen und Dissonanzen je nach Tonverschmelzung entstehen. • (arb.ps.) Eine Lohngestaltung, bei der für die Leistung eine durch →Zeitstudie ermittelte Arbeitszeit (pro Stück, Arbeitsgang u. a.) zugrunde liegt.

Akkulturation (H. S. SULLIVAN), das Hineinwachsen in die kulturelle Gemeinschaft • A. ist auch eine Bezeichnung für die Anpassung an ein fremdes Milieu (z. B. beim Wechsel in ein anderes Land, in eine andere soziale Klasse u. dgl.). →Assimilation, →Enkulturation

Akoasma [gr. *akouasma* das Gehörte], akust. Halluzinationen (z. B. Knallen, Zischen, Wispern u. ä.); bei Schizophrenie, epilept. Aura, Psychosen.

akoluthe Phase, die Spanne, bei der eine Erregung (z. B. Trieb) noch nicht abgeklungen ist und die neue Erregung noch gehemmt wird.

akra..., akro... [gr.], in Wtvb. spitz, hoch **[E]**

Akra, Akren, die «gipfelnden» Körperteile wie Nase, Kinn, Hände – Finger, Füße – Zehen usw.

Akranie [gr. *akranios* ohne Schädel] →Anenzephalie

Akrenzephalon [gr. *enkephalon* Hirn], Endhirn, Telenzephalon, →Gehirn

Akroanästhesie, Störungen der →Sensibilität in den Akren

Akrodynie [gr. *odyne* Schmerz], Schmerzen in den Enden der Körperglieder

Akrodystonie [gr. *tonos* Spannung], Störungen im Spannungszusammenspiel (Tonusgleichgewicht) in den Enden der Körperglieder

Akromegalie [gr. *megas* groß], als Spitzenwachstum bezeichnete, nach Beendigung des allgemeinen Wachstums eintretende Verlängerung und Verdickung «gipfelnder» Teile (Nase, Kinn, Hände – Finger, Füße – Zehen usw.). Ursache ist Überproduktion an Wachstumshormonen des Hypophysenvorderlappens. →Hormone

Akroparästhesie [gr. *para* neben, *aisthesis* Wahrnehmung], Sensibilitätsstörungen im Bereich der Hände und Füße. →Parästhesie

Akrophobie, die der Agoraphobie verwandte Furcht beim Besteigen von Höhen und Türmen. →Phobie

Akt, ein einzelner, einziger, d. h. zeitlich begrenzter und qualitativ bestimmter Teilvorgang im Strom des Erlebens. Wahrnehmungs-, Vorstellungs-, Erinnerungs-, Gefühls-, Willens- oder Denkakt.

Fraglich ist die jeweilige Abgrenzung eines Aktes, er muß jedenfalls eine relative Geschlossenheit und Abtrennbarkeit besitzen. Ein philos. zentraler Begriff ist A. bei HUSSERL und SCHELER. Bei den Psychologen hat er grundlegende Bedeutung in der Gegenüberstellung von A. und Inhalt (→Aktpsychologie). BRENTANO, MEINONG, HÖFLER, STUMPF sind hierzu besonders zu nennen.

Aktionsakzeptor, im «funktionellen System» von ANOCHIN ein Glied, das den Handlungsentwurf bewertet in Abhängigkeit vom Handlungsspielraum und dem Funktionswert alternativer Ziele oder Wege der Handlung.

Aktionsforschung, Handlungsforschung. →action research, →Feldstudie

Aktionsgefühl →Tätigkeitsgefühl

Aktionskatalog, Bez. für die zur Durchführung von Verhaltensanalysen erforderliche Verhaltens-Bestandsaufnahme. →Ethogramm

Aktionspotential, Potentialänderung von Nerven o. Muskeln bei Reizung durch rasche Natriumeinströmung. Membranpotentiale der Nervenzelle bei überschwelliger Reizung, die eine vollständige Ausbildung der elektrochemischen Gesamtreaktion der Zelle mit Initialsegment, Overshoot, und Nachpotential auslöst, bis das Ruhepotential wieder erreicht wird. Während der Dauer des Aktionspotentials ist die Zelle absolut refraktär, d. h. unfähig, auf eine zweite Reizung zu reagieren, kurz danach relativ refraktär. →Nerv, →Spitzenpotential.

Aktionsprogramm, Informations- und Aufklärungsaktion. →Handlungsforschung

Aktionsprüfer →Sinnesfunktionen (5b)

Aktionsquotient, ein von A. BUSEMANN vorgeschlagenes Maß, um den alterstypischen Stilcharakter der Sprache und seine Veränderungen im Laufe der Sprachentwicklung zu erfassen. Das Verhältnis von aktionalen zu qualitativen Aussagen im sprachlichen Ausdruck wird ermittelt. Aktionale Aussagen betreffen Wörter, die eine Tätigkeit ausdrücken (Verben), qualitative Aussagen werden über Eigenschaften (Adjektive) ermittelt. **[L]** BUSEMANN 1925, 1948

aktionsspezifische Energie, in der Instinktlehre (der →Ethologie) angenommene Triebkräfte für die verschiedenen Instinkthandlungsketten, die in Handlungspausen angestaut und spezifisch in der zugehörigen Instinkthandlung entladen werden. (Gegenvorstellung: allgemeines Antriebsreservoir) **[L]** LEYHAUSEN 1965

aktionsspezifisches Potential (ASP) →aktionsspezifische Energie

Aktionsstadium →Apperzeptionskategorien

Aktionsstrom, bioelektrischer Strom, der im tätigen Muskel, Nerven, Herzen entsteht. Ps. von bes. Interesse sind die Aktionsströme der Hirnrinde (Alpha- und Beta-Wellen von H. BERGER). →Elektrophysiologie

Aktivation, Aktivierung [nach engl. *activation/arousal*], Erregung von neuralen und ps. Prozessen durch innere und äußere Reize, die Aktionen vorausgeht, diese begleitet und durch folgende Beobachtungen gemessen wird: (1) Steigerung der Frequenz und Abnahme der Amplitude von EEG-Rhythmen (Desynchronisierung); (2) Erregungssyndrom des autonomen Systems mit Erhöhung der Herz- und Atemfrequenz, Pupillenerweiterung und elektr. Hautwiderstandsänderung etc.; (3) mit dem Stabilimeter gemessene Verhaltensaktivierung; (4) psychische (affektive) Erregung von der allgemeinen Aufmerksamkeit mit Orientierungsfunktion bis zu allen Erscheinungsweisen der Angst oder der Wut. Nach älterer Auffassung sollte die (Gefühls-) A. von der Intensität der Reize abhängen (WUNDT-Kurve; DOLLARD & MILLER). Richtiger ist es, verschiedene Reizmerkmale, insbesondere auch Beziehungen von Reizen untereinander und zu dem Empfänger, für ihr sog. A.-«potential» verantwortlich zu machen, wie Komplexität, Neuheit, Abweichung von der Erwartung und den so oder anders erzeugten Konflikten (BERLYNE). In der Persönlichkeitsps. und Psychopathologie werden Unterschiede der A. zum Konstrukt A.-«niveau» verwendet. EYSENCK vertritt die Auffassung, daß Extravertierte höhere A.potentiale der Reize benötigen als Introvertierte, weil bei ersteren die Hemmung größer ist als bei letzteren. Mechanismen der A. sind Funktionen des Retikulärsystems des Hirnstamms (→ARAS) und des Thalamus (MOZUZZI & MAGOUN, DUFFY, HEBB). Für A. steht im engl. auch *«energy mobilisation»*. Das Konstrukt der A. ersetzt in neuerer Zeit Konstrukte wie Trieb, Spannung, Emotion, Libido u. ä. und bietet ihnen gegenüber den Vorteil, daß es, da operational definiert, experimentell besser untersucht werden kann. Von KLING & RIGGS (1971) wird diskutiert, ob A. nicht den Konstrukt des allgemeinen Antriebs (D) in HULLS Verhaltenstheorie ersetzen könnte, wenn zusätzlich angenommen wird, daß der Organismus nicht A.reduktion, sondern ein gewohnheitsmäßiges A.niveau sucht. Im Ggs. zu der meist vorgenommenen Gleichsetzung von A. und Erregung (→arousal) wird auch unter A. ausschließlich das Ingangsetzen spezifischer Mechanismen (z. B. von Gedächtnisinhalten) oder Handlungen verstanden. In der →Motivationsforschung bedeutet A. jedoch, insbes. bei WOODWORTH und SCHLOSBERG, die Inbereitschaftsetzung des gesamten Organismus zum Handeln. **[L]** MALMO 1959, HECKHAUSEN 1967, 1980, SCHÖNPFLUG 1969, DUFFY 1962, MORUZZI & MAGOUN 1949, HEBB 1949

R. Bergius

aktive Therapie, von SIMON in die Anstaltstherapie eingeführte Bez. für die Erzeugung einer Heilatmosphäre, die verhindert, daß der Kranke durch den Anstaltsaufenthalt kränker wird, als es seiner Grundkrankheit entspricht. Dazu gehören →Arbeitstherapie, →Gruppentherapie, Lockerung von Zwang und Sicherungsmaßnahmen bis zur Aufhebung geschlossener Abteilungen. →Hospitalismus

Aktivhypnose, gestufte (KRETSCHMER) →Hypnoseübung, fraktionierte

Aktivierung, assoziative →priming

Aktivierung, Gesetz der funktionalen, nach ROHRACHER besagt dieses Gesetz, daß Wahrnehmung, Gedächtnis und Denken nur in Funktion treten, wenn sie von äußeren Reizen oder von Trieben, Interessen, Gefühlen oder Willenserlebnissen aktiviert werden. **[L]** SCHÖNPFLUG 1969 *H. Häcker*

Aktivierungsvariablen, Variablen, die den Aktivierungszustand anzeigen; von M. W. EYSENCK (1982) werden aufgezählt: Hautleitwert, Herzfrequenz, Pulsvolumen, Pulsamplitude, Elektromyogrammwerte, Lidschlagfrequenz, EEG-Werte, Atemaktivität; als selbstskalierte Veränderungen die (1) des Herzklopfens, (2) der Anspannung, (3) des Ärgers, (4) der Hilflosigkeit, (5) der Anstrengungsbereitschaft.

Aktivitätsperiodik, die wohl →phylogenetisch erworbene und mit dem Tages- wie Jahresgang verbundene Abfolge von Phasen der Aktivität und des Ruhebedürfnisses sowie den zugehörigen (durch regelmäßig sich wiederholende Schwankungen der Umwelt verursachten) Abwandlungen in der Leistung, im Befinden etc. Die Tagesperiodik wird auch als diurnaler Rhythmus [lat. *diurnus* täglich], bzw. circadianer Rhythmus [lat. *circa* und *dies* um den Tag herum], bezeichnet.

Aktivitätstheorie, geht im Gegensatz zur Theorie des →Disengagements davon aus, daß ältere Menschen gemäß ihren Möglichkeiten und trotz Veränderung ihrer sozialen Rollen aktiv am sozialen Leben teilnehmen und ein Interesse an sozialen Interaktionen aufrechterhalten. **[L]** TARTLER 1961 *F. Wilkening*

Aktometer, Aktograph. Ein am Handgelenk oder an einer anderen «strategischen» Stelle des Körpers angebrachter, auf dem Prinzip des Trägheitskompasses basierender Apparat, der es erlaubt, Bewegungen des Trägers aufzunehmen und zu registrieren. Dies geschieht entweder über auf einem miniaturisierten Speicher im Gerät oder durch telemetrische (drahtlose) Übertragung auf ein stationäres Gerät im Labor. Die Akometrie findet speziell in der neueren →Schlafforschung zunehmend Verwendung. *C. Becker-Carus*

Aktpsychologie, allgemein jede Deutung des

Seelischen als nur der «inneren Wahrnehmung» zugängig und als verlaufend in Akten, d. h. in funktionsabhängigen, zeitlich begrenzten und qualitativ bestimmten Teilvorgängen. • Bez. für eine von Franz BRENTANO ausgehende und von dessen Schüler Carl STUMPF vertretene ps. Richtung. Das Gerichtetsein (die →Intention) auf etwas hin ist grundlegendes und wichtigstes Merkmal der ps. Prozesse. Die A. wird daher auch als Intentionalismus bezeichnet. Beziehungen bestehen zur Phänomenologie (→Phänomen) sowie zur →geisteswissenschaftl. Ps. Die Annahmen der A. sind gegensätzlich zu denen des →Empirismus und des →Sensualismus. →Akt

Aktualangst (FREUD), erlebnis- oder triebbedingter und momentan auftretender Angstanfall (Zustand von Angst). →Aktualneurose

Aktualgenese, auf SANDER zurückgehender Begr. der →Gestaltpsychologie für das Entstehen einer Gestaltwahrnehmung aus komplexhaft-ganzheitlichen Vorgestalten. Allgemeiner auch der Prozeß vom ersten, diffusen Eindruck bis zum vollausgegliederten Erlebnis. Die aus pathologischen Gründen unvollständig bleibende A. bei Hirngeschädigten beachten GELB und GOLDSTEIN. Zur besonderen Bedeutung der A. bei dem Erinnerungsvorgang hat WITTE eingehende Untersuchungen durchgeführt. [L] SANDER 1939, WITTE 1952

aktualgenetische Methode, die stufenweise Darbietung von Figuren im Sinne der →Aktualgenese. Es wird festgestellt, wann der Proband die Figur, die ihm zuerst in diffusen «Vorgestalten» und von Stufe zu Stufe deutlicher geboten wird, erkennt.

Aktualisieren, Vergegenwärtigen von Erinnerungen, seelischen Inhalten, auch von Bereitschaften emotionaler oder affektiver Natur. In verschiedenen Formen von Psychotherapie spielt das Aktualisieren (Wiederauflebenlassen) von Vorstellungen und Gefühlen eine besonders grosse Rolle. Während Aktualisieren allein ohne systematische Einbettung in eine Therapie wenig zu dauerhaften Veränderungen beiträgt, ist es, sinnvoll eingesetzt, oft eine besonders günstige Voraussetzung dafür. [L] DUNCKER, SELZ, WERTHEIMER *F. Caspar*

Aktualität der Gefühle (KÜLPE), Bez. für die kennzeichnende Eigenart der Gefühle, daß sie nicht durch Erinnerung reproduziert werden können, ohne selbst wieder anzuklingen und aktuell zu werden. →Gefühl. [L] KÜLPE

Aktualitätstheorie, in der Philosophie die Lehre von der Veränderlichkeit, vom Werdenscharakter des Seins. • In der Ps. die Auffassung, daß die Wirklichkeit der Psyche in der seelischen Aktivität, dem seelischen Geschehen liegt. Die Seele existiert nicht unabhängig von den seelischen Vorgängen. Ggs. ist die →Substantialitätstheorie. Der →Voluntarismus von WUNDT ist z. B. aktualistisch.

Aktualneurosen, Bez. von FREUD für diejenige Gruppe von Neurosen, deren Symptome Ausdruck einer aktuellen Affekterregung sind. Die Genese der Symptome besteht also in einer unmittelbaren Auswirkung des aktuellen auslösenden Affektreizes (Schreckneurose, Angstneurose, Neurasthenie, Hypochondrie). Die A. wurden von FREUD den Abwehrpsychoneurosen bzw. Psychoneurosen gegenübergestellt.

aktuarisch [lat. *actuarius* Gerichtsschreiber], zur Wahrscheinlichkeitsstatistik gehörend. →Probabilismus

aktuarische Psychologie, svw. probabilistische Ps., in der nur Wahrscheinlichkeits-Aussagen gemacht werden. →Wahrscheinlichkeit

aktuelles Ich, psa. Bez. für das zwischen Trieb-Ich und Über-Ich der Außenwelt gegenüberstehende Ich.

Aktverbindung, im Ggs. zur assoziativen (mechanischen) die sinnvolle Verbindung von Erlebnis- und Bew.akten. →Aktpsychologie

Akuität [lat. zu *acutus* spitz, scharf], rascher, akuter Verlauf, z. B. eines Prozesses (Krankheit). Ggs. →Chronizität

Akumeter [gr. *akuein* hören], Gerät zur Bestimmung der Hörschärfe. Ein kleiner Hammer schlägt aus gleichbleibender Höhe auf eine Unterlage. Die Hörschärfe wird aus der Entfernung bestimmt, aus der der Hammer noch gehört wird. →Audiometer, Sonometer

Akupunktur, [lat. *acus* Nadel, *pungere* stechen], Therapiemethode, die in China seit langer Zeit zur Therapie verschiedener Erkrankungen (u. a. Arthritis, gastrointestinale Störungen) angewendet wird, in neuerer Zeit auch bei der intraoperativen Schmerzbekämpfung. Zur Akupunktur-Analgesie werden spezifische Körperpunkte durch Nadeln manuell oder elektrisch gereizt. Nach ca. 20 min. tritt die Analgesie ein. Ps. Faktoren verstärken den analgetischen Effekt: hohe positive Erwartungen, Vorbereitung und Information, Suggestionen. Der Akupunktureffekt wird meist durch Lokal-Anaesthesie und Sedativa verstärkt. Vermutlich spielen die Endorphine eine Rolle bei der Schmerzunterdrückung. [L] POMERANZ 1978, LARBIG 1980, CHAVES et al. 1976 *W. Larbig*

Akusmatagnosie, Unfähigkeit, Klänge zu erkennen, infolge Hirnschädigung bei erhaltener Funktionstüchtigkeit des Hörapparates.

Akustik, (gr. *akoein* hören)Lehre vom Schall mit den Teilbereichen physikalische Schallquellen und -dimensionen (physikalische A.), Schallerzeugung und -aufnahme durch den Organismus (physiol. A.), ps. Schallbewertung und -verarbeitung (Psychoakustik, Ton- oder Gehörps.).
Physikalische Dimensionen der auf das Ohr einwirkenden bedeutungshaltigen Schallereignisse (→Signale) und der akustischen Störungen (→Lärm, →Rauschen) sind insbes. die Intensität (Maßeinheit: →Phon) und die Frequenz (Maßeinheit: →Hertz). Ihnen entsprechen komplexe physiol. Erregungsmuster, die in Wechselwirkung mit anderen Funktionen (Gedächtnis, Antrieb usw.) der auditiven Wahrnehmung stehen. Psychol. und physiol. bedingte situations- und individuumsspezifische Unterschiede in der gehörseitigen Aufnahmeleistung werden durch akust. Verf. (→Audiometrie) erfaßt. Weil Schall der physikalische Träger lautsprachlicher Information ist, enthält das Bedingungsgefüge von →Sprachproduktion und →Sprachrezeption wesentliche akust. Komponenten (z. B. →Formanten). [**L**] STEVENS 1938 *H. E. Zahn*

Akustiker, akustischer Typ →Typologie (Vorstellungstypen)

Akustomotoriker →Typologie (Vorstellungstypen)

Akzeleration [lat. *accelerare* beschleunigen], Beschleunigung d. Entwicklungsgeschwindigkeit mit Zunahme d. Endgröße b. beiden Geschlechtern. Wachstums-A. mit durchschnittlicher Zunahme d. Körperlänge bis zu 10 cm, meist i. Verbindung mit bis zu 2 Jahre früherem Beginn der Pubertät (Entwicklungs-A.) wird seit Ende d. 19. Jh. in Industrie- u. Agrarländern beobachtet. Als Ursache der A. wird das Urbanisierungstrauma vermutet, wonach das Stadtleben auf Kinder i. S. einer erhöhten vegetativen, endokrinen u. zerebralen Reaktionsbereitschaft einwirkt. →Frühreife. Ggs. →Retardation

Akzeleration, intraverbale, die in einer Zunahme der Silbenzahl pro Zeiteinheit meßbare Beschleunigung des →Sprachtempos innerhalb längerer Wörter. Auffälligstes Symptom beim →Poltern (→Tachylalie). Hingegen bleibt bei der →Tachyphemie i. S. SEEMANS (1969) das Sprechtempo gleichmäßig.

Akzentuierung, Überbetonung, Hervorhebung eines Gedankens, einer Sache (linguistisch) →Prosodie

Akzeptanz, Akzeptierung, Annahme, →Ablehnung, soziale

Akzessorische Symptome nach BLEULER zusammenfassende Bez. f. Wahn, Halluzinationen u. katatone Störungen, deren Existenz für die Schizophrenie-Diagnose nicht obligat sind, zusammen mit den anderen Grundsymptomen jedoch diese Diagnose bestätigen. Die einzelnen Symptome können auch bei anderen Erkrankungen auftreten. →Schizophrenie →Katatonie

AL, Abk. für (1) *absolute limen*, Absolutschwelle →Reizschwelle. (2) *adaptation-level* →Anpassungsniveau. (3) aspiration-level →Anspruchsniveau.

Alalie [gr. *lalein* sprechen], Unvermögen, artikulierte Laute hervorzubringen, verursacht durch Defekte äußerer Sprechwerkzeuge (Lippen, Mundhöhle, Zunge usw.) oder durch Störungen ihrer leitenden Nervenbahnen. • idiopathische A. [gr. *idio* eigen, *pathos* Leiden] →Hörstummheit. • mentale (relative) A., Sprechscheu und damit scheinbares Stummwerden von Kindern, bes. Stotterern nach mißglückten Sprechversuchen.

Albedo [lat. *albus* weiß], Bez. für den Reflexionsgrad des Lichts bezogen auf das unter gleichen Beleuchtungsbedingungen stehende Normalweiß (MgO), dem die Albedo 100 zugeordnet ist. A. ist der Anteil des Lichts, der nicht absorbiert wird. [**L**] RICHTER 1946

Albinismus, (syn. Achromasie, Achromie) fehlende (genetisch bedingte) Farbstoff(Melanin-)bildung. Weißblondes Kopf- u. Körperhaar, hellblaue o. hellrote Iris, hellrote Haut, verbunden m. Lichtscheu, Nystagmus u. Schwachsichtigkeit infolge d. Pigmentmangels

Aldosteron, Hormon der Nebennierenrinde aus der Gruppe der →Mineralocorticoide. A. hat aber auch einen geringen Glucocorticoid-Effekt. Die Sekretion wird stimuliert durch das Renin-Angiotensin-Aldosteron-System (RAAS), so bei Blutdruckabfall und Mangeldurchblutung, durch Anstieg des Serumkaliums und von →ACTH. A. hat einen starken Einfluß auf den Elektrolythaushalt, es bewirkt Retention von Natrium, Abgabe von Kalium in den Nieren und sekundär eine Flüssigkeitsretention. Erhöhte Werte bei Streß. Im ZNS findet sich A. v. a. in limbischen Regionen. A. nimmt Einfluß auf Sinneszellen und Neurone der Riechbahn. Die Wirkung von A. wird gehemmt durch Antagonisten wie →Spironolacton und Triamteren. [L] AGARVAL 1994, FUNDER et al. 1997, MCEVEN 1991, SUTANTO & DEKLOET 1991

W. Janke/G. Erdmann

Aldosteronismus, syn. Hyperaldosteronismus, Hypersekretion des Nebennierenrindenhormons →Aldosteron. [L] Hormone

W. Janke

alertness [engl.], (allg.) Wachsamkeit, Wachheit, Flinkheit, Munterkeit, Aufgeschlossensein. • faktorenanalytisch (CATTELL) ermittelter Faktor der Wachsamkeit vs. Unaufmerksamkeit gegenüber Umweltreizen. Dieser Faktor ist unabhängig von der Leistungsdimension der Aufmerksamkeit, er steht aber in enger Beziehung zur →Extraversion – Introversion.

Alexie, Wortblindheit, Verlust der Lesefähigkeit durch (kortikale) Hirnverletzungen oder -erkrankungen; je nach Lokalisation und Ausdehnung der Verletzung in Verbindung mit →Aphasien, mit Störungen der Raumlageerfassung und →Akalkulie (GERSTMANN-Syndrom) und/oder mit →Agraphie (LURIA 1970, BROWN 1975, HECAEN & ALBERT 1978, DIMOND 1980). Graduelle Unterschiede werden gelegentlich mit der Bez. Dyslexie angedeutet. Sonst ist →Dyslexia die heute übliche engl. Bez. für die angeborenen Formen der *reading disability*, →Lese-Rechtschreib-Schwäche.

Alexithymie [gr. *a . . .*, *lexis* Sprechen, *thymos* Gemüt, Gefühl], Unvermögen, Gefühle angemessen wahrzunehmen und zu beschreiben. A. wird besonders von einer frz. Schule als wichtiger Faktor für die Entwicklung psychosomat. Störungen betrachtet. Das Konzept, obwohl klinisch bei vielen Patienten plausibel, konnte empirisch wenig erhärtet werden. Therapeutisch ist zudem fraglich, in welchem Masse eine Erlebnis- und Ausdrucksfähigkeit für Gefühle nachgelernt werden kann und zur Beseitigung psychosomatischer Probleme beiträgt. [L] FREYBERGER 1977, MILTNER 1986

H. Ries/F. Caspar

Algesie, syn. Analgesie [gr. *algos* Schmerz], Aufhebung des Schmerzempfindens

Algesimeter, Algometer, Gerät zur Prüfung der Schmerzempfindlichkeit durch Auslösung eines bestimmten (dosierten) Schmerzreizes (mechanisch, thermisch, elektrisch). [L] PAULI & ARNOLD 1972

alghedonisch [gr. *algos* Schmerz, *hedone* Lust], svw. Lust-Unlust-Bezogensein →Gefühlstheorie (WUNDT)

-algie, Wortteil mit Bedeutung «Schmerz» (z. B. Neuralgie).

ALGOL, Abk. für Algorithmic Language. →Programmiersprache für Rechenautomaten. Sie ist vorwiegend für wissenschaftliche Probleme, die sich numerisch fassen lassen, geeignet. [L] BAUMANN, MCCRACKEN, NICKEL

Algometer →Algesimeter

Algorithmentheorie, Theorie der maschinellen Realisierung von →Algorithmen (deren Konstruktion, Programmierung etc.). Die Anwendungsmöglichkeiten der A. mit entsprechenden elektronisch-kybernetischen Maschinen (→Lehrmaschinen, lehrende Automaten) sind heute groß, insbes. gehören dazu auch organische und ps. Prozesse. [L] KLAUS & LIEBSCHER 1979

algorithmische Diagnostik, Bez. von LANGE (1971) für das computerunterstützte Auffinden von Diagnosen. Die Computerunterstützung umfaßt dabei hauptsächlich den Vergleich von Befundlisten, die Befundgewichtung und die Wahrscheinlichkeitsaussagen. →Computerdiagnostik.

Algorithmus [*algo* abgeleitet aus dem verzerrten Namen eines arabischen Mathematikers, *rithmus* in Anlehnung an gr. *rithmos* Zahl], allg. formuliertes, eindeutiges Verfahren zur Lösung von Aufgaben der gleichen Art. • Vorschrift (Beschreibung) für ein System von Ausführungs- und Prüfoperationen, um in bestimmter Reihenfolge und bei Aufgaben gegebenen Typs Lösungen zu erreichen (HACKER 1973). →heuristische Regeln

Alice-im-Wunderland-Syndrom →Depersonalisationssyndrom

Alienationskoeffizient, Maß für das Fehlen einer statistischen Beziehung (→Korrelationskoeffizient) zwischen 2 oder mehreren Variablen. Der A. wird aus dem Korrelationskoeffizienten r berechnet: $k = 1-r^2$. Aus der Bedeutung von r als einem Maß für die gemeinsame Varianz beider Variablen (→Determinationskoeffizient) geht hervor, daß bei $r = 0.50$ der A. nicht etwa ebenso groß ist, sondern einen wesentlich höheren Wert erreicht. Erst bei $r = 0.7071$ ist k ebenfalls 0.7071. • In der Testtheorie ist A. Maß für den Anteil der Standardabweichung der Schätzfehler an der Gesamtstreuung des Kriteriums. *H. Häcker*

Alkaloide, stickstoffhaltige Stoffe, in der Pflanzenwelt vorkommend, enthalten z. B. in dem →Belladonna-Alkaloid →Atropin der Tollkirsche, oft mit starken physiol. und ps. Wirkungen, z. B. psychodelische Wirkungen (z. B. Belladonna-Alkaloide wie Atropin, Halluzinogene wie Mescalin). Viele A. wurden seit Jahrhunderten in der Volksmedizin und für religiöse Riten benutzt. Viele Psychopharmaka sind A.-Derivate, z. B. Ephedrin. →Halluzinogene, →Ethnopharmakopsychologie *W. Janke*

Alkohol, chem. Äthylalkohol, einer der am meisten ge(miß)brauchten untersuchten psychotropen Stoffe, pharmakologisch den ZNS-dämpfenden Stoffen zugerechnet. Pharmakologisch ist A. den →Hypnotika und wegen einiger Wirkungen auch dem Narkotikum Diäthyläther vergleichbar. Da A. milllionenfach akut und chronisch genommen wird, sind die Wirkungen grundsätzlich zu differenzieren. Akutwirkungen sind stark dosisabhängig: A. kann aber eine Vielfalt z. T. gegensätzlicher Wirkungen entfalten (anregende vs. sedierende, stimmungsaufhellende vs. -dämpfende, anxiolytische vs. →anxiogene, aggressionsfördernde vs. -dämpfende Wirkungen). Vielfach nachgewiesen ist die inter- und intraindividuelle Wirkungsvariabilität, so daß es nicht möglich ist, genaue Wirkungsmerkmale aufzuführen. Wichtige Moderatoren sind neben Dosis, Zubereitungsart, Beimischung und Wirkungszeitpunkt (ansteigende vs. abfallende Konzentration), der situative, bes. der soziale Kontext und Persönlichkeitsmerkmale wie Extraversion und Neurotizismus. Sicher ist, daß die Dosen, die zu müdemachenden, stimmungsaufhellenden, anxiolytischen und leistungsbeeinträchtigenden Wirkungen bei verschiedenen Personen führen, stark differieren. Chronische Alkoholzufuhr höherer Dosen hat bedeutende toxische Wirkungen. Neurotoxische Wirkkomponenten sind verbunden mit Leistungsdefizits und Auftreten emotionaler, motivationaler und sozialer Störungen. [L] BIRNBAUM & PARKER 1977, EKMAN et al. 1963, ERDMANN 1979, POHL 1993, RAMMSAYER 1997, WÖLWER 1994 *G. Erdmann/W. Janke*

Alkoholembryopathie, Syndrom von somatischen und ps. Störungen bei Kindern von Müttern, die während sensibler Schwangerschaftsperioden größere Alkoholmengen getrunken haben. Symptome u. a. Intelligenzminderung, Verhaltensstörungen verbunden mit Entwicklungsverzögerung und verlangsamtes Körperwachstum sowie anatomische Anomalien. Bei einer Prävalenz von 1 auf 300 Neugeborene ist A. die häufigste angeborene Entwicklungsstörung. [L] MAJEWSKI 1987, 1993 *W. Janke*

Alkoholentzug, Vorenthaltung der Zufuhr von →Alkohol bei alkoholabhängigen Personen. Das Entzugssyndrom besteht aus Symptomen wie Hyperaktivität, Schlaflosigkeit, Dysphorie u. a. Das Syndrom kann quälend und lebensbedrohend sein. Es besteht bei schwerer Abhängigkeit aus mehreren Stadien. *W. Janke*

Alkohol(in)toleranz, allgemein gilt: nach einem ersten Stadium mit 0,5–1,51‰ Blutalkoholkonzentration setzt in einem zweiten Stadium von etwa 1–2‰ Schlaf ein, der zwischen 2 und 3‰ in eine Narkose übergeht. Über 3‰ setzt Lähmung ein, die bei 4–5‰ mit der Lähmung des Atemzentrums tödlich endet. • Die individuelle Toleranz ist abhängig von konstitutionellen Faktoren; sie wird beeinflußt durch Schäden, Erkrankungen, Pharmaka, aber auch Ermüdung, Erregung, Alkoholkonzentration und Füllzustand des Magens.

Alkoholismus, übermäßiges, dranghaftes Einnehmen von →Alkohol. Als Ursachen wurden genetische, biochemische und psychosoziale Faktoren postuliert. Somatische Ursachenforschung hat sich intensiv um Prädiktoren und Markiervariablen bemüht. Eine intensive Forschung wurde der Identifizierung von →Alkoholikertypen gewidmet. Klassisch sind Einteilungen nach verschiedenen Stadien nach Jellinek. In der Biologischen Psychiatrie ist die Typologie Cloningers in Typ 1 und Typ 2 verbreitet. Therapien wurden mit vielen →ps. und medizinischen Ansätzen erprobt. Erfolgreiche Verfahren überschreiten selten die Zahl von mehr als 40 % langdauernder Abstinenz. Therapeutische Ansätze sind psychologischer und somatischer Art. Zu den somatischen Therapien gehören v. a. die Pharmakotherapien, so die Beeinflussung des Verlangens nach Alkohol durch →Anticravingsubstanzen und Aversionstherapie mit →Antabus (Disulfiram). [L] BÖNING 1993, FEUERLEIN 1996, ROMMELSPACHER & MÜLLER 1995, SCHÖCHLIN & ENGEL 1998, SOYKA 1995, 1997, WATZL & ROCKSTROH 1997 *W. Janke*

Alkoholismus, Alkoholiker, syn. chron. Alkoholmißbrauch, Alkoholsucht, Trunksucht u. a.m. Ursachen und Folgen dieser seit 1968 in der BRD als Krankheit anerkannten Komplexerkrankung sind im körperlichen, seelischen, sozialen und wirtschaftlichen Bereich zu suchen: Nach der Definition der WHO sind Alkoholiker exzessive Trinker, deren Abhängigkeit vom Alkohol einen solchen Grad erreicht hat, daß sie deutliche seelische Störungen, gesundheitliche Schäden, eine Beeinträchtigung der mitmenschlichen Beziehungen sowie sozialer und wirtschaftlicher Funktionen aufweisen bzw. daß Vorläufer solcher Erscheinungen zu beobachten sind.

Die WHO unterscheidet zwischen gewohnheitsmäßigem exzessivem (nichtsüchtigem) Alkoholmißbrauch (Abusus) und süchtigem Alkoholismus. Letzterem, der sich nach dem Vorliegen eines Kontrollverlustes (Unfähigkeit, mit dem Trinken aufzuhören, wenn man einmal begonnen hat) oder einer Unfähigkeit zur Abstinenz (Gamma- bzw. Delta-Alkoholismus nach JELLINEK) bestimmt, kommt Krankheitswert zu. Nichtsüchtiger Alkoholismus wird heute mit dem Begriff des Problemtrinkens (d. h. daß das Trinken Probleme schafft) belegt. – Als Ursachen des A. können, je nach Erscheinungsbild in unterschiedlichem Maße beteiligt, gelten: Heredität im Sinne einer unspezifischen Vulnerabilität, individuell oder kulturell bedingt; frühkindliche Prägung einer ichschwachen und für Formen psychischer Fehlanpassung anfälligen Persönlichkeit; Lernen von Trinkmustern durch innere und soziale Verstärker in der früheren oder späteren Jugend; die sozialen Reaktionen gegenüber dem beginnenden Alkoholismus, die den sich autonomisierenden Krankheitsprozeß, das Süchtigwerden unterstützen. – Die Gefährlichkeit des Alkoholismus liegt darin, daß die herrschenden Trinksitten die beginnende Süchtigkeit verschleiern und unentdeckt bleiben lassen, bis ein relativ spätes Stadium des Prozesses erreicht ist. Die Häufigkeit des A. wird in den meisten industrialisierten Ländern auf 1–2 % der Bevölkerung geschätzt; dabei nimmt der Anteil an Frauen und Jugendlichen in den letzten Jahren rapide zu. Die Gründe für die steigenden Alkoholismusziffern sind noch nicht erforscht; die Lebensbedingungen der industrialisierten Gesellschaft dürften eine wesentliche Rolle spielen. Alkohol ist oft ursprünglich als Selbstheilungsversuch für andere psychische Probleme, wie Ängste oder depressive Verstimmungen eingesetzt worden. Auch wenn die «Ursache» in diesem Sinne bekannt ist und ebenfalls therapeutisch angegangen werden soll, so geht es doch in der Regel zunächst darum, die Eigendynamik der Sucht in den Griff zu bekommen. Therapieziel ist in der Regel völlige Abstinenz, die einzuhalten leichter ist als mäßiges Trinken.

In der ambulanten und stationären Suchttherapie finden vor allem die Breitbandtherapie (Kombination verschiedener Behandlungsmethoden) und soziotherapeutische Maßnahmen Verwendung. Die Wirksamkeit einzelner Therapien ist nachgewiesen, aber nicht überragend. Oft sind mehrere Anläufe nötig, wie auch bei der Abhängigkeit von anderen →Substanzen. Therapeutisch wirksame Elemente dürften insbesondere das Erlernen von Alternativen zum Einsatz von Alkohol als «Problemlöser» und ein Vergrößern der Selbstkontrolle sein. Wichtig ist das Auffangen von Krisen zur Rückfallprophylaxe. Selbstkontrolltraining wie Rückfallpräventionstraining sind bei reinem Alkoholmißbrauch wirksamer als bei körperlicher Alkoholabhängigkeit. Für ersteres wird für 70 % der Betroffenen eine Verbesserung berichtet. Selbsthilfegruppen spielen dabei eine große Rolle, unabhängig davon, ob die von ihnen verwendeten Konzepte wissenschaftlich haltbar sind. **[L]** JELLINEK 1960, FEUERLEIN 1975, ANTONS 1976, WATZL & ROCKSTROH 1997 *F. Caspar*

Alkoholkrankheit, Bezeichnung für den mit der Abhängigkeit von A. verbundenen Folgezustand, vor allem krankheitsbezogenen Veränderungen →Alkohol, →Alkoholismus *W. Janke*

Alkoholpsychosen, neben den internistischen und neurologischen (Fettleber, Leberzirrhose, Pankreatitis, Gastritis, Ulcus, Polyneuropathie u. a.) sind weitere Spätschäden nach jahrelangem chronischem Alkoholmißbrauch die psychiatrischen Komplikationen. Man unterscheidet (1) Delirium tremens (Alkoholdelir, Säuferwahnsinn), (2) Alkoholhalluzinose (akustische Halluzinationen), (3) KORSAKOW-Syndrom (Merkfähigkeitsschwäche, Desorientiertheit, Konfabulationen), (4) Alkoholparanoia (Eifersuchtswahn), (5) Alkoholische Demenz. Die Alkoholepilepsie ist ein Auftreten epileptischer Phänomene im Zusammenhang mit chronischem Alkoholmißbrauch. **[L]** SOLMS 1960

all..., allo... [gr.], in Wtvb. anders, verschieden, fremd, gegensätzlich **[E]**

Allachästhesie [gr. *allaché* anderswo, *aisthésis* Gefühl], die Lokalisation eines Reizes an einer anderen als der gereizten Körperstelle. →Allocheirie

ALLBUS, Abk. für Allgemeine Bevölkerungsumfrage der Sozialwissenschaften; ein Forschungsprogramm zur Erhebung aktueller und repräsentativer Primärdaten, das Mitte der 70er Jahre von ZUMA (Zentrum für Umfragen, Methoden und Analysen, Mannheim) und dem Zentralarchiv für empirische Sozialforschung (Univ. Köln) als gemeinsames Unternehmen entwickelt worden ist. Hauptziel: wissenschaftliche Untersuchung des sozialen Wandels in der Bundesrepublik.

Allegorie, Sinnbild, Gleichnis, Umschreibung

eines Sachverhaltes, «Vertretungssymbol», →Symbol

Alleinkind, Einzelkind, vielfach sollen mit diesem Begr. nicht so sehr die Vereinzelung des Kindes und die fehlenden Geschwister hervorgehoben werden, als vielmehr die Möglichkeiten der ps. Schädigung im Kontakt und im Antrieb. [L] HERMANN 1966

Allele [gr. *allelon* zueinandergehörig], bei →diploiden Organismen ein Genpaar, das an derselben Stelle auf dem homologen Chromosomenpaar lokalisiert ist und dessen Partner eine verschiedene Ausprägung desselben Merkmals bewirken. Dabei können dominant-rezessive und intermediäre Erbgänge auftreten (→Genetik). Wenn mehr als zwei verschiedene Gene am selben Genort vorkommen, spricht man von multipler Allelie (z. B. Blutgruppen).

allelomimetisches Verhalten, *allelomimetic behavior*, von J. P. SCOTT (1950) verwendeter Ausdruck für die «Handlungsangleichung» (TEMBROCK 1961) zwischen Tieren; eine Form der →Nachahmung bei Tieren, syn. mit *sympathetic induction*. →Verhaltenssysteme

Allergie [gr. *allos* ein anderer, *ergon* Tätigkeit], veränderte Reaktionsfähigkeit, speziell Überempfindlichkeit gegenüber körperfremden Stoffen (Allergenen), nach vorausgegangener →Sensibilisierung. Die hierdurch ausgelösten Erkrankungen (Allergosen), wie Heufieber, Asthma, sind auch psychogen mitbestimmt. →Idiosynkrasie. [L] DOERR, SCHWOEBEL

Alles-oder-Nichts-Gesetz, das erstmals 1871 von H. P. BOWDITCH am Herzmuskel beobachtete und 1912 von ADRIAN aufgestellte Gesetz (besser Regel), das besagt, daß jedes Neuron auf einen Reiz entweder überhaupt nicht (bei unterschwelligen Reizen) oder aber mit der vollen ihm eigenen Impulsgröße reagiert. Verstärkt man den Reiz, bleibt die Impulsgröße gleich, aber es folgen mehr Impulse pro Zeiteinheit. M.a.W. ist die Amplitude einer Erregungswelle von der Reizgröße unabhängig, nicht aber die Frequenz. • In der →Lerntheorie von GUTHRIE besagt das Gesetz, daß bei kontingentem Auftreten von Reiz und Response entweder die Assoziation zwischen beiden in voller Stärke gebildet wird oder gar nicht. Kontinuierliche Zunahme von Lernerfolgen wird nicht als Zunahme von Assoziationsstärken erklärt, sondern als Vermehrung der einzelnen Assoziationen der Response mit Stimuli aus der Reizstichprobe. Ggs. →inkrementelles Lernen.

Allgemeine Persönlichkeitspsychologie, ein Teil der Allg. Psychologie, in dem die allgemeinen Gesetze für die Erklärung der individuellen Organisation (Persönlichkeitsstruktur) und des individuellen Verhaltens gesucht werden. Methoden, Bildung der Konstrukte und Vorstellungen über den Aufbau der Person sind ihre Themen. Vielen Verhaltenstheoretikern genügen dagegen die Fragestellungen der Allg. Psychologie, weil fast alles Verhalten und die sog. Persönlichkeitszüge aus nichts anderem als allgemein ps. zu erklärenden Lernergebnissen resultiere. *R. Bergius*

Allgemeine Psychologie, der wichtigste Forschungsbereich der Ps. mit dem Ziel, Theorien des Verhaltens von Organismen einer bestimmten Organisationshöhe und seiner Voraussetzungen (auch der Bewußtseinserscheinungen) zu entwickeln. A.Ps. ist Grundwissenschaft der →Angewandten Ps. und z. T. identisch mit der Experimentellen Ps. Als →Gesetzeswissenschaft (nomothetische W.) gibt es die A.Ps. vorläufig nur in Teilgebieten und Ansätzen: Psychophysik, Wahrnehmungs-, Denk-, Lern-, Motivations-, Handlungs-, Physiologische P., Allg. Persönlichkeitsps. und Allg. Sozialps. Die Allg. Entwicklungsps. wird oft nur zur A.Ps. *(general psychology)* hinzugerechnet, obwohl sie den genetischen Aspekt der Allg. Persönlichkeitsps. enthält. Einerseits ist A.Ps. also eine Sammlung spezifischer Informationsbruchstücke, andererseits besteht sie aus mehreren von den Einzelheiten abstrahierten vereinfachten und organisierten, zusammenhängenden begrifflichen Strukturen, wissenschaftlichen Modellen oder Partialtheorien (DEMBER & JENKINS 1970).

In den ältesten ps. Aussagen von Philosophen findet man allgemeinps. und individualps. Themen (Geist und Materie, Leib und Seele, Seelenteile, Charaktere). Die Weiterentwicklung der philosophischen Ansätze zur empirischen Wissenschaft (FECHNER, v. HELMHOLTZ, WUNDT) ist eine Entwicklung zur A.Ps., ohne daß die Vorläufer den Ausdruck gebraucht hätten. So erschienen z. B. 1833 und 1849 je ein «Lehrbuch der Ps. als Naturwissenschaft» (F. E. BENEKE, Th. WAITZ) noch ganz ohne die Bez. «A.Ps.». Erst W. STERN hat die A.Ps. den Sondergebieten der Ps. wie Psychophysik, Differentielle Ps., Entwicklungsps. usw. gegenübergestellt. In seinem Vorwort zu «Allgemeine Psychologie auf personalistischer Grundlage» (1934), führt Stern an, daß es bisher lauter Psychologien (Elementenps. und Gestaltps., verstehende und erklärende Ps., Tiefenps., Be-

wußtseinsps., Verhaltensps. usw.) gegeben habe, aber nicht die A.Ps. Eine von allen Psychologen anerkannte Definition der A.Ps. gibt es auch heute nicht. Vertreter der Humanistischen Ps. halten die exakten Methoden der an Partialtheorien arbeitenden exp. Psychologen für unangemessen. Von ihnen wird Ps. definiert als die Wissenschaft vom Erleben und von der erlebenden Person, nicht dagegen als die Wissenschaft vom meßbaren Verhalten und seinen meßbaren Voraussetzungen, was eher eine Definition der gesamtwissenschaftlich orientierten Forscher ist. Traditionell werden innerhalb der A.Ps. auch übergreifende Themen behandelt, wie Methoden der Messung und Versuchsplanung (Methodenlehre), Geschichte der Ps. und philosophisch-anthropologische Probleme (Leib-Seele-Problem), Fragen der Quantifizierung von Psychischem, wissenschaftstheoretische Begründungen der ps. Forschung und Probleme der Übernahme von Modellen aus anderen Wissenschaften, z. B. aus der Nachrichtentheorie (Informationstheorie) und der Biologie (Kybernetik).
Wenn A.Ps. als Geisteswissenschaft verstanden wird, ist ihre Aufgabe auf diese Randprobleme und auf die Diskussion «idiographischer» (personologischer) Begriffe für die Beschreibung des Individuellen beschränkt. Aber wenn auch in der Theorie der personologischen A.Ps. das Bewußtsein und Verhalten aus der «zentralen Idee» eines Gesamtsystems (einer Einzelpersönlichkeit) verstanden werden, könnte es allgemeine Gesetze geben, die das Individuelle erklären (LEWIN). Wenn diese Gesetze in Formeln aufgeschrieben wären, brauchten in ihnen nur entsprechende Konstanten für das Individuelle enthalten zu sein.
Der gegenwärtige Stand der A.Ps. ist einerseits durch viele Teilinformationen über Verhaltensbruchstücke unter eng umschriebenen Bedingungen gekennzeichnet und andererseits durch Ansätze zu Teiltheorien (des Lernens, der Motivation, der kognitiven Prozesse, der Entscheidungen, des Sprechens, des Handelns, des sozialen Interagierens etc.). Außerdem stehen Forschungen zur Erklärung kurzfristiger Prozesse neben Bemühungen um das Verständnis der über lange Zeit – bis lebenslänglich – nachweisbaren Konstanten des Verhaltens (→Dispositionsvariablen). Besonders intensive Forschungsansätze gibt es zur Zeit in der Physiologischen Ps. des Lernens und der Motivation, in der Grundlagenforschung für die Verhaltenstherapie und in der Entwicklung kybernetischer Modelle des Handelns, des Lernens, des Wahrnehmens, des Kognizierens im weitesten Sinne. Die historischen Schulen haben zu existieren aufgehört, viele ihrer Annahmen, Begriffe und Erkenntnisse werden in den neuen Ansätzen verwendet und umformuliert (z. B. statt des «Feldes»: «Multidimensionale Wechselwirkung»). Die Bemühung um exakte Formulierung bedient sich gelegentlich des Mittels der Computersimulation.
Der wichtigste Trend neben der Einbeziehung der Neurophysiologie ist die Vermehrung der Probleme, die eine theoretische Behandlung mit quantitativen Methoden erfahren. Die Weiterentwicklung der A.Ps. zur abstrakten Darstellung wird durch Unverständnis und ideologische Kritik behindert, weil die Umsetzung in Probleme der Angewandten Ps. Schwierigkeiten macht. Praktische Psychologen orientieren sich z. Z. noch oft an subjektiven Überzeugungen, seltener an →falsifizierbaren exakten Theorien.
Die A.Ps. – wie jede Wissenschaft – bietet unterschiedliche «Landkarten» ihres Forschungsgebietes für verschiedene Genauigkeits- und inhaltliche Orientierungsansprüche (DEMBER & JENKINS 1970) mit verschieden vielen Details und unter Berücksichtigung verschiedener Inhalte. Jährliche Übersichten über die A.Ps.-Forschung findet man u. a. in *«Annual Review of Psychology»*. **[L]** (histor. EBBINGHAUS, FRÖBES, LINDWORSKY, HENNING, STERN), KLING & RIGGS 1971, THOMAE & FEGER 1969 *R. Bergius*

allgemeiner Faktor, ein aus der →Faktorenanalyse gewonnener Faktor, der alle Variablen substantiell lädt, d. h. deren Korrelationen mit dem Faktor sich wesentlich von 0 unterscheiden. →g-Faktor

Allgemeine Semantik →Semantik, allgemeine

Allgemeingegebenheit, Bez. nach J. v. ALLESCH (1941) für endogene Faktoren in der Wahrnehmung. Begriffe, die auf ähnliche innere Kräfte hinweisen, sind z. B. die Tendenz zur charakteristischen Gestalt (FUCHS), zur guten Gestalt (KÖHLER), zur prägnanten Gestalt (WERTHEIMER) oder auch die Richtungskonstanten (SANDER), die dauernden Einstellungen (MARBE). **[L]** ALLESCH 1941

Allgemeinvorstellung, ein umstrittener Begr., da mit ihm zugleich die Frage gestellt ist, ob Allgemeines als Vorstellungsinhalt gegeben sein kann. Im 19. Jh. wurde diese Frage ausgiebig erörtert. BAIN, BENEKE, HERBART,

HÖFFDING beteiligten sich, nachdem von BERKELEY, HUME et al. das Problem vorbehandelt worden war. Im Ergebnis ist der Begr. A. abgelehnt worden. Auch heute gilt dies, da als Grundlage allen Sich-Vorstellens nur die anschauliche Einzelvorstellung in Betracht kommt. Doch als Vorstufe bei der Begriffsbildung (dabei unvollkommen und unbestimmt) wird die A. begrenzt bejaht.

Allmende-Klemme →soziales Dilemma

allocation [engl.], Allokation, Einordnung, Verteilung. →Aufteilungsgerechtigkeit

Allocheirie [gr. *cheir* Hand], Verlagerung der Empfindung eines Reizes in das entsprechende Glied der anderen Körperseite, z. B. in die linke anstatt in die gereizte rechte Hand, bei →Tabes dorsalis, →multipler Sklerose, →Hysterie.

allochthone Dynamik, syn. extrinsische Motivation, →autochthone Dynamik

Allomnesie, Gedächtnisstörung, insbes. die Umwertung, Veränderung, Verfälschung von Gedächtnisinhalten. Der Begr. soll nicht das illusionäre Hinzufügen als vielmehr das Abändern (z. B. durch Verdrängung) belegen.

Allomorphe sind →Morpheme gleicher →Bedeutung, aber unterschiedlicher phonematischer Realisation; so ist z. B. das englische Pluralmorphem *«s»* in *«cats»* und *«boys»* einmal als stimmloses und bei *boys* als stimmhaftes *«s»* realisiert. Welches von mehreren A. im konkreten Fall gewählt wird, wird durch den vorangehenden Kontext bestimmt. Analog den A. werden →Allophone, nicht signifikante Lautvariationen einer Sprache, unterschieden. →Phonetik, →Phonologie *J. Engelkamp*

Allophasie, svw. Sprechverwirrung (auch die deliröse). →Inkohärenz der Ideen

Allophone, derselbe Sprachlaut (→Phon) wird selbst von derselben Person nicht immer gleich ausgesprochen (→Laut). Er hat einen gewissen Streubereich, bis die Grenze zum nächsten →Phonem erreicht wird. Die verschiedenen Realisationen eines abstrakten Sprachlauts innerhalb seines Streubereichs heißen A. eines Phonems. Diese Klasse von Lauten wird zu Phonemvarianten und zu Phonemen zusammengefaßt: Die A. können in soziale, kombinatorische (durch Nachbarlaute bedingte), dialektale, stilistische usw. Varianten gruppiert werden. *B. Kettemann*

Alloplastie, alloplastisch, eine Bez. von FREUD für diejenige Form der (mißglückten) Realitätsverarbeitung, bei der die «Eigenwelt» zerschlagen und durch «Objektivierung der Libido» die Anpassung an die Umwelt vollzogen wird. A. bedeutet auch Überanpassung an die Umwelt. Ggs. →Autoplastie, autoplastisch.

Allopsyche (WERNICKE 1881), das Insgesamt aller Bew.inhalte, die die Umwelt betreffen im Ggs. zum Bew. vom Ich (Autopsyche) und zur Bewußtheit des eigenen Körpers (Somatopsyche). Gestörte Orientiertheit: Allopsychose, Autopsychose

Allotriogeusie [gr. *allotrios* fremd, *geusis* Geschmack], →Halluzination bzw. Täuschung des Geschmackssinnes

Allport, Floyd Henry (1890–1978), Begründer der experimentellen Sozialpsychologie. Er wurde durch seine Untersuchungen zum Konformitätsverhalten bekannt. A., der ältere Bruder von G. W. Allport, promovierte 1919 an der Harvard-University. Seine experimentellen sozialps. Untersuchungen sind v. a. mit der sog. J-Kurve verbunden. Diese Kurve zeigt den Verlauf von Verhalten, wenn es institutionellen Normen unterworfen ist.

Allport, Gordon Willard (1897–1967), Begründer der Personalen Psychologie. Promotion an der Harvard-University. Sein wichtigster Beitrag zur Persönlichkeitsps. bestand darin, daß er die Persönlichkeit als Gesamtheit definierte und die behavioristische Sichtweise zurückwies, daß menschliches Verhalten durch angeborene Instinkte, Konditionierungsprozesse etc. bedingt sei.

Alltagstheorie →naive Verhaltenstheorie, →implizite Persönlichkeitstheorie, →Populärps.

Alogie, Unfähigkeit zu sprachlicher Verständigung (Sprechunvermögen), weil keine ausreichend logischen Sätze gebildet werden können. Urs.: Intelligenzmangel, psychot. Störung, mot. →Aphasie

Alp, Alptraum, Alpdrücken, (Alp = Elfe) Angstgefühle beim Schlaf, die einem Unwesen, «Nachtmahr» (Dämon, Gespenst, Zwerge) zugeschrieben werden

Alpha-Bewegung Bez. für eine Bewegungstäuschung, die sich durch die Wahrnehmung der Größenveränderung auszeichnet. →Scheinbewegung

Alpha-Fehler →Fehler erster Art

Alpha-Wellen, langsame Potential-Schwankungen im Bereich von 0,1–40 Hertz, die kontinuierlich in Wellenform ablaufen. →Elektrodiagnostik

alphanumerisch, nach DIN 44300 «sich auf einen Zeichenvorrat beziehend, der aus den Dezimalziffern und den Buchstaben des gewöhnlichen Alphabets besteht».

Alphaposition, Stellung des Gruppenführers, Leittiers (Alphatier)

Alpharhythmus →Elektrodiagnostik

Alpha-Test [T] YERKES

Alphawellen →Elektrodiagnostik

Alprazolam Wz Tafil®, Psychopharmakon aus der Klasse der →Tranquillantien vom Typ der →Benzodiazepine mit mittelschneller Resorptionszeit und Eliminationshalbwertszeit von 10 15 h. Soll bes. wirksam sein gegen Panikangst, ein erwähnenswerter Befund, weil Mittel der Wahl bei Panikangst eher →Antidepressiva sind. [L] →Benzodiazepine, SCHWEIZER et al. 1995 *W. Janke*

Alter, die differential-psychologische Betrachtung der Variable «Alter» hat es dringlich erscheinen lassen, verschiedene Altersdifferenzierungen vorzunehmen: Das «biologische A.» kennzeichnet die Position eines Individuums innerhalb seiner individuellen Lebensspanne. Das «psychologische A.» gibt an, inwieweit ein Individuum im Vergleich zu anderen in der Lage ist, sich den Umgebungsanforderungen anzupassen. Im Gegensatz zu diesen nur schwer quantifizierbaren Altersvariablen stellt das «chronologische A.» eine gut zu quantifizierende Variable dar, die allerdings eine wenig aussagefähige Maßzahl über die Anzahl von Jahren in der Spanne zwischen Geburt und aktuellem Datum markiert. Das «soziale A.» bezieht sich auf Art u. Ausmaß der persönlichen Rollenerfüllung u. d. Verhaltens i. Bezug auf die Rollen u. das Verhalten, das in der Kohorte der chronologischen Altersgruppe vorherrscht. *H. Häcker*

Alter (Testps.), die testps. Bedeutung des A. ist früh erkannt worden. Vor allem das durch BINET zu breiter Beachtung gekommene Intelligenzalter *(âge mental, mental age)* belegt dies. Mit der Ausweitung der Testforschung und -anwendung wurde 1926/27 der Begr. →Entwicklungsalter von K. PENNING in Deutschland und P. H. FURFEY in USA *(developmental age)* eingeführt. Alsbald setzte eine differenzierte Testforschung ein, womit neue, aber auch alte Begr. neu aufkamen: Lernalter, Sprachalter, Sprechalter, Lesealter, Zeichnenalter, Maturationsalter, emotionales Alter, motorisches Alter, Wahrnehmungsalter, Sozialalter, *age of responsibility* u. a.m. Auch für die Testmethodik wurden Begr. geprägt wie Schlüsselalter (bestimmte Altersstufen bei GESELL). Altersnorm (Normalter) ist die für eine Altersstufe kennzeichnende Leistung. • (entwicklungsps.) →Ps. des Alterns

Alteration, alterieren [lat. von *alter* der andere], Veränderung, besonders zum Schlimmeren, und i. w. S. Erregung, Gemütsaufregung.

alter ego [lat.], das andere, zweite Ich. Auch Doppelgänger. Bei FREUD das →Es, bei JUNG die →Anima (Animus).

Alternativantwort, wird bei der gebundenen Aufgabenbeantwortung eines Tests (→Antworttyp) die Form der Mehrfach-Wahl-Aufgabe oder werden z. B. bei der Einschätzung verschiedener Grade von Persönlichkeitsausprägungen verschiedene Stufen-Antworten vorgegeben, so gibt es jeweils eine Antwort, welche als die zutreffendste gelten kann. Die übrigen angebotenen Antw. werden als A. bezeichnet.

Alternativhypothese [abgk. H_A], in der Theorie der statistischen Hypothesenprüfung die Hypothese, die der →Nullhypothese (H_0) gegenübergestellt wird und z. B. besagt, daß zwischen zwei Maßzahlen eine reale Differenz besteht. Im Signifikanztest wird unter Annahme der Richtigkeit der Nullhypothese ein Ablehnungsbereich berechnet, in den die Teststatisitk mit einer zuvor bestimmten Irrtumswahrscheinlichkeit fällt. Tritt dies ein, verwirft man die Nullhypothese zugunsten der Alternativhypothese, die einen Zusammenhang/Unterschied zw. den Parametern postuliert. Die Wahrscheinlichkeit, sich für die Alternativhypothese zu entscheiden, obwohl die Nullhypothese richtig ist, ist genau die Irrtumswahrscheinlichkeit a (→Fehler erster u. zweiter Art).

Alternativmerkmal, ein qualitatives Merkmal, das in zwei miteinander unvereinbaren Ausprägungsarten (Klassen) vorkommt, z. B.: männlich – weiblich. *G. Mikula*

Alternativmethode (LIPMANN), das Verfahren der Einteilung von Daten (Testergebnissen, Meßwerten u. dgl.) in zwei Gruppen, also unter Verzicht auf feinere, gradweise Einstufung, z. B. nach den Gesichtspunkten: über- oder unterdurchschnittlich, gut – schlecht, groß – klein, vorhanden – nicht vorhanden.

Alternativ-Tests, Bez. für diejenigen Tests, die für die Aufgabenerledigung eine Entscheidung nach entweder – oder, ja – nein usw. verlangen. • A.-T. auch Bezeichnung für →Paralleltest.

alternierend, abwechselnd, z. B. alternierende Psychosen mit regelmäßigem Wechsel zwischen Besserung und Verschlimmerung

Alternsforschung →Psychologie des Alterns

Altersaufbau, beschreibt die demografischen

Merkmale einer Bevölkerung i. einer Region bzw. einem Land. Während in Deutschland über viele Jahrzehnte die sog. «Alterspyramide» den A. kennzeichnete, kehrt sich diese Pyramide durch die gestiegene Lebenserwartung um. *H. Häcker*

Altersperioden →Entwicklungsphasen

Alterspsychologie →Psychologie des Alterns

Altgedächtnis, Gedächtnis für lange zurückliegende Bewußtseinsinhalte. A. ist oft noch erhalten, wenn Neugedächtnis (Merkfähigkeit) bereits erloschen ist (z. B. bei organischem Psychosyndrom).

Altersunterschiede, Altersveränderungen [engl. *age differences*], in der differentiellen Psychologie unterscheidet man zwischen Altersveränderungen und Altersunterschieden. Während sich die Altersveränderungen auf die ontogenetisch stattfindenden Verhaltensveränderungen (von der Geburt bis zum Tode) beziehen, beziehen sich die Altersunterschiede auf Unterschiede (z. B. polit. Einstellungen) zw. jüngeren und älteren Menschen.

Altruismus [lat. *alter* der andere], im Ggs. zum →Egoismus stehende Rücksichtnahme auf andere. Selbstlosigkeit in Denken, Fühlen und Handeln. In den meisten ps. Systemen, die Selbsterhaltung als zentrales Motiv allen Verhaltens annehmen, ist A. im Sinne der Definition unmöglich. In der Sozialps. wird Altruismus in der Regel an vier Bedingungen geknüpft (BIERHOFF 1990): (1) Das altr. Verhalten sollte für den Hilfeempfänger eine Wohltat darstellen; (2) sie sollte mit Absicht erfolgen; (3) der Handelnde sollte freiwillig handeln, wodurch altr. Verhalten aufgrund von direkter Belohnung, wie z. B. Bezahlung, oder aber aufgrund professioneller Zugehörigkeit ausgeschlossen wird; (4) die Empfänger der Handlung sollten Individuen sein.
Die theoretischen Erklärungsansätze für altruistisches oder hilfreiches Verhalten lassen sich nach unterschiedlichen Gesichtspunkten klassifizieren: (a) Modelle für Verhalten in Notfallsituationen bzw. in Nicht-Notfallsituationen. In Notfällen müssen unter Zeitdruck Hilfeentscheidungen getroffen werden, die dennoch langfristige Konsequenzen für den Hilfeempfänger haben können; (b) situationsspezifische Modelle machen das Auftreten altruistischer Verhaltensweisen von situativen Determinanten abhängig, wie Stimmungen, Zeitdruck, Umgebungsvariablen; (c) lerntheoretische und sozialisationstheoretische Modelle versuchen, hilfreiches Verhalten durch die Aktivierung sozialer Normen und Standards zu erklären (z. B. Norm der Verantwortung, der Gegenseitigkeit); (d) Persönlichkeitsspezifische Ansätze postulieren A. als Disposition; (e) Austauschtheoretische Modelle basieren auf Kosten-Nutzen-Analysen und sind im Prinzip mit den definitorischen Merkmalen des A. nicht vereinbar; (f) Prozeßmodelle beinhalten eine Abfolge einzelner Schritte, die erfolgreich abgeschlossen sein müssen, damit es zu einer Hilfeleistung kommt, wie z. B. die Interpretation einer Notlage, die erforderliche Kompetenz zur Hilfe etc.; (g) soziobiologische Modelle stellen den funktionalen Stellenwert des hilfreichen Verhaltens für die nächsthöhere Einheit in den Vordergrund, wie z. B. Weiterleben der Familie, der Gruppe, der Art etc.; (h) Modelle zur Erklärung des Verhaltens von Hilfeempfängern konzentrieren sich um die Situation des Hilfeempfängers, der sowohl durch die Notlage, aus der er sich ohne Hilfe nicht befreien kann, als auch durch das unmißverständliche, erlebte Gefühl der Abhängigkeit von anderen möglicherweise sein Selbstwertgefühl bedroht sieht.
Zu den klassischen Untersuchungsthemen zählen der *bystander-effect*, d. h. die Abhängigkeit der Hilfeleistung von der Zahl der in einer Notsituation anwesenden Personen, die Rolle der Empathie als einer der zentralen Voraussetzungen für Hilfeleistung, soziodemographische und individuelle Merkmale in ihren Auswirkungen auf Hilfeverhalten, wie z. B. Stadt-Land-Gefälle, Schichtabhängigkeit, Geschlechtszugehörigkeit, interkulturelle Unterschiede etc., und die Entwicklung des altruistischen Verhaltens in Kindheit und Jugend bzw. deren förderliche Sozialisationswirkungen. **[L]**
BIERHOFF 1990, BIERHOFF & MONTADA 1988, CLARK 1991, SCHROEDER, PENNER, DOVIDIO & PILIAVIN 1995 *R. Bergius/B. Six*

Alzheimer, Alois (1864–1915), Psychiater / Frankfurt, Heidelberg, München, Breslau

Alzheimer-Krankheit Degenerationskrankheit, meist ab dem 50. Lj. beginnend, Veränderungen der Großhirnrinde →Demenz

am . . ., amb . . ., ambi . . . [lat.], in Wtvb. um, herum, beidseitig **[E]**

Amantadin WZ PK MERZ®, Virostatikum, therapeutisch als Antiparkinsonstoff eingesetzt. Wirkmechanismus unklar, wahrscheinlich über Freisetzung von Dopamin in den Basalganglien oder Blockade von →NMDA-Rezeptoren. Nebenwirkungen wie Verwirrtheit und Halluzinationen. [L] DANIELSCZYK 1995 *W. Janke*

Amaurose [gr. *amauros* dunkel], vollständige Erblindung

ambidexter [lat. *dexter* rechts], mit beiden Händen gleich geschickt. Ggs. Rechts- bzw. Linkshändigkeit.

ambiente Umwelt, solche Umweltanteile, die nicht oder nicht gut lokalisierbar erscheinen, sondern den Organismus eher diffusganzheitlich umgeben, wie Umgebungstemperatur, Lärm, Gerüche u. ä. m. (CAMPBELL 1983, FISHER et al. 1984). Als «Ambiente» wird das Atmosphärische eines Ortes, einer Stadt, was Gefühle, Stimmungen, assoziative Anklänge weckt, bezeichnet (ITTELSON, PROSHANSKY et al. 1974). *G. Kaminski*

Ambiguität [lat. *ambiguitas* Doppelsinn], Mehrdeutigkeit

Ambiguitätstoleranz, Vieldeutigkeit und Unsicherheit zur Kenntnis nehmen und ertragen können. Die A. ist Dimension der Einstellungsmessung und Persönlichkeitsvariable (FRENKEL-BRUNSWIK 1949). • Soziologisch ist A. (nach KRAPPMANN 1971) ein notwendiges Sozialisierungsergebnis in einer Gesellschaft mit versch. Wertgeltungen und Bedürfnissen. • Kognitiv ist A. ein Denkmuster *(patterns of thought)*, die das Differenzierungsniveau der Reduktionsschemata bestimmt. • Der Zusammenhang von A. mit anderen Konzepten wurde untersucht: Kooperation (PILISUK et al. 1965), widerspruchsfreie Anteile des Selbstkonzepts (NEUBAUER 1976). →Toleranz

ambivalentes Verhalten, auch «Pendeln» genannt, Intentionsbewegungen zweier Tendenzen, die zu einer einzigen Verhaltensweise kombiniert werden. A. AMBROSE (1963) deutet das →Lachen als a.V., das aus gleichzeitig erweckten Tendenzen der Zu- und Abwendung entsteht. So kann leichter Kitzelreiz beim Baby Zuwendung, starkes Kitzeln Abwendung und ein mittelstarker Reiz Lachen hervorrufen. →Konfliktverhalten.

Ambivalenz, affektive [lat. *valere* gelten] Doppelgerichtetheit. • Affektive A. (BLEULER), gleichzeitiges Bestehen entgegengesetzter Gefühle (Abneigung – Zuneigung) und Willensrichtungen in bezug auf denselben Gegenstand, z. B. Trieb zum sexuellen Erlebnis und gleichzeitige Scham oder Ekel. Selten bei psych. Gesunden, häufiger bei Neurotikern, sehr oft bei Schizophrenen, von denen die Gegensätzlichkeit nicht empfunden wird. Bedeutungsvoll auch f. Neurosen i. S. des Sich-nicht-entscheiden-Könnens.

Ambivalenzkonflikt, bei LEWIN Bez. für einen Appetenz-Aversions-Konflikt (→Annäherungskonflikt).

Amblyopie [gr. *amblys* stumpf, *ops* Auge], Schwachsichtigkeit, die nicht ausgeglichen werden kann.

AMDP-System, (psychiatr.) Abk. f. Arbeitsgemeinschaft f. Methodik u. Dokumentation i. d. Psychiatrie. Dokumentationssystem, das der internationalen Vereinheitlichung der psychiatrischen Diagnostik und Forschung dient. Es baut auf der traditionellen Psychopathologie auf: Allgemeine Anamnese, Krankheitsanamnese und psychischer Befund. Dieser umfaßt die Kategorien Bewußtseinsstörung, Orientierungsstörung, Aufmerksamkeits- und Gedächtnisstörung, überwertige Ideen, Zwänge, Phobien, Wahn, Sinnestäuschung, Ich- und Persönlichkeitsstörungen, Verstimmungen, Gefühlsstörungen, psychomotorische Störungen, Störungen des Trieb- und Sozialverhaltens. Weitere Erhebungsabschnitte befassen sich mit dem somatischen Befund, der Medikation und der Gesamtbeurteilung der Therapie. Um die einheitliche Zuordnung der Symptome zu den Krankheitsbildern zu erreichen, werden bei den einzelnen Störungen jeweils die Symptome beschrieben. Das AMDP-System ist über die elektron. Datenverarbeitung aufbereitet. [L] STIEGLITZ & HAUG 1997 *H. Häcker*

Amelarthrie →Amelie

Amelie [gr. *a ... melos* Glied] (Th. ZIEHEN), falsches (mangelhaftes) Sprechen. Die A. in der Artikulation heißt Amelarthrie, in der Silben- und Wortkoordination Amelophasie. →Aphasie, Allolalie. • Auch das angeborene Fehlen von Extremitäten wird als A. bezeichnet.

Amelophasie →Amelie

Amentia [lat. *mens* Geist, Hirn], Amenz, ein mehrdeutiger Begr., der noch in der Renaissance jederart seelische Störung bedeutete. • Ausgehend von der Wiener Schule MEYNERT (1890), wurde A. zum Inbegriff des Irreseins schlechthin; heute nur noch wenig gebräuchlich. • Im engl. Sprachgebrauch hat A. die Bedeutung von →Oligophrenie.

Amentielles Syndrom, Psychose mit ängstlich-ratloser Grundstimmung, leichte Verwirrtheit, Halluzinationen (Ursache z. B. infektiös-toxisch)

Ames, Adalbert Jr. (1880–1955), amerik. Ophthalmologe / Princeton-Univ.

Amessche Räume, auch «AMESsche Zimmer» [engl. *distorted rooms*], verzerrte Räume, die

u. a. an verschiedenen Stellen unterschiedlich hoch sind. Vor allem bei monokularem Blick ohne →Bewegungsparallaxe (also bei Ausschaltung von Teilen der Tiefeninformation, →räumliches Sehen) erscheinen die Räume normal, nach der transaktionalistischen Wahrnehmungspsychologie (→Transaktionalismus) ein Einfluß der Erfahrung mit der normalen Umwelt; Personen in verschiedenen Ecken des Raums erscheinen dagegen unterschiedlich groß, und eine Person, die den Raum durchquert, scheint ihre Größe zu verändern (tatsächlich ändert sich ihre Größe relativ zur Höhe des Raumes).

Ametropie, Fehlsichtigkeit, fehlerhafter Brechungszustand des Auges. →Myopie, →Hypermetropie, →Astigmatismus

Amimie [gr. *mimema* Nachahmung], Unfähigkeit zu Mimik oder Gestik trotz erhaltener Funktionstüchtigkeit der Sinne und der Motorik. Folge von Hirnschädigung (u. a. →PARKINSON). Sonderformen sind:
«ataktische A.», Fehlen jeder Mimik; «motorische A.», Unfähigkeit, durch Gestik etwas auszudrücken; «sensorische A.», Unfähigkeit, die Gestensprache anderer zu verstehen.

Amine, biogene →biogene Amine

Aminosäuren, lebensnotwendige Stoffe, Bestandteile von →Peptiden und →Proteinen, chem. Carbonsäuren, bei denen ein H am Kohlenstoffring durch eine Aminogruppe NH_2 ersetzt ist. A. werden teils endogen gebildet, müssen teils (9 von 20) über →Nahrungsmittel («essentielle» A.) zugeführt werden. Fehlernährung kann zum Fehlen von A. und damit zu schwersten Erkrankungen führen. A. haben vielfältige Bedeutung für ps. Vorgänge, bes. wegen ihrer Beziehung zu neurochem. Prozessen: (1) Sie sind Ausgangsstoffe für mehrere Transmitter oder fungieren selbst als solche, (2) sie sind Grundbaustoffe von →Neuropeptiden, die Funktionen des NS modulieren, (3) sie sind von entscheidender Bedeutung für Struktur und Funktion des NS, Aufbau von Zellen, Auf- und Abbau aller Neurotransmitter, Hormone etc. [L] FELDMAN et al. 1997, IVERSON 1995, LÖFFLER & PETRIDES, 1997 *W. Janke*

Aminosäuren-Transmitter, endogene Aminosäuren, die als →Neurotransmitter fungieren. Der Wirkungsart werden sie in excitatorische und inhibitorische A. differenziert. Excitatorische A. sind →Glutamat, →Aspartat, Homocysteinat. Sie sind Zwischenprodukte mehrerer Stoffwechselwege. Bei chronischer Aktivierung scheinen sie neurotoxische Wirkungen zu haben. Viele Studien befassen sich mit Effekten von Agonisten (z. B.→N-Methyl-D-Aspartat), die anxiolytisch, und von Antagonisten (z. B. Phencyclidin), die psychotomimetisch wirken können. Inhibitorische A. sind →GABA, →Glycin, für die wie bei den excitatorischen A. Agonisten und Antagonisten existieren (→Neurotransmitter). [L] COTMAN et al. 1995 *W. Janke*

Amitriptylin WZ Saroten®, Psychopharmakon aus der Klasse der trizyklischen →Antidepressiva mit angstlösend-dämpfender und schlafanstoßender Wirkung. Hemmt die Wiederaufnahme von →Noradrenalin und →Serotonin; starke →anticholinerge und →antihistaminerge Wirkkomponente. [L] →Antidepressiva *W. Janke/M. Reuter*

Ammensprache [engl. *baby-talk*], vereinfachtes Sprach-Register beim sprachlichen Umgang mit Säuglingen. Hauptmerkmale (FERGUSON 1977): Erhöhte Tonlage (sog. Ammenton), Übertreibung der Intonationskontur, überdehnte Morpheme, Morphemvereinfachungen, Silben-Reduplikationen, einfache und kurze Sätze, kindgemäße Bezeichnungen (z. B. Wau-wau), Gebrauch von Diminutiven, Teilphrasen- und Wortwiederholungen.

Amnesie [gr. *mnesis* Gedächtnis], Sammelbez. für teilweisen oder gänzlichen, zeitlich begrenzten oder dauernden Gedächtnisverlust als Folge der Beeinträchtigung der Aufnahmefähigkeit oder infolge von Hemmungsvorgängen bei der Reproduktion (Hirnschädigung). Sonderformen der A. sind:

- «anterograde A.», Gedächtnisverlust bei einem schädigenden Ereignis mit Bew.verlust für eine Zeitspanne nach dem Ereignis;
- «retrograde A.», gleiches für eine Zeitspanne vor dem Ereignis;
- «congrade A.», gleiches für die Dauer des Ereignisses;
- «auditorische A.», syn. akustische Agnosie;
- «autohypnotische A.», von Jung eingeführte Bez. für Vergessen durch Verdrängen;
- «epochale A.», Gedächtnisverlust für bestimmte Zeitabschnitte;
- «graphokinetische A.», Gedächtnisverlust für Schreibbewegungen, →Agraphie;
- «hysterische A.» →katathyme A.;
- «infantile A.», das Vergessen der Ereignisse der ersten Lebensjahre aus funktioneller Unfähigkeit des Kleinkindes zur Erinnerungsregistrierung. Nach FREUD Folge der Verdrängung der infantilen Sexualität mit Ausbreitung auf alle Ereignisse.
- «katathyme A.», Gedächtnisverlust als Fol-

ge unbewußter (innerps.) Vorgänge. Das weite Feld der →Verdrängung. Weitgehend syn. mit psychogener u. hysterischer A.;
- «kindliche A.» →infantile A.;
- «kongrade A.» →congrade A.;
- «lakunäre A.», auf umgrenzte Ereignisse beschränkter Gedächtnisverlust;
- «logophonische A.», Gedächtnisverlust für Worte (Worttaubheit). →amnestische Aphasie;
- «logosemantische A.», Gedächtnisverlust für graphische Zeichen (Schriftblindheit);
- «mimokinetische A.», Gedächtnisverlust für Mimik u. Gestik. →Amimie;
- «partielle A.», unvollständiger, begrenzter Gedächtnisverlust;
- «periodische A.», nach RIBOT die Abfolge von zwei Gedächtnissen, die sich gegenseitig auslöschen («doppeltes Bewußtsein»);
- «phonokinetische A.», Erinnerungsverlust für die zur Lautbildung erforderliche Motorik;
- «posthypnotische A.», Gedächtnisverlust für das Geschehen in der Hypnose;
- «posttraumatische A.», Gedächtnisverlust nach einem Trauma (Hirnerschütterung bzw. Commotio, Hirnprellung bzw. Contusio, Hirnquetschung bzw. Compressio);
- «progressive A.», der allmählich und kontinuierlich sich steigernde Gedächtnisverlust (z. B. bei seniler Demenz und bei Paralyse). →RIBOTsches Gesetz;
- «psychogene A.» →katathyme A.; «totale A.», bis zur restlosen Gedächtnisaufhebung fortschreitender Verlust;
- «transitorisch-globale A.», vorübergehender, dabei vollständiger Verlust;
- «verbale A.», syn. amnestische Aphasie;
- «visuelle A.», syn. optische Agnosie;
- «zeitliche A.», von GRUHLE eingeführte Bez. für den zeitlich begrenzten, dabei vollständigen Verlust.

Amnestiker, Personen, die an organisch bedingten Gedächtnisstörungen leiden. Oftmals ist sowohl die Aufnahme als auch der Abruf von Information aus dem Langzeitgedächtnis gestört. Eine häufige Ursache dieser organischen Dysfunktion ist ein Vitaminmangel bei chronischem Alkoholismus.

amnestisches Syndrom →KORSAKOW-Syndrom

amodal, Terminus von MICHOTTE (1954) für Wahrnehmungsformen, denen keine Sinnesreizung zugrunde liegt, wie z. B. der →Tunneleffekt.

Amok, Eingeborenenwort für die auf den malaiischen Inseln vorkommende plötzlich einsetzende Bew.störung mit Mordtrieb. Die Befallenen laufen meist bewaffnet umher und töten sinnlos. Als Ursache werden →Epilepsie, Malaria oder →Katatonie angenommen.

amorpher Typus →Typologie (Primär-Sekundär-Funktionstypen)

Amphetamine, Psychopharmaka, aus der Klasse der →Psychostimulantien, Derivate des →Phenylethylamins. Alle A. unterliegen dem Betäubungsmittelgesetz und sind nicht im Handel. In der Ps. oft untersuchte Stoffe sind Amphetamin (→Benzedrin®), →Methamphetamin (Pervitin®). In neuerer Zeit sind als «Designerdrogen» synthetische A-Derivate verbreitet worden, so →DOM, MDA, →MDMA («Ecstasy»). A. haben sympathikomimetische und zentral stimulierende Eigenschaften, die sich in erhöhter Aktiviertheit und motorischer Antriebssteigerung zeigen. A. erhöhen die Verfügbarkeit von →Noradrenalin und →Dopamin, →Serotonin und →Acetylcholin. Chronische Verabreichung hat neurotoxische Wirkungen. Ps. Wirkungen sind vielstündige Verbesserung von Aktiviertheit, Vigilanz, Aufmerksamkeit und Konzentration, Reaktionszeit, Ausdauer (Doping, →Doping-Substanzen) und Appetitminderung. Klinische Anwendung bei →hyperkinetischem Syndrom. Nebenwirkungen sind Schlafstörungen, Reizbarkeit, Tics, Dyskinesien, psychotische Symptome und Angst. Suchtgefahr. **[L]** BRAUER et al. 1997, CHO 1994, COLE 1967, GUNNE 1977, WEINGARTNER et al. 1980 *W. Janke/M. Reuter*

Ampliation [lat. *ampliare* vermehren, verschieben i. ü. S. die Ursache], Bez. von E. MICHOTTE. Unter best. Voraussetzungen nimmt der Mensch ein kausales Aufeinanderfolgen auch dann wahr, wenn dieses fehlt. Zur A. gehört nach MICHOTTE eine A.struktur. →Kasualitätswahrnehmung, →Kausalität, phänomenale

Amplifikation [lat. *amplificare* erweitern, mehren], Bez. von JUNG für die – im Ggs. zum analytischen Vorgehen von FREUD stehende – Methode der Erweiterung, z. B. durch freies Assoziierenlassen oder durch freies Ausdeutenlassen von Trauminhalten.

Amplitude [lat. *amplitudo* Weite], Schwingungsweite bzw. bei einer Schwingung die größte Entfernung von der Ruhelage.

AMP-System, →AMDP-System

Amputationstäuschung [lat. *amputare* ringsum beschneiden], Fehlempfindungen von Amputierten →Phantomglied

Amulett, ein Gegenstand, der am Körper getragen wird und als Schutz gegen Unglück, Zauberei, Feinde, Dämonen, Krankheit dienen soll. →Fetisch

Amusie [gr.], Unfähigkeit, trotz erhaltener Funktionstüchtigkeit der Sinnesorgane Melodien zu erkennen (sensorische A.) bzw. zu singen oder auf einem Instrument zu spielen (motorische A.). Zur sensorischen A. kann das Unvermögen gezählt werden, trotz erhaltenem Sehvermögen Noten zu verstehen. A. geht häufig mit sensorischer oder motorischer →Aphasie einher.

Amylin, gastrointestinales →Neuropeptid, sezerniert in den Langerhansschen Inseln der Bauschspeicheldrüse. Antagonistische Wirkungen zu →Insulin. Wirkungen auf ps. Vorgänge, z. B. Behalten, sind wahrscheinlich. **[L]** EDWARDS & MORLEY 1992 *W. Janke*

an…, ana… [gr.], in Wtvb. auf, hinauf, wieder, gemäß, entsprechend **[E]**

AN, Abk. für →Anspruchsniveau

Anabolika, Stoffe, die zur Förderung körperlicher Leistungsfähigkeit dienen, meist synthetische Steroide, chem. dem →Testosteron aus der Gruppe der →Androgene verwandt. Die angestrebte Wirkung ist Leistungsförderung über Eiweißabbau. Andere unerwünschte hormonelle Effekte der Androgene werden über chem. Variationen vermieden. Bei chronischer Einnahme hoher Dosen sind ps. Störungen wahrscheinlich. A. werden als Doping-Stoffe mißbraucht. **[L]** BAHRKE et al. 1996, BROWER 1992, STREET et al. 1996 *W. Janke*

Anabolismus Aufbaustoffwechsel →Metabolismus

Anachorese →Ich-Anachorese

Anafranil® →Clomipramin

anagog, anagogisch [gr.], (allg.) hinaufführend zum Geistigen. Bez. JUNGS für das Unbewußte, soweit es zugleich moralische, geistige und allegorische (d. h. bewußte) Züge trägt.

anagogische Deutung, nach H. SILBERER (1914) die Deutungsweise der Symbolbildung, die (da das Symbol die Ausrichtung auf Ideale besitzt) im Ggs. steht zur analytischen Deutung.

anagogische Methode, die psychotherapeut. Behandlung (Geprächsführung), bei der nach JUNG mehr die erhebenden, erfreulichen Aspekte in den Schwierigkeiten des Patienten angegangen werden, und weniger die belastenden wie bei FREUD. →Ressourcenorientierung

Anagramm [gr. *anagramma* entsprechend Geschriebenes], Buchstabenversetzrätsel. Durch Umstellen von Buchstaben wird aus einem Wort ein anderes (Basel – Salbe), werden Pseudonyme gebildet oder Wortspiele geschaffen. • In der Intelligenzdiagnostik und Denkps. wird als Anagramm-Methode die Aufgabe bezeichnet, in Buchstabenfolgen Regelmäßigkeiten zu entdecken (analog den →Zahlenreihen) oder aus einer zufällig angeordneten Buchstabenreihe ein oder mehrere Wörter zu bilden. Bei der Regelentdeckung in Symbolfolgen gibt es manchmal unter mehreren Lösungen eine optimale. Mit der A.-Methode sollen u. a. →Wortflüssigkeit und →divergentes Denken untersucht werden. *R. Bergius*

anaklitisch [gr. anlehnen], durch Anlehnen abhängig. Nach FREUD ist z. B. das Kleinkind a. beim Drängen zur Mutterbrust als Objekt seines Selbsterhaltungs- wie seines Sexualtriebes.

anaklitische Depression, Bez. von R. SPITZ für die Zustandswandlung bei einem Kind, das über die ersten sechs Lebensmonate eine normale Beziehung zur Mutter hat und dann von dieser getrennt wird. Das Kind zeigt Züge der Erwachsenendepression. →Hospitalismus

Anakoluthie [gr.], das Auslassen oder Umstellen von Wörtern oder Silben oder auch die Stilwidrigkeit bei der Satzbildung. A. tritt auf bei der Alltagssprache, im bes. ist sie ein Symptom ps. Anomalie.

Analeptika (syn. zentrale Analeptika, Konvulsiva), Stoffe mit unterschiedlichen Wirkungsmechanismen, die auf zentrale Regulationszentren des ZNS und VNS anregend oder auch erregend (krampfauslösend) wirken. Einige Stoffe wie →Picrotocin und Pentylentetrazol (→Pentetrazol) sind Agonisten des Neurotransmitters →GABA ($GABA_A$-Rezeptoren). Sie wurden früher zur Krampftherapie von Depression eingesetzt. Weitere Stoffe sind u. a. Nikethamid (Coramin®), →Strychnin, das ein Antagonist von →Glycin ist. Zur Anregung des Kreislaufs benutzte A. werden auch als →Kreislauf-Analeptika (z. B. Sympatol®, Effortil®) bezeichnet. Sofern ps. Wirkungen im Vordergrund stehen, wird von →Psychoanaleptika oder →Psychostimulantien gesprochen. Dies sind u. a. →Coffein und →Amphetamine. A. werden u. a. bei Überdosierung und Vergiftung von Narkotika/Hypnotika angewendet. In ps. Experimenten wurden A. in der Gedächtnisforschung eingesetzt. Die Annahme dabei war, eine Gedächtnisverbesserung durch Erhöhung zentralnervöser Erregung zu erreichen. **[L]** COPER & HERRMANN 1988,

FORTH et al. 1996, HAHN 1960, MCGAUGH & HERZ 1972 *W. Janke*

analer Charakter [lat. *anus* After], Bez. für ein Bündel von Persönlichkeitseigenschaften, die nach FREUD und bes. nach ABRAHAM als eine der Folgen der Regression auf die analsadistische Phase – anstelle spezieller neurotischer Symptome – entstehen können. Als Abwehrmechanismen sollen Personen mit analem Charakter Rationalisierung, Reaktionsbildung, Isolation und Skotomisation bevorzugen. Zu den von FREUD weiter genannten Eigenschaften Ordnungsliebe (bis zur Pedanterie), Geiz und Eigensinn kommen Pünktlichkeit, Sauberkeit, Genauigkeit und sonstige zwangsartige Verhaltenseigenschaften hinzu. KIENER (1978) zitiert Untersuchungsergebnisse, die besagen, daß die betr. Verhaltensweisen zwar korrelieren können, die psa. Theorie ihrer Entstehung aber nicht haltbar sei.

Analerotik, bei FREUD und dessen →Libidotheorie bedeutet A. Fixierung auf die →analsadistische Phase und deren Auswirkungen.

Analgesie [gr. *an* ohne ... *algos* Schmerz], Schmerzunempfindlichkeit ohne Beeinträchtigung der übrigen Sinnesempfindungen im Gefolge von →Anästhesie (Drogen, Akupunktur etc.) oder als Krankheitssymptom.

Analgesiemeter, Gerät für die Bestimmung der Schmerzempfindlichkeit (Schwelle, Intensität). Analgetika können damit in ihrer Wirksamkeit beurteilt werden.

Analgetika, Arzneimittel zur Verminderung von Schmerz. Die Wirkungsmechanismen erstrecken sich auf die Aufnahme, Weiterleitung, Verarbeitung und Wahrnehmung von Schmerzreizen oder die Entstehung von Schmerz. Es sind zentrale und periphere A. zu unterscheiden. Zentrale A. sind Stoffe, die an schmerzleitenden Strukturen (Rückenmark, Thalamus, Hirnstamm und limbischer Cortex) wirken und dadurch ZNS-kontrollierte Prozesse wie Reizwahrnehmung und -verarbeitung beeinflussen. Steht die desaktivierende Wirkung im Vordergrund spricht man von Hypno-Analgetika. Die meisten sind natürliche oder halb-/vollsynthetische Stoffe mit morphinähnlicher Wirkung sog. →Opiode. Natürliche Stoffe sind →Morphin, →Codein, halbsynthetisch ist →Heroin, vollsynthetisch Pethidin und zahlreiche weitere Stoffe. Zu den am meisten verschriebenen gehört →Tramadol. Periphere A. verhindern die Entstehung von Entzündung und Schmerz, indem sie am Entstehungsort in die Synthese der →Prostaglandine eingreifen. Bekanntester Stoff ist →Acetylsalicylsäure (Aspirin®). Sie sind keine Psychopharmaka, obwohl sie in höheren Dosierungen zentralnervöse Wirkungen (z. B. im EEG) zeigen können. Zentrale A. können zu →Drogenabhängigkeit führen. **[L]** GLAESKE 1996, MILLAR 1992, WALDVOGEL 1996, WÖRZ 1986 *W. Janke*

analog [gr. *analogos* der Vernunft gemäß], Kennzeichnung einer grundlegenden Form, Information für die Verarbeitung, Übertragung oder Speicherung zu codieren; Alternative zu →digital. Bei a. Codierung wird der Wert einer quantitativen (meist auch kontinuierlichen) Variablen (z. B. elektrisches Hirnpotential im →EEG) durch die in der Regel proportionale Ausprägung einer stetigen physikalischen Variablen (z. B. Spannung oder Strom in einer elektrischen Schaltung, Zeigerausschlag eines Meßinstrumentes, Auslenkung der Schreibfeder eines →Polygraphen aus der Nulllinie, Intensität der Magnetisierung einer Bandstelle) wiedergegeben. *W. Glaser*

Analog-Digital-Wandler, A/D-Wandler, Umkehrung des →Digital-Analog-Wandlers, also Codierer, der dem →analog repräsentierten Wert einer quantitativen Variablen einen äquivalenten →digitalen Wert zuordnet. In der exp. Ps. werden A. überall da angewandt, wo Analogsignale (z. B. elektrische oder elektrisch gemessene physiol. Variablen) digital weiterverarbeitet werden, meist im →Digitalrechner. Technisch als integrierter Schaltkreis (IC) ausgeführt, der den Kern der Schaltung entsprechender Einsteckkarten für Digitalcomputer bildet. Der A. ist nicht durch ein einfaches physikalisches Prinzip wie der D/A-Wandler elektronisch realisierbar. Oft wird er zusammengesetzt aus einem D/A-Wandler und einer Regelung, die die Ausgangsspannung des D/A-Wandlers dem Wert des zu digitalisierenden Signals angleicht. Die dazu notwendige Einstellung der digitalen Seite ist dann das gesuchte Äquivalent zum gegebenen Analogsignal. **[L]** WRATIL & SCHMIDT 1987 *W. Glaser*

analoge Kommunikation, werden von WATZLAWICK et al. (1967) – unter Bezugnahme auf eine in der Computertechnologie geläufige Unterscheidung – solche Darstellungs- bzw. →Kommunikationsweisen genannt, bei denen zwischen den zu kommunizierenden Inhalten und den Ausdrucksformen Ähnlichkeiten bestehen (→Symbol, →Zeichen; Gegenbegriff: →digitale Kommunikation). Sie entsprechen weitgehend der sog. →nichtverbalen Kommunikation. →Verstehen soll hierbei auf generell gültigen, phylogenetisch früheren Kommunikationssystemen basieren (→Tiersprache). Im menschlichen Sozialkontakt werden (nach WATZLAWICK et al.) gedankliche Inhalte digital kommuniziert, während die aktuelle Beziehung der Kommunizierenden mittels a.K. definiert wird. Da der Mensch beide Kommunikationsweisen einsetzen und sie sogar gleichzeitig verwenden kann, vermag er auch gleichzeitig einander widersprechende Botschaften zu übermitteln, was dem Empfänger ein konfliktfreies Reagieren erschweren oder unmöglich machen kann. A.K. spielt auch in verschiedenen Psychotherapien eine große Rolle, da der Beziehungsaspekt von etwas Mitgeteiltem oft analog kommuniziert wird. →double bind hypothesis. *G. Kaminski*

Analogie, Begr. mit mehrseitigen Bedeutungen: Ähnlichkeit, Annäherung, Gleichheit, Erklärung durch Vergleich, Proportionalität u. ä.

Analogiebildung, Bilden einer sprachlichen Angleichform. • Sprachps. Bez. für Fehlformen (z. B. in der Sprache des Kindes, das Amaus statt Ameise sagt).

Analogiemethode (MEUMANN), Verf., um das sog. logische Denken festzustellen. Als Aufgabe müssen best. Beziehungen erkannt werden (z. B. Auge verhält sich zu Sehen wie Ohr zu ?).

Analogieschluß, das Schließen vom eigenen auf fremdes Erleben. Ebenso das Schließen von einzelnen Persönlichkeitsvariablen einer Person auf die gleichen Variablen bei ähnlichen Personen. In der Ausdruckskunde die These, daß fremdseelische Ausdruckserscheinungen nur in Analogie zu eigenen Ausdruckserscheinungen erfaßbar sind. →Ausdruckstheorien

Analogie-Test [T] STERN, WYATT, YERKES

Analogon, das einem anderen in best. Hinsicht Ähnliche, Vergleichbare (z. B. ist die Sorge des Tieres für das Junge ein A. zur menschlichen Mutterliebe).

Analogrechner, elektronische Rechenanlage, in der die miteinander zu verknüpfenden Variablen und Konstanten →analog codiert sind. Bis etwa Ende der 60er Jahre waren Analogrechner den damals verfügbaren →Digitalrechnern in der Prozeßsteuerung und -simulation technisch überlegen. Der Trend zur digitalen Verarbeitung analoger Signale ist seither ungebrochen und hat den Analogrechner inzwischen bedeutungslos werden lassen. Als Modell für analoge Informationsverarbeitung im menschlichen Organismus dürfte der A. jedoch für die Ps. eine gewisse theoretische Bedeutung haben. [L] GLASER 1991 *W. Glaser*

Analogstudie, Untersuchung, bei der die kontrollierte →Variable und/oder die →Stichprobe von dem Bereich abweicht, über den etwas ausgesagt wird. Beispiele: Unters. an Tieren mit →Drogen, die für den Menschen vorgesehen sind; Erprobung von psth. Methoden an «gesunden» Vpn. Generalisierbarkeit bzw. →Reduktionismus sind bei der A. eine offene Frage.

analsadistische Phase, Bez. von FREUD für die sich etwa über das zweite und dritte Lebensjahr erstreckende Phase der seelischen Entwicklung des Kindes, die geprägt wird durch die Tatsache der besonderen erogenen Reizbarkeit der Afterregion und die dadurch bedingte Lustempfindung bei den Ausscheidungsvorgängen.
Die a.Ph. schließt sich an die →orale Phase an und wird durch die →genitale Phase abgelöst. Durch die während der a.Ph. einsetzende Reinlichkeitserziehung wird die a.Ph. in eine frühe und in eine späte Phase eingeteilt. Die erste ist durch eine Lust an der Ausstoßung der eigenen Exkremente gekennzeichnet, die zweite durch die mit der Beherrschung der Ausscheidungsfunktionen gewonnene Möglichkeit der Zurückhaltung der Exkremente. Durch Fixierung auf einer der beiden Phasen sollen die dort vorherrschenden Haltungen den späteren Charakter prägen. →analer Charakter, →oraler Charakter

Analysand (PFISTER), psa. die Person, die psychologisch analysiert wird, sich einer psychoanalytischen Behandlung unterzieht.

Analysator, das Informationsverarbeitungssystem in Sinnesorgan (→Rezeptor) und Großhirnrinde. →Informationsverarbeitung

Analyse, [gr. *analyein* auflösen] Zerlegung, insbes. in die Elemente oder Einzelteile, beispielsweise in der Persönlichkeits-A. das Herauslösen der die Persönlichkeit bestimmenden Einzelzüge. A. ist das notwendige methodische Vorgehen zur Erkenntnisgewinnung, um in Zusammenhänge einzudringen, die als einheitliche Erscheinung auftreten. Ggs. →Synthese. Als Hilfsmittel dient für die A. in den empirischen Wissenschaften das Experiment. In der Bedingungs-A. werden die Voraussetzungen aufgesucht, unter denen das fragliche Ereignis zustande kommt. Die Funktions-A. hat die Aufgabe, die einzelnen Funktionen und ihre gegenseitige Abhängigkeit aufzuspüren, was im günstigen Fall das Auffinden der →Struktur und die Einsicht in den Gesamtzusammenhang ermöglicht. • Eine bes. Aufwertung und Richtung erhielt der Begr. A. durch die von FREUD begründete →Psychoanalyse. Und auch JUNG nannte sein System →Analytische Psychologie.

Analytiker-Rolle →Therapeut-Patient-Beziehung

Analyse durch Synthese [engl. *analysis by synthesis*], von einem Verfahren beim Programmieren von Rechenautomaten abgeleiteter Prozeß zur Erklärung der aktiven verbalen Speicherung, des gerichteten Denkens, der Wahrnehmung von Rhythmen und Sätzen, des schnellen Lesens und des selektiven Hörens: es werde eine «innere Sprache» produziert und man versuche, diese – oder Teile von ihr – mit der eingehenden Information – oder mit Teilen von ihr – zur Deckung zu bringen. →präattentiver Prozeß. [L] NEISSER 1974

Analytische Psychologie, Bez. für die Ps. C. G. JUNGS, auch «Komplexe Psychologie» (T. WOLFF) genannt. JUNG ist Empiriker und geht vom erfahrbar Psychischen aus. Psyche ist die Gesamtheit aller bewußten und unbewußten Regungen. Die Psyche zerfällt in Bewußtes und Unbewußtes.

(1) Struktur: Das Ich macht das Zentrum des Bewußtseinsfeldes aus, wobei die Persona als Hülle des Ich dieses nach außen hin vertritt und einen Kompromiß zwischen Individuum und Sozietät bildet. Das Bewußtsein ist die Funktion, welche die Beziehung ps. Inhalte zum Ich unterhält. Es ist strukturiert nach 2 Einstellungstypen: extra- und introvertiert, und nach 4 Funktionstypen: Denken, Fühlen, Empfinden und Intuieren. Die eine Einstellung und 2 Funktionen stehen in der Regel dem Bew. zur Verfügung; die 2. Einstellung und die 2 anderen Funktionen verhalten sich dazu kompensatorisch und sind unbewußt. Das Unbewußte zerfällt in ein persönliches Unbewußtes (Vergessenes, Verdrängtes, unterschwellig Wahrgenommenes, Abgesunkenes) und in ein kollektives Unbewußtes, das der Mutterboden allen Bewußtseins ist. Das kollektive Unbewußte enthält ererbte Möglichkeiten des ps. Funktionierens überhaupt (→Archetyp). Dieses Erbgut ist allgemein menschlich und bildet die Grundlage alles individuell Psychischen.

(2) Dynamik: Das in Strukturen eingeteilte ps. System wird lebendig durch die Libido = allgemeine ps. Energie. Die Psyche ist ein in sich geschlossenes System und gleichzeitig ein System mit Selbstregulierung. Intensitätsdifferenzen werden ausgeglichen. Aus dem Bewußtsein abgezogene Energie ist im Unbewußten und umgekehrt (Kompensation). Beim gesunden Individuum ist die Libido progressiv, d.h., sie paßt sich den ständig wechselnden Umweltbedingungen an. Im Falle einer Neurose wird die Libido regressiv. Progression und Regression sind Formen der Energieumsetzung nach außen (Umwelt) oder innen (archetypische Bilder). Als Energietransformator wirkt das →Symbol.

(3) Prozeß: Da die Psyche sich selbst reguliert, treten für alle exzessiven Vorgänge sofort und zwangsläufig Kompensationen ein. Gibt es im menschlichen Leben einen Konflikt, für den die bisherige Anpassung nicht mehr ausreicht, so wird ein Teil des Konfliktes verdrängt, sinkt ins Unbewußte, bildet einen →Komplex und saugt ps. Energie an. Diese Energie fehlt dem Bewußtsein. Es entsteht eine Neurose. Ein der Notlage entsprechender →Archetyp wird kompensatorisch im Unbewußten konstelliert. Er ist stark energetisch besetzt und zieht dadurch das Bewußtsein an. Der Libidofluß wendet sich regressiv den bisher unbewußten Bildern zu, belebt diese archetyp. Bilder und vermag sie mit Hilfe der Assimilation dem Bewußtsein anzugliedern und diesem damit wieder Energie zuzuführen. Das Individuum kann sich mit der so gewonnenen Neuorientierung wieder progressiv der Außenwelt zuwenden. Die Konzepte von JUNG sind für viele, auch Laien, faszinierend. Eindeutige Belege dafür, dass die daraus abgeleiteten Therapien bei psychischen Problemen helfen, sind aber bisher in bemerkenswert geringem Umfang vorgelegt worden. →Tiefenps. [L] JACOBI 1959, JUNG 1954, 1964, 1967, WOLFF 1959

F. Caspar

Analytischer Intelligenz-Test [T] MEILI

analytischer Typus →Typologie (Denktypen)

analytische Situation, in der Psa. die sich aus der affektiven Beziehung zwischen Analytiker und Patient ergebende Situation, in der spezifische Faktoren wirksam sind wie →Übertragung, →Widerstand.

Anamnese [gr. *anamnesis* Erinnerung], (allg.) Vorgeschichte eines Tatbestandes, insbes. einer Erkrankung, einer Störung. • (philosoph.) Wiedererinnerung an Ideen, von denen die «Seele» im Zustand ihrer Präexistenz erfahren haben soll. PLATON führte alle Erkenntnis auf A. zurück. • (ps.-diagnost.) Darstellung der Vorgeschichte einschl. Beschreibung der aktuellen Situation und das Sammeln, Systematisieren sowie diagnostische Verarbeiten der Informationen. Diese von

SCHMIDT und KESSLER (1976) vorgeschlagene Definition bringt eine wesentliche Erweiterung des A.begriffs. Nach SCHRAML (1975) kann man zwischen somatischer A., welche die Vorgeschichte betrifft und die biologische Entwicklung sowie die der Familie mit einschließt, biographischer A. und sozioökonomischer A. unterscheiden. Da die anamnestischen Daten Bestandteil des diagnost. Prozesses sind und im ps., medizinischen wie im psychiatrischen Bereich Wesentliches zur diagnost. Urteilsfindung beitragen, muß die A. im Hinblick auf die Testgütekriterien wie ein Test behandelt werden. Da in der Psychotherapie die Ausgangslage bekannt sein muß, steht auch am Beginn jeder Therapie eine Anamnese. *H. Häcker*

Anankasmus, Anankast [gr. *anankazein* zwingen], zwanghaft, skrupulös, pedantisch, Krankheitsfurcht, in der Neurosenlehre Bezeichnung für Zwangsneurose. →Zwang

anankastischer Reaktionstyp →Typologie (Reaktionstypen)

anankotrop svw. zur Zwangsneurose neigend

Anaphrodisie, sexuelle Lustlosigkeit

Anarthrie, der schwerste Ausprägungsgrad der →Dysarthrie, bei dem nur unverständliches Lallen oder Grunzen hervorgebracht werden kann:
Bei Erwachsenen mit Erkrankungen des extrapyramidalen Systems oder der Hirnnervenkerngebiete in der *medulla oblongata;* bei Kindern auch nach frühkindlicher Hirnschädigung mit zerebraler Kinderlähmung. Wenn keine tiefe →Oligophrenie hinzukommt (→mutitas oligophrenica), wird durch eine A. zwar die Sprachentwicklung erheblich gestört und verzögert, aber die Sprachbenutzung ebensowenig verhindert wie bei angeborener Gehörlosigkeit (LENNEBERG 1972). Sprachdiagnostisch muß die A. unterschieden werden von der motorischen →Hörstummheit. **[L]** BAUER 1973, BÖHME 1973, FOURCIN 1975, SEEMAN 1969

Anästhetika, syn. Narkotika

Anästhetiker, anästhetischer Typus →Typologie

Anastole, apathische, die von C. v. MONAKOW auch als «Diaschisis» [gr. *schisis* Spaltung] bezeichnete Funktionshemmung beim Ausbleiben von Erregungen (sofern im Gehirn verursacht, dann auch als Folge fehlender oder zerstörter Verbindungen der Zentren). Die betroffenen Strukturen versagen anfangs total, später partiell, z. B. nach →Apoplexie. **[L]** MONAKOW 1930

anchoring and adjustment, (SLOVIC 1972) [engl. Verankerung und Anpassung], aus der Urteils- und Meßtheorie eine Beurteilung nach einer auffälligen Stimulusdimension, der die Beurteilung anderer Dimensionen angepaßt werden. →Hof-Effekt

ANCOVA, Abk. für *analysis of covariance* →Kovarianzanalyse

Andragogik [gr. Menschenführung], eine Sammelbez. für Erwachsenenbildung

andro... [gr.] in Wtvb. Mann-, männlich **[E]**

Androgene, männl. →Gonadenhormone, gebildet zum größten Teil in den Testes, zum kleineren Teil in der Nebennierenrinde und im Eierstock. Wichtigste der von den Testes produzierten A. sind →Testosteron, →Androstendion und →Dehydroepiandrosteron (DHEA). Von der Nebennierenrinde werden vorwiegend die beiden letztgenannten Hormone produziert, jeweils in größeren Mengen als in den Testes. A. sind geschlechtsspezifisch wirksam, sie bewirken die pränatale Geschlechtsdifferenzierung durch Förderung des Wachstums der männl. Fortpflanzungsorgane einschl. der sekundären Geschlechtsmerkmale, aber auch des Muskelgewebes. Später dienen A. der Spermiogenese. Sie haben Einfluß auf geschlechtsrollenbezogenes Verhalten und sind mit dominantem Verhalten korreliert. Es wurde ein Zusammenhang von Androgenspiegel mit Gewalttätigkeit und Aggression diskutiert, dieser ist aber nicht klar nachgewiesen. Beziehungen zwischen Androgenen und Sexualdelikten sind wegen der Komplexität gering und nur unter bestimmten Bedingungen nachweisbar. Bei Streß ist der Androgenspiegel erniedrigt. A. haben auch direkte neurotrope Wirkungen, Rezeptoren im ZNS sind nachgewiesen, was auch die Wirkungen von A. auf psychische Leistungen innerhalb weniger Stunden verständlich macht. Die Trennung von direkt neurotropen und endokrinen Wirkungen ist bislang noch nicht möglich. **[L]** BERENBAUM et al. 1995, BREEDLOVE 1994, CHRISTIANSEN & KNUSSMAN 1987, DÜKER 1957, HUCKER & BAIN 1990, KNUSSMANN et al. 1986, WARD & WARD 1985, WILLIAM et al. 1990 *W. Janke*

Androglottie →Stimmstörung

Androgynie, die Unterscheidung von *«sex»* und *«gender»*, d. h. von biologischer und psychologischer Geschlechtszugehörigkeit, und die Konzipierung der psychologischen Dimensionen «Maskulinität» und «Femininität» als unabhängige Dimensionen sind die theoretischen Voraussetzungen der neueren Forschung auf dem Gebiet der Geschlechtsrollenforschung. A. als ausgewogene oder ausbalancierte über maskuline wie feminine Merkmale definierte Geschlechtsrollenidentität läßt sich inzwischen über eine ganze Reihe verschiedener Skalen erfassen, die unterschiedlichen theoretischen Grundpositionen verbunden sind. Das Forschungsgebiet der A., das in den letzten Jahren stark an Interesse zugenommen hat, beschäftigt sich einerseits mit Problemen der Geschlechtsrollenstereotype, andererseits mit Problemen der Gewalt gegenüber Frauen in unterschiedlichen Kontexten (Familie, Alltag etc.). [L] BIERHOFF-ALFERMANN 1989. *B. Six*

Andropause, Ende der männlichen Sexualität, Pendant zur weiblichen →Menopause

Androphobie, Mannesscheu

Androstendion, männliches →Gonadenhormon, eines der Androgene *W. Janke*

Androsteron, männliches Gonadenhormon aus der Gruppe der →Androgene *W. Janke*

Aneignung, nach LEONTJEW ein «Grundmechanismus» der ps. Entwicklung des Menschen. →Assimilation bei PIAGET

Anenzephalie, [gr. *enkephalos* Gehirn] sog. «Froschkopf», schwerste Mißbildung d. Gehirns. Schädeldecke m. ausgedehnten Gehirnteilen fehlt.

Anerythropsie [gr. *erythros* rot], Rotblindheit →Farbenblindheit

Anexatel®→Flumazenil

Anfall [engl. *attack, seizure*], ein plötzlich und unerwartet (selbst bei vorhersehbarer Wiederholung) eintretender, zumeist kurzdauernder, den normalen Zustand unterbrechender Ablauf. Der Begr. A. wird überwiegend krankheitsbezogen (krankheitssymptomatisch) verwendet, wenn auch Bez. wie A. von Freude, Güte, Selbstlosigkeit gängig sind. Bedeutsame A.arten sind: corticale, epileptische, hypoglykämische, motorische, paralytische, respiratorische, tetanische, psychogene A., sowie A. als Abstinenzfolge, nach Vergiftung, bei Kreislaufschäden. Der Begr. A. tritt in engster Wortbedeutung bei Anfallsleiden (→Epilepsie) hervor.

Anfall-Phase-Periode, das Leben wird unterbrochen «durch Phasen veränderten Seelenlebens». «Sind solche Phasen kurz (Minuten bis Stunden), so sprechen wir von Anfällen, kehren sie mit regelmäßigen, zeitlichen Intervallen in gleicher Form wieder, so sprechen wir von Perioden» (Abgrenzung nach JASPERS).

Anforderungsanalyse, spezielle Methoden der →Tätigkeitsanalyse zur Ermittlung der Anforderungen an Personen, wie →Qualifikation, Handlungskompetenzen, Fertigkeiten und andere Voraussetzungen, die für die Ausführung der in einer Tätigkeit zu bewältigenden →Aufgaben gestellt werden. Ergebnis ist ein Anforderungsprofil. Es dient als Grundlage zur Personalplanung (→Personalentwicklung, →Bildungsbedarfsanalyse sowie systematische Verfahren zur →Personalauswahl, insbes. →Assessment Center). Einfache Verfahren sind Aufgabeninventare (Task Inventories, TI, [T]), die Critical Incident Technique, CIT [T]. Standardisierte deutschsprachige Methoden der Tätigkeitsanalyse, die zur A. verwendet werden können, sind der Fragebogen zur Arbeitsanalyse (FAA) und das Tätigkeitsanalyseinventar (TAI) [T]. [L] SCHULER & FUNKE 1993

Anforderungsmerkmale →demand characteristics

angeboren [engl. *innate*], von Geburt an bestehend (bes. bei Anlagen, Eigenschaften). Nicht svw. ererbt, da auch äußere Einwirkungen bei der Embryonalentwicklung das Angeborensein bewirken können.

angeborenener, auslösender Mechanismus (AAM), von v. UEXKÜLL und LORENZ als «angeborenes auslösendes Schema» eingeführter und von TINBERGEN als AAM bez. Begr. →Auslösemechanismus

Angefangene Sätze vollenden [T] ZIEHEN

Angelpunkt →Pivot-Grammatik

Angetroffenes, im Ggs. zum →Vergegenwärtigten das leibhaft Begegnende, das Sichtbare, Tastbare, Riechbare usw. und entsprechend erlebnismäßig Faßbare.

Angewandte Psychologie [engl. *applied psychology*], ein Begr., dem auch seine breite heutige Benützung noch keine ausreichende Eindeutigkeit gebracht hat. Grundsätzlich belegt er alle ps. Bemühungen, die der nicht-angewandten, d. h. allgemeinen, bzw. theoretischen Ps. (einschl. Grundlagenforschung) gegenüberstehen. Da aber diese Grenzen immer fließend bleiben und zugleich die A.Ps. nicht als identisch mit →praktischer Ps. bzw. →Psychotechnik anzusehen ist, wird man A.Ps. am besten als Oberbegr. zur praktischen Ps. und Psychotechnik nehmen und als zuständig bei der Kontaktnahme der Ps. mit jeder Berufsarbeit, mit Industrie und Wirtschaft, mit Pädagogik, Medizin, Justiz, Politik, Sport u. a. betrachten. Nach Teilgebieten umfaßt demzufolge die A.Ps.: (1) Ps. der Auslese (ps. Eignung einschl. ps. Berufskunde) und Ps. der Ausbildung. (2) Ps. der Arbeit (Arb.methoden, Arb.bedingungen, Arb.platzgestaltung). (3) Wirtschaftsps. (Kauf, Verkauf, Werbung). (4) Klinische Ps. (Diagnose, Therapie). (5) Ps. der Beratung (Berufs-, Betriebs-, Erziehungs-, Eheberatung, Rehabilitation u. ä.). (6) Ps. im unmittelbaren Fachbereich von Erziehung, Rechtsprechung, Medizin, Pharmakologie, Politik, Wehrmacht, Verkehr, Sport u. a. m. – Die A.Ps. vermag aber letztlich nicht mehr als das auszuwirken, was die ps. Grundlagenforschung an Erkenntnissen, Methoden usw. bereitstellt. Der Begr. wurde von W. STERN (1903) als Programm eingeführt. MÜNSTERBERG gab der Psychotechnik die gleiche Bedeutung, wie sie heute die A.Ps. hat. **[L]** ANASTASI, BIÄSCH, BLUM-NAYLOR, DORSCH (zur Gesch.), MÜNSTERBERG, POFFENBERGER, W. STERN

angio... [gr. *agglion*], in Wtvb. Gefäß **[E]**

Angiotensin, Hormon des Renin-Angiotensin-Aldosteron-Systems (RAAS). Zu unterscheiden sind Angiotensin I (AI) und II (AII). AI wird unter dem Einfluß des Angiotensin converting enzym (ACE) in AII umgewandelt. Vermehrte Bildung bei Minderdurchblutung der Niere und Hypovolämie. A. löst einerseits sehr starke, an den Gefäßen direkte und durch Aktivierung des gesamten sympathischen Nervensystems indirekte vasokonstriktorische Reaktionen aus. Andererseits stimuliert es →Aldosteron-Ausschüttung in der Nebennierenrinde, welches Natrium und Wasser im Körper hält. Beides trägt zur Blutdrucksteigerung bei. Es wird angenommen, daß A. eine Rolle bei der Entstehung der essentiellen Hypertonie spielt. Bei größeren Blut- und Flüssigkeitsverlusten wird durch AII ein starkes Durstgefühl ausgelöst. A. ist auch ein Neuropeptid. Im Gehirn finden sich Subtypen von Angiotensin-Rezeptoren, die sowohl mit physiologischen als auch mit ps. Vorgängen in Beziehung stehen. Insbesondere besteht ein Zusammenhang mit Befindlichkeit und Gedächtnis. **[L]** MOORE & GERSHON 1990, PHILLIPS 1987, TURKKAN 1988, WRIGHT & HARDING 1994 *W. Janke/P. Zimmermann*

Angleichung, das Einander-ähnlich-Werden zweier Vorstellungen, die gleichzeitig miteinander assoziiert wurden. • Die allmähliche unwillkürliche Anpassung des Individuums an die soziale Gruppe. • Farb- und Helligkeitsangleichung (W. FUCHS 1923), auch Assimilation genannt (H. HELSON), ist ein dem Farb- und Helligkeitskontrast entgegengesetztes, 1874 von W. v. BETZOLD als «Farbenmischung» beschriebenes Phänomen. Anstelle des Kontrastes erfolgt unter best. Helligkeits- und Gestaltbedingungen A. in dem Sinne, daß der Unterschied zwischen räumlich aneinander grenzenden Flächen von verschiedener Farbe und Helligkeit vermindert wird. Z. B. nimmt eine neutrale Fläche die Farbe des sie umgebenden Feldes an. →Assimilation, Kontrast.

Angst [ahd. *angust*, verwandt mit lat. *angustus*, engl. *anxiety, apprehension*], ein mit Beengung, Erregung, Verzweiflung verknüpftes Lebensgefühl, dessen besonderes Kennzeichen die Aufhebung der willensmäßigen und verstandesmäßigen «Steuerung» der Persönlichkeit ist. Man sieht in der A. auch einen aus dem Gefahrenschutzinstinkt erwachsenden Affekt, der, teils in akutem Ausbruch (dem Schreck verwandt), teils in schleichend-quälender Form eine elementare Erschütterung bewirkt. A. dürfte eine der ursprünglichsten Triebkräfte sein. A. und Haß sind Affekte, die sich ablösen (umschlagen) können, so wie Flucht und Aggression. Andere Bedeutung hat die A. als die stets objektbezogene Furcht oder Befürchtung (z. B. Examensangst), da hier rational der Fehlschlag als möglich erkannt wird. KLAGES, HEIDEGGER u. a. sehen in der A. stets Todesangst. In der Psa. stellt A. die erste Erfahrung dar, die der Mensch bei der Geburt macht. Sie ist nach FREUD Realangst, neurotische Angst oder moralische Über-Ich-Angst.

Neuere Persönlichkeitstheorien führen A. meist auf Assoziationen zwischen neutralen und schmerzenden bzw. bedrohenden, unangenehmen Reizen zurück. Am eindrucksvollsten sind Verallgemeinerungen solcher Assoziationen, die mit lebensbedrohenden Gefahren oder Traumata begannen. Angstbereitschaft als Persönlichkeitszug wird aus der mehr oder weniger großen Häufigkeit und Stärke solcher Erfahrungen sowie aus der vielleicht konstitutionellen Erregbarkeit erklärt. Für letztere glaubt MEILI frühkindliche Symptome erkannt zu haben. Ungewißheit (BERLYNE), Konflikt und Abweichung der Wahrnehmungen von der Erwartung oder von persönlichen Konstrukten (KELLY) werden als weitere Quellen der A. genannt. Messungen der A. werden mit Fragebogen (Angst als Testdimension) und mit physiologischen Aktivierungsmeßmethoden versucht. A. ist vielfach verwendete unabhängige Variable in Lern- und Leistungsversuchen. A. ist auch fundamentaler Persönlichkeitsfaktor (Faktorentheorien der Persönlichkeit), der u. a.

die Disposition zu hoher Triebspannung (Triebdynamik) und Neigung zu Schulderlebnissen und physiologischen Erscheinungen wie Herzklopfen, Atembeschleunigung etc. repräsentiert. Ängste gehören zu den psychischen Problemen, die am Anfang der Entwicklung psychotherapeutischer Behandlungsmethoden standen. In nahezu allen psychotherapeutischen Ansätzen spielen Ängste eine zentrale Rolle. Die Herangehensweise hängt von den jeweiligen Theorien zu Entstehung und Aufrechterhaltung ab. So wird in tiefenpsychologischen Therapien v. a. versucht, ein Verständnis für die unbewußten Angst hervorbringenden Faktoren zu erarbeiten, in humanistischen Therapien wird versucht, einen besseren Kontakt zu abgespaltenen Teilen der eigenen Person herzustellen, in kognitiv-verhaltenstherapeutischem Vorgehen wird versucht, Vermeidungsverhalten zu bekämpfen, neue Fertigkeiten aufzubauen und angstauslösende Denkweisen zu verändern. Für Ängste liegen empirisch gut gesicherte Behandlungsmanuale vor. Die sehr konkrete Auseinandersetzung mit gefürchteten Situationen scheint dabei ein wesentliches Element zu sein. Empirisch gut belegt ist v. a. die Wirksamkeit (kognitiv) →verhaltenstherapeutischer Verfahren, aber auch →Gesprächspsychotherapie und andere Verfahren können, insbesondere bei unspezifischen Ängsten, zu Erfolgen führen. **[L]** FRÖHLICH, GRAY, NEUMANN, RIEMANN, BIRBAUMER 1977, BUTOLLO 1979, KUTASH & SCHLESINGER 1981 *R. Bergius/F. Caspar*

Angst als Eigenschaft, Trait-Angst (Eigenschaftsangst), ist nach SPIELBERGER eine erworbene, zeitstabile Verhaltensdisposition, welche bei einem Individuum zu Erlebens- und Verhaltensweisen führt, eine Vielzahl von objektiv wenig gefährlichen Situationen als Bedrohung wahrzunehmen. Auch wenn diese objektive Bedrohlichkeit nicht besteht, wird mit einem Anstieg der Zustandsangst (→Angst als Zustand) reagiert.

Angst als Testdimension, die Tests, welche zur Messung der individuellen →Angst, Ängstlichkeit bzw. A.neigung konstruiert wurden, basieren auf unterschiedlichen A.theorien und benutzen sehr verschiedene Testdesigns. Eine weit verbreitete Testform zur Messung der A. ist der →Persönlichkeitsfragebogen. In Übereinstimmung mit der A.theorie als einer allgemeinen Motivation konstruierte TAYLOR die sog. Manifest Anxiety Scale (MAS). Die MAS wurde aus Items des MMPI entwickelt. Sie umfaßt 50 Fragen. Die Skala trennt zwischen klinisch definierten und normalen Gruppen. Ebenfalls auf der Basis von Fragebogen wurde das TAQ (Test Anxiety Questionnaire) von MANDLER und SARASON entwickelt. Die Autoren gehen jedoch davon aus, daß es ein einheitliches Konstrukt «Angst» noch nicht gibt. Sie untersuchen die mehr spezifische, situationsbedingte und bei Leistungsprüfungen beobachtbare Test-A. CATTELL und Mitarbeiter haben auf der Basis von Fragebogen (→**[T]** 16 PF) einen Sekundärfaktor der A. identifiziert. Er setzt sich aus fünf 16 PF-Faktoren zusammen. Die Autoren konstruierten zur Messung dieses Faktors die →**[T]** IPAT-A.-Skala. Unter Verwendung der faktorenanalytischen Technik, aber auf der Basis von objektiven Tests, haben CATTELL und Mitarbeiter die Objektive-Analytische-Testbatterie entwickelt. Diese Testbatterie mißt den Faktor erster Ordnung →**[T]** U.I.24 und weist eine hohe Übereinstimmung mit der durch Fragebogen gemessenen A. auf. Die mit Hilfe von projektiven Verfahren gemessene A. ist in viel geringerem Maße operationalisierbar und validiert. Beim RORSCHACH-Verfahren gelten z. B. Hd-Reaktionen oder die Anzahl von Verweigerungen als Anzeichen für erhöhte A. Auch beim TAT wird relativ direkt von Schreckdeutungen auf A. geschlossen. Bei hinreichender Standardisierung der exp. Anordnungen (z. B. Wahrnehmungs- und Konditionierungsexperimente) läßt sich die individuelle A.neigung indirekt messen. In neuerer Zeit wird die Messung physiol. Korrelate der A. für therapeutische und diagnostische Zwecke vorgenommen. **[L]** LEVITT 1967, COHEN 1965, SPIELBERGER 1972, BIRBAUMER 1973 *H. Häcker*

Angst als Zustand, State-Angst (Zustandsangst) nach SPIELBERGER stellt diese Art der Angst einen emotionalen Zustand dar, welcher durch Anspannung, Besorgtheit, Nervosität, innere Unruhe und Furcht vor zukünftigen Ereignissen gekennzeichnet ist. Physiol. Korrelat dieser Zustandsangst ist eine erhöhte Aktivität des autonomen Nervensystems.

Angsthierarchie, Bez. für das beim systematischen Desensibilisieren (→sensibilisieren) zur Anwendung kommende Operieren mit angstauslösenden Reizen (Situationsschilderungen, Film etc.). Begonnen wird mit Auslösen geringer Angst, ansteigend bis zu «großer Angst».

Angstneurose →Neurose →Angst

Angstüberflutung, Expositionsbehandlung

in der Verhaltenstherapie (Implosion, Flooding), bei der Angstvermeidung durch extensive In-vivo-Reizung aufgehoben wird. Wirksam bei Phobien, kontraindiziert bei Psychosen o. Herz-Kreislauf-Erkrankungen sowie bei fehlender Motivation.

Angststörungen, Oberbegriff im DSM-IV für Panikattacken, Agoraphobie, spezifische Phobien, soziale Phobien, Zwangsstörungen, posttraumatische Belastungsstörungen, generalisierte Angststörungen und durch körperliche Krankheitsfaktoren oder Substanzinduzierung ausgelöste Angststörungen. *L. Schmidt*

Anhedonie [gr. *hedone* Lust], Fehlen des sexuellen Wollustgefühles, i. w. S. auch das Hervortreten einer affektiven Verödung (z. B. bei einer Psychose).

Anima, Animus, in der →Analytischen Ps. folgt auf das Bewußtmachen des →Schattens als der 1. Stufe der Individuation (→Individuationsprozeß) als 2. Stufe die Assimilation der gegengeschlechtlichen Seelenbilder: Anima (beim Mann) und Animus (bei der Frau). Das gegengeschlechtliche Seelenbild setzt sich zusammen: (1) aus Erlebnissen an gegengeschlechtlichen Personen der Umgebung, (2) aus meist verdrängten gegengeschlechtlichen Eigenschaften, (3) aus Erfahrungen, die die gesamte Menschheit von jeher am anderen Geschlecht gemacht hat, den ererbten kollektiven Bildern (→Archetypen von Anima und Animus). **[L]** JACOBI 1959, JACOBI 1965, JUNG 1976

animal, animalisch [lat. *animal* Lebewesen, Tier, *animalis* lebendig], belebt, urwüchsig, kreatürlich, tierisch, triebhaft. • Auf das Leben, auf Sinnesreize eingestellt, der Willkür unterstellt. Z. B. animales (im Ggs. zu vegetatives) Nervensystem.

animales Nervensystem, der Teil, der die willkürlichen Funktionen regelt. Gegens. →vegetatives Nervensystem

Animalismus, religiöse Tierverehrung

Animateur [lat. *animare* anregen], (allg.) Anreger, Unterhalter z. B. bei der Freizeitgestaltung. • (ps.) Anreger im gruppendynamischen Prozeß. →Psychodrama

Animismus, Beseeltheit aller Dinge, in Kulturen geringerer Naturbeherrschung das Gesamtgebiet primitiven Seelenglaubens. A. ist die erste Stufe des Versuchs, das Übernatürliche zu verstehen. Mit der →Körperseele beginnt der Seelenglaube; es folgt der Glaube an die Hauch- oder Schattenseele, zusammen damit die Verehrung des Blutes als Träger des Lebens, der Nieren und Geschlechtsorgane als Sitz der Körperseele. Daraus entsteht in entwickelteren Kulturen der Phalluskult. Die Lehre von der Hauchseele führt zur Auffassung einer Seelenwanderung, der Verwandlung in Tiere, die heilig und →Tabu werden, zu den Gebräuchen der Leichenverbrennung, der sonstigen Bestattungsformen, den Opferkulten.

Animistische Hypothese ist die Annahme, daß für alle körperstofflichen Vorgänge psychische Parallelen vorliegen. Man sieht die animistische Phase als älteste an. Ein präanimistischer Zustand wird als dem A. vorausgehend angenommen. Nach den Vorstellungen der Tiefenps. und besonders JUNGS weisen gewisse Traumbilder und geistig-seelische Sonderzustände (Archetypen) auf ihn hin. Auf animistische Züge in der Intelligenzentwicklung machte PIAGET aufmerksam. →Anthropomorphismus. **[L]** BORCHERT, GRAEBENER, HELLPACH, LEVY-BRUHL, MARETT, PIAGET

animistisches Denken, eine qualitative Vorstufe des kausalen Denkens, z. B. in der Entwicklungspsychologie PIAGETS. Syn. →magisches Denken.

Animosität [lat. *animosus* leidenschaftlich], feindschaftliche Abneigung, Gereiztheit. • Bei C. G. JUNG Haltung, die an der →Anima (Animus) sich orientiert und aus Ungenügen Abneigung entwickelt.

Animus →Anima

Anisometropie, ungleiche Brechungskraft beider Augen

Anisotropie, dreidimensionale, beim erlebten →Raum sind im Unterschied zum euklidischen die drei Hauptrichtungen des Raums funktional nicht gleichwertig. So wird z. B. die Senkrechte gegenüber der Horizontalen überschätzt. **[L]** KOFFKA 1950

Ankerreiz, Bezugsreiz, Reiz, der zum Bezugsrahmen *(frame of reference)* oder Adaptationsniveau *(adaptation level)* wird. Fragestellung der →Psychophysik seit GELB. HELSON definierte Adaptationsniveau als das gewichtete geometrische Mittel aus dem aktuell zu beurteilenden Reiz, dem A. und den sich irgendwie auswirkenden früheren Reizen. SARRIS stellte komplexere Beziehungen fest: Kontrasteffekte, wenn sich A. und zu beurteilender Reiz sehr stark unterscheiden. →Anpassungsniveau, →Bezugsgruppe, →Bezugssystem. **[L]** GELB 1937, HELSON 1964, SARRIS 1975, LAUTERBACH & SARRIS 1980 *H. Ries*

Anklammerungsreflex, optischer, Bez. für besondere Verhaltensweisen, wie die, daß im

Verkehr der unsichere Fahrer bei Schrecksituationen auf dasjenige Objekt (Baum, Lichtmast, Fußgänger) zufährt, das er meiden müßte.

Anklingen, Bez. dafür, daß die Empfindungen (auch Emotionen) nicht mit der Einwirkung des Reizes sofort, sondern erst im Verlauf einer kurzen Zeit (bis 1/80 sec; verschieden bei den einzelnen Sinnesgebieten) die volle Stärke erreichen, die der Intensität des Reizes entspricht.

Ankyloglosson, das angewachsene Zungenbändchen; spielt als angeborene Mißbildung kaum eine Rolle für eine verzögerte →Sprachentwicklung oder gar →Stottern. Die als Behandlung hierzu früher durchgeführte operative Lösung des Zungenbändchens wird heute als zwecklos abgelehnt. [**L**] KITTEL 1973

Anlage, (biol.) in den →Chromosomen gelegene Information, die die Ausprägung morphologischer und psychischer Merkmale steuert. →Erbe-Umwelt-Problem *P. Drüge*

Anlage-Umwelt →Erbe-Umwelt-Problem

Anlasserreiz →Afferenzsynthese

Anlehnungstypus, psa. Bez. für einen Menschen, dessen frühkindliche Bindungen an Mutter, Kindermädchen o. ä. als Modell die erotische Partnerwahl bestimmen. «Die Objektfindung ist eigentlich eine Wiederfindung» (FREUD).

Anlernverfahren, nach Art der auszuübenden Tätigkeit unterschiedliche Verfahren, um ungelernte Arbeiter zu schulen. Verwendet werden zweckmäßige Arbeitsanweisungen, Übungen an eigens dafür konstruierten Geräten, Beispiele richtiger und falscher Handhabung u. dgl.

Anmutung, die Weise, wie Wahrnehmungen und Vorstellungen emotional beeindrucken, Gefühle auslösen. • Die von einem Objekt ausgehende A. bezeichnete v. DÜRCKHEIM als dessen Anmutungsqualität.

Anna O., fingierter Name einer Patientin mit hysterischen Symptomen, die FREUD u. BREUER mit Hilfe der Hypnose behandelten. Erst 1953, 17 Jahre nach ihrem Tod, lüftete E. Jones das streng gehütete Geheimnis um ihre tatsächliche Identität. Es handelte sich um Bertha Pappenheim, eine jüdische Schriftstellerin und Frauenrechtlerin, die durch zahlreiche Veröffentlichungen in ihrer Zeit bekannt wurde.

Annäherungskonflikt, von K. LEWIN eingeführter Begr. zur Kennzeichnung von Konfliktsituationen, die bei der «Annäherung» an bestimmte Gegebenheiten (Entscheidungsalternativen) möglich sind: (1) Annäherungs-Annäherungs-Konflikt, syn. Appetenzkonflikt oder Appetenz-Appetenz-Konflikt (engl. *approach-approach conflict*) mit dem Zwang zur Entscheidung gegenüber zwei gleich attraktiven Zielen. Der bekannte Konflikt des Esels im moralphilosoph. Gleichnis von BURIDAN, der zwischen zwei Heubündeln verhungert. (2) Vermeidungs-Vermeidungs-Konflikt, syn. Aversionskonflikt oder Aversions-Aversions-Konflikt (engl. *avoidance-avoidance conflict*), die gegenüber (1) gegenteilige Lage, die entsteht, wenn die «Vermeidung des einen Übels die Nichtvermeidung des anderen nach sich zieht» (BERGIUS 1965). (3) Annäherungs-Vermeidungs-Konflikt, syn. Ambivalenzkonflikt, Appetenz-Aversions-Konflikt (engl. *approach-avoidance conflict*) mit gleichzeitigem Ja und Nein zu einer Gegebenheit. (4) Doppelter Annäherungs-Vermeidungs-Konflikt (engl. *double approach-avoidance conflict*) kann vorliegen gegenüber zwei (oder mehr) gleich attraktiven und zugleich unattraktiven Gegebenheiten.

Annäherungs-, Vermeidungs-Gradient →Konflikt, →Gradient

Annahmebereich →soziales Urteil

anoia [gr. *noos, nus* Verstand], Unverstand, Stumpfsinn

anomal, Anomalie [gr. *homalos* gleich], ungleich, von einem Gesetz, einer Regel abweichend, regelwidrig, Abweichung vom Durchschnitt, körperlich oder seelisch.

Anomaloskop (NAGEL 1907), Vorr. zur genaueren Bestimmung von →Farbenblindheit. Das Rot und Grün zweier Spektren wird gemischt und mit dem gleichzeitig gegebenen Gelb einer Natriumflamme verglichen. Ähnlich Chromatoptometer. →pseudoisochromatische Tafeln.

Anonyme Alkoholiker [engl. *Alcoholics Anonymous (A.A.)*], von ehemaligen Alkoholikern 1935 in den USA gegründete, heute in zahlreichen Ländern vertretene Selbsthilfeorganisation. Nur Alkoholiker können Mitglieder werden, eine zentrale Organisation wird vermieden, die Mitglieder bleiben weitgehend anonym. Über soziotherapeutische, stark weltanschaulich fundierte Arbeit mit missionarischem Charakter helfen sie relativ erfolgreich anderen Alkoholikern, aus ihrer Suchtentwicklung herauszukommen. → Substanzabhängigkeit [**L**] ANTONS & SCHULZ 1976

Anopie, Nichtsehen, Untätigkeit (trotz funktionsfähiger Netzhaut) z. B. des einen Auges beim Schielen.

Anorektika, [gr. *an* ohne, *orexis* Appetit], Bezeichnung für →Appetitzügler *W. Janke*

Anorexie [gr. *orexis* Verlangen], Fehlen des Nahrungstriebes. Bei Mund-, Magen-, Darm-, Infektionskrankheiten, bei Schwangerschaft o. auch bei zarten, hypermotorischen Menschen →Dysorexie

Anorexie, anorexia nervosa, (Magersucht), →Eßstörungen

Anorgasmie, Ausbleiben des Orgasmus. Meist Symptom neurotischer (weniger krankhafter) Störung. Unterschieden werden primäre A. (vollständiges Ausbleiben des Orgasmus) und sekundäre A. (Ausbleiben nach vorausgegangener Erlebnisfähigkeit). Die primäre A. wird auch als Präorgasmie bezeichnet.

anormal, nicht normal, ungewöhnlich →abnorm

Anosmie [gr. *osme* Geruch], Fehlen des Geruchssinnes. Bei partieller Anosmie ist die Schwelle nur für eine Gruppe ähnlich riechender Substanzen erhöht (spezifische Geruchsblindheit). *H. Heuer*

Anosognosie, (gr. *nosos* Krankheit; *gnosis* Erkennen) Nichterkennen (Nichtwahrhabenwollen) eines krankmachenden Vorganges am eigenen Körper. • BABINSKI führte die Bez. für das Nichterkennenkönnen einer Halbseitenlähmung ein.

Anomie [gr. Gesetzlosigkeit, Normlosigkeit], • (ps.) Zustand der Vereinsamung, der Isoliertheit, innerer Orientierungslosigkeit, der Macht- und Hilflosigkeit; • (soziolog.) Zustand wachsender →Desintegration, z. B. durch Zunahme der Arbeitsteilung, Übersteigerung zivilisatorischer Ansprüche u. ä. Der Begr. A. ist ursprünglich von DURKHEIM eingeführt worden und wurde von MERTON 1957 als eine Voraussetzung für abweichendes Verhalten genannt.

Die Mittel zur Erreichung kultureller Ziele sind nicht für alle Mitglieder eines Sozialwesens verfügbar oder es gibt solche Mittel ohne Begründung ihrer Zwecke. Der Verlust der Orientierung an sozialen Normen (→Normen, soziale) soll eintreten, wenn der einzelne nicht mehr einer gerechten Behandlung seines Verhaltens sicher ist. In der empirischen Entfremdungsforschung wird eine von SROLE 1956 entwickelte A.-Skala verwendet, die eigentlich nur die soziale Unzufriedenheit mißt.

[L] FISCHER 1970 *R. Bergius*

ANOVA [engl. *analysis of variance*], gebräuchliche Abk. für →Varianzanalyse bzw. für entsprechende Computer-Programme. • H. H. KELLEY (1967) meint mit seinem varianzanalytischen Modell der →Attribution, daß bei der Zuschreibung von Ursachen der naive Beobachter immer nach dem Kovarianzprinzip verfährt: Was zusammen mit einer Wirkung (Empfindung, Handlung, Resultat) auftritt und was fehlt, wenn die Wirkung nicht gegeben ist (d. h. was mit ihr kovariiert), wird als Ursache zugeschrieben. Vgl. STROEBE 1980. *R. Bergius*

Anpassung, (ps.) die harmonische, aber nicht spannungslose Beziehung zwischen Organismus und Umwelt, durch die Bedürfnisbefriedigungen effektiv (d. h. mit ökonomischem Aufwand) erzielt werden können. Die A. (Adjustierung, *adjustment*) ist immer relativ, da eine vollständige und spannungslose Beziehung zwischen einem Organismus und seiner Umwelt (völliges Gleichgewicht zwischen Assimilation und Akkommodation) praktisch nie erreicht wird.

Besonders in der amerik. Ich-Psychologie wird unterschieden zwischen (a) persönlicher A. (intraps. A., interps. A.), die einen rationalen Prozeß *(adaptation)* bedeutet, in dem das von Triebkräften relativ unbedrohte Ich entwickelt wird (HARTMANN 1958), (b) emotionaler A., die für die geistig-seelische Gesundheit (emotionale Stabilität) wichtig ist, und (c) sozialer A., die u. a. durch den soziometrischen Status angezeigt wird, das heißt auch durch die Beliebtheit. Sie soll mit der persönlichen, intraps. A. korrelieren, was allerdings nach MANN (1959) exp. nicht erwiesen sei (zit. nach MARLOWE & GERGEN 1969). Schlechte Angepaßtheit *(maladjustment)* ist gleichbedeutend mit asozialem oder neurotischem Verhalten. Auch die Persönlichkeitsvariablen «emotionaler Anpassung» differenzieren auf der Basis zwischen normalem und neurotischem Verhalten. Eine anspruchsvolle Untersuchung der Prädiktoren für die persönliche A. veröffentlicht ANDERSON, der meint, daß Intelligenz eine signifikante Rolle für die spätere Angepaßtheit spiele. In naturalistischen Theorien ist der Anpassungswert der alleinige Grund für den Erwerb von artspezifischen Verhaltensweisen gewesen.

Unter diesem Gesichtspunkt revidiert z. B. BERLYNE (1969) die Literatur über Humor und Spiel und ihren Beitrag zur A. im Laufe der Entwicklung der Arten. *R. Bergius*

Anpassung, (biol.) die morphologische und/oder physiologische Reaktion auf die Umwelt, die zu bleibenden Veränderungen führen kann. Die Fähigkeit zur A. gibt den Organis-

A

men die Möglichkeit, eine sich verändernde Umwelt optimal auszunutzen. *P. Drüge*

Anpassungsniveau [engl. *adaptation level*], eine psychophysische Theorie von H. HELSON für die Beurteilung von Reizgrößen. Das A. bzw. das *adaptation level* (AL) wird als Bezugssystem *(frame of reference)* für die stattfindenden Urteile angesehen. Von hier bekommt die Theorie ihre besondere Bedeutung, indem sie für den Bezugspunkt *(neutral point)* eine exakte und experimentell gesicherte Formulierung gefunden hat.

Das AL wird ausgdrückt in Maßwerten der jeweils vorkommenden Reizgrößen. Läßt man z. B. eine Serie von Gewichten (etwa 200, 250, 300, 350, 400 Gramm) in ungeordneter Reihenfolge (bunte Streuung) in mehreren Durchgängen beurteilen, so zeichnet sich ein bestimmter Gewichtswert dadurch aus, daß er durchschnittlich als «mittel» (je nach Versuchsanordnung und Sinnesgebiet auch «indifferent», «gleich», «zweifelhaft» usw.) beurteilt wird. Ein solcher Reiz wird als am AL liegend bezeichnet *(«at adaptation level»)*. Die Theorie blieb nicht unkritisiert, so von SARRIS.

HELSON (1964) hat seine Theorie mathematisch formuliert. Die logarithmische Form seiner Gleichung lautet:

$$\log AL = p \log \bar{S} + q \log C + r \log U$$

(p, q, r sind empirisch zu bestimmende Gewichtsfaktoren; S = geometr. Mittel der Serienreize; C = →Ankerreiz; U = im Experiment nicht gemessene Residualreize.) SARRIS (1971) entwickelte für die Kontexteffekte als Alternative zum AL-Modell ein Ähnlichkeits-Klassifikations-Modell.

Anregung, Bez. für einen leistungsfördernden Faktor, z. B. im Arbeitsprozeß

Anregung, soziale →Erleichterung, soziale

Anreiz [engl. *incentive* Köder, *instigation* Reiz], für die Ausführung von Handlungen wichtige Motivationsvariable. Der Anreizwert eines Objekts ist oft als Funktion des Bedürfnisses beschrieben worden (von LEWIN →Aufforderungscharakter oder →Valenz genannt). HULL nahm noch an, daß der Anreiz (K) Funktion des Gewichts der Futtermenge sein könnte. CRESPI und ZEAMAN zeigten u. a. experimentell, daß A. (K) in Relation zur Erwartung steht (Kontrast-Effekt, auch →CRESPI-Effekt genannt). Erwartung des A. wird objektiv mit dem Mechanismus der antizipierten Ziel-Teilresponse (→antizipatorische Reaktion) erklärt (HULL 1952). In modernen Erwartungs-mal-Wert-Theorien wird der Anreiz verstanden als ein antizipierter Affekt, der bei Zielerreichung entsteht (SCHNEIDER & SCHMALT 1994). *H. D. Schmalt*

ANS, Abk. für autonomes (vegetatives) Nervensystem →Nervensystem

anschauliches Denken, in weiterem Sinn umständliches, wahrnehmungsnahes Denken mit geringem Abstraktionsgrad, Umformung von Problemen in anschauliche Schemata. Es kann das Lösen der Probleme erleichtern, wenn nicht für einen unbekannten Sachverhalt ein anders strukturiertes vertrautes Bild eingesetzt wird. Informationsverarbeitung formaler und farbiger Merkmale eines Stimulusgesamts, die ästhetische Dimension des Auffassens von Bildern, zu trennen von der semantischen Dimension (Zeichenfunktion der Stimuli) und von der affektiven Dimension (gefühlsmäßige Beurteilung). →Denken. **[L]** PAIVIO 1971 *R. Bergius*

anschaulich-geometrisches Denken **[T]** VOIGT

Anschauung, im eigentlichen Sinn die Wahrnehmung mit dem Gesichtssinn, in besonderer Bedeutung unmittelbares Erfassen eines Gegenstandes im Ggs. zu der mittelbaren Erfassung durch das Denken (Urteile und Begriffe), also intuitives Erkennen (im Ggs. zum →diskursiven). Intellektuelle A. svw. unmittelbare Selbsterfassung des Geistigen.

Anschauungsbilder, nach JAENSCH die Wiedergabe namentlich visueller Wahrnehmungsinhalte, die in ihrer Erscheinungsweise zwischen Nachbildern und Vorstellungen stehen. Wie Nachbilder sollen sie empfindungsmäßig gegeben und im Raum lokalisierbar, dabei aber wie Vorstellungen von der Anwesenheit eines Objekts unabhängig sein. Insofern sind die Anschauungsbilder nach KROH echten Halluzinationen zu vergleichen, gehen jedoch meist nicht mit einer Störung des Realitätsbewußtseins einher. →Eidetik. **[L]** JAENSCH 1927, KROH 1922, TRAXEL 1962

Anschauungstypen →Typologie (Anschauungstypen)

Anschauungsunterricht, basiert als unterrichtliches Prinzip auf der Annahme, daß die multisensorische Erfassung bzw. Erfahrung von Objekten, Subjekten, Prozessen usw. der monosensorischen Erfassung sowohl unter motivationalen Aspekten als auch unter dem Aspekt der objektiven Effizienz (Grad der Lernzielerreichung) überlegen ist. Umstritten ist hierbei die Frage, ob bzw. inwieweit durch Anschauung allein die Ausbildung z. B. abstrakter Begriffe möglich ist. [L] FLÜGGE, 1963, LOSER 1969

Anschlagprüfer →Sinnesfunktionen (5)

Anschlußmotiv, [engl. *affiliation*], Gesellung, die Wahrscheinlichkeit des Beginns einer →Interaktion mit einer oder mehreren anderen Personen ohne ausdrückliche Bezugnahme auf ihren Zweck (Zusammenarbeit, Zusammensein, Liebe, geschlechtliche Befriedigung). Neben einem interindividuell variierend starken A.bedürfnis (MCCLELLAND: *need affiliation* = Anschlußmotiv) werden verschiedene Bedingungen für dessen intraindividuelle Variation angenommen: Schwankungen des Selbstwertgefühls *(self esteem)*, Angst, Unsicherheit über emotionale Reaktionen oder über Meinungen. Weitere Bedingungen sind Kontakte mit anderen Personen, die – als Funktion von Eigenschaften der beteiligten Personen und von Interaktion zwischen ihnen – →Sympathie oder Attraktion erzeugen (SCHACHTER 1959). [L] BERKOWITZ 1969 *R. Bergius/H.-D. Schmalt*

Anspannung, psychische, (1) Vorgang der →Aktivierung von Kräften z. B. zum Zweck der Leistungssteigerung; (2) daraus resultierender Zustand erhöhter Leistungs- bzw. Einsatzbereitschaft. Durch ps. A. kann willentlich oder, bedingt durch (bedrohliche) externe Reize, ein durch Müdigkeit bedingter Leistungs- und Aufmerksamkeitsabfall vorübergehend behoben werden. Als Maß auch für psychologisch bedingte A. gilt die Registrierung des EMGs mit Oberflächenelektroden. Bevorzugt benutzt werden die Stirnmuskulatur (Frontalis EMG), die Nackenmuskulatur und Muskeln des Unterarmes. Da in psychischen Belastungssituationen (Streß) individualspezifisch einzelne Muskelgruppen mehr als andere angespannt werden (Reaktionsstereotypie), erlaubt eine Erhöhung der Anspannung (Zunahme der Aktionspotentialfrequenz) in einem bestimmten Muskel keine gesicherte Aussage über die A. der übrigen Muskeln. →Leistungssteigerung, reaktive, →Entspannung *C. Becker-Carus*

Anspannungsteigerung, reaktive, Hypothese von DÜKER zur Erklärung von Leistungssteigerungen unter beeinträchtigenden Bedingungen (z. B. bei zentral desaktivierenden Stoffen wie Hypnotika und Alkohol). Die Leistungssteigerung ist Folge erhöhter ps. Anspannung bei der Durchführung von Aufgaben. [L] DEBUS 1981, 1988, DÜKER 1963, FORTH 1966, TENT 1963 *W. Janke*

Ansprechbarkeit, Grad der Einwirkungsmöglichkeit auf ein Individuum. • Bei LERSCH der Grad der Leichtigkeit der Entstehung von Gefühlsregungen, gemessen an der Größe des Anlasses. • KLAGES nennt denselben Tatbestand die persönliche →Gef.erregbarkeit. • Zur Bedeutung des Begr. bei CATTELL, GUILFORD und EYSENCK →Faktorentheorien der Persönlichkeit. [L] KLAGES 1952, LERSCH 1962

Anspruch, das, was sich ein Mensch an notwendigen Bedürfnis- und Strebungserfüllungen selbst zuspricht und was er von der Um- und Mitwelt fordert. →Anspruchsniveau. [L] LERSCH 1962

Anspruchsniveau [engl. *aspiration level*], aus der Schule LEWINS (DEMBO 1931) stammender Begr., der 1935 von J. D. FRANK als *«level of aspiration»* in die amerik. Literatur übernommen wurde. A. ist definiert durch den Schwierigkeitsgrad einer Leistung, die sich ein Mensch abverlangt. Nach ATKINSON (1964) ist die typische Sequenz für A.vorgänge: (1) letzte Leistung, (2) Setzen des A., (3) neue Leistung, (4) Reaktion auf die neue Leistung.

Zwischen (1) und (2) ergibt sich die Zieldiskrepanz, zwischen (2) und (3) die Leistungsdiskrepanz, zwischen (3) und (4) die Response auf Erfolg- und Mißerfolg-Faktoren, die das A. beeinflussen. Sie wurden zunächst von LEWINS Schülern untersucht: HOPPE, FRANK, JUCKNAT u. a., dann (unter dem Titel Leistungsmotivation) von ATKINSON, MCCLELLAND, HECKHAUSEN, WEINER. Entscheidend ist die Einstellung zu Erfolg und Mißerfolg. Vorhergehender Erfolg läßt das A. ansteigen, Mißerfolg abfallen. Umgekehrt hängt vom A. ab, was als Erfolg oder Mißerfolg erlebt wird, indem Versagen bei Schwierigkeitsgraden erheblich oberhalb des A. nicht mehr als Mißerfolg erlebt wird. Das A. steigt mit dem tatsächlichen Leistungsniveau. Das Verhältnis von Leistungsniveau und A. ist hinsichtlich verschiedener Betätigungen bei einem Menschen relativ konstant und kann als charakteristisch angesehen werden. Anstieg des Leistungsniveaus auf einem Gebiet kann zu einem höheren A. auch auf anderen Gebieten führen. Menschen, die relativ häufig Mißerfolg erlebt haben, neigen zu unrealistisch hohem oder zu extrem niedrigem A. Die einer Gruppe eigenen Leistungsmaßstäbe wirken sich auf das A. ihrer Mitglieder aus. In der Theorie des Lernens ist der Begr. A. wichtig als Ausdruck für das Maß an Anstrengung, das ein Mensch aufzubieten bereit ist, und bildet einen wichtigen eigenständigen Aspekt der motivierenden Kräfte beim Lernen neben

Begr. wie →Wiederverstärkung. • LERSCH spricht von A. in einem anderen Sinne: «Wir reden von Anspruch da, wo ein Mensch das, was er zur Erfüllung seiner an das individuelle Selbst gebundenen Strebungen braucht, mit dem Bewußtsein eines selbstverständlichen und unanfechtbaren Rechtes von der Umwelt und Mitwelt fordert». →Leistungsmotivation, →Anstrengung. [L] HOPPE 1930, HUNT 1944, LERSCH 1962, LEWIN & DEMBO 1944, HECKHAUSEN 1980

Ansteckung, emotionale, ein Modell zur Erklärung kollektiven Verhaltens: Kurzgeschlossene Emotionalität entsteht durch ansteckende Massenhysterie (LE BON 1895) oder Massenekstase – eine hohe Erwartung wird allmählich gesteigert – der einzelne fühlt sich durch die Masse getragen, verliert seine kritische Distanz und wird rauschhaft entrückt. →Manipulation, →kollektives Verhalten

H. Ries

Ansteckung, psychische, das Übergreifen (in Analogie zur Infektionskrankheit) von Denken, Verhalten, Einstellung, Emotionen etc. von Individuum zu Individuum bzw. Individuum zur Gruppe und umgekehrt. Mit dem Begr. ps. A. werden verschiedenartige und z. T. noch wenig geklärte Prozesse belegt, so auch der Mitvollzug von Bewegungen (→CARPENTER-Effekt), die Vorgänge, die HELLPACH mit der Bez. →Ideo-Realgesetz zusammenfaßt und nicht zuletzt die mit →Induktion (Suggestion) zu belegenden Vorgänge, z. B. Ausbreitung der Drogensucht.

Anstieg einer Empfindung →Anklingen

Anstrengung [engl. *effort*], in der Attribuierungsforschung neben Begabung, Aufgelegtheit, Geduld, Konzentration u. a. eine sog. internale, zugeschriebene (attribuierte) Ursache von Erfolg oder Mißerfolg, unterschieden von den sog. externalen Ursachen (Aufgabenschwierigkeit, Zufall, Pech oder Glück, Vorurteil des Bewerters der Leistung u. a.). A. gehört außerdem zu den variablen Ursachen (wie auch Aufgelegtheit, Pech oder Glück), während Begabung und Aufgabenschwierigkeit als invariabel gelten. →Attribuierung

Anstrengungsbereitschaft, nach LERSCH die charakterologisch wichtige Einsatzwilligkeit zu Willensakten, die über das normale Kraftmaß hinausgehen und einer Anstrengung bedürfen.

Anstrengungskalkulation, kognitiver Prozeß, in dem die Person bestimmt, wie groß die Anstrengung sein soll, die für eine bevorstehende Aufgabenbearbeitung vorzusehen ist. Nach KULKA (1972) sollten dabei Aufwand und Ertrag abgewogen werden. [L] BOSSONG 1982

Anstrengungsvermeidungsmotiv, als Reaktion auf frustrierende Erfahrungen angenommene Tendenz, Anstrengungen in bestimmten Bereichen aus dem Wege zu gehen. A. wird gegen eigenschaftstheoretische («faul») und einseitig kognitivistische Konzepte abgegrenzt; es wird (von ROLLET & BARTRAM 1977, 1981) als eigenständiges Motiv neben dem Leistungsmotiv angesehen.

Antabus® →Disulfiram

Antagonismus [gr. *agonizomai* kämpfen], Gegensatz, Widerstreit, gegenseitiges Sichausschließen, wechselweises Wirken (z. B. sind bei den Muskeln die Beuger und die Strecker Antagonisten).

Antagonist, in der →Pharmakologie Stoff, der die Wirkung eines anderen exogenen Stoffs oder einer endogenen Substanz hemmt/verhindert. Selektive A. entfalten ihre Wirkung selektiv auf einen Stoff oder Substanz. Sie haben eine große Bedeutung als Forschungswerkzeuge. Die antagonistische Wirkung kann u. a. direkt über eine Wirkung am Rezeptor (Rezeptor-Antagonist) oder indirekt, etwa über eine Verhinderung der Biosynthese der antagonisierten Substanz erfolgen.

W. Janke

anterograd [lat. *ad anteriora* nach vorne, *gradi* schreiten], vorangehend. Z. B. wird der Erinnerungsverlust für alle neuen Eindrücke anterograd genannt. Ggs. →retrograd, →Amnesie

Anthropobiologie [gr. *anthropos* Mensch], Bez., die die biologische Forschungsweise (im Ggs. zur vorwiegend systematischen und anthropometrischen) in der Anthropologie betont.

Anthropogenese, Anthropogenie, Entwicklungsgeschichte des Menschen seit der Urzeit. Insbesondere auch HAECKELS Theorie der →Phylogenie (Stammesgeschichte) und →Ontogenie (Einzelentwicklung). →Biogenetisches Grundgesetz

anthropogene Mythen, Mythen von der Entstehung des Menschengeschlechts. Bestandteil der →kosmogonischen Mythen.

Anthropoiden, veraltete Bez. für die Menschenaffen *(pongidae);* dazu gehören Gorilla, Schimpanse und Orang-Utan. Da es sich dabei um die dem Menschen am nächsten verwandten Tierarten handelt, sind Verhaltensstudien an Menschenaffen für die Humanps. von Bedeutung. • Klassische Untersuchungen:

KÖHLER (1917, während des Ersten Weltkrieges auf Teneriffa) – Freilanduntersuchungen am Gorilla: SCHALLER (1963) – desgleichen am Schimpansen: van LAWICK-GOODALL (1971) – Sprachfähigkeit der Schimpansen: Ehepaar GARDNER (1972), PREMACK (1974). →Tiersprache

Anthropologie, Lehre vom Menschen. Begr. geht auf ARISTOTELES zurück. Der Breite des Begr. entprechend gibt es keine feste Abgrenzung, vielmehr lassen sich mehrere Wissenschaften zu ihrem Bereich rechnen. Insbes. ist eine natur- und sozialwissenschaftliche von einer philosophischen A. zu unterscheiden. Zur naturwissenschaftl. A. gehören die Art- und Rassenlehre des Menschen einschließlich Abstammungs-, Erb- und Konstitutionslehre. Ihre Aufgabe ist die Erforschung der Entstehung des Menschen sowie der Bedingungen von Formwandlungen. Hierzu gehört auch die Kenntnis vor- und urgeschichtlicher Menschenformen und ihrer geographischen Verbreitung. Man hat dieses Gebiet als «physische A.» bezeichnet. • Die Sozial- und Kulturanthropologie untersucht die Wirkungen der Gesellschaft im weitesten Sinn auf die Individuen und ihr Verhalten. Hier bestehen viele Überschneidungen mit Soziologie, Völkerkunde, Sozialpsychologie sowie allgemeiner und Entwicklungspsychologie. Dieser Bereich wurde auch *psychische A.* genannt, wobei sich noch besonders zwei Richtungen unterscheiden lassen, die von der Soziologie bestimmte Sozial-Anthropologie und die am stärksten mit der Psychologie verbundene Psycho-Anthropologie bzw. psychologische A. (Kultur-A. deshalb, weil sie in den versch. Äußerungen der Kultur die Beziehungen zum Individuum beachtet). →Kulturanthropologie, →Kulturpsychologie

• Die «philosophische A.,» ein Zweig der Naturphilosophie, bemüht sich um die Erkenntnis vom Wesen des Menschen, seinen Aufgaben und seiner Stellung in der Welt. Besonders in der neueren deutschen Philosophie finden sich Versuche, die Psychologie durch das Menschenbild einer philosophischen A. zu ergänzen oder auch auf diesem zu begründen. SCHELER sprach davon, daß «die Probleme einer philosoph. A. heute geradezu in den Mittelpunkt aller philosoph. Problematik getreten» seien. • Auch eine medizinische A. wurde entwickelt, die weitgehend zur psychol. A. interessengleich ist, denn auch sie sucht das eigentlich «Menschliche des Menschen», nur beschränkt auf die Krankheit in ihrer Menschlichkeit. • Schließlich ist auch eine praktisch-angewandte A. entstanden (z. B. beim Vaterschaftsnachweis).

Anthropometrie, die Lehre und die Anwendung exakter Messungen am Menschen – wichtigste Untersuchungsmethode der morphologischen →Anthropologie. Sie dient zur Feststellung körperlicher Merkmale, insbes. unterschiedlicher Rassenmerkmale, und zur exakten Erfassung der körperlichen Konstitution. →Körperbautypen, →Psychometrie

anthropomorph, nach dem Menschen gestaltet, dem Menschen faßbar gemacht, damit zumeist aber auch vermenschlicht.

Anthropomorphismus, Auffassung der Gottheit im menschenähnlichen Sinne. • In erweiterter Bedeutung die über ihre Natur nicht hinauskommende menschl. Denkweise. • In der Tierps. die Deutung der bei den Tieren beobachteten Verhaltensweisen in Analogie zum menschlichen Erleben. →Adultomorphismus

Anthroponosen, [gr. *nosos* Krankheit] syn. Monoanthroponosen. Krankheiten, die nur beim Menschen auftreten.

Anthropophagie, Menschenfresserei. Beruht meist auf Anschauungen des →Animismus, der Vorstellung, durch Einverleibung des Erschlagenen (seines Herzens oder Blutes) dessen Kräfte zu gewinnen. Syn. Kannibalismus.

Anthropotechnik, Bez. für die mit der Anpassung des (arbeitenden) Menschen an technische Gegebenheiten und Funktionen verbundenen Aufgaben konstruktiver und regulierender Art: optimale Ausgestaltung, Anordnung, Formgebung etc. der techn. Elemente – optimale Abstimmung auf die menschl. Verhaltensweisen und Bedürfnisse im Verhältnis Mensch – Maschine. →Mensch-Maschine-System, →Ergonomie, →human engineering

anthropozentrisch, den Menschen in den Mittelpunkt stellend, jede Einstellung zur Welt und den Dingen, die alles auf den Menschen bezieht.

Antiallergika, Substanzen gegen allergische Reaktionen, etwa Heuschnupfen und Hautreaktionen. A. gehören verschiedenen Pharmaklassen an. Therapeutisch zunehmend häufig verwendet werden →Antihistaminika vom H_1-Typ, die wenig sedierend wirken (z B. Cetrizin = Zyrtec®). Sie haben ps. vieluntersuchte Stoffe (z. B. Hydroxon) meist verdrängt.

W. Janke

Antiandrogene, Substanzen, die antagonistisch zu den männlichen →Gonadenhormonen, bes. Testosteron wirken, indem sie das

Androgen Testosteron an seinem Rezeptor verdrängen. Klassisches A. ist →Cyproteron, das auch im Handel ist und bei Hyperaggression in Verbindung mit Hypersexualität bei Sexual-Straftätern eingesetzt wird. Vergleichende Untersuchungen belegen therapeutische Effekte im Rahmen von Therapieprogrammen. Antiandrogene Wirkungen können auch von anderen zahlreichen Substanzen ausgeübt werden, so von Umweltchemikalien. **[L]** GIJS & GOOREN 1996, HERRMANN & BEACH 1987, KELCE & WILSON 1997, MARSHALL et al. 1991 *W. Janke*

Antibiotika, Sammelbegriff für Stoffwechselprodukte von Mikroorganismen (Bakterien, Pilze u. a.), die das Wachstum anderer Mikroorganismen teils selektiv hemmen. Sie werden bei Infektionskrankheiten therapeutisch verwendet. Die bekanntesten A. sind Penicillin und Streptomycin. Psychol. Interesse haben die A. gefunden wegen der Bedeutung von Proteinen für das Lernen und Behalten und der Beeinflussung der Eiweißsynthese durch Antibiotika wie Puromycin, Cycloheximid und Anisomycin. Nach Tierversuchen scheinen A. das Langzeitgedächtnis zu blokkieren, wobei Lernen selbst sowie Kurzzeitgedächtnis nicht beeinflußt werden. Der Mechanismus der Behaltensverschlechterung ist noch nicht geklärt. **[L]** DUNN 1980, BARRACCO & STETTNER 1976 *W. Janke*

Anticholinergika, syn. Cholinolytika, Stoffe, die die Wirkung des biogenen →Acetylcholins hemmen. Es ist zu unterscheiden zwischen Stoffen, die primär cholinerge Neurone des VNS oder ZNS beeinflussen, wobei alle ZNS-wirksamen Stoffe auch VNS-wirksam sind, so →Physostigmin, →Scopolamin, →Atropin. Da einige Stoffe nicht die Bluthirnschranke passieren, gibt es A. ohne zentralnervöse Wirkungen (Neostigmin, Butylscopolamin) im Unterschied. Weitere Unterteilungen ergeben sich nach der Art der Rezeptoren (nicotinerg, muskarinerg). Die wichtigsten A. sind Atropin und Scopolamin, die Muscarin-Antagonsten sind. In neuerer Zeit sind A. synthetisiert worden, die die Blut-Hirnschranke überwinden und in der Therapie des M. Parkinson sowie von Nebenwirkungen von →Neuroleptika (z. B. →Akineton®) eingesetzt werden, in der Regel in Kombination mit →dopaminergen Stoffen. Viele A., die therapeutisch angewendet werden, haben →Nebenwirkungen (z. B. Mundtrokkenheit). A. mit bekannten Angriffsorten werden als Stimuli (Forschungswerkzeuge) in der Tier- und Human-Lernforschung benutzt. So etwa ist das Scopolamin-Modell in der Demenzfoschung von Bedeutunng für Gedächtnisdefekte. Ps. Untersuchungen zeigen Leistungsbeeinträchtigungen, bes. in Gedächtnistests. **[L]** DUKA et al. 1996, MARTINEZ et al. 1997 *W. Janke*

anticholinerg(isch), Wirkungsart von Substanzen, die die →Acetylcholin-Wirkung hemmen. *W. Janke*

anticipation error [engl.] →Erwartungsfehler

Anticravingsubstanzen, Substanzen, die Verlangen nach psychotropen Stoffen bei Abhängigen unterdrücken. Für Alkoholismus wurden Stoffe aus verschiedensten Stoffklassen erprobt, so Glutamatmodulatoren wie →Acamprosat und Glutamatagonisten wie →Memantin, →Opiat-Antagonisten wie →Naltrexon, Dopamin-Agonisten wie Lisurid und →Bromocriptin, Dopamin-Antagonisten wie Tiaprid und →Flupentixol, Serotoninwiederaufnahmehemmer wie →Fluvoxamin und Serotoninagonisten wie →Buspiron. **[L]** SOYKA 1997 *W. Janke*

Antidepressiva, Psychopharmaka zur Therapie von depressiven Störungen. A. wurden 1957 mit der Entdeckung von →Imipramin und des Monoaminoxidase-Hemmers →Iproniazid in die Therapie eingeführt und lösten elektrokonvulsive Methoden weitestgehend ab. Zur Prophylaxe phasisch auftretender endogener Depressionen wird auch →Lithium eingesetzt. Die verschiedenen A. beeinflussen verschiedene Symptome unterschiedlich. Allen gemeinsam ist die stimmungsaufhellende Wirkung. Nach strukturchemischen Eigenschaften lassen sich A. unterteilen in: 1) trizyklische A. (z. B. →Imipramin, →Desipramin, →Amitriptylin), 2) tetrazyklische A. (z. B. →Maprotilin, →Mianserin) 3) chemisch neuartige/andersartige A. (z. B. →Viloxazin, →Trazodon, →Fluoxetin). Nach pharmakologischen Wirkungsprinzipien sind unterscheidbar: 1) Noradrenalinwiederaufnahmehemmer, 2) Serotonin-Wiederaufnahmehemmer (Abk. SSRI), 3) MAO-Hemmer, 4) Rezeptor-Antagonisten, 5) Aminpräcursoren.

Bei Gesunden wirken A. oft sedierend. Antidepressive Effekte können u. U. bei ausgelesenen Gesunden nachgewiesen werden. Mit Hilfe des EEGs konnten typische Profile von aktivierenden bzw. sedierenden A. erstellt werden. **[L]** RIEDERER et al. 1993, LEHMANN & HOPES 1977, THOMPSON 1991 *W. Janke/M. Reuter*

Antidiuretisches Hormon (ADH) →Vasopressin

Antidot, Mittel, die als Gegenmittel bei Vergiftungen verabreicht werden. *W. Janke*

Antiemetika, Pharmaka, die bei Brechneigung (Hyperemesis) und Schwindel (Nausea) bei Reise- und Seekrankheiten und bes. bei Chemotherapie von Krebs angewandt werden. Außer der Hemmung der Zielsymptome haben die verschiedenen A. wenig gemeinsam. Viele A. sind →Anticholinergika (z. B. Atropin, →Scopolamin), →Antihistaminika (z. B. Diphenhydramin), →Phenothiazine (z. B. Perphenazin). Ps. Wirkungen sind je nach Struktur verschieden, die meisten wirken müdemachend und leistungsbeeinträchtigend, was durch sensitive ps. Tests quantifiziert werden kann und was von Bedeutung ist für die Teilnahme am Verkehr. *W. Janke*

Antiepileptika, bei Epilepsien therapeutisch eingesetzte Substanzen. Der Begriff wird von vielen Autoren zugunsten des Begriffs →Antikonvulsiva abgelehnt. *W. Janke*

antihistaminerg, Wirkungsart von Substanzen, die die Wirkung von →Histamin hemmen. *W. Janke*

Antihistaminika, Arzneimittel, die die Freisetzung von →Histamin reduzieren. A. wirken an verschiedenen Rezeptoren H_1 (bes. im ZNS), H_2 (bes. Gastrointestinaltrakt) und H_3 (bes. histaminerge Neuronen). H_1-A. werden als Antiallergika eingesetzt (u. a. Heuschnupfen, Insektenstich), als Mittel gegen Schwindel und Erbrechen (→Antiemetika) verabreicht. Viele A. haben ZNS-Wirkungen, meist auch dosisabhängig desaktivierende (sedierende) Wirkungen. Einige H_1-Blocker wurden früher zur Reduktion von Spannungszuständen eingesetzt (Diphenhydramin, Doxylamin, Hydroxyzin), wobei müdemachende Effekte auftreten mit psychometrisch nachgewiesenen Leistungsbeeinträchtigungen einschl. defizitäres Fahrverhalten. [L] BROICH 1995, SITTIG & OLDIGS-KERBER 1992 *W. Janke*

Antihypertonika (syn. Antihypertensiva), Substanzen mit blutdrucksenkender Wirkung. Die Senkung des Blutdrucks erfolgt bei verschiedenen Stoffen über unterschiedliche physiologische Mechanismen (z. B. peripher, zentral). Neben der erwünschten spezifischen Wirkung haben die meisten A. zahlreiche andere Effekte, z. B. zentral-dämpfende Effekte mit den entsprechenden ps. Veränderungen (subjektive Desaktivierung und Leistungsbeeinträchtigung). Viele A. gehören zu den Klassen der →Sympathikolytika bzw. β-Rezeptorenblocker, der →Ganglienblocker, der →Reserpin-Gruppe, vereinzelt auch zu den →Parasympathikomimetika. Neuere Stoffe sind →Calcium-Antagonisten. [L] SITTIG & OLDIGS-KERBER 1992, TURKKAN 1988 *W. Janke*

Antikonvulsiva, Substanzen mit antikonvulsiver Wirkung, weshalb sie therapeutisch bei Epilepsie eingesetzt werden. Wichtige Stoffe sind Clonazepam (Rivotiril®), Phenobarbital (Luminal®), Phenytoin (Zentropil®), Primidon (Mylepsinum®), Valproinsäure (Convulex®). Die Wirkungsmechanismen von A. hängen von der Substanzart ab, bes. wichtig ist die Beeinflussung von →GABA. A. haben dosisabhängig ps. Wirkungen, meist müdemachende (desaktivierende), die bei chronischer Einnahme habituieren können. Einige Stoffe haben zugleich antidepressive Effekte, so →Carbamazepin. Sie haben eine Vielzahl vegetativer Nebenwirkungen, die von ps. Interesse sind, da sie nicht ohne Einfluß auf die Leistung und das Befinden bleiben, so etwa Schwindelgefühl, Übelkeit, Kopfschmerzen. Abhängigkeitsgefahr bei Langzeitanwendung. [L] CLARENBACH & FRÖSCHER 1993 *W. Janke*

Antinomianismus, Ansatz, der die Nutzlosigkeit moralischer Gesetze betont.

Antinomie [gr. *antinomia* Widerspruch in sich], logischer Widerspruch zwischen jeweils für sich gültigen Sätzen.

Antioxidantien, chem. Verbindungen, die sog. →oxidativen Streß mit möglichen Zellschädigungen verhindern, vermindern oder beseitigen. Als A. werden diskutiert sog. antioxidativ wirkende Vitamine (Vitamin C und E), Carotinide sowie weitere →Mikronährstoffe, vor allem in Pflanzen vorkommend. [L] KASPER 1996, SIES 1991, 1997 *W. Janke*

Antiparkinsonstoffe, Medikamente, die bei M. Parkinson Symptome wie Akinese, Ruhetremor und Rigor mildern. A. haben unterschiedliche Mediatoren: 1) Dopaminerhöhung in den Basalganglien (z. B. →Levo-Dopa als Präcursor, →Amantadin), 2) Stimulation von Dopaminrezeptoren (z. B. →Bromocriptin = Pravidel®), 3) Unterdrükkung des Dopaminabbaus durch MAO-B-Hemmung (z. B. →Selegilin), 4) Blockade von NMDA-Rezeptoren (z. B. →Amantadin und →Memantin), 5) Verminderung der Verfügbarkeit von →Acetycholin durch →Anticholinergika (z. B. →Biperidin). Als Nebenwirkungen haben Stoffe aus Gruppe (5) oft Einfluß auf ps. Vorgänge: Verwirrtheit, Angst, Schlaflosigkeit, Schwindelgefühl, Euphorie und sogar Halluzinationen. [L] JULIEN 1997, RIEDERER et al. 1992 *W. Janke*

Antipathie →Sympathie

Anti-Pollyana-Effekt, Tendenz, bei Gutachten Negativ-Aussagen verstärkt hervorzuheben. →Pollyanna-Hypothese

Antipsychiatrie →therapeutische Gemeinschaft

Antipsychotika, Pharmaka, die bei Psychosen vom Typ der Schizophrenie therapeutisch wirksam sind. Die wichtigsten Stoffe sind die →Neuroleptika. Die Wirkungsmechanismen sind nur zum Teil bekannt. Als gesichert gilt Beeinflussung von Dopamin (DA) durch Blockade von DA-Rezeptoren oder Hemmung der Freisetzung von DA. Eine große forschungsstrategische Bedeutung haben Stoffe mit anderen Wirkungsmechanismen, etwa solche, die exzitatorische Transmitter wie →Glutamat beeinflussen. **[L]** BARNES 1993, BUNNY et al. 1995, RIEDERER et al. 1997 *W. Janke*

Antisemitismus, eigentlich irreführende Bez., weil nicht die Feindseligkeit gegenüber allen eine semitische Sprache sprechenden Völkern, sondern nur die gegen die Juden gemeint wird. Über die Geschichte der Judenfeindlichkeit, die schon im Altertum begann, gibt THIEME (1963) Auskunft. In der Ps. wird A. im Zusammenhang mit dem →Autoritarismus (autoritäre Persönlichkeit) und den nationalen →Vorurteilen behandelt. →Sündenbock-Theorie. *R. Bergius*

Antitestbewegung, die durch die weite Verbreitung und Anwendung von Tests vorgebrachte Kritik gegen die Anwendung von ps. Tests. Die Antitestbewegung richtet sich z. T. gegen die Verletzung der Privat- bzw. Intimsphäre, wie auch gegen den Mißbrauch von Tests und deren z. T. mangelhafte →Testgütekriterien. **[L]** ANASTASI 1967

Antitussiva, Medikamente gegen Husten, nach Analgetika und Antirheumatika dritthäufigst verordnete Medikamente, oft in fixen Kombinationen mit Antihistaminika (z. B. Codipront®), überwiegend ZNS-dämpfende Stoffe aus der Reihe der →Opioide (z. B. →Codein, →Dihydrocodein = Paracodin®), müdemachende und leistungsbeeinträchtigende Wirkungen, Abhängigkeitspotential. Einige Substanzen mit hustenbeeinflussender Wirkung interagieren nicht mit Opioidrezeptoren und haben kein Suchtpotential (z. B. Clobutinol = Silomat®). Stoffe, die antitussiv über periphere Mediatoren wirken (z. B. Bronchialsekretbeeinflussung), haben keine direkten ps. Wirkungen (z. B. Acetylcystein). **[L]** FORTH et al. 1996, HUMMEL et al. 1995 *W. Janke*

Antizipation [lat. *anticipere* vorwegnehmen], das Vorziehen, die gedankliche Vorwegnahme. • Bei SELZ ein Begr. seiner Denkps. Jedes Denken ist mit einer «Zielvorstellung» verbunden, die antizipiert wird. • A. bezeichnet auch die prospektive Komponente jedes Erlebens und Verhaltens. • In der Sprachps. gilt A. als wichtige Voraussetzung für fließendes Lesen. Sie ist wesentlich bedingt durch die Erfassung der Regeln, denen jede bedeutungshaltige Abfolge von Sprachzeichen (Satzteile, Wörter, Silben, Buchstaben) unterliegt. Die Regelhaftigkeit ergibt sich aus der Grammatik, der Häufigkeitsverteilung der Zeichen und der Zeichenkombinationen. Niedrige A.leistungen können Symptom oder Ursache von →Sprachstörungen sein. *H. E. Zahn*

Antizipationszeit →Reaktionszeit

antizipatorische Reaktion [engl. *anticipatory goal response*], behavioristischer Begr. (GUTHRIE, HULL) für die Teile der Zielhandlung, die zusammen mit der vorausgehenden instrumentellen Handlung auftreten können (mit ihr kompatibel sind). Meist innersekretorische Veränderungen, Kau- oder Schluckbewegungen oder Ansätze von Innervationen der Zielhandlungen. Mit dem Mechanismus der antizipatorischen partiellen Zielreaktion werden zielgerichtete Handlungsketten mechanistisch erklärt; er ist also funktional gleichbedeutend mit Erlebnissen wie Erwartung, Zwecke, Zielvorstellungen. *R. Bergius*

Antonymie, antonyme oder «gegensätzliche Bedeutung» ist ein Spezialfall der →Synonymie, insofern sich hier zwei →Bedeutungen bis auf ein semantisches Merkmal, das bei beiden entgegengesetzt ist, gleichen. Stellt man sich vor, daß das entgegengesetzte Bedeutungsmerkmal auf einer bipolaren Dimension angesiedelt ist, dann lassen sich zwei Fälle von A. unterscheiden (LYONS 1968): die eigentliche A. und die Komplementarität. Ein Beispiel für die eigentliche A. ist das Adjektivpaar groß/klein. Etwas ist nur klein bzw. groß in bezug auf etwas anderes. Eigentliche Antonyme stehen deshalb in enger Beziehung zum Komparativ und sind graduierbar. Bei der Komplementarität geht es nicht um einen relativen, sondern um einen taxonomischen Gegensatz. Solche Antonyme sind nicht graduierbar und bilden keinen Komparativ. Gegensatzpaar männlich/weiblich ist ein Beispiel. *J. Engelkamp*

Antrieb [engl. *drive*], Impuls, im Sprachgebrauch der Psychologie: eine Funktion der emotionalen Prozesse, die darin besteht, daß diese auf die Ausführung einer bestimmten Handlung hinwirken. So ist z. B. mit dem Affekt der Angst der Antrieb zur Flucht vor der Quelle der Angst gegeben. LERSCH unterscheidet Antriebserlebnisse des lebendigen Daseins (von mehr vital-endothymem Charakter), Antriebserlebnisse des individuellen Selbstseins (ans Ich und Selbst gebundene Strebungen) und Antriebserlebnisse des «Über-sich-hinaus-Seins», der Strebungen der Teilhabe an überindividuellen Bezügen. • Drive (D) im Sinne der S-R-Theorie wird am besten nicht mit Trieb, sondern mit A. übersetzt, der ebenfalls ein Konstrukt für eine allgemeine, nicht aktionsspezifische Energie und z. T. mit Aktivierung identisch ist. →Motivation, Trieb, Drang, Begierde. [L] KLAGES, LERSCH, HULL

Antriebsmangel, der noch nicht als →Antriebsstörung zu bezeichnende, sondern als →Aspontaneität (fehlende Unmittelbarkeit) hervortretende Mangel mit vielfältiger Verursachung.

Antriebspsychologie →Psychologie, Richtungen (Dynam. Ps.)

Antriebsstörung, Anhormie, jede Art Abweichung vom normalen Antriebsverlauf. I. e. S. die bei Psychopathen und auch Hirnverletzten auftretende Enthemmung oder auch Verarmung der Antriebsseite bis zur völligen Charakterveränderung. • Nach KRETSCHMER lassen sich unterscheiden: «Anhormien mit Schwäche und Verlangsamung der Leistungen (auf psychomotorischem Gebiet als akinetische Bilder der Bewegungsverarmung hervortretend), Hyperhormien mit überstarken und beschleunigten Reaktionen (psychomotorisch <Hyperkinesen>) und Dyshormien, d. h. Unebenmäßigkeiten der Antriebsfunktionen ...». [L] KRETSCHMER 1975

Antworttendenz →response-set

Antwort-Typ, Bez. für eine Antwortgebung. Bei Antworten auf die Fragen eines Tests unterscheidet man den offenen (freien) und den gebundenen A. Im ersten Fall hat der Proband die Antwort selbst zu formulieren, im zweiten dagegen lediglich zwischen mehreren vorgegebenen Antworten zu wählen (sog. →Wahlantworten). *H. Häcker*

Anwärm-Effekt [engl. *warming-up*], vorübergehende Leistungszunahme während der ersten Anlaufzeit einer Tätigkeit, ohne →Lernen oder spezifischen →Transfer.

Anwärm-Verlust, Leistungsabfall nach einer Pause im Vergl. zur Leistungshöhe vor dem Intervall. [L] HÖRMANN 1964

Anwendungsexperiment, der auch als Feldexperiment bezeichnete und z. B. der Überprüfung eines Laborexperiments in «externer» Situation dienende wiss. Versuch. →Experiment, →Wirklichkeitsversuch

Anxiety-Scale, Anxiety-Battery [T] CATTELL

Anxiogene Substanzen, Stoffe, die bei geeigneter Dosierung Angst hervorrufen (können). Besonderes Interesse finden Stoffe, die Panikangst hervorrufen können. Dabei wird angenommen, daß dies nur bei vulnerablen Personen der Fall ist. A. sind inverse Benzodiazepin-Agonisten wie →β-Carbolin-Derivate, →Serotonin-Agonisten wie m-Chlorphenylpiperazin (mCPP) oder β-Rezeptor-Agonisten (→Adreno(re)zeptor-Agonisten) wie →Isoproterenol oder →Laktat. [L] ALBUS 1992, CHARNEY et al. 1995 *W. Janke*

Anxiolytika, Psychopharmaka mit angstreduzierender Wirkung. Die Hauptgruppen bilden →Tranquillantien vom Typ der Benzodiazepine. Weiterhin werden von Gray Alkohol und Barbiturate als A. bezeichnet. Viele weitere Stoffgruppen wirken aber in bestimmten Dosierungen (praktisch alle zentralnervös dämpfenden Stoffe) bei bestimmten Personen und Angstformen anxiolytisch. Weiterhin wirken A. auch nicht angstspezifisch, sie reduzieren auch andere Emotionen. Der Nachweis anxiolytischer Wirkungen erfordert Tier- und Human-Prüfmodelle. [L] DEBUS & JANKE 1980, 1986, ERDMANN et al. 1984, GRAY 1987, JANKE et al.1986, JANKE & NETTER 1986, KOELLA 1986, WEYERS & FRITZE 1996 *W. Janke*

Anziehung →Attraktivität

APA, Abk. für *American Psychological Association*, gegründet 1892 unter der Leitung von G. S. HALL, mit heute etwa 115.000 Mitgliedern die größte psychologische Organisation. G. S. HALL erhielt 1878 als erster (in Harvard) den Titel «Ph.D.». Die Vergabe eines solchen Titels sowie die Rückkehr amerikanischer Studenten aus W. WUNDTs neuem Labor und die anschließende Einrichtung von Laboratorien für experimentelle Psychologie lassen das Gründungsjahr der APA – 1892 – nicht zufällig erscheinen.

A.P.A., Abk. für *American Psychiatric Association*, gegründet 1844, ist die älteste medizinische Vereinigung der USA.

Apalliker, apallisches Syndrom [lat. *pallium* Mantel], Bez. für einen (z. B. nach Unfall) noch vegetierenden (z. B. mittels der Herz-Lungen-Maschine), zugleich aber «hirntoten» Organismus. • Zustand bei funktioneller Trennung von Hirnmantel und Hirnstamm bei tiefer Bewußtlosigkeit.

Apathie, emotionale, in Teilnahmslosigkeit, Gleichgültigkeit, geringer Gefühlsansprechbarkeit sich äußernde Störung. →Abulie, →Gefühle

apathischer Typus →Typologie (Reaktionstypen)

Aphanisis [gr. Verschwinden, Verschwindenmachen], psa. Begr. für das Verschwinden (Ausbleiben) des sexuellen Bedürfnisses. Nach E. JONES, der den Begr. in die Psa. eingeführt hat, ist die A. bei beiden Geschlechtern eine Angst, die – akut geworden – tiefer geht als die Kastrationsangst. →Kastrationskomplex. [L] LAPLANCHE 1972

Aphasie [gr. *aphasia*], Verlust unterschiedlicher Teilfunktionen der gesprochenen Sprache nach kortikalen Hirnverletzungen vornehmlich der dominanten Hemisphäre; heute auch Beachtung der Beteiligung subkortikaler Zentren, z. B. einzelner Thalamus-Kerne (DIMOND 1980), und breite Erforschung der Mitwirkung auch der rechten, nicht dominanten Hemisphäre seit Aufnehmen der →*split-brain*-Studien (SPERRY, GAZZANIGA, BOGEN 1969; GAZZANIGA & LEDOUX 1978). Nicht zur A. zählen psychotische →Sprachstörungen (→Dysphrasie), obschon in einzelnen Teilphänomenen vergleichbar (BROWN 1975), sowie Störungen von peripheren Funktionen der Sprachbenutzung (Hörbehinderung, Dysglossie, Anarthrie, Dysarthrie, Aphonie, Dysphonie). Hingegen kann eine A. alle drei Stufen von OSGOODS *three-stage-mediation-integration model* (1963) beeinträchtigen; Sprachgebilde können nicht mehr verstanden werden, obwohl sie noch gehört werden, oder Mitteilungen können nicht mehr in Sprache gefaßt werden, obwohl die Ausführungsorgane noch intakt und beweglich sind. Der Begriff der A. läßt den Ausprägungsgrad der Störung unberücksichtigt. Dagegen werden angeborene Dysphasien [engl. früher häufig *developmental aphasia* (MORLEY 1972), heute *developmental dysphasia* (WYKE 1978)] von der deutschsprachigen Neurologie aus dem Begriff der A. ausgeklammert.

Unterformen lassen sich nicht immer scharf gegeneinander abgrenzen. Nach der bahnbrechenden Darstellung einer motorischen A. (Unfähigkeit zu flüssiger Artikulation eines ganzen Wortes oder gar eines Satzes, Telegrammstil, Agrammatismus), zunächst Aphemie genannt, durch den frz. Anatomen BROCA (1861) folgte 1873 von dem dtsch. Psychiater WERNICKE die ebenso klassische Beschreibung einer sensorischen A. (fehlende oder ungenügende Erfassung der phonematischen und/oder semantischen Wortgestalten u. damit der Bedeutung sowie in der eigenen Produktion gehäuft literale (phonemische) u. verbale (semantische) →Paraphrasien bei allgemeiner Armut an →Inhaltswörtern, während sprachstatistisch häufigere →Funktionswörter und bedeutungsarme oder situativ unpassende Redewendungen (auch Jargon-A. genannt) flüssig und reichlich artikuliert werden; bei Erwachsenen auch →Logorrhoe). Schwere Ausfallserscheinungen in allen Teilbereichen nennt man totale oder globale A. (bei schwer beeinträchtigtem Sprachverständnis ist die Produktion beschränkt auf einige wenige, häufig wiederholte Silben); WERNICKE/LICHTHEIMS transkortikale (Verlust des willkürlichen Sprechens, während Nachsprechen, lautes Lesen, auch Echolalien möglich sind) und die Leitungs-A. (engl. *conduction a.*) (Nachsprechen nicht möglich, phonemische Paraphasien, gestörtes lautes Lesen und Buchstabieren bei intaktem Sprachverständnis); die semantische A. von HEAD (Unfähigkeit zur Sinnerfassung bei Geschichten, Sprichwörtern, Szenenbildern oder Bildergeschichten) oder die amnestische oder akustisch-mnestische A. (Störung des Wortgedächtnisses). Eine Einteilung nach unterschiedlichem Ausprägungsgrad (Aphasie-Quotient) bietet KERTESZ (1979). Psycholinguistisch (GOODGLASS & BLUMSTEIN 1973) unterschied man nach Fehlern der Selektion vs. Kombination (Paraphasie vs. Dysgrammatismus) (JAKOBSON & HALLE 1956), nach der Auftretenshäufigkeit einzelner Wortarten (GESCHWIND & HOWES 1964; WEPMAN & JONES 1966), nach unterschiedlicher Flüssigkeit und Reichlichkeit der Produktion *fluent* vs. *nonfluent* oder nach linguistischen Strukturebenen (WEIGL & BIERWISCH 1970) und deren Bezugssetzung zu neurops. Verarbeitungsprozessen (WEIGL 1980), z. B. auch nach unterschiedlicher Verarbeitung von Items eines lexikalischen vs. grammatikalischen Vokabulars (FRIDERICI & SCHOENLE 1980).

A.-Theorien: (1) «Enge Lokalisation» komplexer ps. Funktionen in einzelnen histologisch-neuroanatomisch abgrenzbaren Hirnarealen (kaum mehr vertreten). (2) Im nur holistisch, ganzheitlich funktionierenden Gehirn und der ebenso ganzheitlichen Persönlichkeit ist der Verlust isolierter Teilfunktionen unwahrscheinlich; Denk- und Wahrnehmungsleistungen sind in ihrem Abstraktionsniveau (GOLDSTEIN 1927) ebenso erniedrigt wie die Sprachbenutzung der Aphasiker und eher vom Ausmaß der Schädigung als von deren Lokalisation abhängig (BAY 1962); zu bedenken sind häufig gleichzeitig auftretende, jedoch keinesfalls obligatorisch verbundene Apraxien, Agnosien und Denkstörungen verschiedener Art. (3) Auf dem neurops. Konzept von WYGOTSKI (1965) revidiert LURIA (1970, 1973) die Begr. «Funktion» u. «Lokalisation»; danach werden alle ps. Funktionen realisiert in der aufgabenadaequaten Konstellierung von stets komplexen «funktionellen (Hirn-) Systemen», d. h. im funktionellen Zusammenschluß eines ganzen Netzwerkes wechselseitig integrierter, teilweise austauschbarer Hirnareale und -zentren mit einer «dynamischen», d. h. im Verlauf der Entwicklung wechselnden Lokalisation. Daraus ergibt sich eine anatomo-psycholinguistische Einteilung in sechs funktionale Unterformen der A., die ihrerseits auch als Teilglieder in anderen Störungssyndromen der Wahrnehmung, Handlungssteuerung und Motorik wie auch des Gedächtnisses und des Denkens gesehen werden. Auch die Unterschiede in den Auswirkungen umschriebener Hirnverletzungen und im Rehabilitationsverlauf bei Kindern und Erwachsenen (LENNEBERG 1967, BROWN 1975) lassen sich hier einordnen. [L] HECAEN & ALBERT 1978

Aphemästhesie, Unfähigkeit, Sprache zu verstehen.

Aphemie, von BROCA eingeführte, ältere Bez. für motorische →Aphasie. Sonderbez.: *A. pathematica,* affektiv bedingter Sprachverlust (z. B. bei Angst); *A. plastica,* vorsätzliches Schweigen.

Aphonie, Stimmlosigkeit (tonlose Sprache) durch Beeinträchtigung der Stimmbänder, psychogen u. a. • Sonderbez.: funktionelle A., spastische A. →Stimmstörung

Aphrasie, völlig sprach- und stimmloses Verhalten bei schizophrenen Psychosen. Hier nur Begleitsymptom der insgesamt unterbrochenen Kommunikation und des insgesamt gestörten Kontaktverhaltens, während beim →Mutismus die nonverbale Kommunikation, z. B. in gemeinsamen Spielen, und körperliches Kontaktverhalten möglich sind. Ggs. →Logorrhoe.

Aphrodisiaka, Substanzen zur Anregung/Steigerung sexueller Aktivität (Antrieb, sexuelle Handlung nach Dauer und emotionaler Valenz, Potenz). Da Sexualität mehrere Komponenten umfaßt, können Stoffe sich auch nur auf Teilaspekte beziehen. Zu den A. können verschiedene Stoffklassen gerechnet werden. So soll die Dauer der sexuellen Handlung durch →Yohimbin beeinflußt werden. Stoffe, die die Sexualität über die Beeinflussung von endokrinen Systemen, etwa →Androgene, steigern können, werden nicht den A. zugeordnet. [L] ERNANDEZ & ALFONSO 1997, GREENBLATT et al. 1985 *W. Janke*

Aphtenexie, artikulierte Laute können nicht hervorgebracht werden.

Apht(h)ongie, Störung der Sprechmuskulatur

Aplasie [gr. *plasso* bilden], mangelhafte Entwicklung von Geweben o. Organen

Apnoe [gr. *apnoia* Windstille, Atemstillstand], Versagen der Atmung

apodiktisch [gr. *apodeixis* Beweis], unumstößlich, streng notwendig, unbedingt

apollinischer Typus →Typologie (Lebensgefühl)

Apomorphin, Stoff mit fördernder Wirkung auf das Dopaminsystem (→Dopamin-Agonist, →Dopamin-beeinflussende Substanz), wegen dieser Wirkung häufig als Reaktionstest bzw. →Funktionstest des dopaminergen Systems eingesetzt. In höherer Dosierung Übelkeit und Erbrechen, weshalb häufig bei Aversionstherapie des →Alkoholismus verwendet. *W. Janke*

Aponal® →Doxepin

apopathetisch, Bez. für ein Verhalten, das durch die Gegenwart anderer Personen stimuliert wird, z. B. im Sinne von «sich aufspielen», ohne eigentliche mitmenschliche Beziehung zu den anderen.

Apoplexie [gr. *apoplexia* Schlagfluß], plötzliche, schlagartige Funktionsunfähigkeit von Organen, insbes. des Gehirns (Hirnblutung, Gefäßverschluß).

Aporie [gr. *poros* Weg, Brücke], Ausweglosigkeit, Ratlosigkeit, alle Lösungsmöglichkeiten werden negativ bewertet. →Antinomie

Apostilb →lichttechnische Maße

apparative Tests, wenig gebräuchliche Bez. für Tests oder Proben, bei denen im Unterschied zu den sog. →Papier-Bleistift-Tests Geräte verwendet werden oder ein bestimmtes Material zu verarbeiten ist. Sie werden vor allem für psychomotorische Leistungsprüfungen verwendet. In der Persönlichkeitsforschung von EYSENCK spielen solche Verfahren für die Messung von Eigenschaften eine große Rolle (→pursuit-rotor). Da die apparativen Anordnungen meist sehr heterogen sind, stellen die a.T. häufig keine standardisierten und genormten Verfahren dar. *H. Häcker*

Apparat, psychischer, Ausdruck, der insbes. in der Tiefenps. (FREUD) für die Differenzierung des Psychischen in →Systeme und →Instanzen gebräuchlich ist. →Es, →Ich, →Über-Ich. **[L]** LAPLANCHE 1972

appeal [engl.], Appell, Aufforderungscharakter, Anreiz in der Reklame- und Verkaufsps., *short-circuit-appeal* = kurz dauernder A., durch Suggestion oder Ansprechen von Trieben, speziell tiefenps. Motivdynamik, *long-circuit-appeal* = lang dauernder A., durch Ansprechen der Vernunft oder durch Information.

Apperzeption [lat. *appercipere* etwas hinzu bemerken], bei HERBART im Sinne von →Auffassung als einer bewußten, geistigaktiven Tätigkeit des Aneignens eines Bew.inhaltes und seiner Eingliederung in die «Apperzeptionsmasse». Bei WUNDT dagegen gleichsam eine Bew.steigerung, ein Vorrücken aus dem «Blickfeld des Bew.» (dort ist alles nur im Rahmen der überblickenden Perzeption vorhanden) in den «Blickpunkt des Bew.». →Aufmerksamkeit • (philosoph.) Seit LEIBNIZ wird als empirische A. das wandelbare, inhaltlich wechselnde, jeweilige Ichbew. und als transzendentale A. die durchgängige und bleibende Einheit des Selbstbew. (= reine A.) bezeichnet.

Apperzeptionskategorien, syn. Apperzeptionsstadien (Aussage-, Assoziationsstadien und -kategorien).

In der seelischen Entwicklung des Kindes bestehen nach STERN folgende Stadien: Bis zum 8. Lj. Bevorzugung unzusammenhängender A. von Personen und Sachen (Substanzstadium). Im 9. bis 10. Lj. apperzipierende Beob. vorzüglich von Handlungen, Tätigkeiten (Aktionsstadium). Im 10. bis 13. Jahr Bevorzugung aller räumlichen, zeitlichen und innerlich begründeten Beziehungen (Relationsstadium). Vom 14. Lj. an gleichmäßige Verteilung der A. auf alle Gebiete (Qualitätsstadium). Die Bevorzugung der A. findet sich z. B. widergespiegelt im kindlichen Bericht, in der Erzählung, wie im gesamten Gedankenkreis.

Apperzeptionspsychologie, die der →Assoziationsps. entgegenstehende Richtung. Die Verknüpfung der Vorstellung erfolgt nach der A. nicht mehr mechanisch-assoziativ, sondern durch apperzipierende Bew.tätigkeit, d. h. mehr willensbestimmt. In diesem Sinne vertritt WUNDT eine A.

apperzipieren, ins Bew. aufnehmen, bewußt machen

Appetenz [lat.], Verlangen, Trachten nach ..., Begehrlichkeit, das sex. Bedürfnis, das als primärer, angeborener Trieb ein Suchverhalten mit ausrichtenden weiteren Reizen in Gang setzt.

Appetenz-Appetenz-Konflikt →Annäherungskonflikt

Appetenz-Aversions-Konflikt →Annäherungskonflikt

Appetenzverhalten, (biolog.) nach W. CRAIG (1918) das spezifische Suchverhalten nach der auslösenden Reizsituation. Es wird durch die →Endhandlung *(consummatory act)* im Verhaltensablauf abgelöst. Beim Stichling z. B. wird die Frühjahrswanderung (Appetenzverhalten) durch das Nestbauverhalten (Endhandlung) abgelöst. →Ethologie *V. Preuss*

Appetitbeeinflussende Substanzen, den Appetit vermehrende oder vermindernde Pharmaka (→Appetitzügler). Die Beeinflussung kann sich auch auf spezifische Nahrungsbestandteile richten. So beeinflussen Stoffe, die vorwiegend die Verfügbarkeit von →Serotonin erhöhen, den Kohlehydratappetit. **[L]** →Appetitzügler, WINICK 1988 *W.Janke*

Appetitzügler, syn. Anorektika, Pharmaka, die Appetit und Hunger, etwa bei Übergewicht, verringern sollen. Pharmakologisch sind A. heterogen. Klassische A. sind →Psychostimulantien, deren chem. Struktur sich aus der des →Amphetamins oder des →Ephedrins ableiten läßt. Zu den neueren A. zählt →Fenfluramin (und das ausschl. serotonerg wirkende Dexfenfluramin), welche anstelle euphorisierender eher sedierende Wirkungen aufweisen. Die Wirkung von A. wird vermittelt durch zentrale Anregung des Stoffwechsels und des Energieverbrauchs sowie durch Beeinflussung des Appetit-, Hunger- oder Sättigungsgefühls, u. U. über Hunger- und Sättigungssysteme des Hypothalamus oder über periphere Systeme (z. B. Glukoseregulation). Wirksamkeitsabnahme tritt auf bei längerer Anwendung (Toleranzentwicklung). A. können wie Psychostimulantien zu →Drogenabhängigkeit führen. Anwendung daher nur mit strenger Indikationsstellung, kurzfristig und zusammen mit diätetischen und psychotherapeutischen Maßnahmen. **[L]** BLUNDELL 1990, FOX 1992, MORLEY 1987, MACHT et al. 1995, SILVERSTONE 1982, WINICK 1988 *W. Janke/P. Zimmermann*

Apport, in der →Paraps. die angebliche, durch übernatürliche Kräfte bewirkte Fortbewegung von Objekten.

appraisal →Einschätzung

approach [engl.], Annäherung. Bez. für den

Forschungsansatz, d. h. die Art der Annäherung an ein wissenschaftliches Problem.

approach-approach-conflict →Annäherungskonflikt

approach-avoidance-conflict →Annäherungskonflikt

Approximation, Annäherung (stetig oder diskret) – auch Angenähertheit – eines Zustandes/Prozesses an einen definierten anderen (→Lernen, →Adaptation, →Akkomodation). In der Sprachstatistik: nach Ordnungsgraden abgestufte A. an die quantifizierte Strukturiertheit der Gebrauchssprache.

Derartige A., die nach bestimmten Verfahren (SHANNON-WEAVER) hergestellt werden, haben die Form von Sprachzeichen-Abfolgen (Kunsttexten), in denen die relativen Auftretenshäufigkeiten von Zeichen (Buchstaben, Wörtern) und Zeichenkombinationen an deren Auftretenswahrscheinlichkeiten im normalen Text angeglichen sind. Zwischen dem Ordnungsgrad von A. und der Wahrnehmbarkeit, →Lesbarkeit, Lernbarkeit etc. der zugehörigen Kunsttexte bestehen systematische Beziehungen (→Grammatikalität, →Diagramm). **[L]** SHANNON & WEAVER 1949, SALZINGER 1962, TREISMAN 1965 *H. E. Zahn*

approximatives Bewußtsein (C. G. JUNG), «angenähertes» Bew. zwischen bewußt und unbewußt

Apraktagnosie →Apraxie

Apraxie, durch Hirnerkrankung oder -verletzung erworbene Unfähigkeit zur zielorientierten Ausführung von Bewegungen oder Bewegungshandlungen bei erhaltener Kapazität zur Erfassung der Bewegungsaufgabe (keine →Agnosis; keine →Demenz) und trotz erhaltener Kraft, koordinativer Beweglichkeit und normaler Reflexivität der einzelnen, intakten Körperteile (keine oder nur geringfügige Paresen und Koordinationsstörungen; keine Verletzungen, Verstümmelungen der zu bewegenden Körperteile). Angeborene Formen nennt man Dyspraxie. Hingegen umfaßt der Begriff A. alle Ausprägungsgrade der Verlust-Syndrome.

Unterformen: Klassische Unterscheidung (LIEPMANN) einer ideatorischen A. (Störung der aufgabenorientierten Selektion von Teilbewegungen und in deren reihenfolge- und sinngemäßer Integration zu komplexen Handlungen, z. B. «Kerze auf Halter stellen und mit Streichhölzern anzünden»; einzelne Bewegungen können aber willkürlich ausgeführt werden und laufen auch reichlich ab) neben einer ideomotorischen, auch ideokinetischen A. (Unfähigkeit zu willkürlicher Ausführung einzelner, einfacher Bewegungen oder Beschränkung dieser Störungen auf einzelne Körperteile, wie Hand, Finger, Gesicht (gliedkinetische A.), während komplexe Handlungen geordnet ablaufen); diese beiden Formen wurden in einen funktionalen Bezug gesetzt zu den *fluent-* (WERNICKE) und *nonfluent*-Formen (BROCA) unter den →Aphasien (BROWN 1975). Andere neurops. Einteilung in kinästhetisch-afferente A. (metrisch sichere Ausführung der Einzelbewegungen gelingt nicht mangels kinästhetischer Reafferentation) und kinetisch-efferente A. (Verlust der kinetischen Schemata zur sequentiellen, zeitgeregelten Reihenfolge- und Ablaufordnung von ganzen Bewegungsfolgen) LURIA (1970). In enger funktionaler Beziehung zur ideomotor. A. wie auch zur motor.-expressiven Aphasie steht die faciobuccolinguale A. (Unfähigkeit, Stirn, Backen, Kiefer, Lippen oder Zunge willkürlich in eine bestimmte Stellung zu bringen, obwohl alle beteiligten Muskelgruppen im mimischen Ausdruck, beim Essen, Sprechen oder anderen Synergismen beweglich sind). Die konstruktive A. (KLEIST), auch konstr. Apraktagnosie (engl. *constructional apraxia*) (Unfähigkeit zur Lösung von räumlich-figürlichen Formungsaufgaben) steht im Übergangsbereich zu den →Agnosien. Eine *dressing apraxia* (dtsch. Ankleide-A.) wird nicht überall als isoliertes Syndrom angesehen (POECK 1969). Hingegen müssen die einseitigen, nur in einer Körperseite wirksamen A. funktional gesondert betrachtet werden.

Diagnostik mittels (1) Nachahmenlassen von Bewegungen, Gesten, Körperteilstellungen; (2) sprachl. Instruktion; (3) Hantierenlassen mit Gebrauchsgegenständen; (4) Konstruktionsaufgaben wie Puzzles, Mosaikwürfel, Streichholzbauen, Zeichnen. **[L]** HECAEN & ALBERT 1978

A.P.S., Abk. für *American Psychopathological Society*

apsychisch, apsychonom, entsprechend der verneinenden Vorsilbe bedeuten beide Begr., daß etwas nicht-psychisch oder außerhalb des ps. Bereiches ist. G. E. MÜLLER hat das Wort apsychonom noch zur besonderen Bez. derjenigen Faktoren eingeführt, die psychische Wirkungen hervorrufen, ohne selbst psychischer Natur zu sein (z. B. Stimulantien, Rauschgifte).

aptitude [engl.] →Fähigkeit, →ability

Aptitude-Tests, Bez. für Begabungstests

aptitude-treatment interaction, ATI, Wechselwirkung zwischen Schülermerkmal und Lehrmethode bzw. Schülermerkmal und Unterrichtsmethode (WSU). [**L**] KLAUER 1978

AQ, Abk. für *achievement quotient* →Leistungsquotient

Äquationsteilung, zweite Reifeteilung der →Meiose. →Reduktionsteilung

Äquifinalität [engl. *equifinality*], die →Äquivalenz einer Verhaltenseinheit *(responses)* mit einer oder mehreren anderen bezüglich der Erreichung derselben Zielklasse.

Äquilibration, Equilibration [lat. *aequilibrium* Gleichgewicht], nach PIAGET die Herstellung eines Gleichgewichts zwischen zwei kognitiven Tätigkeiten (meist zwei widersprechenden Schlüssen aus Wahrnehmungen). Ä. führt (bei Kindern angeblich erst nach dem 6. Lebensjahr) bei der Menge, der Zahl, der Zeit, des Raumes etc. zum →Invarianz- oder →Identitäts-Urteil (trotz der Veränderung anschaulicher Daten). Beispiel: Verformung einer «Wurst» aus Knetmasse oder Umschütten von Perlen in Gläser mit versch. Durchmesser. Der Ä.-prozeß soll hier in vier Schritten ablaufen: (1) Zentrierung auf die Eigenschaft A (z. B. die Länge oder die Höhe), (2) Zentrierung auf die Eigenschaft B (z. B. die Dicke oder den Durchmesser), (3) Schwanken zwischen beiden Eigenschaften, (4) gemeinsames Erfassen beider in einem kognitiven Akt (Herstellung des Gleichgewichts, Invarianz-Urteil). Ä. hängt also nicht nur von der Erfahrung, sondern auch von der Aktivität des Individuums ab und soll auch andere widersprechende Kognitionen als die genannten betreffen. Die Ä.-Theorie ist in gezieltem Gegensatz zur S-R-Lerntheorie konzipiert worden und hat gewisse Ähnlichkeit mit FESTINGERS Theorie der →kognitiven Dissonanz und mit HEIDERS →Balance-Theorie. →Gruppierung. [**L**] PIAGET 1976

R. Bergius

Äquilibrismus, scholastische Lehre vom Gleichgewicht der Motive des freien Willens

Äquipotentialität, äquipotentiell [lat.], von gleicher Fähigkeit. Bez. für die Möglichkeit, ausfallende Organfunktionen zu ersetzen (z. B. ist ein Hirn-Rindenfeld ä., wenn es für ein verletztes anderes eintritt). • DRIESCH bezeichnet organische Systeme als ä., wenn Teile das Ganze entwickeln können (z. B. beim Seeigelei; auch Teile davon können den ganzen Organismus aufbauen).

äquivalent [lat.], gleichwertig, etwas anderem entsprechend

Äquivalente, epileptische →epileptische Ä., →Ä., psychische

Äquivalente, Methode der, eine von E. H. WEBER im Zusammenhang mit seinen Untersuchungen über Unterschiedsschwellen entwickelte Meth. Danach bekommt die Vp einen konstanten Reiz dargeboten, dem sie einen variablen Reiz anzupassen hat, bis ihr beide gleich erscheinen.

Äquivalente, psychische, Bez. für ps. Störungen mit Bewußtseinsveränderungen, wenn diese an Stelle eines epileptischen Krampfanfalles auftreten. Es sind dies in gradweiser Steigerung Verstimmungen, Dämmerzustände, Delirien →epileptische Ä.

äquivalente Reize, Bez. für Reize, auf die gleiche Empfindung (Reaktion) folgt.

äquivalente Reize, Methode der, Bez. für eine 1931 von KLÜVER eingeführte Methode zur Untersuchung der Frage, welche Teilmomente einer Reizsituation in Lernexperimenten eigentlich wirksam sind und welche auswechselbar.

Äquivalentnormen, Normwerte eines standardisierten Tests, die sich am Mittelwert von Gruppennormen orientieren. Der im Test gewonnene Wert eines Probanden wird äquivalent zu einem mittleren Testwert einer Gruppe in Beziehung gesetzt. →Normskalen

Äquivalenz, Objekte heißen äquivalent, wenn zwischen ihnen eine Äquivalenzrelation besteht. Eine Relation heißt Äquivalenzrelation, wenn sie folgenden Gesetzen gehorcht: (1) Jedes Objekt ist äquivalent mit sich selbst (Reflexivität). (2) Sind zwei Objekte einem dritten äquivalent, so sind sie untereinander äquivalent (Transitivität). (3) Ist ein Objekt einem zweiten äquivalent, so auch das zweite dem ersten (Symmetrie). *D. Dörner*

Äquivalenz (testps.), die Gleichwertigkeit von Testaufgaben. →Paralleltest

Äquivalenz, funktionale, zwei Reize haben f. Ä., wenn sie, obwohl phänomenal verschieden, mit gleichen Reaktionen beantwortet werden (→äquivalente Reize).

Äquivalenz, perzeptierte, HONAKER (1988) verlangt ergänzend zu der Erfüllung der →psychometrischen Äquivalenz ebenso die sog. «perzeptierte Ä.», die die subjektive Bearbeitungsgleichheit der Pbn fordert. Entsteht bei den Pbn bei der Bearbeitung der Papier-Bleistift-Version sowie der adaptierten computer-unterstützten eine unterschiedliche pos. o. neg. Bearbeitungsempfindung, so ist die Ä. nach HONAKER nicht gegeben. [**L**] HONAKER 1988 *S. Bulheller*

Äquivalenz, psychometrische, die Kriterien einer In-Äquivalenz zwischen einer Papier-Bleistift-Vorlage sowie dem entsprechend adaptierten computer-unterstützten Verfahren sind nach MARCO (1981) drei psychometrische Äquivalenzebenen: Mittelwertsverschiebungen i. d. Meßskalen, Veränderung d. Metrik sowie Veränderungen i. d. Rangfolge d. Pbn. Liegt eine Äquivalenz, keine Veränderungen i. d. Ebenen vor, können die Normen der Papier-Bleistift-Version auch für die computer-unterstützte Version genutzt werden. HONAKER (1988) verlangt ergänzend zu der Erfüllung der psychometrischen Ä. auch die sog. →«perzeptierte Ä.», die die subjektive Bearbeitungsgleichheit der Pbn fordert. [**L**] MARCO 1981 *S. Bulheller*

Äquivalenzprinzip (V. v. WEIZSÄCKER), Bez. für ein Grundverhältnis von Reizmannigfaltigkeit und Erscheinung. Ein Prinzip der Vertretung oder Stellvertretung bei der Einordnung des biologischen Subjekts in seine Umwelt. METZGER nennt es «Gesetz der gegabelten Wirkung».

Z. B. ist das Netzhautbild Grundlage für anschauliche Nähe und Größe eines Wahrnehmungsdinges. Beim Größerwerden des Netzhautbildes unter Beständigkeit der übrigen Bedingungen kann entweder eine Vergrößerung des Gesehenen oder ein Näherkommen oder ein Verhältnis dazwischen vorliegen. Was der einen Teilerscheinung zugute kommt, geht der anderen verloren und umgekehrt. Das Gesamt der Teilwirkungen bleibt konstant in dem System, in dem es auftaucht. [**L**] METZGER, v. WEIZSÄCKER 1947

Äquivalenztheorie (MEUMANN), Lehre, daß beim Kunstgenuß das Kunstwerk zwar nicht für wirklich gehalten, wohl aber als Wirklichkeitsersatz erlebt wird.

Äquivokation, Gleichheit der Namen zweier Begriffe, z. B. Strauß = Vogel und Strauß = Blumenbukett. • In der Informationstheorie wird der Begr. auf fehlübertragene Information angewendet. Information, die bei der Sendung über einen →Kanal verlorengeht, heißt Sendeäquivokation. Information, die falsch empfangen wird, heißt Empfangsäquivokation.

D. Dörner

Arachnoidea, Spinnenhaut →Gehirn

Arachnophobie [gr. *arachne* Spinne, *phobos* Furcht] Furcht vor Spinnen →Phobie

ARAS bzw. **ARS** bzw. **RAS**, Abk. für «aufsteigendes retikuläres aktivierendes System», lokalisiert in der →formatio reticularis. Erregung bewirkt allg. →Aktivierung. Die Bez. RAS stammt von den amerik. Hirnphysiologen H. W. MAGOUN und G. MORUZZI. →Aufmerksamkeit, →arousal

Arbeit [gr. *ponos*, mhd. *arebeit*, beides Not, Mühsal; das frz. *travail* kommt vom lat. *tripalium* (*palus*) Pfahl, dem aus Pfählen bestehenden Joch der Zugtiere], i.allg. die Ausführung oder Bearbeitung von →Aufgaben. Alltagssprachlich wird A. entsprechend der etymologischen Bedeutung oft als anstrengende Tätigkeit gesehen und dem →Spiel gegenübergestellt. Nach humanistischen Vorstellungen ist dieser Gegensatz im Ideal jedoch aufhebbar. Arbeit kann mit Spaß und Arbeitsfreude verbunden sein. Die Ausführung der A. erfolgt oft in bewußt geplanter Arbeitsteilung, koordiniert oder kooperativ →Organisation. Je nach Wissenschaftsauffassung wird A. unterschiedlich definiert. HELLPACH (1925) charakterisiert die A. als fortgesetzte, angespannte und geordnete Tätigkeit, die der Erzeugung, Beschaffung, Umwandlung, Verteilung oder Benutzung von materiellen oder ideellen Daseinsgütern dient. HOYOS (1974) versteht A. als Aktivität, die im Rahmen bestimmter Aufgaben entfaltet wird und zu einem materiellen und/oder immateriellen Arbeitsergebnis führt, das in einem Normensystem bewertet werden kann. Nach Auffassung psychischer Tätigkeits- und Handlungstheorien (vgl. HACKER 1986, VOLPERT 1974) eignen sich die Menschen durch ihre Arbeitstätigkeit ihre Erfahrungen über die physische und soziale, äußere wie innere Wirklichkeit an und verändern sich unwillkürlich in bewußter Selbstreflektion. In Anlehnung an Karl MARX sieht RUBINSTEIN (1971) das Charakteristische der menschlichen A. in einer Ausführung einer bestimmten Aufgabe und der bewußten, zielgerichteten Tätigkeit, die sich auf die Verwirklichung eines Resultats richtet, das vor der Handlung in der Vorstellung des Arbeitenden gegeben ist und durch den Willen entsprechend ihrem bewußten Ziel reguliert wird. RESCH (1991) betont, daß A. die Schaffung von Mitteln für spätere Zwecke ist und unterscheidet zwischen herstellender und nutzender Person. Als Teil eines kooperativen Handlungszusammenhangs ist sie A. für andere. Unter diese Definition fällt nicht nur die durch Löhne oder Gehälter bezahlte sogenannte Erwerbsarbeit oder Berufsarbeit, sondern auch die Hausarbeit (→Frauenarbeit). Strittig ist, ob der Arbeitsbegriff auch auf die Bewältigung von Aufgaben erweitert werden kann, die nicht der Daseinssicherung oder konkreten Zielen dienen, sondern als Selbstzweck oder kulturelles Ritual ohne erkennbaren Nutzen ausgeführt werden (→Frauenarbeit, →Arbeitspsychologie, →Arbeits- u. Organisationspsychologie). [**L**] Greif 1993 *S. Greif*

Arbeitsablaufanalyse, spezielle Methoden der →Aufgabenanalyse zur Untersuchung der Reihenfolge und zeitlichen Dauer einzelner Aufgaben und Tätigkeiten. Grundlage ist im allg. ein je nach Problemstellung konstruiertes Kategoriensystem zur Unterscheidung von Aufgaben und Tätigkeiten. Bspw. können bei Arbeitstätigkeiten am Computer im Einvernehmen mit den Beobachteten und nach Zustimmung des Betriebsrates A. durch Programme zur Registrierung aller Eingaben und Zeiten, kategorisiert nach Befehlen, erstellt werden (→HAA [**T**]). [**L**] Schüpbach 1993

Arbeitsabwesenheit, bezeichnet die meist mindestens eintägige Abwesenheit vom Arbeitsplatz, in der Regel aus Krankheitsgründen. Als Kennziffern sind gebräuchlich: (1) der Prozentsatz der abwesenden Mitarbeiterinnen und Mitarbeiter (Abwesenheitsrate) für eine Organisation oder Abteilung; (2) Die durchschnittliche Anzahl der Abwesenheitstage der Organisationsmitglieder im Jahr; (3) Die Anzahl der Abwesenheiten der Organisationsmitglieder (unabhängig von ihrer jeweiligen Dauer) pro Jahr. Wegen der mit der Abwesenheitsrate verbundenen erheblichen Kosten für die Organisation und die Krankenkassen werden in größeren Betrieben regelmäßig statistische Analysen über Höhe, Verlauf und Bereiche durchgeführt, in denen höhere Abwesenheitsraten auftreten. In der Fachliteratur wird Abwesenheit nicht nur auf Erkrankungen zurückgeführt, sondern psychologisch zum Teil als Rückzugsverhalten, Ausdrucksform eines unorganisierten Konfliktes, abweichendes Verhalten und auf unterschiedliche kulturelle Normen beim Krankheitsverhalten zurückgeführt. Empfohlen werden medizinische und psychologische Untersuchungen sowie Maßnahmen der →Arbeitsgestaltung und →Organisationsentwicklung. Zur Minderung von arbeitsbedingtem Streß und zur Verbesserung des Gesundheitsverhaltens werden sogenannte Gesundheitszirkel empfohlen. →Streß am Arbeitsplatz. [**L**] Nicholson 1989 *S. Greif*

Arbeitsanalyse, (syn. Arbeitsplatzanalyse) ist in der →Arbeitswissenschaft ein Oberbegriff für alle Methoden, die in systematischer Form die Arbeitsaufgaben (→Aufgabe), Arbeitsmittel und →Arbeitstätigkeiten sowie Arbeitsbedingungen erfassen. Die A. kann speziell zur Analyse der Aufgaben (→Aufgabenanalse), des Arbeitsablaufs (→Arbeitsablaufanalyse) oder zur Untersuchung und Bewertung von Kriterien der →Arbeitsgestaltung (→Tätigkeitsanalyse) verwendet werden, aber auch zur Ermittlung von Qualifikationsanforderungen (→Anforderungsanalyse) für die →Personalauswahl und →Personalentwicklung. Werden nicht nur Aufgaben und Tätigkeiten an einzelnen Arbeitsplätzen, sondern kompletter →Arbeitsgruppen oder größerer →Organisationen untersucht, werden auch Methoden der →Organisationsanalyse eingesetzt.

Bei einfachen Formen der A. werden per Interview oder Fragebogen typische Aufgaben und Arbeitsbedingungen erfragt, Arbeitsabläufe in einem bestimmten Zeitraum von den Beschäftigten selbst protokolliert oder durch Beobachter registriert. An Computer-Arbeitsplätzen können mit Einverständnis der Beobachteten vollständige und zeitgenaue Angabeprotokolle erhoben werden. Zur Interpretation derartiger Verhaltensdaten sind jedoch Erläuterungen der Beobachteten erforderlich (etwa durch die klassische denkpsychologische Methode des «lauten Denkens» oder Videokonfrontation, vgl. [**T**] →HAA). Neben teilstandardisierten Verfahren verfügt die →Arbeits- und Organisationspsychologie sowie die interdisziplinäre →Arbeitswissenschaft über zahlreiche systematische und standardisierte Befragungs- und Beobachtungsinstrumente.

Verfahren der Tätigkeitsanalyse können auch in Arbeitsgruppen oder →Qualitätszirkeln durchgeführt werden. Ausgewählte Verfahren und standardisierte Instrumente werden im Testanhang [**T**] zusammengestellt (vgl. AET, CIT, EVA, FAA, HAA, ISTA, JDS, KABA, RHIA, SAA, SABA, STA, TAI, TBS, TI, VERA; →Aufgabenanalyse, →Tätigkeitsanalyse, →Organisationsdiagnostik). [**L**] Matern 1984, Landau & Rohmert 1989, Schüpbach, Zapf 1989 *S. Greif*

Arbeitsbelastung, die psycho-physische Belastung durch die Arbeit, die man zumeist als Funktion des Energieverbrauches (Umfang der eingesetzten Muskelarbeit, Grad der statischen Beanspruchung, Grad der Ermüdung), damit aber unzureichend zu bestimmen («messen») sucht. In der Herzbelastung sieht man ein (zusätzlich) besser geeignetes Globalmaß. →Arbeitsbewertung, →Arbeitsperiode. [**L**] Grandjean 1967

Arbeitsbewertung, für alle vorkommenden

Tätigkeiten Arbeitswerte bestimmen und diese für wissenschaftliche (arbeitsps., arbeitsmed.) Zwecke wie praktische Belange (Gehalts- und Lohneinstufungen) klassifizieren. Anforderungen und Beanspruchungen werden dabei meist durch gestufte Merkmale näher umschrieben. →Arbeitsbelastung, →Arbeitsplatzbewertung, →Arbeitsanalyse. **[L]** BLOCH 1959

Arbeitscharakter, (allg.) das die Arbeit spezifisch charakterisierende Moment (Schwer-, Erd-, Kopfarbeit etc.). • Die Gesamtheit derjenigen Persönlichkeitszüge, die das Arbeitsverhalten bestimmen, wie Wille, persönl. Tempo, Ausdauer, Zuverlässigkeit, Monotonieeignung u. a. m. →Arbeitstypen

Arbeitsgedächtnis, Arbeitsspeicher. →Gedächtnis

Arbeitsgestaltung [engl. *job design*], in der →Arbeitswissenschaft sowie der →Arbeits- und Organisationspsychologie Oberbegriff für die systematische Gestaltung oder Veränderung der →Aufgaben, →Arbeitstätigkeiten und ihrer →Organisation sowie der Arbeitsbedingungen nach Kriterien der menschengerechten Arbeit. Als grundlegende Kriterien der Aufgabengestaltung in der →Arbeitswissenschaft sind (vgl. LUCZAK & VOLPERT 1987): (1) Schädigungslosigkeit und Erträglichkeit der Arbeit (physiologisch-ökologische Ebene); (2) Ausführbarkeit der Arbeit (Ebene der Operationen mit Werkzeugen und an Maschinen); (3) Zumutbarkeit, Beeinträchtigungsfreiheit, Handlungs- und Tätigkeitsspielraum der Arbeit (Gestaltung der Arbeitsaufgaben und Arbeitsumgebungen); (4) Zufriedenheit der Arbeitenden, Persönlichkeitsförderlichkeit der Arbeit (Netzwerk produktiver Funktionen) und (5) Sozialverträglichkeit der Arbeit, Beteiligung der Arbeitenden an der Gestaltung (kooperative Organisation der Produktion oder Dienstleistung).

Wichtige Kernmerkmale der Arbeit sind übereinstimmend in der arbeits- und organisationspsychologischen Fachliteratur: (1) Komplexität und Chancen in der Arbeit, Fähigkeiten anzuwenden oder/und zu lernen; (2) Variabilität, Abwechslungsreichtum und Neuigkeit; (3) Autonomie oder Handlungsspielraum; (4) Möglichkeiten der sozialen Interaktion und Kooperation; (5) angemessenes Feedback; (6) Sozialprestige der Tätigkeit und schließlich (7) Ganzheitlichkeit und Bedeutung der Arbeitstätigkeit. Wie WARR (1987) in einer Zusammenfassung des Forschungsstands feststellt, ist nicht bei bestimmten Merkmalen nur im unteren bis mittleren Bereich eine Verbesserung der psychischen →Gesundheit anzunehmen. Zu hohe Werte (insbes. bei den Merkmalsbereichen (1), (2) und (3) können bei unzureichender →Qualifikation auch beeinträchtigend wirken (zu Auswirkungen von psychischen →Belastungen und Arbeitsstreß →psychischen →Streß am Arbeitsplatz).

Die A. dient nicht nur der Vermeidung von Krankheit und Förderung psychischer Gesundheit (→die Ebenen (1) – (3) der arbeitswissenschaftlichen Kriterien), sondern auch zur Verbesserung der →Arbeitszufriedenheit und →Arbeitsmotivation sowie zur Förderung der beruflichen →Qualifizierung in der Arbeitstätigkeit (→berufliche Sozialisation). Nach Längsschnittuntersuchungen wird angenommen, daß höhere Arbeitskomplexität allgemein zur Entwicklung intellektueller Fähigkeiten beiträgt. Als Ideal wird von mehreren Autoren die A. nach dem Konzept «vollständige Aufgaben» oder «vollständiger Tätigkeiten» (HACKER 1986, ULICH 1991) angesehen. Vollständige Tätigkeiten zeichnen sich dadurch aus, daß die Arbeitenden bei der Festlegung ihrer Aufgaben in allen Phasen von der Zielsetzung und Entscheidung an bis hin zur Auswahl der Arbeitsmittel und Planung, Durchführung und Kontrolle, einschließlich der Zusammenarbeit und Kooperation aktiv beteiligt sind.

Nach ULICH (1991) können nach dem Zeitpunkt der Veränderung und dem Veränderungsbereich verschiedene Arten der A. unterschieden werden: (1) korrektiver A. (nachträgliche Korrektur erkannter Mängel); (2) präventive A. (vorwegnehmende Vermeidung gesundheitlicher Schädigungen und psychosozialer Beeinträchtigungen) und (3) prospektive A. (Schaffung von Möglichkeiten zur Persönlichkeitsentwicklung). Nach dem Prinzip der «differentiellen Arbeitsgestaltung» (ULICH 1991) (→Differentielle Psychologie) sollen die Arbeitenden zwischen verschiedenen Arbeitsstrukturen wählen können, damit ihre unterschiedlichen Interessen, Gewohnheiten und Qualifikationen zum Tragen kommen. Ideal wären Arbeitstätigkeiten, die individuell gestaltet sind und flexibel veränderbar bleiben, (vgl. ULICHs Konzept der dynamischen Arbeitsgestaltung).

Zur Analyse und Bewertung von Arbeitsaufgaben und -tätigkeiten werden Verfahren der →Aufgabenanalyse und →Tätigkeitsanalyse verwendet, →Test-Anhang **[T]** EVA, FAA,

ISTA, JDS, KABA RHIA, TAI, TBS, VERA. [L] HACKER 1986, LUCZAK & VOLPERT 1987, ULICH 1991, WARR 1987 *S. Greif*

Arbeitsgruppe, spezielle →Gruppe, deren Zweck darin besteht, gemeinsam oder in koordinierter Arbeitsteilung Arbeitsleistungen zu erbringen (→Arbeit, →Aufgabe). Wie andere Gruppen können A. mit face-to-face-Kontakt sehr schnell ein Wir-Gefühl, gemeinsame Werte und Normen (insbes. Leistungsnormen) entwickeln. Kleine, eng und mit gemeinsamen Zielen kooperierende A. werden oft als Teams bezeichnet. Wenn die Mitglieder einer Gruppe durch Vorgesetzte zur Bearbeitung eines vorgegebenen Aufgabenfelds oder Projektes zusammengesetzt werden und wenn sie keinen Einfluß auf die Gruppenzusammensetzung haben, können Konflikte auftreten.

Nach von CRANACH et al. (1989) wird die Struktur von →Handlungen in A. durch eine Aufgabenstruktur bestimmt, die ihr von der ihr übergeordneten Organisation gestellt werden kann. Die Aufgabe wird so auf die Gruppenstruktur projiziert, daß eine oder mehrere Mitglieder der Gruppe eine oder mehrere Teilaufgaben zu bearbeiten haben («Arbeitsteilung»). Die Informationsverarbeitung, Steuerung und Energetisierung sowie Ausführung der erforderlichen Handlungen erfolgen zweistufig (individuell und auf Gruppenebene).

Der Partizipation von A. an Entscheidungsprozessen wird eine hohe Bedeutung zugemessen. Dabei ist nicht nur der Gesichtspunkt einer möglichen Verbesserung der Qualität der Entscheidung durch Berücksichtigung der Erfahrungen ausschlaggebend. Partizipation zielt auch darauf ab, mögliche Widerstände gegen Änderungen zu verringern.

Konzepte zur selbstorganisierten →Gruppenarbeit werden zur Rationalisierung der Arbeitsorganisation (→Organisation, →Lean Management), Einsparung von Führungskräften (→Führung) sowie zur Verbesserung der →Arbeitszufriedenheit und →Arbeitsmotivation genutzt.

Zur Analyse und Veränderung von Prozessen in A. werden Fragebögen zur Selbstbeschreibung, freie Beobachtungen oder differenzierte Beobachtungsmethoden herangezogen, siehe Anhang [T] →SYMLOG. [L] FREY et al. 1993, THOMAS 1992, v. CRANACH et al. 1989, von ROSENSTIEL 1993 *S. Greif*

Arbeitshand, die werkgestaltende Hand (im Ggs. zur Ausdruckshand) als Grundlage für die Anforderungen bei bestimmten Tätigkeiten. →Hand, →Fertigkeit. [L] F. GIESE 1928

Arbeitshypothese, eine Annahme, die der Forschung (Untersuchung u. a.) als Grundlage dient. →Datenerhebung, →Falsifikation

Arbeitskasten [T] GIESE

Arbeitskurve, graphische Darstellung des «Leistungswegs» der Arbeitsleistungen. Der Verlauf der Kurve wird vor allem beeinflußt durch die bei jeder fortlaufenden Arbeit auftretenden Erscheinungen der →Ermüdung, →Arbeitsschwankungen, Übung, Gewöhnung, Ablenkung, Neuantrieb. • Die A. wurde durch den Psychiater KRAEPELIN entwickelt mit fortlaufendem Addieren (→Addiermethode). PAULI baute die A. zu einem das Arbeitsverhalten wie auch die Charakterstruktur aufdeckenden Testmittel aus (→Testanhang). [L] KRAEPELIN 1902, PAULI & ARNOLD 1972

Arbeitslosenforschung, untersucht werden v. a. psychophysiol. Veränderungen des Gesundheitszustandes der von Arbeitslosigkeit Betroffenen, kognitive Vorgänge bei der Schuld/Verantwortungsattribution, Störungen des Gefühlslebens (Depressionen, Apathie) sowie Auswirkungen auf Familie und Partnerschaft. (KIESELBACH & WACKER 1985, PELZMANN 1985).

Traditionelle Forschungen, die primär klinisch-psychologische Aspekte längerer Arbeitslosigkeit betonten, sind in den letzten Jahren durch eine ökopsychologische Perspektive ergänzt und erweitert worden (z. B. durch Inhalte wie Lebenswelt, räumliches Verhalten, Zeitstruktur, ›transition‹-Problematik, soziale Netzwerke, gemeindepsychologische Versorgungskonzepte; vgl. RÖHRLE 1990, WINTER 1990).

Besondere Aktualität hat die (deutsche) Arbeitslosenforschung in jüngster Zeit durch die mit der deutschen Einigung zusammenhängenden psycho-sozialen Belastungen und Ungleichheiten erhalten (KIESELBACH & VOIGT 1993). Weitere Untersuchungen befassen sich mit der Erwerbslosigkeit von Frauen (MOHR 1993) oder konzentrieren sich auf arbeitslose Akademiker und den «Übergangsprozeß von Hochschulabsolventen» (WELZER 1990). *G. Winter*

Arbeitslosigkeit, gebräuchliche Bezeichnung für den Verlust des Arbeitsplatzes bzw. erfolglose Bemühungen um bezahlte →Arbeit. Die Bezeichnung ist etwas irreführend, da «Arbeitslose» keineswegs aufhören zu arbeiten, sondern immer auch unbezahlte Arbeit, etwa im Haushalt oder in der Familie ausführen (→Frauenarbeit). Genauer ist der Begriff der →Erwerbslosigkeit.

Arbeitsmotivation, wird alltagssprachlich synonym für eine individuelle Bereitschaft verwendet, eigenaktiv Arbeit zu übernehmen und sich anzustrengen (→Leistungsmotivation). Nach VROOM (1964) ist der Gegenstand der Arbeitsmotivation (1) eine Beschreibung und Erklärung von willentlich gesteuerten Entscheidungen bei der Bevorzugung und Auswahl verschiedener Arbeitstätigkeiten, oder (2) des Leistungsniveaus bei der Ausführung der gewählten Arbeitstätigkeit sowie der resultierenden →Arbeitszufriedenheit. Entsprechend behandelt er in seinen grundlegenden theoretischen Modellen zwei verschiedene praktische Fragestellungen. (1) Auswahlentscheidungen und Präferenzen von Arbeitstätigkeiten (→Berufspsychologie) und (2) individuelle Leistungen in der Arbeitstätigkeit (→Leistungsmotivation).

In seiner sehr populären humanistischen Theorie postuliert MASLOW (1954), daß sich die Bedürfnisse des Menschen stufenförmig von der Befriedigung existentieller physiologischer Bedürfnisse, über Sicherheitsbedürfnisse, soziale Bedürfnisse und das Bedürfnis nach Anerkennung und Wertschätzung bis hin zur Selbstverwirklichung entfalten. Zur Motivierung lassen sich danach Bedürfnisse höherer Stufen erst dann nutzen, wenn die darunter liegenden Stufen befriedigt sind. Trotz fehlender empirischer Bestätigung ist die in der Theorie aufgenommene normative Idee einer Höherentwicklung von Menschen sehr verbreitet. ALDERFER (1972) hat versucht, die Grundannahmen auf wenige Ebenen zu reduzieren und postuliert komplexere Zusammenhänge.

Prozeßmodelle der A. wie sie von PORTER & LAWLER (1968) entwickelt wurden, stützen sich auf Kernannahmen der Erwartungs-mal-Wert-Theorie von VROOM (1964), wonach sich Menschen rational nach dem Kriterium einer individuellen Nutzenmaximierung zwischen verschiedenen Verhaltensmöglichkeiten entscheiden. Ein wichtiges Merkmal, das als relevanter Prädiktor für Leistungsverhalten in neuere Modelle der A. aufgenommen wurde, ist die Selbstwirksamkeitsüberzeugung (self-efficacy, BANDURA 1982). Angesprochen wird damit die Überzeugung einer Person, daß sie eine ihr wichtig erscheinende Arbeitsaufgabe erfolgreich bewältigen kann.

LOCKE & LATHAM (1984) haben eine Zielsetzungstheorie der A. entwickelt. Ihre zentrale Annahme besteht darin, daß konkret operationalisierte und erreichbare Ziele dann zu Leistungen stimulieren, wenn sie schwierig sind und wenn anschließend Feedback zur erbrachten Leistung gegeben wird. Die Theorie knüpft an die Technik des *«Management by Objectives»* (MbO) an. In Managementseminaren werden auf dieser Grundlage Techniken für Mitarbeitergespräche vermittelt. **[L]** HÄCKER & KLEINBECK 1989, KLEINBECK et al. 1990, LANDY 1989, SEMMER & UDRIS 1993

S. Greif

Arbeitsmotorik →Arbeitsstudie, →Bewegungsentwurf, →Bewegungsstudie, →GILBRETH-Bewegungsstudie

Arbeitspädagogik, die Gestaltung der erzieherischen Aufgabe, die mit der Arbeit i. allg. und besonders der Ausbildung und Arbeitsschulung (Lehre, Anlernen usw.) verbunden ist. Als wichtig sind die verstärkte Anwendung ps. Verfahren bei der Berufsausbildung sowie die Entwicklung von Anlernverfahren auf ps. Grundlage und ebenso die ps. Ausrichtung der Schulungskurse (Training) für Vorgesetzte aller Grade hervorzuheben. →Refa, →TWI

Arbeitspause →Arbeitsperiode, →Pause

Arbeitsperiode, die bei laufend sich wiederholenden Arbeiten durch Zeit und Leistung sich ergebende Einteilung. Die A. ist abhängig von Zahl und Art der Arbeitsgänge, von der Arbeitsweise und den Arbeitsbedingungen. Insbes. lassen (im Unterschied zur vollautomatischen Produktion) die menschlichen Faktoren Ermüdung und Erholung keine gleichmäßigen Abläufe der A. zu. →Arbeitszeit. **[L]** LEHMANN & SCHMIDTKE 1961

Arbeitsphysiologie, interdisziplinäres Gebiet, das sich mit der Erforschung menschlicher Arbeitsleistungen und ihrer physikalischen, physiologischen und biologischen, motorischen und psychischen Aspekte beschäftigt (→Arbeitswissenschaft, →Ergonomie). Die praktischen Aufgaben der A. liegen vorwiegend in einer Verbesserung der Leistungsvoraussetzungen oder Vermeidung von schädigenden sowie beeinträchtigenden Bedingungen (bzw. im Arbeitsschutz →Arbeitssicherheit).

Das in diesem Gebiet führende Kaiser-Wilhelm-Institut für Arbeitsphysiologie wurde 1913 in Berlin gegründet. 1929 wurde es nach Dortmund übergesiedelt, ab 1946 als «Max-Planck-Institut für Arbeitsphysiologie» in Dortmund wieder aufgebaut. Seit 1969 wird es an der Universität Dortmund von der Forschungsgesellschaft für Arbeitsphysiologie und Arbeitsschutz mit der Bezeichnung «Institut für Arbeitsphysiologie» weitergeführt. [L] GRANDJEAN 1967 *S. Greif*

Arbeitsplatzkonzentration, maximale (Abk. MAK), höchstzulässige Luftkonzentration gesundheitsschädlicher Arbeitsstoffe (Gase, Dämpfe etc.) nach einer jährl. Liste der Deutschen Forschungsgemeinschaft (DFG)

Arbeitsprobe, ein Test, der auf die Diagnose des Arbeitsverhaltens zielt (z. B. Drahtbiegeprobe). Im Vergleich zur Probearbeit ist die Auswirkung der Arbeitserfahrung auf ihr Ergebnis relativ gering. Sie bietet gute Möglichkeiten zur Beobachtung des Arbeitsverhaltens und wird deshalb vorwiegend zur Beurteilung der Eignung für praktische Berufe angewandt. [T] LIENERT

Arbeitspsychologie [engl. *Work Psychology*], im engeren Sinn wird die A. als Teilgebiet der →Arbeits- und Organisationspsychologie verstanden. Ihr zentraler Gegenstand ist die psychologische Untersuchung und Veränderung der menschlichen →Arbeit oder →Arbeitstätigkeit. Zusammen mit anderen Disziplinen, wie Ingenieurwissenschaften, Arbeitsmedizin, Biologie, Ökonomie, Soziologie und Pädagogik (→Arbeitsphysiologie) bildet die A. als Teildisziplin neben anderen psychologischen Teilgebieten (insbes. →Ingenieurpsychologie, →Mensch-Computer-Interaktion, →Organisationspsychologie) eine der sogenannten Aspektwissenschaften der interdisziplinären →Arbeitswissenschaft.

Konzepte und Theorien der A. zielen im allg. auf eine Erhöhung der →Effizienz und →Effektivität sowie gleichzeitig auf eine Verbesserung der →Arbeitszufriedenheit und →Arbeitsmotivation, der psychischen →Gesundheit, der →Qualifizierung in der Arbeit und Persönlichkeitsentwicklung ab (→berufliche Sozialisation). Im Mittelpunkt stehen Konzepte zur →Arbeitsgestaltung und →Gruppenarbeit. Der soziotechnische Systemansatz (→Gruppenarbeit) postuliert, daß diese Ziele durch selbstorganisierte Gruppenarbeit, ganzheitliche Gestaltung der Arbeitsaufgaben und Technik, geringere Abwesenheitsraten, weniger Unfallrisiken, höhere Leistungen und weniger Führungspersonal erzielt werden kann. →Lean Management

In der deutschsprachigen A. hat die arbeitspsychologische Handlungstheorie (oder Handlungsregulationstheorie vgl. VOLPERT 1992; →Arbeit) eine große Bedeutung erlangt. Sie behandelt die zielgerichtete Planung und die inneren Regulationsprozessse beim Handeln (→Handlung) sowie die langfristige Förderung des Wohlbefindens und der Persönlichkeitsentwicklung (insbes. die →Qualifizierung) durch Maßnahmen der →Arbeitsgestaltung (s. auch vollständige →Arbeitstätigkeit). Nach weitgefaßtem Verständnis umfaßt die Arbeitspsychologie als Oberbegriff die gesamte psychologische Erforschung menschlicher Arbeit unter Einschluß der Mikro- und Makroebenen der Organisation und Gesellschaft sowie ihrer historischen Enwicklungslinien und überschneidet sich insbes. in ihrem Gebiet mit der →Organisationspsychologie. Als gemeinsame Gebietsbezeichnung und gemeinsamer Oberbegriff hat sich →Arbeits- und Organisationspsychologie durchgesetzt.

Zur Analyse und Bewertung von Aufgaben und Arbeitstätigkeiten nach psychologischen Kriterien der →Arbeitsgestaltung wurden in der A. zahlreiche Methoden der →Arbeitsanalyse bzw. →Aufgabenanalyse und →Tätigkeitsanalyse konstruiert (für einzelne Methoden →Anhang [T] CIT, EVA, FAA, HAA, ISTA, JDS, KABA, RHIA, SAA, SABA, STA, TAI, TBS, TI, VERA. [L] GREIF 1993 a, HAKKER 1986, ULICH 1991 *S. Greif*

Arbeitsrationalisierung, damit sollen am Arbeitsplatz die einzelnen Arbeitsgänge sachlich und zeitlich zwingend aufeinander abgestimmt werden, um einen wirtschaftlichen Arbeitsablauf zu erzielen. Die A. wurde von TAYLOR als *«scientific management»* eingeführt (→Taylorismus). →Arbeits-, →Zeit- und →Bewegungsstudien, dazu die Verwertung aller Ergebnisse aus der Ermüdungsforschung sowie der →Monotonie-, →Unfall- und →Lärmforschung und schließlich aus weiteren subjekt- und objekt-ps. Forschungen (wie Investitionsplanungen) bestimmen das Bild der modernen A. (z. B. Refa-Verfahren).

Arbeitsschauuhr (POPPELREUTER), Vorr. zur Veranschaulichung des zeitlichen bzw. in Einheiten unterteilten Ablaufs beliebiger Arbeitsleistungen.

Arbeitsschreiber →Dynamometer

Arbeitsschutz, A. umfaßt Maßnahmen zur menschengerechteren Gestaltung der Arbeit (A.platz etc.) sowie zum Schutz des Arbeitnehmers gegen Unfälle u. arbeitsbedingte Erkrankungen.

Arbeitsschwankungen, die menschl. bedingten Abweichungen der Arbeits-Teilleistungen vom Mittelwert (positiv wie negativ). Ursache: Übung, →Ermüdung, Gewöhnung, Anregung bei Beginn, Antrieb, Übungsverlust nach Arbeitsunterbrechung, Erholung u. a. →Arbeitskurve, →Arbeitspsychologie. [L] SCHMIDTKE 1965

Arbeitssicherheit, ein Teilgebiet der Arbeits- und Organsiationspsychologie, das sich mit Unfallrisiken und Sicherheitsmaßnahmen in der Arbeitstätigkeit beschäftigt. Das Problemfeld erfordert eine enge Zusammenarbeit zwischen Psychologie und Technik.
Bei der präventiven Verbesserung von Sicherheit geht es neben den Fragen der →Ergonomie vor allem darum, das Risikobewußtsein oder die Gefahrenkognition (HOYOS 1980) zu fördern. Die Einsicht, daß Sicherheit mehr ist als das Verhüten von Unfällen, sondern vielfältige, aufeinander abgestimmte Analysen und Maßnahmen zur Arbeitsgestaltung, Organisation und Verhaltensbeeinflussung zur präventiven Verringerung von Risiken und Verbesserung des gesundheitlichen Arbeitsschutzes umfaßt, beginnt sich durchzusetzen (HOYOS & RUPERT 1993). Durch die Analyse von Unfällen in Kernkraftwerken und in der chemischen Industrie stehen nicht nur die unmittelbaren Risiken für die Gesundheit der Beschäftigten, sondern auch die Folgen für die gesamte Umwelt im Blickpunkt der Öffentlichkeit. Arbeitssicherheit, Arbeitsschutz, Gesundheits- und Umweltschutz bilden zusammen ein interdisziplinär zu bearbeitendes Problemfeld. (Für ein psychologisches Verfahren der Sicherheitsdiagnose →Anhang [T] →FSD.) [L] ZIMOLONG & TRIMPOP 1992

Arbeitssicherheitsgesetz (ASiG), Betriebe best. Größe u. Gefährdung müssen Betriebsärzte u. andere Fachkräfte für Arbeitssicherheit bestellen.

Arbeitsstättenverordnung, Betriebe sind verpflichtet, Gesundheitsgefährdungen (z. B. →Lärm) von Beschäftigten fernzuhalten

Arbeitsstudie, mit weiter gestecktem Ziel als die →Zeitstudie, stellt die A. sich die Aufgabe, Arbeitsvorgänge auf ihre Anpassung an die psycho-physische Natur des Menschen zu untersuchen und Verbesserungen objektpsychotechnischer Art zu ermöglichen. Kann auch zu rein ökonomischen Zwecken der →Arbeitsrationalisierung (möglicherweise zum Nachteil des arbeitenden Menschen) gebraucht werden. Als Schöpfer der A. gilt TAYLOR (→Taylorismus), auch GILBRETH verdient Erwähnung. →Arbeitspsychologie

Arbeitssucht (i. anglo-amerik. sog. «workaholism»), durch zwanghafte Fehleinstellung zu Arbeit u. Leistung gekennzeichnete psych. Störung. Der Arbeitssüchtige lebt nur auf die Arbeit orientiert, vernachlässigt andere Lebensbereiche, ist unfähig, ein rechtes Maß zw. Arbeit u. Freizeit zu finden. A. führt zu Zerstörung zwischenmenschl. Beziehungen, schließlich zur Selbstzerstörung. Körperliche Folgen: Erschöpfungszustände, Magen-Darm- sowie Herz-Kreislaufbeschwerden. Häufige Kombination von A. mit Tabletten-, Alkohol- o. Nikotinabusus. Diagn. u. Ther. schwierig, da – dem «Erfolg» entsprechend –hohe gesell. Anerkennung und Negativfolgen erst spät erkennbar.

Arbeitstätigkeit, der Begriff A. (→Arbeit, →Tätigkeit) wird in der Regel nicht zur Bezeichnung konkreter, zeitlich eng eingegrenzter und zielbezogener →Handlungen verwendet, sondern als Oberbegriff für eine zusammenhängende Menge von Aktivitäten, die sich an umfassenden oder überdauernden Motiven ausrichten oder aber mit einer beruflichen Position verbunden sind. Nach HACKER & RICHTER (1990) ist eine A. als mehrstellige Relation durch (1) das tätige Subjekt (mit seinen Leistungsvoraussetzungen und Ansprüchen); (2) den Arbeitsgegenstand (mit seinen Eigengesetzlichkeiten); (3) die Ausführungsbedingungen (insbes. zeitlicher und räumlicher Art) sowie (4) das zu erreichende Ergebnis (aktuelle oder übergreifende Ziele) und (5) Veränderungen der Personen (auch Selbstveränderungen) durch den Arbeitsprozeß zu kennzeichnen. *S. Greif*

Arbeitsteilung, die mit der kulturellen Entwicklung fortschreitende Aufgliederung der menschlichen Arbeit in einzelne Berufe. Auch auf primitiven Kulturstufen findet sich schon eine Art A. innerhalb der Familie oder nach Altersklassen. • Die Zerlegung des Arbeitsprozesses in einem Betrieb in einzelne Teilvorgänge, die von verschiedenen Arbeitskräften ausgeführt werden. • (biol.) Die Ausübung der einzelnen Lebenstätigkeiten durch die verschiedenen Organe des Körpers oder (bei Tierstöcken) durch die einzelnen Individuen. →Differenzierung

Arbeitstherapie/Beschäftigungstherapie, die Anwendung der Arbeit bzw. Beschäftigung zu Heilzwecken, sei es bei ps. Krankheiten oder Störungen, sei es zur Wiedergewinnung der Arbeitsfähigkeit, z. B. bei Körperbeschädigten. Nach JANZ (1974) ist B. «eine Behandlung mit sinngebundener und zweckbezogener Tätigkeit, A. eine Behandlung mit zweckgebundener und sinnbezogener Tätigkeit ... Unter ‹Sinngehalt› ist alles zu verstehen, was dem Bereich des Ästhetischen zugehört. Mit ‹Zweckbestimmung› ist alles gemeint, was auf eine nützliche Verwendung hinzielt.» • Neuerdings werden die Begr. Ergotherapie und Werktherapie benützt, wohl auch, um dem Wandel in der Einschätzung von Arbeit und Beschäftigung zu begegnen. • Die Methoden der A. und B. sind vielfältig und anpassungsfähig. Dennoch bestehen Grenzen. Die Therapiearbeit dürfe kein beschäftigter Müßiggang sein, sie müsse ernst sein und sich an der oberen Grenze der Leistungsfähigkeit des Patienten orientieren (SIMON 1927, 1929), andererseits ist jeder Leistungsdruck zu vermeiden. Bei der Therapiebeschäftigung sind durch die Einbeziehung des Ästhetischen und Schöpferischen andere Grenzen gezogen. [L] JANZ 1974, JENTSCHURA 1974, SIMON 1927

Arbeitstypen, eine Unterscheidung von Personen nach den Hauptmerkmalen ihrer Arbeitsleistung, z. B. nach der Art der Tätigkeit, die sie bevorzugen bzw. für die sie am besten geeignet sind, oder nach der Art des Verlaufs ihrer Arbeitsleistung (z. B. der unterschiedlichen Lage der Höchstleistung, Anstieg und Abfall im Arbeitsverlauf).

Arbeits- und Organisationspsychologie, zentraler Gegenstand der A. ist die menschliche →Arbeit und ihre →Organisation. Ihre allgemeinen Aufgaben liegen in der Mitwirkung an der Beschreibung, Analyse, Erklärung, Prognose und Gestaltung menschlicher Arbeit und Organisation. Sie teilt diese Aufgaben mit ihren Nachbardisziplinen wie der Betriebswirtschaft, den Ingenieurwissenschaften, der Arbeitsmedizin, der Wirtschaftspädagogik oder der Industriesoziologie sowie der interdisziplinär angelegten →Ergonomie und →Arbeitswissenschaft. Als psychologische Fachdisziplin hat sie spezifisch die Aufgabe der Untersuchung und Veränderung des menschlichen Verhaltens, Handelns, Denkens oder Fühlens sowie der Entwicklung von Menschen durch Rückgriff auf psychologische Begriffe, Theorien und Methoden.

In den Anfängen wurde für das Gebiet die Bezeichnung →Industrielle Psychotechnik verwendet. In den Vereinigten Staaten ist die Gebietsbezeichnung *«Industrial and Organizational of Psychology»* (die Division 14 der →APA nennt sich Society of Industrial and Organizational Psychology, SIOP). Als Oberbegriff und Standardbezeichnung ist A. für das gesamte Fachgebiet im deutschsprachigen Raum erst seit den 70er Jahren gebräuchlich. Eine Fachgruppe Arbeits- und Organisationspsychologie (FAO) wurde in der Deutschen Gesellschaft für Psychologie 1985 konstituiert. Im Berufsverband Deutscher Psychologen heißt die entsprechende Sektion Arbeits-, Betriebs- und Organisationspsychologie (ABO-Psychologie), im Berufsverband Österreichischer Psychologen Organisations-, Wirtschafts- und Arbeitspsychologie (OWA) und in der Schweizerischen Gesellschaft für Arbeits- und Organisationspsychologie (SGAOP). Der Europäische Verband heißt European Work and Organizational Psychology (EWOP).

Die Teilgebiete der →Arbeitspsychologie und →Organisationspsychologie (s. d. für Ziele, Konzepte und Methoden) überschneiden sich und sind untereinander schwer abgrenzbar. Große Überschneidungen ergeben sich mit den Gebieten der →Wirtschaftspsychologie und →Ingenieurpsychologie. Die →Berufspsychologie wird von einigen Autoren als Teilgebiet der Arbeits- und Organisationspsychologie, von anderen als selbständiges Gebiet angesehen. [L] GREIF 1993a, HACKER 1986; HOYOS & ZIMOLONG 1990; KLEINBECK & RUTENFRANZ 1987; ROSENSTIEL 1993; ULICH 1991 *S. Greif*

Arbeitsunfall →Unfall

Arbeitsversuch, allg. und bes. in der →Rehabilitation angewandtes Verf. zur Ermittlung der Leistungsfähigkeit (→Leistungsexperiment). • Experiment zur Erforschung der Arbeit und ihrer ps. Faktoren. →Arbeitsstudie, →Arbeitskurve

Arbeitswerte →Arbeitsbewertung

Arbeitswissenschaft, interdisziplinäres Fachgebiet zur wissenschaftlichen Erforschung der menschlichen →Arbeit und ihrer Bedingungen (auch die weitgefaßte Definition des Gegenstands der →Ergonomie). Nach LUCZAK & VOLPERT (1987) läßt sich der Kern der A. als Systematik der Analyse, Ordnung und Gestaltung der technischen, organisatorischen und sozialen Bedingungen von Arbeitsprozessen mit dem Ziel definieren, daß die arbeitenden Menschen in produktiven und effizienten Arbeitsprozessen schädigungslose, ausführbare, erträgliche und beeinträchtigungsfreie Arbeitsbedingungen vorfinden, Standards sozialer Angemessenheit nach Arbeitsinhalt, Arbeitsaufgabe, Arbeitsumgebung sowie Entlohnung und Kooperation erfüllt sehen sowie Handlungsspielräume entfalten, Fähigkeiten erwerben und in Kooperation mit anderen ihre Persönlichkeit erhalten und entwickeln können (→Kriterien der →Arbeitsgestaltung). Die verschiedenen Aspekte menschlicher Arbeit werden durch sogenannte Aspektwissenschaften, wie Ökonomie, Soziologie, Pädagogik, Psychologie, Medizin und Biologie (→Arbeitsphysiologie) und Ingenieurwissenschaften behandelt (→Arbeitspsychologie, →Ingenieurpsychologie, →Arbeits- und Organisationspsychologie). [L] LUCZAK & VOLPERT 1987 *S. Greif*

Arbeitszeit, die Zeit der Erwerbstätigkeit und die zeitliche Verteilung der Arbeitstätigkeiten (bspw. in einer Arbeitswoche). Nach BAILLOD (1986) sind aus der Sicht der Psychologie die Merkmale der Dauer (z. B. 40- oder 35-Stunden-Woche), Lage oder Verteilung (bspw. Schicht- und Nachtarbeit, Sonntags- und Wochenendarbeit sowie Saisonarbeit), Autonomie (vorgegebene Zeiten vs. Zeitsouveränität) und Intensität (Dichte der Arbeitsrhythmen und Arbeitsgeschwindigkeit) von Bedeutung (→Schichtarbeit). [L] BAILLOD 1986, THIERRY & JANSEN 1989

Arbeitszufriedenheit, ein positiver emotionaler Zustand, der aus der Bewertung des eigenen Arbeitsplatzes oder der Erfahrungen in der eigenen Arbeit resultiert (LOCKE 1976). Die A. wird häufig mit standardisierten Fragebögen erfaßt, in denen der Grad der Zufriedenheit auf notenähnlichen Skalen (mit Stufen von sehr zufrieden bis sehr unzufrieden) angekreuzt werden kann.

Ursprünglich wurde angenommen, daß es sich bei der A. um eine allgemeine, nicht weiter differenzierbare Bewertung handele (globale A.). Später wurden Fragebogeninstrumente konstruiert, die verschiedene Aspekte oder Facetten der A. erfassen, wie Arbeitsinhalt (befriedigende Arbeitsaufgaben und -tätigkeiten), Bezahlung, Aufstiegsmöglichkeiten, Arbeitsbedingungen, Vorgesetzte, Kollegen usw. Die Bewertung des Arbeitsinhaltes korreliert dabei mit der Gesamtzufriedenheit besonders hoch.

Die Annahme enger Korrelationen zwischen A. und individuellen Arbeitsleistungen ließ sich kaum bestätigen. Meta-Analysen zeigen eher geringe Zusammenhänge, die lediglich in einzelnen Studien bei .40 liegen. Nach dem Forschungsstand sind keine einfachen Zusammenhänge zu Leistungskriterien zu erwarten, sondern eher komplexe Zusammenhänge in Abhängigkeit von zusätzlichen motivationalen Faktoren und Leistungsnormen. Auch zur →Arbeitsabwesenheit sind die Zusammenhänge nach methodisch sorgfältigen Reanalysen eher niedrig (NICHOLSON et al. 1976). Lediglich zur →Fluktuation finden sich etwas höhere Korrelationen.

Unabhängig von möglichen wirtschaftlichen Vorteilen, wie sie ursprünglich durch eine Verbesserung der A. erwartet wurden, wird in einer hohen A. ein Ziel gesehen, das um seiner selbst willen angestrebt wird.

Theorien der A. postulieren, daß sie als Resultat individueller Ist-Soll-Vergleiche anzusehen ist. Der subjektive Bezugsrahmen entsteht durch Vergleiche mit relevanten anderen Personen mit gleichem sozialem Hintergrund. Nach einem Modell von BRUGGEMANN et al. (1975) sind bei diesen Ist-Soll-Vergleichen dynamische Veränderungen des eigenen Anspruchsniveaus zu berücksichtigen. Daraus resultieren verschiedene Formen der A. Bspw. kann jemand, der im Vergleich zu seinen erwerbslosen Freunden froh ist, überhaupt einen Arbeitsplatz zu haben, trotz unbefriedigender Arbeitsbedingungen sein Anspruchsniveau senken und eine «resignative A.» entwickeln. Umgekehrt kann eine Erhöhung des Anspruchsniveaus zur «konstruktiven Unzufriedenheit» führen. Theorien, die den Prozeß der Bewertung der eigenen Arbeit beschreiben und erklären, hängen eng mit Theorien der →Arbeitsmotivation zusammen. [L] FISCHER 1989, SEMMER & UDRIS 1993 *S. Greif*

arc de cercle [frz. Kreisbogen], Bez. von CHARCOT für eine als hysterische Reaktion ausgelöste Körperstellung (Brückenstellung mit Stützen auf Hinterkopf, Schultern und Füße).

archaisch [gr. *arche* Anfang], altertümlich, ursprünglich, auch infantil, im Sinne der ps. Vorstellungen und Denkweisen des vorgeschichtlichen und antiken Menschen früher Kulturen, aber auch heutiger Menschen in Clan, Sippe oder Stamm von (primitiven) Naturvölkern. Der Ausdruck enthält kein Werturteil, sondern weist nur darauf hin, daß sich die betr. Vorst. bereits in frühen Stadien, bes. auch in alten Mythen (→Mythus), findet. JUNG spricht von «archaischen Bildern» und Archetyp. →Unbewußtes

archaisches Denken, urtümliches Denken, z. B. Glaube an Dämonen, Geister, Vorzeichen usw. Auch in den Wahnideen Geisteskranker sind archaische Denkinhalte erkennbar. →Atavismus, →Totemismus, →Archetyp. [L] STORCH 1922

Archetyp, Urbild, urtümliches Bild. • Von der Struktur der →Analyt. Ps. her sind die A. «Dominanten des Kollektiven Unbewußten» (JUNG 1916) oder des Objektiv-Psychischen. Der A. ist ein a priori vorhandener unan-

schaulicher typischer Anordner formaler Natur, der inhaltlich von den archetypischen Bildern einer bestimmten Kultur und des Einzelmenschen angefüllt wird.
Die A. sind vergleichbar dem Achsensystem eines Kristalls, welches die Kristallbildung in der Mutterlauge präformiert, ohne selber stoffliche Existenz zu besitzen. Das Archetypische wird aus dem Effekt erkannt. Das Kristallgitter bestimmt, welche Kristalle möglich sind, die Umwelt entscheidet, welche dieser Möglichkeiten verwirklicht werden. A.bilder enthalten zugleich Bild und Emotion. Das kollektive Unbewußte enthält die Gesamtheit aller A. als Niederschlag allgemeinmenschlicher Erfahrungen. Die Formen der a. Vorstellungen (nicht ihr Inhalt) sind vererbbar und den bei Tieren angeborenen Schemata (K. LORENZ) wie Nestbau, Bienentanz, Werbung vergleichbar. • A. können spontan und während eines psychotherapeutischen Prozesses auftreten. Sie haben heilende Wirkung, weil sie infolge ihrer Gegensatzstruktur die Einseitigkeit der bewußten Einstellung ergänzen können. [L] JACOBI 1957, JUNG 1954, 1967, LORENZ 1943, PORTMANN 1950

Architekturpsychologie →ökologische Ps.

A-R-D-System, Abk. für *attitude-reinforcer-discriminative system*, Einstellungstheorie von STAATS (1968), durch die Einstellungsfunktionen, Einstellungsbildung und Einstellungsänderung auf der Basis lerntheoretischer Prinzipien erklärt werden sollen. Beim Aufbau des individuell je unterschiedlichen A-R-D-Systems sind vor allem klassische Konditionierungsprozesse von Bedeutung, wobei jene Reize, die in der Lage sind, emotionale Reaktionen hervorzurufen, als *«attitudinal stimuli»* bezeichnet werden. Durch ihre Qualität als Verstärker *(reinforcer)* wird ein hierarchisches Einstellungssystem aufgebaut, wobei durch die dritte Funktion des A-R-D-Systems, – seine «diskriminierende» oder «zielbildende» Funktion, – ein Reiz, durch den eine Reaktion verstärkt wird, eben diese Reaktion kontrolliert. Die Anwendung seiner lerntheoretischen Modellvorstellungen auch außerhalb der Einstellungsforschung unter dem Etikett eines «Sozialen Behaviorismus» (STAATS 1975) ist kaum zur Kenntnis genommen worden. *B. Six*

Arecolin, psychotrope Substanz aus der Reihe der →Halluzinogene bzw. →Rauschmittel. →Alkaloid der Betelnuß mit →cholinerger Wirkung. Die vegetativen Wirkungen sind schwächer als bei den verwandten Substanzen →Muskarin und →Pilocarpin. Die Formatio reticularis wird durch A. erregt. In kleinen bis mittleren Dosen subjektive Anregung und Euphorie. →Acetylcholin, →Cholinomimetika *W. Janke*

Areflexie, Reflexlosigkeit. Bez. für das Fehlen der normalen Reflexe.

Argument, als A. bezeichnet man semantische Konzepte, die ein Prädikat in einer →Prädikat-Argument-Struktur oder Proposition mit sich führen. Die wichtigsten Argumenttypen sind nach CHAFE (1970) und FILLMORE (1968) der Initiator einer Handlung (Agent), das Konzept, das von einer Handlung oder einem Prozeß betroffen wird (Patient bzw. Objekt), das Konzept, mit dem eine Handlung ausgeführt wird (Instrument), und der Empfänger eines Handlungobjektes (Rezipient). Gelegentlich werden auch Ursprung und Ziel sowie Zeit und Ort einer Handlung bzw. eines Prozesses als A. aufgefaßt. →Kasusgrammatik. [L] ENGELKAMP 1976 *J. Engelkamp*

Argyll-Robertson, Douglas (1837–1909), Ophthalmologe / Edinburgh

Argyll-Robertsonsches Phänomen, die von A.-R. 1869 beschriebene reflektorische Pupillenstarre, besonders bei →progressiver Paralyse und →Tabes dorsalis. Im Ggs. zur absoluten Pupillenstarre (bei lues cerebri) ist die Konvergenzreaktion (→Konvergenz) vorhanden. →ADIE-Syndrom

ARIMA, Abk. für *autoregressive-integrative-moving-average*, Verfahren der →Zeitreihenanalyse nach BOX & JENKINS (1970).

Aristotelischer Versuch, eine angeblich von ARISTOTELES stammende Beobachtung. Kreuzt man über einer kleinen Kugel Mittel- und Zeigefinger der Hand so, daß die sonst abgekehrten Fingerseiten sich gegenüberstehen, so hat man die Empf., zwei Kugeln in normaler Fingerstellung zu berühren.

arithmetisches Mittel →Mittelwert

arm-chair-psychology [engl. Lehnstuhl-Psychologie], abschätzige Bez. von E. W. SCRIPTURE für die ps. Richtungen, die keine empirischen oder experimentellen Ergebnisse zur Grundlage haben.

Army-Alpha-Test [T] YERKES

Army-Beta-Test [T] YERKES

Army General Classification Test [T] US Army

Aromatherapie, Heilmethode (unterstützende), bei der ätherische Öle (Pflanzenextrakte) verwendet werden (Massage, Duftöllampen, Saunaaufguß), denen heilende Eigenschaften zugeschrieben werden (Lavendel, Zitrone, Rose, Melisse, Rosmarin, Sandelholz etc.). Wirkungsnachweise stehen noch aus. *F. Caspar*

arousal [engl. Wachheit, Erregung], allg. Zustand diffuser kortikaler Anregung, der auf sensorische Stimulation folgt. →Aktivation, →Aufmerksamkeit, →Emotion, →Orientierungsreaktion. [L] MORUZZI & MAGOUN 1949

Arrangement [frz. Anordnung, Vergleich], in der →Individualpsychologie ADLERS die unbewußt tätigen, sinnhaften, aber künstlichen seelischen Sicherungen. Eine «Technik» der Konfliktumgehung u. ein →Abwehrmechanismus des Ich. [L] ADLER

array [engl.], geordnete Darstellung von Wahrnehmung • Tabelle und Grafik.

arrest [engl.], Anhalten, Beendigung eines ps. Prozesses (z. B. Bewegung, Entwicklung).

ARS, Abk. für *arousal reaction system*. →formatio reticularis

Art (Spezies), in der biologischen Systematik definiert man heute eine A. als eine Gruppe von Populationen, zwischen denen ein Austausch von Erbanlagen (Genfluß) durch Verpaarung stattfindet oder zumindest theoretisch möglich ist. Sog. Isolationsmechanismen (z. B. Verschiedenheit der Auslöser zum Paarungsverhalten) verhindern eine Verpaarung mit Individuen anderer Arten. Dadurch ist die A. (als nach außen abgeschirmte genetische Einheit) die einzige objektiv in der Natur vorhandene systematische Kategorie (im Ggs. zu Gattung, Ordnung, Klasse etc.). [L] HENNIG 1966

Artbildung, fundamentaler Evolutionsprozeß, mit dessen Hilfe es zur heutigen Artenvielfalt gekommen ist. Der Begr. ist an sich irreführend, da es keine Neubildung von →Arten gibt, sondern immer nur eine Aufspaltung schon vorhandener Arten durch sog. Isolationsfaktoren (z. B. geographische Isolation) in zwei oder mehr «neue» Arten. →Abstammungslehre.

Artefakt [lat.], Kunstprodukt. Von Menschenhand hergestellt im Unterschied zum Naturgebilde. • Bei →Ausdruckssymptomen solche Erscheinungen, die nicht die zu erfassenden Verhaltensmerkmale wiedergeben, sondern durch Nebeneinflüsse oder (apparative) Störungen entstanden sind.

Arterhaltungstrieb, ungenauer Sammelbegriff, mit dem sämtliche arterhaltenden Verhaltensweisen (es handelt sich dabei immer um Appetenzhandlungen) zusammengefaßt werden können.

Arteriosklerose [gr. *artereia* von *aer* Luft und *tereo* bewahre auf – man nahm früher an, daß die Gefäße lufthaltig seien –, *skleros* hart, spröde], Entartungs-(Alterungs-)Vorgänge in den Schlagaderwandungen, die zu Verhärtungen führen (daher die volkstümliche Bez. Arterien«verkalkung»), mit Störungen des Kreislaufs, Blutdrucks, des Herzens und psychischen Veränderungen (arteriosklerotische Demenz).

Artifizielle Intelligenz [engl. *artificial intelligence*] (AI), →künstliche Intelligenz

Artikulation, Tätigkeit der Sprechorgane zum Zweck der Stimm- und Lautbildung. →Phonation, →Sprachproduktion

Artikulem, kleinste theoretische Einheit der →Artikulation von Sprachlauten. →Laut

Artseele →Gruppenseele, →Sozialps.

Artung, das die Art, aber auch das Individuum Kennzeichnende. • Bei L. KLAGES ein für die Persönlichkeit bezeichnendes Merkmalsgefüge in den Richtungseigenschaften. →Charakteraufbau

Ascendance-Submission-Skala [T] ALLPORT

Asemie [gr. *sema* Zeichen], Unvermögen, Zeichen zu bilden oder sich durch solche mit der Umwelt zu verständigen. →Aphasie

Asexualität, wörtl. Ungeschlechtlichkeit, Zustand unterhalb normaler sex. Erregbarkeit. Fehlen der →Libido. Auch Fehler an den Geschlechtsorganen.

Askese, Aszese [gr. *askesis* Übung, Lebensweise], freiwilliger Verzicht auf sinnlichen Genuß aller Art, enthaltsame Lebensweise, Willensübung in der Beherrschung der Leidenschaften und Triebe.

ASL, Abk. für *American Sign Language*, Ameslan. →Gebärdensprache von Gehörlosen

Asomnie [lat. *somnus* Schlaf], Schlaflosigkeit

ASO-Skore, Abk. für *assumed similarity opposites*. →LPC-Skore

Asozialität, die Unfähigkeit einzelner Menschen und bestimmter Gruppen, sich in die gegebene Gesellschaftsordnung bzw. in einzelne Teilbereiche sozialen Lebens einzufügen. Die Ursachen sind teils in angeborenen, teils in umweltbedingten ps. Schädigungen (meist in der Jugend) zu sehen. Im einzelnen kommen z. B. in Betracht: Intelligenzdefekte, Psychopathien, erworbene emotionale Fehlhaltungen, Ablehnung der Gesellschaft, vereinzelt auch endokrine Störungen sowie Persönlichkeitsveränderungen nach Gehirnverletzungen. →Verwahrlosung. [L] AICHHORN, ELLIOTT, GÖBBELS, v. HENTIG, KRANZ, ZULLIGER

Aspartat, wichtige biogene Substanz aus der

Klasse der →Aminosäuren, wie →Glutamat zu den →Neurotransmittern gerechnet, die in Neuronen des ZNS excitatorisch wirken, bei längerer Aktivierung neurotoxische Wirkung. A. ist beim Langzeitbehalten beteiligt. *W. Janke*

Aspekt, Anblick, Sichtweise, Gesichtspunkt, i. w. S. Ausschnitt oder Teilansicht eines Ganzen, Komplexen. • In der Ps. unterschied K. BÜHLER drei Aspekte der Forschung: Erlebnis-, Verhaltens- und Werk-Leistungsaspekt. Dem entsprechen die Methoden der Selbstbeobachtung, Fremdbeobachtung und Leistungsuntersuchung. Von E. ROTHACKER wurde mit A. die mit einem bestimmten Lebens- oder Kulturstil zusammenhängende Art des Gewahrens und Begreifens («subjektiver A.») bzw. des Weltbildes («objektiver A.») bezeichnet. →Paradigma, →Abbildung. **[L]** K. BÜHLER, ROTHACKER

Aspiration [engl. *level of aspiration*] →Anspruchsniveau

Aspirin® →Acetylsalicylsäure

Aspontaneität, Mangel an →Spontaneität, fehlende Unmittelbarkeit bei der Handlungsauslösung

A-S scale, Abk. für *anti-semitism scale*, Antisemitismusskala

assessment [engl. Einschätzung], Persönlichkeitsbeurteilung im Sinn einer multimethodal orientierten Diagnostik.

Assessment Center (AC), arbeits- und organisationspsychologische Methode zur →Personalauswahl und →Personalentwicklung, in der die zu Beurteilenden für die Tätigkeit möglichst praxisnah zusammengestellte Arbeitsproben (sogenannte Übungen) durchzuführen haben. Typische Aufgaben sind freie Gruppendiskussionen, Vorträge und Präsentationen, Bearbeitung eines Postkorbs unter Zeitdruck und Rollenspiele (z. B. Kündigungsgespräche oder Verkaufsgespräche). Das Verhalten bei den Arbeitsproben wird von trainierten Beurteilern beobachtet. Sie verwenden dazu Ratingskalen, auf denen ausgewählte, verhaltensnah beschriebene Merkmale einzuschätzen sind (z. B. Initiative, sprachlicher Ausdruck, kooperatives Führungsverhalten, Planung und Organisation).
Ein AC wird in der Regel mit etwa 6 bis 12 Personen durchgeführt und dauert 1 bis 2 Tage. Es kann sowohl zur Auswahl von Personen für zu besetzende Stellen verwendet werden (→Personalauswahl) als auch zur regelmäßigen Beurteilung der Stärken und Schwächen von Mitarbeiterinnen und Mitarbeitern als Grundlage für Potentialanalysen, individuelle Laufbahnplanung und Empfehlungen für Weiterbildungsmaßnahmen (→Personalentwicklung). Die Ergebnisse und Empfehlungen werden den Beurteilten in einem individuellen Beratungsgespräch vermittelt.
Um für die infrage stehenden Tätigkeiten angemessene Aufgaben zusammenzustellen und geeignete Merkmale für die Ratingskalen auszuwählen, sind zur Entwicklung und Vorbereitung eines AC im ersten Schritt →Anforderungsanalysen (s. auch →Tätigkeitsanalyse) und ein Training der Beobachter erforderlich (s. Anhang zum Beobachtertraining **[T]** →Mitarbeiter systematisch beurteilen).
Historische Vorläufer des heutigen AC waren die psychotechnischen Eignungsuntersuchungen in der Deutschen Wehrmachtspsychologie (GREIF 1993b). In einer vielzitierten, grundlegenden AC-Untersuchung der *American Telephone & Telegraph Company* (AT&T) wurde in einer Längsschnittuntersuchung gezeigt, daß die prognostische Validität beim Karriereerfolg einer unausgelesenen Stichprobe von Führungsnachwuchskräften bei den Arbeitsproben im Vergleich zu Persönlichkeitstest und Interviews deutlich höher liegt. In späteren Metaanalysen der vorliegenden Validierungsuntersuchungen fand sich jedoch eine erhebliche Streubreite der Validitätskoeffizienten. Zur Verbesserung der Validität sind anscheinend sorgfältige Anforderungsanalysen und Beurteilertrainings wichtig.
Vorteile des AC neben besserer prognostischer Validität im Vergleich zu anderen Verfahren werden auch darin gesehen, daß im AC Verhaltensregeln und Anforderungen der Organisation verhaltensnah operationalisiert werden können (z. B. was in der Organisation konkret unter kooperativem Führungsverhalten verstanden wird). Wichtig ist, daß die ausgewählten Arbeitsproben und Ratingmerkmale auch von den zu Beurteilenden akzeptiert werden können. **[L]** SCHULER & STEHLE 1987, LATTMANN 1989, SCHULER & FUNKE 1993 *S. Greif*

Assimilation [lat. *similis* ähnlich], in allg. Bedeutung Angleichung, «Verähnlichung», auch Verschmelzung. Als biologischer Begr. der Vorgang der Aufnahme von Stoffen bei Pflanzen und Tieren und deren chem. Umsetzung in körpereigene Bestandteile. Ggs. →Dissimilation.
Sinnesps. ist A. im besonderen die Verschmelzung früher wahrgenommener Elemente mit

einem neu dazutretenden. Es scheiden sich dabei induzierte und induzierende Teile, je nachdem, wie der betr. Bestandteil beeinflußt wird oder selbst beeinflußt. →Kontrast, →geometrisch-opt. Täuschungen. Nach der Farbentheorie von HERING werden die drei Sehsubstanzen fortwährend ab- und aufgebaut. Dem Aufbauvorgang, der Assimilation, entspricht jeweils die Empf. des Schwarz, Grün oder Blau je nach betroffener Sehsubstanz. Im ethnologisch-völkerps.-soziologischen Sinne: Der Prozeß des mehr oder minder zwangsläufigen Angeglichenwerdens von Menschen, die dauernd oder lange Zeit inmitten einer andersartigen Bevölkerung leben, in Gehabe, Sprache und Wesensart an deren Seins- und Kulturform. Gleichzeitig vollzieht sich der umgekehrte Prozeß, nämlich die Abstreifung der angestammten Lebens- und Wesensart («Dissimilation»). Statt A. verwendet man öfter auch Begr. wie Adaptation, Amalgamation oder kennzeichnet sie nach ihrem Ergebnis als Amerikanisierung, Eindeutschung, Russifizierung usw. Bei C. G. JUNG: Ereignisse und Erfahrungen für die Bedürfnisse passend machen. In der genetischen Kognitionsps. von PIAGET ist A. zusammen mit →Akkommodation ein Teilprozeß bei der Interaktion zwischen Organismus und Inhalten der Umwelt. Durch die A. soll die empirische Tatsache erklärt werden, daß der Organismus die aus der Umwelt aufgenommenen Stoffe seinen Strukturen anpaßt. Analog dem Vorgang des Stoffwechsels werden auch die intellektuellen (kognitiven) Austauschprozesse aufgefaßt: Der Organismus verhält sich beim Erwerb von Erfahrungen nicht passiv, sondern verändert die Inhalte der Umwelt, indem er ihnen seine ihm eigentümliche Struktur aufprägt. «Die gedankliche A. besteht aus der Einverleibung der Objekte in die Schemata des Verhaltens, Schemata, welche nichts anderes sind, als Gerippe von Handlungen, die der Mensch in der Wirklichkeit aktiv wiederholen kann» (PIAGET 1948). *R. Bergius*

Assimilations-Kontrast-Theorie, von SHERIF & HOVLAND (1961) (sog. «Yale-Gruppe») auf den Prozeß der Attitüden-Änderung angewendete Erklärung, derzufolge Informationen im Bereich der Annahmetoleranz des Empfängers zur Stützung der eigenen Meinung in Richtung auf diese verzerrt werden, dagegen außerhalb dieses Bereichs (und in einer Indifferenzzone) liegende Informationen als zu unterschiedlich angesehen werden, so daß die eigene Meinung noch weiter in entgegengesetzter Richtung verschoben werden kann («Bumerang-Effekt»). →soziales Urteil

Assoziate, alle Inhalte, die durch →Assoziation miteinander verknüpft sind

Assoziation [lat. *socius* Verbündeter, neulat. Vergesellschaftung, J. LOCKE], eine Verknüpfung seelischer Inhalte, die sich darin zeigt, daß das Auftreten des einen das Bewußtwerden des anderen (mit ihm assoziierten) nach sich zieht oder wenigstens begünstigt. Ursprünglich und i. e. S. bezieht sich der Begriff A. auf die Verbindung von Vorstellungen («Ideenassoziation»), es können sich aber auch andere seelische Vorgänge bzw. Inhalte miteinander verbinden, z. B. Vorstellungen mit Gefühlen. Die →bedingte Reaktion kann als A. zwischen seelischen und körperlichen Vorgängen aufgefaßt werden. Die A. ist nach Auffassung der A.s-Theoretiker Grundlage jeder Gedächtnisleistung, die Vorbedingung der Reproduktion von früher Erlebtem. OFFNER verwies auf die Beobachtung, daß es auch mittelbare (überspringende) A. gebe. EBBINGHAUS untersuchte als erster die Gesetzmäßigkeiten der Bildung von A. im Experiment («Über das Gedächtnis», 1885). →Assoziationsgesetze

• Theoretisch wurde der Begr. der A. auch zur Definition der sog. assoziativen Bedeutung (*associative meaning,* →Begriff) herangezogen. Ähnlich wurde das A.konzept *(associative concept)* zur Beschreibung von →Wortfeldern als assoziativen Strukturen *(associative structures)* zwischen mehreren Wörtern herangezogen (DEESE 1962). A.strukturen finden ihren Ausdruck u. a. im sog. →clustering. Beides rückt die A. in größte Nähe zum →Denken. Die intersubjektive Übereinstimmung von A.verläufen wird als Kommunalität bezeichnet. →Assoziationstheorie *J. Engelkamp*

Assoziationen, freie, die von keiner bewußten Absicht gelenkten Gedankengänge. • Die unmittelbare Äußerung der unwillkürlich einfallenden Gedanken ist Grundlage der psychoanalytischen Behandlung im Sinne FREUDS. In diesen f. A. kommen die verdrängten und darum unbewußten Regungen in mehr oder weniger entstellter Form zum Vorschein. Die f.A. stellen darum den unmittelbarsten Zugangsweg zum Unbewußten dar.

Assoziationen, gerichtete, nach JUNG die von einer gegebenen Traumsituation ausgehenden und hierauf bezüglichen, unwillkürlichen Gedankeneinfälle.

Assoziationsbahnen →Gehirn

Assoziationsexperimente →Assoziationsversuche

Assoziationsfelder, Assoziationsareale, Assoziationskortex. Areale der Hirnrinde (Neocortex), die keine eindeutigen sensorischen, sensiblen oder motorischen Funktionen aufweisen, sondern das Zusammenwirken zwischen den einzelnen Sinnessystemen und den motorischen Arealen integrieren («assoziieren») (→Lokalisation). Erst beim Menschen haben die A. ihre außerordentlich starke Entwicklung erfahren.

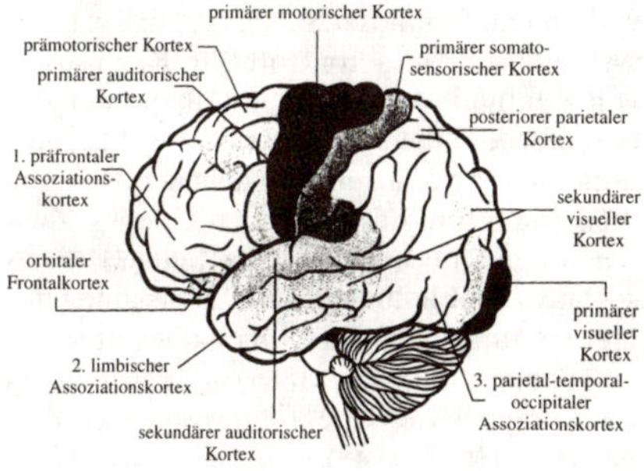

Man unterscheidet drei Hauptassoziationsareale (vgl. Abb.): (1) präfrontales A. (vor dem motorischen Cortex), es steuert motorisch-motivationale Verhaltensweisen (Übersicht über die nachgewiesenen Funktionsabläufe, s. Tabelle) (2) limbisches A. (zwischen dem oberen Gyrus temporalis und dem limbischen Cortex, hier werden primäre Gedächtnisfunktionen gesteuert, (3) parietal-temporal-occipitales A. (zwischen dem somathästhetischen und dem visuellen Cortex), ihm sind vor allem sensorisch-kognitive Funktionen zugeordnet, wie die Steuerung komplexer sensorischer Reizverarbeitung, visuelle Aufmerksamkeit und räumliche Funktionen. Der parietale Cortex, der über das eng mit ihm verbundene posteriore Striatum indirekt mit den präfrontalen Regionen verbunden ist, hat aufgrund seiner multisensorischen Integrationsfunktion auch als «Kommandozentrale» eine entscheidende Bedeutung für motivierte zielgerichtete Bewegungsabläufe. Die A. sind Teile eines komplexeren Assoziationssystems, in das auch andere Gehirnteile, z. B. das →limbische System, einbezogen sind. Die A. beider Seiten des Cortex sind miteinander mit motorischen und sensorischen Feldern, mit entsprechenden Arealen auf der gegenüberliegenden Seite und mit tieferen Teilen des Gehirns verbunden. Beim Ausfall eines A. im

Funktionsausfälle bei Läsionen des Frontallappens

Symptom	Läsionsart
Denkstörung:	
Reduzierte Spontaneität	orbitofrontal
Störung von Denkstrategien	dorsolatral
Gelernte Reizkontrolle von Verhalten:	
Geringe Reaktionshemmung	Areale 8, 9, 13
Risikofreude und Regelverletzung	dorsolateral?
Gestörtes assoziatives Lernen	dorsolateral
Zeitgedächtnis:	
Störung des verzögerten Reaktionslernens («delayed response learning»)	dorsolateral
Schlechte Zeit- und Reihenfolgeschätzung	dorsolateral
Gestörte Raumorientierung	dorsolateral
Gestörtes Sexualverhalten	orbitofrontal
Gestörtes Sozialverhalten	orbito- und dorsolateral
Gestörtes Geruchsunterscheidung	orbitofrontal

frühen Kindesalter kann seine Funktion im Laufe der Zeit von anderen Gehirnstrukturen weitgehend übernommen werden. Beim Erwachsenen besteht nur bei systematischer Übung und nur teilweise Kompensierbarkeit (= Plastizität der Assoziationsgebiete). →Agnosie, →Aphasie, →Gehirn. [L] MÖRIKE u. a. 1981, SCHMIDT & THEWS 1995

C. Becker-Carus

Assoziationsflüssigkeit [engl. *associational fluency*], Faktoren des →divergenten Denkens. Mit Hilfe von Assoziationsversuchen kann dieser Faktor gemessen werden: auf ein vorgegebenes Reizwort sollen möglichst viele Synonyme genannt werden. →konvergentes Denken. [L] GUILFORD 1956

Assoziationsformen, man unterscheidet (1) Wortassoziation: Verbindung durch Wortklang; (2) homosensorielle A.: A. aus gleichem Sinnesgebiet; (3) partialisierende A.: zum Ganzen wird ein (begrifflicher) Teil gefügt; (4) heterosensorielle A.: aus fremdem Sinnesgebiet erfolgt eine A.; (5) totalisierende A.: zu einem Teil wird ein übergeordneter Begriff gefügt; (6) äußerliche Berührungs-A.; (7) Beziehungs-A. • Diese Formen lassen sich exp. nachweisen, indem die Vp ein Reizwort (durch Zuruf oder opt. Darb.) erhält und unmittelbar angeben muß, was ihr dabei in den Sinn kommt. Läßt man zwangsläufig die Vp in einer dieser Arten assoziieren, so nehmen die A.zeiten an Länge von 1–7 zu.

Assoziationsgesetze, seit der Antike (ARISTOTELES) und dem engl. →Empirismus (LOKKE) überlieferte Regeln, nach denen →Assoziationen entstehen und →Reproduktionen von Vorstellungen (urspr. von «Ideen») möglich sein sollen. Den primären A. der Ähnlichkeit, des Kontrasts, der Kontiguität (Berührung in Zeit oder Raum) und (nach HUME) auch der Ursache-Wirkung hat Thomas BROWN (1778–1820) sekundäre A. hinzugefügt, die begünstigende Bedingungen für die Bildung von Assoziationen benennen: Lebhaftigkeit *(vivacity)*, Neuheit *(recentness)* und häufige Wiederholung. In der ps. Lernforschung haben die A. zunächst eine große Rolle gespielt, sind dann aber modifiziert oder durch andere Regeln ersetzt worden (→Lernen). Gestaltpsychologen bestritten ihre Gültigkeit grundsätzlich und die frühen Behavioristen behielten nur das A. der Kontiguität bei, allerdings nicht auf Vorstellungen bezogen, sondern auf die Verbindung von Reiz und Reaktion. *R. Bergius*

Assoziationspsychologie, die von den Philosophen HOBBES, HUME und den beiden MILL begründete, im Anfang des 19. Jh. besonders durch J. F. HERBART geförderte und schließlich noch in der 2. Hälfte des 19. Jh. führende ps. Richtung. Die →Assoziationsgesetze sind Erklärungsprinzip für den gesamten Aufbau des Seelenlebens. Durch das damit einhergehende Suchen nach unabhängigen, elementaren Bew.inhalten ist die A. weitgehend →Elementenps. oder →atomistische Ps. Auch dem →Sensualimus steht sie nahe.

Assoziationsquotient, Kennwert für den Grad des Zusammenhanges von →Alternativmerkmalen. A. hat zu Ehren des Mathematikers QUETELET das Symbol Q erhalten.

Assoziationstäuschung, in der Sinnesps. sind Erscheinungen wichtig, bei denen durch Assoziation Kontrast, Angleichung usw. gegebener räumlicher Gebilde erzielt werden können.

Assoziationstheorie, die →Assoziation ist als zu erklärendes Phänomen untersucht und als Erklärungsprinzip herangezogen worden. Die Assoziationstheorie betrachtet die Assoziation als Erklärungsprinzip. Das Assoziationskonzept wurde u. a. verwendet, um die Entstehung von Wortbedeutung, bestimmter Phänomene des verbalen Lernens und gewisse Regelhaftigkeiten der Sprachproduktion zu erklären. Zur Erklärung der Entstehung von Wortbedeutungen wurde im Rahmen der Konditionierungstheorie vornehmlich das Prinzip der Kontiguität (→Assoziationsgesetz) herangezogen. Nach einer eingeschränkteren Position wird durch Konditionierung nur die affektive Bedeutung erworben.

Phänomene des verbalen Lernens wurden sowohl durch das Prinzip der →Kontiguität als auch durch das der Ähnlichkeit erklärt. Die Kontiguität wurde besonders zur Erklärung des seriellen Lernens herangezogen. Das Erlernen einer Reihe nicht durch Sinnbezüge verbundener sinnloser Silben läßt sich z. B. als systematische und kontrollierte Realisation von Kontiguitäten zwischen Silben interpretieren. Jedes Glied der Kette ist sowohl Reaktion auf das vorangehende als auch Reiz für die Produktion des folgenden Gliedes. Zwischen den Gliedern der Kette bilden sich assoziative Verbindungen. Die Erforschung der hierbei auftretenden Gesetzmäßigkeiten beginnt bei EBBINGHAUS (1885) und reicht bis zu der komplizierten Theorie des seriellen Lernens von HULL (1943).

Im Mittelpunkt der Erforschung des Paar-Assoziationslernens steht die Frage, ob sich Assoziationen allmählich oder nach dem Alles-oder-Nichts-Prinzip herausbilden (ESTES 1960). Die Erklärung des verbalen Lernens durch das Prinzip der Ähnlichkeit bereitete lange Zeit Schwierigkeiten, da man die Ähnlichkeit der Wörter einer Liste über die Stärke ihrer assoziativen Verbindungen operationalisierte. Hinsichtlich der Vorhersage von Lerneffekten bei variierten assoziativen Eigenschaften des zu lernenden Materials weist TULVING (1968) deshalb zu Recht darauf hin, daß Lerneffekte hierdurch nicht erklärt werden, sondern daß nur gezeigt wird, daß bestimmte in freien →Assoziationsversuchen zu beobachtende Phänomene auch im Lernexperiment beobachtet werden können. Die Erklärung von bestimmten Phänomenen des verbalen Lernens durch das Prinzip der Ähnlichkeit ist dagegen solchen Ansätzen gelungen, die das Konzept des →semantischen Merkmals heranziehen. Bei diesem Erklärungsansatz werden die alten Prinzipien von Ähnlichkeit und Kontrast (→Assoziationsgesetze) wieder aufgegriffen, jetzt aber im Rahmen der Merkmalstheorie der Wortbedeutung schärfer definiert. Zwei Wörter sind hiernach um so ähnlicher, je mehr semantische Merkmale sie teilen. Auch assoziative Regelhaftigkeiten, wie sie sich bei der Sprachproduktion und in Assoziationsversuchen zeigen, werden aus den Merkmalsstrukturen der beteiligten Wörter vorhergesagt (CLARK 1970). Über das Merkmalskonzept wird ferner jeder Vorgang präziser gefaßt, der als *priming* bzw. assoziative Aktivierung bezeichnet wird. [L] HÖRMANN 1977 *J. Engelkamp*

Assoziationsversuche, zu wissenschaftlichen oder diagnostischen Zwecken geeignete experimentelle Verfahren. GALTON, WUNDT, KRAEPELIN, WERTHEIMER, JUNG u. a. haben damit experimentiert.
Der Vp wird eine Reihe von Reizwörtern dargeboten. Auf jedes soll sofort mit dem Wort geantwortet werden, das als erstes dazu einfällt. Für die Auswertung dieser Assoziationsreaktionen werden ihr Inhalt sowie die Reaktionszeit (Assoziationszeit) verwendet. Die Methode dient in der Allgemeinen Ps. z. B. zur Untersuchung der →Assoziationsgesetze und verschiedener Gesetzmäßigkeiten des Denkens, in der Psychotherapie zur Aufdeckung verdrängter Komplexe; in der Forensischen Ps. wird sie in manchen Ländern zur Tatbestandsdiagnostik verwendet, indem einem Verdächtigen bestimmte Reizworte, die mit der Tat in Zusammenhang stehen, genannt und seine Reaktionen hierauf beobachtet werden. →Assoziationen, freie, →Assoziationen, gerichtete. Reizwortlisten: [T] JUNG, [T] KENT-ROSANOFF, [T] ZIEHEN

assoziative Aktivierung →priming

assoziative Hemmung, generative Hemmung, Bildungshemmung; die Erschwerung der Stiftung einer Assoziation zwischen zwei Inhalten, wenn einer von ihnen schon mit einem dritten Inhalt assoziiert ist. Auf der a.H. beruht z. B. die Tatsache, daß eine bestimmte Tätigkeit schwerer richtig zu erlernen ist, wenn sie vorher auf falsche Weise zu erlernen versucht wurde. Die a.H. steht in Zusammenhang mit der reproduktiven →Hemmung.

assoziatives Äquivalent, diejenige Assoziationsstärke, die einer Willensanspannung von gleicher Größe entspricht (ACH). Es läßt sich etwa feststellen, daß der Grad einer Willensanspannung meßbar wird im Vergleich zur Stärke der Assoziation zwischen Silben, wenn man diese so ausführen läßt, daß die erforderliche Assoziation einer gewohnten Assoziation zuwiderläuft. Die sog. →determinierende Tendenz wird künstlich unterdrückt. Beispiel: Silbenreihen werden bis zur völlig gewohnheitsmäßigen Verbindung der Einzelteile gelernt. Dann muß die Vp beim Nennen eines der Reizglieder die gewohnte Assoziation unterdrücken und eine anders geforderte bringen. Die ACHsche Auffassung hat sich angesichts der Untersuchungen von LEWIN (1917–22) nicht halten lassen. [L] ACH, LEWIN

Assoziativität, Eigenschaft bestimmter Operationen mit Zahlen, Mengen oder logischen Ausdrücken. Assoziativ ist beispielsweise die Addition. *D. Dörner*

Astereognosie, Tastlähmung, Unfähigkeit, Gegenstände nur durch Betasten zu erkennen.

asterisk [engl.], «Sternchen», Symbol*. Das Zeichen hat sich vor allem in der Psycholinguistik durchgesetzt; hier werden sprachliche Einheiten (wie Wörter oder Sätze) mit dem a. gekennzeichnet, die grammatische Regeln verletzen. *B. Feger*

Asthenie [gr. *astheneia* Kraftlosigkeit], Schwäche, körperl. wie geistige Kraftlosigkeit u. rasche Ermüdbarkeit. Der Begr. stammt von J. BROWN (→BROWNianismus).

Astheniker, asthenischer Typus, (allg.) die durch →Asthenie gezeichnete Persönlichkeit. • (typol.) der ausgeprägt Leptosome, →Körperbautypen

Asthenopie, Sehschwäche, beruhend auf rascher Ermüdbarkeit der Augen beim Nahesehen.

Ästhesie →Psychästhesie

Ästhesiometer [gr. «Empfindungsmesser»], Gerät mit zwei verschiebbaren Spitzen zur Bestimmung der →Raumschwelle, in Form eines Tasterzirkels oder einer Schublehre. [L] PAULI & ARNOLD 1972

Ästhetik, Lehre vom Schönen. Als Wissenschaft (auch in Verbindung mit der Ps.) das Bemühen, die allgemeinen und individuellen Ursachen des Gefallens bzw. Mißfallens zu klären. FECHNER und LIPPS gelten als Begründer der ps. Ä. →Kunstpsychologie.

Ästhetik, experimentelle, empirische Erforschung der Wohlgefälligkeit von Gegenständen, Raumverhältnissen, von Figuren, Farbenzusammenstellungen, Teilungsgesetzen, baulichen Raumgrößen u. a. (FECHNER). Verf.: Befragung, Wahlmeth., paarweise Vergleichung, Ausdrucksmeth., dazu zergliedernde Selbstbeobachtung der Vp. [L] LIPPS 1923, WERBIK 1971, RAAB & EBNER 1982

ästhetischer Typus →Typologie (Lebensformen)

ästhetisches Urteil [T] GRAVES, [T] MEIER

Astigmatismus [gr. *stigma* Punkt], Sehfehler, der die Verzerrung gesehener Obj. hervorruft. Die dem Auge zugehenden Strahlen vereinigen sich infolge abnormer Krümmung der

Hornhaut (seltener der Linse) nicht wieder auf einem Punkt der Netzhaut. Gewisser Ausgleich wird durch entsprechend geschliffene (zylindrische) Brillengläser erzielt.

Astigmometer, syn. Ophthalmometer (HELMHOLTZ), Vorrichtung zum Feststellen des Astigmatismus, d. h. zur Bestimmung der Krümmungsradien am Auge in versch. Ebenen.

Astralleib [lat. *astrum* Gestirn], Bez. für den (von →Medien angeblich wahrnehmbaren) nebelähnlichen Körper, der die Grundlage des sog. →Doppel-Ichs darstellen soll. Für die Existenz des A. trat PARACELCUS ein, der ihn als unsichtbar, unangreifbar und als Spender der seelischen Kraft bezeichnete. →Aura

Astraphobie [gr. *astrape* Blitz], krankhafte Furcht vor Gewittern. →Phobie

Astrologie [gr. «Sternlehre»], Sterndeutekunst, Lehre von der angeblichen Abhängigkeit des Schicksals bzw. der Wesensart des einzelnen Menschen (auch ganzer Völker und Staaten) von der Stellung und dem Lauf der Gestirne. Grundlage der Deutung ist das Horoskop, das nach der Konstellation der Sterne (z. B. in der Geburtsstunde eines Menschen) gebildet wird. 1978 gelang es dem Astrologen MAYO, die Persönlichkeitsforscher H. J. EYSENCK und seinen Mitarbeiter WHITE zu einer großangelegten Studie zu gewinnen. In dieser Untersuchung sollte geklärt werden, inwieweit ein Zusammenhang zwischen Sternzeichen und der Ausprägung von Persönlichkeitsmerkmalen besteht. Über 2000 Personen wurden mit den entsprechenden Tierkreiszeichen und einem angepaßten Selbstbeurteilungsfragebogen untersucht. Die korrelative Auswertung ergab einen konsistenten Zusammenhang zw. den beiden Variablen. Die Publikation schlug hohe Wellen in den Medien, zumal andere Forscher in Replikationsstudien den Befund bestätigten. 1979 gelang PAWLIK und BUSE jedoch die Widerlegung der Hypothese: In einer Kontrolluntersuchung (PAWLIK & BUSE 1979) wurde noch eine weitere Variable, nämlich die Informiertheit bzw. Un-Informiertheit über A. erhoben. Mit einer entsprechenden Auswertung konnte gezeigt werden, daß die bloße Kenntnis von Sternzeichen-Typologie und der Glaube daran die Selbstbeurteilung determiniert.

astrophysische Erscheinungen, die (fraglichen) Einflüsse der Gestirne auf das Seelenleben. So soll z. B. der Mond einen Einfluß auf die Menstruation und die →Libido sowie auf →Noctambule und Epilepsie ausüben. →Geopsychologie

ASW, Abk. für →außersinnliche Wahrnehmung

Asymmetrie, (stat.) im Zusammenhang mit Verteilungen, Bez. für die →Schiefe einer Verteilung. • A. der Organfunktionen etc. →funktionelle A., →Lateralität

Asynchronie [gr.], Fehlen oder Störung eines zeitlichen Zusammenhangs (z. B. zwischen körperlicher und geistiger Entwicklung)

AT, Abk. für →Autogenes Training

ataktisch [gr. *taxis* Ordnung, *tassein* ordnen], ungeordnet. →Ataxie

Ataraktika, beruhigende Pharmaka. Der Begriff wird zugunsten →Tranquillantien selten noch verwendet. *W. Janke*

Ataraxie [gr. *ataraxia* Unerschütterlichkeit], die von EPIKUR, DEMOKRIT u. a. gepriesene Seelenruhe und Leidenschaftslosigkeit als Lebensideal.

Atavismus [lat. *atavus* Ahne], Wiedervorkommen von Eigenschaften (Anlagen), i. ü. S. auch Anschauungen und Vorstellungen vergangener Geschlechter. Entwicklungsrückschlag. • Als atavistische Regression (FREUD, JUNG) wird die eigenartige Erscheinung aufgefaßt, daß im →Traum, bei →Neurosen, bei Geisteskrankheiten Vorst. auftauchen, die völkerps. erfahrungsgemäß zu den Mythen gehören. Angebliches Neuerscheinen ehemaliger Gedächtnisspuren. →Unbewußtes, Archetypen

Ataxiameter, Apparat, der alle unwillkürlichen Bewegungen einer Person, die bemüht ist, bewegungslos zu stehen, registriert.

Ataxie [gr. *ataxia* Unordnung, Verwirrung], Störung des geordneten Ablaufs bei Muskelbewegungen bzw. deren Koordination ohne Lähmung der Muskeln. Meist führt das Mißverhältnis zwischen Kraftaufwand und Erfolg zum Verfehlen des Bewegungszieles (unsichere, schleudernde, schwankende etc. Bewegungen). Sonderformen sind (nach Verursachung):

- «cerebellare A.» mit Schädigungen im Kleinhirn (Atrophie, Tumor u. a.);
- «cerebrale A.» mit Schädigungen im Stirn- und Schläfenhirn, dem Thalamus und der Vierhügelregion;
- «spinale A.», Schäden in den Leitungsbahnen und Nervensträngen des Rückenmarks;
- «erbliche A.», syn. Heredoataxie;
- «teleangiectatische A.», angeborenes, fortschreitendes Leiden bei Kleinhirnatrophie;
- «literale A.» mit Schädigung des Sprechvorganges (Silbenstolpern);
- «intrapsychische A.» (E. STRANSKY) mit Störungen der Koordination ps. Funktio-

nen, z. B. im Denken, der Affektivität u. ä. (Diskordanz).

Ateleiosis [gr. *teleiosis* Vollendung], (GUILFORD), entwicklungsmäßiges Zurückbleiben auf infantiler Stufe, evtl. mit gleichzeitig altersgemäßer Reifung der Geschlechtsorgane.

Atenol, WZ Tenormin®, WZ Atenolol-ratiopharm®, Pharmakon mit sympathikolytischer Wirkung aus der Klasse der selektiven →β-Rezeptorenblocker (β_1), antagonistisch zum β_1-selektiv wirkenden →Sympathikomimetikum Noradrenalin. *W. Janke*

A-Test, ein exaktes inferenzstatistisches Kurzverfahren zur Signifikanzprüfung von Mittelwertsunterschieden im Falle zweier abhängiger Stichproben

Äthanol, chem. Bez. für Äthylalkohol

Atman, das Selbst, der Kern des Menschen (im altindischen Denken), identisch mit dem Brahman.

Atmung →Ausdrucksmethode

Athetose [gr. *athetos* ohne feste Stellung], Athetosis, Erkrankung mit (im Ggs. zu choreatischen Störungen) auffällig langsamen, unaufhörlichen, ungewollten, verzerrten Bewegungen der Gliedmaßenenden, auch verkrampfte Haltungsstörungen. Die Intelligenz bleibt unbeteiligt. →LITTLE-Syndrom, →Ataxie, →Dysarthrie

Athletiker, athletischer Typus →Körperbautypen, →Typologie (Konstitutionstypen)

Athymie [gr. *athymia*], Schwermut. Mutlose Lebensstimmung, bei der vor allem Antriebe und Strebungen stark vermindert sind.

ATI, Abk. für *aptitude treatment interaction*, Merkmal-Methoden-Interaktion, versucht die Wechselwirkung zwischen Schülermerkmal und Unterrichtsmethode so zu nutzen, daß für jeden Schüler die optimale Lernumwelt geschaffen wird, so hilft z. B. der klar strukturierte Unterricht eher unsicheren, wenig leistungsmotivierten Schülern. [L] SCHWARZER & STEINHAGEN 1975 *H. Ries*

Ätiologie [gr. *aitia* Ursache], Lehre von den Krankheitsursachen. Die Ätiologie psychischer Störungen ist eine unverzichtbare Grundlage einer gezielten →Psychotherapie

ATN, Abk. für *Augmented Transition Network*, Prinzip zur automatischen Sprachanalyse, Modell des menschlichen Sprachverstehens nach WOODS 1970.

atomistische Psychologie →Psychologie (Richtungen)

Atonie, atonisch [gr. *tonos* Spannung], Spannungs- bzw. Tonusmangel mit entsprechender Schlaffheit bei Muskeln und Organen. I. w. S. auch Bez. für die schlaffe Gesamthaltung eines Menschen.

Atrophie, atrophisch [gr. *trepho* ernähren], Schrumpfung, Schwund, bei Geweben und Organen

Atropin, syn. Hyoscyamin, parasympathikushemmende Substanz, die neben Hyoscin (→Scopolamin) in Nachtschattengewächsen (z. B. Tollkirsche, Stechapfel, Bilsenkraut) vorkommt. A. ist ein kompetitiver Antagonist der muskarinergen Acetylcholinrezeptoren. Hauptsächlich anticholinerge physiologische Wirkungen in geringen Dosen (0,5 5 mg): Pupillenerweiterung, Akkommodationslähmung, Schweiß- und Speichelreduktion (Hautwiderstandserhöhung, Mundtrokkenheit), Beseitigung von Spasmen (bes. Magen-Darm-Bereich), Peristaltik-Hemmung, Herzbeschleunigung (bei sehr niedrigen Dosen Verlangsamung). A. hat zentralnervöse Wirkungen. Bei Tieren findet sich im EEG langsame Aktivität (5–8 Hz), Verminderung der Arousalreaktion der Formatio reticularis bei Stimulierung (z. B. Licht). Hauptsächliche ps. Wirkungen (mehrere Stunden) bei niedrigen Dosen (0,5–5 mg oral) subjektive Desaktivierung, die mehrere Stunden andauern kann. Leistungen zeigen ein uneinheitliches Bild, überwiegend Beeinträchtigungen. Bei höheren Dosen (10 mg) Erregung, bei sehr hohen Dosen manchmal Halluzinationen. In Untersuchungen bei Tieren, die z. T. anders als Menschen reagieren, scheinen in niedrigen Dosen Symptome von Sedierung weniger ausgeprägt zu sein als beim Menschen. Theoretisch bedeutsam ist die EEG-Verhaltensdissoziation (EEG-Verlangsamung ohne Desaktiviertheit). Das Nebeneinander von Aktiviertheits- und Desaktivierungssymptomen bei Tier und Mensch ist nicht befriedigend geklärt. Manche ps. Effekte sind nicht «zentral», sondern «peripher» bedingt durch die starken vegetativen Effekte (ungewöhnliche vegetative Sensationen). [L] BARTEL et al. 1991, CALLAWAY & BAND 1958, HICKS et al. 1984, LONGO 1966 *W. Janke/M. Ising*

attachment →Bindung

attensity [engl.] (E. B. TITCHENER), Bewußtseinsklarheit als Dimension der Wahrnehmung und der Bewußtseinsstruktur (BORING 1933). *B. Feger*

attenuation paradox [engl.], die Tatsache, daß die Erhöhung der Reliabilität von Tests unter bestimmten Bedingungen ein zwangsläufiges Absinken der Validität zur Folge hat. [L] FISCHER 1974 *B. Feger*

Attenuationskorrektur →Minderungskorrektur

attitude [engl. Haltung, Werthaltung], (→Einstellung). Der engl. Begr. wird auch mit Attitüde übersetzt und soll ursprünglich eine erworbene und zugleich überdauernde und komplexe Disposition zu Stellungnahmen gegenüber meist sozialen Objekten und Handlungen bedeuten sowie deren Bewertungen und gelegentlich auch zu bestimmtem Verhalten. ALLPORT (1935) hielt a. für einen zentralen Begr. der Sozialps.; folgt man neueren Publikationen auf diesem Gebiet (EAGLY & CHAIKEN 1993, OSKAMP 1991, RAJECKI 1990), so erlebt die Forschung erneut Aufschwung. *R. Bergius*

attitude inventory (scale) →Einstellungs-Tests

Attonität [lat. *attonitus* betäubt], Sperrung, Reglosigkeit des Körpers bei erhaltenem Bewußtsein als extreme Folge depressiver Hemmung.

Attraktivität [engl. *attraction*], funktionales Interaktionsmerkmal von Tätigkeiten, Objekten, Personen oder Gruppen, das diesen zugeschrieben wird, wenn bei anderen Personen eine Tendenz zur Aufnahme der entsprechenden Tätigkeit, zur Annäherung oder zum Umgang mit ihnen beobachtet wird. Syn. →Aufforderungscharakter, →Valenz (LEWIN). In der Soz. Ps. versteht man unter interpersoneller A. die Bereitschaft, eine andere Person oder eine Gruppe positiv zu bewerten, sich ihr anzunähern und sich ihr gegenüber positiv zu verhalten. Die frühen Arbeiten zur A. untersuchten schwerpunktmäßig wechselseitige A. auf der Basis von Einstellungsähnlichkeiten (BYRNE 1971) oder aber als physische A., (WALSTER et al. 1966). Neuere Arbeiten auf diesem Gebiet zentrieren sich stärker um die Bedingungen und Verläufe interpersoneller Beziehungen insgesamt, wie sie vor allem in Ehen bzw. eheähnlichen Gemeinschaften die Regel sind. **[L]** AMELANG et al. 1991, HASSEBRAUCK & NIKETTA 1993, DUCK 1997 *B. Six*

Attraktivität, Gewinn- und Verlust-Effekte, von ARONSON & LINDNER (1965) wird nachgewiesen, daß attribuierte Hochschätzung eines anderen (→O) nach zugeschriebener Kälte des anderen (Gewinn) die Attraktivität dieses anderen für einen Partner (→P) mehr erhöht als gleichbleibende Freundlichkeit oder als Freundlichkeit mit nachfolgender Unfreundlichkeit (Verlust). Die letztere Verhaltensabfolge bei O ist außerdem in negativer Richtung wirkungsvoller als gleichbleibende Unfreundlichkeit von O. **[L]** CLORE et al. 1975

Attrappe, Nachbildung eines Reizmusters. →AAM. Im Attrappenversuch wird dieses Muster schrittweise aufgelöst, um die einzelnen Faktoren eines Verhaltensmusters zu analysieren. Beim Rotkehlchen z. B. genügt ein rotes Federbüschel, um →Territorialverhalten auszulösen, das sonst nur gegenüber dem männlichen Rivalen geäußert wird.

Attribuierung, Attribution [engl. *attribution* Zuschreibung], der meist unbewußte Prozeß, durch den Wirkungen von proximalen Reizen unmittelbar erlebnismäßig den →distalen Objekten zugeschrieben werden (z. B. Farbe: dem Objekt selbst und den umgebenden Lichtverhältnissen).

Im Anschluß an DUNCKER dehnt HEIDER den Gedanken auf die ursächliche Zuschreibung für Wohltat und Schaden, Erfolg und Mißerfolg, Wünsche und Gefühle aus. Ursachen werden also dem subjektiven oder objektiven Pol zugeschrieben, ein Mißerfolg hat äußere Gründe (Aufgabe, Pech) oder innere (Fähigkeit, Anstrengung), d. h. externale Kausalattributionen von Faktoren außerhalb von →P oder internale Kausalattribuierung von Faktoren innerhalb von P ist kognitive Deutung des eigenen oder fremden Handelns mit Hilfe von naiv-psychol. Annahmen.

Die Attributionsforschung hat diese Ursachenzuschreibung für eigene und fremde Handlungen zum Gegenstand. Sie übernimmt dabei die Aufgabe, überdauernde Muster, Schemata oder Kategorien zu beschreiben, die dazu verwendet werden, Ereignisse oder Handlungen zu erklären, und sie stellt die Schlußfolgerungsprozesse dar, die angewendet werden, um die Gründe und Ursachen zu finden, die den beobachtbaren Ereignisse oder Handlungen zugesprochen werden. Neben dem Modell von HEIDER sind das Modell der korrespondierenden Schlußfolgerungen von JONES & DAVIS (1965) und das Attributionsmodell von KELLEY (1967, 1972) als die einflußreichsten theoretischen Ansätze der Attributionsforschung zu nennen. Das mit Abstand bedeutendste Modell ist das von KELLEY, das in seinen Grundzügen drei Dimensionen für die Erklärung von Handlungen annimmt: Ursachen können in Personen, Entitäten (wie Objekten, Sachverhalten, andere Personen) oder in Zeitpunkten bzw. Modalitäten zu finden sein. Verfügt eine Person über Informationen aus mehreren Informationsquellen, dann wird die entsprechende Ursache einer Handlung nach dem Kovariationsprinzip ermittelt: «Ein Effekt wird derjenigen möglichen Ursache attribuiert, mit der er über die Zeit hinweg kovariierte» (KELLEY 1973). Informationen darüber, inwieweit ein Effekt eher Personen, Entitäten oder Zeitpunkten zuzuschreiben ist, nennt KELLEY Konsensus-, Distinktheit-, und Konsistenzinformationen. Bei dichotomer Ausprägung der Informationen (hoch vs. niedrig) gibt es acht Kombinationsmöglichkeiten, die einer empirischen Prüfung zugänglich sind. Hoher Konsensus (= z. B. viele Personen zeigen das gleiche Verhalten), hohe Distinktheit (= das Verhalten tritt nur unter ganz spezifischen Umständen auf) und hohe Konsistenz (= ein Verhalten zeigt sich zu verschiedenen Zeitpunkten immer wieder). Verfügt eine Person nur über eine einzige Beobachtung, kann eine Person zur Erklärung auf zwei verschiedene Konfigurationsprinzipien zurückgreifen: (a) das Abwertungsprinzip, *(discounting principle)*, wonach die Rolle einer bestimmten Ursache für das Auftreten eines bestimmten Effektes abgewertet wird, wenn andere mögliche Ursachen auch vorhanden sind; (b) das Aufwertungsprinzip *(augmentation principle)*. Das Aufwertungsprinzip gilt für den Fall, wenn für einen bestimmten Effekt sowohl eine plausible hemmende als auch eine plausible förderliche Ursache vorliegt. Die Rolle der förderlichen Ursache wird für das Auftreten eines Effektes größer bewertet als für den Fall, wo sie alleine die plausible Ursache für einen Effekt gewesen wäre. Je nachdem, wieviele Informationen zur Verfügung stehen, wird auf unterschiedliche kausale Schemata zurückgegriffen. [**L**] HEWSTONE 1989, MEYER & FÖRSTERLING 1993 *B. Six*

Attributionsfehler, die in den subjektiven Erklärungsversuchen gemachten sog. Attributionsfehler sind der (1) fundamentale A.fehler, wonach Ursachen primär auf Personen und dann auf personexterne Ursachen attribuiert werden; (2) der *actor-observer bias,* wonach es eine spezifische Differenz zwischen Handelnden und Beobachtern gibt, wenn es um die Benennung der Ursachen eines Effektes geht: Beobachter attribuieren mehrheitlich personal, Handelnde mehrheitlich situational; (3) der falsche Konsensus-Effekt *(egocentric bias)*, wonach das eigene Verhalten als weitverbreitet und normkonform angesehen wird, während das Verhalten anderer als selten oder unangemessen eingestuft wird; (4) der selbstwertdienliche A.fehler *(self-serving bias)* spielt vor allem in Leistungssituationen eine Rolle, in denen dann der eigene Erfolg internal, der Mißerfolg aber prinzipiell external attribuiert wird.
Attributionsfehler spielen bei der Entstehung und Aufrechterhaltung verschiedener psychischer Störungen, vor allem Depressionen, eine wichtige Rolle. Depressive neigen dazu, v. a. Negatives auf sich selbst zu attribuieren, was die Basis für ungerechtfertigte Schuldgefühle ist. Die Bearbeitung pathogener Attributionen spielt insbesondere in der →Kognitiven Therapie eine Rolle. Bei depressiven Patienten werden quälend-selbstbeschuldigende Attributionen (Verantwortungszuschreibungen) bearbeitet. *B. Six/F. Caspar*

Atypie, Abweichung von einem Typus, Regelwidrigkeit

Aubert-Fleischl-Paradox, verminderte anschauliche Geschwindigkeit, wenn ein Reiz mit den Augen verfolgt wird (relativ zur Beobachtung mit festem Fixationspunkt. →FILEHNE-Täuschung). *H. Heuer*

Aubert-Försterscher Satz, bei gleichem Gesichtswinkel werden nahe befindliche (kleinere) opt. Zeichen auf größerem Netzhautteil (Gesichtsfeld) abgebildet und damit besser erkannt als fernliegende größere.

Aubert, Hermann (1826–1892), Physiologe / Berlin, Rostock

Aubertsches Phänomen, systematischer Fehler bei der →Konstanz der Orientierung; fixiert man im dunklen Raum eine helle senkrechte Linie, so erscheint sie bei entsprechend starker seitlicher Kopfneigung in Gegenrichtung geneigt, und eine vertikal erscheinende Linie ist objektiv in Richtung des Kopfes geneigt, bei einer geringen seitlichen Kopfneigung ist oft der entgegengesetzte Effekt zu beobachten (als E-Effekt gegenüber dem A-Effekt abgegrenzt). *H. Heuer*

Audimuditas [lat. *audire* hören, *mutus* stumm], →Hörstummheit

Audiogramm [lat. *audire* hören, ... *gramm*], syn. Hörschwellenkurve, das in Form eines Diagramms gewonnene Ergebnis einer Untersuchung (Messung) des Gehörs

Audiologie, Wissenschaft, die sich mit dem Hörvorgang befaßt. →Audiometrie

Audiometer, Hörschwellenmeßgerät, elektroakustisches Gerät wie →Akumeter und →Sonometer. →Audiometrie

Audiometrie [lat. Gehörmessung], Messung der Hörschwelle für einzelne Töne, früher mit Stimmgabeln, jetzt mit Audiometern (Frequenzgeneratoren). Differenzierung zwischen Mittelohr- und Innenohrschwerhörigkeit erfolgt durch Anbieten der einzelnen Töne über Gehörgang und Trommelfell einerseits und über Schädelknochen andererseits. Überschwellige A. dient zur Differenzierung der verschiedenen Formen der Innenohrschwerhörigkeit. Sprach-A. mit Wort- und Zahlengruppen auf Tonband oder Schallplatte erlaubt einen Vergleich mit statistischen Normwerten.

• Kinder-A. (Pädaudiometrie): Besondere Verfahren, die zur Bestimmung des Gehörs bei Kindern im Vorschulalter dienen. Beobachtung der Kinder bei Anbieten von Tönen und Geräuschen (Spiele-A.). Beobachtung akustisch ausgelöster Reflexe wie →MORO-Reflex, Pupillenreaktion u. a. Objektive Hörmessung vorwiegend im Kindesalter durch Reflex-(Impedanz-)Audiometrie (Registrierung des Stapediusreflexes), EEG-Audiometrie (syn. E.R.A. Computer-A.) und Cochleographie (Messung der Erregung an Gehirn und Schnecke, Auswertung mit Computer).

• WEBERscher Versuch: Lateralisation des Klangs der auf der Scheitelmitte aufgesetzten Stimmgabel. →LEE-Effekt, →LOMBARD-Effekt

audiovisuelle Lehr- und Lernmittel, zu Unterrichtszwecken geschaffene oder eingesetzte technische Medien mit auditiver, visueller oder audio-visueller Kommunikationsmöglichkeit. I. e. S. werden darunter Informationsträger in Verbindung mit Informationen *(software)* verstanden, also bespielte Filme, Tonbänder etc.; i. w. S fallen darunter auch die zum Abspielen notwendigen Geräte *(hardware)* wie Film- und Diaprojektoren, Tonbandgeräte.

audition colorée [frz.] →Farbenhören, →Synästhesie

auditiv, das →Hören betreffend

auditiver Typus →Typologie (Vorstellungstypen)

auditorisch, das Gehör betreffend

Auffassung [engl. *apprehension, comprehension*], bewußtes Aufnehmen und Eingliedern von Wahrnehmungs- und Vorstellungsmaterial in das Gesamt der vorhandenen analogen Erfahrungsinhalte. →Apperzeption. Mit A. wird aber auch der Akt momentaner Aufnahme bezeichnet, der Auffassungsakt. Zu unterscheiden sind ganzheitliche und analytische A. Erleichtert wird die A. durch eine vorhandene Prägnanz des Aufzunehmenden. • In der Unterrichtslehre heißt A. die erste Stufe der Aneignung eines Sachverhalts. • Entwicklungsps. ist die um das 8. Lebensjahr erfolgende Ausweitung zugunsten des analytischen Auffassens wichtig. • Der Begr. A. ist auch für Meinung, Einstellung oder Anschauung gebräuchlich.

Auffassungsstufen →Apperzeptionskategorien

Auffassungs-Test [T] WARTEGG-VETTER

Auffassungsumfang →Aufmerksamkeitsumfang

Auffassungstypen →Typologie (Vorstellungstypen)

Auffassungs- und Kombinations-Test [T] ARNOLD

Aufforderungscharakter, Valenz, ein durch LEWIN eingeführter Begriff. Gegenstände, ethische Werte usw. «fordern dazu auf», etwas zu tun, zu unterlassen usw. Zudem ist der Begriff A. korrelativ zu dem Begr. →«gespanntes System». Einem A. zusammen mit einem gespannten System entspricht eine gerichtete Kraft. →Typologische und Vektor-Psychologie, →affordance. • In weiterer Bedeutung hat STERN den Begr. A. verwandt. →Materialcharakter. • Einen Aufforderungsgradienten mit sozialps. Bedeutung (durch Einbeziehung der räumlichen, zeitlichen oder semantischen Distanz) hat SPIEGEL (1961) beschrieben.

Aufgabe [engl. *task*], Aufgegebensein. Die Aufforderung zur Lösung einer Fragestellung, zur Ausführung einer Leistung, z. B. bei Tests. Eine vom →Problem unterscheidbare geistige Anforderung. Bei Experimenten zur Denkps. mit der Methode der →Fraktionierung stellte WATT (1905) fest, daß der einleitenden Periode (Auffassung der A.) entscheidende Bedeutung zukommt. Die A. errichtet in der Vp eine →Einstellung, welche den Ablauf des unanschaulich verlaufenden Denkprozesses (→Würzburger Schule) wesentlich bestimmt. In der Arbeits- und der Problemlösungsps. können damit auch die objektiven Gegebenheiten gemeint sein, die Anforderungen an den Handelnden stellen (*«task environment»*, NEWELL & SIMON 1972, HOYOS 1974), im Unterschied zur jeweiligen subjektiven kognitiven Strukturierung der Anforderungssituation (→Problemraum).

In der →Arbeits- und Organisationspsychologie werden Aufgaben als Transformationen (1) von einem gegebenen Ausgangszustand, (2) in ein erwartetes Ergebnis (oder Ziel), (3) durch Mittel, eine Menge von Operationen oder Arbeitsschritten verstanden, wobei (4) bestimmte Bewertungskriterien, Standards oder Regeln einzuhalten sind (GREIF 1993 a).

Bspw. kann eine Montageaufgabe darin bestehen, (1) aus vorgegebenen Einzelteilen (2) einen Kugelschreiber (3) in einer bestimmten Reihenfolge zusammenzusetzen und (4) sein Funktionieren mit einem kurzen Test zu überprüfen. Eine Aufgabe eines Pförtners kann dagegen darin bestehen, (2) auf Nachfragen Auskünfte zu erteilen und sich dabei (4) so verständlich auszudrücken und freundlich zu verhalten, daß sich der Fragende zufriedengestellt sieht.

Der Aufgabenbegriff ist ein interdisziplinärer Grundbegriff und ähnelt in seiner Struktur dem Begriff →Problem. Von einer Aufgabe wird gesprochen, wenn zumindest Ausgangszustand, erwartetes Ergebnis und Arbeitsschritte (auch als Methoden bezeichnet) den Ausführenden bekannt sind. In der Arbeitspsychologie wird betont, daß Aufgaben von den Ausführenden subjektiv interpretiert oder «redefiniert» werden (HACKMAN 1970). An einem Arbeitsplatz sind in der Regel mehrere Aufgaben zu bearbeiten. Zur Untersuchung der Struktur und Abfolge von Aufgaben werden Methoden der →Aufgabenanalyse verwendet (→Test-Anhang **[T]** →HAA, KABA, RHIA, TI, VERA). **[L]** GREIF 1991 a, HACKMAN 1970 *S. Greif*

Aufgabenanalyse, Teilgruppe der Verfahren der →Arbeitsanalyse zur Untersuchung und Beschreibung der →Aufgaben einer oder mehrerer Personen an einem bestimmten Arbeitsplatz sowie der Reihenfolge der Aufgaben im Arbeitsprozeß (→Arbeitsablaufanalyse).

In der →Mensch-Computer-Interaktion können A. im Einverständnis mit den Beobachteten beispielsweise durch spezielle Softwareprogramme zur millisekundengenauen Protokollierung sämtlicher Eingaben des Benutzers durchgeführt werden. Um diese detaillierten Verhaltensdaten aber interpretieren zu können, sind i. allg. Erläuterungen und zusätzliche Interviews mit den Beobachteten über die Beobachtungsdaten erforderlich.

A. können für verschiedene Zwecke durchgeführt werden. Die Verhaltensdaten und Abfolgen können zur Ermittlung möglicher und effizienter Arbeitsschritte bei der Aufgabenbearbeitung, Qualifikationsanforderungen, Untersuchung typischer →Fehler, für Hinweise zur aufgabenorientierten Gestaltung des Arbeitssystems sowie speziell im Bereich der →Softwareergonomie zur benutzerfreundlichen Softwaregestaltung herangezogen werden.

OESTERREICH & VOLPERT (1987) unterscheiden bedingungsbezogene und personenbezogene Verfahren. Bei der erstgenannten Gruppe wird – soweit möglich – von individuellen Besonderheiten der Arbeitenden abgesehen und der Versuch unternommen, Aussagen über relevante Personengruppen (z. B. mit ausreichender Ausbildung und längerer Erfahrung am Arbeitsplatz) zu machen. (Beispiele für standardisierte Verfahren →**[T]** →EVA, KABA, RHIA, VERA.) Bei personenbezogenen Verfahren steht dagegen die Analyse der individuellen Wahrnehmung und Reinterpretation der Aufgabe (HACKMAN 1970) und spezielle Arbeitsweise im Vordergrund des Interesses, → **[T]** →HAA. Beim Softwaredesign kann sie zur Gestaltung «individuell maßgeschneiderter» Prozeduren, Bezeichnungen und Menüstrukturen verwendet werden. GREIF 1991 a. **[L]** CARD, MORAN & NEWELL 1983, GREIF 1991 b, MATTERN 1984, SCHÜPBACH 1993 *S. Greif*

Aufgabenanalyse, [engl. *item analysis*], testpsychol. →Item

Aufgabenbewußtsein, nach Befunden der exp. Denkforschung ein das Bemühen um die Lösung eines Problems begleitendes charakteristisches Erleben, das nicht auf Vorstellungen zurückführbar sein soll. →Aufgabe

Aufgabentyp, Modus der Aufgabenformulierung, welcher die Beantwortung einer Testaufgabe bestimmt. Unter gebundener Aufgabenbeantwortung versteht man alle Antwortmodalitäten, bei denen auf eine Testfrage bereits vorformulierte Antworten vorliegen. Beim Richtig-Falsch-Antworttyp hat die Vp zwischen zwei Alternativen auszuwählen. Beim Mehrfach-Wahl-Aufgabentyp *(multiple choice)* sind mehrere Antwortmöglichkeiten vorgegeben. Bei →Leistungstests werden häufig Zuordnungsaufgaben formuliert. Bei der freien Aufgabenbeantwortung wählt der Pb seine Form (z. B. verbal oder zeichnerisch) der Lösung. *H. Häcker*

Aufgabenverständnis, das Verständnis für gestellte Aufgaben. Es wird zur Beurteilung der Schulreife mit herangezogen.

aufgeschobene Reaktion, syn. aufgeschobene Handlung. →delayed reaction

Aufhellung, strukturelle, nach LERSCH die Ermittlung der Wertigkeit und Stellung der aufgefundenen Eigenschaften im Ganzen des Charakters. Ihr Ziel ist die Zurückführung auf ein letztes «organisierendes Prinzip». →Primeigenschaften, →Radikal, →Charakterradikale. **[L]** LERSCH 1962

Auflösungsgrad, in bildlicher Verwendung einer Variablen der physikalischen Optik, die mehr oder weniger feine gedankliche oder perzeptuelle Durchgliederung, die ein bestimmter →Realitätsbereich erfährt. Das intendierte Wechseln des A. (→recordieren) kann im Problemlösungsprozeß u. U. erforderlich oder mindestens zweckmäßig sein. Mit dem A. ändert sich die Merkmalsstruktur der →Problemraum-Gegenstände und damit das Repertoire der jeweils verwendbaren →Operatoren. Auch Wissenschaften bzw. wissenschaftliche Ansätze können danach unterschieden werden, in welchem A. sie einen bestimmten Realitätsbereich bearbeiten. **[L]** DÖRNER et al. 1983, GIBSON 1979, KUGLER 1989 *G. Kaminski*

Aufmerksamkeit [engl. *attention*], die auf die Beachtung eines Objekts (Vorgang, Gegenstand, Idee usw.) gerichtete Bewußtseinshaltung, durch die das Beobachtungsobjekt apperzipiert wird. Dabei tritt auf der Objektseite ein Herausheben bestimmter Teilinhalte (JODL), auf der Subjektseite ein erhöhter, konzentrierter Einsatz des «Aufnahme- und Verarbeitungsapparates» ein. Oft ist A. mit →Apperzeption gleichgesetzt worden (WUNDT).

HERBART definierte A. als Fähigkeit zum Vorstellungszuwachs; FRIES als innere Wahrnehmung; RIBOT als Fixierung auf Teilinhalte bei gleichzeitiger Hemmung anderer Bewußtheiten; STUMPF als Lust am Bemerken des Folgenden; EBBINGHAUS als lebhaftes Hervortreten und Wirksamwerden einzelner seelischer Gebilde auf Kosten anderer; STERN als unmittelbare Vorbedingung (Energiekonzentration) zum Zustandekommen einer personalen Leistung. ROHRACHER versteht unter A. den gradweise verschiedenen «bewußten Einsatz der seelisch-geistigen Funktionen» und «das Erleben ihres Funktionierens». A. wird geleugnet von den Gestaltpsychologen oder umgewertet in die «Figur-Grund-Differenzierung des Bew.» (EHRENSTEIN). KÖHLER benutzte A. aber wieder zur Erklärung von Strukturierungsphänomenen.

Heute sieht man die A. vorwiegend im Rahmen neuerer Konzepte wie →Aktivierung, →Vigilanz und →Motivation. Der Unterschied zwischen Untersuchungen der A. und Vigilanzuntersuchungen besteht darin, daß A. als selegierendes Bemerken dauernd vorhandener Stimuli operational definiert wird, während Vigilanz (rel. seltene) Reaktionen auf zeitlich und räumlich meist unregelmäßig auftretende Stimuli fordert. Als meßbare Dimensionen der A. sind der Umfang der A., A.schwankungen, Spaltbarkeit und Umstellbarkeit der A. benutzt worden.

Der A.umfang wird auch A.spanne genannt und durch die Anzahl bemerkter und reproduzierter Elemente aus einer Stichprobe kurzfristig dargebotener Einheiten (Figuren, Buchstaben, Wörter etc.) gemessen; deshalb wird er auch oft vom Umfang des unmittelbaren Behaltens (→Gedächtnis) nicht unterschieden (HIEDEN, SOMMER 1972). In der sog. Bewußtseinspsychologie wird schließlich unwillkürliche und willkürliche A. unterschieden, was bedeutet, daß (a) physikalische Stimuluseigenschaften (und ihre Bedeutung im Lebensraum) und (b) aktuelle Wahrnehmungseinstellungen und Vornahmen die Selektion von Information bedingen können. Erklärende A.theorien sind (1) physiologische, z. B. die Annahme G. E. MÜLLERs eines «attentionellen Prozesses», der eine Steigerung der Reizbarkeit von Gehirnteilen einschließt oder die Annahme von Bahnungsprozessen im ZNS (DÜRR & EBBINGHAUS). Die Alarmfunktion des retikulären Systems (→ARAS) ist ein ähnliches Erklärungsprinzip wie das von G. E. MÜLLER. In diese Gruppe gehört auch die Lehre vom Orientierungsreflex (PAWLOW →Orientierungsreaktion); (2) psychophysiologische Theorien, z. B. von HENNINGS oder von ROHRACHER, bei denen die Sensibilisierung oder funktionale Leistungssteigerung auch durch motivationale Faktoren (Wille, Interesse) betont wird und (3) psychologische A.theorien in der älteren sog. Bewußtseinspsychologie.

Neuerdings werden die A.theorien durch informationstheoretisch-kybernetische Modelle ersetzt, die man formal-neutrale Theorien nennen könnte, wie z. B. das Filtermodell von BROADBENT (1958) mit Einbeziehung informationstheoretischer Vorstellungen wie Kanalkapazität, in- und output. Eine Variante liefert A. TREISMAN, die in Ergänzung zu BROADBENTs Theorie die Filterwirkung durch unterschiedliche Schwellen der Ansprechbarkeit von *dictionary units* in einem Muster-Erkennungssystem, also mit Rückgriff auf die Sensibilisierungsannahme, zu erklären versucht. →Kapazitätstheorien der Aufmerksamkeit. **[L]** BERLYNE 1974, FLORU & FRÖHLICH 1979 *R. Bergius*

Aufmerksamkeit, distributive, svw. verteilte Aufmerksamkeit

Aufmerksamkeitsreflex (PILTZ), der Vorgang, daß Konzentration wie auch die Vorstellung von Licht, Dunkelheit oder Schmerz eine Pupillenverengung bzw. -erweiterung hervorrufen. →HAAB-Reflex

Aufmerksamkeitsschwankungen, bei anhaltender Konzentration, z. B. auf ein Geräusch, treten Veränderungen (Schwankungen) auf. Die ersten Untersuchungen über diese führte URBANTSCHISCH 1875 in Wien durch. Die A. erfolgten in seinen Versuchen mit tickenden Uhren im Durchschnitt im Rhythmus von 5 bis 8 sec. Nachfolgende Versuche haben die A. bei Tätigkeiten mit ihren Leistungsschwankungen ermittelt. Dabei hat sich gezeigt, daß die Dauer der A. stark variiert. Zur Erklärung der A. wurde zumeist (so von EBBINGHAUS) die →Ermüdung herangezogen. ROHRACHER hat den «Regenerationszyklus» durch die Ableitung von Gehirnströmen näher untersucht und in die Theorie der Alpha-Wellen (H. BERGER →Elektrodiagnostik) aufgenommen. *H. Häcker*

Aufmerksamkeitstests, Konzentrationstests, Gruppe von Testverfahren, welche den Grad der →Aufmerksamkeit bzw. Konzentration erfassen und auch als allgemeine Leistungstests bezeichnet werden. Unter Aufmerksamkeit versteht man dabei i. allg. das Vorliegen einer Reaktionsbereitschaft und das Nichtvorhandensein von Ermüdung. Testaufgaben bei dieser Gruppe von Tests sind so konzipiert, daß zur Lösung keine spezifischen Fähigkeiten wie Intelligenz, verbale Fähigkeiten usw. erforderlich sind. Es handelt sich häufig um den Aufgabentyp von einfachen Additionsaufgaben, das Erkennen von graphischen Details etc. Diese Aufgaben müssen unter hohen Speed-Bedingungen bearbeitet werden. Die Durchführungszeit dieser Tests variiert von ca. 10 Minuten bis 2 Stunden. Die Reliabilität solcher Tests ist hoch. Die Validität liegt im mittleren Bereich. Meßwerte zeigen also substantielle Beziehungen zu Verhaltenskriterien, bei denen aufmerksames Verhalten erforderlich ist. *H. Häcker*

Aufmerksamkeitstypen, man kann trennen nach den Typen fixierender Aufmerksamkeit, die sich auf einen relativ engen Bereich von Erlebnisinhalten konzentrieren und diesen längere Zeit im Bew. festhalten, und Typen fluktuierender Aufmerksamkeit, die in raschem Wechsel der Beachtung ein größeres Feld überblicken (KROH, PFAHLER). Neuere Deutungen typischer Enge bzw. Weite der Aufmerksamkeit sind aus exp. Untersuchungen der Wahrnehmungsabwehr abgeleitete kognitive Stile (→Denkstile), und zwar die Dimension Vermeider-Sensibilisierer. →Typologie (Aufmerksamkeitstypen). [L] BYRNE 1964, HERRMANN 1965 *R. Bergius*

Aufmerksamkeitsumfang, die Zahl der «Elemente», die in einem Moment wahrgenommen oder beachtet werden. [L] HIEDENSOMMER 1972, PAULI & ARNOLD 1972

Aufmerksamkeitswanderung, die Zeit, die die Aufmerksamkeit benötigt, um bei gleichzeitiger Beanspruchung durch mehrere Aufgaben von der einen auf die andere sich umzustellen.

Aufmunterung, svw. Anregung zu frischerem, gesteigertem Tun durch Worte, Gebärden und Handlungen. A. ist mehr auf Augenblickswirkung angelegt. • Im Ggs. hierzu stehen andere Verfahren, so das aus der Individualps. (ADLER) stammende der Ermutigung. Diese greift wesentliche Seiten der Person an. Sie will innere Ausrichtung, Stabilisierung und Festigung der Lebenshaltung.

Aufrechtsehen, Bez. für das Phänomen, trotz der Drehung des Netzhautbildes im Auge um 180 Grad eine der Realität angepaßte Raumwahrnehmung vollziehen zu können. →Störungsexperimente

Aufsatzanalyse, Auswertung von Aufsätzen hinsichtlich ihres Gehaltes an personal wichtigen Faktoren, die der Persönlichkeitsdiagnose dienen. Formen des Prüfungsaufsatzes sind z.B.: Der Begriffsaufsatz, der freie Aufsatz, der Problemaufsatz, der Bild- und Filmaufsatz, die Stellungnahme u. a. m. BUSEMANN begründete die Stilanalyse (→Inhaltsanalyse). [L] BUSEMANN 1948, KEILHACKER 1967

Aufsatzkritik-Test [T] STERN

aufsteigendes Verfahren →Grenzverfahren

Auftauen [engl. *unfreezing*], aktives Überwinden von Anfangsschwierigkeiten in Tests, Unterrichts- und Gruppensituationen durch →advance organizer, Spannungsbrecher wie Unsinns- und Scherzaufgaben, Übungsaufgaben, Ansprechen der Situation u. a. *H. Ries*

Aufteilungsgerechtigkeit, nach dem Prinzip der Gerechtigkeit wird die Aufteilung *(allocation)* von Gewinn und Belohnung zwischen mehreren Personen, die bei der Lösung einer Aufgabe zusammenwirken, oder zwischen Arbeitern und Auftraggebern proportional zu dem «Einsatz» der einzelnen vorgenommen. Dem Erkennen der A. liegt ein sozialer →Vergleichsprozeß zugrunde (ADAMS 1965), d. h. das Verhältnis von Einsatz und Nettoeffekt der einen Person muß dasselbe wie das von anderen Personen sein, mit denen sie sich

vergleicht. Verglichen werden die Behandlung, die die Personen erfahren und die Merkmalsdimensionen, die für die Behandlung relevant sind. In der Ressourcen-Theorie von FOA & FOA (1976) werden versch. Behandlungsdimensionen unterschieden (Geld, Zuwendung, Anerkennung, Information, Güter, Dienstleistungen, die die sich vergleichenden Personen erhalten).
Untersuchungen der Probleme der A. beziehen sich u. a. auf die Frage, unter welchen Umständen welche Personen sich für die normgerechte Aufteilung oder für die egoistische Nutzenmaximierung entscheiden (→soziales Dilemma). In experimentellen Situationen neigen Vpn oft zur Gleichverteilung der Gewinne, bes. die Leistungsstärkeren. Über den sozialen Kontext als Determinante der wahrgenommenen Gerechtigkeit und die absolute bzw. relative Gleichheit der Gewinnaufteilung hat auch BIERHOFF (1982) gearbeitet. →equity-Theorie, →Interaktion. **[L]** MIKULA 1980, KAYSER 1980, LERNER 1981

R. Bergius

Auftragskasten →Problemkasten

Auftragsorganisation **[T]** GIESE

Auftrags-Test, Auftragserledigung **[T]** BINET

Aufzählversuch, das von F. GIESE (1925) als Test benutzte Aufzählenlassen z. B. von Werkzeugen, Berufen, wichtigen Leistungen aus Kultur und Technik usw. Der Versuch gestattet die Beurteilung des Bildungsstandes, der Interessen, des Lebenskreises, der personalen Bedeutsamkeitsstufung von Umweltgegebenheiten u. a. m.

Auge, Sinnesorgan zur Licht- (Farben-), Raum- und Bewegungswahrn. «Photorezeptor» im physiolog. Sinn.
Das Sinnesepithel ist die netzartige Sehnervenausbreitung der Retina (= Netzhaut – ursprünglich ein Hirnwandteil), die aus zehn Schichten besteht. Die innere bildet das eigentliche Sehnervenende; die der Chorioidea (= Aderhaut) zunächstliegende besteht aus den nebeneinander gelagerten «Zapfen» und «Stäbchen», den eigentlich lichtempfindlichen Elementen. →Sehpurpur.
Die Lichtstrahlen treten ins Auge durch das Sehloch der Iris, die Pupille, die sich selbsttätig nach Lichtstärke erweitert oder verengt. Der Raum zwischen Hornhaut, Irisvorderfläche und Linse ist die vordere Augenkammer, der zwischen Linse, Irishinterfläche und Linsenhalteband die hintere Augenkammer. Durch die Linse (→Akkommodation) u. den Glaskörper trifft der Strahl auf die Stäbchen und Zapfen. Eintrittstelle des Sehnerven ist der sog. blinde Fleck (= MARIOTTEscher Fleck). Gegenüber dem Pupillenloch der gelbe Fleck *(= macula lutea),* dessen kleine Vertiefung, die *fovea centralis*, die Stelle des deutlichsten Sehens darstellt. Beim Fixieren wird das Auge so eingestellt, daß das Licht durch die Pupillenmitte auf die *fovea centralis* fällt. Das beidäugige Sehen wird wesentlich gestützt dadurch, daß die Reizung der Netzhautpunkte des einen Auges zugleich «korrespondierende» (identische) Netzhautpunkte des anderen Auges in Aktion setzt. Dadurch wirkt sich der «blinde Fleck» im Sehen nicht aus, da es für ihn korrespondierende und sehfähige Punkte auf der anderen Netzhaut gibt. Stäbchen und Zapfen unterscheiden sich nach Form und Verbindung der Zellen mit den Nervenästen des Sehnerven und dienen wohl zur Helligkeits- bzw. Farbenwahrnehmung (→Farbentheorie). →Sehbahn, Sinne. **[L]** GRANIT 1947, SCHOBER 1964

Augenachsen, drei als durch den Drehpunkt des Auges gehend gedachte, aufeinander senkrecht stehende Achsen. (1) Saggitale (Seh-)Achse; sie verläuft von der Mitte der *fovea centralis* durch den Drehpunkt. (2) Transversale, horizontale Achse (Querachse); sie steht senkrecht zur Sehachse, verbindet die Drehpunkte beider Augäpfel (Grundlinie der Blickebene). (3) Vertikale (Höhen-)Achse; sie steht im Drehpunkt des Auges senkrecht auf den anderen beiden Achsen.

Augenbewegung, Änderung der Augenposition mit unterschiedlichem Verlauf und unterschiedlichem Zweck; drei Typen werden unterschieden: (1) →Sakkaden, schnelle, ruckartige Bewegungen, die dem Wechsel des →Fixationspunktes dienen. (2) Augenfolgebewegungen, langsame kontinuierliche Bewegungen, die der Aufrechterhaltung der Fixation bei bewegtem Reiz oder Kopf dienen; das Bild des fixierten Objekts bleibt bei der Augenbewegung statisch; wird durch visuellen Reiz ausgelöst (bewegter Reiz) oder vom →Vestibularapparat (bewegter Kopf). (3) Vergenz, langsame Bewegungen der Augen relativ zueinander, bei denen das Prinzip der «identischen Innervation» beider Augen, das für Sakkaden und Folgebewegungen gilt, durchbrochen ist; dienen der Verlagerung des Fixationspunktes in der Tiefe (→Konvergenz) oder der Aufrechterhaltung der Fixation eines in der Tiefe bewegten Objekts. • Während einer →Fixation finden sich Mikrobewegungen

(Miniaturbewegungen): langsame Drifts von einigen Winkelminuten Weite; Mikrosakkaden, die zum Fixationspunkt zurückführen; Tremor mit sehr hoher Frequenz (bis zu 100 Hz) und Amplituden im Bereich von Winkelsekunden. Alternieren von Sakkaden und Folgebewegungen heißt Nystagmus, in der langsamen Phase wird ein Objekt verfolgt, z. B. beim Blick aus einem Eisenbahnfenster, in der schnellen erfolgt eine neue Fixation; Nystagmus ist durch visuelle Reize auslösbar (optokinetischer Nystagmus, z. B. in einer rotierenden Trommel) oder vom →Vestibularapparat (vestibulärer Nystagmus, z. B. auf einem Drehstuhl). Bestimmte Phasen des →Schlafs sind durch lebhafte Augenbewegungen gekennzeichnet.
Zur Registrierung von Augenbewegungen stehen verschiedene Methoden zur Verfügung: (1) photographische Methoden, z. B. Film, Video; das Video-Signal kann automatisch analysiert werden. (2) Reflektions-Methoden, bei denen das Auge beleuchtet wird und das Streulicht mit Hilfe von Photozellen erfaßt wird; dabei wird die unterschiedliche Absorption des Lichts durch →Iris und →Sklera ausgenutzt. (3) Reflektions-Methoden, bei denen die Spiegelbilder punktförmiger Lichtquellen an den verschiedenen Oberflächen im Auge registriert werden. (4) Elektrookulographie (Oberflächenelektroden neben dem Auge); bei Augenbewegungen ändern sich die registrierten Potentiale. (5) elektromagnetische Methoden, bei denen die Abhängigkeit der in einer am Auge angebrachten Spule induzierten Spannung vom Winkel zur Richtung eines Magnetfeldes ausgenutzt wird, das durch eine (oder mehrere) am Kopf angebrachte Spulen induziert wird. (6) subjektive Methoden, z. B. Angaben über die Position eines →Nachbildes; erlauben i. allg. keine genaue Bestimmung des zeitlichen Verlaufs. **[L]** Carpenter 1977 *H. Heuer*

Augenbewegung, Gesetz der →Listingsches Gesetz

Augen(bewegungs)kamera →Augenbewegung

Augengrau, auch Eigengrau (Hering), Farbempfindung bei Fehlen äußerer Reize.

Augenkammer, *camera oculi* →Auge

Augenmaß, die Schätzung von Größen auf Grund des sinnlichen Eindrucks. Diese erfolgt vergleichend (am genauesten bei gleicher Entfernung der zu schätzenden Objekte, Strecken usw. vom Auge) oder über bestimmte, erworbene Bezugsgrößen. →Bezugssytem

Augenschein-Validität →face validity

Augenspiegel, Hohlspiegel mit einem Loch in der Mitte, der von einer seitlichen Lichtquelle Licht in das zu untersuchende Auge wirft. Durch das Loch kann man den Augenhintergrund sehen. Der A. wurde von Helmholtz 1851 eingeführt.

augmenting-reducing, Konstrukt, das erstmalig von Petrie (1967) genannt wird. Sie bezeichnete mit «Augmentern» jene Personen, die nach kinästetischer Stimulation stärker auf einen schon vormals dargebotenen Reiz reagieren. Diese Eigenschaft soll der Kinästetik-Figural-Effekt (KFA) messen. Dabei läßt man eine Pb mit verbundenen Augen verschieden große Holzblöcke o. Würfel mit Daumen und Zeigefinger ertasten und deren Kantenlänge schätzen. Der Test hat drei Durchgänge, wobei beim 2. Durchgang der Würfel mit größerer o. kleinerer Kantenlänge als beim 1. Durchgang präsentiert wird. Ist die Schätzung beim 3. Durchgang größer als beim ersten, spricht Petrie von (Stimulus-)Augmentern. Ist der Schätzbetrag kleiner als beim ersten Durchgang, handelt es sich um einen (Stimulus-)Reducer. Als weitere Merkmale werden verwendet: der von Vando (1969) entwickelte Fragebogen und die von Buchsbaum u. Silverman bestimmte P1-N1-Amplitude im evozierten Potential. Als Augmenter werden jene Pbn bezeichnet, die eine Zunahme dieser Amplitude mit steigender Reizintensität aufweisen. Bei Reducern dagegen reduziert sich die Reaktivität. **[L]** Petrie 1967, Buchsbaum et al. 1983

Aura [lat.-gr. *aura* Hauch, Schimmer], verschiedenartige Vorzeichen epileptischer Anfälle. Zumeist abnorme Wahrnehmungen (Mißempfindungen, aber auch Glücksgefühle, Verkennungen, Verwirrungen, vegetative Sensationen u. ä.) von kurzer Dauer. • Die angeblich beobachtbaren Ausstrahlungen des menschlichen Körpers.

Aurorix® →Moclobemid

aus-dem-Felde-gehen, ein von K. Lewin in seiner →Feldtheorie geprägter Begr. für das Ausweichen aus Konfliktsituationen, Zuständen der Reizsättigung, der Monotonie u. ä.

Ausdruck wird nach der klassischen →«Ausdruckspsychologie» als die Gesamtheit derjenigen körperlichen (bzw. gegenständlichen) Erscheinungen aufgefaßt, aus denen seelische Vorgänge erkennbar (deutbar) sind. Ausdruckserscheinungen sind danach Äußerungen für Seelisches. Im 19. Jh. wurde ein vorwiegend naturwissenschaftl. Begriff verwendet (BELL, DUCHENNE, PIDERIT). Vor allem von DARWIN ausgehend wurde dieses Konzept von der Humanethologie und der mit ihr verbundenen Entwicklungspsych. weiterentwickelt. Auch in neueren Emotionstheorien (TOMKINS, PLUTCHIK, IZARD, EKMAN, SCHERER) hat das Ausdruckskonzept einen zentralen Platz. In diesen neueren Entwicklungen wird vor allem →Nichtverbales Verhalten als Ausdruck von Stimmungen, Antrieben, Emotionen oder Affekten betrachtet, d. h. als ein dynamischer Ablauf. Von der klassischen A.psychologie werden dagegen stärker die Beziehung von statisch-morphologischen Phänomenen des Körpers (KRETSCHMER, SHELDON) oder Mimik (LERSCH) zu überdauernden psychischen Gegebenheiten (→Persönlichkeitsmerkmalen) hervorgehoben.

Zu unterscheiden sind folgende Arten: (1) Unmittelbarer A., der an eine Person gebundene, an ihr beobachteter A. Er ist sowohl (a) als Geschehen gegeben (aktueller A., z. B. Mienenspiel, Gebärden, Körperbewegungen, Sprache) wie auch (b) als Zustand (habitueller A., z. B. A.gehalt der Gesichtszüge, der Körpergestalt, der Handform). (2) Objektivierter, übertragener, d. h. von der Person losgelöster A., der also von seinem Träger unabhängig geworden ist. Hierzu gehören z. B. der A.gehalt der Handschrift und aller objektiven Gestaltungen (Zeichnungen, Kunstwerke, Musik u. a. m.). →Nichtverbale Kommunikation, Ausdrucksbewegungen. [L] K. BÜHLER, KLAGES, KIRCHHOFF, LERSCH *H. Ellgring*

Ausdrucksbewegungen, die im Ggs. zum Morphologischen, zum Gestaltbild des Körpers stehenden Bewegungsformen als Begleiterscheinungen psychischen Geschehens. LERSCH trennt nach Ausdrucksbewegungen und nach Ausdrucksvorgängen. Erstere sind zentralnervös bedingt, mit Innervation der quergestreiften Muskulatur. Letztere sind vegetativ gesteuerte Ausdruckserscheinungen von Gefühls- und Trieberlebnissen. Sie sind A. im eigentlichen Sinne. • Beim Kind erste Anzeichen seelischen Lebens überhaupt: Lächeln, Abwehrbewegungen, Schreiweinen, Mundspitzen. Als A. stehen beim Erwachsenen →Gebärde, →Mimik, →Gestik, →Gang, →Sprache, Handschrift an erster Stelle. Es lassen sich unterscheiden: impulsive Bewegungen, →Reflex- und automatische Bewegungen, →Mitbewegungen, reine A., →Instinkthandlungen, Trieb- und Willkürbewegungen und -handlungen.

Man erklärt sie theoretisch: (1) (SPENCER) rein körperlich (physiologisch) (a) im Gesetz der «wachsenden Ausbreitung und Entladung bei zunehmender Erregung»; (b) durch Annahme, daß bei diffusen Entladungen kleine Muskeln leichter beweglicher Organe schneller ergriffen werden als solche schwerer beweglicher; (2) (DARWIN) durch die drei Prinzipien (a) der «zweckmäßig assoziierten Gewohnheiten», die sich in der Phylogenese gebildet haben; (b) der «direkten Wirkung des Nervensystems» und (c) des «Gegensatzes», nach dem bei entgegengesetzten Antriebszuständen auch gegensätzliches Verhalten auftritt; (3) (WUNDT) aus dem Allgemeingrundsatz, daß mit jeder Veränderung seelischer Zustände als körperliches Gegenstück auch A. verbunden sind; (4) Ausdrucksprinzip nach KLAGES: «Jede ausdrückende Körperbewegung verwirklicht das Antriebserlebnis des in ihr ausgedrückten Gefühls». [L] BUYTENDIJK 1956, ROHRACHER 1969 *H. Ellgring*

Ausdrucksbewegung (Tierverhalten), oft aus anderen Verhaltensweisen entstandenes Bewegungsmuster, das der innerartlichen oder zwischenartlichen →Kommunikation dient. Hunde z. B. äußern ihre Zuneigung bei der Begrüßung durch Belecken und Beknabbern. *V. Preuss*

Ausdrucksdeutung, bezeichnet einen Eindrucksprozeß, bei dem zwischen unmittelbarem Eindruck und bewußter Interpretation zu unterscheiden ist (LEYHAUSEN). Die A.-Psych. nimmt an, daß das Ausdrucksverstehen auf einer ursprünglich vorhandenen Fähigkeit beruht, auf dem Vorgang der Reifung und auf dem Ineinander von Lernen und Reifung. Ausdrucksdeutung ist demgegenüber das methodische Vorgehen zur Erkennung der Beziehungen zwischen Erscheinungsbild des Ausdrucks und bestimmten ps. Merkmalen mit dem Ziel der Charaktererfassung einer Person. Nach LERSCH vollzieht sich das Verfahren der Deutung (Ausdrucksdiagnostik) in 5 Stufen: Eindruckserklärung, physiologisch-anatomische Reduktion, ps. aktuelle Deutung, charakterologisch dispositionelle Deutung, Abstecken des charakterologischen Umfeldes. →Eindruckswert (Findewert), →Eindruckscharakter, →FAST *H. Ellgring*

Ausdrucksdiagnostik →Ausdrucksdeutung, →Ausdruckstheorien

Ausdrucksfähigkeit, die Vollkommenheit und Leichtigkeit des Ausdrucks, die von Begabung, Erfahrung und Übung abhängig ist. Das Ausmaß, in dem sich bei einem Menschen emotionale Erlebnisse als Ausdruckserscheinungen (insbes. als mimische, →Mimik) zeigen; auch seine Fähigkeit, den Ausdruck solcher Erlebnisse willentlich darzustellen. Die A. soll in →Encounter Gruppen geübt und vervollkommnet werden.

Ausdrucksfelder, die «Felder», auf denen sich Seelisches auszudrücken vermag, wie: (1) Die Gestalt im Ganzen und ihre Teilregionen (Kopf, Gesicht, Rumpf, Extremitäten); (2) Haltung und Bewegungsweisen der Gesamtgestalt (Konstitution, Pantomimik) und der versch. Regionen (Gesten, Gebärden, Mimik); (3) Stimme und Sprechweise; (4) außer diesen im Medium Körper erscheinenden Ausdrucksweisen noch «Abdrucksphänomene» wie Schrift, Zeichnung, Werkgestaltung. Zu unterscheiden sind: Ausdrucks-Feld, Ausdrucks-Erscheinung, Ausdrucks-Subjekt und Ausdrucks-Medium.

Ausdrucksflüssigkeit [engl. *expressional fluency*], Faktor des →divergenten Denkens. Er stellt die Fähigkeit dar, Sachverhalte in versch. sprachliche Formulierungen zu bringen. →konvergentes Denken. [L] GUILFORD 1956

Ausdrucksformen, Bez. für die Arten des Ausdrucks. Je nach enger oder weiter Koppelung zwischen körperlicher Erscheinungsform u. seelischem Erlebnis werden Primär-, Sekundär-, Tertiär- und Rudimentärformen unterschieden. [L] STREHLE

Ausdrucksforschung, experimentelle, die e.A. befaßt sich in der Regel mit Eindrucksprozessen, speziell der bewußten Interpretation von Elementen oder Gesamtheiten komplexer Ausdruckserscheinungen. Die e.A. versucht, durch Zuordnen (z. B. der Handschrift zur Sprechweise einer Person) die Eindeutigkeit des Eindrucks zu überprüfen. Sie untersucht weiterhin den «Findewert» durch Zuordnen des Eindrucks zu Persönlichkeitsmerkmalen, z. B. «Personencharakter» zur Sprechweise. →Sprachtypen (ARNHEIM). In der Weiterentwicklung dieses Ansatzes durch die →Nichtverbale Kommunikation versucht man, individuelle Differenzen der nonverbalen Sensitivität durch entsprechende Testverfahren festzustellen (PONS-Test – Profile of Nonverbal Sensitivity von ROSENTHAL). Die Untersuchungen von Eindrucksprozessen bei nichtverbalem Verhalten werden auch als Decodierungsstudien bezeichnet.

BRUNSWIK hat durch planmäßige Variation von Einzelzügen bei in Strichen schematisierten Gesichtern, die hinsichtlich Intelligenz, Schönheit, Willensstärke, Alter, Stimmung u. a. m. zu ordnen sind, wesentliche physiognomische Kriterien gefunden (z. B. ein intelligentes Gesicht sieht auch willensstark aus usw. →Eindruckscharakter). WOLFF unterschied dominierende und untergeordnete Ausdruckszüge durch die Vertauschung von Photographieteilen bei eineiigen Zwillingen (Untergesicht – Obergesicht, linke und rechte Gesichtshälfte) oder durch teilweises Abdekken. Situative Ausdrucksmerkmale (z. B. der Lüge) werden im qualitativen Experiment durch Herbeiführen einer kontrollierten Situation untersucht, wobei typische Veränderungen (z. B. Steilerwerden der Schrift usw.) zu verzeichnen sind. →FAST. [L] ARNHEIM 1928, WOLFF 1943

Ausdruckshand →Arbeitshand, →Hand

Ausdruckskunde →Ausdruckspsychologie

Ausdrucksmedium, Bez. für das, wo (worin) sich der Ausdruck manifestiert. →Ausdrucksfelder

Ausdrucksmethode, alle Verfahren zur Erforschung psychischer Vorgänge, besonders der Gefühle, auf mittelbarem Wege durch Feststellung charakteristischer körperlicher Begleiterscheinungen. Verwendet werden z. B. folgende Meßinstrumente: der →Pneumograph für die Atmung, der →Plethysmograph für das Blutvolumen, der Sphygmograph für den Puls, Galvanometer, Kathodenstrahloszillograph für Aktionsströme und das psychogalvanische Phänomen, die →Schriftwaage für den Schreibdruck. I. w. S. gehören zu den A. auch die Funktionsprüfungen des vegetativen Nervensystems. Ggs. die →Eindrucksmethode. [L] MEILI & ROHRACHER 1972

Ausdrucksprinzip, Ausdrucksgesetz, Grundgesetz des (Bewegungs)-Ausdrucks, Bez. von KLAGES (1936, 1950) zu den von ihm aufgestellten Thesen, z. B. «Der Ausdruck ist ein Gleichnis der Handlung», «Jede ausdrükkende Körperbewegung verwirklicht das Antriebserlebnis des in ihr ausgedrückten Gefühls».

Ausdruckspsychologie, Ausdruckskunde, die Lehre vom →Ausdruck in seiner Erscheinung und psychologischen Bedeutung. Sie stand in engem Zusammenhang mit der psychologischen Diagnostik und der Persönlichkeitskunde und umfaßt die folgenden Ausdrucksgebiete: Mimik (die Bewegungsabläufe im Gesicht), Gestik (die Ausdrucksbewegungen der Hände), Pantomimik, Motorik (die Bewegungen des übrigen Körpers, z. B. der Gang), Physiognomik (der Ausdrucksgehalt von Stimme und Sprechweise), Handschrift, (→Graphologie). →Mimik, →Physiognomik. In jüngerer Zeit findet sich dieses Gebiet in der →Nichtverbalen Kommunikation. [L] KIRCHHOFF, STREHLE, LEYHAUSEN 1967

H. Ellgring

Ausdruckssprache, Teil der →Nichtverbalen Kommunikation.

Ausdruckssubjekt, Bez. für den Träger des Ausdrucks. →Ausdrucksfelder

Ausdruckssymptome, körperliche Begleiterscheinungen affektiver Prozesse, z. B. Veränderungen der Pulsfrequenz und Pulshöhe, des Atemvolumens, der Atmungsfrequenz und -tiefe, des Blutdrucks, des elektrischen Hautwiderstandes u. a. Während eine Zuordnung von A. zu einzelnen Gefühlsqualitäten (Lust, Unlust) nicht mit Sicherheit möglich ist, kann aus bestimmten A., vor allem aus der Hautwiderstandsänderung, wenigstens auf das Vorhandensein affektiver Veränderungen und auch auf ihre Stärke geschlossen werden. →Ausdrucksforschung, →physiol. Ps. [L] WOODWORTH & SCHLOSBERG, TRAXEL, MEILI & ROHRACHER 1972

Ausdruckstheorien, Theorien über das Entstehen und Verstehen der Ausdruckserscheinungen. (1) Zum Entstehen: DARWINS phylogenetische Theorie führt die «assoziierten Gewohnheiten», die «konservierten habits» und direkte Wirkungen des Nervensystems (z. B. sei das Muskelzittern durch Kraftüberschuß im Energieumsatz erklärbar) und das Prinzip des Gegensatzes, nach dem entgegengesetzte Seelenzustände zu einem entgegengesetzten Ausdruck führen (z. B. Mundwinkel beim Lachen und Weinen), zur Begründung heran. WUNDTS psychophysisches Prinzip sieht den Grund der Ausdruckserscheinungen darin, daß «mit jeder Veränderung psychischer Zustände Veränderungen physischer Korrelatvorgänge verbunden sind». (2) Zum Verstehen: (a) Die Analogieschlußtheorie meint, daß der beobachtete Ausdruck beim anderen nur in Analogie zum eigenen Erleben verstanden werden kann. (b) Die Assoziationstheorie behauptet die feste Assoziation zwischen Ausdruck und Vorstellung. (c) Die Rudimententheorie nimmt rudimentäre Mitbewegungen als Grundlage des Ausdrucksverstehens an (→CARPENTER-Effekt). (d) Die Einfühlungstheorie besagt, daß die Wahrnehmung fremden Ausdrucks das Nach- und Miterleben auslöse (LIPPS). (e) Die Evidenztheorie verneint, daß der Ausdruck mittelbar zum Verstehen fremden Seelenlebens beitrage, sondern unmittelbar werde im Ausdruck dessen Bedeutungsgehalt miterfaßt. (f) Nachahmungs- und Lerntheorie. (g) Personzentrierte, organisationstheoretische Betrachtung (KRUEGER, LEWIN, BÜHLER, KAFKA, KIRCHHOFF). Ausdrucksbewegungen sind nach ihrem Ausmaß, ihrer Gerichtetheit und nach ihrer Positionalität zu beachten und zu deuten. Nach KIRCHHOFF ist «Positionalität» das spezifische «Wie», das «besondere In-Position-Sein des Menschen zu sich selbst und seiner Welt» (HOLZKAMP). Hinsichtlich der Positionalität ist also die jeweilige Funktion und Wertigkeit des Ausdrucks zu beachten (expressiv, kommunikativ, reaktiv).

Ausdrucksverstehen →Ausdruckstheorien

Ausfallserscheinungen, Aufhebung oder Abschwächung der normalen physiologischen oder ps. Abläufe als Zeichen krankhafter Störungen (Hirnschädigung, Schäden im Nervensystem, der innersekretorischen Drüsen u. a.). Markante A. →Aphasie, →Agnosie, →Amnesie

Ausfragemethode, von KÜLPE eingeführtes Verfahren zur exp. Untersuchung der Denk- und Willensvorgänge. Der Vp werden Aufgaben gestellt, meistens als Fragen, gleichzeitig wird sie zur Selbstbeobachtung der dabei eintretenden Erlebnisse angehalten und später darüber befragt.

Ausgang →output

Ausgangslage, in der →Pharmakopsychologie Bez. für den ps. Zustand der Vp vor einer Präparatverabreichung. →Psychopharmaka

Ausgangswertgesetz, auch WILDERS A. genannt, AWG, in der →psychophysiologischen Forschung der Veränderung autonomer Variablen unter sonst gleichen Änderungsbedingungen von Basiswerten des Organismus (WILDER 1931). [L] FAHRENBERG 1967, JOHNSON, LUBIN 1964

Ausgeprägtheit von Oberflächenfarben (KATZ), eine Eigenschaft der Oberflächenfarben, die von der Farbqualität unabhängig ist. Eine weniger stark beleuchtete weiße Fläche scheint z. B. den gleichen Weißlichkeitscharakter zu besitzen wie eine stärker beleuchtete, das Weiß erscheint nur weniger «ausgeprägt».

Ausgliederungsannahme (METZGER) →Zusammensetzungsannahme

Auslese, svw. Auswählen nach bestimmten Qualitäten (→Selektion). Unterschieden wird nach Bestauslese, Breitenauslese, Quotenauslese und Schlechtestauslese, je nach dem Ziel, dem die A. dienen soll. →Stichprobe, →Quoten-System, →screening

Ausleseverhältnis [engl. *selection ratio*], das Verhältnis der Anzahl der für einen Arbeitsplatz auszulesenden bzw. anzustellenden Bewerber zu der Anzahl der Bewerber für diesen Arbeitsplatz. In Prozentwerten ausgedrückt ist das A. der Prozentsatz der ausgelesenen Bewerber. Von der Höhe des A. hängt es ab, wie effektiv die Anwendung eines Tests für die Auslese ist. Ist der Prozentwert hoch, so kann auch ein sehr valider Test den Ausleseprozeß kaum verbessern, während bei einem niedrigen A. ein Test mit mittlerer Validität eine Steigerung der Vorhersagevalidität erreichen kann. Diesen Zuwachs an Validität nennt man →inkrementelle Validität. →TAYLOR-RUSSELL-Tafeln *H. Häcker*

auslöschende Hemmung →Hemmung

Auslöschung [engl. *extinction*, lat. *extinguere*], der bedingte Reiz verliert die Fähigkeit, die →bedingte Reaktion auszulösen, wenn nach bestimmten Intervallen keine neue →Verstärkung (Bekräftigung, *reinforcement*) geboten wird. Der Widerstand gegen die A. wird meist durch die Anzahl der unverstärkten Versuche bis zur A. gemessen und als ein Maß für das Lernen verwendet. SKINNER beschreibt unterschiedliche Wirkungen verschiedener →Verstärkerpläne auf den Widerstand gegen die A. (früher: Reflex-Reserve). →Verhaltenstherapie, →bedingter Reflex. Die A. wird von PAWLOW und HULL mit innerer bzw. reaktiver Hemmung, Zerfall wegen Nichtverstärkung und von GUTHRIE mit dem Ersatz der einen *Response* durch eine andere inkompatible, d. h. durch assoziative Hemmung, erklärt. Besonders großen Widerstand gegen die A. haben LAWRENCE und FESTINGER mit der Theorie der →kognitiven Dissonanz zu erklären versucht. Die A. ist bei Vermeidungsreaktionen erschwert, die durch das ständige Ausbleiben des aversiven Reizes (oder der Angst) gekennzeichnet sind. →Vermeidungslernen *R. Bergius*

Auslösemechanismus, bez. die Fähigkeit von Lebewesen, selektiv auf bestimmte Außenreize (Schlüsselreize wie Farben, Körperformen, Bewegungsweise) sinnvoll zu antworten, und zwar mit nur einer festgelegten Reaktion. Angeborener Auslösemechanismus (AAM), früher angeborenes auslösendes Schema, von K. LORENZ (→Verhaltensforschung) eingeführter Begriff, bezeichnet den (zunächst nicht weiter spezifizierten) physiologischen Mechanismus, der angeborenermaßen bei einer spezifischen Reizsituation selektiv eine normalerweise adäquate Verhaltensweise (Erbkoordination) auslöst. So wird z. B. durch den Anblick des Sperrens der Jungvögel und zum Teil ihres charakteristischen Rachenmusters bei dem Elternvogel in dieser Zeit die Verhaltensweise des Fütterns ausgelöst. Der AAM wird als ein auf die Auslösung einer jeweils bestimmten Verhaltensreaktion hin ausgelegter Reizfilterungsprozeß verstanden, der in unterschiedlich vielen Schritten auf verschiedenen Stufen zwischen der Reizaufnahme und dem Anstoß der Verhaltensreaktion erfolgen kann. Angeborene Verhaltensweisen können auch schon bei niederen Tieren durch Erfahrung, Gewöhnung oder Lernen überlagert werden: EAAM (durch Erfahrung abgeänderter AAM). Kommt es zur Entwicklung von Auslösemechanismen durch Lernprozesse, wie sie speziell in der frühen menschlichen Sozialisationsphase stattfinden, spricht man von erworbenen Auslösemechanismen (EAM). Mit Hilfe von Attrappenversuchen läßt sich experimentell feststellen, ob eine Verhaltensweise angeboren oder erworben ist. So löst z. B. eine sich bewegende Kugel bei erfahrungsfrei aufgezogenen Jungfischen von *Tilapia nilotica* →Kontaktverhalten aus. Eine klare Zuordnung ist aber beim Menschen aus methodischen Gründen (Aufwachsen unter Erfahrungsentzug) schwer zu treffen.

Auslösende Reize sind zu unterscheiden von der Menge der überhaupt wahrgenommenen Reize, von denen nur relativ wenige entweder angeborener- oder erlerntermaßen Reaktionen auslösen. Ein und dasselbe Sinnesorgan kann dabei im Dienste ganz verschiedener →Funktionskreise stehen, für die es oft unterschiedliche Diskriminationsleistungen («Erkennen») eines Schlüsselreizes vollbringt. Als Auslöser werden in diesem Zusammenhang ganz allgemein Reize oder Reizkombinationen bezeichnet, die eine bestimmte Verhaltensweise in Gang setzen. Als Auslöser werden nach LORENZ und EIBL-EIBESFELD speziell die eigens als Reizsender differenzierten Strukturen und Verhaltensweisen (= Ausdrucksbewegungen) der eigenen oder auch anderen Arten bezeichnet. Sie können sich aus mehreren (zumindest allen notwendigen) Schlüsselreizen zusammensetzen. →Schlüsselreiz, Signalreiz, heißen nach TINBERGEN (1951) die mittels Attrappenexperimenten erfaßbaren handlungsauslösenden Einzelelemente (= wirksame Reize) einer handlungsauslösenden Gesamt-Reizsituation, wobei die Summation der Wirksamkeit der Einzelelemente noch zur Diskussion steht (→Reizsummen-Regel).

So sperren nach TINBERGEN 10 Tage alte Drosselnestlinge nur dann die Schnäbel, wenn der mit Futter herankommende Altvogel ihnen ein Objekt entgegenhält, das sich bewegt, größer als 3 mm ist und oberhalb der Ebene erscheint, in der die Augen der Jungtiere liegen. Zeigt man die bestwirksame Attrappe unterhalb der Augenhöhe, so blicken die Jungen danach, sperren aber nicht. [L] BEKKER-CARUS 1981, LORENZ 1943, PLOOG 1964, SCHLEIDT 1961, TINBERGEN 1956, IMMELMAN u. a. 1988, EIBL-EIBESFELD 1984 *C. Becker-Carus*

Auslöser [engl. *eliciter, releaser*], endogenes oder exogenes Reizmuster, das bestimmte Verhaltensweisen auslösen kann. →Schlüsselreiz, →Auslösemechanismus

Ausreißerwert, Bez. für einen Meßwert, der im Rahmen der Verteilung anderer Meßwerte, denen er zugehört, eine Extremposition einnimmt. *G. Mikula*

Aussage, mit dem Anspruch der Richtigkeit gemachte Bekundung über einen selbst erlebten realen Vorgang.

Aussagekategorien →Apperzeptionsstadien

Aussagenlogik, elementarster Teil der formalen Logik. Die Sätze der A. werden durch Verknüpfung von Aussagen durch logische Junktoren wie «und», «oder», «wenn ... dann», «nicht» gebildet. Sätze der Aussagenlogik sind wahr oder falsch. Die Wahrheit oder Falschheit von Sätzen der A. ergibt sich aus der Wahrheit oder Falschheit der Aussagen, aus denen sie zusammengesetzt sind, und der Art ihrer Verknüpfung durch Junktoren. Sind z. B. die Aussagen A und B wahr, so auch die zusammengesetzte Aussage «A und B». Dagegen ist dann die zusammengesetzte Aussage «wenn A, dann nicht B» falsch. [L] FREUDENTHAL 1965 *D. Dörner*

Aussagepsychologie, Teilgebiet der Ps., in dem die einer →Aussage zugrundeliegenden Vorgänge des Wahrnehmens, des Speicherns, der Reproduktion und der sprachlichen Wiedergabe der aufgenommenen Informationen erforscht werden. Anfänge bei BINET (1900) und W. STERN (1903). Sehr bald wurde ihre Bedeutung für die Beurteilung des Beweiswertes von Zeugenaussagen erkannt. In den ersten Jahrzehnten und jetzt wieder in der seit 1970 einsetzenden anglo-amerikanischen Forschung stand der Leistungsaspekt (Vollständigkeit und Richtigkeit der angegebenen Details) im Vordergrund, seit 1953 rückte UNDEUTSCH den Aspekt des Wahrheitsgehalts der Aussage in den Vordergrund (→Realitätskriterien). →Erinnerungsfälschung, →Lügendetektor, →Forensische Ps. [L] UNDEUTSCH 1967 *U. Undeutsch*

Ausschleifungstheorie →Bahnung

Ausschneideprobe →Sinnesfunktionen (5c)

Außenseele, die in ein Tier verlegte Lebenskraft eines Menschen, so daß dieser Mensch seine Kraft verliert und stirbt, sobald das Tier getötet wird. →Totemismus

äußere Hemmung →Hemmung

außersinnliche Wahrnehmung, Bez. für Telepathie, Hellsehen, Telästhesie u. ä. «mentale Phänomene» (DRIESCH). →Parapsychologie

Austauschforschung, ein Sammelbegriff für sprach- und sozialwiss., hist. und päd. Untersuchungen zu interkultureller Kommunikation und Fremdverstehen. Im dtsch. Sprachraum sind seit etwa 1980 verstärkte Bemühungen registrierbar, Bedingungen, Verlauf und Effekte interkult. Begegnungen im Kontext der Angew. Soz.ps. zu erforschen und für die Praxis einer Integration dtsch. Spätaussiedler, ausländischer Arbeitnehmer und Studenten für den Schüler- und Studentenaustausch, die Planung und Durchführung internat. Jugendbegegnungsveranstaltungen, die Auswahl und Vorbereitung dtsch. Entwicklungshelfer und anderer Arbeitskräfte für deren Tätigkeit im Ausland, nicht zuletzt auch für eine sensibilisierende landeskundliche Information und Einstellungsbildung dtsch. Touristen und zur Reiseleiterschulung fruchtbar zu machen (BREITENBACH 1986, THOMAS 1983, 1984).

Als neues Tätigkeitsfeld für Arbeits-, Betriebs- und Organisationspsychologen ist – im Zusammenwirken mit Pädagogen, Soziologen, Kulturanthropologen und Betriebswirtschaftlern – in den 90er Jahren auch im deutschsprachigen Raum der Aufgabenbereich «internationales bzw. interkulturelles Management» systematisch erschlossen worden (DÜLFER 1991).

Aufträge multikulturell engagierter Unternehmen gelten vorwiegend der Planung, Durchführung und Evaluation verschiedener Typen von Vorbereitungs- und Trainingsmaßnahmen für Fach- und Führungskräfte im Auslandseinsatz (THOMAS & HAGEMANN 1992); darüber hinaus gelten sie jedoch zunehmend der Beratung und Begleitung der technischen, sozialen und kulturellen Organisation des Auslandsgeschäfts im ganzen. Schwerpunkte der sozialwissenschaftlichen Projekt- und Beratungstätigkeit sind die Managementbereiche Verhandeln, Führungsstile,

Zusammensetzung multikultureller Arbeitsteams, Marketing und Werbung im fremdkulturellen Kontext (HOFSTEDE 1980, BERRY et al. 1996).
Trainingsveranstaltungen werden entweder kulturübergreifend durchgeführt (z. B. mit Hilfe der «critical incidents-Technik» und der «culture-assimilator-Programme»; (BRISLIN et al. 1986) oder kulturspezifisch angelegt. Ausgearbeitete Vorbereitungsprogramme existieren im deutschen Sprachraum vorzugsweise für die USA und den ostasiatischen Raum (LIANG 1996).
Eine angewandte Austauschforschung – und deren Weiterentwicklung zu einer Kulturstandardlehre ist nicht zu verwechseln mit einer emischen, primär geisteswissenschaftlich-historischen Kulturpsychologie (JAHODA 1996) und auch nicht mit einer auf die Feststellung von Universalien bzw. Herauspräparierung von «typischen Erlebens- und Verhaltensunterschieden» hin entworfenen kulturvergleichenden Psychologie (THOMAS 1985, 1993; LONNER & MALPASS 1994).
Zentrale Untersuchungsgegenstände einer im ganzen recht praxisnahen Austauschforschung sind vielmehr die beim Zusammentreffen von Kulturen bzw. Kulturrepräsentanten auftretenden Belastungs- bzw. Animations- und Anreicherungsreaktionen: Auf der einen Seite die Schockphänomene, Mißverständnisse, Intergruppenspannungen und feindseligen Gefühle, auf der anderen Seite die produktiven Provokationen, die Synergieeffekte, die Lern- und Reifungsgewinne bei den kulturell involvierten Akteuren. Die ersteren zu vermeiden bzw. zu reduzieren, die nachfolgend genannten zu fördern und zu nutzen ist die vorrangige Zielsetzung einer angewandten interkulturellen Sozialpsychologie (THOMAS 1992). *G. Winter*

Aus- und Weiterbildung, in der →Arbeits- und Organisationspsychologie und ihren Nachbardisziplinen wird der aus der Pädagogik stammende Begriff der beruflichen →Bildung unterschiedlich verwendet: (1) zur Bezeichnung für den Prozeß des Erwerbs allgemeiner und spezifischer Kenntnisse, Fertigkeiten und Handlungskompetenzen (synonym berufliche →Qualifzierung) und (2) als Oberbegriff für das gesamte resultierende Forschungs- und Anwendungsfeld.
Der Begriff Ausbildung bezieht sich dabei speziell auf den Bereich der beruflichen Erstausbildung. Weiterbildung wird in der Regel für darauf aufbauende, systematisch und breiter angelegte Programme und Fortbildung für spezialisierte Einzelmaßnahmen verwendet.
Zur systematischen Auswahl geeigneter Inhalte und Methoden im Rahmen von Aus-, Fort- und Weiterbildungsprogrammen werden →Bildungsbedarfsanalysen und →Anforderungsanalysen verwendet. Inhaltlich werden neben den für die Ausführung von →Aufgaben und →Arbeitstätigkeiten unmittelbar erforderlichen sogenannten fachlichen →Qualifikationen in neuerer Zeit auch sogenannte überfachliche Qualifikationen, insbes. allgemeine soziale Kompetenzen, Kreativität sowie allgemeine Entwicklungsideale des Menschen unter Einschluß der Gefühlsbildung und der sozialen Verantwortlichkeit untersucht.
Vor allem im anglo-amerikanischen Bereich wird innerhalb der Organisationspsychologie in der Folge der Begriff Training als weitgefaßter Oberbegriff für die geplante Veränderung kognitiver und sozialer situationsbezogener Kompetenzen (Computer-Training, Kreativitätstraining, Gesprächstraining, Managementtraining und Teamtraining) verwendet. Im interdisziplinären deutschsprachigen Feld wird der Begriff jedoch eher im eingeengten Sinne als Einüben von Verhalten verstanden.
Die Theorie des sozialen Lernens oder Modellernens von BANDURA (1969) sowie handlungspsychologische Grundlagen (SEMMER & PFÄFFLIN 1968) haben große Bedeutung für die Vermittlung sozialer Kompetenzen durch Rollenspielmethoden und Videokonfrontation. Auf LEWIN zurückgehende Methoden der →Gruppendynamik (→Sensitivity-Training) werden zur Sensibilisierung für die Wirkung des eigenen Verhaltens in Teams und zur Sensibilisierung für interpersonelle Konflikte eingesetzt. Durch die zentrale Bedeutung, die der organisationalen Innovation durch Förderung der →Kreativität zugemessen wird, zählt die Anwendung von psychologischen Techniken wie das →Brainstorming (OSBORN 1957) zu den universell verbreiteten Standardtechniken beim Kreativitätstraining.
Allgemein hohe Bedeutung haben kognitions- und handlungspsychologische Grundlagen auch im Bereich des Erwerbs sensomotorischer Fertigkeiten. Empfohlen wird eine Kombination von praktischen Übungen mit gezieltem Verhaltensfeedback und mentalem Training (Einübung der gedanklichen Vorstellung der Steuerung von Bewegungsabfolgen wie in einer Art «inneren Film». Vgl. ULICH 1967, VOLPERT 1985, →Lernen)

Denk- und handlungspsychologische Theorien werden ferner im Bereich der →Mensch-Computer-Interaktion genutzt, um abstrakte Strukturen und Prozesse zu veranschaulichen und die Entwicklung adäquater mentaler Modelle zu fördern. Beispiele sind Ablaufdiagramme, piktographisch gestaltete Orientierungsplakate zur Vermittlung der Arbeitsschritte beim Computer-Training (GREIF 1989) sowie Netzpläne zur Abbildung komplexer Tätigkeiten und Bedingungsgefüge bei CNC-gesteuerter Fertigung (KROGOLL et al. 1986).

Zur Verbesserung der Kompetenzen für die Bewältigung von komplexen Aufgaben und Problemen ist in der A. nach den Ergebnissen der Evaluationsforschung eine Vermittlung heuristischer Handlungsanleitungen nach Erkenntnissen anwendungsorientierter Forschung nützlich (HACKER & SKELL 1993). Computerunterstützte Unternehmensplanspiele werden verwendet, um spielerisch zu lernen, welche komplexen und riskanten Auswirkungen unternehmerische Entscheidungen haben können und wie sich komplex vernetzte Systeme steuern lassen. (GEILHARDT & MÜHLBRADT 1994).

Auf klassische Lerntheorien (→Lernen) wird in der interdisziplinären Forschung und Anwendung in diesem Bereich eher selten Bezug genommen. Ausnahme sind die Bereiche der programmierten Unterweisung und des Computer Based Trainings (CBT) in der Industrie (SHLECHTER 1991).

Insgesamt ist die Forschung und Anwendung im Gebiet der A. ein außerordentlich dynamisches Feld mit vielfältigen konkurrierenden und immer neuen Begriffen vermarkteten Konzepten, Techniken und Methoden. Große Bedeutung haben Selbstinstruktionstechniken (HACKER & SKELL 1993). In der gesamten gewerblich-technischen Lehrlingsausbildung haben vor allem die sogenannte Leittextmethode des Bundesinstitutes für Berufsbildung (BIBB 1987) und Abwandlungen dieser Methode große Verbreitung gefunden. Hier wird durch Leitfragen das selbstverantwortliche Informieren, Planen, Entscheiden, Ausführen, Kontrollieren und Bewerten an selbständig zu bearbeitenden Lernprojekten gefördert. Bei anderen Methoden des selbstorganisierten Lernens (GREIF, FINGER & JERUSALEM 1993) werden minimale Leittexte zur selbständigen Bearbeitung von Lernprojekten in einem Lernquellenpool zusammengestellt, aus dem die Lernenden individuell oder in Gruppen Aufgaben und Methoden zur praktischen Übung selbst auswählen können. Analog zur selbstorganisierten →Gruppenarbeit wird selbstorganisiertes Lernen nicht durch externe Experten angeleitet, sondern selbständig, unterstützt durch Lernberater, durchgeführt. Zur Förderung des Transfers des Gelernten in die Praxis werden Lernpartnerschaften und Umsetzungsvereinbarungen sowie Maßnahmen zum Transfermanagement (z. B. Fördergespräche, →Personalentwicklung) genutzt. Bei der Evaluation der Maßnahmen der A. wird nicht nur die Seminarzufriedenheit oder subjektiv eingeschätzte Nützlichkeit erfragt, sondern die praktische Umsetzung der Veränderungen unter Berücksichtigung fördernder und hindernder Bedingungen in der Organisation (→Organsiationsentwicklung). **[L]** GOLDSTEIN 1974, HACKER & SKELL 1993, SONNTAG 1989 *W. Echterhoff*

Auswahlgespräche →Einstellungsinterviews

Ausweglosigkeit →Aporie

Auswertung, die Verarbeitung von Rohdaten mit Hilfe statistischer Methoden. Die Datenerhebung kann über sehr unterschiedliche Techniken erfolgen (z. B. Interview, Beobachtung, Befragung). Experimente und Tests stellen eine besondere, standardisierte Technik der Datengewinnung für die empirische Ps. dar. Einerseits erfolgt die Anwendung von stat. Methoden mit dem Ziel, die Rohwerte durch stat. →Parameter zusammenfassend zu beschreiben (z. B. Mittelwert und Streuung), andererseits ermöglichen die stat. Methoden eine Aussage über die Generalisierbarkeit der bei der Datenerhebung gewonnenen Resultate (→Deskriptionsstatistik, →Inferenzstatistik, →Signifikanztest). Die Veranschaulichung und die Übersicht über die versch. Auswertungsschritte kann in Form von graphischen Darstellungen bzw. Tabellen erfolgen (→Häufigkeitsverteilung →Testprofil).

H. Häcker

Auszahlungsmatrix →Entscheidungstheorie, →Signaldetektionstheorie, →Interaktion

aut..., auto... [gr.] in Wortverb. selbst, eigen, persönlich, unmittelbar **[E]**

Autia, Grundwesenszug (M +) der 15 Persönlichkeitsdimensionen (**[T]** CATTELL, 16 PF). Er kennzeichnet eine allgemeine →autistische Neigung, eine Unbekümmertheit den praktischen Dingen gegenüber und ein →introvertiertes, phantasievolles Innenleben. Der Gegenpol (M -) wird als Praxernia bezeichnet. Dieser kennzeichnet praktisches, gewissenhaftes Verhalten. **[L]** CATTELL et al. 1970

Autismus, syn. autistisches, dereistisches Denken. Im allg. Sprachgebrauch «in Gedanken und Tagträumen versponnen sein». • E. BLEULER hat den Begr. in die Psychiatrie eingeführt für das besonders bei der Schizophrenie auftretende phantastische, traumhafte, affektiv-impulsive, undisziplinierte, auch unlogische Denken bei vorwiegend in sich gekehrtem, umweltabgewandtem Verhalten. • Zur Kennzeichnung eines affektiven Wunschdenkens hat BLEULER später (1917 – in einer beachteten Streitschrift zu psychiatr. Fragen) den Begr. auf nicht-psychotische Verhaltensweisen ausgeweitet.

Autismus, frühkindlicher, seltene Verhaltensstörung bei Kleinstkindern und im Kindesalter. Von kindlicher Schizophrenie diagnostisch abgrenzbar, wenngleich Überlappungen auftreten. Weniger als 10 % der kindlichen Schizophrenen sind Autisten. Symptome: Ablehnung der Zuwendung bereits im Babyalter, sozialer Rückzug, isolierte (motorische) Fertigkeiten *(«idiot savant»)*, häufig keine Sprachentwicklung, Aufmerksamkeitsstörung, oft attraktives Äußeres und hoher IQ bei Familienangehörigen.

Ursachen unbekannt, organische Störung des Zentralnervensystems wahrscheinlich. Sind möglicherweise im Mutterleib frühreif und damit sensorisch depriviert, was zu Atrophie retikulärer und thalamischer Aufmerksamkeitsstrukturen führt. Behandlung mit Verhaltenstherapie (operantes Lernen, LOVAAS 1967) indiziert, Prognose des Erwerbs von Sprache viel besser als vor Einführung verhaltenstherapeut. Methoden. [L] DAVISON & NEALE 1979, KEHRER 1978 *N. Birbaumer*

autistische Sprache tritt vorwiegend bei →Schizophrenie auf und zeigt die folgenden Charakteristika: primär auf den Sprecher selbst bezogen, fungiert nicht als interindividuell verbindliches Kommunikationsmittel; die Name-Begriff-Objekt-Beziehung ist gelockert; bizarr-verschrobene Sprachspiele treten auf (KAINZ 1943). →Sprachstörungen, →Autismus, →Echolalie. [L] GOLDFARB 1970 *H. Grimm*

Autobiographie, Darstellung des eigenen Lebenslaufes und damit Hinwendung der →Biographie und der →biographischen Methode auf die eigene Person. Die A. verlangt eine Selbstanalyse, bei der die typischen Persönlichkeitsmerkmale von dessen Träger richtig erkannt werden müssen.

Aus dieser Frage erwachsen dann auch die unterschiedlichen Bewertungen der A. für die ps. Diagnostik und die Therapie. Während H. A. MURRAY (1963) sie an die Spitze aller Untersuchungsmethoden stellt, meint dagegen G.W. ALLPORT: «Biographien, bes. Autobiographien, sind oft nichts anderes als ein charakterologischer Palimpsest. Das Bild, das die Wünsche des Bearbeiters befriedigt, ist nicht das wahre Bild.» • In der Geschichte der Ps. bedeuten A. als sog. «Bekenntnisse» bedeutsame Entwicklungsstufen. So die Bekenntnisse des Aurelius AUGUSTINUS mit einem Seelenverständnis, das weitgehend das Mittelalter bestimmt hat. Auch die bekenntnisartigen Lebenslaufschilderungen, wie sie LAVATER (1771), ROUSSEAU (1767), MORITZ (1785–1799) u. a. geboten haben, sind für die Gesch. der Ps. wichtig. Für Ch. BÜHLER war eine Sammlung von Tagebüchern wertvolle Grundlage bei ihrer Arbeit zur Ps. der Jugendlichen und zum menschlichen →Lebenslauf.

autochthone Dynamik, die «selbst-entstandenen» Organisationstendenzen, die nach gestaltps. Auffassung quasi automatisch infolge von Beziehungsmerkmalen der aufgefaßten Inhalte beim Denken und Lernen wirksam sind. Beispiele sind die Tendenz zur Schließung von Lücken oder die Erinnerung an Problemlösungshilfen oder sonstige Gedächtnisinhalte infolge geeigneter Abrufsignale. Die a.D. hält Denk-, Lern- und Reproduktionsprozesse von «innen» aus dem Material heraus in Gang und wird deshalb auch als intrinsische →Motivation bezeichnet. Im Ggs. dazu bedeutet allochthone Dynamik die Gesamtheit der «fremd-entstandenen» Energiemobilisierungen, z. B. durch Zeitdruck, Angst vor Strafe oder Anreiz durch Belohnung oder sonstige irrelevante, nicht zur Aufgabe gehörende Reize, auch extrinsische Motivation genannt. [L] GUTHJAHR 1959, BERGIUS 1964, 1971, HUNT 1965 *R. Bergius*

autochthone Handlungen, Handlungen mit Eigenmotivation

autochthone Ideen, syn. Zwangsideen, Bez. für Gedanken, die als «von außen eingegeben» erlebt werden. Gesteigert bei Neurosen und Psychosen, wobei die a.I. ohne allen Zusammenhang mit dem weiteren Denkverlauf sich geltend machen.

Autoerotismus, die beim Kinde oder bei auf Kindstufe narzißtisch fixierten Erwachsenen vorliegende Tendenz, Lust am eigenen Körper, also ohne Partnerbezug, zu gewinnen. Begr. stammt von H. ELLIS und wurde von FREUD übernommen.

Autogenes Training, bei dem von SCHULTZ (1956) entwickelten A.T. handelt es sich um ein Verfahren zur konzentrierten Selbstentspannung. Über eine Reihe von aufeinander aufbauenden Übungen erfolgt eine Sensibilisierung für körperliche Empfindungen und eine Verknüpfung derselben mit bestimmten Formeln («Arme ganz schwer», etc.), d. h. es wird erlernt, körperliche Vorgänge durch Konzentration auf bestimmte Formeln zu beeinflussen. Das AT ist vor allem im medizinischen Bereich ein gängiges Verfahren. Auf die Wirksamkeit gibt es Hinweise, die aber weiter zu sichern wären. Anwendungsbereiche u. a.: Schlafstörungen, psychosomatische und psychovegetative Störungen. →Entspannungsverfahren [L] SCHULTZ 1979 *F. Caspar*

Autographismus, selten gebräuchl. Bez. für →Dermographismus

Autohypnose [gr. *hypnos* Schlaf], hypnotischer Zustand, der rein autosuggestiv, aber auch (unterstützend) durch optische, akustische oder sensible Reize erreicht werden kann. Ggs. Heterohypnose, →Autogenes Training, →Yoga-Lehre, →Meditation, →Hypnose

Autokinese, autokinetisches Phänomen, betrachtet man im dunklen Raum einen in Ruhe befindlichen Lichtpunkt, so scheint sich dieser nach kurzer Zeit zu bewegen (sog. Punktschwankungen). Die schon von W. B. CARPENTER und von H. AUBERT beschriebene Erscheinung ist auch der Suggestion zugänglich und wurde in neuerer Zeit dazu herangezogen, die Beeinflussung des Urteils, die →Suggestibilität des einzelnen Beobachters durch die Urteile einer Gruppe zu untersuchen (M. SHERIF et al.).

Autokorrelation, Bez. für den inneren Zusammenhang einer (z. B. zeitlich geordneten) Reihe von Meßwerten. Konkrete Verfahren zur Bestimmung eines A.koeffizienten bestehen in der Berechnung der →Korrelationen der Meßwertreihe A,B,C,D,E, ... mit der um eine Position verschobenen Reihe B,C,D,E,F, ... (so daß die Maßzahlpaare A/B, B/C, C/D usw. in die Korrelationsrechnung eingehen) bzw. mit den um 2, 3 oder mehr Positionen verschobenen Reihen C,D,E,F,G, ..., D,E,F,G,H, ... usw. A.funktion ist die Abhängigkeit des Maßes der A. von der Größe der Verschiebung. *E. Mittenecker*

Automat, schon bei ARISTOTELES vorkommender Ausdruck für «sich selbst bewegende» und meist Staunen erregende, vom Menschen geschaffene Gegenstände (Wasserspender mit Münzeinwurf oder mechanisches Spielzeug). Heute Bezeichnung für ein meist komplexes elektronisch und/oder mechanisch realisiertes System, das auf bestimmte Eingaben (Knopfdruck, Ziffern, Zeichen, →Programm) mit der Ausführung mechanischer Vollzüge oder der Ausgabe von Zeichen reagiert. Zwischen Eingabe und Ausgabe liegt eine innere Verarbeitung der Eingangssignale, die weitere Informationsbeschaffung über die physikalische oder semantische Außenwelt enthalten kann.

Die mathematische Automatentheorie abstrahiert von mechanischen oder elektronischen Realisierungen und liefert eine allgemeine formale Beschreibung der Interaktion des abstrakten A. mit seiner Umwelt. Dabei wird von den Mengen der Eingabesignale, der Ausgabesignale und der Zustände des A. ausgegangen. Die Elemente dieser Mengen werden durch Funktionen aufeinander abgebildet. Beim deterministischen A. werden eindeutige (nicht notwendig ein-eindeutige) Abbildungen zugrunde gelegt, beim stochastischen A. sind einzelne Zuordnungen zufallsgesteuert mehrdeutig (Beispiele: Warenautomat, Spielautomat). Die physikalischen Eigenschaften der Teile, aus denen das Modell eines abstrakten A. gebaut wird, dienen der Realisierung der abstrakten Funktionen. Sind die Mengen der Eingangssignale, Ausgangssignale und Zustände endlich, spricht man vom finiten A. Die Leistungen eines deterministischen, finiten A. nennt man TURING-berechenbar (nach dem engl. Mathematiker A. M. TURING).

Lernende A. können in Abhängigkeit von der Außenwelt ihre inneren Funktionen ändern. Prozesse, die dem klassischen und dem operanten Konditionieren entsprechen, können in elektromechanischen Schaltungen ablaufen. Auch Computerprogramme können so aufgebaut werden, daß sie zunächst nur die Regeln etwa des Schachspiels enthalten, dann aber auf Grund von «Erfahrungen» im Spiel gegen menschliche Partner erfolgreiche Züge speichern und häufiger abrufen. Automaten zur Simulation des operanten Konditionierens benötigen einen Zufallsgenerator zur Auswahl möglicher Ausgänge und eine Bewertungsschaltung, die die Antwort der Außenwelt auf die gewählten Ausgänge im Sinne eines Zieles positiv oder negativ gewichtet. Mit der Speicherung dieser Gewichtungen baut der A. ein internes Modell der Außenwelt auf. [L] STEINBUCH 1961 *W. Glaser*

Automatie [gr. *automatos* aus eigenem Antrieb, selbsttätig], das vom Willen bzw. der

Bew.kontrolle unabhängig (oder sehr beschränkt abhängig) Ablaufende.

automatisches Schreiben →Automatismen

Automatisierung, die durch Wiederholung bzw. →Übung erreichte und oft auch beabsichtigte →Automatie körperlicher wie seelischer Abläufe. Viele Handlungen und Abläufe werden so zu →Automatismen. →Kybernetik. H. DÜCKER 1983 hält jedoch ein «unterschwelliges Wollen» bei vielen durch Übung scheinbar automatisierten «Handlungen» für erwiesen.

Automatismen, willensunabhängige Handlungen. Allgemein (FLOURNOY) solche, die einen bestimmten sinnvollen Zweck verfolgen, ohne daß ihr Träger diesen bei ihrem Eintreten erkannte. Den A. stehen die →«bedingten Reflexe» nahe. • Beim automatischen Schreiben in der Hypnose handelt es sich um eine Beantwortung von Fragen durch die Vp, ohne daß diese darauf achtet, sogar eine gänzlich andere Tätigkeit ausübt. In der Psychiatrie sind A. (E. BLEULER) die vom Willen und Bew. krankhaft abgeschirmten und auch mehr oder minder unmotivierten, fremdartigen, spontanen Handlungen. →Instinkt, Instinktlehre. • In der →Parapsychologie bezeichnet man als A. die unbewußten Bewegungen, die über Vorgänge wie Pendeln, Tischrücken u. a. registriert und gedeutet werden.

Automatograph, Vorr. zum Aufzeichnen unwillkürlicher Bewegungen.

Automorphismus, die (einseitig-subjektive) Beurteilung des Verhaltens anderer nach eigenem Maßstab.

Autonomasie, Sonderform der →Aphasie

autonome Veränderungen (→autochthone Dynamik), systematische Veränderungen von Gedächtnisinhalten, die auf Gestalt-Gesetze (F. WULF) bzw. eine Tendenz zur Herausbildung stabiler Organisation von Gedächtnisinhalten zurückzuführen sind. Nach K. KOFFKA haben stabile Organisationsformen einen «höheren Überlebenswert» als ungeordnete, «chaotische» Formen. Spezielle Organisationsformen sind →Schemata, in denen allgemeine Regeln und individuelle Erfahrungen die Gedächtnisinhalte beeinflussen (F. BARTLETT, K. KOFFKA, D. E. RUMELHART), *«frames»* (M. MINSKY), bzw. *«scripts»* (R. C. SCHANK & R. P. ABELSON), d. h. drehbuchartig festgelegte Ereignisabläufe, in denen nur an vorgegebenen Stellen die spezifischen Erinnerungen eingeordnet werden können, und *«story grammars»*, d. h. quasisyntaktische Regeln für die Generierung und Reproduktion von Geschichten, die den jeweiligen kulturellen Normen genügen (J. MANDLER, G. THORNDIKE). [L] GOLDMEIER 1982 *A. Zimmer*

autonomes Nervensystem →Nervensystem

autonomes Verhalten, weitgehend unabhängiges, selbstgesteuertes Verhalten

Autonomie, Konstrukt in der MURRAYschen «need»-Hierarchie, Bezeichnung für Autonomiestreben

Autonomie, funktionelle, Unabhängigkeit eines Motivsystems von dem →Primärtrieb, der es früher einmal entstehen ließ. Der Begr. wurde von G. W. ALLPORT eingeführt. Syn.: Motiv-Autonomie.

Autoplastie, autoplastisch [gr. *plassein* bilden, formen], Selbstformung. • Bez. von FREUD für diejenige Realitätsverarbeitung, bei der die reale äußere Umwelt abgewiesen bzw. zu einer inneren Ersatzwelt umgearbeitet wird. A. ist nur sich selbst verhaftet sein. Ggs. →Alloplastie, alloplastisch. • autoplastisches Krankheitsbild, das «Eigenbild» des Patienten über sein Kranksein bzw. die psychogene Überformung einer Krankheit durch den Patienten.

Autopoiese, autopoietisch, aus der Soziologie (MATURANA & VARELA 1987, LUHMANN 1991) stammender Begriff, der in der Psychologie die Selbsterhaltumng eines psychischen Systems durch Rückbezug jeder Operation auf sich selbst (Selbstreferenz) bezeichnet. Psychische Systeme leben nach diesem Ansatz aus sich selbst heraus, reproduzieren sich selbst und sind somit in sich geschlossen. Sie erhalten dadurch ihre Stabilität und ihre Beharrungstendenz. [L] LUHMANN 1991, MATURANA & VARELA 1987 *W. Echterhoff*

Autopsyche →Allopsyche

Autorezeptor, Rezeptoren eines Neurons, über die dessen Neurotransmitterausschüttung reguliert wird. Dies geschieht in der Regel über negative Rückkoppelung. A. sind präsynaptisch an Axonterminals oder somatodendritisch lokalisiert. Erstere (präsynaptische A.) hemmen die Neurotransmitterausschüttung oder -synthese. Letztere (somatodendritisch) reduzieren die Zellfeuerungsrate, was ebenfalls zu einer reduzierten Neutransmitterfreisetzung führt. In der Regel entsprechen A. einem spezifizierbaren Rezeptorsubtyp (z. B. α_2 bei noradrenergen Neuronen), die aber auch postsynaptisch als Rezeptoren vorkommen können. Auch Pharmaka können rezeptoragonistische bzw. -antagonistische Wirkungen über A. entfalten und wirken dadurch invers (z. B. Reduktion noradrenerger Aktivität durch α_2-Agonist Clonidin). [L] FELDMAN et al. 1997

W. Janke/M. Ising

autoritäre Atmosphäre, Deskription eines Gruppen-Führungsstils, in dem dirigierende Anordnungen (häufige Befehle) die Tätigkeiten unterbrechen sowie persönliches Lob und Tadel, insbes. in Form unkonstruktiver Kritik, vorherrschen. [L] LEWIN, LIPPIT & WHITE 1939

autoritäre Persönlichkeit →Autoritarismus

Autorität, Bez. für eine Beziehung zwischen Personen, in der eine (oder mehrere) Person(en) durch Befehle, Vorschläge od. Wünsche wiederholt einen Einfluß in der von ihr (ihnen) gewünschten Richtung ausübt (ausüben). • A. bezeichnet auch die Person, die A. hat, d. h. die Macht besitzt zum Beeinflussen durch (a) Kompetenz, (b) überkommenes Ansehen, (c) Machtmittel (Möglichkeit zur Verhängung von Sanktionen). Die Quellen (a) und (b) bzw. (c) bezeichnen manchmal «innere» bzw. «äußere» A. →Macht

Autoritarismus, (allg.) Bez. für eine generalisierte Einstellung bzw. ein System von Meinungen, Einstellungen und Werthaltungen; (spez.) Bez. für das von ADORNO et al. über Interviews und projektive Verfahren ermittelte und mit der F-(Faschismus-)Skala definierte Einstellungssyndrom des Antisemitismus, Ethnozentrismus, Faschismus und politischen Konservatismus. Das Syndrom der autoritären Persönlichkeit, hervorgerufen durch eine hierarchische und ausbeuterische Eltern-Kind-Beziehung kann nach Meinung der Autoren zu einer politischen Ideologie werden, die sich sowohl in privaten wie in öffentlichen Beziehungen in einer Doktrin der Stärke äußert. Versuche, ein Syndrom A. in Form von stabilen Korrelationen zu Merkmalen, wie Konformität, Abhängigkeit von Autorität, überdurchschnittliche Kontrolle der Gefühle und Impulse (→Konventionalismus), Rigidität des Denkens und Ethnozentrismus zu finden, haben zu unbefriedigend niedrigen Resultaten und z. T. widersprüchlichen Ergebnissen geführt. Inzwischen sind mehrere Versuche einer konzeptuellen Revision erfolgt.(vgl. z. B. ALTEMEYER 1988). Mit geringer gewordenen Ansprüchen erlebt das Konzept seit Beginn der 90er Jahre eine Wiederbelebung. [L] ADORNO et al. 1950, CHRISTIE 1991, CHRISTIE & JAHODA 1954, STONE et al. 1993, LEDERER & SCHMIDT 1995, ALTEMEYER 1996 *B. Six*

autoshaping [engl.], (lerntheor.) Selbstformung. →shaping

Autostereotyp →Stereotyp

Autosuggestion [lat. *suggerere* eingeben], Selbsteinredung. Eine Beeinflussung des Urteils und der Vorstellungen, die vom Individuum selbst bewußt oder unbewußt hervorgerufen wird. A. wird auch zur psychotherapeutischen Behandlung in der →Hypnotherapie angewendet. Bei schwereren Problemen ist eine Indikation sehr sorgfältig vorzunehmen. Autosuggestion kann auch zum Verschleppen einer Lösung führen. →Suggestion, →Couéismus, →Autogenes Training

Autotelie, Heterotelie, zwei Bez. von W. STERN (gebildet entsprechend Autonomie, Heteronomie) zur Kennzeichnung der Ausrichtung der Person auf «Selbstzweck» *(telos)*, Selbstentfaltung oder auf «Fremdzwecke» (übergeordnete, von außen kommende reale oder ideale Aufgaben).

autotelisch [gr. *telos*, Ziel], das a. Verhalten ist sich selbst Zweck, a. ist ein Merkmal des Verhaltens, das auf WOODWORTHS (1918) Verhaltensprimat zurückführt; es bedeutet, daß mit der a. Aktivität kein sekundärer Zweck erreicht wird, sondern allein der Ablauf dieser Aktivität selbst das Ziel ist. In Persönlichkeitstheorien der Selbstverwirklichung ist a. Verhalten von den auf das Selbst gerichteten Strebungen bestimmt, es dient der Selbstbehauptung, Selbstverteidigung und Selbstentwicklung und ist trotzdem der Sozialisierung nützlich (funktionelle →Autonomie und →Proprium nach ALLPORT). →Intrinsische Motivation. [L] CSIKSZENTMIALYI 1975, MOORE & ANDERSON 1960 *R. Bergius*

Aux, Auxiliarkomplex →Lexikon

AV, Abk. für abhängige Variable

availability [engl. Verfügbarkeit], in der Gedächtnisps. u. Psycholinguistik wird zwischen a., d. h. dem Vorhandensein eines Items im Speicher, ohne daß es auch abrufbar ist, und der *accessibility* oder Zugänglichkeit, d. h., daß es vom Abruf erreicht wird, unterschieden. Nach TVERSKY & KAHNEMANN (1973) bestimmt bei Urteils- und Entscheidungsprozessen a. der Ereignisse die subj. Wahrscheinlichkeit ihres Auftretens (*a.heuristic* = Verfügbarkeits-Heuristik). [L] KAHNEMANN et al. 1982, STRACK 1985 *R. Bergius*

Aversionstherapie, Anwendung aversiver Reize mit dem Ziel, unerwünschte Verhaltensweisen auszumerzen oder abzuschwächen. Aversive Reize finden in der →Verhaltenstherapie sowohl im Rahmen klassischer als auch im Rahmen operanter Konditionierung Verwendung.

In der aversiven Konditionierung nach dem klassischen Modell (aversive Gegenkonditionierung) sind die aversiven Reize stimuluskontingent; ein bestimmter Reiz (z. B. Zigarette) soll durch die zeitliche Koppelung mit einem unangenehmen Reiz (z. B. elektrischer Schlag) selbst negativ affektbesetzt werden. Die beiden am häufigsten gebrauchten aversiven Reize sind übelkeitserregende Drogen und elektrische Schocks. Eine neuere Entwicklung der klassischen aversiven Konditionierung stellt die «symbolische aversive Konditionierung» dar: unerwünscht attraktive Reize werden nicht mit direkten externen aversiven Reizen, sondern mit unlustvollen Vorstellungen gekoppelt. Anwendungsbereiche: Alkoholiker- und Rauchertherapie, Modifikation sexueller Störungen. • In der aversiven Konditionierung nach dem operanten Modell (→operante Konditionierungstherapien) sind die aversiven Ereignisse reaktionskontingent; sie sollen als Konsequenzen einer bestimmten Verhaltensweise eben diese Verhaltensweise eliminieren. Anwendungsbereiche: Enuresis-Behandlung, Modifikation von selbstzerstörerischen Verhaltensweisen. Voraussetzung für A. ist Freiwilligkeit, da sonst mit Rückfällen zu rechnen ist, sobald die therapeutische Kontrolle nachlässt. Wenn immer möglich, werden heutzutage therapeutische Ansätze bevorzugt, die nicht oder nicht wesentlich auf dem Einsatz aversiver Elemente beruhen. **[L]** BRUSH 1971

M. Limbourg/F. Caspar

aversiver Reiz, widriges Ereignis, das eine Vermeidungsreaktion auslöst. Negativer Verstärker, dessen Aufhören ein verstärkendes Ereignis für die Reaktion ist, die das Entkommen (oder Meiden) ermöglicht hat.

avoidance [engl.] →Abwehr, Vermeidung

avoidance-avoidance-conflict →Annäherungskonflikt

awareness [engl. Bewußtheit], wache Bewußtheit (zu inneren wie umweltbezogenen Ereignissen), Gewahrsein. • In der →Gestalttherapie von F. S. PERLS ist a. «integraler Teil der organismischen Selbstregulation» (SÜSS et al. 1978). Sie ermöglicht die Wahrnehmung vorherrschender Bedürfnisse und damit erhöhte Differenzierung zw. Organismus und Umwelt. PERLS unterscheidet drei Zonen: «interne a.» (sensorischer Kontakt zu den inneren Ereignissen der Person), «externe a.» (sens. Kontakt zu Objekten und Ereignissen der Umwelt), «intermediäre a.» (alle mentalen Prozesse).

AWG, Abk. für →Ausgangswertgesetz von WILDER (1931)

Axiom [gr. *axioma* Wertschätzung, als wahr angenommener Grundsatz], Postulat, Grundannahme einer (formal- oder erfahrungswissenschaftlichen) →Theorie, die im Rahmen dieser Theorie selbst nicht deduktiv ableitbar ist. A. dienen dazu, andere Aussagen (Theoreme) aus ihnen abzuleiten. A. innerhalb erfahrungswissenschaftlicher Theorien werden anhand der empirischen Konsequenzen dieser Theorien geprüft. Die frühere Auffassung, daß A. «evident» und einer Begründung weder fähig noch bedürftig seien, ist heute kaum mehr von Bedeutung. *V. Gadenne*

axiomatisch ist eine Aussage, die innerhalb einer Theorie als →Axiom dient.

axiomatische Methode, die Ordnung der Begriffe und Aussagen einer Wissenschaft derart, daß bestimmte Aussagen – die →Axiome – an den Anfang gestellt werden und die übrigen Aussagen durch rein logische Ableitung gewonnen werden können.

Axon [gr.], der der nervlichen Erregungsleitung dienende, meist lange (1 m und darüber) Achsenzylinderfortsatz der Nervenzelle (= Neurit). →Neuron, →Dendrit

Azapirone, neuere Psychopharmakagruppe, zu den atypischen →Tranquillantien gehörend. Sie wirken an den Serotonin-Rezeptoren ($5HT_1a$). Wichtige Stoffe sind →Buspiron (Bespar®), Gepiron und →Ipsapiron. Therapeutische Wirkung bei Angst und Depression. Bei Gesunden wenig desaktivierende Wirkungen. Emotionale Wirkung unklar. Bei Tieren ist ein sog. Serotoninsyndrom beschrieben worden, u. a. Ruhetremor, Muskelspannung. Auch Hyperaktivtät wurde berichtet. **[L]** DEAKIN 1993, FELDMAN et al. 1997

W. Janke

B

Babinski, Joseph François Félix (1857–1932), Neurologe poln. Herkunft, Schüler u. Nachfolger CHARCOTS / Paris

Babinski-Reflex, Erkennungszeichen für eine Schädigung der Pyramidenbahn. Nach festem Bestreichen der Fußsohle (bes. des Randes) kommt es zur Beugung der Großzehe nach oben. Beim Kleinkind bis 2. Lebensjahr noch normal. Syn. Fußsohlenreflex, Großzehenreflex.

baby-talk [engl.] →Ammensprache

background [engl.], Hintergrund, soziale Herkunft →Figur-Grund-Verhältnis, Ankerreiz

backward time perspective [engl.], rückwärts gerichtete →Zeitperspektive

Baclofen, WZ Lioresal®, Pharmakon zur Gruppe der zentralen →Muskelrelaxantien gehörend. Derivat von GABA und selektiver Agonist am $GABA_{AB}$-Rezeptor. Eingesetzt bei spastischen Muskeltonuserhöhung. Starke Wirkung, kurze Wirkungsdauer (Halbwertzeit nur 1 h). Desaktivierende Effekte.

Bahnung [engl. *facilitation*], (allg.) durch Wiederholung bzw. Einübung werden die dem Menschen (auch dem Tier) zukommenden Eindrücke zunehmend beherrscht, gleichsam vertrauter.

• (neurophysiolog.) Im Zentralnervensystem erfahren die Erregungsabläufe durch weitere, zusätzliche Erregung eine «Förderung», es erfolgt sozusagen ein «Einschleifen» von Spuren in Gehirn und Nervenbahnen. Der Vorg. ist bedeutsam beim →Lernen, →bedingten Reflex und der →Summation der Reize. • Bei FREUD ist B. der zentrale Begr. bei der Beschreibung des Neuronenapparates. Im Übergang von einem Neuron zum anderen besteht ein bestimmter Widerstand, der durch B. verminderbar ist. FREUD vertrat zudem die Auffassung, daß bei jeder nervösen Erregung der gebahnte Weg vor dem ungebahnten bevorzugt werde.

Bahnungstheorie →Aufmerksamkeit

Balance-Theorien, Gleichgewichtstheorien, betonen, daß wir ausgeglichene, konsistente Meinungen und Systeme bevorzugen. Explizite B.-T. gehen auf den phänomenologisch-gestaltps. Ansatz von HEIDER (1946, 1958) zurück.

Er betrachtet die sozialen Beziehungen in der Triade (mit Beurteilungsgegenstand: p (wahrnehmende und erkennende Person = Ich), o *(the other)* und x (ein Gegenstand in der sozialen Umwelt von p)). Gleichgewicht herrscht immer dann, wenn das algebraische Produkt der gegenseitigen Urteile (+ Mögen, Einheit; – Abneigung, Trennung) bzw. deren Vorzeichen positiv ist (z. B. +++ oder +– –). Erweiterungen dieses Ansatzes: ABELSON & ROSENBERG (1958), NEWCOMB (1959, 1968), OSGOOD & TANNENBAUM (1955). Im Hinblick auf die Vermeidung von Ungleichgewichtszuständen ergibt sich – ebenso wie in LEWINS Einfluß auf HEIDER und FESTINGER – eine Verbindung zur Theorie der →kognitiven Dissonanz und dem →Reaktanz-Prinzip. IRLE (1975) betont dagegen die «fundamentalen Differenzen». →Konsonanztheorien, →Äquilibration.

Baldwin-Täuschung, zwei objektiv gleichlange Strecken, von denen eine durch große, die andere durch kleine Quadrate begrenzt wird, scheinen verschieden lang zu sein; die erstere erscheint kürzer als die zweite. Die Täuschung verschwindet bei kurzen Strecken und bei Fixierung aus 1 m Entfernung. **[L]** BREDENKAMP 1982

Balint-Gruppe, benannt nach dem Arzt und Analytiker Michael BALINT. Ursprünglich vor allem Gruppen für Ärzte mit dem Ziel, die affektiven Komponenten der Arzt-Patient-Beziehung zu reflektieren und zu verbessern. Die Gruppenarbeit geht von Fallbesprechungen aus der eigenen Praxis aus und ist überwiegend analytisch orientiert. Mittlerweile gibt es BALINT-Gruppen für viele andere, vorwiegend soziale Berufsgruppen und Studenten (Junior-BALINT-Gruppen). *L. Schmidt*

Balint, Michael (1896–1970), ungar. Psychoanalytiker / London

Balken →Gehirn

Ballard-Williams-Phänomen, Gelerntes wird nach längerem zeitlichen Abstand besser reproduziert. →Reminiszenz

Ball-im-Feld-Test [T] TERMAN

Ballismus [gr. *ballein* werfen, schleudern], syn. ballistisches Syndrom. Plötzliche, unwillkürliche, heftige →Hyperkinese und Schleuderbewegungen der Arme oder Beine, beruht auf Erkrankung des extrapyramidalen Systems.

ballistische Bewegung, schnelle, kurzdauernde Bewegung, die durch ein →Bewegungsprogramm gesteuert wird und in ihrem Verlauf nicht verändert werden kann. Ggs. kontrollierte Bewegung *H. Heuer*

Balzverhalten, (biol.) Bestandteil des →Fortpflanzungsverhaltens; durch Werbezeremonien wird die Aggression der Geschlechtspartner herabgesetzt und die Paarungsbereitschaft erhöht.

Bandbreite, Maß für das Verhältnis von Informationsmenge und -güte je Zeiteinheit. Es können über einen Kanal entweder sehr viele «Nachrichten» nur ungenau oder aber wenige, diese sehr genau übertragen werden. CRONBACH & GLESER (1957) haben den aus der Informationstheorie übernommenen Begr. und den komplementären Begr. der Wiedergabegenauigkeit (→fidelity) auf die psychodiagnostische Datensammlung angewendet. Bei der Auswahl der Verfahren für eine diagnostische Datensammlung hat sich der Untersucher für ein angemessenes Verhältnis zwischen B. und Genauigkeit zu entscheiden. Sollen z. B. für die Berufsberatung in einer zur Verfügung stehenden Zeit die berufsbezogenen, allgemeinen Leistungen getestet werden, so kann entweder eine Leistung mit mehreren Tests sehr genau, oder mehrere Leistungen (sprachliche, rechnerische) mit nur je einem Test ungenau erfaßt werden. Die →psychometrischen Testverfahren sind in der Regel auf große Genauigkeit hin konzipiert, während die →projektiven Verfahren eher eine große Bandbreite besitzen. [L] CRONBACH & GLESER 1957 *H. Häcker*

bandwagon-Effekt [engl. *bandwagon* Musik-Wagen an der Spitze des Zuges, i. ü. S. erfolgversprechende Sache], Gewinner-Effekt, auch (ungenau) Mitläufer-Effekt genannt, also Konformitätsdruck, der durch die Mehrheit der Personen ausgeübt wird, mit denen man sich identifiziert oder identifizieren möchte. Der b.-E. wird z. B. bei Wählern beobachtet, die nach Bekanntwerden von demoskopischen Umfrage-Ergebnissen den Kandidaten der Majorität wählen. Ggs. →underdog-Effekt: Der vermutlich verlierende Kandidat wird gewählt.

Bandzauber, Vorst., daß durch ein Band, eine Schnur, etwas geheimnisvoll gesichert und verzaubert sei. Beispiel: Lendenschnur der Naturvölker. Der Eheringwechsel geht auf ähnliche Anschauungen zurück.

Barbiturate, syn. Barbitursäurederivate, Psychopharmaka mit ZNS dämpfendem Einfluß. Therapeutisch als →Hypnotika und →Sedativa, auch als →Anxiolytika angewandt, heute weitestgehend durch Benzodiazepine verdrängt, jedoch heute noch benutzt als →Narkosestoffe und →Antiepileptika. B. beeinflussen den $GABA_A$/Benzodiazepin-Rezeptorkomplex. B. steigern nicht nur die Bindungsfähigkeit von →GABA und den →Benzodiazepinen an ihren Bindungsstellen, sie können auch GABA-unabhängig den Chloridionenfluß des mit dem $GABA_A$-Rezeptor gekoppelten Chloridionenkanals erhöhen. Ps. viel untersuchte Stoffe sind Barbital, Cyclobarbital und Phenobarbital. Überwiegend treten Veränderungen in Richtung →Desaktiviertheit auf. Bei manchen Personen paradoxe Aktivierung. [L] RIEDERER et al. 1993, DE WIT & GRIFFITHS 1991, FROWEIN et al. 1981, MIRETZKY 1995 *W. Janke/M. Reuter*

Bard, Philip (1898–1977), Psychologe, Cambridge (Harvard Univ.) →Cannon

bargaining games [engl.], Verhandlungsspiele. →Verhandeln

Barriere, in LEWINS →topologischer Psychologie (1969) eine Region im →Lebensraum, die →Lokomotion behindert; in der Problemlösungspsychologie die Beschaffenheit desjenigen Anteils der Problemsituation, der das Zustandekommen der Problemlösung zunächst verhindert. Danach können Problemtypen als B.typen unterschieden werden (DÖRNER & KAMINSKI 1988), etwa «Interpolationsb.», «Syntheseb.», «dialektische B.». *G. Kaminski*

Bartlett, Maurice Stevenson (*1910), Prof. für Biomathematik / Univ. of Oxford

Bartlett-Test, ein statistisches Verfahren zur gleichzeitigen Prüfung der Homogenität der Varianzen von zwei oder mehreren unabhängigen Stichproben. *G. Mikula*

barykinetischer Typus [gr. *barys* schwer] →Typologie (Konstitutionstypen)

Basalganglien →Gehirn

Basalhirn →Gehirn

Basedow-Krankheit, die auf Überfunktion der Schilddrüse beruhende Krankheit mit Augenvortreibung (Exophthalmus), Kropf (Struma) und Herzjagen (Tachykardie), der sog. Merseburger Trias. Die ps. Begleitsymptome sind: gespannte Erregtheit, Angstzustände, zunehmende Nervosität, verminderte Leistungsfähigkeit. Krankheitsauslöser können u. a. auch ps. Belastungen sein (Schreck- bzw. Schock-BASEDOW).

basedowoid, unvollständige Ausprägung der BASEDOW-Krankheit. • (ps.) auch svw. →B-Typ

Basedow, Karl Adolph v. (1799–1854), Arzt / Merseburg

Basedow-Psychose, die zur Geisteskrankheit gesteigerten ps. Begleiterscheinungen der BASEDOW-Erkrankung mit Verwirrtheitszuständen und Delirien.

baseline [engl. Grundlinie], Ausgangswert, Ausgangsniveau, →Basisrate

basilar, svw. zur Basis gehörig, basal

Basilarmembram →Ohr

Basisrate, die Häufigkeit des Vorkommens eines «Merkmals» (z.B. einer Verhaltenseinheit) in der Grundgesamtheit (→Population) oder bei einer Vp oder einer Klientengruppe vor Beginn einer Behandlung (→treatment).

Bastard, (biolog.) in der →Genetik bezeichnet der Begriff Bastard oder Hybrid ein Individuum, das ein oder mehrere unterschiedliche →allele Gene hat. →Homozygotie und Heterozygotie. *V. Preuss*

Bastel-Test [T] GIESE, HANSELMANN

batch, exp. Gruppe (in Abhebung von *group*, soziale Gruppe).

Bathyästhesie [gr. *bathys* tief, *aisthesis* Empfindung], Tiefenempfindlichkeit. Sensibilität der in der Tiefe (unter der Haut) liegenden Muskeln, Gelenke, Organe usw.

Bauchredner-Effekt, Dominanz der gesehenen Position einer Schallquelle über die gehörte Position (→räumliches Hören, →räumliches Sehen), benannt nach dem Beispiel des Bauchredners (auch im Kino/Fernsehen deutlich zu beobachten). *H. Heuer*

Baumdiagramm [gr. *diagramma* Umriß, geometrische Figur], Baumgraph, Strukturbaum, in der →Grammatik Mittel zur graphischen Darstellung der hierarchischen →Struktur von →Sätzen. Häufig verwendet in der →Phrasenstruktur-Grammatik sowie der →generativen Transformations-Grammatik, aber auch in der Dependenz-Grammatik (→Valenz). Beispiel (nach der Phrasenstr.-G.):

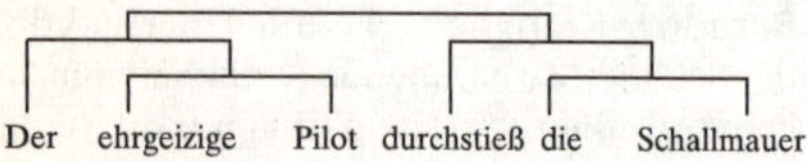
Der ehrgeizige Pilot durchstieß die Schallmauer

Baum-Test [T] KOCH

Bauprobe [T] KLEMM

Bayes-Theorem, auch BAYES-Gesetz, BAYES-Formel genannt, wurde von dem englischen Geistlichen Th. BAYES aufgestellt und 1763, zwei Jahre nach seinem Tode, veröffentlicht. Das Theorem gestattet die Berechnung einer aposteriori-Wahrscheinlichkeit p(B/A) – das ist die Wahrscheinlichkeit für das Eintreten des Ereignisses B unter der Bedingung, daß A bereits eingetreten ist – auf Grund von gegebenen a-priori-Wahrscheinlichkeiten.
Wenn $B_1, B_2 \dots B_n$ einander ausschließende Ereignisse sind, wobei $p(B_1) + p(B_2) + \dots p(B_n) = 1$, ist die bedingte Wahrscheinlichkeit $p(B_i/A)$ für jedes der Ereignisse B_i, bei bereits eingetretenem A, gegeben durch

$$p(B_i/A) = \frac{p(B_i)\,p(A/B_i)}{p(B_1)\,p(A/B_1) + p(B_2) + \dots + p(B_n)p(A/B_n)} = p(B_i)\,\frac{p(A/B_i)}{p(A)}$$

Die induktive →Statistik macht neuerdings zunehmenden Gebrauch vom B. als Basis für die Revision von Wahrscheinlichkeiten auf Grund von Beobachtungsdaten u. damit für die Optimierung von Entscheidungen. *E. Mittenecker*

Bayes, Thomas (1702–1761), Mathematiker u. Statistiker / Geistlicher in Royal-Tunbridge-Wells (Kent)

BDP, Abk. f. Berufsverband Deutscher Psychologinnen und Psychologen e.V.
Der Berufsverband Deutscher Psychologinnen und Psychologen e.V. (BDP) – gegründet 1946 – ist die berufsständische Vereinigung der angestellten, beamteten und selbständigen Diplom-Psychologinnen und Diplom-Psychologen in Deutschland. Am 01.01.1998 gehörten dem Verband rund 21.000 Mitglieder an, das sind ca. 2/3 der berufstätigen Diplom-Psychologinnen und Diplom-Psychologen. Voraussetzung für die Mitgliedschaft ist ein abgeschlossenes Psychologiestudium an einer deutschen Universität oder eine gleichwertige Ausbildung im Ausland. Studierende werden nach dem Vordiplom als außerordentliche Mitglieder aufgenommen. Alle BDP-Mitglieder verpflichten sich zur Einhaltung der Berufsordnung für Psychologen und erkennen die Berufsausübungskontrolle durch das – unabhängige – Ehrengericht des Verbandes an.
Die BDP-Mitglieder organisieren sich in 16 Landesgruppen sowie in 12 Fachsektionen, die die Interessen der in den jeweiligen Tätigkeitsfeldern arbeitenden Diplom-Psychologinnen und Diplom-Psychologen vertreten. Der «Verband Psychologischer Psychotherapeutinnen und Psychotherapeuten im BDP» (rund 4.000 Mitglieder) ist der Zusammenschluß der in der Heilkunde psychotherapeutisch tätigen Kollegen, die nach Inkrafttreten eines Psychotherapeutengesetzes für ihre an-

gestellte oder niedergelassene Tätigkeit einer Approbation bedürfen. Auch Arbeits-, Betriebs- und Organisationspsychologen, Schulpsychologen, Verkehrspsychologen, Klinische Psychologen, Politische Psychologen und Rechtspsychologen haben sich zu eigenen Fachvertretungen innerhalb des BDP zusammengeschlossen.

Neben der unmittelbaren Vertretung der Interessen des Berufsstandes gegenüber der Politik, Behörden und gesellschaftlichen Gruppen sieht der BDP seine Hauptziele und wichtigsten Aufgaben in der Information der Öffentlichkeit über die Psychologie als Wissenschaft und Beruf, außerdem in der Mitwirkung bei der Beratung und Unterstützung der Bevölkerung und Fragen der Gesundheitsversorgung, der Gestaltung des Arbeitslebens und der Anwendung psychologischer Fachkunde. Der Verband veranstaltet Fachkongresse und Fachtagungen zum Austausch von Berufserfahrungen und wirkt durch die Deutsche Psychologen Akademie bei der psychologischen Aus-, Fort- und Weiterbildung sowie bei Fragen des psychologischen Unterrichts mit. Wie die →DGfPs ist auch der BDP in der Föderation Deutscher Psychologenverbände zusammengeschlossen.

Der Verband unterhält in Bonn eine Bundesgeschäftsstelle mit rund 40 Mitarbeitern. Ihr sind die Vertragsabteilung Psychotherapie (Beratunsgszentrum für Krankenkassen, Behörden, Verbände, Behandler und Patienten zu Fragen der Psychotherapie), der Bürgerservice Psychotherapie-Informations-Dienst PID (Vermittlung von Psychotherapeut(inn)en), die Deutsche Psychologen Akademie, der Deutsche Psychologen Verlag und der Wirtschaftsdienst (Versicherungsdienstleistungen für Diplom-Psycholog(inn)en) angegliedert. Außerdem verfügt der BDP über ein Büro in Berlin sowie bundesweit über Geschäftsstellen der Untergliederungen. *H.-W. Drewe*

Beanspruchung, (allg.-ps.) die subjektive Auswirkung einer von außen einwirkenden →Belastung. Nach BARTENWERFER (1961) ein «biologischer Vorgang der allmählichen Schwächung der psychophysiologischen Struktur des Individuums infolge anhaltender psychischer Aktivität». Die Schwächung pflegt sich in der Verschlechterung bestimmter Leistungen auszudrücken oder in der Vergrößerung der nötigen psychischen →Anstrengung je Leistungseinheit. Außerdem pflegen physiologische Reaktionen verändert zu sein. Als Hinweisreize für das Ausmaß der erlebten Beanspruchung dienen interne Signale wie Muskelschmerzen, Augenbrennen, aber auch →Ermüdungserscheinungen. Demgemäß hängen inter- und intraindividuelle Unterschiede in der Intensität des Beanspruchungserlebens direkt mit der wahrgenommenen Stärke der Hinweisreize zusammen. →Stress (HOLLING 1989)

Arbeitswissenschaftlich wird psychische B. definiert als die individuelle, zeitlich unmittelbare und nicht langfristige Auswirkung der psychischen Belastung im Menschen in Abhängigkeit von seinen individuellen Voraussetzungen und seinem Zustand (DIN-Norm Nr. 33405, Normenausschuß Ergonomie 1987), komplementär dazu wird →psychische Belastung verstanden als die Gesamtheit der erfaßbaren Einflüsse, die von außen auf den Menschen zukommen und auf ihn einwirken. Die Begriffe psychische Belastung und Beanspruchung sind sehr allgemeine, neutrale Begriffe. →Streß am Arbeitsplatz läßt sich als spezifische Art psychischer Beanspruchungen eingrenzen (GREIF 1991 b). Als Bruttobeanspruchungskriterien der Ausdauer/Leistungsfähigkeit werden heute die max. Sauerstoffaufnahme und definierte Blutlaktatkonzentrationen bezeichnet. Beide Beanspruchungsparameter hängen funktionell mit einem gesteigerten muskulären Energieumsatz zusammen, der zwar für das Leisten bei beruflichen oder sportlichen Aktivitäten notwendig, aber allein nicht hinreichend ist.

Grundlegende psychologische Beiträge hat bereits DÜKER mit dem von ihm entdeckten Phänomen der →reaktiven Leistungssteigerung geliefert. Für die neuere arbeitswissenschaftliche Literatur wird auf HACKER & RICHTER (1984), NACHREINER (1988) und SCHÖNPFLUG (1987) verwiesen. Heute ist die interdisziplinäre Belastungs- und Beanspruchungsforschung ein außerordentlich umfangreiches Gebiet und untersucht vielfältige allgemein bedeutsame Umgebungsbelastungen (z. B. Lärm, Hitze, Staub und Schadstoffe), Zeitdruck oder →Schichtarbeit sowie auch spezielle Belastungsbedingungen z. B. Handlungsunterbrechungen bei systembedingten Wartezeiten am Computer (→Systemresponsezeiten). In Felduntersuchungen über Belastungen und Beanspruchungen am Arbeitsplatz finden sich häufig Mehrfachbelastungen (DUNCKEL 1991).

Psychophysiologische Untersuchungsmethoden und Indikatoren werden von BOUCSEIN (1991) dargestellt, ausgewählte standardisierte arbeitspsychologische Untersuchungsverfahren, die Skalen zur Analyse von Belastungen und Beanspruchungen enthalten, finden sich im Methodenanhang **[T]**, vgl.BMS, ISTA, FAA, RHIA, TAI, TBS. Methoden der Beanspruchungsanalyse bei Doppeltätigkeiten beschreibt WIELAND-ECKELMANN (1992).

C. Becker-Carus/S. Greif

Becherkeim →Gastrula

Becking, Gustav (1894–1945), Musikforscher / Prag

Becking-Kurve →Taktieren, →Lichtspurverfahren

Bedeutung, dasjenige, was ein Wort, Begr., Zeichen usw. zum Ausdruck bringt für den Sachverhalt, auf den das Wort usw. hinweist. Vorwiegend durch Vorstellungen gegeben. • B. ist der willkürliche (konventionsgebundene) Zusammenhang zwischen einem Zeichen (Begriff, Namen) und dem Gegenstand selbst. In diesem Sinne sind B. und Bezeichnung äquivalent. «B. an sich» ist das So-Sein eines Dinges unter Absehung vom subjektiven Akt des B.erfassens (HUSSERL). • B. ist eine biologische Qualität im Merkwelt-Wirkweltzusammenhang eines Lebewesens (v. UEXKÜLL). • B. kann ein Ding unabhängig von seiner Eigenheit durch seine Stellung in einem bestimmten Funktions-, Zweck- oder Wirkungszusammenhang bekommen. Man spricht dann auch von dem «Sinn» eines Dinges. • B. ist der Zentralbegr. eines semiotischen Teilbereichs →Semantik (→Semiotik). Wortb. ist der Schlüsselbegr. der linguistischen Semantik. Sie wird im sog. Lexikon (→Wörterbuch) abgehandelt. Der Satzbedeutung wird erst seit ca. 30 Jahren Beachtung geschenkt (KATZ & FODOR 1963). Bei dem Versuch, B. zu analysieren, haben Linguisten und andere Forscher sich stets mit den Beziehungen zwischen →Sprache, →Denken und →Umwelt zu befassen, wie sie z. B. in dem semiotischen Dreieck von OGDEN & RICHARDS (1923) dargestellt werden. Es basiert auf dem Zeichenkonzept der Semantik (→Zeichen).

Die gestrichelte Linie deutet an, daß die Zeichenform als solche keine direkte Beziehung zum Objekt oder Umweltsachverhalt hat, sondern nur über das Bezeichnete bzw. den Begriff.

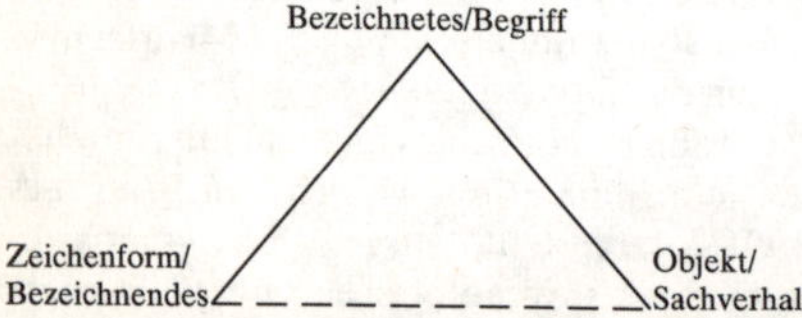

So ist z. B. die Buchstabenfolge «Baum» die Zeichenform, der Begriff Baum das Bezeichnete und ein bestimmter Baum der Umweltsachverhalt. Mit B. wird teils die Beziehung aller drei Konzepte, teils der Begr. bezeichnet. Der Begr. ist das, was die Zeichenform bedeutet. Das Bezeichnete läßt sich als Bündel semantischer Merkmale (B.elemente) konzipieren. Begriffe in diesem Sinne sind intensional, d.h., es werden Merkmale benannt, die den Begr. konstituieren. Extension bezieht sich dagegen auf den Umfang der durch den Begr. erfaßten Objekte oder Sachverhalte. Dem Bezeichneten wird dann arbiträr ein Lautzeichen, das Bezeichnende, zugeordnet, das jedoch, nachdem es einmal zugeordnet ist, die Wahrnehmung der Welt beeinflussen kann. B.ähnlichkeit oder →Synonymie bezieht sich danach auf das Bezeichnete oder den Begr. Die →Antonymie erscheint dann als ein Sonderfall der Synonymie. →Homonymie bezieht sich dagegen auf die Zuordnung von Bezeichnendem und Bezeichnetem. Diese Zuordnung ist oft nicht eindeutig. →Symbol wird das Bezeichnende kraft seiner Beziehung zu Gegenständen und Sachverhalten, d. h. durch Umweltreferenz über den Begr. Mit assoziativer B. bezeichnet man die mit einem Wort assoziierten Begriffe (→Assoziation), mit →meaningfulness (B.haltigkeit) die Anzahl der mit einem Wort assoziierten Begriffe.

Das B.konzept, wie es bisher dargestellt wurde, ist von rein →behavioristisch orientierten Forschern in den dreißiger Jahren scharf angegriffen worden. Für sie verschloß sich alles Nichtbeobachtbare dem wissenschaftlichen Zugriff. So definierte BLOOMFIELD (1933) die B. eines Zeichens als die Situation, in der der Sprecher es äußert, und als die Reaktion, die es beim Hörer auslöst. Neben der bisher behandelten →denotativen (kognitiven und konzeptuellen) B. existieren weitere B.begr. Die →konnotative B. betrifft die Beziehung zwischen Zeichen und Zeichenbenutzer und gehört somit zur →Pragmatik. **[L]** BREKLE 1972, HÖRMANN 1967 *J. Engelkamp*

Bedeutungserlebnis, nach K. BÜHLER ein eigenartiges Erlebnis von unanschaulichen Beziehungsrichtungen, entsprechend den Zusammenhängen der bedeutungsmäßigen Gehalte. Die B. sind meist emotional.

Bedeutungserlebnis, wahnhaftes, Wahn, bei dem Ereignisse und Objekte eine neue, auf die eigene Person bezogene Bedeutung erhalten.

Bedeutungshaltigkeit →meaningfulness

Bedeutungsstruktur [engl. *meaning structure*], nach LUNDH (1982) Klassen von →äquivalenten Reizen oder äquifinalen Handlungen. →Äquifinalität

Bedeutungsumwertung, -verlust, das Zerfallen der gewohnten Bindung von Bedeutung und Gedachtem bzw. Wahrgenommenem. Auffällig ist dieser Vorgang bei Psychosen als Unheimlichwerden der Bedeutungen (Bedeutungswahn).

bedingte Hemmung, syn. konditionierte →Hemmung

bedingter Reflex, bedingte Reaktion [engl. *conditioned reflex, conditioned reaction*], Konditionierung wurde erstmals beschrieben von den russischen Physiologen PAWLOW und BECHTEREW. Letzterer fand, daß Hunde ihr Bein «automatisch» auf ein Summerzeichen hin anhoben, nachdem dies vorher häufig zusammen mit einem dem Bein zugefügten elektrischen Schock vorgekommen war. Die Erscheinung wurde «Assoziativer Motorreflex» genannt. Sie stellte die Grundlage dar für sein System der →Objektiven Psychologie. PAWLOW fand bei seinen Forschungen über die Arbeitsweise der Verdauungsdrüsen, daß seine Versuchstiere nicht erst beim Anblick oder Duft des Futters Speichel sezernierten, sondern manchmal schon auf Reize hin, die mit dem Futter selbst nichts zu tun hatten, aber vorher häufig zusammen mit dem Futter aufgetreten waren. Diese von ihm zunächst «psychische Sekretion» genannte Erscheinung bezeichnete er später als b.R. • WATSON führte den Begriff in Amerika ein und machte ihn zu einem der Grundbegriffe des →Behaviorismus. Die Herstellung eines b.R. wird von vielen als Prototyp des Lernens angesehen.

Grundlegendes Merkmal des b.R. ist, daß ein angeborener, d. h. unbedingter Reflex (Reflexe der Nahrungsaufnahme, Pupillenreflex usw.) mit einem beliebigen anderen Ereignis in der Weise verknüpft wird, daß dieses entweder den ursprünglichen Reflex selbst oder einen damit eng verbundenen Vorgang auslöst. Bedingungen seines Zustandekommens sind v. a. zeitliches Zusammentreffen beider Ereignisse und Wiederholung. Im klassischen Fall des PAWLOWschen Experimentes wird z. B. ein Klingelzeichen jedesmal unmittelbar vor Verabreichung des Futters geboten. Das Versuchstier sezerniert zunächst nur beim Anblick oder Geruch des Futters Speichel (unbed. R.). Nach mehreren Wiederholungen setzt die Speichelabsonderung bereits beim Ertönen der Klingel ein (b.R.). Der Klingelton ist damit zum bedingten Reiz geworden, im Gegensatz zum Geruch oder Anblick des Futters, welches den unbedingten Reiz darstellt. Es gelten für den b.R. die bereits von PAWLOW formulierten Gesetze der Wiederverstärkung (engl. *reinforcement*) und Auslöschung (engl. *extinction*). Ersteres besagt, daß jedes Vorkommen eines unbed. R. in zeitlichem Zusammentreffen mit einem b.R. diesen verstärkt. Nach dem Gesetz der Auslöschung wird der b.R. geschwächt oder inaktiviert, wenn keine Wiederverstärkung durch den unbed. R. erfolgt. Das Versuchstier würde also nicht mehr auf das Klingelzeichen hin Speichel sezernieren, wenn dieses häufig genug ohne Verabreichung des Futters geblieben ist. • Ein anderer Typus von Experimenten zur Herstellung eines b.R. sind solche, bei denen das Versuchstier lernt, bestimmte Handlungen auszuführen, um zu seinem Futter zu kommen (SKINNERscher Kasten) oder einen schädlichen Reiz zu vermeiden. Man spricht von instrumentalem Konditionieren (engl. *instrumental conditioning*, HILGARD und MARQUIS), weil das Tier gewisse zweckgerichtete Bewegungen ausführen muß. Die SKINNERsche Versuchsanordnung heißt operantes Konditionieren (engl. *operant conditioning*). Experimente, in denen ein schädlicher Reiz vermieden werden muß, wie z. B. ein elektrischer Schock, heißen Vermeidungskonditionieren (engl. *avoiding conditioning*). Diesen Versuchen ist gemein, daß das Tier nach Versuch und Irrtum (→trial and error) lernt, wobei die richtigen Bewegungen das Erscheinen eines unbedingten Reizes zur Folge haben (z. B. Herausfallen des Futters bei Druck auf einen Hebel im SKINNERschen Kasten), also verstärkt werden, während die übrigen nicht von einem solchen gefolgt werden und somit eine Schwächung erfahren. Solche Vorgänge entsprechen dem vorher schon von THORNDIKE formulierten Lerngesetz (*law of effect* = Gesetz der Wirkung). Da sie aber auch alle für den b.R. einschlägigen Erscheinungen aufweisen, können sie als solche interpretiert werden.

Je nachdem, ob von dem klassischen PAWLOWschen oder dem Wirkungsgesetz ausgegangen wird, haben sich verschiedene Theorien über das Lernen durch b.R. ausgebildet. Geht man von ersterem aus, steht die zeitliche Kontingenz im Vordergrund (Kontingenztheorien). Der konsequenteste Vertreter dieser Art ist GUTHRIE. HULL ging vorwiegend von dem Lernen auf Grund des Effektes aus. Als wirksames Agens (unbed. R.) der Wiederverstärkung postulierte er triebreduzierende Wirkungen. •

Mehrere Erklärungen sind für die Auslöschung des b.R. beim Ausbleiben des unbed. R. gegeben worden. PAWLOW nahm einen hemmenden Vorgang im Nervensubstrat an, der bei Erscheinen des bedingten Reizes einsetzt, aber durch den folgenden unbed. Reiz aufgehoben wird. Tritt letzterer nicht ein, so führt die Hemmung (interne Inhibition) zum Abbau des b.R. GUTHRIE erklärt die Auslöschung durch Umlernen, indem jetzt die neue Abfolge: bedingter Reiz – Ausbleiben des unbed. Reflexes gelernt wird. Unter gewissen Umständen kann der Prozeß der Auslöschung aufgehalten werden. So zeigt sich nach Unterbrechung der zur Extinktion führenden Versuchsreihe bei Wiederaufnahme nach gewisser Zeit eine spontane Wiederherstellung des b.R. Außerdem kann der die Auslöschung bewirkende Prozeß der Inhibition selbst gehemmt werden (engl. *Disinhibition*), wenn das Versuchstier durch einen äußeren Reiz abgelenkt wird. Der u. U. bereits nahezu verschwundene b.R. erfährt dadurch ein deutliches Wiederaufleben. • Sonderfälle des Konditionierens ergeben sich durch Veränderung der zeitlichen Abfolge von bedingtem Reiz zu unbedingtem. Läßt man das Klingelzeichen erheblich vor dem unbedingten Reiz einsetzen und läßt es sich bis zu diesem hin erstrecken, spricht man von verzögertem Konditionieren (engl. *delayed conditioning*), gibt man es vorher und läßt eine Pause eintreten, von Spurkonditionieren (engl. *trace conditioning*). Entstehung eines b.R. dort, wo der bedingte Reiz nach dem unbedingten Reflex dargeboten wurde, konnte bisher nicht eindeutig nachgewiesen werden. Die beschriebene Versuchsanordnung heißt rückwirkendes Konditionieren (engl. *backward conditioning*). Die optimalen Verhältnisse der zeitlichen Abfolge liegen vor, wenn der bedingte Reiz dem unbedingten unmittelbar vorausgeht.

Über die physiologischen Grundlagen des b.R. ist wenig bekannt. Versuche am decerebrierten Tier ergaben widersprechende Ergebnisse darüber, ob es rein spinale b.R. gäbe. Der normale morphologische Ort der Nervenprozesse für die b.R. ist die Großhirnrinde. Jedoch ergaben Versuche mit herabgesetzter Erregbarkeit der Rindensubstanz durch Curareinjektion, daß die Herstellung von b.R. wahrscheinlich auch im subkortikalen Bereich möglich ist. Ein unter Curare konditionierter Reflex funktioniert nur unter denselben physiologischen Bedingungen, d. h., er läßt sich am curarefreien Tier nicht hervorrufen. • Seitens der →Kybernetik wurden Modelle entwickelt, die gewisse Hypothesen über die Vorgänge im Nervensystem während des Bedingens zulassen (WIENER 1968). Auch ist es möglich, an elektronischen Apparaten Vorgänge hervorzurufen, die viele wesentliche Merkmale mit dem b.R. gemeinsam haben. • HUMPHREY (1956) setzte die Vorgänge bei der Entstehung des b.R. in Beziehung zu denen, die der WERTHEIMERschen →Scheinbewegung zugrunde liegen. Er geht davon aus, daß den beiden in erheblicher zeitlicher Nähe dargebotenen Reizen (bedingter und unbedingter Reiz) zwei neurale Impulsstrukturen entsprechen, die in ähnlicher Weise einen ganzheitlichen Prozeß bilden, wie man es sich bei den nervösen Vorgängen im Falle der Scheinbewegung vorzustellen hat. Die dabei entstehende Gesamtstruktur ist etwas Neues und entspricht weder genau den Vorgängen im Gefolge des isolierten ersten noch denen des isolierten zweiten Reizes. Dies ist mit den Tatsachen durchaus vereinbar, da selbst ein optimaler bedingter Reiz eine bedingte Reaktion hervorruft, die sich qualitativ und quantitativ von der auf den unbedingten unterscheidet.

Auch in der klassischen →Verhaltenstherapie spielen bedingte Reaktionen eine wichtige Rolle (HILGARD & MARQUIS 1940).

Bedingung(en) [lat. *conditio*], dasjenige, von dem etwas anderes (das Bedingte) in seinem Dasein oder seiner Geltung abhängig ist. Die logische B. wird als «Grund», das logisch Bedingte als «Folge» bezeichnet; die reale B. ist die «Ursache», das real Bedingte die «Wirkung». Meistens ist ein Bedingtes nicht von einer, sondern von mehreren B. abhängig, die in ihrer Gesamtheit die «vollständige» oder «hinreichende» B. bilden, jede einzelne von ihnen ist eine Teil- oder Partialbedingung. Nur mit der vollständigen B. ist auch das Bedingte gegeben.

Die «notwendige» B. *(conditio sine qua non)* ist Voraussetzung für das Bedingte, ohne die dieses nicht sein kann, durch sie allein ist aber das Bedingte noch nicht gegeben. Die wissenschaftliche Untersuchung eines Abhängigkeitsverhältnisses (eines logischen oder eines kausalen Zusammenhangs) ist mit der Aufdeckung der notwendigen und der hinreichenden B. abgeschlossen. Auch in der Ps. spielt die B. eine bedeutsame Rolle bei jeder Beobachtung, Beschreibung, Analyse und Gesetzesfindung. Mindestens eine B. muß bei reduktiv erklärenden Aussagen für ein Phänomen angegeben werden. • KOFFKA spricht von Außenb., wenn vom Zustand der Sinnesfläche bei Reizeinwirkungen, und von Innenb., wenn von der Struktur des nervösen Systems (anatomisch und physiologisch) selbst die Rede ist. [L] BOCHENSKI, KOFFKA

Bedingungsanalyse →Verhaltensanalyse

Bedingungskontrolle, Kontrolle (störender) Bedingungen. • (therap.) Einschränkung von Bedingungen, die unerwünschtes Verhalten fördern bzw. Unterstützung von Bedingungen, die das gewünschte Verhalten stabilisieren (durch organisatorische Verringerung der Störbedingungen sowie lokale und zeitliche Reizkontrolle). Anwendungsbeispiel: →shaping des Arbeitsverhaltens. • (exp.) Verfahren der →Dependenzanalyse wie Randomisierung (Zufallszuweisung) und Konstanz von Störvariablen. →Versuchsplanung

Bedürfnis [engl. *need*], der Zustand eines Mangels, des Fehlens von etwas, dessen Behebung verlangt wird. B. ist der Ausdruck dessen, was ein Lebewesen zu seiner Erhaltung und Entfaltung notwendig braucht. Ps. ist B. das mit dem Erlebnis eines Mangels und mit dem Streben nach der Beseitigung dieses Mangels (der Befriedigung) verbundene Gefühl. Je nach Einteilungsgesichtspunkten hat man unterschieden: primäre (physiologische) und sekundäre (gelernte, erworbene) B., Trieb-(vitale) B. und geistige (intellektuelle) B., bzw. primitive und kulturelle oder natürliche und künstliche oder, nach verschiedenen Lebensgebieten klassifiziert, z. B. soziale, künstlerische, religiöse usw. B. Die Abgrenzung von B., →Trieb und →Motiv ist unscharf. Von Kollektivbedürfnissen spricht man, wenn die B. von Gruppen oder →Kollektiven ausgehen (z. B. das B. nach Sicherheit, nach Stabilität). Pathologische B. sind z. B. die Süchte, manche Zwangshandlungen.

LEWIN ordnet jedem B.zustand ein →gespanntes System im Ich zusammen mit einem →Aufforderungscharakter in der Umwelt zu. Beiden Momenten entspricht eine ps. Kraft. LEWIN unterscheidet weiterhin zwischen «objektiven B.» (Hunger, Durst usw.) und Quasibedürfnissen, die Vornahmen (z. B. bei Gelegenheit einen Brief einzustecken) und abgeleiteten Motiven entsprechen.

In C. L. HULLS (1952) System ist ein B.zustand *(needstate)* die Bedingung für den Antrieb (*condition of drive*-C_D) eine Input-Variable insofern, als Hunger (B.) z. B. als Zeitdauer des Nahrungsentzuges gemessen wird. Alle momentan vorhandenen spezifischen B.zustände kombiniert führen zu dem Konstrukt der verallgemeinerten Antriebsstärke (D). Vgl. SPENCE (1956, 1964). →Homöostase. Im Ggs. zu HULL benutzt MURRAY den Begr. Bedürfnis *(need)* syn. mit Antrieb *(drive)* und gibt eine lange Liste von B. statt Antrieben oder Motiven. Daraus entnehmen MCCLELLAND, ATKINSON und Mitarbeiter hauptsächlich die Bezeichnungen Leistungsmotiv *(need-achievement)*, Gesellungsmotiv *(need-affiliation)* und fügen das Machtmotiv *(need-power)* hinzu. →Motivation, →need. [L] LEDERER 1980 *R. Bergius*

Bedürfnisabweichung, Prinzip der geringsten (STERN), bei Unterbindung der Befriedigung eines Bedürfnisses sucht die ihm innewohnende «Kraft» (Triebdynamik) nach einer von der Ausgangsform möglichst wenig abweichenden Befriedigungsweise. [L] STERN 1935

Bedürfnisanalyse →Verhaltensanalyse

Bedürfnisbefriedigung, Handlung zur Lösung einer durch ein →Bedürfnis hervorgerufenen Spannung bzw. der Zustand der bewirkten Spannungslösung

Bedürfnishierarchie, hierarchische Anordnung angeborener Bedürfnisse des Menschen nach MASLOW (1971), der zwischen Mangelmotivation *(deficiency motivation)* und Wachstumsmotivation *(growth motivation)* als Hauptklassen unterscheidet. Sind die Bedürfnisse einer Stufe einigermaßen befriedigt, hat das Bedürfnis auf der nächsten Stufe Vorrang (s. Abb.).

Beeinflussung, Beeinflußbarkeit [engl. *persuasion* Überredung], Überzeugung bzw. Überredbar-(Überzeugbar-)Sein. Die Veränderung von Einstellungen, Meinungen, Verhaltensweisen usw. mit Hilfe von sog. «besseren» Argumenten. • B. bedeutet auch →Suggestion, Suggestibilität als das vorwiegend passive Hinnehmen von Einstellungsänderungen etc. gegenüber dem mehr aktiven Überzeugen oder sich Überzeugen-Lassen.

Befehlsreihe [T] RIEFFERT

Befindlichkeit (HEIDEGGER), als «fundamentales Existential» das grundlegende Sichbefinden des Menschen (vor aller ps. Differenzierung in Stimmungen und Gefühle). Das Geworfensein in und Angewiesensein auf diese Welt. Die Angst ist z. B. eine solche Grundbefindlichkeit.

Befriedigung →Bedürfnis

Befriedigungsprinzip, Satisfizierungsprinzip. →Entscheidungstheorie

Befunderhebung [engl. *behavior assessment*] →Verhaltensanalyse

Befund, psychologischer →Gutachten

Begabtenauslese, ein Begr. der Angew. Ps., der besonders aufkam mit der Anwendung von Testuntersuchungen zur Erkennung begabter Jugendlicher und zur Klärung des schulischen Aufstieges. Historisch erwähnenswert sind die erste von MOEDE und PIORKOWSKI durchgeführte B. an 13jährigen Volksschülern (einschl. Einrichtung einer Begabtenschule) 1917 in Berlin und von W. STERN und R. PETER 1918 in Hamburg.

• Pädagogisch und bildungspolitisch sind nicht die Auslesefunktion als solche – alle Formen der weiterführenden Bildung sind mit Auslese verbunden –, sondern die Zuweisungs- und Dirigierungsfunktionen der Schule (im Hinblick auf künftige Aufstiegschancen, sozioökonomischen Status und soziale Sicherheit) und damit die Ausleseverfahren umstritten. B. setzt, wenn sie «gerechte» Auslese sein soll, (1) die Unabhängigkeit der Merkmalsbestimmungen und der Meßkriterien von (z. B. schichtspezifischen, schulpolitischen, ökonomischen und dergl.) Interessen und (2) die Konstruktion von an diesen Kriterien validierten und zuverlässigen Meßinstrumenten voraus.

Da die 1. Forderung auf prinzipielle Schwierigkeiten stößt, ist die 2. nur annäherungsweise als Verbesserung der jeweiligen Verfahren im Erziehungssystem unter Berücksichtigung sozial-strukturell bedingter Unterschiede zu erreichen. Im Sinne der pädagogischen Diagnostik ist auch für die B. von Bedeutung, ob es sich um den Normalfall einer selektiven Laufbahnentscheidung oder um eine auf die Optimierung des Lernverhaltens zielende didaktische Differenzierungsentscheidung handelt. →Differenzierung, →Pädagogische Diagnostik. [L] KRAPP 1979, UNDEUTSCH 1980

G. Mühle

Begabtenauslese-Test [T] BOBERTAG-HYLLA, HORN, KRETSCHMER-HÖHN, KUNZE, LIENERT, MOEDE-PIORKOWSKI-WOLFF, PETER-STERN, SCHULTZE-HECHT-SICKERT

Begabtenförderung, Sammelbegr. für alle Planungen und Maßnahmen zur Förderung begabter Menschen (nicht nur der Jugendlichen), mit dem idealen Ziele, jedem zu einer seiner Begabung entsprechenden Entfaltung im beruflichen und privaten Bereich zu verhelfen. Heute eine wichtige Aufgabe jeder Kultur- bzw. Bildungspolitik. Begabungsauslese →Chancengleichheit beim Zugang zu den Bildungseinrichtungen und beim Aufstieg, entsprechende Anpassung der versch. Ausbildungswege sind nur einige der wichtigsten Mittel zur B. • B. meint sowohl Breitenförderung (zur Herstellung der Chancengleichheit) als auch Eliteförderung.

Die Breitenförderung sollte bereits in der Familien- und →Vorschulerziehung als den pädagogisch fruchtbaren Phasen beginnen und sich in der Schule als Individual- und Gruppenförderung (→Differenzierung) und in den Institutionen des tertiären Bildungsbereichs und der Erwachsenenbildung fortsetzen. Die Förderung überdurchschnittlich begabter Menschen (Eliteförderung) ist im deutschen Bildungssystem nicht explizit vorgesehen, wohl aber in Frankreich, der ehemaligen UdSSR und den USA. *G. Mühle*

Begabung, Begabungsforschung, das Wort Begabung (B.) wird im alltäglichen Sprachgebrauch für angeborene Befähigung oder Veranlagung verwendet und dient vorwiegend zur Erklärung von überdurchschnittlichen Leistungen bzw. Leistungsunterschieden im Wissenschaftlichen, Praktisch-Technischen und Künstlerischen sowie bei deren Vorformen im schulischen Bereich (in einer nicht weiter rückführbaren bedingungsmäßigen Letztheit). Dieser naiven Auffassung entspricht eine jahrhundertelang das Denken der Philosophen, Pädagogen und Psychologen beherrschende Überzeugung, daß eine größere oder geringere Anzahl von selbständigen und voneinander unabhängigen Grundkräften oder «Vermögen» die Ausprägung der Leistung und des Verhaltens in Richtung und Ausmaß bestimme (→Seelenvermögen), deren Klassifikation und Zahl zunehmend Gegenstand spekulativer Willkür wurde. Eine ähnliche Fehlentwicklung wurde in der B.forschung durch die seit Ende des 19. Jahrhunderts konkurrierend einsetzende und bald dominierende Erforschung der →Intelligenz verhindert, die die Ansätze der B.forschung aufnahm, wenn auch nicht vollständig absorbierte.

Allerdings stellt sich mit der neueren →Kreativitätsforschung die Frage, ob und wie das Konzept der B. von seiner einseitigen Bindung an die Intelligenzmessung gelöst werden könne.

Die Verwendung des IQ bei der Kennzeichnung der B. ist mehr oder weniger «nur historischer Zufall» (EYSENCK 1980), nämlich Folge der anfänglichen Verknüpfung mit unterrichtsbezogenen Fähigkeiten und Leistungen. Schon eine Erweiterung des Lernkriteriums (z. B. in Richtung «entdeckendes Lernen»), erst recht eine Definition von B. durch andere als Schul- oder Unterrichtssituationen eröffnet der B.forschung neue Möglichkeiten und Perspektiven.

Phänomenologisch-deskriptiv scheint eine Unterscheidung von B. und Intelligenz geboten, ebenso wie sozialps. und gesellschaftspolitisch die Bestimmung ihres gemeinsamen Nenners. Bereits W. STERN (1916) hob Intelligenz als «geistige Allgemeinbegabung» (= «Fähigkeit, auf den verschiedensten Gebieten neuartigen Anforderungen denkend gerecht zu werden») von →«Talent» als einer auf ein umschreibbares Gebiet beschränkten «Spezialbegabung» ab, eine bereichsmäßige Umgrenzung, die sich vielerorts, besonders bei O. KROH (1939) und A. WELLEK (1966), wiederfindet. Zielorientierte Unterscheidungen betonen die (stabilisierende) Anpassungsfunktion der Intelligenzleistung gegenüber der (Veränderungen bewirkenden) Gestaltungsfunktion der B.leistung im Sinne produktiver und kreativer Tätigkeit (MÜHLE 1980), womit der Terminus Allgemeinbegabung nicht nur entbehrlich, sondern als irreführende Zuordnung erscheint. H. ROTH (1969) unterscheidet zwischen einer relativ konstant bleibenden (Test-) Intelligenz («Anfangsleistung» bei neuartigen Aufgaben und Situationen) und einer davon unterschiedenen, in Richtung auf eine «Endleistung» sich ausbauenden B. als Lern- und Leistungsfähigkeit auf einem bestimmten Kulturgebiet. Strukturierende Rückwirkungen formen in der Ausprägung spezifischer Antriebe, Interessen und Motive die Leistungsstufen, die durch die Bereitschaft, zuvor erlernte Instrumente und Wege des Problemlösens adäquat und generalisiert einzusetzen, gekennzeichnet sind.

Die Frage nach den Bedingungen der B.entwicklung hat über die simplen Gegenpositionen der Anlage-Umwelt-Kontroverse zu differenzierten, wenn auch noch immer vorläufigen Antworten geführt. Im deutschen Bereich herrschte zunächst die nativistische Auffassung vor, B. sei eine «anlagemäßig vorgegebene Leistungsdisposition» (SCHENK-DANZINGER 1959). Der Dispositionsbegriff bot sich vor allem deshalb an, weil er hinsichtlich der Reifikationsproblematik mehrdeutig ist (vgl. WELLEK 1953, GRAUMANN 1960). Die entgegengesetzte empiristische Einstellung, etwa in Form des →Behaviorismus, kennt nicht nur in den orthodoxen, sondern auch in den differenzierteren Theorieprägungen nur erlernte, mehr oder weniger überdauernde Reaktionsbereitschaften. →Gewohnheiten oder →Habits (vgl. BERGIUS 1964), interpretiert mithin individuelle wie gruppenspezifische Unterschiede der Leistung als durch verschiedenartige Lernvorgänge und -bedingungen bewirkt. Die Rezeption und Verarbeitung der behavioristisch-lerntheoretischen Ansätze durch H. ROTH, der B. als auf bestimmte Kulturbereiche gerichtete menschliche Lernfähigkeit definiert, erscheint durch einen der behavioristischen Position eher entgegengesetzten anthropologischen Standpunkt modifiziert: Er sieht den Kern der menschlichen (unendlichen) Lernfähigkeit in der «Übertragungsfähigkeit von Einsichten» und der Fähigkeit zur «aktiven Gestaltung» der Umwelt und des Lebens und nicht nur der Anpassungsfähigkeit.

Somit erscheint B. nicht als eine feste Größe, durch die ein für allemal über Fähigkeiten, soziale Unterschiede, Führungsqualitäten und Lebenserfolg entschieden ist (statischer B.begriff), sondern als ein sich nach Maßgabe der Lern- und Erfahrungsmöglichkeiten wie der pädagogischen Anregungen in einer zugeordneten Umwelt entfaltendes und veränderndes Produkt kumulativen Lernens (dynamischer B.begriff). • Kulturspezifische Bedingungen für B. findet O. KROH (1939) im Isolierungsgrad von Leistungsgebieten und dem Grad der Aussonderung zugehöriger B.: funktions- wie gebietsmäßig deutlicher isolierte und isolierbare B. (z. B. mathematische, musikalische, weniger schon dichterische, bildkünstlerische, technisch-konstruktive B.) stehen komplexeren B.formen und Leistungsbereichen (z. B. naturwissenschaftliche B.) und solchen mit ausgesprochenem Gefügecharakter (z. B. philologisch-historische, philosophische B.) gegenüber, wobei der Grad der Abgehobenheit, mit der die einzelnen B. aus der menschlichen Persönlichkeit hervortreten, sich in der Schärfe der Abgrenzung der Kulturgebiete gegenüber anderen spiegeln soll.

• Soziale Bedingungen der B.entwicklung sind in Strukturen, Sozialisationsformen, Wertorientierungen und →Erziehungsstilen verschiedenartiger Gesellschaften, aber auch von Sozialschichten, Klassen- und Rassengruppen gegeben. Sie werden in ihrem Anregungs- und Steuerungswert für die B.entwicklung unterschiedlich eingeschätzt (SKOWRONEK 1973). Die von A. R. JENSEN (1969) anhand der Kritik an den Ergebnissen der amerikanischen kompensatorischen Erziehung ausgelöste Kontroverse mit ihren ins Persönliche und Politische reichenden Konsequenzen kennzeichnet die verdeckte Unversöhnlichkeit der Nativisten und «Environmentalisten».

Daß es «empirisch unentscheidbar» sei, ob den nativistischen oder den empiristischen Theorien der größere wissenschaftliche Wert zukomme, betont K. HOLZKAMP. Zu beachten ist jedoch, daß die jeweilige Ausgangsthese in der Regel in die moderierte Fassung einer sog. Interaktionstheorie eingeht, für die die dynamische Selbstregulation des Person-Umwelt-Systems im Sinne von Wechselwirkungen und Rückkoppelungen der Anlage- und Umweltfaktoren die Entwicklung der B. bestimmt. • Auch die dialektisch-materialistische Auffassung geht von solchen Wechselprozessen aus, setzt aber voraus, daß man «Begabungen als das Resultat der Rückwirkung gesellschaftlicher Tätigkeit des Menschen auf seine Persönlichkeitsformung verstehen» müsse und somit mit der «bürgerlichen Begabungs-Ideologie» Ursache und Wirkung vertauscht würden, wenn die Lage der ausgebeuteten Klassen mit ihrem Mangel an Fähigkeiten begründet werde, der wiederum auf die Behinderung der B.entwicklung durch die herrschenden Klassen zurückzuführen sei (RUBINSTEIN 1970, HOLZKAMP 1978). Grundsätzlich gelte: Je höher das technische und materiell-produktive Niveau der Gesellschaft, desto vielfältiger die menschlichen B. und Fähigkeiten. Indem der Mensch sich die überlieferten sozialen und kulturellen Errungenschaften der gesellschaftlich-historischen Entwicklung aneignet und zum Ausgangspunkt seines Tuns und Handelns macht, ermöglicht er eine verändernde, umgestaltende und schöpferische Zielsetzung und Realisierung gesellschaftlichen Fortschritts (ROSEMANN 1979). →Intelligenz, →Kreativität, →Erbe-Umwelt-Problem. [L] HUSEN 1975, ROSEMANN 1979

G. Mühle

Begabungsreserve (Bildungsreserve), Anzahl der Individuen, die vor allem aus Gründen sozialer, ökonomischer und schichtspezifischer Hemmnisse nicht in weiterführende Schulen gelangen, obwohl sie begabungsmäßig die Voraussetzungen für solche Schulsysteme mitbringen. Die Zahlenangaben der darauf bezogenen Untersuchungen schwanken beträchtlich, weil sie von den angesetzten Kriterien und der Art der Erhebungstechniken abhängen und ein allgemeinverbindlicher Maßstab für Grenzziehungen zwischen Schuleignungsstufen und Bildungsstufen fehlt. *G. Mühle*

Begabungs-Test-System (BTS) [T] HORN

Begierde, der mit der Vorstellung eines Ziels verbundene Antrieb. Ein durch einen Mangel bedingtes Unlustgefühl (z. B. Hunger) wird zur Begierde, wenn die Vorstellung des Zustandes oder Gegenstandes hinzukommt, der diesen Mangel beseitigen kann, also zur Befriedigung führt. [L] LERSCH 1962

Begleitforschung, wissenschaftliche Begleitung von Innovationen bes. zur Bewertung päd. Maßnahmen und Institutionen. Die Bez. hat sich dort für das sonst übliche →action research (Handlungsforschung) eingebürgert. Während B. im päd. Bereich in den letzten Jahren rückläufig waren, hat die B. im Bereich der Arbeits- u. Organisationsforschung stark zugenommen. [L] SCHUSSER 1981

Begreifen, nach Grund, Zweck, Zusammenhang durchdringen und in seinem Wesen erfassen.

Begriff, eine durch das →Denken gewonnene, umgrenzte Allgemeinvorstellung, in der eine Summe von Einzelvorstellungen zusammengefaßt ist. Nach KANT entspringt der (empirische) B. «aus den Sinnen durch Vergleichung der Gegenstände der Erfahrung und erhält durch den Verstand bloß die Form der Allgemeinheit». Der reine B. hingegen sei Produkt des Verstandes. «Vorstellung einer Vorstellung» nennt SCHOPENHAUER den B. SIGWART definiert ihn als «eine Vorstellung, die die Forderung durchgängiger Konstanz, vollkommener Bestimmtheit, allgemeiner Übereinstimmung und unzweideutiger sprachlicher Bezeichnung erfüllt», und WUNDT sieht darin die durch «aktive Apperzeption vollzogene Verschmelzung» von Vorstellungen. Insoweit sind die B. zugleich Denkwerkzeuge und «Kunstgriffe des Denkens» (VAIHINGER), ganz im Gegensatz etwa zu HEGELS Auffassung, daß der B. geradezu das objektive Wesen des Dinges selbst ist. Am B. sind zu unterscheiden: Inhalt (das mit dem B. und durch ihn gemeinte, auch Bedeutung genannt), Gegenstand (das Objekt, auf das der B. zielt), Umfang (alles, was unter den B. fällt). Mit steigendem Umfang wird der Inhalt kleiner.

Behavioristisch ist der B. eine durch Reiz-Generalisierung gelernte gemeinsame *response* auf verschiedene Reize (HULL 1920, FIELD 1923). Dagegen PIAGET 1951, BRUNER, GOODNOW & AUSTIN 1956, SELLARS 1963, 1981. Der B. befähigt zum Denken und Operieren. B. ist ein Netz von Interferenzen, die durch einen Akt des Kategorisierens ins Spiel gebracht werden können. Vom B. «Dreieck» kann z. B. abgeleitet werden, daß es drei Seiten, spitze Ecken etc. hat. Tiere klassifizieren nur, Menschen können durch die Kategorisierung neue Schlüsse ziehen, Aussagen ableiten. Das Verhältnis zwischen Wort (Bezeichnung) und B. ist sowohl ein logisches wie ein ps. Problem. Wörter, die Eigennamen sind, haben (nach FREGE) die Bedeutung, die dem durch sie vertretenen Gegenstand gleicht. Ein Wort, das kein Eigenname oder dessen Stellvertreter ist (Prädikat), wird einem Gegenstand zu- oder abgesprochen und seine Bedeutung ist ein B. Regeln bestimmen, wie Prädikate gebraucht werden, d. h. was B. sind (KAMLAH & LORENZEN 1967). Auch in der Ps. ist B. als «Zusammenfassung von Objekten oder Ereignissen zu Klassen auf Grund von Merkmalen» (KLIX 1971) definiert worden und diese Klassenbegriffe sind überwiegend Gegenstand der B.forschung geblieben. KANTS Unterscheidung von empirischen und reinen B. führt in der Ps. gelegentlich zu den mißverständlichen Bezeichnungen «konkrete» und «abstrakte» B. Es werden also nicht nur Objekte und Ereignisse nach Merkmalen zusammengefaßt, sondern auch ohne Bezug auf bestimmte Objekte B. von einzelnen oder mehreren Merkmalen gebildet (Dauer, Folge, Röte, Süße etc.). Die →Kategorien «Raum», «Zeit», «Konstanz», «Erhaltung» und ähnliche «abstrakte» B. sind in der genetischen →Epistemologie PIAGETS besonders berücksichtigt worden.

Der möglichen Abweichung der begrifflichen Ordnungsstrukturen im Individuum von logischen B. und Kategorien wird in der modernen Ps. dadurch Rechnung getragen, daß für B. auch andere Bezeichnungen gebräuchlich sind: Schema, Konzept, Kognition, Konstrukt und gelegentlich auch Idee *(idea)*. Neuerdings ist der →unscharfe Begriff thematisiert worden. B. ist demnach eine kognitive Einheit, die nicht direkt durch die sinnliche Wahrnehmung gegeben ist, sondern Verarbeitung von Informationen voraussetzt. Das Denken in B. und damit die Begriffsbildung wie das Erleben des begrifflichen Denkens ist «inhaltsärmer», «unanschaulicher», «prägnanter», «in die Struktur tiefer eindringend» als das Wahrnehmen und Vorstellen, zugleich ist es aber einfacher als →Urteil und →Schluß (in streng logischem Gebrauch). **[L]** BARTLETT 1952, BOCHENSKI 1956, KAMINSKI 1964, KAMLAH & LORENZEN 1967, KLIX 1971 *R. Bergius*

Begriff, natürlicher, im Unterschied zum Klassenbegr. der Logik mit bestimmten Merkmalen repräsentiert der n. B. eine anschaulich gegliederte Erlebniswelt. Die Anschauung bildet «kategoriale Geformtheiten» (METZGER). Beim n. B. können Merkmale ausfallen bzw. besser oder schlechter realisiert sein. Er ist abhängig von →Prägnanzstufen. Sein Aufbau bringt ihn dem →Typus nahe. Bei Naturvölkern kann der n. B. besondere Formen annehmen, was logische Schlüsse erlaubt, die beim Kulturmenschen unmöglich sind (→prälogisches Denken). **[L]** METZGER 1975

Begriffsarten, nach CARNAP gibt es drei Arten: klassifikatorische Begr. (dienen zur Einteilung von Objekten in zwei oder mehrere Klassen), komparative Begr. (dienen zur Charakterisierung einer Relation zwischen zwei Objekten, z. B. «härter», «größer» u. ä.) und als präziseste die quantitativen oder metrischen Begr. (mit welchen die Eigenschaften von Objekten oder Beziehungen zwischen Objekten mit Hilfe von Zahlenwerten charakterisiert werden). Die klassifikatorischen Begr. sind entweder konjunktiv (zwei oder mehrere Merkmale sind zur Bestimmung notwendig) oder disjunktiv (das eine oder andere Merkmal bestimmt den Begr. →Disjunktion). *R. Bergius*

Begriffsbestimmung →Definition

Begriffsbildung, in der exp. Psychologie werden als Begriffsbildungsexperimente solche bezeichnet, in welchen von der Vp gefordert wird, die Zuordnung einer bestimmten Menge von Reizen zu einer Reaktion (z. B. einer sprachlichen Benennung) zu erlernen. Begriffsbildung besteht in solchen Experimenten also im Erlernen einer Zuordnungsregel, nach der multidimensionale Reize einem bestimmten «Namen» zugeordnet sind. →Denken, →ACH-VYGOTSKY-Methode. [L] ACH, BRUNER, HULL, HUNT, KAMINSKI (1964)

D. Dörner

Begriffsentwicklung, neben der älteren →Abstraktionstheorie von HANSEN ist durch die Gestaltps. eine Theorie der B. aufgestellt worden. Die natürlichen Begriffe entstehen hiernach über die Bildung von →Prägnanzstufen einer in der Entwicklung sich gliedernden Welt. Bei der geringen Differenzierung der Erlebniswelt zeigen die Begriffe zunächst große Weite und erfahren erst mit der Vermehrung der Prägnanzstufen Einengung, Verschiebung und in Ausnahmefällen Erweiterung.

Die Erforschung der Begriffsentwicklung hat durch die einflußreichen Arbeiten PIAGETS einen entscheidenden Aufschwung genommen. PIAGET betrachtete den Erwerb fundamentaler Begriffe wie Raum, Zeit, Kausalität oder Zahl als Resultat aktiver Konstruktionsprozesse des Individuums, die bei sensumotorischen Regulationen beginnend (→sensumotorisches Stadium) zunächst zum Aufbau einer umfassenden Struktur (*structure d'ensemble*) konkreter Denkoperationen führt und schließlich in eine entsprechende Struktur formal-logischer Denkoperationen mündet. In neueren Theorien der kognitiven Entwicklung wird zum einen die aktive Rolle, welche die Umwelt bei der Begriffsentwicklung spielt, stärker betont, zum anderen werden bereichsspezifische Einschränkungen des Wissenserwerbs postuliert. [L] KEIL 1989, METZGER 1975, PIAGET 1983, WEINERT & WALDMANN 1988 *M. Schmid*

Begriffserkennung, indirektes Verf. zur Analyse der Strategien der Begriffsbildung. [L] BRUNER et al. 1971

Begriffszentren, Orte der Hirnrinde, in denen Erinnerungsbilder von Gegenständen lokalisiert sein sollen. →Gehirn

Behalten, Speicherung von Gedächtnisinhalten. Neben Einprägen und Reproduzieren wichtige Phase der Gedächtnisleistung. Man unterscheidet zwischen kurz- und langfristigem B., letzteres ist →Gedächtnis i. e. S.

Behaltenskurve →Vergessen

Behandlungsdauer →Therapieerfolg

Behandlung, seelische →Psychotherapie, →Psychagogik

Beharrungstendenz, Ggs. →Magneteffekt

behavioral [engl.], verhaltensbestimmt, zum Verhalten gehörend

behavior(al) mapping [engl.] →Verhaltenskartographie

behavioral medicine [engl.] →Verhaltensmedizin

Behaviorismus, die verbreitetste und einflußreichste Schule der amerikanischen Ps. Sie wurde 1913 durch WATSON begründet. Dieser entwarf in seinem Artikel *«Psychology as the behaviorist views it»* (1913) ein Programm, nach dem die Ps. sich auf das objektiv beobachtbare und meßbare Verhalten beschränken sollte unter vollständigem Verzicht auf die Beschreibung von Bewußtseinsinhalten. Ebenso sollten ps. Theorien nur Begriffe enthalten, die sich auf Objektives im physikalischen Sinn beziehen, und Inhalte vermeiden, die nur durch Introspektion (Denken, Fühlen, Wahrnehmen) gegeben sind. Der frühe B. lehnte sich stark an die russische Reflexologie an (BECHTEREW, PAWLOW) und übernahm von dort als einen ihrer wichtigsten Begriffe den →bedingten Reflex. Als unmittelbarer Vorgänger des B. können der amerikanische Funktionalismus und die experimentelle Tierps. angesehen werden (YERKES, MORGAN, THORNDIKE). Dem empirischen Charakter des B. entspricht die zentrale Stellung des Lernens dort. Das Verhalten wird als durch Erfahrung entstanden, d.h. gelernt angesehen. Die wichtigste Methode des B. ist das Tierexperiment. An diesem werden die grundlegenden Gesetze des Verhaltens dargestellt, die dann auch für den Menschen gelten sollen. Die bekanntesten Vertreter der Schule sind: GUTHRIE, HOLT, HULL, HUNTER, LASHLEY, SKINNER, TOLMAN, WATSON, WEISS.

Die einzelnen Forscher unterscheiden sich in der Art und Weise ihrer Theorienbildung wesentlich voneinander. Allen gemeinsam ist der ausschließliche Ansatz bei physikalisch beobachtbaren Dingen, d. h. Reizen und Reaktionen. Daher wird der B. auch als Reiz-Reaktions-Ps. *(stimulus-response)* bezeichnet. Was nach dem Auftreten des Reizes und vor der Reaktion im Organismus geschieht, ist nicht direkt beobachtbar und Gegenstand der Theorie. Ist diese physiologisch und erklärt sie alle Vorgänge durch Reflexe bzw. durch Assoziationen von Reflexen (→bedingter Reflex), so spricht man von einer molekularen Theorie (→molar, molekular). Solche Theorien sind z. B. die von GUTHRIE, WATSON u. a. Die Unmöglichkeit extrem mechanistischer Erklärungen konnte LASHLEY (1929) zeigen, indem er durch Zerstörung eines Teiles der Hirnsubstanz die physiologische Grundlage der angenommenen Reflexbahnen beseitigte, und es erwies sich, daß die Versuchstiere vorher gelernte Reaktionen trotzdem ausführten. Diese Ergebnisse legten Erklärungen durch Feldwirkungen (→Feld) nahe, wie sie bereits von der Gestalttheorie entwickelt worden waren. • TOLMAN verzichtete vollständig auf physiologische Erklärungen. Er geht von der beobachtbaren Tatsache aus, daß Verhalten zweckgerichtet ist *(purposive behavior)* und daher auch nicht durch ein einfaches Reflexschema erklärbar. Als erklärende Begriffe führt er «dazwischentretende Variablen» *(intervening variables)* ein. Diese beziehen sich nur scheinbar auf Gegenstände des subjektiven Erlebens wie Zielerwartung, Vorstellung u. a. Der behaviorale Ansatz bleibt aber auch bei TOLMAN bestehen, da diese Begriffe keine Unterstellungen direkten Erlebens (Bewußtseinsinhalte) bedeuten, sondern Konstrukta, die sämtlich operational definiert sind (→operationale Definition). TOLMAN bezeichnet seinen B. als molar, da er nicht von den kleinsten möglichen Verhaltensweisen ausgeht (Reflexen), sondern von ganzheitlichen und psychologisch sinnvollen Aspekten. Dies äußert sich in der Annahme, daß auf einen Reiz hin nicht bloß eine bestimmte Bewegung gelernt wird. Die Reize sollen statt dessen als Zeichen mit einer bestimmten Bedeutung vom Tier erfaßt werden. Hier machen sich Einflüsse der →Gestaltpsychologie geltend, und der B. von TOLMAN wird entsprechend auch als Zeichen-Gestalt-Theorie bezeichnet. • Ein anderes großes System ist der B. von HULL. Es zeichnet sich durch seine Form der Darstellung aus, welche durch die mathematiko-deduktive Methode gegeben ist. Dies bedeutet, daß alle zur Erklärung notwendigen Annahmen in Form von Postulaten (Axiomen) niedergelegt werden, aus denen sich Konsequenzen (Theoreme) deduzieren lassen. Letztere müssen empirisch verifizierbar sein. Widersprechen die empirischen Feststellungen den Postulaten, müssen letztere solange geändert werden, bis das System widerspruchslos ist. HULL strebt durch diese Methode ein geschlossenes und lückenloses System der einfachen Verhaltensweisen an *(rote learning)*. Ein weiteres wesentliches Merkmal ist die quantitative Fassung aller Variablen. Dadurch ist jeder Vorgang in Form von kovariierenden Funktionen ausdrückbar. Die meisten von HULLS Postulaten lassen sich als dazwischentretende Variable im Sinne von TOLMAN bezeichnen. Ebenso bezeichnet er seinen B. als molar, wenn er auch einen molekularen B., in dem jeder Vorgang bis in die kleinsten Verhaltenssegmente hinein darstellbar ist, als fernes Ziel ansieht. Als eine besonders extreme Form des B. wird der deskriptive B. *(descriptive behaviorism)* von SKINNER angesehen. Hier wird auf jede Form von erklärenden Begriffen vom Status der dazwischentretenden Variablen, gleich ob es sich um physiologische oder psychologische *(mentalistic)* Konstrukta handelt, verzichtet. SKINNER geht gewissermaßen vom «leeren Organismus» aus. Er beschränkt sich auf die Feststellung von Korrelationen zwischen Reizgrößen und Verhaltensdaten. Dies entspricht der Auffassung von Kausalität bei HUME. Gesetze sind demgemäß Verallgemeinerungen von funktionalen Abhängigkeiten. In einer späteren Arbeit (1953) legt SKINNER seine Ansichten als allgemeine Regeln für ps. Theorienbildung vor. Danach soll ein Vorgang nur mit Begriffen aus derselben Domäne, in der er beobachtbar ist, erklärt werden. Für den B. würde auf Grund seines physikalistischen Ansatzes eine Theorie in rein physikalischen Begriffen unter Ausschluß von neurologischen und psychologischen Entitäten gefordert sein.

Eine wesentliche Entwicklung nahm der B. durch das Eindringen der operationalen Logik. Während WATSON den Reflex einführte als etwas physikalisch genauso Wirkliches wie Reiz und Reaktion, war der Reflex für spätere Behavioristen ein Konstruktum bzw. eine dazwischentretende Variable, die nur durch operationale Definition gegeben ist. Letztere ermöglicht auf objektive Weise solche Begriffe wieder einzuführen, die der frühe B. als subjektiv verbannt hatte. Der so erweiterte B. wird häufig als Neo-B. bezeichnet. Einflüsse der Gestaltpsychologie äußern sich bei LASHLEY durch die Übernahme feldtheoretischer Begriffe in physiologische Zusammenhänge und bei TOLMAN in der Einführung des Gestaltbegriffes in die Lerntheorie.

Die Verhaltenstherapie bezieht sich auf den Behaviorismus. Eine rein behav. Haltung wurde de facto nur von wenigen Therapeuten vertreten. Radikaler B. ist in der psychotherapeutischen Konzeptbildung aber durchaus aktuell, u. a. durch eine konsequent konstruktivistische Haltung und das Infragestellen neuer Dogmen, wie die Verursachung von Depressionen durch kognitive Schemata. **[L]** BORIN, FLUGEL, HILGARD, HULL, LASHLEY, TOLMAN, WATSON

behavior ratings [engl.], Verhaltensbeurteilungen, die quantifizierte Angaben (z. B. Häufigkeiten) im System der CATTELLschen Datengewinnung für das Verhalten, welches Pbn in natürlichen Lebenssituationen zeigen, haben. →L-Daten. [L] CATTELL 1973

behavior setting [engl.], von BARKER & WRIGHT (1971) eingeführte Bez. für «natürliche», d. h. nicht «künstlich» für die Forschung hergestellte oder ausgegrenzte Einheiten von zeitlich-räumlich-dinglichen «Verhaltens-Objekten» *(ecological environment)* und Verhaltensmustern, die unabhängig von der Teilnahme ganz bestimmter Individuen immer wieder ähnlich anzutreffen sind. Stationäre Beispiele: Unterricht in der Schulklasse, Gottesdienst in der Kirche, Sprechstunde beim Arzt; mobile Beispiele: Angelpartie, Ballspiel der Kinder auf der Straße. Zwischen den beiden Komponenten des b.s., den Verhaltens-Objekten und den Verhaltensmustern bestehe eine synomorphe Beziehung: im Seminarraum sind die Stühle auf das Pult hin ausgerichtet und die Hörer blicken den Vortragenden (meistens) an (→Synomorphie, →affordance). Sechs Beschreibungsdimensionen werden genannt: Aufenthaltszeit *(occupancy time)*, personaler Teilnahmegrad (*penetration,* vom bloßen Zuschauer bis zum zentralen Leiter), für b.s. typische Handlungsmuster *(action patterns)*, Verhaltensmechanismen (*molecular behavior mechanisms,* nach Häufigkeit und Dauer des Vorkommens und nach Intensität geschätzt), Reichtum (*richness,* Variation) und Zentralität (*centrality,* Grad der Interdependenz eines b.s. mit anderen b.s. in der Gemeinde). →*undermanning.* [L] BARKER & WRIGHT 1971, SCHOGGEN 1989, WICKER 1984 *R. Bergius*

Behindertenpsychologie, Sammelbez. für die wissenschaftliche und praktisch-ps. Beschäftigung mit Behinderten (→Behinderung) und ihren Umweltbedingungen. B. ist eher der Teilbereich von Prävention und →Rehabilitation, in dem Psychologen tätig sind, als ein eigenes theoretisch fundiertes Gebiet der Ps. Eigenständige Versuche, die «Behindertenpersönlichkeit» zu erklären, legten ADLER (Schädigung führt zu →Machtstreben) und BARKER (marginale Persönlichkeit) vor.

Ein intensiv bearbeitetes Feld ist die Untersuchung von Einstellungen gegenüber Behinderten. Große uneinheitliche Gruppen von Behinderungsformen, die z. T. aus organisatorischen Gründen zusammengefaßt werden (Sozial- und Schulgesetzgebung, Fördervereine und -einrichtungen) sind u. a.: Körperbehinderte, Hörbehinderte (Taube), Sehbehinderte (Blinde), geistig Behinderte (z. B. →DOWN-Syndrom), Sprachbehinderte. Auf Grund von z. T. sehr schwer interpretierbaren Angaben muß man davon ausgehen, daß es in der BRD mindestens 4 Mio. Behinderte (ca. 7 % der Bevölkerung) gibt. [L] HENSLE 1979 *P. Day*

Behinderung [engl. *disability*], bezeichnet die personalen und sozialen beeinträchtigenden Folgen einer Schädigung *(impairment)*. Schädigung ist jede Abweichung eines Individuums von funktionalen oder körperlichen (Ideal-, Durchschnitts-)Normen. Benachteiligung *(handicap)* bezeichnet die Schwierigkeiten, die einem Behinderten durch die Umwelt widerfahren. Schädigung bezeichnet im Ggs. zu Krankheit einen irreversiblen Zustand (z. B. Gliedmaßenfehlbildung vs. Knochenbruch). Die Bez. sind idealtypische Abgrenzungen. →Behindertenpsychologie *P. Day*

Beidhändigkeit, manuelle Geschicklichkeit mit der rechten wie der linken Hand. →Hand

beiläufiges Lernen, syn. inzidentelles L. →Lernen, inzidentelles

Bekanntheitsqualität (HÖFFDING), das beim Wiedererkennen vormals wahrgenommener Inhalte hinzutretende qualitative Besondere gegenüber solchen Inhalten, die völlig neuartig und fremd ins Bewußtsein gelangen. Der Begr. der «Ähnlichkeit» eines Inhaltes X mit einem zeitlich vorangegangenen Y beruht auf dieser vermutlich hinzukommenden Qualität.

Bekanntheitstäuschung →Déjà-vu-Erlebnis

Bekräftigung →Verstärkung

Bekräftigungsschema →Verstärkungsplan

Belastungen, psychische, arbeitswissenschaftlich werden psychische B. definiert als die Gesamtheit der erfaßbaren Einflüsse, die von außen auf den Menschen zukommen und auf ihn psychisch einwirken (DIN-Norm Nr. 33405, Normenausschuß Ergonomie 1987). Die Folge sind zeitlich unmittelbare psychische →Beanspruchung (die DIN-Normung wird internationalisiert und als ISO – International Organization for Standardization – bezeichnet).

Belegleser, Geräte zur Eingabe von Daten bzw. Zeichen in die Rechenanlage ohne den Umweg über einen Datenträger. Es gibt B., die Hell-Dunkel-Unterschiede zwischen Papier und Schriftzeichen sowie graphische Zeichen erkennen.

Beliebtheit, nach dem Divergenztheorem →Führung

belief [engl.], Annahme, Meinung, Überzeugung; auf Aussagen über Sachverhalte bezogene (emotional gefärbte) Zustimmung.

FISHBEIN & AJZEN (1975) definierten b. als die Information, die eine Person über ein Objekt hat (insbes. die Verbindung des Objekts mit irgendeinem Attribut). Die emotionale Färbung und Bewertung werde dagegen mit →Einstellung bezeichnet. So gesehen sind Einstellungen primär Bewertungen, während b. subjektive Wahrheiten oder Gewißheiten sind. In neueren Arbeiten wird die mühsam gezogene Grenze nicht selten verwischt (vgl. ABELSON & PRENTICE 1989, GASKELL & FRASER 1990). B. spielen in der →kognitiven Verhaltenstherapie eine wichtige Rolle.

belief-value-matrix →Überzeugungswert-Matrix

Belladonna-Alkaloide, Stoffgruppe, in zahlreichen Pflanzen vorkommend, vornehmlich in Nachtschattengewächsen (Tollkirsche, Stechapfel). B. sind seit Jahrtausenden bekannt und als →Rauschmittel verwendet. Die wichtigsten sind →Atropin und →Scopolamin. Sie haben viele natürliche, halb- und vollsynthetische Verwandte. B. haben starke →anticholinergische Wirkungen, die sich als parasympathikomimetische vegetative Symptome und als zentralnervöse Effekte einschließlich ps. Wirkungskomponenten manifestieren, so Erregtheit, Müdigkeit, Sedierung, Halluzinationen. [**L**] →Halluzinogene

W. Janke

Bellevue-Intelligence-Scale, [**T**] WECHSLER

Bell-Magendiesches Gesetz, 1811 stellte B. fest, daß die vorderen Wurzeln der Rükkenmarksnerven motorische, die hinteren sensible Fasern enthalten. 1822 beschrieb der frz. Physiologe M. die beiden Wurzelarten eingehend.

Bell, Sir Charles (1774–1842), Anatom, Physiologe, Chirurg / London, Edinburgh

Beloc® →Metoprolol

Belohnung [engl. *reward*], allgemein Wertung, Anerkennung, Vergeltung. • LEWIN hat die ps. Situation bei →Lohn und Strafe einer dynamisch-typologischen Interpretation unterzogen. • In Lernexperimenten ist B. →Verstärkung oder Bekräftigung oder der Anreiz, der ein Versuchstier oder ein Kind motivieren soll, eine bestimmte Aufgabe auszuführen. Beim klassischen Konditionieren nennt man den unbedingten Reiz B. *(reward)*. Von Bestrafung *(punishment)* spricht man dann, wenn es sich um einen aversiven oder «strafenden» Reiz handelt wie z. B. ein elektrischer Schlag (unbedingter Reiz), der eine unbedingte Reaktion wie z. B. «Pfote heben» beim Versuchstier auslöst. Entscheidender Sinn des Begr. B. ist das Moment der ursprünglichen Motivation. Ist die Assoziation zwischen bedingtem Reiz und Reaktion einmal hergestellt, so entsteht durch die Wiedereinführung von B. eine Wiederverstärkung *(reinforcement)* der bedingten Reaktion, deren Ausbleiben über einen bestimmten Zeitraum hinweg zu ihrer Auslöschung *(extinction)* führt. →bedingter Reflex. [**L**] BERLYNE & MADSEN 1973

Belohnungsaufschub, Befriedigungsaufschub [engl. *delay of gratification*], was in der älteren Ps. und Päd. als «innere Willenshaltung» oder «Willensstärke» ein wichtiges Erziehungsziel war, ist bes. seit 1965 von BANDURA & MISCHEL unter der Bez. B. systematisch untersucht worden. Im Versuchsplan zum B. werden meist Kinder vor die Wahl gestellt, entweder ein kleineres Geschenk sofort oder ein größeres später zu bekommen. Bedingungen für den B. sind in solchen Versuchen Alter und Geschlecht der Kinder, Geschlecht des Vl, die Bewertung der in Aussicht gestellten Güter durch das Kind, die Folgen des Nichtwartens, Vorbilder in Aufschubsituationen, frühere Erfahrungen mit dem Vl und bes. das Vertrauen in die tatsächliche Gewährung der zu erwartenden zukünftigen Belohnung.

Nach Auffassung der Verhaltenstheoretiker ist B. erlernbar, kaum abhängig von Persönlichkeitsmerkmalen wie z. B. «Ichstärke», «Willensstärke» oder «asketische Haltung». MISCHEL hat 1974 ein Zweistufenmodell des B. dargestellt: Die erste Stufe ist die Wahl des später zu erhaltenden Gutes und die zweite besteht in den Verhaltensweisen, durch die das Warten auf die Belohnung unterstützt und aufrechterhalten wird. Ein weniger untersuchter Fall des B. ist die Anforderung, für in der ferneren Zukunft gewährte Güter längere Anstrengungen auf sich zu nehmen. [**L**] UTZ 1979

R. Bergius

Belohnungssystem, neurochemisches, unter der Kontrolle des Neurotransmitters →Dopamin reguliertes Teilsystem des limbischen Systems, u. a. Nucleus accumbens, das die behohnende Wirkung von Reizen einschließlich chemischen Substanzen regulieren soll. Neuroanatomisch handelt es sich um das mediale Vorderhirnbündel bzw.um Teilstrukturen des mesolimbischen Systems. [**L**] WILLNER & SCHEEL-KRÜGER 1991

W. Janke/P. Weyers

Bemerken, jenes seelische Vernehmen und Innewerden, das LERSCH, ROTHACKER u. a. als einen Angelpunkt des Erlebens bezeichnen. Das Suchen und Fragen als Drang und das B.

als Innewerden bedeuten ein zweipoliges Grundschema, innerhalb dessen sich seelisches Leben vollzieht. B. i. S. der →Signaldetektions-Theorie

Benachteiligung →Behinderung

Benham →FECHNER-BENHAM-Farben

Benennungsmethode [T] PREYER

Benommenheit, Zustand der Bewußtseinsminderung, der aber noch nicht Bewußtseinstrübung ist. Die Bewußtseinsinhalte sind dunkel, die Bewußtseinstätigkeit ist verlangsamt. Daneben besteht eine allgemeine Apathie und Aspontaneität.

Ben-u-ron® →Paracetamol

Benzedrin, Psychopharmakon aus der Klasse →Psychostimulantien vom Typ der →Amphetamine [L] →Amphetamine, KLEEMEIR & KLEEMEIR 1947 *W. Janke*

Benzodiazepine, Psychopharmaka aus der Gruppe der →Tranquillantien, die eine anxiolytische (→Anxiolytika), erregungsdämpfende, sedativ-hypnotische, antikonvulsive und zentral muskelrelaxierende Wirkungskomponente besitzen. Aus den Wirkkomponenten folgt der therapeutische Einsatz (Angstzustände, Spannung/Erregung, Streßabschirmung, Schlafstörungen, Krampfzustände und Epilepsie, Muskelverspannungen, Anästhesie (Adjuvans). 1957 wurde mit →Chlordiazepoxid (Librium®) der erste Vertreter entdeckt, der das verfügbare Meprobamat verdrängte. →Diazepam (Valium®) ist heute die Standardsubstanz. Die neurochemische Wirkung erfolgt über einen Benzodiazepinrezeptor, der mit dem $GABA_A$-Rezeptor gekoppelt ist (Benzodiazepin/$GABA_A$-Rezeptorkomplex), so daß die Wirkung von →GABA, dem wichtigsten inhibitorischen Neurotransmitter im ZNS verstärkt wird. Bei Gesunden haben B. bereits in niedrigen anxiolytischen Dosen, vigilanzbeeinträchtigende Wirkungen. Es kann aber auch zu aktiviertheitssteigernden Wirkungen bei Ängstlichen kommen, eventuell bedingt durch den Wegfall von Hemmungen. Zur Trennung anxiolytischer und desaktivierender Wirkungen bedarf es differenzierter Prüfmodelle bei Tier und Mensch. Bei längerdauernder Applikation bei Patienten sind aber kaum Leistungsbeeinträchtigungen nachweisbar. Als unerwünschte Nebenwirkung von B. werden Sedierung, psychomotorische Beeinträchtigung, Schwindel, Gedächtnisstörungen (anterograde Amnesie), Toleranzentwicklung und Abhängigkeitsgefahr und Absetzphänomene am häufigsten genannt. Die klassischen B. als Agonisten des Benzodiazepinrezeptors wurden durch neue Substanzen mit zum Teil abweichenden Strukturen ergänzt, die auch eine hohe Affinität zum Benzodiazepinrezeptor (partielle oder inverse Agonisten) aufweisen, jedoch in ihrer Wirkung spezifischer oder entgegengesetzt zu den B. sind. Die Wirkung von B. kann durch Antagonisten gehemmt werden. Einige dieser Stoffe werden als Forschungswerkzeuge (→Pharmakopsychologie) zur Neurochemie der Angst genutzt, so →Flumazenil oder Bucullin. [L] RIEDERER et al. 1995 (Bd. 2), CURRAN 1991, DEBUS & JANKE 1986, JANKE & NETTER 1986, KOELEGA 1989 *W. Janke/M. Reuter*

Benzodiazepin-Rezeptoren, Rezeptoren, die chemische Stoffe vom Typ der Benzodiazepine binden. Neben zentralen gibt es auch periphere B. Die beiden Typen können sich gegenüber Stoffen unterschiedlich oder gleich verhalten. *W. Janke/M. Reuter*

Beobachtung [engl. *observation*], Bez. für zielgerichtete und methodisch kontrollierte Wahrnehmung von Objekten, Ereignissen und Prozessen. B. ist die grundlegende Methode der Datengewinnung in den Erfahrungswissenschaften (z. B. Ablesen von Meßgeräten). Beim B.prozeß sind mehrere Aspekte zu unterscheiden: (1) der Beobachter, (2) das Objekt, (3) die Umstände, (4) die Mittel (Sinnesorgane, Hilfsmittel, Hilfstätigkeiten), (5) das theoretische Wissen, mit dem die Aspekte (1)–(4) aufeinander bezogen werden. Zu dieser allgemeinen Art der B. kommen in der Ps. noch die Verhaltensb. (Fremdb.) und die →Selbstb. (Erlebnisb., Introspektion). Verhaltensb. ist auf das Verhalten von menschlichen oder tierischen Individuen oder Gruppen von Individuen gerichtet.

Die Systematik der Verhaltensb. wird nach mehreren Gesichtspunkten vorgenommen: (1) systematische (wissenschaftliche) B. – unsystematische (naive, unwissenschaftliche) B.; (2) natürliche B. – künstliche B. (diese Unterscheidung bezieht sich auf den Grad der Kontrolle, die der Beobachter über die Variablen der Situation hat. So kann das Experiment als künstliche B. aufgefaßt werden, bei der der Experimentator mindestens eine Bedingung variiert); (3) direkte B. – indirekte B. (indirekte B. bezieht sich nicht direkt auf das Verhalten, sondern auf dessen Spuren und Auswirkungen, z. B. Dokumentenanalyse); (4) vermittelte B. – unvermittelte B. (bei der vermittelten B. wird dem Beobachter ein technisches Aufnahmegerät vorgeschaltet, z. B. Filmkamera, Tonbandgerät. Neben dem Vorteil der beliebigen Wiederholbarkeit besteht häufig die Möglichkeit, das Material mit Hilfe technischer Hilfsmittel weiter aufzubereiten, z. B. Frequenzfilter, Zeitlupe, -raffer. Nachteile ergeben sich aus den durch die technischen Geräte bedingten Einschränkungen); (5) teilnehmende B. – nicht teilnehmende B. (bei der teilnehmenden B. ist der Beobachter Mitglied der beobachteten Gruppe. Teilnehmende B. wird weiter untergliedert in aktive und passive); (6) wissenschaftliche (offene) B. – unwissenschaftliche (verdeckte) B. (diese Unterscheidung bezieht sich darauf, ob das beobachtete Individuum weiß, daß es beobachtet wird, oder nicht. Bei der wissenschaftlichen B. muß man zumindest in den Anfangsphasen mit Verhaltensänderungen rechnen, bei der unwissenschaftlichen B. treten ethische Probleme auf). • Damit das, was beobachtet wird, zu einem kommunizierbaren wissenschaftl. Datum wird, muß ihm eine sprachliche Formulierung zugeordnet werden. B. des Verhaltens und Beschreibung des Beobachteten sind nicht unabhängig voneinander, einerseits hängt die verwendete Sprache von vorangegangenen B. ab, andererseits werden auch B. anhand von vorgegebenen B.kategorien vorgenommen. Eine Verhaltensb., die nicht der Voruntersuchung dient, verlangt Festsetzung dessen, was beobachtet werden soll (Objekt, Ereignis etc.), des Ortes und des Zeitraumes, der B.frequenz (Zeitstichprobe, fraktionierte B., *time-sampling*), der angewendeten B.technik und der Technik der Aufzeichnung. Dabei ist die Leistungsfähigkeit der Beobachter zu berücksichtigen. **[L]** ATTESLANDER, BUNGE, GRAUMANN, HASEMANN, KÖNIG, PHILLIPS, PINTHER *O. Huber*

Beobachtungsbogen, in der Ps. deshalb von Bedeutung, da ohne «katalogisierte Zielfragen», die repräsentativ sind für die Individualität, Gruppe, Masse usw. (Charakter, Struktur, Verhaltensweisen, Wahrnehmung usw.), Einsichten schwer zu gewinnen sind. Die Brauchbarkeit des B. hängt ganz von der Auswahl der Fragen (ihrer Formulierung usw.) ab. Störend macht sich besonders der →Hof-Effekt bemerkbar. →Beobachtungs-Fehler, →Beschreibung

Beobachtungs-Fehler, Fehler, die bei der →Beobachtung auf Grund der Leistungsgrenzen des Beobachters vorkommen (→persönliche Gleichung, →Aufmerksamkeitsschwankungen, →Ermüdung). Wie aber die Beurteilung kaum von der Beobachtung zu trennen ist, werden meist auch die Beurteilungsfehler zu den Beobachtungsfehlern gerechnet. Wichtige Beurteilungsfehler sind: (1) Halo-Effekt (→Hof-Effekt); (2) Zentrale Tendenz: Tendenz des Beurteilers, extreme Skalenwerte zu vermeiden; (3) zu frühe Interpretation und Wertung. Die Häufigkeit von Fehlern kann durch Beobachterschulung und Verwendung von technischen Hilfsmitteln wie z. B. Filmkamera vermindert werden. *O. Huber*

Beobachtungs-Lernen, Erklärung für das →Lernen im sozialen Kontext durch Nachahmung; auch Modell-Lernen oder →soziales Lernen genannt. **[L]** BANDURA & WALTERS 1963

Beobachtungstypus →Typologie (Aufmerksamkeitstypen)

Beratung, Beratungspsychologie [engl. *counseling*], ist ein vom Berater nach methodischen Gesichtspunkten gestalteter Problemlösungsprozeß (→Problemlösen), durch den die Eigenbemühungen des Ratsuchenden (Rs.) unterstützt/optimiert bzw. seine Kompetenzen zur Bewältigung der anstehenden Aufgabe/des Problems verbessert werden. B. vollzieht sich im Medium sozialer Interaktion und wird daher i. w. S. als Kommunikationsprozeß zwischen zwei (Individualb.) oder mehr (Gruppenb., Systemb.) Interaktionspartnern verstanden. B. ist ggf. auch Ergänzung zu Einzelgesprächen durch die Teilnahme des Rs. an einem Interventionsprogramm oder einer Selbsthilfegruppe. Von Psychotherapie ist B. nur schwer abgrenzbar.

Unter dem Einfluß des →Behaviorismus und der durch ihn ausgelösten Erforschung und Entwicklung von Methoden zur Verhaltensänderung wurde B. auch als Lernsituation aufgefaßt (DUHM 1965; KRUMBOLTZ 1966; KANFER & GRIMM 1980), in der ein Rs. durch (gemeinsam mit ihm) geplante und kontrollierte Anwendung weitgehend experimentell fundierter Methoden der Verhaltenssteuerung/-änderung sich wirksamere Strategien zur Bewältigung seiner Schwierigkeiten aneignen kann (Verbesserung oder Aufbau spezifischer Fertigkeiten; Einstellungsänderungen; Förderung von Motivation; Beeinflussung von ungünstigen Umweltbedingungen u. a. m.). Nach KRUMBOLTZ (1980) rückt B. dann in die Nähe von Erziehung *(counseling experiment education)*.

Das allgemeine Ziel von B., z. B. Einstellungen und Verhalten zur Verwirklichung bestimmter Vorhaben verändern zu helfen, Lösung von Konflikten zu erleichtern, zu selbständig begründeten Entscheidungen zu befähigen (Orientierungs-, Planungs- und Entscheidungshilfe), setzt B. eindeutig von Führung (zielgerichtete Beeinflussung von außen) ab.

In der →Gemeindepsychologie ist das Moment der Prophylaxe in der B. besonders wichtig. Die beherrschende Rolle der Psychodiagnostik in der B. wird dadurch zurückgedrängt, daß die formalisierte Erhebung von Daten (z. B. durch Tests) oder die Verhaltensanalyse in die B. integriert sind und der Überprüfung von Hypothesen zur Planung und Steuerung beraterischer Interventionen und zur Vorhersage ihres Wirkungsgrades dienen (Janis 1981). Auch die Erstellung und entscheidungsbezogene Verarbeitung beruflicher Prognosen erfolgt im Kontext eines klientenzentrierten Beratungs- und Problemlösungsprozesses. Konkret wird B. durch B.theorie und das jeweils (z. B. in einer Institution) geltende und praktizierte B.konzept und den Problembereich bestimmt sowie durch die Entwicklung der →sozialen Interaktion zwischen den B.partnern. Eine allgemein gültige B.theorie gibt es nicht; in den verschiedenen Anwendungsbereichen der B. haben sich jedoch im Verlauf der Zeit B.ansätze herausgebildet, die teilweise durch wissenschaftl. Forschung überprüft werden und die durch gesellschaftliche/politische/wirtschaftliche Entwicklungen und deren Auswirkungen neuen Zielsetzungen angepaßt werden müssen.

Ziele und Ergebnisse der Beratung

Inhaltlich: Klärung von Zielen, Wertrangreihen und anderen Entscheidungskriterien bei Konfliktlösungen, persönlichen und beruflichen Entscheidungen und der Kontrolle verhaltenssteuernder Bedingungen durch die Gewinnung und Verarbeitung von Informationen auf den *«pre-choice»* und *«decision-making steps»* (Jungermann 1980). Der Berater (Br.) kann informieren (oder mit dem Rs. eine Strategie zur Informationsgewinnung erarbeiten) und/oder für die Problemlösung und Entscheidung wichtige Aspekte erfragen und/oder allgemein Voraussetzungen herbeiführen, welche die Lösung des Problems des Rs. erleichtern helfen; evtl. auch auf andere Hilfsmöglichkeiten verweisen oder darauf vorbereiten.

Prozessual: Br. liefert dem Rs. ein Modell dafür, wie er seine Probleme analysieren, Entscheidungen treffen und möglichst selbständig und selbstkontrolliert Lösungen herbeiführen kann (Selbstmanagement-Ansatz, Kanfer 1980). Für diese Zielsetzung sind das Ingangkommen und die Förderung des Prozesses von größerer Bedeutung als dessen aktuelles Ergebnis (Motivation zur Mitarbeit und Selbstvertrauen stärken; eigene Bemühungen des Rs. unterstützen; Interessen, Wertvorstellungen und Überzeugungen (→attitude) bewußt machen; eingeschliffene Reaktionen des Rs. zugunsten lösungsorientierten Verhaltens unterbrechen u.a. m.).

Person- und aufgabenorientiert: Beraterisches Vorgehen ist person- und aufgabenorientiert und läßt sich entsprechend der Zielsetzung bestimmten Interventionskategorien zuordnen (Informationsdefizite beseitigen; Problemlösungs- und Entscheidungsverhalten verbessern; Aktivierung und Motivierung; Abbau von Hemmnissen z. B. durch Modifikation von Verhalten, Einstellungen usw.). Die Motivation des Rs. zur Mitarbeit wird dann zum Problem, wenn die B.situation unangenehm, die Rollenverteilung unklar, der Anstoß zur B. belastend und die Erwartung an die B. nicht zu den Möglichkeiten des Br. passen. Spezifische Anforderungen an die B., besonders hinsichtlich der Einstellung und des Wissens von Br. sowie des Vorgehens und der Methodik, stellen Rs. mit Behinderungen oder Rs., die anderen Kulturkreisen angehören oder die unter extrem ungünstigen Lebens- und Milieubedingungen leben.

Beratung aus verhaltenstheoretischer Sicht

(1) Informationsgewinnung (Hypothesenbildung, Erstellung einer Diagnose). (2) Erhebung von Verhaltensstichproben. (3) Diagnose von Verhaltens- und kognitiven Strukturen und emotionalen Anteilen des Verhaltens (Denkmuster, Überzeugungen, Wertvorstellungen, Angemessenheit von Verhalten im Hinblick auf soziale Normen und Erwartungen der Umwelt usw.). (4) Instrument zur Beeinflussung von Verhalten (Einflußnahme auf Verlauf, Inhalt und Auswirkung des Gesprächs auf den Rs. Z. B. Modell-Lernen; Problemanalyse und Vorbereitung von Entscheidungen; Förderung der Gesprächsbereitschaft; verbale Konditionierung; kognitiv ausgerichtete Methoden; Rollenspiel; Kreativitätstechniken). (5) Übermittlung von Informationen an den Rs. (6) Verhaltensmodifikation (a) in der dyadischen Situation (b) in der Gruppe (Beispiele: Förderung der beruflichen Selbstentwicklung; Optimierung des Bewerbungsprozesses durch Verbesserung instrumenteller Fertigkeiten; Beseitigung von Lern- und Arbeitsstörungen, Umstellungs-

und/oder Kontaktschwierigkeiten; Bewältigung von Übergangssituationen u. a. m.). Form: Selbsthilfegruppen mit und ohne Anleitung; Gruppenarbeit mit (teil-)standardisierten Programmen; interaktionelle Problemlösegruppen (GRAWE 1980). (7) Motivierung (Verstärkung des Interesses beim Rs., bestimmte Vorhaben in Angriff zu nehmen oder verfügbare Anregungen aufzugreifen). (8) Realisierung eines strukturierten und methodisch geleiteten Ablaufs im Sinne von sich ggf. wiederholenden Phasen/Abschnitten mit jeweils unterschiedlichen Schwerpunkten/Zielen und Vorgehensweisen (SCHULTE 1976).

Felder der Beratung

Erziehung, Schule, Ehe und Partnerschaft, Gesundheit, Behinderung, Abhängigkeit, Schwangerschaft, Wirtschaft, Städtebau-Architektur, Umwelt, Rechtswesen, Politik.

Notwendigkeit von Beratung

Die zunehmende Komplexität der Wirklichkeit, der Berufsfelder, Wertpluralismus, Notwendigkeit beruflicher und sozialer Mobilität erfordern vom einzelnen ein hohes Maß an Orientierungs-, Umstellungs- und Lernfähigkeit, aber auch Mut und Geschick zur Lösung von Konflikten und zur Bewältigung von ungewohnten Aufgaben oder Schwierigkeiten, die er häufig nur mit Unterstützung seiner engeren sozialen Umwelt oder bestimmter privater/öffentlicher Einrichtungen (z. B. B.institutionen) wirksamer meistern kann.
Der bildungsmäßige bzw. berufliche Werdegang mit seinen vom Bildungssystem und durch die Entwicklung des Individuums und durch den Wandel der gesellschaftlichen Anforderungen determinierten Übergangs- und Entscheidungssituationen stellt die Einzelperson vor eine Reihe von Aufgaben, die mit Unterstützung sachkundiger Br. auf der Basis gegenseitigen Vertrauens und unter Achtung der Entscheidungsfreiheit des Rs. zu seinem größeren persönlichen Nutzen (im weiteren auch zum Nutzen der Gemeinschaft) besser bewältigt werden können. Aber selbst bei einer Entscheidung, die bewußt unter Ablehnung/Verharmlosung einschlägiger Informationen erfolgte (z. B. gegen die Meinung der Öffentlichkeit oder gegen den Rat und die Erfahrung eines professionellen Br. oder gegen einen prognostischen Trend in der Entwicklung von Angebot und Nachfrage auf dem Arbeitsmarkt), kann es sich im Verlauf der Zeit ergeben, daß beispielsweise die Art, wie jemand seinen Beruf ausfüllt und damit Erfolg erringt, mehr Vorteile für den einzelnen und für die Allgemeinheit bringt, als wenn der Rs. seine Wertungen unreflektiert den Wertungen anderer angeglichen hätte und auf Dauer mit sich unzufrieden gewesen wäre. Dies setzt natürlich auch voraus, daß es möglich ist, den Rs. zu einer selbständigen und kreativen Problemlösung hinzuführen und ihn zu befähigen, das Ausmaß an Risiko bei der Verwirklichung seiner Entscheidung im Hinblick auf seine Potentiale/Ressourcen einschätzen zu können, und ihn evtl. sogar darauf vorzubereiten, aufkommende Krisen und schwierige Situationen durchzustehen (präventiver Charakter der B.).
Die Evaluierung (Prozeß der Planung, Entwicklung und Durchführung beraterischer Interventionen) verschiedener Formen ps. B. setzt ein Theoriegerüst voraus, das u. a. die Ergebnisse der Analyse verschiedener Parameter der B. berücksichtigt, z. B. gesellschaftliche, organisatorische, personelle, situative usw. Bedingungen und Folgen (Systeme) von B. →Verhaltensdiagnose, →Berufsberatung, →berufliche Gruppenberatung. **[L]** HORNSTEIN et al. 1977, JANIS 1981, KANFER & NEY 1981, LANGE 1979

Beratungslehrer, Lehrer, die zusätzlich für Beratungsaufgaben im Rahmen der Schule qualifiziert sind. Hauptaufgaben: Laufbahnberatung, Systemberatung und Beratung bei Lernschwierigkeiten, persönlichen und sozialen Problemen. Die Ausbildung ist länderspezifisch. →Beratung, Beratungsps., →Erziehungsberatung, →Schulpsychologe. **[L]** K. HELLER 1976, 1979

Bereichsbildung →Spurenfeld

Bereich →topologische und Vektorpsychologie

Bereitschaftspotential (readiness potential), ein hirnelektrisches Potential, das einer Hand- oder Fußbewegung zeitlich voranläuft. Es ist eine Negativierung, die ca. 1 sec vor der Bewegung beginnt und eine maximale Negativität kurz bevor dem Bewegungbeginn erreicht. Dieses Potential wurde erstmals von KORNHUBER & DEECKE (1965) beschrieben. Weitere Forschung hat gezeigt, daß sich das BP aus drei Komponenten zusammensetzt (Readiness Potential, Pre-Motion Positivity und Motor Potential). **[L]** BRUNIA (1987).

Berliner Begabtenauslese 1917 **[T]** MOEDE-PIORKOWSKI-WOLFF

Berliner Schule, Bez. für die von K. KOFFKA,

W. KÖHLER, K. LEWIN, M. WERTHEIMER u. a. begründete bzw. vertretene gestaltps. Richtung. →Gestaltpsychologie

Berliner Schultest [T] INGENKAMP

Berlyne, Daniel E. (1924–1976), 1953 Promotion Univ. Cambridge. Berkeley-Univ. u. Univ. Toronto. Aktivierungsforscher, der vor allem die Physiologischen Korrelate des Neugier- und Spielverhaltens untersuchte. Forschungsschwerpunkte waren Arousal-Theorie und Motivationspsychologie.

Bernoulli, Jakob (1654–1705), Mathematiker – förderte d. Wahrscheinlichkeitsrechnung / Basel

Bernoulli-Verteilung, auch «Binomialverteilung», ist die (diskrete) theoretische Verteilung der Wahrscheinlichkeiten p_k für die Häufigkeit des Auftretens einer Klasse einer Alternativvariablen in einer Stichprobe von n voneinander unabhängigen Wiederholungen der Beobachtung der Alternativvariablen. Sie ist gegeben durch

$$p(k) = \binom{n}{k} p_e^k \_ q_e^{n-k} = \frac{n!}{k!\,(n-k)!}\; p_e^k \_ q_e^{n-k}$$

Mittelwert der Verteilung ist $\mu = p_e$ (p_e = theoretisch bekannte oder «erwartete» Wahrscheinlichkeit für das Auftreten der einen der beiden Klassen bei einer Beobachtung der Alternativvariablen), die Varianz beträgt $o^2 = p_e \cdot q_e$ (wobei $q_e = 1 - p_e$). Beispiel: Die Wahrscheinlichkeit für k = 2 Kopfwürfe bei n = 6 Würfen einer Münze (oder einmaligem Werfen von 6 Münzen gleichzeitig) beträgt (da $p_e = 0{,}5$):

$$p(2) = \frac{6!}{2!4!}\left(\frac{1}{2}\right)^2 - \left(\frac{1}{2}\right)^4 = \frac{15}{64} = 0{,}234\,.$$

Bei großem n nähert sich die diskrete B. der kontinuierlichen →Normalverteilung.

E. Mittenecker

Bero-Test [T] BEHN-ESCHENBURG

Bertalanffy, Ludwig v. (1901–1972), Begründer der allgemeinen Systemtheorie.

Beruf, eine durch die Tradition geprägte, mehr oder weniger von der Gesellschaft legalisierte und organisierte Kollektiv-Dauerform der menschlichen Arbeit, durch die gegen Entlohnung bestimmte Bedürfnisse befriedigt werden.

BÜLOW (1955) unterscheidet: (1) B. im Sinne göttlicher Berufung; (2) B. als sozialethischer Begr. der mittelalterlich-hierarchischen Sozialordnung; (3) als protestantisch-calvinistischer Begr. des erwachenden religiösen und wirtschaftlichen Individualismus; (4) als verabsolutierte B.pflicht (KANT); (5) als liberalistischer-individualistischer Begr. in Nachwirkung der franz. Revolution; (6) als sozialer oder sozialistischer Begr. der Gegenwart. • B. ist nicht Arbeit schlechthin – doch sind die bei der Arbeit wichtigen Antriebsmomente hier ebenfalls wirksam. →Arbeit, →Arbeitspsychologie. [L] BOLTE, DIRKS, DUNKMANN, JAIDE, MOSER, SCHARMANN

berufliche Entwicklung →Berufliche Sozialisation, →Berufspsychologie

berufliche Gruppenberatung, eine Erweiterung des Angebotes der →Berufsberatung. Ziel ist es, die Leistungsvorteile einer Gruppe zur Lösung individueller Fragestellungen zu nutzen. Die berufliche Gruppenberatung wird allgemein als eine qualifizierte Ergänzung der alle individuellen Aspekte berücksichtigenden Einzelberatung geschätzt.

berufliche Selbstinformation, in Berufsinformationszentren (BIZ) dient sie einer objektivierten und vertieften Berufsinformation. Das dort vorhandene vielseitige Medienangebot zwingt den Benutzer, seine Informationswünsche selbst zu artikulieren, die Quellen der Informationen selbst zu finden und die Ergebnisse – deren Umfang und Qualität von seinen Aktivitäten abhängen – selbst zusammenzutragen und auszuwerten. Die in diesen Einrichtungen der Arbeitsämter gewährte Anonymität des Benutzers ist ein weiterer Gewinn, der von vielen geschätzt und gerne angenommen wird.

berufliche Sozialisation, die Entwicklung psychologischer Merkmale der Person in der, durch die und für die Arbeitstätigkeit (FRESE & GREIF 1983). In der beruflichen Sozialisationsforschung werden die Wechselwirkungen zwischen Arbeit und Persönlichkeitsentwicklung untersucht. Dabei werden soziologische und psychologische Theorien zusammengeführt (HOFF & HOHNER 1989, VOLPERT 1979). Die psychologischen Theorien sind mit der Perspektive der «lebenslangen Entwicklung» in der Entwicklungspsychologie verbunden, wonach die Persönlichkeitsentwicklung nicht in einem bestimmten Alter abgeschlossen ist. →Entwicklungsphasen

Durch Längsschnittuntersuchungen werden Zusammenhänge zwischen Arbeitskomplexität und intellektuellen Fähigkeiten, Arbeitsbedingungen und psychischem Befinden (→Streß am Arbeitsplatz) sowie Einstellungen zum Beruf untersucht. Außerdem werden Zusammenhänge zwischen Arbeit, Familie, Freizeit und Persönlichkeitsentwicklung erforscht (→Berufspsychologie, →Frauenarbeit; BAMBERG 1986, BÜSSING 1992, HOFF 1992). [L] FRESE & GREIF 1983, HOFF & HOHNER 1989, VOLPERT 1979 *S. Greif*

Berufsarbeit →Arbeit

Berufsberatung, eine in der Bundesrepublik Deutschland durch Gesetz der Bundesanstalt für Arbeit und ihren Dienststellen übertragene Aufgabe (AFG 4, 25–32), Jugendliche und Erwachsene vor Eintritt in das Berufsleben und während des Berufslebens in allen Fragen der Berufswahl und des beruflichen Fortkommens zu beraten. Dabei hat die B. die Lage und Entwicklung des Arbeitsmarktes und der Berufe angemessen zu berücksichtigen sowie die Belange einzelner Wirtschaftszweige und Berufe allgemeinen wirtschaftlichen und sozialen Gesichtspunkten unterzuordnen.

Bei der B. sind die körperlichen, geistigen und die persönlichen Verhältnisse der Ratsuchenden zu beachten. Die B. hat darauf hinzuwirken, daß geeignete Ratsuchende in fachlich, gesundheitlich und erzieherisch einwandfreien Ausbildungsstellen untergebracht werden. Die B. wird noch ergänzt durch →Berufsorientierung und die Förderung der beruflichen Bildung.

Berufsbild, Darstellung aller wichtigen Merkmale eines bestimmten Berufs sowie aller ihn betreffenden wissenswerten Tatsachen, wie Eignungsanforderungen, Ausbildungsgang, Aufstiegsmöglichkeiten, Lage am Arbeitsmarkt, rechtliche Stellung, Geschichte u. a. m.

Berufseignung, Bez. dafür, ob und in welchem Umfang die bei einem Individuum gegebenen Voraussetzungen dem Anforderungskomplex eines Berufes entsprechen. «Grad der Wahrscheinlichkeit, mit dem ein Individuum auf Grund der bei ihm gegebenen Voraussetzungen (Eignungsdisposition) bestimmte Berufsanforderungen bewältigen wird». [L] JÄGER 1970

Berufseignungsdiagnostik →Personalauswahl

Berufseignungsprüfung →Eignungspsychologie, →Personalauswahl

Berufseignungs-Tests, Tests, welche die Berufseignung eines Pb feststellen. Nach MERZ (1971) spricht man bei der Anwendung von B. von Konkurrenzauslese, wenn man für einen bestimmten Beruf die am besten geeigneten Bewerber aussucht, von Eignungsdiagnose, wenn man für einen bestimmten Pb den geeignetsten Beruf oder die geeignetste Tätigkeit finden will. Nach einer Schätzung von JÄGER (1966) werden in der BRD jährlich einige hunderttausend solcher Eignungsurteile gefällt.

berufsethische Verpflichtungen des Psychologen →Testgütekriterien, →Testkuratorium

Berufsforschung, psychologische →Berufspsychologie

Berufsinteressen-Test [T] BAUMGARTEN, BEMELMANS, IRLE, KUDER, STRONG, TRAMER

Berufskunde, das Wissen um die Gesamtheit der beruflichen Ausübungsformen und Möglichkeiten.

Die theoretische B. umfaßt Berufsbegriffe, objektive Tatbestände wie Aufgabe, Tätigkeit, Arbeitsplatz, Ausbildung, Fortbildung, Spezialisierung, Aufstieg, Ausbildungs- und Beschäftigungsalternativen, Berufsaussichten, Herkunft und subjektive Tatbestände wie psychische Sachverhalte, Eignung (psychologische), Mobilität und Akkommodation (soziologische), physische Belastungen und Anforderungen (medizinische).

Die angewandte B. sucht alle berufskundlichen Erkenntnisse und Gegebenheiten aufzubereiten für generelle übergreifende und/oder zielgruppenspezifische Informationen und beratungsbezogene Zwecke.

Berufsorientierung, Vermittlung bzw. Aneignung eines Überblicks über Ausbildungs- und Berufsmöglichkeiten. In dieser allgemeinen Bedeutung deckt sich B. in etwa mit der Berufsaufklärung.

Bei dem Prozeß der Ausbildungs- und Berufswahl wird von Berufswahlvorbereitung gesprochen. Die Anwendung dieser Begriffe durch Schule und Berufsberatung erfolgt meist mit unterschiedlicher Nuancierung. Aufgabe der Schule ist es, den Schüler zu Wirtschafts- und Arbeitswelt hinzuführen, Aufgabe der Berufsberatung ist es, den gesetzlichen Auftrag zur Berufsaufklärung umzusetzen. Über die Zusammenarbeit dieser Institutionen im Bereich der B. gibt es verbindliche Rechtsgrundlagen (z. B. das Arbeitsförderungsgesetz, AFG). Zur Erfüllung dieser Aufgabe bietet die Berufsberatung zielgruppenspezifische Schriften und audiovisuelle Medien an, führt Vortragsveranstaltungen und Gruppenveranstaltungen durch, unterhält Berufsinformationszentren und setzt in Schulen Mobile Informationsstellen (MOBIS) und bei Ausstellungen anderer Träger Informationsstände ein.

Berufspsychologie [engl. *Vocational Psychology*], Teilgebiet der angew. Ps., das (a) die

Erforschung der einzelnen Berufe unter psychologischem Aspekt, (b) die berufliche Entwicklung des Individuums zum Gegenstand hat. Die B. wird unterschiedlich eingeordnet: (1) als eigenständige Spezialdisziplin, (2) als Teilgebiet der *Personnel Psychology* oder aber (3) als spezielles Arbeitsfeld der →Arbeits- und Organisationspsychologie. Die B. beschäftigt sich mit Phasen der Vorbereitung auf den Beruf, mit der Berufswahl, mit dem Beginn der Erwerbstätigkeit, mit Einarbeitungs- und Eingliederungsprozessen, mit Veränderungen von Arbeitstätigkeiten oder typischen Übergängen zwischen Firmen, zwischen Beruf und Familienarbeit sowie Wechsel zwischen Beruf und Erwerbslosigkeit oder in den Ruhestand. →Berufliche Sozialisation, →Berufswahl

Bei der Erforschung der Berufe unter psychologischem Aspekt wird davon ausgegangen, daß «Berufe» als relativ homogene «Kollektiv-Dauerformen der menschlichen Arbeit» (→Arbeit) angesehen werden können. Die B. sieht sich dabei allerdings mit der Tatsache konfrontiert, daß die Berufe zwar im allgemeinen Bewußtsein (und damit auch dem der Berufswähler und Berufswechsler) gegeneinander relativ gut abgegrenzte Einheiten darstellen, daß aber die tatsächliche berufliche Tätigkeit am konkreten Arbeitsplatz durch die jeweilige Berufsbezeichnung häufig nur ungenau, u. U. sogar irreführend gekennzeichnet wird. Dennoch stellen für die B. die Berufe – ihre Inhalte sind immerhin, was die Ausbildungsinhalte anbelangt, durch gesetzliche Bestimmungen fixiert – die sozusagen «natürlichen» Analyseeinheiten dar. Die B. bemüht sich darum, diesen zunächst soziologisch, wirtschaftlich-technisch und juristisch definierten Einheiten ihren Platz in einer psychologischen Berufsklassifikation zuzuweisen.

Eine solche ps. Berufsklassifikation orientiert sich an den Ähnlichkeiten und Unähnlichkeiten zwischen den Berufen im Hinblick auf die typischen Merkmalskonstellationen der Berufsanghörigen, auf die «Anforderungen» der Berufe (Voraussetzung für beruflichen Erfolg) und auf die «Befriedigungsangebote» der Berufe (Voraussetzung für berufliche Zufriedenheit).

Bei der Betrachtung der beruflichen Entwicklung als Gegenstand der B. wird die lebenslange individuelle Entwicklung in, für und durch die berufliche Arbeitstätigkeit in den Mittelpunkt gestellt (→berufliche Sozialisation). Die Berufslaufbahn *(career)* wird hier vor allem unter den Gesichtspunkten der beruflichen Verwirklichung des «Selbstbildes» (SUPER 1957) des Individuums gesehen und der Kompromisse, die bei seiner Verwirklichung in aller Regel geschlossen werden müssen angesichts in der Person und in der gesellschaftlichen Realität liegender begrenzender und einengender Realitäten.

Im einzelnen befaßt sich die B. mit (1) der subjektiven Bedeutung, die die Berufstätigkeit für den Menschen hat, den Kognitionen und Einstellungen gegenüber den einzelnen Berufen (u. a. Berufsimage, Berufsprestige) sowie mit den individuellen Unterschieden und epochalen Veränderungen in diesen Kognitionen, Einstellungen und Wertungen, (2) den psychologisch bedeutsamen Charakteristika der einzelnen Berufe (den Anforderungen und Befriedigungsangeboten der Berufe) und ihren Veränderungen im Zuge von Änderungen in der Arbeits- und Berufswelt, den Charakteristika der in den Berufen vorzugsweise anzutreffenden Personen und den hierfür verantwortlichen Bedingungen (Selbstselektion, Fremdselektion, Prägung), den Personenmerkmalen, die Erfolg und Zufriedenheit in der einzelnen beruflichen Laufbahn (mit) determinieren, den Veränderungen von Personenmerkmalen (z. B. Interessen, Werteinstellungen) während der Tätigkeit in einem bestimmten Beruf, und (3) den Erscheinungsformen und Determinanten beruflicher Laufbahnen und ihrer Teilabschnitte (der «Berufswahl» ebenso wie späterer beruflicher Weiterentwicklungen, Spezialisierungen und Berufswechsel). →Berufskunde. **[L]** CRITES 1969, SEIFERT 1977 *H. H. Eckhardt/S. Greif*

Berufsverband Deutscher Psychologen →BDP

Berufswahl, eine zentrale Frage der Berufsps. Hierzu wurden unterschiedliche theor. Konzepte entwickelt, die sich im historischen Werdegang zunehmend differenzierten. Durch rasche gesellschaftl. Veränderung, die immer neue Berufe hervorbrachte, wurden wirtschaftliche, soziale und psychodynamische Verflechtungen deutlicher, so daß es heute unangemessen erscheint, B. als eine einmalige Entscheidung vor Eintritt in das Berufsleben zu betrachten.

Determinanten der B. können grob in anlagebedingte, umweltbedingte oder systemabhängige Faktoren zusammengefaßt werden. Sie finden Ausdruck in stark differenzierenden Theorien: (1) Zufallstheorie. Zufall als

Hauptfaktor bei der B. Dies würde bedeuten, daß Berufsentwicklungen ohne Planung rein zufällig abliefen. SUPER (1957) schließt bei ausreichendem Wissen den Zufall aus. (2) Theorie der Charakterzüge und Arbeitsfaktoren. Fähigkeiten, Interessen und Einstellungen des Individuums finden nach dieser Theorie in Arbeitsplatzanforderungen ihre Entsprechung. Diese Theorie geht auf PARSONS (1900) zurück und entspricht weitgehend der berufsps. Vorgehensweise der deutschen Arbeitsämter (→Berufsberatung). (3) Typentheorie. HOLLAND (1966) entwickelte 6 abgrenzbare Berufsumgebungs- und Persönlichkeitstypen. Seine Hypothese lautet, daß Personen sich für den Beruf entscheiden, der ihrem persönlichen Typ entspricht. Intelligenz und Selbsteinschätzung bestimmen lediglich die Wahl des Niveaus innerhalb der Bereiche realistischer, intellektueller, sozialer, konventioneller, unternehmender und künstlerischer Tätigkeiten. (4) Entwicklungstheorie. B. ist nicht eine einzige Entscheidung, sie hängt von zeitlich ablaufenden Entwicklungsprozessen ab. Wichtige Entscheidungsperioden sind nach SUPER (1957) Wachstum (unter 14), Entdeckung (15–24), Etablierung (25–44), Erhaltung (45–64) und Abbau (nach 65). Die erfolgreiche Bewältigung der Phasen bestimmt den weiteren Verlauf. (5) Psychoanalytische Theorie. Unbewußte Wünsche und Impulse werden durch den Beruf sublimiert. Die B. entspricht daher diesen verdrängten Regungen. Chirurg oder Fleischer sind Beispiele für die erfolgreiche Sublimierung sadistischer Impulse (→Tropismus). (6) Bedürfnistheorie. Diese Theorie postuliert, daß der Beruf Wünsche und Bedürfnisse des Individuums befriedigt. Man bezieht sich hierbei auf die Bedürfnishierarchie MASLOWS, wobei B. jedoch mehr vom Niveau der Bedürfnisse abhängig sei als von der Art des Bedürfnisses, da die meisten Menschen ähnliche Bedürfnisse besitzen. (7) Entscheidungstheorie. Diese Theorie geht davon aus, daß durch Informationsselektion sich allmählich die Berufsentscheidung konstituiert. In dem Maße, wie die Wahl des Berufes eingeschränkt wird, steigt ihre Sicherheit (ROTH 1966). (8) Interdisziplinäre Theorie. Mehrere Faktoren beeinflussen die B. Während der Entwicklung können biol., ps., wirtschaftliche und soziologische Faktoren dominant sein (SUPER 1957). Dieser interdisziplinäre Ansatz ist wegen seiner Variablenvielfalt schwierig zu erforschen, für eine allgemeine Theorie der Berufe und der B. dürfte er jedoch bei zusätzlicher Berücksichtigung ökolog. Faktoren am geeignetsten sein. [L] CRITES 1969, GINZBERG 1951

Berührungsassoziation →Assoziationsformen

Berührungsempfindung →Tastempfindung

Beschäftigungsdelir, Bewegungsunruhe und meist stummes Herumwirtschaften in alltäglicher Umgebung und bei gewohnter Tätigkeit unter Verkennung der Situation. →Desorientiertheit, →Halluzination bei →Delirium tremens

Beschäftigungtherapie →Arbeitstherapie, Ergotherapie

Beschneidung, Circumcision, die bei Mohammedanern, Juden und afrik. Volksstämmen weit verbreitete, nach best. Vorschriften geregelte operative Entfernung der Vorhaut *(präputium)*, total oder teilweise, beim Säugling oder in der Pubertät. Wenig eindeutig ist der Anlaß zur B.: Symbol der Mannbarkeitserklärung (Aufnahme des Jünglings unter die Männer) – Vorbereitungsakt auf die Sexualfunktion (erst der Beschnittene darf heiraten) – Reinlichkeitsgründe (die Verbreitung der B. in tropischen Zonen spricht dafür) – Wundheilungsgrund (die Vorverlegung der B. auf das Säuglingsalter lasse die Wunde besser ausheilen) – Rest des alten Menschenopfers (Weihe eines Teiles statt des Ganzen). • Auch die B. der Mädchen (Entfernung der Klitoris, teilweise Amputation der Schamlippen; Infibulation [lat. *infibulare* zuheften] als Verschluß des Scheideneingangs zur Beischlafverhinderung) ist bei einigen Völkern und Stämmen Sitte. Zur Begründung wird u. a. die Hemmung der weibl. Sexualität genannt.

beschreibende Psychologie, deskriptive Psychologie, die sich vorwiegend der Beschreibung als Forschungsmeth. bedienende Ps. Sie kann sich auf Einzelerscheinungen (= individuelle Deskription) oder auf das Allgemeine richten (= generelle Deskription). Auf den Unterschied der beschreibenden und zergliedernden Ps. wies zuerst DILTHEY hin. Für die b.Ps. wurde die →Phänomenologie fruchtbar (phänomenologische Deskription von HUSSERL und seiner Schule, insbes. von HEIDEGGER und SCHELER). • SKINNER versteht unter deskriptiver Ps. eine streng positivistische Ps. →Behaviorismus

Beschreibung, Deskription, Aufzählung der Eigenschaften (Prädikate beliebiger Ordnung) von Objekten, Ereignissen oder Prozessen. B. gründet sich auf →Beobachtung und ist zu unterscheiden von der →Erklärung.

Im Zusammenhang mit der Verhaltensbeobachtung ist die bewährteste Methode der B. die anhand von Beobachtungs-(Verhaltens-) Kategorien. Hier werden die zu beobachtenden Verhaltensweisen in disjunkte und erschöpfende Klassen (Kategorien) eingeteilt und ihnen sprachliche Formulierungen zugeordnet.
Je nachdem, ob es sich um differenzierte und detaillierte Kategoriensysteme oder eher grobe handelt, spricht man von größerer oder geringerer Strukturierung. Brauchbare Beobachtungskategorien sind derart, daß (geschulte) Beobachter gleiche Verhaltensweisen in gleiche Kategorien einordnen (Beurteilerreliabilität) und daß keine Interpretationen vorgenommen oder durch die Wahl der sprachlichen Formulierungen provoziert werden. Die Entwicklung eines derartigen Kategoriensystems erfordert vorangehende Beobachtung und kann sehr aufwendig sein. • Bei der Verwendung von Beobachtungsbögen gibt es zwei Haupttechniken: (1) Eintragen von Häufigkeiten in einer Liste von Beobachtungskategorien und (2) Beantworten gezielter Fragen nach bestimmten Verhaltensweisen. Der Nachteil der Verwendung von Beobachtungsbögen besteht darin, daß der zeitliche Verlauf nur schwierig detailliert registriert werden kann. Dies gelingt bequem mit Geräten analog den →Polygraphen, bei denen jedem Kanal eine Beobachtungskategorie zugeordnet ist. Wird die Aufzeichnung auf Magnetband vorgenommen, kann das Protokoll mit dem Computer ausgewertet werden. [L] ATTESLANDER, GRAUMANN, HASEMANN, HINDE, PHILLIPS, PINTHER *O. Huber*

Beschreibungsmethode →Gedächtnismethoden

Beschwichtigungsgebärde, die im Ggs. zum →Imponiergehabe stehende ritualisierte Ausdrucksbewegung bei wehrhaften Tieren (z. B. Federn, Haare dicht anlegen; Schnabel, Zähne abwenden). B. ist noch keine →Demutsgebärde, die die völlige Unterwerfung anzeigt.

Beseelung →Animismus

Besessenheit, das vermeintliche Ergriffensein eines Menschen von einem Dämon, einem bösen Geist. Für Besessene hielt man früher vor allem die Kranken, die an →Epilepsie und schweren →hysterischen Anfällen litten.

Besetzung →Kathexis

Besinnen, Sichbesinnen, die mit einer Zielvorstellung verbundene Konzentration auf einen nicht im Bewußtsein befindlichen Gedächtnisinhalt, mit dem Zweck, ihn zu reproduzieren. Das B. auf Eigennamen ist eingehender untersucht worden. Dabei wurde erkannt, daß «Stütznamen» die Vorstufen zur Wortfindung sind und Rhythmus, Komplexqualität der Klangphysiognomie sowie Wortanfang in Zusammenhang mit dem gesuchten Wort stehen. Nachprüfungen (WITTE) ergaben eine statistisch signifikante Übereinstimmung zwischen Stützwort und gesuchtem Wort bei den Vokalen, Anfangsbuchstaben und der Anzahl der richtig getroffenen Buchstaben. →Abruf, →Gedächtnis. [L] WITTE 1960

Besonnenheit, Zustand mit geordneter und zielgerichteter Bewußtseinstätigkeit und durchschnittlicher Klarheit und Deutlichkeit der Bewußtseinsinhalte, bei Abwesenheit intensiver Affekte. Der Zustand der Besonnenheit ist also durch eine ausgeglichene Gefühlslage und durch überlegte, d. h. in ihren Folgen bedachte Handlungen gekennzeichnet. • Bei den Griechen war die Besonnenheit in der Form der Sophrosynie (Platon) eine Kardinaltugend (Lebensführung im Sinne der Mäßigung).

Besorgungs-Test [T] GIESE

Bestätigung, eine Hypothese oder Theorie gilt als bestätigt (oder bewährt), wenn sie einer empirischen Prüfung unterzogen wurde, und die resultierenden Daten mit der Hypothese vereinbar sind. Voraussetzung für eine B. ist, daß ein echter Prüfversuch vorlag, d.h., daß bei der Datenerhebung auch mit der Hypothese unvereinbare Daten hätten auftreten können (→Falsifikation). Je wahrscheinlicher das Auftreten falsifizierender Daten war, desto größer ist bei positivem Resultat die B. Im →Kritischen Rationalismus wird B. im erläuterten Sinne als «Bewährung» bezeichnet, um eine Verwechslung mit dem Begriff der induktiven Bestätigung (für die bisher kein geeigneter Kalkül konstruiert werden konnte) auszuschließen. *V. Gadenne*

Bestätigungsfähigkeit, von CARNAP eingeführter Begriff der Wissenschaftstheorie. Ein Satz heißt bestätigungsfähig, wenn er auf Beobachtungssätze zurückgeführt werden kann. [L] STEGMÜLLER (1971)

Bestätigungstendenz [engl. *confirmation bias*], beim Testen einer Hypothese werden bevorzugt Informationen gesucht und verarbeitet, die geeignet sind, die Hypothese zu bestätigen; auch *mechanism of self-confirmation of hypothesis* (KOCIELECKI 1966), *confirmatory strategy* (SANDER & SWANN 1978). GADENNE (1982) bezweifelt dies mit den Gründen, daß menschl. Denken allgemein durch die B.

bestimmt sei, d. h. aber auch, daß nicht stets →kognitive Dissonanz zu vermeiden versucht werde.

Bestimmtheitsmaß, statistische →Maßzahl, welche die Präzision der Abhängigkeit zweier oder mehrerer Meßreihen voneinander angibt. Das B. entspricht dem Quadrat des →Korrelationskoeffizienten.

Bestimmungsgleichung, syn. Spezifikationsgleichung, Gleichung, die darstellt, in welcher Weise Variablen funktional miteinander in Beziehung stehen. In der →Faktorenanalyse zeigt die B. an, in welcher Weise Faktoren ein Merkmal bestimmen. In der faktorenanalytischen Persönlichkeitsforschung gibt die B. an, in welcher Weise ein Verhalten oder eine Reaktion funktional mit Wesenszügen in Beziehung steht. CATTELL vor allem hat solche B. aufgestellt. In allgemeiner Form lautet die Formel:

$$a = a_1 \cdot f_1 + a_2 \cdot f_2 + \ldots + a_n \cdot f_n$$

Für ein spezielles Verhalten kann sie so dargestellt werden:

$$R = -0.1A + 0.6B - 0.4C + 0.8T$$

Die Formel zeigt, daß das faktorenanalytische Modell mathematisch sehr einfache Beziehungen gewählt hat. Additivität und Linearität sind dabei Postulate und nicht etwa Resultate der empirischen Forschung. Die faktorenanalytischen Forscher sind jedoch der Ansicht, daß man zunächst dieses einfache Modell benutzen kann, um Verhalten beschreiben und erklären zu können. CATTELL hat versucht, der Komplexität des Verhaltens dadurch gerecht zu werden, daß er in die B. verschiedene Gruppen von Beschreibungsdimensionen einführt:

$$R_i = s_{ia} \cdot A + s_{it} \cdot T + s_{ie} \cdot E + s_{im} \cdot M + s_{ir} \cdot R + s_{is} \cdot S$$

In dieser Formel bedeuten: A = Beschreibungsdimensionen für Fähigkeiten, T = Persönlichkeitsfaktoren, E = Motivdimensionen, die physiologisch determiniert sind, M = Motivdimensionen i. S. von Einstellungen, R = Merkmale des Rollenverhaltens, S = Zustandsdimensionen, welche innerhalb der Zeit sich verändern. *H. Häcker*

Bestrafung [engl. *punishment*], ein unangenehmes Ereignis (→aversiver Reiz), das (der) auf eine Handlung *(Response)* folgt und die Wahrscheinlichkeit des Auftretens dieser Handlung in ähnlichen Situationen herabsetzen soll. Im Gegensatz zu der Auffassung, daß die B. die Auftretenswahrscheinlichkeit unmittelbar (direkt) abschwächt, wird meist eine indirekte Wirkung angenommen: Reaktionen auf die B. sind mit der bestraften Handlung unvereinbar (inkompatibel), wodurch eine assoziative Hemmung erzeugt und damit die Auftretenswahrscheinlichkeit der bestraften Handlung verringert wird. Die Beantwortung der Frage, ob B. oder Belohnung für das Lernen förderlicher sei, hat eine lange Geschichte. Sie ist kaum für das Erlernen neuer Reaktionen, sondern nur für das Unterscheidenlernen zwischen zwei Alternativen (richtige Wahl belohnt, falsche bestraft) möglich. Bei stärkeren B. sind oft die durch sie ausgelösten (und länger andauernden) affektiven Erregungen störende Nebenwirkungen für benachbarte Lernprozesse, die von der spezifischen B. nicht betroffen werden sollten. Der Lernerfolg kann dadurch herabgesetzt werden. →aversiver Reiz, →Belohung, →bedingter Reflex, →Effekt-Gesetz, →Aversionstherapie, →time out. [L] BLÖSCHL 1972, REINEKKER 1980 *R. Bergius*

BET [engl. *body-ego-technique*], Körper-Ich-Technik. Bez. für die nichtverbale therapeutische Technik, die über eine Einflußnahme auf Körper und Bewegungsgefühle das Ichgefühl aufzubauen sucht.

Beta-Amyloid, Protein mit neurotoxischer Wirkung. Die Substanz findet sich in den senilen Plaques bei Patienten mit →Alzheimerscher Krankheit. Stoffe, die den Einfluß des Amyloids mindern sollen, sind in Entwicklung. *W. Janke*

Beta-Bewegung →Scheinbewegung

Beta-Blocker →Beta-Rezeptorenblocker

Beta-Carboline, Stoffe Norharman und →Harman in vielen Pflanzen, auch im Zigarettenrauch als Produkt von →Tryptophan vorkommend. Werden auch als endogene Liganden der Benzodiazepinrezeptoren (→GABA). Sie wirken dort meist als sog. inverse Agonisten entgegengesetzt zu →Benzodiazepinen. Es gibt jedoch auch Stoffe, die dies nicht tun. Niedrige Dosen stimulieren die Freisetzung von →Dopamin im Nucleus accumbens, einer wichtigen Struktur des Belohnungssystems. Eine Beteiligung an Angst und am Gedächtnis wird postuliert. [L] FELDMAN et al. 1997 *W. Janke/M. Reuter*

Beta-Endorphin, Substanz aus der Gruppe der Opioide, auf My-Rezeptoren wirkend, wirkt analgetisch und euphorisierend, spielt eine Rolle bei der Aufmerksamkeitsregulation.

Beta-Fehler →Fehler zweiter Art

Beta-Koeffizient, syn. Beta-Gewicht, Standard-Partial-Regressionskoeffizient. Als B.-K. werden jene standardisierten Koeffizienten bezeichnet, die als optimale Gewichtungsfaktoren der einzelnen Variablen in die multiple →Regressionsgleichung eingehen. *G. Mikula*

Beta-Rezeptorenblocker, syn. β-Adrenozeptorantagonisten, Substanzen, die über die Besetzung von →β-Rezeptoren den Einfluß des sympathischen Nervensystems, inklusive Nebennierenmark, auf die Endorgane teilweise hemmen oder blockieren. Sie können nach dem beeinflußten Rezeptoren-Untertyp (selektiv: β_1 oder β_2, nichtselektiv β_1 u. β_2), nach ihrer zentralnervösen Wirkung, nach ihrer membranstabilisierenden Eigenschaft, nach antagonistischen Wirkungen zu α(1)- und Serotonin(1A)-Rezeptoren sowie nach ihren zeitlichen Wirkungsmerkmalen differenziert werden, so daß jeder der etwa 40 Stoffe ein eigenes Profil haben kann. Aus der sympathikolytischen Wirkung auf Beta-Rezeptoren folgen u. a. Senkung der Herzleistung (Schlagvolumen und -frequenz), verminderte Glycogenolyse und Lipolyse. Viele Stoffe passieren die →Blut-Hirnschranke und haben daher neben vegetativen auch zentralnervöse Wirkungen. Hohe Dichten von Beta-Rezeptoren finden sich im limbischen System und im n. dentatus des Kleinhirns. Therapeutische Anwendung (dritthäufigste Arznei 1996) findet diese Stoffgruppe bes. bei kardiovaskulären Störungen wie Hypertonie oder tachykarden Herzrhythmusstörungen (hier v. a. β_1-Blocker wie Metoprolol, Atenolol, Bisoprolol), aber auch bei Angststörungen mit starker somatischer Komponente. Hinsichtlich ps. Wirkungen am meisten untersucht sind →Propanolol und →Oxprenolol. Bei Gesunden, aber auch bei Patienten mit allgemeinen Angstzuständen, konnten angstreduzierende Wirkungen, trotz zahlreicher Untersuchungen, bisher nicht zweifelsfrei nachgewiesen werden. Soweit ps. Wirkungen festgestellt werden, dürften diese nicht nur über direkte zentrale, sondern auch indirekt über die peripheren Wirkungen der B. zustandekommen. [L] ERDMANN 1983, 1986, GLEITER & DECKER 1996, LADER & TYRER 1972, RIEDERER et al. 1993 *G. Erdmann/W. Janke*

Beta-Test [T] YERKES

Beta-Wellen →Elektrodiagnostik

Betragenseigenschaften, von KLAGES eingeführter Begr., der die die «Außenseite» des Charakters betreffenden Eigenschaften zusammenfaßt. Zugehörig ist alles, was mit dem Betragen und Benehmen zusammenhängt. Auch Haltungseigenschaften genannt. [L] KLAGES

Betriebsklima →Betriebspsychologie, →HAWTHORNE-Untersuchung

Betriebspsychologie, ältere Bezeichnung für →Organisationspsychologie, bzw. Teilgebiet der →Arbeits- und Organisationspsychologie, das sich speziell mit dem Verhalten und Erleben von Individuen und Gruppen in Industriebetrieben beschäftigt.

Betroffenheit, im Zusammenhang mit →Umweltbewußtsein bei FIETKAU 1981 (1) Belastung oder Beeinträchtigung, z. B. durch Lärm oder (2) Sammelbegriff für gefühlsbetonte Aussagen im Zusammenhang mit Umweltfragen. B. als transaktionales Konzept: erzeugt durch Ereignisse, die ps. räumlich nah, zeitlich nah, unerwartet, intensive Sinneseindrücke erzeugend und mit zentralen Aspekten des Selbst (z. B. Werten) assoziiert sind. B. ist ein Kognition und Emotion verknüpfendes Konzept und sollte abgegrenzt werden gegen Interesse, Streß, Angst, *ego involvement* und *centrality*. *R. Bergius*

Bettnässen →Enuresis

Beurteilungsfehler →Beobachtungsfehler

Beurteilungsskala →Schätzskala

Bewährungshilfe, eine aus der neuzeitlichen Strafrechtspflege hervorgegangene pädagogisch-psychologische Betätigung für die Wiedereingliederung entlassener Gefangener in die Gesellschaft. Die B. dient der Resozialisierung. [L] MIDDENDORF et al. 1958

Bewährungskontrolle, syn. Erfolgskontrolle, die Überprüfung der Gültigkeit ps. Diagnosen (besonders bei Eignungsuntersuchungen) sowie die Kontrolle des späteren Berufserfolgs der Ausgelesenen durch repräsentative, systematische und methodisch einwandfreie Erhebungen. Entsprechend dem mehrstufigen Prozeß der →Auslese hat die B. nicht nur die Überprüfung der prognostischen →Validität der verwendeten Verfahren zum Ziel, sondern soll auch die Ausleseanforderungen, die Entscheidungsverfahren und die definierten Eignungsgrade kontrollieren. Eine Hauptschwierigkeit der Durchführung von B. liegt in der Gewinnung und Festlegung der Kriterien für die Berufsbewährung, denn, da diese nicht als vollgültig betrachtet werden können, sind auch die gewonnenen Validitätskoeffizienten nicht nur auf mangelnde Gültigkeit der Tests zurückzuführen. Häufig verwendete Kriterien zur Berufsbewährung sind Maßstäbe, welche von der Institution, in welcher der Pb beschäftigt ist, festgelegt sind (sog. objektive Kriterien wie z. B. Dauer der Betriebszugehörigkeit). [L] JÄGER 1970 *H. Häcker*

Bewältigungsstrategien [engl. *coping strategies*] Das Vermitteln von B. spielt in der →Verhaltenstherapie eine wichtige Rolle →Streß

Beweggrund →Motiv

Bewegungsanalyse, Registrierung und Beschreibung (menschlicher) Bewegungen und Haltungen. →Motographie, →Motometrie, →Motoskopie, →Zeitstudie, →Bewegungsstudie. Umfaßt Beobachtungsverfahren →Beobachtung, Erfassung einzelner Bewegungsmerkmale (z. B. Dauer, Genauigkeit) und kontinuierliche Registrierung von Bewegungsverläufen →Trajektorie, →Kinematik, →Dynamik. Die spezielle Art der Beschreibung (z. B. Segmentierung des kontinuierlichen Bewegungsverlaufs) ist abhängig vom Zweck der Untersuchung.

Die kontinuierliche Registrierung von Bewegungen ist vor allem bei traditionellen optischen Verfahren (→Reihenphotographie, →Lichtspurverfahren) sehr zeitaufwendig; neuere optische Systeme (z. B. SELSPOT, WATSMART) erlauben die online-Berechnung der Raumkoordinaten. Bei akustischen Verfahren werden die Laufzeitunterschiede eines Schallereignisses zu mehreren Mikrophonen benutzt, um die Position der Schallquelle zu berechnen; die Geschwindigkeit kann aus Änderungen der Frequenz (→DOPPLERscher Effekt) bestimmt werden. Bei mechanischen Methoden werden Wandler wie Potentiometer, Accelerometer oder Dehnungsmeßstreifen direkt am Körper angebracht; gemessen werden Gelenkwinkel (→Goniometrie), Beschleunigungen oder Kräfte. Für spezielle Bewegungsmuster wie Laufen oder Schreiben werden spezielle Geräte benutzt (Kraftplattform, Digitizer, →Schreibwaage). [L] SCHMIDT 1988 *H. Heuer*

Bewegungsausdruck →Ausdrucksbewegungen

Bewegungsdiagnostik, Feststellung individueller Leistungen bei motorischen Aufgaben mit Hilfe von →Beobachtung oder →Tests. Von Interesse ist die Leistung an sich (etwa bei →Eignungsuntersuchungen oder in der →Sportpsychologie) oder als Indikator etwa des allgemeinen Entwicklungsstandes von Kindern (→Motodiagnostik), [T] SCHOPPE. [L] BÖS 1987 *H. Heuer*

Bewegungsempfindungen, diejenigen Empfindungen, die das Erleben von Bewegungen des eigenen Körpers oder am eigenen Körper vermitteln. →Kinästhesie

Bewegungsempfindungen, induzierte →Bewegungstäuschungen

Bewegungsentwurf (SCHILDER 1923), virtuelle Vorwegnahme von Willkürbewegungen (speziell solcher mit Leistungscharakter), wobei aber von ihnen kein detailliertes Bewußtsein vorhanden ist. Dieser B. ist unausgegliedert und ist eine komplexe Vorstellung der Stimmigkeit der Bewegung.

Bewegungsformel (LIEPMANN), die Gesamtheit der kaum bewußten Bewegungsaufeinanderfolgen, die zur Ausführung einer Handlung notwendig sind.

Bewegungsgedächtnis, Gedächtnis für Bewegungen und motorische →Fertigkeiten. Nach allgemeiner Auffassung werden motorische Fertigkeiten kaum vergessen (→Rahmenkoordination) oder ggf. sehr schnell wieder gelernt; das gilt z. B. für →Tracking und Aufgaben mit ähnlicher Struktur. Einfache langsame →Zielbewegungen werden dagegen schon nach wenigen Sekunden zunehmend ungenauer reproduziert; dieses Ergebnis führte zu einer Vielzahl von Untersuchungen zum «motorischen Kurzzeitgedächtnis», was aber eher eine Bezeichnung für die Versuchsanordnung ist denn für eine bestimmte Form des Gedächtnisses.

Verschiedene Versuche, Gedächtnis für Bewegungen mit Gedächtnis für verbales Material zu vergleichen, sind an methodischen Problemen gescheitert. Während über die innere →Repräsentation einfacher Zielbewegungen Aussagen möglich sind, werden kompliziertere motorische Fertigkeiten vor allem unter angewandten Fragestellungen untersucht; die Frage, welche Aspekte dieser Fertigkeiten eigentlich behalten werden, wurde vernachlässigt. Das Bewegungsgedächtnis scheint sehr viele verschiedene Komponenten einer Fertigkeit zu umfassen. [L] HEUER 1983, ANNETT 1979 *H. Heuer*

Bewegungskontrolle [engl. *motor control, control of movement*], →Bewegungssteuerung, Haltungskontrolle (engl. *postural control*) bezeichnet die organismischen / ps. Vorgänge, die eine Veränderung oder Beibehaltung der Position (Haltung), der Geschwindigkeit oder der Beschleunigung von Gliedmaßen oder des Gesamtorganismus bedingen. Nicht gemeint sind Vorgänge, die einem Organismus von außen Bewegungen auferlegen, z. B. indem einem Kind die Hand mit

B

dem Löffel zum Munde geführt wird *(physical guidance)*.
B. bezieht sich – nicht immer deutlich getrennt – auf Planung, Überwachung und Effektauswertung einer Bewegung. Nach verschiedenen Kriterien werden B.vorgänge unterschieden, z. B. willentliche B., dem Subjekt ist in Selbsterfahrung gegeben, daß es die Bewegung auslöst und steuert; intentionale B., die Bewegungen werden als zielgerichtet interpretiert. WOODWORTH (1899) spricht von automatischen Bewegungen, wenn während des Bewegungsablaufs nicht mehr korrigierend in diesen eingegriffen werden kann (ballistische Bewegungen). B. wird heute häufig (quasi-)kybernetisch (→Kybernetik) bzw. nach dem Modell eines →Regelkreises interpretiert.
Faktorenanalytische Studien (→psychomotorische Faktoren) erbrachten verschiedene Bewegungskontrollfaktoren, z. B. *rate control:* Die Fähigkeit, fortlaufend antizipatorisch Bewegungsanpassungen vorzunehmen in bezug auf Geschwindigkeits- und Richtungsänderungen eines sich bewegenden Zielobjekts (→tracking, tracing). *P. Day*

Bewegungslernen, Lernen von Bewegungen und motorischen →Fertigkeiten. Im Verlauf des Lernens werden nicht nur bessere Leistungen erzielt, sondern es ändert sich auch die Art der →Bewegungssteuerung; sie wird spezifischer, so daß die Leistung generell schlechter aus anderen Leistungen vorhersagbar wird, und ökonomischer (i. S. eines geringeren Energieaufwandes). [L] HEUER 1983, SCHMIDT 1988 *H. Heuer*

Bewegungslineal [T] BRUNNER

Bewegungsnachbild (syn. Bewegungsnacheffekt →Nacheffekte, →Adaptation, selektive), scheinbare Bewegung eines stationären Reizes nach längerer Betrachtung eines bewegten Reizes, i. a. in entgegengesetzter Richtung. Nacheffekte finden sich bei linearen Bewegungen in der frontoparallelen Ebene (→Wasserfalleffekt) und in der Tiefe; eine bekannte Demonstration ist die EXNER-Spirale: Die auf eine rotierende Scheibe gezeichnete Spirale scheint, je nach Drehrichtung, auseinander- oder zusammenzulaufen; nach Stillstand der Wahrnehmung findet sich ein gegensinniger Nacheffekt. *H. Heuer*

Bewegungsparallelaxe, auch monokulare Parallaxe →Parallaxe

Bewegungsprogramm [engl. *motor program*], unscharf definierte Bez. für autonome Leistungen des ZNS bei der →Bewegungssteuerung, die prinzipiell ohne sensorische Information aus der Körperperipherie auskommen können.
Die Annahme von B. (oder anders bezeichneter autonomer Leistungen, →Bewegungsformel) wird durch eine Anzahl experimenteller Befunde gestützt, vor allem: Viele Bewegungen werden durch →Deafferentierung nur wenig gestört; einer Bewegung gehen vorbereitende Prozesse voraus, die als Bereitstellung eines B. interpretiert werden können (→motorische Vorbereitung). Es gibt verschiedene Versuche, das Konzept eines B. schärfer zu fassen. Geläufig ist der Gedanke eines generalisierten B., das eine Klasse von Bewegungen steuert, deren Einzelheiten jeweils durch Parameter des Programms festgelegt werden; explizite Formulierung in der →Schematheorie und in Theorien der →Impulsvariabilität. [L] HEUER 1990 *H. Heuer*

Bewegungsregulation →Bewegungssteuerung

Bewegungssehen →Bewegungswahrnehmung

Bewegungsstereotypie, starres Haften an bestimmten Bewegungen (z. B. «Knöpfedrehen»). Bei Psychosen das ständige Wiederholen sinnloser Bewegungen. →Automatismen, →Tic

Bewegungssteuerung [engl. *motor control*], Sammelbegriff für die Prozesse, die den Ablauf einer (willkürlichen) Bewegung bestimmen. Die Prozesse werden in der Regel funktionell gekennzeichnet (z. B. →Regelkreis, →Bewegungsprogramm, →koordinative Struktur). B. läßt sich gegen →motorische Vorbereitung (unscharf) abgrenzen.
Theorien der B. haben meist zwei Hauptkomponenten: eine innere →Repräsentation der Bewegung, z. B. ein Bewegungsprogramm, und die Anpassung an eine variierende Umwelt, z. B. ein Regelkreis. [L] HEUER 1990 *H. Heuer*

Bewegungsstudie, die von J. MAREY eingeführte Untersuchung der Form und Geschwindigkeit von Körperbewegungen durch photographische Reihenaufnahmen (→Reihenphotographie); heute werden modernere Verfahren der →Bewegungsanalyse verwendet. Ziel der Untersuchung ist in erster Linie die Optimierung von Arbeitsbewegungen (→Arbeitsstudie). [L] DORSCH 1963

Bewegungssturm, plötzliches Auftreten wilder, sinn- und planloser Bewegungen infolge eines starken Affektes bei Panik, im hysterischen Anfall und in der Ekstase.

Bewegungstäuschung, Wahrnehmung von Bewegung, die nicht der physikalischen Bewegung entspricht. Bekannte Beispiele sind →Scheinbewegung (stroboskopische Bewegung), →Autokinese, →induzierte Bewegung, →Bewegungsnachbild; in allen Fällen wird ein unbewegtes Objekt als bewegt wahrgenommen. In vielen anderen Fällen weicht die wahrgenommene Bewegung systematisch von der physikalischen Bewegung ab (z. B. →REID-Bewegungstäuschung, →AUBERT-FLEISCHL-Paradox, →Geschwindigkeit, anschauliche). *H. Heuer*

Bewegungs- und körperorientierte Therapie, bewegungs- und körperorientierte Therapien sind auf eine Förderung und Verbesserung psychophysischer Funktionen ausgerichtet. Sie sollen das Körpererleben, die Sensibilität, die Ausdrucksfähigkeit und die Entspannungsfähigkeit fördern. Nonverbalen Körperübungen kommt im therapeutischen Geschehen eine zentrale Rolle zu. Hierin besteht eine zentrale Überschneidung mit der →Bioenergetischen und der →Tanztherapie.
Die Wirkmechanismen der unterschiedlichen Verfahren sind weitgehend ungeklärt. Neben den unmittelbaren Effekten der Bewegungserfahrung, wie erhöhter Erregung oder Ermüdung mit ihren psychischen Korrelaten und verbesserter Geschicklichkeit, dürften die kommunikativen Aspekte verbaler und →nonverbaler Art sowie die Selbstinterpretation der bewegungstherapeutischen Situation entscheidend sein für Verhaltens-und Erlebnisveränderung.
Insgesamt weisen die Untersuchungsergebnisse darauf hin, daß bewegungs- und körperorientierte Therapieverfahren eine nützliche Ergänzung einer umfassenderen Behandlung bei schwerer gestörten Patienten, vor allem solchen mit Störungen des Körpererlebens sein können. Wirkungsnachweise sind bisher auf diesen Anwendungsbereich beschränkt. *F. Caspar*

Bewegungsübertragung, Mitübung einer Bewegung durch eine andere, wird mittels →Transferprinzipien zu erklären versucht. Eine spezielle B. ist bilateraler Transfer, die Übungsübertragung von einer Körperseite auf die andere (SINGER 1968). →Mitübung

Bewegungsvorstellung, →Vorstellung einer Bewegung, visuell oder →kinästhetisch. B. führt oft zu verbesserter Ausführung der Bewegung (→mentales Training); B. geht mit kortikaler Aktivität einher, die derjenigen bei Bewegungsausführung recht ähnlich ist, und sie kann von schwacher Muskelaktivität in den betroffenen Gliedmaßen begleitet sein (bis zu tatsächlich ausgeführter Bewegung, →ideomotorische Vorstellung). *H. Heuer*

B

Bewegungswahrnehmung, Wahrnehmung von Bewegung (untersucht vor allem für das Sehen); im Gegensatz zu einer physikalischen Bewegung geht eine erlebte Bewegung nicht notwendig mit einer Ortsveränderung einher. • Die Wahrnehmung einer Bewegung in der →Frontalebene entsteht durch sukzessive Reizung benachbarter Netzhautpunkte (→Scheinbewegung), auch ohne daß eine Bewegung in der Umwelt vorliegt, vorausgesetzt, daß die retinale (→Retina) Änderung nicht durch eine aktive Augenbewegung entsteht (→Reafferenz); Wahrnehmung einer Bewegung in der Tiefe entsteht z. B. bei kontinuierlicher oder sprunghafter Änderung der Größe des →Netzhautbildes eines Objekts oder auch Änderung der →Konvergenz oder →Querdisparation. Für die Analyse dieser Reizgegebenheiten existieren →Detektoren, die jeweils selektiv für einen Bereich von Richtungen sind und deren →selektive Adaptation zu →Bewegungsnachbildern (→Wasserfalleffekt) führt sowie zu sinkender →Empfindlichkeit für den betroffenen Bereich von Richtungen. • In der Wahrnehmung werden gleichzeitige Bewegungen mehrerer sichtbarer Punkte in gemeinsame und spezifische Komponenten untergliedert; die Zykloide, die ein Punkt auf dem Umfang eines rollenden Rades durchläuft, werden z. B. nicht wahrgenommen, wenn mehr als ein Punkt sichtbar ist; stattdessen entsteht die Wahrnehmung der horizontalen Bewegung aller Punkte (gemeinsame Komponente) und der Raddrehung (spezifische Komponente). Gleichzeitige Bewegung mehrerer Punkte wird unter natürlichen Bedingungen durch das formkonstante Objekt bestimmt, an dem sie sich befinden; sie trägt daher auch zum Erkennen von Formen bei. Bei geeigneter experimenteller Anordnung kann die Wahrnehmung einer Form in einem bewegten Punktmuster, das bei statischer Darbietung völlig sinnlos erscheint, verblüffend sein. →Stereokinese, →räumliches Sehen

Bewertungsanalyse →Inhaltsanalyse

Bewußtheit, «unanschauliches Gegebensein eines Wissens» (ACH 1910), wie z. B. die Vornahme, keinen Fehler zu machen, und damit die Antizipation eines Zieles, das nur als ein Wissen im Sinne einer unanschaulichen Beurteilung ohne konkrete Zielvorstellung gegeben ist. ACH (1905) weist die (später auch häufig vorkommende) Verwechslung der B. mit der →Bewußtseinslage (MARBE) zurück. Die englische Übersetzung ist meist *«awareness»* (HUMPHREY 1951).

Bewußtlosigkeit, der Zustand, in dem das Bewußtsein aufgehoben ist (oft nur mehr oder weniger starke Bewußtseinseinschränkung) und geordnetes Denken sowie willentliches Handeln nicht mehr möglich sind. Tiefste B. wird als Koma, B. mittleren Grades als Sopor, leichte Einschränkung des Bewußtseins als Somnolenz bezeichnet. B. kann hervorgerufen werden durch eine große Anzahl von Giften, die teilweise als Narkotika Verwendung finden (Alkohol, Opium, Chloroform, Äther u. a.); auch viele Krankheitszustände (hohes Fieber, Epilepsie, Gehirnerschütterung) können mit B. einhergehen.

Bewußtsein, zum Phänomen B. gibt es verschiedene Perspektiven und Zugänge. Eine erste ist am Erlebnisaspekt orientiert. Danach ist B. zum einen die Gesamtheit der Erlebnisse, d. h. der erlebten psychischen Zustände und Aktivitäten (Vorstellungen, Gefühle usw.); zum B. gehört zusätzlich zu diesen *bewußten* Zuständen oder Aktivitäten auch noch die Tatsache ihres Bewußt-Seins, die besondere Art des unmittelbaren Gewahrseins dieser Erlebnisse, die man auch als innere Erfahrung bezeichnen kann. B. in diesem Sinne setzt nicht die Verfügung über Sprache oder über abstrakte Begriffe voraus; auch das bloße Spüren eines Schmerzes ist bereits B. B. erfordert auch nicht unbedingt das Wissen, daß man ein Ich, eine Person ist; letzteres ist eine höherentwickelte Art des B.

Auf der Grundlage dieser Perspektive können spezielle psychische Phänomene beschrieben werden, aber auch die Eigenart und Struktur des B. im allgemeinen. Mehrere, z. T. sehr unterschiedliche psychologische Richtungen haben hierzu beigetragen: Der →Bewußtseinsstrom (JAMES) zeichnet sich aus durch stetige Veränderung bei gleichzeitiger Kontinuität; die zeitlich aufeinanderfolgenden sowie die gleichzeitig bestehenden B.inhalte werden als Teil eines B. erlebt (Einheit des B.); die Zahl der zu einem Zeitpunkt gegebenen B.inhalte ist begrenzt (→B.enge). B.inhalte haben ein Zentrum und eine Peripherie (in der Gestaltpsychologie →Figur-Grund-Verhältnis); B.inhalte sind nicht auf elementare Empfindungen reduzierbar (sie sind mehr als die «Summe» ihrer Teile); sie sind zum Teil unanschaulicher Natur (B. von Begriffen, →Bewußtheit und →Bewußtseinslagen), ein großer Teil von ihnen besitzt →Intentionalität, ist auf etwas gerichtet (Wahrnehmung von etwas, Furcht vor etwas). Kritisiert wurde an diesem Zugang vor allem die Methode der →Introspektion (Selbstbeobachtung), hierbei jedoch oft übersehen, daß zwar die Introspektion (aufmerksame Beobachtung des eigenen psychischen Geschehens) auf viele psychische Vorkommnisse nicht anwendbar ist, wohl aber die innere Erfahrung und nachträgliche Beschreibung der Erlebnisse. Allerdings wäre die Erlebnisbeschreibung als einziger Zugang innerhalb der Ps. unzureichend. Die Ps. benötigt auch Theorien über Prozesse, die nicht bewußtseinsfähig sind oder die nicht hinreichend zuverlässig durch innere Erfahrung erfaßt werden können.

Eine zweite Perspektive, diejenige der →kognitiven Psychologie, betont die Funktionen des B., seine Rolle im Prozeß der menschlichen Informationsverarbeitung. Hierbei wird im allgemeinen davon ausgegangen, daß ein großer Teil der Informationsverarbeitung nicht von B. begleitet ist. Dem B. zugeordnet werden vor allem das aktivierte Gedächtnis, die fokale Aufmerksamkeit und die kontrollierten (nicht automatischen) Prozesse der Informationsverarbeitung. Die Verknüpfung des B.begriffs mit kognitionspsychologischen Theorien wirft allerdings einige noch zu klärende Probleme auf (JACKENDOFF 1987, GADENNE & OSWALD 1991).

Zunehmende Bedeutung gewinnt der von den Neurowissenschaften gewählte Zugang, der teilweise mit dem kognitionswissenschaftlichen kombiniert wird. Man gewinnt ein ständig erweitertes und verfeinertes Wissen darüber, welche Teilstrukturen des Gehirns mitwirken müssen, damit die mit B. verbundenen psychischen Vorgänge (bewußte Wahrnehmung, Aufmerksamkeit, Sprache, Entscheiden und Problemlösen) ablaufen können (KOLB & WISHAW 1993). Eine besonders wichtige Rolle für B. spielen die Strukturen innerhalb der Großhirnrinde (Kortex). Dennoch wäre es falsch, den Kortex als «Sitz» des B. zu betrachten, denn ohne subkortikale Strukturen ist kein B. möglich: Der Grad der Wachheit (vom Tiefschlaf über den Zustand entspannter Wachheit bis hin zu erregter Aufmerksamkeit) wird durch das komplexe retikuläre System (→formatio reticularis) reguliert. Als problematisch hat sich auch die Hypothese erwiesen, die linke Gehirnhälfte (bei den meisten Menschen Ort des Sprachzentrums) sei der Träger des B., denn auch die rechte Gehirnhälfte ist entscheidend an bewußten Funktionen beteiligt (z. B. Aufmerksamkeitssteuerung). In bezug auf die Frage, welche neuronalen Prozesse die Grundlage des B. darstellen, wurden vor allem Hypothesen entwickelt, die sich an HEBBS Theorie orientieren. Es wird vermutet, daß es zu Bewußtseinszuständen dann kommt, wenn kreisende Erregungen in Zellverbänden eine gewisse Intensität erreichen; man versucht derzeit, die physiologischen Bedingungen von B. noch genauer zu bestimmen (z. B. bestimmte Arten von Synapsen).

Vieles spricht dafür, daß auch einige nichtmenschliche Lebewesen B. haben. Kriterien für B. (jedoch nicht mit B. gleichzusetzen) sind hierbei vor allem die Fähigkeit zum Problemlösen, der Gebrauch von Symbolen und das Sich-selbst-Erkennen im Spiegel (das bei Schimpansen vorkommt).

Besondere Aufmerksamkeit genießt das Thema B. in der Philosophie der Psychologie (METZINGER 1995), wo es meist im Zusammenhang mit dem →Leib-Seele-Problem behandelt wird. Es hat sich als problematisch erwiesen, B. auf die Gehirntätigkeit zu reduzieren; man sucht nach nichtreduktiven Lösungen des Leib-Seele-Problems, die zugleich einen Substanz-Dualismus vermeiden.

Historisch gesehen unterliegt die Einstellung zum Forschungsgegenstand B. starken Schwankungen. B. galt in der älteren Ps. (z. B. WUNDT, JAMES) als ihr eigentlicher Gegenstand, wurde dann vom →Behaviorismus bzw. Neobehaviorismus als wissenschaftlich nicht untersuchbar erklärt, nach der «kognitiven Wende» wieder aufgegriffen und seitdem in ps. und philos. Publikationen und Veranstaltungen zunehmend thematisiert.

Was die drei genannten Perspektiven oder Zugänge angeht, so wird heute zum Teil die Sichtweise vertreten, daß die ältere, auf den Erlebnisaspekt bezogene, von geringerer Bedeutung und Aktualität sei als die beiden anderen, insbesondere als die vielversprechende neurowissenschaftliche. Andererseits erfaßt die Erlebnisbeschreibung aber eine Seite des Psychischen, deren Existenz schwerlich geleugnet werden kann und die zugleich durch die anderen Zugänge nicht erfaßbar ist. Insofern erscheint es angemessen, davon auszugehen, daß die dargestellten Perspektiven nicht nur in Konkurrenz zueinander stehen, sondern einander auch ergänzen (GADENNE 1996). **[L]** GADENNE 1991, GADENNE 1996, JACKENDOFF 1987, KOLB & WISHAW 1993, METZINGER 1995 *V. Gadenne*

Bewußtsein, alternierendes, syn. alternierende Persönlichkeit, doppeltes Bewußtsein, Doppel-Ich; die Verdoppelung des Persönlichkeitsbewußtseins, zeitlich nacheinander und mit erheblichen Abweichungen in den wechselnden Persönlichkeitsstrukturen, jedoch mit mehr oder weniger erhaltenem Gefühl für die Identität mit dem eigenen Ich. Dämmerzustände versch. Art (vorab →Hysterie und schizophrene Zustände) sind wohl Auslöser dieser Erscheinungen, die bei ihrer relativen Seltenheit und den einhergehenden →Amnesien für das jeweils «andere» Ich auch schwer zu fassen bzw. in ihrer ps. Bedeutung festzulegen sind.

Bewußtseinsenge, die Tatsache, daß der Umfang dessen, was gleichzeitig bewußt erfaßt werden kann, begrenzt ist. Bei Versuchen mit dem →Tachistokop zeigte sich, daß nicht mehr als 7 ± 2 einfache optische Wahrnehmungsinhalte zugleich aufgefaßt werden. →Bewußtseinsumfang, →Moment, →Aufmerksamkeitsumfang

Bewußtseinslage, (allg.) die im Anschluß an Wortvorstellungen gegebene Repräsentation des ganzen Bedeutungsumfanges des Wortes; ebenso Bedeutungen ohne Worte. «Sie werden vielleicht erst gesucht, aber schon ehe sie sich einstellen, weiß man, was man sagen will» (MESSNER 1906). Der Ausdruck ist nach den Befunden von MAYER & ORTH (1901) sowie von MARBE (1901) für unanschauliche Denkinhalte geschaffen worden, um der Beobachtung Rechnung zu tragen, daß bei Denkexperimenten bisweilen die aus der Introspektion stammenden Berichte zu dürftig sind, daß man annehmen müsse, die Unanschaulichkeit der Denkinhalte bedinge eine besondere «Lage». B. wird von TICHENER (1909) mit *«conscious attitude»* übersetzt, erscheint im Engl. aber auch unübersetzt. Nähere Analysen der zunächst für nicht weiter analysierbar gehaltenen Bewußtseinstatsachen, die im Anschluß an Reizwörter auftreten, ergeben z. B. auch das Bewußtsein von «etwas Großem» oder «etwas Kleinem», das Wissen über das Fortschreiten der Zeit, über ein Mißlungensein oder das Erlebnis des Sinnvollen, Passenden, Zweifelns, des Nicht-Wissens, des Unbehagens etc. Die Verwechslung mit der →Bewußtheit weist ACH zurück. *R. Bergius*

Bewußtseinsschwelle, die Grenze, von der ab ein unbewußter Prozeß zu einem bewußten wird.

Bewußtseinsstörung, ein Sammelbegriff, Störung in der Klarheit des Bew. i. S. der Einschränkung. Von den oberflächlichen Graden der Benommenheit, der mangelnden Wachheit und ungenügenden Orientierung bis zur →Bewußtlosigkeit. • Störung durch Verschiebungen in den Bewußtseinsinhalten (→Wahn, Zwangsvorstellungen, →Halluzinationen). →Bewußtsein

Bewußtseinsstrom (JAMES) [engl. *stream of consciousness*], Erscheinung des ununterbrochenen Durchzugs von Bewußtseinsinhalten im Erleben. Hierbei gewinnt man u. a. den Eindruck eines willensunabhägigen, fast passiven Geschehens.

Bewußtseinsumfang, die Menge dessen, was zugleich in das Bew. treten kann. →Bewußtseinsenge

Bewußtseinszustände, Bewußtseinsgrade von der Bewußtlosigkeit (Tiefschlaf, Ohnmacht, Koma) über versch. Formen der Bew.trübung wie der Herabsetzung oder Einengung der Aufmerksamkeit, Orientierungsstörungen und Verlangsamung des Denkens (beim →Stupor mit psychomotorischer Hemmung verbunden) bis zur höchsten Stufe der Bew.klarheit.

bewußt – unbewußt, Pole des Wissensstandes über Vorhandenes und dessen Mitteilbarkeit. Dazwischen liegen viele Klarheitsgrade, die im Zusammenhang stehen mit Absicht (Handlungsentwurf), Konzentration, kritischem Selbstbezug, Wachheit, Vorerfahrungen, Einordnungs-, Unterscheidungsfähigkeit und Affektstrebungen. [L] NEISSER 1974, MERLEAU-PONTY 1974, LEONTJEW 1973

Beziehungsassoziation →Assoziationsforschung

Beziehungsfalle →double-bind-hypothesis

Beziehungswahn, Wahn, bei welchem die in der Umwelt wahrgenommenen Vorgänge (Gebärden, Äußerungen usw. anderer Menschen) als in offensichtlicher Beziehung zur eigenen Person erlebt werden. • KRETSCHMER bezeichnet mit →sensitivem B. eine krankhafte Steigerung des sensitiven Reaktionstypus, die bis zur →Paranoia auslaufen kann. [L] KRETSCHMER

Bezold-Abneysches Phänomen →BEZOLD-BRÜCKE-Phänomen

Bezold-Brücke-Phänomen, die von A. v. BEZOLD (1873), E. BRÜCKE (1878) und W. ABNEY (1913) beschriebene Abhängigkeit der im →Spektrum sichtbaren Farben von der →Helligkeit (Leuchtdichte) bei Helladaptation und fovealem Sehen. Bei Abnahme der Helligkeit (nach L. T. TROLAND, 1930, unter 10 mL) breiten sich die Rot-, Grün- und Violettgebiete des Spektrums über die benachbarten aus, z. B. wird das Gelb teils rötlich, teils grünlich. Umgekehrt werden bei Vergrößerung der Leuchtdichte und gleichzeitiger Abnahme der Sättigung die rötlichen und grünlichen Farbtöne zunehmend gelb, während die blaugrünen und violetten zunehmend blau werden (BEZOLD-ABNEYsches Phänomen). • Bei vier Farben (Blau von 474 nm, Grün von 506 nm, Gelb von 571 nm und einem im Spektrum nicht vertretenen Rot) bleibt nach D. M. PURDY (1937) die Farbtonverschiebung aus (invariante Farbtöne). Die Farbtonverschiebung ist ferner von den geometrischen Abmessungen des Sehfeldes abhängig, wobei eine Abnahme des Sehfelddurchmessers den gleichen Effekt bewirkt wie ein Anwachsen der Helligkeit (G. VAN DER WILDT 1968). →Farbensehen, →Adaptation, chromatische, →PURKINJEsches Phänomen. [L] PURDY, VAN DER WILDT & BOUMAN

Bezold, Wilhelm Joh. Friedr. v. (1837–1907), Meteorologe / Univ. Berlin

Bezugsgruppe [engl. *reference group*], diejenige →Gruppe, die ein Individuum zur Identifikation und zum «Wir» wählt. In der Regel verfügt der einzelne über mehrere solcher B., die in ihren Eigenschaften meist mehr konstruiert als realisiert bestehen. →Nachahmung

Bezugssystem [engl. *frame of reference*], ein nicht nur in der Mathematik (Koordinatensystem) und Physik (cm-g-sec-System), sondern seit KOFFKAS *«framework»* (1935) auch in der Psychologie üblich gewordener Begriff. METZGER faßte 1940 das Problem als das des Ortes und des Maßes.

Schon WERTHEIMER hatte 1912, ohne bereits von B. zu sprechen, diese Idee angesprochen mit der Bemerkung, daß genaue Lokalisation auf dem «Zueinander von Mehrerem» oder auf «Verhältnissen in ausgedehnten Bereichen» beruhe. Dieser Sachverhalt bleibt aber meistens «unscheinbar». In diesem Hauptfall sprach BISCHOF 1966 von «funktionalem Bezugssystem». Hiervon unterschied er als «evidentes Bezugssystem» den Fall, wo «Eigenschaften oder Zustände anschaulicher Objekte als wesenhaft ‹abhängig von›, ‹verankert an›, ‹bezogen auf› oder ‹orientiert an› anderen phänomenalen Gegebenheiten erlebt werden». • METZGER gab 1940 eine systematische Übersicht über Klassen solcher B.: «Von

der Lage und der Stellung zu einem wirklich vorhandenen seelischen Bezugssystem sind bestimmt und haben außerdem keinen Sinn: (1) Alle sogenannten <absoluten> Eigenschaften: klein (winzig), groß (riesig); nahe, fern; oben, unten; früh, spät; schnell, langsam; laut, leise; fleißig, faul; klug, dumm usw. Wenn ein Ding <größer als> ein anderes und doch <klein> erscheint, so bezieht sich die zweite Angabe auf die Stellung im augenblicklich wirksamen Bezugssystem. (2) Bestimmte, ebenfalls absolut erscheinende Zustände: aufrechtstehend, liegend, schräg; ruhend, bewegt; beständig, veränderlich usw. (3) Bestimmte Teilfunktionen: Basis, Sockel, Fuß, Gipfel, Flanke usw.; Grundton, Leitton, Auftakt, Synkope usw.»
Metzger berichtete besonders eingehend von B. der räumlichen und zeitlichen Orientierung. Seitdem sind die in seiner oben genannten Dreiteilung sog. absoluten Eigenschaften empirisch eingehender studiert worden, so von Helson, Sarris & Witte. →Ankerreiz. [L] Bischof 1974, Helson 1964, Lauterbach & Sarris 1980, Metzger 1954, Sarris 1971, Witte 1955, 1960, 1971

B = f (P, E), Formel nach Lewin für: Verhalten (B = *behavior*) ist die Funktion der Person (P) und der Umwelt (E = *environment*). Syn.: V = f (P, U)

BHKT [T] Bühler-Hetzer

bias [engl. Schrägneigung, Verzerrung], ein bei unzureichender Versuchsplanung möglicher systematischer Verzerrungseffekt. Die durch ein b. entstandene systematische Varianz läßt sich nicht von der evtl. durch experimentelle Bedingungen entstandene Varianz trennen. Dadurch können tatsächlich vorhandene Wirkungen der durch das Experiment eingeführten Einflüsse verschleiert oder nicht vorhandene vorgetäuscht werden. • In der math. Statistik wird der Begr. dann gebraucht, wenn bei der Schätzung von →Parametern aus Statistiken systematisch Über- oder Unterschätzungen vorkommen. • *bias* i. w. S. Voreingenommenheit. →Vorurteil, →response set

bijektiv →Abbildung

Bikalm® →Zolpidem

Bilanzselbstmord →Suizid

Bild, als «Abbild» die anschauliche, adäquate Wiedergabe eines Gegenstandes oder Sachverhaltes. →image. Des weiteren die emotional betonten Phantasien. • Bei Klages die schauend erfaßbaren, wirkenden Bedeutungseinheiten der Dinge, die in unmittelbarem Kontakt mit der Seele stehen. Vgl. auch Jung, →Anima, →Animus, →Archetypen, →Imago, →ikonische Repräsentation. [L] Klages, Metzger

Bildabsurditäten [T] Binet, Rossolimo

Bildbetrachtung, Bildbeschreibung [T] Binet, Stern

Bilderkennungs-Test [T] Brengelmann

Bilderkombinationen [T] Franken, Stern

Bilderordnen [T] Kramer, Meili, Wechsler

Bilderreihenmethode, Bilderserienverfahren [T] Decroly, Heilbronner, Meili, Stern

Bildgeschichtenmethode, Thematische Apperzeptionsverfahren, (→projektive Verf.), in der ps. Diagnostik diejenigen Verf., die die unbew. Themenstruktur aus Geschichten zu erschließen suchen, zu denen der Pb Bilder als Anreiz vorgelegt bekommt: z. B. der heute weitverbreitete Thematic-Apperception-Test (TAT) von [T] Murray (1935).
Den Erfolg dieses Verf. sichert nach Murray die menschl. Tendenz, bei der Interpretation einer mehrdeutigen sozialen Situation die eigene Person bzw. unbew. Wünsche, Ängste, Spuren kindl. Erfahrungen usw. nachzuzeichnen. Das Erwecken von «Phantasien» durch Bilder reicht weit zurück: Galton 1880, Binet 1905, Brittain 1907, Libby 1908, Clark 1926. Namhafte ähnliche und parallele Verf. zum TAT sind: Four Picture Test [T] van Lennep; Blacky Pictures Test [T] Blum; Picture Arrangement Test [T] Tomkins; Children's Apperception Test [T] Bellak; Picture Story Test [T] Symonds; Michigan Picture Test [T] Andrew; Vocational Apperception Test [T] Ammons. • Die B. als Beschreibung zu einem Bild (oder nach Auswahl aus vorgelegten Bildern) ist auch oft angewandt worden. • Die deutsche Wehrmachtsps. der dreißiger Jahre ließ, als Test für das Verhalten in der Gruppe, Bilder (tendenzlose Darstellungen) von einer Pbn-Gruppe beschreiben. Auf der Grenze zwischen B. und verbaler Ergänzungsmethode steht [T] Rosenzweig. →Erzählmethode. Weiteres [T] Binet, Brengelmann, Decroly, Franken, Meumann, Rossolimo, Stern. [L] Kornadt 1971

Bildlückenergänzen [T] Binet, Franken, Healy, Meili, Wechsler

Bildpostkarten-Test →Bildwahlverfahren

Bildsamkeit, durch J. F. Herbart (1835) in die Pädagogik eingeführter Grundbegriff, Korrelat zum pädagogischen Begriff der Erziehungsbedürftigkeit des Menschen.

Bedeutet nicht nur →Plastizität im Sinne von Anpassungsfähigkeit und Entwicklung von →Dispositionen (z. B. →Begabungen), sondern individuell abgestufte Veränderbarkeit von Verhaltensweisen. →Einstellungen und Werthaltungen durch in der Regel planmäßige, an bestimmten →Erziehungszielen orientierte Beeinflussungen (→Erziehung). B. ist allgemein mitbestimmt durch das jeweilige gesellschaftliche Verständnis von →Bildung und die daraus abgeleiteten Forderungen, aber auch speziell durch die unterschiedlichen begünstigenden oder behindernden Lebenssituationen und sozialen Konstellationen. *G. Mühle*

Bildung, gesellschaftlich-politische beeinflußte oder selbst gewählte Einwirkung auf die psychische Entwicklung eines Menschen bzw. das Ergebnis dieser Einwirkung (→Sozialisation, →Lernen, →Erfahrungsbildung). Der Staat stellt entsprechende Organisationen/Institutionen zur Verfügung, die von Individuen u. Gruppen nachgefragt werden. Als zentraler Grundbegriff hat sich dieser im Laufe der Entwicklung der Pädagogik stark gewandelt. Die klassische Humanitätsidee des deutschen Idealismus und Neuhumanismus meint Ausgestaltung und Vervollkommnung des «höheren Selbst» der Menschlichkeit. In der Gegenwart unterscheidet man materiale, formale, kategoriale und dialogische Bildungstheorien. Materiale B. erschließt objektive Kulturinhalte, die als an sich wertvoll angesehen werden. Formale B. verwendet Inhalte um der allseitigen Ausbildung der Funktionen des Menschen willen (funktionale B.) und als Material zum Erlernen von Methoden (methodische B.). Die vermittelnde und diesen Gegensatz überwindende Theorie der kategorialen B. geht vom Wechselbezug von Gegenstands- und Selbsterkenntnis bzw. -bemeisterung aus, die Theorie der dialogischen B. vom Sich-Auslegen der B. in Sachlichkeit und Menschlichkeit. In Deutschland hat sich folgende Vorstellung des Deutschen Bildungsrats weitgehend durchgesetzt: Insbesondere junge Menschen sollen möglichst viele geeignete Bildungschancen erhalten, sie sollen ihre Persönlichkeit möglichst frei entfalten können und lernen, selbständig zu lernen (→lebenslanges Lernen, →Erwachsenenbildung); zu diesem Bildungskonzept gehört die Förderung (1) eines kritischen Verständnisses der sie umgebenden Welt, (2) der Bereitschaft zur demokratischen Mitwirkung, (3) des Verständnisses von Wissenschaft und Technik und (4) der Fähigkeit zur beruflichen Mobilität. Im allgemeinen unterscheidet man nach (a) Ausbildung: berufsqualifizierende B., (b) Fortbildung: Beruflich motivierte B. nach Berufseintritt, (c) Weiterbildung: Allgemein motivierte B. ohne unmittelbaren beruflichen Bezug, aber häufig auch als Bezeichnung für beruflich motivierte B. verwendet. B. prägt oder entwickelt Persönlichkeitseigenschaften (→Lehrziele) im kognitiven, affektiven (emotionalen) oder motorischen Bereich (KLAUER 1978). Psychologisch meint B. das Verfügen über Verhaltensweisen und Einstellungen, die Leistungen hervorzubringen sowie Veränderungen herbeizuführen vermögen. Kriterium der B. in diesem Sinne ist «richtiges», d. h. in sich widerspruchsfreies und der Wirklichkeit adäquates kognitives Verhalten (AEBLI 1969). *H. Häcker/W. Echterhoff*

Bildungsbedarfsanalyse [engl. *needs assessment*], ist ein Oberberiff für spezielle Methoden zur Ermittlung der Ziele, Aufgaben und Methoden für Maßnahmen zur Aus-, Fort- und Weiterbildung (→Aus- und Weiterbildung). Die B. ist der erste wichtige Schritt bei der Planung und Entwicklung von Bildungs- oder Trainingsprogrammen. Oft basiert die B. auf einfachen schriftlichen oder mündlichen Befragungen potentieller Teilnehmerinnen und Teilnehmer sowie deren Vorgesetzter. Aussagekräftiger sind systematische Methoden der →Anforderungsanalyse und →Personalbeurteilung. Im Rahmen umfassender Konzepte der →Personalentwicklung und →Organisationsentwicklung können in eine B. auch Verfahren der →Organisationsanalyse integriert werden. **[L]** GOLDSTEIN 1974, PATRICK 1989 *S. Greif*

Bildungschancen, die Relation zwischen individuellen Fähigkeiten, soziokulturellem Milieu und Bildungsmöglichkeit bzw. erreichbarem Ausbildungsniveau. →Begabungsreserve, →Bildungsdichte, →Chancengleichheit

Bildungsdefizit, geringere, nicht dem Anteil an der Gesamtbevölkerung entsprechende Repräsentation bestimmter Bevölkerungsgruppen in weiterführenden Bildungseinrichtungen, bes. Gymnasien und Hochschulen (z. B. Arbeiterkinder, Landkinder, Mädchen, katholische Kinder, neuerdings auch Gastarbeiterkinder), nicht als Folge mangelnder Begabung, sondern sozioökonomischer, kultureller und geographischer Bedingungen. →Begabungsreserve, →Bildungschancen, →Bildungsdichte, →Chancengleichheit

Bildungsdichte, Meßgröße der Bildungsstatistik, durch die Bildungsangebot und →Bildungschancen bestimmter Bevölkerungsgruppen in Beziehung gesetzt werden (wie z. B. generell der Fünfzehn- bis Neunzehnjährigen in allgemein- oder berufsbildenden Vollzeitschulen oder speziell der Arbeiterkinder, Landbevölkerung, Mädchen, konfessionellen Gruppen in weiterführenden Schulen).

Bildungsfähigkeit, sonderpädagogische Kategorie, in der Regel nach Graden oder Stufen unterteilt. Diese Bereiche decken sich bei verschiedenen Einteilungsversuchen nicht völlig.

Man unterscheidet Lernbehinderte (Sonderschulbedürftige, IQ über 60) von geistig Behinderten (praktisch Bildbaren, IQ unter 60), diese wiederum von Schwerstbehinderten (Pflegebedürftigen). Der Krankheitenkatalog der Weltgesundheitsorganisation (1968) unterscheidet in Anlehnung an die Amer. Assoc. on Mental Deficiency fünf Grade der Minderbegabung von leicht bis schwer: *borderline* (70–80), *mild* (56–69), *moderate* (40–55), *severe* (25–39) und *profound* (25 und darunter). Überschneidungen finden sich besonders im Grenzbereich zum Normalen. Z. B. bei W. STERN: 50–70 imbezill, 71–80 debil, –85 fraglich; bei WECHSLER: unter 70 schwachsinnig, zwischen 70 und 80 Grenzfälle des Schwachsinns, 80–90 schwache Intelligenz. [L] WEGENER 1969 *G. Mühle*

Bildungsforschung, moderner interdisziplinärer Forschungszweig, der als Gegenstand das gesamte Bildungswesen im Elementarbereich (Kindergarten, Vorschule), im Primar- und Sekundarschulbereich, im tertiären (Fachhochschule, Universität) und quartären Bereich (Erwachsenenbildung verschiedener Trägergruppen und Institutionen) als Grundlage für Bildungsplanung und Bildungspolitik erforscht. Sie führt qualitative und quantitative Analysen der für den strukturellen, inhaltlichen, personellen und sachlichen Ausbau wichtigen Faktoren durch, die ihrerseits sachliche, fachliche, psychologische und soziale Bedingungen darstellen, durch die der Bildungsprozeß beeinflußt wird. →Bildungsplanung. [L] ROTH & FRIEDRICH 1975 *G. Mühle*

Bildungsmarketing, im Rahmen erweiterter Marketingkonzepte (BIERVERT 1990) umfaßt das B. eine Anwendung des gesamten Marketinginstrumentariums auf Bildungsangebote und -inhalte durch öffentliche, kommerzielle oder betriebsinterne Bildungsanbieter mit dem Ziel einer größtmöglichen Nachfragerorientierung. Zur Konzeptionierung des Marketing-Mix, also der Produkt-, Preis-, Distributions-, und Kommunikationspolitik (s. MEFFERT 1986 a), müssen vorausgehend mit Mitteln der Marktforschung genaue Zielgruppenanalysen durchgeführt werden. Dadurch können Informationen über den Bildungsmarkt, speziell z. B. Informationen über Nachfragerbedürfnisse, Bildungsdefizite bzw. -bedarf oder mögliche Bildungsbarrieren gewonnen werden. Zur Planung, Kontrolle, Organisation und anschließender Evaluation ist ein effektives Management des B. erforderlich. [L] BIERVERT 1990, KOTLER 1984, KOTLER & FOX 1985, MEFFERT 1986 a, 1986 b, SARGES & HAEBERLIN 1980 *K. C. Hamborg*

Bildungsökonomie, Teildisziplin der →Bildungsforschung. Untersucht (1) die Wirtschaftlichkeit der Ausgaben für das Bildungswesen unter betriebswirtschaftlichen Gesichtspunkten, um eine optimale Verwendung der Finanzmittel sicherzustellen (laufende Personal- und Sachkosten, einmalige Investitionskosten unter Berücksichtigung internationaler Vergleichswerte), (2) die Rentabilität dieser Ausgaben unter gesamtwirtschaftlichen Gesichtspunkten: Faktoren von Kapital und Arbeit, ergänzt durch den Residualfaktor «Humankapital», womit der Stand der wissenschaftlichen und technologischen Entwicklung und die Höhe des allgemeinen Niveaus an formaler →Bildung der Gesamtbevölkerung gemeint ist, darunter (3) die Rentabilität der Bildungsausgaben für das Individuum: Einkommensverluste infolge langer Ausbildung und Aufwand des einzelnen für anspruchsvolle Bildung (sog. Opportunitätskosten), die in Beziehung zum Lebenszeiteinkommen gesetzt werden. Die Bildungsökonomie sieht Bildung als Ertragsfaktor von individueller und gesamtwirtschaftlicher Bedeutung an. *G. Mühle*

Bildungsplanung, übernimmt, gestützt auf die →Bildungsforschung, die Überprüfung der kultur- und gesellschaftspolitischen Zielsetzungen auf ihre Realisierungsmöglichkeiten, Entwicklungstendenzen und Alternativen hin und versucht die Vorausschätzung des personellen, sachlichen, finanziellen und zeitlichen Bedarfs für bildungspolitische →Innovationen und Revisionen. [L] Bildungsplan 1970, Bericht '75, Bildungsgesamtplan 1973

Bildungsreserve →Begabungsreserve

Bildvergleich, ästhetischer [T] BINET

Bildverständnismethode, das Beschreibenlassen eines Bildes ist ein altes Prüfmittel bei Kindern. MEUMANN (vgl. [T]) entwickelte dies dadurch zu einem Test, daß er Bilder mit steigenden Anforderungen an das kindliche Verständnis benutzte. Das Testverfahren wird auch als Entstehungsmethode bezeichnet.

Bildwahlverfahren, in der ps. Diagnostik das Auswählenlassen von Bildern, wobei die Auswahl Persönlichkeitsvariable aufzeigen soll. Dafür wird z. B. dem Pb eine Anzahl Bildpostkarten vorgelegt mit dem Auftrag, eine oder mehrere auszuwählen und den Bildinhalt mündlich oder schriftlich zu beschreiben. Der physiognomische Test von [T] THOMAE und der Triebtest von [T] SZONDI stellen ein solches B. dar. →Schicksalsanalyse

Bilingualismus [engl. *bilingualism*], Zweisprachigkeit. Zwei Formen des B. lassen sich nach ERVIN & OSGOOD (1954) unterscheiden: der koordinierte *(combined)* und der zusammengesetzte *(compound)*.

Beim zusammengesetzten System wird die Zweitsprache der Muttersprache zeitlich nachgeordnet gelernt, so daß die sprachlichen Zeichen der Zielsprache den →Bedeutungen der Erstprache ankonditioniert werden (→bedingte Reaktion). Das koordinierte System resultiert dagegen aus der gleichzeitigen →Spracherlernung von zwei Sprachen, so daß hier die Sprachzeichen mit jeweils eigenen Bedeutungen →assoziiert sind. Voraussetzung für das koordinierte System ist, daß die Kinder in einer sog. «eine Person – eine Sprache» häuslichen Umgebung aufwachsen. Nach neueren Befunden sollen solcherart echt bilinguale Kinder früher als monolinguale fähig sein, die willkürliche Natur der Wort-Objekt-Relation zu erkennen sowie eine Trennung von Wortlaut und Wortbedeutung vorzunehmen. Diese Ergebnisse sind von großer pädagogischer Relevanz und haben sich auf die Didaktik des Fremdsprachenunterrichts in Vorschulen und Schulen ausgewirkt. *H. Grimm*

bimodal, zweigipflig (bei einer Häufigkeitsverteilung) →unimodal

binär [lat. *bini* je zwei], zweiwertig, zweiteilig. • Eine Variante ist b., wenn sie nur zwei, gewöhnlich durch 0 und 1 symbolisierte Werte annehmen kann. Solche Variablen sind beispielsweise die der →Aussagenlogik. Binäre Systeme sind Systeme, deren sämtliche Glieder b. Elemente sind, auch solche, deren Eingangs- und Ausgangsvariablen b. sind. Digitale Rechenautomaten sind meistens b. Systeme. →Dualsystem. • Binäre Stammesgliederung ist der Vorgang der zweiteiligen Stammesspaltung im Zeitalter des →Totemismus. *D. Dörner*

Binär-Code →Code

binary digit →bit

binaural, beidohrig. Ggs. →monaural, einohrig, b. Integration erfolgt nicht, wie früher angenommen, additiv, sondern eher begrenzt additiv – nach einem Zweikomponenten-Modell (GIGERENZER & STRUBE 1982).

Bindung [engl. *attachment*], nach BOWLBY ein Primärtrieb, der als prägungsähnlicher Prozeß verstanden wird und dessen Anpassungswert die Suche nach Schutz in der Nähe der Mutter ist. Bindung bezeichnet nach AINSWORTH ein Verhaltenssystem, das dafür zuständig ist, daß die Hauptpflegeperson beim Kind bleibt und ihm dadurch Schutz und Lernhilfe geben kann. Die Sicherheit, welche die Anwesenheit der Bindungsperson vermittelt, ist Voraussetzung für das Explorationsverhalten des Kindes. Bindungsverhalten äußert sich in verschiedenen Verhaltensweisen (z. B. Weinen, Hinterherlaufen) und wird gezeigt, wenn ein Mangel an Schutz oder Nähe erlebt wird. Somit regelt das Bindungsverhalten die Entfernung zwischen Bindungsperson und Kind innerhalb von bestimmten Grenzen. Die Qualität der Bindung läßt sich nach AINSWORTH bei Kindern anhand ihres Verhaltens bei der Wiedervereinigung nach einer Trennung (Fremdensituationstest) beobachten und in drei Bindungstypen einteilen. Sie unterscheidet Kinder, die sicher an ihre Bezugsperson gebunden sind (B-Kinder) von Kindern, die unsicher gebunden sind. Bei den unsicher Gebundenen finden sich einerseits Kinder, welche bei der Wiedervereinigung die Bindungsperson vermeiden (A-Kinder) und andererseits Kinder, die sich nach der Trennungsphase der Bindungsperson gegenüber ambivalent verhalten (C-Kinder). Im Laufe der Zeit wurde diese Einteilung verfeinert und um den Typ der desorganisierten Bindung (D-Kinder) ergänzt. →Mutterbindung, Vaterbindung [L] AINSWORTH 1978, BOWLBY 1975, SPANGLER & ZIMMERMANN 1995 *M. Schmid*

Binet, Alfred (1857–1911), studierte Naturwissenschaften, ab 1894 Dozent an der Pariser Sorbonne, Direktor des Psychophysiologischen Instituts. B. forschte und publizierte Unterschiedlichstes: CHARCOT regte sein psychologisches Interesse an. Im Auftrag des franz. Unterrichtsministeriums entwickelte B. Tests zur Messung kindlicher Intelligenz, die er 1905 mit Th. SIMON als Intelligenztest veröffentlichte. B. prägte den Begriff «Intelligenzalter». W. STERN setzte dieses Intelligenzalter in Beziehung zum Lebensalter und kreierte den →«Intelligenzquotienten». Neben GALTON wurde B. mit diesem Test zu einem Wegbereiter der Differentiellen Psychologie.

Binet-Simon-Intelligenzprüfung, Binetarium, Methode, das Kind zwischen 3 und 15 Jahren und gestaffelt nach den einzelnen Lebensjahren in seinem geistigen (intellektuellen) Entwicklungsstand zu beurteilen. Die erforderlichen Tests wurden zuerst 1894 zur Unterscheidung normaler und hilfsschulbedürftiger Kinder entwickelt (Auftrag des frz. Unterrichtsministeriums) und später zur Beurteilung des Intelligenzstandes mit Hilfe von Testreihen ausgebaut (Binetarium 1908). Weiteres: [T] BINET

Binnenkontrast →Kontrast

binokular, beidäugig, Ggs. →monokular, einäugig, b. Summation: Leistungssteigerung des visuellen Systems bei b. Sehen gegenüber dem monokularen. →räuml. Sehen

binokulare Parallaxe →Parallaxe

Binomial-Verteilung, Binomische Verteilung →BERNOULLI-Verteilung

Bioanalyse, nach FREUD die Anwendung ps. Verfahren und Theorien auf biophysische bzw. physiologische Vorgänge.

Biodynamismus [engl. *biodynamics*], (allg.) die in allem Lebendigen enthaltene Entfaltungskraft. • eine von dem amerikanischen Psychiater J. J. MASSERMAN (1946) entwickelte Theorie, die die Grundbegr. der behavioristischen sowie der psychoanalytischen Schule und der Psychobiologie von MEYER zu einem einheitlichen System von Grundsätzen zusammenzufassen sucht.

Bioenergetik, die bioenergetische Analyse nach Alexander LOWEN (1976) basiert auf der Psychoanalyse S.FREUDS und der Vegetotherapie W. REICHS. Die B. ist ein körperorientierter Ansatz, der den Menschen als ein energetisches System auffaßt. Es wird von der Annahme ausgegangen, daß seelische Energie sich in körperlichen Strömungen bewegt. Ein chronischer Energiestau soll seelische Störungen auslösen. Mittels verschiedener Techniken sollen der «Energiefluß» befreit, Verspannungen gelöst und ein Kontakt mit eigenen Gefühlen und Erfahrungen ermöglicht werden. Ein Einklang zwischen Körperhaltung, Bewegung, Atmung, Gefühl und verbalen Äußerungen soll hergestellt, eine Integration des Charakters bewirkt werden.

Innerhalb der bioenergetischen Analyse sind verschiedene Schwerpunkte zu unterscheiden: Mit körperlichen Übungen soll u. a. eine allgemeine Vitalisierung und eine Lösung aus charakterlicher Erstarrung erreicht werden. Es erfolgt eine Analyse der freigesetzten Emotionen sowie deren Zuordnung zu bestimmten Kindheitserlebnissen und schließlich eine Integration neu erworbener Verhaltensweisen und Einsichten im Alltag. Ursprünglich wurde die bioenergetische Therapie als Einzelbehandlung durchgeführt, zunehmend wird sie aber auch als gruppentherapeutisches Verfahren eingesetzt.

Die Grundannahmen des Energieflusses u.a. sind schwer mit einer empirisch fundierten Psychologie zu vereinbaren und können allenfalls metaphorisch verstanden werden. Für die spezifische Wirksamkeit der B. liegen keine Belege vor. Untersuchungen, die sich auf den Einsatz von B. in Kombination mit Gestalttherapie beziehen, ergaben signifikante Veränderungen im Befindlichkeits- und im Persönlichkeitsbereich, nicht aber in der Symptomatik und im zwischenmenschlichen Bereich. Worauf die Veränderungen zurückzuführen sind, ist unklar. *F. Caspar*

Biofeedback, eine Rückmeldung der Aktivität physiologischer Vorgänge in Form von Signalen optischer, akustischer oder anderer Art mit dem Ziel, die eigene bewußte Steuerung scheinbar autonomer körperlicher und seelischer Vorgänge zu ermöglichen. Das Ziel der Biofeedback-Therapie besteht darin, dem Patienten das Erlernen der Kontrolle über bestimmte unbewußt ablaufende physiologische Prozesse zu ermöglichen, die im Zusammenhang mit der jeweiligen Symptomatik gesehen werden. Es werden Parameter psychophysiologischer Vorgänge, wie Blutdruck, Hauttemperatur, Muskelspannung, Durchblutung, Herzschlag gemessen und in Form von optischen, akustischen oder anderen Signalen dem Patienten rückgemeldet. Das Feedback ermöglicht dem Patienten nach dem Prinzip der →operanten Konditionierung eine Veränderung in die erwünschte Richtung, auch wenn es sich um nicht bewußt steuerbare Parameter handelt.

Je nach Störung variiert die zur Anwendung kommende Art des Biofeedback, wobei nach den rückgemeldeten Parametern unterschieden wird, z. B. Muskelspannung an Nacken oder Stirn: Spannungskopfschmerz, Obstipation; Hauttemperatur-Feedback als Indikator für Gefäßerweiterung: Migräne; Durchblutungsgrad in verschiedenen Kopfarterien: Migräne; Veränderungen des Hautwiderstandes als Indikator für emotionale Erregung: Ängste; Blutdruck: essentielle Hypertonie; Herzfrequenz (EKG): Herzrhythmusstörung; Elektroenzephalogramms: Einschlafstörungen, Epilepsie; Atmung: Asthma bronchiale. Biofeedback wird fast immer ambulant und im Einzelsetting durchgeführt. Die Therapiedauer ist meist recht kurz. Aufgrund der bisherigen Untersuchungen bleibt offen, wieweit therapeutische Wirkungen als unspezifische Effekte angesehen werden müssen. Die Nützlichkeit für die klinische Anwendung ist belegt, das Wirkungsspektrum wurde aber früher eher überschätzt. Insbesondere ergeben sich oft Probleme bei Aufrechterhalten und Generalisierung des Gelernten. [L] BIRBAUMER 1974, LEGEWIE 1975, SORGATZ 1986

F. Caspar

biogene Amine, im Organismus produzierte und wirkende Stoffe aus der Gruppe der Amine. Der Begriff wird im engsten Sinne bezogen auf Stoffe, die aus aromatischen Aminosäuren als Decarboxylierungsprodukte (Abspaltung von CO_2 aus der Carboxyl-Gruppe) entstehen. Die wichtigsten sind die Neurostoffe →Histamin (aus Histidin), →Tryptamin (aus →Tryptophan), →Serotonin (aus 5-Hydroxytryptophan) und →Tyramin (aus Tyrosin). Von anderen Aminosäuren leiten sich durch Decarboxylierung ab: Cadaverin, Putrescin, Agmatin (Bestandteile der Ribosomen), Propanolamin, Cysteamin, β-Alanin u. δ-Aminobutyrat (→GABA). Im weiteren Sinne impliziert der Begriff B. auch Substanzen, die nicht durch Decarboxylierung aus Aminosäuren entstehen, bes. die →Catecholamine (u. a. →Noradrenalin und →Dopamin). B. stehen seit 1950 im Zentrum pharmakologischer, biochemischer und klinisch-therapeutischer Forschung. Vielfach wird angenommen, daß eine Störung in der Biosynthese und im Abbau der B. bei ps. Erkrankungen (z. B. Depression, Schizophrenie) vorliegt. Ausgangspunkt der Diskussion sind meist →pharmakologische Beeinflussungsmöglichkeiten und krankhafte (angeborene) Störungen von Biosynthese und Abbau der biogenen Stoffe. Es gilt als sicher, daß in der Regel mehr als ein System betroffen ist, so daß bei allen ps. Erkrankungen multiple Balancemodelle vorgeschlagen wurden. [L] FELDMAN et al.1997, FRITZE 1989, TRIMBLE 1996

W. Janke/M. Ising

biogenetisches Grundgesetz, von E. HAECKEL formulierte Regel, nach der in der Ontogenese (Individualentwicklung) oft ein Teil der Phylogenese (Stammesgeschichte) rekapituliert wird (z. B. werden beim Menschen embryonal Kiemenspalten angelegt). →psychogenetisches Grundgesetz.

Biographie, Lebensbeschreibung. In umfassenderem Sinne als die Psychographie eine Darstellung des Lebenslaufs und der Lebensleistung. Eine biographische Anamnese gehört zum Beginn der meisten Psychotherapien (→Genogramm). Im späteren Verlauf hat das Bearbeiten von Erlebnissen in der Biographie je nach Therapieform ein unterschiedliches Gewicht. Auch in den gegenwartsorientierten Therapien, wie →Verhaltenstherapie, kann ein biographisches Verstehen das Aufgeben eines problematischen Musters erleichtern. →Autobiographie, →Lebenslauf

F. Caspar

Biographischer Fragebogen, in der →Arbeits- und Organisationspsychologie verwendete spezielle Gruppe von Fragebogeninstrumenten, vorwiegend zur →Personalauswahl. Erfragt werden sogenannte biographische Daten, das sind nachprüfbare objektive oder subjektive Informationen und Einschätzungen früherer, gegenwärtiger und zukünftiger Merkmale der bevorzugten Arbeitsweise oder beruflicher Ziele der Stellenbewerberinnen und -bewerber. Gefragt wird bspw. nach guter Ausbildung, der bisherigen Karriere, realitätsbezogener Orientierung, Einschätzung der eigenen Fähigkeiten, Einstellungen zu beruflichen Aufgaben, Selbständigkeit, zwischenmenschlichen Beziehungen und Kooperationen sowie Zielen in der Berufsentwicklung. Die Auswahl geeigneter Fragen erfolgt im allg. nach der Höhe der Validitätskoeffizienten aus Untersuchungen zur Vorhersage beruflicher Leistungen und Erfolge in der Karriereentwicklung im jeweiligen Tätigkeitsfeld. [L] SCHULER & STAEHLE 1986, SCHULER & FUNKE 1993

S. Greif

biographische Methode, die allgemeine Methode, den →Lebensablauf und seine erlebnismäßige Spiegelung zu erfassen und für die psychologische Diagnostik und Therapie zu verwerten (→Autobiographie, Testanhang). • Der hauptsächlich von der Tiefenpsychologie beschrittene Weg zur psychologischen Erfassung eines Menschen, im Ggs. zur beobachtenden und zur experimentellen Methode. Die b.M. zielt auf das Historisch-Einmalige, im Ggs. zur experimentellen Methode, welche die Erkenntnis des Gesetzmäßig-Allgemeinen anstrebt. [L] G. W. ALLPORT, FREUD, SCHOTTLAENDER, THOMAE

biographisch-literarische Methode (MEUMANN), Verfahren, auf Grund von Lebensgeschichten, Familienforschung, Vererbungslehre u. a. die Psychographien bedeutender Persönlichkeiten zu erstellen.

Bioklimatik →Geopsychologie

Biologie, die Lehre von der belebten Natur mit ihrer klassischen Einteilung in die Pflanzenlehre (Botanik) und Tierlehre (Zoologie). Während die B. in ihrer Vergangenheit das systematische Ordnen der Formenmannigfaltigkeit im Vordergrund sah, befaßt sie sich seit Beginn des 20. Jhds. vorwiegend mit der Aufklärung funktioneller und entwicklungsgeschichtlicher Zusammenhänge.

Dabei werden chemische, physikalische, mathemathische und spezifisch biologische Methoden angewandt. Nach dem Schwerpunkt der Betrachtungsweise läßt sich die B. in die folgenden wichtigsten Teilgebiete einteilen: Anatomie der Pflanzen bzw. der Tiere, biologische Kybernetik (Regel- und Steuertechniken bei Pflanze und Tier), →Ethologie (vergleichende Verhaltenslehre), →Genetik (Vererbungslehre), Humanbiologie (B. des Menschen), Mikrobiologie (Lehre von den Einzellern, Pilzen, Bakterien und Viren), Molekularbiologie (Lehre von biologischen Vorgängen auf molekularer Stufe), Ökologie (Lehre vom Zusammenwirken von Organismus und Umwelt), Physiologie der Pflanzen und Tiere (weiter zu unterteilen in die Funktionszusammenhänge von →Stoffwechsel, Entwicklung, Bewegung, Sinne), Systematik der Pflanzen und Tiere, Zytologie (Lehre von der →Zelle). Ein Hauptaspekt nahezu jeder biologischen Betrachtungsweise ist das Klären stammesgeschichtlicher Zusammenhänge, d. h. der Versuch, die Entwicklung der heute lebenden Organismen aus den ersten biologischen Strukturen abzuleiten. →Evolution *V. Preuss*

Biologismus, Erklärung allen Seins, auch des psychischen, vom biologischen Standpunkt aus. Im Extrem ist B. eine einseitige Überbetonung des biologischen Prinzips. **[L]** BERTALANFFY 1949

Biom, (biol.) eine Lebensgemeinschaft verschiedener Organismen, die ein →Biotop bewohnt.

Biomasse, die Gesamtmasse einer →Population.

Biomechanik, Bewegungsanalyse organismischer Bewegung auf Grundlage der physikalischen mechanischen Gesetze. Insbes. wird der Kraftfluß zwischen an der Bewegung beteiligten Massen (Körpergliedern) und die Krafteinwirkung auf vom Körper bewegte Massen (z. B. Werkzeug, Sportgerät) untersucht (DONSKOI 1975). *P. Day*

Biometrie, Anwendung der math.-stat. Methoden in den biologischen und ihnen verwandten Wissenschaften. F. GALTON und K. PEARSON, aber auch der belgische Astronom L. A. J. QUETELET, der erstmals eine Sozialstatistik in Angriff nahm, sowie G. MENDEL und G. Th. FECHNER gelten als Begründer.

Biomorphose (BÜRGER, 1960), ein für den gesamten Wandel des Organismus (Gestalt wie Funktionen) vorgeschlagener Begr., der besonders auch in die Geriatrie und Gerontologie Eingang fand.

Bionik [gr., Kurzw. aus Biologie u. Technik], beachtet vergleichend die biol. mit den techn. Funktionsweisen (und umgekehrt), sucht die Prinzipien beider wechselseitig zu nutzen. Ergänzungswissenschaft zu →Kybernetik

bionom, bionome Ordnung (ROTHSCHUH), die lebensgesetzliche Ordnung. Bez. für die allen Lebenserscheinungen innewohnende biologisch-gesetzmäßige Ausrichtung (neben der physikalischen bzw. psychologischen).

Biopsychismus, die Erklärung aller Lebenserscheinungen als biopsychisch, d. h.: Kein Leben ist ohne zugeordneten ps. Prozeß.

Biopsychologie, biologische Psychologie, bezeichnet den Zweig der Neurowissenschaften, der sich mit der Biologie des Verhaltens beschäftigt. Zuweilen wird dieses Gebiet auch als «Psychobiologie», «Verhaltensbiologie» oder «Verhaltensneurowissenschaften» bezeichnet. Während die Erforschung des Verhaltens in der Biologie eine lange Geschichte hat, wurde die Biopsychologie erst in diesem Jahrhundert zu einer wichtigen neurowissenschaftlichen Disziplin. Ihre Entstehung läßt sich zwar nicht genau definieren, aber die Veröffentlichung des Buches «Organization of Behavior» von D. O. HEBB (1949) hat dabei eine Schlüsselrolle gespielt. Die Biopsychologie umfaßt heute eine Reihe von Teilgebieten. Bei den in Entwicklung begriffenen, sich teilweise überlappenden biopsychologischen Forschungsrichtungen lassen sich heute mit Pinel folgende weitgehend eigenständige Teilgebiete unterscheiden: 1. Physiologische Psychologie, 2. Psychopharmakologie, 3. Neuropsychologie, 4. Psychophysiologie und 5. Vergleichende Psychologie. Hinzuzuziehen ist ferner auch, daß sich in den letzten Jahren schnell entwicklende Teilgebiet der →Psychoneuroimmunologie. **[L]** BIRBAUMER & SCHMIDT 1996, PINEL 1997. *C. Becker-Carus*

Biorhythmus, Lebensrhythmus (i. w. S. auch Perioden, Phasen, Zyklen), gesetzmäßig wiederkehrende physiologische Abläufe bei Pflanze und Tier, die endogen («innere Uhr») oder exogen ausgelöst werden können; der Mensch besitzt in seinen Aktivitäts- und Ruhepausen einen inneren Rhythmus, der nur geringfügig von der normalen, astronomischen 24-Stunden-Periodik abweicht (ASCHOFF 1962). Vermutet werden ein physischer (mit 23), emotionaler (mit 28) und intellektueller (mit 33 Tagen) B. von Geburt an. Simulierte mütterliche Herzschläge beruhigen Säuglinge; Musik mit mehr oder weniger Taktschlägen als der Pulsschlag erregen bzw. beruhigen; die Rhythmik des Schaukelns beruhigt (insbes. auch bei →Hospitalismus und nach →Streß).

biotische Beobachtung (Experiment), in der Ps. die Beobachtung und das Experiment, die bestmöglich auf ein lebensbezügliches Versuchsgeschehen ausgerichtet sind. • B. SPIEGEL (1965) stellte dem b.E. das quasibiotische Experiment an die Seite, bei dem die Vp zwar weiß, daß es sich um ein Experiment handelt, aber nicht erkennen kann, wann und wo das Entscheidende im Versuchsgeschehen abläuft. →Wirklichkeitsversuch, →naturalistische Forschung

Biotonus, der ursprünglich von M. VERWORN für die dem physiologischen Status entsprechende Lebensenergie eingeführte Begr. wurde von G. EWALD auf die temperamentabhängige Spannungslage neu ausgerichtet und damit eine eigene →Temperamentenlehre geschaffen: straffer – durchschnittlicher – schlaffer B. Temperament ist eine Funktion der Anlage, also erbbedingter B. [L] EWALD 1959

Biotop, Lebensraum. →Ökologie

Biotypus, biologischer Typus i.U. etwa zum Funktionstypus, geistigen Typus. • Erbtypus einer «reinen» Erblinie. Auch svw. Konstitutionstypus.

biozentrisch, von KLAGES eingeführter Begriff, der dem Begriff des Logozentrischen entgegengesetzt vom Seelischen ausgeht und im Gegensatz zu einem rationalen Denken mehr symbolisch und verstehend ist.

Biozönose →Ökologie

Biperiden WZ Akineton®, Psychopharmakon aus der Klasse der zentral wirksamen →Anticholinergika (→Cholinolytika), das kompetitiv an Subtypen von Muskarinrezeptoren bindet. Therapeutischer Einsatz bei der Behandlung medikamentös induzierter extrapyramidalmotorischer Symptome.

W. Janke/M. Reuter

Biphenyle, polychlorierte, Abk. PCB, ölartige Chemikalien, früher u. a. in Plastik, Papier vielfach verwendet, wodurch sie in die Nahrungskette gelangen können. Halbwertzeiten: 1.5 bis 5.5 Jahre. Sie wirken stark toxisch. Mehrfache unfallbedingte Expositionen bei großen Bevölkerungsteilen in Japan und Taiwan, besonders bei Kindern. Offen ist die Beteiligung von «reinem» PCB und anderen gleichzeitig wirksamen hochtoxischen Stoffen, bes. der polychlorierte Dibenzofurane (PCDF). [L] HARTMAN 1995 *W. Janke/M. Hüppe*

bipolar, zweipolig, i. ü. S. gegensätzlich

Bipolarität von Eigenschaften, die Annahme, daß Persönlichkeitseigenschaften in Gegensätzen auftreten. Z. B. die Dimension Extraversion/Introversion. →Persönlichkeitsfaktor, →semantisches Differential

biseriale Korrelation →Zweizeilen-Korrelation

Bisexualität, Doppelgeschlechtlichkeit (biol.) Das Vorhandensein von Geschlechtsorganen bzw. Geschlechtsmerkmalen beider Geschlechter bei einem Individuum. Zwittertum (→Hermaphroditismus), bei höheren Tieren und beim Menschen Mißbildung. • (ps.) Auf beide Geschlechter gerichteter Sexualtrieb.

Bisoprolol, Pharmakon mit sympathikolytischer Wirkung aus der Klasse der selektiven →β-Rezeptorenblocker (β_1). *W. Janke*

B-I-T [T] IRLE

bit, Abk. für binary digit [T]. Maß für die →Entropie eines Ereignisses oder eines Ereignisfeldes in der →Informationstheorie. Die Entropie H einer Menge einander ausschließender Ereignisse $a_1 \ldots a_n$ beträgt

$$H = -\sum_{i=1}^{n} p(a_i) \log_2 p(a_i) \text{ bit.}$$

Bei Gleichwahrscheinlichkeit vereinfacht sich dieser Ausdruck. H beträgt dann $\log_2$ n bit. Die Entropie H (a_i) eines Ereignisses a_i beträgt $\log_2$ p (a_i) bit. Die Entropie eines Ereignisfeldes in bit kann interpretiert werden als die minimale durchschnittliche Anzahl binärer Fragen, die notwendig sind, um zu erraten, welches Ereignis stattgefunden hat, oder als minimale Anzahl von Binärziffern *(binary digits)*, die man braucht, um die Ereignisse zu codieren (→Code). *D. Dörner*

Bivalenz, Doppelwertigkeit. Z. B. ist ein Test bivalent, wenn er in 2 Richtungen reizwirkend ist. →Ambivalenz

bivariat, zwei Variablen enthaltend, in zwei Dimensionen variierend. Der Terminus wird gebraucht, wenn eine Verteilung von einem Paar von Variablen x_1 und x_2 vorliegt und beide Variate in Beziehung gesetzt werden sollen. • Die b. Binominal-Verteilung ist eine Ausweitung der Binominal-Verteilung (→BERNOULLI-Verteilung). →multivariate Statistik *G. Lüer*

BKT [T] TRAMER

black-box [engl.], schwarzer Kasten, Begr. stammt von W. R. ASHBY (1956). Modell, das im Zusammenhang mit hypothetischen Konstrukten verwendet wird; ein Kasten, bei dem Eingabe *(input)* und Ausgabe *(output)* bekannt sind, nicht aber der Inhalt bzw. die Prozesse, die in dem Kasten ablaufen. In der Ps. läßt sich die Analogie zwischen der b.-b. und dem Organismus bzw. dem Gehirn ziehen. Die b.-b. stand im frühen →Behaviorismus (WATSON) für die Annahme, daß über die Reizverarbeitung (Prozeß zwischen Reiz und Reaktion) keine überprüfbaren Aussagen gemacht werden können. Der Standpunkt (streng genommen eine Fiktion) erwies sich als fruchtbar, wenn er auch kritisiert bzw. relativiert werden mußte: so durch die Verstehende Ps., durch SKINNER, KANFER (Verhaltensgleichung), durch die kognitive Verhaltenstherapie. →Verhalten und Erleben, →S-R-Theorie

Blacky-Pictures-Test [T] BLUM

Bläschenkeim →Blastula

Bleche ordnen [T] LIPMANN-STOLZENBERG

BLED [T] BRUNET

Blei, Schwermetall (→Metall) in Luft, Boden, Nahrungsmitteln u. a. vorkommend, in höheren Dosen und bei chronischer Exposition neurotoxische Wirkung mit psychischen Folgen, so Störungen der Aufmerksamkeit und der Intelligenz hervorrufend. [L] ERNHART & HEBBEN 1997, POCOCK 1994, WINNEKE 1985 *W. Janke*

Blendung, Störung der Sehleistung dadurch, daß die Anpassungs-(→Adaptations-)Möglichkeiten des Gesichtssinnes überfordert werden.

B.ursachen sind z. B.: zu hohe Leuchtdichten – abrupte Änderung des Leuchtdichtenniveaus – zu große Kontraste. Ausgang können hierbei sein (u. a.): die Lichtquelle, Reflexionen, Streumedien wie Nebel, Rauch, Schneefall. • Man unterscheidet zw. physiologischer und psychol. B. (erstere mit objektiver, letztere mit subjektiver Einschränkung der Sehleistung bzw. Sehbefindlichkeit). Oft wirken beide zusammen, wie z. B. die B. des Autofahrers bei tiefstehender Sonne und feuchter (reflektierender) Straße belegt. [L] SCHOBER 1964

Bleuler, Paul Eugen (1857–1939), geb. i. Zürich, studierte Medizin, 1898–1927 Professor der Psychiatrie an der Univ. Zürich. Von ihm und seinen Mitarbeitern (bes. C. G. JUNG) erfuhr S. FREUD die erste offizielle Anerkennung seiner psychoanalytischen Funde. 1909–1913 gaben FREUD und BLEULER mit dem «Jahrbuch für psychoanalytische und psychopathologische Forschungen» das erste psychoanalytische Periodikum heraus. BLEULER sind auch fachbegriffliche Neuschöpfungen wie «Autismus» und vor allem «Schizophrenie» – der ein Großteil seiner Forschungen galt – zu verdanken. Darüber hinaus regte er (tiefen)psychologische Forschungen an, da er auch einer der ersten «etablierten» Psychiater im deutschsprachigen Raum war, der den «neuen Ideen» FREUDS Raum und Anerkennung bot.

Blick(bewegungs)registrierung →Augenbewegung

Blickebene, jede durch die →Blicklinien (→Blickfeld) beider Augen gelegte Ebene. Die Grundlinie dieser Blickebene ist die Verbindungslinie der beiden Drehpunkte, die transversale →Augenachse.

Blickeinstellung, beim Neugeborenen entwickelt sich die B. in vier Abschnitten bis zur bewußten Fixation. (a) planloses Umherschauen; (b) Anstarren heller Flächen (2. bis 5. Woche); (c) reflektorische Blickeinstellung; (d) willkürliche Blickeinstellung und Suchen eines Objekts.

Blickfeld, Gesamtraum, den das bewegte Auge bei unbewegtem Kopf fixieren kann. Blickpunkt ist der auf der Blicklinie liegende Mittelpunkt des fixierten Objekts. Blicklinie ist die Verbindung zwischen Fixationspunkt und Drehpunkt des Auges. Blickfeld daher auch Gesamtheit aller derjenigen Punkte, die im allgemeinen das Sehfeld des ruhenden und bewegten Auges ausmachen. • B. spielt i. ü. S. eine Rolle bei der Aufmerksamkeit, ebenso der →Apperzeption und →Perzeption.

Blicklinie →Richtungslinie durch die fovea centralis. →Auge

Blinddiagnose, eine Diagnose ohne Kenntnis einer spezielleren Fragestellung und der untersuchten (bzw. getesteten) Person, wobei nur auf das Testprotokoll (oder bei graphologischen B. auf die Schrift ohne Kenntnis des Schreibers) zurückgegriffen wird. B. weisen sehr große Mängel auf und sollten von einem verantwortungsbewußten Diagnostiker nicht gestellt werden. Auch für die Bewährungsuntersuchungen von Testverfahren sind B. nicht zu empfehlen. →Diagnose

Blindenpsychologie, hilft einerseits, die individuelle Lage des Blinden und dabei auch besonders die Grenzen der Leistungsfähigkeit zu erkennen (Intelligenz, sensorische, motorische, persönlichskeitsspezifische Begabung), andererseits sucht sie dem Blinden bei der «Verarbeitung» seiner →Mindersinnigkeit zu helfen. Weiterhin bemüht sich die B., die generellen Abweichungen im ps. Funktionsgefüge des Blinden gegenüber dem normalen Organismus zu erforschen, etwa die räumliche Orientierung, die besondere Leistung des Tastens und Hörens oder die spezifische Beeinträchtigung der Sprachentwicklung bei Blind-Geborenen (z. B. Verspätung in der Ausbildung der sensumotorischen Schemata) oder den Verlust des Erlebens jeder Art visuell-künstlerischer Impression. • Auf den Ergebnissen der Forschung baut die Blindenpädagogik ihre pädagogischen und didaktischen Maßnahmen auf, mit dem Ziel, durch besondere Bildungsarbeit (wozu heute weitgehend technische Hilfsmittel gehören wie Lesegeräte, Lichtprothesen, elektronische Blindenführgeräte) den Blinden an die Welt der Sehenden anzupassen. →Behinderung. [L] ZAHL 1950

blinder Fleck →MARIOTTEscher Fleck

blindsight, Fähigkeit zum Zeigen auf visuelle Reize, die in einem →Skotom dargeboten werden (auch andere Reaktionen auf solche Reize, die nicht bewußt wahrgenommen werden); findet sich bei →Läsionen des visuellen Cortex (→Gehirn).

Blindversuch, (auch «Probedurchlauf»), Versuch, der vorgenommen wird, um die äußeren Bedingungen eines Versuchs zu kontrollieren oder um die Vp an die Versuchssituation anzupassen. • Eine in Arzneimittelversuchen verwendte Bez. für den Umstand, daß die Vp über die Art der verabreichten Pharmaka nichts weiß. Wenn weder die Vp noch der Vl bei einem solchen Versuch wissen, welches Pharmakon verabreicht wird, so bezeichnet man das Verfahren als Doppelblindversuch (z. B. BERGIUS 1954). Damit sollen mögliche Suggestionseinflüsse ausgeschlossen werden. Bei Untersuchungen zur Wirksamkeit der Behandlung psychischer Störungen ist die Durchführbarkeit echter Blindversuche bei pharmakologischer Behandlung und erst recht bei Psychotherapie zunehmend umstritten, da die Art der Behandlung sowohl vom Vorgehen selber her als auch vom Wirkungs- und Nebenwirkungsprofil her oft erkennbar ist. In der Folge wird deshalb üblicherweise darauf verzichtet.

Block, Blockierung, Bez. für Sperre, →Hemmung, Unterbrechung. B.dauer meist 0,5–10 s. • Psychologie: (a) Mentaler B.: scheinbar unmotivierte (unbewußte) Unterbrechung einer Gedankenkette bzw. einer S-R-Folge. (b) Erinnerungs-B.: momentane Nicht-Verfügbarkeit erlernter Inhalte. (c) Affekt-B.: psychopathologische Emotionshemmung. (dagegen:) (d) emotionaler B.: kurzzeitige Leistungshemmung (bzw. Hemmung d. Wahrnehmens, Denkens) durch emotionale Erregung. • Physiologie: Unterbrechung einer normalen Reizleitung (z. B. Synapsenb., Herzb.) • Statistik: Stichprobe homogener Einheiten; durch →Diskriminanzanalyse wird der Intrablockeffekt (Variation innerhalb der B.) vom Interblockeffekt (Variation zwischen d. B.) getrennt. [L] BÄUMLER 1967

Block-Counting Test [T] KRAMER, YERKES

Block-Design Test [T] KOHS, WECHSLER

Blockdiagramm →Kybernetik, →Regelkreis

Blumenfeld-Allee, BLUMENFELDsche Distanzallee, von W. BLUMENFELD (1913) im Anschluß an Beobachtungen von F. HILLEBRAND entwickelter sog. Alleenversuch: Sollen von einer Vp im verdunkelten Raum zwei Reihen von Lämpchen so angeordnet werden, daß sie geradlinig und parallel erscheinen, so ist das Ergebnis anders, als wenn paarweise einander entsprechende Lämpchen jeweils auf gleichen Abstand geordnet werden sollen. Das Phänomen hat eine eingehende Erörterung über die Raumwahrnehmung ausgelöst (→nicht-euklidische Raumwahrnehmung). [L] BISCHOF 1974

Blumenfeld, Walter (1882–1967), Psychologe / Dresden, Lima (Peru)

Blutdruck →physiolog. Ps., →psycho-physiol. Methodik, →Ausdruckssymptome

Blut-Hirn-Schranke, Abk. BHS, engl. *blood-brain-barrier*, Abk. bbb, System, das den Übergang der im Blut befindlichen Substanzen in das ZNS reguliert. Sie ist Ausdruck der besonderen Membraneigenschaften der Gefäßwände im ZNS. Das Ausmaß und die Geschwindigkeit, mit denen verschiedene Stoffe die B. passieren, sind abhängig von deren chemischen und physikalischen Eigenschaften (z. B. Molekülgröße, Fettlöslichkeit). Besonders leicht passieren Gase, schwer oder gar nicht viele Hormone (z. B. Adrenalin). Bei Entzündungen nimmt die Permeabilität zu, so daß auch Stoffe, die die B. normalerweise nicht überwinden, in das ZNS eindringen. →Neuropharmakologie *W. Janke*

BMCP [engl. *biomedical computer programs*], Paket von Computer-Progammen vieler in der biomedizinischen Forschung gebräuchlicher statistischer Verfahren.

body-sway-test, objektiver Test zur Messung von Persönlichkeitseigenschaften. Den Vpn wird in der Grundstellung suggeriert, ihr Körper neige sich nach vorne. EYSENCK hat diesen Test häufig als objektiven Suggestibilitätstest verwendet. Hohe Suggestibilität korreliert dabei hoch mit →Neurotizismus.

Bofaromin, Psychopharmakon aus der Gruppe der →Antidepressiva vom Typ der →MAO-Hemmer (selektiv MAO-A). Positiver Einfluß auf Panikangst. →Antidepressiva, →Monoaminooxidase-Hemmer, **[L]** BERLIN et al. 1990, MOREAU et al. 1993 *W. Janke*

Bogardus, Emory Stephen (1882–1973), Soziologe, Sozialpsychologe, Los Angeles

Bogardus-Skala, eine von E. S. BOGARDUS 1925 entwickelte Meßmethode zur Bestimmung d. sozialen →Distanz. Diese wird auf 7 Umgangsdimensionen bezogen und reicht von «würde ich heiraten» bis zu «würde ich nicht in meinem Lande wohnen lassen». **[L]** BOGARDUS 1925

Bogengänge →Ohr

bogus erudition [engl.], Scheingelehrsamkeit

bogus-pipeline (BPL) [engl. *bogus* falsch, Schwindel, *pipeline* Versorgungsleitung], Schein-Direktleitung, vorgetäuschter Zugang zum Erleben der Vp insbes. zu geheimgehaltenen Einstellungen und den dazugehörigen emotionalen Reaktionen. Mit einer dem →Lügendetektor scheinbar ähnlichen apparativen Anordnung oder angeblicher Messung der Muskelmikrovibration wird versucht, verfälschende Reaktionstendenzen der Vp auszuschalten (→soziale Erwünschtheit). Die Versuchsanordnung hat ernstzunehmende Kritik erhalten, (BRACKWEDE 1980, vgl. MUMMENDEY & BOLTEN 1981). Eine Zusammenstellung der Arbeiten mit dieser Technik in den letzten 20 Jahren liefern ROESE & JAMIESON (1993). **[L]** JONES & SIGALL 1971

bolstering [engl. *to bolster up* unterstützen, etwas künstlich zu halten versuchen], durch Gegeninformation «bedrohte» Einstellungen, Meinungen und Präferenzen mit Hilfe neu gesuchter positiver Aspekte zu stützen versuchen. **[L]** JANIS 1958

Bombesin, gastrointestinales Gewebshormon (→Hormon), zur Klasse der →Neuropeptide gehörend; beteiligt an der Regulation von Hunger und Sättigung. **[L]** →Neuropeptide, LEE et al. 1994, MACHT et al. 1995 *W. Janke*

bonding [engl.], gegenseitige soziale Bindung

Bonhoeffer, Karl (1868–1948), Psychiater / Königsberg, Heidelberg, Breslau, Berlin

Bonhoeffersches Psychosyndrom →Psychosyndrom

Bootstrapping ist ein modernes statistisches Verfahren, um Stichprobenverteilungen von Kennwerten per Computersimulation zu erzeugen, um damit statistische Hypothesen prüfen zu können. Mit diesem modernen Verfahren lassen sich selbst komplizierte Kennwerte statistisch testen, für die eine analytische Lösung ausgeschlossen ist.

borderline [engl.], Grenzlinie, am Rande der Grenze stehend, z. B. zwischen normal und defekt. • *b.case* = Grenz-(Rand-)Fall, z. B. Randpsychose.

Borderline-Syndrom, obgleich S. FREUD schon 1925 die Bez. *Borderline* (*Borderline*-Patient) für die «Grenzfälle», d. h. die «zwischen den Neurosen und den Psychosen» stehenden Krankheitsbilder aufgegriffen hat, kommt nach vielfältigen Begr. wie «Als-ob-Persönlichkeiten», «Identitätsstörungen», «narzißtische Neurosen» u. a. die Bez. B-S erst neuerdings zur Anerkennung als Krankheitsbild sui generi (O. KERNBERG, Christa ROHDE-DACHSER). In der →ICD-Klassifikation ist das B-S erst ab der 9. Revision aufgenommen. Grob gefaßt handelt es sich um eine Persönlichkeitsstörung, die durch ein tiefgreifendes Muster von Instabilität in zwischenmenschlichen Beziehungen, im Selbstbild und in den Affekten sowie von deutlicher Impulsivität gekennzeichnet ist. Borderline-Störungen werden mit tiefenpsychologischen Verfahren, Gesprächspsychotherapie und kognitiver Verhaltenstherapie angegangen. Die Tendenzen zu selbstschädigendem Verhalten, die Probleme im Umgang mit Affekten und zwischenmenschlichen Beziehungen führen in Therapien mit Borderline-Patienten oft zu Schwierigkeiten. Wie bei anderen →Persönlichkeitsstörungen sind eine längere Zeitperspektive und gute Supervision erforderlich. Weil es umgekehrt verlockend sein kann, Probleme in Psychotherapien (fehlender Fortschritt, Beziehungsprobleme) mit dem angeblichen Vorliegen einer B. zu «erklären», kommt einer sorgfältigen Diagnostik besondere Bedeutung zu.

In der Therapie, etwa nach LINEHAN (1993), ist

es besonders wichtig, weitere Selbstschädigungen zu verhindern, das Selbstwertgefühl zu fördern und Kompetenzen im Umgang mit Affekten und Mitmenschen aufzubauen. Die Beschäftigung mit oft vorhandenen Mißbrauchserfahrungen erfolgt erst nach einer ausreichenden Stabilisierung. Empirische Wirksamkeitsbelege für Therapien sind spärlich, aber durchaus ermutigend. **[L]** LINEHAN 1993 *F. Caspar*

Boring, Edward G. (1886–1968), Psychologie-Historiker, der durch seine Monographie «History of Experimental Psychology» (1929) bekannt wurde.

bounded rationality, begrenzte Rationalität; das Prinzip der b.r. wurde in den 50er Jahren von H. A. SIMON als Kritik der ökonomischen Theorien menschlichen Verhaltens (→Homo-Oeconomicus-Modell) aufgestellt und besagt, daß sich Menschen beim →Problemlösen und Entscheiden (→Entscheidung) immer nur rational in bezug auf ihr vereinfachtes Modell der Realität verhalten. Aufgrund ihrer begrenzten Informationsverarbeitungskapazität sind sie zur Rationalität im Hinblick auf die objektiven Erfordernisse bei komplexen Problemen nicht in der Lage. **[L]** SIMON 1957

Bourneville, Désiré-Magloire (1840–1909), franz. Neurologe / Paris

Bourneville-Syndrom, tuberöse Hirnsklerose; erbliche, im Kindesalter auftretende Sonderform der Idiotie.

BPI **[T]** BERNREUTER

BPT **[T]** BLUM

Brachycephalus [gr. *brachys* kurz, *kephale* Kopf]: Kurzkopf. Ggs. Langkopf = Dolichocephalus. Mesocephalus = Mittelkopf. →cephal

brady ... [gr.] in Wtvb. langsam **[E]**

Bradykardie [gr. *kardia* Herz], langsame Herztätigkeit

Bradykinesie, syn. Hypokinese, motorische Antriebsstörung, verlangsamte Bewegung

Bradykinin, Neuropeptid aus der Reihe der Kinine, das wahrscheinlich pathophysiologisch bedeutsam ist. Beteiligung wird bei Erkrankungen wie Ausbildung entzündlicher Oedeme, Asthma, Pankreatitis, Diarrhoe, rheumatischen Gelenkerkrankungen, traumatischen Schocks und Schmerzentstehung diskutiert. *W. Janke*

Bradyphrasie, syn. verlangsamtes Sprechen als Folge zentraler Störungen

Bradyphrenie, syn. Bradypsychie, Hypophrenie, ausgeprägte Verlangsamung aller ps. Abläufe, die überwiegend od. nur zusätzlich durch hirnorg. Störungen ausgelöst sein kann.

Bradyteleokinese, Symptom bei Kleinhirnerkrankungen, wobei beabsichtigte und in der Ausführung begonnene Bewegungen vorzeitig abbrechen.

Braidismus, Bez. für die 1841 von BRAID bekanntgegebene Beobachtung, daß das längere Anstarren von glänzenden Flächen bzw. Gegenständen schlafartige Zustände hervorzubringen vermag. BRAID wurde mit der weiteren Erforschung und der therapeutischen Anwendung dieses Zustandes (→Faszinationsmethode) zu einem der Entdecker der →Hypnose.

Braid, James (1795–1806), Mediziner / Leads-Hill (Lanarkshire)

Braille, Louis (1809–1852), Blindenlehrer (er war selbst blind) / Paris

Braille-Schrift, nach ihrem Erfinder benannte Punktschrift für Blinde. Für jeden Buchstaben wird eine Anordnung von einem bis zu fünf Punkten gewählt, die erhaben auf die Papieroberfläche gepreßt sind und vom Blinden abgetastet werden.

Brainstorming [engl. *brainstorm* Geistesblitz, glänzende, verrückte Idee], eine Gruppen-Problemlösungs-Technik, bei der alle Beteiligten für ein vorgegebenes Problem «kritikfrei» Lösungen anbieten. Erst im Anschluß an die Sammlung sämtlicher Vorschläge kommt es dann zu einer Sichtung und Bewertung der Vorschläge und zu der Akzeptanz einer Lösung. In der Praxis hat sich diese Technik wenig bewährt und ist anderen Problemlösungsstrategien nicht überlegen. **[L]** GALLUPE, BASTIANUTTI & COOPER 1991

brainwashing [engl.] →Gehirnwäsche

branching [engl. Verzweigen], die Konstruktion (Technik) von Lernprogrammen, bei der das Hauptprogramm mit Unterprogrammen (Schleifen, zusätzlichen Lernwegen) versehen wird.

Bravais-Pearsonscher Korrelationskoeffizient →PEARSONscher Korrelationskoeffizient

Breitband →Bandbreite

Breitspektrum-Verhaltenstherapie (syn. «multimodale Therapie») berücksichtigt die Bereiche Verhalten (B = behavior), Affekt (A = affect), Empfinden (S = sensation), Vorstellung (I = imagery), Kognitionen (C = cognition), Sozialbezüge (I = interpersonal relationships) und Medikamente und biologische Faktoren (D = drugs and biological factors). Abkürzend wird dieses Konzept auch als BASIC-ID Modell bezeichnet (A. A. LAZARUS u. a. 1996).

Die Problemlage einer Person ist nur bei Betrachtung all dieser Dimensionen in der Problemanalyse zu verstehen, und die Entwicklung des individuellen Interventionsplans orientiert sich daran. Die Interaktion zwischen Diagnose und Therapie wird betont. In Abhängigkeit von der individuellen Problemanalyse kommen im einzelnen verschiedenste →verhaltenstherapeutische Verfahren zum Einsatz.
Das Wirkungsspektrum der Breitspektrumverhaltenstherapie ist ausgesprochen breit (u.a. familiäre Probleme, psychosomatische Störungen, kindliche Verhaltensstörungen) und geht über die Symptomatik hinaus. Insgesamt sprechen die Ergebnisse der zahlreichen Studien für solch ein breit und flexibel angelegtes Behandlungskonzept. [**L**] HEYDEN et al.

F. Caspar

Bremsfahrtprobe [**T**] HERWIG

Brentano, Franz von (1838–1917), geb. bei Boppard, studierte Theologie und Philosophie. 1864 kath. Priester und Promotion in Philosophie. 1872–1873 Prof. f. Phil. i. Würzburg, dann i. Wien, bis er 1879 zum Protestantismus konvertierte. B.'s Psychologie war deskriptiv, er nannte sie «Aktpsychologie», wobei «Akte» für ihn keine seelischen Inhalte, sondern nach außen gerichtete Intentionen (Wahrnehmen, Lieben, Wünschen, Urteilen etc.) waren. Zu seinen Schülern zählten u. a. HUSSERL, FREUD und die Begründer der Gestaltpsychologie EHRENFELS und MEINONG. Somit reichte B.'s Einfluß v. d. Gestaltpsychologie über den Behaviorismus (MCDOUGALL übersetzte «Akte» mit «behavior») bis zur Psychoanalyse. Sein Werk «Psychologie vom empirischen Standpunkte» (1874) erschien als Gegengewicht zu WUNDTS «Grundzüge der physiologischen Psychologie» (1874).

Brentanosche Täuschung, bei der Gegenüberstellung von zwei gleich großen Kreisen erscheint der eine Kreis dann größer, wenn er von einem größeren, konzentrischen Kreis umschlossen wird. →geometrisch-optische Täuschung

Bretonsches Gesetz, eine Formel, die als Substitut für das WEBERsche Gesetz vorgeschlagen wurde und besagt, daß eine parabolische Beziehung zwischen Reiz und ebenmerklichem Unterschied besteht.

Bridgman, Percy W. (1882–1961), Begründer des Operationalismus. Phyiker, Prof. a. d. Harvard-University, 1946 Nobelpreis. Er wurde mit seiner Monographie «The logic of modern physics» (1927) bekannt.

Briefumschlag-Schneiden [**T**] POPPELREUTER

Brillen-Versuche →Störungsexperiment

Broca, Paul (1824–1880), Anthropologe u. Chirurg / Paris

Brocasche Windung, Sprachregion der dominanten (meist linken) Hirnhälfte, präfrontales Sprachzentrum, motorisches Sprachzentrum, Area 44, die 1861 von BROCA entdeckte Region der dritten linken Stirnwindung (an der sog. Sylvischen Furche) des Großhirns, unterer posteriorer Frontallappen, deren Läsion zu einem Sprachversagen (BROCA-Aphasie) führt, bei dem das Sprachverständnis noch intakt ist, die Kranken aber spontan fast nichts mehr sprechen. Motorische →Aphasie. Dagegen ist für das Sprachverständnis (sensorische Aphasie) das →WERNICKEsche Zentrum verantwortlich. Das BROCA-Areal ist der Sitz für die Koordination der Sprachmuster, während im WERNICKEschen Zentrum die Umsetzung des Gehörten oder Gesehenen in sinnvolle Einheiten oder Wörter erfolgt. Die untere präzentrale Windung steuert sodann die einzelnen Gesichts- und Sprachmuskeln. Der Gyrus angularis kombiniert visuelle Muster zu Buchstaben und Wörtern und verbindet sie mit der gehörten Sprache. Hier erst wird das gesprochene Wort zur akustischen Repräsentation des Wortes. Wie neuere Untersuchungen gezeigt haben, sind die Funktionen der beiden Zentren keineswegs so ausschließlich, wie zunächst angenommen wurde. Läsionen einer der beiden Regionen verursachen in der großen Mehrzahl der Fälle multimodale Störungen, die sowohl Sensorik wie Motorik betreffen. Neuere PET-Studien zeigen sogar, daß bei der Perzeption von Silben und Wörtern im intakten Gehirn i. d. R. BROCA- u. WERNICKE-Region gemeinsam aktiviert werden. Dies macht wahrscheinlich, daß die Sprachareale sowohl bei der Sprachproduktion als auch beim Sprachverständnis zusammenarbeiten. →Lokalisation, →Gehirn. [**L**] BENSON et al. 1985, MAZZOCHI et al. 1979, ELLIS-YOUNG 1991, SCHMIDT-THEWS 1995

C. Becker-Carus

Bromazepam, WZ Normoc® WZ Lexotanil®, Psychopharmakon aus der Gruppe der →Tranquillantien vom Typ der →Benzodiazepine. Mittellang wirksam. B. soll außer emotional entspannenden stimmungsaufhellende Wirkungen haben. [**L**] →Benzodiazepine, →Tranquillantien, RICKELS et al. 1973, KRAGH-SORENSEN et al. 1990

W. Janke

Bromocriptin, Substanz aus der Gruppe der →Dopamin-Agonisten (D_2) (Dopamin-beeinflussende Substanzen). Manipulationen mit B. bieten die Möglichkeit, gestörte kognitive Vorgänge zu variieren, etwa bei neuropsychiatrischen Erkrankungen mit dopaminerger Dysfunktion (Parkinson, Schizophrenie). Therapeutischer Einsatz bei hormonellen Störungen wie →Hyperprolaktinämie und nächtlichem Bruxismus. [L] POWELL et al. 1996 *W. Janke*

Bronzekrankheit →ADDISONsche Krankheit

Brotizolam, WZ Lendormin®, Schlafmittel vom Typ der →Benzodiazepine mit kurzer Wirkungsdauer. Eliminationshalbwertzeit 4–10 h. [L] →Benzodiazepine *W. Janke*

Brownianismus, die im 18. Jh. lebhaft diskutierte Anschauung (von J. BROWN 1780 begründet), nach der sich die lebenden Organismen von den leblosen Stoffen nur durch die «Reizbarkeit» unterscheiden, also alles Leben auf Reiz und Reizbeantwortung beruht. Das Gleichgewicht bewirkt Gesundheit, Verminderung der Reize führt zu Asthenie, Vermehrung zu Sthenie.

Brown, John (1735–1788), Mediziner / London

Brown, William (1881–1952), Psychologe / Univ. of London, Oxford Univ.

Brücke, Ernst Wilhelm v. (1819–1892), Mediziner / Physiologie, Univ. Wien →BEZOLD

Brücke, Teil des Hirnstammes zwischen verlängertem Mark und Gehirnschenkeln (Vierhügel →Gehirn).

Brunst, Rhythmus (Schwankungen) bzw. die Kulmination in der sexuellen Aktivität. Bei fast allen höheren Tieren vorhanden, fehlt sie beim Menschen und Menschenaffen oder ist hier nur über den Monatszyklus im Ansatz zu erkennen.

Brunswik, Egon (1903–1955), Begründer des probabilistischen Funktionalismus.

Brutpflegeverhalten, (biol.) Verhaltensweisen adulter Tiere gegenüber ihrer Nachkommenschaft. Das B. kann bereits kurze Zeit nach der Geburt der Jungtiere enden oder noch anhalten, wenn diese schon selbständig sind.

BSET [T] BAAR

BSR, Abk. für Bizeps-Sehnenreflex

B-TAT [T] BACHRACH

B-T-S [T] HORN

B-Typ, nach W. JAENSCH eine im Grenzfall in der →BASEDOW-Erkrankung konkretisierte (konstitutionelle) Spielform, die durch lebhaftes Mienenspiel, glänzenden Blick und bestimmte eidetische Verhaltensweisen auffällt. Innere Sekretion soll mitwirken. →T-Typ, →Eidetik. [L] W. JAENSCH

Bücherkatalog-Test [T] TRAMER-BAUMGARTEN

Buchstaben zu Worten kombinieren [T] TERMAN, WHIPPLE

Bucullin, chemische Substanz, die mit Tranquillantien vom Typ der Benzodiazepine verwandt ist und an den Bindungsstellen des $GABA_A$-Komplexes haftet und damit die ps. Effekte von Benzodiazepinen verhindert bzw. antagonisiert. Als Benzodiazepinantagonist hat B.. Bedeutung als Forschungswerkzeug, so als →Reaktivitätstest zur Beteiligung von Benzodiazepinrezeptoren bei Panikangst. *W. Janke*

Bufotenin, Substanz aus der Gruppe der →Indolamine, dem →Serotonin verwandt, zur Klasse der →Psychotomimetika bzw. Halluzinogene gehörend [L] →Psychotomimetika *W. Janke*

Bühler, Charlotte (1893–1974), Wegbereiterin der humanistischen Psychologie. B. beschäftigte sich schon als Jugendliche mit der Psychologie. Sie machte «denkpsychologische Experimente» im Familienkreis. Studium i. Freiburg, Berlin, Kiel, München, u. a. bei STUMPF u. KÜLPE. 1916 Heirat mit K. BÜHLER, KÜLPES Assistenten. 1918 Promotion, 1920 Habilitation. Ende der 50er Jahre (zus. m. GOLDSTEIN, MASLOW u. ROGERS) Gründung der «American Association for Humanistic Psychology»

Bühler, Karl (1879–1963), Mitglied und Mitbegründer der «Würzburger Schule». Er wandte sich gegen die reine experimentelle Methode in der Psychologie.

Bulbus, bulbär [lat. Zwiebel, Anschwellung], *bulbus spinalis* = *medulla oblongata* = verlängertes Mark bzw. damit in Beziehung stehend (→Gehirn). • *bulbus oculi* = Augapfel.

Bulbärsprache, die gestörte, schlecht artikulierte Sprache (wie mit einem Kloß im Mund) bei Erkrankungen von →Brücke und →medulla oblongata.

Bulimie, bulimia nervosa [gr. *bus* Ochse, *limos* Hunger], (Eß-Brech-Sucht) →Eßstörungen

Bumerang-Effekt, Auswirkung einer zur Meinungs-, Einstellungs- oder Verhaltensänderung gegebenen Nachricht in einer der Absicht des Senders entgegengesetzten Richtung. Der B. tritt nach SHERIF & HOVLAND (1961) ein, wenn die Nachricht in die *latitude of rejection* des Adressaten fällt. →Einstellungsänderung, →Assimilation-Kontrast-Theorie. [L] GRAUMANN 1972

Bündel →chunk

Bunsen, Robert Wilhelm (1811–1899), Chemiker / Kassel, Marburg, Breslau, Heidelberg

Bunsen-Roscoesches Gesetz, auch Reziprozitätsgesetz der Photochemie, das die Beobachtung erklärt, gemäß der die →Unterschiedsschwelle für kleine Reizdauern (unter 50 ms) auch von der Reizdauer abhängt. →FECHNERsches Gesetz *R. Bergius*

Buprenorphin, WZ Temgesic®, Pharmakon aus der Gruppe der Opioid-Analgetika (→Analgetika). Starke analgetische Wirkung mit langer Wirkungszeit. In USA seit 1978 zur Opiatentzugstherapie eingesetzt. B. wirkt auf Opiatrezeptoren (μ und M), sog. partieller Opiatantagonist, sedierende wie auch stimulierende Wirkung. **[L]** JASINSKI et al. 1978, MELLO et al. 1980 *W. Janke*

Burnout [engl.], «Ausbrennen», Syndrom, das bei professionellen Helfern als Folge von Überlastung auftritt, u. a. gekennzeichnet durch emotionale Erschöpfung, Dehumanisierung (zynisch abwertende Haltung gegenüber dem Hilfesuchenden) und das Gefühl, der beruflichen Aufgabe nicht mehr gewachsen zu sein. Es gibt einen standardisierten Fragebogen zur Erfassung des Syndroms: Maslach Burnout Inventory (MBI). **[L]** MASLACH 1982, BURISCH 1989 *P. Day*

Buros, Oscar K. (1905–1978), Testdiagnostiker und Begründer der Reihe «Mental Measurement Yearbook».

Burt, Cyril L. (1883–1971), brit. Psychologe, der für seine statistischen Arbeiten und für seine Zwillingsuntersuchungen bekannt wurde.

Buspiron, WZ Bespar®, Substanz aus der Klasse der →Tranquillantien vom Typ der →Azapirone mit von den →Benzodiazepinen abweichendem Wirkungsmechanismus. Serotonin (5-HT_{1A}-Rezeptor)-Agonist, aber auch dopaminerger Wirkmechanismus, wahrscheinlich bei verschiedenen Dosierungen unterschiedlich. Klinischer Einsatz bei Angststörungen, Zwangserkrankungen, Depressionen und Verhaltensstörungen von Patienten mit hirnorganischen Erkrankungen. Bei Gesunden kaum desaktivierende Wirkungen, emotionale Wirkungen unklar. **[L]** RIEDERER et al. 1995, TUNICLIFF et al. 1991 *W. Janke/M. Reuter*

Butyrophenone, Teilgruppe der →Neuroleptika, die nach den →Phenothiazinen Ende der 50er Jahre eine neue Epoche der pharmakotherapeutischen Behandlung von Schizophrenien mit →Haloperidol eröffnet hat. Häufiger angewendete B. sind Pipamperon, →Pimozid. Gegenüber den Phenothiazinen haben B. wenig vegetative Nebenwirkungen und starke antipsychotische Wirkungen, jedoch gekoppelt mit extrapyramidalen Wirkungen schon bei niedrigen Dosierungen. **[L]** DIMASCIO & SHADER 1972 *W. Janke*

bystander-behavior →Altruismus

bystander effect, die Wahrscheinlichkeit einer Hilfeleistung für Personen, die sich in einer Notsituation befinden, nimmt mit der Zahl der in dieser Situation anwesenden Personen ab (LATANE & DARLEY 1970, LATANE & NIDA 1981). Die angebotenen Erklärungen, wie Diffusion der Verantwortung, die mit der Gruppengröße zunimmt; pluralistische Ignoranz, die Untätigkeit als angemessenes Verhalten in dieser Situation ansieht; Ambiguität der Situation, in der man nicht weiß, ob bereits alles Mögliche getan worden ist, um die Notsituation zu mildern oder professionelle Helfer bereits informiert sind; Hemmung durch die Umherstehenden, durch die man sich eventuell negativ bewertet fühlt, wenn man etwas unternimmt; Bilanzierung des Aufwandes für Hilfe bzw. Unterlassung der Hilfe in dieser Situation stehen derzeit relativ unverbunden nebeneinander. Die entwickelten Strategien der Hilfeleistung (CLARK, 1991, SPACAPAN & OSKAMP 1992) sind die positiven Formen der Überwindung der Passivität der Anwesenden in Notsituationen. *B. Six*

bystanding [engl.] →helfendes Verhalten

byte [engl.], eine Zahl von bits, die eine Einheit bilden. Auch nachdem Computer mehr als 8 bit gleichzeitig übertragen (16 bzw. 32), blieb die Vereinbarung 8 bit = 1 byte.

C

CAD, Abk. für *Computer Aided Design*, computergestütztes Entwickeln, Zeichnen und Konstruieren, wobei der Bildschirm des Computers gewissermaßen als Reißbrett fungiert.

CAI, Abk. für *Computer Assisted Instruction*, computergestützter Unterricht

Calcitonin, syn. Kalzitonin, von den C-Zellen der Schilddrüse sezerniertes Peptidhormon. Im Gehirn nachweisbar (Hypophyse). Freisetzung bei Konzentrationsanstieg von Calcium im Blut sowie durch gastrointestinale Hormone wie →Cholecystokinin und →Gastrin, durch →Glukagon und →Triglyceride. Senkung des Calciumspiegels, regelt zus. mit dem →Parathormon den Calciumhaushalt. Vielfältige Beziehungen zu ps. Vorgängen. Es wird angenommen, daß C. über hypothalamische Mechanismen Eßregulation und Sättigung beeinflußt und streßinduziertes Eßverhalten hemmt. Bei intracerebraler Verabreichung hoher Dosen wurde Analgesie nachgewiesen, die durch →Opiatantagonisten nicht aufgehoben wird. **[L]** →Hormone, FREED et al. 1984 *W. Janke*

Calcium-Antagonisten, syn. Calciumkanalblocker, Stoffklasse, die durch Blockierung von Ca^{++}-Kanälen den Einstrom von Ca^{++}-Ionen, bes. in Muskelzellen unterbinden und so zu einer vermehrten Muskelkontraktilität führen kann. Chemisch und pharmakologisch heterogen; die Forschung ist um die Entwicklung von Substanzen bemüht. Therapeutischer Anwendungsbereich sind v. a. Herzerkrankungen (Angina pectoris), Migräne sowie ischämisch bedingte neurologische Störungen, aber auch z. T. Angsterkrankungen und bipolare Depressionen. Rezeptoren im ZNS sind nachgewiesen. **[L]** HARTMANN 1993 *W. Janke*

California Test **[T]** BAYLEY, GOUGH, TIEGS

CAM [engl. *Computer Aided Manufacturing*], computergestützte Arbeitsplanung.

Campral® →Acamprosat

Cannabis, psychotrope Substanz, aus Hanf gewonnen und in verschiedenen Zubereitungen konsumiert, bes. Haschisch und Marihuana. Der Hauptwirkstoff ist δ^9-Tetrahydrocannabinol (δ^9-THC). Die Wirkung entfaltet sich wahrscheinlich über eigene Rezeptoren, sog. Cannabinol-Rezeptoren (CB_1-Rezeptor), die bei Aktivierung über ein second-messenger-System die →Adenylatcyclase hemmen und Calciumkanäle blockieren. Rezeptoren finden sich v. a. in den Basalganglien, im Hippocampus und Cerebellum. C. hat viele ps. Effekte wie Gefühl der Entspannung, des Abrückens von Alltagsproblemen, angenehm empfundene Apathie, milde Euphorie, subjektiv gesteigerte Intensität von (akustischen) Sinneswahrnehmungen, in der Regel keine Halluzinationen. Denken wird assoziationsreich (u. U. Ideenflucht). Das Zeitempfinden scheint die Zeit langsamer verstreichen zu lassen. Zahlreiche physiol. Wirkungen, u. a. leichte Tachykardie, Mundtrockenheit, antikonvulsive und antiemetische Komponenten. Bei Dauermedikation ändert sich das Wirkungsbild. Die bei Absetzen entstehenden Symptome dauern nur einige Tage und sind nicht quälend. **[L]** MILLER & BRACONNIER 1983, TÄSCHNER 1987 *W. Janke*

Cannon-Bard-Theorie →Emotionstheorie

Cannon-Syndrom →Notfallsfunktion

Cannon, Walter Bradfort (1871–1945), Physiologe / Medizin-Studium in Cambridge (Harvard Univ.). Wurde bekannt durch seine Untersuchungen zu körperlichen Vorgängen unter Streß und seine Kritik an der Emotionstheorie von JAMES und LANGE.

capacity [engl.] →ability

Carbachol, Pharmakon aus der Klasse der →Parasympathikomimetika mit einer direkten Rezeptorenwirkung. *W. Janke*

Carbamazepin Tegretal®, Psyhopharmakon, das der Struktur nach mit den trizyklischen →Antidepressiva als auch mit dem →Antiepileptikum Phenytoin verwandt ist. Therapeutische Anwendung wegen antikonvulsiver Wirkungen bei Krampfleiden, wegen psychotroper (antidepressiver, antimanischer) Wirkung bei manisch-depressiven Erkrankungen (Manien, Rezidivprophylaxe u. a.). **[L]** ALBANI et al. 1995, JANKE et al. 1983, MÜLLER-OERLINGHAUSEN et al. 1989 *W. Janke*

Carbidopa, Stoff der bei der Behandlung der Parkinson-Erkrankung in Kombination mit Dopamin-Agonisten wie Levodopa verwendet wird. →Antiparkinsonstoffe *W. Janke*

Cardiazolschock →Schocktherapie

Carpenter-Effekt, wahrgenommene (oder vorgestellte) Bewegungen führen zum Mitvollzug der Bewegungen. →Ideo-Realgesetz

Carpenter, William Benjamin (1813–1885), Physiologe u. Zoologe / London
carry over effect [engl.], sequentieller Übertragungseffekt, Sequenzeffekt.
Carzinophobie [gr. *karkinos* Krebs], Angst, krebskrank zu werden →Phobien
case-history →case-study-method
case-study →Fallstudie
case-study-method [engl. Fallstudienmeth.], in Amerika entwickelte Meth. zur Feststellung und Ordnung aller erfaßbaren Lebensdaten, Umweltverhältnisse und deren Einflüsse auf den Entwicklungsvorgang eines Individuums. Die Bez. *case-study* meint mehr die Technik der Erhebung – die Bez. *case-history* die zusammengefaßte Beschreibung. →Fallstudie. **[L]** G. W. ALLPORT 1942
case-work, amerikanischer Ausdruck für die fürsorgerische Betreuungsarbeit am einzelnen Fall. **[L]** H. KRAUS
CAT [T] BELLAK
C-A-T, Gruppe von Testverfahren, die (hoch)schulischen Erfolg vorhersagen sollen. Meist handelt es sich dabei um Testbatterien, die für unterschiedliche (hoch)schulische Leistungsmessungen konstruiert wurden. Abk. für *College Ability Tests*
catch trial [engl.], Prüfdurchgang, z. B. bei der Erprobung eines Tests. →Testkonstruktion
Catecholamine, Substanzen, die chemisch als Amine mit einem Catecholring zu kennzeichnen sind. Sie sind z. T. Hormone (z. B. Adrenalin, Noradrenalin) und z. T. biogene Neurostoffe, die von wesentlicher Bedeutung im zentralen und vegetativen Nervensystem (v. a. NA und DA) sind. Die 3 Substanzen aus der Gruppe der C. sind →Adrenalin, →Noradrenalin und →Dopamin. Die psychologisch-physiologische Forschung konzentriert sich um drei Problemkreise: 1) C. als Transmitter, 2) C. als Hormone und objektive Indikatoren emotionaler und motivationaler Aktivation, Streß, 3) Verabreichung von C. zur Induktion unspezifischer oder spezifischer Erregung (Adrenalin und adrenalinbeeinflussende →Sympathikomimetika). Das Auftreten ps. Erkrankungen könnte mit Störungen in der Biosynthese der C. einhergehen. Diskutiert wird dies für Depressionen und für die Schizophrenie. Weiterhin sind die C. für die Regulation der →AMP-Spiegel von Lymphozyten von Bedeutung und modifizieren somit eine Vielzahl von Immunfunktionen (z. B. die Lymphozytenproliferation). Von ps. Interesse ist dieser Punkt v. a. im Zusammenhang mit Streß, da dieser die C.-produktion anregt. **[L]** FRANKENHAEUSER 1971, 1980 *W. Janke*
Cattell, James McKeen (1860–1944), Begründer der *«Mental Tests»*, mit Hilfe derer vor allem sensomotorische Funktionen erfaßt wurden. Studium am Lafayette-College, dann Stud. i. Göttingen und Leipzig (bei W. WUNDT), wo er sich primär für die Untersuchung individueller Unterschiede interessierte. Prof. an der Cambridge-University. Dort Zusammenarbeit mit F. GALTON. 1880 weltweit erste Professur für Psychologie an der Pennsylvania-University. →FULLERTON-CATTELLsches Gesetz
Cattell, Raymond Bernard (1905–1997), Studium am King's College London (Promotion 1929). 1928–1931 Doz. Univ. Exeter u. Leicester. Ab 1937 Prof. an den Univ. von Columbia, Clark, Illinois und Harvard. C. wurde wesentlich von der Londoner Schule (bes. v. SPEARMAN) geprägt. C. begründete die multivariate, faktorenanalytisch-orientierte Persönlichkeitsforschung. C. wurde v. a. bekannt durch den systematischen Aufbau von Datenquadern und seine Forderung nach Datenanalysen auf mehrfachen Ebenen (L-, Q- und T-Daten →objektive Tests). Seine faktorenanalytische Strategie wandte er nicht nur auf die Intelligenzforschung, sondern auch auf die Motivanalyse an.
Caucasian, Weißer, Weißhäutiger, Mitglied der weißen Rasse; diese Variable der Rassenzugehörigkeit wird in amerik. Untersuchungen häufig miterhoben. Die vielfach anzutreffende Übersetzung «kaukasisch», «Kaukasier» ist falsch. *B. Feger*
caudal [lat. *cauda* Schwanz], schwanzwärts, dem Hinterende zu gerichtet. Ggs. →cephal
Causal model theory [engl.] →Kausalmodelle, Theorie der
CAVD-Test [T] THORNDIKE
CCC, Abk. für *consonant trigram*, in Lernversuchen verwendete Folge von 3 Konsonanten
CD theory [engl. *conceptual dependency* begriffliche Abhängigkeit, *dependency* eigentl. herrschaftliches Gebiet, Kolonie], eine Theorie des Verstehens natürlicher Sprache von SCHANK 1972. Eine Theorie der Repräsentation der Bedeutung von Sätzen. Grundsatz: für zwei Sätze, die gleiches bedeuten, sollte es – unabhängig von ihrer Form – nur eine Repräsentation geben. **[L]** SCHANK & ABELSON 1977
CE, Abk. für *constant error*, konstanter (systematischer) Fehler.
Ceiling-effect [engl. *ceiling* Decke, Höchstes], tritt auf, wenn die Schwierigkeit eines

Tests so gering ist, daß auch Individuen mit einer nicht extremen Ausprägung des im Test gemessenen Merkmals den maximalen Testwert erzielen. Daraus resultiert, daß zwischen diesen Individuen und solchen mit einer extremeren Merkmalsausprägung auf Grund dieses Tests nicht differenziert werden kann, weil die «Testdecke» oder die Testobergrenze zu niedrig ist. →Floor-Effekt *G. Mikula*

Centil →Zentil

centrality [lat. *centrum* Mitte] →ego involvement

centrifugale Nerven [lat. *fugere* fliehen] →Efferenz, →Nerv

centripetale Nerven [lat. *petere* hinstreben] →Efferenz, →Nerv

Centroid-Methode, von L. L. THURSTONE (1935) eingeführte relativ einfache Rechenmethode zur Extraktion eines «Faktors», dessen Ladungssumme maximal ist (→Faktorenanalyse). Die C. wird sukzessiv auf die Korrelationsmatrix und die jeweiligen Restkorrelationsmatrizen angewendet, wobei die Variablen so definiert (umgepolt, «reflektiert») werden, daß vor jeder Extraktion eines Faktors möglichst viele positive Korrelationen in der Matrix entstehen. *E. Mittenecker*

cephal [gr. *kephale* Kopf], das Kopfende betreffend. Als Nachwort «Kopf», z. B. Brachycephalus = Breitkopf, Dolichocephalus = Langkopf, Mesocephalus = Mittelkopf.

Cephalisation →Enzephalisation

CER, Abk. für *Conditioned Emotional Response,* konditionierte, bedingte Gefühlsreaktion, z. B. konditionierte Furcht, gemessen an Reaktionen des autonomen Nervensystems, z. B. Herzschlagfrequenz

Cerebellum Kleinhirn →Gehirn

cerebral, zum Gehirn gehörend, das Großhirn betreffend →zerebral

cerebraler Typus (SIGAUD), Gehirntyp, Körperbautyp, der durch das Vorherrschen der Hirnfunktion gekennzeichnet ist. →Typologie u. Körperbautypen.

Cerebralparese →Zerebralparese

Cerebralsklerose →Zerebralsklerose

Cerebration →Enzephalisation

cerebrospinales Nervensystem →Nervensystem

Cerebrum →Gehirn

CFF, Abk. für *Critical Frequency of Fusion,* →Flimmerverschmelzungsfrequenz

CFT 3, Culture Fair Test **[T]** CATTELL et al.

Chakra [ind. Kreis, Rad, auch Lotusblume], Zentren übersinnlicher Wahrnehmung und Lebensenergien nach Vorstellungen des Hinduismus. Die Hauptchakren liegen im Körper des Menschen entlang des Rückenmarks. Sie können im Wege des →Yoga geweckt werden und werden in Beziehung zu best. Gottheiten vorgestellt.

Challenge-Tests, syn. *Drug challenge test,* →Reaktivitätstest, pharmakologischer *W. Janke*

Chancengleichheit, bildungs- und sozialpolitisches Postulat: Jeder solle unabhängig von seiner sozialen Herkunft und wirtschaftlichen Lage eine seinen Fähigkeiten entsprechende Ausbildung erhalten bzw. die Möglichkeit dazu garantiert bekommen.

Für die praktische Realisierung im Bildungssystem ist zu unterscheiden zwischen (a) Startchancengleichheit, d. h. Gleichheit der äußeren Bedingungen bei Aufbruch von einer Startlinie (z. B. bei Schuleintritt), was zuvor einen Chancenausgleich voraussetzt (z. B. durch →Vorschulerziehung); (b) Zielchancengleichheit, d. h., Erreichbarkeit eines Bildungs- oder Ausbildungsziels (z. B. Abitur) muß für möglichst viele gewährleistet sein; was überleitet zur (c) Entwicklungschancengleichheit, d. h., um gleiche Bildungsresultate zu erreichen, müssen verschiedene Schüler während Schullaufbahn oder Studiengang ungleich behandelt werden (→Differenzierung). →Bildungschancen. **[L]** HECKHAUSEN 1975 *G. Mühle*

Charakter [gr. *charassein* ritzen, prägen], ursprünglich svw. wie eingeprägtes Zeichen, dann Kennzeichen, Merkmal, an dem etwas erkannt wird. In der Ps. vor allem im deutschsprachigen Raum das Gesamtgefüge der die individuelle Besonderheit eines Menschen kennzeichnenden →Eigenschaften; die Wissenschaft davon, die →Charakterologie, ging in der Persönlichkeitspsychologie auf. Die Hauptvertreter, die sich um den sog. Charakteraufbau (→Tabellen) bemühten, sind: KLAGES, LERSCH, ROTHACKER, WELLEK. Der Charakteraufbau nach KLAGES gliedert sich in Materie, Qualität und Struktur. LERSCH unterscheidet bei den endothymen Grundtrieben das Lebens-, Selbstgefühl und die gerichteten Gefühle. Der sog. Oberbau beinhaltet zukunftsgerichtete Strebungen sowie Willen und noethischen Oberbau.

character-education-inquiry, eine um 1920 von der *Religious Education Association* angeregte, von HARTSHORNE und MAY geleitete und unter Supervision von E. L. THORNDIKE durchgeführte Untersuchung zur charakterlichen Erziehung von Kindern. Diese Untersu-

Charakteraufbau nach LERSCH				
Endothyme Grundtriebe u. -strebungen, Anmutungserlebnisse, stationäre Gestimmtheiten	gegenwartsgerichtet	*Das Lebensgefühl*		
		Leibliche Gefühle Primitivformen: Hunger, Durst, Lust, Schmerz, Behagen, Unbehagen, Frische, Müdigkeit, u.a.m.	Stimmungen Lebensgrundstimmung: Heiterkeit, Lustigkeit (Vergnügtheit), Traurigkeit (Schwermut), Mißmut (Verdrossenheit)	Affekte Erregungsformen: Wut, Aufregung, Angst, Ekstase
		Das Selbstgefühl		
		Eigenmachtsgefühl (Selbstvertrauen)		Eigenwertgefühl (Geltungsbewußtsein)
		Die gerichteten Gefühle		
		Rückbezogene Formen: Freude, Trauer, Zorn, Vergnügen, Erwartung, Ärger, Erschrecken, Hoffnung, Resignation, Furcht, Verzweiflung		Mitmenschlich gerichtete Formen: Mitfreude und Mitleid, Schadenfreude, Neid, mitmenschliche Liebe, Haß, Achtung, Verachtung, Verehrung, Spott
Oberbau – Denken und bewußtes Wollen	zukunftsgerichtet	*Die Strebungen*		
		Daseinsdrang: Tätigkeits-, Genuß-, Erlebnisdrang Die Egoismen: Selbstsucht, Selbstlosigkeit, Geltungs- und Machtstreben		Transitive Strebungen: Schaffensdrang, Interessen, Liebe zu etwas, normative Strebungen, soziale Strebungen
		Der Wille mit: Willenskraft, Selbständigkeit der Zielsetzung, Entschlußfähigkeit, Anstrengungsbereitschaft u.a.m.		*Der noëtische Oberbau* mit: Abstraktionsfähigkeit, Urteilsfähigkeit, Kombinationsfähigkeit, folgerichtiges Denken u.a.m.

<table>
<tr><th colspan="4">Charakteraufbau nach KLAGES</th></tr>
<tr><td colspan="3">Der Charakterbestand gliedert sich in:

Charakter-Stoff oder Materie — Charakter-Artung oder Qualität — Charakter-Gefüge oder Struktur

Stoffliches = Mengeneigenschaften
(das Mehr oder Weniger entscheidet)

z.B.:
Fähigkeiten und Begabungen, elementare Inhalte jedes Erlebens, deren Armut oder Reichtum an Gehalt, an Aufnahmefähigkeit, an Gedächtnis, Aufmerksamkeit, Klarheit, Willensstärke, Feinfühligkeit, Musikalität

Artung = Richtungseigenschaften
(die Richtung der Strebungen wird damit gegeben)

z.B.:
Dauerstrebungen, Neigungen, Interessen und Triebfedern
Hingebungstriebfedern, z.B.: Heimatliebe, Güte, Mitleid, Treuherzigkeit
Behauptungstriebfedern, z.B.: Unternehmungsgeist, Ehrgeiz, Berechnung, Kritiksucht, Neid

Gefüge = Verhältniseigenschaften
(Gefüge ist das Verhältnis von Antrieb und Hemmung)
z.B.:
Flüchtigkeit, Oberflächlichkeit, Ablenkbarkeit, Gehemmtheit, Unentschlossenheit, Sprunghaftigkeit, Redseligkeit, Wortkargheit, Schweigsamkeit. Ebenso die Unterschiede in persönlichem Tempo, Temperament, Erregbarkeit des Gefühls und Willens</td>
<td>Zusammenstimmung ergibt:

Charakter-Aufbau
oder
Tektonik

z.B.:
harmonisch, disharmonisch, einheitlich, widerspruchsvoll, zerrissen, reif, unreif, labil, geprägt, abgewogen, gegensätzlich usw.

dazu kommt

Charakter-Haltung
oder
Aspekt

z.B.:
höflich, bescheiden, taktvoll, liebenswürdig, keck, frech, unverträglich, derb, plump, schüchtern usw.</td></tr>
<tr><td colspan="4">Die Wurzeln der Charaktereigenschaften sind:</td></tr>
<tr><td></td><td>Leibliches</td><td>Seelisches</td><td>Geistiges</td></tr>
<tr><td>sensorisch (von außen empfangend)</td><td>Empfindungsvorgang</td><td>Schauen</td><td>Auffassungsakt</td></tr>
<tr><td>motorisch (nach außen wirkend)</td><td>Bewegungsantrieb</td><td>Gestalten</td><td>Willensakt</td></tr>
<tr><td></td><td colspan="2">nicht an ein «Ich» gebundene, Mensch und Tier zukommende vitale Funktionen, auch ohne Bewußtsein möglich</td><td>setzt ein «Ich» voraus; damit wird das Bewußtsein nötig</td></tr>
</table>

chung, die unter dem Aspekt der Methoden und des Erfolgs der religiösen Erziehung von Kindern inauguriert war, wurde zu einer bedeutsamen Untersuchung zur objektiven Persönlichkeitsmessung und zur Frage der Konsistenz vs. Situationsabhängigkeit von Persönlichkeitseigenschaften. Mit einer größeren Batterie von Untersuchungsverfahren (Beobachtung, Fragebogen, Lebenslauf, Rating-Verfahren, Tests, Experimente) haben die Untersucher Aspekte des moralischen Verhaltens (Ehrlichkeit, Stehlen, Lügen, Hilfsbereitschaft usw.) bei Kindern in verschiedenen Lebenssituationen untersucht. Die Autoren kommen zu der Folgerung, daß die Konsistenz des Verhaltens von einer Situation zur anderen mehr durch die Ähnlichkeit der Situationen als durch konsistente Persönlichkeitseigenschaften bestimmt wird. Die vorgelegten Resultate wurden von verschiedenen Seiten einer kritischen Analyse unterzogen: z. B. sei die Untersuchung an Kindern durchgeführt worden, bei denen der soziale Lernprozeß noch nicht abgeschlossen war. BURTON (1963) hat die Ergebnisse faktoriell reanalysiert und kommt zu dem Schluß, daß ein substantieller Anteil des moralischen Verhaltens situationsunabhängig sei. Die c.e.i. wurde auf Grund der bei der Untersuchung verwendeten Verfahren zur Persönlichkeitsmessung für die gesamte Persönlichkeitsforschung bedeutsam. Die Autoren haben nämlich versucht, Persönlichkeitseigenschaften mittels →objektiver Tests zu erfassen. **[L]** HARTSHORNE et al. 1929 *H. Häcker*

Charakterkunde, Charakterologie. (speziell) die von F. KÜNKEL (1889–1956) entwickelte tiefenps.-psychoanalytische Lehre mit dem betonten Ziel, aus der Polarität von Ich-Haftigkeit und Wir-Haftigkeit helfend zugunsten des Wir, des Ur-Wir zu wirken und dem Zerfall im Wir-Bruch zu steuern.

Charakterologie, Charakterkunde. Das Teilgebiet der Ps., das sich mit der Beschreibung der Erscheinungsformen des Charakters und mit der Erforschung seiner Entwicklung (Verhältnis von Anlage und Umwelt) befaßt. Weiterhin gehören zur Ch. die theoretischen und spekulativen Deutungen des Charakters, die sich insbesondere auf seinen «Aufbau», den Aufweis verschiedener Charaktertypen und das Wesen des Charakters beziehen. Als Beschreibung typischer Charakterformen gab es schon im Altertum eine Ch. Neben verschiedenen Philosophen war es THEOPHRAST von Eresus auf Lesbos, der um 319 v.Chr. Charaktere beschrieb. Auch die Lehre von den Körpersäften als der Grundlage der Temperamente (HIPPOKRATES, GALEN) gehört zur Ch. des Altertums. Im 17. Jh. erneuerte Jean DE LA BRUYERE die Charakterbeschreibungen des THEOPHRAST. Auch die seinerzeit stark beachtete Menschenkunde von LA CHAMBRE ist zu nennen. Ebenso die Bemühungen von THOMASIUS, der den Charakter in Graden bestimmen wollte. Im 18. Jh. sind die breiten Ansätze einer Erfahrungsseelenkunde und Bekenntnisliteratur (MORITZ, LAVATER, ROUSSEAU) wie auch die aphoristischen Anmerkungen LICHTENBERGS Vorläufer einer Ch. Die Ausdruckslehre des Charakters geht auf die →Physiognomik und die →Phrenologie zurück. Das Wort verwendet zuerst Julius BAHNSEN (1830–1881) in seinen «Beiträgen zur Charakterologie» (1867). Der Unterschied von Innen- und Außenaspekt geht auf ihn zurück. Für die deutsche Ch. waren Ludwig KLAGES (1872–1956) und Philipp LERSCH (1898–1972) die besonderen Wegbereiter neben R. ALLERS, G. EWALD, P. HÄBERLIN, R. HEISS, A. KRONFELD, H. NOHL, G. PFAHLER, A. PFÄNDER, H. PRINZHORN, O. TUMLIRZ, E. UTITZ, der ab 1925 auch Jahrbücher der Ch. herausgab, und O. WEININGER.

Während zur geisteswissenschaftlichen Ps. (DILTHEY, SPRANGER) noch Querverbindungen bestanden, ist die Ch. für die empirische Ps. heute nur mehr von historischer Bedeutung. Die Beschreibung von Persönlichkeitsmerkmalen erfolgt mit neuen Methoden: →Dimension, →Faktorenanalyse, →Faktorentheorien der Persönlichkeit, →Persönlichkeitsfaktor.

Charakterologischer Intelligenz-Test [T] WARTEGG-SACHER

Charakterradikale, fiktive «seelische» Grundfunktionen, auf die sich die Charaktereigenschaften zurückführen lassen.

G. EWALD hat sechs solcher C. aufgestellt: die Eindrucksfähigkeit für Erlebnisse – die Retentionsfähigkeit (das Nachschwingenlassen) für gefühlsbetonte Erlebnisse – die Beeindruckbarkeit für Erlebnisse und Zustände des primitiven Trieb-Ichs – die Retentionsfähigkeit für solche Erlebnisse – die intellektuelle Steuerung der Erlebnisse (sachliches Nachdenken) – die Ableitungsfähigkeit von Erlebnissen, die mehr sthenische oder asthenische Einstellung bedingt. →Radikal, →Aufhellung, strukturelle, →Typologie

Charakterstörungen, in der älteren Ps. benützte Sammelbez. für Abweichungen vom charakterlichen «Normalverhalten» aus verschiedensten Ursachen. Im besonderen wurden unter Ch. die psychopathischen Abartigkeiten verstanden. →Psychopathie

Charakter-Tests →Persönlichkeitstests

Charisma [gr. Begnadung, Gnadengeschenk], nach Max WEBER (1956) die Qualität einer Persönlichkeit, um deretwillen sie als mit außeralltäglichen, nicht jedem anderen zugänglichen Kräften oder Eigenschaften, als «gottgesandt» gewertet wird.

Charkow-Test **[T]** DUNAJEWSKI

Charme [frz.], Zauber, Reiz, die anziehende Wirkung einer Person auf ihre Mitwelt. Auch →Hypotaxie [gr. *hypotaxis* Unterwürfigkeit] genannt (FOREL) als Bez. für einen leicht hypnotischen Zustand, in dem bereits →Suggestionen angenommen werden. **[L]** FOREL 1921

Charpentier, Augustin (1852–1916), Physiologe u. Neurologe / Nancy

Charpentier-Koseleff-Täuschung, Größen-Gewichts-Täuschung, von 2 Gegenständen versch. Größe und objektiv gleichem Gewicht (gleich ob sie optisch oder taktil erfaßt werden) erscheint der kleinere Gegenstand schwerer. →Ankerreiz

Charpentiersches Gesetz, besagt, daß für die Größe des optischen Schwellenreizes das Produkt von Lichtintensität und Größe des Netzhautbildes konstant ist.

Charpentiersche Täuschung, Simultan-Schwere-Kontrast, hebt man mit einem Arm ein leichtes und zugleich mit dem anderen Arm ein schweres Gewicht, dann erscheint das leichte noch leichter, als wenn es allein gehoben wird. →Ankerreiz *W. Witte*

checklist, Checkliste, Kontrolliste, Prüfliste, Merkliste; meistens eine Liste mit Variablen, deren Vorhandensein bei einzelnen Personen überprüft wird.

Cheirologie [gr. *cheir* Hand], Hand- oder Fingersprache der Taubstummen, die sich nach der frz. Lehrweise durch Stellung der Finger Zeichen geben. Handlesekunst, →Chirognomik

Chemopsychologie, Bezeichnung für Teilgebiet der Physiolog. Ps., das sich mit der Beziehung zwischen chemischen und ps. Vorgängen befaßt. Teilgebiete sind Neurochemo-, Pharmako-, Endokrinops., Psychoimmunologie, Umweltchemo-, Ernährungs-, Stoffwechselps. **[L]** JANKE 1994, NETTER 1997, NETTER et al. 1997 *W. Janke*

Chemorezeptoren, Sinnesorgane für chemische Reize (z. B. Geruch und Geschmack). →Sinne.

Chemotaxis, gerichtete freie Ortsbewegung, die durch einen chemischen Reiz ausgelöst wird. →Taxis, →Tropismus

Chevreul, Michel Eugène (1786–1889), Chemiker, Prof. am Collège de France

Chevreulsches Pendel, Suggestibilitätsprobe, bei der die Vp versucht, einen Pendel bewegungslos über einem Punkt zu halten. Der Vl suggeriert dabei eine kreisende Bewegung, instruiert aber die Person, trotzdem ruhig zu halten. Die maximale Pendelbewegung in horizontaler Richtung gilt als Maß für motorische Suggestibilität (→Suggestion). →Pendelversuch *N. Birbaumer*

Chiaroscuro [ital. hell – dunkel], Begriff stammt aus der Malerei und bezeichnet eine Verteilung von Licht und Schatten in der Weise, daß eine räumliche Illusion entsteht. RORSCHACH bezeichnete räumliche Deutungen, die durch Schattierungsverhältnisse zustande-gekommen waren, als Ch.

chiasma opticum [gr. *chiasma* Kreuzung, lat. *opticus* zum Auge gehörend], die Sehnervenkreuzung hinter der vorderen Schädelgrube vor der Hypophyse →Sehbahn

Chicago-School →Funktionalismus

Chiffre-Test, code test **[T]** GIESE, GODDARD-TERMAN

child guidance, die in USA und England entwickelte, heute weit verbreitete Methode für Interventionen bei kindlichen Verhaltens- und Entwicklungsstörungen einschl. Elternberatung. Zur c.g. gehört die Zusammenarbeit von Kinderarzt (evtl. Kinderpsychiater), klinischem Psychologen und Fürsorger. →guidance. **[L]** LÜCKERT 1964

child guidance clinic, die Institution der →child guidance, sei es, daß diese stationär oder in ambulanter Form bei Beratungsstellen (evtl. verknüpft mit Behandlung) durchgeführt wird. Die erste c.g.c. wurde von WITMER 1896 in Philadelphia eingerichtet.

Children's Apperception Test **[T]** BELLAK

Chi-Quadrat-Tests, eine Gruppe statistischer Prüfverfahren, die auf der Chi-Quadrat-Verteilung beruhen. Zu den bekanntesten von ihnen zählt die Signifikanzprüfung der Abweichungen einer beobachteten (empirischen) Häufigkeitsverteilung und die zweier empirischer Verteilungen, die nach der Formel

$$\chi^2 = \sum \frac{(o-e)^2}{e}$$

erfolgt, wobei o die beobachteten und e die erwarteten Häufigkeiten bezeichnen. *G. Mikula*

Chi-Quadrat-Verteilung, Verteilungsgesetz für die Summe von Abweichungsquadraten.

Chirognomik, Chirologie, Chiromantik [aus gr. *cheir* Hand, *gnome* Erkenntnis, *logos* Lehre, *manteia* Weissagung], drei Bez. zum gleichen Thema Handlesekunst, d. h. aus der Form, Beschaffenheit und den Linien der Hand den Charakter, die Begabungen und den körperlichen Status bestimmen (auch die Zukunft weissagen) zu können.

Die Chiromantik ist als Volksglaube in Indien und China seit Jahrtausenden verbreitet. Auch in Europa reicht sie weit zurück und hatte eine Blütezeit im 16. bis 18. Jh. Die Grundlagen der Deutung sind meist ähnlich denen der Astrologie (Einteilung der Hand in Planetengebiete, Verteilung der Handlinien auf Verstand, Leben, Gemüt, Herz, Leber etc.). Mit Chiromantik wird vorwiegend das bloße Wahrsagen, mit Chirognomik und Chirologie das um Systematik bemühte Ausdeuten der Hand bezeichnet.

Chirospasmus [gr. *spasmos* Krampf], Schreibkrampf, gehörte zur Gruppe der Beschäftigungskrämpfe, die meist durch übermäßige Beanspruchung der Muskulatur entstehen. Auch psychogene Verursachungen werden vermutet.

Chitismus, fehlerhafte Artikulation der ch-Laute. →Sigmatismus

Chlordiazepoxyd, Librium®, Psychopharmakon aus der Gruppe der →Tranquillantien vom Typ der →Benzodiazepine mit langdauernder Wirkung (Eliminationshalbwertszeit 10–90 h). Die Wirkung von C. wird vorwiegend über das limbische System vermittelt. Hohe Dosen sind schlafinduzierend, jedoch nicht narkotisierend. Vegetative Wirkungen fehlen weitgehend. Die erlebnismäßigen Wirkungen sind abhängig von habituellen Persönlichkeitsmerkmalen und situativen Bedingungen. Emotionale Entspannung kann in Dosen bis 60 mg auftreten, verstärkt bei emotional labilen Personen und unter emotionalem Stress. Unter bestimmten Bedingungen (u. a. bei psychischer Beanspruchung) ist paradoxe Erregung möglich. Bis 30 mg ist kaum ein Einfluß auf die Leistung nachweisbar. Leistungsminderungen sind am ehesten in Wahrnehmungs- und kognitiven Schnelligkeitstests aufzeigbar und an den vielen Benzodiazepinen eigenen Effekten der anterograden Amnesie. In Dosen über 30 mg ist vermehrt mit subjektiver Sedierung und Leistungsbeeinträchtigung zu rechnen. C. wird gelegentlich auch als Schlafmittel eingesetzt. **[L]** Baskin 1982, Ideström & Cadenius 1963, Janke 1966, McNair 1973 *W. Janke*

Chlormethiazol, Distraneurin®, Substanz, die beim Alkoholentzug zur Verminderung von Delirium tremens und bei der Behandlung von Schlafstörungen verwendet wird. **[L]** Platz 1993 *W. Janke*

Chloropsie, Grünsehen →Chromopsie

Chlorpromazin, Megaphen®, Largactil®, Psychopharmakon aus der Klasse der →Neuroleptika vom Typ der →Phenothiazine, von Delay und Deniker 1952 eingeführt, die die antipsychotische Wirkung dieses ursprünglich für anästhesiologische Interessen aus dem →Antihistaminikum →Promethazin entwickelten Stoffs erkannten. C. gilt als Referenzsubstanz für alle Neuroleptika (C.-äquivalente). Bei Schizophrenien vielfach erprobt. Da jedoch Therapieeffekt und Nebenwirkungen gegenüber anderen Neuroleptika in einem ungünstigen Verhältnis stehen, ist C. nicht mehr im Handel. Bei Gesunden bewirkt C. bis 200 mg geringfügige Leistungsbeeinträchtigung. Emotionale Entspannung und Angstreduktion treten nur unter spezifischen Bedingungen auf. Eher sind Spannungserhöhungen zu erwarten, die möglicherweise Folge unangenehmer Nebenwirkungen sind. **[L]** Riederer et al. 1993, Janke & Debus 1972 *W. Janke/MR*

choice-dilemma Situation [engl. Wahl-Dilemma], eine Entscheidunggsituation, in der zwischen (mindestens) einer risikoreichen und einer risikoarmen Option zu wählen ist.

choice-shift [engl. Wahl-Schub], Unterschied zwischen Entscheidungen in der Gruppe *(risky shift* oder *conservative shift)* →Risikoschub-Effekt. **[L]** Borcherding & Kistner 1982

Cholecystokinin, Abk. CCK, Hormon aus der Klasse der gastrointestinalen →Hormone, →Neuropeptid. Ursprünglich nur als gastrointestinales Hormon gesehen, C. ist jedoch im Gehirn weit verbreitet. Mitbeteiligung an vielen ps. Funktionen ist wahrscheinlich. Gesichert ist der appetithemmende (sättigungsinduzierende) Effekt. Diskutiert wird die Beteiligung bei Aufmerksamkeit, Panikangst und Schizophrenie. **[L]** Beinfeld 1995, Bradwejn et al. 1992, Lee et al. 1994, Morley 1987, 1989, Pietrowsky et al. 1997 *W. Janke*

Choleriker, cholerisch →Typologie

Cholesterin, Muttersubstanz der Steroidhormone (→Hormone), C. spielt eine bedeutsame Rolle im Fettstoffwechsel. *W. Janke*

cholinerg, a) Wirkungsart von Stoffen, die der von →Acetylcholin vergleichbar ist. b) Nervenfasern oder nervöse Systeme, in denen

Acetylcholin oder Verwandte als →Transmitter fungieren. Dabei ist nach Systemen mit nikotinergen und muskarinergen Rezeptoren zu unterscheiden. C.e nervöse Systeme haben nach Auffassung zahlreicher Autoren grundsätzliche Bedeutung für Aufmerksamkeit, Lernen und Gedächtnis (→Pharmakopsychologie). [L] LEVIN et al. 1990, SINGH et al. 1985, WARBURTON & WESNES 1984 *W. Janke*

Cholinergika, Substanzen mit →cholinerger Wirkung. Die Wirkung kann direkt auf cholinerge Rezeptoren oder indirekt durch Hemmung von →Acetylcholin abbauenden Enzymen vermittelt sein. →VNS-Pharmaka. [L] EVERITT & ROBBINS 1997 *W. Janke*

Cholinesterase, Abk. CHE, Enzym, unter dessen Einfluß freigesetztes →Acetylcholin innerhalb von msec in Essigsäure und Cholin gespalten und damit inaktiviert wird. Durch C.-Hemmer kann der enzymatische Abbau blockiert oder verzögert werden, wodurch die Acetylcholinwirkung am Rezeptor verstärkt und/oder verlängert wird. Wichtige C. sind →Neostigmin (Prostigmin®), →Physostigmin, Pyridostigmin, Edrophonium (Tensilon®). Bestimmte Stoffe (→organische Phosphate, z. B. Diisopropylfluorophosphat, DFP) hemmen C. irreversibel und führen zum Tode durch Krämpfe, Atem- und Kreislauflähmung. Einige Stoffe werden zur Insektenvernichtung eingesetzt (z. B. Nitrostigmin). Als «Nervengifte» wurden DFP verwandte Substanzen zur chem. Kriegsführung vorgesehen (z. B. Sarin, Soman, Tabun), auch heute noch in «Depots». Geringe Dosen führen bei Gesunden zu Leistungsbeeinträchtigungen, hohe erzeugen psychoseähnliche Erscheinungen. C. wurden vielfach zur Untersuchung der Beziehung zwischen Acetylcholin und Verhalten angewandt. [L] SINGH et al. 1985 *W. Janke*

Cholinesterase-Hemmer →Cholinesterase

Cholinolytika syn. →Anticholinergika

Cholinomimetika, syn. →Cholinergika

Chorea [gr. *choreia* Reigen, Tanz], Veitstanz nach dem Schutzpatron St. VITUS. Infolge Hirnschädigung im extrapyramidalen System kommt es zu ungewollten, schleudernden Bewegungen, besonders an Arm, Schultern und Gesicht. Sie stellen sich regellos ein und laufen rasch ab.

Durch →Hyperkinesen werden der Gang gestört, die Sprache (→Dysarthrie) beeinträchtigt und das Schreiben erschwert. Die Bewegungen sind willentlich nicht zu unterdrücken, steigern sich bei affektiver Erregung und hören im Schlaf auf. • ch. *chronica progressiva hereditaria*, HUNTINGTONsche ch. (1872 beschrieben), beruht auf degenerativen Prozessen des extrapyramidalen Systems und der Hirnrinde. Sie setzt zwischen dem 30. und 45. Lebensjahr ein, ist fortschreitend und führt zu ps. Veränderungen wie Halt-, Takt- und Kritiklosigkeit. Die Krankheit ist dominant vererbbar, sie führt zu →Demenz und einem →organischen Psychosyndrom. • ch. *major*, ch. *germanorum* ist heute nicht mehr übliche Bez. des hysterischen Anfalls mit seinen motorischen Erscheinungen. Im Mittelalter ist sie als Tanzwut endemisch aufgetreten. • ch. *minor*, ch. *infectiosa*, ch. angelorum, ch. SYDENHAM. Bei ihr besteht neben den anderen choreatischen Symptomen eine Muskelhypotonie mit Reizbarkeit und Weinerlichkeit bis zu symptomatischen Psychosen.

Chorioidea [gr. *chorion* Haut, *eidos Aussehen*], Aderhaut des Auges. Die Bez. zielt auf die Ähnlichkeit mit dem gleich gefäßreichen Chorion (= Zottenhaut, mittlere Eihaut).

Chromatid, Bestandteil der →Chromosomen, →Mitose

chromatisch [gr. *chroma* Farbe], gefärbt, auf Farben bezüglich. →Spektrum. • musikalisch: aus Halbtonschritten aufgebaute Tonleiter

Chromatismen →Synästhesie

Chromatodysopsie, Chromatopsie, Farbensehen

Chromatoptometer, Vorr. zur Bestimmung der Farbenblindheit. Ähnlich dem →Anomaloskop.

Chromomeren [gr. *meros* Teil], sichtbare knotenartige Verdickungen auf den →Chromosomen, die in der Prophase der Zellteilungen sichtbar werden. *P. Drüge*

Chromopsie, farbiges Sehen nicht gefärbter (bzw. für das normale Auge anders gefärbter) Gegenstände, zumeist hervorgerufen durch Vergiftung, z. B. Botulismus. Gelbsehen = Xanthopsie [aus gr. *xanthos* gelb], Grünsehen = Chloropsie [aus gr. *chloros* grün], Rotsehen = Erythropsie [aus gr. *erythros* rot].

Chromosom, (gr. *chroma* Farbe, *soma* Körper) Träger der Erbanlagen für alle mendelnden Merkmale →MENDELsche Regel. Die Ch., auch Kernfäden oder Kernschleifen, die aus →Proteinen und →Nukleinsäuren bestehen, sind Hauptbestandteil des →Nucleus. Zu Beginn der →Mitose werden die Chromosomen als Einzelfäden sichtbar.

Jedes Individuum (Pflanze und Tier) besitzt in jeder seiner Körperzellen eine für seine →Art chrakteristische Zahl von Ch. Diese Ch. bilden den Ch.satz, jeweils zwei davon sind identisch bezüglich ihrer Morphologie, sie bilden ein Paar. Ein Ch.satz, der aus Paaren besteht, ist diploid (doppelt). Bei der Bildung der →Gameten werden die Paare getrennt, und es entstehen identische haploide (einfache) Sätze, die bei der Verschmelzung der Geschlechtszellen dann wieder einen diploiden Satz bilden. Die Ausprägung der Geschlechtsmerkmale wird durch ein besonderes Chromosemenpaar, die Geschlechtschromosomen, bestimmt: Von den 46 Chromosomen des Menschen bestimmt ein Paar die Geschlechtsvererbung. Die Frau besitzt zwei X-Chromosomen, der Mann besitzt ein X-Chromosom und ein Y-Chromosom. →Down-Syndrom, →KLINEFELTER-Syndrom, →TURNER-Syndrom *P. Drüge*

Chromosomen-Aberration, syn. chromosomale Anomalie, die in einem Genverlust oder -überschuß mit somatischen und ps. Folgen bestehende Abweichung von der Norm. Wichtigste Formen: →TURNER-Syndrom (XXY statt XY u. a.) und das →DOWN-Syndrom.

Chromosomenmutation →Mutation

Chronaxie [gr. *chronos* Zeit, *axia* Wert], ein zeitlicher Kennwert für die Erregbarkeit eines Organs, definiert als diejenige Mindestzeit, während der ein Strom von der doppelten Stärke des elektrischen Schwellenreizes (der →Rheobase) auf einen Nerven oder Muskel einwirken muß, um eine Reaktion hervorzurufen.

Chronizität [gr. *chronos* Zeit, *chronikos* zeitlich, lang], langsamer Verlauf z. B. eines Prozesses (Krankheit). Ggs. →Akuität

Chronograph, Vorrichtung zur Aufzeichnung kleinster Zeiten, für zwei oder mehr aufeinanderfolgende Vorgänge bei Reaktionsversuchen. Während der C. noch eletromechanisch konstruiert war, wird die Zeitmessung heutzutage ausschließlich über elektronisch gesteuerte Geräte vorgenommen →Chronoskop. Heute meist elektronische Geräte.

Chronometrie, Methoden bzw. Theorieansätze, in denen über den beobachtbaren Zeitverlauf von Handlungen (1) die Komplexität der zugrundeliegenden mentalen Prozesse (→DONDERSsche Substraktionsmethode) (2) die Beziehungen zwischen verschiedenen Prozessen abgeschätzt werden. Das 2. Problem hat zu vielfachen Modellen geführt, in denen stochastische und chronometrische Komponenten verknüpft sind, im einfachsten Fall zu →horse-race-Modellen. **[L]** POSNER 1978 *A. Zimmer*

Chronopharmakalogie, Disziplin, die sich mit den Wirkungen von chemischen Stoffen in Abhängigkeit von biologischen Rhythmen bzw. der Zeit und den darin beteiligten chemischen Stoffen, bes. Hormone und Neurostoffe, befaßt. **[L]** NETTER et al. 1998, SACK et al. 1987 *W. Janke*

Chronopsychologie, die Lehre von der erlebten Dauer, Gleichzeitigkeit und zeitlichen Folge sowie von den Zeitcharakteristika aller ps. Prozesse und der Zeitorientierung. →Zeit, psychische, →Zeitperspektive, →Zeitschwelle, →Zeittäuschung, →Zukunftserleben. **[L]** BERGIUS 1969

Chronoskop (WHEATSTONE, HIPP u.a.), eine Uhr zur Messung kleinster Zeiten, die bes. bei Reaktionsversuchen verwendet wurde.

chunk [engl. Bündel], akustische (oder visuelle) Einheit aus mehreren Elementen bei der Speicherung im Gedächtnis (G. A. MILLER 1956)

CI [engl], Abk. für →Corporate Identity

CIA [engl.], Abk. für *Coefficient of Intellectual Ability*, von YERKES u. Mitarbeitern für die Intelligenzmessung eingeführter Quotient aus individuellem Punktwert (Summe der Punktzahlen der gelösten Aufgaben) und Punktwert der Altersgruppe.

CIE [frz.] Abk. für *Commission Internationale de l'Eclairage* →Kolorimetrie

circadian [lat. *circa* ungefähr, *dies* Tag], tagesperiodisch.

circadianer Rhythmus →Aktivitätsperiodik

circulus vitiosus →Teufelskreis

CIT [T] WARTEGG-SACHER

Citalopram WZ Cipramil®, Seropram®, Psychopharmakon aus der Gruppe der →Antidepressiva vom Typ der →Serotoninwiederaufnahmehemmer (SSRI). C. wurde auch als →Anticravingsubstanz diskutiert. *W. Janke*

Clairvoyance [frz.], auch Luzidität [lat. *lucidus* leuchtend], →Hellsehen, →Parapsychologie

Clan [Begriff aus der Stammesverfassung des schottischen Hochlands], eine engere Stammesgemeinschaft bei Naturvölkern, innerhalb der bestimmte Gebote und Verbote in bezug auf soziales und sexuelles Zusammenleben gelten. **[L]** THURNWALD

Claustrophilie [lat. *claustrum* Schloß], krankhafter Drang, sich einzuschließen

client-centered-therapy →Gesprächspsychotherapie

Clobutinol, WZ Silomat®«, Substanz aus der Gruppe der →Antitussiva. Keine ZNS-Wirkung. *W. Janke*

Clomipramin, Anafranil®, Psychopharmakon aus der Gruppe der trizyklischen →Antidepressiva vom Typ der →Serotoninwiederaufnahmehemmer. Klinischer Einsatz außer bei Depression bei Zwangsneurose, Panikangst und Phobie. Leicht antriebssteigernde Wirkung. [L] ANANTH 1983, FILIP 1989, LESCH 1991 *W. Janke*

Clonidin, Catapresan®, Pharmakon aus der Gruppe der →Antihypertonika. Die Wirkung wird vermittelt über das Noradrenalinsystem (→2-Autorezeptoragonist). Geringe desaktivierende ps. Wirkungen. *W. Janke*

Clotiazepam, Trecalmo®, Psychopharmakon aus der Klasse der →Tranquillantien vom Typ der →Benzodiazepinverwandten Thienodiazepine. Schneller Wirkungseintritt und kurze Halbwertzeit, langdauernder Wirkung. C. hat tranquillantientypische Wirkungen. *W. Janke*

Clozapin, Leponex®, Psychopharmakon aus der Klasse der →atypischen Neuroleptika, wichtige Modellsubstanz für neue Stoffe mit antipsychotischer Wirkung. Mittelstarke antipsychotische Wirkung. C. hat neben der D_2-, α_1-, H_1- und Acetylcholin-blockierenden auch starke Serotonin-antagonistische ($5HT_2$-Rezeptoren) Eigenschaften. Hohe anticholinerge Potenz bei nur geringer Affinität für die D_2-Rezeptoren des nigrostriatalen Systems, deshalb keine extrapyramidal-motorischen Nebenwirkungen. [L] →Neuroleptika, ROUBICEK & MAJOR 1977, RÜTHER 1986 *W. Janke*

cloze-Technik, in Anlehnung an SHANNON & TAYLOR (1953) entwickelte Methode zur Bestimmung der Lesbarkeit von Texten: Durch Weglassen von Wörtern in dem zu prüfenden Text werden Lücken geschaffen, in die Vpn Wörter einsetzen, die ihnen in den Kontext zu passen scheinen. Aus der Anzahl der Treffer sowie aus dem Informationsgehalt (→Sprachstatistik) der eingesetzten Wörter schließt man auf die mittlere relative Geläufigkeit der Text-Bestandteile sowie auf die Kontext →Redundanz. Die c. läßt sich auch in der Sprachdiagnostik zur Erfassung von individuellen Unterschieden und von Vorgängen bei der →Sprachentwicklung anwenden. [L] TAYLOR 1953 *H. E. Zahn*

cluster, clustering, [engl. Klumpen, Büschel], Tendenz zur Gruppierung. Stellt man einer Person die Aufgabe, sich Wörter aus einem bestimmten Bereich (z. B. Tiernamen) einfallen zu lassen, so kommen die Einfälle nicht in völlig ungeordneter Abfolge, sondern nach Untergruppen zusammengehörender Wörter (z. B. Haustiere, Hunderassen usw.) geordnet. Dieses Phänomen nennt man c. Es findet sich auch, wenn man Vpn Wörter in zufälliger Reihenfolge vorliest und nach einiger Zeit bittet, zu reproduzieren. c. zeigt sich u. a. sowohl bei begrifflich bedeutungsähnlichen Wörtern als auch bei solchen Wörtern, deren assoziativer Zusammenhang empirisch ermittelt wurde. Obwohl der assoziative und begriffliche Zusammenhang zwischen Wörtern korreliert, sind beide Arten von Zusammenhang nicht identisch. Beim assoziativen Zusammenhang spielen affektive und konnotative Faktoren (→Konnotation) eine zusätzliche Rolle. c. wurde zuerst von BOUSFIELD (1953) untersucht. [L] HÖRMANN 1967

Cluster-Analyse, von TYRON (1939) eingeführte, inzwischen vielfältig weiterentwickelte Methode der Isolierung weniger allgemeiner Eigenschaften von Variablen (z. B. Tests, Personen) aufgrund ihrer Sortierung in miteinander korrelierenden Untergruppen (→cluster). Ziel der C. ist es, Cluster so zu bestimmen, daß die Korrelationen der Variablen eines Cluster zu den Variablen aller anderen Cluster möglichst niedrig sind.

Vertreter der C. halten jedoch, zum Unterschied von vielen Verfechtern der →Faktorenanalyse, die Ergebnisse der C. in erster Linie für deskriptiv zweckmäßige, aber mehr oder weniger willkürliche, operationale Zusammenfassungen von Variablen in Gruppen, die nicht zur Annahme realer, zugrundliegender Dimensionen oder Faktoren zwingen.

Zur C. zählen auch sog. Klassifikations- oder taxometrische Methoden zur Auffindung «natürlicher» Gruppierungen, die rechnerisch nicht von der Interkorrelationsmatrix, sondern von der Matrix irgendwelcher metrischer oder nichtmetrischer Distanzen einer jeden Variablen zu jeder anderen Variablen ausgehen. Ein schrittweises Vorgehen durch Zusammenfassung von kleinsten zu immer größeren Gruppen (bzw. umgekehrt durch Aufteilung größter in kleinere Gruppen) zusammengehöriger Variablen wird als «hierarchische C.» bezeichnet. [L] STEINHAUSEN & LANGER *E. Mittenecker*

CMAS, Abk. für *Children Manifest Anxiety Scale* [T] TAYLOR

C-Norm →Standardwert

CNV, Abk. für *contingent negative variation*, ereignisbezogene, negative EEG-Abweichung.

Cocain, aus dem Cocastrauch gewonnener Stoff aus der Gruppe der →Stimulantien. Wirkt in kleineren Dosen erregend, in höheren hemmend. C. wird als →Rauschmittel verwendet und führt zu Abhängigkeit. Wegen leitungsblockierender Effekte Verwendung als Lokalanästhetikum, indem es nikotinische Acetylcholinkanäle blockiert und die Wiederaufnahme von →Noradrenalin, →Dopamin und →Serotonin hemmt. C. hat einen starken Effekt auf das mesolimbische System (nucleus accumbens), eine wichtige Struktur des Belohnungssystems. Die ps. Wirkung besteht aus einer Verminderung der Müdigkeit, Gefühl der Leistungsfähigkeit und des Wohlseins, Intensivierung angenehmer Empfindungen und Unterdrückung von Hunger. Bei hohen Dosen Unruhe, Angst, Halluzinationen. Der Gebrauch von C. seit Isolierung 1859 war wechselvoll. Er verminderte sich durch das Aufkommen der →Amphetamine. In den 70er Jahren starker Mißbrauch, auch in Form von «Crack» gerauchtes, konzentriertes C. bzw. C.-Modifikationen. In den USA bestand seit den 80er Jahren eine hohe Prävalenz. Die Therapie von Cocainabhängigkeit und -mißbrauch ist schwierig. **[L]** HAMMER et al. 1997, JOHANSON & SCHUSTER 1995, SPITZ ROSECAN 1987, TUTTON & CRAYTON 1993 *W. Janke*

Cocktailpartyphänomen, die Fähigkeit, aus einer Fülle akustischer Signalfolgen, die nach ihren physikalischen Charakteristika nur schwer trennbar sind, eine Signalfolge auszuwählen und selektiv wahrzunehmen, also z. B. einem Gespräch auf einer Cocktailparty zuzuhören. **[L]** CHERRY *D. Dörner*

codability, Kodabilität, für einen →Code charakteristisches Ausmaß der Umsetzbarkeit des zu Bezeichnenden in →Zeichen. In einer →Sprache wird die c. vom Umfang und von der Diffenrenziertheit des Zeichenvorrates (→Sprachstatistik) sowie von der Eindeutigkeit (Namen-Determinanz) der Zuordnung von Zeichen zu Bezeichnetem bestimmt. Empirisch untersuchte man die c. am Beispiel der «Farb-Codierung»: Es zeigten sich kultur-, umwelt- und entwicklungsabhängige Unterschiede in der verbalen Präzision, mit der verschiedene Sprachen Farbabstufungen beschreiben können. Die mit einer Sprache erreichbare Kommunikationsgenauigkeit hängt von der für sie geltenden c. ab. **[L]** BROWN & LENNEBERG 1954, WHORF 1963 *H. E. Zahn*

Code, Kode [engl. *code* Chiffrierschlüssel], (1) Verschlüsselungsvorschrift für Information, zugleich Regelsystem der Verknüpfung von →Zeichen oder das verwendete Zeichensystem selbst. Die Tätigkeit des Verschlüsselns nennt man codieren (auch →encodieren), die des Entschlüsselns decodieren.

Der sprachliche C. eines Sprechers ist die Menge der ihm aus dem gesamten Zeichensystem der →Sprache zur Verfügung stehenden Zeichen samt Verknüpfungsmöglichkeiten und -regeln als Grundlage für die nachrichtliche Übermittlung von Inhalten (→Kommunikation). Die C. zweier Sprecher sind nur teilweise deckungsgleich und bilden eine Durchschnittsmenge, die zweier Gruppen (z. B. Schichten) ebenfalls (→Sprachbarrieren, →Soziolinguistik). Man unterscheidet beim Sprach-Code bzw. der sprachlichen (linguistischen) Codierung und Decodierung drei Ebenen: Die individuelle Vorstellung, Meinung usw. wird durch den Sprecher (Sender) in den durch Konvention festgelegten Inhalt einer Sprache umgesetzt (semantische Codierung), anhand der festgelegten Kombinationsregeln untereinander verknüpft (syntaktische Codierung) und in Laute/Buchstaben ausdrucksmäßig umgeformt und übermittelt. Vorausgesetzt ist dabei, daß der Hörer (Empfänger) entsprechend den konventionellen Regeln in umgekehrter Reihenfolge die Nachricht zu decodieren imstande ist. Handelt es sich bei den Zeichen, welche durch das Regelsystem einander zugeordnet werden, um abstrakte →Symbole, so spricht man von einem →symbolischen C.

Besondere Bedeutung für →Rechenautomaten hat der Binär-C., der nur die beiden Zustände «0» und «1» kennt. Durch deren Kombination werden alle Zahlen, Buchstaben und Zeichen ausgedrückt.

Beim Binärsystem entspricht der Stellenwert der Ziffern «0» und «1» den Potenzen der Basiszahl 2. So gilt z. B. folgende Entsprechung: $1001 = 1.2^3 + 0.2^2 + 0.2^1 + 1.2^0 = 9$. Von einem alphanumerischen C. spricht man, wenn dieser sich aus Buchstaben, Ziffern und Sonderzeichen zusammensetzt. Die Ziffern sind in diesem Fall durch die numerischen Lochungen im Zahlenlochfeld repräsentiert. Die Buchstaben werden durch Kombinationen von Lochungen in der Zone (Überlochungen) und Ziffernlochungen dargestellt.

(2) In der Gedächtnisforschung und Psycholinguistik wird C. auch als Übersetzung «externer Information in eine interne Information» verstanden (MELTON & MARTIN 1972). Wenn der Umfang der Information dadurch geringer wird, spricht man von reduziertem C., in dem z. B. *chunking* (→chunk) oder →clustering (Kategorisierung – BOUSFIELD) benutzt wird. Als elaborierter C. wird die Er-

weiterung der kognitiven Struktur durch Erzeugung von Vorstellungsbildern (PAIVIO 1971) bezeichnet (→recodieren). BERNSTEIN (1964) stellt dem elaborierten C. (in anderer Bedeutung) den restringierten C. gegenüber und meint damit (umstrittene) schichtspezifische Eigentümlichkeiten des Sprachgebrauchs, die in der →Soziolinguistik beschrieben werden (OEVERMAN 1972, 1980).

G. Mühle/H. Häcker

Codein, chem. Methylmorphin, Psychopharmakon aus der Gruppe der zentralen →Analgetika vom Typ der →Opioide. Analgetische Wirkung schwächer als von Morphium, ebenso das Suchtpotential. Wegen hustenstillender Wirkung in vielen Hustenmitteln (→Antitussiva) enthalten. Es wirkt leicht müdemachend. **[L]** GOLDSACK et al. 1996 *W. Janke*

Codierung, die Umsetzung von Nachrichten in solche von anderer Form nach der Vorschrift eines →Code.

Coffein, psychotrope Substanz aus der Gruppe der →Psychostimulantien und →Sympathikomimetika, enthalten in Kaffee, Tee und Cola-Getränken. Die ZNS-aktivierende Wirkung wird vermittelt durch die antagonistische Wirkung an Adenosinrezeptoren, die Freisetzung von →Catecholaminen bewirken. In vielen ps. Untersuchungen große inter- und intraindividuelle Unterschiede. In mittleren Dosen von 50–400 mg tritt Erhöhung von Aktiviertheit, Leistungsbereitschaft und -fähigkeit auf. Emotionale Wirkungen sind individuell stark unterschiedlich. C. ist Bestandteil zahlreicher Analgetika (Mischanalgetika). Viele Personen sind abhängig von C. und reagieren mit Entziehungserscheinungen wie Kopfschmerzen und Müdigkeit. Chronischer Genuß führt zu Veränderung von Adenosinrezeptoren. **[L]** DALY et al. 1994, DECKERT & GLEITER 1993, GRIFFITHS & MUMFORD 1995, JAMES 1997 *W. Janke*

cognitive appraisal [engl.], kognitive Einschätzung; die persönliche Bedeutung eines Ereignisses bestimmt die Emotion ganz erheblich. →Emotionstheorien.

cognitive map →kognitive Landkarte

College Characteristics Index **[T]** STERN

Commissura, Verbindung, Bez. für verbindende Faserstränge innerhalb des Nervensystems

commitment, [engl. Bindung, Verpflichtung], in der Ps. meist i. S. von Verpflichtung oder Engagement gebraucht; c. zugunsten des einstellungskonträren Verhaltens ist z. B. eine wichtige Variable in Experimenten zur →Einstellungsänderung durch →kognitive Dissonanz (BREHM, COHEN 1962). IRLE (1975) übersetzt c. mit «Ergebenheit in eine Handlung».

commons-dilemma [engl. Gemeinde-Dilemma, Allmende-Klemme] →soziales Dilemma

common sense [lat. *sensus communis*], allgemeiner Verstand, «gesunder Menschenverstand» oder, wie WEBSTER (1967) definiert, die unreflektierten Meinungen des gewöhnlichen *(ordinary)* Menschen. Alltagswissen und naive Erklärungen von physikalischen Zusammenhängen (naive Physik, physikalische Theorien bei Kindern – PIAGET, ZIETZ) sind ebenso gemeint wie vorwissenschaftliche Annahmen über Krankheiten, ihre Heilungen und Körperfunktionen (naive Medizin), über Gruppenprozesse (naive Soziologie), über interpersonale Beziehungen, Persönlichkeitsmerkmale und andere ps. Phänomene (→implizite Persönlichkeitstheorien, naive Ps., →Populärpsychologie). – Gelegtl. wird unter c.s.-Psychologie die wissenschaftliche Beschäftigung mit allen Bereichen des Alltagswissens verstanden. HEIDER (1958) meint damit aber nur die naive Ps. Die künstliche Intelligenz *(artificial intelligence)* in Form von simulierenden Computerprogrammen soll das Alltagswissen und -denken in Beziehung zum naiven Handeln setzen (SCHANK & ABELSON 1977). – Von HEIDER und SMEDSLUND (1972) et al. wird die Auffassung vertreten, daß c.s. die Grundlage aller Wahrheitserkenntnis sei, andererseits gilt aber, daß viele sog. Selbstverständlichkeiten, die mit dem c.s. gegeben sind, die Wahrheitsfindung erschweren, weil sie neue Fragen verhindern. – SJÖBERG 1982 setzt sich kritisch mit SMEDSLUNDS Standpunkt auseinander: Die semantische Explikation von Schlüsselbegriffen kann empirische Forschung nicht ersetzen.

Commotio [lat. *movere* bewegen], Erschütterung. C. *cerebri* ist die Gehirnerschütterung mit Bew.störungen, Erbrechen, ps. Beeinträchtigungen, retrograder Amnesie, die im Ggs. zur *Compressio cerebri* nach ihrem Auftreten abklingen. Nachwirkende Psychosen = Commotionspsychosen. →Compressio, Contusio

community-mental-health →Gemeindepsychologie

compensatory-engagement-Hypothese, Modifikation der *Disengagement*theorie in der →Psychologie des Alterns, die zwischen dieser und der Aktivitätstheorie vermittelt (HAVIGHURST et al. 1969). **[L]** LEHR 1977

Compiler, «Übersetzer»-Programm, das ein

in einer maschinenunabhängigen →Programmiersprache geschriebenes Programm in eine Maschinensprache überträgt. Für jeden Typ von Rechenautomaten und für jede Programmiersprache ist ein besonderer C. erforderlich. Wichtige C. sind der →ALGOL-C. und der FORTRAN-C.

compliance [engl.], Willfährigkeit, Nachgiebigkeit. • In der Sozialps. vielfältig verwendete Bez. • Als Patienten-*compliance* in der Med. Psychologie und in der Medizin Begr. für die Befolgung ärztlicher Verordnungen, Ratschläge und Maßnahmen, also das «Mitmachen» des Patienten. Die im Zusammenhang mit der Medikamenteneinnahme und anderen ärztlichen Verordnungen festzustellende *noncompliance* (Widerstand) – z. B. wegen befürchteter Nebenwirkungen – kann gravierende negative Auswirkungen auf die Genesung des Patienten haben. Die →Medizinische Psychologie hat sich deshalb um die Erfassung der Bedingungen der Befolgung von Maßnahmen und Ratschlägen bemüht (HAYNES et al. 1982, LEY 1982). Auch in der Pharmakotherapie kann die c. oft durch guten zwischenmenschlichen Kontakt m. d. Patienten verbessert werden. Allerdings sollte die Psychologie nicht «blind» zur Verbesserung der *compliance* im med. Feld beitragen, sondern die damit zusammenhängenden ethischen Probleme sehr sorgfältig erwägen. • In der Medizin Maß für die Dehnbarkeit von Lunge und Thorax. *L. Schmidt/F. Caspar*

Compressio [lat.], Druck. C. cerebri ist der Gehirndruck mit vom Auftreten an zunehmenden Bew.störungen, hervorgerufen durch Drucksteigerungen, die traumatisch, entzündlich usw. bedingt sind. Nachwirkende Psychosen = Compressionspsychosen. →Commotio, Contusio

computational approach, Forschungsansatz zur Untersuchung der →Kognition, Fortentwicklung des Ansatzes der →Informationsverarbeitung, der stärker an der →künstlichen Intelligenz orientiert ist; im Bereich der Wahrnehmungspsychologie auch speziell der Ansatz MARRS.

MARR unterscheidet drei Ebenen der Analyse: (1) Was wird gemacht und warum? Auf dieser Ebene der *«computational theory»* wird spezifiziert, was berechnet wird und wie diese Berechnung den Rahmenbedingungen genügt. (2) Welche →Repräsentationen und Algorithmen sind geeignet, die notwendige Berechnung zu realisieren? (3) Wie sind Repräsentationen und Algorithmen physikalisch/physiologisch realisiert? Für die ersten beiden Ebenen der Analyse ist es belanglos, ob die Prozesse in einem Computer oder einem Nervensystem realisiert werden. **[L]** MARR 1982 *H. Heuer*

Computer →Analogrechner, →Digitalrechner

Computerangst, Angst vor dem Umgang mit Computern, geht meist mit einer negativen C.-Einstellung einher und kann u. a. einen negativen Parameter der Testfairneß darstellen. →Computereinstellung *S. Bulheller*

Computer Assisted Testing (CAT), die in Analogie zu CAI *(Computer Assisted Instruction)* benutzte Abk. für die Verwendung von elektronischen Rechenanlagen für die Testdiagnostik. Dabei kann der Computer für die Testdurchführung wie für die Berechnung der Testwerte und die Testinterpretationen verwendet werden. Für die Persönlichkeitsfragebogen und die Leistungstests ist das CAT schon weit entwickelt. Beim MMPI werden die individuellen Testprofile von Pbn automatisch mit gespeicherten Profilen verglichen. Im Computer ist die Interpretation der Testprofile gespeichert und wird als Befund abgerufen. CAT →Computerdiagnostik **[L]** BÜRLI 1973

Computer-basierte Diagnostik (Testverfahren), wurden ausschließlich für die Präsentation durch das Medium «Computer» entwikkelt und evaluiert. Vorteile der c.-Verfahren sind u. a. ein reliables Scoring, die Messung ergänzender Informationen, hohe Akzeptanz der Testdarbietung durch die Pbn, optimale Nutzung innovativer multimedialer Entwicklungsressorcen, keine Äquivalenz und keine Normproblematik. Nachteile existieren im Vergleich zu →CUD nicht.

Computerdiagnostik, die elektronische Datenverarbeitungstechnik wird bisher von der ps. Diagnostik in zweifacher Weise genutzt: zum einem für Auszählungen und einfache Berechnungen im Zusammenhang mit der Auswertung ps. Untersuchungsverfahren, zum anderen für die Umsetzung von Individualdaten in ps. Aussagen, d. h. für eine ps. Dateninterpretation, die zu Entscheidungshilfen in numerischer Form oder zu maschinell erstellten verbalen Gutachten führt.

Die maschinelle Textauszählung *(automated scoring),* meist mit einer Transformation der Ergebnisse in Standardwerte verbunden, erfolgt im allg. über optisch-elektronische Strichmarkierungen und ersetzt das manuelle Auswerten von Testunterlagen mit Hilfe von Schablonen oder ähnlichen Hilfsmitteln sowie das Ablesen von Tabellen und das Übertragen der Ergebnisse. Vorteile des Verf.: Ökonomie und größere Genauigkeit. Nachteile: Unterlagen und Ergebnisse müssen in den meisten Fällen an den Standort der Rechenanlage versandt werden. Die Untersuchungsdurchführung mit Hilfe von Testgeräten, die die Bedienung einer Tastatur durch den Pb verlangen und an eine auswertende Zentraleinheit angeschlossen sind, befindet sich noch im Experimentierstadium.

Eine maschinelle Interpretation von Testdaten *(automated test interpretation)* wird in der klinisch-ps. und psychiatrischen Diagnostik in breitem Umfang betrieben, besonders im Zusammenhang mit dem MMPI ([T] HATHAWAY). Zu diesem Test befinden sich in den USA Interpretationsprogramme in Verwendung, die verbal formulierte maschinelle Gutachten liefern. Seit kurzem auch ein Programm für deutschsprachige Benutzer. Neueren Datums ist die Anwendung auf andere klinisch-ps. und psychiatrische Daten (so im Missouri Automated Standard System of Psychiatry) und auf dem Gebiet der Laufbahnberatung (ACT-Career Planning Program; Comparative Guidance and Placement Program; DAT-Career Planning Program; Test-Validierungs- und Interpretationssystem [T] Bundesanstalt für Arbeit). Diese Systeme liefern Eignungsaussagen (z. B. Ähnlichkeit des Ratsuchenden mit den erfolgreichen und zufriedenen Angehörigen der betreffenden Berufs- und Ausbildungsgruppe und/oder Erfolgswahrscheinlichkeiten). Bei der maschinellen Testbefundinterpretation erfolgt die Verarbeitung der Daten entweder über ein probabilistisches Verf. (Regressionsanalyse, Diskriminanzanalyse, BAYES-Verfahren), oder es dienen (bei halbautomatischem Vorgehen) die Aussagen eines oder mehrerer Experten als Grundlage für die Erstellung von Rechenprogrammen, wobei die Daten nach dem deterministischen Verfahren (Kette von Ja-Nein-Entscheidungen) verarbeitet werden.

Für die Beurteilung aller Verf. der C. ist wesentlich, daß sie keineswegs grundsätzlich die Nutzung solcher Informationen ausschließen, die der Diagnostiker im unmittelbaren zwischenmenschlichen Kontakt mit dem Pb gewinnt. Im Gegenteil stützen sich einige der Systeme vorzugsweise auf direkte Beobachtungen, die klinische Psychologen, Ärzte und Pflegepersonal im Umgang mit den Patienten anstellen. →Automat, →Maschinensprache, →Programmiersprache. [L] BÜRLI 1973, CRAWFORD et al. 1974, ECKARDT 1976 *H. H. Eckhardt*

Computereinstellung, negative (→Computerangst) geht meist mit hoher Computerangst einher und kann u. a. einen negativen Parameter der Testfairneß bei der Anwendung computer-unterstützter bzw. -basierter Testverfahren darstellen. *S. Bulheller*

Computersimulation →Simulation

COMT, Abk. für Catecholamin-O-Methyltransferase, Enzym, das neben →Monomaminooxidase die Inaktivierung von →Noradrenalin und →Dopamin katalysiert. Es gibt zahlreiche COMT-Hemmer. [L] FELDMAN et al. 1997, FRITZE 1989 *W. Janke*

concept →Konzept, →Begriff, →confact

Concept Formation Test [T] HANFMANN-KASANIN

conceptual-dependency-Theorie →CD theory

Condensation →Verdichtung

conditionieren, conditioning [lat. *conditio* Bedingung], konditionieren, d. h. einen →bedingten Reflex *(conditional* →response) setzen

confact, eine von SYMONDS geprägte Wortbildung für die Übertragung einer Verhaltensweise (→transfer), die hinsichtlich einer bestimmten Situation gelernt wurde (im Sinne der Ausbildung eines →habit), auf eine andere Situation. Nach SYMONDS ist eine solche Übertragung nur möglich, wenn zwischen der ursprünglichen Situation und der späteren →identische Elemente bestehen. Der korrespondierende Begr. ist *concept* und bezieht sich auf die Fähigkeit, feinste Teilidentitäten zu perzipieren. Zugrunde liegt die Auffassung, daß *transfer* nur stattfinden kann, wenn Teilidentitäten vorliegen. [L] SYMONDS 1946

confederates, [engl. Vertraute, Verbündete], Verbündete des Versuchsleiters in einem ps. Experiment. Üblicherweise soll festgestellt werden, wieweit die übrigen Vpn, die über die Rolle des *confederate* nicht informiert worden sind, sich durch diesen beeinflussen lassen.

confirmation bias [engl.] →Bestätigungstendenz

conjoint measurement, *additive* c.m., Addition von Meßwerten. →verbundene Messung, →Meßtheorie

consciousness [engl.] →Bewußtsein

conservative focusing [engl.], Selektionsstrategie bei der Begriffsbildung. →Fokussieren

construct [engl.] →Konstrukt

constructional apraxia, konstruktive →Apraxie

consumer research [engl. Verbraucherforschung] →Wirtschaftspsychologie

consummatory act *(response)* [engl. *consummate* beenden, vollziehen] →Endhandlung

Contamination →Kontamination

Contentanalyze →Inhaltsanalyse

Contentvalidität, svw. inhaltliche Validität, →Validität

Contrectationstrieb, Kontakttrieb

Controthymie, Gefühlsunterdrückung, v. a. bei Personen mit einem hohen rationalen Anspruch an sich. Die C. kann bis zur →Athymie (Gefühlslosigkeit) führen.

Contusio [lat.], Quetschung, Prellung. C. cerebri ist die Gehirnquetschung bzw. Zertrümmerung von Gehirngewebe mit schwerer Bewußtlosigkeit, die, im Ggs. zu der bei Commotio oder Compressio auftretenden Beeinträchtigung, gleichbleibend längere Zeit anhält. →Commotio, Compressio

Cooperative School and College Ability Tests [T] Educational Testing Service

coping [engl. *cope* handeln, kämpfen mit], Auseinandersetzung, Bewältigung. Bez. für eine Vielzahl von Strategien und Verhaltensweisen der Auseinandersetzung mit Stressoren und belastenden Situationen. Eine die Vielfalt der Prozesse nicht hinreichend abbildende, sehr breite Coping-Dimension ist *Repression* (Vermeidung) vs. *Sensitization* (Vigilanz). Die Coping-Konstrukte sind schwer von Persönlichkeitskonstrukten und anderen Mechanismen der Abwehr bzw. der Adaptation abzugrenzen und drohen in einigen Bereichen – insbesondere in der →Med. Psychologie – begrifflich auszuufern. Die Kontrolle destruktiver (wie Drogenkonsum) und der Aufbau konstruktiver Copingstrategien spielt auch in Psychotherapien eine wichtige Rolle, v. a. wenn es um das Fertigwerden mit unabänderlichen Lebensereignissen wie Krankheiten oder Verlusten geht. Entscheidend ist oft, daß Patienten auch dann noch Strategien an der Hand haben, wenn eine Situation sich ungünstig entwickelt und das eigentlich erwünschte Verhalten nicht möglich ist. **[L]** Lazarus 1981, Prystav 1981, Heim et al. 1983, Gil 1984, Moos 1984, Schmidt 1984 *L. Schmidt/F. Caspar*

coping-Modell, vom →Modell wird ein Bewältigungsverhalten gezeigt, das ausdrücklich die Schwierigkeiten zu erkennen gibt, die einem erfolgreichen Umgang mit einer bestimmten Anforderung im Wege stehen. →mastery-Modell

cornea [lat. *corneus* aus Horn], Hornhaut, →Auge

Cornell-Methode, Cornell-Technik [benannt nach der Cornell-University], die von L. A. Guttman entwickelte Meth. zur Einstellungsmessung. →Einstellungsskalen. **[L]** Guttman

Corporate Identity (CI), intendierte statische und dynamische Selbstdarstellung einer Organisation nach außen und nach innen. Die Einrichtung von CI für Wirtschaftsunternehmen geht von der Annahme aus, daß eine Vereinheitlichung der Selbstdarstellung die Positionierung im Markt verbessert und die Mitarbeiterpotentiale, vor allem motivationale, in günstiger Weise bündelt. Die sog. Unternehmensphilosophie kann sich in formulierten Unternehmensleitbildern bzw. -grundsätzen äußern, die auf eine bestimmte Unternehmenskultur (→Organisationskultur) mit einer definierten CI abzielt. CI soll ein bestimmtes Corporate Image (→Image) bewirken. Bestandteile von CI sind: Corporate Behavior (gezieltes Verhalten einer Organisation nach außen und innen), Corporate Communication (definierte kommunikative Aktivitäten einer Organisation nach außen und innen), Corporate Design (systematisches, hauptäschlich visuelles Erscheinungsbild einer Organisation). Probleme der CI sind: Schwierigkeiten der Festlegung/Zielfindung, empirische Überprüfung der Wirkung, Resistenz von CI gegenüber Änderungsbedarf (→Organisation). *W. Echterhoff*

corpus callosum →Gehirn

corpus luteum, syn. Gelbkörper (Graafscher Follikel) →Hormone

correction for attenuation →Minderungskorrektur

cortex cerebri Großhirnrinde, graue nervenzellhaltige Substanz →Gehirn

cortical, svw. den →Cortex betreffend. Zudem Bez. für Gehirnvorgänge, die wie Denken, kognitives Verhalten usw. bewußt und rational ablaufen im Ggs. zu den subcortical (unbewußt) ablaufenden Vorgängen.

Cortico(stero)ide, Steroidhormone der →Nebennierenrinde. Man unterscheidet nach der Hauptwirkung →Glucocorticoide und →Mineralcorticoide. *W. Janke*

Corticosteron, eines der 3 wichtigsten Nebennierenrindenhormone aus der Klasse der →Glucocorticoide, beim Menschen nur ca. 1/10 der Produktion von der des →Cortisols. C. beim Tier entspricht Cortisol beim Menschen. *W. Janke*

Corticotropin, →ACTH

Corticotropin releasing factor(hormone), Abk. CRF(CRH), →Freisetzungshormon des

Hypothalamus, das die Freisetzung von →ACTH (Corticotropin) in der →Hypophyse stimuliert. Als →Reaktivitätstest zur Funktionsprüfung der →HPA-Achse vielfach eingesetzt. [L] DE SOUZA & GRIGORIADIS 1995 *W. Janke*

Corti-Organ, Sinnesephitel der Gehörschnecke, →Corti

Cortisol, syn. Hydrocortison, wichtigstes der in der Nebennierenrinde produzierten →Glucocorticosteroide. Als synthetische Zubereitung im Handel erhältlich und oral verabreichbar. Die Biosynthese erfolgt über die Vorstufen Cholesterin und Pregnenolon. Die Sekretion von C. folgt einer circadianen Periodik. C. spielt eine bedeutende Rolle im Intermediärstoffwechsel und als Modulator des Immunsystems. C. stimuliert die Gluconeogenese, hemmt die Glucoseaufnahme- und -utilisierung im peripheren Gewebe, fördert die Lipolyse, hemmt die Proteinbiosynthese bei gleichzeitiger Stimulation der Proteolyse. C. hat eine antiphlogistische und immunsuppressive Wirkung. C. ist das Zielhormon der Hypothalamus-Hypophysen-NNR-Achse (→HPA-Achse). Es wird reguliert durch →ACTH am Hypophysenvorderlappen, das wiederum von →CRH aus dem →Hypothalamus reguliert wird. C. ist von großer Bedeutung in der psychophysiol. Emotions- und Streßforschung, weil es einfach und präzis im Plasma, Urin und Speichel nachgewiesen werden kann. Zahlreiche Untersuchungen an Tieren, gesunden und kranken Pbn ergaben, daß alle Arten von Stressoren zu erhöhter C.-ausschüttung führen. Hinreichende Zuverlässigkeit bei der Verwendung von C. als Streßindikator besteht nur bei Beachtung zahlreicher Faktoren (z. B. Tageszeit, Alter, Geschlecht, Gewicht, Nahrungsaufnahme, Rauchen). C. ist dann ein empfindlicher Indikator auch für leichte und kurzdauernde Stressoren. Spitzenkonzentrationen im Speichel sind erst 20–45 Minuten nach Einsetzen des Stressors zu erwarten. Die Sekretion von C. folgt einer circadianen Periodik mit vormittäglichem Höhepunkt und nächtlichem Tiefpunkt. Männer haben höhere Werte als Frauen. Bei Ängstlichen und Depressiven finden sich höhere Spiegel, die bei Remission zurückgehen. Das Ausbleiben einer Unterdrückung der Sekretion nach Gabe des synthetischen Glucocorticoids →Dexamethason werden zur Diagnose von Depressionen diskutiert. C. beeinflußt Schlafprozesse, u. a. Dauer des REM-Schlafes. Pathologische Veränderungen der Synthese liegen bei M. Cushing und M. Addison vor. Hier kommt es oftmals zu Veränderungen der Stimmung, was ebenso wie die affektiven Störungen der Depression für den Einfluß der Glucocorticoide auf die Emotionalität spricht. Auch die zentralnervöse sensorische Verarbeitung wird durch C. beeinflußt: Ein Anstieg von C. ist mit einer Erhöhung sensorischer Erkennungsschwellen verbunden. Ebenso führen erhöhte Plasmacortisolspiegel zu erhöhten AEP-Amplituden, was für eine Erhöhung der kortikalen Erregung spricht. Da diese durch →GABA reduziert wird, ist dies ein Indiz für den Antagonismus von →HPA-Achse und GABAergem Sytem. C. wird als körpereigene anxiogene Substanz diskutiert. [L] BORN et al. 1988, 1991, FEHM et al. 1992, FEHM-WOLFSDORF 1994, HENKIN 1975, HUBERT 1988, GRUN et al. 1995, KERR et al. 1991, KIRSCHBAUM et al. 1992, MÜLLER & NETTER 1992 *W. Janke*

Cortison, eines der 3 wichtigen →Nebennierenrindenhormone der Klasse der →Glucocorticoide (→Corticoide). Therapeutische Verwendung (zurückgehend) bei zahlreichen Erkrankungen (z. B. Addisonsche Krankheit, Arthritis, Allergien, Entzündungen). Bei exogener Zufuhr wird die körpereigene Produktion blockiert. Wirkungen entsprechen weitgehend denen des ACTH. Ps. Untersuchungen liegen nur wenige vor. In physiol. Dosen bestehen keine gesicherten Effekte auf →Leistungen und Befinden. *W. Janke*

cosπ-Formel, eine Formel zur Schätzung des korrelativen Zusammenhanges zwischen zwei kontinuierlichen Variablen, die mittels Medianhalbierung in zweiklassige Variablen umgewandelt wurden. *G. Mikula*

Coué, Emile (1857–1926), Apotheker, Psychotherapeut / Nancy

Couéismus, das von COUÉ (angeregt durch die Arbeiten der Nancyer Schule, LIEBAULT und BERNHEIM) entwickelte und popularisierte Autosuggestionsverfahren. Beziehungen zum →Autogenen Training von J. H. SCHULTZ sind zu erkennen. Eine Besonderheit der zur Konzentrationsübung benützte Satz: Mit jedem Tag geht es mir in jeder Hinsicht besser und besser. [L] BAUDOUIN, COUÉ

counseling [lat. *consilium* Rat], diejenige →Beratung, die unspezifische Verfahren und Denkkonstrukte aus gängigen Psychotherapieverfahren entnimmt und zu einer Behandlungsstrategie verbindet. Neben dieser Eingrenzung sind aber auch gebräuchlich: *guidance counseling* (Führung, Wegweisung) und auch Therapie im engeren und weiteren Sinne. **[L]** TRUAX 1966 *H. Ries*

covert response, covert behavior [engl. verborgene Reaktion, verdecktes Verhalten], Begr. des →Behaviorismus für nicht direkt beobachtbare, doch indirekt (z. B. über Blutdruck, Drüsensekretion, Tonus u. a.) erschließbare Vorgänge. →response. • Das Denken wird von WATSON in seine behavioristische Theorie als c.r. aufgenommen, insofern allen Denkprozessen kaum wahrnehmbare Bewegungen der Muskulatur der Sprechorgane korrespondieren sollen *(implicit speech)*. Letzteres befindet sich mit der motorischen Theorie des Bewußtseins im Einklang (→motor theory of consciousness). **[L]** WATSON

CPI [T] GOUGH

CPU, Abk. für *Central Processing Unit,* Zentraleinheit eines Computers. Sie verarbeitet mit Hilfe des Speichers die Befehle eines Programms.

CR, Abk. für *conditional response (reaction)* →bedingter Reflex

Crack, Szenebezeichnung für eine rauchbare Zubereitungsform von →Cocain *W. Janke*

Craving, subjektiv starker Drang zur Substanzeinnahme →Substanzabhängigkeit

Crespi-Effekt, Crespi-Phänomen, Kontrasteffekt bei der Veränderung von Belohnungen (Verstärkungen). Eine kleine Belohnung (→Anreiz) vor einer größeren verstärkt die Verhaltenswahrscheinlichkeiten mehr, als wenn die gleiche kleine Belohnungsmenge nach Lernversuchen *(trials)* mit größeren Belohnungen gegeben wird. Letzteres wirkt u. U. als Bestrafung. **[L]** CRESPI 1942

Crespi, Leo Paul (*1916), Prof. für vergleichende Psychologie an der Princeton Univ., anschl. Prof. f. Sozialpsychologie, Leiter des US-Regierungsprogramms zur Meinungsforschung im Nachkriegsdeutschland.

Creutzfeldt, Hans-Gerhard (1885–1964), Neurologe, Kiel

Creutzfeldt-Jakob-Krankheit, (Abk. CJD), Form der subakuten Enzephalopathie. Beginn mit Gedächtnis-, Konzentrations- u. Merkfähigkeitsstörungen, Reizbarkeit, Kopfschmerz, Schlaflosigkeit, später progediente Demenz. Mehr psychiatr. Auffälligkeiten im Frühstadium, Durchschnittsalter der Erkrankung: 28. Lj. 1995/96 wurden in GB in einem halben Jahr 10 Fälle diagnostiziert. Das gehäufte Auftreten kurz nach dem Höhepunkt der BSE-Epidemie in der gleichen Region läßt vermuten, daß diese Fälle durch eine Exposition gegenüber BSE (Verzehr von Rinderprodukten) ausgelöst worden sein könnte.

CRH, Abk. für →*corticotropin releasing hormone*, syn. ACTH-RH *W. Janke*

Cronbach, Lee Joseph (*1916), 1940 Promotion Univ. Chicago, Prof. Chicago u. Stanford, 1957 Präsident der APA. 1951–1955 Leiter des Commités für Teststandards der APA. Seine wesentlichen Beiträge sind allgemein methodischer Art (The two disciplines of Psychology), Beiträge zur psychologischen Diagnostik und der Transfer von Instruktionsmethoden in der päd. Ps.

Cronbach's Alpha, Schätzformel zur Bestimmung der internen (inneren) Konsistenz (Reliabilitätsbestimmung) auf der Grundlage der Varianzanalyse. Die Alpha-Formel ist zur Reliabilitätsschätzung bei homogenen Tests sehr universell anwendbar. Voraussetzung ist, daß alle Testteile gleich lang sind. →Konsistenzkoeffizient

crossed aphasie, gekreuzte Aphasie, seltener auftretende Sprachstörungen bei Rechtshändern nach Verletzung der rechten, nichtdominanten Hemisphäre (→Aphasie). **[L]** HECAEN & ALBERT 1978

cross-cultural-research, kulturvergleichende Forschung, →Kulturpsychologie

crossing-over, Überkreuzung, →Faktorenaustausch

cross-over-design [engl. Überkreuzungsplan], Mehrgruppen-Versuchsplan mit systematischem Austausch der unabhängigen Variablen zur Ausschaltung unspezifischer Aspekte. →Versuchsplan

crowding [engl. *crowd*, Menschenmenge, Masse], nach STOKOLS (1978) ist vor allem die Trennung von Dichte *(density)* und Enge *(crowding)* wichtig, wonach c. nicht mit Enge zu verwechseln ist, da c. ausschließlich die subjektive Erfahrung des Beengtseins meint. Die inzwischen relativ umfangreiche theoretische und empirische Literatur auf diesem Gebiet bietet eine Vielzahl von Erklärungen für die unterschiedlichen Erlebnisformen von c. und deren Begründungen an. Zu den wichtigeren Bestimmungsstücken derartiger Erklärungen zählen Streß und Kontrollverlust. **[L]** SCHULTZ-GAMBARD 1987

CRS, Abk. für *Continuous Reinforcement Schedule*, Verstärkerplan mit kontinuierlicher Verstärkung, Ggs. intermittierende Verstärkung

crystallized intelligence [engl.], CATTELLS sog. «Erfahrungsintelligenz», d. h. der Bereich intellektueller Leistungen, der durch Faktenwissen und Umgang mit Fakten bestimmt ist. Diese Intelligenzleistungen nehmen im Laufe des Lebens zu. Da der Gegensatz, die *fluid intelligence,* auch abstrakte Intelligenz genannt werden kann, wird c. auch konkrete Intelligenz genannt; sie soll weniger anlagebedingt sein.

CS, Abk. für *conditioned stimulus,* bedingter Reiz, →bedingter Reflex

CSMD [T] BAYLAY

CTMM [T] TIEGS

Cube-Test [T] KNOX

CUD, Abk. f. computer-unterstützte Diagnostik (Testverfahren), Test- u. Fragebogen, die als Papier-Bleistift-Verfahren entwickelt und evaluiert und nachträglich für eine Präsentation mittels Computer adaptiert wurden. Die Vorteile der c. liegen u. a. in einem reliablen Scoring, der Messung ergänzender Informationen (Zeitkontrolle, Antwortverhalten, -tendenzen), hoher Testakzeptanz der Testdarbietung durch die Pbn. Nachteile der c. sind die inkongruente Darstellung der Instruktion und die Äquivalenzproblematik. Richtlinien für die Adaptation von Papier-Bleistift- als c.-Testverfahren liegen bei der APA vor. →Computerdiagnostik [L] MARCO 1981, HONAKER 1988 *S. Bulheller*

cue, Hinweis-Merkmal von Reizkonstellationen, das beim →Konditionieren die reaktionsauslösende Fähigkeit erlangt hat oder das die Unterscheidung von einer anderen Reizkonstellation ermöglicht. In der Lerntheorie von E.R. GUTHRIE ein beliebiger, konditionierter (unkonditionierter) Stimulus für die Reaktion.

cultural lag [engl. *lag* Verzögerung, kulturelle Verschiebung], nach dem amerikanischen Soziologen OGBURN «partielle Kulturrückständigkeit», d. h. Zurückbleiben bestimmter Einrichtungen hinter anderen kulturellen Errungenschaften (Diskrepanz zwischen unserer immateriellen Kultur, unseren sozialen Institutionen und dem Fortschritt der materiellen Kultur, der Technik bzw. der modernen Naturwissenschaft). [L] BARNES 1948, OGBURN 1950

culture-fair-Tests, (bzw. *culture-free*), Tests, deren Aufgabenstellung weitgehend unabhängig vom kulturellen Hintergrund und den Sozialisierungsbedingungen der Versuchsperson sein sollen. Wichtige kulturabhängige Einflüsse auf die Testresultate sind die Sprache, die Testmotivation und die Reaktion auf die Testinhalte. Als erster →sprachfreier Test wurde von YERKES der Army-Examination-Beta-Gruppentest entwickelt. Er enthielt Untertests wie z. B. Labyrinthe, Zeichenergänzungstest, Zahlensymboltests usw. Als kulturunabhängige Tests zur Messung der intellektuellen Leistungsfähigkeit sind heute der CFT ([T] CATTELL) und die Progressiven Matrizen ([T] RAVEN) verbreitet. *H. Häcker*

culture-free Tests →culture-fair Test

Curare, Sammelname für aus Pflanzen gewonnene Pfeilgifte. Die wichtigsten Substanzen sind D-Tubocurarin und Toxiferin. C. hemmt kompetitiv die Wirkung von →Acetylcholin auf die motorische Endplatte, so daß es zu Lähmung der Muskulatur und in hohen Dosen zum Tod durch Atemstillstand kommt. Einige C.-Verwandte werden als →Spasmolytika therapeutisch verwandt. Zentrale und vegetative Wirkungen von c.-artigen Substanzen sind gering. Da sie nicht die →Blut-Hirn-Schranke passieren, sind beobachtete ZNS- u. VNS-Effekte wahrscheinlich indirekt bedingt durch Verminderung der Adrenalin-Ausschüttung und durch die Freisetzung von →Histamin. D-Tubocurarin wurde in der Emotionsps. zur Erforschung der Beziehung zwischen propriozeptiver Rückkoppelung und Emotion, bes. Angst, verwandt. D-Tubocurarin reduziert Angst bei aversiven Stimuli. *W. Janke*

Curriculum, ähnlich wie die herkömmlichen Lehrpläne stellt ein C. zunächst einen Katalog von Zielen und Inhalten eines Faches, eines Schultyps oder Studiengangs dar. Mit C. ist aber – über die Lehrpläne alten Stils hinausgehend – der Anspruch verbunden, daß das C. auch die zur Realisierung der Inhalte notwendigen Materialien (Texte, Geräte usw.) und Methoden bereitstellt oder nennt sowie Verfahren zur Überprüfung des Erreichens der Lernziele enthält. Solche *«teacher-proof»*-C., die den Lehrer nur noch als Verwaltungsorgan benötigen, treten immer mehr in den Hintergrund zugunsten von «offenen» C., die dem Unterricht nur die Ziele vorgeben und dem Lehrer die Auswahl von Inhalten, Methoden und Materialien überlassen bzw. ihm verschiedene Wahlmöglichkeiten bieten.

Ein weiteres Charakteristikum des C. gegenüber dem Lehrplan ist, daß eine weitestmögliche Transparenz bei der Auswahl von Zielen und Inhalten angestrebt wird. Sofern nicht intersubjektiv nachprüfbare Begründungen der jeweiligen Schritte möglich sind, wird zumindest die intersubjektive Nachvollziehbarkeit der Entscheidungsprozesse verlangt. Der Prozeß der C.entwicklung geht aus von der Prämisse, daß jeder Unterricht dazu beitragen soll, zu erwartende Lebenssituationen zu bewältigen. In einem ersten Schritt müssen also solche möglichen Situationen analysiert und antizipert werden; danach müssen Qualifikationen definiert werden, die zur Bewältigung dieser Situationen von Nutzen sind; auf einer dritten Ebene werden dann Inhalte ausgewählt, die diese Qualifikationen vermitteln. Dieses Konzept (ROBINSOHN 1972) steht – mehr oder weniger eindeutig – hinter jeder theoretischen Begründung curricularer Arbeit. Weiterhin impliziert – idealtypisch gesehen – der Begriff C. eine Überprüfung hinsichtlich der Erreichung der von ihm verfolgten Ziele. Der C.evaluation kommt daher die Aufgabe zu, zu ermitteln, in welchem Maß die im C. aufgeführten Inhalte in Verbindung mit den Materialien und Methoden zur Erreichung der Ziele des C. beitragen. Formative Evaluation überprüft das C. während seiner Entwicklungsphase und parallel hierzu, während summative Evaluation das fertige C. nach abgeschl. Entwicklungsprozeß einer Überprüfung unterzieht. **[L]** ACHTENHAGEN & MEYER 1972

Curriculum, hidden [engl.], «heimlicher Lehrplan», erfaßt die informellen, impliziten und nicht förmlich dargestellten Erziehungsziele. Beispiel: Anpassung des Schülers und die Erfahrung des Wartenmüssens stehen i. allg. nicht in in den Lehrplänen, sondern ergeben sich aus der Organisationsform d. Schule. **[L]** ZINNECKER 1975 *W. Echterhoff*

Curriculumforschung, im weitesten Sinn kann jeder Beitrag zur Analyse von künftigen Lebenssituationen bereits als C. gelten. Dies hätte jedoch eine begriffliche Unklarheit zur Folge, so daß jetzt unter C. Verfahren zur Herbeiführung eines rationalen Konsensus bei der Ziel- und Inhaltsfindung einerseits und Evaluation des →Curriculums andererseits verstanden werden sollen.

Im Zuge der Entwicklung der C. kommen als Forschungsmethoden vor allem Befragungs- und Interviewtechniken in den verschiedensten Ausprägungen in Frage. Eine besondere Rolle spielen mehrstufige Befragungen, bei denen den Befragten die Ergebnisse der je vorhergehenden Befragung bekanntgegeben werden (→Delphi-Technik). Als Adressaten solcher Befragungen im Rahmen der C.entwicklung kommen in erster Linie Vertreter der jeweiligen fachlichen Disziplin, Vertreter der Sozialwissenschaften sowie Vertreter der künftigen «Abnehmer» von Schülern und Studenten – also Wirtschaft, Behörden, Universitäten, Politiker – in Frage. Es sei darauf hingewiesen, daß Erhebungen dieser Art in den meisten C.projekten jedoch nur als Forderung auftreten. Im Rahmen der Curriculumevaluation kommen hauptsächlich informelle und standardisierte Testverfahren sowie Verfahren der Einstellungsmessung zur Anwendung. Praktisch nicht durchführbar sind experimentelle Vergleiche alternativer Curricula oder Teile von Curricula, dies wäre – auch wenn vergleichbare Curriculumalternativen zur Verfügung gestellt werden könnten – aus methodologischen Gründen nur als Fallstudie bzw. im Rahmen von Handlungsforschung möglich.

Cushing, Harvey (1869–1939), Neurochirurg / Baltimore (Johns-Hopkins-Univ.), Boston (Harvard-Univ.), New Haven (Yale-U.)

Cushingsyndrom →Hypercortisolismus

cut-off point, cutting score, Trennpunkt, kritischer Wert beim diagnostischen Test; Personen mit Werten oberhalb des c. erhalten eine andere diagnostische Zuweisung (und Behandlung) als die Personen mit Werten unterhalb des c. *B. Feger*

CVC-Trigramm, bzw. KVK, Abk. für Konsonant-Vokal-Konsonant →Trigramm

CVS [T] WECHSLER

Cycl... →Zykl...

Cyklopenauge [gr. *kyklos* Kreis] →identische Sehrichtung

Cyklopie →Monophthalmie

Cyproteron(acetat), Androcur®, Abk. CPA, Hormon aus der Gruppe der →Gestagene, das als erstes →Antiandrogen zur Triebdämpfung bei devianter Hypersexualität eingesetzt wurde («chemische Kastration»). Therapeutischer Einsatz bei androgenbedingten Störungen, Hirsutismus, androgenbedingter Haarausfall, Hypersexualität. Bei chronischer Applikation reversibler Rückgang sexueller Libido. Therapeutischer Einsatz in Kombination mit Psychotherapie. **[L]** BANCROFT 1980, HERRMANN & BEACH 1978, KOKOTT 1983, PLATZ 1993, SIGUSCH 1979 *W. Janke*

Cytochrom, Substanz mit Bedeutung für die Biotransformation von Pharmaka *W. Janke*

Cytokine, das Immunsystem modulierende Peptide, die von Mono- oder Lymphozyten gebildet werden. Zu den C. gehören Interleukine, Interferone und Tumornekrosefaktoren. **[L]** DE SOUZA 1993 *W. Janke*

D

D̄, Symbol für den generalisierten Antrieb *(drive)* in HULLS Verhaltenstheorie
d2 **[T]** BRICKENKAMP
D 48 **[T]** ANSTEY
DAF, Abk. für *delayed auditory feedback,* verzögerte akustische Rückmeldung, →LEE-Effekt
Daktylologie [gr. *daktylos* Finger], Fingersprache der Taubstummen, →Cheirologie
Daktylonomie, Rechnen durch Abzählen an den Fingern
Daktyloskopie, die Fixierung der feinen Relieflinien (Tastleisten) der Hand, besonders der Fingerspitzen durch Abdrücke; ein Hilfsmittel des kriminalistischen Erkennungsdienstes und zum Vaterschaftsnachweis. →Papillarlinien
Daltonismus, Rot-Grün-Blindheit, benannt nach DALTON, der diese Anomalie an sich entdeckte und beschrieb. →Farbenblindheit
Dalton, John (1766–1844), Naturforscher / Kendal, Manchester
d-Amphetamin, WZ Dexedrine® (nicht mehr im Handel), syn. Dexamphetamin, Psychopharmakon aus der Gruppe der →Psychostimulantien vom Typ der →Amphetamine. In vielen angloamerikanischen Untersuchungen bei Gesunden geprüft. **[L]** →Psychostimulantien, IDESTRÖM & SCHALLING 1970 *W. Janke*
DAMT **[T]** GOODENOUGH
Dämmerschlaf, Bewußtseinszustand des Halbschlafs, in dem zwar noch Wahrnehmungen vorhanden sind, aber nicht mehr klar erfaßt werden; insbesondere durch Narcotica hervorgerufener Halbschlaf mit starker Herabsetzung der Schmerzempfindlichkeit. →Heilschlaf
Dämmerungssehen, das Sehen mit dem dunkeladaptierten Auge (→Dunkeladaptation), das durch den Stäbchenapparat des Auges vermittelt wird. Im D. werden nur Helligkeitsunterschiede, keine Farben wahrgenommen.
Dämmerzustand, zeitweilige Bewußtseinstrübung mit Einschränkung der Klarheit des Erlebens (unvollkommene oder falsche Wahrnehmungen), des willentlichen Handelns und Verminderung des Selbstbewußtseins, wobei aber Orientierung und zweckmäßiges zielgerichtetes Handeln noch vorhanden sein können. Nach Aufhören des D. besteht oft keine Erinnerung mehr daran (→Amnesie). D. kommen vor: als →epileptisches Äquivalent, bei →Hysterie, Neurasthenie, →Alkoholismus, →Dementia paralytica, ferner in der →Hypnose, in religiöser →Ekstase, in →Rauschzuständen. Auch den Traum hat man zu den D. gerechnet. →GANSER-Syndrom, Somnambulismus. **[L]** TART 1969
Dämonenglaube [gr. *daimon* Gottheit, böser Geist], gleich dem Zauberglauben die Anschauung von unsichtbaren Wesen, die durch bestimmte, meist geheim gehaltene Mittel in Beziehung zu den Menschen treten und den Einflüssen der Menschen zugänglich sind (verhext-sein, Hexenglaube). Auch die Toten sind Dämonen, welche unsichtbar durch Krankheit und Tod ins Menschendasein eingreifen. **[L]** DANZEL 1930
Dämpfung, (ps., psth.) Erregungsminderung z. B. durch →Entspannung
DAP **[T]** MACHOVER
Darbietung, im psychologischen Versuch Bezeichnung für das Einwirkenlassen von Reizen oder auch komplexeren Reizkonstellationen auf die Wahrnehmungsorgane und damit auf das Bewußtsein der Vp. Das systematische Abwandeln der D. (Methoden der Darbietungsweise) ist eine Grundlage des ps. Experiments. Auch die Präsentation von Testitems fällt unter diesen Begriff.
Darstellung, Darstellungsdrang, «Alle sinnhafte Objektivierung geschieht aus einem Drang der Seele» (JASPERS): Ausdrucksdrang, Darstellungsdrang, Mitteilungsdrang, Tätigkeitsdrang. Aber während im →Ausdruck das Unwillkürliche herrscht, zeigt die D. Halbwillkürliches mit allen Folgemöglichkeiten des Täuschens, Sichtäuschens, des Scheins u. a. **[L]** JASPERS, KLAGES
Darstellungsprinzip, ein von KLAGES formuliertes Deuteprinzip für Ausdruckserscheinungen, besonders bei der Handschrift. **[L]** KLAGES
Darstellungsversuch, Beschaffenheitsversuch, Experimente, deren Ziel es hauptsächlich ist, ein Erlebnis oder seinen Ausdruck bzw. eine damit verbundene Leistung hervorzurufen, um diese der Beschreibung auf Grund von Selbst- oder Fremdbeobachtung zugänglich zu machen. →Verlaufsversuch
Darwin, Charles Robert (1809–1882), brit. Naturforscher. Durch viele Erkundungen i. Südamerika, auf den Galapagos-Inseln, Neu-

seeland, Australien etc. entwickelte er seine Deszendenz-Theorie mit der Hypothese der gemeins. Abstammung u. allmählichen Veränderung d. Arten (Selektionstheorie). Dabei wird unterstellt, daß die am besten angepaßten Arten die besten Überlebensaussichten haben. Diese Gedanken finden im sog. →«Sozialdarwinismus» ihren Niederschlag.

Darwinismus, Begr., mit dem häufig die von Charles DARWIN entwickelte →Abstammungslehre bezeichnet wird.

Dasein, die Existenz, das Vorhandensein schlechthin, das Leben des Menschen in seiner Welt.

In HEIDEGGERS Existentialphilosophie: das «Seiende, das wir je selbst sind», also die Seinsweise, die durch das Zu-sich-selbst-verhalten-Können und Sich-selbst-verstehen-Können ausgezeichnet ist. Das Sosein meint dagegen die spezifische Beschaffenheitsweise eines Gegebenen, sein Dies-und-nicht-anders-Sein.

Daseinsanalyse, auch →Existenzanalyse, in engerer Bedeutung – gegenüber der breiteren der →daseinsanalytischen Ps. – ist D. eine Bez. von Ludwig BINSWANGER für die von ihm entwickelte tiefenps. Konzeption.

An HUSSERLS «Phänomenologie» und HEIDEGGERS «Sein und Zeit» orientiert, handelt es sich um «ein Geschehen, in dem es dem Dasein in seinem Sein wesenhaft um sich selbst geht», nicht um ein Erlebnis, sondern um Wesensschau. BINSWANGER sucht auf die «Gefügeordnung des Daseins», die allerdings «hinter» dem, was sich an Symptomen zeigt, «verborgen» bleibt, durchzudringen. Mit der Anwendung dieser Konzeption auf die Psychiatrie will er den schizophrenen Menschen aus «wissenschaftlichem» Impuls aus den Begriffssystemen der Psychopathologie und der klinischen Psychiatrie «in das Menschsein als Dasein oder In-der-Welt-Sein zurückholen». Nach seinen Interpretationen handelt es sich um «versagende Momente» im Daseinsgeschehen.

Dabei widerspricht die Erfahrung der «verstiegenen Idealbildung» und führt zur «Aufspaltung des Daseinsvollzuges». Hinter den «mißglückten» Daseinsformen (in Verstiegenheit, Verschrobenheit, Manieriertheit) lauert die «Daseinsangst», die Angst, nicht mit dem Leben fertig zu werden.

Die tiefenpsychologisch fundierte daseinanalytische Therapie wurde von BINSWANGER (1955) und BOSS (1957) entwickelt. Über die subjektive Perspektive des Klienten wird versucht, einen Zugang zu dessen Problem zu bekommen, mit dem Anliegen, Entscheidungs- und Entwicklungsmöglichkeiten bewußt und verfügbar zu machen.

Spezifische therapeutische Techniken werden nicht beschrieben. Besondere Bedeutung wird in der D. der therapeutischen Beziehung beigemessen, in der der Patient als Partner angesehen wird. Über die Wirksamkeit der D. sind bislang keine fundierten Aussagen möglich. **[L]** BINSWANGER 1955, BOSS 1957 *F. Caspar*

daseinsanalytische Psychologie, (Existentialanalyse), die an die Existentialphilosophie anschließenden Richtungen der Tiefenpsychologie. Die seelischen Störungen werden als existentielle, als Störungen des menschlichen Daseinsaufbaus interpretiert, werden also unter anthropologischem Aspekt als Daseinsstörungen gesehen. Vertreter sind: BINSWANGER, FRANKL, v. GEBSATTEL, E. STRAUS, H. KUNZ, STORCH, M. BOSS, A. MAEDER, J. HERZOG-DÜRCK. →Existenz

Daseinstechnik, Lebenstechnik (THOMAE), Reaktionsmechanismus zur Erreichung der von der Daseinsthematik vorgeschriebenen Zustände. THOMAE (1968) unterscheidet 5 Gruppen solcher Techniken: Leistung, Anpassung, defensive, evasive (vermeidende) und aggressive Techniken.

Daseinsthematik, von der Frage ausgehend, ob sich die aufweisbaren menschlichen Strebungen und Triebkräfte zu Gruppen zusammenfassen lassen, in denen eine je besondere Thematik des menschlichen Daseins erkennbar wird, stellt LERSCH eine dreifache Thematik auf: die des lebendigen Daseins – die des individuellen Selbstseins – die des Über-sich-hinaus-Seins.

DAT [T] BENNETT

Datei, Zusammenfassung sachlich aufeinander bezogener Daten

Daten, «Zeichen oder kontinuierliche Funktionen, die aufgrund bekannter o. unterstellter Abmachungen Information darstellen, vorrangig zum Zweck der Verarbeitung o. als deren Ergebnis. Verarbeitung umfaßt die Durchführung math., umformender, übertragender und speichernder Operationen. Der wesentl. Unterschied zw. D. u. Nachricht liegt i. d. Zweckbestimmung» (Def. nach DIN 44300, Teil 2). • Quantitative D.: Informationen (Ereignisse ...), denen definierte, begrenzte numerische Werte zugeschrieben werden (qualitative D. werden dabei zu quantitativen). • Qualitative D.: Merkmale, die eine Gliederung in inhaltlich unterschiedene Klassen ermöglichen (z. B. Mädchen und Jungen / Autofahrer und Fußgänger / Radfahrer).

Datenaggregation, allgemeines Prinzip der empirischen Wissenschaften, Daten auf der Beobachtungsebene zu aggregieren, um dadurch eine bessere Beziehung zw. Datenebene und Konstruktebene zu erhalten. Die D. wird i. d. Verhaltenswissenschaften zur Aufklärung der Verhaltens-Einstellungs-Relation und i. d. Verhaltenspsych. als multiple-act-Kriterium vorgeschlagen. In der Testpsych. aggregiert man größere Pools von Items, um bessere Prädiktor-Kriteriums-Relationen zu erhalten. In der Konsistenz-Debatte wurde dieses Prinzip von Epstein wieder aufgegriffen, und zwar mit folgender Zielrichtung: Meßfehler von Einzeldaten zu reduzieren und den Verallgemeinerungsbereich von Resultaten zu erreichen. Der einfachste Fall ist die D. über Vpn. Diese wird bei dem nomothetischen Vorgehen immer verfolgt. Die zweite Möglichkeit ist die D. über Versuchsdurchgänge. Hier kann nachgewiesen werden, daß dabei die zeitliche Stabilität bzw. die Reliabilität sich erhöht. Der 3. Anwendungsfall ist die Aggregation über Stimuli o. Situationen. Ein weiterer Bereich bezieht die D. über Meßoperationen mit ein, schließlich kann eine D. noch über Beurteiler erfolgen.

H. Häcker

Daten, analoge, Daten, die nur aus kontinuierlichen Funktionen bestehen.

Datenbank, Zusammenfassung von →Daten zum Zwecke ihrer systematischen Benutzung. Die D. benutzt heute die Einrichtungen der elektronischen Datenverarbeitung. In den Sozialwissenschaften wird sie für Umfrageergebnisse eingesetzt. Bei speziell ps. Fragestellungen wird die D. für die Speicherung und Datenrückgewinnung von experimentellen Daten und diagnostischen Daten zur Testentwicklung häufig benutzt.

Datenbasis, Art und Umfang der einer empirischen Untersuchung zugrundeliegenden Daten. • Gesamtheit der durch ein informationsverarbeitendes System (z. B. →Digitalrechner) zugreifbaren Daten. • Gesamtheit der bei der Computersimulation (→Simulation) zugreifbaren Daten. **[L]** HARBORDT 1974

Daten, digitale →digital

Datenerhebung, um in einer Erfahrungswissenschaft Aussagen zu einem bestimmten Sachverhalt machen zu können, müssen Daten erhoben werden, die den entsprechenden Sachverhalt zu beschreiben imstande sind. Ziel dieser wissenschaftlichen Forschung ist einerseits, zu →Hypothesen, Gesetzen und →Theorien zu gelangen, andererseits diese ständig zu überprüfen.

D. und Theorienbildung können somit als Wechselspiel verstanden werden. Da man eine zielgerichtete, methodisch einwandfreie D. nicht voraussetzungslos beginnen kann, ist die Erstellung einer →Arbeitshypothese notwendig. Darunter versteht man eine vorläufige Annahme, die nicht zur Klärung eines Sachverhaltes dient, sondern die vielmehr einen Leitfaden für die Forschungsarbeit bildet und Anregung für die Untersuchung spezieller Probleme gibt, so lange, bis sie entweder bestätigt oder nicht mehr gebraucht und aufgegeben werden kann (TRAXEL 1974).

Die Hauptfunktion der D. dient der Überprüfung von (a) Hypothesen (noch nicht untersuchte bzw. unbeobachtbare Fakten), (b) Gesetzen (durch Wissen korrigierte Aussagenkomplexe = sachverhaltsbezogene Aussagen), (c) Theorien (den Kern einer Theorie bilden die in einem Systemzusammenhang stehenden Gesetze; BUNGE 1967; WEINGARTNER 1971).

Eine Theorie wird durch die Erfahrung geprüft. Die D.methoden selbst führen zur Theorienbildung und testen sie; Daten testen somit die Theorien. Konsequenterweise können Theorien nicht direkt mit Beobachtungsdaten verglichen werden, sondern: die empirischen Befunde werden in die Sprache der Theorie übersetzt. Für die D. muß ferner berücksichtigt werden, daß für den Aufbau ps. Untersuchungen zwei Hauptgesichtspunkte entscheidend sind, nämlich die materielle und die formale Seite. Die inhaltlichen Gesichtspunkte ergeben sich aus der Besonderheit des jeweiligen Untersuchungsgegenstandes, der, einer Theorie entsprechend, auf Untersuchungen in der Literatur gestützt ist. Die formalen Gesichtspunkte ergeben sich, weitgehend unabhängig vom einzelnen Untersuchungsgegenstand, aus Anforderungen, welche die Logik der Erfahrungswissenschaften aufstellt. Sie müssen erfüllt sein, damit einzelne Beobachtungen sinnvoll miteinander verglichen werden können. Außerdem dient die formale Planung auch der Ökonomie der Untersuchung.

Zusätzlich sind die Vorbereitung des Untersuchungsmaterials, die Wahl des Versuchsmaterials, die Zusammenstellung der Versuchspersonen und die Bewertung ihrer Leistungen, die Auswahl der →Stichprobe und ihrer Repräsentativität, der Aufbau des Untersuchungsplans von Bedeutung (TRAXEL 1974). →Versuchsplan und D. müssen aufeinander abgestimmt sein; ohne ein gezieltes statistisches Design sind die →Datenverarbeitung und Interpretation des erhobenen Materials nicht möglich. Eine sorgfältige Auswahl von Randomisierungsverfahren (→Zufallsauswahl) präzisiert die Gültigkeit von Vorhersagen. Auch ist die D. unterschiedlich bei einem Experiment, wo die Untersuchungsbedingungen willkürlich, variierbar und wiederholbar sind, und einer →Feldstudie, die einen Sachverhalt unter gegebenen Bedingungen der Realität beschreibt. Die Wahl des Verfahrens richtet sich nach der Fragestellung; die wichtigsten Methoden der empirischen D. sind: →Beobachtung (→Selbst- und Fremdbeobachtung), Befragung, Erhebung (→Interview, postalische und schriftliche Befragung durch →Fragebogen u. a.), →Experiment und →Test.

Datenschutz, durch die moderne →Datenverarbeitung notwendig gewordene Maßnahme zum Schutz von Personen und Gruppen vor dem unbefugten Zugriff zu personbezogenen Informationen, die bei Behörden aller Art gespeichert sind. I. w. S. dient D. auch der Vorbeugung vor unerwünschten Folgen der Datenverarbeitung. Für den Ps. sind Kenntnisse der dem D. dienenden Gesetze Pflicht, weil er häufig personbezogene Daten erhebt und verarbeitet. Die *Ethical Standards of Psychologists* der APA (Ausg. von 1979) enthalten einschlägige Verpflichtungen. **[L]** DAMANN 1974 *R. Bergius*

Datentheorie [engl. *data theory*], unter einer D. sind überprüfbare Axiome über empirische Relationen zu verstehen, durch die eine eindeutige Abbildung der empirischen Relationen in numerische Relationen gewährleistet wird. Durch die D. wird somit definiert, was als Datum zu interpretieren ist. Entsprechend den Axiomen sind geometrische (z. B. ein- und mehrdimensionale Skalierung, TOGERSON 1956 und COOMBS 1965), stochastische (z. B. MARKOV-Modelle des Lernens – ATKINSON et al. 1966), probabilistische Testtheorie (RASCH 1960, BIRNBAUM 1967), algebraische und andere Modelle im numerischen Relational möglich. • Unter Datenanalyse ist in diesem Sinne die optimale Schätzung von Modell-Parametern zu verstehen mit dem Ziel, Entscheidungen zwischen konkurrierenden Modellen fällen zu können. *A. Zimmer*

Datenträger, nach DIN 44300, Teil 2. «Ein Mittel, auf dem Daten aufbewahrt werden können. Bsp. sind Lochkarten, Disketten, Magnetbänder, Papier für Druckausgaben f. handschr. Aufzeichnungen, Mikrofilm». Durch die Personalcomputer sind auch neue D. (Diskette, CD-ROM) entstanden.

Datenverarbeitung, die auf die →Datenerhebung folgende Verarbeitung von Daten (Zahlen, Buchstaben, Zeichen) mit Hilfe maschineller Hilfsmittel →EDV, →Digitalrechner, →Analogrechner

Datum, etwas unmittelbar Gegebenes im Ggs. zum Konstruktum als mittelbar Gegebenem. →Konstrukt

Dauermodifikation, die Abwandlung eines Merkmals wie bei der einfachen →Modifikation, die jedoch über mehrere Generationen in Erscheinung bleibt und erst dann zurückgeht. Keine Veränderung der Erbanlage wie bei der →Mutation.

Dauer-Rechenversuch **[T]** DÜKER, KRAEPELIN, PAULI

Day Top →Synanon-Gruppen

dB, Abk. für →Dezibel

D-B-P **[T]** LIENERT

Deafferentierung, reversible oder irreversible Ausschaltung von →Afferenzen.

Debilität [lat. *debilitas* Schwäche], geringer Grad von angeborenem Schwachsinn (→Oligophrenie). →Intelligenzquotient

Deblockierungseffekt, höhere ps. Funktionen, die infolge von kortikalen Hirnverletzungen gestört sind, können wieder in Gang gesetzt (deblockiert) werden, indem Abläufe von ähnlichen und noch intakten Funktionen vorausgeschickt werden; z. B. kann eine Blokkierung der Wortselektion bei der Benennung eines bekannten Gegenstandes aufgehoben sein nach dem Lesen oder Anhören eines Satzrahmens, dessen semantische Struktur (ENGELKAMP 1973) durch die gesuchte Bildbezeichnung passend ergänzt wird. Systematisch wird D. zur Behandlung bei →Aphasien eingesetzt von WEIGL (LURIA 1970).

debriefing, Aufklärungsgespräch nach Abschluß eines Experiments, in dem die Versuchsteilnehmer über die Ziele und die Verfahren des Experiments unterrichtet werden. Als d. wird auch das Besprechen der traumatischen Erlebnisse, z. B. mit Beteiligten an Katastrophen, bezeichnet. D. soll die Verarbeitung erleichtern und der Prävention von →Posttraumatischen Belastungsstörungen dienen. Eine generelle Wirksamkeit kann nicht angenommen werden. *F. Caspar*

décalage [frz. Verschiebung, Ausweitung], PIAGET unterscheidet horizontale, vertikale und schräge d. im Sinne von Verzögerungen des Umgangs mit Operationen innerhalb desselben oder verschiedenen Stadien. Als Hintergrund für die d. werden unterschiedliche Bewältigungsschwierigkeiten angenommen.

deceit-test →Lügentest, →Moraltest

decision analysis [engl.] →Entscheidungsanalyse

Deckeneffekt →ceiling effect

Deckerinnerung, bei FREUD eine infantile Erinnerung, die durch besondere Deutlichkeit (bei inhaltlicher Bedeutungslosigkeit) gekennzeichnet ist. Sie deckt verdrängte sex. Erfahrungen oder Phantasien ab, wobei die →Verschiebung vorherrschender «Mechanismus» ist. Gerade deshalb sind die D. analytisch wichtig, denn in ihnen ist (nach FREUD) nicht nur einiges Wesentliche aus dem Kindheitsleben erhalten, sondern eigentlich alles Wesentliche.

Deckpunkte, korrespondierende Netzhautpunkte. →Auge

Deckungsmethode, ein einfaches Verfahren, um bei Kindern, Behinderten u. a. Verständnis, Aufmerksamkeit usw. zu prüfen. Eine Reihe gleicher, ähnlicher und ungleicher Objekte wird dargeboten. Die Vp soll alle zusammengehörenden Objekte ordnen. **[T]** BONDY

Decodierung, Herauslesen einer Information aus Zeichen oder Codieren einer Information aus einem Zeichenvorrat heraus. Der Gegenbegriff ist →Encodierung. Die Bedeutung von D. hat eine deiktische, d. h. einen Bezugspunkt implizierende Komponente. Ob eine bestimmte Codewandlung als D. oder als Encodierung bezeichnet wird, hängt von der Wahl eines Referenzpunktes ab, in bezug auf den die Information aus dem in Rede stehenden Code heraus oder in ihn hinein übertragen wird. **[L]** GLASER 1991a *W. Glaser*

Découpage **[T]** BINET

DEDUC [lat. *deducere* ableiten], ein Computerprogramm zur Simulation des (komplexen) Konzeptsystems eines Entscheiders in Form eines Sachmoduls (für sein Faktenwissen) und eines Orientorenmoduls (für seine gültigen Normen und Werte). Ein Vorteil von D. soll die große Kapazität der Informationsverarbeitung sein. Informationsverarbeitendes System. **[L]** MÜLLER-REISSMANN & BOSSEL 1979

Deduktion [lat. *deducere* ableiten, herleiten], Wahrheitsdefinite, nach den Regeln der formalen Logik mechanisch beweisbare Ableitung von Sätzen aus anderen, gegebenen Sätzen. Haben die abgeleiteten Sätze einen kleineren Geltungsbereich als die gegebenen Sätze, so ist die D. der Schluß vom Allgemeinen auf das Besondere (Ggs. →Induktion). Die deduktive Prüfung ist ein Grundbestandteil moderner Lösungen des Induktionsproblems.

Deduktivismus, Methodologie, die keine Regeln der →Induktion oder induktiven Bestätigung enthält, sondern nur auf Regeln der deduktiven Logik aufbaut. Deduktivistisch ist z. B. die Methodologie des →Kritischen Rationalismus.

Defekt [lat. *defectus* Mangel], geistiger oder körperlicher Mangel. Irreversibler Zustand nach Abschluß eines Entwicklungs- oder Krankheitsprozesses (z. B. ausgefallene Sinnesfunktion, Fehlen best. intellektueller Fähigkeiten, anormale Gefühle, Willensimpulse u. a.). →Defektpsychosen, →Defekthandlung, →moral insanity.

Defekthandlung, die als Folge eines →Defektes auftretende Handlung, besonders als Teil eines im ganzen normalen Gesamtverhaltens.

Defektpsychosen, zu →Defekten tendierende →Psychosen. I. w. S. (als Bez. z. T. veraltet) mit Defekten einhergehende Zustände: Debilität, Imbezillität, Idiotie, Defektschizophrenie, Defekthebephrenie, Defektkatatonie.

defensible space, von O. NEWMAN (1976) geprägter Begriff, faßt bestimmte Prinzipien der architektonischen Gestaltung von Wohneinheiten zusammen, wonach durch klarere Gliederung von privaten, halbprivat/halböffentlichen und öffentlichen Verkehrsflächen erreicht werden soll, daß die Auftretenshäufigkeit von Vandalismus und anderen Straftaten gesenkt wird. **[L]** PERKINS et al. 1992

G. Kaminski

defensives Verhalten, Meidungsverhalten, →Abwehrmechanismen des Ich

Definition [lat. *definitio* Abgrenzung], Begriffsbestimmung. Die Darstellung eines Begriffs durch vollständige Aufzählung seiner wesentlichen Merkmale. Die klassische, aristotelische D. besteht in der Angabe der nächsthöheren Gattung *(genus proximum)* und des artbildenden Unterschieds *(differntia specifica)*. Z. B. Psychische Vorgänge sind Lebensvorgänge *(genus proximum)*, die subjektiv gegeben sind *(differentia specifica)*. Zu unterscheiden sind analytische D. (in erklärender Form) und synthetische (konstruktive) D., außerdem Nominaldefinition (Wortfestlegung) und Realdefinition (Sacherklärung). • In der Testpsychologie zielt das Definieren (eines Wortes, Begriffs, Sachlage) auf die Feststellung der intellektuellen Leistung beim Erfassen des «Wesentlichen». [T] BINET, MEILI, POHLMANN, STERN

Definition, operationale, eine Bez., die nicht auf das Wesen einer Sache abzielt, sondern diese nur soweit definiert, als sie sich rein empirisch fassen läßt (ähnlich der Realdefinition), d. h., es werden in ihr die Operationen angegeben, mit denen ein Konstrukt gemessen werden kann, z. B.: «Hunger» als «x Stunden ohne Nahrung» oder «Altruismus» als «einem Blinden über die Straße helfen». Das Problem der o. D. besteht darin, daß es mehrere Möglichkeiten o. D. für ein Konstrukt bzw. eine Eigenschaft gibt.: →Operationalismus [L] BRIDGMAN 1927, 1938

Defizithypothese, Annahme, daß ungenügende Umweltanregungen zu kognitiven, sprachlichen und emotionalen Mängeln führen, die für die weitere Entwicklung eine ungünstige Vorhersage bedingen. Längsschnittuntersuchungen weisen sogar auf einen Schereneffekt (Zunahme der Unterschiede mit dem Alter) hin. →Entwicklungsstörung, →Differenzhypothese. [L] MANDL 1975

Defizitmotivation, Defizitmotive, nach MASLOW «Störreize», die einen Organismus bei gestörtem Gleichgewicht (→Homöostase) auf die Beseitigung des Defizits (z. B. Nahrungsmangel) ausrichten (motivieren). Ggs. →Wachstumsmotive, →Motivation, →Bedürfnishierarchie. Heute wird ein solcher Mechanismus vornehmlich bei Motiven mit organismischer Grundlage angenommen (vgl. SCHNEIDER & SCHMALT 1994).

Deflation Ggs. →Inflation

Degeneration [von lat. *genus* Art], Entartung, Ausartung. Krankhafte Abweichung von der Norm, bedingt durch Vererbung oder Umwelteinflüsse im Sinne einer Verfallserscheinung. Verschlechterung eines ehemals normalen oder übernormalen Zustandes; insbesondere der körperliche, intellektuelle, charakterliche und kulturelle Niedergang von Völkern, Rassen, Ständen, Familien im Lauf von Generationen sowie das Ergebnis dieses Niedergangs. Als Ursachen der D. werden teils erbbiologische Gründe (Inzucht, Kontraselektion), teils besondere Umwelteinflüsse (namentlich kultureller Art, wie Verwöhnung, Übersättigung) vermutet. • Die krankhafte Umwandlung von funktionstüchtigen Zellen und Geweben (z. B. Nervenzellen) in weniger leistungsfähige oder leistungsunfähige Gebilde. Ggs. →Regeneration.

Degenerationszeichen, Mißbildungen oder Entwicklungsstörungen, die Symptome eines Niedergangs der Erblinie sind. Auch ps. Erscheinungen wurden früher dazu gerechnet. Treten D. gehäuft auf, kann eine allg. Störung der Erbanlagen, wie z. B. Veranlagung zu Psychosen, vorliegen. Körperliche D. sind (nach JASPERS): Vom Durchschnitt stark abweichende Körperproportion; Schädelformen wie Turmschädel, abweichende Knochenformen wie mangelndes Kinn etc.[L] JASPERS

degenerativer Charakter svw. psychopathischer Charakter. →Psychopathie

Dehydroepiandrosteron, Abk. DHEA, endogene Substanz aus der Gruppe der →Neurosteroide. Auch Zwischenprodukt bei der Biosynthese von Testosteron (sog. Präandrogen). Bedeutung für ps. Vorgänge, bes. Befindenslage in Richtung positiver Valenz, Lernen und Behalten sowie Alterungsvorgänge. Beliebtes käufliches Nahrungsergänzungsmittel in den USA. [L] BARROU et al. 1997, MAJEWSKA 1994 *W. Janke/P. Weyers*

De-Individuation, Entpersönlichung, Nivellierung interindividueller Unterschiede. D. ist zunächst einmal nichts anderes als Anonymität des Einzelnen in der Gruppe und der Gesellschaft. ZIMBARDO (1969) beschreibt D. als einen «komplexen hypothetischen Prozeß, in dem eine Reihe antezedenter sozialer Bedingungen zu Änderungen in der Wahrnehmung des Selbst und anderer führt und dadurch eine Schwellenerniedrigung für sonst unterdrücktes Verhalten hervorruft». Zu den antezendenten Bedingungen von D. zählen Anonymität, nicht-definierte Verantwortlichkeiten, unspezifische Gruppenaktivitäten, Erregung und Aktivierung, fehlendes feed-back über Eigenaktivitäten, hohe Reizdichte, unstrukturierte oder neuartige Situationen. Aus einer derartigen Konstellation ergeben sich dann sehr häufig Kontrollverlust und die Minimierung der Gewaltschwelle. →Individuation, →Depersonalisation. [L] PRENTICE, DUNN & ROGERS 1989 *B. Six*

Deismus, Weltanschauung, nach der Gott wohl der Schöpfer alles Seins ist, dieses aber den mitgegebenen Naturgesetzen überläßt.

déjà-vu-Erlebnis [frz. schon gesehen], falsches Wiedererkennen, Bezeichnung für eine beim Gesunden selten, bei Neurotikern und organischen Hirnleiden häufiger auftretende Gedächtnistäuschung, die darin besteht, daß man in einer bisher unbekannten Umgebung oder völlig neuen Situation den Eindruck hat, sie schon früher erlebt zu haben. Erklärt wird diese Täuschung als teilweise Übereinstimmung oder Ähnlichkeit mit früheren tatsächlichen Erlebnisinhalten oder als Übereinstimmung mit verdrängten oder vergessenen Phantasievorstellungen.

Dekadenz, Verfall, Niedergang nach Höhepunkten der kulturellen, geistigen Entwicklung eines Volkes oder einer familiären Generationsfolge. →Degeneration

dekodieren →Code

delayed auditory feedback, verzögerte akustische Rückmeldung. →LEE-Effekt

delayed reaction, die mit zeitlicher Verzögerung eintretende Reaktion (z. B. auf einen bedingten Reiz nach verzögertem Konditionieren, →bedingter Reflex).

delay of gratification →Belohnungsaufschub, Befriedigungsaufschub.

Delboeuf, Joseph Remi Leopold (1831–1896), Philos., Psych., Mathematiker / Liège, Genf

Delboeuf-Täuschung, die scheinbare Größe einer Figur (z. B. Kreis) ändert sich, wenn konzentrische Figuren vorhanden sind (je nach Größe des umgebenden Kreises erscheint ein Kreis bestimmter Größe kleiner oder größer als ohne umgebenden Kreis; eine entsprechende Änderung der scheinbaren Größe findet sich, wenn innere Kreise hinzugefügt werden).

Deliktfähigkeit, die subjektiven Voraussetzungen, die gegeben sein müssen, um einen Minderjährigen für einen von ihm angerichteten Schaden zum Schadenersatz heranziehen zu können. **[L]** UNDEUTSCH 1967, HOMMERS 1991

Delinquenz [lat. *delinquere* sich vergehen], Straffälligkeit. Grundlegend ist die Frage, ob D. v. a. auf eine ungünstige aktuelle Umgebung, eine untypische persönliche Situation, generellere persönliche Probleme oder eine →Persönlichkeitsstörung zurückzuführen ist. Wichtig ist auch die Frage der Therapiemotivation. Davon hängen Erfolgsaussichten und konkrete Gestaltung einer Therapie ab. Bei einer Therapie geht es oft um eine Verbesserung nicht-delinquenter Kompetenzen und der Selbstkontrolle. Neben Einzeltherapie kommen auch Gruppentherapie und – insbesondere bei Kindern und Jugendlichen – Familientherapie sowie direkte Maßnahmen in der Umgebung, z. B. der Schule, zum Einsatz, wobei diejenigen familienbezogene Interventionen als am wirksamsten gelten, bei denen Eltern wirksamere Umgangsweisen mit ihren Kindern erlernen (konsistente Belohnung und Bestrafung) oder verhaltensorientierte Familientherapien, an denen Eltern und Kinder gemeinsam teilnehmen. Zudem sind präventive Massnahmen von besonderer Bedeutung. →Forensische Psychologie. *F. Caspar*

Delirium [lat. *delirare* irresein, von der Furche *(de lira)*, der geraden Linie abweichen], bei Infektion, Vergiftung und Psychosen auftretende, kurzfristige Bewußtseinstrübung mit traumartiger →Verwirrtheit, Wahnerlebnissen, Halluzinationen u. a. Bekanntes Beispiel: *D. tremens* [lat. *tremere* zittern], durch Alkoholmißbrauch hervorgerufener extremer Rauschzustand mit Sinnestäuschungen und motorischer Unruhe bis Tobsucht. **[L]** BONHOEFFER 1912

Delphi-Technik, Sammlung von Expertenmeinungen als Grundlage für die Voraussage kommender Entwicklungen in der Wirtschaft oder Politik, wobei die Experten in anonymisierter Form die Antworten anderer Experten zugespielt bekommen und daraufhin ihre eigenen Antworten modifizieren können.

Delta-Bewegung →Scheinbewegung

demand characteristics, Anforderungsmerkmale, Aufforderungsmerkmale, Reize, die der Vp bestimmte Hypothesen über das durchgeführte Experiment vermitteln und bestimmte Reaktionen auslösen: die Wahrnehmung von Zweck und Bedeutung des Exp. durch die Vp. Durch d.c. kann die Validität von Exp. gefährdet sein. *B. Feger*

Dematerialisation →Materialisation

Demenz, Dementia [lat. *mens* Verstand], erworbene, dauernde Intelligenzminderung, im Ggs. zum angeborenen Intelligenzmangel (Schwachsinn) und im Ggs. zu vorübergehenden Intelligenzstörungen.

Je nach Lebensalter und vorhergehender Krankheit wird D. eingeteilt in: Frühkindliche, progrediente D. (HELLER) mit Sprechstörungen, Verlust des Sprachverständnisses, Unruhe und Bewegungsstereotypien. Ps. fallen Hemmungslosigkeit und Neigung zu Gewalttätigkeit mit verstärkter Introversion auf. Präsenile D. (PICK-Atrophie) wurde 1892 von A. PICK beschrieben. Der Beginn ist meist im 5. Dezennium und äußert sich in asozialem Verhalten, Hemmungslosigkeit und allgemein in Senkung des Persönlichkeitsniveaus, wobei aber die Intelligenz länger erhalten bleibt. Während es sich hier um eine umschriebene Großhirnatrophie bestimmter Bezirke (so auch Sprachstörungen) handelt, hat KRAEPELIN 1910 die von ALZHEIMER 1906 beschriebene allgemeine Großhirnatrophie als ALZHEIMER-Krankheit bezeichnet. Von gewöhnlicher seniler D. hat K. WERNICKE eine besondere Form, die mit Merkfähigkeitsstörungen und hypomanischer Grundstimmung einhergeht, abgegrenzt. L. BINSWANGER beschrieb 1895 eine arteriosklerotische D. mit Sprachstörungen, Epilepsie, Größenwahn und Stimmungsschwankungen. Davon hat Th. FAHR 1931 eine progrediente D. infolge nichtarteriosklerotischer, intrazerebraler Gefäßverkalkung unterschieden. Nach Krankheiten wie Paralyse, Epilepsie und nach Apoplexie sind ebenfalls demente Zustände häufig. E. BLEULER hat die Gruppe der Schizophrenie früher als D. praecox bezeichnet. Dabei sind die Vorbedingungen für intelligentes Verhalten gestört (→Schizophrenie). Unter Pseudodemenz wird eine situationsbedingte Störung der Intelligenz auf Grund emotionaler Faktoren verstanden. Je nach der intellektuellen Funktion, welche herabgesetzt wird, unterscheidet man: (1) Mnestische D.: Verfall der Merkfähigkeit und des Gedächtnisses. (2) Strukturelle D.: Verlust des logischen Aufbaus des Denkens. (3): Apperzeptive D.: Verlust der Fähigkeit zum Festhalten einer Zielvorstellung beim Denken und zur Trennung des Wesentlichen vom Unwesentlichen.

Die Therapie von D. gestaltet sich schwierig. Im Vordergrund stehen verhaltenstherapeutische Maßnahmen, die einen gewissen verhaltensformenden Einfluß haben können, und Gedächtnistraining, dessen Einfluß limitiert ist, aber doch die Lebensqualität positiv beeinflussen kann. Wichtig, aber schwierig ist es, eine Balance zwischen therapeutischer Unter- und Überforderung Dementer zu finden. **[L]** ALZHEIMER, BLEULER, HOFF

Demographie [gr. *demos* Volk als politisches Gebilde], Volks- bzw. Bevölkerungswissenschaft, besonders ausgerichtet auf statist. Erhebungen z. B. zum sozialen Status, dem Bildungsstand u. ä.

Demoskopie (wörtlich Volksbetrachtung) →Meinungsforschung

Demutsgebärde, (biol.) Verhaltensäußerung des Unterlegenen beim →Kommentkampf, die beim Sieger eine →Tötungshemmung auslöst. →Beschwichtigungsgebärde.

Dendrit [gr. *dendron* Baum], ein der nervlichen Erregungsleitung dienender (meist kurzer) verästelter Fortsatz der Nervenzelle. →Neuron, →Axon

Denkantriebe, nach STERN die das Denken in Gang setzenden äußeren Reize (= reaktives Denken) oder inneren Einstellungen (= spontanes Denken). **[L]** STERN 1916

Denken, Denkforschung, die interpretierende und ordnungstiftende Verarbeitung von Informationen; auch Bez. für den Einsatz der intellektuellen Funktionen oder für kognitives Verhalten, wie Begriffsbildung und versch. Operationen mit Begr. oder anderen Schemata unterschiedlichen Abstraktionsgrades (Kognitionen, kognitive Strukturen) zum Wiedererkennen, Entdecken, Erfinden von Beziehungen, die zw. ihnen gelten; Bez. für →Problemlösen.

Die sehr weite umgangssprachliche Bedeutung wird in der Ps. auf folgende eher elementare Denkoperationen eingeengt: Kognition i. e. S. (Erkennen, Identifizieren); Gedächtnisleistung; konvergente Produktion (Finden einer logisch notwendigen Folgerung); divergente Produktion (Finden verschiedener logisch möglicher Folgerungen); Bewertung oder Evaluation (die im D. erkannte oder hergestellte Ordnung, d. h. eine entsprechende Hypothese, wird hinsichtlich ihrer Anwendbarkeit auf die geforderte Überführung des Istzustandes in den Sollzustand – auf das Problem – geprüft und bewertet, GUILFORD 1964). Es wird zwischen der Ordnung von Oberflächenstrukturen (der in der Wahrnehmung unmittelbar zugänglichen Signale) und der Ordnung von Tiefenstrukturen (den Bedeutungen der Signale) unterschieden (KLIX). Obwohl D. ohne die Leistungen des Gedächtnisses nicht vorkommt, zählt man die Gedächtnisforschung nicht zur D.forschung i. e. S. Vom Problemlösen, das reproduktiv und produktiv sein kann, das kreative oder schöpferische D. abzutrennen, ist in der Pädagogischen Ps. üblich, wird aber wegen der außerps. Definition (das Ergebnis soll ein neuer, für die Kultur bedeutungsvoller Wert sein), allgemeinps. meist nicht anerkannt. In der Geschichte der D.forschung treten etwa folgende Fragestellungen nacheinander in den Vordergrund des Interesses: Vorstellungsverlauf (Assoziationsps.), abstrakte Beziehungserlebnisse und Begriffsbildung (Würzburger Schule), Problemlösen und produktives D. (Gestaltpsychologie), Informationsverarbeitung (Bio-Informatik, Kybernetik). W. WUNDT hielt eine experimentelle Denkps., in der, über die Apperzeption hinausgehend, komplexere Vorgänge erforscht werden, für undurchführbar. Er versuchte, Aufschluß über höhere geistige Prozesse, die stets Gemeinschaftsleistungen seien, in dem zu finden, was er Völkerps. nannte. Noch G. E. MÜLLER war der Meinung, daß die Beurteilung der von assoziativen

Konstellationen bestimmten Vorstellungsverläufe bezüglich ihrer Richtigkeit zur Beschreibung des D. gehöre, aber Sache der normativen, axiomatischen Wissenschaften vom D. (Logik, Erkenntnistheorie) sei.
«Eine eingehende Erörterung der Verstandestätigkeit kann ohne eine nähere Untersuchung darüber, was unter Wahrheit und unter Wirklichkeit zu verstehen sei und was das Wesen des ... Erkennens sei, nicht gegeben werden und bleibt im wesentlichen der Erkenntnistheorie überlassen» (G. E. MÜLLER 1924). Er unterscheidet im übrigen sprachliches und nichtsprachliches D. mit guten Argumenten.
Anfänge der D. waren das Werk von A. BINET und das der Würzburger Schule (KÜLPE), zu Beginn des 20. Jahrhunderts. Obwohl die Erörterungen über Erlebnisberichte der Würzburger, ihre Entdeckung der Bewußtheiten und Bewußtseinslagen, der Gedanken (BÜHLER), der determinierenden Tendenz (ACH) und der Aufgabe (WATT) heute kaum noch beachtet werden, lebt der in diesen Begriffen zum Ausdruck kommende Gegensatz gegenüber der assoziativen (einschl. der mediativen) Denktheorie heute noch in den kognitivistischen Theorien fort (Hypothesen-Theorie; Informationsverarbeitung).
Während bei den Würzburgern (KÜLPE, BÜHLER, ACH, SELZ) noch die erlebnismäßige Seite des Denkprozesses den Vorrang hatte, wurde durch die einschlägigen Forschungen der Gestaltpsychologen D. zu einem Verhaltensbegriff, und zwar als →Problemlösen (W. KÖHLER, K. DUNCKER, M. WERTHEIMER). BÜHLER nannte das plötzliche Erkennen einer Tiefenstruktur, die von der Oberflächenstruktur eines Textes vermittelt wurde, «Aha-Erlebnis». Eine ähnliche Funktion hatte das von der Gestaltps. vielfach beschriebene Umstrukturieren und →Umzentrieren von Sachverhalten, durch das – oft plötzlich – ganz neue Beziehungen und Bedeutungen von Gegebenem erfaßt werden. Ein viel später verwandtes Beispiel des Umstrukturierens sind Lösungen von →Anagrammen.
Häufig untersuchte Problemarten waren Umwegprobleme, Werkzeuggebrauch, Werkzeugherstellung, praktisch-technische Aufgaben, logisches Schließen mit Syllogismen und mathematische Aufgaben. Nachdem bereits SELZ, das produktive Denken analysierend, heuristische Begr. wie «antizipierendes →Schema», «determinierte Komplexergänzung», «determinierte Abstraktion von Sachverhältnissen» usw. eingeführt hatte, beschrieb DUNCKER (1935) von Lösungsstammbäumen abgeleitete heuristische Prinzipien des Problemlösens: Materialanalyse, Zielanalyse und Konfliktanalyse. Behinderungen des Umstrukturierens durch situative und persönlichkeitsspezifische Bedingungen wurden experimentell untersucht. So wurden Fixierungen von Verwendungsmöglichkeiten (Funktionalwerten) von Gegenständen während des Problemlösens auf den Gebrauch der Gegenstände für Verrichtungen in der Vorphase, die von dem Problem ablenkten, zurückgeführt. Das Fehlen der Disponibilität von Situationsmomenten kann aber auch durch Rigidität des D. verursacht sein, die ihrerseits wieder situationsspezifisch (Zeitdruck, Angst etc.) oder persönlichkeitsspezifisch ist.
Unabhängig davon, eher in der Nachfolge der Würzburger, werden Phasen des Problemlösens introspektiv beschrieben: (1) Präparation (Problemidentifizieren, Sachverhalte differenzieren), (2) Inkubation (ruhen lassen), (3) Illumination (Aha-Erlebnis), (4) Evaluation und (5) Ausführung (POINTCARÉ).
Während im Behaviorismus zunächst ein Rückschritt zur assoziativen Denktheorie erfolgte, indem D. nichts als inneres Sprechen sein sollte (periphere oder motorische Denktheorie: Assoziation und Konditionieren erklären alles Verhalten, auch die Begriffsbildung und das Problemlösen, intelligentes Verhalten ist angepaßtes Verhalten), entwickelte sich die neuere assoziative und mediative Denktheorie aus dem neobehavioristischen Ansatz. Die Mediationstheorie (OSGOOD 1953) als Lerntheorie zunächst aus den Beobachtungen über vermittelnde Assoziationen (A-B, B-C, A-C) hervorgegangen, hatte ihre zweite Wurzel in dem von HULL postulierten Mechanismus der →antizipatorischen Ziel-Teilreaktion. Vorstellungsmäßige Vermittlerprozesse *(representational mediation processes)* wurden (ebenso wie PAWLOWS Funktionen des sog. zweiten Signalsystems) die theoretischen Bindeglieder zwischen der ursprünglichen Annahme der Stimulus-Response Theoretiker (auf S folgt R) und den kognitivistischen Theorien (Gestaltps., TOLMAN etc.), in denen die aktive Interpretation der Stimulussituation betont wurde (auf S folgt die implizite Response -r-, die als reiner Stimulusakt eine propriozeptive Rückmeldung -s- verursacht, von der erst die offene Respone -R- ausgelöst wird). Schematisch und abgekürzt hieß die Reiz-Verhaltenssequenz nun S-r-s-R. Auf diese Weise war – unter Einbeziehung

von Wahrscheinlichkeitsannahmen – auch eine Erklärung für die Entdeckung von Regeln versucht worden (BOURNE, RESTLE), die aber dem Transfer von Lösungen zwischen verschiedenen Problemen nicht ganz gerecht wird.

Die korrelationistische Denkps. schloß sich an die Intelligenzforschung an. Diese mit der gestaltps. Theorie verbindend, nannte MEILI Faktoren, die aus Korrelationsmatrizen der Ergebnisse mehr oder weniger komplexer Denkaufgaben extrahiert sind: Plastizität, Flüssigkeit, Ganzheit. GUILFORDS Analyse des intelligenten Verhaltens bei der Bearbeitung von Tests führte zu den oben genannten 5 Operationen mit 4 Inhalten (Bedeutungen, Zeichen, Figuren, Verhalten), die zu 6 Produkten verarbeitet werden (Einheiten, Klassen, Beziehungen, Systeme, Implikationen und Transformationen). Viele neuere Untersuchungen zum Erkennen und Herstellen von Begriffen (→Begriffsbildung) können auf die Begriffsforschung von N. ACH zurückgeführt werden (vgl. KAMINSKI 1964).

Zur Abhebung von der Wahrnehmung wird D. als ein Sekundärprozeß beschrieben, der in Raum und Zeit beweglicher und flexibler ist als Wahrnehmungsprozesse. In phänomenalistischen Einteilungen werden unterschieden (1) inhaltlich (nach der Abstraktion vom sinnlich Gegebenen) anschauliches, konkretes und abstraktes D., (2) nach der Strategie diskursives und intuitives, oder systematisch absuchendes und sprunghaftes D., (3) nach dem Ergebnis reproduktives und produktives D. und (4) nach der Rationalität magisches, autistisches (Wunscherfüllungs-) und rationales D. Eine z. T. abweichende Einteilung gibt es für sog. kognitive Stile (→Denkstile): (1) Feldabhängigkeit vs. Feldunabhängigkeit (WITKIN), (2) Ort der Steuerung des D. *(locus of control)*, d. h. als äußere Kontrolle wird die Abhängigkeit des Problemlösens von unmittelbar gegebenen Verstärkungen (Belohnung oder Bestrafung, Glück) genannt, innere Kontrolle ist die Steuerung durch Selbstverstärkungen und Erwartungen (ROTTER 1966), (3) Impulsivität vs. Reflexivität (vgl. KAGAN 1965), (4) Weite des Äquivalenz-Umfangs, d. h. die Toleranz bzw. Intoleranz gegenüber dem Einschluß von Merkmalen bei der Bildung von Kategorien für Personen, Dinge oder Ereignisse, also auch die Einengung oder Ausweitung konnotativer Bedeutungen, (5) Toleranz gegenüber unrealistischen Erfahrungen und (6) Tendenz zur Akzentuierung oder Nivellierung (GARDNER & LONG 1962). Die kognitiven Stile und Auffassungs-Strategien sind Konzepte, die in der Denkforschung und in der Persönlichkeitsforschung gebraucht werden. Die Dynamik des D. soll in dem Begriff der →intrinsischen Motivation (HUNT 1965) berücksichtigt werden, der auf gestaltps. Ansätze zurückführt (LEWIN). Zwischen allgemeineren Faktoren und dynamischen Denkstilen stehen die von ERTEL (1966) identifizierten Operationsmodi (1) erhöhte Anspannug vs. mäßige Anspannung, (2) Variabilität vs. Stetigkeit und (3) Unifizierung vs. Diversifizierung. Einige kognitive Stile nehmen Bezug auf die Entwicklung des D., in der nach PIAGET (1) die sensomotorische Intelligenz als Vorstufe, (2) des symbolischen, (3) des anschaulichen (wahrnehmungsnahen, weniger beweglichen) D. und schließlich (4) der (rationalen) konkreten und (5) formalen Operationen gilt. In der modernen Kognitionsforschung wird D. als (ein wesentlicher Teil der) Informationsverarbeitung aufgefaßt. Das Problemlösen erfolgt nach Plänen im →TOTE-Schema, d. h. auf das Testen oder Perzipieren des Unterschieds zwischen dem Zustand des Organismus, der aus den äußeren Informationen folgt (Istwert), und dem Zustand, der getestet werden soll (Sollwert), folgt die Operation zur Verminderung des Abstands zwischen beiden Zuständen und wenn der darauffolgende Test Übereinstimmung zeigt, führt die Endreaktion zur Lösung des Problems (MILLER, GALANTER & PRIBRAM 1960).

Heute ist D. nach dem Verdikt der Neobehavioristen, die meinen, daß D. keine eigenartigen, über das Prinzip des Konditionierens hinaus gehenden Qualitäten habe, wieder Gegenstand intensiver Forschungen. Allerdings werden nur relativ wenige Probleme des D. behandelt: Begriffsbildung oder Analyse der verschiedenen kognitiven Strategien, die zum Erkennen von Begriffen führen; dazu gehört das Identifizieren von Regeln, nach denen Begriffe gebildet werden, das Selegieren von Stimulusdimensionen, die für einen Begriff relevant bzw. irrelevant sind, die Strategien für diesen Prozeß, die Verwertung von positiven und negativen Beispielen, die Rolle der Gedächtnisprozesse; Untersuchungen des Schließens nach den Schlußfiguren der Logik, die Erforschung von Denkstrategien bei relativ einfachen, jedenfalls mit festgelegten Schritten zu lösenden Problemen (z. B. →Turm von Hanoi) und der Übergangsbe-

reich zur Psycholinguistik, die Untersuchung zum Problem Sprache und D. (Codieren von Sachverhalten und Sprache, Vermittlerprozesse).
Zur Zeit gibt es neben der noch existierenden assoziativen und mediativen Denktheorie vorherrschend die Hypothesen-Theorien und die verschiedenen Modelle der Informationsverarbeitung. Die Hypothesen-Theorien setzen voraus, daß rein assoziatives Lernen allein nur mit großem Aufwand zum denkps. relevanten Ziel führt. Nach ihnen werden bei der Erfassung von Begriffen Hypothesen verschiedener Art mit verschiedenen Strategien geprüft (BRUNER et al.). Entsprechende Prozesse lassen sich auf alle Operationen der Ordnungssuche anwenden. Die Informations-Verarbeitungstheorien stellen noch kein geschlossenes System dar; vielmehr gibt es verschiedene (kybernetische) Modelle, nach denen D. mit Operationen gleichgesetzt wird, die den Input (vom Organismus aufgenommene Information aus der Umwelt) in den Output (Vollzüge, Leistungen des Organismus) umwandeln. Die Art, wie das geschieht, ist den Computern nachgebildet (NEWELL & SIMON, HUNT). Auch in der Denkps. besteht z. Zt. eine ausgeprägte Tendenz zur Bildung mathematischer Modelle. →divergentes Denken, →konvergentes Denken. **[L]** ACH 1905, 1921, BRUNER, GOODNOW, AUSTIN 1956, BÜHLER 1908, DÖRNER 1976, DUNCKER 1935, GUILDORD 1967, KAMINSKI 1964, KLIX 1971, KÖHLER 1917, KÜLPE 1904, 1919, LÜER 1973, NEISSER 1974, OERTER 1972, SEIDEL 1973, SELZ 1913, 1923 *R. Bergius*

Denken, heuristische Methoden, Prinzipien, die Problemlösungen erleichtern sollen. DUNCKER (1935) unterscheidet (1) Situationsanalyse und dabei zwischen Konfliktanalyse (warum geht es nicht so?) und Materialanalyse (welcher Teil des Materials kann für die Lösung gebraucht werden?) und (2) Zielanalyse (was erfordert die Zielerreichung und was nicht?), die eingeschliffene Lösungstransformationen lösen soll (Richtungswechsel im Lösungsstammbaum). *H. Ries*

Denkentwicklung →kognitive Entwicklung

Denkfunktion, bei JUNG die der →Fühlfunktion entgegengesetzte, aber mit ihr zusammen als rational bezeichnete →Grundfunktion. Ihr obliegt die Lebensorientierung, d. h. die Ordnung der ps. Inhalte nach rationalen Gesichtspunkten. Dabei unterscheidet C. G. JUNG zwischen dem aktiv-zielgerichteten und dem passiv-phantasiegetragenen Denken.

Denkgesetze, die allgemeinen Regelmäßigkeiten, in denen sich das normale →Denken vollzieht. In der Logik die vier Grundgesetze des richtigen Denkens: (a) Der Satz der Identität: Jeder Gegenstand ist mit sich selbst identisch. Er verlangt, daß jeder Begriff im Verlauf eines Denkaktes seine Bedeutung beibehält. (b) Der Satz des Widerspruchs besagt, daß kontradiktorisch einander entgegengesetzte Urteile, von denen also das eine bejaht, was das andere verneint, nicht beide zugleich wahr sein können, sondern daß das eine wahr, das andere falsch sein muß. (c) Der Satz des ausgeschlossenen Dritten. Zwei kontradiktorische Urteile können nicht beide falsch sein, sondern eines ist wahr, das andere falsch, das bedeutet: Neben wahr und falsch gibt es kein Mittleres. (d) Der Satz vom zureichenden Grund. Jedes Urteil bedarf, um wahr zu sein, eines Grundes, jede Erkenntnis muß begründet sein.

Denksport-Test [T] LIENERT

Denkstil, kognitiver Stil, die Art, mit Informationen umzugehen als Persönlichkeitseigenschaft (in psychodynamischen und kognitiven Persönlichkeitstheorien). Analytisch, feldunabhängig vs. global, feldabhängig (JAENSCH, SELINKA, WITKIN), impulsiv vs. reflektierend (KAGAN), Interferenzneigung (HÖRMANN), Nivellieren vs. Akzentuieren (Äquivalenz, Umfang) und Toleranz vs. Intoleranz gegenüber Instabilität, physiognomisches vs. realistisches Erfassen (KLEIN, GARDNER), Verdrängen *(repress)* vs. Sensitivieren *(sensitize)* (BYRNE), sind einige Bezeichnungen aus dem noch unübersichtlichen Forschungsgebiet, das die Verbindung zwischen Wahrnehmungs-, Denk- und Persönlichkeits-Ps. herstellt. →Denken. *R. Bergius*

Denkstörung →Ideen, überwertige, →Katathymie, →Schizophrenie, →Wahn, →Zwang

Denkstrategie, Vorgehensweise bei der →Begriffsbildung und beim →Problemlösen (BRUNER, GOODNOW, AUSTIN, KLIX), z. B. simultanes Zerlegen, konservatives, negatives →Fokussieren. Zur D. gehören auch die von den heuristischen Prinzipien DUNCKERS abgeleiteten Operationen. →Denken, heuristische Methoden

Denktemperament, die Lebhaftigkeit und Beweglichkeit, Intensität und Energie, Aktivität und Bereitschaft, die das Denken im Vollzug bestimmen und charakterisieren.

Denktypen →Typologie

Denotation, denotative Bedeutung, wird meist syn. zu kognitiver und konzeptueller (manchmal auch zu referentieller) →Bedeu-

tung gebraucht in Abhebung von anderen Bedeutungen, insbesondere von der sog. →konnotativen B. Innerhalb der Ps. steht die d.B. in enger Beziehung zu den Konzepten →Begriffsbildung und Begriffsfindung, so daß Begriff und d.B. oft syn. gebraucht werden.
Ein Begr. (z. B. Ball) entsteht, wenn die ihn definierenden Merkmale gelernt werden. Diese begriffs- bzw. bedeutungsdefinierenden Merkmale können dabei sowohl statisch beschreibender (z. B. rund oder bunt) wie auch dynamisch funktionaler Art (z. B. rollt oder stößt gegen) sein. In der →Semiotik bezeichnet d.B. die Abbildungsbeziehung zwischen Umweltsachverhalten bzw. sie vermittelnden Begriffen (z. B. dem Objekt bzw. auch Begr. Ball) und →Zeichenformen (z. B. der Buchstabenfolge B-a-l-l); sie ist ein Bestandteil der semantischen Komponente. *J. Engelkamp*

Deontologie [gr. *deon* das Seinsollende], Pflichtenlehre

Dependenzanalysen, Bez. für Verfahren, um gesetzmäßige Beziehungen zwischen unabhängigen und abhängigen Variablen zu ermitteln.

Depersonalisation [lat. Entpersönlichung], Zustand der Selbstentfremdung, Verlust oder Beeinträchtigung des Persönlichkeitsbewußtseins, wobei sowohl das eigene Ich wie die Umwelt traumhaft unwirklich erscheinen und das Ichbewußtsein im Handeln fehlt. Auch der eigene Körper oder einzelne Körperteile können fremdartig sein. D. kommt vor als Begleiterscheinung der Reifung (Reifungskrise, Pubertätsneurose), als neurotisches (anankastisches und hysterisches) Symptom und als akute Erlebnisreaktion. D. tritt auch als Folge von →Panik auf. →De-Individuation

Depersonalisations-Syndrom, psychiatr. Begr., Zustand mit Vorherrschen der Erscheinungen der →Depersonalisation, insbesondere mit illusionärer Verkennung von Raum und Zeit. Engl. Bez.: *syndrome of Alice in Wonderland* nach der für Kinder geschriebenen Erzählung von Lewis CARROLL

Depolarisation, Entladung, Abnahme des Ruhepotentials zwischen Nervenmembran und Umgebung. →Nerv

Depression [lat. *depressus* herabgedrückt], komplexer Begr. für vielfältige Symptomatik. (1) emotional: gedrückte, traurige Verstimmung (2) kognitiv: negatives Selbstkonzept, -vorwürfe und -beschuldigungen, Grübeln, Konzentrationsverlust (3) motorisch: Veränderung im Aktivitätsniveau (retardiert vs. agitiert) (4) motivational: Interesse- und Antriebsverlust, Entschlußunfähigkeit (5) vegetativ: Schlaflosigkeit, Appetit- und Libidoverlust.
Keine einheitliche Definition, jedoch verschiedene Subklassifikationen nach unterschiedlichen Variablen. (a) Ätiologie: somatische, endogene, psychogene D. (b) Schweregrad: neurotisch vs. psychotisch (c) Alter: Involutionsd. (d) Verlauf: unipolar vs. bipolar (e) Bedeutung von Umweltereignissen, z. B. Erschöpfungsd. (→Entlastungsdepression) (f) Schwangerschaftsd.
Kontinuität vs. Diskontinuität von «normalem» zu pathologischem Phänomen viel diskutiert, nicht gelöst. D. treten bei verschiedenen psychiatrischen Krankheiten hinzu. Therapie in der Psychiatrie (entsprechend biochemischer Sicht) vor allem Psychopharmaka. Ausgehend von der Hypothese der D. als Desynchronisation der →circadianen Rhythmen (PFLUG), vor allem bei endogenen D., wird der Schlafentzug für die Dauer einer Nacht therapeutisch eingesetzt.
Zunehmend mehr Bedeutung erhielten seit den 60er Jahren Erklärungsansätze der sozialen Lerntheorie, die empirisch abgeleitet und überprüft wurden und zu einer Reihe von Therapieverfahren geführt haben. Im Verstärker-Verlust-Konzept sieht LEWINSOHN die D. als Folge mangelnder verhaltenskontingenter positiver Verstärkung. Erklärung der sog. Jammer-D. als aktives Verhalten, um soziale Verstärkung zu erlangen. Im Konzept der gelernten Hilflosigkeit (SELIGMAN) wird der Unkontrollierbarkeit von Ereignissen und inadäquater Attribution von Ursachen wesentliche Bedeutung zugemessen. BECK (1981) sieht D. als Folge kognitiver Verzerrungen und irrationaler Gedanken, ausgehend von der «kognitiven Triade» (negative Sicht von sich, der Welt und der Zukunft). Verwandt mit den genannten Ansätzen sieht REMM in seinem Selbstregulations-Modell die D. als Störung der Selbstbeobachtung, Selbstbewertung und Selbstverstärkung. Entsprechend zielen therapeutische Interventionen auf den Wiederaufbau verstärkender Aktivitäten, Vermittlung sozialer Fertigkeiten, Identifizierung und Abbau negativ verzerrter Kognitionen sowie Aufbau positiver Selbstbewertungen. Neben medikamentöser Therapie und selten, in besonders therapieresistenten Fällen →Elektrokrampftherapie kommen verschiedene Formen von Psychotherapie in Frage, wobei derzeit die Interpersonale Therapie nach KLERMAN & WEISSMAN und Kogni-

tive Verhaltenstherapie nach BECK als besonders wirksam gelten. Bei ersterer steht die Gestaltung zwischenmenschlicher Beziehungen im Vordergrund, bei letzterer wird v. a. an problematischen kognitiven Annahmen und Denkstilen gearbeitet, wobei aber auch konkrete Verhaltensübungen zum Verschaffen positiver Erfahrungen im Alltag eine grosse Rolle spielen. Letzteres steht, neben dem Vermitteln von Problemlösefähigkeiten, auch bei Verhaltenstherapien i. e. S., etwa nach LEWINSOHN, im Vordergrund. Auch deren Wirksamkeit ist gut belegt. Beim Abwägen zwischen medikamentöser und Psychotherapie ist insbesondere auch der hohen Rückfallrate nach Absetzen von Medikamenten Beachtung zu schenken. Depressionen des bipolaren Typs gelten als schwieriger zugänglich für Psychotherapien. →Melancholie. **[L]** HEIMANN & GIEDKE 1980, DE JONG et al. 1980, LINDEN et al. 1979 *F. Caspar*

Deprivation, Entzug oder Vorenthalten von bedürfnisbefriedigenden Objekten oder Reizen. Vor allem beobachtet wird die D. als «soziale D.» bzw. als «soziale Isolation». Zur Klärung der Bedeutung werden mit Deprivationsexperimenten (bes. bei Tieren) die Auswirkungen von Hunger und Durst (z. B. bei Lernexperimenten), der Schlafentzug, die langfristige Wirkung sozialer Isolation z. B. an verwaisten, hospitalisierten Kindern oder bes. Arbeitssituationen, die Reizarmut in versch. Phasen der Entwicklung erforscht. Sensorische D. führt beim Menschen nach wenigen Tagen zu schweren Störungen (HERNON 1956). • *maternal deprivation*, der Mangel an mütterlicher Zuwendung und Pflege. →Hospitalismus *R. Bergius*

Derealisation [lat. *de* … u. *realis* sachlich, stofflich, wirklich], «Entwirklichung», dasjenige Erlebnis, bei dem die Umwelt als unwirklich, fremd erscheint. →Entfremdungserlebnis, →Depersonalisation

Dereflexion, (V. E. FRANKL). Während die →paradoxe Intention den Patienten instand setzt, die Neurose zu ironisieren, ist er mit Hilfe der D. imstande, die Symptome zu ignorieren und sie schließlich zu vergessen.

Dermatozoenwahn, die wahnhafte Vorstellung, Dermatozoen (Insekten) in oder auf der Haut zu spüren. Wurde nosologisch früher unter die →Phobien oder unter →Hypochondrie eingereiht, als Symptom einer →Depression, einer präsenilen Hirnveränderung oder als Ausdruck einer →Psychose aufgefaßt. K. CONRAD, der den Begr. der chronischen, taktilen Halluzinose prägte, weist auf das gleiche Syndrom bei Intoxikationen und →Medikamentenabusus insbesondere bei Kokain hin.

Dermographismus [gr. *derma* Haut, *graphein* schreiben, «Hautschrift»], Auftreten rötlicher oder weißer Streifen auf der Haut nach Bestreichen mit einem harten Gegenstand (oder Fingernagel). Reizung der Hautkapillaren. Tritt meist in starkem Grad bei Vegetativ-Labilen auf.

DES, Abk. für *Differential Emotional Scale*, Gefühls-Skala **[L]** IZARD 1977

Desaktivierungsschwelle, von SHAGASS als Diagnostikum/Prognostikum (→drug challenge Test) vorgeschlagener chem. →Reaktivitätstest. Ein Barbiturat wird i. v. verabreicht, währenddessen wird ein EEG abgeleitet. Die D. ist definiert als Dosis, bei der schnelle EEG-Wellen im Bereich von 17 bis 25 Hz eine starke Amplitudenzunahme erfahren. Hiermit korreliert das Auftreten verwaschener Sprache. Retestreliabilität und Objektivität des Verfahrens sind hoch. Zwillingsstudien belegen ihre genetische Determination. Die D. korreliert u. a. mit manifester Angst, sie ist höher bei reaktiver als bei endogener Depression, niedriger bei hysterischen als bei dysthymen Pbn (sensu EYSENCK) und wird mit individueller cortical-limbischer Erregtheit in Verbindung gebracht (Introversion, Neurotizismus) **[L]** CLARIDGE 1967, CLARIDGE et al. 1981, 1983, SHAGASS 1954 *W. Janke/P. Netter*

Desensibilisierung, systematische, von J. WOLPE entwickelte verhaltenstherapeutische Behandlungsmethode zur Reduktion von Ängsten und neurotischen Störungen. Gilt als die empirisch am besten untersuchte ps. Methode (FLORIN & TUNNER 1975). Der Patient stellt sich in tiefer muskulärer und kognitiver →Entspannung (nach E. JACOBSON) in hierarchischer Abfolge die wichtigsten Angstsituationen möglichst realitätsnah vor. Eine angstauslösende Vorstellung wird so lange wiederholt, bis sie wenig oder keine subjektive Erregung mehr auslöst; danach wird die nächst schwierige Situation vorgestellt, usw. Die Erfolge sind bei leichteren Ängsten (z. B. Prüfungsangst) deutlich den Placebotherapien, anderen verbalen Psychotherapieformen (z. B. Gesprächstherapie) und der Entspannung allein überlegen. Weniger gute Effekte wurden bei extremen Ängsten und Zwangsneurosen erzielt; bei diesen erwies sich direkte länger anhaltende Konfrontation mit dem realen Vorbild als wirksamer. In beiden Fällen spielt das Modell des Therapeuten eine wichtige Rolle. Die Effektivität ist auch ohne Entspannung und ohne hierarchische Anordnung der Angstreize gegeben. Wesentlich für den Erfolg ist das Auftreten der Angst auf allen drei Verhaltensebenen (subjektiv, physiologisch, motorisch) gleichzeitig während der Vorstellung. Zur Theorie der D.: BIRBAUMER 1976 →systematische Desensibilisierung. **[L]** BUTOLLO 1979, FLORIN & TUNNER 1976

N. Birbaumer

design, auch *experimental d.* oder experimentelles D., →Versuchsplan

Designerdrogen, psychotrope Stoffe, die auf technischem Wege außerhalb des legalen Arzneimittelmarktes hergestellt und illegal ohne therapeutische Rechtfertigung eingenommen werden. «Klassische» D. sind Abkömmlinge der →Amphetamine. **[L]** FREYE 1997, JULIEN 1997 *W. Janke*

Desintegration, Desintegrierter [lat. *integer* unversehrt, Aufhebung des Zusammenhangs], D. wurde von JAENSCH zur Bez. des dem Integrierten ggs. Typus eingeführt. →Integration, →Typologie • In der →Tiefenps. wird der Begriff D. für die analytische Auflösung gebraucht. →Katharsis. • Auch die Spaltung der Persönlichkeit in der →Schizophrenie wird bisweilen als D. bezeichnet

Desipramin, WZ Pertofran®, Psychopharmakon aus der Reihe der →Antidepressiva vom Typ der trizyklischen Stoffe. Wiederaufnahmehemmer von →Noradrenalin, z. T. auch von →Serotonin. Klinisch aktivierend und deutlich antriebssteigernd. Bei Gesunden geringe Dämpfung **[L]** →Antidepressiva, DIMASCIO et al. 1964, LINNOILA et al. 1984 *W. Janke*

Desirabilität, soziale →soziale Erwünschtheit

Deskriptionsstatistik [lat. *descriptio* Beschreibung], derjenige Teil der Statistik, dessen Aufgabe in der Charakterisierung von Ergebnissen durch bestimmte Kennwerte (Mittelwert, Streuung, Korrelation u. a.) besteht. D. wird auch als darstellende oder beschreibende Statistik bezeichnet. →Inferenzstatistik *H. Häcker*

deskriptive Psychologie, →beschreibende Ps., die Beschreibung und Klassifikation der seelischen Vorgänge nach ihrer phänomenalen Eigenart. • (auch: reine Ps.) Eine ps. Richtung, die im Ggs. zur exp. Ps. nur die Beschreibung und das Verstehen (→verstehende Ps.), nicht die Erklärung der psychischen Erscheinungen als Aufgabe der Ps. betrachtet. Begründer und Hauptvertreter sind BRENTANO, DILTHEY, JASPERS, SPRANGER

deskriptiver Behaviorismus →Behaviorismus (SKINNER)

deskriptives Konstrukt →Konstrukt

Deskriptoren, in der Dokumentationssprache ausgewählte Bez. (Fachbegriffe), die im →Thesaurus zusammengefaßt sind. Mit Hilfe von D. werden Sachverhalte beschrieben, die über ein Dokumentationssystem gespeichert und wiederaufgefunden werden können.

Desmologie [gr. *desmos* Fessel], von SCHULTZ-HENCKE (1947) eingeführter Begriff für seine Lehre von der Bedeutung der Hemmung. Als Desmolyse bezeichnete der Autor die ps.-therapeutische Technik der Aufhebung neurotischer Hemmungen.

Desorientierung, das Fehlen der Orientierung, Verwirrtheit, Teilsymptom aller Bew.-störungen mit Ausfällen der zeitlichen, örtlichen oder sonst situationsangepaßten Orientierung.

Desoxycorticosteron, Nebennierenrindenhormon aus der Gruppe der →Mineralcorticoide

Desoxyribonucleinsäuren, DNS, (DNA), die Träger der Erbinformation in den →Chromosomen. Sie sind Riesenmoleküle, die sich aus einzelnen Nukletoiden zusammensetzen, wobei die unterschiedliche Anordnung der Nukletoide für die Erbinformation bestimmend ist. *P. Drüge*

Destruktion, das auf Zerstörung gerichtete Verhalten.

Destruktionstrieb, bei FREUD als *thanatos* der Gegenpol zum Sexualtrieb *(eros)*. In seiner dualistischen Triebauffassung ist D. aber auch der im Gegenüber von Sadismus und Masochismus dem letzteren nahestehende Gegenspieler aller Lebenstriebe. Zugleich steht er als Todestrieb dem Aggressionstrieb gegenüber. D. steht bisweilen gleichsinnig für den →Todestrieb.

Deszendenztheorie →Abstammungslehre

desurgency →surgency

Det →Lexikon

Detektion [lat. *detegere* aufdecken, enthüllen, engl. *detection*], in der Psychophysiol. und Wahrnehmungsps. die Anwesenheit eines Reizes bemerken oder feststellen, daß ein vorher definiertes Ereignis eingetreten ist.

Die D.schwelle, ein Begr. der →Signaldetektions-Theorie, unterscheidet sich von der absoluten Empfindungsschwelle (→Reizschwelle) durch die Berücksichtigung eines Entscheidungsvorganges. Sie wird als der kleinste Energiebetrag definiert, auf den ein Informationssystem ansprechen kann, wenn der zu bemerkende Reiz vor einem «Null-Hintergrund» *(zero-background)* geboten wird (DEMBER 1966). Die →Unterschieds- oder Differenz- oder relative Schwelle wird in der Signaldetektions-Theorie durch die Differenz-Detektionsschwelle ersetzt. In beiden Fällen handelt es sich jedoch um die Entdekkung minimaler Änderungen der Reizsituation. Nach gestaltps. Auffassung sind solche Änderungen (Inhomogenitäten) Grenzen oder Konturen, ohne die nichts wahrgenommen wird. →Ganzfeld. *R. Bergius*

Detektor, (1) Bezeichnung für ein →Neuron, das wegen der Eigenarten seines →rezeptiven Feldes selektiv auf ein bestimmtes Reizmerkmal reagiert (→Tuning-Kurve); z. B. «Fliegen-Detektor» in der Netzhaut des Frosches (reagiert nur auf kleine bewegte Punkte), Orientierungs-Detektor im visuellen Cortex von Katze, Affe usw. (einfache kortikale Zelle, die nur auf Streifen mit bestimmter Orientierung reagiert, →rezeptive Felder). (2) hypothetische Einheit der perzeptiven Analyse, die selektiv auf bestimmte Reizmerkmale reagiert (→Filter); erschlossen aus bestimmten psychophysischen (→Psychophysik) Daten (→Adaptation, selektive). (3) hypothetische Einheit in Merkmals-Modellen der Mustererkennung wie dem →Pandämonium. Elektrophysiologische und psychophysische Untersuchungen führen meist zu gleichartigen Folgerungen hinsichtlich der Existenz verschiedener Arten von Detektoren; die hypothetischen Einheiten in Modellen der Mustererkennung stellen Verallgemeinerungen der grundlegenden Befunde dar. *H. Heuer*

Detektoren, die angenommenen und z. T. nachgewiesenen rezeptiven Zellen und rezeptiven Zellfelder, durch die differenzierte visuelle Wahrnehmung (→Detektion) möglich ist. Adaptation vermindert ihre Leistung. Es gibt D. für Richungen (HAJOS & MAUL 1969; LÜKKE 1968), die auf senkrechte oder waagerechte Streifen ansprechen, Konturdetektoren für versch. einfache Formen und Bewegungsdetektoren. **[L]** BETZ 1974

Determinanten, Bedingungen. In der Ps. Faktoren, die ein Geschehen (z. B. eine Entwicklung) bestimmen. In der Biologie Bezeichnung für kleinste Partikel im Keimplasma, welche die spezielle Ausbildung der einzelnen Organe bestimmen. In der Tiefenpsychologie die von SCHOTTLAENDER eingeführte Bezeichnung für alle Gegebenheiten, welche für das Leben des einzelnen eine Grenze darstellen, die nicht überschritten werden kann und mit welchem sich das Ich auseinandersetzen muß: bewußte und unbewußte, äußere und innere, körperliche D. sind etwa das Geschlecht, der Körperbau, der Gesundheitszustand usw. Bei den projektiven Verfahren von RORSCHACH werden bei der Signierung der D. die die Antwort bestimmenden Bedingungen festgestellt. Die D. sollen Aufschluß über die spezifische Erlebensweise des Pb geben. **[T]** RORSCHACH

Determination [lat. *determinare* abgrenzen], Bestimmung, Bestimmtheit. In der Ps. der bestimmende und regelnde Einfluß einerseits von →Determinanten, andererseits von Zielvorstellungen und des Wollens auf den Verlauf psychischen Geschehens, →derminierende Tendenz (ACH).

D. wurde der →Perseveration gegenübergestellt. Erstere besitzt →intentionalen Sinn, ist gewollt und nimmt z. B. im ermüdeten Zustand ab; Perseveration dagegen ist nicht gewollt und steigt in der Ermüdung an. • In der Logik das Hinzufügen einzelner Merkmale zu einem allgemeineren Begriff, wodurch ein engerer Artbegriff entsteht. Eine Bestimmung durch Begrenzung aber nicht durch →Abstraktion. • In der Statistik ist der Begr. D. eingeführt als Determinations-Index und als →Determinations-Koeffizient.

Determination, sozial-figurale, nach HELLPACH die Abhängigkeit des Handelns von der Anzahl der anwesenden Personen. Z. B. ist eine Person energisch in der Gegenwart vieler und schüchtern, unbeholfen, wenn nur ein einzelner Mitmensch da ist, oder umgekehrt. →Erleichterung, soziale

Determination, sozial-organische, nach HELLPACH die Abhängigkeit des gesamten Verhaltens von biologischen Tatbeständen: Biogene D. (vererbte Anlagen), biochrone D. (zeitlicher Abstand), biotope D. (Angewiesensein auf Nähe der Mutter).

Determinationsgerät **[T]** MIERKE

Determinationskoeffizient syn. D.index, Bestimmtheitsmaß. Der D., als Quadrat des Korrelationskoeffizienten bestimmt, gibt die relative Größe jener Varianzanteile an, die zwei miteinander korrelierenden Variablen gemeinsam ist. *G. Mikula*

determinierende Tendenz (ACH), die von einer Zielvorst. ausgehende und auf die Bezugsvorst. übergreifende Wirkung. Die d.T. kann dabei auch unbewußt bleiben. →Würzburger Schule, Denken. **[L]** ACH 1926

Determinismus, die Lehre von der Vorbestimmung allen Geschehens. Nichts ist zufällig, sondern alles notwendige Wirkung bestimmter

Ursachen. Willensdeterminismus ist die Auffassung, daß auch der Willensakt äußeren oder inneren Ursachen unterworfen und insofern →Willensfreiheit nicht möglich ist. Speziell wird mit D. die Auffassung bezeichnet, nach der das Denken bzw. das Weltbild von Mitgliedern einer Sprachgemeinschaft mehr oder weniger durch ihre →Sprache festgelegt, vorherbestimmt sei (→SAPIR-WHORF-Hypothese). *G. Kaminski*

Deuteroskopie [gr. *skopein* betrachten], zweite Betrachtung, svw. →Zweites Gesicht

Deutsche Gesellschaft für Psychologie →DGPs

Deutsche Gesellschaft für Psychotherapie und Tiefenpsychologie →Psychologe

Deutung, das zielgerichtete Schließen von einer Beobachtung oder Tatsache auf deren Ursache bzw. deren Grund, oder der Schluß von einer Vermutung auf eine andere, der aber, mangels genügend gesicherter Erkenntnis der Beziehungen, keine volle Beweiskraft besitzt; auch das Herstellen von Sinnzusammenhängen, die sich in Sachverhalten mittelbar oder symbolisch auszudrücken scheinen.
• In der Ps. kann man von der D. das →Verstehen unterscheiden. Das Verstehen beruht auf einer annähernd vollständigen Erfaßbarkeit des Zusammenhangs, während die Deutung nur auf einigen Anhaltspunkten beruht und daher weniger sicher ist. Die D. spielt z. B. in der Diagnostik eine Rolle, wenn aus Schriftmerkmalen oder anderen Ausdruckserscheinungen (heute noch bei Verwendung von →entfaltenden Tests) der Charakter eines Menschen erdeutet wird. • In der Psychoanalyse bezeichnet man als D. die Klärung des verborgenen Zusammenhangs zwischen den Inhalten des Bewußtseins und dem Unbewußten. →Interpretation

Deutungs-Tests, projektive Tests, mit ungegenständlicher Reizgrundlage. **[T]** RORSCHACH, WARTEGG-VETTER, ZULLIGER. • D. mit gegenständlicher, aber vieldeutiger Reizgrundlage werden als entfaltende Tests bezeichnet. **[T]** BELLAK, LENNEP, MURRAY, ROSENZWEIG

Deviation, sexuelle [lat, *deviare* vom Wege abweichen], zusammenfassende Bez. für sex. Abweichungen von der «Norm».

Devianz, Deviation [engl. *deviance*], (allg.) Abweichung. • (spez.) Bez. für das diskreditierende (diskriminierende) Abweichen vom normativ erwarteten bzw. erwartbaren Verhalten des Individuums in der Gesellschaft. – Der Begr.inhalt hängt davon ab, was als Abweichung angesehen wird. →abnorm

Dexamethason-Suppressionstest, Abk. DST [engl. *dexamethasone suppression test*], pharmakologischer →Reaktivitätstest zur Überprüfung der Funktion der →HPA-Achse CRH-ACTH-Cortisol. Verabreicht wird das synthetische Glucocorticoid Dexamethason. Bei vielen Störungen, wie Depression, bleibt die über negatives Feedback vermittelte Hemmung der Cortisolfreisetzung (Cortisolerniedrigung) aus. Der D. ist nur begrenzt sensitiv und mäßig spezifisch. **[L]** ARANA & BALDESSARINI 1987, HEUSER 1998, HOLSBOER 1995 *W. Janke*

Dexedrine®→d-Amphetamin

Dexfenfluramin, Substanz aus der Gruppe der →Appetitzügler *W. Janke*

dexterity [lat. *dexter* rechts, richtig] →Geschicklichkeit, v. a. manuelle und beim Problemlösen.

Dezentrierung, Fähigkeit, mehrere Aspekte eines Sachverhalts gleichzeitig im Denken zu berücksichtigen. D. ist die kognitive Voraussetzung für die →Perspektivenübernahme.

Dezerebrierung, Beseitigung des Großhirns bei Tieren zu experimentellen Zwecken.

Dezibel, ein Zehntel Bel; ein Bel ist ein Verhältnis von 10:1 zwischen zwei (physikalischen) Leistungen; Einheit für den Logarithmus (zur Basis 10) eines Leistungsverhältnisses. *H. Heuer*

DGPs, Abk. f. Deutsche Gesellschaft für Psychologie e. V., die im Jahre 1904 gegründet wurde. Sie ist eine internationale Gesellschaft im deutschsprachigen Raum, die die in Forschung und Lehre tätigen Psychologinnen und Psychologen vereinigt. Am 1.1.1998 gehörten der Gesellschaft ca. 1 500 ordentliche, ca. 280 assoziierte Mitglieder sowie 12 Ehrenmitglieder vornehmlich aus Deutschland, Österreich und der Schweiz an. Um ordentliches Mitglied der DGPs zu werden, müssen zusätzlich zur Dissertation mindestens zwei weitere wissenschaftliche Publikationen vorliegen. DiplompsychologInnen können bereits vor Abschluß des Promotionsverfahrens die assoziierte Mitgliedschaft erlangen, insofern sie im Bereich von Forschung und Lehre tätig sind und die Promotion anstreben. Hauptziele der DGPs sind, die ps. Forschung zu unterstützen, die Kommunikation innerhalb des Fachs zu fördern und die Öffentlichkeit über den Stand der Entwicklung der Forschung zu informieren. Die DGPs setzt sich deswegen dafür ein, psychologische und interdisziplinäre Forschungsprogramme zu fördern, die Ps. in wissenschaftlichen Einrichtungen, insbesondere Hochschulen und anderen Ausbildungsstätten zu stärken, die Aus-, Fort- und Weiterbildung von PsychologInnen zu entwickeln, Fachzeitschriften zu befördern sowie die Kooperation mit Nachbardisziplinen und die Mitarbeit in internationalen wissenschaftlichen Vereinigungen voranzubringen. Eine wichtige Aufgabe besteht auch darin, alle zwei Jahre einen Fachkongreß auszurichten. Zur Förderung von Teilgebieten der Ps. richtete die DGPs bisher 13 Fachgruppen ein, nämlich für Allgemeine Ps., Arbeits- und Organisationsps., Biologische Ps., Differentielle Ps., Persönlichkeitsps. und Ps. Diagnostik, Entwicklungsps., Geschichte der Ps., Gesundheitsps., Klinische Ps., Methodenps., Pädagogische Ps., Rechtsps., Sozialps. und Umweltps. Die Deutsche Gesellschaft für Psychologie ist mit dem Berufsverband Deutscher Psychologinnen und Psychologen (BDP) in der Föderation Deutscher Psychologenvereinigungen zusammengeschlossen, die wiederum Mitglied der International Union of Psychological Science ist (IUPsyS). Vertreten wird die Deutsche Gesellschaft für Psychologie durch einen Vorstand, der von der Mitgliederversammlung jeweils für zwei Jahre gewählt wird und dem sechs Personen angehören. Weiterführende Informationen über aktuelle Arbeitsschwerpunkte des Vorstands können der Psychologischen Rundschau sowie DGPs-Online (http://www.dgps.de) entnommen werden. *M. Knopf*

DHEA, Abk. für →Dehydroepiandrosteron

di... [gr.] in Wtvb. zweimal, doppelt **[E]**

dia... [gr.] in Wtvb. durch, zwischen, auseinander **[E]**

diachronisch, in der Sprachwissenschaft von DE SAUSSURE (1916) eingeführte Bez. für die Betrachtungsweise, in der Veränderungen von →Sprachen in der Zeit analysiert werden. Diese ältere, traditionelle Betrachtungsweise wurde durch die →synchronische ergänzt. **[L]** LYONS 1970 *G. Kaminski*

Diade →Zweierbeziehung

Diadochokinese [gr. *diadochos* abwechselnd, *kinesis* Bewegung], Bewegungsfolge, die Fähigkeit, eine Folge von sehr einfachen gleichen oder wenig versch. Einzelbewegungen ausführen zu können, z. B. schnelles Beugen und Strecken der Finger. Ggs. →Adiadochokinese, charakteristische Störung bei Kleinhirnschädigung. **[L]** BABINSKI 1903

Diagnose [gr. *diagnosis* das Unterscheiden], Erkennung, Feststellung, Prüfung des körperlichen wie auch des ps. Bestandes mittels Anamnese, Exploration und Untersuchung. Zu unterscheiden sind: Arten der D., wie monosymptomatische, multi- oder polysymptomatische und Blinddiagnosen (Blindverfahren, wo nur mit Test ohne Person diagnostiziert wird); Richtungen der D. wie Begabungs-, Charakter-, Eignungsdiagnosen. Dann Kinder-, Jugendlichen-, Erwachsenendiagnosen. Jede D. ist ätiologisch, auf Ursache und (oder) prognostisch, auf zukünftige Leistung, späteren Zustand usw. gerichtet (Prozeß-D.).
Zudem gibt es D., die die verschiedensten Aufgaben zur Klärung einzelner Teilfragen und Probleme bei Forschungsexperimenten zu erfüllen haben. Differentialdiagnose (Diakrise) ist die Unterscheidung einander ähnlicher Erscheinungen (insbesondere Krankheitsbilder) auf Grund bestimmter, kennzeichnender Symptome. Die Diagnose ist mehrdimensional, wenn z. B. Anlage, Milieu und nichtvererbte endogene Faktoren zugleich das Geschehen bestimmen. Die Bedeutung der D. ergibt sich u. a. aus dem Stellenwert für die richtige →Indikation zur Psychotherapie. Mit dem Aufkommen spezifischer, auf einzelne Störungen zugeschnittener Therapieverfahren wird auch die richtige, mittlerweile reliabler gewordene D. wichtiger. →psycholog. Diagnostik, DSM-IV, ICD-10

Diagnostik [gr.-lat. *diagnostikein* gründlich erkennen, Unterscheidung v. Merkmalen u. Beurteilungen vornehmen], Lehre, Vorgang der Beurteilung u. Kanon v. Methoden zur Erstellung von →Diagnose. D. wird heute nicht nur auf die Erkennung u. Feststellung v. Krankheiten bzw. körperl. o. psych. Merkmalen durchgeführt, sondern auch auf andere Bereiche angewendet: techn. D., organisatorische D., ökologische D. etc.

Diagnostikum für Cerebralschädigung [T] HILLERS

Diagnostische Aufgabenreihe [T] ARNTZEN

diagnostische Psychologie →psycholog. Diagnostik

diagnostische Valenz, ältere und wenig gebräuchliche Bez. für →Validität.

Diagramm →graphische Darstellung

Diagramm-Test [T] GODDARD-TERMAN, HAELY

Diakrise, Diakrisis [gr.], Trennung, Unterscheidung

Dialektik [gr. *dialektike techne* Unterredungskunst], die Kunst der Beweisführung – die Wissenschaft der Logik. So wurde der Begr.

bis zur Neuzeit gebraucht. KANT entwertete ihn: D. ist Pseudophilosophieren. HEGEL bahnte den Weg zum heutigen Gebrauch des Begriffs: Er machte die D. zur Methode seines Philosophierens (Thesis – Antithesis – Synthesis) und zum Inhalt seiner Philosophie (etwa: Subjektiver Geist – Objektiver Geist – Absoluter Geist). Über Karl MARX wurde der dialektische Materialismus (Thesis = Kapitalismus – Antithesis = Diktatur des Proletariats – Synthesis = Klassenlose Gesellschaft) zum politischen Begriff. Über KIERKEGAARD hat sich eine Dialektische Theologie entwikkelt (Karl BARTH u. a.). Auch in der Ps. ist die D. von Bedeutung, bes. als dialektisches Verfahren, d. h. als eine unter weitgehendem Verzicht auf vorgefaßte Theorien und Methoden sich rein aus dem Pro und Kontra entwikkelnde Auseinandersetzung zur Klärung offener Fragen und Probleme.

dialektisches Scheindenken, in Anlehnung an K. O. ERDMANN nannte POPPELREUTER d.Sch., wenn subjektive Ansichten als objektiv gültig kundgetan werden. Zumindest werden nicht beweisbare Ansichten so dargestellt, als kämen sie einem Beweis gleich. →psychokritische Pädagogik. **[L]** POPPELREUTER 1933

Dialog, Gespräch zwischen gleichberechtigten Partnern mit der Absicht, durch These und Antithese die «Wahrheit» zu entdecken. In der neueren Philosophie ist die Wahrheit «dialogisch», dramatisch, nicht «apodiktisch». →Gesprächspsychotherapie, →Interaktion. **[L]** JASPERS, HEIDEGGER, BUBER

Diaphragma [gr. *diaphragma* Zwischenwand], eine Anordnung für verschiedenartige psychologische Experimente, bei der die Vp durch einen Schlitz hindurchblickt. • Bei optischen Geräten die Blende. • Anatomisch das Zwerchfell.

Diaschisis →Anastole

Diastole [gr. *diastole* von *diastello* ausdehnen], rhythmische Erweiterung eines Organes. • Beim Herzen die Phase der Inaktivität, in der der Herzmuskel erschlafft und eine Pause der Erholung (mit 0,3–0,8 sec.) durchläuft. →psychophysiologische Methodik

Diathese [gr. *diathesis* Verfassung, Zustand], in der Konstitution (angeboren) begründete Bereitschaft für bestimmte Krankheiten und ps. Anfälligkeiten. Formen u. a.: neuropathische D. (→Neuropathie), angiospastische D. (→Angioneurose), exsudative D. [lat. *exsudare* ausschwitzen]. →Disposition, Habitus, Konstitution.

diathetische Proportion (KRETSCHMER), das Verhältnis zwischen manischer und depressiver Bereitschaft beim Zyklothymen gegenüber der →psychästhetischen Proportion beim Schizothymen. *W. Janke*

Diazepam, WZ Valium®, Psychopharmakon aus der Klasse der →Tranquillantien vom Typ der →Benzodiazepine mit langdauernder Wirkung (Halbwertz. der Metaboliten: bis 80 h). D. hat tranquillantientypische Wirkungen. Nach ps. Untersuchungen anxiolytische Wirkungen bei Gesunden nur unter spez. Bedingungen, so unter Streßbedingungen. Gelegentlich paradoxe Wirkungen, z. B. subj. Erregtheit. **[L]** DEBUS & JANKE 1986, ERDMANN et al. 1993, KLEINKNECHT & DONALDSON 1975 *W. Janke/M. Reuter*

dichoptisch, Darbietungsart, bei der zwei Reize beiden Augen getrennt dargeboten werden (z. B. in einem →Stereoskop). Je nach Art der Reize können sie fusioniert (→Fusion, binoculare) werden oder nicht. *H. Heuer*

dichotisch [gr. *dichothen* von zwei Seiten her], Darbietungsart, bei der zwei unterschiedliche akustische, z. B. sprachliche Informationen von zwei verschiedenen Schallquellen den beiden Ohren über Kopfhörer getrennt, aber gleichzeitig zugeleitet werden; z. B. bei Experimenten zur Aufmerksamkeit (BROADBENT 1958) →stereophonisch

Dichotomie [gr. *dicha* zweigeteilt, *tomos* Schnitt, abgeschnittenes Stück], Zweiteilung, Einteilen in 2 Gruppen (Dichotomisieren).

Dichromaten →Farbenblindheit

Dichtefunktion, Dichte (math.), *density function:* Die D. f(x) einer Zufallsvariable X ist formal definiert als die erste Ableitung der entsprechenden Verteilungsfunktion F(x) nach x

$$f(x) = \frac{dF(x)}{dx}.$$

Für eine D. gilt für alle x, daß $f(x) \geq 0$ und $\int_{-\infty}^{\infty} f(x)dx = 1$. Realisationen (oder Beobachtungen) von X sind in solchen Bereichen auf der x-Achse besonders wahrscheinlich, wo f(x) große Werte annimmt. Jedoch sollte man f(x) nicht direkt als Wahrscheinlichkeit interpretieren, da u. U. $f(x) > 1$ gelten kann. *R. Ulrich*

Dichtemittel →Modus

Dichte, soziale, im Unterschied zu sozialer Enge (→crowding) in physikalischen Einheiten angebbare Größe zur Kennzeichnung der Belegung eines Raumes (mit Personen oder Tieren), wie z. B. Personen pro Quadratmeter.

Didaktik, befaßt sich mit Theorien des Unter-

D

richts im weitesten Sinn. Gemeinsames Ziel der einzelnen didaktischen Ansätze ist es – bei unterschiedlicher Gewichtung –, das Gesamt der den Unterricht bedingenden Faktoren zu ermitteln und das zwischen diesen Faktoren bestehende Interdependenzverhältnis zu berücksichtigen.
Die «bildungstheoretische» Didaktik (KLAFKI) legt den Schwerpunkt auf die Begründung und Auswahl der Bildungsinhalte, unter weitgehender Vernachlässigung der Fragen der Unterrichtsmethode; die «kybernetische» D. (v. CUBE, FRANK) befaßt sich ausschließlich mit Fragen der Vermittlung vorgegebener Inhalte; die «lerntheoretische» D. (SCHULZ/HEIMANN) betont das Gleichgewicht und die Interdependenz aller am Unterricht beteiligten Faktoren und hebt zwei Bedingungsfelder (soziokulturelle und anthropogene Voraussetzungen des Unterrichts) und vier Entscheidungsfelder (Intentionen des Unterrichts, Wahl der Inhalte, der Methoden und der Medien) innerhalb der Unterricht konstituierenden Faktoren heraus. Diese Ansätze stützen sich u. a. auf Theorien und Ergebnisse der Lernpsychologie und der Entwicklungspsychologie. →Curriculum, →Unterrichtstechnologie. [L] BLANKERTZ 1973, NIPKOW 1968

Diencephalon →Gehirn

DIFF, Abk. für Deutsches Institut für Fernstudien, Tübingen

Differential-Aptitude-Test [T] BENNET

Differentialdiagnose, werden unterschiedliche Diagnosen gestellt und diese dann durch besondere Abgrenzungen gegeneinander ausgeschlossen, so bezeichnet man die aus diesem Vorgehen resultierende Diagnose als D. Ziel der D. ist es auch, mit möglichst geringer Irrtumswahrscheinlichkeit differentielle →Klassifikationen nach relevanten Untergruppen zu bilden.

Differential, semantisches →semantisches Differential

Differentielle Pharmakopsychologie, Teilgebiet der →Pharmakopsychologie, das sich mit der Beschreibung und Aufklärung inter- und intraindividueller Unterschiede der Wirkungen von →Psychopharmaka befaßt. Zentrale Forschungsbereiche sind a) Abhängigkeit der Pharmakonwirkung von relativ konstanten Merkmalen, so von somatischen wie Geschlecht, Konstitution, Alter, Rasse, biochemischen Besonderheiten und psychischen Merkmalen wie Neurotizismus, Extraversion, Impulsivität, Leistungsmotiviertheit, Psychotizismus. Bereits PAWLOW, später H. J. EYSENCK (→Drogenpostulat) haben Pharmaka und Persönlichkeit als bedeutsames Forschungsthema angesehen, in Deutschland Forschungsschwerpunkte u. a. von JANKE, NETTER, b) Abhängigkeit der Pharmakawirkung von aktuellen Persönlichkeitsmerkmalen (Zuständen), etwa tageszeitlich bedingten, emotions- und streßbedingten, c) Abhängigkeit der Pharmakonwirkung von situativen Faktoren, z. B. Art der Prüftests, Versuchsleiterverhalten. Eine umfassende Theorie der Wirkungsmechanismen der aufgeführten Interaktionen existiert noch nicht. Insbesondere ist noch offen, inwieweit die Kovariation von Pharmakawirkungen und relativ konstanten Persönlichkeitsmerkmalen im Sinne individuell verschiedener neurophysiologischer und biochemischer Reaktionen und/oder mit Hilfe von unterschiedlichen Verarbeitungsmodi bei verschiedenen Persönlichkeitsstrukturen zu erklären ist. Die starke intraindividuelle Inkonstanz ps. Wirkungen spricht für eine wesentliche Beteiligung von der Situation angepaßten Verarbeitungsmechanismen. [L] CLARIDGE et al. 1973, EYSENCK 1957, JANKE 1964, 1983, JANKE & ERDMANN 1992, JANKE et al. 1979, NETTER 1983, RAMMSAYER, 1997

W. Janke/P. Netter

Differentielle Psychologie, Teilgebiet der Ps., das sich mit intra- und interindividuellen Unterschieden (Differenzen) im Verhalten und Erleben befaßt. Sie beschreibt diese Unterschiede und untersucht deren Entstehungsbedingungen. Zusätzlich werden das quantitative bzw. qualitative Ausmaß und die Beeinflußbarkeit (durch Training, Umwelt, Substanzen etc.) dieser Differenzen untersucht. Dabei wird das Konstrukt der Persönlichkeit →Persönlichkeitsps. verwendet, an dem die inter- und intraindividuellen Unterschiede festgemacht werden können. Mit diesem Vorgehen ergänzt sie die Ergebnisse der →Allgemeinen Psychologie, die auf die Erfassung von allgemeinen statistischen Gesetzmäßigkeiten ps. Geschehens ausgerichtet ist, indem sie die individuellen Abweichungen von statistischen →Gesetzmäßigkeiten zum Gegenstand hat.
Historisch sind die Fragestellungen der D. Ps. von STERN (1900, 1911) explizit formuliert worden und durch ein Methodenschema (→Persönlichkeitspsychologie) genauer beschrieben worden. STERN (1900) hat in seiner richtungsweisenden Monographie das Forschungsanliegen der D. Ps. in drei Fragen formuliert: (1) Worin bestehen die Differenzen?

(2) Wodurch sind die Differenzen bedingt?, (3) Worin äußern sich die Differenzen? Die gleichzeitig einsetzende, von BINET (1903) initiierte Testbewegung lieferte der D. Ps. die wichtigsten Forschungsinstrumente, vorwiegend im Bereich der intellektuellen Leistungsfähigkeit. Parallel zu dieser europäischen Entwicklung wurden in den USA im Bereich der militärischen Eignungs- und Einwanderungsanalysen Untersuchungsbefunde für Berufs- und Nationalitätenunterschiede vorgelegt. Weitere wesentliche Impulse erhielt die D. Ps. aus der Biologie, der Genetik, der Kulturanthropologie und der Statistik. Über die Entwicklung der Fragestellungen und Methoden sowie über Ergebnisse der D. Ps. informieren die zusammenfassenden Veröffentlichungen von ANASTASI (1958) und HOFSTÄTTER (1971).

Methodische Voraussetzung für exakte Beschreibung und Analyse von Unterschieden zwischen Individuen und Gruppen sind meßbare Merkmale. Die Merkmalsgewinnung und Merkmalsmessung wirft bei den meisten ps. Merkmalen eine Vielfalt nicht vollständig geklärter theoretischer und meßtheoretischer Probleme auf. Aus der Vielzahl der zum Vergleich zwischen Individuen und Gruppen herangezogenen Merkmale sei auf Wahrnehmungs-, Gedächtnis- und Intelligenzleistungen, auf Persönlichkeitsmerkmale (z. B. →Extraversion – Introversion) und auf Motivationsmerkmale (z. B. →Leistungsmotivation, →Aggressivität) verwiesen. Eine Methode der Merkmalsgewinnung durch statistische Klassifikation zusammengehöriger Merkmale stellt die →Faktorenanalyse dar (→Faktorentheorien der Persönlichkeit). Die zur Messung ps. Merkmale notwendigen Verfahren (→Test, →Testtheorie) sind so konstruiert, daß – wie bei einigen körperlichen Merkmalen (z. B. Körpergewicht) – die Häufigkeiten der Individuen einer Population über die möglichen Merkmalsausprägungen annähernd eine →Normalverteilung bilden. In der Interpretation von individuellen Unterschieden ist u. a. der Standardmeßfehler des verwendeten Tests, bei Gruppenunterschieden ist neben der statistischen →Signifikanz der Unterschiede die Größe der Gruppenunterschiede zu berücksichtigen, da bei großen Gruppen auch minimale Unterschiede statistische Signifikanz erreichen. Aber auch die Angemessenheit der Testverfahren für die angestellten Vergleiche ist jeweils zu prüfen, da z. B. gegen manche Intelligenztests eingewandt werden kann, daß sie «unfair» gegenüber Angehörigen der sozialen Unterschicht seien. Eine wichtige methodische Ergänzung zur Untersuchung von Unterschieden auf Einzelmerkmalen liegt in simultanen Vergleichen von Individuen und Gruppen auf mehreren Merkmalen, z. B. in →Profil-Vergleichen, deren Voraussetzung ist, daß von jedem Individuum Messungen mehrerer Merkmale vorliegen.

In der Analyse von individuellen und Gruppenunterschieden haben die komplexen Bedingungsgrößen Erbe und Umwelt (→Erbe) große Beachtung gefunden. Das Zusammenwirken von Erbausstattung und Umwelt wird als komplizierte Wechselwirkung gesehen. Die Gewichtung des Einflusses der beiden Bedingungsgrößen auf die →Varianz (Variabilität) eines Merkmals in der Population erfolgt häufig durch statistische Analyse der →Korrelationen zwischen getrennt und gemeinsam aufwachsenden ein- und zweieiigen Zwillingen (→Zwillingsforschung). Hierzu sind allerdings methodische Einwände vorgebracht worden.

Eine große Zahl von Untersuchungen im Rahmen der D. Ps. ist individuellen und Gruppenunterschieden im Intelligenzbereich gewidmet, deren Problematik und Ergebnisse exemplarisch angedeutet werden sollen. Die gebräuchlichen Meßinstrumente des Merkmals Intelligenz beanspruchen, über die Erfassung von Teilaspekten (z. B. Allgemeinwissen, räumliches Denken, Schlußfolgern) und deren Kombination hinaus, die Intelligenz von Individuen in Relation zur jeweiligen Population zu messen. Einschlägige Arbeiten haben nun gezeigt, daß zwischen den Geschlechtern im Global-IQ (→Intelligenzquotient) keine Unterschiede bestehen, allerdings schneiden Frauen bei Wortflüssigkeit und Gedächtnisaufgaben im Durchschnitt besser ab als Männer, während dies bei rechnerischen Aufgaben und räumlichem Vorstellen umgekehrt ist. Ein gut gesichertes Ergebnis ist weiter, daß Mittelwertsunterschiede im IQ zwischen sozialen Schichten bestehen, wobei die Rangreihe der Mittelwerte dem sozialen Gefälle entspricht. Ebenso werden IQ-Mittelwertsunterschiede zwischen Nationalitäten und Rassen berichtet, hier ist jedoch wie bei den Unterschieden zwischen sozialen Schichten die Angemessenheit der Testinstrumente fraglich. Es ist naheliegend anzunehmen, daß jede Kultur oder Subkultur die Ausprägung unterschiedlicher Fähigkeitsmuster begünstigt. In Zwillingsuntersuchungen zur Bedeutsamkeit von Erbe und Umwelt für Intelligenzunterschiede werden relativ hohe Anteile der Vererbung an der IQ-Varianz berichtet, z. B. gibt BURT (1970) einen Erbanteil von über 70 % an. Allerdings wurden gegen diese Ergebnisse methodische Bedenken vorgebracht. In Widerspruch dazu stehen auch die Ergebnisse von experimentellen Intelligenzförderungsprogrammen, die beträchtliche IQ-Steigerungen (durchschnittlich 1 Standardabweichung) ausweisen. Solche diskrepanten Befunde sind dadurch zu erklären, daß eine hohe genetische Determiniertheit eines Merkmals dessen Veränderbarkeit nicht ausschließt.

Die Weiterentwicklung der D. Ps. in der Beschreibung von individuellen und Gruppenunterschieden scheint in methodischer Hinsicht durch verfeinerte Meßmethoden und durch mehrdimensionale Vergleiche und inhaltlich durch größere Beachtung der kulturellen und sozialen Einbettung von Merkmalsausprägungen und Merkmalsmustern zu liegen. Fortschritte in der Bedingungsanalyse der Unterschiede sind u. a. durch Konzentration auf den Einfluß von Kultur-, Subkultur- und Gruppenzugehörigkeit sowie durch Beobachtung von Sozialisationspraktiken zu erwarten.

In neuerer Zeit beschäftigt sich die D.Ps. (zus. m. d. Persönlichkeitsforschung) mit der sog. transsituativen Konsistenz und der zeitlichen Stabilität von Merkmalen. Diese Fragestellungen wurden bereits in den 30er Jahren thematisiert, sie werden im Rahmen der Interaktionismusdebatte in der heutigen Zeit methodisch und forschungstechnisch differenzierter betrachtet. [L] ANASTASI 1976, STRUBE 1977, PAWLIK 1996 *H. Häcker*

differentieller Eignungstest, →Test zur Vorhersage der Eignung unter Verwendung der Profilmethode. Bei einer Stichprobe von erfolgreichen Berufsinhabern wird ein typisches Profil erstellt. Die zur Auslese anstehenden Bewerber werden mit diesem Profil verglichen.

Differentieller Leistungstest [T] KLEBER

differentielle Validität, die spezifische Validität von Tests für bestimmte Stichproben. Während längere Zeit angenommen wurde, daß die Beziehung zwischen Test und Kriterium auch an größeren Stichproben einheitlich sei und nur durch den Meßfehler beeinträchtigt werde, konnte empirisch nachgewiesen werden, daß →Validitätskoeffizienten für spezifisch gebildete Untergruppen durchaus verschieden sein können. Ein Test kann z. B. für eine in mehreren Variablen heterogene Stichprobe nicht valide sein. Für die bezüglich der Variablen Alter, Geschlecht oder Persönlichkeitsmerkmale gebildeten Untergruppen kann Validität jedoch vorliegen. Diese Beobachtung hat dazu geführt, daß man spezielle Vorhersagbartests entwickelte, welche die Validität von Tests bei bestimmten Pbn-Gruppen vorhersagt. CRONBACH hat zur Berechnung der d.V. eine Formel vorgeschlagen. [L] GHISELLI 1963 *H. Häcker*

Differenzhypothese, Annahme, daß bei der Durchführung v. kognitiven Leistungstests bei Pbn der Unter- und Mittelschicht unterschiedliche Testwerte daraus resultieren, daß Schulen Mittelschicht-Institutionen sind und Intelligenztests häufig nicht fair gegenüber der Unterschicht konzipiert sind. →Defizithypothese *H. Ries*

Differenzierung, (allg.) Unterscheidung, Abstufung. Allgemeinps. meint D. den Prozeß und die Fähigkeit, wahrnehmungsmäßig / erkenntnismäßig / denkend verschiedene Bestandteile (Reize), (Ursache- u. Wirk-)Faktoren sowie Strukturen der Gegenstandswelt zu unterscheiden und entsprechend unterschiedlich (auf sie) zu reagieren bzw. zu handeln. Insofern ist D. der Komplementärbegriff zu →Generalisation. • Persönlichkeitsps. wird D. gebraucht zur Beschreibung wesentlicher Aspekte der →Individuation, im Gegensatz etwa zu dem mit dem Begr. des Kollektiven Gemeinten.

• Entwicklungsps. ist D. Ausdruck für das allg. Prinzip aller Entwicklungsvorgänge, sowohl physischer als auch psychischer Art, die stets vom Einfachen zum Ausgestalteten verlaufen und deshalb, soll die Einheit/Identität des sich entwickelnden Organimus nicht zerstört werden, des Gegenstücks/der Ergänzung durch die Prozesse der →Integration und →Zentrierung bedürfen. • Erziehungswissenschaftl. meint D. die Maßnahmen der Abstimmung von Bildungsinhalten, Unterrichtsmethoden und Organisationsformen sowohl auf die Fähigkeiten und Interessen der Lernenden/Schüler als auch auf die Mannigfaltigkeit gesellschaftlicher Anforderungen an Bildungs- und Ausbildungsniveaus (Qualifikationen). Dabei unterscheidet man die äußere D. (nach Schulzweigen, Klassen, Kursgruppen) von der inneren D. (nach Lehr-/Lerninhalten, Medien, Unterrichtsmethoden innerhalb von Klassen und sonst. Lerngruppen). Äußere D. kann fächerübergreifend *(streaming)* oder fachspezifisch *(setting)* erfolgen und ist meist jahrgangsbezogen (horizontale D.), während die innere D. auch jahrgangsübergreifend (vertikale D.) sein kann. Alle diese Differenzierungsformen im päd. Bereich zielen letztlich auf die Erreichung individuellerer Lernbedingungen. [L] WERNER 1959, LEWIN 1954, HOPF 1974 *G. Schusser*

Differenzierungshemmung →Hemmung

Differenzierungshypothese, die Annahme einer zunehmenden Differenzierung der Intelligenz mit steigendem Alter (GARRETT, 1951). Sie ergibt sich aus der Abnahme der Interkorrelationen von Intelligenztests mit steigendem Alter. Die D. scheint jedoch nur bis zum 25.–30. Lebensjahr gültig zu sein. Ihre empirischen Grundlagen werden von MERZ & KALVERAM (1965) für methodische Artefakte gehalten. [L] MANDL & ZIMMERMANN 1976 →Divergenzhypothese *E. Klippstein*

Differenz-, Kombinationston, von G. TARTINI und G. A. SORGE am Violin- und Orgelklang im 18. Jh. entdeckt, wird der dritte Ton genannt, der bei gleichzeitigem Erklingen von zwei verschiedenen, ausreichend stark intonierten Tönen hörbar werden kann. Seine Tonhöhe ergibt sich aus der Differenz der Schwingungszahlen der beiden Intervalltöne. Bei diesem Hörphänomen wird angenommen, daß die Transformation der Klangreize im Ohr nichtlinear erfolgt und dadurch die originalen Schallkurven verzerrt werden. In Konzerten und bei Schallplattenaufnahmen können Differenztöne störend wirken.

diffug, Diffugität [lat. *diffugium* auseinanderfliehen], wesensgegensätzlich. Nach LERSCH das sich gegenseitige Ausschließen bestimmter Charakterzüge. →affin, Affinität. [L] LERSCH 1954

diffus [lat. *diffundere* ausgießen, ausbreiten], ausgedehnt, zerstreut. Nach WERNER ist d. ein Begr. für denjenigen formalen Aufbau (speziell der kindlichen Wahrnehmung), der im Ggs. zur Gliederung steht: also einförmige Ganzheiten, aus denen sich keine Teile abheben. [L] WERNER 1953

digital [lat *digitus* Finger], ziffernmäßig; Kennzeichnung einer grundlegenden Form, Information für die Verarbeitung, Übertragung oder Speicherung zu codieren; Alternative zu →analog. Die d. Codierung bedeutet die Repräsentation des Wertes einer quantitativen Variablen durch nach Raum und/oder Zeit geordnete n-Tupel diskreter Zeichen (z. B. Ziffern, deren Folgen Zahlen darstellen) oder Zustände physikalischer Träger. Enthält die Menge zugrundliegender Zeichen oder Zustände nur zwei Elemente (Loch/kein Loch auf der Lochkarte, Strom/kein Strom in einem elektrischen Schaltkreis, positive/negative Magnetisierungsrichtung in Ringkernen oder an definierten Orten auf Magnetplatten, -bändern oder -trommeln), nennt man das D.system →binär. *W. Glaser*

Digital-Analog-Wandler, D/A-Wandler, elektronische Schaltung, die zu →digital codierten Werten einer quantitativen Variablen →analog codierte Äquivalente erzeugt. In der exp. Ps. werden D. meist in der technischen Form von Einschüben in →Computer verwendet. Sie bilden hier zu Variablenwerten, die im System digital vorliegen, eine elektrische Spannung als Analogsignal, das z. B. ein Bild auf einem Oszilloskop, die Frequenz eines akustischen Reizes, die Intensität eines Elektroschocks o.ä. steuern kann. Seit der Einführung digitaler Ton- und Bildspeicherung in die Unterhaltungselektronik wurde der D. in Form des integrierten Schaltkreises (IC) zum billigen Massenartikel, der sich in jedem Abspielgerät findet.

Im Prinzip besteht ein D. aus einem als Konstantstromquelle geschalteten Transistor T und einem mit Schaltern wie S0 ... S3 verknüpften Widerstandsnetzwerk R0 ... R3 zwischen den Polen einer Versorgungsspannung U. Die einzelnen Schalter und Widerstände sind den einzelnen Stellen der →binären Digitalzahl zugeordnet. Bei 1 ist der Schalter offen, bei 0 geschlossen. Der eingeprägte Strom Ie fließt durch das Widerstands-Schalternetzwerk, so daß zwischen Punkt A und Masse das zu bildende Analogsignal entsteht. Seine Spannung ist nach dem Ohmschen Gesetz gleich dem Produkt von Ie und der Summe der nicht durch einen geschlossenen Schalter überbrückten Widerstände. Durch geeignete Wahl der Widerstandswerte (Beispiel in der Abbildung) läßt sich erreichen, daß Ua stets der durch die Kombination geöffneter und geschlossener Schalter repräsentierten Binärzahl entspricht (gezeichnet für Dezimal Ua = 12 Volt, entspricht binär Ua = 1100 Volt). • Die hohen Geschwindigkeits-, Genauigkeits- und Konstanzanforderungen, die in der Praxis an die D. zu stellen sind, verlangen einen z. T. erheblichen Schaltungsaufwand und weniger übersichtliche, jedoch im Prinzip wie dargestellt wirkende Widerstandsnetzwerke. [L] WRATIL & SCHMIDT 1987 *W. Glaser*

digitale Kommunikation, Bez. von WATZLA-

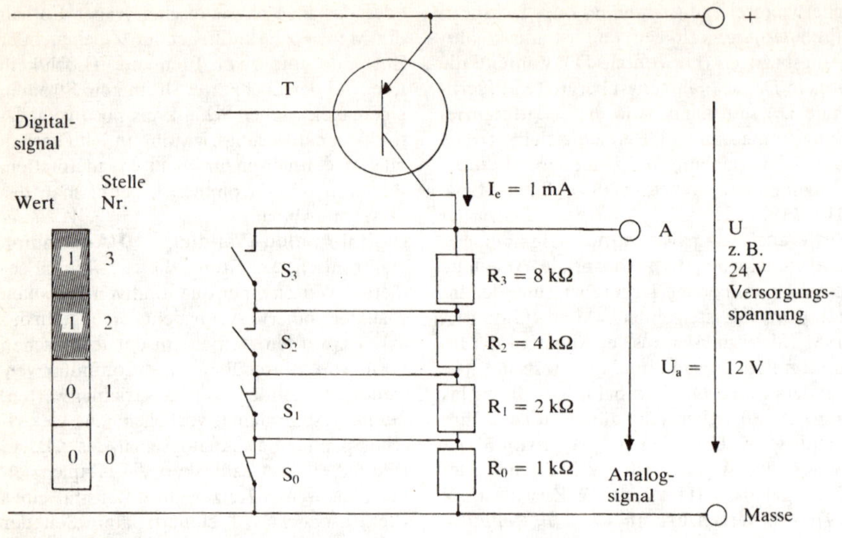

WICK u. a. (1967) für solche Kommunikationsweisen, bei denen das zu Kommunizierende mittels diskreter, willkürlich zugeordneter →Zeichen (→Symbol) benannt wird (engl. *digit* Zahl. Gegenbegriff: →analoge Kommunikation).
Wissensinhalte werden weitgehend digital, z. B. mittels natürlicher Wortsprachen, übermittelt; d.K.systeme seien im allg. mit einer komplexen logischen →Syntax (→Semiotik) ausgestattet, was präzises eindeutiges Kommunizieren ermöglicht, sie entbehrten jedoch hinsichtlich des Gegenstandsbereiches sozialer Beziehungen einer zulänglichen →Semantik. Dieser Mangel werde durch analoge Kommunikation wettgemacht, die wiederum ihrer syntaktischen Primitivität wegen relativ uneindeutig sei. *G. Kaminski*

Digitalrechner, Gerät zur elektronischen Datenverarbeitung, in dem die bearbeiteten Informationen (→Programme, →Konstanten, →Variablen, Verknüpfungen) →digital codiert sind. Heute praktisch ausschließlich angewandte Rechnertechnik im Ggs. zum →Analogrechner. *W. Glaser*

Digramm, als →Zeichen höherer Ordnung aufgefaßte Paarkombination von Einzelzeichen, die einer begrenzten Menge von möglichen Zeichen (Zeichenvorrat) entnommen sind.
Aus dem Vorrat von 26 Buchstaben zuzüglich Leerstelle (Lücke) lassen sich 272 = 729 D. bilden (→Sprachstatistik). Durch «überlappende» Auszählung (z. B. BUCH ergibt bu, uc, ch) ermittelt man die von der Gleichverteilung stark abweichenden Auftretenshäufigkeiten der D., bestimmt daraus die sprach- und textspezifische →Redundanz auf D.ebene und dadurch die Strukturiertheit. Eine künstlich hergestellte Buchstaben-Abfolge, in der sich die Häufigkeiten der D. so verteilen wie in sinnvollem Text, heißt →Approximation 2. Ordnung. →Trigramm *H. E. Zahn*

Dihydrocodein, Psychopharmakon aus der Gruppe der →Opioide. Als zentrales →Analgetikum und →Antitussivum sehr häufig verordnet. Wie Codein auch zur Substitution bei Opioidabhängigkeit eingesetzt. Ps. Wirkungen sind Desaktivierung und Stimmungsverbesserung. Mißbrauchspotential vorhanden, aber tatsächliche Verbreitung unklar. →Drogenabhängigkeit *W. Janke*

Dihydroergotoxin, WZ Hydergin®, Psychopharmakon aus der Klasse der →Nootropika. Lysergsäurederivat mit blockierender Wirkung auf α-Adrenorezeptoren. *W. Janke*

Dihydroxyphenylalanin, Abk. →Dopa

3,4-Dihydroxyphenylessigsäure, Abk. →DOPAC, Zwischenprodukt beim Abbau des Neurotransmitters →Dopamin. Als Sulfat im Liquor oder Urin nachweisbar, jedoch nur zum kleinen Teil zentralnervöse Aktivität widerspiegelnd. *W. Janke*

dilatiert, dilatierter Typus [lat. *dilatare* ausdehnen], nach RORSCHACH ist der d.T. die Kombination von introvertiertem, extratensivem und ambiäqualem Erlebnistyp. →Typologie (Erlebnistypen)

Dilaudid® →Hydromorphon

Dilemma, soziales, ein Mehr-Personen-Dilemma, bei dem der Vorteil einer einzelnen Person (oder sehr weniger Personen) zum Kollaps des Gesamt-Systems wird, wenn sämtliche Personen einer Gesellschaft eben diesen gleichen Vorteil für sich beanspruchen. Im Alltag relativ häufig auftretendes Phänomen, das jedoch nur in seltenen Fällen zur Systemzerstörung führt, (z. B. intensives Baden zur Zeit von Wasserknappheit nur einer einzelnen Person führt nur zu minimalen Beeinträchtigungen). Zur Lösung in derartigen Situationen werden dann nicht selten Autoritätspersonen um Hilfe gerufen. **[L]** MESSICK & BREWER 1983 *B. Six*

Dilthey, Wilhelm (1833–1911), Begründer der sog. «Verstehenden Psychologie». 1864 Promotion i. Berlin. Prof. i. Basel, Kiel u. Breslau.

Dimension, (allg.) Ausdehnungs- oder Meßrichtung. • In der Ps. ist der Begr. unterschiedlich gebräuchlich: (1) Man spricht von D. des Erlebens und des Verhaltens. Letzteres mit D. zu beschreiben, zählt zu den gängigsten Beobachtungsmethoden, da es hier in ein Kontinuum eingereiht wird (z. B. autoritär-sozialintegrativ). (2) D. ersetzt Begriffe wie Eigenschaft und Wesensmerkmal. (3) D. ist Bez. für die entwicklungsmäßigen Entfaltungsrichtungen (z. B. sinnliche Rezeption, Körperbeherrschung). (4) D. ist persönlichkeitstheoretisches Konstrukt (*dimensions of personality* bei EYSENCK). (5) W. STERN entwarf eine ps.-personalistische Dimensionslehre, wonach D. diejenigen richtungsbestimmten Erstreckungen sind, in denen die Person sich und ihre Welt verwirklicht (räumliche D., zeitliche D., Eigen- und Welt-D.). (6) WUNDT spricht auch von einer Dreidimensionalität der Gefühle: Qualität mit Lust/Unlust, Intensität mit Erregung/Beruhigung, Zeit mit Spannung/Lösung. (7) In der Gestaltps. hat D. Bedeutung als «überzählige D. im Wahrnehmungsfeld», als Faktor zur spontanen Verbesserung von Wahrnehmungsgebilden (METZGER 1954).

2,5-Dimethoxy-4-methylamphetamin, Abk. DOM, STP (englisch für Serenity, Tranquillity, Peace), →Amphetaminderivat aus der Gruppe der →Psychotomimetika mit starker halluzinogener Wirkung. Zusätzlich leistungssteigernde Wirkung. *W. Janke*

Dimethyltryptamin, Abk. DMT, synthetisch hergestellte chemische Substanz aus der Gruppe der →Indolamine, dem →Serotonin verwandt, zur Klasse der →Psychotomimetika zu rechnen. *W. Janke*

Dimorphismus, man spricht von D., wenn die Individuen einer Art in zwei deutlich verschiedenen Erscheinungsformen (Phänotypen) vorkommen. Weit verbreitet ist Sexual-D. Bei mehr als zwei verschiedenen Erscheinungsformen spricht man von Polymorphismus.

DIN-Farbenkarte →Farbsysteme, anschauliche

Dingkonstanz →Konstanz

dionysischer Typus →Typologie (Lebensgefühl)

Dionysos-Kult (BENEDICT), Kultformen primitiver Völker, wobei Zustände der →Ekstase, →Trance und →Besessenheit eintreten

Dioptrie [gr. *dioptron* alles, wodurch man etwas sieht oder erkennt], Einheit der Brechkraft einer Linse (→Akkommodation), Kehrwert der in m gemessenen Brennweite (manchmal auch als sphärische Dioptrie bezeichnet zur Unterscheidung von der Prismen-Dioptrie). – Prismen-Dioptrie ist die Einheit für die Richtungsänderung eines Lichtstrahls durch ein Keilprisma (der der Basis gegenüberliegende Winkel ist kleiner als 90°, in vielen →Störungsexperimenten ca. 11°); Entfernung des gebrochenen Strahls vom ungebrochenen in 1 m Entfernung vom Prisma, gemessen in cm (bei 1 Prismen-Dioptrie also 1 cm Ablenkung in 1 m Entfernung). *H. Heuer*

DIPF, Abk. für Deutsches Institut f. internationale pädagogische Forschung in Frankfurt/M.

Diplakusis [gr. *diploo* verdoppeln], Doppelhören. *d. binauralis* [lat. *auris* Ohr] liegt vor, wenn derselbe Ton von einem Ohr höher oder tiefer wahrgenommen wird als vom anderen. *d. echotica,* wenn ein wahrgenommener Ton echoartig nachhallt.

diploid, Diploidie, enthält eine Zelle zwei sich entsprechende Chromosomensätze, wird sie als d. bezeichnet. Für jedes auszubildende Merkmal liegen also zwei Erbanlagen (→Allele) vor, die verschieden sein können; bei der Ausbildung der betreffenden Merkmale kann es dann zu dominant-rezessiven oder intermediären Erbgängen kommen.

Die Diploidie bietet die Möglichkeit, nicht ausgebildete Merkmale als rezessive Erbanlagen in einer Population «vorrätig» zu halten, die bei einer Änderung der Umweltanforderungen z. B. durch Rekombination (→Genetik) sofort zum Einsatz kommen können. Eine d. Art ist also viel schneller zu neuen Anpassungen befähigt als ein →haploider Organismus, der in einem solchen Fall erst auf entsprechende zufällige Mutationen «warten» muß. Darüber hinaus können mit Hilfe der Diploidie offenbar höhere Stoffwechselleistungen vollbracht werden; alle «höheren» Organismen (mehrzellige Tiere, Farne und Blütenpflanzen) besitzen diploide Zellen.

Diplom-Psychologe →Psychologe

Diplopie, Doppeltsehen

Dipodie [gr. *dipus* zweifüßig], Doppelfußverbindung zweier Versfüße zu einem Versglied. Einfachste Form des →Rhythmus, Grundlage der Gehbewegung (kurz – lang, betont – unbetont).

Dipsomanie [gr. *dipsa* Durst], in Perioden auftretender Alkoholmißbrauch bei →Psychopathen, →Epileptikern, →Manisch-Depressiven.

direkte Wahrnehmung, Bezeichnung für die Wahrnehmungslehre J. J. GIBSONS →ökologische Wahrnehmungspsychologie

direktes Sehen, die Wahrnehmung der fixierten Stelle des Geschichtsfeldes, deren Strahlen auf die →Fovea centralis retinae, die Stelle des schärfsten Sehens, fallen. Ggs. →indirektes Sehen

dis... [lat.] in Wtvb. zwischen, auseinander, hinweg (auch in verneinendem Sinn) **[E]**

disengagement, beschreibt den Prozeß des sozialen Rückzuges älterer Menschen. Dabei wird unterschieden zwischen gesellschaftlichem und persönlichem Disengagement (CUMMING & HENRY, 1961). Unter gesellschaftlichem Disengagement wird die Entlassung aus sozialen Rollen (z. B. Mutterschaft, Erwerbstätigkeit) und gesellschaftlichen Verpflichtungen verstanden. Persönliches Disengagement bezeichnet den Wunsch älterer Menschen nach Reduktion ihrer Sozialkontakte und die Zentrierung auf sich selber, verbunden mit einer symbolischen Repräsentation ihrer Umwelt. Gegensatz zur →Aktivitätstheorie **[L]** CUMMING & HENRY 1961, LEHR 1977 *F. Wilkening*

Disengagementtheorie →Psychologie des Alterns

Disinhibition →bedingter Reflex

Disjektion [lat. *disicere* zerstreuen, zerspalten], ein Trauminhalt erscheint in doppelter Gestalt, z. B. man sieht sich selbst und ist zugleich als Zuschauer anwesend.

Disjunktion [lat. *disiungere* trennen, auseinanderbinden], das begriffliche Einanderausschließen. • Trennungsvorgang bei Chromosomen.

Diskette [engl. *floppy disk*], flexible Kunststoffscheibe, die eine Magnetbeschichtung trägt und von einer Schutzhülle umgeben ist. D. dienen als externe Speicher inbes. bei Mikrocomputern; gebräuchliche Größen sind bisher 8, 5 1/4 und 3 1/2 Zoll Durchmesser. *K. H. Stapf*

Diskordanz [lat. *discordare* nicht übereinstimmen, uneinig sein], Unstimmigkeit. →Konkordanz

diskrete Maßstäbe, Bez. für Maßstäbe, die eine diskontinuierliche (diskrete) Messung von ursprünglich zumeist kontinuierlichen, quantitativen Variablen ermöglichen. Einen d.M. stellt z. B. die Zahl der Fehler beim Lösen einer Aufgabe als Maß einer Leistung dar. *G. Mikula*

Diskriminanzanalyse, ein Klassifikationsverfahren der →multivariaten Statistik. Sind k Stichproben von Vpn hinsichtlich derselben Merkmale gemessen worden, so kann mit der D. die Frage untersucht werden, ob die gemessenen Ausprägungen der Merkmale zur Klassifikation der Vpn in k Stichproben geeignet sind.

Hierzu wird eine sog. Trennfunktion berechnet, die die Gewichtung der zur Klassifizierung verwendeten Merkmale angibt und die es erlaubt, auch jede später gemessene Vp einer der unterschiedenen Gruppen zuzuordnen. • Neben der parametrischen linearen D. für zwei und mehrere Kriteriumsgruppen nach R. A. FISHER gibt es auch die sog. quadratische D. (nach B. L. WELCH, 1939), die die Voraussetzung der Normalverteilung der Meßwerte und die Homogenität der Varianz-Kovarianz-Matrizen nicht macht. **[L]** COOLEY & LOHNES 1962 *G. Lüer*

Diskrimination [lat. *discriminare* absondern, trennen], syn. Reizdifferenzierung, Unterscheidungsleistung beim Auseinanderhalten von Reizen. Auf den diskriminierenden Reiz folgt die diskriminierende Reaktion. →Differenzierung, Diskriminierung

Diskriminationsaufgabe, Diskriminierungsaufgabe, mit ihr soll gelernt werden, nur auf eine von zwei verschiedenen Reiz-Konstellationen zu reagieren: Diskriminationslernen, Diskriminationstraining. Mit D. kann man in Tierversuchen z. B. Unterschiedsschwellen des Erkennens feststellen.

Diskriminieren-Lernen, (1) in der «absoluten Theorie» des D.-L. SPENCE wird angenommen, daß Zu- und Abnahmen der Responsestärken im Lauf des Unterscheidenlernens kumulieren und daß folglich die Unterscheidung von Reizmustern kontinuierlich gelernt wird. Für alle dargebotenen Merkmale (Stimuli) der Objekte werden bei Verstärkung die Responses wahrscheinlicher, bei Nicht-Verstärkung unwahrscheinlicher; (2) die «relationale Theorie» (LASHLEY) besagt, daß Beziehungen zwischen den vorhandenen Stimuli und Auswahlen aus ihnen die für die Unterscheidung effektiven Merkmale sein können. Änderungen der Aufmerksamkeitshaltung können hierbei diskontinuierliche Effekte haben, so daß plötzlich Stimuli, die vorher unbeachtet gewesen sind, die Kontrolle über die Response erhalten; SPENCE erklärt das D.-L. also mit den S-R Verstärkermechanismen (→Lernen) und LASHLEY als einen kognitiven Vorgang der Selektion durch Aufmerksamkeitszuwendung; (3) MACKINTOSH (1965) hält die beiden Theorien für falsch und meint, daß kontinuierliches oder diskontinuierliches D.-L. durch die Versuchsanordnung manipuliert werden könne; (4) HARLOW (1950) versucht eine Erklärung des D.-L. durch die Unterscheidung von fehlerhaften Hypothesen *(uniprocess learnig theory)*. **[L]** KLING & RIGGS 1971, OSGOOD 1953

R. Bergius

Diskriminierung, in der Sozialps. ein Verhalten gegen andere Personen, Gruppen oder Nationen, das mit den jeweiligen Normen und Standards einer Gesellschaft nicht zu vereinbaren ist. Von der individuellen Diskriminierung (von einzelnen Personen und durch einzelne Personen) ist die institutionalisierte D. zu unterscheiden, bei der die D. durch Institutionen (Behörden, Gesetzesgeber etc.) ausgeübt wird. Zu den Diskriminierungspraktiken zählen Boykott, Einschränkung der Bewegungsfreiheit, Vorenthaltung von Grundrechten, Ausschluß von Ämtern, Berufen und Tätigkeiten, Beleidigungen, Segregation, Aggressionen.

diskursives Denken [lat. *discurrere* geschäftig hin- und herlaufen], das planmäßig mit steter Überprüfung der Denkschritte fortschreitende Denken. I. w. S. das begriffliche Denken schlechthin im Ggs. zum intuitiven, einfallsartigen Denken.

disparat [lat. *disparare* trennen], getrennt, auseinander strebend. Bez. für Begr. ohne gemeinsame (bzw. widersprüchliche) Merkmale

disparate Netzhautpunkte, sämtliche Punkte der Netzhäute beider Augen, die in ihrer Lage einander nicht entsprechen. Wird ein Objekt auf d.N. abgebildet, so erscheint es doppelt, was aber meist nicht bemerkt wird. Ggs. →identische Netzhautpunkte. →Doppelbilder, →Querdisparation

Disparation →Querdisparation

displacement Verschiebung, Ortsverlagerung eines Gegenstandes →Übersprung, →Übertragung

Dispersion, die →Streuung, das Ausmaß der Verschiedenheit von Einzelbeobachtungen in einer →Population

Disponibilität, Lockerheit. →Flexibilität, →Denken, →Verfügbarkeit

display, (1) räumliche Anordnung von Schaltern und Kontrollinstrumenten; die Auswirkung unterschiedlichen d. (Übersichtlichkeit, Fehlerquote, Reaktionszeit) untersucht die →Ergonomie (2) Öffnung und Mitteilung persönlicher Erfahrungen, Meinungen und Gefühle (auch: übertriebene Darstellung). →Selbsterkenntnis *H. Ries*

Disposition [lat. *disponere* aufstellen], Anordnung, Einteilung, Entwurf. • An Stelle des früheren Vermögensbegriffs (→Seelenvermögen) trat der Begriff der D., der eine Bereitschaft und Fähigkeit, d. h. die Möglichkeit, bestimmte seelische oder auch körperliche Inhalte (Leistungen, Erlebnisweisen, Erkrankungen, Reaktionsbereitschaften usw.) auszuleben, meint. Oder in dem Sinne, daß durch Außenreize im Individuum mehr oder minder nachdrücklich eine sog. Bahnung für jene Reize vorbereitet wird, die das Wiedererleben derselben erleichtert.

Man unterscheidet (so JASPERS und STERN) zwischen erworbener D. und angeborener →Anlage. D. sind also durch Erfahrungen, die auf Umwelteinflüsse zurückgehen, spezialisierte Anlagemodulationen mit der Möglichkeit jeweils geforderter Aktualisierung in einer gewissen Spielraumbreite. «In jeder D. steckt zugleich Potenz und Tendenz» (STERN). Wird das Potenzmerkmal herausgestellt, so haben wir Rüstungsdispositionen, die sich abheben von den Richtungsd., welche bei Hervorhebung der Tendenzen entstehen. Zu ersteren gehört z. B. die Intelligenz, zu letzteren das Interesse. Ferner sind die D. «variabel nach Zeit, Potenz und Tendenz». LERSCH versteht, in charakterologischem Gebrauch, unter D. «die Bereitschaft und die Neigung zum Vollzug bestimmter seelischer Erlebnisse, sofern die Bereitschaft nicht von Augenblick zu Augenblick wechselt, sondern eine jedenfalls relative Dauer hat». Insofern stellen sie eine entweder angeborene oder erworbene Reaktionsbasis dar (genauer müßte es heißen: sowohl als auch), die sich aber nur aus dem ak-

tuellen Leben erschließen lassen.
In ihrer Bedeutung für die Formung der Persönlichkeit hat G. W. ALLPORT drei Gruppen von D. unterschieden: allgemein lebensnotwendige (reflex-, trieb-, instinktgebundene) Anlagen – besondere und die Persönlichkeit in ihrer Einmaligkeit bestimmende Anlagen – zusätzliche Fähigkeiten (wie z. B. Lernfähigkeit), die die Persönlichkeit weitergehend akzentuieren. [L] G. W. ALLPORT, LERSCH, STERN

Disposition (konditional definiert), wenn x der Bedingung Bi ausgesetzt wird, dann zeigt x das Verhalten Vj dann und nur dann, wenn es die Eigenschaft Dk hat. Bi sei z. B. die Bedingung, daß mit der Person x ein bestimmter ps. Test durchgeführt wird, dann hat sie die Eigenschaft Dk genau dann, wenn sie im Test das Verhalten Vj (ein bestimmtes Testergebnis) zeigt. Die Beziehung zwischen Vj und Dk kann gegebenenfalls auch zu einer statistischen Gesetzmäßigkeit abgeschwächt werden. Der Vorteil der Einführung einer D. durch konditionale Definitionen besteht darin, daß ein D.begr. durch viele verschiedene konditionale Definitionen spezifiziert werden kann. [L] CARNAP, STEGMÜLLER, SUPPES
O. Huber

Dispositionsvariable, nicht direkt beobachtbare Eigenschaft, die als überdauernde Bedingung für Beobachtetes gilt.CARNAP 1937

Dissimilation [lat. *similis* ähnlich], Un-ähnlich-Werden, Auflösung. • Biolog. auch Atmung, Abbau und Verbrauch von Körpersubstanz beim Stoffwechsel, der Abbau der zuvor durch die →Assimilation zur Körpersubstanz umgewandelten Stoffe (unter Freisetzung gebundener chemischer Energie). • D. im völkerps.-soziologischen Sinne →Assimilation.

Dissimulation [lat. *dissimulare* verheimlichen], Verheimlichung von Tatbeständen insbesondere ps. und körperl. Art (Krankheiten). • Die D. kann sich bei der Beantwortung von Persönlichkeitsfragebogen auswirken und über besondere Skalen, →Lügen-Skalen, quantitativ erfaßt werden. Ggs. →Simulation, →Aggravation

Dissimulations-Test [T] EYSENCK

Dissipation [lat. *dissipare* zerstreuen], Zerstreuung

Dissonanz →Akkord, Ggs. →Konsonanz

Dissonanz, kognitive →kognitive Dissonanz

Dissozialität, frühere Bez. für Werthaltungen und Verhalten, das den Interessen oder Normen der jeweiligen sozialen Umwelt widerspricht.

Dissoziation [lat. *dissociare* verunreinigen, trennen], Zerteilung, Trennung, Auflösung, z. B. das Zerfallen von assoziativen Vorstellungsverbindungen unter dem Einfluß neuer Eindrücke.

Dissoziation von Empfindungen →Empfindungsdissoziation

Dissoziative Störungen, Konversionsstörungen →Konversion, Verlust oder Unterbrechung der integrativen Funktionen von Wahrnehmung, Gedächtnis und Bewußtsein. Zu diesen Störungen zählen dissoziative Amnesien, dissoziative Fuguen, dissoziative Identitätsstörungen und motorische und sensorische Funktionsstörungen →ICD-10, →DSM-IV.
L. Schmidt

distal, nach außen, vom Körper weg gerichtet. Ggs. →proximal. Beispiel: Das distale Ende des Unterarmes ist mit der Handwurzel, das proximale Ende mit dem Oberarm verbunden.

distales Objekt, fälschlich als distaler Reiz bezeichnet. Quelle von Sinnesreizen. Als solche nicht in unmittelbarem Kontakt mit dem Organismus befindlich, sondern durch Proximalreize («Netzhautbild») vermittelt. [L] HEIDER 1927, BRUNSWIK 1934

Distanz [lat. *distantia* Abstand, Unterschied], die räumliche Entfernung zwischen zwei Punkten; auch der Zeitabstand zwischen zwei Ereignissen. • I. ü. S. der Grad der Unabhängigkeit, Vorurteilsfreiheit, persönlichen Selbständigkeit eines Menschen gegenüber einer Person, Sache oder Idee.

Distanzmaß, Maß für die Ähnlichkeitsbeziehung, z. B. von zwei Begriffen im →semantischen Differential

Distanz, soziale, der Grad von Nähe oder Ferne im sozialen Raum. Nach v. WIESE (1933) der eigentliche Grundbegriff der Soziologie. Im Unterschied zu v. WIESES Definition wird mit der Sozialen-Distanz-Skala von →BOGARDUS der Grad der Intimität gemessen, den eine Person mit einer anderen oder mit einer Gruppe zu haben wünscht oder duldet. – Auch der Ähnlichkeitsabstand zwischen Selbstbild und Fremdbild (HOFSTÄTTER 1967) oder zwischen Selbstbild u. vermutetem Fremdbild des oder der anderen (SODHI u. a. 1957) wird als s. D. bezeichnet. – Im Kommuniktionsnetz ist s. D. die Zahl der Kommunikationsglieder, die genutzt werden müssen, um auf dem kürzesten Weg von einer Position zur anderen zu gelangen (LEAVITT 1951). →Individualdistanz, →Territorialverhalten
R. Bergius

Distanzzonen, unterscheidbare, interpersonelle Entfernungsbereiche, deren Unter- wie Überschreitung als unangenehm empfunden wird: Intimdistanz (0–40 cm), persönliche Distanz (0,4–1,2 m), Sozialdistanz (1,2–4 m, öffentliche Distanz (4–8 m) jeweils mit persönlichen und kulturellen Abweichungen. **[L]** ALTMAN 1975 *H. Ries*

distinctive feature, distinktives Merkmal, ein →Phonem wird als Segment erkannt, wenn es die minimale Anzahl d.M. enthält, die erforderlich sind, um es von einem anderen Phonem zu unterscheiden.

In der strukturellen →Phonologie unterscheiden sich zwei Phoneme durch mindestens ein Merkmal (z. B. [p] und [t] sind zwar beide stimmlose Explosivlaute, sie unterscheiden sich jedoch durch das Merkmal Artikulationsort: bilabial/dental). Dieses Unterscheidungsmerkmal wird daher d.M. genannt.

In der Theorie der binären Distinktion werden alle in einer bestimmten Sprache relevanten Merkmale systematisch dargestellt (Merkmalsmatrix). Diese Darstellungen beruhen auf den (öfters veränderten) zwölf d.M. von JAKOBSON, FANT und HALLE (1952) und JAKOBSON und HALLE (1956). Diese überwiegend akustisch definierten Merkmale sind z. B. vokalisch/nicht vokalisch, stimmhaft/stimmlos. Jedes Merkmal ist ein physikalisches Kontinuum, das durch seine beiden Endpunkte spezifiziert wird (binär; *binary feature system*). Die Summe der Merkmale repräsentiert die universellen menschlichen →Artikulationsmöglichkeiten. Die einzelnen Sprachen unterscheiden sich durch die unterschiedliche Auswahl der Merkmale. Werden die Merkmale in einer bestimmten Hierarchie angeordnet, können die Phoneme einer Sprache in einem Abhängigkeitssystem erfaßt werden. In der strukturellen Phonologie bilden sie dagegen unabhängige Teilsysteme. Die überwiegend artikulatorisch definierten d.M. der generativen Phonologie (CHOMSKY & HALLE 1968, HALLE 1964) lassen sich trennen nach Artikulationsort: *coronal anterior, high, low, back, rounded, distributed;* und Artikulationsart: *nasal, continuant, strident, lateral, delayed release* (LADEFOGED 1971). *B. Kettemann*

distractor, Ablenker. Bei Tests: Zwischenaufgabe, die das *rehearsal* unterbinden soll, sowie ein Füllitem (Zwischenaufgabe) mit dem alleinigen Zweck, daß die Testperson das Testziel nicht zu deutlich erkennt. →objektiver Test

Distraktoren, die vorgegebenen Falsch-Alternativen in einer Mehrfachwahl-Aufgabe *(multiple-choice)* →Wahlantworten

Distraneurin® →Chlomethiazol

Distreß, unangenehmer, negativer →Streß, im Gegens. zu →Eustreß

Distribution [lat. *distribuere* verteilen], Spaltung, Verteiltsein, Verbreitetsein. • Zur Prüf. der Verteilung der Aufmerksamkeit auf gleichzeitig einwirkende →Reize und der davon abhängigen Willensäußerungen bedient man sich verwickelter, den →Reaktionsversuchen angepaßter Apparate.

Es sind z. B. hintereinander aufleuchtende Lampen zu zählen, gleichzeitig ist auf farbige Lichter zu reagieren und das Geräusch eines Motors zu beachten. So wird die Abhängigkeit der Reaktionen von Hand und Fuß geprüft, die Geschwindigkeit bei Greifbewegungen nach fallenden Gegenständen (z. B. →Fallstab) untersucht und die Verteilung der Aufmerksamkeit auf mehrere nebeneinander auszuführende Befehle beobachtet. →Serienhandlung, →Mehrfachhandlung • In der →Wirtschaftsps. spricht man von D. bei der Verteilung der Produktionsmittel (ökonom. Verhältnis der Produzenten zu den Produktionsmitteln und den Bedingungen der Produktion). *F. Dorsch*

Distributivität, Eigenschaft bestimmter Operationen mit Zahlen, Mengen oder logischen Ausdrücken. Distributiv ist beispielsweise die Multiplikation $a \times (b + c) = a \times b + a \times c$. *D. Dörner*

Disulfiram, WZ Antabus®, Substanz, die bei der Pharmakotherapie des chronischen →Alkoholismus im Rahmen einer Aversionstherapie durch Erzeugung von Übelkeit gelegentlich verwendet wird. **[L]** CHICK et al. 1992, FULLER 1988, PLATZ 1993 *W. Janke*

diurnaler Rhythmus →Aktivitätsperiodik

divergentes Denken, divergente Produktion von Lösungsvorschlägen für Probleme. Von GUILFORD postulierte Operation des →Denkens, die sich durch die Vielfalt verschiedenartiger Lösungsmöglichkeiten von der Operation unterscheidet, durch die nur die eine richtige Lösung hervorgebracht wird (→konvergentes Denken). Die gelegentlich vorkommende Gleichsetzung des d.D. mit der →Kreativität ist unpraktisch, weil zur letzeren noch das Kriterium der Brauchbarkeit oder des Wertes der Produktionen gehört, ein Kriterium, das beim d.D. nicht angewandt wird. *R. Bergius*

Divergenzhypothese, nach WEWETZER (1958) ist die Faktorenstruktur der Intelligenzleistung nicht nur abhängig vom Alter (→Differenzierungshypothese), sondern auch vom Begabungsniveau. Nach der D. werden mit zunehmendem Intelligenzgrad die Leistungsstrukturen differenzierter, komplexer und prägnanter. Dies zeigt sich in der Abnahme der Interkorrelationen von Intelligenztestergebnissen bei steigender Intelligenzhöhe. *E. Klippstein*

Divergenztheorem, Divergenztheorie →Führung

Diversifikationsquotient, ein Maß für die Komplexität von sprachlichen Texten, und zwar das Verhältnis der Anzahl der versch. Wörter zu der Gesamtzahl der im Text vorkommenden Wörter. Auch *type-token-ratio* (TTR) genannt (JOHNSON 1941).
• Der D. gibt Aufschluß über die einer Sprache eigene Mannigfaltigkeit ihrer Ausdrucksmöglichkeiten sowie über die Fähigkeit oder Bereitschaft des Sprechenden (Schreibenden), diese Möglichkeiten zu nutzen. Der individuelle D. steht deshalb auch im Zusammenhang mit Intelligenz, Schichtzugehörigkeit etc. (→Sprachdiagnostik). *H. E. Zahn*

DL [engl. *difference limen*] →Unterschiedsschwelle

DNS →Desoxyribonukleinsäure

Dogmatismus, vor allem als Alternativkonzept zur «Autoritären Persönlickeit» von ROKEACH (1960) entwickeltes Konzept zur Kennzeichnung der Strukturen individueller Überzeugungen. Aufgebaut aus dem *«belief-system»* einer Person, als dem Insgesamt der zu einer bestimmten Zeit für wahr und richtig erachteten Überzeugungen, Erwartungen und Hypothesen ist ein derartiges System dann als «geschlossen» und damit als dogmatisch zu bezeichnen, wenn die Ablehnung gegen andere *belief*-Systeme sehr groß ist, die einzelnen *beliefs* voneinander isoliert sind und eine große Distanz zu all jenen Systemen aufrechterhalten wird, die mit dem eigenen System für nicht vereinbar gehalten werden. Die Operationalisierung des Konzepts mithilfe der D-Skala (ROGHMANN 1966, ROKEACH 1960, BODEN 1975) hat zwar zu zahlreichen empirischen Arbeiten geführt, nennenswerte Arbeiten – im Vergleich zu den Studien zur Autoritären P. – sind jedoch bislang noch nicht publiziert worden. *B. Six*

Dolantin® →Pethidin

Dölle, Ernst-August (1898 (Celle) –1972), Psychologe (Seelenlogik, Dichotomie und Duplizität) / Berlin, Greifswald, Konstanz

DoloVisano® →Mephenesin

DOM, Abk. für →2,5-Dimethoxy-4-methylamphetamin

Domestikation [lat. *domus* Haus], Änderungen im Erscheinungsbild und Verhalten von Organismen, die durch Gefangenschaft bzw. Zucht hervorgerufen wurden.
Durch D. des Wolfes z. B. entstand die Vielzahl der Hunderassen. Der fehlende Druck der natürlichen →Selektion sowie die menschliche →Zuchtwahl können die Sinne verkümmern und unphysiologische Körperformen entstehen lassen. Nach LORENZ (1943) erfolgt beim Menschen durch D. ein Abbau instinktiver Verhaltensweisen. Dadurch gewinnt sein Verhalten mehr Plastizität – eine der Voraussetzungen zur Menschwerdung. *V. Preuss*

Dominante, charakterologische, die phänomenologisch hervortretende Eigenschaft oder Eigenschaftsgruppe, durch die die Person ihr charakterliches Gepräge erhält.

Dominanz, Vorherrschen, Überlegensein
• (biol.) In der Genetik die vorherrschende Ausprägung eines →Allels gegenüber einem anderen. Besitzt ein Mensch z. B. das dominante Allel der Blutgruppe 0 (→Heterozygotie), so hat er im Phänotyp die Blutgruppe A.
• D. bedeutet soziale oder territoriale Überlegenheut von Individuen/Gruppen über andere. D. kann durch Geburt erworben werden, ist jedoch meistens die Folge von →Kampfverhalten. Es entstehen →Rangordnungen, soziale →Hierarchien z. B. bei Nahrungsaufnahme, →Körperpflege (mutuelle), →Fortpflanzungsverhalten. D. ist arterhaltend. • Bei CATTELL ist D. ein Grundwesenszug (E+) der 16 Persönlichkeitsdimensionen. Er charakterisiert unabhängiges, zuversichtliches, eigensinniges Verhalten. Der Wesenszug im Gegenpol (E-) steht für unsicheres, unterwürfiges, bescheidenes Verhalten. [T] CATTELL et al. 1970 *P. Drüge/H. Häcker*

Dominanzheuristik →Entscheidungsheuristik, bei der die Alternative gewählt wird, die auf allen Dimensionen besser (oder mindestens gleich gut) bewertet wird als alle in Betracht kommenden anderen Alternativen. «Die gewählte Alternative wird also auf keiner Dimension von irgendeiner anderen Alternative dominiert.» (JUNGERMANN 1985)

Dominanzregel →Entscheidungsstrategie

Dominanzstreben, eine in der →Persönlichkeitspsychologie selbständige →Dimension, die das Streben einer Person nach einer Machtposition innerhalb einer →Bezugsgruppe zum Ausdruck bringt. GUILFORD und CATTELL konnten D. auch →faktorenanalytisch absichern. Als Charakteristika für D. gelten u. a. machtorientiert, direktiv, hart, bestimmend, befehlsgebend, selbstbehauptend. →Macht, Machtstreben

Dominator-Modulator-Theorie (GRANIT) →Farbensehen

Domino-Test **[T]** ANSTEY

Donders, Frans Cornelis (1818–1889), Ophtalmologe und Physiologe / Universität Utrecht

Dondersschе Subtraktionsmethode, auf DONDERS zurückgehendes Verfahren, den Zeitbedarf für einen Teilprozeß der inneren Abläufe zwischen Reiz und Reaktion durch Reaktionszeitmessung (→Reaktionszeit) zu gewinnen und damit Teilprozesse zu isolieren. Die Vpn bearbeiten zwei verschiedene Reaktionszeitaufgaben, die in jeder Hinsicht einander gleichen, ausgenommen, daß die eine den fraglichen Teilprozeß impliziert, die andere nicht. Die Differenz zwischen den beiden durchschnittlichen Reaktionszeiten wird als Zeitbedarf des interessierenden Teilprozesses interpretiert.

Dagegen ist einzuwenden, daß dieser Schluß nur unter der Voraussetzung der reinen Einfügung gilt, d. h., nur wenn der Unterschied beider Aufgaben auch tatsächlich den zu untersuchenden Teilprozeß in den inneren Ablauf einfügt bzw. eliminiert, ohne die anderen Teilprozesse oder die Struktur ihres Zusammenwirkens zu verändern. Jahrzehntelang wurde über diese Voraussetzung durch Introspektion entschieden, was die Methode schließlich diskreditierte. Seit Mitte der 60er Jahre erlebt sie eine Renaissance, da dem Versuch, mit mathematischen Mitteln über die Voraussetzung der reinen Einfügung zu entscheiden, einige Teilerfolge beschieden waren. Ein modernes Verfahren, das diesem Problem entgeht, ist das →STERNBERG Paradigma. **[L]** ASHBY & TOWNSEND 1980 *W. Glaser*

door-in-the-face-technique [engl. «mit-der-Tür-ins-Haus-fallen»], wenn jemand zuerst um einen großen Gefallen bittet, der ihm jedoch abgeschlagen wird, dann wird erwartet, daß ein geringerer Gefallen, in dem er im Anschluß bittet, eher erfüllt wird, wenn ihm seine große Bitte vorher nicht erfüllt wurde (→foot-in-the-door technique).

Dopa, Abk. für Dihydroxyphenylalanin, Zwischensubstanz bei der Synthese der →Catecholamine, Vorstufe (Präcursor) des Neurotransmitters →Dopamin. D. wird gebildet im Nebennierenmark, im Sympathikus und im Gehirn. Im Unterschied zu →Dopamin und Noradrenalin passiert es die →Blut-Hirn-Schranke und kann deshalb extracerebral (z. B. intravenös) verabreicht werden, z. B. zur Stimulierung der Dopaminsynthese bei M. Parkinson. Mehr als 90 % des als Levodopa verabreichten Dopa wird bereits in der Blutbahn in Dopamin umgewandelt. Levodopa hat Anwendung in Kombination mit anderen Substanzen (z. B. mit Benserazid als Madopar® die am häufigsten verwendete Kombination) zur Behandlung der Parkinson-Krankheit. Die Hoffnung, D. bei der Depression erfolgreich einzusetzen, hat sich nicht erfüllt. D. hebt jedoch depressive Zustände nach hohen Gaben von →Reserpin auf. Keine subjektive oder leistungsbeeinträchtigende Wirkung bei Gesunden bei niedrigen Dosen. **[L]** JULIEN 1997 *W. Janke*

DOPAC, Abk. für →3,4-Dihydroxiphenylessigsäure

Dopamin, biogene Substanz, Abk. DA: 1) unmittelbarer Präcursor bei der Biosynthese des →Noradrenalins (→Catecholamine), 2) Neurohormon (des Hypothalamus) und 3) Neurotransmitter. D. wird in verschiedensten Teilsystemen synthetisiert aus Tyrosin über die Zwischensubstanz →DOPA unter Beteiligung zweier Enzyme. Der Abbau vollzieht sich über mehrere Wege mit dem Endprodukt →Homovanillinsäure (HVA). Im ZNS lassen sich mehrere funktionale dopaminerge Systeme unterscheiden: a) das nigrostriatale, b) das mesolimbische, c) das mesocortikale, d) das tuberohypophysäre System. Zusätzlich sind verschiedene Rezeptortypen D_1 bis D_6 zu unterscheiden, für die unterschiedliche regionale Anreicherungen gesichert oder wahrscheinlich sind: Anreicherung der Typen D_1, D_2, D_3 finden sich im N. accumbens. Anreicherungen von D_1 und D_2 finden sich auch in N. caudatus und Putamen, D_4 finden sich im frontalen Cortex, Zwischenhirn und Hirnstamm. Anreicherungen von D_5-Rezeptoren finden sich im Hypothalamus und Hippocampus. Das Dopaminsystem hat eine große Bedeutung für psychische Prozesse und psychische sowie neurologische Störungen. Dopaminmangel führt zu M. Parkinson, Überschuß wird mit produktiver Schizophrenie in Verbindung gebracht. Ps. Untersuchungen deuten an, daß die Ausscheidung von D. vom Wachzustand über den aktivierten zum nicht aktivierten Schlaf monoton abnimmt. Wichtige durch D. vermittelte Funktionen sind: Motorik (Aktivität, Willkürmotorik) (nigrostiatales System), Verstärkung/Belohnung (positive Emotionalität, Sucht) und Appetenzverhalten (Nahrungsappetenz, Sexualverhalten) (Nucleus accumbens). Diese ps.

Prozesse können durch Agonisten und Antagonisten von D. z. T. selektiv beeinflußt werden (→dopaminbeeinflussende Substanzen). [L] DI CHIARA 1995, FELDMAN et al. 1997, SEEMAN 1995, WILLNER 1995, WILLNER & SCHEEL-KRÜGER 1991, WISE & ROMPRE 1989 *W. Janke/P. Netter*

dopaminbeeinflussende Substanzen, Stoffe, die die biologische Verfügbarkeit/Aktivität von Dopamin erhöhen (Agonisten) oder erniedrigen (Antagonisten). Forschergruppen bemühen sich, möglichst rezeptor-spezifisch wirkende agonistische und antagonistische Pharmaka zu entwickeln. Erhöhung der biologischen D.-Verfügbarkeit ist u. a. möglich über Synthese, Freisetzung, Abbau und Rezeptorwirkung, fördernde oder hemmende Stoffe, die mehr oder weniger selektiv auf das Dopaminsystem (im Vergleich zu anderen Transmittersystemen), bzw. auf Dopaminteilsysteme wirken. DA-Agonisten, die die Wiederaufnahme hemmen, sind u. a. →Cocain, →Amphetamin, →Methylphenidat, die aber auch Noradrenlin betreffen. Fast alle Agonisten bewirken jedoch durch ihre DA-Freisetzungshemmung eine teilweise gleichsinnige DA-Blockade wie Antagonisten. Ein spezifischer Wiederaufnahmehemmer von nur DA ist Benzotropin und einige Piperazinderivate (u.a. GBR 12909). D_1-Rezeptor-Agonisten/-Antagonisten werden in der experimentellen Forschung eingesetzt. Sie beeinflussen auch D_5-Rezeptoren. D_2-Agonisten/-Antagonisten sind bislang die am meisten untersuchten DA-beeinflussenden Stoffe, so als Agonist →Bromocriptin und als Antagonisten →Neuroleptika wie →Haloperidol [L] FELDMAN et al. 1997 *W. Janke*

dopaminerg, a) Wirkungsart von Stoffen, die der von →Dopamin vergleichbar ist. b) Nervenfasern oder nervöse Systeme, in denen Dopamin oder Verwandte als →Transmitter fungieren. Dopaminerge nervöse Systeme haben nach Auffassung zahlreicher Autoren grundsätzliche Bedeutung für Motorik, für kognitive Prozesse, Aktivierung und Emotionalität (bes. positiver Valenz). *W. Janke*

Dopergin® →Lisurid

Doping-Substanzen, zur Steigerung der körperlichen, meist sportlichen, Leistung eingesetzte (mißbrauchte) Substanzen aus der Klasse der →Anabolika, →Wachstumshormone sowie der Klasse der →Psychostimulantien. Während Psychostimulantien die ps. Aktiviertheit über Stunden steigern, haben Anabolika eher langfristige Wirkungen im Sinne erhöhter muskulärer Kapazität, die je nach Stoff mit ps. Wirkungen verbunden sein können. Alle D. haben bei chronischer Zufuhr toxische Wirkungen. Das Wachstumshormon wurde bei Jugendlichen angewendet. Im großen Umfang wurden D. in der ehemaligen DDR zur Erzielung von Spitzenleistungen angewendet. [L] BERENDONK 1992, DONIKE & RAUTH 1996 *W. Janke*

Doppelbewußtsein, das Bew., das bisweilen →Somnambule und →Hysterische zur Angabe veranlaßt, daß sie neben dem eigentlichen noch ein zweites Dasein führen oder geführt haben. In Verbindung damit das →déjà-vu oder →Spaltung der Persönlichkeit.

Doppelbilder, svw. zweifacher Gesichtseindruck. D. entstehen, wenn der gleiche Reiz auf nichtkorrespondierende (→disparate) Netzhautstellen trifft. Beim normalen Sehen entstehen D. infolge der →Querdisparation und werden in der Regel nicht bemerkt. Merkliche D. treten bei Störungen der Konvergenz (Augenmuskellähmung, Schielen) auf. Häufig Frühsymptom der →multiplen Sklerose.

Doppelbindung →double-bind hypothesis

Doppelblindversuch →Blindversuch

Doppeldeutigkeit →Mehrdeutigkeit

Doppeldurchstreich-Test [T] ZAZZO

Doppeleffekttheorie, Doppelursachen-Doppelwirkungslehre. →Leib-Seele-Problem

Doppelempfindung, bei Nervenleiden mögliche Empfindungsstörungen (→Synästhesien), die auf Beeinträchtigung der sensiblen Leitungsbahnen beruhen. Ein Reiz ruft nach Zeit und Qualität getrennte Empfindungen hervor, z. B. auf Stich erst Berührungs-, später Schmerzempfindung.

Doppelgänger, ein einem anderen zum Verwechseln ähnlicher Mensch. Auf Grund abergläubischer Vorstellungen wirkt das Auftreten von Doppelgängern oft furchterregend und wird als böses Vorzeichen gewertet (ausgenommen bei Zwillingen). • Im →Okkultismus werden angeblich beobachtete Doppelgängererscheinungen als dem eigenen Leib teilweise entwichene und «materialisierte» Seele betrachtet.

Doppel-Ich →Bewußtsein, alternierendes, →Heautoskopie

Doppelorgane, Bez. für das Doppeltsein von Organen, speziell von Auge und Ohr. Die Bedeutung dieser Tatsache wird beim Auge in der Tiefenstaffelung und beim Ohr in der Festlegung der Schallrichtung gesehen. Die Wahrnehmungsps. benützt die D. als Grundbeispiel für diejenigen Zusammenhänge, wo trotz mehreren Reizmannigfaltigkeiten durch «Verschmelzung» dasselbe wie mit nur einem Auge bzw. einem Ohr erreicht wird (bei halber Licht- bzw. Schallenergie)

doppeltes Bewußtsein →Bewußtsein, alternierendes, →Heautoskopie

Doppeltsehen →Doppelbilder

Doppelursachentheorie →Leib-Seele-Problem

Doppler, Christian (1803–1853) Physiker, Mathematiker / Prag, Chemnitz, Wien

Dopplerscher Effekt, Dopplereffekt, Abhängigkeit der Frequenz von Wellenvorgängen von der Geschwindigkeit der Quelle oder des Empfängers. Bei Annäherung einer Schallquelle z.B. treffen beim Beobachter mehr Wellen pro Zeiteinheit ein, als von der Quelle ausgehen, da der vom Schall zurückzulegende Weg zunehmend kleiner wird; umgekehrt ist es bei Entfernung der Schallquelle. Entsprechend ist der gehörte Ton bei Annäherung höher als bei Entfernung. *H. Heuer*

Dorf-Test [T] ARTHUS

Dormicum® →Midazolam

dorsal [*dorsum* zum Rücken], zur Rückseite gehörend, dahin gewendet. Ggs. →ventral

Dotting, Zielpunktieren, →Tapping-Test

double-bind-hypothesis, d.-b.-Situation, d.-b.-Kommunikation, von BATESON (1956) als der kritische Aspekt schizophrenieerzeugender Interaktion beschrieben. Kennzeichen solcher Kommunikation: (1) Widerspruch zwischen zwei Informationen, die einen wichtigen Bereich betreffen (z.B. Widerspruch zwischen →analoger und →digitaler Kommunikation, zwischen Vater und Mutter). (2) eine Reaktion ist zwingend erforderlich und (3) der Grundwiderspruch der Botschaften wird so verdeckt oder verleugnet, daß er in der Situation nicht erkannt werden kann. LAING 1967 spricht von einer Mattstellung *(position of checkmate)*. WEAKLAND betont, daß die Situation als völlig unausweichlich erlebt werden muß. Dagegen sieht LIZID d.b. als einen von vielen irrationalen Einflüssen, die auf ein Kind in einer schizophrenogenen Familie einwirken. [L] DAVISON & NEALE 1980 *H. Ries*

Down, John Langdon Haydon (1828–1896), engl. Arzt / London

Down-Syndrom, Morbus Langdon DOWN, mongoloide Degeneration (WEYGANDT), eine von DOWN 1866 erstmals beschriebene angeborene Form eines körperlich und geistigen Störungsbildes, das bei beiden Geschlechtern auftritt. Wegen der schrägen Augenstellung und der Hautfalte über dem inneren Lidwinkel (Epikanthus) auch Mongolismus genannt.

Weitere körperliche Merkmale sind u. a.: dikke gefurchte Zunge, breite Nase und tiefe Querfurche in der Handfläche. Fehlbildungen innerer Organe, insbesondere Herzfehler sind häufig, was zu deutlich verringerter durchschnittlicher Lebenserwartung führt. Im Einzelfall ist ein Lebensalter bis ca. 65 verbürgt. Die Fortpflanzungsfähigkeit ist stark eingeschränkt. Personen mit D.-Syndrom sind wegen ihrer geistigen Behinderung nicht zu selbständiger Lebensführung fähig. Auf ca. 600 Geburten entfällt ein Kind mit D.-Syndrom. In Abhängigkeit vom Alter der Mutter (insbesondere ab dem 35. Lebensjahr) nimmt die Risikowahrscheinlichkeit für die Geburt eines Kindes mit D.-Syndrom stark zu. Deswegen werden Vorsorgeuntersuchungen dringend empfohlen. Das D.-Syndrom ist die häufigste, im Regelfall nicht vererbte →Chromosomenaberration. Nach der Art der Anomalie werden verschiedene Unterformen unterschieden: Die häufigste und als erste 1959 entdeckte Aberration betrifft das Autosom 21 (eigentlich 22), welches 3fach vorhanden ist, weshalb das D. auch Trisomie 21 genannt wird. Lagert sich das überzählige Chromosom an ein anderes an (seltener, familiär gehäuft an Chromosom 15), liegt Chromosomentranslokation vor. Kausale Therapien sind nicht möglich. Zu Forschungen über die Intelligenz beim D.-Syndrom: DITTMANN 1982 *P. Day*

Doxepin, WZ Aponal®, Psychopharmakon aus der Klasse der →Antidepressiva vom Typ der Serotonin-/Noradrenalinwiederaufnahmehemmer mit relativ kurzer Halbwertszeit. Relativ starke sedierende und anxiolytische Wirkung. [L] →Antidepressiva *W. Janke*

doxogen [gr. *doxa* Vorstellung, Meinung], durch Vorstellung entstanden.

DPH, Abk. für *differential-probability-hypothesis*. →PREMACK-Prinzip

DQ, Abk. für *development quotient*. →Entwicklungsquotient

Drachen [T] POPPELREUTER

Drahtbiegeprobe [T] LIENERT

Drall, unwillkürliche Abweichung des Menschen von der gradlinigen Vorwärtsbewegung im Raum. Ursache der Verirrungsbögen im Nebel usw. Über 2/3 aller Menschen weichen nach links ab.

Drang, ein oft mit der Erlebnisqualität des Dumpfen verbundenes, vom Individuum als Trieb, Begierde oder Strebung erfahrbares und zur Änderung einer gegebenen Situation hinstrebendes Spannungserlebnis. LERSCH sieht im D. den Oberbegr. für alle dynamisch gerichteten Regungen. **[L]** MCDOUGALL, LERSCH

Draw-a-man-Test **[T]** GOODENOUGH

Drawing Completion Test **[T]** KINGET

Dreh-Nystagmus →Nystagmus

Drehschwindel, Schwindelempfindung, die durch häufige Drehung des Körpers um die Körperachse eintritt. Nach dem Aufhören der Drehung hat man den Eindruck, als bewege man sich selbst im entgegengesetzten Sinn. Der D. wird durch Reizung der Bogengänge im Ohr hervorgerufen. →Drehstuhlversuch

Drehstuhlversuch, Verfahren zur Prüfung der Raumorientierung. Ursprünglich für die Fliegereignungsuntersuchung entwickeltes Unters.mittel, das ermöglicht, die Vp (sitzend und mit verbundenen Augen) karusselartig um ihre Achse zu drehen. Der Versuch eignet sich auch zur Diagnose auf →Suggestibilität und →Labilität. In England ist der Drehstuhl als BARANY-Stuhl bekannt. →Sinnesfunktionen (7)

Dreieck-Hypothese [engl. *triangle hypothesis*], von KELLEY und STAHELSKI (1970) vorgeschlagene Hypothese, die postuliert, daß Personen, die an verschiedenen Enden eines Kooperations-Wettstreit-Kontinuums stehen, unterschiedliche Meinungen über die anderen Verhandlungspartner bezüglich deren Stellung auf dem Kontinuum haben. Rivalisierende glauben, daß die anderen alle rivalisieren werden, während Kooperierende der Meinung sind, die anderen seien heterogen, einige werden kooperieren, andere werden rivalisieren. Der →Graph der erwarteten Orientierungen der anderen ist für die Kooperierenden und Rivalisierenden ein Dreieck. →Verhandlungsverhalten *R. Bergius*

dreimodale Faktorenanalyse →Faktorenanalyse

Dreiwortmethode **[T]** BINET, GIESE, MASSELON

Dressate (KÜNKEL), erworbene, angebildete Verhaltens- und Begegnungsschemata. Sie sollen insbes. auch ein «Durchhalten» bei inadäquater Anpassung ermöglichen. Man spricht folgerichtig von Dressat-Neurose, wenn solche Anpassung zerbricht und eine Neurose die Folge ist. **[L]** KÜNKEL

Dressur, Herstellen →bedingter Reflexe durch ein exogenes oder endogenes Reizmuster. →Konditionierung. Die D. wird vom Menschen häufig angewandt, um Tiere (→Domestikation) für wirtschaftliche Zwecke verwenden zu können z. B. Jagdhunde, Zug- und Reitpferde, Zirkustiere. *V. Preuss*

Drill-Ich, nach SZONDI die Ich-Stufe des Kindes, in der es neben der Tendenz zur vollen Projektion lernt, Rapporte mit der Umwelt herzustellen. Dadurch wird das Ich gezügelt und die Verdrängung psychischer Inhalte bedingt.

drive [engl.] →Antrieb, →Trieb, →Instinkt

drive level, Triebspiegel. Summe der energetischen Komponenten der augenblicklichen →Motivation.

drive stimulus →Triebreiz

Droge, Bezeichnung für chem. Substanzen, die wegen unterschiedlichen Gebrauchs problematisch ist. Gebraucht für a) (herkömmlich) Stoffe (Rohstoffe) natürlichen, pflanzlichen oder tierischen Ursprungs, die als Arzneimittel oder technisch verwendet werden. b) Alltagsprachlich für nicht als Arzneimittel verwendete Stoffe (bes. pflanzl. Herkunft), c) Stoffe mit Suchtpotential oder rauscherzeugenden Eigenschaften, d) Psychotomimetika, e) alle Arten chemischer Stoffe entsprechend dem englischen Begriff «drug». **[L]** BALICK & COX 1997 *W. Janke*

Drogenabhängigkeit, heute eher Verwendung des Begriffes «Substanz(-abhängigkeit)». Die Betroffenen haben die Kontrolle über den Drogenkonsum verloren, bringen sich oder andere in körperliche Gefahr. Familiäre, soziale und berufliche Beziehungen können gefährdet sein. Häufig werden einsichtsorientierte Therapien angewandt, für die jedoch keine besondere Wirksamkeit nachgewiesen ist. Die Wirksamkeit erhöht sich bei multidimensionalen Therapieprogrammen. Als günstig erwies sich eine Kombination von Verhaltens-, kognitiver und biologischer Therapie (häufig in Form von Gruppentherapie): – aversive Konditionierung, – Taining sozialer Fertigketien, – Kontingenztraining, – Selbstkontrolltraining, – Rückfallpräventionstraining. →Sucht *F. Caspar*

Drogenabhängigkeit, zwanghaftes Verlangen nach Einnahme von Substanzen (Drogen, Medikamente, Alkohol, Nicotin) bzw. das körperliche Angewiesensein auf eine fortlaufende Einnahme der Substanz mit dem Ziel, einen angenehmen Zustand zu erzeugen oder einen unangenehmen zu vermeiden. Bei Nichtzufuhr des Stoffes treten →Entzugserscheinungen auf. Bei der sog. Gewohnheitsbildung besteht lediglich eine Abhängigkeit mit nur geringem Verlangen nach einer Dosissteigerung. Nach Substanzart unterscheidet man mehrere Typen: 1) Barbiturat-Alkohol-Typ

(Schlaf-, Beruhigungs-, Schmerzmittel, Alkohol), 2) Morphin-Typ (Opiate), 3) Amphetamin-Typ (Aufputschmittel, Appetitzügler), 4) Halluzinogen-Typ (→LSD, →Meskalin, →PCP), 5) →Cocain-Typ und 6) Marihuana/Cannabis-Typ. Unterschiede bestehen in der Neigung zur Dosissteigerung und Toleranzentwicklung, dem Grad der somatischen Abhängigkeit und dem Auftreten eines Entzugssyndroms. Die Ps. hat eine Vielzahl von Modellen zur Erklärung von D. vorgeschlagen, wobei nach Initiierung, Aufrechterhaltung und Rückfall zu differenzieren ist. Wichtig sind lerntheoretische Erklärungen, die Konsequenzen der Drogeneinnahme (positive, Wegfall von negativen Folgen) in den Mittelpunkt stellen. Von Bedeutung sind aber stets auch physiologische und biochemische Grundlagen. Neuere Forschungsrichtungen gehen der Frage nach, ob für bestimmte Personen somatische Faktoren auffindbar sind, die zu einer erhöhten Vulnerabilität für D. führen. Für eine Reihe von Reaktionen auf Pharmaka (z. B. Sedierungsschwelle) und Abhängigkeitsformen sind genetische Faktoren (z. B. Alkoholismus) und/oder somatische Faktoren nachgewiesen oder empirisch wahrscheinlich gemacht worden. [L] Böning 1993, Coper et al. 1990, Piazza & LeMoal 1996, Tretter 1998, Warburton 1990, Watzl & Rockstroh 1997 *W. Janke/P. Weyers*

Drogenentzug, Wegnahme einer Droge bzw. eines chem. Stoffes. Bei vielen Stoffen mit Entzugserscheinungen verbunden. [L] Jaffe 1987 *W. Janke*

Drogenmißbrauch, syn. Substanzmißbrauch, chronische oder übermäßige Anwendung von Medikamenten, Pharmaka und Drogen bei fehlender medizinischer Indikation. [L] di Chiara 1995, Heinrich et al. 1989, Piazza & LeMoal 1996 *W. Janke*

Drogenpostulat, Modell von H. J. Eysenck zur Erklärung von differentiellen Effekten chemischer Stoffe (→differentielle Pharmakopsychologie), speziell Wechselwirkung psychotroper Substanzen und Persönlichkeit: →Psychostimulantien reduzieren kortikale Hemmung, desaktivierende Stoffe (→Sedativa, →Hypnotika, →Tranquillantien) hingegen erhöhen sie. Diese Verschiebungen gehen nach Eysenck mit Veränderungen des Verhaltens auf der Extraversions-/Introversionsdimension einher. Das D. wurde von mehreren Autoren als zu einfach kritisiert und auch in vielen Untersuchungen nicht bestätigt. Auch im Tierversuch wurde das D. nicht verifiziert. [L] Claridge 1983, Claridge et al. 1981, Eysenck 1957, 1963, Garau & Garcia-Sevilla 1985, Janke 1964, Legewie 1968, Rammsayer 1997 *W. Janke*

Drogenselbstverabreichung, Methode der →Verhaltenspharmakologie, bei der Tiere sich selbst Pharmaka verabreichen können. Methoden für orale, intraperitoneale, intravenöse, intracerebrale und inhalierende Verabreichung wurden entwickelt. Gebräuchlichste Technik ist die orale Verabreichung, bei der meist zwischen aktiver und Scheinsubstanz zu wählen ist. Die Verabreichung geschieht häufig unter Streßbedingungen (z. B. elektrische Schläge). In bestimmten Situationen führen sich die Tiere in erhöhtem Maße →Alkohol, →Opiate, →Barbiturate, →Tranquillantien und →Psychostimulantien zu. Mehrere Stoffe werden nicht appliziert (z. B. →Chlorpromazin, →Pemolin). Versuchstiere sind meist Ratten und Affen. Von besonderer Bedeutung ist die lokalisierte intracerebrale Zufuhr. Sie entspricht der Technik der elektrischen Selbstreizung nach Olds. Wichtig ist die Methode auch zur Untersuchung der Entstehung einer Drogenabhängigkeit im Kontext von Tiermodellen. D. dient seit Beginn der 60er Jahre dem Nachweis des Suchtpotentials einer Substanz (→Drogenabhängigkeit). Es existieren auch Ansätze im Humanbereich. [L] Bickel et al. 1995, Hughes et al. 1996, Wolffgramm 1997 *P. Weyers/W. Janke*

Drohen, (biol.) →Signale oder Verhaltensweisen, die einen Gegner unterdrücken od. vertreiben sollen. →Kommentkampf *V. Preuss*

DRL, Abk. für *differential reinforcement of low rates* →Verstärkungsplan

dR-Technik, eine von Cattell vorgeschlagene Variation der →R-Technik. Bei der dR-T. werden nicht die Meßwerte, welche mittels Variablen an einer Stichprobe von Vpn gemessen werden, interkorreliert und faktoranalysiert, sondern es werden die Differenzen von Meßwiederholungen bei denselben Vpn zur Analyse herangezogen.

Druckpunkte, Hautoberflächenstellen, an denen Empfindlichkeit für Druckwahrnehmung besteht. Auf 1 cm^2 kommen am Unterschenkel: 9–10, Handgelenk 12–44, Daumenballen 111–135, Kopfhaut 115–300 D.

Drucksinn, der Sinn, der die Wahrnehmung von Berührungen des Körpers vermittelt. Die Sinnesorgane sind die Meissnerschen Tastkörperchen und freie Nervenendigungen in der Haut (→Druckpunkte). Adäquater Reiz für die Druckempfindung ist die Defor-

D

mation der Haut bei der Berührung. Der D. ist leicht ermüdbar (z. B. Gewöhnung an den Druck der Kleider). →Raumschwelle, →Ästhesiometer

Druckwaage (WUNDT), Vorrichtung zur Prüfung der Druckempfindlichkeit. →Schreibwaage

Drug challenge test →Challenge Test

Drug discrimination, Begriff der →Verhaltenspharmakologie, der die Fähigkeit eines Individuums betrifft, unterschiedliches Verhalten je nach verabreichter Droge zu zeigen. Auch benutzt zur Substanzklassifikation. Bedeutungsvoll für die Theorie der →Drogenabhängigkeit und des →zustandsabhängigen Lernens. [L] CLARK 1990, HEISHMAN & HENNIGFIELD 1991 *W. Janke*

Drug self administration →Drogenselbstverabreichung

Drüsen, Organe, die Sekrete bilden und diese nach außen (= exokrine D. – z. B. Schweißdrüsen der Haut; Exkrete) abgeben oder ins Blut bzw. in die Lymphbahn ausschütten (endokrine D. = D. mit innerer Sekretion – z. B. →Hypophyse; Inkrete →Hormone) *V. Preuss*

DSM-IV, Abk. für Diagnostic and Statistical Manual of Mental Disorders, Klassifikationssystem der American Psychiatric Association. Dieses Klassifikationssystem wird in den USA sehr häufig verwendet und findet sich in vielen englischsprachigen Lehr- und Handbüchern der Klinischen Ps. Es konkurriert mit dem Klassifikationssystem der WHO →ICD. In diesem Klassifikationssystem wird durchgehend der Begriff Krankheit vermieden und durch den Begriff der Störung ersetzt.

Das multiaxiale Klassifikationssystem enthält fünf Achsen:

- Achse I: →Klinische Störungen, andere klinisch relevante Probleme
- Achse II: →Persönlichkeitsstörungen, geistige Behinderung
- Achse III: →Medizinische Krankheitsfaktoren
- Achse IV: →Psychosoziale und umgebungsbedingte Probleme
- Achse V: →Globale Erfassung des Funktionsniveaus.

Auf Achse I werden die folgenden ps. Störungen erfaßt:

- Störungen, die gewöhnlich zuerst im Kleinkindalter, in der Kindheit
- oder Adoleszenz diagnostiziert werden
- Delir, Demenz, amnestische und andere kognitive Störungen
- Psychische Störungen aufgrund eines medizinischen Krankheitsfaktors
- Störungen im Zusammenhang mit psychotropen Substanzen
- Schizophrenie und andere psychotische Störungen
- Affektive Störungen
- Angststörungen
- Somatoforme Störungen
- Vorgetäuschte Störungen
- Dissoziative Störungen
- Sexuelle und Geschlechtsidentitätsstörungen
- Eßstörungen
- Schlafstörungen
- Störungen der Impulskontrolle
- Anpassungsstörungen
- andere klinisch relevante Probleme.

[L] SASS et al. 1996 *L. Schmidt*

D-S-T [T] LIENERT

D-Typus →Integrationspsychologie

dual-coding-Ansatz, die Annahme, daß Wörter und Sätze zweifach (dual) im →Gedächtnis gespeichert werden, sowohl in bildlicher Verschlüsselung (imaginativ oder ikonisch) als auch linguistisch, als Wort oder Wörter (verbal-auditiv oder konzeptuell, begrifflich, als «Idee»). Das Ergebnis ist multiple →Repräsentation.

duale Sehtheorie →Duplizitätstheorie

Dualismus, Annahme des Prinzips der Zweiheit, bes. in philosoph. Hinsicht – Gut und Böse, Geist und Materie. Ps. bedeutungsvoll ist die Zweiheitslehre als Anschauung, die weder materialistisch das Seelische auf das Körperliche noch spiritualistisch das Körperliche auf das Seelische zurückführt. Sie ist Grundlage der Annahme einer Wechselwirkung zwischen Geist und Körper, Leib und Seele wie auch des Parallelismus. (→Parallelismus, psychophysischer) Diese Anschauungen gehen letztlich auf DESCARTES (mit den Grundbegr.: ausgedehnte und denkende Substanz) zurück. →Leib-Seele-Problem Ggs. →Monismus.

Dualsystem, Zahlensystem mit der Grundzahl 2. Mit Hilfe zweier Zeichen werden alle Zahlen aus Potenzen von 2 aufgebaut. Das D. hat besondere Bedeutung für →Digitalrechner →Code

Dualzeichen →bit

Duncan, David Beattie (*1916, Australien), amerik. Statistiker / Baltimore

Duncan-Test, statistisches Verfahren, das für den Vergleich von Mittelwertpaaren bei Vorliegen von mehr als zwei Gruppen (Klassen der unabhängigen Variablen) im Versuchsplan einer Varianzanalyse geeignet ist. Wird zur Berechnung der Signifikanz des Unterschiedes zweier größenmäßig nicht benachbarter Mittelwerte verwendet. *E. Mittenecker*

Dunkeladaptation [lat. *adaptare* anpassen] →Adaptation. Steigende →Empfindlichkeit des Auges für →Leuchtdichten in Dunkelheit. In der Regel steigt die Empfindlichkeit zunächst schnell und nähert sich einer Asymptote; nach ca. 12 Minuten erfolgt ein zweiter schneller Anstieg, und eine zweite Asymptote wird erst nach mehr als einer halben Stunde erreicht; der erste Teil der Kurve geht auf die Adaptation der Zapfen, der zweite auf die der Stäbchen (→Duplizitätstheorie, →Auge) zurück. Im Gegensatz zur langsamen Dunkeladaptation erfolgt die →Helladaptation sehr schnell. *H. Heuer*

Dunkelfeld-Test, Dunkelfeldtechnik, die Darbietung von Tests im verdunkelten Raum, wobei die Testvorlage allmählich hell herausgehoben wird mit der Absicht, beim Probanden eine konzentrierte, meditative Gesamtlage zu erzeugen. Zu solcher Darbietung eignen sich z. B. farbige Klecksographien. →Zentraltestmethode. **[T]** ROEMER

Dunkelschrift, das Schreiben im verdunkelten Raum oder mit verbundenen Augen (Wegfall der optischen Regulation) kann zur Diagnose von katathymen (→Katathymie) Steuerungstendenzen und von →Primitivreaktionen dienen, auch bei pharmakopsychologischen Untersuchungen.

Duplikationstheorem, Bez. für den allg. bei menschl. Beziehungen, insbes. aber intrafamiliär zu beobachtenden Vorgang, daß jeweils solche Neubeziehungen bevorzugt sind, die früheren (gewohnten) Beziehungen gleichen (ähneln). →Familienkonstellationen

Duplizitätstheorie (J. V. KRIES, 1894), psychophysiologische Theorie von der Doppelnatur der Netzhaut, die auf der morphologischen Verschiedenheit der Netzhautrezeptoren (M. SCHULTZE, 1866) einerseits und dem Unterschied von Tages- und Dämmerungssehen andererseits beruht. Mit Einschränkungen gilt, daß die in der *fovea centralis* gelegenen Zapfen beim Tagessehen und Helladaptation die Farb- und Unbuntempfindungen, die peripher gelegenen Stäbchen beim Dämmerungssehen und Dunkeladaptation die Unbuntempfindungen vermitteln. →Hellempfindlichkeit d. menschl. Auges, →PURKINJEsches Phänomen. (MEUMANN) Die Anschauung, nach der Gefühle aus einer zentralen psychophysischen Komponente (z. B. sensorische und vasomotorische Veränderungen) und einer weiteren, dem Gefühlsinhalt, bestehen.

dura mater →Gehirn

durcharbeiten, Durcharbeitung, von FREUD 1914 in seine psa. Theorie eingeführte Ausdrücke, die sich auf eine vom Analysierten zu leistende Arbeit (vor allem wohl bei Widerständen) beziehen, z. B. Bewußtmachen der affektiven Erlebnisse.

durchschnittliche Abweichung →mittlere Variation

Durchsichtigkeit, das Durchlassen von Licht ohne Schwächung und Streuung.
• Menschlicher Einsicht zugänglich sein (evtl. trotz Hindernissen oder Verschleierungen). • Objektiv Undurchsichtiges als «durchsichtig» wahrnehmen (z. B. wird dann, wenn zwei aus Papier ausgeschnittene Formen – etwa schwarzes Kreuz und weißer Balken – übereinandergelegt sind, dieser Überschneidungsbereich «durchsichtig» je nach Beachtung des Kreuzes oder des Balkens, entsprechend dem «Prinzip der guten Form»). →Gestaltgesetze

Durchstreich-Test **[T]** BOURDON, MEILI, PRESSEY, TOULOUSE-PIERON, ZAZZO

durée [frz.], bei BERGSON die erlebte im Ggs. zur gemessenen Zeit

DWT, Abk. für Differentieller Wissenstest **[T]** Deutsche Ges. für Personalwesen

Dyade, (allg.) Zweiheit, (sozialps.) Zweiergruppe, qualitativ herausgehobene →Kleingruppe, häufig mit besonderer Intensität der emotionalen interpersonalen Beziehungen und der Interaktion (SIMMEL 1908).

Dynamik [gr. *dynamis* Kraft, Möglichkeit im Ggs. zu *energeia* Wirksamkeit, Tätigkeit], Schwung, Triebkraft. Lehre von den in der Natur wirksamen Kräften; Teilgebiet der Mechanik. Wichtiges Kriterium der D. ist, daß sie auch da wirkt, wo keine direkte Einwirkung (wie bei Druck und Stoß der Mechanik) vorliegt. In der Ps. hat D. vielfältige Bedeutung: (1) D. wird analog zur Physik verstanden als die Veränderung psychischer Tatbestände unter dem Einfluß von Kräften. (2) Am häufigsten wird D. gebraucht in der Motivationsps. Die Kräfte werden dort entweder als →Instinkte, →Libido, →Triebe, →Triebfedern, →Antriebe, →Strebungen (LORENZ, FREUD, JUNG, KLAGES, KRÜGER, LERSCH) aufgefaßt, oder aber, ohne Annahmen hinsichtlich ihrer spezifischen Natur zu machen, operational definiert als →Vektoren (LEWIN). (3) In der Wahrnehmungsps. spricht man von D., insofern sich z. B. visuelle Gebilde unter dem Einfluß von Kräften im Sinne der jeweils herrschenden Bedingungen organisieren (z. B. →Aktualgenese, Tendenz zur guten Gestalt). (4) Ps. Kräfte können nach dem Isomorphieprinzip (WERTHEIMER, KÖHLER) somatisch grundgelegt sein. Man spricht in diesem Fall von der D. des Hirnfeldes (→Isomorphismus) (5) Von einer «dynamischen Ganzheit» spricht man, wenn sich mehrere ps. Kräfte im Rahmen gegebener Bedingungen spontan zu einem neuen Ganzen organisieren. «Dynamische Ganzheit» und «psychisches Feld» sind äquivalente Begriffe. – (6) D. als Ggs. zu starr und eindeutig bestimmten Verrichtungen (z. B. bedingter Reflex). (7) In der →Psychomotorik die Bezeichnung für die bewegungsverursachenden Kräfte. Als inverse Dynamik wird in →Robotik und Psychomotorik die «rückläufige Bestimmung» von Kräften bezeichnet, die für eine gewünschte Bewegung erforderlich sind; die Lösung ist in der Regel uneindeutig. (→koordinative Struktur)

dynamische Psychologie →Psychologie (Richtungen)

dynamisches Gefüge [engl. *dynamic lattice*], ein von CATTELL eingeführter Begr. der Persönlichkeitsps., der die Verflechtung von triebartigen (ergischen) Energiequellen, Gesinnungen *(sentiments)* und Einstellungen *(attitudes)* bezeichnet. – Auch für die Energiequellen in der →Gruppe, d. h. für die funktionalen Zusammenhänge zwischen individuellen Zielen, Gruppenzielen und Zielen verschiedener miteinander interagierender Gruppen wird der Begr. verwendet (CATTELL 1950). [L] KRUSE 1972, →Synergie

Dynamismus, Lehre, die Sein und Geschehen auf die Wirksamkeit von Kräften zurückführt.

Dynamometer, Kraftmesser. Meist eine Vorrichtung mit kräftigen Feldern, die durch einen Griff zusammengepreßt werden müssen. Hierbei wird ein Zeiger über eine Skala mitbewegt, der die erzielte Druckkraft angibt. Für Handgebrauch nach COLLIN. Auch als Zugriff. Ebenso als Arbeitsschreiber nach WEILER. D. werden zur Feststellung der Muskelkraft, aber auch zur Gewinnung von Einsichten in das Arbeitsverhalten (Übung, Ermüdung usw.) gebraucht. →Sinnesfunktionen (5 a)

Dynorphin, endogener Stoff aus der Gruppe der endogenen Opiate, wirkt an M-Rezeptoren, Sedierung, Dysphorie, Analgesie auf Rükkenmarksebene. [L] →Endorphine, →Opioide

dys... [gr] in Wtvb. un-, miß-, fehlerhaft, abweichend von der Norm [E]

Dysarthrie [gr. *arthroo* artikuliere], nach ARNOLD (1970) Störungen der Aussprache infolge von Erkrankungen der zerebralen Zentren, Bahnen und Kerne der am Sprechvorgang beteiligten Nerven. Im Unterschied zu den Lähmungen und Läsionen der peripheren Hirnnervenverläufe (→Dysglossie) fehlt bei den zentralen D. nicht nur die Innervation einzelner, am Sprechvorgang beteiligter Muskeln und damit die Bildung bestimmter →Artikuleme (→Phoneme), sondern sie stören die Regulation der gesamten Artikulomotorik.

Spezifische d. Störungsformen sind nach neurologisch-phoniatrischer Auffassung (BÖHME 1973) durch die Lokalisation und das Ausmaß der zentralen Schädigung, nicht aber durch die Krankheitsart bestimmt. Aus dem Versuch einer Zuordnung von klinisch beschriebenen Sprechstörungen bei Patienten mit umschriebenem Sitz von Tumoren, Erweichungsherden oder Erkrankungen (z. B. →Chorea, →PARKINSON) zu einzelnen Hirnregionen ist die neurologische Einteilung der D. im Erwachsenenalter nach hirnanatomischen Gesichtspunkten entstanden: kortikale (meist gemischt mit dysphasischen Symptomen), pyramidale (plumpe, hypertonische, spastische Artikulomotorik), extrapyramidale (Hyper- oder Hypokinesen, gestörte Prosodie mit Monotonie, Monodynamik und Propulsion, auch Palilalie oder Tachyphemie), frontopontine (Antriebsstörungen mit immer rascher und leiser werdendem Sprechen und vorzeitig endenden Bewegungen), zerebellare (Bradylalie oder Tachylalie, dysmetrische Bewegungen, Skandieren, rauh-gequetschter Stimmklang) und bulbäre D. (atonisch-schlaffe Lähmungen der Artikulationswerkzeuge bis zur Anarthrie); Mischformen sind häufig.

Unabhängig von dieser Einteilung der später erworbenen D. müssen noch diejenigen nach zerebraler Kinderlähmung unterschieden werden (→Sprachstörungen); diese machen eine strenge Abgrenzung der D. gegenüber manchen Formen der →Dysphasie problematisch. Eine dysarthrisch behinderte Artikulomotorik nach zerebraler Kinderlähmung ohne Beeinträchtigung der ges. Sprachentwicklung (→S., verzögerte) ist eine Seltenheit.

Dysästhesie [gr.], Empfindungsstörung. Schmerzhafte oder andersartig abnorme Empfindung auf einen normalen Reiz hin. • Verminderung der Sinnesempfindlichkeit. • Überempfindlichkeit gegen alle äußeren Reize.

Dysergie [gr. *dysergia* Trägheit], herabgesetzte körperliche bzw. seelische Widerstandskraft. • Abnorme Reaktionsbereitschaft gegenüber Infekten.

Dysfunktion, falsche, gestörte Funktion. Störung im funktionellen Ablauf, z. B. einer Drüsenfunktion mit den daraus entstehenden Folgen (→Hormopathie). →funktionelle Störungen

Dysglossie, Oberbegr. für Aussprachestörungen durch Mißbildungen, Erkrankungen, Veränderungen und Verletzungen der Sprechwerkzeuge (Lippen, Zähne, Kiefer, Zunge, Gaumen, Nase) sowie durch Lähmungen oder Läsionen im peripheren Verlauf der am Sprechen beteiligten Hirnnerven mit den daraus resultierenden Muskelatrophien (z. B. Zungenlähmung). Hiervon zu unterscheiden die →Dysarthrien.

Dysgrammatismus, die syntaktisch-grammatikalisch (→Syntax, →Grammatik) fehlerhafte Formulierung einzelner sprachlicher Äußerungen, die fehlerhafte Kombination (DE SAUSSURE 1916, JAKOBSON 1955) z. B. bei sprachlichen →Fehlhandlungen (Versprechen).

Dann auch neurologische u. phoniatrische Bez. für eine anhaltende Unfähigkeit, syntaktisch u. grammatikalisch korrekte Sätze zu sprechen, z. B. in der normalen kindlichen Sprachentwicklung bis zum Beginn des Schulalters (physiologischer D.), anhaltender bei verzögerter Sprachentwicklung (→S., verzögerte), bei Sprachschwäche, Poltern und Stottern, sowie bei Oligophrenie oder nach Hirnverletzungen oder auch -erkrankungen (Asphasie); nicht immer sauber unterschieden von →Agrammatismus. Einteilung dort in drei – schwer objektivierbare – Ausprägungsgrade (LIEBMANN 1900). Psycholinguistische Einteilung nach Fehlerarten wie Auslassen, Umstellen, Bilden falscher Formen, nicht beendete oder mitten im Ablauf uncodierte Sätze usw. Aufschlußreich auch die Fehler bei der Transformation von semantischen Rollen (→R., semantische) in eine syntaktisch-grammatikalische →Oberflächenstruktur, die für sich allein sogar als exakt erscheinen kann. Morphologische Fehler (nicht vollzogene Veränderungen der phonematischen Wortgestalten im syntaktischen Gefüge, z. B. «gegeht» statt «gegangen») können als Übergangsformen zu den Fehlern der Selektion (→Paraphasie) gelten.

Dyskalkulie, Rechenschwäche, (analog zur →LRS) akzentuiertes Lernversagen im Rechnen bei relativ gutem oder erheblich besserem Intelligenz- u. übrigen Leistungsniveau trotz normaler schulischer Verhältnisse (Verlustsyndrom, →Akalkulie). Hinter dem Erscheinungsbild können verschiedene Teilleistungsstörungen stehen:
(1) →Sprachstörungen; (2) Zuordnungslabilität; unsichere Zuordnung von Wortgestalten zu ebenfalls schlecht erfaßten Größen-, Form-, Raumlage-, Entfernungs- und Menge-Relationen bei Gegenständen und graphisch angeordneten Zeichengestalten (Positionslabilität von Ziffern, unsicheres Körperschema, →Fingeragnosie, Rechnen in falscher Richtung); (3) Codierschwächen: räumlich-figürliche und zeitliche Strukturierungsschwäche (z. B. bei Mosaik-Aufgaben bzw. Multiplikationen nur durch fortlaufende Addition), ungenügende Transformation von →syntaktischen Strukturen in mathematische (Textaufgaben), Speicherschwäche (Zwischenergebnisse bzw. Reihenfolge der Rechenschritte), →Interferenzneigung (Beachtung der Rechenregel unterdrückt die Vorstellung der Zahlbegriffe) etc. Dementsprechend häufig sind Überschneidungen mit anderen Lernschwächen, z. B. LRS (JOHNSON & MYKLEBUST 1971) und deren unterschiedliche Rahmenbedingungen wie soziales Milieu, Effektivität von Lernmethoden (BORGARDS 1973) u. neurotische Lernhemmungen. **[L]** GRISSEMANN 1974, WEINSCHENK 1970

Dyskinästhesie, Störung des Körpersinns, →Kinästhesie

Dyskinesie, Störungen im geordneten Bewegungsablauf

Dyskolie, dyskolisch [gr. *dyskolia* Unzufriedenheit], Schwermut, Trübsinn, Ggs. →Eukolie. →Posodynik

Dyslalie [gr. *laleo* sprechen], svw. Stammeln

Dyslexie, Verlust von Teilfunktionen der vorher intakten Lesefähigkeit durch Hirnverletzungen oder -erkrankungen; gänzlicher Verlust wird als →Alexie bezeichnet (LURIA 1970, HECAEN & ALBERT 1978) • Im Engl. auch syn. zu *reading disability,* →Lese-Recht-schreib-Schwäche.

Dysmetrie, neurologischer Begr. für fehlerhaft regulierte →Zielbewegungen (überschießend = Hypermetrie, vorzeitig beendet = Hypometrie). Sie stehen im Syndrom der →Ataxien in Verbindung mit saccadierten (unterbrochenen) oder durch Intentionstremor (gestörtes Zusammenwirken von Agonisten und Antagonisten) verwackelten Bewegungsabläufen sowie mit →Skandieren des Sprechens bei Funktionsstörungen des Kleinhirns. **[L]** POECK 1972

Dysmimie [gr. *mimia* Nachahmung], Störung in der Mimik, Gebärdensprache

Dysmnesie [gr. *mneme* Gedächtnis], Störung der Gedächtnisfunktion

Dysnoia (KORSAKOW 1891), mit Zerfahrenheit und traumhafter Bew.veränderung einhergehende Psychose. Das Krankheitsbild wird heute zur →Schizophrenie (remittierende Form) gerechnet.

Dysorexie [gr. *orexis* Verlangen], Störung des Nahrungsbegehrens, Appetitstörung, Steigerung = Hyperorexie; Minderung bis Erlöschen = Anorexie.

Dyspareunie [gr. *pareunasthai* danebenliegen], Abweichung (schmerzhafte) vom normalen Gechlechtsverkehr. Fehlen des Wollustgefühls bei der Frau infolge Mangels an Erregbarkeit oder Störung der Funktion, Abwehrkrampf.

Dysphasie, mitunter syn. mit →Aphasie unter Beachtung von graduellen Unterschieden. • In ausdrücklicher Abgrenzung gegen die Aphasien als Verlustsyndrome der bereits erworbenen Sprachfähigkeit (→Sprachstörungen) heute verwendete Bez. für angeborene, zentrale Hör- und Sprachstörungen (TALLAL & PIERCY 1978, CROMER 1978), früher →Hörstummheit; mit stark verzögertem Einsetzen der →Sprachentwicklung und anschließend aphasieähnlichen Erscheinungsbildern von vermindertem Sprachverständnis (→Agnosie, akust.), mit hartnäckigem →Stammeln, eingeschränkter sprachl. Ausdrucksfähigkeit, anhaltendem →Dysgrammatismus, schwerer →Lese-Rechtschreib-Schwäche und häufigen Störungen des Redeflusses (→Stottern, →Poltern). Engl. Bez. häufig *developmental aphasia,* neuerdings auch dort *developmental dysphasia* (ZANGWILL 1978). Unterschieden werden eine (mehr) rezeptive und eine mehr motorisch-expressive D. Die Abgrenzung der D. gegen periphere →Hörbehinderungen, →Dysarthrien, →Oligophrenie oder →Autismus ist dringend erforderlich, differentialdiagnostisch aber schwieriger nachweisbar als das Vorliegen soziokultureller Benachteiligung und häufig erst im Kindergartenalter zuverlässig möglich. [L] SEEMAN 1969, JOHNSON & MYKLEBUST 1971, MORLEY 1972, WYKE 1978, AJURIAGUERRA et al. 1976, BARTAK & RUTTER 1975

Dysphonie →Stimmstörung

Dysphorie, dysphorisch [gr. *dysphorein* traurig sein], ängstlich-bedrückte, traurige Stimmungslage, dabei gereizt und reizbar. Ggs. →Euphorie.

Dysphrasie, Oberbegr. (ARNOLD 1970) für die inhomogenen und häufig sich überschneidenden Phänomene psychotischen Sprachverhaltens (→Kataphrasie). Sie sind nicht als →Symptome für jeweils umschriebene Krankheitsformen anzusehen und lassen sich weder nach linguistischen noch nach perzeptiv-motorischen Kriterien hinreichend beschreiben.
Nicht Teilfunktionen in der Benutzung der Sprache als eines Systems von Zeichen zum Informationsaustausch sind hier gestört (→Sprachstörungen, →Aphasie), sondern das Gleichgewicht der verschiedenen zentralen Aktivierungsfunktionen und Tonusregulationen (LURIA 1973), oder die zentrale Organisation von Spontaneität und Lebensfeld (HÖRMANN 1967) und damit das kommunikative, expressive, affektive und emotionale Gesamtverhalten. Die Sprachgebilde sind dabei ihres Zeichencharakters (→Semiotik) häufig entledigt. Die daraus entstehende Vielzahl psychotischer Sprachphänomene teilt SPOERRI (1964) ein in Destruktion, Reduktion oder Neoformation der Sprache und Einzelphänomene; auch Störungen der →Prosodie und psychotische →Stimmstörungen finden hier Berücksichtigung. Für das Kindesalter ist ferner die Unterscheidung zwischen frühkindlichem →Autismus (KANNER 1944, RIMLAND 1964) mit dem Kennzeichen der fehlenden →Sprachentwicklung und kindlicher Schizophrenie (VARLEY 1965) mit einem Verhaltensknick nach anfangs normaler Entwicklung notwendig.

Dysphrenie, durch anomale körperliche Bedingungen verursachte seelische Störung

dysplastisch, von der Norm echter →Biotypen abweichende Wuchsformen, bes. bei hormonal Gestörten. Mißgestalt, unförmig. • Dysplastischer Typus →Körperbautypen, →Typologie

Dyspraxie, geringer Grad der →Apraxie

Dysthymie, länger anhaltende Schwermut, Melancholie. • Bei JUNG gleichbedeutend mit →Psychasthenie. • Bei EYSENCK Bez. für die mit erhöhter →Inversion verbundenen Neurosen, →Phobien, →Zwangsneurosen

Dystonie, Störungen im Zusammenspielen (Spannungsverhältnis) bes. der Muskeln und Gefäße. Vegetative D.: Störungen im Zusammenspiel des veg. Nervensystems, des →Sympathikus u. →Parasympathikus-Vagus. →funktionelle Störungen

dystrophia adiposogenitalis, FRÖHLICHsche Krankheit, Symptomkombination von Fettsucht, Hypogenitalismus und (meist) Kleinwuchs

Dystrophie [gr.], Ernährungsstörung, Unterentwicklung, Wachstumsstörung

E

E, Beleuchtungsstärke, →lichttechnische Maße

EA, Abk. für Entwicklungsalter

EAI, Abk. für *extensional agreement index* (JOHNSON)

EAM →Auslösemechanismus

Ebbinghaus-Gesetz, die für die Merkfähigkeit und damit für das Lernen gültige Regel, daß eine nur geringe Vermehrung des zu behaltenden «Materials» die Zahl der erforderlichen Wiederholungen wesentlich stärker anwachsen läßt. [**L**] EBBINGHAUS (1885)

Ebbinghaus, Hermann (1850–1909), Mitbegründer der experimentellen Psychologie. Geb. i. Wuppertal, Studium (Geschichte, Philosophie, Philologie) i. Bonn, Halle, Berlin. 1873 Promotion, 1880 Habilitation «Über das Gedächtnis». 1894/95 Kontroverse mit DILTHEY, in der er die «Exp. Ps.» gegen die «Verstehende Ps.» verteidigte. Wechsel von Berlin nach Breslau, danach Halle. Mitbegründer der «Zeitschr. f. Psych. u. Physiologie d. Sinnesorgane» u. «Zeitschrift f. Psychologie», der «Gesellschaft f. exp. Psy.» (1904). In Selbstversuchen beforschte er vor allem Lern- u. Merkprozesse («Vergessenskurve»).

Ebbinghaus-Medaille, Verdienstauszeichnung in der ehem. DDR seit 1968 für bes. Leistungen in der Ps.

Ebene, in der Denk-, Sprach-, Handlungspsychologie mehr oder weniger vieldeutig verwendet, bezeichnet einen in sich relativ konsistenten Bezugsrahmen, dem ein bestimmter Inhalt oder Vorgang zugeordnet wird, beispielsweise wenn angenommen wird, daß eine Handlung aus einem bestimmten kognitiven Kontext (etwa aus einer bestimmten Situationsauffassung heraus) gesteuert, «reguliert» wird und die Handlungseffekte auf eben diesen Kontext zurückbezogen werden (z. B. «Regulationsebenen» bei HACKER 1978; «Realitäts-» bzw. «Irrealitätsebene» bei LEWEIN 1963). →Verhaltensebenen *G. Kaminski*

ebenmerklicher Unterschied →Unterschiedsschwelle, →WEBERsches Gesetz. [**L**] PAULI & ARNOLD 1972

ECHA, Abk. f. *European Council for Higher Abilities*

Echo, in ps. Beziehung das Nachahmen (Wiederholen) von Bewegungen, Worten, Gebärden, Schrift

Echoencephalographie →Enzephalographie

Echographie, Nachschreiben in der Bedeutung «Schreiben ohne innere Beteiligung, echomäßig» (Definition von Arnold PICK 1851–1924: PICKsche Krankheit). • Registrieren eines Echos. →Enzephalographie

Echokinese, Echokinesie, sinnloses Nachahmen von Bewegungen und Handlungen

Echolalie, ein- oder mehrmalige artikulatorische Reproduktion gehörter sprachlicher →Zeichen vom Umfang einzelner →Silben oder →Wörter bis zu kurzen →Sätzen ohne Beachtung ihrer →semantischen und →pragmatischen Zeichenfunktion (→Semiotik) sowie ohne einen Handlungsplan (→TOTE-Einheit) zur Wiederholung.

Z. B. wird eine gestellte Frage nicht sinngemäß beantwortet, sondern es wird ihre phonematische Repräsentation (→Oberflächenstruktur) kurzschlüssig wiederholt. Tritt auf bei oligophrenen und psychotischen Sprachstörungen, bei bestimmten hirntraumatischen und senil-dementen →Aphasien sowie vorübergehend in der normalen, anhaltender in der verzögerten Sprachentwicklung vor dem Erwerb der semantisch-pragmatischen Zeichenfunktionen. E. setzt die Funktionstüchtigkeit der auditiv-artikulatorischen →Regelkreise zur ideomotorischen Nachahmung (→CARPENTER-Effekt) voraus. Besteht hingegen ein Handlungsplan zur Wiederholung, zeigt sich unter entsprechender Versuchsanordnung (CHERRY 1954) das nicht-pathologische Phänomen des →shadowing mit ebenfalls fehlendem oder stark reduziertem Sinnverständnis. Das zur Sprachdiagnostik verwendete Nachsprechen von Sätzen endlich schließt sowohl die Erfassung der Bedeutung (→Sprachrezeption, →Tiefenstruktur) als auch das Bestehen eines Handlungsplanes zur Wiederholung ein. [**L**] BÖHME 1974, NORMAN 1973

Echomimie →Echopraxie

Echophrasie →Echolalie

Echopraxie, Echokinese. Sinnloses Nachahmen von Bewegungen und Handlungen. Unterform mit Beschränkung auf bestimmte Bewegungen (besonders Gebärden) ist die →Echomimie.

Echo-Speicher, ein auditives sensorisches Register, in dem eine akustisch dargebotene

Information kurzzeitig gespeichert wird. →Gedächtnis

Echosprache →Echolalie

Echothymie →Gefühlsansteckung. Das von keiner Einsicht kontrollierte Annehmen der Gefühle und Affekte. Kinder heulen im Chor, wenn eines beginnt. Die Auswirkung (Demonstrationen, Panik usw.) ist ein eigenes massenpsychologisches Problem. →Ansteckung, psych.

Echtheit, nach LERSCH ist «echt» all das, was ursprünglich, urtümlich, innerlichkeitsgetragen und dabei spontanes, wesenhaftes «Sichdarleben» ist. Als unecht ist das Sichdarleben dann , wenn es zwar innerlich «gewest werden möchte», aber am Nichtkönnen scheitert. Bei Heuchelei und Verstellung «soll die Form des Sichdarlebens nur nach außen wirken, ohne innerlich gewest zu werden». • Selbstkongruenz [engl. *genuineness*], Kernvariable des Therapeutenverhaltens, für den die E. nach ROGERS (1957) eine wesentliche, erleichternde Bedingung ist. Nach der TRUAX-Skala (1967) zeigt sich E., wenn der Therapeut «in hohem Maß er selbst ist, so daß seine Äußerungen mit seinem inneren Erleben zusammenfallen». →Gesprächspsychotherapie. →Therapeutenvariablen [L] LERSCH, PFÄNDER

H. Ries

Ecstasy, Alltagsbezeichnung für →3,4-Methylendioxymethamphetamin (Abk. MDMA)

W. Janke

EDA, Abk. f. eletrodermale Aktivität →psychogalvanische Reaktion, Hautwiderstand

EDR, Abk. für *electric dermatic reaction* →psychogalvanische Reaktion

EDRA, Abk. für *Environmental Design Research Association.* Die EDRA ist ein interdisziplinärer Fachverband mit eigenem Publikationsorgan von sozialwissenschaftlich orientierten Forschern, die Umweltfragen bearbeiten. →IAPS

EDV, Abk. f. elektronische Datenverarbeitung

EEG, Abk. für Elektroencephalogramm. →Elektrodiagnostik

EEPROM, Abk. für *Electrically Erasable Programmable Read-Only-Memory,* elektrisch löschbarer programmierbarer Festwertspeicher.

Effektanzmotivation [engl. *effectance motivation*], Wirksamkeitsmotiv, die Tendenz, bestimmte Wirkungen in der Umwelt zu erzielen, →Kompetenz zu zeigen und damit der Selbstverwirklichung zu dienen. Die E. soll schon in den beim Kind frühzeitig auftretenden sekundären →Kreisreaktionen (BALDWIN, PIAGET) zu erkennen sein. Von WHITE (1959) ist sie den durch die →Homöostase bedingten →Defizitmotiven (MASLOW) gegenübergestellt worden. BANDURA (1977) hat dies aufgegriffen *(self-efficacy)* und im Sinne einer Erwartungsvariablen konzipiert.

H. D. Schmalt

effektiver Stimulus, funktionaler →Stimulus, auch adäquater Stimulus. →cue

Effektivität, wird in der →Arbeits- und Organisationspsychologie als übergeordneter Begriff von →Effizienz unterschieden. STEERS (1977) nennt als häufig verwendete Einzelindikatoren für Effektivität: (1) Anpassungsfähigkeit; (2) Flexibilität; (3) Produktivität; (4) Zufriedenheit und (5) Profit. Nach KATZ und KAHN (1978) kann die E. als Maximierung des Ertrags der Organisation durch alle Mittel definiert werden. Beispiele für Mittel sind Rationalsierungsmaßnahmen zur Effizienzsteigerung (→Effizienz), Wachstum, Schaffen von Energiereserven und Kontrolle der externen Umgebung (bspw. durch eine marktbeherrschende Position auf dem Rohstoffmarkt aber auch durch politische Lobbyarbeit). →Therapieerfolg [L] STEERS 1977

S. Greif

Effektor [lat. *efficere* bewirken], das Wirkorgan, Erfolgsorgan (Muskel, Drüse) einer Reaktion. Endpunkt eines Reflexbogens.

effektorische Nerven, Nerven, die Impulse aus dem ZNS an die Erfolgsorgane leiten. →Nerv

Effektorkopie, Efferenzkopie →Reafferenz

efferente Nerven →Nerv

Efferenz, die Richtung, in der bestimmte Potentiale bei Nervenfasern, N.bahnen und Aktionspotentialen geleitet werden. Im allg. gilt: Zentrum zu Peripherie = E. = zentrifugal; Peripherie zu Zentrum = Afferenz = zentripetal

Effizienz, in der →Arbeits- und Organisationspsychologie wird darunter im allg. das Verhältnis von Nutzen zu Kosten bzw. von Ergebnissen zu Aufwänden bei der Verfolgung der Ziele einer Organisation verstanden. Systemtheoretisch ist die E. als Umfang des erforderlichen Inputs definierbar, um eine gegebene, intendierte Menge von Output zu erzielen. Üblich sind Kostenvergleiche für ähnliche Produkte (z. B. Vergleiche der Herstellungszeiten, Personal-, Energie- und Materialkosten sowie Kosten für Service und Reklamationen für ähnliche Produkte verschiedener Firmen mit vergleichbarer Qualität). Aus psychologischer Sicht ist die E. nicht al-

lein an Leistungskriterien oder betriebswirtschaftlich definierbaren Kosten-/Nutzenanalysen zu bemessen, sondern auch an individuellen Aufwendungen, wie der erforderlichen Beanspruchung der Personen.
Zur Effizienzsteigerung dienen Maßnahmen der Rationalisierung (Erzielung einer gleichen oder größeren Leistung durch Einsparung von Aufwänden oder Beschäftigten) oder Intensifikation (Erzielung von mehr Leistung durch gegebene Menge von Beschäftigten und Aufwänden). **[L]** HACKER 1986, STEERS 1977 *S. Greif*

Ego [lat. ich], das Ich

egodiastolisches Triebbedürfnis [gr. *diastello* ausdehnen], Begr. der SZONDIschen Trieblehre. Ein im Menschen angelegtes Bedürfnis nach Steigerung und Erweiterung des eigenen Einflusses, der Macht usw.

ego-involvement [engl. *involvement* Hineingezogensein], eine Bez. von SHERIF & CANTRIL (1947) für Ich-Haltungen *(ego-attitudes)*. Als «Ich-Beteiligung» im deutschen Sprachraum verwendet, wird unter e. zumeist das Engagement einer Person an einem Objekt verstanden.
Nach SHERIF, der sich am ausführlichsten mit den Zusammenhängen von e. mit anderen sozialps. Begr. auseinandersetzte, handelt es sich um eine *«genetic formation»*, die sich aus der Menge der persönlichen und sozialen Werte, die dem Individuum als Bezugsrahmen dienen, zusammensetzt. E. kann als Kontinuum und die Stärke seiner Ausprägung kann als abhängig vom Anlaß gesehen werden. Die Bedeutsamkeit eines Objektes kann somit variieren von schwachem e. in einer für die Vp wenig wichtigen Situation bis hin zu starkem Engagement in einer komplexen sozialen Situation, in die sie etwa durch Angst involviert ist. Die Messung des e. wird erschwert durch die Abhängigkeit von der jeweiligen Situation, die im Labor beispielsweise nicht simuliert werden kann. Die meisten Untersuchungen bedienen sich einer Rating-Skala, bei der die Vp gebeten wird, die Wichtigkeit des jeweiligen Gegenstandes einzustufen. Da sich bei dieser Methode auch noch die Frage nach dem Bezugspunkt der jeweiligen Einstufung stellt, wäre die hier bisher wenig angewandte Methode d. Paarvergleichs vorzuziehen. *E. Ardelt*

Egoismus, der im Ggs. zum →Altruismus stehende Standpunkt, der das eigene Ich in den Mittelpunkt stellt.
Mit LERSCH können folgende Egoismen unterschieden werden: Selbsterhaltung, Selbstbewahrung, Selbstbehauptung, Selbstdurchsetzung, Selbsterweiterung (KLAGES). Selbstsucht (überwertiger E.) stellt ein Verfallensein dar im Sinne anderer Süchte mit den Zügen der Gier, der Brutalität. Der gesunde E. liegt zwischen den Polen der Selbstsucht und der Selbstlosigleit. • In philosoph. Bedeutung ist E. auch soviel wie →Subjektivismus und →Solipsismus, d. h., das Ich ist die einzige Wirklichkeit und alles übrige nur Vorstellung.

Egokym (v. BRACKEN), in Anlehnung an den Begr. Psychokym, den BLEULER für das Gesamt der ps. Energie bildete, ist E. der Anteil des ps. Kräftepotentials, der für den Vollzug einer Handlung verfügbar ist. Svw. die «Kraft des Ichs» bei der ps. Leistungsanspannung. *F. Dorsch*

ego-strength →Ichstärke

Egotismus, Tendenz, sich selbst in den Vordergrund zu stellen

egozentrisch, ein Begr., der im Unterschied zu «egoistisch» nicht auf das Handeln zielt, sondern auf die Bedeutung für das Selbst. Egoismus ist stets auch egozentrisch, doch kann eine egozentrische Haltung ohne Egoismus sein bzw. mit Selbstlosigkeit einhergehen.

egozentrische Lokalisation (G. E. MÜLLER 1917), die Abhängigkeit der augenblicklichen Lokalisation der Vorstellung eines früher wahrgenommenen Objekts von der gegenwärtigen Stellung der Person.
Bestimmend sind die drei egozentrischen Bezugssysteme, die mit der anschaulichen Körperlichkeit des Menschen gegeben sind. Es ist das Vorne und Hinten, Links und Rechts, Oben und Unten mit seinem besonderen Ursprung im anschaulichen Ich. Wesentlich ist, auf welchen Teil des Körpers das erinnerte Objekt festgelegt ist. So wandert z. B. eine vorgestellte Zahlenreihe in dem Moment nach oben, wo sich die Vp vom Stuhl erhebt. Eine wichtige Rolle spielt die Plastizität der Vorstellung. Erscheint das Objekt ohne frühere Umgebung und im früheren Abstand, so liegt eine konservative egoz. L. vor. Von einer habituellen ist die Rede, wenn es in der L. erscheint, in der es am häufigsten gesehen wurde.

egozentrisches Sprechen, nach PIAGET (1948) ist das Sprechen 3–5jähriger Kinder zu etwa 60 % egozentrisch (es verwirklicht sich in Wiederholungen, Monologen, kollektiven Monologen), es ist lediglich ein Nebenprodukt des Handelns ohne eigene kommunika-

tive Funktion. Im Laufe der Sprachentwicklung wird egozentrisches Sprechen abgebaut, bis es mit ungefähr 8 Jahren ganz verschwunden ist. WYGOTSKI (1964) vertritt demgegenüber die Ansicht, daß das egozentrische Sprechen nicht einfach absterbe, sondern daß es das notwendige Übergangsstadium von der →sozialisierten zur inneren Sprache (→Sprache, innere) darstelle.
FLAVELL (1968) spricht dann von einer egozentrischen Kommunikation, wenn ein Sprecher einen Sachverhalt X, den er für sich selbst kodiert hat, nicht für den Hörer neu kodiert. Als ein Beispiel dafür kann der referenzlose Gebrauch von Pronomen dienen. [**L**] GRIMM 1973 *H. Grimm*

Egozentrismus des Kindes, nach PIAGET das wenig bewegliche und nicht differenzierte, anschauliche Denken des Kindes im präoperationalen Stadium (ca. 2–6 Jahre). Es ist unfähig, die Perspektive anderer Personen einzunehmen, sowohl in der Wahrnehmung (klassische Demonstration: Drei-Berge-Versuch) als auch im sozialen Bereich (Rollenübernahme). Ergebnisse neuerer Untersuchungen zwingen zu einer Relativierung dieser Behauptung. *F. Wilkening*

EGRUL [aus engl. *e. g.* (z. B.) und *rule* (Regel)] Beispiel-Regel-Methode (Technik), ein Verfahren in der Instruktionspsychologie, bei dem erst Beispiele, dann die Regel geboten werden im Gegensatz zu RULEG. →programmierter Unterricht

Ehe, die auf Dauer gedachte Lebensgemeinschaft der Geschlechter. Als Urform der Ehe wird von manchen Autoren die Vielehe (Polygamie), von anderen die Einehe (Monogamie) angenommen. Einzelne Formen der Ehe sind: Polygamie als →Polygynie, →Polyandrie oder →Gruppenehe, und →Monogamie. Bei den Naturvölkern finden sich alle Formen der Ehe, bei den Kulturvölkern nur die Monogamie (Europäer) und die Polygynie (Orientalen). [**L**] MIKULA & STROEBE 1977

Eheberatung, eine praktisch-ps. Betätigung, die interdisziplinär von Psychologen, Ärzten (Psychiater) und Juristen (Wohlfahrtspfleger) zur Klärung ps., biologischer, psychohygienischer und rechtlicher Fragen vornehmlich für Ehekandidaten, aber auch bei Ehekrisen, durchgeführt wird. →Beratung • *(marriage counseling),* häufigste Form der Partnerberatung *(couples counseling)* bzw. Paarberatung der Beratungsstellen. Meist kommen die Partner gemeinsam, manchmal auch mehrere Paare gemeinsam (Gruppenberatung). Der Berater (Mediator) richtet sein Augenmerk auf die Beziehung zwischen den Partnern (konstruktiver Streit, «Spiele», Video-Rückmeldung). Die E. geht auf Initiative der Ratsuchenden zurück, erst sekundär versuchen Berater, diese unter tiefen-, verhaltens-, kommunikations- und system-theoretischen Gesichtspunkten zu verstehen und anzugehen. →Paartherapie *H. Ries*

Ehepaartherapie →Paartherapie

Ehe-Test [**T**] HANSELMANN

Ehrenfels, Christian Frh. v. (1859–1932), österr. Philosoph u. Psychologe / Univ. Prag

Ehrenfels-Merkmale, nach W. KÖHLERS Interpretation des EHRENFESLSschen Ansatzes die beiden notwendigen und hinreichenden Bedingungen für Gestaltphänomene: (1) Übersummativität (Gestalten zeigen Merkmale, die über die Eigenschaften der Teile hinausgehen) und (2) Transponierbarkeit (unabhängig sein von der Ausprägung der Teile). *H. Ries*

Ehrensteinsche Täuschung, ein von Geraden strahlenförmig durchzogenes Quadrat bietet als optische Täuschung Trapeze. →geometrisch-optische Täuschung

Ehrenstein, Walter (1899–1961), Psychologe, Ganzheitsps. / Univ. Frankfurt, Gießen, Danzig, Chicago, Dortmund

Ehrgeiz, ein Hintergrund für menschl. Bemühen um soziale Anerkennung und Wertschätzung. →Egoismus, →Leistungsmotivation

Eich-Stichprobe, die bei der Gewinnung von Normwerten für die Testinterpretation herangezogene Stichprobe. Das im Test individuell für einen Pb gewonnene Testergebnis wird mit den bei der Testeichung erhaltenen Werten verglichen. Bei der Organisation einer Eichstichprobe kann man die Methode der Gebietsstichprobe oder der Quotenstichprobe anwenden. →Stichprobe

Eichung [engl. *calibration*], Prüfung und Festlegung der Genauigkeit eines Maßstabes oder eines Meßinstrumentes. Innerhalb der Konstruktion eines ps. Tests wird nach der Kontrolle der Hauptgütekriterien (→Objektivität, →Reliabilität, →Validität) die Testeichung, d. h. die Festlegung von Teststatistiken (z. B. Mittelwert, Streuung), vorgenommen. →Testeichung

Eidese, das Vordrängen des Vorstellbaren im Verlauf der Individualentwicklung. Nach HELLPACH für die jugendliche Entwicklung als Abschnitt zwischen →Noëse und →Thymose, aber auch für die Altersentwicklung kennzeichnend. →Entwicklungsphasen

Eidetik [gr. *eidos* Bild] (E. R. JAENSCH), Lehre von den subjektiven →Anschauungsbildern, den eidetischen Phänomenen.
Nachdem bereits Joh. MÜLLER, G. Th. FECHNER und V. URBANTSCHITSCH von ähnlichen Erscheinungen berichtet hatten, fanden E. R. JAENSCH und O. KROH bei jugendlichen Vpn eine eidetische Anlage, d. h. die Fähigkeit, subjektive optische Anschauungsbilder zu erzeugen. Aus den Untersuchungsbefunden zog JAENSCH weitreichende theoretische Folgerungen über Wesen und Entwicklung von Wahrnehmungen und Gedächtnis. So sollen die Anschauungsbilder der genetische Ursprung von Wahrnehmung und Vorstellung sein (Theorie von der «Einheitsphase»), die eidetische Anlage soll in vielen Fällen auch dann noch wirksam sein, wenn die Fähigkeit, Anschauungsbilder zu produzieren, in der Pubertät abgeklungen war («latente Eidetik»). Ferner soll zwischen Nachbild und Vorstellungsbild eine Reihe von «Gedächtnisstufen» bestehen, in der die Anschauungsbilder die Mitte einnehmen. Diese Vermutungen wurden durch kritische Untersuchungen erschüttert, ebenso wie eine charakterologische Typologie (Integrationspsychologie), die von individuellen Unterschieden in den Anschauungsbildern ausgegangen war, nämlich den von W. JAENSCH aufgestellten →B- und T-Typen. Die eidetischen Erscheinungen als psychische Phänomene von eigener Art sind (aus heutiger Kenntnis) noch nicht abgeklärt. **[L]** TRAXEL 1962

Eidetika, «Bildspender», →Halluzinogene, →Psychopharmaka

Eidos [gr.], Urbild, Gestalt, Idee, Begriff, Wesen. In der Phänomenologie HUSSERLS ist E. als Eidetik oder Eidologie Wesenswissenschaft im Ggs. zu den Tatsachenwissenschaften.

Eigenlicht der Netzhaut →Augengrau. • Auch Lichterscheinungen, die durch →inadäquate Reizung auftreten, ohne daß von außen Licht die Netzhaut trifft. Z. B. entstehen durch Druck sog. Druckphosphene. →entoptische Erscheinungen.

Eigengrau →Augengrau, Eigenlicht

Eigenraum, Terminus aus der personalistischen Ps. von W. STERN. Die räumliche Erstreckung der Person erfolgt zwar allseitig, aber nicht gleichförmig. Es lassen sich drei Hauptrichtungen unterscheiden: oben – unten, vorn – hinten, links – rechts. Diese personale Dreidimensionalität ist durch und durch qualitätserfüllt (im Ggs. zum qualitätsentleerten euklidischen Raum). Innerhalb jeder Dimension sind die Pole eigenschafts- und rangmäßig untereinander abgesetzt (z. B. die Symbolik des «Obenseins», die dynamische Aufladung des Vorn in Richtung auf ein Ziel usw.). →egozentrische Lokalisation, →Ausdruckstheorien (9). **[L]** STERN 1935

Eigenreflex, ein bei der gesamten quergestreiften Skelettmuskulatur vorkommender Reflex, der bewirkt, daß jede Zerrung des Muskels mit einer Kontraktion desselben beantwortet wird.
Das reizempfangende Organ (Rezeptor) sind die Muskelspindeln, die durch mechanische Einwirkung erregt werden, und ausführendes Organ ist der Muskel selbst. Die biologische Bedeutung des E. wird in der unmittelbaren Beantwortung jeder von außen kommenden mechanischen Störung einer Willkürbewegung gesehen. Stößt man z. B. bei einer Armbewegung gegen ein Hindernis, bewirkt die dadurch erzeugte Zerrung bestimmter Muskelgruppen über den E. eine sofortige ausgleichende Tonisierung. Ggs. zu E. ist der Fremdreflex, insofern Rezeptor und Effektor an verschiedenen Stellen lokalisiert sind. →Kniesehnenreflex. **[L]** HOFFMANN 1934

Eigenschaften, die jedes Objekt zu einem «Eigenen» bestimmenden, ihm zugehörenden, aus ihm nur durch Abstraktion ablösbaren Bestandteile, die erkenn- und darstellbar werden an jeweils bestimmten, untereinander verschiedenen, strukturierten Merkmalsbesonderheiten. Es gibt keine eigenschaftslosen Objekte, doch ein Mehr – Minder, ein wichtiger und weniger wichtig an E. Unterscheidung nach quantitativen und qualitativen, aktuellen, habituellen und potentiellen E. sind üblich. Schon G. E. MÜLLER und SCHUMANN (1889) beachteten besonders die «absoluten E.» (z. B. Farbe, Größe, Ort). WERTHEIMER und mit ihm die Gestaltpsychologen griffen die Bedeutung der E. erneut auf mit reicher Gliederung nach «systembedingten» E., Gefügeeigenschaften, Ganzbeschaffenheiten und Wesenseigenschaften. • In der Persönlichkeitsps. spielen E. als aus dem Verhalten erschlossene hypothetische →Konstrukte eine Rolle, die relativ überdauernde, nicht situationsspezifische Persönlichkeitsmerkmale bezeichnen. In der faktorenanalytisch orientierten Persönlichkeitsps. werden E. durch Faktoren (→Persönlichkeitsfaktor) definiert. Der wichtigste Unterschied zwischen E. und Faktor besteht dabei lediglich in der Methode ihrer Gewinnung (HERRMANN 1969; ROTH 1970.)

Der Charakter wird erst faßbar in den aus «Gestaltbildern des Verhaltens» (HELWIG) erschlossenen, relativ konstant sich erhaltenden E. Hinter diesen verbirgt sich ein höchst kompliziertes System biopsychischer Dispositionen. «Allgemeine Eigenschaften sind diejenigen Persönlichkeitsaspekte, in bezug auf welche die meisten reifen Menschen in einer gegebenen Kultur verglichen werden können» (ALLPORT). Eine E. muß, um wissenschaftlich bestimmt zu sein, drei Kriterien erfüllen: das der Konsistenz, der Generalität und der Universalität, LERSCH unterschied Leistungseigenschaften, Verhaltenseigenschaften und Wesenseigenschaften. Nach R. B. CATTELL gibt es Wurzel- und Oberflächeneigenschaften. Letztere sind positiv korrelierte Eigenschaftselemente, erstere diejenigen Faktoren, die die Oberflächeneigenschaften bestimmen. Man kann diese E. – wie MEILI es für die Zwecke der ps. Diagnostik getan hat – wie folgt gliedern: (a) Die Fähigkeiten (Intelligenz, Aufmerksamkeit, Musikalität, Handgeschicklichkeit, Phantasie usw.); sie bestimmen die Möglichkeit, bestimmte Handlungen auszuführen. (b) Die Triebe, Triebfedern, Interessen (Geiz, Pflichtgefühl, Liebebedürftigkeit, Machttrieb, Egoismus usw.); sie bestimmen die Art und Richtung der Handlungen. (c) Die dynamischen oder Verlaufseigenschaften (Intensität, Erregbarkeit, Tempo usw.), die vor allem mit den Temperamenten zusammenhängen, und dem, was KLAGES die «Struktur des Charakters» nennt. (d) Moralische Eigenschaften (Ehrlichkeit, Gehorsam usw.). [L] G. W. ALLPORT 1949; GRAUMANN 1964; MEILI 1955; THOMAE 1951; WELLEK 1950

Eigenschaften, absolute →Bezugssystem, →Absoluteindruck

eigenschaftszentrierte Persönlichkeitstheorien, diejenigen Auffassungen in der →Persönlichkeitsps., in denen →Eigenschaften verschiedener begrifflicher Fassung die zentrale Analyseeinheit darstellen. Ihnen zufolge wird →Persönlichkeit darstellbar als Summe, übersummative Struktur oder als einzigartiges Muster von Eigenschaften, auch Wesenszügen u. ä. Individuelles Verhalten wird nicht nur individuelles Erleben, und Verhalten wird als Funktion von Eigenschaften nicht nur beschreibbar, sondern auch erklärbar.

Die Schwierigkeiten, die sich vor allem in der deutschsprachigen, charakterologischen Tradition (KLAGES, LERSCH, WELLEK u. a.) wegen der aus der Umgangssprache entnommenen und daher schwer zu definierenden bzw. zu operationalisierenden E.begriffe ergab, sollte allgemein in der →Differentiellen Psychologie und ihm Rahmen der →Persönlichkeitsps. durch →Faktorentheorien der Persönlichkeit überwunden werden. Die Einwände gegen diese Auffassung beziehen sich darauf, daß die Kriterien der Konsistenz, Generalität und Universalität von Eigenschaften zumeist nicht erfüllt sind, daß zwischen deskriptiven und explikativen →Konstrukten nicht klar unterschieden wird und daß Merkmale von Individuen – wie immer begrifflich gefaßt – wohl notwendige, aber keine zureichenden Bedingungen für ihr Verhalten sind. *E. Roth*

Eigensinn, meist Bez. für starre Form des →Egoismus. →Trotz

Eigensteuerung →Selbstkontrolle

Eigenwertstreben, im E. sucht der Mensch sein Wertbild nicht im Spiegel des Urteils seiner Mitwelt, sondern in demjenigen des eigenen Urteils. →Selbstwertgefühl, [L] LERSCH. In den letzten Jahren sind in der Motivations- und Sozialpsychologie eine ganze Reihe sog. Selbst-Theorien entstanden, deren gemeinsame motivationale Grundannahme darin besteht, daß das Erleben und Verhalten so ausgerichtet wird, daß das Selbstkonzept möglichst frei von selbstwertbelastenden Erfahrungen bleibt. →Selbst, →Selbsttheorien der Persönlichkeit, →Selbstwertgefühl

H. D. Schmalt

Eigenzeit, Terminus aus der personalistischen Ps. von W. STERN. Die personale Zeit ist nicht – wie die mathematische – eindimensional, d. h., sie läßt sich nicht allein durch «Dauer» charakterisieren, sie zeigt vielmehr Mehrdimensionalität in dem Tatbestand, daß bei gleicher Zeitdauer verschiedene Zeitgestalten (Rhythmen, Melodien usw.) möglich sind. Die Breitendimension der personalen Zeit, die diesen Phänomenen zugrundeliegt, ist die Gleichzeitigkeit (Synchronizität bei JUNG). Die personale Zeit weist eine Mitte auf, die Gegenwart, der mit der Dauer eine stete Bewegung nach vorn gegeben ist, wobei sie aber ständig konkrete Gehalte (Erlebnisse) hinter sich zurückläßt. Damit sind Zukunft (werdende Gegenwärtigkeit, «Entwicklung») und Vergangenheit (gewesene Gegenwärtigkeit, «Geschichte») zusammen mit der aktuellen Gegenwart die Bestimmungsstücke der unteilbaren Einheit des personalen Lebensablaufs. →Zeit, psychische, →Zukunftserleben. [L] STERN 1935 *E. Feuchter*

Eignung [engl. *aptitude*], das Insgesamt der im Individuum liegenden Bedingungen für das Eintreten positiv bewerteter Ereignisse im Berufsleben oder in der Schullaufbahn. Derartige Ereignisse sind z. B. der erfolgreiche Abschluß eines Ausbildungsganges oder das Tätigbleiben im erlernten Beruf (oder in einem Beruf, in dem die erworbenen Kenntnisse und Erfahrungen verwertet werden können). E. ist auch dadurch gekennzeichnet, daß sie sich dicht an die komplexe Lebenswirklichkeit hält und sich an den durch sie nahegelegten Bewertungskategorien orientiert (stärker als die abstraktere «Fähigkeit» und die «Fertigkeit», die einzelne Verrichtungen isoliert betrachtet). Der E.begr. ist neutral gegenüber der Entstehungsgeschichte der jeweils angesprochenen individuellen Merkmale (durch Übung erworben bzw. weitgehend anlagebedingt) und gegenüber den individuell unterschiedlichen Bedingungen beim Zusammenwirken von Fähigkeiten und Fertigkeiten einerseits, Antrieben und Motiven andererseits. Er impliziert die Vorstellung von relativ zeitüberdauernden individuellen Verhaltensmerkmalen. Weiter schließt der E.begr. ein bestimmtes mittleres Maß an Abhängigkeit von den Bedingungen des Arbeitsmarktes ein: Eine Person ist einerseits für eine Tätigkeit oder Ausbildung nicht schon dadurch ungeeignet, daß keine Stelle für sie verfügbar ist, andererseits kann nicht von vorhandener E. gesprochen werden, wenn sich langfristig die Situation in einem Beruf und damit auch die von ihm gestellten Anforderungen so verändert haben, daß für Personen des betreffenden Merkmalsbildes jetzt und in absehbarer Zukunft eine Beschäftigungsaussicht nicht besteht.

Die praktische Verwendung des E.begr. ist fast immer prognostischer Art: Was in bezug auf «Eignung» interessiert, ist ein in (näherer oder fernerer) Zukunft stattfindendes Verhalten des Individuums. Bei jeder Behandlung von Fragen der Berufseignung ist die faktische Heterogenität der Berufe mit Bezug auf die Merkmale der in ihnen tätigen Personen im Auge zu behalten sowie die damit korrespondierende «Multipotentalität» der Individuen bezüglich der Berufe, die für sie in Betracht kommen: Überall findet man Menschen verschiedenster Art. Der einzelne ist in der Regel für die verschiedensten Berufswege geeignet. →differentieller Eignungstest

H. H. Eckhardt

Eignungsdiagnostik →Personalauswahl, →Eignung, →Eignungspsychologie, →Eignungsuntersuchung

Eignungspsychologie, Teilgebiet der angewandten Ps., dessen Gegenstand die Berufseignung betreffende Fragestellungen sind.

Die eine Grundlage der Eignungspsychologie ist die genaue Kenntnis der Berufe mit all ihren Bedingungen (Analyse der Arbeitsplätze, Berufsbilder) auf Grund systematischer Untersuchungen. Hieraus werden die Eignungsanforderungen abgeleitet. Die andere Grundlage ist die Eignungsdiagnostik, die Gesamtheit der Verfahren, mit denen festzustellen ist, ob und in welchem Grade ein bestimmter Mensch auf Grund seiner einzelnen Begabungen und seiner Persönlichkeit den Anforderungen eines bestimmten Berufes entsprechen kann. [L] ACH, BAUMGARTEN, GIESE, HISCHE, HUTH, MOEDE, POPPELREUTER, SIMONEIT, E. STERN

Eignungs-Tests, Bez. für diejenigen Tests, deren Ziel es ist, eine bestimmte Eignung (insbesondere die Eignung für einen Beruf) festzustellen. →Berufseignungs-Tests, →differentieller Eignungstest

Eignungsuntersuchung, abgk. EU, die zur Beurteilung und Auslese von Menschen in der Berufsberatung, industriellen Psychotechnik usw. angewandten ps. Verfahren. Im Ggs. zu der früheren Bevorzugung apparativer «Messungen» einzelner Funktionen wird heute überwiegend das Intelligenzniveau, die Intelligenzstruktur, die Arbeitsweise (Sorgfalt, Dauer, Tempo, Konzentration, Belastbarkeit) sowie die Motive und die besonderen Persönlichkeitsmerkmale mit Tests, Testapparaten und Arbeitsproben ermittelt.

Zusätzlich werden Prüfungen des Handgeschicks und der Sinnesfunktionen vorgenommen. Auch vielseitige Reaktionsgeräte und Prüfstände sind in Verwendung. Die Ermittlung struktureller und konstitutioneller Beziehungen als entscheidendem Fundament für die Eignung gewinnt an Bedeutung, und die entsprechenden Untersuchungsmethoden haben Eingang gefunden. Ohne eingehende Berufskunde ist keine Prognose der voraussichtlichen Bewährung oder Nichtbewährung zu erzielen. In den ersten Jahren der Anwendung der E. wurden die Berufsanforderungen vor allem physiologisch gesehen. Heute sind die Motive und Bedürfnisse zu Arbeit und Beruf wichtiger – allerdings sind dies noch vielfach offene Probleme.

Eimerprobe →Sinnesfunktionen

Einbettung – Abhebung, Grundbegriffe, die das Formale am Erlebensprozeß bezeichnen. Nach W. STERN (1935) kann sich ein spezifisches Erlebnis aus der Ganzheit des Erlebens als gegliedertes Teilstück «abheben», andererseits ist jedes spezifische Erleben als strukturell von der Ganzheit bestimmt und in sie «eingebettet». So werden die Gestalten als die «am meisten abgehobenen Phänomene der Wahrnehmung» angesprochen, als das eine Ende einer «Reihe, die von maximaler Abgehobenheit zu maximaler Einbettung führt». Ihren methodischen Ausdruck findet dieses Begriffspaar in der Forderung nach Beachtung des korrelativen Zusammenhangs von Moment und Ganzheit oder von «Analyse und Ganzheitsbezug».

Einbildung, die ohne reale Begründbarkeit aufgekommene Vorstellung bzw. Auslösung einer Vorstellung. E. ist weiterhin Begr. für die grundlose Selbstüberschätzung und Überheblichkeit. – Schließlich steht E. (z.B. als E.kraft) im Sinne KANTs der Phantasie nahe. →Imagination

Eindruck, das Gesamtbild, das man von einem Objekt (Person, Sache) gewinnt (visuell, akustisch, taktil etc.)

Eindruck, erster, die Art, wie man von einem Menschen bei der ersten Begegnung angemutet wird. Zur Erkenntnis der Person kann der erste Eindruck oft Wesentliches beitragen, doch ist sein Wert als diagnostisches Mittel begrenzt, zumal auch Vorurteile hierbei entstehen. **[L]** ECKSTEIN 1937

Eindruckscharakter, Eindruckswert, zur Klärung der Frage, welche Faktoren bei physiognomischen Beurteilungen die bestimmenden sind, haben BRUNSWIK und REITER (1938) Zeichnungen mit weitestgehend schematisierten Gesichtern geboten. Die Zeichnungen unterscheiden sich in den Entfernungen zwischen den Augen, der Höhe der Augen, der Stellung der Nase, der Höhe des Mundes u. a. Die Vpn wurden aufgefordert, den Eindruckswert jedes Gesichtsschemas nach Intelligenz, Stimmung, Alter, Beruf, Schönheit u. a. zu bestimmen.

Eindrucksdifferential →semantisches Differantial

Eindrucksmethode (WUNDT), diejenigen Verfahren zur Untersuchung der Gefühle, durch die mit Hilfe äußerer Eindrücke (Farben, Klänge, Figuren) bestimmte Gefühle ausgelöst und der Selbstbeobachtung zugänglich gemacht werden. Eine Eindrucksmethode ist z. B. die Methode der →paarweisen Vergleichung. Die Ergänzung der Eindrucksmethode bildet die →Ausdrucksmethode. **[L]** TRAXEL 1968

Einengung, pharmakologische, Bez. für die Reduktion der Erlebnis- und Verhaltensmöglichkeiten durch Arzneistoffe.

Einfachheit, Gütekriterium einer Hypothese oder Theorie; das Prinzip, von zwei ansonsten gleichwertigen Hypothesen (Theorien) die einfachere vorzuziehen. Das Kriterium der E. ist in der Wissenschaftstheorie umstritten, nicht zuletzt deshalb, weil es keine eindeutige Explikation von E. gibt. Heuristisch verwendbare Anhaltspunkte der E. einer Theorie sind: wenige Grundbegriffe, wenige Grundannahmen (Axiome); gut (d. h. durch möglichst wenige Beobachtungen) überprüfbare Beziehungen zwischen Variablen (z. B. lineare Beziehung). →Occam's razor, →Parsimonie

V. Gadenne

Einfachnorm →Normskala

Einfachsehen, die Tatsache, daß wir trotz Reizung beider Augen in der Regel nur ein Bild wahrnehmen.

Einfachstruktur [engl. *simple structure*], von L. L. THURSTONE (1935) in die multiple →Faktorenanalyse eingeführtes, vom wissenschaftlichen Ökonomieprinzip abgeleitetes Ziel der Rotation der Bezugsachsen eines Faktorensystems. Es sollen neben hohen Ladungen auch möglichst viele Nulladungen in der Faktorenmatrix auftreten. Die Faktorenstruktur erfüllt dann die Bedingung, daß nicht in jeder Beobachtungsvariablen sämtliche Faktoren mit nennenswert hohen Ladungen vertreten sind, sondern daß für jeden Faktor mindestens eine Variable existiert, in der er überhaupt nicht in Erscheinung tritt. Auf diese Weise können die Variablen des analysierten Bereiches, jede für sich, auf eine möglichst kleine Zahl zugrunde liegender Faktoren zurückgeführt werden. Ursprünglich wurde die numerische Lösung nach dem Prinzip der E. anhand einer grafischen Methode durchgeführt. Später wurden auch objektive Regeln zur Feststellung der E. aufgestellt und rein analytische Lösungen ausgearbeitet. →Quartimax-Methode. →Varimax-Methode *E. Mittenecker*

Einfluß →Macht

Einflußdiagramm →Entscheidungsanalyse

Einflußfeld, in LEWINS (1963) topologischer Ps. benutzter Begr. für die Kräfte induzierende Wirkung von Personen oder Werten, die selbst nicht Ziele mit umgebendem Kraftfeld sind, aber die Entstehung von Zielen veranlassen können. →Feld

Einfühlung, →Empathie, Nacherleben, das Sichhineinversetzen in ein fremdes Erleben, das Miterleben des fremden Ichs auf Grund

der Wahrnehmung des Ausdrucks oder der Mitteilung der Erlebnisse einer anderen Person bzw. der Kenntnis ihrer seelischen Situation.
Die hierbei gebildeten Vorstellungen lassen (nach LIPPS) ähnliche Erlebnisse wie die im fremden Bewußtsein in Andeutung entstehen. Dies ermöglicht das →Verstehen fremden Seelenlebens. Nach anderer Auffassung handelt es sich um Analogieschlüsse, die man aus dem Wissen um das eigene Ich auf das andere zieht. →Ausdruckstheorien • Das Hineinverlegen eigener Gefühle und Stimmungen in leblose Gegenstände, wodurch diese einen besonderen Charakter erhalten. Die Einfühlung in diesem Sinn wird als eine Grundlage für die ästhetische Wirkung von Kunstwerken betrachtet (HERDER, Fr. Th. VISCHER). [L] GRUHLE 1956, WORRINGER 1958

Einfühlungs-Tests, Bez. für Tests, die ähnlich den Tests zur →Gesinnungsprüfung (moralisches Urteil) und den →Situationstests das Sich-Versetzen in eine geschilderte Situation und eine Entscheidung fordern.

Eingang →input

eingebettete Figuren [T] GOTTSCHALDT

Eingebung, das scheinbar unvermittelte Aufleuchten eines Gedankens, Gefühls usw., das insbesondere Gewißheit, Sicherheit, Lösung, Klärung, Tatbereitschaft mit sich führt und die Person, der die E. zuteil wird, entspannt, aktiviert, beflügelt.

Einheit, numerische, jeder Gegenstand, der als Ganzes aufgefaßt werden kann. Von der E. geht alles Zählen und Messen aus. So ist das Meter die E. der Längenmessung. • synthetische E., eine zusammengesetzte Mannigfaltigkeit, die als solche ein geschlossenes Ganzes darstellt, z. B. die E. des Bewußtseins.

Einschachtelungstheorie →Präformation

Einschübe [engl. *intrusions*], das Auftreten von Inhalten beim freien Reproduzieren, die nicht im ursprünglichen Lernstoff enthalten sind. E. Werden z. B. in Lernlisten durch die implizite Organisation des Lernstoffs und in Erzählungen durch Schemata im Sinne von F. BARTLETT verursacht. →autonome Veränderungen *A. Zimmer*

Einsicht, das unmittelbare Verstehen eines Sachverhalts, das Erkennen der Zusammenhänge, der Ursachen und Wirkungen eines Geschehens und einer Handlung. Einsichtiges Verhalten ist das einer Aufgabe angepaßte Verhalten. Die beobachtbaren Verhaltensqualitäten der E. sind nach KÖHLER: Plötzlichkeit der Problemlösung, glatter Verlauf einer zum Ziel führenden Handlungsreihe, Verhaltens- und Ausdrucksänderung kurz vor der eigentlichen Endhandlung (das Aha-Erlebnis begleitend), subjektive Neuartigkeit der Problemlösung. W. KÖHLER untersuchte das einsichtige Handeln bei Menschenaffen auf Teneriffa. Das Schaffen von E. in das eigene Funktionieren ist ein wesentlicher →Wirkfaktor in →Psychotherapien. [L] KÖHLER 1917, 1921

E

Einstellung [engl. *mental set*], ein in der Ps. nicht eindeutig verwendeter Begr. E. ist die Art (Akzentuierung, Tönung) der →Gerichtetheit, der Ausrichtung, des selektiven Vorgehens (z. B. bei der Lösung einer Aufgabe). →determinierende Tendenz. E. ist die seelische Haltung gegenüber einer Person, einer Idee oder Sache, verbunden mit einer Wertung oder einer Erwartung. – Nach ALLPORT ist E. «ein seelischer und nervlicher Bereitschaftszustand, der – durch die Erfahrung organisiert – einen richtenden oder dynamischen Einfluß auf die Reaktionen des Individuums auf alle Objekte und Situationen ausübt, mit denen es verbunden ist.» E. als soziale Einstellungen *(attitude)* können sich auf einzelne Personen, Gruppen, Nationen, aber auch Organisationen, Kunstwerke, Ideologien und Programme richten und unterscheiden sich vor allem durch ihre emotionale Qualität und ihre Gegenstandsbezogenheit von den noch globalen Persönlichkeitseigenschaften.
Es können fünf Abstufungen der Definitionen der E. unterschieden werden, die alle eine Reihe von vorangehenden Bedingungen (A) auf die Response-Folgen (R) beziehen. (1) Positivistische: Direkte Beziehung zwischen A und R, aber mit einer großen Zahl von Kombinationen dieser Beziehungen. – (2) Paradigmatisch: Die Responses, die der E. entsprechen, werden ebenfalls ohne intervenierende Variable in direkte Abhängigkeit von antecedenten Ereignissen gesehen, aber statt der vielen einzelnen Beziehungen A-R werden ein paradigmatisches Ereignis (z. B. autoritäre Erziehung) und eine paradigmatische Folge (z. B. Score auf der Antisemitismusskala) definiert und andere A und R werden in Relation zu diesem Paradigma gesetzt; (3) Mediationstheoretisch (mediationalistisch): E. ist ein vermittelndes Konstrukt, das an die antecedierenden Bedingungen und an Folgen geknüpft ist; (4) Klassifizieren oder Erklärung mit doppelter Vermittlung: Sowohl an die antecedenten Bedingungen als auch an die Folgen wird je ein vermittelndes Konstrukt gebunden, wie z. B. die inneren *(covert)*

Benennungsresponses (r) und die von den Responses (R) hervorgerufenen inneren *(covert)* Reize (s) in der E.theorie von DOOB (1947) – (5) Interaktionistisch: Das vermittelnde Konstrukt wird nicht nur an einzelne antecedente Bedingungen und Folgen gebunden, vielmehr wird deren Interaktion berücksichtigt. – Strukturen und der Zusammenhang zwischen den die E. anzeigenden verbalen Responses mit nicht-verbalem Verhalten sind wichtige Themen der E.forschung →A-R-D-System.

Die derzeit wieder stark florierende E.forschung konzentriert sich zum einen um solche Konzepte, die den Wert-mal-Erwartungs-Theorien entlehnt sind und im Prinzip eindimensional als Bewertungen sozialer Sachverhalte definiert sind (AJZEN & FISHBEIN 1980, FISHBEIN & AJZEN 1975, EAGLY & CHAIKEN 1993), oder aber favorisieren dann doch explizit oder implizit einen Drei-Komponenten-Ansatz wie z. B. ZANNA & REMPEL (1988): «Eine Einstellung beinhaltet die Katgeorisierung eines Stimulus-Objekts entlang einer evaluativen Dimension, die auf drei Informationsklassen basiert oder durch sie generiert wird: (a) kognitive Informationen, (b) affektive/emotionale Informationen, (c) Informationen über vergangenes Verhalten oder Verhaltensintentionen.» Die stärkere Anbindung der Forschungen zu den E. an die kognitive Psychologie hat zu einer Intensivierung der Untersuchungen von E. als Urteilsformen geführt und dabei zu einer Vielzahl von grundlagenorientierten Arbeiten. Neubelebt worden ist auch der funktionale Ansatz in der E.-Forschung, wobei inzwischen E. eine Vielzahl von Funktionen, z. B. als Orientierungsreaktionen, Heuristiken, Formen der Selbstdarstellung zugebilligt werden.

Das Dauerthema der Relation von E. und Verhalten (vgl. SIX & ECKES 1994) wird inzwischen durch Metaanalysen systematisch durchgearbeitet und die für stereotyp niedrig gehaltenen Korrelationen erweisen sich z. T. als von nicht unbeträchtlicher Größenordnung, allerdings in deutlicher Abhängigkeit von dem jeweiligen E.-Verhaltensbereich. [L] EAGLY & CHAIKEN 1993, PRATKANIS et al. 1989, OSKAMP 1991, RAJECKI 1990 *B. Six*

Einstellungsänderung, neben und mit dem Problem der Konstruktvalidierung der →Einstellung (Attitüde) ist die E. ein zentrales Thema der Einstellungsforschung. Nach theoretischem Rahmen unterschieden EYERTH & KREPPNER (1972), ähnlich wie in der Darstellung von KIESELER und diese erweiternd: (a) wahrnehmungspsychologische, (b) lerntheoretische, (c) funktionalistische Ansätze und (d) Erklärungsversuche, in denen Gleichgewichts- bzw. Dissonanzaxiome verwendet werden. Eine Sonderstellung nimmt die Theorie des sozialen Urteilens von SHERIF & HOVLAND (1961) ein, die auch →Assimilation-Kontrasttheorie genannt wird. Exp. Pläne zur Messung der E. leiden an der meist geringen →Validität der Einstellungsmessungen und der besonders störenden Wirkung der Forderungs-Merkmale der exp. Situation bzw. des Gewahrwerdens der Versuchsleiterabsicht. In Laboratoriums- wie Feldexperimenten werden unabhängige Variable verwendet, die E. hervorrufen sollen, die ein wesentlicher Teil der Prozesse der sozialen Einflußnahme ist: (1) Suggestion, (2) Konformitätsdruck, (3) Gruppendiskussion, (4) Überzeugung (persuasive Texte, Darbietung von Argumenten) und (5) intensive Indoktrination (wie Kindererziehung, Psychotherapie und Gehirnwäsche) werden von MCGUIRE (1969) genannt. Von den neueren Einstellungsänderungstheorien ist vor allem das Elaborations-Wahrscheinlichkeits-Modell (ELM) bekannt geworden, das zwei verschiedene Wege der Einstellungsänderung unterscheidet, einen zentralen und einen peripheren. Andere Modelle, wie das heuristisch-systematische Modell von CHAIKEN (1987) oder das sozio-kognitive Einstellungsmodell (PRATKANIS 1989) sind eher noch in der Entwicklung, sind jedoch als Modelle der Tradition der kognitiven Sozialpsychologie verpflichtet. Techniken und Strategien der E.änderung sind derzeit schwerpunktmäßig persuasive Verfahren, die Einstellungen durch Informationen, Kommunikationen etc. versuchen zu ändern. E. sind ein wichtiges Ziel in Psychotherapien und werden insbesondere in der kognitiven →Verhaltenstherapie sehr direkt angestrebt. [L] REARDO 1991, SIX & SCHÄFER 1985, ZIMBARDO & LEIPPE 1991

Einstellungseffekt, Bez. für das von LUCHINS (1959) untersuchte Verharren bei einer umständlichen Methode der Bearbeitung von Aufgaben, wenn diese für vorher gelöste Aufgaben die einzig mögliche war, aber bei der «kritischen» Aufgabe auch eine einfachere Lösung zum Ziel führt.

Einstellungsinterviews, (syn. Auswahlgespräche), Oberbegriff für systematisch anhand eines Leitfadens strukturierte →Interviews mit Stellenbewerberinnen oder -bewerbern. E. sind gebräuchliche Methoden der →Personalauswahl. Sie können gleichzeitig zum persönlichen Kennenlernen, zur Information über die mit einer Position verbundenen →Aufgaben und →Arbeitstätigkeiten oder über die →Organisation dienen. Das E. kann auch zur gegenseitigen Information über Erwartungen und das Aushandeln von Vertragsbedingungen genutzt werden.

HERRIOT (1989) sieht eine grundlegende Aufgabe von E. in einer sozialen Begegnung, die es den Beteiligten ermöglicht, herauszufinden, ob sie sich gegenseitig mögen und durch Verhandlungen Übereinkünfte zu erzielen. Er empfiehlt, E. auf diese Aufgabe zu konzentrieren und die übrigen Aufgaben durch andere Methoden der Information und →Personalauswahl zu realisieren.

Bereits zu Beginn des Jahrhunderts wurde empirisch gefunden, daß betriebliche Praktiker nach konventionell durchgeführten →Vorstellungsgesprächen im allg. keineswegs in der Lage sind, die zukünftigen berufspraktischen Leistungen der von ihnen Befragten in nennenswertem Umfang richtig vorherzusagen, obwohl sie überzeugt sind, daß sie dies können (Metaanalysen bestätigen diese Ergebnisse). Teilstandardisierte Interviews mit einem Leitfaden zur verhaltensnahen Beschreibung bisher ausgeübter Arbeitstätigkeiten, verbunden mit Selbsteinschätzungen können die prognostische Validität verbessern (berücksichtigt werden dabei Forschungserkenntnisse über →Biographische Fragebögen und zur Zielsetzungstheorie, →Arbeitsmotivation, vgl. SCHULER & FUNKE 1993). Empfehlenswert ist ein systematisches Training der Beurteiler zur Vermeidung von Beurteilerfehlern. **[T]** Mitarbeiter systematisch beurteilen (FRANKE & KUHLMANN 1990). **[L]** SCHULER & FUNKE 1993 *S. Greif*

Einstellungsskalen, Meßverfahren, mit denen die Stellungnahme der Vp bei der Beurteilung eines Gegenstandes oder Sachverhaltes ermittelt wird. Als Instrument dienen Fragebogen. Im Ggs. zur Meinungsbefragung werden bei den E. die für den Gegenstand oder Sachverhalt vorgegebenen Stellungnahmen in der Weise quantifiziert, daß die Feststellungen Grade eines Kontinuums darstellen. Die E. werden vorwiegend nach 4 Dimensionen gemessen: Richtung, Grad, Intensität, Bedeutsamkeit. In der Hauptsache sind fünf Arten von Skalen entwickelt worden: (1) Die Skala für soziale Distanz (→BOGARDUS-Skala), (2) die Skala nach der Methode des Paarvergleichs und der gleicherscheinenden Intervalle (→THURSTONE-Skala), (3) die Skala nach der Methode der Wertadditionen (→LIKERT-Skala), (4) die Skalenanalyse nach GUTTMAN und (5) die Skalenunterscheidungsmethode nach KILPATRICK. Bei der Methode der gleicherscheinenden Intervalle (z. B. nach THURSTONE) ist zu berücksichtigen, daß die Zuordnung von Feststellungen *(statements, items)* zu Skalenwerten von extremen Einstellungen der Zuordner beeinflußt werden können (HOVLAND & SHERIF 1952). Am Pol der eigenen Einstellung wird sehr gut differenziert, wogegen neutrale und entgegengesetzte Feststellungen sehr wenig differenziert werden. Verschiebungen der Beurteilungen der Items sind verschieden erklärt worden: (a) Nach der Adaptationstheorie ist die Lage der Nullpunkte nicht nur von den Reihenreizen abhängig, sondern auch von den in der Erfahrung häufigeren Feststellungen des Pols, der einer extremen Einstellung entspricht. (b) Nach dem *range-frequency*-Modell von PARDUCCI (1965) werden die gleichen Feststellungen verschiedenen Werten zugeordnet in Abhängigkeit von der subjektiven (psychologischen) Erstreckung der Bewertungen und von den gewohnheitsmäßig festen Proportionen, in denen die Urteilskategorien verwendet werden. (c) Nach dem Gummiband-Modell von VOLKMANN (1951) bestimmt nur die subjektive Erstreckung (der Umfang der Bewertungen) die gewohnheitsmäßig benutzte Zahl der Kategorien. Da bei der Methode der Beurteiler-Einschätzung der Feststellungen (Items) sowohl die Zahl der Items als auch die Zahl der Kategorien festliegt, sind die Endpunkte der subjektiven Erstreckungen der Beurteiler entscheidend. Es kann Beurteiler geben, bei denen ein Beurteilungspol außerhalb der angebotenen Feststellungen liegt *(out of range-judges)*. STROEBE (1971) hat der Analyse dieser Modelle ein weiteres hinzugefügt, in dem berücksichtigt wird, daß die Beurteilungen der Items nicht nur auf der Dimension «Zustimmung – Ablehnung» variieren. **[L]** SÜLLWOLD 1969, PETERMANN 1980, ROBINSON, SHAVER, WRIGHTSMAN 1991, ZUMA-Skalen *R. Bergius*

Einstellungstäuschungen, durch →Einstellung i. S. von kurzfristig erzeugtem *mental set* bedingte Wahrnehmungs- und/oder Urteilstäuschung beim paarweisen Vergleich, nachweisbar als Druck-, Schallstärke-, Helligkeits-, Mengen- und Volumentäuschung im kritischen Versuch mit zwei objektiv gleichen

Reizbedingungen, nachdem vorher bis 15 mal ungleiche Reizbedingungen gegeben worden waren. Diese E. wurden von UZNADZE und Mitarb. der Georgischen Schule als empirische Grundlagen ihrer Einstellungstheorie beschrieben. →UZNADZES Volumentäuschung, →Ankerreiz. [L] UZNADZE et al. 1976

Einstellungs-Tests, subjektive Fragebogentests zur Erfassung von Einstellungen und Meinungen zu bestimmten, meist sozialen Sachverhalten. Hauptsächlich Instrument der sozialps. und päd.-ps. Forschung. Weniger zur Individualdiagnostik geeignet. →Einstellungsskalen. [T] MITTENECKER *P. Day*

Einstellungstypen (JUNG) →Typologie

Einübungstheorie, die Annahme, daß die Bedeutung des →Spiels in der Ausbildung von Anlagen und in der Einübung lebenswichtiger Funktionen und Handlungen liege. [L] GROOS 1899

Ein-Wort-Satz, Holophrase, ein Satz, der nur aus einem Wort besteht. Der Begr. geht auf STERN (1907) zurück, der die ersten Worte des Kindes als satzartige Gebilde, als Ausdruck für eine einheitliche Stellungnahme zu einem Bedeutungsgegenstand faßte. Diese einzelnen Wörter sind völlig in den Kontext eingebunden und erhalten erst durch ihn ihren eigentlichen Sinn; nach STERN werden sie als Kulminationswörter gebraucht, die durch die Situation, Gebärden sowie durch paralinguistische Merkmale wie Variationen in der Tongebung ergänzt werden. Wichtiger als die Frage, für welche Sätze im linguistischen Sinn holophrastische Äußerungen stellvertretend stehen, ist jedoch die Frage nach den semantischen Rollen, die in ihnen kodiert sind. →Sprachentwicklung, →Holophrase

H. Grimm

Einzelfallstudie →Fallstudie

Einzelkind →Alleinkind

Einzelrestfaktor, der aus der →Faktorenanalyse gewonnene Faktor, der nur eine Variable lädt.

Eisbrecherfragen →Shock-Absorber

Ekel, das stark unlustbetonte Gefühl des Widerwillens. Ekelerregend wirken weniger stark die Wahrnehmungen (z. B. Geruch), die der Gegenstand, die Situation, der Mensch u. a. vermitteln, als vielmehr diese selbst oder die Vorstellung von diesen. Körperliche Begleiterscheinungen des Ekelgefühls sind vor allem Zusammenziehen der Gaumen- und Rachenmuskulatur mit Speichelabsonderung.

EKG, Abk. für Elektrokardiogramm →psychophysiologische Methodik

ekklesiogene Neurose [lat. *ecclesia* Kirche], die aus besonders gearteter (übersteigerter, pervertierter) religiöser Gläubigkeit entspringende (einhergehende) Neurose.

Ekklisis, Ggs. →Klisis

Eklektizismus, (allg.) unselbständige, mechanische Vereinigung von zusammengetragenen Stil- u. Gedankenelementen. In der Psychotherapie ist E. ein Versuch, durch Verbinden bzw. Miteinanderverwenden von Techniken u. Konzepten verschiedener Herkunft die Grenzen einzelner Ansätze zu überwinden →Integration.

eknoische Zustände [gr. *eknoos* sinnlos], sinnlose Aufgeregtheit, wie auch gefühlsbetonte Wahnvorstellungen im Entwicklungsalter.

Ekphorie, ekphorieren [gr. *ekpherein* heraustragen], der Vorgang des Erinnerns bzw. das Wiederhervorrufen eines Erinnerungsbildes, eines Engrammes (SEMON). Der dies hervorrufende Reiz ist der ekphorierende Reiz. →Abruf, →Mneme

Ekstase, ursprünglich (PLOTIN) Austritt aus den Grenzen der Individualität (und Verschmelzung mit dem geliebten Wesen).

Abnormer Bewußtseinszustand mit dem Gefühl der Verzückung, der Entrücktheit von der Wirklichkeit, der höchsten fanatischen Begeisterung und Ergriffenheit. Rauschzustand, in dem auch Halluzinationen gesehen und Stimmen gehört werden. Die Empfänglichkeit für Sinneseindrücke ist eingeschränkt. E. ist vor allem unter Naturvölkern weit verbreitet. Bei den Mystikern aller Zeiten und Kulturen spielt die E. eine große Rolle. Oft findet sich in der E. Zungenreden (Glossolalie). Die Zusammenhänge von Rausch, E. und Rauschgift (→Sucht) sind ein Problem hoher Aktualität auch bei den zivilisierten Völkern. Endogen bedingte E. findet sich bei Schizophrenie und genuiner Epilepsie. Die Beziehung der E. zum Sexualakt ist besonders eng: Hier wie dort besteht schwindende Individuation. HEGEL deutete deshalb die Geschlechtsliebe als Zurückkehren des Lebens zu sich selbst. Und in den dionysischen Festen, in denen nach NIETZSCHE «der Bann der Individuation zersprengt und der Weg zu den Müttern des Seins» offengelegt wurde, stand zugleich geschlechtliche Zuchtlosigkeit im Vordergrund. Im dionysischen Rausch der E. offenbaren sich nach NIETZSCHE der ontische Urgrund des Lebens und das Geheimnis des chthonisch-mütterlichen Prinzips.

ekto... [gr.] latinisiert *ecto,* in Wtvb. außen, außerhalb [**E**]

Ektoblast [gr. *blastos* Keim], bei der Keimesentwicklung der höheren Tiere werden in der Regel zunächst drei Schichten, «Keimblätter» angelegt. Das äußere Keimblatt wird als E. (oder Ektoderm) bezeichnet. Aus ihm entstehen während der Embryonalentwicklung z. B. die Haut und das Zentralnervensystem. →Keimesentwicklung

Ektoderm →Keimesentwicklung

Ektomorphie, ektomorpher Typus (SHELDON) →Typologie

ektosemantisch, e. sind sprachliche Äußerungen, die über Art, Identität und inneren Zustand des Senders informieren und/oder über die Art und Aufforderung zu einem bestimmten Verhalten. Diese →paralinguistische Funktion des Ausdrucks (Appels, Symptoms, Signals) nennt MOLES (1958) *information esthétique.* Sie informiert unabhängig vom phonematisch, lexikalisch-semantisch und syntaktisch codierten Bericht (KAINZ 1970) und wird durch Stimmklang, stimml. und sprachl. Ausdruck (TROJAN 1975) und →Prodosie vermittelt. [**L**] HORMANN 1967

Ektropie [gr. *ektope* Ablenkung], die noch nicht verwertete, noch in Arbeit umsetzbare Energie, im Ggs. zur →Entropie

elaborierter Code →Soziolinguistik, →Code

Elastizität, der aus der Physik stammende Begriff hat in der Ps. die Bedeutung von seelischer Spannkraft oder Anpassungsfähigkeit.

Elchtest, [schwed. *älg* Hirschtier mit schaufelförmigem Geweih; lat. *testa* Härte-Prüfung, Probe, Tonschale] auf ökologischer Basis konstruiertes Testverfahren, das mit einem Validitätskoeffizienten von $r = 0.999$ die physikalische Labilität von sich bewegenden Objekten diagnostiziert. Der E. hat nicht nur in der Öffentlichkeit hohe Aufmerksamkeit erfahren. Auch Hersteller der sich bewegenden Objekte (meist auf der Basis eines Fahrgestells) haben sich dem E.-Phänomen mit großem ökonomischem Aufwand zugewandt. Dabei wurden nicht nur techn. Verbesserungen implementiert (nicht etwa →ESP, Abk. f. **E**xtra **S**ensory **P**erception, sondern Abk. f. **E**lektronisches **S**tabilitäts-**P**rogramm), sondern auch die PR-Abteilungen wurden mit entsprechenden Aktivitäten betraut. So wurde z. B. über fast alle Printmedien das E.-Phänomen mit philosophischen Betrachtungen eines mehrfachen Wimbledon-Siegers kommentiert. [**L**] Caesar, C.J. (100–44 v.Chr.) de bello gallico, liber 17.

Elektrakomplex, von C. G. JUNG eingeführte Bez. für die exzessive Bindung der Tochter an den Vater mit Feindschaft gegen die Mutter in Anlehnung an den Bericht aus der gr. Mythologie über ELEKTRA, die Tochter des AGAMEMNON. In Analogie zum →ÖDIPUS-Komplex ist E. bei weibl. Personen zuständig.

Elektrodiagnostik, ein Bereich der medizinischen und psychophysiologischen Diagnostik, in welchem die körpereigenen bioelektrischen Erscheinungen zur Klärung physiologischer und psychologischer Vorgänge sowie zur Erkennung ihrer Störungen oder Erkrankungen herangezogen werden. Hierzu zählen u. a.: (1) Ableitung und Messung körpereigener, bioelektrischer Ströme: das Elektrokardiogramm (EKG) unter Verwendung bestimmter standardisierter Elektrodenplazierungen an den Gliedmaßen und der Brustwand. Aus der relativen Lage und Form der Zacken des EKG lassen sich sowohl Schlüsse auf die Funktionsweise des Herzens ziehen als auch Leistungs- und Stoffwechselstörungen sowie Schädigungen des Herzmuskels feststellen (→psychophysiologische Methodik). Das Elektroenzephalogramm (EEG), die mit Hilfe eines Meßgerätes (z. B. Galvanometer) über Vielfachverstärker aufgezeichnete Kurve der →Aktivationsströme des Gehirns, die mittels Elektroden von Kopfhaut und Schädel unter Verwendung standardisierter Elektrodenpositionen abgeleitet werden. Im klinischen Bereich wird im wesentlichen zwischen alpha, beta, theta und delta-Wellen unterschieden. Daneben gibt es Strukturelemente, Graphoelemente in den Kurvenformen, die wie auch Störungen in der rhythmischen Eigentätigkeit des Gehirns auf bestimmte zerebrale Störungen schließen lassen (Feststellung zerebraler Anfallsleiden, Hirntumoren, Schädel-Hirntraumen, Intoxikationen) (→psychophysiologische Methodik); Elektroneurographie (ENG) zur Erfassung der «Massenpotentiale» einer größeren Anzahl von durch eine elektrische Reizung gleichzeitig erregten Nervenfasern zur Ermittlung der Nervenleistungsgeschwindigkeit. Das Elektromyogramm (EMG) zur Aufzeichnung der Aktionsräume eines erregten Muskels. Das Elektrogastrogramm (EGG) zur Messung der Magenbewegungen an der Hautoberfläche über dem Magen mittels nicht-polarisierbarer Elektroden. Die summierten Muskelaktionspotentiale des Magens reagieren äußerst sensitiv auf emotionale Reize, Vorstellungen sowie vestibulär-visuelle Wahrnehmungsdiskrepanzen (Schwerelosigkeit im All, Karussell, Seegang) (→psychophysiologische Methodik). (2) Messung elektrischer Eigenschaften von Zellen oder Zellverbänden: hierher gehört speziell die Hautwiderstandsmessung (EDA), →psychogalvanische Reaktion. (3) Elektr. Stimulation (ESB) mittels exakt lokalisierter Elektroden (auch Tiefenelektroden) zur Prüfung der Erregbarkeit von Geweben oder auch einzelner Zellen (→Nerv, →Neuron). [L] ANDERSEN & ANDERSSON 1968, BERGER 1938, KUGLER 1966, BECKER-CARUS 1979, BIRBAUMER & SCHMIDT 1996, MÜHLAU 1990 *C. Becker-Carus*

Elektroencephalogramm, EEG, Elektroencephalographie, →Enzephalographie, →Elektrodiagnostik, →psychophysiol. Methodik

Elektrokrampftherapie →Elektroschock

Elektrokardiogramm, EKG, →Elektrodiagnostik, →psychophysiol. Methodik

elektrokutane Sensibilität, Sensibilität der Haut für den elektr. Strom

elektrolytischer Reiz, ein inadäquater oder abnormer Reiz, der eine sensorische Wirkung durch elektrochemische Prozesse bewirkt. Besonders beim Geschmacksinn zu beachten.

Elektromyographie, EMG, →Elektrodiagnostik

Elektroneurographie, ENG ist die Registrierung von →evozierten muskulären Antwort- und Nervenaktionspotentialen nach Reizung der Nerven einschließlich der Bestimmung der Leitgeschwindigkeit. Ziel der klinischen ENG ist dabei die Diagnostik von Funktionsstörungen im Bereich der motorischen Einheiten. [L] MÜHLAU 1990, TRIMMEL 1990

Elektrookulographie, EOG, Bez. für die Verfahren der Registrierung der Augenbewegungen. Grundlage des EOG ist die Potentialdifferenz zwischen der Korneaoberfläche und dem Augenhintergrund (nicht Muskelpotentiale), wodurch der Augapfel einem elektrischen Dipol entspricht, dessen Spannungsfeld sich mit der Augenbewegung ändert. Mittels zweier Elektroden, die in der Nähe der Augen auf der Hautoberfläche angebracht werden (horizontal oder vertikal), können die Spannungsänderungen abgegriffen werden, die in direkter Abhängigkeit zu der jeweiligen Augenstellung stehen. Im Einsatz bei Nystagmussprüngen wird das Elektrookulogramm auch als Nystagmogramm bezeichnet. [L] SCHMIDT & THEWS 1991

Elektrophysiologie, jener Teil der Physiologie, der sich mit den von den Lebewesen selbst erzeugten elektrischen Strömen (→Aktionsströme) befaßt. Da diese bei allen Lebensvorgängen auftreten, die mit Änderungen der Ionenkonzentration im Gewebe verbunden sind, speziell bei der Informationsübertragung im Nervensystem, entwickelte sich hier, nach Verfeinerung der Meßtechniken in den letzten Jahrzehnten ein vielversprechender Weg zur Analyse der Verschaltung und Funktionsweise aller neuronalen Gewebe. • Die Aktionsströme wurden von DUBOIS-REYMOND (1818–1896) in Berlin am Muskelpräparat entdeckt, und 1929 entdeckte H. BERGER (1873–1941), daß an der menschlichen Kopfhaut ständig elektrische Potentialschwankungen registriert werden können, die Rückschlüsse auf die Hirntätigkeit erlauben (Elektroencephalogramm, EEG, →Elektrodiagnostik). Man unterscheidet Ruhe-, Verletzungs-, oder Demarkations- sowie Aktionsströme z. B. von Muskeln, Drüsen, Herz (Elektrokardiogramm. →Elektrodiagnostik), Nerven, Gehirn (EEG). →psychophysiologische Methodik. [L] BERGER 1938, PINEL 1997 *C. Becker-Carus*

Elektroretinographie (ERG), Aufzeichnung der durch lichtelektrische Prozesse in den Rezeptoren der Retina bedingten bioelektrischen Potentialänderungen. Die Methode geht zurück auf Beobachtungen von HOLMGREN (1865), DEWAR und J. G. MCKENDRICK (1873), nach denen sich bei Belichtung des dunkeladaptierten Auges das Ruhepotential verändert. Die Form der ERG resultiert aus einer Überlagerung mehrerer Potentialunterschiede (R. GRANT 1932) und hängt neben der Lichtintensität, dem Anstiegsgradienten, der Reizdauer auch ab von Wellenlängenunterschieden bei Hell- und Dunkeladaptation (A. KOHLRAUSCH, R. GRANIT). Kurvenbuckel in den spektralen Empfindlichkeitskurven der ERG lassen die Annahme zu, daß in der Retina ein trichromatisches System vorliegt, mit Wellenlängenmaximum bei 600 nm, um 560 nm und bei 460 nm (E. D. ADRIAN, 1946). →Farbensehen, Theorien des. [L] MÜLLER-LIMMROTH 1959

Elektroschock, elektrokonvulsiver Schock (EKT). Von CERLETTI & BINI in den 30er Jahren erstmals angewandte «Therapie» bei ps. Störungen, bes. bei Depressionen, Schizophrenien, Manien, Neurosen. Über Elektroden an Schläfen oder einseitig über Temporalregion werden Spannungen bis zu 110 V und Stromstärken von 100–400 mA für mehrere Sekunden z. T. an jedem Tag 1 mal, häufig über Tage appliziert. Führt zu extremen Entladungen der Nervenzellen, ähnlich wie bei Epilepsie mit Bewußtlosigkeit und epileptischen Krämpfen. Retrograde →Amnesie unterschiedlicher Dauer ist die Folge. Wiederholte Anwendung führt zu dauerhaften Schädigungen des Gehirns und der Persönlichkeit. E. wird heute sehr zurückhaltend zur Behandlung therapieresistenter Störungen, insbesondere Depressionen eingesetzt. Durch medikamentöse Muskelentspannung und Anästhesie können schädliche Nebenwirkungen reduziert werden. Es wird für 60–70 % der EKT-Patienten von einer Verbesserung berichtet, wobei auch die heutigen verbesserten EKT-Techniken Risiken zeigen (Gedächtnisverlust, Nervenschädigungen, Verwirrung). [L] BREGGIN 1980 *N. Birbaumer/F. Caspar*

Elektrosubkortikographie, Aufzeichnen der elektr. Impulse (ähnlich EEG) mit Tiefen-Elektroden, die in subkortikale Regionen implantiert sind.

Elektrotonus Bez. für die Erscheinungen, die bei Reizung eines Nerven mit Gleichstrom auftreten. Der stromdurchflossene Nerv zeigt an der Anode verminderte Erregbarkeit (Anelektrotonus), an der Kathode verstärkte Erregbarkeit (Katelektrotonus).

Elementargedanken →Gleichförmigkeit

Elementarismus, die Annahme, daß komplexes Geschehen und Strukturen «Grundbestandteile» (Elemente) enthalten, die nicht weiter zurückführbar sind. Z. B. sei das Bew. aus Gefühls- und Empfindungselementen konstituiert.

Elementenpsychologie, die Richtungen der Psychologie, welche in ihrer Theorie des seelischen Geschehens die ausdrückliche Annahme ps. Elemente als wichtige Grundlage enthalten, insbesondere für die →Assoziationspsychologie. Im theoretischen Ggs. zur Elementenps. stehen die →Gestaltps. und die →Ganzheitspsychologie. Vgl. WUNDTS Elementenps.

Elemente, psycho-physische →Wurzelformen

elimination by aspects, suboptimale Entscheidungsstrategie (nach TVERSKY), bei unvollständiger Information. →Entscheidungstheorie

Elite, das Auserlesene, die qualifizierte, führende Schicht. Die E. und insbesondere der Prozeß der Ausformung der E. ist von hohem ps. Interesse. Immer stehen in der Sozial-Integration Gruppe und Masse und von da aus Selektiv und Kollektiv einander gegenüber. HELLPACH spricht davon, daß sich der Sonderungsprozeß sowohl von der emotionalen wie der rationalen Seite her vollziehen kann. Auf der Denkseite erwächst das «Reflektions-Selektiv»: die kleine Zahl von solchen, die eine Idee aufnehmen und mit ihr sich «eins» wissen. Daneben steht gleichsam die durch Abstammung, zusätzliche «Züchtung» usw. entstandene E. (z. B. Ordensauslese, politische Auslese, Auslese der militärischen Erziehung u. a. m.) Zu beachten bleibt, wie E. und Prominenz sich voneinander absetzen. [L] LASSWELL, HELLPACH, MÜHLMANN, WENKE

Eltern-Ich →Transaktionsanalyse

Elterntherapie →Familientherapie

Eltoprazin, Substanz, die als sog. Serenikum antiaggressive Wirkungen haben soll. Wirkt im ZNS u. a. serotoninagonistisch (insb. 5-HT_{1b}) [L] OLIVIER et al. 1986 *W. Janke*

Emanzipation [lat. *emancipatio* Freilassung, z. B. eines erwachsenen Sohnes oder eines Sklaven], in der Umgangssprache die Befreiung von rechtlichen und traditionellen sozialen Abhängigkeitsverhältnissen, vor allem der Frau.

embedded figures [T] GOTTSCHALDT

embedding, in der →Grammatik Bez. für die Einordnung (Einbettung) eines Satzes (des «Konstitutensatzes») in einen anderen Satz (den «Matrixsatz»). Mehrfach eingebettete Sätze vom Typ «Der Mann, der den Täter, der den Pfahl, der an der Straße, die nach Worms führt, steht, umgeworfen hat, ergreift, erhält eine Belohnung» sind schwer zu produzieren und zu verstehen (MILLER & IZARD 1964). Dieser Umstand verweist neben der praktischen Begrenztheit der hierzu z. B. erforderlichen Anwendung rekursiver Regeln (→Rekursivität) auch auf die Frage der ps. Realität syntaktischer Grundformen, die ja bei eingebetteten Sätzen zerrissen sind (→Valenz). [L] LEUNINGER, MILLER & MÜLLER 1972

Embolophrasie [gr. *embolon* Keil, keilförmiger Einschnitt], vorausgestellte oder eingeschobene, im linguistischen Sinne nichtssagende Laute (Grunzen, Schnalzen), Phoneme (das Gaxen mit ää, mm usw.), Silben (em, ne) oder Wörter (Flickwörter wie na, also, ja, aber, außerdem), mit denen Sprechpausen oder andere Unterbrechungen im Sprechfluß ausgefüllt werden. Gehäuft in ängstlicher Verlegenheit oder beim Stottern. In Unterscheidung von sprachlichen Fehlhandlungen (→Versprechen) sind die E. zu erklären als Symptome unpräziser Aktivierungs- und Stopp-Befehle in einem hierarchisch organisierten System von TOTE-Einheiten, bei dem Artikulomotorik vor der sprachlichen →Encodierung einsetzt bzw. in den Pausen und Unterbrechungen zur Fehlerkorrektur und -vermeidung nicht ausgeschaltet wird. Der Sprecher beginnt zu artikulieren, bevor er die Wortgestalten und den Satzbau verfügbar hat; auch nach einem Versprechen und beim Bemerken, daß ein bereits begonnener Satz nicht zu einem regelrechten Ende gebracht werden kann, benutzt er Laute, bis er den Neubeginn parat hat.

Embryonalentwicklung, (biol.) auch Keimesentwicklung. Die Periode der E. reicht von der →Befruchtung der Eizelle bis zum Beginn des selbständigen Lebens durch Geburt oder Schlüpfen aus der Eihülle. *V. Preuss*

Embryopathie, substanzbedingte, Störungen der pränatalen Entwicklung durch chemische Stoffe. →Alkoholembryopathie **[L]** ABEL 1989, JACOBSON 1991, MAJEWSKI 1987 *W. Janke*

Emergenz, ein System besitzt emergente Eigenschaften, wenn es Eigenschaften zeigt, die seine Bestandteile selbst nicht besitzen. Beispielsweise ist Wasser flüssig, obgleich keines seiner Atome diese Eigenschaft besitzt. Viele Wissenschaftler argumentieren, daß die kognitiven Fähigkeiten eines Menschen eine emergente Eigenschaft darstelle, die durch das kombinierte Verhalten vieler Neuronen entsteht, obgleich eine einzelne Nervenzelle nicht besonders klug sei und daher vermutlich keine kognitive Fähigkeiten besitzt.

EMG, Abk. für Elektromyogramm, →psychophysiologische Methodik

Emmert, Emil (1844–1911), Ophtalamologe / Bern

Emmertsches Gesetz, die lineare Größe des auf einem Projektionsschirm beobachteten →Nachbildes ist proportional der Entfernung des Projektionsschirms vom Auge. Die Fläche des beobachteten Nachbildes ist also proportional dem Quadrat der Entfernung.

Emmetropie [gr. *emmetros* im rechten Maße], Normalsichtigkeit, →Auge

Emotion, emotionales Verhalten [lat. *emovere* herausbewegen, erschüttern], E. ist svw. →Gefühl, jedoch im engl. Sprachgebrauch eher →Affekt. Das e. V. ist nach DUFFY mit einer Erregung (→arousal) des gesamtorganismischen Geschehens der Energieentladung verbunden, während LINDSLEY die Aktivierung durch E. als hirnphysiologisches Geschehen ansieht. Zu hohe Erregung ist desorientierende E., führt zu selektiver →Fokussierung der →Aufmerksamkeit, sowie zur Interferenz irrelevanter Reaktionen.

Es kann zwischen primärem und sekundärem e.V. unterschieden werden (HARRIS & KATKIN 1975). Primäre E. soll die Erregung des autonomen →Nervensystems und deren Wahrnehmung einschließen, während die sekundäre E. ein Zustand ist, zu dem nicht notwendigerweise die ANS-Erregung gehört, der aber durch die nicht wahrheitsgemäße Annahme (Kognition) eines solchen Geschehens (simuliertes →feed back) und durch die Interpretation des situativen Kontextes (SCHACHTER, SINGER) herbeigeführt werden kann. PLUTCHIK (1980) gründet seine Klassifikation von E. auf acht Grundemotionen, die er – ähnlich den Farben – für mischbar hält. Er hat DARWINS Frage nach der Entwicklung der E. wieder aufgegriffen, die schon F. KRUEGER u. a. beschäftigte. Das Aktivieren von E. ist ein wichtiger →Wirkfaktor in Psychotherapien. **[L]** BOTTEMBERG 1972, PLUTCHIK 1980, IZARD 1981 *R. Bergius*

emotionale Intelligenz →Intelligenz, emotionale

emotionales Alter →Alter

emotionales arousal, emotionale Erregung, →Emotion

emotionale Stabilität, Labilität →Neurotizismus

Emotionalismus, theoretische Anschauung, daß alles Psychische emotionale Grundlagen habe

Emotionsdimensionen, Versuch der Ordnung der Vielfalt von Emotionsbegriffen. WUNDT nahm neben der altbekannten Dimension der Lust – Unlust die Dimensionen der Erregung – Beruhigung und Spannung – Lösung an. In verschiedenen faktorenanalytischen Untersuchungen konnten seitdem die Dimensionen Lust – Unlust und Erregung – Beruhigung ebenfalls gefunden werden.

Diesen Dimensionen entsprechen auch Befunde der Hirnforschung.

Das retikuläre System scheint an Erregung (→Aktivation) entlang einer Intensitätsdimension maßgeblich beteiligt zu sein, das hypothalamische Verstärkungs-Bestrafungs-System an der Bewertung nach angenehm – unangenehm (Lust – Unlust). Daneben finden sich im →Hypothalamus und im →limbischen System neurochemische Systeme, die mit unterschiedlichen emotionalen und motivationalen Zuständen wie Furcht, Angst, sexuelle Erregung assoziiert sind. Dies beinhaltet, daß sowohl eine Einteilung nach grundlegenden kontinuierlichen Emotionsdimensionen als auch nach diskreten Emotionsarten oder klassen sinnvoll sein könnte. **[L]** Traxel 1963

H. A. Euler

Emotionsstupor, (ps. med.) Emotionslähmung, E.schock, Schreckstarre. Durch heftige Gemütsbewegungen wie Schreck, Todesangst, Panik bedingtes abnormes Erstarren. • Bei der Emotionspsychose treten psychotische Zustände, die einer akuten →Schizophrenie mit paranoiden und katatonen Begleitvorgängen ähnlich sind, hervor. →Psychose

Emotionstheorien, mit der Erklärung der Entstehung von Emotionen beschäftigen sich verschiedene theoretische Ansätze mit jeweils besonderen Traditionen. In der ersten Hälfte dieses Jahrhunderts waren peripheralistische E. einflußreich, welche auf James und Lange zurückgehen.

Danach entstand eine Emotion aufgrund der Rückempfindung derjenigen Reaktionen peripherer Körperorgane (Muskeln und Eingeweide), welche durch eine Stimulussituation herbeigeführt wurden (James: «Wir sind traurig, weil wir weinen»). In späteren vergleichbaren Theorien wurde die Rolle der Ausdrucksbewegung, besonders der Gesichtsmuskulatur, für die Emotionsentstehung hervorgehoben (Tomkins 1962/63). Diese *facial-feedback*-Hypothese ist in ihrer strengen Form («keine Emotion ohne Gesichtsausdruck») nicht haltbar. Eine abgeschwächte Form dieser Hypothese ist die Vorwärtsmeldung *(feed-forward)*-Hypothese (Leventhal 1980), nach der nicht die Rückmeldung von der Gesichtsmuskulatur, sondern die zeitlich vorausgehende →efferente Information über den auszuführenden Gesichtsausdruck Emotionen verursacht. Schließlich dürfen behavioristische Emotionstheorien (z. B. Mowrer 1960) wegen ihres situativen Ansatzes hier genannt werden, demgemäß Reizbedingungen oder Reiz-Reaktions-Relationen zur Unterscheidung und Entstehungserklärung von Emotionen dienen.

Im Gegensatz zu peripheralistischen E. stehen zentralistische E.

Cannon (1927) widerlegte die James-Lange-Theorie und betonte statt dessen die Rolle zentraler subkortikaler Systeme: Emotionen entstehen aufgrund →hypothalamischer Erregung. Spätere Theoretiker verweisen auf die Rolle des →limbischen Systems (Papez 1937), auch in seiner Eingebundenheit in ein dreigeschichtetes Gehirn (McLean 1973). Der zentralistische Ansatz ist in verschiedenen zeitgenössischen neuroanatomischen und biologischen Emotionstheorien wiederzufinden (Delgado 1966, Pribram 1984).

Erneuter Beliebtheit erfreuen sich evolutionäre E. Sie gehen auf Darwin (1872) zurück und sagen, daß Emotionen ein Produkt der Evolution sind und innerhalb jeder Spezies die jeweiligen Überlebenserfordernisse widerspiegeln.

Zumindest sog. primäre Emotionen sind demgemäß biologisch vorprogrammiert und spezies-universell; sie beruhen auf neuro-chemischer Aktivität des Zentralnervensystems und können durch Lernen modifiziert werden. Verschiedene Versionen evolutionärer E. sind unterscheidbar: neurokulturelle (Ekman 1984), ethologische (Eibl-Eibesfeldt 1980), differentielle (Izard 1977). Typischerweise werden eine begrenzte Anzahl primärer Emotionen wie Angst, Ärger, Freude, Trauer, Überraschung angenommen (z. B. Plutchik 1980, Izard 1977). Die Vielfalt der Emotionen wird durch Mischung bzw. Ableitung von primären Emotionen erklärt. Emotionen haben in evolutionären Ansätzen zumeist eine grundlegende Bedeutung für die Entstehung anderer psychischer Prozesse, auch für kognitiv-rationale, deren evolutionäre Vorläufer sie sind.

Kognitive E. betonen die wesensbestimmende Bedeutung kognitiver Prozesse bei der Entstehung von Emotionen, z. B. verschiedene Phasen von Einschätzungen *(appraisals)* bei Lazarus (1966), →Attributionen bei Weiner (1982), aufeinanderfolgende Stufen der Informationsverarbeitung (Scherer 1984) oder Bewertungen von unterbrochenen Handlungsabläufen (Mandler 1975). Eine ältere Form kognitiver Theorien ist die Zwei-Faktoren-Theorie von Schachter & Singer (1962), nach der Emotionen aus dem Zusammenwirken zweier Faktoren entstehen: einer unspezifischen physiologischen Erregung,

welche die Gefühlsintensität bestimmt, und der kognitiven Bewertung der erregungsauslösenden Situation, welche für die Art des Gefühls verantwortlich ist.
Übergänge zwischen verschiedenen theoretischen Ansätzen sind üblich. E. haben oft systemtheoretischen Charakter, indem sie die wechselseitige Verflechtung und das dynamische Zusammenwirken emotionaler, kognitiver und motivationaler Prozesse betonen (z. B. KUHL 1983), oder sind integrativer Art (z. B. BUCK 1985). Schließlich sind psychoanalytische Theorieansätze (KUTTER 1983) zu erwähnen, welche sich aber uneinheitlich darstellen und in unterschiedlicher Nähe zu den vorher erwähnten theoretischen Ansätzen stehen.
Theorien, die sich mit der Auswirkung von Emotionen beschäftigen, sind üblicherweise weniger umfassend. Sie betrachten oft nur einzelne Gefühle (z. B. Angst, Ärger, Trauer) in ihren Wirkungen auf Aspekte wie Wahrnehmung, Problemlösen, Schulleistung, Therapiemerkmale, Persönlichkeit und soziale Prozesse. **[L]** GARDINER, METCALF & BEEBE-CENTER 1970, EULER & MANDL 1983, PLUTCHIK 1980, PLUTCHIK & KELLERMAN 1980, SCHERER & EKMAN 1984 *H. A. Euler*

Emotivität, übersteigerte emotionale Erregbarkeit, krankhafter Umschlag der Stimmungslage

Empathie, phänomenal ist E. die Erfahrung, unmittelbar der Gefühlslage eines anderen teilhaftig zu werden und sie dadurch zu verstehen. Trotz dieser Teilhabe bleibt das Gefühl aber anschaulich dem anderen zugehörig. Darin unterscheidet sich Empathie von →Gefühlsansteckung **[L]** BISCHOF-KÖHLER, 1989, KOHLBERG 1969

Empfänglichkeit, die Bereitschaft zu fortlaufender und selektiver Aufnahme und dem Behalten von →Reizen. Sie gehört zur Grundausstattung der Lebewesen.

Empfindlichkeit, der Grad der Empfänglichkeit für Eindrücke, bes. für die Ansprechbarkeit eines Sinnes auf Reize. Die absolute E. (Sensitivität) ergibt sich aus der →Reizschwelle und belegt die E. gegenüber dem Reiz als solchem, die relative E. (Sensibilität) ergibt sich aus der →Unterschiedsschwelle und belegt die E. gegenüber den Reizunterschieden. Die Bestimmung der E. erfolgt nach den Methoden der →Psychophysik.

Empfindsamkeit, die auch als Sentimentalität bezeichnete Neigung zu weicher Gef.überbesetzung der Empfindungen und Vorstellungen

Empfindung, im allg. Sprachgebrauch häufig svw. Gefühl, Affekt. (ps.) Das bei der Einwirkung eines Reizes auf ein Sinnesorgan eintretende einfache Erlebnis, das nicht weiter definiert werden kann, da es nur durch sich selbst hinreichend gekennzeichnet ist. Man unterscheidet gemäß den einzelnen Sinnesfunktionen verschiedene Arten (Modalitäten) von E.: Gesichts-, Gehörs-, Geruchs-, Tast-, Temperatur-, Schmerz-, Bewegungs-, Gleichgewichts-, Organempfindungen, dazu noch andere Arten, deren Selbständigkeit aber z. T. noch fraglich ist. Merkmale der E. sind (neben ihrer Qualität) Intensität und Dauer.
Die E. stellte sich die ältere Ps. als ps. Element vor. Dann kam die Erkenntnis hinzu, daß nach E. vermittelnden (afferenten) und motorischen Nerven zu unterscheiden ist (→BELL-MAGENDIESCHES Gesetz). WUNDT unterteilte nach E. und Wahrnehmung und verstand hierbei die E. als Element und die Wahrnehmung als Komplexe solcher Elemente. Intensität und Qualität komme der E., Raum und Zeit der Wahrnehmung zu. Diese Ansicht der «Assoziationspsychologen» (die E. umgreift die Wahrnehmung) wurde bei den «Gestaltpsychologen» gegensätzlich (die Wahrnehmung umgreift die E.). Heute stehen neurophysiologische Erklärungen im Vordergrund mit der diskutierten Frage, wieweit die E. Korrelate oder gar Widerspiegelung sind zu den beim «Reizantransportorgan» (Sinnesorgan) ankommenden Reizen und Erregungen. H. WERNER (1930, 1959) nennt ursprüngliche Erlebnisweisen, in denen die «Umwelt nicht als sachliche Wahrnehmungen, sondern als ausdrucksmäßige E., welche das ganze Ich erfüllen, zum Bewußtsein ...» kommen, Vitalempfindungen. Sie sind für das Erleben der Synästhetiker kennzeichnend. →Synästhesie. **[L]** PAULI-ARNOLD, ROHRACHER, WERNER, WOODWORTH & SCHLOSBERG, FECHNER, HELMHOLTZ, MACH, G. E. MÜLLER, O. NEUMANN 1972, STUMPF, E. H. WEBER *R. Bergius*

Empfindungsdissoziation, teilweise Empf.-lähmung, Ausfallen, Verschwinden einzelner Empf.-qualitäten bei Erhalten anderer. Z. B. kann beim Aufhören der Temperatur- und Schmerzempfindung die normale Berührungsempfindung weiterbestehen (dissoziierte Anästhesie).

Empfindungsfunktion, eine der zwei irrationalen Grundfunktionen der Seele bei JUNG →Intuitionsfunktion

Empfindungskreise (E. H. WEBER), Hautbezirke, innerhalb deren Grenzen eine räumliche Unterscheidung verschiedener (Tast-) Eindrücke nicht mehr möglich ist.

Empfindungstypen →Typologie (Funktionstypen)

Empirie [gr. *empeiria* Erfahrung], die Erfahrung selbst und die auf Erfahrung beruhende Erkenntnis.

empirische Kulturwissenschaft, neuere Bez. für Volkskunde.

empirische Untersuchung, ps. Methode zur Hypothesenüberprüfung mit Hilfe von Verf., die empirisch sind (auf geprüfter Erfahrung beruhend) und möglichst weitgehend nach den Prinzipien Wiederholbarkeit, Eindeutigkeit von Durchführung und Ergebnis, Objektivität und Reliabilität genügen. →Methodik

Empirismus, philsoph. Lehre, nach der die Erfahrung die einzige Quelle des Wissens ist. Es gilt der Satz: *nihil est in intellectu quod non prius fuerit in sensu,* nichts ist im Verstand, was nicht vorher im Sinne (sinnliche Wahrnehmung) war (BACON, LOCKE, HUME und MILL). Diese erkenntnistheoretische Prämisse wurde von der →Assoziationsps. ungeprüft aufgenommen. Nach dem E. konstituiert z. B. das häufige, aber zufällige Beieinander von primären →Sinneseindrücken über den Weg der Erfahrung sekundär den →Raum. Als Beleg dafür, daß der Raum Erfahrungsprodukt ist, wurde u. a. die Augenkoordination des Säuglings herangezogen, und zwar deshalb (HELMHOLTZ), weil sie durch Übung zu durchbrechen ist. Bei den Nativisten gilt sie als angeboren, HERING), weil sie eine von der Geburt an funktionierende Einrichtung ist, die erlaubt, ein paariges Organ so zu handhaben, daß es funktional als eines zu betrachten ist. Daß die Erfahrung keinen Erklärungsgrund für den erlebten Raum abgibt, zeigt sich (a) an häufig gesehenen →Figuren, die später in anderen selten gesehenen Zusammenhängen eingebettet sind und trotz ihrer sonstigen Häufigkeit in dem neuen Zusammenhang nicht gesehen werden, und b) an solchen zweidimensionalen Figuren, die aufgrund der →Prägnanztendenz dreidimensional als Dachspitze oder Trichter erscheinen.

empraktisch, nach BÜHLER (1934) Funktion eines Sprachzeichens (Wort), das die Mehrdeutigkeit in einer best. Situation (Umfeld) aufhebt.

enaktive Repräsentation →ikonische Repräsentation

Encephalon [gr.], Gehirn (Großhirn, Mittelhirn, Rautenhirn)

Encodierung, Enkodierung, in bezug auf sprachliche →Kommunikation das In-Sprache-Fassen mitteilungswürdiger Inhalte (→Codierung; Gegenbegriff: →Decodierung); im weiteren Sinne Sammelbezeichnung für alle Teilprozesse der →Sprachproduktion. →Code *G. Kaminski*

Encounter-Gruppen [engl. *encounter* begegnen], können als ein Versuch aufgefaßt werden, ein Sozialisationsdefizit unserer Gesellschaft zu kompensieren, das in mangelhafter Fähigkeit zur Selbstbesinnung und Wahrnehmung sozialer Beziehungen zum Ausdruck kommt. Im sozialen Mikrokosmos einer Gruppe unter emotional günstigen Randbedingungen sollen die Teilnehmer Möglichkeiten zur Selbstentfaltung und zur Verbesserung von Selbst- u. Fremdwahrnehmung sowie zur Verbesserung ihrer Kommunikations- und Kooperationsfähigkeit finden. Die Encounter-Bewegung geht auf humanistische Therapeuten wie C. ROGERS und H. SCHUTZ in den sechziger Jahren zurück.

Es wird dabei auf Erfahrungen aus verschiedenen Therapieformen zurückgegriffen (Gesprächstherapie, Bioenergetik, auch →Sensitivity-Training). Derartige Gruppen werden sowohl für Patienten wie auch im präventiven Bereich als psychohygienische Maßnahme mit Nichtpatienten durchgeführt. Die E.-G. arbeiten im Hier und Jetzt und sollen dem einzelnen die Möglichkeit geben, seine positiven Entwicklungstendenzen auszubauen. Dabei stehen soziale und emotionale Ausdrucksmöglichkeiten im Vordergrund. Durch entsprechende Übungen wird häufig der kognitiv-verbale Ausdruck zeitweilig zurückgestellt, um die dort wirksamen Schematisierungen und Abwehrmechanismen zu unterlaufen. In einer spielerisch verfremdeten Darstellung können unter Umständen nicht akzeptierte Bedürfnisse und Konflikte deutlich werden, die nachträglich verbal-kognitiv aufgearbeitet werden. E.-G. sind im Gegensatz zu vielen Sensitivity-Trainings personen- und nicht sachorientiert. E.-G. finden vorwiegend Anwendung im Selbsterfahrungsbereich, werden aber auch in der Therapie eingesetzt. Die Wirksamkeit von E.-G. als eigenständige klinische Methode ist schlecht belegt, und es scheint, als seien E.-G. – zumindest unter dieser Bezeichnung – ein wenig «aus der Mode».→Trainingsgruppe, →Gruppendynamik. **[L]** BÖDIKER & LANGE 1975, ROGERS 1970, SCHUTZ 1972

D. Revenstorf/F. Caspar

Endhandlung, (biol.) Verhalten, das das →Appetenzverhalten beendet, →Instinktlehre, →Vollzugshandlung

Endlust, Ggs. →Vorlust

endo... gr. *endon* innen], in Wortzusammensetzungen «innen», «innerhalb» [E]

Endogamie [gr. *gamos* Ehe], Verwandtenehe, auch zwischen Blutsverwandten. →Exogamie

endogen, Endogenität [gr. *endon* innen, *gignomai* Entstehung], aus dem Körper selbst, aus seinem So-Sein und nicht durch äußere Einflüsse entstanden. Ggs. →exogen. • Um den Schwierigkeiten zu begegnen, die damit verbunden sind, daß das Endogene weder auf Psychisches noch auf Physisches zurückführbar sein soll, wurde der Begr. «endon» eingeführt (TELLENBACH 1976) als «all das am Menschen, was sich als Einheit der Grundgestalt im Geschehen immer wieder hervorbringt, zeitigt, seine Selbigkeit». Mehr oder weniger vergleichbare «Annahmen» sind: →Struktur, →Untergrund, →Unterbewußtes, →Unbewußtes, →endothymer Grund (LERSCH), Gefügeordnung der →Daseinsanalyse.

endogene Psychosen →Psychosen

endogener Automatismus, Begr. aus der →Instinktlehre

endokrine Drüsen, Drüsen, die →Hormone sezernieren *W. Janke*

endokrines Psychosyndrom →Psychosyndrom, →Hormone

Endokrinologie, Disziplin, die sich mit den Wirkungen von →Hormonen befaßt. Für die Ps. am bedeutsamsten ist die →Neuroendokrinologie. Die Beziehung zwischen Hormonen und Verhalten aus der Sicht der Psychologie wird als →Endokrinopsychologie, oft (unglücklicherweise) auch als Psychoendokrinologie bezeichnet. [L] BECKER et al. 1992, GEBERT & THOMAS 1992, GROSSMAN 1997, HIERHOLZER & SCHMIDT 1991, NEMEROFF & LOOSEN 1987, WILSON et al. 1998 *W. Janke*

Endokrinopathie, Störung des endokrinen Systems →Hormone *W. Janke*

Endokrinopsychologie, Teilbereich der Endokrinologie und der Physiologischen Psychologie, der sich mit der Beziehung zwischen Hormonen und ps. Vorgängen befaßt, wobei Fragestellungen der Ps. die Leitlinie darstellen, im Unterschied zur →Psychoendokrinologie, die endokrinologische Fragestellungen akzentuiert. [L] BORN & DEBUS 1998, BRUSH & LEVINE 1989, NETTER et al. 1998 *W. Janke*

Endomorphie, endomorpher Typus (SHELDON) →Typologie

endon →endogen

endopsychisch, innerseelisch, unklare Bez. für Zustände, Vorgänge etc. «innerhalb der Seele». Die e. Struktur umgreift tiefenps. das Ich, Es, Überich; bewußt, unbewußt, vorbewußt.

Endorphine, 1975 erstmals nachgewiesene Stoffe aus der Gruppe der →Neuropeptide, die in bestimmten nervösen Strukturen gebildet werden. Es sind mehrere E. bekannt α-, β-, δ-Endorphin, Dynorphine und Enkephaline). Sie können als →Neurohormone, →Neuromodulatoren, oder →Neurotransmitter fungieren. E. haben morphinähnliche Wirkungen, so analgetische und euphorisierende. Sie beeinflussen emotionale Vorgänge, hemmen den Erwerb bzw. die Auslösung von Verhaltensweisen und sind an der Regulierung des Eßverhaltens, der Entstehung von Sucht sowie an der Schmerzregulation beteiligt. Sie können eine zentrale Analgesie hervorufen. Auch Effekte von Placebo bei Schmerz können über die Freisetzung von E. verstanden werden. Im Zusammenhang mit Streß ist ß-Endorphin bedeutsam, das zusammen mit dem Hormon →ACTH, das die Cortisolausschüttung der Nebennierenrinde reguliert, aus dem Prohormon Proopiomelanocortin (POMC) gespalten wird. E. sind auch an der Steuerung vegetativer Funktionen wie Respiration, Darmtätigkeit, kardiovaskulärer Aktivität beteiligt. *W. Janke/M. Ising*

endothymer Grund (LERSCH), die unterste tragende Schicht der seelischen Vorgänge und Zustände (Affekte, Gemütsbewegungen, Gefühle, Stimmungen, Leidenschaften, Triebe, Begierden, Strebungen) →Charakteraufbau nach LERSCH

Enechesie, enechetisch [gr.] (E. KRETSCHMER), das haftende, klebrige und schwerfällige Verhalten bei Athletikern und epileptoiden Typen

Enelicomorphismus →Adultomorphismus

Energetik, psychophysische (W. STERN), die Erscheinungen des periodischen Ablaufs geistig-körperlicher Kräfte wie Arbeit, Schlaf. →Dynamik

Energetik der Seele, der Energiehaushalt der Seele nach der Auffassung JUNGS: die Prozesse, die Progression und Regression, Extraversion und Introversion, Libidoverlagerung und Symbolbildung umschließen

Energie, Leistungs- und Wirkfähigkeit, Arbeitsfähigkeit, Arbeitsvorrat. Im physikalischen Sinne die Fähigkeit, Arbeit zu leisten. Urheber von Bewegungsvorgängen. • Im ps. Sinne soviel wie Tatkraft als der hinter der Tat liegende Antrieb (Willensantrieb). Kennzeichnend ist dabei die «Spannung», die die E. verleiht. Von dem Heilbronner Arzt Jul. R. MAYER wurde 1842 der Satz von der Erhaltung der Energie entwickelt, der besagt, daß in einem geschlossenen physikalischen System die Gesamtmenge der Energie konstant bleibt, ungeachtet aller Umwandlungen der Energie von einer Form in die andere. • Durch FREUD erfolgte die Übertragung dieses Satzes in die Ps. Danach bleibt die in einem Individuum vorhandene ps. Energie (Libido) über lange Zeitstrecken konstant. Das Theorem werde z. B. durch die Vorgänge bei der seelischen Entwicklung bestätigt, da hier beim Durchlaufen der einzelnen Entwicklungsstufen nicht jeweils neue Libido erzeugt werde, sondern sich die vorhandene lediglich auf neue erogene Zonen verlagere. Eine andere Bestätigung findet nach Ansicht der Psychoanalyse das Theorem im Aufbau der Objektbindungen, welche in dem Ausmaße stärker werden, in dem die Libido von der eigenen Person abgezogen wird, und umgekehrt. Oder es sucht sich die durch Objektverlust freigewordene Libido neue Objekte und besetzt sie mit dem freigewordenen Betrag. Auch die →Fixation und →Regression sind dadurch gekennzeichnet, daß Libidobeträge aus früheren Entwicklungsstufen zurückgelassen bzw. auf diese zurückgeleitet werden.

energizer [engl. Anreger], Psychoenergizer, →Psychopharmaka

engagement, Einsatz für eine Sache oder Überzeugung. Das mit Hingabe verbundene innere Beteiligtsein. Ggs. disengagement. →ego-involvement

Enge des Bewußtseins →Bewußtsein, →Bewußtseinsenge

Enge, soziale →crowding

Englische Schule →Faktorenanalyse

Engramm [gr. Gedächtnisspur, Neurogramm], (1) die von einem spezifischen Gedächtnisinhalt (Information) hervorgerufene, dauernde, strukturelle bzw. elektrochemische, physiologische Änderung im Gehirn. (2) Hypothetische Veränderung im Gehirn, die für die Gedächtnisspeicherung verantwortlich sein soll. (PINEL 1997) (3) die im Gehirn in best. Weise gespeicherte Gedächtnisinformation (BIRBAUMER & SCHMIDT 1996). E. gilt heute als allgemeiner Begriff für die Kodierung und Speicherung der im Laufe des Lebens erworbenen Erfahrung in den Neuronen des Gehirns. Die Summe der gespeicherten Engramme einer Person gilt als das biologische Substrat des menschlichen Gedächtnisses und ist die Basis der spezifischen menschlichen Einzigartigkeit. Ein Engramm bezeichnet zugleich auch alle einem spezifischen Gedächtnisinhalt (die Erinnerung an eine Situation) zugrundeliegenden elektrochemischen Vorgänge (Kurzzeitgedächtnis) oder biochemischen Veränderungen (Langzeitgedächtnis) im ZNS. Experimentell ließ sich nachweisen, daß zunächst eine auf bioelektrischen Grundlagen beruhende Erinnerungsspur angelegt wird, die dann durch «Konsolidierung» in stabile und erstaunlich widerstandsfähige «Engramme» umgewandelt wird. Alle die Zellen, deren Aktivität zur Speicherung und Wiedergabe eines Engramms erforderlich ist, bilden nach der heute wieder aufgegriffenen Theorie von HEBB (1949) ein «*Cell-Assembly*». Dem entsprechen die von LORENTE DE NO entdeckten «reverberatorischen Neuronenkreise», in denen ein Erregungsmuster einige Zeit unvermindert zirkulieren kann, J. C. ECCLES 1973. Nach einer Zeit ungestörter Erregungszirkulation (= Konsolidierungsphase) kommt es zu dauerhafteren Veränderungen in und an den synaptischen Verbindungen der Neurone. Für diese Langzeitspeicherungen werden heute inbesondere Proteinbiosynthesemechanismen diskutiert.

Bis zu einem gewissen Grade scheinen im Säugetiergehirn fast alle Hirnregionen, subcortical und cortical, Gedächtnisfunktionen zu besitzen. Die offenbar wichtigsten Hirnstrukturen sind der Hippocampus, das Cerebellum, die Amygdala und der cerebrale Cortex. Die in den sekundären Zentren der Willkürmotorik in den Feldern vor der vorderen Zentralwindung im →Gehirn gewissermaßen deponierten «Muster» für zusammenhängende Bewegungsfolgen werden auch als E. bezeichnet. →Gedächtnis. [L] MÖRIKE et al. 1989, HYDEN 1970, BECKER-CARUS 1981, THOMPSON et al. 1984, PINEL 1997, BIRBAUMER & SCHMIDT 1996 *C. Becker-Carus*

Engraphie, Aufbewahrung der Gedächtniseindrücke. SEMON hat ein Gesetz der E. aufgestellt. Es besagt, daß alle simultan einwirkenden Reize sich zwangsläufig zu einem gemeinsamen Engrammkomplex verbinden. →Engramm, →Mneme

Enkephal [gr. *enkephalos* Gehirn] →Enzephal

Enkephaline, biogene Stoffe vom Typ der Neuropeptide, zu den →Endorphinen gehörend *W. Janke*

enkodieren →Code

E

Enkopresis [gr. *kopros* Mist, Kot], das seelisch bedingte Einkoten im Ggs. zum organisch bedingten. Bei Kindern, bei bestimmten Formen von Demenz, unter einem Krampfanfall o. ä.; tritt E. im Gegensatz zur →Enuresis meist am Tage auf. Tatsächliche und befürchtete Reaktionen der Umwelt spielen eine wichtige Rolle. Bei der primären E. bestand nie eine Kontrolle über den Schliessmuskel, bei der sekundären E. ist sie später wieder verlorengegangen. Bei der Behandlung kommen v. a. verhaltenstherapeutische Verfahren in Frage, wobei v. a. Kontrolle aufgebaut, aber auch verstärkende Konsequenzen beachtet werden. Auch Familientherapie erwies sich als nützlich. Insgesamt wird für diese Verfahren eine Wirksamkeit von 50 % berichtet. Besonders effektiv sind kombinierte Interventionen. [L] STEINHAUSEN & v. ASTER 1993

F. Caspar

Entaktogene, neuerer Begriff für Substanzen, die eine Position zwischen →Psychostimulantien und →Halluzinogenen einnehmen. Ein prototypischer Stoff ist Ecstasy (→3,4-Methylendioxymethamphetamin, Abk. MDMA). In der Schweiz bis Ende 1994 therapeutisch verwendet, in der Discoszene massiv mißbraucht. [L] HERMLE et al. 1993 *W. Janke*

Enkulturation, ein sozialpsychologischer (kulturanthropologischer) Begr. für «Einpassung in die Kultur». Im Unterschied zur gleichartigen Bez. →Akkulturation belegt E. vor allem die Anpassung des einzelnen Individuums, Akkulturation die von Volksgruppen und Völkern.

enmeshment, starke gegenseitige Abhängigkeit, ein Familienmerkmal, das bei Psychosomatikern als einer der Prädiktoren für psychosomat. Störungen gilt. [L] MINUCHIN 1978

ENNR (Extraversion, Neurotizismus, Rigidität) [T] BRENGELMANN

Entartung →Degeneration

Entartungsreaktion, die bei Entartung von Nerven und Muskeln auftretenden Abweichungen in der elektr. Erregbarkeit

Entelechie [gr. *entelecheia* das, was die Vollendung in sich hat; das wirkliche Tätig- und Vorhandensein im Ggs. zum bloßen Vermögen und Können, der *dynamis*, der *potentia*]. ARISTOTELES bezeichnet die Seele als «erste Entelechie», das gestaltende Prinzip des Leibes. Auch GOETHE und WUNDT sehen die Seele als E. Den Begriff hat DRIESCH wieder aufgenommen und als teleolg., formbildenden Lebensfaktor (Faktor E) bezeichnet.

enteroceptiv, Entero- bzw. Interozeptoren →Rezeptoren

entfaltende Tests, alle Tests kann man in zwei große Gruppen einteilen: prüfende oder metrische (= messende) Verfahren und entfaltende (oder projektive) Verfahren, wobei nicht alle Tests (z. B. HOLTZMAN) sich eindeutig in eine dieser beiden Kategorien einordnen lassen.

Erstere sind ausgerichtet auf «objektive» Erfassung einzelner Funktionen, Eigenschaften, Wesenszüge und dienen insbesondere zur Erfassung des intellektuellen Niveaus und der Vielfalt der Leistungsfähigkeiten. Letztere Verfahren sind dagegen auf die Gesamtpersönlichkeit (als solche sind sie Persönlichkeitstests), deren Struktur und Charakter ausgerichtet und fordern nicht Leistung, sondern freie Entfaltung, Einfühlung, Gestaltung, Projektion, Interessenzuwendung bzw. Stellungnahmen und «Sichoffenlegen». Die Bez. «entfaltende Tests» wurde von R. HEISS (1950) für solche Tests eingeführt, bei denen keine scharf umrissene Aufgabe vorliegt, sondern verschiedenartige Lösungen möglich sind. →projektive Verfahren, Persönlichkeitsfragebogen

Entfaltungsdialog →psychodiagnostisches Gespräch

Entfaltungstechnik [engl. *unfolding*], bei der Einstellungsmessung nach COOMBS eine Rangskalierung, bei der der Urteiler mit der Aussage die Reihe beginnt, die seiner Einstellung am nächsten kommt.

Entfernungshören →räumliches Hören

Entfernungssehen →visuelle Wahrnehmung der (egozentrischen) Entfernung i. e. S. (→räumliches Sehen). Zur Wahrnehmung der Entfernung tragen u. a. folgende Merkmale der Augenmuskulatur und des →Netzhautbildes bei: →Konvergenz, →Akkommodation (geringer Einfluß), Luftperspektive, bekannte Größe (ein vergrößertes Geldstück z. B. erscheint näher als ein verkleinertes Geldstück; geringer Einfluß). In indirekter Weise kann Tiefeninformation zur Wahrnehmung der Distanz beitragen (→räumliches Sehen). Bei Fehlen von Entfernungsinformation scheint dennoch eine bestimmte Entfernung erlebt zu werden *(specific distance tendency)*, aber die anschauliche Entfernung kann in hohem Maße unbestimmt sein. *H. Heuer*

Entfremdung, Entfremdungserlebnis [engl. *alienation*], Bez. für ein vages «Gefühl», bei dem alles unvertraut und fremd erscheint. • Störung im Ich-Bewußtsein, wobei bisher geordnete Beziehungen zur Eigen- wie zur Umwelt neu akzentuiert und als Fremdes, Transparentes erlebt werden; ähnliche Bez. sind Derealisation, Depersonalisation, Depersonalisationssyndrom. • FREUD nannte E. den Vorgang, daß unbewußt gewordene (verdrängte) Vorgänge, Erlebnisse u. a. nun als «entfremdet» wirken und ggf. eine Neurose auslösen. • Sozialps. ist E. eine der Bedingungen für die →Institutionalisierung. →Anomie. **[L]** FISCHER 1970

Enthusiasmus, leidenschaftliches Erfülltsein besonders von Ideen, Idealen, höheren Werten. Kann in Fanatismus entarten. Nach KANT «eine Anspannung der Kräfte durch Ideen, welche dem Gemüte einen Schwung geben, der weit mächtiger und dauerhafter wirkt als der Antrieb durch Sinnesvorstellungen». • Religionsgeschichtlich ist E. ein Zustand vermeintlich unmittelbarer Gotterfülltheit und rauschartigen Getriebenseins.

Entlastung, ein teleologisches Erklärungsprinzip, wonach die Funktion vieler ps. Vorgänge, wie z. B. der Gewöhnung, der Übung und des Lernens im weitesten Sinn darin besteht, dem Individuum die Auseinandersetzung mit der Umwelt mit dem geringsten Kräfteaufwand zu ermöglichen, so daß genügend Möglichkeiten freier Entscheidungen und weiterer Entfaltung gewonnen werden. Auch die im sozialen Leben entstandenen Einrichtungen und Traditionen sind im Sinn dieser Entlastungsfunktion gedeutet worden. **[L]** GEHLEN 1958

Entlastungsdepression, ein depressives Zustandsbild, das nicht als endogene →Depression zu bewerten ist, Begr. führte RUFFIN (1957) ein. Endoreaktive Dysthymie (WEITBRECHT), Depressionszustand, bei dem es im Unterschied zur zyklothymen Depression und ohne primäre Schuldgefühle zu einem allmählichen Hineingleiten in eine →Hypochondrie, zu vegetativen Störungen, körperlicher Schwächung und schwerer seelischer Dauerbelastung kommt. LEMKE (1956) weist bei diesen häufig nach schwerer körperlicher Erschöpfung oder langer seelischer Dauerbelastung (Schwangerschaft, Aufgaben, Prüfung, KZ-Haft) auftretenden «vegetativen Depressionen» auf die Störungen des Zwischenhirn-Hypophysensystems hin. Nach Wegfall der «Dauerspannung» bleiben die Betroffenen «leer» zurück. M. BLEULER spricht in diesem Zusammenhang von vererblichen depressiven Zuständen als Persönlichkeitsvarianten. **[L]** BLEULER, WEITBRECHT

Entlastungstrieb, Entlastungstypus →Objektion

ento... [aus gr. *entos* innen], in Wortzusammensetzungen «innen», «innerhalb» **[E]**

Entoblast, das innere der drei bei höheren Tieren embryonal zunächst vorhandenen Zellschichten (Keimblätter). Aus ihm entstehen z. B. der Darm und seine Anhangsdrüsen (Leber) →Keimesentwicklung

Entoderm →Keimesentwicklung

entonisch, entonische Proportion (KRETSCHMER) →Typologie

entoptisch, im Augeninnern gelegen.

entoptische Erscheinungen, Lichtempfindungen, die nicht auf adäquaten äußeren Reizen beruhen. →mouches volantes, →Photom, →Photismen

entotisch, im Ohrinnern gelegen.

entotische Erscheinungen, Wahrnehmungen von Geräuschen oder Tönen, die nicht auf äußeren Reizen beruhen, z. B. das Ohrenklingen.

Entpersönlichung →De-Individuation

Entraînement-Effekt, E.-Versuch →Kausalitätswahrnehmung, →Tunnelphänomen

Entretien →Psychodiagnostisches Gespräch

Entropie [gr. *en-trepein* nach innen wenden], physikalischer Begriff. Nach dem zweiten Grundgesetz der Thermodynamik verläuft der Wärmeaustausch nur vom wärmeren zum kälteren Körper. Dabei ist E. der Teil der Wärmeenergie, der sich nicht mehr in Arbeit umsetzen läßt. Weltanschaulich ausgeweitet: Alles Sein strebt einem «Maximum der Entropie» (einem «Wärmetod») zu. • Die statistische Mechanik definiert E. als Zufallsverteilung aller Elementarteilchen. In dem Maße, in dem dies nicht der Fall ist, besitzt ein System Organisation. Dieser Zustand wird als negative E. bezeichnet im Ggs. zur positiven E. als vollständige Desorganisation. In der Informationstheorie wird der Begr. E. syn. für «Information» oder «Ungewißheit» gebraucht. Symbol H. Er ist damit von besonderer Bedeutung für alle Konzeptionen, die den Organismus als physisches System betrachten.

Entscheidung, Wahl einer Handlungs- oder Reaktionsmöglichkeit in einer Situation, in der mehrere Möglichkeiten bestehen. Die Reaktionsstärken (Amplituden, Auftretenswahrscheinlichkeiten) führen zu einem →Konflikt, der bei etwa gleich großen Reaktionstendenzen am stärksten wird. Der Konflikt wird durch die E. beendet. Die →Entscheidungstheorie liefert mathematische Modelle für die rationale E. bei gegebener Bewertung und Eintrittswahrscheinlichkeit möglicher Folgen. [L] CHERNOFF et al. 1959, JEFFREY 1965, 1967 *W. Glaser*

Entscheidungsanalyse, eine Sammlung von Techniken mit dem Ziel, rationale Entscheidungen im Sinne der →multiattributen Nutzentheorie herbeizuführen. Die E. umfaßt fünf Schritte: (1) Voranalyse: Abgrenzung des Problems und Identifizierung der Handlungsalternativen. (2) Strukturanalyse: Analyse des Zusammenhangs zwischen unmittelbar möglichen Handlungen und deren späteren Konsequenzen (Entscheidungsbaum, Einflußdiagramm). (3) Analyse der Unsicherheiten: Den möglichen Konsequenzen werden Wahrscheinlichkeiten zugeordnet. (4) Nutzenanalyse: Der Nutzen der möglichen Konsequenzen wird beurteilt und (5) Optimierungsanalyse: Es wird die Handlungsmöglichkeit mit dem maximalen Erwartungsnutzen bestimmt. [L] KEENEY & RAIFFA 1976 *A. Engemann*

Entscheidungsbaum →Entscheidungsanalyse

Entscheidungsexperiment →Experiment, →experimentum crucis

Entscheidungsfragen [T] GIESE

Entscheidungskontext, z. B. Irreversibilität (Endgültigkeit, Unumkehrbarkeit) einer Entscheidung. Freiheit oder Zwang, Zeitdruck, Verantwortlichkeit beeinflussen die Wahrscheinlichkeit, eine optimale Entscheidungsstrategie zu wählen. →Kontingenzmodell für die Wahl von Entscheidungsstrategien

Entscheidungs-Q-Sort (EQS), von WOFRAM im Psychodiagnostischen Zentrum der Humboldt-Universität entwickeltes Verf. zur Diagnose des Entscheidungsverhaltens auf den Dimensionen (1) Unentschlossenheit/Entscheidungsunsicherheit, (2) Rationalität vs. Emotionalität in Entscheidungssituationen, (3) Risikoverhalten. Normen für 18–55 J.

Entscheidungsstrategie, in der empirisch-psychologischen Entscheidungsforschung ein →Plan über den Ablauf des Informationsverarbeitungsprozesses vor Entscheidungen, der beschreibt, welche Informationen in welcher Reihenfolge abgearbeitet werden und wie der Entscheider zur Auswahl einer Alternative gelangt; häufig gleichbedeutend mit Entscheidungsheuristik oder Entscheidungsregel verwendet. Die empirische Entscheidungsforschung hat neben der klassischen additiven Nutzenregel rund 20 weitere einfache Entscheidungsheuristiken oder -strategien beschrieben und nachgewiesen, z. B. das →Satisfizierungsprinzip, die Dominanzregel, *«elimination by aspects»* oder die Majoritätsregel. [L] HUBER 1982 *A. Engemann*

Entscheidungstheorie, Sammelname für eine Reihe von mathematisch formulierten Theorien darüber, wie Entscheidungen gefällt werden (deskriptive E.) bzw. gefällt werden sollen (normative E.).

Von Interesse sind in der Regel nur die mit Unsicherheit (über das Eintreffen verschiedener Ereignisse oder die eigene Präferenz) behafteten Entscheidungen zwischen verschiedenen Alternativen (einfaches Beispiel: A ... eine Wette annehmen, B ... zurückweisen). Die E. geht auf Analysen der Glücksspiele durch frz. Mathematiker des 18. Jh. zurück, die später auch auf ökonomische Entscheidungen angewendet wurden (Nutzen-Theorie). Entscheidungsregel ist die Wahl der Alternative mit größtem erwarteten Wert (Erwartung-mal-Wert-Theorie). Der erwartete Wert EV einer Alternative A ist der mit den Wahrscheinlichkeiten p1 ... pn der möglichen Zustände gewogene Durchschnitt der Gewinn- bzw. Verlustwerte $x_1 \ldots x^n$:

$$EV(A) = \sum_{i=1}^{n} p_i x_i \,.$$

Die Werte x_1 aller Entscheidungsalternativen in einer Situation werden gewöhnlich in einer «Auszahlungsmatrix» *(pay-off-matrix)* dargestellt.

Beispiel einer solchen Matrix für ein Glücksspiel mit einem Würfel (gegen Einsatz von 10 Währungseinheiten können bei Fallen einer Sechs 30 Einheiten Gewinn erzielt werden):

	«sechs»	«nicht sechs»
A (sich am Spiel beteiligen)	+30	–10
B (sich am Spiel nicht beteiligen)	0	0

$$EV\,(A) = \frac{1}{6} \cdot 30 + \frac{5}{6} \cdot (-10) = -3{,}33$$

$$EV\,(B) = 0$$

Die Alternative B ist zu wählen.

Schon BERNOULLI (1738) erkannte die Notwendigkeit, aus ps. Gründen anstelle der Skala der objektiven Werte x_i (meist in Währungseinheiten) eine subjektive Skala der Nutzenwerte ui zu setzen. Er vermutete (be-

reits 100 Jahre vor FECHNER) eine Zunahme des subjektiven Wertes mit dem Logarithmus des objektiven Wertes.
Die neuesten Entwicklungen der Nutzentheorie nahmen ihren Ausgangspunkt von E. NEUMANN und MORGENSTERN (1947), die eine Reihe von Axiomen aufstellten, von denen – bei Zutreffen auf das Präferenzverhalten eines Individuums – eine Maximierung des erwarteten Nutzens als Entscheidungsprinzip deduziert werden kann (→Theorie des Spiels). SAVAGE (1954) entwickelte eine axiomatische Theorie, in der nicht nur der Nutzen, sondern auch die Wahrscheinlichkeiten der Ereignisklassen subjektiv definiert sind.
Von der Nutzentheorie abweichende Konzepte stammen von COOMBS (1954) und EDWARDS (1954), die von der Bevorzugung bestimmter Wahrscheinlichkeiten für gegebene Einsätze und Gewinnerwartungen ausgehen.
Für Entscheidungen bei Fehlen von Information über die Wahrscheinlichkeiten der möglichen (zukünftigen) Zustände wurde eine Reihe von rationalen Kriterien entwickelt (MILNER, THRALL et al. 1954), die von der ursprünglichen Idee von BERNOULLI, in solchen Fällen allen Zuständen gleiche Wahrscheinlichkeit zuzuschreiben, abweichen (z. B. Maximinprinzip, nach dem diejenige Alternative gewählt wird, die von allen Alternativen den größten Minimalnutzen bzw. den geringsten Verlust bringt).
Eine andere Form der Vereinfachung des Entscheidungsmodells in komplexen Situationen, die ebenfalls nichtoptimale «Rationalität» bzw. beschränkte kognitive Informationsverarbeitungskapazität des Entscheidenden zur Kenntnis nimmt, ist das Modell von SIMON (1957), welcher das Prinzip der Maximierung des Nutzens durch das «Satisfizierungsprinzip» *(satisficing)* ersetzt. Danach wird die erstbeste Alternative gewählt, die – auf Grund einer groben Klassifizierung der Einzelwerte (der möglichen Konsequenzen) in «befriedigende» und «unbefriedigende» – den Ansprüchen des Entscheidenden (z. B. «nur befriedigende» oder «überwiegend befriedigende» Konsequenzen zu akzeptieren) gerecht wird.
Neuere probabilistische entscheidungstheoretische Modelle ziehen auch die Fluktuation der Entscheidung bei Wiederholung des Wahlvorganges unter identischen Bedingungen in Betracht, und zwar durch die Annahme, daß entweder die Wahlentscheidung oder die Nutzengrößen oder beide Zufallsvariablen sind (LUCE 1959).
Zu den bisher aufgestellten E. existiert bereits eine größere Anzahl exp. Untersuchungen ihres Erklärungswertes in realen Situationen, allerdings vorwiegend unter stark vereinfachten Laboratoriumsbedingungen. Eine allgemeingültige E. bzw. die spezifischen Bedingungen, unter denen bestimmte E. adäquat sind, konnten bisher nicht herausgearbeitet werden. [L] COOMBS 1979, LUCE 1957, 1965

E. Mittenecker

Entscheidungsunterstützungssysteme, Computerprogramme, die im Dialog mit einem Anwender Teilaufgaben bei der Lösung von Entscheidungsproblemen (→Entscheidung), z. B. Zielstrukturierung, Finden von Handlungsalternativen, Festlegung und Gewichtung von Bewertungskriterien, Ermittlung und Bewertung von Handlungsalternativen, übernehmen oder erleichtern. Während einige E. inhaltsunabhängige Strukturierungshilfen anbieten (→MAUD), beziehen andere bereichsbezogenes Wissen mit ein (→Expertensysteme, →künstliche Intelligenz).

A. Engemann

Entscheidungszeit, in der →Reaktionszeit für die Wahlreaktion enthaltener Anteil für die Reizdiskrimination (= Entscheidung über die wahrgenommene Reizalternative).

W. Glaser

Entspannung [engl. *relaxation*], kurzfristiger (phasischer) oder länger anhaltender (tonischer) Zustand reduzierter metabolischer, zentralnervöser und bewußter Aktivität. E. ist auf subjektiv-verbaler, physiol. und motorischer Ebene meß- und definierbar. E.-zustände sind nicht mit den Schlafphasen gleichzusetzen. E. geht mit wachem Verhalten einher, wenngleich auch die Schlafphasen subjektiv als entspannend erlebt werden. Muskuläre, autonome und subjektive E. müssen nicht korrelieren. →Anspannung *N. Birbaumer*

Entspannungstherapien, durch Entspannungsübungen soll Erregung gedämpft werden, die als körperliche Begleiterscheinung von Angst und Anspannung auftreten kann. Zumeist werden die E. im Rahmen eines umfassenden Behandlungsprogrammes bzw. als integraler Bestandteil anderer therapeutischer Techniken (z. B. Angstbewältigungstraining) eingesetzt. Als eigenständige Therapieverfahren haben E. eine Bedeutung, wenn die Erregung im Vordergrund steht und zugrundeliegende Probleme nicht eruiert oder behandelt werden können (z. B. bei Nervosität, Schlaflosigkeit, Kopfschmerzen). Es ist anzunehmen, daß die Erfahrung, das eigene Erre-

gungsniveau beeinflussen zu können, d. h. Kontrolle über sich zu gewinnen, an sich schon einen therapeutischen Effekt hat. Wichtig ist, daß nicht implizit die falsche Annahme bestärkt wird, das Überschreiten eines gewissen Erregungsniveaus würde zwangsläufig verheerende Folgen haben.
Zu den bekannten E. zählen das →Autogene Training, die →Progressive Muskelentspannung, →Meditation. Bei allen Entspannungverfahren besteht das Problem, daß sie von Patienten als hilfreich erlebt, aber oft zu wenig konsequent eingesetzt werden, wenn es wirklich darauf ankommt. [L] REVENSTORF 1993 *F. Caspar*

Entstehungsmethode →Bildverständnismethode

Enttäuschung, die unerfüllte Hoffnung oder die sich als unerfüllbar erweisende Hoffnung hat ihre gefühlsmäßige Resonanz im Erlebnis der E. Sie kann zur Resignation führen, ein Zustand, in dem man auf weitere Handlungen und weitere Wertverwirklichungen verzichtet. →Frustration • Eine Steigerung erfahren diese Zustände im Erlebnis der Verzweiflung: Es präsentiert sich die Ausweglosigkeit, verbunden mit dem intensiven und belastenden Gefühl des Scheiterns. [L] LERSCH 1954

Entwicklung, der Begr. bezeichnet vor allem die Veränderungen der Form und des Verhaltens von Lebewesen, einmal als Ausbildung des Organismus vom Keim bis zum erwachsenen Individuum (→Ontogenese), und zum anderen als Entfaltung der Arten (→Phylogenese). Mit H. WERNER läßt sich E. als Prozeß der fortschreitenden →Differenzierung (Ausgliederung von Teilfunktionen aus diffuseren Ganzheiten) und der gleichzeitigen Zentralisierung (vereinheitlichende Zusammenfassung der Teilfunktionen in Richtung auf ein Ziel hin) auffassen. Der Begr. E. wird sowohl auf Körperliches wie auf Seelisches angewandt. Die E. ist weiterhin Funktionsreifung insoweit, als sie für das Üben und Lernen die Voraussetzungen schafft (z. B. zum Sprechen). Die E. ist schließlich gegenläufig, denn auch der Abbau gehört zu ihr (Rückentwicklung). Die organismische Biologie (wie die von L. v. BERTALANFFY) bezeichnet die durch die E. hervorgebrachten Formen, deren Elemente ständig wechseln und ein Ineinander von Werden und Vergehen sind, auch als Fließgleichgewichte. [L] BERTALANFFY 1949, TRAUTNER 1978, WERNER 1926 *F. Wilkening*

Entwicklung der Intelligenz →kognitive Entwicklung

Entwicklungsalter, abgekürzt EA. Der Begr. wurde erstmals 1926 von FURFEY [engl. *developmental age*] und unabhängig davon deutschsprachig von PENNING eingeführt. E. ist der Stand der Entwicklung eines Individuums, bezogen auf das Durchschnittsniveau der gleichartigen Individuen seiner Art.
Abweichungen von der Norm, d. h. Nichtübereinstimmung von Lebensalter und E. stellen eine Spät- oder Frühentwicklung dar (→Akzeleration, →Frühreife, →Retardation, →Spätentwickler). Das E. bezieht sich auf geistige und körperliche Tatbestände. Zur Bestimmung des E. im einzelnen Fall haben sich →Entwicklungstests bewährt. Zur Festlegung des E. in seinen körperlichen Merkmalen hat z. B. der Pädiater PIRQUET das Verhältnis des Körpergewichts zur Sitzhöhe herangezogen. →Entwicklungsphasen, →Alter *F. Wilkening*

Entwicklungsaphasie →Aphasie, →Dysphasie

Entwicklungsaufgaben, das Konzept der Entwicklungsaufgaben («developmental task», HAVIGHURST, 1972) besagt, daß durch die erfolgreiche Auseinandersetzung mit lebensaltertypischen Aufgaben Fertigkeiten und Kompetenzen ausgebildet werden, welche für die Persönlichkeitsentwicklung förderlich sind und die Lösung künftiger Entwicklungsaufgaben erleichtern. In Abgrenzung zu den →kritischen Lebensereignissen, handelt es sich bei den Entwicklungsaufgaben um ans Lebensalter gebundene Anforderungen, mit denen jedes Individuum im Laufe seines Lebens konfrontiert wird. Diese normativen oder universellen Entwicklungsaufgaben erstrecken sich über die gesamte Lebensspanne (z. B. Vorbereitung auf die berufliche Tätigkeit oder auf die Menopause). Eine optimale Entwicklung ergibt sich aus der Bewältigung einer für das Individuum adäquaten Aufgabe, welche weder eine Über- noch eine Unterforderung bedeutet. Die Quellen der Entwicklungsanforderungen liegen nach HAVIGHURST in biologischen Veränderungen des Individuums, Erwartungen und Anforderungen der Gesellschaft und in individuellen Erwartungen und Wertvorstellungen. Persönlichkeitsentwicklung erfolgt aus der integrativen Bewältigung der Anforderungen aus all diesen Bereichen. [L] HAVIGHURST 1972 *M. Schmid*

Entwicklungsdiagnostik, die E. macht sich zur Aufgabe, das Ausmaß der menschlichen Entwicklung nach Art, Verlauf und Geschwindigkeit als «normal», «auffällig» oder «gestört» zu diagnostizieren. Im Gegensatz zur konstrukt- bzw. normorientierten Diagnostik ist die E. mit einigen zusätzlichen Problemen konfrontiert. Wird mit der E. ein Testwert ermittelt, so muß dieser als Ergebnis des zurückliegenden Entwicklungsverlaufs auch gleichzeitig als Testwert für den zukünftigen Entwicklungsverlauf bewertet werden. Entwicklungsdiagnostische Verfahren werden nach Vorschlag von FILIP (1982) in allgemeine u. spezielle Entwicklungstests aufgeteilt. Die allg. Entwicklungstests sind i. d. R. an einer Entwicklungstheorie (z. B. PIAGET, GESELL et al.) orientiert. Bei den spez. Entwicklungstests werden spezifische psychische Funktionen herausgegriffen, von denen man weiß, daß sie im Laufe z. B. der kindlichen Entwicklung zur Ausdifferenzierung bis zur Erreichung eines stabilisierten Niveaus gelangen. Spezielle E. befaßt sich also z. B. mit der Entwicklung der Sprache, der Motorik, des Sozialverhaltens etc. Die heute für die kindliche Entwicklung vorliegenden entwicklungspsychologischen Testverfahren orientieren sich hauptsächlich an dem sog. «engeren Entwicklungsmodell», bei dem angenommen wird, daß die Entwicklung in einer geordneten Abfolge von Stufen und Phasen erfolgt, da sich Veränderungen als invariant und irreversibel vollziehen. Diese Veränderungen werden auch im Hinblick auf einen Endzustand und interindividuell als relativ konsistent betrachtet. Bei der E. reicht es jedoch nicht aus, nur die interindividuelle Variation zu betrachten, sondern auch den «wahren Wert» der intraindividuellen Variation mit zu berücksichtigen.

Entwicklungskorrelation, Gesetz der (MEUMANN), hiernach verändert sich eine geistige Eigenschaft niemals für sich allein, ohne auch andere dabei mitzuändern. Auch «entwicklungssteigernde Korrelation» genannt. →Mitübung, →Transfer. [L] MEUMANN

Entwicklungslehre →Abstammungslehre

Entwicklungspharmakologie, Teildisziplin, die sich mit der Wirkung von chemischen Stoffen auf Entwicklung (pränatal, frühkindlich und kindlich) und Rückbildung befaßt. Stoffe mit nachgewiesenen Effekten sind u. a. →Hormone (u. a. →Androgene, die bereits pränatal die Geschlechtsdifferenzierung beeinflussen, →Schilddrüsenhormone, die zusammen mit dem →Wachstumshormon die Entwicklung des Nervensystems fördern), →Umweltstoffe, die neurotoxische Wirkungen entfalten können, Medikamente und Genußmittel (→Alkohol, →Nikotin). [L] ABEL 1989, BREEDLOVE 1994, COLLAER & HINES 1995, EGGERS 1992, FEIN et al. 1983, FINGERMAN 1997, JACOBSON 1991, PATTERSON 1995

W. Janke

Entwicklungsphasen, -stufen, das Leben des Menschen verläuft in kennzeichnenden und spezifischen Phasen, die allerdings sehr unterschiedlich eingeteilt werden.

Neugeborener	bis 2 Wochen
Säugling	bis 9 Monate
Kleinstkind	bis 2 Jahre
Kleinkind	2–6 Jahre
Kind (Schulkind)	6–12 Jahre
Jugendlicher	12–20 Jahre
Heranwachsender	18–21 Jahre
Volljähriger	ab 18 Jahre
Erwachsener	21–60 Jahre
Alternder Mensch	60–65 Jahre
Alter Mensch	65–75 Jahre
Greis	75–Tod

Weiterhin unterscheidet man noch frühe, spätere, reife Kindheit. Vorpubertät, →Adoleszenz, →Jugendalter. Zudem sind ausgegliedert worden das Robinson-Alter, als der von Ch. BÜHLER so genannte Abschnitt zwischen 11 und 13 Jahren mit besonderer Zuwendung zu abenteuerlichen Berichten und Taten, ebenso die →Trotzphasen um das 3. Lebensjahr und zur Zeit der Pubertät als bewußtes Sichabsetzen und Selbständigwerden mit Widerstand, Gehorsamsverweigerung, Kritik und Nörgelei, dann das Backfischalter (jetzt Teenagerphase) als Reifungszeit des Mädchens mit betont weiblichen Eigenarten im Selbständigkeitsbedürfnis und Wechsel zwischen Sprödigkeit und Kontaktverlangen. In der körperlichen Entwicklung (Wachstum) wechseln Phasen der Fülle, besonders im Kleinkindalter, in der reifen Kindheit und in der Pubertät mit Phasen der Streckung bei Beginn des Schulalters, in der Vorpubertät und Adoleszenz. Nach W. ZELLER sind ein erster und zweiter Gestaltwandel zu unterscheiden (Übergang vom kleinkindhaften Körper zum Schulkindkörper – Wachstumsverlangsamung in der beginnenden Pubertät mit Proportionsverschiebungen und Ausbildung der geschlechtlichen Reifezeichen). Schließlich ist das Alter keine genaue Aussage über den Entwicklungsstand. Es gibt Frühentwickler und Spätentwickler, ebenso wie es vorzeitig verbrauchte und erst sehr spät alternde Menschen gibt. Ps. ist die Abfolge der Phasen vielseitig durchforscht worden. Die →Entwicklungspsychologie ist hierbei das im Vordergrund stehende Fachgebiet. Grundsätzlich werden die Abwandlungen des Erlebens und Verhaltens im Phasendurchgang und ebenso die Phasen selbst in ihrer Eigenart beachtet. Ch. BÜHLER unterscheidet für die Kindheit und Jugend fünf Phasen: Entwicklung des Objektbewußtseins, Erfassung der dinglichen Einheit, Gestaltung der Bewegungen (1. Lebensjahr); Hervortreten des Subjektiven, erste persönliche Stellungnahmen mit erster Trotzperiode (2.–4. Jahr); Überwiegen des Objektbezugs, realistische Haltung, soziale Einordnung (5.–8. Jahr); erneute Wendung zum Subjektiven, Isolierung des Ichs, Ablehnung der Umwelt mit zweiter Trotzperiode (9.–13. Jahr); Synthese von Subjekt- und Objektbeziehung, Festigung der Verbindung zur Wirklichkeit (14.–19. Jahr). Darüber hinaus sind für den Abschnitt zwischen 20 und 30 die Selbstbestimmung und Zielsetzung, die aber noch im Provisorischen bleiben, für den Abschnitt zwischen 30 und 50 die spezifischen Bindungen mit Überwiegen des Sachlichen, für den Abschnitt zwischen 50 und 60 das Einordnen in einen höheren Zusammenhang und für den Abschnitt ab 60 die Ablösung vom Leben kennzeichnend. Nach HELLPACH lösen sich Evolution und Involution in folgenden Perioden ab: Kleinkindalter (1–3); Noëse (4–9); Eidese (10–17); Pubertäts-Thymose (14–17); das Suchen nach dem Unbedingten (18–28); das Wirken im Bedingten (30–50); Klimakteriumsthymose (zw. 45–60); Alterseidese (zw. 55–60); Altersnoëse – evtl. noch Verfall in Altersschwachsinn. Bei der Erforschung der E. haben sich noch weiterhin verselbständigt die Kinderpsychologie (→Kind), →Jugendpsychologie, →Erwachsenenpsychologie und →Psychologie des Alterns. [L] BERGIUS 1959, OERTER 1980

Entwicklungsprofil →Entwicklungsquotient, →Profile, ps.

Entwicklungspsychologie, das Teilgebiet der Psychologie, dessen Gegenstand die Erforschung und Beschreibung der seelischen Entwicklung ist, und zwar (1) in ontogenetischer Hinsicht (lebenslange Entwicklung) und (2) in phylogenetischer Hinsicht (seelische Entwicklung des Menschengeschlechts). Zwischen Entwicklungspsychologie einerseits und Tier- und Völkerpsychologie andererseits bestehen enge Beziehungen (Vergleichende Psychologie). Nach THOMAE beachtet die E. die «untereinander zusammenhängenden Änderungen im menschlichen Verhalten» und deren innere Begründung, wobei die quantitative Zunahme und Abnahme von Gehalten und Funktionen sowie die qualitativen Änderungsreihen in der Gestalt von linearen Prozessen (z. B. Metamorphosen, Differenzierungen, Spezialisierungen, Prägungen, Schichtungen) oder Kreisprozessen (d. h. Spiralbildungen) zugehörig sind. [L] Ch. BÜHLER, CARMICHAEL, CONGER et al., HETZER, HÖHN, PIAGET, SCHMIDT, THOMAE, MÖNKS & KNOERS 1976, NICKEL 1973, TRAUTNER 1991, OERTER 1996 *F. Wilkening*

Entwicklungsquotient [EQ, engl. DQ = *developmental quotient*], eine in Analogie zum →IQ gebildete Beziehung zwischen Entwicklungsalter und Lebensalter

$$EQ = \frac{EA}{LA} \cdot 100$$

Das EA wird ermittelt mit dem Entwicklungsprofil (EP), wobei dem Kinde Aufgaben zu einer Reihe von Dimensionen (z. B. sinnliche Rezeption, Körperbewegungen, Betätigung an Material u. a.) gegeben und die jeweiligen Summen der gelösten Aufgaben in ein Profilschema eingetragen und miteinander verbunden werden (→Profile, ps.). [L] REINERT 1963

Entwicklungsstand, sachstruktureller, Kenntnisse und Fertigkeiten eines Schülers, die er zu einem gegebenen Zeitpunkt seiner Entwicklung im Hinblick auf den relevanten Sachbereich der gegebenen Unterrichtssituation besitzt (HECKHAUSEN). *G. Mühle*

Entwicklungsstörung, Hindernis oder Ergebnis einer Behinderung der Entwicklung. Vor der Geburt und während der lebenslangen Entwicklung können hemmende Einflüsse (z. B. fehlende Reizangebote, Erwartungen, unzureichende emotionale Geborgenheit, extreme Erziehungshaltungen, Gifte, Hormon- und Stoffwechselstörungen, Verletzungen) stärker sein als individuelle oder gesellschaftliche Ausgleichsmöglichkeiten.

Ob die E. auch im Verhalten und Erleben diagnostizierbar wird, dürfte von Erwartungen und Anforderungen, der Verarbeitung von Mißerfolgen, aber auch der Empfindlichkeit des Meßinstrumentes mitbestimmt werden. In Abhängigkeit von dem jeweiligen Entwicklungsmodell (→Entwicklung) verfolgt die Forschung neben dem Ursachenbündel «Hirnstörung» eine Vielzahl anderer Bedingungen. [L] LEMPP 1978, RICHTER 1974, OSSOFSKY 1979, CASS & THOMAS 1979 *H. Ries*

Entwicklungs-Tests, Bez. für Tests, bes. Testreihen, die nach dem →Steigerungsprinzip (Staffelsystem) aufgebaut sind und den kindlichen Entwicklungsstand abklären helfen (ob der Norm entsprechend, darüber oder darunter, auffällige Leistungen und Mängel). [T] ARTHUR, BELLAK, BINET, BÜHLERHETZER, GESELL, HETZER, KLIMPFINGER, KUHLMANN, MERRILL, OSERETZKY, SCHENK-DANZINGER, WECHSLER

Entwicklungsstufen →Entwicklungsalter, →Entwicklungsphasen

Entwicklungstheorien, ungenaue Bez. für versch. Auffassungen über Bedingungen und Verlauf der →Entwicklung (→Ontogenese und →Phylogenese) i. S. von Anschauungsweisen. MUSSEN (1970) meint, der wissenschaftl. Wert der E. entspräche z. Z. noch dem von physikalischen Theorien im 17. Jhd., keine umfasse die Menge der Einzelkenntnisse über die Entwicklung in einem erklärenden System (→Theorie). Trotzdem werden von vielen Autoren unterschieden: Psychoanalytische Theorie – Lerntheorie – kognitive Theorie. MÖNKS & KNOERS (1976) nennen außer den psychodynamischen (psa.) Theorien die biologisch orientierten, in denen angenommen wird, daß Erblichkeit und Konstitution die Entwicklung fast ausschließlich bestimmen und die heute kaum noch vertreten werden. Sie nennen außerdem die Milieutheorien, die, sofern sie soziologisch orientiert sind, auch Sozialisierungstheorien genannt werden können und die Theorie des Interaktionismus, deren Hauptvertreter J. PIAGET ist, und die Theorie der Entwicklungsaufgaben mit der Nennung von HAVINGHURST, aber ohne A. PETZELT zu erwähnen, der sie wohl begründete (vgl. BERGIUS 1959). *R. Bergius*

Entwöhnungskuren →Abstinenzerscheinungen

Entzugserscheinungen, somatische und psychische Abweichungen, die innerhalb von Stunden nach Absetzen einer chemischen Substanz auftreten und monatelang anhalten können. Stärke, Art und Dauer sind stoff- und personabhängig. E. gehören zu den wichtigsten Gründen für Aufrechterhaltung und Rückfall bei →Drogenabhängigkeit. *W. Janke*

Enuresis, Einnässen, Bettnässen. Zu unterscheiden sind: E. *diurna*, Unfähigkeit zur Harnverhaltung am Tage, bei Kindern, bei Neurosen, Blasenlähmung, Gehirn- und Rükkenmarkserkrankungen. E. *nocturna*, Bettnässen im Schlaf, besonders bei Kindern als Symptom seelischer Störungen (emotionale Labilität, Trotz, Protest gegen Liebesentzug, Angstträume u. dgl.), auch bei geistiger Retardierung, →Verwahrlosung, ferner bei →Epilepsie. Im Normalfall setzt die Selbstkontrolle der Ausscheidungsfunktionen beim Kind zwischen dem 1. und 3. Lj. ein. Doch noch ca. 15 % der gesunden 5–6jährigen nässen (mehr oder weniger gelegentlich) nachts ein. Vorzeitige und insbes. strenge Reinlichkeitserziehung (-gewöhnung) kann zu Störungen des Geborgenheitsbedürfnisses des Kindes führen (METZGER 1961). Die Psa. spricht von engen Beziehungen zwischen Charakterentwicklung und Art und Dauer, wie das Kind zur «Sauberkeit» kommt. Ca. 90 % der Fälle gelten als nicht organisch bedingt. Neben dem Behandeln hypothetischer Spannungsursachen ist die Klingelbettmethode eine bewährte Intervention, bei der das Kind lernt, auf die gefüllte Blase mit Aufwachen zu reagieren. Als günstig hat sich auch eine systematische Verstärkung des Toilettenganges kombiniert mit einem Blasentraining (Herausschieben des Urinierens im Wachzustand) erwiesen, wobei jedoch auf jeden Fall Fachleute zuzuziehen sind. *F. Caspar*

Environmentalismus [engl. *environmentalism, environment* Umschließung, Umwelt], Bez. für die soziologische (SEMPLE, RATZEL) und auch ps. Richtung, die vordergründig (determinierend) den Lebensraum für das gesamte menschl. Erleben und Handeln beachtet.

Enzephal- [gr. *enkephalos* Gehirn], in Wtvb. zum Gehirn gehörend

Enzephalisation, syn. Encephalisation, Cerebration, Zerebration. Die «Verhirnlichung», d. h. die im Verlauf der →Phylogenese eingetretene Verlagerung der Entwicklung vom Stammhirn (Althirn) zum Großhirn (Neuhirn) mit Zunahme des Gewichts, der Verfeinerung im Aufbau und dem Hervortreten der Rindenfunktion (Bewußtsein). Der Frankfurter Neurologe L. EDINGER (1855–1918) stellte diese Zusammenhänge heraus (EDINGERsche Regel). Von Bedeutung ist bei der E. auch die Relation Hirngewicht zu Körpergewicht (E.höhe nach dem holl. Anatomen E. DUBIOS, 1858–1940) sowie das Reifungstempo. →Gehirn. [L] EDINGER 1911, HOFSTÄTTER 1971

Enzephalitis, Gehirnentzündung. Infektiöse (Viren, Bakterien, Parasiten) Erkrankung von Gehirngewebe, bisweilen einschl. der Hirnhäute (Meningo-E.) und des Rückenmarks (Encephalomyelitis).

• E. *epidemica*, E. *lethargica*, ECONOMOsche Erkrankung (fälschlich Kopfgrippe). Die von v. ECONOMO beschriebene Virusinfektion. Heute sind zahlreiche Virusarten bekannt.

E

Das akute klinische Krankheitsbild zeichnet sich durch symptomatische Vielgestaltigkeit aus. Während sich die klinischen Typen mit Augenmuskellähmung und Somnolenz von solchen mit Muskelkrämpfen unterscheiden lassen, entwickeln sich in subakutem Stadium häufig Schlafstörungen, Hyperaktivität und Rededrang. Die chronischen Folgezustände treten in ausgeprägten Fällen entweder als Antriebsminderung mit motorischer Versteifung oder als Antriebssteigerung mit motorischer Enthemmung in Erscheinung. Der erstere, der PARKINSONsche Symptomkomplex ist für das Erwachsenenalter typisch. Im Kindesalter herrschen zwanghafte Antriebe mit abruptem Stimmungswechsel und Aggressivität, auch bei erhaltener Intelligenz, vor. Außer vasomotorischen und endokrinen Störungen sind noch solche mit gesteigerter sexueller Triebhaftigkeit, Eßgier oder starkem Durst häufig. Meist ergeben sich große erzieherische und schulische Schwierigkeiten. • Zahlreiche weitere E.formen sind bekannt. So die E. *acuta hämorrhagica* (STRÜMPELL, LEICHTENSTERN) nach Masern, Mumps und Keuchhusten; die E. *purulenta* nach Mittelohr- oder Nebenhöhlenentzündung; die E. bei Tuberkulose, die metastatische bei Sepsis und die Impf-Enzephalitis nach Pockenschutzimpfung (in etwa 2 ‰ der Fälle).

Enzephalographie [gr. *enkephalon* Gehirn, *graphein* zeichnen], Gehirnaufzeichnungsverfahren.
(1) Ursprünglich gleichbedeutend mit Pneum-Enzephalographie, Darstellung des Gehirns, seiner Oberfläche und der Hirnhöhlen (Ventrikel) im Röntgenbild nach Verdrängung der Gehirn-Rückenmarks-Flüssigkeit durch Einblasen von Luft nach Lumbalpunktion oder Subokzipitalpunktion, wobei die eingeblasene Luft als Kontrastmittel fungiert. (2) Wird E. heute auch als Sammelbegriff gebraucht, der zusätzlich einschließt: (a) Echoenzephalographie die Verwendung von Ultraschallwellen zur Schädel-Hirn-Diagnostik. Die ohne operativen Eingriff erfolgende Beschallung mit Ultraschall führt zur Reflektion (Echo) an den durch verschiedene Dichte gekennzeichneten Grenzflächen, die auf dem Oszillographen sichtbar gemacht wird. Sie läßt die Grenzflächen vom Schädel zum Hirngewebe sowie zu den mit Liquor gefüllten Ventrikeln oder auch zu Hämatomen (Blutergüssen) sowie Tumoren und damit auch Veränderungen des Gehirns, z. B. bei Hydrozephalus (Wasserkopf) erkennen. (b) Elektroenzephalogramm (EEG), die Aufzeichnung der mit Elektroden vom unverletzten menschlichen Schädel abgeleiteten und geeignet verstärkten elektrischen Spannungsschwankungen, die Aussagen über den Funktionszustand des Gehirns ermöglichen (→Elektrodiagnostik, →Elektrophysiologie). (c) Gamma-Enzephalographie, die Verwendung radioaktiver Isotope. Z. B. speichert Geschwulstgewebe radioaktive Strahlung und wird über die Abstrahlung erkenntlich. **[L]** KUGLER 1966, SCHIEFER & KAZNER 1967, BEKKER-CARUS et al. 1979, MÜHLAU 1990, TRIMMEL 1990, SCHANDRY 1989 *C. Becker-Carus*

Enzephalon →Gehirn

Enzephalose, traumatische, Zustand geistiger und körperlicher Leistungsschwäche, durch organische Hirnschädigungen verursacht.

Enzym, →Ferment, Proteinkörper, der in lebenden Zellen chemische Reaktionen auslöst oder steuert.

EOG, Abk. für Elektroolfaktographie, Registrierung der Summierung vieler kleiner →Generatorpotentiale, die von olfaktorischen Rezeptoren erzeugt werden. →Olfaktie. **[L]** OTTOSON 1956

ep..., eph..., epi... [gr.] in Wtvb. darauf (örtlich und zeitlich), darüber, oben, daneben **[E]**

Ephedrin, WZ Ephetonin®, Substanz mit sympathikuserregender Wirkung, jedoch auch mit ZNS erregenden Wirkungen. Dem Adrenalin verwandt und deshalb als Werkzeug zur Prüfung der Theorie von SCHACHTER und SINGER benutzt (→Adrenalin). Suchtpotential. **[L]** →VNS-Pharmaka, →Sympathikomimetika, ERDMANN & BECKER 1978, ERDMANN & JANKE 1978 *W. Janke/G. Erdmann*

Ephetonin® →Ephedrin

EPI **[T]** EDWARDS

EPI **[T]** EYSENCK, **[T]** EGGERT

Epidemie, psychische, die (weitgehend analog der Ausbreitung bei Infektionskrankheiten) sich ausbreitende, dabei ein bestimmtes «Thema» übersteigernde ps. Verhaltensweise. Beachtlich ist, daß p.E. bei aller inhaltlichen Wandlung zu allen Zeiten vorkamen und kommen. Z. B. ekstatische Riten und Exzesse bei Naturvölkern und auf einfachen Entwicklungsstufen, Flagellation und Tanzepidemien, Kinderkreuzzüge und Hexenprozesse im Mittelalter, in unserer Zeit eine durch Propaganda (und sog. *show-business*) verstärkte neurotische (hysterische) Haltung auf manchen Gebieten des Lebenszuschnitts. Voraussetzung der p.E. sind vor allem die (evtl. durch zeitbedingte Krisen verschärfte) auf Induktion und

Suggestion beruhende innere Bereitschaft sowie die starke Affektbesetzung. →Ansteckung, psychische

Epidemiologie [von gr. *epidemios* über das Volk (verbreitete Krankheit)]. Die E. erforscht vornehmlich mit sozialstatistischen Methoden die räumlich-zeitliche Verteilung von ansteckenden (Seuchen) und nichtansteckenden (auch psychischen) Krankheiten und ihren physischen, sozialen und verhaltensbedingten Entstehungs-, Ausbreitungsbedingungen. Mit Prävalenz [lat. *praevalere* vorherrschen] wird die Häufigkeit des Vorkommens einer Krankheit oder eines Symptoms in einer Population zu bestimmter Zeit in bestimmtem Raum bezeichnet. Inzidenz [lat. *incidere* über etwas herfallen] bezeichnet entsprechend die Häufigkeit des Neuauftretens einer Krankheit. Die E. psychischer Störungen ist für die Psychotherapie nicht nur wegen ihrer Bedeutung für die →Ätiologie, sondern auch für die Bedarfsplanung von Bedeutung. **[L]** KEUPP 1974, SCHEPANK 1986

P. Day

Epigenese, Nachentwicklung, Weiterentwicklung. →Genese

Epikanthus [gr. *kanthos* Augenwinkel], Mongolenfalte. Angeborene, sichelförmige, vom oberen zum unteren Lidrand sich erstreckende Hautfalte, die den inneren Augenwinkel verdeckt. →DOWN-Syndrom

Epikrise [gr.], abschließender Bericht über einen Krankheitsverlauf.

epikritische Sensibilität →Sensibilität

Epilepsie [gr. *epilambanein* anfallen], Fallsucht, *morbus sacer,* Anfälle von Bewußtlosigkeit mit Krämpfen. Ein Hauptformenkreis der Gehirnkrankheiten. E. ist heute nicht mehr Bez. für eine Krankheitseinheit, sondern Sammelbegr. für alle anfallsartig auftretenden, durch verschiedenartige Störungen im ZNS verursachten Krämpfe und Bew.veränderungen sowie die damit einhergehenden Veränderungen des Verhaltens und der Intelligenz. Man unterscheidet herkömmlich (neben weiteren Unterformen): (1) Genuine, idiopathische E. (erbliche Fallsucht), erstes Auftreten in der Kindheit möglich, zumeist zwischen Pubertät und 20. Jahr. (2) Symptomatische E. (Krampfanfälle im Gefolge einer Hirnschädigung durch Tumor, Sklerose, Paralyse, Intoxikation u. a. – evtl. in der Anlage begründete Krampfbereitschaft) mit generalisierten Krämpfen oder in der Sonderform der →JACKSON-Epilepsie. Neuere Einteilungen der E., die durch hirnelektrische Erhebungen (EEG →Elektrodiagnostik) gestützt werden, setzen an der Art der Anfälle an: partielle, unilaterale, generalisierte, erratische, unklassifizierbare Anfälle. Der «große» epilept. Krampfanfall, das *«grand mal»*, wird als Leitsyndrom für die genuinen und für einen Teil der symptomatischen E. angesehen. Unvermittelt oder nach einem Prodromalstadium und →Aura treten mit Bew.verlust, Apnoe (Atemstillstand), Hinfallen erst →tonische, dann →klonische Krämpfe auf, die häufig verbunden sind mit Aufschreien, Schaum vor dem Munde, der durch Zungenbisse blutig sein kann, Stuhl- und Urinabgang. Dieser Anfall dauert meist wenige Minuten, geht dann in Schlaf über, dem nach dem Erwachen mehr oder minder schwere Mattigkeit (Kopfschmerzen, Gedächtnisstörungen) folgt. Die Häufung solcher Anfälle wird als *status epilepticus* bezeichnet. Von epilept. Demenz spricht man, wenn ein Abbau des apperzeptiven Denkens hinzutritt. Mit der Bez. Affektepilepsie wird der Zustand belegt, bei dem heftige emotionale Erregungen und Anfälle gehäuft gekoppelt sind. Der «kleine» epilept. Anfall, das *petit mal*, auch E. *minor,* E. *non convulsiva* genannt, geht auch mit Bew.verlust einher, doch sind die Krampferscheinungen sehr reduziert oder fehlen ganz. • Von bes. ps. Interesse sind bei der E. (1) die neben den Anfällen bzw. an ihrer Stelle (Ersatzanfälle) auftretenden epileptischen Äquivalente, d. h. ps. Veränderungen wie →Absencen, →Dämmerzustand, →Delirien, →Desorientierung, →Halluzinationen, grobe Fehlhandlungen, Reizbarkeit depressiv-ängstlicher Art, tätliche Angriffe, Selbstmordtendenz, →Dipsomanie, →Poriomanie, (2) die epileptische Wesensänderung, d. h. ps. Änderungen wie Umständlichkeit, Verlangsamung, affektive Auffälligkeiten, Klebrigkeit und Demenzerscheinungen. Diese Wesensänderung ist zwar häufig E.folge, dennoch ist sie nicht typisch für die E. allein, da sie auch bei anderen Hirnschädigungen vorkommt. Therapeutisch ist die medikamentöse Therapie bei E. dominierend. Begleitend können Verhaltens- und familientherapeutische Maßnahmen sinnvoll sein (→Inhalte: Einhaltung eines geregelten Tagesablaufs, Bearbeitung emotionaler Konflikte im Zusammenhang mit Anfallserkrankung, elterlicher erzieherischer Fehlhaltungen). In seltenen Fällen, kann nach Abwägen des Operationsrisikos, ein neurochirurgisches Eingreifen sinnvoll sein. →Anfall, Elektrodiagnostik

E

epileptiform, epilepsieartig. Krankheitsbilder, welche durch epileptische Anfälle oder durch Anfallsäquivalente charakterisiert sind, aber nicht zur epileptischen Wesensänderung und epileptischen Demenz führen und darum nicht in die Krankheitsgruppen der genuinen oder symptomatischen Epilepsie gehören und auch sonst nicht in eine andere bekannte Krankheitsgruppe eingeordnet werden können.

epileptische Äquivalente, Ersatzanfälle. Körperliche und seelische Störungen, die an Stelle des Krampfanfalles treten. →Epilepsie

epileptoid, epilepsieartig, →epileptiform. In der Typologie KRETSCHMERS soll diese Bezeichnung nur als Vergleich verstanden werden. Wir wissen zu wenig von den Bedingungen der epileptischen Anfälle und erst recht der epileptischen Wesensveränderungen, um das Verhältnis zwischen Charaktervarianten und Krankheit unmittelbar bestimmen zu können. [L] KRETSCHMER 1975

epileptoider Typus →Typologie (Konstitutionstypen)

Epinephrin, syn. für →Adrenalin im angloamerikanischen Schrifttum *W. Janke*

Epiphänomen [gr.], Begleit-(Neben-)Erscheinung

Epiphyse, syn. *corpus pineale,* Zirbeldrüse, →endokrine Drüse, →Hormone, →Gehirn

Epiphysenhormon →Melatonin

Episitismus →Ethologie

Episkotister [gr. *epi* und *skotos* Dunkelheit] (AUBERT), eine Kreisscheibe mit verstellbaren Sektoren, die, in Drehung versetzt, bei Lichtdurchfall eine Abstufung der Lichtstärke erlaubt.

Episode [gr. *epeisodion* das auf den Einzug des Chores Folgende], in der Antike die Dialoge zwischen Chorgesängen. In der Gedächtnisps. sind E. die in einem bestimmten, zeitlich und räumlich begrenzten Kontext erlebten Glieder (Items) eines Lernmaterials. Im episodischen →Gedächtnis sollen gemäß der Mehrspeichertheorie solche Inhalte recodiert gespeichert und mit bereits gespeicherten – ebenfalls zeitlich und räumlich eingeordneten – Informationen verbunden werden. [L] TULVING 1985

Epistase, epistatisch [gr. *epistatein* darüberstehen, vorstehen], Überdeckung. Eine Erbanlage, die eine andere überdeckt.

epistemische Struktur, Wissensstruktur, der Bereich der kognitiven Vergegenwärtigung (Repräsentation, →image bei MILLER et al. 1960, 1973), in dem die gelernten Operationen gespeichert sind. Über die e.S. hinaus gehen heuristische Strategien des Denkens. →Denken, heuristische Methoden. *H. Ries*

Epistemologie [gr. *epistemos* wissend, kundig], Wissenschaftslehre, Erkenntnistheorie der wissenschaftlichen Erkenntnis (Prinzipien, Methoden etc.). I. w. S. ist E. svw. Erkenntnistheorie.

Epistemologie, genetische, von PIAGET entwickelte Theorie der psycho- und soziogenetischen Voraussetzungen der Entwicklung von Erkenntnis bzw. des Wachstums von Wissen (der Begriffe und Operationen). Indem PIAGET logische und erkenntnistheoretische Fragen zum Gegenstand empirischer entwicklungsps. Forschung macht, kann die g. E. als Versuch beschrieben werden, den wissenschaftl. Beitrag von Entwicklungsps. und Biologie zur Lösung erkenntnistheoret. Probleme zu bestimmen. [L] PIAGET 1953, HARTEN 1977

Epithelkörperchen, Nebenschilddrüse, Parathyreoidea. →Hormone

Epochalpsychologie, eine in Ansätzen vorhandene ps. Forschungsrichtung mit dem Ziel, die Auswirkungen der jeweiligen geschichtlichen Epoche auf die seelisch-geistige Haltung des Menschen zu erforschen und daraus auch praktische Erkenntnisse (so etwa für die päd. Ps.) zu gewinnen. →Kohorte. [L] MUCHOW 1962

EPP, Abk. für EYSENCK *Personality Profiler,* ein von EYSENCK u. Mitarbeitern auf der Basis der EYSENCKschen Persönlichkeitstheorie für «Normalpersonen» neu entwickelter Fragebogen mit den Hauptdimensionen Extraversion, Emotionality und Adventurousness. Jede Dimension setzt sich aus sieben Subskalen zusammen. Eine Dissimulations-Skala erfaßt die Neigung, sozial erwünscht zu antworten.

EPPS [T] EDWARDS

Epsilon-Bewegung →Scheinbewegung

EQ, Abk. für →Entwicklungsquotient

EQS, Abk. für →Entscheidungs-Q-Sort

Equilibration →Äquilibration

equity-Theorie, Theorie der Billigkeit (Gerechtigkeit), nach der die Aufteilung von Lohn bzw. Gratifikationen bzw. Gewinn proportional zu den Leistungen, Kosten oder Investitionen der Partner erfolgt (HOMANS 1961, ADAMS 1965). Leistungsstärkere tendieren entgegen der e.-T. dazu, trotz Leistungsunterschieden Gleichaufteilungen vorzunehmen. →Aufteilungsgerechtigkeit. [L] MIKULA 1985

Erbbiologie, gelegentl. Bez. für →Genetik

Erbcharakterologie, ein von PFAHLER entwickelter Zweig der Charakterologie, der sich mit den angeborenen, vererbten und damit umweltunabhängigen ps. Voraussetzungen für alle Umwelterfahrung befaßt, die durch das ganze individuelle Leben nachweisbar sind. Diese Voraussetzungen werden als formale, nicht inhaltliche Grundfunktionen (Tempo, Gefühlsansprechbarkeit, vitale Energie, Weltzuwendung, Festhaltekraft) aufgezeigt. [L] PFAHLER 1943

Erbe-Umwelt-Problem, Erbe bezeichnet die Kombination der →Gene (→Genotyp), die bei der Befruchtung aus der Vereinigung von männlicher und weiblicher Keimzelle entsteht. Aus dem Zusammenwirken von Erbe und →Umwelt in der Entwicklung des Individuums entsteht der →Phänotypus. Die relative Bedeutung der Bedingungskomplexe Erbe und Umwelt für die Ausprägung ps. Merkmale war und ist eine der großen Streitfragen der Psychologie. Allerdings wird von Theoretikern, die das Zusammenwirken von Erbe und Umwelt als fortlaufende wechselseitige Beeinflussung sehen, die Frage nach der relativen Bedeutung der beiden Bedingungskomplexe als falsch gestellt beurteilt.

Historisch gesehen wurde im Anschluß an GALTONS *«hereditary genius»* (1869) die Bedeutung des Erbeinflusses durch Erforschung von Familienstammbäumen zu zeigen versucht, wobei u. a. familiäre Konzentrationen von Berühmtheit, Musikalität, mathematischer Begabung, Kriminalität und Schizophrenie nachgewiesen wurden. Da aber durch die Eltern sowohl Erbausstattung als auch Umwelt der Kinder wesentlich bestimmt sind, sind durch Familienuntersuchungen prinzipiell keine klaren Nachweise des Erbeinflusses möglich. Methodisch weniger problematisch scheint der Nachweis des Erbeinflusses durch →Zwillingsforschung zu sein (Vergleiche und statistische Analyse der Ähnlichkeiten von getrennt oder gemeinsam aufwachsenden eineiigen und zweieiigen Zwillingen bzw. von gemeinsam aufwachsenden Pflegekindern). So wurden u. a. für bestimmte Intelligenzmerkmale Erbanteile von etwa 10 bis etwa 70 % berechnet (VANDENBERG 1966). EYSENCK (1951) berichtet für Suggestibilität und Neurotizismus Erbanteile von 70 bzw. 80 %. Auch für Schizophrenie, manisch-depressives Irresein und Epilepsie konnte ein bedeutender Erbeinfluß aufgezeigt werden. Eine Zusammenfassung geben FULLER und THOMPSON (1967).

Gegen die Methode der Zwillingsuntersuchungen im allgemeinen und insbes. gegen einzelne Ergebnisse wurden kritische Einwände vorgebracht, die sich u. a. auf Schwierigkeiten der Datengewinnung und auf die Angemessenheit der Grundannahme und der statistischen Verfahren beziehen. Zur Interpretation eines hohen Erbanteils ist anzumerken, daß aus diesem keinesfalls auf Unbeeinflußbarkeit des Merkmals geschlossen werden darf, wie u. a. durch Veränderung der hoch erbbestimmten Körpergröße durch Umweltänderungen in Nachfolgegenerationen belegt ist. In der Humangenetik haben die skizzierten Methoden und Ergebnisse der Erbanteilsschätzungen vorwiegend wissenschaftshistorische Bedeutung. In der humangenetischen Forschung werden vor allem eng umschriebene Merkmalsausprägungen (z. B. Mongolismus, metabolischer Schwachsinn) auf numerische oder strukturelle Dysbalancen des Chromosomensatzes oder auf genetisch bedingte Stoffwechseldefekte zurückgeführt. Allerdings sind auch auf diesem exakten Analyseniveau kaum deterministische Beziehungen auffindbar. →MENDELsche Regeln, →Umwelt, →Vererbung, →Zwillingsforschung. [L] ANASTASI 1976, RITTER & ENGEL 1969, EYSENCK 1975, MERZ & STELZL 1977

H. Wimmer

Erbgang, der Weg eines →Allels durch die →Generationen.

Erbkoordination →Auslösemechanismus, →Instinkt

Erbpsychologie, syn. psychologische Genetik. Die E. untersucht, ob psychische Eigenschaften erbgenetisch bzw. konstitutionsbedingt (keine Scheidung von Kerngenetik und intrauterinem Milieu) sind und inwieweit die Peristase (Umwelt, Milieu) einen dispositionssetzenden oder -ausprägenden Einfluß hat. Die Umweltwirkung ist in jedem Fall spezifisch, da nur solche Reize wirksam werden, für die eine erbbiologisch grundgelegte Ansprechbarkeit vorgegeben ist. Die Untersuchungen können sich auf normale ps. Eigenschaften, auf pathologische und geniale Varianten, als auch auf ps. Rasseneigentümlichkeiten erstrecken. →Erbe-Umwelt-Problem. [L] GALTON, GOTTSCHALDT, HOLZINGER, JENSEN, PFAHLER, REINÖHL, MERZ & STELZL 1977, BOUCHARD 1981, FARBER 1981

Erbrechen, psychogenes, nervöses E., hysterisches E. bei manchen Personen, vor allem Schulkindern, wenn sie in ihren Leistungen überfordert werden.

Ereigniskorrelierte Hirnpotentiale, EKP [engl. *event related potential* ERP], hirnelektrische Potentialverschiebungen im →EEG, welche definierbaren Ereignissen zugeordnet werden können bzw. diesen vorangehen oder folgen. Deshalb werden u. a. auch die Ausdrücke reizkorrelierte, (reiz-)evozierte und reaktionskorrelierte Potentiale verwendet. EKP wird zumeist als universeller Oberbegriff verstanden, der zahlreiche andere Bezeichnungen (diverse Potentiale und Wellen) subsummiert. [L] TRIMMEL 1990, MÜHLAU 1990

Ereigniswahrnehmung →Geschehenswahrnehmung

erethisch [gr. *erethismos* Reiz], reizbar. Mit erhöhter Reizbarkeit einhergehend, z. B. erethischer Habitus. Beim Schwachsinn bezeichnet Erethie die reizbar-erregte Form.

Erfahrung, das durch (meist wiederholtes) Wahrnehmen (Erleben, Anschauung, Empfindung) gewonnene Wissen. Spezielle Bedeutungen des Begriffs E. sind:

- Allgemein: Lebenserfahrung. Das im Laufe eines Lebens gewonnene, erprobte und bewährte Wissen.
- Die Gesamtheit der Eindrücke, die wir in unserem bisherigen Leben empfangen haben.
- Philosophisch: Erfahrung im Sinne von empirischer Gewißheit. Die durch die Sinne vermittelte Gewißheit der äußeren und inneren Dinge.
- Wissenschaftlich: E. als die durch Beobachtung bestätigte Erkenntnis. Die E. hat durch die Assoziationsps. und den Empirismus die Bedeutung eines wissenschaftlichen Erklärungsgrundes ps. Prozesse (Leistungen) bekommen. Je häufiger ein Vorgang, Ablauf usw. erfahren wird, um so wahrscheinlicher und verständlicher ist sein Wiederauftauchen. →Lernen

Erfahrungsbildung, geschieht im Umgang mit der physischen und sozialen Umgebung und mit sich selbst (→Lernen). Sie realisiert sich z. B. im Aneignen von Handlungsmöglichkeiten, aber auch von Handlungsbeschränkungen, im Einlassen auf bestimmte Situationen und Personen, im Aufbau von Gewohnheiten, im Erproben von Möglichkeiten und Handlungen, im Mitmachen und alltäglichen Handeln, im Verstehenwollen und Verstehen von Zusammenhängen (Erklären und Interpretieren), im Nachempfinden und Nachvollziehen, im Akzeptieren und im Vertrautmachen, im Erleiden, aber auch in Ablehnung und im Widerstand. Erfahrung bezeichnet den Prozeß des Erfahrens, der E. genannt wird, und das Ergebnis des Erfahrens. Definition: E. stellt die kognitive und motivationale Auseinandersetzung eines Individuums mit den Gegebenheiten seiner Welt und mit sich selbst dar. E. ist die Aufnahme, Verarbeitung und Verknüpfung (auch subjektive Interpretation) von Wahrnehmungsinhalten im Kontext motivationaler Bedingungen (Emotionen, Intentionen) einschließlich damit verbundener kognitiver Lernprozesse. Sie führt zu veränderten Erlebensweisen und Handlungsbereitschaften (Erfahrung).

E. stellt die Entwicklung neuer (auch reduzierter) Handlungsmöglichkeiten dar und ist somit ein Aspekt lebenslanger psychischer Entwicklung eines Menschen. Bei der →Sozialisation eines Individuums spielt die Aufnahme von sozial relevanten Informationen für die E. eine bedeutende Rolle.

Heteronome E. folgt der Vermittlung von Erfahrungen anderer im Umgang mit der physischen und sozialen Umgebung. Als autonome E. gelten die eigenständigen Wahrnehmungen und Interpretationen eines Individuums im Umgang mit seinen verschiedenen Umgebungen. Systematische und kontrollierte E. wird als formelle E. bezeichnet (Ggs. informelle Erfahrungsbildung). [L] ECHTERHOFF 1992

W. Echterhoff

Erfahrungsseelenkunde, (allg.) das durch →Erfahrung gewonnene Wissen ps. Art. • Begr. wird heute als vorwissenschaftl. Konzeption gewertet für die ps. Bemühungen im Aufklärungszeitalter (entsprechend dessen Streben nach Bildung und Wissen mit Befreiung von religiösen Dogmen). Menschenbeurteilung und -behandlung, Sammlung von Daten zu normalem und pathol. Verhalten, Psychographien und Selbstbekenntnisse standen im Vordergrund.

Die →Physiognomik wurde bes. beachtet. An den schon buchtechnisch hervorragenden vier Bänden «Physiognomische Fragmente zur Beförderung der Menschenkenntnis und Menschenliebe» (1775–1778) von J.C. LAVATER nahm auch GOETHE tätigen Anteil; und I. KANT behandelte in seiner «Anthropologie» (1798) die «Art, das Innere des Menschen aus dem Äußeren zu erkennen». Eine erste ps. Zeitschrift «Magazin für Erfahrungsseelenkunde als ein Lesebuch für Gelehrte und Ungelehrte» gab K.P. MORITZ 1783–1795 heraus. Daneben erschienen sehr beachtete Lehrbücher der E., Repertorien, sog. Denkwürdigkeiten und Experimental-Seelenlehren. [L] DORSCH 1963

Erfassungstypen →Typologie (Erlebnistypen)

Erfolg, positive Bestätigung, die sich im Erleben als aktivierende Variable auswirkt und zugleich →Motivation, →Kognition, →Lernen, →Lernerfolg u. a. beeinflußt.

Erfolgsgesetz (THORNDIKE) →Effektgesetz, →bedingter Reflex

Erfolgskontrolle (Testps.) →Validität, Therapieerfolg

Erfolgskontrolle, Ergebnisbewertung, Messen von Wirkungen der verschiedensten Maßnahmen (Intervention, Beratung, Therapie, exp. Veränderung). →Evaluation

Erfolg und Mißerfolg, HOPPE und LEWIN untersuchten die Bedingungen, unter denen das Erlebnis von E. und M. auftritt. Weniger das Ergebnis einer Leistung ist bestimmend als ihr Verhältnis zum →Anspruchsniveau. Die Grenzen des Bereiches von Schwierigkeiten, in denen E. und M. erlebt werden, decken sich etwa mit den Grenzen der tatsächlichen Leistungsfähigkeit. Bei zu schweren und zu leichten Aufgaben tritt kein Erlebnis von E. und M. mehr auf. Ferner muß der Mensch eine Handlung als von ihm vollzogen erkennen, um E. und M. zu erleben und die Bedingungen für die Leistungshöhe sich selbst zuzuschreiben (→Attribuierung). [L] HOPPE 1930, HECKHAUSEN 1965, 1980

Erfordertheit →Gefordertheit

Erg, erg [gr. *ergon* Arbeit], (phys.). Maßeinheit der Arbeit. • (ps.) Begr. aus der Persönlichkeitstheorie und faktorenanalytischen Motivationsforschung von R. B. CATTELL. E. bezieht sich auf die angeborenen «Wurzeleigenschaften» *(source-traits)* der Motivation und wird als angeborene psychophysische Disposition verstanden, die es ermöglicht, Aktivitäten zu entwickeln, um motivbesetzte Ziele schneller als andere zu erreichen. →Metaerg, →ergs *E. Klippstein*

ERG, Abk. für →Elektroretinographie

ergänzende Tests, Ergänzungsverfahren, Tests, die bei einer Diagnose nicht als Hauptverfahren (Leitverfahren) eingesetzt sind. Es liegt dabei nicht am Test, sondern an der Art, wie er verwendet wird, ob er Haupt- oder Ergänzungsverfahren ist. Als letzteres kann er z. B. auch «Kontrollverfahren» sein.

Ergänzungserscheinungen, die als Ergänzungen bei Wahrnehmungsstrukturen auftretenden Phänomene. Unvollständige visuelle Reize werden ganzheitlich umstrukturiert, z. B. Lücken bei der figuralen Wahrnehmung oder verdeckte Figurteile. Auch das «Ausfüllen» des blinden Flecks (→Auge), die Ergänzung des Gesichtsfeldes bei →Hemianopsie gehören hierzu. →Gestaltgesetze

Ergänzungsfarben →Komplementärfarben

Ergänzungs-Test [T] EBBINGHAUS, MEILI, MINKUS

Ergasie, Ergasiologie (A. MEYER 1935) →Psychobiologie

ergic tension, eine von R. B. CATTELL faktorenanalytisch auf der →Q-Daten-Basis erfaßte Persönlichkeitsdimension. Es handelt sich dabei um den Faktor Q4, der als nicht abgeführte Triebspannung bezeichnet wird.

Ergodisch, Eigenschaft einer Sequenz von Ereignissen (→MARKOFF-Prozeß), in welcher die Wahrscheinlichkeiten der einzelnen Ereigniskategorien in jeder möglichen Teilmenge von Ereignissen konstant sind. *D. Dörner*

Ergograph, Ergographie, Kraft-(Arbeit-) Aufzeichner. Geräte bzw. Methoden, mit denen die Muskelleistung registriert wird. So hebt und senkt z. B. ein Finger im Takt durch Beugung und Streckung ein Gewicht. Die Arbeitsleistung wird registriert. Die Geräteentwicklung geht auf MOSSO zurück. Man verwendet den E. bei Untersuchungen zur →Ermüdung, →Leistungsmotivation u. a. →Ergometer. [L] PAULI & ARNOLD 1957

Ergometer, Ergostat, Geräte (prinzipiengleich mit →Ergograph) zur Messung von Arbeitsleistung (Ergometrie), speziell bei Beteiligung größerer Muskelpartien oder des ganzen Körpers. Z. B. Fahrrad-E., Kurbel-E.

Ergometrie →Ergometer

Ergonomie [gr. *ergon* Leistung, *nomos* Gesetz, engl. *ergonomics* MURELL 1948], Bezeichnung für ein interdisziplinäres Fachgebiet, das sich mit dem Studium der menschlichen Arbeit und der Erforschung ihrer Gesetzmäßigkeiten beschäftigt (International Ergonomics Association). Weitgefaßt ist die Ergonomie die Wissenschaft und Lehre von den Wechselbeziehungen zwischen Mensch und Arbeit, wobei ihr konkreter Gegenstand die Untersuchung und Gestaltung der Wechselwirkungen zwischen Maschinensystemen und Arbeitssystemen sind. Angestrebt wird eine größtmögliche Systemleistung, Zuverlässigkeit und Sicherheit der Funktionseinheit Mensch-Maschine unter günstigen Arbeitsbedingungen.

Nach enger Gegenstandsdefinition behandelt die E. die technischen, physiologischen und psychologischen Aspekte unter Ausklammerung organisationaler und wirtschaftlicher Rahmenbedingungen. Innerhalb der E. haben

E

sich verschiedene Schwerpunkte herausgebildet. So umfaßt der systemergonomische Bearbeitungsaspekt umfangreiche Analysen über Systemziele, Funktionsteilung Mensch-Maschine, MMS-Struktur, Betriebsarten, Funktionsabläufe, Informationsfluß, Systemdynamik etc. und führt über die Ermittlung von Realisierbarkeitsrisiken synthetischer Vermaschungsalternativen der Mensch-Maschine-Regelkreise zur Bewertung der MMS-Konzepte. Der arbeitsplatzergonomische Aspekt erstreckt sich auf die funktionelle Hardware- und Arbeitsgestaltung der Schnittstelle Mensch-Maschine im Hinblick auf Sichtverhältnisse, Arbeits- und Bewegungsraum, Sitze, Anzeigen, Steuerungssysteme, Kommunikations- und Rettungseinrichtungen. Der umweltergonomische Bearbeitungsanteil richtet sich auf die tätigkeitsorientierte Festlegung der Beleuchtung, Klimatisierung, Belüftung, sowie die Festsetzung der Grenzwerte für Lärm, Schwingungen, Toxen etc. Die personalergonomischen Fragestellungen beschränken sich auf die Erstellung von Anforderungsprofilen (Qualifikationsanalysen) für komplizierte und beanspruchungsintensive Maschinen-Arbeitsplätze sowie auf ausbildungstechnologische Fragen. [**L**] LUCZAK & ROHMERT 1980 →Arbeitswissenschaft, →Ingenieurpsychologie →Arbeitsphysiologie, →Arbeitspsychologie.

S. Greif

Ergopsychometrie. Bez. f. das von GUTTMANN vorgeschlagene Testparadigma, bei dem bei Pbn. in Neutralbedingungen und unter physischer bzw. psychischer Belastung Aktivierungsparameter (Hirnrindenpotentiale) erhoben werden. Diese Teststrategie geht auf Beobachtungen zurück, bei denen feststellbar war, daß die Leistung bestimmter Personen unter Belastung sinkt, während andere Personen auf Belastung mit einem Leistungsanstieg reagieren.

Während die klassische Teststrategie unter möglichst neutraler Situation durchgeführt wird, wird in der E. die in vielen Situationen bedeutsame Prognose des Verhaltens unter Belastung möglich. [**L**] GUTTMANN 1982

H. Häcker

Ergotamin, Stoff aus der Gruppe der →Mutterkornalkaloide. Derivat der →Lysergsäure. E. wird eingesetzt bei akuten Migräneanfällen. Es führt zur Arterienverengung im Kopfbereich und hemmt möglicherweise durch Aktivierung von 5-HT_{1D}-Rezeptoren die Freisetzung von →Neuropeptiden aus den peripheren Endigungen nozizeptiver Neurone und damit neurogene Entzündung. E. wirkt als partieller Alpha-Adrenozeptor (α1 und α2) und Serotoninrezeptor (1A, 1B, 1D, 2A und 2B-Typen)-Agonist sowie ein D_2-Dopamin-Agonist. Die Halbwertszeit beträgt 1,5–2 h, es gibt wirksame Metaboliten. Als unerwünschte Nebenwirkung kann Brechreiz auftreten. E. ist Gegenmittel bei Intoxikationen durch →Amphetamine. [**L**] FORTH et al. 1996

H. Schröder/W. Janke

Ergotherapie [gr. *ergon* Leistung, Arbeit], syn. →Arbeitstherapie/Beschäftigungstherapie.

In der E. wird mit konkreten, individuell angepaßten Tätigkeiten die Handlungsfähigkeit zur Bewältigung des Alltages erweitert und die Erfahrung eigener Fähigkeiten ermöglicht. Ergotherapie wird in der Regel in Institutionen in Verbindung mit anderen therapeutischen Maßnahmen eingesetzt und leistet einen Beitrag zur Therapie, Prävention und Rehabilitation bei psychischen und somatischen Erkrankungen. E. ist ein aktivitätsorientierter Ansatz bei dem in der Regel, im Unterschied zur →Gestaltungstherapie, die Selbstdarstellung, insbesondere die Darstellung psychischer Konflikte, von untergeordneter Bedeutung ist. Die Grenzen sind, je nach Ausrichtung der Therapeuten, fließend. Angestrebt wird neben der Förderung konkreter Fähigkeiten (wie Konzentrationsfähigkeit, Ausdauer) auch die Erfahrung eigener Fähigkeiten und Funktionslust. E. ist seit den 50er Jahren in den meisten psychiatrischen Kliniken integriert.

Die Methoden der E. sind vielseitig und lassen sich den Erfordernissen von Situation und Problemlage anpassen. Befriedigende Wirksamkeitsuntersuchungen liegen nicht vor.

Heutzutage findet E. auch i. funktionell-motorischen Einsatzbereichen Anwendung. E.therapeuten sind vielseitig einsetzbar, so z. B. i. d. Neurologie, Pädiatrie, Orthopädie etc. [**L**] DEUTSCHER VERBAND DER ERGOTHERAPEUTEN 1995

F. Caspar

Ergotoxine, Stoffe aus der Gruppe der →Mutterkornalkaloide. Derivate der →Lysergsäure. Im einzelnen gehören dazu: Ergocristin, Ergocryptin und Ergocornid. E. wirken an α-Adrenozeptoren und an Serotoninrezeptoren agonistisch und partialagonistisch. Halbwertszeit beträgt 2–4 h. E. werden als →Nootropika diskutiert. Sie können die Blut-Hirn-Schranke überwinden und sollen vielfältige Wirkung auf Neurotransmittersysteme haben. Diskutierte Wirkungen sind Steigerung der synaptischen Plastizität, Verbesserung der Mikrozirkulation,

Anstieg der Sauerstoff- und Glucose-Aufnahme des Gehirns. *H. Schröder/W. Janke*

ergothym, Ergothymie, im arbeitsps. Schrifttum (so bei MOEDE) verwendete Bez. für den Einfluß, den die Gefühle, Triebe, Stimmungen, Interessen auf die Arbeit haben.

ergotrop, (allg.) auf die Leistungssteigerung bzw. Kraftentfaltung ausgerichtet sein. • (spez.) Aktivierung durch das adrenerge System. • (pharmakolog.) Eigenschaft bei aktivierend und mobilisierend wirkenden Stoffen. →Ergotropie

Ergotropie, ergotrop [gr. *ergon* Werk, *trepein* hinwenden], nach W. R. HESS (1938) die im allgemeinen Sinne einer Leistungssteigerung des Individuums ausgerichtete Wirkung des Sympathikus (adrenerges System), im Gegensatz zum parasympathischen (cholinergen) System, das hingegen der Schonung und Erholung des Individuums dient und als trophotrop [gr. *trophe* Ernährung] bezeichnet wird.

Die ergotrope Reaktion beinhaltet eine erhöhte Aktivität. Diese führt zur Steigerung der Herzfrequenz und des Blutdrucks (verbesserte Durchblutung leistungsbezogener Organe, z. B. Skelett-Muskulatur), zur Konstriktion der Hautgefäße (verminderter Blutverlust bei Verletzung), zum Nachlassen der Akkommodation und zur Pupillenerweiterung (erhöhter Lichteinfall ins Auge), ferner zur Schwellenerniedrigung in der *formatio reticularis* (→Gehirn) (erhöhte Aufmerksamkeit) sowie zu Konzentrationserhöhung von Blutzucker und freien Fettsäuren (Steigerung des Energieangebotes im Blut). Insgesamt auch als Notfallfunktion bezeichnet. – Eine ähnliche, aber noch weniger gut untersuchte Unterscheidung psychophysiol. Reizbeantwortung hatten schon früher (1910) H. EPPINGER und L. HESS mit den Begr. Sympathikotonie und Vagotonie eingeführt. **[L]** HESS 1948, BECKER-CARUS 1981, BÖSEL 1987

C. Becker-Carus

ergotropes System, das funktionelle Untersystem des gesamten vegetativen Systems, das die Leistungsbereitschaft animaler Funktionen fördert (W. R. HESS). →Ergotropie

ergs, Bez. im faktoranalytischen/dynamischen Motivationskonzept v. CATTELL. Bezeichnet Motivinhalte, -dispositionen, die als kulturell kanalisierte Produkte «angeborener Triebe» die Dimensionen Sexualität, Selbstbehauptung, Sicherheits-Furcht, Narzißmus und Aggression umfassen. Diese e. sind im Motivation-Analysis-Test operationalisiert.

Erhaltung, Begr. von PIAGET bei Transformationen der Form und Anordnung von Menge, Gewicht, Volumen etc. →Äquilibration, →Invarianz

Erhebung, Erhebungsmethoden →Datenerhebung, →Fragebogen

Erholung, (allg.) Prozeß des Wiedererlangens von psych. u. phys. Aktiviertheit und dem entsprechenden Verhaltensrepertoire. • (biol.-ps./kybernetisch) das Rückschwingen eines Systems in die Normallage. →Ergotropie

Erholungstheorie des Schlafes, die älteste «restitutive» Schlaftheorie geht auf den gr. Arzt ALKMAENON (um 520 v. Chr.) zurück und ist bis zur Gegenwart modernisiert worden. Nach ihr soll sich während der Wachaktivität ein Energiedefizit entwickeln, erkennbar als Sauerstoffdefizit, das dann während des Schlafes wieder restituiert wird, jedoch wurde ein solches Defizit nie nachgewiesen. Hinweise auf eine restitutive Funktion des Schlafes geben Untersuchungen, in denen gezeigt werden konnte, daß während des «tiefen» Non-REM-Schlafs (Stadium 3 und 4) eine deutliche Aktivitätszunahme des Wachstumshormons stattfindet, was auf eine während dieser Zeitspanne erhöhte Gewebe-Restitution hinweist. Neuere Untersuchungen zeigten jedoch, daß diese Hormonausschüttung an den Einschlafzeitpunkt gekoppelt ist und bei Tiefschlafunterdrückung auch im leichten Schlaf auftritt. (BORN et al. 1995). Dafür spricht ferner, daß bei Tier und Mensch der tiefe Non-REM-Schlaf nach intensiver körperlicher Anstrengung (Fitnesslauftraining) verlängert und auch «intensiviert» wird, und erhöhte Spitzen des Wachstumshormonspiegels (in der ersten Non-REM-Phase) auftreten (ADAMSON et al.). Die Restitutionstheorie scheint weiter gestützt durch die Befunde, daß während des Schlafs die mitotische Aktivität (Kernteilung) in verschiedenen Geweben deutlich erhöht ist, dies ist aber auch während einfacher Ruhephasen der Fall. Schließlich wird angeführt, daß der Tiefschlaf (Stadium 3,4, SWS-Schlaf) während der stärksten kindlichen Entwicklungsphase einen Höhepunkt erreicht und mit zunehmendem Alter abnimmt. Ein weiterer Interpretationsversuch ist die Programmierungs-Reprogrammierungshypothese (DEVAN 1967). Für sie spricht die Tatsache, daß Kinder, deren Hirn während der frühen Entwicklung stark mit intensiver «Programmierung» befaßt ist, mehr als doppelt so viel Schlaf wie Erwachsene haben, wobei ein großer Teil davon REM-Schlaf ist. So zentrieren sich neuere Theorien auch stärker auf die Möglichkeit, daß der REM-Schlaf mehr für die Restauration des Gedächtnisses und der interlektuellen Fähigkeiten verantwortlich ist. Auch bei Erwachsenen steigt der REM-Anteil während Zeiten intensiven Lernens. Diskutiert wird neuerdings (HORNE 1983) die Auffassung, daß der →Schlaf sich hinsichtlich der Funktion aus zwei grundlegend verschiedenen Typen zusammensetzt: aus obligatem oder Kern-Schlaf, der aus Non-REM und REM-Anteilen besteht und der zur Hauptsache restitutiven Funktionen dient, zweitens fakultativem oder Füll-Schlaf, dem eher die Konservierung von Energie obliegt. Wenngleich es bisher noch kein eindeutiges Verständnis über die Bedeutung des Schlafes gibt, so sind sich die Schlafforscher heute doch einig: Das Gehirn braucht Schlaf, um normal zu funktionieren.

[L] BECKER-CARUS 1977, 1981, 1997, HORNE 1988, KOELLA 1988, PRESSMAN & ORR 1997

C. Becker-Carus

Erinnerung, ins Bew. treten, speziell in das Bew. rufen früherer Erlebnisse. →Gedächtnis

Erinnerungen, erste, früheste, aus der Kindheit dem Erwachsenen verbliebene Erinnerungen. Bei der nur langsamen Zunahme der Erinnerungsfähigkeit stammen sie selten aus dem 1., gewöhnlich aus dem 2.-4. Lebensjahr. • (psa.) FREUD bewertet die geringe Erinnerungsfähigkeit des Kleinkindes nicht als funktionelle Unfähigkeit, sondern als →Verdrängung. →Amnesie, infantile

Erinnerungsaphasie, syn. für Erinnerungsverlust →Amnesie

Erinnerungsassoziation, die «Verknüpfung» der wiederauftauchenden Erinnerungsglieder. Der Vorgang kann assimilativ oder sukzessiv sein.

Erinnerungsdelir, Täuschung der Erinnerung mit weitgehend freier Erfindung nicht vorgekommener bzw. nicht selbst erlebter Situationen.

Erinnerungsfälschung, Erinnerungstäuschung, Mängel der Erinnerungstreue. Gedächtnislücken werden beim Nachdenken über Geschehenes durch Vermutungen, Phantasie- oder Wunschvorstellungen ausgefüllt und die Ergänzungen dann für Wahrgenommenes gehalten. Pathologisch gesteigert sind Erinnerungsfälschungen bei *pseudologia phantastica,* Hysterie, Geisteskrankheiten und manchen organischen Gehirnleiden. Besondere Bedeutung erhalten die E. bei der Beurteilung von Zeugenaussagen. Während i. d. R. in Psychotherapien der Effekt nur bedingt von der Richtigkeit rekonstruierter Erinnerungen abhängt, spielt diese bei konkreter Involviertheit anderer Personen, insbesondere bei Mißbrauchserinnerungen eine große Rolle. Die Korrektheit i. Therapien rekonstruierter Erinnerungen wird daher vermehrt angezweifelt. →Aussagepsychologie

Erinnerungsfelder, Bez. für →Assoziationsfelder, in der ursprünglichen Annahme, daß hier neue Lernvorgänge (Assoziationen) stattfänden. →Lokalisation

Erinnerungsgefühle, Gefühle, die bei der Erinnerung an affektbetonte Erlebnisse auftreten.

Erinnerungsgewißheit, das sichere Wissen, daß man etwas Vorgestelltes wirklich erlebt hat, d. h., daß es keine Phantasievorstellung ist.

Erinnerungshalluzinationen, Täuschung der Erinnerung wie beim Erinnerungsdelir

Erinnerungsnachbild (FECHNER), eine unmittelbar nach der Wahrnehmung zu beobachtende, besonders deutliche Vorstellung vom Wahrgenommenen, die nach 5–10 sec verschwindet. →Nachbilder

Erinnerungsvorstellungen, Vorstellungen, die frühere Erlebnisse zum Gegenstand haben; im Unterschied zu Phantasievorstellungen.

Eristik [gr.], Kunst des Streitgesprächs, der apologetischen Gesprächsführung. →Dialog

Erkennen, das sichere, nachweislich der →Wirklichkeit entsprechende Wissen um einen Sachverhalt. Auch der Vorgang des Wahrnehmens und Denkens, der zum Wissen von einem Sachverhalt führt. Alles Erkennen ist zugleich Zurückführen eines Unbekannten auf ein Bekanntes. In der Ps. hat im Unterschied zur ontologischen Seinserkenntnis der Philosophie das E. stärker den Charakter der Einsichtsgewinnung in die Struktur der ps. Prozesse auf Grund systematischer exp. Untersuchungen. →Erkenntnistheorie

Erkenntnistheorie, im 19. Jh. aufgekommene und verbreitete Bez. für die (auch ältere) philos. Erörterung der Bedingungen, Möglichkeiten und Grenzen wissenschaftlichen und außerwissenschaftlichen →Erkennens.

Viele Hauptwerke der Philosophie des 17. und 18. Jhd. sind daher der E. zuzurechnen (z. B. DESCARTES 1641, LOCKE 1690, HUME 1748 oder KANT 1781). Grundprobleme der E. sind: (1) Das Verhältnis von erkennendem Subjekt zu erkanntem Objekt, (2) Die Realität der Außenwelt (Idealismus-Realismusproblem), (3) Die innere Struktur des erkennenden Subjekts, (4) Die Gewinnung und Begründung von Allgemeinaussagen durch Erfahrung und Denken (Induktionsproblem), (5) Die Wahrheit und Gewißheit wissenschaftlicher Aussagen und (6) Die Verankerung des Erkennens in allgemeinen Lebenszusammenhängen. Es besteht heute Konsens darüber, daß eine so verstandene E. weder als Real- noch als Formalwissenschaft möglich ist. Vielmehr werden die genannten Fragen teils einer historischen und/oder spekulativen Philosophie der Erkenntnis, teils einer exakten Metawissenschaft der erkennenden Wissenschaften, teils der empirischen Ps. als Gegenstand zugewiesen (→Wissenschaftstheorie). **[L]** LEINFELLNER 1967 *W. Glaser*

Erklären, Erklärung, Begriff wird verschieden verwendet, z. B. E. einer Wortbedeutung oder E. eines schwer verständlichen Zusammenhanges; eine wiss. E. ist nach einer weithin anerkannten Auffassung (POPPER, HEMPEL) eine Antwort auf eine Warum-Frage durch Subsumptions- oder *«covering law»*-Modell; (auch deduktiv-nomologische E.). Im Falle der E. eines Gesetzes wird dieses aus grundlegenderen Gesetzen deduziert. Beispiele: die E. der seriellen Positionskurve durch die Theorie mehrerer Gedächtnisspeicher; die E. der Anspruchsniveausetzung durch ATKINSONS Theorie der Leistungsmotivation. Bei der E. eines Einzelereignisses (z. B. eines Verhaltens) wird eine dieses Ereignis beschreibende Aussage (Explanandum) aus den erklärenden Aussagen (Explanans) deduziert, die neben Beschreibungen von Anfangsbedingungen mindestens ein Gesetz enthalten müssen. Entsprechende Erklärungsversuche in der Ps. sind allerdings meist mit einer nicht vermeidbaren Unvollständigkeit behaftet, die mit der multikausalen Bedingtheit der Phänomene zusammenhängt. Als weitere Grundform der E. ist daher die statistische (oder probabilistische) E. von besonderer Bedeutung, in der an die Stelle von deterministischen Gesetzen statistische treten. Wichtig für die Ps. ist auch die Instantiierungserklärung, bei der es darum geht, eine Disposition (Eigenschaft, Fähigkeit) eines (z. B. kognitiven) Systems aus der Kenntnis seiner Bestandteile und ihrer Interaktion herzuleiten. In bezug auf eine Reihe weiterer Erklärungsarten, z. B. teleologische, genetische und dispositionelle E., spricht vieles dafür, daß es sich um spezielle Anwendungen der deduktiv-nomologischen oder statistischen E. handelt. In der philosophischen →Handlungstheorie wird zum Teil die Auffassung vertreten, daß Handlungserklärungen durch Angabe von Gründen (Absichten, Überzeugungen) prinzipiell verschieden von E. durch Ursachen und Gesetze seien (→Verstehen). Die nomologische Ps. hat jedoch gezeigt, daß Absichten und Überzeugungen durchaus Bestandteil von Gesetzen und nomologischen E. sein können. **[L]** BECKERMANN 1977, HEMPEL 1977, STEGMÜLLER 1983, EIMER 1990, GADENNE 1990 *V. Gadenne*

erklärende Psychologie, ps. Forschung und Lehre, die über das reine Beschreiben hinausgeht und Erklärungen gibt. • (spez.) Bei W. DILTHEY der Gegensatz zu der von ihm vertretenen «verstehenden» (geisteswissenschaftlichen) Ps. →Verstehen, →verstehende Psychologie

Erkundungsexperiment →Experiment

Erkundungsgespräch →psychodiagnostisches Gespräch

Erleben, jegliches Innewerden von etwas, jedes Haben mehr oder weniger bewußter subjektiver, seelischer Inhalte, jeder Vorgang im Bewußtsein. Jedes E. besitzt immer nur ein begrenztes «Feld» (Erlebnisfeld), das allerdings von Mensch zu Mensch mehr breit oder eng, prägnant oder diffus, profiliert (durchgestaltet) oder flach ist. Das E. kann den Inhalten nach präsent (Wahrgenommenes, →Angetroffenes) oder repräsentiert (→Vergegenwärtigtes) sein. Weiter sind aktive und passive Erlebnisweise (ktetisches bzw. leptisches E. nach W. PETERS und gnostisches bzw. pathisches E. nach E. STRAUSS) zu unterscheiden. Aktivität bedeutet hierbei auswählen, ausrichten, profilieren usw. – im wesentlichen geistige Leistung. →Nacherleben

Erlebnis, in der Ps. jeder Inhalt des Erlebens bzw. das Erleben selbst

Erlebnisaspekt →Aspekt

Erlebnisbeobachtung →Selbstbeobachtung

Erlebnisexperiment, eine Art des ps. →Experimentes, bei der die Vp die Aufgabe hat, die im Versuch ausgelösten Erlebnisse in der Selbstbeobachtung zu erfassen und hieraus eine Beschreibung oder ein Urteil abzugeben. Das Erlebnisexperiment entspricht der Eindrucksmethode. Ggs. →Leistungsexperiment

Erlebnisfeld →Erleben

Erlebnispsychologie, eine Form der Ps., die ihre Ergebnisse vorzüglich aus der Erlebnisbeobachtung (Selbstbeobachtung) zu gewinnen sucht, im Ggs. zur Verhaltensps. und zur

Leistungsps. Bez. stammt von K. BÜHLER. Auch die auf DILTHEY zurückgehende geisteswissenschaftliche Ps. wird als E. bezeichnet.

Erlebnisqualität, Begr. der KRUEGERschen Strukturps., der die komplexe «Gestaltetheit» des Erlebens meint. [L] KRUEGER 1953

Erlebnisreaktion, die sinnvoll motivierte, gefühlsmäßige Antwort auf ein Erlebnis (K. SCHNEIDER).

Erlebnisreaktion, abnorme, auch Aktualneurose genannt. Es sind dies mehr oder weniger flüchtige psychogene Störungen im Anschluß an akute seelische Erschütterungen oder Konflikte.

Erlebnistypen →Typologie (Erlebnistypen)

Erleichterung, soziale [engl. *social facilitation*], bei bloßer Anwesenheit von anderen Personen gelegentlich beobachtete höhere Leistungen sollen Folgen der s.E. sein. Verschiedene Erklärungsversuche des schon in frühen Experimenten (TRIPLETT 1898) aktuell gewordenen Problems werden erstmals durch ZAJONC (1965) revidiert, der zeigen konnte, daß soziale Leistungsaktivierung nur dann erfolgte, wenn bei dominanten, d. h. gut gelernten Aufgaben oder Reaktionen andere Personen als Beobachter oder als Partner in Wettbewerb oder Kooperation bei der Ausführung der gleichen Aufgaben anwesend waren. Die inzwischen zahlreich gewordenen Erklärungen zum Konzept des *social facilitation* (Metaanalyse von BOND & TITUS 1983) sind in der Regel nur Modifikationen des Ansatzes von ZAJONC oder aber Versuche, bereits bestehende sozialps. Theorien auf diesen Problembereich zu übertragen (Überblick bei ROSCH 1985, umfassend informiert GUERIN 1993). *B. Six*

Erleichterung, statistische [engl. *statistical facilitation*], →Wettlaufmodell

erlernte Hilflosigkeit →Hilflosigkeit

Erlernungsmethode →Gedächtnismethode

Ermüdung, ein Folgezustand geistiger oder körperlicher Beanspruchung, der reversible Leistungs- und Funktionsminderungen bewirkt (vereinzelt wird unter E. auch der Vorgang, d. h. die Beanspruchung durch eine Tätigkeit verstanden). Bedingt durch die Geschichte der E.forschung, die, beginnend um die Jahrhundertwende, ihren Ausgang von der Arbeitsphysiologie im Sinne einer muskulären E.forschung nahm und sich erst später durch die veränderte Arbeitswelt den vielfältigen ps. Faktoren der E. zuwandte, existiert heute eine verwirrende Fülle von unterschiedlichen Definitionen, Theorien und Einzelergebnissen. Die zahlreichen untersuchten E.formen lassen sich auf zwei Hauptbereiche der E. zurückführen: Die physische E. (Muskel-E.) und die psychische E. (auch zentrale oder nervöse E.). Von den in diesen Bereichen zusammengefaßten (objektiven) E.symptomen, Verhaltens- und Leistungsänderungen wird das «subjektive» E.gefühl («Müdigkeitsgefühl») unterschieden.

Die Muskelermüdung, gegeben durch den Rückgang der Kontraktionsfähigkeit eines Muskels, beruht auf mangelhafter Zufuhr von Sauerstoff und Nährstoffen oder auf einer Anhäufung von Milchsäure im Muskel, für deren Verbrennung der erforderliche Sauerstoff fehlt. Nach Aussetzen der ermüdenden Tätigkeit tritt Erholung ein. Beschaffenheit des Blutes und Leistungsfähigkeit von Kreislauf und Atmung sind daher für E. und Erholung besonders wichtig. Nach SCHMIDTKE (1965) können bei physischer Ermüdung weiterhin Störungen der peripheren Koordination sowie Rückwirkungen der Muskel-E. auf den Gesamtkörper, Veränderungen der Atmung, des Blutbildes, der Herz- und Kreislauftätigkeit eintreten. Hier zu nennende physiol. Merkmale der Ermüdung sind: Pulsbeschleunigung, Abnahme der Pulshöhe, Flacherwerden der Atmung. • Obgleich eine scharfe Abgrenzung der Gebiete nicht möglich ist, gelten als Merkmale der psychischen Ermüdung Rezeptions-, Wahrnehmungs- und Koordinationsstörungen sowie die Abnahme der Konzentrations-, Aufmerksamkeits- und Denkfähigkeit, die Arbeitsunlust, Reizbarkeit und das allgemeine «Müdigkeitsgefühl». Die Frage nach den Ursachen der ps.E. ist weitgehend ungeklärt. Es steht jedoch fest, daß sich die affektive Grundstimmung mitsamt ihrer vegetativen Innervation und ihren Blutdruckänderungen in ihrer Wirksamkeit sowohl auf die physische E. als auch auf das Leistungsniveau insgesamt auswirkt und so mit den willkürlich und bewußt erbrachten Leistungen eng zusammenhängt. • Die E. peripherer Organe kann durch erhöhten Willenseinsatz weitgehend kompensiert werden. Damit führt die periphere E. zu einer höheren Beanspruchung zentraler Funktionen, d. h. zur zentralen E., die sich als Verschiebung der →Flimmerverschmelzungsfrequenz als ein zentral-nervöses Phänomen exp. nachweisen läßt; auch die Reizstärke, die erforderlich ist, um Eigenreflexe auszulösen, nimmt hier erheblich zu. Die Rückwirkung auf den ganzen Organismus wird schließlich als Allgemeinermüdung bezeichnet, womit generell eine Änderung in der psychophysischen Struktur verstanden wird. • Die E.forschung ist ein wichtiges Gebiet der →Arbeitspsychologie. **[L]** BARTENWERFER 1961, LEHMANN 1961, MÜLLER 1961, SCHAEFER 1970, SCHMIDTKE 1965, HOCKEY 1983 *C. Becker-Carus*

Ermüdungsmessung, die Feststellung des Ermüdungsgrades bei der Ausübung einer Tätigkeit, die bei längerer Dauer stark ermüdet. Der Grad der eintretenden Ermüdung wird entweder an dieser Tätigkeit selbst (Leistungsminderung, Zunahme der Fehler gegenüber der Anfangsleistung) gemessen oder an anderen Reaktionen der Vp festgestellt, die diese vor und nach der ermüdenden Tätigkeit ausübt. Gebräuchliche Meßmethoden der Muskelermüdung sind: (1) Ps. orientierte Methoden wie psychomotorische Koordinationsproben, Arbeitsversuche, Leistungsproben wie fortlaufendes Rechnen (PAULI-Test, Konzentrationsleistungstest), Selbstbeobachtungsfragebogen. (2) Physiol. orientierte Methoden: Ergographie, Messung von Pulsfrequenz, Flimmerverschmelzungsfrequenz (FVF), optischen Reaktionszeiten, psychogalvanischen Reaktionen, Atmungsrhythmik, Bestimmung von Muskeltonus, Mikrovibration, Bestimmung der oberen Hörgrenze, Elektroenzephalogramm (EEG). →Psychophysiolog. Methodik. **[L]** v. BRACKEN 1955, SCHMIDTKE 1965, BAUST 1970, HOCKEY 1983 *C. Becker-Carus*

Ermüdungs-Tests, Bez. für Tests, die besonders ermüdend wirken, wie z. B. langes Rechnen (**[T]** KRAEPELIN). Es können jedoch viele Tests zur Daueranspannung (z. B. **[T]** BOURDON) verwendet werden, wobei der Leistungsabfall als durch →Ermüdung bedingt interpretiert wird.

Eros, ursprünglich das Verlangen. Einer der ältesten Naturgötter der Griechen. Als kosmologischer E. und Sohn des Chaos das die Welt zeugende Prinzip; als Liebesgott und Sohn der Aphrodite (Amor) das in der Geschlechterliebe (bei den Griechen auch in der mann-männlichen Liebe) waltende Prinzip im Ggs. zur Agape [lat. *caritas*]. Erstes Auftreten des Namen bei HESIOD. Später wird E. auch allgemein als schöpferische Begeisterung aufgefaßt. →Liebe • FREUD belegt in seiner letzten Triebtheorie mit E. die Gesamtheit der Lebenstriebe im Ggs. zu den Todestrieben.

Erotik, ein in seiner Wortbedeutung sehr breiter, umfassender Begr., der teils alle Erscheinungsformen der Liebe von den biologisch-geschlechtlichen bis zu den geistig-seelischen Formen umfaßt oder aber für Teilbedeutungen (z. B. *ars amandi* Liebeskunst) Verwendung findet. Heute bedeutet E. vorwiegend die Geschlechterliebe als geistig-sinnliche Einheit. Als Bez. für die körperlich-sinnliche Liebe wird vorwiegend der Begr. →Sexualität verwendet.

ERP →SEP

Erregbarkeit, Irritabilität, Exzitabilität, die Fähigkeit aller Lebewesen, auf Reize zu reagieren. Auf den (mechanischen oder chemischen) Reiz entsteht im Rezeptor (bzw. in dem ihm entsprechenden Leitungssystem bei niederen Tieren und Pflanzen) die Erregung, die eine reaktive Bewegung hervorruft. In psychologischer Bedeutung wird unter Erregbarkeit auch speziell die affektive Ansprechbarkeit verstanden, d. h. die mehr oder weniger starke Bereitschaft zu Gemütsbewegungen.

Erregungsleitung, Reizleitung →Nerv

Erregungsniveau, Aktivitätsniveau →Aktivation (2)

Erregungsreaktion, Begr. von BECHTEREW (1907) für die durch wiederholte Reizung erzielbare Steigerung der elektr. und mechanischen Nervenerregbarkeit.

Erregungstypus →Typologie (Reaktionstypen)

Ersatzhandlung, Ersatzbefriedigung, (allg.) der Ersatz für eine eigentlich erstrebte Handlung. →Übersprungshandlung, →Mosaikbewegung. • Daß eine bestimmte Handlung an Stelle einer anderen treten kann (Ersatzbefriedigung), wurde zuerst von FREUD im Zusammenhang mit der →Regression aufgezeigt. Nach psa. Lehre strebt jedes unterdrückte Motiv nach einem Ersatzziel, das sein Ausleben dennoch ermöglicht. Neurotische Symptome können deshalb auch Ersatz sein für nicht Auslebbares. →Substitution. • In der Schule von LEWIN wurden die Bedingungen, unter denen E. auftreten, mit der Methode der Wiederaufnahme unterbrochener Handlungen experimentell untersucht. Bevorzugt tritt Ersatzhandlung ein, wenn diese der ursprünglich intendierten sehr ähnlich ist. Statt wirklichen Handelns kann E. aber auch auf der Ebene der Phantasie oder des bloß sprachlichen Ausdruckes bzw. Denkens eintreten. Wird eine bestimmte Art von E. unmöglich gemacht, entstehen spontan andere Handlungen. Der Bereich von Handlungen, die für eine Ersatzhandlung in Frage kommen, weitet sich mit der steigenden Fähigkeit zum Erfassen abstrakter Beziehungen (erhöhtes Erkennen von Ähnlichkeiten) aus.

Erscheinung, syn. Phänomen, i. allg. das, was wahrgenommen wird. E. sind Inhalte der Sinnesempfindungen (E. erster Ordnung) und Gedächtnisbilder (E. zweiter Ordnung). →Sensation, →Wahrnehmung.

Erschöpfung →Exhaustion

Erschöpfungsreaktion, asthenische Reaktion, nach erbrachter Leistung, die als sinnlos oder Werten widersprechend erlebt wird: reizbar, Entspannung fällt schwer, oft Anlaß für Lebensberatung.

Ersparnismethode →Gedächtnismethoden

Erstarrungsgesetz, jede Schöpfung des menschlichen Geistes erstarrt. Das von HELLPACH (1933) formulierte «Gesetz» bezieht sich zusätzlich auf den Verlust der Erlebnisgrundlage in den Bindungen an die Gemeinschaft. Die Bindung existiert dann nur noch durch →Institutionalisierung oder Konventionalisierung (z. B. Sitte, Brauch). Gegengewicht zum E. ist das Erweckungsgesetz, der Motivschwund wird durch eine Motiverneuerung abgelöst. →Nivellierungsgesetz,

erster Eindruck →Eindruck, erster

Ersterinnerung →Erinnerungen, erste

Erwachsenenpsychologie, dasjenige Teilgebiet der Ps., das sich mit dem Erwachsenenalter und seinen ihm eigentümlichen Merkmalen und Problemen beschäftigt. Begrenzt von der →Jugendpsychologie und der →Ps. des Alterns, wird die E. zumeist als die Ps. des 3. bis 6. Lebensjahrzehnts betrachtet. In das E.alter fallen die volle biologische und soziale Tüchtigkeit, die Höhe der allgemeinen Leistungsfähigkeit, über deren Zeit die Ansichten auseinandergehen, und die volle ps. Reife, die aus dem Dasein «eine Art geistig-seelische Gestalt zu runden» (THOMAE) vermag. Letzteres tritt in der Regel spät ein, womit verständlich wird, daß die Darstellung des Lebensablaufs in einer Kurve des Aufstiegs und Abstiegs nicht zutreffend sein kann. Stets erfolgt von Stufe zu Stufe ein Neubeginn – in «kreisförmigem Ablauf» werden neue Themen (im privaten oder öffentlichen Leben, Beruf, Freizeit u. a. m.) aufgegriffen und neue Formen der Lebensbewältigung gefunden. **[L]** BÜHLER 1933, LEHR 1972

Erwartung [engl. *expectancy*], die Vorwegnahme und zugleich Vergegenwärtigung eines kommenden Ereignisses. E. basiert stets auf vorausgegangenen Erfahrungen, besitzt aber dennoch eine gewisse zweifelnde Spannung (E.-spannung). →ROSENTHAL-Effekt, →Motivation, →Leistungsmotivation

Erwartungsfehler, ein Fehlurteil, das durch eine bestimmte Erwartungseinstellung zustande kommt. Das Erwartete wird i. allg. nach den bisher bewährten Erfahrungen beurteilt.

Erwartungsneurose, nach KRAEPELIN die Hemmung alltäglicher Leistungen wie Sprechen, Gehen, Schreiben, Lesen, Schlucken, Wasserlassen, Schlafen, nach einem vorausgegangenen Mißlingen (ohne besonderen Anlaß) durch ängstliche Erwartung des Wiedermißlingens.

Erwartung mal Wert →Entscheidungstheorie

Erwerbslosigkeit, Verlust des Arbeitsplatzes durch Kündigung oder erfolglose Bemühung um eine bezahlte Arbeitstätigkeit. Gebräuchlicher ist die Bezeichnung →Arbeitslosigkeit, sie ist aber ungenau, weil «Arbeitslose» keineswegs aufhören zu arbeiten, sondern auch unbezahlte Arbeiten in Haus, Familie oder in ehrenamtlichen Funktionen auszuführen haben. →Arbeit, →Frauenarbeit

Die erste systematische Studie über die psychosozialen Folgen der Erwerbslosigkeit wurde in den 30er Jahren von JAHODA, LAZARSFELD & ZEISEL (1933) in Mariental, Österreich, durchgeführt. Die Ergebnisse dieser umfang- und detailreichen Studie zeigen, daß Erwerbslosigkeit nicht nur die psychische Befindlichkeit beeinträchtigt, sondern auch zur Verringerung sozialer Aktivitäten und zum Verlust der Zeitstrukturierung im Alltag führen kann. Die Bereiche, in denen in Längsschnittstudien sehr häufig Beeinträchtigungen nachgewiesen wurden, sind Depressivität und Angst, Selbstwertgefühl und psychophysiologische Merkmale. Auch die akute subjektive Arbeitsplatzunsicherheit kann bereits zu Beeinträchtigungen führen. **[L]** HARTLEY & MOHR 1989 *S. Greif*

erworben [engl. *acquired* gelernt], →Erbe-Umwelt-Problem

erworbene Eigenschaften, nicht-vererbte Eigenschaften, die ein Organismus im Verlaufe seiner →Ontogenese erst erwirbt und nicht an seine Nachkommen weitergibt. →Vererbung *V. Preuss*

erythro... [gr.], in Wtvb. rot, rötlich **[E]**

Erythropsin, Sehpurpur (Rhodopsin), der lichtempfindliche rote Farbstoff in der Netzhaut.

Erzählmethode, Tests, bei denen die Ergänzung von Wörtern, Satzanfängen, Anfängen von Geschichten, Fabeln u. a. aufgegeben wird, um die personale Struktur zu erhellen. Die Wortassoziation, die zuerst GALTON mit einer Reizwortliste behandelte, führte über Wundt, Kraepelin, Aschaffenburg, Ebbinghaus, Wertheimer, Jung, Ziehen et al. zur assoziationsmethodischen →Tatbestandsdiagnostik, zum →Lügendetektor. Auch in der Psychotherapie hat die Wortassoziation noch einige Bedeutung, z. B. die Methoden von [T] Jung und das Association Adjustment Inventory von Bruce mit der Reizwortliste von [T] Kent & Rosanoff. Wichtiger für die ps. Diagnostik sind Tests mit Satzanfängen, unvollständigen Sätzen und angefangenen Geschichten, so die Satzanfänge nach J. Ungericht, der Sentence Completions Test von J. B. Rohde, der Incomplete Sentences Blank von J. B. Rotter (geschichtl. Beispiel [T] Ziehen), dann die Erzählanfänge von [T] Wartegg, die Fabelmethoden von [T] Düss und [T] Thomas, mit Abwandlungen von R. Fine, J. L. Despert (u. a.). Erzählen bzw. ergänzen von Geschichten führte 1919 der Leipziger Lehrerverein ein; das story-telling vertieften Despert & Potter (1936), Wheeler (1938). Neuartig ist die Konzeption des Test des Trois-Personnages von [T] M. Bakkes-Thomas. Es wurde auch versucht, durch Assoziationen Wünsche und Motive zu provozieren, z. B. mit der Wunschprobe von [T] Wilde, dem Tsedek-Test von [T] Baruk, dem Insight Test von Sargent. Schließlich ist der Test von [T] Rosenzweig zu erwähnen, bei dem zur Diagnose der →Frustrationsreaktionen die verbale Ergänzung von Situationen verlangt wird. →Bildgeschichtenmethode. [L] Hiltmann 1964, E. Stern 1954

Erziehung, im engeren Sinne (der Herbartianer) eine absichtliche planvolle Einwirkung auf einen jungen Menschen zum Zweck der Unterweisung des Willens, vielfach gleichgesetzt mit Charakter und Gesinnung, im Gegens. zur Unterweisung des Verstandes (= Unterricht); im weiteren Sinne das Handeln Älterer an Jüngeren im Rahmen bestimmter Erziehungsnormen und Zielvorstellungen (→Erziehungsziele), das in der Absicht geschieht, dem Jüngeren zu eigenverantwortlicher Lebensführung zu verhelfen; im weitesten Sinne jedes soziale Handeln, durch das andere Menschen in ihren (psychischen) Dispositionen in einer als positiv bewerteten Richtung beeinflußt, stabilisiert oder verändert (verbessert) werden sollen. E. gilt dann als lebenslanger, nicht abschließbarer Prozeß, dessen Grundmuster auch anders benannte Formen sozialer Einflußnahme (wie z. B. Sozialarbeit, Seelsorge, Psychotherapie) umfaßt. E. ist anthropologisch begründet in der Lern- und Erziehungsbedürftigkeit des Menschen, der auf Lern- und Eingliederungshilfen direkter und indirekter Art angewiesen ist. E. ist als Ergänzung, Erweiterung und Personalisierung des Sozialisationsprozesses notwendig. Sie wird gesellschaftspolitisch gerechtfertigt durch Erziehungsziele wie Mündigkeit und Postulate wie →Chancengleichheit, die freilich auf das gesellschaftliche System bezogen und mit ihm bzw. seiner Wandlung veränderlich sind. [L] Bokelmann 1970, Brezinka 1975, E. Weber 1969 *G. Mühle*

Erziehungsberatung, diejenige Form von institutionalisierter →Beratung für Erziehungsberechtigte, die die Lösung von Erziehungsproblemen zum Ziel hat und derzeit von einem großen Kreis recht unterschiedlich ausgebildeter Personengruppen wahrgenommen wird: von Psychologen, Pädagogen, Ärzten, Geistlichen, Fürsorgern, Frauenverbänden etc. Während noch vor wenigen Jahren die vorrangigsten Themen der E. schulische, soziale und neurotische Störungen der Kinder, richtige Aufklärung (sexuelle Frühreife), Verwahrlosung und Jugenddelinquenz waren, kommen neuerdings als wichtige Probleme die diversen Suchtgefährdungen (durch Alkohol und sonst. Drogen wie div. Rauschgifte) sowie die Auswirkungen der negativen Züge des modernen Gesellschaftslebens (Freizeit-/Konsum-/Massen-/Leistungsgesellschaft) hinzu, für die z. T. die herkömmlichen ps. Erklärungs- und Interventionsansätze nicht mehr ausreichen.
Methodisch wird dabei sowohl die Entwicklung effektiver Kurzzeitstrategien immer dringlicher (die sich weder im unsystematischen, eher spontanen Einzelgespräch erschöpfen, noch zwingend in intensive Langzeittherapien einmünden müssen) als auch die Öffnung der Beratungsarbeit in Richtung auf Gruppentechniken und umfeld-verändernde Ansätze (z. B. durch Einbeziehung von Lehrern und/oder Ärzten und/oder Verwandten/Nachbarn). Die Dringlichkeit der Aufgaben der E. scheint in neuerer Zeit, mit ihrem Trend zur Erhöhung der Vielfalt von schon frühzeitig wirksamen, durchaus divergierenden außerfamiliären Einflüssen auf die Persönlichkeitsentwicklung der Kinder (z. B. Zunahme der Mütter-Berufstätigkeit oder diverse Frühförderungsprogramme in den Massenmedien) deutlich zuzunehmen. [L] Hornstein et al. 1977, Reid & Epstein 1979, Aguilera & Messick 1977, Schmidt 1978

G. Schusser

E

Erziehungsmittel, Bez. für die intentionale Ergreifung von Maßnahmen zur direkten Einwirkung (z. B. durch das Erziehungsmittel Lob, Strafe) bzw. die Schaffung von Situationen zur indirekten Einwirkung (z. B. durch das E. Arbeit) auf den zu Erziehenden. Ziel und Kriterium für die Auswahl der E. ist die Erreichung eines bestimmten Erziehungsziels, wobei in der päd. Diskussion besonders die Frage der Legitimation z. B. in ethischer Hinsicht sowie das Problem der unerwünschten Nebenwirkungen vieler Erziehungsmittel eine zentrale Bedeutung hat. [L] GEISSLER 1975

Erziehungspsychologie →Pädagogische Psychologie

Erziehungsstil, relativ einheitliche Ausprägungsform erzieherischen Verhaltens, die sich deskriptiv als typische Konfiguration von pädagogisch relevanten Verhaltensmerkmalen (Erziehungspraktiken) von anderen Ausprägungsformen abheben läßt.

Der E. scheint durch mehr oder weniger dominante und bewußte normative Vorstellungen des Erziehers (Erziehungsnormen) bestimmt, jedoch auch abhängig von der jeweiligen Erziehungssituation und -konstellation (aktuellen bzw. überdauernden Erziehungsbedingungen). Man unterscheidet E. als Individualstil (Ausdruck der individuellen Eigenart eines bestimmten Erziehers in allen Erziehungshandlungen) und Gruppenstil (Grundform pädagogischen Verhaltens z. B. bei Volksstämmen, Sozialschichten, Lehrergruppen usw.). Der Begriff E. kann als die umfassendere Kategorie aufgefaßt werden, die die Kategorien →Führungsstil und →Unterrichtsstil einschließt. Im Begr. E. ist beim Wechselbezug der pädagogischen Interaktion vorwiegend die Seite des Erziehenden akzentuiert.

In faktorenanalytischen Untersuchungen, die zunächst vorwiegend von den Typenkonzepten des Führungsstils (autokratisch:demokratisch) oder des Unterrichtsstils (dominativ:integrativ) ausgingen, wurden diese komplexen Verhaltensbilder zugunsten der an Variationsmöglichkeiten reicheren Kombination von im wesentlichen zwei orthogonalen Dimensionen (Liberalität – Kontrolle; Zuwendung – Zurückweisung) aufgegeben. Noch strenger verhaltensbezogen bleiben Untersuchungen der Erziehungswirkung, die, vom Bekräftigungsverhalten der Eltern (Bestrafung bzw. Belohnung) ausgehend, das von den Kindern als (unabhängig voneinander variierende) Strenge bzw. Unterstützung erlebt wird, zu den Dimensionen Verbotsorientierung (mit vielfältigen Kennzeichen wie Aktivitätsminderung, Risikovermeidung, Furcht vor Mißerfolg u. a. bei positiver Ausprägung) bzw. Gebotsorientierung (mit im positiven Falle hoher Aktivitätsrate, aufsuchendem Verhalten, Hoffnung auf Erfolg u. a.) in Beziehung gesetzt werden kann (HERRMANN, STAPF et al.). In diesen Forschungskonzepten sind also vor allem die Auswirkungen auf den zu Erziehenden und nicht so sehr der E. als solcher von Interesse. [L] WEBER 1973, HERRMANN, STAPF & KROHNE 1971, LUKESCH 1975a, 1975b, 1976, STAPF et al. 1972, R. TAUSCH, & A.-M. TAUSCH 1979 *G. Mühle*

Erziehungswissenschaft, nach dem Zweiten Weltkrieg gegenüber der traditionellen Bezeichnung →Pädagogik bevorzugte Bezeichnung für eine wissenschaftliche Disziplin, die in Abhebung von Nachbarwissenschaften wie Psychologie, Soziologie, Philosophie die Erziehungswirklichkeit erforscht.

Der Gegenstandsbereich Erziehungswirklichkeit wird unterschiedlich bestimmt: als das Insgesamt bewußter und unbewußter erzieherischer Wechselwirkungen, die den Menschen in allen Lebenslagen formen (RÖHRS), als die Grundsituation, in der der Mensch von anderen geformt wird und andere formt, wobei die erzieherischen Intentionen institutionell (z. B. in Elternhaus, Schule, Heim usw.) realisiert werden (LANGEVELD), als das im Erziehungsobjekt verwirklichte Ziel und die für die Zielerreichung maßgeblichen Einflüsse (PETERSEN), als die dem wissenschaftlichen Zugriff offenliegende Wirkungsweise des Erziehungssubjekts samt den konstitutiven Bedingungen (BREZINKA). • Bei der erziehungswissenschaftlichen Theoriebildung werden verschiedene Typen und Konzepte unterschieden: so der hermeneutisch-spekulative, der deskriptiv-phänomenologische und der empirisch-positivistische Theorietypus (BOKELMANN), die Konzepte einer Erziehungswissenschaft als empirische Wissenschaft, als Normwissenschaft und als Geisteswissenschaft (WELLENDORF), ähnlich als Prinzipienwissenschaft, Erfahrungswissenschaft, Geisteswissenschaft und Kritische Theorie (BLANKERTZ) oder geisteswissenschaftlich-hermeneutische Pädagogik, Pädagogik als Realwissenschaft und Pädagogik als Konflikttheorie im Sinne von Gesellschaftskritik und Emanzipationsanspruch (ULICH), schließlich neben der geisteswissenschaftlichen Pädagogik die empirische E., die kritische

E. und die handlungsorientierte E. (WULF). • Die Einflüsse von seiten verschiedener wissenschaftstheoretischer Konzeptionen sind deutlich, die kritischen Überprüfungen von unterschiedlichen Ansätzen aus weitergetrieben, jedoch noch nicht zu einer endgültig gegenstandsbezogenen und damit die Möglichkeit von Entscheidungen erschließenden Gegenüberstellung gelangt. →Erziehung, →Pädagogik. [L] BLANKERTZ 1971, BOKELMANN 1970, BREZINKA 1978, LANGEVELD 1966, 1971, PETERSEN 1962, ULICH 1972, WELLENDORF 1969, WULF 1977 *G. Mühle*

Erziehungsziel, Vorstellung von der Gesamtverfassung (z. B. «Mündigkeit» im pädagogischen Sinne) oder von Einzelqualitäten (z. B. «Kooperationsbereitschaft») einer Persönlichkeit oder Gruppe, die mittels Beeinflussungen durch erzieherische Maßnahmen (Erziehungspraktiken) herbeigeführt oder ausgebildet werden sollen. E. sind von der gesellschaftlichen Wertorientierung und Verhaltensnormierung abhängig und zugleich als intentionale Momente des Erziehungsprozesses auf die instrumentalen Momente der Erziehungspraktiken bezogen. →Lernziel, →Erziehungswissenschaft *G. Mühle*

Es, in der Tiefenpsychologie Bez. für das Unbewußte, die Sphäre der Triebe, im Unterschied zum bewußten Teil des Seelischen, dem →Ich.

ESB, Abk. für *electrical stimulation of the brain*, elektr. Hirnreizung →Elektrodiagnostik

E-scale, Ethnozentrismusskala →Ethnozentrik

ESCG, Abk. für →Elektrosubkortikographie

Eskapismus, Flucht vor der Realität, ggf. als Abwehrmechanismus

esoterisch, «nach innen gewandt», Bez. einer Lehre, deren Inhalt nur nach besonderer Vorbereitung erkannt werden kann, daher nur Eingeweihten zugänglich ist. Viele Menschen suchen in esoterischen Ansätzen auch Hilfe bei psychischen und anderen Problemen. Dies weist auf Schwierigkeiten im Zugang zu seriöser fachlicher Hilfe, etwa im Sinne von Psychotherapie, sowie auf Defizite wissenschaftlich fundierter Angebote aus der Sicht der Hilfesuchenden hin. Esoterische Ansätze entziehen sich der →Erfolgskontrolle, so daß ihre behaupteten Wirkungen nicht mit derjenigen fundierter Psychotherapie verglichen werden können. Esoterische Hilfe wird zudem nicht selten von Einzelpersonen und Gruppen angeboten, welche Abhängigkeit in problematischer Weise fördern. Ggs. exoterisch, für Außenstehende bestimmt, i. ü. S. allgemeinverständlich. *F. Caspar*

ESP-Karten (ESP = *extra sensory perception*), die von J. B. RHINE in die paraps. Forschung eingeführten Karten. →Parapsychologie

ESPQ, Abk. für *Early School Personality Questionnaire*. [T] CATTELL

Essay-Test, Bez. für die nur i. ü. S. als Test zu wertende Methode, zur Prüfung des Kenntnisstandes einen Aufsatz zu einem bestimmten (auch freien) Thema schreiben zu lassen. →Aufsatzanalyse

E

Eßstörungen, nach →DSM-IV gekennzeichnet durch schwere Störungen des Eßverhaltens. Es wird hauptsächlich zwischen Anorexia Nervosa und Bulimia Nervosa unterschieden. Einfache Adipositas (Fettleibigkeit) ist in der →ICD-10 als med. Krankheitsfaktor aufgeführt, erscheint aber nicht in DSM IV, da bisher kein Nachweis vorliegt, daß sie mit einem ps. o. Verhaltenssyndrom einhergeht.

Die Anorexia Nervosa («Magersucht») ist charakterisiert durch die Weigerung, ein Minimum des normalen Körpergewichts zu halten. Diese Weigerung wird begleitet von großer Angst vor Gewichtszunahme, einer erheblichen Wahrnehmungsstörung der eigenen Figur und des Körpergewichts und ggf. einer Amenorrhoe (Ausbleiben der Menstruation über mehr als 3 Zyklen). Der angestrebte Gewichtsverlust wird durch Reduktion der Nahrungsaufnahme (Diäten), durch selbstinduziertes Erbrechen («Purging») und/oder Mißbrauch von Laxantien o. Diuretika sowie durch übermäßige körperliche Betätigung erreicht. Das Untergewicht führt häufig zu depressiven Symptomen, wie depr. Stimmung, soz. Rückzug, Reizbarkeit, Schlaflosigkeit, vermindertes sex. Interesse. Auch Zwangsverhalten (Sammeln v. Rezepten, Horten großer Nahrungsmengen) können die A. N. begleiten, ebenso wie ein starkes Bedürfnis, die Umwelt zu kontrollieren, rigides Denken, reduzierter emot. Ausdruck, Vorbehalte, in der Öffentlichkeit zu essen etc. A. N. führt zu gravierenden medizinischen Krankheitsfaktoren, die Langzeitmortalität beträgt 10 %. Betroffen sind vor allem (80 %) Frauen im Durchschnitt ab dem 17. Lj. in Ländern mit einem Überfluß an Nahrung, in denen Attraktivität mit Schlank- bzw. Magersein gleichgesetzt wird. Therapeutisch ist in schweren Fällen eine Gewichtssteigerung das vorrangige Therapieziel, bevor zugrundeliegenende psychische Probleme angegangen werden können.

Wenn dabei Druck eingesetzt wird (z. B. zur Einnahme hochkalorischer Kost), geraten Therapeuten leicht in Konflikt mit dem zentralen Bedürfnis vieler Anorektikerinnen nach Vergrößerung ihrer Autonomie. Oft werden verschiedene therapeutische Ansätze kombiniert (Einzel-, Gruppen-, Familientherapie; Kognitive Verhaltenstherapie, interpersonale Therapie, systemische Ansätze). Ziele sind neben einer Normalisierung von Körperwahrnehmung und Eßverhalten, Autonomie und Selbstbewußtsein zu stärken und zwischenmenschliche Beziehungen zu verbessern. Bei bester Therapie werden z. Z. Therapieerfolge gegen 50 % berichtet. ([L] JACOBI 1991, LAESSLE 1993, GERLINGHOFF 1996).
Die Bulimia Nervosa («Eß-Brechsucht») ist gekennzeichnet durch «Freßattacken» und unangemessene, einer Gewichtszunahme entgegensteuernde Maßnahmen. Bei den Freßattakken wird eine ungewöhnlich große, meist hochkalorische Nahrungsmenge oft hastig konsumiert, begleitet von dem Gefühl, dabei die Kontrolle über das Eßverhalten zu verlieren, bis sich ein schmerzhaftes Völlegefühl einstellt. Im Gegensatz zur A. N. sind Bulimikerinnen in der Lage, in etwa ein normales Körpergewicht zu halten. Ähnlich wie bei A. N. wird durch Erbrechen, Laxantien, Diuretika, Klistieren u. a., Fasten oder extreme körperliche Betätigung der «Freßanfall» – unangemessen – zu kompensieren versucht. Figur und Gewicht haben einen übermäßigen Einfluß auf die Selbstbewertung. Prävalenz wie bei A. N. Die Psychotherapie von Bulimie kann sich auf die zwischenmenschlichen Beziehungen der Patientinnen, ihr Eßverhalten oder beides beziehen. Oft ist eine Kombination von einsichts- und verhaltensorientierter Therapie indiziert, die einzeln und/oder in Gruppen erfolgen kann. Wichtig erscheint es, belastende Situationen und dysfunktionale Gedanken, die den Freßanfällen gewöhnlich vorausgehen, zu identifizieren, neu zu bewerten und alternative Bewältigungsstrategien aufzubauen. Verhaltenstherapeutische Programme wollen den Patientinnen Kontrolle über ihr Eßverhalten wiedergeben, um den Teufelskreis von Essen und Erbrechen zu durchbrechen. Als besonders wirksam haben sich Interpersonale Therapie und Kognitive Verhaltenstherapie erwiesen. [L] FICHTER 1989, GERLINGHOFF 1996.

H. Häcker/F. Caspar

EST, Abk. für *electroshock therapy*, Elektroschocktherapie (→Schocktherapie)

Eta-Verhältnis, syn. Korrelationsverhältnis. Statistischer Kennwert für das Ausmaß der Korrelation zweier Variablen mit kurvilinearer Abhängigkeit. Da bei vollkommener Linearität des Zusammenhangs das E.V. gleich dem Quadrat des Korrelationskoeffizienten (= Determinationskoeffizient) ist, kann das E.V. zur Linearitätsprüfung einer Regression herangezogen werden. *G. Mikula*

Ethanol, syn. Äthanol, →Alkohol

Ethik [gr. *ethos* Haltung, Gepflogenheit, Sitte], Morallehre, die Lehre vom Guten und seinen Gegensätzen, von den Prinzipien des sittlichen Handelns und von den sittlichen Werten. Die Ethik ist praktische Disziplin der Philosophie. Zur Ps. der Ethik gehören sittliches Wertbewußtsein (wie das →Gewissen) und verantwortungsbewußtes Verhalten. Das Einhalten ethischer Prinzipien i. d. psych. Praxis – u. a. i. Psychotherapien – wird von Berufsverbänden gefordert und überwacht. →Wert, →Wertbildung

Ethische Einstellung [T] BARUK, BAUMGARTEN, FERNALD, JACKSON, JACOBSOHN, MOERS, ROTH, SCHAEFER

Ethnographie [gr. *ethnos* Volk], weitgehend syn. mit →Ethnologie

Ethnologie, Völkerkunde wie Ethnographie, wobei erstere mehr die vergleichende, letztere die beschreibende Wissenschaft (vorwiegend von den naturvolklichen Gesellschaften, Primitivkulturen) belegt. Als Forschungsanliegen bevorzugen heute die beiden: materiale Kultur (Technologie), soziale Kultur, Religion und Magie, Kunst und Spiel. →Völkerpsychologie

Ethnopharmakopsychologie, Teildisziplin der →Psychologie, Ethnologie und Pharmakologie, die sich mit Verbreitung, Gebrauch und Anwendung von chemischen Stoffen, meist pflanzlicher Herkunft, bei verschiedenen Völkern befaßt. [L] BALICK & COX 1997, HESSE, 1938, REKO, 1938 *M. Ising/W. Janke*

Ethnopsychologie →Völkerpsychologie

Ethnozentrik, Ethnozentrismus, Egoismus (Überbewertung) des eigenen Volkes, der Gruppe, der man zugehört. T. W. ADORNO entwickelte Einstellungsskalen zu dieser Haltung bei seinen Untersuchungen zur «autoritären Persönlichkeit». [L] BAEYER-KATTE 1972, KRUSE 1972

Ethnozentrismus, von SUMNER (1906) verwendetes Konzept zur Kennzeichnung der Zentrierung der eigenen Beurteilungsmaßstäbe an der Eigengruppe. E. führt zur Abwertung anderer Gruppen und der extremen Favorisierung der eigenen Gruppe. Die Entstehungsbedingungen lassen sich sowohl entwicklungspsychologisch zurückverfolgen auf den kindlichen Egozentrismus, wie aber auch auf ideologisch tradierte Muster von der besonderen Wertigkeit der *in-group* (LIPPERT & WAKENHUT 1983).

Ethogramm, (biol.) Verhaltensinventar, die Gesamtheit der dem Tier eigenen Verhaltensweisen. →Ethologie

Ethologie [gr. *ethos* Sitte, Brauch], wenig gebr. Begr. für Charakterologie (Verhaltensweisen). • Begriff wird bisweilen syn. mit →Ethik gebraucht, besonders in der engl. Literatur. • Lehre vom Verhalten, Verhaltensforschung. Im Mittelalter Darstellung von Charakteren durch Mimen. 1843 führte John Stuart MILL den Begriff der E. in die Wissenschaft ein. In seinem *«Study of logic»* grenzt er E. und Psychologie gegeneinander ab. E. in der heutigen Begriffsbestimmung beschrieb in Frankreich C. G. LEROY bereits 1764. Erst knapp hundert Jahre später wurde die E. durch die englische Übersetzung seines Werkes *«The Intelligence and Affectibility of Animals from a Philosophical Point of View, with a few Letters to Man»* in die Kontroverse zwischen LAMARCKismus und DARWINismus einbezogen. Als Begründer der E. im Sinne einer vergleichenden Verhaltensforschung können Charles O. WHITMAN und Oskar HEINROTH angesehen werden. Unabhängig voneinander entdeckten sie um die Jahrhundertwende, daß sich ein tierischer Organismus durch seine spezifischen Bewegungen (→Ethogramm) ebenso beschreiben läßt wie durch seine →Morphologie. Aus dem Ergebnis detaillierter Beobachtungen an Tauben und Entenvögeln schlossen sie, daß «der Homologiebegriff der morphologischen →Phylogenetik auf bestimmte Verhaltensweisen anwendbar ist». Deskriptives Erfassen von Verhaltensweisen durch Beobachten, systematisches Ordnen und physiologische Kausalanalyse wurden von CRAIG, LORENZ, TINBERGEN und anderen als Methode der E. spezifiziert und entwikkelt. Modifizierte Techniken aus Chemie, Physik und Mathematik sind für die moderne E. unerläßlich. Die vergleichende Verhaltensforschung stellt sich heute als eine eigenständige Disziplin innerhalb der Naturwissenschaften dar. Wie in der klassischen Biologie werden die Ergebnisse der E. als artspezifische Befunde gewertet. Analogieschlüsse erfolgen im Rahmen definierter Vergleichsebenen. In der Psychologie wie Soziologie wird die Aussage der E. oftmals überschätzt, indem lediglich Lehrmeinungen interpretiert werden (→Reflexologie, →Behaviorismus, LORENZ und seine Schule usw.), die nur einen Teil des Gesamtkomplexes berücksichtigen. Die vergleichende Verhaltensforschung bemüht sich vielmehr, sämtlichen Aspekten wie Ursachen, zeitlichen Abläufen, Funktionen, →Ontogenese, →Evolution von Verhalten gerecht zu werden. Sie weist konsequent darauf hin, daß Verhalten sowohl endogen als auch exogen verursacht werden kann und sich das Ethogramm aus vererbten und erlernten Anteilen zusammensetzt (→Erbe-Umwelt-Problem). In seiner Lehre von der →Umwelt stellt Jacob v. UEXKÜLL Verhalten als Wechselwirkung zwischen Individuen und ihren Einzel-Umwelten dar (so auch J. HUXLEY). Erich v. HOLST untersuchte Verhalten auf der Ebene der →Elektrophysiologie. Durch Reizung des →Stammhirns von Hühnern konnte er bestimmte Verhaltensweisen auslösen. Er deutete Verhalten als einen bestimmten Zustand umrissener Gehirnabschnitte. Ergebnisse neurophysiologischer Versuche allein können jedoch den komplexen Vorgang eines Verhaltensmusters genausowenig erklären wie ausschließliche Verhaltensbeschreibungen. Verhalten ist vielmehr als ein höchst kompliziertes Netz von Beziehungen zwischen hormonaler Steuerung, verhaltensmäßigen und physiologischen Veränderungen sowie äußeren Reizen zu verstehen.

Das folgende Modell versucht eine Erklärung für Verhaltensabläufe aus ethologischer Sicht zu liefern: Für jedes Verhalten besitzt der Organismus eine Handlungsbereitschaft. Sie wird durch äußere und/oder innere Reizmuster (→Schlüsselreiz, →AAM, →Hormone) erhöht bzw. erniedrigt und führt bei Überschreiten einer →Reizschwelle zum Erscheinungsbild des Verhaltens (→Endhandlung). Durch innere Zustände bedingt, tritt ein Suchverhalten nach der reizauslösenden Situation (→Appetenzverhalten) auf, das über einen Auslösevorgang zur Endhandlung führt. Diese Vorgänge sind nicht als reflexartige Abläufe zu verstehen. Exogene wie endogene Faktoren (Sinnesreize, Gedächtnis, Assoziationen usw.) wirken auf die Handlungsbereitschaft ein und passen das Verhalten an die jeweiligen Umweltbedingungen an (→Akkommodation, kognitive, →Assimilation nach PIAGET). Zunehmende Tageslänge im Frühling z. B. löst beim Stichling Fortpflanzungsstimmung aus. Die Fische wandern in Schwärmen von den Winterquartieren in das warme, flache Wasser. Solche →Biotope erhöhen bei Männchen die Handlungsbereitschaft für das →Territorialverhalten, das dann letztlich durch Umweltmerkmale und insbes. durch buntgefärbte Artgenossen ausgelöst wird. Mit steigender Organisationshöhe wächst der Einfluß des Gehirns auf die Handlungsbereitschaft (→Enzephalisation), d. h., der Anteil vererbter Verhaltenselemente beim Menschen ist nicht mehr ohne weiteres erkennbar, weil sie von erlerntem Verhalten dominiert werden (→Humanethologie). Durch Verschränken von angeborenen und erworbenen Verhaltenselementen gewinnt das →Ethogramm eines Tieres an →Plastizität, wie z. B. beim Werkzeuggebrauch. Schimpansen lernen, mit Hilfe von Halmen und Stöckchen Termiten zu angeln. In Laborversuchen konnte bei niederen Affen in Versuchen mit Hilfsmitteln sogar abstraktes Denken nachgewiesen werden. Zur Kommunikation mit seiner tierischen Umwelt bedient sich das Individuum vielseitiger →Signale. Diese können intra- und/oder interspezifisch wirken und rufen eine positive, negative oder neutrale Reaktion hervor. Wechselseitige Signale mit darauffolgenden Reaktionen sind die Voraussetzung für jedes Zusammenleben. Sie ermöglichen die Besiedelung eines Biotops mit Individuen verschiedenster Art. Auf diese Weise bilden sich Lebensgemeinschaften, die sich nach dem Grad ihrer Abhängigkeit klassifizieren lassen:

Synökie: Die völlig neutrale Beziehung zwischen Partnern; das Zusammenleben verschiedenartiger Huftiere in der Steppe.

Kommensalismus: Eine «Tischgemeinschaft» – die Reste einer von Großraubtieren geschlagene Beute werden von Hyänen, Schakalen, Geiern und Insekten vertilgt.

Symbiose: Das Zusammenleben zum Vorteil beider Partner. Ein Fisch und ein Krebs bewohnen dieselbe Höhle. Während die Garnele die gemeinsame Wohnhöhle säubert, wird sie von der Grundel bewacht.

Parasitismus: Eine Lebensgemeinschaft, in der ein Partner den anderen schädigt, ohne ihn zu töten. Der Kuckuck z. B. parasitiert Singvögel, indem er sein Ei in ein fremdes Nest legt und die →Brutpflege anderen überläßt.

Episitismus: Das Verhältnis zwischen Beutegreifer und seiner Nahrung. Diese «Lebensgemeinschaft» ist durch einen hohen Grad an Anpassung gekennzeichnet. Während sich z. B. das Sehvermögen der Greifvögel im Laufe der Evolution immer mehr steigerte, entwickelte sich bei den Beutetieren unauffällige Körperfärbung. Verhaltensanpassungen reichen vom →Totstellverhalten, →Kataplexie bis zu von den Nachtfaltern entwikkelten «Störsendern» gegen die Echoortung der Fledermäuse.

Von besonderem Interesse für die E. sind Verhaltensweisen, die ausschließlich von Artgenossen verstanden werden. Sie stehen im Dienste der Arterhaltung, selbst wenn sie aggressiven Charakter haben. Innerartliche Aggression gewährleistet, daß (a) die Art sich in dem ihr zur Verfügung stehenden Raum ausbreitet (→Territorialverhalten) und dadurch mehr Ressourcen erschließen kann und (b) nur die Erbmasse (→Genetik) der stärksten Individuen weitergegeben wird. →Ritualisierung von aggressivem Verhalten und →Fluchtverhalten verhindern eine lebensgefährliche Beschädigung des Unterlegenen und somit eine Selbstvernichtung der Art. Die innerartliche Aggression ist bei solitär lebenden Arten besonders groß. Im Verlauf des Fortpflanzungsverhaltens solitärer Spinnen wird nicht selten das Männchen vom Weibchen gefressen. In dem Maße, in dem Tiere in Gruppen leben, wird die Aggression verringert bzw. zu Sozialverhalten umfunktioniert. Lachmöwen sind während der Brutzeit sehr aggressiv, überwinden jedoch das →Kampfverhalten gegenüber dem Brutpartner, indem das Paar gemeinsam gegen einen imaginären Eindringling droht. Innerartliche Vergesellschaftungen sind temporär oder können ein Leben lang andauern. Es gibt unorganisierte anonyme Schwärme (Heringsschwärme, Vogelschwärme), in denen sich die Individuen überhaupt nicht kennen, Sippen, die durch einen Geruch zusammengehalten werden (Rattenpopulationen), und hochorganisierte Familien, in denen jeder jedem bekannt ist. In einer Pavianhorde z. B. wird durch Kampfverhalten eine Rangordnung geschaffen, die die Gruppe hierarchisch strukturiert.

Insektenstaaten nehmen eine Sonderstellung ein: Die morphologische und ethologische Differenzierung der Individuen ist ausschließlich auf genetische Dispositionen zurückzuführen und stellt eine verhältnismäßig starre Anpassung der gesamten Population dar. Altruistisches Verhalten einzelner Gruppenmitglieder sichert den Fortbestand des Verbandes und steht im Dienste der Arterhaltung. Wenngleich soziale Leistungen der Tiere stark an das menschliche Verhalten erinnern, sind Analogieschlüsse meistens unzulässig, denn die Voraussetzungen für solche Verhaltensweisen können von Art zu Art grundverschieden sein. In der E. wie Biologie wird jede →Art als integrierender Bestandteil eines balancierten Systems (→Ökologie) verstanden. Individuen, Populationen und Spezies unterliegen der →Selektion. Morphologie wie Ethogramm stellen eine Momentaufnahme im Geschehen der Evolution dar.

So, wie das Verhalten einzelner Tiere zum Gruppenverhalten integriert wird, setzt sich komplexes Verhalten aus einzelnen Teilabläufen zusammen. Diese werden auf verschiedenen Niveaus integriert, wobei das allgemeine zu immer speziellerem Verhalten führt. TINBERGEN nimmt an, daß diese hierarchische Ordnung einer vergleichbaren Struktur funktioneller Einheiten im Gehirn entspricht. Die motorische Einheit wird von WEISS als unterste Stufe der Zentrenhierarchie postuliert. Methodische Probleme erschweren die Beschreibung und die Interpretation tierischen Verhaltens, z. B. erfolgen Zählen, Denken, Assoziieren und andere Gehirnleistungen stets unbenannt und können nur indirekt erschlossen werden. Auch ist die tierische Sinneswelt z. T. bereits auf der Ebene des →Rezeptors der menschlichen so fremd, daß sie dem Experimentator nur über aufwendige technische Apparate zugänglich ist. Das in der Navigation verwendete Radar z. B. ist lediglich eine grobe Wiedergabe des Ortungssystems der Fledermäuse. Polyfaktorielle →Erbgänge und langwierige quantitative Verhaltensanalysen erschweren die Untersuchung der →Genetik von Verhaltensweisen.

Dagegen bieten sich in der E. experimentelle Möglichkeiten, die in der Psychologie und Humanethologie aus Gründen der →Ethik abzulehnen sind. →KASPAR-HAUSER-Versuche werden in der E. durchgeführt, um zwischen angeborenen und erlernten Verhaltensweisen differenzieren zu können. In der Humanethologie ist man auf transkulturelle Vergleiche und Befunde an taubblind geborenen Kindern angewiesen, um zu entsprechenden Resultaten zu gelangen. Dennoch haben sich viele in der Tierethologie entwickelte Methoden als hilfreich für die Untersuchung des Menschen erwiesen. E. im Sinne einer vergleichenden Verhaltensforschung kann als eine integrierende Wissenschaft verstanden werden. Sie ist in zahlreichen Disziplinen verwurzelt und reicht in viele Fachbereiche; z. B. →Neurophysiologie, →Hormonphysiologie, →Kybernetik, →Ökologie, vergleichende Psychologie u. v. a.

«Die Ethologie bietet eine noch im Werden begriffene Lehre vom Aufbau des Verhaltens an, die sich erstens vom Reiz-Reaktions-Modell im Sinne der →Reflexologie und zweitens von reinen →Lern- und →Milieutheorien freimacht. Die Beteiligung von Reflexen am Aufbau des Verhaltens, von Lernprozessen und Umgebungseinflüssen wird nicht etwa bestritten, doch bekommen alte Begriffspaare wie →Reiz-Reaktion, →Begabung-Lernen, →Anlage-Umwelt neue Inhalte» (D. PLOOG). →Humanethologie, →Verhaltenssysteme. **[L]** BROWN 1975, HASSENSTEIN 1980, HINDE 1973, v. HOLST 1970, KEITER 1969, LORENZ 1965, PLOOG 1964, TINBERGEN 1951, v. UEXKÜLL 1921 *V. Preuss*

Etikettieren →labeling

Etomidat, →Narkotikum, das bei intravenöser Verabreichung rasch zu einem Bewußtseinsverlust führt. Kurze Wirkungsdauer. Keine analgetische Wirkung. In der Regel zur Narkoseeinleitung in Kombination mit anderen Stoffen angewandt. *W. Janke*

ETS [T], *Educational Testing Service*

EU, Abk. für Eignungsuntersuchung. • dgl. *Expected Utility*, erwarteter Nutzen. →Entscheidungstheorie, →SEU

eu... [gr.], in Wtvb. gut, schön, normal, typisch, gesund **[E]**

Eugenik [gr. *eugeneia* edle Abstammung], Erbhygiene, Erbpflege, die (von GALTON begründete) Lehre von den Bedingungen, durch die gesunde Nachkommenschaft erzeugt und kranke vermieden wird.

Eukolie, eukolisch [gr. *eukolia* Zufriedenheit], Heiterkeit, freudig gestimmt. Ggs. →Dyskolie, →Posodynik

Euler, Leonhard (1707–1783), Schweizer Mathematiker in Petersburg und Berlin

Euler-Venn-Diagramm, Eulersche Kreise →VENN-Diagramm

Eunerpan® →Melperon

eunuchoid, Eunuchoidismus, die krankhafte, unvollkommene Entwicklung der Geschlechtsorgane und die dadurch bedingte Änderung, ähnlich der bei der männlichen Kastration im Kindesalter, andere Körperfettverteilung, Fistelstimme.

Euphorie, euphorisch [gr. *euphorein* sich wohlbefinden], Wohlbefinden, gesteigertes Lebensgefühl, heitere, glückliche Stimmung, auch das Aufleben kurz vor dem Tode. Ggs. →Dysphorie

Euphorika →Pharmakopsychologie

Eurhythmie, wörtl. schöne rhythmische Bewegung, Ebenmaß im Takt. I. ü. S. regelmäßiger Herzschlag. • «Eurythmie», die von R. STEINER entwickelte «beseelte Bewegungskunst».

Eurobarometer, eine im Auftrag europ. Behörden regelmäßig durchgeführte Meinungsbefragung über Einstellungen der Bürger von EG-Mitgliedsstaaten zu Sachverhalten von transnationalem Interesse, z. B. Sympathie für die Europäische Gemeinschaft, nationale Stereotypen gegenüber Mitgliedsstaaten. **[L]** DANCKWORTT & DANCKWORTT 1986 *G. Winter*

eurysom [gr. *eurys* breit, dick, *soma* Körper], breit-(dick-)leibig, bei den →Körperbautypen syn. mit pyknisch.

Eustachische Röhre, Bez. geht auf den im 16. Jh. lebenden Arzt B. EUSTACHIO zurück. →Ohr

Eustreß, angenehmer, positiver →Streß

Euthanasie [gr. *thanatos* Tod, *euthanasia* leichter Tod], Erleichterung des Sterbens durch entsprechende Hilfen. • Herbeiführung des Lebensendes bei unheilbaren, schmerzgequälten Kranken. Gnadentod. • Zu Unrecht wurde mit E. die in der Zeit des Nationalsozialismus geübte Vernichtung des sog. «lebensunwerten Lebens» bezeichnet (Tötung geistig und körperlich schwerstbehinderter Insassen von Pflegeheimen). →Sterbehilfe, Sterbenshilfe

Evaluation, immer wenn von «Evaluation» gesprochen wird, ist von einer Bewertung die Rede. Unklar bleibt jedoch oft, was, nach welchen Kriterien, mit welchem Ziel und zu welchem Zweck bewertet wird. Zur Beseitigung dieser Unklarheit werden die drei gebräuchlichsten Bedeutungen des Begriffs E. skizziert.

Evaluation als «tägliche Bewertung»: In dieser Betrachtung wird der Begriff E. auf die täglich stattfindende Bewertung bestimmter Objekte, Prozesse u. Verhältnisse durch ein o. mehrere Subjekte reduziert. Diese Bewertungen erfolgen – mehr o. minder unbewußt – als Resultat impliziter Entscheidungsprozesse. Sie beruhen auf Beobachtungs- u. Beurteilungsfehlern sowie Stereotypen.

Evaluation als fachgerechte Analyse und Bewertung eines Sachverhalts: In dieser Bedeutung des Begriffs E. ist die Absicht beinhaltet, eine Entscheidung über Maßnahmen und Programme herbeizuführen, um zu optimalen Lösungen zu gelangen. Unter dem Etikett «fachgerechte Analyse u. Bewertung» wird E. aber lediglich auf die Legitimation der Ziel- u. Zwecksetzungen einzusetzender bzw. eingesetzter Maßnahmen o. Programme bezogen, ohne den Anspruch einer Weiterentwicklung der E.-instrumente zu erheben. Die E. ist lediglich ergebnisorientiert.

Evaluation als Vorgang bzw. Ergebnis einer bewertenden Bestandsaufnahme anhand festgelegter Wertkriterien mittels wissenschaftlicher Verfahren: Nach WOTTAWA u. THIERAU (1990) ist E. durch ihren Wissenschaftscharakter gekennzeichnet. Die wissenschaftliche E.

- dient der Überprüfung und Verbesserung praktischer Maßnahmen; sie dient als Planungs- u. Entscheidungshilfe und ist somit handlungsorientiert.
- ist in ihrer Konzeption u. Konstruktion dem jeweiligen aktuellen Stand wiss. Techniken u. Forschungsmethoden angepaßt.

In der damaligen BRD setzte die E.-forschung Anfang der 70er Jahre im Zuge politischer Reformprogramme ein. Seit diesem Zeitpunkt werden verstärkt E.-fragen mit einer human- u. sozialwiss. Schwerpunktsetzung i. d. Bereichen Gesundheit, Bildung u. Wirtschaft durchgeführt. Seit den 80er Jahren ist ein steter Anstieg der Forschungsintensität im Zusammenhang mit der E. betrieblicher Bildungsmaßnahmen zu beobachten. Neben dem Wunsch der ständigen Verbesserung betrieblicher Bildungsmaßnahmen steht vor allem die Überprüfung des Kosten-Nutzen-Aufwandes im Focus der E.

Die E. der Bildungsmaßnahmen hat – je nach gewähltem Ansatz – folgende Funktion:

- Entscheidungsfunktion: Vorbereitung d. Entscheidungen über den personellen, finanziellen u. organisatorischen Aufwand f. Bildungsmaßnahmen.
- Steuerungs- u. Optimierungsfunktion: Möglichkeit zum Aufdecken u. Beseitigen vorhandener Schwachstellen i. d. Umsetzung der Bildungsmaßnahmen.
- Weiterbildungsfunktion: Systematische Überprüfung der Lernerfolge einzelner Teilnehmer in Bildungsmaßnahmen durch speziell entwickelte E.-instrumente.
- Motivationsfördernde Funktion: Steigerung der Arbeitsmotivation des einzelnen Mitarbeiters durch das Aufzeigen seines Lernerfolges.
- Integrierende u. kommunikationsfördernde Funktion: Beteiligung möglichst vieler Betroffener an der Planung, Durchführung u. Auswertung der E.

Im Zuge der Bemühungen um eine E. der Bildungsmaßnahmen wurden verschiedene pragmatische E.ansätze entwickelt. Päd.-psych. E.-Ansätze (auch als «qualitative bzw. nicht-monetäre E.» bezeichnet) befassen sich vorwiegend mit der E. der Änderungsprozesse der Teilnehmer einer Bildungsmaßnahme. Die E. umfaßt sämtliche Maßnahmen vom Zeitpunkt der Ermittlung des Bildungsbedarfs über die Festlegung der päd. Zielvorgaben, Überprüfung d. Unterrichtsstrategie, Ermittlung des Lernerfolgs u. des durch die Schulung bewirkten, veränderten Arbeitsplatzverhaltens der Teilnehmer bis zur Beantwortung der Frage, ob der ursprünglich ermittelte Bedarf zufriedenstellend im Rahmen der Bildungs-Bedarfs-Analyse erfaßt und durch die Maßnahme umgesetzt wurde. Die ökonomischen Ansätze stellen die monetären Kriterien in den Mittelpunkt des E.-geschehens. Das Ziel der E. ist die integrierte u. systematische Planung (Soll) und Kontrolle (Ist) personalwirtschaftlicher Tatbestände in meßbaren – vor allem erfolgswirtschaftlichen – Kenngrößen, wobei die Ergebnisse der Abweichungsanalysen Grundlagen des Planungsprozesses werden sowie für die Entwicklung neuer u. d. Optimierung bestehender Maßnahmen genutzt werden können.

Eine Weiterentwicklung der E.-ansätze stellen die handlungsorientierten Ansätze dar. Das Charakteristikum dieser Ansätze ist die Einbindung der Betroffenen in den gesamten Ablauf der E. Die E. umfaßt die: konsensfähige Bestimmung der E.-ziele u. -kriterien, inhaltliche u. organisatorische Planung des E.-projektes durch alle Beteiligten, kontinuierliche Informationsweitergabe über den Stand der E.-studie sowie die permanente Handlungskontrolle unter Beachtung der Revisionsmöglichkeiten. Dadurch, daß die an der E. Beteiligten selbst die Handelnden sind, zeichnen sich die handlungsorientierten Ansätze durch einen hohen Praxisbezug u. eine hohe Akzeptanz seitens der Beteiligten aus; Unter günstigen organisatorischen Rahmenbedingungen entpuppen sie sich selbst zur Bildungsmaßnahme. Trotz sorgfältig geplanter E.-studien sollte jede E. zur Vermeidung von Fehlentscheidungen einer Meta-E. unterworfen werden. Diese ist die Basis für eine ständige Verbesserung der Planung, Durchführung und Auswertung der E. sowie der Interpretation der Evaluationsergebnisse. Im betrieblichen Kontext kann mittels der Meta-Evaluation geprüft werden, inwieweit sich die zugrundegelegten Evaluationskriterien bewährt haben. Somit gehen von der Meta-E. wichtige Impulse für die Organisationsentwicklung aus, indem sie zur Auseinandersetzung mit bestehenden Organisationswerten und somit zur Kommunikation über solche auffordert.

Ob es gelingt, den E.-bedarf i. d. betrieblichen Bildung sachgerecht zu decken, hängt wesentlich vom Stand der E.-forschung ab. Was die Verfahren betrifft, die im Rahmen der E.-studien eingesetzt werden, bemängeln einige Methodiker die fehlende Beachtung der Standards «harter» quantitativer Forschung. Aus methodischer Sicht ist es allerdings verfehlt, E. i. d. betriebl. Weiterbildung (i. d. R. Feldstudien) in strenger Abhängigkeit von favorisierten Paradigmen zu diskutieren. Der Evaluator muß sich – je nach Problemlage – für die adäquate qualitative und/oder quantitative Vorgehensweise entscheiden. Was die Auswahl der E.-kritierien angeht, stellen STANGEL-MESEKE u. GLUMINSKI (1995) fest, daß E.-forscher spezifische Bewertungskriterien fordern, jedoch bislang noch keine Studie veröffentlichten, in der die Umsetzung ihrer Forderung erfolgreich belegt wurde. Die wiss. E. ist der täglichen Bewertung nur dann überlegen, wenn sie sich durch die Benennung der Bewertungsmaßstäbe u. durch die kriterienbezogene Bewertung auszeichnet. STANGEL-MESEKE u. GLUMINSKI machen in diesem Zusammenhang einen Vorschlag für personalentwicklungsrelevante E.-kritierien (Transparenz, Vollständigkeit, Widerspruchsfreiheit, Partizipation, Praktikabilität, Relevanz, Ökonomie), die je nach Rahmenbedingung der Unternehmung spezifisch operationalisiert werden können. Was die Auswertung u. Interpretation der E.-ergebnisse betrifft, sollte weniger die statistische Inferenz als die Relevanz der Resultate im Vordergrund stehen. Es gilt, die Veränderung der Erfolgskriterien u. die Effekte der Nebenwirkungen sowie deren Bedeutung für die organisationalen Zielsetzungen darzulegen. Es bleibt zu hoffen, daß die skizzierten Probleme bei der Durchführung der Evaluationsstudien seitens der Evaluationsforscher rasch beseitigt werden und konsensfähige Standards für die Organisation und Durchführung der Evaluation erarbeitet und entwickelt werden.

Dies ist vor allem daher wünschenswert, um der E. einen anderen Stellenwert i. R. der Forschung zu geben. Betrachtet man den aktuellen Stand der Forschung, bleibt derzeit bedauerlicherweise nichts anderes übrig, als dem

Resümee von PAWSON und TILLEY (1997) zum Forschungsstand der E. von 1963 bis 1997 zuzustimmen: *«E. must do better, too easily distracted by silly ideas ought to have a clearer sense of priorities and to work more systematically to see them through. We'll yet go on to do great things.»* [L] GLASS 1980, PAWSON & TILLEY 1997, STANGEL-MESEKE & GLUMINSKI 1995,WOTTAWA & THIERAU 1990

M. Stangel-Meseke

evaluation apprehension, Bewertungserwartung, -besorgnis, -bewußtsein, das Bemühen einer Vp, daß sie eine positive Bewertung vom Vl erfährt oder zumindest keinen Anlaß für eine negative Bewertung gibt. *B. Feger*

event perception →Geschehenswahrnehmung

Evidenz, Augenscheinlichkeit; höchste Gewißheit, einleuchtende Erkenntnis, unmittelbare Einsicht in das Gegebene mit der Gewißheit der Richtigkeit. Es gibt für mentale Strukturen mindestens drei Formen der verfügbaren E.: die des Verhaltens *(behavioral)*, die phänomenale und die physiologische (erlebnismäßig aus der Selbstwahrnehmung stammend). Häufig wird diese Basis, spez. in der Psychologie, als genügender Beweis für die Richtigkeit der Erkenntnis eines Vorgangs hingenommen.

Die optischen Täuschungen zeigen aber, daß z. B. metrisch objektiv gleichlange Strecken evident verschieden lang erlebt werden (MÜLLER-LYER). Ebenso kann einem phänomenalen Kausalzusammenhang, z. B. Verschiebung eines Gegenstandes durch einen anderen (MICHOTTE), kein faktischer Zusammenhang entsprechen (wie auch viele Geschicklichkeitsspiele der Zauberer zeigen). Damit ist erwiesen, daß in einer empirischen Wissenschaft wie der Psychologie die Phänomene einer Analyse unterzogen werden müssen, damit gesichert wird, ob dieser Evidenz eine funktionale Abhängigkeit entspricht. →common sense. [L] HEIDER 1927, LAUCKEN 1974, MICHOTTE 1954

Evipan® →Hexobarbital

evokative Tests, Tests, die Gedanken, Erinnerungen, Vorstellungen, Empfindungen wachrufen (evozieren) dadurch, daß sie auffordern, eine Wahl zu treffen. Bekannte Beispiele sind die Katalog-Tests, in denen Buchtitel das «Evokat» sind.

Evolution [lat. *evolere* entfalten], die Entfaltung des Organismus und der ps. Funktionen in Wachstum und Reifung. Ggs. →Involution. →Abstammungslehre

Evolutionstheorie →Abstammungslehre

Ewald, Gottfried (1888–1963). Psychiater, Neurologe / Greifswald, Erlangen, Göttingen

Ewaldsche Typen →Typologie (Temperamentenlehre)

Exaltation, überschwengliches Wesen, krankhafte Lebendigkeit und Aufgeregtheit

Examensstupor, Sperrung des Gedankengangs durch die Prüfungserregung. →Prüfungsangst

Exazerbation, das Wiederaufbrechen eines (zumeist unguten) Zustandes, der überwunden schien, z. B. Wiederkehr einer Depression

exchange theory, Austauschtheorie, →Interaktion

Excitantia, syn. →Stimulantien, anregende, belebende Drogen, →Psychopharmaka

Exhaustion [lat. *haurire* schöpfen], Erschöpfung und die damit verbundene Reizschwellenerhöhung bzw. Reaktionsverminderung (Exhaustionsschwelle). Kriterium bei der Bewertung von Sätzen, Konstrukten und Theorien: ihre Exhaurierbarkeit (Ausschöpfbarkeit) mit Hilfe von Zusatzannahmen, wenn neu beobachtete Tatsachen zunächst mit ihnen nicht erklärt werden. [L] MAY 1949

Exhibitionismus [lat. *exhibere* zeigen, darbieten], das übersteigert ich-bezogene Zur-Schau-Stellen und Preisgeben von Überzeugungen, Gefühlen, Fertigkeiten und Schwächen, vorwiegend mit Überschreiten der sozialen Konvention. Motive bilden u. a.: Erregen von Aufmerksamkeit, Kokettieren mit Besonderem, Mitleiderregen u. ä. • (sex.-psych.) Sex. Lustgewinn durch Zur-Schau-Stellen (Entblößen) der Genitalien (insbes. gegenüber dem anderen Geschlecht). Begr. wurde von dem frz. Arzt LASEGUE (1877) eingeführt. *H. Ries*

existentialistische Psychologie →Psychologie (Richtungen)

Existentialkreise, die Funktionszusammenhänge und das wechselseitige Sichabstimmen zwischen Reiz, Situation und Verhalten (als Antwort auf «Naturbefehle» wie Sich-Nähren, Sich-Wehren, Sich-Mehren). Auch die Bez. Vitalkreise ist dafür gewählt worden. →Funktionskreis. [L] EBBECKE 1959

existentielle Psychoanalyse, eine von SARTRE geförderte (bzw. eingeführte) Psychotherapie, die davon ausgeht, daß in jedem Individuum ein bestimmtes Ziel als Wert- und Wahlentscheidung steckt und die Therapie beim Patienten dieses aufzudecken und zur Anerkennung zu bringen hat.

existentielle Psychologie →Psychologie (Richtungen)

Existenz [lat. *existere* heraustreten, da sein], das Dasein im weitesten Sinne, wobei die menschliche E. als Aufgabe oder als das Aufgegebensein und die Forderung der Daseinsbewältigung beachtet wird. • Bei der E.philosophie, die sich um 1930 ausbildete und auf sog. lebensphilosoph. Ansätze (DILTHEY, NIETZSCHE, dialektische Theologie) stützte, traten vor allem Karl JASPERS und Martin HEIDEGGER hervor. [L] BOLLNOW. • Der Ps. und Tiefenps. kamen diese Tendenzen für weitergehende Deutungen und zur Begründung neuer oder neu ausgerichteter therapeutischer Methoden gelegen. So entstanden die Systeme der →Existenzanalyse (FRANKL), →Daseinsanalyse (BINSWANGER), →Schicksalsanalyse (SZONDI), →existentiellen Psychoanalyse und andere. Über die Genannten hinaus wurde die E. in der gesamten Tiefenps. zum Grundthema. [L] BINSWANGER, BOSS, DIENELT, FRANKL, SOUCEK, SZONDI

Existenzanalyse, die existentialistische Sicht der Persönlichkeit gründet auf den Ideen europäischer Existenzphilosophen: Sören KIERKEGARD (1813–1855), Karl JASPERS (1883–1969), Edmund HUSSERL (1859–1938), Martin HEIDEGGER (1889–1980), Jean-Paul SARTRE (1905–1980). Nach diesen definiert der Mensch sein Dasein durch Handlungen, und der Sinn der einzelnen Existenz liegt in solchen Definitionsbemühungen. Viktor FRANKL verbindet dieses Prinzip mit der psychoanalytischen Therapie. Er verwendet den Begriff Existenzanalyse für die von ihm in tiefenpsychologischer Ausrichtung entwikkelte Durchforschung (Analyse) der den Lebenslauf bestimmenden Daten und Zusammenhänge aus der Perspektive des Sinnes und Wertes für den Probanden. FRANKL stellt so neben den «Willen zur Macht» nach ADLER oder auch den «Willen zur Lust» nach FREUD den «Willen zum Sinn». Der unerfüllte oder falsch verstandene Sinn (die existentielle Frustration bei FRANKL) ist dabei der Ansatz zur Therapie (→Logotherapie). Es liegen keine fundierten Wirksamkeitsbelege vor.

F. Caspar

Existenzskala, individuelle →Schicksalsanalyse (SZONDI)

ex iuvantibus [lat. *iuvare* helfen], Schlüsse auf die Art einer Störung (Erkrankung) aus der Wirksamkeit spezifischer Methoden, die zur Beseitigung der Störung angewandt worden sind. Begr. wurde aus der Med. in die Klin. Ps. übernommen.

Exkretion, Ausscheidung →Sekretion

Exner, Sigmund (1846–1926), Physiologe, Wien

Exner-Spirale →Bewegungsnachbild

Exogamie [gr. *exo* heraus, *gamos* Ehe], die im Totemismus vertretene Eheregel, wonach ein Mitglied eines Clans oder dessen Totemgruppe nur Angehörige eines anderen Clans heiraten darf.

exogen, von außen entstanden, dem Körper aufgeprägt, im Ggs. zu endogen. Besonders in der Psychopathologie werden nach exogen und endogen die Krankheiten eingeteilt, z. B. endogene Psychosen und exogene traumatische und toxische Hirnschädigungen.

exokrine Drüsen, Drüsen mit äußerer Sekretion (Schweißdr., Talgdr., Salzdr. u. a.). →Drüsen, →Sekretion, Ggs. →endokrine Drüsen

Exophthalmus [gr. *ophthalmos* Auge], ein- oder beidseitiges Hervortreten des Augapfels mit Einschränkung seiner Beweglichkeit, u. U. mit unvollständigem Lidschluß. Beruht auf versch. Ursachen wie entzündl. Erkrankungen und Durchblutungsstörungen im Bereich der Augenhöhle, Tumoren, Mißbildungen und vor allem Schilddrüsenüberfunktion →Basedow-Krankheit.

exopsychisch, außerpsychisch, unklare Bezeichnung für Eigenschaften, die nur das «Äußerliche» der Persönlichkeit betreffen sollen. Ggs. →endopsychisch

Exorzismus, «Austreiben» böser Geister aus sog. Besessenen. Vielfach religionsps. Erscheinung, zumal bei Bekehrungen, Taufen usw. →Besessenheit

expansiver Typus →Typologie

experiencing, Selbsterleben, Beachten von (Körper)signalen. Erfahrungen machen, die von persönlicher Bedeutung sind. Methodisches Prinzip erlebnisorientierter Therapie.

Experiment [lat. *experimentum* Versuch, Probe, Erfahrungsbeweis], wissenschaftl. Versuch. Das E. besteht in der absichtlichen Herbeiführung des zu untersuchenden Geschehens zum Zweck seiner Beobachtung. KANT hat das E. eine Frage an die Natur genannt. In den Naturwissenschaften hat sich das E. als ergiebigste Methode erwiesen und zu ihrem Fortschritt entscheidend beigetragen, insbes. auch durch seinen wechselseitigen Zusammenhang mit der →Theorie. Im E. wird stets eine unabhängige Variable verändert u. der dadurch hervorgerufene Effekt auf eine abhängige Variable beobachtet, während die übrigen am Geschehen beteiligten Variablen konstant bzw. unter →Kontrolle gehalten werden. Das beobachtete Ergebnis soll eine Hypothese über die Bedeutung der veränderten Variablen beantworten. Kennzeichen des E. sind: (1) Planmäßigkeit (auch «Willkürlichkeit», «Absichtlichkeit» genannt), (2) Wiederholbarkeit (Replikation) u. (3) Variierbarkeit. Alle drei Merkmale begründen die Überlegenheit der experimentellen über die nur gelegentliche Beobachtung.

Planmäßigkeit bedeutet, daß man es in der Hand hat, den Vorgang, auf dessen Eintreten man sonst u. U. lange warten müßte, zu einem beliebigen u. passenden Zeitpunkt hervorzurufen, u. dies unter günstigsten, weil möglichst genau kontrollierten Verhältnissen. Damit verbindet sich die Möglichkeit, Hilfsmittel der Beobachtung rechtzeitig vorzubereiten und störende Einflüsse fernzuhalten. Die Wiederholbarkeit (die aus der Planmäßigkeit folgt) ermöglicht die Ausschaltung von Zufallsergebnissen (→Fehler) u. die spätere Nachprüfung der Resultate durch andere Beobachter. Die Variierbarkeit (die aus der Beherrschung der Bedingungen u. der Wiederholbarkeit folgt) bedeutet, daß bei mehrfacher Ausführung des E. die Klassen der unabhängigen Variablen weiter verändert werden u. auch weitere unabhängige Variablen in das Geschehen eingeführt u. ihrerseits verändert werden können. Indem diese Variationen in geeigneter Weise isoliert u. kombiniert werden, lassen sich die Wirkungen der verschiedenen Bedingungen auf die abhängige Variable (bzw. auf mehrere abhängige Variablen) erkennen u. bei gegebenen Voraussetzungen auch quantitativ bestimmen.

Die exp. Untersuchung erfordert häufig die Anwendung technischer Hilfsmittel zur exakten Gestaltung, Beobachtung u. Registrierung des Geschehens, jedoch ist darin keine notwendige Bedingung für das E. zu sehen. Ebenso kann die mathematische Behandlung der Beobachtungsinhalte fehlen, ohne daß dadurch der exp. Charakter der Untersuchung verlorengeht. Keine Einmütigkeit besteht in der Beurteilung der Bedingungsvariation als einem unerläßlichen Wesensmerkmal des E. So werden die Tests der ps. Diagnostik meist als E. bezeichnet, obwohl hier die Bedingungsvariation notwendigerweise (Standardisierung) fehlt. Man kann jedoch alle Verfahren, bei denen wohl das betreffende Geschehen planmäßig ausgelöst wird, auf eine Variation der unabhängigen Variablen aber weitgehend oder ganz verzichtet wird, als «unvollständige E.» (PAULI) bezeichnen.

Psychologisches Experiment: In jedem ps. E. werden durch Reize bzw. Reizsituationen bestimmte ps. Prozesse hervorgerufen, die zu einem Verhalten führen, welches beobachtet werden kann. Charakteristisch für das ps. E. ist eine Aufteilung der Rollen zwischen einem Versuchsleiter (Vl) und einer oder mehreren Versuchspersonen (Vp, Vpn).

Dem Vl obliegt die Vorbereitung des E., die Auslösung der betreffenden ps. Prozesse durch entsprechende Beeinflussung der Vp (Instruktion u. Reizdarbietung) u. die Beobachtung u. Registrierung ihrer Reaktionen, oft auch die Auswertung der Beobachtungen. Die Vp hat als Träger des untersuchten Geschehens die Aufgabe, ihre Eindrücke zu beschreiben, oder auch nur die Aufgabe, instruktionsgemäß bestimmte Handlungen zu vollziehen. Ziel des E. kann es auch lediglich sein, bestimmte unwillkürliche körperliche Reaktionen der Vp (Ausdruckserscheinungen) zu beobachten. Technische Hilfsmittel des E. können dienen zur zweckmäßigen Beeinflussung der Vp (Gedächtnisapparate, Testmaterial u. dgl.) u. zur Registrierung ihrer Äußerungen (Film- u. Tonbandgeräte, elektrische Meßinstrumente u. dgl.).

Für die Unterscheidung einzelner Arten des ps.E. sind mehrere Gesichtspunkte maßgeblich: (1) Nach der allgemeinen Zielsetzung sind sie einzuteilen in Darstellungs- oder Beschaffenheitsversuche, wobei Vorgänge nur zum Zweck ihrer genaueren phänomenalen Kenntnis ausgelöst werden, Kausal- oder Verlaufsversuche, mit denen die Abhängigkeiten des Geschehens von verschiedenen Bedingungen festgestellt werden, u. schließlich Prüfungsversuche (Tests), die dazu dienen, Informationen zu gewinnen, die zur ps. Diagnose verwendet werden. Die Unterscheidung von Darstellungs- und Kausalversuchen stimmt im wesentlichen mit der von Erkundungs- u. Entscheidungsexperimenten (→experimentum crucis) überein. (2) Nach der Rolle der Vp im E. unterscheidet man Eindrucks- u. Ausdrucksversuche. Bei der ersten Art hat die Vp dem Vl eigene Beobachtungen (z. B. an einer geometrisch-optischen Täuschung) mitzuteilen; bei der zweiten Art stellt allein der Vl Beobachtungen (über das Verhalten der Vp) an (sprachliche od. schriftliche Lösung von Aufgaben, Anfertigen von Zeichnungen, auch absichtslose Ausdruckserscheinungen wie Mimik, Gestik gehören hierher). Beide Versuchsformen können miteinander kombiniert werden. (3) Nach dem Gesichtspunkt der rechnerischen Behandlung ist (nach METZ-

GER) zu unterscheiden zwischen rein qualitativen Versuchen, qualitativ-auszählenden Versuchen u. quantitativen Versuchen. (4) Nach dem Wissen der Vp um Zweck und Ziel des E. wird eingeteilt in wissentliche, halbwissentliche und unwissentliche Versuche. Eine Sonderstellung hat in diesem Zusammenhang der →Wirklichkeitsversuch, der gelegentl. die Form des Feldexperiments (→Feldstudie) hat. (5) Nach der Anzahl der gleichzeitig teilnehmenden Vpn sind Einzel- u. Gruppenversuche zu unterscheiden. Alle erwähnten Gesichtspunkte können auf jedes ps. E. angewendet werden. Welches Verfahren zu wählen ist, ergibt sich aus den jeweiligen Fragestellungen u. besonderen Verhältnissen. Die Interpretation der exper. Befunde, ihre Brauchbarkeit für die Falsifikation von →Hypothesen und die Frage der Verallgemeinerung auf komplexe Verhältnisse außerhalb des Labors sind viel diskutiert worden. Ein weiteres Problem ist die manchmal, bes. in sozialps. E., verwendete Täuschung von Vpn (vgl. IRLE 1979). BROADBENT (1973) hat die empirische Ps., in der E. gebraucht werden, mit guten Gründen verteidigt, die ethischen Probleme der exp. Forschung sind u. a. von SCHULER (1980) behandelt worden. →exp. Ps., →Versuchsplan. **[L]** CRAFTS et al. 1950, FISHER 1951, FRAISSE 1966, KIRK 1968, MEILI & ROHRACHER 1972, METZGER 1952, MITTENECKER 1970

Experimentalgruppe, Versuchsgruppe →Kontrollgruppe

experimentelle Ästhetik →Ästhetik, experimentelle

experimentelle Neurosen, in Tierversuchen künstlich hervorgerufene neuroseartige Erscheinungen. Sie werden erzeugt, indem die Versuchstiere vor für sie unlösbare Aufgaben gestellt werden, denen sie sich jedoch nicht entziehen können. Sie reagieren darauf oft mit schweren motorischen Störungen und sozialer Isolierung.

experimentelle Psychologie, das Experiment ist eine besondere Verfahrensweise, die experimentelle Psychologie demnach nicht ein eigenes Gebiet innerhalb oder neben der allgemeinen Psychologie, sondern lediglich eine Psychologie, die sich dieser Methode bedient, wo es angezeigt erscheint.

Andererseits ist die e.Ps. auch keine «Richtung» in der gebräuchlichen Bedeutung des Wortes, denn das Experiment wird in ganz verschiedenen Richtungen mit einander z. T. sogar widersprechenden Grundanschauungen angewendet (Assoziationspsychologie und Gestaltpsychologie, introspektive Psychologie und Behaviorismus). E.Ps. ist also die Bezeichnung für eine Forschungsweise und das Insgesamt ihrer Ergebnisse. • Seit ihrer Begründung durch FECHNER (1860) hat sich die e.Ps. rasch entwickelt; ihre Verfahren haben sich auf alle Gebiete der ps. Forschung und Praxis (hierzu kann man auch die Testps. rechnen) ausgebreitet. Die bis in die Gegenwart erhobenen Einwände, daß die komplexen psychischen Vorgänge (besonders Denken und Wollen) sowie Fragestellungen der Persönlichkeitskunde nicht experimentell erforschbar seien, sind durch die Entwicklung widerlegt. Die Grenzen der Anwendbarkeit des ps. Versuchs sind vor allem da gegeben, wo die experimentelle Einflußnahme nicht möglich ist (z. B. schicksalhafte Einflüsse) oder wirkungslos bleibt oder aus ethischen Gründen zu unterbleiben hat.

Die wichtigste Fehlerquelle und Grenze des ps. Experiments, der Einfluß der Versuchssituation auf die Vp, läßt sich in vielen Fällen durch wirklichkeitsgemäße Gestaltung des Versuchs umgehen. • Ausgesprochen experimentell orientierte Psychologen oder Richtungen sind z. B.: W. WUNDT und dessen zahlreiche, bedeutende Schüler, die Denkpsychologie, der Behaviorismus. In neuerer Zeit hat die e.Ps. durch die Verbindung mit der modernen Versuchsplanung und Statistik (R. A. FISHER u. a.) verstärkten Auftrieb erhalten. →Experiment. **[L]** BORING 1950, BRUNSWIK 1935, CRAFTS et al. 1950, FRAISSE & PIAGET 1963, FRÖBES 1920, GARRETT 1951, KLING & RIGGS 1971, LINDWORSKY 1931, PAULI & ARNOLD 1957, SELG & BAUER 1971, VALENTINE & WICKENS 1949

experimentelle Psychose →Modellpsychose

experimentelle Triebdiagnostik →Triebdiagnostik, experimentelle

Experimenter-Erwartungs-Effekte, die in der Sozialpsychologie des Experiments schon relativ frühzeitig beobachteten Phänomene (ROSENTHAL 1966), daß die Erwartungen der Versuchsleiter in nicht unerheblichem Ausmaße die Werte in den abhängigen Maßen eines Experiments beeinflussen können, wobei bewußte Täuschungen ausgeschlossen sind. Der Versuch, diese systematisch wirkenden Effekte in Lehrer-Schüler-Interaktionen zu nutzen (Pygmalion im Unterricht), in dem Lehrern suggeriert wird, bestimmte Schüler einer Klasse seien leistungsstärker als es ihre Noten bislang deutlich gemacht hätten (ROSENTHAL & JACOBSON 1971), haben sich jedoch nicht als stabil erwiesen. [L] BUNGARD 1984, MERTENS 1975, GNIECH 1976 *B. Six*

experimentum crucis, Experiment, das die Entscheidung über eine oder zwischen zwei und mehr Hypothesen oder Theorien herbeiführen soll. Die Suche nach dem e.c. spielt in der Geschichte der Naturwissenschaften eine erhebliche Rolle. Heute wird die wissenschaftstheoretische Auffassung «es gibt keine entscheidenden Experimente» (LAKATOS 1974) kaum noch bestritten, da Hypothesen prinzipiell nicht verifizierbar und durch ein einzelnes Datum auch nicht falsifizierbar sind. →Falsifikation. [L] LAKATOS 1974 *W. Glaser*

Expertensystem, Computerprogramm, das →Inferenzen auf der Grundlage von →Wissen ausführen kann und damit zu Schlußfolgerungen (Diagnosen, Entscheidungen) kommt, die sonst nur durch einen menschlichen Experten oder Praktiker möglich wären. E. gehören zu den wichtigsten Anwendungsgebieten der →künstlichen Intelligenz (KI), sie werden heute bereits praktisch eingesetzt zur medizinischen und technischen Diagnose, Konstruktion, Konfiguration von technischen Systemen (z. B. Rechneranlagen). Eine Sonderform der E. sind →Entscheidungsunterstützungssysteme. [L] HARMON & KING 1986 *A. Engelmann*

Explikation [lat. *explicare* auseinanderfalten], Erklärung, ausführende Darlegung. Nach CARNAP die Präzisierung der Bedeutung eines in der Umgangssprache vage und mehrdeutig gebrauchten Begriffs. Explizit: ausführlich dargestellt, ausdrücklich. →Implikation *D. Dörner*

Explizites Gedächnis (explicit memory), Gedächtnisinhalte, an die man sich bewußt erinnern kann. Vergleiche dazu →implizites Gedächtnis.

Exploration, ein aus der medizinischen Fachsprache stammender Begriff für das Eruieren psychopathologischer Erscheinungen mittels Befragung des Patienten. In die Psychologie wurde dieser Begriff für die Ermittlung normaler psychischer Vorgänge mittels Befragung des Pb übertragen. Im angloamerikanischen Sprachraum wird die E. als *interview* bezeichnet. Je nachdem, für welche Zwecke die E. verwendet wird, unterscheidet man zwischen der in der Meinungsforschung verwendeten E. (auch Interview genannt), welche persönliche Daten oder Tatbestände ermitteln soll, der E., bei der Unklarheiten, Widersprüche und Lücken einer diagnostischen Untersuchung beseitigt werden sollen, um weitere Hinweise zur Interpretation von Testergebnissen zu erhalten, und der E. als diagnostischer Methode zur Untersuchung von Persönlichkeitseigenschaften, Interessen, Werthaltungen, Einstellungen, Problemen und Denkweisen des Pb. Wird die E. als diagnostische Methode verwendet, so läßt sich die allgemeine oder informierende E., welche Tatsachenmaterial, Daten etc. liefern soll und eventuell Hinweise für die Gestaltung der Untersuchung, der Auswahl der Tests ergibt, von der gezielten E. zur Aufhellung bestimmter Probleme und Zusammenhänge unterscheiden. Für diesen Anwendungsbereich der E. stellen sich dann die Fragen nach den Testgütekriterien der E. →Anamnese *H. Häcker*

Explosivreaktion, abnorm heftiger, dem Anlaß nicht angemessener →Affektausbruch, besonders bei Psychopathen, Psychotikern, Alkoholikern; auch bei nervöser Belastung.

Exponentialverteilung, theoretische →Verteilung, die wegen ihrer mathematischen Handlichkeit oft bei der Formalisierung kognitiver Vorgänge benutzt wird und deren mathematische Gleichung $f(t) = a \cdot e^{-at}$ lautet, wobei $t \geq 0$ die Zeit und $a \geq 0$ ein freier Parameter – Rate oder Intensität genannt – ist. Mittelwert und →Standardabweichung dieser Verteilung sind identisch, d. h. $\mu = \sigma = 1/a$. Die E. kann man auch als das kontinuierliche Analogon der geometrischen Verteilung betrachten. Die wichtigste mathematische Eigenschaft der E. ist ihre «Gedächtnislosigkeit»; diese kann man folgendermaßen beschreiben: die Dauer T eines Prozesses sei exponentialverteilt mit der Dichte $f_T(t) = a \cdot e^{-at}$. Ist der Prozeß bis zu einem beliebigen Zeitpunkt c noch nicht abgeschlossen, so ist die noch verbleibende Dauer T* ebenfalls exponentialverteilt mit $f_{T*}(t) = a \cdot e^{-at}$. Die Summe unabhängiger exponentialverteilter Zufallsvariablen folgt der allgemeinen ERLANGschen Verteilung. [L] TOWNSEND & ASHBY 1983 *R. Ulrich*

Exposition, in der experimentellen Ps. das Darbieten einer Vorlage (z. B. Zeichnung, Test), zu der dann später Angaben zu machen sind. Expositionszeit ist die Zeitdauer der Darbietung.

Expositionstherapie →Konfrontationstherapie

expressive Disposition, nach KRECH et al. (1962) eine primäre interpersonale (soziale) Verhaltenseigenschaft, wie z. B. Rivalität (Nicht-Rivalität, Kooperationsneigung); Aggressivität (fehlende Aggressivität); Befangenheit durch extreme Selbstbeobachtung und Empfindlichkeit (Unbefangenheit)

Expressivität, (ps.) die individuelle, von Begabung, Temperament etc. abhängige und daher unterschiedliche (mitmenschliche) Ausdrucksfähigkeit. →Ausdruck • (biol.) Der Ausprägungsgrad bei Erbanlagen.

Expropriozeption, Differenzierung des Begriffs der →Propriozeption i. S. GIBSONS; Propriozeption wird eingeschränkt auf die Wahrnehmung von Haltungen und Bewegungen relativ zum eigenen Körper, Expropriozeption bezeichnet die Wahrnehmung von Haltungen und Bewegungen relativ zur Umwelt.

H. Heuer

Exstirpation [lat. *exstirpare* «mit der Wurzel» herausreißen], operative Entfernung von Organen (Organteilen), insbes. Herausnahme eines Teils des Gehirns zur Feststellung der Funktion dieses Teils auf Grund der Verhaltensausfälle (Verhaltensänderungen), die durch die operative Entfernung entstehen. →Ablation. Solche Versuche wurden zuerst von S. I. FRANZ 1902 ausgeführt (LASHLEY et al.). [L] LASHLEY 1929, GUTTMANN 1981

Extension [lat. *extendere* ausstrecken, dehnen], Ausweitung, Begriffsumfang. • (med.) Strecken (z. B. eines Muskels). →Intension

Extensionsreflex, Streckreflex (z. B. bei Gliedern)

extensive Vorstellungen, nach WUNDT die Gruppe der räumlichen und zeitlichen Vorst. Ggs. intensive Vorst. syn. Sinnesvorst.

externale Kontrollüberzeugung →Verstärkerkontrolle

Externalisation, (allg.) nach außen verlegen. • (ps.) Eigene Prozesse auf die Umwelt verlegen. • Der Vorgang, durch den ein Antrieb eher durch eine äußere Reizung als durch eine innere ausgelöst wird. • Der Prozeß, durch den ein Kind allmählich zwischen sich und der äußeren Umwelt unterscheiden lernt.

externer Speicher, bezeichnet in der Gedächtnisps. die Verlagerung aufzunehmender und später wiederzugebender Informationen nach «außen» in Form des Anlegens von Notizen, Tonbandaufzeichnungen u. dgl. [L] MUTHIG & SCHÖNPFLUG 1981

externe Validität, das Ausmaß, in dem es gerechtfertigt ist, einen empirischen Befund auf bestimmte Gesamtheiten von Individuen, Situationen und Operationalisierungen zu generalisieren; oft ist auch das Ausmaß gemeint, in dem ein unter künstlichen Bedingungen gewonnener Befund auf natürliche Situationen übertragbar ist. Generalisierungen dieser Art setzen jedoch eine Begründung von Regeln der →Induktion voraus, was bis heute nicht gelungen ist. Im Rahmen einer deduktivistischen Methodologie (→Kritischer Rationalismus) ist die Frage nach der e.V. durch die Fragen nach der Adäquatheit von Hypothesentests bzw. nach der Bestätigung von Hypothesen zu ersetzen. In bezug auf eine Untersuchung ist zu fragen: Sind die in der Untersuchung hergestellten oder aufgesuchten Bedingungen repräsentativ für die von der Hypothese gemeinten, d. h. ist die Operationalisierung überzeugend? In bezug auf eine Hypothese (oder Theorie): Wie vielfältig (Verschiedenartigkeit der Personen, Situationen, Operationalisierungen) waren die Tests, die die zu beurteilende Hypothese bestanden hat? Hat die Hypothese auch Tests unter natürlichen, praxisbezogenen Bedingungen bestanden? [L] CAMPBELL & STANLEY 1963, GADENNE 1976, 1984, BREDENKAMP 1980

V. Gadenne

exterozeptiv, Exterozeptoren →Rezeptor

Exterozeptivreflex, Fremdreflex, z. B. Pupillenreflex. →Eigenreflex

Extinktion [lat. *extinguere* auslöschen], das Auslöschen (Schwächen) von Gedächtnisinhalten, z. B. bei mangelnder Bekräftigung (→Verstärkung) oder Aufhören der Abhängigkeit beim →bedingten Reflex. →Auslöschung

Extrapolation, Bestimmung eines außerhalb einer Wertreihe gelegenen Wertes durch Weiterführen der innerhalb der Wertreihe gefundenen Gesetzmäßigkeit. →Interpolation

extrapyramidale Wirkungen, bei der Behandlung mit →Neuroleptika auftretende Bewegungsstörungen, die Ausdruck einer verminderten Bioverfügbarkeit von →Dopamin im nigrostriatalen System sind *W. Janke*

extrapyramidales System, (syn. extrapyramidales motorisches S., striopallidäres S., striäres S., myostatisches S.), der nicht über die Pyramidenbahnen verlaufende Teil des efferenten motorischen Systems. Die extrapyramidalen Efferenzen entspringen in etwa den gleichen motorischen Arealen des Cortex wie die Pyramidenbahn (= Tractus cortico-spinalis) und verbindet diese ebenfalls mit dem Hirnstamm. Die Unterscheidung beider ist im wesentlichen rein anatomisch, da funktional offenbar keine greifbaren Unterschiede zu bestehen scheinen.

Das e.S. umfaßt eine Reihe von Gebieten des Gehirns und Leitungsbahnen, die außerhalb der Pyramide in das Rückenmark absteigen. Hierzu gehören vom Cortex und von den Basalganglien kommende Strukturen. Weiterhin funktionell die Mittelhirnkerne (*nucleus ruber, substantia nigra*, sowie Teile der *formatio reticularis*). Die Fasern des e.S., die in mehr oder weniger deutlich geschlossenen Bahnen in das Rückenmark laufen, sind hier im Gegensatz zur Pyramidenbahn in der Regel mehrfach unterbrochen und zum Teil miteinander verkoppelt, und enden überwiegend an den spinalen Schaltneuronen, deren Erregung dort auf die motorischen Vorderhornzellen übertragen wird. Funktionell wird das e.S. in einen die Vorderhornzellen hemmenden und einen bahnenden Anteil gegliedert. Die nur zum Teil dem Willen unterstehenden extrapyramidal-motorischen Bahnen vermitteln willkürliche sowie die unwillkürlichen, angeborenen und erlernten automatischen Bewegungen des Körpers und ihre unbewußte Steuerung (Regelung des Muskeltonus, Koordinierung durch Agonisten-Antagonisten-Spiel, Körperhaltung). Störungen des e.S. liegen beim →PARKINSON-Syndrom vor (Transmitter-Defekt). **[L]** MÖRIKE 1989, BIRBAUMER & SCHMIDT 1991 *C. Becker-Carus*

extrasensory perception (ESP) →außersinnliche Wahrnehmung

Extratension, extratensiver Typus →Typologie (Erlebnistypen)

Extraversion, extravertierter Typ [lat. *extra* außen, hinaus; *vertere* wenden], Einstellungstyp nach C. G. JUNG, komplexe Grunddimension in den →Faktorentheorien der Persönlichkeit. →Typologie (Einstellungstypen)

Extraversion – Introversion, Persönlichkeitseigenschaft, welche sich auf die Dimension Ich-Umwelt bezieht. Bei der E. liegt der Schwerpunkt auf der Umweltaufgeschlossenheit und der Kontaktsuche mit der Umwelt. Bei dem Pol der I. handelt es sich um gesteigerte Ichbetonung und mangelnde Beziehung zur Außenwelt. Während EYSENCK die E. auf dem Typenniveau mittels Fragebogenitems mißt, setzt sich die Extraversionsmessung bei CATTELL auf Fragebogenniveau aus 5 Komponenten zusammen. CATTELL faßt die Fragebogenfaktoren zu einem Faktor 2. Ordnung (E.) zusammen. Auf der Basis →objektiver Tests konnte CATTELL ebenfalls einen Extraversionsfaktor (→U.I.) identifizieren. **[L]** PAWLIK 1968 *H. Häcker*

Extremgruppenmethode, statistische Methode zur Ermittlung eines Validitätskennwertes. Man vergleicht dabei zwei Gruppen von Vpn, bei denen die eine Gruppe das zu validierende Merkmal in extrem hohem Grade und die andere Gruppe das Merkmal in extrem niedrigem Ausmaß besitzt.

Extremscheueffekt, Beurteilungsfehler, bei dem die Tendenz zu mittleren Urteilen (zentrale Tendenz) auf eine Scheu vor Härte und Eindeutigkeit zurückgeführt wird.

extrinsisch, aus äußerem Antrieb. Ggs. →intrinsisch

extrinsische Motivation, →autochthone Dynamik, →Motivation, →intrinsische Motivation

extrospektiv, auf Fremd- bzw. Ausdrucksbeobachtung beruhend, Fremdbeobachtung betreibend. Ggs. introspektiv. →Beobachtung

Extroversion, extrovertiert, gebräuchlicher →Extraversion, extravertiert

Exzess, statistische →Maßzahl zur Kennzeichnung der Steilheit einer →Verteilung. E. wird auch als Kurtosis bez.

Exzitabilität, Exzitation [lat. *excitare* antreiben], Reizbarkeit, Erregung, Aufregung

exzitatorisches Potential →Reaktionspotential

Eysenck, Hans-Jürgen (1916–1997), verließ Deutschland aus pol. Gründen 1934 und studierte in Dijon und Exeter. Erste Psychologie-Vorlesungen 1935 in London. 1940 Ph.D., anschl. (mit Unterstützung von A. LEWIS) Chair am Maudsley Hospital/Inst. f. Psychiatrie. Prof. i. London. Erste Ausbildung Klinischer Psychologen in GB im von ihm gegründeten Dept. of Psychology, erste Anwendung der noch neuen Verhaltenstherapie. Mit strikter naturwissenschaftlicher Ausrichtung Forschungsschwerpunkte im Bereich der Persönlichkeitstheorien, Intelligenz, Einstellungen, Verhalten – unter Kombination verschiedener Forschungstraditionen. Zahlreiche Publikationen, wobei seine z. T. sehr non-konformen Theorien häufig kontroverse Diskussionen provozierten.

Eysenck-Index →REES-EYSENCK-Index

Eysenck-Intelligenztest **[T]** EYSENCK

EZ, Abk. für eineiige Zwillinge

F

Fabel-Test [T] Düss

face-to-face-Kommunikation, unmittelbare, unvermittelte →Kommunikation, →Gruppe

face validity, Augenscheinvalidität, keine →Validität im technischen Sinne. Die f.v. bezieht sich auf das, was der Test für den Pb bzw. für denjenigen, der den Test anwendet, augenscheinlich mißt. Sie wird deshalb für einen Test gefordert, weil sie maßgeblich das Verhältnis von Pb und Test bestimmt.

facialis [lat.], zum Gesicht gehörend, mimisch

Facialisparese, Facialislähmung →Dysglossie

Facies [lat.], Gesicht, Außenfläche, insbes. auch Gesichtsausdruck des leidenden Menschen (f. *dolorosa*). Beispiele: f.-*composita* (das gesunde Gesicht), f. *decomposita,* syn. *hippocratica* (das kranke Gesicht, das schon von Hippokrates beschrieben wurde), f. *mongolica* (Gesichtsausdruck bei →Down-Syndrom), f. *tetanica* (Starrkrampfgesicht), f. *gastrica* (Ausdruck bei chronisch Magenkranken mit tiefen Nasolabialfalten).

faciobuccolinguale Apraxie →Apraxie

FACS, Abk. f. *Facial Action Coding System,* ein von Ekman & Friesen entwickeltes, auf den schwedischen Anatomen Hjortsjö (1970) zurückgehendes System zur Beschreibung der Mimik. Anhand von 33 *Action Descriptors* können Elemente mimischer Veränderungen auf funktional anatomischer Basis beschrieben werden. Ein Anheben der inneren und äußeren Augenbrauen ist z. B. AU 1+2, ein offenes Lachen die AU 6+12+26. Das Verfahren wird mit Hilfe eines Lehrfilms und eines ausführlichen Manuals erlernt; durch einen abschließenden Text wird von Ekman & Friesen (1978) der Lernerfolg kontrolliert. Das Verfahren erfordert Beobachtung im Zeitlupentempo von Film oder Video und ist daher äußerst zeitaufwendig. Es liefert allerdings einen der wenigen Zugänge, die weitgehend interpretationsfrei die Beschreibung auch komplexen mimischen Geschehens erlauben (Vorläufer →FAST). *H. Ellgring*

FACT [T] Flanagan

Fadenversuch, von Wundt begründeter Versuch zur Tiefenwahrnehmung, bei dem gespannte Fäden, die durch einen Spalt vor grauem Hintergrund gesehen werden, auf gleiche Ebene einzustellen sind.

fading, Prinzip abnehmender Lernhilfen beim →programmierten Unterricht.

Fähigkeit [engl. *ability*], die Gesamtheit der zur Ausführung einer bestimmten Leistung erforderlichen Bedingungen. In der Lebensgeschichte entstandene, komplexe Eigenschaften, die als verfestigte Systeme verallgemeinerter ps. Prozesse den Tätigkeitsvollzug steuern (Hacker 1973). Eine Fähigkeit wird operationalisiert durch eine bestimmte Leistung in einem Test, wobei man davon auszugehen hat, daß die F. im Test nur unvollständig erfaßt wird. Zum Zwecke der Einteilung der Tests faßt Cronbach (1970) den Begr. der F. etwas enger. Von Tests für Fähigkeiten würde man demnach sprechen, wenn der Pb den für ihn maximal erreichbaren Testwert erhalten möchte. →ability *H. Häcker*

Fahrtauglichkeit, syn. Fahreignung →Verkehrspsychologie

Faktor, (allg.) Einflußgröße, Bestimmungsgröße; (math.) Kenngröße; in der Versuchsplanung: Versuchsbedingung, die im Versuch variiert wird; faktorenanalytisch: math. Größe, die aus der Matrix der Interkorrelationen gewonnen wird. Der F. stellt ein hypothetisches →Konstrukt dar, welches selbst nicht beobachtbar ist. Da sich die statistischen Beziehungen zwischen einzelnen Variablen (Korrelationen) auch geometrisch als Winkelfunktion darstellen lassen, spricht man von den Faktoren auch als den Dimensionen. Dem F. wird unterschiedliche Bedeutung zugeordnet. Vom Modell her sind es Abstraktionen, die durch nicht gegebene Voraussetzungen oder Fehlervarianz als →deskriptive Konstrukte noch eingeschränkt werden müssen. Während manche faktorenanalytisch orientierte Persönlichkeits- bzw. Intelligenzforscher die Replizierbarkeit identischer Faktorenstrukturen über verschiedene Stichproben, Variablen und Situationen hinweg als einen Hinweis für die Bedeutung des F. als verursachende Größe ansehen, wird man auf Grund der Ergebnisse der faktorenanalytisch gewonnenen Dimensionen die F. eher dazu heranziehen, um Hypothesen für weitere Experimente und Untersuchungen zu gewinnen. →Faktorenanalyse, →faktorieller Versuchsplan, →Intelligenzfaktor, →Persönlichkeitsfaktor. [L] PAWLIK 1976, ÜBERLA 1968

H. Häcker

Faktoren →Gestaltgesetze, Faktorenanalyse

Faktorenanalyse, eine aus ps. Fragestellungen entwickelte Gruppe von Methoden der multivariaten Analyse; ihr Ziel ist es, die Vielfalt korrelativer Beziehungen zwischen einer größeren Anzahl von Variablen eines Bereiches auf eine kleinere Zahl von «Faktoren» zurückzuführen, aus denen sich die einzelnen Variablen in unterschiedlicher Weise zusammensetzen.

Die ursprüngliche Fragestellung (SPEARMAN, THURSTONE et al.) bezog sich auf Anzahl und Art der Faktoren, welche den verschiedenartigen intellektuellen Leistungen (bzw. der großen Zahl mehr oder weniger hoch miteinander korrelierender Tests für geistige Fähigkeiten) zugrunde liegen. Das formale Modell der Faktorenanalyse geht von der (oft vereinfachenden) Voraussetzung aus, daß eine Variable z_j additiv aus einzelnen Faktoren zusammengesetzt gedacht werden kann (lineares Modell). Dabei können folgende Arten von Faktoren unterschieden werden: (1) «Gemeinsame Faktoren», das sind solche, die in mehr als einer Variable vorkommen: (a) «Allgemeiner Faktor», ein Faktor, den alle Variablen eines Bereiches gemeinsam haben; (b) «Gruppenfaktoren», die in einem Teil der Variablen des gesamten Bereiches vorhanden sind; (2) «Spezifische Faktoren», solche, die nur zu einer einzigen Variablen beitragen. Das Vorhandensein gemeinsamer Faktoren wird angezeigt durch die Korrelationen von Variablen, die mindestens je einen Faktor gemeinsam haben. Spezifische Faktoren bleiben einer Analyse, welche von den Interkorrelationen (das sind sämtliche $\frac{n\,(n-1)}{2}$ Korrelationen zwischen je zwei Variablen einer Menge von n Variablen) ausgeht, unzugänglich. Nach einem linearen Faktorenmodell setzt sich die Variable zj wie folgt zusammen (sämtliche Variablen und Faktoren sind in standardisierter Form $z = \frac{X-\mu}{\sigma}$, haben somit einen Mittelwert μ von 0 und eine Standardabweichung σ von 1,0):

$$z_{ji} = a_{j1}F_{1i} + \ldots a_{jm}F_{mi} + b_jS_{ji} + c_jE_{ji}.$$

z_{ji} ist der konkrete Skore des Individuums in der Variable j. Er setzt sich zusammen: (a) aus Beiträgen von m Skores Fpi des Individuums in den Faktoren F_{pi} (1, 2, ..., p, ..., m), die (b) mit Gewichtszahlen a_{jp} («Faktorenladungen») versehen sind, welche typisch für die Zusammensetzung der Variable j aus den Faktoren 1, 2, ..., m sind; (c) b_j und S_{ji} sind die entsprechenden Werte für den spezifischen Faktor, cj und Eji für den unsystematischen Rest (Zufallsfehler), der mit keinem anderen Anteil korreliert. Betrachtet man die Skores einer großen Zahl von Individuen $z_{j1}, z_{j2}, z_{j3}, \ldots, z_{ji}, \ldots z_{jn}$, dann hat die Verteilung dieser Werte (mit Varianzen von 1,00!) eine Standardabweichung

$$\sigma_j^2 = 1 = a_{j1}^2 + a_{j2}^2 + \ldots + a_{jm}^2 + b_j^2 + c^2$$
$$[+ 2(a_{j1}a_{j2}r_{F1F2} + \ldots + a_{jm}c_jr_{F_mc_j})\ ]$$

Der Ausdruck in eckiger Klammer fällt weg, wenn die Faktoren voneinander unabhängig sind, d. h. nicht miteinander korrelieren. Da der spezifische Faktor in der Faktorenanalyse nicht direkt in Erscheinung tritt, erhält derjenige Anteil der gesamten Varianz ($\sigma_j^2 = 1$), welcher aus gemeinsamen Faktoren besteht, eine besondere Bedeutung, er wird Kommunalität h^2 *(communality)* genannt:

$$h_j^2 = a_{j1}^2 + a_{j2}^2 + \ldots a_{jm}^2$$

Eine Faktorenanalyse gibt nicht nur über das Muster der «Faktorenladungen» Aufschluß, aus denen sich die Kommunalitäten der Beobachtungsvariablen zusammensetzen, sondern auch über die Korrelation der einzelnen Faktorenskores Fp (p = 1,2 ..., m) mit den Skores in den Beobachtungsvariablen z_j (j = 1,2 ..., n); diese Korrelationen $r_{zj}F_p$ haben ebenfalls ihre Bedeutung bei der inhaltlichen Interpretation einer Faktorenanalyse. Im häufigen Falle nichtkorrelierter Faktoren entspricht $r_{zj}F_p = a_{jp}$, d. h., die Korrelation der Faktorenskores mit den Variablenskores ist identisch mit den Faktorenladungen. Die Gesamtheit der Korrelationen der Faktorenskores mit den Variablen heißt Faktorenstruktur. Für die konkrete Durchführbarkeit einer Faktorenanalyse aus Beobachtungsdaten ist von entscheidender Bedeutung, daß sich zeigen läßt, in welcher Weise die beobachtbaren Korrelationen r der Variablen $z_1, z_2, \ldots, z_j, \ldots, z_n$ untereinander ($r_{12}, r_{13}, \ldots, r_{jk}$) mit den gemeinsamen Faktoren $a_1, a_2, \ldots, a_p, \ldots, a_m$ zusammenhängen. Die beste Näherung r'_{jk} einer jeden Korrelation r_{jk} hat im Falle unkorrelierter Faktoren eine sehr einfache Beziehung zu den Ladungen der gemeinsamen Faktoren; sie stellt nämlich die Summe der Faktorenprodukte dar:

$r'_{jk} = a_{j1}a_{k1} + a_{j2}a_{k2} + \ldots a_{jm}a_{km}$.

Für n verschiedene Beobachtungsvariablen gibt es nur $\frac{n(n+1)}{2}$ linear unabhängige Gleichungen $r'_{jk} = \sum_{p=1}^{p=m} a_{jp}a_{kp}$ (da $r_{jk} = r_{kj}$), dagegen $n \times n$ Größen a_{jp}. Diese können daher nicht eindeutig bestimmt werden. Das bedeutet, daß eine große Zahl von Lösungsmöglichkeiten für die Größe a_{jp} existiert; in der geometrischen Interpretation der Faktorenstruktur als Darstellung von n Vektoren in einem m-dimensionalen Raum tritt diese Unbestimmtheit als Problem der Rotation der Bezugsachsen zu einer bevorzugten Lösung auf. Diese Auswahl einer Lösung ist formal beliebig; sie kann nur auf Grund von inhaltlichen Kriterien des Forschungsgegenstandes selbst (Hypothesen über die Natur der erwarteten Faktoren) erfolgen. THURSTONE hat als erster versucht, ein allgemeingültiges Prinzip zur Bestimmung einer eindeutigen Lösung aufzustellen («Rotation zur →Einfachstruktur», siehe auch unten).

In der Darstellung mit Hilfe der Matrix-Algebra wird die Gesamtheit der Korrelationen r'_{jk} als Matrix R von der Größe $n \times n$ dargestellt, wobei sich in der Diagonale die Kommunalitäten h_j^2 befinden, die nach bestimmten Verfahren geschätzt werden müssen. Das fundamentale →Faktoren-Theorem THURSTONES, von dem alle rechnerischen Methoden zur Bestimmung der Faktorenstruktur ausgehen, lautet: R = FF', worin F die Matrix der m Faktoren mal n Variablen, F' die transponierte Matrix ($n \times m$) bedeutet.

In der Praxis wird so vorgegangen, daß im ersten Schritt – durch seit langem bekannte mathematische Methoden zur Lösung von linearen Gleichungssystemen mit mehreren Unbekannten – irgendeine rein formal ausgezeichnete Lösung für die Faktoren-Matrix F bestimmt wird. Die bevorzugte Methode ist dabei die sog. Hauptachsenmethode; es wird zuerst ein Faktor a_1 bestimmt, dessen Beitrag zur gesamten Faktorenmatrix (d. h. zur Kommunalität der n Variablen) ein Maximum ist: $a_{11}^2 + a_{21}^2 + a_{31}^2 \ldots + a_{n1}^2 = \max$; sodann ein zweiter Faktor, dessen Beitrag zur Restkommunalität (der Kommunalität, welche nach Entnahme des ersten Faktors aus der Korrelationsmatrix übrigbleibt) wieder maximiert wird usw. Dieses Verfahren wird solange fortgesetzt, bis die gesamte Kommunalität der Variablen von der Analyse erreicht ist, bis $\sum a_{1j}^2 = h_1^2$, $\sum a_{2j}^2 = h_2^2$ usw. Eine möglichst genaue Schätzung von h^2 ist deswegen von großer Bedeutung; von ihr hängt es ab, ob die Zahl der zu extrahierenden Faktoren eindeutig bestimmt ist. Ein früher angewandtes Näherungsverfahren für die Hauptachsenmethode ist die →Centroidmethode.

Der zweite praktische Schritt einer Faktorenanalyse ist die Transformation der nach der «Hauptachsenmethode» oder einer anderen Methode erhaltenen Faktorenstruktur F in eine andere Faktorenstruktur F_2, die einerseits dem fundamentalen Faktoren-Theorem FF'= R genügt (d. h. mit deren Hilfe die Korrelationen als Faktorenprodukte erklärt werden können), die andererseits aber auch eine optimale Erklärung vom Gegenstand der Untersuchung her erlaubt. Dazu hat THURSTONE, ausgehend von dem allgemeinen wissenschaftlichen Ökonomieprinzip, ein Prinzip der →Einfachstruktur formuliert.

Probleme und Voraussetzungen bei der Anwendung der Faktorenanalyse:

(1) Es muß der zu analysierende Bereich von Variablen vor der Analyse möglichst klar abgegrenzt sein. (2) Repräsentative Auswahl aller möglichen Variablen des Gesamtbereichs. Jeder Faktor eines Bereichs muß in mindestens zwei Variablen mit nennenswerten Ladungen vertreten sein. (3) Überprüfung der Gültigkeit der Voraussetzungen für die Faktorenanalyse: Die Variablen sind nur selten exakt normal verteilt, die Regressionen der Variablen aufeinander sind häufig nichtlinear (der Produkt-Moment-Koeffizient erfaßt jedoch nur die lineare Komponente); schließlich ist oft noch grundsätzlich zu bezweifeln, daß die den Variablen zugrundeliegenden Dimensionen, so weit es sich nicht um bloß operationale Einheiten wie in der →Cluster-Analyse handelt, additiv zusammenwirken. Alle diese Schwierigkeiten lassen vermuten, daß die Voraussetzung für die Faktorenanalyse in der Regel nicht erfüllt, ihre Anwendung daher nicht legitim, ihre Ergebnisse nicht verwertbar sein werden. In einer Reihe von Analysen von konstruierten Korrelationsmatrizen, deren faktische Zusammensetzung a priori feststand (z. B. THURSTONE), wurden jedoch trotz absichtlicher Nichterfüllung der Vorraussetzungen Ergebnisse erzielt, in denen die zugrunde liegenden Dimensionen der Zahl und Art nach noch klar erkennbar wa-

ren. Dies rechtfertigt eine vorsichtige Anwendung der Faktorenanalyse (in ihrer gegenwärtigen Form) auf komplexe Untersuchungsgegenstände, wie sie in der Psychologie und den angrenzenden Wissenschaften vorgefunden werden. (4) Die Interpretation der Ergebnisse richtet sich in erster Linie auf die Ermittlung der «Bedeutung» der erhaltenen Faktoren; erst auf der Grundlage einer vorläufigen Vorstellung von der Natur eines Faktors können fruchtbare Hypothesen zu weiteren Kausaluntersuchungen (experimentellen und systematischen Beobachtungen) ausgearbeitet werden. Das übliche Vorgehen zur Entwicklung einer Vorstellung über die Bedeutung eines Faktors ist die Betrachtung der Variablen, welche in einem Faktor hohe bzw. Null-Ladungen aufweisen.

Unter Kritikern der Faktorenanalyse, aber auch unter den Benutzern der Methode selbst, herrscht noch nicht Klarheit und Einigkeit über die wissenschaftstheoretische Bedeutung der Faktorenanalyse, vor allem über die Frage, ob dadurch «reale» Gegebenheiten oder bloß operationale Zusammenfassungen von beobachteten Beziehungen zwischen realen Vorgängen und Zuständen gewonnen werden. Es dürfte sich zwar um keine fundamentale Alternative zwischen «wirklichen» und operationalen oder konventionellen «Faktoren» und «Dimensionen» handeln, es sind aber viele Ergebnisse, die mittels Faktorenanalyse gewonnen werden, infolge von «Versuchsfehlern» im weitesten Sinn des Wortes mangelhaft und daher nur vorläufig interpretierbar.

Modifikationen der Anwendung der Faktorenanalyse:

Obwohl der häufigste Fall der Anwendung der Faktorenanalyse die Analyse von Interkorrelationen von n Merkmalen an N Personen ist (R-Analyse), ist sie prinzipiell nicht auf diese Art von Korrelationen beschränkt (siehe z. B. CATTELL). Es können genauso gut Interkorrelationen von n Personen an N Merkmalen (Typenanalyse →Q-Technik); von n Gelegenheiten (Zeitpunkten), zu denen Einzelmerkmale gemessen werden, an N Personen usw.; ganz allgemein Interkorrelationen von n Daten an N Einheiten analysiert werden, ohne daß irgendwie Beschränkungen bezüglich Art der Daten und der Einheiten besteht, außer den schon genannten allgemeinen Voraussetzungen und der weiteren, daß n wesentlich kleiner sein soll als N. Nur unter diesen Bedingungen können eindeutige Lösungen resultieren (→Kovariationsschema). Neuerdings können mittels dreimodaler (oder trimodaler) F. (TUCKER) dreidimensionale Datenmatrizen ausgewertet werden, z. B. die Maßzahlen von n Personen in N Merkmalen in O Situationen.

Die R-Analyse wird in der ps. Forschung bislang am häufigsten im Bereich der Fähigkeiten-Analyse (seit SPEARMANS ersten Versuchen dazu, mit Auffindung eines →g-Faktors der Intelligenz, und den späteren Analysen von THURSTONE, GUILFORD und MEILI zu den «Primärfähigkeiten») und der Persönlichkeitseigenschaften (CATTELL, GUILFORD, EYSENCK) eingesetzt. [L] CATTELL 1950, EYSENCK 1947, 1953, J. P. GUILFORD, 1959, 1967, HARMAN 1967, MEILI 1953, 1966, PAWLIK 1968, THURSTONE 1947, ÜBERLA 1968

E. Mittenecker

Faktoren-Theorem, fundamentales, nach THURSTONE (1947) der Ausgangspunkt aller rechnerischen Methoden zur Bestimmung der Faktorenstruktur, welche einer Interkorrelationsmatrix zugrunde liegt. Das F. lautet: R = FF', wobei R eine Matrix von n.n Korrelationen (mit den Kommunalitäten h2 in der Diagonale), F eine Matrix von m Faktoren für n Variablen und F' die transponierte Matrix n.m bedeutet. →Faktorenanalyse

E. Mittenecker

Faktorentheorien der Persönlichkeit, diejenigen Persönlichkeitstheorien, deren Beschreibungsdimensionen (→Persönlichkeitsfaktor) mittels der Methode der →Faktorenanalyse die untersuchten Persönlichkeitsvariablen kategorisieren. • Die gewonnenen Persönlichkeitsfaktoren hängen stark von den unterschiedlichen Ausgangsdaten (→L-Daten, →Q-Daten oder →F-Daten, →T-Daten) ab.

Die Faktorentheorie von R. B. CATTELL

CATTELL versteht unter Persönlichkeit die Gesamtheit der nicht situativen Verhaltensbedingungen, die eine Prognose darüber ermöglichen, wie sich jemand in einer gegebenen Situation verhalten wird. Die Reaktion R eines Individuums ist nicht nur eine Funktion f seiner Persönlichkeit P, sondern auch der bestimmten Situation S. Die «Verhaltensgleichung» von CATTELL berücksichtigt deshalb beide Größen

$$R = f(S\ P)$$

Um die «Gesamtsphäre der Persönlichkeit» zu erfassen, sammelte CATTELL im gesamten englischen Sprachraum alle Wörter, die Erlebnisse und Verhaltensweisen bezeichnen, reduzierte diese mittels verschiedener Techniken (z. B. →Cluster-Analyse) auf 36 verschiedene Variablen, die er *«surface-traits»* oder Oberflächeneigenschaften nennt. Die Faktorenanalyse der Interkorrelationen dieser Oberflächeneigenschaften lieferte 16 bipolare Faktoren (→Persönlichkeitsfaktor), die CATTELL als fundamentale Persönlichkeitsdimensionen, Grundeigenschaften oder *«source traits»* mehrfach und übereinstimmend aus L- und Q-Daten extrahierte. Der 16-P.F.-Test ([**T**] CATTELL) ist ein Instrument zur Messung dieser Dimensionen.

Diese 16 fundamentalen Persönlichkeitsdimensionen sind abhängige Faktoren. Aus der zugehörigen Interkorrelationsmatrix extrahierte CATTELL Faktoren zweiter Ordnung, die z. T. mit den Grunddimensionen von EYSENCK und GUILFORD übereinstimmen. Neuere Untersuchungen (z. B. BECKER 1961, MITCHELL 1963) ermöglichten eine exakte Integration des Faktorensystems von CATTELL, EYSENCK und GUILFORD und bestätigten übereinstimmend folgende komplexe Grunddimensionen als Teilbereiche der Persönlichkeit:

- Extraversion vs. Introversion (CATTELL, EYSENCK, GUILFORD). Charakteristikum der Extraversion ist besondere Umweltaufgeschlossenheit, intensive Kontaktbereitschaft und erhöhte Ansprechbarkeit auf Außenreize. Introversion charakterisiert den gegensätzlichen Pol.
- Angst vs. emotionale Anpassung (CATTELL, GUILFORD bei EYSENCK Bez. →Neurotizismus). Charakteristikum: Intensität und Kontrolle emotionaler Reaktionen. Diese Persönlichkeitsdimension deckt auch die Tendenz zu bestimmten Antwortstilen ab (HUNDLEBY et al.), nämlich dem Ja-Sage-Antwortstil *(«acquiescence response set»)* und dem Wertigkeits-Antwortstil *(«social desirability response set»)*.
- Gefühlsbestimmtheit oder Gefühlsbetontheit (CATTELL, GUILFORD). Dieser Persönlichkeitsfaktor zweiter Ordnung basiert auf dem Gegensatz zwischen einer mehr gefühlsbestimmten, phantasievollen Grundhaltung und nüchternen, korrekten Denk- und Verhaltensweisen.
- Als weitere, weniger komplexe Persönlichkeitsdimensionen treten hinzu: (4) Unabhängigkeit der Meinungsbildung, (5) Kooperationsbereitschaft, (6) Willenskontrolle und Persistenz.

Die Faktorentheorie von J. B. GUILFORD

Die Persönlichkeit eines Individuums besteht nach GUILFORD in einer einzigartigen Struktur von Wesenszügen oder *traits* (→Persönlichkeitsfaktor), d. h. in der Gesamtheit der Eigenschaften mit jeweils unterschiedlicher Ausprägung.

GUILFORD versteht (im Ggs. zu CATTELL) unter *traits* nicht nur Wesenszüge des Verhaltens *(behavior traits)*, sondern auch körperliche Merkmale oder sog. somatische *traits* morphologischer und physiol. Art. Da GUILFORD von einer logischen (apriorischen) Theorie ausgeht, in die er die empirischen Ergebnisse einzugliedern versucht, teilt er die *traits* systematisch in 7 Modalitäten ein:

1) morphol. *traits* (z. B. Größe, Gewicht etc.);
2) physiol. *traits* (z. B. Pulsschlag, Stoffwechsel);
3) Bedürfnisse als «konstante Wünsche nach bestimmten Zuständen» (z. B. Behagen);
4) Einstellungen als «konstante Haltungen und Meinungen, die mit sozialen Sachverhalten zu tun haben»;
5) Interessen als «konstante Wünsche nach bestimmten Tätigkeiten»;
6) Eignungen beziehen sich auf die Fähigkeit zu bestimmten Tätigkeiten;
7) Temperament beinhaltet Eigenschaften, die den «Stil» des Verhaltens und Handelns charakterisieren.

Die Gesamtheit der Arten von Wesenszügen lassen sich mit dem abgebildeten Modell verdeutlichen.

Die Wesenszüge oder *traits* sind unterteilt in sehr komplexe allgemeine *traits* und persönliche *traits*, die sich als konsistente Verhaltensweisen auf eine begrenzte Anzahl bestimmter Situationen beziehen, jedoch nicht ausschließ-

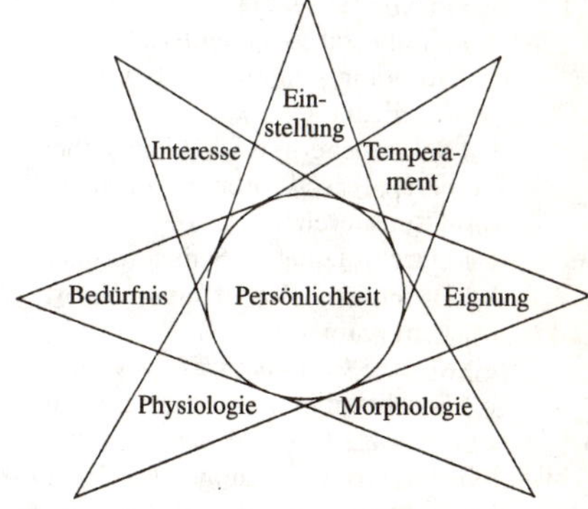

lich auf gelernte Reiz-Reaktions-Verbindungen (→habit). Deshalb führt GUILFORD einen neuen Terminus ein, nämlich →hexis.

Die zahlreichen empirischen Untersuchungen GUILFORDs führten zu einer Vielzahl von faktoriellen Beschreibungsdimensionen, die sich in sein Gesamtmodell der Persönlichkeit einordnen lassen:

1) Morphol. Dimensionen (z. B. läßt sich die «Kopfgröße» als eigener, relativ unabhängiger Faktor definieren)
2) Physiol. Dimensionen (auf der Dimension eines «autonomen» «Gleichgewichtsfaktors» unterscheiden sich die Vpn z. B. hinsichtlich ihrer sympathischen vs. parasympathischen Erregungsdominanz);
3) Eignungsdimensionen als den Fähigkeiten zugrunde liegende Faktoren im Bereich der Wahrnehmung, der Psychomotorik und des Denkens (einschließlich Intelligenz);
4) Temperamentsdimensionen, die das «Wie», d. h. die Art und Weise eines bestimmten Verhaltens beschreiben. Dabei unterscheidet GUILFORD die folgenden 14 Temperamentsdimensionen im generellen emotionalen und sozialen Verhaltensbereich (meßbar mit Hilfe des GUILFORD-ZIMMERMANN-Temperament Survey); →Persönlichkeitstests.
   (a) Temperamentsfaktoren im generellen Verhaltensbereich
      (a_1) Selbstvertrauen vs. Minderwertigkeitsgefühle
      (a_2) Wachsamkeit vs Unaufmerksamkeit
      (a_3) Impulsivität vs. Bedachtsamkeit
      (a_4) Vorsorglichkeit vs. Sorglosigkeit
      (a_5) Sachlichkeit vs. Überempfindlichkeit
   (b) Temperamentsfaktoren im emotionellen Verhaltensbereich
      (b_1) Frohnatur vs. Depressivität
      (b_2) Nervosität vs. Gemütsruhe
      (b_3) Stimmungslabilität vs. Überempfindlichkeit
      (b_4) Selbstsicherheit vs. Befangenheit
   (c) Temperamentsfaktoren im sozialen Verhaltensbereich
      (c_1) Durchsetzung vs. Schüchternheit
      (c_2) Geselligkeitsbedürfnis vs. Selbstgenügsamkeit
      (c_3) Soziale Initiative vs. Passivität
      (c_4) Furchtsamkeit vs. Feindseligkeit
      (c_5) Toleranz vs. Kritiksucht

Obwohl GUILFORD nur orthogonale, d. h. unabhängige Faktoren zuließ, zeigten neuere Untersuchungen (BECKER 1961, BENDIG, HUNDLEBY & CONNOR 1968, HOLTZMANN 1965), daß GUILFORDs Primärfaktoren miteinander korrellieren, d. h. nicht unabhängig sind, wenn sie direkt gemessen werden. Die extrahierten Faktoren zweiter Ordnung lassen sich insbes. als die Persönlichkeitsbereiche «Extraversion vs. Introversion», «Angst vs. emotionale Anpassung» sowie «Gefühlsbestimmtheit oder Gefühlsbetontheit» identifizieren.

Die Faktorentheorie von H. J. EYSENCK

EYSENCK geht von einzelnen Verhaltensweisen aus und kommt durch systematische Zusammenfassung von verschiedenen abstrakten Verhaltensniveaus, wobei er von spezifischen Reaktionen (SR) über habituelle Reaktionen (= konsistente SR, Habit) zum Niveau der *traits* (= hochkorrelierende habituelle Reaktionen) und schließlich zum Typ-Niveau (= wenige unabhängige Faktoren zweiter Ordnung) vorstößt.

Im Gegensatz zu GUILFORD und CATTELL legt EYSENCK besonderen Wert auf die allgemeinsten Beschreibungskategorien des Typ-Niveaus, obwohl auch er eine Menge voneinander abhängiger Faktoren erster Ordnung findet. Die fundamentalsten Persönlichkeitsfaktoren sind:

1) Extraversion vs. Introversion – gekennzeichnet durch Faktoren (erster Ordnung) wie Selbstbewußtsein, Selbstbehauptung, soziale Spontaneität, Impulsivität vs. Minderwertigkeitsproblematik und Skrupel, Empfindlichkeit und soziale Gehemmtheit.
2) Neurotizismus – charakterisiert durch die Faktoren emotionale Stabilität vs. emotionale Labilität, Beharrlichkeit und Zielgerichtetheit.
3) Psychotizismus – differenziert klinisch und testdiagnostisch «Normale» (→Norm) von «Psychotikern» (Schizophrene und Manisch-Depressive) auf der Basis dieser Dimension hinsichtlich ihrer Konzentrationsfähigkeit, der Realitätsangemessenheit ihrer Ansprüche etc.

Zur Messung dieser Faktoren hat EYSENCK (und Mitarbeiter) mehrere Persönlichkeitsfragebogen entwickelt, u. a. MMQ (Maudsley Medical Questionary), MPI (Maudsley Personality Inventory), EPI (EYSENCK Personality Inventory), HANES (Hamburger Neurotizismus- u. Extraversionsskala). Gerade der «Psychotizismus-Faktor» von EYSENCK betont die Abhängigkeit der Beschreibungsdimensionen nicht nur von der Methode, sondern auch von der verwendeten Population, die bei EYSENCK ein unrepräsentatives Verhältnis von «Normalen» und «klinischen Patienten» besaß. Dies führt zwangsläufig zu Persönlichkeitsdimensionen, die auf der Basis der Unterscheidung zwischen «normal vs. neurotisch» differenzieren.

Da die fundamentalen Persönlichkeitsdimensionen «Extraversion vs. Introversion» und «Neurotizismus» unabhängig voneinander sind, können «introvertierte» wie «extravertierte» Persönlichkeitstypen entweder «emotional stabil» oder «emotional labil» sein, was die folgende Darstellung von EYSENCK (1965) verdeutlicht:

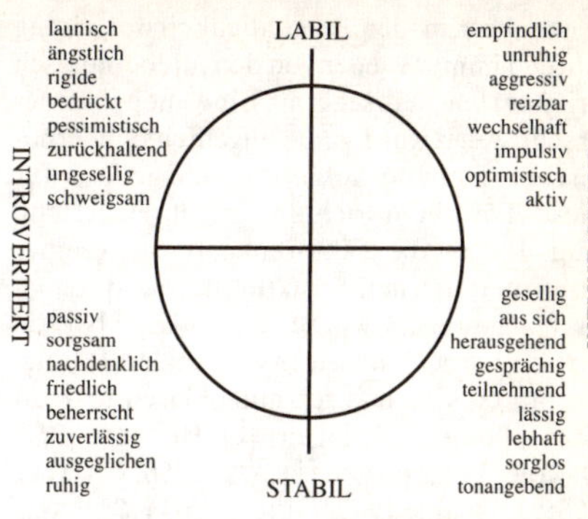

Zusammenfassend läßt sich sagen, daß die Faktorentheorien der Persönlichkeit Produkte möglichst exakter Messungen und mathematischer Analysen sind. Trotz der damit verbundenen begrifflichen Präzision, der methodischen Exaktheit und der möglichen Prüfbarkeit faktorenanalytischer Persönlichkeitstheorien bleibt die Frage der Universalität abgeleiteter Persönlichkeitsfaktoren problematisch, da sie in Abhängigkeit von der Eigenart des verwendeten Untersuchungsmaterials und der Stichprobe variieren können. Neuere Untersuchungen zeigen die Möglichkeit, scheinbar uneinheitliche Persönlichkeitsfaktoren unter Berücksichtigung unterschiedlicher Ausgangsdaten und verschiedener Verfahrenstechniken aufeinander zu beziehen. Die Graphik ist der Versuch eines formalen hierarchischen Modells, in das sich die Faktorentheorien der Persönlichkeit von CATTELL, GUILFORD und EYSENCK mit ihren unterschiedlichen Abstraktionsniveaus einordnen lassen.

Gegen das methodische Konzept der Fakto-

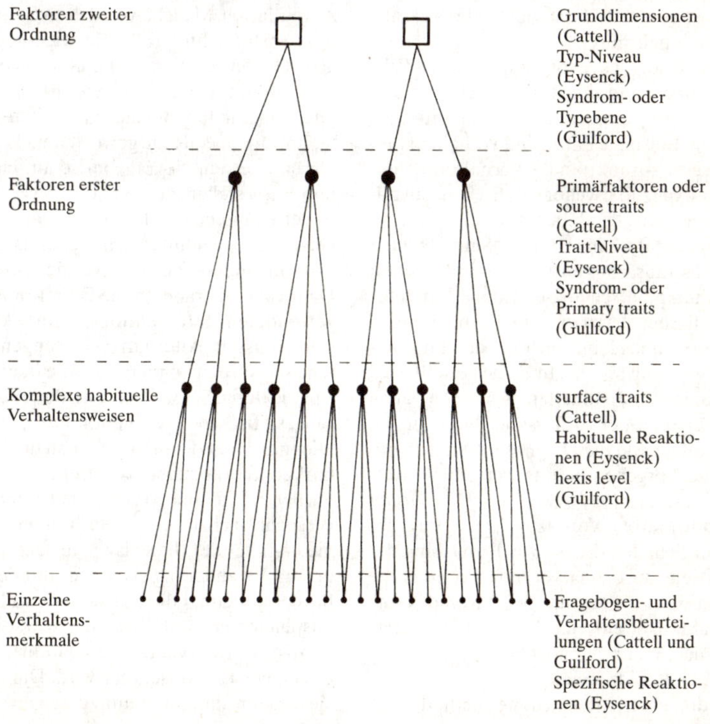

renanalyse in der Persönlichkeitsforschung wurden immer wieder von den ididographisch orientierten Forschern Einwände vorgebracht. Auch wurden die allgemeinen methodischen Defizite aufgezeigt, die jedoch für diese Forschungsrichtung nicht zutreffend sind. Indem die Faktorenanalyse i. S. einer konfirmatorischen Strukturanalyse systematisch angewendet wurde, trug sie dazu bei, die Struktur von Q-Daten bzw. verbalen Rating-Verfahren systematisch aufzuklären und zur Darstellung zu bringen. **[L]** BECKER 1961, BENDIG 1962, BRENGELMANN 1968, CATTELL 1965, EYSENCK 1947, GUILFORD 1959, HERRMANN 1969, HOLTZMANN 1965, HUNDLEBY 1972, MITCHELL 1963, PAWLIK 1968, ROTH 1969 *H. Häcker*

Fallazien [lat.], Fehlschlüsse, d. h. formal unrichtige Schlüsse, die entweder auf einem Irrtum beruhen (Paralogismen) oder zum Zweck der Täuschung konstruiert sind (Sophismen). →Schlußprozesse

Fallgewicht **[T]** SCHULTE

Fallibismus, die Auffassung, daß alle menschlichen Erkenntnisversuche (Theorie, Beobachtung) und darüber hinaus alle Problemlösungsversuche grundsätzlich fehlbar sind. Der F. schließt sogenannte Letztbegründungen aus. Er ist zentraler Bestandteil des →Kritischen Rationalismus.

Fallkonzeption, psychotherapeutische Fallkonzeptionen sind die Basis für ein auf den Einzelfall zugeschnittenes therapeutisches Vorgehen. Beispiele dafür sind verhaltenstherapeutische →funktionale Verhaltensanalysen oder explizite psychoanalytische F. Im allgemeinen geht es dabei sowohl um eine →Problemanalyse im engeren Sinn als auch um das Herausarbeiten von Besonderheiten in der therapeutischen Beziehung. Vertreter humanistischer Ansätze lehnen explizite Fallkonzeptionen als hinderlich für die unmittelbare Begegnung teils ab. In Frage gestellt wird der Nutzen individueller Analysen auch durch Vertreter der Auffassung, durch einzelne Merkmale, wie die Diagnose, sei das therapeutische Vorgehen bereits weitgehend festgelegt. **[L]** EELLS 1997 *F. Caspar*

Fallphonometer, Vorr. zur Erzeugung abstufbarer Schalleindrücke zur Ermittlung der Hörschwelle u. a. Aus veränderlicher Höhe läßt ein Elektromagnet bei Stromöffnung eine Stahlkugel auf eine Metallplatte fallen. Heute nicht mehr gebräuchlich.

Fallstab →Reaktionszeit

Fallstudie, eine Untersuchungsmethode vornehmlich der Persönlichkeits- und der Klinischen Psychologie mit dem Ziel, die individuelle Eigenart eines Menschen oder spezielle komplizierte Fragestellungen zu erfassen. «(Sie) ist ... ein umfassender Rahmen, in den alle relevanten und bedeutsamen Daten, die sich auf eine Einzelpersönlichkeit beziehen, zusammengefaßt und eingeordnet werden müssen» (G. W. ALLPORT 1970). Dies erfordert ein besonders eingehendes Studium der Einzelperson, Sammeln und Verarbeiten aller erreichbaren Daten (z. B. anamnestische-biographische Daten, diagnostische Testdaten etc.). Die Ergebnisse werden entweder qualitativ (interpretativ-hermeneutisch) im Sinne der «Verstehenden Psychologie» oder quantitativ-statistisch (N = 1) im Sinne des Wissenschaftsbegriffes der exakten Natur- und Sozialwissenschaften verwendet (DUKES 1965). • Unter den Fallstudien befinden sich so bekannte wie die von EBBINGHAUS «Über das Gedächtnis», die Wahrnehmungsexperimente von STRATTON, die «Krankengeschichte Frl. →Anna O. ...» von BREUER und FREUD, die Studie zur experimentellen Neurosenforschung von WATSON und RAYNER oder der Bericht von JACOBSON über die neuromuskuläre Aktivität und das Empfinden bei einem Amputierten. Manche von diesen Studien waren Anstöße für große Entwicklungen auf dem Gebiet der Forschung und Theorienbildung, womit schon angedeutet ist, daß es weitere, meist umfangreichere Arbeiten brauchte, um die jeweils aufgeworfenen Fragen zu klären oder um die Ergebnisse auf eine breitere Basis stellen zu können.

In der Klinischen Ps. hat sich wegen der Mängel der Gruppenuntersuchung seit langem die experimentelle Einzelfallstudie angeboten. Damit aber therapeutische Effekte auf die angewendeten Interventionen zurückführbar sind, müssen Alternativerklärungen ausgeschaltet werden können (externe oder interne Entwicklung, Sensibilisierung durch die Messung, statistische Fluktuation u. a.).

Dies geschieht dadurch, daß man die Herstellbarkeit therapeutischer Effekte durch willkürliches Ein- und Absetzen der Intervention versucht nachzuweisen. Nach einer Grundlinie (→baseline), die so lange fortgeführt wird, bis die Veränderung sich aufgrund der Sensibilisierung durch die Messung und Fluktuationsphänomene stabilisiert hat, wird die therapeutische Intervention eingeführt, bis ein deutlicher Effekt sichtbar wird. Danach wird sie wieder abgesetzt, um zu zeigen, daß der

Effekt auf die Intervention zurückging, um sie später wieder einzuführen und allmählich auslaufen zu lassen *(withdrawal design)*. Eine Variante dieser Versuchsanordnung ist das *reversal-design*, in dem vorzugsweise in lerntheoretisch orientierten Therapieformen therapeutische Kontingenzen nach der Grundlinie zunächst auf das Zielverhalten und dann auf ein dem Zielverhalten entgegengesetztes Verhalten (z. B. Aufmerksamkeit oder Störverhalten) angesetzt wird. Erweisen sich die Therapieeffekte als nicht reversibel, bietet sich das sog. *multiple-baseline-design* an, in dem dieselbe therapeutische Maßnahme entweder auf verschiedene Ausschnitte des Verhaltensspektrums, auf verschiedene Situationen oder verschiedene Individuen einer Klientel angewendet wird.

Ergebnisse solcher Einzelfallexperimente erlauben streng genommen keine Generalisierung über die untersuchte Person hinaus, können aber für sie als repräsentativ angesehen werden. Um trotzdem verallgemeinerungsfähige Befunde zu erhalten, bedient man sich der →Replikation und genauen Beschreibung der untersuchten Personen und stützt sich auf die Möglichkeit der logischen Generalisierung. Derartige Untersuchungen dienen nicht nur der Forschung, sondern auch der Therapiekontrolle im praktischen Einzelfall. Es ist auch möglich, derartige Ergebnisse statistisch abzusichern, wenn über den gesamten Therapieverlauf wiederholte Messungen vorliegen. Zur Auswertung läßt sich die übliche Statistik (z. B. t-Werte zwischen verschiedenen Therapie-Phasen) nicht verwenden, da die Voraussetzung der Unabhängigkeit der Meßwerte innerhalb der Phasen nicht gewährleistet ist. Die →Zeitreihenanalyse stellt diese sequentielle Abhängigkeit der Daten einer Person in Rechnung, indem sie ein Modell dafür findet (z. B. BOXS ARIMA-Modell) und dieses Modell eliminiert. Es verbleiben dann sequentielle unabhängige Residuen, auf die die üblichen Statistiken (Korrelationen, t-Werte, Varianzanalyse) angewendet werden können. Vielfach erübrigt sich die statistische Analyse von Einzelfalldaten, weil die Effekte so deutlich sind, daß sie keiner weiteren Absicherung bedürfen. Darüber hinaus sind undeutliche Effekte, die nunmehr statistisch hervortreten, für die klinische Praxis oft irrelevant. Hier kann die Statistik jedoch eine «Lupe» darstellen, mit deren Hilfe Wirkungstendenzen aufgespürt werden, die mit veränderten Maßnahmen verstärkt werden können. Unabhängig vom Nachweis von Effekten hat die Einzelfallstudie in der explorativen, hypothesenbildenden Phase von Forschung eine grosse Bedeutung. Auch hier haben sich jedoch gegenüber frühen Studien die Ansprüche gewandelt. So werden neben der Sicht der Therapeuten diejenige der Patienten und unabhängiger Beurteiler, es werden quantitative Daten und Videobänder einbezogen, und es wird auf sophistizierte Methoden der →qualitativen Forschung zurückgegriffen. **[L]** H. P. HUBER 1973 *D. Revenstorf/F. Caspar*

F

Fallsucht, umgangssprachl. f. →Epilepsie

Falltachistokop →Tachistoskop

falscher Alarm →Signaldetektions-Theorie

Falsifikation, Beweis der Falschheit einer singulären oder allgemeinen Aussage. Nach POPPER (1934, 1966) sind realwissenschaftliche Hypothesen, Gesetze und Theorien logisch gesehen unbeschränkte Allaussagen, d. h. z. B. in der Ps. Aussagen mit allquantifizierten Individuenvariablen über je einen potentiell unendlichen Bereich zumindest für Zeit, Ort, Person und Situation. Solche Aussagen können aus logischen Gründen niemals als wahr (→Verifikation), sondern nur als falsch erwiesen werden. Hypothesen sind deshalb nie verifiziert, sondern immer nur in dem Maße bewährt, wie sie strenge Prüfungen, d. h. F.versuche erfolgreich überstanden haben. Dieser F.ismus ist seit Ende der 60er Jahre weitgehend methodisches Allgemeingut der deutschsprachigen empirisch arbeitenden Ps. im Westen, dürfte jedoch in absehbarer Zeit von wahrscheinlichkeitstheoretischen Konzeptionen abgelöst werden. **[L]** GLASER 1979 *W. Glaser*

Falsumpräparat →Leerpräparat

familiäres Unbewußtes (SZONDI) →Schicksalsanalyse

familiarity [engl.], Vertrautheit, ist eine Eigenschaft, die in der Sprachps. Einheiten wie →Silbe oder →Wort zugeschrieben wird (→Psycholinguistik). Die f. eines →Items wird konstituiert durch eine hohe subjektive Auftretenswahrscheinlichkeit und durch eine in der Regel damit einhergehende positive Bewertung dieser Einheit. Die f. eines Items beeinflußt die Erkennens- und Behaltensleichtigkeit. →Sprachrezeption, →Lernen *J. Engelkamp*

Familie, nach HELLPACH walten in der F. lebensstoffliche, lebenszeitliche und lebensräumliche Abhängigkeiten.

I. ü. S. ist die F. wie das Volk Naturtatsache, geistige Gestalt und Willensschöpfung, sie ist

Sozialorganismus sowie Sozialorganisation. • Ps. hat F. als gesellschaftliche Institution ihren Erlebenscharakter als soziales Feld. Heimat, Mutterboden, Entwicklungsbedingung, Bestimmung der Entfaltungsrichtung usf. spielen mit. • Völkerps.- ethnologisch bezeichnet nach R. THURNWALD die F. das «arbeitsteilige dauernde Zusammenleben von einer Frau mit ihren Kindern unter dem Schutz und mit der Hilfe eines Mannes. Sind mehrere Frauen vorhanden, so besitzt jede Frau ihre Feuerstelle, und ihre Kinder leben mit ihr». • Soziologisch ist F. ein Gebilde zwischenmenschlicher Vereinigung, das aus mindestens drei Gliedern besteht. →Familienkonstellationen (HELLPACH, PARSONS, SCHELSKY, THURNWALD). • (biol.) taxonomische Kategorie. Zeitlich begrenzter oder lebenslänglicher Verband von Geschlechtspartnern vorwiegend im Dienste der →Brutpflege; H. M. PETERS (1961) teilt die F. in Eltern-, Mutter- und Vaterfamilien ein. *V. Preuss*

Familie, *test of familiy attitudes* [T] JACKSON

Familie in Tieren [T] GRÄSER

Familienkonstellationen, Bez. für die Vielzahl und Vielfalt an Beziehungen und damit verbundenen Abhängigkeiten in der Familie. Die ps. Bedeutung der F. wurde erstmals von FREUD, JUNG und ADLER erkannt. Die F. gehört heute zu jeder Erfassung der Persönlichkeit. Für psychotherapeutische Anliegen gibt es familienbezogene Gestaltungstests ([T] STAABS, GRÄSER).

Schon die «gesunde» Familie (Eltern, Kinder, Großeltern und weitere Anverwandte) zeigt wechselnde Abhängigkeiten. Je größer die Altersabstände, je schwächer die Intensität des Zusammenlebens, die Vitalität und Intelligenz der Mitglieder und auch der soziale Status, um so störender sind diese. Besonders gesteigert sind sie bei Personenverlusten (Trennung, Scheidung, dauernde Krankheit, Tod), und vor allem heißt es hinsichtlich des Kindes, daß Personenverluste «die erhöhte Bereitschaft zur Antizipation weiterer Verluste», wie auch «schlechte Personenwahl für Dauerbeziehungen» bewirke (W. TOMAN). Das →Duplikationstheorem sei hier bestätigt. Von bes. Interesse sind bei den F. die Geschwisterprobleme, d. h. die Einflüsse, die sich für das einzelne Individuum aus seiner Stellung innerhalb der Geschwisterreihe (Geschwisterposition) bzw. aus den fehlenden Geschwisterbeziehungen ergeben. Systematisch hat TOMAN (1965) dies untersucht. Er konnte acht Typen von Positionen und Beziehungen abgrenzen und auch spezielle Fragen wie die durch die Geschwisterposition verursachte ps. Fehlentwicklung beobachten. So sei es z. B. günstig, wenn die jüngste Schwester von Brüdern den ältesten Bruder von Schwestern heirate. Das Einzelkind hat zwar keine Geschwisterposition, dafür ebenfalls ein Geschwisterproblem. →Familie, →Familientherapie

Familientherapie, kann auf der Basis unterschiedlicher therapeutischer Richtungen stehen (→humanistische Therapie; →psychodynamische Therapie; →systemische Therapie; →Verhaltenstherapie), doch enthalten die meisten Familientherapien systemische Elemente. Typisch ist die Auffassung, dass u. U. einzelne Familienmitglieder «Symptomträger» sind, die Probleme aber eigentlich in der Familieninteraktion liegen. Konsequenterweise wird die Therapie direkt möglichst mit allen wichtigen Familienmitgliedern durchgeführt, was aber bei mangelnder Bereitschaft zur Teilnahme nicht immer möglich ist. Familientherapie ist in mancher Hinsicht komplexer als Einzeltherapie, da eine Familie aber ohnehin einen starken Einfluss auf die Therapie eines ihrer Mitglieder haben kann, ist es oft einfacher, diese von Anfang an direkt einzubeziehen. Familientherapie wird in der Praxis oft durch Einzeltherapie ergänzt. Das Betonen familiärer Zusammenhänge erfordert oft ein starkes Umdenken der Beteiligten, das durch Vermeiden einseitiger Schuldzuweisungen und Betonung der Stärken («Ressourcen») einer Familie erleichtert wird.

Anwendungen erfolgen oft bei Vorliegen von Ablösungsproblemen, die mit familiären Konflikten zusammenhängen können. Eine besondere Anwendung mit gesicherter Wirkung ist die Rückfallprophylaxe bei →Schizophrenien, bei denen Familien lernen, emotional nicht überzureagieren.

Zur Wirksamkeit liegen sonst bislang insgesamt wenig aussagekräftige Studien vor (s.auch einzelne Richtungen). [L] SCHLIPPE, v. & SCHWEITZER 1997 *F. Caspar*

Familie-Zeichnen [T] MINKOWSKA

Fanatismus, zumeist eifernd und sehr nachhaltig wirksame, vom Träger (z. B. einem Wahrheitsfanatiker) überwiegend positiv motivierte, ideologisch begründete, dennoch oft aus Neid und Haß gesteuerte Form von Aggression.

Fangdurchgang →Reaktionszeit

Farbatlas →Farbsysteme, anschauliche

Farbe, alle durch das Auge vermittelten Erlebnisse sind «Licht», und dieses ist immer in einer

bestimmten Qualität «Farbe» gegeben. Beide Begr. bezeichnen einen schmalen Bereich von elektromagnetischen Schwingungen und deren Strahlungsenergien (→Spektrum). Unter psychophysischem Aspekt stellen diese physikalischen Größen den für Licht- und Farberlebnisse adäquaten Reiz dar.
Über ein singuläres Quale wie «Rot» lassen sich keine beschreibenden Aussagen machen. Erst durch den Vergleich vieler Farben offenbart sich ein phänomenologischer Zusammenhang (Ähnlichkeit) zwischen Farben, der ein bestimmtes Ordnungsprinzip erkennen läßt. Es gibt zu einem bestimmten Rot z. B. ähnliche Farben, von denen sich eine Reihe mit stetigen Übergängen über Purpur dem Blau und eine andere über Orange dem Gelb nähert. Man erkennt, daß es Farben gibt, die sowohl rot als auch gelb sind, und andere, die nur rot, gelb, grün, blau sind. Die vier so ausgezeichneten Farben heißen «Urfarben» (HERING). Da andere Farben immer zwei Urfarben ähnlich sind, ist es zwingend, die Gesamtheit aller Farben ihren Ähnlichkeitsbeziehungen gemäß im Sinne einer geschlossenen Kurve (Kreis, Viereck, Dreieck u. a.) topologisch anzuordnen. Eine solche Anordnung der Farben umfaßt offensichtlich nur die «bunten» und schließt die «unbunten» aus. Letztere bilden eine Mannigfaltigkeit in stetigen Übergängen von Schwarz über Grau nach Weiß, die man geometrisch auf einer Geraden mit den Endpunkten «Schwarz» und «Weiß» darstellen kann (Unbuntreihe, Grauskala). Es finden sich aber für jede beliebige bunte Farbe zweierlei Ähnlichkeitsbeziehungen zur Unbuntreihe: (1) Rot z. B. kann in allen Übergängen zwischen Schwarz und Weiß vorgefunden werden (Schwarzverhüllung, Weißverhüllung) bzw. bei gleicher Buntheit dunkler oder heller sein, und es kann (2) bei jedem bestimmten Verhüllungs- oder Helligkeitsgrad alle Übergänge von Bunt nach Unbunt darstellen.
Es läßt sich also die Gesamtheit der bunten und unbunten Farben nach den Ähnlichkeitsbeziehungen, die sie unter sich zeigen, anordnen: (1) Farbton, *hue* (die zyklische Beziehung rot-purpur-blau-blaugrün-grün-grüngelb-gelb-orange-rot); (2) Sättigung, *satiation* (Übergang von dem jeweils ausgeprägtesten Buntheitsgrad einer beliebigen Farbe über «verweißlichte» Pastelltöne zu Unbunt); (3) Helligkeit, *lightness* (jeder Farbton kann bei gegebener Sättigung mehr oder weniger schwarz- bzw. weißverhüllt, d. h. heller oder dunkler sein). • Es ist bemerkenswert, daß sich ein dreidimensionaler Farbkörper wegen der zyklischen Struktur der Farbtonfolge nicht im Sinne von drei einfachen Erstrekkungsrichtungen für die Qualitätsreihen Farbton, Sättigung und Helligkeit aufbauen läßt, sondern immer von einer Ebene ausgeht, auf deren äußerster Begrenzung die gesättigtsten Farben liegen und auf deren Zentrum als Unbuntpunkt die Helligkeitsachse senkrecht steht (→Farbsysteme, anschauliche). • Aus dem gleichen Grund gibt es auch keine einfache Entsprechung der beiden physikalischen Dimensionen Wellenlänge und Energie und den Merkmalen Farbton, Sättigung, Helligkeit. Eine sinnvolle Beziehung zwischen Reizgrößen und dem Gesamt der anschaulichen Beziehungen zwischen Farben ergibt sich erst durch Vermittlung der Gesetze des Farbenmischens (→Farbenmischung).
Im Sinne der klassischen Psychophysik gibt es nur zwischen Strahlungsenergie und Helligkeit Funktionen, die angenähert nach dem WEBER-FECHNERschen Gesetz verlaufen. Zu Wellenlängen oder Schwingungsfrequenzen gibt es keine phänomenale Größe mit monotoner Abhängigkeit (→spektrale Unterschiedsempfindlichkeit, spektrale Sättigungskurve, Hellempfindlichkeit). Aus der Verteilung der Unterschiedsempfindlichkeit lassen sich lediglich Angaben über die Zahl der unterscheidbaren Farben ableiten. Die Schätzungen schwanken für das Spektrum unter Einschluß der Purpurfarben zwischen 250 und 500, für alle Farben liegen sie bei 7,5 Mill. (nach SCHOBER). • F. üben in ausgeprägter Weise Wirkungen aufeinander aus und zwar: örtliche (Farbenmischungen), außerörtliche (→Kontrast, Angleichung) und zeitliche Wirkungen (→Nachbild). [L] SCHOBER 1964

Farbe (Erscheinungsweisen), die bes. Beschaffenheit der Farben in komplexen Wahrnehmungssituationen, in denen die Farben außer durch die Momente Farbton, Helligkeit und Sättigung durch Feldfaktoren bestimmt sind, die in den räumlichen und zeitlichen Verhältnissen der gesamten Reizung begründet sind.
KATZ unterschied: (1) Flächenfarben. Sie sind räumlich nicht genau lokalisierbar, haben ein «lockeres Gefüge» (man kann scheinbar in sie hineinsehen). Beispiel: Himmelsblau, Farbe im Spektralapparat. (2) Oberflächenfarben. Sie werden dort lokalisiert, wo der sie tragende Gegenstand sich befindet. Sie haben ein «festes Gefüge». Beispiel: farbiges Papier. (3)

F

Raumfarben, die den Flächenfarben verwandt sind. Beispiel: farbige Flüssigkeiten. Als weitere Erscheinungsweisen unterscheidet man: gespiegelte Farben, das Leuchten, Glühen, Durchsichtigkeit, Glanz. →Kontrast, →Angleichung, →Konstanz. [L] KATZ 1911, KANIZSA 1966

Farbe-Form-Forschung, dieser Forschungszweig der Ps. beschäftigt sich mit Problem und Verteilung von Form- bzw. Farbenreaktionen. Eine hierfür entwickelte Versuchsanordnung ist folgende: Aus einer Reihe verschieden geformter Figuren in jeweils verschiedener Farbe, die der Vp mittels eines Projektionsapparates 2/10 sec dargeboten werden, ist eine zuvor 10 sec gezeigte Figur von bestimmter Farbe und bestimmter Form wiederzuerkennen. Zum Entscheidungsexperiment wird der Versuch dadurch, daß die betreffende Figur jetzt eine andere Farbe hat, während die ihr ursprünglich zugehörige Farbe bei einer anderen Form erscheint. Wird bei Darbietung der Figurengruppe die Form wiedererkannt = Formreaktion – wird nur die Farbe herausgefunden = Farbreaktion. Entsprechend: Formseher – Farbseher. Diese Differenzierung wurde vielfältig untersucht. So von der Tierps. (Ergebnisse z. B.: Bei Hühnervögeln und Bienen überwiegt die Farbbeachtung, bei niederen Affen die Formbeachtung) – von der Entwicklungsps. (Ergebnisse z. B.: Überwiegen der Farbbeachtung bei Kindern, allmähliche Abnahme mit zunehmendem Alter) – von der Typenps. (Ergebnisse z. B.: Farbseher sind überwiegend zyklothym und integriert, Formseher schizothym und desintegriert). – Von Bedeutung sind die Ergebnisse der F. auch für persönlichkeitsps. Fragestellungen und Testmethoden wie z. B. RORSCHACH-Test, PFISTER-Farbpyramiden-Test u. ä. (→Testanhang). [L] LINDBERG 1938, SCHOLL 1927

Farbenblindheit, bessere Bez. Farbensinnstörungen, Unvermögen, alle Farben zu erkennen oder zu unterscheiden. Ggs. Farbensichtigkeit, Farbentüchtigkeit.

Es bestehen (a) Totale F., wenn der Betroffene nur Grauschattierungen sieht (kommt selten vor). (b) Partielle F., sobald er nur teilweise (z. B. rotgrün) farbenblind ist (etwa 5 % der Männer und 0,25 % der Frauen). Ersteres heißt auch Achromatop(s)ie, letzteres Dyschromatop(s)ie. Im einzelnen: Rotgrünblindheit = Xanthozyanopie. Rotblindheit = Anerythropie, Protanopie. Grünblindheit = Achloropie, Deuteranopie. Violettblindheit = Acyanopie, Tritanopie. Blaugelbblindheit = Erythrochloropie. Personen, die im Ggs. zum Normalen (Trichromaten) nur zwei Grundfarben sehen, heißen auch Dichromaten. Ermittelt wird die F. bzw. Farbentüchtigkeit in der Praxis vor allem mit den →pseudoisochromatischen Tafeln nach STILLING-HERTEL sowie nach HOLMGREN. Genauere Feststellung mit dem →Anomaloskop. [L] BETHE, HERTEL, G. E. MÜLLER, TRENDELENBURG

Farbendreieck, eine geometrische Darstellung der Farbarten zur Veranschaulichung ihrer Beziehungen (s. Abb.).

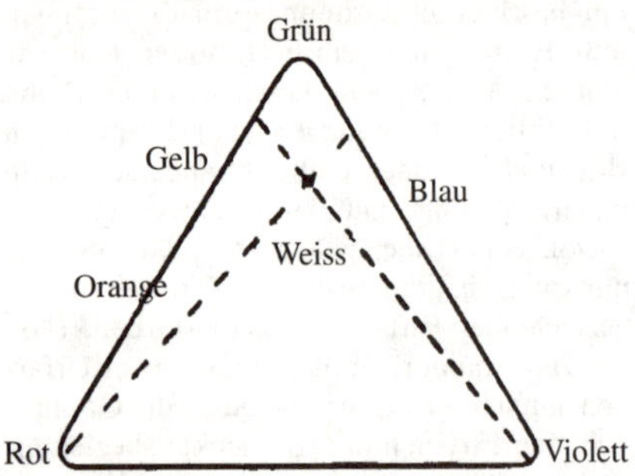

Farbendreiklang, Vereinigung von drei Farben zu einem (ästhetischen) Gesamtbild.

Farbenfibel, die Darstellung der von dem Chemiker W. OSTWALD für praktische Zwekke vorgenommenen Normung (und Reihung) der Farben. [L]OSTWALD

Farbenhören, Erscheinung, daß dazu veranlagte Personen beim Hören zugleich bestimmte Farbvorstellungen haben, z. B. das C blau oder rosa, das G gelb, den Klang der Flöte blau, der Trompete rot, A-Dur grün empfinden. →Synästhesie

Farbenkenntnisprüfung, Untersuchung von Kindern, Jugendlichen, Mindersinnigen, Verletzten, um nach der →Wahl-, →Deckungs- oder →Wiedererkennungsmethode Wahrnehmungen von Farben zu prüfen.

Farbenkreis (HERING, OSTWALD), die natürliche Anordnung der (bunten) Farben in der dem Spektrum entsprechenden Reihe oder Farbenlinie vom Rot über Orange, Gelb, Grün, Grünblau, Indigo zum Violett. Läßt sich zum Kreis schließen, indem zwischen Violett und Rot die im Spektrum nicht vorkommende Mischfarbe Purpur mit ihren verschiedenen Tönungen eingefügt wird.

Farbenkreisel, Apparat zur Herstellung aller Mischfarben durch additive →Farbenmischung. Auf einer Achse werden kreisförmige, verschiedenfarbige Pappscheiben befestigt, die radial geschlitzt sind, so daß zwei oder mehrere ineinandergesteckt werden können (MAXWELLsche Scheiben 1853). Bei schneller Umdrehung verschmelzen die verschiedenfarbigen Felder zum einheitlichen Eindruck der Mischfarbe. • Nach J. C. FLUGEL wurden rotierende Scheiben zur Demonstration der Farbenmischung schon 1820 von MURSCHENBROEK eingeführt. →MASSONsche Scheibe

Farbenkugel, ein Ordnungssystem der bunten und unbunten Farben ähnlich dem →Farbenoktaeder.

Farbenlehre, Farbtheorie, die gegenüber anderen Sinnesgebieten ausgezeichnete Bedeutung von Begr. wie «Farbenlehre» und «Farbe» ergibt sich aus der wahrscheinlich nur historisch zu verstehenden Auseinandersetzung um die Frage nach dem «Wesen» der Farben, die sich in der Tradition GOETHES über SCHOPENHAUER, HERING bis in die Gegenwart erhalten hat.

Dabei ist heute nicht strittig, ob NEWTON oder GOETHE recht hatte, sondern ob vorwiegend reizorientierte oder phänomenologische Ansätze fruchtbarer seien. Im Bereich der Theorien des Farbensehens hat sich der ursprünglich zwischen HERINGS und HELMHOLTZ' Auffassung bestehende Gegensatz weitgehend nivelliert, und man versucht, die physiologischen Befunde je nach ihrer besonderen Beschaffenheit mehr im Sinne der einen oder anderen Theorie zu interpretieren. • Schwieriger gestaltet sich die Entscheidung zwischen dem, was physikalisch begründbar ist und was nicht. Extrem physikorientierte Positionen nehmen die →Kolorimetrie und →Photometrie ein. Die Kolorimetrie versteht sich als Farbreizmetrik, die mit rein physikalischen Maßstäben mißt und die Farbempfindung methodisch und sachlich entbehren kann. Hierbei muß zwischen Definitionen unterschieden werden, die die Empfindung in ihrer Variation zugunsten der Meßgenauigkeit einschränken, und der Behauptung, die Kolorimetrie ließe sich von der Physik aus aufbauen. Soweit →Farbenmischungen ihre Grundlage sind, kann davon keine Rede sein, denn es gibt keinen physikalischen Ausdruck, der mit Hilfe von Strahlungsgrößen (Wellenlängen, Schwingungsfrequenz, Strahlungsenergie) den Vorgang der Farbenmischung beschreiben könnte. Eine Farbgleichung in Form einer Vektoradditionsgleichung $rR + gG + bB$ reduziert sich, physikalisch gesehen, auf eine Energiegleichung, in der lediglich die von den Komponenten r, g, b ausgedrückten Energiebeträge summiert werden. Die Vektoren R G B bezeichnen zwar die zu mischenden Strahlungen, diese aber bleiben im Gemisch unverändert, es entsteht keine andere Wellenlänge, von der sich das Aussehen des Gemisches aus physikalischen Gründen herleiten ließe. Welche neue Farbe das Gemisch hat, kann nur eine Vp aussagen, wobei die Beschränkung auf das kolorimetrische Gleichurteil einen speziellen Fall psychophysischer Methode darstellt, aber keineswegs bedeutet, daß man auf die Farbenempfindung verzichtet habe. Der aus Farbmischversuchen hergeleitete Farbraum hat infolgedessen auch keinen physikalischen Sinn. Die Verwendung physikalischer Maße und Einheiten hat praktische Gründe in Gestalt einer eindeutigen Fixierung der Ausgangsgröße als Strahlungen betreffender Wellenlängen in einem bestimmten Energieverhältnis.

Auf den Empfindungsvergleich kann auch die Photometrie nicht verzichten, und die Schwierigkeit bezüglich der Additivität von Helligkeiten verschieden aussehender Farben ist ein rein ps. Problem des Vergleiches (→Hellempfindlichkeit), nicht der Additivität der Strahlungsgrößen.

Es ist dabei legitim, das Problem der Helligkeit verschiedener Farben für alle praktischen Bedürfnisse durch Vereinbarung zu lösen, soweit aber «Licht» und «Farbe» Gegenstand der Erkenntnis sind, können keine Definitionen aufrechterhalten werden, die dem Phänomen nicht gerecht werden. Die Kolorimetrie und Photometrie haben nicht das Ziel, theoretische Sätze zu formulieren. Insofern man aber die Farbenmischungen und den Helligkeitsbegriff der Photometrie als konstituierende Momente einer Farbentheorie gelten läßt, darf nicht übersehen werden, daß sie sich nicht als physikalische Vorgänge ausdrücken lassen. Dies gilt z. B. für die Psychoakustik weit weniger, denn wegen der größeren strukturellen Entsprechung der Frequenzen von Druckwellen einerseits und Tonhöheerlebnissen andererseits lassen sich die Abfolgen aller reinen Töne mit Hilfe der physikalischen Frequenzskala als logarithmische Funktion ausdrücken. Auf dem Gebiet der Farben gibt es keine entsprechende physikalische Variable, und den Farbenmischungen entspricht kein strukturgleicher physikalischer Vorgang. Andererseits haben Psychologen ebenso wie Physiologen die Gesetze der Farbenmischungen zur Entwicklung physiologischer Hypothesen aufgegriffen (G. E. MÜLLER u. a.), aber nicht versucht, die Farbgeometrie zum Gegenstand ps. Sätze zu machen. Eigentlich ps. Untersuchungen beziehen sich meist auf →Kontrast, →Nachbilder und Farbkonstanz oder phänomenologisch beschreibend auf die Erscheinungsweisen der Farben (KATZ, HELSON, KANIZSA). Es gibt aber auch moderne Versuche, die – sich direkt an GOETHE anlehnend – in phänomenologischer Schau den gesamten Zusammenhang der Farberlebnisse, ihre Wirkungen und ihre Bedeutungen zum Gegenstand machen (HEIMENDAHL). **[L]** GRAHAM, HEIMENDAHL, KANIZSA, KATZ

Farbenmetrik →Kolorimetrie

Farbenmischapparat, (nach Marbe) **Farbvariator**, ein →Farbenkreisel, dessen farbige Sektoren während der Drehung durch ein Schneckengetriebe verändert werden können. • (nach HELMHOLTZ) Gerät, in dem zwei Farbspektren untereinander verschoben werden können, so daß die Farben unmittelbar miteinander gemischt werden. →Farbenkreisel, →MASSONsche Scheibe

Farbenmischung, additive F., jede Kombination von zwei oder mehr Farben, aus der eine bestimmte neue Farbe entsteht.

Solche Kombinationen können auf verschiedene Weise erzeugt werden: (1) Verschiedenfarbige Lichter werden an der gleichen Stelle gleichzeitig erzeugt (→Farbenmischapparat, Projektoren mit farbigen Lichtern); (2) Verschiedenfarbige Lichter werden nacheinander in so schneller Folge an der gleichen Stelle erzeugt, daß ein ruhender Lichteindruck entsteht (→Flimmerverschmelzungsgrenze, →TALBOTsches Gesetz. Geräte: →Flimmergerät, Farbkreisel); (3) Verschiedenfarbige Punkte werden so dicht nebeneinander gesetzt, daß bei Betrachtung aus hinreichender Entfernung eine einheitliche Farbe gesehen wird (Buntdruck, Farbfernsehen). Für alle diese Mischoperationen gelten die gleichen Gesetze in bezug auf das Aussehen des Gemisches (s. u.). • Von subtraktiver F. spricht man, wenn das Aussehen eines Lichtes durch Fortnehmen bestimmter Strahlungskomponenten verändert wird. So wird z. B. ein aus allen Lichtern des Spektrums zusammengesetztes Weiß farbig, wenn es durch einen Filter geschickt wird oder auf eine bestimmt geartete Oberfläche fällt. In beiden Fällen werden je nach Beschaffenheit des Filters oder der Oberfläche Strahlungen absorbiert und andere durchgelassen bzw. zurückgeworfen. Die verbleibenden Strahlungen lassen sich wieder als Gemisch nach dem Prinzip der additiven F. auffassen. • Gesetze der F. Mit der F. läßt sich ein Ortesystem herstellen, das alle Farbarten nach Maßgabe ihres Aussehens enthält und eindeutig bestimmt. Hierzu sind drei Ausgangsfarben notwendig und hinreichend. Aus einem solchen System ist nach geometrischen Regeln herzuleiten, welche Farbe sich bei Mischung beliebiger anderer ergibt. NEWTON (1704) hat als erster das geometrische Prinzip angegeben, nach dem man eine Mischfarbe «durch Konstruktion» finden kann (NEWTONsche Schwerpunktkonstruktion). GRASSMANN hat die in NEWTONS Angaben enthaltenen Voraussetzungen in Form von drei Gesetzen expliziert (GRASSMANNsche Gesetze). Sie besagen: (1) Daß jeder Farbeneindruck sich in drei Momente zerlegen läßt: «den Farbenton, die Intensität der Farbe und die Intensität des beigemischten Weiß». (2) Daß, «wenn man von den beiden zu vermischenden Lichtern das eine stetig ändert (während das andere unverändert bleibt), auch der Eindruck der Mischung sich stetig ändert». (3) Daß «zwei Farben, deren jede konstanten Farbenton, konstante Farbenintensität und konstante Intensität des beigemischten Weiß hat, auch konstante Farbenmischung ergeben, gleichviel aus welchen homogenen Farben jene zusammengesetzt seien» (GRASSMANN 1853). In der modernen Literatur finden sich die GRASSMANNschen Gesetze häufig in anderem Wortlaut. GRASSMANN expliziert seine Sätze, indem er zeigt, daß sich F. wie Vektoradditionen verhalten. Dabei geht er in seinen Erläuterungen von vier Grundfarben aus. Erst später hat der britische Physiker MAXWELL die heute übliche Farbtafel in Dreiecksform eingeführt, indem er sich ausdrücklich auf die physiologische Dreikomponententheorie von YOUNG beruft (→Farbensehen, Theorie des) und mittels der NEWTONschen Schwerpunktkonstruktion die erste Darstellung der Spektralfarben auf Grund von Mischungen vornahm. Dabei muß berücksichtigt werden, daß Spektralfarben sich nicht durch Mischungen erzeugen lassen (→Spektrum), sondern nur nach dem Prinzip der «uneigentlichen Farbenmischung» geometrisch darstellen lassen. Zur Darstellung eines Gemischsystems geht man heute nicht mehr von einer Farbebene, sondern von einem Farbraum aus. Dieser ergibt sich aus den drei Einheitsvektoren R G B (Rot, Grün, Blau), die aus Gründen der Einfachheit senkrecht aufeinander stehen. • Eine beliebige Farbe läßt sich als Summe dieser Vektoren mit den zu ihrer Mischung benötigten Intensitäten als Komponenten ausdrükken, parallele Schnitte durch den Farbraum ergeben Farbdreiecke, die sich nur in der Helligkeit unterscheiden. – Allgemein gilt für Gemischsysteme, daß sie sich beliebig linear ineinander transformieren lassen, man also durch Rechnung das Ergebnis einer F. finden kann oder aber auch ein anderes Farbsystem, das sich bei unterschiedenen Ausgangsfarben ergibt. [L] ARENS 1957

Farbenoktaeder, ein dreidimensionales System der Ordnung aller bunten und unbunten Farben. Auf der Außenfläche sind die Farbqualitäten zu denken in der größten Sättigung, die ihnen auf der jeweiligen Helligkeitsstufe zukommt.

Farbenproben (HOLMGREN), farbige Wollfäden, die von der Vp in Abstufungen zu ordnen oder einzeln auszusuchen sind zur Prüfung der Farbtüchtigkeit (→Farbenblindheit).

Farbenquadrat →Urfarbenkreis

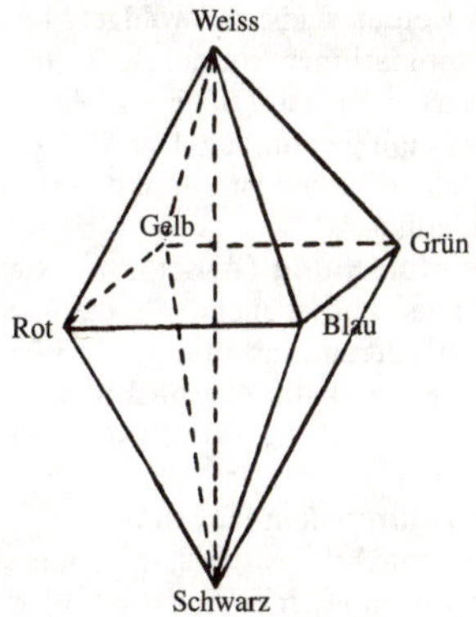

Farbenschwäche, geringer Grad von →Farbenblindheit.

Farbensehen, Theorien des Farbensehens, die Aufgabe einer Theorie des F. besteht darin, die physiologischen Prozesse aufzuklären, die den Erscheinungen des F. zugrunde liegen.

Die Theorien unterscheiden sich im wesentlichen durch Auswahl eines ganz bestimmten geeigneten Sachverhaltes, dessen Interpretation Zahl und Art von Komponenten oder Prozessen bestimmt, die die Grundannahmen der Theorie ausmachen. So unterscheiden sich die heute einflußreichsten Theorien von →YOUNG-HELMHOLTZ und →HERING nicht primär durch die Zahl ihrer Komponenten, sondern durch die Zentrierung um den Sachverhalt der →Farbenmischungen einerseits und den der Urfarben andererseits, woraus verschiedene Komponentenzahlen und Prozeßformen resultieren. – Andere Ausgangsdaten sind z. B.: Differenzierung der Netzhaut in Stäbchen und Zapfen (WILLMER 1946), Reizung einzelner Netzhautelemente mit punktförmigen Lichtern (HARTRIDGE 1946), Ermittlung von Unterschiedsschwellen bei farbigen Reizen, die in kurzen Zeitabständen auf ein andersfarbiges Umfeld geworfen werden (STILES 1939, 1953). Erscheinung der FECHNER-BENHAM-Farben (FREY 1933, PIERON 1931).

Aus den verschiedenen Ansätzen resultieren Annahmen über Komponentenzahlen zwischen 2 und 7. Viele moderne Theorien erheben den Anspruch, quantitativ spezifizierte Annahmen zu machen, so daß sich z. B. der besondere Verlauf der spektralen Unterschiedlichkeits-, Sättigungs- und Hellempfindlichkeitskurven mit Hilfe von Formeln ableiten läßt.

Einen besonderen Typus von Theorien stellte J. v. KRIES 1905 auf, indem er einander weitgehend widersprechende Ansätze wie die von HERING und HELMHOLTZ insofern vereinigte, als er sie verschiedenen Zonen des gesamten Sehapparates zuordnete (→KRIESsche Zonentheorie). • Lange Zeit hindurch konnte man die Theorien des F. als Lehren von hypothetischen Rezeptorsystemen, auf die aus den Leistungen des F. geschlossen worden war, ansehen. In jüngster Zeit haben rein physiologische Beobachtungsmethoden dazu geführt, die einzelnen Rezeptorarten durch direkte Messungen voneinander zu unterscheiden. Bislang konnten solche Ergebnisse keine eindeutigen Entscheidungen herbeiführen, und ihre Interpretationen sind nach wie vor von bestimmten theoretischen Voraussetzungen abhängig. • Entsprechend dem von W. KÜHNE (1878) entdeckten und von G. WALD (1945) als Rhodopsin bezeichneten Stäbchenstoff «Sehpurpur» wurde ein vom Rhodopsin verschiedener als Iodopsin bezeichneter Zapfensehstoff von G. v. STUDNITZ (1932, 1937) an stäbchenfreien Reptiliennetzhäuten nachgewiesen. Neuere Untersuchungen über das Absorptionsvermögen der Zapfenpigmente durch Messung der spektralen Reflexion des menschlichen Augenhintergrundes (W. A. H. RUSHTON 1957, 1958) sowie Absorptionsmessungen an einzelnen Zapfen mit Hilfe von Mikrospektralphotometern (W. B. MARKS, W. H. DOBELLE, E. F. MACNICHOL 1964, P. K. BROWN, G. WALD 1964) führen zu der Annahme, daß es drei verschiedene Zapfenpigmente von unterschiedlicher spektraler Empfindlichkeit gibt. • Nach H. K. HARTLINES Entdeckung (1938, 1940), daß bei Belichtung des Auges neutrale Wechselwirkungen zwischen verschiedenen, aus einer Anzahl von Rezeptoren und Neuronen bestehenden Elementen nachweisbar sind (*on-*, *off-* und *on-off*-Elemente), gelangte R. GRANIT (1947) auf Grund von Messungen mit Mikroelektroden an einzelnen Sehnervfasern zu der Dominator-Modulator-Theorie des F. Nach ihr gibt es gesonderte Helligkeitsdominatoren und Farbmodulatoren, wobei zwei Dominatorenreaktionen unterschieden werden: der skotopische Dominator für das Nachtsehen, dessen Spektralempfindlichkeitskurve mit der Absorptionskurve des Rhodopsins übereinstimmt, und der photopische Dominator für das Tagessehen, der sich wiederum aus drei Modulatoren mit unterschiedlicher spektraler Empfindlichkeit in den verschiedenen Teilen des Spektrums Rot-, Grün- und Blaumodulator zusammensetzt. Ferner konnten durch Mikroelektroden-Ableitungen von der Ganglienzellschicht der Retina (G. SVAETICHIN et al. 1958, E. F. MACNICHOL 1958, H. G. WAGNER et al. 1960) und Zellen des primären Sehzentrums (R. L. DE VALOIS 1960, 1966) elektrophysiologisch Gegenfarbenreaktionen nachgewiesen werden. Dabei sind zwei verschiedene Zelltypen zu unterscheiden: solche, die nur auf weißes Licht reagieren, und antagonistische Zellen, die mit Hemmung bzw. Bahnung auf rotes bzw. grünes und auf blaues bzw. gelbes Licht reagieren. Die Funktionsweise dieser Zellen im Sinne der HERINGschen Theorie vermag insbes. auch die Erscheinungen des simultanen und sukzessiven →Farbkontrastes zu erklären. **[L]** GRAHAM 1965, HURVICH 1966

Farbensichtigkeit →Farbenblindheit

Farbensinn, das Farbensehen, die Farbenwahrnehmung, • die Unterscheidungsfähigkeit für Farben, • das ästhetische Verständnis für das Zueinanderpassen von Farben in Farbkombinationen.

Farbensymbolik, zu allen Zeiten und bei allen Völkern haben Farben symbolische Bedeutung. Allerdings fehlt Einheitlichkeit.

Z. B. ist im Abendland Schwarz, in Japan aber Weiß die Farbe der Trauer. Es gilt für die westl. Kultur folgende Zuordnung: Rot (Farbe des pulsierenden Blutes) = Gefühl, Leidenschaft, Mut, Wut. Gelb (Farbe der lichtbringenden Sonne) = Intuition, Logos, Glauben, Enttäuschung, Kontaktnehmen. Grün (Farbe der Gewächse) = Freude, Empfindung, Beziehung zur Wirklichkeit. Blau (Farbe des klaren Himmels) = Denken, Geist, Weisheit (Narrheit), Wahrheit, Treue, heitere Ruhe. Weiß = Reinheit, Verlassenheit, Kälte, Unfruchtbarkeit. Schwarz = Trauer, Leid, geheimnisvolle Macht.

Farben-Test, Farbwahl-Test **[T]** FRIELING, LÜSCHER, PFISTER

Farbentheorien →Farbensehen, →Farbenlehre

Farbentherapie, die Verwendung der Farben zu therapeutischen bzw. psychohygienischen Zwecken. Beruht auf der Annahme, daß gewisse Farben bestimmte Wirkungen erregender, anregender oder beruhigender Art haben.

Farbentüchtigkeit →Farbenblindheit

Farbenwirkung, den verschiedenen Farbqualitäten zugeschriebene emotionale Wirkung. Grün, Blau, Violett, Indigo sollen beruhigen, Rot, Orange, Gelb, Purpur erregen. →Farbensymbolik. • Die ästhetische Wirkung von Farbenkombinationen. Zusammenstellungen von Kontrastfarben (Gelb – Blau, Rot – Grün) werden meist als wohlgefällig beurteilt, Kombinationen von im Spektrum nahe benachbarten Farben (Blau – Violett) dagegen oft mißfällig gefunden. Die Wohlgefälligkeit einzelner Farben ist interindividuell sehr unterschiedlich.

Farbe-Tonforschung (ANSCHÜTZ), Richtung der Ps., die sich, ausgehend von den →Synästhesien, mit deren Anwendung auf künstlerische Fragen, z. B. die «Farblichtmusik» usw. befaßt. **[L]** ANSCHÜTZ, ARGELANDER, MAYER-GROSS, WELLEK

Farbige-Figuren-Test **[T]** SQUIRE

farbige Schatten, zwei verschiedenfarbige Lichter werfen je einen Schatten. Wenn diese dicht genug stehen und etwa gleich hell sind, erscheint jeder in der Komplementärfarbe des von ihm beschatteten Lichtes. →Kontrast

Farbnacheffekte →Nacheffekte

Farbpyramiden-Test **[T]** PFISTER

Farbschock **[T]** RORSCHACH

Farbseher →Farbe-Form-Forschung

Farbspektrum, Farbenspektrum, auch Spektrum, Beschreibung des →Lichts in Abhängigkeit von der Wellenlänge. →Spektralfarben

Farbsysteme, anschauliche, Farb(muster) sammlungen mit gefärbten Farbkärtchen, die übersichtlich angeordnet sind bzw. die anschauliche Ordnung der Farben optimal wiedergeben.

Man bemüht sich, die einzelnen Muster so zu graduieren, daß sie empfindungsgemäß gleiche Abstände untereinander haben. In

Deutschland ist die DIN-Farbenkarte neuerdings am gebräuchlichsten. Sie wurde auf farbvalenzmetrischer Grundlage ausgearbeitet und stellt eine empfindungsgemäße Abstufung der Farbenmuster nach 24 Farbtönen dar, von denen jeder nach ebenso gleichabständigen Stufen von Sättigungen und Dunkelstufen vorkommt. OSTWALD ging von dem Vollfarben-, Schwarz- und Weißgehalt jeder Farbe aus. Als Farbkörper ergibt sich dabei ein Doppelkegel mit den Spitzen Schwarz und Weiß und einer gemeinsamen Basis in der Gestalt des Vollfarbenkreises. Die Sättigung aller Farben nimmt von der Schwarz-Weiß-Achse zur Peripherie hin zu. Um empfindungsgemäße Abstände zu erhalten, wurden die Unbuntstufen und die Weißbeimischung für die Sättigungsreihen logarithmisch graduiert. Der Vollfarbenkreis wurde in der Hälfte Gelb bis Rot – Blau (warme Farben) nach konstanter Zahl von Unterschiedsschwellen angeordnet, und die Abstände der zweiten Hälfte ergaben sich als →Komplementärfarben der ersten. Das OSTWALD-System findet sich in dem gängigen amerikanischen *«Color Harmony Manual»* realisiert. Ferner ist in Amerika besonders der MUNSELL-Atlas, der sich nach ähnlichen Prinzipien aufbaut, geläufig.

Farbton →Farbe

Farbvalenz →Kolorimetrie

Farbvariator →Farbenmischapparat

Farb-Wort-Interferenz, die mit dem →STROOP-Verfahren häufig untersuchte, aber empirisch und theoretisch noch wenig geklärte →Interferenzneigung, operationalisiert durch den Unterschied zwischen der Bedeutung des Wortes (z. B. rot) und der Farbe des Drucks (z. B. blau).

Farb-Wort-Interferenz-Test [T] STROOP, [T] MESSICK

Faschismus →Autoritarimus

Faschismusskala, ein von ADORNO und Mitarbeitern entwickelter Fragebogen zur Erfassung der Merkmale der autoritären Persönlichkeit (→Autoritarismus). Die Skala enthält Items zu den von ADORNO et al. ermittelten neun Dimensionen der autoritären Persönlichkeit. Revidierte Versionen der F-Skala bei ROBINSON, SHAVER & WRIGHTSMAN 1991.

FAST, Abk. für *facial affect scoring technique*, Emotionen-Kategorisierungs-Mimik-Test, ein von EKMAN, FRIESEN & TOMKINS 1971 eingeführtes Verfahren, bei dem Fotografien der durch die Gesichtsmotorik verursachten Veränderungen (→Mimik) mit Standardbildern der Stirn-, Augen- und Mundpartien bei 7 Affektkategorien verglichen werden. Das Verfahren wird bei →Interaktionsanalysen eingesetzt, erfordert aber einen großen apparativen Aufwand und viel Zeit für die Beobachtung. [L] OTTENSMEYER & ZIMOLONG 1980

Faszination, (allg.) das Hingerissensein und Gebanntsein durch besonders eindrucksvolle Ereignisse. • In der Psa. Bez. für die Anziehung und Aktivierung der Libido durch ein Symbol oder einen Archetypus. • In der Hypnose auch Kaptation (Kaptivation) genannt. Der Zustand eines Gebundenseins an den Hypnotiseur.

F

Faszinationsmethode, Einleiten der Hypnose durch Anstarren eines hellen und glänzenden Gegenstandes (Metall- oder Glaskugel oder der Augen des Hypnotisierenden). F. wurde zuerst von BRAID angewandt.

FAT [T] JACKSON

Fatalismus, Anschauung, daß alles Geschehen unabänderlich, schicksalhaft vorausbestimmt ist, so daß dem der menschliche Wille ohnmächtig gegenübersteht.

Faxensyndrom, absonderliches, clownhaftes Gebaren von Schizophrenen und Psychopathen.

fazialis →facialis

FDE, Fragebogen zur direktiven Einstellung [T] BASTINE

Fechner-Benham-Farben, von G. Th. FECHNER (1838) und C. E. BENHAM (1895) entdeckte subjektive Farben, die beim →Flimmern von schwarz-weißen Wechselreizen entstehen. Sie werden auch als polyphäne Farben bezeichnet (R. PAULI und A. WENZL 1924, V. v. WEIZSÄCKER 1948). Bei Rotation einer schwarz-weiß gefelderten Scheibe werden unterhalb der Flimmerverschmelzungsfrequenz in Abhängigkeit von der Wechselfrequenz und der Beleuchtungsstärke blaue, gelbe, rote und grüne Farben wahrgenommen. [L] COHEN & GORDON 1949

Fechner, Gustav Theodor (1801–1887), Physiker, Psychologe, bedeutendster Anreger der exp. Ps. im 19. Jh. (Psychophysik, Kollektivmaßlehre) / Leipzig

Fechnersches Gesetz, auch WEBER-FECHNERsches Gesetz, psychophysische Maßformel genannt. Bezeichnung für die von G. Th. FECHNER (1860) aus dem →WEBERschen Gesetz abgeleitete Gesetzmäßigkeit über das Verhältnis von Reiz und Empfindung. Demnach entspricht die Intensität der Empfindung dem Logarithmus des Reizes, bzw. das Anwachsen der Reizstärke in geometrischer

Reihe bewirkt einen Anstieg der Empfindung in arithmetischer Reihe.
FECHNER ging von der WEBERschen Formel aus: $\frac{\Delta R}{R}$ konstant (für den ebenmerklichen Empfindungsunterschied).
Unter der Voraussetzung, daß die einzelnen ebenmerklichen Empfindungsunterschiede untereinander gleich sind, drückt sich die Beziehung zwischen Reiz und Empfindung in FECHNERS «Fundamentalformel» aus:

$$\Delta E = k \frac{\Delta R}{R}$$

(k = Proportionalitätskonstante).

Die Integrierung der Gleichung ergibt den Wert für die Empfindung:

$$E = k \log R + C$$

(C = Integrationskonstante).

Diese Formel gestattet also, für jede Reizgröße die ihr entsprechende Empfindungsstärke zu berechnen. Für R wird der Wert der Schwelle eingesetzt, die Empfindung an der Schwelle = O. Eine Allgemeingültigkeit des FECHNERschen Gesetzes besteht insofern nicht, als es für extrem große und kleine Reizstärken nicht zutrifft. Besser als die FECHNERsche Formel entspricht den empirischen Ergebnissen nach LYSINSKI ein «berichtigtes Empfindungsgesetz»:

$$E = \frac{\log(a\,R + 1)}{\log b}$$

(darin sind a und b Konstanten, die aus den relativen Unterschiedsschwellen zu bestimmen sind). →Psychophysik, →Psychophysische Methoden. [L] BORING, FECHNER, LYSINSKI, PAULI-ARNOLD, STEVENS, W. WIRTH, WOODWORTH & SCHLOSBERG 1954

Fechnersches Paradox, besteht darin, daß man z. B. beim Betrachten einer Landschaft einen hellen Gesamteindruck erhält, wenn man ein Auge mit einer leicht berußten Glasscheibe vollständig abdeckt, also einen Teil des Lichtes fortnimmt.

feed-back, Begr. der →Kybernetik. Rückführschaltung, Rückkoppelung. In der Computertechnik (bei Automaten) der vom Ausgang zum Eingang rückführende Signalfluß. • Im biologischen Bereich und in der Ps. i. ü. S. die rückmeldenden Signale (z. B. Blutdruck, Körpertemperatur, sensorische Empfindungen) propriozeptiver bzw. kinästhetischer Art. • Ähnlich in der Sozialps. jede Art von Gegenverhalten, das «rückmeldend» zu einem Ausgangsverhalten erfolgt. →Reafferenz, →Regelung, →Homöostase

Fehlentwicklung, der Prozeß, der zu gestörter Erlebnis- und Konfliktverarbeitung führt und meist mit körperlichen Beschwerden (mit/ohne organische Grundlage) verbunden ist. Als Hintergrund wird vielfach eine →Angst angenommen, die aus der Sicht der Psa. auf (unbewußte) Konflikte in der frühen Kindheit zurückführt. • ADLER nennt 3 Faktoren, die eine F. auslösen können: Entweder übte auf das heranwachsende Kind zu viel Liebe oder Liebesentzug oder eine Organminderwertigkeit größeren Einfluß aus. • Auch über Lernprozesse erfolgt F. →soziales Lernen, →Entwicklungsstörung

Fehler (I), Abweichung eines empirischen Resultates von einem wahren oder bestmöglichen Resultat. In der empirischen Forschung werden alle jene Veränderungen in der abhängigen Variablen, die nicht auf Veränderungen in den experimentell kontrollierten unabhängigen Variablen zurückgeführt werden können, als F. interpretiert. F. können verschiedenartige Ursachen haben: in der Beobachtung und den dazu verwendeten Hilfsmitteln (z. B. Meßinstrumente), im untersuchten Geschehen selbst bzw. im Aufbau der Untersuchung sowie der weiteren Verarbeitung der unmittelbaren Befunde.
Zu unterscheiden sind systematische (konstante) und zufällige (variable) F. Die systematischen F. verschieben alle Einzelresultate (und damit das Gesamtresultat) in eine bestimmte Richtung. In der Versuchsplanung kann ihnen durch Methoden der →Kontrolle vorgebeugt werden. Die nach Ausschaltung konstanter F. verbleibenden variablen F. heben einander bei einer größeren Anzahl von Beobachtungen in deren Mittelwert annähernd auf. Sie sind überdies durch Fehlerberechnung in ihrem Ausmaß bestimmbar, wodurch Aussagen über den Grad der →Signifikanz von Ergebnissen möglich werden. Die Tatsache, daß in ps. Untersuchungen stets variable unbekannte Faktoren (Fehlerfaktoren) in die Ergebnisse eingehen, macht die Anwendung statistischer Verfahren in der Ps. erforderlich. →Raumfehler, →Zeitfehler
Ein bedeutsames Untersuchungsfeld in der →Arbeits- und Organisationspsychologie (WEHNER 1992) sowie auf dem Gebiet der →Mensch-Computer-Interaktion (FRESE & ZAPF 1992) ist die Erforschung menschlicher Fehler bei der Bewältigung von Arbeitsaufgaben. Ergebnisse zeigen, daß selbst erfahrene und kompetente Computer-Anwender ständig Fehler machen. Praktische Konsequenzen

werden in der Gestaltung sogenannter fehlerfreundlicher Systeme gesehen, die risikoarm Fehler zulassen (vgl. auch →Softwareergonomie), sowie in der Förderung der Voraussetzungen zum erfolgreichen Fehlermanagement. In der Ausbildung von Computer-Laien in der Benutzung komplexer Softwareprogramme haben sich psychologisch fundierte Programme des Fehlertrainings bewährt (GREIF 1989, FRESE et al. 1991). [L] FRESE & ZAPF 1992, WEHNER 1992 *G.Mikula/S.Greif*

Fehler (II), nicht erwünschte Bestandteile von psychischen Prozessen (z. B. sogenannte Denkfehler) und von Handlungen (z. B. Daneben-Greifen), die das Erreichen expliziter oder impliziter Ziele verhindern (→Fehlleistung). Fehlerforschung ist nach ersten systematischen Ansätzen (z. B. WEIMER 1922) lange Zeit vernachlässigt worden.

Versagen: Grundsätzlich vorhandene und ausreichende Verhaltensmöglichkeiten werden nicht genutzt, weil die Person nicht genügend motiviert oder aktiviert ist. Beispiele sind Verwechslungen, ausbleibende Wahrnehmung wegen reduzierter Aufmerksamkeit oder Mißbrauch gefährlicher Gegenstände.

Irrtum: Ein Irrtum entsteht durch Unzulänglichkeit des Wissens oder des Übungsstands, obwohl die Person ausreichend motiviert und aktiviert ist. Beispiel sind Fehlinterpretationen unbekannter Signale (Mißverständnisse) oder das Nichtvorhersehen von bekannten, jedoch verdeckten Gefahren (s. KLUWE 1990, ZIMOLONG 1990).

Fehlertolerante Systeme verringern die Fehlerwahrscheinlichkeit, weil sie dem Nutzer planmäßig angelegte Rückmeldungen, Überprüfungen und Korrekturen ermöglichen. [L] KLUWE 1990, WEIMER 1922, ZIMOLONG 1990 *W. Echterhoff*

Fehler erster Art, syn. Alpha-Fehler, Risiko I, Typ-I-Fehler. Als F.e.A. werden statistische Fehlentscheidungen bezeichnet, bei denen die Nullhypothese verworfen wird, obwohl sie zutrifft. Der F.e.A. hängt von der für den statistischen Test gewählten Signifikanzgrenze σ ab. Beträgt diese z. B. $\sigma = 0.05$, so resultiert daraus, daß die Nullhypothese in 5 % aller Fälle, in denen sie zutrifft, fälschlicherweise verworfen wird. →Fehler zweiter Art *G. Mikula*

Fehler, mittlerer, dieser Ausdruck wird einerseits als Synonym für den Begr. «wahrscheinlicher Fehler», ein früher häufig verwendetes Maß der fehlerbedingten Variabilität von Meßwerten ($\pm$ 0.67σ) benützt, andererseits wird darunter manchmal auch die durchschnittliche Abweichung oder mittlere Variation von Meßwerten verstanden. *G. Mikula*

Fehlervarianz, unterwirft man jede von zwei oder mehr Stichproben unterschiedlichen exp. Bedingungen, so läßt sich die Gesamtvarianz der aus dem Experiment resultierenden Meßwerte in zwei Komponenten unterteilen: systematische Varianz und F. (auch «Versuchsfehler» genannt).

In korrekt durchgeführten Experimenten spiegelt die systematische Varianz den Einfluß der versch. exp. Bedingungen wider und erlaubt somit Aussagen über deren Wirkung (vgl. aber →bias). Die F. resultiert aus den zufälligen Unterschieden der Versuchsobjekte (in der Ps. meist der Vpn). Die Wirkungen der Versuchsbedingungen dürfen nur dann als gesichert angesehen werden, wenn die systematische Varianz um ein Mehrfaches größer ist als die F. Daher wird ein Experimentator darauf achten, durch geschickte Versuchsplanung die F. möglichst klein zu halten. →Varianzanalyse

Fehler zweiter Art, syn. Beta-Fehler, Risiko II, Typ-II-Fehler, konservativer Fehler. Von einem F.z.A. wird gesprochen, wenn die Nullhypothese auf Grund eines statistischen Tests aufrechterhalten wird, obwohl sie falsch ist. Der F.z.A. ist um so größer, je geringer die Signifikanzgrenze α und damit auch der Fehler erster Art ist, und hängt u. a. auch von der Stichprobengröße und von der Teststärke des verwendeten Verfahrens ab. →Fehler erster Art *G. Mikula*

Fehlhandlungen, Störungen oder Abweichungen im Vollzug an sich fehlerfrei durchführbarer Leistungen (z. B. Versprechen, Verlesen, Verschreiben, Verlegen, Verlieren). Sie werden verursacht durch Abgelenktheit, Ermüdung, Erregtheit. →Fehlleistung

Fehlleistung [engl. *FREUDian slip*], von FREUD eingeführter Begr. für unbeabsichtigt fehlerhaft ausgeführte Handlungen (z. B. Versprechen, Verschreiben), die Hinweise auf einen unbewußten psych. Konflikt enthalten sollen.

Fehlreaktion, Fehlhandlung bei Reaktionsversuchen bzw. Handeln entgegen der Instruktion.

Fehlschluß, individualistischer, auch atomistischer Fehlschluß, Umkehrung des →ökologischen Fehlschlusses, fehlerhafte Schlußfolgerung von Beziehungen, welche zwischen den Daten auf der Ebene von Individuen beobachtet werden, auf Beziehungen zwischen Kollektiven von Individuen. *K.H. Stapf*

Fehlzeiten →Arbeitsabwesenheit

Feindlichkeit [engl. *hostility*], Tendenz, gegenüber einer Person Wut oder Ärger zu fühlen und sie zu schädigen. In der Aggressionsforschung wird F. als einziges anzuerkennendes Motiv für Aggression erwogen. **[L]** KAGAN 1972

Feindverhalten, (biol.) aggressive Verhaltensweisen, die sich gegen einen Artgenossen oder einen Artfremden richten können, mit dem Ziel, ihn zu vertreiben oder zu unterdrücken. →Aggression, →Territorialverhalten

Feinkoordination, geübte, flüssige →Koordination (Ggs. Grobkoordination); Feinabstimmung innerhalb einer Rahmenkoordination.

Feld, ein Begr., der häufig, bes. in der älteren Ps. (der Umgangssprache folgend), als Ausdruck für Bereich, Gebiet, Raum, z. B. Hörfeld, Sehfeld, Bew.feld, gebraucht wird. • Im strengen Sinn ist ein F. das Ergebnis von Kräften, die dem sie umgebenden Raum bestimmte dynamische Beschaffenheit verleihen. So besitzt z. B. das Gebiet um einen Magneten für ein Stück Eisen eine bestimmte Struktur, indem es an jedem Punkt verschiedene Kraftwirkungen erfährt. Die Verbindungslinien aller Punkte mit entsprechenden Kraftwirkungen sind Kraft- oder Feldlinien. Verändert man eine Einzelheit, entsteht ein neues F., das mit dem vorigen keine identischen Punkte hat. Das F. reagiert also als Ganzes, d. h., es ist eine Gestalt oder dynamische Ganzheit. • Analog lassen sich in der Ps. alle Prozesse und Verhaltensweisen, die nicht mechanischen Zwangsbedingungen gehorchen (Stoß und Druck, eindeutig festgelegte Nervenbahnen), als Feldwirkungen darstellen. Jede Wahrnehmung kann als Feldgeschehen bezeichnet werden. Eine Mehrzahl optisch wahrgenommener Dinge (phänomenales F.) gliedert sich in bestimmter Weise und erfährt bei jeder Veränderung eines einzelnen Momentes vollständige Neugliederung. Ästhetisch unbefriedigende Gebilde werden in sich selbst gespannt erlebt und enthalten phänomenale Kräfte (Feldvektoren) auf einen ausgeglicheneren Zustand hin (→Prägnanz). Das Erinnern wird als ein Vorgang im Spurenfeld, das einen Bereich von bestimmter dynamischer Struktur darstellt, angesehen. Die Bewegungen des Denkens kann man sich in einem F. vorstellen, dessen Struktur durch die Auffassung der Aufgabenstellung, Denkmöglichkeiten, Widersprüche, fehlendes Wissen usw. als Feldkräfte gegeben ist. Jedes Verhalten kann als durch ein F. bedingt angesehen werden, dessen Struktur von Bedeutungen, Bedürfnissen, Aufforderungscharakteren usw. als wirksamen Kräften abhängt (Verhaltensfeld, KOFFKA; Lebensraum, LEWIN).
Es gibt in der Ps. zwei Annahmen: (a) Das F. wird verstanden als im Hirnrindengebiet lokalisiertes physikalisches F., gleichbedeutend mit: physiologisches F., zentrales F., Hirnfeld (KOFFKA, KÖHLER, WERTHEIMER), und die psychischen Vorgänge werden gefaßt als die ihnen entsprechenden Nervenerregungsvorgänge, also als Feldwirkungen zwischen elektro-chemischen Kräften (→Gestalttheorie). (b) Das phänomenale oder Verhaltensfeld wird direkt in mathematische Begriffe übertragen, indem in stetiger Abbildung jedem ps. Begr. ein mathematischer zugeordnet wird (→topologische und Vektor-Ps., →Lebensraum).

Feldabhängigkeit, Konstrukt der empirischen Persönlichkeitsforschung der Wahrnehmungsstile (WITKIN), welches interindividuelle Differenzen für den Einfluß des Wahrnehmungsfeldes auf das Wahrnehmen der Figur beschreibt (→kognitive Stile). Bei einem feldabhängigen Wahrnehmungsstil übt die Wahrnehmungsumgebung (→Feld) einen starken Einfluß auf die wahrgenommene Figur aus, während bei einer feldunabhängigen Wahrnehmungsweise die Wahrnehmung auf das wahrzunehmende Objekt gerichtet ist. Dieser Wahrnehmungsstil erweist sich als relativ konstant über verschiedene Bedingungen hinweg. Betrachtet man die F. als relativ konsistentes Persönlichkeitsmerkmal, so ergibt sich die Frage nach der Einordnung dieses Merkmals in andere Dimensionen. Bei entsprechenden Untersuchungen hat sich gezeigt, daß die F. Korrelate bis hin in das soziale Verhalten hat (→Konformismus). **[L]** HERRMANN 1972, WITKIN et al. 1971 *H. Häcker*

Feldexperiment →Feldstudie, →Experiment

Feldhandlung, ein von LEWIN eingeführter Ausdruck für Handlungen, bei denen die handelnde Person vollständig im Sinne der Feldkräfte reagiert. Ggs. ist die beherrschte Handlung, in der den von dem Umfeld ausgehenden Kräften die von der Person ausgehenden entgegengesetzt werden.

Feldmarkierungstest **[T]** HENTSCHEL

Feldstudie, Feldforschung, empirische Sozialforschung. Oberbegriff für ps. und soziologische Untersuchungen unter «wirklichen Lebensbedingungen» (LEWIN) oder im Lebensraum. Im Unterschied zum Feldexperiment, in dem vom Vl kontrollierte Bedingungen in

den Lebensraum eingeführt und variiert werden und in dem stets neben den Versuchsgruppen eine Kontrollgruppe steht, ist die F. darauf beschränkt, durch Erhebung, →Datensammlung und →Beobachtung die im wirklichen Gruppenleben (in Gemeinde, Schule, Industrie, Verein etc.) vorkommenden sozialen Vorgänge und Gegebenheiten zu beschreiben oder zugrunde liegende Kausalzusammenhänge zu erhellen.
LEWIN hat Entscheidendes für die Einführung der in der Soziologie entwickelten F. in die Sozialps. geleistet. Die wichtigsten Methoden sind neben der Fragebogenerhebung (→Fragebogen) das →Interview und die (z. T. teilnehmende) →Beobachtung. Da die Bedingungen des sozialen Geschehens im Feld nicht vom Vl eingeführt oder hergestellt, sondern von ihm vorgefunden werden, ist die Genauigkeit der Kontrolle eingeschränkt.
Wenn Maßnahmen von sozialen Agenten (Gemeindeverwaltung, Schulbehörde, Firmenleitung etc.) auf ihre Wirksamkeit untersucht werden, spricht LEWIN von Aktionsforschung (→Handlungsforschung, →action research). [L] PATRY 1981 *R. Bergius*

Feldtheorien, psychologische, alle Betrachtungsweisen, die von den Eigenschaften der Ganzbestimmtheit, Spontanorganisation (→Organisation) und nicht-mechanischen Natur des Psychischen ausgehend den Begr. des Feldes als grundlegende Erklärung einführen.
Erklärungen von Zusammenhängen durch elementaristische Verbindungsweisen wie Assoziationen und Reflexe werden auf weiten Gebieten als unangemessen zurückgewiesen. Die F. gehen historisch von der Gestaltps. aus oder sind kraft des gemeinsamen Ausgangspunktes verwandt mit ihr. Begründer feldtheoretischer Erklärungen ist WERTHEIMER (1912) durch seine Deutung des Phi-Phänomens als Wirkung zwischen zwei Erregungszentren im Gebiet der Hirnrinde. Dieser Ansatz wurde von KÖHLER und KOFFKA weitergeführt (→Gestalttheorie). Eine mathematische F. des Handelns entwickelte LEWIN (→Feldhandlung, →topologische und Vektor-Ps., →Lebensraum). Die Zeichen-Gestalt-Theorie *(sign-gestalt-theory)* von TOLMAN und die physiologischen Formulierungen von LASHLEY u. a. können als F. im engeren Bereich des Behaviorismus angesehen werden.

Feministische Therapie, aus der Kritik an der traditionellen Therapie Mitte der 60er Jahre im Rahmen der Feministischen Bewegung entstanden. Kritisiert wird, daß die theoretischen Modelle der traditionellen Psychotherapie auf die Bedürfnisse von Männern zugeschnitten und stark von gesellschaftlichen Vorurteilen wie sexistischen Vorstellungen geprägt sind. Die F.T. ist in erster Linie als eine ethische Sichtweise zu verstehen, die eine Vielzahl an Positionen, Techniken und Methoden subsumiert. Die Idee, Aspekten, die mit dem biologischen Geschlecht und damit zusammenhängenden Rollenvorstellungen etc. zusammenhängen, besondere Bedeutung zu geben, kann grundätzlich in verschiedenen Therapieformen beachtet werden. Sie wird im übrigen unter dem Begriff «gender sensitive therapy» auch auf die Therapie mit Männern übertragen.
Die unterschiedlichen therapeutischen Positionen haben eine Reihe von Wertvorstellungen und Gewichtungen gemeinsam (die allerdings von vielen nicht-feministischen Therapeuten ebenfalls geteilt werden): Die therapeutische Beziehung wird als eine gleichberechtigte angesehen; Definition und Möglichkeiten der Geschlechtsrollen werden weiter gefaßt; die persönliche Verantwortung für Veränderung wird besonders betont; mit der Geschlechtsrolle zusammenhängende Faktoren, die als ursächlich für die Schwierigkeiten angesehen werden, und deren Trennung von internalen Problemen werden als besonders wichtig betrachtet.
Da feministische Therapeuten unterschiedliche Orientierungen vertreten, unterscheiden sich auch ihre Methoden. So kommen je nach Orientierung gestalttherapeutische, humanistische oder verhaltenstherapeutische Techniken zum Einsatz. Die orthodoxe Psychoanalyse Freuds allerdings gilt als unvereinbar mit den Grundvorstellungen der feministischen Philosophie.
Die therapeutischen Ansätze kommen als Einzel-, Paar- und Familientherapie vor allem bei Problemen der Sexualität, Depression und Gewalttätigkeit zum Einsatz. Wirksamkeitsbelege liegen nicht vor, was auch mit einer verbreiteten Ablehnung gängiger «männlicher» Wissenschaftlichkeitsvorstellungen zusammenhängt. *F. Caspar*

Fenetyllin, WZ Captagon®, →Amphetaminderivat (→Amphetamin) aus der Klasse der →Psychostimulantien, fällt unter das Betäubungsmittelgesetz. [L] JANKE & BOSS 1961, JANKE & NETTER 1981 *W. Janke*

Fenfluramin, WZ Ponderax®, Psychopharmakon aus der Klasse der →Appetitzügler, wirkt

F

über Erhöhung von Serotonin im Gehirn. [L] BLUNDELL et al. 1979, DAVIS & FAULDS 1996, ROWLAND & CARLTON 1986 *W. Janke*

Fentanyl, WZ Fentanyl-Janssen®, kurzwirksames Analgetikum aus der Reihe der Opiat-Analgetika, chemisch mit →Pethidin verwandt. Intravenös bei Operationen und postoperativ zur Schmerzausschaltung verwendet. Auch über Hautpflaster appliziert. Stärker als Morphium (bis 500fach). Mißbrauch in der Drogenszene («China white») wegen seiner euphorisierenden Effekte. [L] ZACNY et al. 1992 *W. Janke*

Féré, Charles Samson (1852–1907), Psychiater, Neurologe / Paris

Féré-Effekt →psychogalvanische Reaktion

Ferment, veraltete Bez. für →Enzym, lebenswichtiger Stoff, der im Körperhaushalt von Pflanze, Tier und Mensch bestimmte chemische Prozesse auslöst oder beschleunigt, ohne selbst in die ablaufende chemische Reaktion einzugehen (katalytische Wirkung).

Fernald-Probe [T] FERNALD

Fernberatungs-Test [T] WARTEGG

Fernraum →Greifraum

Fernsehen →Massenmedien

Fernsinne, die Sinne, mit denen das weiter Entfernte wahrgenommen wird (Gesicht und Gehör) im Ggs. zu den Nahsinnen (Hautsinne, Geschmack). • Angenommener, besonderer Sinn, der Blinden die Orientierung im Raum ermöglicht. Vermutlich gesteigerte Leistung der übrigen, intakten Sinne. • Besonderer Sinn, durch den sich manche Tiere, besonders Zugvögel, im Raum orientieren. →Heimkehrfähigkeit • Spekulativ angenommener sog. «sechster» Sinn, mit dem angeblich weit entfernte Gegenstände oder Geschehnisse wahrnehmbar sind. • Einen «7. Sinn» unterstellt man neuerdings als entwicklungsfähig im Straßen-(Auto-)Verkehr. →Sinne

Fernunterricht, Fernstudium, Lernende erhalten die Lernmaterialien von einer Zentrale ins Haus gesandt. Der Kontakt zum Dozenten erfolgt hauptsächlich schriftlich. Oftmals werden Präsenzphasen (Lernen in Gruppe mit Dozent) mit angeboten. Die Lernmaterialien verwenden Prinzipien des Programmierten Lernens, des Lernens mit audio-visuellen Medien. Als Vorteile gelten z. B.: Individuelle Art des Lernens; berufsbegleitende Möglichkeit der Weiterbildung. Probleme z. B. sind: Manchmal große Materialmengen; Einschränkung des Fächerkatalogs; Durchhaltemotivation.
Informationen bei: Deutsches Institut für Fernstudien, Tübingen; FernUniversität Hagen; Staatliche Zentralstelle für Fernunterricht, Köln; Bundesinstitut für Berufsbildung, Berlin / Bonn. *W. Echterhoff*

Fertigkeit [engl. *skill*], (a) beschreibende Bezeichnung für aufgabenbezogene menschliche Aktivitäten; gebräuchliche Unterteilungen sind (senso-)motorische Fertigkeiten (z. B. Radfahren, Schwimmen, aber auch elementare Bewegungen wie →Zielbewegungen), kognitive Fertigkeiten (z. B. Kopfrechnen, Problemlösen), kognitive motorische Fertigkeiten (z. B. Schreiben, Musizieren), soziale Fertigkeiten, sprachliche Fertigkeiten, perzeptive Fertigkeiten. In der Regel schließt der Begriff ein Gütekriterium für die Leistung ein: Fertigkeiten werden beherrscht bzw. erworben. (Der deutsche Begriff F. erlaubt nicht die Verwendung als Adjektiv, die dem englischen Gegensatz *skilled – unskilled* entspricht.) Gelegentlich kommt zum Aspekt der Beherrschung/Gekonntheit auch der der →Stereotypie und Verfestigung hinzu. (b) erklärender Begriff für menschliche Leistungen; erworbene spezielle Strukturen für die Steuerung bestimmter Handlungen (z. B. Gehen, Werfen), die dann weitgehend automatisch (→Automatisierung) vollzogen werden können. F. in diesem Sinne ist einem generalisierten →Bewegungsprogramm ähnlich. (c) als Gegensatz zu →Fähigkeit: F. als Leistung bei einer bestimmten Aufgabe, die sich auf dem Hintergrund aufgabenübergreifender, personenspezifischer Fähigkeiten durch →Übung herausbildet. [L] HOLDING 1989 *H. Heuer*

Fertigkeit, sprachliche →Sprachproduktion, →Sprachentwicklung

Fertigkeitsschulung, geregeltes Üben anpassungsfähiger Veranlagungen. →Anlernverfahren

Fetalisationstheorie →Retardation

Fetisch, Fetischismus [port. *feitico* Zauber], völkerps. Bez. für den Glauben an die geheimnisvolle, übersinnliche, dämonische Macht lebloser Gegenstände. Im Fetisch ruht ein gebannter Dämon. Amulett ist passiv-schützend (z. B. gegen Unfall), Talisman aktiv-helfend (z. B. Stein der Weisen, der alles zu Gold verwandelt). F. ist die ursprünglichste Form eines Kultes.
(Sex.psych.) Perversion der Libido mit Hinwendung zu Körperteilen neben den Sexualzonen bzw. auf Gegenstände wie Schuhe, Unterwäsche. Meist ersetzt dabei der Fetisch die Person.

Fettsäuren, langkettige Carbonsäuren, darunter drei essentielle F., die mit der Nahrung aufgenommen werden müssen (Arachidonsäure, Linolsäure, Linolensäure). Unveresterte F. heißen freie Fettsäuren. Abk. FFA (free fatty acids). FFA werden häufig in Zusammenhang mit Streß untersucht. **[L]** PATTERSON 1995 *W. Janke/P. Weyers*

Fetus [lat. *fetus* das Gezeugte], auch Fötus. Die Leibesfrucht beim Menschen vom 3. Schwangerschaftsmonat an. Adj.: fetal, fötal

Fevarin® →Fluvoxamin

FFA, Abk. für *fast FOURIER analysis*. →FOURIERsches Gesetz

FI, Abk. für *fixed interval* →Verstärkungsplan

fidelity, Fidelität, Bez. für Wiedergabegenauigkeit bzw. Präzision. Eine aus der →Informationstheorie (Informationsübertragung) in die ps. Diagnostik übertragene Bez. für die Eigenschaft eines Tests, sehr präzise, aber wenig umfassende Meßwerte zu liefern. →Bandbreite

figurale Nachwirkung, Klasse von →Nacheffekten in der →visuellen Wahrnehmung, bei denen eine Figur durch eine vorher für einige Minuten beobachtete benachbarte Figur verschoben, vergrößert oder verkleinert erscheint; der Nacheffekt ist lokal, d. h., die Verschiebung kann z. B. in verschiedenen Teilen des →Gesichtsfeldes verschieden sein. Neben den von KÖHLER und WALLACH (1944) beschriebenen f.N. i. e. S. wird der Begriff manchmal in einem weiteren Sinne verwendet und schließt ähnliche Nacheffekte ein, z. B. die Änderung der scheinbaren Krümmung nach längerer Betrachtung einer gekrümmten Linie (GIBSON 1933), die Änderung der scheinbaren Neigung nach längerer Betrachtung einer geneigten Linie, die Änderung der scheinbaren →Ortsfrequenz nach längerer Betrachtung eines Streifenmusters mit bestimmter Ortsfrequenz.

Ein wesentliches Merkmal figuraler Nachwirkung (und der ähnlichen Nacheffekte) ist das Distanz-Paradox: Der Nacheffekt steigt zunächst an, wenn der im Test verwendete Reiz dem länger beobachteten Reiz unähnlicher wird (weiter entfernt, größer, kleiner, stärker in Krümmung, Neigung oder Ortsfrequenz abweichend); bei noch weiter zunehmender Unähnlichkeit sinkt der Nacheffekt auf Null.

• KÖHLER erklärte f.N. als Folge von Sättigung bestimmter Hirnareale; dadurch soll dann eine «Abstoßung»/Verzerrung der nachfolgenden Erregungsströme erfolgen (→Gestalttheorie, →Isomorphismus). Eine moderne Variante der Sättigungstheorie ist die Hypothese der selektiven Adaptation (→Adaptation, selektive). Zumindest bei einigen der Nacheffekte spielen weitere Prozesse eine Rolle (→Normalisierung). *H. Heuer*

Figurenlegen **[T]** WECHSLER

Figuren-Merk-Test **[T]** BINET, BENTON, RANSCHBURG

Figurenordnung **[T]** STERN

Figurenreihen-Fortsetzen **[T]** DUNAJEWSKI

Figuren von Rybakow **[T]** MEILI

Figure Reasoning Test **[T]** DANIELS

Figur-Grund-Verhältnis, Wahrnehmungsorganisation. Der zuerst von E. RUBIN (1921) gebrachte Hinweis, daß das Gesichtsfeld nicht als ungegliedert, sondern als gegliedert und in sich abhebbar erlebt werde, hat in der Ps. sehr nachhaltig gewirkt. Viele Forscher griffen das Problem auf – Arbeiten von EHRENSTEIN und W. METZGER sind besonders bekannt.

Zuerst wurde das Problem im Optischen beachtet (→Reversionsfiguren, →geometrisch-optische Täuschungen). RUBIN glaubt, auf den Begr. Aufmerksamkeit verzichten zu können, da der Effekt der Aufmerksamkeit genuin durch die Figur-Grund-Differenzierung gegeben sei. Man lernte auch die Bedingungen für die FG-Differenzierung beachten: (1) Bedingungen des Außenreizes, wenn z. B. eine Reizfeldstelle von der Umgebung stark verschieden ist; (2) Bedingungen somatisch-physiologischer Funktionsart der Sinnesorgane; (3) Bedingungen der Struktur der Person; (4) Bedingungen des Lernens sekundärer Motivation (→SCHAFER-MURPHY-Effekt). Die Figur-Grund-Differenzierung bedeutet in phänomenaler Hinsicht Scheidung und in funktionaler Hinsicht Zusammenfassung zwischen dem, was die Rolle des Grundes, und dem, was die Rolle der Figur übernimmt.

Der Figur-Grund-Zusammenhang gehört deshalb nicht zu den phänomenalen, sondern zu den funktionalen Ganzheiten» (EHRENSTEIN). Das Figur-Grund-Prinzip hat neben der optischen auch für die akustische Wahrnehmung, für die Motorik (z. B. Rechts-Linkshändigkeit), die Gefühle und nicht zuletzt (hier sogar mit besonderen Erfolgen) für das Denken Bedeutung. **[L]** METZGER 1953, RUBIN 1921 *H. Häcker*

Fiktion [lat. *fingere* erdichten, ersinnen], «Erdichtung», im wissenschaftlichen Denken eine Annahme, die wahrscheinlich oder sogar gewiß nicht zutrifft, die aber als Hilfsmittel des Denkens gebildet und beibehalten wird, bis sie durch Tatsachen ersetzt werden kann (z. B. leerer Raum). Das Denken in der Fiktion entspricht (sprachlich ausgedrückt) einem «als ob». →Hypothese

Fiktionalismus, philosoph. Lehre, nach der wesentliche Erkenntnisbegriffe als Fiktionen (d. h. «als ob» sie wahr wären) angesehen werden. Der F. ist in vielen philosoph. Systemen nachweisbar.

Fiktionsspiele →Spiel

Filehne-Täuschung, scheinbare Bewegung stationärer Reize in Gegenrichtung, wenn ein bewegter Reiz mit den Augen verfolgt wird (→AUBERT-FLEISCHL-Paradox). *H. Heuer*

Filialgeneration →Generation

Film →Massenmedien

Film-Test **[T]** GILLE, STÜCKRATH

Filter, (das F.), Baustein eines Systems (→Kybernetik) mit einer regelhaften Beziehung zwischen Ausgangssignal und Eingangssignal. Funktionelle Komponenten von Wahrnehmungssystemen, auch einzelne Nervenzellen, lassen sich als F. beschreiben: Das begrenzte räumliche und zeitliche Auflösungsvermögen läßt sich z. B. als Tiefpaßfilter darstellen, der hohe Frequenzen oder →Ortsfrequenzen unterdrückt (→FOURIER-Analyse); →Detektoren lassen sich oft als Bandpaßfilter beschreiben, die nur in einem bestimmten Bereich von Frequenzen (oder einer anderen Dimension wie →Ortsfrequenzen, Richtungen) antworten. Der Begriff des Filters findet sich auch in Theorien der →Aufmerksamkeit. **[L]** REGAN 1982

Filter-Theorie der Aufmerksamkeit →Aufmerksamkeit

Finalattribution →Attribuierung

Finalität, Zweckbestimmtheit, Zweckgerichtetheit. Im besonderen ist die finale Erklärung von Erscheinungen, Vorgängen usw. gegensätzlich zur kausalen Erklärung. Der Vorgang wird vom Ziel, vom Ende, vom Endzweck her wesensmäßig gedeutet. →Kausalität.

Fingeragnosie, Unfähigkeit zur richtigen Benennung einzelner Finger oder deren Verwechslung bei der Zuordnung zu sprachlicher Bez. Teilleistungsschwäche nach Hirnverletzung (→GERSTMANN-Syndrom) oder während der kindl. Entwicklung.→Dyskalkulie

Fingeralphabet →Gehörlosensprache, →Zeichensprache, →Fingersprache, →Gehörlosigkeit

finger dexterity, Fingergeschicklichkeit, Fingerfertigkeit

finger painting, Fingermalen. Bez. für freies bildnerisches Gestalten durch Aufstreichenlassen von Farben auf Papier, Tafel oder Tischplatte mit den Fingern. F. ist vor allem als psychotherapeut. Verf. bei Kindern eingeführt.

Fingerschlüssel, bei Reaktionsversuchen benützter, elektrischer Kontakthebel, ähnlich dem Telegraphentaster.

Fingersprache →Daktylologie, Cheirologie

Fishbein-Ajzen-Theorie, Theorie der Verhaltensvorhersage und der Verhaltensänderung, die als Prädiktoren für Verhalten drei Kriteriumsgrößen verwendet: (1) die Einstellungen gegenüber dem Verhalten, (2) die subjektiven Normen, definiert als die Erwartungen relevanter sozialer anderer Personen oder Gruppen und (3) die Verhaltensintentionen. Die Theorie ist in den unterschiedlichsten Kontexten erfolgreich angewendet worden (FISHBEIN & AJZEN 1975, AJZEN & FISHBEIN 1980) und inzwischen durch AJZEN & MADDEN (1966) um eine *theory of planned behavior* (Theorie des geplanten Verhaltens) ergänzt worden, in der als weiterer Prädiktor die wahrgenommene Kontrolle der Personen über ihr jeweiliges Verhalten eingehen *(perceived behavioral control).* *B. Six*

Fisher, Sir Ronald Aylmer (1890–1962), Genetiker u. Statistiker an der Rothamsted Exp. Station für Agrikulturforschung. London, Cambridge. F. wurde bekannt f. d. Entwicklung statistischer Verfahren, wie Varianzanalyse, Analysetechniken, Nullhypothese, Signifikanzniveau.

Fisher-Yates-Test, ein nichtparametrisches statistisches Verfahren zur Prüfung der Wahrscheinlichkeit des Auftretens einer beobachteten (und aller extremeren) Vierfelder-Häufigkeitsverteilungen. Der F.Y.T. kann im Gegensatz zum Vierfelder-$\chi 2$-Test auch dann angewendet werden, wenn die Erwartungswerte in einzelnen Zellen > 5 sind. *G. Mikula*

Fittssches Gesetz, beschreibt den →speed-accuracy tradeoff bei gezielten Bewegungen. Die Dauer der Bewegung ist eine lineare Funktion des Schwierigkeitsindex (ID, *index of difficulty*), des logarithmischen (meist wird die Basis 2 verwendet. →Informationstheorie) Verhältnisses von (doppelter) Bewegungsweite und Zielbreite; statt der Zielbreite kann auch die Streuung der Bewegungsendpunkte verwendet werden (auch als effektive Zielbreite bezeichnet). Das FITTSsche Gesetz ist unter sehr unterschiedlichen Bedingungen gültig, jedoch nicht immer. **[L]** FITTS 1954 *H. Heuer*

Fixation →Auge

Fixationsbewegung, die Koordinationsbewegung der Augen beim Fixieren

Fixationsdisparität, geringe Querdisparation des fixierten →distalen Objekts; Fehler der →Konvergenz *H. Heuer*

Fixationspause →Pause

Fixationspunkt, der Punkt in der Umwelt, an dem sich die →Blicklinien beider Augen kreuzen; das →Netzhautbild des Fixationspunktes fällt in beiden Augen auf die →fovea centralis. Die Fixation eines vorgegebenen Punktes ist in der Regel nicht völlig exakt (→Augenbewegung, →Fixationsdisparität). *H. Heuer*

Fixed Role Therapy, (F.R.T.) basiert auf den Prinzipien der Psychologie der personalen Konstrukte von G. A. KELLY (1955) und ist eine Form der Kurzpsychotherapie, in welcher Persönlichkeitsveränderung aktiv über das therapeutische Experimentieren mit Rollen angestrebt wird (→vgl. Psychodrama). Hierzu spielt der Klient mehrere Wochen lang die festgelegte («fixed») Rolle einer hypothetischen Person. Während der Spielphase treffen sich Therapeut und Klient mehrfach, um die jeweiligen «Experimente» und deren Ergebnisse zu besprechen und zu bewerten. Am Ende der Spielphase erfolgt eine Einschätzung durch den Klienten, was für ihn am sinnvollsten war. Anwendung: Schizophrenie, Depression, geistige Retardierung etc. Wirksamkeitsbelege fehlen. *F. Caspar*

fixe Idee, im Bewußtsein in krankhafter Weise verharrende Vorstellung, die das Denken und Verhalten des Betroffenen beeinflußt und nicht zu berichtigen ist. Vorkommen bei Zwangsneurose und gesteigert bei Psychosen.

fixieren →Fixationsbewegung, →Fixationspunkt

fixierende Aufmerksamkeit →Aufmerksamkeit, →Typologie

Fixierung, FREUD spricht von F., wenn durch Verknüpfung libidinöser Partialbestrebungen mit Kindheitseindrücken an einer Entwicklungsstufe festgehalten wird, die der an Jahren inadäquat ist. So bleiben die Triebobjekte und die Befriedigungsformen infantil. Bei der Regression ist der normale «Libidofluß» durch unüberwindlich scheinende Hindernisse blockiert und wird umgeleitet in alternative Bahnen: es wird auf frühere Entwicklungsstufen zurückgegriffen.

Flächenfarbe →Farbe (Erscheinungsweisen)

Flagellantismus [lat. *flagellare* geißeln], Mißhandlung des eigenen Körpers aus religiösen Gründen oder zur geschlechtlichen Erregung (beides auch zuweilen vermischt), wobei die Schmerzen lustbetont erlebt werden.

Flaschenorgel →Tonvariator

flatternde Herzen, bewegt man farbige, z. B. rote herzförmige Gebilde vor einem blauen Hintergrund, so entsteht eine eigenartige Bewegungsillusion der roten Gebilde. Die Illusion beachtete schon HELMHOLTZ und führte sie auf die verschieden lange Nachdauer der Farben Rot und Blau zurück. →Scheinbewegung

Flegelalter, entwicklungsps. Abschnitt des männlichen Jugendlichen vor und in der Pubertät, wobei dieser seine Kräfte überschätzt und sich überheblich gibt (mit dem Flegel dreinschlägt). Auf das F. folgt das Tölpelalter mit unsicherem, befangenem Benehmen und Innewerden der Grenzen und der eigenen Unreife. **[L]** MUCHOW 1954, THOMAE 1959 *F. Dorsch*

Flensburger Schulreifetest **[T]** NOLTE

Flexibilität, Umstellungsfähigkeit, in der marxistischen Ps. «Disponibilität» (eine Bez., die DUNCKER für die Verfügbarkeit von Situationsmomenten beim Problemlösen verwendet). Die Bereitschaft und Fähigkeit, das Verhalten an veränderte Umstände anzupassen (syn. Anpassungsfähigkeit). Die Bereitschaft zu dauerhaften Veränderungen der Persönlichkeitsstruktur. Umstellungsfähigkeit beim Problemlösen, also die Fähigkeit zum Umstrukturieren (→Denken) und zum Wechsel der Lerneinstellung (→Einstellungseffekt, LUCHINS & LUCHINS 1959). Das →abstrakte Verhalten ist durch F., das →konkrete durch ihr Fehlen gekennzeichnet. Das Fehlen starrer Einstellungen und Meinungen, die Bereitschaft, Vorurteile und Gesinnungen zu ändern (*open mindedness*, ROKEACH). →Plastizität. Ggs. →Dogmatismus *R. Bergius*

Flexion [lat. *flectere* beugen], Muskelbewegung, die den peripheren Körperteil dem Stamm des Körpers bzw. bei Extremitäten das distale Glied dem proximalen nähert, z. B. Unterarm dem Oberarm. Der umgekehrte Vorgang ist Extension (Streckung).

Fließgewicht, nach BERTALANFFY (1949) Bez. für den Gleichgewichtszustand aller offenen, d. h. lebenden Systeme mit Energie- und Stoffaustausch. →Entwicklung, →Homöostase

Fließmuster, optisches, [engl. *optic flow*], veränderliche optische Anordnung *(optic array)*, →ökologische Optik. Das Fließmuster enthält wahrnehmungsrelevante Merkmale, die in der stationären optischen Anordnung nicht enthalten sind (z. B. →Bewegungsparallaxe; wenn sich der Beobachter fortbewegt, indiziert der stationäre Punkt im Fließmuster seinen Zielpunkt usw.). **[L]** GIBSON *H. Heuer*

Flimmergeräte, Apparate versch. Bauweise

F

zur Darbietung kurzdauernder einfacher Lichtreize in wählbarer schneller Aufeinanderfolge zur Bestimmung der →Flimmerverschmelzungsfrequenz. [**L**] PAULI & ARNOLD 1957

Flimmern [engl. *flicker*], diejenige Abfolge von Hell und Dunkel (auch von versch. Farben), die vom Auge nicht mehr getrennt, aber auch nicht voll verschmolzen wahrgenommen wird. →Flimmerversuch. [**L**] v. BRACKEN 1951, HAACK 1927, LANDIS 1953

Flimmern, farbiges →FECHNER-BENHAM-Farben

Flimmerphotometrie, Verfahren zur Messung der Helligkeit von Farben, wobei zwei verschiedenfarbige Flächen in raschem Wechsel (durch den →Farbenkreis) dem Auge dargeboten werden. Die Flächen sind als gleich hell zu betrachten, wenn die Flimmererscheinung ein Minimum erreicht, da das Flimmern bei der Umdrehung hauptsächlich durch den Helligkeitsunterschied bedingt ist.

Flimmerskotom [gr. *skotos* Dunkelheit], durch flimmernde Ränder begrenzter zeitweiliger Gesichtsfeldausfall, der im Fixierpunkt beginnt und in die Peripherie der Netzhaut ausschreitet. Kommt besonders bei →Migräne (Augenmigräne) vor.

Flimmerverschmelzungsfrequenz [engl. *flicker fusion frequency*], die Frequenz, bei der schnell aufeinanderfolgende Lichtreize mit über die Zeit konstanter Helligkeit erlebt werden (Grenze der zeitlichen Auflösung). Auf diesem Prinzip beruht die Kinematographie (16-20 Bilder pro Sekunde). Je höher die F., um so leistungsfähiger der Sehapparat. Faktoren, die die Farbe beeinflussen, sind u. a.: die Helligkeit der positiven Phasen, die Differenz beider Phasen, die Zeitproportion, die Ausdehnung des flimmernden Feldes, der Bereich der gereizten Retina, das Alter, der Typus und der Ermüdungszustand. Der Flimmerversuch, der sich mit der Abfolge von Hell und Dunkel (z. B. mit Hilfe eines →Flimmergerätes) als Reiz bedient, bietet Einblick in den Ermüdungszustand. [**L**] v. BRACKEN 1955, BREDENKAMP 1966

Flipflop, bistabile Kippschaltung, die zum Aufbau von Registern oder Zählern verwendet werden kann, wobei das Schalten der alternativen Zustände durch Auslösesignale erfolgt. *K. H. Stapf*

Floor-Effekt, Testuntergrenzeneffekt, tritt auf, wenn die Schwierigkeit eines Tests so groß ist, daß auch Individuen mit einer extremen Ausprägung des im Test gemessenen Merkmals nur niedrige Testwerte erzielen. Daraus resultiert, daß zwischen diesen Individuen und solchen mit einer weniger extremen Merkmalsausprägung auf Grund dieses Tests nicht differenziert werden kann. →Ceiling-Effekt. *G. Mikula*

Florkontrast →Kontrast

Flow-Erleben [engl. *flow* fließen], Zustand des Erlebens eines freudigen Aufgehens in einer Tätigkeit bis zur Selbstvergessenheit und des Verschmelzens von Bewußtsein und Tätigkeit. Handlungsanforderungen und Rückmeldungen gestalten sich klar, der Handlungsablauf wird als glatt und flüssig erlebt und die Zeit vergeht wie im Flug. Nach CZIKSZENTMIHALYI (1975) kann Flow-Erleben in dem schmalen Erlebensbereich zwischen Angst und Langeweile auftreten, d. h. wenn die wahrgenommenen Anforderungen einer Aufgabe und die wahrgenommenen Fähigkeiten einer Person sich im Gleichgewicht befinden. Falls die Aufgabenanforderungen die Fähigkeiten einer Person zweifelsfrei übersteigen, so soll Angst auftreten, unterschreiten sie hingegen deutlich die Fähigkeit, so stellt sich Langeweile ein.
Beispiele für Aktivitäten, die ihre Attraktivität nicht allein über die Ergebnisfolgen beziehen und bei denen Flow-Erleben auftreten kann, hat CZIKSZENTMIHALYI bei engagierten Schauspielern, Rocktänzern, Extrem-Bergkletterern und Chirurgen gefunden; er hat diese Aktivitäten als →autotelisch bezeichnet. [**L**] CZIKSZENTMIHALYI 1975, RHEINBERG 1995 *K. Stapf*

FLT [**T**] LIENERT

Fluanxol® →Flupentixol

Flucht in die Krankheit (FREUD), das (mehr-minder unbewußte) Ausweichen vor einer als untragbar erlebten Realität in das Kranksein (Neurose). Auch die (älteren) Ausdrücke «Flucht in die Psychose» und «Flucht in die neurotische Krankheit» gehen auf FREUD zurück. F.i.d.K. wird in verschiedenen Therapieformen etwas neutraler betrachtet: Viele Krankheiten haben auch offene oder versteckte Vorteile, die zur Aufrechterhaltung beitragen können.

Fluchtverhalten, (biol.) Abwenden von einem bedrohenden Reizmuster. Das Fluchtverhalten beendet z. B. häufig das →Kampfverhalten. →Angst

Fluctin® →Fluoxetin

fluency →Wortflüssigkeit

Fluidität (KRETSCHMER), Verlauf bei Affekt und Bewegung, z. B. schwingende, abrupte, aufstauende F.

Fluktuation, bezeichnet den Wechsel des Personals durch ausscheidende Mitarbeiterinnen und Mitarbeiter, insbes. Kündigungen durch diese selbst. Für die Organisation ist eine hohe Fluktuationsrate mit erheblichen Kosten für das Einwerben und Einarbeiten neuen Personals verbunden. F. läßt sich nach einem Modell von MOBLEY et al. (1978) nicht nur auf Unzufriedenheit mit der Arbeit (→Arbeitszufriedenheit) zurückführen, sondern hängt auch vom Alter und der Wahrscheinlichkeit ab, eine akzeptable alternative Tätigkeit zu finden. Dementsprechend zeigen sich unterschiedlich enge Zusammenhänge zur Höhe der →Erwerbslosigkeit in der jeweiligen Branche. Studien belegen, daß weggehende Kollegen andere zur Nachahmung anregen können. Zur Verringerung der F. sind deshalb umfassende Maßnahmen der →Organisationsanalyse und →Organisationsentwicklung empfehlenswert. [L] LANDY 1989 *S. Greif*

fluktuierende Aufmerksamkeit →Aufmerksamkeitsschwankungen, →Typologie (Aufmerksamkeitstypen)

Flumazenil, WZ Anexate®, chemische Substanz, Antagonist der Tranquillantien vom Typ der Benzodiazepine. F. haftet an den Benzodiazepin-Rezeptoren des $GABA_A$-Komplexes (GABA-Antagonist) und verhindert damit Wirkungen von →Benzodiazepinen. Die Antagonisierung scheint aber nicht Gedächtnisbeeinträchtigungen zu betreffen. F. hat Bedeutung als Forschungswerkzeug, so als →Reaktivitätstest zur Beteiligung von Benzodiazepinrezeptoren bei Panikangst und als Antidot bei Benzodiazepinvergiftung. [L] NUTT & LAWSON 1992 *W. Janke*

Flunitrazepam, WZ Rohypnol®, Psychopharmakon aus der Klasse der →Tranquillantien vom Typ der →Benzodiazepine. F. bindet spezifisch am $GABA_A$-Benzodiazepin-Rezeptorkomplex. Mittellang wirksam. Hauptsächlich als Schlafmittel verwendet. Anders als bei anderen Benzodiazepinen zeigen sich bei niedriger Dosierung nur geringe Wirkung auf den REM-Schlaf (zeitliche Verteilung und Dauer). Auch bei älteren Patienten keine hangover-Effekte. *W. Janke/M. Reuter*

Fluoxetin, WZ Fluctin® (USA Prozac®), Psychopharmakon aus der Klasse der →Antidepressiva vom Typ der selektiven →Serotonin-Wiederaufnahmehemmer. Sehr lange Wirkungszeit (Halbwertszeiten mehrere Tage). F. regte die Suche nach weiteren Substanzen mit spezifischer Wiederaufnahmehemmung von →Serotonin an und war und ist in den USA und Deutschland weit verbreitet. Positive Resultate außer bei Depression bei der Behandlung von Zwangsstörungen, nicht bei Angst. Leicht aktivierende Wirkung. Ps. Wirkungen u. a. Appetitreduktion, speziell auf Kohlehydrate (→Appetitzügler). [L] HIPPIUS & LAAKMANN 1991, NETTER 1988, RIEDERER et al. 1993 *W. Janke*

Flupentixol, WZ Fluanxol®, Psychopharmakon aus der Klasse der →Neuroleptika vom Typ der →Thioxanthene *W. Janke*

Fluphenazin, WZ Omca®, Psychopharmakon aus der Klasse der →Neuroleptika vom Typ der →Phenothiazine, hochpotentes Neuroleptikum. Bei chronischer Verabreichung hohe Inzidenz von extrapyramidalen Störungen. Geringe desaktivierende / müdemachende Wirkung. Bei Gesunden in niedrigen Dosen emotional entspannende Wirkungen ohne Leistungseinbußen. *W. Janke*

Fluspirilen, WZ Imap®, Psychopharmakon aus der Klasse der Neuroleptika vom Typ der Diphenylbutylpiperidinabkömmlinge. Als Depotneuroleptikum (Injektion) verwendet zur ambulanten Behandlung (Eliminationshalbwertszeit von 7 Tagen). Auch als →Antidepressivum verwendet [L] AYD 1989 *W. Janke*

Flußdiagramm [engl. *flow chart*], Strukturdiagramm. Schematische Darstellung von →Algorithmen, die eine Übersicht über den Programmfluß erlaubt. F. sind weitgehend unabhängig von Programmiersprachen.

Flüssigkeit (THURSTONE) →Wortflüssigkeit

Flüstersprache →Sinnesfunktionen (2)

Fluvoxamin, WZ Fevarin®, Psychopharmakon aus der Klasse der →Antidepressiva vom Typ der selektiven Serotonin-Wiederaufnahmehemmer mit Halbwertszeiten von ca. 15 h. Leicht aktivierende Wirkungen. Außer bei Depression Wirksamkeit bei Zwangsstörungen und Panikangst nachgewiesen. [L] ENFIELD & WARD 1986, RIEDERER et al. 1993 *W. Janke*

Focaltherapie →Kurzpsychotherapie

focus gambling, Selektionsstrategie bei der Begriffsbildung. →Fokussieren

Focusing, das Konzept des F. nach GENDLIN (1962) ist vor dem Hintergrund der Existentialphilosophie und der →klientenzentrierten Tradition von C. ROGERS (1951, 1983) entstanden. Die Betonung liegt auf der inneren Erfahrung (Introspektion). Der Patient richtet seine Aufmerksamkeit auf das körperliche Erleben eines Problems, das den Zugang zu sonst schwer zugänglichen Gefühlen und Problemen erleichtern soll. Die Theorie des Focusing definiert Aktivitäten, die zu Persönlichkeitsveränderungen führen sollen: Das Experiencing als oftmals implizite, vertiefte Erfahrung von Gefühlen und Bedeutungen, die körperliche Gefühlsqualität («felt sense») des mit einer Situation oder Person verbundenen Experiencing, die fokale Komplettierung als Voranschreiten eines Lebensprozeßes u. a.

Patient und Therapeut haben beim F. die Aufgabe, sich auf das eigene gefühlsmäßige Erleben zu konzentrieren. Der Therapeut unterstützt den Prozeß durch einfühlsames Verstehen, Achten auf Signale des Klienten, klientenzentriertes Zuhören.

Focusing wird oft eingebettet in →Klientenzentrierten Therapien verwendet. Wirksamkeitsbelege für F. als eigenständige Technik stehen aus. *F. Caspar*

focusing strategies, Selektionsstrategien bei der Begriffsbildung. →Fokussieren

fokal [lat. *focus* Herd, Brennpunkt], den Kern betreffend

Fokalanalyse, psa. Bez. für die einem einzelnen (wichtigen) Komplex zugewandte Analyse

Fokaltherapie, die psychoanalytische F. (s.auch Kurzpsychotherapie) ist das Ergebnis eines Forschungsprogramms der Tavistock-Klinik in London. Bei der F. konzentriert sich die Behandlung auf einen definierten, isolierten (neurotischen) Konflikt (Fokus). Die Analyse von Widerstand und Übertragung, der therapeutische Prozeß sind dem gegenüber untergeordnete Aspekte. Der Therapieplan wird bestimmt durch den jeweiligen Fokus.

Es handelt sich um eine aktive Behandlungstechnik: Der Patient selbst sucht die Konfliktlösungen (Reaktionen auf Objektverlust, narzistische Kränkbarkeit, Angewiesenheit auf Schlüsselfiguren, emotinale Ohnmacht). Der Therapeut deutet, sucht den roten Faden und faßt zusammen. Durch ihre Konzentration auf einen Hauptkonflikt ist diese Behandlungsform kürzer als die klassische Psychoanalyse. Wirkung zeigt sich v. a. bei neurotischen, weniger bei psychosomatischen Patienten. *F. Caspar*

fokussieren, Fokussierung [lat. *focus* Feuerstelle, Brennpunkt], eine Gegebenheit als Brenn- oder Sammelpunkt benutzen. BRUNER, GOODNOW & AUSTIN (1956) nennen (1) konservatives f. als eine der Selektionsstrategien im Begriffsbildungsexperiment neben (2) dem *focus gambling*, bei dem – ausgehend von der positiven Beispielkarte – mehr als ein Attribut-Wert geändert wird, (3) dem *simultaneous scanning*, bei dem mit jeder einzelnen Karten-Wahl jeweils eine Hypothese direkt geprüft wird. →Denkstrategien *R. Bergius*

Folgeeigenschaft →Erbcharakterologie

folie à deux, folie à plusieurs, induziertes Irresein

Follikelhormon, ein im reifenden Follikel des Ovars, aber auch im Corpus luteum und in der Plazenta gebildetes →Hormon. Das F. bewirkt das Wachstum der Unterschleimhaut während des weiblichen →Menstruationszyklus. →Oestrus

follikelstimulierendes Hormon, Abk. FSH, →Hormon des Hypohysenvorderlappens, mit dem →luteinisierenden Hormon (LH) zu den →Gonadotropinen gehörend. Fördert bei Frauen das Wachstum des Follikels und die damit verbundene Freisetzung von →Östrogenen. Beim Mann wirkt FSH auf die Testes und fördert die damit verbundene Freisetzung von Testosteron. Beteiligt an der Regulation der generativen Gonadenfunktion (Spermatogenese, Follikelreifung); wird bei Sterilitätsbehandlung benutzt. *W. Janke*

follow-up-Studie, Nachuntersuchung. Da bei Behandlungen v. a. anhaltende Effekte interessieren, ist es wichtig, Therapieerfolge nicht nur zum Zeitpunkt des Abschlusses, sondern in gewissen Abständen danach wieder zu messen. F.u.-Untersuchungen gehören zum Standard bei Wirksamkeitsuntersuchungen, oft sind die berücksichtigten Zeiträume aber sehr kurz, da langfristigere Untersuchungen i. a. sehr aufwendig sind. Ergebnisse zeigen, dass Psychotherapie generell anhaltende Effekte haben kann, diese aber nicht vorausgesetzt werden können, sondern für verschiedene Verfahren und Patientengruppen stets neu zu belegen sind. *F. Caspar*

foot-in-the-door-technique, (Fuß-in-der-Tür-Technik), Strategie, bei der versucht wird, eine relativ große und anspruchsvolle Bitte erfüllt zu bekommen, indem man zunächst um einen kleinen Gefallen bittet, von dem angenommen wird, daß er kaum jemandem abgeschlagen wird. Anschließend hofft man darauf, daß die größere Bitte, bei vorausgegangener Erfüllung der kleineren, eher gewährt wird.

forced-choice-item, forced-choice-method, eine Testaufgabe, bei der dem Pb zwei Antwortmöglichkeiten vorgegeben werden. Er hat diejenige zu wählen, die für ihn am meisten zutrifft. Er muß auch dann wählen, wenn ihn keine der beiden Antwortmöglichkeiten befriedigt.

forced compliance, erzwungene Einwilligung; eine Person wird dazu gebracht, relativ freiwillig (nicht erzwungen) eine Meinung zu vertreten, die eigentlich nicht die ihre ist. Hierdurch kommt es zu einer →Dissonanz bei der Person. [L] FESTINGER 1978 *B. Feger*

forensisch [lat. *forum* Markt, Gericht], auf das Forum bezogen, d. h. gerichtlich.

Forensische Psychiatrie, der Teil der Psychiatrie, der sich mit denjenigen Geisteskrankheiten, geistigen Störungen bzw. gestörten geistigen Abläufen befaßt, die grundsätzlich oder im einzelnen Fall einen Konflikt mit dem Gesetz hervorbringen.

Forensische Psychologie [lat. *forum* Marktplatz, Gerichtsstätte], Teil der Angewandten Ps., in dem psychol. Methoden und Erkenntnisse, insbes. die diagnostischen Möglichkeiten der Ps., der Rechtspflege zur Verfügung gestellt werden, damit diese in den Stand versetzt wird, «richtiges Recht» (LARENZ 1979) zu sprechen. Sie behandelt die wissenschaftlichen Grundlagen des ps. Sachverständigen in Gerichtsverfahren. Im Bereich der Strafrechtspflege werden Psychol. als Sachverständige zugezogen, vor allem zur Beurteilung der Glaubwürdigkeit von Zeugenaussagen, der Zuverlässigkeit einer Wiedererkennung, der Beurteilung der Verantwortungsreife bei Jugendlichen, des Entwicklungsstandes bei Heranwachsenden und der Schuldfähigkeit, gelegentlich auch für die Identifizierung des Urhebers eines anonymen oder pseudonymen Schreibens (→Schriftexpertise). Im Bürgerlichen Recht sind es vor allem familienrechtliche Fragen (Sorgerechtszuerteilung, Besuchsrechtsregelung) und die Frage nach dem Vorliegen der subjektiven Voraussetzungen der →Deliktfähigkeit. Im Verwaltungsrecht werden Psychol. zugezogen zur Beurteilung der Kraftfahreignung. →Aussagepsychologie, →Kriminalpsychologie. [L] UNDEUTSCH 1967, WEGENER 1981 *U. Undeutsch*

FORFA, Abk. für «Forschungsinstitut für Arbeits-Psychologie und Personalwesen», 1948 von HERWIG in Braunschweig gegründet.

formal, auf die Form (nicht auf den Inhalt) bezogen • Formale Wissenschaften befassen sich mit den Formen des Denkens (Logik, Mathematik, Erkenntnislehre) oder benützen Formeln und vereinbarte Zeichen. Auch in der Ps. findet sich solcher Formalismus bzw. formalisierte Sprache.

formal discipline, formale Bildung

formale Bildung →Bildung, →Transfer

Formalstufentheorie, von HERBART entwickelte Lehre von der systematisch gestuften Unterrichtsgestaltung wie Vorbereitung, Einführung, Darbietung des Neuen, Verknüpfung mit Bekanntem, Zusammenfassung und Gesamtbeurteilung. • In der Arbeitsunterweisung des →TWI neu aufgegriffen. →heuristische Regeln

Formanten, person- und phonem-spezifische Obertöne der menschlichen Sprache, die durch Resonanz des oralen (1. F.) und/oder pharingalen (2. F.) Hohlraumes entstehen.

formatio reticularis [lat. netzförmiges Gebilde], (syn. Reticulärformation), netzförmiger, den Hirnstamm durchziehender Teil des zentralen →Nervensystems; ist wichtige Station des aufsteigenden unspezifischen extralemniscalen Systems, d. h. die f.r. erhält unspezifische afferente Zuströme aus praktisch allen Sinnesorganen, die hier zu einer unspezifischen Erregung führen (→ARAS). Afferente Zugänge kommen auch aus anderen Hirnarealen wie dem sensorischen und motorischen Cortex, dem Thalamus sowie dem Hypothalamus. Ihre Efferenzen führen absteigend zum Rückenmark, aufsteigend über die unspezifischen Thalamuskerne zum Cortex des Gehirns, zum Hypothalamus und zum →limbischen System. Zu den vielfältigen Aufgaben der f.r. gehören: (1) Steuerung der Bewußtseinslage durch Aktivierung cortikaler Neurone und damit Teilnahme am Schlaf-Wach-Rhythmus, (2) Vermittlung affektiv-emotionaler Wirkungen sensorischer Reize (→limbisches System), (3) Regulation vegetativ-motorischer Prozesse (Atmung, Vasomotorik, sowie Schluck-, Husten-, Niesreflexe). [L] SCHMIDT & THEWS 1995 *C. Becker-Carus*

Formdeutverfahren →Deutungs-Tests

Formelemente-Test [T] MORF

Formenanalogie-Test [T] MEILI

Formenbrett, formboard [T] SEGUIN

Form-Farbe-Test [T] GOLDSTEIN

formicatio [lat. *formica* Ameise], Empfindung des Ameisenlaufens, Kribbelns

Formkonstanz, Dingkonstanz, Gestaltkonstanz, →Konstanz

Formlegetest [T] LIENERT, RYBAKOW

Formseher →Farbe-Form-Forschung

Formvariator [T] STERN

Formvisualität →Sinnesfunktionen

Forschungsprogramm, zentraler Begriff in LAKATOS' «Methodologie wissenschaftlicher F.»; ein F. dient der Forschung in einem Wissenschaftsbereich als Grundlage und Orien-

tierung. Es ist bestimmt durch theoretische Grundannahmen (harter Kern), die vor Falsifikation bewahrt werden (negative Heuristik), und eine Menge von Hilfsannahmen (Schutzgürtel), die verändert werden, um empirischen Ergebnissen Rechnung zu tragen; zum F. gehören weiterhin Pläne (positive Heuristik) zur Entwicklung des Schutzgürtels und zur Anwendung der theoretischen Annahmen. Je nachdem wie gut sich letztere bewähren und zur Entdeckung neuer Phänomene sowie zu höherem →Gehalt führen, gilt das F. als progressiv oder degenerativ.
Nach HERRMANN ist ein ps. F. bestimmt durch einen von einer Forschergruppe akzeptierten Annahmekern; dieser enthält auf der Grundlage gemeinsam vorausgesetzter Annahmen eine Problemstellung sowie Ideen bzw. Pläne über Lösungsmöglichkeiten. Forschungsmethoden und vor allem Theorien sind Mittel zur Problemlösung, die nach ihrer Tauglichkeit beurteilt werden. HERRMANN unterscheidet grundlagenwissenschaftliche und technologische F. Erstere sind entweder durch ein Sachproblem bestimmt (z. B. Leistungsmotivation, Angst, Tiefensehen), zu dessen Bearbeitung verschiedene Theorien herangezogen oder neu entwickelt werden (Domainprogramme); oder das Interesse gilt einer bestimmten theoretischen Idee (Hedonismus, Isomorphismus), die zu nomologischen Aussagen weiterentwickelt und zu Erklärungszwecken empirisch angewendet wird (quasi-paradigmatische Programme). Technologische F. sind der Entwicklung standardisierter Techniken (Tests, Therapietechniken usw.) gewidmet oder der Erarbeitung operativen Wissens. F. sind auf komplexe Weise vernetzt, insbes. durch Import und Export von Theorien. F. unterliegen auch externalen Einflüssen, z. B. Moden, Politik, Administration. **[L]** LAKATOS 1974, HERRMANN 1976, 1979

V. Gadenne

Forschungswerkzeuge, [engl. *research tools*], Methoden, die zur Gewinnung von Erkenntnissen innerhalb eines ps. Forschungsbereiches angewendet werden, entgegen ihrer ursprünglichen oder intendierten Anwendung (z. B. Pharmaka als F. der Ps. zur Aufklärung ps. Vorgängen →Pharmakopsychologie)

Förster →AUBERT-FÖRSTERscher Satz

FORTRAN →Programmiersprache. **[L]** LEDLEY 1966 MCCRACKEN 1966, MÜLLER & STRECKER 1967

Foto-Hand-Test **[T]** BELSCHNER et al.

Fortpflanzungsverhalten, (biol.) auch Paarungsverhalten. Das F. umfaßt alle Verhaltenselemente, die der Vermehrung und somit der Erhaltung der Art dienen. Wesentliche Bestandteile sind die →Paarbildung, die →Begattung und das →Brutpflegeverhalten. Das F. ist oft an ein →Territorialverhalten gebunden.

V. Preuss

Fortsetzungs-Test **[T]** RUPP

Fötus →Fetus

Fourier-Analyse, jede integrierbare periodische Funktion läßt sich durch eine trigonometrische Reihe, d. h. eine unendliche Summe von Sinus- und Cosinusfunktionen, darstellen, deren Frequenzen bezogen auf die Grundfrequenz in Folge der natürlichen Zahlen 1, 2, 3, ... ansteigen (FOURIER-Reihe). Schwingungen, z. B. als Töne oder Klänge wahrgenommene Luftdruckschwankungen, sind periodische Veränderungen von Variablen. Sie können deshalb mit Summanden der zugehörigen FOURIER-Reihe, die man auch als Oberschwingungen, →Harmonische oder reine Teilschwingungen bezeichnet, mathematisch beliebig genau beschrieben werden. Die Bestimmung der Harmonischen nach Betrag und Phase für eine gegebene Schwingung wird F. genannt. In der Praxis stehen dafür festverdrahtete elektronische Meßgeräte (FOURIER-Analysatoren) und schnelle Digitalrechnerprogramme (*fast-FOURIER-transform*, FFT n. TUKEY) zur Verfügung. In der Ps. hat die F. überall da Bedeutung, wo Schwingungen als Reize (Psychoakustik) oder als Verhaltensdaten (physiologische und klinische Ps.) vorkommen. **[L]** PRESS et al. 1989

W. Glaser

Fourier, Jean Baptiste Joseph Baron de (1768–1830), frz. Physiker und Mathematiker

Four Pictures Test **[T]** LENNEP

fovea centralis retinae [lat. *fovea* Grube, *rete* Netz], Netzhautgrube, Zentralgrube →Auge

FPI, Freiburger Persönlichkeits-Inventar **[T]** FAHRENBERG et al.

FPT **[T]** LENNEP

FR, Abk. für *fixed ratio* →Verstärkerplan

Fragealter, das in der ps. Entwicklung des Kindes hervortretende Fragen nach Namen der Dinge (sog. 1. F. um das 2. Lebensjahr) und nach dem Warum der Dinge (sog. 2., eigentliches F. ab 3. Lebensjahr). →Entwicklungspsychologie, →Kind

Fragebogen [engl. *inventory*], Sammlung von Fragen, die für eine systematische Befragung von Personen konzipiert werden. In der Markt- und Meinungsforschung werden F. zur Ermittlung von Einschätzungen und Meinungen verwendet. Im Bereich der Persönlichkeitsdiagnostik haben F. die Funktion, mit Hilfe der Selbstbeurteilung Angaben über mehr oder weniger genau umschriebene Bereiche der Persönlichkeit zu erhalten. Während also F. als Befragungen Tatsachen direkt ermitteln, werden Persönlichkeitsfragebogen so konstruiert, daß die Antworten bzw. deren Zusammenfassung als Testwerte Aussagen über psychologisch bedeutsame Bedingungen zulassen. →Persönlichkeitsfragebogen. Im Zusammenhang mit Psychotherapien werden Fragebögen sowohl zur Messung des jew. Zustandes als auch zur Prozeßmessung (z. B. Zufriedenheit m. einz. Therapiesitzungen) eingesetzt. Dabei werden v. a. Patienten, Therapeuten u. Bezugspersonen befragt. *H. Häcker*

Fragebogenmethode →Datenerhebung

Fragebogen zur Beurteilung der Suizidgefahr [T] Stork

Frageformen, F. werden in →generativen Transformationsgrammatiken über →Transformationen eingeführt. Dabei werden im Grundsätzlichen zwei verschiedene Wege beschritten: (a) die Frageoperation operiert auf der Basiskette, d. h. der grammatischen Grundstruktur; (b) schon im tiefenstrukturellen →P(hrase)-Marker wird ein Interrogativelement eingeführt, das die entsprechende Transformationsregel auslöst. Die letzte Möglichkeit scheint heute die anerkanntere zu sein. Es lassen sich zwei Frageformen unterscheiden: die Ja/Nein-Frage und die W-Wort-Frage; diese weisen eine unterschiedliche →Intonationskontur auf: Bei der Ja/Nein-Frage ist der Frageton am Satzende höher als am Satzanfang und bleibt auch oben; bei der W-Wort-Frage geht er am Satzende herunter. Die weiteren Operationen, die zur Interrogation führen, sind die Wortumstellung (Verb geht vor Nomen) und die Ersetzung einer Satzkonstituenten durch ein W-Wort (wie, warum, wo, was usw.). In der →Sprachentwicklung wird die Frageform zuerst nur mittels der Operation der Intonation (als Addition), dann mittels der Intonation plus einer entsprechenden Wortumstellung gebildet (Grimm 1973). Die ersten und häufigsten Fragen des kleinen Kindes sind nach dem Namen von Dingen (Was?) und nach dem Ort (Wo?) ausgerichtet. Erst später, nach dem Auftreten von Ja/Nein-Fragen, werden zeitliche (Wann?) und kausale (Warum?) Fragen gestellt. *H. Grimm*

Fraktionierung [lat. *frangere* zerbrechen], Gliederung, z. B. eines Versuchsmaterials in zwei und mehr Gruppen (überdurchschnittliche Leistungen, gute, mittlere, schlechte Beobachtungen u. a.). • Eine bei den Untersuchungen der Würzburger Schule von Watt eingeführte Methode, die die Ergebnisse der Introspektion zuverlässiger machen sollte, indem immer nur über einen kleinen Ausschnitt des zu berichtenden Erlebnisses von der Vp referiert wurde. Beim Lernen ist F. die Gliederung in kleinere Einheiten. [L] Watt 1905

frame, Programmeinheit, Lernschritt innerhalb eines Lernprogramms.

Bei linearen Skinner-Programmen besteht ein f. jeweils aus einem zu ergänzenden Lückentest und der entsprechenden Lösung. Bei verzweigten Crowder-Programmen besteht ein f. aus Information, einer →Mehrfachwahlaufgabe, der zugehörigen Lösung sowie einem Verweis auf den nächsten Lernschritt. Falls nicht die richtige Lösung gewählt wurde, wird der Lerner auf einen Lernschritt verwiesen, der zur richtigen Lösung hinführt. →Lernen, programmiertes, →programmierter Unterricht. • Datenstruktur zur Darstellung einer stereotypen Situation (→behavior setting). Mit jedem «Rahmen» sind je andere Arten von Informationen verbunden. Ein Teil davon betrifft die Art und Weise, wie man den Rahmen benutzt (Aebli 1970).

Beim Verstehen natürlicher Sprache sind *frames* die Wissensstrukturen, die an Sätze herangetragen werden und die damit eine Interpretation erlauben, die über nur wörtliches Verständnis hinausgeht. (Beispiel: «ich liebe Äpfel» wird als «ich esse gern Äpfel» verstanden, weil an «Äpfel» das Handlungsschema «essen» herangetragen wird, Minsky 1975). →Schema. [L] Rumelhart 1975

Frame of reference →Bezugssystem

Frankfurter Schultests [T] Ingenkamp

Frauenarbeit, Forschungsergebnisse zeigen typische Unterschiede zwischen erwerbstätigen Frauen und Männern. Frauen finden sich selten in den höchsten Positionen, überproportional dagegen in Berufen der niedrigen Qualifikationsstufen. Der Handlungsspielraum in ihren Tätigkeiten ist geringer und die →Belastungen sind höher. Seltener als Männer sind Frauen in dauerhaften Vollzeitarbeitsverhältnissen beschäftigt.

Die Untersuchung frauentypischer Arbeitsbedingungen wurde lange Zeit sehr vernachlässigt und kann als «blinder Fleck» der →Arbeits- und Organisationspsychologie angesehen werden (Resch, Bamberg & Mohr 1993). Bei der Erforschung der F. ist nicht nur die Erwerbsarbeit, sondern zugleich die

Haus- und Familienarbeit einzubeziehen (RESCH 1991). Der Begriff der →Arbeit wird dabei weiter gefaßt definiert und schließt auch unbezahlte Arbeit mit ein. [L] RESCH, BAMBERG & MOHR 1993 *S. Greif*

free riding [Schwarzfahren] →soziales Dilemma

freie Assoziation →Assoziation, freie

freie Reproduktion [engl. *free recall*], Methode der behaltenen Glieder. →Gedächtnismethoden

Freiheitsgrad, Höchstzahl der frei und unabhängig voneinander variablen Größen eines Systems, das aus veränderl. Größen besteht.

freisteigende Vorstellungen (HERBART), Vorstellungen, die ins Bewußtsein treten, ohne daß aus der Selbstbeobachtung ein Anlaß durch assoziative Verbindung mit anderen Vorstellungen bzw. mit Wahrnehmungen festgestellt werden kann.

Freitod →Suicid

Freiwahlmethode →Konstruktionsantwort-Verfahren(-Methode), →Mehrfachwahlantwort-Verfahren(-Methode)

Freizeit, von Abhängigkeit und Zwang befreite Zeit, die freie Wahlmöglichkeiten, eigenständige Entscheidungen und soziale Mitverantwortung ermöglicht. Leider gehen die meisten Forscher von einem F.-Begriff aus, der Arbeit und F. als Gegensätze ansieht. F. bestimmt sich aus der subjektiven Interpretation und Motivation: Die Handlung wird um ihrer selbst willen ausgeführt.

Freizeitforschung steht im engen Zusammenhang mit der Lebensqualität, Humanisierung der Arbeitswelt und selbstbestimmter Fortbildung und geht damit deutlich über den Aspekt Erholung hinaus. Intelligenz, Zufriedenheit, Erziehungsstil, Interessenvielfalt korrelieren positiv mit F.-parametern. →Tourismusforschung. [L] SCHMITZ-SCHERZER 1973 *H. Ries*

Fremdbeobachtung →Beobachtung

Fremdbild →interpersonale Wahrnehmung, →Selbstbild

Fremdeln →Fremdenreaktion

Fremdenreaktion, Reaktion eines Kindes auf das Auftauchen einer fremden Person, die sich je nach Intensität in den folgenden Verhaltensweisen manifestieren kann: scheues, befangenes Lächeln, Versteifen des Körpers, Abwenden des Blickes, sicherheitssuchender Blick zu einer Bezugsperson, Erstarren der Mimik, alarmiertes, furchtsames Anschauen der fremden Person, Flucht zu einer Bezugsperson, Anklammern an eine Bezugsperson, Weinen, Schreien, anhaltende Verstörung. Mindestens in einer milden Form ist die F. bei nahezu allen Kindern irgendwann zwischen sechs Monaten und zwei Jahren zu beobachten. In der Regel tritt sie ziemlich plötzlich um den achten Lebensmonat herum auf, weshalb sie auch Achtmonatsangst genannt wird. Erklärt wird das Auftreten der F. häufig mit neu erworbenen kognitiven Fähigkeiten wie einer veränderten Verarbeitung von Diskrepanz aufgrund verbesserter Gedächtnisleistungen (KAGAN, SCHAFFER), mit einer Sensibilisierung des Kindes aufgrund früherer unangenehmer Erfahrungen mit Fremden (SROUFE, BRONSON) oder als Reaktion auf das Versagen der vorsprachlichen Kommunikation (BOWER). Daneben gibt es auch Hinweise darauf, daß es sich bei der F. um eine angeborene Reaktion handelt, die im Zusammenhang mit der Möglichkeit zu eigener Lokomotion reift und die Funktion hat, zu verhindern, daß sich das Kind in Gefahr begibt (BOWLBY, BISCHOF-KÖHLER). Ausserdem wird die F. häufig mit der →Trennungsangst gleichgesetzt (SPITZ) oder es werden für beide Phänomene zumindest teilweise gleiche Entwicklungsvoraussetzungen vermutet (KAGAN). Tatsächlich tritt die Trennungsangst aber etwa ein bis zwei Monate vor der F. auf. [L] BISCHOF-KÖHLER 1994, BRONSON 1978, BOWER 1979, BOWLBY 1975, KAGAN 1980, SCHAFFER 1974, SPITZ 1967, SROUFE 1977 *M. Schneider*

Fremdhypnose, Ggs. Autohypnose, →Hypnose

Fremdneurose, seelische Fehlhaltung (Neurose), die sich beim Patienten als Wirkung der Krankhaftigkeit seiner Umwelt entwickelt hat. Die F. ist damit exogen.

Fremdreflex, Ggs. Eigenreflex, →Reflex

Fremdsuggestion, Heterosuggestion, →Suggestion

Frequenzpolygon, syn. Häufigkeitsvieleck, →Häufigkeitsverteilung

Freud, Anna (1895–1982), jüngste Tochter von Sigmund FREUD, die vor allem die Psychoanalyse auf die kindliche Entwicklung übertragen hat. Zunächst Volksschullehrerin, 1918–1921 in Lehranalyse bei ihrem Vater, ab 1923 selbst praktizierend. Eröffnete 1941 (mit D. BURLINGHAM) ein Kriegs-Kinderheim, leitete die «Hampstead Child Therapy Course and Clinic», eine Ausbildungsstätte für Kinderpsychoanalytiker und eine psychosom. Kinderklinik. Mit ihren «Entwicklungslinien» beschreibt sie folgende Entw.prozesse: von der infantilen Abhängigkeit zum erwachsenen Liebesleben, vom Saugen zum rationellen Essen, von der Reinlichkeitserziehung zur Reinlichkeit, von der Unverantwortlichkeit zur Verantwortlichkeit für den eigenen Körper, vom Egoismus zur Freundschaft, von der Autoerotik zum Spiel, vom Spiel zur Arbeit.

Freud, Sigmund (1856–1939), Schöpfer der →Psychoanalyse. Geb. i. Freiberg, 1860 Umzug nach Wien, 1973 Medizinstudium i. Wien. 1881 Promotion. Durch ein Stipendium (1885) lernte er CHARCOT in Paris und dessen Hysterieforschung und Hypnosearbeit kennen. Zusammenarbeit mit J. BREUER (→Anna O.). 1895 Publikation der für die Psychoanalyse grundlegenden «Studien über Hysterie», 1900 «Die Traumdeutung», 1923 mit «Das Ich und das Es» Schaffenshöhepunkt. – 1902 Prof. für Psychiatrie (Neuropathologie) – 1938 Emigration nach London.

Freude, nach LERSCH ein alle seelischen Bereiche durchdringendes Gefühlserlebnis der Daseinserweiterung, in dem als Oberton die Thematik des Über-sich-hinaus-Seins enthalten ist. In der F. wird ein Begegnendes als Geschenk erlebt und zeigt sich mit dem Antlitz der Helligkeit und des Lichtes. Der F. gehört als Antriebsgestalt die Gebärde des Sichöffnens, Sichverschenkens zu. [**L**] LERSCH 1964

Friedensforschung, psychologische →Konfliktforschung, →Verhandeln (Verhandlungsverhalten). [**L**] ETZIONI 1969, BERGIUS 1967

Friedman, Milton (*1912), Wirtschaftswissenschaftler / Univ. Chicago

Friedmann, Max (1858–1925), Neurologe / Mannheim

Friedmannsche Krankheit →Pyknolepsie

Friedman-Test, syn. Rangvarianzanalyse, ein nichtparametrisches Prüfverfahren zum Vergleich von mehr als zwei (k) abhängigen Stichproben hinsichtlich ihrer zentralen Tendenz. Die Anwendung des F.-T. setzt Ordinalvariablen voraus. Die k abhängigen Meßwerte werden für die N Meßobjekte (z. B. Personen) getrennt gereiht, anschließend werden die Rangplatzsummen Rj für die k Stichproben berechnet. Der kritische Wert wird nach

$$\chi^2 = \frac{12}{N \cdot k(k+1)} \sum (R_j)^2 - 3\,N\,(k+1)$$

berechnet und ist χ^2-verteilt. *G. Mikula*

Frisch, Karl v. (1886–1982), Verhaltensforscher, der vor allem die Sprache der Bienen erforschte.

Fromm, Erich (1900–1980), psychodynamischer Persönlichkeitsforscher, der vor allem die biologische Vergangenheit und die sozialen Bedingungen der menschlichen Persönlichkeit erkundete.

frons, frontal [lat.], Stirn, kopfseitig. Ggs. →caudal

Frontalebene, Körperebene parallel zur Stirn

Frontallappen →Gehirn

fruchtbarer Moment, Abschnitt in der jugendlichen Entwicklung mit der optimalen Aufnahme- und Verarbeitungsfähigkeit für das Bildungsgut. Der f.M. spielt auch im Denkvollzug eine wichtige Rolle. [**L**] COPEI 1958,

frühkindliches, exogenes Psychosyndrom →Psychosyndrom

Frühreife, (allg.) jedes Vorauseilen (körperlich und geistig) gegenüber der normalen Entwicklung. →Entwicklungsalter. • F. hat die Sonderbedeutung des Wissens und Erfahrenhabens sexueller Einsichten und Erlebnisse (daraus abgestumpft, blasiert und illusionslos) in einem Alter, dem normalerweise noch die natürliche Neugierde des Heranreifenden zueigen sein soll. • F. ist schließlich festzustellen bei Kindern und Jugendlichen, die vorzeitig in den Berufs- und Lebenskampf hineingestellt sind (z. B. Ersetzen des fehlenden Vaters). Hier wird der Mangel an altersgemäßen Interessen (Spiel, Kameradschaft usw.) vor allem deutlich. →Akzeleration

Frustration [lat. *frustratio* Vereitelung, Nicht-Erfüllung], das Erlebnis der wirklichen oder vermeintlichen Benachteiligung, der Zurücksetzung, des Zukurzkommens bei enttäuschter Erwartung oder erlittener Ungerechtigkeit. Darüber hinaus (psychoanalytisch) der Erlebniszustand als Folge einer (exogenen) Behinderung der Triebbefriedigung. In exakteren Systemen ist F. eine intervenierende Motivationsvariable. Infolge von unvereinbaren Reaktionstendenzen oder von Hemmung und Nicht-Bekräftigung instrumenteller Handlungen tritt eine Erhöhung des generellen Antriebes ein. Sie hat außerdem Signal-(*cue*-)Funktion in Richtung auf die Vermeidung der nicht zum Ziel führenden instrumentellen Handlung. →Aggression. [**L**] AMSEL 1958 *R. Bergius*

Frustrations-Aggressions-Hypothese →Aggression

Frustrations-Test [**T**] ROSENZWEIG

Frustrationstoleranz (ROSENZWEIG 1938), die Fähigkeit, Frustration über eine längere Periode auszuhalten in dem Sinne, daß weder der Versuch gemacht wird, die Spannungen indirekt zu mildern noch das Motiv auf ursprüngliche Weise zu befriedigen.

Prinzipiell handelt es sich um eine erlernbare Fähigkeit, wenn auch konstitutionelle Faktoren eine erhebliche Rolle bei dem beschriebe-

F

nen Verhalten spielen. • Nach TOMAN (1968) ist F. von den interindividuell verschiedenen durchschnittlichen Lernraten einer Person (im Sinne von ESTES) abhängig, die Veränderungen der Eintrittswahrscheinlichkeit von Reaktionen in wiederkehrenden Situationen angeben. • Frustrationsintoleranz ist die Unfähigkeit, oben beschriebene Belastungen zu ertragen. Weil eine niedrige F. eine Ursache problematischen Verhaltens, wie Drogenabusus, sein kann, wird eine Erhöhung der F. v. a. in →kognitiven Therapien angestrebt. [L] STÄCKER 1977, TOMAN 1968

F-scale Abk. für Faschismusskala →Autoritarismus

FSH →follikelstimulierendes Hormon

FSS-FC, Fear Survey Schedule for Children [T] SCHERER et al.

F-Test, ein parametrisches Verfahren zur Prüfung der Homogenität der Varianzen zweier unabhängiger Stichproben. Der Kennwert F wird nach

$$F = \frac{s_1^2}{s_2^2}$$

berechnet, wobei s_1^2 die größere der beiden Varianzen darstellt. Die Verteilung der kritischen F-Werte liegt tabelliert vor. *G. Mikula*

FTVP [T] FROSTIG

fugue [frz.], Flucht, plötzliches Verlassen der gewohnten Umgebung, meist im hysterischen oder epileptischen Dämmerzustand. →Poriomanie

Fühlen, ein →Gefühl im Sinne des Lust- oder Unlust-Erlebens. • Wahrnehmungen durch die →Hautsinne (Druck, Schmerz, Temperatur), Vibrationssinn.

Fühlfunktion, eine der 4 Hauptfunktionen der Seele nach C. G. JUNG. Die F. ist die Funktion der Werterkenntnis einer sublimen Gefühlsbewertung. Sie zählt zu den rationalen Funktionen wie das Denken, steht zu diesen aber im Ggs., da ihr Urteilen subjektiv ist. →Grundfunktion, Denk-, Empfindungs- und Intuitionsfunktion. [L] JUNG 1957

Fühltypus →Typologie (Funktionstypen)

Führung [engl. *leadership*], wird als absichtliche und zielbezogene Einflußnahme durch Inhaber von Vorgesetztenpositionen auf Unterstellte durch Kommunikationsmittel definiert (ROSENSTIEL, MOLT & RÜTTINGER 1988).

Das Hauptanliegen psychologischer Führungstheorien besteht darin, Bedingungen und Merkmale zur Verbesserung des Führungserfolgs zu formulieren. Erfolgskriterien sind dabei in der Regel beobachtete oder eingeschätzte der geführten Arbeitsgruppe oder zurechenbare Kosten und Gewinne. Nach klassischen Eigenschaftstheorien hängt der Führungserfolg von Eigenschaften wie Intelligenz oder sozialen Fähigkeiten ab. Starke empirische Zusammenhänge zwischen Erfolgskriterien und Fähigkeits- oder Persönlichkeitstests konnten jedoch nicht gefunden werden.

In den bekannten Ohio-Untersuchungen wurden durch Fragebogenerhebungen zur Beschreibung des Führungsverhaltens zwei Führungsstile gefunden, die «Aufgabenstrukturierung oder Leistungsorientierung» *(Initiating Structure)* und Mitarbeiterorientierung bzw. Rücksichtnahme *(Consideration)*. Mitarbeiterorientierung korreliert häufig positiv mit →Arbeitszufriedenheit, aber kaum signifikant mit Leistungskriterien. Aufgabenstrukturierung zeigt in mehreren Untersuchungen, aber keineswegs durchgängig Korrelationen mit Leistungskriterien. Fragebogeninstrumente zur Beschreibung des Führungsstils aus der Sicht der Mitarbeiterinnen und Mitarbeiter können jedoch auch unabhängig von der Zielsetzung, direkt Leistungsverbesserungen zu erzielen, zur Vereinbarung und Veränderung von Führungsgrundsätzen in der Organisation zweckmäßig sein.

Kontingenztheorien postulieren, daß Merkmale der Situation und →Aufgabe entscheidend dafür sind, welches Führungsverhalten angemessen ist. Die Wege-Ziel-Theorie der Führung von HOUSE & MITCHELL (1974) basiert auf Grundannahmen der sog. Erwartung- mal-Wert-Theorie der Arbeitsmotivation von VROOM (1964). →Arbeitsmotivation. Danach kann der Vorgesetzte, der die Ziele, Werte und Erwartungen seiner Untergebenen kennt und über genügende Kontrolle verfügt, deren Leistungsverhalten beeinflussen, indem er Zusammenhänge (Kontingenzen) zwischen den von ihm gewünschten Leistungen und den Zielen der Untergebenen herstellt.

Die vereinfachende Vorstellung von Führungserfolgstheorien, daß es möglich sei, das Leistungsverhalten der Arbeitsgruppe durch trainierbares Führungsverhalten zu verändern, ist oft kritisiert worden (vgl. NEUBERGER 1990). Konzepte der symbolischen F. postulieren, daß die Hauptfunktion der F. nicht in einer Leistungskontrolle oder -steigerung der Untergebenen zu sehen ist, sondern darin, daß durch F. sinnstiftende Kommunikationsprozesse (Sprache, Handlungen und Rituale) Bedeutungen und Sprachregelungen vermittelt werden. Dadurch kann Vertrauen in die F. und Orientierung für die Mitarbeiterinnen und Mitarbeiter ermöglicht werden (vgl. PFEFFER 1981).

Führungsaufgaben müssen keineswegs ausschließlich Personen in Vorgesetzten-Funktionen zugeordnet werden. In der selbstorganisierten →Gruppenarbeit übernimmt das Team traditionelle Führungs- und Managementaufgaben (Aufgabenverteilung, Arbeitsorganisation und Kontrolle der Ergebnisse, →Management). Schriftlich fixierte →Aufgaben und Regeln, technologische Prozesse (bspw. Abfragen in Computerprogrammen) können als sogenannte Führungssubstitute fungieren. Sie sind im Zusammenhang mit Konzepten zur Rationalisierung der F. und Arbeitsorganisation durch →Gruppenarbeit und beim →Lean-Management von großer Bedeutung.

Im Zuge der Einführung selbstorganisierter →Gruppenarbeit ändern sich die Aufgaben von Führungskräften. Nicht mehr der Manager ist gefragt, der als Problemlöser und Entscheider seinen Untergebenen die auszuführenden Aufgaben vorgibt und die Ausführung kontrolliert, sondern ein Moderator und Förderer weitgehend selbständig zusammenarbeitender Mitarbeiterinnen und Mitarbeiter. Führungskräfte sollen danach typische Aufgaben aus dem Bereich der →Personalentwicklung übernehmen und erhalten Coaching-Aufgaben (Beratung und Förderung, in Analogie zur Rolle eines Coaches im Leistungssport, etwa durch regelmäßige Zielvereinbarungsgespräche, vgl. die Zielsetzungstheorie →Arbeitsmotivation).

Führungskonzepte und -techniken werden in Managementseminaren vermittelt. Zur Auswahl von Führungskräften: →Assessment Center (vgl. auch spezielle arbeits- und organisationspsychologische Untersuchungsmethoden im Test-Anhang **[T]** →AC). Beispiele für deutschsprachige Fragebögen zur Beschreibung des Führungsverhaltens werden im Anhang wiedergegeben. **[T]** →FVVB, →SBDQ. **[L]** ROSENSTIEL 1993, SARGES 1990 *S. Greif*

Führungsstil, sozialps. Kategorie für unterschiedliche in sich stimmige Ausprägungsformen und -grade von Verhaltensstrukturen eines oder mehrerer Gruppenmitglieder, die positions- oder funktionsmäßig herausgehoben sind und die Gruppenaktivität und Gruppenatmosphäre nachhaltig beeinflussen (Führer).

Im Anschluß an die Untersuchungen von LEWIN, LIPPITT & WHITE 1939 mit ihrer Unterscheidung von autokratischem, demokratischem und *laissez-faire*-F. hat sich eine ausgedehnte Forschungstätigkeit zu den Problemkreisen Führung und F. im Rahmen der Kleingruppenforschung entwickelt, die auch auf die Pädagogische Ps. und Entwicklungsps., die Betriebsps. und die Psychotherapie übertragen wurde. →Führung, →Erziehungsstil, →Unterrichtsstil, →LPC-Score. **[L]** BASTINE 1972 *G. Mühle*

Fullerton-Cattellsches Gesetz, die Annahme, daß die Größe des Beobachtungsfehlers bzw. des ebenmerklichen Unterschieds proportional zur Quadratwurzel der Reizgröße zunimmt. Alternative zum →WEBERschen Gesetz.

Fullerton, George Stuart (1858–1925), Psychologe / 1883 Univ. of Pennsylvania, 1904–1917 Columbia Univ.

fundierte, fundierende Inhalte →Österreichische Schule

Fungizide, Chemikalien zur Bekämpfung von Pilzen. Gehören zu →Pestiziden. Viele sind in höheren Dosen neurotoxisch. Einige haben →antiandrogene Wirkung (→Antiandrogene) und hemmen daher u. a. die pränatale Geschlechtsdifferenzierung. **[L]** FORTH et al. 1996, KELCE & WILSON 1997 *W. Janke*

Funktion [lat. *functio* Verrichtung]. (1) Tätigkeit, vor allem die auf die Erreichung eines bestimmten Zweckes gerichtete Tätigkeit, dann aber auch die Zweckbestimmung einer Tätigkeit. (2) Leistung, vor allem die der Erfüllung einer bestimmten Aufgabe zweckdienliche Leistung; dann aber auch die durchzuführende Aufgabe selbst. Mit solchen Aufgaben sind komplizierte Anpassungsvorgänge verbunden, Systeme mit sich ständig ändernden weiteren F. (die F. des Verdauens reguliert z. B. laufend die F. der Magen-, Darmdrüsen, des Gallezuflusses etc.). • Noch kompliziertere F.systeme liegen bei den sog. «höheren» ps. F. vor. (3) F. ist eine Größe, die gesetzmäßig von einer anderen Größe abhängt. Dieses Abhängigkeitsverhältnis zwischen Größen läßt sich mathematisch folgendermaßen darstellen: $y = f(x)$. Die Formel besagt, daß mit einer Veränderung der Werte von x jeweils auch eine definierte Veränderung der Werte von y einhergeht. • Während der Funktionsbegriff im Sinne der 3. Definition innerhalb der Ps. zur Darstellung funktionaler Gesetze verwendet wird, dient der Funktionsbegriff im Sinne der beiden ersten Definitionen zur

F

Kennzeichnung bestimmter einzelner psychischer Vorgänge, Tätigkeiten und Leistungen. Man unterscheidet grundsätzlich vegetative, sensorische, motorische und psychische Funktionen. Psychische Funktionen im allgemeinen sind etwa die mnestischen (Gedächtnis-)Funktionen, die noëtischen (Denk-)Funktionen, die bulischen (Willens-)Funktionen usw. Psychische F. im besonderen sind etwa die →Hauptfunktionen von JUNG, die →Zentralfunktionen nach KRETSCHMER, die →Ichfunktionen nach FREUD, die Grundfunktionen nach PFAHLER oder auch die Teil- und Stellenfunktionen der Gestaltpsychologie.

funktionale Verhaltensanalyse, wesentliches Merkmal der →Verhaltensdiagnostik. Die funktionale Verhaltensanalyse bemüht sich, Variablen und ihre Verknüpfung miteinander zu ermitteln, die für die Entstehung, das Aufrechterhalten und die Veränderung von Verhalten und Erleben eines Menschen bedeutsam sind. Das Augenmerk ist dabei auf die Beziehung zwischen Umwelt und Verhalten gerichtet: wie die Umwelt einerseits den Patienten beeinflußt und wie der Patient andererseits als Mitglied verschiedener sozialer Systeme (Familie, Freundes- und Kollegenkreis) auf seine Umwelt einwirkt. Die funktionale Analyse stützt sich auf die Annahme, daß die Beschreibung des problematischen Verhaltens, seiner kontrollierenden Faktoren und der Mittel, durch die es verändert werden kann, die beste Erklärung für das Problem abgeben. Die funktionale Verhaltensanalyse ist so gesehen problem- und nicht persönlichkeitsorientiert. Neben die klassische lerntheoretische Verhaltensanalyse sind inzwischen neuere Formen der →Problemanalyse getreten. [L] SCHULTE 1974 *P. F. Schlottke*

funktionales Messen, eine im Rahmen der →Informationsintegrationstheorie von N. H. ANDERSON entwickelte (Skalierungs-)Methode, die sich den Befund zunutze macht, daß Menschen Informationen aus verschiedenen Faktoren oft nach einfachen algebraischen Regeln verknüpfen (integrieren). Diese «kognitive Algebra» dient der Validierung bei der Bestimmung subjektiver Skalen. Das funktionale Messen verlangt einen mindestens zweifaktoriellen Versuchsplan mit jeweils mindestens dreistufiger Reizvariationen und eine mehrstufige Urteilsskala (*rating*). [L] ANDERSON, 1982 *F. Wilkening*

Funktionalismus, in Amerika entstandene ps. Richtung, die ihre explizite Formulierung in den ersten Jahren dieses Jh. durch ANGELL erfuhr. F. umfaßte die gesamte junge amerikanische Ps. und trat in Opposition zu der damals stark vertretenen deutschen Tradition der WUNDTschen Schule, die in Amerika fast nur noch von TITCHENER aufrechterhalten wurde.

Letztere wurde im Ggs. zum F. Strukturalismus *(structuralism)* genannt, womit das Bestreben, das Bew. seinem Inhalt nach in letzten Elementen (Empfindungen) darzustellen, gemeint war. F. betont im Ggs. zu den (statisch aufgefaßten) Bew.inhalten die ps. Funktionen, die mehr umfassen, als was im Bew. introspektiv vorfindbar ist. So die spontane Aktivität eines Selbst (JAMES), die Bedeutung des Psychischen im biologischen Zusammenhang als Anpassungsfunktion *(adjustment)* des Gesamtorganismus (DARWIN). Einflüsse von GALTON machen sich in einem starken Interesse an differentieller Ps. geltend. DEWEYS Pragmatismus lenkt zu früher Beschäftigung mit angewandter Ps. besonders auf dem Gebiet der Pädagogik hin. Der F. hat der jungen amerikanischen Ps., die aus der WUNDTschen Schule hervorgegangen war, an ihren Ursprüngen bereits die Prägung gegeben, die für ihre ganze weitere Entwicklung charakteristisch geblieben ist. Für den F. ist nicht die Innenwelt wichtiger, sondern der Zusammenhang und die wechselseitige Abhängigkeit von Innen und Außen, zwischen Individuum und Gesellschaft. Die Hauptvertreter waren J. R. ANGELL, J. M. BALDWIN, J. M. CATTELL, G. St. HALL, W. JAMES, in der Schweiz E. CLAPAREDE. Dem Begriff F. liegt keine grundlegende Definition von «Funktion» zugrunde, er bezeichnet summarisch die angedeuteten Tendenzen.

F. dient auch als Bezeichnung für den funktionalen Materialismus →Materialismus, funktionaler. [L] BORING 1933, WERTHEIMER 1963

Funktionalwert →Funktionscharakter

funktionelle Autonomie →Autonomie, funktionelle

funktionelle Entspannung →Entspannung

funktionelles System, physiol. Entsprechung (Korrelat) des Verhaltens (Bez. nach ANOCHIN). Äußere Reize (auslösende Afferenzen) führen zu Erregungen in Rezeptoren, Subkortex und Kortex (Afferenzsynthese). Es folgen das Handlungsziel und Handlungsprogramm. Bei Übereinstimmung wird die Erregung gelöscht. →TOTE-Einheit. *H. Ries*

Funktionelle Störungen, Sammelbegr. für meist flüchtige Störungen des integrativ verflochtenen psychophysiologischen Gesamtsystems ohne erkennbaren Befund im organischen Substrat (Ggs. organische Störungen, bei denen stets ein ursächlich organischer Defekt nachweisbar ist). Im Vordergrund stehen starke subjektive Beschwerden einzelner Körperfunktionen, meist Organsensationen, die auch als psychosomatische Störungen (→Psychosomatik) bezeichnet werden. Sie entstehen meist auf neurotischer Grundlage, wobei eine allgemeine Regulationsschwäche des vegetativen Nervensystems mitverantwortlich sein kann.

Hier können sowohl konstitutionelle Faktoren wie auch dispositionelle Momente beteiligt sein. So können Angst, Konflikte, Überforderungen, wie auch Fehlkonditionierungen zur Manifestation der F. S. führen. Eine weitverbreitete F. S. von Organen, die durch eine Labilität von Regelmechanismen im vegetativen Nervensystem, speziell des Vagus und Sympathicus, zustande kommt, ist die vegetative Dystonie. Sie äußert sich durch mangelnde Anpassung der Blutverteilung, des Blutdrucks, der Herzaktion und der Atmung an bestimmte körperliche Anforderungen. Es treten Herzklopfen, Beklemmung, Unruhe, Kopfschmerz, Schwindelgefühl, Magendruck u. ä. auf. Als Ursache finden sich neben durch Zivilisation bedingten Schäden (bewußte und unbewußte) seelische Belastung, Schlafmangel, familienbedingte Anlage, Herdinfektionen, Allergien.

Klinisch heute auch Synonym für vegetative Dystonie, hier körperliche Beschwerdebilder, bei denen die zugrunde liegenden pathophysiologischen Abweichungen nicht auf anatomischen Strukturveränderungen beruhen. F. S. werden häufig durch psychische Faktoren bedingt (aktuelle Belastungssituation, endogene Depression, neurotische Fehlentwicklung).

McDougall (1921) unterschied (1) dissoziative F. S. mit Spaltungssymptomen (z. B. vollständige funktionelle Anästhesie und Lähmung eines einzelnen Gliedes); (2) Störungen auf der Grundlage eines andauernden Konfliktes innerhalb der Persönlichkeit mit Verdrängungssymptomen (z. B. Tics, Bewegungsanomalien). **[L]** Pschyrembel 1986

C. Becker-Carus

Funktionelle Unbestimmtheit, nach G. E. Müller (1878) die verschwommenen, undeutlichen →Vorstellungen, die beim abstrakten Denken auftreten (z. B. beim Denken eines Begriffs) und erst über die von den Vorstellungen geweckten Inhalte klarer werden. **[L]** Müller 1878

Funktionsanalyse, Suche nach Zusammenhang, Hintergründen und Bedeutung von Handlungen, Prozessen, Teilen eines Funktionsgefüges und Ereignisses. F. ist oft Motiv für die Theorienbildung. →Handlung, →TOTE-Einheit, →funktionale Verhaltensanalyse

• (gruppenps.) Freier oder an Raster bzw. skalierende Verfahren gebundener Versuch, die persönlichen und sozialps. Aspekte eines Gruppenverlaufes, meist einer zeitlichen Einheit, zu beschreiben, etwa in Kategorien von Sympathie, Vertrauen, Machtausübung, Entwicklung von Kohäsion, Kooperationsfähigkeit etc.

Funktionscharakter, Zweckbestimmung eines Gegenstandes, welcher zunächst einen indifferenten Charakter besitzt, aber dadurch, daß er in einem bestimmten Handlungsablauf einem bestimmten Zweck dient, einen spezifischen Funktionscharakter erhält. So ist ein Briefkasten für einen Buschmann ein bedeutungsloser Kasten, für einen Zivilisationsmenschen dagegen ein Kasten mit spezifischem F. Im Unterschied zum →Aufforderungscharakter, welcher mit einem bestimmten Bedürfnis entsteht und vergeht, bleibt der F. nach seiner Bildung bestehen. **[L]** Koffka 1935

Funktionsindifferenz, nach dem Prinzip der ursprünglichen F. des Gehirns (Wundt) hängen alle Unterschiede sinnlicher Bew.inhalte (Empfindung, Gefühl) von der Art der peripheren Funktion ab. Zunächst sind die Gehirnfelder sozusagen ein unbeschriebenes Blatt. Daher auch Ausgleich bei Verletzungen und Ausfall von Funktionen bei Blinden sowie Taubstummen möglich, ohne daß das Gehirn der Form nach verkümmert oder entartet.

Funktionskreis (J. v. Uexküll), das Ineinandergreifen und Sichbedingen von Organismus und Umwelt. Alles, was ein Subjekt merkt, wird zu seiner Merkwelt, und alles, was es wirkt, zu seiner Wirkwelt. Beide bilden eine geschlossene Einheit (s. Abb.).

Entscheidend sind nach v. Uexküll «neben der Auswahl von Reizen, welche die Rezeptoren passieren lassen, und neben der Anordnung der Muskeln, die den Effektoren bestimmte Betätigungsmöglichkeiten verleiht, vor allem die Zahl und Anordnung der Merkzellen, die mit Hilfe ihrer Merkzeichen die Objekte der Umwelt mit Merkmalen auszeichnen, und die Zahl und Anordnung der Wirkzellen, die mit ihren Wirkzeichen die gleichen Objekte mit Wirkmalen versehen».

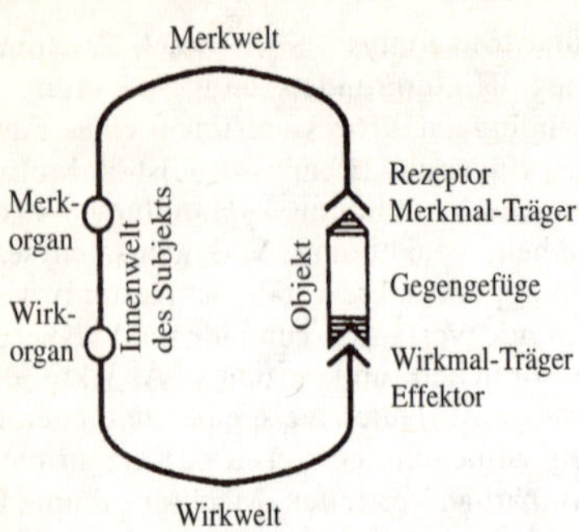

Das Objekt ist nur soweit beteiligt, als es für das Subjekt einerseits Merkmalträger, andererseits Wirkmalträger ist. [L] v. UEXKÜLL 1921

Funktionslust, Annahme K. BÜHLERS, daß das spielende Kind nicht aus Genuß- oder Schöpferfreude, sondern aus Lust an den biologischen Funktionen unermüdlich Handlungen gestalte und wiederhole. →Spiel

Funktionspotenzen, Fähigkeitsmuster, die die Voraussetzung für bestimmte Funktionserfüllung sind. Gelegenheit und Interesse sind dann weitere Voraussetzungen für die Realisierung der F. im →Können.

Funktionsreifung, Voraussetzung zur Vollbringung einer Leistung, z. B. für das Sprechenlernen die →Reifung des sprechmotorischen Apparats etc. Reifungsvorgänge, die ohne nennenswerten Umwelteinfluß auftreten, sind z. B. Greifen und Gehen. • F. bildet auch die notwendige Voraussetzung für die →Differenzierung und Zentralisation, Verfestigung, →Kanalisierung, →Strukturierung innerhalb des →Entwicklungsvorganges. [L] OERTER 1980

Funktionsspiele →Spiel, →Funktionslust

Funktionsteilung, die Aufteilung der Aufgaben in einer Gruppe. Die F. ist abhängig von der vorgegebenen oder der sich entwikkelnden Struktur, den →Funktionspotenzen der Gruppenmitglieder und der inneren Struktur der Aufgabe.

Funktionstests, Tests, die dazu dienen, bestimmte anatom. physiol. oder biochem. gekennzeichnete (Teil)-Systeme in ihrer Intaktheit/Funktionsfähigkeit zu überprüfen. Sie stellen eine spezielle Klasse von →Reaktivitätstests dar. F. dienen der Diagnose und Prognose von Störungen. Am häufigsten werden als Reizbedingungen chemische Stoffe (Hormone, Pharmaka) oder physische Belastungen benutzt, als Indikatoren dienen Maße von Hormon- und Transmittersysteme, weniger ZNS- und VNS-Maße. [L] STERNBACH et al. 1982 *W. Janke*

Funktionstypen (JUNG) →Typologie

Funktionswort [engl. *function word, structural (structure) word*], ist in der →Grammatik Bez. vor allem für Artikel, Pronomina, Präpositionen, Konjunktionen, Partikeln usw., d. h. für Wörter, denen im Ggs. zu den sog. →Inhaltswörtern nur mit Mühe (oder gar nicht) eindeutig «lexikalische» →Bedeutung (als direkter Bezug auf etwas) zugeordnet werden kann, deren Funktion vielmehr darin besteht, die Inhaltswörter im →Satz bzw. Text aufeinander zu beziehen und mit ihnen den Satz/Text zu konstituieren.
Sie signalisieren «strukturelle» Bedeutung. Die F. bilden eine relativ geschlossene Klasse, sind sprachgeschichtlich alt, gering an Zahl (FRIES 1952 fand in seinem Korpus englischer Konversation nur 154 F.), kommen aber sehr häufig vor (nach FRIES ist durchschnittlich jedes dritte Wort im Text ein F.). Der satz-/textstrukturellen Funktion der F. entsprechen u. a. folgende exp. Befunde: Zwischen sinnlosen Silben wurden F. besser gelernt als Inhaltswörter; innerhalb eines Textes wurden F. aus im Text weiter entfernten Wörtern besser erraten als Inhaltswörter. →Pivot-Grammatik. [L] HERRIOT 1974

Furcht, Lebensgefühl des Bedrohtseins. In einigem Umfang ist F. der →Angst verwandt, aber im Ggs. zu dieser stets objektbezogen. Auch nach Art und Umfang bleibt die F. der Bedrohung angepaßter, als es die Angst ist. Primäre Auslöser von F. sind nach behaviorist. Auffassung: lauter Schall, Erschütterung der Unterlage oder Stoß und Schock. Sekundäre F. ist durch →Konditionierung an einen vorher neutralen Reiz (Signal) erworbene F. [L] MOWRER 1960, N. MILLER 1948 *R. Bergius*

Furchung, synchron erfolgende Zellteilung bei der Keimesentwicklung. Aus der →Zygote entsteht durch Einschnürungen ein 2-, 4-, 8-, 16-, ...zelliges Stadium, das sich danach bei den höheren Tieren zu den drei «Keimblättern» Ektoderm, Mesoderm und Entoderm differenziert.

Furor [lat.], akuter Erregungszustand mit Symptomen wie Ärger, Zorn, Wut usw. →Wut. Als *furor epilepticus* der vorübergehende Zustand der Raserei und Desorientiertheit am Ende des klassischen großen epileptischen Anfalls *(grand mal)*. →Epilepsie

FU-RO-Test T DREY-FUCHS

Fusion [lat. *fundere* gießen, verschmelzen], Verschmelzung. • Psychoanalytischer Fachausdruck. Die feste, abgestimmte Vereinigung, Legierung von →Lebens- *(eros)* und →Todestrieb *(thanatos)* in der Normalpersönlichkeit. Bei Geisteskrankheit und ähnlichen Störungen kommt es häufig zum Zerfall dieser Einheit, die Voraussetzung für die selbständige Lebensbewältigung ist.

Fusion, binoculare, Verschmelzung der Netzhautbilder beider Augen zu einem Wahrnehmungsbild. →Auge, →räumliches Sehen

Fusion, tonale →Tonverschmelzung

Fusionsbewegung →Konvergenz

future time perspective, zukunftsgerichtete →Zeitperspektive

Futurologie →Zukunftserleben

fuzzy set [engl. unscharfe Menge], eine Klasse von Elementen, die der Menge in verschiedenen Ausprägegraden zugehören können. Im Unterschied zur klassischen Mengenlehre wird also nicht davon ausgegangen, daß ein Element der Menge nur zugehören oder nicht zugehören kann, sondern daß die Zugehörigkeit graduell abgestuft ist. In der Psych. wird z. Zt. diskutiert, inwieweit natürliche Begriffe wie Möbel, Fahrzeug usw. im Rahmen der Theorie unscharfer Mengen darstellbar sind. **[L]** ZADEH 1965, MEDIN & SMITH 1984

F-Verteilung, theoretische →Verteilung von Quotienten aus Varianzen

F-V-V-B, Fragebogen zur Vorgesetzten-Verhaltens-Beschreibung **[T]** FITTKAU-GARTHE

F-Wert →F-Test, →F-Verteilung, →Mathematische Psychologie

G

GABA, Abk. für Gamma-Aminobuttersäure, biogen aus →Glutaminsäure gebildet, wichtigster hemmender →Neurotransmitter, wirkt an 2 Rezeptorenarten, $GABA_A$ und $GABA_B$-Rezeptoren. Während eine Aktivierung von $GABA_A$-Rezeptoren zu einer Öffnung des Chloridkanals führt, führt eine Aktivierung der $GABA_B$-Rezeptoren über «second-messenger»-Systeme zu einer Modulation von Calcium und/oder Kaliumkanälen. $GABA_A$-Rezeptoren kommen häufiger vor als $GABA_B$-Rezeptoren. Praktisch alle zentralen Neuronen enthalten in ihrer Membran $GABA_A$-Rezeptoren. Der $GABA_A$-Rezeptorkomplex besteht aus fünf Untereinheiten, mit Bindungsstellen für GABA, →Benzodiazepine, →Picrotoxin, →Barbiturate und →Neurosteroide. Auch →Alkohol greift hier an. Ferner scheint G. ein Gegenspieler der →HPA-Achse zu sein. Das GABAerge-System wird u. a. mit der Verminderung von Angst und Streß in Verbindung gebracht. **[L]** Malizia & Nutt 1995, Paredes & Agmo 1992, Petty 1995, Wilson 1996 *M. Reuter/W. Janke*

Galanin, Substanz aus der Reihe der Neuropeptide mit inhibitorischer G-Protein-vermittelter Wirkung. Es hat eine für Neuropeptide seiner Größe unüblich lange Halbwertszeit von 60 min und G. gehört keiner bekannten Klasse von Neuropeptiden an. Rezeptoren finden sich zentralnervös hauptsächlich in der Amygdala, im Hypothalamus, im Hirnstamm und im basalen Vorderhirn. G. hat vielfältige Verhaltenswirkungen wie Stimulation des Eßverhaltens (insb. erhöhte Fettaufnahme) durch Hemmung der Glucose-induzierten Insulinausschüttung, Verringerung der Schmerzwahrnehmung als Substanz-P-Antagonist sowie die Verschlechterung von Gedächtnisleistungen. Agonisten wie Antagonisten sind synthetisch verfügbar. Agonisten könnten als →Antioxidantion für das ZNS, als potente Stimulatoren der GH-Ausschüttung sowie als Hilfsanalgetika (G. verlängert die Wirkdauer von Morphin 4-8 fach) zum Einsatz kommen. Antagonisten werden diskutiert bei Alzheimerscher Erkrankung, gegen Depression sowie bei Eßstörungen. **[L]** Bartfai 1995, Bloom & Kupfer 1995 *W. Janke*

Gall, Franz Joseph (1758–1828), Hirnforscher, Phrenologe, Wien, Paris

Gallsche Lehre →Phrenologie

Gallup, George Horace (1901–1984), Meinungsforscher, Evanston, Chicago, New York

Gallup-Methode, Verf. zur Erforschung der öffentlichen Meinung durch method. Feststellungen. →Meinungsforschung

Galton, Francis, Sir (1822–1911), Vererbungsforscher, Psychologe, London. Studium Cambridge Univ. Mitglied der Royal Society. Zahlreiche Arbeiten zur Psychometrie, Statistik, Genetik. Mitbegründer der Zeitschr. «Biometrika», 1904 Gründung des Galton-Laboratory's Univ. London als Zentrum für differentialpsych. Fragestellungen, für Genetik und Statistik (erstes Institut für Eugenik). Galton gilt als Begründer der Differentiellen Psychologie.

Galton-Pfeife, kleine, gedeckte, durch Gummiballdruck betätigte Pfeife. Mit verschieblichen Kolben werden versch. Tonhöhen erzeugt.

Galvanisation, die diagnostische und therapeutische Anwendung von Gleichstrom. Nach Galvani benannt.

galvanische Hautreaktion →psychogalvanische Reaktion

GAMIN **[T]** Guilford-Martin

Gamma-Bewegung, Bewegungseindruck der Ausdehnung und des Zusammenziehens, der bei einer Figur auftritt, wenn diese in dunklem Umfeld ansteigend erhellt oder abfallend wieder verdunkelt wird. →Scheinbewegung

Gamma-Enzephalographie →Enzephalographie

Gamma-GT [gr./lat. Gamma-Glutamyl-Transferase, Gamma-Glutamyl-Transpeptidase], ein zellständiger Biokatalysator, der z. B. in Niere, Pankreas und Leber zu finden ist und ständig im Blut nachzuweisen ist.

Die G. tritt bei einer Beeinträchtigung von Zellfunktionen, etwa bei einer degenerierten Leber oder Fettleber, vermehrt ins Blut über und wird deshalb als internistisches Diagnostikum alkoholbedingter Leberschädigungen verwendet (Normbereiche: Männer 6–28 U/l, Frauen 5–18 U/l, gemessen bei 25°C). Im Rahmen der psychodiagnostischen Eignungsbegutachtung für Straßenverkehrsbehörden und Verwaltungsgerichte wird die Gamma-GT in jüngerer Zeit verstärkt als objektiver Indikator bei der Beurteilung anamnestischer

Angaben vor allem wiederholt alkoholbedingt verkehrsauffälliger Kraftfahrer verwendet. [L] GEISELBRECHT et al. 1978, GROSSE-ADLENHÖVEL 1984 *K. H. Stapf*

Gang, rhythmische Bewegungen der Beine (begleitet von Bewegungen anderer Körperteile) zum Zweck der →Lokomotion. In Abhängigkeit von der Geschwindigkeit lassen sich charakteristische Gangarten beobachten, die durch unterschiedliche →Koordinationen der beteiligten Gliedmaßen gekennzeichnet sind sowie durch unterschiedliche Zeitverhältnisse innerhalb des einzelnen Schrittzyklus; beim Menschen erfolgt der Wechsel vom Gehen zum Laufen z. B. bei ca. 7 km/Std. (beim Gehen mit zunehmender Geschwindigkeit steigt der Energieverbrauch rapide an; durch den Wechsel der Gangart wird eine höhere Ökonomie erreicht).

Zur Analyse des Gangs werden verschiedenartige Methoden der →Bewegungsanalyse eingesetzt; besonders häufig sind optische Methoden zur Erfassung von Variablen wie Schrittweite, Dauer des Schrittzyklus usw. sowie Kraftplattformen, die die Messung der vom Fuß gegen den Boden gerichteten Kräfte erlauben. Der einzelne Schrittzyklus wird i. a. in Stemmphase (Fuß auf Boden) und Schwingphase (Fuß in der Luft) unterteilt. Sowohl in der Stemmphase wie auch in der Schwingphase wird das Kniegelenk des Menschen zunächst gebeugt und dann wieder gestreckt; die Minima des Kniegelenk-Winkels können zu einer weiteren Unterteilung benutzt werden (PHILIPPSON-Schrittzyklus mit 4 Phasen).

Die →Bewegungssteuerung beim Gang umfaßt autonome Strukturen (oft als zentrale Mustergeneratoren bezeichnet) und Einflüsse von Information aus Körperperipherie und Umwelt. Für die psychologische Analyse von besonderem Interesse ist die Anpassung des Gangs an die visuell wahrgenommene Umwelt (z. B. die Plazierung des Fußes auf unebenem Boden oder das Treffen des Absprungbalkens beim Weitsprung). Für die Unterscheidung von männlichem und weiblichem Gang reicht es auch, wenn der Beobachter wenige bewegte helle Punkte sieht (z. B. an Schulter, Hüfte, Armen, Beinen); ein wichtiger Faktor bei dieser Unterscheidung scheint der Geschlechtsunterschied im Verhältnis von Schulter- und Hüftbreite zu sein, der zu unterschiedlichen Bewegungsmustern auch der Arme und Beine führt. In der →Ausdruckspsychologie (KIETZ) wurden auch charakterologische Deutungen des individuellen Gangs unternommen. [L] ROSENBAUM 1990 *H. Heuer*

Ganglienblocker, Begriff für Stoffe, die die Reizübertragung an den präganglionären nicotinergen Synapsen des vegetativen Nervensystems hemmen, so Tetraethylammonium und Hexamethonium. Wegen starker Nebenwirkungen nur noch bei schweren hypertonen Krisen in Gebrauch, früher interoperativ zur kontrollierten Blutdrucksenkung verwendet. *W. Janke/H. Schröder*

Ganglienzellen [gr. *ganglion* das Knötchen], syn. Neurozyten, Neurone, Nervenzellen, die synonyme Namensgebung (Ganglienzellen und →Ganglion) rührt daher, daß in den neben dem Zentralnervensystem liegenden Knötchen (Spinalganglien) die Nervenzellen besonders gehäuft gefunden werden (→Nerv). G. sind Zellen des Nervengewebes, deren Plasma erregungsleitende Neurofibrillen, Neurosomen und einen deutlichen Golgi-Apparat enthält. Zusammen mit ihren oft verzweigten Fortsätzen (Dendriten, Axone) werden sie einzeln als →Neuron bezeichnet. [L] PSCHYREMBEL 1986 *C. Becker-Carus*

Ganglion, Nervenknoten, bei Mensch und mehrzelligen Tieren eine Anhäufung von Nervenzellen, die auch den Namen →Ganglienzellen tragen (→Nerv).

Die G. liegen mit Ausnahme der Basalganglien außerhalb des ZNS. Die Ganglienzellen der Retina bilden eine Schicht von Zellen in der Retina, die den Signalfluß der darunter liegenden Fotorezeptoren über die Bipolarzellen aufnimmt, und diesen über ihre Axone, (die den Augapfel als Sehnerv verlassen) und über das Chiasma opticum zum Corpus geniculatum laterale weiterleiten.

Die Spinalg. der Wirbeltiere liegen als kleine Knötchen neben dem →Rückenmark in den Zwischenwirbellöchern. Ihre (pseudounipolaren) Ganglienzellen entsenden einerseits efferente Fortsätze in das Rückenmark («hintere Wurzel»), andererseits afferent leitende Fortsätze in den Körper als reizaufnehmende (sensible) Fasern. Die autonomen Ganglien befinden sich an verschiedenen Stellen des autonomen Nervensystems im Körper. Sie vermitteln die vom Willen unabhängige Erregungsübertragung zwischen Eingeweiden und Nervensystem. Sie liegen im Kopfbereich, den Grenzsträngen sowie im Bauch- und Beckenbereich. • In der Chirurgie wird der Begr. Ganglion (Überbein) für zystenartige Ausstülpungen der Gelenkkapsel oder Sehnenscheide verwendet. Abb. →Reflex. [L] SCHMIDT & THEWS 1995, MÖRIKE et al. 1989

C. Becker-Carus

Ganser-Syndrom, psychogene Erkrankung mit halluzinatorischer Verwirrtheit als Ausdruck einer unterhalb der Bewußtseinsschwelle durchgeführten Simulation einer psych. Störung vor sich selbst und vor der Außenwelt. Die Symptome sind: Vorbeireden (→Paraphrasie), Vorbeihandeln (→Parapraxie), Desorientiertheit mit nachfolgender ängstlich-halluzinatorischer →Amnesie, besonders auf optischem Gebiet. Anlagemäßige Disposition und schwere Belastung (z. B. Krieg, Gefangenschaft) werden als Auslöser des G.S. angenommen.

Ganser, Siegbert Joseph Maria (1853–1931), Psychiater / Dresden

Ganzbeschaffenheit →Ganzqualität

Ganzfeld, homogenes, schwer zu erzeugende Reizsituation, die dadurch gekennzeichnet ist, daß in ihr keine Inhomogenität (Ungleichartigkeit) gegeben ist, also keine Figuren, Konturen, kein →adäquater Reiz für →Detektoren. Bei Betrachtung des G. erhält die ganze Netzhaut einheitlich diffuses Licht, wie in dichtem Nebel. Entweder werden vor den Augen je halbe Zelluloidbälle angebracht oder man sieht durch eine kl. Öffnung in zwei sich schneidende Kugeln von 1 m Durchm. oder sitzt in geeignetem Abstand vor einer entspr. Halbkugel; in Kugeln und Halbkugeln muß das Licht gut integriert sein, meist ist es auch herabgesetzt. Der Beobachter sieht keine gekrümmten Flächen sondern «leeren Raum» Der G.eindruck wird durch die Einführung von Inhomogenitäten (Grenzen, Konturen) aufgehoben. Die G.forschung lieferte Stützen für die gestaltps. Wahrnehmungstheorie. [L] METZGER 1975, BETZ 1974

R. Bergius

Ganzheit, die sachliche und bedeutungshafte Geschlossenheit, Vollständigkeit, Unversehrtheit eines Gegenstandes, i. e. S. ein Gebilde, dessen Eigenart nicht durch Zusammensetzen der Eigenschaften seiner Teile abgeleitet werden kann. Das Ganze weist vielmehr andere Eigenschaften als seine einzelnen Komponenten auf.

So ist der Satz zu verstehen, daß «das Ganze mehr als die Summe seiner Teile» sei. Als Beispiel dient die Melodie, ein einzelner Ton erhält seinen Ausdruckswert erst durch den Zusammenhang von Tönen, in den er eingeordnet ist. Der Charakter der Melodie ist wiederum nicht aus den Qualitäten ihrer einzelnen Töne (jeder Ton für sich betrachtet) zu verstehen, sondern er wird gebildet durch die Stellung der Töne zueinander, er besteht in der →Struktur der Melodie (→Gestalt, →EHRENFELS-Merkmale). Die Glieder der G.bedingen sich gegenseitig in ihrer Eigenart. Wird eines von ihnen verändert, so verändern sich auch die anderen und damit ändert sich wieder das Wesen der G., in der sie existieren. Änderung oder Wegfall eines Gliedes kann auch Zerfall der G. bedeuten. Gegensatz zur G. ist das beziehungslose und zufällige, anorganische Nebeneinander von Teilen, die additive Anhäufung unverbundener Gegenstände (z. B. ein Haufen Steine, Namen in einem Adreßbuch). Ganzheitlich bestimmt sind insbes. die organischen und psychischen Vorgänge; bei der Vielzahl ihrer wirksamen Bedingungen stehen sie in einem ungemein komplizierten Wirkungszusammenhang, so daß die Ganzheitsbetrachtung als eine methodische Forderung in Biologie (bzw. Medizin) und Ps. angesehen werden kann. Ganzheitliche Betrachtungsweise findet sich (neben entgegengesetzten Standpunkten) in der abendländischen Geistesgeschichte seit den griechischen Philosophen. Im 18., 19. und noch zu Beginn des 20. Jahrhunderts wurde sie in der Ps., in den Naturwissenschaften und auch in der Philosophie stark vernachlässigt, zugunsten einer mehr elementaristischen Betrachtungsweise. Nach der Jahrhundertwende erhielt das Ganzheitsdenken neuen Auftrieb, in der Naturphilosophie und Biologie durch DRIESCH (hier in Verbindung mit einem Zurückgreifen auf den aristotelischen Begriff der →Entelechie), in der Ps. durch DILTHEY, KRUEGER u. a. →Ganzheitsps., →geisteswissenschaftl. Ps., →Gestaltps.

ganzheitliche Bestimmheit, Terminus der →Ganzheitsps., wie sie besonders von W. EHRENSTEIN vertreten wird. Seelische Vorgänge einfachster und komplexer Art unterliegen der g.B.: «Ein Erlebnis haben ist also gleichbedeutend mit: ein vom Ganzen her bestimmtes Erlebnis haben.» [L] EHRENSTEIN 1935

Ganzheitskausalität →Kausalität

Ganzheitsmethode →Lesen

Ganzheitspsychologie, eine von Chr. v. EHRENFELS (als erstem Anreger), darauf fußend von F. KRUEGER u. a. begründete Schule, die die Notwendigkeit der Ganzheitsbetrachtung in der Ps. besonders nachdrücklich betont (→Ganzheit, →Struktur, →Leipziger Schule, →Gestalt). Die G. befaßt sich mit den Erscheinungsweisen psychischer Ganzheit auf allen Gebieten seelischen Lebens. [L] v. EH-

RENFELS, EHRENSTEIN, KLEMM, KRUEGER, SANDER, WELLEK, WITTE

Ganzlernmethode, syn. analytische Methode, Verf., einen einzuprägenden Stoff sich als Gesamtheit anzueignen und dann zur Analyse fortzuschreiten. Ggs. Lernen in Teilen = Teillernmethode

Ganzqualität, Ganzbeschaffenheit, ein von F. KRUEGER (1906) und später von seinem Schüler H. VOLKELT verwendeter Begriff. Er bezeichnet die Qualität des Erlebnistotals und schließt darum sowohl die wichtige Gestaltqualität als auch die →Komplexqualität ein.

Die G. ist eine Eigenschaft, die nur aus diesem Gesamt, das über die Ganz-Teil-Relation hinausgeht, zu verstehen ist, wie z. B. die Gefühlszustände in bestimmten Situationen. Das Vorhandensein von Gestaltqualitäten ist nur ein ausgezeichneter Fall, in dem die Figur-Grund-Abhebung, spez. die Gestaltdominante, sichtbar wird. Die G. ist aber auch ohne derartige Abhebung vorhanden, wie in einem Geruch, einem Ahnen, einer Gestimmtheit usw. Die G. unterscheidet sich von dem Begriff Komplexqualität dadurch, daß sie nicht die Mehrheit von Sonder- und Einzelqualitäten im Komplex, sondern im Unterschied zu ihr die Einmaligkeit der Qualität, die sich aus dem Gesamt aller Beteiligten konstituiert, betont. **[L]** KRUEGER, VOLKELT

Gargoylismus [franz. *gargouille* Wasserspeier, Fratze], histor. Bez. f. morphol. Veränderungen des Gesichts u. Skeletts

Gastrin, ein von den G-Zellen (APUD-Zellen) der Schleimhaut des Magenantrums produziertes und den Drüsen des Magenfundus und -korpus auf dem Blutweg zugeführtes Peptidhormon aus 17 Aminosäuren. Es regt die Absonderung von Magensäure (in hohen Dosen aber Hemmung) an. G. wird über VNS (N. vagus, Acetylcholin) und lokale (mechanische, chemische) Faktoren reguliert. Über die nervöse Regulation ist eine Beteiligung psychischer, insb. emotionaler Prozesse an der Säuresekretion gegeben. Für die Ulcusbildung wird ein Zusammenhang mit G.-Produktion und Sekretion vermutet, dies ist jedoch schwer nachweisbar, da noch weitere Peptide beteiligt sind. **[L]** LÖFFLER & PETRIDES 1997 *W. Janke/P. Weyers*

GATB **[T]** US Employment Service

gate-keeper, «Pförtner» →Kanal-Modell

Gattungsgleichheit, nach HELMHOLTZ besteht eine G. bei Empfindungen, sobald kontinuierliche Übergänge möglich sind. Im Ggs. zu Empfindungen ohne Übergänge (z. B. zwischen Farben und Tönen).

Gaumenspalte, ebenso wie die Lippenspalte und die Kieferspalte angeborene Mißbildung des Gesichtsschädels. Behindert die mechanische →Artikulation. →Näseln, →Stammeln

Gauss, Carl Friedrich (1777–1855), Mathematiker, Astronom, Physiker / Göttingen

Gausssche Kurve, Darstellung des von dem Mathematiker C. F. GAUSS entwickelten Fehlergesetzes. Die Kurve in Form einer Glocke ist durch drei Merkmale charakterisiert: Sie hat nur einen Gipfel – sie ist symmetrisch – sie steigt von beiden Seiten kontinuierlich nach der Mitte an. Bedingung für die Entstehung dieser sog. Normalverteilung ist, daß der Gegenstand der Messung von vielen zufälligen, voneinander unabhängigen, additiv wirkenden Faktoren bestimmt wird. Anschauliche Demonstration der Kurve mittels des GALTON-Brettes; über ein Nagelbrett rollen von einem Punkt aus Kugeln herab, die sich unten in Form der G.K. sammeln. →Quincunx

GAVERST **[T]** MÜLLER

Gebärde, Bewegung, die ein seelisches Geschehen ausdrückt. WUNDT unterscheidet hinweisende, nachbildende, mitbezeichnende, symbolische G. Auch willkürliche und unwillkürliche G. sind zu trennen. →Gebaren, →Gesten

Gebärdensprache, Verständigungssyteme, bei denen statt lautlicher oder graphischer →Symbole Haltungen und Bewegungen des Körpers bzw. von Körperteilen, speziell der Hände und des Mundes, zur →Kommunikation verwendet werden. →Gehörlose bedienen sich bestimmter G. (1770 eingeführt von Charles Michel Abbé de L'EPEE), wobei teils einzelne Buchstaben (→Graphem) nachgebildet werden (Finger-Alphabet), teils mit einzelnen Gebärden komplexere →Bedeutungseinheiten bezeichnet werden. G. wurde (z. B. von WUNDT) als eine phylogenetische Vorstufe lautsprachlicher Kommunikationssysteme des Menschen angesehen. →Sprache, →nichtverbale Kommunikation *G. Kaminski*

Gebaren, Bez. für den seelischen, expressiven Gehalt der Körperbewegungen und -haltungen (→Pantomimik, Gebärde). Der Begr. umfaßt alle Ausdrucksformen, wie Mienen, Gesten und Gebärden. **[L]** KIENER, STREHLE, ARGYLE 1975

Gebundenheit, funktionale, →heterogene funktionale Gebundenheit

Geburtsangstskala (G-A-S), (LUKESCH

1983), Beschreibung von Situationen, die für schwangere Frauen angstauslösend wirken. Fragebogen in der Verhaltenstherapie.

Geburtstrauma, Theorie des Psychoanalytikers O. RANK, daß die Geburt als solche bereits ein traumatisches Erlebnis sei und spätere neurotische Ängste hierin ihre Wurzeln haben könnten. RANK ging später von dieser Theorie wieder ab. [L] KUBIE

Gedächtnis, mit G. wird das Phänomen beschrieben, daß sich unter den Bewußtseinsvorgängen solche befinden, die als Nachwirkung bereits früher verlaufener Prozesse (z. B. von Empfindungen) aufzufassen sind und von dem Subjekt auch meist mit dem Bewußtsein, daß es sich um bereits gehabte Eindrücke handelt, erlebt werden. Leistungen des G. sind hauptsächlich: (1) Wiedererkennen, (2) Erinnern von Wahrnehmungen in Form von Vorstellungen, Wiedererkennen wird durch Auswahl zuvor gebotener Elemente aus einer Sammlung von alten und neuen Elementen geprüft, das Erinnern durch Reproduzieren in der sog. freien Erinnerung oder nach paarweisem Assoziieren, wo auf das in der Prüfung gebotene erste Glied das zweite genannt (seltener gezeichnet) werden muß (→Gedächtnismethoden). Begründer der exper. G.-forschung ist H. EBBINGHAUS (1885). Über außerordentl. Gedächtnisleistungen (eines sog. Rechenkünstlers) hat u. a. KROH 1922 berichtet. Die willentliche Einleitung der Reproduktion ist das Sich-Besinnen, das bei vermutetem Erfolg zum →Abruf (und zur Reproduktion) führt. Die Phase zwischen der Eindrucksbildung und der Reproduktion wird Behalten genannt. Zur Erklärung der Gedächtniserscheinungen nimmt man an, daß Erlebnisse über ihre Gegenwart hinaus Spuren hinterlassen. Die Gedächtnisspuren werden als dynamische, d. h. meist elektrische Prozesse, wie z. B. ein umlaufendes Echo in einer kurz geschlossenen Schleife (besonders für den Kurzzeitspeicher, HEBB), oder als statische Spuren, d. h. molekulare Variantenbildungen (besonders für den Langzeitspeicher), aufgefaßt. Über die Hauptprobleme der Spurentheorien berichten GOMULICKI (1953) und HÖRMANN (1964). Zur Annahme, daß die Entstehung und Festigung (Konsolidierung) von Spuren Zeit benötigt und eine wesentliche Voraussetzung für Gedächtnisleistungen ist, wird von Spurentheoretikern die nachgewiesene Verschlechterung der Leistungen durch intensive Reize oder störende Aktivitäten unmittelbar nach der Darbietung des zu behaltenden Materials als Beweis bewertet. Die optimale Bedingung für längeres Behalten ist in dieser Hinsicht Schlaf im Anschluß an den Input (JENNINGS & DALLENBACH 1924, zit. bei HÖRMANN 1964). Neurochemische Untersuchungen zielen darauf, die verschiedenen Nuklein-Moleküle (RNS) zu isolieren, die analog dem genetischen Informationsträger DNS bei der Spurenbildung beteiligt sein könnten und die eine materielle Lernübertragung von einem Organismus zum anderen ermöglichen würden (HYDEN, PAWLIK). Der Verlauf der Reproduktion ist wesentlich mitbestimmt durch die Verbindungen der Gedächtnisinhalte untereinander und mit dem gegenwärtigen Bewußtseinsinhalt, also durch →Assoziationen. In kognitivistischen Theorien werden darüber hinaus zur Erklärung der Gedächtnisprozesse andere Faktoren genannt, wie z. B. logische Beziehungen, Sinnzusammenhänge, Regeln, Einstellungen und affektive Bewertungen gemäß der emotionalen Lage (logisches oder Sinn-G. gegenüber dem assoziativen oder mechanischen G.). Der Vorgang der Bildung (Einprägung) von G.inhalten ist das →Lernen. Da Lernen und G. nur durch die oben genannten Leistungen geprüft werden können, ist es fast unmöglich, Lern- und G.forschung zu unterscheiden. Daher kommt es, daß entweder verbales Lernen mit G. *(memory)* gleichgesetzt wird, oder die Reproduktionsfähigkeit für frische Eindrücke, also die Merkfähigkeit mit G. verwechselt wird (in sog. G.tests). Der Umfang des G. wird etwas irreführend auch als G.spanne bezeichnet (→unmittelbares Behalten, →Kurzspeicher). Sein Maß ist die Zahl der unmittelbar nach der Darbietung reproduzierten Einheiten (durchschnittlich 7 ± 2 Ziffern oder unverbundene Wörter etc., jedoch sehr abhängig von vielen Faktoren der Darbietung, des Inhalts und des organismischen und psychischen Zustands). Auf der Merkfähigkeit beruht z. B. das Verstehen eines längeren Satzes. Von den G.erscheinungen sind zu unterscheiden die Nachempfindungen (Nachbilder). Nach informationstheoretischer Auffassung werden →Kurz(zeit)speicher und Lang(zeit)-speicher für Informationen unterschieden, aus denen bei freiem Erinnern die Informationen nach dem Zufall, wie blind aus einer Urne gezogene Kugeln, herausgegriffen werden (Bereichsbildungen sind dabei jedoch zu berücksichtigen, ALBERT). →Vergessen wird als (a) Verblassen, Zerfall der Spuren (oder

einzelner Komponenten der Spuren) aufgefaßt, (b) als Interferenz anderer Erinnerungen oder (c) als Folge anderer →Hemmungen.
In Speichertheorien des G. (z. B. ATKINSON & SHIFFRIN 1968) werden sensorisches Register (ikonisches und Echogedächtnis), Kurzzeitspeicher, der auch Arbeitsspeicher genannt wird, und Langzeitspeicher unterschieden. Der Langzeitspeicher wird in ein episodisches G. oder aktives Langzeit-Arbeitsgedächtnis (→Script) und ein semantisches G., das das gesamte individuelle Wissen von der Welt ohne noch erkenntliche Lernsituationen enthält, unterteilt. Kritik an der Mehr-Speicher-Hypothese des G. wird durch die Betonung der ursprünglich den Speichern zugeordneten Verarbeitungsniveaus geübt (CRAIK & LOCKHART 1972), die ihrerseits durch die Integrationsversuche (z. B. BADDELEY 1978) kritisiert wird. Die *levels of processing* reichen von der sensorischen Verarbeitung bis zur semantischen Verarbeitung, wobei letztere zu besseren Behaltensleistungen führt (BREDENKAMP & WIPPICH 1977). →ikonische Repräsentation, →imagery, →Hologrammtheorie des Gedächtnisses. **[L]** BOOTH, EBBINGHAUS, ELSENHANS, FOPPA 1966, FRÖBES, HILGARD & BOWER, KLING & RIGGS, MEILI & ROHRACHER, MEUMANN, G. E. MÜLLER 1917, 1924, PRIBRAM, UNDERWOOD 1977, WIECK

R. Bergius

Gedächtnisapparat (LIPMANN et al.), ein Hilfsmittel zu exakten experimentellen Untersuchungen von Gedächtnisleistungen. Das Gedächtnismaterial (Wörter, Zahlen, sinnlose Silben u. dgl.) wird der Vp in bestimmten Zeitabständen dargeboten.

Gedächtnisfarbe (HERING), die Farbe, in der man einen Gegenstand am häufigsten bzw. unter normalen Lichtverhältnissen gesehen hat und in der er daher auch unter veränderten Beleuchtungsbedingungen (künstliches Licht) wahrgenommen wird. Die Gedächtnisfarbe ist eine Erscheinung der →Konstanz. **[L]** KATZ 1911

Gedächtnisgesetze, i. e. S. die schon von EBBINGHAUS entdeckten Gesetzmäßigkeiten des Verlaufs des Lernens und des Vergessens, die sich in der Form von Kurven (Gedächtniskurven) darstellen lassen. Demgemäß ist der Lernerfolg bei der ersten Einprägung am größten und wird bei den folgenden fortschreitend kleiner. Für die Menge des Behaltens ergibt sich eine Kurve, die zunächst steil ansteigt, dann aber immer flacher wird. Umgekehrt nimmt beim Vergessen die Menge des Behaltenen über die Zeit zunächst sehr rasch, dann fortschreitend langsamer ab. • I. w. S. bezeichnet man als G. einzelne spezielle Regeln, z. B.: (1) Die Gedächtniswirkung steigt mit der Intensität des Reizes. (2) Sinnfreies Material wird weniger schnell gelernt als sinnvolles, das durch innere Beziehungen verbunden ist. (3) Die größte Leistungsfähigkeit besitzt das Gedächtnis in der Jugend.

Gedächtnishemmung →Gedächtnis, →Hemmung, →Vergessen

Gedächtnismethoden (Lernmethoden), die exp. Verf. zur Untersuchung des Gedächtnisses. (1) Methoden des Erlernens. Der Lernstoff wird so oft bzw. so lange dargeboten, bis er fehlerfrei beherrscht wird. Es werden also die Lernbedingungen für eine bestimmte Gedächtnisleistung gesucht. Abwandlungen dieser Grundform der Erlernungsmethode sind z. B.: (a) Methode der Hilfen, *prompting method.* Nach einer oder mehreren Darbietungen beginnt die Vp mit der Reproduktion, und es wird festgestellt, wie oft dabei geholfen werden muß, bis die Leistung fehlerfrei gelingt. Dieses Verfahren entspricht dem sog. rezitierenden Lernen. (b) Ersparnismethode, *saving method.* Ein Stoff wird erlernt und nach einer Pause (Zwischenzeit) wieder erlernt. Zum zweiten Erlernen sind meist weniger Einprägungen erforderlich, es ist also eine Ersparnis festzustellen, die durch das erste Erlernen bedingt ist. Die Methode eignet sich besonders zur Untersuchung des →Vergessens. (c) Treffermethode (Paarwortmethode), *right associates procedure.* Die zu erlernende Reihe ist in Paare gegliedert. Zur Reproduktion nennt der Vl das erste Wort eines Paares, die Vp antwortet mit dem zweiten. Eine richtige Antwort gilt als «Treffer». (2) Methoden des Behaltens, *retention method.* Hierbei wird die Anzahl der Darbietungen (Einprägungen) konstant gehalten und festgestellt, wieviel unter diesen Bedingungen behalten wird. Die Lernbedingungen liegen also fest, und es wird die jeweilige Größe der Gedächtnisleistung gesucht. Grundform ist die Methode der behaltenen Glieder, *retained members method,* von der es ebenfalls besondere Ausgestaltungen gibt.
• Die Gedächtnisverfahren werden noch nach einem anderen Gesichtspunkt eingeteilt: (1) Reproduktionsverfahren, *free recall.* Der Inhalt muß als solcher von der Vp angegeben, also aktiv erneuert (= reproduziert) werden. Eine bes. Form ist dic →Probe-Technik. (2)

Wiedererkennungsverfahren, *recognition method.* Die Vp hat aus einer Reihe von Inhalten die schon zuvor einmal dargebotenen wieder herauszufinden. • Schließlich gibt es exp. Gedächtnismethoden, die nur die qualitative Beschreibung bezwecken: Methode der Vorstellungsbeschreibung. Sie beruht auf der Selbstbeobachtung und ergänzt die anderen Verfahren insofern, als sie über die Erlebnisseite der Gedächtnis- bzw. Lernvorgänge Aufschluß gibt. [L] PAULI & ARNOLD 1957, WOODWORTH & SCHLOSBERG 1966

Gedächtnisprotokoll, die Niederschrift eines Ereignisses aus der Erinnerung. Effekte wie Präzisierung, Logifizierung, Auslassung u. a. müssen beachtet werden. In der Psychotherapieforschung werden G. von Therapeuten für die meisten Fragestellungen nicht als hinreichend valide betrachtet.

Gedächtnisspanne →Aufmerksamkeitsumfang, →Gedächtnis, →Kurzzeitspeicher, →unmittelbares Behalten

Gedächtnissysteme, TULVING et al. (1985) nehmen an, das Gedächtnis sei keine einheitliche Funktionseinheit, sondern bestehe aus drei monohierarchisch verschachtelten Systemen: dem proceduralen S. (Verbindungen zwischen *Stimuli* und *Responses* erzeugend und bewahrend), dem semantischen S. (innere Repräsentationen von Weltzuständen, die nicht permanent gegenwärtig sind, ermöglichend) und dem episodischen S. (für den Erwerb und das Bewahren von persönlich erfahrenen Ereignissen). →Episode. TULVING nennt weitere ähnliche Ansätze. *R. Bergius*

Gedächtnistests, Testverfahren zur Messung der Gedächtnisleistung von Pbn. Die Testdesigns entsprechen denjenigen der Gedächtnisforschung; dem Pb werden Aufgaben geboten. Die Qualität und die Quantität der Reproduktionsleistung wird nach längerer oder kürzerer Zeit geprüft. Entsprechend den mehr oder weniger unabhängigen Dimensionen des Gedächtnisses (assoziatives Gedächtnis, Gedächtnis für räumliche und zeitliche Anordnungen, kurzfristiges – mittelfristiges – langfristiges Gedächtnis, visuelles Gedächtnis, akustisch-motorisches Gedächtnis) werden unterschiedliche Aufgaben in den Test einbezogen. Obwohl parallel zur Gedächtnisforschung der Allg. Ps. schon sehr lange Gedächtnistests konstruiert werden, weisen diese keine sehr befriedigenden Testgütekriterien auf. Die →Reliabilität der G. hat sich als relativ niedrig erwiesen. Die Korrelationen zwischen verschiedenen G. ist außerdem sehr niedrig. Da die intellektuelle Leistungsfähigkeit durch das Gedächtnis mitbestimmt wird, enthalten diejenigen Intelligenzsysteme, welche die Intelligenzleistung aufgrund verschiedener Untertests messen (z. B. [T] IST, HAWIE), Untertests zur Gedächtnisprüfung. Zum Zwecke der Diagnose psychopathologischer Symptome werden ebenfalls Gedächtnistests eingesetzt. Das Reproduzieren kurzzeitig dargebotener geometrischer Figuren ([T] BENTON) soll sich zur Ermittlung cerebraler Schäden eignen, da bei gewissen Ausfällen die visuelle Merkfähigkeit herabgesetzt ist. [T] AMTHAUER, BÄUMLER, BINET, HORN, RANSCHBURG, WECHSLER *H. Häcker*

Gedanken, nach K. BÜHLER sind G.die kleinsten Denkerlebnisstücke, d. h. dasjenige, an dem eine fortschreitende, bestimmende Analyse keine selbständigen Stücke, sondern nur noch unselbständige Teile unterscheiden kann. G. sind danach letzte Erlebniseinheiten unserer Denkerlebnisse.

Gedankeneingebung, Denkstörung, bei der eigene Gedanken als fremd und von außen aufgezwungen erlebt werden. Phänomen (u. a.) bei Schizophrenie. [L] SCHNEIDER 1976

Gedankenentzug, Denkstörung mit dem Empfinden, eigene Gedanken würden von außen entzogen (z. B. durch äußere Macht od. Person). Phänomen (u. a.) bei Schizophrenie. [L] SCHNEIDER 1976

Gedankenstopp, in der Verhaltenstherapie Technik zur Unterbrechung unerwünschter persistierender Gedanken durch lautes «Stop»-Rufen, nachdem die Gedanken herbeigeführt wurden.

Gedankenflüssigkeit [engl. *ideational fluency*], Faktor des →divergenten Denkens. Als Test wird der Faktor durch folgende Operationalisierungen gemessen: Aufzählung von Anwendungsmöglichkeiten von Gegenständen u. a. Ggs. →konvergentes Denken. [L] GUILFORD 1956

Gedankenoperation mit Figuren [T] MOEDE-PIORKOWSKI

Gedankenoperation mit Würfel [T] RUTHE

Gedankenübertragung →Parapsychologie

Geduldspiel-Test [T] BINET

Gefahrenbenehm-Test [T] GIESE

Gefangenendilemmaspiel (PDG) →prisoner-dilemma-game

Gefordertheit [engl. *requiredness*], von KÖHLER 1938 in die Ps. eingeführter Begriff. In den Relationen des anschaulichen Zusammenhangs – d. h. in den Gestaltgesetzen – sind hiernach nicht wertneutrale, bloß faktische

Gegebenheiten zu sehen, wie der Positivismus glaubt, sondern mit den Dingen und Handlungen gehen anschauliche Qualitäten der Anziehung oder der Abstoßung einher, die von einer bestimmten Stelle des →Feldes, der Person oder den Dingen aus gefordert werden.
Die G. ist eine überörtliche, vom dynamischen System abhängige Qualität, ein Vektor, der keine bestimmte Lokalität und auch keine Existenz außerhalb des Systems hat. Es sei demnach falsch zu sagen, das Interesse, der Antrieb, die Strebung eines Ich, einer Person usw. lege den Dingen ihren Wert zu. Vielmehr ist ein Ich «in der Form des Interesses» objektgerichtet. Die Situation hat Forderungscharakter. Die G. ist nur zu verstehen aus dem Gesamt der in die Situationen eingehenden Feldkräfte: anschauliches Ich, Umfeld, Aufforderungscharakter, die sich je nach Spannung der Ich-Systeme (z. B. Sättigung) ändern können. →affordance

Gefüge, Gefügtheit, Gefügeeigenschaft, Grundbegriffe der Ganzheitsps. G. meint einerseits die Gliederung (z. B. der Erlebnisse) in Teilgebilden, andererseits auch deren inneren Zusammenhang. G. wird in der Bedeutung des Charakter-Gefüges und der Verhältniseigenschaft nach KLAGES verwendet. →Tabelle Charakteraufbau. →Gestalt, →Tertiärqualität

Gefühl, der Begriff G. oder →Emotion läßt sich nicht definieren, sondern nur umschreiben, da sich G. auf nichts anderes zurückführen lassen. Was das Wort G. im ps. Sprachgebrauch besagt, läßt sich daher am besten durch die Aufzählung einzelner G. ausdrükken: G. sind Erlebnisse wie z. B. Freude, Ärger, Mitleid, Abscheu u. dgl. Hierin manifestieren sich persönliche Stellungnahmen des Individuums zu den Inhalten seines Erlebens (Wahrnehmungen, Vorstellungen, Gedanken), wobei meist eine Lust- oder Unlustbetonung deutlich gegeben ist; jedoch ist diese nicht für alle G. charakteristisch.
LERSCH nennt diese Seite der G. «Anmutungserlebnisse» (LEWIN: Valenzen), die Reflektion der Bedürfnisse (Strebungen) an Objekten der erlebten äußeren Welt und deren Vorstellungen sind. Eine andere Seite der G. sind die Stimmungen, die sich durch langsameren Verlauf auszeichnen und nach LERSCH «stationäre Gestimmtheiten», d. h. Meldungen über endogene Aktivierungs- (oder Deaktivierungs-)Zustände und Nachwirkungen weiter zurückliegender ps. Prozesse sind. Namentlich bei schwächeren Intensitätsgraden werden die G. durch die Beobachtungsabsicht leicht gestört, was ihre empirische Untersuchung erschwert. In «phänomenologischer Erhellung» gelangt LERSCH zu einer Einteilung der Gefühlsregungen. Er unterscheidet die G. des lebendigen Daseins (Schmerz, Lust, Langeweile, Überdruß, Freude und Trauer, Entzücken und Entsetzen u. a.), G.regungen des individuellen Selbst (d. h. der Selbsterhaltung, des Egoismus, des Vergeltungsdrangs und des Eigenmachtstrebens) und transitive G.regungen (d. h. mitmenschliche, noetische, verpflichtende und enthebende G.). Die entsprechenden Gestimmtheiten sind nach LERSCH die verschiedenen Formen des Lebensgefühls und des Selbstgefühls.
In der Ethologie hat man unter «Stimmung» spezifische Aktivierungszustände des Organismus verstanden, die sich im Appetenzverhalten äußern (Flugstimmung, Nestbaustimmung etc., HEINROTH, zit. nach LORENZ 1965). Außer der Einteilung nach Gefühlsarten werden weitere formale Eigenschaften der G. festgestellt: Die Subjektivität, d. h. die G. werden als Zustände des Ichs erlebt, zum Unterschied von den Inhalten der Wahrnehmung, in denen etwas Objektives, außerhalb des Subjekts Befindliches erlebt wird. Die Universalität als Kriterium der G. besagt, daß sie nicht an spezifische Reiz- und Sinnesorgane gebunden sind, daher auch nicht im Körper lokalisiert werden können. Unter Aktualität der G. versteht man schließlich ihre Eigenschaft, daß sie keine Erinnerungsbilder besitzen, sondern bei Erinnerung selbst wieder aufleben (aktuell werden). Dieses letzte Kriterium ist indessen nicht allgemein anerkannt.
Wie die Geschichte der G.forschung zeigt, wurden noch zahlreiche andere Einteilungen vorgenommen (→G.theorien). Nach dualistischer Auffassung gibt es zwei Arten: Lust und Unlust, die alle Grade der Intensität erreichen können (sog. eindimensionale oder hedalgische Theorie). Die pluralistischen Theorien nehmen eine Mehrzahl von Grundqualitäten an, z. B. WUNDTS dreidimensionale Gefühlstheorie. Danach besitzen G. neben der Lust-Unlust-Qualität noch die Qualitäten Erregung – Beruhigung und Spannung – Lösung. Nach weiteren Einteilungen unterscheidet man «niedere» (sinnliche) und «höhere» (geistige), einfache und zusammengesetzte Vorstellungs- und Urteilsgefühle, empfindungs-, trieb- und persönlichkeitsbedingte G., weiterhin gibt es noch Unterteilungen nach ver-

schiedenen Erlebnisgebieten, z. B. der geistigen G.: intellektuelle, ethische, ästhetische, religiöse G. Die Funktion der G. im seelischen Geschehen besteht vor allem darin, daß sie das Subjekt zum Handeln anregen (aktivieren). Daher sind sie von fundamentaler Bedeutung im Lebensgeschehen.

Die neuere Erforschung der G. verfolgt hauptsächlich zwei Ziele: (1) Fortsetzung der Suche nach «Dimensionen», wie Lust-Unlust (behavioristisch: Annäherung – Meidung), Aktivität – Passivität und verschiedene Dimensionen nach sozialen Bezügen wie Dominanz – Unterwerfung, Feindlichkeit – Freundlichkeit (ARNOLD 1962, ERTEL 1964). (2) Erkennen der korrelierenden physiol. Erregungsmuster und phänomenal gegebenen (verbal beschriebenen) oder am Verhalten gedeuteten. SCHACHTER & SINGER (1962) konnten überzeugend zeigen, daß die Deutung der physiol. Veränderungen in dem erlebenden Organismus entschieden von der Deutung der Situation, in der diese Veränderungen auftreten, abhängen, also von kognitiven Elementen (FAHRENBERG 1967). Über Methoden der Gefühlsforschung orientiert TRAXEL (1963), →Ausdrucksmethoden, Eindrucksmethoden.

In der Umgangssprache wird der Begriff G. sowohl in seiner eigentlichen Bedeutung gebraucht wie auch unterschiedslos auf Wahrnehmungsvorgänge («Schmerzgefühl», «Kältegefühl») und auf Ahnungen, unbestimmtes Erkennen und dgl. angewendet. TETENS (1777) hat den Begriff näher bestimmt und dem Denken und Wollen gegenübergestellt. Synonym zu G. ist →Emotion. Affekt wird oft gleichbedeutend mit intensivem G. gebraucht. →Gemeingefühl. **[L]** ANSCHÜTZ, M. B. ARNOLD 1960, BOTTENBERG, F. KRUEGER, LERSCH, PLUTCHIK 1980, SANDER 1937, SCHELER 1913, 1948, STEVENS 1951, TRAXEL 1968, YOUNG 1961 *R. Bergius*

Gefühlsansprechbarkeit, Gefühlserregbarkeit, Gefühlsbestimmheit, wesentliche charakterologische Beschreibens- und Beurteilungskategorien. Sie betreffen den Leichtigkeitsgrad, mit dem die Gefühle ansprechen, unter Berücksichtigung des Anlasses.

• Von KLAGES als Verhältnisbeziehung von Gefühlslebhaftigkeit und Gefühlstiefe in die Charakterologie eingeführt. Als solche gibt sie das Maß der persönlichen Gefühlserregbarkeit an. • LERSCH spricht von der Ansprechbarkeit des Erlebens. • In der →Erbcharakterologie G. PFAHLERS ist die G. eine der vier Grundfunktionen, die unter dem Gesichtspunkt der Stärke und der Lust-Unlust-Vorherrschaft betrachtet wird. • Zur Bedeutung des Begr. bei CATTELL, GUILFORD und EYSENCK: →Faktorentheorien der Persönlichkeit.

Gefühlsansteckung, der spontane, in der Massen- oder Paniksituation oft epidemisch anwachsende Vorgang, der die Individuen in die gleiche Gefühlslage, zumeist mit intensiver Dynamik, hineinzwingt. Das so erzwungene Miteinanderfühlen hat den Charakter einer Primitivreaktion. →Ansteckung, ps., →Echothymie, →Affektaustausch

Gefühlsempfindung, ein von C. STUMPF eingeführter Kompromißbegriff. Er entstand aus der Schwierigkeit der Abtrennung von Gefühl und Empfindung bei körperlichen Erlebnissen wie Jucken, Kitzel, Hautschmerz, sexueller Wollust usw. Die als sinnliche oder Organgefühle bezeichneten Phänomene sollen danach weder zu reinen Emotionen noch zu den Empfindungen zu zählen sein. **[L]** STUMPF 1906

Gefühlsirradiation [lat. *irridare* bestrahlen, ausstrahlen], Ausbreitung von Lust (Unlust) auf Grund eines Einzelvorgangs auf die Gesamtheit anderer, zum Teil zeitlich nahestehender Inhalte (z. B. die zerstörte Stimmung eines Tages)

Gefühlstheorien, durch G. wird versucht, Wesen und Entstehungsweise der Gefühle zu erklären.

(1) Gefühle sind ursprünglich gegebene, selbständige seelische Prozesse, die nicht aus anderen seelischen oder körperlichen Vorgängen zusammengesetzt oder ableitbar sind. (2) Gefühle können auf andere Prozesse zurückgeführt werden, und zwar (a) auf andere psychische Vorgänge: Gefühl ist eine besondere Betätigung der Erkenntnis (philosophische Erklärung seit ARISTOTELES). Gefühl ist Wechselwirkung der Vorstellungen (HERBART). Gefühl ist eine besondere Qualität der Empfindung (STUMPF). Gefühle sind zentral erregte Empfindungen (KÜLPE). Gefühle sind Eigenschaften des jeweiligen Bewußtseinszustandes («Komplexqualitäten des Erlebnistotals», KRUEGER). (b) auf physische Prozesse: Gefühle sind unselbständige Begleiterscheinungen von Vorgängen des vegetativen Nervensystems, insbes. dadurch bewirkter vasomotorischer Veränderungen (JAMES, LANGE). Gefühle sind der psychische Ausdruck des Verhältnisses von Assimilation und Dissimilation (Auf- und Abbau) der Substanzen im Or-

ganismus (LEHMANN). Die unter (1) und (2 a) genannten Erklärungsweisen sind psychologische, die unter (2 b) genannten physiologische Theorien.

Als Gefühlstheorien werden auch solche Einteilungen (Klassifikationen) der Gefühle bezeichnet, die eine Aussage über Wesensmerkmale der Gefühle enthalten, z. B. die Lust-Unlust-Theorie und die dreidimensionale (alghedonische) Gefühlstheorie von WUNDT (→Dimension). Von DARWIN stammt eine Theorie der Entwicklung der Gefühle, eine neuere hat PLUTCHIK 1980 vorgelegt. **[L]** EWERT 1965, BÖCHER 1976, BIRBAUMER 1977

Gefühlston, der einem Wahrnehmungs- oder Vorstellungsinhalt bzw. einem Gedanken eigene Gefühlswert

Gefühlsübertragung, die →Übertragung der emotionalen Anmutung von einem Objekt (Person oder Sache) auf andere Objekte. Z. B. die G. der Abneigung gegen eine Person auf ihr befreundete Personen oder auf Gegenstände, die sie besitzt. • In der Psychotherapie überträgt der Patient vielfach Gefühle auf den Therapeuten und erlebt sie so, als gingen sie von diesem aus. • Als G. wird bisweilen auch die →Gefühlsansteckung bezeichnet.

Gefühlsverkehrung →Parathymie

Gefühlszentrum →Körperfühlsphäre

GEG, Abk. für Gamma-→Enzephalographie – unter Verwendung von radioaktiven Isotopen

Gegenfarben, HERINGscher →Urfarbenkreis, →HERINGsche Gegenfarbentheorie, →Komplementärfarben

Gegenfarbenhyperbel →Komplementärfarben

Gegenkonditionieren, eine Technik in der →Verhaltenstherapie, die auf die Theorie der Gegenreaktion (GUTHRIE, ESTES) gegründet ist, nach der bei der →Auslöschung einer konditionierten Response diese durch eine andere, nicht mit ihr vereinbare (inkompatible) Response «verdrängt» wird. G. wird als systematisches →Desensibilisieren zur Angstreduktion und bei der stimuluszentrierten →Aversionstherapie (gegen Alkoholismus, Rauchen u. a. Abhängigkeiten) eingesetzt.

R. Bergius

Gegenstände, geistige, nach GIESE kulturgegebene geistige Inhalte, die in weitgehendem Maße seelisch beeinflussen. Beispiele: Recht, Sprache, Mythus, Religion, Kunst, Literatur, Technik, Wirtschaft.

Gegenstandsbewußtsein, das Wissen des Ich um das Objekt seines Wissens (Erlebens). Im G. treten somit Subjekt und Objekt in Beziehung.

Gegenstandswahl [T] KÖHLER

Gegenüberstellung →Wiedererkennung (Forensische Psychologie)

Gegenwahrscheinlichkeit, Komplementärbegriff zu →Wahrscheinlichkeit

Gehalt, der G. einer Aussage T gibt den Reichtum an Information an, den T vermittelt, und ist damit ein Gütekriterium einer →Theorie. G. kann syntaktisch definiert werden als Menge aller Sätze, die aus T ableitbar sind, semantisch als Klasse aller Fälle, in denen T nicht erfüllt ist, die also durch T logisch ausgeschlossen werden. Der empirische Gehalt einer Theorie T ist die Klasse der Beobachtungssätze, die durch T logisch ausgeschlossen werden; die mit T vereinbaren Basissätze bilden den Spielraum von T.

V. Gadenne

Gehemmtheit, Konstrukt zur Erklärung des Ausbleibens eines körperlich-organisch möglichen und von der sozialen Situation erlaubten Verhaltens. →Hemmung

Gehen →Gang

Gehirn [lat. *cerebrum*, gr. *enkephalon*], bei Wirbeltieren und Mensch der innerhalb der Schädelkapsel gelegene Teil des →Nervensystems. Während die →Nerven vornehmlich zur Erregungsleitung dienen, übernimmt das Gehirn die Aufgabe, die auf diesen Bahnen als bioelektrische Erregungen einlaufenden Informationen «sinnvoll» zu verknüpfen, zu verarbeiten und auf entsprechenden Bahnen resultierende Informationen auszugeben (einschließlich der bewußt erlebten Bewußtseins- und Erlebnisinhalte, die an das Funktionieren bestimmter Hirnanteile gebunden sind, deren Wechselwirkung aber wissenschaftlich noch nicht geklärt ist). Zusammen mit dem kaudal anschließenden Rückenmark, das zwischen Nerven und G. vermittelt, bildet es das Zentralnervensystem (ZNS).

In der →Keimesentwicklung wird das ZNS aus dem Ektoderm als ein einfaches stabförmiges Hohlorgan (Neuralrohr) angelegt, dessen vorderer Teil sich unter Bildung dreier Bläschen (primäres Vorder-, Mittel und Rautenhirn) und unter Verengung des Hohlraums der Hirnkammern bzw. Hirnventrikeln (*ventriculus* Ausbuchtung) zum G. entwickelt. Bei Würmern kommt es nur zur Anhäufung von Nervenzellen in der Kopfgegend, von denen die Nervenfortsätze ausgehen. Bei Insekten hat das Oberschlundganglion gehirnähnliche Größe und Form, eine bläschenartige Erweiterung findet sich erst bei den niedersten Wirbeltieren. Bei den höheren Wirbeltieren kommt es nach der primitiven Dreiteilung durch erneute Teilung von Vorder- und Rautenhirn zu fünf Abschnitten: Vorderhirn *(telencephalon)*, Zwischenhirn *(diencephalon)* – bestehend aus Hypothalamus, Thalamus, Meta- und Epithalamus –, Mittelhirn *(mesencephalon)*, Hinterhirn *(metencephalon)* und Nachhirn (*myelencephalon*, verlängertes Mark, *medulla oblongata*). – Das Vorderhirn, bei niederen Wirbeltieren vornehmlich ein Riechhirn, differenziert sich bei den höheren Wirbeltieren zum Großhirn und überwölbt beim Menschen mit zwei Ausstülpungen (Hemisphären) oben und nach beiden Seiten als Großhirn *(cerebrum)* das Zwischen- und Mittelhirn, so daß diese innerhalb des Großhirns zu liegen kommen (s. Abb. 1).

Das Großhirn ist beim Menschen zum Zentrum für alle Sinnesempfindungen und Willkürhandlungen geworden. Es gilt als Sitz des Bewußtseins, des Gedächtnisses und aller geistigen und seelischen Leistungen. Die äußere, mehrfach gefaltete, etwa 2,5 mm dicke Randzone, die Hirnrinde *(cortex cerebri)* ist mit mächtigen Ganglienzellgruppen angefüllt und sieht daher grau aus: graue Substanz, die insgesamt etwa 10 bis 14 Milliarden Zellen umfaßt. Diese sind durch Assoziationsbahnen untereinander, durch Projektionsbahnen mit dem Rückenmark und der Peripherie verbunden (s. Abb. 2).

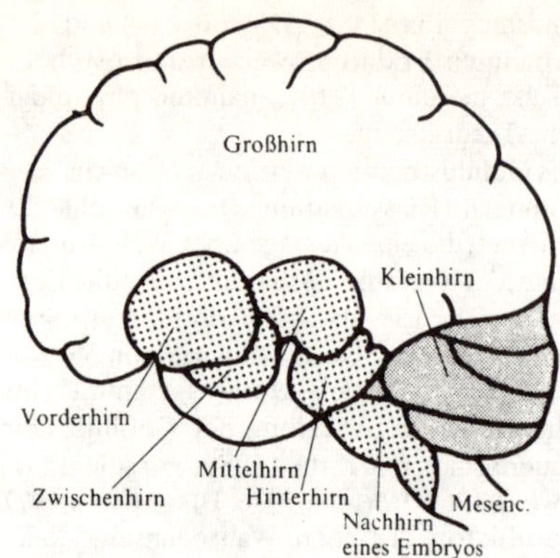

Abb. 1: Schematisierter Aufbau des menschlichen Gehirns (Sagitalschnitt)

Diese Fasermassen des Gehirns erscheinen durch die Markhaltigkeit der Nervenfasern weißlich: sie bilden die weiße Substanz. Graue und weiße Substanz werden als «Hirnmantel» *(pallium)* von den tieferen Kernen (*nucleus caudatus* und *putamen*, zusammen = Streifenhügel = corpus striatum = Basalganglien) unterschieden. Die Faltungen des Hirnmantels führen an seiner Oberfläche zu charakteristischen Windungen *(gyri)* und Furchen *(sulci)*. Durch die Zentralfurche *(sulcus centralis)* und die Sylvische Furche *(fossa sylvii)* sind in jeder Hirnhälfte ein Stirn-, Scheitel- und Schläfenlappen *(lobus frontalis, parietalis* und *temporalis)* abgrenzbar sowie ferner dorsal

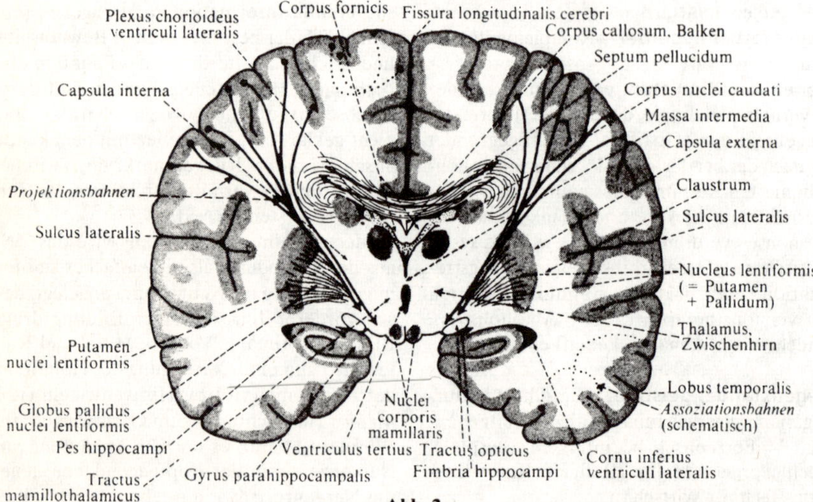

Abb. 2: Frontalschnitt des Gehirns auf Höhe des III. Ventrikels

ein Hinterhauptslappen *(lobus occipitalis)*. Die Hirnrinde zeigt deutlich eine Schichtung von verschiedenen Zellarten, von denen die großen Pyramidenzellen, Ausgangspunkt der Pyramidenbahnen, die bekanntesten sind. In bestimmten Arealen des Cortex befinden sich spezifische Projektionszentren für Muskelbewegungen (vordere Zentralwindung), Wahrnehmung von Empfindungen (hintere Zentralwindung) sowie für das Sprechen (motorisches Sprachzentrum, sensorisches Sprachzentrum), Hören und Sehen (s. Abb. 3).

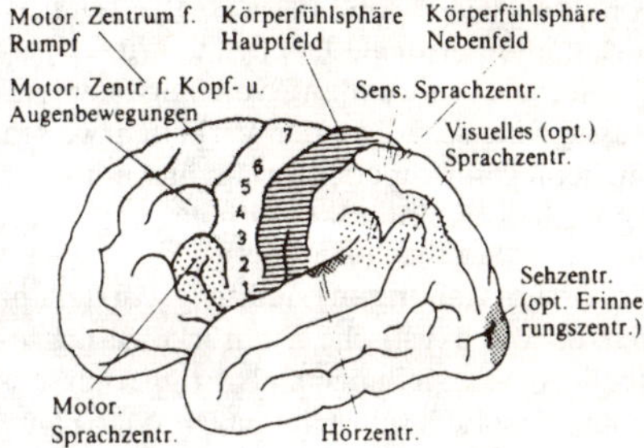

Abb. 3: Schema funktionaler Hirnzentren der Großhirnrinde

1 Motor. Zentrum für Schlund
2 Motor. Zentrum für Kehlkopf
3 Motor. Zentrum für Zunge, Vokalisation
4 Motor. Zentrum für Gesichtsmuskulatur
5 Motor. Zentrum für Finger, Hand
6 Motor. Zentrum für Schulter
7 Motor. Zentrum für Rumpf, Hüfte, Bein

Die beiden Großhirnhalbkugeln (Hemisphären) sind durch den Balken *(corpus callosum)* miteinander verbunden. – Nach hinten, zum Teil vom Großhirn überlagert, folgt das Kleinhirn *(cerebellum)*. Es dient der Koordination aller Bewegungen und der Aufrechterhaltung des statischen Gleichgewichts mit Hilfe der Informationsafferenzen vom statischen Organ (→Ohr). Alle erregenden Zuflüsse in das Kleinhirn werden nach höchstens 2 Synapsen in Hemmung überführt. Es wird vermutet, daß dieses automatische «Löschen» v. a. für die Mitarbeit des Kleinhirns bei schnellen Bewegungen wichtig ist. – Nach der Entfernung des Großhirnmantels und des Kleinhirns verbleibt der Hirnstamm (s. Abb. 4).

Im Thalamus [gr. *thalamos* Gemach, Höhle], dem paarigen dorsalen Kerngebiet des Zwischenhirns (Eintrittsstelle des «Sehnerven», der einschließlich der Retina Bestandteil des Gehirns ist) sammeln sich alle sensorischen

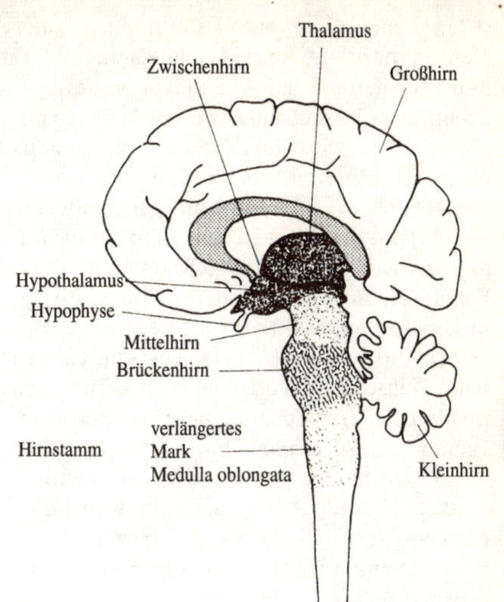

Abb. 4: Schematisierte Darstellung der Teilbereiche des Hirnstammes

Bahnen, wo sie das letzte Mal vor den Projektionsfeldern der Großhirnrinde umgeschaltet werden, wo sie emotional gefärbt werden, ehe sie dann im Großhirn zum Erlebnis («Wärme», «Ärger» u. a.) werden. Auch die elektrische Aktivität des Großhirns und damit auch die Aufmerksamkeits- und Wachheitsfunktionen werden vom Thalamus aus gesteuert. Der ventrale Teil des Zwischenhirns, der Hypothalamus, umfaßt das höchste Zentrum des autonomen (vegetativen) Nervensystems. Hier vollzieht sich die Koordination und Integration der vegetativen Körperfunktionen sowie des Hormonhaushaltes (Kohlehydratstoffwechsel, Wasser- und Salzhaushalt, Wärmegleichgewicht und Sexualfunktionen). Hier finden sich auch Zentren der motivationalen Bekräftigung (Hunger, Sexualität u. a.). Indirekt über Kerne der Medulla werden auch Herzschlag und Atmung beeinflußt. Hier liegt auch das →limbische System, das u. a. Teile des →Hippocampus und des Großhirns umfaßt, dem ebenfalls vegetativ emotional psychische Steuerfunktion zukommt. Zwei Anhänge des Hypothalamus, nach oben die Zirbeldrüse (Epiphyse), nach unten die Hypophyse, Drüsen mit innerer Sekretion, regeln Wachstum, Geschlechtsreife und Blutdruck in wechselseitiger Zusammenarbeit mit dem Zwischenhirn. In der Zirbeldrüse wurde vor Zeiten der «Sitz der Seele» vermutet. Die Hypophyse *(glandula pituitaria)* ist zweigeteilt: Vorderlappen oder

Adenohypophyse und Hinterlappen oder Neurohypophyse. Sechs bedeutsame →Hormone werden von der Adenohypophyse abgegeben, zwei bedeutsame von der Neurohypophyse. Diese wird durch den Hypothalamus gesteuert. Mittelhirn, beim Menschen urtümlich geblieben, und Rautenhirn (Rhombencephalon) mit der Brücke *(pons)* und der *medulla oblongata* leiten zum Rückenmark über. Das Rautenhirn umfaßt den größten Teil des unspezifischen Aktivierungszentrums, der →formatio reticularis. – Das gesamte G. wird beim Menschen umgeben von den Hirnhäuten *(meninges)*. Am Schädel liegt die der Knochenhaut entsprechende harte Hirnhaut *(dura mater)*. Darunter liegen die Flüssigkeit enthaltende polsternde Ader- oder Spinnwebenhaut *(arachnoides)* und die weiche Hirnhaut (*pia mater*, fromme Mutter, d. h. die Hirnhaut als ernährende Mutter des Gehirns), die dem Gehirn unmittelbar aufliegt und in alle Furchen eindringt. • Hirngröße und Oberflächenentfaltung wurden vielfach zur «geistigen Leistung» in Beziehung gebracht, allerdings ohne klare Gesetzmäßigkeit. Das Gehirn des Menschen mit 1300 bis 1800 gr Gewicht ist weder überhaupt noch verhältnismäßig das größte: Hirngewicht beim Elefanten 5000 gr Hirngewicht zu Körpergewicht verhalten sich bei: Elefanten 1:560, Schimpansen 1:75, Menschen 1:35-40, niederen Affen 1:15-26. Beispiele für Hirngewicht beim Menschen: Bismarck 1807 gr, Kant 1650 gr, Schiller 1580 gr, Haeckel 1550 gr, Helmholtz 1440 gr, Liebig 1260 gr, Anatole France 1017 gr. [L] SCHMIDT & THEWS 1995, MÖRIKE et al. 1989 *C. Becker-Carus*

Gehirnwäsche, Mentizid, die Anwendung von Methoden mit extremer körperlicher oder ps. Belastung (z. B. Dauerverhör, Schlafentzug, Isolation, sensorische →Deprivation, emotionale Desorganisation, Betäubung bis zu leiblicher und seelischer Folterung), um Geständnisse, Geheimnis- bzw. Personenverrat u. a. zu erzwingen. →true drug

Gehör →Ohr

Gehör, absolutes, Bez. für die besondere Gehörleistung, die Höhe eines einzelnen (ohne Vergleichston) mit einem Musikinstrument (meist Klavier) dargebotenen Tones zu bestimmen oder einen Ton mit bestimmter Frequenz stimmlich zu erzeugen. Bei reinen Sinustönen (unter Fortfall von Klangfarben, Obertonschwingungen und taktil-kinästhetischen Empfindungen) besteht keine Möglichkeit, die «absolute» Tonhöhe zu identifizieren. [L] WELLEK 1938

Gehörlosigkeit, angeborene oder vor dem Spracherwerb eintretende völlige Gehörlosigkeit verhindert den Spracherwerb ohne Hilfe (Gehörlosenbeschulung nach optischem und taktilem Prinzip). Ein Spracherwerb ist möglich, früher Taubstummensprache durch Fingeralphabet, jetzt durch Lautsprache ersetzt (Gehörlosenschule). Spätertaubung im Kindesalter kann bei fehlender Hilfe zum Verlust der bereits erworbenen Sprache führen. →Hörstörungen

Gehorsam, bedenkenloser, auch destruktiver G.[engl. *obedience*], in der exp. soz.-ps. Forschung zuerst von MILGRAM (1963) untersuchte interpersonale Erscheinung, die Ursache für die Verwendung von Personen zur Ausführung schädigender Verhaltensweisen mit herabgesetzter oder verfälschter ethischer Kontrolle ist (Aktionskonformität, →Konformität). [L] SCHURZ 1985

Gehörsvorstellungen, auditive Vorstellungen, die auf akustische Eindrücke zurückgehenden →Vorstellungen, als Erinnerungsbilder von Gehörswahrnehmungen oder Phantasievorstellungen. →Hören

Geist, ursprünglich ein philosophisch vieldeutiger Begr. In der metaphysischen Gegenüberstellung von G. und Stoff ist G. das Lebendig-Göttliche, belebte und belebende Prinzip (Weltgeist). Später in der spekulativen philosophischen Ps. meint G. die menschliche Seele («Geistseele»), die sich von der tierischen Seele charakteristisch unterscheidet.

Die eigentliche philosophische Wurzel liegt im «nous» (ANAXAGORAS) und im «logos» (HERAKLIT) als dem Vernünftigen, d. h. einem vernünftig waltenden Ordnungsprinzip in Welt, Leben und Denken. • In der Psychologie teils gleichbedeutend mit seelisch («seelisch-geistig» bezeichnet den Unterschied zum Körperlich-Stofflichen), teils Inbegriff höherer, nur dem Menschen als Person zukommender Fähigkeiten: Denken (z. B. in der Reflexion, Objektivierung und dem Werten) und Wollen (im bewußten, ziel- und mittelbestimmten, planmäßigen Handeln). • Grundformen des (substantialisiert gedachten) Geistes (HEGEL, N. HARTMANN, SPRANGER, R. MEISTER) sind: (a) subjektiv-persönlicher G. (ans Bewußtsein der Einzelperson gebunden); (b) der objektive G. (das sich in Staat, Recht, Sitte, Gesellschaft, Erziehung und Bildungswesen, Religion, Kunst, Wissenschaft, Sprache u. a. Kulturbereichen niederschlagende überindividuelle Geistesleben); (c) der objektivierte G. (die geistigen Schöpfungen, kulturellen Werke, in denen sich der Geist manifestiert, fixiert); (d) HEGELS absoluter G. (der sich in Geistesleben und Weltgeschichte bewußt werdende göttliche G.). KLAGES faßt den G. als seelenfeindliches, für das Leben Erstarrung und Tod mit sich bringendes Prinzip (Widersacher der Seele) auf.

Geisteskrankheit (psychiatr.), veraltete Bez. für eine pathologische Störung der psychischen Funktion →Psychose. (jur.) Bez. für jede psych. Störung erheblichen Ausmaßes (Schizophrenie, Persönlichkeitsstörungen, u. U. geist. Behind. etc.)

Geistesschwäche, veraltete Bez. für psychische Störung leichteren Ausmaßes →Schwachsinn

Geisteswissenschaft, Kulturwissenschaft oder idiographische W. Den Begriff prägte WINDELBAND, der gegen den Positivismus in Geschichts-, Literatur- und Religionswissenschaft, Psychologie und Soziologie die Eigengesetzlichkeit des «Geistes» betonte, die nicht mit Naturgesetzen zu erfassen sei. Extreme Gegenposition z. B. SKINNER. **[L]** DILTHEY 1955

geisteswissenschaftliche Psychologie, die von DILTHEY (1894) und SPRANGER (1914) im Ggs. zur naturwissenschaftlich-empirisch gerichteten Ps. entwickelte Darstellung des Seelischen, bezogen auf die Wertverwirklichungen des →«objektiven Geistes». Sinn und Wert des ps. Daseins bilden den Mittelpunkt auch der Erlebnisbetrachtung. In dieser Beziehung spricht die g.Ps. von «Struktur». Auch leitet sie «Lebensformen» der Menschen ab. Das Individuelle wird zielgemäß gerichtet gesehen und erscheinungsgemäß durch Ausdeutung und «Verstehen» bestimmbar gemacht. Mit besonderem Erfolg hat sich die g.Ps. historischen Erscheinungen zugewandt. **[L]** OELRICH 1950

geistige Gefühle →Gefühl

Geizhals, kognitiver, von SHELLEY & TAYLOR 1981 benutzte Metapher für jemanden, der vereinfachte Urteilsbildung anwendet, indem er Schemata und einfache Urteilsheuristiken (z. B. nach KAHNEMANN & TVERSKY 1974) gebraucht. **[L]** SCHWARZ 1982

Gelbkörperhormon, *corpus-luteum*-Hormon, Progesteron. →Hormone

Gelb, Adhémar (1887–1936), dt. Psychologe (Gestaltps.), Univ. Frankfurt, Halle.

Gelbsches Phänomen →Tau-Phänomen

Gelenkempfindung →Kinästhesie

Gelenkprüfer, Gelenkempfindlichkeitsprüfer →Sinnesfunktionen

gelernte Hilflosigkeit →Hilflosigkeit

Geltungsstreben, Geltungstrieb, im Bereich der nach Richtung und Stärke sehr vielgestaltigen, charakterlichen Strebungen mit dem Ziel, das Ich gegenüber der Umwelt abzugrenzen, zu sichern und auszubreiten (Formen des Egoismus, des Selbstwertstrebens und des Machtstrebens), hat der Geltungstrieb – vorwiegend durch die Psychoanalyse und die Individualpsychologie ADLERS – besondere Beachtung gefunden. Sein gesunder und normaler Gehalt ist darauf gerichtet, dem Ich Beachtung, Anerkennung, Lob oder auch (gesteigert) Ruhm, Ehre, Beifall zu verschaffen. G. findet sich auch als Eigenschaft in faktoranalytischen Persönlichkeitsfragebogen (z. B. in Personality Research Form **[T]** STUMPF et al.) als Dominanzstreben od. Bedürfnis nach Beachtung.

Gemeindepsychologie, in USA 1965 aufgekommener Begr. G. schenkt den ökologischen, gesellschaftlichen und kulturellen Bedingungen psychischer Probleme besondere Aufmerksamkeit. Unter «Gemeinde» wird der soziokulturelle, sozioökonomische und ökologische Lebenskontext in einem umfassenden Sinn verstanden. Über die mikrosoziale Beziehungsebene hinaus werden mesosoziale Prozesse (Nachbarschaft, Vereine) beachtet und makrosystemische Bedingungen subjektiver Lebensprozesse (z. B. gesellschaftliche Verteilung der Ressourcen) einbezogen. Die G. versucht, psychosoziales Wohlbefinden dadurch zu verbessern und psychosoziales Leid dadurch zu mindern, daß sie Subjekt, Gruppen und Netzwerke möglichst bürgernah und alltagsbezogen dabei unterstützt, den Zugang zu Ressourcen zu verbessern, die für eine adäquate Auseinandersetzung mit alltäglichen Widersprüchen und Belastungen und für die Realisierung selbstbestimmter Lebenspläne erforderlich sind.

Wie bei vielen ehemals euphorisch vertretenen neuen Ansätzen ist derzeit eine gewisse Ernüchterung festzustellen, viele Teile des gemeindepsychologischen Ansatzes haben aber selbstverständlichen Eingang in die psychosoziale Versorgung gefunden

→street clinic, →therapeutische Gemeinschaft, →Krisenintervention. **[L]** G. SOMMER

F. Caspar

Gemeindepsychiatrie, syn. kommunale Psychiatrie, zunehmend sich durchsetzende Form der psychiatrischen Versorgung in vernetzten Systemen in der Gemeinde, um Ausgrenzung u. institutionelle Unterbringung v. psych. Kranken zu vermeiden. **[L]** KAUDER

1997, KRISOR 1997, URBAN 1997, WERNER 1997 *L. Schmidt*

Gemeingefühl, Allgemeingefühl, syn. vitaler, psychosomatischer Sinn. Eng verwandt mit →Stimmung, aber auch →arousal, Erregung, →Aktivierung. Das aus einer Reihe von inneren Empfindungen entspringende Totalgefühl (Koinästhesie). KRETSCHMER (1975) betonte hierbei das diffuse Zusammenfließen aller (auch der fast unmerklichen) Empfindungsqualitäten, womit das G. erlebbarer Gesamtquerschnitt unseres Befindens, d. h. zugleich Empfindungssumme und Affektlage ist. – In der älteren Ps. gebräuchlicher Begr., der eine Äußerung der «Lebenskraft» im Bereich der Sinnlichkeit bedeutet; das G. ist das Resultat der Einwirkung aller sensiblen Nerven auf das Gehirn (WAITZ 1849). Danach sind alle Sinnesempfindungen, sofern sie alle oder in großer Menge zur Perzeption drängen, Teile des G. E. H. WEBER definiert das G. als das Bewußtsein von unserem Empfindungszustand, das alle mit Empfindungsnerven versehenen Teile vermitteln, abgesehen von spezifischen Sinnesempfindungen, die uns außerdem manche von ihnen verschaffen. WUNDT (1862) unterscheidet Empfindungen, die wir auf äußere Objekte beziehen (objektive Empfindungen), von Empfindungen, die wir auf Zustände unseres eigenen Leibes beziehen (subjekte Empfindungen oder Gefühle). Die letzteren setzen vorzugsweise das G. zusammen, aber nicht ursprünglich als Empfindungen, sondern erst nachdem die Vorstellungstätigkeit erwacht ist. Danach ist es auch ein Totalgefühl, in dem der gesamte Zustand unseres sinnlichen Wohl- und Übelbefindens zum Ausdruck kommt, jedoch erst nach der bewußten Reflektion über die Trennung von objektiven und subjektiven Empfindungen (WUNDT 1862). In der neueren Ps. wird der Begr. durch ähnliche pauschale Begr. ersetzt. *R. Bergius*

gemeinsame Faktoren, die aus der →Faktorenanalyse gewonnenen Faktoren, die zwei oder mehrere Variablen gemeinsam laden.

Gemeinschaft, die im Ggs. zur Gesellschaft auf natürlicher Verbundenheit beruhende, gewachsene menschliche Gesellungsweise.

Diese Singgebung beider Termini hat manche Vorläufer, z. B. PROUDHON; erst TÖNNIES verhalf ihr zu weitester Verbreitung und Anerkennung. Er unterschied drei Typen der G.: Verwandtschaft, Nachbarschaft und Freundschaft. Die Gesellschaft ist immer eine zweckhafte Verbindung mit erzwungener Gleichrichtung, G. dagegen ist durch organisches Zusammenwachsen der Mitglieder gekennzeichnet, das sich gefühlsmäßig in intensiver Zusammengehörigkeit bekundet. Nach HELLPACH ist G. ein Sozialorganismus, →Gesellschaft aber eine Sozialorganisation. →Familie. [L] HELLPACH 1933

Gemeinschaftsgefühl, das mit dem Leben in einer Gemeinschaft verknüpfte Gefühl der Verbundenheit der Mitglieder untereinander, das sich aus Einzelakten der Sympathie und Zuneigung ergibt. • Die Individualps. ADLERS sieht in dem G. (wie in der Gemeinschaftsfähigkeit) die dem individuellen Machtstreben entgegenwirkende Kraft. Das G. ist mit dem Gemüt liiert. Seine Wurzeln gehen auf die Mutter-Kind-Beziehung zurück. Je geringer das Geltungsbedürfnis und Minderwertigkeitsgefühl, desto größer die Gemeinschaftsfähigkeit. [L] ADLER 1930, SPITZ 1946

Gemini [lat. *geminus* doppelt], Zwillinge

Gemüt, das Insgesamt der Gefühle und Strebungen; die Gefühlsseite des Seelenlebens im Gegensatz zur intellektuellen Seite; früher auch Bezeichnung für Seele überhaupt. I. e. S. Bez. für die Gesamtheit der anteilnehmenden Gefühle (Mitfreude, Mitleid, Anhänglichkeit, Güte) oder für die «transitiven» (LERSCH), d. h. auf überindividuelle Werte gerichteten Gefühlsregungen

Eine eigene Thymologie (Lehre vom G.) wurde von FRIEDMANN (1956) entwickelt. Ebenso ist von STRASSER (1956) das G. aus der besonderen Sicht der phänomenolog. Philosophie beachtet worden. [L] ALBRECHT, LERSCH, RUDERT, WELLEK

Gemütslage, Einheit der (WUNDT), besagt, daß niemals zwei Vorstellungen nebeneinander bestehen, ohne daß ihre Gefühlselemente sich zu einem daraus folgenden gemeinsamen Gefühl verschmelzen. →Partialgefühl

Gen, syn. Erbfaktor, Erbeinheit, Erbanlage, Cistron, Baustein der Erbsubstanz, in den Chromosomen linear aneinandergereiht. Einheit d. Genoms, die die genetische Information für ein Genprodukt enthält.

Biochemisch besteht ein Gen aus mehreren tausend Bausteinen der →Desoxyribonukleinsäure (DNS), es bewirkt immer zunächst die Ausbildung eines spezifischen Proteins, durch welches eine Reaktionskette in Gang gesetzt wird, die letztlich zu einer bestimmten Merkmalsausprägung führt. Im einfachen Fall steuert ein Gen die Ausbildung eines Merkmals, von Polygenie der Merkmale spricht man, wenn mehrere Gene bei der Ausbildung eines Merkmals beteiligt sind, von Polyphänie der Gene, wenn ein Gen die Ausbildung mehrerer Merkmale bewirkt. • Die Bez. Gen wurde eingeführt 1909 von W. JOHANNSEN für die Erbeinheit nach den MENDELschen Regeln. →Genetik

Genauigkeitsgrad →Reliabilität

General Aptitude Test Battery [T] US Employment Service

Generalfaktor, allgemeiner Faktor. →Faktorenanalyse

Generalisation, Verallgemeinerung, Schluß von einem Teil auf das Ganze, von einem einzelnen Gegenstand auf eine ganze Klasse. Im Sinne von PAWLOW wird mit G. das primitivere Erststadium bei der Herstellung eines →bedingten Reflexes bezeichnet.

Die bedingte Reaktion ist noch nicht eindeutig auf eine eng abgegrenzte Reizgröße erfolgt, sondern auf einen gewissen Bezirk aus dem Reizkontinuum. Nach dem Stadium der G. erfolgt das der Differenzierung, d. h., die bedingte Reaktion tritt nur noch auf einen bestimmten Reiz hin ein. Neurologisch soll der G. eine Ausbreitung der Erregung im ZNS entsprechen (PAWLOW u. a.). Ist z. B. der →psychogalvanische Reflex auf einen Ton von bestimmter Schwingungszahl konditioniert und erfolgt die bedingte Reaktion auf mehrere ähnliche Töne auch, so zeigt sich, daß die Intensität der bedingten Reaktion auf den zum Konditionieren benutzten Ton am stärksten ist und in Richtung auf höhere und niedere Töne schwächer wird bis zu ihrem völligen Ausbleiben (Generalisations-Gradient). Solche Töne können wegen ihrer Fähigkeit, dieselbe Reaktion hervorzurufen, →äquivalente Reize (KLÜVER) bzw. konvergierende Reize (HULL) genannt werden. Bezieht sich die G. wie im beschriebenen Fall auf die Reize, spricht man von Reiz-G. *(stimulus g.)*. Davon zu unterscheiden sind Reaktions-G. *(response g.)* und die Reizreaktionen-G. *(stimulus response g.)*, wenn auf einen Reiz jeweils unterschiedliche Reaktionen erfolgen oder wenn (im zweiten Fall) jeder Reiz eines bestimmten Bereiches des Reizkontinuums eine bestimmte Reaktion aus einem Bereich von ähnlichen Reaktionen hervorrufen kann. Von sekundärer G. spricht man, wenn Reize bestimmter Sinnesgebiete dieselbe Reaktion hervorrufen. So kann z. B. sowohl die Stimme (akustischer Reiz) als auch das Gesicht (optischer Reiz) einer Person die Erinnerung an ihren Namen hervorrufen. Hier handelt es sich nicht eigentlich um G., sondern um gelernte Reizreaktionsverbindungen.

Der Begr. der G. ist auch zur Erklärung von Übertragungseffekten (→Transfer) herangezogen worden an Stelle der Annahme von identischen Elementen. Zeigt z. B. ein Mensch in verschiedenen Reizsituationen dieselbe konstante Verhaltensweise, etwa im Sinne einer Charaktereigenschaft, spricht DEWEY von generalisierten oder übertragbaren Gewohnheiten *(generalized habit)*. Im Zusammenhang mit Psychotherapie bedeutet Generalisation das Ausweiten bzw. Übertragen einer positiven o. negativen Veränderung auf andere Bereiche. [L] HOVLAND 1937

Generalisation, semantische, die Übertragung der konditionierbaren Bedeutungsanteile (→bedingte Reaktion, →Bedeutung) von einem Wort auf ein anderes. Diese geschieht entlang der Ähnlichkeit der →denotativen bzw. kognitiven Bedeutung der Wörter und nicht entlang der Ähnlichkeit der lautlichen oder schriftlichen Form der Wörter. So überträgt sich z. B. der konditionierbare Bedeutungsanteil von «Stil» auf «Mode», aber nicht auf «Stiel». Das Phänomen der s.G. wurde u. a. von RAZRAN (1949) untersucht. [L] HÖRMANN 1967 *J. Engelkamp*

Generalisierungsgradient, Funktion der Generalisierungsstärke in Abhängigkeit der Ähnlichkeit von gelerntem Reiz und neuem Testreiz. R. N. SHEPARD hat für G. aus Tier- und Humanexperimenten festgestellt, daß es sich um negativ beschleunigte exponentielle Funktionen in Abhängigkeit von der wahrgenommenen Distanz zwischen den beiden Reizen handelt. Daraus folgt für die Generalisation, daß es sich um einen Zufallsprozeß handelt. Dies stimmt mit den Modellen sich ausbreitender Aktivierung (*«spreading activation»*, →Repräsentation, interne) in →assoziativen Netzwerken überein, soweit konfigurale Faktoren vernachlässigt werden können. *A. Zimmer*

general problem solver (GPS), ein von NEWELL & SIMON aus dem «Logical Theorist» (LT) weiterentwickeltes Computerprogramm, das ebenfalls logische Beweisprobleme, aber auch andersartige Denkprobleme lösen kann. Es wurde mit dem Anspruch der Nachbildung menschlicher Problemlöseaktivität (→Simulation) konstruiert. [L] NEWELL & SIMON 1972 *G. Kaminski*

Generation [lat. *generatio* Zeugung], die Zeugungsfolge als Summe der Nachkommen etwa eines bestimmten Vorfahren, aber auch die Gesamtheit der Menschen einer bestimmten Altersstufe (daraus z. B. «die junge Generation», →Generationsproblem). • In der

Vererbungslehre werden Parentalgeneration und erste, zweite, dritte usw. Filialgeneration unterschieden. Biologisch wird G. als der vollständige Lebenszyklus eines Organismus von der befruchteten Eizelle (Zygote) bis zum geschlechtsreifen Individuum, das wiederum Geschlechtszellen ausbildet u. Nachkommen erzeugt, verstanden.

Generationsproblem, die aus den geistig-seelischen Unterschieden zwischen den Generationen (als Altersstufen) erwachsenen Probleme. Die Spannungen zwischen Vater-Sohn- (Mutter-Tochter-) Generation, die (u. a.) aus der generationsbedingten Gegensätzlichkeit konservativer und progressiver Haltung hervorgehen.

Generationswechsel, als Heterogonie der Wechsel zwischen verschiedenen Arten geschlechtlicher Fortpflanzung (z. B. zwischen bisexueller Fortpflanzung und Parthenogenese), als Metagenese der Wechsel zwischen geschlechtlicher und ungeschlechtlicher Fortpflanzung. Es gibt Organismen mit fakultativem und solche mit obligatorischem G. Bei Wirbeltieren (einschließlich des Menschen) kommt nur fakultative Metagenese durch nachträgliche Teilung des befruchteten Eies vor (Zwillingsbildung).

generative Grammatik [lat. *generare* erzeugen], so wird eine Grammatik dann genannt, wenn sie nicht nur schon vorhandenen Sätzen einer Sprache eine bestimmte grammatische Struktur zuweist, sondern darauf abzielt, explizit vorauszusagen, welches die möglichen Sätze einer Sprache sind und welches nicht, d. h., wenn sie auf der Grundlage eines Systems von Regeln in der Lage ist, alle (und nur die) grammatikalischen (→Grammatikalität) Sätze einer Sprache zu erzeugen (generieren), und ihnen automatisch eine bestimmte Strukturbeschreibung zuweist. Im engeren Sinne heißt speziell die →generative Transformations-Grammatik auch g.G., da der Begriff von ihr geprägt wurde.

generative Semantik, hat sich aus der →generativen Transformationsgrammatik entwikkelt. Bedeutende (heterogene) Vertreter sind u. a. CHAFE (1970), FILLMORE (1968), MCCAWLEY (1968), LAKOFF (1971) und ROSS (1967). In der generativen Transformationsgrammatik wird bis etwa 1970 die Bedeutung eines Satzes durch die Anwendung semantischer Regeln (→Semantik) auf die syntaktische Basis, die syntaktische →Tiefenstruktur, gewonnen. Die g.S. plädiert dagegen für eine semantische Tiefenstruktur. Nach der g.S. wird zunächst eine Bedeutungsstruktur (semantische Tiefenstruktur) erzeugt und diese dann direkt in die Oberflächenstruktur transformiert. Die g .S.er machen die Tiefenstruktur damit noch «tiefer», noch abstrakter, und versuchen, sie möglichst dicht an eine Repräsentation der Satzbedeutung heranzubringen. Entsprechend wird der Transformationsprozeß in der g.S., d. h. die Ableitung der Oberflächen- aus der Tiefenstruktur, länger und komplizierter. **[L]** CHAFE 1970, STEINBERG & JAKOBOVITS 1971 *J. Engelkamp*

generative Transformations-Grammatik, Transformationsgrammatik, im Zusammenhang mit Fragen der maschinellen Verarbeitung von Texten 1957 von CHOMSKY begründet, 1965 erheblich verändert (z. B. Aufgabe der →Kernsätze), befindet sich die g.T. bei eminentem Einfluß auf die gesamte Sprachwissenschaft einschließlich der →Psycholinguistik in ständiger Weiterentwicklung. Ihr Ziel ist im Gegensatz zur bisherigen statischen →Grammatik die Beschreibung der sprachlichen →Kompetenz des «idealen» Sprechers/Hörers (→native speaker). Insofern ist sie eine →generative Grammatik. Zu erreichen sucht sie ihr Ziel durch die Einführung eines komplizierten Systems von Regeln, nach denen in einer syntaktischen «Basis» die →Tiefenstruktur der →Sätze einer Sprache gebildet und mittels →Transformationen in ihre →Oberflächenstruktur überführt wird. Insofern ist sie eine Transformationsgrammatik.

Die g.T. soll «kein Sprechermodell und kein Hörermodell» sein, also kein Modell der →Performanz, soll aber wiederum doch von «mentaler Realität» sein, «die dem aktuellen Verhalten zugrunde liegt». – Grundsätzliche Einwände gegen die g.T. sind folgende: (1) Sie übernimmt in der syntaktischen Basis die Prinzipien der →IC-Analyse der →Phrasenstruktur-Grammatik mit all ihren Schwächen. (2) Eine syntaktisch orientierte Tiefenstruktur wird den semantischen Tiefen-Bezügen nicht gerecht (→generative Semantik). (3) Man kann Sprache nicht «unabhängig von ihrem Gebrauch erklären» (OLLER 1974), d. h., die sprachliche Kompetenz darf nicht nur wie bei CHOMSKY formalsprachlich auf Sätze bezogen sein, sie muß darüber hinaus auch handlungsbezogen (d. h. text-, situations-, kommunikations- und gesellschaftsbezogen) sein und damit variabel. **[L]** BRINKER 1972, MAAS 1973, S. J. SCHMIDT 1974

Generatorpotential, syn. Rezeptorpotential,

das auf einen Reiz folgende Potentialgefälle in einer Rezeptorzelle (nicht-myelinisierte Nervenendigung). Das G. aktiviert die sensiblen Nervenfasern, die den Rezeptor mit dem ZNS verbinden.

Genese, genetisch, bedeutet allgemein Ursprung, Entstehung oder Entwicklung von Erscheinungen und Strukturen bzw. diese betreffend, speziell Entwicklung des Einzelwesens (Ontogenese), der Art oder des Stammes, psychologisch auch der Menschheit (Phylogenese), des psychischen Aktes (→Aktualgenese), weiter Entwicklung als verändernde Neubildung auf komplexerem Niveau (Epigenese) im Ggs. zur bloßen Entfaltung des vorgegeben Angelegten (→Präformation).

In vergleichender Betrachtung werden Zusammenhänge zwischen Phylo- und Ontogenese festgestellt (1) nach Art des →biogenetischen Grundgesetzes (E. HAECKEL) von der Rekapitulationstheorie (geraffte chronologische Wiederholung der Entwicklungsstadien der Menschheitsentwicklung in der Entwicklung des Einzelwesens; bes. G. St. HALL), (2) nach Art der Evolutionstheorie gemäß den Prinzipien der Variation (Mutation) und Selektion (Ch. DARWIN) von der Nützlichkeitstheorie (Wiederauftauchen nützlicher Funktionen, Strukturen und Inhalte bei ähnlicher Bedingungslage; bes. n. E.L. THORNDIKE) und (3) nach Art der Differenzierungs- und Integrations-(Zentralisations-)Hypothese von der Übereinstimmungstheorie (H. WERNER), die eine (bloß) formale Ähnlichkeit der «Baupläne» aller Entwicklung und ihrer Stadien behauptet. *G. Mühle*

Genetik, Vererbungslehre, Forschungsrichtung der Biologie, die sich mit der Weitergabe, Struktur und Funktion der Erbanlagen beschäftigt. Die Beobachtungen von G. MENDEL begründeten im 19. Jh. die klassische G., AVERY, WATSON und CRICK die moderne. In der Ps. der 60er Jahre machte die Debatte um die Vererbung der Intelligenz die G. wieder interessant. →Mutation, →Faktorenaustausch, →Erbe-Umwelt-Problem. [L] BRESCH & HAUSMANN 1970 *P. Drüge*

Genetik, psychiatrische, Arbeitsrichtung der Psychiatrie, die den Einfluß genet. Faktoren auf psych. Störungen untersucht (bes. Stoffwechsel- u. Chromosomenanomalien).

genetische Psychologie →Entwicklungspsychologie

Genfer Schule, Bez. für die seit Beginn unseres Jh. in Genf (Institut Jean-Jacques ROUSSEAU) hervorgetretenen Psychologen (FLOURNOY, CLAPARÈDE u. a.) mit Leistungen zur angewandten Psychologie. Heute ist G.S. auch Bez. für die Arbeiten von J. PIAGET, B. INHELDER u. a. zur Entwicklungspsychologie (Intelligenz und Wahrnehmung ab 1921, genetische →Epistemologie ab 1950).

Genialität →Kreativität

Genie, Bez. für den intellektuell, inbes. schöpferisch (kreativ) Höchstbegabten. Der Anteil von G. in der Gesamtbevölkerung beträgt 0,5–1 %.

Geniologie, Genie, Hochbegabtenforschung, Lehre von Herkunft, Wesensart, Erblichkeit genialer Persönlichkeiten. →Psychogramm, →Psychographie, →Kreativität. Anstoß zu diesen Erforschungen gab bes. →GALTON. [L] LANGE-EICHBAUM 1928

genitale Phase, genitale Stufe, genitale Organisation, in der Theorie FREUDS (1924) die psychosexuelle Entwicklungsstufe, die zwei Abschnitte umfaßt: →phallische und →genitale Phase i. e. S. (dazwischen liegt die Latenzphase, →Latenzperiode). Die libidinöse Besetzung der Genitalien werde auf der phallischen Stufe durch das Mißverhältnis zwischen den ödipalen Forderungen und dem Grad der biolog. Entwicklung gekennzeichnet. – Die genitale Phase i. e. S. gibt in der Pubertät ein neues Sexualziel und ist Endstufe der Sexualentwicklung nach der FREUDschen Theorie. Die Objektfindung führe von der Selbstbefriedigung zum Geschlechtspartner.

Genmutation →Mutation

Genogramm, im G. werden als Teil psychotherapeutischer Fallkonzeptionen übersichtlich Beziehungen und Besonderheiten in der Herkunftsfamilie von Patienten dargestellt.

Genom, Gesamtheit der in einem Organismus vorhandenen Erbanlagen

Genommutation →Mutation

Geno-Motive →Phäno-Motive

Geno-Tropismus →Tropismus

Genotypus, die Gesamtheit der Erbanlagen. Derselbe Genotyp kann durch Umwelteinflüsse zur Ausbildung verschiedener →Phänotypen führen.

genuin [lat. *genus* Geburt], angeboren, selbständig, eigentlich, ursprünglich

geometrische Analogien [T] MEILI

geometrische-Figuren-Test [T] ABELSON

geometrisches Mittel →Mittelwert

geometrisch-optische Täuschung, →Sinnestäuschung bei einfachen geometrischen Figuren; es gibt eine Vielzahl geometrisch-optischer Täuschungen, deren Benennung variiert

G

und die oft Varianten anderer Täuschungen sind. Eine grobe Klassifikation stammt von BORING (1942): (1) Täuschungen in der Größe bzw. Länge (z. B. →DELBOEUFsche, →SANDERsche, →MÜLLER-LYERsche, →OPPELsche, →PONZOsche, →JASTROWsche, →TITCHENER, Quadrattäuschung), (2) Täuschungen in der Richtung (z. B. →ZÖLLNERsche, →HERINGsche, →POGGENDORFFsche, →EHRENSTEINsche Täuschung), (3) nicht einzuordnende Täuschungen; eine befriedigende Klassifikation, vor allem auch unter Berücksichtigung der Ursachen der Täuschungen, existiert nicht. Bisweilen werden auch →Kippfiguren zu den geometrisch-optischen Täuschungen gerechnet.
Ursache der Täuschung ist meist die Einordnung des der Täuschung unterliegenden Teils in den gesamten figuralen Zusammenhang, der die Wahrnehmung des Ganzen bestimmt. Weiterhin kommen Erfahrungseinflüsse in Betracht (z. B. bei →Perspektiventäuschungen) und einzelne andere Gesetzmäßigkeiten (z. B. Überschätzung der Vertikalen gegenüber der Horizontalen, Vertikalen-T., Vertikal-Horizontal-T., Mittelsenkrechtentäuschung). • Die Beschäftigung mit den g.-o.T. setzte um die Mitte des verg. Jh. ein. Nach RAUSCH (1966) stehen die Untersuchungen von J. J. OPPEL am Anfang, und ein zweites Stadium leitete 1889 MÜLLER-LYER ein, dessen Täuschungsmuster stark beachtet wurde und die Bearbeitung des Gebiets sehr erweiterte (in der Zeit 1895–1915). Nach dem 1. Weltkrieg wurde die Gestaltps. bestimmend, die die g.-o.T. zu weitreichenden allg. Annahmen heranzog. [L] METZGER 1953, RAUSCH 1952, TAUSCH 1954

Geophagie [gr. *phagein* essen], Erdessen, besonders als pathologisches Symptom

Geopsychologie, Bez. für die Ps., die sich mit den von Wetter, Temperatur, Luftfeuchtigkeit, Klima, Luftdruck, Luftelektrizität, Landschaftsform, Farben u. a. ausgehenden und nicht bloß allgemein, sondern von Fall zu Fall auch spezifisch sehr nachhaltig wirksamen Einflüssen auf das Seelenleben befaßt.
Durch die Einbeziehung der Arktis, des Meeresgrundes u. a. gewinnt die G. weitere Bedeutung. Als ihr Begründer gilt W. HELLPACH, der auch die Begr. geopsychisch und Geopsyche prägte, als Vorläufer werden nach Gelegenheitsbeobachtungen A. QUETELET (1835), C. LOMBROSO (*Pensiero e meteore,* 1878) und E. G. DEXTER (*Weather influences,* 1904) angesehen. • Weitgehend sind die «geopsychischen Erscheinungen» nach HELLPACH mit den Themen der Biotropie und Bioklimatik identisch. Letztere beachtet enger die physiologischen (vegetativ-nervösen) Zusammenhänge. →ökologische Ps. [L] CURRY 1946, HELLPACH 1977

Geotaxis →Taxis

Geotropismus, gerichtete Wachstums- oder Turgorbewegung auf einen Schwerkraftreiz. Pflanzenwurzeln z. B. wachsen meistens in Richtung Schwerkraft der Erde. *V. Preuss*

Gepiron, Substanz aus der Klasse der →Tranquillantien vom Typ der →Azapirone mit von den →Benzodiazepinen abweichendem Wirkungsmechanismus. Serotonin($5\text{-}HT_{1A}$-Rezeptor)-Agonist, aber auch dopaminerger Wirkmechanismus, wahrscheinlich bei verschiedenen Dosierungen unterschiedlich. →Tranquillantien *W. Janke/M. Reuter*

Geräusche, diejenigen Gehörwahrnehmungen, die durch nichtperiodische Schwingungen hervorgerufen werden, im Unterschied zu den Tönen und Klängen, die durch periodische Schwingungen bedingt sind. Geräusche sind z. B. Krach, Knall, Schlag («explosive» Geräusche), Sausen, Dröhnen, Zischen (kontinuierliche Geräusche). Zwischen Geräusch und Ton besteht keine scharfe Grenze: Sehr kurzdauernde Töne werden als Geräusch wahrgenommen, andererseits enthalten viele Geräusche Tonkomponenten. – Geräuschvariatoren sind Apparate zur Erzeugung abstufbarer Geräusche.

gerechte Gemeinschaft, ein Demokratisierungsansatz, der auf die moralisch relevante Selbsterziehung zur demokratischen Mitwirkung innerhalb einer Institution abzielt. Die g.G. geht von der moralischen Natur menschlicher Interaktion und Kommunikation aus und betont die Rechtfertigung und Entwicklung eines moralischen Standpunktes: moralisches Argumentieren in realen Lebenssituationen. Die Haupteinwände gegen den g.G.-Ansatz des Harvard-Kreises um KOHLBERG beziehen sich auf die ethische Differenz zwischen institutioneller und sozialer Gerechtigkeit, d. h. auf den Transfer von g.G. in Schule oder Anstalt auf die gerechte Gesellschaft des politischen Zusammenlebens aller Bürger. Insofern verweisen die sozial-ethischen Probleme unserer Gesellschaft auf Problembereiche, die im Rahmen institutioneller Moralpsychologie nicht lösbar erscheinen. [L] KOHLBERG 1979

Gerechtigkeit, Gerechtigkeitsprinzip →Aufteilungsgerechtigkeit, →equity-Theorie

Gerechtigkeitsstruktur, parallel zu den Stufen der Moralentwicklung von KOHLBERG vorgeschlagene Stufen der G. von Anstalten (Institutionen): Gewalt-, Pflicht-(Behandlungs-) und prinzipielle G. Erfahrungen wurden dazu im Gefängnis und in der Schule gesammelt (es wurde versucht, auf der Grundlage des gerechten Gemeinschaftsansatzes alternative Institutionen zu entwickeln). [L] HICKEY & SCHARF 1980

Geriatrie [gr. *geron* Greis], med. Altersforschung, das Teilgebiet der →Gerontologie, das sich mit den Alterskrankheiten befaßt. Nach BÜRGER das Gegenstück zur Pädiatrie.

Geriatrika, syn. Gerontopharmaka, Arzneimittel zur Förderung der psychophysischen Funktionstüchtigkeit im Alter. Die diskutierten Stoffgruppen sind u.a. →Hormone, →Nootropika, →Antidepressiva. [L] COPER & HERRMANN 1988, COPER & SCHULZE 1991

M. Hüppe/W. Janke

Gerichtliche Psychologie →Forensische Psychologie

geringere Variabilität-Heuristik, Entscheidungsheuristik, bei der die Alternative gewählt wird, die zwischen der höchsten und der niedrigsten Bewertung auf den Dimensionen die geringste Differenz aufweist.

germinal, germinativ [lat. *germen* Sproß, Keim], den Keim betreffend

Gerontologie, Alternsforschung (etwa ab dem 60. Lebensjahr), «Alterswissenschaft» im Sinne der Auseinandersetzung mit allen Phänomenen, die Begleiterscheinung und Folge des höheren Lebensalters sind. →Gerontopsychologie

Gerontopsychologie [gr. *geron* Greis], Alten-Psychologie. Als «Psychologie der Geronten» ein wenig geeigneter Begr., da der Gegenstand gerontologischer Forschung nicht bloß das hohe Alter sein kann, sondern der Gesamtprozeß des Alterns, des Älter- und Altwerdens sein muß. →Ps. des Alterns

Gerstmann, Josef (1887–1969), Österr. Neurologe, Wien, New York

Gerstmann-Syndrom, neurops. Verlustsyndrom (LURIA 1970) mit →Fingeragnosie, Störung der Rechts-Links-Orientierung, Dysgraphie bis Agraphie, Dyskalkulie bis Akalkulie. Von GERSTMANN 1924 und 1930 erstmals beschrieben, mehrfach angezweifelt, jedoch faktorenanalytisch bestätigt (GLONING & GUTTMANN 1967). [L] GUTTMANN 1972, LURIA 1973

Geruch, Wahrnehmung verschiedenartiger Duftstoffe. Formen der G.empf.: (1) ätherische Gerüche (Apfel, Wein); (2) aromatische G. (Kampfer, Terpentin, Anis); (3) balsamische G. (Jasmin, Orange, Veilchen); (4) Moschusgerüche (Ambra, Patschuli); (5) Lauchartige G. (Zwiebel, Fisch, Jod, Chlor); (6) brenzlige G. (Tabak, Teer, Karbol); (7) Kaprylgerüche (Käse, Schweiß); (8) widerliche, betäubende G. (Opium, Wanzen); (9) ekelhafte, gestankähnliche G. (Fäulnis, Kot). Diese Einteilung gab ZWAARDEMAKER.
JUHASZ entdeckte bei bestimmten G. und vergleichender Betrachtung noch Geruchshöhen. HENNING unterschied sechs Grundqualitäten: würzig, blumig, fruchtig, harzig, brenzlig, faulig. Eine Ordnung dieser Grundgerüche wurde mit dem Schema des Geruchsprismas angestrebt. Die sechs Qualitäten sind demnach an den sechs Ecken eines Prismas stehend zu denken, dazwischen die Übergänge. Viele Teilerscheinungen erinnern an Vorgänge auf akustischem Gebiet; ein Zusammenfassen obj. nacheinanderfolgender G. tritt nicht ein. • Das den Geruch aufnehmende Organ *(regio olfactoria)* ist die in der obersten der drei Nasenmuscheln liegende bräunlich gefärbte Riechschleimhaut mit sensiblen Nervenendigungen. Die mit dem Atemzug emporströmenden Gase werden hier als G. bemerkt. Die absolute Reizschwelle ist sehr klein: für Schwefelwasserstoff z.B. 1/5000 mg in 1 l Luft. Das Riechzentrum hat seinen Sitz beim Menschen im Hippocampus und Uncus. Zum Geruchsorgan führen über den Bulbus olfactorius die Filia olfactoria (→Gehirn). Genetisch ist wahrscheinlich, daß der Geruchssinn ältester, urtümlichster Sinn auch des Menschen ist. Geruch und Gefühlsleben bleiben entsprechend nahe gebunden: der tiefere Sinn in dem Wort, daß man «jemanden nicht riechen könne»! Auch daß bei mehreren Gerüchen nicht nur der stärkere, sondern auch der gefühlsbetontere Reiz siegt, gehört hierher. →Sinnesfunktionen

Gerücht, eine nicht verifizierte, meist mündliche Mitteilung über ein angebliches Ereignis oder über Motive und Intentionen anderer. Bei der Weiterverbreitung treten oft charakteristische Veränderungen auf, die →Nivellierung, →Assimilation, →Pointierung (BARTLETT). Das G. entsteht leicht in mehrdeutigen sozialen oder angstbesetzten Situationen, oder es wird zu bestimmten (aggressiven) Zwecken erfunden. →Kommunikation. [L] ALLPORT & POSTMAN 1947, SCHACHTER & BURDICK 1955

R. Bergius

Gesamtperson, Bez. von SCHELER für die Personengemeinschaft, von der sich die individuelle Person abhebt und zugleich auch ein Glied ist. →Gruppenseele

G

Gesamtqualität →Komplexqualität

Gesamtschule, integrierte, diejenige besondere Organisationsform der Gesamtschule, in die die Auflösung der bisherigen Schulzweige (Hauptschule, Realschule, Gymnasium) am weitesten vorgenommen, nämlich in ein Kern-/Kurs-System übergeführt ist. Die Schüler werden nur in bestimmten (oft in drei Hauptfächern und den naturwiss. Fächern) nach Leistung differenziert (Kurse), während sie in allen anderen Fächern unabhängig vom Leistungsniveau in einem Klassenverband zusammen (integriert) bleiben (Kernbereich). Zusätzlich sind Neigungskurse in größerem Ausmaß möglich. Auch die Einrichtung in Ganztagsform ist Teil des Konzepts. Die den meisten Gesamtschulen angegliederte sog. gymnasiale Oberstufe (Jahrgangsstufen 11 bis 13) ist von den strukturellen Neuerungen bisher nicht betroffen und unterscheidet sich im allgemeinen nicht von der des Gymnasiums. Die integrierte Gesamtschule gilt als die konsequenteste Realisierungsform der eigentlichen Schulkonzeption (während additive und kooperative Gesamtschulen nur Vorstufen oder Abschwächungsformen hiervon darstellen). →Differenzierung, →Schulversuch.

Die im Rahmen der allgemeinen Reformbewegung im Schul- und Bildungswesen seit Ende der 60er Jahre angelaufenen Bemühungen um Einführung der Gesamtschule als Angebots- oder gar Regelschule (über die ursprünlich geplanten 40 Schulversuche hinaus) sind Ende der 70er Jahre entsprechend den jeweiligen parteipolitischen Langzeitperspektiven in den einzelnen Bundesländern unterschiedlich gediehen. In manchen Regionen wurde sie bereits flächendeckend zur Angebotsschule. In der Frage der Entscheidung über Bewährung/Nichtbewährung dieser Schulen kommt den wissenschaftl. Begleituntersuchungen eine wichtige Rolle zu. [L] MITTER & WEISHAUPT 1979 *W. Klapp*

Geschehenswahrnehmung, von JOHANSSON zum Unterschied von der Ruhewahrnehmung benutzte Bez. für die Wahrnehmungen, die dadurch gekennzeichnet sind, «daß sich während der Zeit des Wahrnehmens etwas ändert» (JOHANSSON 1966). Das Geschehen, d. h. jede Veränderung in der Zeit, kann aperiodisch plötzlich, aperiodisch kontinuierlich, periodisch plötzlich, periodisch kontinuierlich und plötzlich bei kontinuierlich konstantem Verlauf (→quasistationärer Prozeß) sein. An der G. sind Gesicht, Gehör und Hautsinne beteiligt. Es gibt Änderungen der Intensität, Übergänge von einer Qualität zur anderen und räumliche Änderungen (Bewegungen). →Bewegungssehen, →Lissajous-Figuren. [L] JOHANSSON 1950 *R. Bergius*

Geschichte der Psychologie →Psychologie, Anmerkungen zur Geschichte

Geschichten ergänzen [T] LEIPZIGER LEHRERVEREIN, MEUMANN, WARTEGG

Geschicklichkeit [engl. *dexterity*], derjenige komplementäre Anteil bei Leistungen, der neben den grundsätzlich erforderlichen Voraussetzungen zur bestmöglichen (geschickten) Leistungsbewältigung führt. • Insbes. Kennzeichen bei Hand und Körper (Handgeschick, Körpergeschick). →Fertigkeit

Geschicklichkeits-Test →Sinnesfunktionen

Geschlecht, genotypisch, die Festlegung des Genotypus' wird bei der Befruchtung festgelegt. Das geschlechtsbestimmende Chromosomenpaar hat für den weibl. Genotyp die Formel xx, für den männlichen xy.

Geschlecht, phänotypisch, Begr. bezieht sich auf die konkreten Realisierungen von «Männlich-» und «Weiblichkeit». Das p.G. kommt durch die Wechselwirkung von Genotypus und Umwelteinflüssen zustande.

Geschlechterrolle, Eigenschaften o. Handlungen, die dem Inhaber (d. Inhaberin) einer best. Position aufgrund seiner (ihrer) Geschlechtszugehörigkeit zugeschrieben werden. [L] ALFERMANN 1996

Geschlechtsmerkmale, Geschlechtscharaktere, das Unterscheidende beim männlichen bzw. weiblichen Geschlecht. Primäre G. sind die Geschlechtsorgane, sekundäre G. sind z. B. Haarwuchs, Stimmlage, Körperproportionen. Beide weiter gegliedert nach äußeren, inneren, akzessorischen, auch tertiären Organen bzw. Organabweichungen.

Geschlechtsumwandlung, der beim →Hermaphroditismus u. U. mögliche (Hormonbehandlung, chirurg. Eingriff), aber auch spontan eintretende Wechsel in den dominierenden und damit auch psychisch die Geschlechtszugehörigkeit bestimmenden Merkmalen. Sowohl zur Abklärung der Voraussetzungen als auch zur Bewältigung der vielfältigen, mit einer G. verbundenen Probleme werden i. allg. auch psych. Beratung u. Psychotherapie eingesetzt.

Geschlechtsunterschiede, psychische, die seelischen Verschiedenheiten von Mann und Frau.

Unterschiede, wie sie z. B. bei der Arbeit, im Berufsleben, in der Freizeitgestaltung, in den kulturellen Bedürfnissen i. w. S. sich auswirken. Dennoch sind das typisch Männliche und typisch Weibliche Idealtypen, die auch geschichtlichem und kulturbedingtem Wandel unterliegen und keine absoluten Unterschiede erkennen lassen. Auch Testuntersuchungen sind zur Klärung des Problems herangezogen worden, die das Vorwiegen mancher Fähigkeiten bei der Frau bzw. beim Mann belegen. →Geschlechterrollen, →Sozialisation. [L] ANASTASI 1958, MERZ 1979

Geschlechtsvererbung →Chromosomen

Geschmack, Schmecksinn, wahrgenommen durch Zungenrand, Zungenspitze, Zungenwurzel und weichen Gaumen. Das Gebiet ist ringförmig ausgebreitet. Die Nervenenden der Geschmacksnerven sind sog. Geschmacksknospen *(Calicula gustatorii)*, auch Geschmacksbecher, Geschmackszwiebeln genannt. Knospenartige Epithelgebilde. →Geschmacksnerven, →Geschmacksqualitäten. • G. ist i. ü. S. Wertung auf künstlerischem und ästhetischem Gebiet, und schließlich bedeutet G. noch Vorliebe, Gefallen. →Sinnesfunktionen

Geschmacksaversion, konditionierte, erworbene Vermeidung von Substanzen mit bestimmtem Geschmack.

Geschmacksaversion entsteht durch Übelkeit einige Zeit nach der Nahrungsaufnahme. Aus verschiedenen Gründen fällt der Erwerb von Geschmacksaversionen aus den üblichen Prinzipien des Lernens heraus: Es genügt einmaliges Auftreten der Übelkeit, die Übelkeit kann Stunden nach der Nahrungsaufnahme auftreten, das Lernen ist selektiv, indem (a) die Aufnahme bestimmter Nahrung vermieden wird, anderes Verhalten vor dem Auftreten der Übelkeit aber nicht betroffen ist, und (b) nur Übelkeit zur Geschmacksaversion führt, nicht andere →aversive Reize *H. Heuer*

Geschmacksnerven, sind nachgeschaltete afferente Fasern von Hirnnerven und dienen der Weiterleitung der Erregung aus den Geschmackssinneszellen der Zunge und des Rachenbereichs. Die Geschmacksinneszellen sind, in verschiedenen Typen von Papillen eingebettet, in Geschmackknospen auf der Zunge repräsentiert. Als sekundäre Sinneszellen werden sie von afferenten Hirnnervenfasern (Nucleus facialis, N. glossopharyngeus, N. vagus) versorgt, die Information zum Nucleus solitarius der Medula oblongata leiten. Von dort ziehen Fasern zum Gyrus postzentralis und zum Hypothalamus, wo sie gemeinsame Projektionsgebiete mit olfaktorischen Eingängen haben. Diese Verbindungen sind besonders wesentlich für die emotionale Komponente der Geschmacksempfindungen. An einer Geschmacksknospe enden bis zu 50 Fasern. Jede Nervenfaser kann durch Verzweigungen viele Sinneszellen in einer Geschmacksknospe versorgen, so daß häufig einzelne Sinneszellen von mehreren Nervenfasern innerviert werden. Dieses Verschaltungsmuster bleibt auch bei der wöchentlichen Zellerneuerung gewahrt.

Da einzelne Schmeckzellen auf versch. Geschmacksqualitäten reagieren können und eine einzelne afferente Faser die Erregung von versch. Geschmacksknospen weiterleitet, kommt es in diesen zu spezifischen Erregungsmustern, «Geschmacksprofilen». Diese geschmacksspezifisch unterschiedliche Erregung in versch. Fasergruppen enthält die Information über die →Geschmacksqualität. Die Gesamterregung aller entsprechenden Fasern enthält die Information über die Konzentration (Reizintensität). [L] SCHMIDT & THEWS 1995. *C. Becker-Carus*

Geschmacksqualitäten, die von der Zunge etc. (→Geschmack) wahrgenommenen Qualitäten süß, sauer, salzig, bitter (hinzugerechnet werden manchmal noch metallisch und alkalisch).

Im Ggs. zu den Farben bilden die G. keine Übergänge. In den Geschmackswahrnehmungen ist fast stets der Geruch wesentlich beteiligt (z. B. beim Schmecken einer Speise), wodurch erst die feineren Unterschiede der Wahrnehmung entstehen. Die absolute Reizschwelle, bezogen auf Anteile wäßriger Lösung, beträgt für Zucker 1:80, für Schwefelsäure 1:10000, für Sacharin 1:200000, für Strychnin 1:2000000. Die Perzeption erfolgt für die Qualität salzig am schnellsten, für bitter am langsamsten.

Geschmackszentren, Endpunkt der afferenten Geschmacksbahnen im lateralen Bereich des Gyrus postcentralis der Großhirnrinde in der Nähe der somato-sensorischen Repräsentation der Zunge. Die zunehmend mehr auf eine enge Geschmacksspezifität ansprechenden Neurone sind hier entsprechend der wirksamen Geschmacksqualität räumlich angeordnet. Weitere Geschmacksareale finden sich im corticalen Bereich der Insula sowie als Geschmacksbahn zum Hypothalamus (affektiv-lustvolle Geschmackswahrnehmung). Die Organisierung u. Differenzierung des Geschmackssinns ist bei allen Säugetieren offensichtlich sehr einheitlich, jedoch gibt es auch artspezifische Anpassungen. Bei Katzen werden «Wasserfasern» gefunden, die allein auf Wasser ansprechen. [L] SCHMIDT-THEWS 1995

C. Becker-Carus

Geschwindigkeit, anschauliche, erlebte Geschwindigkeit eines bewegten Reizes, die in systematischer Weise von der physikalischen Geschwindigkeit abweicht. Sie hängt von der →retinalen Bewegung, der →Augenbewegung und der Entfernung des Reizes ab; wenn bei festem Fixationspunkt die Geschwindigkeit des retinalen Bildes konstant ist, aber die Entfernung des →distalen Objekts verschieden, so ist die anschauliche Geschwindigkeit des ferneren Objekts größer (Geschwindigkeitskonstanz; →Konstanz). Ferner hängt die anschauliche Geschwindigkeit vom visuellen Kontext ab: Ein Objekt, das sich durch ein kleineres Feld bewegt, hat bei gleicher physikalischer Geschwindigkeit eine höhere anschauliche Geschwindigkeit als ein Objekt, das sich durch ein größeres Feld bewegt (oder: Wenn die Szene vergrößert wird, bleibt die anschauliche Geschwindigkeit näherungsweise gleich, Prinzip der Geschwindigkeits-Transposition). Eine abrupt einsetzende konstante Geschwindigkeit erscheint anfangs anschaulich größer als nach kurzer Zeit der Betrachtung. [L] J. F. BROWN 1928, 1961

H. Heuer

Geschwindigkeits-Genauigkeits-Abgleich →speed-accuracy tradeoff

Geschwindigkeitsmesser →Sinnesfunktionen (1e)

Geschwindigkeitstest →speed test

Geschwisterproblem →Familienkonstellationen

Gesell, Arnold (1880–1961), Entwicklungspsychologe, der vor allem die Methode der Verhaltensbeobachtung und der Verhaltensmessung für entwicklungspsychologische Fragen eingeführt hat. Ph.D. an der Clarke-University (1906). G.s Interesse für die Entwicklungspsychologie wurde durch G. Stanley HALL geweckt. Gründung des Gesell-Institutes of Child Development an der Yale-University.

Geselligkeit, Gesellungsbedürfnis, Strebung des Miteinanderseins (LERSCH). Tritt in der Tierwelt als Herdentrieb in Erscheinung. Die G. wird als sog. Grundtrieb von inter- wie intraindividuell sehr unterschiedlicher Stärke gesehen: periodisch-rhythmischer Wechsel zwischen G. und Absonderung – Naturen starker G. neben kontaktscheuen. →Affiliation • In den Systemen von GUILFORD und CATTELL ist die G. besondere Persönlichkeitsvariable.

Gesellschaft, (1) die Menschheit insgesamt; (2) die soziale Struktur, Beziehungen und Positionen in einer Vielfalt von Gruppierungen von Personen, aber als übergeordnete Einheit funktionierend; (3) eine dauerhafte Vereinigung von Personen mit einer bestimmten Rechtsform (z. B. Aktiengesellschaft).
Der soziologische Begriff (2) wird möglichst von dem Begriff der «Kultur» unterschieden. Die G. hat eine bestimmte Kultur, d. h. in einer G. gelten bestimmte Gebräuche, Verhaltens-Normen und -Gesetze. (→Gesellschaft und Gemeinschaft, TÖNNIES). Über die Entwicklung des soziologischen Begriffs G. unterrichtet präzis BÜLOW (1969). Sozialps. hat G. zwei Bedeutungen: Einerseits wird G. undefiniert und undefinierbar für die soziale Vielfalt im Ggs. zum Individuum gebraucht und andererseits ist G. ein persönliches Konstrukt, das geeignet ist, imaginäre Ursache für eigenes Mißgeschick zu sein (die G. wie z. B. die Freimaurer, die Kommunisten, die Kapitalisten). →Gemeinschaft *R. Bergius*

Gesellschaften, psychologische →Psychologe

Gesellschaftslehre, Gesellschaftswissenschaft →Soziologie

Gesellungsmotivation [engl. *need-affiliation*] →Affiliation, →Soziabilität

Gesetz, eine empirisch bestätigte gesetzesartige (nomologische) Hypothese; manchmal meint G. auch den durch eine solche Aussage dargestellten Variablenzusammenhang, die Gesetzesmäßigkeit als strukturelle Eigenschaft der Realität. Als schwierig explizierbar hat sich der Begriff der Gesetzesartigkeit erwiesen. Er umfaßt strikte Universalität der Aussage, nach einer vielfach vertretenen Auffassung darüber hinaus die (Natur-)Notwendigkeit des Variablenzusammenhanges, im Unterschied zur bloßen Korrelation. G. können deterministischer oder statistischer Art sein. Ablaufgesetze beschreiben eine Abfolge bestimmter Ereignisse, Zustandsgesetze ein gleichzeitiges Bestehen bestimmter Variablenwerte. Kausalgesetze werden im allgemeinen als Ablaufgesetze aufgefaßt. G. sind Bausteine einer →Theorie, in der bestimmte G. die Rolle von Grundannahmen haben (Axiome, Postulate), während andere aus ihnen deduzierbar sind. [L] ARMSTRONG

V. Gadenne

Gesetz der konstanten Figurzeit, gleiche Figuren unterschiedlicher Größe werden in derselben Zeit gezeichnet. Das «Gesetz» beschreibt eher eine ausgeprägte Tendenz denn eine strenge Gesetzmäßigkeit. [L] DERWORT 1938 *H. Heuer*

Gesetz des geringen Aufwandes, Grundannahme der klassischen Physik, auf die sich Phänomene der Störungsmechanik bis zur Optik (SNELLsches Gesetz der Lichtbrechung) zurückführen lassen. Die von W. KÖHLER (1920) postulierten «physischen Gestalten» (z. B. Seifenblasen) basieren auf dieser Tendenz zum minimalen Aufwand für die Aufrechterhaltung eines Zustandes; in Analogie dazu wird von W. KÖHLER die →Prägnanztendenz erklärt (→ZIPFsches Gesetz).

Gesetzeswissenschaft, nomothetische Wissenschaft, Erkenntnisbemühung um allgemeingültige (Natur-)Gesetze, d. h. um Gesetze, die unter eindeutig und vollständig definierten Bedingungen stets gültig sind.

Gesetz von den spezifischen Sinnesenergien →spezifische Sinnesenergien

Gesicht, das von Stirn, Augen, Nase, Mund, Wangen und Kinn eingenommene Gebiet an der vorderen Außenseite des Schädels. Es verfügt über ein besonders reiches Ausdrucksgeschehen, die →Mimik. Das G. nimmt auch teil an der →nichtverbalen Kommunikation. Über viele Jh. hinweg erhoffte man sich vom G. besonderen Aufschluß über den gesamten Persönlichkeitsaufbau. →Physiognomik, →FAST • Abnorme Gestaltung des Gesichts oder des Verhaltens der Gesichtsmuskulatur sind für die medzinische, besonders neurologische Diagnostik wichtig. →Facies • «Zweites Gesicht» →Hellsehen, →Parapsychologie

Gesichtsempfindungen →Sehen

Gesichtsfeld, Gesamtraum, den das unbewegte Auge zu überschauen vermag. Dessen Ausdehnung ist mit dem →Perimeter meßbar. →Auge

Gesichtslinien →Blickfeld, →Fixationspunkt

Gesichtsnervenlähmung, syn. Facialislähmung, die vollständige (Paralyse) oder teilweise (Parese) Lähmung der mimischen Muskulatur, soweit sie vom *nervus facialis* versorgt wird. Herabhängende Oberlider und Mundwinkel, Mundverziehen, mangelhaftes Mundspitzen u. a. sind die besonderen Merkmale.

Gesichtsschwindel, Dreh- und Tastschwindel bei rascher Eigenumdrehung des Körpers, Scheinbewegung der Umgebung, entgegengesetzt zur eigenen (→Bogengänge, →Drehschwindel).

Gesichtssinn, Gesamtbez. für die Wahrnehmung des Auges = Helligkeit (Intensität), Farben (Qualität), Tiefen- und Bewegungswahrnehmung

Gesichtswahrnehmung, svw. Gesichtssinn

Gesichtswinkel, Winkel, unter dem die Randstrahlen eines beobachteten Gegenstandes im Auge eintreten. Je ferner ein Gegenstand, desto kleiner der G. Unter 1/60 Grad vermag das Auge nicht mehr «aufzulösen» (d. h. 2 Strahlen getrennt zu erkennen). →Sehwinkel

Gesinnung, dem Ursprung nach eine (jeweils erwerbbare) Form affektiver Organisation mit Dispositionscharakter, die sich im Verhalten und Handeln als richtende Kraft meist mit betont moralischem Akzent zeigt. Begründet die geistig-ethische Gesamthaltung des Menschen. Gesinnungsmäßiges Handeln gehört zu den Kennzeichen einer Persönlichkeit von moralischem Format. Zur Ps. der Gesinnungen haben vor allem SHAND, MCDOUGALL und PFÄNDER beigetragen. →attitude, →Einstellung

Gesinnungsprüfung [T] BARUK, BAUMGARTEN, FERNALD, JACKSON, JACOBSOHN, MOEDE-PIORKOWSKI, MOERS, ROTH, SCHAEFER

gespanntes System, ein Begr. aus der →topologischen und Vektor-Ps. von LEWIN. Bezieht sich auf den dynamischen Zustand einer Region relativ zu anderen Regionen.

In Spannung befindet sich eine Region, wenn ihr Energieniveau höher ist als das der Nachbarregion. Ein solches Energiegefälle schließt eine Tendenz zum Ausgleich ein, welche als eine gerichtete Kraft angesehen werden kann. Einem g.S. entspricht immer ein Aufforderungscharakter (auch Valenz genannt), von dessen positiver oder negativer Eigenschaft die Richtung der Kraft abhängt. Ist das g.S. eine Region der Person und der Aufforderungscharakter die dynamische Qualität einer Region der Umwelt, so entspricht diesen Begriffen ein Bedürfniszustand (→Bedürfnis), z. B. das Bedürfnis nach Unterhaltung, und ein Gegenstand, auf den das Bedürfnis gerichtet ist, z. B. ins Kino gehen. Ob die zwischen beiden Regionen wirkende Kraft zum Eintreten der beschriebenen Handlung führt oder nicht, entscheidet sich aus den Gesamtbedingungen des Feldes.

Gespräch, derjenige zwischenmenschliche Kontakt, bei dem über das Sprechen, Hören, Verstehen eine Begegnung, Verständigung und (wechselseitige) Einwirkung erzielt wird. Die Einwirkung kann z. B. Beeinflussung zum Zweck der Befolgung eines Rates oder auch das Aktivieren der Einsicht des Gesprächspartners sein. In der Ps. ist das G. von eminenter Bedeutung, z. B.: Exploration,

Beratungsgespräch, heilpädagogisches Erziehungsgespräch, analytisch-therapeutisches Gespräch.

Gesprächspsychotherapie (GT) Für die auf ROGERS (1942, 1951) zurückgehende Therapie bzw. Variationen davon gibt es neben der Bezeichnung G. oder «GT» weitere Bezeichnungen, die unterschiedliche Aspekte dieses führenden humanistischen Ansatzes hervorheben, insbesondere «klientenzentrierte», und «nicht-direktive» Therapie. Obwohl die meisten Psychotherapien im umgangssprachlichen Sinn auch «Gesprächspsychotherapien» sind, wird dieser Begriff im Deutschen fast ausschließlich für den ROGERianischen Ansatz verwendet. In Abgrenzung zum damals dominierenden psychoanalytischen Ansatz ging ROGERS davon aus, daß ein jeder Mensch danach strebt, sein eigenes, ihm innewohnendes, psychisches Wachstumspotential zu entfalten und daß dabei eine therapeutische Beziehung, die sich durch Akzeptanz, Empathie und Kongruenz seitens des Therapeuten auszeichnet, eine notwendige und hinreichende Bedingung für Veränderung und Entwicklung in Richtung größerer Selbstachtung, Selbstannahme, Selbstaktualisierung beim Klienten ist. Im Mittelpunkt der Therapie steht das gegenwärtige Erleben des Klienten, der in permissiver, nicht-direktiver Weise ermuntert wird, Probleme und Gefühle in Worte zu fassen. Der Therapeut unternimmt keine Versuche der Interpretation und Überredung, sondern dem Klienten wird sein Verhalten durch konfrontierendes «Spiegeln» «gegenübergestellt». Obwohl in der G. auch technische Regeln beschrieben werden, wird die persönliche Haltung der Therapeuten als wichtiger hervorgehoben.

Bei der Einführung des Ansatzes im deutschen Sprachraum war R. TAUSCH eine wichtige Figur. Ebenso wie ROGERS und sein Umfeld zeichnet er sich durch eine starke empirische Orientierung aus, ein Grund, warum für G. viele Wirksamkeitsuntersuchungen vorliegen. Sie zeigen, daß die G.für ein breites Störungsspektrum als wirksames Verfahren gelten kann. Anwendungsbereiche (u. a.): neurotische und Persönlichkeitsstörungen, Alkoholismus, Schizophrenie, Umgang mit schweren Krankheiten. Es wurden signifikante Verbesserungen für den Symptombereich und die Befindlichkeit der Klienten gefunden. Positive Entwicklungen zeigten sich auch für den Persönlichkeits- und interpersonalen Bereich. Besonders positiv sind die Ergebnisse bei der ambulanten Therapie neurotischer Patienten. Dies gilt sowohl für die Einzel- wie auch für die Gruppenbehandlung. Besonders gut profitieren Patienten, die bereits relativ autonom sind, während Patienten mit viel Bedürfnis nach Struktur sich mit der klassischen G. schwerer zu tun scheinen. Mit Weiterentwicklungen, wie die der «Zielorientierten G.» nach SACHSE (1992) wird versucht, Vorteile von G. und →Verhaltenstherapie zu kombinieren. Wirksame Faktoren bei der G. dürften die Auseinandersetzung mit eigenen Gefühlen und vermehrte Einsicht in das eigene Funktionieren sein. [L] KROPF 1976, MINSEL & BENTE 1980, TAUSCH 1979 *F. Caspar*

Gestagene, weibliche →Gonadenhormone, die mit den →Östrogenen den Menstruationszyklus regulieren. Nach Ovulation in der zweiten Hälfte des Zyklus (Lutealphase) werden G. im Corpus luteum gebildet und dienen zur Vorbereitung und Aufrechterhaltung der Schwangerschaft, während der Schwangerschaft auch durch die Placenta. Sie besitzen auch eine schwach androgene Wirkung. Wichtigstes G. ist →Progesteron. Synthetische G. sind in den meisten →Kontrazeptiva enthalten. *W. Janke/P. Zimmermann*

Gestalt, ein Ganzes, das zu seinen Teilen in bestimmten Relationen steht. Für die Ps. bedeutsam wurde der Gestaltbegr. durch die Untersuchungen von v. EHRENFELS über Gestaltqualitäten (1890) (→Österreichische Schule).

Für diese gelten die Gestaltkriterien der Übersummativität und Transponierbarkeit. Diese bedeuten, daß z. B. eine Melodie sich nicht aus einer einfachen Zusammenfassung (Summe) ihrer Einzeltöne ableiten läßt, sondern als Neues zu den Elementen hinzutritt. Ferner ist sie von den absoluten Reizwerten (Tönen) unabhängig, denn sie bleibt auch erhalten, wenn diese verändert werden, wie dies geschieht, wenn eine Melodie in eine andere Tonart transponiert wird. • Wie Gestaltwahrnehmungen ihrem Wesen nach entstehen, war Gegenstand mehrerer theoretischer Erörterungen. MEINONG, BENUSSI, WITASEK nahmen einen eigentlich zum sensorischen Vorgang hinzutretenden «außersinnlichen Produktionsvorgang» an, während KÖHLER, KOFFKA Gestalten bereits in der Natur der sensorischen Organisation gegeben fanden. Je nach besonderen Auffassungen haben sich aus dem Gestaltbegr. verschiedene ps. Richtungen abgeleitet. Die radikalste und bedeutendste ist die 1912 von WERTHEIMER begründete und

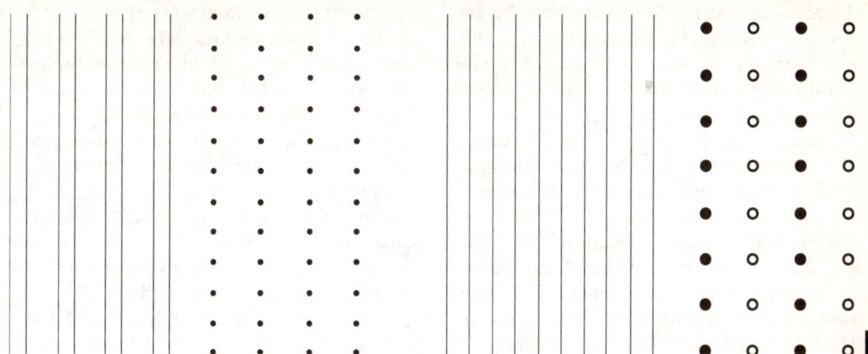
Gestaltgesetze: Gesetz der Nähe und der Gleichartigkeit

Gestaltgesetze: Konkurrenz zwischen Nähe und Geschlossenheit

gemeinhin als →Gestaltpsychologie bezeichnete Berliner Schule. Diese entwickelte eine →Gestalttheorie in Form bestimmter physiologischer Annahmen (physische Gestalten). Die auf der Produktionstheorie der Gestaltwahrnehmung fußende Grazer Schule wurde von MEINONG 1894 begründet (→Österreichische Schule). Ebenfalls von dem Gestaltbegr. ausgegangen ist die Leipziger Schule der Ganzheits- und Strukturps. von F. KRUEGER. →EHRENFELS-Merkmale

Gestaltgesetze, Gestaltfaktoren, sollen nach der Auffassung der Gestaltpsychologie erklären, wie und warum weder subjektive Willkür noch bloße Reizkonfiguration die Wahrnehmung bestimmen (s. Abb.).

Als Prinzipien des Zusammenhangs sind sie vergleichbar den Assoziationsgesetzen der älteren Ps. Sie machen deutlich, welche Erscheinungen auf welche Weise als Einheit oder Gruppierung in räumlicher oder zeitlicher Ausdehnung erlebt werden. Sie stellen die Bedingungen dar für das Zustandekommen der Ordnungen, wie sie z. B. im Gebiet der Wahrnehmung und Bewegung, beim Gedächtnis, Denken, Lernen und Handeln gegeben sind. Die wichtigsten G. sind: (1) Gesetz der guten Gestalt, (2) Gesetz der Geschlossenheit, (3) Gesetz der Gleichartigkeit, (4) Gesetz der Nähe, (5) Gesetz der guten Kurve, (6) Gesetz der Symmetrie, (7) Gesetz der Konvexität, (8) Gesetz der Stabilität, (9) Gesetz der gemeinsamen Bewegung. Eine zusammenfassende Darstellung von insgesamt 114 Gestaltgesetzen findet sich bei HELSON (1933). [L] BORING 1950, KATZ 1948, KOFFKA 1950, KÖHLER 1947, METZGER 1953, WERTHEIMER 1963

Gestaltkonstanz, Formkonstanz →Konstanz

Gestaltkreis, die kreisartige Verbundenheit von Organismus und Umwelt. Dem neurologischen Grundschema des →Reflexbogens gegenüber betonte die Ps. seit langem die Wechselbeziehung von Aufgabe und Leistung.

Reflexapparat und Leistungsapparat gehen zusammen, aber «von keinem dieser Apparate kann man sagen, er sei das Leben selber» (JASPERS). Zu der Behandlung dieses Grundproblems hat V. v. WEIZSÄCKER (1947) die Anschauung vom Gestaltkreis beigetragen und ausführlich begründet. Das Prinzip besagt, daß Sehen und Bewegen ein Akt sind. So wird beim Gehen im unebenen Gelände der Gang ständig durch Unebenheiten des Weges korrigiert, der Erfolg einer stattgehabten Bewegung bestimmt den Verlauf der nächsten. «Offenbar entstehen die wirklichen Leistungen in einer fortgesetzten kreisartigen Verbundenheit von Organismus und Umwelt, Umwelt und Organismus, doch nicht so, daß man beide zusammensetzen könnte wie die zwei Teile eines Ganzen. Denn immer bestimmt auch der

Organismus, was von der Umwelt auf ihn einwirkt, immer die Umwelt, was vom Organismus erregt wird. Jeder Reiz ist schon eine Wahl, also eine Formung, jede Erregung schon eine Umstimmung, also wieder eine Formung». Die Leistung (z. B. die erfolgreiche Bewegung) ist den Nervenbahnen und Reflexen übergeordnet, und das Wahrnehmen (z. B. des Geländes) und die Bewegung des Menschen stellen in jedem Akt eine Einheit dar. Wahrnehmen und Bewegen sind einander gegenseitig «verborgen» (sog. Drehtürprinzip). →Funktionskreis

Gestaltpsychologie, eine ps. Richtung, die 1912 durch WERTHEIMER (Berliner Schule) mit seinen Untersuchungen über das stroboskopische Sehen begründet wurde, nachdem der Begr. der Gestalt 1890 von v. EHRENFELS in die Ps. eingeführt war.

Die bedeutendsten Vertreter der G. sind KÖHLER, KOFFKA, LEWIN. Die hauptsächlichen Anschauungen der G. können mit Vorteil an ihrer Gegensätzlichkeit zu den Grundsätzen der folgenden Auffassungen deutlich gemacht werden: (1) Elementenps. (2) Assoziationsps. (3) Maschinentheorie (4) Österreichische Schule (5) herkömmliche Methodik. – Im Ggs. zur →Elementenps. zeigt die G., daß das Psychische sich nicht aus einzelnen Elementen zusammensetzt, sondern sich ursprünglich immer als Gestalt vorfindet. So ist z. B. die Erscheinungsweise eines grauen Farbflecks ganzheitlich bestimmt, d. h., der Farbfleck kann je nach Helligkeit des Umfeldes alle Nuancen von fast weiß bis fast schwarz annehmen. – Im Ggs. zur →Assoziationsps. macht die G. geltend, daß Ganzheiten nicht durch ein räumliches oder zeitliches Zusammentreffen ihrer Teile entstehen, sondern sich nach ganz bestimmten →Gestaltgesetzen organisieren. – Im Ggs. zur →Maschinentheorie entwickelt die G. die Auffassung einer sich spontan regulierenden dynamischen Ganzheit des Psychischen. Danach werden die Teile durch ganzheitliche Kräfte zu einer Ganzheit zusammengeschlossen und nicht im mechanischen Sinne durch einzelne Kraftwirkungen wie Druck oder Zug zusammengehalten. Diese Anwendung des Grundprinzips der G. auf die psychische Dynamik findet ihre treffendste Kennzeichnung in dem aus der Physik übernommenen Begr. des →Feldes. – Im Ggs. zum Gestaltbegr. der →Österreichischen Schule wies die G. nach, daß die Gestalt nicht zu den einzelnen Elementen hinzutritt, sondern genetisch und funktional vor diesen gegeben ist. – In methodischer Hinsicht ist für die G. der phänomenologische Aspekt kennzeichnend (→Phänomen, phänomenologische Methode). Prinzipiell wird von den im Erleben unmittelbar gegebenen Erscheinungen ausgegangen und niemals von Annahmen, die aus anderen Wissensgebieten abgeleitet sind.

Die theoretischen Grundbegr. der G. wurden zunächst vorwiegend auf dem Gebiet der Wahrnehmung entwickelt, wurden aber später auf alle anderen Gebiete der Ps. übertragen: Gedächtnis (KÖHLER, v. RESTORFF), Denken (WERTHEIMER, DUNCKER), Lernen (KÖHLER, LEWIN), Entwicklung (KOFFKA), Handlung (LEWIN, KOFFKA).

Zur Anwendung gestaltps. Gesichtspunkte auf das Handeln durch LEWIN wurde vor allem der Begr. des →Lebensraumes als einer dynamischen Ganzheit aller für das Handeln wirksamen Momente bedeutsam (→topologische und Vektor-Psychologie). Die Übertragung gestaltps. Gesichtspunkte auf die Physiologie und vor allem Hirnphysiologie wurde von WERTHEIMER und KÖHLER vorgenommen. Die gestaltps. Hypothesen im Bereich der Physiologie werden dabei allgemein als Gestalttheorien bezeichnet. Auf Grund der gestaltps. Interpretation physiologischer und hirnphysiologischer Prozesse (→phänomenales Feld) kann der Zusammenhang zwischen psychischen und neurophysiologischen Prozessen nach dem Isomorphieprinzip verstanden werden, welches besagt, daß die psychischen u. physiologischen Prozesse in ihrer ganzheitlichen Struktur sich entsprechen.

Gestaltqualität →Ganzqualität, →Gestalt

Gestalttheorie, die Anwendung gestaltpsychologischer Gesichtspunkte in der Physiologie, vor allem der Neurophysiologie. Die Entwicklung der G. wurde von der Berliner Schule (WERTHEIMER, KOFFKA, KÖHLER) vorangetrieben.

Die grundlegenden Annahmen besagen, daß den einander entsprechenden psychischen und psychophysischen Vorgängen gewisse formale Eigenschaften gemeinsam sind, die keine konkreten Qualitäten darstellen, sondern abstrakte Relationen und Strukturen sind. Die Strukturgleichheit zwischen psychischen und psychophysischen Prozessen heißt Isomorphie. Als Beispiel einer solchen Isomorphie seien die Entsprechungen zwischen bestimmten Figur-Grund-Beziehungen im Bereich der Wahrnehmung und bestimmten elektrischen Potentialunterschieden innerhalb der Großhirnrinde genannt. →Elektrophysiologie, →Feldtheorien, →figurale Nachwirkung. [L] KÖHLER, KÖHLER-HELD, KÖHLER-WALLACH, LASHLEY

Gestalttherapie, wurde von F.S. PERLS (1893–1970) unter Verwendung von Elementen aus der →humanistischen Psychologie, der →Gestaltpsychologie, der →Psychoanalyse und des →Existenzialismus entwickelt. Ob die Prinzipien der Gestaltpsychologie so umfassend berücksichtigt wurden, wie der Namen suggerieren mag, ist umstritten. Neben der →Gesprächspsychotherapie nach ROGERS stellt die G. derzeit wohl den wichtigsten humanistischen Therapieansatz dar. Im Rahmen der G. sind Wachstum und Selbstverwirklichung im persönlichen wie gemeinschaftlichen Leben die zentralen Ziele. Die wesentlichen Grundannahmen lassen sich mit den Begriffen organismische Selbstregulation, Interdependenz zur sozialen und ökologischen Umwelt, Eigenverantwortlichkeit des Menschen und Selbstannahme als Basis für Veränderung überschreiben.

Der therapeutische Prozeß selber kennzeichnet sich durch die Aspekte Gewahrsein (eigener Bedürfnisse, innerer und äußerer Realität), Erlebnisnähe (Betonung des gegenwärtigen Erlebens), Kontaktprozeß (Wiederherstellen von Kontaktfähigkeit, Konzentration auf zufriedenstellende Kontaktmuster), Selbstunterstützung (Patient übernimmt die Verantwortung für affektive Beeinträchtigung). Charakteristisch ist die Verwendung einer Reihe von pointierten Techniken wie «leerer Stuhl», Rollenspiel, Gestaltdrama, Körperarbeit, Arbeit mit kreativen Medien. Es stehen Deutungen und Übungen im Vordergrund, welche eine gezielte Verstärkung der sinnlichen Wahrnehmung und der Körpergefühle des Patienten ermöglichen. Über das körperliche und seelische Erleben wie kognitive Einsichtsprozesse wird eine Integration des Selbst angestrebt.

G. wird als Einzel-, Gruppen-, Paar- und Familientherapie durchgeführt und hat als wachstumsorientierter Ansatz auch außerhalb des klinischen Bereiches eine große Bedeutung. Sie wird bei neurotischen und psychosomatischen Störungen eingesetzt und hat im deutschen Sprachraum insbesondere auch in der Therapie mit Abhängigen eine starke Tradition.

Aufgrund der geringen Zahl an Untersuchungen zur Wirksamkeit von G. kann diese nicht zuverlässig beurteilt werden. Die bisherigen Befunde deuten aber auf ein eher hohes Wirkungspotential bestimmter gestalttherapeutischer Vorgehensweisen hin. Wirksam dürfte v. a. die Auseinandersetzung mit eigenen Gefühlen sein. Neuere Untersuchungen belegen v. a. die Wirksamkeit der verwandten «experiential therapy». [L] ENLE 1978, PERLS et al. 1979 *F. Caspar*

Gestaltungs-Tests, Tests, die zur freien (meist zeichnerischen, aber auch sonstigen) Gestaltung auffordern und hierüber den Zugang zur Persönlichkeitsstruktur anstreben (z. B. WARTEGG, STAABS (Sceno), Sandbaukasten).

Gestaltungstherapie, in der Gestaltungstherapie wird v. a. unter Verwendung kreativer Medien, wie Malen, Bildhauen etc. ein Zugang zur Psyche geschaffen (s. auch →Kunsttherapie). Dies scheint v. a. bei Menschen, die damit Probleme haben, eine gute Ergänzung zum rein verbalen Zugang zu sein. Unabhängig davon kann das Erlebnis eigener Kreativität und Gestaltungsfähigkeit vermittelt werden, das u.a. in der Therapie von Depressionen einen hohen Wert hat. Wirksamkeitsbelege für G. als separates Vorgehen liegen nicht vor, sie ist aber integriert in umfassendere Behandlungspläne an Kliniken verbreitet.

Gestaltwandel →Reifung, körperliche

Gesten, Gestik [lat. *gestus* Gebärde], die Ausdrucksbewegungen der Gliedmaßen, besonders der Hände. →Ausdruck, →Kommunikation, →nichtverbale Kommunikation. [L] ARGYLE 1975, STREHLE 1956

Gesten-Test [T] GIESE

Gestimmtheit →Stimmung

Gesundheit, psychische, Überwiegen der protektiven, kompensatorischen Anteile und der Umweltstabilisierungen im individuellen System einer Persönlichkeit gegenüber den konstitutionellen Vulnerabilitäten und den Umweltbelastungen (BECKER 1982). Diese Definition kommt ohne die von der WHO eingeführten, an der Idealnorm orientierten Forderungen nach «vollkommenem» Wohlbefinden aus.

BECKER (1982) und BECKER & MINSEL (1986) nennen eine Reihe von Kriterien bzw. Indikatoren, die zur ps. Stabilisierung oder zur Krankheitsentstehung beitragen. Solche Kriterien orientieren sich u. a. an Persönlichkeitstheorien und unterliegen der ständigen Auseinandersetzung mit den Grundwerten und Normen von Gesellschaften und deren Veränderungen. Wie SCHEPANK (1986) zusammenfassend feststellt, ist die lebenslange, aber auch die Punktprävalenz stärkerer Abweichungen von der ps. Gesundheit sehr groß. Dadurch wird die Forderung nach Prävention einerseits und psychologisch fundierter Intervention andererseits unterstrichen. Prävention und Versorgung von ps. Störungen und Krankheiten unterliegen einer besonderen Vielfalt von oft divergierenden Interessen, da neben den gesellschaftlichen die berufsständischen Normen mit eingehen. **[L]** SCHMIDT 1982, TRESS 1986 *L. Schmidt*

Gesundheitspsychologie (GPs.), beschäftigt sich mit menschlichem Verhalten im Kontext von Gesundheit und Krankheit. Damit werden zwei höchst unterschiedliche Bereiche erkennbar, welche die Breite dieses Teilgebiets der Ps. deutlich machen. Legt man den Schwerpunkt vorwiegend auf Aspekte des Verhaltens, so wird der Bezug zur Grundlagenforschung deutlich. Fokussiert man demgegenüber auf Gesundheits- und Krankheitsaspekte, so tritt der Anwendungsbezug deutlicher hervor.

Unterschieden werden kann zwischen einer engen und weiten Definition von GPs. Erstere ist auf Gesundheitsförderung und primäre Prävention ausgerichtet und befaßt sich mit der Aufrechterhaltung der Gesundheit auf individueller und gesellschaftlicher Ebene unter Einschluß ökologischer Aspekte. Gegenstand wissenschaftlicher Beiträge in diesem Sinne sind Fragen der Förderung und Erhaltung von Gesundheit, der Krankheitsverhütung, der Bestimmung von Risikoverhaltensweisen sowie der Verbesserung des Systems gesundheitlicher Versorgung. Im weiteren Sinne schließt GPs. aber auch Aufgabenstellungen wie Behandlung und Bewältigung von Krankheit, Diagnose und Ursachenbestimmung von gesundheitlichen Störungen und ps. Fragen der Rehabilitation ein.

Unter dem Aspekt, daß Handlungsansätze zur Gesundheitsforschung nur zum kleineren Teil im medizinischen System liegen, und so den Verhaltens- und Lebenskontext herstellen, ist GPs. als grundlagenorientierte Disziplin zu begreifen, die systematisch in der Ps. verankert sein sollte. In diesem Sinne bestehen enge Beziehungen zur allgemein-, bio-, entwicklungs-, differential-, sozial- und ökops. Forschung. Nicht jede Befassung mit gesundheitsbezogenen Verhaltensweisen ist Gegenstand der GPs., sondern nur dann, wenn ps. Erkenntnisse und Methoden gezielt einbezogen werden.

Wählt man die weite Definition von GPs., so kann ein Vergleich mit einigen bereits länger etablierten Anwendungsdisziplinen der Ps. und der Sozialwissenschaften die Besonderheit der Disziplin noch weiter verdeutlichen. Klinische Ps., Medizinische Ps. und Verhaltensmedizin unterscheiden sich von der GPs. vor allem durch ihre stärkere Systemimmanenz. Die Abgrenzung zur Klinischen Ps. ist relativ leicht möglich, da diese sich stärker auf die psychische Gesundheit und gezielte psychotherapeutische Intervention bei einzelnen Individuen oder Gruppen von Individuen bezieht. Außerdem stehen bei der Klinischen Ps. bereits erkrankte oder sich krank fühlende Individuen im Vordergrund, während GPs. prinzipiell Individuen mit allen Gesundheitszuständen einschließt. In der Medizinischen Ps. steht der Patient bzw. die Arzt-Patient-Interaktion im Vordergrund der Betrachtung. Da die bedingte Gesundheit, d.h. die Betonung der gesunden und kompensatorischen Anteile, ein wichtiger Bestandteil der GPs. darstellt, gibt es auch hier Überlappungen. Die Verhaltensmedizin betont vor allem die interdisziplinäre Integration, ist in der Praxis aber vor allem der Verhaltensmodifikation beim Individuum auf der Grundlage lerntheoretischer Überlegungen verpflichtet. Bei der GPs. stehen hingegen die Gesundheitsförderung, die Prävention von gesundheitlichen Störungen bzw. die Vermeidung von Risikoverhalten im Vordergrund. Zudem wird die sozialps., ökologische und ökonomische Einbindung des Individuums thematisiert. Damit kann sie in erheblichem Maße auch zu den Gesundheitswissenschaften bzw. Public Health-Ansätzen beitragen, die interdisziplinär die kollektiven Anteile der Verantwortung für Gesundheit analysieren. **[L]** MATARAZZO 1980, SCHMIDT & SCHWENKMEZGER 1992, SCHMIDT, SCHWENKMEZGER & DLUGOSCH 1990, SCHWARZER 1996, SCHWENKMEZGER & SCHMIDT 1994, TAYLOR 1990

P. Schwenkmezger

Gewichteheben (G. E. MÜLLER), Prüfungsweise für Bewegungsempfindungen. Hochheben und Ordnen von kleinen Kästchen, die äußerlich gleich, aber von verschiedenem Gewicht sind.

gewichten →Gewichtszahlen

gewichtete Pros →Entscheidungsheuristik, gemäß der für jede Alternative die Anzahl der «Pro-Dimensionen», also der Dimensionen, auf denen die Alternative besser bewertet wird als alle anderen, ermittelt wird. Dann werden die Gewichte der «Pro-Dimensionen» für jede Alternative zu einem Gesamtwert addiert und die mit dem höchsten Gesamtwert wird gewählt.

Gewichtsillusion, von drei Gewichten gleicher Schwere (CARPENTIER 1891) erscheint das mit dem kleinsten Volumen als schwerstes. Eine ähnliche Täuschung tritt ein, wenn bei gleichem Volumen, aber verschiedenem Material (Holz, Metall) verschiedenes Gewicht erwartet wird.

Gewichtszahlen, numerische Werte, die (z. B. bei einer Reihe von Meßgrößen) bei einzelnen und bestimmten Größen zugefügt werden, um diese Größen auf die gesamte Reihe auszurichten. Bei den Testserien werden hierdurch häufig die Anforderungsunterschiede innerhalb der Aufgaben ausgeglichen (die Aufgaben werden «gewichtet», auf gleiches «Gewicht gebracht»).

Gewinnaufteilung →Aufteilungsgerechtigkeit

Gewissen, abhängig vom «Wissen», so daß im G. ein Appell jedenfalls ursprünglich an die Erkenntnis und erst in der Folge an das Wollen ergeht. Daß sich im Gewissen lediglich das Bewußtsein in personaler Verdichtung ausspricht, wird schon dadurch nahegelegt, daß es sprachlich der Inbegriff des Wissens ist und somit der Gewißheit verwandt erscheint. Seine einseitige Zuordnung zum moralischen Willen und die grundsätzliche Abschnürung von Gefühlsregungen hat sich jedoch offensichtlich erst unter dem Einfluß der neuzeitlichen Pflichtgesinnung (KANT) im alltäglichen wie im wissenschaftlichen Sprachgebrauch eingebürgert (voluntaristische Geistthese der Charakterkunde von KLAGES). Während das G. als Ausdruck geistigen Selbstseins zumeist ohne Bezug zur Tiefenschicht erfaßt wird, hat eine von BAHNSEN & KRUEGER beeinflußte Psychologie das Integrationszentrum der Seele einseitig im Gemüt erblickt und es als seinshafte Kernbildung des Gefühlslebens überhaupt gedeutet. – Zur FREUDschen Auffassung →Über-Ich.

Aspekte des G. sind im übrigen in der Ps. als moralisches Urteil (PIAGET, KOHLBERG), moralische Lebensführung (*moral conduct*, HOGAN 1973) und moralische Werte (EYSENCK 1960) behandelt worden. Nach behavioristischer Auffassung werden die entsprechenden Verhaltensanteile *(moral behavior)* nur durch Konditionieren der Vermeidung von dem Verhalten, das in einer Gesellschaft unerwünscht ist, also durch gelernte Angst vor Strafe erworben (MOWRER). Die Entwicklung des moralischen Urteils verläuft nach kognitivistisch-entwicklungsps. Anschauung (KOHLBERG 1969, im Anschluß an PIAGET) in sechs Stadien: (1) Orientierung an der Strafe (Gehorsam), (2) naiv-egoistische Orientierung, (3) Orientierung an der sozialen Billigung («guter Junge»), (4) Autorität und soziale Ordnung, (5) vertraglich-legalistische Orientierung und erst dann (6) die Orientierung am G., d. h. an allgemein geltenden Prinzipien. BERGLING (1981) formulierte KOHLBERGS Theorie axiomatisch und folgert aus einer empirischen Überprüfung die Notwendigkeit, Prinzipien des sozialen Lernens miteinzubeziehen.

Dimensionen der moralischen Lebensführung sind nach HOGAN: (1) Kenntnis der moralischen Regeln, (2) Sozialisierung, (3) Einfühlung in den anderen *(empathy)*, (4) Autonomie (G. vs. Verantwortlichkeit) und (5) moralisches Urteil. Der behavioristischen Auffassung entsprechen weitgehend die Ergebnisse der alten Untersuchung von HARTSHORNE & MAY (→character-education-inquiry). →Moralpsychologie. **[L]** ECKENSBERGER 1978 *R. Bergius*

Gewohnheit, Gewöhnung, angelernte, gebahnte, dem bedingten Reflex vergleichbare, relativ automatisierte Reaktionsabläufe (z. B. Verrichtungsg., Verhaltensg., Anschauungsg., Denkg.). Alle nur denkbaren G. können nebeneinander bestehen und zum Bedürfnis werden, ohne sich zu stören. Die Gewöhnung bezeichnet überdies, daß die Gewohnheiten als Reaktionsverläufe mit zunehmender Wiederholung zunehmend leichter ablaufen. →habit

Gewohnheitspotential, Gewohnheitsstärke [engl. *habit strength*], die von C. L. HULL (1884–1952) vertretene Theorie der Verstärkung von Reaktionstendenzen unterstellt ein G. als bestimmend (neben der Bedürfnisspannung) für die Wahrscheinlichkeit und Schnelligkeit der Ausführung einer Reaktion. «Die Bedürfnisspannung aktiviert die Gewohnheitspotentiale zum Reaktionspotential.» Beispiel: «Wer den Weg zu einer Gaststätte gelernt hat, wird ihn um so eher einschlagen und um so schneller durchmessen, je hungriger er ist» (HOFSTÄTTER). →habit. **[L]** HULL 1951

gezielte Bewegung →Zielbewegung

g-Faktor, G-Faktor, genereller Faktor, Allgemeinfaktor. • Bei SPEARMAN der im Aufbau der →Intelligenz angenommene allg. Faktor *(general factor)*. →s-Faktor, →Intelligenzfaktoren

GFT, Göttinger Formreproduktionstest **[T]** SCHLANGE, STEIN

G

GH, Abk. für growth hormone →Wachstumshormon

GH-Freisetzungshormon, Abk. GH-RH, Hypothalamushormon, das die Freisetzung von →Wachstumshormon bewirkt *W. Janke*

GH-Hemmungshormon, Abk. GH-IH, Hypothalamus Hormon, das die Freisetzung von →Wachstumshormon hemmt *W. Janke*

GH-IH, Abk. für growth hormone inhibiting hormone, →GH-Hemmungshormon

GHR →psychogalvanische Reaktion

GH-RH, Abk. für growth hormone releasing hormone, →GH-Freisetzungshormon *W. Janke*

Gibson-Gradient, Texturgradient, die sichtbaren Elemente (Textur) auf einer Oberfläche verändern ihre →Sehwinkel (→retinale Größe, Größe in der optischen Anordnung →ökologische Optik) in systematischer Weise in Abhängigkeit von der Entfernung (horizontale und vertikale Ausdehnung werden mit der Entfernung kleiner, Höhe im Gesichtsfeld wird größer); Textur-Gradienten führen auch dann zu einem Tiefeneindruck (→räumliches Sehen), wenn die sichtbaren Elemente zufällig angeordnet sind.
Das wesentliche Merkmal eines GIBSON-Gradienten ist die Änderung der horizontalen Ausdehnung, vertikalen Ausdehnung usw., nicht aber der Unterschied zwischen einzelnen speziellen Elementen. Formal ist der Gradient als erste Ableitung (z. B. der horizontalen Ausdehnung) nach der Distanz definiert (oder als relative erste Ableitung). – Der Unterschied zwischen GIBSON-Gradient und linearer →Perspektive ist unscharf; lineare Perspektive impliziert i. a. sichtbare Umrisse, während es sich beim GIBSON-Gradienten um regelmäßig oder unregelmäßig angeordnete Oberflächenelemente handelt, die aber natürlich auch den Regeln der linearen Perspektive folgen; die Unterscheidung wird unscharf, wenn die Oberflächenelemente klare Umrisse haben (z. B. Schachbrettmuster). **[L]** J. J. GIBSON 1950, METZGER 1953 *H. Heuer*

Gibson, James Jerome (1904–1979) und Eleanore, Psychologen, Cornell-Univ. (Ithaca NY) →Tiefenwahrnehmung, Entwicklung

Giese, Fritz (1890–1935), Psychologe (Arbeitswissenschaft, Psychotechnik), Leipzig, Halle, Stuttgart, Begründer des ersten dt. Wörterbuches (1921) und Vorläufer des ps. Wörterbuches von F. DORSCH.

Giese-Test-System, ein nach dem 1. Weltkrieg entwickeltes Verfahren (von DORSCH weitergeführt) zur Personalbeurteilung, insbes. zur Eignungsuntersuchung bei den Berufsberatungsstellen der Arbeitsverwaltung in Südwestdeutschland (Stuttgart). **[T]** GIESE

Gigantismus, Riesenwuchs (über 2 Meter), bedingt durch Überproduktion des Wachstumshormons der →Hypophyse während der Kindheit (d. h. vor Abschluß des Wachstums) und ausgelöst durch Störungen (Wucherung, Geschwulstbildung) im Hypophysenvorderlappen. Die ps. Begleiterscheinungen sind vor allem die geringe Kontaktfähigkeit und allg. Gehemmtheit des Betroffenen.

Gilbreth-Bewegungsstudie, bei den Bemühungen TAYLORS um →Rationalisierung der Industriearbeit waren Bewegungsstudien (Ausrichtung der Arbeitsmotorik auf «Bestbewegung») belangvoll. F. G. GILBRETH u. Ehefrau Lillian suchten mit Kinoaufnahmen, Lichtspurverfahren *(cyclegraphy)* und Drahtmodellen diesen *«one best way»* für viele handwerkliche und industrielle Arbeiten festzulegen. →Bewegungsstudie, →Psychomotorik. **[L]** BUYTENDIJK, DORSCH 1963, KAMINSKY 1960

Gilbreth, Frank B. (1868–1924), Arbeits- u. Betriebswissenschaftler, der durch seine Untersuchungen zur Bewegungsanalyse bekannt wurde / Fairfield (Maine), Montclair (NY)

Gilbreth-Uhr, Vorr. zum Messen kleinster Bewegungen bei kinematographischen Aufnahmen. Die G. besitzt ein großes Zifferblatt, das, ähnlich dem →Chronoskop, kleinste Zeiteinheiten angibt und mitphotographiert wird.

Ginkgo-Extrakte, Substanzen aus der Stoffklasse der →Phytopharmaka und →Nootropika, die aus den Blättern des Ginkgo-biloba-Baumes gewonnen werden. G. werden zur Beeinflussung von alterns- und krankheitsbegleitenden kognitiven Leistungsminderungen zusätzlich oder statt →Nootropika in umfangreichem Maße eingesetzt. Ihre ps. Wirkungen sind nicht überzeugend nachgewiesen. **[L]** RIEDERER et al. 1992, WARBURTON 1988 *W. Janke*

Gitter-Technik, Gridtechnik, eine von KELLEY (1955) entworfene Technik (→Reptest), um individuelle Konstruktsysteme in bezug auf die interpersonale Umwelt eines Individuums zu erfassen. Der Vp werden eine Reihe von Rollenkonzepten vorgelegt, bei denen angenommen wird, daß sie für das soziale Umfeld der Vp zutreffen. Die Vp soll diesen Rollenbezeichnungen konkrete Personen zuordnen, welche die jeweiligen Rollen in ihrem Leben ausfüllen. Die Vp soll jeweils drei dieser Personen miteinander vergleichen und angeben, welches Merkmal zwei dieser Personen gemeinsam haben, welches die dritte Person nicht hat. *H. Häcker*

Gladem®→Sertralin

glandotrop, Bezeichnung für Wirkart von Hormonen, bes. des HVL, d. h. endokrine Drüsen anregend *W. Janke*

glandotrope Hormone, Hormone des Hypophysenvorderlappens, auch als Tropine bezeichnet, die die Freisetzung von →Hormonen in endokrinen Drüsen anregen. Die wichtigsten g.H. sind: 1) →adrenocorticotropes Hormon (Abk. →ACTH), die Ausschüttung der Nebennierenrindenhormone (→Corticoide) anregend; 2) →thyreotropes Hormon (Abk. TSH), die Ausschüttung von →Schilddrüsenhormonen anregend; 3) gonadotrope Hormone, die Ausschüttung von →Gonadenhormonen anregend. Die Ausschüttung der g.H. wird von vielen Faktoren bestimmt, bes. durch die sich im Blut befindlichen, von den peripheren Drüsen produzierten Hormone (negative Rückkopplung) und durch Freisetzungshormone des Hypothalamus. Einige g.H. haben zentrale Wirkungen. [**L**] →Hormone *W. Janke*

glandula, glandulär [lat. Diminutiv von *glans* Eichel], Drüse, zur Drüse gehörend. Ps. wichtig sind fast alle Drüsen mit innerer Sekretion. →Hormone

glandula pituitaria [lat *pituita* Schleim], die →Hypophyse

Glanz, eine Lichtreflexion an Gegenständen mit glatten Oberflächen, die deren Farbe an Helligkeit übertrifft und als Licht aufgefaßt wird, das nicht eigentlich zur Farbe des Dinges gehört. Von manchen Autoren wird Glanz als eigene Empfindungsqualität betrachtet. →stereoskopischer Glanz

Glaskörper →Auge

Glaube, (allg.) subjektives Fürwahrhalten, wobei weder eine objektive Begründung noch eine objektive Geltungsabsicherung erwartet wird.

Im Sinne der Religionswissenschaft ist G. ein irrationaler Verstehensentwurf des Daseins, der den personalen Kern des Menschen berührt. →Aberglaube, →Religion, →Religionspsychologie

Glaubhaftigkeit, Beweiswert der Zeugenaussage. Hängt ab von der Aussagetüchtigkeit des Zeugen und seiner Bereitschaft, die Wahrheit zu sagen. →Aussagepsychologie

Glaubwürdigkeit, angenommene Eigenschaft der Zeugenpersönlichkeit. Veraltetes Konstrukt, da es für die Rechtsprechung nur auf die Glaubhaftigkeit der Aussage ankommt. [**L**] UNDEUTSCH 1967 *U. Undeutsch*

Gleichförmigkeit, die (auffällige) Übereinstimmung ps. Verhaltens und Geschehens. So zeigt sich G. des Denkens nach BASTIAN, TAYLOR u. a. in wiederkehrenden Formen bei verschiedenen Kulturen. BASTIAN spricht daher auch von Elementargedanken der Völker. MARBE fand «Gleichförmigkeiten» des psychischen Geschehens z. B. in der Erscheinung, daß in Schätzungen verschiedener Personen bestimmte Zahlen besonders häufig auftreten.

Gleichgewicht, autonomes, die zwischen sympathischem und parasympathischem Nervensystem vermutete (aber auch bestrittene) autonome Ausgleichstendenz. [**L**] EYSENCK 1952

Gleichgewichtsorgan →Bogengänge

Gleichgewichtstheorien →Balance-Theorien

Gleichung, persönliche →Reaktionszeit

gleichwertige Gruppen →Parallelstichproben

Glia →Neuroglia

Glieder, Methode der behaltenen →Gedächtnismethoden

globales Lernen →Lernen

Glossolalie [gr. *glossa* Zunge, *lalein* reden], Zungenreden.

In Ausnahmezuständen, namentlich in der →Ekstase, auftretendes Sprechen mit gehobener Stimme in einer scheinbaren Fremdsprache, die aber in pseudosprachlichen Lautgebilden besteht. Wurde häufig als religiöse Offenbarung betrachtet. • G. ist auch Bez. für schizophrenes, nicht der →Kommunikation dienendes Produzieren von unverständlichen Lauten (→Dysphrasie), die wie regelhafte fremdsprachige →Phonemfolgen anmuten, weil sie häufig wiederholt werden und eine →Prosodie aufweisen. Die Klangformen dieser Stereotypien stehen damit zwischen denen echter Sprachgebilde (→Verbigeration) und Geräuschen (→Psittazismus). Obschon diese Klangformen eine gewisse Konstanz in ihrer Wiederkehr aufweisen, scheint ihnen eine →semantische und pragmatische →Zeichenfunktion zu fehlen. Syn. →Privatsprache

Glucocortico(stero)ide, Hormone der Nebennierenrinde (zona fasciculata) mit Wirkungen auf den Kohlehydratstoffwechsel. Das wichtigste G. beim Menschen ist das →Cortisol. Daneben sind →Cortison und →Corticosteron wichtig. Bei Tieren ist die hauptsächlich nachweisbare Substanz Corticosteron. G.

G

haben auch direkte neurotrope Effekte. Im NS sind G.-Rezeptoren nachgewiesen. Von bes. Bedeutung ist dabei der Hippocampus. [L] FEHM-WOLFSDORF 1994, HOLSBOER 1995, SAPOLSKY 1995 *W. Janke/M. Reuter*

Glukagon, in den α-Zellen der Langerhansschen Inseln der Bauchspeicheldrüse produziertes Polypeptid-Hormon; direkter Gegenspieler von →Insulin. Freisetzung bei Absinken des Blutzuckers. Stimulation des Glycogenabbaus in der Leber, Hemmung der Glycogensynthese und Förderung der Lipolyse im Fettgewebe, was zur Erhöhung des Blutzuckerspiegels führt, wodurch die Sicherstellung ausreichender Versorgung des Gehirns mit Glucose erfolgt. G. wird therapeutisch bei schweren hypoglykämischen Zuständen eingesetzt. Im Zusammenspiel mit →Insulin ist G. wahrscheinlich an der Regulation von Hunger und Sättigung beteiligt. [L] GROSSMAN 1986 *W. Janke/P. Zimmermann*

Glukose, einfacher Zucker (Monosaccharid), syn. Traubenzucker, zentraler Energieträger des menschlichen Stoffwechsels, wobei Gehirn und Erythrozyten absolut glukoseabhängig sind. G.-Utilisation im Gehirn kann sichtbar gemacht werden durch Positron-Emissions-Tomographie (PET) unter Verwendung radioaktiver Isotope. Bei vielen psychischen und somatischen Störungen sind mit PET Veränderungen der zentralen G.-Utilisation nachgewiesen, so z. B. bei M. Alzheimer vermindert. Glukoseverfügbarkeit muß auch innerhalb und außerhalb des NS innerhalb bestimmter Bereiche liegen, wenn es nicht zu Störungen kommen soll. [L] LÖFFLER & PERTRIDES 1997 *W. Janke/P. Weyers*

Glutamat, biogene Aminosäure, auch Vorstufe von →GABA, Salz der Glutaminsäure, gilt als wichtigster excitatorischer →Aminosäuren-Transmitter im ZNS. Bei längerer Exposition neurotoxische Wirkung. Glutamatrezeptoren (3 Arten: NMDA, AMPA, Metabotrope Rezeptoren) sind über die gesamte Hirnrinde verteilt und gekoppelt mit CA1-Zellen im Hippocampus. NMDA-Rezeptoren sollen mit der synaptischen Plastizität und mit dem Behalten (Langzeitpotenzierung, Long term potentiation = LTP) zu tun haben. Da die Substanz →Phencyclidin (→Psychotomimetika) an einen NMDA-Rezeptor bindet, wurde die →Glutamathypothese der Schizophrenie aufgestellt. Als Glutaminsäure war in den 50er Jahren eine Zubereitung im Handel erhältlich, die bei Langzeitverabreichung kognitive Leistungen bei niedrigintelligenten Personen steigern sollte. Zahlreiche Untersuchungen lassen wegen methodischer Mängel eine Interpretation nicht zu. Bei einmaliger Verabreichung zeigt G. keine Effekte. [L] →Neurotransmitter, →Aminosäuren-Transmitter, BUNNEY et al. 1995, MCENTEE & CROOK 1993, MÜLLER et al. 1992 *W. Janke*

Glutamathypothese, Hypothese, wonach verminderte Aktivität von Glutamat im Verhältnis zur Dopaminaktivität bei paranoid-halluzinatorischen Psychosen eine Rolle spielt. [L] BUNNEY et al. 1995, MÜLLER et al. 1992 *W. Janke*

Glutaminsäure →Glutamat

Glycin, kleinste (einfachste) Aminosäure, neben GABA der wichtigste hemmende →Neurotransmitter, im Rückenmark und Hirnstamm nachgewiesen. Antagonistische Wirkungen hat →Strychnin, eine zu Konvulsionen führende Substanz aus der Gruppe der →Analeptika. Agonisten und Antagonisten von G. werden in der pharmakologischen Angstforschung am Tier verwendet. [L] FELDMAN et al. 1997 *W. Janke*

Gnosis, Gnostizismus [gr.], «Erkenntnis», geistige Bewegung innerhalb des Hellenismus, welche die im Glauben verborgenen Geheimnisse durch philosophisches Denken zu erkennen und denkend zur Erlösung vorzudringen suchte.

Gn-RH, Abk. für →Gonadotropin releasing hormone

goal setting, eine von LOCKE und LATHAM (1984) im industriellen Bereich entwickelte Motivationstechnik, die zur Verbesserung von Leistung entwickelt und eingesetzt wurde →Zielsetzungsmethoden

goldener Schnitt, elementarästhetisches Teilungsverhältnis von Strecken. Die Teilung muß so erfolgt sein, daß das Ganze sich zum größeren Teil verhält wie dieser zum kleineren. Von FECHNER an einfachen geometrischen Figuren als wohlgefälligste Proportion erwiesen.

Goldstein, Kurt (1878–1965), G. wurde durch seine Forschungen über die Auswirkungen von organischen Hirnschädigungen auf die Abstraktionsfähigkeit bekannt.

Golgi, Camillo (1843–1926), Pathologe / Siena, Pavia / Nobelpreis

Golgi-Mazzonische Körperchen, sensible Druckrezeptoren in Gelenknähe und an Sehnenansatzstellen sowie besonders in Fingerhaut und Genitallappen, die in ihrer Form den →VATER-PACINI Lamellenkörperchen ähneln. →Hautsinne

Golgi-Sehnenorgane, syn. Sehnenorgane,

Dehnungsrezeptoren, die (ähnlich wie die →Muskelspindeln) als Sinnesorgane in den Sehnen aller Warmblütermuskeln nahe dem muskulären Ursprung vorkommen. Sie registrieren vorwiegend die Muskelspannung (bei isometrischer Kontraktion). **[L]** THEWS 1991

Gonaden [gr. *gone* Erzeugung], Geschlechtsdrüsen →Keimdrüsen

Gonadendysgenesie [gr.], Gonadenmißbildung. Fehlen funktionstüchtiger Keimzellen.

Gonadenhormone, syn. Keimdrüsenhormone, Sexualhormone, Geschlechtshormone, in den Testes (Mann), den Ovarien und der Plazenta (Frau) gebildet, von grundlegender Bedeutung für die Bildung und Entwicklung der Geschlechtsmerkmale sowie für das allg. Wachstum. Nach den Wirkungen werden weibliche (→Östrogene und →Gestagene) und männliche (→Androgene) Geschlechtshormone unterschieden. Androgene werden nicht nur in den Testes gebildet, sondern auch in der Nebennierenrinde (→Corticoide) und zu einem geringen Teil auch in den Ovarien. Umgekehrt synthetisieren auch die Testes weibliche Gonadenhormone. Die Bildung wird angeregt durch die →gonadotropen Hormone des HVL (→glandotrope Hormone). Beziehungen zur Körper- und Persönlichkeitsentwicklung sind unumstritten, soweit sie auf relativ grobe Parallelitäten bezogen werden. Der Einfluß der G. auf das Sexualverhalten ist bei Primaten geringer als bei niedrigen Säugetieren. Solange beim Mann eine Mindestmenge an Androgenen vorhanden ist, wird die Frequenz sexueller Reaktionen kaum beeinflußt. Sinkt der Testosteronspiegel allerdings darunter, tritt Impotenz auf, die durch Testosterongaben behoben werden kann. Die sexuelle Aktivität der Frau wird auch mehr von Androgenen als von Östrogenen beeinflußt. Östrogene und Androgene haben einen Anteil an der allg. Aktiviertheit eines Individuums. Darauf weist auch die Erhöhung des Noradrenalingehalts im ZNS nach Östrogen- und Androgengaben hin. G. haben Einfluß auf sensorische Schwellen. Eine bedeutsame Rolle spielen G. während der pränatalen und kindlichen Entwicklung, insbes. für die Geschlechtsdifferenzierung. Hypo- oder Hyperfunktion der Gonaden bzw. der Hypophyse führen zu Entwicklungsstörungen. **[L]** COLLAER & HINES 1995, DÜKER 1957, GANDELMAN 1983 , MONEY & EHRHARDT 1972, NETTER 1988, NYBORG 1983, WARD & WARD 1985 *W. Janke/P. Zimmermann*

Gonadoliberin →gonadotropin releasing hormone

gonadotrop [gr. *tropos* Wendung], auf die Keimdrüsen wirkend

Gonadotropine, syn. gonadotrope Hormone →glandotrope Hormone des Hypophysenvorderlappens, die unter Kontrolle von Hypothalamushormonen (Gn-RH) freigesetzt werden und die Ausschüttung von →Keimdrüsenhormonen anregen. Die wichtigsten G. sind das follikelstimulierende Hormon (FSH) und das luteinisierende Hormon (LH). Man geht davon aus, daß das gleiche Hypothalamushormon FSH und LH stimuliert. Bei der Frau regen LH und FSH die zyklische Ovarfunktion mit Follikelreifung, Ovulation und Corpus-luteum-Phase und genau aufeinander abgestimmt die Produktion von Östrogenen, Progesteron, Androgenen sowie Inhibin an. Beim Mann kommt es zur gonadalen Synthese von Testosteron und zur Spermatogenese. Androgene werden zu Östrogenen metabolisiert. Beim Kind wird durch die G. die Pubertät eingeleitet. Durch Anstiege von →CRH und β-Endorphinen (→Endorphine) im Hypothalamus und Hypophyse in Belastungssituationen wird die Ausschüttung von G. gehemmt. Dies kann zu vielfältigen Störungen führen (z. B. Amenorrhoe, Libidoverlust). Im Tierbereich hat G. einen bedeutenden Einfluß auf das Paarungsverhalten. **[L]** LAATIKAINEN 1991, SAGRILLO et al. 1996

W. Janke/P. Zimmermann

Gonadotropin releasing hormone, Abk. Gn-RH, syn. Gonadoliberin, →Hormon des Hypothalamus, das die Ausschüttung der →Gonadotropine durch den Hypophysenvorderlappen (HVL) anregt (Freisetzungshormon).

W. Janke

Goniometrie, Winkelmessung (→Bewegungsanalyse), Erfassung von Gelenkwinkeln durch geeignete mechanische Anordnungen und Wandler, z. B. Potentiometer, bei denen ein bestimmter Winkel einem bestimmten elektrischen Widerstand entspricht.

Goodenough, Florence L. (1886–1959), sie entwickelte den →**[T]** «Männchen-Zeichnen-Test».

Göppinger Schultests **[T]** KLEINER

Gott, Götter, Personifikation übernatürlicher heiliger Macht sowie Inbegriff der Vollkommenheit und Weisheit wie auch des Schreckens und der Güte zugleich. Ps. ist bedeutsam, daß der religiöse Mensch nur →anthropomorph von G. zu sprechen und denken vermag, dabei aber jene übermenschliche Macht der Ausschließlichkeit meint, von der er sich im Leben und im Tode betroffen weiß und der gegenüber er im Glauben ein geistiges Wagnis eingeht.

Göttinger Formreproduktionstest [T] SCHLANGE

Gottschaldt, Kurt (1902–1991), Psychologe (Allg. Ps. u. Vererbungsps.), Univ. Berlin, Göttingen

Gottschaldtsche Figuren [T], eine Ausführung der sog. «eingebetteten Figuren». Dabei sind in mehrfach gegliederten Figuren bestimmte Teilfiguren zu erkennen. Test zur Visualität.

GPI, GORDON Personal Inventory [T] GORDON

GPII, GEIST Picture Interest Inventory [T] GEIST

GPP, GORDON Personal Profile [T] GORDON

G-Proteine, Membranproteine vieler Neurorezeptoren, den sog. G. gekoppelten Rezeptoren, die sich bei fast allen Neurotransmittersystemen finden lassen. G. bilden mit einen Rezeptor eine funktionelle Einheit. Bindet ein agonistischer Stoff an den Rezeptor, wird das zugehörige G. aktiviert. Unter Beteiligung des Energielieferanten Guanosintriphosphat (GTP) wird eine Subeinheit von G. dissoziiert, wodurch ein Effektorprotein aktiviert wird, das einen intrazellulären Transmitter («second messenger») stimuliert oder hemmt (z. B. Adenylatzyclase, Phosphokinase C). Der intrazelluläre Transmitter bewirkt schließlich die Öffnung von Ionenkanälen zur Induktion des postsynaptischen Potentials. Die Signaltransduktion über diesen Mechanismus dauert deutlich länger als bei Rezeptoren mit direkter Ionenkanalsteuerung (→Ionenkanal). G. spielen auch eine Rolle bei adaptiven Sensitivitätsveränderungen von Rezeptoren bzw. der Signaltransduktion allgemein, die z.B. als wirkungsvermittelnd bei längerfristiger Antidepressivagabe diskutiert werden. [L] RIEDERER et al. 1993

W. Janke/M. Ising/H. Küffner

GPS, Abk. für *general problem solver*, allgemeiner Problemlöser. Von NEWELL, SHAW & SIMON erstelltes Programmsystem zur →Simulation von Problemlösungen auf dem Rechenautomaten mit im wesentl. zwei heuristischen Methoden: der Mittel-Ziel-Analyse und der Vereinfachung des Problems auf seine Struktur zur Bildung einer Lösungsstrategie. →artifizielle Intelligenz

Grace-Arthur-Test [T] ARTHUR

Gradient, Gefälle, Maß für die graduelle Änderung (gradweise Zu-oder Abnahme) einer Größe im zeitlichen oder räumlichen Verlauf. • Zielgradient, Bez. für die gradweise Aktivierung (Geschwindigkeits- oder Intensitätssteigerung, Fehlerrückgang) des Verhaltens bei Zielannäherung. Bez. stammt von HULL aus Tierversuchen.

... gramm [zu gr. *gramma* Geschriebenes, Buchstabe, Zeichen], in zusammengesetzten Wörtern svw. Aufgezeichnetes, Bild, Sinneseindruck

Grammatik, Grammatiktheorie [gr. *gramma* Buchstabe, *grammatike* Sprachlehre], die G. beschreibt als Einzelg. die →Struktur der Sprachen, als →universelle G. die Struktur von →Sprache schlechthin. Dabei geht es einmal um die Beschreibung der Struktur der konkreten sprachlichen Äußerungen (*la parole* im Sinne SAUSSUREs 1961), zum anderen um die Beschreibung des ihnen zugrunde liegenden sprachlichen Systems *(la langue)*.

Früher eine Disziplin der Sprachwissenschaft neben anderen, gilt G. bzw. G.theorie heute, oft synonym verwendet mit Linguistik, als integrativer Oberbegriff für verschiedene Ansätze struktureller Sprachbeschreibung.

Bis 1957 bestanden kaum Verbindungslinien zwischen der G. und der →Psycholinguistik. Weder die Wort- und Satzlehre (→Syntax) der an der Struktur der lateinischen Sprache orientierten traditionellen Schulung. noch die historisch-vergleichende G. oder die vorwiegend sprachliche Äußerungen beschreibende deskriptive G. boten den Sprachpsychologen Anreiz zu eigener, auf die Verwendung von Sprache abzielender, psychologischer Syntaxforschung. Die Psycholinguistik betrachtete das Sprachgeschehen, wenn überhaupt, nach den in ihr vorherrschenden assoziations- und informationstheoretischen Begriffen als nach Wahrscheinlichkeitsgesetzen (→Wahrscheinlichkeit) «von links nach rechts» ablaufenden →MARKOFF-Prozeß, in dem die vorangehenden Elemente (→Phoneme, →Morpheme, →Wörter, →Sätze) die jeweils folgenden Elemente eindeutig und vollständig bestimmen (*finite state* G.).

Erst die von CHOMSKY als System von Regeln zur Erzeugung von Sätzen (→Rekursivität) 1957 begründete, 1965 erheblich veränderte →generative Transformations-G. veranlaßte mit ihren «mentalistischen» Begriffen Regelanwendung, →Oberflächen- vs. →Tiefenstruktur, →Transformation, →Kompetenz und →Performanz die Psychologen zu verstärkter psychologischer Syntaxforschung.

Diese orientierte sich zunächst sehr stark an der linguistischen Theoriebildung und hinkte ihr dadurch stellenweise regelrecht nach.

Hauptsächlich ging es um die Frage der «psychologischen Realität» der von der generativen Transformations-G. entwickelten tiefenstrukturellen Beschreibung von Sprache als der Kompetenz des →native speaker. Während bereits die in den →Baumdiagrammen der →Phrasenstruktur-G. aufscheinende →hierarchische Struktur der Sätze eine Sprachverwendung «von links nach rechts» und «von oben nach unten» nahelegte, d. h. die Abhängigkeit sprachlicher Elemente auch von nachfolgend geplanten Elementen (→Antizipation), wurde von CHOMSKY die eigentliche psychologische Realität der (syntaktisch konzipierten) Tiefenstruktur der Sätze zugeschrieben. Dies zu beweisen, wurde das Hauptanliegen der Psycholinguisten. Dabei gelangte man von einer anfänglich direkten Korrespondenz-Annahme zwischen linguistischer Struktur und psychologischem Prozeß allmählich zu differenzierteren Auffassungen über die Beziehungen zwischen der den Sätzen in der Linguistik zugeschriebenen Struktur einerseits und den im Sprachbenutzer ablaufenden ps. Prozessen andererseits.

Im Verlauf der linguistischen und der psycholinguistischen Forschung (insbes. auch zu Fragen der →Sprachentwicklung) entwickelte sich aber auch ein Unbehagen an dem Konzept einer rein formalsyntaktischen, die Bedeutung ins →Lexikon verbannenden Tiefenstruktur der Sprache, wie sie die generative Transformations-G. vorschlägt. Dies führt zu einer vermehrten Einbeziehung inhaltlicher (→Bedeutung) und intentionaler (→Intention) Kategorien (→generative Semantik) in die psychologische Syntaxforschung. Hierbei gewinnt auch die Dependenzg. des europäischen Strukturalismus mit ihrer Betonung der inhaltlich bestimmten →Valenz des Verbs an Bedeutung. **[L]** ENGELKAMP 1974, HELBIG 1971, HERRIOT 1974, HÖRMANN 1967, IVIC 1971, LEUNINGER, MILLER & MÜLLER 1972, LIST 1972, SLOBIN 1974, WELTE 1974

Grammatikalität, das Ausmaß, in dem ein →Satz als nach den Regeln der →generativen Transformations-Grammatik (CHOMSKY 1965) «wohlgeformt» («grammatikalisch») erscheint.

Hierzu werden auch theoretisch unendlich lange Sätze (→Rekursivität) gerechnet. Die Entscheidung über den Grad der G. trifft der →native speaker auf Grund seiner sprachlichen →Kompetenz. Grammatikalische Sätze können unterschiedliche Grade der Akzeptabilität haben, sie können «völlig natürlich und unmittelbar verständlich» sein oder hiervon abweichen. Das gilt als eine Frage der →Performanz (der Begrenztheit des Gedächtnisses, der Intonation, der Stilistik). Die Zuordnung bestimmter Grade von G. zu bestimmten Sätzen im psycholinguistischen Experiment hängt u. a. ab von der Art der Verletzung syntaktischer, aber auch →semantischer Regeln bei der Erzeugung dieser Sätze. Je höher der Grad der G. bei Sätzen, um so leichter sind sie zu lernen. Zur Frage der Berücksichtigung des Kontextes: →Satz. **[L]** LEUNINGER, MILLER & MÜLLER 1972

Graph [der G., Plural: die Graphen], math.

(1) Bez. für die →graphische Darstellung einer Funktion y = f(x) (meist als Linie in einem ebenen Koordinatensystem).

(2) Bez. für ein spezielles Relationsgebilde (X, σ), d. h. eine Menge X von Elementen x und eine Menge σ von zweistelligen Relationen R, die auf X definiert sind. Die zeichnerische Darstellung von G. hat eine besondere Bedeutung als Veranschaulichung sonst schwer überschaubarer zweistelliger Prädikationen über einer gegebenen Menge von Objekten.

Die x ε X werden Knoten genannt und als Punkte gezeichnet; symmetrische Relationen werden Kanten genannt und als Verbindungslinien zwischen den Knoten gezeichnet, zwischen denen sie gelten. Asymmetrische Relationen heißen gerichtete Kanten oder Bögen und werden als Pfeile zwischen zwei Knoten dargestellt. Verläuft eine (gerichtete oder ungerichtete) Kante von einem Knoten aus in diesen selbst zurück, nennt man sie Schlinge. Enthält ein G. nur Kanten, nennt man ihn ungerichtet; enthält er nur Bögen, heißt er gerichtet. Ein G. mit Kanten und Bögen wird gemischt genannt. Strecken und Winkel sind in einem G. nicht definiert; der durch einen G. aufgespannte Raum ist topologisch, nicht metrisch, enthält also nur Orte und Wege, aber keine euklidischen Distanzen. Die mathematische G.theorie leitet die für G. gültigen Sätze ab; sie gehört zur kombinatorischen Topologie. G. eignen sich als Modelle für ps. Prozesse und Strukturen, in denen metrische Distanzen und Winkel (z. B. Korrelationen) nicht definiert werden können oder sollen.

Ihre verbreitetste ps. Anwendung finden G. in den Netzwerkmodellen des semantischen Gedächtnisses, in denen Konzepte als Knoten, Relationen zwischen Konzepten als Kanten aufgefaßt werden (NORMAN & RUMELHART 1978). Das →Soziogramm ist ein G., in dem die Person auf die Knoten, die Wahlen auf die Kanten abgebildet werden. • das G. (Plural: die Graphe), linguistische Bez. für Schriftzeichen als kleinste Einheiten geschriebener oder gedruckter Sprache vor der Interpretation als Buchstaben (z. B. stellen a und A zwei Graphe, aber einen Buchstaben dar). [**L**] WAGNER 1970 *W. Glaser*

graphische Darstellung, die Veranschaulichung von Zahlenverhältnissen durch ihre Übertragung in räumliche Beziehungen (Diagramm, *plot*). Zum Unterschied von der Darstellungsform der →Tabelle kann die g.D. auch bei großem Zahlenmaterial ihre Übersichtlichkeit behalten. Allgemein wird die g.D. so angeordnet, daß auf der Waagerechten (Abszisse) das qualitative oder quantitative Merkmal und auf der Senkrechten (Ordinate) die auf die einzelnen Merkmalsgrößen oder Kategorien entfallenden Häufigkeiten abgetragen werden. →Profil, →Säulendarstellung

graphischer Ausdruck, die Ausdruckshaltigkeit alles graphisch, schriftlich Dargelegten. M. Th. HIPPIUS, R. KRAUSS und G. JUST haben den Ausdruckscharakter einfacher Strichzeichnungen untersucht und die rein ausdrucksmäßige Zuordnung zu bestimmten Gefühlslagen festgestellt. [**L**] KRAUSS 1930

Graphologie [gr. *graphein* Schreiben, *logos* Lehre], während sich die G. in ihrem Anfang im Mittelalter und zu Beginn des Jh. als Disziplin der →Ausdruckspsychologie verstand und auch heute noch unter psychodiagnostischen Fragestellungen die Zusammenhänge zwischen handschriftlichen Merkmalen und Persönlichkeitsausprägungen zu ermitteln versucht, ist sie unter der Forderung nach Quantifizierung und intersubjektiver Kontrolle mehr in den Bereich der →Graphometrie verlagert worden. Unter ausdruckspsych. Aspekten wird die Handschrift als eine «sprachlich-graphisch-bedeutsame Werkgestalt» mit hohem Individualitätsgrad betrachtet. Man kann innerhalb der Schriftps. verschiedene Forschungsrichtungen unterscheiden, z. B.

(a) die auf Beobachtung und Vergleich beruhende, empirisch-induktive Betrachtungsweise MICHONS und eine mehr auf Ganzheitsbetrachtung orientierte Analyse;

(b) experimentelle Ansätze deutscher Psychiater und Psychologen gegen Ende des vorigen Jahrhunderts (GOLDSCHNEIDER, ERLENMEYER, KÖSTER, PREYER, MEYER und der Kreis um den Erfinder der sog. Schriftwaage KRAEPELIN);

(c) die auf dem «Ausdrucks- und Darstellungsprinzip» und dem sogenannten «Formniveau» beruhende, «biozentrische» Methodik des in Deutschland bekanntesten Graphologen KLAGES;

(d) die eidetische, verstehende G. Sie erfaßt als Formpsychologie das Schriftbild unter allgemein- und raumsymbolischen Aspekten (PULVER) oder deutet Schriftgestaltungen als Bildnerei des Unbewußten (WOLFF);

(e) die kinetische G. Sie untersucht als Bewegungspsychologie den expressiven Anteil der Schreibspur als einer automatisierten Willkürbewegung (POPHAL).

In der älteren G. wurden viele einzelne Schriftmerkmale identifiziert, die dann zu ps. Merkmalen eine Beziehung aufzeigen sollten. Einige solcher Schriftmerkmale sind: Anfangs- und Endbetonungen, Bindungsformen (Strichführung wie Girlanden, Arkaden, Winkel, Faden etc.), Druckstärke (Strichbreitenunterschiede bei Auf- und Abstrich), Größe, Längenteilung (Ober-/Unterlängenrelation), Richtungscharakter (links- o. rechtsgerichtet). Schriftmerkmale sollen etwas über «Stabilität oder Labilität des Persönlichkeitsgefüges, Akzentuierung bestimmter Funktionsbereiche, Reife, Differenziertheitsgrad, Anfälligkeit für Konflikte und die Art etwaiger innerer Gegensätze, Kontaktbereitschaft und -fähigkeit, Selbständigkeitsgrad, Interessenrichtungen, Reichhaltigkeit oder Dürftigkeit der Gesamtanlage und anderes mehr» aussagen. Globale od. spezifische Merkmale, wie z. B. «Wesensart, Alter, Geschlecht, Krankheiten etc.» sind auch in der älteren G. nicht möglich.

Ähnlich wie bei den projektiven Verfahren sind durch die Einflüsse der psychometrischen Diagnostik und der Graphometrie Bestimmungen zu den Testgütekriterien vorgenommen worden. In zahlreichen solcher Arbeiten (FAHRENBERG & KONRAD 1965, WALLNER 1965) wurde ermittelt, daß die Validitätskoeffizienten eine zu niedrige Ausprägung erreichen, als daß sie als diag. Verfahren vertretbar wären. Auch bei exp. Untersuchungen, bei denen Graphologen Kriteriumsgruppen mit klarer Kriteriumszugehörigkeit (z. B. Berufserfolg o. sonst. Leistungskriterien) zugeordnet werden konnten, ist die Treffsicherheit graphologischer Diagnosen unzureichend. Trotz dieser Befunde geht bes. für Laien eine Faszination zur diagn. Urteilsbildung aus, die dazu führt, daß G. im industriellen Bereich auch heute noch zur Beurteilung (z. B. von Bewerbern) eingesetzt wird. Dieses Phänomen hängt vermutlich auch mit der Tatsache zusammen, daß Persönlichkeitsbeschreibungen in G.-Gutachten so vage und allgemein formuliert werden, daß sie immer zu «passen» scheinen. →Verifikationsphänomen

Graphometrie, Messen der Merkmale bei den Schreibbewegungen. →Schreibwaage, →Schreibmotorik

Graphomotorik →Schreibmotorik

Gratiolet, Louis Pierre (1815–1865), Anatom u. Zoologe / Paris

Gratioletsche Sehstrahlung [lat. *adiatio optica*], 1858 von GRATIOLET näher untersuchter Teil der →Sehbahn

Grauskala, die unbunten, neutralen Farben zwischen Weiß und Schwarz, →Farbe

Gravimeter [gr. Schweremesser], Aräometer, ein Gerät zur Bestimmung des spezifischen Gewichts. • Ein Testgerät zur Prüfung des Schwerefeingefühls sowie auch der Sorgfalt beim allgemeinen Arbeitsverhalten. →Gewichteheben, →Sinnesfunktionen (4)

Grazer Schule →Österreichische Schule

Greifraum, auch Nahraum genannt, Gebiet der räumlichen Orientierung beim Kinde, anschließend an die Entwicklungsphase des Oralraums. Alles im Bereich der Arme wird räumlich beobachtet. Die weitere Entwicklung führt zum Fernraum, den das Kind ungefähr vom 7. Monat an durch passive und aktive Lokomotion (Herumgetragenwerden und Herumkriechen) kennenlernt. • Arbeitspsychol. der auch als Griffeld bezeichnete Raum, in dem ohne Orts- oder Lageveränderung des Arbeitenden gegriffen werden kann.

Greifreflex [engl. *grasping reflex*], syn. Handgreifreflex. Wird die Handfläche eines Kindes bis zu 3 Monaten oder eines stirnhirnerkrankten Erwachsenen mit einem länglichen Gegenstand berührt, so wird dieser unbewußt umklammert und festgehalten. Der Reflex ist bei Kleinkindern normal und bei Erwachsenen einem subkortikalen Mechanismus zuzuschreiben, der durch einen Herd im Stirnhirn enthemmt ist. Er wird als Rückstand aus einer älteren Entwicklungsstufe betrachtet (Anklammern des Neugeborenen an den Körper der Mutter).

Grenze, erlebte Grenze, ein wesentliches Kriterium der Gliederung der phänomenalen Welt.

Als Kontur hebt sie die Figur vom Grund ab, als Kante und Ecke betont sie die Flächen an Gegenständen und als Farbsprung trennt sie die Farben voneinander. Die G. hat innerhalb der Figur sowohl die Funktion der Bindung (dem Strukturaufbau zugehöriges Moment) als auch die der einseitigen Trennung. Umgekehrt grenzt sie den Grund nicht gegen die Figur ab. Im Falle des Farbensprungs übernimmt sie die doppelte Grenzfunktion, die eine gegen die andere Fläche abzugrenzen.

Im Erinnern und Denken spielt die G. eine ähnlich wesentliche Rolle wie in der Wahrnehmung. Z. B. ist im Denken häufig die Einbindung von Teilen als lösungserschwerender Grenzverlauf, der aufgelockert werden muß, wenn die Lösung gefunden werden soll, von Bedeutung.

Die Grenzen der Sinne sind einmal durch die Minima der Unterschiedsschwellen und zum anderen durch die Breite (z. B. der Tontiefen und -höhen) des betreffenden Sinnes gegeben. Sie sind Ausschnitt einer bestimmten Zone aus einer größeren Skala physikalischer Erscheinungen. Sie variieren von Lebewesen zu Lebewesen. Während dem Hund noch bei 35 000 Schwingungen ein Tonerlebnis gegeben ist, liegt für den Menschen die Grenze bei etwa 20 000 Schwingungen pro sec. Damit sind gleichzeitig behaviorale G. gesetzt. • In der Topologie von LEWIN spielt die Grenze als Trennung und Verbindung von Regionen im Verhaltensraum für die möglichen Lokomotionen eine Rolle. Eine Wand im Raum, eine soziale Gruppe, die Regeln des Anstands gelten als Begrenzungen für Verhaltensmöglichkeiten. Wichtig für das faktische Verhalten sind Schärfe (ob z. B. Arbeit und Spiel für ein Kind genau geschieden sind) oder Stärke (ob sie unter gewissen Umständen zu durchbrechen sind). • Nach W. KÖHLER bauen sich die phänomenalen Grenzen ähnlich auf wie die Grenzen frei aufeinander einwirkender, sich nicht mischender Flüssigkeiten in der Physik. Z. B. wenn Öl in Wasser gegossen wird (vorausgesetzt gleiche spezifische Dichte), formen die Oberflächenkräfte, die gleichzeitig die Absetzung bewirken, die Grenze so lange um, bis die Oberfläche des Öls Kugelform annimmt. • SELZ, der den Versuch eines synthetischen Aufbaus der phänomenalen Welt aus ihren Qualitäten und Verbindungsweisen dieser Qualitäten in ihren Steigerungsverhältnissen unternahm, charakterisierte die G. als ausgezeichnete Stellen in einem Kontinuum, die ohne Vorgänger und Nachfolger sind. **[L]** WITTE 1952

Grenzkontrolle, Grenzregulation [engl. *boundary regulation*], von ALTMANN (1975) eingeführtes Rahmenkonzept, das bestimmte Wechselbeziehungen zwischen dem Individuum (bzw. einer Gruppe) und seiner (bzw. ihrer) unmittelbaren räumlich-sozialen Umgebung beschreiben und interpretieren helfen soll. Zugleich sollen damit einige separat entstandene ökops. Teilkonzepte *(privacy, personal space, territory, crowding)* integriert werden.

Privacy (Privatheit; KRUSE 1980) wird darin zunächst als ein spezifischer Sollzustand aufgefaßt, in dem Wünsche nach Häufigkeit und Intensität des Kontakte-Empfangens und des Kontaktaktivitäts-Aussendens in ein bestimmtes Verhältnis zueinander gesetzt sind. Die jeweiligen realen (Privatheits-)Gegebenheiten können zu dem jeweiligen erwünschten Idealzustand mehr oder weniger in Diskrepanz stehen. Unter *«crowding»*-Bedingungen («Beengtheits»-Erlebnissen) erscheinen übliche Mechanismen zur G., d. h. zur Veränderung der Individuum-Umgebungs-Beziehungen in Richtung idealer Privatheit, nicht mehr oder nur noch begrenzt verfügbar. Sonst dienen das Beanspruchen von Territorien bzw. eines «personalen Raums» (*personal space;* SOMMER 1969) der G. im Sinne einer Abwehr unerwünschter Kontakte. G. im entgegengesetzten Sinne würde der Vermeidung oder Beseitigung unerwünschter Isolation dienen. *G. Kaminski*

Grenzmethode, Grenzverfahren →psychophysische Methoden

Grenzstrang →Nervensystem, →Sympathikus

Gridtechnik →Gitter-Technik

Griffeld →Greifraum

GRIT, Abk. für *graduated reducing international tension*, eine von OSGOOD (1962) vorgeschlagene Strategie der abgestuften und wechselseitigen Initiativen zum Abbau von internationalen Spannungen. **[L]** ETZIONI 1969, OSGOOD 1962

Grobkoordination, ungeübte, weniger flüssige →Koordination

Größen-Gewichts-Täuschung →CHARPENTIER-KOSELEFF-Täuschung

Größenkonstanz →Konstanz, →Sehgröße

Größenschätzung →Skalierung, →Absoluteindruck

Größentäuschung →geometrisch-optische Täuschung

Größenwahn, zur Wahnvorstellung (vor allem bei Psychosen) übersteigerte Geltungssucht, wobei der Betroffene sinnlos übertriebene Eigenschaften, überhöhte soziale Stellungen u. a. m. sich zuschreibt

Größenwahrnehmung →Konstanz, →Skalierung

große Zahl, das «Gesetz der großen Zahl» besagt, daß mit wachsender Größe einer Stichprobe die Größe der zufällig bedingten Meßfehler abnimmt (Theorem von BERNOULLI).

Großhirn →Gehirn

Großstadt, für die Ps. ist die G. zu einem wichtigen Beobachtungsfeld geworden entsprechend den hier ausgeprägt hervortretenden spezifischen Anforderungen, Umweltbedingungen und sozialen Schichtungen.

Als einer der ersten hat wohl W. HELLPACH 1902 auf die «Reizsamkeit» der G. in seiner Arbeit «Nervosität und Kultur» hingewiesen und später die ps. Aspekte breit dargestellt. Die Sonderbedingungen der G. sind vor allem Ultraviolettarmut des Lichts, Verunreinigung der Luft, fehlender Naturboden, Lärmeinwirkung, hetzender Verkehr. Sie erzeugen Reizbarkeit, Aktivität, Vigilität, Akzeleration, Instinktänderung, rückläufiges Gemütsleben. Beim G.kind hat C. BENNHOLDT-THOMSEN auf die besondere Empfindsamkeit im vegetativen, hormonalen und zerebralen Sinne hingewiesen. →Grenzkontrolle

groupthink, Begr. von JANIS (1972) für die Tatsache, daß in Gruppen mit hoher Solidarität und Loyalität der Wunsch nach Einmütigkeit wichtiger sein kann als die Motivation, alternative Vorgehensweisen logisch und realistisch in Erwägung zu ziehen. Die Gruppenprozesse, Entscheidungen und Ergebnisse können dadurch beeinträchtigt werden und qualitativ weniger befriedigend sein. *B. Feger*

Growth hormone, Abk. GH →Wachstumshormon

Grünblindheit →Farbenblindheit

Grundeigenschaft [engl. *source trait*], eine hauptsächlich in der faktorenanalytischen Persönlichkeitsforschung gebrauchte Bez. für Eigenschaften, welche das Verhalten determinieren. G. sind hypothetische Konstrukte. Bei CATTELL läßt sich auf der Basis von Fragebogen menschliches Verhalten aus 16, im 16 PF zusammengefaßten Faktoren vorhersagen (→**[T]** CATTELL). Auch in nichtfaktoriellen Persönlichkeitstheorien wird der Begriff der G. oder seine inhaltliche Bedeutung verwendet. Als G. können z. B. die Konstanzbereiche (THOMAE) bezeichnet werden, die relativ gleichbleibende Merkmale der Person umfassen: Antriebe, Haltungen, Gefühlsansprechbarkeit u. a. **[L]** HUNDLEBY 1972 *H. Häcker*

Grundfunktionen, bei G. PFAHLER die nach Art und Stärke angeborenen Voraussetzungen seelischen Geschehens und Wachstums: Aufmerksamkeit, Perseveration, Ansprech-

barkeit des Gefühls und vitale Energie (Aktivität).
In ihren Merkmalen ist die Aufmerksamkeit eng oder weit, fixierend oder fluktuierend, objektiv oder subjektiv, analytisch oder synthetisch, diskret oder total. Die übrigen drei G. sind jeweils stark oder schwach; die Gefühlsansprechbarkeit wird außerdem noch durch das Vorwiegen der Ansprechbarkeit nach der Lust- oder Unlustseite gekennzeichnet. Die auf den Einzelmenschen zutreffende Kombination der G. ist dessen Grundfunktionsgefüge. Zwei Haupttypen stehen im Vordergrund: Typus der festen Gehalte (enge, fixierende Aufmerksamkeit, starke Perseveration), Typus der fließenden Gehalte (weite, fluktuierende Aufmerksamkeit, geringe Perseveration). →Grundcharakter, Grundeigenschaften, Radikal, Primäreigenschaft • G. nach JUNG →Hauptfunktionen

Grundgesamtheit →Population

Grundintelligenztest [T] CATTELL

Grundrate →Basisrate

Grundstimmung, die überwiegende Stimmungslage, die als Haltung zu sich und der Umwelt sich äußert. Die «Klangfarbe», das *«timbre»* des Verhaltens. Jede Erklärung sucht auf vererbte oder vorgeburtliche, auf frühkindliche oder später erworbene Bedingungen zurückzugehen. →endogen, →Gefühl, →Grundeigenschaft, →Grundfunktionen, →Stimmung(en), →Persönlichkeit, →Temperament, →Urvertrauen

Grundton, der tiefste (Ausgangs-)Ton eines tonischen Dreiklangs in Normallage. Bei «Umkehrung» liegt der Grundton in einer anderen Stimme eines Dreiklanges oder Akkordes. Grundton heißt auch der erste Teilton einer Obertonreihe. →Akustik

Gruppe, Anordnung von Dingen und Menschen, zugleich Ausdruck einer inneren Beziehung. In den Sozialwissenschaften sind G. ein Spezialfall der «menschlichen Plurale». Es genügt nicht das bloße Beisammensein von Personen als Menge bzw. als «soziales Aggregat» (PARSONS) oder die Gleichartigkeit von definierenden Merkmalen (Klassen), auch nicht, wenn im letzteren Fall das Definitionsmerkmal «gemeinsames Ziel» handlungsrelevant geworden ist (Verband). Um zwei oder mehr Personen die Bezeichnung G. zukommen zu lassen, müssen entweder zwischen ihnen – wenigstens ansatzweise – Interaktionen vorhanden sein oder sich eine Strukturierung, d. h. Ansätze zu einer Rollenverteilung, eingeleitet haben. Indem die Aktion zwischen den Gruppenmitgliedern zum Kriterium gemacht wird, kann sogar die gleichzeitige (*vis-à-vis*) Anwesenheit der Mitglieder vernachlässigt werden. – Als Arbeitsdefinition für G. ist vorgeschlagen worden (PROSHANSKY & SEIDENBERG 1965): «Zwei oder mehr Individuen, die kollektiv wie folgt charakterisiert werden können: Sie haben gemeinsame Normen, Überzeugungen und Werte und sie unterhalten implizit oder explizit definierte Beziehungen zueinander, so daß das Verhalten eines jeden Folgen für den anderen hat. Diese Merkmale (Eigenschaften) entstehen aus der Interaktion der Individuen und haben für sie Konsequenzen, wobei die Individuen hinsichtlich irgendeines spezifischen Gruppenziels ähnlich motiviert sind». In diese Definition ist die Organisation oder Struktur nicht aufgenommen, obwohl diese meist auch in funktionalen Gruppen (in Interaktion) entsteht. – Soziologische Unterscheidungen von G. sind Primär- und Sekundär-G. (COOLEY), d. h. natürliche G. wie die Familie, gegenüber willkürlichen Zusammenschlüssen; Klein- vs. Groß-G.; formelle vs. informelle G. (mit fließendem Gebrauch der Begriffe), für G. innerhalb einer planmäßigen Organisation oder für künstlich zusammengestellte G. gegenüber spontan sich bildenden G. sehr verschiedener Art (IRLE 1963). – Eine eher sozialps. Unterscheidung bezieht sich auf die Funktion der G. für das Individuum: Mitgliedschafts- vs. Bezugs-G. (*reference*-G., HYMAN 1942), die entweder eine normative oder eine Vergleichsfunktion hat, d. h. die Bezugs-G. setzt für das Verhalten und das Meinen des Individuums Normen, oder das Individuum, das selbst unsicher ist, vergleicht sein Verhalten mit der Bezugs-G. Letztere kann Mitgliedschafts-G., der das Individuum selbst angehört, sein oder nicht, d. h. das Individuum möchte ihr nur angehören (Nichtmitgliedschafts-G.). Eine ebenfalls ps. Beziehung wird gemeint, wenn Eigen- und Fremdgruppe (*ingroup-outgroup*, SUMMER 1906) unterschieden werden. Als Dimensionen der G. gelten neben der Größe die Stabilität, die Intimität, Kohärenz, Attraktivität und viele andere. Die Gruppenstruktur kann nach dem Vorbild von MORENO graphisch dargestellt werden (→Soziogramm, →Soziometrie). Als Beobachtungsverfahren zur Analyse von Gruppenstrukturen werden in vielen Fällen sog. Interaktionsprozeßverfahren verwendet, die im Kern auf BALES (1950) zurückgehen. Eines der aufwendigsten und sowohl theoretisch wie methodisch aus-

gefeiltesten Verfahren ist das SYMLOG (*Systematic Multi Level Observation of Groups*) von BALES & COHEN (1982).
Theorien der Gruppe (MULLEN & GOETHALS 1987, FREY & IRLE 1985, Vol. 2) gibt es vor allen Dingen zu Themen wie Führung, Macht, Konflikt und Entscheidung, aber auch zum Minderheiteneinfluß und zur Relation zwischen Gruppen. In den neueren Publikationen zur Sozialps. der Gruppe werden zunehmend Fragestellungen der sog. Intergruppenbeziehungen aufgegriffen. Intergruppenbeziehungen lassen sich als Schnittstelle von Themen aus den Bereichen der Vorurteils-, →Stereotypen- und Minderheitenforschung auf der einen Seite und der Sozialps. der Gruppe kennzeichnen. Themen, die in der aktuellen Forschung dominieren und z. T. auf eine lange Tradition zurückblicken können, sind Leistungsverhalten in Gruppen, einschließlich den Gründen und Ursachen für Leistungsvorteile und Leistungsverluste, soziale Dilemmata, Gruppenpolarisierung (die Polarisierung von Einstellungen und Entscheidungen durch Gruppenprozesse). Themen, die eher einer Angewandten Sozialps. der Gruppe zuzurechnen sind, wie die Analyse sozialer Netzwerke, Streß in Gruppen, Gruppen in verschiedenen Lebensbereichen wie Arbeit, Sport, Freizeit, im Bereich der Erziehung, der Justiz und in therapeutischen Kontexten sowie für die Probleme nationaler und internationaler Konflikte sind zwar zum einen Standardthemen der Soz. der G., variieren aber im Aufmerksamkeitsbereich der Forschung ganz beträchtlich. **[L]** BARON et al. 1992, BROWN 1988, FORSYTH 1983, LAWLER 1984 ff., PAULUS 1989, SADER 1994 *B. Six*

Gruppenanspruchsniveau →Anspruchsniveau

Gruppenarbeit, wird im allg. als Oberbegriff für →Organisationen mit flacher Managementhierarchie verwendet, in denen kleine, eng zusammenarbeitende →Arbeitsgruppen (Teams) von etwa acht bis zehn Mitgliedern weitgehend selbständig zugewiesene Aufgaben weitgehend selbständig organisieren, bearbeiten und kontrollieren. Ziele sind eine humane →Arbeitsgestaltung und Verbesserung der →Effizienz (vor allem durch Verringerung der Bürokratie und Managementebenen) und höhere Flexibilität der Gruppen bei der Umstellung auf veränderte oder neue Aufgaben, insbes. bei Kleinserienfertigung für kleinere, dynamische Märkte oder bei Einzelfertigung für Kunden mit Sonderwünschen. Historisches Vorbild ist der soziotechnische Systemansatz des Tavistock-Instituts (TRIST & BAMFORTH 1951). Er ist nach einer Untersuchung der Arbeitsorganisation einer Gruppe von Bergleuten in der englischen Kohleindustrie entstanden. Im Schacht South Yorkshire hatten die Bergleute im Unterschied zu anderen Schächten die mit der Mechanisierung des Kohlebergsbaus eingeführte Arbeitsteilung und Auflösung von Arbeitsgruppen vermieden und eine optimale Kombination ihrer traditionellen Gruppenarbeit mit der damals neuen mechanisierten Bergbautechnik gefunden. Die selbstorganisierte G. ermöglichte eine Verringerung der Arbeitsteilung in der Gruppe und führte zu geringeren Abwesenheitsraten, niedrigeren Unfallrisiken und höheren Leistungen. Nach dem soziotechnischen Systemansatz genügt es nicht, die Arbeitsorganisation in technischer Hinsicht zu optimieren. Das soziale und das technische System soll gemeinsam mit dem Ziel einer besseren «Passung» zwischen beiden Subsystemen gestaltet werden.
Teilautonome Arbeitsgruppen, wie sie insbes. in den skandinavischen Ländern und in Projekten zur «Humanisierung der Arbeit» in Deutschland im Rahmen des Programms des Bundesforschungsministeriums zur «Humanisierung der Arbeit» sowie in den Niederlanden eingeführt wurden, basieren auf dem soziotechnischen Systemansatz. Selbstorganisierte Gruppenarbeit wird oft durch regelmäßige Teambesprechungen zur Lösung offener Probleme oder →Qualitätszirkel begleitet. Neue Konzepte zum →lean management lassen sich ebenfalls hier einordnen. **[L]** BUNGARD & ANTONI 1993, CHERNS 1989, ULICH 1991 *S. Greif*

Gruppenbildung, bei wahrgenommenen Mannigfaltigkeiten entsteht durch Nähe, Ähnlichkeit oder strukturelle Merkmale der Glieder G., Gruppierung oder Bündelung (→Chunking). Es ist ein Teilprozeß der Informationsverarbeitung, der die Speicherung und das Problemlösen beeinflußt. • G. ist auch Bez. für den sozialps. Prozeß der Umformung sozialer Aggregate zu →Gruppen durch →Interaktionen der Individuen. G. begünstigende Faktoren – soweit empirisch untersucht – sind (a) räumliche Nähe (→z. B. FESTINGER et al. 1950), (b) Ähnlichkeit der Attitüden (NEWCOMB 1959), (c) Ähnlichkeit der individuellen Ziele und Bedürfnisse besonders bei funktionalen Gruppen. Die G. führt zuerst zu folgenden Merkmalen der Gruppe: (a) Gemeinsame

Ziele, (b) gemeinsame Normen, (c) Strukturierung durch Differenzierung der Mitglieder für die Besetzung bestimmter Positionen und damit Übernahme der zugeordneten Rollen und (d) Entstehung des sog. Wir-Gefühls oder der →Kohäsion.

Als idealtypischer Ablauf einer G. werden von TUCKMAN (1965) fünf Stufen angenommen: (1) *Forming* (erste Versuche der Annäherung der Gruppenmitglieder); (2) *Storming* (Erste Unstimmigkeiten und Konflike beim G.prozess); (3) *Norming* (Entwicklung der Gruppenstruktur, Harmonisierungsversuche und Entwicklung von Rollen und Normen); (4) *Performing* (Orientierung an den Gruppenaufgaben, Konzentrierung auf Leistung und Produktivität); (5) *Adjourning* (Normalisierung des Gruppenalltags, beginnende Desintegration). *R. Bergius*

Gruppendynamik, Begr. für die von LEWIN so bezeichneten kräftedynamischen Merkmale von Regionen hinsichtlich möglicher Lokomotionen. Sie bestehen darin, daß Individuen einander näher durch Kommunikation kommen, durch Angleichungen von Haltungen und Meinungen oder daß Gruppen sich in ihren Zielen nähern, soziale Hindernisse beseitigt werden. G. bezeichnet auch Prozesse, die im Verlauf sozialer Interaktionen bei der Ausübung von Macht und Einfluß, d. h. bei allen sozialisierenden Wirkungen auf die Person vorkommen. In Weiterentwicklung von LEWINS Ansatz entstanden innerhalb der Beziehungen zwischen Elementen der Gruppenstruktur (HEIDER 1958, CARTWRIGHT & HARARAY 1956). Danach besteht in einer zyklischen Struktur Ungleichgewicht, wenn in dem sie darstellenden →Graphen eine ungerade Zahl negativ bezeichneter Verbindungslinien zwischen den Elementen vorkommt. G. hat besonders in der z. T. ideologisch überbauten angewandten Sozialps. (→Gruppentherapie, →Selbsterfahrungsgruppe) eine modische Bedeutung erlangt.

G. ist auch Sammelbegriff für eine Reihe von Methoden und Techniken, die im Rahmen der Jugend- und Erwachsenenbildung dem Individuum im nichttherapeutischen Feld *(therapy for normals)* zu einer verbesserten Selbst- und Fremdwahrnehmung, zu erhöhter Kommunikations- und Kooperationsfähigkeit, Verständnis für soziale Prozesse usw. verhelfen sollen.

In den verschiedenen Organisationsformen (→sensitivity training, →Organisationslaboratorium, →Gruppendynamisches Laboratorium) angewandte Lernformen sind u. a. die →Trainingsgruppe, Arbeitsgruppen, Plan- und Rollenspiele sowie Übungen mit speziellen Lernzielen, viele davon aus anderen therapeutischen Richtungen wie Gestalttherapie, Psychodrama etc. – Hieraus haben sich eine Reihe von Theorien über Wesen und Verlauf solcher Gruppen entwickelt (BION, PAGES, SLATER), die alle erfahrungs- und nicht experimentell orientiert sind. Mit G. wird auch eine politisch-ideologisch-religiöse Bewegung bezeichnet, die durch Erlernen bestimmter Organisations- und Leitungsformen «friedliche Koexistenz» anstrebt. [L] COLLINS & RAVEN 1969, FORSYTH 1983, HOFSTÄTTER 1971, LEWIN 1936

gruppendynamisches Laboratorium, Organisationsform gruppendyn. Veranstaltungen, in dem sowohl die Ziele des →sensitivity trainings als auch des →Organisationslaboratoriums zu integrieren versucht werden

Gruppeneffektivität, Gruppenproduktivität wird gelegentlich syn. gebraucht, meist jedoch soll G. auch gleichzeitig die Arbeitszufriedenheit und das Gruppenklima berücksichtigen. G. ist von vielen Faktoren abhängig, wie z. B. von der Anwesenheit Anderer (→Soziale Erleichterung), aber auch von sog. Motivations- und Koordinationsverlusten (RINGELMANN-Effekt bzw. Soziales Faulenzen, *social loafing*).

Gruppenehe, dauernde Verbindung mehrerer Männer mit mehreren Frauen innerhalb einer Sippe, Verbindung von →Polygynie mit →Polyandrie; kommt bei einigen australischen Stämmen vor.

Gruppenentropie, Informationsgehalt (→Entropie) von Gruppenwahlen. Maß für die Übereinstimmung von gegenseitiger Wahl oder Ablehnung in einer Gruppe. Sie soll nach v. CUBE & GUNZENHÄUSER (1967) die Gruppenstruktur kennzeichnen. [L] HIEBSCH 1979 & VORWORG 1979 *H. Ries*

Gruppenentscheidung, die nach Interaktion in der Gruppe getroffene Entscheidung. Ein Teil der seit LEWINS Anregungen auf G. bezogenen Forschungen betrifft den →Risikoschub-Effekt. Verteilung und Auswahl der Informationen, Kommunikationswege, Status und Rolle der Gruppenmitglieder und deren Beziehung zur Bewertung ihrer Beiträge, Zufriedenheit mit der G. sind weitere Probleme der Forschung. [L] DAVIS 1979, STASSER u. a. 1980 *R. Bergius*

Gruppenfaktoren →Faktorenanalyse

Gruppenhomogenität, Übereinstimmung

der Gruppenmitglieder in ihren Merkmalen (z. B. Alter, Geschlecht, Interessen, Einstellungen, Fähigkeiten).

Gruppenintegration, Prozeß des Zusammenschlusses von Einzelpersonen zu einer Gruppe. Der Grad der G. wird Kohäsion bzw. Kohärenz genannt. Erleichtert wird die G. durch Nähe, Anziehung, Sympathie, aber auch durch gegenseitige Ergänzung und damit durch ein ausgewogenes Verhältnis von Gewinn der Gruppe durch die Mitgliedschaft einzelner und deren Gewinn durch die Mitgliedschaft in der Gruppe. *H. Ries*

Gruppenpädagogik, pädag. Strömung nach dem Zweiten Weltkrieg, in der auf den einzelnen (Jugendlichen oder Erwachsenen) indirekt über den Gruppenprozeß eingewirkt wird.

Soziale Gruppenarbeit und Gruppendynamik haben diese Richtung, in Deutschland seit 1949 durch das Haus Schwalbach in Wiesbaden maßgeblich vertreten, stark beeinflußt. Ziel ist (u. a.), die Kooperationsfähigkeit der Teilnehmer zu entwickeln und zu fördern, Impulse aus der Gruppe aufzugreifen und zu unterstützen, Entscheidungen durch die Gruppe fällen zu lassen. • Im heutigen Produktionsprozeß hat die Gruppenarbeit sich vielfach als notwendig erwiesen und dementprechend pädagogische Beachtung bzw. Ausrichtung erhalten.

Gruppenprüfung, die ps. Untersuchung mit mehreren Teilnehmern zugleich. Sie bringt Zeitersparnis, hat aber auch den Nachteil, daß der einzelne Teilnehmer weniger beobachtet und nach seinem Verhalten beurteilt werden kann. G. wurden in großem Ausmaß zuerst bei der amerik. Armee im 1. Weltkrieg durchgeführt. ([T] US Army, Yerkes). →Gruppen-Test

Gruppenpsychologie →Gruppe

Gruppenseele [engl. *group mind*], Ausdruck der (von den Individuen, die eine Gruppe bilden) unabhängigen Existenz einer Gruppe. Sie könne denken, entscheiden, Solidarität zeigen. Von McDougall (1920) formuliert, hat diese eigene Realität der Gruppe ebenso Parallelen zum «kollektiven Unbewußten» (Jung) und zum «Eros» (Freud), wie im «Wir-Gefühl» und der «Syntalität» (Cattell) der heutigen →Gruppendynamik. Heftige Kritik übte F. H. Allport (1962), die bei Moore (1969) und Wallace (1971) zum Kompromiß der «begrifflichen Realität der G.» führte. →System, soziales *H. Ries*

Gruppensituations-Test, bei diesem Test wird einer Anzahl (meist 6-8) Vpn eine bestimmte Aufgabe zur Lösung in Gemeinschaft gegeben (z. B. Brückenbauen). Das Verhalten jeder Vp und ihrer Beziehungen zu den anderen wird beobachtet. Der Test bezweckt, die «Gruppen-Eignung» wie auch die «Führungs-Eignung» zu bestimmen.

Gruppen-Test, Bez. für jeden Test, der so aufgebaut ist, daß er gleichzeitig einer größeren Probandenzahl vorgelegt werden kann (→Gruppenprüfung). Ggs. →Individual-Test. Die verschiedensten Tests können Gruppen-Tests sein, z. B. Intelligenztests, Schulreifetests, Tests zum technischen Verständnis, bestimmte Arbeitsproben. Bekannte deutsche Gruppen-Intelligenztests sind von Amthauer, Giese, Meili, Horn [T] entwickelt worden. Dazu kommen deutsche Ausgaben amerikanischer Tests, z. B. der West Yorkshire Group Test ([T] Tomlinson). Bekannte amerikanische Gruppentests sind: «Army General Classification Test» und «Revised Beta Examination» ([T] Yerkes) sowie die von L. L. und T. G. Thurstone herausgegebenen «Test of Mental Alertness» und «Primary Mental Abilities» (in den drei Ausgaben für Kinder von 5–7, 7–11, 11–17 Jahren). – Auch sprachfreie Gruppentests sind aufgebaut worden (→sprachfreie Tests).

Gruppentherapie, auf u. a. Pratt (1906), und Moreno (1925) zurückgehende Form von Psychotherapie, die heute im Rahmen verschiedener Therapieansätze (humanistisch, tiefenpsychologisch, verhaltenstherapeutisch) praktiziert wird. G. wird dabei nicht allein deshalb eingesetzt, weil sie – gleich gute Wirkung vorausgesetzt – ökonomische Vorteile gegenüber Einzeltherapie hat, sondern weil in ihr ganz spezifische Faktoren zum Zuge kommen.

In Abhängigkeit vom zugrundeliegenden Ansatz wird u.a. auf freie Diskussion bzw. Interaktion, das →Soziogramm, →die Soziometrie, und Rollenspiele zurückgegriffen.

Der gruppentherapeutische Prozeß kennzeichnet sich (in Abgrenzung zur Einzeltherapie) durch eine Reihe spezifischer Faktoren (vgl. Yalom 1975). Zu den instrumentellen Gruppenbedingungen zählen Kohäsion, Offenheit, Vertrauen, Arbeitshaltung. Konkrete Techniken bzw. wirksame Faktoren sind u. a.: Rückmeldung empfangen, Rückmeldung geben, Unterstützung, Modellernen, Rollenspiele, Psychodrama.

Es existieren vielfältige und verschiedene Ausprägungsformen von Gruppen: homogene (nach sozialen Merkmalen, Symptomatik usw.) und heterogene Gruppen; artifizielle (klinische, zum Zweck der G. gebildete) und präformierte (auch außerhab der Gruppe bestehende) Gruppen; geschlossene (mit konstanter) und offene Gruppen (mit wechselnder Zusammensetzung); ambulante und stationäre Gruppen. Die Wirksamkeit kann wegen dieser Unterschiedlichkeit der Gruppen nicht generell beurteilt werden, es gibt aber viele Hinweise, daß Gruppentherapien vergleichbaren Einzeltherapiebedingungen mindestens ebenbürtig sind. Während einzelne Patienten anfänglich gelegentlich Mühe damit haben, in der G. nicht einen Therapeuten allein für sich zu haben, ist G. im allgemeinen bei Patienten u.a. wegen der Möglichkeit des Austausches mit mehreren Mitpatienten beliebt. [L] FIEDLER 1996 *F. Caspar*

Gruppenverhalten, Sozialverhalten in der →Gruppe, →Ethologie

Gruppierung, Vorgang, bei dem unterscheidbare Einzelheiten zu Gesamtheiten (→Gestalten) zusammengefaßt werden. Die Fähigkeit zur G. ist Lernvoraussetzung und erfordert →Flexibilität des Denkens, sowie Abstraktion. →Clusteranalyse, →Faktorenanalyse.

Nach PIAGET (1947) ist G. «... eine bestimmte Gleichgewichtsform der (Denk-)Operationen, d.h. der verinnerlichten und zu Gesamtstrukturen organisierten Tätigkeiten ...». Die G. bewirkt ein Gleichgewicht «... zwischen der Assimilation der Dinge an die Tätigkeit des Subjekts und der Akkommodation der subjektiven Schemata an die Veränderung der Dinge» (PIAGET 1947). →Äquilibration. Der für die Mathematik zentrale Begr. «Gruppe» (POINCARÉ) wird auf Denkprozesse angewandt, indem bestimmte Verknüpfungen von Operationen angenommen werden. PIAGET beschreibt vier Systeme der G.: (1) die log. Operationen (Klassifizierung oder hierarchische Verschachtelung der Klassen, qualitative Seriation, Substitution, Reziprozität, Multiplikation der Klassen, genealogischer Stammbaum von Klassen und von Relationen); (2) infra-logische Operationen zur Konstruktion von Gegenständen und zur Erzeugung der Begr. von Raum und Zeit; (3) G. von Operationen, die Beziehungen zwischen Mitteln und Zwecken betreffen; (4) Gesamtheit der drei Operationssysteme, ausgedrückt in einfachen Aussagen. Die fünf Gleichgewichtsbedingungen der qualitativen G. sind: Komposition, Assoziativität, Identität, Reversibilität und Tautologie (PIAGET 1947). [L] MONTADA 1970 *R. Bergius*

GSCH [T] GESELL

GSR →psychogalvanische Reaktion

GT, Giessen-Test [T] BECKMANN

guidance [engl. Führung, Beratung], Oberbegr. für die vielseitige, differenzierte angew.-ps. Fürsorge- und Sozialarbeit, vor allem in der Form der →Beratung und der Therapie, speziell institutionalisiert sind: *educational* g., *vocational* g. und →child g. →child guidance clinic. • G. ist auch psychotherap. Begr.

Guilford, J. Paul (1897–1987), faktorenanalytischer Persönlichkeits- und Intelligenzforscher. Ph.D. an der Cornell-University (1927). Zusammenarbeit mit TICHENER und KOFFKA. Präs. d. APA (1949).

Guignol-Test [T] RAMBERT

Gültigkeit →Validität

Guru, im Indischen der Seelenführer, ähnlich dem →Psychopompos. • Heilslehrer, geistiger Führer im Hinduismus. • Person mit weitgehender Drogenerfahrung.

gustativ [lat. *gustus* Geschmack], auf Geschmack bezogen.

Gutachten, ein auf wissenschaftliche Verfahren gestütztes fachmännisches Urteil sowie die zusammenfassende Darstellung der aus den angewendeten Verfahren resultierenden Diagnose. Bei ps. G. beziehen sich die Untersuchungsverfahren auf die wissenschaftlich begründeten Testverfahren sowie andere bewährte Verfahren zur Datenerhebung. HEISS (1964) hat je nach Gutachtenzweck drei Formen unterschieden: Beim darstellenden G. werden die ermittelten Eigenschaften berichtet und gegeneinander abgehoben. Kommt das G. zu einer Stellungnahme, welche z. B. als Fragestellung definiert ist, so liegt ein sog. Prüfungs- oder Urteils-G. vor. Liegt ein solches Beurteilungskriterium nicht vor, soll jedoch ein Individuum im Hinblick auf zukünftiges Verhalten oder zukünftige Entscheidungen beraten werden, so spricht man vom beratenden G. KLOPFER (1960) hat die Einteilung von G. mehr unter dem Aspekt des Methodischen vorgenommen und unterscheidet demzufolge ein theorieorientiertes, testorientiertes, problemorientiertes, persönlichkeitsorientiertes, ichpsychologisch orientiertes G. Über den Aufbau und den Stil innerhalb eines G. sind verschiedene Vorschläge gemacht worden. Da jedoch ein G. immer einen Kommunikationsprozeß zwischen G.ersteller und G.empfänger notwendig macht und dieser nicht einheitlich sein kann, gibt es keine für alle G. verbindliche Vorschriften. Das ps. G. (der ps. Befund) ist heute kaum noch zu entbehrender Teil bei medizinischen, pädagogischen, juristischen, berufs- oder arbeitsbezogenen Entscheidungen. *H. Häcker*

gute Gestalt →Gestaltgesetze

Gütekriterien des Tests →Testgütekriterien

Guthrie, Edwin R. (1886–1959), Lerntheoretiker, der durch seine Arbeiten zur Kontiguitätstheorie bekannt wurde. Ph.D. an der University of Pennsylvania (1914).

Guttman, Louis A. (*1916), Sozialpsychologe, 1942 Ph.D. Minnessota-Univ., dann Cornell-Univ., anschl. Prof. Harvard-Univ., Mitglied des Center for Advanced Study in Behavior Sciences. Habrow-Univ., Israel. Bekannt durch seine psychometrischen Arbeiten, Entwicklung von Methoden dern non-parametrischen Analysen sowie sozialpsychologische Arbeiten.

Guttman-Skala, Methode zur Einstellungsmessung, bei der mit Hilfe einer Skalenanalyse homogene Skalen konstruiert werden. →Einstellungsskalen

Gynagogie [gr. *gyn* Weib, *agogos* leitend, führend], die psychotherapeutische Behandlung (allein oder zusätzlich) der Frau bei Störungen aus geschlechtsspezifischen Ursachen. **[L]** SCHAETZING 1963

Gynäkokratie [gr. *kratein* herrschen], Frauenherrschaft, Matriarchat →Mutterrecht

Gynandromorphie, Gynandrie [gr. *morphe* Gestalt], zwitterhaftes Auftreten männlicher oder weiblicher Geschlechtsmerkmale, Ausbildung weibl. Körpermerkmale beim Manne.

Gyrus [gr. Kreis], Hirnwindung →Gehirn

H

H, $_sH_R$, Symbol für «Habit-Stärke» [engl. *habit strength*], «Gewohnheitspotential» (HULL, SPENCE)

h² →Kommunalität

h² Abk. f. Hereditabilitäts-Index, der das Verhältnis von genetischer Varianz (genotyp. V.) zum Gesamt der beobachtbaren bzw. phänotypischen Varianz benennt.

Haab-Reflex, der auch als ideomotorischer bzw. kortikaler bezeichnete →Pupillenreflex, wonach im verdunkelten Raum die Pupillen sich stark zusammenziehen, wenn seitlich von den Augen eine Lichtquelle aufleuchtet und die Aufmerksamkeit (nicht die Blickrichtung) der Lichtquelle zugewendet wird.

hab →habit

habit [lat. *habitare* wohnen, bleiben], (1) →latente Verhaltenstendenz, (2) kleinste Lerneinheit, gleichbedeutend mit Reflex. Die ursprüngliche Bedeutung des Begr. wird in der amer. Ps. wegen der Festlegung der Definition im Sinne von (1) kaum noch verwendet: Gewohnheit, gewohnheitsmäßige Reaktion, also eine offenbare oder zu erschließende Handlung, die in ähnlichen Situationen immer wiederkehrt. Schon JAMES meinte, daß die meisten *instincts* (von denen nach seiner Terminologie die Menschen sehr viele hätten) schon bei der ersten Wiederholung ihres Auftretens zu *habits* werden. In der Pädagogik von DEWEY bezeichnet h. alles das im Menschen, was im Sinne von Erfahrung, als aktive und passive Anpassung im Laufe des menschlichen Lebens zu der ursprünglichen biologischen Ausstattung hinzuerworben wird. **[L]** HULL, THORNDIKE

R. Bergius

Habitat, ökologischer Begr. für einen Lebensraum bei Organismen. • i. ü. S. Umwelt menschl. Gemeinschaften.

habit-Familien-Hierarchie, eine gedachte (und erschlossene) Anordnung einer Reihe von latenten Verhaltenstendenzen für Mittel oder Wege zu einem Ziel. Die Integration dieser Dispositionen zu instrumentellen Handlungen in eine Reihenfolge der Wahrscheinlichkeit ihrer Erregung erfolgt nach HULL durch die differenzierende Wirkung der Verstärkergradienten bei der Konditionierung der einzelnen instrumentellen Handlungen an die Stimuli (sg), die von den →antizipatorischen (partiellen) Zielreaktionen (rg) gebildet werden. *R. Bergius*

Habitualisierung, Bez. für das Zur-Gewohnheit-Werden (Habituell-Werden) eines best. Verhaltens. →habit, →Gewohnheit

Habituation, Gewöhnung, das Absinken einer Reaktion (motorisch oder sensorisch) bei wiederholter Einwirkung desselben Reizes in relativ kurzen Intervallen. Von der H. abzusetzen ist die →Auslöschung (Extinktion). H. ist der →selektiven Wahrnehmung insofern verwandt, als bedeutungslos gewordene (redundante) Reize ihre Wirkung verlieren.

Habituationstraining →Konfrontationstherapie

habituell, gewohnheitsmäßig, regelmäßig, bleibend

Habituierungsmethode, experimentelle Methode der Säuglingsforschung, die sich zunutze macht, daß Säuglinge auf neue, unerwartete Reize mit vermehrter Aufmerksamkeit reagieren (→Orientierungsreaktion), während sie vertrauten, erwarteten Reizen weniger Beachtung schenken. Das Nachlassen der Aufmerksamkeitszuwendung bei wiederholter oder andauernder Darbietung eines Reizes (oder mehrerer Reize) bezeichnet man als Gewöhnung oder →Habituation. Am häufigsten untersucht wurde die visuelle Habituation. Sie drückt sich in der Abnahme der Häufigkeit und Dauer der Blickzuwendungen aus. Bei der Habituierungsmethode folgt einer Habituierungsphase eine Testphase. In der Testphase wird üblicherweise geprüft, ob der Säugling zwischen einem neuen und einem vertrauten Reiz diskriminiert, d. h. ob er dem neuen Reiz mehr Beachtung schenkt als dem vertrauten. Hierbei werden die beiden Reize mehrmals abwechselnd nacheinander oder gleichzeitig dargeboten. Die Habituierungsphase kann ebenfalls unterschiedlich realisiert werden. Die beiden wichtigsten Habituierungsverfahren sind die *fixed-trial procedure* und die *infant-control procedure*. Bei der *fixed-trial procedure* wird der Habituierungsreiz gemäß eines festgelegten Designs wiederholt für eine bestimmte Zeit dargeboten. Man spricht in diesem Fall auch von Familiarisierung. Anders als bei der *fixed-trial procedure* hängt die Dauer und Anzahl der Habituierungstrials bei der *infant-*

control procedure vom (Blick-)Verhalten des Säuglings ab. Außer in Untersuchungen zur Wahrnehmungsentwicklung im Säuglingsalter wurde die Habituierungsmethode auch erfolgreich eingesetzt, um frühe kognitive Kompetenzen zu diagnostizieren (z.B. →Objektpermanenz). **[L]** BORNSTEIN 1985 *H. Krist*

Habitus [lat.], die äußere Erscheinung, die Körperbeschaffenheit (z. B. apoplektischer H.), auch svw. körperlich-seelische Haltung der Person oder auch Erscheinungsbild eines Zeitabschnittes oder einer Gemeinschaft

Hackordnung, in tierps. Untersuchungen stellte SCHJELDERUP-EBBE beim Haushuhn eine soziale Rangordnung fest, vom Hackhiebe austeilenden «Despotenhuhn» bis zum Hackhiebe nur einsteckenden «Aschenputtel»

Haftneurose (-psychose), erlebnisreaktiver Persönlichkeitswandel durch den (meist ungewohnten) Freiheitsentzug und den damit erzwungenen Verzicht auf die bisherige Lebensführung.

Je nach Veranlagung des Häftlings treten neben depressiven Zuständen mit mehr oder weniger anankastischen wie auch phobischen Zügen verschiedene Grade der Auflehnung und des Demonstrationsbedürfnisses in Erscheinung: z. B. Haftknall mit Wutanfall, Schreien und Umsichschlagen, Haftstupor (→Emotionsstupor), Simulation (→GANSER-Syndrom), Begnadigungswahn. Im Ggs. zur Lagerhaft (→Lagerneurose) bietet die Einzel- bzw. Zweipersonenhaft besondere Möglichkeiten zur Querulanz und zu Beschwerden. →Deprivation

Halbierungsmethode, eines der direkten Verfahren der →Skalierung. Die subjektive Metrik, die einem physikalischen Reizkontinuum entspricht, wird dadurch ermittelt, daß vorgegebene physikalische Größen mehrfach zu halbieren (fraktionieren) sind. →Psychophysik *P. Day*

Halcion® →Triazolam

Haldol® →Haloperidol

Hälftespielraum, syn. Quartialabstand, Bez. für ein →Streuungsmaß

Halluzination [lat. *halucinari* träumen, faseln], Sinnestäuschung, Trugwahrnehmung. Wahrnehmungen ohne entsprechende Reize von außen, «die nicht aus realen Wahrnehmungen durch Umbildung, sondern völlig neu entstanden sind und gleichzeitig mit realen Wahrnehmungen (neben diesen herlaufend) auftreten» (JASPERS).

Alles Wahrnehmbare kann zu H. werden. Daher sind sowohl akustische wie optische, haptische, kinästhetische H. möglich und ebenso H. des Geruchs- und Geschmackssinnes, der Leibgefühle, des Gleichgewichtssinnes. Auch negative H. (das Nichtwahrnehmen) und teleologische H. (Ratschläge, Warnungen, Drohungen, Kritiken) werden unterschieden. Wichtig ist auch, daß die versch. H. auf versch. Erkrankungen schließen lassen. Optische H. belegen z. B. mehr die toxische Hirnschädigung als akustische H., die zu sog. Symptomen ersten Ranges der Schizophrenie gehören. Nach JASPERS kennzeichnet die H. die «Leibhaftigkeit», die →Pseudohalluzinationen dagegen die «Bildhaftigkeit». Den Unterschied zwischen H. und →Illusion beschrieb als erster ESQUIROL.

Halluzinogene, psychotrope Substanzen, die in meist schon geringer Dosierung die sensorische Wahrnehmung verändern und/oder psychotische Symptome ohne stärkere Beeinträchtigungen des Bewußtseins und kognitiver Prozesse hervorrufen, z. B. →LSD, →Meskalin. Chemisch ähneln einige H. →Serotonin, andere den →Catecholaminen. H. wurden als Hilfsmittel der psychopathologischen Forschung zur Induktion «experimenteller Psychosen» (Modellpsychosen) sowie auch als Hilfe in der Psychotherapie benutzt. **[L]** HESSE 1938, JACOBS 1984, REKO 1938, SCHMIDTBAUER & V. SCHEIDT 1997, SNYDER 1994 *W. Janke*

Halluzinose, Begr. für den vorwiegend (überwiegend) durch →Halluzinationen gekennzeichneten psychopathologischen Zustand. Normales Bewußtsein kann einhergehen. Von WERNICKE und KRAEPELIN eingeführt, fehlt dem Begr. noch die einheitliche Festlegung. Auch syn. für →Pseudohalluzinationen.

Halo-Effekt [gr. *halo* Rundung, Hof] →Hof-Effekt

Haloperidol, WZ Haldol®, durch P. JANSSEN entwickeltes und 1958 eingeführtes Psychopharmakon aus der Gruppe der →Neuroleptika vom Typ der →Butyrophenone. Hohe neuroleptische Potenz, leicht desaktivierend, geringe vegetative (insbes. kardiovaskuläre, anticholinerge) Nebenwirkungen, hohe Inzidenz von extrapyramidalmotorischen Störungen, hohe Wirksamkeit bei Schizophrenien. Die Wirkung wird über das Dopaminsystem durch Blockade der D_2-Rezeptoren vermittelt. Bei Gesunden in niedrigen Dosierungen kaum müdemachende Effekte. **[L]** BANDELOW et al. 1991, JANKE & DEBUS 1972, RAMMSAYER, 1997 *W. Janke*

HALSYS, Abk. für Hamburg-Lorr-Skala zur

Verhaltensdiagnostik psychischer Erkrankungen. Ein Beobachtungsinventar. [L] PAWLIK 1982

Haltlosigkeit, nach LERSCH die Lebensführung, die durch mangelnde innere Willensspannung charakterisiert ist. Daraus ergeben sich «die verschiedenen Persönlichkeitsformen des Stimmungs-, Affekt-, Trieb-und Gefühlsmenschen, des Menschen der Begierden und der Leidenschaften.» Je nach Grad der Antriebe stehen Passivität, Lässigkeit und Sich-gehen-Lassen oder impulsiv-ungehemmtes Tun im Vordergrund.

Haltung, der gesamtkörperliche durch Muskelinnervation hervorgerufene Spannungszustand, der einen «Haltetonus» erzeugt: die muskuläre Grundlage der «Haltung». Die individuelle Art der H. ist diagnostisch verwertbar. I. ü. S. spricht man auch von seelischen Haltungen (z. B. Werthaltung, →Einstellung, →Gesinnung). [L] ECKSTEIN 1937, KIETZ 1948

Haltungseigenschaften →Betragenseigenschaften

Haltungstypen →Typologie (Sprechtypen)

HAM-Modell, Abk. für *human associative memory*, ein menschliches assoziatives Gedächtnismodell von ANDERSON & BOWER (1973), auch Netzwerk-Modell: Konzepte (abstrakte «Ideen») und ihre Beziehungen und Assoziationen untereinander sollen durch Sprachzergliederung (im «linguistic parser») der eingehenden Propositionen (Sätze) in hierarchisch geordnete Netzwerke übersetzt werden. →mentales Lexikon. [L] BREDENKAMP & WIPPICH 1977

Hämatophobie [gr. *haima* Blut] →Erythrophobie

Hamburger Begabtenauslese [T] PETERSTERN

Hamburg-Wechsler-Intelligenz-Test [T] WECHSLER

Hamburg-West-Yorkshire-Gruppen-Test [T] SCHULTZE-HECHT-SICKERT

Hammerprobe →Sinnesfunktionen

Hammerwerk montieren [T] MOEDE

Hampton-Court-Labyrinth, das historische Labyrinth, welches in den Gärten von Hampton Court in England gefunden wurde. Modell für Tests, von W. S. SMALL (1901) in die Tierps. für Versuche mit Ratten eingeführt.

Hand, in vieler Hinsicht ps. bedeutsam: Als Ausdruckshand, d. h., als gestenbildendes und gebärdendarstellendes Organ, ist die Hand ein Mittel der Verständigung sowie der Darstellung seelischer Zustände. Eine besondere Form des Audrucks bringt die Hand in der Schrift hervor (→Graphologie).

Als Arbeitshand ist die Hand Gegenstand arbeits- und berufspsychologischer Forschung. Hierbei sind z. B. von Bedeutung: Handkraft, Handruhe, Ziel- und Treffsicherheit der Bewegungen, Feinmotorik und die Sinnesfunktionen der Hand (Tast-, Druck-, Temperatur-, Vibrations-, Schmerzempfindungen), die z. T. besonders hohe Leistungsfähigkeit (z. B. bei der Unterscheidung von Papierdicken, Prüfung von Oberflächen) erreichen können. In der Funktion und Ausbildung der menschlichen Hand liegt eine Bedingung für die gesamte Entwicklung des Menschen zu Kultur und Zivilisation. Auch Rechts- und/oder Linkshändigkeit lassen hierbei heute noch manche Frage offen. So ist Beidhändigkeit (Ambidextrie) als Geschickt-Sein mit beiden H. nur durch Übung erreichbar. In der Regel ist eine H. Führungshand, die andere Hilfshand.

Als Konstitutionshand, d. h. als für die Konstitution kennzeichnendes Organ, wird die Hand gleichfalls beachtet (KÜHNEL), wozu in weitestem Rahmen auch das zugezählt werden kann, was die →Chiromantik angestoßen hat. ARISTOTELES bezeichnet die Hand als «Organ der Organe» und CARUS als «merkwürdigstes Kapitel der Symbolik menschlicher Gestalt». [L] BÜRGER, DUCHENNE, KATZ, KOHLMANN, KÜHNEL

Hand-Dominanz-Test [T] STEINGRÜBER

Handgeschicklichkeit →Sinnesfunktionen (5)

Handgeschicklichkeitstest, Test zur Prüfung der psychomotorischen Faktoren der Handgeschicklichkeit (→Psychomotorik). Die psychomotorischen Funktionen der Hand umfassen hauptsächlich die Schnelligkeit und die Genauigkeit der Arm-Hand- Koordination. Auf der Grundlage der Augenscheinvalidität (→face validity) solcher Verfahren wurden auch ohne Kenntnis der voneinander empirisch abgrenzbaren Geschicklichkeitsdimension verschiedene apparative Verfahren konstruiert. Als solches kann z. B. das →tapping-Verfahren genannt werden. Über ein sog. Tremometer, bei dem geometrische Figuren in einer Metallplatte mit einem Kontaktstift zu durchlaufen sind, wird die Ruhe und die Treffsicherheit der Hand gemessen. Für viele motorische Tätigkeiten ist die Koordination der beiden Hände von Wichtigkeit. Die Prüfung dieser Funktionen wird z. B. durch Zweihandprüfer, Unterstiftzeichnen oder Drahtbiegeproben quantitativ bestimmt. Für die Leistungsmessung der visuell-motorischen Koordination wird hauptsächlich der →pursuit-rotor verwendet. Die häufig nicht einheitlich konstruierten Apparate zur Messung der Handgeschicklichkeit haben dazu geführt, daß heute nur wenige standardisierte und auch mit ausreichenden Normen versehene H. vorliegen. Die Möglichkeit der Anwendung elektronischer Steuerung und Registrierung bei der Konstruktion von H. führte in letzter Zeit zu Neukonstruktionen solcher Verfahren. [T] SCHOPPE 1972 *H. Häcker*

Händigkeit, beschreibende Bez. für die funktionelle Asymmetrie im Gebrauch der Hände. Diese kann sich in der Bevorzugung einer Hand zeigen oder in der Leistungsüberlegenheit einer Hand für bestimmte Bewegungsaufgaben. Linkshändigkeit ist für sich kein Anzeichen für körperliche oder ps. Insuffizienz. Sie ist bei Männern häufiger als bei Frauen («reine» Linkshänder ca. 5 % der männl. Bevölkerung). →Lateralität, →Hand *P. Day*

Handkraft →Sinnesfunktionen

Handlesekunst, Handlinien →Chiromantik

Handlung [engl. *action*], eine oft komplexe Abfolge von Bewegungen, die ein Individuum ausführt. Von dem bloßen →Verhalten hebt sich die H. dadurch ab, daß sie auf die Erreichung eines Zieles gerichtet ist.

Das Ziel kann in einer Veränderung der Umwelt oder in einer Veränderung der Situation des Individuums in seiner Umwelt bestehen. Die Erforschung des Handelns gehört zu den Aufgaben jeder Ps. (Handlungspsychologie). Stets wird bei einem Handeln mit «inneren» ps. Grundlagen gerechnet, auch dann, wenn diese nicht direkt beobachtbar und erforschbar sind. Solche Grundlagen bestehen einerseits in kognitiven Prozessen, d. h. in der Aufnahme, Speicherung u. Verarbeitung von Informationen aus der Umwelt (Wahrnehmen, Lernen, Denken) andererseits in den mit diesen in Beziehung stehenden konativen (od. emotionalen) Faktoren (Bedürfnisse, Gefühle, Affekte). Die normale, kontrollierte H. geht aus einem geordneten Zusammenwirken kognitiver u. emotionaler Faktoren hervor, wobei ein Erwägen verschiedener Motive bzw. zu erwartender Handlungsfolgen stattfindet. Man hat dies auch als «Wahlhandlung» bezeichnet. Ihr gegenüber steht die direkt aus einem starken momentanen Antrieb folgende, zwar auch zielgerichtete, aber nicht durch kognitive Faktoren kontrollierte («unüberlegte») sog. Trieb- oder Affekthandlung.

Exp. Unters. haben ergeben, daß für die geordnete H. ein mittleres psychophysisches Aktivitätsniveau am günstigsten ist. →YERKES-DODSON-Gesetz

Sowohl bei stark erhöhter Aktivation (affektive Erregung) wie auch bei stark erniedrigter (Schläfrigkeit) sind z. B. Reaktionszeiten erheblich verlängert. Bei höchsten Erregungsgraden ist die Orientierungsfähigkeit weitgehend aufgehoben (Panik), da kognitive Funktionen nicht mehr zum Zuge kommen. Viele H. im Alltag sind weitgehend «automatisiert», so daß weder ihre Antriebe noch ihr Vollzug deutlich bewußt werden. →Sprach-Handlung, →TOTE-Einheit

In der arbeitspsychologischen Handlungstheorie (oder «Handlungsregulationstheorie», vgl. VOLPERT 1992) werden die Begriffe Tätigkeit (→Arbeitstätigkeit) und H. in Anlehnung an RUBINSTEIN und LEONTJEW systematisch aufeinander bezogen. VOLPERT (1974) definiert eine H. als bewußtes, zielgerichtetes Verhalten. Sie stellt einen durch ein bestimmtes Ziel ausgrenzbaren Tätigkeitsabschnitt von beschränkter Dauer dar.

Handlungsforschung, Aktionsforschung →action research, von K. LEWIN für solche Unters. der Feldforschung eingeführter Begr., die praktische Bedeutung haben (Ggs. Grundlagenforschung). Inzwischen wandelte sich die Bedeutung. H. bedingt jetzt zusätzlich: (a) die unmittelbare Beteiligung des Forschers am Untersuchungsverlauf (Prozeß, soziale Interaktion); (b) die laufende Rückmeldung über die gewonnenen Ergebnisse an möglichst alle Beteiligten noch während der Untersuchung; (c) die emanzipatorische Zielsetzung (Veränderung im sozialen Feld). [L] HAAG et al. 1972, ULICH 1980, SCHUSSER 1981 *H. Ries*

Handlungskontrolle, Bez. von KUHL (1983) für die Fähigkeit, eine einmal gefaßte Absicht gegen konkurrierende Handlungstendenzen abzuschirmen, um das geplante Ziel zu erreichen. Das Konstrukt wurde eingeführt, um Befunde erklären zu können, die darauf hinweisen, daß hohe Motivation und hinreichend hohe Fähigkeit noch keine Zielerreichung garantieren. Handlungs- und Lageorientierung stellen die operationalisierbaren Konstruktdimensionen dar, wobei bei Handlungsorientierung die Aufmerksamkeit eines Individuums sowohl auf die gegenwärtige Lage als auch auf die Handlungsalternativen ausgerichtet ist. Die →Lageorientierung bezeichnet die Unfähigkeit, den Entscheidungsprozeß abzuschließen. →Selbstkontrolle

Handlungsmolekül (SCHANK 1972), besteht aus Handlungsatomen, am einfachsten aus P (*purpose* Absicht), A (*action* Handlung) und S (*state* Zielzustand). [L] AEBLI 1980

Handlungsprogramm, Verhaltensentwurf →TOTE-Einheit

Handlungsrudimente, angefangene und nicht weitergeführte bzw. beendete Handlungen. Auch Initialhandlungen genannt.

Handlungs-Tests, Bez. für alle Tests, bei denen die Ausführung einer Handlung (z. B. Ausführen von Besorgungen, Figurenlegen, Aufbauten) gefordert wird. Im besonderen stehen die Handlungs-Tests denjenigen Tests gegenüber, die sprachliche Formulierungen fordern. →performance, →Leistungstests

Handlungstheorie, ein System von Begriffen und fundamentalen Annahmen, das zur Interpretation von →Handlungen eingesetzt wird. Da das Konzept «Handlung» nicht nur in der Psychologie verwendet wird, sind H. im Rahmen verschiedener Disziplinen entwickelt worden (LENK 1984).
Philosophische H. bemühen sich um die gedankliche Analyse der allgemeinsten Implikationen des Handlungsbegriffs. H. in Sozialwissenschaften wie Wirtschaftswissenschaft, Soziologie, Politologie beziehen sich auch auf Gruppen, Organisationen, Institutionen als Akteure. In handlungstheoretischen Konzeptionen der Psychologie, Pädagogik, Linguistik, Arbeits- und Sportwissenschaft erscheint dagegen zumeist primär das Individuum als Akteur.
H. konzentrieren sich teilweise auf die strukturellen Voraussetzungen von Handlungen (wobei dann Begriffe wie →Situation, →Lebensraum, →Entscheidung im Vordergrund stehen), teilweise auf den Prozeß, den organisierten zeitlichen Ablauf der Verwirklichung einer Handlung (mit Kernbegriffen wie →Regulation, →Ebene, →hierarchische Organisation). Die mit H. zu leistende Interpretation wird teilweise als wertneutrale, deskriptiv-explanative Gegenstandsaufschließung verstanden, teilweise aber auch, beispielsweise in der Pädagogik, als eine den Interpreten normativ orientierende und somit sein pädagogisches eingreifendes Handeln vorbereitende (KAMINSKI 1979). «Handeln» wird dann als eine werthaft-ausgezeichnete, anstrebenswerte Geschehensart verstanden, die gegenüber anderen, minder wertvollen zu bevorzugen ist. [L] v. CRANACH et al. 1986, FÜHRER 1985, KAMINSKI 1990, KUHL & BECKMANN 1985 *G. Kaminski*

Handlungsregulationstheorie, die bes. v. HACKER u. VOLPERT für die Arbeitstätigkeit nützlich gemachte H. geht von folgenden Grundannahmen aus: 1. In jeder Tätigkeit setzt sich der Mensch mit seiner Umwelt auseinander u. verändert sie nach seinen Zielen. 2. Handeln wird durch die Bedingungen d. Umwelt mitbestimmt. Somit ist Handeln weder allein durch Denken noch durch Reagieren geleitet. 3. Menschliches Handeln ist in gesell. Zusammenhänge eingebunden. 4. Handeln hat prozessualen Charakter. *H. Häcker*

Handlungsunterbrechungen, Unterbrechungen, die den Ausführenden vor der Beendigung einer →Handlung zwingen, zunächst etwas anderes zu tun, bevor er sich wieder der zuvor unterbrochenen Handlung zuwenden kann. Beispiele sind Unterbrechungen durch Telefongespräche oder Besucher sowie Aufgaben mit vorrangiger Dringlichkeit. Auch systembedingte Wartezeiten (→Systemresponsezeiten) gelten als Handlungsunterbrechungen. H. beeinträchtigen die Effizienz der Arbeitsorganisation und können zu psychischen und physiologischen Beanspruchungen führen. In der →Arbeitspsychologie werden sie durch Verfahren der →Aufgabenanalyse erfaßt. [T] LEITNER, [T] GREIF

Handschrift →Graphologie

Handschrift-Test [T] GIESE

Hand-Test [T] BRICKLIN

HANES, KJ, Hamburger Neurotizismus- und Extraversionsskala →Faktorentheorien der Persönlichkeit. [T] BUGGLE

Hang-over-Effekt, Nachwirkungen von Pharmaka, bes. von →Schlafmitteln, meist Müdigkeit und vegetative sowie motorische Symptome *W. Janke*

haploid [gr. *haploos* einfach], einen einfachen Chromosomensatz enthaltend. Bei Wirbeltieren sind nur die Geschlechtszellen h.

Haploskop (HERING), Vorrichtung zur Vereinigung zweier getrennt beobachteter Sehobjekte in ein gemeinsames Sehfeld. Ein Stereoskop ohne Linsen und Prismen.

Haptik, haptisch [gr. *haptein* berühren], die Gesamtheit der Tastwahrnehmungen. Zum Tastsinn gehörend →Tastempfindung

haptische Umwelt, der Umweltbereich des Leibes, den die Person sich aufbaut, von der Wäsche und Kleidung bis zur Wohnung und der dabei gewählten Landschaft. [L] ROTHACKER 1952

hard-to-get-Effekt, sozialpsychologischer Begriff, der besagt, daß Liebe, die schwer zu erringen und unerfüllbar ist, zu einer Intensivierung der Liebesgefühle führt.

Harlow, Harry F. (1905–1981), Verhaltensforscher, der vor allem die Lernvorgänge bei Primaten untersuchte. Ph.D. an der Stanford-University (1930).

Harman, Substanz aus der Reihe der Carboline, die zu den →Alkaloiden gehören, die aus →Neurotransmittern durch Kondensation entstehen. Nach Tierversuchen beeinflußt H. die Aktivität des N. accumbens, der eine wichtige Struktur des dopaminergen Belohnungssystems darstellt. *W. Janke*

Harmin, Substanz in südamerikanischen Lianen (Banisteriopsis, Caapi, Ayahuasca, Yage) vorkommend. Wegen seiner psychedelischen Wirkungen früher von Indianern benutzt. H. ist ein Stoff aus der Reihe der Serotonin-beeinflussenden →Psychotomimetika. [**L**] BALICK & COX1997, JULIEN 1997 *W. Janke*

Harmonische, auch Teil- od. Oberschwingung genannte, einer reinen Sinusfunktion entsprechende additive Komponente einer beliebigen Schwingung (→Klang). Für eine vorgegebene Schwingung werden die H. mit der →FOURIER-Analyse gewonnen; ihre Frequenzen sind ganzzahlige Vielfache der Grundfrequenz. *W. Glaser*

harmonisches Mittel →Mittelwert

Haschisch [arab. Kraut], orientalisches Rauschmittel (bzw. Suchtstoff), das aus dem Harz des →Cannabis sativa gewonnen wird. H. führt individuell unterschiedlich zu Dämmerzuständen, Euphorie, Unruhe, Wahrnehmungsveränderungen, Halluzinationen →Sucht, →Cannabis, →Marihuana

Haß, intensives (intentionales) Gefühl der Abneigung, Feindseligkeit. Steigerung bis zur Vernichtung (tödlicher Haß). H. ist Gegenpol zur →Liebe; doch gibt es auch die Verschmelzung in der Haßliebe. [**L**] EIBL-EIBESFELD 1970, LERSCH 1964

Häufigkeit, in der deskriptiven Statistik die Anzahl der Elemente einer Population (oder Stichprobe), die in eine bestimmte Merkmalsklasse fallen. Setzt man die H. f(xi) einer Klasse i der Variablen x zur Gesamtzahl von N Beobachtungen in Beziehung, erhält man die relative H.: p(x) = f(x)/N. →Häufigkeitsverteilung *E. Mittenecker*

Häufigkeitsverteilung, aus der H. ist zu ersehen, wie häufig eine Klasse einer Variablen in einem Datensatz vorkommt.

Es gibt verschiedene Möglichkeiten der →graphischen Darstellung von H. Handelt es sich bei dem untersuchten Merkmal um eine Nominalvariable, ist das Säulendiagramm die geeignete Form der graphischen Darstellung. Über jede Klasse der Variablen ist eine Säule gezeichnet, die durch ihre Höhe die Häufigkeit ihres Vorkommens angibt. Die Säulen berühren sich untereinander nicht. Auch das Sektorendiagramm, das die Häufigkeit der Klassen durch unterschiedlich große Sektoren eines Kreises veranschaulicht, ist bei Nominalvariablen üblich. Bei Ordinal-, Intervall- und Verhältnis-Variablen ist das Histogramm, Treppenpolygon oder Stufendiagramm (alles syn. Bez. für denselben Sachverhalt) üblich, bei dem die einzelnen Klassen eines Merkmals nicht (wie im Säulendiagramm) durch Zwischenräume getrennt, sondern direkt miteinander verbunden sind. Verbindet man die Klassenmittelpunkte eines Histogramms miteinander, so entsteht das Frequenzpolygon. Addiert man die Häufigkeit jeder Klasse zu jeder der vorangegangenen Klassen und zeichnet man die Summen in die Klassenmitten ein, so erhält man durch Verbindung dieser Punkte das Summenfrequenzpolygon. *G. Lüer*

Hauptachsenmethode, von HOTELLING eingeführte Methode zur Extraktion einer Matrix von Faktoren aus einer vorliegenden Interkorrelationsmatrix von n Variablen. Die Summe der Quadrate der «Ladungen» eines Faktors a in den n Variablen $a_1^2 + a_2^2 + \ldots + a_n^2$ wird bei jeder Extraktion maximalisiert. →Faktorenanalyse, →Centroidmethode *E. Mittenecker*

Hauptfarben, die als rein/einfach erlebten Farben; die anderen Farben sind dann Zwischenfarben. HELMHOLTZ nennt drei: rot, grün und blau (die Ecken des →Farbendreiecks), HERING dagegen vier: rot, grün, gelb, blau (Basis des →Farbenoktaeders). Die →Zonentheorie versucht, die trichromatische Theorie und die Theorie der Gegenfarben zu vereinen. *H. Ries*

Hauptfunktionen, nach JUNG Denken, Fühlen, Intuieren (Erschauen), Empfinden. Auch als →Grundfunktionen bezeichnet. Gegliedert in zwei rationale, zwei irrationale Funktionen mit Introversion und Extraversion als Einstellungsarten. →Intuitionsfunktion

Haus-Baum-Person-Test [**T**] BUCK

Hauser, Kaspar →Kaspar HAUSER

Hautpotential, die zwischen verschiedenen Stellen der Körperoberfläche bestehenden elektr. Potentialdifferenzen, die, wie der Hautwiderstand, sich ändern (im Tagesablauf, auf emotionale u. a. Einflüsse). →Hautwiderstand, →psychogalvanische Reaktion

Hautreaktion →Hautpotential, →Hautwiderstand, →psychogalvanische Reaktion

Hautsinne →Sinne, →Sinnesmodalitäten

Hautwiderstand, der elektrische Widerstand der Haut gegenüber einem durchfließenden schwachen Gleich- oder Wechselstrom. Zu klinisch-diagnostischen Zwecken wurde der Hautwiderstand besonders von REGELSBERGER («Elektrodermatogramm») erforscht. Auch Zuordnungen zu ps. Merkmalen wurden versucht, z. B. der affektiven Reaktionslage. →Hautpotential, →psychogalvanische Reaktion. • Ps. bedeutsam sind die rasch eintretenden und kurz dauernden Änderungen des Hautwiderstands (→psychogalvanische Reaktion). • Der Widerstandsmessung entsprechende Methoden sind das von STEINWACHS und BOUCKE entwickelte Verfahren zur Oberflächen-Hautfeuchtigkeitsmessung und das kristallhygrometrische Verfahren von HILDEBRANDT. **[L]** BRECHT et al. 1954, REGELSBERGER 1949

HAWIE **[T]** WECHSLER

HAWIK **[T]** WECHSLER

HAWIVA, Hannover-WECHSLER-Intelligenztest für das Vorschulalter **[T]** EGGERT

Hawthorne-Untersuchung, Bez. für die in den Jahren 1927–1939 von MAYO (1933, 1946) und Mitarbeitern in den Hawthorne-Werken der Western Electric Co. (USA) durchgeführte betriebsps. Untersuchung.

Mit Befragungsaktionen und in eigens geschaffenen Versuchsarbeitsräumen wurden alle Faktoren, die ps. und physiologisch den Arbeitsverlauf beeinflussen, erhoben und variiert. Aus der Vielzahl der Ergebnisse ist als besonders bedeutsam der Primat der Sozialbeziehungen hervorzuheben; das sozialps. Klima ist entscheidender als äußere Faktoren wie Pause, Arbeitszeit, Beleuchtung u. a. m. Auch die Bedeutung der «informellen Gruppe», des Sicherheitsbedürfnisses, des persönlichen Ansehens, der «inneren» Beteiligung an der Arbeit u. a. m. wurde erhärtet. Weiteres →Betriebspsychologie

Hazard-Funktion, ist ein wichtiges, modernes Konzept in der →Reaktionszeitforschung. Allgemein gibt die H. die Stärke der Tendenz an, daß ein Ereignis (z. B. eine Reaktion auf einen Reiz) zu einem bestimmten Zeitpunkt t auftritt, falls das Ereignis bis zu diesem Zeitpunkt noch nicht aufgetreten ist: Die H. gibt sozusagen die momentane Reaktionstendenz an. Die H. ist für $t > 0$ definiert als

$$\lambda(t) = \frac{f(t)}{1 - F(t)}.$$

Dabei ist f(t) die →Dichtefunktion und F(t) die →Verteilungsfunktion der Reaktionszeit. Die H. ist daher durch ihre Verteilung eindeutig festgelegt. Obgleich sich manche →Verteilungen in ihrer Form nicht besonders unterscheiden, können sich ihre Hazardfunktionen erheblich unterscheiden. **[L]** LUCE 1986

R. Ulrich

H-D-T, Handdominanz-Test **[T]** STEINGRÜBER

Head, Henry, Sir (1861–1940), Neurologe / London

Headsche Zonen, diejenigen Zonen der Haut, deren sensible Nervenfasern mit demselben Rückenmarksegment verbunden sind wie die eines bestimmten inneren Organs. Bei der Erkrankung solcher Organe treten in den Hautzonen reflektorische Schmerzen als Hauthyperalgesie und -hyperästhesie auf.

Hebb, D. O. (1904–1985), Psychophysiologe, der die Bedeutung der frühkindlichen Erfahrungen für die geistige Tätigkeit untersuchte. Ph.D. an der Harvard-University (1936).

Hebelsystem **[T]** MEILI

Hebephrenie [gr. *hebe* Jünglingsalter], veraltete Bez. für Form der →Schizophrenie, vorwiegend im Pubertätsalter einsetzend (Jugendirresein). Erstmals von HECKER 1871 beschrieben und von KRAEPELIN als Form der Dementia praecox zugeordnet.

Hedonismus [gr. *hedone* Lust], philosoph. Lehre (ARISTIPP), die den Sinnengenuß zum höchsten Ziel setzt.

Heerespsychologie →Wehrpsychologie

Heilpädagogik →Sonderpädagogik

Heilschlaf, durch Schlaf- und Dämpfungsmittel erreichter Schlafzustand – oft über mehrere Tage (Dämmerschlaf) bis Wochen (Dauerschlaf) – zum Zwecke der Herabsetzung des Stoffwechsels. Ziel ist die Unterbrechung eines Circulus vitiosus von Erregungs- u. Erschöpfungszuständen z. B. bei Tetanus, Hirnverletzungen, Schizophrenie.

Heimkehrfähigkeit, die bei Tieren zu beobachtende Fähigkeit, aus größeren Entfernungen wieder an einen bestimmten Punkt (Nest) zurückkehren zu können. Erklärungsannahmen auf Grund umfassender Untersuchungen sind dargestellt bei. **[L]** SCHMIDT-KOENIG & KEETON 1978

Heimkind, Gefahren ps. Fehlentwicklung des H. sind vor allem: starke Passivität und Beziehungslosigkeit zur Umwelt oder Protest und Ablehnung. →Deprivation. Die Bedeutung der mütterlichen Zuwendung schon in der frühesten Jugend ist für eine umweltangepaßte Entwicklung entscheidend. →Depression, anaklitische

Heine-Medinsche Krankheit →Poliomyelitis anterior

H

Heine, Jakob v. (1800–1897), Orthopäde / Stuttgart

heißer Stuhl →hot-seat-Technik

helfendes Verhalten →P weiß, daß ein in seiner Macht stehendes Verhalten X dem →O nützt und intendiert, Verhalten X auszuführen. →prosoziales Verhalten →Altruismus. **[L]** MACAULAY & BERKOWITZ 1970, BARTAL 1976

Heliotropismus [gr. *helios* Licht, Sonne, *tropein* sich wenden] →Tropismus

Helladaptation [engl. *light adaptation*], die Anpassung des Auges an die →Helligkeit. →Adaptation

Hellempfindlichkeit des menschlichen Auges, wird ein →Spektrum mit gleicher Energie für alle Wellenlängen ausgestrahlt, so erscheinen die an den Enden liegenden Farben deutlich dunkler als die übrigen und verlieren sich schließlich ins Schwarz, das der Grenze des sichtbaren Spektrums entspricht. Der Begr. «gleiche Helligkeit für verschiedene Farben» ist also nicht allgemein durch gleiche Strahlungsenergien ihrer Wellenlängen auszudrükken (→Helligkeit).

Helligkeit, die Intensität einer visuellen Wahrnehmung, die von der Leuchtdichte, Beleuchtungsstärke oder dem Lichtstrom und der Wellenlänge der Strahlung abhängig ist. Die Unterschiedsempfindlichkeit für Helligkeitsänderungen ist groß; Intensitätszunahmen von ungefähr 1/100 werden noch bemerkt. →Hellempfindlichkeit

Helligkeitskonstanz →Konstanz

Helligkeit, spezifische (E. HERING 1889), die Ähnlichkeit einer Farbqualität mit Weiß bzw. Schwarz. Ein gesättigtes Gelb wirkt heller als ein gesättigtes Blau. Bei gleicher Helligkeit von Blau und Gelb erscheint entweder das Gelb schmutzig olivgrün oder das Blau ausgebleicht. HERING ordnet die Farben nach ihrer spezifischen Helligkeit in folgende Reihe: Weiß, Gelb, Rot, Grün, Blau, Schwarz. →Farbsysteme, anschauliche, →Photometrie, →Hellempfindlichkeit des menschlichen Auges.

Hellsehen, angebliche Fähigkeit, Tatbestände oder Zusammenhänge in übernormaler Weise (d. h. nicht mit normaler Sinneswahrnehmung und über weite Entfernungen) aufzufassen, z. B. das Lesen verschlossener Briefe oder das Sehen von Ereignissen an anderen Orten oder auch kommende Ereignisse vorauszuschauen. H. wird auch Luzidität und, sofern das Voraussagen einbezogen ist, Präkognition und Prophetie genannt. →Parapsychologie

Helmholtz, Hermann Ludwig Ferdinand v. (1821–1894), Mediziner, Physiker, Physiologe / Königsberg, Heidelberg, Berlin

Helmholtzsche Quadrate, zeichnet man ein Quadrat neben zwei gleich großen, in denen die Fläche durch waagerechte bzw. senkrechte Parallelen erfüllt ist und die entsprechenden Quadratseiten nicht ausgezogen wurden, so erscheint die Fläche dieser zwei Quadrate größer als die des leeren.

Helson, Harry (1898–1977), Begründer der Adaptations-Niveau-Theorie. Ph.D. an der Harvard-University (1924), Cornell-Univ., Univ. of Massachussets.

Hemeralopie [von gr. *hemera* Tag], Tagsichtigkeit bzw. Nachtblindheit (weil nur bei Tag sehend). Ggs. Nyktalopie

hemi... [gr.] in Wtvb. halb **[E]**

Hemianopsie, Halbseitenblindheit mit Ausfall einer Hälfte des Gesichtsfeldes; z. B. bei Hirnverletzungen

Hemiparese, einseitige Parese (leichte Lähmung), unvollständige Halbseitenlähmung inf. einer Läsion

Hemiplegie [gr. *plege* Schlag], einseitige Lähmung des Körpers, meist durch Erkrankungen oder Blutung im Hirnstamm ausgelöst

Hemisphäre, Halbkugel, z. B. des →Gehirns

Hemisphärenspezialisierung, unterschiedliche Informationsverarbeitung durch die beiden Hirnhälften. Bei 95 % der Rechtshänder und 60 % der Linkshänder ist die linke / rechte Hirnhälfte «zuständig» für: Sprache / räumliche Vorstellung; logisch-assoziatives / intuitiv-ganzheitliches Denken und Fühlen; Zeit / Raum; Vergangenheit u. Zukunft / Gegenwart. Der Dominanzannahme der linken Hirnhälfte tritt die Auffassung von der gegenseitigen Ergänzung entgegen. Die →split-brain-Forschung von SPERRY u. a. hat die systematische Einsicht in die H. gefördert. →funktionelle Asymmetrie, →Lateralität

H. Ries

Hemmer →Pharmakopsychologie

Hemmung [engl. *inhibition*], (1) Störung des normalen Ablaufs ps. oder auch körperlicher Funktionen. (a) H. des Vorstellungsverlaufs bzw. der Gedächtnistätigkeit, im einzelnen als assoziative (nach EBBINGHAUS: reproduktive), proaktive, →retroaktive Hemmung. Eine Form der zuletzt genannten Gedächtnishemmung ist die bes. von ROHRACHER beschriebene affektive H., die auftritt, wenn nach der Informationsaufnahme oder nach dem Lernen ein starker Affekt erregt wird. Neues Lernen kurz vor der Wiedergabe eines früher gelernten Materials erzeugt nach SEMON die ekphorische H., die mit mehr Recht eigentlich reproduktive H. genannt werden könnte. Das →RANSCHBURGsche Phänomen ist eine Ähnlichkeitshemmung. (b) Ein Reflex kann durch den Einfluß höherer Zentren gehemmt werden, ebenso durch gleichzeitig auftretende andere Reize. PAWLOW: innere und äußere oder interne und externe H. (→Auslöschen, →Lernen, →Gedächtnis, →Reaktionspotential, →Verdrängung, →Vergessen). (2) Charakterologisch gilt H. als Verhaltensweise. Ursachen können sein: Angst, Minderwertigkeitsgefühle, Schuldgefühle, Beziehungsgefühle und anderes. Die →Gehemmtheit der Antriebe hat SCHULTZ-HENCKE (1940) systematisch unter tiefenps. Aspekt abgehandelt (→kaptative H., →retentive H.).

Während die unter (1) (a) genannten Beeinträchtigungen von Reproduktionsprozessen durch Interferenz von assoziativen Prozessen erklärt werden (→Transfer, negativer), sollen die unter (1) (b) aufgezählten H. selbständige Prozesse sein. Die zentrale H. besteht allerdings nach PAWLOW in einer Erregung, die sich als H. auswirkt. Die konditionierte H. (PAWLOW) soll durch neutrale Stimuli ausgelöst werden, die wiederholt mit dem konditionierten Stimulus ohne Verstärkung (unkonditionierter Stimulus) geboten worden sind (auch externe oder äußere H.). Aus der internen H. (PAWLOW), einem physiologischen Gegenprozeß zur Erregung durch den konditionierten Stimulus, der bei häufiger Darbietung des konditionierten Reizes ohne Verstärkung kumuliert und die Löschung der konditionierten Reaktion bewirkt (auch auslöschende H.), wird in HULLs Theorie die →reaktive H., ein formalneutrales (nicht-physiologisch gemeintes) Konstrukt, das auch als negativer Antrieb (Ir) oder als konditionierter negativer Antrieb (sIr) bezeichnet wird. Die gegenwärtige Gesamtmenge der kumulierten H. ist das sog. effektive Hemmungspotential (sIr). Beim Konditionieren mit verzögerter Darbietung der Verstärkung (UCS) entsteht die zeitliche oder Verzögerungs-H. (PAWLOW), *inhibition of delay* (HULL), Überlagerungs-H. (PAWLOW 1953). Differenzierungs-H. und induzierte H. sind auch für PAWLOWS Erklärung des Schlafs entscheidend. Die reziproke H. erklärt nach WOLPE (1968) die Gegenkonditionierung. Die sog. örtliche H. (auch räumliche H. genannt) oder die →laterale H. ist eine sensorische H. und wird zur Erklärung scharfer visueller Umrisse durch Kontrast in der Neurophysiologie postuliert (H.felder). Erregung in einer Region der Retina wirkt als H. in der Nachbarregion. Davon abzuheben sind die von HERNANDEZ-PEON wahrscheinlich gemachten selektiven zentralen H.mechanismen zur Erklärung der Aufmerksamkeitsprozesse (durch Filterung). Zur kollateralen H. und Habituation siehe auch SOKOLOV et al. (1970), BECKER-CARUS (1981) und BIRBAUMER (1975). Wenn bei der antagonistischen H. von Beuge- und Streckmuskeln die hemmenden Synapsen auf die Zellen zurückwirken, von denen sie erregt werden, bezeichnet man diese H. als Feedback-H. Ein Beispiel für derartige hemmende Schaltkreise von Motoneuronen ist die RENSHAW-H. Angeborene-Auslöse-Mechanismen (→Ethologie, →AAM) haben auch eine H.funktion (Block). Die soziale H. oder berufliche H. sind analogische Termini aus der Persönlichkeitspsychologie. Zu den H.theorien vgl. auch KLING & RIGGS 1971, BIRBAUMER 1975. *R. Bergius*

Hemmung (persönlichkeitsps. Bedeutung), in der EYSENCKschen Persönlichkeitstheorie wird das Postulat der H. als explikatives Konstrukt zur Erklärung der Dimension Extraversion/Introversion eingeführt. Nach EYSENCK unterscheiden sich menschliche Individuen hinsichtlich der Schnelligkeit, mit der eine →reaktive Hemmung produziert wird, in der Stärke der reaktiven H. und in der Schnelligkeit, mit der die reaktive H. verschwindet. Diese Differenzen selbst sind Eigentümlichkeiten der physischen Substrate (Postulat der individuellen Differenzen). Individuen, in denen reaktive H. schnell wächst, in denen starke reaktive H. erzeugt werden und in denen reaktive H. langsam verschwinden, neigen zur Entwicklung extravertierter Verhaltensweisen und in Fällen eines neurotischen Ausbruchs zur Entwicklung hysterischer Störungen. Auf der anderen Seite gibt es Individuen, in denen sich die reaktive H. langsam entwickelt, in denen schwache reaktive H. produziert werden und in denen sich reaktive H. schnell vermindern. Diese sind empfänglich für die Entwicklung introvertierter Verhaltensweisen (Postulat der typologischen Relevanz). *H. Häcker*

Hemmung, konditionierte →Hemmung

Hemmung, reaktive, nach der Lehre von HULL eine hypothetische Variable, die die Reduktion der Intensität und der Häufigkeit bei Reaktionen erklären soll. Nach HULL werden bei Reiz-Reaktionsvorgängen Zustände herbeigeführt, die dahin tendieren, die Erregung zu hemmen. →Reaktionspotential

H

Hemmung, reziproke →Verhaltenstherapie, →Hemmung

Hemmungsneurose →Soziale Phobie

Hemmungstheorie der Aufmerksamkeit (WUNDT), die Erklärung der Aufmerksamkeit (Konzentration) als bedingt durch Hemmung aller dem beachteten Inhalt nicht zugehörigen Eindrücke.

Hemmungstypus →Typologie (Reaktionstypen)

Herbizide, Substanzen zur Unkrautvernichtung, die in größeren Konzentrationen bei Mensch und Tier neurotoxisch wirken. Verbreitung durch Grundwasserverunreinigung. Datenlage zur Wirkung chronischer Exposition ist unzureichend. [L] HARTMAN 1995

P. Weyers/W. Janke

Heredität [lat. *hereditas*], Erblichkeit

Hereditabilitäts-Indices, (h^2), zur Abschätzung der quantitativen Anteile von Anlage und Umwelt wurden im Laufe der Geschichte der Anlage-Umwelt-Relation unterschiedlich einfache bzw. komplexe Maße vorgeschlagen. Als allg. Annahme gilt für h^2, daß dieses Maß die Varianz von Geno- zu Phänotyp erfaßt. GOTTSCHALDT hat z. B. dafür den einfachen Quotienten von Unterschieden zw. zweieiigen Zwillingen und eineiigen vorgeschlagen. Andere Autoren (z B. HOLZINGER) setzen die Varianz von zweieiigen Zwillingen minus der Varianz von eineeiigen Zwillingen in Relation. Für die statisitsche Berechnung wird häufig die →Intra-Class-Korrelation angewandt. [L] MERZ & STELZEL

Hering, Ewald (1834–1918), Physiologe / Wien, Prag, Leipzig

Heringsche Gegenfarbentheorie (1875), geht aus von der phänomenalen Farbordnung (→Urfarbenkreis), in der Ur- und Gegenfarben anschaulich ausgezeichnet sind.

Jeweils zwei sich gegenseitig ausschließende Urfarben bilden ein Gegenfarbenpaar (Gelb-Blau, Rot-Grün). Diesen beiden und dem Farbenpaar Schwarz-Weiß werden drei antagonistisch wirksame Sehsubstanzen zugeordnet, von denen jede zwei entgegengesetzte Empfindungen vermittelt. Bei Zersetzung (Dissimilierung) der Sehsubstanz entstehen die Empfindungen Weiß, Gelb, Rot, bei Aufbau (Assimilierung) Schwarz, Blau und Grün. Mischfarben resultieren aus der Dissimilierung bzw. Assimilierung zweier verschiedener Substanzen, während Gleichgewicht zwischen den antagonistischen Prozessen zur Empfindung Grau führt (→Eigenlicht der Netzhaut).

• Obwohl derartige Substanzen nicht bekannt sind, sprechen elektrophysiologisch nachweisbare retinale Aktivierungs- und Hemmungsmechanismen an den Synapsen für die HERINGsche Theorie (HARTLINE 1938; KUFFLER 1953, SVAETICHIN 1958). [L] JUNG & KORNHUBER 1961

Heringscher Fallversuch, Kugelfallversuch. Ein Verfahren zur Untersuchung der Tiefenwahrnehmung. Der Beobachter sieht in einem sog. Tiefenwahrnehmungsapparat bei ein- und zweiäugiger Betrachtung Kugeln fallen, deren Entfernung er anzugeben hat.

Heringscher Farbenkreis →Urfarbenkreis

Heringsche Sternfigur, geometrisch-optische Täuschung. Die zwei Parallelen in der Mitte erscheinen ausgebogen. →Abb.

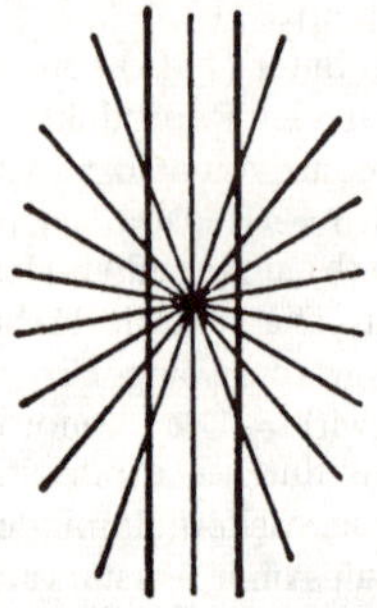

Hermaphroditismus verus, echtes Zwittertum. Männl. u. weibl. Keimdrüsen sind zugleich in einem Individuum (beim Menschen sehr selten).

Hermeneutik [gr. *hermeneutike techne*], ursprünglich theologisch Kunst der Auslegung, dann philosophisch und historisch (seit SCHLEIERMACHER) universale Lehre des Verstehens und Auslegens, und dies (seit DILTHEY) im Ggs. zum (naturwissenschaftlichen) Erklären aus Gesetzes-Hypothesen. Während philosophisch über sprachanalytische und existenz-ontologische Konzeptionen (im Anschluß an HEIDEGGER und WITTGENSTEIN) eine Radikalisierung in Richtung auf eine transzendentale H. erfolgte, konstituierte sich in Abhebung von positivistischen Theoriebildungen und empirischen Methoden die geisteswissenschaftliche Psychologie und Pädagogik, deren Selbstverständnis vom Programm einer reflexiven und pragmatischen H., d. h. der Erschließung der vergangenen und vorfindbaren Sinngehalte der individuellen, gesellschaftlichen und erzieherischen Wirklichkeit, bestimmt ist. →Einfühlung, →Empathie, →Verstehen *G. Mühle*

Heroin, chem. Diacetylmorphin, halbsynthetisches Morphinderivat mit stark schmerzhemmender und euphorisierender Wirkung. H. führt schnell zu →Drogenabhängigkeit. →Opioide, →Morphin *W. Janke*

Herstellungsverfahren →psychophysische Methoden

Hertz, nach dem dt. Physiker H. HERTZ benannte Maßeinheit der Schwingungszahl pro Sekunde (Frequenz), abgek.: Hz

Herzfrequenz →Pulsfrequenz

Heschlsche Windung, vorderste Querwindung, im *Gyrus temporalis superior*

HET, Abk. für →Hochschuleingangstest

hetero..., heter... [gr. *heteros* anders, fremd], in Wortzusammensetzungen Bez. für fremd, verschieden, ungleich, Ggs. →homo... **[E]**

heterogen, ungleichartig, verschiedene Bestandteile enthaltend. Ggs. →homogen, →Homogenität

heterogene funktionale Gebundenheit, nach DUNCKER (1935) fehlt die →Verfügbarkeit über einen Gegenstand, der zur Problemlösung verwendet werden müßte, wenn er im selben Zusammenhang vorher schon einmal in einer anderen (heterogenen) Weise (Funktion) als gegenwärtig gefordert benutzt worden ist. Die Aufhebung der h.f.G. ist nur durch →Umzentrieren oder Umstrukturieren (→Denken) möglich.

heterogene Stichprobenvarianz, liegt dann vor, wenn die für zwei oder mehrere Stichproben ermittelten →Varianzen in ihrer Größe signifikant verschieden sind. Dies läßt sich mittels verschiedener statistischer Verfahren (z. B. →BARTLETT-Test, →F-Test) überprüfen. →homogene Stichprobenvarianz *G. Mikula*

Heterogenität →Homogenität (Test)

Heterogonie, Entstehen von Neuem, Nichtangelegtem.

WUNDT hat als «Heterogonie der Zwecke» das Auftreten anderer als der beabsichtigten Zwecke bezeichnet. Eine ursprüngliche Zwecksetzung verändert sich nach Art, Richtung und Stärke, «bringt außer den im Motiv vorgebildeten Zwecken weitere, unmittelbare, nicht bezweckte Wirkungen hervor». HELLPACH weist auf diese H. hin als besonderes Prinzip, das «alle synthetisierenden Prozesse im Wirklichkeitsgeschehen schon in der anorganischen Natur beherrscht». Domäne der H. ist besonders das sozialpsych. Geschehen bei den Motivwandlungen und Triebkräfteveränderungen intensiver, extensiver, direkter und qualitativer Art. • H. (biolog.) →Generationswechsel

Heterohypnose →Autohypnose, →Hypnose

Heteronomie, Fremdgesetzlichkeit, Fremdbestimmtheit Ggs. →Autonomie

Heteroscedastizität, syn. Varianzheterogenität. →Homoscedastizität

heterosensoriell →homosensoriell, →Assoziationsformen

Heterosexualität, sex. Beziehung zw. Individuen unterschiedlichen Geschlechts

Heterostase →Homöostase

Heterostereotyp →Stereotyp

HETR [T] HETZER

Heuristik [engl. *heuristic* (allg.) Finderegel], so z. B. bei G. POLYA verwendet. Eine H. besteht aus vereinfachenden Annahmen, mit deren Hilfe ein Problem schneller gelöst werden kann als ohne Vereinfachung.

Die Nachteile einer solchen Vereinfachung bestehen darin, daß eine H. zwar schnell ist, aber nicht mit Sicherheit zur korrekten Lösung führt (Gegensatz zu Lösungsalgorithmus). Verallgemeinerte und in das Verhaltensinventar bei Urteilsprozessen fest eingegangene H. sind z. B. die von D. KAHNEMANN und A. TVERSKY systematisch untersuchten H. der Repräsentativität und Zugänglichkeit *(representativeness* und *availability)*. Der Repräsentativitätsh. liegt die implizite Annahme zugrunde, daß Ereignisse, die für einen Prozeß typischer sind, auch wahrscheinlicher sind (z. B. beim Roulette die Sequenz «RRSRSS» gegenüber «RRRSSS»). Die Zugänglichkeitsh. basiert darauf, daß leichter erinnerbare Ereignisse als wahrscheinlicher angenommen werden. D. KAHNEMANN und A. TVERSKY setzen diese H. in Beziehung zu →geometrisch-optischen Täuschungen. Ein Spezialfall der Repräsentativität ist die Monte-Carlo-Täuschung. **[L]** KAHNEMANN, SLOVIC & TVERSKY 1982 *A. Zimmer*

heuristisch [gr. *heurisko* finde], etwas, das brauchbar ist zum Finden neuer Tatsachen. Z. B. kann eine Hypothese, die noch ungesichert ist, «heuristisch» brauchbar sein. →Denken, heuristische Methoden, →GPS

heuristische Regeln, (arbeitsps.) Regeln zur Verbesserung der Arbeitsplanung nach der Strategie der Ziel-Mittel-Weg-Diskussion. →Konferenzmethode des →TWI sowie →Formalstufentheorie. In Bezug auf psychotherapeutisches Handeln wird zunehmend einem Anwenden starrer Techniken ein flexibles Sich-Leiten-Lassen durch h.R. gegenübergestellt.

hexis, Bez. von GUILFORD (1959) für eine Disposition, die bewirkt, daß sich jemand in einem begrenzten Bereich von Situationen konstant verhält. Im hierarchischen Persönlichkeitsmodell von EYSENCK entspricht das h.-Niveau demjenigen der habituellen Reaktionen (→Faktorentheorien der Persönlichkeit).

Hexobarbital, WZ Evipan®, Injektionsnarkotikum (→Narkotika), nicht mehr im Handel. Mit H. wurde die intravenöse Narkose eingeführt, die die Inhalationsnarkose weitgehend verdrängt hat, da der Bewußtseinsverlust beim Patienten ohne Exzitationen noch während der Narkose erfolgt. **[L]** FORTH et al. 1996, MUTSCHLER 1996 *W. Janke/M. Ising*

Heymanssches Hemmungsgesetz, der Schwellenwert für einen Reiz (z. B. für einen Schallreiz) wird erhöht, wenn gleichzeitig ein anderer Reiz (z. B. ein elektrischer) gegeben wird.

Heymans, Gerardus (1857–1930), Philosoph, Persönlichkeitspsychologe / Groningen

Heymans-Wiersma-Typen →Typologie, Primärfunktion

HGR →psychogalvanische Reaktion

HHL, Abk. für Hypophysenhinterlappen. →Hypophyse

Hicksches Gesetz, Hick-Hymansches Gesetz, variiert man in einem Wahlreaktionszeitexperiment (→Reaktionszeit) die Zahl gleichwahrscheinlicher Reiz- und Reaktionsalternativen, so erhält man einen linearen Zusammenhang zwischen dem Logarithmus der Alternativenzahl und der Reaktionszeit, der H. genannt wird (HICK 1952).

Da sich in der →Informationstheorie für den durchschnittlichen Informationsgehalt eines mit allen seinen Alternativen gleichwahrscheinlich übertragenen Zeichens der (duale) Logarithmus der Mächtigkeit des Zeichenvorrates ergibt, wurde das H. als linearer Zusammenhang von Informationsgehalt der Wahlreaktionsaufgabe und Reaktionszeit gedeutet und auf einen im Sinne der Informationstheorie optimalen mentalen Reiz-Reaktions-Code geschlossen. HYMAN (1953) zeigte die gleichen Effekte in Experimenten, in denen der Informationsgehalt nicht durch Variation der Zahl gleichwahrscheinlicher Alternativen, sondern durch Variation der Einzelwahrscheinlichkeiten bei konstanter Alternativenzahl kontrolliert wurde. Für stark überlernte und/oder hoch kompatible Reiz-Reaktionszuordnungen (z. B. Lesen von Wörtern oder einstelligen Ziffern) gilt das H. nicht; die Reaktionszeit ist hier von der Alternativenzahl unabhängig. **[L]** MITTENECKER & RAAB 1973 *W. Glaser*

Hick, William Edmund (1912–1975), Arzt, Psychologe u. Psychotherapeut, Univ. Cambridge, exp. Ps.

hidden curriculum →Curriculum, hidden

Hierarchie [gr. *(h)ierarchia* Amt des Oberpriesters], Rangordnung (z. B. von Personen, Dingen, Begriffen), wobei jeder Rang dem nächsthöheren untergeordnet ist; das variable Ordnungskriterium bleibt innerhalb einer H. gleich.

Formen der H.: Persönlichkeitsmodelle als H. von →Motiven, →Eigenschaften oder →Faktoren (erster und höherer Ordnung). • Zentren-H.: Verhaltensmuster werden nach TINBERGEN (1951) von hierarchischen Instinkten beeinflußt (HULL 1952: Reaktions-H.) →habit-Familien-Hierarchie. • Stimmungs-H.: Das Verhalten auf den gleichen Reiz hängt von der jeweiligen Stimmung ab. • Bedürfnis-H., Motivations-H.: Das vorausgegangene Bedürfnis muß erst abklingen, bevor das neue eine dominante Rolle spielt (MASLOW). • Betriebliche u. a. H.: Organisation nach Kompetenzbereichen mit meist autoritärer Rangordnung (z. B. nach Macht, Information etc.) • Methodik: H.theorie der Fertigkeiten, die auf SPEARMANS Ansatz der →Tetradendifferenzen aufbaut.

• In der →Grammatik gilt allgemein die →Sprache als h. strukturiert. Die von den verschiedenen grammatischen Richtungen vertretenen unterschiedlichen Auffassungen von der h. Struktur der →Sätze werden oft mit Hilfe von →Baumdiagrammen verdeutlicht. Nach MILLER, GALLANTER & PRIBRAM (1960) ist die gesamte Organisation des →Verhaltens wie die Grammatik einer Sprache hierarchisch strukturiert.

hierarchische Theorie der Fähigkeiten →Faktorenanalyse, →Intelligenzfaktoren

Hilfenmethode →Gedächtnismethoden

Hilflosigkeit, gelernte (Theorie) [engl. *learned helplessness*], von SELIGMAN 1975 begründeter Versuch, die Entstehung der reaktiven →Depression zu erklären, der ursprünglich Beobachtungen aus alten Tierexperimenten von N. MAIER (und Replikationen davon) benutzt: Versuchstiere können sich aversiven Reizen (Schocks) nicht entziehen und reagieren auf diese Erfahrung «hilflos» mit Fixierung von nicht-adaptivem Verhalten. In der humanps. Theorie, die von ABRAMSON, SELIGMAN & TEASDALE (1978) revidiert worden ist, wird mit kognitivistischen Annahmen operiert, z. B. mit der, daß Personen die Abhängigkeit oder Nicht-Abhängigkeit der Ereignisse (Konsequenzen), auf die ihre Handlung gerichtet ist, von ihren Handlungen wahrnehmen. Wiederkehrende Wahrnehmungen von Nicht-Abhängigkeit werden generalisiert. Es handelt sich also um Nicht-→Attribuierung von Kausalität. SAUER & MÜLLER (1980) liefern kritische Argumente gegen die Brauchbarkeit der Theorie. [L] SELIGMAN 1980

R. Bergius

Hilfsbereitschaft →Altruismus, →helfendes Verhalten

Hilfsfunktion →Hauptfunktion

Hinderniskasten [engl. *obstruction box*], ein von WARDEN 1926 zur Messung von Triebstärken eingeführter Apparat. Das Versuchstier hat, um zu einer Belohnung zu gelangen, ein elektrisches Gitter zu passieren, wobei es elektrisiert wird.

Hintergrundreaktion in besonderer, auch inadäquater Art wird reagiert, weil dahinter ein Vorgang steht, der die neue Reaktion beeinflußt. Von dem nicht erlebten und nicht erlebbaren Untergrund der Erlebnisreaktionen ist der erlebte Hintergrund mancher Erlebnisreaktionen zu unterscheiden.

Hinterhauptlappen, Occipitallappen →Gehirn

Hinterhirn →Gehirn

Hinweisreiz →cue

Hippocampus [gr.-lat. *hippos* Pferd, *kampe* Raupe. Pferd, dessen Hinterleib in einen raupenförmigen, geringelten Fischkörper und -schwanz ausgeht. Fabeltier, auch Seepferdchen, syn. Ammonshorn], Teil des Gehirns, der sich von der Innenseite des Schläfenlappens bis in das Unterhorn des Seitenventrikels erstreckt. Der hippocampale Komplex kann funktional als Teil der neocorticalen Assoziationsrinde aufgefaßt werden. Zugleich Teil des →limbischen Systems. Funktional wird dem H. eine zentrale Rolle bei der Gedächtniskonsolidierung zugesprochen, speziell bei der Umkodierung und Übertragung von Informationen aus dem primären in das sekundäre Gedächtnis. So führt zunehmende Zerstörung des H. steigend zur vollständigen Unfähigkeit, neues verbales Lernmaterial zu behalten. In neuerer Zeit konnten (THOMSON 1984) elektrophysiologisch (bei klassischer Konditionierung) die Entwicklung eines →Engramms in Zellen des H. sowie im N. interpositus des Cerebellums versch. Tiere nachgewiesen werden. Bei Primaten ist für komplexere Lernvorgänge der intakte H. eine notwendige Voraussetzung. Auch bei KORSAKOFF-Patienten, bei denen weitgestreute Läsionen im Limbischen System angetroffen werden können, ist der H. immer betroffen. [L] SCHMIDT & THEWS 1995, BECKER-CARUS 1981 *C. Becker-Carus*

Hippokratische Typen →Typologie (Temperamente)

Hippokrates (um 460 v. Chr. (Insel Kos) – 377 (Larissa, Thessalien)), «Vater der Heilkunde», entwickelte die ärztl. Auffassungen der klassischen Zeit der antiken Medizin.

Hirn →Gehirn

Hirnanhang →Hypophyse

Hirnentwicklung →Gehirn

Hirnfunktionen, (1) Informationsaufnahme, -speicherung, -verarbeitung; (2) Kontrolle der motorischen Reaktionen; (3) Kontrolle körpereigener Regelvorgänge. →Gehirn

Hirninfarkt [lat. *infarcire* hineinstopfen] Nekrose (Veränderung o. irreversibler Ausfall v. Zellfunktionen) des Gehirns durch Verminderung o. Unterbrechung der Blutzufuhr

Hirnläsion, Hirnverletzung, Hirnschädigung, insbes. Bez. für solche Schäden (Gewebeveränderungen), bei denen keine oder nur vage Angaben zur Verursachung gemacht werden können oder die durch Kopfschuß entstehen (GELB & GOLDSTEIN 1920). →Hirnschädigung

Hirnquetschung →contusio cerebri, →compressio cerebri

Hirnreizung, Bez. für die elektr. Auflösung von Verhaltensweisen über ins Gehirn implantierte Mikroelektroden

Hirnschädigung, Sammelbez. für Störungen im Zentralnervensystem versch. Genese und Auswirkung, z. B. vor der Geburt: durch Viren, Gifte, Medikamente, Vitaminmangel; bei der Geburt: durch Verletzung, Sauerstoffmangel; im weiteren Lebensablauf: durch Schädelbruch, Cerebralsklerose. Frühkindliche H., Bez. für Schäden nach Einwirkungen zwischen 6. Schwangerschaftsmonat und Ende des 1. Lebensjahres. Psychische Symptome auf dem Boden funktioneller Hirnschäden bilden sich mit Erholung des Gehirns spontan zurück. Eine Verbesserung der psychischen Symptomatik auf dem Boden struktureller Hirnschäden ist durch die sogenannte Plastizitätsreserve des Gehirns ebenfalls möglich. Im Einzelfall können mehrere Jahre vergehen, ehe sich im Zusammenwirken von Primärpersönlichkeit, psychischer Schädigung organischer Genese und Krankheitsverarbeitung ein neues Gleichgewicht eingestellt hat und der bleibende Schaden faßbar wird. Psychische Dauerschäden können kognitive Ausfälle (Gedächtnis, Aufmerksamkeit, Ausdau-

er, Schnelligkeit Flexibilität) und Störungen des Verhaltens und Erlebens (Stimmung, Antrieb, Erregbarkeit, Selbstwahrnehmung, Psychomotorik) sein.
Therapeutische Maßnahmen, meist im interdisziplinären Team, setzen je nach Art der Störung an unterschiedlichen Stellen an (u. a. Übungen zu Sprache, Konzentration, Problemlösen, Umgang mit Emotionen, Verarbeitung des Verlustes von Funktionen, Vermitteln von Informationen an Patienten und Angehörige). Die Beeinträchtigungen haben auch Konsequenzen für die Art der Therapie: Bei sprachlichen Problemen können Musik- und Maltherapie eingesetzt werden, und oft ist das Vorgehen sehr strukturiert. Der Einbezug von Angehörigen und die Unterstützung einer oft notwendigen neuen Rollenverteilung ist essentiell. Rehabilitationsmaßnahmen beziehen sich auf soziale, familiäre und berufliche Reintegration. Das Ergebnis ist abhängig von der Primärpersönlichkeit, Ausmaß und Lokalisation der Hirnschädigung, Lebensalter, familiärer und sozialer Integration sowie der versicherungsrechtlichen Absicherung. Während die Wirksamkeit einzelner Therapieansätze gesichert ist, steckt eine umfassendere, alltagsrelevante Wirkungskontrolle noch in den Anfängen. *F. Caspar*

Hirnsklerose-Syndrom, von A.v. STRÜMPELL 1879 beschrieben, vorwiegend bei Kindern auftretende Krankheit. Geht u. a. mit Lähmungen, Krämpfen, intellektuellem Abbau, Taubheit →Amaurose einher.

Histamin, Gewebshormon (→Hormon), Neurohormon, H. spielt eine Rolle bei der Entstehung von Schmerz und Allergien. Wirkungen des H. sind eine Erweiterung der Kapillaren, damit eine Senkung des Blutdrucks, Kontraktion der glatten Muskulatur und eine Anregung der Salzsäureproduktion des Magens. Weiterhin bewirkt es eine Ausschüttung von →Catecholaminen aus dem Nebennierenmark. Eine Reizung sensibler Nervenendigungen durch H. erzeugt einen Juckreiz, bzw. Schmerz. →Antihistaminika sind H_1-Rezeptorantagonisten, unterdrücken die meisten der Wirkungen von H. und kommen deshalb bei allergischen Erkrankungen zum Einsatz. H. fungiert in geringsten Mengen auch als →Neurotransmitter. **[L]** FELDMAN et al. 1997, SCHWARTZ et al. 1995, WHITE & RUMBOLD 1988 *W. Janke*

Histogramm →Häufigkeitsverteilung

historische Psychologie →Psychologie (Richtungen)

histrionische Persönlichkeitsstörung, übermäßige Emotionalität u. Geltungsstreben →Hysterie

HIT [T] HOLTZMAN

HIV, Abk. für *Human Immunodeficiency Virus*, durch Blut, Sperma oder Speichel von Mensch zu Mensch übertragbares Virus, das eine krankhafte Schwächung des menschlichen Immunsystems verursacht →AIDS. **[L]** BRANDIS & ANSORG 1994, HAHN, FALKE & KLEIN 1994

Hochbegabung, intellektuelle [engl. *highly gifted, giftedness*], kann definiert werden als eine sehr hohe Ausprägung der allgemeinen Intelligenz im Sinne einer individuellen Disposition, wobei jeweils verschiedene spezifische Intelligenzfaktoren (z. B. verbale, numerisch-mathematische, räumlich-abstrakte) in unterschiedlichem Ausmaß vorhanden sein können. (Neben diesem psychometrisch orientierten Ansatz werden auch kognitionspsychologisch ausgerichtete, mehrdimensionale Konzepte der i.H. diskutiert, so u. a. STERNBERG 1986; HELLER et.al.1993).
Zum besseren Verständnis des Begriffes der i.H. ist eine Klärung der psychologischen Konstrukte «Begabung» und «Intelligenz» erforderlich. Bei Begabung handelt es sich um einen Fähigkeitsbegriff, der oft synonym oder sinnverwandt mit Intelligenz verwendet wird. Der begrifflichen Klarheit wegen ist es jedoch vorteilhaft, Intelligenz und Begabung voneinander abzugrenzen, zumal eine Vielfalt von menschlichen Begabungen in verschiedenen, voneinander relativ unabhängigen Leistungsbereichen vorzufinden ist.
Dem derzeitigen Forschungsstand entsprechend lassen sich fünf Begabungsbereiche abgrenzen, die wiederum verschiedene Fähigkeitsdimensionen enthalten können, welche auf inhaltlich unterscheidbare Leistungsbereiche bezogen sind:
1. Intellektuelle Begabung (= Intelligenz), 2. soziale Begabung (= interpersonale Kompetenz), 3. musische Begabung (= Musikalität), 4. bildnerisch-darstellende Begabung, 5. psychomotorische (praktische) Begabung. Hierbei wird Intelligenz gleichgesetzt mit intellektueller Begabung, deren spezifische Fähigkeitsdimensionen (Intelligenzfaktoren) wie verbale und mathematische Intelligenz, räumlich-abstraktes Vorstellungsvermögen usw. am bekanntesten sind.
Die Annahme einer relativen Unabhängigkeit der fünf Begabungsbereiche bedeutet, daß z. B. ein Kind in einem, in mehreren, in allen oder

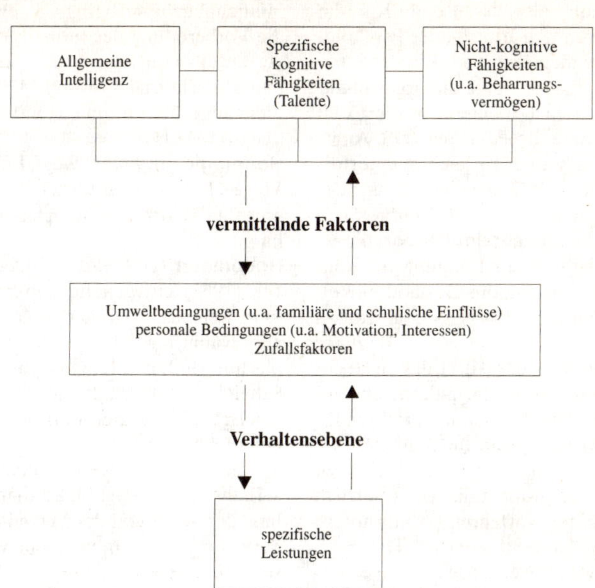

keinem Bereich hochbegabt sein kann. So kann es musisch und intellektuell hochbegabt sein, nur bildnerisch-darstellend hochbegabt oder sozial und psychomotorisch hochbegabt bei gleichzeitig über-, unter- oder durchschnittlicher Ausprägung der jeweils anderen Begabungsbereiche. Im Unterschied zu einer Begabungskonzeption von HELLER & HANY (1996) wird hier →Kreativität nicht als eigener Begabungsbereich angenommen, da kreative Leistungen, bzw. Produkte, die als Ausdruck von Kreativität gewertet werden, in allen fünf genannten Leistungsbereichen auftreten können. Bezüglich der intellektuellen Begabung zeigen Intelligenzfaktoren wie Einfallsreichtum, Flexibilität des Denkens oder Wortflüssigkeit, daß divergenten oder kreativen Denkfähigkeiten innerhalb des Konstruktes Intelligenz Rechnung getragen wird.

Zur Veranschaulichung mag das nachfolgend dargestellte Bedingungsgefüge für außergewöhnliche Leistungen dienen, das von hierarchisch organisierten kognitiv-intellektuellen und spezifischen Fähigkeiten (Talenten) sowie nicht-kognitiven Fähigkeiten im Sinne von Dispositionen ausgeht (STAPF & STAPF 1988).

Es postuliert, daß die dispositionellen Fähigkeiten für herausragende Leistungen nur notwendige, aber nicht hinreichende Bedingungen darstellen. Ob es zu außergewöhnlichen Leistungen kommt, hängt neben den dispositionellen Bedingungen von dem Einfluß vielfältiger Faktoren ab wie z. B. Erfahrungen in der sozialen und physischen Umwelt wie Familie oder Schule. Diese Faktoren, die zwischen Dispositionen und Leistungen vermitteln, können sich förderlich oder hemmend auf die Persönlichkeitsentwicklung auswirken.

Auf welchen Gebieten überragende Leistungen erbracht werden, hängt neben den spezifischen Fähigkeiten (z. B. mathematische oder sprachliche Begabung, Einfallsreichtum) von den Interessen, der Motivation sowie den speziellen Sozialisationsbedingungen in Familie, Kindergarten und Schule einschließlich biographischer Zufälle ab.

Hier wird schon deutlich, daß es nicht schlechthin «die Hochbegabten» gibt. Vielmehr sind verschiedene Gruppen von Hochbegabten zu unterscheiden, die einerseits in der Intelligenzausprägung (z. B. Hoch- und Höchstbegabte) und andererseits in ihrem Intelligenzprofil mit den spezifischen Fähigkeitsdimensionen Unterschiede aufweisen. Daher ist es verständlich, daß über das Merkmal der sehr hohen Intelligenz als äußerst effizienter Informationsaufnahme und Informationsverarbeitungsfähigkeit hinaus nur wenige gemeinsame, für alle Hochbegabten geltenden Eigenarten angeführt werden können.

Unter Beachtung des Einflusses der oben genannten vermittelnden Faktoren wird verständlich, warum beispielsweise ein Kind im Vorschulalter von den Eltern oder Psychologen als hochbegabt erkannt wird, in der Schule vom Lehrer jedoch seine außergewöhnlichen Fähigkeiten nicht bemerkt werden, weil bestimmte hemmende Faktoren (z.B. Angst vor fremden Personen, zu leichte, unterfordernde Aufgaben) ein Zeigen herausragender Leistungen behindern. *A. Stapf/K. Stapf*

Hochleistungsflüssigkeitschromatographie, Abk. HPLC, Methode zur Trennung und Konzentrationsbestimmung der Bestandteile einer Stoffmischung. [L] LÖFFLER & PETRIDES 1997 *W. Janke*

Hochschuleingangstest (HET), das im Hochschulrahmengesetz (§ 33) formulierte und auf ein BVG-Urteil zurückgehende Verfahren für den Hochschulzugang sah für Studiengänge mit Zulassungsbeschränkung (wegen einer zu geringen Zahl von Studienplätzen) zusätzlich zu den allgemeinen Verfahren (Abiturnoten) ergänzende Auswahlverfahren vor. Diese sollen dann angewandt werden, wenn unvertretbar hohe Anforderungen an die Qualifikation gestellt werden oder wenn das allgemeine Verfahren den Studienbeginn für den Bewerber unangemessen verzögern würde. Ein solcher HET soll neben den Leistungsnachweisen über Abiturnoten für die harten Numerus-Clausus-Fächer (z. B. Medizin, Psychologie) eine studienfeldspezifische Hochschuleignung feststellen. Ein erster HET wurde z. B. für das Studienfach Medizin erprobt. Ausgangspunkt für den Testentwurf bildeten empirisch ermittelte Anforderungsprofile, die mit verschiedenen Maßen des Studienerfolges in Beziehung stehen. Da mit einem solchen Test spezifische Anforderungsmerkmale erfaßt werden müssen, wurden systematische Studienplatzanalysen durchgeführt. In einer Voruntersuchung wurden 80 Untertests auf ihre Anwendbarkeit überprüft und auf 27 reduziert. Folgende Merkmalsbereiche haben sich für den HET Medizin als relevant erwiesen: differenzierte Wahrnehmumg, räumliches Vorstellen, mittelfristiges Gedächtnis, intellektuelle Fähigkeiten, Verständnis für naturwissenschaftliche Fragen, sorgfältiges Arbeitsverhalten, Hand-Fingergeschicklichkeit und Auge-Handkoordination. Im Rahmen der Testkonstruktion wurden schichtspezifische Einflüsse und Beziehungen zu Persönlichkeitseigenschaften untersucht. Beide Effekte haben sich als nicht wirksam erwiesen. Der HET durchlief mehrere Erprobungsphasen. Seine Bewährung wurde an N = 2000 Studienplatzbewerbern nachgewiesen und für die Vorbereitung des formalisierten Ausleseverfahrens vom Institut für Test- und Begabungsforschung als Test für Medizinische Studiengänge übernommen und weiterentwikkelt. →TMS [T] TROST *H. Häcker*

Hodologie [gr. *hodos* Weg], Lehre vom Weg. Von K. LEWIN eingeführter Begr. →topologische und Vektor-Psychologie, →Umweghandlung

Hodometer [gr. *hodos* Weg], eine von BECHTEL (1967) entwickelte apparative Vorrichtung, welche das Umherlaufen von Vpn in einem Raum registriert. Unter den Fußbodenplatten sind in kleinen Abständen elektr. Schalter installiert, die auf den Druck durch das Betreten reagieren. In Kombination mit einer Uhr kann der von einer Vp zurückgelegte Weg exakt registriert werden. Das H. wurde z. B. in umweltpsychol. Studien zur Feststellung der Wege und der Verweildauer vor Bildern von Besuchern in einem Museum eingesetzt. [L] BECHTEL 1967 *K. H. Stapf*

Hof-Effekt [engl. *halo-effect*], nach ALLPORT, THORNDIKE u. a. die «Überstrahlung», die einzelne Eigenschaften, der Geamteindruck, best. Strukturmerkmale u. ä. besitzen. Ein «guter Gesamteindruck» bessert weniger gute Eigenschaften auf.

Hoffmann, Paul A. (1884–1961), Neurophysiologe / Freiburg

Hoffmannscher Reflex, syn. Fingerreflex, Knipsreflex, ein Eigenreflex, der gesteigerten Muskeltonus, evtl. auch pyramidale Schädigung nachweisen kann.

Hoffnungslosigkeit, eine Folge eines wahrgenommenen Kontrollverlusts (→Verstärkerkontrolle). STROEBE u. a. (1980) verweisen darauf, daß H. eine lebensverkürzende Wirkung haben soll. →Hilflosigkeit, gelernte, →Anomie

Höfler, Alois (1853–1922), Psychologe, Pädagoge / Prag, Wien

Höflersche Täuschung, eine →geometrisch-optische Täuschung ähnlich der HERINGschen Sternfigur

Höhendisparation, vertikale Abweichung der beiden →Netzhautbilder eines →distalen Objekts von →korrespondierenden Netzhautpunkten. Bei geringer Höhendisparation findet sich →Einfachsehen, bei größerer Höhendisparation →Doppeltsehen (→PANUMsches Areal). Im Ggs. zur →Querdisparation führt Höhendisparation nicht zu einem Tiefeneindruck (→räumliches Sehen); das Vorliegen einer Höhendisparation führt aber zu einer geringeren Wirkung der Querdisparation auf die wahrgenommene Tiefe. [L] TYLER 1983 *H. Heuer*

Höhere mentale Prozesse [engl. *higher mental processes*], ein Sammelbegriff, der solche Prozesse wie →Denken, Vorstellung, Gedächtnis, Sprache, Urteil usw. einschließt. *R. Ulrich*

Holismus [gr. *holos* ganz], Ganzheits- und Zweckbetrachtung allen biologischen Geschehens. [L] MEYER-ABICH 1934

Holmgren, Alarik Frithiof (1831–1897), Physiologe / Upsala

Holmgrensches Verfahren →Farbenproben

holo... [gr.] in Wtvb. ganz, unversehrt [E]

Hologramm →Holographie

Hologrammtheorie des Gedächtnisses, Theorie aus den 70er Jahren, die das Einlesen, Speichern und Reproduzieren, aber auch das Recodieren und Vergleichen von Informationen in Neuronennetzwerken wie dem Cortex mit der gleichen mathematischen Struktur erklärt, die auch für die physikalische →Holographie gilt.

Die H. basiert auf dem anatomischen und physiologischen Nachweis, daß die corticale Erregungsausbreitung durch raum-zeitlich periodische Funktionen, mittels der →FOURIER-Analyse also letztlich durch sich überlagernde Sinusschwingungen analog den elektromagnetischen Schwingungen im Lichthologramm, zureichend beschrieben werden kann, die für holographische Prozesse charakteristischen raum-zeitlichen Interferenzen also im Nervengewebe grundsätzlich möglich sind. Die H. vermag wichtige kognitive Phänomene mit neurophysiologischen Gegebenheiten in Einklang zu bringen: z. B. schnelle Vergleichsprozesse, Invariantenbildung bei der Mustererkennung, Abstraktion und Speicherung des Wesentlichen bei komplexen Reizen (etwa Bildern und Texten), Scheitern des Versuches, Speicherplätze für bestimmte Gedächtnisinhalte physiologisch zu lokalisieren, Aufrechterhaltung von Funktionen bei Hirnschädigungen usw. In den achtziger Jahren trat die H. allerdings stark hinter Modellvorstellungen der verteilten Parallelverarbeitung (→PDP) in neuronalen Netzwerken zurück, die diese Phänomene ebenfalls erklären können. [L] MCCLELLAND et al. 1986, PRIBRAM 1971 *W. Glaser*

Holographie, in den 50er Jahren entwickeltes Verfahren, auf normalem photographischem Schwarzweißfilm hoher Auflösung oder auf einer Kunststoffolie mit mikroskopisch feiner Rasterprägung räumliche Bilder von räumlichen Gegenständen ohne die in der Photographie übliche Linsenoptik zu speichern. Ein normal entwickeltes holographisch belichtetes Filmstück oder eine Filmkopie davon wird Hologramm genannt.

Der physikal. Grundgedanke ist, daß der Teil des von einem beleuchteten Körper reflektierten Lichtes, der eine zu ihrer Verbindungslinie zum Körper senkrechte Ebene durchdringt, zur Rekonstruktion eines räumlichen Bildes aus jeder durch die Ebene hindurch möglichen Perspektive ausreicht, wenn man für jeden Ebenenpunkt Amplitude und Phasenlage des reflektierenden Lichtes kennt. Wird ein Körper mit kohärentem Licht (d. h. Licht mit gleichphasigen Schwingungen in der gesamten Apertur, durch Laser erzeugbar) beleuchtet, so lassen sich Intensität und Phasenlage des reflektierten Lichtes für jeden Punkt der fraglichen Ebene durch Interferenz mit einem zweiten kohärenten Lichtstrahl gleicher Frequenz sichtbar machen und auf einen in ihr angebrachten Film photographisch registrieren. Die Helligkeitsverteilung auf dem Hologramm hat unter normalem Licht betrachtet keinerlei manifeste Ähnlichkeit mit dem abgebildeten Gegenstand. Durchleuchtet man das Hologramm jedoch mit einem kohärenten Lichtstrahl der bei der Aufnahme benutzten Frequenz, so entsteht hinter dem Film die gleiche räumliche Interferenzstruktur wie bei der Aufnahme, die als virtuelles räumliches Bild des ursprünglichen Gegenstandes für einen Betrachter auf der der Lichtquelle abgewandten Seite durch den Film hindurch sichtbar wird. Zu den besonderen Eigenschaften dieses Bildes gehört es, daß sich beim Ortswechsel des Betrachters die Perspektive exakt wie bei der Wahrnehmung eines räumlichen Gegenstandes verschiebt (was mit keiner anderen stereoskopischen Technik möglich ist →Stereoskop), und daß jedes Teil eines zerschnittenen Hologramms das ganze Bild zu rekonstruieren erlaubt, wenn auch mit verringerter Auflösung (Schärfe) und Helligkeit. Beim sog. Weißlichthologramm wird das Schwärzungsmuster eines Filmhologramms mikroskopisch fein in eine Kunststoffolie eingeprägt. Bei Beleuchtung mit einer punktförmigen Lichtquelle wird das virtuelle, räumliche Bild auch ohne Laserlicht sichtbar. Die Ähnlichkeit dieses Phänomens mit bestimmten Eigenschaften des menschlichen Gedächtnisses (Vergessen von Details und Behalten des Wesentlichen, Erhaltung vieler Funktionen und Gedächtnisinhalte bei lokalen Schädigungen) war einer der Anstöße für die →Hologrammtheorie des Gedächtnisses. [L] FRANÇON 1972 *W. Glaser*

Holophrase, holophrastische Äußerung, nach WERNER (1959) vorlinguistische Form einer sprachlichen Äußerung bei Kleinkindern, Primitiv-Völkern u. Geisteskranken, die aus einem einzigen sprachlichen Zeichen besteht.
Dieses steht noch nicht konstant für einzelne abgegliederte Gegenstände oder Tätigkeiten, sondern drückt jeweils eine konkrete Gesamtsituation aus, die Gegenstände und Handlungsabläufe ebenso umfaßt wie emotionale Qualitäten; es sollte daher weder als Wort noch als Satz – also auch nicht als →Ein-Wort-Satz – bezeichnet werden. (Z. B. äußert ein Kind «Ball» dann, wenn es seinen verlorenen u. dem Gesichtsfeld entschwundenen Ball wiedererlangen möchte; aber auch beim Anblick des Mondes, auf den es hinweisen möchte.) Zum Verständnis einer H. ist die Gesamtsituation, in der sie geäußert wird, als vereindeutigender →Kontext (→Bedeutung) erforderlich; zu ihrer Übersetzung in die Sprache des Erwachsenen wird ein ganzer Satz benötigt. Ein ebenfalls nur aus einem einzigen Wort bestehender Befehl (z. B. «geh!») ist daher weder eine H. noch ein →Agrammatismus. Entwicklungs-psycholinguistische Aspekte (→Sprachentwicklung) der H. wie auch des →Telegrammstils und einer →Pivot-Grammatik bespricht BROWN (1973). Er betont die Überlegenheit einer *«rich interpretation»* (der Einbeziehung auch semantischer und pragmatischer Relationen, z. B. durch BLOOM 1970) gegenüber einer *«lean characterisation»* (der ausschließlichen Annahme einer Basis von grammatikalischen Regeln im Sinne von CHOMSKYS Kompetenz, z. B. durch MCNEILL 1966, 1970) bei der Erklärung dieser kleinkindlichen Sprachäußerungen.

holotop [gr. *holos* ganz, *topos* Ort], bez. die Lage eines Teiles (z. B. Organs) zum Ganzen

holotrop →Affinität

Homans' Theorie der sozialen Prozesse →soziale Prozesse

Homburger Marionettentest, Projektionstest mit Marionetten als Testmaterial. Ähnlich dem Sceno-Test ([T] STAABS)

Homeostase →Homöostase

Homo [lat. *homo* Mensch], der Mensch im umfassenden Sinne. • In der anthropologischen Systematik ist *h. sapiens* der heutige Menschentypus, *h. primigenius* der Urmenschentyp des Diluviums *(h. heidelbergensis, h. mousteriensis, h. neandertalensis).*
Auch umgangssprachliche Abk. f. einen männlichen Homosexuellen

homo-, homoio- [gr. *homos, homoios* gleich, ähnlich], Vorsilben, die die Gleichartigkeit (Gleichheit, Ähnlichkeit) anzeigen. Ggs. →hetero-, allo- [E]

Homocysteinat, excitatorischer →Aminosäuretransmitter *W. Janke*

homogen, gleichartig, in der Ps. wird h. sprachgebräuchlich benutzt, z. B.: h. Tests, h. nach Mittelwerten, h. nach Varianz.

homogene Stichprobenvarianz, liegt dann vor, wenn die für zwei oder mehrere Stichproben ermittelten →Varianzen in ihrer Größe nicht signifikant verschieden sind. Die Homogenität der Stichprobenvarianzen ist für die Anwendung verschiedener statistischer Verfahren (z. B. →Varianzanalyse) Voraussetzung und kann u. a. mittels →BARTLETT-Test und →F-Test überprüft werden. *G. Mikula*

Homogenität, Gleichartigkeit. In der Statistik wird der Begr. der H. bzw. Heterogenität zur Kennzeichnung der Gleichartigkeit bzw. Ungleichartigkeit von statistischen Kennwerten (z. B. Varianzen) benutzt. In der Testkonstruktion bezieht sich die Gleichartigkeit bzw. Ungleichartigkeit auf die einzelnen Testaufgaben bzw. auf einen gesamten Test. H. bedeutet dabei inhaltliche Einheitlichkeit bei vollkommen erhaltener Unabhängigkeit der einzelnen Aufgaben voneinander. Mit homogenen Tests lassen sich im allgemeinen nur ganz bestimmte Merkmale erfassen. Umfangreichere Konstrukte wie Intelligenz oder Persönlichkeitsmerkmale lassen sich nur mit heterogenen Aufgaben bzw. heterogenen Untertests erfassen. Als ein quantitatives Maß für die H. hat LOEVINGER einen H.index entwickelt. Er stellt eine Art Korrelationskoeffizienten dar, bei dem verschiedene Varianzen miteinander verglichen werden. Während die innere Konsistenz nur einen Aspekt der Reliabilität darstellt, ist bei der H. der Bezug zum Konstrukt, das gemessen werden soll, hergestellt. In der Klinischen Forschung werden oft Personengruppen untersucht, die bezüglich eines Merkmales (z. B. Art des psychischen Problems) homogen sind. Dadurch wird es leichter, eindeutige und zuordenbare Effekte zu finden, die Übertragbarkeit auf eine normale klinische Praxis mit grösserer gegebener Heterogenität wird aber erschwert. *H. Häcker*

Homogenitätsindex, Maßzahl zur quantitativen Bestimmung der →Homogenität eines Tests. Ein Test wird dann als homogen bezeichnet, wenn er sich aus gleichartigen Aufgaben zusammensetzt. Während die →Konsistenz als instrumentelle →Reliabilität bezeichnet werden kann, spricht man von der Homogenität als der funktionalen Reliabilität (LIENERT 1969). Bei einem homogenen Test würden also alle Aufgaben die gleiche Dimension messen. Ein Maß für die quantitative Ausprägung der Homogenität eines Tests stellt der H. dar. Über die Methode der →Faktorenanalyse der Aufgaben kann man ebenfalls ermitteln, ob der Test homogen oder heterogen ist. *H. Häcker*

homolog [gr.], übereinstimmend

Homologie, die Übereinstimmung von Organen und Geweben in Bau und Funktion. • Entwicklungsgeschichtlich deren Übereinstimmung nach dem Ursprung • Stammesgeschichtliches Vergleichsprinzip, das die Lage unabhängig von der Funktion (dies wäre «analog») berücksichtigt. • Weitere H.kriterien sind: spezielle Qualität der Strukturen und Stetigkeit (Verknüpfung durch Zwischenformen). *H. Ries*

homo ludens [lat. *ludens* spielend], der spielerische Mensch, bei dem zugleich die schöpferischen, explorativen Interessen betont sind. **[L]** HIUZINGA 1938.

Homomorphie, ein System A ist einem System B homomorph, wenn von jedem Bestandteil von A und von jeder Relation zwischen Bestandteilen von A auf einen Bestandteil von B bzw. auf eine Relation zwischen Bestandteilen von B geschlossen werden kann, jedoch nicht umgekehrt. *homomorph* heißt etwa soviel wie «grob ähnlich». **[L]** KLIR 1972 *D. Dörner*

Homomorphismus (math.) →Abbildung einer Menge von Urbildern x auf eine Menge von Bildern y und zugleich von Urbildrelationen R, die zwischen einzelnen x gelten, auf Abbildrelationen S, die zwischen einzelnen y gelten.

Gilt zwischen zwei (oder mehr) Urbildern eine Urbildrelation (z. B. x_1 ist schwerer als x_2), so gilt für ihre Bilder die durch den H. der Urbildrelation zugeordnete Abbildrelation (z. B. die Fläche y_1, die in einer homomorphen Abbildung das Gewicht von x_1 repräsentiert, ist größer als die Fläche y_2, die das Gewicht von x_2 wiedergibt; die Größer-Relation für Gewichte im Urbild, R_i, wird durch die Größer-Relation für Flächen in einer Zeichnung, S_i, dargestellt). Die H.relation ist asymmetrisch, d. h., ihre Umkehrung gilt im allgemeinen nicht. Untechnisch gesprochen bedeutet homomorph soviel wie vergröbert ähnlich. Das homomorphe Bild gibt also nur einen Teil der im Urbild geltenden Relationen wieder, so daß dieses aus dem Abbild nicht mehr vollständig rekonstruierbar ist. *W. Glaser*

homonym [gr.], gleichnamig

Homonymie, bezieht sich auf die Zuordnung von →Zeichenform und Bezeichnetem bzw. →Bedeutung (→Semiotik). H. liegt vor, wenn zwei oder mehr Bezeichnete bzw. Bedeutungen dieselbe Form haben (z. B. Bergpaß und Reisepaß als Paß). H. ist damit in gewisser Weise ein Gegensatz zur →Synynomie.

Schwierigkeiten bereitet die Abgrenzung der H. von der Polysemie, jenem Fall, in dem die zwei oder mehr Bedeutungen derselben Form als Varianten einer Grundbedeutung aufgefaßt werden (z. B. Amt als Institution und Amt als Berufsrolle). In diesem Fall werden beide Bedeutungen im Lexikon (→Wörterbuch) einem Eintrag zugeordnet, im Falle der H. jedoch zwei Einträgen. Die Grundlage für die Zuordnung zweier oder mehrerer Bedeutungen zu einem bzw. mehreren lexikalischen Eintragungen bildet die etymologische Analyse der Bedeutungen. Statt von Homonymen spricht man bei lautlicher Realisierung der Sprachkörper auch von Homophonen und bei schriftlicher Realisation von Homographen. **[L]** LEECH 1974 *J. Engelkamp*

Homo-Oeconomicus-Modell, das der S-R-Verstärkertheorie (→Verstärkung) und der Theorie des sozialen Austausches (→Interaktion) zugrunde liegende Menschenbild, demzufolge das Verhalten (Handeln) fast ausschließlich durch positive Anreize (Belohnungen) bestimmt sein soll. Die «Maximierung des eigenen Nutzens» (Rationalität der Entscheidungen) wird jedoch von manchen Wirtschaftswissenschaftlern und -psychologen (z. B. KATONA) nicht als ausreichende Erklärung des Konsumverhaltens angesehen. →soziales Dilemma. **[L]** FREY & STROEBE 1980 *R. Bergius*

homöo-, homoeo- [gr.] in Wtvb. ähnlich **[E]**

Homöostase [gr.], Bez. für das Prinzip, daß alle Organismen gegenüber den sich verändernden Lebensbedingungen die Tendenz zeigen, das von ihnen erreichte Gleichgewicht (Fließgleichgewicht nach v. BERTALANFFY) zu erhalten oder wiederherzustellen.

So werden z. B. trotz dauernd wechselnder äußerer und innerer Bedingungen die Körpertemperatur oder der Zuckerspiegel des

Blutes oder der osmotische Druck in engen Grenzen konstant gehalten. Die für die H. erforderlichen Regulierungen (Wärmehaltung, Sauerstoffbedarf, Wasserbedarf usw.) erfolgen auch über psychisch relevante →Bedürfnisse wie Hunger, Durst, Schlaf usw. • Das Prinzip wurde oft erkannt, so von G. Th. FECHNER als «Princip der Tendenz zur Stabilität» (1873) mit der Formulierung, daß jede Entwicklung einem Maximum an Stabilität zustrebe. Claude BERNARD nannte schon früher (1859) den gleichen Vorgang Konstanterhaltung des inneren Milieus. Unserer Zeit angepaßt hat W. B. CANNON das Prinzip mit seiner Arbeit *«The Wisdom of the Body»* (1932). Er führte auch den Begr. *homeostasis* ein. • Mit Heterostase werden die dem homöostatischen Verhalten entgegenstehenden Tendenzen belegt, die irreversibel vom status quo wegleiten und zu neuen, sei es wieder gefestigten oder auch ungefestigten Zuständen führen (letztlich zu Abbau, Verfall, Tod). **[L]** CANNON 1932, MENNINGER 1968

Homophonie, gleiche phonetische Struktur lexikalischer Einheiten (→Wörterbuch) verschiedener semantischer Bedeutung (z. B.: Rad/Rat wird beide Male als «rat» realisiert oder im Engl. *see/sea/see/c* als «sie») H. ist eine Ausnahme innerhalb eines Sprachsystems, da sie die Kommunikation erschwert, die Bedeutung ist nur durch den →Kontext erfaßbar. Sie bietet innerhalb der chromatischen Linguistik (Sprachgeschichte, →Sprache) die Möglichkeit, Neutralisationen (→Phonologie), Instabilitäten und Variationen festzustellen. *B. Kettemann*

Homophonie, mnemische, von SEMON eingeführter Begr. für das Zusammenklingen einer mnemischen und einer aktuellen Erregung (Erinnerung u. Empfindung) als Voraussetzung für das Wiedererkennen bzw. Unterschiedsempfinden.

Homoscedastizität, syn. →Varianzgleichheit. Wird z. B. eine Meßwertverteilung in mehrere Klassenintervalle unterteilt und sind die Streuungen in den einzelnen Klassen homogen, so spricht man von H. Liegt keine H. vor, spricht man von Heteroscedastizität.

homosensorielle Reproduktionen (ZIEHEN), Reproduktionen aus dem gleichen Sinnesgebiet. Ggs. heterosensorielle R.

Homosexualität, (auch Homoerotismus, bei Männern Uranismus [nach URANOS Himmel, Himmelsgott], bei Frauen Tribadismus [zu gr. *tribein* reiben], Sapphismus [nach der gr. Dichterin SAPPHO], lesbische Liebe [nach der Insel Lesbos] genannt), gleichgeschlechtliche Liebe (bes. bei Männern). Die H. ist in der Verursachung noch ungeklärt: Diskutiert wird die H. als eine (nicht abartige) sexuelle Verhaltensmöglichkeit oder als biol. Gegebenheit oder als erworbene Fehlhaltung. Varianten sind noch: Androphilie, Ephebophilie, Pädophilie (auf Erwachsene, Jugendliche, Kinder ausgerichtete Formen der H.). Ggs. →Heterosexualität

Homovanillinsäure, Abk. HVS, engl. HVA, Endstufe beim endogenen Abbau von →Dopamin. Nachweisbar als Sulfat in Liquor und Urin. Beziehung zu Tremor bei M.Parkinson. **[L]** →Dopamin *W. Janke*

Homunkulus [lat. Menschlein], eine imaginäre Person, die im Gehirn sitzt, dort die Aktivität des Gehirns wahrnimmt und darauf Entscheidungen trifft. Eine solche Hypothese besitzt keinen Erklärungswert, da man wiederum einen Homonkulus im Gehirn des Homonkulus annehmen müßte, um zu verstehen, wie dessen Gehirn funktioniert. Diese Erklärung führt zu einem unendlichen Regreß und ist daher vollkommen unbrauchbar. Es wird oft kritisiert, daß zeitgenössische kognitiven Theorien nicht erklären, wie Information verarbeitet wird und so den Kontrollmechanismus kognitiver Prozesse nicht spezifizieren, sondern diese Kontrolle einer imaginären Instanz (wie dem «Homunkulus») überlassen. Solche Homunkulus-Theorien sind manchmal schwer als solche zu entlarven.

hooked [engl. am Haken], abhängig von harten Drogen. →Abhängigkeit

Horde, Anfang der (Volks-)Gruppenbildung. Nach WUNDT analog dem Begriff Tierhorde ein Zusammenschluß ohne spezifische innere Bindungen im Ggs. zum Stamm oder Clan.

Hören, tonales Hören [engl. *audition*], die durch die Funktion des Ohres vermittelte Wahrnehmungsart. Zu unterscheiden sind Ton- und Geräuschempfindungen.

Die sie auslösenden Reize sind die Schallwellen (Luftschwingungen). Merkmale der Gehörsempfindungen sind: (1) Intensität (Lautstärke). Sie ist bestimmt durch die Schwingungsweite (Amplitude) der Schallwellen. (2) Qualität (Höhe, Klangcharakter). Sie wird durch die Frequenz der Schwingungen bzw. durch die Überlagerung mehrerer Frequenzen bedingt. (3) Dauer. →Ohr, →Gehörvorstellungen, →räumliches Hören, →Geräusch, →Ton, →Grundton, →Obertöne, →Hörschwelle. • In die Erforschung des Hörens teilen sich Gehörphysiologie und Gehörpsychologie (hierzu auch Musikpsychologie). [L] BLUME, ELSENHANS, GILDEMEISTER, HORNBOSTEL, REVESZ, ROHRACHER, SCHEMINZKY, WELLEK

Hörerforschung, psychologische, Methoden zur ps. Erforschung der Meinung der Rundfunkhörer über Sendeplan oder einzelne Sendungen. Dabei bedient sich die H. der Methoden der →Meinungsforschung. Grundmethoden sind das →Interview und der Studiotest. Neben der Ermittlung der Meinung des Rundfunkhörers über ein Sendeprogramm oder einen Sender werden Wünsche, Erwartungen, Hörstile, Höreranteil, Hörerverteilung und -zusammensetzung zu verschiedenen Zeiten oder der Beliebtheitsgrad einzelner Sendereihen oder -typen zu erfassen versucht. Hilfsmittel sind: Fragebogen, Interviews, elektromechanische Analysiergeräte, Diskussionen u. a. →Massenmedien

H. Benesch

Hörfläche, werden in ein Koordinatensystem auf der Abszisse die Tonfrequenz (Hz) und auf der Ordinate der Schalldruck (Mikrobar) abgetragen und werden weiterhin →Hörschwelle und Fühlschwelle (Übergang in Schmerzempfindung) eingezeichnet, so entsteht zwischen diesen beiden Kurven die H., die den Bereich menschlichen Hörens veranschaulicht. →Lautstärke *G. Lüer*

Hörigkeit, bis zum Verlust der Selbständigkeit gehende Abhängigkeit, besonders in geschlechtlicher Hinsicht, ohne eigentliche Perversität

Horme [gr. *horme* Drang], nach C. V. MONAKOW ein allgemeines, dynamisches Urprinzip der lebendigen Substanz. • Das angeborene, vererbte Lebens- und Entwicklungsprogramm jedes Geschöpfes.

hormische Psychologie →Psychologie (Richtungen)

Hormone, Substanzen, die in den Drüsen mit innerer Sekretion (*glanduläre*) oder in bestimmten Zellsystemen gebildet werden (Gewebs- bzw. Zellhormone). Die *glandulären* H. werden von den jeweiligen endokrinen Drüsen direkt in den allgemeinen Blutkreislauf abgegeben und in bestimmten Organsystemen wirksam oder regen die Ausschüttung anderer H. in bestimmten Drüsen an (→glandotrope Hormone). Die *Gewebs- und Zell*-H. wirken in der Regel unmittelbar an ihren Bildungsorten wirken, Zell-H. meist nur in der Zelle, in der sie gebildet werden. Wichtige Gewebshormone (→Hormone) sind solche des Magen-Darm-Systems (→Cholecystokinin, Gastrin, Sekretin, Gastric Inhibiting Polypeptid = GIP, →Vasodilatierendes Intestinales Polypeptid = VIP, →Neurotensin, →Bombesin), der Niere

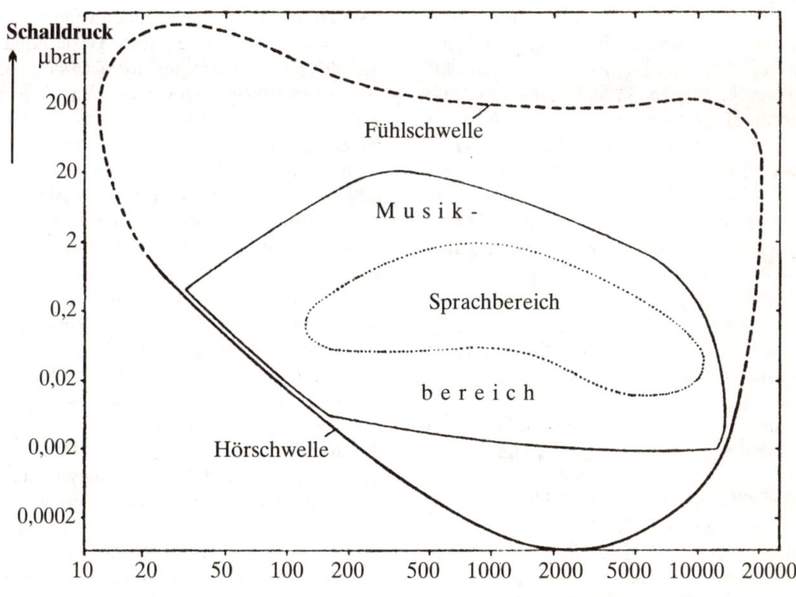

Die Beziehungen zwischen Schalldruck und Frequenz (s. **Hörfläche**)

(u. a. Renin, Erythropoitin, Dihydroxy-Vitamin D_3), des Herzens (Atriales Natriuretisches H. = ANH), der Plazenta (Human →Choriogonadotropin = HGG), des Endothels (Endothelin) und des Immunsystems (u. a. →Zytokine, →Interleukine). Die meisten dieser H. haben als →Neuropeptide neurotrope Wirkungen und sind an ps. Vorgängen beteiligt. Die klassischen endokrinen Drüsen sind: Hypophysenvorderlappen HVL (Adenohypophyse), Hypophysenhinterlappen HHL (Neurohypophyse), Zirbeldrüse (Epiphyse), Schilddrüse, Nebenschilddrüse (Epithelkörperchen, Parathyreoidea), Thymus (Briesdrüse), Pankreas (Langerhanssche Inseln der Bauchspeicheldrüse), Nebennierenmark, Nebennierenrinde, Eierstöcke (Ovarien), Hoden (Testes). Eine weitere Bildungsstätte ist der Hypothalamus, der die Freisetzungs- und Hemmungshormone *(releasing/inhibiting hormones)* produziert, die durch ein spezielles Gefäßsystem zum HVL transportiert werden. Periphere Hormondrüsen, Hypophysenvorderlappen und Hypothalamus können in Regelkreisen organisiert sein und bilden als Achsen bezeichnete Systeme (CRH-ACTH-Nebennierenrinde, TRH-TSH-Schilddrüse, Gn-RH/FSH-LH/Gonaden). Mehrere H. werden nicht nur in speziellen Drüsen, sondern zusätzlich in anderen Systemen gebildet, insbes. Nervensystem. Alle bekannten H. sind →Steroide, →Peptide oder Aminosäurenderivate. Viele H. sind synthetisch herstellbar und können von außen in den Kreislauf oder ins Gehirn (auch lokalisiert, "intracerebral") eingebracht werden. Viele peripheren H. passieren nicht die →Blut-Hirn- oder Leber-Schranke. Andererseits ist dies bei H. aus der Reihe der Steroide der Fall, weshalb etwa →Gonadenhormone oder →Corticoide auch direkte neurotrope Wirkungen haben. H. regulieren das Gleichgewicht der verschiedensten Organsysteme u. erfüllen, global charakterisiert, vorwiegend folgende Aufgaben: 1) Regulation des Stoffwechsels (z. B. Kohlehydrate, Fett und Eiweiß), 2) Morphogenese, d. h. Wachstum und Reifung, 3) Erregung und Dämpfung des VNS und ZNS, 4) Regulation des inneren Milieus im Hinblick auf eine Umweltanpassung (zus. mit Nervensystem).

Wirkungen und Wirkungsmechanismen

der H. üben einen tiefgreifenden Einfluß auf physiol. und ps. Prozesse aus. Die biochem. Wirkungsmechanismen dieser Einflüsse sind bislang nur z. T. aufgeklärt. Als sicher gilt, daß H. lokalisiert an den Rezeptoren an oder in den Zellen angreifen, indem sie etwa die Permeabilität der Zellen verändern oder die Synthese oder den Abbau von Enzymen beeinflussen. Der Analyse der Wirkungsart auf der biochem. Ebene stellen sich zahlreiche methodische Schwierigkeiten entgegen. Viele Befunde stützen sich lediglich auf tierexperimentelle Untersuchungen (z T. in vitro), beim Menschen oft nur auf indirekte Manipulationen (z. B. mit Pharmaka) oder auf pathologische Erscheinungen bei Unter- oder Überproduktion spezifischer H. sowie deren Veränderung bei Substitution. Erschwert wird die Untersuchung von Wirkungen dadurch, daß Interaktionen zwischen den verschiedenen H.systemen bestehen. Die verschiedenen H. verhalten sich z. T. antagonistisch (z. B. Adrenalin – Insulin), synergistisch (Glukagon – Adrenalin) oder bilden einfache oder komplexe Regelkreise. Nach dem Prinzip des →Regelkreises mit negativer Rückkopplung ist die Beziehung zwischen den H. des Hypothalamus, des HVL (→glandotrope H.) und den peripher ausgeschütteten H. zu sehen, indem Ausschüttung der glandotropen H. zur Ausschüttung der peripheren Drüsen-H. führt, die ihrerseits die weitere Bildung der glandotropen H. blockieren.

Hormone und Nervensystem

Zwischen VNS und ZNS und Hormonsystem bestehen enge, allerdings in den Einzelheiten noch (vielfach) unaufgeklärte Beziehungen, die den Forschungsgegenstand der sog. →Neuroendokrinologie darstellen. Einigermaßen geklärt sind bislang nur die Beziehungen zwischen →Hypothalamus und der →Hypophyse: In spezifischen Neuronen des Hypothalamus werden die H. Vasopressin (Adiuretin) und Oxytocin gebildet und auf nervösem Wege zum HHL (Neurohypophyse) gebracht und von dort aus in die Blutbahn abgegeben. Auch die Ausschüttung der glandotropen H. des HVL wird unter Beteiligung des Hypothalamus vollzogen (Releasing bzw. Inhibiting Hormones). So wurde in Reizversuchen gezeigt, daß lokalisierte Hypothalamusreizungen zur Ausschüttung spezifischer glandotroper Hormone führen. Weiterhin muß nach Reiz- und Ausschaltungsversuchen angenommen werden, daß die periphere Ausschüttung der Hormone des Nebennierenmarks (→Adrenalin, → Noradrenalin) mit neuronalen Erregungen im reticulo-thalamischen und limbischen System (z. B. Nucleus amygdalae) zusammenhängt. Beteiligung lim-

Die Hormone und ihre Bedeutung

Organ	Hormon	Normalfunktion (NF), Überfunktion (ÜF) und Unterfunktion (UF)	Psychische Begleiterscheinungen
Hypophyse Vorderlappen Adenohypophyse HVL	1. Wachstumshormon Somatotropes Hormon Somatotropin STH	NF: Steuerung des Fett- u. Eiweißstoffwechsels	
		ÜF: vor Abschluß des Wachstums: Gigantismus (Riesenwuchs) ÜF: nach Abschluß des Wachstums: Akromegalie	Geistige Eigenschaften normal, häufig emotionale Labilität, Gehemmtheit, geringe Soziabilität, depressive Züge, herabgesetztes Triebleben
		UF: Mangel an STH während des Wachstums führt zu hypophysärem Zwergwuchs	Reizbarkeit, gesteigerte Empfindsamkeit, Verstimmbarkeit, Mißtrauen, normale Intelligenz
	2. Adrenocorticotropes Hormon Corticotropin ACTH	NF: Stimuliert die Nebennierenrindenfunktion, insbesondere die Sekretion der Glucocorticoide	
	3. Thyreotropes Hormon Thyreotropin	NF: Stimuliert die Tätigkeit der Schilddrüse	
	4. Gonadotropine: a) Follikelstimulierendes Hormon FSH b) Luteinisierendes Hormon LH, ICSH c) Luteotropes Hormon, Prolactin	NF: Steuerung der Keimdrüsenfunktion bei Mann und Frau *Die UF des Hypophysenvorderlappens, die Hypophysenvorderlappeninsuffizienz (SIMMONDsche Krankheit, SHEEHAN-Syndrom) führt zur sekundären Nebennierenrindeninsuffizienz, zum Myxodem und Unterfunktion der Gonaden mit Erlöschen der Triebhaftigkeit, Vernachlässigung der Pflichten, Verwahrlosung, Gleichgültigkeit, fortschreitender Persönlichkeitszerfall, akuten Delirien, schließlich chronischen Organpsychosen*	
Hinterlappen Neurohypophyse HHL	1. Adiuretin Vasopressin ADH	NF: Förderung der Wasserrückresorption in den Nieren, Gefäßverengung	
		UF: Diabetes insipidus, Verlust enormer Harnmengen	Schwächung aller Triebe, Verminderung der Libido, Apathie, Schlafsucht, Launenhaftigkeit
	2. Ocytocin	NF: Kontraktionsreiz auf den Uterus	
Epiphyse Zirbeldrüse Corpus pineale	Das Organ ist in seiner Funktion noch weitgehend ungeklärt		

H

Organ	Hormon	Normalfunktion (NF), Überfunktion (ÜF) und Unterfunktion (UF)	Psychische Begleiterscheinungen
Schilddrüse Thyreoidea	Thyroxin Trijodthyronin	NF: Beschleunigung der oxydativen Prozesse sämtlicher Zellen. Wirkung auf das Zentralnervensystem, auf das vegetative Nervensystem, die Psyche, das Wachstum	
		ÜF: Hyperthyreose → BASEDOW	→ BASEDOW
		UF: Hypothyreose → Myxödem	→ Myxödem
		UF: Hypothyreose (angeboren) → Kretinismus	→ Kretinismus
Thymusdrüse Bries	Über die Hormonbildung der → Thymusdrüse ist noch wenig bekannt. Sie steht in Wechselbeziehung zu den Keimdrüsen, hat Einfluß auf das Wachstum und wird neuerdings als primäres Immunitätsorgan bezeichnet.		
Nebenschilddrüse Parathyreoidea Epithelkörperchen	Parathormon	NF: Steuerung des Calcium- u. Phosphatstoffwechsels	
		ÜF: Hyperparathyreoidismus Ostitis fibrosa cystica, RECKLINGHAUSENsche Krankheit (erhöhter Calciumspiegel im Serum, Nierensteine, Osteoporose, Knochencysten)	Müdigkeit, Apathie, Labilität, Depression
		UF: Hypoparathyreoidismus. Tetanie (niedriger Serumcalciumspiegel, Parästhesien, tonische Muskelkrämpfe)	Reizbarkeit, emotionelle Labilität, Verstimmbarkeit
Nebennieren-Mark Corpora suprarenalia	Adrenalin Noradrenalin	NF: Die Ausschüttung von Adrenalin und Noradrenalin bewirkt die Leistungssteigerung des Organismus (→ adrenergisches System)	
		ÜF: Phäochromzytom (Tumor des Nebennierenmarks, paroxysmale Blutdruckkrisen, chronische Hypertonie)	Durch hohen Blutdruck Erregungen u. Verstimmungen, in schweren Fällen Verwirrungen u. deliriöse Zustände
Nebennieren-Rinde	Mineralocorticoide Aldosteron	NF: Steuerung der Natriumrückresorption, der Kaliumsekretion in der Niere	
		ÜF: Primärer Hyperaldosteronismus, CONN-Syndrom (Hochdruck, Hypokaliämie)	
	Glucocorticoide	NF: Eiweiß- und Kohlehydratstoffwechsel	
		ÜF: CUSHING-Syndrom (Vollmondgesicht, Stammfettsucht, Plethora des Gesichts, Büffelnacken, Osteoporose)	Es wechseln euphorische mit depressiven Verstimmungen mit Zuständen der Angst, Erregung oder völliger Apathie, Verwirrung und Bewußtseinseintrübung; kurzdauernde Psychosen
Testes in geringen Mengen: Nebennierenrinde	Androgene	NF: Entspricht den männl. Sexualhormonen	
		ÜF: Kongenitale Form: Kongenitales adrenogenitales Syndrom, AGS	

Organ	Hormon	Normalfunktion (NF), Überfunktion (ÜF) und Unterfunktion (UF)	Psychische Begleiterscheinungen
Nebennieren-Rinde (Fortsetzung)		*Beim Mädchen:* Pseudohermaphroditismus femininus (Virilisierungsersch. im Körperbau, Clitorishypertrophie, primäre Amenorrhoe, Ovarien u. inneres Genitale vorhanden, genetische Konstitution weiblich: XX-Chromosomen)	Häufig kindlich unreife Züge. Sexualität unterentwickelt. Intelligenz durchschnittlich
		Beim Knaben: Pseudopubertas praecox (dissoziierter Virilismus: Wachstum des Penis ohne entsprechende Entwicklung der Hoden)	
		Postnatale Form: Postnatales adrenogenitales Syndrom (vorwiegend bei Frauen. Virilisierung, sekundäre Amenorrhoe)	
		UF: Nebennierenrindeninsuffizienz → ADDISON	→ ADDISON
Pankreas Inselzellen	Insulin	NF: Erhöht den Glukoseumsatz u. die Glykogenspeicherung, erniedrigt den Blutzuckerspiegel	
		UF: Diabetes mellitus (Hyperglykämie, Glykosurie, Polydipsie)	
		ÜF: Pankreasadenom, Insulom (schwer hypoglykäm. Zustände)	
	Glukagon	NF: Mobilisation von Glucose aus der Leber	
Ovarium (Eierstock)	Follikelhormon Oestrogene Corpus luteum hormon Progesteron	NF: Wesentlichster Gestalter und Erhalter der organischen und funktionellen Geschlechtsentwicklung. Follikelhormon bewirkt speziell als «Brunsthormon»: Auslösung des menstruellen Zyklus, Corpus luteum speziell Aufrechterhaltung der Schwangerschaft	Ausbildung der spezifisch weiblichen Psyche, auch im Sinne der Provokation und Intensivierung der Geschlechtsunterschiede. Normabweichungen im Sinne der Steigerung oder Minderung der verfrühten Evolution oder Involution (z.B. Frühreife, Nymphomanie, Frigidität). Vermutbare Zusammenhänge zur gesamten «Psychopathia sexualis»
		ÜF: Hypergenitalismus (z.B. Frühreife)	
		UF: Hypogenitalismus (wie Kastrationsfolgen: Ausbleiben oder Rückbildung von Geschlechtsmerkmalen und Menstruation)	
Testes (Hoden)	Testosteron Anderosteron	NF/ÜF/UF: Grundsätzlich wie bei den weiblichen Sexualhormonen	Ausbildung der spezifisch männlichen Psyche. - Normabweichungen wie bei der Frau mit entsprechend männlicher Färbung

bischer Strukturen (Amygdala, Hippocampus) auch an der Regulation der Freisetzung von Nebennierenrinden und Gonadenhormonen sind nachgewiesen. Damit ist die früher vertretene Ansicht, daß der Hypothalamus und die Hypophyse allein die Bindeglieder zwischen H. und NS darstellen, falsch. Die Beeinflussung hirnelektrischer Aktivität durch periphere und zentrallokalisierte H.zufuhr oder durch hormonelle Störungen kann als gesichert gelten; der diesen Veränderungen zugrunde liegende Wirkungsmechanismus ist ungeklärt. Besonders deutlich wird die Beziehung von NS und H. im Wirkungsmechanismus der Neurohormone, des Hypothalamus (CRH, TRH u. a.) und der Neurotransmitter →Noradrenalin, →Dopamin, →Acetylcholin u. a. (Hypothalamus als "Fenster" zum Nervensystem). Alle Hypothalamus-H. stehen unter Kontrolle jeweils mehrerer Neurotransmitter.

Hormone und psychische Erkrankungen

Über- oder Unterfunktionen der peripheren H.drüsen, bedingt etwa durch Tumoren, sind fast ausnahmslos nicht nur mit physiol., sondern auch mit ps. Störungen verbunden. Auch endokrine Störungen sind neben allgemeinen (bes. Desaktiviertheit) mit spezifischen ps. Symptomen (z.B. sensorische Schwellen) verknüpft. Umgekehrt ist es für praktisch alle ps. Erkrankungen auf der Basis von in Urin, Speichel oder Blut ausgeschütteten H. nicht gelungen, eindeutige endokrine Variationen nachzuweisen. Allenfalls bestehen hinsichtlich der Aktiviertheitsdimension (Antrieb, →Aktivation) und der Stimmungslage bei einigen endokrinen Störungen relativ klare ps. Veränderungen. Ansätze und Hypothesen haben in den letzten 4 Jahrzehnten die →Neuroendokrinologie und →Psychopharmakologie geliefert.

Hormone und Verhalten

Aus den z. T. drastischen ps. Änderungen bei hormonellen Störungen kann nicht geschlossen werden, daß klare Beziehungen zwischen H. und Normalverhalten bestehen. Methodisch bieten sich zwei Wege an: die Untersuchung von Verhaltensänderungen nach H.zufuhr oder die Analyse der Ausschüttung bestimmter H. in Urin oder Blut in Abhängigkeit von systematisch variierten Reizbedingungen. Beide Zugänge sind theoretisch problematisch. Oral oder intravenös zugeführte H. induzieren zwar reproduzierbare Verhaltensänderungen, es ist jedoch fraglich, ob damit mehr als Hypothesen über die Beziehung zwischen körpereigenen H. und Verhalten gewonnen werden können. Wirkungsmechanismen und Konzentrationsverhältnisse sind bei externer Hormonzufuhr und interner H.bildung nicht vergleichbar. Da die meisten in den Blutkreislauf eingebrachten H. die →Blut-Hirn- Schranke nicht passieren, sind viele der beobachteten Verhaltensänderungen wahrscheinlich z. T. indirekt auf periphere Veränderungen zurückzuführen. Untersuchungen, in denen die H.ausschüttung als abhängige Variable benutzt wurde, liegen v. a. für die →Catecholamine, →Corticoide und →Androgene vor. Stressoren erhöhen (Adrenalin, Corticoide) oder erniedrigen (Testosteron) die Sekretion. Alle anderen H. sind in ihrer Bedeutung als Indikatoren ps. Zustände noch nicht hinreichend untersucht. Auch bei signifikanten Korrelationen zwischen H. und Verhalten ist eine Generalisierung schwierig, weil in der Regel mit üblichen Bestimmungsmethoden nur geringe Anteile der biologisch aktiven H. nachweisbar sind, so daß die Menge der gemessenen H. keinen Rückschluß auf die Menge der im Organismus wirksamen H. zuläßt. Hinzu kommt, daß der Ursprung der nachgewiesenen H. nicht eindeutig aufzuklären ist. Eine bedeutsame Schwierigkeit sind sehr große individuelle Differenzen. **[L]** *Einführungen*: FABER & HAID 1995, FINGERMAN 1997, LÖFFLER & PETRIDES 1997; *Hormone und Krankheit*: GEBERT & THOMAS 1992, GREENSPAN & STREWLER 1997, GROSSMAN 1997, HOLMES 1989, HELLHAMMER & KIRSCHBAUM 1998, LEHNERT et al. 1998, NEMEROFF & LOOSEN 1987; *Hormonachsen:* HOLSBOER 1995, *Hormone und Psychologie*: (BECKER et al. 1992,) BORN & DEBUS 1998, HOLMES 1990, BRUSH & LEVINE 1989, NETTER et al. 1998, WARD & WARD 1985; *Hormone und Emotion*: GANTEN & PFAFF 1988, LEVAY 1994, NETTER & MATTUSSEK 1995; *Hormone und Essen*: MORLEY 1989, *Hormone und Gedächtnis*: DEWIED 1997, MCGAUGH 1983, MCGAUGH & GOLD 1989, MCGAUGH et al. 1990; *Hormone und individuelle Reaktivität*: NETTER et al. 1998

W. Janke

Hormon-Typen, Charakterisierung nach der spezifischen Wirkung einzelner →Hormone oder von Hormon-Gesamtsystemen auf die Konstitution.

Horner, Johannes Friedrich (1831–1866), Ophthalmologe / Zürich

Hornerscher Symptomenkomplex, die

Symptomentrias mit Herabhängen des Augenlides (Ptosis), verengter Pupille (Miosis) und zurückgesunkenem Auge (Enophthalmus). Ausgelöst durch Schädigung des Hals- oder Brustsympathikus.

Hornersches Gesetz, besagt, daß die fast nur bei Männern auftretende Rotgrünblindheit im Erbgang vom Vater über meist voll farbentüchtige Töchter auf deren Söhne übertragen wird.

Horney, Karen D. (1885–1952), Psychoanalytikerin, die die FREUDsche Libido-Theorie kritisierte und die Bedeutsamkeit von sozialen Faktoren betont hat.

Hornhaut [lat. *cornea*], die durchsichtige, gewölbte Haut an der Vorderfläche des Augapfels. →Auge

Horopter [gr. *horos* Grenze], Menge der Punkte in der Umwelt, die bei gegebenem →Fixationspunkt auf →korrespondierenden Netzhautpunkten abgebildet werden. Theoretisch besteht der Horopter (bei geometrisch entsprechenden korrespondierenden Netzhautpunkten) aus einem Kreis durch den →Fixationspunkt und die →Knotenpunkte der beiden Augen (VIETH-MÜLLER-Kreis) sowie einer vertikalen Linie (vertikaler Horopter); wenn der Fixationspunkt nicht in der Horizontalen geradeaus vor dem Beobachter liegt, finden sich kompliziertere Kurven. Der empirisch bestimmte Horopter weicht vom theoretischen ab (z. B. nimmt die Krümmung des horizontalen Horopters mit der Entfernung des Fixationspunktes ab; HERING-HILLEBRANDsche Horopterabweichung).
Bei der empirischen Bestimmung des Horopters können verschiedene Kriterien verwendet werden, die sich auf die Eigenschaften →korrespondierender Netzhautpunkte beziehen: (1) gleiche Distanz (→Querdisparation aller Punkte auf dem Horopter ist Null; bei gegebenem →Konvergenzwinkel sollten sie in gleicher Distanz erscheinen); (2) →identische Sehrichtung; (3) →Einfachsehen (dadurch wird ein Bereich bestimmt, →PANUMsches Areal; als Horopterpunkte werden die Bereichsmitten verwendet). **[L]** TYLER 1983

H. Heuer

Horoskop →Astrologie

Hörraum →räumliches Hören

Hörrest, an Taubheit grenzende Schwerhörigkeit mit der fraglichen Möglichkeit der Verbesserung des Sprachgehörs durch elektrische Verstärkung. →Audiometrie, →Hörstörung

Hörschärfe, Empfindlichkeit für akustische Reize

Hörschwelle [engl. *audibility limit* Hörgrenze], die niedrigste und die höchste Frequenz (untere und obere Hörschwelle), die als Ton vernommen wird.
Zwischen diesen Grenzen liegt der Bereich des hörbaren Schalls, darunter der Infra-, darüber der Ultraschall. Beim Menschen liegt die untere Hörschwelle bei ungefähr 16 Hz, die obere bei 20 000 Hz. Diese wird im Lauf des Lebens niedriger (bei 60 Jahren liegt sie bei 5 000 Hz). Der wichtigste Frequenzbereich für das Hören liegt zwischen 30 Hz und 4 000 Hz.
• Die obere Hörschwelle vieler Tiere liegt höher als die des Menschen, wie durch Versuche mit dem →bedingten Reflex von der PAWLOWschen Schule festgestellt wurde (z. B. beim Hund 38 000 Hz). →Presbyakustisches Gesetz. **[L]** ROHRACHER, SCHEMINZKY

Hörstörungen, man unterscheidet nach Mittelohrschwerhörigkeit (Schalleitungsschwerhörigkeit), bedingt durch Verlegung des Gehörganges, Belüftungsstörungen des Mittelohres, Mittelohrentzündung, Otosklerose und Innenohrschwerhörigkeit, Schallempfindungsschwerhörigkeit, bedingt durch Schäden in der Schnecke und am Hörnerv.
Kompletter Ausfall des Gehörs = Gehörlosigkeit. Angeborene oder frühkindlich erworbene Schwerhörigkeit führt zur Verzögerung der Sprachentwicklung, d. h. audiogene Dyslalie. Bei Gehörlosigkeit wird ohne Hilfe die Sprache nicht erworben (früher Taubstummheit). Die Spätertaubung (Eintritt der Gehörlosigkeit nach Erwerb der Sprache) führt ohne Therapie im Kindesalter zum Verlust der Sprache. Akustische Agnosie = Seelentaubheit = sensorische Hörstummheit: Sprache wird gehört, aber nicht verstanden. Beziehungen zur sensorischen Aphasie nach Spracherwerb. Partielle Lautagnosie = Phonematische Differenzierungsschwäche = Unterscheidungsschwäche für einzelne Laute. →Audiometrie, →Aphasie

Hörstummheit, Audimutitas, auch Alalie, ältere Bez. für das Ausbleiben der Sprachentwicklung bis über das dritte Lebensjahr hinaus bei Kindern, die in sprachfördernder Umgebung aufwachsen und bei denen weder periphere Hörbehinderungen noch →Anarthrie noch →Oligophrenismus noch →Autismus nachweisbar sind; Unterformen nannte man sensorische bzw. motorische H. Diese Bez. werden heute als in sich widersprüchlich, vor allem aber als irreführend und unexakt kritisiert (nicht weil, sondern obwohl diese Kinder hören, erwerben sie so spät Sprache; und einige von ihnen sind keinesfalls völlig stumm; nur sind ihre lautlichen Äußerungen verstümmelt, völlig unverständlich und formen sich nicht zu konstantisierten Zeichengestalten). Das klinische Erscheinungsbild der hiermit bezeichneten Störungen wird umfassender und neutraler beschrieben als →verzögerte Sprachentwicklung. Zur diffenrenzierten Eingrenzung des funktionalen Störungsbildes (keine soziokulturelle Benachteiligung, keine Hörbehinderung, Anarthrie oder Oligophrenie, kein Autismus im Hintergrund) verwendet man heute die Bez. (kongenitale) →Dysphasie mit den Unterformen perzeptive bzw. motorisch-expressive D. (Dys- meint in der deutschsprachigen Neurologie ein Erwerbsdefizit; A. hingegen das Verlustsyndrom). Engl. Bez. früher *developmental aphasia* (MORLEY 1972); heute vorwiegend *developmental dysphasia* (WYKE 1978). **[L]** SEEMAN 1969, ARNOLD 1970, BÖHME 1974, WIRTH 1977, LEISCHNER 1979

Hörverlust, Maß für die Schwerhörigkeit in dB für die einzelnen hörbaren Frequenzen in Beziehung zur Hörschwelle des normal Hörenden. →Audiometrie

Hörzentrum →Gehirn

HSOA, High School Objective Analytic Personality Battery **[T]** SCHUERGER, CATTELL

Hospitalismus, die durch Anstaltserziehung und -aufenthalt bedingten Schädigungen bei Kindern und auch Erwachsenen.

Vor allem tritt bei Kindern, die ohne Mutter bzw. ohne Familienumwelt («Nestwärme») aufwachsen, Kontaktarmut in Erscheinung. →Depression, anaklitische. Das Laufen- und Sprechenlernen wird verzögert, und allgemeine Anpassungsschwierigkeiten (besonders in der Schule) kommen hinzu. Der Begr. H. ist nur insoweit einseitig, als bei mangelnder Geborgenheit es auch bei der Mutter zu einem «Hospitalismus» kommt, der in gutem Anstaltsaufenthalt behoben werden kann. Dem H. wird heute zu begegnen gesucht durch die Einrichtung der Kinderdörfer (PESTALOZZI-Dörfer) mit Unterbringung in Hausgemeinschaften sowie Mutter-Kind-Zimmern in Kliniken. Der heute sog. seelische H. (Bez. von C. BENNHOLDT-THOMSEN) wurde schon Ende des vergangenen Jahrhunderts erkannt.

• H. ist auch ein moderner Begr. für die Gesamtheit der Schäden und Mängel, die im Zusammenhang mit dem Krankenhausaufenthalt stehen; besondere Anstaltsinfektionen, Einflüsse der Krankenhausatmosphäre (bes. bei Kindern), Übersteigerungen versch. Art. →Deprivation

hot cognitions, hot constructs (ABELSON 1963), Emotionen, Präferenzen, Erregung etc. in kognitivistischer Interpretation, z. B. bei der Computer-Simulation.

hot-seat-Technik, Übungsform im Rahmen der →Gestalttherapie, bei der ein Gruppenmitglied auf dem «heißen Stuhl» etwas bearbeitet und über Rückmeldungen (feedback) durch die anderen Gruppenmitglieder eine neue Sicht- oder Verhaltensweise überprüft.

F. Caspar

House-tree-person-Test (HTP) [T] BUCK

Hovland, Carl Iver (1912–1961), amer. Psychologe an der Yale-Univ.

Hoyt, Cyril Joseph (*1905), Psychologe / Psychometrik / Univ. of Minnesota, Minneapolis

Hoytscher Konsistenzkoeffizient →Konsistenzkoeffizient

HPA-System, syn. HPA-Achse, Abk. für Hypothalamus (Hormon: CRH)-Pituitary (= Hypophyse, Hormon: ACTH)-adrenal cortex (= Nebennierenrinde, Abk. NNR, Hormon: Glucocorticoide)-System, das einen Regelkreis aus den Hormonen CRH-ACTH- Glucocorticoide impliziert. Es wird angenommen, daß das HPA-System eine grundlegende Bedeutung für die Regulation von chronischem Streß darstellt. Als gesichert gilt, daß die HPA-Achse bei Depression gestört ist. **[L]** HOLSBOER 1995 *W. Janke*

HPLC, Abk. für High Performance Liquid Chromatography, →Hochleistungsflüssigkeitschromatographie

HPT-Achse, Abk. für Hypothalamus-Hypophysen-Thyreoid-Achse

H-Reflex →HOFFMANNscher Reflex

HSPQ, Abk. für High School Personality Questionnaire. **[T]** CATTELL

H-Test →KRUSKAL-WALLIS-Test

Hugo-Münsterberg-Medaille, wird seit 1981 auf den Kongressen des Berufsverbands Deutscher Psychologen für bes. Verdienste um die Angewandte Ps. verliehen. Erster Inhaber: Helmut von BRACKEN

Hull, Clark Leonard (1884–1952), Psychologe / 1918 Ph.D. an der Univ. of Wisconsin, ab 1929 Yale Univ. Hauptarbeitsgebiet: Lerntheorie auf der Basis der S-R-Annahmen. Parallel zu SKINNER betont er die Bedeutung des Reinforcements. Seine Lerntheorie ist hypothetico-deduktiv.

Hullsches Gesetz, Bez. für die These, daß die Stärke eines →habits proportional der Anzahl bekräftigter Reiz-Reaktions-Verbindungen ist. →Lernen

human, menschlich, menschenfreundlich.

human engineering, aus der amerik. Betriebswelt erwachsener Begr. für das Wissenschaftsgebiet, auf dem Psychologen und Ingenieure gemeinsam die Beziehungen von Mensch und Arbeit bei der Betriebsausrüstung, der Auslese, dem Anlernen und der psychophysischen Anpassung zu verbessern suchen. →Ergonomie • Nach der geschichtlichen Entwicklung ging in den USA dem h.e. das *«social engineering»* (d. h. das ingenieurmäßige Behandeln der sozialen Gegebenheiten) voraus. Die Entwicklung hat mit dem Aufkommen und der Beobachtung weiterer betriebsps. Probleme die Begriffe *«personnel management»* (Führungsfragen) und *«human relations»* (die mitmenschlichen Beziehungen) hochgespielt. →Arbeitsps.

human ressources, engl. Bez. f. Humankapazität, das Leistungspotential, das eine Person befähigt, bei Anforderungen (z. B. am Arbeitsplatz) optimale Leistung zu erbringen. H. ist noch nicht sehr präzise formuliert, es kann jedoch angenommen werden, daß h.r. aus Fähig-, Fertigkeiten, Kenntnissen und Einstellungen besteht. H. ist im industr. Bereich Grundlage für Trainingsmaßnahmen. [**L**] LATHAM 1988

Humanethologie, Teilgebiet der →Ethologie, das sich mit dem menschlichen Verhalten befaßt. Abweichend von der Ps. stehen in der H. stammesgeschichtliche Zusammenhänge im Vordergrund.

Dabei werden die in der Tierethologie (→Ethologie) gewonnenen Methoden angewandt. Angeborene Verhaltensweisen können aus ethischen Gründen nur indirekt erschlossen werden; z. B. mit Hilfe des Kulturenvergleichs durch Untersuchungen an «erfahrungsfreien» (taub-blind-geborenen) Kindern und Befunden bei verhaltensgeschädigten Menschen. Ziel der H. ist es, den Menschen seinem biologischen Evolutionsstand entsprechend zu verstehen und dieses Bild in die kulturelle Entwicklung zu integrieren. [**L**] EIBL-EIBESFELD & LORENZ 1974 *V. Preuss*

Humangenetik →Genetik

humanistic psychology →Psychologie (Richtungen)

Humanistische Therapien, der humanistische Ansatz umfaßt ein ganzes Spektrum an Therapieverfahren. Es zählen hierzu das →Psychodrama, die →Gestalttherapie, die →Gesprächspsychotherapie, →Encounter-Gruppen, →Transaktionsanalyse, →Musiktherapie, →Bewegungs- und körperorientierte Therapie, →Tanz- und Kunsttherapie, →bioenergetische Therapie, und weitere. Gemeinsam ist den Ansätzen die Annahme, daß Blockaden oder Abspaltungen die Weiterentwicklungstendenz eines Menschen und sein volles Funktionieren behindern, sowie das Bemühen um eine ganzheitliche Sicht. *F. Caspar*

Humanitätsepoche, nach der völkerps. Theorie WUNDTs die an das Heldenzeitalter sich anschließende Zeit. Weltreiche, Weltkulturen, Weltreligion, Weltgeschichte gehören dazu.

human relations, aus amerikanischem Sprachgebrauch übernommene Bez. für die besonderen menschlichen Beziehungen und Verbindungen, die im Arbeits-, Betriebs- und Wirtschaftsleben sich bilden und bedeutsam sind. Zuerst enger gefaßt und im Rahmen der Industriesoziologie entwickelt (die →Hawthorne-Untersuchungen von E. MAYO waren hierbei ein entscheidender Schritt), wird die Bez. heute recht breit und für vielerlei Beziehungen verwendet.

Humor [lat. *umo*r Feuchtigkeit], Körpersaft, auch Säftemischung. Daraus Humoral-Psychologie, Humoral-Pathologie als Begr. für die Ableitung des allg. ps. und besonders des charakterlichen Gefüges bzw. der Krankheiten aus dem Blut und den Körpersäften.

Schon HIPPOKRATES und GALEN begründeten diese Anschauung (→Typologie). • Übertragen bildete sich das Wort H. im 18. Jh. zur Bezeichnung von fröhlicher, ausgelassener Laune und Stimmung. GOETHE gebrauchte H. noch als Stimmung schlechthin. H. ist nach LERSCH die «Einstellung zum Leben, die die Menschen und menschlichen Verhältnisse, aber auch sich selbst in den Unzulänglichkeiten und Schwächen» versteht und verzeiht. Während H. geschichtlich im dt. Sprachraum (z. B. i. d. Ästhektik) als eine Kategorie des Komischen verstanden und von anderen Phänomenen wie Witz, Ironie, Satire, Spaß abgegrenzt wird, dient H. i. d. gegenwärtigen angloamerik. Literatur als Sammelbegriff für alle Phänomene des Komischen – Produktion (humor creation) und Rezeption (h. appreciation) eingeschlossen. Für die Erklärung des komischen, Erheiterung u. Lachen erregenden Effekts wurden Faktoren wie die willkürliche Verbindung zweier sonst getrennter Ideen und Vorstellungen (Inkongruenztheorie), die Überlegenheit gegenüber dem Belachten (superiority/disparagement-Theorie) sowie das Ausleben unbewußter sexueller und feindseliger Impulse (psychanalytische Theorie) geltend gemacht. Neuere faktorenanalytische Untersuchungen von Urteilen über

Witze und Cartoons legen nahe, daß die strukturellen Aspekte wichtiger als Inhalte sein könnten, wobei relativ stabile Präferenzen für humoriges Material mit weitgehend auflösbarer Inkongruenz (Inkongruenz-Lösungs) bzw. verbleibender Inkongruenz (Nonsens), die eine generelle Vorliebe für Informationshaltigkeit vs. Redundanz ausdrücken, aufzufinden sind. In Experimenten erweist sich die Form der Beziehung zwischen Grad der Inkongruenz und erzielter Erheiterung (umgekehrt u-förmig bis negativ beschleunigend) hingegen als abhängig vom Untersuchungsmaterial. Der sog. «Sinn» für H. bezeichnet relativ stabile interindividuelle Unterschiede i. d. Reaktion auf u. Produktion von H. sowie eine heiter-gelassene Lebenseinstellung o. Grundgestimmtheit. Als Alltagsbegriff durch hohe soziale Erwünschtheit u. mangelnde begriffliche Schärfe gekennzeichnet, erweist sich Sinn f. H. als wissenschaftliches Konstrukt als mehrdimensional und seine Erfassung z. T. als noch methodenabhängig. In den letzten 20 Jahren wurde bes. der Komponente von H. als Coping-Mechanismus u. dessen Konsequenzen für Streßbewältigung u. Gesundheit Forschungsinteresse zuteil. Faktorenanalysen von Aussagen (Q-Sort) zu alltäglichen humorigen Umgangsformen u. Verhaltensweisen erbringen fünf bipolare H.-Stile, von denen nur zwei mit Sinn f. H. korrelieren [L] McGhee 1979, Lefcourt & Martin 1986, Ruch 1998 *W. Ruch*

Humor-Test [T] Redlich

Humphrey, George (1889–1966), Psychologe / Oxford University

Humphreysches Prinzip, H.-Paradoxon, ein allgemeines Prinzip, das sich auf sinngemäß gleiche Reaktionen bei variierenden Umweltbedingungen und geänderten Reizgegebenheiten bezieht. [L] Humphrey

Hunger, ein primäres physiologisches Bedürfnis bzw. ein Antriebszustand (allerdings weitgehend erlebnis- und gefühlsmäßig überlagert und gesteuert), der in der Ps. bedeutsam ist, weil er in vielfältigen Zusammenhängen kontrolliert, gemessen und manipuliert werden kann. Die operationale Definition für die H.antriebsstärke ist die Dauer des Nahrungsentzugs abzüglich eines mit größerer Zeitdauer zunehmenden Schwächekoeffizienten (Hull). Hunger ist Defizit-Motivation. Zusammen mit Durst wird er verwendet, um die Bedeutung der Motivation überhaupt, die meist sehr komplexen Antriebs-, Bedürfnis- und Triebzustände wie auch Lernvorgänge zu erschließen. • I. ü. S. bedeutet H. Erlebnishunger, Hunger nach Abwechslung etc. [L] Weinert 1965

Huntington-Chorea →Chorea

Huntington, George (1851–1916), Neurologe / Philadelphia

Husserl, Edmund (1859–1938), Begründer der phänomenologischen Methode

HVA, Abk. für Homovanillinacid, →Homovanillinsäure

HVL, Abk. für Hypophysenvorderlappen →Hypophyse

HVS →Homovanillinsäure

Hybrid →Bastard (biol.)

Hybridation, Kreuzung von Individuen mit unterschiedlichen Erbanlagen

Hybridrechner, elektronische Rechenanlage, die aus einem →Digitalrechner und einem →Analogrechner oder zumindest einigen →analog arbeitenden Bausteinen besteht; der H. ist durch die neuere Entwicklung der Digitalrechner technisch überholt. *W. Glaser*

Hydergin® →Dihydroergotoxin

Hydrocephalus [gr. *hydor* Wasser, *kephale* Kopf], Wasserkopf, verhinderter Abfluß der cerebrospinalen Flüssigkeit.

Hydrocortison, verabreichte Form von →Cortisol, H.Verabreichung in physiol. Dosen hat nur geringe ps. Effekte, experimentell induzierte Emotionen werden jedoch verstärkt. [L] Born et al. 1988, Born et al. 1991, Born & Debus 1998, Henkin 1975, Stokes 1995 *M. Reuter/W. Janke*

Hydromorphon, WZ Dilaudid®, Psychopharmakon aus der Gruppe der →Analgetika vom Typ der →Opioide, analgetische Wirkung ca. 5mal stärker als bei →Morphium. Schneller Wirkungseintritt, 2–3 h Wirkungsdauer. Anwendung als →Antitussivum. *W. Janke*

Hydrotropismus →Tropismus

5-Hydroxytryptamin, Abk. 5-HT, chem. Bez. für →Serotonin *W. Janke*

5-Hydroxytryptophan, Neurotransmitter, gebildet aus Tryptophan, zugleich Präcursor von →Serotonin (5-Hydroxtryptamin) *W. Janke*

Hygiene, psychische →Psychohygiene

Hylozoismus [gr. *hyle* Materie, Stoff, ursprüngl. Wald, *zoe* Leben], Lehre der gr. Naturphilosophie von einem belebten Urstoff, der Hyle. • Der engl. Philosoph R. Cudworth (1617–1688) prägte als erster den Begr. H. für die Annahme, daß auch anorganischen Vorgängen Leben und Seelisches eigen ist. →Monismus

hyp ... →hypo [E]

Hypalgesie [gr. *algesis* Schmerz], Herabsetzung der Schmerzempfindlichkeit. Ggs. →Hyperalgesie (Form der →Hyperästhesie).

Hypästhesie, Hypoästhesie, verminderte Empfindlichkeit, Vorstufe der →Anästhesie. Ggs. →Hyperästhesie

hyper ... [gr.] in Wtvb. über, übermäßig [**E**]

Hyperaktivität, Hyperaktivitätssyndrom (AHS), (syn. Hyperkinese) die drei Kardinalsymptome nach DSM-IV sind: Hyperaktivität, Unaufmerksamkeit und Impulsivität.

Auf der Suche nach «dem» Erklärungsansatz der Aufmerksamkeits- u. H.störung [engl. ADHD] kam es zu wissenschaftlichen Kontroversen, aus denen verschiedene Modelle (u. a. biologisch-somatische, genetische u. psychosoz.) resultierten. Die biol.-somatische Erklärung postulierte die Theorie der zentralen (chronisch kortikalen) Untererregung (underarousal), die bei ADHD-Kindern zu verminderter Handlungsfähigkeit u. Einschränkungen d. subjektiven Wohlbefindens führe (SATTERFIELD & DAWSON, 1971). Zur Kompensation des Aktivierungsmangels bzw. zur Erhöhung ihres kortikalen Erregnungsniveaus suchten die Kinder nach ständiger Stimulation (WENDER, 1971). Empirische Untersuchungen (u. a. BROWN et al., 1985) bestätigten diesen Ansatz nicht. Heutzutage geht man davon aus, daß ADHD-Kinder unter einer gestörten Aktivierungsmodulation leiden, d. h., sie haben Schwierigkeiten, ihr kortikales Erregungsniveau auf die wechselnden (Aufgaben-)Anforderungen umzustellen bzw. anzupassen (u. a. SCHLOTTKE & ROTH, 1989). Ein zentraler Genese-Faktor konnte bisher nicht nachgewiesen werden, vielmehr ist der Erklärungsansatz i. S. eines integrativen Erklärungsmodells als multifaktoriell anzusehen. Biologische und konstitutionelle Merkmale wie auch psychosoz. Faktoren beeinflussen den Verlauf der Störung.

Häufig werden zur medikamentösen Therapie Stimulanzien eingesetzt, die wohl wirksam sind, gegen die jedoch, wegen (suchterzeugender) Nebenwirkungen auf die Entwicklung eines Kindes sowie wegen der zeitlich sehr eingeschränkte Wirkung auch erhebliche Bedenken bestehen. →Operante Verfahren werden allein oder in Kombination mit medikamentöser Therapie eingesetzt, zudem auf AHS-Kinder zugeschnittene →Selbstinstruktionstrainings. Die Wirksamkeitsnachweise für diese kognitiven Strategien sind noch unbefriedigend. *F. Caspar*

Hyperakusie, übergroße Schall- und Tonempfindlichkeit

Hyperaldosteronismus, syn. Aldosteronismus, abnorme Hypersekretion des Nebennierenrindenhormons →Aldosteron mit resultierenden Störungen des Wasser- und Elektrolythaushalts. Symptome u. a. Blutdruckerhöhung, ps. Kopfschmerzen, Müdigkeit, Parästhesien. Primäre Form, als Conn-Syndrom bezeichnet, Folge eines A.-produzierenden Adenoms, sekundäre Form meist zurückzuführen auf Überaktivität des Renin-Angiotensinsystems. →Endokrinologie, →Hormone *W. Janke*

Hyperalgesie Ggs. →Hypalgesie

Hyperämie, Blutfülle

Hyperästhesie, Überempfindlichkeit, besonders auch gesteigerte Nerven- und Gefühlserregbarkeit, Affektivität. Ggs. →Hyp(o)ästhesie, →Anästhesie

Hyperästhetiker →Typologie (Konstitutionstypen)

Hyperboliker, sprech- und sprachcharakterologisch Bez. Ggs. Hypoboliker, Litotes-Typ [gr. *litos* schlicht, einfach]. Ersterer bevorzugt in seiner Sprache drastische, bildhafte, übersteigerte Ausdrücke und einen exaltierten Sprachstil. Letzterer bleibt sachlich, knapp, unaufdringlich.

Hyperbulie, pathologischer Betätigungsdrang

Hypercalcämie, Störung, die duch überhöhte Verfügbarkeit von Calcium bestimmt ist, etwa bei Überfunktion der →Nebenschilddrüse, verbunden mit Hypersekretion von →Parathormon. Somatische Symptome u. a. Nierenfunktionsstörungen, Skelettveränderungen (Knochenabbau), Überfunktion der Verdauungsdrüsen mi Tendenz zu Gastritis und Ulcera; ps. Folgen: Antriebsarmut, Depressivität. [**L**] →Hormone, GEBERT & THOMAS 1992 *W. Janke*

Hypercortisolismus, syn. für →Cushingsyndrom, abnorme Sekretion des Nebennierenrindenhormons →Cortisol mit resultierenden vielfältigen ps. und somat. Störungen, u. a. Blutdruckerhöhung, Diabetes mellitus, Magengeschwüre. →Endokrinologie, →Hormone *W. Janke*

Hyperergie, Überempfindlichkeit, die körperliche Unruhe bewirkt.

Hyperglykämie, Bez. für die überhöhte Verfügbarkeit von Glukose, Entstehung bei Insulinmangel (z. B. Diabetes mellitus), vielerlei neurotoxische Auswirkungen aufgrund von Mikro- und Makroangiopathien [**L**] SCHETTLER & GRETEN 1990 *W. Janke*

Hypergonadismus, die Überfunktion der Keimdrüsen (Gonaden)

Hypergenitalismus, die übernormale Entwicklung der Geschlechtsorgane und -merkmale (schon im Kindesalter)

hypergeometrische Verteilung, Verallgemeinerung der →BERNOULLI-Verteilung für endliche Gesamtgrundheiten.

Hyperhedonis, Steigerung der Wollustempfindung

Hypericum-Extrakt →Johanniskraut

Hyperkinese →Hyperaktivität

Hypermetrie →Dysmetrie

Hypermetropie, syn. Hyperopie, Hyperopsie, sog. Übersichtigkeit. Die parallelen Lichtstrahlen vereinigen sich nach Akkommodation erst hinter der Netzhaut. Weitsichtigkeit des Alters (Presbyopie).

Hypermnesie, abnorme Gedächtnisstärke, gesteigerte Gedächtnisleistung in d. Hypnose

Hypermotilität, übernormal gesteigerter Bewegungsdrang, motorische Unruhe

Hyperopie →Hypermetropie

Hyperosmie, gesteigertes Geruchsvermögen

Hyperparathyreodismus, Störung, die durch abnorme Hypersekretion des Nebenschilddrüsenhormons →Parathormon bedingt sind. Ps. Folgen sind u. a. Verwirrtheit, Verstimmung, Antriebsarmut. *W. Janke*

Hyperplasie, die Gewebsvergrößerung durch Zellvermehrung (nicht Zellvergrößerung) im Ggs. zu →Hypertrophie

Hyperprolaktinämie, hormonelle Störung mit Überschuß von →Prolaktin, häufigste hypothalamisch-hypophysäre Störung. Ursachen vielfältig, so Hypophysentumor, vermehrte/verminderte hypothalamische Stimulation/Hemmung, so durch Pharmaka, die die neuronale Synthese von →Dopamin hemmen, z. B. →Neuroleptika (Nebenwirkung bei Therapie). Folgen bei Frauen: Zyklusstörungen, Amenorrhoe, bei Männern: Libido- und Potenzverlust. Therapie u. a. mit →Dopamin-beeinflussenden Substanzen wie →Bromocriptin. →Endokrinologie, →Hormone *W. Janke*

Hyperthymie, ps. Status mit heiterer Gemütslage, Selbstüberschätzung, eifriger Aktivität und gesteigerter Affektivität, jedoch ohne an die Überaktivität der →Manie heranzureichen.

Hyperthyreose, pathologisch erhöhte Verfügbarkeit der Schilddrüsenhormone, u. a. Morbus Basedow, vielfältige Störungen wie Tachykardie, erhöhter Grundumsatz, Hyperhydrosis, Diarrhoe, Gewichtsabnahme und ps. Veränderungen wie Unruhe, Erregtheit, Ängstlichkeit, Schlaflosigkeit. *W. Janke*

Hypertonie, vermehrter und verstärkter Tonus, speziell Muskeltonus. • Bluthochdruck. Ggs. →Hypotonie

Hypertonie, essentielle, häufigste kardiovaskuläre Erkrankung der Industriestaaten im 20. Jh. mit vorwiegend ps. Ursachen. Labile und stabile e.H. werden aufgrund des peripheren Gefäßverhaltens unterschieden: In der labilen Phase kommt es vor allem in unvorhersagbaren und unkontrollierbaren Leistungssituationen zu kurzfristigen Erhöhungen vor allem des systolischen Blutdrucks. In der stabilen Phase meist chronische Erhöhung des diastolischen Blutdrucks durch periphere Gefäßverengung ohne Veränderung der Herzfrequenz und oft unabhängig von bestehenden ps. Konflikten. Beteiligung renaler (Nieren) Faktoren umstritten. An e.H. sind Fettsucht, →Typ A-Verhalten, genetische Faktoren, Barorezeptorenzentren u. a. beteiligt; ps. Therapien der e.H. sind →Entspannung, →Meditation und →Biofeedback. Bluthochdruck ist einer der Risikofaktoren für die koronare Herzerkrankung, woraus sich ein hinreichender Anlaß für eine Behandlung ergibt. Für eine medikamentöse Behandlung fehlt oft die Compliance, da sich der Bluthochdruckpatient subjektiv mit seiner Erkrankung besser fühlt als ohne sie. Neben der Verbesserung der Compliance setzen psychologische Interventionen an der Modifikation von Wahrnehmungs- und Beurteilungsprozessen sowie an der Änderung kompensatorischen Leistungsverhaltens an, die beide als mitursächlich für die Entstehung einer H. angesehen werden. Erfolgreich eingesetzt werden auch Entspannungstechniken, die aktivierungsdämpfend wirken. **[L]** WEINER 1977

N. Birbaumer/F. Caspar

Hypertrophie, Vergrößerung eines Organs oder Gewebes (z. B. eines Muskels) durch Vergrößerung (nicht durch Vermehrung) seiner Zellen. Ggs. Hypotrophie, Atrophie. →Hyperplasie

Hyperventilationstetanie, tetanische Krämpfe infolge psychogen bedingter Hyperventilation (respirator. Alkalose) u. daraus resultierender Abnahme der Serumkonzentration des ionisierten Calciums. Therapie durch kurzfristige Rückatmung in eine Plastiktüte (Erhöhung des alveolären pCO_2). Hyperventilationsübungen werden im Rahmen der biologischen Provokation (Konfronationstechnik) als Therapiemaßnahme (kogn. VT) bei Panikstörungen eingesetzt.

hypnagoge Halluzinationen [gr. *hypnos* Schlaf], Schlummerbilder, lebhafte optische Vorstellungen, die oft vor dem Einschlafen auftreten und die Art der folgenden Träume bestimmen. →hypnopompische Visionen

hypn(o) [gr. *Hypnos* Gott des Schlafes, Sohn der Nacht, Zwillingsbruder des Todes], in Wtvb. Hinweis auf Schlaf und Zustände herabgesetzter Bewußtseinsklarheit

Hypnoanalyse, eine Diagnose bzw. Psychoanalyse durch Befragung des Probanden im Dämmerzustand. Letzterer wird durch Hypnose – bei der sog. Narkoanalyse durch Betäubungsmittel – erzeugt. →true drug

hypnoid, hypnoseähnlich. Hypnoide Zustände sind Bewußtseinstörungen, die besonders bei Hysterischen zuweilen von selbst (ohne Hypnose) eintreten, wie →Katatonie, →Somnambulismus, →Lethargie, Bewußtseinseinengung.

Hypnolepsie, Schlafsucht, Schlafanfall. →Narkolepsie

Hypnopädie, Erziehung, d. h. Einwirkung über den Schlaf bzw. die Hypnose

Hypnose [gr. *hypnos* Schlaf, der hieraus abgeleitete Begr. H. stammt wahrscheinlich von James BRAID 1843], ein bereits von MESMER Ende des 18. Jh. angewandtes Verfahren zur Beeinflussung des Verhaltens und verschiedener Erkrankungen, besonders zur Erzeugung von Anästhesie durch «Magnetismus», «Trance» und andere postulierte psychische «Kräfte» des Hypnotiseurs (Hr.). Erst seit den 50er Jahren unseres Jh. von Experimentalpsychologen, vor allem HILGARD & BARBER systematisch erforscht.

H. wird über Instruktionen des Hr. induziert: Mit monotoner Stimme wiederholt dieser z. B. Augenschwere und Verschwimmen, während die Vp einen Punkt angestrengt fixiert. Da die vorhergesagte Reaktion («Schwere») tatsächlich eintreten muß, kommt es zu klassischer Konditionierung (→bedingter Reflex) an die Instruktion des Hr. («Glaube» und positive «Erwartung», daß vorhergesagte Reize und Reaktionen eintreten werden). Danach folgt meist Instruktion von Müdigkeit und Schwere bei erhaltener Konzentration auf den Hr. Bei tiefer H. sind posthypnotische Aufträge für künftiges Verhalten außerhalb der H. möglich. Etwa 50-60 % aller Menschen sind hypnotisierbar, der Rest benötigt unterschiedlich lange Trainingszeiten. →Neurotizismus, ideomotorische Tendenz und positive Beziehungen zum Hr. begünstigen die Tiefe der H., die über die *Stanford Susceptibility Scale* standardisiert gemessen werden kann.

Nach BARBER besteht die H. aus 4 Phänomenen: (1) der erhöhten Reaktionsbereitschaft auf «Suggestionen» (Forderungen) wie Hitzegefühl, Armleichtigkeit, Analgesie, Halluzinationen, Amnesien, Regressionen; (2) einem tranceartigen Erleben und Gefühl; (3) Änderungen des Körpergefühls; (4) der subjektiven Aussage, hypnotisiert worden zu sein.

Die genannten Effekte sind auf die Wirkungen von 9 Eingangs- und Induktionsvariablen aus 2 Gruppen von intervenierenden Größen zurückzuführen, die noch nicht näher untersucht worden sind: (1) positive Einstellung, Motivation mit Erwartungen; (2) «Mitdenken» und lebendige Vorstellung der suggerierten Effekte.

Neun Variablen bewirken die erhöhte Reaktionsbereitschaft auf Test-Suggestionen: (1) Definition der Situation als H.; (2) Abbau von Angst und Fehlvorstellungen über H.; (3) Sicherung der Kooperationsbereitschaft; (4) Schließen der Augen; (5) Suggerieren von Entspannung, Schlaf und H.; (6) Maximieren der sprachlichen und stimmlichen Charakteristiken der Suggestion (z. B. permissiv wirksamer als autoritär); (7) Paaren der Suggestion mit real auftretenden Ereignissen (z. B. «Verschwimmen des Fingers» u. ä.) = klass. oder operantes Konditionieren, meist beides; (8) Anregung zielgerichteter Vorstellungen (z. B. Vorstellung einer realen Situation, in der es heiß, schwer oder ruhig ist); (9) Vermeiden oder Neuinterpretation von mangelndem Suggestionserfolg.

Ein spezifischer Trancezustand ist für die H. weder notwendig noch physiologisch nachweisbar; das EEG ist z. B. leicht verlangsamt, wie bei anderen entspannten Zuständen auch. Die Effekte, die mit H. erzielbar sind, können wahrscheinlich auch ohne H. bei Vorhandensein der oben angeführten intervenierenden Größen (Erwartung und Mitdenken) erzielt werden (→Placebo). Therapeutisch wird hypnotische Trance im Rahmen medizinischer Therapien (Schmerzkontrolle) eingesetzt und kommt zudem – als Hypnose deklariert oder nicht – eingebettet in verschiedene Therapieformen zur Anwendung, z. B. als Imaginationsübung. In der →Hypnotherapie steht sie im Vordergrund. Empirische Ergebnisse legen nahe, Hypnose nicht als mit seriöser Psychologie unvereinbaren Hokuspokus anzusehen. Es ist davon auszugehen, daß Hypnose für bestimmte Indikationen (s. Hypnotherapie) ein brauchbarer Zugang zur Veränderung von Leidenszuständen ist, der zudem in der einen oder anderen Form in vielen Kulturen genutzt wird.

[L] REVENSTORF 1993 *F. Caspar*

H

Theorien und Geschichte

Nach der psychoanalytischen Theorie der H. ist die Einstellung des Hypnotisierten vergleichbar der eines Kindes, das sich vertrauensvoll von den Eltern führen läßt. Dies gebe dem Hr. die Möglichkeit, die Rolle des «autoritären Vaters» oder der «begütigenden Mutter» zu übernehmen (SCHILDER-KAUDERS 1926). • Hirnanatomisch-physiologische Annahmen (VÖLGYESI) sprechen von einem bedingten Reiz (i. S. von PAWLOW), der den Intellekt vermeidet und unmittelbar die Vorstellungen, Gefühle, Affekte, Instinkte und das Vegetativum beeinflußt; die H. als eine «reversible Dezerebration» (Ausschaltung des Großhirns). – Parapsychologische Theorien basieren im wesentlichen auf dem Magnetismus von MESMER (→MESMERismus). Sie werden in der Ggw. nur noch von wenigen Autoren vertreten (DUNNE 1960). • Die Tiefe der H. wurde von H. BERNHEIM 1884 in neun, von A. A. LIEBEAULT 1891 in sechs und von A. FOREL in die lange Zeit gebräuchlichen drei Stufen eingeteilt: Somnolenz (nur Schläfrigkeit) – Hypotaxie (mit →Katalepsie, Analgesie, Halluzinationen) – Somnambulismus (mit denselben Phänomenen, doch nach dem Erwecken →Amnesie). BRAID trennte nur in «aktive H.» mit normalem oder suggestiv erhöhtem Muskeltonus und «passive H.» mit schlaffem Tonus. STOKVIS schlägt wegen der Schwierigkeit detaillierter Graduierung die Einteilung nach oberflächlicher und tiefer H. vor (Ruhezustand, Schlafzustand). • Die Hypnotisierbarkeit ist eine normale Eigenschaft des gesunden Menschen (KLEINSORGE-KLUMBIES), doch in unterschiedlicher Intensität. Mit Tests (u. a. →Pendelversuch) und «Rückfallversuch» (Suggestion des Rückwärtsfallens führt zu Schwanken) kann sie geprüft werden. • Es können posthypnotische Aufträge ohne oder mit Zeitsetzung (→Termineingebung) bis zu einem Jahr erteilt werden. Der Auftrag ist der Person in der Zwischenzeit unbewußt und die Handlung wird ad hoc «begründet». Das Ich-Ideal setzt der Ausführung des posth. Auftrags Grenzen, d. h. z. B.: Verbrechen werden nicht begangen, wenn die Person nicht auch ohne H. dazu hätte gebracht werden können. Die Strafprozeßordnung verbietet, Verbrechen durch H. der Tatverdächtigen aufzuklären. Ärzte wie J. H. SCHULTZ, STOKVIS und LANGEN, die Hypnosetherapie anwenden, betonen, daß die H. nur die →Autosuggestion des Hypnotisierten wecken könne. **[L]** VÖLGYESI 1950, STOKVIS 1959

N. Birbaumer

Hypnoseübung, fraktionierte, in der Erkenntnis, daß in der Hypnose einfache Grundfaktoren enthalten sind (Entspannungsfaktor, Konzentrationsfaktor, Schlaffaktor), hat KRETSCHMER eine Übungsform eingeführt, die von der Entspannung durch das Autogene Training (konzentrative Selbstentspannung) ausgeht, über das Fixieren (z. B. eines leuchtenden Punktes) weiterschreitet und zum vollen hypnoiden Bewußtseinszustand gelangen kann.

Hypnotherapie, H. ist eng mit dem Namen M. ERICKSON (1968) verbunden. Durch Trance-Induktion (zumeist verbale Suggestionen, manchmal verbunden mit dem Einsatz z.B. eines Pendels) wird der Patient in einen veränderten Bewußtseinszustand versetzt, der eher mit konzentrierter Aufmerksamkeit als mit Schlaf zu charakterisieren ist. Angestrebt wird, beim Patienten einen inneren Suchprozeß anzuregen. Die Hypnotherapie enthält einige Elemente, die auch ohne explizite Trance anwendbar sind, wie das Sich-Einstellen des Therapeuten auf das System des Patienten und das Hervorheben der positiven Möglichkeiten.

ERICKSON nennt als Strategien der Hypnotherapie: Utilisation (Nutzen des Vorhandenen, auch wenn es als Problem erscheint), Konfusion, Beiläufigkeit, Bahnung und Vorprägung, Aktivierung der Vorstellung und minimale strategische Veränderung.

Als mögliche Ziele werden genannt: Veränderung physiologischer Prozesse (Entspannung, Kreislauf), Aktivierung von visuellen, akustischen und somatosensorischen Vorstellungen, Veränderungen des Zeiterlebens, Dissoziation zur Abschwächung hinderlicher oder unangenehmer Erfahrungen, Assoziation von hilfreichen Erfahrungen, Regression und Progression (Zurückverfolgen von Schlüsselszenen oder Durchleben bevorstehender Schwierigkeiten), Symptomtransformation und Reframing (Neubewertung von Symptomen und Erfahrungen), Unterbrechung gewohnter Schemata bei Denk-, Wahrnehmungs- und motorischen Gewohnheiten, Suche nach kreativen, ungewohnten Lösungen.

Die Hypnotherapie läßt sich den Kurztherapien zuordnen. Sie kommt häufig im Rahmen eines breiter angelegten Behandlungsprogrammes zum Einsatz. Die nachgewiesene Wirksamkeit der Hypnotherapie beschränkt sich auf die behandelte Symptomatik. Eine gute Wirksamkeit ergab sich bei der Behandlung von Schmerzzuständen, Schlafstörungen und psychosomatischen Beschwerden (z.B. Asthma und Bluthochdruck). [L] REVENSTORF 1993 →Klinische Psychologie *F. Caspar*

Hypnotika, syn. Schlafmittel, →Psychopharmaka, die Schlaf herbeiführen, erzwingen oder fördern. H. stammen v. a. aus den Gruppen der →Benzodiazepine oder der →Barbiturate. Die Wirkungen von H. sind denen der →Narkotika und →Tranquillantien sehr ähnlich bei entsprechender Dosierung. Der Schlaf ist in seiner Struktur meist nicht dem natürlichen vergleichbar (geringere Schlaftiefe, Unterdrückung von REM-Schlaf), wie viele Schlafmessungen mit dem EEG und Aktivitätsindikatoren zeigen. Darüberhinaus haben H. meist Nachwirkungen (→Hang-over-Effekte) im Sinne von Leistungsbeeinträchtigungen am Morgen. Die Wirkungen von H. sind intra- und interindividuell sehr variabel. H. haben ein hohes Gefahrenpotential hinsichtlich der Entwicklung einer Drogenabhängigkeit. [L] RIEDERER et al. 1995, SPIEGEL 1995 *W. Janke*

hypo . . ., hyp . . ., hyph . . . [gr.] in Wtvb. unter, darunter [E]

Hyp(o)algesie, unterdurchschnittliche Schmerzempfindlichkeit

Hyp(o)ästhesie [gr. *hypo* u. *aisthesis* Sinneswahrnehmung], Unterempfindlichkeit für Berührungsreize

Hypoboliker Ggs. →Hyperboliker

Hypobulie, herabgesetzte Willenskraft, Willensschwäche, bes. bezogen auf Psychopathie, Schizophrenie

hypobulische Mechanismen, das Hochkommen der «niederen» Zentren bei Versagen der «höheren» läßt in den Willensabläufen unterwillensabhängige (hypobulische) wie auch gegenüber dem Denken unterbewußtseinsabhängige (hypo-noische) Reaktionen zutage treten: Bewegungsstürme, Schreck- und Angsthaltungen, Ekstasen, elementare Negativismen. Als Reaktionsformen sind sie außer bei Kindern und Tieren hauptsächlich bei den hysterischen Symptomkomplexen zu finden. [L] KRETSCHMER 1975

Hypocalcämie, Störung, die durch verminderte Verfügbarkeit von Calcium bestimmt ist. Ursachen u. a. zu geringe Verfügbarkeit des Nebenschilddrüsenhormons →Parathormon. Somatische Symptome: Krampfneigung der Muskulatur. [L] →Hormone *W. Janke*

Hypochondrie [gr. *hypochondros* unter den Rippen], ein Zustandssyndrom, das mit gedrückter Stimmungslage (Angstzuständen und Depressionen), meist auch übersteigerter Selbstbeobachtung und unbegründeten Krankheitseinbildungen einhergeht. • Die H. wurde erstmals von GALEN in seiner →Melancholie-Lehre als eigene Krankheit beschrieben. FREUD deutete sie als «narzißtische Neurose». Seit WOLLENBERG (1904) wird H. zumeist nicht mehr als eigene Krankheit betrachtet, sondern als krankhafte ps. Disposition, die bei →Depression, →Schizophrenie u. a. Störungen vorliegen kann. Bei Hypochondrie wird psychotherapeutische Hilfe gewöhnlich abgelehnt, da der Kranke ja gerade vom somatischen Ursprung seiner Erkrankung überzeugt ist. Wird psychotherapeutische Hilfe gesucht, besteht immer die Gefahr einer Fehldiagnose: Es ist schwer auszuschließen, daß es sich doch um eine somatische Erkrankung handelt. Deshalb spielt die Verläßlichkeit medizinischer Diagnostik und die Zusammenarbeit zwischen somatischer Medizin und Psychotherapie eine wichtige Rolle. Effektivitätsstudien für psychotherapeutische Verfahren gibt es bisher kaum. Hypochondrische Vorstellungen als Teil von →Panikstörungen werden erfolgreich verhaltenstherapeutisch angegangen. [L] FISCHER-HOMBERGER 1970 *F. Caspar*

Hypogenitalismus, die unternormale Entwicklung der Geschlechtsorgane und -merkmale.

Hypogeusie [gr. *hypo... geusis* Geschmack], Geschmacksstörung

Hypoglykämie, Bez. für das Absinken des Blutzuckerspiegels unter Normalwerte mit vielerlei ps. Begleiterscheinungen (z. B. Gereiztheit, Konzentrationsstörungen, Kopfschmerzen, Heißhunger, Schwitzen, Zittern, innere Unruhe). H. tritt auf bei Unterernährung und Hunger, bei Erkrankungen von Bauchspeicheldrüse, Leber, Hypophysenvorderlappen, Nebennierendrinde, bei Schwangerschaft und Stillperiode oder nach starken körperlichen Anstrengungen und kann zu Bewußtlosigkeit, Krämpfen und zum Tod führen. Zuführung von →Glukose führt zu einer schnellen Aufhebung des hypoglykämischen Zustands. H. kann bei Diabetikern infolge einer Überdosierung mit →Insulin auftreten. [L] LÖFFLER & PETRIDES 1997, SCHETTLER & GRETEN 1990 *W. Janke/M. Ising*

Hypogonadismus, die Unterfunktion der Keimdrüsen (Gonaden).

Hypokinese, Bewegungsarmut bei Lähmungen oder Systemerkrankungen (z. B. Paralyse). →Dysarthrie

Hypokrisie [gr. *hypo... krisis* entscheidende

Wendung, *Hypokrit* Heuchler], Verstellung, Unaufrichtigkeit.

hypologisches Denken, nach B. ERDMANN das vorsprachliche Denken, das Denken des noch nicht sprachfähigen Kleinkindes und der höheren Tiere, das keinen sprachlichen Ausdruck finden kann.

Hypometrie →Dysmetrie

Hypomnesie, mangelhafte Erinnerung, Gedächtnisschwäche (org. Psychose, Altersabbau)

hyponoische Mechanismen nach KRETSCHMER Bez. f. erhalten gebliebene phylogenetische Unterstufen, die im Traum, in der «Sphäre» (am Rande) des Tagesdenkens, in der Hypnose, im hysterischen Dämmerzustand und in den Denkstörungen der Schizophrenie eine Rolle spielen. →hypobulische Mechanismen

Hypoparathyreodismus, Störung, die durch verminderte biologische Verfügbarkeit des Nebenschilddrüsenhormons →Parathormon bedingt ist. →Endokrinologie, →Hormone

W. Janke

hypophysärer Zwergwuchs →Kleinwuchs

Hypophyse [gr. *physis* Wuchs, Bildung], *glandula piuitaria*, Hirnanhangsdrüse, die etwa bohnengroße endokrine Drüse an der Hirnbasis in der sog. Sattelgrube *(sella turcica)* ist durch das Infundibulum (H-Stiel) direkt mit dem Hypothalamus verbunden und stellt mit diesem eine morphologische und funktionelle Einheit dar. Das «hypothalamisch-hypophysäre System» ist damit die entscheidende Nahtstelle (Schaltstelle) zwischen den neuronalen und hormonellen Regelprozessen. Die H. ist zweigeteilt: H.-Vorderlappen (HVL) oder Adenohypophyse und H.-Hinterlappen (HHL) oder Neurohypophyse. Dazwischen die *pars intermedia*. Sechs bedeutsame Hormone neben einigen weniger wichtigen werden von der Adenohypophyse abgegeben, zwei bedeutsame von der Neurohypophyse. Diese Tätigkeit wird durch den Hypothalamus (→Gehirn) gesteuert. Der HVL produziert und speichert sechs Hormone: das Wachstumshormon (STH, Somatotropin), 2 gonadotrope Hormone (FHS, follikelstimulierendes Hormon; LH (luteinisierendes Hormon), das Prolaktin (HPr), das Thyreotropin (TSH) und das Adrenokortiktropin (ACTH). Sie regen die Funktion von peripheren Drüsen an. Die Freisetzung der Hormone wird ihrerseits von Neurohormonen aus dem Nucleus infundibularis gesteuert, die über das hintereinander geschaltete Doppelkapillarnetz als Releasing- und Inhibitionshormone den HVL erreichen. Die HHL-Hormone Oxytoxin und antidiuretisches Hormon (ADH, Adiuretin, Vasopressin) sind wasserlösliche Polypeptide. Sie werden im Hypothalamus gebildet und im HHL gespeichert, und zwar in den präsynaptischen axonalen Verbindungen der die Hormone produzierenden hypothalamischen Neurone. →Gehirn, →Hormone. [L] PSCHYREMBEL 1986, SCHMIDT & THEWS 1995, BRANDIS & SCHÖNBERGER 1991

C. Becker-Carus

Hypophysenhormone, von der Hypophyse gebildete und freigesetzte Hormone. H. sind zum großen Teil auch Neuropeptide, die extrahormonelle Wirkungen direkt auf das NS ausüben. Der Vermittlung solcher neurotroper Wirkungen dienen spezifische Rezeptoren. Zu unterscheiden sind H. des Hypophysenvorderlappens, Adenohypophyse (HVL) und des Hypophysenhinterlappens (HHL, syn. Neurohypophyse). HVL-Hormone sind einmal sog. glandotrope H, die die Hormonbildung in bestimmten Hormondrüsen anregen, nämlich gonadotrope Hormone FSH (→follikelstimulierendes H.) und LH (→Luteinisierendes H.), TSH (→Thyreotropin), ACTH (→Adrenocorticotropes H.) und nicht-glandotrope H, nämlich STH (somatotropes H., →Wachstumshormon) und →Prolaktin. HHL-Hormone sind →Oxytocin und →Vasopressin (antidiuretisches Hormon, ADH). →Hormone *W. Janke*

Hypoplasie, unvollständige, verkümmert gebliebene Ausbildung einzelner Organe und Gewebe, aber auch der gesamten Konstitution, wobei die Unterentwicklung und Leistungsschwäche des Herzens, einzelner Gefäße und der Geschlechtsorgane auffällig sind. →dysplastisch

Hypostase, hypostasieren [gr. *hypostasis* Wesen, Unterlage], verwesentlichen, d. h. verdinglichen.

Nach KANT «seine Gedanken zu Sachen machen», bloße Vorstellungen «als wahre Dinge außer sich setzen». • In der Ps. sind viele und wesentliche Begr. von der H. bedroht – etwa die Deutung von Denken, Fühlen, Wollen als «Vermögen» oder die Annahme von Schichten, ohne sich dabei der damit verbundenen Abstraktion bewußt zu sein, sowie von →Faktoren und →Konstrukten. • In der Medizin ist H. die Überfüllung mit Blut (Senkungsblutfülle). • In der Erblehre ist H. die Überdeckbarkeit einer Erbanlage durch eine nicht zum Erbanlagepaar gehörende Anlage.

Hypotaxie [gr. *hypotaxis* Unterwürfigkeit], die der →Ataxie nahekommenden Koordinationsmängel bei willkürlichen Bewegungen, auch als Charme (FOREL) bezeichneter zweiter Hypnosegrad.

Hypothalamus →Gehirn

Hypothalamushormone, im Hypothalamus gebildete und freigesetzte Hormone, die als →Releasing-Hormone oder →Inhibiting-Hormone die Freisetzung von →Hypophysenhormonen anregen oder hemmen. [L] →Hormone *W. Janke*

Hypothese, meint in der Regel eine Aussage, die eine noch nicht bestätigte Vermutung ausdrückt, meist zum Zweck der →Erklärung eines Sachverhalts. Nach der Form unterscheidet man singuläre vs. allgemeine H., deterministische vs. statistische, gesetzesartige (nomologische) vs. Korrelations-H. An eine empirisch-wissenschaftliche H. wird die Forderung nach empirischer Prüfbarkeit erhoben. Der Begriff «hypothetisch» drückt die Ungewißheit bzgl. der Wahrheit aus. Da nach der heute überwiegenden Auffassung keine Sicherheit der Erkenntnis erreichbar ist, bleibt jede Aussage mit Informationsgehalt (→Gehalt) auch nach empirischer Bestätigung prinzipiell hypothetisch. *V. Gadenne*

Hypothesentheorie, Erklärung von Wahrnehmungs- und Denkvorgängen in kognitivistischen Ansätzen von BRUNSWIK, BRUNER u. a. →Denken. Die Hypothesenthorie der sozialen Wahrnehmung von BRUNER & POSTMAN (1951) berücksichtigt vor allen Dingen die soziale Determinantion der Wahrnehmung. Jeder Wahrnehmungsvorgang ist gemäß dieser Konzeption der Versuch der Bestätigung einer Erwartung oder Hypothese. Wie sehr das Ergebnis einer Wahrnehmung durch eine Hypothese (im Sinne einer Wahrnehmungseinstellung oder einer kognitiven Prädisposition) bestimmt wird, darüber entscheidet die Stärke der Hypothese. [L] LILLI & FREY 1993

hypothetische Konstruktion →Konstruktion, hypothetische

Hypothyreose, Störungen, die durch verminderte biologische Verfügbarkeit von →Schilddrüsenhormonen bedingt sind. [L] →Endokrinologie, →Hormone *W. Janke*

Hypotonie, verminderter Tonus, speziell Herz, Muskel. Blutniederdruck. Ggs. →Hypertonie

Hypotrophie Ggs. →Hypertrophie

Hysterie [gr. *hystera* an der Gebärmutter leidend], ein ps. Zustand, bei dem neben seelischen Störungen besonders auch mannigfaltige Symptome auftreten können, ohne daß körperliche Ursachen hierfür nachweisbar sind. Die hysterischen Erscheinungen entstehen auf der Grundlage einer ererbten oder auch erworbenen Disposition unter dem Einfluß emotional stark belastender (traumatischer) Erlebnisse, die nicht normal verarbeitet bzw. abreagiert werden, insbes. auch durch unbewußte Konflikte. Heute wird statt der Verwendung des Begriffs H. unterschieden zwischen der Bezeichnung für psychogene somatoforme Störung im Sinne einer Konversionsstörung (mit sensorischen Symptomen o. Ausfällen, Anfällen o. Krämpfen, Ohnmachten, Seh- und Sprechstörungen, Lähmungen, verminderter Koordination oder Balance etc.) und (nach DSM-IV) der Histrionischen Persönlichkeitsstörung mit übermäßiger Emotionalität (Theatralik etc.), Egozentrismus und Geltungsstreben. [L] BRUN, FREUD, JANET, JASPERS, KRETSCHMER, K. SCHNEIDER, J. H. SCHULTZ

hysterischer Reaktionstypus, nach KRETSCHMER der besonders leicht beeindruckbare Extravertierte, der auf Belastung rasch (ohne Ausdauer), dabei übertrieben ausdrucksvoll (mit demonstrativer Fassade) reagiert.

Hz →Hertz

I

IA, Abk. für →Intelligenzalter

IAPS, Abk. für *The International Association for the Study of People and their Physical Surroundings.* →EDRA

iatrogen [gr. *iatros* Arzt, ...*gen* entstanden], durch den Arzt verursacht (z. B. negative Auswirkung von Diagnose- oder Therapiemaßnahmen), • i. ü. S. die nicht nur vom Arzt, auch von einem Berater od. Psychotherapeuten bewirkte Verschlimmerung eines Zustandes. →Therapierfolg

IBRO, Abk. für *International Brain Research Organization*

IC-Analyse [engl. *immediate constituent analysis*], Konstituentenanalyse, grundlegendes Verf. der →Phrasenstruktur-Grammatik zur Aufdeckung der →hierarchischen Struktur der →Sätze einer →Sprache.

Jeder Satz (S) wird schrittweise in seine in der Regel jeweils zwei «unmittelbaren Konstituenten», d. h. jeweils unmittelbar zusammengehörenden Bestandteile, zerlegt. Zuerst in eine Nominalphrase (NP) und eine Verbalphrase (VP). Die NP enthält immer das Subjekt des Satzes, die VP immer das Prädikat sowie gegebenenfalls Objekte und adverbiale Bestimmungen. In weiteren Zerlegungsschritten werden die NP und die VP unter nur geringer Berücksichtigung der →Bedeutung des Satzes quasi mechanisch weiter aufgegliedert. Die graphische Darstellung geschieht häufig in einem →Baumdiagramm.

Die IC-Analyse wurde von BLOOMFIELD (1933) begründet und insbes. von WELLS (1947) und NIDA (1966) weiterentwickelt. Als Mängel der IC-Analyse gelten: (1) die mechanische, vorwiegend binäre Zerlegung der Sätze, (2) der Mangel an eindeutigen Zerlegungsregeln, (3) die Schwierigkeit, «diskontinuierliche», d. h. durch andere Wörter unterbrochene, Konstituenten darzustellen, (4) die ausschließliche Berücksichtigung der →Oberflächenstruktur der Sätze. →Grammatik

ICD, Abk. für *International Classification of Diseases,* internationale Klassifikation der →WHO als Diagnoseschlüssel psychiatrischer Krankheiten in der 10. Revision (ICD-10). Dieses Diagnosesystem dient der weltweiten Vereinheitlichung der Beschreibung und Interpretation psychischer Störungen. Daneben besteht vor allem in den USA das →DSM-IV der American Psychiatric Association. Beide Klassifikationssysteme haben sich in den neuesten Versionen sehr stark einander angenähert. Im ICD-10 wird durchgehend der Störungsbegriff verwendet. Folgende diagnostische Hauptkategorien werden erfaßt:

- →Organische, einschließlich symptomatischer psychischer Störungen
- →Psychische und Verhaltensstörungen durch psychotrope Substanzen
- →Schizophrenie, schizotype und wahnhafte Störungen
- →Affektive Störungen
- →Neurotische, Belastungs- und somatoforme Störungen
- →Verhaltensauffälligkeiten mit körperlichen Störungen oder Faktoren
- →Persönlichkeits- und Verhaltensstörungen
- →Intelligenzminderung
- →Entwicklungsstörungen
- →Verhaltens- und emotionale Störungen mit Beginn in der Kindheit und →Jugend

[L] DILLING et al. 1991 *L. Schmidt*

Ich, [gr. *egon*, lat. *ego*], etym. ist I. ein germ. Pronomen, das auf die Einheit der Person und des Selbst abhebt. I. ist Indikator für den Urheber einer Handlung.

Nach philosophischer Interpretation ist I. (1) das Subjekt aller Wahrnehmungen, Vorstellungen, Gedanken, Gefühle, Handlungen (= Subjekttheorie, AUGUSTINUS, KANT), (2) eine immaterielle Substanz (= Substanztheorie, BERKELEY, DESCARTES, J. St. MILL), (3) eine Summe oder eine Verknüpfung von Wahrnehmungen und Vorstellungen (= Komplexionstheorie, HUME, HUSSERL). • Von den psychologischen Theorien über das Ich ist im besonderen die tiefenps. Konzeption beachtet worden. FREUD kennzeichnet das Ich als eine Instanz neben dem Über-Ich und dem Es. Diese Instanzen sind Funktionssysteme, und das Ich stellt ein System von bewußten und unbewußten Funktionen dar. Das Ich hat dabei die Aufgabe (1) der Herstellung einer Beziehung zur Außenwelt, zum Über-Ich und zum Es, (2) der Bewältigung der Ansprüche und Gefahren dieser Realitätsfaktoren und (3) der Vermittlung zwischen diesen Realitätsfaktoren (zwischen Außenwelt und Es,

zwischen Außenwelt und Über-Ich und zwischen Über-Ich und Es). • Die bewußten Ich-Funktionen sind die Wahrnehmung und Erinnerung, das Denken, Planen und Lernen. Die unbewußten Ich-Funktionen sind die Abwehr gegenüber dem Es, die Abwehr gegenüber dem Über-Ich und die Bewältigung gegenüber der Außenwelt (Ich-Triebe). Neben FREUD wurde die Ich-Analyse vor allem von folgenden Autoren weitergeführt: Anna FREUD vervollständigte die Lehre von den Abwehrmechanismen, FERENCZI beschrieb die Stadien der Ich-Entwicklung, FEDERN analysierte die verschiedenen Ich-Stadien und entwickelte den Begriff der Ich-Grenzen. HARTMANN beschrieb die primär und sekundär autonomen Ich-Funktionen. SZONDI unterschied zwischen den elementaren Ich-Funktionen (Projektion, Inflation, Introjektion, Negation) und den dialektischen Ich-Funktionen (Egosystole und Egodiastole).
• Die →Gestaltpsychologie gibt mit ihren Gestaltgesetzen eine Erklärung über die Entstehung des «anschaulichen Ich» und der «anschaulichen Ich-Begrenzung», indem die Prinzipen der Figur-Grund-Relation auf den Körper in seiner Beziehung zur Umwelt angewandt werden. • Erwähnt sei noch die ältere Gegenüberstellung von W. JAMES nach Ich (ego) und Mich (me) sowie die neuere Gliederung des Ich über die Antriebsseite nach propulsivem Ich (Drang, Sehnsucht u. ä.), impulsivem Ich (Regulationen, Triebe u. ä.) und prospektivem Ich (vorausschauende Initiative u. ä.) von THOMAE. →Person, →Persönlichkeit, →Selbst →Individuation.

Ich-Anachorese, Ich-Mythisierung (W. Th. WINKLER), Abwehrmaßnahmen zur Entlastung von unerträglichen Schuldgefühlen, die aber zugleich bestimmte schizophrene Formalsymptome zur Folge haben. Erstere ist der Rückzug des Ich vor nicht assimilierbaren Bewußtseinsinhalten. «Das Ich erlebt sich nicht mehr als Akteur und Initiator, sondern als Tummelplatz fremder Mächte». Bei der Mythisierung besteht die Schuldentlastung in der Identifizierung mit einer archetypischen, mythischen Figur. Das Ich entrückt in eine «kollektivmythische, schuldfreie Existenz». **[L]** WINKLER 1954, 1957

Ich-Analyse, zu den einflußreichsten Autoren mit ich-analytischer Orientierung gehören K. HORNEY (1942), A. FREUD (1946), E. ERICKSON (1950), D. RAPAPORT (1951) und H. HARTMANN (1958) →Neo-FREUDianer.
Die Ich-Analyse stellt eine Modifikation der klassischen Psychoanalyse dar: Es wird hier die Bedeutung und Eigenständigkeit des Ich stärker betont. Kreativität und konstruktive Aggression werden als Funktionen gesehen, die dem Ich primär konfliktfrei gegeben sind.Größere Bedeutung kommt auch sozialen Interaktionen zu, sie stellen eine eigene Art von Befriedigung dar. Stärker als in der Psychoanalyse Freuds wird die Fähigkeit des Menschen hervorgehoben, Kontrolle über seine Umwelt auszuüben. Aus diesem Grund sind in der Therapie mehr die gegenwärtigen Lebensbedingungen von Bedeutung und Interesse. Über spezifischen therapeutische Techniken der Ich-Analyse liegen in der Literatur kaum Beschreibungen vor. Für den klinischen Nutzen der ich-analytischen Therapie gibt es keine befriedigenden Belege.

F. Caspar

Ich-Beteiligung →ego involvement

Ich-Bewußtsein, wird dem Gegenstandsbewußtsein gegenübergestellt und ist durch folgende Momente gekennzeichnet: (1) Aktivitätsbewußtsein, (2) Unitätsbewußtsein (Einheit des Ich im Gegensatz zur Spaltung), (3) Identitätsbewußtsein, (4) Diversitätsbewußtsein.

Ich-Bezogenheit →Egoismus

Ich-Entwicklung, nach LOEVINGER (1976) ein stufenförmig verlaufender Prozeß, der mit der Entwicklung des moralischen Urteils (→Gewissen) verwandt ist. Wird die I.-E. u. a. mit einem Satzergänzungstest gemessen, kann gezeigt werden, daß die so definierte I.-E. mit der Entwicklung der →kognitiven Komplexität zusammenhängt (VETTER 1980).

Ich-Findung, der Prozeß, mit dem das Ich-Bewußtsein erworben wird. Da sich dieser langsam ausbildet, verläuft auch die I.-F. in Stufen vom ersten Innewerden des Ich bzw. des Subjektseins im 2. Lebensjahr bis zur Pubertät. • Nach ADLER verdient nur das Innewerden des Ich im 2. Lebensjahr diese Bez. →Individuation

Ich-Funktionen, Sammelbez. für die Leistungen des →Ich wie Denken, Wahrnehmen, Gedächtnis. • In der Psa. (nach HARTMANN) wird zwischen primär autonomen und sekundär autonomen I. unterschieden, wobei letztere die Funktionen der Reaktion, der Abwehr und Bewältigung in Konfliktsituationen besonders hervorheben.

Ich-Haftigkeit, in allg. Bedeutung svw. Ich-Bezogenheit (Egoismus). • Im tiefenps. System KÜNKELS spielt die I.-H. eine Rolle als Gegenpol zur Sachlichkeit bzw. Wir-Haftigkeit. Letzterer zur Wirksamkeit zu verhelfen ist Ziel der KÜNKELschen Psa.

Ich-Ideal, das Vorbild und ideale Selbstbild, das die Person, ausgehend von ihren subjektiven Erfahrungen und angereichert mit Ansprüchen und Erwartungen, von sich selbst entwirft. Die Psa. setzt weitgehend das Ich-Ideal und das →Über-Ich in Parallele.

Ich-Ideal-Diskrepanz, Nichtübereinstimmen von Ich-Ideal und Ich, vom idealen Selbstbild und erfahrenem Personenbild. Die I.-I.-D. ist oft Ausgang zu neurotischen Spannungen.

Ich-Lähmung, Ich-Leere, Formen von Ich-Erlebensstörungen, wobei der eigene Körper oder auch die eigenen Gedanken, Gefühle u. a. als fremd, aufgezwungen oder als ähnlich empfunden werden. →Entfremdung, Depersonalisation

Ich-Libido, nach FREUD die auf das Ich, die eigene Person bezogene →Libido

Ich-Stärke, in der psa. Lehre der Grad, in dem das Ich Kontrolle über die Triebe hat (→Realitätsprinzip). • KERNBERG (1973) ermittelte faktorenanalytisch 3 Komponenten der I.: (1) Grad der Integration, Stabilität und Flexibilität der Person (Abwehr-Zusammensetzung, Angsttoleranz, Impulskontrolle, Denkorganisation, Sublimierungsfähigkeit). (2) Grad der Realitätsnähe und Triebbefriedigung sozialer Beziehungen. (3) Grad der symptomatischen Äußerung von innerpersönlichen Fehlfunktionen. • In der Persönlichkeitsps. ist I. die Fähigkeit, das Ich oder Selbst zu bewahren und durchzusetzen gegenüber Widerständen von außen.

Ich-Störung, psa. Störung der Ich-Funktion bei der die Synthese zw. Ansprüchen von Es u. Über-Ich u. die Abgrenzung gegenüber der Außenwelt gestört sind («Ich-Schwäche»)

Ich-Triebe, die von FREUD in seiner ersten Triebtheorie (aufgestellt 1910–1915) erwähnten Triebe, deren Energie das Ich bei Abwehrkonflikten heranzieht. Die I.-T. sind syn. den Selbsterhaltungstrieben und gegensätzlich zu den Sexualtrieben.

ICT, Abk. für *intracranial stimulation,* elektr. Hirnreizung (auch ESB)

id [lat.], tiefenps. Bez. für das →Es und das →Unbewußte

idea... [lat. *idea* Bild, Abbild, Urbild, Gestalt] in Wtvb. Bez. für den Zusammenhang mit Bild, Gestalt, Begriff, Idee [**E**]

ideagen, svw. durch Vorstellungen entstanden, im Ggs. zu thymogen, durch Gemütsbewegungen, Affekte entstanden

Ideal, Leitbild, Vorbild, Inbegriff der Vollkommenheit. Ein vom Individuum besonders bevorzugter und gepflegter Bewußtseinsinhalt. Schließlich nur das abstrakt Erdachte im Ggs. zur Wirklichkeit.

Idealbild, Entwurf, wie eine Person selbst sein möchte (→Ich-Ideal) oder wie eine andere Person gewünscht wird (z. B. Partnerideal).

Ideal-Ich, ein von FREUD eingeführter Ausdruck ohne genügende Unterscheidung zwischen →Ich-Ideal und Ideal-Ich. Nach LAPLANCHE (1972) definieren manche Autoren das I. als Ideal narzißtischer Allmacht, das nach dem Vorbild des infantilen Narzißmus geprägt ist (Identifizierung mit einem mit Allmacht besetzten Ideal).

Idealisierung, Annahme, die den tatsächlichen Sachverhalt, auf den sie sich bezieht, vereinfacht darstellt, daher nur annäherungsweise zutrifft, jedoch die Ausarbeitung oder Anwendung einer Theorie oder Methode erleichtert bzw. erst möglich macht. Der vereinfacht konzipierte Gegenstand heißt auch ideales Modell. Beispiele: Massenpunkte; der freie Fall; ideale Gase; rationale Individuen; der ideale Sprecher bzw. Hörer; eine ausschließlich (intrinsisch) leistungsmotivierte Person.

V. Gadenne

Idealismus, allg. Lebensauffassung, die durch Ideen und Ideale bestimmt ist und mehr-minder uneigennützig den selbstgesetzten Idealen dient. Dabei sind Spielformen der ethische, der praktische und der schwärmerische Idealismus.

Philosoph. Lehre, nach der alles Wirkliche Idee ist. Auf diesem Grundsatz haben sich sehr versch. Bedeutungen des Begriffes aufgebaut. Mit dem Satz: esse est percipi, Sein ist Wahrgenommenwerden oder Vorgestelltsein, hat BERKELEY eine Formulierung des I. gegeben. Metaphysisch ist der theoret. I. mit der Annahme, daß nur geistige Prinzipien das Wirkliche sind, dem Spiritualismus verwandt. KANT suchte mit seinem kritischen oder transzendentalen I. nicht nur die Dinge als bloße Erscheinungen von den «Dingen an sich» zu trennen, sondern stellte zugleich auch den Prozeß des Erkennens über die a priori in uns vorhandenen anschaulichen und begrifflichen Formen der Ordnung der Empfindungen (Kategorienlehre) klar. Ggs. →Materialismus

Idealtypus, →Typologie (Lebensformen). – Die I. des sozialen Handelns führt M. WEBER 1904 in die Soziologie ein, später bevorzugte er dafür die Bez. reine oder konstruierte Typen, um den Unterschied zu den vorbildlichen (idealen) Typen, die normativ gemeint sind, zu verdeutlichen. – Der I. des soz. Handelns soll ein empirischer Begr. sein, mit dem der Handlungssinn, der dem Handelnden nicht ausdrücklich bewußt zu sein braucht, eindeutig zu einem klaren, «in sich einheitlichen Gedankenbilde» (WEBER 1922, 1951) gesteigert wird. Mit ihm sollen also typische soziale Handlungsverläufe oder generelle Regeln des Geschehens konstruiert werden. Der I. nach WEBER hat terminologische, klassifikatorische und heuristische Bedeutung, nur mit ihm sollen Vor- und Nachwelt der Beschreibung zugänglich sein. WEBER klassifiziert soziales Handeln als traditionelles, affektuelles, wertrationales und zweckrationales Handeln.

R. Bergius

ideatorisch →Apraxie

Idee, in der Philosophie bei PLATO das eigentlich Wirkliche, die Dinge sind →Abbilder der Ideen.

Bei DESCARTES und LOCKE ist die Idee svw. Vorstellung. KANT bezeichnet mit Idee einen metaphysischen Vernunftbegriff, der sich vom Verstandesbegriff (→Kategorie) und der sinnlichen Anschauung unterscheidet. Nach HEGEL ist die Idee das allein wahre und reale Sein. • In der Biologie ist I. der als Urbild, Urgestalt allen Organismen zugrundeliegende Plan. Einerseits Abstraktion, andererseits Ordnungsprinzip. GOETHEs Urpflanze gehört hierzu. • Umgangssprachlich bedeutet Idee Gedanke, Vorstellung, Einfall.

Ideenassoziation →Assoziation

Ideenflucht, rascher, zusammenhangloser Ablauf von Gedanken und Vorstellungen, wobei Leit- bzw. Zielvorstellungen für den Gedankenablauf mehr oder weniger fehlen und (extrem) Klangassoziationen die Gedanken bestimmen. I. ist noch nicht Ideenzerfahrenheit, →Ideenjagd oder ideenflüchtige Verwirrtheit bei →Delirien und →Manie.

Ideenjagd, nach BLEULER eine Denkstörung, bei der das Verhältnis der Person zum eigenen Denkablauf als abnorm, als den sich jagenden Gedanken ohnmächtig ausgeliefert, empfunden wird.

Ideen, überwertige, nach WERNICKE 1892, ZIEHEN 1902 fixe Ideen; die infolge Affektbesetzung so übergewichtig und einseitig sich darbietenden Ideen, daß anders gerichtete Einstellungen nicht aufkommen. Der Unterschied zu einer paranoiden Haltung besteht darin, daß bei einer ü. I. immer noch Tendenzen zur realen Einsicht – und wenn auch nur vorübergehend – geweckt werden können. Deshalb sind ü. I. weder Zwangsvorstellungen noch Wahnideen. Meist sind sie Ausdruck neurotischer Fehlhaltung oder von →Psychopathie. →Wahn, →Zwang

Identifikation, Identifizierung [lat. *idem* derselbe, *facere* machen], Gleichsetzung, Verschmelzung.

In der Ps. das von ACH aufgestellte Grundprinzip, daß, wenn zwei nicht identische Tatbestände als Verschmelzungseinheit aufgefaßt werden, ein neuer seelischer Inhalt produziert wird. So wie die nicht identischen Eindrücke des rechten und des linken Auges zu einer Einheit verschmolzen werden, so produziert das Seelische (Denken, Fühlen) neue Einheiten (Produktionsprinzip). • Nach FREUD wird die Identifikation des Ich mit dem Objekt auf dem Wege der →Introjektion des Objektes in das Ich erreicht. Die I. erfolgt also durch eine bewußte oder unbewußte Hereinnahme von Personen oder einzelnen Motiven in das Ich. Nach GRABER und CHRISTOFFEL gibt es neben dieser I. auch eine solche durch →Projektion.

Identifikation, soziale →Nachahmung

identische Elemente, das Erlebnis der →Ähnlichkeit zwischen visuell wahrgenommenen Figuren soll nach der Assoziationsps. darauf beruhen, daß diese identische Elemente (Winkel, Krümmungen, Farben usw.) enthalten. Gleicherweise werden die Erscheinungen der Übertragung des Lern- und Übungseffektes von einem Sachgebiet auf ein anderes (→Mitübung, →Transfer) dadurch erklärt, daß beide identische Teilinhalte besitzen (G. E. MÜLLER 1911, THORNDIKE 1932).

Weitergehend wird die Konsistenz von Verhaltensweisen bzw. Charaktereigenschaften in der Weise erklärt, daß eine bestimmte Reaktion hinsichtlich einer bestimmten Situation gelernt wird, wobei aber jede Situation, die mit der ursprünglichen identische Elemente hat, auch die ursprünglich gelernte Reaktion hervorruft. • Vielfach werden die Phänomene auch mit dem von PAWLOW stammenden Begriff der →Generalisation erklärt. • Die historisch wichtigste Kritik an dieser Theorie wird durch die →Gestaltpsychologie geleistet. • ALLPORT verneint die Theorie, weil die Suche nach Elementen endlos werde, da immer schwerer faßbare identische Teilinhalte gesucht werden müßten oder auf sehr allgemeine Elemente wie «Verlangen nach Wahrheit» oder «eine Einstellung, jeder Frage auf den Grund zu gehen» zurückgegriffen werden müsse. Die Theorie sei im Ggs. zu ihrem ausdrücklichen Anspruch niemals imstande, die genaue Natur oder Lage irgendeiner Identität festzustellen. [L] ALLPORT 1949, E. MÜLLER 1911, THORNDIKE 1932

identische Lokalisierung, Bez. dafür, daß das, was in den Netzhäuten auf geometrisch ähnliche Punkte fällt, räumlich als am gleichen Ort befindlich wahrgenommen wird.

identische Netzhautstellen (Joh. MÜLLER), auch Deckpunkte (HELMHOLTZ) oder korrespondierende Punkte. →Auge

identische Sehrichtungen (HERING), Objekte, die auf →korrespondierenden Netzhautpunkten abgebildet werden, erscheinen in derselben Richtung (die Reize können sich an verschiedenen Orten im Raum befinden); die Richtung wird relativ zum →Zyklopenauge erlebt. *H. Heuer*

Identität, in der Ps. ist I. (phänomenale) das Fortbestehen eines anschaulich Ausgesonderten in Raum und Zeit. Neben neuerer philosophischer Bearbeitung dieses Problems durch M. HEIDEGGER liegen entscheidende Beiträge vor. So haben METZGER und TERNUS experimentelle Untersuchungen im Hinblick auf die phänomenale Vorfindbarkeit von I. im schlichten Erleben durchgeführt. Ergebnisse: Es besteht vollständige funktionale Verknüpfung zwischen der Zusammengefaßtheit von Teilen eines räumlichen Ganzen einerseits und der I. einer in der Zeit wiederholt antreffbaren Gesamtfigur andererseits, d. h., es gibt den →Gestaltgesetzen analoge I.prinzipien. Dabei entspricht im einzelnen (1) dem Gruppierungsfaktor der Nähe das I.prinzip der geringsten Verschiebung, (2) dem Faktor der Gleichheit (bzw. Ähnlichkeit) das Prinzip der Form-, Farb-, Größenkonstanz, (3) dem Faktor des Aufgehens ohne Rest das Prinzip, daß alles Spätere aus Früherem hervorgeht, (4) dem Faktor der durchgehenden Kurve das Prinzip der glatten Bewegungsbahn sowie der stetigen Geschwindigkeit. Daneben spielen Gestalteigenschaften des Gesamtgeschehens wie Geschlossenheit, Gleichgewicht, Symmetrie eine Rolle. Die unter strenger Wahrung phänomenologischer Methodik experimentalps. nachgewiesene gesetzmäßige Funktion der I. als elementare Erlebnisbedingung bietet den Ansatz zu einer dem Umfang nach noch nicht abzusehenden Revision der philosophischen Fassung des Begriffs. Z. B. müssen Interpretationen der I. als «Setzung des Denkwillens» o.ä. als zweifelhaft erscheinen. Der entwicklungsps. bzw. phylogenetische Aspekt der I. drückt sich darin aus, daß I.verhältnisse bei Naturvölkern – im Ggs. zum Zivilisierten, für den sie vornehmlich in bezug auf die zeitliche Folge auftreten – auch weitgehend in der räumlichen Ordnung gültig ist. So etwa besteht I. zwischen den Gliedern einer Gruppe, so daß z. B. durch Verletzung eines Mitglieds via Beeinflussungszusammenhang grundsätzlich alle betroffen werden. [L] HEIDEGGER, METZGER, TERNUS

Identitätslehre, philosoph. Lehre von der →Identität der seelischen und der körperlichen Vorgänge. Körperliches und Seelisches sind verschiedene Erscheinungsweisen derselben Wirklichkeit. Diesen →Monismus vertraten z. B. SPINOZA, SCHELLING, HEGEL, FECHNER.

ideo... [lat. *idea* Urbild, Idee], in Wtvb. auf eine Idee hin, durch Vorstellung ausgelöst [E]

ideokinetisch →Apraxie

Ideologie, Lehre von den Ideen. • Ausdruck für wirklichkeitsferne Theorien und für Verhüllung von Interessen und Tendenzen. • Grundbegr. der Soziologie. Das einer Gesellschaft oder Interessengruppe zugehörige Denk- und Wertsystem (Weltanschauung).

Ideomotorik, Sammelbegriff für unwillkürliche Bewegungen, die durch Beobachtung oder Vorstellung von Bewegungsmustern ausgelöst werden (→CARPENTER-Effekt, →ideomotorische Vorstellung, →Bewegungsvorstellung); allgemeiner auch Beziehung zwischen Wahrnehmungen, Vorstellungen und Bewegungen (ohne das Kriterium der Unwillkürlichkeit). [L] PRINZ 1987 *H. Heuer*

ideomotorisch, syn. psychomotorisch

ideomotorische Apraxie →Apraxie

ideomotorische Kompatibilität →Kompatibilität

ideomotorischer Reflex →HAAB-Reflex

ideomotorisches Gesetz →CARPENTER-Effekt, →Ideo-Realgesetz

ideomotorische Vorstellung (JAMES), die ohne besonderen Willensantrieb oder Auftrag kurzschlußartig zu Handlungen führenden Vorstellungen.

Ideoplasie →Pendelversuch

Ideo-Realgesetz, den von CARPENTER erstmals beschriebenen und von JAMES als psychische Gesetzmäßigkeit ausgegebenen Vorgang des Mitvollzugs von Bewegungen (CARPENTER-Effekt) hat HELLPACH zum I. erweitert. «Jeder subjektive Erlebnisinhalt schließt einen Antrieb zu seiner objektiven Verwirklichung ein.» Dieser Grundsatz umfaßt nicht Bewegungen allein, sondern ebenso Gefühlsansteckung, Ausdrucksübertragung, ideomotorische Vorstellungen und Handlungen, Suggestion und Hypnose. [L] HELLPACH 1952

Ideo-Realisation, unkontrollierter Ansatz zur Verwirklichung von Bereitschaften, meist Bewegungen. →CARPENTER-Effekt, →Ideo-Realgesetz.

idio ... [gr. *idios*] eigen, eigentümlich, selbst, besonders [E]

Idioglossie [gr. *glossa* Zunge], unverständliches Sprechen mit Auslassungen und Lautveränderungen infolge angeborener Unfähigkeit zur Bildung der Kehl- und Gaumenlaute.

idiographisch, nach WINDELBAND sind i. die Wissenschaften, die die einmaligen, sich nicht wiederholenden Geschehnisse zum Gegenstand haben (daher auch Ereigniswissenschaften), also die historischen Wissenschaften, im Gegensatz zu den →nomothetischen (Natur-)Wissenschaften.

idiographischer Begriff, die individuelle Eigenart beschreibender (personologischer) Begr., der einer Einordnung in naturgesetzliche Zusammenhänge entzogen ist und nur im «Verstehen» (→Geisteswissenschaftliche Psychologie) erschlossen wird. Ggs. →nomothetisch

Idiolalie, erfundene Sprache, z. B. bei der kindl. Sprachentwicklung, auch bei Schizophrenie.

Idiolekt, ähnlich wie sich Untergruppen einer Sprachgemeinschaft in der Verwendung einer →Sprache unterscheiden, d. h. Dialekte ausbilden, bedient sich letztlich jedes Individuum eines I., einer eigenen, individualspezifischen Variante dieser Sprache. →Privatsprache. [L] LYONS 1970 *G. Kaminski*

idiopathisch, ohne erkennbare Ursachen entstanden, Urs. nicht nachgewiesen

idioplastisch (HELLPACH), die Formung, Ausformung (Ableitung) des eigenen Selbst, des Individuellen betreffend.

IDIOSCAL, Abk. für *individual difference in orientation scale,* Verallgemeinerung von →INDSCAL, Verfahren zur →MDS mit Analyse individueller Unterschiede.

Idiosynkrasie [gr. *idios* eigentümlich, *synkrasis* Säftemischung], angeborene Überempfindlichkeit gegenüber bestimmten Stoffen bereits beim ersten Kontakt (ohne vorherige →Sensibilisierung wie bei der →Allergie). • Im übertragenen Sinn heftige Abneigung gegen bestimmte Personen, Anschauungen u. a. m. • Im Angelsächs. *(idiosyncrasy)* meist Bez. für ein besonderes Merkmal, durch das sich eine Person oder eine Gruppe deutlich von anderen Menschen unterscheidet.

Idiosynkratischer Kredit, im Kontext der Führungskonzeption von HOLLANDER (1964) verwendetes Konzept zur Kennzeichnung von Personen in Gruppen, primär Führungspersonen, die aufgrund ihres vergangenen normkonformen, positiven und gruppenförderlichen Verhaltens einen relativ hohen Status in der Gruppe erzielt haben, so daß man ihnen eine Art Bonus zubilligt, von den Gruppennormen abzuweichen und in Richtungen initiativ zu werden, die von der bisherigen Gruppenpolitik abweichen. Auf diese Weise sichert sich die Gruppe ein nicht unbeträchtliches Innovationspotential.

Idiotie [gr. *idiotes* einfacher Mensch; Dummkopf], veraltete Bez. für angeborene oder in der ersten Lebenszeit durch Gehirnkrankheiten oder Gehirnverletzungen erworbene geistige Behinderung schwersten Grades.

Idiotie, amaurotische, erbbedingte Lipoidspeicherkrankheit (fermative Störung des Zellstoffwechsels), die mit psychomot. Retardierung, zunehmendem geistigem Zerfall, zunehmender Sehverschlechterung bis zur Erblindung und epileptischen Anfällen bis zu 5 Varianten auftritt (konnatale, infantile, spätinfantile, jugendliche, späte Form). Von der Spätform abgesehen, die langsameren Krankheitsverlauf zeigt, ist bei allen übrigen die Spanne zwischen Krankheitsbeginn und Tod kurz (max. etwa 10 Jahre).

Idiotop, Lebensraum des einzelnen

idiotrop, svw. vegetativ

idiotropes Nervensystem, syn. für vegetatives Nervensystem.

idiotypisch, Idiotypus, erblich im engsten Sinne, Erbbild, Anlagenbild. Syn. Genotypus. Ggs. zu →Phänotypus

Idiovariation, Erbabweichung im Sinne der →Mutation

ignorieren →Verlernen, →time out

Ikon, ikonisches Zeichen, während bei vielen →Zeichen die Beziehung zwischen Zeichenform und Bezeichnetem arbiträr ist (→Bedeutung, →Semiotik), informiert bei ikonischen Zeichen (PEIRCE 1932) schon die Zeichenform über Eigenschaften des damit Bezeichneten. Das i.Z. enthält wahrnehmbar Eigenschaften, die ein Gegenstand haben muß, um durch ein solches Zeichen bezeichnet zu werden. Nichtsprachliche Beispiele: Photographien, Zeichnungen, Landkarten. Anschauliche Denkinhalte →imagery (PAIVIO 1971). Im Bereich der natürlichen Sprache i.Z. in der Form von →Onomatipöie oder →Lautmalerei. [L] BREKLE 1972

J. Engelkamp

ikonische Repräsentation [gr. *eiko* Bild], die Fähigkeit, sich ein nicht vorhandenes Objekt/Ereignis durch Bilder/anschauliche Vorstellungen intern zu vergegenwärtigen und sie für den späteren Gebrauch verfügbar zu machen (→*imagery*). BRUNER (1956, 1966) unterscheidet von der i.R. die ontogenetisch frühere enaktive und die spätere symbolische R. (→Symbol, →Symbolfunktion).

Sie lösen einander nicht wie in einer Stufenfolge ab, sondern sind auf verschiedenen Entwicklungsstufen unterschiedlich dominant. Während schon in den ersten Lebensmonaten beginnende Imitationen bei Anwesenheit eines Modells (→Nachahmung) als Vorläufer eigentlicher R. gelten können, wird erst die Nachahmung unabhängig von der Anwesenheit des Modells als Anzeichen eigentlicher R. angesehen.

Bei der enaktiven R. erhält die Welt durch ausgeführte (anfangs irreversible, durch sensomotorische Rückkoppelung gesteuerte) Handlungsmuster →Bedeutung. Der Übergang zur i.R. erfolgt ungefähr am Ende des ersten Lebensjahres. In der Weltorientierung dominieren dann mehr bildhaft erlebte, durch qualitative Strukturen des Wahrnehmungsfeldes vermittelte räumliche Schemata. Bei der wegen fehlender Abstraktionsmechanismen noch instabilen Wahrnehmungsorganisation bleibt das kleine Kind auf anschauliche «Oberflächenmerkmale» angewiesen. Mit der Erschließung →begrifflicher Merkmale wird das Kind auf der Stufe der symbolischen R. von der Reizgrundlage zunehmend unabhängig. Die Ordnungsform der →hierarchischen Gliederung erlaubt jetzt die Gruppierung von Ereignissen nach den Prinzipien der Einschließung, Ausschließung und Überschneidung. Die BRUNERsche Sequenz «enaktiv – ikonisch – symbolisch» schließt an PIAGET (1945) an.

BERLYNE (1965) unterscheidet die drei R.formen nach ihrer informatorischen Korrespondenz: die i.R. besitzt ihm zufolge einen hohen Grad informatorischer Korrespondenz mit dem Reizmuster (Beispiel: Landkarte) und die enaktive mit dem Reaktionsmuster (Beispiel: Geste). Die symbolische R. stellt hingegen eine völlig neue Transformation dar, wobei ein sprachliches Symbol der obersten (abstrakten) Ebene entspricht und zusätzlich ein «symbolisches Symbol» sein kann. *H. Grimm*

ikonischer Speicher, ein visuelles sensorisches Register, in dem optisch gebotene Information kurzzeitig gespeichert wird. →Gedächtnis

Ikonographie, Sammlung von Bildern, etwa einer Persönlichkeit, mit Erfassung der einzelnen Altersstufen.

ILAE, Abk. für *International League against Epilepsy*

illegaler Operator, Sammelbegriff für Lösungsversuche in einem Problemlösungsprozeß, mit denen sich ein Problemlöser über ihm vorgegebene, einschränkende Regeln oder andere Rahmenbedingungen hinwegsetzt, so daß u. U. zwar eine Erreichung des Zielzustandes erreicht wird, die jedoch nicht als Lösung des Problems anerkannt und verwendet werden kann. →Operator. [L] DÖRNER 1974

G. Kaminski

Illokution, illokutionär [lat. *locutio* das Sprechen], kommunikative Funktion des Sprechaktes (mit einer Aufforderung, einer Behauptung verbunden). →Sprechakttheorie

Illumination [lat. *illuminare* erleuchten], Erleuchtung. • Nach POINCARÉ die dritte Phase des Problemlösens, ein Aha-Erlebnis. →Inkubation, →Denken

Illusion [lat. *illudere* vortäuschen], Falschdeutung von Sinneseindrücken, meist mit starker Beteiligung der Phantasie, bei denen im Ggs. zur Halluzination objektive äußere Erscheinungen gegeben sind. Vork. u. a. bei Psychosen. • Subjektive Scheinwelt und falsche Hoffnungen.

Illusionsspiele →Spiel

illusorische Korrelation, Überschätzung des Zusammenhangs zweier Ereignisse. [L] LILLI & REHM 1983

Image, (lat. *imago* Bild) urspr. in der →Psychoanalyse verwendet, bedeutet I. soviel wie das Bild, das eine Person von ihrem Erlebnisgegenstand (Persönlichkeiten, Konsumartikeln, Organisationen und Institutionen) hat. Durch eine Veröffentlichung von GARDNER und LEVY fand der Begr. Eingang in die Sozialps. Deren Definition beschreibt I. als die Reduzierung eines diffenzierten Sachverhaltes auf eine einfach strukturierte Formel, als einen Komplex von Ideen, Gefühlen und Haltungen.

Als wesentlichen Unterschied zu →Stereotyp betonen KLEINING (1959), der im dt. Sprachraum als erster eine systematische Analyse des I.-Begriffs vornahm, und BERGLER (1966), daß I. sich meist auf Objekte bezieht, die in einem entwicklungsmäßig relativ späten Stadium für den Menschen bedeutsam werden, nämlich auf Konsumobjekte. Für ihre Genese ist weniger die Erziehung bedeutsam als die eigene Erfahrung, gruppenspezifische Faktoren sowie die Einflüsse verschiedener Kommunikatoren. • In enger Verwandtschaft steht der I.begr. – als Bild, das man von einem Objekt hat – auch mit dem des →Prestiges. Die Abgrenzung ist vor allem darin zu sehen, daß I. üblicherweise neutral (auf einem Kontinuum von positiv bis negativ sind alle Möglichkeiten vorhanden) gefaßt wird, während der Begr. des sozialen Prestiges synonym für das Ansehen, das einer Person oder einem Objekt zugeschrieben wird, verwendet wird. • Zur Messung des I. werden sowohl quantitative Verfahren wie Fragebogen, Skalen, Polaritätenprofile etc. als auch qualitative Verfahren wie freie Interviews, Assoziationstests und projektive Verfahren verwendet. Die Veröffentlichungen, die in der letzten Zeit über die Erforschung des Marken- und Waren-I. der Werbung und Werbeträger sowie des I. von Politikern und Parteien hinaus sich auf die Untersuchung des I. etwa von sozialen Schichten erstrecken, ebenso wie die Untersuchung der Kultursoziologie und Familienps., zeigen die Problematik der Abgrenzung von verwandten Begr. wie →Meinung, →Stereotyp, →Vorurteil.

Bei MILLER, GALANTER & PRIBRAM (1960) wird I. definiert als handlungstheoretischer Sammelbegr. für alle Arten von Wissen von kognitiven →Repräsentationen, die in der Handlungsvorbereitung (→Plan) mitverwendet und durch Effekte der Handlungsausführung erweitert bzw. modifiziert werden.

Imagery, die Instruktion, sich nicht vorhandene, aber wahrnehmbare Objekte oder Szenen in den einzelnen Sinnesmodalitäten vorzustellen, wird als sinnvolle Aufgabe verstanden. Entsprechend instruierte Personen berichten introspektiv, daß sie Vorstellungen hervorbringen können, die in einer wahrnehmungsähnlichen Form, wenn auch in gewisser Weise «schwächer» und «blasser» als gegeben erlebt werden. Das Erzeugen dieser inneren Gegebenheiten und das Operieren mit ihnen wird I. genannt. Es ist für die visuelle Sinnesmodalität am besten untersucht. Deshalb werden hier die anderen Modalitäten ausgeklammert.

Das klassische Demonstrationsexperiment dazu geht auf SHEPARD zurück. Er bat seine Versuchspersonen, die Zahl der Fenster auf einer bestimmten Seite des Hauses, in dem sie wohnten, aufzuschreiben. Die meisten Personen berichteten, sie hätten diese Aufgabe dadurch gelöst, daß sie sich das Haus visuell vorgestellt und dann in diesem Vorstellungsbild die Fenster gezählt hätten.

Es ist unbestritten, daß praktisch alle Menschen das Erlebnis dieser inneren Vorstellungsbilder haben. Hinsichtlich der theoretischen Erklärung werden zwei Extrempositionen vertreten. KOSSLYN (z. B. 1981) vertritt die Auffassung, daß diese Vorstellungsbilder in einem internen, →analogen Arbeitsspeicher auf der Basis abstrakter Wissensbestände im Langzeitgedächtnis wie auf einem Bildschirm aufgebaut werden und dann vom Wahrnehmungssytem in der gleichen Weise verarbeitet werden wie Gegebenheiten der Außenwelt. KOSSLYN unterscheidet vier verschiedene I.-Prozesse: die Erzeugung der Vorstellungsbilder, ihre Betrachtung oder Auswertung, ihre Transformation (z. B. mentale Rotation oder Translation) und die Entscheidung, sie zur Beantwortung von Wissensfragen oder zum Lösen von Problemen zu erzeugen. PYLYSHYN (z. B. 1981) vertritt die Gegenposition, daß die introspektiven Berichte ohne einen inneren, wahrnehmungsanalogen Prozeß entstehen. Die nach ihren Vorstellungsbildern befragten Personen beschreiben seiner Auffassung nach aus ihrem «stillschweigenden Wissen» *(tacit knowledge)* heraus Wahrnehmungen, die sie zwar bei der Befragung nicht haben, von denen sie aber wissen, daß sie sie haben könnten und welche Eigenschaften sie dann hätten. Angesichts der eindrucksvollen Resultate objektiver, chronometrischer Analysen von Operationen mit mentalen Vorstellungsbildern dürfte PYLYSHYNS Position die schwächere sein. [L] KOSSLYN 1982, PYLYSHYN 1981

W. Glaser

Imagination, Einbildungskraft, die Fähigkeit, sich nicht «Präsentes» zu vergegenwärtigen. →Phantasie

Imaginationstechniken, die Gemeinsamkeit imaginativer Verfahren besteht darin, daß mit Lenkung, Deutung und Änderung von induzierten, evozierten oder spontan geäußerten Bildern des Patienten gearbeitet wird, um Erlebnisse zu verarbeiten oder Bewältigungsmöglichkeiten aufzubauen. Die Grenzen zur →Hypnose sind manchmal fliessend. *F. Caspar*

Imago [lat. Urbild], in der →Tiefenps. hat JUNG den Begr. eingeführt für ein die Entscheidungen und Handlungen des Erwachsenen stark beeiflussendes inneres Bild. Abbild von Personen der frühkindlichen Umwelt, zu welchen eine triebhafte Beziehung bestanden hat. Die größte Bedeutung haben Vater- und Mutter-Imago. Bei neurotischen Personen spielen die Grenzwerte der extremen Ablehnung oder Abhängigkeit von den Eltern-Imagines vielfach eine entscheidende Rolle.

Imap® →Fluspirilen

Imbezillität, veralt. Bez. für mittelgradige geistige Behinderung

Imidazopyrone, Substanzklasse von Psychopharmaka aus der Gruppe der →Hypnotika. I. weichen in der chem. Struktur von →Benzodiazepinen ab. Vertreter ist →Zolpidem. I. werden auch für die anästhesiologische Prämedikation eingesetzt. [L] FORTH et al. 1996

W. Janke/M. Ising

Imipramin, WZ Tofranil®, Psychopharmakon aus der Reihe der trizyklischen →Antidepressiva. Erstes Antidepressivum (1957), Standard- und Referenzsubstanz für Antidepressiva. Stärker noradrenerg als serotonerg wirksam durch Hemmung der Wiederaufnahme, daneben auch antihistaminerge (→Histamin) und starke anticholinerge Wirkungen. I. wirkt psychomotorisch leicht aktivierend. Spezielle Indikationen außer Depression hyperkinetische Syndrome, Panikattacken, Eßstörungen (Anorexie, Bulimie). [L] DIMASCIO et al. 1964, LEHMANN & HOPES 1977 *W. Janke/M. Reuter*

Imitation →Nachahmung

Imitationstherapie, Anwendung von Modellierungsprozeduren bei der Modifikation unangepaßter Verhaltensweisen und bei der Erweiterung des Verhaltensrepertoires. Obwohl erste Ansätze zur Heranziehung von Nachahmungsvorgängen bei der Verhaltensmodifikation schon früh zu finden sind (JONES 1924, MILLER & DOLLARD 1941), ist die I. erst auf Grund der Arbeiten von BANDURA und seinen Mitarbeitern in den sechziger Jahren zu einem festen Bestandteil der →Verhaltenstherapie geworden.

Bei der I. beobachtet der Patient, wie ein Modell («in vivo» oder im Film) die von ihm zu lernende Verhaltensweise ausführt. Auf diese Weise kommt der Patient oft bald selbst in die Lage, die neue Verhaltensweise zeigen zu können. Anwendungsmöglichkeiten: (a) Erweiterung des Verhaltensrepertoires: Spracherwerb, Aufbau sozialer Verhaltensweisen, Erwerb motorischer Verhaltensweisen. (b) Elimination von inadäquaten Angstreaktionen durch stellvertretende systematische Desensibilisierung (Gegenkonditionierung): Der Patient hat Gelegenheit, ein Modell in zunehmend intensivem Kontakt mit dem von ihm gefürchteten Objekt zu betrachten. Methodische Variante: Kontaktdesensitivierung. [L] BANDURA 1971, MILLER & DOLLARD 1941, RACHMAN 1972

imitative Bewegungen, nachahmende Bewegungen, die schon bei Tieren zu beobachten sind. Völkerps. wichtig für Gebärdensprache.

immanent, Immanenz [lat. *immanere* darin bleiben], darin bleibend, nicht auf einen anderen Bereich hinübergreifend; in der Erkenntnistheorie svw. innerhalb des Bereichs der Erfahrung bleibend. Ggs. →transzendent

Immunisierung, Herbeiführung einer Immunität des Organismus (z. B. Impfung)

Imperativ →kategorischer Imperativ

implementieren, mit Werkzeug versehen, instrumentieren, verwirklichen

implicit response →covert response

Implikation [lat. *implicere* verflechten, umschlingen], das Mitenthaltensein eines Sachverhalts in einem anderen. In der Logik Bez. für eine Aussage von der Form «wenn a, dann b».

implizit, inbegriffen, mitgemeint, unausdrücklich mitenthalten. Ggs. →explizit

Implizite Persönlichkeitstheorie, Spezialfall sog. Impliziter Theorien (WEGNER & VALLACHER 1977) oder sog. Laientheorien (FURNHAM 1988), die als Konzept auf CRONBACH (1955) zurückgehen und in den frühen Arbeiten von ASCH (1946) erstmals experimentell auf der Ebene der Sozialen Eindrucksbildung untersucht werden. IPT sind die subjektiven Vorstellungs- und Bewertungsmuster, die Personen zur Beschreibung und Beurteilung anderer Personen in Form von Konfigurationen von Merkmalen, Verhaltensbeschreibungen und Verhaltensbegründungen verwenden. Die empirischen Untersuchungen der IPT von Lehrern, Studenten, aber auch von literarischen Texten, Filmen, aber auch von Personen mit klinischer Symptomatologie erfolgen in der Regel über Verfahren der multidimensionalen Skalierung, um auf diese Weise die inviduellen Strukturen und deren Dimensionalitäten möglichst präzise abzubilden.

B. Six

implizite Reaktion, nicht sichtbare, innere Reaktion, reiner Stimulusakt. →covert response

Implizites Gedächtnis (implicit memory), Gedächtnisinhalte, die sich nicht mit einem Test zum expliziten Gedächtnis nachweisen lassen, jedoch trotzdem bei der Ausführung bestimmter Aufgaben zum Vorschein kommt. Beispielsweise können sich Amnestiker oftmals nicht bewußt daran erinnern, eine bestimmte Melodie gehört zu haben. Sollen sie jedoch einschätzen, welche von zwei Melodien sie angenehmer empfinden, so wählen sie eher die Melodie, die ihnen kurz zuvor vorgespielt wurde (= implizites Erinnern), obgleich einem solchen Patienten nicht bewußt ist, daß ihm diese Melodie zuvor vorgespielt wurde (= kein explizites Gedächnis). Implizite Gedächtniseffekte lassen sich auch bei gesunden Personen nachweisen.

Implosionstherapie →Überflutungstherapie

Imponiergehaben, -gebaren, (biol.) Ausdrucksbewegung (meist angeboren) mit Signalfunktion; Fische z. B. können durch Spreizen der Flossen und Farbänderung des Körpers dem Rivalen Kampfintention (→Kommentkampf) und dem Geschlechtspartner Paarungsbereitschaft (→Balzverhalten) signalisieren. Das I. ist bei vielen Tieren ein wichtiges, äußeres Geschlechtsmerkmal. →Beschwichtigungsgebärde *V. Preuss*

Impotenz [lat. *impotentia* Unvermögen], (allg.) Schwäche, Unfähigkeit zu schöpferischer Leistung, sex. Leistung

Impression [lat. *impressio*] unzergliederter Eindruck, Sinnesempfindung, auch emotionale Anmutung

Improvisationsübungen, freies Experimentieren aus der Situation heraus; *experiencing, sensory awareness.* • In der Psth. dienen I. zur Auflockerung, z. B. bei ängstlichen und pedantischen Klienten.

Impuls, Antrieb, Anreiz, Anstoß

Impulsgebung der Hand →Sinnesfunktionen

Impulshandlung, affektiv-triebhaft ausgeführte Handlung, bei der die rationelle Billigung (Ablehnung oder Zustimmung) – zumindest im Zeitpunkt der Ausführung – fehlt.

impulsiv, lebhaft, affektiv-triebhaft

Impulsivität, Tendenz zu spontaner Reaktion, Ggs. →Reflexivität →Denkstil

Impulsmessen →Sinnesfunktionen

Impulsvariabilität, grundlegende Eigenschaft einfacher Bewegungen. Der Impuls (im physikalischen Sinne) ist das Produkt von Kraft und Zeit (allgemeiner: die Fläche unter einer Kraft-Zeit-Kurve); wenn die mittlere Kraft oder die mittlere Dauer/Zeit ansteigen, steigen auch die entsprechenden Standardabweichungen (linear über einen großen Bereich mittlerer Dauern und Kräfte).

Theorien der Impulsvariabilität erklären den →speed accuracy tradeoff durch die bei zunehmendem Impuls steigende Variabilität. Sie gehen von einer prototypischen Kraft-Zeit-Kurve aus, die mit Hilfe von Skalenfaktoren für beide Achsen (Parameter) variiert werden kann; die prototypische Kraft-Zeit-Kurve definiert ein generalisiertes →Bewegungsprogramm. **[L]** Schmidt 1989

impunitiv (Rosenzweig), das Verhalten nach Frustrationen, mit dem weder anderen noch sich selbst Vorwürfe gemacht werden.

inadäquate Reize →adäquat

Incentive-(Anreiz-)Theorie →Motivation

incidentelles Lernen →Lernen, inzidentelles

INDCLUS, Abk. für *individual differences clustering,* Verfahren der →MDS, ähnlich →ADCLUS, das auch die Analyse individueller Unterschiede ermöglicht.

indeterminiert, unbestimmt, frei

Indeterminismus, (1) Die philosophische Anschauung, daß das Wollen nicht kausal (durch Ursachen) bestimmt sei bzw. daß das Handeln nicht durch den Charakter und die gerade wirksamen Motive bestimmt sei, sondern daß der Mensch über sein Wollen und Handeln jederzeit frei entscheiden könne (daher auch «Autodeterminismus» genannt). Ggs. →Determinismus, vgl. auch: Willensfreiheit. (2) In der Physik Bez. für Nichtsvoraussagbarkeit des Verhaltens von Elementarteilchen.

Index [lat. Anzeiger], Liste, stat. Meßziffer, Maßzahl für einen Wirkungsgrad. • Bez. für charakteristische körperliche Maßproportionen, z. B. Konstitutions-Indices nach Kretschmer 1961.

Index-Zeichen, gemeinsame Bez. für Zeigzeichen und Anzeichen (→Zeichen, →Semiotik). Zeigzeichen sind z. B. hinweisende →Gesten und in natürlichen Sprachen sog. «Demonstrationspronomina» (dieser, jener, da, dort usw.) (Brekle 1972).

Ihre Verbindung zu dem Bezeichneten wird durch den aktuellen Verweis in der konkreten Situation hergestellt; sie richten die Aufmerksamkeit des Zeichenempfängers auf das Bezeichnete. Sie unterscheiden sich von →ikonischen Zeichen dadurch, daß die Zeichenform hier nicht Eigenschaften des Bezeichneten enthält, sondern nur Informationen über den Ort des Bezeichneten vermittelt. Anzeichen sind solche Zeichen, bei denen eine natürliche Verbindung zwischen der Zeichenform und dem Bezeichneten besteht und die Zeichenform zugleich als Erklärung oder Index für das Bezeichnete angesehen wird, gleichgültig, ob das Bezeichnete auch beobachtbar ist (z. B. bei Rauch und Feuer) oder nicht (z. B. bei Erröten und Verlegenheit). **[L]** Kallmeyer et al. 1974 *J. Engelkamp*

Indifferenzpunkt [lat. *indifferens* gleichgültig], syn. indifferenter Bereich, z. B. für die Zeitauffassung die Größe, bei der eine Zeitstrecke weder über-, noch unter-, sondern annähernd objektiv richtig geschätzt wird.

Indikation [lat. *indicare* anzeigen], das, was sich als das Geeignete (für einen zu ändernden Sachverhalt) ergibt. Im Zusammenhang mit Psychotherapie wurde die Indikation in dem Maße wichtiger, wie gesicherte Erkenntnisse zur (selektiven) Wirksamkeit psychotherapeutischer Maßnahmen bei verschiedenen Störungen vorliegen. Zunächst geht es um die Frage, ob überhaupt eine Wirkung von Psychotherapie erwartet werden kann, und dann um die Frage, welche Art von Therapie welche Effekte verspricht. Davon ausgehend, daß nicht eine bestimmte Form von Psychotherapie bei allen Problemen optimal hilft, versucht die «differentielle Psychotherapieforschung», die Basis für rationale Entscheidungen zu liefern. In der «selektiven» I. wird eine Zuordnung von therapeutischen Prozeduren bzw. Therapeutenpersonen zu einzelnen Patienten vorgenommen, bei der «adaptiven» I. geht es um die Anpassung des Vorgehens im Detail an einzelne Patienten im Therapieverlauf. Basis für I.-prozesse ist die →Diagnostik bzw. die individuelle →Fallkonzeption. Für immer mehr psychische Störungen werden störungsspezifische Vorgehensweisen entwickelt und in ihrer Wirksamkeit überprüft, andererseits spielen aber für den Therapieerfolg auch andere Faktoren, wie störungsunabhängige Eigenarten der zwischenmenschlichen Beziehungsgestaltung eines Patienten eine Rolle, die bei der I. berücksichtigt werden sollten. *F. Caspar*

indirektes Sehen,die Wahrnehmung aller Punkte des Gesichtsfeldes, die nicht auf der →Fovea centralis retinae, der Stelle des direkten Sehens, sondern auf den übrigen Netzhautstellen abgebildet werden. →Gesichtsfeld

Individualdistanz, Bez. für den charakteristischen Abstand, der von Tieren zwischen zwei Partnern eingehalten wird. Die Weite der I. ist nach HEDIGER (1940) von der jeweiligen Aktivität abhängig. →Territorialverhalten In der →Proximik (HALL) werden die versch. Bedeutungen und Größen der zwischen Menschen beobachteten Abstände bei versch. Gelegenheiten behandelt.

Individualismus, die Weltanschauung und Lebensform, die die Interessen des einzelnen überordnet bzw. sie für primär betrachtet. • Hervortreten oder starke Betonung persönlicher Eigenart in Werthaltungen, ästhetischem Geschmack, Verhaltensweisen u. dgl. • Die philosophische Auffassung, daß nur das Individuelle als selbständige Wirklichkeit existiere. Ggs. Kollektivismus.

Individualität, die Eigenart des einzelnen Wesens, die Gesamtheit der Eigenschaften und Merkmale, welche die Eigentümlichkeit, Besonderheit eines Wesens ausmachen. Die Individualität eines Menschen zeigt sich in seiner →Persönlichkeit.

Individualpsychologie, eine von Alfred ADLER (1870–1937) begründete Richtung der Tiefenpsychologie und Psychotherapie, die besondere Betonung auf die sozialpsychologischen Aspekte der Entwicklung und Veränderungen legt. Persönlichkeitsentwicklung vollzieht sich bei ADLER stark im Spannungsfeld von individuellen Gegebenheiten und sozialen Anforderungen. Anstelle einer topischen Gliederung der Psyche in verschiedene Bereiche und Instanzen hebt die Individualpsychologie die unteilbare Einheit und Ganzheit einer Person und die Einmaligkeit eines Menschen hervor. Betont wird besonders die Fähigkeit des Menschen zu Wachstum und Entfaltung.

Der Mensch ist nach ADLER aus seinem «Lebensplan» heraus zu verstehen. Dieser besteht in dem Bestreben, soziale Anerkennung zu erreichen und vor allem Minderwertigkeitsgefühle auszugleichen, die dem Menschen von früher Kindheit an (durch seine Hilflosigkeit, Entmutigungen, körperliche Mängel, sog. Organminderwertigkeit, soziale oder wirtschaftliche Benachteiligung, tatsächliche oder vermeintliche Geringschätzung etc.) eigen sind. Diese Minderwertigkeitskomplexe versucht das Geltungs- und Machtstreben durch Erfolge zu überwinden und zu «kompensieren». In diesem Prozeß entwikkeln sich die Charaktermerkmale, wie auch neurotische Erscheinungen, die teils als →Überkompensation zu verstehen sind. Ziel einer positiven psychosozialen Entwicklung und einer Psychotherapie ist das Gemeinschaftsgefühl. Gemeint ist damit die Fähigkeit eines Individuums, an einer Gemeinschaft teilzuhaben und mitzugestalten, wie auch die Fähigkeit zur Mitmenschlichkeit.

Neurotische Symptome werden nicht wie bei FREUD als Folge der Verdrängung von Triebansprüchen ins Unbewußte verstanden, sondern kommen infolge der Abwehr von Anforderungen der Umwelt zustande. Sie werden als ein kulturell verfehlter Versuch gesehen,

sich aus dem Gefühl der Minderwertigkeit zu befreien und ein Gefühl der Überlegenheit zu gewinnen, und entstehen, wenn der Lebensplan fehlerhaft ist oder die Kompensation nicht gelingt.
Die Ermutigung des Klienten nimmt in der Therapie eine zentrale Stellung ein, mit dem Ziel, Selbstvertrauen und Kompetenzgefühle aufzubauen. Die therapeutische Arbeit verläuft vor allem auf der kognitiven Ebene und zielt auf die Aufdeckung und Bewußtmachung eines «falschen» Lebensplans, im Sinne eines mangelhaften Gemeinschaftsgefühls, ab. Häufig werden auch Methoden anderer Therapieansätze integriert, mit denen der ADLERsche Ansatz auch konzeptuell gut vereinbar ist, wie z. B. die der klientenzentrierten Psychotherapie, des Psychodramas oder der Kognitiven Verhaltenstherapie. Die klinische Wirksamkeit ist nicht belegt. **[L]** ADLER 1930, TITZE 1979 *F. Caspar*

individual-soziale Spannweite, mit diesem Begr. sucht HELLPACH (1951) der Tatsache gerecht zu werden, daß eine Spannung zwischen dem Ich als Einzelwesen und dem Ich als Gemeinschaftswesen *(zoon politikon)* besteht. Diese i.-s.Sp. «ist um so größer, je verschiedener die beiden Iche erscheinen, das individuelle und das kollektive; um so kleiner, je mehr sie sich gleichen». →soziales Dilemma

Individual-Tests, Bez. der für die individuelle Anwendung bestimmten Tests →Gruppen-Tests

Individualtherapie, (1) Einzeltherapie (unterschieden von →Gruppentherapie); (2) ADLERS theapeutischer Ansatz, →Individualps.; (3) nach JUNG ein therapeutisches Vorgehen, um den →Individuationsprozeß zu fördern.

Individuation, als Prinzip der Herausdifferenzierung des Allgemeinen zum Individuellen philosophisch schon bei ARISTOTELES, ALBERTUS MAGNUS, LEIBNIZ, SPINOZA u. a. zu finden. • Ps. die Entwicklung eines Menschen zur eigen- und selbständigen Persönlichkeit. • Die →Analyt. Ps. (JUNG) versteht unter I. einen autonom gesteuerten, längerdauernden innerseelischen Prozeß, in dem bisher unbewußte Inhalte des persönlichen und kollektiven Unbewußten von der bewußten Psyche durch Verarbeitung assimiliert werden. Der I.prozeß kann spontan und durch «Große Psychotherapie» konstelliert erfolgen. Die I. hebt die Persönlichkeit einmal vom Kollektiv ab und verstärkt zugleich die soziale Verantwortlichkeit für dieses Kollektiv. Bei der I. werden Entwicklungsstufen durchlaufen. Die erste Lebenshälfte (nach JUNG) dient der Ich-Entwicklung und -Bildung. Mit Beginn der zweiten um das 40. Lebensjahr setzt die Entwicklung des Menschen zum ps. integrierten Selbst ein. →Individuationsprozeß, →Zentroversion, →Ich-Entwicklung. **[L]** JACOBI 1959, 1965, JUNG 1964, 1972

Individuationsgesetz, bei embryologischen Untersuchungen an Salamanderlarven fand COGHILL (1929), daß die ersten Verhaltensäußerungen hochintegrierte Ganzbewegungen sind, die sich allmählich differenzieren (Prinzip der Individuation) und nicht umgekehrt Einzelbewegungen, die zu höherer Integration aufsteigen.

Individuationsprozeß, der Vorgang der →Individuation nach der Konzeption von C. G. JUNG: Der →Schatten ist die erste Station für den Menschen, der, ins Unbewußte hinabsteigend, sich auf die Reise seiner Individuation begibt. Er gehört zum →persönlichen Unbewußten und besteht aus verdrängten Trieben und Triebanteilen. Wenn diese durch Analyse aus der Verdrängung emportauchen, sollen sie nach FREUD entweder realisiert, unterdrückt oder sublimiert werden. Für JUNG sind Realisation und «Annahme des Schattens» wichtig. Dringt der I. weiter ins Unbewußte vor, so gelangt er über die Grenzgestalten von →Anima und →Animus, welche die gegengeschlechtlichen Tendenzen in Mann und Frau repräsentieren, ins kollektive Unbewußte, welches die →Archetypen in unübersehbar großer Zahl enthält. Als überpersönliche Bilder und Wesenheiten sind sie denen, die sie tragen, erst einmal verborgen. Nur in Grenzsituationen brechen sie in den Bewußtseinsraum ein. Die letzte Instanz des I. ist das →Selbst, das, dem Bewußtsein unendlich fern, dem umfassenden Kosmos unmittelbar verbunden, als Zentrum des gesamten ps. Systems ebenso die bewußten wie die unbewußten Schichten, bis hin zu den archetypischen Gegebenheiten potentiell, keineswegs reell, dirigiert. Je mehr der I. voranschreitet, um so mehr wird aber diese Selbstinstanz im Menschen wirksam, wodurch schließlich die individuelle Geschlossenheit und Ganzheit, die vollendete Individuation (im →Mandala symbolisiert) zustande kommt.

individuell, einem einzelnen Wesen zukommend, einzelne Wesen betreffend, vereinzelt. Ggs. →generell

Individuum, [lat. *individuus* ungeteilt] das Unteilbare, Einmalige in raumzeitlicher und qualitativer Hinsicht. I. kann Einzelding und

Einzelwesen (z. B. Tier, Pflanze) sein, insbes. wird I. aber bezogen auf den Einzelmenschen: Individualität bedeutet Heraushebung aus der Masse der Individuen (vergleichbar dem Verhältnis von Persönlichkeit zu Person) und ist die höhere Stufe des Individuums.

Indizienverfahren, das Verfahren, eine Ausdrucksdeutung auf Grund der Analyse einzelner Ausdruckserscheinungen vorzunehmen, im Gegensatz zur Ausdrucksdeutung nach dem bloßen unreflektierten Eindruck.

Indolamine, Substanzen der Klasse der Amine mit einer Indolstruktur. Wichtigstes Indolamin ist →Serotonin. *W. Janke*

Indolenz [lat. *indolentia* das Freisein von Schmerzen], Schmerzlosigkeit, Gleichgültigkeit

INDSCAL, Abk. für *individual scaling*, Verfahren bzw. Computer-Programm für →MDS, das auch die Analyse individueller Differenzen ermöglicht.

Induktion [lat. *inducere* einführen, herbeiführen, veranlassen]

In der Physik: Entstehung einer elektrischen Spannung in einer geschlossenen Leiterschleife bei Änderung der magnetischen Durchflutung. • In der Genetik: Auslösen der Verwirklichung der genetischen Information, z. B. induziert Licht die Bildung von Blattgrün. • In der Erblehre: Nachwirkungen von →Modifikationen in der Elterngeneration auf die folgende Generation. • In der Psychopathologie: seelische Beeinflussung durch Suggestion (→I.krankheiten). • In der Mathematik vollständige I.: Läßt sich ein Satz für die vollständige Zahl 1, eine beliebige natürliche Zahl n und n + 1 beweisen, so gilt er für alle natürlichen Zahlen. Logisch ist die vollständige I. ein deduktiver Schluß, da sie das Bildungsgesetz der natürlichen Zahlen als Obersatz verwendet. • In der Logik: wahrheitskonservierender Erweiterungsschluß, d. h. Schluß von beobachteten Gegebenheiten auf die (meist potentiell unendliche) Menge nicht beobachteter gleichartiger Gegebenheiten, also von Besonderem auf Allgemeines oder von Beobachtungen auf Gesetzmäßigkeiten. I.schlüsse lassen sich nicht mit einem mechanisch anwendbaren Regelsystem wie dem der deduktiven Logik (→Deduktion) begründen oder beweisen.

Das führt auf das I.problem der Erfahrungswissenschaften: Wie können – wenn nicht logisch – wissenschaftliche Allgemeinaussagen gewonnen und ihre Geltung begründet werden? Während der logische Empirismus die Realwissenschaften als induktive Wissenschaften verstand und induktive Methoden zu entwickeln suchte, ist heute POPPERS (1934, 1966) Lösung der Theoriegewinnung durch kreative, intuitive Verallgemeinerung und der Theorieprüfung durch Vergleich deduktiver Folgerungen mit Erfahrungsdaten weithin anerkannt. [L] STEGMÜLLER 1971, 1977 *W. Glaser*

Induktionskrankheiten, durch «Induktion», d. h. durch besondere Umstände der Umwelt und der mitmenschlichen Beziehungen «seelisch angesteckte» Krankheiten. Zugehörig sind insbes. Wahnideen, hysterisch bedingte Krampfanfälle, Tics. Die I. stehen dem →induzierten Irresein nahe.

Induktivismus, eine Methodologie, die Regeln der Induktion oder induktiven Wahrscheinlichkeit (induktiven Bestätigung) enthält.

industrial engineer, angelsächs. Bez. für den Arbeitsstudien-Ingenieur. →Arbeitsps., →Arbeitsstudie, →REFA, →Zeitstudie

industrial engineering, angelsächs. Bez. für das Mitwirken an jederart wirtschaftlich-industrieller Zurüstung mit Betonung der arbeitswissenschaftlichen (Mensch-Maschine-Interaktion). Syn. mit →Ingenieurps., →Ergonomie

Industriepsychologie, die drei Bereiche der →Arbeitspsychologie, der →Berufspsychologie und der →Betriebspsychologie (soweit sie industriebezogen sind), wobei I. selbst Teil der →Angewandten Psychologie ist.

Der Begr. der I. stammt wohl aus dem angloamerikanischen Sprachraum *(industrial psychology)* und beinhaltet das Studium des menschlichen Verhaltens in jenen Lebensbereichen, die mit Produktion, Verteilung und Nutzung von Gütern und Dienstleistungen zusammenhängen. In dieser weiten Fassung entspricht I. im deutschen Sprachgebrauch eher der →Wirtschaftsps. (Verhalten des Menschen als Produzent und Konsument). I. klammert aber das Konsumverhalten aus. [L] HACKER 1978

induzierte Bewegung, eine →Bewegungstäuschung, bei der ein stationäres Objekt (z. B. ein Punkt) in einem bewegten Umfeld bewegt erscheint (jeweils in Gegenrichtung zum Umfeld); im Alltag als Bewegung des Mondes hinter raschziehenden Wolken zu beobachten.

Neben der Bewegung eines Objektes kann auch eine erlebte Eigenbewegung induziert werden *(vection)*: In einer rotierenden Streifentrommel scheint sich ein Beobachter nach kurzer Zeit in Gegenrichtung zu drehen; vor einer rotierenden Scheibe scheint sich der Beobachter seitlich zu drehen (bei gleichzeitigem Eindruck einer leicht seitlich geneigten Position); auch Muskelreaktionen lassen sich auslösen, die besonders bei Kindern zum Hinfallen führen können (z. B. in der Hexenschaukel, *haunted swing,* einem Raum, dessen Wände «schaukeln» und in dem der Beobachter den Eindruck bekommt, selbst zu schaukeln).

induziertes Irresein, syn. *folie à deux,* symbiotische Psychose, angestecktes, d. h. übertragenes Irresein.
Für das Zustandekommen eines i.I. ist der Kontakt mit einem psychisch Kranken (insbes. Schizophrener, aber auch Psychopath oder Hysteriker) Voraussetzung. Induziert kann für kürzere oder längere Zeit das gesamte Krankheitsbild sein, auch können große Gruppen die Wahnideen einzelner übernehmen (religiöse Flagellation im Mittelalter). • Die als Phänomen besonders geartete eingebildete Schwangerschaft (bisweilen Wunschneurose) wird als Sonderform dem i.I. zugerechnet.

Inertia-Effekt, Inertia-Psi-Effekt, Trägheits-Effekt, die einmal begünstigten Entscheidungsalternativen sind durch Anpassung von subjektiven Wahrscheinlichkeiten gegen widersprechende Informationen immun. Durch den Trägheitseffekt werden bei der Verknüpfung von Wahrscheinlichkeiten Resultate der multiplikativen Berechnung hervorgebracht, die von der mathematischen Wahrscheinlichkeitslehre abweichen: Je kleiner die Ausgangswahrscheinlichkeiten sind, desto mehr wird das Ergebnis der Und-Verknüpfung überschätzt. →Entscheidungstheorie, →naiver Statistiker. [**L**] COHEN, J. et al. 1972 *R. Bergius*

infancy [engl.], Begriff, der sich i. d. neueren Entwicklungsps. f. den frühen Lebensabschnitt des Kindes eingebürgert hat, in dem es ein weitgehend «sprachfreies» Wesen (ca. 1. Lj.) ist und die Forschung daher einen bes. methodischen Zugang erfordert.

infantile Amnesie, Unfähigkeit v. älteren Kindern, Jugendlichen u. Erwachsenen, sich an Ereignisse aus den eigenen ersten Lebensjahren zu erinnern.

infantile Sexualität, (allg.) Bez. für die kindlichen, bes. frühkindlichen Sexualäußerungen. • FREUD gliederte die i.S. bei beiden Geschlechtern in eine →orale Phase (1. Lj.), eine anale bzw. anal-urethrale, →analsadistische Phase (2.–4. Lj.) und →phallische Phase. Es schließt sich nach einer Latenzzeit die →genitale Phase i. e. S. als Endstufe der Sexualentwicklung an (Pubertät) • Mit i.S. wird psa. auch die Erscheinung belegt, daß unbewußte sexuelle Wünsche der Erwachsenen Wünsche aus früher Kindheit sein können und «durchbrechen».

Infantilismus, Kindlichkeit, das Stehenbleiben auf kindlicher Entwicklungsstufe in körperlicher und seelischer Hinsicht mit Unterentwicklung des gesamten Körperbaues oder einzelner Organe, besonders der Geschlechtsorgane, der Behaarung, Kindlichbleiben der Stimme, Zurückbleiben der psychischen Entwicklung (im Denken wie im Gefühlsleben). Infantilismus ist ererbt oder erworben, bedingt durch Störungen der inneren Sekretion (Hypophyse, Schilddrüse, Geschlechtsdrüsen).

Infantizid, Kindestötung, das Töten von Jungtieren durch die Eltern wird unter schlechten Ernährungsbedingungen beobachtet. Eine weitere Form des I. kommt bei haremsbildenden Säugetieren (z. B. Löwen) vor, wenn ein fremdes Männchen den bisherigen Haremsinhaber besiegt und die von diesem abstammenden Jungtiere nach der Haremsübernahme tötet. *K. H. Stapf*

Infektion [lat. *inficere* hineinbringen], Ansteckung. Das Eindringen tierischer oder pflanzlicher Krankheitserreger in den Organismus. • Psychische Infektion →Ansteckung, psychische

Infektionspsychosen, ps. Störungen, die während oder nach schweren Infektionskrankheiten auftreten, meist halluzinatorische Verwirrtheit (z. B. bei Pocken, Typhus, Cholera, Scharlach, Kindbettfieber, Pneumonie u. a.), hervorgerufen durch Bakteriengifte (Toxine).

Inferenz [engl. *inference*], ein auf andere Urteile gegründetes Urteil, logischer Schluß. Sprachverstehen ist manchmal nur durch I. möglich, d. h. es muß eine I.regel angewandt werden, damit ein metaphorischer Satz richtig gedeutet werden kann. Außer dem logischen Schluß wird unter I. auch der Vorgang des Ableitens von Urteilen, das Schließen, verstanden. [**L**] BOCK 1978

Inferenzstatistik, Teil der Statistik mit der Aufgabe, aus Stichprobenkennwerten auf die entsprechenden Populationswerte zu schließen (Bereichsschätzungen, Prüfung von Hypothesen). →Deskriptionsstatistik, →Statistik

infertil [lat. *infertilis*], unfruchtbar, unfähig, eine Frucht auszutragen.

Inflation, Zustand einer Art «Aufgeblasenheit», eines Aufgeblähtseins (JUNG). Überschwemmung mit überpersönlichen, nichtindividuellen psychischen Gehalten. In der Deflation besteht dagegen ein Zustand von Gleichgültigkeit. • Bei SZONDI heißen I. diejenige Ausdehnung und Erweiterung des Ichs, die durch das Rivalisieren gleichzeitig auftretender gegensätzlicher Triebtendenzen im Bedürfnisbewußtsein entstehen.

Informationsgehalt →Gehalt

Informations-Integration, theoretisches Konzept der Urteilsbildung, demzufolge ein Urteiler jeden Teilaspekt eines komplexen Urteilsgegenstandes zunächst bewertet und danach mit unterschiedlichem Gewicht in einem Urteil vereinigt. Am häufigsten wurden Experimente zur Personwahrnehmung herangezogen, in denen der subjektive Skalenwert der Beurteilung einzelner Eigenschaften der Person in Beziehung gesetzt wurden. Eine Reihe einfacher algebraischer Modelle der I., wie Summierung oder Mittelung der gewichteten Informationen, wurde auf diese Weise überprüft, keines davon scheint jedoch allgemeingültig zu sein. [L] ANDERSON 1974

E. Mittenecker

Informationsintegrationstheorie, eine von N. H. ANDERSON i. d. letzten Jahrzehnten verfeinerte u. erweiterte Theorie, die den Prozeß der →Informations-Integration vorwiegend m. d. Methode d. →funktionalen Messens untersucht. I. hat sich in sehr verschiedenen Inhaltsbereichen bewährt, z. B. Psychophysik, kogn. Entw., soz. Kognition, moralisches Urteilen. [L] ANDERSON 1991, 1995 *F. Wilkening*

Informationstheorie, mathematische Theorie, mit deren Hilfe Gesetzmäßigkeiten zu der Menge von Informationen, die von einem Sender (im weitesten Sinn) ausgeht, durch einen «Kanal» übertragen wird und bei einem Empfänger eintrifft, sowie Bedingungen, die für eine optimale Codierung (Verschlüsselung) von Informationen gelten, dargestellt werden.

Die I. entstand ursprünglich aus dem Bedürfnis von Nachrichtentechnikern, Probleme wie die maximale Anzahl von Nachrichteneinheiten, die ein Kommunikationsmittel unter gegebenen Umständen in der Zeiteinheit übertragen kann (Kanalkapazität), exakt zu behandeln.

Die Ausarbeitung einer mathematischen Theorie von Kommunikation durch SHANNON & WEAVER (1949, nach Vorarbeiten von HARTLEY, NYQUIST, KÜPFMÜLLER u. a.), welche den Fall diskontinuierlicher (diskreter) Signale ausführlich behandelt, regte sehr bald Psychologen, Pädagogen, Neurophysiologen und Soziologen zur Anwendung der I. auf Kommunikationsprobleme im weiteren Sinn an. Dies führte zu Versuchen, Vorgänge der Aufnahme und Verarbeitung von Wahrnehmungsreizen, der Begriffsbildung, der sprachlichen und nichtsprachlichen Verständigung als Informationsverarbeitungsprozesse zu deuten und kommunikationstheoretische Modelle ps. Prozesse zu entwickeln (→Kybernetik).

Einfachster Anwendungsfall der I. diskreter Signale in der Ps. ist die Darstellung des Informationsgehalts einer univariaten Verteilung der relativen Häufigkeiten (als Schätzung der Wahrscheinlichkeiten pi) von Beobachtungsdaten (z. B. die verschiedenen Antworten in einer Mehrfachwahlaufgabe).

Da der Informationsgehalt einer einzigen Nachrichtenklasse i proportional dem Kehrwert ihrer Wahrscheinlchkeit ist, ist der durchschnittliche Informationsgehalt H um so größer, je größer die Zahl i der Klassen (z. B. der möglichen Antwortarten) und je ausgeglichener die Wahrscheinlichkeiten der einzelnen Klassen sind (z. B. gleiche Häufigkeit der verschiedenen Alternativen einer Mehrfachwahlaufgabe bei Beantwortung durch eine definierte Gruppe von Personen). Das adäquate Maß liefert die SHANNON-Formel:

$$H = \sum_i p_i \log \frac{1}{p_i}.$$

Bei Benützung des Zweierlogarithmus in der SHANNON-Formel wird H bei 2 unterscheidbaren Beobachtungsklassen mit Wahrscheinlichkeiten von je 0,5 genau 1,0; diese Informationseinheit wird als 1 bit bezeichnet.

Auch bivariate Verteilungen (wie Kontingenz von Reiz- und Reaktionsklassen als Beispiel von «Informationsübertragung») und multivariate Verteilungen können informationstheoretisch behandelt werden, wobei Parallelen zu →Varianzanalyse und zur →Regressionsanalyse bestehen.

In der Ps. wird die I. diskreter Signale auf vielen Teilgebieten der allgemeinen Ps. (Wahrnehmung, Lernen, Begriffsbildung), aber auch in der differentiellen, angewandten und Sozialps. angewendet.

Besondere Bedeutung haben die Methoden der I. im Bereich der Sprache erlangt. Jede sprachliche Mitteilung ist eine durch Codierung entstandene Zeichenabfolge, die vom Sprechenden (Schreibenden) erzeugt, zum Hörenden (Lesenden) übertragen und dort

→decodiert wird. Wichtige Übertragungs-Kennwerte (z. B. Geschwindigkeit und Störanfälligkeit) stehen in direktem Zusammenhang mit dem Informationsgehalt der Sprachzeichen und ihrer Kombinationen.
GARNER und ATTNEAVE waren die ersten, welche I.maße zur Beschreibung der Struktur (des Ordnungsgrades) einsetzten, wobei vor allem der Begriff der →Redundanz (Abweichung von der maximal möglichen Information) eine große Rolle spielt.
Die I. kontinuierlicher Signale, der ursprünglich häufigere Anwendungsfall in der elektrischen Nachrichtentechnik, enthält als ein Grundtheorem den Satz, daß ein kontinuierlich variierendes Signal von T Sekunden Dauer (z. B. die Amplitude einer in einem bestimmten Frequenzbereich W = fmax – fmin variierenden elektrischen oder mechanischen Größe) durch eine Stichprobe von 2 WT Werten vollkommen charakterisiert ist. Da auch bei genauestmöglicher Bestimmung (durch Meßinstrument oder Beobachtung) nur eine endliche Zahl von Amplitudenstufen einer Größe unterschieden werden kann, lassen sich Probleme der I. kontinuierlicher Signale teilweise auch mit den Mitteln der I. diskreter Signale bearbeiten. In der Ps. wird die I. kontinuierlicher Signale z. B. bei der Behandlung des motorischen Verhaltens (wie Ziel-Verfolgungsaufgaben) angewendet. **[L]** ATTNEAVE 1965, GARNER 1974, MITTENECKER & RAAB 1973 *E. Mittenecker/H. E. Zahn*

informationsverarbeitendes System [engl. *information processing system* (IPS)], systemwissenschaftliche Darstellung sozialer Akteure (Individuen, Kleingruppen, Kollektive oder Organisationen) unter Berücksichtigung der in ihnen erfolgenden →Entscheidungen und Problemlösungen. Ein i.S. besteht minimal aus Rezeptor, Prozessor, Speicher und Effektor. Der Speicher enthält neben den die Informationsverarbeitung steuernden Regeln (Programmen) ein Konzeptsystem mit faktischen, normativen und Wertkonzepten, die ein Modell der Umwelt des i.S. sind. Die Kleingruppe ist – anders als das Individuum – fähig, Informationen nicht nur sequentiell, sondern auch parallel zu verarbeiten. Bei Organisationen als i.S. sind die formelle Kommunikation und die Struktur von Kommunikationskanälen von bes. Interesse. *R. Bergius*

Informationsverarbeitung [engl. *information processing*], Untersuchungsansatz, der zur Erforschung kognitiver Prozesse Computerprogramme als Modell benutzt.
Die I. geht vom Menschen als Informationsinterpret, Mehrdeutigkeitslöser und Hochrechner aus: Ziele der I. sind, bei nicht-hinreichender Information ein Problem zu lösen und aus gegebenen Einzelinformationen brauchbare Schlüsse zu ziehen.
Geistige Väter der I. sind die Kybernetik (*feed-back*-Modelle wie z. B. das TOTE-Modell), die Informationstheorie und die Computersimulation (NEWELL, SHAW & SIMON). →Kognition, →Information. **[L]** LINDSAY & NORMAN 1977, DÖRNER 1976, UECKERT & RHENIUS 1979 *H. Ries*

informelle Gruppe →Gruppe

Infotainment, Bez. f. Software-Programme, die Nachschlagewerke durch das Hinzufügen von Audio- u. Videosequenzen o. anderen Informationsträgern sowie einer speziellen interaktiven Benutzeroberfläche für den Benutzer attraktiv und unterhaltsam machen; z. B. multimediale Enzyklopädien, Reiseführer etc.

Infrarot →Licht

Infraschall →Hörschwelle

Ingenieurpsychologie [engl. *Engineering Psychology*], Teilgebiet der angew. Ps., das sich mit der psychologischen Erforschung der Wechselwirkungen zwischen Mensch und Technik am Arbeitsplatz beschäftigt (Mensch-Maschine, Mensch-Computer). Die I. hat sich im Zuge der Differenzierung der Anwendungsfelder vor allem in den USA und der früheren UdSSR mit einem experimentalpsychologisch ausgerichteten Forschungsprogramm entwickelt und grenzt sich dabei teilweise von der *Industrial and Organizational Psychology* bzw. →Organisationspsychologie mit ihren Felderhebungsmethoden ab. Enge Bezüge ergeben sich zur →Arbeitspsychologie und zur interdisziplinären Forschung im Gebiet der →Arbeitswissenschaft, →Ergonomie und →Mensch-Computer-Interaktion. **[L]** HOYOS & ZIMOLONG 1990 *S. Greif*

Ingenogramm →Profile

Ingratiation [engl. Einschmeicheln], instrumentelle →Konformität von →P bezüglich eines minderwichtigen Gegenstandes als Taktik zur Erreichung einer wichtigeren →Einstellungsänderung bei →O, der Person, der geschmeichelt wird. **[L]** JONES 1965

ingroup, Eigen-Gruppe, Ggs. →outgroup, Fremdgruppe, auch Wir-Gruppe. →Gruppe

inhaltliche Validität →Validität

Inhaltsanalyse, syn.: Contentanalyse, Textanalyse, gelegentlich auch Bedeutungsanalyse, Aussagenanalyse. Sammelbez. für eine

I

Reihe von Techniken zur systematischen Nutzung freier Sprachproduktion (Texte) als Beobachtungsbasis unter Beachtung allgemeinerer Grundsätze der analytisch-empirischen Forschungsmethodologie. Manche Autoren schließen bildliche u. a. nicht-sprachliche Produktionen mit ein.
Im typischen Fall werden unter dem Gesichtspunkt der jeweiligen Fragestellung (1) zwei oder mehr Vergleichsstichproben von Texten ausgewählt, (2) Textteile als Einheiten der Analyse festgelegt, (3) semantische (→Semantik) oder – seltener – grammatische (→Grammatik) Merkmalkategorien definiert, (4) das Vorkommen der definierten Merkmale pro Textteil kodiert (→Code), (5) die Gesamthäufigkeiten gleicher Kodierfälle pro Text ermittelt und (6) daraus quantitative Indizes, im einfachsten Falle Häufigkeitsprozente, errechnet (→Sprachstatistik). Aus dem Vergleich der Indizes verschiedener Texte bzw. Textstichproben werden (7) unter dem Gesichtspunkt der Forschungsfrage Schlüsse gezogen. Verwertbar sind geschriebene oder schriftlich protokollierte mündliche Texte, die entweder frei (ohne Kenntnis eines späteren Auswertungszwecks) oder unter Testbedingungen produziert wurden und eine jeweils notwendige Mindestlänge haben. Semantische Merkmalkategorien könnten Lexeme (Wörter und Wortfügungen) oder Aussagen sein (semantisch interpretierte Textstücke mehr oder weniger großen Umfangs). Auch können grammatische Merkmale wie Wortart (Adjektiv, Verb) oder Aktionsart (Aktiv, Passiv) für eine I. relevant werden. Unerläßlich ist ein Mindestmaß an Objektivität der Merkmalkodierungen, worüber quantitative Informationen zur Interkodierer-Reliabilität Aufschluß geben. Schwierigkeiten der I. ergeben sich mit der Kontextabhängigkeit der aus dem Text herauszulösenden sprachlichen Einheiten (→Kontext) und mit der Unüberschaubarkeit der die Textproduktion jeweils mitbedingenden unabhängigen Faktoren, vor allem bei nicht unter Testbedingungen geschriebenen Texten. Den Auswertungsaufwand kann der Computer erheblich reduzieren (s. Programmfamilie *«General Inquirer»* von STONE et al.). Die I. wird methodisch fruchtbar u. a. in der Motivations- und Persönlichkeitspsychologie, in der Sozialpsychologie (sprachliche Interaktionsforschung), in der Psychotherapie (Therapeut-Patient-Kommunikation), in der Politikwissenschaft (z. B. Genese internationaler Konflikte), Publizisitik (Medienforschung) und Literaturwissenschaft (Stilforschung und Autorschaftsbestimmung). Die I. ist der sprachwissenschaftlich orientierten und meist nur bestandsaufnehmenden Sprachstatistik benachbart. **[L]** HERKNER 1974, HOLSTI 1968 *S. Ertel*

Inhaltspsychologie →Psychologie (Richtungen)

Inhaltsvalidität →Validität

Inhaltswort [engl. *content word*], Begriffswort, in der →Grammatik Bez. für Substantive, Adjektive, Verben und Adverbien, d. h. für Wörter, denen im Gegensatz zu den sog. →Funktionswörtern eindeutig «lexikalische» →Bedeutung (als direkter Bezug auf etwas) zugeordnet werden kann. Sie bilden eine offene Klasse, machen über 90 % des Wortschatzes aus und sind die eigentlichen Träger der Information im Satz bzw. Text.

inhibieren, Inhibition [lat. *inhibere* hemmen, hindern], verbieten, Verbot, →Hemmung

Inhibin, Hormon, das in den Ovarien und Hoden gebildet wird und die Sekretion des →follikelstimulierenden Hormons FSH im Hypophysenvorderlappen, das die Produktion von Spermatozoen in den Sertoli-Zellen des Hodens stimuliert, nach dem Rückkopplungsprinzip hemmt. *W. Janke*

Inhibiting-Hormone, -Faktoren, Hormone des Hypothalamus, die die Freisetzung von Hormonen des Hypophysenvorderlappens hemmen. *W. Janke*

Inhibition, laterale →Hemmung

Inhibitionstheorie der Persönlichkeit, die Inhibition (→Hemmung) ist in der EYSENCKschen Persönlichkeitstheorie ein allgemeines theoretisches Konstrukt bei dem Versuch, Persönlichkeitsdimensionen auf dem genotypischen Niveau zu beschreiben und zu erklären. Es zeigen sich bei der Verarbeitung der reaktiven →Hemmung kennzeichnende interindividuelle Unterschiede. Wenn diese sich schnell und stark entwickeln und langsam abgebaut werden, tendiert das Individuum eher zu extravertierten, bei umgekehrtem Verlauf eher zu introvertierten Verhaltensweisen.

Inhomogenitätskorrelation, Korrelationskoeffizient, der dadurch zustande kommt, daß sich in der bivariaten Verteilung zwei getrennte, in sich homogene Pbn.-Gruppen befinden, die – getrennt betrachtet – in den beiden Merkmalen keine Korrelation aufweisen, in der Zusammenfassung innerhalb der bivariaten Verteilung jedoch zu einem bedeutsamen Zusammenhang führen können (z. B. Korrelation zw. Schuhgröße und Gehalt). **[L]** KOLLER 1963

initial [lat. *initium* Anfang], anfänglich, Anfangs- bzw. Initialerscheinungen werden die ersten Anzeichen von Krankheiten (z. B. Psychosen) genannt.

Initialhandlung →Handlungsrudimente

Initial-Tests, Bez. für Tests, die Ansätze (z. B. angefangene Geschichten, Zeichnungen oder Muster) bieten mit der Anweisung, das Angefangene weiterzuführen. →RUPP-Wabentest, WARTEGG-Zeichentest und -Erzähltest

Initien, Initiation [lat. *initiare* einweihen, den Anstoß geben] Bei den Naturvölkern heute noch mit verschiedenen Praktiken verbundene Einführung junger Menschen in die Erwachsenenwelt (Mutproben, Askese, Meditation, Mannbarkeitszauber, Beschneidung).

Inklusionsschluß (direkter Schluß), Schluß von einem Ganzen auf einen Teil. →Transponierungsschluß

Inkohärenz der Ideen [lat. *cohaerere* zusammenhängen], Ideenflucht, Verwirrtheit, Aufeinanderfolge von Bewußtseinsinhalten ohne sachlich-logischen Zusammenhang, bes. bei Psychosen.

Inkontinenz [lat. *incontinentia* Unenthaltsamkeit],. • Affekt-Inkontinenz, unmittelbarer Übergang von einem Affekt zum anderen (z. B. v. Weinen zum Lachen) →Affektstörungen

Inkorporierung der Seele, die weltanschaulich-religiöse Annahme des Übergangs des Menschen in ein anderes Lebewesen, zumal beim Tode (z. B. in Schlange, Baum, Fisch)

inkrementelles Lernen →Lernen, inkrementelles

inkrementelle Sprachproduktion, geht davon aus, daß die grundlegenden Prozesse der Sprachproduktion (Konzeptualisierung, Formulierung und Artikulation; vgl. GARRETT 1980) nicht sukzessiv, sondern zeitlich versetzt parallel verlaufen. Sprecher können bereits beginnen, erste Teile einer Äußerung zu artikulieren, bevor sie die konzeptuelle und sprachliche Planung einer Äußerung im Detail abgeschlossen haben. Vielmehr können diese Prozesse fortgesetzt und vervollständigt werden, während der Sprecher gleichzeitig vorangehende Teile der Äußerung bereits artikuliert. *T. Pechmann*

Inkrementelle Validität, Bez. von SECHREST (1963) für den Zuwachs der Validität, der erreicht wird, wenn zu den bisherigen diagnostischen Informationen der Test noch zusätzlich zur Erhöhung der Validität beiträgt.

Inkret, von →endokrinen Drüsen gebildeter Stoff (→Hormone), der in die Blut- oder Lymphbahn abgegeben wird. →Innere Sekretion, Ggs. Exkret →Exkretion

Inkubation [lat. *incubare* liegen, brüten], (allg.) die Zeit der Keimentwicklung bzw. bei Infektionskrankheiten die Zeit von der Keimübertragung bis zum Krankheitsausbruch. • In der Denkps. nach POINCARÉ die zweite Phase des Problemlösens, →Denken. Der Begr. I. wurde von EYSENCK u. a. herangezogen beim Erklärungsversuch für die Zunahme der Häufigkeit bedingter Reaktionen (CS) ohne Verstärkung durch unbedingten Reiz (UCS) im Ggs. zur Auslöschung. Dieser Vorgang (auch als NAPALKOW-Phänomen bezeichnet) steht offenbar in Zusammenhang mit Erregung, Furcht und Angst. [**L**] EYSENCK 1968

innere Hemmung →Hemmung

innere Konsistenz →Konsistenz, innere

Innere Kündigung, (stille) Distanzierung eines Arbeitnehmers von den Arbeitsaufgaben oder vom Betrieb unter Aufrechterhaltung des förmlichen Arbeitsverhältnisses (→Arbeitspsychologie, Arbeitszufriedenheit): Die Motivation, sich im Rahmen des Arbeitsverhältnisses zu engagieren, ist so reduziert, daß frühere positive Erwartungen an das Arbeitsverhältnis nicht mehr handlungsrelevant werden; eine Identifikation mit dem Betrieb (→corporate identity) ist kaum noch vorhanden. Bei I.K. behält der Arbeitnehmer das förmliche Arbeitsverhältnis bei, um materielle Einbußen oder das Risiko einer Veränderung zu vermeiden. Im Ggs. zur konstruktiven Arbeitsunzufriedenheit (BRUGGEMANN) kann I.K. als destruktive Arbeitsunzufriedenheit bezeichnet werden. I.K. kann thematisch zusammenhängen mit der aktuellen Tätigkeit, mit dem Vorgesetzten, mit dem Betrieb, mit dem gewählten Beruf oder mit dem gesellschaftlich-ökonomischen System.

Beispiele für Gründe der I.K.: – Erwartung (bei entsprechendem Einsatz und entsprechender Leistung) und erhaltener Wert (persönliche Anerkennung, finanzielle Vergütung) werden nicht in einem angemessenen Verhältnis gesehen (→Erwartung mal Wert-Motivation). – Mißerfolgserwartung →Kontrollverlust (→locus of control, →Learned Helplessness) – Vergebliche Suche nach Gestaltungsmöglichkeiten (→Bedürfnishierarchie). Beispiele für Folgen der I.K.: verstärkte Freizeitorientierung (insbesondere im Öffentlichen Dienst), Ironie, Zynismus, Deprimiertheit, Flucht in die Krankheit. Begriff der I.K. stammt von R. HÖHN und F. RAIDT (s. FAL-

LER). [L] BRUGGEMANN, GROSKURTH & ULICH 1976, FALLER 1991, ECHTERHOFF, POWELEIT & SCHINDLER 1994 *W. Echterhoff*

innere Sekretion, die von Claude BERNARD (1855) und BROWN-SEQUARD (1869) erkannte Sekretabgabe von Drüsen ohne Ausscheidungsöffnungen nach außen (z. B. Zirbeldrüse, Hypophyse, Schilddrüse, Thymusdrüse, Nebennieren, Bauchspeicheldrüse, Geschlechtsdrüse) direkt in das Blut. Diese Sekrete – besser Inkrete – sind als Hormone wirksam u. a. bei den Entwicklungs-, Wachstums-, Stoffwechselvorgängen und bei vielen ps. Abläufen. →Hormone

inneres Modell →internes Modell

innere Sprache →Sprache, innere

Innerlichkeit, mit diesem Begriff belegt LERSCH den «Bereich der endothymen Erlebnisse, der Stimmungen und Gefühle, der Affekte und Gemütsbewegungen, der Triebe und Strebungen». Dieser Bereich liegt im Sinne des Schichtenaufbaus unmittelbar oberhalb des →Lebensgrundes. →Charakteraufbau

Innervation, nervale Versorgung von Körpergeweben und Organen • Zuleitung der Impulse durch die Nerven zum Organ.

Innervationsänderung, Prinzip der direkten, (WUNDT), Ersch., daß bei starken Gemütsbewegungen die motorische Innervation unmittelbar in Mitleidenschaft gezogen wird (z. B. Muskellähmung).

Innervationsempfindung, in der älteren Ps. das Insbewußtseintreten des willentlich vollzogenen Bewegungsimpulses. [L] SCHEERER 1987

Innovation, aus dem Angloamerikanischen übernommene Bez., die allgemein die Einführung und Verbreitung neuer (dem sog. Fortschritt zugeschriebener) Produkte, Inhalte, Methoden, Medien, Leistungsformen und Verhaltensmuster meint.

Im pädagogisch-psychologischen Bereich erweist sich die Unterscheidung der instrumentell-technologischen, institutionell-politischen, inhaltlich-curricularen und verhaltensbezogen-sozialen Dimension als zweckmäßig. Der Begr. I. sollte definitorisch präzisiert werden und nur die geplante und kontrollierte Veränderung eines Systems umgreifen, durch die in Auswertung einer oder mehrerer Erfindungen und Entdeckungen neuartige Möglichkeiten realisiert und praktiziert werden. Die Innovationsforschung analysiert die Effizienz solcher Veränderungen und Maßnahmen und entwickelt I.strategien für die vorausweisende Planung. [L] REICHWEIN & FRECH 1971, WEHLE 1974, BAUER & ROLFF 1978 *G. Mühle*

Inokulation [lat. *inoculare* einpflanzen], in ps. Bedeutung eine von MCGUIRE (1966) entwickelte exp. Methode zur Stärkung des Widerstandes gegen gezielte →Einstellungsänderung durch Überredung (Immunisierung, immun-machen). Vor dem Einstellungsänderungsversuch werden die Gegenargumente und ihre Widerlegung geboten. Streß-I. ist ein von D. MEICHENBAUM entwickelter Ansatz innerhalb der Kognitiven →Verhaltenstherapie, bei dem gelernt wird, Streß zu bewältigen und auszuhalten.

input, Informationseingang, Begr. der →Informationstheorie. (allg.) die Energie, die in ein →System einfließt. (psychol.) der aufgenommene Reiz.

Insektizide, natürliche oder synthetische chem. Substanzen zur Insektenbekämpfung u. a. Wirkungsmechanismus unter Hemmung des Enzyms →Cholinesterase (→Cholinesterase-Hemmer). Von Bedeutung für den Menschen, weil viele Stoffe toxisch wirken, oft aktivierende Wirkung auf den Parasympathikus (→Parasympathikomimetika). Ps. Effekte wegen ihrer neurotropen/toxischen Wirkungen. [L] FORTH et al 1996, HARTMAN 1995, SEIDEL 1996 *W. Janke/M. Hüppe*

Insidon® →Opipramol

Inspiration [lat. *inspirare* einatmen], Eingebung, z. B. ein schöpferischer, künstlerischer oder wissenschaftlicher Einfall, der scheinbar unvermittelt, spontan ins Bewußtsein tritt, ps. als Quasi-Auswirkung eines Unbewußten oder einer «Sekundärperson».

Instase, Instasis [lat.-gr.], Hineintreten, Innenschau, Verinnerlichungsprozeß des Erlebens im Ggs. zur →Ekstase.

Instinkt, Instinktlehre, Bez. für die bis in die Antike zurückreichende Annahme eines angeborenen Verhaltens oder zumindest einer grundlegenden Steuerung (endogener Automatismen) des angeborenen Verhaltens im Tierreich. Nach TINBERGEN (1956) ein «hierarchisch organisierter nervöser Mechanismus, der auf bestimmte vorwarnende, auslösende und richtende Impulse, sowohl innere wie äußere, anspricht und sie mit wohlkoordinierten lebens- und arterhaltenden Bewegungen beantwortet.» Der I.-Begr. ist heute überholt. Angeborenes Verhalten wird besser als Erbkoordination bezeichnet. [L] TINBERGEN 1951, SCHLEIDT 1962, 1974 *V. Preuss*

Instinkttheorie, Bez. für die in der angloame-

rikanischen Ps. bis etwa 1920 hervorgetretene Auffassung, daß menschliches Verhalten letztlich auf eine Anzahl bestimmter angeborener Handlungsschemata komplexer Art zurückgeführt werden könne.
Solche Handlungsschemata sind Triebe oder Instinkte. Über deren Anzahl und Art herrschten sehr verschiedene Auffassungen. So fand z. B. CARR (1925) in sieben bekannten Lehrbüchern insgesamt 38 Triebe aufgeführt; BERNARD fand in der Literatur 14046 menschliche Verhaltensweisen, die als angeborene Triebe verbucht wurden. Am bekanntesten ist die Lehre von MCDOUGALL, der 18 verschiedene Grundtriebe anführte, auf die alles menschliche Verhalten zurückgeführt werden könne. →Motivation

Instituierungsgesetz →Erstarrungsgesetz

Institution, soziolog. Begr. für ziemlich versch. Systeme kultureller Werte und Verhaltensnormen, die Probleme des Zusammenlebens regeln; daher oft ähnlich wie Sitte oder Brauch benutzt.
So geregelte Probleme sind z. B. die Fortpflanzung (in der I. der Ehe), Güterverteilung (Marktformen), Erziehung oder Regelungen, wie das Gastrecht, die Sklaverei und die versch. Herrschaftsformen. I. ist hier ein abstraktes Normensystem. Daneben ist sie auch ein spezifisches Gebilde, wie ein Verein, eine Regierung oder Gefängnis, Universität etc. Letztere werden →behavior settings genannt, wenn nur die entsprechenden ökologischen Gegebenheiten gemeint sind. Beide Formen der I. induzieren institutionalisiertes Verhalten (F. H. ALLPORT 1933, →J-Kurve). I. ist jedoch nicht gleichzusetzen mit einer aus Personen bestehenden Organisation, sondern sie ist ein System von Sinnzusammenhängen, dem kulturelle Geltung zukommt und das durch Recht und Sitte gestützt wird. I. sind für die Entstehung einer Kultur von großer Bedeutung, sie neigen aber mit der Zeit zur Erstarrung (→Erstarrungsgesetz). Der Begr. wird von G. W. ALLPORT (1968) als modern verkleideter Nachkomme der «Gruppenseele» *(group mind)* angesehen. *R. Bergius*

institutionalisiertes Verhalten →J-Kurven-Hypothese

Institutionalisierung, hoher Grad der Gewöhnung an die Verhaltensabläufe in einer Institution; Entfernung aus ihr führt zu Angstzuständen oder wenigstens zu Unbehagen.

Instruktion, Anweisung, die Übermittlung der Aufgabenstellung an die Vp bei ps. Untersuchungen. Sie kann u. a. (non-)verbal, schriftlich oder durch räumliche Arrangements gegeben werden. Letztlich gibt die Gesamtsituation instruktive Hinweise. Die I. enthält meistens zugleich sachliche und motivierende Aufgabenhinweise. Die I. stellt eine wesentliche unabhängige Variable bei empirischen Arbeiten dar (→Experiment).
Um die Wirkung dieser Variablen konstant zu halten, wird empfohlen, die I. objektiv gleich zu geben (z. B. gleicher Text, Tonbandvorgabe). Da die I. aber von Vpn subjektiv interpretiert wird, wird auch empfohlen, die I. funktional gleich zu geben, d. h. über verschiedene Wege zu versuchen, Vpn in den gleichen Voraussetzungszustand zu bringen. Letzteres ist oft u. a. bei Kindern angezeigt. Um die Wirkung einer I. abschätzen zu können, empfiehlt sich, mehrere Varianten zu untersuchen. • Bei objektiven Testverfahren gehört die I. zur standardisierten Aufgabenstellung, was häufig außer acht gelassen wird. • Ethische Probleme können sich daraus ergeben, wenn die I. andere als die eigentlichen Untersuchungsziele angibt (Täuschung) oder wesentliche Ziele verschweigt. (s. auch →Selbstinstruktion) *P. Day*

Instruktionspsychologie, Bez. für die Psychologie des →Lehrens

Instrumentalismus, die Auffassung, daß wissenschaftliche →Theorien Instrumente zur Vorhersage (und damit auch Kontrolle) beobachtbarer Ereignisse sind; als solche würden sie sich nicht, wie der wissenschaftliche →Realismus annimmt, auf reale, zu Erklärungszwecken postulierte Sachverhalte (hypothetische Konstrukte) beziehen und könnten daher auch nicht wahr oder falsch, sondern nur mehr oder weniger nützlich sein (→Pragmatismus). Gegen den Instrumentalismus wurde eingewendet, daß er den Vorhersageerfolg von Theorien nicht erklären könne und überdies die inzwischen als problematisch erkannte Unterscheidung zwischen Beobachtungs- und theoretischer Sprache voraussetze. *V. Gadenne*

Instrumentalität, Geeignetheit einer Handlungsalternative für die Erreichung eines gesetzten Zieles, wichtiger Aspekt für die Bewertung der möglichen Handlungen bei Problemlösungen und Entscheidungen.

instrumentelles Konditionieren →bedingter Reflex, →Lernen

Insuffizienz [lat. *sufficere* genügen], ungenügende Leistungsfähigkeit, Unzulänglichkeit.

Insuffizienzgefühl →Minderwertigkeitsgefühl

insula,Insel →Gehirn

Insulin, Hormon, das in den Langerhansschen Inseln der Bauchspeicheldrüse produziert wird und den Glukosetransport in die Zellen anregt. Insulingabe führt zu →Hypoglykämie, die zur Stimulation der HPA-Achse führt. Überproduktion ist mit Hunger gekoppelt. Mangel führt zu Hyperglykämie, chronischer Mangel zu Diabetes mellitus. I. hat auch neurotrope und neurotrophe Wirkungen. Rezeptoren im Gehirn sind nachgewiesen. **[L]** Baskin et al. 1987, Patterson 1995 *W. Janke*

Insulin-like growth factors, Abk. IGFs, identisch mit →Somatomedine

Insulinschock →Schocktherapie

Insult, Anfall (epileptischer, apoplektischer, eklamptischer A., Tobsuchtsanfall), Verletzung, Belästigung, Beleidigung. • Psychischer I. →Trauma

Integration [lat. *integer* unversehrt, ganz], (allg.) Zusammenschluß, Vereinigung, Vervollständigung, Vereinheitlichung, Vorgang der Ganzheitsbildung. • Ps. das einheitliche Zusammenwirken mit gegenseitiger Durchdringung der verschiedenen ps. Prozesse. →Integrationspsychologie. Der Begr. stammt von P. Janet. • integriert in-sich-geschlossensein, z. B. (sozialps.) die integrierte im Ggs. zur desintegrierten Gruppe.

Im Bereich der Psychotherapie ist die I. verschiedener Ansätze ein verbreitetes Phänomen: Immer mehr Psychotherapeuten stoßen an die Grenzen einzelner Psychotherapieschulen, wie Psychoanalyse, Verhaltenstherapie etc. Eine mögliche und verbreitete Reaktion darauf ist das Hinzunehmen von Techniken und Konzepten aus anderen Richtungen. Dabei gibt es verschiedene Formen der I.: Eine Form ist der an Theorien wenig interessierte technische Eklektizismus, eine andere Form der weit schwierigere Versuch, verschiedene Elemente unter dem Dach einer neuen Theorie zu integrieren. Der derzeit vielleicht befriedigendste Mittelweg ist, nach wirksamen Faktoren und Prinzipien zu suchen, die von Theorien unabhängig sind und in unterschiedlicher Weise konkret umgesetzt werden können. Ein Problem ist, daß für Patienten Inkohärenzen entstehen können, und daß insbesondere Anfängertherapeuten durch die Komplexität eines integrativen Ansatzes überfordert sein könnten. Der Psychotherapie-I. haben sich auch Verbände und Fachzeitschriften explizit verschrieben. **[L]** Norcross *F. Caspar*

Integration, soziale, die elementare ps. Tatsache, daß die Menschen in der Interaktion eine partielle Gleichartigkeit (Homogenisierung) erleben. Von Hellpach (1933) «Sozialintegral» genannt. Diese Vereinheitlichung zu einem «Wesen» ist vielgestaltig. Hellpach trennt hier nach Emotions-Kollektiv, Reflektions-Selektiv u. a. m. →Gruppe. – Von spezifischen Formen der s. I., die z. B. Parsons (1951) nennt, sind (1) die Prozesse, durch die der einzelne sich an Standards der Gruppe anpaßt und durch die er sich harmonisch einfügt, sowie (2) die I. von Minderheiten in Wohngegenden im Gegensatz zur Segregation oder der Minderheiten- (z. B. Rassen-) Trennung zu nennen. *R. Bergius*

Integrationspsychologie, eine von E. R. Jaensch begründete Richtung der →Charakterkunde.

Nach dem Grad der →Integration der psychischen Vorgänge wurde versucht, die Menschen in verschiedene Typen einzuteilen. Es wurden die Typen der Integration (I1-, I2-, I3-Typ) dem desintegrierten (D-Typ) gegenübergestellt, dazu noch andere Formen wie z. B. die durch ihre Labilität der Integration gekennzeichneten S-Typen (Synästhetiker) mit Unterformen wie die lytischen Typen. Der Verirrung der Zeit folgend beschrieb Jaensch die S-Typen als kulturzersetzende Auflösungstypen (Der Gegentypus 1938) und charakterisierte dabei insbes. die Juden. • Die Integrationstypologie nahm ihren Ausgang von Untersuchungen zur →Eidetik. Auffassungen der I. finden sich jetzt wieder in der Lehre von der →Feldabhängigkeit. **[L]** Jaensch 1929

Integrität, Unversehrtheit, Makel-/Tadellosigkeit

integrity-tests, syn. honesty-tests, Bez. f. Testverfahren, die vor allem die Ehrlichkeit von Arbeitnehmern untersuchen sollen. Eine erste Gruppe von Verfahren bezieht sich auf Befragungsinventare, die Ehrlichkeit am Arbeitsplatz erheben. Sie wurden bes. i. Bereich des Militärs und anderen Plätzen mit hohem Sicherheitserfordernis erprobt. Die Validierung wurde – trotz Validitätsmängeln – mit polygraphischen Methoden bzw. über Extremgruppen (Strafgefangene) validiert. Die zweite Gruppe von i.-t. ist aus den klass. pers.ps. Fragebogenverfahren entwickelt worden. Sie beziehen sich auf integritätsnahe Dimensionen aus den klassischen Dimensionen der Persönlichkeit. **[L]** Markus, Funke & Schuler 1997

Intellekt [lat. *intellectus* Einsicht, Innewerden, Erkenntnis], der Verstand, das Denkvermögen. →Intelligenz

Intellektualismus, die Anschauung, daß der Verstand, das reine Denken, und nicht Gefühl oder Wille im Seelenleben maßgebend seien bzw. sein sollten.

Intellektualistisch nennt man daher Theorien, die zur Erklärung seelischer Erscheinungen (z. B. der Aufmerksamkeit) die Verstandestätigkeit heranziehen (→kognitive, kognitivistische Ps.) oder die (in der Ethik) dem Denken, der Verstandeserkenntnis, grundlegende Bedeutung für das sittliche Handeln beimessen, ferner Lehren, die in der Erziehung für die Ausbildung des Intellekts besonders eintreten. Als Intellektualismus wird auch die seelische Haltung bezeichnet, in der das Denken gegenüber dem Gefühlsleben einseitig hervortritt. Die Bez. I. ist mitunter abwertend gemeint.

Intelligenz, während mit dem Begriff Intellekt [lat. *intellectus* Erkenntnis, Einsicht, Sinn] der Verstand vorwiegend als Bestand, als «Denkvermögen» erfaßt wird, kennzeichnet der Begriff I. [lat. *intelligentia*] vorwiegend die mit dem Verstand verbundenen geistigen Fähigkeiten in ihrer potentiellen und dynamischen Bedeutung.

Der Begr. wird sehr unterschiedlich definiert. Gemeinsam ist indessen den meisten Definitionen, daß sie als das wesentliche Moment der Intelligenz die Fähigkeit bezeichnen, sich in neuen Situationen auf Grund von Einsichten zurechtzufinden oder Aufgaben mit Hilfe des Denkens zu lösen, ohne daß hierfür die Erfahrung, sondern vielmehr die Erfassung von Beziehungen das Wesentliche ist. So definiert z. B. W. STERN Intelligenz als die Fähigkeit, das Denken auf neue Forderungen einzustellen bzw. als die allgemeine geistige Anpassungsfähigkeit an neue Aufgaben und Lebensbedingungen. Allgemeiner kann man unter Intelligenz die Befähigung zu Leistungen verstehen, die unmittelbar in Denkvorgängen (Beziehungserfassungen) bestehen oder eng damit zusammenhängen (PAULI). WENZL bezeichnet als Intelligenz die Fähigkeit zur Erfassung und Herstellung von Bedeutungen, Beziehungen und Sinnzusammenhängen. I. ist nach EBBINGHAUS die Fähigkeit zur Kombination; nach SPEARMAN ein korrelativer Zentralfaktor als eine Art niveau- und kapazitätsmäßig erschließbare Potentialität; nach GIESE das geistige Niveau (Entwicklungshöhenschicht), das nach allgemeiner, kaufmännischer, praktischer und technischer I. im Sinne der Gegenstandsrichtung aufgegliedert werden kann. • Die Leistung der I. ist eine doppelte: (1) Auffassung, Begreifen, «Kapieren» (wodurch Wichtiges und Unwichtiges, Richtiges und Falsches geschieden und differenzierter, konturierter verfügbar werden), (2) Weiterführende Verarbeitung des «Erfaßten».

Über den Aufbau der I. bestehen verschiedene Theorien. →Intelligenzfaktoren • Die Frage nach der Struktur der Intelligenz wurde mit verschiedenen Methoden zu beantworten versucht. Mit den Modellen der →Faktorenanalyse wurde eine unterschiedliche Anzahl von Intelligenzdimensionen ermittelt. **[L]** GUILFORD 1956, 1967, JÄGER 1967, MEILI 1971, ROTH et al. 1971, SPEARMAN 1923, SÜLLWOLD 1976, THOMSON 1946, THURSTONE 1938, WERTHEIMER 1957, WEWETZER 1972

Intelligenz-Abbau, WECHSLER versteht darunter den nicht auf Mangel an Übung zurückzuführenden Abfall oder den Verlust der intellektuellen Fähigkeiten. Kriterium ist dabei der Verlust des Funktionsniveaus im Hinblick auf Geschwindigkeit und Genauigkeit. Eine quantitative Bestimmung des I.-A. versucht WECHSLER durch einen Vergleich der Wertpunkte der «beständigen Tests» mit denjenigen der «nicht-beständigen Tests». Beständige Tests sind solche, die vom zunehmenden Alter am wenigsten beeinträchtigt werden (allgemeines Wissen, allgemeines Verständnis, Figuren legen, Bilder ergänzen, Wortschatztest). Nicht-beständige Tests sind solche, die vom zunehmenden Alter betroffen werden (Zahlennachsprechen, rechnerisches Denken, Zahlensymboltest, Mosaiktest, Gemeinsamkeiten finden). Wird die Differenz zwischen beständigen und nicht-beständigen Tests in Prozentwerten ausgedrückt, so handelt es sich um den →Abbau-Quotienten. Der Wert kann aber auch als Differenz beider Untertests-Wertpunktesummen berechnet werden. Diese von WECHSLER vorgelegten Befunde konnten bereits vor mehreren Jahrzehnten als Untersuchungs-Artefakte aus Längsschnittuntersuchungen aufgedeckt werden. In sorgfältig durchgeführten Längsschnittuntersuchungen (BOTNIWIK 1977) mit sorgfältig konstruierten Intelligenz-Tests (z. B. primary mental ability tests) konnte eindeutig belegt werden, daß erst ab dem 60. Lebensjahr in diesen Tests ein leichter (nicht signifikanter) Rückgang der Intelligenz zu verzeichnen ist. Erst ab dem 80. Lj. konnte bei allen Pbn. in allen kognitiven Funktionen ein bedeutsamer Abbau gefunden werden. Bei diesem Ergebnis muß natürlich berücksichtigt werden, daß durch kardiovaskulär bedingte Krankheiten bzw. krankhaft bedingte Veränderungen im Zentralnervensystem der Abbau bereits früher erfolgt.[L] WECHSLER 1964, BOTWINIK 1977 *H. Häcker*

Intelligenzalter (BINET), abgekürzt IA. Der Stand der Intelligenz eines Individuums (Kindes) bezogen auf die geistige Leistungsfähigkeit des altersgemäßen Intelligenzdurchschnitts. So kann z. B. ein über- bzw. unterduchschnittlich intelligentes Kind von 10 Jahren ein IA von 12 bzw. 8 Jahren haben (Ermittlung durch Tests). Solche Kennzeichnung wurde durch den →Intelligenzquotienten abgelöst. →Entwicklungsalter

Intelligenz, emotionale, eine von D. GOLEMAN 1995 vorgeschlagene Erweiterung des Intelligenzbegriffes. G. schlägt vor, in das I.konstrukt auch emotionale Skills (z. B. identifying and labelling feelings, expressing f., managing f., controlling impulses etc.) einzubeziehen. GOLEMAN vermutet, daß mit der Formel IQ + EQ erfolgreiches Verhalten besser vorhergesagt werden kann, wobei die Quantifizierbarkeit des EQ noch nicht geklärt ist.

Intelligenzfaktoren, die mit der Methode der →Faktorenanalyse gewonnenen Dimensionen intelligenten Verhaltens, welche aus Tests, Experimenten bzw. Leistungsproben aus dem Bereich des Problemlösens an meist sehr unterschiedlichem Aufgabenmaterial stammen. Die Faktorisierung von Intelligenzvariablen stellt neben derjenigen von Persönlichkeitsvariablen ein Hauptanwendungsgebiet der Faktorenanalyse dar (→Faktorentheorien der Persönlichkeit). Historisch betrachtet ist die Intelligenzforschung mit der Faktorenanalyse durch die Namen PEARSON, SPEARMAN und THURSTONE verbunden und reicht damit bis in die Anfänge der empirischen Psychologie zurück. Während die angloamerikanische Forschung mit GALTON hauptsächlich den genetischen Aspekt berücksichtigte, bestand der deutsche Beitrag in empirischen Untersuchungen zur Denkpsychologie und zum Gedächtnis. Innerhalb der faktorenanalytischen Betrachtung der Intelligenz gibt es eine Reihe von unterschiedlichen Modellen, die z. T. die historische Entwicklung der Faktorenanalyse widerspiegeln, aber auch auf rein methodisch begründbare Unterschiede zurückgehen.

Zwei-Faktoren-Theorie («g»-Faktorentheorie nach SPEARMAN)

Dieses Modell wurde von Ch. SPEARMAN aus der Interkorrelationsanalyse von kognitiven Leistungsvariablen, Schulleistungsdaten und experimentell gewonnenen Parametern aufgestellt (SPEARMAN 1904). Die folgende Abb. veranschaulicht dieses Modell.

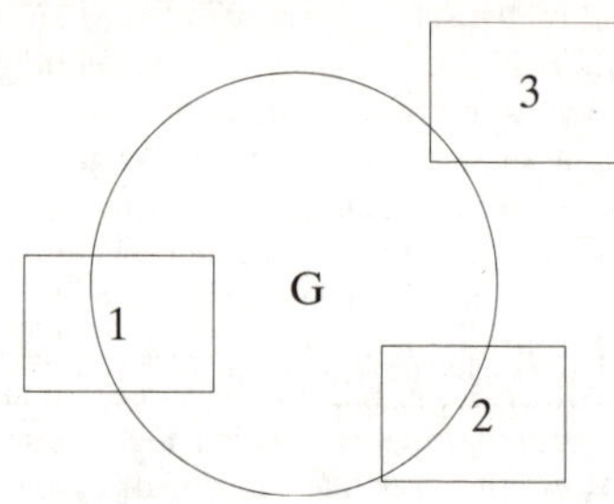

Aus allen intellektuellen Leistungen läßt sich ein *«general factor»* ableiten. Zusätzlich ergibt sich eine Vielzahl von spezifischen oder «s»-Faktoren, welche nur jeweils einer Funktion zuzuordnen sind. Mit einem auf der Basis der «g»-Faktorentheorie konstruierten Intelligenztest läßt sich dementsprechend auch nur ein solches «g»-Maß für die Intelligenz ermitteln. Ein Beispiel für einen so konzipierten Test stellt der CFT ([T] CATTELL) dar.

Multiple Faktorentheorie (nach THURSTONE)

Die von SPEARMAN auf Grund der Tatsache der mittleren bis hohen Interkorrelationskoeffizienten zwischen Intelligenzvariablen abgeleitete «g»-Faktorentheorie hat THURSTONE durch folgende Beobachtung weiterentwickelt: nach Extraktion des «g»-Faktors verblieb ein beachtlicher Rest an gemeinsamer Varianz, der nicht auf spezifische Faktoren zurückzuführen war. THURSTONE hat selbst Datenerhebungen mit einer umfangreichen Zahl von Variablen durchgeführt und aus diesen Datensätzen folgende Faktoren extrahiert: Faktor S *(space)* stellt den Faktor der räumlichen Vorstellung dar.

Die Fähigkeit, sprachliche Bedeutungen zu erfassen, wird durch den Faktor V *(verbal comprehension)* repräsentiert. Faktor W *(word fluency)* stellt den Faktor der →Wortflüssigkeit dar, während Faktor M *(memory)* das Kurzzeitgedächtnis repräsentiert. Der Faktor P *(perceptual speed)* verkörpert die Fähigkeit, schnell und genau visuelle Details wahrzunehmen. Faktor R *(reasoning)*, welcher sich in eine Komponente *«induction»* und *«deduction»* aufteilt, läßt sich weniger gut identifizieren und könnte als allgemeiner Denkfaktor bezeichnet werden. Die von THURSTONE gefundenen Faktoren sind in der

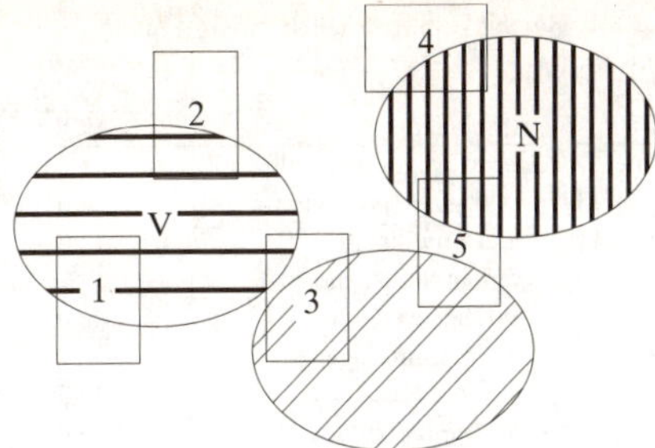

Die Ellipsen stellen nach dem multiplen Faktor-Modell den «verbalen Faktor» (V), den «numerischen Faktor» (N) und den «räumlichen Faktor» (S) dar. Die Rechtecke stellen Tests dar, die mit einzelnen oder mehreren Faktoren korrelieren.

Testbatterie «Tests of Primary Mental Ability» zusammengefaßt. [T] THURSTONE. Das LPS ([T] HORN) ist ebenfalls auf diesen Untersuchungen aufgebaut und stellt die deutsche Version der PMA dar.

Elementar-Faktor-Theorie

Die von THOMSON und THORNDIKE entwikkelte *«sampling»*-Theorie besagt, daß für jede Leistung eine Stichprobe von Faktoren aus der Gesamtzahl von Elementarfaktoren benötigt wird.

Hierarchisches Modell der Intelligenzfaktoren

Ähnlich wie bei der →Faktorentheorie der Persönlichkeit nach EYSENCK haben BURT und VERNON ein hierarchisches Modell vorgeschlagen, welches auf den verschiedenen Ebenen unterschiedliche Faktoren aufweist.

Strukturmodell der Intelligenzfaktoren

GUILFORD (1956) hat auf der Basis der faktorenanalytischen Befunde die sehr zahlreich erarbeiteten I. systematisch zusammengefaßt (siehe Abb.). Die intellektuellen Leistungen werden nach ihrer Funktion in Denkoperationen und Gedächtnisleistungen gegliedert. Die Denkprozesse umfassen dabei die Leistungen der Kognition (Auffindung von Wissen) und diejenigen Klassen von Faktoren, welche die Leistungen der Überprüfung der Richtigkeit und Angemessenheit konstituieren. In der Klasse der Prozesse ist das →divergente und das →konvergente Denken zu unterscheiden. Zu dem in der Abb. dargestellten Dimensionsschema kam GUILFORD auf intuitiv logischem Wege. In diesem Schema werden die Inhalte intelligenten Verhaltens, die Aspekte der Operationen des Denkens und die Resultate des Denkens berücksichtigt. Diese von GUILFORD vorgenommene Einteilung nach 120 Dimensionen demonstriert die Fülle der möglichen intellektuellen Leistungen. Die Zahl der tatsächlich gefundenen Faktoren ist demgegenüber wesentlich geringer.

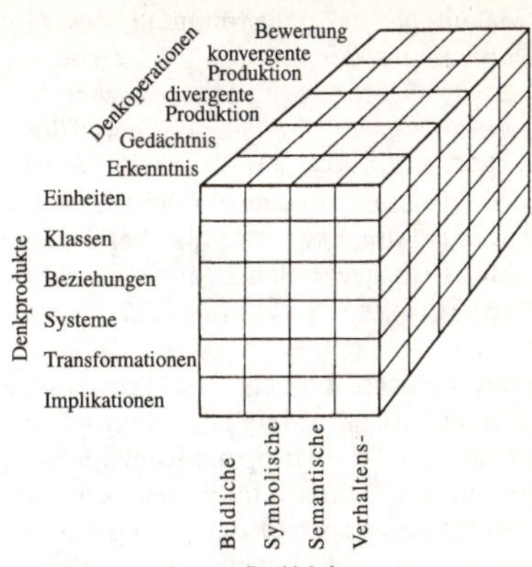

Intelligenz-Modell nach GUILFORD

Intelligenzfaktoren 2. Ordnung

Neben den Primärfaktoren der Intelligenz lassen sich wie bei den Persönlichkeitsfaktoren (→Faktorentheorien der Persönlichkeit) auf der Basis schiefwinkliger Rotation der Primärfaktoren Faktoren 2. Ordnung bestimmen. Auf diesem Niveau lassen sich 2 Faktoren identifizieren. Mit Faktor 1 sind die Dimensionen Induktion, Deduktion und räumliches Vorstellungsvermögen repräsentiert. Sekundärfaktor 2 enthält die Dimensionen Rechenfertigkeit, logisches Denken und Sprachverständnis.

Faktorenanalyse nicht faktoriell konzipierter Intelligenztests

Für die praktische Anwendung von Intelligenztests, welche für verschiedene Funktionen unterschiedliche Untertests enthalten, die untereinander mehr oder weniger korrelieren, wurde mit Hilfe der Faktorenanalyse der Untertestkorrelationen die Struktur solcher Tests bestimmt. Je nach Anzahl der extrahierten Faktoren resultieren beim IST ([T] AMTHAUER) z. B. 2-4 Faktoren. Auch für die WECHSLER-Intelligenztests wurden solche Analysen durchgeführt. Hier ergab sich eine größere Anzahl von Faktoren, die sich z. T. mit den Komponenten decken, die der Test messen soll.

Forschungstendenzen der faktorenanalytischen Intelligenzuntersuchungen

Nach JÄGER muß die faktorenanalytische Intelligenzforschung in drei Richtungen weiterentwickelt werden: Bestimmung des Geltungsbereiches der Faktoren-Untersuchung der für die Faktoren charakteristischen Verhaltenskorrelate – Integration von Intelligenz-, Motivations- und Persönlichkeitsvariablen. Eine Acht-Faktoren-Theorie der Intelligenz ist von PAWLIK (1982) beschrieben worden. [L] EYSENCK 1980, JÄGER 1967, MEILI 1971, PAWLIK 1968, SPEARMAN 1927

H. Häcker

Intelligenz, multiple, ein von GARDNER geprägter Begriff, der darauf hinweisen soll, daß die traditionelle Intelligenz-Konzeption in Form eines kognitiven Intelligenz-Quotienten zu einseitig ist und demzufolge andere Qualifikationen, die ebenso bedeutsam für erfolgreiche Lebensbewältigung sind, nicht berücksichtigt werden. GARDNER sieht folgende erweiterte Intelligenzdimensionen als bedeutsam an: Linguistische I., musikalische I., räumliche I., körperlich-kinästhetische I., personale I. [L] GARDNER 1991

Intelligenz, operative, (DÖRNER 1986), die Kritik an der klassischen Intelligenzmessung über die Intelligenztests, die an psychometrisch orientierten Faktormodellen vorgenommen wird, hat zu einer Ausweitung des Konstrukts der Intelligenz in Richtung o.I. geführt. Während in traditionellen Intelligenztests vorgegebene Items nur eine richtige Antwort gültig ist, werden bei der o.I. der Prozeß der Informationsgewinnung und -integration, die Zielausarbeitung und -balancierung sowie die Maßnahmenplanung und der Vorgang des Entscheidungsprozesses als wesentliches Merkmal der Intelligenz betrachtet. Unter o.I. wird dabei all das verstanden, was die Verlaufsqualitäten von geistigen Prozessen determiniert.

Intelligenzprüfung →Intelligenz-Tests

Intelligenzquotient (IQ), Maß für intellektuelle Leistungsfähigkeit einer Person. Da es bis jetzt keine Absolutmaße intellektueller Leistungsfähigkeit gibt, hat man sich mit Relativmaßen beholfen: W. STERN führte 1912 den IQ als Maß zur Quantifizierung von Intelligenzergebnissen ein (klassischer IQ). Er wird berechnet als Quotient von Intelligenzalter (IA) zu Lebensalter (LA). Das IA ist ein Äquivalent zur Anzahl der Aufgaben, die ein Proband in einem →Intelligenztest (Stufentest nach BINET) gelöst hat. Der Wert des IA sagt aus, in welchem Lebensalter die jeweilige aktuelle Leistung eines Probanden als durchschnittliche Leistung erbracht wird. Wegen verschiedener Nachteile des Maßes IQ (Be-

Beispiel einer möglichen Einteilung

IQ	Intelligenzgrad	% der Fälle
über 140	hervorragende Intelligenz	1,5
120–139	sehr gute Intelligenz	11,0
110–119	gute Intelligenz	18,0
90–109	durchschnittl., normale Intelligenz	48,0
80–89	geringe Intelligenz «Dummheit»	14,0
70–79	leichte Debilität	5,0
unter 69	Schwachsinn bis Idiotie	2,5

stimmung nach der Jugendzeit, Vergleich zwischen verschiedenen Altersstufen nicht möglich) wurden andere Maße eingeführt: Abweichungsmaße, die nicht mehr auf der Altersachse messen, sondern auf der Leistungsachse. Diese Maße geben die relative Stellung der Leistung eines Probanden in der Verteilung der Leistungen seiner (Alters-)Gruppe an. Hier sind mehrere, linear ineinander überführbare Maße üblich geworden (von denen eines – trotz vollständig anderer Konzeption – ebenfalls «IQ» heißt): Standardwert, Wertpunkt, «IQ» (nach WECHSLER), Centilwert, Stanine, →Bildungsfähigkeit.

Intelligenz-Struktur, Bez. für das aus Tests u. a. erschlossene Gefüge der Faktoren, die die intellektuelle Leistung bestimmen. • Eine eigene Intelligenz-Struktur-Theorie hat GUILFORD (1967) aufgestellt. Er unterscheidet Operationen mit verschiedenen Inhalten, die an bestimmten Produkten vollzogen werden. →Intelligenzfaktor

Intelligenz-Struktur-Test [T] AMTHAUER

Intelligenztest, Bez. für eine Gruppe von Tests, welche auf der Grundlage unterschiedlicher Intelligenzdefinitionen und Intelligenztheorien die intellektuelle Leistungsfähigkeit quantitativ und qualitativ bestimmen. Die heute verwendeten I. basieren z. T. auf Entwicklungen, die um die Jahrhundertwende angeregt wurden, sind z. T. aber auch Ergebnisse neuerer ps. Forschung. Parallel zur Entwicklung der statistischen Verfahren (Abweichung vom Mittelwert, Korrelationsstatistik) wurden die ersten systematischen Versuche zur Intelligenzprüfung angeregt. Während GALTON mehr anthropometrisch orientiert war, jedoch auch schon geistige Vorstellungskraft zu messen versuchte, und hier mehr von seinen Vorstellungen über geniale Menschen geleitet wurde, hat J. M. CATTELL versucht, neben körperlichen und psychophysischen auch geistige Prozesse zu messen. Neben diesen psychometrischen Vorläufern der Intelligenzdiagnostik gingen in Deutschland die Bemühungen der Analyse intellektueller Leistungen von Psychiatern wie RIEGER, SOMMER oder KRAEPELIN aus. Der Schwerpunkt dieser Methode lag mehr in der qualitativen Analyse von intellektuellen Leistungen, welche durch die psychopathologischen Intelligenzstörungen angeregt wurde. Mit BINET begann dann eine Phase der systematischen Testentwicklung. Unter der Annahme einer allgemeinen Intelligenz hat BINET ein sehr viel größeres Spektrum von intellektuellen Leistungstests konzipiert. Als weitere Verbesserung kam hinzu, daß sowohl Lebensalter als auch individuelle Begabung als Determinanten der Intelligenzleistung aufgefaßt wurden. Für die verschiedenen Altersstufen wurden verschiedene Aufgaben gewählt, als Maß das →Intelligenzalter eingeführt.

Gegen das von BINET entwickelte Verfahren wurde eine Reihe von praktischen und theoretischen Einwänden geäußert, die jedoch nicht zur Ablösung, sondern zur Weiterentwicklung dieser Stufentests führte. Die bekanntesten sind die STANFORD-Revisionen. Um die Ökonomie der Intelligenzmeßverfahren zu steigern, wurden Gruppenverfahren konstruiert. Als bekannteste Version solcher Gruppenverfahren ist die «Group Examination Alpha» ([T] YERKES) und die «Group Examination Beta» bekannt. Diese Verfahren wurden für Massenauslesen eingesetzt. Neue Anregungen für die Konstruktion von Intelligenztests kamen von der faktoriell orientierten Intelligenzforschung (→Intelligenzfaktoren). Auf der Basis der multiplen Faktorentheorie entwickelte THURSTONE die Primary-Mental-Ability-Tests. Diese Testkonstruktion wurde auch für deutsche Verhältnisse adaptiert (Leistungsprüfsystem [T] HORN). Unter der Konzeption des g-Faktors hat CATTELL verschiedene Skalen zur allgemeinen Intelligenz und hier speziell zur nichtverfestigten Komponente (→Intelligenzfaktoren) entwikkelt. Eine mehr von der praktischen Intelligenzdiagnostik hergeleitete Konzeption der allgemeinen Intelligenz stellen die Verfahren von WECHSLER dar. Der große Anteil der dabei verbal konzipierten Tests hat die Entwicklung von sprachfreien I. angeregt. Die relativ geringe prognostische Aussagefähigkeit von I. hat dazu geführt, die Konzeption solcher Tests kritisch zu betrachten und andere Komponenten intellektueller Leistungsfähigkeit mitzuberücksichtigen (→Kreativitätstests). Auch die allgemeine Testkritik (→Antitestbewegung) hat die nicht adäquate Anwendung und Interpretation von solchen I.ergebnissen als problematisch herausgestellt.

Will man die Funktion von I. adäquat beurteilen, so lassen sie sich weniger am Kriterium des Mißbrauchs bewerten, sondern sind eher mit Diagnoseinstrumenten zu vergleichen, welche intellektuelle Fähigkeiten prognostizieren und diagnostizieren wollen. [L] WEWETZER 1972, GROFFMANN 1963, 1973, BRIKKENKAMP 1975 *H. Häcker*

Intelligenz und Kreativität →Kreativität

Intension [lat. *intendere* anspannen, umspannen], Anspannung, Eifer, Sinn eines Begriffes, seine Verbindungen mit anderen Begriffen und mit Bedeutungsstrukturen.

Intensität, Stärke, Stärkegrad, Anspannung. In der Ps. die Stärke eines seelischen Prozesses, z. B. einer Empfindung (Grad der Helligkeit bei Licht-, der Lautheit der Tonempfindungen usw.) oder eines Gefühls (Grad der Annehmlichkeit oder Unannehmlichkeit). Die I. der Empfindung hängt u. a. von der Stärke des Reizes ab (bei Licht- und Tonwahrnehmungen von Schwingungsweite der Licht- und Luftwellen, bei Geruchsempfindungen von der Menge des Riechstoffes, bei Tastempfindungen vom dem auf die Haut ausgeübten Druck usw.). Daneben wird die Empfindungsintensität noch durch andere zentrale Faktoren mitbestimmt (z. B. Adaptationszustand, das Nicht-Hochkommen einer Schmerzempfindung bei starker Konzentration auf anderes). Den Zusammenhang zwischen Reizintensität und Empfindungsintensität beschreibt das →FECHNERsche Gesetz.

Neben der I. ist die →Qualität ein allgemeines Bestimmungsmerkmal der ps. Prozesse.

Intention [lat. Vorhaben], Absicht, Gerichtetsein auf ein Objekt, ein Ziel.

Mit Intentionalität wird das Gerichtetsein bezeichnet, wie es als durchgängiges Merkmal aller psychischen Akte (→Aktps.) in der Bewußtseinsphänomenologie von BRENTANO, MEINONG, HUSSERL, SCHELER herausgestellt wurde. • Von Intentionalitätsgefüge spricht A. R. GILBERT bei seiner Gliederung nach impulsiver und propulsiver Intentionalität. GILBERT nennt seine Lehre auch Neo-Intentionalismus.

intentionales Lernen →Lernen, intentionales

Intentionsbewegung, (biol.) Bewegungsmuster, das in Stärke und Häufigkeit reduziert (unvollständig) auftritt. Das intendierte

Ziel bleibt meist erkennbar. Eine I. kann durch eine Verhaltenshemmung oder nicht ausreichende Stimulierung (z. B. in Konfliktlage) entstehen. *V. Preuss*

Intentionstremor, das beim Ansetzen einer intendierten willkürlichen Bewegung auftretende krankhafte Zittern.

Interaktion [lat.], wechselseitige Beeinflussung. Statistisch →Wechselwirkung. Von C. L. HULL wurde die Bezeichnung *«interaction principle»* für die gegenseitige Beeinflussung afferenter Nervenimpulse eingeführt, womit er teilweise die Entdeckungen der Gestaltpsychologen berücksichtigte und die elementaristische Auffassung isolierter Stimuluswirkungen aufgab. Soziale I.: die gegenseitige Beeinflussung von Individuen innerhalb von und zwischen Gruppen und die dadurch entstehenden Änderungen des Verhaltens oder der Einstellungen, Meinungen etc., ein weiterer Begriff als →Kommunikation, z. T. aber auch mit diesem synonym. Gelegentlich wird berücksichtigt, daß Kommunikation ein asymmetrischer Prozeß sein kann, während I. stets einen symmetrischen Prozeß meint. →P ist Stimulus für →O und O ist Stimulus für P, bzw. die Responses von O und P haben diese Funktionen. Soziale I. als «Austausch von materiellen und nicht-materiellen Gütern» (HOMANS) anzusehen, ist der Grundgedanke der verschiedenen Theorien des sozialen Austauschs *(social exchange theories)*. THIBAULT & KELLEY (1959) verwenden in ihrem I.modell zur Analyse der Austauschprozesse eine Matrix möglicher Handlungskonsequenzen *(pay off matrix)*, in der die Verluste *(costs)* und der Nutzen *(rewards)* als Folgen der Responses der Partner eingetragen werden. Die Auswertung der I.-Konsequenzen hängt von dem Vergleichsniveau (CL, *comparison level)*, insbes. von dem Vergleichsniveau für Alternativen (CLalt) ab. JONES & GERARD (1967) unterscheiden genauer, ob I. tatsächlich stattfindet, indem sie die Art der →Kontingenz von Reaktionen der Partner berücksichtigen (Pseudo-, asymmetrische, reaktive und wechselseitige Kontingenz). Von ARGYLE (1967, 1972) wird I. als soziale Fertigkeit beschrieben *(social skill)*. →Kosten/Nutzen-Kalkulation. **[L]** GRAUMANN 1972 *R. Bergius*

Interaktionalismus, sozialps. Richtung: Das Individuum wird in der Wechselwirkung mit den anderen zum Selbst (oder zur Person), die Gesellschaft ist nichts als das Gesamt der verschiedenart. wechselseitigen Beziehungen zwischen den Individuen.

Interaktionismus, persönlichkeitspsychologisch, aus der Kritik der trait-Psychologie und des Situationismus resultierendes Modell, das das Verhalten weder nur durch Personvariablen noch durch nur situative Bedingungen erklären will. Annahmen des I. sind: (1) individuelles Verhalten ist Ergebnis einer fortwährenden multidirektionalen Interaktion o. Rückkopplung zw. Individuen und Situationen, in denen das Indiv. sich aufhält; (2) das Individuum nimmt an diesem Interaktionsprozeß aktiv und absichtsvoll teil; (3) kognitive und motivationale Faktoren stellen die wesentlichen personalen Determinanten des Interaktionsgeschehens dar; (4) auf der situativen Seite ist es die ps. Bedeutung der Situation, die das Verhalten von Individuen entscheidend beeinflussen. *H. Häcker*

Interaktionsanalyse, ein von BALES (1950) entwickeltes Kategoriensystem zur standardisierten Verhaltensbeobachtung von kleineren Gruppen. Die Beobachter klassifizieren das Verhalten nach 12 Kategorien. Ziel der Analyse ist es, Kennwerte über den Interaktionsprozeß der Gruppe zu erhalten. BALES konzentrierte sich vor allem mit dieser Methode auf sogenannte «beschlußfassende und problemlösende Konferenzgruppen». Es gibt Weiterentwicklungen mit Berücksichtigung verschiedener Kommunikationskanäle (→nichtverbale Kommunikation); für die Mimik →FAST, →SYMLOG.

In der klinisch-psychologischen Anwendung wird die sequentielle Struktur der Kommunikation beim Menschen, z. B. die von Partnern oder von Klient und Therapeut untersucht. Dazu wird das nonverbale und das verbale Verhalten in intersubjektiv eindeutige Beobachtungskategorien eingeteilt und kodiert.

Dies geschieht entweder nach einem Zeitraster (etwa in 10 sec.) oder nach Sinn-Einheiten (abgeschlossene Sätze, Wechsel des Wortführers u. a.). Die resultierenden Interaktionssequenzen werden daraufhin untersucht, ob bestimmte Muster wiederkehren, z. B. Eskalationsmuster (wie alternierende Kritik der Partner), ob sich bestimmte Kategorien durch Intervention verändern (z. B. Pflegeverhalten bei Affen nach einem Dominanzwechsel oder positives Eingehen auf den anderen nach einem entsprechenden Training). Außerdem kann der Informationsfluß von Interesse sein, um die Redundanz der Kommunikation und die Transinformation zwischen den Partnern zu bestimmen.

Hauptanwendungsgebiete sind: Verhaltensforschung (ALTMANN 1965), Paartherapie (REVENSTORF et al. 1980), die therapeutische Beziehung (SCHINDLER & HOHENBERGER-SIEBER 1987). *D. Revenstorf*

Interaktivität, Fähigkeit von Computer-Programmen, flexibel auf den Input von Benutzern zu reagieren. Dadurch erhält der Benutzer die Möglichkeit, den Ablauf eines Programms, z. B. eines multimedialen Trainingskurses, selbst zu bestimmen.

Interdependenz, wechselseitige Abhängigkeit. →Interaktion

Interdependenzanalyse, Bez. für eine Methode zur Ermittlung von Abhängigkeiten zwischen Variablen. →Dependenzanalyse

Interesse [lat. *inter esse* dazwischen sein], das Beachten eines Gegenstandes, dem ein subjektiver Wert zugeschrieben wird und der eine (theoretische oder praktische) Bedeutung für unsere Bedürfnisse hat. Es ist relativ konstant, erworben und kann als Motiv des Handelns Bedeutung bekommen.

Dem I. soll auch eine angeborene, dabei individuell recht unterschiedliche I.ansprechbarkeit zugrunde liegen, wodurch best. I.typen aufgestellt werden können. Zudem verschieben sich die I. mit den Altersstufen. Auch vielfältige Verzahnungen von Motiven und I. sind kennzeichnend. • Nach dem Gegenstand unterscheidet man geistiges, materielles, wissenschaftliches oder künstlerisches Interesse, nach seinem Umfang allgemeines Interesse oder Sonderinteressen. In der angewandten Psychologie spricht man von den verschiedenen Berufsinteressen. Die Prüfung der Interessen geschieht durch besondere →Interessen-Tests.

Interessen-Tests, die Interessen als Persönlichkeitsmerkmale von hoher Konstanz und Situationsunabhängigkeit werden vorwiegend mit →Fragebogen (z. B. nach Methode →multiple choice, →forced choice, →rating scale) erhoben. Meist ist zu wählen zwischen Interessen, die durch Berufe, Buchtitel, Tätigkeiten, Hobbys u. a. repräsentiert werden. **[T]** BAUMGARTEN, BEMELMANS, BENGE, BRAINARD, CLEETON, IRLE, JENKINS, LEE-THORPE, MITTENECKER-TOMAN, STRONG, THURSTONE, TODT, TRAMER

Interferenz, in der Lernps. die Störung der Reproduktion einer dargebotenen Ausgangsreihe durch die Folgen der Darbietung einer interpolierten Reihe. (Allg.) Erschwerung oder Verhinderung der Reproduktion von Gelerntem durch nicht dazugehörige Inhalte. Es gibt I.theorien des →Vergessens, der →retroaktiven, proaktiven Hemmung und des →Transfers. **[L]** BERGIUS 1964, 1971, FOPPA 1966

Interferenzapparat [lat. *ferre* tragen, bringen], Vorrichtung zur Untersuchung von Schwebungen und Kombinationstönen, die gestattet, Teiltöne eines Klanges durch «Interferenz» (Zusammentreffen) entgegengesetzter Schwingungsphasen desselben Tones zu beseitigen.

Interferenzneigung, syn. Konfliktbereitschaft, die sich in Situationen äußert, bei denen zwei antagonistische Reizaspekte vorliegen. Die I. ist interindividuell unterschiedlich ausgeprägt, sie nimmt bis zum 60. Lebensjahr ab und steigt dann leicht an. Stimulierende Drogen können die I. senken. I. korreliert mit Feldabhängigkeit. Nach HÖRMANN (1960) lassen sich die Unterschiede folgendermaßen erklären: «Vpn mit großer I. wären also einmal dadurch zu kennzeichnen, daß die hierarchische Gliederung der intrapsychischen Vorgänge – wenn die Vorgänge einen gewissen Grad von Antagonismus aufweisen – langsamer erfolgt, zum anderen dadurch, daß diese Gliederung unspezifischer, weniger «kanalisiert» ist, ein generelles *Coding-System* darstellt». →Farb-Wort-Interferenz, →STROOP-Verfahren *H. Häcker*

Interferenzphänomen →Farb-Wort-Interferenzneigung

interindividuell, svw. zwischen verschiedenen Individuen. Ggs. →intraindividuell

interindividuelle Differenzen, verschiedene Menschen zeigen hinsichtlich definierter Merkmale feststellbare Unterschiede; die Ausprägung der Merkmale ist aber für die einzelnen Individuen konstant. →intraindividuelle Differenzen, Differentielle Psychologie. **[L]** ROTH 1969

Interjektionen [lat. *interiectio* Einwurf], in der Sprache verbliebene, reine Naturlaute (a, ach, hem, au) = primäre I. Sie sind sekundär, wenn sie sprachlich geformt werden.

Interkorrelationen, Bez. für die Korrelationen jeder Variablen mit jeder anderen Variablen innerhalb einer Gruppe von Variablen

interkulturelle Psychologie →Völkerps.

intermediär [lat.], in der Mitte liegend, dazwischen liegend. Intermediär heißt eine Vererbung, bei der aus zwei verschiedenen Merkmalen der Eltern in der Filialgeneration ein mittleres Merkmal entsteht (z. B. aus den Blütenfarben Weiß und Rot die Farbe Rosa)

Intermittenz, intermittierend [lat. *intermittere* dazwischensetzen], zeitweiliges Aussetzen, zwischenzeitliches Nachlassen.

In der Ps. wird der Begr. in versch. Zusammenhängen gebraucht: (1) für eine durch (meist sehr kurze) Pausen unterbrochene Darbietung eines Reizes (ISI, Abk. für *interstimulus interval*), (2) für Unterbrechungen (Schwankungen) im Verlauf ps. Prozesse, wie sie besonders bei der Wahrnehmung, bei der Konzentrationstätigkeit und auch beim Denken nachweisbar sind, (3) für mehr oder weniger regelmäßig auftretende Unterbrechungen im Ablauf einer Handlung, (4) für vorübergehendes Absetzen einer Substanz bei bestehender →Substanzabhängigkeit.

intermodale Qualitäten, Bez. für Wahrnehmungs- oder Vorstellungsqualitäten, die keinem einzelnen Sinnbereich zugehören. Synonym verwendeter Begriff für →Synästhesien.

intermodale Skalierung, intermodaler Vergleich [lat. *inter* zwischen, *modus* Art und Weise], auf Interaktion der Sinneskanäle beruhende Methode, den Wert auf einer Dimension eines Sinneseindrucks (z. B. Schmerz) auf einer Dimension eines anderen Sinneseindrucks (z. B. Länge einer Strecke) auszudrücken (oder z. B. Farbhelligkeit – Tonhöhe). Die i.S. ist zur Stützung des →Potenz-Gesetzes benutzt worden.

intermodale Wahrnehmung →intermodale Qualitäten

Internalisierung, Verinnerlichung, Vorgang des Eingliederns (Sich-zu-eigen-machen) fremder Auffassungen, Werte, Normen, Erwartungen. Insbes. ist I. auch die Regelform der Anpassung an die gegebene sozio-kulturelle Situation. →Sozialisation • Psa. ist I. weitgehend syn. mit →Introjektion, und auch mit →Identifikation besteht ein Zusammenhang.

internationale Beziehungen, (sozialps.) die zugehörigen Aspekte sind u. a. Gegenstände der angewandten →Sozialpsychologie. →Friedensforschung. [L] FEGER 1972

Internationale Gesellschaft für angewandte Psychologie →Psychologie

Internationale Klassifikation der Krankheiten (International Classification of Diseases, Injuries and Causes of Death) →ICD

Internationale Union für wissenschaftliche Psychologie →Psychologie

interne Validität, Gütekriterien einer empirischen Untersuchung, Voraussetzung dafür, eine Variation der abhängigen Variablen als kausale Folge einer Variation der unabhängigen V. zu interpretieren. I.V. wird herzustellen versucht durch →Kontrolle weiterer Variablen (z. B. Konstanthaltung, Randomisierung); eine vollständige Kontrolle kann allerdings niemals garantiert werden. [L] CAMPBELL & STANLEY 1963, GADENNE 1976

V. Gadenne

Internes (inneres) Modell, →Repräsentation eines Sachverhalts durch ein lebendes oder künstliches kognitives System in Form eines internen Objekts, das in einer bestimmten Struktur- oder Funktionsanalogie zum repräsentierten Sachverhalt steht und dem kognitiven System als Mittel zur Orientierung über diesen Sachverhalt dient. Der hier verwendete Modellbegriff lehnt sich an den der →Kybernetik an, wo man unter einem Modell ein System versteht, das hinsichtlich seiner Struktur und/oder seines Verhaltens dem modellierten Sachverhalt analog ist.

Beim kognitiven System des Menschen bezeichnet man solche (hypothetischen) internen Modelle im allgemeinen als mentale Modelle. Diese können sowohl aufgrund von →Wahrnehmungen als auch aufgrund des →Verstehens von Sprachäußerungen konstruiert werden (VAN DIJK & KINTSCH 1983). Man sieht in solchen Modellen temporäre analoge Repräsentationen, die in Abhängigkeit von den bisherigen Erfahrungen des Individuums auf der Grundlage →kognitiver Schemata konstruiert werden und deshalb jeweils typische Sachverhalte repräsentieren (→Prototypen). Interne Modelle, die dem Individuum zur Planung von Handlungsabläufen durch inneres Probehandeln dienen, werden auch als →Operative Abbildsysteme (HACKER 1986) bezeichnet.

Interne mentale Modelle müssen keineswegs interne Bilder des repräsentierten Sachverhalts sein. Vielmehr können – ähnlich wie bei einem Analogrechner, wo z. B. eine bestimmte elektrische Schaltung als Modell für einen qualitativ ganz anderen Erkenntnisgegenstand dient – repräsentierende und repräsentierte Merkmale durchaus voneinander verschieden sein. Das Konzept des mentalen Modells ist insofern weiter gefaßt als das der →Vorstellung oder das der →kognitiven Landkarte (*cognitive map*, TOLMAN 1926), das seinerzeit einer rein →behavioristischen Sichtweise der räumlichen Orientierung entgegengesetzt wurde.

Eine analoge Repräsentation in Form eines internen Modells unterscheidet sich grundlegend von einer symbolischen Repräsentation in Form von internen →Propositionen. Während eine propositionale Repräsentation aus →Prädikat-Argument-Strukturen besteht durch die der dargestellte Sachverhalt be schrieben wird, besitzen interne Modelle – ähnlich wie beim Beispiel eines Analogrechners – inhärente Struktur- oder Funktionseigenschaften, die mit denen des dargestellten Sachverhalts übereinstimmen. Dementsprechend unterschiedlich sind auch die Prinzipien, durch die jeweils neue Informationen gewonnen werden. Während anhand einer propositionalen Repräsentation durch Anwendung von Symbolverarbeitungsregeln aus vorhandenen Propositionen neue Proposition generiert werden, gewinnt man anhand eines internen Modells neue Informationen, indem man das Modell entsprechend bestimmter Angaben manipuliert und dann die gesuchten Modellmerkmale abliest. Zwar sind hier regelgeleitete Konstruktions- und Ableseprozesse erforderlich, doch handelt es sich dabei nicht um Inferenzregeln (→Inferenz) im Sinne eines logischen Schließens. Das Konstrukt der internen mentalen Modelle bietet somit die Möglichkeit, Phänomene des →Verstehens und →Denkens bzw. →Problemlösens aus einer einheitlichen theoretischen Perspektive zu betrachten. **[L]** JOHNSON-LAIRD 1983, GENTNER & STEVENS 1983

interoceptiv, Interozeptoren →Rezeptoren

interpersonale Kompetenz, auch soziale Intelligenz, wird die Fähigkeit genannt, Aufgaben, die im Umgang mit Personen auftreten, zu bewältigen (WEINSTEIN 1968). Sie läuft auf eine (wertfrei gemeinte) Manipulation des Verhaltens anderer hinaus, sowohl zugunsten eigener Zwecke als auch in psychotherapeutischen oder sozialisierenden Bemühungen. I.K. kann rollenspezifisch oder spezifisch für bestimmte soziale Beziehungen sein. Ihre Generalität ist Gegenstand der Forschung. →Sozialkompetenz, →Selbstsicherheit

Interpersonale Psychotherapie, der Ansatz in der Psychotherapie und Psychiatrie geht auf H. S. SULLIVAN (1953) zurück. Im Gegensatz zu biologisch oder intrapsychisch orientierten Ansätzen wird die Bedeutung zwischenmenschlicher Beziehungen hervorgehoben. Konzepte wie die →Komplementarität der Interaktionsstile von Menschen spielen konsequenterweise eine wichtige Rolle. Verschiedene spezielle Meßmittel zur Erfassung von Interaktionsstilen und daraus entstehenden Problemen wurden entwickelt. Der I. Ansatz erlebt derzeit erneut besondere Beachtung, wobei Verbindungen insbesondere zur Kognitiven →Verhaltenstherapie und zur →Psychoanalyse bestehen.

Im engeren Sinn wird als I.P. ein Ansatz nach KLERMAN et al. (1984) bezeichnet, der zur Behandlung von Depressionen entwickelt wurde, aber derzeit für verschiedene weitere Störungen (wie z.B. Eßstörungen) weiterentwickelt wird.

Die IPT geht von der Grundannahme aus, daß Depressionen in dem jeweiligen interpersonalen Kontext entstehen, d. h. infolge des Verlustes einer wichtigen Bezugsperson oder eines aktuellen interpersonalen Konflikts. Sie ist ausdrücklich nicht einsichts-, sondern bewältigungsorientiert, d. h., die konkrete interpersonale Gegenwart, nicht intrapsychische Phänomene und Abwehrmechanismen stehen im Vordergrund. Sie zielt u. a. auf den Aufbau verbesserten Kommunikationsverhaltens, die Entwicklung neuer Problemlösestrategien, einen besseren Umgang mit zwischenmenschlichen Streßsituationen, auf die Überwindung veralteter Beziehungsmuster etc. Die Behandlung ist zeitlich limitiert und klar strukturiert. Elemente sind Diagnostik und Abklärung, Information des Patienten über Epidemiologie, Symptomatik, klinischen Verlauf und Prognose von Depressionen, klare Formulierung von Therapiezielen und Prozedur, Bearbeitung von Verlusten, aktuellen zwischenmenschlichen Konflikten, Übergängen zwischen sozialen Rollen und konkreter interpersonaler Defizite. Für verschiedene Problembereiche liegen Behandlungsmanuale (einzeln, Paar- und Familientherapie) vor.

Hinsichtlich der Behandlung von Depressionen und Eßstörungen kann die IPT als ein sehr wirksames Therapieverfahren angesehen werden. Untersuchungen zur Paartherapie sprechen für eine Kombination von bewältigungs- und klärungsorientiertem Vorgehen. Ihre Wirksamkeit als Familientherapie kann aufgrund der mangelhaften Befundlage noch nicht als gesichert gelten. **[L]** KIESLER 1996

F. Caspar

interpersonale Wahrnehmung, gegenseitige Wahrnehmung und Beurteilung von interagierenden Personen. Das klassische Experiment von ASCH (1946) betonte als zentrale Dimension der Eindrucksbildung die *«warm-cold»*-Variable. HEIDERS →Attributionstheorie (1958) berücksichtigt die Bedeutung der Absichten, Motive und Gründe des Verhaltens, die angenommen werden. Das Konzept der →impliziten Persönlichkeitstheorie betont die Bedeutung des angenommenen Zusammenhangs zwischen Persönlichkeitsdimensionen. Weitere Bereiche der Untersuchung von i.W.: *primacy-recency*-Effekt, Halo-Effekt, Entwicklung der i.W. und kognitive Kompetenz. Eine Integration versch. mehrdimensionaler Untersuchungsansätze steht noch aus. →Interaktion, →soziale Wahrnehmung. [L] HEIDER 1958, KAMINSKI 1959, TAGIURI 1969, JAHNKE 1975 *H. Ries*

Interpersonelles Vertrauen (interpersonal trust), Konstrukt aus der sozialen Lerntheorie von ROTTER. I.V. stellt eine generalisierte Erwartungshaltung bei Individuen o. Gruppen dar, sich auf Worte und Versprechen (mündl. o. schriftl.) verlassen zu können.

Interphase, Zeitraum zwischen zwei →Mitosen

Interpolation, Bestimmung eines zwischen zwei anderen Werten gelegenen Wertes entweder durch eine graphische oder durch eine rechnerische Methode. →Extrapolation

Interpretationen, spielen in allen Therapieformen eine große Rolle, sei es als Akt des Herstellens von Zusammenhängen in der →Fallkonzeption von Therapeuten, sei es als explizit gegenüber Patienten geäußerte Deutung. Interpretationen sind dabei nicht nur als Mittel zur direkten Herbeiführung von Einsicht anzusehen, sie schaffen oft auch die motivationale Basis für kompetenzerweiternde und emotionsverarbeitende Vorgehensweisen. Forschungsergebnisse legen nahe, daß die Wirksamkeit von I. als therapeutische Intervention von vielen Faktoren abhängt, die im Einzelfall zu berücksichtigen sind. [L] ORLINSKY et al. 1994 *F. Caspar*

Interpretationstest →Deutungs-Tests

Interpsychologie, Bez. von G. TARDE für die →Soziologie bzw. →Sozialpsychologie als Wissenschaften vom menschlichen Verhalten.

Intersensorische Erleichterung [engl. *intersensory facilitation*], Reaktionszeiteffekt, der sich bei einer bimodalen Stimulation nachweisen läßt. Die I.E. läßt sich folgendermaßen induzieren: In jedem Versuchsdurchgang eines →Reaktionsversuchs werden einer Vp entweder ein visueller Reiz, ein auditiver Reiz oder beide Reize gleichzeitig dargeboten. Die Vp soll reagieren, sobald sie den visuellen Reiz entdeckt hat, jedoch nicht reagieren, wenn der auditive Reiz einzeln dargeboten wird (→Fangdurchgang). Interessanterweise lassen sich schnellere Reaktionszeiten für bimodale Reize als für den visuellen Reiz beobachten. Dieser Reaktionszeitunterschied nennt sich I.E. [L] MORELL 1968 *R. Ulrich*

Intersexualität, (biol.) Störung der sex. Differenzierung, bei der sich die Geschlechtsorgane in unterschiedlich starker Ausprägung entgegen dem chromosomalen Geschlecht entwickeln. →Geschlechtschromosomen.

Interstimulusintervall, ISI, in der exp. Ps. meist Zeitabstand zwischen dem Darbietungsende eines vorangehenden und dem Darbietungsbeginn eines folgenden Reizes. Im allgemeinen scharf unterschieden von, gelegentlich aber auch syn. mit Reizbeginnasynchronie [engl. *stimulus-onset asychnrony,* SOA], dem Zeitabstand zwischen jeweiligem Darbietungsbeginn zweier aufeinanderfolgender Reize, verwendet. [L] KANTOWITZ 1974 *W. Glaser*

intersubjektiv, Intersubjektivität, dasjenige, was mehreren Personen gemeinsam gegeben ist bzw. in ihnen vorgeht, wiewohl es jeder für sich erlebt. Alles Erleben ist jeweils →intrasubjektiv, jedoch insofern, als mehrere Personen Gleiches wahrnehmen, sind Erlebnisse intersubjektiv. Bei allen «objektiven» Beobachtungen handelt es sich in Wirklichkeit um intersubjektive Beobachtungen. Der Begr. der Intersubjektivität ist besser geeignet als der mehrdeutige Objektivitätsbegr., wenn empirische Tatsachen gemeint sind.

Intervall [lat. *intervallum* Zwischenraum, Zwischenzeit], sehr allgemeiner Ausdruck für den Abstand zwischen räumlichen, zeitlichen oder zahlenmäßigen Gegebenheiten.

In der Statistik Kennzeichnung einer Strecke auf der Zahlengeraden, innerhalb derer ein Parameter aufgrund von Stichprobendaten und bestimmten Wahrscheinlichkeitsüberlegungen (I.schätzung) erwartet wird (→Vertrauensi.). In der Statistik oft auch gleichbedeutend mit Maßzahlklassenbreite, d. h. der Distanz zwischen oberer und unterer Maßzahlklassengrenze auf dem Kontinuum der reellen Zahlen (Formelzeichen meist i). Werden z. B. natürliche Zahlen 1, 2, 3, . . ., n, zur Kennzeichnung von Maßzahlklassen verwendet, so repräsentiert n das I. von n – 0,5000.. bis n + 0,5000., dessen Mitte es darstellt. In diesem Falle ist i = n + 0,5 – (n – 0,5) = 1,000. Für die Maßzahlklassen 3–5, 6–8 usw. beträgt i = 5,5 – 2,5 = 8,5 – 5,5 = 3,0. In der Nachrichtentechnik bzw. Physiologie Zeitabstand zwischen zwei Impulsen in einem Schaltkreis bzw. zwischen zwei Aktionspotentialen einer Nervenzelle. • In der Musik Tonhöhenunterschied, definiert durch Frequenzverhältnis oder Abstand auf der Tonleiter (Terz, Quinte usw.). In der Medizin Zwischenzeit zwischen wiederholten therapeutischen Eingriffen oder symptomfreie Zwischenzeit in periodischen Krankheitsverläufen. Lern-, übungs- oder trainingsfreie Zwischenzeit bei periodisch verteiltem Lernen, Üben oder Trainieren in Lern- und Klinischer Ps., Medizin und Sport. *W. Glaser*

Intervallskala →Skala

Intervariation, Ausmaß von Meßunterschieden zwischen Personen.
Normalmaß ist der Mittelwert. Das Verhältnis zur →Intravariation wird durch den Inter-Intraquotienten

$$\frac{\text{Inter–Var.}}{\text{Intra–Var.}}$$

ausgedrückt und bewegt sich um 1, wenn die Unterschiede zwischen vielen Personen und die Schwankungen der einzelnen gering sind. Ist der Unterschied groß, so erweist er die verhältnismäßige Gleichmäßigkeit bei der einzelnen Person, aber große Abweichungen zwischen den verschiedenen Personen. Die I. der Leistungen ist nach LIPMANN bei den Männern größer als bei den Frauen.

intervening variable [engl.] →Variable, intervenierende, →Behaviorismus, →Operationalismus

Interview, Einzelbefragung innerhalb der Erhebungsmethode (→Datenerhebung).
Da die Befragungen in der Ps. und in anderen Disziplinen weite und vielfältige Verwendung finden, haben sich verschiedene Interviewformen herausgebildet. Nach KAHN und CANNEL (1957) unterscheidet sich das I. durch die zweckgerichtete Thematik und den asymmetrischen Kommunikationsprozeß (einseitige Erhebungsrichtung) von anderen Gesprächsformen. Ergänzend soll die wissenschaftliche Ausrichtbarkeit der Antworten (Operationalisierbarkeit, Gütekriterien etc.) hervorgehoben werden. Gerade in dieser Hinsicht sind in letzter Zeit erhebliche Anstrengungen unternommen worden (ANGER 1969), wobei vier Bereiche der Verbesserung unterschieden werden können:
(a) durch die Standardisierung der Fragen in der Festlegung des Antwortspielraumes wird die Voraussetzung für die Prüfung der Fragequalität geschaffen; (b) durch die Erweiterung der Fragetechnik (u. a. neue Frageformen wie Kontrollfragen, Filterfragen, Pufferfragen etc.) und die Einbeziehung der Korrelationsstatistik wird die Möglichkeit indirekter Fragestellung gefördert; (c) durch die Übernahme der Reliabilitäts- und Validitätsprüfungen aus der Testkonstruktion wurde die Objektivität der Fragestellungen besonders im Hinblick auf die Fragefehlerforschung (z. B. über Suggestivfragen) erhöht; (d) durch die Aufstellung systematischer Trainingsprogramme für Interviewer werden die Erfahrungen anderer Forschungsgebiete genutzt. Parallel zu diesen Verbesserungen reduziert sich die Berechtigung von Einwänden gegen eine unkritische Verwendung der I.techniken.
I. werden für Forschungszwecke in allen Teilbereichen der Ps. und in praktischer Hinsicht für Zwecke der Diagnostik und Intervention in der Angew. Ps. und Klinischen Ps. verwendet.
[**L**] ANGER 1969, KÖNIG 1967, SEIDENSTÜCKER & SEIDENSTÜCKER 1974 *H. Benesch*

Intimsphäre, der Eigenbereich, den der Mensch meist sorgfältig abschirmt und im Ggs. zur Verdrängung zu einem ihm gemäßen zu gestalten sucht. Dieser Bereich wird dabei um so mehr zum Intimen, je stärker Scheu, Takt, Scham, Tabus oder auch erwünschte «Heiligung» jeden fremden Einblick und jede Profanierung verbieten. Die Gegenwart hat stärkste Einbrüche in das Recht auf I. erzwungen. →Privatheit, →KINSEY-Reporte

Intoleranz →Toleranz

Intonation, melodisches Ablaufmuster bei der →Sprachproduktion, das durch Tonhöhenunterschiede im Redefluß zustande kommt. I.konturen *(intonation contours)* sind zum Teil einzelsprachspezifisch, jedoch kann die I. unabhängig hiervon auch paralinguistische (→Paralinguistik) Information über die Gestimmheit des einzelnen Sprechers oder über Bedeutungsaspekte (→Bedeutung) der einzelnen Mitteilung liefern: z. B. über den gemeinten Modus einer Äußerung (Aussage, →Frage, Aufforderung) oder darüber, welche Mitteilungsinhalte der Sprecher gegenüber anderen hervorheben will; schließlich kann I. eine Verstehenshilfe bei sprachlich mehrdeutigen Äußerungen sein (→Sprachrezeption).

intra... [lat.] in Wtvb. innerhalb [**E**]

Intra-Class-Korrelation, ein k-Maß zur Quantifizierung der Korrelation innerhalb der Mitglieder von natürlichen Personen o. Gruppen. Dieses Maß lehnt sich eng an die Varianzzerlegung der Varianzanalyse an. Speziell i. d. Forschung der eineiigen Zwillinge (EZ) wird dieses Maß zur Schätzung der Umwelteinflüsse benutzt. Man rechnet dabei für jedes Zwillingspaar den Mittelwert der beiden Paarlinge und die Streuung um diesen Mittelwert. Der Intraclass-Koeffizient errechnet sich also wie folgt:

$$r_{xx}{}^{*} = \frac{\text{Var. innerhalb d. Paare}}{\text{Gesamtvar.}}$$

H. Häcker

intraindividuell, innerhalb des gleichen Individuums. Ggs. →interindividuell

intraindividuelle Differenzen, die Merkmale, die ein Individuum kennzeichnen und die seinem Verhalten zugrunde liegen, wandeln sich. Die gleichen Menschen verhalten sich zu verschiedenen Zeiten und in unterschiedlichen Situationen verschieden. →interindividuelle Differenzen. [L] ROTH 1969

intrapsychische Ataxie [lat. *ataxia* Unordnung], Störung bzw. Aufhebung des Zusammenhangs zwischen den Verstandes-, Gemüts- und Willensanteilen.

intrasubjektiv, Intrasubjektivität, Bez. für dasjenige, was dem einzelnen Subjekt gegeben ist bzw. sich in ihm abspielt. Ggs. →intersubjektiv

Intravariation, Abweichungen der Leistungen u. a. in einer und derselben Person zu verschiedenen Situationen, Zeiten usw. Hieraus folgt die persönliche Schwankung des seelischen Ablaufs. →Intervariation

Intraversion, intravertiert →Introversion

intra vitam, intravital [lat.], innerhalb des Lebens(ablaufs)

intrinsisch [engl. *intrinsic(al)*], innerlich, wesentlich. Ggs. →extrinsisch

intrinsiche Motivation, von HUNT (1965) und HECKHAUSEN (1980) verwendete Bez. für zwei unterschiedliche Motivierungen beim Lernen. Die i.M. geht von inneren Anreizen aus, die in der Sache, der Aufgabe, dem Schwierigkeitsgrad, dem Neuigkeitsgrad, den Erfolgsaussichten u. ä. liegen. Die extrinsische Motivation bezieht ihre Anreize von außen, z. B. von der Belohnung, Strafe, der Person, des Auftragsgebers einer Aufgabe. →autochthone Dynamik, →autotelisch.

intro... [lat.] in Wtvb. nach innen, hinein [E]

Introjektion, Aufnahme fremder Anschauungen, Motive u. dgl. in das Ich. Grundvorgang der →Identifikation. Der Begriff der I. wurde von FERENCZI eingeführt und als Einbeziehung des Objektes in den subjektiven Interessenkreis, als Verinnerlichung eines äußeren Objektes definiert. Ggs. →Projektion. Nach FREUD steht die I. auch in einem Ggs. zur →Verdrängung, da bei der Abtrennung von einem äußeren libidobesetzten Objekt im Falle der I. dieses Objekt im Ich wieder aufgerichtet wird, im Falle der Verdrängung aber dieses Objekt ins Unbewußte versinkt.

Introspektion, wörtl. Insichhineinsehen, syn. →Selbstbeobachtung, Erlebnisbeobachtung.

introspektive Psychologie →Psychologie (Richtungen)

Introversion, introvertierter Typ [lat. *vertere* wenden], Einstellungstyp nach C. G. JUNG, komplexe Grunddimension in den →Faktorentheorien der Persönlichkeit, dadurch charakterisiert, daß die ps. Energie auf die Innenwelt gerichtet und das Denken, Fühlen und Handeln durch die Innenwelt determiniert sind. →Typologie (Einstellungstypen). Die Dimension der Introversion (bzw. →Extraversion) ist auch vielfach gesichertes Konstrukt in den faktorenanalytischen Systemen von EYSENCK, CATTEL und GUILFORD. Während EYSENCKS Introversions-(Extraversions-) Faktor einen Faktor auf dem Typenniveau (Faktor 2. Ordnung) darstellt, hat CATTELL mit Fragebogendaten 4-5 Primärfaktoren der Extraversion bzw. Introversion identifizieren können: nämlich A, E, F, H und Q2. →*Faktorentheorie der Persönlichkeit* [T] CATTELL-EBER [T] EYSENCK

introversiver Typus, Erlebnistypus bei RORSCHACH. →Typologie

Introzeption, der Begr. stammt von W. STERN für den Vorgang, daß kulturelle Normen, Konventionen, Ideale, Moralgebote u. a. in das persönliche System der Motive, Interessen, Werte eingebaut werden. Der religiöse Mensch «introzipiert» die Lehren seines Glaubens – macht sie sich zu eigen. Das Äußerliche und zuerst Fremde wird innerlich und dynamisch. →Identifizierung, →Internalisierung, →Introjektion, →Nachahmung. • ALLPORT meint, daß dieser Begr. kein psychologischer sei, sondern ein ethischer, weil er die Verwandlung von «Heterotelesis» in «Autotelesis» bezeichne. [L] ALLPORT 1949, STERN 1935

Intuition [lat. *intuitio, intuere* genau hinsehen], ursprünglich Anschauung, Betrachtung, später svw. geistige Schau, eingebungsartige, nicht durch Erfahrung oder Überlegung, sondern durch unmittelbares Erfassen des Wesens einer Wirklichkeit gewonnene, der Offenbarung ähnliche Einsicht (→Inspiration). • In anderem Sinn wird unter Intuition auch ein Erfahrungsdenken verstanden, dessen einzelne Stationen nicht mehr voll bewußt werden, wie dies z. B. bei der med. →Diagnose der Fall sein kann (sog. klinischer Blick). Häufig wird auch von «intuitivem Denken» gesprochen. Solche Denkvorgänge werden i. Ggs. zum logischen diskursiven →Denken gesehen.

Intuitionsfunktion, eine von C. G. JUNG angenommene psychische →Hauptfunktion, die von der Empfindungsfunktion unterschieden ist, aber gleich ihr als irrational bezeichnet wird. Ihr soll die Welt durch unbewußte Wahrnehmung erkennbar werden, auch soll sie die eigentliche Traumfunktion sein.

Intuitionstypus, intuitiver Typus, bei JUNG Bez. für einen Funktionstypus, der vorrangig vom Intuieren (Ahnen) bestimmt ist. →Typologie

intuitive Physik,Gesamtheit des (nicht auf formale Belehrung zurückgehenden) Alltagswissens über die physikalische Welt. Die intuitive Physik umfaßt neben verbalisierbaren Konzepten und Erklärungsmustern (intuitive Physik i. e. S., syn.: naive Physik) auch perzeptive und perzeptiv-motorische Komponenten. Die intuitive Physik weicht in verschiedener Hinsicht systematisch von der Schulphysik ab. Beispielsweise ist die an die mittelalterliche Impetustheorie erinnernde Fehlvorstellung verbreitet, daß jeder Bewegung eine Kraft zugrunde liegt. Die Frage, ob die intuitive Physik eine theorieähnliche Wissensstruktur darstellt oder eher als Konglomerat lokaler Wissensbestände zu sehen ist, wird kontrovers diskutiert. Die Ursprünge der intuitiven Physik lassen sich bis ins frühe Säuglingsalter zurückverfolgen. →Objektpermanenz. [**L**] ANDERSON & WILKENING 1991, MCCLOSKEY 1983 *H. Krist*

intuitives Denken, eingebungsartiges, einfallsartiges Denken (→Intuition) im Ggs. zum →diskursiven Denken.

Invarianz, Unveränderlichkeit, Beständigkeit. Z. B. behalten trotz aller Blickbewegungen und Kopfneigungen die Gegenstände ihre Raum- und Ortswerte (→Konstanz). In der →Psychomotorik werden invariante Merkmale (z. B. zeitliche Struktur) bei Variation anderer Bewegungsmerkmale (z. B. Dauer) untersucht. I. wird auch ungenau gebraucht für die relative →Konstanz der Größe, Helligkeit, Form und Farbe unter wechselnden Umfeld- und Wahrnehmungsbedingungen. PIAGET spricht von I. oder «Erhaltung» *(conservation)* nach Transformationen der Form und Anordnung von Menge, Gewicht, Volumen etc. als Ergebnis der →Äquilibration, die Kindern erst in einem best. Alter gelingen soll (→kognitive Entwicklung, →Gruppierung). Die Übereinstimmung im Lebensalter, in dem diese Entwicklungsschritte eintreten, wird als I. der Stadien diskutiert (SIEGEL & HOOPER 1968). *R. Bergius*

Inventar, der Bestand einer Person an Wissen, Verhaltensweisen u. a., wie er durch Exploration, Test und Beobachtung erhoben wird.

Inventory [engl.], Begr. der Testps. für eine Zusammenstellung (Katalog, Liste) von Aufgaben (Items).

Inversion [lat. *inversus* umgekehrt], Umkehr, Umkehrbarkeit. • Wahrnehmungsps. die Umkehrbarkeit (syn. →Reversion) von Figuren bei den geometrisch-optischen Täuschungen (z. B. SCHRÖDERsche Treppe). Genetisch die Umkehrung eines Chromosomenstücks mit evtl. Veränderungen im Phänotypus.

Involution [lat. *involvere* einwickeln], die Rückbildung des Organismus, auch einzelner Organe und der psychischen Funktionen mit dem Alter. Ggs. →Evolution.

Involutionspsychose, Rückbildungspsychose. Bez. für eine in den Rückbildungsjahren (bei der Frau in und nach dem Klimakterium, beim Mann ab dem sechsten Lebensjahrzehnt) erstmals und zumeist einmalig auftretende ps. Störung vorwiegend depressiver Art.

Inzest [lat. *incestus* moralisch und religiös unrein, Blutschande], geschlechtliche Beziehung zwischen unmittelbar verwandten Personen (Eltern – Kinder, Bruder – Schwester). • In symbolischer Hinsicht stellt der I. ein Sinnbild der Vereinigung mit dem eigenen Wesensgrund dar, was vor allem C. G. JUNG für die →Individuation als wesentlich erachtet.

Inzestverbot, das Verbot der sexuellen Beziehung zwischen Vater – Tochter (Stieftochter), Mutter – Sohn und Bruder – Schwester. Über die Gründe des I. bestehen mehrere Theorien, zur Berechtigung des I. gegensätzliche Auffassungen. • Nach FREUD stellt das I. das schwerstwiegende Verbot der frühkindlichen Entwicklung dar (→Inzestwunsch). Sowohl Inzestwunsch als auch das Inzestverbot versinken später ins Unbewußte. [**L**] BISCHOF 1973

Inzestwunsch, der Wunsch nach Begehung des →Inzestes.

Dieser Wunsch, der schon bei den ältesten Völkerstämmen durch →Inzestverbote verdrängt wird, entsteht nach der Psychoanalyse bei jedem Menschen im Laufe seiner frühkindlichen Entwicklung. Der I. richtet sich dabei auf den gegengeschlechtlichen Elternteil, da dieser im allgemeinen den ersten gegengeschlechtlichen Partner überhaupt darstellt. Zugleich mit dieser Liebe entsteht aber ein Haß und Todeswunsch gegenüber dem gleichgeschlechtlichen Elternteil, was in der →Ödipus- bzw. Elektra-Situation seinen allgemeingültigen Ausdruck findet. Mit dem Inzestverbot wird damit auf das engste das Verbot des Vater- bzw. Muttermordes gekoppelt. Der I. und der →Todeswunsch stellen nach psa. Auffassung die frühesten und stärksten seelischen Regungen dar.

inzidentelles Lernen →Lernen, inzidentelles

Inzidenz, statistisch die Anzal von Neuerkrankungsfällen einer best. Erkrankung in einem best. Zeitraum; epidemiol. Maß zur Charakterisierung des Krankheitsgeschehens in einer best. Population →Epidemiologie

Inzidenzrate, Anzahl von Personen mit Neuerkrankung pro Zeiteinheit im Verhältnis zur Anzahl der exponierten Personen. Vgl. →Prävalenz

Inzucht, Paarung zwischen Verwandten. In kleinen, isolierten →Populationen führt I. zu häufiger →Homozygotie →rezessiver Merkmale, z. B. Auftreten rezessiver Erbanomalien in abgelegenen Gebirgstälern. • In der Haustierzucht wird die I. benützt, um weitgehende Homozygotie zu erreichen. • Soziolog. sagt man von einer Gruppe oder Institution, sie lasse I. erkennen, wenn sie zur Stagnation tendiert, weil aktivierende Impulse fehlen. *P. Drüge*

Ionenkanal, Molekül in der Membran einer Zelle, das als Kanal für spezifische Ionen fungieren kann. Transmittergesteuerte I. spielen eine wichtige Rolle bei der schnellen Informationsübertragung auf die postsynaptische Membran einer Synapse. Der andere (langsamere) Weg erfolgt über die Rezeptortypen, die über G-Protein-vermittelte second-messenger-Systeme arbeiten (→G-Proteine, →second messenger). [L] →Pharmakologie, FELDMAN et al. 1997 *W. Janke/M. Ising*

IPAT [T] CATTELL

IPC, Fragebogen zur Messung der Kontrollüberzeugung mit den Skalen Internalität, Externalität (erlebte Machtlosigkeit, Fatalismus) [T] KRAMPEN

Iproniazid, Psychopharmakon aus der Gruppe der →Antidepressiva vom Typ der nichtselektiven →MAO-Hemmer, chem. Hydrazinderivat. I. hat historische Bedeutung, wird wegen seiner Wirkung auf alle Monoamin-Transmittersysteme und wegen seiner kardiovaskulären Wirkung in der Depressionstherapie nicht mehr verwendet. [L] →Antidepressiva, →Monaminooxidasehemmer *W. Janke*

IPS, Abk. für *information processing system* →informationsverarbeitendes System

IPSA, Abk. für *index of problem-solvity ability,* Index der Problemlösefähigkeit.

Ipsapiron, Substanz, die selektiv auf →Serotonin wirkt und nach bisherigen Erkenntnissen spezifisch 5-HT_{1A}-Rezeptoren stimuliert und deshalb in der experimentellen →Chemopsychologie als Forschungswerkzeug verwendet wird. Vielfältige Verhaltenswirkungen. Verwandte Stoffe sind →Buspiron und →Gepiron. [L] FELDMAN et al. 1997 *W. Janke*

ipsative Messung, liegt vor, wenn Testwerte (Meßwerte) nicht von Individuum zu Individuum verglichen werden können, sondern wenn die Meßwerte nur innerhalb der bei einem Pb vorliegenden Meßwerte vergleichbar sind. Im Ggs. dazu wird bei der normativen Messung der Vergleich über den Mittelwert einer Stichprobe von Pbn vorgenommen. Ipsative Meßwerte entstehen immer dann, wenn die Punktwertsumme aus einem Test für alle Pbn gleicht ist. Werden die Items über die →forced-choice-Technik formuliert, liegt i.M. vor. Auch beim →Q-Sortierungs-Verfahren resultieren ipsative Werte. [L] CATTELL 1944 *H. Häcker*

IPSP, Abk. für *inhibitory postsynaptic potential,* postsynapt. Hemmungspotential

IPT, Abk. für →Interpersonale Psychotherapie

IQ, Abk. für →Intelligenzquotient (engl. IQ *intelligence quotient,* frz. QI *quotient intellectuel*).

IR, Symbol für *inhibition,* reaktive Hemmung (HULL), SIR = konditionierte Hemmung (bei SPENCE: I)

Iris Regenbogenhaut des Auges →Auge

Irradiation [lat. *irradiare* ausstrahlen], Ausstrahlung, Ausstreuung, Kontrastphänomen. Ersch., daß ein helles Objekt auf dunklem Grund (z. B. weißer Kreis auf Schwarz) größer als ein dunkler Gegenstand auf hellem Hintergrund erscheint. • Ausstrahlen von Gefühlswerten (→Stimmung) von einem Bewußtseinsinhalt auf andere. • Ausstrahlung von Schmerzen auf benachbarte Körperregionen. • Das Übergreifen bei Reizen verbunden mit der Aktivierung von nicht angesprochenen bzw. nicht intendierten Reaktionen. →Generalisation.

irrational, durch den Verstand nicht erfaßbar, den Gesetzen der Logik anscheinend nicht unterstehend, vernunftwidrig, unvernünftig, übervernünftig

Irrealitätsebene, Begr. der →topologischen Ps. Mit ihm werden →Tagträume, die als solche nicht realitätsgebunden sind, lokalisierbar und damit mathematisch repräsentierbar. Im Verhältnis zur Realitätsebene sind die →Barrieren fließender.

irreduzibles Minimum →Reaktionszeit

irreversibel [lat. *revertere* umkehren], nicht umkehrbar. Bez. für Vorgänge, die nur in einer Richtung ablaufen können, z. B. der menschliche Lebensablauf.

Irrgartenversuch →Labyrinthverfahren

irritabel, Irritabilität [lat. *irritare* reizen], reizbar, Reizbarkeit. →Erregbarkeit

Irritation, Reizung, Gereiztsein

Irrtum [engl. *error*] →Fehler (II), →Versuch und Irrtum

Irrtumswahrscheinlichkeit →Vertrauensintervall

IRT, Abk. für *interresponse time* (SKINNER) →Verstärkungspläne

Ischämie [gr. *ischein* hemmen, *haima* Blut] (VIRCHOW), Blutleere eines Organs oder Organteiles infolge Drosselung der Blutzufuhr. Intermittierende cerebrale I. kommt oft als Frühsymptom eines drohenden Schlaganfalles (→Apoplexie) vor.

Ischophonie [gr. *ischein* haben, halten, hemmen], Stottern, Stammeln (→Dysarthria syllabaris = Anarthria syllabaris)

Ishihara-Tafeln →Farbenblindheit

ISI, Abk. für →Interstimulusintervall [engl. *interstimulus interval*], →Refraktärzeit, psychologische

ISO, Abk. für *International Standards Organisation*. 1956 gegründetes Internationales Standardisierungsgremium mit Hauptsitz in Genf f. alle Bereich mit Ausnahme der Elektronik.

iso... [gr.] in Wtvb. gleich **[E]**

Isocortex, die beiden Hemisphären des →Gehirns.

isogen, der Entstehung nach gleich. Z. B. in der Erblehre: Lebewesen mit gleichem Genotypus.

Isolation (ps.-soziologisch) Zustand geringsten sozialen Kontaktes bzw. größter Distanz. Absonderung, Vereinzelung von Individuen (z. B. Einzelgänger, Psychopathen, Kranke, Verbrecher) und ganzer Bevölkerungsgruppen (z. B. Angehörige bestimmter Rassen, bestimmten Glaubens oder polit. Überzeugungen). Neben der frei gewählten I. steht die erzwungene I. (z. B. Vertreibung, Ghettozwang, Apartheid). • I. als psychotherapeutische Methode wurde von SUEDFELD (1980) bei einer Reihe von Verhaltens- und Suchtstörungen unter dem Stichwort REST *(restricted environment stimulation)* erfolgreich erprobt. (biol.) Eine Population ist isoliert, wenn ihre Mitglieder ausschließlich untereinander paaren können. *N. Birbaumer*

isolierende Variation, ein Wesensmerkmal des vollkommenen →Experiments; sie besteht in der Abänderung jeweils einer Bedingung bei der Wiederholung von Versuchen; hierdurch können die Wirkungen der einzelnen am Gesamtgeschehen beteiligten Bedingungen (nach Möglichkeit quantitativ) bestimmt werden.

Isolierung, nach FREUD ein →Abwehrmechanismus, der darin besteht, daß ein Gedanke oder ein Verhalten zu isolieren gesucht wird. Die Verbindung mit den sonstigen Gedanken und dem übrigen Verhalten wird abgebrochen.

Isomorphismus, (math.) isomorph wird eine Abbildung genannt, wenn sie bijektiv (→Abbildung) und umkehrbar homomorph ist. →Homomorphismus. • (ps.) die in die Gestaltps. von W. KÖHLER eingeführte Hypothese, «daß die konkrete Ordnung gegebener Erlebnisse die getreue Wiedergabe einer dynamisch-funktionellen Ordnung der zugehörigen physiologischen Hirnprozesse ist». →Gestalttheorie. • (biol.) Gleichheit des Erscheinungsbildes, Gestaltgleichheit. →Phänotypus

isophän, der Erscheinung nach gleich

Isoproterenol, VNS-Pharmakon aus der Klasse der →Sympathikomimetika vom Typ der →ß-Rezeptor-Agonisten. Kann bei bestimmten Personen panikartige Angst auslösen. *W. Janke*

ISR, Abk. für individualspezifisches Reaktionsmuster bei der →Aktivierung; reaktionsstereotype, habituelle Disposition einer Person, auf verschiedene Reize oder Situationen ein gleichartiges Reaktionsmuster zu zeigen. *R. Bergius*

I-S-T **[T]** AMTHAUER

Istwert, der Wert, der eine Größe in einem betrachteten Zeitpunkt hat (Normblatt DIN 19226 des dt. Normenausschusses). →Regelung

item [lat.] ebenso, gleichermaßen

Item [aus dem Engl. übernommen], Aufgabe, Einzelaufgabe (bes. bei Tests und Experimenten), Einzelheit, einzelne Posten.

Itemanalyse, Aufgabenanalyse, Verfahren zur Ermittlung von Aufgaben-Kennwerten und zur Selektion von Items mit dem Ziel, die Testgütekriterien der Reliabilität und der Validität zu verbessern. Die I. wird demgemäß in der Konstruktionsphase des Tests vorgenommen. Um die Ergebnisse der I. für die spätere Anwendung des Tests wirksam werden zu lassen, ist Repräsentativität von Analysestichprobe und Anwendungspopulation notwendig. Im Prinzip gelten für die Testaufgabe die gleichen Gütekriterien (→Testgütekriterien) wie für den Gesamttest, also z. B. →Objektivität, →Reliabilität, →Validität. Während Objektivität und Reliabilität der Aufgabe nur selten gemessen werden muß, wird die Validität der Aufgabe über die →Trennschärfe bestimmt. Ein wichtiger Kennwert für die Testaufgabe ist ihre →Schwierigkeit. Mit dem →Schwierigkeitsindex wird der Anteil der Probanden bestimmt, welcher im Verhältnis zur gesamten Stichprobe die Testaufgabe gelöst hat. Bei Persönlichkeitstests ist die Aufgabenlösung so zu verstehen, daß die Beantwortung in Richtung der zu messenden Dimension geht. Bezüglich des Verhältnisses der Gütekriterien einer Aufgabe kann festgestellt werden, daß je höher die Objektivität einer Aufgabe ist, desto höher auch ihre Reliabilität ausfällt. Schwierigkeit und Trennschärfe stehen dagegen im Verhältnis einer umgekehrten U-Kurve. Das bedeutet, daß sehr «schwierige» und sehr «leichte» Aufgaben sehr wenig trennscharf sind. Die in der Aufgabenanalyse gewonnenen Kennwerte werden für eine Aufgabenselektion bzw. eine Aufgabenrevision verwendet. **[L]** LIENERT 1994, HORST 1971, GUILFORD 1951 *H. Häcker*

Itemparameter, Kennwert(e) der Aufgaben eines Tests, vor allem →Schwierigkeitsindex, →Trennschärfe, →Itemanalyse

Iteration [lat. *iterum* abermals], Wiederholung von →Silben, Wörtern oder Teilhandlungen. Zeichen (a) eines noch primitiven, aber normalen Reifungsgrades der kindlichen Sprache und Motorik (SEEMAN 1969). (b) einer primitiv-motorischen Basis zum Ausfüllen von Unterbrechungen (→Sprechpausen) im Sprechfluß durch →Kloni (→Stottern) bei →Sprachschwäche, (c) von postenzephalitischen, oligophrenen oder psychotischen (→Verbigeration) →Sprachstörungen. • Math. Bez. für das mehrmalige Anwenden von Näherungswerten (bei einer Aufgabenlösung).

I-Typ →Integrationspsychologie

IU, Abk. für *interval of uncertainty* (Psychophysik), erstreckt sich von dem oberen bis zum unteren gerade noch bemerkten Unterschied (→j.n.d.). Die →Unterschiedsschwelle (DL) ist also das halbe IU.

IUPsyS, Abk. für *International Union of Psychological Science*, Gesellschaft, in der z. Z. 60 nationale psychologische Gesellschaften als Mitglieder vereinigt sind. Sie nimmt die Interessen des Faches Psychologie als akademisches Fach und als berufliche Tätigkeit wahr. Sie bereitet die Weltkongresse vor und fördert mit internationalen Austausch- u. Forschungsprojekten die Psych. auf internationaler Ebene.

IWF, Abk. für Institut für den wissenschaftlichen Film, Göttingen. Das «Verzeichnis der wissenschaftlichen Filme Psychologie», herausgegeben vom IWF, enthält einige hundert für Lehrzwecke ausleihbare (Video-)Filme aus unterschiedlichen Bereichen der Ps.

J

Jackknifing, modernes Verfahren, um statistische Hypothesen für komplexe Kenngrößen zu testen. Bei diesem Verfahren wird die Gesamtstichprobe in mehrere Teilstichproben aufgeteilt und der Standardschätzfehler einer Kenngröße durch sukzessives Ausschließen dieser Teilstichproben berechnet.

Jackson-Anfälle (Rindenepilepsie), tonische Verkrampfung, die an Extremitäten od. Gesicht beginnt, Sonderform der →Epilepsie infolge Schädigung der Hirnrinde

Jackson, John Hughlings (1834–1911), Ophthalmologe, Psychiater u. Neurologe (London)

Jacksonsches Gesetz, besagt, daß die Erinnerungen an Ereignisse unmittelbar vor Beginn der Gedächtniseinbußen am ehesten verlorengehen. Der Verlust an Gedächtnis verläuft somit entgegengesetzt seinem Erwerb.

Jaensch, Erich R. (1883–1940), Wahrnehmungspsychologe und Wahrnehmungstypologe, der für seine Arbeiten zur eidetischen Wahrnehmung bekannt wurde.

Jahresschwankungen, Verschiedenheiten der geistig-körperlichen Arbeitsleistung, die im Ablauf des Jahres mit Wetter, Jahreszeit, Luftdruck usw. zusammenhängen. →Geopsychologie, →ökologische Ps.

Jakob, Alfons (1884–1931), Neurologe, Hamburg →Creutzfeldt

James-Langesche-Theorie, die von JAMES (1884) und LANGE (1885) fast zur gleichen Zeit begründete Anschauung, wonach Gefühle nur Begleiterscheinungen körperlicher Vorgänge, besonders vasomotorischer Veränderungen (Erweiterung und Verengung der Blutgefäße) sind. Die Theorie findet ihren pointierten Ausdruck in dem Satz von JAMES: «Wir weinen nicht, weil wir traurig sind, sondern wir sind traurig, weil wir weinen.»

James, William (1842–1910), Philosoph, Psychologe / Cambridge (USA)

Jarsin® →Johanniskraut

Jasagetendenz, die Neigung, Testfragen zustimmend zu beantworten. →response set, →acquiescence

Jaspers, Karl (1883–1969), Psychiater und Philosoph, der vor allem für die existentielle Orientierung der Psychiatrie bekannt wurde.

Jastrow, Joseph (1836–1944), russ. Psychologe

Jastrowsche Täuschung →geometrisch-optische Täuschung, syn. Kreisring-Sektorentäuschung; Täuschung bei der →visuellen Wahrnehmung der Flächen zweier übereinander angeordneter gleich großer Figuren wie z. B. Kreissegmente oder Trapeze, die mit unterschiedlich langen Linien aneinander grenzen (i. a. mit kleiner Lücke); die Figur mit der längeren Grenzlinie erscheint größer.

JBMS [T] JOEL

JEPI Junior EYSENCK Personality Inventory, [T] EYSENCK

Jeu de Guignols [T] RAMBERT

J-Kurvenhypothese, aufgestellt von F. H. ALLPORT (1934) für das sozialps. Problem des Verhaltens angesichts institutionalisierter Situationen (z. B. das Verhalten von Kraftfahrern an einer Straßenkreuzung mit einer auf «rot» stehenden Verkehrsampel). Es zeigt sich, daß die Mehrheit der Menschen in einer solchen Situation konform geht und nur ganz wenige sich dem Geforderten widersetzen. Drückt man diesen Tatbestand in einer graphischen Kurve aus, so hat diese die Form eines J oder dessen Spiegelbildes. →Sanddünen-Verteilung

JMAT [T] JOHNSON

j.n.d., jnd, Abk. für *just noticeable difference,* →Unterschiedsschwelle

job [engl.], Bez. für Tätigkeiten und Dienstleistungen, die ohne weitergehende Bindungen (wie herkömmlich beim Beruf) und nur für den Gelderwerb ausgeübt werden.

job enlargement [engl.], Erweiterung der Arbeitsaufgabe. Dadurch sollen die Monotonie abgebaut, das Interesse an der Arbeit gefördert und eine geringere Ermüdung durch Verminderung einseitiger Beanspruchung verhindert werden.

job rotation, systematischer Wechsel der Arbeit bzw. Tätigkeit mit ähnlichen Zielvorstellungen wie bei →job enlargement

job training, praktische Ausbildung am Arbeitsplatz.

Jodopsin, Farbstoff i. d. Zäpfchen der Retina →Farbensehen

Johanniskraut, als pflanzliches Psychopharmakon (→Phytopharmaka) eingesetzt, Hypericum-Extrakt, als Antidepressivum im Handel (WZ Jarsin®). 1996 am zweithäufigsten als Antidepressivum verordnet, häufig bei leichteren Depressionen und Ängsten. Eine große Anzahl von Vergleichsuntersuchungen belegt die therapeutische Wirkung gegenüber Placebo und die Ebenbürtigkeit zu klassischen →Antidepressiva. Wirkungsmechanismus komplex, aber ähnlich dem klassischer Antidepressiva. Bedeutungsvoll sind adaptive Veränderungen im Frontalcortex mit ß-Adrenorezeptor- und Serotoninrezeptor- down-Regulation bei chronischer Verabreichung. J. wird in der Volksmedizin seit Jahrhundeten benutzt (Hildegard von BINGEN). [L] MÜLLER & KASPER 1997

W. Janke

Jordan-Kurve, eine in der →topologischen Ps. LEWINS zur Veranschaulichung des →Lebensraums dienende, in sich geschlossene (sich nicht schneidende) Kurve von beliebiger Gestalt.

Jost, Adolph (1870–1920), Experimentalpsychologe / Göttingen

Jostsche Sätze, zwei von A. JOST 1897 formulierte Gedächtnisgesetze. (1) Von zwei Assoziationen gleicher Stärke und verschiedenen Alters sinkt die ältere weniger ab, die ältere wird also besser behalten. (2) Bei zwei Assoziationen von gleicher Stärke und verschiedenem Alter hat eine Wiederholung (Neueinprägung) für die ältere größeren Wert als für die jüngere. →Primat-Rezenz-Effekt, →Postremitäts-Prinzip. [L] BERGIUS 1971, ROHRACHER 1971, MEILI & ROHRACHER, 1968

Jugendalter [engl. *adolescence*], steht zwischen Kindheit und reifem (oder mittlerem) Lebensalter, umfaßt also etwa die Entwicklungsphasen Pubertät und Adoleszenz.

Wesentliche geistig-seelische Grundtatsache des J. ist nach SPRANGER «die tiefere Berührung der jugendlichen Seele mit den objektiven Geistesgebilden». An diesem Vorgang lassen sich drei charakteristische seelische Erscheinungen unterscheiden: (1) Die Entdeckung des Ichs. – Die Tendenz zur Individuation bringt eine starke Wendung nach innen, das staunende Erleben der eigenen Innerlichkeit, die sich der übrigen Welt als eine zwar noch nicht durchgegliederte, aber besondere Welt entgegenstellen will. Das Gefühlsleben des Jugendlichen schwankt zwischen den Extremen: Einsamkeitsbedürfnis – geselliger Tatendrang, Niedergeschlagenheit – Selbsterhöhung, Verschlossenheit – brutale Offenheit, Zaghaftigkeit – Äußerung persönlichen Kraftgefühls usw. (2) Entstehung eines Lebensplanes. – Hierbei handelt es sich weniger um ein zielbestimmtes, systematisches Planen als um die Andeutung der Richtung, der sich das seelische Leben zuwendet. Gleichzeitig konstituiert sich im großen Umriß die individuelle Werthaltung. (3) Das Hineinwachsen in die einzelnen Lebensgebiete. – Dabei wirkt noch nicht das Bewußtsein der Lebenseinheit der einzelnen Teilgebiete der Kultur, sondern es treten differenzierte jugendl. Ichgefühle auf, in denen die einzelnen Sinnrichtungen noch unverbunden erscheinen. [L] SPRANGER 1925, JAIDE & HILLE 1977

Jugendpsychiatrie →Kinder- u. Jugendpsychiatrie

Jugendpsychologie, die um die ps. Situation und die Entwicklungsvorgänge der Jugendzeit bemühte Ps. Begrenzter als die →Entwicklungsps., ist die J. auf die Pubertät und die Adoleszenz ausgerichtet und den darin sich stellenden Problemen gewidmet (→Jugendalter). Von besonderer Bedeutung ist hierbei der schubweise Verlauf vieler Entfaltungsprozesse, was zu eigenen Fragestellungen geführt hat, die als Phasen- und Stufenlehren in der Ps. aufgegriffen wurden. →Entwicklungsphasen. [L] BÜHLER 1967, THOMAE 1969, NEIDHARDT et al. 1970

Jugendsexualität →Pubertät

Jukes, ein fiktiver Name für eine 1877 von DUGDAILE untersuchte degenerierte Familie im Staate New York. Die Untersuchungen wurden 1915 von ESTABROOK fortgeführt und schlossen 2820 Personen ein, von denen die Hälfte schwachsinnig war. →KALLIKAK

Jung, Carl Gustav (1875–1961), Begründer der analytischen Psychologie. Geb. i. d. Schweiz, 1895 Studium d. Medizin (Basel), 1909 Züricher psychiatrisches Krankenhaus (v. BLEULER geleitetes «Burghölzli»). 1902 Promotion über okkulte Phänomene, 1905 Habilitation, Oberarzt. Distanzierung von FREUDS Triebtheorie. 1913–1919 Entwicklung des «Individuations»-Begriffs (aus Selbstbefragung seiner Träume). Anschließend Ausarbeitung seiner tiefenpsychologischen Lehre, der «Analytischen (o. Komplexen) Psychologie», die v. a. bzgl. des Unbewußten v. d. Psa. abweicht. Das sog. allen Menschen gemeinsame «Kollektive Unbewußte» ist der Sitz der sog. «Archetypen» (Urbilder, universelle mythische Symbole). J.'s Werke beeinflußten nicht nur die (Tiefen)Psychologie, sondern das gesamte moderne geistige Leben.

Justizforschung, Untersuchung der Prozeßbeteiligten als Personen und als Instanzen und der im Gerichtsverfahren wirksamen sozialps. Prozesse.

juvenil [lat. *juvenilis*], jugendlich

Juvenilismus, Begr. zur Kennzeichnung einer Entwicklungsphase. Im Ggs. zum →Infantilismus (mit der darin enthaltenen Akzentuierung des Stehenbleibens auf kindlicher Stufe) weist der Begr. J. auf die normale Entfaltung der Jugendlichkeit hin.

J

K

K, Symbolzeichen für *incentive* [engl.], →Anreiz, Köder (HULL)

k, Symbolzeichen für Kraft (i. S. LEWINS, z. B. kPZ) Kraft, die auf die Person (P) wirkt und eine Lokomotion auf ein Ziel (Z) verursacht.

K-ABC [T] KAUFMAN

Kachexie [gr. *kakos* schlecht, *exis* Zustand], schlechter Ernährungszustand, Kräftezerfall bei schwerem Leiden, fällt auf durch abgezehrtes, eingefallenes Äußeres

Kaderschulung [frz. *cadre* Stamm, fester Bestand], in der Betriebsps. die Schulung der Meister und Vorarbeiter (als der die Arbeitsgruppen ausrichtenden Führungskräfte)

Käfig-Test [T] BOGEN

Kalkül, im strengen Sinn eine Herstellungsvorschrift für Zeichenreihen.

In einer Zeichentabelle werden die innerhalb des K. erlaubten Zeichen festgelegt. Mit bestimmten Formregeln wird festgelegt, in welcher Weise diese Zeichen zu Formeln kombiniert werden dürfen. K. sind rein syntaktische Gebilde, in denen von der inhaltlichen Bedeutung der Zeichen oder Zeichenreihen nicht die Rede ist. Eine vollständig kalkülisierte Theorie ermöglicht es, die Folgerungen aus der Theorie durch rein schematische Operationen zu gewinnen, ohne daß irgendeine Art «Logischer Schluß» notwendig wäre (Verschärfung der →axiomatischen Methode, die die Gültigkeit bestimmter logischer Schlußregeln noch implizit voraussetzt). **[L]** LORENZEN 1958 *D. Dörner*

Kallikak, fiktiver Name für eine von GODDARD (1912) untersuchte Familie, die zwei Linien von Abkommenschaft hatte, deren eine aus 496 geistig gesunden und lebenstüchtigen Mitgliedern bestand, dagegen die zweite 480 meist degenerierte und schwachsinnige Personen aufwies.

Kälteempfindung, die durch die Kältepunkte (die KRAUSEschen Endkolben als Rezeptoren) wahrgenommenen Temperaturen. • Die K. gilt als paradox, wenn z. B. eine warme Nadel auf einem Kältepunkt als kalt empfunden wird, da ohne Ansehung des Tatbestandes die Kältepunkte stets mit kalt reagieren. →Temperaturpunkte

Kampfverhalten, (biol.) Verhaltensweisen, die auf das Bedrohen, Unterdrücken, Vertreiben oder Töten eines Gegners gerichtet sind. Man unterscheidet Beschädigungs- und →Kommentkämpfe. Durch K. werden Rangordnungen oder Territoriengrenzen bestimmt. →Territorialverhalten *V. Preuss*

Kanal, physikalisches System zur Nachrichtenübertragung.

Mathematisch charakterisiert durch ein Eingangsalphabet (die Menge möglicher Eingangszeichen), ein Ausgangsalphabet (die Menge möglicher Ausgangszeichen) und eine Funktion, die jedem Eingangszeichen eine Wahrscheinlichkeitsverteilung von Ausgangszeichen zuordnet. Wirken in dem K. keine Störungen, dann wird jedem Eingangszeichen genau ein Ausgangssymbol zugeordnet. Es gibt Raumkanäle zur Übertragung von Nachrichten von einem Raumpunkt zum anderen und Zeitkanäle von einem Zeitpunkt zum anderen. Zeitkanäle sind z. B. die Speichereinheiten von Rechenautomaten. • K. bei LEWIN →Kanal-Modell *D. Dörner*

Kanalisierung [engl. *canalization*], ein aus der amerik. Sozialps. stammender Begr. für die Verfestigung bestimmter menschlicher Antriebe und Bedürfnisse, Verhaltensweisen, Formen des Benehmens und des Brauchtums durch Gesellschaft und Kultur (Sitten, Normen, Tabus, Traditionen). • Bei LEWIN und den Gestaltpsychologen ist K. das Hineinfügen der Antriebe in einen Handlungsentwurf. • In der →Kybernetik ist K. die Überlagerung (Übertragung) von Informationen auf Kanäle. →Kanal

Kanalkapazität, die maximale Informationsmenge in →bit/sec, die man störungsfrei über einen →Kanal übertragen kann.

Kanal-Modell, von LEWIN (1943) am Beispiel der Analyse von Eßgewohnheiten entwickelte Darstellung der Wege, auf denen Güter (im allgemeinen Modell auch Personen und Nachrichten) Bewegungen vollziehen.

Das Modell «zeigt bestimmte, soziologisch definierte Stellen wie die Pforten und sozialen Kanäle auf, wo Haltungen für das soziale Geschehen bedeutsam sind und wo die Entscheidungen von Individuen oder von Gruppen eine besonders starke soziale Auswirkung haben» (LEWIN 1963). «Pförtner» (im Haushalt z. B. die Hausfrau, in sozialen Institutionen z. B. Funktionäre) entscheiden, was gegessen oder getan wird und was nicht (*gate-keeper-function*, auch mit «Schleusenwärterfunktion» übersetzt). Das K.-M. ist also ein begriffliches Hilfsmittel der ps. →Ökologie und der Ps. der Massenmedien. *R. Bergius*

Kannibalismus [span.], Menschenfresserei, →Anthropologie

kanonisch, der Regel entsprechend, Beziehungen zwischen Variablen der therapeutischen Verhaltensintervention und Variablen des Gesprächsflusses in dieser Situation sind k., wenn sie kunst- und regelgerecht sind.

kanonische Korrelation, ein Verf. der multivariaten Statistik, in dem zwei Sätze von Variablen (z. B. Prädiktoren und Kriterien) simultan in Beziehung gesetzt werden. Dabei werden für alle Prädiktoren und für alle Kriterienvariablen Gewichtungsfaktoren derart bestimmt, daß die Korrelation zwischen den Linearkombinationen ein Maximum wird. Für den Fall, daß nur ein Kriterium vorliegt, geht die k.K. in die multiple →Regression über. *A. Zimmer*

Kanten →Graph

Kantor, Jacob R. (1888–1984), Begründer des sog. «Inter-Behaviorismus». Ph.D. 1917 an der Univ. of Chicago, anschl. Indiana-Univ. K. war mit den Behavioristen der Auffassung, daß höhere geistige Prozesse nicht objektiv analysierbar sind. Folglich hat sich die Psychologie damit auf die Untersuchung der Interaktion eines Organismus' mit Stimulus-Situation zu befassen. Die Interaktion zw. dem Organismus und den Objekten erfolgt über vermittelnde Prozesse.

Kapazität [lat. *capax* fassungsfähig, empfänglich], Fassungsvermögen, Leistungsfähigkeit

Kapazitätstheorie der Aufmerksamkeit, Theorien, vertreten z. B. von KAHNEMAN (1973), MASSARO (1975) und POSNER (1978), die Aufmerksamkeitsphänomene weder mit Filterungsprozessen (BROADBENT 1958, DEUTSCH & DEUTSCH 1963, NORMAN 1968 oder TREISMAN 1969) noch mit einer Aufteilung in →präattentive und synthetisierende Stufen (NEISSER 1967), sondern mit der reiz- und aufgabenabhängig steuerbaren Zuweisung nur beschränkt vorhandener unspezifischer Verarbeitungskapazität (MASSARO) oder Verarbeitungswege (*pathways*, POSNER) erklären. Die K. können eine Reihe von Daten besser erklären als die genannten Alternativen, z. B. die Reservekapazität (engl. *spare capacity*) und semantische Effekte in der *Shadowing*-Aufgabe. *W. Glaser*

Kapillaren [lat. *capillus* Haar], syn. Haargefäße, feinste, dünnwandige Blutgefäße, die dem Stoffaustausch zwischen Blut und Geweben dienen.

Kappa-Effekt, Bez. für die bei der Schätzung eines zeitlichen Intervalls auftretende Abhängigkeit von der räumlichen Distanz der Reize, →Tau-Phänomen.

Kappazismus, fehlende oder gestörte Artikulation der k-Laute (→Stammeln); häufig ersetzt durch «t». →Paralalie

Kaptation [lat. *captatio* eifriges Greifen, Haschen] →Faszination

kaptative Hemmung, nach SCHULTZ-HENCKE eine Hemmung des Besitzstrebens (→retentive Hemmung). Der Begriff «kaptativ» beinhaltet das gleiche wie der Begriff «oral» bei FREUD, ist jedoch unabhängig von der FREUDschen Theorie zu verstehen. Die k.H. äußert sich in einer Einschränkung der Strebungen des Haben-Wollens. **[L]** SCHULTZ-HENCKE 1951

Kaptivation [lat. *captivus* gefangen], schlafähnlicher Zustand zu Beginn der Hypnose, auch Pseudohypnose genannt. →Faszination

K

Kardinaleigenschaft, eine in der Persönlichkeit beherrschend angelegte Eigenschaft. Man hat die K. auch «maßgebende Gesinnung», «beherrschende Leidenschaft», «hervortretenden Zug» der Persönlichkeit genannt. Die K. sei meist leicht erkennbar. In der Regel sind mehrere K. im Spiel. Weniger wesentliche Eigenschaften bezeichnet man als Sekundäreigenschaften. Sie sind nicht so auffällig für die Person, treten auch nicht deutlich in Erscheinung. **[L]** G. W. ALLPORT 1949

Karma [Sanskrit: Tun, Tat], das durch Taten im vorangegangenen Seinsablauf bewirkte Schicksal. Die indische K.lehre hängt mit der Seelenwanderungstheorie (Reinkarnation) zusammen.

Kartei-Test, ein Test, bei dem eine Kartei nach verschiedenen Ordnungsgesichtspunkten zusammenzustellen ist. Analog Katalog-Test. Beispiele **[T]** BAUMGARTEN, GIESE, TRAMER

Kartenwechsler, Apparat für Gedächtnisversuche, bei dem Karten, die mit Worten, Figuren u. dgl. bedruckt sind, dem Betrachter nacheinander dargeboten werden.

Kaspar Hauser, der Name dieses nach Herkunft und Schicksal rätselhaften jungen Mannes (1812–1833) ist für das Phänomen der gesellschaftlichen Absonderung und ihrer Auswirkung herangezogen worden.

K.-H.-Komplex. Die von A. MITSCHERLICH beschriebene Entwicklungsstörung, die durch Isolierung und fehlende soziale Bindung hervorgerufen ist, fällt durch Gemütsarmut sowie Kontaktschwierigkeiten auf: «Der Komplex des modernen Massenmenschen ist ein Komplex im Stile Kaspar Hausers». • K.-H.-Versuche spielen in der Verhaltensforschung der Tierps. eine Rolle. Tiere werden in strenger Isolierung (mit Entzug jeder Erfahrungsbildung) aufgezogen. Die Versuche sollen erlauben (LORENZ), genetisch bedingte Verhaltenskomponenten zu erkennen. **[L]** MITSCHERLICH 1950, TINBERGEN 1951

Kastration [lat. *castrare* der Zeugungskraft berauben], die operative Entfernung der Hoden bzw. der Eierstöcke oder auch die Zerstörung des Keimdrüsengewebes (z. B. durch Röntgenbestrahlung). • Von der K. zu unterscheiden ist die →Sterilisation.

Kastrationskomplex, nach FREUD entstehen in der Ödipusphase bei Knaben und Mädchen Kastrationsphantasien als eine Antwort auf das Rätsel, das der anatomische Geschlechtsunterschied diesen aufgibt: Vorhandensein des Penis oder Penislosigkeit.

Dem Mädchen ist der Penis genommen, dem Knaben kann er genommen werden. Der Knabe fürchtet die Kastration als Realisierung einer väterlichen Drohung und als Antwort auf seine sexuelle Aktivität; daraus entsteht bei ihm eine heftige Kastrationsangst. Beim Mädchen wird die Penislosigkeit als erlittener Nachteil empfunden, den es zu verleugnen, zu kompensieren oder zu reparieren sucht. Der K. hat enge Beziehungen zum →Ödipuskomplex und dessen Normen und Verboten. Weitere Beziehung hat der K. zum Virilitätskomplex der Frau, mit der Angst, nicht oder nicht ausreichend «reif» zu sein. **[L]** BRUN 1954 FREUD 1958

Kasuistik [lat. *casus* Fall], eine Sammlung von praktischen Beispielen (Krankheitsfällen, gerichtlichen Entscheidungen u. a.), die bei der Beurteilung ähnlicher Fälle Hilfe leisten soll. Während sich mit Kasuistiken keine gesetzmäßigen Aussagen belegen lassen, sind sie doch in der klinischen Praxis bzw. Ausbildung von hohem Wert beim Beziehen allgemeiner Sichtweisen und Regeln auf konkrete Situationen.

Kasusgrammatik, die K. geht davon aus, daß der propositionelle Kern des einfachen Satzes aus einem Prädikat besteht, mit dem ein oder mehrere Konzepte mit der semantischen Funktion von Argumenten (semantischen Kasus) verbunden sind (→Prädikat-Argument-Struktur). Diese sind für jedes Prädikat zu spezifizieren. FILLMORE (1968, 1971) unterscheidet folgende Argumente (vgl. ZIMMERMANN 1972):

1) den Initiator einer Handlung *(agent)*
2) denjenigen, der einen psychologischen Vorrang erhält *(experiencer)*
3) das Objekt, das einer Veränderung oder Bewegung unterzogen wird, das eine Empfindung auslöst oder ein Ergebnis darstellt *(object)*
4) das Mittel, mit dem ein Handelnder etwas tut *(instrumental)*
5) den auslösenden Faktor für ein Ergebnis *(causae)*
6) den Ursprung eines Prozesses oder einer Handlung *(source)*
7) das Ziel eines Prozesses oder einer Handlung *(goal)*
8) die Lokalisierung eines Vorgangs *(place)*
9) die Zeitumstände eines Vorgangs *(time)*.

FILLMORE (1968) nimmt an, daß die Argumente aus einer Menge universaler, vermutlich angeborener Konzepte bestehen, die bestimmten Urteilskategorien entsprechen, die der Mensch bei der Beurteilung seiner Umwelt verwendet. Über die Zahl der Kasus und ihre Benennung herrscht bis heute keine Einigkeit. →Argument *J. Engelkamp*

KAT, Kinder-Angst-Test **[T]** THURNER et al.

kata... [gr.], in Wtvb. herab, abwärts, entlang

Katabolismus, Abbaustoffwechsel, Proteinabbau; Gegens.: Anabolismus →Metabolismus

Katalepsie [gr. *katalepsis* das Erfassen], anhaltendes Verharren in einer best. Körperhaltung, Muskelspannung ohne aktive Bewegungsmöglichkeit und mit wechselndem Widerstand gegen passive Bewegungen. Kommt vor nach Schädelhirntrauma, Enzephalitis, bei →Epilepsie, →Katatonie.Suggestiv-K. liegt vor, wenn die Vp auf Befehl des Hypnotiseurs die Glieder in starrer Haltung beläßt.

kataleptische Starre, auch k. Brücke genannt. Eine der →Katalepsie zugehörige, durch →Hypnose (Hysterie) erzeugte starre Körperhaltung. →Arc de cercle

Katamnese, abschließender Bericht bei der Krankenbehandlung. I. w. S. findet der Begr. auch bei der ps. Diagnose bzw. in der Psychotherapie Verwendung. →Anamnese

Kataplexie [gr. *kataplesso* niederschlagen], syn. affektiver Tonusverlust; Schreckstarre, Schrecklähmung, durch einen Affekt (z. B. Lachen) ausgelöster kurzer Schwächeanfall

katathymer Wahn, Wahnbildung unter dem Einfluß bestimmter gefühlsbetonter Komplexe bzw. Affekte bei sonstiger Besonnenheit.

katathymes Bilderleben, syn. Symboldrama, Das k.B. ist eine tiefenpsychologisch orientierte Methode (H. LEUNER, 1980, 1981), deren Grundlage die Imaginationsfähigkeit eines Menschen ist. Der Klient wird in einen traum-ähnlichen Zustand (katathymen Zustand) versetzt, in dem Imaginationen hervorgerufen werden. Dieser ist u. a. gekennzeichnet durch eine Senkung und gleichzeitige Einengung des Bewußtseins, eine Erhöhung der Suggestibilität, eine Aufhebung des Zeitgefühls, Schwächung der rationalen Anteile der Abwehr, Vertiefung der Versenkung durch die Imaginationen, etc. Die imaginativen Inhalte (katathyme Bilder) werden im Hinblick auf Symbolcharakter bearbeitet.
Der Therapeut gibt Themen als Ausgangspunkt vor und greift lenkend und unterstützend in das Tagtraumgeschehen ein. Hinreichende Wirksamkeitsnachweise liegen bislang nicht vor. **[L]** LEUNER 1980, 1981 *F. Caspar*

Katathymie [gr. *kata* gegen, gänzlich, *thymos* Gemüt], Bez. f. den Sachverhalt, daß Wahrnehmung, Denken, Erinnerung etc. durch Affekte beeinflußt werden. K. auch gebräuchl. f. plötzlichen Stimmungswechsel.

Katatonie [gr. *tonos* Spannung], psych. Krankheit mit psychomot. Störungen. Als Spannungszustand mit Hemmung der Motorik (Stupor) und/oder als k. Erregungszustand mit psychmot. Erregung. Vork. z. B. bei →Schizophrenie o. Depression.

Katecholamine, Gruppe von Hormonen, die von wesentlicher Bedeutung im zentralen und vegetativen Nervensystem sowie im motorischen System sind. Die 3 Hormone aus der Gruppe der K. sind →Adrenalin, →Noradrenalin und →Dopamin. *W. Janke*

Kategorialurteil, Gesetz vom, Methode zur Erstellung einer Intervallskala aufgrund von Urteilen gemäß einer Ordinalskala (Rangurteile, Vergleichsurteile, Schätzurteile). Wie beim Gesetz vom →Vergleichsurteil erfordert die Skalierung von Kategorialurteilen bestimmte vereinfachende Zusatzannahmen. **[L]** ATTNEAVE 1949, GUILFORD 1954, SIXTL 1967 *G. Lüer*

Kategorie [gr. *kategora* Aussage], im allg. Sprachgebrauch: Art, Sorte, Klasse, Gruppe.
• In Logik und Erkenntnistheorie: die allgemeinsten Formen von Aussagen, die man über einen Gegenstand machen kann, die allgemeinsten Bestimmungen eines Gegenstandes, die das Denken treffen kann, die «Stammbegriffe», «Verstandesbegriffe» (KANT), die als Handlungen des reinen Denkens auf die Gegenstände angewendet werden wie z. B. Qualität, Quantität, Beziehung, Modalität. • In der Gestaltpsychologie ist es vor allem die kategoriale Geformtheit des Vorgefundenen (vor allem Denkarbeit), die untersucht worden ist. Auch der Begr. «Realrelation» (BENUSSI) ist in diesem Zusammenhang geprägt worden (Realrelation als angetroffene Relation im Ggs. zur gedachten oder denkbaren Relation). **[L]** METZGER 1954, MICHOTTE, WERTHEIMER 1963

Kategorienbildung **[T]** ARNOLD, GOLDSTEIN, HANFMANN-KASANIN, STERN, TRIST-HARGREAVES, ZILIAN, →g-Faktor

Kategoriensystem, Bez. für Klassen von Gegenständen, die geordnet gruppiert werden. In der Soz.-Ps. z. B. das von BALES (1950) entwickelte Verfahren zur systematischen Beobachtung. →Führung, →Interaktionsanalyse, →Beschreibung.

kategorischer Imperativ, unbedingte Forderung im Ggs. zu einem bedingten, hypothetischen Imperativ. KANTS «Handle so, daß die Maxime deines Willens jederzeit zugleich als Prinzip einer allgemeinen Gesetzgebung gelten könnte» (Sittengesetz) ist die bekannteste Formulierung.

Kategorisierung [engl. *categorization*], einerseits ein Grundprinzip der Reduzierung von Komplexität, nach dem Individuen (bzw. soziokulturelle Gemeinschaften) die überwältigende Fülle des in der Welt begegnenden Einzelnen in →Kategorien aufgliedern (→category, coding system bei BRUNER, GOODNOW & AUSTIN 1956), welche durch bestimmte Merkmalsstrukturen beschreibbar sind. Andererseits der Prozeß, in dem irgendein konkretes Element (z. B. ein wahrgenommenes Objekt) vermittels seiner Merkmalsstruktur einer bestimmten Kategorie subsumiert wird. **[L]** ROSCH & LLOYD 1978 *G. Kaminski*

Katharsis [gr. *katharein* reinigen, engl. auch *abreaction*] (BREUER, FREUD), Reinigung, geistig-seelische Läuterung. Der Begr. stammt aus der Poetik des ARISTOTELES. Die Psa. griff ihn mit neuer Bedeutung auf. →kathartische Methode

kathartische Methode, als Urheber dieser psychoanalytischen Methode gilt J. BREUER, der diese Verfahren 1895 zusammen mit Freud weiterentwickelte. Grundannahme ist hier, daß ein Patient über das Offenlegen und wiederholte Durchleben seiner Gedanken und Träume unerwünschte Affekte bewältigen und somit zur Heilung gelangen kann. Das Vorgehen taucht als Teil verschiedener moderner Psychotherapieformen auf, die Wirksamkeit für die isolierte Methode ist ungenügend belegt. [L] BREUER & FREUD 1907

F. Caspar

Kathexis, Besetzung. Begr. aus der psychoanalytischen Schule. Bezeichnet die Konzentration psychischer Energie auf eine bestimmte Person, Sache oder Idee. Z. B. Egokathexie meint Konzentration der Libido auf das Ich (Narzißmus).

Katz, David (1884–1953), KATZ wurde durch seine Arbeiten zur Verbindung von experimentellen und phänomenologischen Methoden bekannt.

Kaufmann, Fritz (1875–1934), Neurologe / Mannheim

Kaufmann-Methode, KAUFMANN-KEHRER-Methode, nach dem Mannheimer F. KAUFMANN benannte Behandlung psychogener (hysterischer) Lähmungen durch schmerzhaftes Elektrisieren und in der Form der →Protreptik (Überrumpelungsverfahren)

Kausalattribution, →Attribuierung

Kausalgie →Schmerz

Kausalität, [lat. *causa* Ursache, Grund] der Begr., der auf die Beziehung zwischen Ereignissen, Abläufen, Objekten usw. nach vorausgehender Ursache und nachfolgender Wirkung hinweist.

K. ist apriorische Denkform oder Realzusammenhang oder Wahrscheinlichkeitsregel u. a. m. je nach (philosophischer) Grundkonzeption. →Funktionalismus. • Zur Abhängigkeit von Seele und Körper →Leib-Seele-Problem. • Psychische Kausalität: Ursache-Wirkung-Zusammenhang innerhalb des ps. Geschehens; auch die Wahrnehmung und Erlebbarkeit der Kausalität als besondere Beziehungsfolge. Besonders das letztere ist vielfältig gedeutet worden: Ableitung aus der Assoziation (HUME), Erfassung der Kausalität als Mittel-Zweckabfolge und als Aufgabe-Erfüllungszusammenhang. Man unterschied auch drei Kausalitätsebenen: die Gleichbleibungs- oder Erhaltungskausalität, die Veranlassungs-, Auslösungs- oder Anstoßkausalität (reinste Form z. B. der Willensimpuls) und eine Ganzheitskausalität als reaktives Antworten auf jederart Anstoß.

Kausalität, phänomenale, bei bestimmten Bewegungs- oder Handlungssituationen unterstellt der Beobachter entsprechenden Gegenständen (oder Personen) eine Ursachefunktion oder absichtliches Handeln. →Kausalitätswahrnehmung

Kausalitätswahrnehmung, Bez. für die Frage, besonders ihre exp. Bearbeitung, wie der kausale Zusammenhang von einem Geschehen zu dem anderen (es bedingenden, beherrschenden) «erfahren» wird.

Die Gestaltps. hat bei der Ursache-Wirkung-Abfolge zur Erkenntnis geführt, daß «mechanische Kausalhandlungen» ebenso unmittelbar wie die Formen und Bewegungen (einschl. Täuschungen) wahrgenommen werden. Mit den von MICHOTTE eingeführten Experimenten, insbes. dem Entraînement-Versuch (Fort-Schieben), dem Lancement-Versuch (Fort-Stoßen) und anderen →Tunnelphänomenen wurde gezeigt, daß die K. mit globalen, «durch die gesamte Reizkonstellation bestimmten Einheiten mit spezifischen Eigentümlichkeiten» (MICHOTTE 1966) erfolgt. →Kausalität, phänomenale. [L] HEIDER 1958

Kausalmodelle, Theorie der [engl. *causal model theory*], eine von M. WALDMANN und K. HOLYOAK begründete Theorie des kausalen Wissenserwerbs. Sie erklärt, wie Vorwissen über Kausalität mit Lernen interagiert. Solches Kausalwissen beinhaltet beispielsweise das Prinzip temporaler Priorität, welches besagt, daß Ursachen zeitlich vor ihren Effekten vorhanden sind und das Prinzip der kausalen Gerichtetheit, nach dem Ursachen ihre Effekte beeinflussen und nicht Effekte ihre Ursachen. Kausalwissen beinhaltet außerdem Wissen über typische, sich aus diesen Prinzipien ergebende statistische Muster im Auftreten von Ereignissen. Die Theorie der Kausalmodelle nimmt an, daß abstrakte wissensgeleitete Faktoren den Kausalerwerb steuern. Damit ist gemeint, daß zumindest immer dann, wenn kein bereichsspezifisches (*domain specific*) Wissen vorhanden ist, allgemeines Vorwissen beim Lernen genutzt wird. Die Theorie postuliert generell, daß das Wissen um strukturelle Eigenschaften von Ursachen und Effekten den Aufbau der kognitiven Repräsentation des Lernmaterials und ihre spätere Nutzung beeinflußt. Die Theorie hat wichtige Implikationen für die Entwicklung kausalen Denkens. [L] WALDMANN 1996, 1997, WALDMANN, HOLYOAK, & FRATIANNE, 1995

U.-D. Reips

Kausalversuch →Versuchsverlauf

Kausalwissen →Kausalmodelle, Theorie der

Kava-Kava, als Arzneimittel eingesetzter Stoff aus der Gruppe der pflanzlichen Arzneimittel bzw. →Phytopharmaka. Gewonnen aus dem Wurzelstock Rhizoma. Gebraucht bei Riten polynesischer Völker. Wirkt wie die synthetischen →Tranquillantien vom Typ der Benzodiazepine erregungs- und anspannungsmindernd bei Angst-, Spannungs- und Unruhezuständen. →Phytopharmaka *W. Janke*

KBT [T] KIRSCH

Keimbahn, bei den höheren Organismen überleben nur die Keimzellen und deren Abkömmlinge den Tod des Individuums. Unter K. versteht man die Abfolge der durch Zellteilung auseinander hervorgehenden Zellen von der →Zygote zu den Keimzellen der folgenden Individuen-Generationen.

Keimblatt →Keimesentwicklung

Keimdrüsen, Geschlechtsdrüsen, Sexualdrüsen, Gonaden. Hoden und Eierstöcke (Testes, Testiculi oder Testikeln und Ovarien).

Die Keimdrüsen sind Drüsen mit äußerer (hier: germinativer) Funktion, da sie Spermien bzw. Eier produzieren, und Drüsen mit innerer Sekretion, indem sie →Hormone bilden. Die männlichen Keimdrüsenhormone sind das Testosteron und seine Ausscheidungsform Androsteron (Anregung der Samenbildung, Spermiogenese, Spermatogenese). Die weiblichen Hormone sind die Follikelhormone Östradiol, Östriol, Östron (sog. Brunsthormon), die die im Vierwochenzyklus verlaufende Ovulation (Eireifung und Eiausstoßung) regeln, und das antagonistische Gelbkörperhormon (Corpus-luteum-Hormon) Progesteron, das während der Schwangerschaft wirksam ist. Die Keimdrüsentätigkeit wird von den übergeordneten geschlechtsunspezifischen Hormonen des Hypophysenvorderlappens, den Gonadotropinen, gesteuert. • Manche Abhängigkeit zwischen den K.hormonen, dem Geschlechtstrieb und der allg. Aktiviertheit des Individuums ist noch ungeklärt, wenn auch grundsätzlich jede Störung oder der Ausfall der K.funktion eingreifende seelische Veränderungen bewirken und die Entfernung der K. (vor der Pubertät) die Ausbildung der sekundären Geschlechtsmerkmale verhindert. →Infantilismus, →Kastration

Keimdrüsenhormone, syn. →Gonadenhormone

Keimesentwicklung (bei Wirbeltieren), im ursprünglichen Fall entsteht aus der →Zygote durch Zellteilung zunächst eine →Morula, die sich im Laufe weiterer Zellteilung zu einer einschichtigen Hohlkugel umbildet (Blastula). Diese stülpt sich (im Idealfall) handschuhfingerförmig ein, wodurch eine zweischichtige Blase mit einer Öffnung entsteht (Gastrula).

Der Vorgang der Einstülpung wird als Gastrulation bezeichnet. Die beiden Zellschichten (Keimblätter) der Gastrula bilden das primäre Ektoderm (äußere Schicht) und Entoderm (innere Schicht). Durch Prozesse, die bei den einzelnen Tiergruppen sehr verschieden verlaufen können, wird zwischen Ekto- und Entoderm eine 3. Schicht ausgebildet, das 3. Keimblatt oder Mesoderm. Aus dem Ektoderm entstehen während der Embryonalentwicklung z. B. die Oberhaut, das Zentralnervensystem und die Sinnesorgane. Das Entoderm entwickelt sich zum Darm und seinen Anhängen (z. B. Lunge, Leber). Aus dem Mesoderm entstehen z. B. die Muskulatur und das Skelett.

Kelly, George Alexander (1905–1967), amerik. Psychologe, Klinische Ps., Personalistik. Begründer der Theorie der personellen Konstrukte. Ph.D. 1938 an der State-University of Iowa, dann Ohio-State-University, wo er sich dem Gebiet der Klin. Ps. – zus. mit ROTTER - widmete. K. hat v. a. die Theorie der personellen Konstrukte entwickelt. Das Verhalten einer Person resultiert aus der jew. individuellen Antizipation der Ereignisse. Die Antizipation läßt sich u. a. mit Hilfe der pers. Konstrukte ermitteln.

Kelly-Test →Rep-test

Kendall, Maurice George (*1907). Statistiker / London

Kendalls τ (Tau), ein nichtparametrisches Korrelationsverfahren, dessen Anwendung Ordinalvariablen voraussetzt. Die Berechnung erfolgt nach

$$\tau = \frac{2\,S}{n\,(n-1)}\,,$$

wobei S die Anzahl jener Rangpaare der zweiten Variablen darstellt, die in richtiger Reihenfolge stehen, wenn die erste Rangreihe in natürliche Ordnung gebracht wurde. τ ist algebraisch nicht vergleichbar mit dem SPEARMANschen und dem PEARSONschen Korrelationskoeffizienten. *G. Mikula*

Kendalls W →Konkordanzkoeffizient

Kenntnisse, gespeicherte und aktualisierte Wissensbestände, die mit →Kenntnistests *(achievement tests)* gemessen werden können. K. ist ein Begriff, der mehr Bedeutung für die Pädagogik als für die Psychologie hat, weil es kaum möglich sein dürfte, eine besondere Klasse von kognitiven Strukturen als K. von anderen mit ps. Kriterien abzugrenzen. Man kann verschiedene Arten von K. unterscheiden: (1) Sach-K., bezogen auf Dinge und Sachverhalte, die als anschauliche Vorstellungen oder als begriffliche Beziehungen gegeben sein können; (2) Verhaltens- oder Verfahrens-K., zu denen auch Fertigkeiten *(skills)* gehören und die sich auf so einfache Handlungen wie Radfahren oder Schreiben beziehen, aber auch auf komplizierte geistige Tätigkeiten, wie Prozesse des Problemlösens; (3) Norm-K., die sich z. B. in einigen sozialen Fertigkeiten mit (2) überschneiden und die von der Kultur oder Subkultur, der man angehört, erwünschte und häufig praktizierte Verhaltensweisen bestimmen (meist wird die kognitive →Repräsentation von Verhaltenskenntnissen und Regelkenntnissen «Wissen», dagegen die Fähigkeit sie anzuwenden «Können» genannt. →Kompetenz, interpersonale Kompetenz); (4) Wert-K., die das Gesamt der übermittelten religiösen, sozialen, ästhetischen, ökonomischen, politischen Werte umfassen. K. der Resultate (KR, auch: Kenntnis des Erfolgs) sind beim Lernen von Fertigkeiten wichtige Voraussetzungen, die die Lerngeschwindigkeit, die →Motivation und die Qualität des →Lernerfolges beeinflussen (ULICH 1964). An K. können bestimmte allgemeine Merkmale festgestellt werden: Richtigkeit, Allgemeinheit, Konkretheitsgrad, Eingebettetheit in Systeme, Dauerhaftigkeit, Verfügbarkeit (Disponibilität) und Sinnhaftigkeit.

R. Bergius

Kenntnis-Tests, Verf., die den Umfang an Wissen, Fertigkeiten und Erfahrungen auf bestimmten Gebieten erkennen lassen (z. B. Rechtschreiben, Rechnen, Sprachen, Technik). Keine ps. Tests im engeren Sinne. Auch die Gleichstellung der K. mit den →Schulleistungstests ist nur eingeschränkt berechtigt.

Kent-Rosanoff-Test [T] KENT

Kent, Grace (Helen) (1875–1973), amerik. Psychologin / Univ. Miami

kephal →cephal

Kephalometrie [gr.], Messung der Kopf- und Schädelform (→Kraniometrie)

Kernneurose (J. H. Schultz), eine Neurose, die nicht durch äußere Einflüsse, sondern durch die psychische Eigenart des Patienten bedingt ist, daher auch charakterogene Neurose genannt.

Kernsatz, in der 1957er Version der →generativen Transformationsgrammatik (CHOMSKY) Bez. für all jene →Sätze, die unter Anwendung ausschließlich obligatorischer →Transformationen gebildet werden, d. h. die «einfachen, deklarativen, aktiven Sätze» (z. B.: Der Junge sah den Schüler), nicht dagegen z. B. die mittels fakultativer Transformationen gebildeten Passiv-, Negativ- und Fragesätze. • Der Begriff K. hat seitdem viel an Präzision eingebüßt und ist für die Theorie praktisch bedeutungslos. Auch die psycholinguistischen Experimente zu den K. wurden durch die linguistische Theoriebildung überholt.

Ketamin, WZ Ketanest®, psychotroper Stoff aus der Reihe der (psychedelischen) →Narkotika, strukturverwandt mit →Phencyclidin. Person scheint eher geistig abwesend zu sein als zu «schlafen». Anwendung im Rahmen der Chirurgie zusammen mit →Benzodiazepinen. K. wird in subanästhetischen Dosen zur Induktion von →Modellpsychosen eingesetzt. Wirkungsmechanismus: Blockade von NMDA-Glutamatrezeptoren. K. wird vielfach mißbraucht. [L] JULIEN 1997 *W. Janke/H. Schröder*

KETR [T] KLIMPFINGER

Kettenreaktion (GIESE), Reaktionsform, bei der auf mehrere gleichzeitig gegebene Reize mit einer Reihe von – in sich verbundenen – Reaktionen zu antworten ist. →Reaktionsversuch

Kettenreflex, zusammengesetzte Reflexbewegung, wobei jede einzelne Bewegung den Reiz für die nächste auslöst. Nach älterer Auffassung wurden die Instinkthandlungen zu den Kettenreflexen gerechnet.

Kettentheorie (METZGER), die im Ggs. zur Prägnanztheorie (→Prägnanztendenz) stehende (ältere, atomistische) Annahme, daß in der Wahrnehmung Gruppengebilde und Ganze dadurch zustande kommen, daß je zwei benachbarte Teile oder Elemente aufgrund ihres Sachverhältnisses sich zusammenschließen und durch die Fortsetzung bzw. Häufung solcher Zusammenschlüsse, auch durch mehrfache Koppelungen beliebig ausgedehnte Ganze entstehen.

Kettwiger Schultest [T] INGENKAMP

KFP 30, Kurzfragebogen für Problemfälle [T] MÜLLER et al.

Kinästhesie [gr. *kinein* bewegen, *aisthesis* Empfindung], auch kinästhetischer, kinetischer Sinn, Muskelsinn, Gemeinsinn genannt (Qualität der Tiefensensibilität). Der Begriff K. wurde von BASTIAN 1880 für Bewegungswahrnehmung geprägt. Zweifellos gibt es (nichtoptische, nichttaktile, nichtakustische) propriozeptiv (→Rezeptor) vermittelte Bewegungswahrnehmungen (Stellung, Geschwindigkeit, Beschleunigung) des eigenen Körpers oder seiner Glieder als eigene Phänomene.
Daß diesen aber ein physiologisch funktionell einheitlicher Sinn (→Sinn, →Sinnesfunktionen) entspricht, ist unwahrscheinlich. Es wurden verschiedene Sinne bzw. Rezeptoren

(GOLGI-Rezeptoren, Muskelspindeln, Gelenkstellungsrezeptoren, Gleichgewichtssinn, Spannungsempfindungen u. a.) als Bestandteile des kinästhetischen Sinns angenommen. An der Entstehung der Wahrnehmung einer Körper-, Gliedbewegung sind nach heutiger Auffassung efferente und afferente (sensorische) Funktionssysteme beteiligt, die Informationen sowohl im Zeitquerschnitt wie auch über Zeitintervalle aufbereiten. Zur Untersuchung der K. wurden verschiedene Aufgaben (z. B. Wiederauffinden optisch oder taktil aufgenommener Raumpunkte) verwendet. Faktorenanalytische Studien ergaben meistens geringe Interaufgabenkorrelationen bzw. verschiedene «kinästhetische» Komponenten. *P. Day*

Kinästhesiometer, Gerät zur Feststellung der Bewegungsempfindungen bzw. der kinästhetischen Genauigkeit.

kinästhetische Halluzinationen, Täuschungen auf dem Gebiet des kinästhetischen Sinnes, z. B. der Eindruck, daß man sich in Bewegung befindet, der nach einer längeren Autofahrt auftreten kann.

kinästhetischer Typus →Typologie (Vorstellungstypen)

Kind, Person während der Entwicklungsspanne um die Geburt (perinatal) bis zum Beginn der Erwachsenenreife (→Pubertät). Früher nahm die →Entwicklungsps. eine Einteilung nach Lebensaltern vor und konnte typische, altersabhängige Erscheinungsweisen beschreiben (z. B. bei BÜHLER, KROH, BUSEMANN, WERNER). Heute dienen Bez. wie Kind und Unterteilungen wie Säugling, Kleinkind, Kindergartenkind, Schulkind in der wissenschaftl. Literatur meist nur als Verständigungshilfen, weil die Entwicklung als «Prozeß mit nahezu unendlich vielen Freiheitsgraden» (OERTER 1980) zu betrachten ist. Alterstypische Eigenschaften sind deshalb nicht mehr zwangsläufig gegeben, sondern werden als Ergebnis sich ständig mit den Ursachen ändernder, aufeinander aufbauender Funktionszusammenhänge angesehen, die von der umgebenden Kultur, der Struktur der Aufgaben (Probleme) und der Zukunftsorientierung des Individuums bestimmt werden. • Erste Beiträge zur Kinderpsychologie lieferten TIEDEMANN (1787), SIGISMUND (1856), PREYER (1882), spätere bahnbrechende Autoren sind K. und Ch. BÜHLER, GROSS, W. STERN, neben solchen Forschern, die die ps. Kinderdiagnostik förderten, wie BINET, HETZER, A. GESELL u. a., sowie solchen, die die Entwicklung der grundlegenden Funktionen eingehend erklärt haben, wie PIAGET. →Kinderzeichnung. [L] TRAUTNER *H. Ries*

Kindchenschema, Körper- und Verhaltensmerkmale des kindlichen Organismus, die auf den Erwachsenen als aggressionshemmendes Reizmuster wirken. Nach K. LORENZ (1943) reagiert der Mensch – wahrscheinlich angeborenerweise (→AAM) – auf die rundlichen Proportionen und die zaghaft bis tolpatschigen Bewegungen des Kleinkindes mit einer positiven Gesamteinstellung. *V. Preuss*

Kinder-Apperzeptions-Test [T] BELLAK

Kinderaussagen, Kinderzeugenaussagen →Aussagepsychologie

Kinderdorf →Hospitalismus

Kinder-Intelligenz-Test [T] ARNTZEN

Kinderpsychologie, klinische, Teilgebiet der →Klinischen Psychologie, das sich zunehmend spezialisiert [L] PETERMANN 1996 *L. Schmidt*

Kinderpsychotherapie, im Rahmen der verschiedenen Schulen wurden kindgerechte Adaptionen entwickelt: →Analytische Therapie für Kinder wählt zur Konfliktbearbeitung nicht den Weg des Bewußtmachens und Verbalisierens verdrängter Inhalte, sondern es werden deutungsfreie Analysetechniken herangezogen wie z. B. Malen, Bauen, Kneten, Spielen, Geschichtenerzählen. Ziel dieser Techniken ist es, das Kind zum Ausleben seiner Probleme anzuhalten. In der →Familientherapie werden die Symptome des Kindes vor dem Hintergrund der intrafamiliären Kommunikation betrachtet. In der →Verhaltenstherapie werden psychische Störungen als fehlgelernte Verhaltensweisen verstanden. Häufig werden Eltern und Lehrer als Mediatoren im Rahmen der Intervention einbezogen. Es wurden zahlreiche auf Kinder zugeschnittene Behandlungsprogramme (z. B. PETERMANN und PETERMANN 1996: Training mit aggressiven, selbstunsicheren Kindern) und Techniken entwickelt, die auch kognitive Verhaltensmodifikation anstreben (vgl. Selbstverbalisierungen im Sinne von MEICHENBAUM; Selbstkontrolltraining: «Detektivbogen» zur Selbstbeobachtung). In der →Klientenzentrierten, non-direktiven Therapie für Kinder werden die Grundzüge des Ansatzes von Rogers übernommen, doch kommt dem Spiel als Ausdrucksmittel für innere Vorgänge besondere Bedeutung zu, Sprache gewinnt erst mit zunehmendem Alter an Bedeutung (vgl. klientenzentrierte Spieltherapie von AXLINE). →Entspannungsverfahren arbeiten häufig mit bildhaften Vorstellungen. Bei medikamentöser Therapie sollte die symbolische, wie soziotrope Wirkung des Medikaments für Eltern und Kind, dessen Effekt auf Erwartungshaltung und Einstellung Berücksichtigung finden. [L] OLLENDICK & PRINZ, HARBAUER & SCHMIDT, PETERMANN, STEINHAUSEN & v. ASTER *F. Caspar*

Kinder- und Jugendpsychiatrie, Spezialbereich der Psychiatrie für das Kindes- und Jugendalter bis 18 bzw. 21 Jahre.

Hervorgegangen teils aus der Psychiatrie (vor allem in der Schweiz: TRAMER, LUTZ, auch in Deutschland: SCHRÖDER, EMMINGHAUS, HOMBURGER, VILLINGER, STUTTE und in den Oststaaten : SUCHERAWA), teils aus der Pädiatrie (vor allem in Frankreich: HOYER, auch in Deutschland: BENNHOLDT-THOMSEN), teils aus der Psychoanalyse (besonders in den angloamerikanischen Ländern: A. FREUD, M. KLEIN, WINNICOTT, BENDER, aber auch KANNER). In Österreich war neben der Pädiatrie (CZERNY, ASPERGER) von Anfang an eine enge Verbindung mit der Pädagogik (HELLER, AICHHORN). Entsprechend deutscher psychiatrischer Tradition bestand hier auch enge Verbindung mit der Neurologie als Neuropsychiatrie, die in der ehemaligen DDR und den meisten Oststaaten noch etabliert war. In Deutschland allmähliche Trennung, jedoch nie so weitgehend wie in der Erwachsenenpsychiatrie und -neurologie. 1974 Konstituierung einer deutschsprachigen Kinderneurologie im wesentlichen als Neonatoneurologie (PRECHTL, MATTHES, F. J. SCHULTE), unterschiedliche Abgrenzung der Altersgrenze nach oben.

Die K. u. J. umfaßt in der Regel noch die Adoleszenz mindestens bis 16 Jahre, meist bis 18 Jahre, in forensisch-psychiatrischen Fragen bis 21 Jahre (Geltungsbereich des JGG).

Klinisch-stationäre Einrichtungen als Vorläufer kinderpsychiatrischer Kliniken sind Heime für minderbegabte Kinder (SAEGER 1837), wahrscheinlich erste kinderpsychiatrische Abteilungen in Deutschland in Frankfurt durch H. HOFFMANN (Verfasser des Struwwelpeter; nach ihm benannt die Heinrich-Hoffmann-Medaille der Deutschen Vereinigung für Kinder- und Jugendpsychiatrie, erstmals 1957 vergeben für Verdienste um das hilfsbedürftige Kind), vor und nach dem Zweiten Weltkrieg eigene jugendpsychiatrische Landeskrankenhäuser. Erster Lehrstuhl in der BRD in Marburg 1954, erste selbständige Universitätsklinik 1958 daselbst. Fachvereinigung für K. u. J. gibt es in den meisten Kulturstaaten. 1940: Deutsche Gesellschaft für Kinderpsychiatrie und -heilpädagogik (WAGNER, v. JAUREGG, SCHRÖDER), wiedergegründet 1950: Deutsche Vereinigung für Kinderpsychiatrie (VILLINGER), seit 1971: Deutsche Vereinigung für Kinder- und Jugendpsychiatrie. International: UEP *(Union Européenne des Pédopsychiatres)* und IACPAP *(International Association of Child Psychiatry and Allied Professions).*

K. u. J. umfaßt als zentrales Arbeitsfeld die psychiatrischen Erkrankungen im Kindes- und Jugendalter, die kindlichen Psychosen und ihre Sonderform des *autismus infantum*, die Schwachsinnsformen jeder Genese und die kindlichen Neurosen einschließlich psychosomatischer Störungen, *Enuresis nocturna, Asthma bronchiale*, Pubertätsmagersucht, einschließlich ihrer speziellen Psychotherapie unter Beteiligung verschiedener Therapieformen (analytische Psychotherapie, Spieltherapie, Verhaltenstherapie, Gesprächstherapie u. a.). Aber auch die Folgen cerebraler Erkrankungen und Traumen jeden Schweregrades (frühkindliche Hirnschädigung, *minimal brain dysfunction*, posttraumatische und postencephalitische Zustände →Psychosyndrom) mit ihrer Rehabilitation bis hin zur ärztlichen Betreuung cerebral-organisch degenerativer und Stoffwechselerkrankungen. Ein weiterer Schwerpunktbereich sind die Entwicklungsstörungen jeder Genese, die sozialen Anpassungsstörungen, die Schwererziehbarkeit, die Dissozialität und Verwahrlosung bei Kindern und Jugendlichen einschließlich Kriminalität. Besondere gutachterliche Aufgaben: kinder- und jugendpsychiatrische Fragestellung zur Frage weiterer pädagogischer Maßnahmen, Sorgerechts- und Verkehrsregelungsfragen, strafrechtliche Fragen zu §3 JGG und §105 JGG (Strafreife und Jugendlichkeit), §20 und §21 StGB (Schuldfähigkeit), §828 BGB (zivilrechtliche Schuldfähigkeit), Glaubwürdigkeit, Entschädigungsfragen nach Impfschäden und nach Gehirnverletzung usw., Schuldfähigkeit. Das Fachgebiet der K. u. J. zeigt breite Berührungsflächen und Überschneidungen mit Nachbardisziplinen insbes. der Pädiatrie (Neurologie und Psychosomatik), Erwachsenenpsychiatrie (Psychiatrie der Adoleszenz, Sucht, forensische Psychiatrie), Psychotherapie (Kinderpsychotherapie), Klinischen Ps. (Psychodiagnostik und -therapie), Erziehungsberatung, Entwicklungsps., Pädagogischen Ps., Neurops., Pädagogik, Sozialpädagogik. In kinder- und jugendpsychiatrischen Einrichtungen finden sich daher in der Regel eine größere Anzahl ps., psychotherapeutischer und pädagogischer Mitarbeiter. Die K. u. J. sieht ihr wesentliches Aufgabengebiet auch in der Psychohygiene und -prophylaxe. In sozialtherapeutischer Hinsicht ergeben sich Aufgaben im Bereich der Eltern- und Eheberatung, der Gruppenarbeit mit Eltern, Erziehern usw.

In den Jahrzehnten ihrer Entstehung übernahm die K. u. J. im wesentlichen das Lehrgebäude der Erwachsenenpsychiatrie unverändert mit der Betonung der Anlagebedingtheit und Heredität psychischer Störungen. Später trat die Erkenntnis der Bedeutung und Mitwirkung organischer Psychosyndrome in den Vordergrund und schließlich eine zunehmende Beachtung psychodynamischer und soziokultureller Bedingungen. Die K. u. J. versteht sich besonders als die Disziplin, die das Zusammenwirken der einzelnen ursächlichen Komponenten, der exogen organischen, der hereditären und seelisch-reaktiven Faktoren zu klären hat. Sie muß versuchen, diese im Beginn der Fehlentwicklung zu erkennen und differentialtherapeutisch anzugehen. **[L]** NISSEN, HARBAUER et al. 1974, HOMBURGER 1926, LUTZ 1972, TRAMER 1964

Kinderzeichnung, seit etwa 100 Jahren als Teilgebiet der Ps. des Zeichnens bevorzugter Forschungs- und Demonstrationsgegenstand. Historisch im Zusammenhang mit der reformpäd. Kunsterziehungsbewegung und der Kultur- und Kunstkritik (Rückbindung an Ursprünge, Entdeckung der K., der Kunst der Primitiven und der Geisteskranken) zunächst (1) Sammeln und Massenuntersuchungen von K. (Fragestellungen: Entwicklungsstufen, Geschlechtsunterschiede, Kulturvergleiche, Altersnormen bes. für Intelligenz), daneben etwa ab 1910 (2) allgemeinps. sensomotorische und wahrnehmungsps., gestalt- und ganzheitsps. Interpretationen, ab 1925 (3) diagnostisch: charakterologische und persönlichkeitsps. Systematik (in Anlehnung formal an graphologische, inhaltlich an psychoanalytische Deutungsprinzipien), übergehend in (4) phänomenologische und ausdrucksps. Theorien und «klinische» Diagnose- und Prognosemuster.

In der entwicklungsps. Theorie dient die K. anfangs der Darstellung von Reifungsvorgängen unter der Annahme, daß sie als naive Gestaltung direkte Rückschlüsse auf die Art der Erlebens- und Reaktionsweisen erlaube und diese bildhaft und beispielhaft belege. Neuerdings schränkt man diese «Ausdrucksthese» ein, indem man die K. als eine sich immer ausgeprägter verselbständigende Zeichen- und Bildsprache auffaßt.

Damit ist auch die «Reifungsthese» (= gesetzliche Abfolge von Entwicklungsstufen z.B. bei Mensch- und Baumzeichnung) weitgehend suspendiert, weil die figuralen Differenzierungsreihen einer gestaltlogischen Strukturierung folgen, also objektbezogen und nicht personbezogen sind und mithin durchaus asynchron sein können. Wenn die frühen zeichnerischen Gestaltungen in ihrer Grundstruktur als nahezu unabhängig von kulturellen und historischen Einflüssen erscheinen («Unabhängigkeitsthese»), so ist dies stärker durch die den motorischen Lernverlauf bestimmende Reduktion der Bewegungsvielfalt (Schematisierung) auf wenige Grundformen und nicht so sehr durch das von Umwelt und Erziehung vermittelte Auffassungs- und Bedeutungserleben bedingt. Zwar sind alle primitiven (z. T. auch archaischen) Gestaltungsstufen auf wichtige Gestaltungsmerkmale hin vergleichbar und in Differenzierungsstufen parallelisierbar («Übereinstimmungsthese»), doch gilt dies nur hinsichtlich des Bauplanhaften und läßt nicht auf prinzipielle Gleichheit der Erlebens- und Erfahrungsstruktur schließen.

Nicht belegbar ist, daß sich die künstlerische Darstellung im Übergang aus der kindlichen Gestaltung entwickelt («Ursprungsthese»). Vielmehr bildet sie sich in der Begegnung mit der künstlerischen Tradition oder eigener, bereits erreichter Form. Dabei können, wie in der modernen Kunst, naive oder primitive Gestaltungsweisen für diese Auseinandersetzung von hohem Wert sein. →Kunstpsychologie, →orthoskopisches Zeichnen. **[L]** MÜHLE 1975 *G. Mühle*

Kindheits-Ich, nach BERNE (1967) «phänomenologische Realität» der Person, ein Ich-Zustand, der die in früher Kindheit erfahrenen Ängste und Aggressionen ausdrückt. Die anderen Zustände im Persönlichkeitsentwurf der →Transaktionsanalyse sind Eltern-Ich (kritisierend/stützend) und Erwachsenen-Ich (Informationen verrechnend).

Kinem →Kinesik, →Artikulem, →Phonem

Kinematik, Teilgebiet der Mechanik; in der →Psychomotorik Bezeichnung für die raumzeitlichen Eigenschaften von Bewegungen (Position, Geschwindigkeit, Beschleunigung). Als inverse Kinematik wird in →Robotik und

→Psychomotorik die «rückläufige Bestimmung» von Teilbewegungen (z. B. an den Gelenken des Arms) für eine bestimmte gewünschte Bewegung (z. B. der Hand) bezeichnet; die Lösung ist in der Regel uneindeutig (→koordinative Struktur). *H. Heuer*

Kinematometer →Sinnesfunktionen

Kinesik [gr. *kinesis* Bewegung, engl. *kinesics* in Anlehnung an engl. *linguistics* gebildet]. K. ist eine bestimmte Forschungsrichtung zur Unters. von Körperbewegungen in sozialen Interaktionen. In den fünfziger Jahren von dem Anthropologen BIRDWHISTELL begründet, wird die K. von ihm definiert als «die Wissenschaft vom körperlichen Kommunikationsverhalten».

Körperbewegungen werden als erlerntes kodiertes kommunikatives System angesehen (→nichtverbale Kommunikation), aufgebaut analog der Struktur der Sprache. Alle Mitglieder einer Gesellschaft müssen es beherrschen, um erfolgreich interagieren zu können. Methodisch an die deskriptive Linguistik angelehnt, wird nach Basiseinheiten (Kine bzw. Kineme, z. B. Augenbrauen heben, Kopfnikken; →Artikulem, →Phonem) gesucht, aus denen dann größere Einheiten, hierarchisch strukturiert, gebildet werden. Diese Annahme einer der Sprache analogen Struktur körperlichen Kommunikationsverhaltens ist in der Forschung umstritten. **[L]** BIRDWHISTELL 1968, 1970, GRAUMANN 1972, ARGYLE 1975

Kinesiologie, Lehre von der Bewegung. Sämtliche Störungen werden hier als eine Blockade des Energiesystems verstanden. Solche Energieblockaden gilt es zu identifizieren und korrigieren, um so wieder eine Energiebalance herzustellen. Es werden hierzu ein Muskeltestverfahren und Heilmethoden der chinesischen Medizin (Akupressur, Meridianmassage, etc.) herangezogen. Die Methode findet ihre Anwendung vor allem als unterstützendes Heilverfahren. In der Öffentlichkeit werden oft weitreichende Erwartungen geweckt, ausreichende Wirksamkeitsbelege liegen nicht vor. *F. Caspar*

Kinesiotherapie, Sammelbez. für Bewegungstherapie versch. Art. (Gymnastik, Atemübungen, Rhythmik, Entspannungsübungen) →Bewegungstherapie

kinetischer Sinn →Kinästhesie

Kinine, Gewebshormone (→Hormone), Sammelbezeichnung für eine Gruppe von Peptiden mit folgenden Wirkungen: Blutdrucksenkung, Erhöhung der Gefäßpermeabilität, Kontraktion glatter Muskulatur, Dilatation von Drüsengefäßen. K. spielen bei entzündlichen und allergischen Prozessen im Zusammenhang mit Gewebsverletzungen eine Rolle. Wichtige Vertreter der K. sind →Bradykinin, Neurokinin, Kallidin, Harnkinin und Kolostrokinin. *W. Janke/M. Reuter*

Kinsey, Alfred (1894–1956), Zoologe u. Sexualforscher / Indianapolis

Kinsey-Report, Bez. für die von K. an über 10000 Männern und Frauen durchgeführten Untersuchungen zum Sexualverhalten. **[L]** KINSEY 1948, LUTZ 1957

Kippfigur, Figur, die zwei zeitweilig stabile Wahrnehmungen erlaubt; bei längerer Betrachtung wechseln beide Wahrnehmungen einander ab: das «Kippen» der Wahrnehmung (→Reversion) ist in gewissem Maße willkürlich beeinflußbar. K. sind Beispiele für Reize, bei denen die →perzeptive Organisation uneindeutig ist. Das Kippen betrifft das →Figur-Grund-Verhältnis (→RUBINscher Becher) oder die Anordnung in der Tiefe (→NECKERscher Würfel, →SCHROEDERsche Treppe, →WUNDTs Serviettenring). *H. Heuer*

Kirschmann, August (1860–1932), Psychologe / Leipzig, Toronto

Kirschmannsches Kontrastgesetz, die Sättigung einer Farbe, die durch Farbkontraste induziert ist, ist dem Logarithmus der Sättigung der Kontrast induzierenden Farbe proportional.

K-I-T **[T]** JÄGER

Kitzel, die bei sehr schwacher Reizung von Druckpunkten auftretende Empfindung. Von manchen Autoren wird die Kitzelempfindung auch zu den Schmerzempfindungen gerechnet.

Klages, Ludwig (1872–1956), Begründer der deutschen Charakterologie, der vor allem für seine graphologischen Arbeiten bekannt wurde.

Klang, Bez. für das Gesamt eines Grundtons mit zugehörigen Obertönen, läßt sich i. Gegens. zum Ton als periodische, nicht sinusförmige Welle darstellen.

Klanganalyse, die Zerlegung eines Tongemisches in seine Teiltöne durch das Gehör allein oder mit Unterstützung durch Hilfsmittel (Resonatoren).

Klasse, eine Gruppe mit gemeinsamen Merkmalen. In sozialer, auch sozialps. und massenps. Hinsicht wird K. als eine soziologisch relevante Vielheit von Menschen bezeichnet, deren gesellschaftliches Wesen eine weitgehende Gleichheit als Folge der Gleichheit ihrer Stellung im Produktionsprozeß ausweist. →soziale Klasse

Klassenbegriff →Klassifikation

Klassenintervall →Intervall

Klassifikation, Vollzug und Ergebnis eines →Abstraktionsvorgangs, bei dem Objekte und Sachverhalte «auf ihren →Begriff gebracht werden» bzw. eine Menge nach bestimmten Gesichtspunkten und unter Vernachlässigung von irrelevanten Nuancen und Details in Teilmengen aufgegliedert wird: natürliche K., wenn diese Gesichtspunkte in Merkmalen bestehen, die an den Dingen selbst beobachtbar sind (z. B. Gruppierung der Tiere nach ihren Arten); künstliche K., wenn die Prinzipien der Aufgliederung willkürlich und von außen an die Dinge herangetragen werden (z. B. Einteilung von Personen nach den Anfangsbuchstaben ihrer Namen). Auch die ganze Wahrnehmungs- und Orientierungstätigkeit enthält klassifikatorische Entscheidungen. Bei der →Sprachrezeption z. B. werden akustische Signale nach einem Raster von →distinktiven Merkmalen in bedeutungsunterscheidende →Phoneme sensorisch klassifiziert. Folgen von Phonemen wiederum sind durch erlernte Zuordnungen mit sprachlich repräsentierten Inhalten verbunden (→Zeichen). In fortlaufenden K.operationen reduziert der Hörer die in akustischen Ereignissen enthaltene Mannigfaltigkeit auf diejenigen Gesichtspunkte, die für eine Sprache als System von bedeutungsvollen Zeichen wichtig sind. • Sprachwissenschaftl. K. verfährt i. allg. nach zwei Weisen der Elementgruppierung: paradigmatische Klassen (→paradigmatische Klassifikation) werden durch solche Einheiten gebildet, die an einer Sprache im sprachlichen →Kontext hinsichtlich ihrer phonologischen, syntaktischen und/oder semantischen Funktion austauschbar sind; Elemente dagegen, die im Ablauf zusammenhängender Sprache zueinandergehören, stehen in syntaktischer Beziehung zueinander (→syntagmatische Assoziation). *G. List*

Klassifikation, (diagnostischer Begr.), die Zuordnung von Pbn zu einer oder mehreren vorher festgelegten Kategorien bzw. Klassen. Wird diese Zuordnung auf der Basis eines Scores durchgeführt, so spricht man von Plazierung.

Klassifikation psychischer Störungen, (klin. Begr.), erfolgt weitgehend anhand der Klassifikationssysteme der WHO →ICD-10 (DILLING et al. 1991) und der American Psychiatric Association →DSM-IV (SASS et al. 1996). Diese Klassifikationssysteme sind bereits weitgehend aufeinander rückführbar. Für Kinder und Jugendliche gibt es darüber hinaus differenzierte Ansätze zur Klassifikation (PETERMANN 1996). [L] DILLING et al. 1991; PETERMANN 1996; SASS et al. 1996. *L. Schmidt*

Klassifikationsmethoden, Methoden der Zusammenfassung von Ereignissen in Kategorien oder Klassen. Klassifizieren von Beobachtungsdaten stellt den ersten Schritt bei der Datenverarbeitung dar. Nach Art der klassifizierten Merkmale lassen sich quantitative und qualitative K. unterscheiden. *G. Mikula*

Klaustrophobie, Angst vor Aufenthalt in geschlossenen Räumen (z. B. Aufzügen)

Klebrigkeit, ein psychopathologischer Begr. für die im mitmenschlichen Kontakt auffällige Zudringlichkeit, oft verbunden mit Unterwürfigkeit. Besonderes Kennzeichen bei organischen Hirnschädigungen (z. B. Epilepsie).

Klecksbild, Klecksographie, die durch den RORSCHACH-Test geläufig gewordene Verwendung des K. als Reizvorlage für projektive Stellungnahmen bei der Persönlichkeitsdiagnose ist nicht ohne Vorläufer.

LEONARDO DA VINCI machte den Vorschlag, sich von Flecken auf der Mauer oder dgl. inspirieren zu lassen. Er begründete seinen Hinweis damit, daß durch verworrene und unbestimmte Dinge «der Geist zu neuen Erfindungen wach« werde. DA VINCI vergleicht das mit dem Hineinhören von Namen und Worten in den Klang der Glocken (Klangdeutung). Nach ihm stammt seine Anregung von BOTTICELLI. Dieselbe Idee kann bei Justinus KERNER wiedergefunden werden – diesmal literarisch ausgestaltet. Sein Büchlein von 1857 heißt: «Die Klexographie» (der Ausdruck stammt von einem seiner Freunde). Die Idee, Tintenflecke als Test zu verwenden, geht wohl auf A. BINET und V. HENRI (1895) zurück. Dann entwickelten sich zwei Testlinien: die amerikanische und die russische: DEARBORN stellte 1897 die erste Kleckserie zusammen. Weitere Autoren sind: in Amerika E. KIRKPATRICK, E. SHARP, G. M. WHIPPLE, ferner der Engländer F. C. BARTLETT, der zuerst die Farben in die Kleckstechnik einführte, und die engl. Psychologin C. J. PARSON, die 1917 an Kindern experimentierte. Daneben erschien 1910 in Moskau die Arbeit von Th. RYBAKOFF: «Atlas für experimentell-psychologische Untersuchungen der Persönlichkeit». Darin sind Tintenkleckse für die Untersuchung der Phantasie und des Vorstellungsvermögens enthalten. Der Aufschwung der Verwendung des K. zur «globalen» Persönlichkeitsdiagno-

K

se geht aber eindeutig auf RORSCHACH zurück. [T] RORSCHACH. [L] BOHM 1974

F. Dorsch

Klecksfiguren-Test [T] DREY-FUCHS, HARROWER, HOLTZMAN, HOWARD, RORSCHACH, ZULLIGER

Kleiner Albert *(Little Albert)*, der 11 Monate alte Albert B. diente 1920 John B. WATSON als Versuchsperson in einem Experiment, das eines der berühmtesten, jedoch nicht gerade rühmlichsten der Psychologie ist: Das Kind wurde nach dem Prinzip der klassischen Konditionierung in Experimenten mit weißen Ratten so konditioniert, daß es schließlich (eine generalisierte) Angst vor allem Kuschligen, Fellartigen entwickelte. WATSON wollte damit gegen die Psychoanalytiker beweisen, daß für die Entstehung von Ängsten und Phobien Lernprozesse von Bedeutung sind und die psa. Annahmen unberechtigt sind, daß Phobien und Ängste auf traumatische Kindheitserlebnisse zurückzuführen sind. Nach ethischen Aspekten ist das Experiment unverantwortlich, zumal man den Jungen anschließend nach Hause schickte, ohne ihm die Angst wieder zu nehmen.

Kleingruppe, nach soziologischem Vorbild auch Primärgruppe (COOLEY 1909) mit quantitativ und qualitativ unterscheidenden Merkmalen der Großgruppe (Sekundärgruppe) gegenübergestellt: Überschaubarkeit für die einzelnen Mitglieder, unmittelbare *(face to face)* Kontaktmöglichkeit, Gefühl der Zusammengehörigkeit und der gemeinsamen Verantwortlichkeit werden meist als Hauptmerkmale genannt. Die →Dyade (Zweiergruppe) ist besonders auch qualitativ anders beschrieben worden als die Triade und alle darüber hinausgehenden Gruppengrößen. Als Grenze nach oben werden unterschiedliche Angaben gemacht, sie soll von verschiedenen Bedingungen abhängen (häufig 25-30 Mitglieder). Über experimentelle K.-forschung haben u. a. WITTE & MELVILLE 1982 berichtet. →Gruppe. [L] BARON, BROWN 1988, KERR & MILLER 1992 *R. Bergius*

Kleinhirn →Cerebellum, →Gehirn

Kleinkinder-Test, Verfahren zur Prüfung der geistigen Entwicklung des Kindes vom 1. Monat an (Beobachtung des reaktiven Verhaltens gegenüber Reizen, spielerischer Betätigung und Bewältigung bestimmter Lebensfunktionen). [T] BÜHLER-HETZER, GESELL, SCHOLL

Kleinwuchs, zurückgebliebenes Größenwachstum, Endgröße bis 130 cm. Bei K. häufig fehlende oder verzögerte oder atypische Pubertätsentwicklung. Antriebsstörungen. Besondere Empfindlichkeit. (1) Hypophysärer K. als Folge von Störungen im Vorderlappen der →Hypophyse (Wachstumshormonmangel). Normale geistige Entwicklung. (2) Greisenhafter K. als Folge von Hormonstörungen mit Wachstumsstillstand und Vergreisung. Normale geistige Entwicklung. Syn. GILFORDsches Syndrom, HUTCHINSONsches Syndrom, VARIOTscher Kleinwuchs *(nanismus senilis)*, Progeria, Senilismus. (3) Rachitischer K. als Folge von Stoffwechselstörungen (Mangel an Vitamin D). Normale geistige Entwicklung. (4) Chondrodystrophischer K. als Folge meist dominant-erblicher Störungen der Knorpel- und Knochenbildung. Normale geistige Entwicklung. Die meisten früheren Hofnarren und manche heutige Zirkus-Clowns sind Chondrodystrophiker. Syn. Chondrodysplasie, Achondrodysplasie. (5) HANHART-K. als Folge von Wachstums- und Ossifikationsstörungen ab 2. Lebensjahr. Kommt in Inzuchtgebieten vor. Normale geistige Entwicklung. Syn. Rezessiver Kleinwuchs. →Entwicklungsstörung

Klemm, Otto (1884–1939), Psychologe (päd. Ps., Wahrnehmung) / Leipzig

Klemmsche Bauprobe [T] KLEMM

Kleptomanie [gr. *klepto* stehlen], syn. Stehlsucht. Krankhafter Antrieb zu stehlen ohne äußere Notlage. Auch Klopemanie genannt.

Klient [lat. *cliens* der Hörige, eigentl. der Schutzbefohlene], sprachüblich für den «Schutzbefohlenen» (beim Rechtsanwalt). K. wird auch der dem Therapeuten Anvertraute genannt und ist dann umfassender als der Begr. Patient.

Klimatologie, Lehre von den Wirkungen des Klimas. →Geops., →ökologische Ps.

Klinefelter, Harry Fitch (*1912), Mediziner (Endokrinologe) / Baltimore (J. Hopkins Univ.)

Klinefelter-Syndrom, die von dem amerik. Arzt H.F. KLINEFELTER erstbeschriebene (1942) Mißbildung der Keimdrüsen durch →Chromosomenaberration. Primärer Hypogonadismus, die Hoden bleiben klein, fehlende Spermiogenese, dadurch Sterilität. Ursache ist eine Trisomie der Geschlechtschromosomen (XXY, im Ggs. zum Mongolismus) oder eine Vermehrung nur der X-Chromosomen. →DOWN-Syndrom

klinisch [engl. *clinical*, von gr. *kline* Bett], die Klinik (das Spezialkrankenhaus) betreffend bzw. zu diesem Bereich zugehörig sein (wie in

→Klinische Psychologie). • *Clinic* ist auch weiter gefaßt: Man versteht darunter alle Institutionen, in denen Personen behandelt oder betreut (oder nur beraten) werden, die Störungen im Erleben und Verhalten aufweisen bzw. dafür gefährdet erscheinen (oder nur der «Führung» bedürfen). Dieser Wortgebrauch hat im deutschen Sprachraum zu unterschiedlichem Begriffsverständnis Anlaß gegeben. *W. Butollo*

Klinische Betriebspsychologie →Klinische Organisationspsychologie

Klinische Organisationspsychologie, Problemfeld im Grenzbreich zwischen →Arbeits- und Organisationspsychologie und →Klinischer Psychologie, das sich mit der Untersuchung und Intervention bei psychischen oder psychosomatischen Störungen sowie der Förderung des Gesundheitsverhaltens beschäftigt. Typische Problembereiche sind Alkohol am Arbeitsplatz oder Tablettenabhängigkeit, aber auch Rauchen, Übergewicht, Bewegungsarmut und rheumatische Beschwerden oder Probleme aus dem Bereich der →Arbeitssicherheit. Im Unterschied zur psychotherapeutischen oder medizinischen Intervention beschränken sich die Maßnahmen der K. auf Interventionen, die nicht unter den Heilkundebegriff fallen. Beispiele sind Untersuchungen, Aufklärungskampagnen, Maßnahmen der →Arbeitsgestaltung, Ausbildung von Vorgesetzten und Betriebsräten beim angemessenen Umgang mit Problemfällen sowie Durchführung von Streßmanagementtrainings oder Gesundheitszirkeln. →Streß am Arbeitsplatz. **[L]** GREIF & WIEDL 1990, SCHORR & JILSKI 1987 *S. Greif*

klinische Prognose →Prognose

Klinische Psychologie (I), Teilgebiet der Ps., dessen Gegenstand in Forschung und Praxis die Störung des Verhaltens und Erlebens ist. Der Begr. «Störung» wird unter Umgehung der Normproblematik pragmatisch durch zwei Bedingungen verankert: (1) Das Individuum und/oder seine soziale Umwelt bekundet nachhaltiges Leid als Folge von Eigenarten seines Verhaltens oder Erlebens (Kriterium des «Leidensdruckes»). (2) Die Prognose der weiteren Entwicklung dieses Verhaltens läßt eine andauernde Benachteiligung und Beeinträchtigung des Individuums und/oder seiner sozialen Umwelt erwarten.

Andere Definitionskriterien für den Begr. K. Ps. referiert PONGRATZ (1973): (1) Das institutionelle Kriterium: K. Ps. wäre demnach das, was die ps. Wissenschaft der Klinik zu bieten hat, d. h. wie und wo der Psychologe mit der Ausrüstung, die ihm sein ps. Fachstudium gibt, die klinische Arbeit bereichern, erweitern und vertiefen kann (MEYERHOFF 1959). Diese Auffassung wird heute allgemein abgelehnt. Teile derselben kehren als Bestandteile des Begr. der Medizinischen Psychologie wieder. →klinisch. (2) Das funktionale Kriterium: Danach ist von K. Ps. zu sprechen, wenn ps., d. h. im Rahmen der Ps. entwickelte und überprüfte Verfahren zur Diagnostik, Therapie, Prävention von Störungen des Verhaltens und Erlebens in Forschung und Praxis zur Anwendung kommen. Dem liegt die vielfach belegbare These zugrunde, daß derartige Störungen keine Krankheiten im medizinischen Sinn darstellen, sondern als Folge von Fehlentwicklungen zu sehen sind. (3) Das Kriterium der Wissenschaftlichkeit: Ihm zufolge hat sich die K. Ps. in Gegenstand, Forschungsmethodik, Theorien und Ergebnissen an der wissenschaftl. Ps. zu orientieren.

Historisch gesehen hat in Deutschland bereits KRAEPELIN (1856–1926) K. Ps. als die Anwendung von Ergebnissen der experimentellen Ps. für die Psychiatrie aufgefaßt (1896). Lightner WITMER (1867–1956) gründete 1896 eine ps. Klinik an der Universität Pennsylvania, in der die Psychologen diagnostische und therapeutische Aufgaben zu erfüllen hatten. In der weiteren Entwicklung dieses Faches standen jedoch lange Zeit diagnostische Tätigkeiten im Vordergrund. Da die Diagnostik nicht therapieorientiert war, lief sie Gefahr, sich in den Fragen zur Trennung der «organischen» von den «psychologischen» Störungsursachen festzufahren. Erst die Erarbeitung ps. Therapieverfahren («nichtdirektive» Therapie, später «Gesprächspsychotherapie» genannt, und Verhaltenstherapie) bewirkte die Fortsetzung der Entwicklung in der ursprünglich intendierten Richtung und löste einen rasanten Aufschwung des Faches aus, der jedoch wesentlich durch die Wiederbesinnung auf Forschungsmethodik und inhaltliche Grundlage der akademischen Ps. mitbedingt war.

K. Ps. und →Medizinische Psychologie haben in Praxis und Forschung stark überlappende Bereiche. Während die K. Ps. sich in der Medizin bisher vorwiegend auf die Bereiche Psychiatrie, Neurologie und Psychosomatik beschränkte, hat die Med. Ps. vermehrt psychologische Fragestellungen auch in anderen Bereichen, d. h. bei primär organischen Erkrankungen, aufgegriffen.

Psychologische Grundlagen der Klinischen Psychologie

Methoden und Ergebnisse der verschiedenen ps. Teilgebiete liefern die Grundlagen für Forschung und Praxis. Ihr Beitrag ist jedoch von der anschließend beschriebenen Grundlagenforschung zu unterscheiden. So lieferten Ergebnisse aus der Allgemeinen Ps., der Emotions- und Motivationsps., der Lernps., um nur einige zu nennen, vielfältige Anregung für die Theorienbildung zum klinisch-ps. Verständnis von Störungen sowie deren Diagnostik, Therapie und Prävention. Hiervon haben u. a. die Klassifikationsprobleme, die aktualgenetische Analyse von Störungen informationsverarbeitender Prozesse und die Verhaltenstherapie Anregungen erhalten. Der enge Zusammenhang zur Persönlichkeitsps. bzw. Differentialps. und zur Entwicklungsps. bzw. Sozialisationsforschung ist im Hinblick auf Fragen der Erforschung von ontogenetischen Bedingungen der Entstehung von Störungen zu erwähnen. Erst später und auch dann nur zögernd wird der Sozialps. die ihr von der Fragestellung her gebührende Beachtung zuteil. Das mag an den besonderen methodischen Schwierigkeiten und der daraus resultierenden Heterogenität dieses Teilgebietes liegen, seine Ursachen können aber auch in dem Umstand zu suchen sein, daß manche Erkenntnisse klinisch-ps. Gruppenarbeit sozialps. Theorienbildung vorausgegangen sind. Eine stärkere Berücksichtigung der systematischen Erforschung von Grundprozessen, der Bedingung für die Entstehung und Veränderung von Einstellungen und im weiteren der sozialen Wahrnehmung und der Kommunikationsforschung in der K. Ps. lassen maßgebliche Impulse erhoffen. Ähnliches gilt für die zunehmende Beachtung soziologischer Variablen, z. B. hinsichtlich der Stellung des psychiatrischen Patienten in der Gesellschaft und der Prozesse, die durch die Institutionalisierung der therapeutischen Maßnahmen in Anstalten bedingt sind. Wesentliche Hinweise gewährleisten auch Physiologische Ps. und Neurops. Hierzu sind besonders Theorienbildungen im Anschluß an Befunde zur Hemisphärendominanz, zur neuronalen Grundlage der Emotion und Motivation sowie die Möglichkeiten peripher-physiologischer Messungen klinisch relevanter Konstruktvariablen (z. B. Angst) zu nennen. Die Tiefenps., früher häufig als eigene ps. Richtung verstanden, hat viele Teilbereiche der Ps. durch ihre Thesen stark beeinflußt. Als Arbeitshypothesen haben diese auch der K. Ps. wichtige Impulse gegeben, so z. B. die Konzentration auf die Rolle frühkindlicher Sozialisationsbedingungen für die Genese von Störungen, das Konzept des «Krankheitsgewinnes» oder technische Details der Gesprächsführung im klinischen Interview.

Forschungsbereiche der Klin. Psychologie

(1) Klinisch-psychologische Grundlagenforschung:
(a) Klassifikation: Unter dieser Rubrik sind die Bemühungen einzuordnen, Störungen des Erlebens und Verhaltens zu beschreiben, ein ökonomisch anwendbares System der Klassifikation zu erstellen und die Unterschiede zwischen den Kategorien aufgrund von Kenntnissen über ätiologische Modelle zu erklären. Gegenüber der in der Vergangenheit üblichen «klinischen» Methode der Bildung von Klassifikationssystemen – Zusammenfassung von häufiger gemeinsam auftretenden Merkmalen aufgrund sukzessiver, meist wenig systematischer, intuitiver Erfahrungsbildung gemäß einem vorgegebenen inhaltsbezogenen theoretischen Rahmen – wird zunehmend die Objektivierung dieses Vorganges angestrebt. Multivariate statistische Verfahren sollen beobachtbare Verhaltensweisen nach formalen Kriterien der Ähnlichkeit in ein mehrdimensionales System bringen, das die Ausarbeitung von diagnostischen Skalen ermöglicht (BAUMANN 1968). Die Validierung eines so erstellten Systems erfolgt dann nach vier Gesichtspunkten: Der unmittelbar praktisch bedeutsamste ist die differentielle Ansprechbarkeit auf eine oder mehrere Therapieformen. Langfristig betrachtet sind jedoch Kovariationen der Klassifikationskategorien mit Unterschieden in der Informationsverarbeitung (Wahrnehmung, Lernen, Denken), mit ätiologischen Merkmalen (verschiedene Ursachen unterscheidbarer Störungsgruppen) und mit der Prognose des zukünftigen Verlaufs der Störung ebenso bedeutsam. Diese Informationen sollen in einem Fall für die Planung neuer Therapieverfahren, in den anderen Fällen für den sinnvollen Einsatz primärer und sekundärer Präventionen von Störungen (Vorbeugen der Entstehung von Störungen bzw. Verhindern von Rückfällen) hilfreich sein. – Vor allem im Zuge der Kritik am medizinischen Krankheitsmodell der Psychiatrie ist von manchen Therapierichtungen eine totale Abkehr von der differentialps.

Klassifikation in der K. Ps. vorgeschlagen worden. Störungen sollen individuell und je nach der latenten «Konfliktlage» (Psychoanalyse) oder nach den individuellen Lern- und Verstärkungsbedingungen (Verhaltenstherapie) analysiert und dem Modell entsprechend behandelt werden. Dies setzt jedoch eine differenzierte, der Symptomvariation angemessene Theorie voraus, die in beiden Fällen nicht vorliegt. Die Praxis der Handhabung dieser relativ normfreien Klassifikation hebt durch stillschweigende Anlehnung an klassische interindividuelle Kategoriesysteme diesen Anspruch wieder auf. Der aussichtsreichere Weg scheint nach wie vor die möglichst theoriefreie Klassifikation von Verhaltensstörungen mit nachfolgender Theoriebildung aufgrund aktueller und ätiologischer Kovariablen zu sein. Die Gefahren der differentialps. Diagnostik als einer dehumanisierenden antitherapeutischen Etikettierung, wie sie u. a. von Vertretern der «Antipsychiatrie», z. B. COOPER 1967, beschworen werden, können vielleicht durch Konzentration auf die Diagnose von Störungen anstelle von Personen und durch erhöhte und ständig kontrollierte Selbstdisziplin des Diagnostikers reduziert werden. Versuche zur Klassifikation von sozialen Interaktionsmustern anstelle von individuellem Verhalten erscheinen vielversprechend, die empirische Überprüfung der Validitäten ist jedoch noch ausständig. (b) Experimentelle Erforschung von Störungen der Verhaltenssteuerung (exp. K. Ps. im engeren Sinne). Verschiedene elementare Variablen der Verhaltenstheorie werden hinsichtlich evtl. Unterschiede bei klinischen Stichproben untersucht. Die Ergebnisse sollen Kenntnisse über Prozeßcharakteristika des gestörten Verhaltens vermitteln und die Theorienbildung präzisieren. Ansätze dazu liegen im Bereich der Erforschung schizophrenen (COHEN & MEYER-OSTERKAMP 1974), phobischen (LAZARUS 1966), autistischen (HERMELIN & O'CONNOR 1970) und depressiven Verhaltens vor. Bevorzugt werden Variablen der Wahrnehmung (FRITH 1973), der selektiven Aufmerksamkeit (MCGHIE 1969) oder des Lernens und Denkens untersucht. Der notwendige Ausbau dieses Ansatzes in Richtung von Modellkonstruktionen analog der allgemeinps. Erforschung informationsverarbeitender Prozesse ist noch ausständig. (c) Experimentelle Psychopathologie. Hierzu gehören vorwiegend Tierversuche, in denen pathogene Faktoren systematisch kontrolliert werden, z. B. bei der Untersuchung sog. «experimenteller Neurosen» (MAIER 1949) oder von Deprivationsreaktionen (HARLOW 1958).

(2) Diagnostische Erforschung: Mit der Erstellung von Klassifikationssystemen geht die Konstruktion diagnostischer Verfahren einher. Gegenüber der klassischen klinisch-ps. Diagnostik werden zunehmend Verfahren bevorzugt, die (a) therapieorientiert sind (z. B. Verhaltensanalyse, Interaktionsanalyse) und (b) über hinreichende Gütekriterien verfügen (SARRIS & LIENERT 1974). Neben ps. Tests kommen dem Untersuchungsgegenstand entsprechend Verhaltensbeobachtung (BAYER 1974), Interviews (SEIDENSTÜCKER & SEIDENSTÜCKER 1974), situations- und störungsspezifische Skalen (SCHULTE 1974) und peripherphysiologische Meßmethoden (BIRBAUMER 1974) stärker zur Anwendung. Besonderes Augenmerk wird neuerdings wieder den Variablen des klinischen Gesprächs gewidmet (MOSER et al. 1974), sowohl als diagnostisches wie auch als therapeutisches Verfahren.

(3) Interventionstechniken: Auch von der Zahl der damit Beschäftigten der ist der Bereich der I. ein wichtiger Teilbereich der K.Ps. Interventionen können dabei am Individuum, am unmittelbaren System (→Paartherapie), →Familientherapie) oder am weiteren sozialen System ansetzen (z. B. →Gemeindepsychologie), sie können kurativ, rehabilitativ oder präventiv sein. Die Möglichkeiten gehen weit über Einzeltherapie hinaus. In den meisten Fällen ist es sinnvoll, Interventionen Modelle zugrundezulegen, die verschiedenste Faktoren, auch auf biologischer und sozialer Ebene (→Ätiologie) mit einbeziehen, und oft ist die Arbeit in multidisziplinären Teams naheliegend.
Im Vergleich zu anderen Anbietern von verwandten Leistungen, wie Psychiatern oder Sozialarbeitern, sind Psychologen Spezialisten für psychologische Konzepte als Grundlagen für Diagnostik, Ätiologie und Interventionsplanung, und für Methodik, die u. a. im Zusammenhang mit der immer wichtigeren →Wirksamkeitsüberprüfung von grosser Bedeutung ist. Fortschritte sowohl in der Entwicklung psychologischer Konzepte als auch in der Methodik lassen die Forderung einer guten psychologischen Fundierung der Interventionspraxis immer zwingender erscheinen. In der Versorgung haben die Interventionsansätze die besten Chancen, die mit wenig Vor-

aussetzungen an die Patienten verknüpft sind, bei Problemen mit grosser Verbreitung ansetzen und ein gutes Kosten-Nutzen-Verhältnis aufweisen. Immer mehr wird auch mit einer Kombination von Ansätzen (→Integration) vorgegangen.

Anwendungsbereiche der Klin. Psychologie

Von der vormals insbes. diagnostischen Tätigkeit hat sich das Schwergewicht auf ps. Therapie, Prävention und Rehabilitation/Resozialisation in den verschiedenen Lebensbereichen verlagert. Über die traditionellen Tätigkeitsfelder Erziehungsberatung und Schulpsychologie hinaus erstreckt sich der Aufgabenbereich auf therapeutische Tätigkeit in Ambulanzen und stationären Einrichtungen für ps. Gestörte, weitere Therapie und Rehabilitation verschiedener Formen ps. Abhängigkeiten (Süchte), Betreuung während des sowie Rehabilitation u. Prävention im Anschluß an den Strafvollzug, um nur einige zu nennen. Wenn auch der Forschungsstand des Faches und somit die Ausbildung den praktisch Tätigen noch in vielen der neuen Anwendungsgebiete im Stich zu lassen scheinen, so ist doch durch die allgemeinen Kenntnisse über ps. Grundlagen gestörten Verhaltens und die Bereitschaft zur objektiven Kontrolle eigenen therapeutischen Handelns die Voraussetzung für einen relativ raschen und mittelbaren individuellen Erfahrungszuwachs in der Praxis gegeben. Die Ausbildung in K. Ps. erfolgt im Rahmen des Diplomstudiums. Daran anschließende berufsbegleitende Ausbildungswege bzw. universitäre Zusatzausbildungen sind im Aufbau begriffen. [**L**] COOPER 1967, MOSER 1974, PONGRATZ 1973, SCHRAML & BAUMANN 1975, 1974, SCHULTE 1974, BENESCH 1981

W. Butollo/F. Caspar

Klinische Psychologie (II), nach BAUMANN und PERREZ (1990) «diejenige Teildisziplin der Psychologie, die sich mit psychischen Störungen und den psychischen Aspekten somatischer Störung befaßt». Die psychischen Störungen werden heute weitgehend nach den umfassenden Klassifikationssystemen der WHO (ICD-10) und der American Psychiatric Association (DSM-IV) definiert. Darüber hinaus sind die psychosozialen Aspekte organischer Krankheiten und damit verbundener medizinischer Maßnahmen sehr vielfältig (Medizinische Ps., Verhaltensmedizin).

Im letzten Jahrzehnt hat die →Gesundheitsps. stark an Bedeutung gewonnen (vgl. SCHMIDT 1992, SCHWENKMEZGER & SCHMIDT 1994). Sie stellt explizit die Gesundheitsförderung und Krankheitsvorbeugung in den Vordergrund und betont die gesunderhaltenden Bedingungen, während sich die K.Ps. stärker auf die Pathogenese und bereits vorhandene Defizite konzentriert.

Seit der Gründung der ersten ps. Klinik durch Lightner WITMER im Jahre 1896, an der vor allem eine präzise Funktionsdiagnostik bei Kindern durchgeführt wurde, hat sich die K.Ps. vielfältig und oft stürmisch entwickelt (WITTCHEN 1996). Das komplexe Gebiet der K.Ps. hat seinen Niederschlag in einer Reihe von Lehrbüchern und Fallbüchern mit unterschiedlichen Akzentuierungen gefunden (vgl. BASTINE 1990, 1992, BAUMANN & PERREZ 1990, DAVISON & NEALE 1996, PERREZ & BAUMANN 1991, REINECKER 1994, 1995, SIELAND 1994, 1996). Der in den letzten Jahren eher vernachlässigten Kl. Kinder-Ps. widmen sich ein Lehrbuch und ein Fallbuch von PETERMANN (1996, 1997).

Die folgende breite Definition der K.Ps. soll zur weiteren Differenzierung und zur Gliederung der Darstellungen über K.Ps. dienen (vgl. SCHMIDT 1984).

K.Ps. ist die wissenschaftlich orientierte (a) Entwicklung und Anwendung von Theorien, Erkenntnissen, Methoden und Techniken der Ps. und ihrer Nachbardisziplinen bei Menschen mit Störungen und Krankheiten (unabhängig von deren primärer Ursachen), die sich psychisch (im Verhalten und/oder Erleben) und/oder somatisch manifestieren können, und bei Menschen, die erhöhte Risiken im Hinblick auf solche Störungen und Krankheiten aufweisen (primäre und sekundäre Prävention). (b) Die K.Ps. befaßt sich mit einzelnen Menschen aller Altersstufen, mit Gruppen von Personen und mit Systemen bis hin zur Gemeinde. (c) Hinsichtlich der k.-ps. Methoden kommt der Psychodiagnostik oft eine besondere Rolle zu. Zunehmend wird auch die Bedeutung der Sozialepidemiologie erkannt. (d) Wenn eine Intervention erforderlich ist, werden ps. Methoden der Prävention, Beratung, Psychotherapie und Rehabilitation verwendet. (e) Über die erforderlichen und geeigneten Vorgehensweisen und Methoden der Psychodiagnostik und Intervention entscheidet der Klinische Psychologe eigenständig. (f) Praktisch k.-ps. Tätigkeiten werden vor allem ausgeübt in: Beratungsstellen unterschiedlicher Art, gemeindenahen Einrichtungen, stationären, komplementären und ambulanten Einrichtungen der Medizin und des Gesundheitswesens, Heimen und in freiberuflichen Einzelpraxen oder Praxengemeinschaften. (g) Forschung und Weiterbildung sind wesentliche Bestandteile der K.Ps. (h) Die Grundhaltungen k.-ps. Arbeit können sehr unterschiedlich sein, wobei sich keine verbindlichen Richtlinien formulieren lassen. Bei aller Notwendigkeit zu einer wissenschaftlich fundierten Objektivierung sind die subjektiven Motive, Bedürfnisse und Konzepte der betroffenen Individuen zu beachten. Der Versuch einer (gemeindenahen) Integration sollte vor Segregation oder gar Stigmatisierung gehen, und die Orientierung an gesunden kompensatorischen Anteilen (G.Ps.) muß die Erfassung von Defiziten und darauf bezogenen Interventionen zumindest ergänzen. Inwieweit die K.Ps. auch emanzipatorische Funktionen erfüllen soll und kann und inwieweit sie in der Lage ist, auf der Basis von Systemanalysen gezielte Veränderungen vorzunehmen, bleibt umstritten.

Vorab wurde die wissenschaftliche Orientierung betont, um die K.Ps. von reiner Praxeologie oder Technologie abzugrenzen. Fraglos muß die Psychologie die Basis der K.Ps. darstellen, wobei Erkenntnisse aus allen Grundlagendisziplinen ebenso herangezogen werden können wie Methoden und Techniken aus allen anderen Bereichen der Psychologie und ihrer Nachbardisziplinen. Dadurch soll sichergestellt werden, daß Klinische Psychologen in erster Linie «Psychologen» und erst in zweiter Linie «Kliniker» sind. Auch innerhalb der Ps. ist das Methodenarsenal außerordentlich vielfältig, wobei die oft tiefgreifenden Schulenstreitigkeiten inzwischen weitgehend überwunden erscheinen.

Die K.Ps. befaßt sich traditionell mit allen Störungen und Krankheiten, die sich im Verhalten und/oder Erleben manifestieren. Es sind im wesentlichen die Störungen, die in den umfassenden Klassifikationssystemen (→ICD-10, →DSM-IV) differenziert beschrieben werden. Beide führenden Systeme sind inzwischen weitgehend aufeinander rückführbar, und es ist zu erwarten, daß sie in absehbarer Zeit weltweit vereinheitlicht werden. Während in der deutschen Psychiatrie vor allem nach ICD-10 diagnostiziert wird, orientieren sich die amerikanischen Lehrbücher der K.Ps. weitgehend am DSM-IV. Trotz aller Verbesserungen der klinischen Klassifikation in den letzten Jahrzehnten handelt es sich bei diesen Klassifikationssystemen um psychiatrische Ansätze, die keineswegs alle Bereiche hinreichend abdecken, mit denen sich die K.Ps. in Forschung und Praxis beschäftigt. Der Störungsbegriff, der in diesen Klassifikationssystemen den Krankheitsbegriff abgelöst hat, enthebt nicht von der sorgfältigen Erarbeitung und Überprüfung von Störungs- und Krankheitsmodellen (vgl. NETTER 1990).

Die psychischen Folgen oder Bedrohungen organischer Krankheiten (unabhängig von deren Ursache) kann man wie BAUMANN und PERREZ (1990) als Teil der K.Ps. ansehen. In Forschung und Praxis werden solche Fragestellungen allerdings stärker von der →M.Ps. bzw. der →Verhaltensmedizin angegangen.

Im Vordergrund der k.ps. Diagnostik und Intervention stehen einzelne Individuen. Allerdings befaßt sich die K.Ps. auch sehr häufig mit Gruppen von Personen und mit Systemen etwa im Rahmen der Familientherapie. In Deutschland ist die Gemeindepsychologie noch sehr wenig verbreitet (vgl. RÖHRLE & SOMMER 1995). Diese versucht Störungen und Krankheiten möglichst am Ort des Entstehens, nämlich in der Gemeinde, präventiv abzufangen oder zu behandeln und die Individuen zu einem Höchstmaß von Empowerment (Selbstbestimmung) zu befähigen.

Eine traditionelle Stärke der K.Ps. ist die klinische →Psychodiagnostik (BASTINE 1992, STIEGLITZ & BAUMANN 1994). Nach BASTINE (1990) kommen der Psychodiagnostik in der K.Ps. Funktionen der Definition und Identifikation psychischer Störungen, ihrer Klassifikation, der Analyse ihrer Genese, der Prognose und der Indikation und Evaluation zu. Unter präventiven und gesundheitspsychologischen Aspekten erlangen Methoden der →Epidemiologie und insbesondere der →Sozialepidemiologie einen besonderen Stellenwert.

Die K.Ps. wird von Laien, aber auch von Studierenden und sogar von Fachleuten häufig auf →Psychotherapie verengt. Selbst im Hinblick auf die Interventionen ist die Psychotherapie i. e. S. nicht notwendig dominierend. Die Bedeutung von Maßnahmen der primären und sekundären Prävention, der Beratung und der Rehabilitation sei ausdrücklich betont (BASTINE 1992, PERREZ & BAUMANN 1991). Indikationen und Effekte von Psychotherapiemethoden, insbesondere der Verhaltenstherapie, sind von GRAWE et al. (1994), FIEDLER (1996) und (1996a, 1997) differenziert dargestellt worden. Für eine Vielzahl von psychischen Störungen sind gezielt anzuwendende psychotherapeutische Methoden und Techniken vorhanden (vgl. HUTTERER-KRISCH 1996 zur Psychotherapie von Psychosen). Zusätzlich besteht ein starker Trend zur Entwicklung einer Allgemeinen Psychotherapie.

Die Eigenständigkeit der Auswahl geeigneter Vorgehensweisen und Methoden durch Klinische Psychologen wird in der Definition betont, weil sie bislang nicht immer hinreichend verwirklicht ist. Eigenständigkeit setzt Qualifikation voraus, nämlich als Grundlage das an einer Universität erworbene Diplom in Ps. und die Verpflichtung zur Weiterbildung. Selbstverständlich geht mit einer eigenverantwortlichen Tätigkeit die interprofessionelle Zusammenarbeit möglichst in interdisziplinären Teams einher.

Die Tätigkeitsfelder der K.Ps. sind außerordentlich vielfältig. Historisch standen Beratungsstellen, insbesondere Erziehungsberatungsstellen, im Vordergrund. Hinzugekommen sind Beratungsstellen für Ehe- und Familienberatung, Drogenabhängigkeit, Alkoholabhängigkeit, Sexualität und für Studierende. Sehr oft werden Beratung und Psychotherapie in freiberuflichen Einzelpraxen oder kleinen Gruppenpraxen durchgeführt. Diese Art der Tätigkeit wird durch die derzeitigen Finanzierungsbedingungen und das häufige Fehlen gemeindenaher Einrichtungen begünstigt. Eine präventiv orientierte gemeindenahe Versorgung der ersten Linie unter Beachtung des Gesundheits- und Erziehungssystems fehlt in Deutschland noch weithin.

Viele Klinische Psychologen sind in ambulanten, komplementären und vor allem stationären Einrichtungen der Medizin tätig. Traditionell standen psychiatrische, neurologische und psychosomatische Kliniken im Vordergrund, wozu heute Einrichtungen der gesamten Medizin (→Medizinische Ps.) getreten sind. [L] BASTINE 1990, 1992, BAUMANN & PERREZ 1990, DAVISON & NEALE 1996, FIEDLER 1996, GRAWE et al. 1994, HÖRMANN & KÖRNER 1991, HUTTERER-KRISCH 1996, KEUPP & ZAUMSEIL 1978, MARGRAF 1996, 1997, NETTER 1990, PERREZ & BAUMANN 1991, PETERMANN 1996, PETERMANN 1997, REINECKER 1994, 1995, RÖHRLE & SOMMER 1995, SCHMIDT 1984, 1992, 1996, SCHWENKMEZGER & SCHMIDT 1994, SCHWENKMEZGER 1994, SIELAND 1994, 1996, STIEGLITZ & BAUMANN 1994, WITTCHEN 1996 *L. Schmidt*

klinische Vorhersage →Prognose

Klisis, ein von MONAKOW eingeführter Begr. für die Übertragung lustbetonter Gefühlsqualitäten auf das bei der Reizsuche (→Instinkt) aufgefundene Triebobjekt. Ggs., d. h. Übertragung unlustbetonter Qualitäten, ist Ekklisis. [L] BRUN 1954

Klonus, klonisch [gr. *klonein* bedrängen, schütteln, erschüttern, in heftige Bewegung versetzen], Schüttelkrampf mit rasch folgenden und kurzzeitigen Muskelzuckungen. →Krampf

Klopfer, Bruno (1900–1971), wurde durch seine Arbeiten zur Weiterentwicklung der Rorschach-Technik bekannt.

Klopfer-Technik [T] KLOPFER

Klopf-Test →Tapping-Test

K-L-T [T] DÜKER

Kluger Hans, Beispiel für einen Versuchsleiter-Erwartungs-Effekt, das durch die Monographie von PFUNGST (1907) und ROSENTHAL (→ROSENTHAL-Effekt) weit verbreitet wurde. Das vom Mathematiklehrer v. OSTEN «unterrichtete» bzw. dressierte Zirkuspferd Hans «konnte» im Bereich der Grundrechenarten Rechnungen lösen, indem es das jew. Aufgabenresultat mit der entsprechenden Hufschlagszahl signalisierte. C. STUMPF (Philosophie- u. Psychologie-Prof. u. Mitglied der preußischen Akademie) wurde beauftragt, dieses Phänomen zu untersuchen. Er entwikkelte einen Versuchsplan, der unter verschiedenen Bedingungen die Leistung des «Klugen Hans» überprüfte. Das Ergebnis war, daß das Pferd die Leistungen nur erbringen konnte, wenn das Ergebnis dem Vl bekannt war. Das Resultat bzgl. des Vl-Effekts bestand darin, daß das Tier unbewußte Bewegungen des Vl als Signal für den Beginn bzw. das Beenden des Hufschlags begriff. Da auch ähnliche «Leistungen» von anderen Tierarten bekannt wurden, entwickelten sich unter Leitung des Wuppertaler Juweliers Karl KRALL eine Gesellschaft und eine Zeitschrift zur Analyse der «Tierseele». Es folgten weitere Versuche mit intelligenten Araberhengsten. Die sog. «Elberfelder Pferde» erlangten Ruhm in der Fachwelt. [L] PFUNGST 1907, TIMAEUS & SCHWEBKE 1970 *H. Häcker*

Kniesehnenreflex, syn. Patellarreflex, Eigenreflex des *musculus quadriceps femoris.* Strekken des Unterschenkels bei Beklopfen des Kniescheibenbands. Der Reflex hat diagnostische Bedeutung. Er fehlt z. B. oft bei Tabes, Neuritis; er ist meist übersteigert bei →Nervosität, →Hysterie, Spinalparalyse. →Eigenreflex

Knochenleitung →Kopfknochenleitung

Knoten →Graph

Knotenpunkt des Auges, optischer Kardinalpunkt. Schnittpunkt aller →Richtungslinien.

Lichtstrahlen durch den Knotenpunkt eines optischen Systems haben gleiche Austritts- und Eintrittswinkel, verändern also nicht ihre Richtung; wenn das optische System nur einen Knotenpunkt hat, findet sich auch keine Parallelverschiebung. Der einzelne Knotenpunkt des Auges stellt eine Vereinfachung dar. *H. Heuer*

Knowledge of results →KR

Koadaptation [lat. *adaptare* anpassen], gemeinsam-wechselseitige, korrelative (biologische) Anpassung an veränderte Lebensbedingungen. Z. B. laufen Veränderungen an einem Organ oder Organteil mit «sinnvoll ergänzenden» Veränderungen an anderen Organen einher.

Koaktionslage, angestrebte relative Phasenlage zweier gleichzeitiger Rhythmen. →Koordination

koartativ, koartiert **[T]** Rorschach

Koedukation, gemeinschaftl. Erziehung beider Geschlechter in Schule und Internaten

Koeffizient, ein statistischer Kennwert von Datenmengen zu deren Vergleich mit anderen Datenmengen, z. B. →Korrelationskoeffizient • (mathem.) ein konstanter Wert, mit dem ein anderer Wert multipliziert wird. *G. Mikula*

Köhler, Wolfgang (1887–1967), Begründer der deutschen Gestaltpsychologie.

Koffein, das in Kaffee, Tee und anderen Getränken enthaltene Psychostimulans (chem. mit Thein identisch). →Rauschmittel, →Psychopharmaka

Koffer-Probe **[T]** Giese

Koffka, Kurt (1886–1941), Begründer der deutschen Schule der Gestaltpsychologie.

Kognition [engl. *cognition*], Sammelname für alle Vorgänge oder Strukturen, die mit dem Gewahrwerden und Erkennen zusammenhängen, wie Wahrnehmung, Erinnerung (Wiedererkennen), Vorstellung, Begriff, Gedanke, aber auch Vermutung, Erwartung, Plan und Problemlösen. Die Ungenauigkeit des Begr. scheint es zu erlauben, daß er als hypothetisches →Konstrukt auch von Neobehavioristen benutzt wird, die aus methodologischen Gründen die differenzierenden K.-begriffe für unbrauchbar halten. Man müßte K. als Prozeß des Kognizierens von K. als Produkt dieses Vorgangs unterscheiden. →Kognitionspsychologie **[L]** Kaminski 1964, Neisser 1974

Kognitionspsychologie, Sachgebiet der Ps., das sich auf alle Prozesse und Produkte der →Kognition erstreckt. Neisser, der 1967 mit seinem Buch *«Cognitive Psychology»* dem Gebiet den Namen gab, meint mit der K. die Beschäftigung mit der «Sinnesinformation und deren Schicksal». →kognitive Psychologie, →Informationsverarbeitung. **[L]** Wimmer & Perner 1979

kognitiv [lat.], erkenntnismäßig, auf die Erkenntnis bezogen

kognitive Dissonanz, von Festinger (1957, 1978) entwickelte Theorie über die Verarbeitung relevanter Informationen nach einer Entscheidung (Ehrlich et al. 1957). Sie geht von dem Sachverhalt aus, daß bevorzugt Informationen ausgewählt werden, die eine getroffene Entscheidung als richtig erscheinen lassen, und daß gegenteilige Informationen «abgewehrt» oder nicht beachtet werden (z. B. Reklame für eine Automarke des gekauften Exemplars gegenüber Reklame für andere Typen).

Die Theorie verallgemeinert diesen Fall: k.D. entsteht in Abhängigkeit von dem Verhältnis der Zahl nicht übereinstimmender kognitiver Elemente zu der Zahl zueinander passender Einheiten. Es bestehe die Tendenz, ein Überwiegen ersterer zu vermeiden. Dissonanz heißt sowohl die Nichtübereinstimmung von Wahrnehmungen, Meinungen oder Überzeugungen als auch die daraus abgeleitete Spannung (ein unangenehmes Gefühl). Die Theorie der k.D. ist eine Unterart der Konsistenz- und Gleichgewichtstheorien. Kognitive Elemente sind Wissenseinheiten, Meinungen oder Überzeugungen über sich selbst, andere Personen und Objekte. Die Dissonanz ist nicht nur logisch gemeint, sondern psychologisch und kann durch kulturelle Normen, eine spezifische Meinung, die in allgemeine Überzeugungen eingebettet ist, und durch frühere Erfahrung bedingt sein. Die Theorie hat zu vielen Experimenten zur →Einstellungsänderung, oft unter erzwungener Mitwirkung und Zustimmung zu fremden Überzeugungen *(forced compliance)*, Anlaß gegeben. Sie ist von Brehm & Cohen (1962), Aronson (1968) und Irle (1975) revidiert und z. B. von Zajonc (1960) oder Osgood (1960) kritisiert worden. →Reaktanz, →Äquilibration. **[L]** Cooper & Fazio 1984, Frey & Gaska 1993, Oskamp 1991, Wicklund & Brehm 1976

R. Bergius

K

kognitive Entwicklung, (1) ontogenetischer Aspekt: nach PIAGET vollzieht sich die Entwicklung der Intelligenz in Stadien. An die Vorstadien (elementare und intentionale Adaption der Sensomotorik) sollen sich die Stadien des symbolischen Denkens, des anschaulichen Denkens, der konkreten Operationen und der formalen Operationen anschließen. Wenn man bei der Untersuchung der Übergänge zu den zuletzt gen. Stadien sprachliche Leistungen ausschließt, ergeben sich bis zu drei Jahren frühere Altersangaben als PIAGET gefunden hat (BROWN & DESFORGES 1977). (2) Der phylogenetische Aspekt der k.E., d. h. die stammesgeschichtliche Ausformung der intelligenten Leistungsfähigkeit vom Urmenschen bis zur Neuzeit, ist in unterschiedlichen Ansätzen immer wieder zu klären versucht worden: von WUNDT in seiner Beschreibung kollektiv-psychischer Erscheinungen, die er →Völkerps. nannte, von St. HALL mit dem Grundgedanken, daß die Entwicklungsstadien der Menschheit von der individuellen Entwicklung (Ontogenese) abgelesen werden könnten (sog. psychogenetisches Grundgesetz), von H. WERNER mit seiner Darstellung «urtümlicher Denkvorgänge» in dem vergleichend-ps. Ansatz der Entwicklungsps. und von anderen. Die bruchstückhaften Versuche hat F. KLIX in einer umfassenden Darstellung aufgegriffen und ergänzt. [L] AEBLI 1954, FLAVELL 1979, KLUWE & SPADA 1980, KLIX 1980, SIEGLER, 1991 *R. Bergius*

kognitive Komplexität, Differenziertheit, Diskriminiertheit und Integriertheit von Begriffssystemen, erfaßt durch Satzergänzungs-Tests, Rollenkonstrukt-Repertoire-Test (KELLEY), Sortiertest (KASANIN) o. ä. Theorien der k.K. sind Theorien der menschlichen Informationsverarbeitung (SCHRÖDER & SUEDFELD), die Begriffssystemtheorie (HARVEY) und die Theorie konzeptueller Niveaus (HUNT). [L] MANDL & HUBER 1978, SCHRÖDER & SUEDFELD 1971

kognitive Landkarte [engl. *cognitive map*], (E. C. TOLMAN), die Annahme, daß sich der Lernvorgang nicht auf die Reiz-Reaktionsfolgen, sondern auf Strukturen ausrichtet. So lerne das Tier im →Labyrinthversuch nicht das Nacheinander der Bewegungen, sondern die räumlichen Beziehungen, um zum Ziele «Futter» zu kommen.

kognitive, kognitivistische Psychologie, Richtung der Ps., die in Auseinandersetzung mit dem →Paradigma des →Behaviorismus entstand. Quellen: →kognitive Entwicklung (PIAGET 1941, BRUNER et al. 1956); kognitive Handlungstheorie (MILLER et al. 1960, dt. 1973, KAMINSKI 1964, LEONTJEW dt. 1971), Stimulation kognitiver Prozesse (NEWELL-SHAW-SIMON 1960) und Problemlösungsprozesse (NEISSER 1967, dt. 1974, DÖRNER 1974). Sowohl der informationstheroretische als auch der systemtheoretische Ansatz innerhalb dieser Richtung weisen auf Kommunikationsbrücken zu anderen Paradigmen, auch in benachbarten Wissenschaften, hin. Die k.Ps. mit «Psychologie des Erkennens» zu definieren, ist nur z. T. für den Phänomenbereich richtig. →Kognition. [L] WIMMER & PERNER 1979

kognitiver Stil →Denkstil

kognitives Schema, eine vielfältig verwendete Bez., meist für ein hypothetisch angenommenes komplexes Muster im Organismus, das sich aus Erfahrungen herausgebildet hat und das die Erkennung und Einordnung aller Erscheinungen der Umwelt ermöglichen und erleichtern soll. • Auch Bez. für (oft unbewußte) Einstellungen und Erwartungshaltungen gegenüber Vorgängen in der Umwelt (auch bei Tieren vermutet).

kognitives Selbstschema, verallgemeinerte Annahmen über Merkmale der eigenen kognitiven Zustände und Aktivitäten, also über Intelligenz, Problemlösungsverhalten und Wissen, einschließlich der Strategien der Veränderung von ihnen in der Zeit. Das k.S. soll eine wichtige Funktion bei der Bewältigung von kognitiven Anforderungen haben. →Metakognition. [L] KLUWE 1981 *R. Bergius*

kognitive Struktur →Kognition

kognitive Verhaltenstherapie, entwickelte sich als Reaktion auf eine als zu wenig effizient betrachtete Psychoanalyse und eine kognitive Voraussetzungen zu wenig beachtende klassische Verhaltenstherapie. Der Ansatz ist verbunden mit Namen wie ELLIS, BECK, MEICHENBAUM und MAHONEY. Im deutschen schneller noch als im englischen Sprachraum wurde der Ansatz von Verhaltenstherapeuten aufgenommen und integriert, wobei in Frage gestellt wird, wieweit auch die theoretische Integration gelungen ist. Die k.V. ist der Berücksichtigung von Konzepten aus der Grundlagenpsychologie (u. a. →Problemlösen, →Soziales Lernen, Emotions- und →Attributionstheorien) und der empirischen Überprüfung von Konzepten und Wirksamkeit verpflichtet. Zentrale Grundannahme ist, daß das Verhalten und Emotionen von Kognitionen (beliefs) vorbereitet, begleitet und bewertet werden und das Individuum über erhebliche pathologische oder konstruktive Selbstregulationsmöglichkeiten verfügt. Kognitive Aspekte in Form von «inneren Dialogen», kognitiven Prämissen, Bewertungen, Denkstilen usf. werden als wesentlich für Entstehung und Aufrechterhaltung von psychischen Störungen und generelleren Problemen, wie geringe Frustrationstoleranz, gesehen.

Zum Vorgehen, das nicht streng von der →Breitspektrum-Verhaltenstherapie zu trennen ist, gehören kognitive Bewältigungstrainings, wie z. B. das Stressimpfungstraining von Meichenbaum (1977), die den Patienten mittels der Veränderung kognitiver Prozesse in die Lage versetzen sollen, Problemsituationen selbständig zu bewältigen, wobei sog. «Selbstinstruktionen» eine wichtige Rolle spielen. Anwendungsbereiche sind u. a. Ängste, Selbstkontrolle bei Ärger und Wutausbrüchen und Schmerzzustände. Bewältigungstrainings können für einen breiten klinischen Anwendungsbereich als sehr wirksame Verfahren gelten, wobei allerdings bislang zur Wirkungsweise und differentiellen Indikation nur wenige Ergebnisse vorliegen. Weiter wird kognitive Therapie nach Beck, ursprünglich bei Depressionen, später auch bei Ängsten, Persönlichkeitsstörungen u. a. eingesetzt. Der Ansatz umfaßt eine Reihe therapeutischer Methoden, die sich auf die verbalen und bildhaften Kognitionen und die zugrundeliegenden Annahmen und Einstellungsmuster eines Patienten konzentrieren. Zu den behandelten sog. «Denkfehlern» gehören Personalisieren (übertriebenes Auf-sich-Beziehen), Polarisiertes Denken, willkürliches Herausgreifen einzelner Aspekte, Übergeneralisierungen und Übertreibungen. Der therapeutische Prozeß ist stark strukturiert, wobei konkrete übende und aktivierende Interventionen auf der Verhaltensebene eine große Rolle spielen.

Die Wirksamkeit dieser Therapieform ist vor allem für die Behandlung depressiver Patienten gut belegt, wobei allerdings vermehrt diskutiert wird, ob die Wirksamkeit nicht auf andere Elemente als die kognitive Arbeit i. e. S. zurückzuführen ist.

Die vielleicht reinste Form von kognitiver Therapie findet sich in der →«Rational-emotiven Therapie» (RET) nach Ellis, bei der «irrationale Annahmen» (wie z. B. in jeder Hinsicht perfekt sein zu müssen, um für sich und andere aktzeptabel zu sein) mit verschiedenen Techniken, u. a. dem sog. «sokratischen Dialog» bearbeitet werden. Auch hier spielen Verhaltensübungen eine große Rolle. Die Wirksamkeit kann als hinreichend belegt angesehen werden, Elemente der RET werden aber oft auch eingebettet in breitere Ansätze verwendet. **[L]** Beck et al. 1981, Ellis 1977, Meichenbaum 1977 *F. Caspar*

Kohärenz [lat. *cohaerere* zusammenhängen], die Beziehung des Ich zur Umwelt, seine Verbindung mit der Außenwelt, der Kontakt. • Die Beziehung zwischen Einzelheiten, die als zusammengehörig aufgefaßt werden. →Kohärenzfaktoren

Kohärenz des Verhaltens →Konsistenz des Verhaltens

Kohärenzfaktoren, von G. E. Müller (1917) festgestellte Faktoren, die bewirken, daß Einzelheiten als zusammengehörig aufgefaßt werden.

Sie können zur Gestaltbildung führen. Es werden folgende Faktoren unterschieden: (1) Räumliche Nachbarschaft: Es werden z. B. bei einer Reihe von Punkten mit verschiedenen Abständen die einander nahen Punkte als zusammengehörig aufgefaßt. (2) Gleichheit der Einzelheiten. (3) Ähnlichkeit der Einzelheiten. (4) Symmetrie von Form und Anordnung. (5) Kontur, die Abhebung der Figur vom Hintergrund. Je schärfer die Abgrenzung ist, desto stärker ist die Abhebung und desto fester die Kohärenz. **[L]** Metzger 1953

Kohärenzkriterium, in der Testps. ein Merkmal, aus dem der Vl erkennen kann, daß beim Pb die Einsicht in die ihm gegebenen Aufgaben voll erreicht ist.

Kohäsion, Zusammenhalt, in der Sozialps. Zusammenhalt von Gruppen als Resultante aller Kräfte, die ein Verbleiben in der Gruppe bewirken (Festinger 1950). Diese Kräfte sind Funktion der Attraktivität der Gruppe, der Attraktivität einzelner Mitglieder, der Aktivitäten und Ziele der Gruppe, der Befriedigung der individuellen Bedürfnisse durch Gruppenaktivitäten, der Erschwerung des Zugangs zur Gruppe u. a. →Gruppe. Für das Wirken von Gruppentherapien ist K. zwischen den Gruppenmitgliedern eine Bedingung.

Kohlenmonoxid, chem. CO, farb- und geruchloses Gas, eine der häufigsten Vergiftungsursachen. Verminderung der O_2-Verfügbarkeit (Transportkapazität im Blut), ohne daß dies bemerkt wird. Hochgradig neurotoxisch. Neurops. Auffälligkeiten und körperliche Beschwerden ab ca. 20 % CO_{Hb}. Kurzfristig exponierte Personen mit geringen Dosen

K

zeigen in neurops. Tests keine Effekte, chronische Exposition auch kleiner Dosen führt zu Leistungsbeeinträchtigung. [L] HARTMAN 1995, JOHNSON 1990 *M. Hüppe/W. Janke*

Kohnstamm-Phänomen, Nachkontraktion nach längerer Ausübung von Muskelkraft; drückt man z. B. den hängenden Arm für einige Zeit seitlich an die Wand, hebt er sich hinterher «automatisch», und beim willkürlichen Heben wird er als sehr leicht empfunden. Jüngere Untersuchungen zeigten einen oszillierenden Verlauf der Nachkontraktionen. [L] KOHNSTAMM 1915 *H. Heuer*

Kohorte, umfassender Begr. für Personen, die im gleichen Zeitabschnitt geboren sind. K. ersetzt heute vielfach den Begr. →Generation. →Entwicklungsps. Bestimmungsstücke einer K. sind: Geburtszeit (Monat, Jahr, Jahrzehnt), gemeinsame Ereignisse (wirtsch. Rezession, genetische Besonderheiten, Familienkonstellation, Erziehung. [L] RUDINGER 1978, BALTES 1978 *H. Ries*

Kohortentheorie, Theorie der auditiven Worterkennung, die davon ausgeht, daß bei der Wahrnehmung des Beginns eines Wortes eine Kohorte von Wörtern aktiviert wird, die alle mit dem gehörten Phonem beginnen. Mit zunehmendem sprachlichen Input scheiden immer mehr Wortkandidaten aus, bis ein Punkt erreicht wird, an dem nur noch ein Kandidat, das erkannte Wort, übrig bleibt. [L] MARSLEN-WILSON & TYLER 1980 *T. Pechmann*

Koinästhesie →Gemeingefühl

Kokain, Alkaloid, das aus den Blättern des Cocastrauches hergestellt wird. K. wirkt in kleineren Dosen erregend, in höheren Dosen hemmend. K. wird als Rauschmittel verwendet und führt zu Drogenabhängigkeit. →Sucht. Wegen seiner leistungsblockierenden Effekte wird K. als Lokalanästhetikum verwendet. *W. Janke*

Kollaps, anfallartig, plötzlich auftretender allg. Schwächezustand durch Versagen des peripheren Kreislaufs.

Kollektiv, Anzahl von Lebewesen oder Gegenständen, die in mindestens einem Merkmal vergleichbar sind und die (insbes. zur statistischen Auswertung) zusammengefaßt werden. →Population

Kollektivbewußtsein, die Bewußtseinsinhalte und Bewußtseinsakte, die dem Individuum als Teil einer Menschengruppe (Gruppenbewußtsein) oder als zugehörig zur Menschheit überhaupt (Menschheitsbewußtsein) zukommen und mehr oder weniger sozialbestimmte Bedeutung haben. →Masse, Massenpsychologie. [L] BLONDEL, DURKHEIM

kollektive Auffassung, die Tatsache, daß beim Lernen jeweils mehrere Glieder, z. B. Silben, zusammen aufgefaßt werden, auch wenn sie gleichmäßig nach- oder nebeneinander dargeboten werden. Dabei sind die Silben eines solchen «Komplexes» später besonders fest im Gedächtnis verbunden. Je nach der Art der Darbietung des Lernstoffes unterscheidet man dabei kollektive Simultan- und Sukzessivauffassung.

kollektives Unbewußtes (JUNG) →Unbewußtes

kollektives Verhalten, in der Soziologie geprägter Begr. für Massenphänomene, die auch in der →Massenps. beschrieben werden. Grundlage des k.V. soll soziale Unruhe sein. Es tritt in sog. kritischen, undeterminierten und emotionalen Situationen auf: KRONER versucht Massenphänomene von dem k.V. abzugrenzen, indem er erstere auf das Verhalten von Personen in bestimmten Situationen *(crowd)* und auf das Verhalten von Menschenmengen beschränkt, das individuumzentriert erklärt wird. Zum k.V. gehört auch die →soziale Bewegung. [L] PAULUS & NAGAR 1989 *R. Bergius*

Kollektivgegenstände, Zweig der Wahrscheinlichkeitsrechnung, der die zahlenmäßige Verteilung der Merkmalsunterschiede eines →Kollektivgegenstandes untersucht, um auf bestimmte Gesetzmäßigkeiten zu schließen. [L] FECHNER 1897

Kollektivmaßlehre, Gruppe oder Menge von einzelnen Individuen, Gegenständen oder Vorgängen mit einem ordnenden Merkmal, d. h. einer individuell veränderlichen Eigenschaft, nach der sie sich ordnen lassen. [L] FECHNER 1897

Kollektivpsychologie, das Sachgebiet der Ps., das sich mit allen Erscheinungen des Menschen als Subjekt wie als Objekt der →Masse bzw. der →Gruppe befaßt.

Kollektivseele, syn. Kollektivpsyche, der im Ggs. zur Individualseele stehende Inbegriff für die der Masse (Gruppe) eigene Auffassungs-, Denk- und Verhaltensweise. Die erste Darstellung dieser Sonderartung der sog. K. stammt von E. DURKHEIM (1895). →Masse, →Massenpsychologie, →Gruppenseele

Kolmogorov, Andrej Nikolajewitsch (*1903), Mathematiker / Moskau

Kolmogorov-Smirnov-Test, ein nichtparametrisches Verfahren zur Prüfung der Güte der Anpassung zweier unabhängiger Verteilungen. Diese Verteilungen können entweder eine empirische oder eine theoretische sein

(«Einstichprobenfall») oder zwei empirische Verteilungen («Zweistichprobenfall»). Als Index der Güte der Anpassung wird die größte beobachtete Differenz der beiden kumulierten Verteilungen bestimmt. Der K. setzt Ordinalvariablen voraus und ist für alle Arten von Unterschieden sensitiv. *G. Mikula*

Kolorimetrie (Farbenmetrik), um eine Farbe meßtechnisch zu kennzeichnen, bieten sich zwei Wege an:
(1) Kennzeichnung durch die physikalischen Eigenschaften der einer Farbempfindung korrespondierenden Strahlung (Wellenlänge und Energiebetrag). (2) Ihre Darstellung als Gemisch durch drei definierte Ausgangsfarben in einem Farbenraum gemäß den Gesetzen der Farbenmischung (→Farbenmischungen). • Insofern wesentlich das Aussehen von Farben interessiert, bietet der letztgenannte Weg den Vorteil, die Gesamtheit der bunten Farben gemäß ihrer ps. Ordnung nach Farbton, Sättigung und Helligkeit darzustellen (→Farbe). Hierbei muß zwischen höherer und niederer Kolorimetrie unterschieden werden. Gegenstand der höheren ist, die Abstände zwischen den Farben geometrisch so abzubilden, wie es dem Empfindungsunterschied zwischen ihnen entspricht. Diese Bedingung ist in einem Gemischsystem nicht gegeben, es genügt aber wegen seiner Eindeutigkeit der niederen Farbenmetrik. Da die Beziehungen zwischen drei Ausgangsfarben und jeder beliebig anderen in Form linearer Gleichungen ausgedrückt werden können, entspricht eine solche Abbildung vollkommen den Anforderungen, die an ein Maßsystem gestellt werden. • Die internationale Beleuchtungskommission CIE *(Commission Internationale de L'éclairage)* hat ein solches System zur Kennzeichnung von Farben festgelegt (Farbenvalenzmetrik). **[L]** Arens 1957, Bouma 1951, Schober 1964

Koma [gr.], tiefe →Bewußtlosigkeit und Betäubung, z. B. bei Schlaganfall, Epilepsie, Diabetes.

Kombination, Vereinigung, Verknüpfung, Verbindung mehrerer Gegebenheiten. • In der Ps. die Kombinationsfähigkeit, ein Faktor der intellektuellen Begabung.
Man versteht darunter die Fähigkeit, gedankliche Beziehungen zu erfassen und mit ihnen zu operieren, die Fähigkeit zur «Zusammenschau» und folgerndem Denken, die eine gewisse Weite des Bewußtseins und geistige Beweglichkeit voraussetzt. • In der Vererbungslehre: die Änderung des Genotypus (Erbbildes) durch die Vereinigung verschiedener elterlicher Erbbilder bei der Kreuzung. Sie wird nach den →Mendelschen Regeln vererbt. • Ein Ausdruck aus der →Kombinatorik. Er bezeichnet die Anzahl der versch. Möglichkeiten, aus insgesamt n Elementen jeweils i Elemente zu kombinieren. Die Zahl der möglichen Kombinationen kann aus

$$_nk_i = \frac{n!}{i!\,(n-i)!}$$

berechnet werden.
In der Linguistik und →Psycholinguistik bezieht sich der Begr. auf die Kombinierbarkeit von sprachlichen Einheiten. Diese wird, sofern es um die Kombinierbarkeit von →Morphemen und Wörtern in Sätzen geht, in erster Linie durch die →Syntax geregelt. Es zeigt sich jedoch, daß hierbei auch die →Semantik eine erhebliche Rolle spielt.
Während die Verletzung von syntaktischen Regeln zu grammatisch inkorrekten Sätzen führt, beeinflußt die Verletzung semantischer Selektionsrestriktionen die Akzeptabilität sprachlicher Äußerungen (→Sprachstörungen). Grob gesprochen regelt die Syntax die K. von Wortklassen und die Semantik die Selektion der einzelnen Items innerhalb dieser Klassen. K. läßt sich demnach auch unter dem Aspekt der →Selektion betrachten. Bereits vorhandene Elemente selektieren andere Elemente, die in ihrem →Kontext zulässig sind. Die Selektion in der Abfolge von Wortklassen findet in der →syntagmatischen Assoziation ihren Ausdruck, die Selektion innerhalb einer Wortklasse in der →paradigmatischen Assoziation.

Kombinationsbehandlung, der Begriff wird i. a. für die Kombination von medikamentöser und Psychotherapie benutzt. Dabei wird von unterschiedlichen Annahmen zum Zusammenwirken der Behandlungen ausgegangen: Es kann sich um eine Addition der Effekte oder um ein Schaffen der Voraussetzungen für die jeweils andere Behandlung handeln. Die Regel dürften aber wesentlich kompliziertere Wechselwirkungen sein. Die Annahme, eine Kombination sei auf jeden Fall besser als eine rein somatische oder rein psychologische Therapie, ist – zumindest unter Berücksichtigung von Kosten-Nutzen-Kriterien – naiv.
Die Bedeutsamkeit kombinierter Behandlung ist vor dem Hintergrund der jeweiligen Störung zu sehen. Bei einigen Störungen kommt ihr besondere Bedeutung zu. Besonders günstige Effekte werden u. a. bei substanzbezogenen Störungen, Schizophrenie, bipolarer Störung berichtet. *F. Caspar*

Kombinations-Test [T] EBBINGHAUS, STERN

Kombinationston, gehörter Ton, der im Reiz (zwei Töne) nicht enthalten ist; Kombinationstöne können bei hinreichender Intensität des Reizes hörbar werden.
Wenn f_1 und f_2 die →Schwingungszahlen der beiden Primärtöne sind, können Kombinationstöne mit den Schwingungszahlen f_2-f_1 (Differenzton) und aus der Menge der Töne mit Schwingungszahlen $f(n) = (n+1)f_1 - f_2$ gehört werden. Kombinationstöne mit Schwingungszahlen oberhalb der Primärtöne werden nur selten gehört, sind aber indirekt nachgewiesen (z. B. $f_1 + f_2$, Summationston; $2f_1 + f_2$, $2f_2 + f_1$); die →Maskierung durch die Primärtöne betrifft höhere Töne stärker als tiefere. Kombinationstöne entstehen wahrscheinlich durch nichtlineare mechanische oder elektrophysiologische Eigenschaften des Ohrs.
H. Heuer

Kombination von Figuren [T] RYBAKOW

Kombination von Stablücken [T] FRIEDRICH

Kombinatorik, mathematisches Teilgebiet, das sich mit den möglichen Anordnungen einer Anzahl verschiedener Elemente befaßt. In der K. wird zwischen →Permutationen, →Kombinationen und →Variationen unterschieden. Kombinatorische Überlegungen bilden die wahrscheinlichkeitstheoretische Grundlage vieler nichtparametrischer Verfahren. *G. Mikula*

Komfortverhalten, ein im Tierleben meist artspezifisches →Verhaltenssystem (z. B. Behaglichkeitssuche, Sichputzen, Gähnen, Sichstrecken), das aber vielfach nicht bloß als Bedürfnis (auch ritualisiert), sondern ebenso als →Übersprungshandlung hervortreten kann.

Kommensalismus →Ethologie

Kommentkampf, (biol.) agonistische Verhaltensweise ohne ernsthafte Beschädigung des Gegners. Im K. werden vorwiegend →Imponiergehabe geäußert, und er wird in der Regel durch eine →Demutsgebärde beendet. Ggs. Beschädigungskampf *V. Preuss*

Kommissur, Kommissurfasern [lat. *commissura* Verbindung], Nervenfasern, die analoge Stellen der beiden Hirnhemisphären miteinander verbinden. →Gehirn

Kommotion →Commotio

Kommotionsneurosen, Kommotionspsychosen, neurotische und ps. Störungen wie Verwirrtheit im Anschluß an Unfall oder Hirnerschütterung durch Unfall.

Kommunalität, Gemeinsamkeit, in der englischsprachigen Fachliteratur über →Faktorenanalyse eingeführter Terminus (h2) für denjenigen Anteil der gesamten Varianz einer Variablen, der auf gemeinsame Faktoren a zurückgeführt werden bzw. durch die Faktorenanalyse aufgeklärt werden kann:

$$h^2 = a_1^2 + a_2^2 \ldots + a_n^2 .$$

→Faktorenanalyse.

• In der Sprachps. die Übereinstimmung der assoziativen Reaktionen verschiedener Personen auf ein bestimmtes Reizwort (→Assoziation). Das Ausmaß der K. wächst mit dem Anteil einzelner Responses, z. B. der Primär- und Sekundärreaktionen, an der Gesamtzahl der Responses auf ein Reizwort.
Der K.sindex wird benutzt, um die Gleichförmigkeit der Assoziationsvorgänge in einer Gruppe von Personen zu beschreiben. Das Ausmaß der K. kann dabei mit der Zeit sowie zwischen verschiedenen Personengruppen variieren. Besonders der letzte Gesichtspunkt verweist auf die Bedeutung dieses Maßes für die →Soziolinguistik. Untersuchungen zeigen, daß die K. von 1900 bis heute angestiegen ist. Die Menschen assoziieren zunehmend mehr das Gleiche. JENKINS (1960) führt das auf die wachsende Außengelenktheit (nach RIESMAN 1958) zurück. Auch der steigende Einfluß der Massenmedien und der Werbung wird als mögliche Ursache angeführt (HÖRMANN 1967). *J. Engelkamp*

Kommunikation [lat. *communicatio* Verbindung, Mitteilung], die wichtigste Form sozialer Interaktion, der Prozeß der Informationsübertragung mit den Komponenten: Kommunikator und Kommunikant (die einseitig oder wechselseitig einwirken), den K.mitteln (die als sprachliche oder nichtsprachliche Zeichen auftreten), den K.kanälen (die akustisch, optisch usw. – von Mensch zu Mensch oder über die sog. Massenmedien Presse, Funk, Film, Fernsehen sich bieten) und den K.inhalten aller Art.
Die unilaterale und bilaterale *(face to face)* K. geschieht durch Sprache, Blick, Mimik, Gestik, Schrift usw. Es ist dem Menschen in der Interaktion unmöglich, nicht zu kommunizieren (WATZLAWICK 1980), jedes Verhalten kann als Signal dienen. ARONSON (1972) gibt ein Schema der Möglichkeiten für Mißverständnisse zwischen Kommunikator und Kommunikant (K.störungen); WATZLAWICK (1979) einen Lösungsansatz (K.therapie). →Sprache, →Informationstheorie, →nichtverbale K., →Metakommunikation, →Psy-

cholinguistik, →double-bind, →Verständlichkeit *H. Ries*

Kommunikation, tierische, Reizmuster (innerartlich und/oder zwischenartlich wirksam) im Dienste des →Sexualverhaltens, der Paar- und Gruppenbildung sowie des →Revierverhaltens. Der K. dienen akustische, geruchliche, optische, taktile und auch elektrische →Signale. →Tiersprache *V. Preuss*

Kommunikationsnetz, das Muster von Wegen des Nachrichtenaustausches innerhalb einer sozialen Gruppe. In sozialps. Experimenten wurde vor allem die Abhängigkeit der Gruppenleistung und der Zufriedenheit der Gruppenmitglieder von der Art des K. in kleineren Gruppen überprüft. [L] BAVELAS 1950 *D. Dörner*

Kommunikationstheorie →Informationstheorie

Kommunikationstherapie, Behandlungsansatz von A. und K. H. MANDEL, der individuelles Verhalten vorrangig als Strategie innerhalb eines Beziehungsnetzes begreift und weniger als historisch zu verstehendes Charakteristikum eines individuellen Menschen. Die Entstehung zwischenmenschlicher Konflikte wird nicht im einzelnen gesucht, vielmehr in der Gruppe, besonders dem Paar, und deren Kommunikation. Eine Änderung der Regeln dieses Beziehungsnetzes soll die Aufgabe problematischer Verhaltens-Strategien zugunsten neuer, befriedigenderer Lösungen ermöglichen. In gleicher Bedeutung die strategische Therapie (HALEY) und die systematische Therapie (SELVINI).

Die system-theoretische Betrachtungsweise richtet den Blick auf das präsentierte Symptom sowie auf die Eigenschaften und Regeln des umgebenden Beziehungssystems. Die Therapie ist direktiv, gegenwartsorientiert und symptom-orientiert. Veränderungen werden über positive Neuerfahrungen erwartet. Bekannt geworden sind v. a. die Verfahren der →paradoxen Intention (FRANKL) oder Symptomverschreibung (WATZLAWICK). Es wurden aber noch eine Reihe zusätzlicher Verfahren der Umattribuierung oder zum Einsatz imaginativer Methoden entwickelt. Auch zur therapeutischen Gesprächsführung, insbes. zum Einsatz der verschiedenen Ebenen der Kommunikation im therapeut. Gespräch, existieren Arbeiten.

Die Übertragung kybernetischer Denkmodelle auf menschliche Interaktion blieb nicht ohne Kritik. Die einzelnen therapeut. Verfahren sind noch wenig überprüft und nur ansatzweise systematisiert. Dennoch findet dieser Ansatz in der Sexual- und Partnerschaftstherapie zunehmend Beachtung.

In der K., verbunden mit Namen wie WATZLAWICK, MANDEL & MANDEL und HAYLEY, wird individuelles Verhalten aus dem Stellenwert in einem Beziehungsnetz verstanden und therapeutisch angegangen. →Systemische Therapie *D. Zimmer/F. Caspar*

Kommunikator, seltene Bez. für den Sender, der Mitteilungen *(Kommuniqués)* an den Empfänger (Kommunikanten) ausgibt (HARTLEY & HARTLEY 1955). →Kommunikation. • In der →Parapsychologie ist K., der auch als Kontrollgeist, Spirit-Kontrolle, Trancepersönlichkeit bezeichnet wird, der Geist eines Verstorbenen oder eine nicht-menschliche Wesenheit oder das Unbewußte eines anderen Lebenden u. a., der als Absender über ein →Medium einwirkt.

Kommutation, Kommutativität [lat.], Vertauschung, Vertauschbarkeit. Eigenschaft bestimmter Operationen mit Zahlen, Mengen oder logischen Ausdrücken. Kommutativ ist beispielsweise die Addition: $a + b = b + a$.

Kompatibilität, (allg.) Vereinbarkeit; (spez.) Vereinbarkeit von Wahrnehmung und Bewegung (SR-Kompatibilität) oder gleichzeitig ausgeführten Bewegungen (RR-Kompatibilität).

Obwohl die Zuordnung von Sinnesreizen zu Bewegungen im Prinzip beliebig erfolgen kann, gibt es einfache (kompatible) und schwierige (imkompatible) Zuordnungen: Bewegungen können z. B. schnell (→Reaktionszeit) und genau ausgeführt werden, wenn ihre räumlichen Merkmale der räumlichen Anordnung der Reize entsprechen (räumliche Kompatibilität); noch bessere Leistungen werden bei →ideomotorischer Kompatibilität erzielt, wenn der Reiz der →Rückmeldung von der Bewegung entspricht. Daneben wird die Kompatibilität durch →Stereotype bestimmt, z. B. Streckung der Arme bei Auftauchen eines Hindernisses. Regeln für kompatible Anordnungen sind grundlegend für den Entwurf der Schnittstellen in →Mensch-Maschine-Systemen. [L] PROCTOR & REEVE 1990 *H. Heuer*

Kompensation [lat. *compensare* ausgleichen], Ausgleich, Ersatz, wechselseitige Aufhebung entgegenwirkender Kräfte.

WUNDT bezeichnete als K.prinzip die Tatsache, daß bei Hirnverletzten andere Hirnzonen den dadurch entstandenen Ausfall ausgleichen können. Zum K.prinzip nach ACH

K

→Identifikation. • Auch K.werte hat man hervorgehoben (GIESE) und verstand darunter das, was ausgleichbietend (als Beschäftigung usw.) zu anderen Lebensinhalten gepflegt werden kann. • In der Tiefenps. ist K. ein Grundbegriff, der aufzeigt, daß psychische Mängel (z. B. das Minderwertigkeitsgefühl im Sinne der Individualps. A. ADLERS) durch das Anstreben der Vollwertigkeit oder Überwertigkeit kompensiert bzw. überkompensiert werden können. • In der Persönlichkeitsps. unterscheidet man (LERSCH 1962, ALLPORT 1959) zwischen K. erster, zweiter und dritter Ordnung. Angesprochen sind damit die direkte, indirekte (Weg des Protestes, des Als-ob) und sentimentale K. (Kokettieren mit dem Mangel).

Kompetenz, (allg.) die Zuständigkeit eines Menschen, einer Institution. • In der →generativen Transformations-Grammatik (CHOMSKY 1965) die Kenntnis des idealen Sprechers/Hörers (→native speaker) von seiner Sprache, d. h. seine Kenntnis des Systems von Regeln, die es ihm ermöglichen, unendlich viele neue →Sätze einer Sprache zu erzeugen (generieren) und zu verstehen.

Daraus abgeleitet die Fähigkeit, Sätze hinsichtlich ihrer lautlichen Realisation, ihrer →Bedeutung und ihrer →Grammatikalität «intuitiv» zu beurteilen, zu bewerten und zu vergleichen. Die Beschreibung der K. ist das Ziel der →Grammatik. Der K. gegenübergestellt ist die →Performanz. – K. wird neuerdings auch verwendet in den Begriffen Aktions-, kommunikative, poetische, Sozial- und stilistische K. Zum Erwerb der K. →Sprachentwicklung, →interpersonale Kompetenz, →Effektanzmotivation. [L] WELTE 1974

Kompetenztraining, Teil von →Verhaltenstherapien, bei dem insbesondere Fähigkeiten im Umgang mit anderen Menschen vermittelt werden, weshalb insbesondere von «Training sozialer Kompetenz» die Rede ist.

Letzteres ist bedeutsam nicht nur, wenn Defizite in sozialer Kompetenz im Vordergrund stehen, sondern auch als Teil der Therapie von Agoraphobien, Panik u. a. m., weil es dabei erstens um das Füllen von Wissens- und Fähigkeitsdefiziten geht, andererseits erlebte soziale Kompetenz ein Antagonist gegen Angst und Depression ist. K. ist verbunden mit Namen wie SALTER (1949), WOLPE (1958), LAZARUS (1973) und ULLRICH & ULLRICH (1978). Gegenstand sind die subjektive Einstellung zu sich selbst, Wissen um Prozesse der sozialen Beeinflussung, Rechte gegenüber Behörden etc., Fahigkeiten zur adäquaten Wahrnehmung von sich selbst und anderen, soziale Fertigkeiten und die Fähigkeit, dies auch adäquat (nicht-aggressiv, nicht zum Schaden anderer) einzusetzen, soziale Angst und Hemmung, und der Abbau von Vermeidungsstrategien. In einem strukturierten Vorgehen, vorzugsweise in Gruppen, wird eine Reihe unterschiedlicher Techniken, wie z. B. Verstärkung, Modellernen, Rollenspiel, Rückmeldung, kognitive Techniken eingesetzt.

Angestrebt wird dabei eine Veränderung abwertender Selbstverbalisationen, eine adäquate Wahrnehmung eigener und fremder Reaktionen und Situationen, ein adäquates soziales Verhalten, ein Aufbrechen des sozialen Rückzugs und eine Bewältigung der sozialen Angst durch schrittweisen Abbau von Vermeidungsstrategien und den Aufbau aktiven Bewältigungsverhaltens, um dem Teilnehmer schließlich eine angstfreie und selbstsichere Interaktion zu ermöglichen.

Das Therapieverfahren, oft auch Teil umfassenderer Therapien, hat sich bei einem großen Spektrum an Störungen als wirksam erwiesen. Die primäre Indikation sind soziale Ängste, Unsicherheit und Fähigkeitsdefizite. TSK wird aber auch bei psychosomatischen und anderen psychischen Störungen (Persönlichkeitsstörungen, Depressionen) einzeln und in Gruppen, ambulant und stationär erfolgreich eingesetzt. Die Wirksamkeit ergibt sich aus der Summe der einzelnen Bestandteile, die einzeln schwer zu evaluieren sind. *F. Caspar*

Komplementärbedürfnis, Bedürfnis nach Ergänzung, in der Sozialps. verwendeter Begriff zur Erklärung der Anziehung (Freundschaft) zwischen Personen. Schweigsamkeit ist z. B. K. zu Mitteilungsbedürfnis. →dagegen Ähnlichkeit als Faktor der →Gruppenbildung. [L] WINCH 1955, 1958

Komplementärfarben, Ergänzungsfarben. In der Literatur findet man den Ausdruck K. (Gegenfarben, Ergänzungsfarben) für alle Paare von Farben, die, in jeweils bestimmtem Verhältnis gemischt, «Weiß» ergeben.

Komplementarismus, binasaler, Sichaufheben zweier Gerüche (z. B. Rizinus – Vanille), die getrennt den zwei Nasenlöchern zugeführt werden, ohne daß chemisch ein geruchloser Körper entsteht.

Komplementarität, psychophysische, ursprünglich von N. BOHR (1927) in seinem Lösungsvorschlag für das Wellen-Teilchen-Paradoxon der physikalischen Optik geprägt. R. N.

SHEPARD (1981) schlägt die Annahme der ps. K. als Lösung für das Dilemma von Dualismus (→Parallelismus, psychophysischer) und Monismus vor. Er postuliert, daß die Welt entsprechend den internen Bedingungen des Beobachters wahrgenommen wird, daß sich aber diese internen Bedingungen im Verlauf der Evolution und in Wechselwirkung mit eben dieser Welt herausgebildet haben.
Das interpersonale Verhalten von Personen wird als komplementär bezeichnet, wenn es «wie Schloß und Schlüssel» zueinander paßt und sich deshalb stabile und beidseitig zumindest zunächst befriedigende Beziehungen entwickeln. Genau betrachtet wird unter Komplementarität aber je nach Autor leicht Unterschiedliches verstanden (→interpersonaler Ansatz), wie Interaktionsstile, die sich auf der Kontrolldimension gegenüberliegen (Beispiel: Dominantes und unterordnendes Verhalten; BENJAMIN 1994), oder ein Sich-Einstellen von Therapeuten auf die individuellen Bedürfnisse von Patienten u. a. m. **[L]** CASPAR 1996 *F. Caspar*

Komplex [lat. *complexio* Umfassung], Vereinigung mehrerer Glieder. In der Denkps. die Gesamtgestalt eines zusammenhängenden Ganzen im Sinne eines Bezugssystems der Teile zueinander.
Nach G. E. MÜLLER beim Gedächtnis die festassoziierten Glieder von Einzelgruppen, in denen wir Inhalte erlernen und erfassen. Das Gedächtnis verfügt über einen konstanten Umfang an K.; fest verbundene Vorstellungen wirken besonders komplexbildend. • In die Tiefenps. wurde der Begr. als gefühlsbetonter K. 1902 von C. G. JUNG (→Analyt. Ps.) eingeführt und durch das Assoziationsexperiment (JUNG 1904) nachgewiesen. Der bewußten Psyche inkompatible Inhalte werden verdrängt und bleiben als Fremdkörper, um den sich mit gleichem Gefühlston geladene Erlebnisse gruppieren, im Unbewußten erhalten. K. laden sich energetisch auf, funktionieren autonom und reagieren wie «Partialpersönlichkeiten», je nach Dissoziation vom Ich mit erheblichen Störmomenten für die äußere Anpassung des Individuums. Auflösung der K. durch Psychotherapie schafft Bewußtseinserweiterung und Zuwachs an der dem Bewußtsein disponiblen ps. Energie. **[L]** JACOBI 1957, JUNG 1967, WOLFF 1959

Komplexe Psychologie, die von C. G. JUNG seinen tiefenps.-psa. Anschauungen gegebene Bez. (genau: Psychologie der Komplexe), die sich aber nicht auf den Begr. →Komplex bezieht, sondern die Komplexität der seelischen Zusammenhänge belegen soll. →Analytische Psychologie

Komplexionstheorie, Lehre, daß das Seelenleben organisch gearteter Natur ist und in den Bewußtseinsinhalten sich alles zu einem Ganzen verbindet.

Komplexqualität, nach F. KRUEGER (1928) eine Ganzheit, die nicht gestaltet ist bzw. keine deutliche oder erkennbare Gliederung besitzt. Komplexqualitäten sind vor allem die Gefühle.

Komplikation [lat. *complicare* zusammenlegen], die Kombination von versch. Ursachen und Wirkungen, die schwer zu entwirren ist. • Nach HERBART die Verbindung zweier Vorstellungen verschiedener Sinnesgebiete. Wenn z. B. beim Anblick einer Speise deren Geschmack erinnert wird. • Nach WUNDT ist K. Zusammensetzung der drei Formen des Assoziationsprozesses, die anderen sind Fusion (Verschmelzung) und Assimilation (Angleichung). • Eine zu einer bestehenden Erkrankung neu hinzukommende Erkrankung.

Komplikationsversuch, das Verfahren zur Bestimmung der persönlichen →Gleichung. Die Vp hat auf zwei Reize zu achten, z. B. an einer sog. Komplikationsuhr den Lauf des Zeigers zu verfolgen und anzugeben, wo sich dieser gerade befand, als ein akustisches Signal gegeben wurde. Hierbei treten Abweichungen i. S. der persönlichen →Gleichung auf. →Reaktionszeit.

Komponentenmodell, Vorschrift, nach der Einstellungsobjekte hinsichtlich mehrerer Dimensionen eingeschätzt werden. Nach dem von H. FEGER (1979) entwickelten Komponentenmodell für Einstellungsobjekte kann ein Einstellungsträger (die Vp) jedem Einstellungsobjekt eine beliebig große Zahl von Komponenten zuordnen. Aus den Beziehungen zwischen diesen Komponenten ergibt sich die Ähnlichkeit zwischen den Einstellungsobjekten und aus ihrer Bewertung läßt sich die Präferenz für ein Einstellungsobjekt ermitteln. Der Vorteil dieser Konzeption besteht in seiner universellen Anwendbarkeit und der Möglichkeit, interindividuelle und intraindividuelle Strukturveränderungen festzustellen. →Einstellung, →Einstellungsskalen *B. Six*

Kompromißbildung, Begr. aus der psa. Schule. K. bezeichnet einen Vorgang, durch den unbewußte Tendenzen zu einem neuen Inhalt verschmelzen.

Konation, zielgerichtete ps. Aktivität, Strebung, Trieb, Antrieb, Wollen.

konativ [lat. *conari* streben], svw. wie strebend, antriebhaft, antriebsgesteuert. Ggs. →kognitiv

Kondensation →Verdichtung

Konditionalfaktoren, in der Erblehre die Anlagen, ohne die andere nicht auftreten können.

konditionierte Hemmung →Hemmung

konditionierter Reflex →bedingter Reflex

konditionierter Verstärker →sekundärer Verstärker

Konditionierung [engl. *conditioning*], die Herstellung bzw. das Entstehen einer bedingten Reaktion. K. wird in der traditonellen →Verhaltenstherapie als Mittel zur Verhaltensveränderung eingesetzt. →bedingter Reflex

Konfabulation [lat. *confabulari* schwatzen, plaudern], sinnlos-phantastische Ausdeutung, Erdichtung (z. B. eines beobachteten Bildes). Gedächtnistäuschung i. Form wechselnder Pseudoerinnerungen, zufällige Einfälle ohne Bezug zum jew. Gedankengang, oft zum Ausfüllen intellektueller Lücken bei beginnendem hirnorganischem Abbau. Vorkommen bei Alkoholismus, Parkinson-Syndrom, Arteriosklerose und anderen hirnorganischen Erkrankungen.

Konferenz-Methode, im wesentlichen Versuche der Problemlösungen in Diskussionsgruppen mit Hilfe von Leitern, die im «demokratischen →Führungsstil» trainiert sind, mit zusammenfassenden Berichten im Plenum. [L] MAIER 1963

Konfidenzgrenzen, definieren jenen Bereich um einen statistischen Kennwert einer Stichprobenverteilung, in dem mit einer bestimmten Wahrscheinlichkeit der entsprechende Parameter der Population liegt. Die Größe dieses Bereichs (auch →Vertrauensintervall, →Mutungsintervall) wird vom Standardfehler der Statistik (z. B. M, s, r) und dem Stichprobenumfang bestimmt. *G. Mikula*

Konfiguration [lat. *configere* zusammenfügen], Form, Gestalt, Gestaltung, räumliche Anordnung; eine aus Punkten, Linien und Ebenen bestehende Figur. Auch das Beziehungsgefüge innerhalb eines Wahrnehmungsinhaltes.

Konfigurationsfrequenzanalyse (KFA), multivariates Verfahren zur Auffindung von Typen oder Syndromen. Die beim Pb vorliegenden Merkmale werden in Klassen aufgegliedert. Im Ggs. zu der mit gleichem Ziel arbeitenden Faktorenanalyse (→Q-Technik) muß bei der K. keine Voraussetzung an die Verteilung der Meßwerte gestellt werden. Außerdem müssen die Ausgangswerte nicht ipsativ gewonnen sein. Anwendung: Klinisch-ps. und klinisch-med. Diagnostik. [L] KRAUTH 1973, LIENERT 1971, ZUBIN 1936

Konflikt, das gleichzeitige Bestehen oder Anlaufen von mindestens zwei Verhaltenstendenzen (HOFSTÄTTER 1957). Bereits die Untersuchungen von ACH und LEWIN (1921) mit widerstreitenden Assoziationstendenzen (von LEWIN jedoch nicht als dynamisch wirksam anerkannt) und von der Instruktion (Aufgabe) ausgehenden Reproduktionstendenzen sind in diesem Sinne K.untersuchungen. LEWIN und im Anschluß an ihn MILLER (1944) unterscheiden (1) Annäherungs-Annäherungs-K. (Buridans Esel), (2) Annäherungs-Vermeidungs-K., (3) Vermeidungs-Vermeidungs-K. (bzw. statt Annäherung: Appetenz; statt Vermeidung: Aversion). →Annäherungskonflikt. Die experimentelle Realisierung dieser K.arten durch HOVLAND & SEARS (1938) erbrachte zwar Wirkungen des durch die zweideutige Aufgabensituation vermutlich herbeigeführten K. auf einfache Bewegungen (Verzögerungen verschiedener Stärke), zeigte aber auch die Unvollständigkeit der so gefaßten K.problematik. Eine Weiterentwicklung des gleichen Ansatzes mit operationaler Definition durch tierexperimentelle Anordnungen vollzogen MILLER (1959) und BROWN (1948), indem sie unterschiedliche Steilheit der Annäherungs- und Vermeidungsgradienten annahmen und die Entfernung vom K. induzierenden Ziel bestimmten, in der der K. am stärksten ist. MAHER (1964) demonstrierte zeitliche Gradienten der Annäherung und Vermeidung in Ergänzung der bisher nur auf räumliche Verhältnisse bezogenen. Nach BROWN & FARBER (1951) ist Frustration ein Unterfall von K.: Entweder wird eine aktualisierte Verhaltenstendenz von einer entgegenwirkenden «Nichtverstärkung» oder durch Blockierung von außen behindert, so daß zwei gleichzeitig aktualisierte, inkompatible Verhaltenstendenzen dazu führen, daß die intervenierende Variable «Frustration» wirksam wird (Konflikttheorie der Frustration). K hat hier die gleiche Funktion wie Emotion oder Antrieb.

Intrapsychischer K., als Begriff in der Persönlichkeitstheorie und Neurosenlehre, z. B. nach RANK ein zur Natur des Menschen gehörender K. zwischen der Tendenz zur Individualisierung, Vereinzelung und Trennung von dem Urgrund und einer Tendenz zur Verschmelzung, Vereinigung und zum Aufgeben aller In-

dividualität (an HEGEL bzw. FICHTE orientiert).
Psycho-sozialer K., ebenfalls als Begriff der (psychoanalytischen) Persönlichkeitstheorie und Neurosenlehre: Unvermeidliche Spannung zwischen Trieben (Es-Kräften) und regulierenden, von der Gesellschaft im Sozialisierungsprozeß aufgebauten Kontrollinstanzen (Ich, Über-Ich). Die Maximierung der Triebbefriedigung bei Minimierung der Angst vor Strafen oder Schuldgefühlen ist demnach die stets unvollkommene K.-Lösung, die nach dieser Theorie nur durch die allgegenwärtigen Abwehrmechanismen möglich sein soll.
Ethischer K., analysiert in den Entscheidungsexperimenten von THOMAE 1960.
Interpersonaler K., auch sozialer K. (LEWIN 1935) oder K. zwischen Personen oder zwischen Gruppen als Gegenstand der Sozialps. und der Angew. Sozialps. Die sozialen K. sind Interessenkonflikte oder die Folge von diskrepanten Handlungsabsichten. Sie entstehen, weil (a) Personen oder Gruppen Ziele verfolgen, die sich ausschließen, (b) Personen oder Gruppen gleiche Ziele bei begrenzten →Ressourcen verfolgen oder (c) kompetitives Verhalten das →Verhandeln der Partner, das zu einem Kompromiß führen soll, erschwert. Häufig sind allerdings die Motive der handelnden Partner «gemischt», d. h. neben der Absicht, den individuellen Gewinn zu maximieren, besteht die Absicht, den gemeinsamen Gewinn zu maximieren (zu kooperieren, →soziales Dilemma). HEIDER (1958) beschrieb den interpersonalen K. als Ungleichgewicht innerhalb von Triaden (→Balance-Theorien). In der Sozialps. des Betriebs werden K. zwischen formellen Positionen, K. zwischen individuellen Eigenarten (Personen-Konkurrenzprobleme), K. zwischen formellen Positionen und Gruppen, K. zwischen individuellen Eigenarten und Gruppen, K. zwischen formellen und informellen Gruppen unterschieden (FRANKE 1980). Da es so viele Möglichkeiten für widerstreitende Kräfte im seelischen Geschehen wie Themen des Verhaltens gibt, ist die Aufzählung der K.arten nur eine Auswahl, die an den vorliegenden Forschungen oder expliziten Theorien orientiert ist. Zum Teil mit den Arten verbunden, zum Teil unabhängig von ihnen sind weitere Seiten oder Merkmale von K. zu unterscheiden, wie z. B. Dauer, Bedeutsamkeit, Stärke und Gewicht der Folgen bei Nichtlösung. Bei nicht-konformem Verhalten in der Gruppe wird (nach ASCH) ein K. erlebt.
Als historisch frühe Technik der K.-Forschung ist noch die «LURIA-Technik» zu nennen, die Messungen der Assoziationszeiten bei K. erregenden Stimuli und Registrierung der Feinmotorik vorsieht (kombinierte motorische Methode, LURIA 1932). Das →prisoner-dilemma-Spiel, das →Transport- oder Speditionsspiel und Verhandlungsspiele sind exp. Situationen, in denen interpersonale K. untersucht worden sind. Das Bewußtmachen und Bearbeiten von K. ist Bestandteil verschiedener psychotherapeutischer Ansätze. →Entscheidung, →Neurose, →Verhandeln. [L] CROTT 1985, DEUTSCH 1973, FEGER 1972, FISHER 1990, KAYSER 1982, MÜLLER 1980, PONGARTZ 1961, THOMAE 1974, ULICH 1971, YATES 1962 *R. Bergius*

Konfliktanalyse →Denken, →Denken, heuristische Methoden

Konfliktverhalten, (biol.) werden zwei Verhaltensweisen durch einen Reiz gleichzeitig ausgelöst, so können sie pendeln (→ambivalentes Verhalten), sich gegenseitig unterdrükken oder fördern oder das Verhalten völlig umorientieren.

K

Konformismus, Konformität, das Gleichgerichtetsein, Angepaßtsein von Gruppenmitgliedern bezüglich der Normen und Ziele einer Gruppe. Von der bloßen Uniformität, Konventionalität (KRECH et al. 1962) und →Willfährigkeit (MILGRAM 1965) abgehobene Angleichung des individuellen Verhaltens (Urteile, Meinungen) unter Gruppendruck und im Konflikt zwischen der unmittelbar gewonnenen Überzeugung und den von Gruppenmitgliedern vermittelten Informationen. CAMPBELL (1961) betont besonders den bei der K. beteiligten Konflikt.
•Persönlichkeitsvariable, die K.verhalten unter Gruppendruck begünstigt.
•Geisteszustand oder modale Response der Übereinstimmung mit Normen (ROKEACH) und Veränderung eines Verhaltens oder einer Überzeugung in Richtung der Gruppenmeinung, und zwar als Ergebnis eines realen oder nur vorgestellten Gruppendruckes (KIESLER & KIESLER 1969). Eine Unterform der K. ist die ständige Negierung der Gruppenmeinung (KRECH et al. 1962: *Counterformity*), wofür Kontraformität eine bessere Übersetzung wäre als die von anderen Autoren verwendete Bezeichnung Antikonformität. Ggs. Unabhängigkeit. →J-Kurven-Hypothese, →Sanddünen-Modell. [L] BARON, COLLINS & RAVEN 1969, KERR & MILLER 1992, MARLOWE & GERGEN 1969, PEUCKERT 1975, SODHI 1963, WITTE 1989. *R. Bergius*

Konfrontationstherapie, →auch «Expositionstherapie»: Bei dieser verhaltenstherapeutischen Vorgehensweise wird der Patient in irgendeiner Form mit dem angstauslösenden Reiz konfrontiert (meist in vivo), und ein Vermeiden der Angstsituation wird unterbunden, bis die Angstreaktion u.a. aufgrund von Prozessen der →Habituation nachläßt. Wenn die Konfrontation massiert erfolgt, wird dies auch als Reizüberflutung (Flooding) bezeichnet, gestufte Exposition in sensu als →Systematische Desensibilisierung, gestufte Konfrontation in vivo als Habituationstraining. Die Begriffe werden allerdings oft etwas unterschiedlich verwendet. Wichtig ist, Vermeidungsstrategien, auch kognitive, zu unterbinden, weil dadurch die Angst aufrechterhalten würde. K. wird auch bei der Behandlung von Zwängen eingesetzt, wobei besonders wichtig ist, die üblichen Zwangshandlungen zu verhindern. Patienten machen die Erfahrung, daß jemand (der Therapeut) bereit ist, sich ganz konkret mit in die problematische Situation zu begeben und zum Standhalten zu ermutigen, daß die erwarteten Konsequenzen ausbleiben, daß die Angst nicht wie befürchtet ins Bodenlose geht und daß sie über Bewältigungsfähigkeiten verfügen. Angstkonfrontation wird heutzutage üblicherweise mit Techniken der →Kognitiven Verhaltenstherapie verbunden. Information der Patienten sowie Arbeit an der Motivation und der therapeutischen Beziehung sind sehr wichtig. Trotz gut belegter Wirksamkeit wird Angstkonfrontation in vivo, auch wenn sie indiziert wäre, oft nicht durchgeführt, weil Therapeuten den organisatorischen Aufwand scheuen, weil sie selber nicht frei von Ängsten in den betroffenen Situationen sind oder weil Krankenkassen die oft notwendigen längeren «Sitzungen» nicht bezahlen.
Erfolgt die Reizkonfrontation massiert und «in-sensu», spricht man von →Implosion: Die Angststimuli werden nur in der Vorstellung dargeboten, jedoch in voller Intensität und z. T. ins Unrealistische gesteigert. *F. Caspar*

Konfundierung [lat. *confundere* vermischen, zusammengießen, verwechseln], die ungetrennte, schwer unterscheidbare Wirkung zweier oder mehrerer Ursachen auf einen Effekt (Konfundierungseffekt), z. B. Lernen und Reifen in der Kindesentwicklung oder Leistungsmotivation und Intelligenz bei Testleistungen. Um in Experimenten der K. von Versuchsbedingungen (unabhängigen Variablen) zu begegnen, benutzt man ausbalancierte komplexe Versuchspläne. →Varianzanalyse. **[L]** MITTENECKER 1971

Konfusionsmatrix, Matrizen von beobachteten bedingten relativen Häufigkeiten, die als Schätzungen der Wahrscheinlichkeiten angenommen werden, daß auf Reiz Sj die Reaktion Rj erfolgt. Das Konstanzverfahren (→psychophysische Methoden) resultiert z. B. in quadratischen K.; im Regelfall ist jedoch die Anzahl der Antwortkategorien kleiner als die zu beurteilenden Reize, und die resultierenden K. sind rechteckig. Modelle zur Analyse von K. sind seit D. LUCE (1959) systematisch entwickelt worden und ermöglichen nicht nur die Bestimmung metrischer Beziehungen von Reaktionen und Reizen, sondern auch die Analyse systematischer Reaktionsverzerrungen, die z. B. bei der Konstanzmethode zu asymmetrischen K. führen, wobei die Asymmetrie systematisch ist (z. B. Oktavverwechslungen bei Tonhöhenbestimmungen) und daher nicht durch Mitteilung ausgeglichen werden kann. **[L]** TOWNSEND & ASHBY 1983 *H. E. Zahn*

kongenital [lat. *congenitus*], angeboren, d. h. ererbt oder intrauterin erworben

Kongruenz, kognitive, Hauptbegriff der «interpersonalen Kongruenztheorie» von SECORD & BACKMAN (1961).
Es wird zwischen folgenden 3 Komponenten K. verlangt: (1) ein bestimmter Gesichtspunkt bezüglich des →Selbstkonzepts eines Individuums, (2) Die Interpretation des für diesen Gesichtspunkt relevanten Verhaltens dieses Individuums, (3) die Meinung des Individuums darüber, wie ein zweites Individuum sich in Hinblick auf diesen Gesichtspunkt dem ersteren gegenüber verhält. Kongruenz besteht dann, wenn das Verhalten der beiden Individuen Komponenten des Selbst des einen Individuums offenbart. Ein Individuum sucht demnach Kontakt mit solchen Individuen, die ihm zur Kongruenz unter den oben genannten Bedingungen verhelfen. **[L]** SECORD & BACKMAN 1961

Konkordanz [lat. *concordare* übereinstimmen], Übereinstimmung zwischen (von verschiedenen Beobachtern vorgenommenen) Messungen und Schätzungen. • Übereinstimmung in den Erbanlagen, besonders bei eineiigen Zwillingen. Ggs. Diskordanz = Nichtübereinstimmung.

Konkordanzkoeffizient, Koeffizient eines nichtparametrischen Verfahrens zur Feststellung des Grades der Übereinstimmung von mehr als zwei Rangreihen. Die Berechnung erfolgt nach

$$W = \frac{12 \Sigma D_i^2}{k^2 (N^3 - N)},$$

wobei k die Anzahl der Rangreihen, N die Zahl der Ränge und D_i die Abweichungen der Rangplatzsummen der einzelnen Elemente von der mittleren Rangplatzsumme bezeichnen. *G. Mikula*

Konkretismus, das Ausgerichtetsein (besonders des Denkens und der Gefühle) auf die sinnlich faßbare und anschauliche Wirklichkeit.

Konkurrenzauslese →Auslese

konnatal [lat. *connatalis* zur Geburt gehörend], angeboren

Konnektion, Konnektionismus [engl. *connection, connectionism*], Verbindung, ps. insbes. die Reiz-Reaktion-Verbindung. • Bez. für die ps. Richtung, die die Reiz-Reaktion-Verbindung als Grundlage allen Verhaltens ausgibt: →S-R-Theorie (THORNDIKE et al.)

Weil der Ansatz des Konnektionismus ein hohes Potential hat, für traditionelle Ansätze schwer erklärbare Aspekte aus der Klinischen Psychologie (u. a. Dynamik von Störungen und Veränderungsprozessen, Intuition) angemessener zu erfassen, ist er für dieses Gebiet von besonderer Bedeutung. **[L]** CASPAR, ROTHENFLUH & SEGAL, 1992, STEIN & LUDIK, 1998)

Können [engl. *coping behavior*], Bewältigung von Anforderungen (auch bei Änderung der Bedingungen). Grundlage sind Fähigkeiten und Fertigkeiten, aber auch Einflußgrößen wie Motivation, Einstellung, Temperament, Ermüdbarkeit, Intention. Verhaltensstörung ist eingeschränktes Können. →Funktionspotenzen, →Kenntnisse, →Kompetenz, →interpersonale Kompetenz

Konnotation, konnotative Bedeutung, wird unterschiedlich definiert: (1) als affektive und emotionale →Bedeutung, (2) als eine Art Restklasse, die alles umfaßt, was nicht →Denotation ist, (3) als das, was das →semantische Differential von OSGOOD (1957) mißt. Eine Präzisierung des Begriffs ist nötig. LEECH (1964) unterscheidet in diesem Sinne sieben Arten von Bedeutung. Nach LEECH ist K. der kommunikative Wert, den ein Wort kraft seiner Beziehung zu einem Referenten hat. Der wichtigste Aspekt der k.B. liegt darin, daß sie sich auf das Verhältnis von Zeichen und Zeichenbenutzer bezieht und damit der pragmatischen Komponente der →Semiotik zuzuordnen ist (→Pragmatik), im Ggs. zur Denotation, die ein Begriff aus der →Semantik ist. Die wichtigste Dimension dieses Verhältnisses zwischen Zeichenbenutzer und Zeichen bzw. Bedeutung scheint diejenige einer i. w. S. affektiven Bewertung der Bedeutung zu sein. Diese Dimension wird durch die Valenz-Skalen des semantischen Differentials gemessen und ist konditionierbar (→bedingte Reaktion). Die →Valenz ist jedoch nur eine Dimension dieser Beziehung zw. Zeichenbenutzer und Bedeutung. *J. Engelkamp*

Konsensus [lat.], Übereinstimmung, gleiches Verhalten bei mehreren Gruppenmitgliedern. Konsensuelle Einschätzungen werden u. a. in der klinisch-psychologischen Forschung bei der Bestimmung von Merkmalen benutzt, bei denen die Einschätzung durch einen einzelnen Beurteiler zu unzuverlässig wäre.

Konsensus-Information, die Mitteilung, daß mehrere Vpn sich gleich verhalten, z. B. gleiche →Attribuierungen von Verhaltenskausalitäten vorgenommen haben. Von vergeblichem K.-Effekt spricht man, wenn die K.-I. nicht die erwartete Wirkung hat **[L]** FIEDLER 1980.

Konservatismus, Konservativismus, das Verharren, das Festhalten am Hergebrachten. In der Ps. (CATTELL) ist K. ein Persönlichkeitsfaktor (Radikalismus vs. K.).

Konsistenz [lat. *consistere* feststehen], Festigkeit, besonders im Sinne der Beständigkeit. In solcher Bedeutung wird der Begr. in der Ps. häufig gebraucht. G. W. ALLPORT (1949) verweist auf die relative Fragwürdigkeit der K. • In der Testps. ist K. syn. mit →Reliabilität.

Konsistenz des Verhaltens, bei der K.d.V. wird gefragt, inwieweit menschl. Verhalten über Situationen hinweg (transsituative K.) bzw. über die Zeit hinweg (zeitl. Stabilität) konstant (bzw. relativ konstant) bleibt. Unter absoluter K. ist dabei ein Verhalten gleichen Ausmaßes über Situationen hinweg zu verstehen. Von relativer K. spricht man, wenn die Rangreihe der Pbn-Meßwerte, die ein best. Verhalten repräsentieren, über Situationen hinweg stabil bleibt. Kohärent ist ein Verhalten, wenn es gesetzmäßig und vorhersagbar ist, ohne absolute o. relative K. aufzuweisen. Die Verhaltensmuster von Personen können sich dabei geringfügig bis erheblich unterscheiden, dennoch sind die Muster von stabilen und variablen Verhaltensweisen charakteristisch für jede Person. *H. Häcker*

Konsistenzanalyse, Methode zur Schätzung der →Reliabilität. Die K. ist ein Spezialfall der →Split-half-Methode. Geprüft wird der Grad der Übereinstimmung der Items unter Berücksichtigung ihrer Trennschärfe und Schwierigkeit.

Konsistenzindex, eine Maßzahl, die angibt, in welchem Grad die Probanden einer Gruppe bei der Wiederholung einer Aufgabe oder eines Reizes die gleichen Reaktionen zeigen.

Konsistenz, innere, als «innere» K. eines Meßverfahrens wird die Homogenität seiner einzelnen «Teile» (z. B. der Testelemente) bezeichnet. Sie drückt sich in der durchschnittlichen Höhe der Interkorrelationen und in der Höhe der Korrelationen der Einzelteile mit dem Gesamtscore aus. Der K.koeffizient ist ein Reliabilitätsmaß, das von der Höhe der inneren K. berechnet wird (z. B. →KUDER-RICHARDSON-Formel 20).
Ein statistischer Test wird als konsistent bezeichnet, wenn seine Teststärke $\varepsilon = 1 - \beta$ mit zunehmendem N gegen 1 konvergiert, er also bei zunehmender Stichprobengröße Unterschiede mit zunehmender Sicherheit erfaßt. →Fehler zweiter Art. *G. Mikula*

Konsistenzkoeffizient, Bez. für von versch. Autoren (CRONBACH, HOYT, KUDER u. a.) entwickelte Maße für die innere →Konsistenz, d. h. den Grad der Homogenität der Aufgaben eines Testes im Hinblick auf das Merkmal, das mit dem Test erfaßt werden soll. [L] LIENERT

Konsistenzparadox, Begr. f. die Diskrepanz zw. subjektivem Erleben, daß die eigene Persönlickeit über die Zeit hinweg bzgl. ihrer Eigenschaften in ihren Auswirkungen f. Erleben u. Verhalten hochkonsistent ist und den empirischen Befunden, die eine solche Konsistenz nicht empirisch belegen können. Ähnliche Probleme ergeben sich in der von der Sozialpsychologie analysierten Beziehung zwischen Einstellung und Verhalten.

Konsistenztheorien →Konsonanztheorien

Konsonantenstammeln, die fehlerhafte Artikulation (→Stammeln) von Konsonanten. Viel häufiger als das →Vokalstammeln. Die genauere Bez. erfolgt jeweils in Anlehnung an die griechischen Namen der gestammelten Laute, z. B. Rhotazismus bei dem Phonem r.

Konsonanztheorien, Konsistenztheorien, Theorien der Ausgewogenheit von Einstellungen und Meinungen. Zu der unter der Bez. →Balancetheorien genannten K. gehört auch die von CARTWRIGHT & HARARY (1956) vorgestellte Variation, mit der unsymmetrische Beziehungen (z. B. →P schätzt →O; O schätzt P nicht), Beziehungen zwischen mehr als drei Einheiten und andere Probleme behandelt werden. [L] EAGLY & CHAIKEN 1993, FISKE & TAYLOR 1991, OSKAMP 1991, RAJECKI 1990

Konstante, unveränderliche Größe. In der Mathematik sich irgendwie auszeichnende feste Größe; eine Größe, die im Verlauf einer Betrachtung als unveränderlich anzusehen ist, im Ggs. zu den veränderlichen Größen (→Variable).

konstanter Fehler →Fehler

Konstanz, Invarianz, Konstanzphänomene, Bez. für eine trotz Änderung des →proximalen Reizes unveränderte Wahrnehmung, die i. a. dem →distalen Objekt entspricht; bei Nichterfüllung von Rahmenbedingungen kann die Konstanz zusammenbrechen.
Wichtige Formen der Konstanz: (1) Größenkonstanz: konstante anschauliche Größe, wenn sich die Größe des →Netzhautbildes in Abhängigkeit von der Entfernung des →distalen Objekts verändert (→Sehgröße); (2) Tiefenkonstanz: konstante anschauliche Tiefe eines Objekts (beim →binokularen Sehen), wenn sich die →Querdisparation in Abhängigkeit von der Entfernung verändert; (3) Geschwindigkeitskonstanz: konstante anschauliche Geschwindigkeit bei Änderung der Geschwindigkeit des retinalen Bildes in Abhängigkeit von der Entfernung (→Geschwindigkeit, anschauliche); (4) Richtungs- und Positionskonstanz: konstante anschauliche Richtung/Position eines Objekts bei Bewegungen des Auges oder Kopfes (→Reafferenz); (5) Orientierungskonstanz: konstante anschauliche Orientierung eines Reizes bei Kopfneigung (→AUBERTsches Phänomen); (6) Formkonstanz, Dingkonstanz: konstante anschauliche Form eines Objekts z. B. bei Drehung (ein Kreis z. B. wird im Netzhautbild zur Ellipse, bleibt aber anschaulich ein Kreis); (7) Helligkeits- und Farbkonstanz: konstante anschauliche Helligkeit/Farbe eines Objekts bei unterschiedlicher Beleuchtung.
Konstanzphänomene werden durch zwei grundlegende Prinzipien erklärt: (1) Mit Veränderungen von Reizmerkmalen des Netzhautbildes gehen invariante sekundäre Merkmale der Reizung einher, es bleiben z. B. Verhältnisse konstant («Psychophysische Theorie», GIBSON 1950). (2) Verarbeitung der unterschiedlichen Reizmerkmale auf höherer (kortikaler) Ebene führt zur Bildung von Konstanzen, z. B. durch «Korrektur», «Kompensation», «Rekonstruktion» («Verrechnungstheorien», EPSTEIN 1977). [L] BISCHOF 1966 *H. Heuer*

Konstanzannahme, nach ihr entspricht einem bestimmten Reiz unter allen Umständen konstant dieselbe Empfindung.
Zugrunde liegt die Hypothese, daß die der

Reizung eines Sinnesorgans entsprechende Erregung auf einer isolierten Nervenbahn ins bewußtseinsfähige Niveau des zentralen Nervensystems gelangt und dort in ihrer Wirkung örtlich begrenzt bleibt. Tatsächlich entspricht einem objektiv gleichen Reiz durchaus nicht immer eine gleiche Empfindung. Ein gleichbleibendes Grau wird völlig verschieden erlebt, je nachdem, ob es sich in einem hellen oder dunklen Umfeld befindet. Diesem Umstand trägt die Gestalttheorie Rechnung, indem sie überörtliche Wirkungen (Feldwirkungen) zwischen den Erregungen annimmt, die dem Graureiz und dem Umweltreiz entsprechen. [L] METZGER 1953

Konstanzbereiche (THOMAE), die Merkmale, Merkmalsbereiche, die trotz Wandlung der Person relativ gleich bleiben. →Grundeigenschaften

Konstanzer Fragebogen für Schul- und Erziehungseinstellungen [T] KOCH

Konstanzer Wanne, in Konstanz untersuchte Auswirkung des Praxisschocks bei Junglehrern, die nach einer pädagogischen Bankrotterklärung zu radikalen Einstellungs- und Verhaltensänderungen führt. [L] CLOETTA 1973

Konstanzverfahren →psychophysische Methoden

Konstellation, Gesamtheit und Gruppierung der Faktoren, die für einen Vorgang oder Zustand usw. maßgebend sind. In der Ps. bezeichnet K. die Bedingtheit des aktuellen Erlebens durch die vorhergehenden Erlebnisinhalte.

Konstellationstheorie, ein alter assoziationspsychologischer Erklärungsversuch des Denkvorgangs. Zur heutigen Anschauung →HAM-Modell.

Konstitution, Konstitutionslehre [lat. *constitutio* Beschaffenheit], Summe der phys. u. psych. menschl. Faktoren, die die phys. u. psych. Eigenschaften von Individuen determinieren. Während in der älteren K.forschung der Schwerpunkt auf den Körperbauformen und den mit diesen kovariierenden psych. Merkmalen gelegt wurde (→Typologie), versteht die moderne Anthropologie unter K. die relativ umweltstabilen und damit weitgehend irreversiblen und damit weitgehend konstanten Anteile des menschl. Phänotyps. Die K.forschung befaßt sich entsprechend mit den genotypisch verankerten und auf die dauerhaften Modifikationen beruhenden Merkmale. Sie untersucht die Zusammenhänge der Merkmale untereinander und ihre Beziehung mit äußeren und inneren Faktoren, die auf die Ausbildung der Merkmale und ihrem wechselseitigem Zusammenhang von Einfluß sind. Zusätzlich wird die Abhängigkeit aktueller Zustände bzw. Zustandsänderungen des Organismus von derartigen Markmalen und Merkmalskonstituionen analysiert. Somit befaßt sich die K.forschung mit jenen Merkmalen des Individuums, die sich im allgemeinen nur langsam und dauerhaft verändern und dabei äußeren Einflüssen im geringeren Maße unterliegen als z. B. häufig fluktuierende Merkmale. Bereits zu Anfang des Jh. (KRAUS 1926) wurde vermutet, daß sich aus der Summe der körperlichen Zustands- und Leistungseigenschaften psych. Merkmale, wie z. B. Beanspruchbarkeit, Widerstandsfähigkeit etc. ableiten lassen.

Aus heutiger Sicht muß jedoch festgestellt werden, daß der Begriff der K. zu unscharf ist, als daß sich eine umfassende K.forschung ableiten ließe. Die aus der K.forschung entstandenen K.typologien haben auch gezeigt, daß die Einteilungsversuche nach K.typen angreifbar sind. Somit haben sich auch die K.typologien wissenschaftlich als wenig produktiv erwiesen, obwohl sie die weiteren Entwicklungen zur Untersuchung der Beziehung zw. Körper und Psyche inspiriert haben und zu Überlegungen zur Einbeziehung von hormonellen und neurops. Prozessen angeregt haben. →Typologie. [L] ZERSSEN, v. 1973

H. Häcker

Konstriktionskoeffizient, eine Art von →Kontingenz-Maß in der →Informationstheorie. Der K. ist ein Maß des Zusammenhangs zwischen zwei Variablen, bezogen auf den aktuellen Informationsgehalt einer Variablen. *E. Mittenecker*

Konstriktoren [lat. *constringere* zusammenziehen], Muskeln, die Öffnungen verkleinern oder schließen. Ggs. Dilatatoren.

Konstrukt [lat. *construere* bauen], (a) «hypothetisches (theoretisches) K.», ein nicht unmittelbar faßbarer Begr., der sich auf nicht direkt beobachtbare Entitäten oder Eigenschaften bezieht.

K. sind in der reinen Beobachtungssprache nicht definierbar, werden durch Postulate eingeführt und sind häufig nicht völlig interpretiert. K. sind nicht frei erfundene Vermutungen, sondern werden aus einem theoretischen Zusammenhang heraus sowie mit Hilfe von beobachtbaren Ereignissen erschlossen. Im Ggs. zu den hypothetischen K. sind intervenierende Variablen Begr., die Beziehungen zwischen beobachtbaren Phänomenen herstellen.

(b) «Personales K.» (KELLY 1955) hat in Abhebung vom Persönlichkeits-K. die Bedeutung von integrativen Bestandteilen der Persönlichkeit.
Es handelt sich dabei um nicht klar definierte Organisationsformen, deren Wirken nur durch die Aktivität des Individuums (z. B. in der Wahrnehmung) zum Tragen kommt. Die damit verbundene erkenntnistheoretische Auffassung gesteht den personalen K. subjektiv ordnende und interpretative Funktion des Universums zu. Das explizite oder implizite Raster der persönlichen K. besitzt für das Individuum den Charakter von Sichtweisen und Entscheidungshilfen im Kontakt mit der Umgebung (→rep-test).
(c) Persönlichkeit kann insgesamt als hypothetisches K. aufgefaßt werden, von dem keine Existenzvoraussetzung gemacht wird, wenn man auf metaphysische Wesensaussagen verzichtet. Es stellt ein Ordnungsschema für die Empirie dar und wird von ihr bestätigt oder widerlegt. Eine endgültige begr. Bestimmung kann aufgrund des vorläufigen Charakters des K. erst am Ende der Persönlichkeitsforschung stehen.
• Deskriptive K. versuchen, konkretes Verhalten etc. in begrifflichen Klassen beschreibend einzuordnen. Explikative K. suchen nach einer Erklärung des unterschiedlichen Verhaltens etc. von Individuen. K.validierung ist Einordnung eines Begr. in ein theoretisches Bezugssystem, aus dem empirisch prüfbare Hypothesen abgeleitet werden können. →Testtheorie, →Konstruktion, hypothetische. [L] BUNGE 1967, HERRMANN 1972, KELLEY 1955 *H. Reinecker*

Konstruktion, hypothetische, syn. hypothetisches Konstrukt, Annahme über einen nicht unmittelbar zu beobachtenden Prozeß oder eine Struktur, die als «intervenierende Variable mit zusätzlicher Bedeutung» Bedingung für das Verhalten sein soll. Aus dem theoretischen Zusammenhang wird abgeleitet, mit welchen meßbaren Größen die Bedingung kovariiert. Die Prüfung dieser Ableitung nennt man Konstrukt-Validierung. →Variable, intervenierende, →Konstrukt

Konstruktionismus, sozialer, moderne Form und Ausbau des Rationalismus in der Erkenntnistheorie: sozialwiss. Erkenntnis ist nicht das Ergebnis von Induktion, sondern resultiert aus den Begriffen, die in sozialer Interaktion entstehen. Die Welt wird in Form von sozialen Artefakten verstanden und mit Hilfe von Begriffen, die in historisch bestimmten Austauschprozessen zwischen Personen gebildet worden sind. →Konstruktivismus. [L] BERGER & LUCKMANN 1966, GERGEN 1985 *R. Bergius*

Konstruktionsantwort, Bez. für vom Pb selbst zu formulierende (konstruierende) Antworten auf Testaufgaben oder Fragebogen-Items. Die Richtig/Falsch-Beurteilung setzt einen vorgegebenen objektiven Auswertungsschlüssel voraus.

Konstruktionshypothese, zuerst von BARTLETT 1932 begründete, später von BRANSFORD u. a. ausgebaute Erklärung des Behaltens von Texten: nur vorherrschende Einzelheiten des dargebotenen Textes werden (z. T. in Form von →Schemata) im Gedächtnis repräsentiert, die Reproduktion ist der Versuch, aus diesen Teilen den Originaltext neu aufzubauen (Konstruktion). [L] BREDENKAMP & WIPPICH 1977 *R. Bergius*

Konstruktionskasten [T] HUTH

Konstruktivismus, eine Wahrnehmungslehre (z. B. von PIAGET), nach der die Welt vom Wahrnehmenden nicht «gespiegelt» abgebildet, sondern konstruiert wird. →Konstruktionismus

Konstruktivismus, radikaler, neuere Form eines K., der auf Erkenntnissen der Neurobiologie aufbaut. Personen sind autopoietische, selbstreferentielle, operativ geschlossene Systeme (→Autopoiese). Jeder neuronale Zustand ist das Resultat einer Interaktion früherer neuronaler Zustände; die Reaktion der Sinnesorgane läßt keinen Schluß auf die Beschaffenheit der Ursache zu (→spezifische Sinnesenergien). Die Vorstellung von einer äußeren Welt sei eine vom Gehirn konstruierte, überlebensdienliche Fiktion. Es gebe kein Wissen im Sinne des erkenntnistheoretischen →Realismus. Gegen den r.K. wird vor allem eingewendet, daß er selbstwiderlegend sei: Wenn wir nichts über die Realität wüßten, dann auch nicht, daß wir autopoietische Systeme sind. [L] GLASERSFELD 1987, NÜSE et al., 1991 ROTH 1986, WENDEL 1990

Konstruktvalidität, die von CRONBACH & MEEHL (1955) vorgeschlagene Bez. und empirische Strategie für eine umfassende Validitätsanalyse, bei der die Bedeutung des Testwertes über ps. Konzepte bzw. →Konstrukte vorgenommen wird. Mit der K. versucht man, etwas über die ps. Bedeutung oder den theoretischen Hintergrund eines Tests auszusagen.

Konsumverhalten →Wirtschaftspsychologie

Kontakt, (allgemein) das Zusammentreffen, In-Verbindung-Treten, die Beziehungsauf-

nahme überhaupt zwischen zwei (oder mehreren) Lebewesen. →Interaktion.
K. ist dann gegeben, wenn sich eine Beziehungsverschränkung anbahnt, wobei die Mittel und Wege, durch die sie zustande kommt, physisch-körperliche Berührung, Ausdrucksvarianten oder sprachliche Äußerungen sein können. Dabei reichen die K.varianten von sublimal bleibenden Wahrnehmungs-K. bis zum derb-handgreiflichen Zugriffs-K. • Seelischer K.: ein mitmenschlich-gegenseitiger, zumeist emotional fundierter Konnex, der sich im Beieinander einstellen, aber auch ausbleiben kann. Bedingung für das Zustandekommen ist eine gewisse Mindestdauer des Zusammenseins. Es muß also eine wenigstens partielle Beziehungsverschränkung eingetreten sein, um vom seelischen K., d. h. dem Gelingen einer K.aufnahme, sprechen zu dürfen. BÜHLER hat besonders den K. in seiner Bedeutung bei der Affektübertragung bzw. Präsenzwirkung sowie als Schau-, Berührungs-, Hörkontakt usw. beschrieben. • Auch im Tierleben, insbes. im Dienste der Brutpflege, ist das K.verhalten meist deutlich und artspezifisch (mit Betonung des akustischen, optischen oder taktilen K.) entwickelt. **[L]** HARLOW 1971

Kontaktfähigkeit, ein differentialps. Begriff, der die Möglichkeit und Leichtigkeit einer mitmenschlichen Beziehungsaufnahme beschreibt, dabei erhebliche Unterschiede in der Kontakthaltung (Einstellung zum Kontakt) und -aufrechterhaltung, der -dauer, dem Schwerpunkt der -mittel, der Art der -anbahnung, der -stärke oder -schwäche, ferner geschlechtsspezifische Unterschiede erfaßt. Mangelnde Kontaktfähigkeit ist ein Symptom mancher Neurosen, Psychopathien und Psychosen. →Geselligkeit. **[L]** SPEER 1953

Kontakt-Hypothese, in ihrer allgemeinsten Form lautet die K.-Hypothese, daß Kontakt zwischen Gruppen bzw. zwischen Einzelpersonen und Gruppen zur Reduktion von Vorurteilen und Feindseligkeit beiträgt. Die positive Wirkung von Kontakt ist jedoch vor allem von der Qualität des Kontaktes (z. B. freiwillig, intendiert), seiner funktionalen Relevanz (z. B. zur Bewältigung einer gemeinsamen Aufgabe oder zur Erreichung eines gemeinsamen Zieles) und von dem Ausmaß der Ähnlichkeit zwischen den beiden Parteien abhängig. **[L]** HEWSTONE & BROWN 1986.

Kontaktpsychologie, spezielle Bez. für die von SPEER (1953) entwickelte Psychotherapie.

Kontaktstörung, Beeinträchtigung der Fähigkeit, sich in der personalen Umwelt sozial adäquat zu verhalten bzw. Affekte zu erleben und zu äußern. Vork. bei Psychosen, Autismus, Schizophrenie.

Kontaktverstehen →Verstehen

Kontamination [lat. *contaminare* durch Berührung, Vermischung verderben], Verschmelzung von zwei oder mehr Wörtern oder Sätzen zu einer meist unsinnigen Mischform; tritt bei Ermüdung, im Traum, ferner in abnormem Grade bei Schizophrenie auf. • Diagnostisch wird die K. als Verdichtung heterogener Inhalte zu ausgefallenen Deutungen bei den Formdeuteverfahren (**[T]** RORSCHACH) benutzt.

Kontemplation, Stufe des mystischen Heilwegs (→Mystik), willensmäßige Hinwendung zur transzendentalen Wirklichkeit, ps. identisch mit →Meditation.

Kontext [lat. *contextus* Zusammenhang], umgebende Umstände, die zur →Bedeutung eines Ereignisses oder einer Mitteilung beitragen. Als sprachlichen K. bezeichnet man formal diejenigen Elemente (Laute, Silben, Wörter, Sätze), die einem Sprachzeichen (→Zeichen) in gesprochener Äußerung oder geschriebenem Text vorangehen oder ihm folgen und inhaltlich die Bedeutungsbezüge, die das Verständnis eines sprachlichen Zeichens bestimmen (→Sprachrezeption). • Nach C. G. JUNG das Insgesamt an Angaben zum Trauminhalt. Der K. bildet das Material zur weiteren →Amplifikation des Traumbildes.

Kontiguität [lat. *contiguus*, *contingere* benachbart sein, berühren], das Zusammenstehen, enge Aufeinanderfolgen (zeitlich und räumlich) von Reizen bzw. Reiz und Reaktion. Eine Bedingung für das Lernen neben der →Verstärkung *(reinforcement)*. →S-R-Kontiguitäts-Theorie • K. bedeutet auch «wenn-dann» bzw. «dann-wenn-Beziehung» (z. B. psth.: wenn der Patient bestimmtes Verhalten zeigt, dann reagiert der Therapeut in best. Weise).

Kontiguitätsgesetz, die von konsequenten Assoziationstheoretikern u. Behavioristen (z. B. GUTHRIE) behauptete ausschließliche Herstellung von Assoziationen oder Reiz-Reaktionsverbindungen durch räumliches oder zeitliches Zusammenvorkommen (Berührung). →Assoziationsgesetz, →Postremitäts-Prinzip

Kontingenz, der Zusammenhang, das Miteinanderauftreten zweier qualitativer Merkmale, →Verhaltensanalyse

Kontingenzkoeffizient, der Koeffizient einer nichtparametrischen Korrelationsmethode zur Bestimmung des Ausmaßes der Wechselbeziehung zwischen zwei mehrklassigen Variablen. Eine Art von K. läßt sich aus $\chi 2$ bestimmen:

$$C = \sqrt{\frac{\chi^2}{n + \chi^2}}.$$

Kontingenzmaß, Zusammenhangsmaß, Ausmaß der Beziehung zwischen qualitativen Merkmalen

Kontingenz-Modell der Gruppeneffektivität, nach FIEDLER (1964) ein Schema für die optimale Beziehung zwischen (a) Führermerkmalen (beaufsichtigend/kontrollierend vs. permissiv/Rücksicht nehmend), (b) dem Grad der Strukturiertheit der Gruppenaufgabe und (c) der Macht des Führers. Die Kombinationen der verschiedenen Werte für die drei Dimensionen sollen unterschiedliche Gruppenleistungen voraussagen lassen. Trotz zum Teil massiver Kritik (vgl. NEUBERGER 1990) hat sich die Theorie in einer ganzen Reihe von Untersuchungen vergleichsweise gut bestätigen lassen. →LPC-Score, →Führung. [L] FIEDLER 1964, 1967 *R. Bergius*

kontinuierliche Maßstäbe, Maßstäbe, bei denen alle zwischen zwei Grenzwerten liegenden Werte zumindest theoretisch vorkommen können. In der Psychologie sind k.M. selten, wenngleich häufig angenommen wird, daß auch mittels diskreter Maßstäbe gemessene Variablen eigentlich kontinuierlich sind (z. B. Gedächtnisleistung in einem Test). Allgemein bezeichnet man meßbare Variablen als kontinuierlich, bloß aus Zählungen hervorgehende als diskontinuierlich oder diskret. *G. Mikula*

Kontraformität [engl. *counterformity*], Unterform der →Konformität: ständige Negierung der Gruppenmeinung.

Kontraktion [lat. *contrahere* Zusammenziehen], Zusammenziehung, z. B. eines Muskels auf einen Reiz

Kontrast [lat., frz.], Gegensatz. In der Sinnesps. der verstärkt empfundene Gegensatz zwischen zwei verschiedenen Wahrnehmungsinhalten des gleichen Sinnesgebietes.

Z. B. erscheinen Streifen vom gleichen Grau auf dunklem Grund heller, auf hellem Grund dunkler (Grau-Skala von HERING). Eine graue Fläche erscheint auf rotem Grund grünlich, auf grünem rötlich (Komplementärfarbe). Diese Verstärkung der Farbempfindung und des Helligkeitseindruckes kann durch die gleichzeitige verschiedenartige Erregung benachbarter Netzhautstellen (gleichzeitiger K., Simultan-K.) oder durch eine vorangegangene Erregung der gleichen Netzhautstelle (Nachbild, Sukzessiv-K.) erfolgen. Hierher werden auch die negativen →Nachbilder gerechnet. Der erlebte Simultan-K. verstärkt sich, wenn die sich gegenseitig beeinflussenden Oberflächen mit einem durchscheinenden Papier oder Mattglas bedeckt werden (Florkontrast); der an Begrenzungsstellen (z. B. HERINGsches Gitter) auftretende Kontrast heißt Randkontrast (→Abb. Erscheinungen von dunklen Stellen bei den Kreuzungen der weißen Linien).

Abb.: Kontrastgitter nach HERING

Erklärungsansätze: (1) ps. Kontrasttheorie von HELMHOLTZ (widerlegt). Sie erklärte den Kontrast als eine Art →Urteilstäuschung. (2) physiol. Theorie von HERING u. a. Hiernach beruhen die Kontrasterscheinungen auf chemischen Prozessen in den Sehsubstanzen der Retina. (3) Prinzip der →lateralen Hemmung, wonach Kontrastphänomene durch neuronale Verschaltungen (zum Teil bereits in der Retina) zustande kommen. [L] BECKER-CARUS 1981, BRUNSWIK 1935, RATLIFF 1965, SCHOBER 1964, SCHMIDT & THEWS 1991

Kontrasteffekt, Wirkung eines Kontrastes auf Wahrnehmung oder Verhalten. Der physikalische Kontrast wird dabei oft überhöht. →CRESPI-Effekt

Kontrastempfindlichkeit, →Empfindlichkeit bei der →visuellen Wahrnehmung von →Kontrast (Hell-Dunkel-Unterschied). Bei Streifenmustern (Muster mit vertikalen Streifen) hängt die Kontrastempfindlichkeit in charakteristischer Weise von der →Ortsfrequenz ab (Kontrastempfindlichkeitskurve); die Messung der Kontrastempfindlichkeit erlaubt die Diagnose von Störungen auch bei der Wahrnehmung kleiner Ortsfrequenzen, nicht nur bei der Wahrnehmung großer Ortsfrequenzen wie die traditionelle Messung der →Sehschärfe. Analog zur Abhängigkeit der Kontrastempfindlichkeit von der räumlichen Verteilung der Leuchtdichte findet sich auch eine Abhängigkeit von der zeitlichen Verteilung (in traditionellen Untersuchungen der →Flimmerverschmelzungsfrequenz wird nach der maximalen Frequenz bei vorgegebenem Kontrast gefragt, die noch – oder nicht mehr – eine zeitliche Auflösung erlaubt; in neueren Untersuchungen wird meist nach dem minimalen Kontrast bei vorgegebener Frequenz gefragt, bei der Helligkeitsschwankungen gesehen werden). *H. Heuer*

Kontrastgesetze, (a) bezogen auf Assoziationen ist Kontrast das Gesetz des Gegensatzes der Assoziationen. →Assoziation, →Ähnlichkeit. (b) sinnesps.: (1) Die Kontrastwirkung erfolgt stets in Richtung des größten Gegensatzes. (2) Je näher die Kontrastflächen, desto größer ist der K. (3) Die Kontrastwirkung ist bei Schwächung der Umrisse herabgesetzt. (4) Mit der Sättigung der beeinflussenden Farbe steigert sich der Kontrast. (5) Die Wirkung ist am stärksten, wo kein Helligkeitskontrast vorliegt.

Kontrastimitation, Angleichung an denjenigen, den man haßt und bekämpft.

Kontrazeptiva (syn. Ovulationshemmer, «Pille»), chemische Methode der Geburtenkontrolle. Meist Kombination aus synthetischem →Östrogen (meist Ethinylöstradiol) und →Gestagen. Bei der Einphasen-Methode bleibt die Dosis der beiden Komponenten während der Einnahmezeit von 21 Tagen unverändert. Von 2- oder 3-Phasen-Präparaten spricht man, wenn die Dosen der Komponenten mehr an den Zyklus angepaßt sind. Vorteil ist bessere Verträglichkeit. Ps. Nebenwirkungen sind Antriebsminderung, Dysphorie, Reizbarkeit. Weitere hormonale kontrazeptive Methoden sind die Minipille, die gestagenhaltige Intrauterinspirale, die Dreimonatsspritze mit Medroxyprogesteronacetat und die postkoitale Kontrazeption («Pille danach»). **[L]** MORRISON 1985, SHEERAN et al. 1991, TUITEN et al. 1995

W. Janke/P. Zimmermann

Kontrollattribution, Kognitionen (Annahmen) z. B. von Patienten, die angeben, welche therapeutischen Schritte bzw. Behandlungen zur Heilung ihrer Beschwerden führen können. →Kausalattribution

Kontrolle, Bez. für sämtliche Maßnahmen in Planung u. Ausführung eines Experiments, mit denen sichergestellt werden soll, daß für die Fragestellung der Untersuchung irrelevante Faktoren (→Fehler) die Ergebnisse nicht beeinflussen.
Übliche Verf. der K. sind: (1) Direkte Ausschaltung einer Störbedingung (z. B. Lärm). (2) Systematische gleichmäßige Verteilung bekannter, aber nicht eliminierbarer Faktoren (z. B. der Tageszeit der Versuchsdurchführung) auf die versch. zu untersuchenden Bedingungen, so daß sie sich auf die zu vergleichenden Ergebnisse gleich auswirken («Ausbalancieren»). (3) Verteilung nicht bekannter Faktoren durch Zufallsentscheidung (z. B. Zuweisung von Vpn zu einer Versuchs- und einer Kontrollgruppe nach dem Zufall, wodurch persönl. Unterschiede bei größerer Anzahl von Vpn gleichmäßig auf beide Gruppen verteilt werden). (4) «Parallelisieren» aufgrund eines Vorversuchs. Nach den Vortestergebnissen wird eine Rangordnung gebildet. Es werden dann die zwei (oder mehr) ersten Rangplätze herausgegriffen und ihre Inhaber nach Zufall auf zwei (oder mehr) Gruppen verteilt; es folgen die nächsten zwei (oder mehr) usw. Auf diese Weise entstehen zwei (oder mehr) nach dem Vortestmerkmal (z. B. Lernleistung) praktisch äquivalente Gruppen. **[L]** FRAISSE 1966, TRAXEL 1964, ZIMNY 1961

Kontrollgruppe, eine in einem Experiment eingeführte Bedingung, in der keine experimentelle Behandlung erfolgt. Sie unterscheidet sich dadurch von der Versuchsgruppe. Ein Vergleich der Kontrollgruppenergebnisse mit jenen der Versuchsgruppen ermöglicht eine Aussage über Ausmaß und Richtung der Wirkung der experimentellen Bedingungen.
Bei Untersuchungen zur Wirksamkeit von Psychotherapien wird immer mehr auf unbehandelte Kontrollgruppen verzichtet: Dafür sprechen ethische Argumente und die Tatsache, daß Patienten mit echten Problemen sich einem Design mit unbehandelter Kontrollgruppe verständlicherweise entziehen, indem sie eine andere Behandlung suchen.

G. Mikula/F. Caspar

Kontrollierte Studie, Studie, etwa zum Nachweis der Wirksamkeit von Psychotherapie, bei der zur Eingrenzung tatsächlicher, spezifischer Therapieffekte die Wirkung einer Behandlungsform mit Nicht- bzw. Alternativbehandlung verglichen und die Art der Behandlung genau definiert und in ihrer tatsächlichen Durchführung untersucht wird. Ohne kontrollierte Designs lassen sich keine verläßlichen Aussagen zur Wirksamkeit von Maßnahmen machen. K. S. lassen sich durchaus auch naturalistisch und ohne unbehandelte →Kontrollgruppe durchführen. *F. Caspar*

Kontrollüberzeugung →Verstärkerkontrolle

Kontrollverfahren →ergänzende Tests

Kontrollversuch, ein Experiment, in dem eine bestimmte Bedingung gegenüber dem anderen, im übrigen gleichartigen Versuch ausgelassen bzw. verändert wird, um aus dem Vergleich der Ergebnisse beider Versuche auf die Wirkung dieser Bedingungen zu schließen. Je nachdem, welche Einflüsse in ihrer Wirkung bestimmt werden sollen, werden Kontrollversuche z. B. mit anderen Versuchspersonen, anderen Geräten, zu anderen Zeiten durchgeführt. • Wiederholung eines Versuchs beim Verdacht auf nicht mehr bestimmbare methodische Mängel.

Konvariabilität, die Mitveränderlichkeit eines ps. Merkmals unter bestimmten Bedingungen (z. B. Änderung des Gedächtnisses bei verschiedenem Übungsgrad).

Außerdem tritt in der K. beim Vergleich zweier kovariierender Leistungswerte der Grad der Verwandtschaft zutage, insofern, als die eine Bedingung, welche die Variation der einen Leistung (A) hervorruft, auch die andere ps. Leistung (B) unmittelbar mitvariieren läßt. Praktisch spricht man in diesem Sinne z. B. von «Mitübung». Eine derartige K. heißt mittelbar. Bedingung ist stets, daß eine Korrelation zwischen Versuchsbedingung und Leistungsmerkmal besteht.

Konventionalismus, das starre Festhalten an Konventionen, an äußerlichen, sogar zur leeren Form gewordenen Verhaltensweisen. • Eine erkenntnistheoretische Richtung, die die Bedeutung der zweckmäßigen Übereinstimmung für die Bildung und Geltung wissenschaftlicher Begriffe, Definitionen, Axiome, Hypothesen besonders stark betont. • K. wird als Charakteristikum der autoritären Persönlichkeit angesehen und hat enge Beziehung zum →Autoritarismus.

konvergentes Denken, in der GUILFORDschen Klassifikation der →Intelligenzfaktoren diejenige Untergruppe von Denkoperationen innerhalb des «produktiven Denkens», welche die Denkleistungen bestimmt, bei denen eine richtige Antwort gefunden ober eine neue Lösung eines Problems gesucht werden muß. →divergentes Denken

Konvergenz [lat. *vergere* sich neigen], Stellung der Augen relativ zueinander, gemessen als Winkel der beiden Blicklinien (→Richtungslinien); für den im Bogenmaß gemessenen Konvergenzwinkel gilt näherungsweise γ mit D als Entfernung des fixierten Objekts und i als Abstand zwischen den Drehpunkten beider Augen. Die Änderung der Konvergenz heißt Vergenzbewegung, Fixationsbewegung oder Fusionsbewegung; sie führt zur →binokularen Fusion der beiden Netzhautbilder des neuen fixierten →distalen Objekts (die →Querdisparation wird näherungsweise Null; die verbleibende Abweichung ist die Fixationsdisparität). Außer in Dunkelheit sind Konvergenz und →Akkommodation miteinander gekoppelt. • I. w. S. wird dieser Begriff für Entwicklungsvorgänge, persönliche Eigenschaften mit ihrem jeweiligen Bezugsverhältnis, ihrem Zusammengehen und Übereinstimmen u. a. m. gebraucht. →K.theorie

Konvergenztheorie, von W. STERN vertretene Auffassung, die besagt, daß Anlage und Umwelt zusammenwirken: «Seelische Entwicklung ist nicht nur ein bloßes Hervortretenlassen angeborener Eigenschaften, aber auch nicht ein bloßes Empfangen äußerer Einwirkungen, sondern das Ergebnis einer Konvergenz innerer Angelegtheiten mit äußeren Entwicklungsbedingungen». Die Anlage disponiert, die Umwelt realisiert. **[L]** REMPLEIN 1965, STERN 1927

Konversion, ein von FREUD in die Psychopathologie eingeführter Begr., um die Umsetzung ps. Konflikte in somatische Symptome zu fassen; z. B. Lähmungen als «motorischer», schmerzende Körperstellen als «sensibler» Konfliktersatz.

Die K. bedeutet nach FREUD als mechanisches Phänomen die Verwandlung verdrängter Vorstellung in Innervationsenergie, als symbolisches Phänomen «agieren», «sprechen» in den körperlichen Symptomen die verdrängten, verdichteten, verschobenen Vorstellungen. • FREUD nahm zuerst an, daß Hysterie für die K. stets eine Rolle spiele (Konversionshysterie), später erweiterte er dies zur Annahme von Neurosen allgemein (Konversionsneurosen). Allerdings spielen Struktur und Konstitution der Person die entscheidende Rolle. • Enge Beziehungen bestehen nach FREUD von der K. zur →Transformation, ebenso zur →Sublimation.

Konvulsionstherapie →Schocktherapie

Konvulsiva, Substanzen, die durch Aktivierung erregender Systeme oder durch Hemmung hemmender Systeme Krämpfe (Konvulsionen) auslösen. *W. Janke*

Konzentration, Sammlung, Ausrichten der →Aufmerksamkeit auf eng umgrenzte Sachverhalte. MIERKE (1966) bezeichnete die K. als die zuchtvolle Organisation der Aufmerksamkeit durch das Ich für das Erfassen und Gestalten bei best. Aufgaben. Die K. bedingt Spannung, Energie, Vitalität, Übung. Dagegen schränken Ermüdung, Sättigung, körperliche und seelische Mängel, Reizüberflutung die K.fähigkeit ebenso ein wie Interessenmangel und störende situative Umstände. →Vigilanz, →ARAS

Konzentrationsprüfgeräte, Apparate (nach **[T]** GIESE, MOEDE, SCHULTE u. a.), bei denen Buchstaben, Zeichen usw. in bestimmten Abständen der Vp dargeboten werden (auch durch Produktion) und auf die von dieser zu reagieren ist.

Konzentrations-Tests →Aufmerksamkeitstests

Konzept, jede Regel, nach der bestimmte Reize mit einer Reaktion verknüpft werden. Eine Form des K. ist der Begriff, bei dem die Regel durch ein Wort belegt ist. Jedoch ist die Existenz eines K. nicht an die sprachliche Bezeichnung gebunden, und es sind im Handeln viele K. wirksam, denen ein sprachlicher Ausdruck fehlt. →Begriff *D. Dörner*

Konzepterwerb, das Erlernen der Regel, die ein →Konzept ausmacht. Eine Form des K. ist die →Begriffsbildung.

Konzeption [lat. *conceptio* Aufnehmen], Begriffsbildung, Begreifen, Fassen eines Gedankens, einer Idee. • Empfängnis, Befruchtung.

Konzept-Validität, Bez. von CATTELL für →Konstrukt-Validität

Kooperation, Zusammenarbeit. Das Erreichen eines individuellen Ziels erhöht die Wahrscheinlichkeit, daß andere ebenfalls ein entsprechendes Ziel erreichen (nach KRAUSS 1966). Bedingung für K. innerhalb einer Gruppe kann Wettstreit zwischen verschiedenen Gruppen sein (RAVEN & EACHUS 1963). In Produktionsgruppen scheinen größere Leistungshöhe und Zufriedenheit Funktionen der K. zu sein (JULIAN & PERRY 1965 nach HOLLANDER 1967). Wichtige Determinanten der K. sind (1) Fehlen differenzierender Belohnungen für die Leistungen einzelner Gruppenmitglieder und (2) Vorhandensein funktionaler Interdependenz der Leistungen (vgl. FEGER 1972). Die Erforschung der Bedingungen der K. ist mit dem Aufkommen des →Prisoner-Dilemma-Spiels belebt worden. →Entscheidungstheorie. **[L]** FISHER 1990 *R. Bergius*

Koordination, Beziehung zwischen verschiedenen Variablen beim motorischen Handlungsvollzug, oft mit einem wertenden Aspekt (koordiniert vs. unkoordiniert). I. w. S. weitgehend synonym mit →Bewegungssteuerung, i. e. S. Zusammenspiel verschiedener Muskeln/Segmente/Gliedmaßen/Sprechorgane. K. kann angeboren sein (→AAM) oder erworben; sie ist weitgehend durch den Zweck der Handlung bestimmt, aber ihrer Beliebigkeit sind biologische Grenzen gesetzt. K. wird auf verschiedene Arten differenziert: (1) nach Art der koordinierten Variablen: bimanuelle K. (Koordination beider Hände/Arme; →Zweihandprüfer), intersegmentale K. (K. z. B. der Armsegmente beim Greifen), visumotorische K. (K. von Bewegung und visueller Wahrnehmung), Auge-Hand-K. usw., (2) nach der Enge der K.: absolute K. (festgelegte Beziehung), relative K. (zwischen Festlegung und Unabhängigkeit), (3) nach der Güte der K.: Grobkoordination ungenauer als Feinkoordination, (4) nach qualitativen oder quantitativen Eigenarten der K.: Rahmenkoordination (z. B. Schwimmen, Radfahren), Feinkoordination (Feinabstimmung innerhalb der Rahmenkoordination).

K

Koordination läßt sich durch eine Reihe von Tendenzen charakterisieren, die sich z. B. bei beidhändigen Bewegungen finden (→Superpositionseffekt, →Magneteffekt). Auffällig ist eine zeitliche Kopplung (gleiche oder harmonische Frequenzen; →Harmonische), eine Phasenkopplung (z. B. bei schwingenden Armen oder seitlichen Hin- und Herbewegungen der Hände; →Koaktionslage), eine Kraftkopplung (bei Bewegungsfolgen; wenn man den Takt beim Sprechen schlägt, gehen z. B. betonte Silben mit einem kräftigeren Taktschlag einher). Modelle der Koordination betreffen meist periodische Bewegungen und postulieren gekoppelte Oszillatoren. Bewegungen, die schwer oder gar nicht gleichzeitig ausgeführt werden können, erfordern meist eine längere Reaktionszeit, wenn man zwischen ihnen wählen muß. (→Kompatibilität).**[L]** HEUER 1990 *H. Heuer*

koordinative Struktur [engl. *coordinate structure*], Bez. für Gruppen funktionell gekoppelter Muskeln (auch als Synergien bezeichnet). Die Kopplung kann eher rigide sein wie bei komplexen Reflexen oder eher flexibel im Dienste bestimmter Aufgabenstellungen (→Bewegungssteuerung, →Koordination).

Ein Problem der Bewegungssteuerung ist die →Redundanz des motorischen Systems: Es gibt viel mehr Muskeln (und Gelenke), als für eine bestimmte Bewegung benötigt werden (→Kinematik, →Dynamik). Aus dem beabsichtigten Verlauf einer Bewegung lassen sich die erforderlichen Muskelkontraktionen also nicht eindeutig bestimmen. Das wird jedoch möglich, wenn die Zahl der →Freiheitsgrade gesenkt wird, indem Abhängigkeiten zwischen den Kontraktionen verschiedener Muskeln hergestellt werden. Auf höheren Ebenen der Bewegungssteuerung existiert das Problem der Redundanz dann nicht mehr; k.S. lassen sich einfach steuern. *H. Heuer*

Kopfbewegungsparallaxe, die →Parallaxe, die durch seitliche Drehung des Kopfes entsteht.

Kopfuhr, syn. Körperuhr, Bez. für die Fähigkeit, sich auf bestimmte Zeitpunkte im voraus «einstellen» zu können, sich an Aufträge zu erinnern, aufzuwachen u. a. Auch die Zeitschätzung scheint zugehörig. →Zeit, psychische. [**L**] CLAUSER 1954, BÜNNING 1958

Koppelung, Kopplung, (allg.) das Gekoppeltsein, Verbundensein von Merkmalen, Eigenschaften, Objekten versch. Art. • (bei →Genen) die Übertragung von Erbanlagen auf die Nachkommen in gekoppelter Form, d. h. auf demselben Chromosom.

Koprolagnie, -lalie, -philie [gr. *kopros* Kot], sex. Lustgewinn durch mehr oder weniger ekelerregende Dinge, Vorgänge, auch obszöne Worte u. dgl.

Koprolalie [gr. *kopros* Kot, *lalein* schwatzen], zwanghafter Gebrauch vulgärer Ausdrücke (Fäkalsprache), z. B. bei Zwangsneurosen →Onomatolalie

Kopulation [lat. *copulatio* Vereinigung], völlige Verschmelzung zweier →Gameten zu einer →Zygote, auch syn. f. Koitus

Körperbautypen, typische Grundformen des menschlichen Körperbaus (→Typen).
Die HIPPOKRATES und GALEN zugeschriebene griechische Gliederung in zwei Körperbautypen (K. mit der Tendenz zum Schlagfluß = *habitus apoplecticus* / K. mit der Tendenz zur Schwindsucht = *habitus phthisicus*) und vier Temperamentstypen (→Temperament) wurde im Abendland erst Ende des 18. Jh. durch Jean-Noël HALL (1754–1822) abgeändert. Er stellte drei Typen auf: den Muskulären als Mitteltyp, den Abdominal-Vaskulären und den Kephal-Nervösen als Pole. Seither ist die dreigliedrige oder viergliedrige Einteilung und nur noch gelegentlich eine zweigliedrige Einteilung (mit dem Normaltyp als Mitte) vorherrschend geworden. Im Vordergrund stehen die K. von KRETSCHMER und SHELDON. In beiden Typologien werden den K. bestimmte Temperaments- und Charaktertypen, Einstellungs- und Verhaltenstypen zugeordnet.
(1) KRETSCHMER: Dessen K. beziehen sich auf Art und Grad der Entwicklung der allg. Körperhöhlen (Kopf, Brust und Bauch), des Bewegungsapparates (Schultergürtel und Arme, Beckengürtel und Beine), der Körperenden oder Akren (Nase, Kinn und Ohren, Hand- und Fußgelenke, Hände und Füße) sowie der Körperoberfläche (Hautbeschaffenheit und Behaarung). Der K. wird metrisch durch zahlreiche absolute und relative Maße erfaßt (z. B. PIGNET-, KRETSCHMER-, WESTPHAL-Index). Die drei Grundtypen KRETSCHMERS sind: 1. der Leptosome (Astheniker) – mager, schmal aufgeschossen, scharf profilierte Konturen. 2. der Pykniker – rundlich, gedrungen, untersetzt, kurze Gliedmaßen, Neigung zu Fettansatz. 3. der Athletiker – breit ausladende Schultern, straffer Bauch, relativ schmales Becken, betontes Muskel- und Knochenrelief. Neben diesen Grundtypen wurden eine Reihe →dysplastischer Spezialtypen beschrieben. Außerdem ergeben sich aus der Interferenz der allg. Körperkonstitution mit der Sexualkonstitution (geschlechtsspezifische Körperproportionen, Fettlokalisation, Hautbeschaffenheit, Behaarungsart und -grad) zahlreiche Varianten der Grundtypen. Bezüglich Korrelation der K. mit den Temperaments- und Charaktertypen zeigen sich folgende Affinitäten: 1. Der Leptosome tendiert zum →schizothymen, 2. der Pykniker zum →zyklothymen, 3. der Athletiker zum ixothymen (→viskösen) Temperament. Außer den vorgenannten Affinitäten wies KRETSCHMER noch eine Affinität zu bestimmten Geisteskrankheiten nach. 1. Der Leptosome ist disponiert zur →Schizophrenie, 2. der Pykniker zur Zyklophrenie (manisch-depressives Irresein), 3. der Athletiker zur Epilepsie.
(2) SHELDONS Typen entsprechen weitgehend denen von KRETSCHMER. SHELDON geht jedoch von drei Grundkomponenten aus, die in verschiedenen Mischungsverhältnissen bei den einzelnen Individuen vorhanden sind und nach Punktskalen erfaßt werden. Diese Grundkomponenten sind: 1. Ektomorphie (entspricht dem Leptosomen), 2. Endomorphie (entspricht dem Pykniker), 3. Mesomorphie (entspricht dem Athletiker). Die drei vorgen. Bez. sind von SHELDON nach den drei embryonalen Keimblättern (→Keimesentwicklung) gebildet worden: dem äußeren Ek-

Historische Übersicht zur körperbaulich-konstitutionellen Typologie

Autoren + Jahr		Schmale Typen	Mittlere Typen	Breite Typen
Altertum:				
Inder		Gazellen	Hirschkühe	Elefantenkühe
Griechen		Habitus phthisicus	–	Habitus apoplecticus
Franzosen:				
Hallé	1797	Kephaler Typ	Muskulärer Typ	Abdominaler Typ
Rostan	1826	Type cerebral	Type musculaire	Type digestiv
Manouvrier	1902	Makroskeler Typ	Mesoskeler Typ	Brachyskeler Typ
Sigaud	1914	Type cerebral	Type musculaire u. Type respiratoire	Type digestiv
Mac Auliffe	1925	Type plat	–	Type rond
Engländer u. Amerikaner:				
Walker	1823	Mentaler Typ (Minerva)	Bewegungstyp (Diana)	Ernährungstyp (Venus)
Bryant	1913	Carnivorer Typ	Normaler Typ	Herbivorer Typ
Mills	1917	Hyposthenisch	Sthenisch	Hypersthenisch
Davenport	1923	Slender biotype	Medium biotype	Fleshy biotype
Stockard	1923	Längs-, linearer Typ	–	Quer-, lateraler Typ
Bean	1923	Hyperontomorpher Typ (Epithelopathen)	–	Meso-ontomorpher Typ (Mesodermopathen)
Sheldon	1940	Ektomorphe Zerebrotone	Mesomorphe Somatotone	Endomorphe Viszerotone
Italiener:				
de Giovanni	1877	Phthisischer (langliniger) Habitus	Athletischer (thorakaler) Habitus	Plethorischer (abdom.) Habitus
Viola	1909	Longitypus mikro-splanchnisch	Normotypus-normo-splanchnisch	Brachytypus-makro splanchnisch
Pende	1922	Katabolischer, hypovegetativer Typ		Anabolischer, hypervegetativer Typ
Russen:				
Bounak	1923	Stenoplastischer Typ	Mesoplastischer Typ	Euryplastischer Typ
Galant	1927	Stenosome Gruppe	Mesosome Gruppe	Megalosome Gruppe
Deutsche:				
Carus	1853	Cerebrale, sensible, asthenische Konstitution	Athletische Konstitution	Plethorische Konstitution (Ernährungsorgane)
Beneke	1878	Scrophulös-phthisisch	Rachitisch	Carcinomatös
Huter	1907	Empfindungsnaturell	Bewegungsnaturell	Ernährungsnaturell
Stiller	1907	Asthenisch-atonisch	–	apoplektisch-arthritisch-hypertonisch
Stern	1912	Hochwuchs	–	Breitwuchs
Tandler	1913	Hypotonisch	Normaltonisch	Hypertonisch
Brugsch	1918	Engbrüstig	Normalbrüstig	Weitbrüstig
Bauer	1919	Asthenischer Habitus	–	Arthritischer Habitus
Kretschmer	1921	Leptosom	Athletisch	Pyknisch
Hellpach	1922	Fränkisches Gesicht	–	Schwäbisches Gesicht
Aschner	1924	Schmale Individuen	Mittlere Individuen	Breite Individuen
Mathes	1924	Zukunftsform	–	Jugendform
Jaensch	1926	T-Typ (tetanoid)	–	B-Typ (basedowoid)
Friedenthal	1915	Hirtentypus	Jägertypus	Bauerntypus
Weidenreich	1927	Leptosom	–	Eurysom
Rautmann	1928	Hyposthenisch-leptosom	Mesosthenisch-mesosom	Hypersthenisch-pyknosom

toderm, dem inneren Endoderm, dem mittleren Mesoderm (Mesenchym). Neben diesen Grundkomponenten werden noch folgende sekundäre Momente registriert: d-Index = dysplastische Formunterschiede, g-Index = geschlechtsspezifische Merkmale, t-Index = Oberflächenbeschaffenheit (textural) der Haut. Die drei somatischen Grundkomponenten zeigen nun eine Affinität zu ps. Grundfaktoren: 1. Ektomorphie korreliert mit →Zerebrotonie, 2. Endomorphie mit →Viscerotonie, 3. Mesomorphie mit Somatotonie.
(3) K. CONRAD (1941) führte die Bez. «metromorph» für die in der Mitte zwischen pyknomorphem und leptomorphem Pol liegende Wuchstendenz ein, um die Verwechslung mit dem athletischen Habitus zu verhindern. CONRAD folgte damit seiner Erkenntnis, daß der Athletiker kein eigener Konstitutionstyp sei (es gibt leptomorphe wie pyknomorphe Athletiker). Der Metromorphe kann sich dem griechischen Schönheitsideal nähern, wofür CONRAD die Bez. «metroplastisch» angenommen hat.
Die Körperbautypen waren in der Vergangenheit immer wieder Gegenstand größten Interesses, aber auch starker Kritik →Typologie mit Tabelle. Zur Kritik am Konstitutions- und Typen-Begriff siehe v. ZERSSEN 1973. **[L]** KRETSCHMER 1961, SHELDON 1948

Körperfühlsphäre, Sinneszentrum für Gefühlseindrücke. Syn. psychästhetisches Zentrum. Hirnrinde zwischen Fossa sylvii und Balken. →Gehirn

Körper-Ich, syn. Körperliches Selbst, Körpersinn, Somatopsyche (KLEIST), die Gesamtheit aller Erfahrungen vom eigenen Körper, die sich zu einer einheitlichen Vorstellung («mein» Leib) zusammenschließen. **[L]** SCHILDER 1923, LOWEN 1979

Körperlichsehen, plastisches Sehen als Wahrnehmung von Entfernung und Tiefe. →Räumliches Sehen

Körperpflege, mutuelle, (biol.) soziale Verhaltensweise zwischen adulten Vögeln oder Säugern, die der Aggressionsdämpfung dient; daß menschliche Züngeln sowie der Beißkuß können als abgeleitete Körperpflegehandlungen interpretiert werden.

Körperschema (SCHILDER 1923), das auf der Raumerfahrung des eigenen Leibes sich aufbauende schematische Raumbild unseres Körpers.

Körperseele, die Vorstellung, daß der Körper die Seele wie ein Gefäß in sich birgt. Sitz der Seele sind dabei Körperteile (Organe = Organseele, wie Niere, Blut, Phallus, Haare).

Körpersprache →nichtverbale Kommunikation

Körpertherapie →Bewegungs- und körperorientierte Therapien

Korrelation, Wechselbeziehung, Zusammenhang. In der Statistik die Wechselbeziehung zweier oder mehrerer variabler Merkmale. Die Stärke und Richtung hängt vom Grad und der Art ihres gemeinsamen Variierens (Kovarianz) ab und kommt im K.koeffizienten zum Ausdruck.
Als wesentlichste K.techniken können für bivariate Verteilungen die →Produktmoment-K., →Rang-K., →Punktvierfelder-K., →biseriale und →punktbiseriale K. gelten. Die Wahl der am besten geeigneten K.technik hängt vom Skalenniveau und der Verteilungsform der Variablen ab. Als multiple K. wird die K. von mehr als zwei Variablen bezeichnet. Aufgrund der Kenntnis der K. zwischen zwei Variablen ist es möglich, Meßwerte der einen Variablen aufgrund jener der zweiten vorherzusagen (→Regressionstechnik). →illusorische Korrelation *G. Mikula*

Korrelationskoeffizient, statistische Größe, die das Ausmaß der Wechselbeziehung zwischen zwei oder mehreren Variablen angibt. K. variieren (mit Ausnahme des Kontingenzkoeffizienten) zwischen – 1,0 und + 1, wobei 0 völliges Fehlen einer Korrelation und die Koeffizienten – 1 und + 1 vollständige negative bzw. positive Korrelationen bezeichnen. *G. Mikula*

Korrelationsverhältnis →Eta-Verhältnis

Korrelationsziffern, auch z′-Werte genannt, sind transformierte Korrelationskoeffizienten. Da sich Korrelationskoeffizienten, deren Parameter nicht gleich Null ist, nicht normal verteilen, werden sie häufig in annähernd normal verteilte K. transformiert. Die Transformationsformel lautet:

$$z' = \frac{1}{2} \ln \frac{1+r}{1-r}.$$

Die transformierten Werte liegen tabelliert vor und werden zur Durchführung von Signifikanzprüfungen von Korrelationskoeffizienten benutzt. *G. Mikula*

Korrespondenz [neulat. *correspondere* entsprechen], das Sichentsprechen. Das Gesetz der K. von Apperzeption und Fixation (WUNDT) besagt, daß sich alle Gesichtslinien (Blicklinien →Blickfeld) selbsttätig zum Gegenstand einstellen, dem die augenblickliche Aufmerksamkeit gewidmet ist.

korrespondierende Netzhautpunkte, Paare von Punkten mit gleichem geometrischem Ort auf beiden →Netzhäuten. Für Reize, die auf korrespondierenden Netzhautpunkten abgebildet werden, findet sich →Einfachsehen, bei hinreichend großen Abweichungen (→PANUMsche Areale) →Doppeltsehen; die Abweichung wird als →Disparation bezeichnet. Die Punkte im Raum, die auf korrespondierenden Netzhautpunkten abgebildet werden, bilden den →Horopter. *H. Heuer*

Korsakow, Sergej (1854–1900), Psychiater, Neurologe / Moskau

Korsakow-Syndrom, Meynert-Amentia, das von K. 1887 wie auch von M. 1890 beschriebene Krankheitsbild. Auch amnestischer Symptomkomplex (und früher KORSAKOW-Psychose) genannt. Eine org. Psychose, bei der Merkfähigkeitsstörungen im Vordergrund stehen bei mehr oder minder erhaltenem altem Gedächtnisbestand. Die Orientierung zu Ort und Zeit, in schweren Fällen auch zur Person, ist gestört. →Psychosyndrom

Kortesche Gesetze →Scheinbewegungen

kortikal [lat. *cortex* Rinde], zur (Hirn-)Rinde gehörend.

kortikales Grau, eine Farbwahrnehmung, die nach HERING aus einem Gehirnvorgang entsteht und dann auftritt, wenn durch gleichzeitige Erregung die Einzelsubstanzen (z. B. Schwarz-weiß-, Rot-grün-Substanz usw.) künstlich gereizt oder neutralisiert werden. Theoretisch könnte nichts wahrgenommen werden, praktisch wird dagegen das k.G. gesehen als «Farbe». →Augengrau

kortikale Potentiale →langsame kortikale Potentiale

Kortikalperson, nach F. KRAUS (1919/1926) die von der Hirnrinde gesteuerte, d. h. vom →noëtischen Oberbau und damit überwiegend rational bestimmte Person.

Kortikoide, Kortikosteroide, eine Gruppe von →Hormonen, die über die ACTH-«Ausschüttung» in der Nebennierenrinde gebildet werden.

Kortisol →Hydrokortison

Kortison, Hormon der Nebennierenrinde. →Kortikoide, →Hormone

Kortikosteron →Kortikoide

Koseleff →CHARPENTIER-KOSELEFF-Täuschung

kosmogonische Mythen, jene Sagen, die von der Entstehung der Erde und Welt, Geburt und Macht der Götter (theogonische M.) handeln und völkerps. typisch sind. Beispiel: Sage vom Weltchaos, Weltuntergang, Kampf der Götter, der großen Flut. →Gott, Götter

Kosten-Nutzen-Kalkulation, (allg.) die Bilanzierung des erwarteten Ausgangs von ökonomischen Vorgängen, die den Gewinn oder – neutraler – den Ertrag *(outcome)* ergibt. Gemäß der Theorie des sozialen Austausches (→Interaktion) die Bewertung der Entscheidungsargumente für oder gegen Handlungsalternativen. Nutzen ist jeder Wert, der Bedürfnisbefriedigung gewährt, die Kosten (oder der Aufwand) sind negative Folgen der Handlung – nicht nur monetär bestimmt – und der Nutzen, der durch den Verzicht auf alternative Handlungen verloren geht. Aus der Wirtschaftswiss. stammt die Unterscheidung von objektivem, abstrakten Nutzen (kardinal, ausgedrückt im Geldwert) und subjektivem, konkreten Nutzen (ordinal), der auf die persönliche Bedürfnisbefriedigung bezogen ist.

Im Bereich der Anwendungen von psychologischen Maßnahmen wird immer mehr auch nach dem Kosten-Nutzen-Verhältnis gefragt. Da →Wirksamkeit und Nutzen oft nicht aus einfachen Massen zu bestimmen sind, ergibt sich hier ein wichtiges Anwendungsfeld psychologischer Forschungsmethoden. →Entscheidungstheorie, →Theorie der Spiele

Kostersches Phänomen, stellt man durch Zerstreuungslinsen eine künstliche Kurzsichtigkeit her, so erscheinen bei Verkleinerung der wahrgenommenen Gegenstände die Farben satter und deutlicher unterschieden und die Helligkeitsdifferenzen vergrößert.

Kovarianz, der Mittelwert der Abweichungsprodukte einer bivariaten Verteilung:

$$\mathrm{cov} = \frac{\Sigma\, xy}{N},$$

wobei x die Abweichung einer Maßzahl der einen Variablen von ihrem Mittelwert und y die Abweichung einer Maßzahl der anderen Variablen von deren Mittelwert bezeichnet. Die K. kennzeichnet den Grad des «Miteinander-Variierens» zweier Verteilungen und beeinflußt durch die Größe und Vorzeichen das Ausmaß und die Richtung der Korrelation zwischen beiden Variablen. *G. Mikula*

Kovarianzanalyse, Erweiterung des varianzanalytischen Verfahrens, um (1) den Versuchsfehler zu verringern und (2) die Wirkung von unabhängigen Variablen auf die Kovarianz zweier abhängiger Variablen zu analysieren. Die Anwendung einer K. ist z. B. erforderlich, wenn die Wirkung zweier Lernmethoden auf die Behaltensleistung an zwei Grup-

K

pen untersucht werden soll, die sich in ihrer Intelligenz unterscheiden, da angenommen werden kann, daß Intelligenz und Behaltensleistung nicht unabhängig voneinander sind. →Varianzanalyse *G. Mikula*

Kovarianzphänomen, Erscheinung, daß Eigenschaften wie Farbe, Helligkeit, Form, Lage, Größe, Bewegungszustand u. a. eine Änderung dadurch erleiden, daß sonstige Änderungen an den Wahrnehmungsgebilden vorgenommen werden. Beachtet wurden die Zusammenhänge von K. und geometrisch-optischen Täuschungen. Ebenso das Kovarianzphänomen in der Tiefenwahrnehmung (E. R. JAENSCH). Bringt man am →Haploskop drei parallele Fäden so zur Einstellung, daß sie in einer Linie zu liegen scheinen, und schiebt den einen Faden vor oder zurück, so scheint sich auch der zweite zu verschieben.

Kovariationsschema, die faktorenanalytische Methode (→Faktorenanalyse) der Reduktion einer Vielzahl korrelativer Beziehungen zwischen einer größeren Zahl von Variablen auf eine kleine Anzahl von Faktoren geht von der Interkorrelationsmatrix der Variablen aus. Die Meßwerte, welche in eine solche Datenmatrix eingehen, können auf versch. Weise gewonnen werden. Während die faktorenanalytische Technik lange Zeit nur die Kategorien der Versuchsperson und der Variablen berücksichtigt hat, hat CATTELL in dem K. verschiedene Datenebenen aufgezeigt, welche für die Faktorenanalyse verwendet werden können.

Unter Berücksichtigung der Bestimmungsgröße der Variablen, der Vpn und der Beobachtungssituation entsteht ein dreidimensionales Schema mit 3 verschiedenen Datenebenen. Datenebene 1: Variablen und Vpn, Datenebene 2: Variablen und Situationen, Datenebene 3: Vpn und Situationen.

Aus der Datenebene 1 ergibt sich die →R-Technik und die →Q-Technik. Bei der R-Technik werden die Variablen faktorenanalysiert, während bei der Q-Technik die Personen analysiert werden. Die Beobachtungssituation bleibt bei beiden Techniken identisch. Bei der →P- und →O-Technik werden die Vpn «konstant» gehalten, die Variablen bzw. die Situationen werden interkorreliert. Die →T- und →S-Technik hat die Konstanz der Variablen zur Voraussetzung. Die Situationen bzw. die Personen werden interkorreliert. Die R-Technik ergibt die Eigenschaftsfaktoren, die Q-Technik liefert die sog. Typenfaktoren. O- und T-Technik ergeben Situationsfakto-

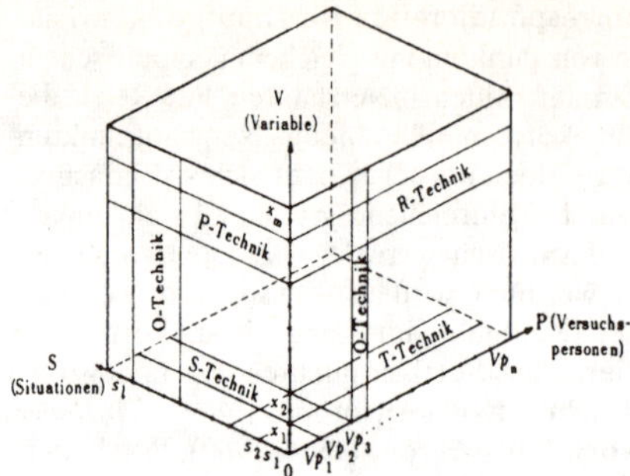

Abb.: Kovariationsschema nach PAWLIK (1971)

ren, aus der P-Technik lassen sich Zustandsfaktoren gewinnnen. [L] CATTELL 1946, PAWLIK 1976 *H. Häcker*

KPR [T] KUDER

KR, Abk. für *knowledge of result*, Kenntnis des Erfolgs. Ein beim →Lernen wirksames Rückmeldungsprinzip als Urteil über die Richtigkeit der Antwort oder als eigene Beobachtung der Zielgerichtetheit einer Bewegung, also die Rückmeldung statischer Bewegungsergebnisse (zu unterscheiden von der dynamischen Bewegungsrückmeldung auf verschiedenen Wegen). [L] FITTS 1964

Kraepelin, Emil (1856–1926) / Psychiater / München, Leipzig, Dresden, Heidelberg 1891, München 1903

Kraepelinsche Methode, Bez. für die von K. entwickelte →Addiermethode. • Verfahren, den Vorstellungstypus festzustellen durch Aufschreiben aller bereitliegenden Vorstellungen aus dem Gedächtnis in getrennten Vorstellungsreihen, geordnet nach solchen, die dem Gehör, Gesicht, Geschmack, Geruch, Getast, Gefühl zugehören. →Schreibwaage

Kräfte, psychische, die dynamischen Ursachen im ps. Geschehen. ROHRACHER schlägt folgende Einteilung vor: (1) Ps. Kräfte = Trieb, Gefühl, Wille (dynamische Seite). (2) Ps. Funktionen, die den Kräften zur Erreichung ihrer Ziele zur Verfügung stehen = Wahrnehmung, Gedächtnis, Denken (funktionale Seite). Zum Verständnis der Art, wie diese Kräfte wirksam sind, spricht man von Kraftfeldern. →Feld, →topologische und Vektorps., →Dynamik. [L] ROHRACHER 1963

Kraftfahrerprüfung →Verkehrspsychologie

Krampf, Krampus, auf einen oder einzelne Muskeln beschränkte unwillkürliche und ungeordnete Kontraktion mit verschiedenen Formen je nach Ausdehnung und Ablauf

Krampfbehandlung →Schocktherapie

kranial [gr. *kranion* Schädel], kopfwärts, zum Kopf gehörend, scheitelwärts

Kraniologie, Schädellehre. Wissenschaft von den stammesgeschichtl. und ethischen Unterschieden der Schädelformen (Anthropologie). • Lehre von den vermeintlichen Beziehungen zwischen Schädelform und Persönlichkeit (→Phrenologie).

Krankheit, syn. Nosos, Pathos, Morbus. Beeinträchtigung des physischen oder psychischen Gleichgewichts (→Homöostase) und somit Störung der normalen Funktionen der Organe und Organsysteme. • Die Abgrenzung von K. gegenüber der →Norm erfolgt gewöhnlich durch →Symptome, wobei allerdings eine scharfe Grenzziehung nicht möglich ist. • K. ist in der Ps. besonderer Forschungsgegenstand der →Klinischen Psychologie. Bei vielen Therapieansätzen wird berücksichtigt, daß psychische und körperliche Probleme auch Vorteile haben können, die zur Aufrechterhaltung der Störung beitragen und zu nachvollziehbarem Widerstand gegen therapeutische Maßnahmen führen können. →Psychopathologie, →Störung, →abnormes Verhalten

Krankheitsgewinn, primärer u. sekundärer [engl. *advantage by illness*], der aus der Krankheit erzielbare Vorteil. • Die von FREUD entwickelte Ansicht, daß ein primärer K. oft die Neurose (als Flucht in die Krankheit oder als vorteilhafte Neubeziehung zur Umwelt durch die Krankheit) motiviert und der sekundäre K. darin besteht, daß die eingetretene Erkrankung nachträglich einen Vorteil (z. B. Beachtetwerden, Rente) bedeutet.

Krankheitsmodell →medizinisches Modell

Krause Endkolben, Rezeptoren der Haut für Kälte. →Hautsinne

Krause, Wilhelm (1833–1910), Mediziner, Anatom / Univ. Göttingen, Berlin

Kreativität, Kreativitätsforschung, definitorisch noch nicht genügend scharf umgrenzter Begr. für ein Gefüge intellektueller und nichtintellektueller (motivationaler, einstellungs- und temperamentsmäßiger) Persönlichkeitszüge, die als Grundlage für produktive, originale, schöpferische Leistungen angesehen werden (im Sinne von Prozessen des Umordnens, Planens, Entwerfens, Erfindens, Entdeckens). Kriterien solcher Leistungen findet man z. B. in der Originalität und Neuartigkeit der Problemlösung, der Offenheit und Flüssigkeit des Produktionsprozesses. Vom stärker individualistischen Begr. des Schöpferischen (etwa der Reformpädagogik) unterscheidet sich der Begr. der K. durch den soziokulturellen Bezugsrahmen (Kriterium: «nützlich für die Gesellschaft»), sozialps. verweist er in seiner Bedeutung als Fähigkeit und Bereitschaft zur →Innovation auf die Interdependenz von K. und Gesellschaft.

Anstoß für den Aufbruch der Kreativitätsforschung war J. P. GUILFORDS Vortrag über *«Creativity»* vor der *American Psychological Association* (1950), Anlaß für den Durchbruch der entsprechenden Initiativen auf breiter Front der sog. Sputnik-Schock in den USA (1957). A. F. OSBORN begründete 1954 die *Creative Education Foundation*, die seit 1967 eine eigene Zeitschrift ausgibt *(The Journal of Creative Behavior, Buffalo).*

Psychologische und pädagogische Denk- und Forschungsrichtungen lassen sich in die beiden Hauptgruppen der holistischen (ganzheitstheoretischen) und elementaristischen Auffassungen einteilen, die sich wiederum in Intuitionisten und Analytiker bzw. Strukturalisten aufgliedern. Die «intuitiven Holisten» (z. B. C. R. ROGERS, R. M. MOONEY) wollen sich über einfühlendes Verstehen der irgendwelchen objektiven Analysen widerstehenden einzigartigen menschlichen Erfahrung des Kreativen nähern, die «holistischen Analytiker» versuchen (im Anschluß an M. WERTHEIMER und K. DUNCKER, aber auch, wie V. LÖWENFELD, vom künstlerischen Schaffen her), Zusammenhänge zwischen Erlebnissen, Ereignissen und kreativen Produktionen zu finden und verschiedenartige Lösungswege zu unterscheiden, was ausschließt, daß es einen einheitlichen Typus des kreativen Menschen geben könnte. Die «intuitiven Elementaristen» (z. B. A. F. OSBORN) fassen das kritische Denken, das mit zunehmendem Alter auf- und ausgebaut wird, als in Funktion und Ergebnis gegengerichtet zum kreativen Denken auf, das üblicherweise allmählich zurückgedrängt wird und mit den Jahren versiegt. Damit ist zugleich der Leitsatz für ein pädagogisches Programm formuliert, das von E. P. TORRANCE propagiert wird.

Die «elementaristischen (positivistischen) Analytiker», größte Gruppe der Kreativitätsforscher, die bei ihren experimentellen Arbeiten ein assoziationstheoretisches Denkmodell voraussetzen (S. A. MEDNICK u. a.), unterscheiden zwischen Originalität (= Bildung neuer Kombinationen aus assoziativen Elementen) und Kreativität (= originellem Problemlöseverhalten, das zu gesellschaftlich nützlichen Resultaten führt). Vom (typologischen) Konzept zweier unterschiedlicher Assoziationsverläufe ausgehend – die nonkreative Gruppe leert auf ein Reizwort hin ihr Assoziationsreservoir rasch und mit geringer Latenzzeit, die kreative zeigt verlangsamte, aber umfangreichere und originellere Produktion –, lassen sich einerseits Kreativitätstests konstruieren (z. B. Remote Associations Test = RAT nach MEDNICK, Tests von M. A. WALLACH und N. KOGAN), andererseits didaktische Schemata für Kreativitätserziehung entwickeln.

Die «Strukturtheoretiker» der Intelligenz und Kreativität (bes. J. P. GUILFORD) verwerfen die assoziationstheoretische Begründung als unzureichend und ermitteln – zunächst deduktiv – aus einem Modell des Intellekts Kombinationen von Denkinhalten, Denkoperationen und Denkergebnissen, die sie faktorenanalytisch nachzuweisen und als Anweisung zur Verwendung bzw. Konstruktion entsprechender Prüfverfahren (Tests) einzusetzen trachten. Wichtigster Ansatzpunkt der Kreativitätsforschung dieser Art ist die Operation des →divergenten Denkens, häufigste Stützfunktionen die verschiedenen *fluency*-Arten (Wortflüssigkeit, Ausdrucksflüssigkeit, Gedanken- oder Vorstellungsflüssigkeit), weiter Umstellungsfähigkeit und spontane Flexibilität, Fähigkeit zur Neuformulierung von Gedanken und Definitionen und vor allem Problemsensitivität. Nach dieser Auffassung beruhen individuelle Differenzen im Problemlösen (als wesentlichem Teil des kreativen Denkens) vorwiegend auf verschiedenartigen Varianzmustern der Intellektstruktur (GUILFORD).

Von den versch. Aspekten der K. – Person, Prozeß, Produkt, Umwelt – hat die Untersuchung der involvierten Denk- und Problemlösungsvorgänge neuerdings das stärkste Interesse gefunden (ROHR 1975, KRAUSE 1977). Ältere Phasenmodelle des schöpferischen Prozesses (Präparation – Inkubation – Inspiration / Illumination – Verifikation: nach H. POINCARE) oder des Problemlösungsvorgangs (Schwierigkeitswahrnehmung – Problemidentifizierung – Hypothesenbildung – Abwägen der Implikationen – Akzeptieren der Lösung: nach J. DEWEY) tauchen in ähnlicher Abfolge der Operationen wieder auf, haben jedoch vorzugsweise heuristischen Wert. Nach den empirischen und exp. Befunden unterscheiden sich kreative von Problemlösungsprozessen vorab im stärkeren Anteil unbewußter und vorbewußter Prozesse, in der geringeren Determiniertheit der Aufgabe und der geringeren Abhängigkeit von erlernten instrumentellen Vorgehensmustern (SEIFFGE-KRENKE 1974). Deshalb stellt das (auch pädagogisch-didaktische) Vorbereiten und Organisieren von Lösungsstrategie und Steuerungstechniken mit dem Ziel kreativen Verhaltens ein Hauptproblem des K.trainings (SIKORA 1976) im wissenschaftlichen, wirtschaftlichen und schulischen Bereich dar. Die empfohlenen Methoden (z. B. →brainstorming nach OSBORN, Checklisten-Verfahren, →synektische Methoden nach GORDON) sind allesamt vorbereitende Verfahren, die die Wahrscheinlichkeit des Auftretens kreativer Einfälle erhöhen sollen, jedoch nicht garantieren können.

Untersuchungen über das Verhältnis von Intelligenz, K. und Schulleistung kommen zu widersprüchlichen Resultaten. Die aus der Kritik am Intelligenzkonzept gewonnene Ausdeutung eines Gegensatzes der Einschätzung von intelligenten und kreativen Schülern bei vergleichbarer Schulleistung («GETZELS-JACKSON-Phänomen») ließ sich nicht durchgängig bestätigen, ebensowenig die als elegante Lösung imponierende Hypothese einer Intelligenzschwelle (z. B. IQ = 120), oberhalb derer die Kovariation von Intelligenz und K. verschwinden sollte. Ähnlich uneinheitlich sind die Befunde über die vermutete Beziehung zwischen Schulleistung, Intelligenz und Bravheit (= Konformismus). Offensichtlich spielen Schulform, →Unterrichtsstil und Lehrerpersönlichkeit sowie Beeinflussung durch sozioökonomische Daten des Schülers bei der Einschätzung eine entscheidende Rolle (KRAUSE 1972). Dennoch darf man erwarten, daß die Prognose von Schulleistungen durch zusätzl. Verwendung von Kreativitätstests verbessert werden kann.

Die Vielfalt der Kreativitätsforschung und Kreativitätspädagogik beruht auf der Unklarheit und Mehrdeutigkeit des Begr. K., unterschiedlichen Vorannahmen über kreatives Verhalten, verschiedenartigen Forschungsstrategien, Divergenzen in Bezugssystemen und Kommunikationsformen und letztlich auch Zielsetzungen. Darin spiegelt sich die sachliche und begriffliche Problematik der historisch älteren →Begabungsforschung, deren bedeutsamster Aspekt sich in der Kreativitätsforschung verselbständigt und ähnlich wie jene Kritik seitens marxistischer Auffassungen (MEHLHORN 1977) gefunden hat. **[L]** GUILFORD 1950, MÜHLE 1973, ULMANN 1973, PREISER 1976

G. Mühle

Kreativitätstests, Bez. für Tests, die die kreativen Leistungen (→Kreativität) messen. Die Forderung nach solchen Tests wurde erhoben, als man erkannte, daß mit den Intelligenztests mehr reproduktive als produktive Leistungen gemessen werden. GUILFORD (1950) und THURSTONE (1951) haben bereits auf verschiedene Aspekte kreativen Verhaltens hingewiesen. Die Entwicklungen im wissenschaftlichen und technischen Bereich und die damit verbundenen Forderungen nach Wissenschaftlern und Technikern, welche zu kreativen Leistungen fähig sind, hat die Entwicklung von K. gefördert. Wenn auch bis heute nur in geringer Anzahl K. vorliegen und sich gezeigt hat, daß solche Verfahren weit schwieriger zu konstruieren sind als Intelligenztests, sind doch schon einige gute Verfahren vorhanden. Von TORRANCE und Mitarbeitern wurde der TORRANCE-Test of Creative Thinking entwickelt. Der Test umfaßt 10 Untertests und gliedert sich in einen Teil, bei dem kreatives Denken mit Wörtern und kreatives Denken mit Bildern untersucht wird. Ein anderer K. wurde auf der Basis der GUILFORDschen Intelligenzfaktoren und hier vor allem für den Faktor «divergentes Denken» entwickelt. Der gesamte Test besteht ebenfalls aus einem Verbalteil mit 7 Untertests und aus einem Bilder- od. Figurenteil mit je 4 Untertests. Tests auf der Basis des →divergenten Denkens wurden ebenfalls von WALLACH und KOGAN entwickelt. Im deutschen Sprachraum wurden solche Tests z. B. von **[T]** SCHOPPE (Verbaler Kreativitätstest) und **[T]** MAINBERGER (Test zum Divergenten Denken) entwickelt. *H. Häcker*

Kreisprozesse, Vorgänge, Abläufe (von Funktionen, Handlungen, Lernverläufen u. a.), die erkennen lassen, daß die einzelnen Glieder nicht bloß voneinander abhängen, sondern sich gegenseitig – auch rückwirkend – bedingen. →Funktionskreis, Gestaltkreis

Kreisreaktion, in den ersten Lebensmonaten auftretendes Verhalten des Kindes. Wiederholung einer Handlung, wenn diese zufällig zu einem angenehmen Ergebnis geführt hat. PIAGET und INHELDER unterscheiden die primäre K. (übendes Wiederholen zufällig ausgelöster Handlungen, z. B. Greifen und Fallenlassen eines Gegenstandes) von der sekundären K. (Generalisierung der primären K. zwischen dem dritten und neunten Lebensmonat). In der Theorie PIAGETS ein →sensomot. Schema, das eine Vorstufe der Mittel-Zweck-Relation darstellt. *F. Wilkening*

Kretinismus [gr.-lat. *cretina* Kreatur, elendes Geschöpf], angeborene fehlende oder mangelhafte Schilddrüsenfunktion, mit Wachstumshemmung (Zwergwuchs, Kurzfingrigkeit, aufgestülpte Nase, dicke Zunge, Taubheit) und Schwachsinn (zurückgebliebene Sprachentwicklung). Vom K. ist das ähnlich sich auswirkende, aber nicht angeborene →Myxödem zu unterscheiden. Von endemischem K. spricht man beim gehäuften Auftreten in bestimmten Gegenden, z. B. in Gebirgstälern (Jodmangel).

Kretschmer, Ernst (1888–1964), Psychiater, Marburg, Tübingen. Begründer der Körperbau-Typologie.

Kreuztoleranz, Begriff aus der Pharmakologie, der kennzeichnet, daß die Toleranz gegenüber einem Stoff zur Toleranz gegenüber einem zweiten, molekularbiologisch ähnlich wirkenden Stoff führt. Ursache ähnlicher chemischer Wirkungsmechanismus. →Pharmakologie *W. Janke*

Kreuzvalidierung, Verfahren zur Kontrolle der Gültigkeit von Testergebnissen durch unabhängige Replikation der →Validierung. Dieses Vorgehen wurde von MOSIER (1947) aufgrund seiner Beobachtung über die mangelhafte Replizierbarkeit von →Validitätskoeffizienten des RORSCHACH-Tests vorgeschlagen. Mit der K. werden die bei einer Stichprobe gefundenen Validitätskoeffizienten bei einer anderen Stichprobe erneut überprüft. Es kann z. B. untersucht werden, ob eine Anzahl von Testitems, welche bei einer Gruppe verschiedene Ausprägungsgrade einer Eigenschaft differenziert hat, bei einer anderen Gruppe nun ebenso differenziert. **[L]** MCCORMACK 1959, NORMAN 1965

Kriegsführung, psychologische, in den USA im II. Weltkrieg unter der Bez. *«psychological warfare»* entwickelte Methoden (lern-, sozial-, werbe- und tiefenps. Art) mit den Zielen: (1) im Krieg Herüberziehen des Gegners auf die eigene Seite, seine Brandmarkung und Verketzerung, Einschüchterung (Nervenkrieg), Paralysierung des gegnerischen Kampfwillens und Desintegration der Gruppenkohäsion durch Verunsicherung. (2) im Frieden Darstellung verteidigungswerter Staatsideen, Immunisierung gegen Fremdeinflüsse, Wecken von Vertrauen zur Führung und in die eigene Kampfkraft.

Kries, Johannes v. (1853–1928), Physiologe / Freiburg

v.-Kriessche-Zonentheorie, um eine Synthese der Dreikomponententheorie des Farben-

sehens (vgl. HELMHOLTZ) und der Gegenfarbentheorie (vgl. HERING) bemühte sich J. v. KRIES (1905).
Die zwischen Netzhaut und Sehsphäre liegenden Einrichtungen bestehen aus mehreren, in ihrer Funktionsweise verschiedenen Zonen. Die Vorgänge in der Netzhaut (peripherer Farbensinn) seien durch die HELMHOLTZsche, die in den höheren Zentren (terminaler Farbensinn) durch die HERINGsche Theorie darstellbar. Neuere, sich widersprechende physiologische Befunde legen die Zonentheorie nahe. Danach wären die photochemischen Prozesse in den Rezeptoren (RUSHTON 1958, BROWN & WALD 1964) entsprechend der Dreikomponententheorie, die antagonistischen neuralen Prozesse nach der ersten Synapse in Retina und Gehirn (SVAETICHIN 1958, MACNICHOL 1958, VALOIS 1966) entsprechend der Gegenfarbentheorie zu deuten. V.-KRIESsche Duplizitätstheorie →Duplizitätstheorie. [L] JUNG & KORNHUBER 1961

Kriminalität, eine besondere Form des normabweichenden Verhaltens. Dieses Verhalten wird durch das Bestehen eines Verbrechensbegriffes definiert. Der Inhalt des Verbrechensbegriffes ist von sozialkulturellen Determinanten bestimmt und deshalb zeitlich und regional sehr unterschiedlich. K. ist nach KAISER (1974) «die Summe der strafrechtlich mißbilligten, also mit einem besonderen Unwerturteil belegten Rechtsbrüche oder Verbrechen. Die K. wird gewöhnlich nach Raum (national, regional, lokal) und Zeit (Tag, Monat, Jahr) sowie nach Umfang (Zahl der Delikte), Struktur (Art und Schwere der Delikte) u. Entwicklung beschrieben».
H. Häcker

Kriminalprognose, die Vorhersage kriminellen bzw. nichtkriminellen Verhaltens. Auf empirischem Wege werden sog. Prädiktoren oder Vorhersagevariablen ermittelt, welche dann Voraussagen über die Wahrscheinlichkeit des Rückfalls zulassen. Die formale Struktur von Prognosetafeln ist folgende: Über den Vergleich von Delinquentengruppen, welche das vorauszusagende Verhalten nicht zeigen, und solchen, welche es zeigen, werden diejenigen Variablen ermittelt, welche als Bedingungen für unterschiedliches Verhalten verantwortlich gemacht werden können. Diese Variablen (Prädiktoren) werden dann in eine sog. Prognosetafel oder Prognosetabelle aufgenommen. Mittels dieser Prädiktoren kann dann für jede individuelle, neu zu stellende Prognose ein Punktwert errechnet werden.
Bei der K. handelt es sich um eine wissenschaftliche Prognose die eng mit dem Kontrollvorgang der Bewährung gekoppelt ist. Es handelt sich also um ein statistisches Prognoseverfahren, das aufgrund bisheriger Auftretenswahrscheinlichkeiten von Eigenschaften, Merkmalen, Verhaltensweisen oder Variablen innerhalb einer untersuchten Stichprobe Aussagen generalisiert und auf andere Individuen überträgt.
SCHNEIDER (1967) hat eine Einteilung der K. vorgenommen. Es ist zunächst üblich, zwischen der Individual- und der Kollektivprognose zu unterscheiden. Unter die Kollektivprognose würden solche Kontroll- und Bewährungsmaßnahmen fallen, welche die tatsächliche Auswirkung von strafrechtlichen Maßnahmen auf eine kollektive Zielgruppe überprüfen. Ein Beispiel aus dem Straßenverkehrsrecht wäre die Überprüfung der Wirkung von Geldstrafen auf die Verkehrsdelinquenz. Werden Voraussagen über das Zusammentreffen von Delikten, bezogen auf bestimmte Tatopfer, gemacht, so spricht man von der Opferprognose bzw. viktimologischen Prognose.
Die Erstellung von Prognosen ist im Bereich der Rechtssprechung an verschiedenen Punkten der Entscheidungsstrategie vorgesehen. Vom Strafrecht aus bzw. von den daraus abgeleiteten gerichtlichen Entscheidungen geht es im Bereich des Erwachsenenstrafrechtes vor allem um die Voraussage der Rückfallgefährdung. Auch das Jugendstrafrecht hat die Prognoseerstellung bei verschiedenen Entscheidungen vorgesehen. Innerhalb des Strafvollzugs können Entlassungsprognosen, Klassifikationsprognosen oder Behandlungsprognosen zu einer effektiveren Gestaltung der Vollzugsmaßnahmen beitragen. Während die K. lange Zeit von den methodischen Vorteilen der Testkonstruktion keinen Gebrauch machte, wurden in letzter Zeit diese auch auf die Konstruktion von Prognosetabellen angewandt. [L] MEY 1967 *H. Häcker*

Kriminalpsychologie [lat. *crimen* Verbrechen], Teildisziplin sowohl der Ps. als auch der Kriminologie. Sie umfaßt ps. Beiträge zur Kriminalitätsthematik wie Theorien über die Bedingungen von Straftaten und Delinquenzentwicklungen, präventive und rehabilitative Maßnahmen und die Strafvollzugs-Ps.
Da jedoch der Begr. des Verbrechens sehr vielfältig determiniert ist und die übergeordneten juristischen, gesellschaftlichen und kulturellen Normen den inhaltlichen Aspekt des-

sen, was Verbrechen ist, bestimmen, ist der Verbrechensbegriff sehr variabel und der ps. zu untersuchende Aspekt des Verbrechens und des Verbrechers sehr komplex. Aus diesem Grunde haben sich die rein ps. Ansätze zur Beschreibung und Erklärung der Kriminalität erweitert etwa durch sozialps. Analysen oder klinische Aspekte des normabweichenden Verhaltens. Eine rein differentielle, auf bestimmte Persönlichkeitseigenschaften hin analysierende Betrachtung wird heute äußerst selten vertreten, da solche Theorien sich empirisch wenig bewährten. So überwiegen z. B. für die von EYSENCK vorgelegte Kriminalitätstheorie, welche mit dem Konstrukt der Extraversion bzw. der Konditionierbarkeit kriminelles Verhalten erklären will, solche empirischen Befunde, welche die Theorie nicht stützen und sie zu einer starken Einschränkung auf einige wenige Deliktformen zwingen. Die K. hat auch eine starke Wandlung dadurch erfahren, daß sich die →Kriminologie in umfassender und interdisziplinärer Weise mit der Kriminalität befaßt. Die Schwerpunkte, in denen sich die Psychologie heute noch mit dem Kriminellen befaßt, sind die Fragen der Prophylaxe, der Resozialisierung und den damit zusammenhängenden Maßnahmen der Therapie. →Forensische Psychologie [L] LÖSEL 1983 *H. Häcker*

Kriminologie, eine empirische, interdisziplinäre Wissenschaft, die sich mit den im menschlichen und gesellschaftlichen Bereich liegenden Umständen befaßt, die mit dem Zustandekommen, der Begehung und der Verhinderung von Verbrechen sowie mit der Behandlung von Rechtsbrechern zusammenhängen. Mit interdisziplinärem, multifaktoriellem Ansatz richtet sie dabei ihre Forschungen im Erfahrungsbereich auf alles, was sowohl mit den Rechtsnormen als auch mit der Persönlichkeit des Rechtsbrechers und ihren Verhältnissen in Verbindung mit dem von der Rechtsordnung bzw. Sozialordnung mißbilligten Verhalten zusammenhängt.

Schon Ende des vorigen Jahrhunderts befaßten sich hauptsächlich Mediziner und Juristen mit der Frage nach dem Entstehen von Verbrechen (LOMBROSO). Extreme theoretische Positionen führten aber zu keinen nennenswerten, wissenschaftlich fundierten Resultaten. Bevor die K. nach dem Zweiten Weltkrieg eine eigenständige Disziplin wurde, hat man ihre Beziehungen zu den verschiedenen Fachgebieten sehr unterschiedlich gesehen. Von einigen Autoren wird die K. als *«clearing»*-Zentrale für die Ergebnisse verschiedener traditioneller wissenschaftlicher Disziplinen gesehen (FREY 1951). MAYER bezeichnet die K. als empirische Geisteswissenschaft. Für SUTHERLAND gehört sie zu den Sozialwissenschaften. Die in Deutschland wie auch in anderen Ländern angestrebte Richtung geht dahin, daß die K. auf empirischem Weg das Verbrechen, den Verbrecher und die Verbrechensverhütung gemeinsam mit anderen Fachrichtungen untersucht. Daraus resultiert eine interdisziplinäre Zusammenarbeit von Juristen, Psychiatern, Soziologen und Psychologen. [L] GÖPPINGER 1971, KAISER 1971

H. Häcker

Krise [gr. *krisis* Entscheidung, Sichtung], der entscheidende Punkt oder auch Abschnitt im Verlauf einer Krankheit, einer charakterlichen Entwicklung, einer Psychoneurose, i. w. S. jede Auseinandersetzung.

Krisenintervention, (med.-ps.) akute therapeutische Hilfe in krisenhaften Situationen, deren Prinzipien sofortiges Eingreifen, aktives Handeln des Therapeuten, Behandlung der gegenwärtigen Problematik und Einbeziehung des Milieus sind (REITER 1975, KATCHNIG & KONIECZNA 1986).

In der *mental health*-Bewegung ist K. der primären Prävention zuzuordnen. Die ps. Forschung zur K. geht aus von Fragen nach den relevanten Stressoren, therapeutisch wirksamen Faktoren und den Kräften zur Bewältigung (→coping) von Krisen. [L] AGUILERA & MESSICK 1977, MINSEL, LOHMANN & BENTE 1980 *L. Schmidt*

Kristallvision, zu den magischen Praktiken gehört das Erzeugen illusionsartiger Bilder, indem man einen glänzenden Gegenstand (Kristall, Metall, Wasser) längere Zeit betrachtet. Auch die Schusterkugel wurde als Ansatz für solche Bilderzeugung benutzt. Bei allem Wandel in den Einzelheiten – schon die Antike kennt solche «Kunst» – bleibt der Zweck meist der gleiche: Wahrsagen, die Zukunft schauen, der «Blick in jenseitige Gefilde». [L] BENDER 1970, DRIESCH 1952

Kriterium, ein entscheidendes Merkmal, mit dem andere Merkmale verglichen werden. So ist z. B. bei der Validitätsprüfung eines Tests (→Validität) das K. ein nicht in Frage gestelltes Maß dessen, was dieser Test messen soll. • Ein Merkmal, das zur Beurteilung der Qualität eines Sachverhalts herangezogen wird (z. B. →Testgütekriterien). • Ein kritischer Wert, bei dessen Erreichung oder Überschreitung eine alternative Entscheidung in ihr Gegenteil umschlägt (z. B. Prüfung bestanden – nicht bestanden). →Selektion *G. Mikula*

kriteriumsbezogene Validität →Validität

Kriteriumsrotation, ein von EYSENCK (1950) vorgeschlagenes Verfahren zur Rotation bzw. Interpretation eines Faktors (→Faktorenanalyse). In die Faktorenanalyse der Tests wird ein externes Kriterium aufgenommen, das mit dem Faktor hoch korreliert.

Kritikfähigkeit [gr. *kritikos* Beurteiler], die Fähigkeit, komplexe Sachverhalte zu prüfen und sich ein eigenes Urteil darüber zu bilden, eine Teilfunktion der Intelligenz. Zu ihrer Untersuchung wurden besondere Kritik-Tests entwickelt. • Bei GUILFORD entspricht der K. die Dimension der Bewertung (Evaluation).

Kritiksucht, teils übersteigerte Neigung zur Kritik, teils diejenige Scheinform des Denkens, die aus Geltungsstreben und einem «Prestige» zuliebe vorgibt, alles bemängeln zu müssen oder besser zu wissen.

Kritik-Tests, Bez. für Tests, bei denen die Vp Texte mit logischen Fehlern, absonderlichem Inhalt, sinnlosen Zwischenstücken u. ä. vorgelegt bekommt. [T] BINET, HISCHE, ROSSOLIMO, STERN

Kritische Psychologie →Psychologie (Richtungen)

Kritischer Idealismus →Idealismus

Kritischer Rationalismus, von POPPER begründete philosophische Richtung, die alles Wissen (theoretischer wie empirischer Art) und überhaupt jeden Problemlösungsversuch für fehlbar hält (→Fallibilismus) und daher im Unterschied zum klassischen R. das Ziel sicherer Erkenntnis aufgibt. Anders als die skeptischen und relativistischen Strömungen hält der K. R. echte Erkenntnis dennoch für möglich, im Sinne von Fortschritten bei dem Versuch der zutreffenden Darstellung der Realität durch Gesetzeshypothesen. Zentrales Moment der Rationalität ist die kritische Prüfung, Kriterium wissenschaftlicher →Theorien die Falsifizierbarkeit sowie die Bemühung um strenge Prüfung und Falsifikation; letzteres verlangt zur Prüfung von Theorien eine Suche nach alternativen Erklärungen und nach widersprechenden Fakten, die den Weg zu gehaltvolleren und zutreffenderen Theorien weisen. Streng geprüfte und nicht falsifizierte Aussagen gelten als bewährt, doch niemals als bewiesen und auch nicht als induktiv gestützt oder wahrscheinlich. Über die Methodologie der Wissenschaften hinaus beansprucht der K. R. Geltung für andere Arten menschlicher Praxis, etwa Kunst, Recht, Wirtschaft und Politik. [L] POPPER 1966, ALBERT 1978, 1987, GADENNE 1984 *V. Gadenne*

kritisches Lebensereignis, eine Veränderung in der Lebenssituation einer Person. Diese Veränderung kann ihren Ursprung in der Person selber oder in der Umwelt haben und fordert vom Individuum eine Anpassungsleistung. Als Wiederanpassungswert bezeichnet man den Aufwand, den eine Person erbringen muß, um ein kritisches Lebensereignis zu bewältigen. Verschiedenen Ereignissen werden dabei unterschiedliche Wiederanpassungswerte zugeschrieben («Social Readjustment Rating Scale», HOLMES & RAHE, 1967). Ein kritisches Lebensereignis tritt als prägnantes Vorkommnis aus dem Erlebensfluß einer Person heraus und ist für sie mit hoher affektiver Bedeutung belegt. Die emotionale Involviertheit kann sich auf angenehme oder unangenehme Affekte beziehen, denn als kritisch gelten nicht nur negative (z. B. Entlassung, Umweltkatastrophe), sondern auch positive Ereignisse (z.B. Beförderung, Heirat). Dabei ist das Ausmaß der subjektiv wahrgenommenen Belastung ausschlaggebend. Umbruchsituationen im Leben haben nicht zwangsläufig negative Auswirkungen, sondern bieten auch die Möglichkeit zur persönlichen Weiterentwicklung. Kritische Lebensereignisse können auch als gestörte Person-Umwelt-Transaktionen verstanden werden. Dabei setzt die Wiederherstellung des Gleichgewichtes zwischen Individuum und Umwelt Bewältigungsprozesse in Gang (→Coping). Nachdem kritische Lebensereignisse vor allem in der klinisch-psychologischen Forschung eine wichtige Rolle spielen, gewinnen sie auch in der Entwicklungspsychologie zunehmend an Bedeutung. [L] FILIPP 1981 *M. Schmid*

Kritzel-Test [T] MEURISSE

Krueger, Felix (1874–1948), Psychologe (Ganzheit, Struktur, Gefühle) / Leipzig, Halle

Krueger-Ganzheitspsychologie →Leipziger Schule, →Ganzheitsps.

Krug-Schneideprobe [T] KRÖBER

Krümmungstäuschung →geometrisch-optische Täuschung

Kruskal-Wallis-Test, syn. H-Test, ein nichtparametrisches Prüfverfahren zum Vergleich mehrerer unabhängiger Stichproben hinsichtlich ihrer zentralen Tendenz. Die Anwendung des K. setzt Ordinalvariablen voraus. Die Beobachtungen aller k Stichproben werden in eine Rangreihe gebracht und die Rangplatzsummen (Rj) der einzelnen Stichproben verglichen. Der kritische Wert H wird nach

$$H = \frac{12}{N(N+1)} \sum \frac{R_j^2}{n_j} - 3(n+1)$$

bestimmt, er ist ab n > 5 χ^2-verteilt.

G. Mikula

Kruskal, William Harry (*1919), Statistiker / Chicago

krypto... [gr.] in Wtvb. versteckt, verborgen, heimlich **[E]**

Kryptästhesie, das Wahrnehmen kaum wahrnehmbarer Eindrücke, d. h. sehr verfeinerte Wahrnehmung. Auch svw. Hellsehen.

Kryptographie, sinnlose Schriftzeichen, die ohne Konzentration auf den Schreibvorgang und ohne bewußte Beachtung gleichsam «nebenbei» hingeschrieben oder hingekritzelt werden und als Äußerung unbewußter Vorstellungen deutbar sein sollen.

KT [T] BRÜNER

Kuder, Georg Frederic (*1903), Psychologe, Meßmeth. / Duke Univ.

Kuder-Richardson Formel 20, eine von KUDER und RICHARDSON zur Ermittlung der Testkonsistenz entwickelte Formel, die auf der Item-Schwierigkeit (p) und der Testwertstreuung (s_x) aufbaut.

$$r_{tt} = \frac{n}{n-1} \left(\frac{s_x^2 - \Sigma pq}{s_x^2} \right)$$

Ihre Anwendung setzt voraus, daß die Item-Interkorrelationen ungefähr gleich groß sind.

G. Mikula

Kugelfallversuch →HERINGscher Fallversuch

Kult, Kultus, die Gesamtheit von Volkssitten, Vorstellungen und Gebräuchen, die nach Inhalt und Ausdruck einen bestimmten, meist religiös-mythischen Gedanken vertreten und sinngemäß als heilig gepflegt werden.

Kultur [lat. *cultura* Pflege, *colere* bebauen, tätig verehren], Aneignung, Veredelung und Wertsteigerung der Natur durch den Menschen. Nach HELLPACH ist K. Ordnung aller Lebensinhalte und Lebensformen einer Menschengemeinschaft unter einem obersten, alles bestimmenden Wert. Auch die Erstarrung ist notwendig. Ohne sie gäbe es das Phänomen der Kultur nicht – es käme nie zu der Ruhe und Stetigkeit, deren Kultur bedarf. THURNWALD (1939) versteht unter K. die Gesamtheit der Gewohnheiten und Einrichtungen, die sich auf Familie, staatliche Gestaltung, Wirtschaft, Arbeit, Moral, Sitte, Recht und Denkart beziehen. Sie sind an das Leben der Gemeinwesen gebunden, in denen sie geübt werden, und gehen mit diesen zugrunde. Den Umkreis der kulturellen Gegenstände teilt man herkömmlich in folgende einzelne Sachbereiche ein: (1) Wirtschaftliche K. (Akkerbau, Bergbau, Viehzucht, Technik, Industrie, Handel, Verkehr). (2) Soziale K. (Sitte, Recht, Gesellschaft, Staat, Erziehung). (3) Geistige K. (Wissenschaft, Kunst, Religion, Schrift, Sprache, Spiel). – Diese Sachbereiche sind das Ergebnis einer Ausdifferenzierung im Laufe der Entwicklung, an deren Anfang die menschlichen Urgüter standen: Sprache, Tracht, Werkzeug, Gebot und Sitte, Jenseitsvorstellungen und Erlösungssehnsucht. • Die kritische Auseinandersetzung mit dem Zustand und der Entwicklungshöhe unserer Kulturform ist oft betrieben worden: angefangen mit ROUSSEAU, folgen KIERKEGAARD, NIETZSCHE, J. BURCKHARDT, DILTHEY, JASPERS, KLAGES, SPENGLER, A. SCHWEITZER, TOYNBEE, MARCUSE et al. →Zivilisation

Kulturanthropologie, eine hauptsächlich in den USA entwickelte Forschungsrichtung, welche Theorien und Methoden der Anthropologie, Psychologie und Soziologie in sich vereinigt. Ihre Grundthese ist, daß die Kultur eines Volkes sich nicht aus den biologischen Gegebenheiten ableiten läßt, sondern daß im Gegenteil die biologischen Gegebenheiten erst durch die Kultur ihre Prägung erfahren und immer Ausdruck einer bestimmten Kultur sind. K. ist eigentlich ethnologische →Anthropologie und versucht, mit den Sitten, Gebräuchen und Institutionen das Wesen und die Struktur der Kulturen zu gewinnen und damit die für das Wesen der Menschen dieser Kulturen entscheidenden Faktoren zu erfassen. Hauptvertreter sind: KARDINER 1945, BENEDICT 1955, MEAD 1954, MALINOWSKI, KLUCKHOHN. **[L]** MÜHLMANN & MÜLLER 1966, ROTHACKER 1948

Kulturkreis →Kulturmorphologie

Kulturmorphologie, Lehre von der ganzheitlichen, geschlossenen Gestalt (Organismus) und dem Gestaltwandel der Kultur, der sich analog zur biologischen Entwicklung aus Geburt, Jugendalter, Blütezeit, Greisenalter und Tod zusammensetzen soll: Kulturzyklentheorie (Vertreter: VICO, zuletzt SPENGLER, FROBENIUS). Bei FROBENIUS (1939) kommt noch der Begr. des Kulturkreises (best. Kulturformen in best. Lebensräumen) hinzu.

Kulturpsychologie, das Teilgebiet der Ps., das dem kulturerzeugenden Handeln wie auch den durch die Kultur erzeugten Objekten und

K

Objektivationen sowie der Resubjektivierung – der Wiederbelebung – von Kulturgütern, -gehalten und -werten im aufnehmenden, verstehenden, sie sich aneignenden Menschen gewidmet ist.
Dabei können Kulturobjekte (1) körperlich selbständige Gegenstände, (2) sinnlich darstellbare, ausgeformte Vorgänge (etwa Feste, Feiern, Riten, Bräuche oder auch Rechtsformen und Konventionen), (3) im Bedarfsfall aktualisierbare Verfügbarkeiten (wie die Sprache, Bildungsgüter, Wissensstoff) sein. • K. heißt auch die DILTHEYsche Deutung der Kultur im Sinne seiner →verstehenden Ps. • Problemstellungen der K. sind die Frage nach dem ps. Hintergrund der verschiedenen Kulturen, der ethnischen, landschaftlichen Zusammenhänge bei der Bildung von Kulturkreisen; ferner die ps. Seite der Entwicklung der menschlichen Kultur schlechthin zu ihrer heutigen differenzierten Gestalt. Zumeist aber wird K. als Ps. der einzelnen Kulturbereiche betrieben, angefangen bei der Ps. des Akkerbaus, der Technik bis hin zur Ps. der Sprache, der Religion, der Erziehung, der Wissenschaft, der Kunst, also der geistigen Wertgebiete. HELLPACH entwarf eine Ps. der Triebgüter, Spielgüter, Rauschgüter, der Nutzgüter, Zwangsgüter und Wißgüter der Kultur, abschließend dann eine solche der transrationalen Kulturgüter, des Metaphysischen, Ethischen, Religiösen, Philosophischen. KRUEGER, und nach ihm WERNER, haben die Kulturgenesen im Zusammenhang einer allgemeinen Entwicklungsps. gesehen. Die Grenze zur →Kulturanthropologie ist in dem Teilgebiet der K. fließend, das die Kultur als eine Determinante für den Aufbau der Persönlichkeit (→Modalpersönlichkeit) behandelt. Die Grenze zur Kulturphilosophie wird in den Werken von FREYER, SPRANGER, HUIZINGA überschritten. • Z. Zt. ist die K. teilweise durch die empirische «Kulturwissenschaft» abgelöst. **[L]** BENEDICT, GEHLEN, KARDINER, LINTON, MEAD, SCHWIDETZKY, WALLACE, WUNDT, BOESCH 1980

Kulturpsychopathologie, Untersuchung der psychopathologischen Phänomene in den Kulturen und der Kulturgeschichte. Z. B. →Pathologie und geniale Persönlichkeit, Massenhysterien, Hexenverfolgungen, →Pathographien, oder das heutige Phänomen des kultur-(zivilisations-)abhängigen besonderen Unbehagens und der Angst (Kulturneurose), mitbedingt durch breite Bindungslosigkeit an Tradition und Sitte.

Kultursoziologie, Lehre von der gesellschaftlichen Bedingtheit und Bestimmtheit der Kultur und Kulturgebiete und der Rückwirkungen der Kultur auf die menschliche Gesellschaft, insbes. ihren Entwicklungsverlauf. • Selbständige Forschungsgebiete: Soziologie der Sprache, Religion, Kunst, Erziehung, Sitte, Moral, Technik und Wirtschaft, Soziologie des Wissens, des Rechts, der Umgangsformen, der Mode und der öffentlichen Meinung.

Kulturwissenschaft, ältere Wissenschaftsklassifikationen stellten den Naturwissenschaften die K. gegenüber, die das historische Geschehen bearbeiten, das nicht in allgemeine Gesetze gefaßt werden kann; dabei ist ihre Erkenntnismethode individualisierend.

Kummer-Effekt →Hoffnungslosigkeit

Kumpan [altfrz. *compain* Genosse], Gefährte für einen spezifischen Lebensbereich. K. LORENZ (1935) unterscheidet z. B. Eltern-, Geschlechts-, Kindkumpane.

Kumulation, kumulative Wirkung [lat. *cumulus* Haufen), Häufung, d. h. verstärkte Wirkung bzw. Summierung der Wirkung

kumulative Häufigkeit, Kumulation, summierte Häufigkeiten einer Verteilung, die durch sukzessives Addieren der aufeinanderfolgenden Maßzahl- oder Klassenhäufigkeiten berechnet werden. Sie bestimmen daher die Gesamtzahl der Fälle bis zu einer bestimmten Maßzahl der Verteilung. *G. Mikula*

Kundtsche Regel, geteilte oder abgestufte Strecken bzw. Distanzen erscheinen länger als objektiv gleich lange ungeteilte. • KUNDTscher Teilungsversuch, versucht man bei einäugigem Sehen eine horizontale Linie in der Mitte zu teilen, zeigt sich eine Tendenz, den Mittelpunkt zur nasalen Seite hin zu legen. Auch die gegensätzliche Verschiebung wird behauptet.

Kunstbegabungs-Tests, Tests, die die komplexe künstlerische Befähigung (bildende Kunst u. Musik) diagnostisch-prognostisch nachzuweisen suchen. Zur Kunstbegabung **[T]** ANDERSON, GRAVES, LEWERENZ, MCADORY-WOODYARD, MEIER. Zur Musikbegabung **[T]** ALIFERIS, DRAKE, REVESZ, SEASHORE, WHISTLER-THORPE, WING. **[L]** WELLEK 1963

künstliche Intelligenz (KI), artifizielle, maschinelle Intelligenz (AI), Teilgebiet der Computerwissenschaft, Informatik. Ziel ist die Programmierung von →Computern für Aufgaben, deren Bewältigung durch Menschen als intelligente Leistung bezeichnet würde.
Wichtige Forschungs- und Anwendungsgebiete der AI sind: maschinelles →Problemlösen

und Planen, Bedeutungsanalyse natürlicher Sprachen (z. B. für das maschinelle Übersetzen), optische Erfassung und Erkennung von Gegenständen und Mustern (z. B. zur Steuerung von Robotern in der industriellen Fertigung), automatische Programmierung und Fehlererkennung bei Computerprogrammen, logische →Deduktion und Beweisführung (z. B. in der Mathematik), intelligente Spiele. In den letzten Jahren haben die wissensbasierten →Expertensysteme eine besonders gewichtige Rolle bekommen, von denen man sich in Zukunft breite praktische Verwendbarkeit erhofft.
Obwohl in der KI-Forschung die intelligente Leistung als solche, nicht das Nachbilden des menschlichen Denkens, im Vordergrund steht, gibt es breite Überschneidungen und Ähnlichkeiten mit der →Simulation kognitiver Prozesse. Beide bedienen sich bei der Lösung komplexer Probleme oft gleicher →Heuristiken. **[L]** BODEN 1977 *A. Engemann*

Kunstpsychologie, einerseits Teilgebiet der →Kulturpsychologie, andererseits der Systematischen Kunstwissenschaft. Die allg. K. gliedert sich in die Ps. des künstlerischen Erlebens und Verhaltens (von Kunstschaffenden, Interpreten und Kunstkonsumenten), der künstlerischen Persönlichkeit (und Umwelt i. w. S.) und des Kunstwerks. Die K. erforscht die auch für die spezielle K. (→Musikps., →Literaturps., Ps. der Bildenden Kunst, des Tanzes usw.) maßgeblichen Erscheinungsformen, Bedingungen und Gesetzlichkeiten.
Historisch geht die K. auf G. Th. FECHNER zurück, der einer philos.-spekulativen «Ästhetik von oben» eine empirische «Ästhetik von unten» entgegenstellte, die sich unter der Bezeichnung «experimentelle Ästhetik» bis in die Gegenwart erhalten hat. Während die «Ps. der Kunst» genannten philos.-ästhetischen Meditationen über Kunst und Kunstwerk von MALRAUX (1957) außerhalb der wissenschaftlichen Ps. anzusiedeln sind, greift die an die Allg. Kunstwissenschaft angelehnte ps. Betrachtung vielfach auf antithetisch-polare oder genetisch-gestufte Begriffsprägungen (linear:malerisch; optisch:haptisch; Einfühlung:Abstraktion usw.) zurück und integriert sie in entwicklungs- oder persönlichkeitstypologische Erklärungsschemata (z. B. WINKLER 1949). Demgegenüber sucht die eher experimentell orientierte K. unter Einbeziehung der wahrnehmungs- und motivationspsychologischen Modellvorstellungen die Wirkungsphänomene und -bedingungen aufzuhellen. Dabei sind Verknüpfungen mit rezeptions- und informationsästhetischen Prinzipien (MOLES 1971) von Bedeutung. • Die theoretischen Aspekte der K. sind v. a. aus Grundlagen und Ableitungen der →Psychoanalyse, der →Gestaltps., teilweise auch des →Behaviorismus und der →Informationstheorie gewonnen. Die psa.-tiefenps. Kunstbetrachtung geht auf S. FREUD und C. G. JUNG selbst zurück. Vorwiegend von den inhaltlichen Bezügen des Kunstschaffens und -erlebens ausgehend, versteht sie das Kunstwerk – analog der Traumdeutung – in seinem symbolischen Gehalt als →Projektion von unbewußten Motiven und Konflikten, als →Sublimierung von Triebwünschen in künstlerischem, d. h. gesellschaftlich gebilligtem Ausdruck oder als Gestaltung von archetypischen Grundmustern und -tendenzen. Sosehr diese Modellvorstellungen auch auf die moderne Kunst selbst wirken, die Vernachlässigung nicht nur des Formaspekts, sondern auch des Kognitiven stellt eine merkliche Verkürzung der Interpretation dar. Gestaltps. Auffassungen werden in der K. auf der Grundlage der (vormals Berliner) →Gestalttheorie, bes. von ARNHEIM (1977, 1978), der (vormals Leipziger) →Ganzheitsps. von WELLEK (1955, 1963) zur Geltung gebracht. Das Künstlerische erschließt sich danach in seinem formalen Aspekt durch die Organisationsprinzipien der Wahrnehmung (→Gestaltgesetze), in seinem Bedeutungsaspekt von den Ausdrucks-und →Anmutungsqualitäten her und in seinem Entwicklungsaspekt als wechselseitiger Differenzierungs- und Präzisierungsprozeß von Erlebnis- und Gestaltungsphänomenen. Der Beitrag des Behaviorismus zur K. bleibt auf Studien des Kunsterlebnisses als Bevorzugungs- und Geschmacksurteil oder auf solche über physiol. Reaktionen auf Kunstwerke beschränkt. Weiterführend hat BERLYNE (1974) versucht, eine Klärung des Verhältnisses von Kunsterlebnis und Erregung bzw. Neugier und Explorationsverhalten im Sinne der Theorie der →Aktivation herbeizuführen, wobei er auch informationstheoretische Gesichtspunkte für die Bestimmung der ästhetischen Reaktion heranzieht. Die Informationstheorie ermöglicht gegenüber den sonst oft nur vagen Beschreibungen von ästhetischen Strukturen und Stilen die genauere quantitative Kategorisierung der Reizkonstellationen, -abläufe und -entwicklungen, definiert in Konzepten z. B. des informativen Inhalts, der →Redundanz und des Überraschungswertes.

Die Einseitigkeit dieser aus unterschiedlichen theoretischen Systemen abgeleiteten Entwürfe einer K. versuchen KREITLER & KREITLER (1980) durch den Aufbau einer integrativen, von allgemeinsten Übereinstimmungen (wie homöostatisches Verhaltensmodell; Spannungs- und Erregungsänderung bei jedem Kunsterlebnis) ausgehenden Ps. des Kunsterlebnisses zu überwinden. • In der Vergleichenden K. ist die gestaltende Tätigkeit im Umkreis des Psychopathologischen und Geistig-Abnormen am häufigsten untersucht worden (WIECK 1974), doch richtet sich das Interesse gelegentlich auch auf Fragestellungen ethnologischer Art, in seltenen Fällen auf solche der Tierps. und Verhaltensforschung. **[L]** KREITLER & KREITLER 1980, LEUNER 1976, SCHUSTER & BEISL 1978 *G. Mühle*

Kunst, psychopathologische, Bez. eines Teilgebiets der Psychopathologie des musischen, bes. des bildnerischen, seltener des sprachgestaltenden oder musikalischen Schaffens (vor allem psychisch oder psychosomatisch) Erkrankter. Bei der Frage nach dem ästhetischen oder Kunstrang der Produktionen besteht weitgehend Übereinstimmung darin, daß ps. Erkrankung Kreativität nicht ausschließt, doch kein Konsens hinsichtlich der Kriterien und der Bedeutung des Pathologischen in der vergleichenden Betrachtung. • Schon die klassische Untersuchung von PRINZHORN spricht von «Bildnerei» und nicht von «Kunst» der Geisteskranken. Während man zuvor aus den Produkten (bes. schizophren) Erkrankter vorwiegend diagnostische Anhaltspunkte gewinnen wollte, betont PRINZHORN stärker die Vergleichbarkeit mit der →Kinderzeichnung, der Kunst der Primitiven, der Volkskunst, Laienkunst etc. und hebt auf eine allgemein-menschliche Gestaltungskraft sowie den generellen «Kernvorgang» der künstlerischen Schöpfung ab. Neuerdings sucht man, angelehnt an die moderne →Kreativitätsforschung, in psychopathologischen Produkten eher eine Grundlage für das Verständnis einer umfassenden Ps. der Gestaltung (BADER 1975, BADER & NAVRATIL 1976), wobei die Gefahr besteht, über der kreativen Leistung das Spezifische der Erkrankung zu vernachlässigen (WIECK 1974). →Kunstpsychologie. **[L]** PRINZHORN 1922/1968, BADER 1975, BADER & NAVRATIL 1976, WIECK 1974 *G. Mühle*

Kunsttext, Methode, mit statistischen Verfahren Sprachzeichen-Abfolgen herzustellen, die allmählich dem Normaltext angenähert werden, →Approximation. K. werden zur systematischen Untersuchung des Sprachverständnisses, →Psycholinguistik, verwendet.

Kunsttherapie, (s. auch →Gestaltungstherapie). Als therapeutische Methode wurde die KT erstmals durch die Arbeiten von M. NAUMBURG (1966) und E. KRAMER (1958) definiert. Bei der KT findet das künstlerische (zeichnerische bzw. farbige) Gestalten (auch Schmieren) eine diagnostische wie therapeutische Anwendung. Insbesondere der heilende Aspekt des kreativen Prozesses wird hervorgehoben. Dieser Prozeß wird verstanden als Möglichkeit, Konflikte neu zu durchleben und diese zu lösen, sowie diese Lösungen dann zu integrieren. Weitere erklärte Ziele sind eine Ich-Stärkung, ein kathartisches Erleben, ein Entwickeln von Integrations- /Beziehungsfähigkeit.

Die therapeutischen Methoden und Techniken variieren je nach Orientierung (z.B. Verhaltensmodifikation, Gestalttherapie, humanistische Therapie) und Arbeitsstil des Therapeuten bzw. mit der Ausrichtung der Institution. Zum Einsatz kommen beispielsweise das Fingermalen, die Ölmalerei und das Arbeiten mit Lehm.

Anwendungsbereiche (u. a.): Arbeit mit körperlich, geistig oder lernbehinderten Kindern, Zwangsneurosen, Schizophrenie, Depressionen. Die Wirksamkeitsbelege für diese Therapieform sind schwach, sie wird bei psychischen Störungen von Krankheitswert allerdings oft in Kombination mit anderen Therapien verwendet. *F. Caspar*

Kunstverständnis **[T]** GRAVES, MEIER

kurrikulare Validität →Lehrplanvalidität

Kurtosis →Exzeß

Kurven-Block-Serie **[T]** MELLENBRUCH

Kurzschlußhandlung, Affekthandlung. Eine reaktive Handlung, die durch emotionale Impulse ohne Überlegung und bewußtes Wollen ausgelöst wird.

Kurzsichtigkeit →Myopie

Kurztherapie, Kurzpsychotherapie, der Begriff wird i. a. für tiefenpsychologisch orientierte Therapieverfahren verwendet, die (≈ 30 Sitzungen) kürzer sind als die klassische Psychoanalyse. Im Gegensatz zu dieser wird in K. nicht die Gesamtheit der eine Neurose konstellierenden unbewußten Kindheitskonflikte bearbeitet, sondern es findet eine Konzentration auf den gegenwärtigen Hauptkonflikt (focus) des Patienten statt (→Fokaltherapie). **[L]** LUBORSKY 1988, STRUPP 1991

F. Caspar

Kurzzeitgedächtnis, nach einer vielfach anerkannten Auffassung von MILLER (1956) sind 7 ± 2 Codeeinheiten der Umfang des →unmittelbaren Behaltens, die Grenze des für weitere Verarbeitung einige Sekunden gespeicherten Materials. Der Verlust aus dem K. soll nicht durch →Zerfall der Spuren erfolgen, sondern durch Einspeicherung neuer Einheiten, die die älteren verdrängen. YNGVE (1960) verknüpft Annahmen über das K. mit dem Phasenstrukturmodell der Satzbildung. →Kurzzeitspeicher *R. Bergius*

Kurzzeitspeicher, informationstheoretische Modellvorstellung der beim Menschen beobachtbaren Fähigkeit, die Geschehnisse des unmittelbar vorausgehenden Zeitraumes erinnern zu können (unmittelbares Behalten). Die Schätzungen der begrenzten Kapazität schwanken. →Kanalkapazität, Speicherkapazität, Gedächtnis. [**L**] FRANK 1974, SHIFFRIN 1975

Kurzzeittherapie, auch lösungsorientierte K., systemtherapeutischer Ansatz nach St. de SHAZER & Inso KIM-BERG. Grundidee i. d. Wechsel von einer problem- zu einer lösungsorientierten Sichtweise sowie die Annahme, daß die Klienten bereits alle Ressourcen zur Lösung ihrer Probleme besitzen. Es wurden spezielle Fragetechniken entwickelt, wie z. B. die Wunderfrage, Skalierungsfragen und Fragen nach Ausnahmen vom Problem. Untersuchungen belegen eine mittlere Behandlungsdauer von vier Sitzungen. [**L**] SHAZER, St. de 1989

KVK, Abk. für Konsonant, Vokal, Konsonant (engl. *cvc*). →Trigramm

K-V-T [**T**] ABELS

Kybernetik [engl. *cybernetics*], der Begr. wurde von dem amerik. Mathematiker N. WIENER in Anlehnung an den von AMPERE 1834 gegebenen Begr. *cybernétique* [zu gr. *kybernetike techne* Steuermannskunst] geprägt. K. ist die Wissenschaft von den Steuerungs- und Regelungsmechanismen in belebten und unbelebten Systemen, also in Organismen und Maschinen, aber auch in sozialen, organisatorischen, ökonomischen und politischen Gebilden. Theoretisch bedeutsam ist, daß die K. Grundstrukturen und Grundbegriffe herausarbeitet, die unabhängig von Realisierung und Gegenstandsbereich das Zusammenwirken von Teilen und Ganzheiten und das Erreichen von Zielen bei Hindernissen und Störungen mit gegebenen Mengen möglicher Operationen beschreiben.

Wichtige Bestandteile der K. sind →Informationstheorie und Theorie des →Regelkreises. Im Grundbegriff der Information wurde von Kybernetikern die Bez. für eine dritte, den Aufbau unserer Welt neben Masse und Energie bestimmende Entität gesehen. Im Regelkreis liegt ein Modell zur Beschreibung komplex interagierender Systeme vor, das die theoretischen Leistungsgrenzen herkömmlicher Denkkategorien wie Ursache und Wirkung überschreitet. Unter kybernetischen Aspekten wurden auch neue graphische Darstellungsformen für komplexe Zusammenhänge entwickelt: u. a. das Blockdiagramm, in dem «Blöcke» durch «Wirkungslinien» miteinander verknüpft werden. Die Blöcke repräsentieren Funktionen (Signal- und Informationswandlungen), die Wirkungslinien bilden die Zusammenschaltung der Blöcke durch informationsübertragende Kanäle zu Systemen ab (Beispiel in →Regelkreis). Als neue theoretische Weltbeschreibungsmöglichkeit hat sich die K. auf fast alle Gebiete der Ps. ausgewirkt. In der Anwendung bestehen erhebliche Auffassungsunterschiede im Abstraktions- und Mathematisierungsgrad. Einen umfassenden Überblick über die Rezeption der Kybernetik in der Ps. der sechziger Jahre geben KAMINSKI (1970) und KLIX (1971). Die heutige Kognitionspsychologie zählt Informationstheorie und Kybernetik zu den wichtigsten Beiträgen aus Nachbardisziplinen, setzt jedoch den Hauptakzent auf die moderneren Aspekte der Informationsverarbeitung. [**L**] ASHBY 1956, LACHMAN, LACHMAN & BUTTERFIELD 1979, WIENER 1968

W. Glaser

kybernetische Pädagogik, das kybernetische Problem (Informations- und Regelungs- bzw. Kommunikationsabläufe in und zwischen geschlossenen Systemen) ist in der →Erziehungswissenschaft allgemeinpädagogisch und unterrichtsspezifisch gestellt. Allgemeinpädagogisch werden →Erziehungsstile als Sollwertbestimmungen für Setzungen mit Ideologiequalität im jeweiligen sozialkulturellen Bezugsrahmen angesehen. Wird die primäre Funktion des Lehrers als Reglerfunktion bestimmt, erscheint die pädagogische Konstellation in ihrem Prozeßcharakter als prinzipiell logifizierbar und kalkulierbar (FRANK 1969, WELTNER 1979). Versuche zur Konstituierung einer kybernetischen →Didaktik haben besonders den →programmierten Unterricht gefördert, auch wurde das Regelkreisschema für die →Curriculumforschung übernommen (v. HENTIG 1965). Vor allem aber sind Lehr- und Lern-

prozesse in Richtung einer Redundanztheorie des Lernens und der Didaktik aufgearbeitet worden (v. CUBE 1971).
Der Vorzug des kybernetischen Ansatzes liegt im Sichtbarmachen neuartiger Fragestellungen, der Nachteil in der begrenzten Reichweite im humanwissenschaftlichen Bereich.
Wird dies nicht beachtet, rückt die kybernetische Pädagogik in die Nachbarschaft behavioristischer Ideologie von der prinzipiellen Machbarkeit und Berechenbarkeit menschlichen Verhaltens und damit einer Technisierung der Erziehungs- und Unterrichtsprozesse. Durch die konsequente Trennung von Struktur und Inhalt des Lernens in der Redundanztheorie wird die sinnstiftende Leistung des Lernenden übersehen und die Instrumentalisierung des Lernens verabsolutiert, mithin Bildungstheorie auf Bildungstechnik reduziert. **[L]** PONGRATZ 1978

G. Mühle

Kymographion [gr. *kyma* Welle], Kurvenschreiber. Erstmals von LUDWIG konstruiert. Eine drehbare Trommel, deren Fläche mit berußtem Papier oder Schreibpapier bespannt ist. Schreibhebel (meist in Art des MAREYschen Tambours oder der →Deprezzeitmarke) verzeichnen hierauf die von der Vp abgenommenen Reaktionsvorgänge (Bewegungsabläufe, Puls, Atmung, elektrophysiologische Prozesse).

Kyniker, kynisch, Bez. für die nach ihrem Versammlungsort (Gründungsort) *Kynosargos* benannte gr. Philosophenschule, die Bedürfnislosigkeit forderte und zudem kulturverachtend, kulturverspottend auftrat. Bek. Vertreter DIOGENES. • Die Anspielung auf kynisch [gr. *kynikos* hündisch] ist möglich, da die K. mit ihrer Lehre ihre Mitmenschen zudringlich belästigten. →Zyniker

KYST, ein (von KRUSKAL, YOUNG, SHEPARD & TORGERSON herausgegebenes) Computer-Programm-Paket für →MDS, beruhend auf dem räumlichen Distanzmodell.

E. Mittenecker

KZ-Neurose, KZ-Syndrom →Lagerneurose

L

L, Symbolzeichen für Leuchtdichte, →lichttechnische Maße

LA, Abk. für Lebensalter, Leistungsalter

labial [lat. *labium* Lippe], zu den Lippen gehörend (z. B. Labiallaute)

labeling [engl. *label* Etikett], Benennung, aktuelle Zuordnung einer Bezeichnung (→Zeichen, →Symbol) zu einem Objekt (auch Erlebnisinhalt) oder zu einer Objektklasse bzw. Erlernen einer solchen Zuordnung und Verwenden einer erlernten derartigen Zuordnung. Dem l. kommt in S-R-theoretischer Interpretation kognitiver Prozesse eine erhebliche Bedeutung zu.
Die Bezeichnung, das *label*, kann als Benennungsresponse (→motor theory, →Vermittlungstheorie) und somit als sehr flexible Basis für sekundäre →Generalisation, ferner für Kategorien- und →Begriffsbildung und Begriffsverwendung gedeutet werden. Sog. einsichtiges Lernen (→Einsicht) scheint dadurch S-R-theoretisch interpretierbar zu werden (DOLLARD & MILLER 1950). Später wurde l. im Rahmen der Soziologie speziell auf die Zuordnung von kategorialen Bez. zu Interaktionspartnern und auf die für sie damit verbundenen (im Falle diskriminierender *labels*) negativen Auswirkungen angewendet.
G. Kaminski

Labilität [lat. *labare* wanken, schwanken], Instabilität, Störbarkeit, Unsicherheit, nervöse Ansprechbarkeit, Anfälligkeit bei psychischer wie moralischer Belastung. →Neurotizismus

Laborexperiment →Experiment

Labyrinth, [gr. Irrgang]. • Bez. für Innenohr (nach gr. Arzt Claudius GALENUS) →Ohr

Labyrinthtest, meist als →Papier- und Bleistifttest konzipiertes, heute aber auch schon auf der Basis elektronisch-apparativer Anordnung gebautes Verfahren, welches für die Messung der psychomotorischen Leistung einer Vp verwendet werden kann. Der Pb hat unter *speed*-Bedingungen ein Labyrinth zu durchfahren. Er darf keine Fehler machen, indem er die Begrenzungslinien berührt oder in Sackgassen fährt. Mit L. wird die Genauigkeit und die Schnelligkeit der psychomotorischen Koordination gemessen. Die Beziehung der Testwerte zu kognitiven Variablen (Überblick, Vorausplanung) sowie auch zu Persönlichkeitsdimensionen ist nachgewiesen worden. Als sehr häufig verwendete Verfahren gelten z. B. der [T] PORTEUS-MAZE-Test und der [T] CHAPUIS-Labyrinth-Test. Obwohl der PORTEUS-MAZE-Test sehr häufig angewandt und untersucht wurde (z. B. im klinischen Bereich, zur Leistungsvorhersage, zur Diagnostik im Delinquenzbereich, zur Impulsivitätsmessung), ist der Validitätsbereich für diese Tests noch nicht genau abgesteckt. CATTELL verwendet L. innerhalb seiner objektiven Testbatterie (→objektive Tests). *H. Häcker*

Labyrinthverfahren, Tier-Labyrinthversuch (THORNDIKE), Irrgartenversuch. Eine Methode zur Untersuchung von Lernprozessen bei Tieren. Das Tier muß, um zum Futter zu gelangen, einen Käfig durchlaufen, der zahlreiche, zum Teil blind endende Gänge enthält. Es wird festgestellt, wieviele Versuche und welche Zeit erforderlich sind, bis das Tier den Irrgang fehlerlos durchläuft. →SKINNERscher Kasten, →Versuch – Irrtum

Lächeln, erstes, Ausdrucksbewegung des Kleinkindes zwischen dem 2. und 6. Monat, besonders bei der Wahrnehmung eines menschl. Gesichtes (Reaktion auf das sog. Auge-Nase-Stirn-Schema, das wie ein Schlüsselreiz wirkt). BÜHLER (1921) bezeichnete das e. L. als erste soziale Reaktion, SPITZ (1946) als Ausdruck lustvoller Zustände.

Lachen, angeborene Ausdrucksbewegung, die meist einen heiteren und freudigen Stimmungszustand ausdrückt; vorwiegend im Dienste des Sozialverhaltens. L. läßt dabei meist Formen der Sympathie erkennen, kann aber auch eine aggressive Note (Überheblichkeit, Geringschätzung u. a.) enthalten, →ambivalentes Verhalten. In den letzten 20 Jahren wurden die menschlichen Lachaktivitäten nicht nur von den Verhaltensforschern untersucht und der Frage nachgegangen, warum kein ausgeprägtes Lachen im Tierreich zu finden ist, sondern Psychologen, Neurologen, Linguisten, Streßforscher und Immunologen haben fundierte Erkenntnisse über die hormonellen Auswirkungen des L. überprüft. Die chemischen Tests, die die Konzentration einzelner Immunstoffe im Blut darstellen können, ergaben, daß das L. die Proteine verstärken und somit das Immunsystem positiv beeinflussen kann. →Humor
• Besondere Formen sind u. a. das zwanghafte

(quere) L. (Lachzwang), das sardonische L. (Gesichtsverzerrung), der Lachkrampf, die auch bei Psychosen, Erkrankungen der Nervenbahnen sowie bei Hysterie auftreten können. →Facies. [L] BERGSON, BERLYNE 1969

Lachgas, chem. N_2O, anästhetisch wirkendes Gas, als →Narkotikum eingesetzt. Wegen seines kurzfristigen und kontrollierbaren Einflusses als Forschungswerkzeug zur Untersuchung von Konsolidierungsprozessen von Gedächtnisinhalten verwendet. [L] AMSTRONG et al. 1995, FAGAN et al. 1994, STEINBERG 1954

W. Janke

LAD, Abk. für *language acquisition device,* wird von CHOMSKY (1965) als abstrakter Spracherwerbsmechanismus (→Spracherwerb) beschrieben, dem der Status eines theoretischen →Konstrukts zukommt.

Das LAD empfängt als *input* (Eingabe) ein Sprachkorpus, das aus grammatikalischen und ungrammatikalischen (→Grammatik), aus vollständigen und unvollständigen Äußerungen besteht. Auf dieser Grundlage formuliert es ein grammatisches System *(output)*, das als Theorie über die im Korpus vorkommenden Regularitäten angesehen werden kann.

Ein Vergleich des LAD mit dem in eine Sprache hineinwachsenden Kind wird u. a. von MCNEILL (1966) vorgenommen. Daraus ergibt sich u. a., daß die Grammatiktheorie als Hypothese über das LAD auch Hypothese über die angeborenen Dispositionen des Kindes für den Spracherwerb ist. *H. Grimm*

Ladd-Franklin, Christine (1847–1930), amerik. Psychologin / Göttingen, Berlin, John Hopkins Univ., Columbia Univ.

Ladd-Franklinsche-Theorie, evolutionäre (→Evolution) Theorie des →Farbensehens.

Die grundlegende Hell-Dunkel-Empfindlichkeit soll im Verlauf der Evolution differenziert worden sein, erst in Blau – Gelb, dann in Rot – Grün; dem entsprechen die farbempfindlichen Zonen der Netzhaut: in der Peripherie nur Hell-Dunkel-Empfindlichkeit, zum Zentrum hin erscheinen dann zunächst Blau-Gelb- und dann Rot-Grün-Empfindlichkeit. Die implizite Annahme, daß Zapfen eine spätere Entwicklung der Evolution sind als Stäbchen (→Auge), ist fragwürdig. *H. Heuer*

Lagebezeichnung zwischen sich kreuzenden Figuren [T] ABELSON

Lageorientierung, Konstruktdimension aus der Handlungskontrolltheorie nach KUHL (1983), wobei L. – im Gegensatz zur Dimension →Handlungskontrolle – die Unfähigkeit des Individuums bezeichnet, einen Entscheidungsprozeß abzuschließen. Bei der Handlungsorientierung ist dagegen die Aufmerksamkeit eines Individuums sowohl auf die gegenwärtige Lage als auch auf die Handlungsalternativen ausgerichtet. Das Konstrukt L. vs. Handlungsorientierung wurde eingeführt, um Befunde erklären zu können, die darauf hinweisen, daß hohe Motivation und hinreichend hohe Fähigkeit noch keine Zielerreichung garantieren.

Lagerneurose (-psychose), Form der →posttraumatischen Belastungsstörung durch zwangsweise auferlegtes Lagerleben (z. B. Kriegsgefangenenlager, Internierungslager, Ghetto).

Der Verlust von Heimat, Familie, Besitz, Arbeitsplatz etc. sowie das Angewiesensein auf eine reglementierte, von Konflikten durchsetzte Umgebung führt zu chronisch-depressiven Zuständen mit anankastischen wie auch phobischen Zügen, u. U. mit einer Latenzzeit von 10–20 Jahren. Symptome: Erschöpfung, Zwangsgedanken, depressive u. schizophrene Verhaltensstörungen. • Eine Sonderform der L. ist das KZ-Syndrom (syn. Überlebenssyndrom), die posttraumatische Belastungsstörung bei KZ-Überlebenden mit charakteristischer Symptomhäufung von Erregung, Kontaktschwierigkeiten, Angstzuständen, Bereitschaft zum Lebensverzicht (Suizid) u. a., wobei wohl als Extremvariante das anzusehen ist, was bei Überlebenden aus den Vernichtungslagern des Hitler-Regimes erhoben werden konnte. Spezielle Therapiemöglichkeiten sind umstritten. [L] OHM 1964

Lageschema, nach THOMAE der Inbegriff der einverleibten, ernstgenommenen, verarbeiteten oder des Verarbeitens für notwendig befundenen Umwelt. Das L. faßt damit zusammen, wie die Person sich in ihrem Leben selber sieht und einordnet, wie sie die eigenen Fähigkeiten und das eigene Naturell beurteilt, das eigene Verhältnis z. B. zum geschichtlich-politischen Geschehen, zur Familie, zur Gesundheit und Krankheit, zum Tod. →Selbst

Lagewahrnehmung, die Wahrnehmung der jeweiligen Lage des Körpers im Raum, auch der Gliedmaßen am Körper. →Bogengänge, →Kinästhesie, →Tiefensensibilität

Lähmung, Minderung (Parese) oder Ausfall (Paralyse) der Funktion von Organsystemen oder eines Körperteils.

Die Vielfalt der Ausfälle hat zu einer breiten Gliederung der L. geführt: (1) Nach der Lokalisation der Störung: «periphere» L. = auf ein äußeres Innervationsgebiet begrenzt (dabei

Störung im Nerv = «neuropathische» L.; im Muskel = «myopathische» L.) – «zentrale» L. = «spinale» L., wenn die Schädigung vom Rückenmark ausgeht (z. B. beide Beine oder Arme, «Paraplegie») und «cerebrale» L., wenn sie vom Gehirn ausgeht (zumeist L. der Körperhälfte, «Hemiplegie» oder eines Gliedes, «Monoplegie»). (2) Nach dem Grad der L.: «Parese» = Schwäche, unvollständige L.: «Paralyse» = vollständige L. (3) Nach dem Spannungszustand: «spastische» L. = erhaltene bzw. gesteigerte Reflexe; «schlaffe» L. = geschwächte bis erloschene Reflexe. Bei einer peripheren L. tritt eine schlaffe L. auf, bei einer zentralen eine spastische. Bei der motorischen L. fällt die motorische Funktion eines Nerven bzw. seines Erfolgsorganes aus. Bei der sensiblen L. ist die Sensibilität beeinträchtigt bis aufgehoben.

Laien-Epistemologie [gr. *epistemos* wissend, kundig], eine ps. Theorie des Wissenserwerbs, orientiert an POPPERS Nichtrechtfertigungsposition, die besagt, daß unser Wissen potentiell fehlerhaft und zwangsläufig voreingenommen ist. [L] KRUGLANSKI 1980

Laientherapie, Therapie, die von Nichtprofessionellen (u. U. unter Supervision) durchgeführt wird. Laienhelfer arbeiten u. a. in Selbsthilfegruppen, in der Telefonseelsorge und Suizidnotrufen, in der Katastrophenhilfe und der Gemeindepsychiatrie: Zur Wirksamkeit von L. liegen nur wenige Untersuchungen vor. Im Vergleich zu professioneller Hilfe schnitt L. in einzelnen Untersuchungen provozierend gut ab, was teils mit besonders günstigen Umständen für erstere (Auswahl der Helfer, Hilfesituation, Supervision) bzw. schlechten für letztere erklärt wird. →Krisenintervention *F. Caspar*

Laissez-faire-Prinzip, [franz. *laissez* lassen Sie, laßt, *faire* machen], Erziehungskonzept des Geschehenlassens, das die Verhaltensmerkmale «geringe Wertschätzung» und «wenig Lenkung» besitzt. →Führungsstil, →Erziehungsstil, →Permissivität

Laktat, Salz der Milchsäure, bei anaerober Glykolyse bei der Pufferung aus Milchsäure entstehend. Überschreiten der Dauerleistungsgrenze führt zu Laktazidose (pH-Abfall lokal im Muskel sowie systemisch) und damit zur Ermüdung. L. wurde im Zusammenhang mit Panikstörungen diskutiert, da Verabreichung bei bestimmten Personen zu Panikangst führt. [L] NUTT & LAWSON 1992 *P. Weyers/W. Janke*

Lallen, Lallphase, Lallperiode [engl. *babbling stage*], damit beginnt das Kind mit etwa 4–6 Monaten. Dabei stellt die Lallbewegung zunächst eine rein motorische Aktivität dar, die weitgehend physiologisch bestimmt ist. Gewinnt das Kind eine auditive Kontrolle über die Laute, so kann man vom rückgekoppelten L. sprechen. Ungefähr im 8. Lebensmonat kommt es dann von der zunächst noch ungenauen Produktion einzelner →Silben dazu, Silben seriell genau zu bilden, wobei Vokal-Verbindungen und/oder Vokal-Konsonant-Verbindungen vorherrschen. Konsonantenhäufungen fehlen hingegen noch völlig.
Innerhalb der Lallperiode baut sich das Kind allmählich ein →phonologisches Regelsystem (→Phonetik) auf, das ihm die Konstruktion von Lautsequenzmustern erlaubt (→Sprachproduktion).
Die L.tätigkeit ist von der Funktionslust (BÜHLER) getragen, sie stellt aber nicht, wie oftmals behauptet, ein unbedingt notwendiges Vorstadium für die →Sprachentwicklung dar (LENNEBERG 1967). Die anfänglich beobachtbare L.tätigkeit bei gehörlosen Säuglingen verschwindet sehr bald wieder wegen der fehlenden Möglichkeit der auditiven Kontrolle über die geäußerten Laute. *H. Grimm*

Lamarckismus →Abstammungslehre

Lamarck, Jean Baptiste Pierre Antoine de Monet (1744–1829), Naturforscher / Paris

LAN, Abk. f. Local Aerea Network. Räumlich begrenztes Netzwerk von Computern, das sich in Unternehmen, Behörden, Hochschulen u. a. befindet.

Lancement-Effekt, Lancement-Versuch →Kausalitätswahrnehmung, →Tunnelphänomen

Land, Erwin (*1909), amerik. Physiker u. Industrieller (Polaroid)

Landolt, Edmund (1876–1926), Schweiz. Ophthalmologe / Zürich, Paris

Landolt-Ringe →Optotypen zur Messung der →Sehschärfe; Ringe, die oben, unten, links oder rechts eine Lücke haben; der Beobachter muß die Lage der Lücken angeben. Die Liniendicke beträgt ein Fünftel des äußeren Durchmessers, die Breite der Lücke ebenfalls. Vorgeschriebenes Sehzeichen bei Sehschärfeprüfungen für Versicherungs-, Führerschein- und Gerichtsgutachten.

Landscher Effekt, Untersuchungen von E. H. LAND (1959) über das Farbensehen, die im Widerspruch zu den herkömmlichen Gesetzen der Farbenmischung (NEWTON, GRASSMANN) und den darauf basierenden Theorien über das Farbensehen zu stehen scheinen.

Durch Übereinanderprojizieren zweier durch verschiedene farbige Filter photographierter Schwarz-Weiß-Diapositive, von denen eines z. B. mit rotem und das andere mit weißem Licht projiziert wird, erreicht man ein vollfarbiges Bild mit den natürlichen Farben der abgebildeten Gegenstände, obgleich reizmäßig an jedem Bildpunkt nur mehr oder weniger aufgehelltes rotes Licht nachgewiesen werden kann. Dasselbe gelingt mit anderen Komponenten farbigen Lichtes. LAND kommt zu dem Schluß, daß das «menschliche Auge» unter bestimmten Umständen nur zwei an Stelle der bisher angenommenen drei Farbreizkomponenten benötigt, um eine farbige Welt entstehen zu lassen.

Langdon Down →DOWN-Syndrom

Langerhans Inseln, eingelagerte Zellhaufen im Pankreasgewebe. Bildungsstätte des Insulins und des Glucagon-Hormons. →Hormone

Langerhans, Paul (1847–1888), Pathologe / Freiburg, Madeira, Berlin

Langeweile, eine innere, in der Person liegende «Reizarmut», die insbes. mit geringer Erlebnisfähigkeit und Erlebnistiefe einhergeht und auf den Menschen als «Leere seines Lebensgefühls» einwirkt. Langeweile drängt nach dem Gegenpol des erlebnismäßig Affiziert-Werdens, im Grenzfall nach «Zuständen der Sensation» (LERSCH). L. ist oft die Folge von →Monotonie. Aktivierungstheoretiker sind sich nicht darüber einig, ob L. mit erhöhter Aktivierung (BERLYNE) oder mit dem Mangel an Aktivierung (MCCLELLAND) verbunden ist. L. hat auch Beziehung zur →Sättigung und →Ermüdung und führt wie sie in Leistungen zu einer Zunahme von Fehlern, größeren Variationen der Leistung und teilw. Verlust der Selbstkontrolle. Zusammen mit L. treten in Experimenten mit sensorischer Deprivation (Reizentzug) Unruhe, Erregbarkeit, emotionale Labilität und der Wunsch, die Isolierung zu beenden, auf (BEXTON et al. 1954).

R. Bergius

langsame kortikale Potentiale, Gleichspannungsverschiebungen des EEG über Sekunden in negativer oder positiver Richtung. Negative l.k.P. treten bei Mobilisierung des entspr. Hirnareals für Bewegung oder ps. Tätigkeiten auf. Wurden mit Biofeedback erstmals von ELBERT, ROCKSTROH, LUTZENBERGER & BIRBAUMER (1980) operant konditioniert, wodurch sich Aufmerksamkeitsverhalten, kognitive Leistungen, Schmerz beeinflussen lassen.

N. Birbaumer

Längsdisparation →Querdisparation

Längsschnittuntersuchung (-modell) [engl. *longitudinal study*], diagnostische Untersuchung derselben Individuen mit denselben Mitteln (oder wenigstens entsprechenden) auf verschiedenen Altersstufen.

Die L. bietet Einblicke in den Entwicklungsverlauf der einzelnen Persönlichkeitsmerkmale im Altersfortschritt. Durch die Zusammenfassung der Ergebnisse (erschwert durch die lange Dauer der Untersuchung) läßt sich ein generelles Längsschnittmodell für den Aufbau wie Abbau der verschiedenen Fähigkeiten des Menschen gewinnen. • Als Beispiel einer besonderen L. ist die von C. COERPER, W. HAGEN & H. THOMAE (1954) an deutschen Nachkriegskindern zu erwähnen, die die schwierigen Entwicklungsbedingungen der Zeit verdeutlichte. [L] THOMAE 1977. →Querschnittsuntersuchung, →Kohorte

Lang(zeit)speicher, informationstheoretisches Modell für →Gedächtnis, →Lernen

Langzeitpsychoanalyse, ist die älteste Therapieform und geht auf die →Psychoanalyse S. FREUDS (1856–1939) zurück. In der L. gelten «Aufdeckung» (Deutung der freien Assoziationen und Träume des Klienten durch den Therapeuten und Einsicht beim Patienten) wie vollständiges Durcharbeiten der unbewußten Konflikte des Patienten in der Übertragungsbeziehung zum Therapeuten als via regia zur Heilung. Die klassische L. erstreckt sich bei 3–5 Therapiestunden (im Liegen) pro Woche über eine Gesamtdauer von hundert oder mehr Behandlungsstunden. Nach traditioneller psychoanalytischer Auffassung können nur durch eine Langzeitanalyse tiefgreifende und dauerhafte Persönlichkeitsveränderungen, also «Heilung» im Sinn der Behebung der Ursachen bewirkt werden. Wirksamkeitsbelege legen nahe, diese These zumindest in ihrer Allgemeinheit in Frage zu stellen. In vielen Fällen sind alternative Behandlungen aufgrund der geringeren Kosten und des früheren Wirkungseintrittes naheliegender.

F. Caspar

Lanugo, Wollhaar, Flaum, Behaarung des Fetus, beim Erwachsenen an wenigen Körperstellen (z. B. Gesicht) erhalten. Gelegentliches Folgesymptom bei →Eßstörungen

Lärm [engl. *noise*], im Ggs. zu →Rauschen (ebenfalls *noise*) in der Regel diskontinuierliches akustisches Reizgeschehen.

Gilt ps. als leistungsmindernder situativer Störfaktor für zielbezogenes Verhalten, weil L. u. a. unkontrollierbare Aufmerksamkeitsschwankungen hervorruft und psychophysiol.

unspezifisch aktivierend wirkt. Auswirkung auf die Sprachproduktion: →LOMBARD-Effekt. Physiol. kann L. nach längerer Einwirkung zu Hörschädigungen (zeitweiligen oder dauernden Schwellenverschiebungen) führen. Die Stärke des L. wird in →Phon (Einheit der an der frequenzabhängigen Empfindlichkeit des Ohres korrig. logarithmisierten Stärke des Schalldrucks) gemessen (→Audiometrie). *H. E. Zahn*

Lärmforschung, ein wichtiges interdisziplinäres Gebiet, da Lärm zu den Hauptbelastungen des Menschen durch die Umwelt zählt. Mit juristischen, physikalisch-technischen, medizinischen und sozialwissenschaftlichen Methoden werden Lärmwirkungen erforscht und Wege der Lärmvermeidung gesucht. *P. Day*

Lärmschädigung, psychophysische Beeinträchtigung durch Dauerlärm (über 85–95 dB bzw. 90–100 Phon). L. bewirkt Verengung der kleinsten Gefäße, Erregung der Muskulatur, Schädigung des Gleichgewichtsapparates, Verlängerung der Reaktionszeit, bei Knall evtl. Trommelfellriß. Eine eigene Lärmforschung ist bedeutsam geworden entsprechend der zunehmenden Schädigung durch Lärm. **[L]** SADER 1966

Laryngographie [gr. *larynx* Kehlkopf] Röntgenkonstrastuntersuchung des Kehlkopfs →Kehltonschreiber

Läsion [lat. *laedere* Verletzung], allg. jede organische Schädigung eines Körperteiles. Im besonderen jede organische Schädigung des Gehirns läsionell svw. durch organische Schädigung bedingt, Ggs. funktionell.

lateinisches Quadrat, eine exp. Versuchsanordnung, die ebenso viele Durchgänge als Bedingungen erhält, wobei die Reihenfolge der Bedingungen systematisch variiert wird, z. B.

A B C
B C A
C A B

latent, verborgen, versteckt, ohne Symptome verlaufend

Latent-Class-Analysis, ein auf LAZARSFELDS (1950) *latent structure analysis* zurückgehendes Verfahren zur Analyse der Reaktionen von N Personen auf k zwei- (oder mehr-)klassige Variablen (Einstellungsfragen, Testitems etc.). Ziel ist die Auffindung von m in sich homogenen Gruppen von Personen.
Diese Gruppen von Personen mit gleichen Reaktionen in allen Variablen stellen unterschiedliche Ausprägungen (Klassen) der den Reaktionen zugrundeliegenden latenten Variablen dar, über welche die manifesten Variablen in der gesamten Stichprobe miteinander zusammenhängen. Hält man die Ausprägung einer latenten Variablen konstant, d. h., betrachtet man nur die Personen einer Gruppe, verschwinden sämtliche statistischen Zusammenhänge zwischen den manifesten Variablen (stochastische Unabhängigkeit). Das theoretische Ziel der L. ähnelt mehr der →Faktorenanalyse (speziell der →Q-Technik) als der eher deskriptiv orientierten →Clusteranalyse. **[L]** LAZARSFELD & HENRY 1968 *E. Mittenecker*

latente Traumgedanken, nach FREUD die den manifesten Trauminhalten zugrunde liegenden verborgenen und damit unbewußten Gedanken, Wünsche und Ängste. Die unbewußte Traumzensur verhindert das unmittelbare und unverhüllte In-Erscheinung-Treten der ursprünglichen Traumgedanken. Diese werden vielmehr durch die Traumarbeit in die mit den Forderungen des →Über-Ich zu vereinbarenden manifesten Trauminhalte verwandelt. **[L]** FREUD 1968, BOSS 1975

latente Vererbung, die Übertragung von latenten, d. h. beim Überträger nicht erkennbaren Eigenschaften auf Nachkommen.

latente Verhaltenstendenz →habit, →S-R-Verbindung, →hypothetisches Konstrukt in HULLS Verhaltenstheorie in der Bedeutung eines assoziativen Gliedes innerhalb des →Reaktionspotentials. Die *habit*-Stärke soll nach dem Gesetz von HULL mit der Anzahl der verstärkten Reaktionen auf den bedingten Stimulus zunehmen.

Latenz [lat. *latens* verborgen], Zeit des Verborgenseins, symptomfreie Zeit. • Zeitraum zwischen Reizdarbietung und Einsetzen der beobachtbaren Reaktion bzw. einer automatisierten Reaktion. HULLS System bez. L. mit StR, →Reaktionszeit. • Zeit einer Entwicklungsperiode →Latenzperiode (Latenzphase).

Latenzperiode, nach FREUD der zwischen dem 6. und 12. Lebensjahr liegende Abschnitt der seelischen Entwicklung.
L. beginnt mit dem vorläufigen Abschluß und Stillstand der Triebentwicklung (Lösung des →Ödipuskonfliktes und Verdrängung der genitalen Impulse am Ende der ersten →genitalen Phase) und endet mit dem Wiederbeginn und der Steigerung der Triebentwicklung in der Pubertät (Beginn der zweiten genitalen Phase). Die L. ist gekennzeichnet durch eine Entwicklung des Ich und der intellektuellen

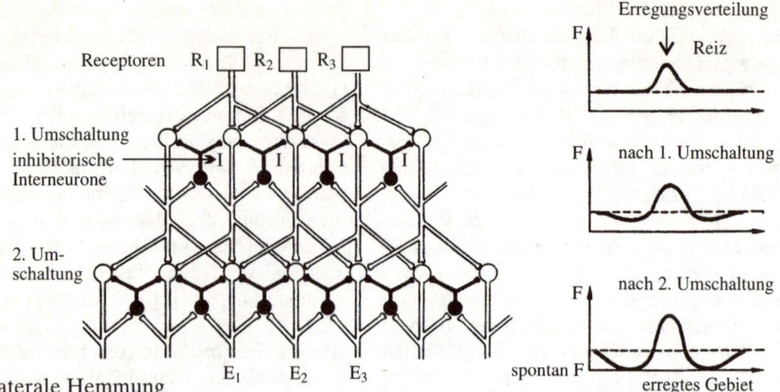

Abb.: Laterale Hemmung

Funktionen sowie durch eine Differenzierung und Stabilisierung der Beziehungen zur Realität und Sozietät.

lateral... [lat. auf der Seite], seitlich, seitwärts, auswärts **[E]**

Laterale →Lautlehre

laterale Hemmung, laterale Inhibition, bezeichnet ein Prinzip der nervösen Informationsverarbeitung der Sinnessysteme, das vorwiegend der →Kontrast-Bildung dient (benachbarte Helligkeiten, benachbarte Töne). Die von den →Rezeptoren zu den Projektionsfeldern im →Gehirn laufenden spezifischen afferenten Bahnen sind (z. B. beim Auge bereits in der Retina) derart verschaltet, daß jede einzelne Rezeptorzelle mit einer Vielzahl von Neuronen der nächsthöheren Schicht über kollaterale Verbindungen «divergierend» verbunden ist (Divergenzprinzip der Erregungsleitung).

Andererseits erhält jedes Neuron der nächsthöheren Schicht seine Information (Afferenzen) gleichzeitig von einem großen Areal nächstniedrigerer Elemente, z. B. den Rezeptoren (Konvergenzprinzip). L.H. kommt nun dadurch zustande, daß die gleichzeitige Erregung benachbarter Rezeptoren (R1 R2 R3 in Abb.) über hemmende Interneurone (in Abb.: I) mit hemmenden Synapsen eine Hemmung der Erregung des jeweiligen Nachbarelementes zur Folge hat. Dadurch wird ein auf dem Rezeptorenareal abgebildeter Reizstärkengradient auf der nächstbesten Ganglienzellschicht (E1 E2 E3) steiler (neuronale Kontrastverschärfung). **[L]** BECKER-CARUS 1981, KEIDEL 1971, R. F. SCHMIDT 1971, SCHMIDT & THEWS 1995 *C. Becker-Carus*

Lateralisiertes Bereitschaftspotential (lateralized readiness potential), wird aus dem →Bereitschaftspotential, eine langsame Negativierung des hirnelektrischen Potentials, gewonnen. Das Bereitschaftspotential ist über der Hemisphäre kontralateral zur ausführenden Hand negativer als ipsilateral. Der Zeitpunkt, bei dem das BP asymmetrisch wird, hängt davon ab, wann die Entscheidung fällt, mit welcher Hand reagiert wird. Die Asymmetrie des BPs wird als Indikator spezifischer Reaktionsaktvierung verwendet und heißt daher Lateralisiertes BP. Um reaktionsunabhängige Asymmetrien aus diesem Aktivierungsmaß auszuschließen, werden die über rechts- und linksseitige Reaktionen gemittelten Asymmetrien verwendet. Weil dabei für jede Reaktionsseite die Differenz zwischen kontra- und ipsilateraler Aktivität gebildet wird, werden alle Asymmetrien eliminiert, welche von der interessierenden Handlung unabhängig sind. **[L]** COLES 1989

Lateralität, laterale Asymmetrie, laterale Dominanz, beschreibende Bez. für die funktionelle Bevorzugung eines Organes und/oder morphologische Verschiedenheit paarig angelegter Organe (z. B. Sinnesorgane: Auge, Ohr; Bewegungsorgane: Hände, Beine). Auch morphologisch einheitlich erscheinende Organe sind afferent und efferent lateralisiert innerviert, wie z. B. Zunge, Haut, Stimmbänder.

Die innervatorische L. geht auf die seitenbezogene Zuordnung des ZNS (Hirnhemisphären) zu (peripheren) Organen zurück. Viele ps. Funktionen, die nicht unbedingt an ein einheitliches morphologisches Substrat geknüpft sind (Sprache, Raumwahrnehmung, Gefühle), sind im ZNS bilateral verankert, wenn auch verschieden leistungsfähig. Ob einzelne (Unter-)funktionen angeborenerweise nur einseitig verankert sind, ist eine of-

fene Frage. Welcher Anteil an funktionaler Asymmetrie jeweils angeborenerweise besteht und welcher sich aus Gründen der optimalen Arbeitsteilung bzw. Koordination von Funktionen durch Übung ergibt, ist ebenfalls offen.
Besonders deutlich tritt L. bei der Hand hervor: Links-, Rechtshändigkeit, auch Ambidexterität mit Auswirkung auf die Geschicklichkeit. Doch besteht ebenso bei Auge, Ohr, Armen, Beinen und manchen inneren Organen L., die ihrerseits mit cerebraler L. (cerebraler Dominanz) Beziehung hat. Die Forschung interessiert, wie weit (und ob) Links- und Rechtsdominanz im gleichen Individuum korrelieren. Bedeutsam ist auch der Zusammenhang von L. und Sprache sowie Erleben und Verhalten. →Hemisphärenspezialisierung **[L]** ULLMANN 1971

latitude of acceptance, Annahme- oder Akzeptierungsbereich. →soziales Urteil

latitude of rejection, Ablehnungsbereich. →Ablehnung, soziale, →soziales Urteil

Laune, charakterologisch entspricht L. der Stimmung, darüber bezeichnet sie die Auswirkung der Stimmung auf Mitmenschen und Umwelt. Launenhaftigkeit ist nach LERSCH der störbar-labile Stimmungshintergrund, der unmittelbar bestimmend wird für die Art, wie der individuelle Träger sich und andere Menschen behandelt.

Laut, Sprachschall, der als eine Einheit wahrgenommen wird. Die Menge der L., die menschliche Sprachwerkzeuge hervorbringen können, ist praktisch unbegrenzt; der Anteil jedoch, der in einzelnen Sprachen als bedeutungsunterscheidende L. (→Phoneme) fungiert, ist eingeschränkt und von Sprache zu Sprache nach Art und Zahl verschieden (→Phonologie).
Man unterscheidet zwischen L., die durch Hemmung des Luftstroms im Bereich der Sprechorgane gebildet werden (Konsonanten), und solchen, die durch freies Schwingen der Stimmlippen, ohne gegenseitige Berührung der Sprechorgane zustande kommen (Vokale). Eine Aufgliederung der Konsonanten erfolgt mit Hilfe der Kennzeichnung von Bewegungen, die die Sprechorgane im Mundraum ausführen (z. B. in Verschlußlaute, Reibelaute usw.), und mit Hilfe der Bezeichnung der Stellen im Mundraum, die bei der →Artikulation berührt werden (z. B. in dentale L.: Berührung der Zähne, palatale L.: Berührung des Gaumens usw.). *G. List*

Lautagnosie →Agnosie, akustische

Lautäußerung, tierische, dienen vorwiegend innerartlicher und/oder zwischenartlicher →Kommunikation. Wichtig als Warn-(Droh-) Laute, bei der Paar- und Gruppenbildung, der Brutpflege, dem Kontakt zwischen Alt und Jung und der Information über Nahrung. →Tiersprache *V. Preuss*

lautes Denken, von CLAPARÈDE, DUNCKER u. a. verwendetes Verfahren zur Analyse von Problemlöseprozessen. Im Ggs. zur Selbstbeobachtung (der in der →Würzburger Schule bevorzugten Methode) sollen die Probanden alle, auch ganz flüchtige Einfälle verlautbaren, das Denken selbst wird dagegen nicht reflektiert. L. D. soll den ablaufenden Prozeß des Problemlösens oder Entscheidens nicht verändern (ERICSON & SIMON 1980, vgl. HUBER 1982). Man unterscheidet zwischen dem gleichzeitigen l.D. und dem weniger verläßlichen retrospektiven l.D. *R. Bergius*

Lautgebärde, die motorisch-artikulatorische Bewegungsgestalt beim Aussprechen eines sinnvollen Wortes (→Artikulation), sofern die Bewegungsgestalt mit der zugehörigen Wortbedeutung zusammenhängt (WUNDT 1893). Die L. ist neben der →Lautmalerei und der →Lautsymbolik eine Form des phonetisch-semantischen Zusammenhangs.
Unmittelbar abbildend ist die L. bei Wörtern, die Mundverhaltensweisen bezeichnen (gähnen, speien), nachahmend oder anähnelnd bei Wörtern, die Bewegungen, Handlungen, Naturgeschehnisse bezeichnen (dehnen, ducken, kneten, rollen), quasi-demonstrativ bei z. B. Ortsadverbien (dort vs. hier; Zunge in Dentalstellung: Zeigegebärde). Deutungen des Einzelfalls sind oft unzuverlässig. Beweiskräftiger sind Ergebnisse von sprachvergleichenden Lautstatistiken (→Psychophonetik). →Gebärdensprache. **[L]** ERTEL 1976, KAINZ 1941 *S. Ertel*

Lautheit, Maß für die Stärke einer Schallempfindung in der Einheit «sone»; ein →binaural gehörter Ton mit einer Schwingungszahl von 1000 Schwingungen pro Sekunde und einem →Schalldruckpegel von 40 dB SPL hat eine Lautheit von 1 sone. Die sone-Skala wurde mit Verfahren der direkten →Skalierung gewonnen und ist eine Verhältnisskala: Ein Ton mit der Lautheit x sone erscheint also x-mal so laut wie ein Ton mit der Lautheit 1 sone. *H. Heuer*

Lautlehre →Phonetik

Lautmalerei, neben →Lautgebärde und →Lautsymbolik eine Form phonetisch-semantischen Merkmalszusammenhangs.

Bei Wörtern, die Geräusche (rascheln, surren, ticken), Klänge (summen, heulen) und geräuschbegleitende Handlungen oder Ereignisse (kratzen, plumpsen) bezeichnen, ist oft eine akustische Ähnlichkeit zwischen dem Sprachlautlichen und dem sprachlich bezeichneten oder mitbezeichneten Geräuschereignis im Einzelfall evident und sprachvergleichend statistisch überzufällig. Schallabbildungen durch die Wortphonetik (Onomatopoetica, Schallwörter; →Phonetik) sind lediglich Stilisierungen, da sie sich nur im Rahmen menschlicher →Artikulation und der einzelsprachlichen →Phonologie entfalten können. Schallnachahmende Neologismen kommen spontan in der Kindersprache vor und lassen sich bei Erwachsenen experimentell studieren (WISSEMANN 1954). Die Sprachgeschichte verzeichnet zahlreiche onomatopoetische Neuschöpfungen.

Zugrunde liegt eine Tendenz zur Angleichung des lautlichen Eindrucks der Rede an das Lautliche, von dem die Rede ist. Die L. dient auch der ästhetischen Lautstilistik in Poesie und Prosa, wobei neben der Einzelwortphonetik die Satzphonetik Bedeutung erlangt (→Psychophonetik). **[L]** ERTEL 1976, KAINZ 1941 *S. Ertel*

Lautstärke, Lautstärkepegel, Maß für die Stärke einer Schallempfindung in der Einheit Phon. Bei der Lautstärke wird berücksichtigt, daß die Empfindlichkeit des Gehörs von der →Schwingungszahl abhängt (→Hörfläche); unabhängig von der →Schwingungszahl wird ein Schall mit einer Lautstärke von x Phon genauso laut empfunden wie ein Ton mit einer Schwingungszahl von 1000 Schwingungen pro Sekunde und einem →Schalldruckpegel von x dB SPL. *H. Heuer*

Lautsymbolik, syn. Lautmetaphorik, neben →Lautmalerei und →Lautgebärde eine Form des phonetisch-semantischen Merkmalszusammenhangs.

Es handelt sich um Gefühlswert-Ähnlichkeiten zwischen Lautgebilde und Wortbedeutung, etwa Liebe = «zart» als gesprochenes Lautgebilde und «zart» als Komponente des Bedeutungserlebnisses. Die unzuverlässige Methode der Auswahl passender Beispiele wurde durch die Methode der Zuordnung von Bedeutungsalternativen zu Wort-Lautgebilden aus unbekannten Sprachen (TSURU & FRIES 1933), durch Lautstatistiken bei Wörtern gleicher Bedeutung aus umfangreichen Sprachstichproben (→Sprachstatistik) und durch die Methode des →semantischen Differentials ersetzt (ERTEL 1976). L. scheint universell aufzutreten, d. h., in voneinander unabhängigen Sprachen kommen gleiche bzw. ähnliche phonetische Repräsentationen für bestimmte Gefühlswerte vor. Unabhängig vom Vorkommen der L. bei sinnvollen Wörtern wurden die Gefühlswerte künstlich hergestellter sinnfreier Lautgebilde bzw. einzelner Vokale oder Konsonanten (Lautphysiognomik) experimentell untersucht (SAPIR 1929).

Die Probleme der L. sind mit denen der →Synästhesie teilidentisch. L. wird in Poesie und Prosa mit lautstilistischer Absicht verwendet. →Psychophonetik. **[L]** BROWN 1958, ERTEL 1969, HÖRMANN 1977 *S. Ertel*

law of effect →Effektgesetz, →Versuch – Irrtum

law of readiness, Gesetz der Bereitschaft →Lernbereitschaft

Laxanzien [lat. *laxare* lockern], Abführmittel. Evtl. Mißbrauch bei →Eßstörungen

LBA-Modell, Abk. für *Limited Binaural Additivity* →binaural

LCD, Abk. für *Liquid Crystal Display,* Flüssigkristall-Anzeige, die vorwiegend in batteriegetriebenen Geräten verwendet wird, da sie sich durch einen sehr geringen Stromverbrauch auszeichnet.

L-Daten [engl. Bez. f. *life records*], nach R.B. CATTELL diejenige Gruppe von Daten zur Persönlichkeitsbeschreibung (neben den →Q-Daten und den →T-Daten), die aus Erhebungen über objektive Vorgänge und Tatbestände, einschl. Daten aus der Alltagssituation des Pb (z. B. Anzahl der verursachten Unfälle, der Arbeitsstellen, der Vereinszugehörigkeiten) und aus Fremdbeurteilungen stammen. →Persönlichkeitsfaktor, →Faktorentheorien der Persönlichkeit, →behavior ratings. **[L]** CATTELL 1973, HERRMANN 1972

lean management, (svw. schlankes oder sparsames →Management). Der Begriff geht auf eine Studie des Massachusetts Institute of Technology (MIT) zum Kostenvergleich zwischen der japanischen, amerikanischen und europäischen Automobilindustrie zurück. Dabei zeigte sich, daß die Arbeit in den kostengünstiger produzierenden japanischen Unternehmen in Form von selbstorganisierter →Gruppenarbeit mit weniger Managementebenen (→Führung) und mit verringertem bürokratischen Aufwand durchgeführt wird, daß die Arbeitsgruppen selbständig →Fehler und Qualitätsmängel der Produkte und Produktion systematischer (unter Nutzung von

Problemlösetechniken) beheben und ständig kleine Verbesserungen vornehmen (vgl. IMAI 1991, zum sogenannten KAIZEN-Konzept), kundenorientiert und schneller neue Produkte in Design-Teams entwickeln, eine andere Arbeitsteilung und andere Verträge mit der Zulieferindustrie vereinbaren und mit Kunden und ihren Wünschen anders umgehen (WOMACK et al. 1991).
Beim l.m. wird die Arbeit in selbstorganisierten Teams (→Gruppenarbeit, →soziotechnischer Systemansatz) durchgeführt. Das →Management (als Personengruppe) soll nur wenige Hierarchieebenen umfassen und zahlenmäßig genauso wie die Verwaltung möglichst nur aus wenigen Personen bestehen. Die Grundprinzipien der Organisation beim l.m. sind sehr einfach: (1) Ein Maximum an Aufgaben und Verantwortlichkeiten soll auf die produktiv tätigen Arbeiter übertragen werden; (2) Probleme und Fehler sind ständig zu analysieren und die Arbeitseffektivität ist permanent in kleinen Schritten mit sichtbaren (Produktivitäts-)Kennziffern zu verbessern. Wie diese Vorgaben im einzelnen zu realisieren sind, bleibt der Organisation überlassen. Strittig ist, inwieweit die zugrundeliegenden Grundprinzipien neu sind oder auf frühere Konzepte zur →Gruppenarbeit zurückgeführt werden können. Die speziellen japanischen Formen der Teamarbeit und →Organisationskultur können nicht unverändert in westliche Industrieländer übertragen werden. Im allg. werden Konzepte zur Gestaltung der →Gruppenarbeit und zum l.m. gefordert, die auf die jeweiligen kulturellen, organisationalen, rechtlichen und wirtschaftlichen Rahmenbedingungen Rücksicht nehmen. **[L]** IMAI 1991, WOMACK et al. 1991

S. Greif

learning set →Lerneinstellung, →Einstellungseffekt

Lebendigkeit, Lebhaftigkeit, ein Beschreibungsbegriff des Verhaltens, der den Ursprung der belebten Beweglichkeit eines Individuums im biopsychischen Antriebssystem meint. WELLEK faßt L. als «die intensive Ausformung der Vitalstruktur» im Sinne vitaler Intensität auf. →vividness-Effekt

Lebensalter, abgek. LA. Die Spanne der bisher gelebten Zeit. Je nach Alter gehört der Mensch zu einer bestimmten →Entwicklungsphase, Lebensphase, Altersstufe, die sein Menschsein bestimmt und die ps. charakteristisch ist. • In der Testps. ist das L. wichtig: Es entscheidet mit über die Auswahl der zur Anwendung kommenden Prüfverfahren; es moduliert die Ergebnisse in spezifischer Weise (alterstypisch); die Testleistungen werden jeweils bezogen auf den Durchschnitt von Altersgruppen.

Lebensdauer, mittlere Lebensdauer, das von den Individuen einer Population durchschnittlich erreichte Lebensalter, berechnet als arithmetisches Mittel, svw. Lebenserwartung. Sie beträgt derzeit im Bundesgebiet für Männer ca. 72, für Frauen 75-80 Jahre, am Anfang des Jahrhunderts lag sie noch unter 40 Jahre. • Wahrscheinliche Lebensdauer. Für ein Individuum der Zeitpunkt, bis zu dem die Hälfte aller Gleichaltrigen gestorben ist.

Lebensereignisse, kritische →kritische Lebensereignisse

Lebenserfahrung →Erfahrung

Lebensgefühl(e), Sammelbez. für alle Gefühle, die aus dem «vitalen Gestimmtsein» erwachsen. • Bei LERSCH sind die L. zugehörig zum endothymen Grund. →Tabelle «Charakteraufbau»

Lebensgrund, bei LERSCH das «Insgesamt der organischen Zustände und Vorgänge, die sich in unserem Leib abspielen». Eine vorpsychische, dem Erleben vorgeordnete Wirklichkeit. L. ist all das, was als «Leben in einem breiten Strom dahingeht und das Erleben gleichsam auf dem Rücken trägt».

Lebensgrundstimmung →Lebensgefühl

Lebenshälfte, die von der JUNGschen Tiefenps. vorgenommene Einteilung des menschlichen Lebensablaufs in eine erste «Hälfte» bis zum 40. Lebensjahr mit Ich-Entwicklung und einem zweiten Abschnitt mit Selbstentwicklung. →Individuation

Lebenskraft, die zur Erklärung der Lebensvorgänge behauptete, außerhalb der physikalischen und chemischen Lebensprozesse stehende, in diesen aber wirksame besondere «Kraft» *(vis vitalis)*. Deren Annahme hat die kausale chemisch-physikalische und biologische Erforschung bis zum Anfang des 19. Jahrhunderts erschwert. →Vitalismus. • Gegenwärtig versteht man unter L. den als Tatbestand nicht weiter erklärbaren biologischen «Antrieb» schlechthin, der erst im Zusammenwirken mit anderen Tatbeständen Form und Richtung erhält. →Vitalität

Lebenslauf, der individuelle, einmalige, unaufhebbare Lebens- und Entwicklungsgang von der Geburt bis zum Tode. Dessen Deutung nach ps. Aspekten ist Aufgabe der L. ps. (L.analyse). Hierfür wird vorwiegend die mündliche bzw. schriftliche Befragung und

Darstellung (→biographische Methode) benutzt.
Geschichtlich bedeutsam für die L.forschung ist der belgische Sozialstatistiker A. QUETELET (1796–1874). Seine Arbeiten machte HOFSTÄTTER zugänglich. Umfassend hat Ch. BÜHLER (1933) den L. nach der Verhaltensseite (den objektiven Daten), der Erlebensseite (den subjektiven Daten) und der Werkseite (der Leistung) beurteilt. Sie unterschied fünf Phasen des physischen und ps. Prozesses und untersuchte Lebenslaufstrukturen. • Die heutige L.forschung ist breit gefächert. Psychoanalyse, Ich-Psychologie, Soziologie, behavioristisch-statistische Methoden, die →humanistic psychology (→Psychol. Richtungen) u. a. bemühen sich um Klärung dieses Zentralproblems. [L] BÜHLER 1933, 1971, THOMAE 1956, OERTER 1980

Lebenslinie (ADLER), in der →Individualpsychologie die allgemeine zielgerichtete, charakterlich bedingte Verhaltensrichtung, die ein Individuum erkennen läßt.

Lebensmittelschadstoffe, wichtigste Quelle für neurotoxische Stoffe (→Neurotoxine). Es sind natürliche und anthropogene zu unterscheiden. Zu letzteren gehören Rückstände und Verunreinigungen durch Schwermetalle (→Metalle) wie →Blei, Cadmium, Quecksilber und Thallium, Medikamente wie →Antibiotika, →β-Blocker und →Psychopharmaka in tierischen Lebensmitteln einschl. Milch sowie →Organophosphate in →Fungiziden, →Herbiziden, →Insektiziden in pflanzlichen Lebensmitteln. [L] KASPER 1997, SEIDEL 1996 *W. Janke*

Lebensphasen →Entwicklungsphasen

Lebensplan, der zielgerichtete Vorentwurf eines Lebens (die das Verhalten und Handeln steuernde Idee, der man sich bewußt und freiwillig verschrieben hat). Nach Meinung der →Individualps. (ADLER) kann man die Eigenheit eines Menschen erst dann richtig verstehen, wenn man alle seine Lebensäußerungen als sinnvoll eingefügte Glieder eines einheitlichen, finalen Lebensplanes hat erkennen können, der in der Überwindung der Minderwertigkeitsgefühle bestehen soll.

Lebenspsychologie, ältere psychologische Richtung, in der gefordert wird, die Bewußtseinsps. müsse sich an die Biologie und Soziologie enger anschließen; sie soll den «Auswirkungen des Bewußtseinsgeschehens in sämtlichen Lebensakten nachgehen» und das praktische Leben mit den Augen des Psychologen sehen. →Psychobiologie

Lebensqualität [engl. *quality of life,* QOL], summarisches Bewertungs- und Optimierungskriterium, unter dem beurteilt wird, in welchem Maße konkrete menschliche Lebensverhältnisse in verschiedensten Detailperspektiven lebenswert bzw. unbefriedigend und verbesserungsbedürftig erscheinen. Unter dem Begriff «Umweltqualität» *(environmental quality)* werden diejenigen Teilaspekte zusammengefaßt, die sich auf (relativ überdauernde) Umgebungsbedingungen beziehen. Zur quantitativen Bestimmung von L. werden in den Sozialwissenschaften verschiedenste →Sozialindikatoren herangezogen (MANN 1977); i. d. Psych. werden vor allem im Erleben ansetzende Meßverfahren beigesteuert (*perceived quality of life,* ANDREWS & WHITEY, CAMPBELL et al. 1976; *Perceived Environmental Quality Index,* PEQI), aber auch auf Verhaltensbeobachtung basierende (BARKER & SCHOGGEN 1973). [L] FISHER et al. 1984, GLATZER & ZAPF 1984, SZALAI & ANDREWS 1980 *G. Kaminski*

Lebensraum, der Begr. wurde 1901 von dem Geographen RATZEL geprägt und in diesem Sinne von HELLPACH als Naturlebensraum eines Volkes oder lebensräumliche Beziehungen zu bestimmten geographischen Verhältnissen verwendet. • Graf DÜRCKHEIM stellt den Ordnungsformen des Weltraums diejenigen des persönlichen Raumes gegenüber, wobei der persönliche L. das räumliche Erlebniszentrum mit persönlichem Sinn und Gewicht ist. Die eigene Wohnung stellt z. B. einen solchen dar. • LEWIN sieht im L. eine Ganzheit ps. wirksamer Faktoren. Dieser besteht immer aus der handelnden Person (P) und ihrer Umgebung (U). Jeder Vorgang oder jedes Verhalten (V) muß daher als Funktion von beiden angesehen werden: V = f(PU) bzw. V = f(L), da P und U gemeinsam den L. ausmachen.
Welche Dinge aus dem Universum des objektiv Vorhandenen im ps. Sinn als Umgebung bzw. als ps. wirksames Moment anzusehen sind, entscheidet sich nach folgenden Kriterien: (a) Alles, was hinsichtlich des fraglichen Verhaltens für die fragliche Person mit ihren augenblicklichen Bedürfnissen Bedeutung hat, ist als ps. wirksam anzusehen. Es kann sich dabei prinzipiell um beliebige Dinge handeln wie um eine Hauswand, eine Stimmung oder einen Gedanken und dgl. (b) Nur was gleichzeitig mit dem fraglichen Verhalten existiert, kann im strengen Sinn als ps. wirksam oder als Moment des L. angesehen werden. Die historisch-geographische Frage «Wie ist

es dazu gekommen?» ist zu trennen von der konditional-genetischen Frage: «Was ist jetzt wirksam?», d. h. der Angabe des L. in einem bestimmten Augenblick. (c) Nur Konkretes, d. h. auf feststellbare Tatbestände Rückführbares kann als ein Moment des L. angesehen werden. Allgemeines wie etwa ein «Prinzip der wirkenden Seele» kann nicht konkret-psychologisch wirksam sein. – Da der L. nicht auf anschaulich-räumliche Dinge *(res extensae)* beschränkt ist, sondern auch «Innerseelisches» enthält *(res cogitans)*, handelt es sich nicht um einen anschaulichen Raum, sondern um einen mathematischen Raumbegriff als Anordnungsprinzip aller für ein bestimmtes Verhalten in einem bestimmten Augenblick ps. wirksamer Momente. Gleichzeitig ist der L. ein →Feld, d. h. ein von ps. Kräften in seiner Struktur abhängiger Raum; denn jedes ps. wirksame Moment kann als Kraft angesehen werden und ihr Gesamt als dynamische Ganzheit. Mit Hilfe einer →topologischen und Vektor-Ps. hat LEWIN versucht, den L. und die darin enthaltenen dynamischen Faktoren mathematisch zu formulieren.

Lebenstrieb, mit L. oder →Eros bezeichnete FREUD den dem →Todestrieb entgegenstehenden Grundtrieb im Menschen.
Ziel des L. ist die Entwicklung und Erhaltung des Lebens, sowohl des einzelnen wie der Gemeinschaft. Der L. tritt in einer Reihe von →Partialtrieben differenziert in Erscheinung und ist durch eine konstruktive und synthetische Wirkung gekennzeichnet. FREUD ersetzte mit diesem Dualismus zwischen L. und Todestrieb den ursrünglich von ihm aufgestellten Dualismus zwischen Ich-Trieben (d. h. nicht-libidinösen Trieben) und Es-Trieben (d. h. libidinösen Trieben bzw. Sexualtrieben).

Lebhaftigkeit, →vividness-Effekt

LED, Abk. für *Light Emitting Diode*, Leuchtdiode

LEE-Effekt, fehlerhaftes und verlangsamtes Sprechen bei künstlich herbeigeführter verzögerter akustischer Rückmeldung (VAR). BÄUMLER (1970) fand, daß der L. entgegen vielf. Annahme nicht mit der →Interferenz erklärt werden könne. →Audiometrie

Leerlaufhandlung, (biol.) Verhaltensweise, die nach länger ausbleibender Reizsituation «im Leerlauf» auftritt, wobei die Reizschwelle für das als L. auftretende Verhalten erniedrigt, zugleich aber für andere Verhaltensweisen erhöht ist. *V. Preuss*

Leerpräparat, Scheinpräparat, Falsumpräparat, Placebo. Bei der ps. Wirkungsprüfung von Pharmaka verwendete Mittel, die den zu untersuchenden Mitteln äußerlich (Aussehen, Geruch, Geschmack) völlig gleichen, aber keine irdendwie wirksamen Stoffe enthalten. Durch Verabreichung der L. läßt sich erkennen, ob und in welchem Maß z. B. nur eine suggestive Wirkung eintritt. →Blindversuch. • Placebo-Reaktoren, Personen, die auf L. wie auf biologisch aktive Substanzen reagieren.

Leerversuch →Leerpräparat, Blindversuch

Legasthenie →Lese-Rechtschreib-Schwäche

Legespiel-Test [T] BINET

Lehralgorithmus →Algorithmentheorie

Lehranalyse, die psa. Behandlung von späteren Ps.Th. zu Lehrzwecken. Die L. wird von allen maßgebenden nationalen und internationalen Gesellschaften für Psa. gefordert und ist ein Bestandteil der psa. Ausbildung (Dauer ca. 3-5 Jahre). Entscheidend für die Forderung der L. ist, daß der Analytiker seine eigenen psa. Probleme kennenlernt und nach der L. mit Gegenübertragungseffekten umgehen kann. Die Wirksamkeit der L. ist nicht unumstritten. →Selbsterfahrung [L] GÖRRES 1958

Lehren, zunächst die planvolle Vermittlung von Inhalten, Kenntnissen, Fertigkeiten, im Zusammenhang damit i. w. S. jede intentional gesteuerte Beeinflussung, die eine Änderung des Verhaltens, des Erlebens oder der Einstellung (GAGE) anderer Personen zu erzielen sucht, i. e. S. eine bestimmte Art der Einflußnahme, deren Ziel vorab in der Entwicklung der Fähigkeit des Lernenden, frei und vernünftig zu handeln und das Handeln selbständig zu begründen (KLEIN), liegt, und die sich dadurch von →Konditionierung, →Manipulation und Indoktrinierung unterscheidet. Dieser Einfluß, der über perzeptive und kognitive Prozesse beim Adressaten (Lernenden) zur Wirkung gelangt, kann auch von Druckerzeugnissen, Filmen oder Programmen ausgehen, in denen das Lehrverhalten objektiviert ist *(frozen behavior)*.
Enger gefaßt als der unscharfe Begriff des Lehrens ist der des Unterrichtens (Instruktion). Diese beabsichtigte (unterrichtliche) Beeinflussung umfaßt das Bereitstellen und Vermitteln von Information, wobei die Vorbereitung und Ausgestaltung der Situation unter Berücksichtigung von Vorbedingungen wie Entwicklungsstand der Kenntnisse, Fertigkeiten und Einstellungen (sachstruktureller →Entwicklungsstand) entscheidend ist, um eine optimale Wirkung der Aktivitäten des Lehrenden (Unterrichtenden) beim Lernenden zu erzielen. →Lernen, →Unterricht. [L]

GAGE 1963, KLEIN 1969, FEGER & VAN TROTSENBURG 1970 *G. Mühle*

Lehrmaschinen, Lehrprogramme, kybernetische Maschinen, lehrende Automaten, Bez. für elektronische Geräte, die einen best. Lehrstoff speichern und in algorithmisch aufbereiteter (etwa auch einer Lösung näher gebrachten) Form anbieten können. Die L. sind «eine der Möglichkeiten, um die immer größer werdende Kluft zwischen der rasch zunehmenden Stoffülle in allen Wissenschaften und der für Lernzwecke zur Verfügung stehenden begrenzten Zeit zu verkleinern» (KLAUS 1969). →Algorithmus

Lehrplan →Curriculum

Lehrplanvalidität, die Validität von Schultests, welche sich am Kriterium des Lehrplans orientiert. →Lernziel

Lehrtheorie, Theorie des Lehrens, bislang nur in verschiedenen Ansätzen vorhandene lehrtheoretische Programme, deren Prinzipien in der Regel aus angrenzenden oder vorgeordneten Bereichen (z. B. Lernpsychologie, Logik, Modelltheorie, →Entscheidungstheorie) abgeleitet und anschließend auf das jeweilige Anwendungsgebiet (z. B. →Unterricht) ausgedehnt werden. Es lassen sich unterscheiden (nach LOSER/TERHART):

(1) Der lerntheoretische Ansatz, der (nach GAGE) für die Transformation der Lerntheorien in L. folgende Analyseeinheiten als grundlegend ansieht: (a) Typen der Lehreraktivität (wie erklären, demonstrieren, planen, bewerten, disziplinieren usw.), (b) Arten von →Lernzielen (kognitiv, affektiv, psychomotorisch u. a.), (c) Komponenten von Lernprozessen (als Ziele didaktisch-methodischer Steuerung, z. B. Aufmerksamkeit lenken, Auffassung steuern, Reaktion auslösen, Motivation anregen, Rückmeldung sichern), (d) Familien von Lerntheorien (Konditionieren, Modell- bzw. Identifikationslernen, kognitives Lernen). Eine allumfassende Theorie des Lehrens kann es nicht geben, wohl aber Kombinationen von Aktivitätstyp, Lernzielart, Lernprozedur und lerntheoretischem Modell, die der Vielfalt möglicher Lehrgegenstände, -methoden und -situationen gerecht werden können. (2) Der inhalts- und sachstrukturelle Ansatz, der die Sachlogik des Lehrgegenstandes nicht einfach in Lehrlogik transformieren, sondern dem Lernenden das Verständnis der Grundstrukturen und der sie konstituierenden Prinzipien des Lehrgegenstandes erschließen will, wobei (nach BRUNER) damit vertieftes Grundlagenverständnis, effektive Gedächtnisstrukturierung, höherer →Transfer und leichtere Aktualisierung des Gelernten erreicht werden. (3) Der modelltheoretische Ansatz als Versuch, Lehr- und Lernverfahren durch abbildende Reduktion auf Bedeutsames und perspektivische Akzentuierung in Erklärungs- und Handlungsmodellen für Planung, Kontrolle und Prognose verfügbar zu machen und zu verbessern (SALZMANN). (4) Der lehrlogische Ansatz, der grundsätzlich vom Lernenden als einem vernunftbegabten Wesen ausgeht und für die Praxis des Lehrens, das nach dieser Auffassung auf Wissen und Erkenntnis zielt, die Logik der Argumentation und des Begründens für konstitutiv hält (MEUX/SMITH). Auf philosophisch-sprachanalytische Grundlagen gestützt, beschränkt sich dieses «Vernunftmodell» (NUTHALL/SNOOK) auf die logische Regulierung der verbalen Interaktion mit dem Ziel des wissenschaftsorientierten Lernens. (5) Der lehrtheoretisch-didaktische Ansatz der sog. «Berliner Schule» (HEIMANN, SCHULZ u. a.), der seine Aufgabe in der Analyse der durch unterrichtliches Handeln mit bestimmten Prozessen unter dem Gesichtspunkt ihrer Zielstruktur (intentional, thematisch, methodisch, medientechnisch) und der Konstruktion (Planung) normgerechter und effektiver Prozesse auf verschiedenen Ebenen (von Schulgesetzgebung und →Curriculum bis zum Unterrichtsentwurf eines Lehrenden) sieht.

Unverkennbar handelt es sich bei den verschiedenen Ansätzen um bestenfalls partielle, bestimmte Teilbereiche abdeckende L. Eine die Lehr-Lern-Situation vollständig erfassende und für Planung und Praxis konstitutive L. steht noch aus. →Didaktik, →Unterricht. **[L]** BRUNER 1960, GAGE 1964, LOSER & TERHART 1977, SALZMANN 1972, SCHULZ 1973 *G. Mühle*

Lehrziel, üblicherweise mit →Lernziel gleichgesetzt, doch genau genommen Ziel des Lehrenden, das er durch seine Lehrtätigkeit zu erreichen trachtet, indem er diese plant, organisiert und in Verlauf und Ergebnis kontrolliert (z. B. durch lehrzielorientierte Tests). →Lernziel, →Erziehungsziel. **[L]** KLAUER 1972, 1973 *G. Mühle*

Leibgefühle, diejenigen Gefühlszustände, die an die →Organempfindungen gebunden sind und sich als körperliches Behagen oder Unbehagen, Müdigkeit, Schwäche, Spannkraft, Frische usw. zeigen.

Leib-Seele-Problem, altes philosophisches Problem, das sich auf die Natur des Körperlichen (Physischen) und des Seelisch-Geistigen (Mentalen) sowie ihren Zusammenhang bezieht; in moderner Sicht vor allem die Frage, wie man zugleich dem offensichtlichen Zusammenhang zwischen mentalen und physischen Ereignissen und der Verschiedenheit ihres phänomenalen Gegebenseins Rechnung tragen kann. Der Substanzdualismus (DESCARTES), heute eher selten vertreten (z. B. ECCLES), erklärt die Verschiedenheit des Mentalen vom Physischen, behauptet aber mit einer mentalen Substanz mehr, als empirisch oder theoretisch begründbar ist. In der Form des psychophysischen Parallelismus hat der Dualismus Probleme, die Parallelität zu erklären (LEIBNIZ: prästabilierte Harmonie; →Okkasionalismus); für eine dualistische Wechselwirkungslehre entstehen Probleme im Zusammenhang mit der eventuell notwendigen Voraussetzung eines Energieaustauschs zwischen Körper und Geist. Unter den monistischen Auffassungen hat der →Idealismus (Spiritualismus), wonach es nur Geistiges gibt und die Materie nur in der Vorstellung existiert, nicht mehr die einstmalige Vormachtstellung. Verbreitet sind dagegen die Versionen des →Materialismus, zwar nicht in der kaum haltbaren Form, daß Seelisch-Geistiges nicht existiert (These des radikalen Behaviorismus), jedoch z. B. als →eliminativer Materialismus oder →Identitätslehre. Nach der früheren Form der Identitätslehre (neutraler Monismus von SPINOZA, RUSSELL) galten Physisches und Mentales als zwei Seiten der einen Wirklichkeit, nach der modernen (PLACE, SMART) wird das Mentale jedoch als auf das Physikalische (ontologisch) reduzierbar angesehen. Der →Funktionalismus (PUTNAM) nimmt an, daß das Mentale nichts anderes ist als die funktionale Organisation eines informationsverarbeitenden Systems (das Muster der Beziehungen zwischen Inputs, Outputs und internen Zuständen), wobei letzteres durchweg als physikalisches System gedacht wird. In der neueren Diskussion erweisen sich reduktionistische Auffassungen zunehmend als problematisch, da die Realität (nicht mentaler Substanz, jedoch mentaler Zustände und Ereignisse) mit ihrer Erlebnisqualität und Intentionalität schwer zu bestreiten ist. Teilweise werden mentale Eigenschaften als emergente Eigenschaften (→Emergenz) komplexer physischer Systeme interpretiert. **[L]** POPPER & ECCLES 1982, BUNGE 1984, CHURCHLAND 1984, GADENNE & OSWALD 1991 *V. Gadenne*

Leidensdruck, Bez. für das subjektive Erleben einer Störung o. Krankheit als Leiden; hoher L. motiviert ggf. zum Hilfeersuchen bzw. zur Mitarbeit in Diagnostik und Therapie.

Leipziger Schule, Bez. für die von FECHNER, WUNDT und deren Schülern vertretene ps. Richtung wie für die von F. KRUEGER mit O. KLEMM, F. SANDER, H. VOLKELT, A. WELLEK u. a. entwickelte →Ganzheitsps.

Leistung, (phys.) die in der Zeiteinheit verrichtete Arbeit (P = W/t, bisher: L = A/t). • Im weiteren ist L. der durch Energieaufwand geschaffene Wert. • Ps. ist L. der Einsatz der dem Menschen (bzw. einem Organismus) verfügbaren Fähigkeiten wie auch dessen Ergebnis (engl. *achievement*). Dabei kommt die L. dem Begriff →Funktion nahe und deckt sich weitgehend mit ihr. • L. im Sinne von →Performanz ist abzuheben von →Kompetenz und ebenso vom →Lernen. L. ist nicht nur Funktion der Fähigkeit, sondern auch des Anreizes *(incentive)*. **[L]** BUYTENDIJK 1956

Leistungsalter, das einem bestimmten Leistungsniveau (etwa ermittelt mit Tests) durchschnittlich zugehörige Lebensalter.

Leistungsbeurteilung, in der →Arbeitswissenschaft sowie →Arbeits- und Organisationspsychologie Bezeichnung für systematische Verfahren zur Erhebung und Auswertung von Leistungsdaten oder -einschätzungen bei der Bewältigung von →Aufgaben und →Arbeitstätigkeiten. Die L. kann für vielfältige Aufgaben genutzt werden, bspw. zur →Arbeitsgestaltung, zum Feedback im Rahmen von Trainingsmaßnahmen, für verschiedene Aufgaben der →Personalentwicklung sowie Gehalts- und Lohnbestimmung (im deutschsprachigen Bereich als →Arbeitsbewertung bezeichnet). Zu empfehlen sind sorgfältige Operationalisierung der Einzelkriterien, Training der Beurteiler (→Personalbeurteilung und Test-Anhang **[T]** Mitarbeiter systematisch beurteilen) sowie statistische Analysen der inneren Konsistenz, Stabilität und prognostischen Validität der Leistungskriterien. **[L]** SCHULER & FUNKE 1993

S. Greif

Leistungsbewertung, Qualifikationsbewertung, Aussagen über konkret erbrachte und beobachtete sowie zugleich über weiterhin zu erwartende Arbeitsergebnisse. Bewertung nach bestimmten Merkmalen mit Hilfe von Qualifikationslisten, Fragebogen, Schätzung. Die L. ist Ausgang für die Personalbeurteilung, Laufbahnbeurteilung, Verwendungsbeurteilung. Sie hat dabei über Fähigkeiten, Interessen, Motivationen, über Kenntnisse, Fertigkeiten, Ausbildungen und Erfahrungen weitere personelle Klarstellungen zum Ziele. →Arbeitsbewertung, →Personalbeurteilung. [L] CAPOL 1965, SEELI 1961

Leistungsexperiment, ps. →Experiment, bei dem die Aufgabe der Vp darin besteht, bestimmte Leistungen zu erweisen, aus denen dann auf die daran beteiligten ps. Vorgänge (Fähigkeiten, Anlagen) geschlossen werden kann. Ggs. →Erlebnisexperiment

Leistungsgesellschaft, soziol. Begr. für die fortgeschrittene Industriegesellschaft, in der das wirtschaftl.-soziale Handeln durch →Leistung geprägt, motiviert und legitimiert ist (Prozeß des Wettbewerbs). →Leistungsmotiv, →Leistungsmotivation

Leistungsmotiv, nach MCCLELLAND (1953) ein vorweggenommener Affekt in Verbindung mit einer bewerteten Leistung *(need achievement, n ach)*. Das Motiv, Erfolg zu suchen, und das Motiv, Mißerfolg zu meiden, werden von HECKHAUSEN überdauernde oder aktuelle Leistungsmotivation (LM) genannt und als Hoffnung auf Erfolg (HE) bzw. Furcht vor Mißerfolg (FM) zur Gesamtmotivation (Gm = HE + FM) zusammengefaßt. Die Differenz zwischen HE und FM ergibt die sog. Netto-Hoffnung. [L] HECKHAUSEN 1965 *R. Bergius*

Leistungsmotivation, wenn der Ausdruck nicht syn. mit →Leistungsmotiv benutzt wird, bezeichnet er die Gesamtheit der Determinanten des leistungsmotivierten Verhaltens. In ATKINSONS Modell des leistungsmotivierten Verhaltens («Risikowahl-Modell») werden die Leistungsmotive (i. e. S.) oder überdauernden motivationalen Tendenzen, Erfolg zu suchen (Me) bzw. Mißerfolg zu meiden (Mm), mit den Situationsparametern multipliziert. Letztere sind die Erwartung des Erfolgs (Wahrscheinlichkeit, We), die Erwartung des Mißerfolgs (Wm), der Anreiz des Erfolgs (Ae) und der Anreiz des Mißerfolgs (Am). Es ergibt sich die resultierende (aktuelle) Tendenz des Leistungsverhaltens: RT = (Me x Ae x We) + (Mm x (-Am) x Wm) oder RT = Te + Tm, wobei Te und Tm die aktuellen resultierenden Tendenzen, Erfolg zu suchen bzw. Mißerfolg zu meiden, sind. Vgl. K. SCHNEIDER (1973). Nach HECKHAUSEN (1965) werden Erfolgs-, Mißerfolgs- und Netto-Motivation getrennt gemessen, indem einzelne Inhalte von →TAT-Geschichten als Anzeichen für Hoffnung auf Erfolg bzw. Furcht vor Mißerfolg bewertet werden. Es wird außerdem zwischen aktueller und «generalisierter» L. unterschieden. Für die Analyse der L. ist die Attributionstheorie hilfreich, weil sie wahrgenommene Ursachen für Erfolg und Mißerfolg berücksichtigt (vgl. dazu WEINER 1986, HECKHAUSEN 1980). →Motivation, →Leistungsmotiv. Das Leistungsmotiv kann als das empirisch am besten gestützte Motiv angesehen werden (HECKHAUSEN 1965, SCHMALT & SCHNEIDER 1985). *R. Bergius/H. D.Schmalt*

Leistungspsychologie →Psychologie (Richtungen: Werkps.)

Leistungsquotient, Bez. für den Quotienten, der aus dem Verhältnis einer gebotenen Leistung zu der nach Lebensalter, vorausgegangener Schulung, Konstitution etc. zu erwartenden Leistung errechnet wird. Der LQ (engl. AQ = *achievement quotient*) wird meist in Prozenten angegeben.

Leistungstest, eine Gruppe von Tests, bei denen von der Vp eine Leistung gefordert wird. Es wird davon ausgegangen, daß die Vp die für sie typische Leistung zeigt. Der Testwert resultiert entweder aus der Zahl der Treffer bzw. der Fehler, aus einem Zeitmaß oder Qualitätsmaß.

Leitbild, in der Individualps. ADLERS das einem Menschen in seinem Erleben, Handeln und Gestalten führende konkrete Vorbild

Leitbild-Prinzip →Darstellungsprinzip

Leitlinie (ADLER), die jeden Lebensablauf beherrschende und für jedes Individuum spezifische Zielstrebigkeit, aufgelöst in Strukturlinien, die die Einzelzüge des →Lebensplanes darstellen

Leitungsbahnen, syn. Nervenbahnen. Im Rückenmark lokalisierte Nervenfasern, in denen die Leitung nervöser Impulse erfolgt. Nach der Leitungsrichtung unterscheidet man afferente und efferente L. →afferente Nerven, →Efferenz

Leitungs-Test [T] RICHTER

Lendormin® →Brotizolam

leniency-Effekt [engl. *lenient* mild, nachsichtig], Milde-Effekt; ähnlich *generosity error,* Beurteilungsfehler (z. B. bei Schätzskalen) gegenüber Personen, die dem Beurteiler bekannt oder sympathisch sind.

Lenkprobe →Rollende Straße

lepto... [gr.], in Wtvb. dünn, fein, zart [E]

Leptomeninx [gr. *meninx* Haut], weiche Hirn- bzw. Rückenmarkshaut (L. = Spinngewebshaut und *pia mater*). →Gehirn

leptomorph, Begriff aus der Konstitutionstypologie von CONRAD (1941). Die leptomorphe Wuchstendenz ist gekennzeichnet durch geringeres «Tiefenwachstum» und stärkeres Längenwachstum.

leptosomer Typ →Körperbautypen, →Typologie (Konstitutionstypen)

Lernbereitschaft, von THORNDIKE wurde bereits das Gesetz der L. *(law of readiness)* formuliert, das besagt, daß für den Lernerfolg jeweils ein bestimmter Zustand des Organismus gegeben sein muß. Zu ihm gehören sowohl eine der Lernaufgabe angemessene Entwicklungshöhe als auch passagere Faktoren, wic Aufmerksamkeit, Motivation, u. U. auch «geistige Neugier». →Lernfähigkeit, →Lerndiagnostik.

Lerndiagnostik, spezielle Art der →ps. Diagnostik. Während in dieser i. allg. konstante Merkmale des Individuums (→Eigenschaften) oder Leistungsfähigkeit (→Intelligenztests) zu bestimmen versucht werden, zielt die L. auf →Lernfähigkeit und →Lernerfolge i. S. von Verhaltensänderungen oder aus ihnen erschlossenen Bereitschaften zu Verhaltensänderungen. Das geschieht durch Messungen von Leistungen an den Zeitpunkten t_0 und t_1 (bzw. auch noch $t_2, t_3 \ldots t_n$), zwischen denen Training, Intervention, Unterricht oder natürliche Sozialisierungsprozesse liegen. Auf die →Lernfähigkeit kann aus mehrmaligen Messungen solcher Art geschlossen werden. *R. Bergius*

Lerneinstellung [engl. *learning set*], ein im Laufe des Unterscheidungslernens – zuerst von HARLOW an Rhesusaffen festgestellter – erworbener Lernerfolg, der dazu befähigt, ein Unterscheidungsproblem ohne neues «Versuch-und-Irrtum»-Verhalten sofort zu lösen. Der Organismus hat zu lernen gelernt. **[L]** MEDIN 1972, BREDENKAMP & WIPPICH 1977

Lernen, aversives, auch aversives Konditionieren, →Aversionstherapie

Lernen, Lernforschung, Sammelname für verschiedene komplexe Prozesse, die zur «latenten Verhaltensänderung durch Erfahrung» führen. Gewöhnlich werden biologische und mechanische Vorgänge wie Wachstum, Ermüdung, Altern, Einwirkung von Pharmaka, oder Verletzungen, die ebenfalls latente Verhaltensänderungen bewirken, vom L. abgegrenzt, obwohl eine exakte Grenzziehung nicht möglich ist. Diese Tatsache könnte den Begriff L. einmal überflüssig werden lassen, weil die L.forschung in der Analyse aller Ursachen für Verhaltensänderung aufgeht.

Seit den klassischen Versuchen von EBBINGHAUS (1885) ist das L. ein Hauptgegenstand zahlloser Untersuchungen. L.theorien liegen vor, wobei besonders die →Assoziationspsychologie, die →Gestaltpsychologie, der →Behaviorismus und die psa. Hypothesen (→Psychoanalyse) eigene Auffassungen über das L. vertreten haben. Von besonderem Interesse ist dabei, wie die Ausgangspositionen in sich noch weiter abgewandelt wurden. Die Assoziationsps., die zuerst gleichsam dem →sinnlosen Lernen einen Sinn abgewinnen wollte (bei EBBINGHAUS), gelangte bei THORNDIKE (1911) zur Entwicklung der →S-R-Verstärkertheorie des instrumentellen Konditionierens (→bedingter Reflex). Die Bedeutung von Lohn und Strafe und der auslesenden Wirkung des Erfolgs wird in dem Prozeß des Lernens nach →Versuch und Irrtum *(trial-and-error-learning)* hervorgehoben. HULL und SPENCE führen diesen Ansatz weiter, während GUTHRIE (wie in der Assoziationsps.) nur die Berührungsassoziation gelten läßt (→Kontiguität, →Postremitäts-Prinzip). TOLMAN (1932) baut in den behavioristischen Ansatz Einsichten der Gestaltps. ein und vertritt eine Theorie des Zeichen-Gestaltlernens, die kognitivistisch genannt werden muß. Für die Gestaltps. deutet zuerst KÖHLER (mit RESTORFF 1933, 1937) das L. als Vorgang der Einsicht und der Organisation im Spurenfeld (KOFFKA). Strukturierung und Umstrukturierung sind wesentliche Begriffe. Mit der Bez. kognitive Lerntheorie ist die Annahme verbunden, daß kognitive Strukturen im Gegensatz zu Reiz-Reaktionsfolgen erlernt werden (→kognitive Landkarte, →Regellernen). Eine umfassende Lerntheorie, die allen Daten zugleich gerecht wird, gibt es nicht. MILLER, DOLLARD und MOWRER haben psa. Probleme unter lerntheoretischen Gesichtspunkten bearbeitet und z. B. die Lernhemmung als Folge der Verdrängung angesehen.

Zu der erstgenannten Definition von L. als (1) Sammelname für nicht unmittelbar zu beobachtende Vorgänge im Organismus, die durch Erfahrung entstehen und zu Veränderungen des Verhaltens führen, kommen folgende, an lerntheoretischen Erklärungen orientierte Definitionen hinzu: (2) Herstellen von Assoziationen zwischen Vorstellungen (Assoziationsps.); (3) Herstellen von bedingten Reaktionen durch Assoziation eines bedingten Reizes mit einem unbedingten, wodurch der bedingte die Fähigkeit erhält, die (natürliche) Reaktion auf den unbedingten auszulösen (klassisches Konditionieren, PAWLOW); (4) Erwerben einer neuen instrumentellen Reaktion durch Auswahl und Zusammensetzung erfolgreicher Bewegungen unter Stimulus-Kontrolle, motiviert durch den Antrieb (D) und von Verstärkungen abhängig (instrumentelles oder Operant-Konditionieren oder instrumentelles Bedingen, HULL, SKINNER); (5) Neuorganisation der Situation durch die Bildung von neuen Strukturen, also Umzentrierung oder Neugliederung (Organisation) des Lernmaterials durch Klassifizierung oder *«cluster»*-Bildung (Gestaltps., Informationsverarbeitung). Das populäre Verständnis von L. als «Kenntnisse erwerben», «Memorieren», «sich einprägen durch wiederholtes Aufsagen», «Bewegungsabläufe wiederholen» ist irreführend, weil es den Vorgang des Übens mit dem eigentlich gemeinten umfassenderen Prozeß, der zu einer Verhaltensänderung führen kann, gleichsetzt. In der Lernforschung wird differenziert: (a) Darbieten eines Lernmaterials; (b) Üben, eine Aufgabe wiederholt zu lösen versuchen; (c) eigentlicher Lernvorgang; (d) Behalten; (e) Reproduzieren, Leistung *(performance)*; (f) Vergessen.

Nach der Art der Darbietung und Übung werden unterschieden: Beiläufiges (inzidentelles) L. und zielgerichtetes L.: auch die Erklärung des Vorgangs ist meist unterschiedlich, weil L. ohne Motivation – z. B. ohne Hunger-Antrieb über den Weg zum Futterkäfig «informiert werden» – die Erklärung mit der Verstärkertheorie des instrumentellen Lernens auszuschließen scheint (TOLMAN 1932); globales und fraktionierendes L.: das zu lernende Material wird in Teilen oder im Ganzen geboten und geübt (WEILL-FASSINA); massiertes und verteiltes L., (besser: massiertes und verteiltes Üben): das Fehlen oder Vorkommen von Pausen zwischen den Darbietungen/Übungen des ganzen Materials führt zu regelhaften Unterschieden des Lernerfolgs, was z. T. mit der Anhäufung der →reaktiven Hemmung oder mit →Sättigung erklärt wird.

Als eigentliche Lernvorgänge (c) werden von den verschiedenen Lerntheorien die unter (2), (3), (4) und (5) genannten Prozesse beschrieben. Die Untersuchung des verbalen L., Behaltens, Reproduzierens und Vergessens wird auch als Gedächtnisforschung bezeichnet. Die Definitionen (2), (3) und (4) bezeichnen einen Vorgang, der vorwissenschaftlich als mechanisches L. gilt, während die Definition (5) eher dem L. mit Verständnis oder einsichtigen L. entspricht.

Das instrumentelle Konditionieren (4) wird auch als Versuch und Irrtum L. bezeichnet. Das →Effekt-Gesetz bestimmt den Vorgang, der zu dem gradweisen Verstärken des Auftretens einer instrumentellen Handlung oder einer Endhandlung bzw. zum Abschwächen der Wahrscheinlichkeit des Auftretens einer irrelevanten Handlung führt. Diesem sogen. inkrementellen L. (→Lernen, inkrementelles) kann das Ein-Versuch-L. gegenübergestellt werden (eine Assoziation oder keine – alles oder nichts – wird bei einer Berührung hergestellt). Instrumentelles Konditionieren heißt auch Lernen am Erfolg und erfordert positive oder negative →Verstärkungen (→Verstärkungsplan), während das latente L. der Erwerb neuer Verhaltensmöglichkeiten ohne offene Responses und folglich auch ohne Verstärkungen in der Übungsphase ist. Beobachtungs-L. wird als latentes L. von BANDURA und WALTERS u. a. zur Erklärung des Lernens im sozialen Kontext (des sozialen L.) herangezogen. Hier ist die Unterscheidung zwischen dem «Erwerb» der neuen Verhaltensleistung und «Ausführung» *(performance)* wichtig: Während das eigentliche L. ohne Verstärkung erfolgt, soll zur Ausführung Verstärkung (oder stellvertretende Verstärkung) notwendig sein. Das mentale Training ist eine systematische Form des Beobachtungs-L.: Der Lernende wird angehalten, der Ausführung von Bewegungen anderer (z. B. bei Geschicklichkeitsaufgaben) aufmerksam zuzusehen, was im folgenden Test zu einem nachweisbaren Transfer führt (ULICH 1964).

Nach der Art des Lernmaterials werden unterschieden: Perzeptives L.: U. a. gehören die Vervollkommnung der Wahrnehmungskonstanzen, das Unterscheiden (Diskriminieren) und das Umlernen von Unterscheidungen sowie das Analysieren von Ganzheiten (Differenzieren) dazu, exp. untersucht z. B. durch Beobachtungen des Wiederaufbaus von künstlich gestörten Wahrnehmungsprozessen (mit Spiegel- oder Prismenbrille, KOHLER, GIBSON, EPSTEIN) bzw. durch →Umlernaufgaben, z. B. mit Figuren, die auf n Dimensionen in n Werten variiert sind (KENDLER & KENDLER). Motorisches L. oder psychomotorisches L.: Aufbau von Geschicklichkeiten und Fertigkeiten, exp. analysiert mit Ziel- und Markenverfolgungs-Apparaten (→pursuit rotor), Spiegelzeichen, Stift-stecken und vielen anderen Übungen (ULICH, NOBLE), Vermeidungs-L. und Gefahren-Signal-L. (Entkommen-L.), sowie das L. von entsprechenden Affekten (Angst, Furcht) (→Zweifaktorentheorie). Verbales L.: Buchstaben, Ziffern, sinnlose Silben (Konsonant-Vokal-Konsonant) oder Konsonanten-Trigramme, Wörter, satzähnliche künstliche Wortsammlungen, Sätze oder

Texte sind das L.material; paarweise Assoziationen (→Zweistufentheorie) oder Reihen werden unter standardisierten Bedingungen gebildet. Außerdem werden – im Grenzgebiet zur Linguistik – die beim L. von Bedeutungen und von syntaktischen Strukturen vorkommenden Prozesse (Assoziationen, Konditionierungen oder Regel-L.prozesse) untersucht und in der noch wenig ausgebauten angewandten L.forschung das Erlernen der Muttersprache (bes. Lesen-L.) und von Fremdsprachen. Soziales L.: Der Prozeß der Sozialisierung (Sozialisation), d. h. die durch Verstärkungs-L., klassisches Konditionieren und →Nachahmung eines →Modells (Beobachtungs-L.) bewirkte Komponente des Vorgangs, durch den Kinder im Laufe ihrer Entwicklung zu Erwachsenen ihrer Kultur und Subkultur werden. Emotionales und Einstellungen- (Attitüden-)L. gehören ebenso hierher wie die bisher besonders viele Forschungsansätze aufweisenden L.prozesse im Zusammenhang mit der Leistungsmotivation, der Geschlechtsrollenübernahme, der Entstehung von Abhängigkeit und Selbständigkeit (Autonomie), des aggressiven und des moralischen Verhaltens (GOSLIN).

Zur Messung des Lernerfolgs muß man Schlüsse aus der Leistung in dem Test, während des Übens, nach der Übungsperiode oder aus dem Transfer ziehen. Ob ein gelerntes Verhalten in einer Situation tatsächlich auftritt, hängt nicht nur von dem Erfolg des Lernens ab, sondern auch von der Erwartung des Erfolgs (der äußeren oder inneren Belohnung) (ROTTER). Lernerfolgsverläufe können in L.kurven dargestellt werden.

Gegenwärtig ist die Lernforschung weniger auf die Verifikation umfassender Lerntheorien gerichtet, vielmehr konzentriert sie sich auf die Erforschung der neurophysiologischen Grundlagen der Lernprozesse und auf die Entwicklung mathematischer Modelle sowie auf die Anwendung lerntheoretischer Annahmen im programmierten Unterweisen sowie in der Verhaltenstherapie. Umstritten, wenn auch weit verbreitet ist die Annahme verschiedener Speicher (sensorischer Aufnahmespeicher, Kurzzeitspeicher, Langzeitspeicher) für die Aufnahme, unmittelbares Behalten, kurzes und langfristiges Behalten als Teile des Lernprozesses. →Gedächtnis. [**L**] BERGIUS 1971, BREDENKAMP & WIPPICH 1977, FOPPA 1968, HILGARD & BOWER 1966 *R. Bergius*

Lernen durch Versuch und Irrtum →Versuch und Irrtum

Lernen, entdeckendes [engl. *learning by discovery, discovery learning*], im Ggs. zu mechanischem L. auf Reiz-Reaktions-Basis als Konsequenz stark lenkenden (autoritären) Lehrverhaltens ein sich an der gestaltps. Lerntheorie orientierendes, auf Eigentätigkeit im selbständigen Suchen, Finden, Kombinieren und Anwenden von Fakten, Regeln und Prinzipien aufbauendes L., das zu stabileren und leichter verfügbaren Wissens- und Fähigkeitsstrukturen auch im Erarbeiten neuer Fachgebiete und Kompetenzen führen soll. In berechtigter Kritik an traditionellen Lehrmethoden und →Erziehungsstilen konzipiert, ist allerdings weder die Definition des Entdeckens eindeutig noch die Umsetzung in Lehrstrategien zweifelsfrei praktikabel. →Lernen, →Lernforschung, →Lernen, schulisches. [**L**] NEBER 1973 *G. Mühle*

Lernen, inkrementelles [engl. *increment* Zuwachs], kontinuierliches L., im Ggs. zum Ein-Versuch-Lernen (→Alles-oder-Nichts-Gesetz) soll die assoziative Verbindung zwischen Reiz und Response in Schüben mit meßbaren Zuwachsraten (schrittweise) erfolgen. Mit wiederholten Versuchsdurchgängen *(trials)* wird die Stärke der Verhaltensbereitschaft *(habit-strength)* graduell oder inkrementell aufgebaut. (POSTMAN 1962, UNDERWOOD u. a. 1962), aber auch kognitivistisch orientierte Psychologen nehmen im Ggs. zu dieser Anschauung an, daß die Assoziation in einem Versuch entweder gebildet oder nicht gebildet wird. (→Alles oder Nichts, ROCK 1957).

Lernen, intentionales, ein Lernen, das absichtlich, etwa gemäß einer Instruktion, erfolgt. →Lernen, inzidentelles

Lernen, inzidentelles [lat. *incidere* auf etwas fallen, nebenbei anfallen], beiläufiges Lernen. Während des absichtlichen (intentionalen) Lernens (z. B. in einem Gedächtnisversuch) werden neben denjenigen Inhalten, die eingeprägt werden sollen, auch noch andere aufgefaßt u. behalten, die nicht zu lernen waren.

Lernen, programmiertes, B. F. SKINNER kann als Begründer des p. L. bezeichnet werden. Er ging bei der Entwicklung von Lehrmaschinen von folgenden Erkenntnissen aus: (1) Charakteristisch für den Menschen ist, daß er seine Umwelt zu verändern sucht. Die Erfahrungen, die er bei diesen Aktionen macht, wirken wieder auf das folgende Verhalten zurück (operatives Verhalten). (2) Das operative Verhalten kann auf einfache Weise verstärkt werden, und zwar auf jedem kleinen Schritt, der zum Erfolg führt (operatives Kon-

ditionieren). (3) Der Effekt der Verstärkung ist abhängig von der Art, wie verstärkt wird. Es gibt effektive und weniger effektive Formen des Verstärkens. (4) Jedes Verhalten ist mehrfach determiniert, daher nicht leicht berechenbar, und die gleichen Reize lösen bei verschiedenen Individuen verschiedene Reaktionen aus.
SKINNER hat diese lernpsychologischen Erkenntnisse für ein optimales Lernen benutzt und im p. L. verwirklicht. Der Lehrstoff muß also so dargeboten werden, daß ein operatives Konditionieren möglich ist, die Verstärkung muß planmäßig erfolgen können, und jeder Schüler muß das für ihn angemessene Lerntempo wählen können. Da diese Lernformen im traditionellen Unterrichts- und Lehrsystem nicht durchführbar sind, muß der Lehrstoff nach den obengenannten Prinzipien vorher programmiert und dem Lernenden apparativ oder in anderer Programmform geboten werden. →Programmierter Unterricht, →frame. [**L**] SKINNER 1957, CORRELL 1965

H. Häcker

Lernen, schulisches, der Kernbereich institutionalisierter →Bildung und →Erziehung und Organisationsprinzip des auf Leistung angelegten Bildungssystems, das die Leistungsschule als Entsprechung zur Leistungsgesellschaft begreift.
Lernen in Schule und Vorschule unterscheiden sich nicht prinzipiell vom außerschulischen Lernen, wohl aber durch geplante Lenkung der Aktivität des Lernenden vermittels Instruktionen, Hilfen und Kontrollen des Lehrers. Lernprinzipien unterschiedlicher theoretischer Provenienz werden in ihrer Ergiebigkeit für die pädagogische Praxis vielfach angezweifelt oder doch als so allgemein charakterisiert, daß sie dem praktischen Erzieher als Selbstverständlichkeit erscheinen. Eher hat der Versuch von GAGNÉ, verschiedene Lerntypen in Art eines hierarchischen Systems nach Komplexitätsgraden zu ordnen – Signallernen, Reiz-Reaktionslernen, Kettenbildung, Verbalkettenbildung, Diskrimination, Begriffslernen, Regellernen, Problemlösen – und für die Analyse von Wissensstrukturen bei verschiedenartigen Aufgaben zu nutzen, bei der Bestimmung des Lernverlaufs im Zusammenhang mit der Planung von Curriculumeinheiten Bedeutung. In der von AUSUBEL vorgenommenen Unterscheidung zweier grundlegender Dimensionen bei Typen von Lernprozessen (rezeptives Lernen: entdeckendes Lernen; sinnbezogenes Lernen: mechanisches Lernen) mit den vier möglichen Grenzfällen ist zugleich der Rückbezug auf die Art der Einfügung des Neugelernten in die kognitive Struktur (= Umfang, Präzision und Organisation der jeweiligen Kenntnisse) des Lernenden mitbedacht. Die Beziehung des Lernmaterials und seine Unterordnung unter bestimmte →Lernziele stellen ebenso die Effektivität des Schullernens beeinflussende Faktoren dar wie die Darbietungsform. In weitergehendem Zusammenhang mit den neueren schulreformerischen Bestrebungen hat das von CARROLL und BLOOM ausgearbeitete und das von BLOCK (1974) in seinem empirischen Ertrag dargestellte Konzept des «zielerreichenden Lernens» *(mastery learning)* die Lehr-Lernforschung nachhaltig beeinflußt. Das Ziel, es (fast) allen Schülern zu ermöglichen, zumindest mit Hilfe individualisierter Förder- und Stützmaßnahmen das Unterrichtsziel zu erreichen, bestimmt Lehrereffektivität und Unterrichtsqualität nach dem Grade der Anpassung an die internen Lernvoraussetzungen des einzelnen Schülers. Als problematisch können dabei nicht nur die aufwendigen organisatorischen, zeitlichen und persönlichen Rahmenbedingungen, sondern auch mögliche unerwünschte Konsequenzen für bestimmte (z. B. besonders befähigte) Schüler bzw. Schülergruppen angesehen werden.
Kognitive Variablen wie →Intelligenz, →Begabung, sachstruktureller →Entwicklungsstand wirken sich ebenso wie affektive und soziale Variablen (→Motivation, →Unterrichtsstil, Wetteifer und Kooperation, Abhängigkeit und Selbständigkeit, Geschlechtsrolle, Sozialschicht u. dgl.) auf die Lernleistung aus. Diese ist nachprüfbar durch das Ausmaß des Behaltens bzw. Vergessens (Behaltenstest) und den erreichten Transfer (Transfertest). Die Prinzipien der retroaktiven und proaktiven →Hemmung bzw. Erleichterung lassen sich als Erklärung besonders bei mechanischem oder sinnfreiem Lernen heranziehen, während es die Unterrichtspraxis vorwiegend mit Folgen von sinnvollem Material zu tun hat, bei dem die unterschiedliche organisierende Funktion des einführend dargebotenen, nach didaktischen Gesichtspunkten ausgewählten und strukturierten Stoffes von entscheidender Bedeutung ist (Organisator; *organizer* nach AUSUBEL). Zugleich ist damit ein für die Zielsetzung eines →Curriculums wesentlicher sequentieller Transfer (= Auswirkung von vorweg oder anfangs Erlerntem auf

spätere Teile einer Unterrichtssequenz) erreichbar. Der laterale Transfer (= Anwendung von in einem Bereich Gelernten auf einen anderen schulischen oder außerschulischen Zusammenhang) und der durch hierarchische Lernkonzepte (GAGNÉ) und Aufgabenanalysen neuerdings stark beachtete vertikale Transfer (= Anwendung von auf einem Niveau einer →Taxonomie Erlerntem auf ein höheres Niveau) wie auch Fragen der Übung und der optimalen Aufbereitung des Unterrichtsmaterials (z. B. beim Programmierten Unterricht, bei Fernstudienprogrammen) stehen im Vordergrund des Interesses der schulischen Lernforschung. Jedoch muß bedacht werden, daß die Komplexität des experimentellen Designs im Schulversuch die Überprüfung und Erklärung von Ergebnissen des schulischen Lernens erschwert und die Verwertung dieser Resultate für didaktisch-methodische und erst recht für bildungspolitische Entscheidungen problematisch werden läßt. →Bildung, →Erziehung, →Lernen, →Motivation. [L] AUSUBEL, 1968, 1969, GAGNÉ 1969, EDELSTEIN & HOPF 1973 *G. Mühle*

Lernen, serielles, Reihen-Lernen, auch sequentielles Lernen genannt. Beim s. L. werden Glieder einer Reihe in der zuerst (oft mit Hilfe einer Gedächtnistrommel) dargebotenen Reihenfolge zu reproduzieren gelernt. Das sind entweder Wörter oder anderes verbales Material, oder es müssen Bewegungen in einer vorgeschriebenen Folge produziert werden (Wortreihen, Labyrinthe). Sequentielles Lernen bedeutet das Lernen einzelner Sequenzen, wie z. B. von Paar-Assoziationen in der gegebenen Reihenfolge. Es werden beim s. L. nicht isolierte Einheiten verbunden, sondern größere Gruppen des Lernmaterials werden zusammengefaßt. (Vgl. BREDENKAMP & WIPPICH 1977) *R. Bergius*

Lernen, soziales →soziales Lernen

Lernen, tierisches →Tiersprache, →Dressur

Lernerfolg, die durch die Darbietung oder durch das Üben erzielte Zunahme der Verhaltensbereitschaft (*habit*-Stärke), die im Tierversuch z. B. durch Latenzzeit der Reaktion, Häufigkeit der Reaktionen in der Zeit, Stärke (Amplitude) der Reaktionen und durch den Widerstand gegen das experimentelle Auslöschen gemessen wird. Der eigentliche L. wird nur aus der Lernleistung geschlossen.

Insofern Lernen eine unter bestimmten Bedingungen zustandegekommene Erlebens- und/oder Verhaltensänderung meint, bedeutet L. das Ausmaß oder den Betrag solcher Änderung. In enger empirisch-ps. Fassung ist L. der Differenzbetrag zwischen Nach- und Vortest nach zwischenzeitlich erfolgter (Lern-) Aktivität des Probanden (Lerners), wobei sich die beiden Testdurchführungen auf denselben «Inhalt» (Verhaltensbereich) beziehen und unter denselben Bedingungen stattfinden müssen.

Weiter gefaßt und damit päd./schulisch relevanter, meint L. den von einem Lernsubjekt erreichten Leistungsstand in Relation zum betriebenen Aufwand (Lerndauer, Ausschließlichkeitsgrad der Konzentration auf den gemeinten Lerngegenstand etc.) oder auch den erreichten Leistungsstand in Relation zur subjektiven Zielsetzung (→Anspruchsniveau) oder in Relation zum sachlich optimal möglichen Verhalten bzw. Leistungsstand. In einem eher ugs. Sinne wird L. in der Schulpraxis oftmals auch als erreichtes Leistungsniveau eines Schülers im Vergleich zu anderen Mitlernern gebraucht, also als das Ergebnis eines Konkurrenz-Lernens aufgefaßt; dabei wird unausgesprochen fälschlich angenommen, die Konkurrierenden hätten unter gleichen situativen und persönlichen Bedingungen den Lernprozeß begonnen und absolviert. *G. Schusser*

Lernerfolgsmessung, das Bemühen, Lernerfolg quantitativ und qualitativ möglichst exakt zu bestimmen. Stößt je nach Lerninhalt (der von einfachsten Verhaltensweisen bis zur Ausbildung komplexester Begriffsverbindungen oder Problemlösestrategien reichen kann) auf vielfältige methodische Schwierigkeiten.

So ist z. B. bei längeren Lernprozessen keineswegs sicher, ob die in der ps. Grundlagenforschung postulierte faktorielle Entsprechung von Vor- und Nachtest tatsächlich gegeben ist. Die in der klassischen Testtheorie geltenden Gütekriterien und Indizes reichen außerdem schon deshalb nicht mehr aus, weil L. auch dann noch möglich sein muß (pädagogisch z. T. erst dann richtig bedeutsam wird), wenn viele Lerner (Schüler) nahe an der Zielerreichung (fast vollständige Beherrschung des Lernstoffes) angekommen sind, was in der testtheoretischen Terminologie hieße: niedriger Schwierigkeitsindex, bei dem auch das Trennschärfenkriterium fragwürdig werden muß. Denn der Lehrer sollte einerseits nur dann im Lehrstoff fortfahren, wenn möglichst viele Schüler möglichst viel des bisherigen Stoffes erfolgreich gelernt haben; andererseits aber muß er trotzdem (ja gerade am Ende einer Lehrsequenz) differenziert und möglichst valide und reliabel beurteilen. Hier liegt eine der Hauptschwierigkeiten der Übertragung ps. Meßstrategien auf päd. Geschehen. →Lernen, →Lernziel, →lernziel-orientierte Tests. [L] KLAUER 1972, SCHWARZER 1977, FRICKE 1974 *G. Schusser*

Lernfähigkeit, von den an →Milieutheorien orientierten Ps. als Ersatzbegriff für →Begabung benutzt. Man unterscheidet hier Kapazität, Leichtigkeit des Lernens, Nachhaltigkeit, Anregbarkeit, Lernintensität und →Lernbereitschaft. L. wird in der Päd. Ps. wichtig bezügl. der defizitären Formen (→Lernschwierigkeit).

Lerngeschwindigkeit →Lerntempo

Lerngesetze →Lernregeln

Lernhaltung →Lerneinstellung

Lernkriterium, Festlegung eines zu erwartenden →Lernerfolges, wie z. B. bei der Antizipations-Methode (→Paar-Assoziationen-Lernen) der erste fehlerfreie Lerndurchgang. Das L. soll es ermöglichen, Lernleistungen unter verschiedenen Bedingungen zu vergleichen.

Lernkurve, graphische Darstellung des Lernerfolges (der erworbenen Verhaltensstärke) als Funktion der einzelnen Lerndurchgänge *(trials)*. Die Verhaltensstärke steigt mit der Zahl der Lernversuche an, die Kurve nähert sich einem asymptotischen Wert der Verhaltensstärke und die Größe des Zuwachses ist um so kleiner, je mehr Lernversuche stattgefunden haben. Diese eben genannten Merkmale der Kurve müssen gegeben sein, wenn ein allmähliches Ansteigen des Lernerfolges angenommen wird, was man →inkrementelles Lernen nennt. (vgl. BREDENKAMP & WIPPICH 1977). Es gibt (1) lineare, (2) positiv beschleunigte, (3) negativ beschleunigte, u. (4) S-förmige L. Die VINCENT-Kurve entsteht, wenn die individuell verschiedenen Lernleistungen der einzelnen Mitglieder einer Versuchsgruppe auf eine gleichlange Basis transformiert werden. →Lernplateau, →Plateaubildung *R. Bergius*

Lernmaße, →Lernerfolg angebende Größen, die auf verschiedene Weisen gewonnen werden: (1) In der Erinnerungsmethode durch die Zahl der Lerndurchgänge *(trials)* bis zum Erreichen des →Lernkriteriums. (2) Im Reproduktions- oder Treffer-Verfahren durch die Zahl der Treffer oder Fehler nach einer bestimmten Zahl von Durchgängen. (3) In der Methode des Wiedererkennens durch die relative Anzahl der wiedererkannten Items aus einer größeren Anzahl von den gelernten gleichen oder ähnlichen Items. (4) In der Ersparnismethode durch die Verringerung der Anzahl der Durchgänge bis zum Lernkriterium beim zweiten (Wieder-)Lernversuch. Außerdem kann man die Zeit für verschiedene Lernversuche messen und die Zahl der Reaktionen in Zeiteinheiten. →Gedächtnismethoden *R. Bergius*

Lernmaterial, man unterscheidet das L. nach dem Grad der Sinnhaftigkeit. Sinnarme Lernelemente (sinnarme Silben, Konsonantsilben, Ziffern, Zeichen) werden verwendet, weil bei ihnen Bekanntheits- und Schwierigkeitsgrad leichter kontrollierbar sind als bei sinnhaftem Material. Dagegen hat die Verwendung von sinnvollem L. den Vorteil größerer Lebensnähe. →sinnlose Silben *E. Klippstein*

Lernmatrix, Anordnung elektrischer Zeilen- und Spaltenleitungen in Matrixform. Die Leitungskreuzungen bilden die Zellen der →Matrix. Sie sind insofern lernfähig, als in der Lernphase gleichzeitige, positiv gepolte elektrische Aktivierung der zugehörigen Zeilen- und Spaltenleitung den Leitwert der Verbindungsstelle erhöht, negativ gepolte Aktivierung einer Leitung bei positiver der anderen den Leitwert verringert. In der Lernphase wird damit ein Codewandler generiert, der in der Kannphase zur Verfügung steht.

Wird in der Lernphase an die Zeilenleitungen das binär codierte Zeichen 1 an die Spaltenleitungen Binärzeichen 2 angelegt, werden die ausgefüllt gezeichneten Zellen leitfähig. Gibt man in der Kannphase ein Zeichen (1 oder 2) vor, gibt eine (nicht eingezeichnete) elektrische Extremwertbestimmungsschaltung das in der Lernphase zugeordnete zweite Zeichen aus. Weicht das in der Kannphase gebotene Zeichen von dem der Lernphase ab, so liefert die Extremwertschaltung ein Signal,

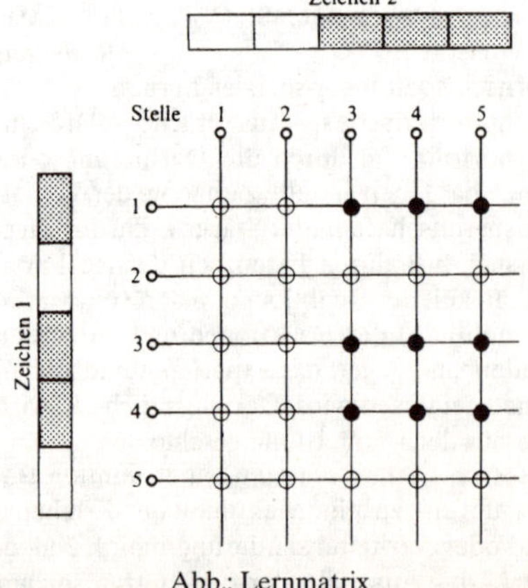

Abb.: Lernmatrix

dessen Ausprägung ein Maß für die Ähnlichkeit zwischen dem gebotenen Zeichen und dem gelernten darstellt. Eine entsprechende Anordnung mehrerer Lernmatrizen kann durch Vergleich dieser Signale einem nicht gelernten Zeichen das ähnlichste gelernte Zeichen zuordnen. Von dieser Möglichkeit versprach man sich wesentliche Fortschritte bei der automatischen Zeichenerkennung im Organismus. Die auch der Lernmatrix zugrundeliegenden Ideen erfuhren eine sehr breite Verallgemeinerung in den Theorien der neuronalen Netzwerke (RUMELHART, MCCLELLAND et al. 1986). Auf der anderen Seite wurden die STEINBUCHschen Lernmatrizen von der Gehirnforschung zur Modellierung von Zellverbänden *(cell assembles)* wieder aufgegriffen (PALM 1982). *W. Glaser*

Lernmethoden →Gedächtnismethoden

Lernmodelle →mathematische Lerntheorien. Nicht-mathematische →Lerntheorien als L. zu bezeichnen, kommt vor, ist aber irreführend.

Lernmotivation, beim →intentionalen Lernen im Ggs. zum →inzidentellen Lernen angenommene notwendige, aber nicht ausreichende Voraussetzung für den →Lernerfolg. Man hat intrinsische, d. h. in der Sache selbst begründete und extrinsische, z. B. durch «von außen» kommende Belohnung bedingte L. unterschieden. W. METZGER weist im Anschluß an K. LEWIN auf die weniger wirksamen «Druck-Barriere-Situationen» im Vergleich zu den «Ziel-Zug-Situationen» hin. Daß L. zum Lernen immer notwendig sei, behauptet auch HULL in seiner S-R-Verstärker-Lerntheorie, weil eine Steigerung der Habitstärke nur durch Verminderung des Antriebs beim Auftreten der Response in der mit ihr zu verbindenden Situation vorkommen soll. *R. Bergius*

Lernplateau, durch Leistungskonstanz gekennzeichnete Phase des Lernverlaufs, die zwischen zwei Phasen des Übungsfortschritts vor allem beim Erwerb von Fertigkeiten und bei Problemlösungsaufgaben auftritt.

Lernprogramm →Programmierter Unterricht

Lernrate, Erinnerungsleistung oder Lernerfolg pro Übungszeit oder Lernzeit. →Lerntempo

Lernregeln, Anweisungen für das Übungs- und Lernverhalten, die aus den empirischen Lerngesetzen abgeleitet sind. Zu ihnen gehören u. a. das empirische Gesetz des Erfolgs: es ist notwendig, dem Lernenden *feed-back* (Rückmeldung über den Erfolg) zu geben; das empirische Gesetz der ungleichen Wahrscheinlichkeiten: es wird empfohlen, Gliederungen, Akzentsetzungen und Sinnverbindungen vorzunehmen; das empirische Gesetz des aktiven Übens einschließlich der variierenden Wiederholung und der Pausen beim Üben: die Regel gilt, daß *«rehearsal»* (Wiederholen) vorteilhaft ist und daß die Übungen in der Zeit gut verteilt sein sollen; das empirische Gesetz der Aktivierung: intrinsische →Lernmotivation wird oft für wirkungsvoller angesehen als extrinsische (vgl. BERGIUS 1971). THORNDIKE nannte drei Lerngesetze und fünf zusätzliche Prinzipien: *law of readiness* (→Lernbereitschaft), *law of exercise* (Stärkung der Verbindungen durch wiederholtes →Üben = *law of use*; Schwächung durch Nichtgebrauch = *law of disuse*), *law of effect* (→Effektgesetz) und die Prinzipien: *multiple response* (variierte Reaktion), *set or attitude* (allg. Lerneinstellung), *prepotency of elements* (Auswahl wesentlicher Elemente, auf die reagiert werden muß), *response by analogy* (Reaktion auf Elemente in neuen Situationen, die analog sind zu Elementen in bekannten Situationen), *associative shifting* (Assoziationswechsel wie beim klassischen Konditionieren). *R. Bergius*

Lernschritt →frame, →Programmierter Unterricht

Lernstörungen, Bez. für die im Zusammenhang von Lernprozessen auftretenden Schwierigkeiten, Verzögerungen, Mängel/ Fehler auf Seiten des Lerners (Schülers), so daß der «normalerweise» zu erwartende Lernfortschritt quantitativ und qualitativ verfehlt wird. L. sind somit durchaus relative Größen, je nach Bezugsnorm: Die Feststellung einer L. kann bezogen sein auf die «eigentliche» individuelle intellektuelle Leistungsfähigkeit des in Betracht stehenden Lerners, die dieser beim Vollzug eines bestimmten Lernprozesses erwartungswidrig unterschreitet (individuelle Bezugsnorm); sie kann bezogen sein auf das durchschnittliche Lerntempo bzw. den durchschnittlichen Lernumfang der ganzen Lerngruppe, welcher der betreffende Lerner (Schüler) angehört (Schulklasse, Sozialgruppen-Bezugsnorm); oder sie kann gemeint sein als nicht-altersgemäß, wobei als Bezugsnorm die entwicklungsps. festgestellte durchschnittliche Lernfähigkeit der betreffenden Jahrgangsstufe fungiert (Populations-Bezugsnorm).

Psychologisch-pädagogisch ist wohl nur der letztere Bezug tragfähig, d. h., nur so diagno-

L

stizierte Störungen lassen bes. Maßnahmen zur Behebung angezeigt erscheinen, da sich sowohl die Brauchbarkeit der individuellen Bezugsnorm (→over-/underachiever-Problematik; WAHL 1975) als auch die der Sozialgruppen-Bezugsnorm (→klasseninterner Maßstab; INGENKAMP 1972) hinsichtlich ihrer Stabilität als sehr problematisch erwiesen haben. Inhaltlich können die L. nach verschiedensten Kriterien klassifiziert werden, je nach zugrundegelegten Lerntheorien und den darin angenommenen Ursachen, situativen Bedingungen und Strukturen (z. B. hierarchischer Aufbau i. S. GAGNÉs) der je spezifischen Lernphänomene; also z. B. L. mit Schwerpunkt in der Aufmerksamkeit, in der Konzentrationsfähigkeit, im Gedächtnis, in der Sprache (rezeptiv oder expressiv), in der Abstraktionsfähigkeit oder im motivationalen Bereich (Lernmotivationsstruktur nach HECKHAUSEN 1969). Hinsichtlich der Entstehung von L. steht neuerdings, wie generell in der Ätiologie von Verhaltensstörungen, die Wechselseitigkeit individueller (in der Fähigkeits- und Persönlichkeitsstruktur des Lerners liegender) Faktoren mit situativen (z. B. unterrichtsmethodischen) Bedingungen im Vordergrund der Theoriebildung, so daß auch die Behandlungsstrategien stets beide, sich gegenseitig ergänzenden und bedingenden Faktorenbündel berücksichtigen müssen (i.S. von Einbeziehung von Unterricht und Schule und Familie in die Einzelarbeit mit dem lerngestörten Kind). Was das Ausmaß, den Grad der Störung anlangt, so wird der Begriff L. gebraucht nur in Bezug auf partielles, zeitlich begrenztes Auftreten von Beeinträchtigungen von Lernprozessen und damit abgehoben von generelleren und zeitlich überdauernden Störungsformen wie Lernbehinderung oder gar geistiger Behinderung. →Lernen, →Lese-Rechtschreib-Schwäche, →Sprachstörungen, →overachievement, →Schulversager. **[L]** HECKHAUSEN 1969, WAHL 1975, INGENKAMP 1972, ROSEMANN 1975 *G. Schusser*

Lernstrategie, vom Versuchsleiter meistens nicht kontrollierte Anwendung best. Methoden des Einübens (z. B. Wiederholen des Dargebotenen – *rehearsal, cluster*-Bildung, Fraktionierung etc.) durch den Lernenden.

Lerntempo, ein →Lernmaß, bei dem die Zahl der Durchgänge bis zur Erreichung eines best. →Lernerfolgs und die dazu gebrauchte Zeit gemessen wird.

Lerntheorien, Komplexe zusammenhängender Aussagen über Voraussetzungen, Bedingungen und Prozesse der Änderung von Verhaltensbereitschaften aus Erfahrung (→Lernen). Die einzelnen L. decken jeweils nur bestimmte Lernarten. Sie sollen in ihrem begrenzten Rahmen Voraussagen und Kontrollen des Lernens unter definierten Bedingungen erlauben.
Nur wenige sog. L. verdienen diesen Namen, und zwar nur solche, bei denen aus einer Anzahl von Postulaten falsifizierbare Hypothesen abgeleitet werden können. HILGARD und BOWER (1966) behandeln folgende Ansätze: THORNDIKEs Connectivismus, PAWLOWs klassisches Konditionieren, GUTHRIEs Kontiguitätstheorie (mit der Annahme des →Alles-oder-Nichts-Gesetzes), SKINNERS Operant-Konditionieren (obwohl SKINNER als beschreibender Behaviorist gerade keine L. darstellen will), HULLs systematische Verhaltenstheorie (auch S-R-Verstärkertheorie genannt), TOLMANs Zeichen-Lernen, die L. der Gestalttheoretiker, FREUDs psychodynamische Lehre, Funktionalismus, mathematische L., Modelle der Informationsverarbeitung und neurophysiologische L. Neuerdings wird die Begrenztheit des Erklärungswertes älterer L. betont, insbes. weil sie auf meist sehr einfache Vorgänge im tierischen Lernen begründet sind. →Lernen, Lernforschung, →Zwei-Faktorentheorie des Lernens, →Zweistufentheorie des Lernens. *R. Bergius*

Lerntheorien mathematische →mathematische Lerntheorien

Lernziel, die durch den Lernenden intendierte und nach Abschluß des Lernvorgangs erreichte Leistung oder Verhaltensqualität, im unkomplizierten Fall übereinstimmend mit der als Lehrziel des Lehrenden oder des Lehrplans (→Curriculum) bestimmten Fertigkeit oder Einstellung. Da bei dem Begriff L. beides meist nicht unterschieden wird, betrachtet man L. als Endpunkte oder Ergebnisse einzelner Lernschritte, die in einem Curriculum oder Programm verknüpft sind. Das Erreichen des L. wird durch lernzielorientierte (korrekter: lehrzielorientierte) Tests kontrolliert. Zu beanstanden ist der undifferenzierte und wenig konsistente Gebrauch des Wortes L., das weder als korrekte Übersetzung aus dem Amerik. *(educational objective* bzw. *goal)* noch als präziser pädagogischer oder ps. Begriff gelten kann (BREZINKA 1975, KLAUER 1972, 1973).
• Die Klassifikation von L. (→Taxonomie) erfolgt entweder inhaltsbezogen nach in der Regel herkömmlichen Sinnbereichen (theo-

retisch, sozial, ökonomisch etc.) oder verhaltensbezogen nach Leistungen, Fertigkeiten, Interessen, Einstellungen etc., die ps. Bereichen zugeordnet werden. Man unterscheidet im Anschluß an BLOOM und seinen Arbeitskreis L. im kognitiven, affektiven und psychomotorischen Bereich. Mehrdimensionale Klassifikationen verbinden inhalts- und verhaltensbezogene Dimensionen zu einer L.-matrix. • Die Festlegung von L. ist beeinflußt durch den Aspekt der curricularen Entscheidungen, kann also deduktiv Teil-Lernziele aus obersten oder allgemeinen normativ gesetzten L. ableiten, analytisch Teil-Lernziele aus einer Aufgabenanalyse gewinnen oder transformatorisch von der Verwendungssituation her zugehörige Qualifikationen als L. im Sinne von Verhaltensdispositionen interpretieren. In jedem Fall gilt, daß die verengende Forderung der hierarchischen Ordnung und Operationalisierbarkeit die didaktische und ps. Problemsicht nachteilig verkürzt. →Curriculum, →Erziehungsziel, →Lehrziel, →Taxonomie. [L] BLOOM 1976, DAVE 1968, KLAUER 1972, KRATHWOHL 1978 *G. Mühle*

lernziel-orientierte Tests [engl. *criterion-referenced tests*], Testverfahren, bei denen im Ggs. zu der normbezogenen Messung beim Probanden eine Leistungsmessung vorgenommen wird, welche z. B. durch ein →Lernziel vorgegeben worden ist. Bei dieser Leistungsmessung geht es darum, die individuelle Position eines Probanden in bezug auf ein definiertes Kriterium (Lernziel) festzustellen. →Lernen

Lesbarkeit, mit dem perzeptiven, kognitiven und (ggf.) motorischen Aufwand beim →Lesen eines Textes zusammenhängendes Textmerkmal. Als Komponenten der L. unterscheidet man Inhaltserfassung *(comprehension)* und Lesegeschwindigkeit *(reading speed)*. Im Bereich der →Sprachstatistik haben u. a. TAYLOR (1953), H. FRANK (1969) und WELTNER (1966) mit Methoden und Maßen der →Informationstheorie versucht, die L. zu formalisieren u. zu quantifizieren. →Verständlichkeit *H. E. Zahn*

Lesbarkeitsgrenze, H. FRANK nimmt aufgrund empirischer Befunde die Speicherzeit des Kurzzeitgedächtnisses mit 10 Sekunden, die Informationsaufnahme des Menschen beim Lesen mit 16 bit pro Sekunde an.
Unter der weiteren Annahme, daß gelesene Sätze nur voll verständlich sind, wenn ihre Lesedauer die genannte Speicherzeit nicht überschreitet, folgt, daß ein Satz lesbar ist, solange das Produkt der durchschnittlichen subjektiven Informationsmenge pro Zeichen mit der Zahl der Zeichen eines Satzes maximal 160 beträgt. K. WELTNER bezeichnet einen Text als lesbar, solange mindestens 90 % seiner Sätze dieser Bedingung genügen. Weitere ps. Forschungen zur optischen Wahrnehmung beim Lesen wecken Zweifel an dieser einfachen Überlegung. [L] FRANK 1965, SMITH 1978 *W. Glaser*

Lesen, visuelles (bei Blinden: taktiles) Wahrnehmen und Verstehen von Schriftzeichen (→Sprachrezeption).
Wie das Schreiben gehört L. zu den grundlegenden sog. Kulturtechniken, die zu Beginn des Schulunterrichts systematisch vermittelt werden. Als Lehrtechniken konkurrieren synthetische (Buchstabier-, Lautier-) und analytische (Ganzheits-)Methoden. Störungen der Lesefähigkeit bei intakter Wahrnehmungsleistung und ansonsten normalem intellektuellem Leistungsniveau können infolge von Hirnschäden (→Alexie, →Sprachstörungen) auftreten; Lernschwierigkeiten beim L. und Schreiben werden allgemein unter dem Namen Legasthenie (Lese-Rechtschreib-Schwäche) zusammengefaßt. *G. List*

Le Senne, René (1882–1954), Psychologe / Sorbonne

Le Senne-Typen →Typologie (Primär-Sekundär-Funktionstypen)

Leseproben →Sehproben

Lese-Rechtschreib-Schwäche, LRS, Legasthenie [engl. heute meist *dyslexia*], «Sammelbegriff für alle Defizite beim Lesen und Lesenlernen (Rechtschreiben und Rechtschreiblernen), die deutlich von einer definierten Norm abweichen» (WEINERT 1978); kein einförmiges oder isoliertes Störungs- oder Krankheitsbild, sondern:
(a) ein ganzer Katalog inhomogener Lernstörungen (ANGERMAIER 1974), Lernschwächen (JOHNSON & MYKLEBUST 1971) oder →Teilleistungsschwächen (GRAICHEN 1973, 1979), durch die so hochintegrierte funktionelle Systeme (ANOCHIN 1967) der Sprachbenutzung wie Lesen und/oder Rechtschreiben unter verschiedenem Aspekt gestört werden. Vermeintlich einheitsstiftende Beschreibungen wie «Gestaltgliederungsschwäche» (KIRCHHOFF), «Feindetailbehaltensschwäche» (TAMM), «Deutungsschwäche» (GRISSEMANN), «Schriftsprachestörung» (BERKHAN), «Speicherschwäche» (SCHUBENZ), «gnostische Störung» (PIETROWICZ) können nicht zur Erklärung der LRS schlechthin verallgemeinert werden. Mindestens vier Syndrome mit

verschiedenen funktionalen Störungsschwerpunkten sind zu unterscheiden (BENTON 1978): ein *language disorder syndrome* mit Störungen im Verständnis und Ausdruck gesprochener Sprache; ein *discoordination syndrome* mit artikulomotorischen Störungen; ein *visuospatial-perceptual disorder syndrome* mit visuoperzeptiven und visuokonstruktiven Störungen; und ein *dysphonemic sequencing disorder syndrome* mit Störungen der phonemischen Sequenzbildung und sequentiellen Ablaufstörungen. (b) Die unter dem Begriff LRS zusammengefaßten Defizite überlappen sich teilweise mit anderen Lern-, Gedächtnis-, Denk- und Sprachstörungen und enthalten ebenso Merkmale persönlichkeitsspezifischer Denk- und Handlungsstrategien (ANGERMAIER 1974) (→TOTE-Modell), so daß die früher (LINDER 1962) angenommene Unabhängigkeit der LRS vom allg. «Intelligenzniveau» wie auch z. B. von Rechenleistungen relativiert werden muß (WEINERT 1978). (c) Die funktionalen Störungsbilder der LRS bleiben in Abhängigkeit von zerebralorganischen Reifungsprozessen (LENNEBERG 1972) auch im Verlauf der kindlichen Entwicklung nicht gleichförmig (SATZ & SPARROW 1970) und stützen damit die neurops. Annahme einer «dynamischen Lokalisation» von WYGOTSKI (1965) und LURIA (1973) (→Aphasie). Einer LRS vorausgegangen sind häufig verzögerte →Sprachentwicklung, →Stammeln, →Dysgrammatismus, →Stottern, →Poltern, (→Sprachschwäche) und/oder Verzögerung der motorischen Entwicklung. (d) Selbst nach Ausklammerung der Verlust-Syndrome (→Alexie, →Agraphie) wurden noch verschiedene Ursachen hinter den Störungsbildern der LRS vermutet wie Erblichkeit (HALLGREN 1950, WEINSCHENK 1965, ARNOLD 1970), frühkindliche Hirnschädigung (LEMPP 1978, GÖLLNITZ 1970) oder «subklinische Entwicklungsverzögerungen» (SATZ & SPARROW). (e) Unterschiedliche Rahmenbedingungen sind – auch im Hinblick auf die Therapiechancen bei der LRS – zu bedenken: sprachförderndes Milieu (VALTIN 1970, 1972); Effektivität von Lehrmethoden (SCHMALOHR 1971); neurotische Lernhemmungen, die sich zwar auch im Lesen und Rechtschreiben auswirken, aber die Spezifität von LRS allein nicht erklären können. Dementsprechend sind eine multidimensionale Diagnostik und individuelle Behandlung der LRS erforderlich (KOWARIK 1979, GRISSEMANN 1980, FRITH 1980, SCHENK-DANZINGER 1984).

Lese-Schwäche →Lese-Rechtschreib-Schwäche

Lese-Tests →Schulleistungs-Tests

Lesezentrum, NAUNYNsches Zentrum, in der linken Scheitellappenwindung des →Gehirns gelegenes Zentrum, bei dessen Erkrankung Leseunfähigkeit eintritt.

letal [lat.], tödlich

Letalfaktor, (biol.) diejenige Mutation eines →Gens, die zum Absterben des Organismus im Zeitraum zwischen der Bildung der Zygote und der Geschlechtsreife führt. Letalfaktoren können rezessiv oder dominant sein.

Letalitätsrate, Verhältnis der Zahl der Todesfälle zur Zahl der Erkrankungsfälle. →Morbidität, →Mortalität

Lethargie [gr. Schlafsucht], Form der Bewußtseinsstörung mit Schläfrigkeit u. Verlangsamung der psych. Aktivität z. B. bei posttraumatischer Hirnleistungsschwäche u. Encephalitis.

Leuchtdichte, von einer flächenhaften Lichtquelle pro Flächeneinheit abgestrahlte Lichtstärke →lichttechnische Maße

Leugnung der Realität →Realitätsleugnung

Leukotomie [gr. *leukos* hell, weiß, glänzend, *tome* Schnitt, Schneiden], chirurgischer Eingriff im Bereich der weißen Hirnsubstanz (früher z. B. bei Psychochirurgie, heute ersetzt durch stereotaktische OP) syn. →Lobotomie

LEV [T] WINDHEUSER et al.

Levodopa, Abk. l-Dopa, →Dopa

leveling →Nivellierung, →Denkstil. Ggs. Akzentuierung

level of aspiration, engl. Bez. für →Anspruchsniveau

level of factuality, Tatsachenübereinstimmung, Gegenstand der →Aussageps., einem Teilbereich der →Forensischen Ps. und der Erkenntnistheorie.

level of processing [engl. Verarbeitungsniveau], Begr. aus der neueren Gedächtnisforschung, der zunächst der Mehrspeicher-Hypothese entgegengesetzt wurde. Die zeitlichen Unterschiede im Behalten seien auf verschiedene Verarbeitungstiefen der Information zurückzuführen: von oberflächlicher sensorischer Analyse bis zu versch. Graden der semantischen Elaboration (Bedeutungserfassung, Einordnung in unterschiedlich komplexe Bedeutungszusammenhänge und →Netze). **[L]** CRAIK & LOCKHART 1972

Levitation [lat. *levitas* Leichtigkeit], subjektiv erlebbare Aufhebung der Körperschwere und scheinbares Schweben des Körpers im Raum. Kommt im Traum vor. Soll auch in somnambulen Zuständen beobachtbar sein. • In der Paraps. Bez. für das Heben von Gegenständen (z. B. des Tisches bei einer spiritistischen Sitzung). →Telekinese, →Parapsychologie

Levomepromazin, WZ Neurocil®, Psychopharmakon aus der Klasse der →Neuroleptika vom Typ der →Phenothiazine. L. ist schwach antipsychotisch, sehr stark dämpfend und schlafanstoßend, analgetisch, senkt die Krampfschwelle. [**L**] →Neuroleptika, RIEDERER et al. 1992 *W. Janke*

Lewin, Kurt (1890–1947), Begründer der typologischen und Vektor-Psychologie.

Lexem →Morphem

lexikalische Entscheidung, experimentelle Methode, bei der einer Vp entweder ein Wort oder ein Nicht-Wort (z. B. Kuti) dargeboten wird. Die Vp hat die Aufgabe, so schnell wie möglich zu entscheiden, ob der Stimulus ein Wort der Sprache ist oder nicht. Mit dieser Methode untersucht man die Zeit des lexikalischen Zugriffs auf einzelne Wörter (z. B. unter Bedingungen des →Primings). *T. Pechmann*

Lexikographische Heuristik (LEX), →Entscheidungsheuristik, bei der die Alternative gewählt wird, die auf der wichtigsten Dimension den höchsten Nutzenwert erreicht. Werden zwei oder mehr Alternativen auf dieser Dimension mit dem höchsten Wert bewertet, wird geprüft, welche auf der nächstwichtigen Dimension den höchsten Wert aufweist und so fort, bis keine Dimension mehr zur Verfügung steht.

Lexikon, lexikalische Kategorien [gr. *lexis* Sprechen, Wort], (allg.) alphabetisch geordnete Zusammenstellung der →Wörter einer natürlichen →Sprache bzw. der Symbole und Termini einer Fachsprache.

In der →generativen Transformations-Grammatik (CHOMSKY 1965) gehört das L. zur «Basis» der syntaktischen Komponente. Es enthält in einer ungeordneten Liste von Lexikon-Eintragungen, bei denen jeweils phonologische (→Phonologie), syntaktische (→Syntax) und semantische (→Semantik) Merkmale einander zugeordnet sind, sämtliche «lexikalischen Formative», d. h. die kleinsten, →Bedeutung tragenden sprachlichen Einheiten (→Morphem, →Wort). Zur Bildung der →Tiefenstruktur von →Sätzen müssen unter Anwendung einer Lexikon-Regel lexikalische Formative aus dem L. entnommen werden und in die betreffenden →P-Marker für die entsprechenden Symbole der einzelnen lexikalischen Kategorien [Adj = Adjektiv, Aux = Auxiliarkomplex (wozu u. a. Hilfsverben, aber auch z. B. Person und Tempus des Verbs gerechnet werden), Det = Determinator oder Bestimmungswort (insbes. Artikel), N = Nomen, V = Verb] eingesetzt werden. →generative Semantik

Lexotanil®→Bromazepam

LGT 3, Lern- und Gedächtnistest [**T**] BÄUMLER

LH, Abk. für →Luteinisierendes Hormon

LH-Freisetzungshormon, Releasing-Hormon des Hypothalamus, Abk. LHRH, das die Freisetzung von →Luteinisierendem Hormon durch den HVL stimuliert; vermutlich identisch mit FSH-RH. →Gn-RH [**L**] →Hormone, →Gonadenhormone *W. Janke*

LHRH, Abk. für LH-Releasing hormone →LH-Freisetzungshormon

Libido [lat. Verlangen, Liebe], FREUD bezeichnet mit L. die allen Äußerungen der Sexualität zugrundliegende und auf den Lustgewinn der erogenen Zonen gerichtete sexuelle Energie. Eine L.besetzung erfahren auch diejenigen Objekte neben den erogenen Zonen, die dem Lustgewinn dienen, z. B. orale Zone und Mutterbrust (→Objektbesetzung). Die L.entwicklung ist gekennzeichnet durch Verlagerung der L. auf neue erogene Zonen und durch Besetzung neuer Objekte mit L. Das Quantum der L. bleibe dabei konstant (Libidoquantumtheorem). • C. G. JUNG bezeichnet mit L. die allen ps. Äußerungen (Trieben, Strebungen usw.) zugrunde liegende psychische Energie, welche von ihrer jeweiligen Erscheinung grundsätzlich zu unterscheiden ist. Sie läßt sich lediglich als allg. Lebenswille, allg. Lebenskraft definieren.

Libidotropismus (SZONDI) →Tropismus

Licht, elektromagnetische Schwingungen, die Helligkeits- und Farbempfindungen auslösen: 400-800 Billionen pro sec oder 0,00076–0,00039 mm Wellenlänge bei 300 000 km Fortpflanzungsgeschwindigkeit pro sec. Anschließend an die obere Grenze (an den sichtbaren Rotteil des Spektrums) die längeren Wellen der Wärmestrahlen (Ultrarot, Infrarot) und weiter die Radiowellen; an die untere Grenze die kürzeren Wellen: Ultraviolett, Röntgen- und Radiumstrahlen.

Lichtempfindung, die nach Stärke (Intensität), Sättigung der Farbe (Farbengrad) und Qualität (Farbton) zu trennende Wahrnehmung. →Sehen

Lichtklima, der dem Licht (ähnlich der Wärme, der Feuchtigkeit usw.) zukommende Anteil am Klima in seiner psychophysischen Zu-

bzw. Abträglichkeit für den Menschen. →Klima. HELLPACH sprach gegenüber dem Lichtklima der Großstadt von der «Lichtfrische» auf dem Lande (kurzwelliges Licht).

Lichtspurverfahren, Registrierung von Körperbewegungen durch photographische Aufnahmen (lange Belichtungszeiten) von Lämpchen/Leuchtdioden an den bewegten Körperteilen. Wenn die Lämpchen/Leuchtdioden in einem regelmäßigen Takt aufleuchten, wird auch die Geschwindigkeit erkennbar; statt der kontinuierlichen Lichtspur ist dann eine Folge von Lichtpunkten zu erkennen, deren Abstand dem pro Taktintervall zurückgelegten Weg entspricht. →Bewegungsanalyse
GILBRETH (1868–1924), der dieses Verfahren entwickelte (Reihenaufnahmen hatte schon MAREY angefertigt), nannte seine Aufnahmen «Zyklogramme» (Bewegungsablauf-Schreibung). Das L. hat Anwendung zur Ermittlung der Bestbewegungen bei Arbeitsvorgängen und zur Klärung von Zeitstudien-Fragen gefunden. →Bewegungsstudie, Zeitstudie. [**L**] BÖHRS, GILBRETH, KAMINSKY. – Wie Musik und Motorik sich binden können (Taktieren) und hierbei ausdrucksps. Aufschlüsse ergeben, ist über das L. erweisbar (GIESE, BECKING). Nachstehende Abbildung stellt als Beispiel die «Schlagfiguren» derselben Vp nach einer modernen atonalen und nach BEETHOVENscher Musik gegenüber.

lichttechnische Maße, photometr. Meßgrößen, die aus den physikalischen unter Berücksichtigung der physiol. Eigenschaften des menschlichen Auges abgeleitet werden (→Photometrie). Primäreinheit ist die Lichtstärke (Lichtstrom: Raumwinkel) mit der Einheit cd [lat. *candela* Kerze]. Wichtige abgeleitete Größen sind der Lichtstrom (Lichtstärke x Raumwinkel) mit der Einheit lm [lat. *lumen* Leuchte], die Beleuchtungsstärke (Lichtstrom: beleuchtete Fläche) mit der Einheit lx [lat. *lux* Licht] sowie die Leuchtdichte (Lichtstärke: wirksame Fläche) mit der Einheit sb [Stilb, von gr. *stilbein* leuchten, glänzen] und asb (Apostilb) sowie nt [Nit, von lat. *nitere* glänzen].
Um die auf der Netzhaut wirksame Beleuchtungsstärke zu erfassen, bezieht man die Leuchtdichte auf eine Pupillenöffnung von 1 mm2. Das dabei auf der Netzhaut erzeugte Bild hat dann die Beleuchtungsstärke 1 Trol (Troland, nach dem amerik. Psychologen L. T. TROLAND, 1889–1932). Für physiol. und ps. Zwecke stellt die Leuchtdichte die wichtigste Größe dar, da sie unmittelbar die für den Helligkeitseindruck bestimmende Reizgegebenheit beschreibt. [**L**] HELBIG 1977

Lichttherapie, (syn. Fototherapie), abgek. LT, wird bei Personen mit Depressionen saisonal abhängiger Verlaufsform (SAD) angewendet. L. basiert auf der Annahme, daß bei Depressionen das eng an Licht und Dunkelheit gebundene, das menschliche Aktivitätsniveau regulierende Hormon Melatonin eine besondere Rolle spielt. Über die Bestrahlung mit künstlichem Licht wird der Melantoninspiegel beeinflußt, um die Depression abzuschwächen. Nachdem lange umstritten war, ob die Wirkung über Placebo-Effekte hinausgeht, liegen ernstzunehmende Hinweise auf die Wirksamkeit vor. [**L**] BIRBAUMER & SCHMIDT 1996 *F. Caspar*

L-I-D, in der angelsächsischen Ps. gebräuchliche Abk. für die in Tests (Fragebögen) geforderte Entscheidung (Stellungnahme) nach *like – indifferent – dislike.*

Lidschlußreflex, (1) Lidschlußreaktion. Verengung der Pupille beim kräftigen Schließen des Augenlids. – (2) Kornealreflex. Lidschluß, der beim Berühren der Hornhaut (bzw. der Bindehaut) eintritt. Auch durch einen plötzlichen Luftstrom wird der Reflex ausgelöst, ebenso durch optische Reize (z. B. wenn ein Gegenstand auf das Auge zufliegt). Da der L. leicht konditionierbar ist (z. B. auf akustische oder taktile Reize), wird er häufig in Untersuchungen über den →bedingten Reflex verwendet.

Liebe, nach EMPEDOKLES sind Liebe und Haß die metaphysischen Grundkräfte des Lebens, die alle Bewegung, alle Trennung und Wiedervereinigung bestimmen.
Im Laufe der Geschichte hat der Mensch die verschiedensten Seiten und Formen der L. erfahren und benannt. Mit →Eros (PLATON) wurde die Liebe zur Schönheit bezeichnet. Unter *Philia* (ARISTOTELES) wurde die L. zu gleichgearteten Menschen verstanden (Gruppenbildung). *Eros* und *Philia* lieben das Liebenswerte, *Agape* meint dagegen die sich verschenkende, hingebende, aufopfernde Liebe auch zum Nicht-Liebenswerten, die christli-

che Liebe. Als *Epithymia* wurde das Moment der Begierde in der Geschlechtsliebe bezeichnet (Libido) und als *Passio* das Moment der Leidenschaft in der Liebe. Die Selbstliebe [gr. *philautia*, lat. *amor sui*] ist schon nach der Auffassung von ARISTOTELES – im Ggs. zur Selbstsucht (Egoismus) – eine wichtige Grundvoraussetzung für die L. zu anderen. In der verstehenden Ps. ist nach LERSCH L. eine Triebfeder menschlichen Über-sich-hinaus-Seins und wird – gemäß dem Sprachgebrauch – als geschlechtliche, erotische und humane L. beschrieben. Die empirische Forschung hat sich diesem Thema in den letzten Jahren verstärkt zugewendet. Unterschiedliche Liebesstile, Dimensionen der Liebe und Theorien der Liebe (STERNBERG 1986,1987) sind Themenstellungen, die vor allem im geänderten Selbstverständnis der Arbeiten auf dem Gebiet der Interpersonellen Beziehungen zu sehen sind. Die neueren Untersuchungen auf diesem Gebiet wenden sich sehr viel stärker als früher Alltagsbeziehungen, langandauernden Partnerschaften und deren Entstehungs- bzw. Auflösungsbedingungen zu. **[L]** AMELANG, AHREND & BIERHOFF 1991, DUCK 1988, HENDRICK & HENDRICK 1992, STERNBERG & BARNES 1988 *R. Bergius*

Liebmann-Effekt, das Hervortreten der Konturen bei verschiedenfarbigen Flächen hängt stärker von den Helligkeitsunterschieden als von den Farbunterschieden ab. **[L]**KANIZSA

Liebmann, Susanne Elisabeth (*1897), Psychologin, Gestaltps. / Berlin

lie-detector [engl.] →Lügendetektor

Ligament [lat.], Band (zwischen Muskeln usw.)

Liganden, Bezeichnung für Stoffe, die an best. Rezeptoren binden. **[L]** FELDMAN et al. 1997 *W. Janke*

likelihood-Funktion [engl. *likelihood* Wahrscheinlichkeit], l-F. ergibt die bedingte Wahrscheinlichkeit für eine Beobachtung unter Zugrundelegung einer Hypothese. Vgl. BAYES-Theorem • *likelihood ratio*, bez. das Verhältnis der bedingten Wahrscheinlichkeiten. →Signaldetektions-Theorie

Likert, Rensis A. (1903–1981), Psychologe, Soziologe / Ann Arbor (Michigan U.)

Likert-Skala, eine Methode zur Einstellungsmessung, bei der durch eine entsprechende Auswahl von Feststellungen (Items) und über die Berechnung von summierten Gewichtszahlen die Einstellungsstärke gemessen werden kann. →Einstellungsskalen

limbisches System [lat. *limbus* Saum], Grenzsystem zu den beiden großen, blasenförmigen Ausstülpungen des Neocortex. Es besteht aus zwei ineinander gelagerten, ringartig verknüpften Systemen: innerer Ring (Allocortex) und äußerer Ring (Mesocortex). Die Strukturen des l.S. sind in multiplen Erregungskreisen organisiert und als neuronales Substrat der Emotionen und der Bildung des Gedächtnisses von Bedeutung. Das L. S. ist mit Teilen des Hypothalamus so eng verbunden, daß diese dem «System» oft zugerechnet werden. Auch mit dem temporalen präfrontalen Neocortex bestehen enge Verbindungen, so daß beide oft als Teile des l.S. angesprochen werden.

Das l.S. steuert das emotionale Verhalten und damit das Motivationsgefüge von Mensch und Tier. Global dient es der Adaptation an sich laufend ändernde Umwelten. Störungen des l.S. führen zu Störungen der emotionalen Verhaltensweisen und beim Tier zu Störungen des artspezifischen Verhaltens.

Im Rahmen von Epilepsien und Psychosen kommt es beim Menschen nicht selten zu Störungen des l.S., wobei deutliche Verhaltensänderungen auftreten: Wutanfälle, Kaubewegungen, Störungen des Verständnisses, Angstgefühle, Änderung der sexuellen Erregbarkeit, Geruchshalluzinationen. Hinzu kommen vegetative Reaktionen wie Änderung des Blutdrucks, der außer- und innersekretorischen Drüsenfunktionen. →Gehirn – Unter Vermittlung des l.S. ist es möglich, teilweise auch bewußt auf die Verstellung versch. Körperfunktionen (Puls-Atemfrequenz, periphere Durchblutung, Hauttemperatur) einzuwirken. →Autogenes Training. **[L]** ISAACSON & PRIBRAM 1975, SCHMIDT & THEWS 1995 *C. Becker-Carus*

lineare Beziehungen, mathematische Beziehungen zwischen zwei oder mehreren Variablen, die der Geradengleichung $y = a + bx$ entsprechen. Für die Anwendung mancher bivariater parametrischer Verfahren stellt die Linearität der Beziehung eine Anwendungsvoraussetzung dar.

lineare Regression, eine Regression, deren Funktionsgleichung der Geradengleichung $y = a + bx$ entspricht.

lingual, die Zunge betreffend

Linguistik, meist als systematischer Kern der Sprachwissenschaft verstanden, entwickelt Begriffe und theoretische Konzeptionen zur Beschreibung und zur Analyse des Aufbaus und der Veränderungsgesetzlichkeiten spezieller Sprachsysteme und, in darüber hinaus-

gehender Abstraktion, natürlicher sprachlicher Systeme überhaupt.
Ausgangsmaterial der L. sind gesprochene oder schriftlich fixierte Äußerungen, Texte. Das macht den vermutlich konsequenzenreichsten Unterschied zur Sprachps. aus (→Sprache, →Psycholinguistik), deren primärer Gegenstand sprachliche Verhaltensweisen sind, d. h. sprachliche Äußerungen, die von vornherein unter Berücksichtigung spezifisch ps. Implikationen erfahrungswissenschaftlich verarbeitet werden. Allerdings erreichen die in der L. entwickelten sprachanalytischen Konzeptionen einen Differenziertheitsgrad, der weit über denjenigen gängiger ps. Verhaltenstheorien hinausgeht. Daher empfingen die Sprachps. und die allg. ps. Verhaltenstheorie von der L. bedeutende Anregungen. Andererseits scheint die L. im Rahmen ihrer eigenen Voraussetzungen zunehmend mehr darauf aufmerksam zu werden, wie wichtig die Berücksichtigung des Entstehungszusammenhanges von sprachlichen Äußerungen für deren theoretische Analyse ist (→Texttheorie, →Pragmatik, →Sprechhandlung, →Sprechakttheorie). Damit nähert sich die L. ihrerseits spezifisch ps. Fragestellungen und Konzeptionen. [L] LYONS 1970, COSERIU 1973 *G. Kaminski*

linguistisches Relativitätsprinzip →SAPIR-WHORF-Hypothese

Linienvergleich [T] POPPELREUTER

Linkanalyse [engl. *link analysis, link* = Verbindung], Arbeitsablaufanalyse, Methode zur Verbesserung (Optimierung) des Ineinanderwirkens der Teile bei Instrumenten, Geräten, Maschinen etc. bzw. im →Mensch-Maschine-System.

Linkshändigkeit →Händigkeit, →Lateralität

Link-Trainer, Übungs- und Auslesegerät für Flugschüler. Im wesentlichen ein Flugzeugführerstand mit Steuerwerk, bei dem beliebige Flugzustände und Störungen simuliert werden können, worauf der Pb zu reagieren hat. • Der L.-T. wurde entwickelt von A. Edwin LINK, einem österr. Orgelbauer, der 1934 eine Flugzeugattrappe für einen Zirkus herstellte, was ihn anregte, ein Übungsgerät daraus zu konstruieren. Nach USA ausgewandert, baute L. die industrielle Produktion des Gerätes auf.

Linsen-Analogie, ein von BRUNSWIK (1950, 1952) gebrauchtes Bild für die stabilisierte Verbindung zwischen fokalen Variablen (wie z. B. dem physikalischen Gegenstand und dem wahrgenommenen psychologischen Gegenstand), d. h. also eine durch verschiedene (vikariierende) Funktionen zustande gekommene Leistung des Organismus.
Die Linse ist nur eine Analogie für die Tatsache, daß es im Organismus verschiedene Funktionen gibt, die immer wieder verschieden zusammengesetzte Komponenten eines von außen nach innen wirkenden Ereignisses zu einer relativ konstanten Einheit, der Wahrnehmung, stabilisieren. In der Sozialps. von HURSH & HAMMOND eingeführtes und von BREHMER adaptiertes Modell für die Konvergenz von Urteilen, nachdem Verhandlungen stattgefunden haben, bei zunächst diverg. Strategien der Urteilsfindung. [L] HAMMOND & BREHMER (1972) *R. Bergius*

Lippenschlüssel, Kontakt für Reaktionsversuche, der durch die Lippen (beim Sprechen) bedient wird.

Lippssche Richtungstäuschung, geometr.-optische Täuschung, bei der parallele Linien durch eingeschobene Knickungen unparallel erscheinen.

Lipps, Theodor (1851–1914), Psychologe (Ästhetik) / Bonn, Breslau, München

liquor cerebrospinalis [lat. *liquor* Flüssigkeit], Gehirn-, Rückenmarksflüssigkeit, der Lymphe ähnlich, ist enthalten in den Gehirnhöhlen und umgibt das Rückenmark

LISP, Abk. für *List Processing*, höhere Programmiersprache, die für nicht-numerische Problemstellungen entwickelt wurde.

Lispeln, volkstümliche Bez. für die →Sigmatismen

Lissajous-Figuren, im allg. geschlossene Bewegungsmuster, die entstehen, wenn sich zwei zueinander senkrecht schwingende periodische Bewegungen überlagern. Ihre Form hängt von den Frequenzverhältnissen und vom Phasenunterschied der beiden Schwingungen ab. Die L.-F. fanden Beachtung und wahrnehmungsps. Analyse durch MACH, BENUSSI (1918), JOHANSSON (1950). EISENLOHR konstruierte zu ihrer Erzeugung den «Zweipendelapparat». [L] JOHANSSON 1950

Listen-Vergleich [T] PAULI-SCHERER

Listing, Johann Benedikt (1808–1882), Mathematiker, Physiker / Göttingen

Listingsches Gesetz, beschreibt die Rollung (Torsion) des Auges für verschiedene Augenstellungen.
In der →Primärstellung des Auges wird ein vertikaler Meridian auf der →Netzhaut oder der Hornhaut (→Auge) definiert; bei Änderung der Augenposition entlang der Vertikalen oder Horizontalen bleibt der vertikale

Meridian objektiv senkrecht; in allen anderen Positionen (Tertiärstellungen) ist er relativ zur objektiven Vertikalen geneigt (Torsion). Das LISTINGsche Gesetz gibt die Größe der Neigung an. Es ergibt sich unter der Annahme, daß Augenbewegungen um jeweils eine Achse laufen; alle Achsen liegen in der LISTINGschen Ebene, die relativ zum Kopf fest ist und senkrecht zur →Blicklinie in der →Primärstellung des Auges. Für vertikale Augenbewegungen ist die Achse horizontal, für horizontale Augenbewegungen vertikal, und für schräge hat sie einen bestimmten Winkel zur Horizontalen bzw. Vertikalen. Als Folge des LISTINGschen Gesetzes erscheint z. B. das →Nachbild einer vertikalen Linie, das in der Primärstellung geformt wurde, in einer Tertiärstellung geneigt; andererseits wird stets dieselbe Menge von →Rezeptoren gereizt, wenn das Auge entlang einer beliebigen Linie blickt. Das LISTINGsche Gesetz gilt nicht im Schlaf. **[L]** CARPENTER 1977 *H. Heuer*

Lisurid, WZ Dopergin®, Substanz aus der Gruppe der Dopamin-Agonisten (D_2) (→Dopamin-beeinflussende Substanzen). Therapeutischer Einsatz als →Antiparkinsonmittel.

literale Ataxie →Silbenstolpern

Literaturpsychologie, die (von DILTHEY angeregte) ps. Analyse der verschiedenen Literaturgattungen in ihrer Bezogenheit auf das «Seelenleben», mit den Problemkreisen: Entstehung (Werden und Produzieren) der Werke, Werkanalyse, Wirkungsanalyse (Interpretation, Verstehen, bildende Wirkungen usw.), Analyse der Bevorzugung dichterischer Aussageformen und der Beziehung zur Persönlichkeit des Verfassers, Affinitäten zu bestimmten Gattungsformen, Stilanalyse; Ps. der Lyrik, des Dramas, der Prosa, des Hörspiels, Vortrags; die ps. Problematik der (Auto-)Biographie, der Übersetzung, der Widmung und anderes.

Lithium (-salze), Alkali-Metall als Arzneimittel bei der rezidivprophylaktischen Behandlung affektiver Psychosen und Manien eingesetzt. Die neurochemischen Effekte sind zahlreich, sowohl adrenerge (→Adrenalin, →Noradrenalin, →Dopamin), cholinerge (nicotinerg, muscarinerg), GABAerge und peptiderge Systeme werden beeinflußt. L. stimuliert die aminerge Transmission. Es findet sich eine Konzentrationszunahme von →GABA im Serum und im Liquor. Nach tierexperimentellen Befunden wird die Dichte der GABA-Rezeptoren in verschiedenen Hirnarealen als auch die Dichte der Opioid-Bindungsstellen vermindert. Auch das neuroendokrine System wird durch L. beeinflußt. Bei Langzeitbehandlung kommt es zu Veränderungen der Schildrüsen-/Cortisol-Achse sowie des Wachstumhormons. **[L]** CALABRESE et al. 1995, MÜLLER-OERLINGHAUSEN & GREIL 1986, RIEDERER et al. 1993

W. Janke/M. Reuter

Lithiumacetat, WZ Quilonum®, Psychopharmakon aus der Klasse der →Lithium(-salze). Wird als →Phasenprophylaktikum und zur Manie-Behandlung eingesetzt. **[L]** →Lithium

W. Janke

Litotes-Typ →Hyperboliker

Little-Syndrom, veraltete allg. Bez. für im Kindesalter auftretende Lähmungen inf. eines frühkindlichen Hirnschadens

LIV, Abk. für *law of initial values*, →Ausgangswertgesetz von WILDER 1931

Lobotomie, Durchschneiden von Nervenbahnen im Frontallappenbereich des Gehirns bei schwerer Schizophrenie und Zwangszuständen. Die frühere Verbreitung der L. wird heute als krasses Beispiel einer Fehlentwicklung «therapeutischer» Maßnahmen angesehen, die nur durch fehlende Wirkungs- u. Nebenwirkungskontrollen entstehen konnte. →Leukotomie **[L]** COMER 1995

Lob und Tadel →Verstärkung, →Bestrafung

locus of control (ROTTER), bei der Persönlichkeitsvariablen *l.o.c.* handelt es sich um generalisierte Kontrollüberzeugungen; zentral steht die Frage, ob eher internale, im Individuum selbst liegende Ursachen oder externale, auf andere Menschen bzw. die Umwelt zurückgehende Ursachen im Leben eines Menschen bestimmend zu sein scheinen. →Verstärkerkontrolle *B. Feger*

Loevinger-Homogenitätsindex →Homogenität

Loevinger, Jane (*1918), Psychologin (Entwicklungstheorien) / Univ. Berkeley, Washington

Lognormalverteilung ist eine theoretische →Verteilung. Eine Zufallsvariable X heißt lognormalverteilt, wenn ihr Logarithmus $\ln(X)$ eine Normalverteilung mit dem Mittelwert μ und der Standardabweichung σ besitzt. Die →Dichtefunktion ist unimodal, rechtsschief und lautet für $x > 0$

$$f(x) = \frac{1}{\sqrt{2\pi}\sigma x} \exp\left[-\frac{(\ln x - \mu)^2}{2\sigma^2}\right].$$

Der Parameter $\sigma > 0$ bestimmt die Form dieser Verteilung, d. h., die Schiefe der Verteilung nimmt mit σ zu. Die Konstante μ hingegen hat keinen Einfluß auf die Form der Verteilung und heißt daher Skalenparameter, da sie nur von der Maßeinheit der x-Achse abhängt. Die L. läßt sich in zahlreichen wissenschaftlichen Gebieten anwenden (vgl. CROW & SHIMIZU 1988). Seit der Untersuchung von SCHLOSBERG & HEINEMANN (1950) wird die L. oft als ein Modell für empirische Verteilungen von →Reaktionszeiten verwendet. [L] CROW & SHIMIZU 1988 *R. Ulrich*

Logon →Informationstheorie

Logopädie →Sprachtherapie

Logorrhoe [gr. *rhein* fließen], unkontrollierter starker Rededrang unter häufigem Auftreten von →Paraphrasien; bei sensorischen →Aphasien nur im Erwachsenenalter und bei schizophrenen Psychosen. Ggs. hier →Aphrasie

Logotherapie, (vgl. →Existenzanalyse) ein von V. E. FRANKL (1933) begründeter, den tiefenpsychologischen Ansätzen zuzurechnender therapeutischer Ansatz, der seelische Konflikte als Sinndefizite definiert. Den individuellen Sinn- und Wertmöglichkeiten wird im Rahmen der Therapie besondere Beachtung geschenkt. Nach FRANKL kommt es bei unerfülltem oder falsch erfülltem Sinn zur «existentiellen Frustration». Aufgabe der Therapie ist insbesondere, den Patienten in dem Prozeß der Sinnfindung sowie der Bewältigung von Leid zu unterstützen. Auch wird eine Veränderung negativer Selbstdefinitionen angestrebt. Die Methode der Logotherapie ist beratend (auch persuasiv) und direktiv: Besondere therapeutische Techniken der Logotherapie sind u. a. die Einstellungsmodulation durch «Sinnfindungsgespräche» und die →paradoxe Intention. Wirksamkeitsbelege liegen derzeit nicht in ausreichender Form vor. *F. Caspar*

Lohn-Strafe [engl. *reward-punishment*], Variablen der Motivbildung, bes. bei exp. Lernuntersuchungen. →Belohnung, →Bestrafung, →time out, →Verstärkung

Lokalisation, ein Problemkreis der Gehirnpathologie und →Neuropsychologie mit der Frage nach dem Ort psychischer und sensorisch-motorischer Funktionen in der Hirnrinde.

(1) Psychische Funktionen: Nach der klassischen Theorie des «engen Lokalisationismus» soll es außer den Arealen der Hirnrinde, welche Empfindungs- oder Motorikfunktionen haben, auch spezifische begrenzte Cortexbereiche geben, in denen auch die höchsten ps. Funktionen (Sprechen, Schreiben, Rechnen, Vorstellen u. a.) lokalisiert sind und deren Verletzung zum Ausfall dieser Funktionen führe. So lokalisierte GALL Anfang des 19. Jahrhunderts in der von ihm begründeten Wissenschaft →Phrenologie umfangreiche seelische «Vermögen» in begrenzten Hirnzentren. Auch BROCA sah in seiner Entdeckung des nach ihm benannten motorischen →Sprachzentrums in der linken Hemisphäre einen Beleg für die Richtigkeit dieser Vorstellung. Begrenzte Verletzungen der Hirnrinde führen niemals zum «Ausfall» isolierter Funktionen, sondern zur Desorganisation eines ganzen Komplexes komplizierter ps. Tätigkeiten. Andererseits kann ein und dieselbe Funktion durch Verletzungen in verschiedenen Hirnarealen gestört werden. • Nach LURIA ist zu unterscheiden zwischen Funktion als Tätigkeit eines Gewebes (z. B. Sekretion einer Drüse) und Funktion im Sinne einer komplizierteren Systemfunktion wie z. B. der Vorgang des Atmens oder Sprechens. Solche komplexeren funktionalen Systeme beruhen nämlich auf der gemeinsamen Arbeit eines ganzen Komplexes neuronaler Mechanismen, die sich auf weite Teile des Gehirns, auch auf subcorticale Bereiche, verteilen können. Jede der Komponenten dieses Komplexes liefert ihren spezifischen Beitrag zur Realisierung des gesamten funktionalen Systems. So wird für den Prozeß des Schreibens z. B. erforderlich: ein bestimmter Tonus der Hirnrinde, der durch subcorticale Strukturen (→formatio reticularis) gesteuert wird, eine Analyse des Lautbestandes der zu schreibenden Wörter (ein Prozeß, der im Hörzentrum des Temporallappens abläuft), die kinästhetische Analyse der Laute (zur Vorbereitung der Artikulation) im postzentralen kinästhetischen Cortex, Bereitstellung der räumlich organisierten Seh-Schemata der zu schreibenden Buchstaben im visuellen Scheitelabschnitt des Cortex sowie u. a. ein ständiges Umschalten der Bewegungsimpulse durch die prämotorischen Zonen der Rinde. • Durch diese neueren Vorstellungen von der Systemlokalisation der ps. Funktionen hat die neurops. Analyse lokaler Verletzungen des Gehirns als eine der wichtigsten Methoden zur Erforschung des Aufbaus ps. Prozesse entscheidende Bedeutung erlangt.

(2) Sensorisch-motorische Funktionen: Schon 1870 konnten FRITSCH und HITZIG zeigen, daß durch elektrische Reizung der Großhirnrinde an vielen Stellen motorische Reaktionen ausgelöst werden können. Schrittweises

Abtasten der Gehirnoberfläche erbrachte, daß die gesamte Körpermuskulatur in der motorischen Rinde jeder Seite doppelt repräsentiert ist. Dieses primäre motorische Feld, Ursprungsgebiet der →Pyramidenbahnen, liegt beim Menschen in der Zentralwindung (*gyrus praecentralis,* →Gehirn). Die verschiedenen Körperregionen sind hier mit den Füßen oben und dem Gesicht am unteren Ende des *Gyrus* repräsentiert (→Gehirn, Abb. 3). • Eine ähnlich geartete Gliederung nach Körperbezirken findet sich für die sensorischen Funktionen in der hinteren Zentralwindung (sensorische Rinde, *gyrus postcentralis*), wo die vom Thalamus zur Großhirnrinde aufsteigenden dritten Neuronen der Hinterstrangbahn und andere sensorische Fasern enden. Hier werden die präzisesten Diskriminationen ermöglicht. Bei Zerstörung dieser primär sensiblen Felder (→Assoziationsfelder) kommt es zu erheblichen Ausfällen der Sensibilität in der Körpergegenseite. Da alle Sinne auch in mehr oder weniger großem Maße in den niedrigeren Zentren (z. B. Thalamus) repräsentiert sind, kommt es wohl noch zu Allgemeinempfindungen und zu Reflexen, aber die Erregungen gelangen nicht zum Bewußtsein (Rindenanästhesie). • Wie hieraus schon ersichtlich, hat man in beiden Fällen bei der Beantwortung der Frage nach einer festen Lokalisation mit LURIA (1970) zu beachten, daß, bildlich gesprochen, die in einem bestimmten Hafen umgeschlagenen Waren nicht notwendig auch dort produziert werden müssen. • L. von Erinnerungsbildern im Gedächtnis vgl. MÜLLERS Lokalisationssysteme. [L] HOUSE 1967, LURIA 1970, 1973, MÖNIKE et al. 1989, PINEL 1997 *C. Becker-Carus*

Lokalzeichen, von LOTZE (1912) eingeführter und von WUNDT (1874, 1910) zu einer «Theorie der komplexen Lokalzeichen» benutzter Begr. für Wahrnehmungen, die mithelfen, die räumliche Ordnung (räumliches Sehen, Tiefensehen etc.) aufzubauen. Heute weniger beachtet. →Anker, →Ankerreiz

Lokomotion, Selbstbewegung o. Bewegtwerden eines Gegenstandes, Bewegung eines Organismus durch entsprechende organische Einrichtungen. • In der topologischen Ps. LEWINS gibt es physische, soziale und intellektuelle L., d. h., in der L. wird eine Veränderung der Position oder der Valenz im Lebensraum (→Feld) oder auch Veränderung der Position des Individuums im Lebensraum realisiert. • Transfer (Ortsveränderung) eines Organismus von einer Stelle in eine andere.

Lokution [lat. *locutio* das Sprechen, Sprache] →Sprechakttheorie, →Handlungstheorie

Lombard-Effekt, Auswirkung von →Lärm auf die Sprachproduktion: Unter Lärm gesetzt, erhöht der Sprecher die Lautstärke seines Sprechens. Er verhält sich, als ob der Hörer diesem Lärm ausgesetzt sei, und erlebt die Lautstärke als normal. Nebeneffekt auf manchen Stotterer: Er spricht unter Lärm flüssiger. →Audiometrie

Lorazepam, WZ Tavor®, Psychopharmakon aus der Gruppe der →Tranquillantien vom Typ der →Benzodiazepine. Keine aktiven Metaboliten. Starke und rasch einsetzende Wirkung. Einsatz in der Anästhesie zur Prämedikation. Bedeutsame amnestische Wirkung. [L] AMEER & GREENBLATT 1981 *W. Janke*

Lord, Frederic Mather (*1912), Psychologe / Psychometrik / Princeton Univ.

Lord-Tests, eine Gruppe statistischer Prüfverfahren, in denen die Streuungsbreite (*range,* R) als Dispersionsmaß verwendet wird. So lautet z. B. die Formel zur Prüfung der Signifikanz von Mittelwertsunterschieden unabhängiger Stichproben:

$$L = \frac{M_1 - M_2}{R_1 - R_2}.$$

Die Verteilung von L. liegt tabelliert vor. *G. Mikula*

Lormetazepam, WZ Noctamid®, Hypnotikum vom Typ der →Benzodiazepine mit relativ kurzer Halbwertszeit (8–14 h) und keinen klinisch relevanten aktiven Metaboliten, so daß keine oder nur geringe →Hang-over-Effekte auftreten. [L] BENKERT & HIPPIUS 1996 *W. Janke/M. Ising*

Löschreizmethode (HELMHOLTZ), Auslöschung eines (Großhirnrinden-)Erregungsvorganges durch einen nachfolgenden verstärkten Reiz. Benutzt wird die Methode z. B. am Tachistoskop, wenn man sofort nach einer Darbietung einen starken Lichtreiz folgen läßt, um das Auftreten eines Nachbildes zu verhindern. →Maskierung

Löschung →bedingter Reflex, →Auslöschung

Löschungs-Verstärkungs-Verhältnis, in Verstärkerplänen (SKINNER) das variable oder fixe Verhältnis von verstärkten zu nicht verstärkten Responses. →Extinktion, →Lernen

Lösemittel, Stoffe zur industriellen Extrahierung, Lösung oder Suspension nicht-wasserlöslicher Substanzen wie Fette, Öle, Polymere etc. L. sind von größter Bedeutung, weil Millionen am Arbeitsplatz und Haushalt exponiert sind. L. wirken je nach Zusammensetzung (z. B. Alkohol, Benzol, Keton) neurotrop bzw. neurotoxisch und können zu Abhängigkeit führen. L. werden auch als →Schnüffelstoffe mißbraucht. Bei beruflich Belasteten (z. B. Anstreicher) kognitive Beeinträchtigungen. Einige Personen reagieren hypersensitiv auf (→multiple chemische Sensitivität). [L] →Umweltschadstoffe, HARTMAN 1995 *M. Hüppe/W. Janke*

Lösung, Gefühlsdimension. Ggs. Spannung. →Gefühl

Lösungsstammbaum, graphische Darstellung der vorkommenden Problemlösungsschritte nach DUNCKER. →Denken

Lotto-Test [T] DECROLY

Lotussitz, Yoga-Übung, bei der der linke Fuß auf dem rechten Schenkel und der rechte, symmetrisch hierzu, auf dem linken Schenkel. Oberkörper und Kopf dabei aufgerichtet ist. →Yoga

LPC-Score, Abk. für *least-preferred-co-worker-score* (FIEDLER 1954), Beschreibung des am wenigsten bevorzugten Mitarbeiters auf 16-25 bipolaren →semantischen Differential-Skalen mit 8 Punkten. Niedriger Score: extrem ungünstige Beurteilung, soll bei Gruppenführern auf eine aufgabenbezogene Führung verweisen. Eine Differenz zwischen diesem Score und den Einschätzungen des am meisten bevorzugten Mitarbeiters wird «angenommene Ähnlichkeit zwischen Gegensätzen» genannt und als →ASO-Score bezeichnet. Beide Maße korrelieren hoch und sollen Ausdruck für entweder permissives oder sachliches Führerverhalten sein. →Kontingenz-Modell der Gruppeneffektivität. [L] BASTINE 1972, RICE 1978 *R. Bergius*

L-P-S [T] HORN

LRS, Abk. für →Lese-Rechtschreib-Schwäche

LSA, Abk. für *Latent-Structure-Analysis*, →Latent-Class-Analysis. Eine von LAZARSFELD 1950 eingeführte und von GOODMAN 1970 verbesserte Analyse der Beziehungen zwischen Variablen, von denen einige manifest, andere latent sind. [L] LANGEHEINE 1982

LSD, Abk. für →Lysergsäurediethylamid

LTM, Abk. für *long term memory* →Gedächtnis

Lubrikation, vaginale [lat. *lubricus* glatt, schlüpfrig], das Feuchtwerden der Vagina als erste, einleitende Reak. auf die sex. Stimulation.

Lückenkombination, optische [T] FRANKEN, GIESE

Lückenkombination, sprachliche [T] EBBINGHAUS, MINKUS

Lückenphänomen, WITTE-KÖNIG-Effekt, paradoxer Effekt des Binokularsehens, der mit der Beobachtung amodaler Ergänzung bei unvollständigem Reizangebot in Widerspruch zu stehen scheint:
Wird im Stereoskop beiden Augen getrennt je eine Linie (z. B. Strecke oder Kreisring) geboten, von denen die eine unterbrochen ist, so sieht der Betrachter als Sammelbild keine im Sinne der Vervollständigung durchgehende Linie, sondern die Lücke. Diese schließt sich bei längerer Betrachtung, jedoch um so später und seltener, je kleiner sie ist. Bei horizontaler Lage der Linien tritt ein Zusatzeffekt auf (ZAJAC): Im Bereich der Lücke rücken die beiden Teile der unterbrochenen Linie in Tiefenrichtung voneinander fort. [L] HELSON & WILKINSON 1958, KÖNIG, 1962, ZAJAC 1962

Lückentest [T] EBBINGHAUS, FRANKEN, GIESE, MINKUS

Ludiomil®→Maprotilin

Luftfahrtpsychologie [engl. *aviation psychology* Flug- und Fliegerpsychologie], der mit der Entwicklung der Luftfahrt einhergehende Zweig der angew. Ps. Hauptgebiete: Eignungsdiagnostik u. Selektion; psychophysische Belastungsreaktionen auf die bes. Arbeits- u. Umgebungsbedingungen der Luftfahrt; Funktionen der Wahrnehmung, Raumorientierung u. Informations-Verarbeitung; Funktionsmodelle des «Regler Mensch» in der Flugführung; Lernverhalten, -verfahren, -hilfen, Simulation; Unfallforschung; Humanfaktoren der Flugsicherheit; Anpassung der Systeme an den Menschen (Anthropotechnik, *human engineering*).
Als Schöpfer der L. kann Agostino GEMELLI (1878–1959) bezeichnet werden, der 1914 die Eignung zum Fliegen aus der Aufmerksamkeitsleistung zu erschließen suchte. Der Erste Weltkrieg förderte intensiv die L., zuerst in Frankreich, wo 1915 die Ärzte CAMUS und NEPPER über visuelle, akustische und taktile Reize die Reaktionszeiten ermittelten. ANDERSSON folgte 1915 in England. Gleichzeitig begannen in Amerika Untersuchungen zur Unterscheidung von guten und schlechten Piloten im U.S. Army Air Corps (unter Beteiligung von THORNDIKE, STRATTON, HENMON u. a.). In Deutschland wurden Untersuchungen zur Fliegerauslese seit 1916 durchgeführt von W. STERN, W. BENARY, E. STERN, A. KRONFELD, O. SELZ, D. KATZ, R. SOMMER u. a. Einen Drehstuhl entwickelte E. GADE. (→Drehstuhlversuch) – Zwischen den Weltkriegen er-

folgten überall neue Testentwicklungen, mit denen die L. dem raschen Auftrieb der Luftfahrt zu folgen suchte. In dieser Periode haben in Deutschland u. a. die Autoren S. J. GERATHEWOHL, A. HERLITZKA, P. METZ, K. KREIPE, R. SKAWRAN die Entwicklung gefördert. Der wehrps. Dienst unterhielt in der Luftwaffe bis 1942 eigene Prüfstellen. In den USA wurde im Zweiten Weltkrieg für die Streitkräfte unter der Leitung von J. C. FLANAGAN und J. P. GUILFORD ein großangelegtes Forschungs- und Prüf-Programm begonnen, das der L. entscheidende Impulse gegeben hat. Erst mit dem Wiederaufbau der Luftfahrt in der Bundesrepublik Deutschland (1954) nahm erstmalig die Deutsche Lufthansa einen ps. Dienst für die Auslese des fliegenden Personals in Anspruch. Im Institut für Flugmedizin der damaligen «Deutschen Versuchsanstalt f. Luftfahrt e. V.» (DVL) wurde in Hamburg eine Abt. L. gegründet. Die Deutsche Bundeswehr hat mit der Wiedereinführung eines ps. Dienstes seit 1959 eigene Prüf- und Forschungsstellen eingerichtet, u. a. die Abt. Flugps. des Flugmedizin. Instituts d. Luftwaffe in Fürstenfeldbruck. 1956 wurde in Scheveningen die «Westeuropäische Gesellschaft für Luftfahrtpsychologie» gegründet. Sie veröffentlicht Tagungsberichte u. führt die europ. Bibliographie der L. Seit ca. 1960 bemühen sich auch die deutsche Luftfahrtindustrie und die flugtechnische Forschung, die Erkenntnisse der L. vor allem im Sinne der «Anthropotechnik» zu verwerten. 1964 wurde in der «Deutschen Ges. f. Luft- und Raumfahrt e.V.» (DGLR) ein Fachausschuß und 1967 das «Forschungsinstitut für Anthropotechnik» (FAT) gegr., jetzt in Werthoven. Die «Dtsche Forsch.- u. Vers.Anstalt f. Luft- u. Raumfahrt e.V.« (DFVLR) unterhält außer d. Abt. L. im Inst. f. Flugmed. auch eine interdiszipl. Arb.Gruppe Anthropotechnik im Inst. für Flugführung. Die Fa. Messerschmitt-Bölkow-Blohm (MBB) betreibt in ihrer Abt. Anthropotechnik Entwicklungen zur Optimierung von Flugführungs- und Flugsicherungssystemen. Die Dtsch. Lufthansa (DLH) unterhält ein Referat Pers.-Forschung und eine Abt. Zentrales Training. **[L]** Außer dem Sammelwerk von GERATHEWOHL 1954 gibt es keine neuere Zusammenfassung über den Sachstand der L. Die einschlägige Literatur ist weit verstreut. Die folgenden Autoren haben maßgeblich die L. mitentwickelt und ausgebaut: BOND 1962, CASSIE 1964, FLANAGAN 1948, FLEISHMAN 1956, 1960, FITTS 1947, GAGNÉ 1959, 1963, GERBERT 1966, GUBSER 1960, GUILFORD 1947, MELTON 1947, PARRY 1958, SEIFERT 1963, SELLS 1961, STEININGER 1965, 1970, 1982, WELFORD 1974

Lüge, absichtliche wahrheitswidrige Darstellung, die gegeben wird, als ob es eine wahrheitsgemäße Darstellung wäre, und ohne das Einverständnis des Berichtsempfängers zum Getäuschtwerden. Ihre Formen sind: Falschbekundung und Verschweigen. Die ps. Forschung befaßt sich mit den Vorgängen beim Lügen und mit den Möglichkeiten, aufgrund von Ausdruckserscheinungen und von unwillkürlichen körperlichen Begleiterscheinungen das Lügen zu erkennen. • Nicht als L. zu bezeichnen sind die Äußerungen der →pseudologia phantastica, jedoch ist die Differentialdiagnose im konkreten Fall oft schwierig. **[L]** EKMAN 1985 *U. Undeutsch*

Lügendetektion →Lüge, →Polygraph

Lügendetektor, volkstümlicher, aber unzutreffender Ausdruck für →Polygraph

Lügen-Score, Summe der Neinantworten zu Items, die von einem aufrichtigen Pb gewöhnlich mit Ja beantwortet werden. Der L. dient als Maß der Interpretierbarkeit des Gesamtresultates eines Fragebogentests und zur Feststellung von Simulation und Dissimulation. **[T]** EYSENCK (MMQ)

Lügen-Tests, Tests, die das ethische Empfinden dadurch untersuchen, daß von der Vp Stellungnahmen zu Situationen, bei denen gelogen wird (auch Notlügen), verlangt werden. In diesem Sinne ist der Lügen-Test Teil der Gesinnungsprüfung. →deceit test. • Als Mittel, um eine Lüge zu entdecken, ist der Lügen-Test nur indirekt brauchbar. Hier werden die Beachtung der →Ausdruckssymptome sowie der →Assoziationsversuch zuständig. →Lügendetektor.

Lumen →lichttechnische Maße

Luminal® →Phenobarbital

Lunatismus [lat. *luna* Mond] →Somnambulismus

Luria, Alexander R. (1902–1977), Mediziner u. Psychologe (Hirnforschung) / Moskau

Luria-Test, Luria-Technik, Verf. zur Feststellung affektiver Reaktionen. Pb hat auf Reizwörter frei zu assoziieren. Gleichzeitig muß er mit den Fingern der einen Hand einen bestimmten Druck ausüben und die Finger der anderen Hand in einer bestimmten Haltung belassen. Die Muskelreaktionen werden registriert. **[T]** HAMSTER

Lust →Gefühl

Lustgewinn →Lustprinzip

Lustigkeit, nach LERSCH eine der Lebensgrundstimmungen neben Heiterkeit, Traurigkeit (Schwermut) und Mißmut (Verdrossenheit). L. = Euphorie. Charakterologisch kennzeichnend ist – im Unterschied zur Heiterkeit –, daß L. immer eine gewisse Betriebsamkeit braucht. Der Heitere freut sich innerlich und gelassen, der Lustige braucht Stimmung und sucht sich nicht zu freuen, sondern zu vergnügen.

Lustprinzip [engl. *pleasure principle*], nach FREUD das Grundprinzip von Handlungen, die unter dem Motiv des Lustgewinnes erfolgen (→Hedonismus). Unter den Funktionssystemen der Persönlichkeit (→Über-Ich, →Ich, →Es) arbeitet das Es ausschließlich nach dem L. Das Es ist das System der Triebe und Bedürfnisse, die zu ihrer sofortigen Befriedigung drängen und auf einen größtmöglichen Lustgewinn abzielen. Im Ggs. zum Es arbeitet das Ich nach dem →Realitätsprinzip und das Über-Ich nach dem →Moralitätsprinzip.

Luteinisierendes Hormon, Abk. LH, →Hormon des Hypophysenvorderlappens, mit dem →follikelstimulierenden Hormon (FSH) zu den →Gonadotropinen gehörend. Regt die Bildung der →Androgene in den Testes und die Bildung von →Gestagenen und →Östrogenen durch den Gelbkörper bzw. Follikel bei Frauen an. *W. Janke*

Lux (lx)→lichttechnische Maße

LVT [**T**] SCHUBERT →Depression

Lysergsäurediethylamid, Abk. LSD, 1943 durch HOFFMANN entdeckte Substanz, chem. aus der Gruppe der Indolamine, zur Klasse der →Psychotomimetika bzw. →Halluzinogene gehörend. L. wirkt wie →Meskalin auf bestimmte →Serotonin-Rezeptoren. Für den halluzinogenen Effekt ist wahrscheinlich die partialantagonistische Wirkung an 5-HT_{1A}-Rezeptoren verantwortlich. Charakteristisch sind die Aufhebung des Zeitgefühls sowie visuelle und auditive Halluzinationen und Synästhesieempfindungen. L. wurde versuchsweise in der Psychotherapie (→Modellpsychosen) verwendet, erwies sich jedoch als ungeeignet. L. gilt als Modellsubstanz für experimentelle Psychosen, wurde als Forschungswerkzeug zur Intelligenzforschung verwendet. [**L**] HETZ & BERGQUIST 1963, LEUNER 1962, LIENERT 1964 *W. Janke*

lytischer Typus →Typologie (Integrationstypen)

LZG, Abk. f. Langzeitgedächtnis →Gedächtnis

M

M, arithmetisches Mittel. →Mittelwert

m, Symbolzeichen für →meaningfulness, Bedeutungshaltigkeit (z. B. von sog. sinnlosen Silben).

m′, Symbolzeichen skalierte Bedeutungshaltigkeit

MA, Abk. für *mental age*. →Intelligenzalter.

Mach, Ernst (1838–1916), Physiker, Philosoph, Psychologe / Graz, Prag, Wien

Machiavelli, Nicolo (1469–1527), Politiker, Historiker / Florenz

Machiavellismus, von CHRISTIE & GEIS (1971) erstmals als Persönlichkeitskonstrukt verwendetes Konzept. Kennzeichnend sind vier Merkmale. (1) relativ geringe affektive Beteiligung bei interpersonellen Beziehungen, (2) geringe Bindung an konventionelle Moralvorstellungen, (3) Realitätsangepaßtheit, (4) geringe ideologische Bindung. Historische Anleihen an die Publikationen von MACHIAVELLI (*«Il principe»* 1513 und *«Discorsi»* 1522) sind zwar vorhanden, die entscheidenden Formulierungen in den entsprechenden Skalen (vgl. HENNING & SIX 1977) gehen jedoch auf CHRISTIE & GEIS (1971) zurück.
B. Six

Machsche Bänder, spezielles →Kontrastphänomen; bei einem allmählichen räumlichen Übergang von großer zu kleiner →Leuchtdichte (von hell zu dunkel) werden an den Enden des Übergangsbereichs auf der hellen Seite ein hellerer Streifen und auf der dunklen Seite ein dunklerer Streifen gesehen; Folge der →lateralen Hemmung. Entsprechende Streifen finden sich an den Grenzen sprungförmiger Leuchtdichteänderungen. *H. Heuer*

Machsche Trommel, Apparat zur Erzeugung von Bewegungstäuschungen

Macht [aus indogerm. Wurzel *magh* können, vermögen], soziol. Begriff. M. WEBER definierte ihn als Chance, innerhalb einer sozialen Beziehung den eigenen Willen auch gegen Widerstreben durchzusetzen, gleichviel worauf diese Chance beruht. Von VIERKANDT werden noch M.trieb und Unterordnungstrieb für das Entstehen von M.verhältnissen verantwortlich gemacht, während bei MANNHEIM der Begr. der «sozialen Zwänge» auftritt.

In der Sozialps. werden Phänomene der M. unter verschiedenen Aspekten behandelt: In der →Gruppenforschung bezeichnet M. jede interpersonale Beziehung, in der einige Personen das Verhalten, die Einstellung, Überzeugungen *(beliefs)* oder andere Responses anderer Personen z. T. bestimmen (COLLINS & RAVEN 1969). Syn. mit M. (oder bestimmten Aspekten der M.) werden Ausdrücke wie →Autorität, Einfluß, Kontrolle, Dominanz, Status, Prestige und Rang gebraucht. M.beziehungen werden verschieden dargestellt (a) graphisch, (b) in Matrizen, (c) mit topologischen Bildern (nach LEWIN). Eine algebraische Darstellung der M. schlägt EMERSON (1962) vor. Da die Größe der M. eine Funktion der Interaktion ist, gehören zu ihrer Bestimmung auch Grade der Unterordnung, Abhängigkeit *(dependency)*, Prestigesuggestibilität und Angst. Für LEWIN (1936) kann der Raum freier Bewegung von A durch das M.feld von B eingeengt werden, indem A keine →Lokomotion in das M.feld von B vollziehen kann. Eine Person (→P), die Einfluß oder M. ausübt, ist nicht selbst ein Ziel, sondern kann im anderen (→O) Kräfte in Richtung auf Ziele lenken, die P setzt. LEWIN definiert, «eine Person, die über das Kind Macht hat, ist in der Lage, positive und negative Valenzen durch Befehl zu induzieren» (LEWIN 1963). HEIDER (1958) benutzt M. *(power)* syn. mit Fähigkeit; die Beziehung zwischen Person und Umwelt wird von ihm mit Können *(can)* bezeichnet, der nichtmotivationale Beitrag der Person zum *«can»* ist ihre M. oder Fähigkeit. Dabei ist für HEIDER die M. von O eine wichtige Determinante für die Bewertung, die P einer ihr zugefügten Schädigung oder Wohltat *(benefit)* zuteil werden läßt, sowie für P.s Reaktion auf sie. Die causale Attribuierung von Schaden und Belohnung ist also davon abhängig, ob P bei O M. wahrnimmt oder nicht. Quellen der M. sind physische oder psychische Überlegenheit oder der →Status, durch den M. institutionalisiert sein kann. Formen der M. (außer Befehl und Drohung) sind auch positive Sanktionen (Belohnungen, Wohltaten) sowie sog. Manipulation.

Die Macht, die Psychotherapeuten vorübergehend über Patienten haben, erfordert besonders hohe ethische Normen, z. B. u. a. in Bezug auf sex. →Mißbrauch. *B. Six*

Machtmensch, (Lebensformen) →Typologie

Machtstreben, Machttrieb, (aus Dominanz- oder Dominationsstreben), die nach NIETZSCHE als «Wille zur Macht» eingehend analysierte Tendenz, die überwiegend auf «Anblick des Unterworfenen» zielt. Nach LERSCH (1954, 1962) das zu den Antriebserlebnissen des individuellen Selbstseins gehörende Streben, «das eigene Selbst als maßgebende Wirkungsinstanz der Um- und Mitwelt entgegenzusetzen, und zwar nicht in der Verfolgung sachlich bestimmter Ziele, sondern lediglich in der Absicht, ... das Bewußtsein der Herrschaft und Verfügungsgewalt ... zu haben». ADLER meint M. als Kompensation von Minderwertigkeitsgefühlen erklären zu können. RUDIN (1968) hat – ähnlich wie MCCLELLAND es für das Leistungsstreben getan hat – Scores für Machtmotive aus Kinderlesebüchern verschiedener Nationen berechnet und in Zusammenhang mit Häufungen von sozialpathologischen Phänomenen und Störungen (Mord, Selbstmord) gebracht. LASSWELL hält in seiner persönlichkeitszentrierten Führertheorie M. für eine notwendige Eigenschaft von Führern. *R. Bergius*

macula lutea [lat.], gelber Fleck der Netzhaut des Auges →Auge

Madopar®, Kombinationsarzneimittel aus →Levodopa und Benserazid. 1996 das am häufigsten verschriebene →Antiparkinsonmittel *W. Janke*

Magendie →BELL-MAGENDIEsches Gesetz

Magendie, François (1783–1855), Physiologe / Paris

Magersucht →anorexia nervosa, →Eßstörungen

Magethos, nach HELLPACH (1947) die aus den magischen Zusammenhängen und ihren rituellen Pflichterfüllungen sich ergebende Soll-Gesinnung und -Gesittung. M. bedeutet die Brücke von der Vorreligion zur eigentlichen Religion, indem es dämonistische, mythische und magische Glaubensgebilde sammelt und ordnet.

Magie, magische Kultur [lat. *magicus* zauberisch], völkerps. Bez. für Zauberei, wobei aber darunter nicht Kunststücke eines Gauklers, sondern die →numinose Apperzeption beliebiger Gegenstände gemeint ist, unter der der «primitive» Mensch, der des m. Kulturkreises, in seiner Phantasie eine Automatik der Kraftwirkung erfährt.

Ohne sachlich-kausale Begründung wird durch bestimmte Praktiken, z. B. Berührung mit einem →manageladenen Gegenstand (Fetisch) eine nützliche oder schädliche Wirkung erzielt. «Anrufung von Geistern» tritt wohl mit M. vergesellschaftet auf, bedeutet aber →Animismus und hat mit M. phänomenologisch nichts zu tun. M. Vorstellungen auch in der Ps. des modernen Menschen (z. B. glückbringende oder unheilvolle Gegenstände). →Aberglaube, →Fetisch, →Zauber. [L] LEHMANN 1922

magische Gifte →Pharmakopsychologie

magisches Denken, auch primitives, archaisches D. nach WERNER (1953), bei Naturvölkern und Kindern anzutreffende, dem physiognomischen D. nahestehende Geisteshaltung. Orakel und Zauber, d. h. Vorhersage der Ereignisse aus geheimnisvollen Zeichen und ihre Beeinflussung durch übernatürliche Kräfte sind aus dem m.D. folgende Reaktionen. [L] KROH 1928

magna mater [lat.], die große Mutter, Urmutter, Muttergöttin

Magnesium, ernährungsphysiologisch wichtiges Spurenelement. Mangel, etwa als Folge von Alkoholmißbrauch, hat neurophysiol. und neuropsychol. Folgen. So soll bei Mangel die Streßreaktivität erhöht sein. [L] KASPER 1996 *W. Janke*

Magneteffekt, Magnetwirkung, Tendenz zu gleicher Frequenz gleichzeitiger Rhythmen (z. B. Flossenbewegungen, Armbewegungen); →relative Koordination.

Magnetismus, tierischer →Magnetotherapie, →MESMERismus

Magnetotherapie, Behandlung von nervösen Krankheiten durch Handauflegen →MESMERismus

Mailänder Modell, familientherapeutischer Ansatz, der von den PsychiaterInnen CECCIN, BOSCOLO, SELVINI PALAZZOLI und PRATA in einem Mailänder Institut erarbeitet wurde. Kennzeichnend ist die Kontrolle und Unterstützung familientherapeutischer Gespräche durch Kollegen hinter einer Einwegscheibe. Spezielle Prinzipien sind Zirkularität, Respektlosigkeit, Hypothetisieren und Neutralität. [L] BOSCOLO, CECCIN, HOFFMAN & PENN 1988 *T. Friedrich*

major tranquilizer [engl.] →Psychopharmaka

Majoritätsheuristik →Entscheidungsheuristik, bei der wie bei →gewichteten Pros für jede Alternative die Anzahl der Dimensionen gesucht wird, auf denen diese Alternative die anderen Alternativen dominiert («Pro-Dimensionen»). Die Alternative mit den meisten Pro-Dimensionen, unabhängig von deren Gewicht, wird gewählt.

Make-a-Picture-Story (MASP) [T] SHNEIDMAN

Makrobiotik, die Wissenschaft oder Kunst, das Leben zu bestmöglicher Entfaltung zu bringen (auch Orthobiotik). Historisch ist vor allem die Arbeit von HUFELAND (1797) bekannt.

Makrocephalus, Großkopf durch überdurchschnittliche Gehirnausdehnung – nicht Wasserkopf (→Hydrocephalus). Ggs. Mikrocephalus. →cephal

Makroglossie, angeborene Zungenmißbildung; vergrößerte wulstige, an der Oberfläche zerfurchte Zunge, die die Artikulation behindert (→Stammeln). Häufig beim →DOWN-Syndrom.

Makrooperator, komplexere Operationseinheit in der Handlungs- und Problemlösungsps.; entsteht als eine Zusammenfassung von →Operatoren zu einem raum-zeitlich organisierten Gebilde höherer Ordnung (DÖRNER 1976). Manchmal wird auch der Begriff →«Metaoperator» in diesem Sinne gebraucht (DÖRNER 1974, LÜER 1973). *G. Kaminski*

Makrophonie, erhöhte Stimmstärke beim Sprechen durch →Hypertonie der Phonationsmuskeln mit gepreßtem, bisweilen mekkerndem Klang bei extrapyramidalen Erkrankungen. →Stimmstörungen

Malteserkreuz-Test [T] SQUIRE

Maltherapie, therapeut. Nutzung des zeichnerischen bzw. farbigen Gestaltens (auch Schmieren). Die M. soll. u. a. klärende Auseinandersetzung mit sich und der Umwelt oder auch affektives Abreagieren bieten. M. ist zu unterscheiden von der diagnostischen Nutzung des «Malens». →Zeichenmethode

Management, wird als Begriff in verschiedenen Bedeutungen verwendet: (1) Als Bezeichnung für spezielle Arten von Tätigkeiten, die der Planung, Organisation, Leitung und Kontrolle von Personen oder von Arbeitsaktivitäten bei der effizienten Zielerreichung dienen; (2) Zur Bezeichnung des speziellen Personenkreises in einer Organisation, dem die unter (1) genannten Tätigkeiten zugewiesen werden (bspw. Personen mit Weisungsbefugnis in Organisationen, vgl. STAEHLE 1985). Wie die Definition zeigt, bestehen Managementaufgaben nicht nur darin, Personen bei der Aufgabenbearbeitung anzuleiten oder Einfluß auf andere Menschen auszuüben (→Führung), sondern auch in der zielgerichteten Bearbeitung von Sachaufgaben und Projekten (z. B. beim Projektmanagement). Der Begriff M. wird heute in vielen Wortverbindungen verwendet, um eine planvolle Bewältigung spezieller Aufgaben oder Problemfelder zu kennzeichnen (Beispiele: Zeitmanagement, Streßmanagement, →Streß am Arbeitsplatz, Fehlermanagement, →Fehler, Innovationsmanagement, →lean management, Umweltmanagement). Unter Selbstmanagement wird die eigenständige und zielgerichtete Planung, Organisation, Durchführung und Kontrolle der eigenen Arbeitstätigkeiten unter Effizienzgesichtspunkten verstanden. Spontane, ungeplante oder chaotische Strukturierungen wären eher unter den allgemeineren Begriff der →Selbstorganisation zu subsumieren. [L] STAEHLE 1985, SARGES 1990. *S. Greif*

MANCOVA, Abk. für *multivariate analysis of covariance,* multivariate →Kovarianzanalyse

Mandala [wörtl. Kreis], das in einen Kreis oder Vieleck eingefügte «Schaubild» (Symboldarstellung, Diagramm), das bestimmte geistige Zusammenhänge darstellen will und zur Meditation dient. Im buddhistischen Religionsraum weit verbreitet. Im Abendland fand das M. durch JUNG in der Psychoanalyse besondere Beachtung. JUNG hat Traumbilder und bildhafte Gestaltungen seiner Patienten als M. bezeichnet und als Symbole des →Selbst (1) auf dem Weg des →Individuationsprozesses interpretiert.

mands (SKINNER), abgeleitet von [engl.] *demand, command,* fordern, befehlen; verbale Verhaltensweisen, deren Funktion darin besteht, einem Organismus eine bestimmte Bekräftigung zu verschaffen. Die m. stehen in der Regel unter der Kontrolle von Bedürfnissen. →tacts *B. Feger*

Manie [gr. *mania* Wahnsinn, Sucht], in der Psychiatrie abnormer Gemütszustand mit folgenden Symptomen: a) grundlose, überströmende Heiterkeit, b) Selbstüberschätzung und unbeirrbarer Optimismus, c) Beschleunigung mit Oberflächlichkeit des Denkens (Ideenflucht), d) Triebsteigerung, besonders der Sexualität und Aggressivität, e) allg. Antriebssteigerung (Bewegungs-, Betätigungs-, Rededrang). Gegenpol zu M. ist die Depression. • Bei der bipolaren Störung (→manisch-depressive Psychose) wechseln sich Manie und Depression ab. • Abnorme (zwang- und suchtartige) Steigerung einer einzigen spezifischen Verhaltensweise (Monomanie-Bez. stammt von dem frz. Psychiater J. E. D. ESQUIROL, 1772–1840). Zu diesen Mono-Manien zählen z. B. Kleptomanie, Pyromanie, Dipsomanie,

Poriomanie, Nymphomanie, Thanatomanie. Psychotherapeutische Möglichkeiten sind – was angesichts der dürftigen psychologischen Ätiologie wenig überrascht – bisher vergleichsweise beschränkt. Möglichkeiten der Kontrolle und Selbstkontrolle können mit →verhaltenstherapeutischen Mitteln bis zu einem gewissen Grade verstärkt und familiäre Interaktionsmuster verändert werden. Wirksamkeitsbelege sind aber noch mangelhaft. Die Regel dürfte medikamentöse Behandlung allein oder in Kombination sein. [L] MIKLOWITZ *F. Caspar*

manieriert, Manieriertheit [it. *maniera* Art und Weise], unechtes unnatürliches, geziertes, verschrobenes, absonderliches Ausdrucksverhalten (in Mimik, Gestik, Sprechweise usw.), besonders bei ps. Störungen.

Manifestation [lat. *manifestare* sichtbar machen], Äußerung, Offenbarung, Kundgebung, z. B. politischer Grundsätze. • In der Tiefenps. ist M. das In-Erscheinung-Treten rein körperlicher oder geistiger Wirkungen der sogenannten verdrängten «Komplexe» (des Unbewußten). Es können dies krankhafte Wirkungen sein (Stottern, Stummheit, Hysterie, Zwangserscheinungen), aber auch geistige Ersatztätigkeiten.

Manipulation [lat. *manus* Hand], Handhabung, i. ü. S. Machenschaft, unscharfer Begr. für versch. Formen der Einflußnahme (Steuerung, Ausrichtung, Ausnützung). • Sozialps. ist der Begr. überwiegend in der Werbung, der Politik, auch der Pädagogik und bei Massenmedien gebräuchlich zur Kennzeichnung des «hilflosen» Ausgeliefertseins gegenüber der Wirtschaft, den Parteien usw. • Die Bez. Selbst-Manipulation wird gelegentlich verwendet für Selbsterziehung. • In der Genetik ist der Begr. gebräuchlich zur Bez. von Einflußnahmen versch. Art, z. B. Selektion, Keimbestrahlung und biochemische Experimente.

Manisch-depressive Psychose, affektive Psychose, zirkuläres Irresein, Zyklothymie, bipolare Störung. Eine mit recht unterschiedlichem Krankheitsbild auftretende Psychose, die überwiegend bestimmt wird durch den Wechsel von depressiven und manischen Phasen. Dieser Wechsel kann auch ausbleiben und die viel häufigere →Depression das Krankheitsgeschehen allein beherrschen. • Die Abgrenzung dieser Krankheitseinheit stammt von KRAEPELIN, der sich dabei an Vorarbeiten anschloß, die J.-P. FALRET mit der Beschreibung der *«folie circulaire»* geleistet hat.

Manismus, Verehrung der Ahnen des Volksstammes oder des eigenen Geschlechts im Kult. In der Frühzeit wurden Tierahnen verehrt, erst später Menschenahnen. Eng verbunden mit Verehrung eines Häuptlingsstammes, einer Herrscherfamilie.

Mann, Henry-Berthold (*1905), amerik. Mathematiker

Männchen-Zeichnen [T] GOODENOUGH

Mannheimer Biographisches Inventar [T] JÄGER

Mannheimer Intelligenztest [T] CONRAD

Mannheimer Rechtschreibtest [T] JÄGER

manning →undermanning

männlicher Protest, von ADLER eingeführter Begr. für die bes. im Gebiet der Sexualität an Minderwertigkeiten bzw. -gefühlen leidende Frau, die in anderer Richtung (Beruf, Sport) Höchstleistungen und Überkompensationen aus einem männlichen Protest heraus zu erreichen sucht.

Mann-Whitney-U-Test, ein nichtparametrisches statistisches Verfahren zum Vergleich der zentralen Tendenz zweier unabhängiger Verteilungen. Vorausgesetzt werden Ordinalvariablen. Es werden die Scores beider Verteilungen in eine Rangreihe gebracht und der Wert U für eine Verteilung bestimmt, der die Häufigkeit des Vorangehens eines Wertes dieser Verteilung vor Werten der anderen Verteilung angibt. Die Verteilung von U liegt für verschiedene Stichprobengrößen tabelliert vor. *G. Mikula*

MANOVA, Abk. für *multivariate analysis of variance,* multivariate →Varianzanalyse.

man-to-man rating, ein Schätzverfahren, das die Beurteilung eines Pb durch dessen Vergleichen mit einer Gruppe von bekannten – insbes. in den zu ermittelnden Eigenschaften, Funktionen, Begabungen etc. schon beurteilten – Personen vornimmt. Der Pb erhält den Rangplatz derjenigen Person, der er in den fraglichen Eigenschaften am ähnlichsten ist.

Mantra, heilige Silbe (z. B. «om»), die in Meditationen und sakralen Zeremonien gebraucht wird; mystische Formel, deren Wirkung abhängig gedacht wird von der geistigen Haltung und Erkenntnis dessen, der sie ausspricht.

manual [engl. Leitfaden], Manual, Handbuch, zum Test gehörende Handanweisung, Testhandbuch mit Angaben zur Durchführung, zur Auswertung und zur Interpretation des Tests. Im Bereich der Psychotherapie werden für immer mehr Störungen (Depression, Ängste, Persönlichkeitsstörungen) Manuale entwickelt, die sehr sinnvoll zur Anleitung therapeutischen Handelns verwendet werden können. Eine Standardisierung therapeutischen Vorgehens auf der Basis von Manualen im Sinne der Sicherung von Wirksamkeit von Psychotherapien (→Therapieerfolg) ist aber nicht unumstritten, da Therapien notwendigerweise auf einzelne Patienten zugeschnitten werden müssen. *F. Caspar*

MAO, Abk. für →Monoaminooxidase

MAO-Hemmer, Abk für →Monoaminooxidase-Hemmer

Maprotilin, WZ Ludiomil®, Psychopharmakon aus der Reihe der →Antidepressiva vom Typ der tetrazyklischen Stoffe (erste Substanz) mit fast ausschließlicher Wirkung auf die Noradrenalinverfügbarkeit (Rücktransporthemmung), lange Wirkungsdauer. **[L]** →Antidepressiva *W. Janke*

MAPS [T] SHNEIDMAN

Maquette-Test [T] MARE

Marasmus [gr. *marasmos* das Schwachwerden], Verfall, Schwund in geistiger wie körperlicher Beziehung, besonders als Alterserscheinung.

Marathongruppe, M. werden v. a. in der →Selbsterfahrung (→Encountergruppen) eingesetzt und dauern ohne Unterbrechung bis zu mehreren Tagen. Durch die lange Sitzungsdauer (Prinzip des Marathon) sollen Abwehrhaltungen geschwächt, mehr Offenheit und neue Erfahrungen (Selbstexploration) ermöglicht werden. Die Übertragung erreichter Veränderungen in den Alltag ist allerdings oft nicht einfach. Aufgrund der mangelhaften Befundlage ist die Wirksamkeit nicht zu beurteilen. **[L]** BACH 1968, GARFIELD & BERGIN 1979 *F. Caspar*

Marbe-Effekt, es besteht eine logarithmische Beziehung zwischen den Reaktionszeiten beim freien Assoziieren durch einen Probanden und der Häufigkeit des Auftretens der entsprechenden Assoziationswörter in einer Probandenpopulation. Der auch als MARBE-THUMBsches Geläufigkeitsgesetz bekannt gewordene Befund ist verschiedentlich bestätigt worden, so von THUMB & MARBE 1901; SCHLOSBERG & HEINEMANN 1950. vgl. auch OSGOOD 1962, KLING & RIGGS 1971. *R. Bergius*

Marbe, Karl (1869–1953), Psychologe / Würzburg, Frankfurt

Märchen, ps. vor allem als →Projektion. Wünsche werden erfüllt, Ängste überwunden, das Gute belohnt, das Böse bestraft. • Die Ps. von C. G. JUNG hat sich der M. angenommen als Ergebnisse (Belege) des kollektiven Unbewußten. →Archetypen, →Mythen

Marey, Etienne Jules (1830–1904), Physiologe / Paris

Mareysche Trommel, Gerät zur Aufzeichnung physiolog. Reaktionen. • Zugehörig ist der M. tambour, eine Kapsel mit Gummimembran, auf der sich zur Aufzeichnung der Reaktionen ein Schreibhebel befindet.

marginal [lat. *margo, margin* Rand, Grenze], am Rande befindlich, den Rand betreffend. Z. B. das Marginalfeld (Randfeld) der Netzhaut. • Marginales Erleben bezeichnet das nicht zentral im Erleben liegende, damit aber auch das Unbestimmte, Ungesicherte. Auch die damit verbundene Entscheidung zwischen Ungewissem wird m. genannt. • Marginale Persönlichkeit *(marginal man)*, Kennzeichnung bei Personen, die in einer Grenzstellung sind (z. B. als Mitglied versch., sogar gegensätzlicher Parteien, zwischen verschiedenartigen Kulturen u. ä.). →Randpersönlichkeit

Marihuana, Bez. (mexikan. Ursprungs) für Rauschmittel aus der Hanfpflanze (Cannabis sativa) mit der Wirksubstanz Tetrahydrocannabinol (Abk. →THC), die als →Rauschmittel verwendet wird (→Cannabis). *W. Janke*

marker [engl. Anzeiger, Kennzeichen, Markierung], in der Semantik als *«semantic m.»* Bedeutungs-Merkmal der einzelnen →Wörter bzw. →Morpheme einer Sprache («Mädchen» hat z. B. u. a. die Bedeutungs-Merkmale: (belebt), (menschlich), (weiblich usw.), in der →generativen Transformations-Grammatik als →P-Marker bzw. →T-Marker Mittel zur Beschreibung der syntaktischen (→Syntax) →Struktur von →Sätzen.

Marketing, Oberbegriff für alle Bemühungen, den Absatz eines Produkts oder einer Dienstleistung zu fördern. →Wirtschaftspsychologie

Markiertheit, linguistisches Prinzip, demzufolge bei zwei kontrastierenden Einheiten (z. B. dick-dünn) die eine positiv oder markiert, die andere negativ oder unmarkiert ist. Die unmarkierte Form ist von allgemeinerer Bedeutung und geringerer ps. Komplexität. Mit der unmarkierten Form wird die gesamte Kategorie angesprochen (z. B. Dicke des Mastschweins) und ist eine neutrale Frage möglich (z. B. wie dick ist das Buch?). **[L]** CLARK & CLARK 1977, GRIMM 1977 *H. Grimm*

Markoff, Andrej Andrejevich (1856–1922), Mathematiker / Leningrad

Markoff-Prozeß, Markoff-Kette, endliche oder unendliche Abfolge von Elementen (Zuständen, Ereignissen, →Zeichen), die zueinander in seriellen Wahrscheinlichkeitsrelationen stehen. Von MARKOFF-Kette spricht man, wenn die Zahl der möglichen Elemente diskret und endlich ist.

Die Verlaufsstruktur eines M. ergibt sich aus der Anzahl der möglichen Elemente sowie aus den relativen Auftretenshäufigkeiten (→Wahrscheinlichkeit) der Elemente sowie aus den durch das Auftreten eines Elementes bedingten Wahrscheinlichkeiten für das Auftreten des Folgeelementes. Ein M. heißt →ergodisch, wenn die Wahrscheinlichkeitsrelationen der Elemente zueinander konstant bleiben. Jede (gesprochene oder geschriebene) sprachliche Mitteilung ist ein M., dessen Struktur durch Auszählung (→Sprachstatistik) der Zeichen (Buchstaben, →Silben, Wörter, →Phoneme, →Morpheme etc.) und der Zeichenkombinationen (z. B. →Digramme, →Trigramme) ermittelt werden kann. →Prädikationslernen *H. E. Zahn*

Markscheide →Nerv

Marktanalyse, -forschung, -modell →Wirtschaftsps.

Marktpsychologie, Teilgebiet der angew. Psychologie, das sich mit den ps. Gesetzlichkeiten der Nachfrage und des Angebots befaßt. Als wissenschaftliche Disziplin entwickelte sich die M. erst aus der →Werbepsychologie, ist dieser aber übergeordnet. Doch ist schon die klassische Nationalökonomie angefüllt mit marktps. Phänomenen, die sie z. T. selbst formuliert, z. T. anzuschließen versucht. Der Begriff M. wurde von SPIEGEL eingeführt. →Wirtschaftspsychologie. **[L]** KALTONA, SPIEGEL, BERGLER & SPIEGEL 1977, HOYOS et al. 1987; ROSENSTIEL & EWALD 1979

MAS, Manifest Anxiety Scale **[T]** TAYLOR

Maschinensprache, eine →Programmiersprache, deren Instruktionenvorrat den von der CPU *(central processor unit)* des Computers physikalisch ausgeführten (Mikro-)Operationen entspricht.

Außer den Instruktionen enthält die M. Pseudoinstruktionen, die die Programmbearbeitung durch den Computer steuern. Die Befehle werden in mnemotechnisch an die englische Sprache angenäherten Buchstabenfolgen formuliert: z. B. LDA = *load register A.* Für die normale Arbeit mit komplexen Problemen werden Programmiersprachen höheren Niveaus verwendet, die den Programmierer von physikalischen Details der Realisierung der Rechenoperationen im Computer entlasten. *W. Glaser*

Maschinentheorie, von W. KÖHLER gewählte Bez. für bestimmte Ansichten über die Natur physiologischer Prozesse. Nach der M. ist der Verlauf nervöser Erregung vollständig an starre Zwangsbedingungen geknüpft gemäß der Topographie des Nervensystems (→Mechanismus). Konstante Zuordnung von einzelnem Reiz und entsprechender Empfindung (→Konstanzannahme) ergibt sich aus der M. Viele Sachverhalte aus der Wahrnehmungsps. lassen sich mit einer solchen Auffassung über die Vorgänge im Nervensystem nicht vereinigen. Im Ggs. zur M. stehen alle Theorien, die die Vorgänge im Nervensystem als Spiel freier, sich selbst regulierender Kräfte ansehen.

Maske, Art der Verkleidung (Vermummung), die den Träger unkenntlich machen, seine Identität verbergen soll.

Auch Verkörperung des in der Maske Dargestellten. Grundlegend ist der Gedanke der Verwandlung. Masken sind seit der Steinzeit in allen Kulturen verbreitet. Sie hatten ursprünglich eine nur religiöse und magische Bedeutung. Kultischen Ursprungs sind auch die heute gebräuchlichen Fastnachtsmasken. • In ps. Bedeutung ist die M. ein angenommener mimischer (pantomimischer) Ausdruck mit typischem Rollenverhalten (→Rolle). Zugehörig sind das Überdecken, Verhüllen. Entsprechend haftet dem Begriff Angenommenes, Starres, Unechtes an. Der Zugang zur «eigentlichen Person» ist dann Demaskierung, Entlarvung.

Maskierung, Minderung der →Empfindlichkeit für einen Reiz durch einen zweiten Reiz in raum-zeitlicher Nähe. Maskierung findet sich in verschiedenen Sinnesmodalitäten (→Modalität), z. B. wird ein Ton durch einen gleichzeitigen Ton ähnlicher Frequenz maskiert (seine →Absolutschwelle wird erhöht) oder ein visueller Reiz durch einen vorhergehenden *(forward masking)* oder nachfolgenden *(backward masking)* zweiten Reiz; der Maskierreiz ist oft ein visuelles →Rauschen. Beim →Metakontrast fallen beide Reize auf benachbarte, aber nicht identische Areale der →Netzhaut. *H. Heuer*

Maskierung, gegenseitige, Beeinträchtigung von sensorischen bzw. perzeptorischen Prozessen durch vermehrte Unschärfe der Diskriminierbarkeit von Reizmerkmalen. M. ist vorwiegend abhängig vom Verhältnis der Intensität (Amplitude) des Signalreizes zu der des Störreizes. Sie zeigt sich als Heraufsetzung der Schwelle für den Signalreiz.

Weil der Störreiz oft als informationsloses →Rauschen auftritt, bezeichnet man dieses

Intensitätsverhältnis auch als Signal-Rausch-Abstand. Bei der akustischen Übertragung von sprachlichen Mitteilungen kann die Verständigung durch auditive M. (→Wahrnehmung, auditive) erheblich gestört sein. Die zunächst vorwiegend im nachrichtentechnischen Bereich durchgeführten Experimente über M. hatten die Verbesserung der Übertragungskanäle zum Ziel. Demgegenüber lag der Schwerpunkt der späteren spezifisch ps. Untersuchungen auf den der M. zugrunde liegenden Prozessen im wahrnehmenden Organismus. [**L**] HAWKINS & STEVENS 1950

H. E. Zahn

Maskierung, optische, zwei zeitlich aufeinanderfolgende, an gleicher Stelle erscheinende Lichtreize beeinflussen sich in ihrer Helligkeit. Besonders ausgeprägt: *backward-masking* (Rückwärts-Maskierung), ein zweiter Reiz unterdrückt die Wahrnehmung des ersten. →Metakontrast, →Löschreizmethode

P. Day

Maslow, Abraham (1908–1970), Begründer der sog. «Holistischen Psychologie». MASLOW begründete auch die «Humanistische Motivationspsychologie», die auch außerhalb der Ps. poplär wurde. →Bedürfnishierarchie

Masochismus [Begr. gebildet nach einem Roman des österr. Schriftstellers SACHER-MASOCH 1836–1895], diejenige Perversion, bei der das Erleben des Orgasmus mit dem Erleiden von Demütigung, Schmerz oder Qual einhergeht. • Nach FREUD erklärt sich der M. aus dem Auftreten sadistischer Impulse des Über-Ichs gegen das Ich (Strafbedürfnis) bei der Verwirklichung sexueller Tendenzen. Diese Konstellation stellt dabei eine Wiederholung der ÖDIPUS-Situation dar.

Masse, (ps. allg.) Bez. für die Menschenmenge, in der das Verhalten der einzelnen eine hohe Gemeinsamkeit der Willensantriebe und Gefühle zeigt. • (sozialps. und in der Soziologie) Oberbegriff für verschiedene Unterformen von Menschenansammlungen, die geringe Binnenstruktur haben, deren Mitglieder aber in irgendeiner Weise aufeinander bezogen sind, z. B. durch gleiche Aufmerksamkeitsobjekte (Publikum), gleiche expressive Tätigkeiten (festliche Massenveranstaltungen) oder gleich Affekte (Wut, Angst). Unterformen dazu sind: (a) aggressive Masse (beim Lynchen, Staßenschlacht, Aufruhr), (b) Flucht-*(Escape)*-Masse (kollektive Panik), (c) kaptative M. (Hamsterkäufe, Bank-run), (d) expressive M. (Jubel-Verhalten auf Festen) (BROWN 1954). M. bedeutet in der älteren M.ps. jede Menschenansammlung und damit Bedingung für den Verlust rationaler Kontrolle, Zunahme der Suggestibilität, Gefühlsansteckung, Nachahmung, Gefühl der Allmacht und Anonymität für den einzelnen (LE BON). • M. ist in der experimentellen M.ps. (MOEDE 1920) nichts anderes als das Nebeneinander von Menschen, die gleiche Arbeiten verrichten, wodurch die Menge der Leistungen der einzelnen Mitglieder einer gegenseitigen Beeinflussung unterliegt (Erleichterung, Hemmung, Nivellierung). Kulturphilosophisch ist M. wertender Begriff, z. T. abgeleitet von dem M.begriff der älteren M.ps., aber ohne aktuelles Beieinandersein der Mitglieder der M. *(dispersed mass)*. Der M.mensch ist danach der außengelenkte (RIESMAN), manipulierte, Suggestionen der Propaganda und Mode unterworfene Zeitgenosse, der «aus zweiter Hand lebt» (Existentialismus, ORTEGA Y GASSET). An der «Fernsteuerung» des Menschen interessierte Propagandisten und Werbefachleute bedienen sich dieses Bildes der M., das ihnen nahelegt, die M. sei homogen und suggestibel, und die versuchen, das sog. Unbewußte der M. durch Symbole anzusprechen (SODHI 1958). M.phänomene sind auch als kollektives Verhalten zusammengefaßt worden (z. B. öffentliche Meinung). • Nach TURNER & KILLIAN (1963) ist es praktisch, M. als die möglichen Kombinationen von drei Dimensionen zu klassifizieren: (1) individualistisch vs. kooperativ (d. h. im Publikum nebeneinander vs. gemeinsam handelnd, wie beim Lynchen); (2) fokussiert vs. diffus polarisiert (d. h. auf ein Objekt, z. B. alle Neger in der Gemeinde, gerichtete Aufmerksamkeit oder Akivität der M.); (3) aktiv vs. expressiv (d. h. auf Ziele außerhalb der Masse gerichtet, z. B. einem aversiven Reiz entfliehen vs. auf das Verhalten als Selbstzweck gerichtet, z. B. ein Volksfest feiern). →crowding. [**L**] MILGRAM & TOCH 1969, KRONER 1972 *R. Bergius*

Masse-Feder-Modell [engl. *mass-spring model/analogy*], einfaches Modell für →Zielbewegungen, das eng an den Eigenschaften der Muskulatur orientiert ist (aber auch in einem metaphorischen Sinne verwendet wird.) Die Kraft eines Muskels steigt, wenn er gedehnt wird; das ist dem Verhalten der Feder analog. Das bewegte Körperglied wird als Masse gedacht, die zwischen zwei gegeneinander arbeitenden Federn eingespannt ist (→Antagonismus). Die Position der Masse ist durch diejenigen Längen beider Federn bestimmt, bei denen sich ihre Kräfte gegenseitig

M

aufheben (Gleichgewichtsposition). Wenn ein Muskel gereizt wird, ändert sich die Beziehung zwischen seiner Kraft und Länge, und damit ändert sich auch die Gleichgewichtsposition. • Das Modell ist im Prinzip eine angenäherte Beschreibung der mechanischen Verhältnisse bei Muskelkontraktionen; zu einem Modell gezielter Bewegungen wird es, wenn zusätzliche Annahmen über die Änderung der Gleichgewichtsposition im Verlauf der Zeit gemacht werden (z. B. sprungförmige Änderung). [L] HEUER 1990 *H. Heuer*

Massenkommunikation →Massenmedien

Massenmedien, Sammelbez. für die «Medien, die für unpersönliche Übermittlung von Nachrichten an ein großes Publikum benutzt werden» (HOVLAND 1954), wie Presse, Film, Rundfunk, Fernsehen, Theater, Schallplatte. →Mediaforschung. • Die Ps. der M. umfaßt vier Hauptgebiete, die sich beziehen auf die Kommunikatoren (Analysen zur Struktur der Kommunikationsorganisationen, zu den Kommunikationsvoraussetzungen, Forschungen zum Image der Institutionen und die ps. Untersuchung der Mitarbeiter), auf den Kommunikationsvorgang (wahrnehmungs-, gedächtnis-, lern-, vorstellungs-, denk- und gefühlsps. Untersuchungen), auf den Rezipienten (persönlichkeits-, entwicklungs-, sozial-, motivationsps. Analysen und Wirkungsforschungen) sowie auf die Präsentation (ps. Untersuchungen der Aussage, der Gattung, der Stilmittel und die Analyse der Medienbeurteilung). • Die Wurzeln der Ps. der M. reichen zurück bis zur klassischen Rhetorik. Gegenwärtig stehen empirische Untersuchungen zur Film- und Fernsehps. im Mittelpunkt. →Meinungsführer, →Masse. [L] ARONS, BENESCH, FELDMANN, HIMMELWEIT, KEILHAKKER, MALETZKE, STÜCKRATH, WÖLKER, BERGLER & SIX 1979 *H. Benesch*

Massenpsychologie, Forschungsbereich der Sozialps. über die ökologischen und ps. Entstehungsbedingungen für →Massen, das Verhalten des einzelnen in Massen und über die Massen als Bedingungen für Persönlichkeitsmodifikation. Die sog. romanische M. (LE BON, TARDE, SIGHELE) entstand vor der Sozialps. und kann z. T. als «Ausdruck ... (der) Besorgnis um das Schicksal der kulturellen Werte in der Gesellschaft» (SODHI 1958) angesehen werden, zu einer Zeit, als ungeordnete revolutionäre Formen der noch unsicheren Demokratie erprobt wurden. KRONER (1972) sieht in ihr den Versuch, das Bürgertum vor dem Sozialismus zu bewahren. Die Masse, verstanden als formloser, knetbarer Teig, soll nach LE BON individuelle Unterschiede nivellieren, die Mitglieder homogen aus irrationalen Antrieben regieren lassen, weil Nachahmung und Suggestion die entscheidenden Verhaltensmechanismen würden und weil der einzelne anonym sei und Machtrausch oder Unverantwortlichkeit erlebe. Diese Auffassungen halten logischen und ps. Analysen nicht stand, insbes. weil mit einem sehr weiten Begriff der «Masse» gearbeitet worden ist. «Mob» wird von E. A. ROSS (1905) nicht im Ggs. zur Gesellschaft, sondern als unterste Stufe der gesellschaftlichen Hierarchie gesehen, an deren Spitze die organisierte strukturierte Gruppe steht. Damit wird die Überführung der M. in die Sozialps. begonnen.

In der experimentellen M. greift MOEDE (1920) die Behauptung auf, daß die Massensituation anregend auf die Anwesenden wirke, indem er den Einfluß des Nebeneinanderarbeitens in der Laborsituation auf die Leistungshöhe untersucht hat. Er setzt so die Überführung der M. in die Erforschung der Gruppen fort. Außerdem entwickelt sich die empirische Forschung im Sinne der oben für →Masse gegebenen Definitionen. Berichte darüber von MILGRAM und TOCH (1969), systematisierend von KRONER (1972). Beschreibungen verschiedener Menschenansammlungen *(crowds)* und agierender Massen hinsichtlich ihrer Formen und rudimentären Strukturen, Polarisierung, Ökologie und Bewegung werden in der M. gegeben; die Art der Zusammensetzung der Massen, der Informationsfluß in den Massen (Gerüchte) und die verschiedenen Erklärungen der Massenphänomene sind einige ihrer wichtigsten Gegenstände. →soziale Bewegung, →kollektives Verhalten, →crowding, →Masse. [L] REIWALD 1948, HOFSTÄTTER 1957 *R. Bergius*

Massenpsychose, ein fragwürdiger Begr., der zur Voraussetzung hat, daß Menschen in der →Masse psychotisch-pathologisch grenzenlos veränderbar seien. Nur i. ü. S. kann man von Massenschizophrenie oder Massenparanoia sprechen. M. bezeichnet auch als Beschreibungsbegriff soziale Ansteckungsphänomene.

massierte Übung [engl. *massed practice*], Lernen von kurzzeitig aufeinanderfolgenden Inhalten. Sind die Intervalle zwischen den einzelnen Gliedern sehr kurz, so ist die Lernleistung geringer als bei längeren Pausen zwischen den Gliedern (verteilte Übung, *spaced practice*). Je umfangreicher das Lernmaterial ist, umso vorteilhafter wirkt sich die verteilte Übung gegenüber der m.Ü. aus. *E. Klippstein*

Maßkorrelation →Produkt-Momentkorrelation

Maßmethoden, psychophysische, eine Gruppe von Verfahren zur Untersuchung der Beziehungen zwischen den quantitativen Änderungen eines Reizes und den ihnen entsprechenden Empfindungsänderungen, z. B. Grenz-, Herstellungs- und Konstanzverfahren. →Psychometrie. **[L]** WIRTH 1912, WOODWORTH & SCHLOSBERG 1954

Massonsche Scheibe, weiße, in Umdrehung zu setzende Scheibe, auf der ein Halbmesser als unterbrochene schwarze Linie gezeichnet ist. Bei Umdrehung entstehen zum Scheibenaußenrand hin heller werdende graue Ringe. Es wird zur Beurteilung der Grau- bzw. Weißempfindung festgestellt, welchen Ring die Vp eben noch beobachten kann.

mass-reaction, -action [engl. gehäufte Reaktion], in der amerikanischen Literatur häufiger Begr. für die unspezifischen Reaktionen eines Säuglings oder unentwickelten tierischen Organismus auf jedweden Reiz.
Sie bestehen in diffusen Bewegungen des ganzen Körpers. Neurologisch liegt dem ein noch unentwickelter Zustand des Nervensystems zugrunde. • Der Begr. stammt von COGHIL (1929), der anhand embryologischer Untersuchungen an Salamanderlarven nachwies, daß sich die einzelnen Reflexbögen aus einem Zustand von integrierter Ganzheit herausdifferenzieren, als deren Ausdruck die m.-r. angesehen werden kann. Dieses Ergebnis widersprach Auffassungen wie der des früheren Behaviorismus und der Reflexologie hinsichtlich ihrer Voraussetzung vom Primat der einzelnen Reflexbögen.

Maßzahlen, quantitative Werte, die den Ausprägungsgrad eines untersuchten Merkmals wiedergeben. M. können auf dem Quantifizierungsniveau von Ordinal-, Intervall- oder Verhältnisskalen stehen. *G. Mikula*

Maßzahlklassen, die Zusammenfassungen von Maßzahlen. Sie werden immer dann gebildet, wenn die Anzahl der möglichen Maßzahlen nicht wesentlich geringer (oder sogar größer) als die der tatsächlich vorkommenden Maßzahlen ist. M. ermöglichen besseren Überblick über die Verteilung von Maßzahlen und eine einfachere Bestimmung der Verteilungskennwerte. M. stellen eine Vergröberung des Maßstabes dar. *G. Mikula*

mastery learning [engl. beherrschen, erwerben], lehrzielorientiertes Lernen, →Lehrziel

mastery-Modell, das →Modell demonstriert im Vergleich zum →coping-Modell ausschließlich die erfolgreiche Bewältigung einer Anforderung, bei der die zum Ziel führenden Handlungsmöglichkeiten nie in Frage gestellt sind.

MAT, Motivation Analysis Test **[T]** CATTELL

matched groups [engl. zugeordnete Gruppen] →Parallelstichproben

matching game [T] DECROLY

Materialanalyse →Denken, →Denken, heuristische Methoden

Materialcharakter, in der Beziehung Person/Welt formt sich nicht nur die Person, sondern auch deren Welt. Dabei ist die Welt nicht allein das Stück objektiver Welt, das sich zufällig in der Nähe befindet, sondern auch dasjenige, das der Mensch sich nahebringt, weil er dafür Empfänglichkeit oder Reizbarkeit besitzt. So vollzieht sich die Beziehung in Reaktion und Spontanaktionen. Für ersteres benutzte W. STERN den Begriff M., z. B.: Ein Bildhauer, der dem «Aufforderungscharakter eines Klumpens Ton folgt, bleibt zu diesem in dynamischer Beziehung, denn jetzt wird der Klumpen zum Material, an welchem sich das Gestaltungsbedürfnis spontan zu betätigen vermag». →Akkommodation (PIAGET)

Materialisation, paraps. Bez. (DRIESCH) für Verstofflichung, die angeblich transzendente Wesen (Geister) durch Vermittlung des Mediums vornehmen. Hinterlassen von Abdrükken der Hände, Ausströmen einer Gestalt annehmenden Masse aus dem Munde usw. Ferngebilde = Teleplasma; Außengebilde = Ektoplasma. Ggs. Dematerialisation, das Verschwinden materieller Gebilde. →Parapsychologie. **[L]** BENDER 1970, DRIESCH 1952, RHINE & PRATT 1962

Materialismus, philosophische Lehre, nach der die Materie die einzige Grundlage der Wirklichkeit darstellt. Der M. erblickt in der Seele eine Funktion der Materie oder diese selbst. Ggs. Spiritualismus bzw. →Idealismus

Materialismus, eliminativer, moderne Version des M. (→Leib-Seele-Problem), wonach mentalistische Theorien und Erklärungen inadäquat seien und daher auch nicht auf physiologische reduziert, sondern einfach eliminiert werden sollten. Mentalistische Begriffe seien theoretische Begriffe veralteter Theorien, vergleichbar den früheren Vorstellungen über «Phlogisten» oder über «Hexen»; adäquat sei allein physiologische Psychologie. Gegen den e. M. wurde vorgebracht, daß die angebliche völlige Ersetzbarkeit mentalistischer Erklärungen durch physiologische vorläufig nichts weiter sei als eine Prophetie und der e. M. somit eine «Science-Fiction-Philosophie». *V. Gadenne*

Materalismus, funktionaler (auch Funktionalismus), Auffassung zum →Leib-Seele-Problem, wonach die Natur eines mentalen Zustandes weder in seiner Identität mit einem materiellen Zustand besteht, noch auf einer besonderen Art von mentaler Substanz beruht, sondern durch seine funktionelle Rolle in einem informationsverarbeitenden System bestimmt ist. Ein Schmerz z. B. ist danach ein Zustand, der durch die kausalen Beziehungen definiert ist, in denen er zu ablösenden Bedingungen, anderen mentalen Zuständen und zum Verhalten steht. Gegen den f. M. wird eingewendet, daß er den Erlebnisaspekt des Mentalen nicht erfassen könne. *V. Gadenne*

mathematiko-deduktive Methode →Behaviorismus

mathematische Funktionenerfassung **[T]** LIPPMANN, RUTHE

mathematische Lerntheorien, Theorien, welche aus einer (meist sehr kleinen) Anzahl von Annahmen über den Lernprozeß bestehen, aus welchen mit Hilfe exakter deduktiver Methoden die (beobachtbaren) Eigenschaften von Lernprozessen abgeleitet werden. Nach ersten, empirisch nicht weiter geprüften Ansätzen in HERBARTS mathematischer Ps. wurden von THURSTONE (1930) und GULLIKSEN (1934) Vorläufer der gegenwärtigen L. entwickelt. Die Grundannahmen ihrer Theorien, welche in erster Linie auf die Erklärung der negativ beschleunigten funktionalen Abhängigkeit des Lernerfolges von der Zahl der (positiv bzw. negativ) verstärkten Durchgänge abzielte, beziehen sich auf die Veränderungen der Wahrscheinlichkeit, daß ein Verhalten erfolgreich bzw. erfolglos ist.

Dieser probabilistische Grundgedanke wurde in den m.L. der Gegenwart weiter ausgebaut. Jeder auf Lernen (oder Vergessen) beruhende Prozeß wird als Folge diskreter Einzelschritte *(trials)* aufgefaßt. Jeder Schritt besteht aus der Darbietung eines Reizes, auf den das Versuchsobjekt durch Auswahl einer unter mehreren möglichen Reaktionen unterschiedlicher Wahrscheinlichkeit reagiert; die Reaktion führt zu einem (positiven oder negativen) Resultat und damit zur Veränderung der Wahrscheinlichkeitsverteilung der Reaktionsalternativen. In den konkreten Annahmen, die diese Elementarprozesse betreffen, und im mathematischen Apparat, der zur Entfaltung des Modells benutzt wird, unterscheiden sich die verschiedenen m.L.

In «Operator-Modellen» können die Wahrscheinlichkeiten der Reaktionsalternativen bzw. die Stärken der Reaktionstendenzen beliebige Werte innerhalb bestimmter Grenzen (Wahrscheinlichkeiten z. B. zwischen 0 und 1) annehmen. Die Operatoren (= Übergangsregeln; Gleichungen, welche die Veränderung einer Wahrscheinlichkeit p von einem Schritt n zum jeweils nächsten n + 1 beschreiben) können linear sein – z. B. $p_{n+1} = p_n + a(1-p_n) = a + (1-a)p_n$ (Ausgangspunkt der stochastischen Lerntheorie von BUSH & MOSTELLER 1951, 1955) – oder nicht linear – z. B.

$$p_n = \frac{\beta p_{n-1}}{(1-p_{n-1}) + \beta p_{n-1}}$$

(«β-Modell» von LUCE 1959).

In «endlichen Zustandsmodellen» (ESTES 1950, 1959) werden die Stimuli als Mengen von Elementen oder Komponenten aufgefaßt; jedes Element eines Stimulus ist mit einer und nur einer Reaktion assoziiert. Je mehr Stimuluselemente, welche mit einer bestimmten Reaktion assoziiert sind, bei einer Darbietung des Stimulus gegenwärtig sind, desto wahrscheinlicher wird das Auftreten der Reaktion sein. Die Assoziationen zwischen Stimuluselementen und Reaktionen werden je nach Verstärkungsbedingungen verändert, jedoch immer nach dem Alles-oder-Nichts-Prinzip. In jedem Trial ist nur eine begrenzte Anzahl von Stimuluselementen gegenwärtig oder «wirksam» (deswegen auch «stimulus-sampling-Theorie»). Die verschiedenen Zustandstheorien unterscheiden sich vor allem in den Annahmen betreffend die Zahl der Stimuluskomponenten, (a) aus denen insgesamt ein Reiz besteht (*small*-bzw. *N-element-models*) und (b) welche in jedem Trial wirksam werden (*component models* mit Stichprobengrößen größer als 1, *pattern models* mit Stichprobengrößen 1), ferner unter anderem auch danach, ob die Stichprobengröße fix ist oder variiert.

Nach der Annahme der *«pattern-models»*, daß in jedem Trial nur eine Stimuluskomponente, nämlich eine bestimmte Reizkonfiguration, als Stimulus wirksam ist, verändert sich die Gesamtzahl der mit der Reaktion konditionierten Patterns bei jedem Trial im einfachsten Fall nur um +1 oder 0 oder –1, je nach dem Erfolg (*outcome* oder *reinforcement*). Diese Eigenschaft, daß der Prozeß auf jedem Schritt nur entweder unverändert bleiben kann oder sich – mit bestimmten Wahrscheinlichkeiten – in benachbarte Zustände verändern kann, eröffnete die Möglichkeit, ihn mathematisch als MARKOFF-Kette zu interpretieren. Solche Versuche liegen vor allem bei der Ausarbeitung von «*small element*-Theorien» mit 2 bis 4 möglichen «Zuständen» vor, wobei die Zustände inhaltlich als unkonditionierter Ausgangszustand, als Zustand im Kurzzeit- bzw. als solcher im Langzeitspeicher ausgelegt werden (ATKINSON & CROTHERS 1964). Damit werden neuerdings Berührungspunkte zwischen m.L. und Modellen der Informationsverarbeitung und →Entscheidungstheorien geschaffen.

Für die Ps. wesentlicher, bisher nicht ausreichend geklärter Aspekt der l. M. ist die Deutung der Parameter der verschiedenen Modelle und die Prüfung der Validität der einzelnen Theorien. Bisher wurde die Anpassung der aus den verschiedenen Modelltypen (bzw. Einzelmodellen mit gegebenen Parametergrößen) berechneten an den beobachteten Daten, wie z. B. Verläufe des Lernfortschritts bzw. der Fehlerzahl (Lernkurve), asymptotischer Wert der relativen Häufigkeit von richtigen Vorhersagereaktionen bei kontinuierlicher Verstärkung (Diskriminations-Lernen) und partieller Verstärkung *(«probability matching»)*, die Wahrscheinlichkeit einer Reaktionsalternative nach einer Serie gleicher Stimuli oder Reaktionen *(runs)* u. a. geprüft.

Die Entwicklung von m.L. hat zwar noch nicht zur Herausbildung eines einzigen umfassenden Modells und zur eindeutigen Interpretation seiner Parameter geführt, m.L. besitzen jedoch den methodisch nicht zu unterschätzenden Vorteil, daß alle Annahmen, die in das Modell eingehen, explizit sind und daß sich (unter bestimmten Bedingungen) exakte quantitative Voraussagen der Beobachtungsgrößen ableiten lassen. **[L]** COOMBS 1970, LUCE 1965 *E. Mittenecker*

Mathematische Psychologie, als Terminus erstmals 1960 im Titel eines Sammelbandes von LUCE *(Developments in Mathematical Psychology)*. M.P. ist die Sammelbez. für die methodisch und inhaltlich sehr heterogenen Versuche, mathematische Methoden bei der Behandlung ps. Probleme einzusetzen.

In HERBARTS «Grundlagen der Psychologie» (1824) werden erstmals mathematisch formulierte Modelle der «Vorstellungsmechanik» dargestellt. HERBART ging von einer kleinen Anzahl von plausibel erscheinenden Grundannahmen aus und leitete, unter Zuhilfenahme der Infinitesimalrechnung, eine große Zahl von Gesetzmäßigkeiten ab, deren empirische Gültigkeit jedoch nicht experimentell überprüft wurde. FECHNERS «Elemente der Psychophysik» (1860) stellen den Ausgangspunkt des historisch bedeutendsten Teilgebietes der M.P. dar. Die ersten Ansätze der klassischen Testtheorie und der Faktorenanalyse von Test-Interkorrelationen, beginnend mit den Arbeiten von SPEARMAN vor dem Ersten Weltkrieg, wurden in den dreißiger Jahren von THURSTONE, GULLIKSEN und anderen systematisch ausgebaut. Die letzteren machten auch Versuche, «rationale» Erklärungen für Lern- und Vergessensfunktionen zu geben, indem sie aus wenigen plausibel erscheinenden Grundannahmen Gleichungen mit empirisch bestimmbaren Parametern ableiteten. THURSTONE leistete auch entscheidende Beiträge zur Einstellungsmessung und zur Theorie der Skalierungsmethoden. Die Versuche von RASHEVSKY, im Rahmen einer großangelegten «mathematischen Biophysik» auch ps. Probleme (mit traditionellen math. Methoden) zu bearbeiten, hatten dagegen auf die Entwicklung der gegenwärtigen M.P. keinen merklichen Einfluß. Als in den Jahren nach dem Zweiten Weltkrieg eine Reihe von Forschern unter Einsatz neuer mathematischer Methoden begann, stochastische Modelle in der Lerntheorie zu entwickeln, die Theorie der Spiele, die Nutzentheorie und die Informationstheorie auf ps. Probleme verschiedener Art anzuwenden, entstand die Tendenz, solche Forscher als «mathematische Psychologen» zu bezeichnen. Bald nach dem Erscheinen des anfangs erwähnten Werkes wurde 1963 bis 1965 ein dreibändiges *«Handbook of Mathematical Psychology»* (LUCE, BUSH, GALANTER) veröffentlicht, von 1965 an erscheint ein *«J. of Mathematical Psychology»*. Im deutschen Sprachgebiet bildete sich zur gleichen Zeit eine Arbeitsgruppe mathematischer Psychologen.

Gegenwärtig stellt sich die M.P. als die Gesamtheit der Forschungsarbeiten «mathematischer Psychologen» auf verschiedensten Gebieten der Ps. dar, wobei allerdings methodisch vielfältige Querverbindungen existieren. Hauptthemen sind die axiomatischen Grundlagen des Messens (→Meßtheorie), Skalentheorie (→Skalierung), →Spieltheorie, →Entscheidungstheorie, →Signaldetektion, →Psychophysik, →mathematische Lerntheorie, →Informationstheorie und die statistische Analyse sequentieller Vorgänge (→MARKOFF-

Prozeß), ferner neue Entwicklungen der →Testtheorie und der Sprachanalyse. Dagegen wird die Forschung auf den Gebieten der Entwicklung und Anwendung deskriptiver und induktiver Verfahren der →Statistik, welche die Versuchsplanung und die Auswertungsmethoden in der exp. Ps. wesentlich beeinflussen, gewöhnlich nicht der M.P. zugerechnet. [L] LUCE, BUSH & GALANTER 1957, COOMBS, DAWES & TVERSKY 1970 *E. Mittenecker*

Matriarchat →Mutterrecht

Matrix, (allg.) jede zweidimensionale Zusammenstellung von zusammengehörigen Werten. (math.) Eine Darstellungsform für n Größen, die m lineare Beziehungen aufweisen. Z. B. lassen sich lineare Gleichungssysteme in einer M. darstellen. Die zahlenmäßige Lösung solcher in Matrizenform dargestellter Gleichungssysteme werden über die Determinanten bestimmt. Dafür sind eigene Rechenregeln gültig. Als transponierte M.U′ bezeichnet man eine M., die die gleichen Elemente wie die M.U enthält, die jedoch um die Hauptdiagonale gespiegelt wurde. • Eine inverse M. ist eine M., die bei Multiplikation mit der Ausgangsmatrix die Einheitsmatrix E. liefert. Sie ist nur bei nicht-singulären Matrizen, d. h. bei Matrizen, deren Determinante ungleich Null ist, möglich. →Lernmatrix *G. Mikula*

Matrizenrechnung, ein Teilgebiet der Algebra, das sich mit der formalen Behandlung von Matrizen (→Matrix) befaßt. Für die M. sind eigene Rechenregeln gültig, so ist z. B. die Multiplikation von Matrizen nicht kommutativ, d. h. $U \cdot B \neq B \cdot U$. *G. Mikula*

Matrizen-Tests [T] PENROSE, RAVEN

maturation →Reifung

Maturationsalter →Reifealter

maturitas praecox [lat.], Frühreife des Jugendlichen. →Frühreife, →Akzeleration, →pubertas praecox

MAUD, Abk. für *Multi-attribute Utility Decomposition,* ein interaktives Computerprogramm, das dem Anwender hilft, Entscheidungsalternativen und ihre Merkmale zu strukturieren und nach der →multiattributen Nutzentheorie zu bewerten (→Entscheidungsunterstützungssysteme). [L] HUMPHREYS et al. 1983 *A. Engemann*

Maudsley-Tests (benannt nach dem Maudsley Hospital in London) [T] EYSENCK

Mausefalle [T] SCHULZ

maut, Abk. für *multi attribute utility theory* →Entscheidungstheorie

MAXDIFF-Heuristik, größte →Differenz-Heuristik (engl. *greatest attractiveness, difference heuristic*). →Entscheidungsheuristik, bei der zunächst die Dimension mit der größten Differenz zwischen dem höchsten und dem niedrigsten Wert bei allen Alternativen ermittelt wird. Die Alternative, die auf dieser Dimension die höchste Bewertung hat, wird gewählt.

MAXDOM-Heuristik →Entscheidungsheuristik, bei der die →Dominanz-Heuristik auf die größte →Differenz-Heuristik (→MAXDIFF) angewendet wird.

MAXIMAX-Heuristik →Entscheidungsheuristik, bei der die Alternative gewählt wird, die die absolut höchste Bewertungsausprägung hat, unabhängig davon, auf welcher Dimension dieser Wert liegt.

MAXIMIN-Heuristik →Entscheidungsheuristik, bei der die Alternative gewählt wird, deren niedrigster Wert (Minimum auf irgendeiner Dimension) höher ist als das Minimum bei den anderen Alternativen.

maximum-likelihood-Methode, eine Methode der statistischen Parameterschätzung, in der jener Wert als Schätzung des Parameters einer Datenmenge ausgewählt wird, bei dem die Wahrscheinlichkeit der beobachteten Datenmenge ein Maximum ist. Die m.-l.-M. liefert in vielen Fällen Schätzungen maximaler Präzision, d. h. Schätzungen mit geringstem Standardfehler. *G. Mikula*

Max-kon-Min-Regel, nach KERLINGER (1973) die Strategie des Experimentators bei der Planung eines →Experiments, (1) die Wirkung der unabhängigen →Variablen auf die abhängige Variable zu maximieren, (2) die Einflüsse der unerwünschten systematischen (Stör-)Variablen auf die abhängige Variable zu kontrollieren und (3) die Effekte von unsystematischen (Zufalls-)Variablen zu minimieren. *K. H. Stapf*

Maxwellsche Scheibe →Farbenkreisel

maze-Test [engl. *maze* Labyrinth] [T] PORTEUS

Mazzoni, Vittori (1832–1885), Mediziner, Histologe, Rom →GOLGI-MAZZONIsche Körperchen

MBI, Abk. für *Maslach Burnout Inventory* →Burnout

McCollough-Effekt, bedingter →Nacheffekt. Für einige Minuten wird ein Muster mit z. B. horizontalen und vertikalen Streifen betrachtet; Regionen mit Streifen unterschiedlicher Orientierung sind unterschiedlich gefärbt (z. B. Rot und Grün). Bei anschließender Betrachtung eines schwarz-weißen Streifenmusters erscheinen gegenfarbige (→Gegenfarben) Nacheffekte, abhängig von der Orientierung der Streifen. [L] HAJOS 1972 *H. Heuer*

McDougall, William (1871–1938), Begründer der Sozialpsychologie als Verhaltenswissenschaft.

McNemar, Quinn (*1900), Psychologe, Statistiker / Stanford-Univ. u. a.

McNemar-Test, ein nichtparametrisches Verfahren zur Prüfung des Unterschiedes zwischen zwei korrelierenden Verteilungen von Alternativmerkmalen. Als Prüfstatistik wird

$$\chi^2 = \frac{(b-c)^2}{b+c}, \ df = 1$$

bestimmt, wobei b und c die Häufigkeiten in den Zellen der Nebendiagonale des Korrelationsschemas bezeichnen. *G. Mikula*

MCS, Abk. für multiple chemical sensitivity →multiple chemische Sensitivität

Md, auch mdn, →Median

MDMA, Abk. für →Methylendioxymethamphetamin, →Ecstasy.

MDS, Abk. für →multidimensionale Skalierung

me [engl.], das →Selbst

Mead, George H. (1863–1931), Begründer der funktionalistischen Bewegung in der Psychologie wie auch des frühen Behaviorismus. MEAD wird auch als «sozialer Behaviorist» bezeichnet.

Mead, Margaret (1901–1978), Kulturanthropologin, die vor allem durch ihre Untersuchungen zu Sozialisationsbedingungen bei Naturvölkern bekannt wurde.

meaningfulness, Bedeutungshaltigkeit. Während sich die Assoziationsforscher (→Assoziation) in erster Linie für die Enge der assoziativen Verbindung von →Begriffen und für die assoziierten Inhalte interessiert haben und versuchten, die →Bedeutung eines Wortes über die Inhalte der mit ihm verbundenen Assoziate zu fassen, hat NOBLE (1952) die Menge der verschiedenen mit einem Wort verbundenen Assoziate ins Blickfeld gerückt und ihre (in bestimmter Weise gemessene) Anzahl als Bedeutungshaltigkeit *(meaningfulness)* definiert. Der von NOBLE konzipierte Index

$$m = \frac{1}{N} R_s$$

(wobei m = *meaningfulness*, s = ein bestimmter verbaler Reiz, R = die assoziierten Responses und N die Anzahl der in die Messung einbezogenen Vpn ist) ermittelt die durchschnittliche Anzahl verschiedener Assoziationen, die einer Vp in einer Minute zu dem betreffenden Stimuluswort einfallen. Dieser Index erweist sich als guter Indikator für die Leichtigkeit, mit der Wörter bzw. Silben in Lernexperimenten (→Lernen) behalten werden, und steht in Beziehung zum →Wortfeldkonzept. Mit ihm kann auch die Bedeutungshaltigkeit sinnloser →Silben bestimmt werden. [L] HÖRMANN 1967 *J. Engelkamp*

means-ends analysis, Ziel-Mittel-Analyse, eingeführt durch das Simulationsprogramm – *general problem solver:* Jedes Zwischenziel wird als Mittel für die Endzielerreichung betrachtet. →Entscheidung, →Heuristik

Mechanical Comprehension Tests [T] BENNETT, PRAK

mechanisch, auf Mechanik beruhend, nur physisch verursacht. Die m. Erklärung der Lebensprozesse führt diese nur auf physikalisch-chemische Ursachen zurück. Eine entsprechende Weltanschauung wird auch als mechanistisch bezeichnet. →Mechanismus, →Maschinentheorie

mechanisches Gedächtnis, die Einprägung eines Lernstoffes durch reines Wiederholen, auf assoziativem Wege, im Ggs. zum logischen Gedächtnis, wobei sinnvolle gedankliche Zusammenhänge für das Behalten nutzbar gemacht werden.

mechanisches Lernen →Lernen

mechanisch-technisches Verständnis [T] LIENERT

Mechanisierung →Automatisierung

Mechanismus, ein gesetzmäßig bestimmtes System von Bewegungen oder Geschehnissen, auch der Apparat, an dem diese ablaufen. Mechanistische Theorien: Anschauungen, die alles Geschehen, auch das seelische, nach Analogie physikalisch-chemischer Gesetzmäßigkeiten betrachten und daneben kein anderes Geschehensprinzip annehmen. Der Vorwurf, diese Theorie zu vertreten, wurde besonders gegenüber der Assoziationspsychologie und dem Behaviorismus erhoben. Entgegen der mechanistischen Auffassung wurde (z. B. von der Gestaltpsychologie) gegen die Annahme von Zwangsbedingungen die Wirkung relativ unabhängiger, einander selbst regulierender Kräfte (z. B. Feldkräfte) vorgeschlagen (→Feld, Dynamik, Maschinentheorie, Konstanzannahme).

Meclofenoxat, WZ Cerutil®, Psychopharmakon aus der Klasse der →Nootropika. Wirkt relativ unspezifisch über die Beeinflussung des Gehirnstoffwechsels (z. B. Erhöhung der Glukoseverwertung, Aktivierung des Nukleotid-, Phospholipid- oder Proteinstoffwechsels). *W. Janke/M. Ising*

Mediaforschung, Medienforschung, Teilgebiet der →Wirtschaftsps., in dem die ps. Voraussetzungen, Bedingungen und Auswirkungen der Werbeträger (z.B. Zeitungen, Fernsehen) und Werbemittel (z.B. Anzeigen, Plakate) auf die Publikumsbeeinflussung durch Werbeexponate erforscht werden. Eine der umfangreichsten Untersuchungen dieser Art ist die jährliche «Leseranalyse Zeitschriften», in der rd. 80 Zeitschriften der Bundesrepublik auf ihre Publikumsreichweite untersucht werden. →Massenmedien

Median, syn. Zentralwert, 50. Centil. Ein statistischer Kennwert für die zentrale Tendenz einer Verteilung, der diese im Falle nichtsymmetrischer Verteilungen besser charakterisiert als das arithmetische Mittel, da er von den Extremwerten nicht beeinflußt wird. M. ist jede Maßzahl, die die Verteilung in zwei gleich große Hälften teilt, so daß auf jeder Seite 50 % der Fälle liegen. *G. Mikula*

Medianebene [lat. *medius* der mittlere], Ebene, die den Körper in rechte und linke Hälfte teilt. Was in ihr liegt, liegt median. Was ihr benachbart ist, liegt medial (nach der Mitte zu). Ggs. →lateral.

Mediationstheorie [engl. *mediation theory*] →Vermittlungstheorie

mediative Denktheorie, Mediations-(Vermittlungs-)Theorie, →Denken. **[L]** OSGOOD 1953

Medienpädagogik, wird als Begriff sehr inkonsistent gebraucht und bezeichnet einerseits die Problematisierung von Medien (bes. Massenmedien) im Unterricht (bes. durch Medienanalyse, Medienvergleich, Medienproduktion), andererseits wird unter dem Begriff die mediale Gestaltung unterrichtlichen Geschehens sowie die wissenschaftl. Erforschung bes. der Optimierung von Unterrichtsmedien verstanden.

Meditation [lat. *meditation, meditari* nachdenken], nachdenkendes Eindringen, intensives Betrachten, Sich-Versenken (in einen Gegenstand oder in eine Gedankenwelt), das durch Schweigen, Entspannung und ein inneres Lauschen eingeübt werden kann. Ein in allen Kulturen und zu allen Zeiten verbreitetes Phänomen, das typologisch in verschiedenen Formen auftritt, so daß der Begriff M. keineswegs eindeutig ist.

In der therapeutischen Anwendung umfaßt M. eine ganze Reihe von Übungen zur Bewußtseinserweiterung und zur willentlichen Steuerung mentaler Prozesse so auch körperliche (Lotussitz, Atemkontrolle) wie kognitive Verfahren (vgl. Entspannungstherapien). Es handelt sich hier um eine relativ wenig verbreitete Methode mit recht guten Wirksamkeitsbefunden. Anwendungsbereiche u.a.: Angst- und Spannungszustände, Bluthochdruck. *F. Caspar*

Meditationstechniken, M. des «passiven» Bewußtseins finden in der Gegenkulturbewegung der 60er Jahre mit dem Ziel der Bewußtseinserweiterung erneut Beachtung. ORNSTEIN (1976) empfiehlt die Ergänzung der traditionellen Ps. durch Zen- und Yoga-Techniken, um das «westliche» verbal-analytische Bewußtsein mit dem «östlichen» räumlich-visuell-ganzheitlichen – je der linken bzw. der rechten Hirnhälfte zugeordnet (→Hemisphärenspezialisierung) – zu einer kreativen Synthese zu verbinden. TART (1969) berichtet über ps.-physiol. Untersuchungen der Hirntätigkeit bei Meditierenden. *R. Bergius*

Medium, Mittel, Umgebung, Milieu. • Im Okkultismus eine Mittelsperson, die bei spiritistischen Sitzungen mit Geistern in Verbindung tritt oder überhaupt «mediale», okkulte Fähigkeiten besitzt (→Telepathie, →Hellsehen, →Materialisation). • Vp oder Patient bei Hypnoseversuchen bzw. Hypnotherapie.

Medizinische Psychologie, läßt sich durch Akzentuierung der Lehre einerseits oder der Forschung und Praxis andererseits definieren, wodurch das Fach sehr unterschiedliche Konturen gewinnt.

Stellt man die Lehre heraus, dann ist M.Ps. Psychologie für Mediziner, ein durch die Approbationsordnung für Ärzte 1970 wieder eingeführtes Pflichtfach im vorklinischen Abschnitt des Medizinstudiums. Neben Vorlesungen und Seminaren müssen die Medizinstudenten obligatorische Kurse in M.Ps. besuchen und werden in der ärztlichen Vorprüfung in diesem Fach geprüft.

Die M.Ps. soll den Medizinstudenten sowohl die Grundkenntnisse der Ps. vermitteln, die in der Vorprüfung abgefragt werden, als auch zum Erreichen der folgenden anspruchsvollen Lernziele beitragen (DAHME et al. 1977): Selbst- und Fremdwahrnehmung, Problembewußtsein für m.-ps. Methodik, ps. aufgeschlossene Haltung gegenüber dem Patienten, Elemente ärztlich-ps. Handelns und professionelle Kooperation. Durch die Einführung als Lehrfach ist die M.Ps. an nahezu allen Med. Fakultäten in Deutschland selbständig institutionalisiert.

Von Forschung und Praxis her betrachtet, ergeben sich zahlreiche Überlappungen zwischen M.Ps. und Klinischer Ps. sowie zur Ge-

sundheitsps. (vgl. BASTINE 1992; SCHMIDT 1997; SCHMIDT & SCHWENKMEZGER 1994; SCHWARZER 1996). Die M.Ps. befaßt sich jedoch überwiegend mit Individuen, die bereits erkrankt sind, während sich die Gesundheitsps. stärker der Gesundheitsförderung und der primären Prävention zuwendet.
Im Zentrum der Forschung der M.Ps. stehen ps. Probleme der Arzt-Patient-Interaktion, der Verarbeitung von Krankheiten und ihren Folgen, ps. Probleme des Krankenhauses und eine Vielfalt von Fragestellungen, wie sie nachstehend erläutert werden (SCHMIDT 1984).
(a) Die Arzt-Patient-Interaktion ist ein vielschichtiger ps. Prozeß. Von bes. Bedeutung sind die Information und Beratung des Patienten und die Befolgung ärztlicher Anordnungen →Compliance (LANG & ARNOLD 1996).
(b) Nach der bahnbrechenden Publikation von JANIS (1958) entwickelte sich eine lebhafte Forschung über die ps. Vorbereitung auf Narkose, Operation und die postoperative Phase. Die differentielle ps. Operationsvorbereitung kann nicht nur die psychische Situation des Patienten in der postoperativen Phase verbessern helfen, sondern auch zur organischen Heilungsschnelligkeit und Senkung des Verbrauchs von Schmerz- und Beruhigungsmitteln beitragen (SCHMIDT 1992).
(c) Eine äußerst große Zahl von diagnostischen und therapeutischen Maßnahmen (z. B. Injektionen, Punktionen, Endoskopien und eine zunehmende Zahl von Operationen) erfolgt in der Medizin und in der Zahnmedizin bei Bewußtsein. Die ps. Auseinandersetzung mit diesen Maßnahmen kann nach entsprechender Vorbereitung krisenartige Belastungssituationen vermeiden helfen (SCHMIDT 1992).
(d) Für viele Patienten stellt der Krankenhausaufenthalt eine erhebliche Belastungssituation dar, und vor allem Kinder müssen darauf adäquat vorbereitet werden (SCHMIDT 1984; SAILE & SCHMIDT 1990; SCHUMACHER 1996).
(e) Einen wichtigen Beitrag leistet die M.Ps. hinsichtlich des Coping mit Krankheiten und ihren Folgen (HEIM & PERREZ 1994). Die M.Ps. befaßt sich mit sehr unterschiedlichen Krankheiten aus allen Bereichen, wobei Krebs, kardiologische Erkrankungen, der rheumatische Formenkreis und die Verarbeitung schwerer neurologischer Krankheiten im Mittelpunkt der Forschung stehen. Vielfältige ps. Aspekte ergeben sich bei chronischen und terminalen Krankheiten im Kindes- und Jugendalter (PETERMANN 1997; SEIFFGE-KRENKE et al. 1996).
(f) Die M.Ps. hat sich auch Grenzfragen des Sterbens und des Todes bei den Betroffenen und deren Angehörigen und den mit dem Sterben befaßten Fachleuten gewidmet (Todespsychologie).
(g) Aus den umfangreichen Forschungsgebieten seien schließlich ps. Fragestellungen in der Schmerzforschung (BREUKER et al. 1996), der Humangenetik und Reproduktionsmedizin (BRÜHLER & MEYER 1991) und der Transplantationsmedizin (KOCH & NEUSER 1997) genannt.
Anwendungsbereiche und Institutionalisierung der M.Ps.: Zu den Anwendungsbereichen der M.Ps. zählen prinzipiell alle ambulanten und stationären Einrichtungen der Medizin und der Zahnmedizin (SCHMIDT 1984). Dabei kann die Tätigkeit direkt patientenbezogen sein oder die Beratung von Ärzten und Pflegepersonal und deren Fortbildung betreffen. Wenn man von den großen Tätigkeitsfeldern in Psychiatrie, Neurologie, Psychosomatik und Rehabilitation (→Klinische Ps.) absieht, steht der Umfang der praktisch-m.ps. Tätigkeit in Deutschland in einem sehr ungünstigen Verhältnis zur Forschung. Die M.Ps. wird in Deutschland vor allem von der Deutschen Gesellschaft für Medizinische Psychologie (DGMP) vertreten. [L] BASTINE 1992; BRÜHLER & MEYER 1991; BREUKER et al. 1996; DAHME et al. 1977; HEIM & PERREZ 1994; JANIS 1958; KOCH & NEUSER 1997; LANG & ARNOLD 1996; PETERMANN 1997; SAILE & SCHMIDT 1990; SCHMIDT 1984; SCHMIDT 1992; SCHMIDT 1997; SCHMIDT & SCHWENKMEZGER 1994; SCHUMACHER 1996; SCHWARZER 1996; SEIFFGE-KRENKE et al. 1996 *L. Schmidt*

medizinisches Modell, Krankheitsmodell, polemisch gebrauchte Bez. für die Annahmen über Entstehung und Art von Verhaltensstörungen, neurotischen Symptomen und Psychosen durch (bzw. als) genetische Bedingungen, erworbene Stoffwechselstörungen und andere ungeklärte somatische Faktoren. Psychologen verwenden gelegentlich den Ausdruck, um von den entspr. Annahmen die Hypothesen abzusetzen, nach denen überwiegend psychosoziale oder «gesellschaftliche» Bedingungen psychische oder Verhaltensstörungen verursachen oder sogar nur fälschlich diagnostizieren lassen. Die Diskussion über diese Kontroverse scheint mit manchen gegenseitigen Mißverständnissen geführt zu werden. [L] KEUPP 1972, 1979

Medizinisch-Psychologische Untersuchung (MPU), hauptsächlich in Deutschland, Öster-

reich und der Schweiz gebräuchliches Verfahren zur Überprüfung von Kraftfahrern auf ihre vorübergehende oder dauerhafte charakterliche und körperliche Eignung bzw. Nichteignung zur Führung von Kraftfahrzeugen. Nach auffälligem Verhalten kann – ausgelöst durch Bedenken der Fahrerlaubnisbehörde oder eines Gerichts – der Kraftfahrer sich einer MPU unterziehen, mit dem Ziel, die Bedenken der Fahrerlaubnisbehörde auszuräumen oder die Auflagen des Gerichts zu erfüllen, um anschließend seine Fahrerlaubnis wiedererlangen zu können. Hauptsächlich Auffälligkeiten in Verbindung mit Alkohol führen zur MPU. Andere Anlässe wie die Prüfung der Kompensation von Einschränkungen treten relativ selten auf. Der größte Teil der Verkehrspsychologen arbeitet im MPU-Bereich; es existiert meistens die Notwendigkeit einer amtlichen Anerkennung.
Wesentliche Instrumente der MPU sind – hauptsächlich anlaßbezogen auszuwählen – Funktionsprüfungen, biographische Fragekataloge und Exploration. Außenkriterien werden in der Legalbewährung (Dauer der späteren Unauffälligkeit) gesucht. Als Ergebnis einer MPU kann empfohlen werden, an einer →Nachschulung teilzunehmen. **[L]** ECHTERHOFF 1991, HÄCKER & ECHTERHOFF 1993 *W. Echterhoff*

medulla oblongata [lat.], das verlängerte Rückenmark (→Gehirn, →Rückenmark)

Mefenorex, WZ Rondimen® (nicht mehr im Handel), chem. Substanz aus der Gruppe der →Appetitzügler. Wirkungsmechanismus über Beeinflussung des adrenergen Systems. **[L]** FOX 1992, NETTER et al. 1978 *W. Janke*

Megalomanie [gr. *megas* groß], Größenwahn, krankhafte Überschätzung der eigenen Person.

mehrdimensionale Diagnostik, Bez. von KRETSCHMER (1975) für das Vorgehen bei der Diagnosestellung: Das Krankheitsbild ist von mehreren Seiten diagnostisch zu beurteilen und in mehrere nosologische Kategorien einzuordnen.

mehrdimensionale Skalierung, (MDS), darunter werden Modelle zusammengefaßt, die empirische Ähnlichkeits- oder Unähnlichkeitsbeziehungen zwischen Objekten (z.B. wahrgenommene Reize, Gedächtnisinhalte, Begriffe, Lösungsschritte beim Problemlösen) in dimensionalen Ordnungsräumen darstellen. Eine Axiomatik der dimensionalen Dekomposition von als Distanzen interpretierten Unähnlichkeiten wurde von BEALS, KRANTZ & TVERSKY (1968) aufgestellt; neben empirisch prüfbaren Axiomen über Ähnlichkeitsbeziehungen zeigt die Axiomatik auch, daß nur sog. MINKOWSKI-Metriken als Distanzfunktionen zu dimensionalen Räumen führen. Wenn die Unähnlichkeitsrelationen auf Verhältnis- bzw. Intervallskalenniveau quantifiziert werden können, lassen sich die so gegebenen Distanzen in innere Produkte umrechnen und mit Hilfe von Eigenwert-Eigenvektoren-Zerlegungen dimensional darstellen (TORGERSON 1958). Wenn die Ähnlichkeits- bzw. Unähnlichkeitsrelationen lediglich ordinal vergleichbar sind, können mit Hilfe von Gradientenverfahren Funktionen für die Güte der Anpassung (*goodness of fit* im Ggs. zu *stress*) optimiert werden, die von der jeweiligen dimensionalen Anordnung abhängig sind (SHEPARD 1962, KRUSKAL 1964). Von den MDS-Verfahren auf der Grundlage der als Distanzen interpretierten Unähnlichkeitsrelationen abzuheben sind die Inhaltsverfahren (EKMAN 1963), in denen auf Grund von Verhältnisschätzungen der Objektinhalte direkt innere Produkte zwischen objektrepräsentierenden Vektoren berechnet werden. Der dimensionale Ordnungsraum ist bei diesen Modellen auf den positiven Orthanten eingeschränkt. →multidimensionale Skalierung
Kritiker der klassischen m.S. weisen darauf hin, daß sie Abbildungen einer empirischen Menge in den Zahlenraum liefere, ohne daß damit eine strukturverträgliche →Abbildung (ein →Morphismus) gegeben sei. *A. Zimmer*

Mehrfachhandlung →Reaktionszeit

Mehrfachnorm →Normskala

Mehrfachwahlantwort [engl. *multiple choice*], Aufgabentyp in ps. Tests, bei denen der Pb aus einem Angebot von mehreren Antworten die einzig richtige Antwort herauszusuchen hat. Neben dieser sog. Bestantwort werden bei diesem Aufgabentypus eine Reihe von Alternativantworten vorgegeben, die möglichst gleichwertig sein sollen. Die Testkonstruktion macht heute sehr häufig Gebrauch von der M. →Wahlantworten

Mehrstufenauswahl →Stichprobe

Meidungskonflikt →Konflikt

Meidungsverhalten, Vermeidungsverhalten, →Lernen

Meinungsbefragung, Meinungsforschung, Analyse des Entstehens, Wachsens und des Wandels der in der öffentlichen Meinung sich ausprägenden Hauptströmungen. Der Gegenstand der M. *(public opinion research)* ist vielseitig entsprechend der Vielgestalt der Felder, auf denen sich die öffentliche Meinung auswirkt. Ihren Ausgang nahm die moderne M. mit der Entwicklung einer eigenen Methode und Technik der Befragung *(poll, survey, sondage),* die in USA an den Namen G. GALLUP anknüpft.

Seine Methode hat zahllose Nachfolger gefunden. Grundlage des Verfahrens ist jeweils ein «Miniaturmodell» der öffentlichen Meinung, indem aus allen Schichten, aus Städten verschiedener Größe und mit verschiedener Industrie, aus Landbezirken usw. eine bestimmte Zahl repräsentativer Personen befragt wird (Repräsentativbefragung). Die Methode findet heute auf allen Gebieten des öffentlichen Lebens, der Politik und Wirtschaft (auch unter den Bezeichnungen Demoskopie und Doxologie) Anwendung. Man gewinnt damit auch Hinweise für die Beeinflussung der öffentlichen Meinung. Übergänge zur →public relation sind deutlich. • Bei der Durchführung von Meinungsbefragungen können sechs Stadien und ihre bes. Problematik unterschieden werden: (a) aus den Programmfragen der Auftraggeber oder der Themenstellung sind Interviewfragen zu erstellen, die den zunehmend höheren wissenschaftlichen Forderungen an das →Interview gerecht werden; (b) bei der Herstellung des Fragebogens müssen die vielfältigen Auswirkungen der Fragen untereinander berücksichtigt werden; (c) Die Erstellung der Stichprobe muß den Erwartungen an Genauigkeit und Aufwand und ihrer vertretbaren Beziehung bes. im Hinblick auf die verwendeten Auswahlverfahren (Quota, Random) Rechnung tragen; (d) Die Durchführung der Feldarbeit erfordert die angemessene Schulung der Interviewer sowie die Organisation und Kontrolle ihres Einsatzes; (e) die Aufbereitung der gewonnenen Daten setzt eine zumeist für Datenverarbeitungsanlagen notwendige Verschlüsselung und Auswertungsform voraus; (f) bei der Berichterstattung sind die deskriptions- und inferenzstatistische Analyse und die Diskussion der Ergebnisse in einem Gutachten zu unterscheiden. **[L]** BERNSDORF, DOMIZLAFF, FESTINGER, GALLUP, H. GROSS, HOFSTÄTTER, LENZ, SPIEGEL

Meinungsführer [engl. *opinion leader*], Personen, die aus der Massenkommunikation viele Aussagen aufnehmen und an weniger aktive Benutzer dieser Quellen persönlich weitergeben. Ein solcher Fluß der Informationen in zwei Schritten wird auch Zweistufentheorie der Massenkommunikation genannt; sie ist von LAZARSFELD u. a. entwickelt und von ROGERS zum «Mehrstufenfluß-Modell» ausgebaut worden. **[L]** EURICH 1976, GRAUMANN 1972

Meiose, auch Reifeteilung oder Reduktionsteilung. Kernteilung bei der Bildung von →Gameten; in zwei aufeianderfolgenden Teilungsschritten entstehen aus einer →diploiden Zelle vier →haploide Gameten. →Kopulation, →Mitose

Meissner, Georg (1829–1905), Physiologe, Anatom, Zoologe / Univ. Basel, Freiburg, Göttingen

Meissnersche Körper, Endorgane sensibler Nerven in den Tastkörpern der Haut zur Vermittlung des Tastgefühls. Auch WAGNERsche Körper genannt.

Melancholie [gr. *melas* schwarz, *cholos* Galle, Schwarzgalligkeit], ein schon in der antiken Anschauung über die →Temperamente und Körpersäfte (HIPPOKRATES, GALEN) beschriebener Gemütszustand der schwermütigen Verstimmung. **[L]** HIPPIUS & SELBACH 1969, TELLENBACH 1976

Melancholiker, melancholischer Typus, der schwermütige, schwerblütige, in sich gekehrte, vom Leid stärker als von der Freude ansprechbare Mensch. →Typologie (Reaktionstypen)

Melanin, Pigment, das in Melanoblasten und -cyten gebildet und von bestimmten Zellen insb. in Haut und Haaren, aber auch in der Substantia nigra gespeichert wird und eine Dunkelfärbung hervorruft. Die Synthese von M. wird u. a. beeinflußt durch das →Melanocyten stimulierende Hormon sowie durch →Melatonin. →Hormone *M. Ising/W. Janke*

Melanocyten stimulierendes Hormon, Abk. MSH, syn. Melanotropin, Hypophysenhormon, das die Produktion von Melanin fördert und auf die Pigmentierung der Haut Einfluß nimmt. Die Bedeutung beim Mensch ist noch unklar. M. wird gemeinsam mit →adrenocorticotropen Hormon (= Corticotropin) und →β-Endorphin freigesetzt. →Hormone *W. Janke*

Melanotropin, →Melanocyten stimulierendes Hormon

Melatonin, Hormon, Indolderivat, enge chemische Verwandtschaft und bestimmte Interaktionen mit →Serotonin. Synthetisiert größtenteils in der Epiphyse in Abhängigkeit vom Hell-Dunkel-Rhythmus. Die Synthese wird durch Licht gehemmt. M. spielt eine Rolle bei der Adaption an circadiane Rhythmen. M. wirkt antagonistisch zu dem die Pigment(Me-

M

lanin)bildung der Haut fördernden →Melanocyten stimulierenden Hormon (MSH). Gabe von M. läßt den Serotoninspiegel im Gehirn ansteigen. M. wurde im Zusammenhang mit verschiedenen Störungen wie z. B. Depressionen, einem Untertyp der Schizophrenie und Parkinson diskutiert. Exogenes M., das leicht die Blut-Hirn-Schranke überwindet, wurde eingesetzt bei Jetlag, Schlafstörungen. Beliebtes, frei verkäufliches Nahrungsergänzungsmittel in den USA. Es wird diskutiert, ob M. auch bei Depressionen, Streß und Störungen im Rahmen des natürlichen Alterungsprozesses therapeutisch nutzbar gemacht werden kann. →Hormone

W. Janke/P. Zimmermann

Mellinghoffsche Täuschung, werden zwei horizontale, nahgelagerte Parallelen gezeichnet und in einem Mittelstück unterbrochen, so erscheinen in Richtung der unteren Parallele gesetzte Punkte nach oben verschoben.

Melperon, WZ Eunerpan®, Psychopharmakon aus der Gruppe der →Neuroleptika vom Typ der →Butyrophenone. Wegen seines Wirkungsprofils atypisches Neuroleptikum, d. h. geringe neuroleptische Potenz, erregungsmindernd und schlafanstoßend, wenig anticholinerge Nebenwirkungen, deshalb auch bei geriatrischen Patienten therapeutisch eingesetzt. Die Wirkung wird über das Serotoninsystem (5-HT_2-Rezeptoren) und Dopaminsystem (Blockade der D_2-Rezeptoren) vermittelt. Kurze Wirkungsdauer von wenigen Stunden (Eliminationshalbwertzeit ca. 3 h). Bei Gesunden bereits in niedrigen Dosierungen müdemachende Effekte. [L] →Neuroleptika

W. Janke

Memantin, Substanz mit neuroprotektiver Wirkung bei Neuronenschädigungen, etwa durch neurotoxische Stoffe oder durch neurodegenerative Krankheiten. Deshalb Einsatz bei dementiellen Syndromen zur Gedächtnisförderung und bei Morbus Parkinson. Der Wirkungsmechanismus von M. ist über seine Funktion als →NMDA-Rezeptorantagonist zu verstehen, womit eine Verhinderung neurotoxischer Einflüsse durch →Glutamat erzielt wird. [L] KORNHUBER & STREIFLER 1992 *W. Janke*

membrana tympani [gr. *tympanon* Trommel], Trommelfell →Ohr

MEMOD, Abk. für *memory model*, Gedächtnismodell. Computermodell für die Abbildung der Theorie des aktiven, strukturellen, semantischen Netzwerks des Wissens. [L] NORMAN & RUMELHART 1975

memorieren [lat. *memor* eingedenk], mechanisch auswendig lernen, Wort-für-Wort-Lernen (engl. *rote learning*).

memory-drum-Theorie, einfache Theorie zur Abhängigkeit der →Reaktionszeit von Bewegungsmerkmalen (HENRY & ROGERS 1960). Bei komplexeren Bewegungen ist die Reaktionszeit nach der m.-d.-T. verlängert, weil ein komplexeres Programm aus einem «neuromotorischen Gedächtnis» bereitgestellt werden muß; es wird eine Analogie zum Laden unterschiedlich langer Programme aus einem peripheren Speicher (Trommelspeicher) in den Arbeitsspeicher eines Computers gezogen. *H. Heuer*

Mendel, Gregor Johann (1822–1884), Augustinerprior, Lehrer für Naturkunde / Brünn

Mendelsche Regeln, die von MENDEL 1865 ohne Kenntnis der intrazellulären Vorgänge empirisch entdeckten Vererbungsregeln. (1) Uniformitätsgesetz: Werden zwei sich in einem Merkmal unterscheidende, in bezug auf dieses Merkmal jedoch homozygote Individuen miteinander gekreuzt, so zeigen die Nachkommen der 1. Bastardgeneration alle die gleiche Ausprägung dieses Merkmals. (2) Spaltungsgesetz: In der 2. Bastardgeneration treten 2 bzw. 3 versch. Ausprägungen dieses Merkmals auf (je nachdem ob der Erbgang dominant, rezessiv oder intermediär ist). Die in der 1. Bastardgeneration verdeckten Merkmalsausprägungen der Ausgangsgeneration treten wieder zutage. (3) Gesetz der freien Kombination der Gene: Bei einer in mehreren Merkmalen versch. Ausgangsgeneration werden die Merkmale unabhängig voneinander kombiniert (Ausnahme: Merkmale, deren Gene auf dem gleichen Chromosom lokalisiert sind, werden gekoppelt vererbt). →Genetik

Mengeneigenschaften →Charakteraufbau nach KLAGES

Meningen [gr. *meninx* Haut], Gehirn- und Rückenmarkshäute →Gehirn

Meningitis, Entzündung der Hirn- oder Rükkenmarkshäute

Mensch-Computer-Interaktion [engl. *Human-Computer-Interaction*], ein interdisziplinäres Forschungs- und Anwendungsgebiet, in dessen Mittelpunkt die Untersuchung der Wechselwirkungen zwischen Mensch und Computer (Hardware und Software) steht. Erkenntnisse aus unterschiedlichen Wissensgebieten, wie Psychologie, Informatik und →Arbeitswissenschaft (→Softwareergonomie) werden zur Gestaltung nutzergerechter Computersysteme herangezogen. In den Anfängen der Forschung in diesem Gebiet in den 70er Jahren stand die Auseinandersetzung mit Hardwarekomponenten im Vordergrund. Dabei ging es in erster Linie um die Gestaltung von Ein- und Ausgabemedien wie Bildschirm, Tastatur, Maus, Joy-sticks oder später Touchscreens. Im Laufe der Zeit haben sich die Schwerpunkte verändert. Deutlich wurde die Entwicklung des Gebiets durch die Auseinandersetzung mit Fragen menschlicher Informationsverarbeitung und Kognition geprägt. In den 80er Jahren stand die Beschäftigung mit grundlegenden psychologischen Theorien und Modellen als Ausgangspunkt für die Gestaltung der Mensch-Computer-Schnittstelle im Vordergrund. Hierzu zählt insbes. die Arbeit von CARD, MORAN & NEWELL (1983), die sich auf die Formulierung und Überprüfung eines allgemeinen Modells menschlicher →Informationsverarbeitung zur Vorhersage und Erfassung von Ausführungszeiten als auch der Modellierung kognitiver Prozesse richtet, um auf dieser Grundlage Gestaltungshinweise zu formulieren. Der Ansatz von CARD, MORAN & NEWELL und allgemeiner, die Vorstellung, im Rahmen der M. ein umfassendes allgemeinpsychologisches Theoriengefüge als Grundlage für die Gestaltung von Computer- und Softwaresystemen erarbeiten zu können, hat mittlerweile umfassende Kritik erfahren (GREIF & GEDIGA 1987, CARROLL 1989).

Neben der Gestaltung von Menüs, Kommandosprachen, Hilfesystemen oder Fragen der Spracherkennung können, ohne Anspruch auf Vollständigkeit, als weitere Themen der M. die Erforschung interindividueller Unterschiede, abhängig z. B. von Expertise, Alter oder Geschlecht, aber auch Fragen der Systemevaluation, die Entwicklung von Werkzeugen für Design und Entwicklung von Softwaresystemen oder die Auseinandersetzung mit Fragen der Künstlichen Intelligenz und neuerdings der virtuellen Realität genannt werden. **[L]** CARROLL 1989, CARD, HELANDER 1988, MORAN & NEWELL 1983), SHNEIDERMAN 1992 *K. C. Hamborg*

Menschenbild, übersummatives Bild vom Menschen. Die persönliche Antwort auf die Frage, was ist der Mensch – abhängig von Selbstbild und Idealbild. →Ich, →Ich-Ideal, →Selbst • Ps. Theorien sind meist durch je versch. M. bestimmt. **[L]** CHAPMAN & JONES 1980

Menschenführung, Gesamtheit der Aufgaben, die mit der fürsorgenden Betreuung und Beratung, mit der Arbeitsplatzzuweisung und Gruppenbildung nach Eignung und Leistung, mit der Einordnung des einzelnen in die betriebliche Ordnung und besonders auch mit dem sog. Betriebsklima zu tun haben. Ausbildung, Anlernung und Arbeitsschulung gehören dagegen nur am Rande zur M. Der Begr. entspricht dem amerik. →«personnel management» – es kennzeichnet die Entwicklung, daß das Wort «Führung» (parallel zu «Betriebsführung») herangezogen wurde. • Seltener gebraucht ist M. Bez. für die individuelle, psychagogische (auch pädagogische) Betreuung, Lenkung und Beratung.

Menschenkenntnis, das Insgesamt aller Bemühungen um die Kenntnis und Erkenntnis des Menschen. • Das unmittelbare, auf einer angeborenen Fähigkeit beruhende, zudem mehr/minder durch Erfahrung steigerungsfähige und auch mit Einfühlung und Intuition vorgehende Wissen um die charakterliche Wesensart des Menschen. • Volkstümliche, vorwissenschaftliche Form von Psychodiagnose. • Vorteilhafte Fähigkeit beim Umgang mit Menschen.

Menschliches Versagen, Bezeichnung für Unfallursachen (→Unfallforschung), die nicht technischen Defekten oder Fehlkonstruktionen zugeschrieben werden können. M.V. ist i. allg. kein psychologischer Begriff, sondern häufig ein Hinweis auf Mängel in der Adaptation eines technischen Systems auf das menschliche Verhalten (→Ergonomie, →artifizielle Intelligenz, →Sicherheitsforschung, →Risikoforschung). Menschliches Versagen gründet sich u. a. auf: Über- bzw. Fehlbeanspruchung (→Streß), →Fehler oder →Irrtum, mangelnde Ausbildung (→Bildung), ungenügende Eignung oder unzureichende →Motivation. *W. Echterhoff*

Mensch-Maschine-Dialog →Arbeitspsychologie, →Mensch-Maschine-System

Mensch-Maschine-System (MMS), systematisches Zusammenwirken von Menschen (Operateuren) und maschinellen Anlagen zu bestimmten Zwecken, z. B. Flugsicherung, Kurssteuerung von Schiffen, Steuerung von Fertigungsstraßen usw. Operateur und Maschine werden als Elemente des MMS mit den einheitlich formalen Begr. der →Kybernetik beschrieben. Zwischen den Elementen der MMS findet mindestens Informationsübertragung, meist zusätzlich Transport von Masse und/oder Energie statt. Der Mensch übernimmt im MMS die übergeordneten Sollwertvorgaben, wird aber auch häufig als Sollwert-

Istwertvergleicher und Regler (→Regelkreis) eingesetzt.
Beim Entwurf von MMS ist auf zweckmäßige Verteilung der Aufgaben zwischen Mensch und Maschine zu achten: Menschen sind als Systemelemente den Maschinen in der Erkennung komplexer Zeichen und Problemlagen und in der Fähigkeit zur Generalisierung, Problemlösung und zum Lernen (Verhaltens- und Programmänderung) überlegen. Die physikalische Zielerreichung des MMS wird praktisch ausschließlich in Maschinen realisiert (Fertigung, Transport usw.). In der Informationsverarbeitung sind maschinelle Systemglieder dem Menschen in der Geschwindigkeit, numerischen Genauigkeit und quantitativen Ausdehnung relativ einfacher Routinen mit begrenzten Änderungsanforderungen überlegen. Die Ps. untersucht die Übertragungsfunktionen des Menschen als Element im MMS, wobei es besonders auf die Schnittstellen, die optimale Übermittlung von Informationen an den Menschen (Gestaltung von Anzeigeeinrichtungen) und vom Menschen auf die Maschine (Gestaltung von Bedienungselementen, Fahrständen, Pilotenkanzeln usw.) ankommt. [L] KANTOWITZ & SORKIN 1983 *W. Glaser*

Menstruation [lat. *menstruum* monatl. Regel], die bei der geschlechtsreifen Frau (auch einigen Säugetieren) in Abständen erfolgende Ausstoßung des unbefruchteten Eies (einschl. Uterusschleimhaut). Die M. beginnt als Lebensabschnitt mit der Menarche [gr. *men* Monat, *arche* Anfang] im 10.–14. Lebensjahr und endet mit der Menopause [gr. *men* Monat, *pauein* aufhören] im 42.–54. Lebensjahr. Häufig bes. vor Beginn der M. seelische Verstimmungen. Speziell in der Menopause können Depressionen und ps. Störungen auftreten. →PMS

mental [lat. *mens* Geist.], geistig, zum Denken gehörend. • In der angelsächs. Ps. vielfältiger Gebrauch, wie z. B. *mental test, mental work, mental set, mental disorder, mental hygiene.*

Mentale Chronometrie (mental chronometry), ist ein bedeutender Forschungszweig der Kognitiven Psychologie, um die zeitliche Struktur und die Architektur mentaler Prozesse zu analysieren.

mentale Modelle, subjektive Funktionsmodelle für technische, physikalische und auch soziale Prozesse sowie für komplexe Gegebenheiten (z. B. syllogistische Schlußfolgerungsregeln). Kennzeichen von m.M. sind die Reduktion quantitativer Beziehungen auf qualitative Relationen, die Reduktion der Komplexität durch Einschränkung auf leicht überschaubare Stichprobengrößen (P. N. JOHNSON-LAIRD) und der Rückgriff auf bekannte Sachverhalte mittels Analogiebildung (D. GENTNER). Besondere Bedeutung haben die m.M. der «qualitativen Physik» für die Ausbildung menschlicher Operateure für komplexe Systeme. [L] HOBBS & MOORE 1985

mentales Lexikon, das m.L. bezeichnet die Repräsentation lexikalischer Information im Gedächtnis. Im Zentrum stehen die Fragen nach den Einheiten des m.L. und nach den Beziehungen zwischen ihnen. Richtungsweisend war zunächst die Semantiktheorie von KATZ & FODOR (1963). Es wurde angenommen, daß lexikalische Einheiten als hierarchisch geordnete semantische Merkmale gespeichert werden. Die Tatsache, daß verschiedene Organisationsprinzipien bei verschiedenen semantischen Bereichen wirksam sind, führte zu einer Relativierung dieser Annahme. Den Zugriff zum m.L. versuchen heute im wesentlichen drei Theorien zu erklären: die Logogentheorie von MORTON (1969), das autonome Suchmodell von FORSTER (1976) und das direkte und aktive Suchmodell von MARSLEN-WILSON & WELSH (1978). →Lexikon. [L] HÖRMANN 1977 *J. Engelkamp*

mentales Training, mentale Übung, Verbesserung der Leistung bei →motorischen Fertigkeiten durch Vorstellung der eigenen Bewegung (→Bewegungsvorstellung). Der Leistungsfortschritt durch mentale Übung ist typischerweise geringer als bei physischer Übung, in seltenen Fällen kann er aber auch größer sein; unterschiedliche Fertigkeiten sind in verschiedenem Maße für mentale Übung empfänglich. Das Phänomen der mentalen Übung ist durch das (scheinbare) Rätsel gekennzeichnet, daß körperliche Leistungen durch rein kognitive Übung verbessert werden; Theorien der mentalen Übung verwenden als Bindeglied kognitive Anteile motorischer Fertigkeiten oder motorische Anteile von Bewegungsvorstellungen (→ideomotorische Vorstellung). [L] HEUER 1985
Therapeutisch ist m.T. ein kognitiv-imaginatives, ursprünglich in der Sportpsychologie entwickeltes Verfahren, das auch verhaltenstherapeutisch genutzt wird. Schwierige Leistungen, die wegen ihrer hohen Anforderungen oder Besonderheiten der relevanten Situation nicht ständig real geübt werden können (z. B. Fallschirmspringen), werden geistig

geübt. M.T. umfaßt 3 Schritte: Briefing (Vorbereiten und Hinterfragen der geistigen Vorstellung): Rehearshing (Erprobung): Debriefing (Auswertung. Korrektur, Bestärkung). *H. Heuer/F. Caspar*

Mental-Health-Bewegung, psychohygienische Reformbewegung zur Verbesserung der gesamten Gesundheitsversorgung (speziell der psychiatrischen Versorgung); heute Teil der →Sozialpsychiatrie und des *social work (community therapy).* →therapeutische Gemeinschaft

Mentalität, Geistesart, Denkart

mental-maze-Lernen, Labyrinth-Lernen, Lernen durch →mentales Training. →Lernen

Mentalreservation, Gedankenvorbehalt, auch Mangel an Aufrichtigkeit

Mental-speed-approach, mental speed-Ansatz, bei diesem Vorgehen der Intelligenzmessung werden die theoretischen Annahmen und empirischen Befunde genutzt, daß die zentralnervös bedingte Informationsverarbeitungsgeschwindigkeit Grundlage individueller Unterschiede in der menschlichen Intelligenz bedingt. Die Informationsverarbeitungsgeschwindigkeit wird dabei über die Reaktionszeiten in unterschiedlich einfachen und leicht verständlichen kognitiven Aufgaben erfaßt und aus diesen Scores die individuell unterschiedlichen psychometrischen Intelligenzmaße vorhergesagt. Bei den elementaren kognitiven Aufgaben werden v. a. sensorische Diskriminationsaufgaben, elementare Gedächtnisaufgaben, Satz-, Verifikationstests und andere experimentelle Anordnungen genutzt. Im Bereich der physiologischen Maße werden das Spontan-EEG bzw. evozierte Potentiale zum Einsatz gebracht. Die gewonnenen Resultate sind sehr heterogen und die interne Validität zu klassischen Intelligenzmaßen ist relativ niedrig. [L] NEUBAUER 1995 *H. Häcker*

Mentalsuggestion, Gedankenübertragung auf übersinnlichem Wege nach paraps. Annahme

mental test [T] CATTELL

Meperidin, psychotrope Substanz aus der Klasse der Analgetika vom Typ der Opioid-Agonisten (μ-Rezeptor). Vielfach angewendet bei Schmerzzuständen. Bei Gesunden mehrstündige desaktivierende und stimmungsverbessernde Wirkung. [L] ZACNY et al. 1993 *W. Janke*

Mephenesin, WZ DoloVisano®, Pharmakon zur Gruppe der zentralen →Muskelrelaxantien gehörend. Eingesetzt bei schmerzhafter Muskelverspannung. Kurze Wirkungsdauer (Eliminationshalbwertszeit nur 1 h). Desaktivierende Effekte. *W. Janke*

Meprobamat, WZ Miltaun®, (nicht mehr im Handel), 1954 eingeführtes Psychopharmakon neueren Typs aus der Klasse der →Tranquillantien. Wie Benzodiazepine zentral angreifende Substanz (limbisches System) mit psychisch entspannenden, auch muskelrelaxierenden Wirkungen. Heute wegen des günstigeren Nutzen-/Risikopotentials der Benzodiazepine nicht mehr verwendet. Das in pharmakops. Untersuchungen gezeigte Verhaltensprofil belegt eine gute Wirksamkeit bei Erregtheit, Spannung und Angst. Wirkungseintritt nach ca. 30 min. mehrere Stunden anhaltend. [L] →Tranquillantien, JANKE 1966, RIEDERER et al. 1995 *W. Janke*

mere exposure, ZAJONC (1968) hat in einer Serie von Arbeiten zeigen können, daß die mehrfache Darbietung eines Reizes eine hinreichende Bedingung dafür ist, daß die Einstellung zu diesem Reiz verbessert wird. [L] SIX & SCHÄFER 1985

mere thought, TESSER (1978) hat erstmals festgestellt, daß das bloße Nachdenken über die eigene Einstellung zu einer Extremisierung der Einstellung führt. Ein derartiger Polarisierungseffekt kann inzwischen als relativ gut bestätigt gelten. [L] EAGLY & CHAIKEN 1993

Merkelsches Gesetz, als Einschränkung des WEBERschen Gesetzes besagt es, daß bei großen Intervallen der Reize den jeweils gleichen und absoluten Unterschieden mehrerer Reize annähernd gleichmerkliche Empfindungsunterschiede entsprechen. Um gleichmerkliche Unterschiede von drei in großen Intensitätsintervallen stehenden Empfindungen hervorzubringen, müssen die Reize in arithmetischer Reihe zunehmen. Anders ausgedrückt: Die Merklichkeitsgrade mehrerer eine Reihe bildender Empfindungen sind proportional den Reizen.

Merkfähigkeit →Gedächtnis

Merkfähigkeit für Formen, Zahlen u. a. [T] BINET, RANSCHBURG

Merkmal, kennzeichnende Eigenschaft von Gegenständen, Vorgängen oder Individuen. In der Logik der besondere Inhalt eines Begr., durch den sich dieser von anderen Begr. unterscheidet. Als allgemeinste M. ps. Phänomene (z. B. von Gefühlen, Empfindungen) hat man Qualität, Intensität und Dauer angegeben. Als Persönlichkeitsmerkmale bezeichnet man die relativ dauerhaften Erlebens- und Handlungsdispositionen eines Menschen. *G. Lüer*

Merkmalsstadium, Qualitätsstadium →Apperzeptionskategorien

Merkwelt-Wirkwelt →Funktionskreis

Mesencephalon →Gehirn

Meskalin, Substanz aus der Reihe der →Halluzinogene. Neurochemisch aktive Komponente des Peyotl-Kaktus. Strukturchemisch dem →Noradrenalin verwandt. Wirkung innerhalb einer Stunde eintretend und etwa 10 h anhaltend. Halluzinationen, aktivierende und erregende sowie sympathikomimetische Wirkung. [**L**] →Halluzinogene, →Rauschmittel, JULIEN 1997 *W. Janke*

Mesmerismus, die Lehre vom «tierischen Magnetismus» (auch animalischer, Heil-, Lebensmagnetismus genannt) und die auf ihr beruhenden Heilpraktiken. Demnach sollten besonders begabte Personen («Magnetopathen») durch Bestreichen oder Handauflegen ihren «Magnetismus» (magnetische Energie, Nervenkraft) auf einen Kranken übertragen («magnetische Kur»), ggf. in «magnetischen Schlaf» versenken und ihn dadurch heilen können. →Hypnose

meso..., mes... [gr.] in Wtvb. mittlere, in der Mitte [**E**]

Mesoblast, (biolog.) andere Bez. für das 3. Keimblatt →Keimesentwicklung

Mesocephalus, Mittelkopf, weder Schmal- noch Breitkopf

Mesoderm →Keimesentwicklung

mesomorpher Typus (SHELDON) →Typologie

Mesolimbisches Dopaminsystem, Teilsystem des limbischen Systems mit Dopamin als Mediator, das als Melanotropin, →Melanocyten stimulierendes Hormon Belohnungssystem diskutiert und in Verbindung mit →Drogenabhängigkeit und Depression gebracht wird. [**L**] WILLNER & SCHEEL-KRÜGER 1991 *W. Janke*

Messen, das M. kann als Zuordnung von Zahlen zu Objekten verstanden werden. Dabei sollen sich in den zugeordneten Zahlen die Relationen, die zwischen den Objekten bestehen, widerspiegeln. • Der Ps. fehlt (im Ggs. zu anderen Disziplinen, z. B. den Naturwissenschaften) ein einheitliches Meßsystem. →Meßtheorie

messende Tests →entfaltende Tests

Meßtheorie, Theorie des Messens, ist die logisch-mathematische Analyse der Zuordnung von Zahlen zu Beobachtungsdaten und die Aufstellung von axiomatisch begründeten Modellen des Messens. Hauptprobleme der Meßtheorie sind (1) das der «Repräsentation», d. i. der Aufweisung einer Isomorphie zwischen den benutzten numerischen Operationen und Relationen und den formalen Eigenschaften der empirischen Operationen und Relationen. Die Beziehungen zwischen den Beobachtungsdaten sollen sich danach in den Beziehungen der ihnen zugeordneten Zahlen (eines bestimmten Systems mit definierten Axiomen) widerspiegeln; (2) das Problem der zulässigen Transformationen von Skalen. Ein durch Transformation zustandekommendes numerisches System hat die Relationen des empirischen Systems in gleicher Weise wie das ursprüngliche numerische System abzubilden. So dürfen Intervallskalen nur linearen Tranformationen von der Art $T(x) = ax + b$ (für $a>0$) unterzogen werden (→Skala). Da in der Ps. explizite Meßmodelle in vielen Fällen (z. B. Intelligenzmessung) nicht existieren, wird eine vorläufige Rechtfertigung für die Verwendung eines bestimmten numerischen Systems gesucht: (a) in der hohen empirischen Validität (z. B. optimale Vorhersage intellektueller Leistungen), (b) in der differentialps. Beschreibung (z. B. Prozentrang), die jeden Meßwert zur Verteilung der Meßwerte in einer Population in Beziehung setzt, (c) in der angenommenen Fähigkeit der Vpn, numerische Werte in sinnvoller Weise zur Kennzeichnung bestimmter objektiver Beziehungen zu verwenden (z. B. Verhältnisherstellungs- u. a. Methoden «direkter» →Skalierung).

In anderen Wissenschaften ist die Entwicklung von Meßmodellen wegen der Möglichkeit der Operation der realen Verkettung (z. B. Zusammenlegen von zwei oder mehr Gewichten auf einer Seite einer Waage; Aneinanderreihen von Wegstrecken) meist unproblematisch, die resultierenden Maßsysteme sind Intervall- oder Verhältnisskalen. In der Ps. wurden erst in neuerer Zeit fundamentale Meßmodelle entwickelt, die unter bestimmten Voraussetzungen die Herstellung von Intervallskalen ermöglichen, ohne daß die Fähigkeit der Vp zu einer sehr differenzierten direkten Skalierung ungeprüft hingenommen wird. So geht die Meßtheorie von PFANZAGL (1959) von der Gleichteilungsoperation aus, die (z. B. nach Experimenten von WITTE) für viele Daten dem Bisymmetrieaxiom gehorcht. Danach muß der subjektive Gleichteilungspunkt G zwischen den Gleichteilungspunkten G (a, b) und G (c, d) identisch dem Gleichteilungspunkt zwischen den Gleichteilungspunkten G (a, c) und G (b, d) sein:

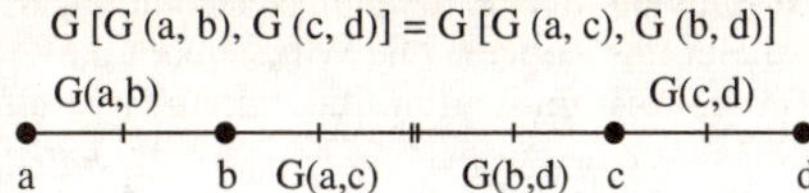

Ferner wurden Meßmodelle entwickelt, welche, von Ordinaldaten ausgehend, Intervallskalen abzuleiten gestatten, aber zum Unterschied von den älteren «indirekten» Skalierungsmethoden empirisch prüfbare Voraussetzungen enthalten, z. B. das von der Auswertung verschiedener Wirkungskombinationen mehrerer unabhängiger Variablen auf eine abhängige Variable ausgehende Modell des *«additive conjoint measurement»* (LUCE & TUKEY 1964) →Homomorphismus, →Morphismus, →Relativ. **[L]** COOMBS 1965, SIXTL 1967 *E. Mittenecker*

meta..., met... [gr.] in Wtvb. zwischen, inmitten, nach **[E]**

Metaanalyse, Form der →Sekundäranalyse, bei der eine Integration von Untersuchungsbefunden zu gleichen Fragestellungen mit identisch erhobenen Untersuchungsverfahren vorgenommen wird. Ausgangspunkt von M. ist die Beobachtung, daß einzelne Untersuchungen bzgl. Stichprobenumfang, -selektion, Meßinstrumenten und auch der statistischen Analyse durch die Integration mit anderen Untersuchungen in ihren Defiziten kompensiert werden können. Metaanalytische Techniken werden z. B. i. d. Therapieforschung zur Beurteilung von Therapie-Effekten sowie i. d. Psychologischen Diagnostik zur Beurteilung von Validitätskoeffizienten bei psychologischen Variablen eingesetzt. *H. Häcker*

Metabolismus [gr.], Veränderung, allg. das beim →Stoffwechsel (mit seinen dauernden Veränderungen) Entstandene, der Stoffwechsel selbst. Anabolismus ist Bez. für die Aufbauprozesse und Katabolismus für die Abbauprozesse des Stoffwechsels.

Metabolit, Produkt, das während des →Stoffwechsels auftritt.

Metaerg, Begr. aus der Persönlichkeitstheorie von R.B. CATTELL. Bezeichnung für eine erworbene psychische «Wurzeleigenschaft» *(source-trait)*. Die M. umfassen die sog. «abgeleiteten Antriebe» wie Gesinnungen, Interessen und Einstellungen. →Erg, →propensity

Metaevaluation →Evaluation

Metagenese →Generationswechsel

Metakommunikation, eine →Kommunikation, in der ein Kommunikationsverhältnis als solches zum Gegenstand eines Informationsaustausches gemacht wird →nichtverbale Kommunikation, →Metasprache *G. Kaminski*

Metakontrast, von H. WERNER (1935) beschriebenes Phänomen, daß ein Lichtreiz (z. B. Kreisscheibe) durch einen räumlich angrenzenden, zeitlich nachfolgenden Reiz (Ring) in seiner Helligkeit verändert oder ganz unterdrückt wird. M. ist abzugrenzen von optischer →Maskierung. Weitere Kontrastarten →Kontrast. *P. Day*

Metalle, in der Umwelt vorkommende Metalle haben oft neurotrope, bei längerer Einwirkung toxische Wirkungen, die sich auch in ps. Variablen zeigen. Häufiger untersucht sind Arsen, →Blei, Cadmium, Quecksilber. Das Ausmaß negativer Wirkungen ist besonders groß bei pränataler Exposition und im Kindesalter. **[L]** HARTMAN 1995 *W. Janke*

Metameren [gr. *meros* Teil], die entwicklungsgeschichtlich nacheinander entstandenen Körperabschnitte. Reste sind z. B. die «metameren» →Innervationen der Haut von bestimmten Rückenmarksegmenten.

Metamorphopsie [gr. *metamorphoo* umgestalten], Verzerrtsehen von Gegenständen durch Lageveränderung der Netzhaut

Metamorphose [gr.], Umgestaltung, Verwandlung. • (ps.) strukturelle Veränderung. • (biol.) Vorgänge, bei denen ein Individuum einem grundlegenden Gestaltwandel unterworfen wird (z. B. Verwandlung einer Puppe zu einem Schmetterling)

M

Metaoperator, teils gleichbedeutend mit →Makrooperator, teils als Operationsmöglichkeit höherer Ordnung verstanden, beispielsweise als →Operator zur Bildung von Operatoren (DÖRNER 1976). *G. Kaminski*

Metaphysik, zuerst Titel derjenigen Schrift des ARISTOTELES, die hinter den die Physik betreffenden Schriften zu stehen kam. Da sie die Ansichten des ARISTOTELES über die «letzten Gründe» enthält, ist M. zum Inbegriff der Lehre vom Übersinnlichen, von dem über die Erfahrung Hinausgehenden geworden.

metaphysisch, überempirisch, transzendent, transphysisch

Metapsychik, Metapsychologie, analog zur Bez. Metaphysik gebildeter Begriff. Umfaßt das das Normalpsychische überschreitende Geschehen, somit das Transzendent-Psychische bzw. das Gebiet der →Paraps. • Bei FREUD zielt der Begr. auf eine ontologische Analyse, d. h. auf die Erfassung des Seins, des Wesens und letzten Grundes der empirisch beobachtbaren Erscheinungen (z. B. Kennzeichnung des Es als des Wesensgrundes aller triebhaften und auf Lustgewinn gerichteten Erscheinungen im Denken, Fühlen und Handeln).

Metasprache →Sprache, Verständigungssystem, mit dem über Sprache(n) gesprochen wird. Kann man mit einer «Objektsprache» beispielsweise über Objekte des alltäglichen Lebens sprechen, so werden in der M. Anteile einer Objektsprache zum Gegenstand der →Kommunikation. [L] SCHNELLE 1973

G. Kaminski

metathetisches Kontinuum [gr. *metathesis* Umstellung; lat. *continuum* Zusammenhängendes], Begr. aus der Psychophysik; von S. S. STEVENS (1939) bekannte Skala, auf der die ebenmerklichen Unterschiede (→Unterschiedsschwelle) subj. gleich groß sind (z. B. Tonhöhen). Die Zunahme soll bemerkt werden, wenn eine neue neurale Erregung eine alte ersetzt (substituiert). Dagegen bilden die nach dem →Potenzgesetz ungleichen ebenmerklichen Unterschiede (z. B. beim Gewichteheben, bei der Helligkeitswahrnehmung oder beim Geschmack) ein prosthetisches Kontinuum [gr. *prosthitos* hinzugefügt]. Hier wird angenommen, daß der Unterschied wahrgenommen wird, wenn zu einer bestehenden Erregung eine neue hinzukommt (addiert wird). *R. Bergius*

Metencephalon →Gehirn

Meteoropsychologie, Bez. für die Zusammenhänge (Abhängigkeit) ps. Vorgänge mit dem Wetter (den wetterbestimmenden Faktoren) →Geopsychologie

Metergolin, Psychopharmakon aus der Gruppe der →Serotonin-Antagonisten, wird als Prolaktinhemmer (Liserdol®) bei →Hyperprolaktinämie eingesetzt. M. hat einen fördernden Einfluß auf Eßverhalten, bes. Einnahme von Kohlenhydraten. [L] LEIBOWITZ et al. 1993 *W. Janke*

Methacholin, Pharmakon aus der Klasse der →Parasympathikomimetika. M. wurde auch in einer Funktionsprobe (Funkenstein-Test) zur Reaktivität des VNS verabreicht. Der Methacholintest ist nur mäßig zuverlässig, die Validität ist fraglich. [L] CLARIDGE 1967

W. Janke

Methadon, WZ Polamidon®, Psychopharmakon aus der Gruppe der zentralen →Analgetika vom Typ der →Opioide. M. ist in seiner Wirkung dem Morphin ähnlich und wird in einigen Ländern als Substitution bei der Behandlung von Heroin-Süchtigen eingesetzt. Es blockiert die durch →Heroin induzierte Euphorie und führt in niedrigen Dosen zum Ausbleiben der Entziehungserscheinungen bei Heroinsüchtigen. Die Wirksamkeit dieser Therapie ist umstritten. [L] VERTHEIM et al. 1994 *W. Janke*

Methamphetamin, WZ Pervitin®, Psychopharmakon aus der Klasse der →Psychostimulantien vom Typ der →Amphetamine. Als suchtmachende Substanz nach Betäubungsmittelgesetz nicht käuflich. Zahlreiche ps. Untersuchungen 1950–1970. Starke und mehr als 24 h anhaltende aktivierende, leistungssteigernde und stimmungsverbessernde Wirkung. M. wurde von Soldaten im 2. Weltkrieg systematisch zur Schlafunterdrückung benutzt. Chron. Gabe hat neurotoxische Wirkungen und kann psychotische Zustände auslösen. [L] CALLAWAY 1959, DÜKER & WIEDING 1961, MEWALDT & GHONEIM 1979, SEIDEN & RICAURTE 1987 *W. Janke*

Methode [gr. aus *meta* und *hodos* Nachgehen im Verfolgen eines Ziels im geregelten Verfahren], mit den Verfahren werden verschiedene Ziele verfolgt, die entweder dem Erkenntnisgewinn (Forschungsmethode) oder speziellen Anwendungserfolgen dienen (diagnostische M., Interventionsm., pädagogische M., Rehabilitionsm., Werbem. etc.). Eine ausführliche Darstellung der Geschichte des Begr. und seiner Spezifizierungen in der Philosophie findet sich bei RITTER & GRÜNDER (1980). Die M.-lehre (Methodologie) ist Grundlage jeder Wissenschaft. Allgemeine logische M., wie →Induktion und →Deduktion, →Analyse und Synthese, →Reduktion und Konstruktion sind allen Wissenschaften gemeinsam; die je besonderen empirischen M. werden durch die Eigenart des Gegenstands bestimmt. Die wichtigsten empir. M. der Ps. sind Erlebnis-(Selbst-)Beobachtung (→Introspektion) und Ausdrucks-, Verhaltens- oder Fremd-Beobachtung. DILTHEY meinte, Natur- und Geisteswissenschaften seien durch den Gebrauch der erklärenden und verstehenden M. unterschieden und wollte der Ps. nur die letzteren vorbehalten. Eine der Ausgestaltungen der Verhaltensbeobachtung ist aber das →Experiment, das auch der Erklärung von Phänomenen dient; zu beider Arten der von DILTHEY unterschiedenen M. gehört die systematische Befragung (→Exploration). Zur weiteren Bearbeitung der durch die →Beobachtung gewonnenen Daten dienen die M. der →Statistik.

Auch in der Ps. findet man die allgemeinen M.gegensätze zwischen den Positivisten und Rationalisten. Bes. erstere betonen als methodologische Forderungen (Wissenschaftskriterien) der empirischen Forschung die Bedingungskontolle, →Intersubjektivität, Reproduzierbarkeit, →Standardisierung, Repräsentativität und Unabhängigkeit der Ergebnisse von spez. Untersuchungssituationen. Daher lassen sie nur die Verhaltensbeobachtung (und ihre Ausgestaltungen) gelten, während nichtpositivistische Forscher auch die Selbstbeobachtung, phänomenologische (→Phänomen) und →idiographische M. benutzen.

Die Ps. ist in ihrer Geschichte durch umfangreiche Erörterungen dieser und anderer methodologischen Probleme gekennzeichnet. K. BÜHLER (1927, 1929) versuchte bereits, die herrschenden M.gegensätze zu überwinden und wies außerdem auf die Notwendigkeit hin, geistige «Gebilde» zu untersuchen, also auf die hermeneutischen M. (→Hermeneutik). Nachdem in letzter Zeit, bes. aufgrund der wechselseitigen Ergänzung von Experiment und Statistik, eine Konsolidierung der ps. Methodik sich anbahnte, wird von manchen Vertretern die →Handlungsforschung (→action research) und der kritischen Ps. (→Psychologie-Richtungen) die Berechtigung der traditionellen methodologischen Wissenschaftskriterien diskutiert oder sogar bestritten. Vielfach (so in manchen neueren Forschungszweigen der Ps. wie z. B. der Ökologischen Ps.) wird ein Methodenpluralismus praktiziert oder empfohlen. **[L]** BRUNSWIK 1947, EDWARDS 1970, FRAISSE 1966, HELLER & KRÜGER 1976, KRIK 1968, MITTENECKER 1971, PAULI & ARNOLD 1972, SELG & BAUER 1971, TRAXEL 1974, MOSER et al. 1971, BARTENWERFER & RAATZ 1979 *R. Bergius*

Methode der kleinsten Quadrate [engl. *least squares method*], eine Methode der Kurvenanpassung, bei der die Parameter der Kurve so bestimmt werden, daß die Summe der quadrierten Abweichungen der beobachteten Werte von den korrespondierenden Punkten der Kurve ein Minimum wird. Die M.d.k.Qu. wird zur optimalen Anpassung theoretischer an empirische Verteilungen verwendet. *G. Mikula*

méthode des histoires à compléter [T] THOMAS

Methodenfaktor, in der faktorenanalytischen Forschung derjenige →Faktor, der sich durch die spezielle Methode der →Datenerhebung ergibt, wenn zur Messung identischer Verhaltensbereiche verschiedene Erhebungstechniken eingesetzt werden. Beim Vergleich von Selbstbeurteilungen mit Hilfe von →Fragebogen und Verhaltensbeurteilungen durch →Ratingverfahren lassen sich solche, nur auf die Methode zurückführbaren Faktoren nachweisen. Bei M. kann es sich um reine Artefakte, aber auch um spezifische Unterschiede handeln. *H. Häcker*

Methohexital, syn. Methohexiton, Pharmakon aus der Klasse der →Hypnotika vom Typ der →Barbiturate. M. hat bei i. v.-Applikation eine sehr rasch einsetzende Wirkung und kurze Wirkungsdauer. M. wurde in den 60er Jahren intravenös zur Unterstützung der Entspannung bei der Verhaltenstherapie (Desensibilisierung) verwandt. Mehrere Untersuchungen zeigen, daß durch M. die Dauer einer Verhaltenstherapie verkürzt werden kann. **[L]** KRAFT 1967, REED 1966 *W. Janke*

α-Methyldopa, WZ Dopegit®, →Antihypertonikum, →Sympathikolytikum. Führt zu Bildung von «falschen» →Transmittern (Ersatztransmitter) in →adrenergen Systemen. **[L]** →Neurotransmitter *W. Janke*

3,4-Methylendioxymethamphetamin, Abk. →MDMA, bereits 1914 synthetisiertes Psychopharmakon aus der Klasse der →Psychostimulantien vom Typ der →Amphetamine. M. hat psychostimulierende und psychedelische Wirkungen bei Akutmedikation, die über eine Beeinflussung der Neurotransmitter →Dopamin und →Serotonin erklärt wird. Als Designerdroge mit der Bezeichnung Ecstasy benutzt. M. wird oft mit anderen psychedelisch wirkenden Stoffen zusammen benutzt. Es besitzt eine neurotoxische Wirkung, evtl. auch schon bei einmaliger Einnahme, indem vor allem serotoninerge Neuronensysteme geschädigt werden. Bei Überdosierung lebensgefährlich wegen Temperaturregulationsbeeinträchtigung (Hyperthermie). **[L]** GREEN et al. 1995, SAUNDERS 1996 *W. Janke/R. Küfner*

Methylphenidat, WZ Ritalin®, Stoff aus der Klasse der →Psychostimulantien. Der neurochemische Wirkungsmechanismus beruht auf einer Verfügbarkeitserhöhung von Dopamin und Noradrenalin sowie von Serotonin. Als suchtinduzierende Substanz nach Betäubungsmittelgesetz Nutzung eingeschränkt. Bei Gesunden finden sich bei Einmalgaben Leistungs- und Stimmungsverbesserungen. Weit verbreitete Anwendung bei Aufmerksamkeitsdefizit-/Hyperaktivitätsstörung (ADHD) sowie bei erhöhter Impulsivität bei Kindern (neben →Pemolin u. a.). Auch Langzeiteffekte sind gesichert. Hier keine suchtmachende Wirkung. **[L]** EGGERS 1993, JANKE 1964 *W. Janke*

Methylxanthine, Psychopharmaka aus der Gruppe der Purinderivate, zu denen u. a. Theophyllin, Theobromin und →Coffein gehören. Blockierung der →Adenosin-Rezeptoren. Ps. Wirkungen sind u. a. Nachlassen von Müdigkeit, Zunahme von Aufmerksamkeit und Leistungsbereitschaft, Erleichterung des Lernens. Bei höheren Dosen Dysphorie, Unruhe, Angst, Tremor, auch Übelkeit und Erbrechen. [L] FORTH et al. 1996 *W. Janke*

Metoclopramid, WZ Pespertin®, Substanz aus der Klasse der →Antiemetika, eingesetzt u. a. bei Migräne. [L] →Antiemetika *W. Janke*

Metoprolol, WZ Beloc®, Pharmakon mit →sympathikolytischer Wirkung aus der Klasse der selektiven →β-Rezeptorenblokker (β_1). Antagonistisch zu Noradrenalin, u. a. bei Herzrhythmusstörungen. [L] →β-Rezeptorenblocker *W. Janke*

Metrazol® →Pentetrazol

Metrik, Lehre von den Versmaßen, Lehre vom Takt und der Bildung von Taktperioden. Seit H. RIEMANN gehört M. zur musikalischen Satzlehre. In seinem «System der musikalischen Rhythmik und Metrik» 1903 definierte RIEMANN metrische Qualität als Unterschiede des Gewichts (leicht, schwer) und rhythmische Qualität als Unterschiede der Tondauer (kurz, lang).

metrische Grundformen →Rhythmus, Takt

metrische Stufenleiter für Bewegungsfähigkeit [T] OSERETZKY, SLOAN

metrische Tests →entfaltende Tests

metromorph [zu gr. *metron* Maß, *morphe* Gestalt], maßgestaltig, mittelgestaltig →Körperbautypen (CONRAD)

Metronom [gr. *metron* Maß, *nomos* Gesetz, Regel], ein durch Federantrieb schwingendes, aufrecht stehendes Pendel, dessen Ausschläge durch ein verschiebbares Gewicht verändert werden können. Es wurde 1816 von dem Wiener Mechaniker J. N. MÄLZEL und zugleich wohl von dem Mechanikus HINKEL in Amsterdam für das Bestimmen des musikalischen Zeitmaßes erfunden. →Taktieren

Metyrapon, syn. Metopiron, Substanz, die über die Hemmung des Enzyms 11-β-Hydroxylase die Synthese von →Cortisol und →Aldosteron hemmt und damit die Umwandlung der letzten Stufe in der Biogenese von Cortisol und Aldosteron unterbindet. Verabreichung von M. deshalb als Reaktivitätstest zur Untersuchung der →HPA-Achse eingesetzt, speziell zur Simulierbarkeit der ACTH-Sekretion (Metyrapon-Test). M. beeinflußt jedoch auch mehrere andere Systeme, so →Serotonin, →Dopamin und →Wachstumshormon. *M. Reuter/W. Janke*

M-F-Index, Abk. aus Maskulinität-Femininität. In der Ps. die Skala zur Messung der relativen Häufungen männlicher bzw. weiblicher Persönlichkeitsmerkmale.

MHPG, Abk. für 3-Methoxy-4-Hydroxyphenylglykol, Abbauprodukt (Metabolit) von →Noradrenalin nach den Zwischenstufen Normetanephrin und -3Methoxy-4-hydroxyphenylglycoaldehyd (MHPGA). Es wurde früher angenommen, daß der MHPG-Spiegel im Urin ein guter Indikator für Verfügbarkeit im Gehirn ist, hingegen die Vanillinmandelsäure (VMA) die periphere Verfügbarkeit von Noradrenalin indiziert. Richtig ist, daß beide Produkte unspezifisch sind in bezug auf peripheren und cererbralen Umsatz, obzwar auch heute noch MHPG als ZNS-Indikator von Noradrenalin verwendet wird. [L] →Noradrenalin, FELDMAN et al. 1997 *W. Janke*

M.I., Abk. für *«master-index»*. Bei der Testauswertung der →objektiven Tests von CATTELL können die Testantworten bzw. die Testleistungen mit verschiedenen Testwerten versehen werden. So kann z. B. beim objektiven Test T 1 ein M. I. für die Schreibgeschwindigkeit beim Vorwärtsschreiben berechnet werden. Ein weiterer M. I. wird dadurch bestimmt, daß ein Quotient aus der Leistung beim Rückwärtsschreiben und der Leistung beim Vorwärtsschreiben gebildet wird.

Michigan Picture Test [T] WALTON

Mianserin, WZ Tolvin®, Psychopharmakon aus der Reihe der neuartigen tetrazyklischen →Antidepressiva. Im Vergleich zu anderen Stoffen wenig vegetative Nebenwirkungen. Angstreduzierende, antriebshemmende und desaktivierende Wirkung. Komplexer Wirkungmechanismus in mehreren Transmittersystemen, so postsynaptisch →Histamin (antagonistisch) und →Serotonin (agonistisch 5-HT_2-Rezeptoren), präsynaptisch Noradrenalin (antagonistisch α_1- und α_2-Rezeptoren). *W. Janke*

Michotte, Albert E. (1881–1965), Repräsentant der phänomenologischen Psychologie, wobei er vor allem die höheren kognitiven Prozesse, Wahrnehmungsphänomene und die Kausalität der Wahrnehmung untersuchte.

microteaching, Verfahren zum Training des Lehr- und i. w. S. Lehrerverhaltens durch experimentierende Rückkoppelung mit Hilfe von Video-Aufnahmen, die Analyse und Überprüfung, Korrektur und Präzisierung des Lehrverhaltens im Hinblick auf einzelne

Lehrfertigkeiten durch einen Supervisor oder in Eigenkontrolle ermöglichen *G. Mühle*

Midazolam, WZ Dormicum®, Psychopharmakon aus der Gruppe der →Tranquillantien vom Typ der →Benzodiazepine. Sehr kurze Wirkungsdauer (Halbwertszeit 1.5–2.5 h). Verwendet zur Prämedikation bei chirurgischen Eingriffen. Stärkere leistungsbeeinträchtigende Wirkung, auch amnestische Wirkungen. Ps. Untersuchungen belegen die subjektiv und objektiv faßbare desaktivierende Wirkung. [L] DUNDEE et al. 1984 *W. Janke*

Miene →Mimik

Migräne [frz.], Hemikranie, anfallsweise auftretender einseitiger heftiger Kopfschmerz mit starker Empfindlichkeit der Sinnesorgane oder anderen Wahrnehmungsstörungen. Verhaltensmedizinische Behandlungsverfahren leiten zu einer Stabilisierung des Gefäßtonus an, z. B. über Sport, Handerwärmungsbiofeedback (HET) oder eine Vasokonstriktorische Therapie (VKT), bei der die willentliche Kontrolle über die kranialen Gefäße gelernt wird. Über ein Migränetagebuch können spezifische Auslöser, wie bestimmte Nahrungsmittel, starke Emotionen, Wettereinflüsse etc., aber auch ein sekundärer Krankheitsgewinn eruiert werden. Entspannungsmethoden sind oft kontraindiziert, da Migräne meist gerade in der Entspannung (z. B. am Wochenende) auftritt. Es werden z. T. recht hohe Besserungsraten berichtet (um die 60 %), allerdings können diese Ergebnisse aufgrund z. T. erheblicher methodische Mängel der Untersuchungen nur begrenzt als Wirksamkeitsnachweise gelten. [L] MILTNER *F. Caspar*

Migration [lat. *migrare* wandern], Wanderung von einzelnen Individuen oder kleinen Gruppen zwischen Populationen

Migrationstheorie, eine Annahme aus der →Abstammungslehre, derzufolge neue Arten dadurch entstanden sind, daß Lebewesen in Gebiete mit anderen Lebensbedingungen auswanderten und dort nur die Anpassungsfähigsten überlebten.

Mikrobar →Lautstärke

Mikrodialyse, Methode der Neurochemie, die es ermöglicht, beim lebenden Subjekt lokal die extrazelluläre Verfügbarkeit neurochemischer Substanzen im ZNS zu bestimmen. Dazu wird eine mit einer permeablen Membran versehene Sonde implantiert, mit deren Hilfe lokal perfundiert wird. Das Perfusat wird hinsichtlich der Konzentration etwa von Transmittern und deren Metaboliten chromatographisch, in der Regel durch →Hochleistungsflüssigkeitschromatographie (HPLC), analysiert. [L] ROBINSON & JUSTICE 1991 *P. Weyers/W. Janke*

Mikrometer →Sinnesfunktionen (1a)

Mikronährstoffe, engl. micronutrients, in Spuren in der Nahrung vorhandene Stoffe. Wichtige M. sind →Vitamine. [L] KASPER 1996 *W. Janke*

Mikrophonie, verringerte Stimmstärke beim Sprechen mit Hypotonie der Phonationsmuskeln bei extrapyramidalen Erkrankungen. Häufig in Verbindung mit einer verkürzten Phonationsdauer, dem Erlöschen des Phonationsantriebs (SEEMAN 1969) und abnehmender Lautstärke. →Stimmstörungen

Mikropsie [gr. *mikros* klein], Verkleinertsehen von Gegenständen (Netzhautfehler usw.)

mikropsychisch, nach BUSEMANN der Kleinstbereich des Erlebens, der Bereich der ps. Wirklichkeit, die ein momentaner Blick trifft oder treffen möchte.

mikrosmatisch, geringe →Empfindlichkeit des Geruchssinns

Mikrosoziologie, Teilbereich der Soziologie, in dem kleinste soziale Gebilde unabhängig von gesamtgesellschaftlichen Zusammenhängen untersucht werden. Insofern fast identisch mit Sozialpsychologie.

Mikrovibration, von ROHRACHER (1960) erstmals untersuchte mikroskopisch kleine Schwingungen, die an allen Stellen des menschlichen Körpers feststellbar sind und deren Frequenz zwischen 7 und 11 Hz liegt. Ursprung sind Muskelkontraktionen, die ständig alternierend stattfinden («Muskeltonus»). Die Größe der M. steigt bei Erwartungsspannung und Angst an, bei willentlicher Entspannung nimmt sie ab. Unterschiedliches Verhalten der M. bei Warm- und Kaltblütern läßt einen Zusammenhang mit der Regelung der Körpertemperatur vermuten.

Mikrowahrnehmungen, Bez. für feinste Empfindungsunterschiede. WERNER hat beobachtet, daß schon 1/10 Tonintervalle deutlich unterschieden und zu Tonharmonien zusammengeschlossen werden können. KLEMM fand, daß bei taktilen Reizen (an symmetrischen Stellen der Zeigefinger z. B.) Zeitunterschiede von Bruchteilen einer tausendstel Sekunde eindeutig zugeordnet werden.

Milde-Effekt, ein bei der Beurteilung von Pbn mittels einer →Schätzskala auftretender Beurteilungsfehler, der dadurch zu erklären ist, daß der Beurteiler negative Eigenschaften des Beurteilten verharmlost und in seinem Schätzurteil nicht zum Ausdruck kommen läßt. Vielmehr wird der Skalenbereich der positiven Eigenschaften stark bevorzugt. *G. Lüer*

Milgram-Experiment, eine von MILGRAM durchgeführte Untersuchung zum extremen Autoritätsgehorsam. Z. B. wird einer zu Gehorsam verpflichteten Person befohlen, an einem Gerät Elektroschocks von steigender Intensität einzuschalten, ohne sich von den lauten «Schmerzreaktionen» des an das Gerät angeschlossenen «Opfers» beeindrucken zu lassen. →Gehorsam, bedenkenloser. **[L]** MILGRAM 1974

Milgram, Stanley (*1933), Psychologe (Sozialps.) / Ph.D. Harvard 1960, Yale, City University of New York

Milieu, [frz. für Mitte, Medium, Mittel], von H. TAINE zum Begr. für die dem Individuum gegenüberstehende Natur, Kultur und sozialgesellschaftliche Umgebung des Menschen ausgeweitet. Heutzutage ist M. die Summe der äußeren Einflüsse, die auf ein Lebewesen (allg.: Ding, Objekt) einwirken.

Milieutheorie [engl. *environmentalism*], die Anschauung, daß das →Milieu und nicht das Ererbte für die seelische Entwicklung auf allen Gebieten (Intelligenz, Charakter) allein oder vorwiegend bestimmend sei. Die Milieutheorie besitzt Vorläufer in der griechischen Philosophie (HIPPOKRATES, PLATON, ARISTOTELES). Sie wurde besonders von A. ADLER (Individualpsychologie) und den Behavioristen ausgebildet und vertreten. →Umwelt

Milieutherapie, geht davon aus, daß das gesellschaftliche und institutionelle Milieu psychiatrische Erkrankungen erzeugt und verstärkt. Umgekehrt wird in der Änderung des Milieus ein therapeutischer Faktor gesehen. Darauf aufbauend schuf M. JONES 1953 die ersten →therapeutischen Gemeinschaften, in denen der Unterschied von Personal und jetzt sog. «Bewohnern» weitgehend aufgehoben sein sollte.

Die Milieuansätze zwischen den verschiedenen Einrichtungen unterscheiden sich stark, daher ist eine Überprüfung der Wirksamkeit problematisch. Es gibt Hinweise dahingehend, daß Milieutherapie als nützliche Zusatzmaßnahme in der Behandlung hospitalisierter schizophrener Patienten gesehen werden kann. *F. Caspar*

Militärpsychologie →Wehrpsychologie

Mill-Hill-Wortschatztest, der von **[T]** RAVEN stammende Wortschatztest ist benannt nach dem «Mill-Hill-Hospital» (London), das im II. Weltkrieg als Abteilung des Maudsley-Krankenhauses psychisch kranke Soldaten betreute.

Miltaun® →Meprobamat

Mimetika →Psychomimetika

mimetisch [gr. *mimeomai* ahme nach], bewegend, erregend, nachahmend, z. B. Gebärde

Mimik [gr. *mimos* Schauspieler], Mienenspiel, die Ausdrucksbewegungen der Gesichtszüge, die auf aktuelles seelisches Geschehen (Gefühle, Stimmungen, Willensregungen), besonders im sozialen Kontakt, hindeuten und meist unwillkürlich ablaufen. Aus der Mimik wird auch versucht, auf relativ konstant bleibende charakterliche Dispositionen zu schließen. →Ausdrucksps., Physiognomik, →FAST. **[L]** ARGYLE 1975

Mimikry [engl. Nachahmung], durch Nachahmung von Körper- und/oder Verhaltensmerkmalen (über →Selektion entstanden) werden bestimmte Verhaltensweisen anderer Tiere zum eigenen Vorteil genutzt; z. B. imitieren einige Fliegenarten das schwarzgelbe Körpermuster der Wespen, die von vielen Vögeln gemieden werden. *V. Preuss*

mimischer Test **[T]** KWINT

Minderheiteneinfluß, in der Sozialps. werden Minderheiten aus der Perspektive der Mehrheit betrachtet. MOSCOVICI (1979) hat erstmals darauf hingewiesen, daß der soziale Wandel maßgeblich beeinflußt wird.

Minderungskorrektur [engl. *correction for attenuation*], ein von SPEARMAN vorgeschlagenes Verfahren zur Schätzung der wahren Korrelation zwischen zwei Variablen bzw. zwischen einem Test und einem Kriterium. Mit Hilfe der M. wird die zu Lasten der mangelnden →Reliabilität des Kriteriums gehende Minderung der Korrelation zwischen Test und Kriterium nach folgender Formel korrigiert:

$$\text{korrigiertes } r_{tc} = r_{tc} = \frac{r_{tc}}{\sqrt{r_{cc}}}.$$

(wobei r_{cc} den Reliabilitätskoeffizienten des Kriteriums darstellt). Eine doppelte M. wird dann vorgenommen, wenn auch noch die Unreliabilität des Tests einbezogen werden würde. Eine M. ist z. B. dann angezeigt, wenn das Kriterium mittels subjektiver Schätzurteile gewonnen wird, d. h. immer dann, wenn angenommen werden kann, daß das Kriterium unreliabel ist. *H. Häcker*

minderwertige Funktion, nach C. G. JUNG diejenige der vier →Haupt-Funktionen (Denken, Fühlen, Empfinden, Intuieren), welche nicht entwickelt wurde und darum minderwertig geblieben ist. Es handelt sich dabei immer um die der am stärksten entwickelten Funktion polar entgegenstehende Funktion (z. B. bleibt bei einer Dominanz des Denkens das Fühlen insuffizient).

Minderwertigkeitsgefühl [engl. *inferiority feeling, inferiority complex* M.-Komplex], Erlebnis tiefgehender seelischer oder körperlicher Unzulänglichkeit. Das M. hat große Bedeutung bei der Entstehung seelischer Leiden (Neurosen). Vor allem haben die Lehren ADLERS hierauf aufmerksam gemacht. Je nach Veranlagung können sowohl →endogene (z. B. Organminderwertigkeiten) wie auch →exogene Faktoren (z. B. zu harte oder zu weiche Erziehung, Unfälle) zu M.komplexen führen. [L] ADLER 1907, BRACHFELD 1953

Mineralcorticoide, Hormone der →Nebennierenrinde (zona reticularis) mit Wirkungen auf den Mineralstoffwechsel, so u. a. Natriumretention und Kaliumexkretion, wodurch eine normale Salzkonzentration gesichert wird. Das wichtigste M. beim Menschen ist das →Aldosteron. A. und Metaboliten sowie antagonistische M. (→Spironolacton) haben auch direkte neurotrope und damit ps. Effekte. *W. Janke*

Miniatursituationen, bei den →objektiven Tests solche Testanordnungen, bei denen ähnliches Verhalten wie in der natürlichen Lebenssituation gefordert wird (Handlungstest).

Minimaländerungen, Methode der, alte Bez. für das →Grenzverfahren

Minimax-Strategie, bez. eine Strategie des Spielers, die von der ungünstigsten Situation oder der ungünstigsten Entscheidung des Gegners ausgeht und unter dieser Voraussetzung die größtmögliche Auszahlung garantiert. →Entscheidungs-/Spieltheorie *K. H. Stapf*

minimum audibile, Hörbarkeitsschwelle, das hörbare Minimum, Bezeichnung für den die Reizschwelle gerade überschreitenden Reiz.

Minimum, irreduzibles →Reaktionszeit

minimum separabile, Trennschärfe des Sehens, Punktsehschärfe, Maß für Visus

minimum visibile, Sichtbarkeitsschwelle, das sehbare Minimum

MINISSA, Abk. für *Michigan Israel Netherlands Integrated Smallest Space Analysis,* ein Computerprogramm für →MDS, beruhend auf dem räumlichen Distanzmodell.

Minnesota Clerical Test [T] ANDREW

Minnesota Raumvorstellung [T] TRABUE

Minnesota-Test [T] HATHAWAY-MCKINLEY

Minorität, Teilsystem einer sozialen →Gruppe. Die M. (soziale Minderheit) ist meist gekennzeichnet durch die Ablehnung durch die umfassende Gruppe (Majorität). Das Streben nach Prestige in der Gesamtgruppe führt bei Mitgliedern der M. häufig zu verstärkter Aggression gegen die eigene Untergruppe.

minor tranquilizer →Psychopharmaka

Miosis, Zustand der verengten Pupille (HORNER-Syndrom)

Mirtazepin, WZ Remergil®, Psychophamakon aus der Klasse der neueren →Antidepressiva, die spezifisch die Wiederaufnahme von →Noradrenalin und →Serotonin hemmen, ohne daß →Acetycholin beeinflußt wird. M. hat neben antidepressiven auch anxiolytische und schlafverbessernde Wirkungen. Im Vergleich zu trizyklischen Antidepressiva schneller einsetzende antidepressive Wirkung. Wenig vegetative Nebenwirkungen. Bei Gesunden desaktivierende Wirkungen. [L] KASPER 1997 *W. Janke*

Mirth Response Test [T] REEDLICH

Misanthropie, (krankhafte) Menschenscheu, Menschenhaß

Mischanalgetika, syn. Kombinationsanalgetika, Mittel gegen Schmerz, fixe Kombination aus einem →Analgetikum und einem weiteren analgetischen Stoff bzw. Zusatzstoff, meist →Coffein oder Vitamin. Coffeinzusatz ermöglicht wahrscheinlich eine Dosisreduktion des analgetischen Stoffes. Analgetika werden zur Wirkungsverstärkung häufig mit Codein kombiniert. Es wird diskutiert, ob und inwieweit die psychotropen Wirkungen von Codein bzw. Coffein einen Schmerzmittelmißbrauch fördern. [L] FOX 1988, 1996, HÜPPE et al. 1996 *A. Hüppe/W. Janke*

Mischgefühl, Verschmelzung verschiedener Gefühle zu einem neuen. So ist Wehmut in der Erinnerung Freude und im Hinblick auf das Vorübersein Schmerz. Weitere Beispiele: Entrüstung, Zweifel, auch Gefühle, wie sie beim Komischen, Erhabenen, Tragischen auftreten, sind meist M.

Misperception-Test, von R. B. CATTELL für die projektiven Techniken verwendeter Begr. Die Abweichung von der Norm-Wahrnehmung (= *misperception*) ist das durchgängige Kennzeichen.

Mißbrauch, das Ausnutzen einer besonderen Beziehung, bei dem für den Täter zum Nachteil des Opfers ein Vorteil (sexuell, materiell, Macht etc.) entsteht. In konkreten Fällen geht es folgerichtig immer wieder um die Frage, ob ein selbstsüchtiges Motiv und ob eine Schädigung des Opfers vorlag bzw. wer die Verantwortung dafür hat.

Die Psychologie ist in zweifacher Hinsicht mit M. konfrontiert: Es geht um Beurteilung und Therapie (→Postraumatische Belastungsstörung) bei M. von Menschen generell und um M. durch Fachleute gegenüber Klienten (→Ethik). Eine Beurteilung der Glaubwürdigkeit bzw. Erinnerungsfähigkeit, aber auch die Beurteilung der Schuldhaftigkeit und Rückfallwahrscheinlichkeit ist eine besondere Herausforderung für die Psychologie. *F. Caspar*

Mißerfolg, Nicht-Erreichen eines selbstgesetzten Zieles (→Anspruchsniveau, HOPPE 1931). Eine Bestimmung des M. durch äußere Kriterien, also ohne Berücksichtigung des Anspruchsniveaus, ist seit den Arbeiten des LEWINer Kreises ein Kunstfehler, der allerdings nicht selten vorkommmt. Die Nichtlösung einer als zu schwer beurteilten Aufgabe ist im ps. Sinn kein M. →Erfolg

Mißerfolgsmotivation →Leistungsmotivation

Mißmut (Verdrossenheit), eine der Lebensgrundstimmungen neben Heiterkeit, Lustigkeit und Traurigkeit. Kennzeichnend ist wie bei der Traurigkeit eine innere Leere und Wertverarmung, doch im Unterschied zum Traurigen zeigt der Mißmutige Gereiztheit und gewisse Feindseligkeit gegen die Mitwelt. Er ärgert sich und ist nicht wie der Traurige lediglich betrübt. Zum M. gehören Ressentiment und radikale Humorlosigkeit. **[L]** LERSCH 1954

Mitbewegung, willkürliche oder als Begleiterscheinungen bei willkürlichen Bewegungen mitauftretende Bewegungen.

Mitbewußtes, von ROHRACHER (1963) eingeführter Terminus: «Mitbewußtes ist alles, was man weiß, ohne daß man daran denkt, daß man es weiß.» Z. B. kennt man seine eigenen Personalien, seine Umgebung und viele weitere jederzeit verfügbare Wissensbestände.

Mitempfindung, Empfindungen, die als Begleiterscheinungen außerhalb des reizbetroffenen Gebietes auftreten. →Chromatismus, →Phonismen, →Photismen, →Synästhesien

Mitfühlen, Mitgefühl, Erlebnis der inneren Ergriffenheit von fremdseelischen Vorgängen. Nach LERSCH gehört das Mitfühlen zu den Gefühlsregungen des Füreinanderseins. Als Freude = Mitfreude, als Leid = Mitleid. →Empathie

Mittelsenkrechttäuschung →geometrisch-optische Täuschung

Mittelwert, ein statistischer Kennwert der zentralen Tendenz einer Verteilung. M. sind das →arithmetische Mittel, der →Median oder Zentralwert, der →Modus, das harmonische Mittel und das geometrische Mittel. Die Wahl des zur Charakterisierung einer Verteilung geeignetsten M. hängt von der Art der untersuchten Variablen u. von der Verteilungsform ab. *G. Mikula*

mittlere quadratische Abweichung →Standardabweichung, →Streuungsmaß

mittleres Quadrat, Durchschnittswert der quadrierten Maßzahlen einer Verteilung

mittleres Quartil →Quartile

mittlere Variation, ein ungebräuchlicher statistischer Kennwert für die Dispersion oder Streuung von Verteilungen. Sie ist der Durchschnittswert der absoluten Abweichungen der Maßzahlen von ihrem Mittelwert.

$$MV = \frac{\Sigma \mid x_i - M \mid}{N}$$

Mitübung, MEUMANN und EBERT (1905) stellten bei Lernexperimenten fest, daß sich Übung im Erlernen von sinnlosen Silben günstig auf das Erlernen anderen Materials auswirkt, und nannten diese Erscheinung M. • G. E. MÜLLER, THORNDIKE u. a. interpretierten dies im Sinne eines Vorhandenseins von →identischen Elementen. • M. kann angesehen werden als ein Spezialfall des allgemeineren Phänomens der Übertragung (→Transfer). →Entwicklungskorrelationen

Mitwelt, während →Umwelt umfassender ist als →Milieu, ist Mitwelt der weiteste Umkreis, der wesentlich nur im Zeitlichen seine Bestimmung hat.

MLLSA, Abk. für *Maximum Likelihood Latent Structure Analysis*, Programm für die latente Strukturanalyse. →LSA

MLS, Motorische Leistungsserie **[T]** SCHOPPE

MMPI **[T]** HATHAWAY

MMQ **[T]** EYSENCK

Mneme [gr.], nach R. SEMON (1904) das Gedächtnis allgemein, als Funktion der «organischen Materie», die Gesamtheit aller fortdauernden, durch bestimmte Reize verursachten Änderungen, ohne Rücksicht darauf, ob Bewußtsein damit verbunden ist oder nicht.

Die Sinneseindrücke usw. sollen in der Nervensubstanz dauernde Veränderungen, Spuren, sog. →Engramme hervorrufen. Auf den Engrammen beruhen die Erscheinungen der Vererbung, des Gedächtnisses, der Assoziationsvorgänge u. a.m. Sobald der betreffende Substanzabschnitt von Erregungen getroffen wird, werden nach SEMON gleiche organische usw. Vorgänge, die den ursprünglichen entsprechen, ausgelöst = ekphoriert. HERING hatte schon früher diese «Speicherung» von Eindrücken als allgemeine organische Fähigkeit angesehen. C. G. CARUS hat von «Leibesgedächtnis» und vom «epimetheischen Prinzip der Vitalseele» gesprochen.

Mnemismus, die Anschauung, daß die Mneme den in der Welt ursprünglich nur physikalisch-chemischen Abläufen erst «Zweckmäßigkeit» gebe und damit Leben ermögliche, hat E. BLEULER (1925) besonders herausgestellt. Die erste Einheit hierbei ist das →Psychoid.

Mnemonik, Mnemotechnik, Gedächtniskunst. Steigerung der Gedächtnisleistungen durch Hilfsvorstellungen (→Assoziationen) nach Schema, durch systematisierte Übung, Wiederholung usw. Wissenschaftlich-psychologisch bearbeitet wurde die M. durch MEUMANN. →Gedächtnis

mnestische Störungen, Gedächtnisstörungen

Mobbing [engl. *mob* Pöbel, Gesindel, *to mob* belästigen, anpöbeln, schikanieren], M. umschreibt negative kommunikative Handlungen, die von einer oder mehreren Personen gegen eine Person gerichtet sind. Von M. wird nur dann gesprochen, wenn Beleidigungen, Gehässigkeiten oder Ignorieren über einen längeren Zeitraum andauern. Das Phänomen M., das auch im Alltagsleben bekannt ist, wurde in den letzten Jahren wegen der schädlichen Konsequenzen für Personen und der volks- u. betriebswirtschaftlichen Einbußen durch umfangreiche Forschungsarbeiten untersucht. LEYMANN hatte 45 mögliche M.-Handlungen unterschieden und in 5 Kategorien zusammengefaßt: Angriffe auf die Möglichkeit, sich mitzuteilen, Angriffe auf die sozialen Beziehungen, Angriffe auf das soz. Ansehen, Angriffe auf die Qualität der Berufs- u. Lebenssituation, Angriffe auf die Gesundheit. M. kann in verschiedenen Richtungen beobachtet werden: M. auf derselben berufl. Ebene (44 %), M. «von oben nach unten» (37 %), M. «von unten nach oben» (9 %). Die Auswirkungen auf das «Opfer» sind vielfältig und können zu Berufsunfähigkeit führen. Am Arbeitsplatz werden folgende Konsequenzen deutlich: Rückgang o. Ausfall der berufl. Produktivität, Fehlzeiten, →«innere Kündigung». Am Arbeitsplatz sind die Ursachen für M. hauptsächlich die Organisation der Arbeit, die Aufgabengestaltung sowie die Leitung. Als Gegenmaßnahmen haben sich als wirksam erwiesen: Ignoranz, Gegenmobben, Arbeitsplatzwechsel. [**L**] LEYMANN 1990, 1993, ZUSCHLAG 1994 *K. Stapf/H. Häcker*

Moclobemid, WZ Aurorix®, Psychopharmakon aus der Gruppe der →Antidepressiva vom Typ der selektiven reversiblen →MAO-Hemmer (MAO-A). Im Gegensatz zu anderen MAO-Hemmern muß keine spezifische Diät eingehalten werden. M. hat aktivierende Wirkungskomponenten. [**L**] MOREAU et al. 1993 *W. Janke*

modal →Modalität

Modalität [lat. *modus* Art, Weise], im weitesten Sinne die Art und Weise, wie etwas existiert, geschieht oder gedacht wird. Modalitäten des Urteils sind (nach KANT): Möglichkeit (problematisches Urteil), Wirklichkeit (assertorisches Urteil) und Notwendigkeit (apodiktisches Urteil). • Sinnesmodalitäten (HELMHOLTZ) sind die Arten der Wahrnehmung (Sehen, Hören, Tasten, Riechen usw.). Modal bez. hier den jedem sensorischen Bereich eigenen spezifischen Charakter. • Die von MICHOTTE eingeführte Bez. «amodal» belegt das Fehlen der spezifischen Qualitäten.

Modalpersönlichkeit, der in einer Kultur oder einer bestimmten Gesellschaft am häufigsten vorkommende Persönlichkeitstypus bzw. Persönlichkeitsmerkmale (→Modus). Es wurde versucht, über die M. ein Konzept der Grundpersönlichkeit zu gewinnen. Die Gemeinsamkeiten oder Ähnlichkeiten ergeben sich aus dem Umstand, daß die Individuen unter ähnlichen oder vergleichbaren sozialkulturellen Verhältnissen leben; die Umweltverhältnisse *(culture pattern)* bewirken demnach Häufigkeit oder Regelmäßigkeit ihres Auftretens. Der Begr. M. wurde von LINTON (1936) eingeführt.

Modell, ein Begr., der im wissenschaftlichen Sprachgebrauch eine ganze Reihe recht unterschiedlicher Bedeutungen besitzt.

• Die gebräuchlichste ist «analoger Realitätsausschnitt». So wird das Wort auch in der Umgangssprache verwendet. Man spricht von Schiffsm., Flugzeugm. usw. Mit der gleichen Bedeutung findet man es in der Wissenschaft. Das Verhalten von Wasserwellen stellt ein M. für das Verhalten von Luftschwingungen dar. Das Verhalten von Wasser in Röhrensystemen ist ein M. für das Verhalten von elektrischen Schaltkreisen. • In der →Kybernetik versucht man, diesen M.begriff zu präzisieren. Man unterscheidet dort Verhaltens- und Strukturmodelle. Ein →System A ist ein Verhaltensmodell eines Systems B, wenn A bei gleichen Reizen die gleichen Reaktionen zeigt wie B. Strukturmodelle sind Systeme, die ihren «Prototypen» nicht nur hinsichtlich des

Verhaltens, sondern auch hinsichtlich des inneren Gefüges gleichen. Strukturm. sind den modellierten Realitätsausschnitten isomorph oder homomorph (→Isomorphie, →Homomorphie).
• In der Ps. und den Sozialwissenschaften hat es sich eingebürgert, Theorien, die in einer exakten Sprache formuliert sind, M. zu nennen. So spricht man von mathematischen Lernmodell statt von mathematischen Lerntheorien. Der Grund für diesen Gebrauch des Wortes M. scheint das Bestreben zu sein, Theorien, die in einer exakten Sprache formuliert sind, gegen die sonst in der Ps. und den Sozialwissenschaften häufig umgangssprachlich formulierten Theorien abzuheben. Oft jedoch findet man das Wort M. auch ohne jeden erkennbaren Unterschied wie das Wort Theorie verwendet. Im strengen Sinn sind M. in den Sozialwissenschaften Analogien, durch die ein beobachtetes individuelles oder soziales Verhalten (ein Phänomen, ein Prototyp) mit den Bestimmungen und Umformungsregeln eines math. →Kalküls verbunden wird. Es gibt deterministische M., die aus Gleichungen bestehen, und probabilistische oder stochastische M., in denen Wahrscheinlichkeiten des Verhaltens bestimmten Zuständen zugeordnet werden. →Abbildung, →Paradigma. • Modell bezeichnet eine Vorgabe (häufig ein bestimmtes Verhalten einer Person), die vom Beobachter mit dem Ziel erworben werden soll, sie unter definierten Bedingungen selbständig und erfolgreich einzusetzen (→Lernen, →soziales Lernen). Die Modalitäten der Modellvorgabe lassen sich nach unterschiedlichen «Realitätsgraden» gruppieren (SELG 1979): (1) reale Modelle (sie agieren authentisch vor dem Beobachter), (2) symbolisch-bildhafte M. (Video, Film u. ä.), (3) symbolisch-verbale M. (gesprochene/gelesene Anweisungen), (4) imaginäre M. (der Beobachter stellt sie sich vor).

Die Wirksamkeit eines Modells kann nicht ausschließlich aufgrund bestimmter Modellmerkmale/Modelleigenschaften abgeschätzt werden, wenngleich es sicherlich sinnvoll ist, mehr oder weniger günstige Voraussetzungen auf seiten der Modellcharakteristik zu unterscheiden (z. B. Persönlichkeitsmerkmale des Modells, Modellprägnanz, Konsequenzen für das M. u. ä.). Merkmale des Beobachters (z. B. dessen sensorische Fähigkeiten, die intellektuellen Voraussetzungen, seine Lerngeschichte u. ä.), Art und Komplexität der zu vermittelnden Fertigkeiten und ihre Bedeutung für den Beobachter sind zusätzliche wichtige Variablen für die Einschätzung der Modellwirksamkeit. Die im Zusammenhang mit klinisch-psychologischen Fragestellungen berichteten Ergebnisse zur unterschiedlichen Wirksamkeit sogenannter →Coping- und →Mastery-Modelle sind nach solchen Gesichtspunkten zu relativieren. [L] BRAITHWAITE 1962, KLIR & VALACH 1967 *P. F. Schlottke*

Modellernen (vgl. auch →Imitationslernen, Beobachtungslernen), spielt implizit wohl in allen Formen psychotherapeutischer Behandlung, explizit in der Verhaltenstherapie eine Rolle. Günstig ist, wenn ein reales Modell, das dem Betroffenen hinreichend ähnlich ist, in einer realistischen Situation beim Bewältigen von Schwierigkeiten (im Gegensatz zu einem meisterhaften, unproblematischen Umgang) beobachtet werden kann und wenn möglichst gleich anschließend eigene angeleitete Übungsmöglichkeiten bestehen. Besonders gute Möglichkeiten dazu bestehen oft in der →Gruppentherapie. Anwendung: Phobien, Sozialtraining, schulischer Bereich, Retardierte, Gruppentherapien, Psychosen, autistische Kinder. [L] BANDURA →Lernen, →soziales Lernen, →Nachahmung *F. Caspar*

Modell, inneres →inneres Modell

Modellpsychose, psychoseähnlicher Zustand nach Einnahme chemischer Stoffe, meist vom Typ der →Psychotomimetika. Als Forschungswerkzeug Anwendung in der Regel zu grundlagenorientierten ps. oder psychopathologischen Fragestellungen, jedoch in den letzten Jahren nur noch vereinzelte Anwendung. [L] HEIMANN 1961, HERMLE et al. 1993, LEUNER 1962, LIENERT 1964 *W. Janke*

Moderatorvariable, eine →Variable, welche einen Einfluß auf die Höhe der Beziehung zwischen zwei oder mehreren anderen Variablen ausübt. Handelt es sich bei M. um einen Test, so spricht man von Moderatortest. Berücksichtigt man die M. in ihrer Funktion für die Validität eines Tests, so kann man sie auch als eine Variable bezeichnen, welche Stichproben in Untergruppen trennt. Alter, Geschlecht, Persönlichkeitsmerkmale sind z. B. M. [L] SAUNDERS 1956

Modifikation [lat. *modificare* umformen], Abwandlung, Einschränkung. • (allg.) die Abänderung, die das «Sosein», jedoch nicht sein «Wesen» betrifft. →Dauermodifikation. • (biol.) eine nicht erblich bedingte Variante innerhalb einer Organismusart.

Modifikatoren, adverbiale, bei Umfragen mit →Magnitude-Messungen benutzte Adverbien wie z. B. «sehr», «ziemlich», «etwas», die folgende Adjektive, wie z. B. «wichtig», «angenehm», «sicher» o. ä. in ihrem Ausmaß verändern (modifizieren) sollen. Die Wirkungsstärke der a. M. wurde zunächst nach dem →CLIFFschen Gesetz zu bestimmen versucht (vgl. KRISTOF 1966), ist aber nach WEBER (1980) kontextabhängig und auf Individualdaten zu beziehen.

Modularität, Annahme, daß das menschliche Informationsverarbeitungssystem teilweise aus einzelnen voneinander unabhängigen Modulen besteht. Kognitive Teilsysteme sind modular, (1) wenn sie beim Eintreten bestimmter Bedingungen automatisch und unabwendbar arbeiten, (2) wenn übergeordnete Instanzen auf ihre Verarbeitungsprozesse keinen Einfluß nehmen können, (3) wenn sie nur für ganz spezifische Aufgaben zuständig sind, (4) wenn ihre Prozesse sehr schnell verlaufen, (5) wenn ein Zusammenbrechen ihrer Prozesse nach einem spezifischen Muster erfolgt und (6) wenn sich ihre ontologische Entwicklung in bestimmten, interindividuell gleichen Schritten vollzieht. **[L]** FODOR 1983

T. Pechmann

Modulation, Wechsel von einer Tonart in eine andere. Einleitung der Zieltonart erfolgt durch eine Kadenz, andernfalls handelt es sich nur um eine «Ausweichung» ohne Tonartwechsel. In der elektronischen Musik gibt es eine aleatorische M. mittels Filter, in Funk- und Draht-Nachrichtentechnik M. zur Übertragung von Sprache, Musik und Bild und im Kurz-, Mittel- und Langwellenbereich Amplituden-M. (AM).

Modus [lat. Art und Weise], syn. Modalwert, Dichtemittel. Ein statisticher Kennwert der zentralen Tendenz. Der M. ist jener Wert einer Häufigkeitsverteilung, der die größte Frequenz aufweist, der Fußpunkt der Ordinate des «Gipfels» einer Verteilung. Die Bestimmung des M. ist nur bei großen Stichproben und eingipfeligen Verteilungen sinnvoll. Der M. findet als Kennwert der zentralen Tendenz der Verteilung diskontinuierlicher Variablen Verwendung. *G. Mikula*

Mogadan®, →Nitrazepam

molar behavior, molecular behavior, eine Übertragung der chemischen Begriffe Mol und Molekül auf zwei Aspekte des Verhaltens. Molar bezieht sich auf übergeordnete Verhaltenseinheiten wie z. B. das «Laufen eines Tieres zum Futter», während molekular die Betrachtung kleinster Verhaltenseinheiten wie einzelne Reaktionselemente, Muskelkontraktionen u. dgl. bezeichnet. Die Unterscheidung stammt von E. C. TOLMAN (1932). Mit dem Begr. molar belegt dieser seinen von der Gestaltps. beeinflußten ganzheitlichen Ansatz, der das Verhalten von Mensch und Tier stets als auf ein Ziel ausgerichtet ansieht.

Moment, kleinste, noch wahrnehmbare Zeiteinheit (subjektives Zeitquant): im Mittel ca. 1/16 sec. • Die Bez. «psychisches M.» (eingeführt 1864 von BAER) geht von der Annahme aus, daß die gesamte menschl. Information in Einheiten von ca. 1/16 sec. aufgenommen wird. →Bewußtseinsenge. • (math.) Bez. für die Abweichung der Meßwerte vom Bezugswert. Da die Abweichungen potenziert werden können, spricht man vom ersten, zweiten bis n-ten Moment. →Zeit

MONANOVA, Abk. für *monotone analysis of variance,* als Computer-Programm vorliegendes Verfahren zur nichtmetrischen →Varianzanalyse, beruht auf einem Skalar-Produkt-Modell.

Mondsüchtigkeit →Somnambulismus

Mondtäuschung, Änderung der scheinbaren Größe des Mondes trotz des konstanten →Sehwinkels von ca. einem halben Winkelgrad (der Mond ist in Horizontnähe größer als in Zenitnähe). Die gleiche Täuschung findet sich, in geringerem Maße, bei Reizen in endlicher Entfernung, die in einem sonst homogenen (z. B. dunklen) Feld gesehen werden. Die «zweite Mondtäuschung» betrifft die Entfernung: am Horizont erscheint der Mond näher als am Zenit. (Andererseits erscheint der Himmel am Horizont weiter entfernt als im Zenit; er erscheint als flache Kuppel.)
Die heute wohl geläufigste Erklärung der Mondtäuschung ist die «Distanz-Hypothese», nach der die Mondtäuschung als spezieller Fall des →EMMERTschen Gesetzes angesehen werden kann: Die scheinbare Größe hängt von →Sehwinkel und Distanz ab; die registrierte Distanz des Horizont-Mondes ist größer, also erscheint er größer (z. B. ist die Strecke zum Himmel mit Objekten gefüllt, die zum Zenit ist leer). Unter dieser Hypothese gibt es ein Größen-Distanz-Paradox: Der Horizont-Mond erscheint wegen der größeren Distanz größer, aber seine anschauliche Entfernung ist kleiner. Das Paradox wird gelöst durch die Annahme, daß die registrierte Distanz, die die →Sehgröße bestimmt, nicht mit der anschaulichen Distanz identisch ist. **[L]** HERSHENSON 1990, ROCK 1975 *H. Heuer*

Mongolismus →DOWN-Syndrom

Monismus [gr. *monos* eines], Annahme einer

Einheit, eines einzigen Prinzips als der Grundlage alles Seins. In ps. Hinsicht ist die Lehre, daß Körper und Geist, Leib und Seele eine Einheit darstellen, monistisch. Nach der qualitatitven Charakterisierung dieser Einheit ergibt sich materialistischer, spiritualistischer, idealistischer und identitätsphilosophischer M. Ggs. →Dualismus

Monoaminooxidase, Abk. MAO, Enzym das u. a. am Abbau von →Noradrenalin, →Serotonin und →Dopamin beteiligt ist. Bisher konnten zwei verschiedene MAO-Enzyme, MAO-A und MAO-B, nachgewiesen werden, die unterschiedliche Lokalisationen und unterschiedliche Funktionen haben. Der Nachweis ist über Blutplättchen im sog. Thrombozytenmodell möglich. Durch sog. →Monoaminooxidase-Hemmer kann der Abbau gehemmt werden. **[L]** FELDMAN et al. 1997, FRITZE 1989 *W. Janke*

Monoaminooxidase-Hemmer, Abk. MAO-Hemmer, Psychopharmaka aus der Gruppe der →Antidepressiva, die das Noradrenalin oder Serotonin abbauende Enzym →Monoaminooxidase (MAO) hemmen. M. der ersten Generation in den 60er Jahren (Iproniazid, Isocarboxazid) hemmten alle Arten von MAO und führten zu Hypertoniekrisen nach Genuß von →Tyramin, das in Lebensmitteln wie Käse enthalten ist. Neuere M. haben diese Wirkung nicht. Sie sind unterteilbar in kombinierte MAO-A/MAO-B-Hemmer, selektive, irreversible MAO-A-Hemmer, selektive, irreversible MAO-B-Hemmer und selektive reversiblen MAO-A-Hemmer (z. B. →Moclobemid). Neuere M. haben eine wichtige Rolle als Forschungswerkzeuge bei der Suche nach antidepressiven Stoffen. **[L]** FRITZE 1989, RIEDERER & LAUX 1993 *M. Reuter/W. Janke*

monochromatisch, einfarbig, Strahlung aus einem engen Wellenlängenbereich (ungenau: einer Welle).

monochromatische Lichter →Spektrum

Monochromatopsie, Fehlsichtigkeit, bei der keine Farben, nur Helligkeitsunterschiede wahrgenommen werden.

Monodynamie, Monodynamik, eintönige Akzentuierung der Sprechweise (→Prosodie) infolge von Hörbehinderungen, Gehörlosigkeit oder bei extrapyramidalen →Dysarthrien. Häufig in Verbindung mit dem Abnehmen der Lautstärke während des Sprechens.

Monogamie [gr. *monos* eines, *gamos* Hochzeit], Einehe →Ehe

Monoideismus [gr.] Ggs. →Polyideismus

monokular [lat.], einäugig; auch mit dem einen Auge

Monophasie [gr.], Sprachstörung, bei der nur ein einzelner Bestandteil (Silbe, Wort) hervorgebracht wird

Monophobie [gr.], Angst beim Alleinsein, →Phobie

monosymptomatisch [gr.], nur durch ein Kennzeichen hervortretend. →Symptom

Monotonie, Eintönigkeit, Gleichförmigkeit. Ein durch eine länger dauernde gleichförmige «reizarme» Tätigkeit, die einen mittleren Grad geistiger Anspannung erfordert (z. B. Autofahren bei Nacht), hervorgerufener Zustand der Schläfrigkeit, geistiger Stumpfheit, mit Herabsetzung der Leistungsfähigkeit und Reaktionsfähigkeit und physiologischen Symptomen (zunehmende Vaguswirkung), der an diese Tätigkeit gebunden ist und mit ihrer Beendigung sofort aufhört. Schon die erste große Untersuchung zur einförmigen Industriearbeit (S. WYATT 1924) ließ erkennen, daß M. die Leistung meist stärker drückt als →Ermüdung. Die Anfälligkeit für Monotonie ist interindividuell verschieden. Menschen mit geringer geistiger Begabung unterliegen weniger leicht der Monotonie. Die Frage der Monotonieanfälligkeit hat besonders in der Eignungsuntersuchung für bestimmte Berufe eine Bedeutung. →Vigilanz, →Sättigung, psychische. **[L]** BARTENWERFER 1970

Monotonieprüfer [T] GIESE

Monotonieresistenz, Widerstand gegen die Wirkungen der →Monotonie, geringe Monotonieanfälligkeit

Monotonometer (GIESE), Apparat zur Untersuchung von ermüdend wirkender, eintönig-gleichmäßiger, mechanischer Arbeit. Beispiel: Stahlkugeln laufen schiefe Ebene herab, sind beidhändig abzufangen und in Trichter zu werfen. Von dort werden stets erneut Kugeln wieder zurückbefördert, so daß eine Folge gleicher Arbeit verlangt wird. Der Apparat zählt die richtig abgefangenen Kugeln und die Versager der Vp.

monotrop →Affinität

Montageprobe [T] MOEDE, POPPELREUTER, SCHULZ

Monte-Carlo-Effekt, der Trugschluß, daß in einer langen Sequenz von unabhängigen Ereignissen eine Art Ausgleich stattfinden muß. Beispielsweise schätzen viele Menschen bei einem Münzwurf das Ereignis KKKKKKK subjektiv als weniger wahrscheinlich als das Ereignis KZZKKZZ ein, obgleich objektiv beide Ereignisse gleich wahrscheinlich sind.

Monte-Carlo-Methode, MCM [engl. *Monte Carlo method*], allgemein versteht man darunter jedes Verfahren, welches «Pseudo-Daten» nach bestimmten probabilistischen Regeln erzeugt. Diese Verfahren werden häufig eingesetzt, um mathematische Theorien zu überprüfen, da die Pseudo-Daten vorhersagen, wie die realen Daten aussehen sollten, falls die Theorie die Empirie richtig beschreibt. Beispielsweise wurde dic MCM in der Gedächtnispsychologie eingesetzt, um Theorien über Abrufvorgänge aus dem Langzeitgedächtnis zu überprüfen (vgl. RAAIJMAKERS & SHIFFRIN 1981). Die MCM ist sehr rechenintensiv und setzt daher i. d. R. einen Computer voraus, da sehr viele Pseudo-Daten notwendig sind, um stabile Vorhersagen zu erhalten. Die MCM wird in unterschiedlichen Wissenschaftszweigen wie der Ökonomie und der Physik eingesetzt, um theoretische Aussagen zu überprüfen, die sich einer rein mathematischen Analyse entziehen. *R. Ulrich*

Montessori, Maria (1870–1952), Med., Kindergartenpädagogin / Rom

Montessori-Pädagogik, nach der ital. Ärztin M. Erziehungsprinzip, das an das Selbst-Tun des Kindes appelliert. Das Kind soll ohne Bevormundung durch geistige Eigenkraft und manuelle Tätigkeit kindgemäß und frei aufwachsen. Kritisiert wurde an diesem Konzept eine gewisse Verherrlichung des Kindes.

Moral [lat. *moralis* die Sitten betreffend], Gesamtheit der das Urteil und Verhalten bestimmenden Normen. →Gewissen

moral insanity (engl.), die von dem engl. Psychiater PRICHARD 1835 beschriebene «krankhafte Veränderung der Gefühle, Empfindungen und der seelischen Aktivität». Bei intakter Intelligenz sind die sozialen Bindungen gestört. Die ältere deutsche Psychiatrie hat den Begr. gleichbedeutend mit «moralischem Defekt» verwendet. Heute ist er nur noch wenig gebräuchlich. →Psychopathie. **[L]** PRICHARD 1835

moralische Entwicklung (PIAGET, KOHLBERG), selbstregulierter kognitiver Prozeß der Entwicklungslogik moralischer Urteile bei Handlungskonflikten (was soll getan bzw. unterlassen werden). Rekonstruiert wird das moralische Urteil über moralisches Argumentieren über sozialethische Probleme auf den Ebenen Gewalt und Strafe, Recht und Ordnung, Gerechtigkeit (→Gerechtigkeitsstruktur, →gerechte Gemeinschaft). Die m.E. als zunehmender Einfluß von Moral auf die Praxis menschlichen Zusammenlebens wird in der genetisch-strukturellen →Moralpsychologie bei PIAGET und KOHLBERG in 3 Hauptstadien mit jeweils 2 Stufen dargestellt (→Ethik). In Erweiterung einer personalen Moralentwicklung wird eine institutionelle Moralentwicklung als Entfaltung von →Gerechtigkeitsstrukturen beschrieben. →Gewissen. **[L]** ECKENSBERGER 1981, BERKOWITZ & OSER 1985

moralische Lebensführung, moral conduct →Gewissen, →character-education-inquiry

moralisches Urteil →Gewissen

moralische Therapie, Psychotherapie, deren Schwerpunkt die Stärkung der moralischen Haltung des Patienten war. Mittlerweile veraltet.

Moralitätsprinzip, Bez. FREUDS für das Grundprinzip von Handlungen, die unter dem Motiv der Moral und der sittlichen Gesetzesnormen (Gebote und Verbote) erfolgen. Das M. entspricht dabei dem Sittengesetz KANTS. Unter den Funktionssystemen der Persönlichkeit (Über-Ich, Ich, Es) arbeitet das →Über-Ich nach dem M. Das Über-Ich ist das System der introjizierten Gesetzesnormen, welches deren unbedingte Erfüllung vom Ich fordert und eine möglichst weitgehende Annäherung des Ich an das Ich-Ideal zu erreichen sucht. Im Ggs. zum Über-Ich arbeitet das Ich nach dem →Realitäts-Prinzip und das Es nach dem →Lustprinzip.

Moralpsychologie, Bereich der Ps., in dem die moralische Entwicklung von Individuen zu beschreiben, verstehen und zu verändern versucht wird. Die M. ist ein Standpunkt, von dem aus soziale Kognitionen, Operationen und Kooperationen auf ihre →Gerechtigkeitsstruktur hin befragt werden. Als Rahmenbedingungen wirken die ethischen und grundrechtlichen Prinzipien, die das Zusammenleben der Gesellschaft bestimmen. MENONS Frage an SOKRATES «ist Tugend lehrbar?» wurde in der Philosophiegeschichte vielfältig zu beantworten versucht (PLATON, KANT, RAWLS). In der Ps.-Geschichte wurde diese Frage durchweg entwicklungsps. gesehen. Parallel zur Intelligenz versuchten →Moraltests schon zu Anfang des Jh. den moralischen Charakter quantitativ zu erfassen (Reue, Schuld, Lüge, Gesinnung). • Die Frage der M., worauf die Achtung des Individuums vor den sozialen Normen der Gesellschaft beruht, beantwortet die naiv-ps. Theorie mit dem zeit- und situationsstabilen «moralischen Charakter» (Grundtugenden wie Treue, Ehrlichkeit, Fleiß, Zuverlässigkeit: HARTSHORNE & MAY 1928). Behavioristische

M

Lerntheorien (ARONFREED, BERKOWITZ) betonen die Angst vor Strafe, wenn Versuchungen nicht widerstanden wurde. Nach FREUD wirkt die Internalisierung früher Vorbilder disziplinierend, zivilisierend und als Modell. DURKHEIM hebt die Anpassung an kulturell und ethisch relative Standards und Gruppennormen hervor. Nach der strukturell-genetischen Theorie (BALDWIN, MEAD, PIAGET, KOHLBERG) entwickeln sich moralisches Bewußtsein und moralisches Handeln in (den gesamten Lebenslauf umspannender) Auseinandersetzung mit den interaktiven Problemen einer sich wandelnden sozialen Umwelt zu den ethischen Prinzipien idealer Kooperation (z. B. Gerechtigkeit: RAWLS, KOHLBERG – kommunikative Ethik: HABERMAS, HAAN – moralisches Argumentieren: MILLER, OSER). Diese Entwicklung sei eine kognitiv-affektiv gesteuerte, zielorientierte →Äquilibration von Individuum und Gesellschaft. Die nichtumkehrbaren, qualitativ unterschiedlichen und streng sequentiellen Entwicklungsstufen sollen kulturunabhängig verlaufen, seien aber förder- und störbar. →Gewissen. [L] BERGLING 1981, EKKENSBERGER 1981, HARTMANN & LIND 1981, OSER 1981

Moral-Test (moralisch-ethische Gesinnungsprüfung), Versuch der Operationalisierung und Messung der Gewissensbildung [T] BARUK, BAUMGARTEN, FERNALD, JACKSON, JACOBSOHN, MOERS, ROTH, SCHAEFER

Morbidität, Morbilität [lat. *morbus* Krankheit], Krankheitsstand, Erkrankungsziffer. Verhältnis der Zahl der Kranken zur Zahl der Gesunden.

Moreno, Jacob L. (1892–1974), Begründer der Soziometrie (mit gleichnamiger Zeitschrift) und Begründer des sog. «Psychodramas».

Morgan, Conwy Lloyd (1852–1936) / Psychologe / London, Bristol

Morgan-Einheit, Begr. zu der von M. entdeckten geschlechtsgebundenen →Vererbung bzw. →Faktorenaustausch

Morgan-Regel, gelegentlich auch: MORGAN-Kanon, das Prinzip, zur Erklärung eines Verhaltens nicht auf höhere psychische Funktionen Bezug zu nehmen, wenn auch eine Erklärung durch elementarere Funktionen möglich ist. →Einfachheit, →OCCAM's razor, →Parsimonie

Morgan, Thomas Hunt (1866–1945), amerik. Zoologe (Genetiker, Embryologe) / New York (Columbia-Univ.) / Nobelpreis 1933

Moro, Ernst (1874–1951), Pädiater / Heidelberg

Moro-Reflex, Umklammerungsreflex. Bei Neugeborenen und Säuglingen die Bewegung des Umklammerns (Ausbreiten der Arme) bei Erschrecken, Erschütterung, abrupten Lageveränderungen u. ä.

Morphem, Morphemik, Gegenstand der Morphemik ist die Zusammensetzung sprachlicher Ausdrücke aus kleinsten Zeichen, den Morphemen. Im Unterschied zu den kleinsten Lauteinheiten, den →Phonemen bzw. →Graphemen, werden M. als kleinste Bedeutung tragende Einheiten definiert (→Semantik). Dabei werden M. mit referentieller und M. mit konnexieller oder funktionaler Bedeutung unterschieden. Die ersten bezeichnet man auch als lexikalische M., die zweiten als grammatische M.

Etwas ungenau spricht man auch von →Inhalts- und →Funktionswörtern (→Wort): Wörter setzen sich aus M. zusammen und bestehen nur im Grenzfall aus einem einzigen M. Zum anderen sind Funktionswörter nur ein Teil der konnexiellen oder grammatischen M., nämlich solche, die frei vorkommen können wie Konjunktionen oder Präpositionen.

Neben der Terminologie des amerikanischen Strukturalismus gibt es noch eine andere, die von MARTINET (1963) eingeführt wurde und sich vor allem in Europa verbreitet hat. MARTINET nennt die kleinsten sprachlichen Zeichen Moneme. Moneme mit konnexieller Funktion nennt er M., Moneme mit referentieller Funktion nennt er Lexeme.

Während das M. eine Einheit des Sprachsystems ist, bezeichnet man seine phonologische Repräsentation in einer konkreten Äußerung als Morph, analog zu der Unterscheidung zwischen →Phonem und →Phon. Ein Morphem, das phonematisch unterschiedlich realisiert werden kann, bildet →Allomorphe. [L] KALLMEYER et al. 1974 *J. Engelkamp*

Morphin, Morphium, Hauptsubstanz des Opiums. Beeinflußt Arten von Opiat-Rezeptoren. Als →Analgetikum häufige Verabreichung bei starken Schmerzen, etwa durch Tumore. Ps. Wirkungen: hypnotisch, analgetisch, anxiolytisch, euphorisierend. Den vielfältigen Wirkungen entsprechen verschiedenartige Angriffspunkte. Schmerzbeeinflussung erfolgt v. a. über Bindung an den μ-Rezeptoren im Rückenmark und supraspinalen Strukturen (periäquaduktales Grau, N. raphe magnus, Locus subcoerulus), die deszendierend nociceptive Bahnen im Rückenmark hemmen, euphorisierende Wirkungen durch Assoziationen mit dem Belohnungssystem.

Positiv verstärkend im Tierversuch. Somatische Wirkungen: starke vegetative Effekte, z. B. Herzfrequenzerniedrigung, Atemdepression, Pupillenkontraktion, Obstipation, Übelkeit und Erbrechen. M. führt zu →Drogenabhängigkeit. [L] JULIEN 1996 *W. Janke*

Morphinismus, chronische Morphiumvergiftung bei länger dauernder Morphinzuführung (geistig-körperlicher Verfall).

Morphismus, in der Meßtheorie irgendeine strukturverträgliche →Abbildung eines empirischen →Relativs in ein numerisches. →Homomorphismus

Morphogenese, Form-, Gestalt-, Körperformwerdung. • morphogenetische Untersuchungen versuchen, Ursachen und Bedingungen (letztlich biochemischer und physikalischer Art) des Entstehens einer bestimmten Körperform zu erklären.

Morphologie, Lehre von der Form (Körperform). Der Begr. wurde von GOETHE eingeführt. • Die vergleichende Morphologie erklärt die Ähnlichkeit homologer Strukturen durch die Abstammung von einem gemeinsamen Vorfahr und versucht, mit Hilfe der abgestuften Ähnlichkeit der Organismen deren hierarchisch gestaffelten Verwandtschaftsgrad zu ermitteln. • Die Funktionsmorphologie bemüht sich um eine Ermittlung der jeweiligen Funktion einer bestimmten Struktur.

Mortalität, Sterblichkeit. Verhältnis der Zahl der Todesfälle zur Zahl der Gesamtbevölkerung.

Mosaikauffassung, Annahme, daß das Seelische sich additiv zusammengesetzt (wie Steinchen bei den Mosaiken) – im Nebeneinander der Einzelheiten – erklären und erforschen lasse. Ggs. →Gestaltpsychologie, →Ganzheit, →Struktur

Mosaikbewegung, Bez. für die bei Mensch und Tier neben →Übersprunghandlung und →Ersatzhandlung mögliche weitere Form von Reaktionshandlungen. Es werden zugleich mehrere Bewegungen (etwa der Abwehr, des Angriffs, der Drohung etc.) intendiert, die aber alle unvollendet bleiben. [L] TINBERGEN 1951

Mosaikspiel [T] KOHS

Mosaik-Test [T] LOWENFELD, WECHSLER

Motilität [lat. *movere* bewegen], Beweglichkeit, Bewegungsvermögen

Motiv, das Motivkonstrukt wurde eingeführt, um dem Umstand Rechnung zu tragen, daß bei der Auswahl und Verfolgung von Zielen eine individuumspezifische Konstanz zu beobachten ist. Motive beschreiben eine dispositionelle Neigung in der Bewertung bestimmter Klassen von Handlungszielen. Es legt die Rahmenbedingungen für das Erleben fest – das, was das individuell Selbstverständliche des Wahrnehmens, Interpretierens, Fühlens und Urteilens ausmacht. Da Motivziele mittels recht unterschiedlicher Handlungsweisen in den verschiedensten Situationen angestrebt werden können, ist ein nicht unbeträchtliches Abstraktionsniveau erforderlich, um Motive zu klassifizieren. Welche Inhaltsklassen von möglichen Handlungszielen können unterschieden werden? Von der Verhaltens- und Soziobiologie werden in diesem Zusammenhang die «ultimaten» Verhaltensziele betont, die letztlich der Vergrößerung der Darwinschen Fitneß dienen, d. h. die Verbesserung von Möglichkeiten zur Weitergabe des eigenen Erbguts fördern. Reproduktive Fitneßmaximierung ist das durch die Stammesgeschichte wirkende Prinzip, dem alle Organismen unterworfen sind. Darwin wies darauf hin, daß Verhalten bzw. die genetischen Grundlagen dafür in genau der gleichen Weise evoluieren können wie etwa bestimmte Körperbaumerkmale. Es liegt deshalb die Annahme nahe, daß es im Verlauf der Stammesgeschichte zur Ausbildung verschiedenartiger Verhaltenssysteme gekommen ist, die jeweils Anpassungsvorteile der Art an eine spezifische Lebenswelt mit sich brachten, um letztendlich den Reproduktionserfolg zu sichern. Das Wesen dieser evoluierten Systeme besteht gerade darin, den Organismus auf bestimmte Ziele hin auszurichten, ihn zur Handlung aufzufordern und das Verhalten aufrechtzuerhalten – möglichst bis zur Zielerreichung (SCHNEIDER & SCHMALT, 1994). Wieviele und welche Motive beim Menschen als basal angenommen werden können, wurde bereits vor einiger Zeit in der persönlichkeitstheoretisch orientierten Motivationspsychologie zu klären versucht (z. B. MCDOUGALL, 1908; MURRAY, 1942). Bisher fehlt es jedoch noch an einem Konsens bezüglich Anzahl und Themen solcher Motive. Einige Motivthemen können jedoch aufgrund ihrer stammesgeschichtlichen Entwicklung und ihres Anpassungswertes auch für den Menschen als basal angesehen werden. Eine solche Annahme drängt sich überall dort auf, wo sich Parallelen im Verhalten mit den uns nahe verwandten Primaten auffinden lassen. So liegt für die Motivation zur Sicherung des internen Milieus (Hunger und Durst) wie auch für Sexualität die Annahme evoluierter Systeme auf der Hand. Vieles spricht dafür, daß auch Motivationen, die das soziale Leben in Gruppen (Intimität, Anschluß, Macht, Dominanz) und den effektiven Umgang mit der sachlichen Umwelt (Neugier, Kompetenz, Leistung) steuern, auf evoluierten Strukturen beruhen, die im Sinne eines Vorläufermotivs die genetischen Basisstrukturen abgeben, auf denen spätere Entwicklungen aufbauen können. In bezug auf das Leistungsmotiv hat man z. B. die Kompetenzmotivation und das frühkindliche Bedürfnis nach Selber-Machen-Wollen im Sinne eines solchen Vorläufermotivs interpretiert. Das Vorhandensein genetisch determinierter Vorläufermotive für Neugier- und Explorationsverhalten ist ebenfalls wahrscheinlich. Ob und inwieweit sich für Macht- und Anschlußmotivation ähnliche Vorläufermotive ausfindig machen lassen, ist eine z. Z. noch offene Frage. Die Tatsache allerdings, daß bereits in geschlossenen Tiergesellschaften, in denen ein individualisiertes Erkennen möglich ist, Rang- und Dominanzhierarchien installiert sind, die einen Anpassungsvorteil für die Gruppe darstellen, läßt eine genetische Basis für das Machtmotiv im Sinne eines Vorläufermotivs ebenfalls wahrscheinlich werden. Schließlich wird auch der Reproduktionserfolg bei einigen sozial lebenden Säugern in nicht unerheblichem Ausmaß von der Stellung in der Dominanzhierarchie beeinflußt. In ähnlicher Weise läßt sich aus der bekannten Bedeutung enger und befriedigender Sozialbeziehungen schon bei Primaten und für das heranwachsende Kleinkind ein analoger Zusammenhang für das Anschlußmotiv annehmen. *H.-D. Schmalt*

Motiveränderung →Motivationstraining

Motivation, Motivationsforschung, Annahmen über aktivierende und richtunggebende Vorgänge, die für die Auswahl und Stärke der Aktualisierung von Verhaltenstendenzen bestimmend sind. Die intervenierienden Motivationsvariablen sollen erklären, warum ein Mensch (oder Tier) sich unter bestimmten Umständen gerade so und mit dieser Intensität (Durchsetzung und Beharrlichkeit) verhält. M.variablen sind neben den Umständen (Stimulus-Bedingungen) die wichtigsten Verhaltensdeterminanten. Zielobjekte und die entspr. Zielvorstellungen sind in der Anreiz-M.theorie *(incentive motivation th.)* die entscheidenden M.variablen (Anreize).

Die geschichtlichen Wurzeln für die Auffassung der M. als (1) Gesamtheit der Motive oder (2) angeborene Antriebe oder (3) meßbares generalisiertes Aktivierungsniveau und Anreize *(incentives)* sind repräsentiert durch LEIBNIZ bzw. LOCKE; der Organismus ist entweder mit zielgerichteter Aktivität ausgestattet, oder die Reaktionen des Organismus gehorchen mechanischen Gesetzen der Ursache und Wirkung, wobei zu den Ursachen des Verhaltens neben der Tendenz zum inneren Gleichgewicht (Beseitigung von Störreizen, Homöostase) der in der Erfahrung erworbene Hinweis-Modus *(cue)* der Reize (Stimuli) gehört.

Nach anfänglicher Vernachlässigung in der Psychophysik und Assoziationsps. wurde die M. in der dynamischen Ps., bes. durch den Einfluß von DARWIN (Instinkte) und FREUD (Trieb, Libido, Es-Kräfte, meist unbewußt), zum zentralen Thema; vorher korrigierte WUNDT die assoziationsps. Auffassung durch den Voluntarismus, d. h. den Hinweis auf die vom Wollen beherrschten apperzeptiven Akte (→Apperzeption). In der →Würzburger Schule wurde M. in Form der →determinierenden Tendenz, der in Wahlreaktionsexperimenten analysierten Willenshandlungen (ACH), der «Aufgabe» (WATT) und der Einstellung (KÜLPE, BÜHLER) behandelt.

LEWIN kritisierte daran das vermeintliche Festhalten an assoziationsps. Grundannahmen (Zusammenhang zwischen Reiz und Reaktion auch in der determinierenden Tendenz im Sinne einer mechanischen Bindung) und betonte die im Verhalten wirksamen Kräfte und die unter Spannung stehenden →Systeme. Der M.begriff im Sinne von angeborenen Trieben (2) wurde von FREUD (um 1900), von MCDOUGALL (1908, 1937) und auch in der Instinktlehre der Tierpsychologen benutzt, die allerdings mit dem psychohydraulischen Energiemodell den Pauschalbegriff durch differenziertere Vorstellungen ersetzten.

Die mechanische Erklärung des Ursprungs der Energie und der Gerichtetheit des Verhaltens setzte in der modernen Wissenschaft bei J. LOEB ein, der in den →Tropismen die Grundlage auch der komplexeren zielgerichteten Verhaltensweisen sah, sowie bei den Reflexologen BECHTEREW, PAWLOW und dem Behavioristen WATSON, für die M. zunächst als überflüssiger Begriff galt.

In der phänomenalen Beschreibung motivierender Erlebnisse unterschied LERSCH drei Aspekte der Strebungen: (a) Unbefriedigtsein mit dem gegenwärtigen Zustand (Bedürfnis, Mangel), (b) Antizipation (Fragen-Suchen), (c) Vorstellung des Ziels, das einen

Wert verkörpert. Werte, Normen und Attitüden sind in der Sozialpsychologie viel gebrauchte M.begriffe.

Die verschiedenen ps. Schulen haben unterschiedliche M.begriffe hinterlassen. So wird M. auch heute noch aufgefaßt als: (1) Gesamtheit der Motive, die der Verwirklichung von Lebens-, Bedeutungs- und Sinnwerten dienen und damit die Thematik des individuellen Lebens enthalten (humanistische M.theorien), (2) bestimmte aktionsspezifische Energien (oder Erregungszentren), die zum angeborenen Verhaltensprogramm der Organismen gehören (ethologische Triebtheorien), (3) automatisch eingeleitete Aktivierungsprozesse, die außer von den Umweltreizen (Stimuli) von Deprivation und inneren (organischen) Zuständen (Bedürfnissen, *needs*, Störung der Homöostase) abhängig sind (exakte naturalistische M.theorien), (4) kognitive Repräsentation von Zielzuständen, die erwünscht sind, weil ähnliche Zustände als angenehm erlebt wurden, ausgelöst durch Situationen *(cues)* und gefolgt von dem Erleben einer Diskrepanz zwischen Ist- und Sollzustand (kognitivistische und kybernetische M.theorien), (5) Vermittlung von Gründen für ein bestimmtes Verhalten, also z. B. die Tätigkeit eines Lehrers, durch die ein Schüler im Sinne von (1) aktiviert werden soll (Pädagogische Ps.).

Thematisch sind zu unterscheiden: (a) polythematische (z. T. hierarchisch aufgebaute Antriebe, Triebe, Bedürfnisse, Strebungen, die nicht weiter zurückgeführt werden können, in verschiedener Zahl), (b) monothematische (auf einen einzigen Grundantrieb, z. B. das Streben nach Lust, Macht oder Sexus werden alle Motive zurückgeführt) oder (c) athematische M.lehren. In letzteren werden individuell differente Daseins-Thematiken und Daseins-Techniken (THOMAE) angenommen, die dem Gesetz der →funktionellen Autonomie (ALLPORT) unterworfen sind. Die anthropologische Besinnung, die zu dieser Einteilung der M.lehren geführt hat (LERSCH), begann mit den phänomenologischen Analysen der M. durch PFÄNDER (um 1900). Hier gilt auch die begriffliche Unterscheidung von Zwecken und konkreten Zielen gegenüber den →Motiven. Einer der ältesten monothematischen Ansätze ist der →Hedonismus (ARISTIPP, EPIKUR), die Lehre, daß alles (auch das soziale) Verhalten auf möglichst großen Lustgewinn (bei Vermeidung von Unlust) ziele. Da der Hedonismus der Gegenwart (TROLAND) offenbar nicht haltbar ist (um Nettogewinn zu maximieren, müssen wir oft etwas tun, was wir nicht gern tun und anderes lassen, was wir gern täten, SKINNER 1969), wird im allgemeinen nur der Hedonismus der Vergangenheit und der Zukunft vertreten. THORNDIKES →Effektgesetz ist Ausdruck des Hedonismus der Vergangenheit (man tut, was früher Lust brachte) und die *incentive*-(Anreiz)-M.lehren können als Hedonismus der Zukunft bezeichnet werden. Im Behaviorismus wurde jedoch jede Form des ps. Hedonismus als Erklärungsprinzip unbrauchbar. An seine Stelle traten die Überlebensmodelle, insbes. die Annahme, daß Wiederherstellung des physiologischen Gleichgewichts (→Homöostase) das Überleben sichert. Die Verminderung der aus der Gleichgewichtsstörung resultierenden Spannung (Antriebsreduktion) soll die Wahrscheinlichkeit des Auftretens unmittelbar vorausgegangener Verhaltensweisen verstärken *(reinforcement)*. Die Erklärung der gesamten M. durch Rückgriff auf diese Defizit-Motivation (Antriebe vom «Mangel-Typ») macht die gleichen Schwierigkeiten wie der ursprüngliche Hedonismus.

Im Neobehaviorismus (HULL, SPENCE, BROWN u. a.) werden folgende Kriterien für M.variablen angegeben: (a) aktivierende Bedingungen, wie z. B. Nahrungsentzug: durch den daraus entstehenden physiologischen Zustand werden Reaktionstendenzen unterschiedlicher Art – je nach angeborener oder in der Lerngeschichte entstandener *habit*-Hierarchie – mit Energie versorgt; (b) aversive (widrige) Ereignisse: Aufhören der Bedingungen (oder Verminderung ihrer Intensität) wirkt als Verstärkung, Beginn als Bestrafung (z. B. elektrischer Schock); (c) attraktive Ereignisse: Beginn der Bedingung wirkt als Verstärkung, Aufhören (oder Verminderung) wirkt als Bestrafung; (d) die Erwartung solcher Ereignisse (erschlossen aus der Tatsache, daß gegenwärtige Bedingungen die obigen Eigenschaften nicht haben können). Ein altes, nie befriedigend gelöstes Problem war die Unterscheidung der angeborenen, primären Antriebe (oder Motive) von den erworbenen, sekundären Antrieben (oder Motiven). Trieb, Instinkt oder angeborene Tendenz (MCDOUGALL) wurden den kulturell bedingten, in der Sozialisierung erworbenen Strebungen und Gesinnungen (MCDOUGALL: *sentiments*, Attitüden) gegenübergestellt. LEWIN nennt das physiolog. begründete →Bedürfnis «objektiv» und den Vorsatz oder abgeleitete Motive «Quasibedürfnis». In der Nähe dieser theoretischen Überlegungen findet man MURRAYS Lehre vom →*need* und *press*. MCCLELLAND argumentierte, daß alle Motive, auch z. B. der Hunger, erlernt werden müßten, d. h. daß Assoziationen zwischen Situationen und (erwünschten) Affektveränderungen nur in der Erfahrung entstünden.

Die psychoanalytische Auffassung über die →Transformation der angeborenen Triebkraft (Libido) in den populär gewordenen, nach Körperöffnungen genannten Entwicklungsphasen bot eine andere Lösung des Problems der Interaktion von erblichen und Milieufaktoren an, die i. w. klinisch erfahren, aber aus prinzipiellen Gründen nicht exakt empirisch belegt werden konnte. Aus existenzialistischen Ansätzen folgen die versch. Selbstaktualisierungs- und Vervollkommnungslehren der M. (ALLPORT, ROGERS, MASLOW). →Bedürfnishierarchie. MASLOW (1955) meint, daß neben der Defizit-Motivation (nach dem Homöostaseprinzip) eine von ihr unabhängige Wachstums-Motivation angenommen werden müsse: Schöpferische Aktivität, Gestaltungs- und Erkenntnisstreben, Selbstaktualisierung, die allerdings auf Befriedigung der Defizit-M. angewiesen sind.

Die oben genannten beiden extremen Annahmen über die Art der Energie für das Verhalten – aktionsspezifische Triebe (Instinkte) gegen allgemeinen, unspezifischen Antrieb aus verschiedenen Quellen mit erfahrungsabhängiger Steuerung durch latente Verhaltenstendenzen – wurde durch die Entdeckung der verschiedenen Aktivierungszentren von einer vermittelnden Anschauung abgelöst. Einige Hirnstamm- und Zwischenhirnsysteme haben spezifisch aktivierende, andere nur ganz allgemein aktivierende Funktion (HESS). Das Problem des Zusammenhangs zwischen physiologischen Aktivierungssyndromen und offenem Verhalten entstand durch die Beobachtung, daß es Erregung *(arousal)* ohne Verhalten gibt und daß spezifische Erregungszustände zu verschiedenartigem Verhalten führen. Diesen Tatsachen wurden die Anreiz-M.theorien gerecht: Verhalten hängt außer von der Erregung und den Situationshinweisen entscheidend von der Erwartung bestimmter Erfolge (Belohungen, Verstärkungen) des Verhaltens in antizipierten Situationen ab (ROTTER).

Entsprechende modernere Forschungsansätze der kognitivistischen M.theoretiker trugen auch zur Erklärung der Entwicklung der Motive bei (vgl. HECKHAUSEN 1963, WEINER 1972). KAGAN (1972) sah das Zusammenspiel der verschiedenen Quellen für relativ spezifische und für unspezifische Energie mit den richtunggebenden Faktoren besonders differenziert. Er führte die Entwicklung der Motive (Leistung, Gesellung, Macht, Abhängigkeit, Pflege, Unterwerfung) zurück auf das primäre Motiv, die Unsicherheit und Ungewißheit abzuwehren und auf den Wunsch, die auf die Unsicherheit folgende affektive Beunruhigung zu vermindern. Ob die affektive Beunruhigung auftritt, hängt davon ab, ob die Quelle der Unsicherheit assimiliert werden kann; damit ist ein Zugang zur entwicklungsps. Behandlung der Motiventstehung gegeben: Die Fähigkeit zur Bewältigung von Unsicherheit wächst nicht nur mit der Erfahrung, sondern auch mit der Entwicklung kognitiver Strukturen (i. S. von PIAGET), d. h. mit dem Gebrauch von komplizierteren Denkoperationen und mit der Erweiterung der Zeitperspektive. Die sensorischen Motive, d. h. das Angenehmsein bestimmter Reizmuster (guter Geschmack, Aufhören von Schmerz, genitale Reize etc.), wurden somit zu einer primären M.klasse unter anderen, ebenso wie der Ärger, der Verdruß oder die Wut, die das primäre Motiv der Feindlichkeit ausmachen könnten, und das (primäre) Motiv der Vervollkommnung oder auch nur der Effektanz (WHITE).

In der gegenwärtigen M.forschung werden die M.begriffe (1) bis (4) z. T. unkritisch verwendet, was die Situation recht unübersichtlich macht. Der «humanistische» M.begriff (1) wird als Orientierungshilfe in den exakt naturalistischen Forschungen verwendet, indem einzelne M.arten (Leistung, Aggression, Altruismus, Neugier, Gesellung, Angst) als Sammelnamen für komplexe Prozesse übernommen und experimentell analysiert werden. Da die homöostatischen Modelle der M., die ein Überleben des Hedonismus in kybernetischer Umformung ermöglichen, viele Fragen nach spezifisch menschlichen Aktivitäten unbeantwortet lassen, wird in der kognitivistischen M.theorie auf die Aktivierung durch die Informationswerte der Stimuli hingewiesen und auf das optimale Aktivierungsniveau. Welche Reizmuster aktivieren, untersuchte BERLYNE: Komplexität, Neuheit oder, nach Auffassung anderer Autoren im Anschluß an HEBB, Erwartungs-Ereignis-Diskrepanz. Die Unterscheidung zwischen primären und sekundären Antrieben wird relativiert durch die Annahme, daß für die Entstehung aller Motive eine relevante Erfahrung notwendig sei, weil

man lerne, in bestimmten Situationen Änderungen der Affekte zu erwarten (MCCLELLAND, DEMBER 1965). Durch neurophysiologische Forschungen (OLDS u. a.) hat die Verstärker-Theorie der M. eine Stütze gefunden. Ein weiterer Schwerpunkt der M.forschung ist die neurophysiologische Analyse der Antriebe vom Hunger-Typ. Auch die ethologische Forschung ist durch die Auflösung des globalen Instinktbegriffs in einzelne physiologische Prozesse gekennzeichnet (TINBERGEN, LEYHAUSEN). Schließlich gibt es im kognitivistischen Ansatz die Auffassung, daß der M.begriff (insbes. Begriffe wie «Antrieb» und «Trieb») durch neutrale Modelle, wie die zukünftige Zeitperspektive (z. B. Hoffnung auf Erfolg, Furcht vor Mißerfolg), Antizipation, persönliche Konstrukte etc. zu ersetzen wären (HECKHAUSEN, KELLEY, NUTTIN 1980).
MCCLELLAND (1985; WEINBERGER & MCCLELLAND, 1990) hat eine Motivationspsychologie entwickelt, in der ethologische und kognitivistische Perspektiven gleichermaßen berücksichtigt sind. Er unterscheidet biologische (implizite) und selbst zugeschriebene (explizite) Motivsysteme, die parallel arbeiten, aber unabhängig voneinander sein sollen. Erstere basieren auf genetischer Information und frühen vorsprachlichen Sozialisationserfahrungen und sind dem Erleben nicht zugänglich; letztere basieren auf späteren sozialen Lernerfahrungen nach der Zeit des Spracherwerbs und sind im Bewußtsein repräsentiert. Das implizite Motivsystem dürfte eher um Motive als Affektdispositionen organisiert sein; das explizite System dürfte eher um kognitive, das Selbst betreffende Schemata organisiert und an das semantische Repräsentationssystem der Sprache gebunden sein, womit sich erst die Möglichkeit intentionalen, folgenzentrierten Handelns eröffnet. Das implizite Motivationssystem enthält «natürliche» Auslöser im Sinne angeborener Auslösemechanismen (TINBERGEN, 1951) und steht mit operanten Verhaltenstendenzen in Verbindung, das explizite Motivationssystem enthält soziale Auslöser (z. B. einen Appell, eine Norm etc.) und steht mit respondentem, situationsspezifischem Verhalten in Verbindung.
[L] COFER & APPLEY 1964, GRAUMANN 1969, MADSEN 1968, 1973, THOMAE 1965, LINCOLN 1952, WEINER 1972, HECKHAUSEN 1980, NUTTIN 1980 *R. Bergius/H.-D. Schmalt*

motivationale Wahrnehmung, die Wahrnehmung wird durch das Motivationsgefüge beeinflußt (→soziale Wahrnehmung)

Motivationsdiagnostik, der Teil der →ps. Diagnostik, in dem durch geeignete Verfahren Aussagen über individuelle →Antriebe, →Bedürfnisse, →Strebungen, →Interessen, Handlungsziele u. ä. zu gewinnen versucht werden. Nachdem zunächst neben den →Interessen-Tests →projektive Verfahren (bes. →RORSCHACH, MURRAY und deren Abwandlungen) im Vordergrund standen, wurden wegen deren Mängel in der →Objektivität und →Validität von CATTELL um 1959 mit dem MAT (Motivation Analysis Test) verschiedene Verfahren zur angeblichen objektiven Messung der Motivdimension (→Erg, →Sentiment) vorgelegt, deren Validität aber auch fraglich ist. Bei der Verhaltenstherapie besteht die M. in dem *need assessment* und der Aufnahme des →Verhaltensinventars.

R. Bergius

Motivationsforschung, experimentelle, in der exp. orientierten M.forschung der Gegenwart ist in vielen Bereichen der Bezug zu einer M.theorie mit universalistischem Gültigkeitsanspruch, wie er etwa noch in den Ansätzen von FREUD, MCDOUGALL, LEWIN, HULL, ALLPORT und MASLOW angestrebt wurde, aufgegeben worden.
Forschung und Theoriebildung vollziehen sich in den einzelnen Bereichen (Daseinstechniken) relativ isoliert voneinander, wobei häufig die spezifischen Anliegen solcher Bereiche – etwa Aggression, Leistungsmotivation, gelernte Hilflosigkeit etc. – in den Vordergrund rücken. Eine vergleichende Sichtung der Theorie- und Empiriebestände (HECKHAUSEN, SCHNEIDER & SCHMALT) macht jedoch auch auf einige gemeinsame Entwicklungslinien aufmerksam, die zugleich die Hauptströmungen der zeitgenössischen M.ps. kennzeichnen:
(1) Motivation wird konzipiert als ein Verlauf, der unter Mitwirkung einer ganzen Reihe von Subprozessen zustandekommen und unter bestimmten Bedingungen eine erhebliche zeitliche Erstreckung aufweisen kann. Während es in früheren exp. orientierten Ansätzen üblich war, ein einziges Motiv, mit oder ohne Zuhilfenahme einer Situationsvariablen, heranzuziehen und Vorhersagen auf ein einziges episodisches Verhaltensdatum zu machen, werden nun die auf das Verhalten ausrichtenden Subprozesse selbst zum Gegenstand der Forschung.
(2) Die Sachverhalte können summarisch als Informationsverarbeitungsprozesse bezeichnet werden. Unter motivationsps. Perspektive

sind die folgenden Funktionen von herausgehobener Bedeutung: (a) Wahrnehmung: überdauernde Motivdisposition oder aber momentan angeregte M.zustände können die Wahrnehmung im Sinne der angesprochenen Motivthematik (Daseinstechnik) verzerren. (b) Denken/Gedächtnis: Aufnahme und Wiedergabe von Informationen (Lernen/Gedächtnis), aber auch die jeweilige Art der Verarbeitung der Information (Problemlösen) können durch die spezifischen angestrebten Zielzustände bzw. den vorherrschenden M.zustand beeinflußt werden (ANDERSON, BOWER). (c) Kognition/Emotion: Aspekte des deklarativen und evaluativen Wissens werden in der Weise ausgelenkt, daß sie der Erreichung angestrebter und Vermeidung unerwünschter Ziele dienlich sind. Es sind diejenigen Prozesse, die für die Aufnahme einer Handlung, deren Beendigung sowie deren begleitende Aufrechterhaltung verantwortlich sind (LEVENTHAL, WEINER).

(3) Eine große Anzahl motivationspsychol. Sachverhalte ist mit einem allgemeinen Verhaltensmodell vereinbar, in dem davon ausgegangen wird, daß das Verhalten von zwei Grundparametern geleitet wird: bewerteten Zielzuständen (Valenzen) und von der Wahrscheinlichkeit, einen solchen Zielzustand herzustellen (Erwartung) (FEATHER, SCHNEIDER & SCHMALT).

Eine solche Erwartung-Wert-Konzeption der M. ist indes nicht neu und ist in ganz verschiedenartigen Forschungstraditionen bereits angelegt. So etwa in dem willensps. Ansatz von ACH, in dem gestaltpsychol. Ansatz von LEWIN und ebenso in dem Ansatz des (kognitiven) Behaviorismus (TOLMAN, BOLLES). Die oben unter (1) und (2) angesprochenen Subprozesse beziehen sich im wesentlichen auf diese Valenzen und Erwartungen. Sie werden hierbei natürlich unter den einzelnen Daseinstechniken eigentümlichen Gesetzmäßigkeiten analysiert, was für die auf den ersten Blick verwirrende Vielzahl auseinanderstrebender Entwicklungen verantwortlich sein dürfte. [L] ANDERSON 1985, BOLLES 1975, BOWER 1981, FEATHER 1982, LEVENTHAL 1982, SCHNEIDER & SCHMALT 1981, WEINER 1986 *H. D. Schmalt*

Motivationstraining, Motivänderung, Motivförderung, von MCCLELLAND & WINTER (1969, 1971) eingeführte Versuche zur Steigerung der Leistungsmotivation. Übersicht bei KRUG & HANEL 1976, KRUG 1983

Motiv-Autonomie →Autonomie, funktionelle

Motodiagnostik, Bewegungsdiagnostik, Bez. für die Erfassung (meist auf der Basis von Tests) sowie quantitative oder qualitative Feststellung der Entwicklung des (kindlichen) Bewegungsverhaltens. Da die motorische Entwicklung als Indikator für die cerebrale Entwicklung angesehen werden kann, kommt der M. allgemeine diagnostische Bedeutung zu. [L] SCHILLING 1973; [T] OSERETZKY, KIPHARD & SCHILLING

Motographie, Bez. für die Registriertechnik, bei der die Körperbewegungen als Weg-Zeit-Kurven erfaßt werden. Über die M. kann der Ablauf einer Bewegung oder einer Bewegungsfolge erfaßt werden. Technische Verfahren der M. stellen Film- und Lichtspuraufnahmen dar.

Motometrie, Bez. für die Messung von Merkmalen der Körpermotorik z. B. über Parameter der Zeit, der Genauigkeit, der Fehler usw. [T] KIPHARD & SCHILLING 1974

Motorik, willkürliche (→Psychomotorik) und unwillkürliche Bewegungen; Muskelaktivität, ihre Ursachen und Folgen

motorische Aphasie →Aphasie

motorische Bahnen →Leitungsbahnen, in denen nervöse Impulse zu den quergestreiften oder glatten Muskeln gehen und Körperbewegungen, Gefäßregulation, Darmperistaltik u. a. ausgelöst werden.

motorische Einstellung, nach G. E. MÜLLER und SCHUMANN eine auf eine bestimmte körperliche Tätigkeit gerichtete Einstellung, die eine entsprechende Muskelinnervation bedingt. Sie zeigt sich z. B., wenn man mit der rechten Hand ein Gewicht von 700 g und mit der linken eines von 2500 g hebt und dies mehrmals wiederholt. Hebt man dann auch mit der linken Hand ein Gewicht von 700 g, so erscheint dieses wesentlich leichter als das mit der rechten Hand gehobene 700-g-Gewicht. Es hat sich eine Einstellung auf das erwartete Gewicht gebildet, die zu einem stärkeren Bewegungsimpuls geführt hat. →Einstellungstäuschungen

motorische Einstellung, best. Einstellung bei RT-Versuchen. →Reaktionszeit

motorische Funktionen →Sinnesfunktionen

Motorische Leistungsserie (MLS) [T] SCHOPPE

motorische Vorbereitung [engl. *motor preparation*], Sammelbegriff für Prozesse, die dem Beginn einer Bewegung vorausgehen. Mit Hilfe physiologischer Methoden lassen sich beim Menschen Änderungen in →Eigenreflexen und im →EEG beobachten. Mit Hilfe psychologischer Methoden läßt sich vor allem eine Abhängigkeit der →Reaktionszeit von Merkmalen der ausgeführten Bewegung zeigen (→memory-drum-Theorie). Prozesse der Vorbereitung, die speziell die Festlegung von Bewegungsmerkmalen betreffen, werden als motorische (Vor-)Programmierung bezeichnet. [L] ROSENBAUM 1985, BRUNIA et al. 1985 *H. Heuer*

motorische (Vor-)Programmierung [engl. *motor programming, preprogramming*] →motorische Vorbereitung

motorischer Typ (Motoriker), Typus, der überwiegend mit Bewegungsvorstellungen arbeitet. • Akustomotoriker: Typus, bei dem neben motorischen auch akustische Vorstellungsbilder stark vertreten sind. →Typologie, →Wort-Sach-Vorstellung [L] MEUMANN 1907

motorisches Alter →Alter

motorisches Gedächtnis →Bewegungsgedächtnis

motorisches Kurzzeitgedächtnis →Bewegungsgedächtnis

motorisches Lernen, Lernen von Bewegungen, auch →sensomotorisches Lernen

motorisches Programm →Bewegungsprogramm

motorisches Sprachzentrum →BROCAsche Windung

motorisches Zentrum →Gehirn

motorische Tests, messen Schnelligkeit, Koordination, Sicherheit und andere Merkmale von Bewegungsabläufen [T] HEUYER-BAILLE, SCHILLING, SCHOPPE, SLOAN

motor theory, Klasse von Theorien, in denen motorische Prozesse zur Erklärung anderer, speziell kognitiver Prozesse herangezogen werden. Die gelegentlich anzutreffende Übersetzung «motorische Theorie» ist sprachlich und begrifflich unbefriedigend. In den älteren, →behavioristischen Auffassungen nahestehenden m.t. des →Denkens wird angenommen, daß Denkaktivität letztlich auf Muskelaktivität, insbes. auf rudimentäre Aktivierung von Sprechorganen, zurückgeführt werden kann (→Sprache, innere; VINACKE 1974, MCGUIGAN 1966). Die m.t. der Sprachwahrnehmung (→Sprachrezeption, →Sprachtheorie) nimmt an, daß sprechmotorische Prozesse an der Wahrnehmung speziell gesprochener Sprache wesentlich beteiligt sind (HÖRMANN 1967).

Motoskopie, im Rahmen der →Motodiagnostik ein Verfahren zur Beschreibung von Bewegungs- und Haltungsmerkmalen. Die Beschreibung wird über Rating, Checklisten oder Fragebogen vorgenommen.

mouches volantes [frz.], «fliegende Mükken». Sinnestäuschung, bei der stäbchenförmige Flecken das Gesichtsfeld durcheilen. Durch Glaskörpertrübung hervorgerufene entoptische Erscheinung.

Mowrer, O. Hobart (1907–1982), Lernpsychologe, der theoretische und empirische Beiträge zur Sprache, zur Psychopathologie und zu spezifischen kognitiven Prozessen lieferte. Als angewandter Lernpsychologe ist er der Erfinder der «Bell-and-Pad-Method» für die Enuresis. Lehrte 1940–1948 an der Harvard-School of Education. Anschl. Prof. an der Univ. of Illinois. 1953 Präs. d. APA.

MPI [T] EYSENCK

mpt [T] ANDREW

MPU, Abk. für →Medizinisch-Psychologische Untersuchung

MS, Abk. für →Multiple Sklerose

MSH →Melanozyten stimulierendes Hormon

MSR, Abk. für motivationsspezifisches Reaktionsmuster bei der →Aktivierung. →SSR

M-T-A-S, Mathematiktest für Abiturienten und Studienanfänger [T] LIENERT

M-TAT [T] MURRAY

mt-Test [T] PRAK

M-T-V-T [T] LIENERT

MU, Abk. für *mental unit*, Intelligenzmessung

Müller, Georg Elias (1850–1934), zusammen mit Gustav Th. FECHNER einer der bekanntesten Psychophysiker. Gedächtnisforschung (Komplextheorie) / Czernowitz, Göttingen

Müller, Joh. →VIETH-MÜLLER-Kreis

Müller-Lyer, Franz Carl (1857–1916), Psychiater, Soziologe / Straßburg, München

Müller-Lyersche Täuschung (1889), optisches Täuschungsphänomen, die Strecke links mit nach außen gerichteten Winkelansätzen erscheint länger als die mit nach innen gerichteten Haken rechts. Von zwei übereinander gezeichneten Trapezen erscheint bei gleicher Größe das untere kleiner, monokular fixiert räumlich näher. Ähnliche Täuschung bei Kreisabschnitten. →geometrisch-optische Täuschung

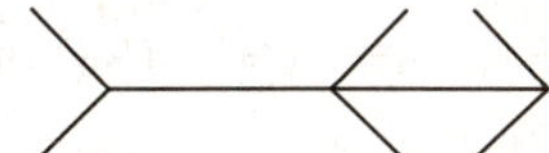

Müllersche Lokalisationssysteme, «die bisher wohl differenzierteste Systematik funktional-räumlicher Bezugssysteme auf empirischer Basis . . .» (BISCHOF 1966). Nach ihr sind Erinnerungsbilder entweder an Objektumgebung lokalisiert, in der die ursprüngliche Darbietung stattfand (topomestrische Lokalisation), oder sie sind am Körper-Ich verankert (→egozentrische Lokalisation), an der Blickachse, am Kopfsystem oder am System der Standpunktkoordination.

multiattribute Nutzentheorie [engl. *multiattribute utility theory* (MAUT)], beschreibt die Bestimmung des Gesamtnutzens von Handlungsalternativen, die sich in mehreren Gesichtspunkten (Kriterien, Dimensionen) unterscheiden. Die Forschung zur MAUT befaßte sich vor allem mit drei Bereichen: (1) →Skalierung des Nutzens der einzelnen Dimensionen, (2) Gewichtung der Dimensionen und Aufstellung von Nutzenfunktionen und (3) Zusammenfassung der Einzelwerte (Partialnutzen) in einem Gesamtwert. →Entscheidungstheorie. **[L]** KEENEY & RAIFFA 1976 *A. Engemann*

multidimensionale Skalierung, Methoden zur Strukturanalyse und dimensionalen Reduktion multivariater Datensätze. Gehen vorwiegend aus von Skalierungen von Beurteilungsgegenständen nach Ähnlichkeit, Nähe oder Präferenz. Diese Beurteilungsaspekte gestatten oft keine Ordnung der Gegenstände auf einer einzigen Dimension. Es wurden sowohl metrische (z. B. euklidisch-räumliche) wie nichtmetrische Modelle der m.S. entwickelt. →mehrdimensionale Skalierung **[T]** AHRENS 1974 *E. Mittenecker*

multidimensionale Wechselwirkung, neuere Bez. für →Feld

Multimedia, Sammel- bzw. Oberbegriff für eine größere Zahl neuartiger Produkte und Dienstleistungen, die mit Hilfe von Computern, Telekommunikation und verschiedenen Medien zur Anwendung kommen. Da sich der M.-Sektor rasch weiterentwickelt, kann die Bezeichnung «Multimedia» heute noch nicht als abgeschlossen bezeichnet werden. Generelle Merkmale von M. sind die Verbundenheit (integrative Verwendung) verschiedener Medien. Hinzu kommt, daß der Nutzer von M. die bereitgestellten Medien interaktiv nutzen kann und die Grundlage von M. die digitale Technik darstellt. *H. Häcker*

Multimodale Therapie →Breitspektrum-Therapie

multiple-baseline-design →baseline, →Fallstudie

multiple chemische Sensitivität, [engl. *multiple chemical sensitivity*], Abk. MCS, Syndrom von ps.und körperlichen Reaktionen auf chemische Stoffe, bes. umweltbedingte (u. a. Pestizide, Holzschutzmittel, frische Farbe, Autoabgase, Parfüm). Die verursachenden chem. Stoffe sind in der Regel mit den üblichen pharmakologischen Methoden nicht nachweisbar. Symptome meist in mehreren Beschwerdebereichen/Organsystemen. Auslösung der Symptome bei sehr geringer «Dosierung», die von den meisten Menschen problemlos toleriert wird. Symptome bessern sich bei Expositionsvermeidung. Der Leidensdruck ist oft erheblich. Eine akzeptierte Theorie über Wirkungsmechanismen existiert nicht. Diskutiert werden u. a. neuronale Hyperreaktivität des limbischen Systems auf olfaktorische Reize («Kindling» im olfaktorisch-limbischen System), Störungen des Immunsystems, Konditionierungsprozesse und Attribuierungsvorgänge. In der Symptomatik gibt es Überschneidungen zum →Sick Building Syndrom (SBS) und zum Chronic Fatigue Syndrom (CFS). **[L]** JACOBSON et al. 1984, MASCHEWSKY 1994, SEIDEL 1996 *M. Hüppe/W. Janke*

multiple choice →Wahlantworten, →Mehrfachwahl-Aufgabe

multiple Korrelation, eine parametrische statistische Methode zur Bestimmung der Korrelation einer (Kriteriums-)Variablen mit einer (optimalen) Kombination zweier oder mehrerer anderer Variablen. Die Höhe der m.K. hängt von der Höhe der Interkorrelationen der anderen Variablen und von der Höhe der Korrelationen dieser Variablen mit der Kriteriumsvariablen ab. Die Berechnung erfolgt (für drei Variable) nach

$$R_{1.23} = \sqrt{\frac{r_{12}^2 + r_{13}^2 - 2r_{12}r_{13}r_{23}}{1 - r_{23}^2}}$$

G. Mikula

multiple mothering, Mitwirken mehrerer Mutterfiguren (auch Männer) bei der Kleinkindbetreuung, z. B. im Kibbuz.

multiple Persönlichkeit, das angebliche Vorhandensein verschiedener Systeme des Erlebens und Verhaltens in einer Person. Hiermit ist die Erscheinung des →Doppelbewußtseins zu erklären versucht worden. **[L]** PRINCE 1905

multiple Regression →Regressionsanalyse, →Regressionsgleichung

Multiple Sklerose, Erkrankung von Rükkenmark und Gehirn. Auftreten sklerotischer Herde (Verhärtungen) im Zentralnervensystem, die zu einem Schwund der Nervenfasern mit den entsprechenden Ausfallserscheinungen führen wie Sprach-, Bewegungs-, Sensibilitäts- u. a. Störungen. Ursache noch unbekannt, meist langsam ansteigender Verlauf mit Remissionen.

Multiplikationssatz, die Wahrscheinlichkeit P für das gemeinsame Auftreten von n Ereignissen $a_1, \ldots, a_n$, die sich nicht wechselseitig ausschließen, ist gleich
$p(a_1)\ p(a_2/a_1)\ p(a_3/a_1, a_2) \ldots p(a_n/a_1, \ldots, a_{n-1})$.
Bei statistischer Unabhängigkeit der Ereignisse gilt:
$P = p(a_1)\ p(a_2) \ldots p(a_n)$.
Beispielsweise ist die Wahrscheinlichkeit dafür, daß bei einer Münze und einem Würfel, die gleichzeitig geworfen werden, die Ereignisse 6 und Wappen auftreten, $1/6 \cdot 1/2 = 1/12$.
D. Dörner

multitrait-multimethod matrix, Bez. für eine Matrix von Korrelationskoeffizienten zwischen mehreren unabhängigen (z. B. mittels verschiedener Methoden vorgenommenen) Messungen mehrerer verschiedener Merkmale. Die m. bildet den Ausgangspunkt für eine auf CAMPBELL & FISKE (1959) zurückgehende Analysetechnik zur Abschätzung der konvergenten und der diskriminanten →Validität von theoretischen Konstrukten und Meßmethoden.
Während man unter konvergenter Validität die Übereinstimmung von mittels verschiedener Methoden gewonnenen Messungen desselben Konstrukts versteht, bezeichnet die diskriminante Validität die Eigenständigkeit oder Andersartigkeit eines Konstrukts gegenüber anderen Konstrukten. Die auf der m. aufbauenden Analysetechniken beruhen im wesentlichen auf Vergleichen der Höhe verschiedener Korrelationskoeffizienten mit dem Ziel, die Größe jener Kovarianzteile (→Kovarianz) zu bestimmen, die auf die verwendeten Meßmethoden und auf die gemessenen Merkmale zurückzuführen sind. **[L]** CAMPBELL & FISKE 1959, SCHMITT, COYLE & SAARI 1977, FISKE 1987 *G. Mikula*

multivalent, Multivalenz, mehrwertig, vielwertig. Bez. bei Tests, die nicht nur eine Richtung, Lösung, Stellungnahme intendieren, sondern mehrere.

multivariate Statistik, multivariable Statistik, der Begr. m.St. wird in der Literatur unterschiedlich verwendet. Einige Autoren benutzen ihn als Sammelbezeichnung für alle statistischen Analyseverfahren, in denen die Zahl der berücksichtigten Variablen größer als zwei ist. In diesem Fall sind unter anderem die →Faktorenanalyse, die →Diskriminanzanalyse, die →kanonische und die →multiple Korrelation, die →Kovarianzanalyse, die →Pfadanalyse, die multiple →Regression sowie die komplexe und die multivariate →Varianzanalyse als Verfahren der m.St. zu klassifizieren.
Andere Autoren schränken die Verwendung der Bezeichnung auf jene statistischen Analyseverfahren ein, die auf eine gleichzeitige Erklärung der Variation mehrerer abhängiger Kriteriumsvariablen abzielen (z. B. multivariate →Varianzanalyse). Im Ggs. zu dieser uneinheitlichen Verwendung des Begriffs m.St. wird die Bezeichnung multiple (komplexe, mehrfache) Verfahren weitgehend einheitlich nur für solche Verfahren verwendet, in denen die Auswirkungen mehrerer unabhängiger oder Prädiktorvariablen auf eine oder mehrere abhängige oder Kriteriumsvariable(n) analysiert werden. Gemeinsam ist den Verfahren der m.St. (im weiteren Sinn), daß sie alle von einer linearen Kombination mehrerer oder aller berücksichtigten Variablen ausgehen. **[L]** GAENSSLEN & SCHUBÖ 1973, MOOSBRUGGER 1978 *G. Mikula*

Mumifikation, Trauer um einen Verstorbenen, bei der hinterlassene Gegenstände, Lebensgewohnheiten u. a. übertrieben beachtet, erhalten und gepflegt werden.

Münchener Schultests [T] KESSINGER

Mundraum →Oralraum

Munsell-Farbsystem →Farbsysteme, anschauliche

Münsterberg, Hugo (1863–1916), Psychologe / Wertlehre, angew. Ps., Wirtschaftsps., Psychotechnik / Freiburg, Berlin, Cambridge (Harvard-Univ. 1892–95)

Münsterberg-Medaille →Hugo-Münsterberg-Medaille

Münsterbergs Psychotechnik →Psychotechnik

Münsterbergs third degree, Bez. für das Eintreten für die wortassoziative →Tatbestandsdiagnostik (1907)

Münzen ordnen [T] SCHULZ

Münz-Verstärkungs-Plan →token-economy-system

Murphy, Gardner (1895–1979), Begründer der biosozialen Sichtweise in der Psychologie. Lehr- und Forschungstätigkeiten an der Harvard-Univ., Columbia- u. Washington-Univ.

Muscarin, im Fliegenpilz enthaltener Stoff mit stark erregender (direkter) Wirkung auf die (→cholinergen) postganglionären parasympathischen Synapsen; chemisch verwandt mit →Acetylcholin, wirkungsmäßig vergleichbar mit →Pilocarpin und →Arecolin, jedoch stärker. Stoffe, die dem M. vergleichbare Veränderungen induzieren, vermitteln diese Wirkungen über muscarinerge Rezeptoren. M. hat langanhaltende Wirkung

M

(im Unterschied zu →Acetylcholin). Physiol. Wirkungen u. a. Sekretionsvermehrung, starker Blutdruckabfall und Herzfrequenzerniedrigung bereits in kleinen Dosen. Ps. Wirkungen in kleinen Dosen z. T. im Sinne von Erregung, z. T. von Desaktivierung. Höhere Dosen führen zu Erregung und Halluzinationen (→Halluzinogene). [L] EHLERT et al. 1995

W. Janke

Muscarinagonisten, Substanzen, die über Muscarinrezeptoren →cholinerge Wirkungen entfalten. Viele M., so →Pilocarpin oder →Arecolin sind →Parasympathikomimetika. Sofern sie die Blut-Hirn-Schranke passieren haben sie in der Regel aktivierende Wirkungen. ZNS-wirksame Stoffe sind →Nicotin, →Carbachol und →Arecolin. →Cholinergika

W. Janke

Muscarinantagonisten, Stoffe, die entgegengesetzt dem →Muscarin wirken, u. a. →Atropin, →Scopolamin. Im VNS sind sie in der Regel →Parasympathikolytika. Sofern sie die Bluthirnschranke passieren, haben sie bezüglich des ZNS in der Regel desaktivierende Wirkungen *W. Janke*

Muscimol, chem.Stoff, strukturverwandt mit →GABA, mit invers-agonistischer Wirkung auf $GABA_A$-Rezeptoren. In Fliegen- und Pantherpilz enthalten, Metabolit des Giftes Ibotensäure, das u. a. beim Kochen der Pilze entsteht. Bei Vergiftung entsteht nach ca. 1–3 h eine toxische Psychose, u. a. Erregung, Tobsucht und Halluzinationen., die u. U. tagelang anhalten kann (→Psychotomimetika). Im Tierversuch Gedächtnisbeeinträchtigung. →Halluzinogene *W. Janke*

Musik-Begabungstest, Test für spezielle musikalische Begabung. Es liegen vor allem zwei standardisierte Testbatterien vor: [T] SEASHORE, [T] WING. Während der SEASHORE-Test elementare musikalische Fähigkeiten wie z. B. Unterscheiden von Tonhöhen, Klangfarbe, Intensität usw. prüft, wird beim WING-Test in drei Untertests die Unterscheidungsfähigkeit des musikalischen Gehörs getestet. In weiteren vier Untertests werden mehr ästhetische Beurteilungen verlangt. Beide Testverfahren sind standardisiert und weisen Validitätskoeffizienten von mittlerer bis niedriger Höhe auf. *H. Häcker*

Musikpsychologie, Fortsetzung und teilweise Ersetzung der Ton- und Gehörpsychologie durch eine kulturps. Analyse der Struktur «Musik». Die Bez. M. als Wissenschaftsbegriff wurde 1931 von KURTH eingeführt, aber bereits früher unsystematisch und teilweise widersprüchlich verwendet. Bei einer Definition der M. ergeben sich Abgrenzungen zu verschiedenen, teils sich aus der M. ergebenden, teils sie bedingenden verwandten Bereichen. So hat etwa die Ton- und Gehörps. mehr das Sinnesobjekt der Musik zum Inhalt, die M. hingegen versucht, das erlebende Subjekt in den Mittelpunkt des wissenschaftl. Interesses zu stellen. Besonders hervorzuheben ist, daß der Bezug des erlebenden Subjekts beim Kunstwerk Musik ein dreifacher ist: bei der Komposition, bei der Interpretation und beim nachvollziehenden Zuhören. Dadurch ergeben sich für einen ps. Ansatz die vielfältigsten Möglichkeiten und zugleich eine Abhebung von der Musikästhetik, die in engem Zusammenhang mit der M. die Musik als Kunstwerk und dessen Wertung, weiter auch die Ausdrucks- und Gefühlswirkung behandelt; wiederum unterscheidbar von der Musiksoziologie, die u. a. etwa nach der Entstehung von Stilen und deren Auswirkung fragt. • Die M. sieht sich ferner vor die Aufgabe gestellt, psychologisch-pädagogisch relevante Begr. wie Musikalität, musikalische Begabung, musikalische Erlebnisfähigkeit abzuklären und einer genaueren Betrachtung zugänglich zu machen, wobei einerseits Erkenntnisse aus der Entwicklungspsychologie, andererseits der Eingang aus der empirischen Forschung in die Musikpädagogik zum Tragen kommen. Als bedeutsam müssen in diesem Zusammenhang auch zahlreiche in jüngster Zeit unternommene Versuche angesehen werden, physiologische Veränderungen durch aktiv ausgeübte oder intensiv erlebte Musik zu dokumentieren. So lassen sich etwa Veränderungen des Bew. durch das EEG festhalten und zeitlich kontrollieren. Auch andere erprobte Registrationen physiol. Variablen scheinen für die M. wertvolle Hinweise zu liefern, wobei noch allgemein der Einfluß von Musik auf Testleistungen untersucht wird. Durch die Möglichkeit, «polygraphische Kryptogramme» mit Datenverarbeitungsanlagen rationell auswerten zu können, sind in der letzten Zeit einige wertvolle Beiträge zu dieser Thematik geliefert worden, die jedoch z. Z. noch nicht in einem geschlossenen Kontext betrachtet werden können. • Relativ eigenständig und unabhängig von der M. zeigt sich die →Musiktherapie, die vor allem durch psychotherapeutisch ausgerichtete Psychologen vertreten wird und einer systematisierten Zusammenarbeit mit der M. bisher kaum zugänglich gemacht werden konnte. [L] ADORNO 1968,

BAHLE 1947, de la MOTTE-HABER 1972, GUILHOT 1964, KURTH 1947, REVERS 1970, REVESZ 1946, SEASHORE 1938, WELLEK 1963, WERBIK 1971, HARRER 1975, RAAB & EBNER 1982

Musiktherapie, (abgek. MT), setzt im nonverbalen Bereich an. Uber das Medium Musik wird eine Verbesserung der persönlichen Befindlichkeit im Sinne eine Reaktivierung von Erlebnisqualitäten und einer Entwicklung von psychischer und physischer Stabiltät bzw. Flexibilität angestrebt (Abbau von Wahrnehmungsdeformationen und Angstbarrieren). Die erste musiktherapeutische Fachvereinigung, die «National Association for Musictherapy» (NAMT) wurde 1950 in den USA gegründet.

Zwei musiktherapeutische Hauptrichtungen können unterschieden werden: Die konfliktzentrierte Methode zielt darauf ab, patientenbezogene Probleme zu identifizeren, mit dem Ziel der emotionalen Analyse (Anwendung u. a.: neurotische, psychosomatische und postpsychotische Störungen). Die verhaltenszentrierte Methode bezieht sich stärker auf die Gegenwart, und die Musik wird in der Kommunikation als Medium und Schutzraum verwendet (Anwendung u. a.: Autismus, Entwicklungs- und Hirnorganische Störungen, körperliche und geistige Behinderung). Bei der aktiven MT wird differenziert zwischen produktiver MT, d. h. dem instrumentalen und verbalen Improvisieren, und reproduzierender MT, d.h. dem instrumentalen Spielen und Singen nach vorgegebenen Mustern. Bei der rezeptiven MT tritt Musik in Kombination mit anderen Verfahren und Medien auf. Es erfolgt eine Kombination von Musik und Atemtraining, Muskelspannung und -entspannung, →Hypnose, →Malen, →kathathymem Bildererleben, Bewegung, Tanz etc. Zur spezifischen Wirksamkeit von MT liegen bislang kaum Untersuchungen vor. **[L]** HARRER 1975, SCHWABE 1969 *F. Caspar*

Muskel, Muskeltonus, die Muskulatur als Grundlage des gesamten Bewegungsapparates und deren Aufteilung in quergestreifte (willkürliche) sowie längsgestreifte (unwillkürliche) Muskeln ist von bes. ps. Interesse im Hinblick auf den M.-Tonus (→Tonus), die →Ausdrucksbewegungen und die →Psychomotorik.

Muskelrelaxantien, Stoffe, die die Spannung der Skelett-Muskulatur (Muskeltonus) reduzieren, die ps. oder neurologisch bedingt sein kann, so durch Schlaganfall oder multiple Sklerose. Zu unterscheiden sind zentrale und periphere M. Zentrale M. sind u. a. chemisch heterogene Stoffe wie Baclofen = Lioresal®, Chlormezanol, Mephenesin sowie →Tranquillantien vom Typ der →Benzodiazepine (z. B. Tetrazepam, Diazepam). Zenrale M. haben in der Regel ps. Nebenwirkungen, so Desaktivierung (Müdigkeit, Benommenheit, Reduktion der Reaktionszeit) und vereinzelt sogar Halluzinationen. Der Wirkungsmechanismus ist unterschiedlich, etwa über $GABA_A$- (z. B. Benzodiazepine), $GABA_B$-Rezeptoren (Baclofen) oder Hemmung excitatorischer Transmitter (z. B. Carisoprodol = Sanoma®). M. wurden in der Ps. als Werkzeuge in der Emotionsforschung verwendet. Periphere M. hemmen die Acetylcholinwirkung an der Muskelendplatte. Verschiedene M. vom Curare-Typ werden bei operativen Eingriffen verwendet. **[L]** FORTH et al. 1996 *W. Janke*

Muskelsinn →Kinästhesie

muskulärer Typ →Körperbautypen, →Typologie

Muster, Begr. hat in der Ps. als Übersetzung des engl. *pattern* Eingang gefunden und wird bedeutungsgleich verwendet. →pattern

Mustererkennung →pattern-perception-test. **[L]** HAKEN 1979, **[T]** PERNROSE

mutagen →Mutationen erzeugend

Mutagenität, Vorgang der verändernden Einwirkung auf die →Gene. • Die M.forschung erstrebt Erkenntnisse zur Verursachung genetischer Schäden durch best. Substanzen, Strahlungen u. a.

Mutation [lat. *mutatio* Veränderung], ps. svw. plötzlich-unerwartete Änderung im Bew. oder der Haltung und Einstellung. • Gelegentlich Bez. für Stimmbruch. (biol.) Veränderungen im →Genom, die positive, negative oder gar keine Wirkungen auf den Organismus ausüben können. Die Veränderung eines einzelnen Gens, die Gen-M., führt zur Bildung eines neuen Allels. Die Veränderung der Architektur ganzer Chromosomen nennt man Chromosomen-M., die numerische Veränderung des Chromosomensatzes nennt man Genom-M. Die M. tritt spontan mit einer Häufigkeit von durchschnittlich 10–5 je Gen je Generation auf (natürliche Mutationsrate). Eine M. kann außerdem durch sog. Mutagentien (chemische Substanzen wie z. B. Acridinfarbstoffe, Senfgas, Formaldehyd und salpetrige Säure, physikalische Faktoren wie z. B. Temperatur, UV-Licht und Röntgenstrahlen sowie radioaktive Strahlen) künstlich hervorgerufen werden. *P. Drüge*

M

Mutationsrate, Anzahl der →Mutationen je Gen je Generation

Mutismus, vollkommene Stimm- und Sprachlosigkeit trotz bereits erworbener und noch bestehender Sprechfähigkeit; tritt nicht sehr häufig als psychogene Sprachstörung fast ausschließlich im Kindesalter auf.

Deutlich zu unterscheiden vom Zustand bei noch fehlender Sprachentwicklung (→Sprachentwicklung, verzögerte, →Autismus, →mutitas idiotica) sowie von der schizophrenen →Aphrasie. Seltener ist totaler M. (Schweigen gegenüber sämtlichen Personen), häufiger elektiver M. (sprachliche Kommunikation nur mit einem ausgewählten Personenkreis). Oft ist auch die schriftsprachliche Kommunikation unterbrochen (Seeman 1969). M. wird als psychosomatische Störung (Weber 1951) oder als Verlernen der richtigen sprachlichen Kommunikation (Reid et al.) unter entsprechender Milieueinwirkung aufgefaßt. Monate- oder jahrelange Krankheitsdauer ist keine Seltenheit. **[L]** Arnold 1970

mutitas oligophrenica, *m. idiotica,* völlige →Stummheit bei geist. Behinderung. Selbst auf den tiefsten Stufen der →Oligophrenie als Dauerzustand äußerst selten. Sehr verspätet entwickeln sich meist noch verstümmelte Sprachäußerungen oder →Echolalien. **[L]** Morris 1975, Seeman 1969

Mutprüfer, von der älteren Psychotechnik konstruierte Geräte, an denen der Pb «elektrisiert» wurde.

Mutterbindung, die emotionale Fixierung auf die Mutter mit den hieraus entspringenden Folgen. Im Extremfall die Behinderung «normaler» Beziehungen zu anderen Personen, z. B. zur Ehefrau. • Nach Freud umfaßt M. sowohl orale (Bemutterung, Betreuung) als auch anale (Körpernähe) wie auch genitale (sexuelle) Komponenten, die je nach Grad der M. versch. Folgen haben. Bowlby (1973) hat die psa. Theorie der M. kritisiert und korrigiert. →Mutterkomplex

Mutterersatz, nach psa. Auffassung eine Frau, die bei einem Mann unbewußt die Mutter darstellt, wodurch die Ödipussituation wiederbelebt wird und die einstmals auf die Mutter gerichteten Gefühle verhältnismäßig unverändert auf die als Mutter bezeichnete Person übertragen werden. Ebenso können aber auch Institutionen oder das Vaterland in gewissem Sinne M. werden.

Mutterimago, Bez. nach C. G. Jung für das aus dem kollektiven Unbewußten stammende Mutterbild mit allen Möglichkeiten der Einseitigkeit und Übersteigerung. →Mutterkomplex, →Mutterbindung

Mutterkomplex, das Insgesamt aller mit der →Mutterbindung einhergehenden Beziehungen, sofern diese gesteigert zu →Verdrängungen und durch →Abwehrmechanismen erzwungenen Hemmungen tendieren. Mit M. wird oft leichtfertig das Versagen i. w. S. des Mannes gegenüber Frauen begründet. →Mutterbindung, →Mutterimago

Mutterkornalkaloide, im Mutterkorn vorkommende Stoffe, chem. Alkaloide. Wichtige Stoffe sind →Ergotamin- und →Ergotoxinderivate. Erstere spielen eine Rolle bei der Behandlung von Migräne. Die beiden Stoffgruppen wirken als partielle Agonisten bzw. Antagonisten an α-adrenergen Dopamin- und Serotonin-Rezeptoren. Es existieren zahlreiche Abwandlungen. Der wichtigste halbsynthetisch gewonnene Stoff ist →LSD. →Psychotomimetika *W. Janke*

Mutterrecht, syn. Gynäkokratie, Mutterherrschaft, nach Bachofen (1954) nicht nur das Überwiegen der Frau im Leben der Sippe, der Familie, des Stammes. Die Frau gibt den Kindern den Namen (das sog. Matriarchat im Ggs. zum Patriarchat). M. sei die «morgendliche Stufe» der Menschheitsentwicklung, sei mit →Monogamie verbunden und somit Abwehr gegen →Promiskuität und sei die Herrschaft des Weiblich-Stofflichen. Auch wird vermutet, daß das M. Folge zeitlicher Unkenntnis über die biologische Rolle des Vaters sei.

mutuell [lat. *mutuus*], wechselseitig

Mutungsintervall →Vertrauensintervall

Mydriasis, Zustand der erweiterten Pupille

Myenzephalon [gr. *myelos* Mark, Rükkenmark], *medulla oblongata,* →Gehirn

Myeologenese, Myelinisierung, Markscheidenbildung, beginnt im 4. Embryonalmonat und ist im 14. Lebensjahr abgeschlossen. Die M. und noch wesentlicher die Aussprossung von →Dendriten werden als anat. Grundlagen der ps. Entwicklung angesehen. →Nerv

Mykotoxine, Stoffwechselprodukte aus Mikropilzen, die schon in niedrigen Mengen (neuro)toxische Wirkungen haben. Viele Untergruppen, beispielsweise in Nüssen, Getreide und Pistazien bei feuchtwarmer Lagerung vorkommende Aflatoxine, die zu Leberschädigung und Eiweißmangel führen. Wegen der Gefährlichkeit Hinweis in Lebensmittelgesetzen. In Großpilzen wie Fliegenpilz, Knollenblätterpilz sind u. a. toxische Stoffe wie →Muscarin und →Muscimol enthalten.

→Lebensmittelschadstoffe, →Umweltschadstoffe *W. Janke*

Mylepsinum®→Primidon

Myograph [gr. *mys* Maus, Muskel], Apparat zur Registrierung der Muskelleistung

Myokinetischer Test **[T]** MIRA

Myoklonien, rasche, blitzartige Zuckungen in einzelnen Muskeln oder Teilen eines Muskels, gelegentlich ohne Bewegungseffekt.

Myokymien →Zuckungen, fibrilläre

Myopie [gr.], Kurzsichtigkeit. Die aus großer Entfernung ins Auge fallenden Strahlen werden schon vor der Netzhaut vereinigt. Ggs. →Hypermetropie

Mysterien, Mysterium [gr.], übersinnliche Geheimnisse. In Geheimkulten (Mysterienbünden) behütet und nur den Eingeweihten (Initiierten) zugängig.

Mystik [gr. *mystikos* geheimnisvoll, übervernünftig], die Geheimlehre, die sich teils philosophisch, teils rein ps. von alters her mit den okkulten Dingen beschäftigt. Die außerhalb des Empirismus, Rationalismus und Kritizismus stehende Erkenntnisform der inneren Schau, des gefühlsmäßigen Erlebens und der Intuition. Für das Abendland begründet teils im Dionysoskult, der das Aufgehen des Gefühls in Gott erstrebte (*enthusiasmos* = das in Gott Sein), teils in der christlichen Lehre und ausgebaut in der mittelalterlichen M. (Meister ECKHART u. a., die das Eingehen des Bewußtseins in das Wesen Gottes lehren). Diese mystische Vereinigung *(unio mystica)* bildet das höchste Ziel. Die abendländische M. hat über die Reformation und Renaissance (BÖHME, BRUNO, PARCACELSUS, ANGELUS SILESIUS u. a.) bis in die Neuzeit gewirkt (SCHELLING, SCHLEIERMACHER). Im Ggs. zum Abendland ist die M. in anderen Gebieten, z. B. im indisch-buddhistischen Raum, breiter wirksam geblieben. **[L]** BUBER 1909, 1947

Mystizismus, übertriebene Vorliebe für das Mystische, Neigung zum verschwommenen, unscharfen Denken.

Mythisierung →Ich-Anachorese

mythologische Theorien, Lehren zur Erklärung der Mythenentstehung (a) Entartungstheorie, Annahme, daß es sich um Entartung von Gottesideen handle; (b) Fortschrittstheorie, Annahme einer Aufwärtsentwicklung (über Fetischismus und Polytheismus zum Monotheismus); (c) naturalistische Theorie, Annahme, daß die Mythen aus Naturobjekten ableitbar sind; (d) animistische Theorie, Annahme von Seelen, Geistern (Manismus); (e) präanimistische Theorie, ursprünglich ist Zauberglaube die Ursache (Zaubertheorie); (f) symbolistische Theorie, sinnbildliche Einkleidung religiöser Vorstellung; (g) rationalistische Theorie, vernunftgemäße Darstellung von Tatsächlichkeiten (h) Analogietheorie, Mythen sind ein seelischer Gesamtbesitz aller Völker und unveränderlicher Art; (i) Wanderhypothese, die Mythen wandern und übertragen sich dergestalt von Kultur zu Kultur; (k) Illusionstheorie, Mythen entstehen als Illusion über tatsächliche Geschehnisse; (l) Suggestionstheorie, soziologische Ableitung der Suggestionswirkung von Vorst.; (m) Apperzeptionstheorie (WUNDT), alles wird auf die besondere Art der Erfassung mythologischer Bew.Inh. zurückgeführt.

Mythus, Mythen [gr. *mythos* Rede, alte Sage], ursprünglich «alte, heilige Geschichte», die es aber nicht nur mit der Vergangenheit zu tun hat, sondern zugleich Gegenwart ist. Mythen sind sagenhafte Überlieferungen, zumal solche, die als symbolischer Ausdruck von Urerlebnissen der Menschen und Völker angesehen werden können. M.erzählung: Form der Überlieferung volkstümlicher M. durch Märchen, Sage, Legenden. M.märchen: Die im →Totemismus zuerst auftauchende Form dichterischer Erzählung. Inhalt meist ein Mythus. Im Mittelpunkt steht das Tier (des Totems). WUNDT trennt subjektive und objektive Formgebung des M. Erstere behandelt das menschliche Schicksal (= Abenteuer, Vergeltung für Gutes und Böses, Stellen von Rätseln und Wetten), die zweite widmet sich der Natur und ihrem Verhältnis zum Menschen. →mythologische Theorien

Myxödem [gr. teigige Schwellung], pathol. Ablagerungen in Haut-, Unterhaut- und Muskelgewebe, primär durch Unterfunktion der Schilddrüse, sekundär durch Hypophysenvorderlappenunterfunktion bedingte Erkrankung mit ps. Veränderungen wie Antriebsarmut, Stumpfheit, Störungen der Denkfähigkeit, Nachlassen von Libido und Potenz. In 15 % der Fälle treten echte Psychosen auf.

N

n., N., (stat.) Zahl der Beobachtungen in einer Datenmenge, Anzahl von Personen in einer Population • (biol.) Abk. für →Nerv. • (C. H. HULL) Zahl der Verstärkungen. • (THURSTONE) Abk. für «numerischer Faktor» →Intelligenzfaktoren. • Symbolzeichen für →need [engl.], →Bedürfnisse, Strebungen, subjektive Wünsche.

Nachahmung, Imitation, eine Handlung, mit der absichtlich oder unabsichtlich (mehr oder weniger genau) eine kurz vorher beobachtete Handlung (unmittelbare N.) oder eine vor längerer Zeit beobachtete Handlung (aufgeschobene N.) eines Vorbilds (→Modell) ausgeführt wird. Eine besondere Form der N. ist der →CARPENTER-Effekt, die unwillkürliche N. von Bewegungen, Gesten und Gebärden. Beim Beobachtungslernen wird von BANDURA & WALTERS die N. (a) als Prozeß des Erwerbs und (b) als Leistung analysiert. Es wird angenommen, daß zum Erwerb keine Verstärkungen und folglich auch keine Ausführung der später nachgeahmten Handlung notwendig sei, sondern daß, ähnlich wie im klassischen Konditionieren, die Assoziation von Stimuli ausreiche. Erst zur Ausführung der nachzuahmenden Handlung werden bei anderen wahrgenommene, selbst erhaltene oder erwartete Verstärkungen vorgenommen. Im Ggs. dazu hatten DOLLARD & MILLER die N. als relativ umständlichen Prozeß beschrieben, in dem durch Zufall (Versuch und Irrtum) zustande gekommenes *«matching behavior»* (Verhalten, das dem des Vorbilds gleicht) belohnt werden mußte. Die ökonomischeren lerntheoretischen Erklärungen lösen die ursprüngliche Annahme eines N.instinktes oder N.bedürfnisses ab. Auch die spekulative Voraussetzung für die N., die →Identifikation mit dem Modell, wird von ihnen nicht mehr gefordert. In behavioristischen Erklärungsversuchen der →Sprachentwicklung spielt N. eine ganz entscheidende Rolle. Nach SKINNER (1957) werden verbale Formen durch einen →*shaping*-Prozeß noch ungeformter Vokalisationen mittels differentiellen Reinforcements gelernt. Muß bei ihm die Steuerung nachzuahmender Formen über eine außenstehende Person erfolgen, so geht MOWRER (1960) in seiner Autismus-Theorie des Spracherwerbs davon aus, daß ein Kind ein vom Erwachsenen ausgesprochenes Wort deshalb nachahmt, weil ihm das Hören dieses Wortes autistische Befriedigung verleiht. Dies erklärt sich aus dem sekundären Belohnungswert (→sekundärer Verstärker), der deshalb auf das Erwachsenen-Wort konditioniert wurde (→bedingte Reaktion), weil es in einer angenehmen Situation als primäres Reinforcement ausgesprochen worden ist. Die →Generalisierung auf die vom Kind selbst hervorgebrachten und gehörten Laute hält damit den Nachahmungsprozeß in Gang. • Kritik aus diesen u. a. assoziativen Ansätzen wird von Vertretern der Hypothese-Theorien hervorgebracht (MILLER & MCNEILL 1969). Die Bedeutung der N. ist nicht in Zweifel zu ziehen, da ohne sie eine normale Entwicklung der perzeptiv-motorischen und der auditiven Funktionen nicht möglich wäre (→Sprachstörungen). Sie genügt jedoch als alleiniges Erklärungsprinzip nicht, da das Kind tiefenstrukturelle sprachliche Relationen erwirbt (→Tiefenstruktur), die nicht gesprochen werden und damit auch nicht gehört werden können. **[L]** BANDURA & WALTERS 1963

Nachbilder [engl. *afterimages*], Gesichtswahrnehmungen, die nach dem Aufhören der Einwirkung optischer Reize zu beobachten sind. Positives Nachbild: Es besitzt die gleiche Farbqualität wie der vorhergehende Lichtreiz und ist meist (wenn der Reiz nicht von sehr starker Intensität war) nur von kurzer Dauer. Es beruht auf der kurzzeitigen Fortdauer der Nervenerregung (→Nachempfindung). Negatives Nachbild (auch Sukzessivkontrast genannt): Es tritt in der zum auslösenden Reiz komplementären Farbe auf (z. B. sieht man nach längerem Fixieren einer roten Fläche ein grünes Nachbild und umgekehrt). Es bleibt in der Regel wesentlich länger als das positive Nachbild (als Ursache sind u. a. Regenerationsvorgänge in der Netzhaut angenommen worden). Nach starken Reizen oder langer Fixationszeit können abwechselnd positive und negative Nachbilder auftreten. →EMMERTsches Gesetz

Nacheffekte, MCCOLLOUGH nennt die von ihr entdeckten verschiedenfarbigen Nachwirkungen auf vertikalen bzw. horizontalen Streifenmustern nach der Darbietung verschiedengefärbter Streifenmuster N., um sie vom üblichen →Nachbild zu unterscheiden. →Nachempfindung. [L] HAJOS 1972

Nachempfindung, das allmähliche abklingende Nachwirken einer Empfindung über die Dauer der Reizeinwirkung hinaus, dem kürzer dauernden positiven Nachbild ähnlich (Nachklang, Nachgeschmack u. a.). Beruht auf dem Weiterbestehen des Erregungszustandes im Sinnesorgan oder Nervensystem.

Nacherleben, nach LERSCH die Nachbildung fremdseelischer Akte, die einfühlend anschauliche Vergegenwärtigung der seelischen Lage anderer Menschen.

Nachhirn →Gehirn

n-achievement [engl. *achievement need*], ein Motivationskonstrukt aus der Theorie von MURRAY über die Beziehung Mensch-Umwelt (→need). n-a. bedeutet das Bedürfnis nach Erfolg u. Leistung (beruflich, geschäftlich, gesellschaftlich u. a.). →Leistungsmotiv, →Leistungsmotivation

Nachschulung, pädagogisch-therapeutische Maßnahme für Kraftfahrer, die durch ihr Verhalten im Straßenverkehr – gemesssen an den Rechtsvorschriften – auffällig geworden sind, aus den USA als *Driver Improvement* bekannt. Zur N. können in Deutschland führen im wesentlichen (1) die Empfehlung des Gutachtens aus einer →Medizinisch-Psychologischen Untersuchung (MPU) wegen Alkoholauffälligkeit bzw. wegen mehrfacher Auffälligkeit anderer Art und (2) die Aufforderung der Fahrerlaubnisbehörde wegen jugendtypischer Auffälligkeit. Ziel der Nachschulung ist die Wiedererlangung der Fahrerlaubnis, die mit einer Teilnahmebescheinigunng bei der Fahrerlaubnisbehörde beantragt werden kann. N. wird ebenso in der Schweiz und in Österreich praktiziert. Das Konzept des *Driver Improvement* ist Anfang der 70er Jahre in Europa durch die Arbeit von SPOERER vorgestellt worden, nachdem zuvor WINKLER erste eigenständige Versuche in Deutschland unternommen hatte. Ausgehend zunächst von Belehrungen (USA) und von Kursen zur Änderung von Einstellungen (Modell Leer von WINKLER) entwickelte sich zunehmend eine gruppentherapeutische Vorgehensweise (→Gruppentherapie). Kurse nach dem verhaltenspsychologischen oder dem individualpsychologischen Ansatz dauern jeweils 13 Doppelstunden, die sich über mindestens sieben Wochen verteilen; an einem Kursus nehmen ca. 8 bis 10 Kraftfahrer teil. Bekannte Programme in Deutschland stammen von den Technischen Überwachungsvereinen (insbes. TÜV Rheinland) oder von der Gesellschaft für Ausbildung, Fortbildung und Nachschulung (AFN, Köln). Die Evaluation von Nachschulungsprogrammen erwies sich als schwierig, da experimentelle Versuchsanordnungen nicht möglich waren. Nach aufwendigen Evaluationsstudien insbes. in Deutschland liegt jedoch eine Fülle von Detailergebnissen vor, die zu fortwährenden Verbesserungen der N. verwendet werden konnten. Aus diesen Arbeiten gingen institutionalisierte Richtlinien für die Anerkennung von Trägern von N. hervor. [L] ECHTERHOFF 1991, 1992

W. Echterhoff

Nachricht, Zeichen oder Zeichenfolge in einem Kommunikationsprozeß (→Kommunikation). Zweck einer N. ist es, den Empfänger zu einer bestimmten Reaktion zu veranlassen oder ihm eine Mitteilung über den Zustand eines Systems zu machen. *D. Dörner*

Nachrichtentheorie, Theorie der Übermittlung, Wandlung und Speicherung von Nachrichten. Sie enthält vor allem die →Informationstheorie (die Fragen der Qualifizierung von Nachrichtenmengen behandelt) und die physikalische Theorie technischer (praktisch ausschließlich elektrischer) Systeme zur Realisierung der Nachrichtenverarb. [L] K. STEINBUCH 1973

Nachrichtenübertragung →Kommunikation

Nachtblindheit →Hemeralopie

Nachtwandeln →Somnambulismus

n-affilitation [engl. *affilitation need*], ein Motivationskonstrukt aus der Theorie von MURRAY über die Beziehung Mensch-Umwelt (→need). n-a. bedeutet das Bedürfnis, sich gesellschaftlich einzugliedern, zugehörig zu sein, geliebt zu werden u. ä. →Anschlußmotiv

Nahpunkt →Akkommodation

Nahraum →Greifraum

Nahrungsmittel, Nahrung dient zur Deckung 1) des Energiebedarfs durch Proteine, Fette und Kohlenhydrate, 2) des Bedarfs mit lebensnotwendigen Stoffen wie Proteine und essentielle Aminosäuren, Fetten, 3) des Bedarfs an Spurenelementen (Mikronährstoffe) wie Vitamine, Mineralien. Viele Nahrungsmittel sind als psychotrope Substanzen mit unmittelbarer Wirkung auf zentralnervöse Vorgänge anzusehen. [L] KASPER 1996, WURTMAN 1990, 1993, WURTMAN & WURTMAN 1986

W. Janke

naive Physik →intuitive Physik

naive Psychologie →Populärpsychologie

naiver Statistiker, der mit subjektiver

→Wahrscheinlichkeit schätzende Mensch, der nicht statistische Regeln befolgt und z. B. das Eintreten außergewöhnlicher Ereignisse für wahrscheinlicher hält, als es ist. [L] KAHNEMANN & TVERSKY 1973

naive Verhaltenstheorie, der Zusammenhang, den der Laie zwischen Verhalten, Verhaltensweisen und Persönlichkeit annimmt. →implizite Persönlichkeitstheorie

Naloxon, WZ Narcanti®, psychotrope Substanz aus der Gruppe der reinen →Opioid-Antagonisten mit Affinität zu den μ-Rezeptoren. N. hebt alle Wirkungen von Opiaten auf und wird verwendet bei Opiumvergiftung. N. ist Bestandteil einiger →Mischanalgetika.
W. Janke

Naltrexon, psychotrope Substanz aus der Gruppe der reinen →Opioid-Antagonisten mit Affinität zu den μ-Rezeptoren. N. hat ausgeprägte ps. Wirkungen, die denen von →Naloxon ähnlich sind. [L] →Opioide *W. Janke*

Nancyer-Schule, die von H. BERNHEIM vertretene Richtung der Hypnoseforschung im Unterschied zur gleichzeitigen →Pariser-Schule unter CHARCOT. →Hypnose

Napalkow-Phänomen →Inkubation

Narcotics, engl. Bezeichnung für zentral wirksame →Analgetika

Narkolepsie [gr. Schlafdrang], paroxysmales (anfallweises) Phänomen, in dessen Verlauf es zu ps. bemerkenswerten Vorgängen kommen kann: (1) partiellem Tonusverlust (z. B. Einsinken in Nacken und/oder Knien) bei Gemütserregungen oder Lachen; (2) hypnagogen Halluzinationen [L] LAUBENTHAL 1967

Narkose, durch Pharmaka (→Narkotika) hervorgerufener reversibler Zustand allgemeiner Funktionshemmung des ZNS, der 1) Empfindungen und Wahrnehmungen, also das Bewußtsein ausschaltet, 2) einen Zustand der Analgesie bewirkt (nicht alle Narkotika), 3) eine Relaxation der Skelettmuskulatur hervorruft und 4) eine Unterdrückung der Abwehrreaktionen induziert. [L] JULIEN 1997
W. Janke

Narkotika, syn. Narkosemittel u. Allgemeinanästhetika, Substanzen zur Ausschaltung des Bewußtseins während chirurgischer Eingriffe. N. führen zu gradueller, dosisabhängiger Hemmung aller Funktionen des ZNS. Nach anfänglicher Aktiviertheit kommt es mit tieferer Narkose zu fortschreitender Unterdrückung der Reflexe und zentraler Schmerzauslöschung (Analgesie), bei Vollnarkose zusätzlich zur Dämpfung der Atmung und Hirnerregbarkeit, Amnesie tritt ein. Die Zufuhr von N. erfolgt über Einatmung (Inhalationsn.) oder Injektion (Injektionsn.). Zu den ersteren gehören Halothan, Äther, ätherverwandte Gase (Enfluran, Isofluran, Desoxyfluran), →Lachgas = NO_2. Zu den letzteren gehören Barbiturate, →Etomidat, →Propofol, →Ketamin. Eine weitere Gruppe sind Stoffe zur →Neuroleptanalgesie, bei der das Opioid →Fentanyl mit einem Neuroleptikum, meist →Haloperidol, kombiniert wird. Ps. Untersuchungen konzentrieren sich auf die Erfassung von Nachwirkungen (→Hang-over-Effekten) auf Leistungsvariablen und auf amnestische Effekte. [L] FORTH et al. 1996, JULIEN 1997, OBERDISSE et al. 1997
W. Janke/P. Zimmermann

Narzißmus, Begr. nach dem Jüngling Narcissus der griechischen Sage, der sich in sein Spiegelbild verliebte. Von FREUD eingeführter Begriff zur Kennzeichnung des Vorganges bzw. Zustandes, bei dem das eigene Ich mit →Libido besetzt wird und damit gleichsam zum «Sexualobjekt» wird. FREUD unterscheidet einen primären und sekundären N. Unter dem primären N. wird dabei die Art der Libido-Organisation der prägenitalen (oralen und analen) Triebentwicklungsstufen verstanden, bei welcher das Ich das alleinige Objekt der Libido darstellt. Auch wird der primäre N. als eine von den libidinösen und aggressiven Trieben unabhängige und damit «dritte» Kraft verstanden, welche wichtige prospektive Potentiale zur späteren Selbstverwirklichung des Menschen enthält, insbes. seiner kreativen Fähigkeiten. Beim sekundären N. dagegen handelt es sich um eine regressive Wiederbesetzung des eigenen Ich mit Libido nach einer Zurücknahme der Libido von den Objekten der Außenwelt. Zu einem solchen sekundären N. kommt es besonders nach Liebesversagungen, Selbstwertkränkungen oder nach dem Verlust von äußeren, mit Libido besetzten Objekten. [L] FREUD 1914, KOHUT 1974

Näseln, Rhinolalie, Rhinophonie, Störung des Stimmklanges während der Artikulation durch fehlerhafte Nasenresonanz. Man unterscheidet offenes N. (Nase ist offen, wenn sie geschlossen sein sollte), geschlossenes N. (Nase ist geschlossen, wenn sie offen sein sollte) und gemischtes N. Es kann mechanisch bedingt sein (→Gaumenspalte, →Palatolalie oder Verstopfung) oder durch verschiedene Innervationsstörungen des weichen Gaumens (z. B. →Velum-Paresen). Auch Bestandteil von →Dysarthrien.

nasale Phase, von S. FREUD wenig verwendete Bez. für die während der Latenzzeit auftretende libidinöse Triebbefriedigung in den Naseschleimhäuten mittels des Zeigefingers. Der Begriff wurde erst *post mortem* publiziert.

National Intelligence Test [T] HAGGERTY

native speaker, Person, die eine gegebene →Sprache als ihre Muttersprache spricht. In idealisierter Form als idealer Sprecher-Hörer, der in einer völlig homogenen Sprachgemeinschaft lebt, seine Sprache ausgezeichnet kennt und bei der Anwendung seiner Sprachkenntnis in der aktuellen Rede von solchen grammatisch irrelevanten Bedingungen wie: begrenztes Gedächtnis, Zerstreutheit und Verwirrung, Verschiebung in der Aufmerksamkeit und im Interesse, Fehler nicht affiziert wird (CHOMSKY 1969), verfügt sie über die sprachliche →Kompetenz, deren Beschreibung Ziel der →generativen Transformations-Grammatik ist.

Nativismus [lat. *nativus* natürlich, angeboren], die Annahme, daß die Voraussetzungen der Wahrnehmung und das menschl. Verhalten sowie bestimmte Ideen und Vorstellungen angeboren sind und nicht der Erfahrung und dem Lernen entstammen (→Empirismus). • Die Annahme hat zu sog. nativist. Theorien der Raumwahrnehmung, der Zeitwahrnehmung u. a. geführt, →Sprachtheorie

naturalistische Forschung, unter dem allgemeinen Anspruch betriebene wissenschaftliche Aktivität, etwas zur deskriptiven Erfassung und zur explanativen Aufklärung von «natürlichem» Verhalten in «natürlichen» Situationen beizutragen. Derartige Bestrebungen sind in der Ps. aus einer kritischen Einstellung gegenüber dem Erkenntnisertrag der exp. Methode entstanden. Ähnliche Entwicklungen sind auch in benachbarten Disziplinen zu bemerken (z. B. Zoologie, Soziologie, Linguistik). **[L]** GIBBS 1979, WILLEMS & ALEXANDER 1982 *G. Kaminski*

naturalistische Methode, Studium des menschlichen Verhaltens unter lebensweltlichen Bedingungen. Ggs. →Laborexperiment. →Feldforschung, →nichtreaktive Meßverfahren. **[L]** BRANDT 1972

Naturell [frz.], das «Natürliche», d. h. die dem einzelnen zukommende besondere Eigentümlichkeit in der Artung seines Gefühls- und Trieblebens sowie seines Ausdrucksverhaltens. Steht dem Temperament nahe.

Naturell-Lehre, die von dem Dresdener Arzt Carl HUTER (1861–1912) aufgestellten Grundtypen: Psychisches oder Empfindungsnaturell – Physikalisches oder Bewegungsnaturell – Chemisches oder Ernährungsnaturell. Ausgehend von der Annahme, daß die Keimesblätter für das Hervortreten des Naturells bestimmend sind, wurden das Grundschema durch die Aufstellung weiterer «sekundärer» Typen ausgebaut und Beziehungen zur →Physiognomik, Naturphilosophie, Folgerungen für die Heilbehandlung usw. damit verbunden.

naturwissenschaftliche Psychologie →Psychologie (Richtungen)

Nebenniere →Hormone

Nebennierenmark, Teil der Nebenniere, in der →Catecholamine, →Adrenalin, aber auch →Noradrenalin und →Dopamin gebildet werden. *W. Janke*

Nebennierenrinde, Teil der Nebenniere, hormonproduzierendes Organ mit 3 verschiedenen «Zonen», in denen 3 Hormongruppen, nämlich →Mineralcorticoide (zona glomerulosa) →Glucocorticoide (zona fasciculata), sowie →Androgene und →Östrogene (zona reticularis) gebildet werden. *W. Janke*

Nebenschilddrüse →Hormone

Neckerscher Würfel (1833), bekannte Kippfigur (→Reversion); die scheinbare Tiefenanordnung des Würfels kippt bei längerer Betrachtung hin und her. In gewissem Maße ist das Kippen willkürlich beeinflußbar.

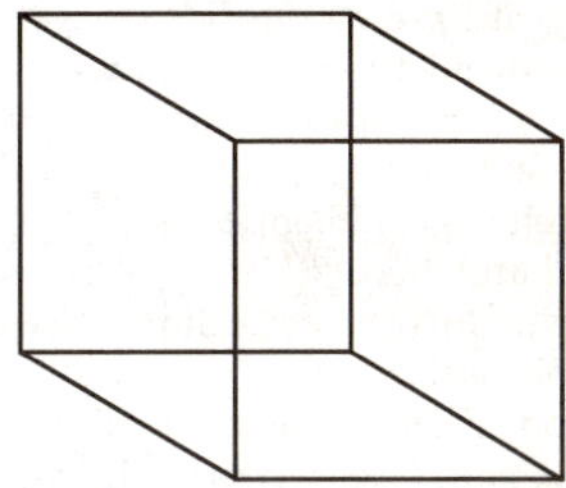

need, need-press, in der Ps. ist die Bedeutung der Umwelt zwar lange bekannt, ihre Strukturierung wurde aber erst durch LEWIN und MURRAY erarbeitet. Letzterer führte für die inneren Spannungslagen: →Bedürfnisse, Strebungen, subjektive Wünsche und Haltungen den Begr. *need* ein. Dem stehen in der Welt mannigfache Umweltsituationen und Objekte gegenüber, die bestimmte, in der Struktur der Situation begründete Anforderungen an das Subjekt stellen und ein dementsprechendes Verhalten von ihm fordern. Den Effekt, den eine Umweltsituation oder ein Objekt auf das Subjekt haben kann, nennt MURRAY *press* (nicht mit Nötigung gleichzusetzen). Das Bedürfnis sucht nach einer ihm adäquaten Umweltsituation. Es kommt zur

Ausbildung einer projektiven Welt, die oft mit den objektiven Gegebenheiten differiert. Treffen beide zusammen, so besitzen diese Objekte und Situationen Aufforderungscharakter, im anderen Fall kann der Mensch ausweichen oder zerbrechen, aber er kann auch ausharren und sich anpassen und dadurch geprägt und umstrukturiert werden. *Need* und *press* wirken zusammen, sie bilden ein Thema. Trotz der Vielzahl der Themata kann man sie doch auf wenige grundsätzliche zurückführen, die in vielen Kombinationen auftreten. Die Themata sind verschiedenwertig, je nach ihrer vitalen Bedeutsamkeit. Die Wirkung eines Themas ist um so größer, je näher es der Geburt liegt. MURRAY hat zudem noch den Begr. *stimulus situation* geschaffen, womit er jene Teile der Umgebung bezeichnet, auf die der seelische Organismus reagiert (immer nur ein Ausschnitt der Umwelt). Nach MURRAYS Thesen kann man somit unterscheiden: eine subjektive Welt der subjektiven Spannungslagen; eine objektive Welt mit objektiven Spannungslagen; eine projektive Welt, d. h. eine virtuelle Welt von Wünschen und Befürchtungen, die das Subjekt umhüllt und zugleich die objektive Welt umdeutet; schließlich eine projektiv bestimmte Welt als der realisierte Teil der projektiven Wunschwelt. MURRAY hat den Begr. des *press* weitgehend aufgegliedert. So unterscheidet er *alpha-* und *beta-press* sowie *positive, negative, mobile* und *immobile press*. →Aufforderungscharakter, →Bedürfnis, →Feld, →Feldtheorie, →gespanntes System. [**L**] MURRAY 1963

need-assessment, Bedürfnisbewertung. →Verhaltensdiagnostik

Negation, in der →generativen Transformationsgrammatik CHOMSKYS (1965) wird die N. (Verneinung) als singuläre →Transformation mit einfacher Grundstruktur eingeführt. Es lassen sich drei verschiedene N.formen, die jeweils verschieden weite Bedeutungsbereiche verneinen, unterscheiden: (a) Subjekt-Verneinung, (b) Objekt-Verneinung, (c) Prädikatsverneinung. Dabei ist die N. des Prädikats die allgemeinste Form, da sie die gesamte im Satz ausgedrückte Beziehung negiert (Der Vater hat das Buch NICHT gelesen). Im Laufe der →Sprachentwicklung ist die Prädikatsverneinung auch die früheste N.form, die zunächst als bloße Addition eines N.partikels zum Prädikat (z. B. NICHT kaputtmachen, GRIMM 1973) realisiert wird. Später nimmt das N.partikel in der Subjekt-Objekt-Folge als der häufigsten Satzform dann eine mittlere Position nach dem Verb ein. Erst nach dieser Integration können weitere, spezifischere Verneinungsformen differenziert werden. *H. Grimm*

negative Adaptation →Adaptation, negative

negative Phase, von Charlotte BÜHLER eingeführte Bez. für den weiblichen Entwicklungsabschnitt der Vorpubertät, in dem eine mutlose Haltung überwiegt. Die n.P. folgt einer positiven, kraftvollen zwischen 10 und 12 Jahren und schließt mit dem Eintreten der Menstruation ab.

negative practice →negative Übung

negativer Transfer →Transfer

negative-state-relief-model, entgegen den Untersuchugen, die gezeigt haben, daß Hilfeleistungen dann häufiger zu erwarten sind, wenn die Helfer in guter Stimmung sind, spezifiziert das *n.-state-relief- model* (CIALDINI & KENRICK 1976), daß auch dann vermehrt Hilfe geleistet wird, wenn man sich in negativer Stimmung befindet und man der Ansicht ist, daß die eigene schlechte Stimmung durch die geleistete Hilfe vergeht – vorausgesetzt, der erwartete Belohnungswert für die Hilfe ist hoch und die Kosten gering. *B. Six*

negative Übung [engl. *negative practice*], ein 1932 von DUNLAP entwickeltes und in den fünfziger Jahren vor allem von Vertretern der HULLschen Lerntheorie analysiertes Verfahren. Diese verhaltenstherapeutische Technik (→Verhaltenstherapie) beruht auf der Annahme, daß mehrmalige gezielte Wiederholung eines bestimmten Verhaltensmusters allmählich zum Verschwinden eben dieses Verhaltensmusters führt. Der Pb muß also die sonst unwillkürlich auftretende Verhaltenweise (Tic, Sprechstörung, Nägelbeißen usw.) mehrmals hintereinander willkürlich wiederholen. Diese mehrmalige Wiederholung des störenden Verhaltensmusters erzeugt ein reaktives Hemmungspotential (Ermüdung). Die Beendigung dieser Reaktionswiederholungen wirkt belohnend (Entspannung), so daß eine neue Gewohnheit – nämlich das störende Verhaltensmuster nicht mehr zu zeigen – gelernt wird (konditionierte Hemmung). Diese neue Gewohnheit wirkt dann der Tendenz, das störende Verhaltensmuster zu zeigen, entgegen. Anwendungsbereiche: Sprechstörungen, Bewegungsstereotypien. →paradoxe Intention. [**L**] DUNLAP 1932, YATES 1970 *M. Limbourg*

Negativismus, äußerlich gleichgültig erscheinendes, bewegungsloses Verhalten von Geisteskranken (→Katatonie) bei innerer Widerständigkeit. In gewissem Umfang auch auf normale Verhaltensweisen übertragbar. Es ist zu unterscheiden nach aktivem N. (es wird das Gegenteil dessen getan, was verlangt wird) und passivem N. (das Verlangte wird nicht ausgeführt →Sperrung). **[L]** BLEULER 1966, HOFF et al. 1955

Negentropie, negative →Entropie. Bez. aus der →Informationstheorie für mittleren Informationsgehalt.

Neglektion [engl. *neglection* Vernachlässigung], (sozio-kulturell) geringe Förderung. N. ist z. B. eine der Voraussetzungen für →Retardierung.

Neid, Mißvergnügen, Ärger über die Freude des anderen; nach LERSCH gehört der N. zu den gerichteten Gefühlen.

Neigung, als emotionale Zuwendung zu best. Interessen, Tätigkeiten, Aufgaben, auch damit in Verbindung stehenden Personen – spielt in der ps. Diagnose (bes. Beratung) eine wichtige Rolle. So geht z. B. die →Berufsberatung meist von vorhandenen «Berufsneigungen» aus. Fraglich ist, ob und wieweit die N. dem →Bedürfnis nahesteht. Auch ist die Frage offen, wie die Neigung die erforderliche →Eignung einschließt.

Neigungs-Struktur-Test **[T]** KELLER

Nekrophilie, Nekromanie perverses, auf Leichen gerichtetes sex. Verlangen

Neo-Behaviorismus →Behaviorismus

Neo-Darwinismus →Abstammungslehre

Neologismus, Wortneubildung durch ungewöhnliche Kombination von Silben mit unterschiedlicher Bedeutungshaltigkeit (→meaningfulness) wie z. B. «lamperstift»; im Traum oder in kindlichen Sprachspielen sowie gehäuft bis zum unablässigen Produzieren bei erregten Psychosen →Kataphasie, →Dysphrasie

Neo-Positivismus →Psychologie (Richtungen)

Neo-Psychoanalyse →Psychoanalyse

Neostigmin, WZ Prostigmin®, →Parasympathikomimetikum wirkt sowohl über eine reversible Hemmung des Enzyms Cholinesterase (→Cholinesterase-Hemmer) als auch durch direkte Potenzierung der Wirkung von →Acetylcholin. N. wirkt stärker als →Physostigmin. Wichtigste physiol. Wirkungen: Pupillenverengung, Verbesserung der neuromuskulären Transmission, Vermehrung der Peristaltik, erhöhte Miktion. N. hat nur eine geringe zentrale Wirkung, da es die →Blut-Hirn-Schranke nicht passieren kann. **[L]** →VNS-Pharmaka, FORTH et al. 1996 *W. Janke/P. Weyers*

Nernst-Lilliesche Theorie der Erregungsleitung, besagt, daß in der lebenden Zelle die Erregung durch eine Veränderung in der elektrischen Polarisation der Zellmembran infolge örtlichen Wechsels der Ionenkonzentration an der Membranoberfläche entsteht. Durch resultierende sekundäre Veränderungen der Eigenschaften der Membran (z. B. Permeabilität) wird der Effekt automatisch weitergeleitet.

Nernst, Walter (1864–1941), Physiker / Berlin / Nobelpreis 1920

Nerv [lat. *nervus*, gr. *neuron* Sehne, Nerv], strangartiges Gebilde zur Reiz- und Impulsleitung bei höheren Organismen. N. bezeichnet ein Bündel von mehr oder weniger vielen Nervenfasern. Als N.faser bezeichnet man das Axon mit der umgebenden Schwannschen-Zelle. Die Nerven sind außerhalb des ZNS (→Nervensystem) durch Bindegewebe in unterschiedlicher Anzahl zu Bündeln zusammengefaßte N.fasern. Das gesamte Nervengewebe besteht aus N.zellen und einem Stützgewebe (Neuroglia). Die einzelne N.zelle (Ganglienzelle) hat einen unregelmäßig sternförmigen Zellkörper mit verästelten kur-

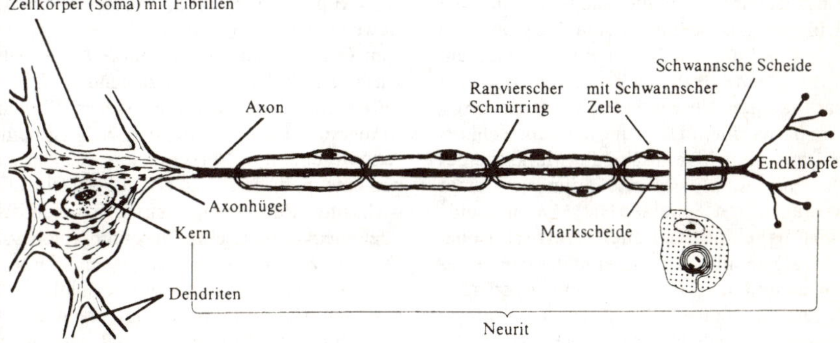

Motorisches Neuron

Klassifikation der Nervenfasern nach ERLANGER/GASSER

Fasertyp	Funktion, z. B.	Mittlerer Faserdurchmesser	Mittlere Leitungsgeschwindigkeit
Aα	Primäre Muskelspindelafferenzen, motorisch zu Skelettmuskeln	15 µm	100 m/s (70–120 m/s)
Aβ	Hautafferenzen für Berührung und Druck	8 µm	50 m/s (30–70 m/s)
Aγ	Motorisch zu Muskelspindeln	5 µm	20 m/s (15–30 m/s)
AΔ	Hautafferenzen für Temperatur und Nociception	<3 µm	15 m/s (12–30 m/s)
B	Sympathisch präganglionär	3 µm	7 m/s (3–15 m/s)
C	Hautafferenzen für Nociception, sympathische postganglionäre Efferenzen	1 µm	1 m/s (0,5–2 m/s)

Klassifikation der Nervenfasern nach LLOYD/HUNT

Gruppen	Funktion, z. B.	Mittlerer Faserdurchmesser	Mittlere Leitungsgeschwindigkeit
I	Primäre Muskelspindelafferenzen und Sehnenorganafferenzen	13 µm	75 m/s (70–120 m/s)
II	Mechanoreceptoren der Haut	9 µm	35 m/s (25–70 m/s)
III	Tiefe Drucksensibilität des Muskels	3 µm	11 m/s (10–25 m/s)
IV	Marklose nociceptive Fasern	1 µm	1 m/s

zen Fortsätzen (Dendriten) und einen längeren, zunächst unverästelten Fortsatz, den Neuriten (Axon). Diese, aus einer N.zelle und ihren Fortsätzen bestehende Einheit des N.systems ist ein →Neuron. Durch die dendritische Zone (s. Abb. S. 570), die die Rezeptormembran des Neurons darstellt, fließen der Nervenzelle Erregungen zu (*input*-Region). Im Neuriten werden die Erregungen von der Nervenzelle (nutritive Zone, Perikarion) zu anderen Nervenzellen, Muskel- oder Drüsenzellen geleitet (*output*-Region). Die Übertragung der Erregung an diese erfolgt über besondere Kontaktverbindungen, die →Synapsen. Neurofibrillen heißen die feinen fädrigen Strukturen, die sich im gesamten Cytoplasma finden und die den Neuriten sowie die Dendriten durchziehen. Bei den cerebrospinalen markhaltigen Nervenfasern wird das Axon kurz nach seinem Ursprung aus dem Zellkörper von einer Myelinscheide (Markscheide) umgeben und diese wiederum von einer Schwannschen Scheide. Die Myelinscheide wirkt als schlechter Leiter elektrisch isolierend. Sie umhüllt das Axon mit Ausnahme des Endes und den in etwa 1-mm-Abständen gelegenen periodischen Einschnürungen (RANVIERsche Schnürringe). Die sympathischen marklosen Fasern haben außer einer Schwannschen Scheide keine oder nur eine ganz zarte Markscheide. Der Neurit, der beträchtliche Längen erreichen kann, bildet mit seinen Umhüllungen (Scheiden) die Nervenfaser. Die Nervenzellen liegen vor allem im Gehirn und Rückenmark. Von dort gehen alle Nerven aus, die willkürliche Bewegungen veranlassen. Unterschieden wird bei den cerebrospinalen Nerven zwischen 12 Paar vom →Gehirn ausgehenden Gehirnnerven und den 31 Paar (beim Menschen) Rückenmarks- oder Spinalnerven. Empfindungsnerven (sensorische, sensible Nerven) heißen die von den Sinnesorganen zum Gehirn oder Rückenmark führenden Nerven(afferente Bahnen); Bewegungsnerven (motorische Nerven), die vom Gehirn oder Rückenmark zu den willkürlichen Skelettmuskeln ziehenden Nerven (efferente Bahnen). Die größeren Nervenstränge des Körpers enthalten vielfach beide Arten (gemischte Nerven). Nervenzellen haben eine niedrige Erregbarkeitsschwelle. Der wirksame Reiz kann elektrisch, chemisch oder mechanisch sein. Die durch einen solchen Reiz ausgelöste physikochemische Änderung führt im Rezeptor zur Ausbildung eines Generatorpotentials. Dies erzeugt zum Axon hin ein →Aktionspotential, das normalerweise entlang des Axons bis zu dessen

Ende propagiert (geleitet) wird. Die nervöse Leitung als Aktionspotential ist dabei ein aktiver, sich selbst propagierender, energieverbrauchender Vorgang, der den Impuls mit konstanter Amplitude und Geschwindigkeit (diese liegt zwischen 0,1 und 135 m/sec und ist um so größer, je dicker und markhaltiger die Nervenfaser ist) fortleitet. Im Ruhezustand ist die Nervenmembran im Inneren gegenüber außen elektrisch negativ geladen. Dieses Ruhepotential beträgt bei den meisten Neuronen etwa minus 70 mV. Es wird durch aktiven Transport bestimmter Teilchen durch die Membran entgegen dem bestehenden Konzentrationsgefälle aufrechterhalten. Es werden Natrium$^+$-Ionen aus der Zelle in den Außenraum transportiert, in welchem sie im Neutralzustand bereits eine rund 10 mal höhere Konzentration besitzen, und es werden Kalium 5$^+$ Ionen ins Zellinnere transportiert, wo die Konzentration rund 200 mal höher ist als außen. Dieser energieverbrauchende Mechanismus wird als Natrium-Kalium-Pumpe bezeichnet. Im Zustand der Erregung, oberhalb eines kritischen Depolarisationswertes (Zünd- oder Membranschwelle) erfolgt eine schlagartige Na-Permeabilitätssteigerung der Membran auf das rund 500 fache, durch welche das Zellinnere kurzzeitig positiv wird (rund +30 mV) durch den Einstrom von Natriumionen in die Faser (Depolarisation). Durch den unmittelbar darauf folgenden Austritt von Kaliumionen aus der Faser kommt es zur Repolarisation der Zelle und damit zum Abschluß der Spannungsspitze, deren Gesamtverlauf auch als →Aktionspotential bezeichnet wird. Seine Amplitude ist für dieselbe Nervenfaser stets gleich hoch (Alles-oder-nichts-Gesetz), und pflanzt sich über das gesamte Axon fort. Bei den markhaltigen Nerven beschränkt sich dieser Natrium-Kalium-Austausch auf die RANVIERschen Schnürringe. Der Aktionsstrom verläuft hier sprunghaft und damit schneller von einem Schnürring zum anderen (saltatorische Erregungsleitung). Nervendegeneration tritt ein, wenn ein Nerv verletzt wird. Das vom Zellkörper isolierte Stück verliert seine Erregbarkeit und zerfällt allmählich. Jedoch kann durch Nervenregeneration von der Nervenzelle aus die Faser (außer im Gehirn und Rückenmark) wieder in die alten Bahnen hineinwachsen. [**L**] GANGONG 1979, SCHMIDT & THEWS 1990

Nervenfibrillen [lat. *fibrilla* kleine Faser], die Fasern der Nerven. Man teilt ein nach Achsenfibrillen, nackten Achsenzylindern, marklosen N., markhaltigen N. →Nerv

Nervenkerne, Gruppen von Nervenzellen in Gehirn und verlängertem Mark, Ursprungsstätte der Gehirnnerven.

Nervenkrankheiten, organische Erkrankungen des Nervensystems neben den →Neurosen und →Psychosen. Z. B. Apoplexie, Chorea, degenerative Nerven- und Muskelerkrankungen, Encephalitis, Meningitis, Multiple Sklerose, Neuritis und Polyneuritis, PARKINSON.

Nervenleitung →Leitungsbahnen, nervöse

Nervenschock, volkstümliche Bez. für eine erhebliche Störung des ps. Gesamtzustandes durch ein emotional stark belastendes Erlebnis. →Neurosen, traumatische

Nervensystem (NS), die Gesamtheit der reizleitenden und reizverarbeitenden Organe der vielzelligen Tiere und des Menschen. Zum NS gehören also nicht nur die →Neurone (Nervenzellen) als morphologische und funktionelle Einheiten des NS, sondern auch die Sinnes-Rezeptoren (z. B. Stäbchen und Zapfen der Retina, Hörzellen usw.). Beim Menschen wie bei allen Wirbeltieren ist der wesentlichste Teil des NS ontologisch angelegt. Aus ihm gehen Gehirn und Rückenmark hervor, die als Zentralnervensystem (ZNS) zu-

N

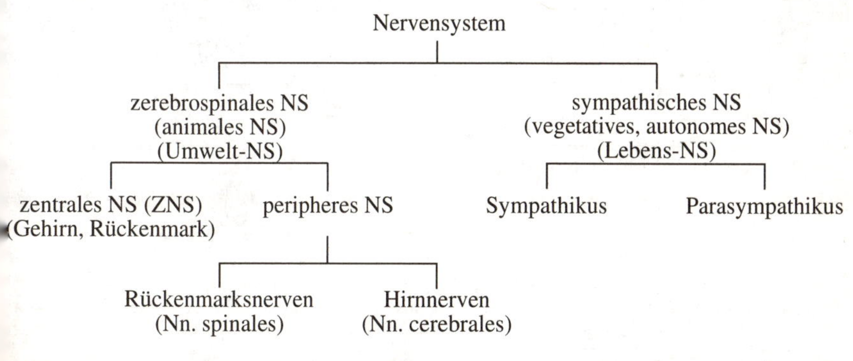

sammengefaßt werden. Die von ihm ausgehenden Bewegungs- und Empfindungsnerven (cerebrospinale Nerven) bilden das periphere NS. Zusammengefaßt werden sie auch als cerebrospinales NS bezeichnet und dem, die Eingeweide versorgenden vegetativen (autonomen) NS gegenübergestellt. Beim Menschen werden →Gehirn, →Rückenmark, die cerebrospinalen Nerven und die Sinnesorgane auch als Umwelt-NS (animales NS) zusammengefaßt und dem vegetativen NS (Lebens-NS) gegenübergestellt. Dieses gliedert sich in →Sympathikus und →Parasympathikus (mit dem N. vagus als bekanntestem Nerv). Die Zellkörper aller präganglionären sympathischen Neurone liegen im Brustmark und oberen Lendenmark. Die Axone dieser Neurone verlassen das Rückenmark über die Vorderwurzeln und ziehen durch die weißen Rami zu den außerhalb des ZNS liegenden sympathischen Ganglien. In diesen werden die Axone der präganglionären Neurone auf die Zellkör-

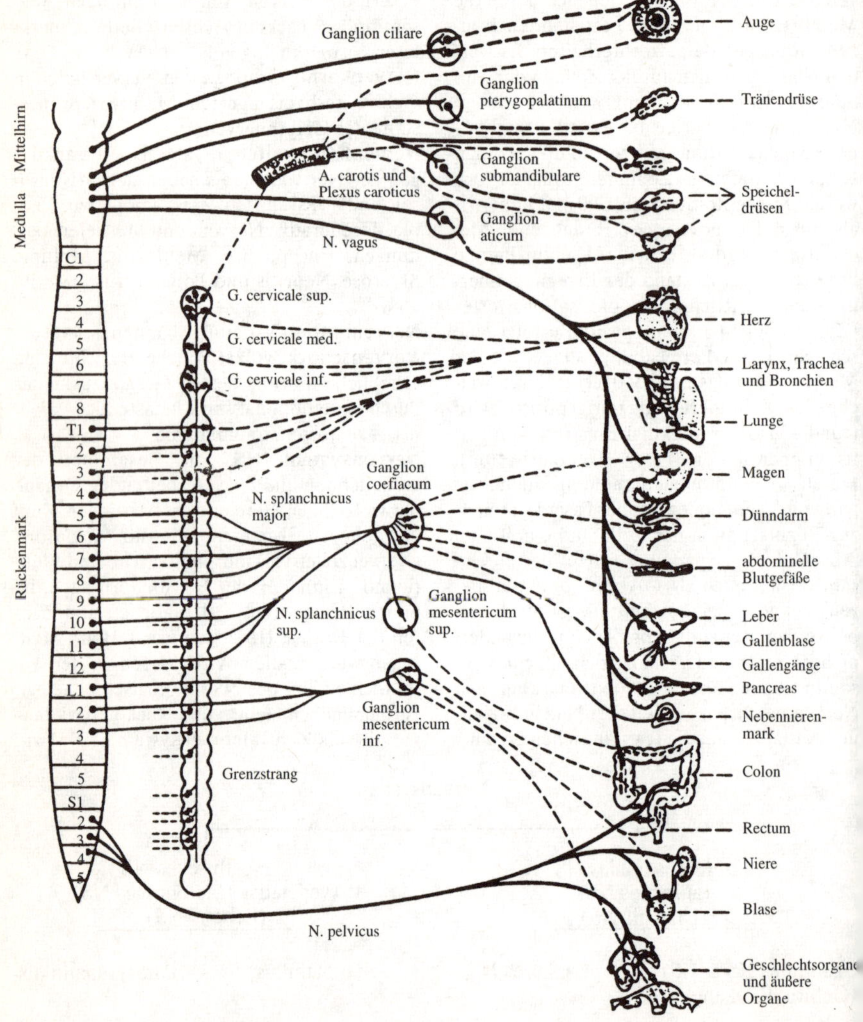

Schema der efferenten autonomen Leitungsbahnen.
Präganglionäre Neurone sind durchgehend, postganglionäre strichliert gezeichnet. Die dicken Linien sind parasympathische Fasern, die dünneren sympathische.

per der postganglionären Neurone umgeschaltet. Der Parasympathikus konzentriert dagegen seine präganglionären Neurone im Kreuzmark und im Hirnstamm. Ihre Axone sind teils myelinisiert, teils unmyelinisiert und im Gegensatz zu den sympathischen präganglionären Axonen sehr lang. Sie ziehen in speziellen Nerven zu den organnahegelegenen, parasympathischen, postganglionären Neuronen. Die sakralen parasympathischen Fasern zu den Beckenorganen verlaufen im Nervus splanchnicus pelvinus. (vgl. Abb.) Funktional ist das cerebrospinale NS zuständig für das willkürliche Handeln und die Beziehungen zwischen Organismus und Umwelt, das vegetative NS dagegen reguliert die Organfunktionen, die dem Willen weitgehend entzogen sind (daher früher auch autonomes NS). Die langsame Erregungsleitung im autonomen System (unmyelinisierte, postganglionäre Fasern, C-Fasern) bewirkt auch, daß die Entstehung einer Gefühls- und Triebreaktion etwas länger benötigt als die motorischen Anteile dieser Reaktionen. Zu ihrer vollen Entfaltung benötigen sie zumeist die Rückmeldung auch aus den Erfolgsorganen in das Zentralnervensystem. Da die Erfolgsorgane aber langsamer aktiviert werden, braucht auch die Rückmeldung entsprechend länger. Der Sympathikus beschleunigt den Herzschlag, verengt die Blutgefäße, hemmt die Darmtätigkeit, schafft die Voraussetzungen für (sofortige) gesteigerte Leistung. Der Parasympathikus wirkt antagonistisch: hemmt den Herzschlag, erweitert die Gefäße und regt den Darm an (→Ergotropie). Der Grenzstrang, Teil des sympathischen NS, ist eine Ansammlung von Neuronen und liegt beidseits längs der Wirbelsäule. **[L]** HEIMER 1983, BIRBAUMER & SCHMIDT 1991 *C. Becker-Carus*

Nervenwachstumsfaktor, Abk. NGF, Faktor, der für das Überleben von Nervenzellen verantwortlich ist. Er gehört zu den →Neurotrophinen. NGF wurde von LEVI-MONTALCINI für sympathische Neuronen entdeckt, wofür sie 1987 den Nobelpreis erhielt. **[L]** KANDEL et al. 1996, LEVI-MONTCALTINI & ANGELETTI 1968 *W. Janke*

Nervenwurzel →Rückenmark

Nervenzelle →Neuron

Nervenzentren, bestimmte Gebiete in Gehirn und Rückenmark, von denen die einzelnen Nervenfunktionen gesteuert werden und bei deren Ausfall die betreffenden Leistungen gestört und unterbunden werden. Es gibt motorische Zentren, von denen Bewegungen ausgehen, und sensorische, die für das Zustandekommen der Wahrnehmungen wesentlich sind. →Gehirn

Nervosität, volkstümliche Sammelbezeichnung für Erregbarkeit des psychischen und psychomotorischen Systems

nervus acusticus [lat.] →n. statoacusticus

nervus opticus [lat.], Sehnerv →Auge, →Gehirn

nervus statoacusticus [lat.], der Nerv, der als 8. Gehirnnerv die beiden Nerven des Gleichgewichtsorgans (n. vestibularis) und des Gehörorgans (n. cochlearis) vereinigt. Trennung wieder nach dem Eintritt in die →medulla oblongata. →Ohr

Nesselsucht →Psychosomatik

Nestwärme, Familienatmosphäre, geprägt durch die liebende Fürsorge (*tender loving care,* TLC), die dem Prinzip der «nichtbedingten positiven Wertschätzung» (ROGERS) nahe kommt. Die Auswirkung von N. muß im Hinblick auf negative Folgen von «Gluckenverhalten» *(overprotection)* kritisch bedacht werden.

Netze, semantische, im →HAM-Modell benutzter Begr. für die Erklärung des Aufbaus und der Funktion des →Gedächtnisses für Wortbedeutungen (semantisches Gedächtnis).

Netzhaut →Auge

Netzhautbild, die vom Sichtbaren durch die lichtbrechenden Medien des Auges auf der Netzhaut entworfene Reizanordnung, die in perspektivischer Abbildung dem Gesehenen entspricht. →Perspektive

Netzhauthorizont, der durch die Netzhaut gelegt gedachte, horizontal gelagerte Meridian (Kreislinie). →LISTINGsches Gesetz, →Primärstellung des Auges

Netzhautzonen, man unterscheidet drei konzentrische Zonen: die äußerste Zone, die nur helligkeits- und nicht farbenempfindlich ist, die mittlere, die helligkeits- und gelb-blauempfindlich ist, und die innere, zentrale Zone, in der alle Qualitäten von Lichtempfindungen wahrgenommen werden.

Netzwerk-Modell →HAM-Modell →Produktionssystem, →Wissenspsychologie

Neugier [engl. *curiosity*], die aus dem Neugierverhalten (Orientierungsverhalten) abgeleitete Tendenz, subjektiv Neues zu erleben, zu untersuchen, zu erkunden (BERLYNE 1960). →Aktivierung. **[L]** VOSS & KELLER 1981

Neuralgie, neuralgischer Schmerz [gr. *algos* Schmerz], durch pathophysiologische Impulsbildung an nozizeptiven Fasern (nicht an den Nozizeptoren) entstehende Schmerzen. Es handelt sich in der Regel um projizierte Schmerzen, die durch fortgesetzte (chronische) Reizung eines Nerven oder einer Hinterwurzel entstehen (z. B. durch einen Bandscheibenvorfall). Solche chronischen Nervenschädigungen führen dann zu «spontanen» Schmerzen, die häufig wellenförmig oder anfallsweise auftreten. Sie bleiben meist auf das Versorgungsgebiet des erkrankten Nerven oder der geschädigten Wurzel begrenzt. Zahlreiche weitere Bezeichnungen, z. B.: N. ischiadica, N. nocturna, Trigeminusneuralgie. *C. Becker-Carus*

Neurasthenie, psychovegetatives Syndrom; eine der Aktualneurosen bei FREUD →Neurose

Neurilemma [gr. *lemma* das Abgeschälte], die sogenannte SCHWANNsche Nervenscheide. →Nerv

Neuriom [gr. *inos* Faser], Nervenfasergeschwulst, die aus Zellen der SCHWANNschen Scheide hervorgeht, jedoch keine Achsenzylinder od. Markscheiden enthält. Klinisch treten als erste Symptome Schmerzen od. sensorische Erscheinungen auf. →Neurofibromatosis

Neurismus, physiologische Theorie, die das Nervensystem zum entscheidenden Träger aller Lebensvorgänge macht. Die Theorie hat Anschauungen von PAWLOW und dessen Schule weiterentwickelt und wird von sowjetischen Physiologen besonders gepflegt. →bedingter Reflex, →Objektive Psychologie

Neurit, der der efferenten Erregungsleitung dienende, meist langgezogene Achsenzylinderfortsatz der Nervenzelle (Axon). →Neuron, →Dendrit

Neuritis, Nervenentzündung, z. T. entzündlicher, z. T. degenerativer Art. Kennzeichende lokale Sensibilitätsstörungen und motorische Störungen im versorgten Muskelbereich (Störung der sensiblen Leitung). Die Neuritiden lassen sich nach verschiedenen Grundsätzen einteilen: (1) nach Verlauf in: akute, subchronische und chronische, (2) nach Art der Ausfallserscheinung in: motorische, sensible und gemischte, (3) nach Ausbreitung in: Mono-, Plexus- und Polyneuritis (Polyneuropathie), Schwerpunktpolyneuritis. →Neuralgie, →Polyneuritis *C. Becker-Carus*

Neuroanatomie →Nervensystem

Neurochemie, Disziplin, die sich mit chemischen Vorgängen im Nervensystem befaßt. Basisdisziplin für die →Chemopsychologie. Für die Ps. sind solche chem. Prozesse am wichtigsten, die ps. Vorgängen und ihren Störungen zugrundeliegen, sie begleiten oder ihnen folgen. Die dabei beteiligten Substanzen selbst, ihre Vorläufer (Präcursoren), ihre Zwischenprodukte oder ihre Abbauprodukte (Metaboliten) können beim Menschen über Körperflüssigkeiten (Liquor, Blut, Speichel) gemessen werden. Bei weitem bessere Möglichkeiten existieren beim Tier. Eingriffsmöglichkeiten bestehen über psychische Variationen (z. B. psychosozialer Streß) oder somatische Variationen, bes. über Pharmaka (→Neuropharmakologie). **[L]** BRADFORD 1995, FELDMAN et al. 1997, LÖFFLER & PETRIDES 1997 *W. Janke*

Neurocil® →Levomepromazin

Neurodermatose [gr. *derma* Haut], nervöse Hauterkrankung, die von einer Nervenstörung ausgeht.

Neuroelektrodiagnostik, Gebiet der medizinischen Diagnostik. Umfaßt Methoden, die Aussagen über den funktionellen Zustand zerebraler, spinaler und neuromuskulärer Strukturen gestatten sowie mit unterschiedlicher Genauigkeit in gewissem Umfang auch topographische Aussagen. →Elektrodiagnostik. **[L]** MÜHLAU 1990

Neuroendokrinologie, Teilgebiet der →Endokrinologie, das sich mit der Erforschung der Beziehungen zwischen Endokrinum (→endokrine Drüsen) und Nervensystem befaßt. Die wichtigsten Aspekte der N. betreffen: 1) Wirkung von →Hormonen auf neuronale Aktivitäten, 2) Wirkung nervöser Erregung auf die Hormonausschüttung, 3) Produktion und Bedeutung von Hormonen im ZNS und VNS. →Neurotransmitter *W. Janke*

Neuroethologie →Ethologie

Neuroglia [gr. *glia* Leim], nach R. VIRCHOW die ektodermalen, bindegewebsartigen Zellen zwischen den Neuronen des →ZNS. Früher als Stützzellen aufgefaßt. Das Glianetz vermittelt den interplasmatischen Stofftransport.

Neurogramm, Ausdruck von M. PRINCE (1905) für den im Nervensystem überdauernden Eindruck, den jedes Erleben hinterlassen muß, um wieder einnert werden zu können. →Engramm

Neurohormone, häufige Bezeichnung für Substanzen, die an den Funktionen des Nervensystems beteiligt sind. Die wichtigsten N. sind die im Hypothalamus gebildeten Stoffe, die zum einen auf dem Blutweg über Kapillarnetze in den Hypophysenvorderlappen gelangen und dort die Freisetzung von Vorderlappenhormonen sowohl hemmen als auch fördern, weshalb sie auch als →Releasing-

und →Inhibiting-Hormone (-faktoren) bezeichnet werden. Zum anderen werden im Hypothalamus zwei N. gebildet, die im Hypophysenhinterlappen gespeichert werden, nämlich →Vasopressin und →Oxytocin. Der Begriff wird auch in anderen, weiteren oder engeren Kennzeichnungen benutzt. *W. Janke*

neurohumoral, durch auf Nerven einwirkende →Hormone (z. B. →Adrenalin) veranlaßte Erregung.

Neurolepsie, die Minderung (Blockierung) der ps. Spannung bei der →Hypnose, ebenso die Spannungsdämpfung als Medikamentenfolge (Neuroleptika), die in der Regel von affektiver Entspannung bis zum →PARKINSON-Syndrom (bei Überdosis) reicht.

Neuroleptanalgesie, Variante der →Narkose durch Kombination des Opioids Fentanyl mit einem Neuroleptikum, meist Droperidol. *W. Janke/M. Ising*

Neuroleptika, Psychopharmaka, die in der Pharmakotherapie psychotischer Zustände sowie bei starken nicht-psychotischen Angst- und Erregungszuständen verwendet werden. N. verbessern psychotische Symptome bei Schizophrenien bedeutsam. Sie haben auch positive therapeutische Effekte bei Angststörungen. Mit diesen positiven Wirkungen sind aber somatische Nebenwirkungen (vegetetative und motorische Störungen) und bei chronischer Verabreichung auch geringer Dosierungen schwere motorische Störungen verbunden. In Tiermodellen wurden u. a. beschrieben kataleptogene Wirkung, Antagonisierung der durch Dopamin-Agonisten (→Dopamin-beeinflussende Substanzen, →Amphetamin, →Apomorphin) ausgelösten Stereotypien, Hemmung des bedingten Fluchtreflexes, Unterdrückung der elektrischen intracerebralen Selbststimulation im dopaminerg innervierten medialen Vorderhirnbündel (→Dopamin). Bei Gesunden ergaben sich bei einer Vielfalt von klassischen N. Beeinflussung folgender ps. Funktionen: Beeinträchtigung von Wahrnehmungsfunktionen und Lernprozessen (> 100 mg Chlorpromazinäquivalent (CPZ)), kognitiven Funktionen (Denken, Intelligenz bei Dosen > 200 mg CPZ), psychomotorischen Leistungen sowie Verminderung von Konzentration und Vigilanz (> 50 mg CPZ). Die N. weisen aber eine hohe interindividuelle Reaktionsvarianz auf: Niedrigdosierte N. wirken bei emotional labilen (ängstlichen) und introvertierten Personen stabilisierend, während emotional stabile und extravertierte Personen eher destabilisiert werden. Nach ihrem molekularen Grundgerüst lassen sich die Neuroleptika im wesentlichen in folgende Substanzgruppen unterteilen: 1) trizyklische Neuroleptika (→Phenothiazine, →Thioxanthene, Dibenzoepinderivate); 2) →Butyrophenone und Diphenylbutylpiperidinabkömmlinge, 3) Benzamide (z. B. →Remoxiprid). Eine weitere Taxonomie erfolgt nach der neuroleptischen Potenz. Als Referenzpräparat gilt →Chlorpromazin. Trotz ihrer unterschiedlichen chemischen Struktur ist allen N. gemeinsam, daß sie antidopaminerg wirken. Durch die Entwicklung sog. atypischer N., die in den USA marktführend sind, wurden in der Therapie psychotischer Zustände große Fortschritte erzielt. Als Atypika werden sie bezeichnet, weil sie trotz Fehlen eines klassischen N.-Nebenwirkungsmusters (extrapyramidales Syndrom) antipsychotisch wirken. Wegen des Fehlens extrapyramidaler Wirkungen ist die Akzeptanz stark erhöht. Die geringen Nebenwirkungen haben ihre Ursache in geringerer Affinität für die D_2 Rezeptoren des nigrostriatalen Systems (A9 Neurone) und geringerer Wirkung auf →Acetylcholin. Zu dieser Gruppe gehören u. a. die Benzamidderivate →Sulpirid, →Remoxiprid und →Clozapin, welches als Modell für neue Substanzentwicklungen diente (z. B. →Olanzapin). **[L]** JANKE 1980, RIEDERER et al. 1998, SEEMAN 1995, RÜTHER 1986 *W. Janke/M. Reuter*

Neurolinguistisches Programmieren (NLP), 1985 begründet von J. GRINDER und R. BANDLER. Sie gingen davon aus, daß jeder Mensch die Informationen aus der ihn umgebenden Welt in Form einer individuellen «Landkartenserie» abbildet. Die von verschiedenen Sinneskanälen aufgenommene Information wird auf verschiedenen «Karten» (im visuellen, auditiven und kinästhetischen Repräsentationssystem) gespeichert und strukturiert. Das NLP versucht, Prinzipien aus verschiedenen Therapieansätzen unter Berücksichtigung der Repräsentationssysteme des Patienten zu nutzen bzw. wenig entwickelte Repräsentationssysteme auszubauen. Die Ansprüche des NLP und seine Beliebtheit auch außerhalb des klinischen Bereiches stehen in keinem Verhältnis zu den (fehlenden) Wirksamkeitsuntersuchungen. **[L]** GRINDER & BANDLER 1985 *F. Caspar*

Neurologie, med. Fachdisziplin, die sich mit der Erforschung, Diagnostik u. Behandlung von Erkrankungen des Nervensystems und der Muskulatur befaßt.

Neurom, Ganglioneurom, Geschwulst aus

Nervenfasern (mit Achsenzylinder), Ganglienzellen, Bindegewebe u. Fettzellen. Diese echten N. sind sehr selten. Falsche N. sind Geschwülste des bindegewebigen Anteils der Nerven: Neurosarkome, -fibrome, -myxome. Amputationsneurome: knollige Auftreibungen der Nervenenden in Amputationsnarben.

Neuromodulatoren, →Neurostoffe, die neuronale Aktivitäten beeinflussen (modulieren). Beispiele sind →Neuropeptide wie β-Endorphin. Eine Abgrenzung von N. und -transmittern ist schwer möglich, da der gleiche Stoff an einer Synapse Neurotransmitter und an einer anderen Modulator sein kann und umgekehrt. Ähnliches gilt für das Verhältnis der N. zu den →Neurohormonen. [**L**] →Neurostoffe, FELDMAN et al. 1997 *W. Janke*

Neuron [gr.], syn. Nervenzelle, Ganglienzelle, die aus einer Nervenzelle und ihren Fortsätzen bestehende funktionelle, zellige Einheit des Nervensystems. Das N. besteht aus Nervenzellkörpern mit Zellkern, kurzen, der Afferenz dienenden, häufig mehrfach verzweigten Dendriten [gr. Bäumchen], und dem typischerweise relativ langen (in der Peripherie bis länger als 1 m), der effektorischen Weiterleitung dienenden Axon mit meist mehreren synaptischen Endigungen. Es werden 3 Typen von Neuronen unterschieden: (1) Sensorische Neurone, sie übertragen die von den Rezeptoren empfangenen Impulse zum Zentralnervensystem. Rezeptoren sind hier spezialisierte Zellen in den Sinnesorganen, Muskeln oder der Haut, die auf physikalische oder chemische Veränderungen reagieren und diese in Impulse (Aktionspotentiale) umsetzen, die dann über die sensorischen Nerven weitergeleitet werden. (2) Motorneurone, sie leiten die vom Gehirn oder vom Rückenmark kommenden Signale zu den Effektororganen, nämlich den Muskeln und Drüsen. (3) Interneurone, sie erhalten ihre Signale von sensorischen Neuronen und senden ihre Signale zu anderen Interneuronen oder zu den Motorneuronen. Interneurone finden sich nur im Gehirn, den Augen und im Rückenmark. Die aus hunderten oder tausenden von verlängerten Axonen dieser Neurone bestehenden Bündel werden als →Nerven bezeichnet. →Nerv, →Synapse. [**L**] SILBERNAGL & DESPOPOULOS 1991, SCHMIDT & THEWS 1995 *C. Becker-Carus*

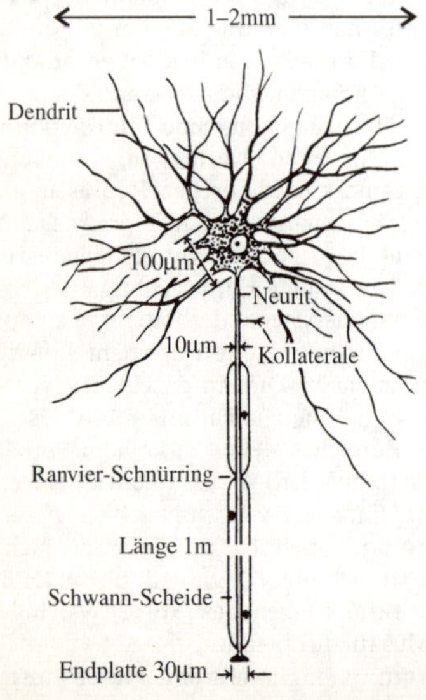

Neuropathie, (1) Nervenleiden, anlagebedingte vegetative Dystonie, bezeichnet in der Psychiatrie «die angeborene Bereitschaft zu körperlichen Funktionsstörungen (Fehlsteuerungen), insbes. im Bereich des vegetativen Nervensystems» (KLOOS), (2) nichtentzündliche Nervenerkrankung (hereditär, metabolisch, toxisch. →Neuritis). Als Symptome werden genannt: vasomotorische Übererregbarkeit, rasche Erschöpfbarkeit, Störungen der Drüseninnervation, funktionelle Magen-, Darm-, Blasen-, Genital-, Schlafstörungen, Hypersensibilität, Reflexstörungen. *C. Becker-Carus*

neuropathisch, für Nervenkrankheiten erblich belastet. Der Begr. bezeichnet mehr das Dispositionelle als das Aktuelle eines Nervenleidens. →Psychopathie

Neuropathologie, Lehre von den krankhaften psychisch-neurotischen Erscheinungen (Nervenkrankheiten einschließlich Neurosen). →Psychopathologie

Neuropeptide, Familie von über 50 Peptiden, die im Nervensystem, meist im Gehirn, bei der Erregungsübertragung als Neurotransmitter, -modulatoren oder -hormone eine Rolle spielen. Sie kommen in bestimmten Hirnstrukturen mit Transmittern gemeinsam vor und werden mit diesen zusammen freigesetzt («Co-Sekretion»). Die für die Ps. wichtigsten N. sind →Neurohormone, bes. die des Hypothalamus (Freisetzungs-/Hemmungshormone, z. B. →CRH, →TRH) und der Hypophyse (z. B.→ACTH, TSH (→Thyreotropin)) gebildeten. Historisch bedeutsam war die Entdeckung von →Enkephalinen, Mitglieder der Familie der →Endorphine. Eines der am weitesten im Gehirn verbreiteten N. ist das →Cholecystokinin, das ebenso wie das →Neuropeptid Y u. a. an der Regulation des Eßverhaltens beteiligt ist. Andere sind am Lernen und Gedächtnis beteiligt, so →Oxytocin und →Vasopressin. Die genaue Funktion und die psychologische und psychopathologische Bedeutung der meisten N. ist noch nicht hinreichend erforscht. Zu den am eingehendsten untersuchten N. gehören →CRH und →ACTH, die Streß modulieren. [L] FEHM-WOLFSDORF & BORN 1991, HÖKFELT et al. 1995, LEE et al. 1994 *W. Janke*

Neuropeptid Y, Abk. NPY, →Neuropeptid mit Funktion als →Neurotransmitter. Wirkungen auf das Immunsystem und Verhalten. Bei Tieren Auslösung von Eßmotivation, speziell Präferenz für Kohlenhydrate. [L] MORLEY 1987, 1989, WAHLESTEDT & HEILIG 1995 *W. Janke*

Neuropharmaka, Stoffe, die die Aktivität des Nervensystems direkt und überwiegend beeinflussen. Direkt heißt, daß die Wirkungen unmittelbar über das Nervensystem und nicht indirekt, z. B. über das Hormonsystem, vermittelt werden. Viele N. haben ps. Wirkungen und werden als →Psychopharmaka bezeichnet. [L] FELDMAN et al. 1997, JANKE 1994, JULIEN 1997 *W. Janke*

Neuropharmakologie, Teilgebiet der →Pharmakologie, das die Veränderungen neuronaler Vorgänge unter dem Einfluß von →Pharmaka untersucht. →Neuro-Psychopharmakologie, →Pharmakopsychologie, →Psychopharmakologie. [L] COOPER et al. 1996, FELDMAN et al. 1997, FRITZE 1989 *W. Janke*

Neurophysiologie, Teilgebiet der →Physiologie und der →Neurologie zur Erforschung der Tätigkeit und Funktion des zentralen und vegetativen Nervensystems mit seinen chemischen sowie elektrischen Grundlagen. Die allgemeine N. untersucht das funktionelle Zusammenspiel der Nervenzellen und Zellverbände einschließlich der biochemischen Veränderungen und der Membranpotentiale. Die spezielle N. behandelt die nervale Regulation einzelner Körperfunktionen wie Stoffwechsel-, Herzkreislaufprozesse, Aktivitätszustände, Sensorik, Motorik oder komplexe Verhaltensweisen wie die Regelmechanismen der Körpertemperatur, der Atmung, des Schlafes, des Sexualverhaltens und fragt nach dem Zusammenhang der neurophysiol. Zentren der Reiz- und Informationsverarbeitung. Bekannte Teil-Grenzgebiete sind: Muskelphysiologie, Sinnesphysiologie, →Neuropsychologie, →psychophysiolog. Methodik, →Elektrophysiologie, →physiolog. Psychologie. [L] SCHMIDT & THEWS 1995, PINEL 1997 *C. Becker-Carus*

Neuroprotektiva, Stoffe, die Neuronen gegen schädigende Einwirkungen (meist Energiedefizit des Gehirns) schützen, etwa gegen neurotoxisch wirkende Stoffe, die exogenen (z. B. Umweltschadstoffe, oxidativer Streß durch freie Radikale) oder endogenen (u. a. →Glutamat) Ursprungs sein können. Diskutiert werden Stoffe mit verschiedenen Wirkungsmechanismen, etwa Glutamat-Antagonisten wie →Memantin oder →Calcium-Antagonisten wie →Nimodipin. →Neurotoxine, →Nootropika *W. Janke*

Neuropsychiatrie, Bereich der →Psychiatrie, der neurophysiologische, auch neurochirurgische Befunde für diagnostische, therapeutische u. methodische Aufgaben u. Fragestellungen aufbereitet. [L] GUTTMANN 1981, LURIA 1970

Neuropsychologie, Richtung der Ps., die sich mit der Erforschung der zentralnervösen Grundlagen der Bewußtseinsphänomene und des Verhaltens befaßt. Heute gilt die N. als eines der fünf Teilgebiete der Biopsychologie. Untersucht werden insbesondere die Einflüsse von Hirnschäden auf menschliches Verhalten, wobei es sich verständlicher Weise fast ausschließlich um Fallstudien bei Patienten mit Hirnschädigungen handelt, die auf Krankheiten, Unfälle oder auf notwendige neurochirurgische Eingriffe zurückzuführen sind. Daher herrschen Untersuchungen über den Neocortex (oberste Schicht der Großhirnhemispären) vor. Zentrales Anliegen der N. ist heute die Entwicklung von psychologischen Tests und Verhaltensproben, die als (indirektes) Maß der Funktionstüchtigkeit eines bestimmten Hirnprozesses sowohl bei Gesunden als auch Kranken dienen. Bei verschiednen Hirnerkrankungen stellt die neuropsychologische Diagnostik die Grundlage für Planung und Durchführung der psychologischen Rehabilitation dar. Die N. ist der am stärksten anwendungsorientierte Zweig der Biopsychologie. Die Untersuchung vegetativer Korrelate psychologischer Prozesse fällt dagegen vorwiegend in den Bereich der Psychophysiologie. Beide stellen auch Teilgebiete der physiolog. Ps. dar. «Kognitive Neuropsychologie» (seit etwa 1970) stellt einen Ansatz dar, der kognitive Funktionen wie Wiedererkennen, Sprechen u. Behalten und ihre Beeinträchtigungen bei Hirnverletzten und neurologischen Patienten untersucht (ergänzt durch experimentelle Studien an gesunden Personen), um daraus Schlußfolgerungen über die Funktionsweise des intakten Gehirns bzw. Geistes zu ziehen. →Neurophysiologie, →physiologische Psychologie, →psychophysiologische Methodik, →Elektrophysiologie. [L] ELLIS & YOUNG 1991 *C. Becker-Carus*

Neuropsychologische Toxikologie, Teilgebiet der Neurops. und Toxikologie, das sich mit den toxischen Wirkungen von Stoffen auf Verhalten und Erleben befaßt. Prüfmethoden sind alle in der Neuropsychologie verwendeten Verfahren, wobei Prüfungen von Wahrnehmung, Gedächtnis und Motorik sowie der Befindlichkeit bes. wichtig sind. Besonders sensitiv sind Tests mit Speedkomponente. [L] →Umweltschadstoffe, HARTMAN 1995, WINNEKE & LILIENTHAL 1992 *W. Janke/M. Hüppe*

Neuro-Psychopharmakologie, einerseits Teilgebiet der Pharmakologie, andererseits Sammelbezeichnung für alle Wissenschaftsdisziplinen, die sich mit den neurophysiol., neurochem. und ps. Wirkungen von Pharmaka, insbes. Psychopharmaka, aber auch von körpereigenen Substanzen (→Hormone, →Neurotransmitter) befassen. Häufig syn. zu →Psychopharmakologie benutzt. →Psychopharmakologie, →Pharmakopsychologie. [L] COOPER et al. 1996, FELDMAN et al. 1997, FRITZE 1989, JULIEN 1997 *W. Janke*

Neurose, der Begriff stammt von dem schottischen Arzt W. CULLEN (1776). Er verstand darunter eine Nervenkrankheit ohne anatomisch-pathologischen Befund. Diese negative (ausschließende) Definition kennzeichnet auch heute noch ihre Abgrenzung: N. ist ein Sammelbegriff geblieben. Der Umfang der damit gesammelten ps. Störungen wird wesentlich von der theoretischen Position der Autoren bestimmt. Aus psa. Sicht sind N. ein unbewußter Widerstand und die neurotischen Symptome lediglich Äußerungen psychodynamischer Konflikte. Dagegen werden von verhaltenstherapeutisch orientierten Autoren die neurotischen Konflikte selbst in den Vordergrund gestellt und als gelernte Fehlsteuerungen interpretiert. Gemeinsam gilt ihnen N. als ein Nichtbewältigen fundamentaler Lebensaufgaben. Eine grundlegende Theorie der N. stammt von FREUD. Nach ihm ist die N. das Resultat einer unvollständigen Verdrängung von Impulsen aus dem Es durch das Ich. Der verdrängte Impuls droht trotz der Verdrängung in das Bewußtsein und das Verhalten durchzubrechen. Zur erneuten Abwehr dieses Impulses wird das neurotische Symptom entwickelt, das einerseits eine Ersatzbefriedigung dieses Impulses, andererseits aber einen Versuch seiner endgültigen Beseitigung darstellt. – FREUD unterschied nach dem Kriterium der Dauer und Stärke des auslösenden Konfliktes sowie nach der Art seiner Verarbeitung: Die «Aktualneurose» mit primär vegetativen Symptomen auf Grund starker, aber unspezifischer Affektwirkungen auf das veg. System im Zusammenhang eines aktuellen Konfliktes. Hierzu zählen: (1) die Schreckneurosen, (2) die Angstneurosen, (3) die neurasthenischen Syndrome. Die «Psychoneurosen» (auch Abwehrpsychoneurosen) mit psychischen und somatischen Symptomen als Folge der unvollständigen Verdrängung von inkompatiblen Triebimpulsen auf dem Hintergrund eines chronischen Triebkonfliktes. Hierzu zählen: (1) die hysterischen Syndrome (einschließlich Organneurosen), (2) die phobischen Syndrome, (3) die anankastischen Syndrome, (4) die Charakterneurosen. Die «traumatischen Neurosen» mit denselben Symptomen wie die Aktual-N. und die Psycho-N., aber mit einer spezifischen Genese (Auslösung durch Unfall) und mit einer spezifischen Motivation (Sicherungstendenz). Man unterscheidet: (1) die primären Unfallneurosen und (2) die sekundären Renten-, Versicherungs- und Rechts-Neurosen (oder auch Zweckneurosen). J. H. SCHULTZ versteht unter N. eine «im Unbewußten lagernde, seelisch begründete Fehlhaltung des gesamten Organismus, die entsprechend der Verknüpfung des nervös-seelischen Faktors mit allen Lebensfunktionen sich nun auf sämtlichen Lebensgebieten äußern kann». Nach dem Kriterium der Tiefe der Verwurzelung des Konfliktes in der Persönlichkeit unterscheidet er: (1) exogene Fremdneurosen (von außen bedingt), (2) psychogene Randneurosen (durch somatops. Konflikte bedingt), (3) Schichtneurosen (durch innere seelische Konflikte entstanden), (4) Kernneurosen (im Charakter und seinen autopsychischen Konflikten wurzelnd). Für SCHULTZ-HENCKE entsteht die N. durch Traumen (Mikro-Traumen), die das Antriebsleben hemmen und übersteuern, gelegentlich auch untersteuern, d. h. zu hemmungslosen Triebausbrüchen führen. Nach JUNG ist N. eine Selbstentzweiung und gleichzeitig ein Signal für die Wiedervereinigung von Bewußtsein und Unbewußtem. ADLER stellt die N. als ein Arrangement dar, das auf einer Überkompensation beruht. Für JASPERS ist die N. gekennzeichnet durch ein individuelles Scheitern in Grenzsituationen. Bei GEHLEN erscheint die N. als unfreiwillige Askese oder Lebensabsperrung. FRANKL sieht in der N. eine Weise geistiger Entscheidung. Für BINSWANGER handelt es sich bei der N. um einen existentiellen Konflikt zwischen Ich und Welt, wobei zu letzterem auch der eigene Leib und die Innenwelt gerechnet werden. Für SCHOTTLAENDER ist die N. eine symptomatische Wiederholung anstelle der Verwirklichung eigener Möglichkeiten oder der Realität der Welt. PAWLOW bezeichnet die N. als Störung des cerebralen Gleichgewichts. Nach WOLPE ist N. ein gelerntes emotionales *habit.* Bei EYSENCK wird die N. als gelernte Fehlanpassung dargestellt. Im →ICD-10 und →DSM-IV wird der Oberbegriff Neurose nicht mehr benutzt. Allerdings wird im ICD-10 der Begriff «neurotisch» gelegentlich verwendet und auch für Oberklassen wie «neurotische Belastungs- und somatoforme Störungen» benutzt. **[L]** BINSWANGER 1942, BRUN 1954, FREUD 1948, HOFF 1955, PONGRATZ 1973, SCHOTTLAENDER 1950, SCHRAML & BAUMANN 1975, SCHULTZ-HENCKE 1951, DILLING et al. 1991 *H. Benesch/L. Schmidt*

Neurosekretion, Ausscheidung von Sekreten (d. h. Hormonen) durch Nervenzellen, Ganglienzellen. →Hormone

Neurosteroide, syn. neuroaktive Steroide, von →Cholesterin abgeleitete Steroide, die bei Tier und Mensch in Sekunden bis Minuten direkt das Zentralnervensystem beeinflussen. N. werden unmittelbar im Gehirn gebildet und werden nicht wie die «klassischen» Steroide über das endokrine System vermittelt, sie können aber auch aus Zwischenstoffen des endokrinen Systems gebildet werden. N. beeinflussen andere neurochemische Systeme, so das GABA-System (agonistisch oder antagonistisch) und die →HPA-Achse. Damit sind sie an der Regulation von Streßreaktionen beteiligt. Ein mehrfach diskutiertes N. ist →DHEA (Dehydroepiandrosteron), das als Antagonist an $GABA_A$-Rezeptoren wirkt und positive Effekte auf Lernen ausüben soll. Im Rahmen von Alterungsprozessen soll es eine günstige Wirkung ausüben. **[L]** BARROU et al. 1997, BAULIEU 1997, MAJEWSKA 1994, MORROW et al. 1996, RUPPRECHT 1997 *W. Janke/P. Weyers*

Neurostoffe, Substanzen, die die Tätigkeit des Nervensystem beeinflussen, regulieren und steuern, d. h. →Neurohormone, →Neuromodulatoren, →Neurotransmitter, →Neuropharmaka. **[L]** FELDMAN et al. 1997 *W. Janke*

Neurotensin →Neuropeptid, das als →Transmitter diskutiert wird. **[L]** BISSETTE & NEMEROFF 1995 *W. Janke*

Neurotizismus, syn. Emotionalität bzw. emotionale Labilität, eine in der empirischen Persönlichkeitsforschung gut gesicherte und testdiagnostisch mit verschiedenen Erhebungstechniken meßbare Persönlichkeitseigenschaft. N. hängt mit Intensität und Kontrolle emotionaler Reaktionen und Abläufe zusammen. Während bei CATTELL dieser Faktor auf der Basis von Fragebogen als Sekundärfaktor mit «Angst vs. emotionale Anpassung» bezeichnet wird, wird bei EYSENCK N. als Faktor auf dem Typenniveau mit Hilfe von Fragebogenitems gemessen. CATTELLS Dimension der «Angst vs. emotionale Anpassung» enthält auf dem Fragebogenniveau 5 Dimensionen, nämlich Ichstärke, Mißtrauen, Furchtsamkeit, Spannung und Selbstkontrolle. CATTELL hat den Faktor N. in objektiven Tests als Angstfaktor bezeichnet. **[L]** PAWLIK 1968 *H. Häcker*

Neurotizismus-Faktor →Faktorentheorien der Persönlichkeit

Neurotoxiko(psycho)logie, Teildisziplin der Toxikologie (Psychologie), die sich mit den schädigenden Wirkungen von Agentien auf das Nervensystem befaßt. Agentien sind nicht nur Schadstoffe in Umwelt und Aufenthaltsbereichen (Arbeitsplatz, Schule), Arzneimittel, Lebensmittel, sondern auch physische und psychosoziale Bedingungen (z. B.Lärm, Streß). Ps. Wirkungen sind Gegenstand der →neuropsychologischen Toxikologie **[L]** ABEL 1989, FELDMAN et al. 1997, HARTMAN 1995, JOHNSON 1990, SEIDEL 1996, WEISS & ELSNER 1997, WEISS & LATIES 1969, WILLIAMS 1997 *W. Janke*

Neurotoxine, Stoffe mit schädigender Wirkung auf das Nervensystem. In hohen Dosen wirken fast alle zugeführten Stoffe neurotoxisch. Quellen neurotoxischer Stoffe sind insbes. Arzneimittel, Industriechemikalien, Umweltschadstoffe, Genußgifte. Zu unterscheiden sind anorganische Stoffe (z. B. Metalle) und organische Stoffe (u. a. Chemikalien, Pharmaka). Neurotoxisch wirkende Psychopharmaka sind u. a. →Amphetamine wie →MDMA. N. können auch biogen sein. So haben Aminosäuren wie →Glutamat und bestimmte Eiweißkörper neurotoxische Wirkungen. Dazu gehört das Protein β-Amyloid, das sich in den sog. Plaques findet, die letztlich Indikatoren zerstörter Neurone sind (β-Amyloid-Hypothese der Alzheimererkrankung). →Neurotoxikologie *W. Janke*

Neurotransmitter, Überträgersubstanzen an den Synapsen des Nervensystems. Die Über-

N

tragung kann sich auf den Übergang «Neuron-Effektor» (z. B. motorische Endplatte) oder «Neuron-Neuron» (Synapsen) beziehen. Da die Identifikation und Abgrenzung der N. von anderen körpereigenen Stoffen relativ schwierig ist, wurden Kriterien für die Kennzeichnung einer Substanz als Transmitter formuliert: 1) Die Substanz muß in den Neuronen, deren Aktivität auf ein anderes Neuron übertragen wird, nachweisbar sein. 2) Das Neuron muß die für die Synthese notwendigen Enzymsysteme enthalten. 3) Der Transmitter wird im Neuron in einer physiologisch inaktiven Form gespeichert. 4) Ein im Neuron gegebener Impuls setzt den N. frei. 5) Der N. reagiert mit spezifischen →Rezeptoren, 6) Die Applikation des N. in die unmittelbare Nähe des Rezeptors muß die Wirkung der Neuronstimulation imitieren. 7) Es muß ein Inaktivierungssystem vorhanden sein, so daß eine Beschränkung der Wirkungsdauer möglich ist. Die Synthese und Inaktivierung der Transmitter vollzieht sich in der Regel in mehreren Stufen über verschiedene Zwischenprodukte unter Beteiligung verschiedener Enzymsysteme. Die Abbau- oder Zwischenprodukte sind in Körperflüssigkeiten nachweisbar und werden als Indikatoren für die Transmitterverfügbarkeit genutzt. Die Inaktivierung erfolgt nicht nur durch Abbau, sondern auch durch Rücktransport und Wiederaufnahme in das Neuron. Von über 50 Substanzen ist bekannt, daß sie als N. fungieren. Man unterscheidet 3 Hauptgruppen: →biogene Amine, →Aminosäuren und →Peptide. Ihre Wirkung entfalten sie direkt über die Beeinflussung von →Ionenkanälen oder indirekt über die Aktivierung von →second messenger-Systemen. Von erheblicher Bedeutung ist die Transmitterforschung hinsichtlich folgender Aspekte: 1) Zuordnung von Transmittersystemen zu bestimmten Verhaltensmustern; 2) Störung von Synthese oder Abbau und ps. Störungen; 3) Ersatz der natürlichen N. durch Stoffe, die deren Funktionen übernehmen bzw. verändern (falsche Transmitter, Ersatztransmitter, z. B. →α-Methyldopa); 4) Veränderung der Funktionsweise von N. durch →Neuropharmaka. [**L**] COOPER et al. 1995, FELDMAN et al. 1997, IVERSEN et al. 1984, MÜLLER et al. 1992, MATUSSEK 1997 *M. Ising/W. Janke*

Neurotransporter [engl. *carrier*], neurochemisches System, das den aktiven Transport von Substanzen in die Nervenzelle besorgt. Besonders wichtig sind N., die den Rücktransport von →Transmittern aus dem synaptischen Spalt zur präsynaptischen Seite besorgen. N. existieren auch für den intrazellulären Transport in die Vesikel. Intensive Forschungen haben für alle Transmittersysteme N. beschrieben und Möglichkeiten ihrer Beeinflussung durch →Neuropharmaka untersucht sowie Beziehungen zu Verhaltenssystemen, so Angst, und ihre Bedeutung für neurodegenerative Vorgänge diskutiert. [**L**] BANNON et al. 1995, LESCH et al. 1996a, b, MÜLLER et al. 1992 *M. Ising/W. Janke*

neurotrop, Wirkungsart von chemischen Stoffen, auf das Nervensystem wirkend *W. Janke*

Neurotrophine, syn. neurotrophe Faktoren, Nervenwachstumsfaktoren, Stoffe, die das Wachstum von Neuronen fördern, den Zelltod verhindern, bes. wichtig für die embryonale Entwicklung. Neuere Forschungsergebnisse verdeutlichen auch die Wichtigkeit bei neuronalen Schädigungen. Die Suche nach solchen Stoffen wurde wesentlich angeregt durch die Entdeckung eines →Nervenwachstumsfaktors (NGF). Gegenwärtig sind mehrere Stoffklassen mit neurotropher Wirkung bekannt. Diese unterstützen z. T. die N., so die neuropeptischen →Cytokine und →Steroidhormone, etwa →Gonadenhormone vom Typ der →Östrogene, die z. T. die Synthese von →Neuropeptiden wie Cholecystokinin im Gehirn fördern [**L**] FREUND et al. 1997, KANDEL et al. 1996, KLEIN & BANDTLOW 1997, LEWIN & BARDE 1996, PATTERSON 1995, STEIN et al. 1995 *W. Janke*

neurovegetatives Syndrom, vegetative Regelstörung mit einer Reihe von organ. Beschwerden ohne nachweisbare organ. Ursache.

Neutralisation, ein →Abwehrmechanismus des Ich für die Sozialisierung der allen Äußerungen der →Aggressivität zugrunde liegenden Energie und ihre sekundäre Fusionierung mit der sexuellen Energie (→Libido). Der Begr. meint bezüglich der aggressiven Energie dasselbe, was der Begr. der →Sublimierung bei der sexuellen Energie besagt.

New-Age, Wassermannzeitalter, Bewegung, Paradigma der verknüpfenden, systemischen, verschiedene Wisssenschaftsdisziplinen integrierenden Weltbetrachtung. Entwickelt hat sich der N.Ansatz aus der Kritik am mechanistischen Denken des kartesianischen Weltbildes. Experimentelle Befunde wie DÖRNERS Lohausen, Probleme wie Rüstungskontrolle, Tschernobyl (Restrisiko), Hunger und Aggression werden als Hinweis auf die Untauglichkeit gängiger Paradigmen gesehen. →Paradigmenkonflikt. Damit steht N. in der Tradition der Gestaltps., von Integrationsbemühungen von C. G. JUNG, EIBL-EIBESFELDT (Humanethologie) sowie Ansätzen wie Psychobiologie, Verhaltensmedizin, Informations- und Systemtheorie und aktuellen Computermodellen. Reine Zuwendung zum Okkulten steht im Widerspruch zur Grundidee der Integration (Antirationalismus als Mißverständnis). Das N. sieht den einzelnen als im Bewußtsein handelnd an, als Teil eines Gefüges, in dem auch sein Handeln an jedem Punkt Veränderungen auslösen kann, die auf das Ganze wirken. *H. Ries*

Nexus [lat.], Verknüpfung, Zusammenhang von Ursache und Wirkung (Kausalnexus).

NGF, Abk. für nerve growth factor, →Nervenwachstumsfaktor

nicht-direktive Psychotherapie →Gestaltpsychotherapie

nicht-euklidische Raumwahrnehmung, Theorien, wonach die visuelle Raumwahrnehmung den Axiomen (speziell den Parallelaxiomen) der euklidischen Geometrie nicht entspricht. Teilweise werden in diesen Theorien alternative Geometrien postuliert (z. B. T. REID die «sphärische» R. oder R. K. LUNEBURG bzw. A. A. BLANK die hyperbolische G. mit konstanter Krümmung), teilweise wird angenommen, daß der visuell wahrgenommene Raum hinsichtlich der Geometrie inhomogen sei (J. M. FOLEY, R. N. SHEPARD).
Euklid hatte in seiner «Optik» eine Wahrnehmungstheorie postuliert, die den Axiomen seiner «Geometrie» entsprach. Diese Position wurde bis ins 19. Jh. mit Ausnahme von T. REID (1764) als a-priori wahr angenommen. H. HELMHOLTZ (1868) griff B. RIEMANNS (1854) Hypothesen über die Fundierung der Geometrie auf und zeigte, daß physikalische (und damit implizit auch wahrgenommene) Räume die freie Beweglichkeit fester Körper voraussetzen; damit reduzieren sich die dafür möglichen Geometrien auf die euklidische, die sphärische und die hyperbolische. In W. BLUMENFELDS (1913) Experimenten zu parallelen bzw. äquidistanten Alleen (→BLUMENFELD-Allee) wurde die Frage der Geometrie des Wahrnehmungsraumes zum ersten Mal systematisch untersucht. Unter Geltung der euklidischen Geometrie sind diese Alleen gleich; die experimentellen Ergebnisse weisen jedoch systematische Abweichungen auf, die eine Verletzung des Parallelenaxioms implizieren. Auf diesen Ergebnissen aufbauend hat R. K. LUNEBURG (1947) seine Theorie der binokularen Wahrnehmung entwickelt, die auf der Annahme eines hyperbolischen RIEMANNschen Raums mit konstanter Krümmung basiert.
Die experimentellen Ergebnisse von J. M. FOLEY über räumliche Relationen (Strecken und Winkel) bzw. von R. N. SHEPARD über Scheinbewegungen legen die Annahme eines hinsichtlich der Geometrie inhomogenen Wahrnehmungsraumes nahe, der lokal euklidisch oder hyperbolisch, aber global sphärisch ist. **[L]** SIPPES 1977 *A. Zimmer*

Nicht-Null-Summen-Spiel, ein Rivalitätsspiel wie z. B. →prisoner-dilemma-game

nichtparametrische Tests (Verfahren), syn. parameterfreie, verteilungsfreie Methoden. Als n.p.V. werden statistische Schlußverfahren (vor allem Signifikanztests) bezeichnet, deren Anwendung nicht das Vorliegen von Intervall- oder Verhältnisskalen-Daten voraussetzt. Sie sind jedoch auch auf Daten dieser höheren Skalenniveaus anwendbar. Da sie unabhängig vom Verteilungstyp der Daten angewendet werden können, werden sie auch als «verteilungsfreie» Verfahren bez. *G. Mikula*

nichtreaktive Meßverfahren, von WEBB (1966) als *unobtrusive measures* oder *nonreactive research* bezeichnete sozialwissenschafl. Meß- und Untersuchungsverfahren, die nicht durch den Untersucher, die Untersuchungssituation oder den Untersuchten verfälscht werden können (→naturalistische Methode). WEBB und Mitarbeiter stellen diese Meßverfahren in Gegensatz zu den häufig benutzten Methoden der Interviews und der Fragebogen; sie schlagen mehrere Verfahrensgruppen vor: Unter physischen Spuren verstehen sie solche, welche durch vergangenes Verhalten hervorgerufen wurden. Eine weitere Gruppe sind die mehr oder weniger amtlich registrierten oder archivarisch zusammengefaßten Berichte über objektive Lebensdaten. Die dritte Gruppe enthält Berichte ohne besondere Systematik der Erstellung. Als weitere Gruppe nennen die Autoren die einfache Beobachtung. Unter geplanter Beobachtung wird jene verstanden, bei welcher das natürliche Verhalten durch die Beobachtung nicht gestört wird. Sie wird meist durch technische Hilfsmittel unterstützt. →Beobachtung, →L-Daten. **[L]** BUNGARD & LÜCK 1974 *H. Häcker*

Nichtseßhaftigkeit, pragmatischer Erklärungsbegriff der Sozialverwaltung für die Lebensform von «Personen, die ohne gesicherte wirtschaftliche Grundlage umherziehen oder die sich zur Vorbereitung auf eine Teilnahme am Leben in der Gemeinschaft oder zur dau-

N

ernden persönlichen Betreuung in einer Einrichtung der Nichtseßhaftenhilfe aufhalten» (§72, BSHG).
Sozialwissenschaftlich ist N. die allgemeine Kennzeichnung des alle Bürger einer Gemeinde betreffenden sozialen Problems alleinstehender, erwachsener Mitbürger, die von struktureller Armut bedroht oder aber von struktureller Gewalt der Hilfeverweigerung und Nicht-Beseitigung ihrer Armut betroffen sind. Fremdhilfeversuche, eine spezialisierte «Nichtseßhaftenhilfe» zu entwickeln, neben den normalen Hilfen im kommunalen Infrastrukturbereich von Arbeit, Wohnen, Gesundheit, Bildung und Sozialhilfe, tragen damit zur Aufrechterhaltung von struktureller Gewalt und sozialer Ungerechtigkeit in unserer Gesellschaft bei. Psychosoziale Folge von N. ist, daß die alleinstehenden Armen von der Teilnahme am wirtschaftlichen, soziokulturellen und politischen Leben in der Gesellschaft ausgeschlossen und in Sonderanstalten («totalen Institutionen» GOFFMAN, genauer «Institutionen der Gewalt» BASAGLIA) eingeschlossen werden.
In der naiv-psychologischen Personenwahrnehmung wird das soziale Problem alleinstehender Armer mit Worten wie «Penner, Stadtstreicher, Asozialer, Arbeitsscheuer, Gammler, Alkoholiker» bezeichnet. In dieser vorwissenschaftlichen Begriffsbildung nimmt die öffentliche Meinung aus der Konstruktion eines Bildes von Armen in unseren Städten Verschiedenes heraus, ohne über diesen kognitiven und moralischen →Egozentrismus sprachfähig zu sein. Die naiv-psychologischen Annahmen der Praktiken der «Nichtseßhaftenhilfe» konnten falsifiziert werden. Auch in hoch-selektiven Samples von alleinstehenden Armen, die stationäre Einrichtungen nach § 72 BSHG anlaufen, konnten mit modernen persönlichkeitspsychologischen Tests, Beobachtungsverfahren und Fragebögen keine statistisch signifikanten Unterschiede zwischen der Persönlichkeitsstruktur des «Seßhaften» und des «Nichtseßhaften» gefunden werden (WICKERT).
N. verweist auf die Strukturdefizite in der →Gerechtigkeitsstruktur gesellschaftlicher Interaktion zwischen armen und etablierten Sozialbürgern: Nichtvorhandensein bedürfnisgerechter Sozialleistungen für diese Zielgruppe einerseits und sozialstaatlicher Anspruch auf diese Sozialleistungen andererseits. **[L]** ALBRECHT 1979, MARCINIAK 1980, KLEE 1979, ROTHENBERGER 1981

Nichtumkehrwechsel [engl. *non reversal shift*], außerdimensionales Umlernen (→Umlernversuche). →Diskriminieren-Lernen

Nichtverbale Kommunikation, nonverbale K., umschreibt den Teil menschlicher →Kommunikation, der sich für den Informationsaustausch anderer als sprachlicher Mittel bedient. (Gelegentlich werden die Begriffe «nichtverbales Verhalten», «Interaktion» syn. mit «NK» gebraucht unter der Annahme, daß alles Verhalten in interpersonalen Situationen Mitteilungscharakter hat.) Als nichtverbale «vokale» Modalitäten oder Elemente der Kommunikation werden (a) stimmliche Merkmale (→Stimme), (b) Merkmale des Sprech-Pausen-Verhaltens (Zögerpausen, *«on-off pattern»* der Sprechaktivität) und (c) paralinguistische Merkmale wie Lachen etc. (→Paralinguistik) unterschieden. Als nichtverbale sichtbare Modalitäten oder Elemente der Kommunikation werden (d) die Mimik, (e) das Blickverhalten, (f) die Gestik, (g) die Körperhaltung und Körperbewegung (f und g →Kinesik), (h) räumliche Aspekte (Körperkontakt, Distanz, Sitzpositionen →Proxemik). Ferner werden gelegentlich auch thermische und olfaktorische Informationen als Teil der «NK» betrachtet, ebenso wie Merkmale und Objekte, die über die damit verbundene Person etwas aussagen könnten (Haartracht, Kleidung, allgemeines Äußeres, aber auch Wohneinrichtungen, Gebäudestrukturen etc.). Entsprechend den bei der Informationsübertragung beteiligten Sinnesmodalitäten wird zwischen akustisch-auditivem, optisch-visuellem, haptisch-taktilem, olfaktorischem, gustatorischem und thermischem Kanal unterschieden. Grundsituation der Erforschung n.K. ist die *face-to-face*-Interaktion. Kommunikation wird demnach als ein Vorgang aufgefaßt, an dem der ganze Körper der K.teilnehmer beteiligt ist. Es ergeben sich dadurch Berührungspunkte zur →Ethologie und zur →Kulturanthropologie. Auch werden damit viele Phänomene, welche die →Ausdruckspsychologie untersucht hat, wieder in ihren kommunikativen Kontext gestellt. Um erfolgreich kommunizieren zu können, müssen Interaktionspartner enorme Mengen von Information verarbeiten. Um dem gerecht zu werden, wird in der Forschung versucht, das einfache nachrichtentechnische Modell der Kommunikation durch ein Multikanalmodell zu ersetzen, wobei so viele Kommunikationskanäle angenommen werden, wie der Mensch Sinnesmodalitäten hat (wichtig vor allem visueller, auditiver und taktiler Kanal). Es lassen sich 4 verschiedene Funktionen nichtverbalen kommunikativen Verhaltens unterscheiden: (a) Funktion für die →Sprachproduktion (nichtverbales Verhalten, das eng mit dem Sprechen verbunden ist, es z. B. rhythmisch begleitet oder ersetzt), (b) regulatorische Funktion für den Ablauf der Interaktion (z. B. beim Wechsel der Sprecher-Hörer-Rolle), (c) interpersonale Funktion zur Bestimmung der Beziehung zwischen den Kommunikationspartnern (z. B. Grad der Intimität), (d) expressive Funktion zum Ausdruck von Affekten und Persönlichkeitseigenschaften. Auf einer spezifischen Auffassung des Verhältnisses von Sprache und n.K. basiert das Konzept der «Metakommunikation» (WATZLAWICK). Darunter wird K. über K. verstanden. In ihr geht es um die Bestimmung der Regeln, die einer K. zugrunde liegen. Jede K. ist immer zugleich Metakommunikation, insofern der Beziehungsaspekt der K. festlegt, wie der Sender die als Inhalt übermittelte Information verstanden haben will und wie er dadurch die Beziehung zwischen Sender und Empfänger definiert. Die Information über die Beziehung ist zumeist «analog codiert» (→Codierung) und wird vor allem über den visuellen und den taktilen Kanal und durch die paralinguistischen Phänomene im auditiven Kanal übermittelt. Der Inhalt dagegen ist «digital codiert» und wird vor allem durch die Sprache übermittelt.

In der Psychotherapie ist die Beobachtung der n.K. seitens d. Klienten besonders wichtig, da dabei oft seine bewußt weniger zugänglichen Teile zum Ausdruck kommen. [L] ARGYLE 1972, 1975, DUNCAN 1969, GRAUMANN 1972, MEHRABIAN 1972, SCHERER 1982, WATZLAWICK 1967, SCHERER & EKMAN 1982, SCHERER & WALBOTT 1979, HERRMANN 1979, FOPPA 1984 *H. Ellgring*

nicht-verbale (non verbal) Tests →sprachfreie Tests

Nicotin, im Tabak enthaltener Stoff. Wirkt auf nicotinerge Acetylcholinrezeptoren. Trotz der großen Bedeutung sind die ps. und zentralnervösen Wirkungen noch nicht voll aufgeklärt. In kleineren Dosen soll es zur kurzfristigen Erhöhung subjektiver und objektiver Aktiviertheit, Verbesserung von Reaktionszeit und Konzentration, Agressivitäts- und Angstreduktion und Muskelentspannung kommen. Auch das Ausmaß der subjektiv verstrichenen Zeit ist verkürzt. Kleinere Dosen erzielen meist Aktivitätserhöhung und besseres Lernen von Vermeidungsreaktionen. Im EEG zeigt sich Arousal. Höhere Dosen bewirken Verschlechterung des Lernens und Sedation im limbischen System mit Reduktion emotionaler Erregung (sog. biphasische Wirkung). Es liegen jedoch widersprechende Befunde vor, was sich meist durch individuell unterschiedliche N.empfindlichkeit erklären läßt. Die unklaren Wirkungen von N. auf das Verhalten sind möglicherweise aus den komplexen Wirkungen im ZNS und VNS zu erklären. Nach Tierversuchen erregt N. in sehr niedrigen Dosen die →cholinergen →Synapsen im VNS, blockiert sie in höheren Dosen. Zusätzlich erregt N. →adrenerge Systeme (Freisetzung von →Catecholaminen). N. ist in der →Neuro-Psychopharmakologie eine wichtige experimentelle Substanz. Vergleichbare cholinerge Substanzen werden als nicotinähnlich bzw. nikotinerg (im Ggs. zu muscarinähnlich bzw. muscarinerg, →Muscarin) bezeichnet. [L] BALFOUR 1990, HENNINGFIELD et al. 1995, WARBURTON 1990, 1992

M. Reuter/W. Janke

Nihilismus, absolute Verneinung als Standpunkt oder Weltanschauung. Der theoretische N. ist die Verneinung der Möglichkeit, die Wahrheit und die letzten Dinge zu erkennen. Praktisch ist der N. eine Lebenshaltung, die alle Wertmaßstäbe weitgehend relativiert und den Negativismus und Skeptizismus übersteigert.

Nimodipin, WZ Nimotop®, Pharmakon aus der Gruppe der →Calcium-Antagonisten, eingesetzt zur Prophylaxe und Therapie von neurologischen Ausfallserscheinungen bei cerebralen Durchblutungsstörungen. Diskutiert wird auch eine Wirkung als Neuroprotektivum bei hirnorganisch bedingten Leistungstörungen im Alter, weshalb N. auch als →Nootropikum eingesetzt wird. [L] →Nootropika

W. Janke

Nimotop® →Nimodipin

Nirwana [Sanskrit], Auslöschen, Erlöschen, die im Buddhismus erstrebte Loslösung der Seele vom Lebenstrieb und der Materie und die dadurch erreichte selige Ruhe, Freiheit von Sünde, Leid und Leidenschaften, ein Zustand, der durch Meditation schon zu Lebzeiten erreicht werden kann. Nach dem Tode tritt dann völliges Erlöschen (Parinirwana) und damit auch die Befreiung von der Wiedergeburt ein.

Nirwana-Phantasie, Bez. von FREUD für einen typischen Tagtraum mit vollkommener Wunsch- und Affektlosigkeit sowie allumfassender Ruhe.

Nischentheorie, innerhalb der →Feldtheorie

gebrauchter theoret. Ansatz, um denjenigen Teil des Feldes zu charakterisieren, der die flachsten Konkurrenzgradienten aufweist. Für sozial- bzw. machtstrategische Maßnahmen leistet die N. Hilfestellung zur Abschätzung d. Erfolgschancen. [L] SPIEGEL 1961

Nit →lichttechnische Maße

Nitrazepam, WZ Mogadan®, Psychopharmakon aus der Klasse der →Tranquillantien vom Typ der →Benzodiazepine mit mittlerer Wirkungsdauer (Halbwertzeit 15–30 h). Meist verwendet als Schlafmittel. *W. Janke*

Niveau [frz., engl. *level*, Zustand, Stufe, Höhe]. Im wertenden Sinne: Rang. • In der Ps. heute oft gebrauchter Ausdruck, z. B. Begabungsniveau, Entwicklungsniveau, Anpassungsniveau, Anspruchsniveau, Verarbeitungsniveau (→level of processing).

Niveau, psychophysisches, von KÖHLER eingeführte Bez. für denjenigen Abschnitt im Wahrnehmungsvorgang, bei dem der Gegenstand (das physikalische Objekt) zum eigentlichen Anschauungsding werde. Dieser psychophysische, bewußtseinsfähige Vorgang erfolge zum Beispiel beim Sehen im Endabschnitt des Sehvorgangs (Lichtstrahlen – Auge – Sehnerv usw.) in der Sehrinde *(area striata)*. [L] KÖHLER 1920

Niveau-Test →power-Test

Nivellierung, Einebnung. In der Ps. der Vorgang, daß (z. B. in der Wahrnehmung) das wenig Beachtete jeweils weiter absinkt und verflacht. Auch der Vorgang der Bedeutungsabwertung. Im Ggs. dazu die →Akzentuierung, Pointierung (Überspitzung) des als wesentlich Angesehenen. →Denkstil

Nivellierungsgesetz, in der gemeinschaftlichen Arbeit (gemeinsam nach Art und Situation) macht sich in drei Richtungen eine gegenseitige Beeinflussung als Nivellierung geltend: Absinken der Höchstleistungen, Anstieg der niederen Leistungen und leichte Hebung des Leistungsdurchschnitts. MOEDE hat den Vorgang experimentell nachgewiesen. Sozialps. ist er von HELLPACH aufgegriffen worden. →Primitivierungsgesetz

NLP, Abk. f. →Neurolingustisches Programmieren

NMDA, Abk. von N-Methyl-D-Aspartat, biogene Substanz, Agonist an dem nach dieser Substanz benannten Rezeptortyp des Glutamatsystems (→Glutamat), dem wichtigsten exzitatorischen Neurotransmitter im ZNS. Antagonist ist u. a. →Memantin. N. wirkt auf Dendriten und Zellkörper von Neuronen. Dauerexposition ist toxisch («Exitotoxität»). Spielt eine Rolle bei der Langzeitpotenzierung, die als Korrelat der Gedächtnisbildung bedeutsam ist. Auch bei der Entstehung neurotoxischer Wirkungen bei chronischem Drogenmißbrauch wird das NMDA-System diskutiert. *W. Janke/M. Ising*

Nockenaufgabe [T] HERMANN, MOEDE

Noctambulie [lat. *nox* Nacht, *ambulare* umhergehen], Schlafwandeln, Nachtwandeln. →Somnambulismus

Noctamid® →Lormetazepam

Noëm, kleinste begriffliche Einheit

Noëma [gr.] Denkgegenstand, Gedanke, Gedachtes, der Sinn und Gehalt eines Bewußtseinsinhaltes. • Gedankeninhalt i.Ggs. zum Denkvorgang

Noëse [gr. *nus* von *noos* Verstand], die im Ablauf der ps. Entwicklung kennzeichnende Phase der vorherrschenden Verstandesentfaltung im Ggs. zur Phase der Phantasieentfaltung, der bildhaften Vorstellung bzw. der Gemütsentfaltung (Eidese und Thymose nach HELLPACH). • Das «Warum-Fragealter» etwa zwischen 4. und 10. Lebensjahr. →Entwicklungsstufen. [L] HELLPACH

Noëtik, Denklehre, Erkenntnislehre

noëtisch, zum Denken gehörend

noëtische Schicht, noëtischer Oberbau, von LERSCH eingeführte Bez. für seine Anschauung, daß die individuellen Denkleistungen eine eigene «Schicht» neben dem willentlichen Oberbau beim «Aufbau des Charakters» bilden. In der späteren Fassung seiner Lehre («Aufbau der Person») werden die Denkleistungen als «noëtischer Habitus» in den personellen Oberbau einbezogen. →Tabelle Charakteraufbau

noise →Lärm, →Rauschen

Nominal-Phrase →IC-Analyse

Nominalskala, Klassifikationsgrundlage qualitativer Daten. Die einzige Bedingung, die eine N. erfüllen muß, ist, daß Ereignis und Klasse einander eindeutig zugeordnet werden können. Zwischen den Klassen einer N. besteht qualitative Verschiedenheit, innerhalb der Klassen Gleichheit aller Fälle. Andere Beziehungen (z. B. Größenrelationen) bestehen zwischen den Klassen einer N. nicht. Die Reihenfolge d. Klassen einer N. ist bedeutungslos u. entspricht äußeren Konventionen. Beispiele: Geschlecht: männl. – weibl.; Familienstand: ledig – verheiratet – verwitwet. *G. Mikula*

Nomologie, Bez. für den Teilbereich einer Einzelwissenschaft, der sich mit der Aufstellung allgemeiner Regeln und Gesetze (sog. nomologischer Hypothesen) befaßt, die für die Phänomene bestehen, mit denen sich diese Einzelwissenschaft beschäftigt. Die Aufstellung nomologischer Hypothesen ist zentrale Aufgabe einer jeden Erfahrungswissenschaft. *D. Dörner*

nomothetisch, Gesetze aufstellend. Nach WINDELBAND ist die Naturwissenschaft n. im Ggs. zur idiographischen (nur einmalige Tatsachen beschreibenden) Geschichtswissenschaft, Ereigniswissenschaft. In der Persönlichkeitsps. hat z. B. nach W. STERN G. W. ALLPORT die idiographische Beschreibung dem n. Verfahren vorgezogen.

non-drug-factors, Nicht-Pharmakon-Faktoren, d. h. für den Therapieerfolg wichtige, doch nicht spezifische Faktoren: Merkmale des Therapeuten, des Patienten (Klienten), des Behandlungsmilieus u. a. m. **[L]** DEBUS & JANKE

Non-Statement-View →Theorie

nonverbal communication →nichtverbale Kommunikation

Noopsyche (STRANSKY), «Geistseele», die geistige, intellektuelle Schicht oder Seite des Seelenlebens, im Unterschied zur Thymopsyche.

Nootropika, syn. Antidementiva (neuere Zeit), engl. *cognitive enhancers*, psychisch wirksame Stoffe, die die Hirnleistung und damit kognitive Leistungen positiv beeinflussen. Gebräuchliche N. sind →Piracetam, →Pyritinol, →Meclofenoxat, Ginkgo biloba (→Ginkgo-Extrakte). N. haben keinen einheitlichen Wirkungsmechanismus. Sie wirken über eine verbesserte cerebrale Durchblutung, Glukoseverfügbarkeit, Verbesserung des Hirnstoffwechsels oder cholinomimetisch. Wirkungen sind bei Tier und Mensch zwar nachgewiesen, aber bei Hirnleistungsstörungen mit dementiellen Syndromen sind eindeutige Wirksamkeitsnachweise schwer zu erbringen. Spezifische Auswirkungen auf Gedächtniskomponenten, die über eine allgmeine Leistungssteigerung hinausgehen, sind schwer nachweisbar. **[L]** COPER & HERRMANN 1988, HERRSCHAFT 1992, FRÖSTL & MAITRE 1989, WEYER 1992

W. Janke/M. Hüppe

Noradrenalin, syn. angloamerikanisch Norepinephrin, Arterenol; Abk. NA, zu den →Catecholaminen gehörend, →Hormon des Nebennierenrindenmarks, sowie →Neurotransmitter im VNS (Sympathikus) und ZNS. Man unterscheidet zwei große noradrenerge Systeme im ZNS: Vom Locus coeruleus und von lateralen-«tegmentalen» Kernen ausgehende, wobei die Wirkung des N. sehr unterschiedlich ist. Funktionen, mit denen NA u. a. in Zusammenhang steht, sind Eßverhalten (Hunger) und Aufmerksamkeit/Arousal/Vigilanz (Lernerfolg, sensorische Reaktivität). Es wird angenommen, daß ps. Störungen wie Depression und Angst mit Abweichungen der NA-Regulation verbunden sind. **[L]** FELDMAN et al. 1997, CHARNEY et al. 1995, FOOTE & ATSON-JONES 1995 *W. Janke/R. Küffner*

Noradrenalinbeeinflussende Stoffe, Bez. für Substanzen, die biogenes →Noradrenalin (NA) beeinflussen. Die Verfügbarkeit/Aktivtität von NA im NS kann durch viele Stoffe über unterschiedliche Wirkungsmechanismen vermehrt (Agonisten)/vermindert(Antagonisten) werden: 1) Vermehrung/Verminderung der Wirkung an spezifischen Rezeptoren (α_1- und α_2-, β_1-, β_2-, β_3-Rezeptoren, α_2-präsynaptische Autorezeptoren, 2) Vermehrung/Verminderung der Biosynthese und Freisetzung, 3) Vermehrung/Verminderung der Wiederaufnahme (Reuptake) in die präsynaptische Seite des Neurons, 4) Verbesserung/Hemmung des Abbaus von NA. – Theoretisch oder praktisch wichtige Stoffe sind NA-Agonisten wie Phenylephrin (α_1), →Clonidin (α_2), Isoproterenol (β); NA-Antagonisten sind →Yohimbin (α_2-Rezeptoren) oder Rezeptorenblocker wie →Propranolol (β), Atenolol (β_1). Die Forschung zur Entwicklung neuer Stoffe ist in einem ständigen Fluß. Die meisten Stoffe beeinflussen auch →Dopamin, ausgenommen Rezeptoragonisten und -antagonisten. **[L]** FELDMAN et al. 1997, CHARNEY et al. 1995, FOOTE & ASTON-JONES 1995

Norepinephrin(e), angloamerikanisch für →Noradrenalin

Norm [lat. *norma* Winkelmaß], «Richtschnur», Regel, leitender, verbindlicher Grundsatz, Wertmaßstab, Vorschrift. • Man unterscheidet logische, ethische oder ästhetische Normen, daher heißen Logik, Ethik und Ästhetik auch die normativen Disziplinen der Philosophie. • Regel, im Sinne von Durchschnitt, das Übliche, Häufigste. • N. in der Sozialps. →Norm(en), soziale. • Nach PARSONS (1964) sind N. «Regeln für bestimmte Kategorien von Einheiten in einem Wertesystem gültig für bestimmte Situationen». **[L]** BRANDT & KÖHLER (1972)

normal →abnormes Verhalten

Normalbeobachter, Bez. für den Beobachter (als abstraktes Subjekt), der dem Mittelwert vieler Messungen an realen Einzelbeobachtern unter normierten Bedingungen entspricht

normalisieren, in der Statistik die Transformation nichtnormaler Verteilungen in eine Normalverteilung. Dabei wird folgendermaßen vorgegangen: Zuerst wird eine Flächentransformation durchgeführt, d. h., es werden die Prozentränge der einzelnen Maßzahlklassen bestimmt. Diesen werden anschließend die entsprechenden z-Werte der Standardnormalverteilung zugeordnet. Die z-Werte können noch linear weitertransformiert werden. *G. Mikula*

Normalisierung, anschauliche Veränderung eines längere Zeit betrachteten Reizes in Richtung einer Norm (GIBSON 1933), z. B. Annäherung einer gekrümmten Linie an eine Gerade, einer geneigten Linie an die Vertikale. Als Folge der Normalisierung treten →Nacheffekte auf, z. B., eine Gerade erscheint in Gegenrichtung gekrümmt, eine vertikale Linie in Gegenrichtung geneigt; die Nacheffekte sind aber nicht allein als Folge der Normalisierung zu erklären (→figurale Nacheffekte): Ein Neigungsnacheffekt findet sich z. B. auch nach längerer Inspektion einer vertikalen Linie, während der keine Normalisierung auftritt.

Normen finden sich auf vielen bipolaren Dimensionen eines visuellen Reizes, für die ein zentraler Punkt besteht (z. B. gerade für Krümmung, senkrecht/waagerecht für Neigung, geradeaus für Richtung, Augenhöhe für Höhe, stationär für Bewegung). *H. Heuer*

Normalreiz →Konstanzverfahren

Normalverteilung, syn. GAUSS-Verteilung, Glockenkurve. Eine eingipflige, symmetrische Verteilung, die sich asymptotisch der Abszisse nähert und deren mathematische Gleichung

$$y = f(x) = \frac{N}{\sigma\sqrt{2\pi}} e^{-\frac{1}{2}\left(\frac{x-\mu}{\sigma}\right)^2}$$

lautet: Eine N. entsteht, wenn die ein Merkmal verursachenden Faktoren zahlreich, voneinander unabhängig und in ihrem Zusammenwirken additiv sind. Als Standardnormalverteilung wird eine nach $\mu = 0$ und $\sigma = 1$ transformierte N. bezeichnet. *G. Mikula*

normativer Geist →objektiver Geist

normative Strebungen (LERSCH) →transitive Strebungen

Normbewußtsein, Bereitschaft zur Befolgung von sozialen Verhaltensvorschriften (→Norm(-en), soziale), die sowohl die Kenntnis der Normen, ihre positive Bewertung als auch die motivationale Bereitschaft, sie zu erfüllen, voraussetzt.

Normenkenntnis →Norm(en), soziale, →Kenntnisse

Norm(en), soziale, in Gruppen anerkannte Handlungs- und Wert-Standards in Form von meist ungeschriebenen Vorschriften. Die Einhaltung der s. N. wird mit positiven Sanktionen belohnt, ihre Übertretung mit negativen bestraft.

S. N. sind im Ggs. zur absoluten Norm (Sittlichkeit) nur in bestimmten Gesellschaften geltende und tatsächlich befolgte Verhaltensregeln. Es besteht ein enger Zusammenhang mit dem Begriff →behavior setting, insofern als bestimmte ökologische Gegebenheiten je bestimmte s. N. bevorzugt fordern. Eine spezielle Form der s. N. sind →Rollen. Daraus ist ersichtlich, daß sie wesentlich für Verhaltenserwartungen sind und zum Gefühl der Sicherheit, Orientiertheit und folglich Angstfreiheit der Mitglieder in ihrer Gruppe beitragen. *R. Bergius*

Normen, testpsychologische, Bez. für Durchschnittswerte und Streuungswerte für bestimmte Leistungen u. a. (z. B. Intelligenzleistungen), die als Beurteilungsgrundlage für die einzelne Person, eine Personengruppe u. a. dienen. →Standardwert

Norm(en)verbindlichkeit, vom →Normbewußtsein nur insofern unterscheidbar als mit N. auch der Grad der Verinnerlichung von sozialen →Normen gemeint sein kann. Der Begr. stammt aus der →Kriminalpsychologie.

Normierung →Eichung, →Normskalen, →Standardwert

Normoc®→Bromazepam

Normskalen, Normenskalen, standardisierte Testskalen zur ökonomischen Vergleichbarkeit von Testwerten. Im Prinzip ist es möglich, auf Grund einer Verteilung von Testwerten Normen, d. h. Vergleichsmaßstäbe in Form von Rohwertverteilungen zu erstellen. Die Vergleichbarkeit von solchen Normen zwischen verschiedenen Tests legt es jedoch nahe, N. zu entwickeln. Diese lassen sich nach verschiedenen Aspekten einteilen. Von Mehrfachnormen spricht man, wenn Normen für die gesamte Eichstichprobe und für einzelne dieser Gruppen vorliegen. Einfachnormen sind solche, welche nur über die gesamte Eichstichprobe gewonnen wurden. Von Variabilitätsnormen spricht man, wenn sich diese auf die Streuung der Eichstichprobe oder einer Untergruppe der Eichstichprobe beziehen. Äquivalentnormen liegen vor, wenn sich eine individuelle Leistung auf den Mittelwert einer Gruppe bezieht. Weiter unterscheiden sich noch die Normen darin, ob eine lineare

Transformation oder eine Flächentransformation stattfindet. Für die N. werden mehrere Skalen vorgeschlagen. Erfüllt die Rohwertverteilung die Forderung nach Normalverteilung nicht, so läßt sich eine Prozentrangtransformation durchführen: die dadurch gewonnene N. ist dann der →Prozentrang (→Percentil). Durch eine einfache Transformation kann die Prozentrangskala in eine T-Skala umgewandelt werden. Der Mittelwert der T-Skala ist 50, die Standardabweichung 10. Die T-Skala kann in eine *Stanine*-Skala zurückgeführt werden. Sie wird durch die gleiche Transformation gewonnen und weist die Zahlenwerte 1 bis 9 auf. Liegen normalverteilte Rohwerte vor, so lassen sich einige lineare Transformationen durchführen. Sie gehen von der Z-Transformation (→Z-Wert) aus. Bei der Z-Skala liegt ein Mittelwert von 100 und eine Streuung von 10 vor. Beim Intelligenzquotienten handelt es sich um eine N. mit Mittelwert 100 und Streuung 15. Eine selten benutzte N. ist die Wertpunkt-Skala, welche z. B. beim →HAWIE [**T**] benutzt wird. Sie hat einen Mittelwert von 10 und eine Streuung von 3. [**L**] LIENERT 1969 *H. Häcker*

Nosologie, Lehre von den Krankheiten und Krankheitsbildern. Nach KRAEPELIN ist es Aufgabe, natürliche Krankheitseinheiten (gleiche Ursache, gleicher Verlauf, gleicher Befund) aufzuspüren. Nach JASPERS «wird aber nur die Idee einer Krankheitseinheit gewonnen». →Pathologie

Nostalgie, ugs. svw. Heimweh, Sehnsucht nach den vermeintlich guten alten Zeiten. Der Begr. wurde erstmals vom Basler Arzt Joh. HOFER (1688) in seiner «Dissertatio medica de Nostalgia oder Heimweh» beschrieben. Als «Sehnsucht nach den einfachen und unverdorbenen Sitten der ländlichen Welt» (HAUSER 1973) erscheint die N. im 18. Jh. bei ROUSSEAU.

Notfallsfunktion [engl. *emergency function*], syn. CANNON-Syndrom, Bez. nach CANNON (1928) für eine vom sympathisch-adrenalen System gesteuerte psychophysische Aktivitätssteigerung. Reaktion des Sympathikus und des Nebennierenmarks. →Sympathikotonie →Totstellreflex

Notrufe, (biol.) angeborene oder erlernte Lautäußerungen, die Artgenossen oder Artfremde vor einem Freßfeind warnen. →Schreckstoffe

Noumenon [gr. *noeo* denken, erkennen], das Nur-Gedachte. Begr. ohne Gegenstand im Sinne der bloßen Idee, der kein Gegenstand entspricht. Ggs. Phänomenon. N. spielt im Neuplatonismus, dann besonders bei KANTS Vernunftkritik eine Rolle.

Nous [gr. *nus* von *noos* Verstand], Geist, Intellekt, die denkende Seele, die der Mensch den Tieren voraus hat (ARISTOTELES, PLATO).

Noxe [lat. *noxa* Schaden], krankheitserregende Ursache, Schadstoff

Noxiptilin, Psychopharmakon aus der Gruppe der trizyklischen →Antidepressiva. Nicht mehr im Handel. *W. Janke*

Nozirezeptor →Schmerzpunkte

Nozizeptivreflex, reflexhafte Abwehr von Hautschädigungen durch schnelles Ausweichen oder Zurückziehen, noch bevor die schmerzhafte Empfindung auftritt; entspricht dem Schutz-, Abwehr- und Fluchtverhalten b. Mensch u. Tier.

N-Personen Spiel, Darstellung eines Spieles im Sinne der →Theorie der Spiele mit verallgemeinerter Anzahl der Spieler

N-TAT [**T**] BRIGGS

Nucleotid →Nukleinsäuren

Nucleus [lat.], Kern, Zellkern bzw. Kerne im Zentralnervensystem. →Gehirn

Nukleinsäuren, Substanzklasse in Zellkernen enthaltend, aus Nukleoid-Ketten bestehend. Unterscheidbar sind Desoxyribonukleinsäuren (DNS) und →Ribonukleinsäuren (RNS). DNA ist Träger der genetischen Information. RNS spielen eine bedeutsame Rolle bei der Proteinbiosynthese (→RNS) (Nobelpreis WATSON & CRICK). Sie wurden in den 60er und 70er Jahren hinsichtlich ihrer Bedeutung beim Lernen und Behalten untersucht und diskutiert. Es ergab sich, daß Hemmung der RNS- oder Proteinsynthese zu Störungen des Langzeitbehaltens führen. [**L**] HENDRICKSON 1972 *W. Janke*

Nullhypothese, Abk.: H_0, statistische Hypothese, in der angenommen wird, daß sich aus Stichproben gewonnene Statistiken voneinander und vom entsprechenden Parameter der Population nicht oder nur zufällig unterscheiden. Wird die N. auf Grund eines statistischen Tests zurückgewiesen, muß die Alternativhypothese (H_1) angenommen werden. Wird die N. verworfen, obwohl sie tatsächlich richtig ist, so spricht man von einem Fehler erster Art (Typus I, α-Fehler). Wird die N. beibehalten, obwohl sie falsch ist, dann spricht man von einem Fehler zweiter Art (Typus II, β-Fehler). *G. Mikula*

Nullpunkt, physiologisch der Temperaturgrad, bei dem in einem Körperbezirk weder warm noch kalt empfunden wird (also nicht der phy-

N

sikalische Nullpunkt). • Ps. der Zustand der Inaktivität, der Reizlosigkeit u. a. m.
• In der Gestaltps. (Struktur der Bezugssysteme) ist N. derjenige Bezugspunkt, von dem aus ein Mehr oder Weniger, ein Stärker oder Schwächer einer Eigenschaft bestimmbar wird, wobei noch hervorgehoben werden kann, daß der N. zwei sich ergänzende Kennzeichen hat: das Anschauliche (N. als das im Seelischen, was sich von selbst versteht) und das Funktionale (N. als das, was besonders fein differenziert ist bzw. kleinste Unterschiedsschwellen besitzt).

Nullsummenspiel →Zweipersonen-Nullsummenspiel

Nullversuch [engl. *catch-trial*], ein Verfahren zur Überprüfung der Einstellung der Vp. beim ps. Experiment. In eine Reihe ähnlicher Versuche wird ein Versuch eingeschaltet, bei dem der Vp die Lösung der Aufgabe unmöglich oder nur mit neuen Strategien möglich ist →Reaktionszeit.

numerisch, nach DIN 44300 «sich auf einen Zeichenvorrat beziehend, der aus Ziffern und Sonderzeichen zur Darstellung von Zahlen besteht»

nutritive Energie [lat. *nutrio* säugen, ernähren], Bez. von C. G. JUNG für die den nutritiven Funktionen (d. h. mit der Nahrungsaufnahme speziell der oralen Phase verbundenen Funktionen wie Saugen, Lutschen) zugrunde liegende und auf Lustgewinn gerichtete ps. Energie.

nutritive Phase, Bez. von JUNG für die →orale Phase. Bei der Bez. dieser Phase geht JUNG von den dominanten Funktionen, FREUD von der erogenen Zone aus.

Nutzen →Entscheidungstheorie, →Theorie der Spiele, →Kosten-Nutzen-Kalkulation

Nutzenfunktion (utility function), ist eine Funktion, die den objektiven Nutzen x in den subjektiven Nutzen U(x) abbildet. Untersuchungen legen nahe, daß diese Funktion für $x > 0$ konkav und für $x < 0$ konvex ist. Mit der NF läßt sich z. B. erklären, warum sich Menschen bei Gewinnwetten risikoscheu und bei Verlustwetten risikofreudig verhalten.

Nützlichkeit, als →Gütekriterium des Tests verlangt die N., daß mit ihm nicht unwesentliche oder durch andere Tests ebenso gut bzw. besser meßbare Merkmale festgestellt werden.

Nyktalopie [gr. *nyx* Nacht], Nachtsichtigkeit bzw. Tagblindheit (weil nur bei Nacht sehend). Ggs. →Hemeralopie

Nystagmus [gr. *nystagmos* das Nicken der Augen], unwillkürliches, ruckartiges Zittern des Augapfels (senkrecht, waagerecht oder drehend) schon in der Ruhestellung des Auges, verstärkt bei Bewegung.

O

O (auch o), Symbolzeichen / Abk. für *other* [engl.], die andere Person, mit der →P interagiert.

O, Organismusvariable →Verhaltensmodell

OAS, Abk. für →operatives Abbildungssystem

OATB, Objective Analytic Test Battery **[T]** CATTELL

Oberflächenfarbe →Farbe (Erscheinungweise)

Oberflächenstruktur [engl. *surface structure*], nennt CHOMSKY (1965) die grammatische →Struktur, die den →Sätzen einer →Sprache von der →Phrasenstruktur-Grammatik mit Hilfe der →IC-Analyse zugeschrieben wird. Sie beschreibt im Ggs. zur →Tiefenstruktur der →generativen Transformations-Grammatik nur die äußere, konkrete, «physikalische» Erscheinungsform der Sätze und kann dadurch Ähnlichkeiten, Unterschiede und Ambiguitäten in der →Bedeutung der Sätze oft nicht angemessen widerspiegeln. Beispiel: Der Satz «Ein Betrug des Piloten ist ausgeschlossen» erhält nach der Phrasenstruktur-Grammatik für beide Möglichkeiten der inhaltlichen Interpretation (Aktiv oder Passiv) das gleiche →Baumdiagramm →Denken, →Grammatik.

Oberflächenwesenszug, Oberflächeneigenschaft [engl. *surface trait*], der in der faktorenanalytischen Persönlichkeitsforschung als ein →Syndrom zusammenfaßbare Wesenszug. Ein O. liegt dann vor, wenn zu dessen Zustandekommen mehrere Faktoren beteiligt sind. Die Dimension →Neurotizismus kann als in solcher O. verstanden werden, weil er durch verschiedene Verhaltenselemente wie z. B. Ängstlichkeit, emotionale Labilität u. a. bestimmt ist. →faktorenanalytische Persönlichkeitstheorien, →Grundwesenszug. **[L]** HUNDLEBY 1972

Oberziel, für irgendwelche konkreten Handlungen bzw. Handlungsziele kann gefragt werden, welchem O., welchem allgemeineren, übergeordneten Ziel sie dienen. Motive können als Klassen inhaltlich verwandter O. aufgefaßt werden. **[L]** DÖRNER et al. 1983

G. Kaminski

Objektbeschreibungs-Tests, Bez. für Verfahren, der Vp beliebige Gegenstände vorzulegen und sie zur Beschreibung aufzufordern. Aus der Art der Beschreibung werden die bevorzugten Beobachtungsrichtungen und der Vorstellungstypus erschlossen.

Objektbesetzung, nach FREUD die Besetzung von Objekten (Personen und Dingen) mit →Libido, im Ggs. zur libidinösen Besetzung des eigenen Körpers und seiner erogenen Zonen (Autoerotismus) oder des eigenen Ich (→Narzißmus). Erst in der Adoleszenz (späte genitale Phase) kann sich die O. zu einer narzißmusfreien Objekt-Liebe (der reifsten und höchsten Form der O., wobei die Menschen und die Welt in selbstloser, ambivalenzfreier Form geliebt werden) entwikkeln. →Objektion, →Objektwahl

Objekterkennungs-Test [T] BRENGELMANN

Objektion, Verlegung seelischer Tatbestände (z. B. Sympathie) auf den Gegenstand, auf Vorstellungsinhalte oder andere Sachverhalte. Es gibt eine sensorielle, emotionale und voluntiale O. Stets trägt sie finalen Charakter, unterstützt mithin die Erfüllung. ACH sieht die Ursache zur O. im «Entlastungstrieb», d. h. im ps. Vorgang, «die Ichseite des Bewußtseins zu entlasten, sie infolgedessen freizumachen für andersartige Aufgaben». Die Typen verhalten sich dabei verschieden. So hemmt z. B. die größere Perseverationstendenz des Schizothymen den Entlastungstrieb. Zyklothymie fördert ihn. Objektionsfähigkeit wird von ACH auch definiert als die Eigenschaft, eine Umgestaltung von Erlebnissen, z. B. eine Verschiebung der Objektionsgefühle von der Qualität des Angenehmen in die des Unangenehmen zu vollziehen.

Objektionsaufgabe [T] HISCHE

Objektivation, Vergegenständlichung. Man objektiviert eine Vorstellung, wenn man ihr zur äußeren Gestaltung verhilft.

Objektive Psychologie, Sammelbegr. für alle ps. Richtungen, die ihre Kenntnisse auf objektiv feststellbare Erscheinungen gründen unter Verzicht auf alle Bewußtseinsdaten. Solche Bestrebungen beginnen programmatisch formuliert etwa um die Jahrhundertwende. Als «Objektivisten» bezeichnete man z. B. v. UEXKÜLL, BEER, BETHE. Erstgenannter begründete die Umweltlehre, derzufolge das Tier in seiner Eigenwelt zu betrachten sei, d. h. objektiv und ohne anthropomorphistische Begriffe. Etwas später entwickelte LOEB in Berlin seine

Lehre von den →Tropismen. Etwa zu derselben Zeit tritt in Amerika die Tierps. mit der Forderung auf, streng objektiv zu sein (MORGAN, YERKES und THORNDIKE). WATSON (1913) verkündet in polemischer Form eine Ps. ohne Bewußtsein, die sich ausschließlich auf das Verhalten gründen soll (→Behaviorismus). Die von ihm begründete Lehre ist in abgewandelter Form bis heute in Amerika führend. In Rußland forderte PAWLOW, der Begründer der Lehre von dem →bedingten Reflex, auch bei der Betrachtung der höchsten Funktionen des Nervensystems auf ps. Begriffe zu verzichten. Etwas später begründete BECHTEREW die →Reflexologie, die er ausdrücklich o.Ps. benennt →Neurismus. **[L]** BECHTEREW 1907, BORING 1950, FLUGEL 1950, PAWLOW 1953, ROBACK 1963, v. UEXKÜLL 1921, WATSON 1919

objektiver Geist, nach HEGEL der Geist in Gesellschaft, Staat, Sittlichkeit, Moral, Recht, während in Wissenschaft, Kunst, Philosophie und Religion der absolute Geist vorliegt. DILTHEY versteht unter o.G. die Gesamtheit der geistigen Äußerungen und Niederschläge alles kulturellen Lebens. Auch die Annahme SPRANGERS ist hier zugehörig, daß ein Geistiges überpersönlich bestehe und in der Kultur ebenso wie in der Natur sich gestaltlich verwirkliche und allem Sein entsprechend sinnvolle Ziele gebe – auch dem Psychischen. Von solchem o.G., der mit dem HEGELschen Begr. nicht mehr allzuviel gemeinsam hat, ist zu unterscheiden der «objektivierte Geist», der sich von dem geschichtlich bedingten o.G. dadurch abhebt, daß er «die objektiven Werte begründet und daß er mit seinen idealen Forderungen (Normen), in denen das Seinsollende zum Ausdruck kommt, tief in unsere Lebenswirklichkeit hineinreicht und auf diese eine richtungsweisende Funktion ausübt». →geisteswissenschaftliche Ps. **[L]** N. HARTMANN 1949, OELRICH 1950

objektiver Test, objektiver Persönlichkeitstest, nach CATTELL (1958) bzw. SCHEIER (1958) ein Test, der so konzipiert ist, daß Testvorlage und Antwortgestaltung keine Verfälschung durch den Probanden zulassen. Es wird das unmittelbare Verhalten in einer standardisierten Situation erfaßt, wobei, im Ggs. zu den Fragebogenverfahren, der Proband sich in der Regel nicht selbst beurteilen muß. Wie SCHMIDT (1975) erwähnt, haben diese Meßverfahren keine mit der Meßintention übereinstimmende Augenscheinvalidität (→face-validity), müssen aber wie die übrigen Tests die üblichen →Testgütekriterien aufweisen. Da die →Objektivität innerhalb der klassischen →Testtheorie ein Testgütekriterium darstellt, ist die Bezeichnung «o.T.» von CATTELL nicht sehr gut gewählt worden und führt häufig zu Mißverständnissen. Innerhalb der CATTELLschen Terminologie taucht diese Überschneidung nicht auf, da CATTELL für die Auswerteobjektivität den Begriff *conspective* benutzt. Diese terminologischen Überschneidungen haben manche Autoren veranlaßt, o.T. anders zu benennen. So spricht z. B. CRONBACH (1970) von Leistungstests zur Persönlichkeitsmessung *(performance tests of personality).*
Wie FAHRENBERG (1971) darstellt, hat die Persönlichkeitsforschung auf der Basis der objektiven Testmessung bereits mit KRAEPELIN begonnen. In standardisierter Form wurden o.T. in den Untersuchungen von HARTHORNE, MAY und MALLER (1929) zur situationsbedingten Ausprägung von «Charaktereigenschaften» (wie z. B. Ehrlichkeit, Ausdauer usw.) angewendet. Im deutschen Sprachraum hat die exp. Typenforschung, vor allem KRETSCHMER und JAENSCH, o.T. in größerem Umfange für diagnostische Zwecke eingesetzt. Psychomotorisches Tempo, Hautwiderstand, Schreibdruckregistrierung, motorische Leistungsprüfungen, Wahrnehmungsexperimente wie insbes. das problematische Phänomen der →Eidetik und andere Versuchsanordnungen wurden dabei verwendet. Da diese Verfahren mit dem sehr eingeschränkten Ziel innerhalb der Typenforschung angewandt und Testgütekriterien zur Beurteilung ihrer Testgütequalitäten kaum erhoben wurden, hat die objektive Testentwicklung innerhalb der Typenforschung wenig zur weiteren Verbreitung dieser Tests beitragen können. Anregung für die Verwendung von exp. Versuchsanordnungen kamen auch aus der Allgemeinen Psychologie. Wahrnehmungsversuche (Akkommodation, Adaptation, figurale Nacheffekte, Figurerkennen u. a.), Lernexperimente (Konditionierungsversuche u. a.) sowie psychomotorische Tests *(tapping, dotting, aiming)* wurden zur Messung interindividueller Unterschiede herangezogen. Mit dem Ziel der Erstellung einer umfassenden Persönlichkeitstheorie unter Einbeziehung der gesamten →Persönlichkeitssphäre hat CATTELL diese Ansätze aufgegriffen, erweitert und mit →multivariaten statistischen Methoden, hauptsächlich der →Faktorenanalyse, verbunden (→Faktorentheorien der Persönlichkeit).

CATTELL und Mitarbeiter haben viele hundert solcher Tests konstruiert, von denen 412 zu häufiger Anwendung gekommen sind. Die faktorenanalytische Auswertung dieser →T.daten führte bei CATTELL zu 21 →U.I.-Faktoren, welche in unterschiedlichen Untersuchungen identifiziert werden konnten. In der →HSOA-Batterie ([T] SCHUERGER-CATTELL) sind 10 solcher U. I.-Faktoren und die dazu gehörenden o.T. zu einer Testbatterie zusammengefaßt. Im deutschen Sprachraum existiert die →objektive Testbatterie, welche in einer Vorform 50 objektive Tests beinhaltet. Für die Angstmessung hat CATTELL ebenfalls eine objektive Testbatterie vorgelegt ([T] CATTELL). Die damit gemessene Angst entspricht derjenigen, die im klinischen Bereich diagnostiziert wird. Für den Bereich der Messung von Motivdimensionen hat CATTELL einen Motivationstest für Erwachsene ([T] CATTELL, Motivation-analysis-test) und den School-motivation-analysis-test für Kinder entwickelt.
Bei den Meßoperationen, welche EYSENCK seiner Persönlichkeitstheorie zugrundelegt, haben die o.T. eine wichtige Bedeutung. Allerdings hat EYSENCK nicht versucht, standardisierte Testbatterien zu entwickeln, sondern hauptsächlich sprachfreie Handlungstests als Laboratoriumsexperiment eingeführt. Die Experimente werden vorwiegend im Bereich des Lernens, der Wahrnehmung und der Psychomotorik durchgeführt.
Als Meßvariablen der Wahrnehmung hat EYSENCK z. B. die Dunkeladaptation gewählt. Bei den Lern- bzw. Konditionierungsversuchen wird sowohl verbales Material gelernt, als auch z. B. Lidschlagreflex registriert. Als psychomotorischer Test ist bei EYSENCK besonders der →pursuit-rotor für Versuchszwecke eingesetzt worden. Außerhalb faktorenanalytischer Persönlichkeitstheorien wurden o.T. für differentielle Zwecke ebenfalls als Wahrnehmungsexperimente, psychomotorische Versuche und Lernexperimente konzipiert. Mit Versuchsanordnungen für den →figuralen Nacheffekt und dem →autokinetischen Phänomen wurde an frühere Arbeiten gestaltps. oder sozialps. Fragestellungen angeknüpft. Eine besondere Bedeutung für die persönlichkeitsps. Konstrukte haben die Untersuchungen zum kognitiven Stil bekommen. Da die psychophysiol. Testverf. die Kriterien eines o.T. nur teilweise erfüllen, wurden physiologische Daten in größerem Umfang mit Persönlichkeitsvariablen in Beziehung gesetzt. Als solche kommt im Prinzip eine große Anzahl in Frage. Bisher in größerem Umfang zur Anwendung gekommen sind →psychogalvanische Reaktion (PGR), Messung von Muskelaktionspotentialen, Tonusschwankungen, Tonusmessungen der Skelettmuskulatur, Blutdruckmessungen, Parameter der Atmung. Bei der vegetativ-endokrinen Diagnostik wurden vor allem Blutwerte, Urinwerte, Speichelsekretion, Schweißsekretion, Magensäuresekretion untersucht (FAHRENBERG 1971). Die psychophysiol. Testverf. beinhalten heute noch eine Reihe von Problemen, weshalb man noch keine abschließende Beurteilung über ihre diagnostische Brauchbarkeit abgeben kann. Insgesamt muß zum Stand und zur Weiterentwicklung der o.T.-Diagnostik vermerkt werden, daß wegen der heute noch sehr geringen Verbreitung dieser Methoden die bisher vorliegenden Daten noch nicht für eine abschließende Bewertung der Brauchbarkeit der o.T. für die Persönlichkeitsforschung und -diagnostik interpretiert werden können. *H. Häcker*

objektive Testbatterie [T] SCHMIDT et al.

objektive Testmethode →objektiver Test, →Objektivität

objektivierter Geist →objektiver Geist

Objektivismus, die philosophisch-erkenntnis-theoretische Richtung (im Ggs. zum Subjektivismus), die dem Erkennen die Erfaßbarkeit objektiver Ideen und realer Gegenstände zuspricht.

Objektivität, im allg. Sprachgebrauch und im Ggs. zur Subjektivität Bez. für Sachlichkeit bzw. Orientierung an der Sache oder am Objekt. Man bezeichnet einen Sachverhalt, der über die sinnliche Wahrnehmung abgesichert ist, als objektiv. Innerhalb des psychophysischen Urteils (→Psychophysik) wird O. als Grad der Übereinstimmung bezeichnet, der bei verschiedenen Beobachtern bei der Beurteilung eines Stimulus besteht (GUILFORD 1954). Mit der O. als einem Kriterium jeder wissenschaftlichen Untersuchungsmethode und den daraus stammenden Ergebnissen wird nicht nur die intersubjektive Übereinstimmung, sondern generell die intersubjektive Überprüfbarkeit verstanden. TRAXEL (1968) definiert O. als den angebbaren «Übereinstimmungsgrad der Urteile über das Objekt» und ersetzt den Begriff der O. durch den der Konkordanz, welcher dann den Vorteil aufweist, daß er ein numerisches Äquivalent hat, nämlich den →Konkordanzkoeffizienten, der die gradmäßige Ausprägung der Objektivität bzw. Konkordanz anzuzeigen in der Lage ist. O. als Testgütekriterium wird in der angloamerikanischen Testliteratur nicht einheitlich gebraucht. So hat z. B. CATTELL diejenigen Tests, welche im Ggs. zu Fragebogen vom Pb von der Meßintention her nicht durchschaubar sind, als →objektive Tests bezeichnet. Andere Autoren fordern von dem Testgütekriterium, daß die Testvorlage für jeden Pbn die gleiche Stimulusqualität hat. LIENERT (1969) hat für den deutschsprachigen Raum die O. als Testgütekriterium folgendermaßen definiert: «Unter Objektivität eines Tests verstehen wir den Grad, in dem die Ergebnisse eines Tests unabhängig vom Untersucher sind.» Damit ist ebenfalls die «interpersonelle Übereinstimmung» gemeint. Die Unabhängigkeit vom Untersucher spiegelt sich dann in drei Aspekten, nämlich in der Objektivität der Durchführung, Auswertung und Interpretation wider. Die für den gesamten Test geforderte O. bezieht sich ebenfalls auf die einzelnen Aufgaben *(items),* aus denen sich ein Test zusammensetzt. *H. Häcker*

Objektlibido →Objektbesetzung

Objektpermanenz, von PIAGET eingeführter Begriff zur Bezeichnung der Fähigkeit, die andauernde Existenz eines Objekts und seiner Eigenschaften (Lokation, Ausdehnung, Festigkeit etc.) unabhängig von der aktuellen Wahrnehmung und Handhabung intern (mental) zu repräsentieren (→Repräsentation). Nach PIAGET entwickelt sich die Objektpermanenz in mehreren Schritten und ist erst gegen Ende des →sensumotorischen Stadiums, mit 18–24 Mon., voll ausgebildet. Neuere Ergebnisse der Säuglingsforschung sprechen gegen PIAGETS Auffassung, daß sich die Objektpermanenz ontogenetisch aus sensumotorischen Strukturen ableitet. Sie deuten darauf hin, daß schon wenige Monate alte Säuglinge in rudimentärer Form über Objektpermanenz verfügen und daß sie ihr Wissen über Objekte und ihre Eigenschaften rasch erweitern (→intuitive Physik). Der Nachweis der Objektpermanenz und anderer kognitiver Fähigkeiten bei jüngeren Säuglingen wurde durch den Einsatz experimenteller Untersuchungstechniken (u. a. der →Habituierungsmethode) ermöglicht, bei denen der Säugling nicht nach Gegenständen suchen muß, sondern lediglich als Beobachter fungiert. Typischerweise wird aus dem unterschiedlichen Blickverhalten bei einem «möglichen» und einem «unmöglichen» Ereignis auf Objektpermanenz geschlossen. **[L]** BAILLARGEON 1993, KRIST & WILKENING 1991, PIAGET 1975 *H. Krist*

Objektpsychologie, die auf die Objektgestaltung bezogene Ps. →Objektspsychotechnik

Objektspsychotechnik, eine nicht mehr gebräuchliche Bez. von GIESE (1925), der er die Abgrenzung gab: «Handelt es sich um die praktische Anpassung der Umwelt an die Eigenart des menschlichen Seelenlebens, soll das Ding, die Sache angeglichen sein dem Benutzer, seiner geistigen Struktur, dann nennen wir die Gegenstandszone «Objektspsychotechnik». Steht dagegen das lebendige Individuum im Vordergrund und sollen die psychologischen Testverfahren dazu dienen, die seelische Individualität den kulturellen Zweckaufgaben anzupassen, so kann dieser Sachverhalt mit Subjektspsychotechnik bezeichnet werden. Erweiterter neuerer Begr. →Ergonomie. →Angew. Psychologie, →Arbeitspsychologie, →Arbeitsgestaltung

Objekt-Relationen-Test [T] ZILIAN

Objektstufe – Subjektstufe, für zwei verschiedene Richtungen in der Traumdeutung von C. G. JUNG gewählte Bez. Erstere betrifft die Beziehung zwischen Träumen und realer Umwelt, letztere die zwischen Träumer und seiner Innenwelt.

Objektwahl, die dritte Stufe in der Gefühlsentwicklung des Kindes, gegen Ende des 1. Jahres, in der das Kind «eine gefühlsbetonte Objektwahl» trifft (FREUD), d. h. seine Gefühle solchen Menschen zuwendet, die ihm wegen ihrer Fürsorge usw. angenehm sind, und sie von unangenehmen, Furcht oder Unlust erregenden Menschen abwendet. In dieser Phase beginnt es auch, sich selbst als Ursache von Erfolg und Mißerfolg zu empfinden.

Oblimax-Methoden, Oblimin-Methoden, Bez. für schiefwinklige Rotationsmethoden (→Rotation) der Faktorenmatrix bei der Faktorenanalyse.

Obsession [lat. *obsidere* etwas belagern, besetzen], →Zwang, Zwangsgedanke und Zwangshandlung

obstruction box →Hinderniskasten

Occam's razor [engl. Rasiermesser], ein allgemeines Gesetz des wissenschaftlichen Denkens, das besagt, man solle «Einheiten» (Erklärungsprinzipien) nicht ohne Notwendigkeit vermehren. Es entspricht dem Sparsamkeits- oder Ökonomie-Prinzip. →MORGANS Kanon, →Parsimonie

Occiput, [lat.] Hinterkopf

Occipitallappen, Hinterhauptlappen im Großhirn. →Gehirn

Od (benannt nach Odin/Wotan), eine angeblich vom Menschen ausstrahlende «magnetische Kraft». Der Naturforscher C. L. Freiherr v. REICHENBACH (1780–1896) beschrieb dessen Existenz. Auch FECHNER (1876) befaßte sich mit dem Phänomen.

Ödipuskomplex, Elektrakomplex, die Sage von ÖDIPUS und ELEKTRA wurde von der Psa. aufgenommen zur Kennzeichnung bestimmter frühkindlicher Beziehungen zu den Eltern. Diese Beziehungen, die sich während der frühen →genitalen Phase entwickeln, bestehen bei beiden Geschlechtern in einer Liebe zum gegengeschlechtlichen Elternteil. Es kommt zu dieser Situation dadurch, daß die →Libido auf die genitale Zone verlagert wird. Der gleichgeschlechtliche Elternteil wird zum Konkurrenten und mit Abneigung und Eifersucht belegt. Aus den Versagungen in der Beziehung zum geliebten Elternteil, auch aus der Angst vor Strafe (beim Sohn Angst vor der →Kastration) ist das Kind zur →Verdrängung seiner Regungen gezwungen. Dabei benutzt es den Mechanismus der →Identifikation mit den Eltern, d. h., es introjiziert die Wertungen (Gebote und Verbote) und Erwartungen der Eltern und formiert dadurch zugleich sein →Über-Ich. Nach vollzogener Verdrängung ist die Ödipus- bzw. Elektra-Situation überwunden, es beginnt die →Latenzperiode. In neuerer Zeit betrachtet die Psa. den Ö. auch unter sozial-ps. Aspekten: Infolge der Konkurrenz mit dem gleichgeschlechtlichen Elternteil tritt das Kind zu diesem Zeitpunkt aus der bisherigen dyadischen (= 2-Personen-Beziehung) in die 3-Personen-Beziehung über und wird damit erstmalig in seinem Leben integrierter Bestandteil einer Gruppe, nämlich der Primärgruppe Familie. **[L]** BRUN 1942, ERIKSON 1957, FREUD 1910

OEMG, Abk. für →Okulo-Elektromyographie

öffentliche Meinung [engl. *public opinion*] →Meinungsforschung

Offenheit [engl. *open mindedness*] →Flexibilität. In der →Semiotik bedeutet O., daß in dieser Form noch nicht aufgetretene Signalkombinationen gebildet und ohne weiteres verstanden werden. • O. (ps.) für Erfahrungen: Faktor im 5-Faktoren-Modell, erfaßt das Interesse an und das Ausmaß der Beschäftigung mit neuen Erfahrungen, Erlebnissen und Eindrücken. Pbn mit hoher Ausprägung beschreiben sich als wißbegierig, phantasievoll, experimentierfreudig und künstlerisch interessiert.

Ogive [frz. Spitzbogen], syn. Summenkurve, Summenfrequenzpolygon. Graphische Darstellung einer kumulierten Häufigkeitsverteilung.

Ohr, Sinnesorgan sowohl zur Schallwahrnehmung wie zur Gleichgewichtsorientierung. Unter den Sinnesorganen ist diese Vereinigung zweier verschiedener Organe einmalig. Phonorezeptor. Zu unterscheiden sind drei Abschnitte: Das äußere Ohr mit Ohrmuschel und dem äußeren Gehörgang wird durch das Trommelfell abgegrenzt vom Mittelohr. Zu diesem gehören die Paukenhöhle mit den Gehörknöchelchen, Otolithen (Hammer, Amboß, Steigbügel), ovalem und rundem Fenster, die Warzenzellen und die Verbindung der Paukenhöhle mit dem Rachen als Ohrtrompete (EUSTACHIsche Röhre). Das innere Ohr besteht aus dem knöchernen Labyrinth mit Vorhof, Schnecke und Bogengängen und dem häutigen Labyrinth mit den beiden Vorhofsäcken (*Sacculus* und *Utriculus*), den häutigen Bogengängen und dem Schneckenkanal. Das äußere Ohr und das Mittelohr dienen der Schalleitung. Das Mittelohr dient außerdem der Regulation (Dämpfung usw.). Die Schnecke wird in ihrem ganzen spiraligen Gang von der Basilarmembran durchzogen, deren 15 000–24 000 Elemente enthaltende Faseranordnung (CORTIsches Organ) das nervöse Endorgan des Ohres darstellt, von dem aus die Erregungen durch den Hörnerv *(Nervus cochlearis)* und vereinigt mit dem Nerven des Gleichgewichtsorgans *(N. vestibularis)* im *Nervus statoacusticus* (8. Gehirnnerv) zum Gehirn geleitet werden. *Sacculus*, *Utriculus* und Bogengänge (zusammengefaßt als Vestibularapparat) dienen über den zum Gehirn leitenden *Nervus vestibularis* der Erhaltung des Gleichgewichts, der Kopf-Körper-Haltung und der Augenstellung (Raumsinn). →Bogengänge, Hören

Okkasionalismus [lat. *occasio* Gelegenheit], Leugnung jedes Abhängigkeitsverhältnisses von Körper und Seele. Wenn trotzdem körperlichen Vorgängen geistige und seelische Vorgänge entsprechen und umgekehrt, so ist das Wille einer «höheren Instanz». Für ihn ist die «Gelegenheit» zu solcher Wirksamkeit gegeben. Daher Gelegenheitsursachen *(causae occasionales)*, da es Wirkursachen *(causae efficientes)* nicht gibt. Hauptvertreter GEULINCX (1625–1669).

Okkultismus [lat. *occultus* verborgen], Lehre von den verborgenen, übernatürlichen, übersinnlichen, rätselhaften Dingen. Zum Okkultismus rechnet vor allem der →Spiritismus, ferner →Telepathie, →Telekinese. Die wissenschaftliche Klärung der sog. okkulten Phänomene ist Aufgabe der →Parapsychologie.

Ökologie [gr. *oikos* Haus, Heimat], Lehre von den gesamten Umweltbeziehungen (→Umwelt) der Organismen. HAECKEL, der den Begr. 1869 einführte, verstand darunter auch «die Lehre von der Ökonomie der tierischen Organismen». Die «Synökologie» untersucht die Beziehungen und gegenseitigen Abhängigkeiten, durch die in einem bestimmten →Ökosystem die einzelnen Organismenarten miteinander verknüpft sind. • Die «Autökologie» analysiert die Faktoren der belebten (Biozönose) und unbelebten Umwelt (Biotop), von denen eine best. Organismenart abhängig ist (Nahrung, Feinde, Parasiten, Konkurrenten, Symbionten, Temperatur, Feuchtigkeit, Bodenbeschaffenheit).

ökologischer Fehlschluß [engl. *ecological fallacy*], auch Gruppenfehlschluß, fehlerhafte Schlußfolgerung von den beobachteten Beziehungen zwischen Kollektivdaten, z. B. einer Personenstichprobe, auf Beziehungen zwischen den Merkmalen der Elemente des Kollektivs, also den Personen →Fehlschluß, individualistischer *K.H. Stapf*

ökologische Optik, zentraler Begriff der Wahrnehmungstheorie J. J. GIBSONS (1904–1979), nach der das in der Evolution entstandene Wahrnehmungssystem darauf ausgerichtet ist, im Normalfall (d. h. ohne einschränkende Bedingungen) direkt Informationen aus der Umwelt (Ökologie) aufzunehmen *(direct information pickup)*. Im Ggs. zu den auf H. HELMHOLTZ (1821–1894) zurückgehenden Wahrnehmungstheorien bezieht GIBSON die visuelle Wahrnehmung nicht auf die physikalische Optik, sondern die ö. O., in der ein gegebener Punkt (mit oder ohne Beobachter) allseits (daher *«ambient point»*) von einem nicht-leeren (d. h. in der Regel informationshaltigen) optischen Feld umgeben ist. Im Ggs. zur physikalischen O. ist die Bewegung des o. g. Punktes nicht relativ (→Bewegungswahrnehmung), sondern absolut. Daher kann durch Lokomotion die räumliche Information im optischen Feld durch Verschiebung bzw. Verdeckung *(«occlusion»)* direkt aufgenommen werden. [L] GIBSON 1979, 1982 *A. Zimmer*

ökologische Psychologie, auch ps. Ökologie, Ökopsychologie, eine noch junge Teildisziplin, die sich unter allg.ps., sozialps., auch unter praktischen Aspekten mit den Beziehungen des Menschen zu seiner engeren und weiteren räumlichen, materiellen und sozialen Umwelt befaßt. Teilweise wird es für angemessen gehalten, von einer «ökologischen Perspektive« (o. ä.) in der Ps. zu sprechen (FUHRER 1983, KAMINSKI 1992) statt von einer ö. P. In der angloamerikanischen Ps. ist die Bezeichnung *«ecological psychology»* mit speziellen Positionen verknüpft (BARKER et al. 1978). Als weiterer Begriff wird dort daher *«environmental psychology»* verwendet (FISHER et al. 1984, GIFFORD, 1987, SAEGER & WINKEL 1990; →Umweltpsychol.). Wesentliche Anregungen zur Entwicklung einer ö. P. gab die Feldtheorie LEWINS (1963). In jüngerer Zeit waren es eher praktisch-ps. Fragestellungen vornehmlich im Bereich der Architekturps. (BECHTEL 1977, CANTER 1982, GEISLER 1978, HARLOFF 1993, KAMINSKI & FLEISCHER 1984), die zur Belebung des Interesses an einer ö. P. führten. Charakteristisch für Perspektiven und Arbeitsweisen der ö. P. ist, daß der Mensch in seinen Beziehungen zu molaren Umweltbedingungen in natürlicher Lebenswelt gesehen wird (*«naturalistic approach»,* WILLEMS & RAUSH 1969; →naturalist. Forschung). Das führt einerseits zur Betonung interdisziplinärer Zusammenarbeit mit anderen «Umweltwissenschaften», andererseits innerps. zu einer kritischen Einstellung gegenüber exp. Laborforschung, in der Umwelt im Extremfall auf wenige kontrollierte Stimuli eingeengt wird. →psychologische Ökologie. [L] KRUSE et al. 1990, MILLER 1986, PAWLIK & STAPF 1992, STOKOLS & ALTMAN 1987 *G. Kaminski*

ökologische Validität, mehrdeutig verwendeter, noch nicht befriedigend geklärter Begriff, oft nicht klar unterschieden von «ökologische Repräsentativität». Mit →Validität ist auch hier Gültigkeit, das Ausmaß einer Entsprechung oder Übereinstimmung gemeint. Beurteilt werden unter dem Gesichtspunkt der ö. V. jedoch nicht nur →Tests u. a. diagnostische Untersuchungsmittel, sondern auch experimentelle Versuchsanordnungen bzw. einzelne Komponenten wie Aufgabenstellungen, räumliche und zeitliche Rahmenbedingungen, ferner Untersuchungsergebnisse, Theorien u. a. m. Gefragt wird dabei nach der Entsprechung zum «Biotop» (PAWLIK 1988), zu den Bedingungen in den «natürlichen» Lebensumständen (daher «ökologisch»). Diese Art von Gültigkeits- bzw. Entsprechungsfrage drängt sich insbes. dann auf, wenn irgendwelche erfahrungswissenschaftliche Erkenntnisgewinnung von relativ «künstlichen», spezifisch konstruierten, zum natürlichen Lebenskontext mehr oder weniger in Distanz stehenden Datenerhebungssituationen aus betrieben wird (Test-, «Labor»-Situation). • Bei BRUNSWIK (1956) meint ö. V. u. a. Prognostizierbarkeit eines →distalen Stimulus von einem anderen aus. **[L]** KAMINSKI & BELLOWS 1981, WINKEL 1987 *G. Kaminski*

ökologische Wahrnehmungspsychologie [engl. *ecological approach to perception*], Bezeichnung für die Wahrnehmungslehre J. J. GIBSONS. Eine zentrale Annahme dieses Ansatzes ist, daß der natürliche Reiz (→ökologische Optik) die Wahrnehmung bestimmt, diese also nicht erst durch den Reiz zusammen mit zusätzlichen Prozessen wie →unbewußten Schlüssen, Wirkung von →Gestaltgesetzen usw. entsteht; solche zusätzlichen Prozesse sollen nur in der künstlich verarmten Umwelt des Wahrnehmungsexperimentes von Bedeutung sein. *H. Heuer*

Ökonomie, Testgütekriterium, welches fordert, daß ein Test in Durchführung, Auswertung und genereller Handhabung wenig Aufwand bereitet. Zunehmend wird das Kriterium der Ö. auch in der Weise gefordert, daß der Test Informationen liefern sollte, welche auf anderem Wege nicht schneller und weniger aufwendig erhalten werden können. →Testgütekriterien

ökonomischer Typus →Typologie (Lebensformen)

ökonomisches Prinzip, von ALEXANDER (1951) formuliertes Prinzip: Alle nicht-sexuelle ps. Energie folgt dem Trägheits- oder Energieprinzip. Im Ggs. hierzu folgt die sexuelle Energie dem Überschußprinzip. →Homo-Oeconomicus-Modell

Ökosystem, das Beziehungsgeflecht biotischer und abiotischer Faktoren eines räumlich begrenzten, nach außen hin mehr oder weniger abgeschlossenen Gebietes.

OKPM, OSERETZKY Kollektive Prüfung der Motorik **[T]** OSERETZKY

Olanzapin, Psychopharmakon mit antipsychotischer Wirkung aus der Klasse der atypischen →Neuroleptika, verwandt mit →Clozapin. Wenig extrapyramidale Nebenwirkungen. *W. Janke*

Olfaktie [lat. *olfacere* riechen], Riecheinheit der Geruchseindrücke

Olfaktometer, Vorrichtung zur Untersuchung des Geruchssinnes, die es gestattet, der Nase Riechstoff in abstufbaren Mengen zuzuführen.

olig ..., oligo ... [gr. *oligos* gering, wenig] in Wtvb. svw. gering, arm an **[E]**

oligophrene Details, von RORSCHACH für bes. Detailantworten (D, Do) seines Tests gegebene Bezeichnung

Oligophrenie, nach KRAEPELIN Sammelbegr. für →geist. Behinderung (angeboren oder früh erworben) jeder Herkunft. →Idiotie, →Imbezillität, →Debilität, →Amentia

Ololiuqui, psychotrope Substanz aus der Klasse der →Halluzinogene bzw. der →Psychotomimetika, aus einer mexikanischen Pflanze (Winden) gewonnen, seit Jahrhunderten als Rauschmittel genommen. Neben halluzinogenen starke vegetative Wirkungen, deshalb als psychodelische Substanz nicht beliebt. Verwandt mit →Serotonin. **[L]** HEIM et al. 1968, HESSE 1938, JULIEN 1997, REKO 1938 *W. Janke*

Omca® →Fluphenazin

Oneirologie, Traumlehre, Traumdeutungslehre

On-Off-Antworten →rezeptive Felder

onomatopoetische Theorie, die Annahme über die Entstehung der menschlichen Sprache, nach der die primitiven Menschen durch Nachbildung von Lauten aus der Natur allmählich eine kommunikative Sprache entwickelt haben.

Onomatopöie [gr. *onoma* Name, *poietikos* dichterisch], →Lautmalerei, →Psychophonetik

Ontogenese (HAECKEL), die Individualentwicklung von der Zygote bis zum Tod des Individuums. →Genese

Ontologie [gr. *on* Wesen, das Sein], Seinswissenschaft, seit Ch. WOLFF Bez. für die Metaphysik des Seins als Grundwissenschaft aller Metaphysik, bei KANT als Transzendentalphilosophie erweitert, bei HEGEL die Lehre von den abstrakten Bestimmungen des Wesens. In der Gegenwart durch Seinsphilosophie und Existenzphilosophie wieder in den Vordergrund getreten.

Oogenese [gr. *oon* Ei, *genesis* Entstehung], die zytologischen Vorgänge in den Geschlechtsorganen, die zur Ausbildung von Eizellen führen.

operant, nach SKINNER (1974) die Reaktionsklasse, auf die ein Verstärker kontingent ist. Das operante Verhalten ist durch seine Folgen in der Umwelt identifiziert. Obgleich das Verhalten in einer definierbaren Situation auftritt, scheint es nicht durch einen bekannten spezifischen Reiz ausgelöst zu werden. Von feststellbaren Reizen ausgelöste Reaktionen nennt SKINNER *respondents*. →response

operante Konditionierungstherapien, die Verfahren des operanten Konditionierens gehen auf die →Lerntheorien von THORNDIKE (1898) und SKINNER (1938, 1953, 1969) zurück. Grundannahme ist hier, daß die meisten Lernprozesse durch die Konsequenzen von Handlungen gesteuert werden (Lernen am Erfolg oder Mißerfolg): Die Verstärkung einer Reaktion führt zu einer Erhöhung ihrer Auftretenswahrscheinlichkeit. In der →Verhaltensdiagnostik wird eine individuelle funktionale Analyse des Verhaltens vorgenommen, und darauf werden verschiedene operante Techniken gestützt. Die Wahrscheinlichkeit erwünschten Verhaltens wird erhöht durch Positive Verstärkung (zu Beginn kontinuierlicher und später intermittierender Einsatz relevanter Verstärker, wie Süßigkeiten, Privilegien, Zuwendung), Negative Verstärkung (Milderung oder Beendigung einer aversiven Bedingung/eines unangenehmen Zustandes) und Stimuluskontrolle (Einführung von diskriminativen Hinweisreizen, unter denen erwünschtes Verhalten hoch wahrscheinlich auftritt (und umgekehrt). Verhalten kann aufgebaut werden u. a. durch Shaping (schrittweisen Aufbau von komplexen Verhaltensmustern durch differentielle Verstärkung). Der Aufrechterhaltung erwünschten Verhaltens dienen intermittierende Verstärkung, Umstrukturierung der Verstärkungsbedingungen in der sozialen Umgebung, Selbstkontrolle und Problemlösefähigkeiten. Operante Methoden zum Abbau von Verhalten sind Bestrafung von Verhalten (Darbietung eines aversiven Reizes auf bestimmtes Verhalten), Löschung von Verhalten (Entzug von positiven Verstärkern), «Response Cost» (Entzug von generalisierten Verstärkern z. B. Token, Geld), «Time-out» (zeitweises Entfernen aus der sozialen Situation). Unter «Kontingenzmanagment» wird das systematische Darbieten bzw. Entfernen positiver bzw. aversiver Stimuli verstanden (Token Economies = Münz-/Eintausch-Verstärkungssystem; Kontingenzverträge).

Die Wirksamkeit von o.K. ist belegt. Wichtig ist der Einbezug der Personen in der natürlichen Umgebung und der Aufbau von Verhaltensalternativen, damit Verhalten stabil erhalten bleibt. Mit dem Aufkommen kognitiver Ansätze und der →Handlungstheorien auch in der Psychotherapie, aber auch aufgrund Bedenken gegenüber Bestrafungsprogrammen haben Operante Techniken derzeit einen vergleichsweise weniger hohen Stellenwert. Es ist aber anzunehmen, daß Verstärkung in verschiedenen Therapieformen hochwirksam ist, auch wenn Patienten nicht als einfache Konditionierungsobjekte betrachtet werden.

[L] BLÖSCHL 1979, SKINNER 1953, HEYDEN, REINECKER 1987 *F. Caspar*

operantes Konditionieren, Lernform. →operant, →bedingter Reflex nach SKINNER. Bez. für solche Konditionierungsexp., bei denen eine Vp lernen muß, bestimmte Handlungen auszuführen. →bedingter Reflex

Operation [lat. *operatio* Bewerkstelligung, Bemühung], Wirken, Betätigung, Arbeitsvorgang. • In der Ps. vor allem ein Handeln, mit dem ein Ziel erreicht werden soll. Logische O., die innere, in Gedanken und Begr. ausgeführte Handlung, die reversibel (umkehrbar) ist und in der →Gruppierung mit anderen O. zu einer strukturierten Ganzheit vereint wird. PIAGET spricht von konkreten und formalen O. bzw. von Kooperationen interaktiver Kompetenz. • In der Mathematik die Durchführung einer bestimmten Vorschrift. Wird auch verwendet für →Abbildungen mit zwei oder mehr Argumenten. Beispiele für binäre O. sind die vier Grundoperationen der Addition, Muliplikation, Substraktion und Division, durch die jeweils einem Zahlenpaar eine Zahl zugeordnet wird. *D. Dörner*

operationale Definition →Definition, operationale

Operationalisierung, das Verfahren (oder dessen Ergebnis), eine nicht direkt beobachtbare Variable T (z. B. Leistungsmotiv, kognitive Dissonanz) für die Beobachtung bzw. für die experimentelle Manipulation zugänglich zu machen, indem man eine mit ihr verknüpfte, gut beobachtbare Variable (z. B. Punktzahl in einem Test) B auswählt. B dient als «Indikator» für T oder als Mittel der indirekten Manipulation von T. Da T hierbei häufig in einem System theoretischer Aussagen vorkommt, spricht man auch von theoretischen Begriffen (→Variable, intervenierende, →Konstruktion, hypothetische). Eine O. ist notwendig, um aus einer zu prüfenden Hypothese oder Theorie Aussagen über beobachtbare Sachverhalte ableiten zu können. Wegen der «Theoriegeladenheit» (→Theorie) der Beobachtung gibt es allerdings kein eindeutiges Kriterium dafür, was als beobachtbar und was als nicht beobachtbar zu gelten hat. Die Unterscheidung ist pragmatischer Natur und hängt vom Kontext ab. Die «Zuordnungsannahme», die einen systematischen Zusammenhang zwischen einer beobachtbaren und einer nicht beobachtbaren Variablen aussagt, beruht oft auf einem komplexen Gefüge von

Voraussetzungen (semantische Regeln, Hilfshypothesen, Meßmodelle); wer z. B. das Leistungsmotiv als Meßwert im TAT operationalisiert, setzt hierbei (explizit oder implizit) testtheoretische Annahmen sowie Annahmen über den Zusammenhang zwischen Motiven und Phantasietätigkeit voraus. Eine O. ist also (obwohl manchmal →«operationale Definition» genannt) keine bloße Definition oder semantische Regel, sondern umfaßt hypothetische Annahmen bis hin zu ganzen Theorien aus der Psychologie oder anderen Disziplinen. Die Begründung von Zuordnungsannahmen, ein grundlegendes Problem empirischer Psychologie, wird auch als «Konstruktvalidierung» bezeichnet (→Konstruktvalidität). →Operationalismus. **[L]** GADENNE 1984, 1993a, ERDFELDER & BREDENKAMP 1993

V. Gadenne

Operationalismus, Operationismus, eine in der amerik. Ps. aufgetretene Richtung, die weder an eine einzelne Schule gebunden noch selbst als solche zu bezeichnen ist. O. geht aus von der Methode der operationalen Definition. Diese wurde 1927 durch den amerikanischen Physiker P. W. BRIDGMAN angesichts der neuen Lage, in die die Physik nach EINSTEINS Relativitätstheorie geraten war, entwickelt. BRIGDMANS Vorschlag bestand darin, die Bildung bestimmter Begriffe durch Rückgriff auf die Operationen festzulegen. So ist der Begriff der Länge, bezogen z. B. auf einen Tisch, durch die Handhabung des Meterstabes eindeutig festgelegt. Ist «Länge» aber die Entfernung zwischen zwei Sternen, dann bekommt der Begr. eine andere Bedeutung, weil andere Meßoperationen notwendig sind (z. B. optische und mathematische). – Diese Methode wurde von den amerik. Psychologen aufgegriffen. Besonders klärend scheint sich der O. auf die direkte Erforschung (Selbstbeobachtung) von Bewußtseinsdaten ausgewirkt zu haben, deren Zulässigkeit vielfach leidenschaftlich abgestritten worden war (→Behaviorismus, →objektive Ps.). Hier war ein Ausweg dadurch gegeben, daß man an Stelle des unmittelbar gegebenen (privaten) Erlebnisses einer Vp auf die kontrollierbaren Operationen zurückgriff, die zu einer beständigen Beziehung zwischen Reizsituation und einer bestimmten «unterscheidenden Reaktion» *(discriminatory reaction)* führten (z. B. STEVENS 1935). Auf ähnliche Weise wurden z. B. der →bedingte Reflex und der Begr. der «dazwischentretenden Variablen» (*intervening variables,* TOLMAN) operational definiert (SKINNER). Die beschriebenen Verfahren waren nicht immer neu, aber durch den O. erhielten sie eine gewisse erkenntistheoretische Rechtfertigung. Besonders versprach man sich vom O. eine Sicherung gegen «unklare, doppeldeutige und widersprüchliche» Vorstellungen, oder man schrieb einer operationistisch vorgehenden Ps. zu, Wissenschaft der Wissenschaften sein zu können.

Der Grundgedanke des O., theoretische Begriffe und Dispositionsbegriffe durch Aufnahme von (Meß-)Operationen in die Definition ohne Rückgriff auf Unbeobachtbares gewinnen zu können, hat sich wissenschaftstheoretisch schnell als unhaltbar erwiesen (CARNAP 1936/37). Der Kern dieser Einwände lautet, daß operationale Definitionen empirische Hypothesen enthalten (über den Zusammenhang der Operation mit ihrem Resultat oder über die Metrik ihres Anwendungsbereiches) und damit nicht mehr empirisch leer sind. Für ihre logische Form, auch etwa als bedingte Definitionen, folgt daraus, daß ihr Definiendum nicht mehr bei jedem Vorkommen durch ihr Definiens eliminierbar ist. Versucht man, den Hypothesengehalt operationaler Definitionen möglichst klein zu halten, so entsteht eine Inflation inkommensurabler Begriffe niedriger Allgemeinheit (in der Physik etwa müßte man schon dem Messen mit der Schublehre einen anderen Längenbegriff zuordnen als dem Messen mit dem Meterstab usw.). Die Abhilfe besteht in der theoriegeleiteten Bildung von Begriffen (z. T. als undefinierte Grundbegriffe oder durch implizite Definition) und deren partieller empirischer Interpretation durch die Meßvorschriften. Die Angemessenheit und Brauchbarkeit der Meßinstrumente ist jetzt eine empirischer Prüfung zugängliche und bedürftige Frage, die sich nicht mehr durch Definition von selbst erledigt. →Definition, →Definition, operationale, →Operationalisierung. **[L]** BARING 1945, BRIDGMAN 1927, STEGMÜLLER 1970 *W. Glaser*

Operationscharakteristik [engl. *receiver operating characteristics*, ROC], bei der Signalerkennung das Verhältnis der Wahrscheinlichkeiten von richtigem Erkennen und falschem Alarm. →Signaldetektionstheorie

operations research, Verfahren zur Unterstützung unternehmerischer Entscheidungen, um deren Konsequenzen vorauszuberechnen, systematisch zu überprüfen und damit ihr Risiko zu verringern. Verwendet werden statistische Verfahren zur Erforschung komplexer Beziehungen versch. Bereiche untereinander, wobei systematische Zusammenstellungen aller Einflüsse, ihre Abschätzung und der Aufbau eines Modell, das der Durchrechnung dient, herangezogen werden. [L] COREY & STAR 1973 *H. Benesch*

operatives Abbildsystem, OAS, von OSCHANIN eingeführter Begr., meint soviel wie →inneres Modell. [L] HACKER 1978

Operator, in der Mathematik wird O. meist verwendet als Bez. für eine Rechenvorschrift, durch die die Elemente einer bestimmten Menge A eindeutig den Elementen einer Menge B (die mit A identisch sein kann) zugeordnet werden. Die Zuordnung selbst heißt →Abbildung, →Funktion oder →Operation. In der Handlungs- und Problemlösungspsychologie wird unter O. einerseits eine mögliche Veränderung eines (gedanklichen oder materiellen) →Realitätsbereichs-Zustandes in einen anderen verstanden (DÖRNER 1974), andererseits ein Veränderungsverfahren, über das der Handelnde bzw. der Problemlöser verfügt und das er in einem Realitätsbereich bzw. innerhalb eines Problemraums wirksam werden lassen kann. Dabei wird zwischen O. als allgemeiner Form und «Operation» als einer konkreten Ausführung einer Veränderung unterschieden (DÖRNER 1976). Die Taxonomisierung von O. (DÖRNER, 1974, 1976) macht verschiedene Typen von Denkprozessen unterscheidbar. *G. Kaminski*

Operatormodell, lineares, nicht-lineares →mathematische Lerntheorien

Ophthalmologie [gr. *ophthalmos* Auge], Augenheilkunde

Ophthalmometer (HELMHOLTZ), Vorrichtung, um den Krümmungshalbmesser der Hornhaut, zumal bei Astigmatismus, zu bestimmen.

Opiate, natürliche oder synthetische Derivate des Morphiums. →Opioide

Opioid-Antagonisten, Substanzen, die die Wirkung von →Opioden ganz oder teilweise antagonisieren.

Die meisten O. sind nur partielle Antagonisten. Viel untersuchte Stoffe sind →Naloxon, Nalorphin und →Naltrexon. Eine grundsätzliche Frage betrifft die Möglichkeit, Belohnungseffekte von Opioiden zu antagonisieren. Hierzu wird in der Regel geprüft, ob die intracraniale Stimulation von Belohnungsstrukturen durch den O. reduziert wird. [L] SCHÄFER 1988 *W. Janke*

Opioide, psychotrope Substanzen, chem. Peptide, mit Wirkungen, die denen von Morphin ähneln. Sie können synthetisch-exogen oder natürlich-endogen entstehen. Bei den endogenen O. unterscheidet man drei Gruppen: Die Pro-Opiomelanocortin-Gruppe (POMC-Gruppe, z. B. das β-Endorphin) die Pro-Enkephalin-Gruppe (z. B. Met-Enkephalin) und die Pro-Dynorphine. Die O. fungieren im Nervensystem als →Neurotransmitter in Interneuronen, aber auch als Cotransmitter in GABAergen Projektionsneuronen. Außerhalb des ZNS sind sie an vielen Regelungsvorgängen wie z. B. der Darmfunktion, der Sekretion von Hormonen, des Kreislaufs und der Schmerzempfindlichkeit beteiligt. Die Vielfältigkeit der Wirkungen erklärt sich aus ihrer Wirksamkeit an verschiedenen Rezeptoren (μ_1, μ_2, M), die mit unterschiedlichen Funktionen verknüpft sind, so die μ_1-Rezeptoren vor allem mit der analgetischen und euphorisierenden Komponente. Exogene O. sind vor allem →Analgetika, so Abkömmlinge des Morphiums und synthetische Derivate, u. a. →Morphin, →Codein, →Heroin, →Meperidin, →Pethidin, →Methadon, →Hydromorphon, →Fentanyl. [L] BIGELOW & PRESON 1995, HERZ & SHIPPENBERG 1989, JAFFE & MARTIN 1990, JULIEN 1997, SNYDER 1994, ZACNY 1995 *W. Janke/R. Küffner*

Opipramol, WZ Insidon®, Psychopharmakon aus der Klasse der trizyklischen →Antidepressiva und gleichzeitig der →Tranquillantien. Mehrstündige Wirkungsdauer (Halbwertzeit 6–9 h). Chem. den trizyklischen →Antidepressiva und →Neuroleptika ähnelnd. Klinische Wirkungen im Bereich Angst, Depression, psychosomatische Störungen. Wirkungsmechanismus komplex. Antagonistische Wirkungen an Histamin(H_1)-, Serotonin(5-HT_2)- und Dopamin(D_2)-Rezeptoren. [L] KASPER & MÖLLER 1996 *W. Janke*

Opium, chem. Substanz, enthalten im Milchsaft der Schlafmohnkapseln, seit Jahrhunderten in der Volksmedizin genutzt, pharmakologisch zur Gruppe der Opioide gehörend. O. enthält ca. 25 verschiedene →Alkaloide, von denen man die 6 wichtigsten in die 2 Klassen Phenanthren-Typ (Morphin, Codein, Thebain) und Benzylisochinolin-Typ (Papaverin, Narkotin, Narzein) einteilt. O. wird gegen schwere Schmerzzustände verwendet (→Opiod-Analgetika). Abusus führt zur Sucht. Daher unterliegen die O. dem Betäubungsmittelgesetz. Hauptwirkungen: Dämpfung reflektorischer Reaktionen des Organismus auf störende Einflüsse (z. B. Noxen), analgetisch, zentral dämpfend, atemdepressorische Wirkung. Dämpfende Wirkungen des Morphins auf Magen-

Darm-Motorik. Ps. Wirkungen komplex. Sowohl euphorische als auch dysphorische Wirkungen. [L] →Analgetika, FORTH et al. 1996, SCHMIDTBAUER & VOM SCHEIDT 1997

W. Janke/M. Reuter

Oppelsche Täuschung, eine nicht unterteilte Strecke wird beim Vergleich mit einer gleichlangen unterteilten Strecke für kürzer gehalten. →geometrisch-optische Täuschung

Optik, Lehre vom Licht. Von der Antike bis über das Mittelalter hinaus war die Optik immer gleichzeitig Lehre vom Licht (als physikalischem Gegenstand) und von der Wahrnehmung; allmählich bildete sich eine Differenzierung heraus (z. B. physiologische Optik, physikalische Optik). Für die →Wahrnehmungspsychologie besonders wichtig ist die geometrische Optik, die die Ausbreitung des Lichts beschreibt (auch Brechung und Spiegelung); mit Hilfe der geometrischen Optik lassen sich Eigenarten des →Netzhautbildes berechnen (ein einfaches Beispiel ist der →Sehwinkel); ihre Anwendung auf natürliche Wahrnehmungssituationen wird auch als →ökologische Optik bezeichnet. *H. Heuer*

optische Lückenkombination **[T]** FRANKEN, GIESE

optischer Typus →Typologie (Vorstellungstypen)

optischer Kardinalpunkt →Knotenpunkt

optische Täuschung →geometrisch-optische Täuschung

Optometer, Sehweitemesser

Optotyp, Zeichen zur Sehschärfenmessung. Z. B. Buchstaben, LANDOLT-Ringe

OR, Abk. für *orientation response* (PAWLOW Orientierungsreflex). →Orientierungsreaktion

oral [lat. *os* Mund], den Mund betreffend

orale Phase, nach FREUD die 1. Phase der seelischen Entwicklung, die von der Geburt bis etwa zum Ende des ersten Lebensjahres dauert. Sie steht unter der Dominanz des Mundes als erogener Zone und ist gekennzeichnet durch den Lustgewinn aus dieser Zone (Saugen, Lutschen, Beißen). Man unterscheidet frühe und späte Phase. →analsadistische Phase

oraler Charakter, von ABRAHAM (1921) beschriebene Charaktertypen, die durch die Verarbeitung ihrer oralen Bedürfnisse geprägt sind. →analer Charakter

Oralraum, erste Zone des räumlichen Bewußtseins beim Kinde, bezogen auf Tast- und Bewegungsempfindungen im Munde. Auch Urraum genannt. →Greifraum

Orap® →Pimozid

Orbita, orbital [lat. *orbita* Wagen-Geleise, Kreis], Augenhöhle, die Augenregion betreffend

Orciprenalin, WZ Alupent®, Substanz aus der Klasse der VNS-Pharmaka vom Typ der Sympathikomimetika. Keine unmittelbaren zentralnervösen Wirkungen. Deshalb geeignet als Forschungswerkzeug der Emotionspsychophysiologie. Gleichstarke Wirkung an β_1- und β_2-Rezeptoren. Wirkung vergleichbar zu Isoprenalin, jedoch längere Wirkungsdauer. [L] ERDMANN 1983 *G. Erdmann/W. Janke*

Ordinalskala, eine O. oder Rangordnung stellt die einfachste Form einer Metrik dar. Sie ermöglicht Aussagen über die Größenrelationen von Beobachtungseinheiten im Sinne von «größer – kleiner», nicht jedoch über die Größenunterschiede zwischen den verschiedenen Elementen. Ein Beipiel für eine O. stellt die Schulnotenskala dar.

Ordinalvariable, eine O. ist eine auf einer Ordinalskala klassifizierte, quantitative Variable.

Ordnen von Gegenständen **[T]** GOLDSTEIN, TRIST-HARGREAVES

Ordnen von Gewichten **[T]** BINET

Ordnen von Verbrechen und Vergehen **[T]** JACOBSON

Ordnung →Klassifikation

Ordnungsgrad, aus der Informationstheorie stammendes diskretes Maß für die serielle Struktureinheit von →Zeichen-Abfolgen. In der →Sprachstatistik kommt z. B. einer Abfolge von Buchstaben der O. «k» zu, wenn sich in ihr die Auftretenshäufigkeiten aller aus k aufeinanderfolgenden Buchstaben gebildeten Serien so verteilen wie in einem für die Gebrauchssprache repräsentativen Text. Eine solche Abfolge heißt dann auch →Approximation k-ter Ordnung. Der O. steht mit der →Redundanz in Zusammenhang *H.E. Zahn*

Ordnungs-Test **[T]** BINET, GIESE, LEIPZIGER LEHRERVEREIN, STERN

orektisch, die willens- und gefühlsmäßigen Aspekte der Erfahrung: Impuls, Haltung, Wunsch, Emotion. LEWIS (1970) stellt der →Kognitiven Entw. im Säuglings- und Kleinkindalter die o. als eine Mischung affektiver und antriebhafter Vorgänge gegenüber. Aus diesen o. Anfängen erwächst dann die →Sprachentwicklung: Die ersten Sprachlaute sind noch ganz emotional und erhalten erst innerhalb der Gesamtsituation Mitteilungswert. Zur →Abstraktion von →Begriffen wird das Kind durch die Ähnlichkeit emotionaler und triebhafter Erfahrungen in verschiedenen Situationen zusammen mit der Erfahrung geführt, daß es in allen diesen Situationen dasselbe kennzeichnende Wort gebraucht. Die sich entwickelnde Sprache stellt ihrerseits wieder einen fundamentalen Faktor für die kognitive und o. Entwicklung dar. Entsprechend geht nach LEWIS sprachliche Retardierung mit o. Unreife einher.

H. Grimm

Organ, (biol.) aus Zellen bzw. Zellverbänden (Geweben) aufgebauter Körperteil mit spezifischer Funktion (vegetatives O., animales O.). Bilden mehrere O. eine Funktionseinheit, so spricht man von einem «Apparat», z. B. Verdauungs-, Bewegungsapparat. Eine Anzahl im Körper verstreuter O. mit gemeinschaftlicher Leistung heißt O.system

Organempfindungen, auch als Vitalempfindungen bezeichnet. Die von der inneren Organtätigkeit (Magen, Herz, Darm) ausgelösten Empfindungen. Sie beziehen sich also nicht auf die Außenwelt, sondern auf den eigenen Körper (Hunger, Durst, Ekel, Übelkeit, Harndrang, Hustenreiz u. a. m.) Gelegentlich rechnet man auch kinästhetische und Gelenkempfindungen dazu. →Gemeingefühl

Organisation, der Begriff der O. kann sowohl das momentane «Organisieren» als Tätigkeit oder Prozeß, als auch ganzheitliche soziale Gebilde oder Systeme, wie Industriebetriebe, Behörden, Schulen oder Krankenhäuser bezeichnen. Umfassend bezieht er sich sowohl auf momentane, veränderliche oder stabile Verhaltens- und Tätigkeitsprozesse, als auch auf die zugrundeliegenden oder resultierenden Strukturen oder ganzheitlichen sozialen →Systeme bei der Bewältigung von →Aufgaben. Als soziale Gebilde können Organisationen allgemein auch als Systeme von Menschen, Aufgaben und Regeln definiert werden (GREIF 1993a). Während →Aufgaben beschreiben, was getan werden soll, zeigen Regeln, wie dies geschehen soll (bspw. durch Qualitätskritierien, Verhaltensstandards oder Heurismen). Der Begriff der O. bezieht sich nicht nur auf die konkrete Planung, Koordination und Kooperation, Selbst- oder Fremdsteuerung und -kontrolle von Arbeitstätigkeiten, sondern auch auf die Arbeitsteilung und alle Formen der Formulierung, Kommunikation und Interpretation von arbeitsbezogenen Aufgaben und Regeln, Wissen und Erfahrungen durch Sprache und nicht-sprachliche Medien.

BASS (1965) hat O. als soziale Gebilde vereinfachend als offene Systeme zur Transformation von Menschen, Geld und Material beschrieben. GEBERT (1978) und ROSENSTIEL (1992) heben als Bestimmungsmerkmale hervor, daß Organisationen als offene Systeme gegenüber ihrer Umwelt eine zeitlich überdauernde Existenz aufweisen, spezifische Ziele verfolgen und aus Individuen bzw. Gruppen zusammengesetzt sind, wobei eine bestimmte Struktur (Arbeitsteilung, Hierarchie von Verantwortung etc.) existiert. Die Begriffe «→Organisationsumwelt» «→Arbeit und Organisation» sind aufeinander bezogen. In Organisationen wird aber nicht nur gearbeitet und Arbeit findet auch außerhalb von Organisationen statt (ROSENSTIEL 1992).

In neuerer Zeit werden aus den Naturwissenschaften entlehnte Theorien zur Beschreibung selbstdeterminierter, dynamischer und chaotischer Prozesse der →Selbstorganisation in Verwaltungen und Industrieorganisationen herangezogen. Nach WEICK (1977) interpretieren Organisationen und ihre Mitglieder ihre Umwelt an Sinn- und Deutungsmustern des eigenen Handelns und versuchen, die «Realitäten» sinnstiftend so zu konstruieren und zu verändern, daß organisationale Identität erhalten bleibt.

Nach konstruktivistischem Organisationsverständnis bilden soziale Systeme wie Industriebetriebe ihre Strukturen durch kontinuierliche Kommunikationsprozesse. NEUBERGER (1991 b) versteht O. dementsprechend allgemein als «Ordnung der Verhältnisse». Personen interessieren nur insoweit, wie sie an diesen Prozessen teilhaben und gehören mit ihren Merkmalen zur Umwelt des sozialen Systems →Selbstorganisation. [L] BASS 1965, GREIF 1993a, NEUBERGER 1991b, ROSENSTIEL 1992

S. Greif

Organisationsanalyse, die systematische Untersuchung und Beschreibung der Merkmale, Strukturen, Bedingungen und Prozesse in einer →Organisation. O. wird in den Betriebs- und Verwaltungswissenschaften sowie der Organsiationssoziologie als Oberbegriff für alle Formen von Untersuchungen verwendet. Der Begriff der →Organisationsdiagnostik bezieht sich dagegen im allg. speziell auf psychologisch begründete Methoden der O. Die O. kann neben wissenschaftlichen Zielen unterschiedlichen praktischen Aufgaben dienen, wie der Vorbereitung, Begleitung und Evaluation organisationaler Veränderungen (→Organisationsentwicklung), als Grundlage für die →Personalentwicklung (insbes. für personelle Entscheidungen, zur Analyse organisationaler Ressourcen oder zur Untersuchung des innovativen Potentials) sowie zur Analyse der →Effizienz und →Effektivität in der Organisation, als Entscheidungsgrundlage bei anstehenden technologische Veränderungen (→Technologie) oder Investitionsentscheidungen. Wenn Organisationsanalysen in regelmäßigen Abständen durchgeführt werden, lassen sie sich für ein Berichtswesen über den Zustand der Organisation nutzen.

Schwerpunkte der O. sind häufig Strukturmerkmale wie Größe, Hierarchieebenen, Formalisierung (z. B. schriftlich fixierte Zuständigkeiten und Regeln zur Ausführung von →Aufgaben), Spezialisierung bzw. Arbeitsteilung und →Technologie.

Bei der Untersuchung der personellen Ressourcen liegen die Schwerpunkte in Merkmalen der →Arbeitstätigkeit, wie z. B. Handlungsspielraum, Arbeitskomplexität und Variabilität (→Arbeitsgestaltung, →Tätigkeitsanalyse) sowie der →Arbeitszufriedenheit der Organisationsmitglieder. Der Unterschied zwischen O. und →Tätigkeitsanalyse liegt dabei oft nur darin, daß bei einer O. nicht nur zu einzelnen Tätigkeiten und Arbeitsplätzen Untersuchungen durchgeführt werden, sondern zu allen Arbeitsplätzen einer Abteilung, eines Bereiches oder der gesamten Organisation.

Bei der O. werden in der Regel verschiedene Arten von Daten gesammelt, insbes. schriftliche Dokumente (Organigramme, Stellenbeschreibungen, Dienstanweisungen usw.), Personaldaten und betriebswirtschaftliche Statistiken, Befragungen von Experten, Befragung von Organisationsmitgliedern, Befragungen von Gruppen, beobachtbare Kontakte oder Verfolgen der Bearbeitungsgänge bei einzelnen Aufgaben durch verschiedene Personen (z. B. der bearbeiteten Akten von Schreibtisch zu Schreibtisch), Auswertung von Maschinen- und Computerdaten sowie Tätigkeitsbeobachtungen mit standardisierten Instrumenten (→Tätigkeitsanalyse). Oft werden Fragebögen zur →Arbeitszufriedenheit oder allgemein Fragebögen zur Erfassung der subjektiven Wahrnehmung und Bewertung der Organisation und ihrer Merkmale durch ihre Mitglieder (→Organisationsklima) in Organisationsanalysen integriert.

Mitunter werden lediglich einzelne Experten aus der Organisation befragt, die stellvertretend für alle ihre Organisation beschreiben. Angemessener ist eine repräsentative Befragung der Organisationsmitglieder aller Hierarchieebenen und Bereiche, deren Untersuchung vorgesehen ist. BÜSSING (1992) zeigt, wie die Ergebnisse standardisierter Tätigkeitsanalysen für eine systematische O. verwendet werden können.

Speziell bei Analysen der →Organisationskultur werden vielfältige qualitative Informationen erfragt. Hier interessieren sowohl die Werbeslogans der Organisation, Rituale bei Ehrungen und Feiern oder Erfolgsrezepte für Aufsteiger, als auch die internen Geschichten und «Klatsch» über das Management, über andere Personen oder über besondere Ereignisse, ja sogar kursierende Witze oder Graffiti und Wandsprüche. Diese Informationen werden in Hinblick auf gemeinsame oder unterschiedliche Überzeugungen und Werte sowie auf die ungeschriebenen Regeln der Organisation analysiert und interpretiert.

Die O. wird oft von externen Unternehmensberatungen von einem interdisziplinär zusammengesetzten Team in einem mehrmonatigen Prozeß durchgeführt. KÜHLMANN & FRANKE (1989) unterscheiden die folgenden sieben Phasen: (1) Einführungsphase; (2) Erkundungsphase; (3) Planungsphase; (4) Durchführung der Hauptuntersuchung; (5) Phase der Datenverarbeitung; (6) Interpretationsphase; (7) Zusammenfassung, Ergebnisbericht und Präsentation der Ergebnisse.

In allen Phasen sind Gespräche und Verhandlungen mit allen Beteiligten der verschiedenen Ebenen (Vertreter der Organisationsleitung, der beteiligten Abteilungen und der Arbeitnehmervertretung) und gemeinsame Vereinbarungen erforderlich, um eine hinreichende Akzeptanz und Unterstützung bei der Durchführung der O. und bei im Anschluß an eine O. in der Regel vorgesehenen Änderungsmaßnahmen (→Personalentwicklung, →Organisationsentwicklung) zu gewährleisten.

Veröffentlichte Verfahren zur O. werden von KARG & STAEHLE (1982) sowie KUBIZEK & WELTER (1985) zusammengestellt. Aktuelle Interviewleitfäden, Fragebögen und andere Methoden der O. wie sie heute in der Praxis eingesetzt werden, sind aber in der Regel nicht allgemein zugänglich, weil sie von den Unternehmensberatungen als ihr besonderes «Know-how» unter Verschluß gehalten werden. Moderne Strategien der O. und Beispiele für integrative Ansätze sowie Analyseinstrumente für spezielle Organisationen (z.B. Krankenhäuser) beschreibt BÜSSING 1993. **[L]**

BRANDSTÄTTER 1978, BÜSSING 1993, KÜHLMANN & FRANKE 1989 *S. Greif*

O

Organisationsdiagnose, psychologische, ist die wissenschaftlich-systematische Darstellung der Verfahrensgrundsätze und Verfahrensweisen psychologischer Beschreibung und Bedingungsanalyse der sozialen Eigenart und der spezifischen sozialen Probleme einer Organisation sowie der Prognose und Bewertung individueller und sozialer Wirkungen organisatorischer Eingriffe (BRANDSTÄTTER 1978). Während der Begriff der O. in der Psychologie verwendet wird, ist in der Betriebswirtschaft, Verwaltungswirtschaft und Organisationssoziologie der Begriff der →Organisationsanalyse als Oberbegriff auch für nicht psychologisch begründete systematische Untersuchungen gebräuchlicher. Für eine Beschreibung der Methoden der O. →Organisationsanalyse, →Tätigkeitsanalyse, z. T. auch →Aufgabenanalyse sowie Test-Anhang **[T]** →OAI. **[L]** BRANDSTÄTTER 1978, BÜSSING 1993, KÜHLMANN & FRANKE 1989 *S. Greif*

Organisationsentwicklung (OE) [engl. *Organizational Development*], ist die absichtlich und bewußt gesteuerte Veränderung einer Organisation von einem aktuellen Zustand hin zu einem gewünschten Zustand in der Zukunft (vgl. GEBERT 1989). Im Unterschied zur →Arbeitsgestaltung an einzelnen Arbeitsplätzen oder Veränderung der →Gruppenarbeit in einem Teilbereich geht es bei der OE in der Regel um die Veränderung größerer Einheiten der →Organisation (Abteilungen, Bereiche oder gesamte Organisation).

Unterschieden wird zwischen personalen und strukturellen Ansätzen. Die erste Gruppe umfaßt alle Maßnahmen der →Aus- und Weiterbildung, die z. B. auf eine Verbesserung der fachlichen →Qualifikationen und sozialen Kompetenzen abzielen oder Veränderungen der Kommunikation und →Gruppendynamik. Die zweite Gruppe bezieht sich auf Veränderung der Arbeitsstrukturen (→Arbeitsgestaltung, →Gruppenarbeit) und technologische Veränderungen (→Technologie).

Interventionsmaßnahmen zur OE werden in der Regel in einem längerfristigen, oft mehrjährigen Prozeß von einem interdisziplinär zusammengesetzten, häufig externen Team von Organisationsberatern [engl. *change agents*] durchgeführt. Je nach Problemstellung werden verschiedene Aktivitäten durchgeführt, wie →Organisationsanalysen, Maßnahmen zur →Aus- und Weiterbildung der Organisationsmitglieder, Maßnahmen zur Veränderung der →Arbeitsgestaltung und Einführung von →Gruppenarbeit, Selbsterfahrungsgruppen (→gruppendynamisches Laboratorium), →Qualitätszirkel oder angeleitete Problemlösegruppen und Teams aus der Organisation zur Entwicklung und Umsetzung von Veränderungsvorschlägen.

Bei der *Survey-Feedback*-Methode werden die Ergebnisse einer partizipativ gestalteten →Organisationsanalyse den Mitgliedern der Organisation präsentiert, gemeinsam diskutiert und als Grundlage zur gemeinsamen Entscheidung über geplante Änderungen herangezogen. Kurt LEWIN und seine Schüler haben diese Methode und typische Phasenkonzepte der OE eingeführt.

In Anlehnung an LEWIN werden drei Hauptphasen der OE unterschieden:

- *Unfreezing* («Auftauen», bzw. Öffnen der Organisationsmitglieder für erforderliche Veränderungen);
- *Change* (Veränderung, bzw. Durchführung der geplanten Änderungen);
- Refreezing («wieder einfrieren»), bzw. Stabilisierung der Veränderungen zur Vermeidung von Rückfällen in den vorherigen Zustand.

HUSE (1980) differenziert die folgenden Teilschritte:

- *Unfreezing*; (1.1) Organisationsberater und Organisationsmitglieder explorieren das Problem gemeinsam; (1.2) Entwicklung und Abschluß eines gemeinsamen Kontrakts über die OE-Maßnahmen; (1.3) Organisationsanalyse und Zielklärung; (1.4) Planung der Veränderungsschritte und Vorbereitung auf Änderungswiderstände.
- *Change*; (2.1) Implementierung der geplanten Änderungen
- *Refreezing*; (3.1) Stabilisierung und Evaluation, Planung zusätzlicher Aktivitäten; (3.2) Beendigung des Projektes (und Beginn neuer OE-Maßnahmen).

Die einzelnen Schritte werden nicht strikt nacheinander durchgeführt, sondern insbes. bei neuen Erkenntnissen oder nach Konsultationen mit den Organisationsmitgliedern teilweise wiederholt durchlaufen (zyklisch bei erneuten Organisationsanalysen beginnend).

Für die Akzeptanz und den Erfolg von OE-Maßnahmen ist eine umfassende Information, Beteiligung und Abstimmung des Projektes aller Hierarchieebenen und Bereiche (Unternehmensleitung und Arbeitnehmervertretung), im Ideal aller beteiligten Organisationsmitglieder, erforderlich. Zur abschließenden Evaluation der OE werden Methoden der →Organisationsanalyse herangezogen. [L] GEBERT 1993, HUSE 1980. *S. Greif*

Organisationsklima, die subjektive Wahrnehmung und Bewertung der Organisation und ihrer Merkmale oder einzelner Abteilungen der Organsiation durch ihre Mitglieder. Im Rahmen situativer Ansätze wird dem O. eine entscheidende moderierende Bedeutung für die →Effizienz der →Organisation zugeschrieben. Der ältere Begriff Betriebsklima bezog sich vorwiegend auf eine allgemeine Beschreibung und Bewertung der sozialen Strukturen und interpersonellen Beziehungen in der Organisation.
Zur Untersuchung des O. werden in der Regel Fragebogeninstrumente mit Fragen zur Beschreibung oder Bewertung der Arbeit (→Arbeitszufriedenheit) und Organisation (→Organsiationsanalyse), speziell der personellen Förderungsmöglichkeiten (→Personalentwicklung) verwendet.
Im Vergleich zu Fragebögen zur →Arbeitszufriedenheit umfaßt das O. nicht nur die individuelle Bewertung der Arbeit und ihrer unmittelbaren Kontextbedingungen, sondern auch darüber hinausgehende Merkmalsbereiche, neben Bewertungen auch Beschreibungen, nicht nur individuelle Einschätzungen, sondern insbes. auch über alle Mitglieder einer Organisation aggregierte Werte. Instrumente zur Analyse des Organisationsklimas werden oft in →Organisationsanalysen integriert. [L] CONRAD & SYDOW 1984, ROSENSTIEL 1989 *S. Greif*

Organisationskultur, (syn. Unternehmenskultur) ein Oberbegriff für die Gesamtheit der gemeinsamen Grundannahmen, Werte und Normen der Mitglieder einer Organisation. Der Begriff O. wird außerdem als Metapher für ein theoretisches Verständnis von →Organisationen verwendet, wonach Traditionen, Werte und Normen von entscheidender Bedeutung für den Erfolg des Unternehmens sind. Während das →Organisationsklima im allg. mit quantitativen Fragebogeninstrumenten erfaßt wird, basiert die Forschung zur O. auf einer qualitativen und interpretativen Methodologie (s. qualitative Methoden der →Organisationsanalyse). [L] NEUBERGER & KOMPA 1987 *S. Greif*

Organisationslaboratorium, Organisationsform gruppendynamischer Veranstaltungen mit dem vorwiegenden Ziel, das Entstehen von Vergesellschaftung mit ihren Formen der Organisation, Institutionalisierung, Umgang mit Macht und Abhängigkeit zu lernen.

Organisationspsychologie [engl. *Organizational Psychology*], behandelt nach enger Begriffsdefinition den Teilbereich der →Arbeits- und Organisationspsychologie, der sich auf Interaktionen zwischen mehreren Individuen in →Organisationen (Beispiele: Industriebetriebe, Behörden, Schulen, Krankenhäuser, Gefängnisse, Vereine) bezieht (GREIF 1983). In der interdisziplinären Untersuchung organisationalen Verhaltens werden Organisationen als «offene soziale Systeme» betrachtet, die ständige Austauschprozesse mit der →Organisationsumwelt und ihren Merkmalen aufweisen (z. B. statische oder dynamische Marktsituation). Nach konstruktivistischen Systemtheorien und Theorien der →Selbstorganisation bilden soziale Systeme ihre Strukturen durch kontinuierliche Kommunikationsprozesse. Personen interessieren nur insoweit, wie sie an diesen Prozessen teilhaben und gehören mit ihren Merkmalen zur Umwelt des sozialen Systems. Mit seinen Arbeiten zur →Gruppendynamik haben LEWIN und seine Schüler grundlegende Konzepte der O. entwickelt. Praktisch zielen viele organisationspsychologische Konzepte und Organisationsmodelle im Kern auf dezentrale Organisationsstrukturen (→Organisation), Förderung von Teamarbeit (→Gruppenarbeit), kooperativen Führungsstil (→Führung, →lean management) und partizipative Veränderungsprozesse durch Maßnahmen zur →Organisationsentwicklung ab. Im Ergebnis wird eine Erhöhung der →Effizienz und →Effektivität sowie gleichzeitig eine Verbesserung der →Arbeitszufriedenheit und →Arbeitsmotivation, der psychischen →Gesundheit, der →Qualifizierung in der Arbeit und Förderung der Flexibiltät oder des innovativen Problemlösepotentials des Personals (→Personalentwicklung) erwartet. Ansatzpunkte für psychologische Interventionen sind im allg. entweder (1) Auswahl, Beurteilung oder Veränderung der Organisationsmitglieder (sogenannte «personelle Ansätze»; im einzelnen →Personalauswahl, →Personalbeurteilung, →Aus- und Weiterbildung, →Führung und Management, →Personalentwicklung) oder (2) Prozesse und Strukturen in der →Organisation, insbes. Verbessserung der Arbeitsorganisation und →Gruppenarbeit. (→Qualitätszirkel, →Organisationsentwicklung, →Organisationsklima, →Organisationskultur).
Nach weitgefaßtem Verständnis umfaßt die O. als Oberbegriff die psychologische Analyse von Arbeitstätigkeiten oder allgemein des Er-

lebens und Verhaltens von Individuen und Gruppen in beliebigen →Organisationen (ROSENSTIEL 1992). In der weiten Definition überschneidet sich ihr Gebiet mit der →Arbeitspsychologie. Als gemeinsame Gebietsbezeichnung und Oberbegriff hat sich →Arbeits- und Organisationspsychologie durchgesetzt. Methoden zur systematischen Untersuchung und Beschreibung der Merkmale, Strukturen, Bedingungen und Prozesse in einer Organisation werden als →Organisiationsanalyse bezeichnet (psychologische Methoden als Verfahren zur →Organisationsdiagnose, vgl. ausgewählte Verfahren im Test-Anhang [T] →OAI). [L] GEBERT & ROSENSTIEL 1992, GREIF 1983 u. 1993a, SCHULER 1993. *S. Greif*

Organisationsumwelt, als soziale Gebilde oder Systeme werden →Organisationen als offene Systeme angesehen, die in ständigen Austauschprozessen mit ihrer Umwelt oder Umgebung stehen. Nach BASS (1965) nimmt die Organisation als *Input* Menschen (mit ihrer investierten Arbeitskraft, Zeit und Gesundheit), Geld und Material (Rohmaterialien, Arbeitswerkzeuge usw.) aus der Umwelt auf und gibt die fertiggestellten Produkte, Gewinne wie auch immaterielle Ergebnisse, wie Zufriedenheit (der Beschäftigten und Konsumenten) oder im negativen Fall Erwerbslose und Erkrankte an die Umwelt ab. Im Rahmen konstruktivistischer Selbstorganisationstheorien (→Organisation, →Selbstorganisation) werden die Kommunikationsprozesse als soziales System analysiert. Hier werden die Menschen zur Umwelt des so definierten Systems gezählt (vgl. NEUBERGER 1991b). Nach Kontingenztheorien ist die effektive Struktur und →Technologie einer Organisation von der Komplexität, Dynamik oder Turbulenz der relevanten O. abhängig (bspw. stabile vs. turbulente Marktsituation). Betrachtet werden nicht nur die technologischen, wirtschaftlichen und gesellschaftspolitischen Bedingungen, sondern auch der kulturelle und rechtliche Kontext. Oft vernachlässigt wird die Erforschung der rückwirkenden Einflüsse der Organisation auf ihre Umwelt. [L] WILPERT 1993 *S. Greif*

organisch, ein Organ betreffend. • Eine natürliche Ganzheit und Einheit bildend. • Auf einer natürlich gewachsenen (entwickelten) Einheit beruhend.

organische Krankheiten, die durch anatomisch nachweisbare Gewebsveränderungen bedingten Krankheiten. Die Bez. organisch ist wenig eindeutig, besser die Bez. →läsionelle Krankheiten im Ggs. zu den →funktionellen Störungen.

organische Psychose, Bez. für die →organisch begründete oder begründbare Psychose

organischer Symptomenkomplex →Psychosyndrom, organisches

organische Weltanschauung, die Anschauung, die überall im Weltganzen die Gesetze der organischen Natur wirksam sieht.

organisierte Stichproben, werden so erstellt, daß sie hinsichtlich mehrerer Merkmale eine gewünschte Zusammensetzung aufweisen. Innerhalb der einzelnen Merkmalsgruppen werden die Elemente der Stichprobe nach dem Zufallsprinzip ausgewählt. Die o.St. unterscheidet sich in ihrer Herstellung von der →Zufallsstichprobe. *G. Mikula*

organismisch, im Unterschied zu →organisch das dem Organismus Gleichende, nicht das ihn Bildende bzw. ihm Zugehörende

organismische Auffassung, Richtung der Biologie, die (anders als die mechanistische wie die vitalistische Auffassung) die ganzheitliche Ordnung der Lebensprozesse dynamisch aus dem Wechselspiel der im System selbst enthaltenen Kräfte erklärt. Die Wirklichkeit ist «ein Stufenbau, eine hierarchische Ordnung von übereinandergeschachtelten Systembildungen». [L] v. BERTALANFFY 1950

Organismus, Lebewesen, leibseelisches Ganzes, lebendiges System mit wechselseitiger Verbundenheit (Aufeinanderbezogensein) aller Teile. • Im übertragenen Sinne Bezeichnung für organisierte Systeme: z. B. ein Volk, eine Sprache, ein Betrieb als O.

Organminderwertigkeit, die durch konstitutionelle Unterentwicklung bedingte Minderwertigkeit eines Organs. O. ist Grundbegr. und Ausgang der Individualps. von A. ADLER. →Minderwertigkeitsgefühl. [L] BRACHFELD 1953

Organophosphate, Stoffgruppe mit (neuro)toxischen Wirkungen, die vielfach untersucht sind. Bestandteil vieler →Insektizide und →Pestizide. Ursprünglich in hohen Dosen als Kampfgase entwickelt (Soman, Sarin, Tabun). O. beeinflussen das Acetylcholinsystem, indem sie →Acetylcholin abbauende Enzyme (Esterasen) hemmen. Sie passieren meist die Blut-Hirn-Schranke und haben daher zentralnervöse Effekte, so Vigilanz- und Aufmerksamkeitsverminderung und Verlangsamung der Informationsverarbeitung. [L] FORTH et al. 1996, HARTMAN 1995 *W. Janke*

Organpsychose, von MENG (1939, 1960) eingeführter Begriff, der das Übergreifen einer psychotischen Ich-Störung auf bestimmte Organe bezeichnet

Orgontherapie, eine auf W. REICH zurückgehende, psychoanalytisch orientierte Körpertherapie. Ausgangspunkt ist die Annahme, daß es eine spezifische Lebens-Energie gibt, auch als Orgon bezeichnet, welche bei «neurotischen» Personen blockiert ist. Mit den Mitteln der Atmung, der Massage und Dehnung soll diese Blockierung (Konzept des «Charakterpanzers») überwunden und eine Freisetzung der blockierten Energie (→Libido) erreicht werden. Für diese Therapieform liegt kein Wirksamkeitsnachweis vor, und ihre konzeptuellen Grundlagen sind allenfalls bei metaphorischer Betrachtung mit aktuellem biologischem und psychologischem Grundlagenwissen vereinbar.

Orientierung, Orientierungssinn [lat. *oriens* aufgehende Sonne], Fähigkeit, sich örtlich, zeitlich und über die sonstigen realen Gegebenheiten «im klaren» sein zu können. O. ist auch als psychiatrisch-verhaltensps. Kategorie von Bedeutung, was im Ggs. des Desorientiertseins (Verwirrtseins) deutlich wird. Zudem ist O. das praktische Sichzurechtfinden im Raum oder in Gegenden. Im Tierleben (Brieftauben, Bienen) fällt besonders der Umfang des O. auf. →Fernsinne. [**L**] FRISCH 1933, PETERS 1957

Orientierungsreaktion, das komplexe Reaktionsmuster, das ein Organismus auf neue, unerwartete Umweltreize zeigt und das einen Zustand gesteigerter Aufmerksamkeit beinhaltet, was PAWLOW (1926) als «Orientierungs-Reflex» bezeichnet. Die O. stellt nach SOKOLOV (1963) einen integrierten Teil des komplexeren exploratorischen Verhaltens dar. Die wichtigsten Komponenten dieses vielfach (SOKOLOV) auch als Einheit angesehenen funktionellen Systems sind: (1) Erhöhte Sensibilität, Absinken der Wahrnehmungsschwellen für auditive und visuelle Reize, Pupillenerweiterung, Erhöhung der Fähigkeit, zwischen einander ähnlichen Reizen zu diskriminieren (Erhöhung der Verschmelzungsfrequenz in den sensorischen Systemen). (2) Allgemeine Veränderungen der Muskulatur. Momentan ablaufende Handlungen werden eingestellt, Steigerung des Muskeltonus und Erhöhung der elektrischen Aktivität der Muskeln. (3) Spezifische Veränderungen der Skelettmuskulatur. Je nach Organisationsstufe treten Muskeln in Tätigkeit, die die Sinnesorgane auf die Reizquelle ausrichten. (4) Veränderungen der elektrischen Hirnaktivität. EEG-Muster zeigen erhöhte Erregung, wobei schnelle Wellen mit niedriger Amplitude dominieren. Neben dieser diffusen *«arousal»*-Reaktion zeigen sich auffallende Sekundärantworten («evozierte Potentiale») in verschiedenen Gehirnabschnitten. (5) Viscerale Veränderungen. Konstriktion der peripheren Blutgefäße und Dilatation der Blutgefäße in Kopf und Gehirn. Veränderung des Hautwiderstands (psychogalvanische Reaktion →PGR, EDA). Vertiefung und Verlangsamung der Atmung und gewöhnlich Herabsetzung der Herzfrequenz. Der O. kommt danach eine zweifache Bedeutung zu: Die Sensibilität auf Informationsinput wird erhöht und der Körper gleichzeitig auf eine Notfall-Situation vorbereitet. Bedingungen, die eine O. hervorrufen, sind: (a) Neue oder komplexe Reize («Überraschung»). (b) Sich widersprechende Reize (z. B. Reize, die sich widersprechende Reaktionen erfordern). (c) Signifikante (Signal-) Reize, die eine besondere Bedeutung für den Organismus haben (z. B. eigener Name), lösen im Ggs. zu dem Vorgenannten auch nach mehrfacher Wiederholung eine solche Reaktion aus. Bei den meisten Reizen gewöhnt sich (habituiert) der Organismus sowohl physiologisch als auch ps. an den Reiz (10 bis 30 Wiederholungen) und reagiert nicht mehr auf ihn. Eine geringe Veränderung des Reizes (z. B. Veränderung der Tonhöhe) ruft die O. sofort wieder in unverminderter Stärke hervor. Zur Interpretation hat SOKOLOV (1960) ein Modell vorgeschlagen, nach welchem im Gehirn ein neuronales Muster des Stimulus aufgebaut wird («innere Spur»). Die Stärke der beobachtbaren Reaktion auf «Neuheit» (= Nichtübereinstimmung mit der Spur) stellt danach eine Funktion des Unterschiedes zwischen dem Erregungsmuster des Synapsensystems und der Reizgestalt des Teststimulus dar. Im Fall von «Neuheit» wird die *formatio reticularis* aktiviert, bei «Bekanntheit» hemmt der *hippocampus* die *formatio reticularis* und reduziert weiteren sensorischen Input. →Adaptation, →Aufmerksamkeit, →Habituation. [**L**] BERLYNE 1961, ZIMBARDO 1995, BÖSEL 1989 *C. Becker-Carus*

Orientierungsstufe, eine besondere Organisationsform der Schule im Übergangsbereich von Grundschule (Primarbereich, 1.–4. Schuljahr/6.–10. Lbj.) zu den weiterführenden Schulen Hauptschule, Realschule, Gymnasium, Gesamtschule (Sekundarbereich I, 7.–10. Schuljahr/13.–16. Lbj.). Als eigentliche Zielsetzung

O

der Einführung der O. gilt die Erhöhung der Chancengerechtigkeit durch verbesserte Beobachtungs- und Fördermaßnahmen. Die O. brachte bzw. unterstützte vielerlei Anstöße zu allgemeineren erziehungswissenschaftlichen Innovationen, z. B. zur Lehrplanrevision (= Betonung der sozialen Aspekte schulischen Lernens), zur Kritik der Leistungsbeurteilungsverfahren (informelle Tests) oder zu Unterrichtsmethoden (→Projektmethode). →Gesamtschule, →Bildungsplan. **[L]** HAENISCH & ZIEGENSPECK 1977 *G. Schusser*

Originalität, Selbständigkeit, Ursprünglichkeit, schöpferische Fähigkeit. «Die echte Originalität bestätigt sich darin, daß es nur eines Anstoßes bedarf, um sie anzuregen, worauf sie dann ganz eigen und unabhängig den Weg des Wahren, Tüchtigen und Haltbaren zu verfolgen weiß» (GOETHE). • O. ist bei GUILFORD ein Faktor des divergenten Denkens. →Kreativität

ORT [T] PHILIPPSON

Ort der Kontrolle →Verstärkerkontrolle

ortho... [gr.] in Wtvb. aufrecht, gerade, richtig, recht **[E]**

Orthogenese, die geordnete (nicht zufällige) Entwicklung. Auch das Beharren in der eingeschlagenen Entwicklung. • Als orthogenetisches Gesetz bezeichnete Heinz WERNER (1926) die den Entwicklungsprozessen eigenen Vorgänge der Differenzierung und hierarchischen Integration. *F. Wilkening*

orthogone Lokalisationstendenz [gr. *gonia* Winkel], das Bestreben, Gesichtseindrücke senkrecht zur Blicklinie räumlich festzulegen. Daher die orthoskopischen Gestalten (BÜHLER) = Überwiegen von entsprechenden Bildvorstellungen (z. B. bei Kinderzeichungen).

Orthopädagogik, syn. für Sonderpädagogik

orthoskopische Zeichen, in Kinderzeichnungen das Vorherrschen bestimmter Grundformen und Ansichten, die für den dargestellten Gegenstand charakteristisch oder in der dargestellten Form einfacher zu zeichnen sind. Dadurch kann es zur Mißachtung von Proportionen, Perspektive, Stellung usw. kommen. →Kinderzeichnung

Ortsfrequenz, Frequenz einer sinusförmigen räumlichen Leuchtdichtekurve, angegeben i. a. als Zahl der Zyklen (Hell-Dunkel-Zyklen) pro →Sehwinkel-Einheit (i. a. Winkelgrad). Ein Streifenmuster, dessen vertikale Hell- und Dunkelstreifen allmählich ineinander übergehen, enthält eine einzelne Ortsfrequenz, sofern die Darstellung der →Leuchtdichte in Abhängigkeit von der horizontalen Position eine Sinusfunktion ist; andere Muster können mit Hilfe der FOURIER-Analyse in einzelne Ortsfrequenzen zerlegt werden. *H. Heuer*

OSMB [T] OSERETZKY

Österreichische Schule, Grazer Schule, Bez. für die von BRENTANO ausgehende psychol. Richtung. Zu ihr gehören Autoren wie: BENUSSI, CORNELIUS, v. EHRENFELS, MACH, MEINONG, WITASEK et al. Die Schule datiert seit der Gründung des ersten österreichischen Laboratoriums (1894) in Graz durch MEINONG. Die gesamte Ö. Sch. zeichnete sich durch einen gewissen Antagonismus gegen den Elementarismus von WUNDT aus. In diesem Sinne hebt BRENTANO die eigene Spontaneität des Seelischen gegenüber bloß passiver Abbildung der Reizsituation hervor. Nach ihm besteht das Eigentümliche des Seelischen in spontanen Akten. MACHs sensualistischer Positivismus läßt ihn von der unmittelbar gegebenen Erfahrung ausgehen, welche ihn zur Anerkennung ps. Gebilde (wie umfassendere Raum- und Zeitformen) gelangen läßt. Dieser Ansatz wurde von v. EHRENFELS in seiner Lehre von den Gestaltqualitäten wesentlich schärfer formuliert. Eine solche Gestaltqualität ist z. B. eine Melodie. Sie entsteht nicht aus einer bloßen Kombination einzelner Töne, sondern ist etwas neu Hinzutretendes, zu dem die Elemente (Töne) lediglich die Grundlage abgeben. Nach ihm können Gestaltqualitäten ihrerseits wiederum als Elemente angesehen werden, als Fundamente für eine Gestaltqualität höherer Ordnung. Der v. EHRENFELSsche Gedanke wurde von MEINONG weitergeführt und fand in einer neuen Terminologie Ausdruck. Die einzelnen Elemente einer Gestaltwahrnehmung nannte er «fundierende Inhalte» und die Gestalten «fundierte Inhalte». Diese Formulierung ist auch unter dem Namen «Produktionstheorie» bekanntgeworden und macht den hauptsächlichen Inhalt der Grazer Schule aus. Bedeutende Vertreter dieser Schule sind neben MEINONG selbst seine Schüler WITASEK und BENUSSI. Die Formulierung v. EHRENFELS' und der Grazer Schule unterscheiden sich von der →Gestaltpsychologie wesentlich dadurch, daß erstere ein Erhaltenbleiben der Elemente als solche postulieren, zu denen die Gestaltwahrnehmung unabhängig hinzutritt, und letztere den Standpunkt vertritt, daß die Elemente völlig in der Gestalt aufgehen. MACH ist nicht in strengem Sinn zur Ö. Sch. zu zählen. Jedoch hat er, von einem konsequenten Atomismus der Empfindungen ausgehend (in seinem Buch «Analyse der Empfindungen») das Problem aufgeworfen, ob es übergeordnete ps. Erscheinungen gebe.

Östradiol, weibliches Gonadenhormon aus der Gruppe der →Östrogene

Ostrazismus [gr. *ostrakon* Tonscherbe], Scherbengericht, Ächtung eines Gruppenmitgliedes oder Androhung von Ächtung durch Konsensbildung in Gruppen mit hoher →Kohäsion. • Ursprünglich bez. O. eine antike Form der Volksabstimmung v. a. in Athen mittels beschriebener Tonscherben *(ostraka)* über eine zehnjährige Verbannung von Bürgern aus politischen Gründen. *K. H. Stapf*

Östriol, weibliches Gonadenhormon aus der Gruppe der →Östrogene

Östrogene, weibliche →Gonadenhormone. Bildung in Ovar und Placenta, in geringen Mengen in Nebennierenrinde und Hoden. Ö. haben neben endokrinen auch neurotrope und psychotrope Wirkungen, so aktiviertheitserhöhende und stimmungsverbessernde. Biogene Ö. regulieren zusammen mit den →Gestagenen Vorgänge der Reproduktion und andere geschlechtsspezifische Merkmale der Frau. Auch nicht sexualitätsbezogene Merkmale werden reguliert, so Knochenreifung und Wassergehalt von Schleimhäuten und Haut. Ö. können als natürliche oder synthetische Stoffe zugeführt werden: Exogene Ö. sind vielfach untersucht. Bes. bedeutungsvoll ist eine Substitution in der Menopause. Sie scheint positive Effekte auf emotionale und kognitive Prozesse zu haben. **[L]** →Hormone, →Gonadenhormone, HASKELL et al. 1997 *W. Janke*

Östron, weibliches Gonadenhormon aus der Gruppe der →Östrogene

Ostwald-Farbsystem →Farbsysteme, anschauliche

Ostwald, Wilhelm (1853–1932), Chemiker, Naturphilosoph / Dorpat, Riga, Leipzig / Nobelpreis 1909

Oszillation, oszillatorisch, Schwingung. In der Ps. Bez. für persönliche oder zwischenpersönliche Schwankung der Reaktionen. Bei HULL Wechsel des →Reaktionspotentials ($_SO_R$).

Oszillograph, «Schwingungsschreiber». Instrument zur Aufzeichnung schneller Schwingungsvorgänge (elektr. Wellen bzw. Potentiale).

O-Technik, bei der O-T. der →Faktorenanalyse werden verschiedene Variablen bei einer Stichprobe von Vpn gemessen. Die Situationen werden über die Variablen korreliert. Mit der O-T. werden Situationsfaktoren ermittelt. →P-Technik, →Kovariationsschema

Otolith →Ohr

outgroup [engl.], Fremd-Gruppe, Ggs. →ingroup (Eigen- oder Wir-Gruppe). →Gruppe

output, Informationsausgang, Begr. der →Informationstheorie, das Signal, das abgegeben wird. • (allg.) die Energie, die ein →System abgibt. • (psychol.) die Reaktion, die auf einen Reiz auftritt.

overachievement/underachievement, bezogen auf das individuelle Intelligenzniveau ein «Schulleistungsüberschuß» bzw. «Schulleistungsdefizit» (WEINERT), d. h. bessere oder schlechtere Schulleistung, als vom Intelligenzniveau her erwartet werden könnte (erwartungswidrige Schulleistung). Für diese Diskrepanz werden vorwiegend nicht-intellektuelle Faktoren (→Motivation u. a.) verantwortlich gemacht. →Leistungsmotivation. **[L]** THORNDIKE 1963, WAHL 1973, BROMAN & BIEN 1985 *G. Mühle*

overlearning →Überlernen

overmanning →undermanning

overprotective [engl.], überbehütende Haltung eines Erziehers gegenüber Kind, Behindertem, Kranken. →Ablösung

overt response →Response

Ovsiankina-Effekt →Wiederaufnahme von unterbrochenen Handlungen

Ovulation, auch Eisprung, Follikelsprung. Ausstoßen des reifen Eies aus dem GRAAFschen Follikel des Eierstockes. →Keimdrüsen, →Menstruation

Ovulationshemmer →Kontrazeptiva

Oxazepam, WZ Adumbran®, Praxiten®, Psychopharmakon aus der Klasse der →Tranquillantien vom Typ der →Benzodiazepine mit mittlerer Wirkungsdauer. Emotional entspannende bei geringer müdemachender Wirkung bei Gesunden unter Streß. O. ist auch ein Metabolit von →Diazepam. **[L]** JANKE & STOLL 1965, LANDON et al.1993 *W. Janke*

Oxytocin, →Hormon des Hypothalamus-Hypophysenhinterlappen-Systems, verwandt dem →Vasopressin. O. reguliert zusammen mit anderen Hormonen den Beginn des Geburtsvorgangs (Uterus-Kontraktionen) sowie die Ausstoßung der Milch. Als Neuromodulator im Zus. mit der Regulation des Reproduktions-, Brutpflege- und Bindungsverhaltens diskutiert. Weiterhin hat O. einen Einfluß auf Lernen und Gedächtnis. O. wird durch bestimmte Reize unmittelbar freigesetzt, Saugreiz, Dilatation der Vagina, Stimulation der Cervix, Orgasmus, bei vielen Reizen auch Sekretion von →Vasopressin. **[L]** DE WIED 1997, FELDMAN et al. 1997 *W. Janke*

P

P, Symbol für die Person, auf die eine Aussage bezogen ist (→O).

PA, paarweises Assoziieren (auch PAL, *paired associate learning*).

Paar-Assoziationen-Lernen, (PAL), die Untersuchung grundlegender Lernvorgänge sollte durch das Beispiel der Paar-Assoziation möglich sein; Reizsilben (S) werden je mit einer Responsesilbe (R) verbunden, indem solche Paare im Lerndurchgang dem Versuchspartner geboten werden, der im Prüfungsvorgang auf die Reizsilbe mit der richtigen Antwortsilbe reagieren soll. Die Prüfphase wird auch Antizipationsphase genannt, weil die richtigen Antworten vorweg genommen werden; falls das nicht geschieht, werden vom Vl. Hilfen gegeben (Paardarbietung durch Korrektur). →Assoziationstheorie. Vgl. BREDENKAMP & WIPPICH 1977 *R. Bergius*

Paartherapie, wird gewöhnlich von zwei Menschen in Anspruch genommen, die eine längerfristige Beziehung miteinander haben. Da es sich nicht um eine Ehe(therapie) handeln muß, wird der Begriff P. i. a. bevorzugt. P. zielt darauf ab, Beziehungsstörungen zu beheben, die zurückgehen auf falsche Erwartungen bei der Partnerwahl, divergente individuelle Entwicklungen der beiden Partner, veränderte Lebenssituationen oder die generelle Unfähigkeit zu kommunizieren (zuhören und verstehen, Gefühlsausdruck, Metakommunikation) und Problemlösestrategien zu finden. Ein wichtiges initiales Ziel ist das Herausarbeiten der positiven Seiten der Partner und der Ressourcen des Paares, aber auch problematischer Dynamiken (Eskalation von Konflikten in Teufelskreisen; «Spiele» im Sinn der →Transaktionsanalyse). Wenn P. keine Verbesserung der Paarbeziehung bewirkt, dann kann sie doch oft zu einer besseren Trennung der Partner beitragen, was nicht zuletzt dann wichtig ist, wenn Kinder mit im Spiel sind. P. kann auf der Basis verschiedener Orientierungen (verhaltenstherapeutisch, psychodynamisch, systemisch etc.) stattfinden, was unterschiedliche Ziele und Vorgehensweisen impliziert. So wird in verhaltenstherapeutischen P. besonders auf die gegenseitige Verstärkung erwünschten und unerwünschten Verhaltens, in kognitiver P. besonders auf problematische Annahmen und kognitive Verarbeitungmuster, in systemischer P. besonders auf problemstabilisierende Muster im Familiensystem und in psychodynamischer P. besonders auf in der Kindheit übernommene bzw. herausgebildete Muster geachtet. Daraus ergibt sich im einzelnen eine Fülle konkreter Techniken. Besonders wichtig ist auch die keinen Partner benachteiligende therapeutische Beziehung.

Für verhaltenstherapeutische Ansätze, bei denen meist umfassendere Behandlungsprogramme verwendet werden, sind gute Wirksamkeiten belegt, bei Paartherapien anderer theoretischer Orientierung sind fundierte Aussagen derzeit nicht möglich. Es gibt aber deutliche Hinweise, daß verschiedene Formen von P. positive Effekte haben können, die sich von der Art der Wirkung her unterscheiden.

[L] WILLI 1978 *F. Caspar*

Paarvergleich, paarweiser Vergleich, ein von FECHNER eingeführtes Verfahren.

Der Vp werden jeweils zwei Eindrücke (z. B. zwei Farben) dargeboten, wobei jeder Eindruck im Vergleich zum anderen beurteilt werden soll (z. B. auf seine Wohlgefälligkeit). Die Reihe der Vergleichspaare wird so zusammengestellt, daß alle möglichen Eindruckskombinationen einmal vorhanden sind. Abgesehen von dem Vergleich kann auch jede Kombination als solche beurteilt werden (z. B. ob Farben zusammenpassen oder nicht). Der P. ist eine häufig angewendete Methode der →Skalierung.

Pachymeninx [gr.], harte (dicke) Hirnhaut, →Gehirn

pacing [engl. Gangart], Tempo-Vorgabe

Pacini Körperchen →VATER-PACINI-Körperchen

Packkiste **[T]** GIESE

päd... [von gr. *pais, paidos*], in Wtvb. Kind, Knabe **[E]**

Pädagogik, im herkömmlichen Sprachgebrauch die auf erzieherisches Handeln bezogene systematisierte Erkenntnis wie auch, besonders in dem abgeleiteten Adjektiv pädagogisch, dieses Handeln und Beeinflussen selber. Entsprechend umfaßt die Bezeichnung Pädagoge den Erziehungstheoretiker (Erziehungswissenschaftler) wie den Erziehungspraktiker (Lehrer, Heimerzieher, Sozialpädagoge, Heilpädagoge, aber auch nicht hauptberuflich Erziehende).

Dieser Unklarheit versucht man durch Abgrenzung der wissenschaftlichen Disziplin, die allgemeingültige, deskriptive Sätze formuliert, als →Erziehungswissenschaft von der auf präskriptiven Sätzen aufbauenden Erziehungslehre zu begegnen (LOCHNER). In der Erläuterung der stufenweisen Theoretisierung des pädagogischen Denkens ist man bestrebt, den unfruchtbaren Gegensatz von Theorie und Praxis zu überwinden, so z. B. KLAFKI durch die Staffelung vom (1) situationsgebundenen über das (2) methodisch-ordnende pädagogische Denken zur (3) →Didaktik als Erziehungs- und Bildungslehre und (4) philosophischen und metatheoretischen pädagogischen Fragen, oder wie BOKELMANN von der (1) Beschreibung der Erziehungswirklichkeit über die (2) pädagogische Theoriebildung i. e. S. zur (3) metatheoretischen Reflexionsebene. Mit einem der Wissenschaftslehre der Analytischen Philosophie verpflichteten Vorschlag stellt BREZINKA strengere methodologische Anforderungen an die Pädagogik und scheidet sorgfältig Erziehungswissenschaft i. w. S. (als Realwissenschaft von der Erziehung, darin enthalten Theoretische Erziehungswissenschaft als Erziehungswissenschaft i. e. S. und Historiographie der Erziehung) von Philosophie der Erziehung einerseits und Praktischer Pädagogik andererseits als der am erzieherischen Handeln orientierten normativen Theorie der Erziehung. Schließlich erfährt auch das in der Phase neopositivistischer Orientierung nicht verlorengegangene Selbstverständnis der P. als einer an der erzieherischen Alltagswelt anknüpfenden Handlungswissenschaft (KLAFKI 1976, BENNER 1977) in der Auseinandersetzung mit «Kritischer Theorie», «Verstehender Soziologie» und «Symbolischem Interaktionismus» eine Neubelebung, durch die die Theorie-Praxis-Diskussion wieder ins Zentrum der P. gerückt wird. →Erziehung, →Erziehungswissenschaft, →Handlungswissenschaft. [L] BENNER 1977, BOKELMANN 1970, BREZINKA 1978, KLAFKI 1976 *G. Mühle*

Pädagogik, experimentelle →Pädagogische Psychologie

Pädagogische Psychologie, Kennzeichnung einer pädagogische und psychologische Problemkreise verknüpfenden Forschungsrichtung. Sie wird vielfach als Teilgebiet der →Angewandten Ps. angesehen, ist jedoch mit der Schwierigkeit belastet, sich nicht bloß in Anwendung allgemeinps. Prinzipien und Ergebnisse zu erschöpfen, sondern in Fragestellung und Methode prinzipiell Eigenständigkeit zu beanspruchen und zu erfordern. Sachlich notwendige Überschneidungen u. a. mit →Entwicklungsps., →Lernps., →Sozialps. erschweren die definitorische Abgrenzung, begriffliche Sonderprägungen wie Erziehungsps., Ps. des →Lehrens (Instruktionsps.), Unterrichtsps. (→Unterrichtsforschung), pädagogische Tatsachenforschung oder empirische Pädagogik verhindern einen allgemeinen Konsens über Aspekte und Richtungen der P.P.

Ps. Themen wurden von Pädagogen immer schon bei der Darstellung ihrer Erziehungslehren abgehandelt (z. B. Entwicklungsstufen, Auffassungsweisen, Lernvorgänge). Schon vor der Prägung des Begriffs «Pädagogische Psychologie» um 1900 eröffnet J. F. HERBART der pädagogisch-ps. Forschung durch die Unterscheidung von praktisch-philosophischer (ethischer) Ziellehre und ps. Weglehre (1835) den Arbeitsbereich der Anwendung allgemeinps. Erkenntnisse auf Erziehung und Unterricht. Weiter zurück liegen Anregungen, wie sie COMENIUS, ROUSSEAU, PESTALOZZI gegeben haben. Die Übertragung experimentalps. Methoden auf pädagogische Forschungsgebiete und der Versuch der Begründung einer «experimentellen Pädagogik» durch den aus WUNDTs Institut hervorgegangenen E. MEUMANN (1905) spielt für die Konstituierung der P.P. eine bedeutsame Rolle, jedoch erst A. FISCHER (1917) erkannte der P.P. in der wissenschaftlichen Erforschung der ps. Seite der Erziehung eine eigene Zielsetzung zu. Der Streit um Standort, Gegenstand und Methode der P.P. führt zur Annäherung empirisch orientierter Pädagogen als Vertretern der (von MEUMANN angeregten) Pädagogischen Tatsachenforschung (P. PETERSEN, F. WINNEFELD) und pädagogischer Psychologen (O. KROH), die vorwiegend den entwicklungsps. Aspekt betonen. Versuche anderer Art, so von dem der Angewandten Ps. ebenso wie reformpädagogischen Richtungen vertrauten Aspekt der Arbeit Ansatzpunkte zur Ausgestaltung einer P.P. zu gewinnen (O. KLEMM), fanden wenig Resonanz. Die Verengung der Fragestellung auf einen erbcharakterologischen Determinismus (G. PFAHLER) wurde nach dem Zweiten Weltkrieg durch die Rezeption der amerikanischen Lernpsychologie und ihrer pädagogischen Implikationen aufgehoben (H. ROTH).

Die Entwicklung der P.P. außerhalb des deutschsprachigen Raumes wird durch die vorherrschenden ps. Richtungen und die dominanten Forchungsschwerpunkte bestimmt, so vor allem: Leistungsmessung und lern- und sozialps. Aufarbeitung in den USA, dazu differentialps. Untersuchungen in England und den skandinavischen Ländern, pädagogische Tatsachenforschung und Schulps. in Frankreich, Belgien und der französischen Schweiz, Erziehungsphänomenologie und klinische Methoden in den Niederlanden (THOMAE, WEINERT).

Die Nachkriegsentwicklung der P.P. ist durch die Ausbildung eines weiteren Schwerpunkts der Unterrichtsforschung, des →Programmierten Unterrichts und der Einbeziehung der Kybernetik (H. FRANK, F. v. CUBE) gekennzeichnet. Für die vielfältigen Aspekte und Bestrebungen der P.P. bieten globale Definitionen geringere Information als die Umschreibung der Aufgaben und Forschungsschwerpunkte. DERBOLAV sieht bei den drei Aufgabenbereichen der P.P. – diagnostisch, heilpädagogisch und methodisch – die Kontrollfunktion diagnostisch vor allem in der Feststellung der normgerechten oder abweichenden Entwicklung und der Aufdeckung von Störungsquellen, ferner – heilpädagogisch – neben der Beseitigung von Störungen in der Ausarbeitung und dem Einsatz von Lernhilfen und Maßnahmen zur Leistungsförderung, schließlich – praktisch-methodisch – in der Erprobung und Effizienzkontrolle von Methoden im Blick auf Erziehungsnormen und →Erziehungsziele, die nicht von der P.P. gesetzt, wohl aber kritisch beurteilt werden. Noch stärker betont HEITGER die Funktion der Realitätskontrolle des pädagogischen Handelns und der Zielkonzeptionen sowie der Ideologiekritik. Neben den bestehenden Forschungsschwerpunkten (s. o.), von denen der des menschlichen Lernens das größte Gewicht hat (WEINERT), treten neuerdings stärker hervor Fragen der Interaktion von Lehrer und Schüler (TAUSCH u. a.), Eltern und Kind und damit verbunden Fragen des →Erziehungsstils (HERRMANN, STAPF/ HERRMANN), des Unterrichtsstils und – in Ansätzen – der →Lehrtheorie und Lehrstrategien, dazu der →Taxonomie der Erziehungsziele (BLOOM). Eine große Bedeutung gewinnt die pädagogisch-ps. →Begleitforschung im Bereich der →Curriculumforschung und bei Innovationen im institutionellen Sektor (Vorschule, Grundschule).

Entscheidend für den Fortschritt der P.P. wird sein, daß ihr Verhältnis zur ps. Grundlagenforschung überprüft wird. Die (umstrittene) Anwendbarkeit allgemeinps. Gesetze und Prinzipien (z. B. der Lernps.) auf den Bereich der Erziehung ist nicht allein durch einengende Extrapolation pädagogischer Probleme von der «Grundwissenschaft» *(basic science)* her zu verbessern, sondern durch Forschung auf dem angewandten Niveau selbst (Feldforschung), d. h. auf der Ebene der Komplexität und Spezifizierung, die das Problem in der Erziehungspraxis besitzt, wodurch Fragen der Relevanz und Extrapolation gegenstandslos werden (AUSUBEL). [**L**] RÖHRS 1971, WEINERT 1967, WEINERT et al. 1974 *G. Mühle*

pädagogischer Test, svw. →Schultest

Pädaudiologie →Audiometrie

Päderastie [gr. *paiderastes* Knabenliebhaber], bes. auf männl. Jugendliche gerichtete Homosexualität. Als «Liebe» zwischen Männern und geschlechtsreifen Knaben stand sie im alten Hellas in Ansehen.

Pädiatrie [gr. *iatreia* das Heilen], Kinderheilkunde

Pädologie, Paidologie, Bez. für Kinderkunde als ps., biol., soziol. etc. Gesamtlehre

Pädophilie [gr. *pais* Kind, *philein* lieben], sex. Interesse u. Befriedigung an Kindern, bes. bei Männern

PAFA, Abk. für *principal axes factor analysis,* Computer-Programm, das Routineverfahren zur Durchführung von →Faktorenanalysen auf der Grundlage der →Hauptachsenmethode umfaßt. *E. Mittenecker*

pair matching, →Parallelstichproben

Paläencephalon [gr. *palaios* alt, urzeitlich, primitiv, *enkephalos* Gehirn], Urhirn, Althirn, Stammhirn, die entwicklungsgesch. älteren Teile des →Gehirns.

paläoatavistische Qualitäten, Ausdruck von HALL (1904) für bestimmte primitive Verhaltensweisen in der Kindheit und im Jugendalter, die nach seiner Theorie als Wiederholungen von Phasen der Stammesgeschichte in der Entwicklung des einzelnen Menschen angesehen werden können. Diese Theorie entspricht etwa dem →biogenetischen Grundgesetz von HAECKEL. [**L**] G. S. HALL 1904

Paläopsychologie, Erforschung primitiver Züge des Seelenlebens, die sich aus früheren Stufen der Menschheitsentwicklung erhalten haben. JUNG gebrauchte den Begr. für das Studium der primären Urbilder aus den tiefsten Schichten der Seele (→Archetypen).

Palilalie, das stereotype, mitunter vielmalige Wiederholen meist der ersten Silben oder Wörter in Spontansprache oder beim Antworten, nicht beim Singen oder Schreiben.

Z. B. bei extrapyramidalen Erkrankungen (→Dysarthrie). →Stottern; aber nicht zu verwechseln mit den psychotischen →Verbigerationen.

Palimnese [gr. *palin* wieder, zurück, *mnesis* Erinnerung], Wiedereinfallen von Gedächtnisinhalten

Palingenese, die Wiederholung der Vorfahren-Entwicklung in der Embryonalentwicklung des Individuums (HAECKEL). →Biogenetisches Grundgesetz

Pallium →Gehirn

Palmograph [lat. *palma* Hand], Apparat zur Feststellung der Ermüdungseinwirkung bei Handbewegungen.

Panalgie, Schmerzen im ganzen Körper

Pandämonium-Modell, ein im Zusammenhang mit der Computersimulation (→künstliche Intelligenz) von SELFRIDGE entwickeltes →Modell für die Mustererkennung, das von der Erklärung durch den →Schablonenvergleich erheblich abweicht. In ihm wird jede nur mögliche geformte Einheit (Muster, z. B. Buchstaben) durch einen kognitiven «Dämon» dargestellt, der Merkmale eines «egoistischen» Wesens haben soll und nach Selbstbestätigung suche. Andere Dämonenarten sollen bei dieser Suche behilflich sein. **[L]** NEISSER 1974

Panel-Technik, [eng. Liste, Verzeichnis], von LAZARSFELD entwickeltes Verfahren zur Einstellungsmessung und →Meinungsforschung. Die Befragung wird an der gleichen Stichprobe, dem *«panel»*, mehrmals durchgeführt und gestattet eine Verlaufsanalyse von Meinungen und Einstellungen. *E. Klippstein*

Panik [Bez. nach dem Hirtengott «Pan»], plötzliches heftiges Erschrecken und «Kopflos»-Werden, bei einzelnen wie Gruppen oder Massen. Insbes. der Angstzustand von Menschenmassen mit chaotischen Fluchtreaktionen. Kennzeichnend für die P. ist die Art der Ausbreitung: Sie steckt an. P. wird oft nicht als →Angststörung erkannt, weil körperliche Symptome im Vordergrund stehen und Ängste sich auf gesundheitliche Probleme beziehen können. Symptome, wie Depersonalisation und somatische Sensationen verstärken oft die Ängste vor dem Tod oder dem Verrücktwerden. P. gehört zu den Störungen, die aufgrund falscher oder Nichtbehandlung sehr oft chronifiziert sind, bei denen aber bei richtiger Behandlung, v.a. mit →Kognitiver Verhaltenstherapie unter starkem Einschluß von →Konfrontation oft in kurzer Zeit sehr bedeutsame Verbesserungen erzielt werden können. Auch wo P.-anfälle nicht ganz ausbleiben, bedeuten eine geringere Häufigkeit und bessere Möglichkeiten des Umganges eine entscheidende Verbesserung der Lebensqualität. →CARPENTER-Effekt, →Ansteckung, emotionale. Auch Tiere zeigen der P. vergleichbares Verhalten. *F. Caspar*

Panikattacke, plötzlich einsetzende Zustände intensiver Angst, die bei unterschiedlichen Angststörungen vorkommen können. Besondere Bedeutung haben sie als Hauptmerkmal der →Panikstörung. *L. Schmidt*

Panikstörung, Auftreten wiederholter Panikattacken mit Besorgnis über das Auftreten weiterer Attacken. Körperliche Ursachen und Substanzwirkungen müssen ausgeschlossen werden. Differentialdiagnostisch sind mögliche bessere Erklärungen durch phobische Störungen, Zwangsstörungen und posttraumatische Belastungsstörungen zu beachten. →DSM-IV *L. Schmidt*

Pankreas [gr. *pan* alle, *kreas* Fleisch], Bauchspeicheldrüse. Als exkretorische Drüse gibt sie verdauungsfördernde Fermente in den Zwölffingerdarm – als endokrine Drüse (→LANGERHANSsche Inseln) ist sie der Bildungsort des →Insulins. →Hormone

Pantomimik [gr. *mimeisthai* nachahmen], die dynamischen Ausdrucksgehalte (-merkmale) des ganzen Körpers, nicht bloß des Gesichts, →Ausdruckspsychologie, →Physiognomik

Panum-Areal (PANUMscher Empfindungskreis, PANUMsche Verschmelzungsgrenze), Bereich der binokularen →Disparation, innerhalb dessen →Einfachsehen auftritt; meist ovale Region, die horizontal weiter ausgedehnt ist als vertikal (Höhendisparation führt eher zu Doppeltsehen als Querdisparation) und zur Peripherie der →Netzhaut hin größer wird. *H. Heuer*

Panum, Peter Ludwig (1820–1885), Physiologe / Kiel, Kopenhagen

Panumsches Phänomen, Täuschung des Tiefensehens. Bietet man dem einen Auge zwei senkrechte Linien, dem anderen eine senkrechte Linie dar und läßt mit Hilfe des →Stereoskops diese mit einer der beiden anderen zur Deckung bringen, so wird immer die innere, d. h. der Medianebene des Gesichtsfeldes näher liegende Linie weiter vorne gesehen. **[L]** WILDE 1957

Papier-Bleistift-Test [engl. *paper-pencil test*], Bez. für Tests, bei denen die Aufgaben auf Papier vorgegeben werden und die Bearbeitung mit Bleistift erfolgt. Intelligenz-, Leistungstests, Persönlichkeitsfragebogen können also

P.B.T. sein, aber auch objektive Tests (z. B. ein Labyrinthtest) sind nach diesem Prinzip konstruiert.

Papillarlinien [lat. *papilla* Wärzchen, Brustwarze], die an der Hand- und Fußfläche, besonders aber an den Finger- und Zehenbeeren auffallenden Relieflinien. Die P. (schon in der Keimschicht angelegt) lassen bestimmte Muster erkennen, die für das Individuum ein einzigartiges und kennzeichnendes Merkmal sind (→Daktyloskopie). Man hat die P. zum Vaterschaftsnachweis (zur Ergänzung anderer Proben wie Blutgruppe, Ohrform, Nasenform usw.) herangezogen.

par..., para... [gr.] in Wtvb. bei, neben, gegen **[E]**

Paracetamol, WZ Ben-u-ron®, →Analgetikum und Antiphlogistikum vom Typ der peripheren nicht-opioiden Substanzen, Phenacetinderivat. Psychotrope Wirkungen werden diskutiert, sind aber nicht nachgewiesen. Wirkungsmechanismus unklar. **[L]** FORSTER et al. 1992

Paradigma [gr. *paradeigma* Beispiel, Muster], (1) (grammatikalisch) beispielhaft durchdekliniertes oder -konjugiertes Wort für analoge Formen anderer Wörter. (2) P. ist jedes Beispiel auf allen Gebieten. So ist die Methode des paarweisen Assoziierens ein P. der Bildung von →Assoziationen oder die neobehavioristische Verhaltenstheorie von HULL ein P. für Stimulus-Response-(S-R-)Theorien. (3) Nach KUHN (1967) eine ps. Schule (Vorgehensweise) mit gemeinsamen Begriffen, Fragestellungen, Kontrollen und nicht hinterfragten Postulaten.

Paradigmenkonflikt, Folgen, wenn grundsätzlich dem herrschenden →Paradigma widersprechende Annahmen (Denkkategorien) aufgestellt werden.

paradoxe Intention, paradoxe Strategien werden im Rahmen unterschiedlicher Therapien (→kognitive Verhaltenstherapie, →Kommunikationstherapien, →Familientherapie) unter verschiedener Bezeichnung verwendet: Paradoxe Intention (FRANKL, 1960), Therapeutisches Paradox (SELVINI-PALAZZOLI et al. 1977), Symptomverschreibung (WATZLAWICK, BEAVIN & JACKSON, 1967). Bei PI wird der Klient aufgefordert, sein symptomatisches Verhalten nicht zu bekämpfen, sondern bewußt herbeizuführen und auszuüben. Dabei soll die Angst vor dem Symptom durch einen paradoxen ironischen Wunsch ersetzt und eine Distanzierung zur Angst erreicht werden. Nicht immer steht bei der paradoxen Intervention die Symptomverschreibung im Vordergrund, sondern eine wichtige Bedeutung spielt auch die positive Umdeutung der Symptome (→negative Übung, →Übersättigungstherapie) oder andere Umkehrungen der Bewertung von Problemen. Das Wegnehmen von Veränderungsdruck dürfte die hauptsächlich wirksame Komponente dieser Vorgehensweisen sein.
Wirksamkeitsuntersuchungen zur paradoxen Intention als isoliert angewandte Technik lassen die PI für Symptome wie Schlafstörungen und Phobien nicht als geeignetes Verfahren erscheinen. Bei Patienten dagegen, die auf Methoden wie Entspannungsverfahren oder direkte verhaltenstherapeutische Interventionen mit Widerstand reagieren, scheinen paradoxe Verfahren eine Alternative darzustellen. Über die Angemessenheit paradoxer Strategien ist individuell zu entscheiden. **[L]** SCHLIPPE, V. & SCHWEITZER 1997 *F. Caspar*

paradoxe Kälte →Kälteempfindung, →Temperaturpunkte

Paragnosie, Bez. für außersinnliche Wahrnehmung

Paragraphie [gr.], eine →Agraphie, bei der Worte und Buchstaben beim Schreiben verwechselt werden.

Parakinese [gr. *kinesis* Bewegung], gestörte Muskelkoordination, verkehrte, unregelmäßige Bewegungen. →Koordination

Parakusis [gr. *parakuein* falsch hören], Falschwahrnehmung akustischer Eindrücke. Ohrenklingen, Wahrnehmung tiefer Töne als hoch, starker als schwach usw.

Paralalie, die Form des Stammelns, bei der ein →Phonem in der Artikulation durch einen anderen Laut ersetzt wird, z. B. «Taffee» für «Kaffee».

Paralexie [gr. *legein* lesen], Wortverwechslung beim Lesen

Paralinguistik [engl. *paralanguage*], als Begr. eingeführt von TRAGER (1958). P. befaßt sich mit der Analyse von vokalen Problemen, die die Sprache begleiten, jedoch keine Funktion im phonologisch-linguistischen Kode haben (→Phonologie). Dazu gehören: Stimmqualitäten (Stimmlage, Lautstärke, Rhythmus, Tempo u. a.; →Intonation, →Prosodie, →Stimmanalyse); Vokalisationen wie Lachen, Schreien, Stöhnen, Gähnen, «äh», «hm» u. a.; Pausen (→Sprechpausen); Vertauschungen von →Phonemen, Silben oder Worten, Kontaminationen, →Stottern u. a.
In der Literatur ist das Gebiet der P. nicht einheitlich umgrenzt, z. T. werden noch Dialekt, Akzent und temporale Phänomene wie

Sprechhäufigkeit und Dauer von Äußerungen dazugezählt (→Sprachstatistik). Großes Interesse fanden in der Forschung die Unterbrechungen des Redeflusses, vor allem Pausen, wenig dagegen die Stimmqualitäten. Meist wurde der Zusammenhang der paralinguistischen Phänomene mit affektiven Zuständen (Angst u. a.) des Sprechers untersucht (→Ausdruck), noch kaum dagegen ihre kommunikative Funktion (→nichtverbale Kommunikation). [L] TRAGER 1958, MAHL & SCHULZE 1964

Parallaxe [gr. *parallaxis* Veränderung, Unterschied], die scheinbare relative Verschiebung zweier vom Beobachter ungleich weit entfernter Objekte, die eintritt, wenn diese von verschiedenen Standpunkten aus gesehen werden. Bei gegebener Strecke zwischen beiden Standpunkten ist der Winkel zwischen den →Richtungslinien von beiden Standpunkten zum näheren Objekt größer als zum ferneren, so daß die relative Lage der Bilder in beiden Standpunkten verschieden ist. Wegen der zwei Augen des Menschen existieren beim →binokularen Sehen stets zwei solche Standpunkte (binokulare Parallaxe, →Querdisparation); beim →monokularen Sehen entsteht eine Sequenz verschiedener Standpunkte durch Kopfbewegungen (Bewegungsparallaxe).
Bei einer Kopfbewegung (ebenso bei seitlicher Bewegung eines in der Tiefe sich erstreckenden Objekts) um die Strecke a beträgt der Winkel zwischen den Blicklinien zum Objekt (am Anfang und Ende der Strecke) näherungsweise a/D, D ist die Distanz des Objektes. Wird die Strecke in der Zeit t zurückgelegt, so ist die Winkelgeschwindigkeit ω (D) = v/D mit v = a/t als linearer Geschwindigkeit; für die Differenz der Winkelgeschwindigkeiten (und damit der →retinalen Geschwindigkeiten) zweier Objekte in Entfernung D und D + δ erhält man $\Delta\omega$ [rad] = vδ/D2, für das Verhältnis $\omega(D)/\omega(D+\delta) = (D+\delta)/D$. *H. Heuer*

Parallelgruppen [engl. *matched sampling*], als P. bezeichnet man das Herstellen zweier oder mehrerer Stichproben (Parallelstichproben), die so zusammengestellt sind, daß die Angehörigen der Stichproben einander hinsichtlich des Ausprägungsgrades eines Kontrollmerkmales paarweise (bzw. in Tripeln etc.) zugeordnet werden können. Durch P. werden zufällige Unterschiede im Kontrollmerkmal zwischen den Stichproben weitgehend ausgeschaltet, der Stichprobenfehler wird verringert, wodurch größere Präzision der Ergebnisse erzielt wird. *G. Mikula*

Parallelismus, psychophysischer, Anschauung über das Verhältnis von Seele und Körper, nach der seelische und körperliche Vorgänge selbständig, parallel (und ohne gegenseitiges Kausalverhältnis) nebeneinander hergehen.
Folgerichtig bedingt der p.P. den Dualismus. Hauptmerkmal ist die Ablehnung der Wechselwirkung zwischen Seele und Körper. Sonderformen: der «materialistische» p.P., der allein der physischen Seite Kausalität zuerkennt und die ps. Vorgänge nur als begleitende Schatten (Schattentheorie) mitlaufen läßt, sowie der «spiritualistische» p.P., der nur der ps. Seite Kausalität zuspricht. LEIBNIZ sah den übereinstimmenden Ablauf körperlicher und seelischer Phänomene als Ergebnis einer «prästabilierten Harmonie». • In der Ps. ist der p.P. verschiedentlich beachtet und zur Erklärung herangezogen worden (so von W. WUNDT, J. PIAGET). Heute tritt er hervor als Betrachtung der psychophysischen Beziehungen zwischen drei Ebenen: der physiologischen Ebene, der Verhaltensebene und der Ebene des Erlebens (mit dem Vorwurf des Reduktionismus). →Leib-Seele-Problem

Parallelismus-Axiome, G. E. MÜLLER benannte 1896 folgende P.: (1) Jeder Empfindung liegt ein materieller Vorgang zugrunde. Sie ist somit ein psychophysischer Prozeß. An diesen ist der Bewußtseinszustand geknüpft. (2) Der Gleichheit, Ähnlichkeit und Verschiedenheit der Empfindungen entspricht die Gleichheit, Ähnlichkeit und Verschiedenheit der psychophysischen Prozesse und umgekehrt. (3) Besitzen Änderungen des Empfindungsverlaufs gleiche Richtung, so gilt dies auch für die Änderungen des psychophysischen Prozesses. Auf der Annahme, daß geistigen stets körperliche Vorgänge entsprechen, beruht z. B. die Ausdrucks- und Eindruckstheorie.

Parallelogrammtäuschung →SANDERsche Täuschung

Parallelstichproben [engl. *matched samples*], sind Stichproben, die hinsichtlich eines Kontrollmerkmals so organisiert sind, daß die Merkmalsträger der verschiedenen Stichproben einander paarweise zugeordnet werden können und die «Partner» innerhalb der Paare das Kontrollmerkmal in annähernd gleichem Ausmaß besitzen. →Parallelisieren. *G. Mikula*

Paralleltests, Tests, die in mehreren äquivalenten (gleichwertigen) Formen vorliegen. Solche Tests bringen Vorteile für die praktische Testdurchführung, für die Verwendung bei systematischer Bedingungsvariation im Experiment und zur Ermittlung der →Retest-Reliabilität. Für die Äquivalenz von verschiedenen Testformen sind verschiedene Kriterien aufgestellt worden. Als solche gelten: Äquivalenz der Mittelwerte, Varianzen, Häufigkeitsverteilungen, der Reliabilität und der Validität. Soll ein Test als P. gelten, so müssen diese Kriterien erfüllt sein. *H. Häcker*

Paralogie, formale Denkstörung, bei der heterogene Sachverhalte ohne logischen Zusammenhang miteinander verbunden und Begriffe durch andere ersetzt werden.

Paralyse [gr. *paralysis* Auflösung, Lähmung], vollständige Bewegungslähmung durch Ausfallen der Innervation. Progressive Paralyse (*Dementia paralytica,* «Gehirnerweichung»): Eine Späterscheinung der Syphilis mit fortschreitendem seelischem und körperlichem Verfall. *Paralysis agitans* →PARKINSON-sche Erkrankung

Parameter, (math.) veränderliche oder konstante Hilfsgröße. Eine Konstante, die Teil einer allg. Funktion ist, unter versch. Bedingungen aber unterschiedliche Werte annehmen kann.

In der Statistik wird die Bez. P. vor allem für Mittelwerte, Streuungsmaße und für die Momente als Kennwerte der Grundgesamtheit gebraucht. So läßt sich z. B. die Normalverteilung durch die P.: $\mu = 0$ und $\sigma = 1$ vollständig beschreiben. Schätzungen der P. der Grundgesamtheit können aus Stichproben gewonnen werden. Dabei richtet sich die Genauigkeit der P.-Schätzung nach der Repräsentativität der Stichprobe für die Grundgesamtheit und nach der Stichprobengröße. *G. Lüer*

parameterfreie Verfahren →nichtparametrische Tests

parametrische Tests, statistische Prüfverfahren für Stichproben von Intervall- oder Verhältnisvariablen, die bestimmte Verteilungscharakteristika der Daten voraussetzen. Sie unterscheiden sich diesbezüglich von den nichtparametrischen Verfahren (für →Rang- oder →Nominaldaten) und besitzen, wenn alle Voraussetzungen erfüllt sind, größere Effizienz als diese. *G. Mikula*

Paramimie, Mißverhältnis zwischen Ausdruck und Stimmungs-Gefühls-Lage.

Paranoia, Form der →Psychose, die durch das Auftreten eines →Wahnes bei intaktbleibender Persönlichkeit gekennzeichnet ist.

Das Auftreten wird auf einen «paranoischen Grundmechanismus» (JASPERS) zurückgeführt, der in seinem Kern in einer →Projektion von Triebimpulsen mit gleichzeitiger →Substitution des Triebobjektes besteht (FREUD). Je nach der Persönlichkeitsstruktur des Paranoikers, vor allem der Stärke seines Ich, sei die Entwicklung der P. mehr durch eine sensitive oder mehr durch eine expansive Dynamik gekennzeichnet. In jedem Falle entspreche der Wahninhalt dem am unvollständigsten verdrängten Triebimpuls der prämorbiden Persönlichkeit. Nach der Art des projizierten Triebimpulses lassen sich drei typische Arten von Wahnideen unterscheiden: (1) Verfolgungswahn; (2) Eifersuchtswahn; (3) Querulantenwahn. • Nach der Art der Reaktion des Ich auf die projizierten Triebimpulse lassen sich zwei einander polar entgegengesetzte Reaktionsformen unterscheiden: (1) Sthenisch: Haß und Angriff, Extremfall Mord; (2) Asthenisch: Angst und Flucht, Extremfall Selbstmord. →sensitiver Beziehungswahn, →sensitiver Charakter. **[L]** BLEULER 1966, HOFF et al. 1955

paranoide Schizophrenie, Form der →Schizophrenie, die durch den paranoiden Symptomkomplex gebildet wird und Symptome zeigt wie Wahnideen (Verfolgungswahn, Größenwahn, Besessenheitswahn u. a.), Sinnestäuschungen (Halluzinationen, vor allem akustischer, aber auch optischer und physikalischer Art), abnorme Gefühle (gesteigerte Angst- und Unlustgefühle oder ganz neuartige Gefühlserlebnisse).

paranormal →Parapsychologie

Paraphasie, fehlerhafte Selektion von Wortgestalten; gelegentlich im alltäglichen Sich-Versprechen (→Versprechen);

als Zeichen von Sprachstörungen gehäuft bei →Aphasien und →Dysphasien. Grobe Unterscheidung in literale P. (z. B. Placht statt Pracht) und verbale P. (z. B. Jäger statt Fischer) nach der ungenügenden Beachtung der →phonemischen bzw. der →semantischen →Distinktiv-Merkmale von Wörtern. Wesentlich feinere Differenzierungen (bei den phonetischen P. z. B. zu geringe auditive Kontrolle der klanglichen vs. zu geringe kinästhetische Kontrolle der artikulemisch-motorischen Merkmale (LURIA 1970, 1973); bei den semantischen P. z. B. zu geringe Beachtung der denotativen vs. der konnotativen und situativen Varianten der →Bedeutung) sind notwendig. P., die hinsichtlich der funktionalen Relationen im Rahmen einer Satzsemantik (ENGELKAMP 1973, 1974) auftreten, schlagen eine Brücke zu den Fehlern der →Kombination. →Dysgrammatismus

Paraphilie, Pharmakotherapie der, therapeutische Beeinflussung durch chem. Stoffe ist nur partiell im Rahmen von psychotherapeutischen Programmen erfolgversprechend. Je nach Fall sind einsetzbar Hormone vom Typ der →Antiandogene, Psychopharmaka mit allgemein desaktivierender Wirkung (z. B. →Hypnotika) und mit spezifischen Wirkungsmediatoren. [L] GIJS & GOOREN 1996, MARSHALL et al. 1991 *W. Janke*

Paraphonie [gr. *phone* Stimme], Wechsel der Stimmlage, «Überschnappen» der Stimme, besonders häufig in der Pubertät *(paraphonia puberum)*, auch im Zustand starker Erregung.

Paraphrase, Umschreibung eines Textes mit anderen Worten.

Paraphrenie, Form der →Schizophrenie, die wie die →paranoide Schizophrenie durch den paranoiden Symptomkomplex gebildet wird und als hauptsächlich durch Auftreten von Wahnideen und Sinnestäuschungen gekennzeichnet ist. Im Unterschied zur →paranoiden Schizophrenie wird die P. an spezifische Persönlichkeiten (introvertiert, sensibel, sensitiv) in spezifischem Lebensalter (zweite Lebenshälfte), in spezifischen Situationen (Belastungssituation) gebunden sowie durch spezifischen Verlauf (allmählicher Persönlichkeitszerfall) mit spezifischem Endstadium (Autismus) charakterisiert.

Paraphysik, Bez. für das für die materiellen (nicht-mentalen) paranormalen Vorgänge zuständige Teilgebiet der →Parapsychologie

Parapraxie [gr.], Vorbeihandeln. Bez. für →Fehlhandlungen leichterer Art in der Motorik (z. B. Vergreifen, Versprechen).

Parapsychologie [gr. *para* neben, bei, über hinaus, abwegig], Bez. für alle systematischen (wissenschaftl.) Bemühungen, diejenigen Phänomene, Erlebnisse, Verhaltensweisen, die mit dem heutigen psychol., physiol., physikal. Wissen nicht vereinbar (d. h. paranormal) sind, zu überprüfen, zu sichern (oder abzulehnen) und solcherart eine eigene wissenschaftl. Forschung zu entwickeln. In Betracht kommen: (1) außersinnliche Wahrnehmungen (ASW – *extrasensory perception* ESP) bzw. mentale Wahrnehmungen wie Gedankenübertragung, →Hellsehen *(clairvoyance)*, →Psi-Funktion, →Telepathie, →Wahrtraum; (2) physische bzw. psychokinetische Erscheinungen wie →Apport, Klopftöne, →Levitation, →Materialisation, →Raps, Spuk (DRIESCH 1952, BAUER & KORNWACHS 1980); (3) der Paraps. als Forschungsaufgabe müssen schließlich auch diejenigen Erscheinungen zugerechnet werden, die unter den Sammelbez. →Okkultismus und →Spiritismus bekannt sind: →Mysterien-Wissen, →esoterische Lehren, →Magie, Hexerei (Hexenglaube), Wahrsagerei, Geisterglaube und Kontakt mit Verstorbenen über vermittelnde Medien.

Die Paraps. hat eine weitreichende Geschichte, in die viel Wunderglaube, Scharlatanerie und Betrug verwoben sind. Ein erster forschungsgemäßer Schritt war 1882 die Gründung der *Society for Psychical Research* in London (GAULD 1968), ein zweiter 1934 die Einrichtung eines paraps. Laboratoriums unter der Leitung von J. B. RHINE an der Duke-University in Durham (North Carolina). Seit 1954 besteht ein Lehrstuhl für die Grenzgebiete der Ps. in Freiburg/Brsg. (seit 1967 Ordinariat). Auch die Universität Utrecht hat ein solches Ordinariat, doch hat bisher keine weitere bekannte Hochschule einen eigenen paraps. Lehrstuhl eingerichtet. Als Berufsverband ist die 1957 gegründete *Parapsychological Association* zu bezeichnen, die alle wissenschaftl. forschenden Psychologen, Physiker u. a. (auch Laien) vereint. 1946 wurde die Bez. Psi (Buchstabe des gr. Alphabets) für die paraps. Erscheinungen vorgeschlagen (THOULESS & WIESNER 1946), eine Bez., die sich rasch durchsetzte, aber zu einem fragwürdigen Modewort wurde. Mit hohen Erwartungen begegnete man den Kartenexperimenten von RHINE, zumal dieser hochsignifikante Ergebnisse veröffentlichte (RHINE 1934). Die Versuche erstreckten sich auf Telepathie (die Vp versucht, die Reihenfolge von Karten mit geometrischen Zeichen zu erraten, die eine zweite Vp in einem anderen Raum betrachtet), auf Hellsehen (die Vp versucht, Karten zu erraten, die sich in einem Umschlag oder in einem anderen Raum befinden) und auf Präkognition (die Vp gibt Kartenfolgen, die erst später gemischt werden, zu Protokoll). RHINE führte auch Experimente zur Psychokinese durch (mit Würfeln, die freifallend oder abrollend dem «Wunsch» der Vp bei der Augenzahl folgen sollen). In der Anerkennung dieser Versuche trat bald ein Rückschlag ein (schärfster Kritiker PRICE 1955, 1972). Solche «Gegenthesen» suchte wiederum RHINE zu entkräften.

Seitdem ist die Paraps. noch immer kontrovers. Eine gewisse Klärung scheint insofern erreicht, als die bloße Orientierung an «Erfolgszahlen» abgelehnt und gefordert wird, auch alle Randbedingungen beim Auftreten bzw. Ausbleiben von Treffern zu analysieren.

Man wendet sich den Persönlichkeitsstrukturen der Vl wie der Vp zu. Man erörtert den Versuchsleitereffekt (WHITE in WOLMAN 1977), man beobachtet, registriert und mißt die besondere Erwartungsspannung bei den Versuchen. Die «Wunschvorstellungen» *(Psimissing)*, das Problem der «guten Vpn», schließlich auch die telepathische Beeinflußbarkeit über Wachtraumvorstellungen sind experimentelle Standards in der Paraps. geworden. Erkannt bleibt, daß die paraps. Forschung nur vorankommt, wenn sie ihre Experimente zu objektivieren vermag. Vielleicht bleibt sie der exp. Kontrolle und der theoret. Klärung grundsätzlich unzugänglich. **[L]** BAUER 1979, BELOFF 1980, BENDER 1976, BONIN 1976 *F. Dorsch*

Parasitismus, (biol.) Zusammenleben zweier oder mehrerer Organismen zum Schaden des einen und Nutzen des anderen.

Parassoziation, Fehl-Assoziation, wobei der Reiz inadäquate Reaktionen auslöst.

Parästhesie [gr. *aisthesis* Wahrnehmung, Empfindung], Sensibilitätsstörungen, insbes. auch Mißempfindungen wie Kribbeln, Ziehen, Geschmackstäuschungen, Taubsein usw., verursacht durch Degeneration von Nervenzellen (-bahnen) oder auf →glandulärer Basis oder infolge Durchblutungsstörungen u. a. m. →Paralgesie

Parasympathikolytika, Substanzen, die vorwiegend die Aktivität des parasympathischen Systems durch Verdrängung von →Acetylcholin bei der Erregungsübertragung von der postganglionären Nervenfaser auf das Endorgan hemmen. Sie sind →Anticholinergika. Som. Wirkungen sind u. a. Herzfrequenzerhöhung, Pupillenerweiterung, verminderte Drüsensekretion, Erschlaffung der glatten Muskulatur. Die meisten P. haben zentralnervöse Wirkungen, weil sie die Bluthirnschranke passieren. Wichtige Substanzen sind →Belladonna-Alkaloide, Papaverin und Verwandte. Die meisten P. haben ps. Wirkkomponenten. **[L]** FORTH et al. 1996 *W. Janke*

parasympathikolytisch, Wirkungsart von Pharmaka, die im wesentlichen in einer Blokkierung oder Hemmung der Parasympathikus-Aktivität besteht. Vgl. auch →anticholinergisch, →VNS-Pharmaka. *W. Janke*

Parasympathikomimetika, Substanzen, die eine der Aktivierung des →Parasympathikus ähnliche Wirkung haben. Einige wichtige Wirkungen sind Pupillenverengung, Herzfrequenzerniedrigung, Erhöhung der Motilität des Magen-Darm-Traktes, Erhöhung von Speichel- und Magensaftsekretion. P. zeigen in der Regel nicht alle diese Wirkungen. Da die genannten einzelnen Systeme in komplizierten Wechselbeziehungen stehen, ergeben sich meist ganz bestimmte Wirkungsmuster. Darüberhinaus haben viele P. auch zentralnervöse Wirkungen, die mit den vegetativen interagieren. Man unterscheidet direkte P. und indirekte. Direkte P. erregen parasympathische Rezeptoren. Wichtige Stoffe sind →Arecolin, →Carbachol, →Muscarin, →Pilocarpin. Indirekte P. wirken über eine Hemmung des →Acetylcholin abbauendenden Enzyms →Cholinesterase. Hierzu gehören →Physostigmin und Verwandte sowie Phosphorsäureester, die hochgiftige Stoffe sind und als →Insektizide verwendet werden. **[L]** FORTH et al. 1996 *W. Janke*

parasympathikomimetisch, Wirkungsart von Stoffen, die einer natürlichen Parasympathikuserregung vergleichbar ist. Der Begriff deckt sich z. T. mit cholinerg. *W. Janke*

Parasympathikus, parasympathisches System, Untergruppe des autonomen (vegetativen) Nervensystems. In funktioneller Hinsicht antagonistisch wirkend zum Sympathikus. →Nervensystem.

Parataxie, von SULLIVAN geprägter Begriff zur Bezeichnung der Verzerrung zwischenmenschlicher Beziehungen. Die Verzerrung wird durch die →Projektion subjektiver (falscher) Vorstellungen und Erwartungen der Partner ausgelöst. **[L]** SULLIVAN 1947, TOMAN 1965

Parathormon, Proteinhormon der Nebenschilddrüse/Epithelkörperchen. Bedeutung für die Regulation des Calcium-Haushalts. Unterfunktion führt zu →Hypocalcämie mit Krampfneigung der Muskeln. Überfunktion zu Hypercalcämie mit zahlreichen Folgen, z. B. Ulcera, ps. Symptomen wie Depressivität. *W. Janke*

Parathymie [gr.], Gefühlsstörung, bes. als Gefühlsumkehrung. Auf Trauer wird z. B. mit Lachen, auf Zorn mit Freude reagiert.

Parathyreoidea [lat. *glandulae parathyreoideae*], Nebenschilddrüsen, syn. Epithelkörperchen. →Hormone

Pareidolie [gr. *eidolon* Schatten], svw. →Illusion. I. e. S. Wahrnehmungen von Gestalten, wie sie z. B. aus Klecksbildern herausgelesen werden können. →Aktualgenese, →RORSCHACH-Test

Parekphorie, Fehl-Erinnerung →Ekphorie

Parentalgeneration [lat. *parentes* Eltern] →Generation

Parese [gr.], Erschlaffung, Schwäche, unvollkommene Lähmung. →Lähmung

parietal [lat. *paries* Wand], nach der Körperwand hin liegend, zum Scheitelbein *(os parietale)* gehörend

Parietallappen, Scheitellappen des →Gehirns.

Pariser-Schule, Bez. für die Hypnoseforschung gegen Ende des 19. Jh. unter CHARCOT.

Parkinson, Cyril Northcote (*1909 Barnard Castle, Durham), engl. Historiker und Journalist / Prof. in Singapur und an amerik. Univ.

Parkinson-Gesetz, Bez. für die von C. N. PARKINSON vorgelegte arbeitsps. und betriebssoziologische Analyse im Bereich der Verwaltung mit fast satirischen Erkenntnissen. Z. B. die Beamten und Angestellten verschaffen sich gegenseitig Arbeit (das Alibi ihrer Unabkömmlichkeit). **[L]** PARKINSON 1970

Parkinsonismus, zusammenfassende Bez. für krankhafte Erscheinungen, die der Symptomatik der →PARKINSONschen Erkrankung entsprechen, ohne deren Ursachen zu haben.

Parkinson, James (1755–1824), Mediziner, Chirurg, Paläontologe / Hoxton (Middlesex), London

Parkinsonmittel, Bezeichnung für Arzneimittel, die bei der Parkinsonschen Krankheit angewendet werden. Synonym wird auch der Begriff →Antiparkinsonmittel gebraucht.

W. Janke

Parkinsonsche Erkrankung [*paralysis agitans*-Syndrom, erbliche Schüttellähmung], die von P. 1817 beschriebene Krankheit nach erblicher, vorzeitiger Altersinvolution des extrapyramidalen Systems mit hypokinetisch-hypertonischen Störungen der Bewegungsabläufe.

Rigor, →Akinese, Maskengesicht, Salbengesicht, Beugehaltung des Rumpfes und der Glieder, kleinschrittiger, schlurfender Gang, monotone Sprache und Tremor der Hände («Pillendrehen») und des Kopfes. Gelegentlich tritt Speichelfluß auf. Reaktive depressive Verstimmung bei meist erhaltenen Intelligenzfunktionen. Dominant vererbte Anlage. Erkrankungsalter 40. bis 60. Lebensjahr. • Davon abzugrenzen ist die erworbene Schüttellähmung (PARKINSONismus). Sie tritt auf als arteriosklerotische Muskelstarre (O. FÖRSTER 1909) oder nach →Enzephalitis (LEICHTENSTERN 1890), nach Infektion und Vergiftungen, nach Strangulationshypoxämie. →HUNTINGTONsches Syndrom, →CHARCOT-Syndrom

Parkotil® →Pergolid

Parosmie [gr. *osme* Geruch], Geruchstäuschung, auch Geruchshalluzination

Paroxetin, WZ Seroxat®, Psychopharmakon aus der Klasse der neueren →Antidepressiva vom Typ der selektiven →Serotonin-Wiederaufnahmehemmer (SSRI). Soll auch bei Zwangsstörungen wirksam sein. Wirkt leicht angststeigernd, antriebssteigernd, psychomotorisch aktivierend, vielstündige Wirkung (mittlere Plasmahalbwertszeit 24 h). **[L]** PINDER 1985 *W. Janke*

parse [engl.], grammatisch zerlegen, analysieren. *Parser*: Teil des Rechenautomaten, durch den natürliche Sprache in die syntaktischen oder semantischen Merkmale (*features* →Semantik, Semiologie) zerlegt wird, die jedem Wert im Satz zukommen. Manche betonen die impliziten Merkmale, die nicht der Semantik, sondern der Pragmatik angehören.

Parsimonie, Gesetz der [engl. *principle of parsimony*], der allg. Grundsatz, daß in der Wissenschaft beim Auftreten von zwei Hypothesen stets die einfachere vorzuziehen ist. →Einfachheit, →OCCAM's razor, →MORGAN-Regel

pars pro toto [lat. Teil für das Ganze], gültig für →Ganze, in denen die Teile ähnliche Gewichtigkeit haben wie das Ganze.

Partialgefühl, jene Einzelbestandteile von Gefühlen, die in einem gegebenen Augenblick im Ich vorhanden sind, sich aber, nach dem Prinzip der «Einheit der Gemütslage», zum Totalgefühl zusammenschließen →Gemeingefühl.

Partialobjekt, Bez. für den von den →Partialtrieben erstrebten Objekttypus mit realem oder phantasiertem Liebesobjektbezug (z. B. zur Brust, zum Penis u. a.). Der P.träger kann auch in seiner Ganzheit Liebesobjekt sein.

partial reinforcement, in Lernexperimenten spricht man von p.r., wenn die Erfolgsrückmeldung nur teilweise (intermittierend) erfolgt. →partielle Verstärkung

Partialtriebe, von FREUD geprägter Begr. für die einzelnen, in den verschiedenen Entwicklungsphasen nacheinander in Erscheinung tretenden Triebe: orale, anale, genitale Tendenzen sowie die Tendenzen zum Beschauen (Voyeurismus) und Betasten, zum Sich-Zeigen (Exhibitionismus), zum Sadismus und Masochismus.

Diese einzelnen P. treten am Ende der frühen genitalen Phase unter den Primat der genitalen Zone und die Dominanz der genitalen Motive. Ihre Befriedigung erfolgt danach normalerweise nur noch im Rahmen der Befriedigung der genitalen Bedürfnisse, und zwar in Form von deren Präliminarien. Die →Perversion ist gekennzeichnet durch eine Entmischung dieser P. und durch die ausschließliche und zwanghafte Befriedigung eines isolierten P. →Partialobjekt

partielle Korrelation, parametrisches Verfahren zur Bestimmung der Korrelation zwischen zwei Variablen unter Ausschaltung des Einflusses anderer Variablen auf die beobachtete Korrelation. Soll der Einfluß einer Variablen (3) auf die Korrelation zwischen den Variablen (1) und (2) ausgeschaltet werden, wird die p.K. nach folgender Formel bestimmt:

$$r_{12.3} = \frac{r_{12} - r_{13} \cdot r_{23}}{\sqrt{(1 - r_{13}^2)(1 - r_{23}^2)}}$$

G. Mikula

Partielle Verstärkung, Vpn oder Versuchstiere werden nicht jedesmal nach richtiger Ausführung der zu erlernenden Handlungen belohnt, sondern nur in einigen Fällen. Es zeigt sich, daß die Lerngeschwindigkeit durch p.V. nicht wesentlich verlangsamt wird. Jedoch sind Verhaltensweisen, die unter p.V. gelernt werden, vergessensresistenter als Verhaltensweisen, die jedesmal belohnt werden. →Verstärkerplan

Partil, Oberbegr. für alle Punkte, die eine Verteilung von Rängen in bestimmte Anteile zerlegen, wie Median, Quartile, Perzentile, Dezile. →Zentil

Partizipation, Teilnahme, Anteilnahme. LEVY-BRUHL verwendete diesen Terminus zur Kennzeichnung des möglichen Sichidentifizierens mit einem Objekt. **[L]** LEVY-BRUHL 1930

Partnerschafts-Test [T] HANSELMANN, HENNING

Parusie [gr.], Gegenwart der Ideen in ihren Erscheinungen (PLATO)

PASAR, Abk. für *Psychological Abstracts Search and Retrieval*, diese maschinelle, über eine elektronische Datenverarbeitungsanlage ablaufende Literatursuche wurde von der →APA auf der Basis der in den →Psychological Abstracts enthaltenen Zusammenfassungen der wissenschaftlichen Arbeiten entwickelt. Die Suchanfrage wird in →Deskriptoren übersetzt, welche über ein Programm die im Magnetbandspeicher eingegebenen Informationen und die dazu gehörenden Dokumente abrufen. Der Erfolg *(recall)* einer solchen Recherche wird bei PASAR in Form eines Textausdruckes zur Verfügung gestellt.

Passalong-Test [T] ALEXANDER

Pastoralpsychologie, die im Bereich der Seelsorge eingesetzten ps. Methoden und Theorien. →Religionspsychologie

pastös [lat. *pasta* Teig], aufgeschwemmt, aufgedunsen. Der Begr. ist besonders für das →lymphatische Konstitutionsbild gebräuchlich.

PAT [T] TOMKINS

Patellarreflex [lat. *patella* Platte, Kniescheibe] →Kniesehnenreflex

pater-noster-Effekt [lat.], wird bei einem Ausleseverfahren zu einem Prädiktor ein weiterer Prädiktor hinzugefügt, der mit dem ersten gering korreliert, mit dem Kriterium jedoch eine substantielle Beziehung aufweist, wird mit dieser Maßnahme ein Validitätszuwachs i. S. der →inkrementellen Validität erreicht. Unter P. versteht man das Ausmaß, indem bei einer solchen Änderung des Annahmekriteriums ursprüngl. abgewiesene zu zugelassenen Bewerbern werden. **[L]** TROSIEN 1978, FAY 1982 *H. Häcker*

path [engl.], Pfad, Leitung in einem Nervengeflecht. • Weg in einem Labyrinth. • Bei LEWIN jeder Weg, über den →Lokomotion erfolgt.

path..., patho..., ...path, ...path(isch) [gr.], in Wtvb. Leiden, Krankheit **[E]**

pathisches Erleben →Erleben

patho-gen, -genese, -genie, krankheitserregend

pathognom, pathognomonisch, pathognostisch, für eine Krankheit kennzeichnend

Pathognomik (LAVATER), die Lehre von der Erkennung des aktuellen seelischen Zustandes aus den Gesichts- und Körperbewegungen. In der Medizin die Lehre von den Kennzeichen der Krankheiten.

Pathologie, die Lehre von den Krankheiten, ihren Ursachen (Ätiologie), ihrer Entwicklung und ihrem Wesen (Pathogenese), ihren Erscheinungsformen (Symptomatologie und Nosologie) und den durch sie bewirkten Veränderungen in Organen und Geweben (Pathol. Anatomie).

pathologisch, krankhaft. • philosophisch (bei KANT): triebhaft, nicht selbsttätig, passiv.

Pathopsychologie, die Wissenschaft von den krankhaften Erscheinungen des Seelenlebens und ihren Ursachen.

Patriarchat →Mutterrecht

Pattern [engl.], Muster, Modell, Anordnung. Verhaltensmuster, rituelles, kulturelles Muster. • Ein Muster, das zu kopieren oder nachzumachen ist, z. B. bei Testuntersuchungen. • Bez. für Modelle (wie Denkmodell, soziales Modell), die Wirkungs- und Reaktionsweisen zusammenfassen und dadurch anschaulich machen. • Aus der angelsächsischen Ps. haben die Begr. *excitatory pattern, sensory pattern* zur Bezeichnung bestimmter Erregungs- bzw. Empfindungskonstellationen Eingang in die deutsche Ps. gefunden. • Bei GUILFORD steht der Begr. P. für Struktur, Schema, gegliedertes Ganzes.

pattern-perception-test [T] PENROSE

Paukenhöhle →Ohr

Pause, (Arbeitspause), das Intervall zwischen Perioden von Tätigkeiten, das absichtlich oder unabsichtlich wegen Ermüdung, Sättigung oder Monotonie eingeschoben wird u. der Wiederherstellung der Leistungsfähigkeit dienen soll. Das Optimum der Anzahl und Länge der P. ist von vielen Faktoren der Tätigkeit u. der arbeitenden Persönlichkeit abhängig u. wird in der →Arbeitsps. untersucht. «Fixationspause» ist der kurze Zeitabschnitt der Ruhestellung der Pupille, während dessen die genaue Erfassung von Formen möglich ist.

R. Bergius

pavor nocturnus [lat. Nachtangst, engl. *night terror*], das Aufschrecken aus dem und Schreien im Schlaf, vor allem bei Kindern. Oft Anzeichen ps. Störungen. →Schlaf

Pawlow (Pavlov), Ivan Petrovitch (1849–1936), Physiologe / Leningrad. Akad. Laufbahn ab 1870 an der Univ. Petersburg (Tierphysiologie), 1891 Dir. der phys. Abt. d. Inst. f. exp. Med., 1904 Nobelpreis für Arbeiten zur Magensaftsekretion und zum konditionierten Reflex

Pawlowscher Hund, Bez. für die von P. erstmals durchgeführten Versuche, mit anoperierten Ausgängen (Fisteln) für den Mundspeichel, Magensaft, die Speisen, um Veränderungen bei den Absonderungen zu beobachten. →bedingter Reflex

payoff-Matrix [engl. *payoff* Abrechnung], Auszahlungsmatrix. →Entscheidungstheorie, →Signaldetektions-Theorie, →Interaktion

Pb, Abk. für Proband, Plural: Pbn, dt. Bez.: Versuchsperson (Vp), Plural: Vpn oder auch Testperson (Tp, Tpn)

PC, Abk. für *personal constant* (Intelligenzmessung), allg. Abk. für Personal-Computer

PCB, Abk. für polychlorierte →Biphenyle

PCB, Abk. für →Phencyclidin und →Pentachlorphenol

PD, Abk. für →prisoner dilemma game

PDP, Abk. für *parallel distributed processing*; seit Anfang der 80er Jahre vor allem in den USA mit erheblichem Aufwand entwickeltes Forschungsprogramm der Informationsverarbeitungspsychologie, das Fragen der Mustererkennung und -vervollständigung, der Ähnlichkeitserkennung, der Abstraktion, der Generalisierung und der Typenbildung in den Mittelpunkt rückt. Es strebt eine Theorie der Codierung im Langzeitgedächtnis an, die auf subsymbolischen Strukturen und Prozessen beruht und damit eine besondere Nähe zum physiologischen Kenntnisstand über die Informationsverarbeitung in und zwischen Nervenzellen, der «neuronalen Hardware» der menschlichen Kognition, gewinnen soll. Das PDP-Forschungsprogramm bezieht entschieden, teilweise polemisch, Stellung gegen die Hauptströmungen der gegenwärtigen Kognitionspsychologie, die auf der Annahme von Turing-Berechnung (Begriff der Informatik) auf symbolischen Repräsentationen beruhen. Manche Autoren sprechen auch von Konnektionismus oder neuronalen Netzen. (Einen kurzen Überblick in deutscher Sprache gibt LEVELT 1991.)

Die Grundstrukturen des PDP-Ansatzes gehen auf das →Perceptron (ROSENBLATT 1958) und ihm verwandte Strukturen verteilter Repräsentation wie die →Lernmatrix (STEINBUCH 1961) zurück. Ein kognitives System besteht nach dem PDP-Ansatz aus einem Netzwerk, dessen Knoten reelle Variablen darstellen. Diese Variablen werden als Aktivierung bezeichnet. Die Eingänge in das System werden durch die Eingangsknoten, die Ausgänge durch die Ausgangsknoten gekennzeichnet. Zwischen Eingangs- und Ausgangsknoten liegen eine oder mehrere Schichten von verborgenen Knoten (engl. *hidden nodes*). Ein solches Netzwerk verbindet Eingänge (z. B. wahrgenommene, gedruckte Wörter) mit Ausgängen (z. B. die gesprochenen Formen der gelesenen Wörter) durch Aktivierungsausbreitung entlang gewichteter, bahnender oder hemmender Kanten, die die Knoten miteinander verbinden. Die Gewichte der Kanten werden nicht vom Programmierer, sondern vom Netzwerk selbst in einem Lernprozeß nach der sog. generalisierten Delta-Regel gesetzt. Der PDP-Ansatz postuliert daher nicht nur eine Theorie der internen Repräsentation und ihrer Nutzung bei kognitiven Vorgängen, sondern auch eine eigene Lerntheorie. Das vom System durch Lernen erworbene Wissen von Regeln und deklarativen Zusammenhängen wird in der Gesamtkonfiguration der Gewichte der Kanten «verteilt» gespeichert. Einzelne Kanten oder verborgene Knoten sind, im Ggs. zu den symbolischen Netzwerken, nicht «semantisch» interpretierbar.

Innerhalb des PDP-Ansatzes wurden in beträchtlichem Umfang im Detail verschiedene Methoden und Modelle entwickelt und Resultate gefunden, so daß man schon fast von einem KUHNschen Paradigma sprechen kann. – Eine umfassende Einführung geben RUMELHART & MCCLELLAND (1986). *W. Glaser*

PE, Abk. für Personalentwicklung

PE, P. E., p. e., Abk. für *probable error* [engl.], wahrscheinlicher Fehler, mittlerer Fehler.

Peabody Picture Vocabulary Test [T] DUNN

Pearson, Karl (1857–1936), Mathematiker an d. Cambridge Univ., Prof. f. Angewandte Mathematik an der Univ. of London, Zus.arbeit mit GALTON, ab 1904 Dir. des GALTON-Lab. in London. Begründer der wiss. Statistik. (Korrelationsrechn., Faktoranalyse)

Pearsonscher Korrelationskoeffizient, Koeffizient der →Produkt-Moment-Korrelation

Pedanterie, charakterol. Begr. für die übersteigerte Ordnungstendenz. Der Pedant erlebt sie positiv im Ggs. zur Umgebung. FREUD sieht sie im Zusammenhang mit dem Analcharakter. [L] SACHERL 1957

Pedemaskop [gr. *pedema* Sprung], Bez. für eine →stroboskopische Vorrichtung.

peer group [engl. Gleichrangige], Begr. bleibt meistens unübersetzt oder wird als «Peer-Gruppe» eingedeutscht. Gemeint ist die Freundesgruppe der etwa Gleichaltrigen, die Gruppe der Alterskameraden. *B. Feger*

PEG, Abk. für Pneumencephalogramm, →Enzephalographie

Peirce, Charles Sanders (1839–1914), Begründer der Pragmatismus-Theorie. 1859 Harvard-Univ. Obwohl seine zweite akad. Disziplin die Chemie war, befaßte er sich v. a. mit Philosophie, Logik und Erkenntnistheorie. Beeinflußt von JAMES' funktionalistischer Schule, gründete P. die Pragmatismus-Theorie, bei der nicht die Wahrheit, sondern die Bedeutung von Phänomenen im Vordergrund steht. →Utilitarismus

Pemolin, WZ Tradon®, Psychopharmakon aus der Gruppe der →Psychostimulantien. P. bewirkt in niedrigen Dosen u. a. eine mehrere Stunden anhaltende Leistungssteigerung, ohne daß subjektive Aktiviertheit und motorische Erregung (Unterschied zu den meisten anderen →Stimulantien) auftritt. Abweichend von anderen Psychostimulantien ist die Abhängigkeitsgefahr sehr gering. P. wurde bereits 1956 pharmakologisch und psychologisch untersucht, seit 1966 bes. in der pharmakops. Lern- und Gedächtnisforschung. Spezifische Lern- und Behaltensverbesserungen, die über eine allg. Aktiviertheitssteigerung hinausgehen, sind jedoch nicht gesichert. Auch bei cerebralen Störungen mit verringerter Merkfähigkeit hat P. keinen gesicherten Einfluß. Positive Befunde wurden bei Einsatz im Rahmen des sog. Hyperaktivitätssyndroms von Kindern erzielt. [L] BABKOFF et al. 1992, EGGERS 1992, EHLERS 1966, LIENERT & JANKE 1957 *W. Janke*

PEN, Abk. für Psychotizismus, Extraversion, Neurotizismus. [T] EYSENCK

Pendeln →ambivalentes Verhalten

Pendelversuch, das als «okkulte Methode» altbenutzte Pendeln (siderisches Pendel) bekam in der Ps. Bedeutung als techn. Verf. zur motorischen Demonstration des Phänomens der Ideoplasie, wobei unbemerkte Bewegungen als Begleiterscheinung von Vorstellungen nachgewiesen werden. P. wurde erstmals von GALTON verwendet. [L] SCHULTZ 1959

Penisneid, nach FREUD ein Erlebnis bei Mädchen (ab der frühen genitalen Phase), die sich durch das Fehlen des männlichen Gliedes benachteiligt fühlen. P. mündet entweder in den «Wunsch nach einem Penis in sich selbst (hauptsächlich in Form eines Kinderwunsches)» oder den «Wunsch nach dem Genuß des Penis beim Koitus«.

Pentachlorphenol, Abk. PCP, Chemikalie, u. a. gegen Pilze (Fungizid) in Holzschutzmitteln verwendet. Steht im Verdacht, Unverträglichkeitsreaktionen hervorzurufen. →Organophosphate, →Umweltschadstoffe *W. Janke/M. Hüppe*

Pentetrazol, WZ Metrazol®, Cardiazol®, syn. Pentylentetrazol, →psychotrope Substanz aus der Gruppe der →Analeptika, die in niedrigen Dosen u. a. bei Kreislaufschwäche und zur Atemanregung verwendet wird. In höheren Dosen treten Krämpfe auf, die therapeutisch im Rahmen der Heilkrampfbehandlung benutzt wurden (Cardiazol-Schock). Auch bei einigen Normalpersonen treten in relativ niedrigen Dosen im EEG (→Enzephalographie) «Spikes» auf. P. wurde in der pharmakops. animalen Gedächtnisforschung verwandt. Bei Injektion niedriger Dosen unmittelbar nach Lernen (bis ca. 30 min. danach) treten Behaltensverbesserungen auf (Förderung des Konsolidierungsprozesses). *W. Janke*

Pepsinogene, eiweißspaltende Enzyme, funktionell wesentliche Bestandteile des Magensaftes, gebildet in den Hauptzellen des Magens, durch Abspaltung eines Molekülteils in die aktive Form der Pepsine übergehend; am pathophysiologischen Vorgang der Ulcusbildung beteiligt. [L] LÖFFLER & PETRIDES 1975 *W. Janke/M. Ising*

Peptide, kurze Kettenmoleküle aus Verbindungen von max. 20 Aminosäuren. Längerkettige Verbindungen werden als →Proteine (Eiweiße) bezeichnet. P. sind als →Neuropeptide von großer Bedeutung für die Psychologie. *W. Janke/M. Ising*

PEQI, Abk. f. *Perceived Environmental Quality Index* →Lebensqualität

Perazin, WZ Taxilan®, Psychopharmakon aus der Klasse der →Neuroleptika vom Typ der →Phenothiazine. Mittelstarke antipsychotische Wirkung. Früher auch als Tranquillans in niedriger Dosierung verwendet. Vielfach untersucht. [L] HELMCHEN et al. 1988 *W. Janke*

percept, Wahrnehmungsgegenstand

perception →Perzeption, →Wahrnehmung

Perceptron →Perzeptor

perceptual defense →Wahrnehmungsabwehr

perceptual learning (E. GIBSON), zur Wahrnehmung gehörendes (perzeptives) Lernen.

Perfektionismus, Vervollkommnungsfähigkeit des Menschen als Ziel alles sittlichen Wollens, z. B. bei LEIBNIZ, KANT.

performance [engl. Handlung, aktueller Leistungsvollzug] →Performanz

performance scale [T] ARTHUR, HEALY-FERNALD, PINTNER-PATERSON, SEGUIN, WECHSLER (Handlungsteil).

Performanz, Tun, Leistung, vorwiegend der Prozeß des Leistens.

Nach CHOMSKY (1965) der aktuelle Gebrauch der Sprache (→Sprachproduktion, →Sprachrezeption) in konkreten Situationen.

Nur im Falle eines idealen Sprechers/Hörers (→native speaker) ergäbe sich eine direkte Widerspiegelung der sprachlichen →Kompetenz. Die zahlreichen «Fehler» in der Performanz (falsche Ansätze, Abweichungen von Regeln usw.) werden auf soziokulturelle, sozial- und individualpsychologische sowie nicht zuletzt auf situative Störfaktoren zurückgeführt. Andererseits kann faktisch nur aus einer Betrachtung der P. die Kompetenz erschlossen werden. Die P. zum Gegenstand der →Psycholinguistik zu erklären, wäre eine fragwürdige Unterordnung der psycholinguistischen Forschung unter die theoretische Konzeption einer Gegenüberstellung von Kompetenz und P. im Sinne CHOMSKYS.

In der Lernps. wird zwischen dem Erwerb *(acquisition)* und der P., Ausübung des gelernten Verhaltens, als versch. Lernerfolge unterschieden. • In der Testps. ist P. der Terminus, der den Ggs. zu den Verbal-Tests betont. P-Tests sind Handlungstests (vorwiegend motorisch zu erledigende, gegenständliche Aufgaben). →perfomance scales

Pergolid, WZ Parkotil®

Perimeter [gr. *peri* (rings)um, *metron* Maß], Apparatur zur Feststellung der funktionalen Kapazität des visuellen Systems. Der P. besteht aus einer halbierten Hohlkugel, auf der an unterschiedlichen Lokationen Lichtmarken dargestellt werden können. Das Auge einer untersuchten Person befindet sich im Mittelpunkt der Perimetriehemisphäre. Die Person fixiert monokular einen Punkt am Pol des P. und hat gegebenenfalls die Wahrnehmung einer dargebotenen Lichtmarke anzugeben. [L] GRÜSSER & GRÜSSER-CORNEHLS 1987

Perimetrie, beschäftigt sich mit der qualitativen und quantitativen Bestimmung der funktionalen Kapazität des visuellen Systems. Dies geschieht durch systematische Bestimmung der Wahrnehmbarkeit von Reizen unterschiedlicher Helligkeit, Größe oder optischer Wellenlänge in verschiedenen Teilen des visuellen Feldes. Die Ergebnisse der P. werden sowohl durch physiologische als auch durch psychologische Faktoren beeinflußt.

Die funktionale Kapazität kann dabei z. B. über die Wahrnehmungsschwelle für Helligkeit ΔL bestimmt werden, deren Umkehrung $1/\Delta L$ allgemein als «Sensitivität» bezeichnet wird. [L] AULHORN & HARMS 1972

perinatal [gr. *peri* um-herum, über-hinaus; lat. *natus* Geburt], vor, während und nach der Entbindung. Perinatalogie, die Wissenschaft von diesem Lebensabschnitt.

perinatale Psychologie, Bereich der Entwicklungsps., der sich mit dem ps. Status (auch der Eltern) in der Zeit der Geburt (des Gebärens) beschäftigt. Während die pränatale Ps., soweit sie auch lange vor der Geburtszeit forscht, viele spekulative Momente enthält, wuchs die Zahl der emp. Befunde in der p. Ps. rasch an. Die Auswirkungen des Geburtsvorgangs auf die spätere Entwicklung wird vor allem von psa. ausgerichteten Forschern untersucht. [L] GRABER 1974

Periode [gr. *periodos*], Umlauf, Kreislauf. • Eine in regelmäßigen Zeitabständen eintretende Wiederkehr bestimmter Erscheinungen. • Zeitabschnitt, Zeitraum.

Periodik, Periodizität, das Auftreten einer Erscheinung in →Perioden. Allgemein werden unterschieden: Jahresperiodik: (Jahresrhythmus), Monatsperiodik (auch Mondperiodik), Menstruation und damit verbundene psychische Veränderungen, Tagesperiodik auch zirkadiane Periodik, rhythmische Schwankungen von z. B. Leistungsvermögen, Körpertemperatur, Blutdruck, Blutzuckerspiegel, Spiegel verschiedener Hormone (z.B. Cortisol); ferner ohne festes Zeitmaß periodisch auftretende Erscheinungen wie das →manisch-depressive Irresein (→Dipsomanie).

Spezifischer werden unterschieden: zirkadiane Periodik, die endogene P., die mehr oder weniger von dem durch äußere →Zeitgebersignale erzwungenen 24-Stunden- (d. h. Hell-Dunkel-) Rhythmus abweicht und die durch den Aktivitäts- und →Schlaf-Wach-Rhythmus, die rhythmische Änderung der Körpertemperatur und der Aktivität aller vegetativen (Hormone) und vieler somatischen Funktionen des Organismus mit etwa 24-stündigen (zirkadian) Perioden gegeben ist. Die zirkadiane Periodik ist vorwiegend von der Aktivität des jeweiligen zirkadianen Oszillators (→innere Uhr) abhängig. Isoliert können einzelne Organe (oder Zellen), z. B. die Leber, ihre eigene zirkadiane Periodik produzieren. Dies gilt auch für Zellkulturen, die aus diesen Organen gewonnen wurden. Die endogene zirkadiane P. ist in ihrer eigentlichen Länge nur unter «freilaufenden» Bedingungen (Ausschaltung aller Umwelteinflüsse) zu beobachten. Sie wird normalerweise durch äußere (externe) Zeitgeber (Hell-Dunkel-Wechsel, soziale Faktoren) mit dem Tagesrhythmus synchronisiert. Die zirkadiane P. spielt heute zunehmend in der modernen →Schlafforschung, Chronobiologie und Chronopsychologie eine wichtige Rolle.

Ultradiane Periodik: rhythmische Variation biologischer Prozesse und Systeme, die eine Periodik von erheblich weniger als 24 Std. Dauer haben und eine Schwingungsfrequenz von Multiplen der zirkadianen P. aufweisen. Hierzu zählt der zirkasemidiane Rhythmus, der durch das Auftreten der Hauptschlafperiode im Wechsel mit dem mittäglichen *Naps* (Nickerchen) dokumentiert ist, sowie die bei Menschen ca. 90-minütige Periodik des *«basic rest activity cycle»* (BRAC), der durch den →Schlafphasenzklyus dokumentiert ist.

Infradiane Periodik: rhythmische Variationen biologischer Prozesse mit erheblich mehr als 24 Stunden Dauer (z. B. der 28-Tage Zyklus der Menstruation). [L] ASCHOFF et al. 1982, KRIPKE et al. 1982, KOELLA 1988, EIBL-EIBESFELDT 1984, BORBELY 1987, ZULLEY 1995

C. Becker-Carus

periodische Trunksucht →Dipsomanie

periodische Verstärkung →Verstärkung

peripher [gr. *peripherein* umhertragen], vom Mittelpunkt entfernt sein, außenbefindlich, am Rande liegend. Ggs. zu zentral. • p. Nerven, p. Nervensystem bezeichnet das, was außerhalb von Gehirn und Rückenmark, als dem Zentralnervensystem, liegt. • p. Reiz ist Bez. für einen Lichtreiz, der auf Randzonen der Netzhaut abgebildet wird.

Peristase [gr. *peristasis*], Umwelt, Milieu, alle nicht vom →Gen ausgehenden Einflüsse.

Perky-Effekt, eine Verwechslung von Wahrnehmung und visueller Vorstellung. Dieser Effekt läßt sich folgendermaßen experimentell induzieren: Der Vl fordert die Vp auf, sich ein bestimmtes Objekt (z. B. eine Banane) auf einem zunächst weißen Bildschirm vorzustellen. Während des Vorstellungsvorgangs projiziert der Vl ein lichtschwaches Bild einer Banane auf den gleichen Bildschirm. Oft glauben Vpn, die dargebotene Banane sei ihre visuelle Vorstellung, d. h., sie erkennen nicht, daß es sich um ein wirkliches Abbild auf dem Bildschirm handelt. Dieses Phänomen heißt P.-E. *R. Ulrich*

Perlenversuch (KRAEPELIN), Prüfung der motorischen Leistungen (bei Kindern). →Sinnesfunktionen

Perlokution, perlokutionär [lat. *locutio* das Sprechen, Sprache] →Sprechakttheorie

Permissivität [nach engl. *permissiveness*], Duldung, Toleranz, eine akzeptierende Einstellung, durch die anderen Personen Freiheit im Handeln zugebilligt wird und die ihnen die Möglichkeit gibt, sich ungezwungen selbst zu verwirklichen. Ggs. →Autoritarismus. Die nicht ganz eindeutig zu definierende Bez. P. wird auch für den demokratischen Erziehungsstil, aber auch für das →laissez-faire (Geschehenlassen) verwendet.

Permutation, Ausdruck aus der Kombinatorik. P. bezeichnet die Anzahl der möglichen Anordnungen von n Elementen in einer Reihenfolge (z. B. abc, acb, bac, bca, cba). Die Anzahl der möglichen P. von n verschiedenen Elementen ist n! (Fakultät). $P_n = n! = 1 \cdot 2 \cdot 3 \cdot \ldots \cdot n$. • Bei exp.-ps. Untersuchungen werden häufig P. einzelner Bedingungen vorgenommen, z. B. bei der Abfolge von Reizen, um mögliche störende Einflüsse auszuschalten. →Kombination *G. Mikula*

Perseveranz [engl. *perseverance*], im Deutschen kaum gebrauchter Begr. für «Ausdauer», «Beharrlichkeit», nicht deutlich von Persistenz unterschieden. Früher im Sinne von

→«Perseveration» gebraucht, jetzt davon klar abgegrenzt, da letztere ein unwillkürliches Beharren bedeutet, P. dagegen willentliche Kontrolle der →Aufmerksamkeit impliziert (MALLER 1944). *E. Mittenecker*

Perseveration, Perseverationstendenz. Der Begr. wurde erstmalig vom Psychiater NEISSER (F. SOELDER 1895) als allg. Terminus für die versch. patholog. Formen des «Festhaftens an früheren Funktionen», vor allem für überlanges Andauern und für häufige Wiederkehr eines (sensorischen, mot. oder sprachl.) Vorganges eingeführt.

Th. ZIEHEN (1898) wie G. E. MÜLLER & A. PILZECKER (1900) führten die ersten exp. Unters. zur P. (als «assoziationsloser Reproduktion») an Kindern und normalen Erwachsenen durch (→Gedächtnis). GROSS (1901) machte den ersten Versuch einer theoretischen Begründung der P. als «cerebraler Sekundärfunktion», nämlich einer interindividuell versch. starken, unbewußten Nacherregung von Gehirnzellen, die für die assoziative Erlebnisverarbeitung von Bedeutung sei. In Holland wurden von WIERSMA (1906) und von HEYMANS & BRUGMANS (1913) Verf. zur Bestimmung individueller Unterschiede in der «sensorischen» Sekundärfunktion (wie z. B. Flimmerverschmelzungsfrequenz) und zur «motorischen» P.tendenz (Schreiben von Buchstaben in abwechselnder Folge) ausgearbeitet, die in ihren Modifikationen noch gegenwärtig verwendet werden. Auch in der dt. Typologie (O. KÜLPE, E. KRETSCHMER, G. PFAHLER) und in der britischen Intelligenz- und Persönlichkeitsforschung (SPEARMAN 1927) wurden Unterschiede in der P.tendenz (bzw. der *«general mental inertia»*) als wichtiger Persönlichkeitsfaktor angesehen. In späteren Unters. der Zusammenhänge zwischen versch. P.maßen (EYSENCK 1947, CATTELL & TINER 1949 u. a.) wurde kein allg. P.faktor aufgefunden, sondern eine Mehrzahl von Faktoren, von denen der wichtigste häufig mit →«Rigidität» identifiziert wird. Experimentalps. Unters. zur P. in der →Sprache (MITTENECKER 1953) und zur informationstheoretischen Auswertung von p.haltigen Reaktionsfolgen (MITTENECKER 1960) werden neuerdings lerntheoretisch interpretiert (Disäquilibrium der Intensitäten von Reaktionstendenzen). Im klinisch-ps. Bereich wird die Bedeutung der P. bei Hirnverletzungen (BREIDT 1969) und bei Epileptikern (REMSCHMIDT 1968) empirisch und theoretisch untersucht. *E. Mittenecker*

Person [lat. *persona*, etrusk. *phersuna* Maske, genauer das Phersunhafte, d. h. das den Erdgott (phersu) Kennzeichnende, wozu vor allem die Maske gehört; die Ableitung aus *personare* durchtönen ist wohl falsch]. Der Personbegriff ist über die Jahrhunderte recht wechselnd verwendet worden. In neuerer Zeit versteht man unter P. meist nicht den Menschen als Angehörigen seiner Art schlechthin, sondern in seiner spezifischen Eigenart, als den Träger eines in sich einheitlichen bewußten →Ich bzw. →Selbst.

• Zum Historischen ist anzumerken, daß P. im alten Rom den freien Rechtsbürger auszeichnete (so bei CICERO, bei dem P. auch die Rolle bedeutet, die das Individuum spielt, sowie der Träger indiv. Eigenschaften ist). Das Mittelalter verwandelte den Begr.: *personae* sind Gott Vater – Gott Sohn – Heiliger Geist, und (weitergehend) der getaufte Christ ist *persona* als Bürger im Reiche Gottes. Die deutsche Mystik entwickelte zu *«persona»* und *«personalis»* den Begriff *«personalitas»* als Persönlichkeit (der Christ ist persönlich, weil Christus in ihm wohnt). Person und Persönlichkeit sind hier die unsterbliche Seite des Menschen. Über den deutschen Idealismus und die Klassik (KANT, GOETHE u. a.) hat sich dann der heutige Wortgebrauch eingestellt: Wertschätzung des Einmaligen im Individuum schlechthin. **[L]** KOCH 1960

Persona, in der →Analytischen Psychologie ein Funktionskomplex, der aus Gründen der Anpassung an die Außenwelt zustandegekommen ist. Sie ist ein Ausschnitt aus dem Ichkomplex, der der Umwelt zugewandt ist. Sie ist «ein Kompromiß zwischen Individuum und Sozietät über das, als was einer erscheint» (C. G. JUNG). Eine gut funktionierende P. muß drei Faktoren berücksichtigen: (1) das Wunschbild, das jeder Mensch in sich trägt, (2) das allg. Bild, das die betr. Umwelt von ihm hat und (3) die Bedingtheiten, die der Verwirklichung des Ich- bzw. Umweltideals ihre Grenzen setzen. • Bei einem gut angepaßten Menschen ist die P. ein flexibler Schutzwall, der ihm natürliche Umgangsformen mit der Umwelt ermöglicht. Ist die P. zu starr, wird sie zur Maske, hinter der der individuelle Mensch verschwindet: Hinter Amt und Titel existiert dann gleichsam «nur ein erbärmliches Menschlein». **[L]** JACOBI 1959, 1972

Personalauswahl, (oder Personalauslese) ist die Auswahl von Menschen für Berufe, Stellen oder Tätigkeiten aufgrund der Eignung, die sie dafür besitzen, unter Berücksichtigung der speziellen Bedingungen des jeweiligen Auslesefalles (JÄGER 1970). Ausleseentscheidungen betreffen nicht nur Neueinstellungen, sondern auch Versetzungen, Beförderungen, Zuweisungen bestimmter Aufgaben bzw. Projekte und Abordnungen sowie Entscheidungen über die Teilnahme an Aus- und Weiterbildungsmaßnahmen sowie Entlassungen.

Zu unterscheiden ist zwischen der Feststellung der →Berufseignung und der eigentlichen Auswahlentscheidung, denn nicht immer werden alle Geeigneten eingestellt. Für die Abgelehnten ist es aber wichtig zu wissen, ob sie als geeignet eingeschätzt werden. Das Ausleseverhältnis (engl. *selection ratio*, Prozentsatz der auszuwählenden Personen aus der Gesamtzahl der Bewerberinnen und Bewerber) ist nicht nur bei der Ausleseentscheidung von Bedeutung, sondern auch zur Beurteilung der praktischen Nützlichkeit der Beurteilungsmethoden und -verfahren.

Allgemein zählt die P. zu den zentralen Aufgabenfeldern der →Personalentwicklung. Ihre Ziele sind im allg., unter Berücksichtigung relevanter Umstände, mit ökonomisch vertretbaren Mitteln bestmögliche Wahlentscheidungen zum Nutzen der Organisation (institutioneller Nutzen) und/oder der auszuwählenden Person (individueller Nutzen) unter Berücksichtigung der Akzeptanz und sozialen Folgen für die direkt und indirekt Beteiligten zu treffen. Verfahren der P., die von den Betroffenen oder wegen problematischer sozialer Folgen abgelehnt werden, können negative Wirkungen auf das →Personalmarketing haben.

In der Praxis gebräuchlich ist eine Auswahl nach Einsichtnahme in die Bewerbungsunterlagen und anschließende →Vorstellungsgespräche mit ausgewählten Personen. Die prognostische Validität dieses Vorgehens ist aber sehr gering. Die Entwicklung valider psychodiagnostischer Verfahren zur P. (syn. psychologische Eignungsdiagnostik oder Berufseignungsdiagnostik) gehört zu den klassischen praktischen Aufgabenfeldern der Psychologie (vgl. GREIF 1993b). Systematische Methoden der Personalauswahl basieren auf vorausgehenden →Anforderungsanalysen zur Ermittlung der Anforderungen der zu besetzenden Stellen.

Zur Vorauslese haben sich →biographische Fragebögen bewährt. Je nach Zielgruppe, Anforderungsprofil und Zielsetzung können verschiedene Verfahren miteinander kombiniert werden. Zur Auswahl für schulähnliche Aus- und Weiterbildungsmaßnahmen werden je nach Anforderungen speziell zusammengestellte →Intelligenztests oder Fähigkeits- und Kenntnistests bzw. →Leistungstests sowie →Berufsinteressen-Tests (→Berufswahl) verwendet. Bei Positionen, die →Führung, soziale Kompetenzen oder Selbstmanagement erfordern (→Managament), werden →Assessment Center durchgeführt. In neuerer Zeit haben auch computerunterstützte eignungsdiagnostische Methoden und Planspiele zur P. an Bedeutung gewonnen (WOTTAWA 1993). Statt der üblichen →Vorstellungsgepräche können schließlich von trainierten Beurteilern systematisch gestaltete →Einstellungsgespräche eingesetzt werden. Im Ideal werden die verwendeten Auswahlverfahren und -strategien einer Bewährungskontrolle zur Überprüfung ihrer prognostischen Validität und Nützlichkeit sowie der Akzeptanz und sozialen Folgen unterzogen werden.

Bei der Auswahl und Durchführung psychodiagnostischer Eignungsuntersuchungen sind das verfassungsrechtlich verankerte Selbstbestimmungsrecht von Bewerberinnen und Bewerbern, die Mitbestimmungs- und Kontrollrechte des Betriebs- oder Personalrats sowie tarif-, vertrags- und datenschutzrechtliche Grundlagen zu beachten (vgl. GAUL 1990). In seiner Berufsordnung hat der Bund Deutscher Psychologen (BDP) Grundsätze für die Anwendung psychologischer Eignungsuntersuchungen formuliert, die als standesrechtliche Maßstäbe und Verhaltensregeln einzuhalten sind. **[L]** JÄGER 1970, SCHULER & FUNKE 1993 *K. C. Hamborg/S. Greif*

Personalbeurteilung, in der deutschsprachigen →Arbeitswissenschaft auch als →Leistungsbewertung bezeichnet, ist in der →Arbeits- und Organisationspsychologie ein Obergriff für systematische Methoden zur Einschätzung der Leistungen und Kompetenzen von Personen bei der Bewältigung ihrer →Arbeitstätigkeiten.

Die P. dient im Rahmen der →Personalentwicklung als Grundlage für personelle Entscheidungen wie Umsetzung, Aufstieg oder Kündigung von Mitarbeiterinnen oder Mitarbeitern. Gebräuchlich sind Einstufungsverfahren, die auf Beurteilungsgesprächen der Vorgesetzten mit ihren Mitarbeitern beruhen und zusammen mit einer möglichen Stellungnahme der Beurteilten schriftlich in Form von Einschätzungen auf verschiedenen Dimensionen und freien Kommentaren niedergelegt

werden. Empfehlenswert ist die Durchführung systematischer →Anforderungsanalysen, um Aufschlüsse über die →Aufgaben und →Tätigkeiten und Einschätzungsdimensionen zu gewinnen.
Bewährt haben sich sogenannte verhaltensverankerte Einstufungsskalen (engl. *Behavioral Anchord Rating Scales*, BARS), bei denen neben den Skalenwerten zu allen Bereichen konkrete Verhaltensmerkmale als Einstufungshinweise (sogenannte Anker) angegeben werden. Um typische Beurteilungsfehler zu verringern (→Beobachtungs-Fehler), wie insbes. *Leniency* (Pluspunkte durch persönliches Wohlwollen), Negativität (einzelne Minuspunkte werden generalisiert), Haloeffekt (ein positiver oder negativer Eindruck wird auf alle Merkmalsbereiche generalisiert, →Hof-Effekt) und zentrale Tendenz (Vermeidung extremer Skalenwerte) zu verringern, können systematische Trainings durchgeführt werden ([T] →Mitarbeiter systematisch beurteilen, FRANKE & KÜHLMANN 1990).
Neben einer Untersuchung der statistischen Gütekriterien und Interkorrelationen der Einschätzungsskalen sollte routinemäßig ihre Stabilität und prognostische Validität zur Vorhersage des beruflichen Aufstiegs und anderer Erfolgskriterien routinemäßig überprüft werden. Sorgfältig konstruierte Verfahren zur Selbstbeurteilung sind nach vorliegenden Forschungsergebnissen keineswegs grundsätzlich mit stärkeren Beurteilerfehlern (insbes. keineswegs mit *Leniency*-Effekten) behaftet. Im Rahmen von Konzepten zur Förderung der fachlichen und persönlichen Entwicklung der Mitarbeiterinnen und Mitarbeiter gehören Selbstbeurteilungen und ihr Vergleich mit Vorgesetzteneinschätzungen in regelmäßigen Mitarbeiter- oder Fördergesprächen zu den wichtigen Instrumenten der →Personalentwicklung (FLETCHER 1989). Neben Einschätzungsskalen werden dabei auch offene Fragen nach Stärken und Schwächen gestellt sowie Leistungs- und Karriereziele thematisiert und gemeinsam schriftlich festgehalten. Zur P. werden auch →Assessment Center durchgeführt.
Bei der Bewertung von Strategien und Verfahren der P. sind neben der prognostischen Validität, Nutzen und Kosten auch die Transparenz, Fairneß und Akzeptanz für die Beteiligten sowie die direkten und indirekten sozialen Folgen zu berücksichtigen. Werden diese Gesichtspunkte vernachlässigt, kann dies negative Auswirkungen auf das interne →Personalmarketing haben (→Fluktuation). Bei der Einführung von Verfahren zur P. sind Mitbestimmungs- und Kontrollrechte des Betriebs- oder Personalrats sowie tarif-, vertrags- und datenschutzrechtliche Grundlagen zu beachten (vgl. GAUL 1990). [L] SCHULER & FUNKE 1993 *S. Greif*

Personalbogen →Beobachtungsbogen

Personal Data Sheet [T] WOODWORTH, WOODWORTH-MATHEWS

Personaldiagnostik →Personalauswahl

Personalentwicklung (PE), ist ein Oberbegriff für ein breites, schwer abgrenzbares Spektrum von Maßnahmen zur Analyse, Planung, Förderung und Evaluation des gesamten personellen Potentials einer Organisation mit dem Ziel einer Verbesserung der organisationalen →Effizienz oder →Effektivität. Die Hauptaufgabe der PE wird oft in der Förderung und Steuerung der personellen Ressourcen des Unternehmens gesehen (auch als strategisches Human-Ressourcen-Management bezeichnet, vgl. WÄCHTER 1992).
Das gesamte Feld personeller Entscheidungen und damit zusammhängender Teilaufgaben wie →Personalmarketing →Personalauswahl und →Personalbeurteilung wird der PE zugerechnet. Ausgeklammert werden können personalwirtschaftliche Maßnahmen im engeren Sinne (Personalabrechnung und Zeitwirtschaft).
Als praktische Zielsetzung im Vordergrund steht oft die Verbesserung der aufgaben- und tätigkeitsbezogenen fachlichen →Qualifikation des Personals. Zu berücksichtigen sind aber auch Kompetenzen, die über den Bereich unmittelbarer fachlicher Qualifikationen hinausgehen, wie insbes. Kreativität, soziale Kompetenzen und Teamentwicklung (vgl. den personellen Ansatz in der →Organisationsentwicklung). Herangezogen werden können ferner Konzepte zur →Arbeitsgestaltung und →Gruppenarbeit im Zusammenhang mit Erkenntnissen über die Persönlichkeitsentwicklung in der Arbeit (→berufliche Sozialisation). Für die PE ergibt sich insgesamt ein breites Spektrum an Interventionsmaßnahmen, die zur Entwicklung der personellen Ressourcen und zur Förderung des innovativen Problemlösepotentials in der Organisation genutzt werden können. Auch Maßnahmen zur Veränderung der →Technologie und Organisationsstrukturen (→Organisationsanalyse) können unter dem Aspekt der PE einbezogen werden.

Wichtige allgemeine praktische Aufgabenfelder der PE sind: (1) Planung, (2) Koordination und (3) Evaluation interner und externer Maßnahmen zur fachlichen und überfachlichen Aus-, Fort- und Weiterbildung (→Aus- und Weiterbildung) und aller damit indirekt zusammenhängenden Maßnahmen wie (4) →Bildungsmarketing und Information über die empfohlenen Seminare, (5) Ausbildung der Ausbilder sowie Referentenqualifizierung sowie Referentenauswahl, (6) Förderung des Transfers des Gelernten in die Praxis (Transfermanagement, Aus- und Weiterbildung) und schließlich (7) Kostencontrolling.

Die PE ist neben diesen allgemeinen Aufgabenfeldern oft auch bei der Durchführung von →Qualitätszirkeln beteiligt. Bei diesen und anderen Maßnahmen zur Analyse und Veränderung der →Arbeitsgestaltung und →Gruppenarbeit sowie zur Kostenreduzierung (→Lean-Management, →Total Quality Management) ist immer eine enge Zusammenarbeit mit den beteiligten Produktions- oder Werksleitungen erforderlich.

Zur Analyse des vorhandenen personellen Potentials dienen Methoden der →Anforderungsanalyse und →Personalbeurteilung. Speziell als Grundlage zur Planung der Aus- und Weiterbildungsmaßnahmen werden sogenannte →Bildungsbedarfsanalysen durchgeführt. Zur Personalplanung werden in der Regel umfangreiche Datenbanksysteme geführt, in die insbes. Daten über Qualifikationen sowie erfolgreiche und geplante Teilnahme an Fort- und Weiterbildungsmaßnahmen eingegeben werden.

Um innerhalb des vorhandenen Personals frühzeitig Personen mit hohem Potential zu erkennen, können routinemäßig →Assessment Center oder Potentialinterviews eingesetzt werden. Potentialinterviews sind Fördergespräche mit Mitarbeiterinnen und Mitarbeitern über ihre bisherigen Leistungen, Stärken, Schwächen und Ziele. Sie werden zur Einschätzung des allgemeinen Entwicklungspotentials und zur Planung individueller Fördermaßnahmen genutzt.

Zur Evaluation von PE-Maßnahmen können je nach Problemstellung spezielle Methoden aus dem gesamten Spektrum der Methoden zur →Personalbeurteilung, →Aufgabenanalyse, →Tätigkeitsanalyse (speziell →Anforderungsanalyse) sowie →Organisationsanalyse herangezogen werden. Bei der Evaluation von Seminaren werden oft Fragebögen zur Seminarzufriedenheit (→Fragebogenmethoden im Gebiet der →Arbeitszufriedenheit) verwendet, seltener dagegen aussagekräftigere Methoden zur verhaltensnahen Überprüfung des Transfers des Gelernten in die Praxis. **[L]** HOLLING & LIEPMANN 1993, NEUBERGER 1991, SONNTAG 1992 *S. Greif*

personaler Raum [engl. *personal space*] →Grenzkontrolle

Personalismus, Bez. für die besonders von W. STERN entwickelte und vertretene Richtung, die vom Menschen als →Person ausgeht und das Verhältnis von Person und Sache in den Mittelpunkt stellt. • Die ethische Überzeugung, daß Persönlichkeitswerte die Grundlage aller anderen Werte sind und deshalb die Vervollkommnung der Persönlichkeit höchstes sittliches Ziel ist (KANT, FICHTE).

Personality Inventory **[T]** BERNREUTER, GUILFORD-MARTIN

Personalmarketing, Oberbegriff für Maßnahmen zur Information und Gewinnung von Personen innerhalb und außerhalb der Organsiation für zu besetzende Stellen, Ausbildungsplätze oder Nachwuchspositionen. Im Unterschied zum engeren Begriff der Personalwerbung, der sich lediglich auf konkrete Werbemaßnahmen für externe Bewerberinnen und Bewerber bezieht, wird das P. heute als sehr breites Aufgabenfeld innerhalb der →Personalentwicklung gesehen. Bspw. fällt darunter die Entwicklung eines positiven Firmenimages bei relevanten Hochschulabgängergruppen oder eine Identifikation der Organisationsmitglieder mit den Zielen und Aufgaben der Organisation. **[L]** BALDUS & HOLLING 1989, MOSER 1992 *S. Greif*

personeller Oberbau (LERSCH), der das denkende Erfassen (= noëtischer Oberbau) und die Willensvorgänge umfassende «Ichkern». Der p.O. steht der tieferen Schicht des endothymen Grundes gegenüber. →Charakteraufbau, →Schichttheorie

Personenkult, fast kultische Verehrung von bestimmten, den Durchschnitt überragenden Personen, insbes. auch von Volks-, Staats- oder Parteiführern sowie Stars, wobei eine solche Person (bzw. deren Ideologie oder auch Leistung und beides in Verbindung mit irrationalen Elementen) zu einer Art Ersatz-Religion, der aber das echte →Numinosum fehlt, wird. →Identifikation

Personwahrnehmung →soziale Wahrnehmung

Personen-Zeichnen **[T]** MACHOVER

Personifikation, Vermenschlichung, die Auffassung oder Darstellung abstrakter Begriffe oder lebloser Dinge als Personen mit bestimmten Eigenschaften

persönliche Bewertung →Leistungsbewertung

persönliche Gleichung →Reaktionszeit

persönlicher Raum →Raum

persönliches Tempo, personspezifische Tendenz, verschiedenartige Tätigkeiten, vor allem Bewegungen, mit einer charakteristischen Geschwindigkeit auszuführen. Persönliches Tempo im allgemeinen Sinne gibt es nicht, sondern hohe Korrelationen finden sich nur bei relativ ähnlichen Aufgaben (z. B. →Tapping in bequemem Tempo mit verschiedenen Gliedmaßen). *H. Heuer*

persönliches Unbewußtes, bei JUNG das dem Bewußtsein nicht Aktuelle, aber Zuführbare, wie alles Vergessene oder Verdrängte. →Individuation (2)

Persönlichkeit →Person, →Persönlichkeitspsychologie

Persönlichkeitsabbau, die als Nachwirkung schwerer Erkrankungen oder im höheren Alter in Erscheinung tretenden Persönlichkeitsveränderungen (senile Degeneration). →Dementia

Persönlichkeitsdifferenzierungshypothese, genetische, dabei werden Persönlichkeitsvariablen als unabhängige Variablen bzgl. des Differenzierungsgrades der faktoriellen Intelligenzstruktur angenommen. In entsprechenden Untersuchungen stellte sich heraus, daß sich bei schlecht angepaßten Pbn höhere Interkorrelationen in ihren Intelligenzwerten ergaben als bei gut angepaßten. Schlechte Anpassung wird als Fixierung auf frühere Entwicklungsstufen interpretiert. Auch die →Introversion hat sich als eine solche differentielle Variable in ihrer Ausprägung auf die Faktorenstruktur ergeben. Bei Introvertierten ergibt sich eine differenziertere Struktur des anschaulichen Denkens.

Persönlichkeitsentwicklung, Veränderung des komplexen Systems innerhalb eines Individuums, das sich mit der Umwelt und der Innenwelt auseinandersetzt. Die P. beginnt vor der Geburt und ist lebenslang. Gliederungsgesichtspunkte sind die →Kohorte vergleichbarer Individuen und Segmente wie Intelligenz-, Gefühls-, Motivationsentwicklung und →Sozialisation. **[L]** ALLPORT 1958, BALTES & KAGAN, OERTER 1980, TRAUTNER 1978 *H. Ries*

Persönlichkeitsfaktor [engl. *personality trait*], →trait, in der empirischen Persönlichkeitsforschung verwendeter Begr. für analytische Einheiten der Persönlichkeit, die durch die Methode der →Faktorenanalyse (FA) gewonnen werden (→Faktorentheorien der Persönlichkeit).

Durch diese Methode bedingt und grundlegend für diesen Forschungszweig ist die Auffassung der Persönlichkeit als ein durch n-Persönlichkeitsdimensionen definierter Faktorraum (GUILFORD). P. werden daher auch gleichgesetzt mit Wesenszügen oder →Eigenschaften. Vom wissenschaftstheoretischen Standpunkt sind P. →Konstrukte. Ihrer Gewinnung nach sind sie Ordnungsbegriffe oder Beschreibungsdimensionen der Persönlichkeit. Sie werden aber auch vor allem von CATTELL kausal (Persönlichkeitsfaktoren als Quellen der Variation) interpretiert. In diesem Sinne ist auch die von ihm stammende Bezeichnung *«source trait»* zu verstehen: Sie sind als faktorielle Beschreibungsdimensionen die dem Verhalten zugrundeliegenden Bedingungen. Dagegen sind *«surface traits»* (Oberflächenmerkmale) «nur» *clusters* von Variablen, aus denen sich im Falle einer Durchführung einer Faktorenanalyse mehr als ein Faktor ergeben würde. Sie sind daher keine einheitlichen Beschreibungsdimensionen. Die wichtigsten formalen Einteilungsgesichtspunkte für faktorielle Beschreibungsdimensionen, nach denen P. beurteilt werden, sind die folgenden (vgl. HERRMANN 1972):

1) «Generalität und Spezifität» (nach der Anzahl von Personen, die einen bestimmten Faktor aufweisen).
2) «Enge» (der betreffende Faktor weist nur eine hohe →Ladung auf) und Weite (mehrere hohe Ladungen).
3) «Abhängigkeit» (bei schiefwinkliger →Rotation – hier kann eine weitere FA durchgeführt werden, wobei die Interkorrelationsmatrix aus den [korr.] Faktoren erster Ordnung [= Primärfaktoren] besteht; die extrahierten Faktoren zweiter Ordnung liegen daher auf einem wesentlich höheren Abstraktionsniveau) und Unabhängigkeit (bei rechtwinkliger Rotation).
4) «Unipolarität» (z. B. EYSENCKS Neurotizismusdimension) und Bipolarität (z. B. EYSENCKS Extra-Introversionsdimension).
5) «Arten der Interkorrelationsmatrix». Bei der R-Technik werden Variable interkorreliert und faktoranalysiert, das Ergebnis sind Eigenschaftsfaktoren *(traits)*; bei der B-Technik werden Variable interkorreliert und faktoranalysiert, die zu verschiedenen Zeitpunkten abgenommen wurden, das

P

Resultat sind Zustandsfaktoren *(state factors)*, d.h. Faktoren der Kovariation über die Zeit; bei der Q-Technik werden Personen interkorreliert und faktoranalysiert, das Ergebnis sind Typenfaktoren, die Personengruppen gleicher Testfaktorstruktur definieren.

Eine ebenfalls sehr wichtige Bedeutung für die Beurteilung von P. kommt der Art der Ausgangsdaten zu. Man unterscheidet: «L-Daten» aus Fremdbeurteilungen (= VB Daten-Verhaltensbeurteilungen), «Q-Daten», Selbstbeurteilung (Fragebögen), und «T-Daten», objektive Tests. Durch den jeweiligen Beobachtungsmodus bedingt, werden verschiedene Bereiche der Persönlichkeit erfaßt. Es ist darauf zu achten, daß die resultierenden P. nicht direkt vergleichbar sind. P. aus T-Daten z. B. liegen schon auf einem höheren Abstraktionsniveau und sind in etwa Faktoren zweiter Ordnung aus Q-Daten vergleichbar. Die Mehrzahl der Untersuchungen beruhen aber auf Q-Daten, die mit Hilfe der R-Technik analysiert werden. **[L]** PAWLIK 1968, 1971, ÜBERLA 1968 *W. Klimesch*

Persönlichkeitsfragebogen [engl. *questionnaire, self-inventory*], besonders konstruierter Fragebogen zur Erfassung der Ausprägung von Persönlichkeitseigenschaften. Die Elemente des Fragebogens werden als Testaufgabe oder Item bezeichnet. Mit diesen Items oder Feststellungen werden keine Tatsachen erfragt, sondern der Pb soll eine Art Selbstbeurteilung vornehmen, welche dann Auskünfte über sein eigenes Verhalten, seine Gefühle, seine Gepflogenheiten usw. gibt. Im Gegensatz zu den Befragungsbogen sind die Fragen bzw. die Antworten auf die Fragen validiert, d. h. die Antworten stehen in einem geprüften Zusammenhang zu einer ps. bedeutsamen Aussage. Ein erster P. dieser Art wurde zur Messung der →Perseverationstendenz entwickelt. In größerem Umfange wurden P. zur groben Auslese für psychiatrisch auffällige Pbn eingesetzt. Bei der Entwicklung von mehrdimensionalen P. wurde versucht, mehr oder weniger eindimensionale Skalen zu einer gesamten Testbatterie zusammenzufassen, um eine möglichst umfassende Persönlichkeitsdiagnose durchführen zu können. Ein solcher mehrdimensionaler Test ist z. B. das **[T]** BERMREUTER-*Personality-Inventory*, welches 4 Dimensionen (neurotische Tendenz, Selbständigkeit-Abhängigkeit, Introversion-Extraversion und Dominanz-Unterordnung) enthält. Zur Diagnose psychischer Störungen wurden P. so entwickelt, daß die einzelnen Items an klinischen Gruppen im Ggs. zu Normalen validiert wurden. Auf diese Weise ist z. B. das MMPI *(Minnesota Multiphasic Personality Inventory)* entstanden. Obwohl dieser Test im klinischen Bereich konzipiert wurde und die Items auch auf entsprechende klinische Symptome hinweisen, wird der Test in großem Umfang für normale Pbn verwendet. Als die Methode der Faktorenanalyse zur Bestimmung der Dimensionalität eines Variablenbereichs von der Intelligenzmessung und -forschung auf die Persönlichkeitsanalyse übertragen wurde, begann eine sehr umfangreiche Entwicklung von P. Zunächst wurde mehr Wert darauf gelegt, die Grunddimensionen der Persönlichkeit mittels verschiedener Untersuchungstechniken zu analysieren. Erst auf Grund der so gewonnenen Dimensionen wurden dann die dafür notwendigen P. entwickelt. Als Hauptvertreter dieser faktorenanalytisch konzipierten P. gelten CATTELL, EYSENCK und GUILFORD (→Faktorentheorien der Persönlichkeit). Diese faktorenanalytisch gewonnenen P. sind viel stärker an einer Persönlichkeitstheorie orientiert. Diese Theorieorientierung hat sich z. T. als Vorteil, z. T. jedoch auch als Nachteil erwiesen. Während man P., welche ohne theoretische Orientierung konzipiert und einer empirischen Validierung unterzogen wurden, als empirische Skalen bezeichnet, kann man die mit persönlichkeitstheoretischen Vorstellungen verbundenen P. als rationale Skalen bezeichnen. Gegen die P. wurde von verschiedener Seite Kritik vorgebracht. So wurde z. B. eingewandt, daß die P. ein hohes Maß an Einschätzung der eigenen Person und ps. Kenntnisse voraussetzen würden. Da jedoch die Validierung der Fragebogenitems nicht auf Grund des Inhalts, sondern nach der Reaktion der Vp erfolgt, stellt die Fähigkeit zur Selbstbeurteilung kein Problem dar. Die Fragebogenkonstrukteure haben selbst nachweisen können, daß die P. häufig für Verfälschungsabsichten des Pb nicht stabil sind. Das Ausmaß der Verfälschung ist jedoch abhängig vom Testdurchführungsanlaß. Eine globale Einschätzung der Validität der gesamten P. ist schwer vorzunehmen, da es sehr viele und mit unterschiedlichen Testgütekriterien versehene P. gibt. Außerdem läßt sich die Frage der Validität so global nicht beantworten, da es sehr viele Situationen gibt, in denen P. durchgeführt werden. So haben sich z. B. die P. bei diagnostischen Fragestellungen im Bereich der →Klinischen Psychologie relativ gut bewährt, wogegen sie für die Voraussage des Schul- bzw. Berufserfolges kaum einen Beitrag leisten können. Verschiedene empirisch ermittelte Schwächen von P. wie z. B. niedrige Validitätskoeffizienten, mangelnde Korrelation zwischen konstruktgleichen Meßverfahren, die Problematik der Konstanz von Persönlichkeitsdimensionen usw. haben in letzter Zeit verstärkte Kritik gegenüber den P. aufkommen lassen. Sie ist insofern berechtigt, als man für diagnostische Zwecke zu hohe Erwartungen an die Testgütekriterien von P. stellte.

Geht man aber davon aus, daß man mit den P. einen nur umgrenzten Persönlichkeitsbereich erfassen kann, daß aber auch die P. Instrumente der empirischen Persönlichkeitsforschung sind, so stellen sie eine wertvolle Informationsquelle innerhalb der Persönlichkeitsdiagnostik und der Persönlichkeitsforschung dar. [**L**] ANASTASI 1968, BRICKENKAMP 1975, EDWARDS 1970, MITTENECKER 1964

H. Häcker

Persönlichkeitspsychologie (Pps.), wird sowohl als Teil der Allgemeinen Ps. als auch gleichberechtigt neben ihr, der Entwicklungsps., der Sozialps. u. ä. als eine der theoretischen Grunddisziplinen der Ps. im umfassenden Sinne verstanden. Während häufig als das Ziel der Allg. Ps. die Erstellung allgemeiner Gesetzmäßigkeiten (z. B. über Wahrnehmungsleistungen, Gedächtnisfunktionen und Lernverläufe) dargestellt wird, in welche die immer beobachtbaren individuellen Abweichungen höchstens als Fehlerstreuungen eingehen, fragt die Pps. gerade nach den Bedingungen für die individuellen Besonderheiten. Historisch ist die Pps. aus der Differentiellen Ps. (W. STERN 1921) und – überwiegend im mitteleuropäischen Raum – aus der Charakterologie hervorgegangen.

Über eine Definition des Gegenstandes der Pps., der Persönlichkeit (P.), ist beim derzeitigen Stand der Forschung keine Einigkeit zu erzielen. Der im Begr. P. intendierte Sachverhalt variiert historisch und auch gegenwärtig von Autor zu Autor stark. P. ist nach LERSCH (1962) «die Grundform menschlichen Seins», nach WELLEK (1966) ein «ganzheitliches, seelisches Sein in seiner jeweiligen Einmaligkeit», nach THOMAE (1968) der «individuelle Aspekt des Menschen». G. H. ALLPORT zählte schon 1937 fünfzig Bedeutungskomponenten auf, die seither noch vermehrt wurden. Auch die etymologische Ableitung ist nicht eindeutig klar (→Person). HERRMANN (1972) faßt P. als theoretisches bzw. hypothetisches Konstrukt auf und inhaltlich als «ein bei jedem Menschen eigenartiges, relativ stabiles und den Zeitlauf überdauerndes Verhaltenskorrelat». In jüngerer Zeit werden – insbes. im Anschluß an MISCHEL (1968) – sowohl reine Eigenschaftskonzeptionen (*steady trait* und *steady state*-Theorien) als auch situationistische Modelle der Erklärung individuellen Verhaltens kritisiert und die Analyse der Interaktion zwischen Individuum und Situation für die Determination individuellen Verhaltens besonders betont (vgl. ENDLER & MAGNUSSON 1976). Noch allgemeiner, unter Einschluß sowohl von Entwicklungsaspekten als auch von Umweltbezügen und unter Ausschluß eines vorgegebenen Menschenbildes und/oder in der P.forschung anzuwendenden Methoden, läßt sich P. auffassen als der Inbegriff der Bedingungen individuellen Verhaltens. Dies legt aber die Annahme nahe, daß P. nicht als Begr., sondern erst in einer entfalteten Theorie adäquat faßbar wird.

Dabei bedeuten:

1) ein horizontaler Schnitt: Ein Merkmal (m) wird über viele Individuen untersucht: «Variation»;
2) ein vertikaler Schnitt: Ein Individuum (M) wird über viele Merkmale (a–z) untersucht: «Persönlichkeitsbeschreibung»;
3) mehrere horizontale Schnitte: Mehrere Merkmale werden über viele Individuen hinsichtlich ihres Zusammenhanges untersucht (Korrelation; Voraussetzung für Faktorenanalyse);
4) mehrere vertikale Schnitte: Mehrere Individuen werden hinsichtlich mehrerer Merkmale miteinander verglichen; von STERN «Komparation» genannt, heute in Typologien bzw. der Q-Technik der Faktorenanalyse weitergeführt.

Methoden: Traditionell werden – zumeist parallel mit der Unterscheidung zwischen philosophisch orientierten (REVERS 1960) und empirisch akzentuierten (HERRMANN) Auffassungen der P. – «qualitative» (Wesensschau, Deutung, Hermeneutik) von «quantitativen» Methoden (Beobachtung, Messen und Tests, Experiment, Modellbildung und Simulation) unterschieden. Mit der Tendenz, weg sowohl von reiner Spekulation als auch von «blinder» Empirie, hin zu einer wissenschaftstheoretisch grundgelegten Bedingungsanalyse individuellen Verhaltens verliert diese Unterscheidung zunehmend an Bedeutung. Die me-

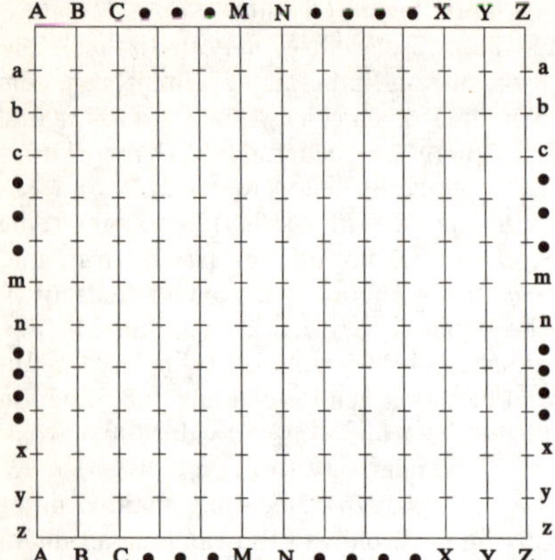

Grundschema der Methoden in der differentiellen Psychologie (nach STERN 1921)

thodischen Möglichkeiten der gegenwärtig überwiegenden P.forschung lassen sich am besten an den beiden Abbildungen verdeutlichen.

Ziel jeder P.theorie ist es, ihren Gegenstand nicht nur adäquat zu beschreiben, sondern auch zu erklären, d. h. auf seine Bedingungszusammenhänge zurückzuführen. Entsprechend soll eine P.theorie jegliches individuelle Erleben und Verhalten als ihren Spezialfall umfassen und – mit Kenntnis der jeweils wirkenden Bedingungen – vorhersagbar machen.

Dieses Ziel wird auf sehr verschiedenen Wegen angestrebt: Wie für die Psychologie insgesamt, lassen sich auch für die Pps. «nomothetische» Ansätze (allgemeine Gesetze aufstellende «erklärende Psychol.») von «idiographischen» (einmalige Abläufe beschreibende, von Sinnbezügen ausgehende «verstehende Psychol.») unterscheiden. Beispiele für nomothetische Ansätze sind die Faktorentheorien der P. (CATTELL, EYSENCK, GUILFORD), für idiographische die geisteswissenschaftlichen Typologien (SPRANGER, ALLPORT & LINDSEY). Die Schärfe der Auseinandersetzung zwischen beiden Positionen hat mit der Erkenntnis, daß «Verstehen» individuellen Handelns am besten durch Aufdeckung seiner Bedingungszusammenhänge, die nicht nur kausaler Art zu sein brauchen, möglich wird, zu tun. – Gegenwärtig läßt sich die Vielfalt der P.theorien unterscheiden anhand der zu ihrer Erstellung angewandten Methoden (z. B. philosophische, psychoanalytische, faktorenanalytische), der in ihr als analytischer Einheit vorherrschenden Konstrukte (z. B. Eigenschaften, Faktoren, Einstellungen, Selbst) sowie der dominierenden Aspekte der Persönlichkeitsbetrachtung. Dabei lassen sich strukturale, dynamische, feld- und systemtheoretische unterscheiden: Struktur bezieht sich auf den Aufbau der P. aus den sie konstituierenden Merkmalen.

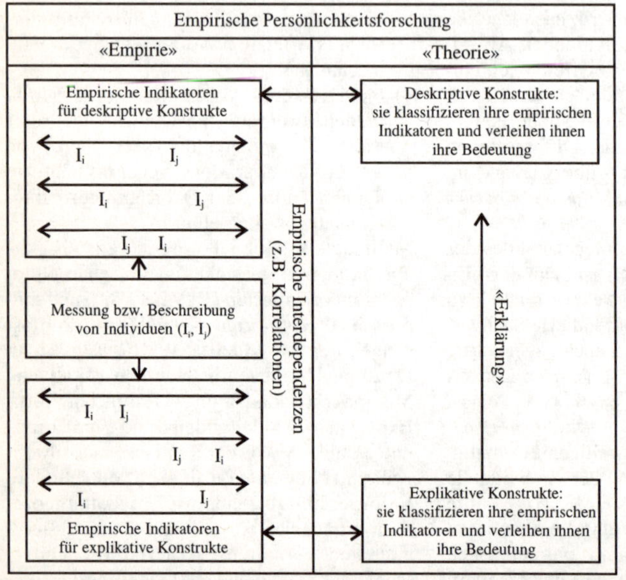

Abb.: Schema der empirischen Persönlichkeitsforschung (nach HERRMANN 1972)

Dynamik der P. bezieht sich auf das Werden, zumeist aufgrund der das Verhalten antreibenden Kräfte.
Feld- und systemtheoretische Ansätze versuchen, beides zu vereinigen und beziehen Interaktionen zwischen Individuum und Umwelt ein. Die Gesichtspunkte überlappen sich oft oder werden in verschiedener Weise miteinander kombiniert. Eine übergreifende, allgem. anerkannte Theorie der Pps. steht noch aus. Die Pps. ist direkt oder vermittelt und/oder zusammen mit anderen ps. Teildisziplinen (z. B. der →Diagnostik) grundlegend für breitgestreute Anwendungsbereiche: Begutachtung für die verschiedensten Zwecke, →Beratung (z. B. für Berufswahl, Erziehung, Ehe), Betreuung und Therapie. Sog. →implizite Persönlichkeitstheorien sind eine bedeutsame Fehlerquelle in der P.beurteilung, im Regelfall um so mehr, je weniger man sich ihrer bewußt ist.
→Person, →Persönlichkeitsfaktor, →Faktorentheorien der Persönlichkeit, →eigenschaftszentrierte Persönlichkeitstheorien, →Persönlichkeitstheorien, philosophisch orientierte, →rollentheoretische Persönlichkeitsauffassungen, →Selbsttheorien der Persönlichkeit, →Persönlichkeitsmodelle, tiefenps., →Persönlichkeitstypen, →Typologie.
[L] LERSCH & THOMAE 1960, STRUBE 1977.

Persönlichkeitssphäre, Begr. aus der Persönlichkeitstheorie von CATTELL. Mit P. ist die Gesamtheit des menschlichen Verhaltens und speziell die Gesamtheit aller Handlungen, die zu einem vorhersagbaren Verhalten führen, gemeint. Die P. wird mit den versch. Methoden der →L-, →Q- und →T-Datenerhebungsmethoden zu erfassen versucht.

Persönlichkeitsstörungen, P.sind Ausdruck komplexer psychosozialer und zwischenmenschlicher Krisen; die Behandlung sollte unter Berücksichtigung dieser Faktoren erfolgen. Nach DSM-IV werden die paranoiden, schizoiden, schizotypischen, antisozialen Borderline, Histrionischen, Narzißtischen, vermeidend-selbstunsicheren, dependenten und zwanghaften P. unterschieden. Sie alle umfassen ein überdauerndes Muster von innerem Erleben und Verhalten, das merklich von den Erwartungen der soziokulturellen Umgebung abweicht. Die Psychotherapie von Persönlichkeitsstörungen wird dadurch erschwert, daß Betroffene ihre auffälligen Eigenarten überwiegend als zu ihnen gehörend und als weniger störend empfinden, als das bei Achse I-Störungen der Fall ist. Zudem werden Achse-II-Diagnosen oft als diskriminierend empfunden. Persönlichkeitsstörungen führen als Störungen zwischenmenschlicher Beziehungen oft auch zu Problemen in der Therapiebeziehung. Suizidalität ist ein besonderes Problem. Für verschiedene einzelne Störungen (z. B. →BorderlineStörungen, Antisoziale Persönlichkeit) gibt es spezifische Therapieansätze, und die Erfolgserwartungen sind bei aller Vorsicht optimistischer geworden. Besonders zu beachten ist, daß Persönlichkeitsstörungen oft gemeinsam mit klassischen psychiatrischen Problemen auftreten, so daß sie in der Therapie auch beachtet werden müssen, wenn letztere der Therapieanlaß sind.
[L] FIEDLER 1995, SACHSE 1997 *F. Caspar*

Persönlichkeitstests, Testverfahren (auf der Basis unterschiedlicher Testkonzeptionen konstruiert: z. B. projektiv oder psychometrisch), mit welchen empirisch abgrenzbare Dimensionen quantitativ und/oder qualitativ erfaßt werden können. Persönlichkeitsdimensionen (in diesem engeren Sinne) stellen solche Bereiche der Person dar, welche in Abgrenzung zu allgemeinen oder spezifischen Fähigkeits- oder Leistungsdimensionen diejenigen Dimensionen erfassen, welche die Art und Weise des Vollzugs von Verhalten bestimmen. Solche Dimensionen sind je nach Persönlichkeitssystem enger oder weiter gefaßte Faktoren wie z. B. →Extraversion / Introversion, ps. Labilität / ps. Stabilität, Ich-Stärke, Dominanzstreben. *H. Häcker*

Persönlichkeitstheorien, philosophisch orientierte, Bez. für Theorien, denen – sosehr sich die Konzepte im einzelnen voneinander unterscheiden – zwei Merkmale gemeinsam sind: (1) Sie gehen vom Postulat der «Person» bzw. der «Persönlichkeit» (letztere wird dabei oft verstanden als die im individuellen Lebenslauf entwickelte, die «gewordene» Person) als etwas Substantiellem, seinsmäßig Vorgegebenem aus, im Ggs. zur empirischen Persönlichkeitsforschung, in der ontologische Voraussetzungen bewußt ausgeklammert bleiben. (2) Sie sind eher deskriptiv, phänomenologisch orientiert und werden weniger auf das Erklären von Verhalten ausgerichtet.
Grundlegend für diese Forschungsrichtung waren u. a. die Konzepte von KLAGES, SCHELER, STERN und KRUEGER: L. KLAGES ist charakterisiert durch seine metaphysische Theorie vom Geist als Widersacher der Seele, wobei die Persönlichkeit gleichsam Schauplatz des Widerstreits zwischen personaler Individualität (Seele) und antipersonalem, die Ein-

P

maligkeit zerstörendem Geist ist. • Bei M. SCHELER ist die Personalität ebenfalls durch den Gegensatz von Leben («Drang») und Geistigkeit bestimmt, wobei aber der Geist nicht wie bei KLAGES Zerstörer des personalen Lebens, sondern selbst das personale Prinzip des Menschen ist. • W. STERN glaubte, das Substrat des Psychischen in der «psychophysisch neutralen» Person gefunden zu haben, die er als «individuelle, eigenartige Ganzheit, welche zielstrebig wirkt, selbstbezogen und weltoffen ist, lebt und erlebt», bestimmt. Nach F. KRUEGERS genetischer Ganzheitslehre ist das Substrat aller ps. Phänomene die personale Struktur, das substantiell Seiende, das mit sich selbst identisch bleibt im Wandel der Entwicklung eines Menschen. • Weiterentwickelt wurde dieser Zweig der Persönlichkeitsps. insbes. von LERSCH, VETTER, WELLEK, REVERS u. a.: Ph. LERSCH zieht in sein Konzept des Aufbaus der Person fast alle Bereiche der Ps. und anthropologische Sichtweisen mit ein, wenn er sagt, die Ps. der Person «charakterisiert den Menschen als Sonderwesen im Ganzen der Welt und umgreift zugleich die aktuellen seelischen Vollzüge und Inhalte, die seelische Entwicklung und die individuellen Ausprägungsformen». • Nach A. VETTER ist die Person lebens- und geistesbestimmt, das Ewige im Menschen, seine Mitte und als solche ontologischer Grund der Persönlichkeit, die das Insgesamt des seelisch-geistigen Gefüges darstellt. • A. WELLEK bezeichnet seine Charakterologie als «induktive Ontologie», geht es ihm doch in seiner Polaritätstheorie des Charakters um die systematische Erfassung des Strukturkerns der Persönlichkeit, nämlich des Charakters als «Seinsgrund aller individuellen Akte» und somit um die Erfassung der in der persönlichen Struktur (sensu KRUEGER) fundierten Disposition. • W. J. REVERS schließlich bestimmt die Person als «menschliches Einzelwesen, als Einheit von Geistseele und Leib in seiner unmittelbaren Einmaligkeit, das in sich selbst und über sich selbst verfügt» und «insofern sie in einem konkret historischen Lebenslauf Wirklichkeit wurde», bezeichnet er sie als Persönlichkeit. Philosophisch orientierte Theorien der Persönlichkeit wurden hauptsächlich in Europa, insbes. im deutschsprachigen Raum konzipiert. Von den amerikanischen Beiträgen zur Persönlichkeitsforschung ist am ehesten G. W. ALLPORTS Persönlichkeitskonzept zur Anthropologie und Philosophie hin geöffnet. • ALLPORT war es vor allem auch, durch den der Persönlichkeitsbegriff in der amerikanischen Ps. Eingang fand. ALLPORT definiert Persönlichkeit als «die dynamische Organisation derjenigen Systeme im Individuum, die sein charakteristisches Verhalten und Denken determinieren», wobei das →«Selbst» das wichtigste System der Persönlichkeit ist. Eine teilweise Weiterentwicklung der philosophisch orientierten Theorien der Persönlichkeit kann in der in den USA auflebenden sog. →humanistic psychology gesehen werden (neben ALLPORT wären hier A. MASLOW, Ch. BÜHLER, C. ROGERS u. a. zu nennen). **[L]** STRUBE 1977, MADDI 1972

Persönlichkeitstypen, Bez. für diejenigen typischen bzw. als typisch beschriebenen und charakterisierten Erscheinungsformen der Persönlichkeit, die es gestattet, die in fließenden Übergängen vorhandenen Persönlichkeitsvariationen zu klassifizieren, d. h. zu gliedern und Einteilungen vorzunehmen. →Persönlichkeitspsychologie, →Typologie

personnel management →human engineering

personoid, persönlich, persongenähert, Vorform der Person, auch ohne ausreichende Einheit in einem Ich.

Personschicht →Schichttheorie

Personwahrnehmung, Personenwahrnehmung →interpersonale Wahrnehmung

Perspektive [lat. *perspicere* deutlich sehen], eine Gesetzmäßigkeit der räumlichen Wahrnehmung. Gegenstände im Raum erscheinen mit zunehmender Entfernung vom Standpunkt des Betrachters (Augenpunkt) verkürzt (verkleinerter Gesichtswinkel), parallele Ge-

raden scheinen in der Ferne zusammenzutreffen (z. B. Eisenbahnschienen). Infolge der →Größenkonstanz wird allerdings die tatsächliche Verkürzung eines Objekts (Verkleinerung des Netzhautbildes) meist nicht in ihrem vollen Ausmaß wahrgenommen. • «Luftperspektive» heißt die Verhüllung weit entfernter Objekte (namentlich im Freien) durch Unreinheiten der Luft. Sie trägt zur räumlichen Auffassung ebenso bei wie die teilweise Verdeckung von Gegenständen im Raum durch davor befindliche andere und die Verteilung von Licht und Schatten im Raum. – Als «binokulare P.» wird gelegentlich die →Querdisparation bezeichnet. →räumliches Sehen

Perspektiventäuschung, eine infolge perspektivisch gezeichneter Umgebung auftretende Täuschung über das Größenverhältnis abgebildeter Gegenstände.

Perspektivenübernahme, Fähigkeit, den Standpunkt einer anderen Person, der sich vom eigenen unterscheiden kann, bewußt einzunehmen, ohne den eigenen zu verlieren. Kognitive Voraussetzung für die P. ist die Fähigkeit zur →Dezentrierung. Die Fähigkeit zur P. bei Wahrnehmungsinhalten, wie sie im «Drei-Berge-Versuch» von PIAGET gemessen wird, entwickelt sich in der Regel im sechsten Lebensjahr; weniger komplexe Formen der P. – auch bezüglich Meinungen, Emotionen und Bedürfnissen – können aber schon bei drei- bis vierjährigen Kindern beobachtet werden. Mit dem Auftreten der P. verschwindet der →Egozentrismus des Kindes. **[L]** BISCHOF-KÖHLER 1989, PIAGET 1972 *F. Wilkening*

perspektivisches Sehen →Perspektive, →räumliches Sehen

Persuabilität, die Beeinflußbarkeit, Überredbarkeit des Individuums. →Persuasion

Persuasion, Persuasionstherapie [lat. *persuasio* Überredung], (allg.) die seelische Beeinflussung durch Überredung, besonders die therapeutische Behandlung durch Zureden, Belehren, Überreden, vorwiegend mit rationalen Mitteln (Einsicht in die ursächlichen Zusammenhänge des Leidens). Die von P.C. DUBOIS entwickelte und von diesem auch als «sokratischer Dialog» und «rationelle Psychotherapie» bezeichnete Methode, zielt darauf ab, beim Kranken Verständnis für seine situations- und personbedingten Schwierigkeiten zu wecken. • Der P. stehen die Methoden der →Logotherapie, der →Rationalen Psychotherapie und der →Psychagogik nahe.

Pertofran® →Desipramin

Perturbation, aus dem Engl. übernommene informationstheoretische Bez. für Störungen; analog →Lärm

Perversion [lat. *perversus* verdreht, falsch, widersinnig], ursprüngl. «Ketzerei». Im 19. Jh. für «falsches» o. «schädliches» Sexualverhalten, heute ugs. Begriff, der in seiner abwertenden Konnotation nicht haltbar ist, da es kein «richtiges» Sexualverhalten gibt. Daher wird der Begriff in der Psychopathologie höchstens beschränkt auf suchtähnlich eingeschränkte Sexualpraktiken verwendet, wenn sex. Befriedigung nur auf «abweichendem» Sex. verhalten beruht.

Pervitin® →Methamphetamin

Perzentil, stat. Hundertstelwert→Zentil, →Partil

Perzeption [lat. *perceptio* Begreifen], das Bemerken, die Auffassung, das Wahrnehmen; auch das Eintreten einer Vorstellung ins Bewußtsein. Von der P. hat besonders WUNDT die →Apperzeption unterschieden.

Perzeptionelle Reaktions-Disposition [engl. *perceptual response disposition*] (POSTMAN), Bez. für alle Faktoren, welche bei der subjektiven Formung des Wahrnehmungsaktes eine Rolle spielen.

Perzeptionsstrategie, bei der Begriffsbildung angewandte Formen der Informationsverarbeitung, die mit den Selektionsstrategien verglichen werden sollten. **[L]** BRUNER 1973

Perzeptionsumfang →Bewußtseinsumfang

perzeptive Organisation, Prozesse, durch die verschiedene Reizelemente in bestimmten Beziehungen zueinander wahrgenommen werden. Zu den Problemen der perzeptiven Organisation gehören das →Figur-Grund-Verhältnis und die →Gruppierung; für beide Klassen von Phänomenen gelten die →Gestaltgesetze mit der →Prägnanz als oberstem Prinzip.

Perzeptor, Perceptron, kybernetisches System der Informationsverarbeitung, das «als technisches Modell organischer Nervensysteme angesehen werden kann und der Imitation von Teilprozessen der menschlichen Erkenntnis dient» (KLAUS 1969). Im wesentlichen ein System von Rezeptoren, das aus eingehenden Signalen diejenigen Signalkombinationen aussondert, die gesuchte Informationen enthalten (Beispiel: →Lernmatrix). Anwendungen: →Computerdiagnostik, →Automat

H. Ries

Pestizide, Substanzen zur Bekämpfung von Schädlingen. P. sind →Neurotoxine. **[L]** HARTMAN 1995

P

Pethidin, WZ Dolantin®, Psychopharmakon aus der Klasse der synthetischen →Analgetika vom Typ der →Opioide (erstes synthetisches Derivat von →Morphin). Analgetische Wirkung ca. 1/5 von Morphium. Euphorisierend, jedoch relativ wenig abhängigkeitserzeugend. →Analgetika *W. Janke*

petit mal [frz. kleines Übel], nicht mehr gebräuchl. Begriff für versch. Formen der →Epilepsie

Petrefakt, Versteinerung. In der Ps. ist der Ausdruck aufgegriffen worden, um den in der Wahrnehmung, Anschauung, beim Denkprozeß usw. zu beobachtenden Vorgang der Erstarrung bzw. des Vorhandenseins erstarrter Wesenszüge zu belegen (Petrifizierung). →Rigidität

Peyotl, Kaktus, der wegen des darin enthaltenen →Mescalins von Indianern angebaut wurde. →Halluzinogene

Pfadanalyse [engl. *path analysis*], ein regressionsanalytisches, multivariates, statistisches Verfahren zur Analyse und Spezifikation von Kausalmodellen aufgrund der korrelativen Zusammenhänge zwischen den im Modell enthaltenen Variablen.

P. wurde von WRIGHT 1921 entwickelt, fand aber erst relativ spät Eingang in die sozialwissenschaftliche Forschung. Die in einem Modell postulierten Kausalzusammenhänge lassen sich graphisch als «Pfaddiagramm» und mathematisch als Satz von Strukturgleichungen («Pfadmodell») darstellen. Aufgrund der empirisch ermittelten Korrelationen zwischen den Modellvariablen können über die Strukturgleichungen die Modellparameter («Pfadkoeffizienten») geschätzt werden. Die Größe eines Pfadkoeffizienten Pji entspricht jenem Teil der Standardabweichung einer Variablen Zj, der durch eine kausal vorgeordnete Variable Zi determiniert ist, wenn alle anderen der Variable Zj kausal vorgeordneten Modellvariablen konstant gehalten werden. Neben diesem direkten Effekt (Pfad) läßt sich auch der indirekte Effekt bestimmen, den Zi über eine oder mehrere zusätzliche Variablen auf Zj ausübt. Unter bestimmten, hier nicht ausgeführten Bedingungen, kann schließlich die Vereinbarkeit der empirischen Daten mit dem postulierten Kausalmodell durch eine Reproduktion der Ausgangskorrelationen aus der pfadanalytischen Lösung bewertet und so eine Entscheidung zwischen alternativen Kausalmodellen getroffen werden. In ihrer klassischen Form ist die P. auf linear-additive und rekursive Kausalmodelle (Modelle ohne Rückkoppelungsschleifen) beschränkt und trifft bezüglich der Daten gleiche Voraussetzungen wie die multiple →Regressionsanalyse. [L] BRANDSTÄTTER & BERNITZKE 1976, BLALOCK 1971 *G. Mikula*

Pfahler, Gerhard (1897–1976), Pädagoge, Psychologe / Rostock, Gießen, Göttingen, Tübingen

Pfahlersche Typen →Typologie

PF-Test [T] ROSENZWEIG

16 PF [T] CATTELL

Pflanzenpsychologie, Forschung, die sich mit Vorgängen bei den Pflanzen befaßt, die psychischen vergleichbar sind (Reizerscheinungen, Regulationen und Regenerationen der Pflanzen, Ermüdungserscheinungen, Parallelen zum FECHNERschen Gesetz bei bestimmten chemischen Reizen, Tropismen u. a.).

Pförtner [engl. *gate-keeper*] →Kanal-Modell

Pfropfneurose, Pfropfschizophrenie, path. Entwicklungen, die frühere Störungen überlagern bzw. daraus sich entwickeln.

PGR, Abk. für →psychogalvanische Reaktion

phallische Phase, nach Auffassung der Psa. der Zeitabschnitt in der Entwicklung der Sexualität des Kindes, der sich an die →anale Phase anschließt und in dem das Geschlechtsteil die wichtigste Quelle sexuellen Lustgewinns darstellt. An die phallische schließt sich (nach der Latenzperiode) in der Pubertät die →genitale Phase als endgültiges Stadium an. →Ödipuskomplex

Phallographie, Meßmethode der Peniserektion, bes. i. d. VT sex. abweichenden Verhaltens zur Erfolgskontrolle u. Objektivierung der Entscheidung über das Setzen eines Reinforcements.

Phalluskult, die kultische Verehrung des männl. Gliedes als Zeichen der Fruchtbarkeit, der Schöpferkraft, bisweilen auch als Sitz der Seele. Bei den Griechen standen PRIAPOS und die Satyren dem P. nahe.

Phänogenese, Merkmalsentwicklung, der entwicklungsgeschichtliche Ablauf der Wirkungen und Wechselwirkungen vom Ei bis zum Erscheinungsbild des fertigen Organismus. • GOTTSCHALDT (1942) hat für diese Zusammenhänge den Begr. Phänogenetik verwendet.

Phänogramm [gr. *phainesthai* erscheinen, *gramma* Aufzeichnung], übersichtliche Darstellung der an einer Person oder einem Vorgang in Erscheinung tretenden ps. und somatischen Daten. • Nach RAUSCH (1952) Bez. für den Versuch, das Anschauungsbild zu objektivieren.

Phänomen, phänomenologische Methode, alles, was sich dem Wahrnehmenden, Fühlenden oder Denkenden unmittelbar gibt, sofern er sich seinem schlichten Erleben überläßt. Ein Gegenstand, eine Stimmung, ein Einfall sowie die gesamte erlebte Welt sind in diesem Sinne P.
• Die Phänomenologie bzw. die phänomenologische Methode in der Ps. machen das P. mit aller methodischen Strenge zu ihrem ausschließlichen Ausgangspunkt. Sie unterscheidet sich hiermit prinzipiell von anderen Ansätzen, die bei nicht phänomenal gegebenen Eigenschaften und Tatbeständen ansetzen, wie dies etwa der Fall ist bei Aussagen über Funktionen des Nervensystems, elektromagnetische Wellen usw. • Erkenntnistheoretisch schließt die Phänomenologie in der Ps. keine Lehrinhalte ein, wie z. B. die Wesensschau der Philosophie HUSSERLS. Es wird für das praktische und wissenschaftliche Vorgehen ein Begr. von Wirklichkeit zugrunde gelegt, der allen Differenzierungen der erlebten Welt gerecht wird und von dort ausgehend die ganze Fülle methodisch möglicher Ansätze erlaubt. • Historisch kann man den Beginn der phänomenologischen Methode in GOETHES Farbenlehre ansetzen und die frühe Sinnesphysiologie, wie sie z. B. von Joh. MÜLLER, PURKINJE und HERING vertreten wurde, hinzunehmen. Ein folgenreicher Schritt war die Beschreibung von Gestaltqualitäten durch v. EHRENFELS (1890). Viel trug die Phänomenologie von HUSSERL (1859–1938) zum methodologischen Bewußtsein dieser Forschungsrichtung bei. Einen Höhepunkt hat dann die Phänomenologie in der Gestaltps. der Berliner Schule, d. h. in der von dieser Schule entwickelten →Gestalttheorie erreicht. In die amerik. Ps. hat MCCLEOD die Phänomenologie eingeführt.

phänomenale Kausalität →Kausalität, phänomenale

phänomenales Feld, bez. in terminologisch loser Verwendung des Feldbegriffes den Bereich des gleichzeitig Wahrgenommenen bzw. des gleichzeitig Erlebten (gegliedert in phänomenales Ich und phänomenales Umfeld). • Zutreffender wird der Begr. ph.F. dann gebraucht, wenn jede Wahrnehmung als dynamischer Prozeß angesehen werden soll (→Feld).

Phänomenologie →Phänomen

Phäno-Motive, da der Begr. Motiv nicht so eng gefaßt werden kann, daß er nur die im Bew. zutage tretenden Vorwegnahmen des Willenszieles umfaßt, müssen – nach STERN – «hinter diesen bewußten Anreizen des Wollens andere, halb bewußte oder unbewußte liegen, die, aus größeren Tiefen stammend, die eigentlichen Energien enthalten, aus denen die Willenstat gespeist wird». STERN benennt diese als «erscheinende» Motive: Phäno-Motive; als «erzeugende» Motive: Geno-Motive.

Phänotypus, äußeres Erscheinungsbild, die Summe der ausgebildeten Merkmale eines Organismus. Aus dem gleichen →Genotyp können durch verschiedene Umwelteinflüsse verschiedene Phänotypen entstehen.

Phantasie [gr. *phantasia,* engl. *imagination*], svw. Vorstellungskraft, ebenso die Vorstellungen, die als neu in unser Bew. treten und sich mit den vorhandenen Bew.inhalten verbinden. Entscheidend ist das Neuartige und Nicht-erlebt-Haben der P.kombination. Sie enthalten meist weder Erinnerung noch Wiedererkennen, wenn sie auch die Neuorganisation von Erfahrenem sein können.
Die P. kann absichtlos schweifen (passiv) oder planvoll (aktiv), mehr reproduzierend oder rein kombinatorisch geartet sein. Sie kann im →Traum, mit →Drogen erzeugt, bei sensorischer →Deprivation, im →Aberglauben und vor allem bei Psychosen überhand nehmen und die Persönlichkeit zerstören, aber ebenso (wie Jean PAUL meint) «das Absolute und das Unendliche der Vernunft näherführen und anschaulicher vor die sterblichen Menschen» stellen. • FREUD ordnete die P. den Primärprozessen (→Primärvorgang) zu. BLEULER führte für P. die Bez. →Autismus ein. In gewissem Umfang ist die P. durchschaubar, so bes. bei künstlerisch schaffenden Menschen, in Selbstzeugnissen, im Ausdeuten sinnloser Figuren (z. B. **[T]** RORSCHACH), auch mehrdeutiger Darstellungen (z. B. TAT) oder auch der Analyse von Träumen.

P

Phantasieprüfung **[T]** BINET

Phantasie-Tests →Projektive Tests

Phantasma [gr.], Sinnestäuschung, Phantasiegebilde, Halluzination

Phantastika, syn. Halluzinogene, →Psychopharmaka

Phantomempfindung, Amputationstäuschung. Ein amputierter Körperteil (z. B. Extremitäten) wird als noch vorhanden erlebt. Zur Erklärung dieser Eigenart nimmt man eine fortbestehende Wirksamkeit des →Körperschemas an.

Pharmakodynamik, Teilgebiet der Pharmakologie, das die determinierenden Bedingungen der Wirkung von Stoffen am Wirkort behandelt. **[L]** FORTH et al. 1996, SCHWABE 1986

W. Janke

Pharmakogenetik, Teilgebiet der Pharmakologie und Genetik, das die genetischen Aspekte der Wirkung von chemischen Stoffen untersucht. [L] CLARIDGE et al. 1973, EICHELBAUM 1986, RUSSEL 1983 *W. Janke*

Pharmakokinetik, Teilgebiet der →Pharmakologie, das die Konzentrationsänderung durch Aufnahme, Verteilung, Verstoffwechslung und Ausscheidung von Substanzen behandelt. Die P. versucht für jede Substanz grundlegende Kennwerte zu bestimmen, so etwa die Eliminationshalbwertzeit, die einen Indikator für die Verweildauer im Organismus darstellt. [L] KLOTZ 1986, NETTER & NETTER 1983, SCHULZ & SCHMOLDT 1994. *W. Janke*

Pharmakologie, Teilgebiet der Medizin, das sich mit der Erforschung der Wirkungen von Pharmaka auf den menschlichen und tierischen Organismus befaßt. Grundlegende Teilgebiete sind u. a. die →Pharmakokinetik und die →Pharmakodynamik. Ersteres betrifft die Verstoffwechslung (Resorption, Verteilung, Abbau), letzteres die Wirkungen und Wirkungsmechanismen. Hierbei steht die Interaktion eines Stoffes mit den körpereigenen Systemen (Membrane, Rezeptoren) im Vordergrund. Nach angezielten Systemen können verschiedene Teildisziplinen unterschieden werden. Für die Ps. ist am bedeutsamsten die →Neuropharmakologie mit dem Untergebiet →Psychopharmakologie (vgl. →Pharmakopsychologie). [L] FORTH et al. 1996, GILMAN et al. 1990, MUTSCHLER 1997, OBERDISSE et al. 1997, *W. Janke*

Pharmakopsychiatrie, Teilgebiet der Psychiatrie, das sich bes. mit der Erforschung von Wirkungen →psychotroper Substanzen (bes. →Psychopharmaka) auf das krankhafte Erleben und Verhalten befaßt. Auch die durch Pharmaka bewirkten krankhaften (abnormalen) Veränderungen des Erlebens und Verhaltens gehören zum Forschungsgebiet der P., für das gelegentlich auch der Begriff →Pharmakopsychopathologie benutzt wird. In der Grundlagenforschung sind Grenzen zur →Pharmakopsychologie fließend. Manche Autoren sehen →Pharmakotherapie als Anwendungsgebiet der P. [L] FRITZE 1989, IVERSEN et al. 1975–1988, RIEDERER et al. 1992–1995, TRIMBLE 1996 *W. Janke*

Pharmakopsychologie, Gebiet, das sich mit den ps. und mit diesen korrespondierenden physiologischen und biochemischen Wirkungen von chemischen Substanzen auf gesunde Menschen und Tiere unter psychologischer Perspektive befaßt. Von verschiedenen Autoren wird sie als Bereich der →Psychopharmakologie angesehen, jenem Teilgebiet der →Pharmakologie, das sich mit ps. wirksamen (= psychotropen) Stoffen, bes. →Psychopharmaka beschäftigt. Als Teilgebiet der Ps. kann sie als Teildisziplin der →Physiologischen Ps., der Angewandten Ps. und als Forschungsmethode aller Teilbereiche gesehen werden. Als Begründer der P. gilt der Psychiater KRAEPELIN (1856–1926), der gegen Ende des 19. Jh. viele Untersuchungen zur Wirkung von →Coffein, →Alkohol, →Schmerzmitteln und →Schlafmitteln auf seriale Rechenleistungen, Aufmerksamkeits- und Wahrnehmungsleistungen durchführte oder anregte. Weitere Untersuchungen der ersten Jahrhunderthälfte wurden mit →Rauschmitteln, bes. →Meskalin, durchgeführt. Als Pionier der experimentellen P. gilt der Marburger Psychologe DÜKER (1898–1986), der selbst oder seine Schüler (EHLERS, JANKE, LIENERT, WIEDING) bzw. deren Schüler (DEBUS, ERDMANN, NETTER, KOHNEN, KRÜGER) die Wirkung von Hormonen, Psychostimulantien, Schlafmitteln, Tranquillantien untersuchte. • P. kann im wesentlichen in Hinblick auf Aufgabenbereiche betrieben werden: (1) als Methode zur Ergänzung von Befunden der Ps., (2) als Teilbereich der Physiologischen Ps., (3) als Teilbereich der Angewandten Ps. (Arbeit, Verkehr, Umwelt, Klinik), (4) als Grundlagendisziplin für medizinische und biologische Disziplinen (Neuropsychologie, Psychiatrie, Pharmakakologie).

Ad (1): Untersuchungen mit psychotropen Substanzen können als Forschungswerkzeuge der Ps. angesehen werden, indem sie als eine Klasse von Stimuli zur Variation von ps. Vorgängen fungieren. Fragestellungen sind dabei u. a.: Variierbarkeit ps. Vorgänge im Bereich Emotion, Motivation, Sozialverhalten und Leistung (Aufmerksamkeit, Wahrnehmung, Informationsverarbeitung, Lernen und Behalten) Bes. eingehend untersuchte Bereiche sind Leistungen, etwa Informationsverarbeitung einschl. Reaktionszeiten, Zeitwahrnehmung, Gedächtnis und Emotionen (z. B. Beeinflußbarkeit spezifischer Emotionen wie Angst und Ärger).

Ad (2): Als Teilgebiet der Physiologischen Ps. betreibt P. Grundlagenforschung mit der Zielsetzung, durch pharmakologisch induzierte Verhaltensänderungen Aufschlüsse über die Integration von physiol., biochem. und ps. Vorgängen zu gewinnen. Die Verabreichung von Substanzen ergänzt andere Techniken zur Anregung und Hemmung somatischer Systeme (z. B. elektr. Reizung, Läsionen). Ihr Vorteil ist die Möglichkeit, relativ schnell reversible somatische Veränderungen zu erzielen. Die größte Bedeutung pharmakops. Untersuchungen liegt in der gezielten Manipulation körpereigener Substanzen durch psychotrope Stoffe und der Beobachtung entsprechender Verhaltensänderungen. Dabei sind jene Stoffe als Forschungswerkzeuge (JANKE, RUSSEL) am bedeutsamsten, über deren biochem. Wirkungsmechanismen präzise Informationen vorliegen. Wichtige Erkenntnisse wurden u. a. zur Beziehung zwischen Aktiviertheit, Emotion und Befinden, Aggression, Hunger, Lernen, Gedächtnis, Zeitwahrnehmung und Transmittern (bes. Noradrenalin, Dopamin, Serotonin, Acetylcholin) und Neurohormonen/-modulatoren gewonnen. Soweit direkte Zusammenhänge zwischen den beeinflußten biochem. Systemen und Verhalten untersucht werden, bezieht sich die Forschung zum großen Teil aber auf Tiere, was sich aber durch Einführung bildgebender Verfahren vermutlich ändern wird. Pharmaka können außer zur Variation biochem. S. auch eingesetzt werden, wenn sie bestimmte Änderungen der physiol. Aktiviertheit induzieren, die für das jeweilige Konstrukt bedeutsam sind (etwa zentralnervöse Eregung als Voraussetzung für die Konsolidierung).

Ad (3): Als Teilgebiet der angewandten Psychologie hat sie praktische Aufgaben, bes. in der Arbeitsps. und Verkehrsps. (Beurteilung der Beeinträchtigung der Leistungsbereitschaft und Fahrtüchtigkeit durch Alkohol, Rauschdrogen und Arzneimittel, bes. Schlafmittel und Tranquillantien) und in Klinischer Ps. (Abhängigkeit und Mißbrauch, Pharmakotherapiekontrollen, Prognose therapeutischer Effizienz von Psychopharmaka und Erarbeitung von Prüfmodellen wie Probandenmodelle).

Ad (4): Als Grundlagendisziplin für Medizin und Biologie leistet P. Beiträge u. a. zu Wirkungsmechanismen, zu ps. Wirkungen und differentiellen Wirkungen, zur Prädiktion klinischer Wirkungen.

Die P. beschäftigt sich seit Anfang der fünfziger Jahre überwiegend mit Substanzen, die sich bei der Therapie von Zuständen negativer Emotionalität wie Angst (→Tranquillantien), Schizophrenien (→Neuroleptika) und Depressionen (→Antidepressiva) sowie bei kognitiven Störungen (→Nootropika) einsetzen lassen. Dementsprechend zeigt die gegenwärtige P. eine enge Beziehung zur psychiatrischen →Pharmakotherapie. Im Rahmen der Grundlagenforschung werden darüber hinaus «experimentelle» Pharmaka wie VNS-Stoffe untersucht. Auch andere Stoffe mit psych. «Nebenwirkungen» werden in die Pharmakopsychologie einbezogen, so Hormone und stoffwechselbeeinflussende Substanzen. In den letzten Jahren hat die Toxikopharmakopsychologie sich eingehend mit →Umweltschadstoffen und ihren Wirkungen auf die Entwicklung und auf kognitive Prozesse befaßt. Besondere Bedeutung für die Pharmakotherapie besitzen pharmakops. Befunde zur Frage interindividueller Reaktionsunterschiede auf Pharmaka als Ausdruck von Persönlichkeitsmerkmalen sowie zur Abhängigkeit der Wirkung von psychotropen Stoffen von der Untersuchungssituation (z. B. Streß). Wichtige Fragen beziehen sich auf die Wirkung von Stoffen bei Kindern (Entwicklungsps.), bei Alten (Gerontops.). →Pharmakologie, →Pharmakopsychiatrie, →Pharmakopsychopathologie, →Pharmakotherapie →Psychopharmaka, →Psychopharmakologie.

[L] Zeitschriften: Experimental and Clinical Psychopharmacology Bd. 1 1993, Neuropsychobiology Bd. 1 1975, Psychopharmacology, vormals Psychopharmacologia Bd. 1 1959, Pharmacopsychiatry Bd. 1 1968

Lehrbücher: LEVITT 1975, OLDIGS-KERBER & LEONARD 1992, SPIEGEL 1995, UHR & MILLER 1959, WARBURTON 1975

Übersichten/Allg. Erörterungen: DEBUS 1981, 1988, 1992, DEBUS & JANKE 1978, 1980, 1981, ERDMANN & JANKE 1988, 1997, JANKE 1994, JANKE & DEBUS 1975, JANKE & ERDMANN 1992

Spezialfragen:

Aggression: OLIVIER et al. 1987, van PRAAG et al. 1990; Placebo: HIPPIUS et al. 1986; Zeitwahrnehmung: RAMMSAYER 1989, 1997; Differentielle Psychologie: EYSENCK 1963, JANKE 1983; Emotion: JANKE & NETTER 1986; Gedächtnis: MCGAUGH et al. 1990; Reaktionszeiten: HINDMARCH et al. 1988, ROBBINS 1985; Methodik: RIEZEN & SGAL 1988; Probandenmodelle: JANKE 1986, JANKE & DEBUS 1975; Entwicklung u. Altern: FEIN et al. 1983, Genetik: RUSSEL 1983; Leistung: DÜKER 1963, FOLTIN et al. 1993, JANKE 1988, SANDERS & WAUSCHKUHN 1988; Soziopharmakopsychologie: KOHNEN 1992; Verkehrspharmakopsychologie: KRÜGER 1996, KLEBELSBERG 1982

W. Janke/G. Erdmann

Pharmakopsychopathologie, Teilgebiet der Psychiatrie, das die durch chemische Stoffe,

P

bes. Pharmaka ausgelösten abnormen bzw. krankhaften ps. Zustände erforscht. Exogen zugeführte Stoffe sind u. a. chronische therapeutische Verabreichung von Psychopharmaka, experimentelle Verabreichung von →Psychotomimetika zur Induktion von →Modellpsychosen, Exposition von hohen und chronischen Dosen von →Umweltschadstoffen. →Pharmakopsychiatrie. [L] BOOR 1956, FRITZE 1989, JULIEN 1997 *W. Janke*

Pharmakopsychophysiologie, Teilgebiet der →Pharmakopsychologie und der →Psychophysiologie, das die Wirkungen von chemischen Substanzen, bes. →Psychopharmaka und Neurostoffe auf physiologische Vorgänge,insbes. zentralnervöse, aber auch andere untersucht. [L] BORN & DEBUS 1998 *W. Janke*

Pharmakotherapie, 1. Teilgebiet der Pharmakologie, 2. Methode zur Behandlung von Störungen mit Pharmaka in der klinischen Medizin. Die Behandlung mit psychotropen Substanzen ist Psychologen ohne ärztliche Approbation nicht erlaubt. →Pharmakotherapie, psychiatrische, →Psychopharmakotherapie [L] DÖLLE et al. 1986, FORTH et al. 1996, MUTSCHLER 1997 *W. Janke*

Pharmakotherapie, psychiatrische →Psychopharmakotherapie

Phase [gr.], vorübergehender Zustand. Abschnitt einer Bewegung, einer seelischen Entwicklung, eine bestimmte Entwicklungsstufe. In der Kinder- und Jugendlichenphase, aber auch für den gesamten menschlichen Lebensablauf und die Menschheitsentwicklung wurde eine Reihe ps. wichtiger Phasentheorien (so von Ch. BÜHLER, KROH, SCHMEING, ZELLER, PIAGET, KOHLBERG) aufgestellt. • JASPERS definiert für die Psychopathologie P. als «endogene oder auf gelegentliche Veranlassung inadäquater Art auftretende Veränderungen des seelischen Lebens, die von Wochen bis zu Monaten, bis zu Jahren dauern, die dann aber wieder verschwinden, so daß der frühere Zustand wieder hergestellt wird. Anfälle sind solche Phasen von sehr kurzer Dauer». →Prozeß, →Schub

Phasenfolge, Theorie der [engl. *phase sequence theory*], nach der von HEBB (1949) aufgestellten Theorie sollen die physiologischen Korrelate des Erlebens wie auch des Verhaltens in der Weise funktionieren, daß Gruppen von Nervenzellen in aufeinanderfolgenden Phasen erregt werden.

Phasenprophylaktika, Klasse von Pharmaka, die zur Phasenprophylaxe sowie zur Behandlung manischer Syndrome eingesetzt werden. Hauptvertreter der P. sind →Lithiumsalze, deren antimanische Wirkung erstmals von CADE 1949 beschrieben wurde. Aufgrund des relativ hohen Anteils von Patienten, die nicht auf eine Lithiumbehandlung ansprechen (Non-Responder), sowie aufgrund der z. T. schweren Nebenwirkungen wurde und wird nach alternativen Präparatklassen gesucht. Eine weitere wichtige Klasse von P. sind Antikonvulsiva. Zur phasenprophylaktischen Behandlung werden v. a. →Carbamazepin und →Valproinsäure eingesetzt. Auch neu entwickelte atypische →Neuroleptika werden als P. diskutiert. [L] BENKERT & HIPPIUS 1996, RIEDERER et al. 1993 *M. Ising/W. Janke*

Phasenraum, von LEWIN (1963) beschriebenes Schema zur Analyse von Feldkräften in Form eines Diagramms. Die Koordinaten entsprechen den versch. Intensitäten der Eigenschaften des →Feldes in der Zeit.

Phencyclidin, Abk. PCP, 1955 entdeckte psychotrope Substanz, aus der Gruppe der →Halluzinogene bzw. →Psychotomimetika, unter vielen Bezeichnungen, etwa «angel dust» in der Drogenszene, bes. in den 80er Jahren, benutzt, Wirkungsmechanismus über Hemmung des Ca^{2+}-Einstroms am NMDA-Rezeptor (→Glutamat). Wegen analgetischer und anästhetischer Wirkungen (vorübergehender) Einsatz als Narkosestoff ebenso wie das strukturverwandte →Ketamin. Ps. Effekte sind Euphorie, Erregung und Gefühle der Stärke, jedoch auch Angst sowie Halluzinationen. Mißbrauch kann zu (auto)aggressivem Verhalten sowie zu schweren somatischen Störungen führen. P. wird auch im Kontext eines chemischen Genesemodells der Schizophrenie diskutiert. [L] GORELICK & BALSTER 1995, STEINPREIS 1996, THORNBERG & SAKLAD 1996 *W. Janke*

Phenmetrazin, WZ Präludin®, Psychopharmakon aus der Gruppe der nicht-amphetaminergen →Psychostimulantien, das als →Appetitzügler eingesetzt wurde. Heute nicht mehr im Handel. [L] JULIEN 1997 *W. Janke*

Phenobarbital, WZ Luminal®, Hypnotikum und Antikonvulsivum vom Typ der →Barbiturate, früher sehr gebräuchlich, stark desaktivierende Wirkung. Aufgrund von Suchtpotential und Intoxikationsgefahr nur noch als Antikonvulsivum bei epileptischen Erkrankungen verwendet. [L] FORTH et al. 1996, MUTSCHLER 1996 *W. Janke*

Phenothiazine, historisch bedeutsame Teilgruppe der →Neuroleptika. P. haben die neue

Epoche der pharmakotherapeutischen Behandlung von Schizophrenien mit dem Stoff →Chlorpromazin eröffnet. P. haben vergleichsweise eine geringe neuroleptische Potenz und starke vegetative (anticholinerge) Nebenwirkungen. [L] DIMASCIO et al. 1963

W. Janke

Phenylalanin, essentielle Aminosäure, die im Organismus in →Tyrosin verstoffwechselt wird (→biogene Amine). Dieser Umbau ist bei bestimmten Personen durch das Fehlen eines Enzyms gestört und führt mit der Anreicherung von P. zur →Phenylketonurie. *W. Janke*

Phenylethylamin, Substanz aus der Klasse der Sympathikomimetika, das in Nahrungsmitteln wie fermentierten Käsearten (z. B. Cheddar), Kakao und Schokolade vorkommt. Die vasoaktive Wirkung kann an der Auslösung von Migräne beteiligt sein («Trigger»). P.-Derivate sind die Psychodysleptika →Meskalin und →MDMA. →Sympathikomimetika *W. Janke*

Phenylketonurie, rezessiv vererbte Unfähigkeit, Phenylalanin in Tyrosin umzuwandeln. Bei Nicht-Behandlung mit einer phenylalaninfreien Diät in den ersten Lebensmonaten kommt es zu schweren Einbußen kognitiver Fähigkeiten. [L] PUESCHEL 1996 *W. Janke*

Phenytoin, WZ Zentropil®, seit 1938 gebräuchliches →Antikonvulsivum, chem. Hydantoinderivat. Komplexer Wirkungsmechanismus, u. a. Hemmung der posttetanischen Potenzierung, Aktivierung inhibitorischer Neurone. *W. Janke*

Pheromone, chemische Stoffe im Dienste der innerartlichen →Kommunikation. Das Weibchen des Seidenspinners bildet in besonderen →Drüsen einen Sexuallockstoff, auf den das Männchen reagiert. Den «Exaltoliden» (moschusähnlichen Substanzen) wird eine entsprechende geschlechtsspezifische Wirkung beim Menschen zugeschrieben.

V. Preuss

Phi-Funktion von Gamma (Φ-γ-Funktion), die Beziehung zwischen Reizgrößen und der Wahrscheinlichkeit der Abgabe von Urteilen (wie größer, schwerer u. ä.) im Versuch unter Verwendung des →Konstanzverfahrens läßt sich nach der sog. Phi-gamma-Hypothese durch die →Ogive (Integral der Normalverteilung) beschreiben, die in diesem Zusammenhang nach einer heute wenig verwendeten Nomenklatur auch als Phi-Funktion von Gamma bezeichnet wird. Üblicher ist hier die Verwendung des Begr. →psychometrische Funktion. *G. Lüer*

Phi-Koeffizient, Korrelationskoeffizient der →Punkt-Vierfelder-Korrelation

Philosophie [gr. Weisheitsliebe], in der vorsokratischen Schule aufgekommener Ausdruck für die zu allen Zeiten und in allen Kulturen und in vielfältigen Formen hervorgetretenen Bemühungen zur «Erkenntnis des Seienden oder des Ewigen und Unvergänglichen» (PLATO). Herkömmliche Disziplinen der P. sind Logik und Erkenntnistheorie, Metaphysik, Ethik. Wie viele Wissenschaften hat sich auch die Psychologie aus der Philosophie entwikkelt.

philosophische Anthropologie →philosophische Psychologie

philosophische Psychologie, die Ps. als Teil der Philosophie (ARISTOTELES hat erstmals die Ps. als selbständiges Thema aufgeführt) und zugleich die nach philosophischen Methoden bearbeitete Ps. Im Vordergrund stehen die Grundfragen des Wesens der Seele und des leib-seelischen Zusammenhangs, Deutungen der Willensfreiheit, des Erlebens, Denkens, Fühlens und Wollens. I. w. S. bedeutet ph.Ps. auch die als philosophische →Anthropologie bezeichnete Lehre und Wissenschaft. Speziell wird die verstehende, geisteswissenschaftliche Ps. (DILTHEY, SPRANGER) hier einbezogen. [L] STEGMÜLLER 1965, 1975

Phi(Φ)-Phänomen, von WERTHEIMER (1912) eingeführte Bez. für den Eindruck von Bewegung (→Scheinbewegungen), wenn unter best. Voraussetzungen Reize (z. B. zwei Lichtpunkte in Abstand) alternierend dargeboten werden. • Mit Phi wird auch der jeder Bewegungswahrnehmung zugrunde liegende Vorgang bezeichnet.

Phlegmatiker, phlegmatisch →Temperament

Phobie [gr. *phobos* Furcht], extreme Furcht, die zwanghaft auftretende neurotische Symptombildung, bei der die Angst (ohne wirkliche Gefahr) vor bestimmten Objekten oder Situationen Leitsymptom ist und das Verhalten einengt. Bei der P. kann ursächlich oder zusätzlich die Fixierung an echte Angsterlebnisse mitwirken (wie z. B. bei der Herzangst), es können auch kindliche Ängste eingehen (Angst vor Mäusen, Spinnen, dunklen Räumen).

• Nach psa. Auffassung ist diese Objekt- oder Situationsangst ursprünglich Angst vor einer inneren Triebgefahr (Triebangst) bzw. Angst vor dem Triebdurchbruch und der Triebbefriedigung an einem bestimmten Objekt. Die P. entstehe durch Verschiebung vom ursprünglichen Triebobjekt auf ein Ersatzobjekt oder eine Ersatzsituation. • Da – lerntheoretisch gesehen – jederart Objekte und Situationen mit Angst belegt werden können, sind zahllose P. beobachtbar. Sie haben die verschiedensten Bezeichnungen gefunden, wie nachstehende Auswahl zeigt:

Agora-Phobie (Platzfurcht), Akaro- (Insekten), Aero- (schlechte Luft oder Fliegen), Akro- (Höhenangst), Algo-, Aichmo- (spitze Gegenstände), Anthropo-, Api- (Bienen), Astheno-, Astra-, Auto- (vor sich selbst), Baso-, Batho-, Bazillo-, Bronto- (Gewitter), Cancero-, Carno-, Chromato-, Claustro-, Dermato-, Dino-, Dora-, Eisotro- (Spiegel), Ereutho- (Erythro)-, Ergasio- (Aktivität), Funktionsphobien (allg.), Gephyro- (Brükke), Gymno-, Gynäko-, Herz-, Hydro-, Kairo- (Situationsangst), Kankro-, Kerauno- (Blitz), Klitro-, Lalo- (Sprechen: Stottern), Myso-, Nauto-, Nekro-, Noso-, Ochlo- (Menschenmassen), Odyno-, Onomato-, Osmo-, Paralipo- (Angst, durch Unterlassung eine Fahrlässigkeit zu begehen), Patho-, Phago-, Pharmako-, Phobo-, Phono-, Photo-, Phthiseo-, Poly-, Psycho-, Pyro-, Siti(o)- (Nahrungsaufnahme), Skop(t)o- (Betrachtetwerden, Blamage), Skoto-, Thalasso- (Meer, Schiffahrt), Topo-, Toxi(ko)-, Trauma-, Xeno-P.

Die Art psychotherapeutischen Vorgehens hängt stark von den ätiologischen Vorstellungen der jeweiligen Richtung ab. In psychodynamischen Therapien wird an Konflikten gearbeitet, in humanistischen Therapien v. a. an Selbstakzeptanz und Selbstwertgefühl, in der Verhaltenstherapie, deren Effizienz am besten belegt ist, wird davon ausgegangen, daß die aufrechterhaltenden Bedingungen wichtiger sind als die ursprüngliche Entstehung. Wichtige Elemente der Therapie sind das Aufgeben des Vermeidungsverhaltens durch →Konfrontation mit den angstauslösenden Objekten oder Situationen und der Aufbau der Kompetenz im Umgang mit schwierigen Situationen. Letztere spielt insbesondere bei den verbreiteten sozialen Phobien eine Rolle. In der →kognitiven Verhaltenstherapie wird auch an angstauslösenden Überzeugungen gearbeitet. *F. Caspar*

Phobische Störung, Sammelbegriff für eine größere Gruppe von Störungen, die vor allem gekennzeichnet ist durch Angst gegenüber im allgemeinen ungefährlichen Situationen oder Objekten, wobei es meist zur Vermeidung kommt. →ICD-10 *L. Schmidt*

Phon [gr. *phonein* einen Laut hervorbringen], Maßeinheit für die subjektive →Lautstärke von Tönen und Geräuschen; bei der Frequenz 1000 Hz sind dB- und Phon-Skala identisch. →P. als Sprachlaut →Laut, →Phonetik

Phonation, Schallproduktion. Voraussetzung der →Artikulation von stimmhaften Sprachlauten (→Laut).

Phonem, Bez. der Linguistik für die kleinste lautliche Einheit. →Monem. • Gehörstäuschung, Gehörshalluzination bei Geisteskranken. • Die Unterscheidung zwischen Ph. und →Laut beruht auf der Erkenntnis, daß phonetisch verschiedene Laute innerhalb eines bestimmten Toleranzbereiches dieselbe semantische Funktion (→Allophon, →Semantik) haben.

Ph. ist der Überbegr. für eine Menge solcher Laute: z. B. in Wald und Wild sind die beiden /l/ phonetisch verschieden (→Phonetik). Von ihrer Funktion im Sprachsystem her gesehen sind sie jedoch identisch. Der semantische Unterschied zwischen Wald und Wild wird durch die Vokale /a/ und /i/ signalisiert, nicht durch das /l/. Das Ph. wird in die →distinktiven Merkmale weiter zerlegt. Suprasegmentale Ph. sind mehrere Ph. begleitende Elemente: Akzent, Ton, Rhythmus, Intonation (→Prosodie). **[L]** JONES 1950 *B. Kettemann*

Phonematik →Phonologie

phonemic clause, eine durch Intonationskontur (→Intonation) und Grenzsignal vom →Kontext segmentierbare Phonemkette, z. B.: *he did go to school, didn't he?* (Emphase *did* durch Grenzsignal und Frage, *didn't he* durch Intonationskontur und Grenzsignal aus dem Sprechkontinuum herauszutrennen. →Phonologie →Phonem). Der Begriff ist innerhalb der →Prosodie noch nicht allgemein akzeptiert. Ähnlich definiert werden: *phonemic phrase* (HALL 1964), wobei hier jedoch noch innerhalb der Phonemkette eine besonders stark betonte Silbe vorhanden sein muß; *pause group* (PIKE 1967): eine durch eine Intonationskontur abgegrenzte Phonemkette; *phonological phrase* (CHOMSKY & HALLE 1968): sich über ganze Sätze erstreckende Intonationsstrukturen. *B. Kettemann*

Phonemik, Phonematik und Phonologie werden in der Linguistik inhaltsgleich gebraucht. →Phonologie

Phonem-Monitoring, experimentelle Methode, bei der einer Vp ein bestimmtes →Phonem vorgegeben wird. Anschließend hört die Vp sprachliche Äußerungen. Sobald sie das vorgegebene Zielphonem hört, soll sie so schnell wie möglich (in der Regel durch das

Drücken einer Taste) reagieren. Man kann damit vor allem den Einfluß des vorangegangenen Kontexts auf die Phonemerkennung untersuchen. Eine Vp wird um so schneller reagieren können, je stärker sie damit rechnet, ein Wort mit einem bestimmten Phonem oder ein Phonem an einer bestimmten Stelle zu hören. Wenn als Zielreiz nicht ein Phonem, sondern ein Wort vorgegeben wird, spricht man von Wort-Monitoring. *T. Pechmann*

Phonetik, die Wissenschaft von der Analyse, Beschreibung etc. der Sprachsignale, die ihre Produktion (artikulatorische Ph.; →Sprachproduktion), Transmission (akustische Ph.) und Perzeption (auditive Ph.; →Sprachrezeption) erklärt. Die artikulatorische Ph. untersucht Phänomene der Initiierung (Luftstrom), →Phonation (Glottisvibration) und der →Artikulation (Mund-Rachen-Nasen-Raum) der Sprachlaute (→Sprachentwicklung) in einem Apparat, der nur sekundär der Sprachproduktion dient.

Der Luftstrom passiert die Stimmbänder entweder ohne von ihnen in Schwingungen versetzt zu sein (stimmlose →Laute), oder der quasi-periodische Glottisverschluß bringt die Luftsäule zum Schwingen (stimmhafte Laute). Der Artikulationsraum besteht aus drei miteinander verbundenen (pharyngal, oral, nasal) Resonanzräumen, deren Größe von der Artikulationsstellung abhängt. Diese wird beeinflußt von Artikulationsart und -ort (Pike 1943).

Die artikulatorischen Veränderungen können in der akustischen Ph. als Änderung der Frequenzzusammensetzungen und Energiekonzentrationen im Spektrum erkannt werden. Bei der akustischen Analyse ist die Untersuchung der Formantenstruktur (Lage der Intensitätsmaxima) bei Vokalen am aufschlußreichsten. Auch bei verschiedenen Grundfrequenzen (Mann – Frau – Kind) bleibt die Relation der Formanten zueinander gleich, was das Verständnis durch den Hörer ermöglicht (Sonograph, *speech synthesizer* etc. sind Geräte der akustischen Ph.; Lindner 1969). Im ps. Sinne experimentell arbeitet die auditive Ph. (Psychoakustik, →Psychophonetik). Sie untersucht die Sprachrezeption. Die neurophysiol. Vorgänge bei der Impulsumsetzung sind noch weitgehend unbekannt. →Lallen • Lallperiode wird das Vorsprachstadium im kindlichen Spracherwerbsprozeß genannt. In dieser Zeit ist das Kind in der Lage, alle möglichen Laute zu produzieren. Diese Fähigkeit verliert es zusehends, sobald den Lauten phonematischer Wert beigemessen wird. Ph. und →Phonologie lassen sich in ihrem Objektbereich nicht immer eindeutig abgrenzen.

Die stimmlosen Explosiva heißen auch Tenues, die stimmhaften Mediae. Nach der Stärke ihrer Expiration und Dauer unterscheidet man Fortes (t, f) und Lenes (d, w). Die Nasale, Vibranten und Laterale werden zusammengefaßt in Liquidae, im Ggs. zu den Mutae (k, g, ch). Die dentalen und palatoalveolaren Friktative heißen auch Sibilanten. Aspirierte Verschlußlaute werden nach der Explosion behaucht (Ph, kh). *B. Kettemann*

Phoniatrie [gr. ...*iatreia* Heilen], Stimmheilkunde, P. befaßt sich mit den krankhaften Vorgängen bei der Sprach- und Stimmentwicklung.

Phonismen, Gehörsempfindungen, die durch keinen akustischen Reiz zustande kommen. →Photismen

Phonognomik, syn. Phonognomonik, Bez. für den Teilbereich der →Ausdruckspsychologie, der sich mit den lauthaften Äußerungen (besonders der Sprache) als Ausdruckserscheinung befaßt. **[L]** Rudert 1965

Phonologie, auch Phonematik, Phonemik. Sie untersucht die Funktion, Struktur, Distribution, Typologie usw. der →Phoneme im Sprachsystem. In der taxonomischen und strukturellen Ph. wird der Phonembestand einer Sprache aus Minimalwortpaaren erschlossen: z. B. dt. /k, p, l/ aus dem Kontrast «Franz steht auf der Kiste, Franz steht auf der Piste, Franz steht auf der Liste» usw. (Trubetzkoy 1939). In der distributionellen Ph. werden die Phoneme auf Grund ihrer Distribution und Funktion im Wort durch Segmentation und Kommutation (Austauschbarkeit) und →Kombination der Äußerungsteile entdeckt (Harris 1951).

In der generativen Ph. wird das Phonem durch bestimmte Kombinationen von distinktiven Merkmalen (→distinctive features) definiert und bei der Regelschreibung durch diese ersetzt. Die phonologische Ebene wird nicht mehr als autonom angesehen; die Ph. wird in die →Grammatik integriert mit der Aufgabe, die phonetische Repräsentation aus der morphonologischen →Oberflächenstruktur abzuleiten. Nach dem Feststellen des Phoneminventars einer Sprache werden Teilmengen mit besonderen Beziehungen oder Abhängigkeitsverhältnissen herausgearbeitet, die Phonemkorrelationen.

Die generative Ph. stellt das Phoneminventar einer Sprache mittels einer Matrix distinktiver Merkmale auf (Chomsky & Halle 1968).

«Fundierungsgesetze» *(laws of irreversible solidarity)* besagen, daß ein sekundärer Laut ohne den entsprechenden primären Laut nicht in das Sprachsystem aufgenommen werden kann und beim Abbau des Sprachvermögens zuerst der sekundäre und dann der primäre Laut verloren geht; z. B. setzt der Erwerb der velaren Konsonanten beim Erstsprachenerwerb (k, g) den zuvor erfolgten Erwerb der labialen oder dentalen (p, t) voraus. /k/ bedarf der Fundierung durch /p, t/. Die Fundierung ist nicht umkehrbar (JAKOBSON). «Opposition» heißt die Beziehung zwischen zwei Phonemen (z. B. dt./i/ und /a/ stehen in Opposition zueinander in den Worten bist und Bast). «Neutralisation» wird das Aufheben einer Opposition zwischen zwei Phonemen genannt, z. B. in dt. Rad und Rat wird am Ende die Opposition /d, t/ aufgehoben und nur /t/ realisiert (HOCKETT 1955, PIKE 1947).

B. Kettemann

Phonometer, Apparat zur Bestimmung der Hörschärfe bzw. Hörschwelle

Phonorezeptor, «Schallempfänger», Reizempfänger für Schallwellen. →Ohr

Phorie, Stellung der Augen bei Fehlen eines fusionierbaren (→Fusion, binokulare) Reizes; im Test werden Reize →dichoptisch dargeboten, so daß die Akkommodation richtig eingestellt wird; bei Orthophorie ist auch die Konvergenz richtig eingestellt, bei Exophorie auf zu große, bei Esophorie auf zu kleine Entfernung (die →Blicklinien kreuzen sich hinter bzw. vor der Reizebene). Die Größe der Exo- oder Esophorie wird in Prismen-Dioptrien (→Dioptrie) angegeben (entspricht der Stärke des zur Korrektur nötigen Keilprismas).

H. Heuer

Phoronomie [gr. *phora* schnelle Bewegung, *nomos* Gesetz], Wissenschaft des Arbeitsaufwandes bei körperlicher Bewegung. Der Aufwand wird erschlossen aus der Bestimmung der Bahnen, die die Körperschwerpunkte bei der Bewegung beschreiben.

Phosphen(e) [gr.], Lichterscheinungen (Blitze, Funken) ohne normal-visuelle Reizung.

Phospholipide, grundlegender Baustein zellulärer Membranen **[L]** FORTH et al. 1996

Phosphorsäureester →Organophosphate

Photismen [gr. *phos* Licht], mitauftretende Lichterscheinungen, z. B. bei Schreck oder bei elektr. Reizung der Augenumgebung. Diese Erscheinungen werden auch Synopsien genannt. Lichterscheinungen bei akustischen Eindrücken heißen Phonopsien, Tonerscheinungen bei optischen Reizen Phonismen. Die Photismen sind von den →Synästhesien zu unterscheiden.

photochromatisches Intervall, auch achromatisches Intervall (v. HELMHOLTZ) genannt. Alle farbigen Lichter erscheinen bei sehr geringer Helligkeit farblos. Der Helligkeitsbereich zwischen der absoluten Empfindungsschwelle für Lichtreize bis zur «Farbschwelle» heißt achromatisches oder photochromatisches Intervall. Seine Erklärung findet diese Erscheinung im Zusammenhang mit der →Duplizitätstheorie, indem bei sehr geringen Lichtstärken nur die Stäbchen gereizt werden, deren Leistung das farblose «Dämmerungssehen» hervorbringt.

Photom, subjektive, wenig konturierte, →entopische Reizerscheinung (Blitz, Funke, Farbe). Form von →Halluzination.

Photometer, Vorrichtung zur Licht(-stärke)messung oder zum Vergleich der Lichtstärken verschiedener Lichtquellen.

Photometrie, die vorwiegend im Dienste der Lichttechnik stehenden Maßsysteme und Meßtechniken, die es möglich machen, die physikalischen Strahlenmaße so abzuändern, daß sie einen menschlichen Bedürfnissen angepaßten Sinn von «Licht» und «Helligkeit» definieren.

Die Grundidee der P. geht von der Tatsache aus, daß Licht entweder monochromatisch (→Spektrum) ist oder sich in monochromatische Bestandteile zerlegen läßt. Da sich Strahlungen verschiedener Wellenlängen ihrer Leistung (Watt) nach additiv verhalten, liegt die Annahme nahe, daß dies auch dann gilt, wenn die Strahlungen einzeln gemäß der Hellempfindlichkeit des menschlichen Auges bewertet sind. Die international normierte →spektrale Hellempfindlichkeitskurve (V) transformiert somit das gesamte System der physikalischen Größen in phonometrische. Es gibt dann für jede aus beliebigen Strahlungen verschiedener Wellenlängen zusammengesetzte Größe immer eine zugehörige photometrische Größe.

Photon →Lichtquantum, →lichttechn. Maße

photopisches Sehen, das auf Erregung der Zapfen beruhende Tagessehen. Im Unterschied zum ph.S. wird das durch Reizung der Stäbchen verursachte Dämmerungssehen als skotopisches Sehen bezeichnet. →Auge

Photopsien, subjektive Lichteindrücke

Photorezeptor, Lichtempfänger →Auge, →Sinne

Phototaxis, durch Licht ausgelöste →Taxis

Phrasenstruktur-Grammatik [engl. *phrase*

structure grammar], Konstituentenstruktur-Grammatik, IC-Grammatik, die auf der →IC-Analyse basierende Auffassung des klassischen amerikanischen («taxonomischen») Strukturalismus BLOOMFIELDscher Prägung (1933) von der syntaktischen (→Syntax).
Sie beschreibt primär ein Korpus vorhandener (realisierter) Sätze, kann aber auch als →generative Grammatik zur Erzeugung von Sätzen verwendet werden. Dazu müssen ihre Satzzerlegungs-Regeln nur als Satzerzeugungs-Regeln (Ersetzungsregeln, *rewriting rules*) interpretiert werden. Allerdings erzeugt sie in höherem Ausmaß als die →generative Transformations-Grammatik nicht nur nicht alle in einer Sprache möglichen Sätze, sondern auch viele in der Sprache nicht mögliche Sätze. Die Verwendung des syntaktischen Strukturmodells der P. zur Bildung von Theorien der Sprachbenutzung (YNGVE 1960, JOHNSON 1965) erscheint überholt. **[L]** TEIGELER 1972

Phrenohypnotismus [gr. *phren* Zwerchfell als Sitz der Seele, Verstand] (BRAID), hypnoseartige Erscheinungen, die durch Reizung einzelner Schädelabschnitte eintreten sollen.

Phrenologie (GALL), die Lehre, aus der Schädelform den Charakter bzw. die Begabung des Menschen ableiten zu können. Auch gelegentlich Kraniologie bzw. Kranioskopie (Schädelschau) genannt.
Die Bez. P. stammt von SPURZHEIM, Ausgang ist die Lokalisationstheorie (→Lokalisation), nach der sich bestimmte ps. Funktionen zu bestimmten Gehirnzentren zuordnen lassen. Franz J. GALL stellte zahlreiche seelische «Vermögen» auf, z. B. Scharfsin, Mut, Witz, Wortgedächtnis u. a. Jedes dieser Vermögen hat seinen Sitz an einer bestimmten Stelle im Gehirn. Diese Stelle soll zudem noch von außen erkennbar sein. Doch selbst bei Gültigkeit dieser Annahme (die heute für bestimmte Zentren – wenn auch nicht von außen erkenntlich – gesichert, für zahlreiche seelische Funktionen aber beim gegenwärtigen Stand des Wissens offen bleiben muß), wäre die Ph. noch nicht gerechtfertigt. Denn die Ausbildung der Gehirnzentren bedingt nicht die gleichzeitige äußere, sichtbare Ausformung. So wurden denn auch die Annahmen GALLS und seines Schülers G. SPURZHEIM, die in der ersten Hälfte des 19. Jahrhunderts großes Aufsehen erregt hatten, sämtlich als falsch erwiesen, besonders seit FLOURENS die Lokalisationsforschung auf wissenschaftliche Grundlagen stellte und später (1870) FRITSCH und HITZIG die elektrische Reizung der Großhirnrinde einführten.

phyletisch, phylogenetisch →Genese

Phylogenese, Phylogenie →Genese

phylogenetisches Prinzip →biogenetisches Grundgesetz

physikalisches Weltbild, die auf physikalischen Erkenntnissen beruhenden Einsichten in den Aufbau der Welt. Das klassische, an der Mechanik orientierte Weltbild der Physik erfuhr im 20. Jh. tiefgreifende Veränderungen. Anstelle anschaulicher Modelle wurden abstrakte mathematische Beschreibungen bedeutsam. Durch EINSTEIN wurden die Begriffe Raum und Zeit relativiert. Die Begrenztheit physikalischer Erkenntnis zeigte sich in der sog. «HEISENBERGschen Unschärferelation», nach der es z. B. grundsätzlich unmöglich ist, gleichzeitig Ort und Impuls eines Mikroteilchens genau zu bestimmen. Eine ganze Reihe von Fragen ist noch unbeantwortet. Nach einer einheitlichen Theorie der Kräfte wird noch gesucht. Und welches die kleinsten Bausteine der Materie sind, ist ebenso unbekannt wie die Antwort auf die Frage, ob unser Weltall offen oder geschlossen ist. *P.-G. Schmidt*

physikalische Welt, der Begr. wird in der Ps. zumeist gebraucht, um den Ggs. zur Erlebniswelt eines Subjektes auszudrücken. Beide Welten decken sich niemals. Die ph.W. enthält keine Qualitäten wie Licht, Farben usw., sondern streng genommen nur Meßergebnisse, die durch bestimmte Meßoperationen definiert sind (→Operationismus).
Diese erhalten einen gewissen Sinn, indem ihnen anschauliche Modelle wie Wellen, Atommodelle usw. zugeordnet werden. Nach modernen Ansichten muß selbst hierauf verzichtet werden zugunsten einer unanschaulichen und rein mathematischen Formulierung, die allein in der Lage ist, die physikalisch beobachteten Tatsachen zu einem sinnvollen und geschlossenen System zusammenzufügen. • Historisch gesehen, erstrebte eine Beziehung zwischen ph.W. und Erlebniswelt schon die von FECHNER begründete →Psychophysik, indem sie untersuchte, wie Erlebnisdaten (Empfindungen) und physikalische Daten (Reize) funktional voneinander abhängen. **[L]** BISCHOF 1974

Physikalismus, kritische Bez. für eine zu weitgehende Gleichsetzung von Erlebniswelt und →physikal. Welt. • Bez. für die Thesen R. CARNAPS (neopositivistischer «Wiener Kreis») zur Einbeziehung jeder Wissenschaft in die physikal. Wissenschaftssprache.

physiogen [gr.], aus den physischen, körperlichen (nicht den seelischen) Vorgängen entstanden. Ggs. psychogen

Physiognomie [gr.], i. e. S. das Gesicht. I. w. S. das «seelische» Antlitz, das als Ausdruck mehr ist als die gegebene Form und einen Zugang zu den Wesenszügen gestattet.

Physiognomik [gr.], wörtl. Naturerkenntnis, die Lehre von der Signatur der Dinge und damit das Erschließen innerer Zusammenhänge (z. B. Wesensart) aus äußeren Erscheinungen (z. B. Form, Gestalt). • In der Ps. ist P. die Lehre von den statischen Ausdrucksgehalten des Gesichts und i. w. S. des gesamten Leibes gegenüber den dynamischen (= Pantomimik). P. ist ein Teilgebiet der →Ausdruckspsychologie.
Die P. hat eine lange Geschichte, die einmündet in die Bemühungen, Beziehungen zwischen Körperbau und Charakter herauszustellen, wie es u. a. die Forschungen von KRETSCHMER und SHELDON belegen (→Körperbautypen). Ausgang der P. ist eine ARISTOTELES zu Unrecht zugeschriebene Schrift «Physiognomika» aus dem 2. Jh. n. Chr., die nur an aristotelische Gedanken anknüpft und auf peripatetischen Schriften fußt. Tierköpfe mit charakteristischen Parallelen zur menschlichen Gesichtsform dienen als Ansätze. LEONARDO DA VINCI hat sich damit beschäftigt und Skizzen hinterlassen. Auch Joh. Baptista PORTA «de humana physiognomia» (1593) ist hierfür bekannt. Neuzeitliche Ausweitung erfuhr die P. durch Joh. Kaspar LAVATER mit den «Physiognomischen Fragmenten zur Beförderung der Menschenkenntnis und Menschenliebe» (1778). Ihre Grundlegung im modern-wissenschaftlichen Sinne erhielt die P. durch C. G. CARUS (Symbolik der menschlichen Gestalt 1853), durch DARWIN (Über den Ausdruck der Gemütsbewegung bei Menschen und Tieren), durch DUCHENNE (Physiologie der Bewegungen) und PIDERIT (Mimik und Physiognomik). Während die Ausdruckserscheinungen im Mienenspiel als →Mimik, die Ausdruckserscheinungen in den Bewegungen der Extremitäten, den Gesten und den Gebärden Pantomimik und schließlich die Ausdruckserscheinungen in der Stimmführung als Sprechweise bezeichnet werden, versteht man unter P. erstarrte Bewegung und deren Deutung. →Pathognomik. [L] BEHN 1957, CLAUSS 1929, KRUKENBERG 1923, LANGE 1956, LERSCH 1961, ROHRACHER 1969

Physiognomischer Test [T] KWINT, THOMAE

physiognomisches Auffassen, physiognomisches Wahrnehmen, von WERNER 1926 und KROH 1928 verwendete Bez. für das Kindern (unter 6 J.) und sog. Primitiven zugeschriebene nicht-sachliche Erfassen von Dingen («nach ihrem inneren Ausdruck»), ein Zeichen für affektiv betonte Umweltkohärenz. →magisches Denken

Physiologie [gr.], ursprünglich Naturlehre. Lehre vom Körpergeschehen. Wissenschaft der Funktionserscheinungen im normalen Tier- und Pflanzenkörper. Als allgemeine P. die Lehre von den allg. Lebensvorgängen und Lebensgesetzlichkeiten, als spezielle P. die Lehre von den Funktionen der einzelnen Organe (z. B. Sinnesphysiologie), als vergleichende P. die Lehre aus der vergleichenden Betrachtung der versch. Lebensvorgänge bei Pflanze, Tier und Mensch und deren Varianten. →physiologische Psychologie, →Psychologie (Richtungen). [L], GANONG 1974, SCHMIDT & THEWS 1980

physiologische Psychologie, die Wissenschaft von den physiol.-ps. Interaktionen im lebenden Organismus, von den Tätigkeiten und Reaktionen der Gewebe, Organe und Organkomplexe und dem Gesamtverhalten des Organismus in seiner Wechselwirkung mit den verschiedensten (speziell ps.-kognitiven) Umweltreizen einerseits und dem ps. Erleben andererseits.
Die ph.Ps. ist heute ein interdisziplinäres Forschungsgebiet, an dem sich zahlreiche Disziplinen beteiligen. Wesentlichen Anteil haben Biologie, Ps. und Physiol. sowie Neuroanatomie, Neurophysiol., Neuropsychopharmakologie und Neurochemie. Die so im Entstehen begriffene Gesamtdisziplin wird in den USA auch als *«biological psychology»* oder *«psychobiology»* bezeichnet. Grundproblem der ph.Ps. ist die kausalanalytische Aufklärung des Verhaltens, wobei der Problemkreis der Ps. entstammt, während die einzelnen Fragestellungen wesentlich durch die Anwendung eher physiol. Methoden mitbestimmt sind, obgleich der Begr. des Verhaltens dadurch nicht eingeschränkt sein muß, sondern jede Art umweltorientierter Aktivität oder Kommunikation mit der Umwelt einschließlich des kognitiven Informationsaustauschs umfaßt. Man kann sagen, daß die neuzeitliche ph.Ps. durch Joh. MÜLLER (1. Lehrstuhl für Physiologie, «Lehrbuch der Physiologie» 1838 mit einer ersten systematischen Abhandlung über ph.Ps.) begründet wurde. In der Folge fand dieses Gebiet eine starke Förderung durch die Arbeiten von W. WUNDT, der, ausgehend vom Leib-Seele-Problem der Psychophysik

WEBERS und FECHNERS, eine Ps. entwickelte, die sich in wesentlichen Teilen auf physiol. Methodik gründet. Die neueren Entwicklungen der ph.Ps. vollzogen sich dagegen im wesentlichen in den USA (GROSSMAN, GREENFIELD, STERNBACH u.a.) sowie der ehem. UdSSR (LURIA, SOKOLOV). • Das Gesamtgebiet der ph.Ps. wird in die folgenden enger gefaßten Teilgebiete aufgegliedert: «Neuropsychologie». Sie untersucht die Zusammenhänge zwischen Verhalten und der Aktivität des zentralen Nervensystems (ZNS), insbes. des Gehirns. Sie arbeitet mit Methoden der →Elektrophysiologie (→psychophysiologische Methodik). Psychophysiologie, vielfach auch syn. mit ph.Ps, untersucht im wesentlichen die Beziehungen zwischen Verhalten und physiol. Prozessen, die indirekt die Tätigkeit des vegetativen Nervensystems (VNS) widerspiegeln (z.B. Herzfrequenz, Atmung, Hautwiderstandsänderung), wobei die dreifache Frage nach den physiol.-biol. Grundlagen, dem Erleben (Befinden und Bewußtsein; Interviewtechniken) und dem Verhalten (Beobachtungstechniken) im Vordergrund steht. Daher gehört zu den häufigsten Untersuchungen der Psychophysiologie die Erstellung von Korrelationen zwischen Verhalten und Aktivitäten von VNS-kontrollierten Erfolgsorganen unter verschiedenen situativen Bedingungen (GREENFIELD & STERNBACH 1972). «Chemische Psychologie». Sie befaßt sich mit den Beziehungen zwischen Verhalten und chemischen Substanzen, die entweder von außen in den Organismus eingebracht werden (Pharmakopsychologie) oder «biogen» im Organismus selbst entstehen. Hierher gehören das Teilgebiet der Endokrinops. (Hormone und Verhalten) und die molare Psychogenetik (molekularbiol. Grundlagen des Verhaltens, →Gedächtnis).

Zum Stand der Forschung: →Orientierungsreaktion, →Angst, →Hunger, →Traum, →Ermüdung, →Aktivierung, →Schlaf, →Streß. Prakt. Anwendungen finden sich in zunehmendem Maße in der →klinischen Ps. und →psychosomatischen Medizin (psychophysiol. Korrelate zur Kontrolle des Therapieerfolges), in der →Verhaltenstherapie, bei der Psychopharmakotherapie, bei →Hypnose und zur →Konditionierung vegetativer und motorischer Verhaltensmuster. [L] BECKER-CARUS 1981, DEUTSCH & DEUTSCH 1973, FAHRENBERG 1967, GREENFIELD & STERNBACH 1972, JANKE 1974, BÖSEL 1987 *C. Becker-Carus*

physiologische Uhr, Bez. für die Zeitgliederung bei Pflanzen und Tieren, ein Vorgang der Rhythmik bzw. Periodik der Organfunktion. [L] BÜNNING 1958

Physiologismus, der von METZGER eingeführte Begr. bezeichnet das Übermaß an Ableitung und Aussagen über seelische Vorgänge aus physiologischen Tatbeständen.

Physiopolygraphie, umfassende Bez. für den Einsatz von Mehrfachschreibern bei der Ableitung versch. physiol. Reaktionen. →psychophysiol. Methodik

physisch, auf die Natur bezogen, zur Natur gehörend, natürlich, naturhaft. Ggs. hyperphysisch, übernatürlich. • Körperlich im Ggs. zu psychisch.

Physostigmin, aus der Kalarbohne gewonnenes →Alkaloid aus der Gruppe der indirekten, reversiblen →Parasympathikomimetika, →Cholinesterase-Hemmer. Physiol. Wirkungen Miosis, Peristaltikerhöhung, Bradykardie, Blutdrucksteigerung, Schweißvermehrung. Wirkungsdauer mehrere Stunden. Wegen unerwünschter Wirkungen therapeutisch nur noch als Antidot bei Vergiftungen mit parasympathikolytisch wirkenden Verbindungen eingesetzt. P. wurde vielfach als exp. Substanz in Untersuchungen zur Rolle des cholinergen Systems für die Depression verwendet (adrenerg-cholinerge Gleichgewichtshypothese). In Tieruntersuchungen induziert P. Verhaltensdefizite, dabei wird niedrigen Dosen Verbesserung der Lernleistung zugeschrieben. In Einzelfällen wurde berichtet, daß P. Gedächtnisleistungen bei Patienten mit Alzheimer-Demenz verbesserte. Bei Gesunden wurde Desaktivierung des Verhaltens beobachtet. [L] JANOWSKY & DAVIS 1978 *W. Janke/P. Zimmermann*

Phytopharmaka, Arzneimittel aus Pflanzen. P. mit ps. Effekten, die in der Psychopharmakotherapie verwendet werden. Extrakte aus Hypericum herba (→Johanniskraut) bei leichten Depressionen und Angst, →Kava-Kava bei Angst-und Spannungszuständen, →Ginkgo-Extrakte bei dementiellen Syndromen sowie alterskorrelierten kognitiven Beeinträchtigungen und Baldrian bei Unruhezuständen und Schlafstörungen. [L] REUTER 1997, WICHTL & CZYGAN 1997 *W. Janke*

Phytopsychologie [gr. *phyton* Gewächs, Pflanze] →Pflanzenpsychologie

PI, Abk. für *proactive inhibition* →Hemmung

Piaget, Jean (1896–1980), einer der bedeutendsten Entwicklungspsychologen. Geb. in der Schweiz, 1918 Promotion Universität Neuchâtel, arbeitete anschließend bei BLEU-

LER und BINET. Forschung am Rousseau-Institut Genf, 1925 Lehrstuhl f. Philosophie i. Neuchâtel, 1929 Professur Genf, ab 1936 zusätzlich Lehrtätigkeit a. d. Universität Lausanne. 1940 Direktor des psycholog. Laboratoriums der Uni. Genf. P.s Beitrag zur Entwicklungspsychologie gilt als bedeutend. Sein Hauptinteresse galt der Untersuchung der kognitiven Strukturen und deren mathematisch-logischer Beschreibung.

Piagets Stadientheorie, in seiner Stadientheorie der Intelligenzentwicklung unterscheidet P. vier Entwicklungsperioden: (1) sensomotorische (vom 0. bis 2. Lj.) mit hauptsächlich vorsprachlichen Intelligenzleistungen. (2) präoperationale Phase (vom 2.–7. Lj.) mit der Entwicklung der Begriffsbildung, (3) konkret operationale Periode (ab 11. Lj.), das durch logisches Denken charakterisiert ist und (4) formal operationale Phase (7.–11. Lj.), bei der Hypothesen in die Handlungen eingehen. →kognitve Entwicklung

Pick, Arnold (1851–1924), Tschech. Psychiater, Neurologe / Prag

Picksche Krankheit, PICKsche Gehirnatrophie, PICK-Syndrom, spezifische degenerative Erkrankung mit Persönlichkeitszerfall und →Demenz. Beruht auf erblich bedingter Hirnatrophie.

Picrotoxin, Pharmakon aus der Gruppe der Kreislaufanaleptika und →Stimulantien mit stark erregender Wirkung auf das ZNS. P. führt schon in geringen Dosen zu Konvulsionen. Verwendung bei Intoxikationen durch →Barbiturate. Der Wirkungsmechanismus besteht in der Blockade hemmender biogener Substanzen. P. ist Antagonist von →GABA. Der $GABA_A$/Benzodiazepin-Rezeptor-Komplex hat eigene Bindungsstellen für Konvulsiva wie P., die Öffnungszeit des Chloridionenkanals dieses Rezeptorkomplexes wird durch P. verkürzt. BeimTier führen subkonvulsive Dosen von P. zu Steigerung des Behaltens im Labyrinthlernen. [L] MCGAUGH & HERZ 1972 *W. Janke*

Picture Arrangement Test, engl. Bez. für Bilderordnungstest

Picture Completion Tests [T] HEALY

Picture Frustration Study →ROSENZWEIG

Picture Story Test [T] SYMONDS

Pigmentfarbenmischung, eine Form der Farbmischung. →Farbenmischungen

Pignetscher Konstitutionsindex →Körperbautypen

PIH, Abk. für →Prolactin inhibiting hormone

Pilocarpin, →Alkaloid der Jaborandiblätter, in der Volksmedizin bei Mundtrockenheit verwendet, cholinerge Substanz, sog. direktes Parasympathomimetikum mit Erregung von Acetylcholinrezeptoren, mit stark sekretionsfördernder Wirkung (Speichel, Tränen, Schweiß, Förderung von Wasserabfluß aus der Augenvorkammer). Sonstige physiologische Wirkungen sind Blutdruckanstieg, Tachykardie (über Freisetzung von →Noradrenalin). Kleine Dosen führen zur Erregung der Formatio reticularis, die durch →Atropin blokkiert wird. Verwandte des P. sind →Arecolin und →Muscarin. Therapeutisch eingesetzt fast ausschließlich bei Glaukom lokal in Form von Augentropfen oder -salben. →Parasympathikomimetika *W. Janke*

Pilzgifte, in Pilzen vorkommende Stoffe wie →Muscimol, Amanitin, Orellanin, haben oft neurotoxische Wirkungen. Neben den von eßbaren und nichteßbaren Freilandpilzen haben Pilze, die u. a. bei Lebensmitteln etwa durch Schimmeln entstehen, auch toxische Wirkungen. Solche Stoffe werden als →Mykotoxine bezeichnet. [L] BRESINSKY & BESL 1985 *W. Janke*

Pimozid, WZ Orap®, Psychopharmakon aus der Gruppe der →Neuroleptika vom Typ der Diphenylbutylpiperidine mit hoher neuroleptischer und antipsychotischer Potenz, leicht desaktivierend, geringe vegetative Nebenwirkungen, jedoch extrapyramidalmotorische Störungen. Die Wirkung wird über das →Dopaminsystem durch Blockade der D_2-Rezeptoren vermittelt (Wirkdauer ca. 24 h). Bei Gesunden in niedriger Dosis kaum müdemachende Effekte. [L] JANKE & DEBUS 1972 *W. Janke*

P-Index, Maß für Schwierigkeit einer Aufgabe. Gibt die prozentuale Häufigkeit an, mit der die Aufgabe von einer Stichprobe von Pbn in einer bestimmten Weise beantwortet wird. Bei Leistungstests ist die Schwierigkeit bestimmt durch die relative Anzahl richtiger Lösungen.

Pindolol, WZ Visken®, Pharmakon mit sympathikolytischer Wirkung aus der Klasse der nichtselektiven →β-Rezeptorenblocker mit intrinsischer Aktivität. *W. Janke*

PINV, Abk. für *post-imperative negative variation,* negative Gleichspannungsverschiebung des kortikalen EEGs nach Darbietung eines angekündigten imperativen Reizes, auf den motorisch oder kognitiv (z. B. mit Vorstellung) reagiert werden muß. Bes. ausgeprägt bei Personen mit psychischen Verhaltensstörungen. [L] ROCKSTROH et al. 1979 *N. Birbaumer*

Pipamperon, WZ Dipiperon®, Psychopharmakon aus der Gruppe der →Neuroleptika vom Typ der →Butyrophenone mit schwacher neuroleptischer und antipsychotischer Potenz, desaktivierend und schlafanstoßend, keine anticholinergen Nebenwirkungen, geringe Inzidenz von extrapyramidalmotorischen Störungen. Die Wirkung wird vorwiegend über Serotoninrezeptoren (5-HT_2) vermittelt, weniger über Dopaminrezeptoren. Bei Gesunden in niedrigen Dosierungen kaum müdemachende Effekte. *W. Janke*

Piracetam, WZ Normabrain®, Psychopharmakon aus der Gruppe der →Nootropika. Häufig bei alten leistungsgeschwächten Personen angewandt. P. begünstigt die Erregungsübertragung in verschiedenen Hirnstrukturen, kaum allgemein zentral stimulierende Effekte. [**L**] →Nootropika, HERRSCHAFT 1992, MINDUS et al. 1976

Piston-Effekt →Tunnelphänomen

PI-Test [**T**] MITTENECKER

Pithiatismus [gr. *peido* überrede], nach BABINSKI eine Bez. für die therapeutischen Suggestivverfahren wie auch für die diesen Verfahren zugänglichen Zustände (z. B. Hypnose).

Pivot-Grammatik, Pivot-Wort, Angelpunkt-Wort, nach BRAINE (1963) haben die ersten Zwei-«Wort»-Sätze von Kindern vorwiegend die syntaktische Struktur «P-X» oder «X-P»: Eine geringe Anzahl von immer wieder auftretenden «Wörtern» (die *pivots,* P-Wörter), die nicht in allen Fällen auch allein auftreten, nimmt die erste (oder in einigen Fällen die zweite) Position im →Satz ein. Die komplementäre Position wird mit einer großen Anzahl weiterer «Wörter» besetzt, den X-Wörtern als dem eigentlichen Vokabular der Kinder; diese treten nicht so häufig wie die *pivots* auf, oft nur in ein oder zwei versch. Kombinationen, aber immer auch allein. Beispiele: *see baby, see pretty, see train; all broke, all clean, all done.*

Die *pivots* treten im Zuge der →Sprachentwicklung mit etwa 1,7 Jahren auf, wobei BRAINE unter Wort allerdings auch solche Wortkombinationen versteht, deren einzelne Bestandteile (Wörter) in dem untersuchten Korpus nicht auch unabhängig voneinander, d. h. allein oder in anderen Kombinationen, auftreten, sondern immer nur zusammen, z. B. *howareyou, allgone, icecream.* Die *pivots* gelten strukturell als die «Angelpunkte» des Satzes, deren Position im Satz die Kinder lernen und an die sie nach Bedarf die übrigen «Wörter» ihres Wortschatzes anfügen. Den P-Wörtern der frühen Kindersprache entspricht nach BRAINE funktional und genetisch die geschlossene Klasse der →Funktionswörter der Erwachsenensprache, den X-Wörtern entsprechend die offene Klasse der →Inhaltswörter. Fraglich ist die eindeutige Definition von P- und X-Wörtern sowie die ausnahmslos an der Oberfläche (→Oberflächenstruktur) bleibende Beschreibung der Zwei-«Wort»-Sätze durch die P. [**L**] LEUNINGER, MILLER & MÜLLER 1972

PK MERZ®→Amantadin

PK-Test [PK von Psychokinese], eine in der paraps. Forschung verwendete Anordnung, mit der z. B. festgestellt werden soll, ob sich ps. Beeinflussung auf den Lauf von Kugeln oder das Fallen von Würfeln auswirken kann, was sich als eine signifikante Abweichung von der Zufallswahrscheinlichkeit (bei gesicherter Abwesenheit anderer, unbekannter Einflüsse) manifestieren müßte. →Parapsychologie

PL, Abk. für *probability learning,* Wahrscheinlichkeitslernen →Lernen

Placebo, syn. Leerpräparat, im engsten Sinne eine bei der Wirkungsprüfung von Pharmaka zur Kontrolle eingesetzte Zubereitung, die in ihren äußeren Merkmalen (Aussehen, Geruch, Geschmack) der biologisch aktiven Substanz gleicht. Viele Untersuchungen verdeutlichen, daß Placebo alle Arten ps. und physiologischer Vorgänge zu beeinflussen vermag. [**L**] HIPPIUS et al 1986, JANKE 1986, KLEBELSBERG 1974, NETTER 1986, NETTER et al.1986, WHITE et al. 1985

Placebo, aktives, Substanz, die in Untersuchungen mit Psychopharmaka zur Kontrolle verwandt wird und die nicht die vermuteten ps. Wirkungen haben kann, wohl aber bestimmte Wirkungen hat, die auch der Prüfstoff hat, etwa vegetative Wirkungen, z. B. Herzklopfen. *W. Janke*

Placebo-Effekt, Wirkung einer zur Kontrolle verwendeten Scheinsubstanz. Der P. ist in der Regel beträchtlich und ist in vielen ps. und physiol. Variablen nachweisbar. Charakteristisch ist die Abhängigkeit der Wirkungsstärke und -art von der Art der Zubereitung (z. B. Farbe, Größe), der Instruktion, der Situation und der Person. Diese spielt eine entscheidende Rolle. Personen, die nach der Verabreichung von Placebos wie auf eine biologisch aktive Substanz reagieren, werden als Placebo-Reagierer bezeichnet. Je nach Versuchssituation und Art der abhängigen Variablen reagieren 20–40 % der Pbn in unausgelesenen

Stichproben auf Placebo positiv. Es wird angenommen, daß P. durch bestimmte Persönlichkeitsmerkmale modifiziert wird. P. haben im Vergleich zu Nicht-Reaktoren höhere Punktwerte in folgenden Variablen: Neurotizismus, primäre Suggestibilität, Lügenpunktwerte, Submission, Acquiescence (Jasagetendenz). Trotz dieser Korrelationen ist die Existenz von P. im Sinne habitueller und genereller Bereitschaft, auf Placebo zu reagieren, nicht bewiesen. Verschiedene Untersuchungen legen nahe, daß bestimmte Individuen je nach Situation stark oder gar nicht reagieren und daß Korrelationen mit Persönlichkeitsvariablen situationsspezifisch sind. • Bei Patienten ist die Wirkung abhängig von Art der Erkrankung, Persönlichkeit des Pb und Suggestivität des Untersuchungsleiters. Placebos können auch unerwünschte Nebenwirkungen wie Kopfschmerz oder Müdigkeit auslösen. An der analgetischen Placebowirkung sind körpereigene Opiate, die →Endorphine beteiligt; diese Wirkung kann durch Gabe von Opiatantagonisten unterdrückt werden. Die ps. Wirkungsmechanismen sind noch größtenteils unklar. *W. Janke*

Plan, von MILLER, GALANTER & PRIBRAM 1960 eingeführter kognitivistischer Grundbegriff, der die Ablauforganisation zielgerichteter Aktivität beschreiben und erklären helfen soll. In Analogie zum «Programm», das die Aktivität eines Computers steuert, werden Pläne als hierarchisch verschachtelte Folgen von Operationsanweisungen verstanden. Komplementärbegriff: →Image. →TOTE-Modell *G. Kaminski*

Planversuch, der Terminus findet vor allem auf mehrfaktorielle varianzanalytische Versuchspläne Anwendung, bei denen mehrere Fragestellungen durch Variation mehrerer unabhängiger Variablen untersucht werden können. Mit der →Varianzanalyse können dann alle Haupteffekte und die möglichen →Wechselwirkungen zwischen ihnen als Wirkungen auf die abhängige Variable auf ihre statistische Bedeutsamkeit überprüft werden. *G. Lüer*

Plasmon, Gesamtheit der nicht im Kern, sondern in der übrigen Zelle lokalisierten Erbanlagen. →Genom

plastisches Hören →Stereophonie

plastisches Sehen [gr. *plastikos* zum Bilden gehörig] →räumliches Sehen

Plastizität [gr. *plastein* formen], Formbarkeit, die zu Veränderungen von Dauer führt im Ggs. zu →Elastizität, gehört zur Fähigkeit der Organismen, sich der Umwelt in der Entwicklung und bei konkreten neuen Bedingungen anzupassen (→Anpassung). • Faktum bei der Veränderbarkeit der Organismen in genetischer Hinsicht. • Die P. des Menschen läßt es zu, daß er (durch seine Anlagen nicht voll determiniert) recht weitgehend bildsam, erziehbar ist. • P. ist eine Bez. für die →Substitution, d. h. die ersetzende Übernahme von Funktionen bei begrenzten Funktionsausfällen, insbes. beim Gehirn (Hirnverletzung). • Nach MEILI und DUNCKER ist P. ein Intelligenzfaktor, der die besondere Umstrukturierungsfähigkeit des Denkens belegt. →Flexibilität

Plateaubildung, Auftreten eines Stillstands im Anstieg von →Lernkurven. Zeiten rascher Übungszunahme folgt für einige Zeit kein bemerkenswerter Zuwachs. Wird sowohl beim Erlernen von Sprachen als auch beim Erlernen von Fertigkeiten beobachtet. Obwohl kein erlebnismäßiger oder leistungsmäßiger Lernzuwachs vorliegt, findet eine unbemerkte Organisation *(silent organization)* statt, deren Effekt eine pos. Beschleunigung der gesamten Lernkurve am Ende eines Plateaus ist (THORNDIKE 1932).

Plateauphase, nach MASTERS & JOHNSON (1966/1967) Bez. für ein best. Reaktionssyndrom bei der sex. Erregung. →Refraktärphase

Plättchen aufreihen →Sinnesfunktionen

Platzangst, Agoraphobie →Phobie

Plauderdroge →true drug

Plazierung →Klassifikation

Plegie [gr.], Schlag, Stoß. Vollständige Lähmung, z. B. Paraplegie, Hemiplegie. →Lähmung

pleomorph, Pleomorphismus [gr. *pleon* mehr], vielgestaltig. Vorkommen in mehreren Formen.

Pleonexie [gr.], Max SCHELER prägte diesen Begr. für die verbreitete Begehrlichkeit und Anmaßung des Menschen der Neuzeit, überall ohne Sachkenntnis mitzureden und sich in alles einzumischen. Verlust von Selbstkritik.

plethorisch [gr. *plethein* voll sein], füllig, breit →Körperbautypen

Plethysmograph, Vorrichtung zum Messen der Volumenänderung eines Körperteiles (des Armes, eines Fingers), der in einem allseitig geschlossenen, wassergefüllten Gefäß gelagert wird. Volumenänderungen werden durch die Verdrängung der Flüssigkeit gemessen und registriert.

Plexus, Bez. für Geflechte von Nervenbahnen bzw. -fasern

plexus solaris [lat. Verflechtung], Sonnen-Geflecht. Die netzartige Vereinigung von sympathischen Nerven (mit Venen, Lymphgefäßen).

Pluralismus der Gefühle, Annahme, daß es eine größere Zahl letzter, nicht weiter rückführbarer Gefühlsqualitäten gibt. Hauptvertreter: Th. LIPPS, H. VOLKELT, F. KRUEGER

PMA, Abk. für *primary mental abilities* **[T]** THURSTONE

P-Marker [engl. *phrase marker*], Formationsmarker, in der →Grammatik zumeist Bezeichnung für solche mit «Kategorialsymbolen» (S, NP, VP, V, N, Adj. usw.; →Lexikon) sowie «Formativen» (the, boy etc.) versehenen, nach den Prinzipien der →IC-Analyse der →Phrasenstruktur-Grammatik erstellten →Baumdiagramme, die in der →generativen Transformations-Grammatik zum Basis-P-Marker zusammengefaßt, die →Tiefenstruktur von Sätzen darstellen. Es kann aber auch jedes andere Baumdiagramm der Phrasen-Struktur-Grammatik P. genannt werden.

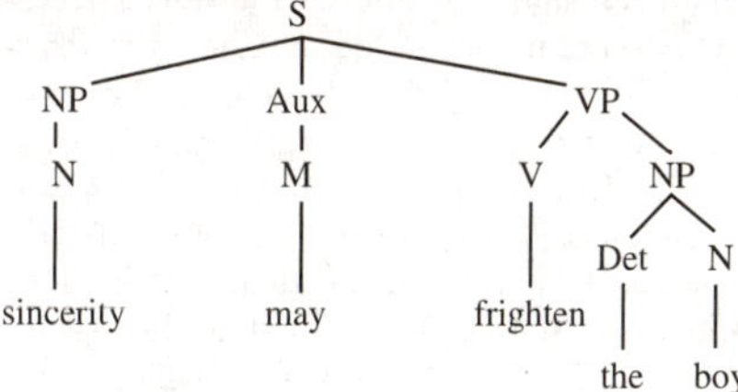

PMK **[T]** MIRA

PMS, Abk. für «Prämenstruelles Syndrom», körperl. u. psych. Veränderungen unterschiedlicher Intensität ca. 7–10 Tage vor dem Einsetzen der Menstruation. Von physischen Symptomen (z. B. Schmerzen i. Brust, Kopf, Rücken) abgesehen, fühlen sich betroffene Frauen belastet durch erhöhte Reizbarkeit und Nervösität, Aggressivität, Depressivität.

Pneuma [gr. *pneuma* Hauch, Atem, Luft], dasjenige Prinzip, das das Leben durchwirkt.

pneumatische Kammer, Über-, Unterdruckkammer, Gerät für Experimente wie auch diagnostische Erhebungen zur Verhaltensbeobachtung unter versch. atmosphärischen Bedingungen.

Pneumoenzephalographie, ein Untersuchungsverfahren zur neurologischen Hirndiagnostik. Die inneren wie äußeren Liquorräume (Ventrikel und Subarachnoidalraum) können nach Ersatz des Liquors durch Luft (mittels Subokzipital- oder Lumbalpunktion) im Röntgenbild sichtbar gemacht und nach Form, Lage, Größe und Abweichung von der Norm beurteilt werden. Die P. ist durch die kraniale →Computertomographie (CT) heute weitgehend ersetzt worden. →Encephalographie *C. Becker-Carus*

Pneumograph, Atemschreiber, ein dünnwandiger, luftgefüllter Gummischlauch, der an der Brustwand oder über dem Bauch befestigt wird. Bei Atembewegungen entstehen hierin Druckschwankungen, die auf einen →MAREYschen Tambour übertragen werden, der wiederum mit einer Schreibvorrichtung verbunden ist. Das Gerät dient auch zur Aufzeichnung der Herztätigkeit (Kardiogramm), soweit diese durch den Herzspitzenstoß an die Brustwand feststellbar ist. Neuerdings werden elektrisch arbeitende Atemschreiber verwendet, z. B. Thermistoren. Sie reagieren auf Temperaturänderungen des Ein- und Ausatmungsluftzuges mit Leitfähigkeitsänderungen, die dann elektronisch verstärkt werden. Pneumotachograph. **[L]** BECKER-CARUS 1986, BÖSEL 1987 *C. Becker-Carus*

Pötzl, Otto (1877–1962), österr. Psychiater / Univ. Wien

Pötzl-Phänomen, die subliminale Wahrnehmung, d. h. der Vorgang einer peripheren, unbemerkten, indirekten Registrierung von Sinneseindrückeen. O. PÖTZL experimentierte erstmals in dieser Richtung. →subception. **[L]** GRAUMANN 1974

Poggendorffsche Täuschung (1965), eine durch (zwei oder mehrere) parallele Linien verlaufende unterbrochene Gerade erscheint abgelenkt. Die Fortsetzung der Linie wird versetzt gesehen. →geometrisch-optische Täuschung

Pointierung [frz. *point* Punkt, Spitze], Überspitzung. Die allgemeinmenschliche Tendenz, Beachtetes, Wichtiges, Kennzeichnendes stärker herauszuheben →präattentiver Prozeß. Ggs. Nivellierung. →Akzentuierung, →Prägnanz

Poisson, Siméon Denis (1781–1840), Mathematiker, Physiker / Paris

Poisson-Verteilung, stark asymmetrische Zufallsverteilung seltener Ereignisse, deren Gleichung

$$f(x) = \frac{\mu^x e^{-\mu}}{x!}$$

lautet. Ein Charakteristikum der P. V. ist die Tatsache, daß ihre Varianz σ^2 gleich dem Mittelwert μ ist. Die P.V. ist ein Grenzfall der Binomialverteilung; sie entsteht bei großem N, wenn die Elementarwahrscheinlichkeit P gegen Null geht. *G. Mikula*

Pokal-Profil-Muster →RUBINscher Becher, →Reversion

Pokalschnitt [T] Kröber

Polamidon®→Methadon

Polarität, das Auseinandertreten und dadurch Gegensätzlichwerden wie bei den Polen des Magneten. So spricht man von der Polarität im Charkteraufbau (Wellek 1950), um das Besondere des Gegensatzes und Verbindenden zugleich, das viele Eigenschaften in ihrer gegenseitigen Abhängigkeit kennzeichnet, darzustellen.

Poliomyelitis anterior, Spinale Kinderlähmung, Heine-Medinsche Krankheit (1840), epidemisch auftretende Virusinfektion insbes. der Vorderhörner der grauen Rückenmarksubstanz vorwiegend bei jüngeren Kindern. Neben schlaffen Lähmungen besonders der Bein- und Rumpfmuskulatur kommen in den akuten Stadien Erscheinungen wie ängstliche Unruhe, weinerliche Verstimmung, Schreckhaftigkeit oder auch Euphorie vor.

Politische Psychologie (PP), ein Zweig der wissenschaftl. und angew. Ps., der sich mit den ps. Bedingtheiten und Folgen politischen (pol.) Geschehens befaßt. Die PP erforscht – interdisziplinär mit der pol. Soziologie und anderen Wissenschaften – den personalen Faktor pol. Verhaltens von Gruppen und Individuen: Motivations-, Interaktions-, Internalisations-, Sozialisations-, Individuations- und Entscheidungsprozesse. Damit leistet sie fundamentale Beiträge für die Einstellungs-, Meinungs- und Vorurteilsforschung, für die Friedens- und Konfliktforschung, für pol. Planung und Werbung, für pol. Lagebeurteilung und Prognostizierung und vor allem auch für die pol. Bildungsarbeit. Außer mit den individuellen Bedingtheiten pol. Verhaltens (wie: Grundeinstellung, Interesse, Triebstruktur, Beeinflußbarkeit, Gehemmtheit, Mutdisposition, Kontaktbereitschaft, Rigidität etc.) befaßt sich die PP auch mit überpersonalen Erscheinungen von pol. Relevanz (wie: Gesellschaftsstruktur, Machtverschiebungen, pol. Strömungen, geltende Normen, Unterdrükkungen, kollektive Entscheidungen etc.). Denn es bestehen ps. Wechselwirkungen in beiden Richtungen. Als wissenschaftl. Erkenntniszweig ist die PP als solche in pol. Hinsicht tendenz- und normfrei, d. h. nur der Wirklichkeitserhellung verpflichtet.

Diese Wertneutralität als wissenschaftl. Prinzip wurde der PP allerdings eine Zeitlang bestritten: Die einen hielten sie im Hinblick auf die unbewußte pol. Befangenheit jedes Forschenden für faktisch unmöglich (man würde sie ihm stets unterstellen), die anderen erblickten in einem ideologischen Engagement den einzigen Sinn pol.-ps. Forschung und Lehre: PP habe von vornherein im Dienst pol. Zwecke zu stehen (wie: Veränderungen gesellschaftlicher Zustände, Beseitigung von Ungerechtigkeiten, Bekämpfung von Kriegsursachen usw.).

Aus dem Attribut «politisch» darf indes keine Sonderstellung dieser Gegenstandsspezialisierung der Ps. herausgelesen werden. Qua Wissenschaft hat sie – ebenso wie jede andere Fachspezialisierung – größtmögliche Objektivität ihrer Erkenntnisse anzustreben; darüber hinaus – qua Anwendung – kann sie allen jenen durch Aufklärung über ps. Erkenntnisse behilflich sein, die sich um das Wohl der Menschen bemühen, – etwa um eine menschenwürdige Entfaltung im Sinne von Artikel 1 und 2 des Grundgesetzes der BRD und im Sinne der UN-Charta der Menschenrechte; inwieweit auch pol. Partialinteressen zu unterstützen sind, das unterläge jeweils der Gewissensverantwortung des einzelnen Psychologen. «Darüber hinaus» besagt: Mit der Einbeziehung eines Anwendungszweckes für die pol.-ps. Erkenntnisse entsteht – ebenso wie bei allen anderen angew. Wissenschaften – eine zusätzliche Verantwortlichkeit, die über rein wissenschaftl. Verantworten hinausgeht. Denn die Gefahr eines Mißbrauchs pol.-ps. Erkenntnisse wächst an, je bekannter z. B. indirekte («unterschwellige») pol. Verführungsmethoden werden.

Zur Diagnostik verwendet die PP die gleichen Methoden wie die übrige Individual- und Sozialps. Allerdings verursacht die besondere Komplexität des pol. Verhaltens und Meinens besondere diagnostische Schwierigkeiten, da einerseits geäußerte Meinungen und Stellungnahmen gerade auf pol. Gebiet sehr oft auf Selbsttäuschungen, auf Suggestion, auf Unbewußtem und Verdrängtem beruhen – und andererseit partielle faktorenanalytische Messungen und Korrelationen sehr oft nicht den komplexen, ganzheitlichen, genetisch bedingten und situativen Hintergründen eines individuellen Verhaltens oder Meinens gerecht zu werden vermögen. Wegen dieser vielschichtigen und fluktuierenden Komplexität entziehen sich Gegebenheiten wie: pol. Grundeinstellung, «Mentalität», Dynamik, Mündigkeit, pol. Reife, persönliches Gewissen, Verantwortungsbewußtsein und ähnliche ps. Sachverhalte weitgehend dem Postulat nach exakt-naturwissenschaftl. Operationalisierung. Durch gut vorgeprüfte Fragestellungen und Verhaltensbeobachtung konnte jedoch manche bedeutsame typologische und sozialps. Erkenntnis erarbeitet werden. Als besonders wegweisend auch für deutsche Untersuchungen erwies sich z. B. die noch vor Kriegsende in den USA begonnene Herausarbeitung des Typus «Autoritäre Persönlichkeit» (ADORNO 1950). Autoritarimus war seither als pol.-relevante Haltung immer wieder Gegenstand ps. Abhandlungen mit Differenzierungen und Modifizierungen, die etwa die Vorurteilsanfälligkeit, den Dogmatismus (ROKEACH 1960), die Aggressivität (SCHMIDT-MUMMENDEY 1973) oder andere pol.-relevante Dominanten einer Persönlichkeitsentwicklung auf ihre Bedingtheiten und Wirkungen hin untersuchten. Aufsehen erregte eine experimentell gewonnene Erkenntnis über den «Autoritätsgehorsam» (MILGRAM 1967). Über die pol. Sozialisation als Entwicklungs- und Reifungsprozeß und damit als besonders problemhaltigen Gegenstand erzieherischer Aufgaben handeln zahllose Veröffentlichungen der sechziger und siebziger Jahre (v. BAEYER-KATTE 1972). Daneben werden typische Zeiterscheinungen auf ihre ps. Komponenten hin untersucht, so etwa der Komplex der Angst (WIESBROCK 1967), des Hasses, der Konformitätsneigung, der Emanzipationsströmung – der Wandel von Parteipräferenzen und dessen Motivationen (LANE 1962) oder auch typische Haltungsausprägungen wie Konservatismus und Radikalismus (EYSENCK 1968).

In steigendem Maße sieht sich die pol. Bildungsarbeit in Schulen und anderen Bildungsstätten genötigt, pol.-ps. Bedingtheiten in Rechnung zu stellen. Zur Vermeidung von Meinungsbeeinflussung, von pol. Indoktrination, geht es hier vor allem um das Befähigen zu kritischer Reaktivität gegenüber Meinungszwängen bei gleichzeitig selbstkritischem Denken, um das Immunisieren gegen pol. Verführung, um das Freisetzen spontaner pol. Beteiligungs- u. Mitverantwortungsimpulse und um das selbständige Erarbeiten selbstverantwortlicher pol. Stellungnahmen. Welche Erziehungseinwirkungen sind auf diesem besonderen Felde nicht nur «legitim», sondern auch entwicklungsadäquat, welche inadäquat? (ROLOFF 1972, 1975).

Eine differenzierte Aufzählung der Anwendungsgebiete der PP findet sich in Band 1 der «Schriftenreihe Politische Psychologie» (JACOBSEN 1963); in den USA erschien 1973 ein «*Handbook of Political Psychology*», das über den neueren Stand dieser Wissenschaft in den USA und einigen Ländern (außer Deutschland) unterrichtet. [L] FROMM 1945, LASSWELL 1957, ALEXANDER 1947, MARCUSE 1967, 1968, HARTMANN 1980, MOSER 1981

poll, [engl. Stimmabgabe], Erhebung, Umfrage →Meinungsforschung

Poltern [lat. *tumultus sermonis,* engl. *cluttering*], überhastetes Sprechen (→Tachylalie) mit Beschleunigung des Sprechtempos innerhalb längerer Wörter (→Akzeleration, intraverbale), unregelmäßiges Stammeln, Auslassen, Kontamination und Wiederholungen (→Iteration) von Silben und Wörtern. Verwandt mit der →Propulsion bei extrapyramidalen Erkrankungen.

Ausgehend vom Nachweis einer hohen Erblichkeit des P. entwickeln LUCHSINGER (1959) und ARNOLD (1970) das Konzept der familiären →Sprachschwäche, bei der nach einer verzögerten Sprachentwicklung, anhaltendem Stammeln und dysgrammatischer Sprechweise, u. U. nach vorübergehendem oder bei gleichzeitig anhaltendem Stottern, das P. den Endzustand darstellt, in dem auch eine →LRS enthalten ist. Fehlende Musikalität sowie Links- oder Beidhändigkeit sind ebenfalls häufig bei Polterern zu beobachten. Die klassische Abgrenzung des P. gegen Stottern, den anderen Formenkreis von zeitlichen Ablaufstörungen beim Sprechen, durch FREUND (1934) – z. B. Stotterer leidet unter der Störung, Polterer ist sich ihrer nicht bewußt; bei konzentrierter Aufmerksamkeit spricht Stotterer schlechter, Polterer besser; vor Fremden Stotterer schlechter, Polterer besser –, läßt sich auf dem Hintergrund eines hierarchischen Systems von →TOTE-Einheiten mit unterschiedlichen Kontrollprozessen zur Verlaufs- und Resultatsregulation (HACKER 1973) bei der →Sprachproduktion interpretieren.

Polyandrie [gr. *polys* viel, *aner* Mann], Vielmännerei. Eheform, bei der eine Frau mehrere Männer besitzt. Vorkommen z. B. bei australischen Ureinwohnern und auf den Südseeinseln. Eine Ursache ist der Frauenmangel durch klimatische Bedingungen, Kindermordsitten u. a. m.

Polyätiologie →Mehrfachbedingtheit

POLYCON, Abk. für *polynomial conjoint analysis,* Sammlung von Computerprogrammen zur →multidimensionalen Skalierung, vereinigt die Eigenschaften anderer Verfahren (→Kyst, →SSA, →Indscal, →Minissa, →Monanova u. a.), ist an einem Modell polynomisch verbundener Meßstrukturen orientiert. *E. Mittenecker*

Polydipsie, quälende Austrocknung des Mundes, dranghafter Durst; häufig psychogenen Ursprungs

Polygamie [gr. *gamos* Ehe], gleichzeitige Ehe mit mehreren Partnern. In Verbindung mit →Exogamie kommt sie vielfach vor. Auch →Polyandrie als Ausgangspunkt ist möglich. Nach WUNDT löste die P. eine vorhergehende Stufe der Monogamie ab, um ihrerseits von der Gruppenehe, dann Polygamie und endlich wieder Monogamie überwunden zu werden.

Polygraph [gr. *poly* viel, *graphein* schreiben], Mehrkanalschreiber, Instrument, das gleichzeitig mehrere Variablen mißt und fortlaufend aufzeichnet (→psychophysiologische Methodik).
In der Ps. zumeist im engeren Sinne gebraucht für ein (zumeist in einem Leichtmetallkoffer eingebautes transportables) Instrument, welches peripher-physiologische Variablen aufzeichnet und eingesetzt wird zur Aufklärung von Verbrechen oder anderer unerlaubter Handlungen. Volkstümliche, aber unzutreffende Bezeichnung: «Lügendetektor». Der Anstoß zur Benutzung peripher-physiologischer Variablen zur Aufdeckung der Täterschaft eines Verdächtigen kam von LOMBROSO, M. WERTHEIMER und C. G. JUNG. Die Methode wird in den USA, Kanada und Israel angewandt. Sie hat unter best. exp. Bedingungen eine bemerkenswerte Treffsicherheit. **[L]** TENT 1967, UNDEUTSCH 1983 *U. Undeutsch*

Polygynie [gr. *gyne* Weib], Vielweiberei, eheähnliche Bindung mehrerer Frauen an einen Mann, bedingt durch Herrschafts- und Besitzrechte und geschlechtliche Ansprüche des Mannes

Polyideismus [gr. *idea* das gedachte Ding], Fülle der Gedanken und die Gesamtheit psychischer Tätigkeit. Breite des Bewußtseins. Ggs. Monoideismus als Einengung des Bewußtseins unter eine einzige leitende Vorstellung oder auch die halluzinatorische Einengung in der Hypnose.

polymorph, wenn innerhalb derselben Population verschiedene, nicht durch Übergänge verbundene Erscheinungsformen auftreten. Die verbreitetste Form des Polymorphismus ist der Geschlechtsdimorphismus.

polymorph-pervers, ein Begr. FREUDS zur Kennzeichnung der Sexualität des Kleinkindes, deren Organisation noch nicht durch den Primat der Genitalität, sondern durch das isolierte Auftreten der →Partialtriebe gekennzeichnet ist.

Polyneuritis, Bez. für eine entzündliche (degenerative) Erkrankung von mehreren peripheren Nerven mit entsprechenden sensiblen, motorischen oder vegetativen Störungen, z. B. infektiöse, rheumatische, diabetische, alkoholische P.

polyneuritische Psychose, veralteter Begr. für die bei dem →KORSAKOW-Symptomenkomplex auftretende Psychoseform.

polyphäne Farben →FECHNER-BENHAM-Farben

Polytoxikomanie, Mißbrauch oder Abhängigkeit von mehreren Substanzen. →Drogenabhängigkeit *W. Janke*

POM →Proopiomelanotropin

Ponderax® →Fenfluramin

Pons [lat. Brücke] →Gehirn

Ponzo, Mario (1882–1960), ital. Psychologe / Turin, Rom

Ponzosche Täuschung, Bez. für die geometr.-opt. Täuschung, bei der von zwei in einem Winkel eingezeichneten gleichlangen Strecken die scheitelnahe Strecke länger erscheint. **[L]** RAUSCH

pooling, [engl.] bezeichnet das Zusammenfassen von Maßzahlen zu Klassen bei der Erstellung von Häufigkeitsverteilungen. P. wird vorgenommen, um Nullstellen oder starke Zufallsschwankungen im Verlauf der Häufigkeitsverteilungen zu vermeiden. In der →Varianzanalyse versteht man unter p. das Zusammenfassen von Varianzkomponenten. *G. Mikula*

Popularitätsindex, Prozentsatz der Zustimmungen bei einem Fragebogenitem

Populärpsychologie, auch naive, volkstümliche, vorwissenschaftliche Psychologie. Zusammenfassende Bez. für alle nicht mit wissenschaftlichen Methoden, sondern allein aus der Alltagserfahrung gewonnenen, nicht gemäß den wissenschaftlichen Anforderungen überprüften ps. Anschauungen und Systeme (hauptsächlich Charakterlehren, Typologien). Die P. erhält durch HEIDER 1958, 1977, der sie *common-sense ps.* oder naive Ps. nennt, verstärkte Beachtung. Nach ihm ist naive Ps. das unformulierte oder halbformulierte Wissen über interpersonale Beziehungen, wie es in unserer Alltagssprache und Erfahrung ausgedrückt wird (HEIDER 1958). Er gibt Regeln an, nach denen dieses Alltagswissen in kognitiven Einheiten strukturiert sei, die möglichst nach ausgewogenen Beziehungen zueinander streben sollen (→Balance-Theorien). Außerdem beschreibt HEIDER die naiven Interpretationen der Handlungen anderer durch Zuschreibung von Motiven und Ursachen (→Attribuierung interner und externer Ursachen), woraus sich die Attributionstheorien entwickelt haben. Zur P. rechnen auch die →impliziten Persönlichkeitstheorien (KELLEY 1955) und die Ps. der Voraussagen des →naiven Statistikers (KAHNEMANN & TVERSKY 1973). **[L]** LAUCKEN 1974 *R. Bergius*

Population, (lat. *populus* Volk) Bestand, Gesamtheit der Individuen gleicher Abstammung an einem bestimmten Standort. Stat. die Gesamtheit der Träger eines Merkmals bzw. aller Meßwerte, über die auf Grund der Untersuchung an einer Stichprobe Aussagen gemacht werden sollen. Syn. Grundgesamtheit. • Biologisch: Fortpflanzungsgemeinschaft innerhalb einer →Art, die durch →ökologische und/oder geographische Faktoren isoliert wurde.

Poriomanie [gr. *poreia* Reise], Wandertrieb. Je nach Äußerungsform auch mit der Bezeichnung Fugue (Flucht) und Vagabundieren belegbar. Besonders der krankhafte Trieb zum impulsiven Weglaufen bei Kindern, Psychopathen und auch als epileptisches Äquivalent.

Porteus, Stanley David, (1883–1972), Erfinder des PORTEUS-MAZE-Tests, mit dem vor allem die geistige Retardierung von Probanden untersucht werden kann. Die Testgütekriterien dieses Tests sind weitgehend unbekannt. Der Test wurde auch für kulturvergleichende Untersuchungen eingesetzt. **[T]** PORTEUS

Pose [frz. *pose* Stellung, *poser* hinstellen], die auf Wirkung bedachte Körperhaltung mit echtem oder auch unechtem, gewolltem →Ausdruck (Effekthascherei).

Position, üblicherweise werden die Begr. Position (oder →Status) und →Rolle als korrelative Begr. betrachtet: P. sei der statische oder kognitive Aspekt von Rolle, Rolle der dynamische von P.

Einerseits ist P. die Einheit der Gesellschaft, in deren Kultur spezifische Erwartungen ausdifferenziert werden, andererseits die Stellung des Individuums, das diese Erwartungen in seinem Verhalten realisieren soll. LINTON (1936) bezeichnet P. als den objektivierbaren Teil der Rolle, als einen Ort in einem Gefüge sozialer Beziehungen. Es wird unterschieden zwischen erworbenen und zugeschriebenen P., je nachdem, in welchem Ausmaß das Individuum durch eigenes Handeln oder eigene Leistungen P. einnehmen kann. • Zweckmäßiger ist eine Dreiteilung in angeborene, erworbene und zugeschriebene P.; in der Praxis zeigen sich allerdings auch dabei Schwierigkeiten der Zuordnung. P. werden von Individuen eingenommen, die wechselseitig miteinander interagieren.

P. wird damit definierbar als die Stellung eines Individuums in einer Interaktionsstruktur.

Positionalität →Ausdruckstheorien

Positionseffekt, Reihenstelleneffekt, Auswirkung der Stellung bzw. Anordnung auf die Informationsverarbeitung. Besondere Beachtung erfuhr der P. beim sozialen Lernen und bei der subjektiven Gruppierung von Datenmengen (→Gestaltgesetze). In der Sozialps. wird u. a. der P. als «erster Eindruck» und in der Entwicklungsps. die Position in der →Geschwisterreihe beachtet. →Primat-Rezenz-Effekt *H. Ries*

positiv, bejahend, zutreffend, das Gesuchte aufweisend (bei einem Befund); gleichsinnig, gleichartig (z. B. beim Nachbild). Positive Zahlen: Zahlen, die größer als Null sind. Positive Gefühle: lustbetonte, angenehme Gefühle. Ggs. →negativ

Positivismus, seit seiner Begründung durch HUME und D'ALEMBERT und seinem wichtigsten Vertreter COMTE (1798–1857) stellt P. die Richtung in Philosophie und Wissenschaft, die nur Tatsachen als wahrnehmbare Sachverhalte und deren Feststellung und Verknüpfung als Erkenntnisgrundlage zuläßt. COMTE betont, daß wir außer solchen wahrnehmbaren Phänomenen nichts zu erkennen vermögen. Somit werden das Weltbild und die Methoden der Naturwissenschaften übernommen. Der P. hat sich in versch. Richtungen weiterentwickelt, z. B. im log. P. des Wiener Kreises (CARNAP 1934), bei dem das verifizierbare Tatsachenwissen betont wird. Im Neo-P., der auch den Behaviorismus beeinflußte, wird als Erkenntnismethode die strenge exp. Bedingungsanalyse gefordert. In der deutschsprach. Ps. hatte P. Einfluß auf die Psychologen, die die Analyse von Empfindungen als wichtigsten Forschungsgegenstand bezeichneten, z. B. MACH (1922) • Neopositivismus →Psychologie (Richtungen).

Posner-Paradigma, exp. Anordnung zur Unterscheidung von visueller und phonetischer Codierung von Buchstaben, in dem Gleichheitsurteile über zwei physikalisch identische, zwei namensgleiche oder zwei verschiedene Buchstaben gefordert und die Reaktionszeiten gemessen werden. →mental speed

Posodynik, bez. in der Charakterologie von J. BAHNSEN den typolog. Unterschied nach großer und geringer Schmerzempfindlichkeit (eukolische bzw. dyskolische P.).

Postdormitium, der Schlafzustand kurz vor dem Erwachen mit geringer Schlaftiefe und leicht erinnerbaren Träumen. →Praedormitium

postevent information [engl.], eingeführt von E. LOFTUS für den Vorgang der Aufnahme von Informationen nach dem Erleben eines Ereignisses. Die nachträglich aufgenommene Information verschmilzt im Erinnerungsbild mit dem ursprünglichen Erlebnis und verändert dieses dadurch. **[L]** LOFTUS 1983 *U. Undeutsch*

posthypnotische Amnesie, der Ausfall der Erinnerung (→Amnesie) für Erlebnisse und Handlungen in der →Hypnose, der meistens nach dem Auftrag des Hypnotiseurs, alles während der Hypnose Geschehene zu vergessen, eintritt.

posthypnotische Suggestion, eine in der →Hypnose gegebene, aber erst nach deren Abschluß wirksam werdende Suggestion.

Postremitäts-Prinzip, ein von VOEKS (1950) formuliertes Prinzip, wonach ein Reiz, der zwei oder mehr unvereinbare (inkompatible) Responses begleitet hat oder unmittelbar vor den Responses aufgetreten ist, nur für die in Anwesenheit des Reizes zuletzt gegebene Response einen bedingten Reiz darstellt. Auf diese Weise kann ein Reiz, der eine bestimmte Response auslöst, aufhören, Auslöser für diese Response zu sein und Auslöser für eine andere Response werden. Mit P. ist ein wichtiges Postulat in GUTHRIES Lerntheorie der →Kontiguität aufgestellt worden. Die Wirkung der →Verstärkung (Bekräftigung) wird danach als Folge der neuen Situation erklärt, d. h. die sog. Verstärkerreize sorgen dafür, daß die «verstärkte» Response die letzte auf die unmittelbar vorangegangene Reizsituation bleibt. Die letzte Response ist auch die kürzere Zeit zurückliegende und neueste Response. Das Prinzip wird aber von VOEKS nicht als Neuheitsprinzip (*recency principle*) bezeichnet, weil nicht die Kürze der verstrichenen Zeit das entscheidende Moment ist, sondern die Tatsache, daß die Wahrscheinlichkeit des Wiederauftretens der letzten mit dem Stimulus verbundenen Response allein deshalb hoch ist, weil es danach keine andere Response in Gegenw. des Stimulus gegeben hat. *R. Bergius*

Posttraumatische Belastungsstörung, Hauptmerkmal ist die Entwicklung charakteristischer Symptome nach der Konfrontation mit einem extrem traumatischen Ereignis. Dieses beinhaltet das direkte persönliche Erleben einer Situation, die mit dem Tod, seiner Androhung, einer schweren Verletzung o. deren Androhung zu tun hat oder die Beobachtung eines solchen Ereignisses. Das Ereignis löst intensive Angst, Hilflosigkeit o. Entsetzen aus. Charakteristische Symptome sind das anhaltende Wiedererleben des traumatischen Ereignisses, andauernde Vermeidung von Situationen, die mit dem Trauma assoziiert sind, eine Abflachung der allgemeinen Reagibilität sowie anhaltende Symptome erhöhten Arousals. Die Therapie von Menschen mit P.B. hat zum Ziel, den Opfern zu helfen, ihre anhaltenden Symptome zu verringern oder zu überwinden, ihre traumatischen Erfahrungen zu verarbeiten, Vermeidungsverhaltem aufzugeben, Lebensperspektiven zu entwickeln und konkret wieder ein konstruktives Leben aufzunehmen. Je nach Art der Traumatisierung ist zunächst (z. B. bei sexuellem Mißbrauch in der Familie) sicherzustellen, daß keine weitere Schädigung erfolgt. Informationen über das Störungsbild können helfen, Symptome weniger als Zeichen des Verrücktwerdens oder Versagens zu sehen. Nach aktuellen Traumatisierungen sind Ernstnehmen und konkrete Hilfe wichtig, die Wirkung eines «Debriefings» ist umstritten. Zunächst oft Einzelherapie wichtig, später treten Gruppentherapien bzw. der Erfahrungsaustausch in Betroffenengruppen in den Vordergrund. Auch an Beratung der Ehepartner und Kinder, Familientherapie und soziale Reintegrationsmaßnahmen ist zu denken. In der Einzeltherapie werden Konfrontationstechniken wie Reizüberflutung in der Vorstellung in Verbindung mit Entspannungstraining, u. U. «Rettungsphantasien» oder verdeckte Desensibilisierung eingesetzt, um die Ängste und Alpträume der Traumatisierten zu reduzieren. Auch Gesprächspsychotherapie kann helfen, die Erlebnisse zu akzeptieren und in das eigene Leben zu integrieren. Oft tauchen Schuldgefühle wegen des eigenen Überlebens oder wegen Handlungen, die dem eigenen Überleben dienten, auch der Anzeige von Übergriffen, auf. Das Aufbauen einer therapeutischen Vertrauensbeziehung ist wichtig und kann je nach Art der Traumatisierung schwierig sein. Substanzmißbrauch im Sinne einer Selbstmedikation gegen P.B. kann die Therapie komplizieren. **[L]** SAIGH 1995 *F. Caspar*

Postulat →Axiom

Potenz [lat. *potentia* Kraft, Wirksamkeit], Fähigkeit, bes. auch die noch latente Kraft. • Männl. Tüchtigkeit zum Geschlechtsverkehr und zur Fortpflanzung.

Potenz-Gesetz [engl. *power law*], auch STEVENS-Gesetz genannt, eine allgemeingültige Form der Beziehung zwischen Reiz- und Empfindungsgrößen (→Psychophysik), die schon von PLATEAU (1872) und MERSEL (1888) als Alternative zum FECHNERschen Gesetz in Betracht gezogen wurde.

STEVENS (1953) zeigte, daß bei Anwendung von direkten Skalierungsmethoden (→Skalierung) auf «prosthetischen» Empfindungskontinuen (das sind solche, die den quantitativen Aspekt der Dinge, das «Wieviel» betreffen) die subjektive Größe ψ mit der n-ten Potenz der Reizgröße Φ zunimmt: ψ = k A Φn, wobei k eine nur von der Definition der subjektiven Einheit abhängige Konstante ist, n beträgt z. B. für Helligkeit 0,3 bis 0,5, für Lautstärke 0,5 bis 0,7, für Zeitdauer, Druck auf die Handfläche und visuelle Länge etwa 1,0, für elektr. Schlag 3,5. Intra- und interindividuelle Variation sowie Methodenabhängigkeit der Ergebnisse sind allerdings sehr groß. Während STEVENS u. a. elektro-physiologische Transformationsvorgänge zur Erklärung des Zustandekommens der Potenzbeziehung heranziehen, sehen andere kurz- oder langfristige Lernvorgänge als wesentlich an. **[L]** MEILI & ROHRACHER 1968, 1972, SIXTL 1967

E. Mittenecker

Potenzmomente, als P. werden statistische Verteilungskennwerte bezeichnet, die aus der durchschnittlichen, potenzierten Abweichung der Meßwerte von Null (1. Potenzmoment) bzw. vom Verteilungsmittelwert berechnet werden. Das arithmetische Mittel einer Verteilung ist das 1. Potenzmoment, die Varianz das 2. Potenzmoment. Das 3. Potenzmoment der standardisierten Meßwerte ist Ausdruck der Schiefe einer Verteilung und bei symmetrischen Verteilungen daher Null. Das 4. Potenzmoment kennzeichnet den →Exzess (→Steilheit, →Kurtosis) einer Verteilung. *G. Mikula*

Potenz, neuroleptische →Neuroleptika

power law →Potenz-Gesetz

power-test [engl. *power* Kraft, Leistung], Tests der Leistungshöhe, bei denen eine möglichst hochwertige Lösung gefordert wird. Die Aufgaben sind deshalb meist nach ansteigender Schwierigkeit (Steigerungsprinzip) geordnet. Die Tests haben entweder keine oder eine großzügig bemessene Zeitbegrenzung. Bei p.-t. spricht man auch von «level test» oder Niveautest. Ggs. →speed-test

p-o-x-Theorie →Balance-Theorie

Präanimismus →Animismus, →mythologische Theorien

präattentiver Prozeß, nach NEISSER (1967) ist die Wahrnehmung kein passives Extrahieren von Informationen aus Reizgegebenheiten, sondern ein aktives Konstruieren innerhalb mit dem Reiz gesetzter Restriktionen (→«Analyse durch Synthese»).

Selektive Aufmerksamkeit wird dadurch möglich, daß sich der Syntheseprozeß gezielt auf den relevanten Teil der Reizkonfiguration richten kann. Mit dieser Hypothese entsteht das Problem, daß der kognitive Apparat eine vorgängige Analyse des Reizes benötigt, um den Analyse-durch-Synthese-Vorgang überhaupt an der richtigen Stelle einsetzen zu können. NEISSER postuliert solche Voranalysen und nennt sie p. Sie sind global, ganzheitlich und laufen parallel ab (→parallele/serielle Verarbeitung); sie grenzen als Objekte analysierbare Teile der Reizgegebenheiten aus und lenken die selektive Aufmerksamkeit (auch in Form von Kopf- und Augenbewegungen). *W. Glaser*

praecox [lat.], frühzeitig, vorzeitig, unzeitig

Präcursoren, Bezeichnung für chem. Substanzen, aus denen die endgültig wirksamen biogenen Stoffe gebildet werden. P. von Noradrenalin ist →Dopamin, von Dopamin →Dopa und von Dopa →Tyrosin. P. von Serotonin sind →Tryptophan und 5-Hydroxytryptophan. Viele P. haben Bedeutung für die Forschung, weil sie im Gegensatz zum Transmitter verfügbar sind und die Blut-Hirnschranke passieren. **[L]** FELDMAN et al. 1997 *W. Janke*

P

Prädikat, in der historischen Grammatik ist das P. eine syntaktische Grundkategorie. Der Satz besteht aus zwei obligatorischen Konstituenten, dem Subjekt und dem P., sie bilden den Kern des Satzes. Das Subjekt bezeichnet die Person oder Sache, über die etwas ausgesagt wird. Das P. enthält die Aussage, die für das Subjekt gelten soll.

Die Mehrgliedrigkeit des einfachen Satzes ergibt sich aus der Erweiterung des P. Dies führt zu der Vorstellung von einem P. im engeren Sinne, das sich nur auf das Verb bezieht, und von einem weiteren P., das seine Ergänzungen mitumfaßt (LYONS 1971). Zunächst wurde vornehmlich das Subjekt, zunehmend aber auch das P. als das zentralere syntaktische Element angesehen (HERINGER 1970).

Die →generative Transformationsgrammatik übernimmt den traditionellen P.begriff, schlägt jedoch eine formale Definition vor.

Die syntaktische Funktion «Prädikat von» wird definiert als die Relation zwischen dem Satz und der unmittelbar von ihm dominierten Verbphase (CHOMSKY 1965). – Die →generative Semantik führt das grammatische P. auf ein ihm zugrunde liegendes propositionales P. zurück. Die Basis der generativen Semantik erzeugt →Prädikat-Argument-Strukturen oder Propositionen. Eine Prädikat-Argument-Struktur besteht aus einem propositionalen P. und seinen Argumenten (FILLMORE 1968, CHAFE 1970). Die Sprachpsychologie hat sich durchgängig dem P.begriff der generativen Semantik angeschlossen. Sie betrachtet Propositionen als entscheidende Gedächtniseinheiten, die aus einem P. und seinen →Argumenten zusammengesetzt sind (CLARK & CLARK 1977, ENGELKAMP 1976). →Prädikatenlogik *J. Engelkamp*

Prädikat-Argument-Struktur, Propositionen, die P.-A.-S. ist eine Bedeutungseinheit und wird als eine zentrale Einheit des semantischen Gedächtnisses angesehen. Sie besteht aus einem →Prädikat und einem oder mehreren →Argumenten und wird auch Proposition genannt. Beispiel: Essen (Peter, Suppe, Löffel). P.-A.-S. repräsentieren die semantische Struktur von Sätzen.

Die Überführung von P.-A.-S. in Satzstrukturen ist möglich, da beide Strukturen dieselbe formale Natur haben. Die einzelnen Argumente werden als Argumenttypen näher gekennzeichnet. In dem obigen Beispiel sind die Argumenttypen implizit durch ihre Stellung markiert. Häufig werden sie auch explizit gekennzeichnet. Die Argumenttypen, die ein Prädikat mit sich führen, hängen von diesem ab. Als wichtigste Prädikattypen werden attributive, prozessuale und aktionale Prädikate unterschieden. Strittig ist, ob P.-A.-S. sprachabhängig zu konzipieren sind (SCHLESINGER 1977) und ob sie die einzigen oder vorherrschenden Repräsentationsformen für semantisches Wissen darstellen (KOSSLYN & POMERATZ 1977). [L] ENGELKAMP 1976 *J. Engelkamp*

Prädikatenlogik, Hauptzweig der formalen Logik. Mit den Formalismen der P. ist es möglich, über die Verknüpfungen von Aussagen hinaus (→Aussagenlogik) auch die Eigenschaften von Objekten einer logischen Analyse zugänglich zu machen.

Die Gültigkeit der Folgerung «wenn x Kind von y ist und y männlich ist, so ist y Vater von x» ist rein aussagenlogisch nicht in befriedigender Weise darstellbar, wohl aber prädikatenlogisch. Die Elemente, aus denen prädikatenlogische Sätze zusammengesetzt sind, sind Zeichen für einstellige oder mehrstellige Prädikate und Zeichen für Objekte. Ein einstelliges Prädikat ist die Eigenschaft eines Objektes, ein mehrstelliges Prädikat ist die Beziehung zwischen Objekten. «Männlich» ist ein einstelliges, «Kind von» zweistelliges Prädikat. [L] HILBERT & ACKERMANN 1959 *D. Dörner*

Prädikation, meint im Zusammenhang logischer Analyse von Sprachverwendung den Akt, in dem einem Gegenstand ein «Prädikator» zugesprochen (oder abgesprochen) wird (KAMLAH & LORENZEN 1967). Für das sprachliche Ausdrücken einer P. ist mindestens ein einfacher →Satz nötig, in Frühstadien der →Sprachentwicklung vorbereitet durch den →Ein-Wort-Satz (HERRMANN 1972). Ps. Prozeßkonstrukte wie Kategorisierung, Attribution wären als spezielle Formen von P. aufzufassen. *G. Kaminski*

Prädiktionslernen, falls eine Ereignisfolge ein →MARKOFF-Prozeß ist, in dem die Ereignisse unabhängig voneinander auftreten, handelt es sich um ein Lernen von Wahrscheinlichkeiten. Nach einem gegebenen Ereignis soll das Auftreten eines folgenden vorausgesagt werden. Fehlerfreie Prädiktion gelingt, wenn Einsicht in die Struktur der Ereignisfolge gewonnen ist.

Prädiktor, Vorhersagevariable. Soll ein Kriterium aus einer Anzahl von Variablen vorhergesagt werden, so werden die zur Vorhersage benutzten Variablen Prädiktoren genannt. Der Begriff P. spielt vor allem in der →multivariaten Statistik und in der Validitätsanalyse von Tests eine Rolle. *G. Lüer*

Prädormitium, der dem Einschlafen eigene «Zwischenzustand» mit besonderen Erinnerungseindrücken. →Postdormitium

Präformation, Präformationstheorie, eine im 18. Jh. vorherrschende Theorie zur Entwicklung des Organismus, bei der angenommen wird, daß sich das Embryo nicht neu aus dem Keim bildet, sondern bereits in allen Teilen vorgeformt ist. Entwicklung bedeutet dementsprechend Wachstum im Sinne bloßer Vergrößerung, da im Ei bereits in kleinster Form alle Teile vorhanden sind. P. steht im Ggs. zur →Epigenese.

prägenital – präödipal, FREUDsche Bez. für die Triebe, Organisationen und Fixierungen etc., die sich jeweils auf diejenigen Perioden der psychosexuellen Entwicklung beziehen, in denen die Genitalität bzw. der Ödipuskomplex noch nicht vorherrschen (Periode des infantilen sexuellen Lebens bzw. der Anhänglichkeit beider Geschlechter an die Mutter).

prägenitale Phase, die vor der →genitalen Phase liegende Phase (Periode) der seelischen Entwicklung des Kleinkindes, die von der Geburt bis etwa zum Ende des 3. Lebensjahres reicht und sowohl die →orale Ph. (etwa 1. Lj.) als auch die →anale Ph. (etwa 2. und 3. Lj.) umfaßt. Begr. und Einteilung gehen auf FREUD zurück, greifen aber heute weiter aus, wie z. B. mit der Bez. prägenitale Neurose, prägenitaler Typus.

Pragmatik, Pragmalinguistik, wie die →Semantik und →Syntax eine Komponente der allgemeinen Zeichentheorie (→Semiotik). Sie beschäftigt sich mit der Beziehung zwischen →Zeichen und Zeichenbenutzern. Entsprechend befaßt sich die linguistische P. mit der Beziehung zwischen Sprachzeichen u. Sprachbenutzern (→Sprachrezeption, →Sprachproduktion, →Handlung).

Die ling. P. ist der bisher noch am wenigsten entwickelte Bereich der →Linguistik. Der systematische Ort, an dem der Sprachgebrauch innerhalb der Linguistik zu untersuchen ist, wird von DE SAUSSURE (1916) als *«parole»*, von CHOMSKY (1965) als →Performanz und von WUNDERLICH (1972) als P. bezeichnet. Mittlerweile spricht man in ähnlicher Bedeutung auch von Textlinguistik, weil in Texten die Rolle des Sprachbenutzers besonders eklatant wird. Dem Teilbereich der P. werden innerhalb der Linguistik solche Faktoren zugewiesen wie Intention oder Zweck der →Kommunikation, Rollenbezug der Kommunikationspartner, Vorwissen, Kommunikationsstrategien, d. h. alle nicht-sprachlichen Voraussetzungen und Bedingungen der Kommunikation (KALLMEYER et al. 1974). →nichtverbale Kommunikation. Die zur Zeit am stärksten bearbeiteten Bereiche innerhalb der P. sind die →Texttheorie und die →Sprechakttheorie. *J. Engelkamp*

pragmatisch, im Sinne des →Pragmatismus. In weiterer Bedeutung das, was mit dem Handeln zusammenhängt.

Pragmatismus [gr. *pragma, praxis* handeln], Lehre vom Handeln. In den USA begründete (PIERCE) und entwickelte philosophische Richtung, die im Handeln das Entscheidende sieht.

• Die Zweckmäßigkeit, die Richtigkeit des Handelns und dessen Bestanpassung und alle Erfahrung sind Kriterien für die Richtigkeit und Wahrheit. • Ebenso die human-ethische Zweckmäßigkeit, wie der als «Humanismus» bezeichnete P. Schillers. Schließlich wurde der P. auch Instrumentalismus (DEWEY) benannt im Hinblick darauf, daß das Denken das Instrument des Handelns ist. Weiteste Anerkennung verschafften dem P. die Arbeiten von W. JAMES.

Prägnanz [lat.], Merkmal guter →Gestalten, auch als übergeordnetes Prinzip aller →Gestaltgesetze betrachtet; kennzeichnet den Zielzustand psychologischer →Organisation und schließt Einzelmerkmale wie Regelmäßigkeit, Symmetrie, Einfachheit ein.

Das Merkmal der Prägnanz oder guten Gestalt ist unscharf definiert; genauere Definitionen der Einfachheit/Ökonomie wurden mit Hilfe informationstheoretischer Maße (→Informationstheorie) versucht und mit Hilfe anderer Beschreibungen der Reize *(coding theory)*. Als Prinzip der Organisation wird Prägnanz oft der Wahrscheinlichkeit gegenübergestellt; nach dem Wahrscheinlichkeitsprinzip wird dem →Proximalreiz das wahrscheinlichste →distale Objekt zugeordnet. Beide Prinzipien führen oft zu gleichen Vorhersagen, so daß die Unterscheidung schwerfällt. →Prägnanztendenz **[L]**
KOFFKA 1950 *H. Heuer*

Prägnanztendenz, beim Bewußtsein die Tendenz zur prägnanten Gestaltung (Formung) der Bewußtseinsinhalte. • In der Wahrnehmungsps. die Eigentendenz der Wahrnehmung auf ausgezeichnete Gestalten (Richtung auf Prägnanz der Gestalt nach WERTHEIMER und KÖHLER). Z. B. ist der Kreis eine bevorzugte Gestalt, und ein kurzzeitig beobachtetes Vieleck wird deshalb leicht als Kreis gesehen. Ggs. →Kettentheorie

Prägung [engl. *imprinting*], Begr. dafür, daß die auf den Menschen (wie allg. auf Organismen) einwirkenden Einflüsse nicht bloß als vorübergehende (befristete) Reize, sondern auch auf Dauer nachhaltig gestaltend und umgestaltend wirken. Besonders spricht man von Berufsprägung, P. des Lebensstandards u. a. • Die von SPITZ (1967) und in dessen Nachfolge angenommene kurze frühkindliche Prägungsphase erweist sich nach neueren Forschungen als plastischer: die ersten drei Jahre sind wichtig für die Entwicklung von Zutrauen, Zuneigung, Mitleid, Selbstvertrauen im Ggs. zur «gelernten Hilflosigkeit» (HUNT 1979). →Hospitalismus, →Urvertrauen • (biol.) Begr. in der →Ethologie für einen Lernvorgang innerhalb bestimmter lernsensibler Phasen oder Lebensabschnitte (LORENZ 1935). Das durch P. erworbene Verhalten kann später nicht mehr verändert werden. Geprägt wird nur der →Auslöser; die P. ist irreversibel;

erlernt werden Artmerkmale; die P. ist schon möglich, bevor die entsprechende Reaktionsbereitschaft vorhanden ist; die Lernbereitschaft erlischt auch dann (nach Abschluß der P.phase), wenn kein Lernen stattfand. →Sozialisierungsphase. [L] HINDE 1959, 1970, 1973

praktische Intelligenz →theoretische Intelligenz

praktische Psychologie, i. w. S. syn. →Angewandte Ps., i. e. S. die Anwendung ps. Erkenntnisse und Methoden zur Beeinflussung und Anpassung des Menschen im Bereich von Arbeit und Beruf, Wirtschaft, Verkehr, Erziehung und Heilen. Weitgehend übereinstimmend mit →Psychotechnik. Schließlich hat die p.Ps. noch die Bedeutung der praktischen Anwendung der Ps. im Ggs. zur wissenschaftlichen Bearbeitung und Forschung.

prälogisch, vorlogisch, die Vorstellungen und Denkweisen der Primitiven werden nach LEVY-BRUHL beherrscht von alogischen, vorlogischen Regeln wie insbes. der Erscheinung der →Partizipation, der gegenseitigen Teilhabe. Die geistige Beschaffenheit (Verbindungsweise der Vorstellungen) wird als prälogisch, und die Inhalte der Vorstellungen werden als mystisch bezeichnet.

Präludin® →Phenmetrazin

pränatale Psychologie, Teilgebiet der →Entwicklungsps., dem die Annahme zugrunde liegt, daß ps. Einflüsse von der schwangeren Frau und der Umwelt auf das ungeborene Kind übergehen. →perinatale Psychologie

präödipal →prägenital

Präparation →Denken (Phasen des Problemlösens).

Präsenzzeit [engl. *psychological present*], Dauer der Zeit, die als unmittelbare Gegenwart im Bewußtsein erlebt wird (d. h. etwa zwei Sekunden). • Nach W. STERN diejenige Zeitdauer zwischen zwei Reizen, die noch eine einheitliche Empfindung entstehen läßt (ca. 0,5 bis 0,7 sec.).

Präsupposition, das, was ein Sprecher bei der Äußerung eines Satzes als dem Hörer bekannte und wahre Information voraussetzt. So liegt beispielsweise dem Satz «Sebastian scheiterte beim Lösen der Aufgabe.» die Präsupposition zugrunde, daß Sebastian vorher versucht hat, die Aufgabe zu lösen. [L] ENGELKAMP 1976 *T. Pechmann*

Prävalenz [lat. *praevalere* Vorrang haben], Häufigkeit des Vorkommens einer best. Erkrankung in einer best. Population zu einer best. Zeit oder einer best. Zeitperiode. Gegens. →Inzidenz →Epidemiologie

Prävalenzrate, Anzahl der Erkrankten bzw. Häufigkeit des Merkmals im Verhältnis zur Anzahl der untersuchten Personen

Prävention, die Vorbeugung gegen Krankheiten und ihre Folgen. Die P. – ein zentrales Anliegen des öffentlichen Gesundheitswesens – wurde auch auf psychische/psychiatrische Störungen übertragen, was angesichts der Problematik eines med. Krankheitsbegriffs für diesen Bereich nicht ohne Widerspruch geblieben ist (vgl. z. B. GRAHAM 1977). Im Hinblick auf die Zuordnung von P.programmen wird mit CAPLAN zwischen primärer, sekundärer und tertiärer P. unterschieden. Primäre P. zielt danach darauf, das erstmalige Auftreten einer Krankheit zu verhindern (z. B. bei Süchten). Unter sekundärer P.wird das Bemühen um frühzeitiges Erkennen einer Krankheit mit dem Ziel baldmöglichster und wirkungsvoller Behandlung, zur Vermeidung unkalkulierbaren negativen Folgen verstanden (z. B. Erziehungsberatung, bevor Probleme mit Krankheitswert auftreten). Tertiäre P. versucht, die Ausbildung, Rückfälle und Chronifizierung für die einzelne Person zu verhindern (z. B. bei Schizophrenie). Diese Klassifizierung von P. nach dem zeitlichen Verlauf wurde verschiedentlich kritisiert, u. a., weil einzelne Programme nicht trennscharf eingeordnet werden können; sie liefert aber dennoch eine grobe Orientierung. Auch Prävention aus dem medizinischen Bereich ist psychologisch interessant, da in der Regel Einstellungs- und Verhaltensänderungen involviert sind (z. B. Gesundheitsverhalten, AIDS-Prophylaxe). Die Wirksamkeitsevaluation ist methodisch besonders schwierig, da größere Vergleichsgruppen, die einer Vielfalt von Einflüssen ausgesetzt sind, über längere Zeit untersucht werden müssen. Dennoch ist P. besonders naheliegend, wenn die Folgen eines Problems besonders gravierend sind und/oder die Störung schwer zu behandeln ist (z. B. Drogenabhängigkeit, Schizophrenie). In einzelnen Bereichen, z. B. psychologische Operationsvorbereitung zur Vermeidung späterer Komplikationen, ist die Wirkung gut belegt. *F. Caspar*

Präzisionsgriff (precision grip), bedeutet, daß man einen Gegenstand (z. B. ein Sektglas) mit Daumen und Zeigefinger anhebt. Beim Massengriff wird ein Gegenstand mit der ganzen Hand gegriffen.

Praxien, Handlungseinheiten. →Handlung

Praxinoskop (REYNAUD), ein Gerät ähnlich dem →Stroboskop.

Praxiten® →Oxazepam

Premack, David (*1925), Psychologe / Univ. of Pennsylvania

Premack-Prinzip, ein Konditionierungs- bzw. Verstärkungs-Prinzip der →Verhaltenstherapie. Tritt von zwei Verhaltensweisen eine häufiger auf als die andere, kann durch kontingenten Einsatz der häufiger auftretenden Verhaltensweisen die Auftretenswahrscheinlichkeit (bzw. Häufigkeit) der selteneren erhöht werden.

presby- [gr. *presbys* alt, der Alte], in Wtvb.: Bez. für altersbedingte Erscheinungsweisen **[E]**

Presbyakusis, Altersschwerhörigkeit, Hörverlust für hohe Frequenzen im Alter.

presbyakustisches Gesetz, Bez. für die Tatsache, daß die obere Hörgrenze mit zunehmendem Alter absinkt; mit 20 Jahren liegt sie bei ungefähr 20 000 Hz, mit 60 Jahren und mehr bei 10 000 bis 5 000 Hz, die sehr hohen Töne werden also nicht mehr gehört.

Presbyophrenie, Form der senilen Minderung der geistigen Leistung. Nach KAHLBAUM Bez. für die Psychosen des Greisenalters.

Presbyopie, die dem Alter eigentümliche Fernsichtigkeit, Alterssichtigkeit durch Elastizitätsverlust der Linse

pre-school-test **[T]** GESELL, MERRILL-PALMER

press →need

Presse →Massenmedien

Prestige [frz. aus lat. *praestigium* Blendwerk], in heutiger Bedeutung svw. das Ansehen, in dem Personen, Gruppen (z. B. Berufsgruppen) und Institutionen auf Grund ihrer Leistungen, ihrer sozialen Stellung (→Status, sozialer), ihres Einkommens oder ihrer Kompetenzen bei anderen Personen oder Gruppen und in der Öffentlichkeit stehen.

Das P., das von zahlreichen Bedingungen abhängt, ist wandelbar und kann sich auf einen engeren oder breiteren Bereich beziehen. Häufig erfährt das P., das eine Person auf einem einzelnen Gebiet (z. B. Beruf) erworben hat, eine Verallgemeinerung auch auf andere Bereiche. Hiermit hängt das sozialps. Phänomen der Prestigesuggestion zusammen, d. h. die durch das P. bedingte suggestive Wirkung z. B. von Meinungen bestimmter Personen. So werden z. B. gleiche Stellungnahmen von Personen mit versch. hohem allg. P. in unterschiedlichem Maß akzeptiert bzw. abgelehnt. **[L]** ASCH 1948

PRF, Personality Research Form **[T]** STUMPF et al.

Priapismus [nach dem gr. Fruchtbarkeitsgott PRIAPOS], anhaltende, krankhafte Erektion des Gliedes (auch ohne sex. Anlaß). • P. wird auch anstelle von →Satyriasis als Allgemeinbez. für Ausschweifung verwendet.

primacy-recency-effect →Primat-Rezenz-Effekt

primäre Antriebe, im Gegensatz zu den sekundären, erworbenen Antrieben die erblich gegebenen Energiequellen für z. T. ungelernte, aber durch Erfahrung überformte, z. T. gelernte Aktionen zur Befriedigung von lebens- und arterhaltenden Bedürfnissen: Hunger, Durst, Sauerstoffbedarf, Schlafbedürfnis, Geschlechtstrieb und Schmerzvermeidung sind allgemein anerkannte p.A. HULL unterscheidet Bedingungen des Antriebs, d. h. die objektiv beobachtbaren Phänomene, die den Antrieb bestimmen (CD), die physiologische Antriebsstärke (D) und den Antriebsreiz (SD). →Antrieb, →Motivation, →Trieb, →Instinkt

R. Bergius

Primäreigenschaften →Sekundärfaktoren

primäres Willenserlebnis (BRENTANO), ein Willensakt, durch den ein bestimmtes Ziel unmittelbar angestrebt wird. Ggs. →sekundäres Willenserlebnis. **[L]** ROHRACHER 1969

Primärfaktoren, syn. Faktoren 1. Ordnung. Sie werden aus der Faktorenanalyse einer Interkorrelationsmatrix gewonnen. Im Ggs. zu den P. werden z. B. Faktoren 2. Ordnung aus der →Faktorenanalyse der Interkorrelationen schiefwinkling rotierter Faktoren 1. Ordnung gewonnen. →Sekundärfaktoren, →Intelligenzfaktoren *G. Mikula*

Primärfaktoren der Intelligenz, von THURSTONE (1938) faktorenanalytisch ermittelte, voneinander unabhängige →Intelligenzfaktoren *(primary mental abilities)*. **[T]** THURSTONE

Primärfunktion, syn. Primärprozeß, nach GROSS (1902) die Empfindungen und Wahrnehmungen, d. h. die im unmittelbaren Zusammenhang mit der Reizwirkung auftretenden psychischen Ereignisse, während im Ggs. dazu Sekundärfunktion das Nachklingen der Eindrücke und ihre Perseveration in Vorstellungen etc. belegt. In einer der ersten ps. Typologien (HEYMANS & WIERSMA 1906, 1909) sind die Dominanz der Primärfunktion bzw. der Sekundärfunktion eine diskriminierende Dimension des Verhaltens. JUNG und insbes. EYSENCK erkannten in der Dominanz der Primärfunktion und der Sekundärfunktion Parallelen zur Extraversion und Introversion. →Primärvorgang. **[L]** HOFSTÄTTER 1971

R. Bergius

Primärgruppe →Gruppe

Primärlernen, nach D. O. HEBB die Basis für alle weiteren Lernprozesse des Erwachsenen, wobei unter dem P. vor allem die Strukturierung der Wahrnehmung im Kindesalter verstanden werden soll.

Primärprozeß, Bez. der →Psychoanalyse für «Es-hafte» Vorgänge. →Primärvorgang

Primärstellung der Augen, Stellung des Auges im Kopf bei natürlich aufrechter Kopfhaltung und horizontaler →Blicklinie senkrecht zur Verbindungslinie zwischen den Drehpunkten beider Augen; die Primärstellung ist nicht mit der Ruhestellung identisch, bei der das Auge i. a. auf einen Punkt leicht unterhalb der Horizontalen gerichtet ist. *H. Heuer*

Primärtherapie, die PT ist eine tiefenpsychologisch fundierte, körper-, erlebnis- und aktions-orientierte Methode und wurde von Arthur JANOV Ende der 60er Jahre in den USA als Heilverfahren für Neurosen entwickelt. Verdrängte frühkindliche, «primäre Gefühle» sollen hier wiedererlebt und in das Erlebnisspektrum integriert werden. Dem Geburtstrauma kommt dabei eine besondere Schlüsselrolle zu. Mittels suggestiver und autosuggestiver Techniken werden in wiederholten, mehrstündigen Sitzungen (Einzel- und Gruppen-) intensive kathartische Reaktionen auf psychische und physiologischer Ebene angestrebt (sog. Primärprozeß). Bislang liegen keine stichhaltigen Wirksamkeitsuntersuchungen für diese Therapieform vor, jedoch einige Warnungen vor Komplikationen (Abhängigkeit von Therapeuten, Dekompensationen). *F. Caspar*

Primärtriebe, Bez. für die im Menschen angelegten und aus ihm stammenden Triebe (Sexualtrieb, Ich-Triebe), im Ggs. zu den (erlernten) →Sekundärtrieben oder kulturellen Gegentrieben, die aus den (ethischen, ästhetischen, sozialen, kulturellen) Forderungen der Gesellschaft herrühren und sich auf Grund ihrer →Introjektion im einzelnen Menschen (als sein →Über-Ich) auswirken. Heute eher gebräuchlich: →primäre Antriebe

Primärvorgang, nach FREUD alle Gedanken, Gefühle und Handlungen, die unmittelbar und ausschließlicher Ausdruck des Es sind.
In diesem Sinne tritt der P. beim Erwachsenen in verhältnismäßig deutlicher und reiner Form nur noch bei Reduktion der Funktionen des Ich und des Über-Ich in Erscheinung, wie es z. B. im Traum der Fall ist. Der dem P. gegenübergestellte Sekundärvorgang stellt alle jene Gedanken, Gefühle und Handlungen dar, die vom Ich motiviert, an der Realität orientiert oder vom Über-Ich diktiert sind. Der Primärvorgang kennzeichnet das System Unbewußt, der Sekundärvorgang das Sytem Vorbewußt-Bewußt, der Gegensatz entspricht dem zwischen Lustprinzip und Realitätsprinzip. →Primärfunktion

Primary Mental Abilities [T] THURSTONE

Primat-Rezenz-Effekt [engl. *primacy* Primat, Vorrang, *recency* Neuheit, Frische], Anfangs- und Endbetonung bei Reihen von Lernmaterialien oder von Urteilsgegenständen. Die ersten Glieder einer Reihe werden besser gelernt oder behalten als die mittleren oder letzten Glieder, wenn nach der Darbietung der zu lernenden Reihe und nach einem Behaltensintervall die Reproduktion gefordert wird (Primat-E.); die letzten Glieder werden bevorzugt, wenn sofort nach der Darbietung reproduziert wird. Zu der Wirkung der ersten bzw. der letzten Argumente bei Versuchen mit verbaler Persuasion (Überredung), die von komplexen Bedingungen abhängt, vergleiche MCGUIRE (1966). →JOSTsche Sätze *R. Bergius*

Primeigenschaften, nach LERSCH werden bei der →strukturellen Reduktion immer grundlegendere und zentralere Eigenschaften (bzw. seelische Merkmale) erschlossen, die schließlich als charakterologische Prim-Eigenschaften bezeichnet werden können. • KRETSCHMER wählte mit gleicher Ausrichtung die Bez. →Wurzelformen der Persönlichkeit. →Radikal

Primidon, WZ Mylepsinum®, Substanz aus der Gruppe der →Antikonvulsiva, chem. →Barbiturat, schwächer wirkend als →Phenobarbital.

priming [engl. Zündung], wird ein bestimmtes Wort in einem →Assoziations- oder →Gedächtnisexperiment produziert, so werden dadurch auch alle jene Wörter in Bereitschaft gestellt, «vorgewärmt», mit denen dieses Wort assoziative Beziehungen hat (HÖRMANN 1967). Diesen Vorgang nennt man auch «assoziative Aktivierung».
P. liegt also dann vor, wenn das Auftreten eines Ereignisses A die →Wahrscheinlichkeit des Auftretens eines Ereignisses B vergrößert, das mit A assoziiert ist. Im Sinne einer Theorie, die Wortbedeutung (→Bedeutung) als Bündel →semantischer Merkmale auffaßt, läßt sich die erhöhte Produktionsbereitschaft bestimmter Wörter auch als Folge der Aktivierung jener Bedeutungselemente interpretieren, die dem produzierten Wort und den in Bereitschaft gestellten Wörtern gemeinsam sind. Das heißt, diejenigen Wörter sind durch

ein bereits produziertes Wort am meisten vorgewärmt und haben damit eine erhöhte Wahrscheinlichkeit, zu dem bereits produzierten Wort hinzuassoziiert zu werden, die eine maximale Anzahl von semantischen Merkmalen mit ihm gemeinsam haben (McNeill 1966). Von Lashley (1950, zit. bei Hörmann 1967) wird *priming* als «unterschwellige Aktivierung eines ganzen Systems von Assoziationen» definiert. *J. Engelkamp*

primitiver Reaktionstyp →Typologie (Reaktionstypen)

Primitivierungsgesetz, nach Hellpach (1953) der gesetzmäßige Vorgang, daß die Gemeinschaft um so primitivere Forderungen an den einzelnen hat, je intensiver und bindender die Forderungen an die Gemeinschaft sind. →Erstarrungsgesetz

Primitivperson →Tiefenperson

Primitivreaktion, nach Kretschmer diejenige Reaktionsform wie Schreien, Wutanfall, affektiver Stupor, blinde Verzweiflung, die sich als unangepaßt vereinfacht oder übersteigert von dem üblichen Reaktionsverhalten unterscheidet.

Primordialtriebe [lat. *primordium* erster Anfang] →Primärtriebe

Prinzip [lat. *principium* Anfang, Ursprung], die Grundlage, das erste, von dem anderes abhängig ist oder abgeleitet wird (z. B. Kausalprinzip als Ausgang aller Erkenntnis). • Die methodische Erfahrungsgrundlage und Regel (z. B. Steigerungsprinzip bei der Testanwendung). • Der leitende Gedanke bei einer Darstellung (Leitprinzip).

Prinzipalfarben, die →Hauptfarben Rot, Gelb, Grün, Blau. Ggs. Übergangsfarben

Prismenbrille, in der Psychologie vor allem in →Störungsexperimenten verwendet zur Umkehr oder Verschiebung des →Netzhautbildes

prisoner-dilemma-game, Häftlingsdilemmaspiel, P.D.-Spiel, eine Unterform der Zwei-Personen-Rivalitätsspiele (→Theorie der Spiele). Ohne Kenntnis der Entscheidung des Mitspielers kann sich der Spieler für →Kooperation oder für rivalisierendes Verhalten entscheiden.

Paradigma: Zwei Gefangene in Einzelhaft im Verhör über ihre Komplizenschaft. Je nach der Entscheidung der beiden Spieler können entweder beide Spieler ziemlich hoch gewinnen (bei Kooperation), beide mäßig verlieren (wenn beide rivalisieren) oder jeweils der eine (der Rivalisierende) am höchsten gewinnen und der andere (der kooperativ Handelnde) am meisten verlieren. Die Summe aller Verluste und Gewinne ergibt nicht Null, daher auch Nicht-Null-Summen-Spiel. Vgl. die Situation der wettrüstenden Staaten. Konzeptuell ist das P.D.-Spiel ein soziales Dilemma-Spiel, bei dem der individuelle Nutzen für die egoistische Entscheidung größer ist, wenn ein einzelner sie wählt, während der Nutzen deutlich geringer ist, wenn beide die egoistische Variante wählen. **[L]** Rapaport & Chammah 1965, Samuelson & Messick 1986

R. Bergius

Privatheit [lat. *privatus* gesondert, persönlich, häuslich], im Zusammenhang mit dem →Datenschutz und mit der →Persönlichkeitsdiagnostik ist P. ein Problem der Ps. und der →Ökologie geworden. Kruse (1980) grenzt privat von öffentlich allg. ab und bezeichnet es als das Individuelle, Intime und Vertrauliche. Dazu kommt der Aspekt der Grenzziehung und -regelung, sowie der der Bewertung (Evaluation) von privaten Situationen und Verhaltensweisen. →Grenzkontrolle *R. Bergius*

Privatsprache, in der →Sprachphilosophie wird unterschieden zwischen privaten (d. h. nicht der →Sprache der Sprachgemeinschaft angehörenden, für eigenen Gebrauch geschaffenen) Ausdrücken und Ausdrücken für Privates, für innere Erlebnisse eines Subjekts (Kutschera 1971). Wittgensteins (1958) Kritik am Begriff P. ist umstritten (Kutschera 1971). • In der Ps. werden mit P. auch sprachliche Ausdrücke und Verständigungsweisen bezeichnet, die in bestimmten Kleingruppen (Familie, Zwillings- u. a. Paaren) ausgebildet und nur innerhalb ihrer verwendet und verstanden werden (→Idiolekt, →Sprachentwicklung). Die gelegentlich von Zwillingen im Kleinkindalter zur Verständigung untereinander entwickelten, für Eltern und ältere Geschwister zunächst unverständlichen, aber doch regelmäßig verwendeten Lautfolgen verzögern häufig die Sprachentwicklung. • P. auch Syn. für die schizophrene Glossolalie.

PRL, Abk. für →Prolaktin

proaktive Hemmung, vorwirkende H. →retroaktive Hemmung

Probabilismus [lat. *probabilis* billigenswert, wahrscheinlich], Lehre, wonach die auf Grund von Beobachtungen und logischen Schlüssen getroffenen Voraussagen über Ereignisse und Ereignisfolgen einen bestimmten Grad von Wahrscheinlichkeit besitzen. Im Grenzfall geht die Wahrscheinlichkeit in völlige Gewißheit über, nämlich im Fall vollständiger Kenntnis aller für das vorausgesagte Ereignis erheblichen Bedingungen.

probabilistische Hypothese, probabilistischer Funktionalismus, Bez. für den theoretischen und methodischen Ansatz von E. BRUNSWIK (1956). Danach sind die Hinweise, die vom Gegenstand (→distales Objekt) auf den Organismus wirken, mehrdeutig, nur probabilistisch auswertbar für die Wahrnehmung. In gleicher Weise ist der Zusammenhang zwischen Verhaltensäußerung und angestrebtem Verhaltensziel nicht eindeutig. Der probabilistische Funktionalismus bezieht sich auf die funktionale Relation zwischen Organismus und Umwelt, nicht auf subjektives Erleben. *P. Day*

Proband [lat. *probare* erproben, untersuchen, erweisen, engl. *subject*], der sich z. B. in einer Testuntersuchung in seiner Leistungsfähigkeit oder seiner Struktur usw. zu «erweisen» hat. Abk. →Pb, Plural: Pbn, syn. Versuchsperson, Vp, Testperson, Tp.

Probehandeln, auf FREUD zurückgehender Begriff, mit dem auf die Möglichkeit des Menschen hingewiesen werden soll, verschiedene alternative Handlungsschritte in rein gedanklicher Antizipation, somit reversibel, auf ihre Konsequenzen hin zu erproben. →VTE. **[L]** FREUD 1945 *G. Kaminski*

Probe-Technik, Reproduktionsverfahren (→Gedächtnismethoden) in der Prüfphase eines Reihen-Lernversuchs (→Lernen, serielles), bei dem die Reproduktion von nur einem Reihenglied verlangt wird, das durch einen Hinweisreiz bezeichnet ist, dessen Position angegeben wird oder das vor oder nach einem anderen geboten worden war. Die P.-T. eignet sich zur Untersuchung des Kurzzeitgedächtnisses (Gedächtnisspanne) und kann auch mit dem →Paar-Assoziationen-Lernen verbunden werden. *R. Bergius*

Problem, eine Art der Denkanforderung, die im Unterschied zu den Aufgaben im engeren Sinne durch drei Komponenten gekennzeichnet sein soll: (1) unerwünschter Anfangszustand, (2) erwünschter Endzustand, (3) Barriere, die die Transformation von (1) in (2) zunächst verhindert. Aufgaben sind von Problemen als geistige Anforderungen dadurch abgegrenzt, daß für ihre Bewältigung Methoden bekannt sind. **[L]** DÖRNER 1976

Problemanalyse, dient i. d. Psychotherapie dem Herausarbeiten eines expliziten Problemverständnisses als Basis für →Fallkonzeption und Therapieplanung. Eine der verbreitetsten Formen ist die →funktionale Verhaltensanalyse der Verhaltenstherapie, in der auf →lerntheoretischer Basis Auslöser, Verhalten und Konsequenzen nach den Prinzipien der klassischen und instrumentellen Konditionierung miteinander in Verbindung gebracht werden. In Problemanalysen der Kognitiven Verhaltenstherapie spielen kognitive Elemente naturgemäß eine größere Rolle. So wird in der «ABC»-Analyse nach ELLIS mit den (B)ewertungen erklärt, wie aus dem (A)uslösenden Ereignis eine (C)onsequenz in Gefühlen oder Verhalten entstehen kann. Auf dem Boden der →Handlungstheorie wurden auch hierarchische Analysen der «Pläne» (Strategien) vor allem im zwischenmenschlichen Bereich entwickelt. Systemische Problemanalysen konzentrieren sich auf problematische Abläufe im Familiensystem, psychodynamische Problemanalysen auf typische Konfliktmuster. Aufgrund der Bedeutung nicht nur der Probleme, sondern auch der Stärken und Möglichkeiten von Patienten wird verstärkt auch auf «Ressourcen» geachtet, bzw. der Begriff Problemanalyse überhaupt abgelehnt. **[L]** BARTLING et al., CASPAR 1996b. *F. Caspar*

Problemkäfig →SKINNERscher Kasten

Problem-Kasten, Bez. für solche Tests (Apparate), die eine Auftragserledigung an einem Kasten (oder auch Brett) erfordern, der mit Riegeln, Schienen, Klappen, Zeigern usw. bestückt ist. Die einzelnen Lösungsschritte greifen ineinander, so daß nur systematisch vorgegangen werden kann.

Problemkomplexität, DÖRNER et al. (1983) nennen als Maße für die P. die Anzahl der beteiligten Variablen, die Vernetztheit der Variablen und deren Transparenz, die Eigendynamik des Systems und die Präzision der Zieldefinition.

Problemlösen, besteht im Auffinden eines vorher nicht bekannten Weges von einem gegebenen Anfangszustand zu einem gewünschten und mehr oder minder genau bekannten Endzustand. Hauptkomponenten des Problemlösungsverhaltens sind Vorwärts- und Rückwärtsplanung. Bei der Vorwärtsplanung überlegt das problemlösende Individuum, in welche Zustände sich der gegebene Anfangszustand durch den Einsatz bestimmter Operatoren umwandeln läßt. Durch Vorwärtsplanen entsteht ein «Planungsbaum», dessen einzelne Punkte (Zustände) durch bestimmte Handlungen (Operatoren) verbunden sind. Ist ein Endpunkt des Planungsbaumes mit dem gewünschten Endzustand identisch, so ist ein Weg vom Anfangszustand zum Endzustand gefunden und damit das Problem gelöst. Die Rückwärtsplanung besteht aus dem Aufbau eines Planungsbaumes vom gewünschten Endzustand her, wobei überlegt wird, von welchem Zustand mit welchem Operator der Endzustand erreichbar ist. Vorwärts- und Rückwärtsplanung können beim P. intermittierend und einander ergänzend auftreten.

Als wesentliche Anforderungen im P., besonders – aber nicht nur – bei anschaulich gegebenen Problemen, sind von Gestaltpsychologen das Umstrukturieren (→Denken) und bes. bei informationstheoretisch analysierten P.-Vorgängen, die →Subsumtion beschrieben worden. (→Denken, heuristische Methoden) DUNCKER (1935) beschreibt, «wie eine «Lösung» auf Grund der Übereinstimmung zwischen der geforderten (antizipierten, signalisierten) und der dem Gesuchten innewohnenden Eigenschaft ... aufgefunden werden kann».

Das Signalement oder Suchmodell wird durch geeignete Umformung (Transformierung) des (meist in einer Instruktion) Geforderten erst gebildet, und der Suchbereich ist oft «die charakteristische Sphäre eines bestimmten Gegenstandes». Er verwendet damit offenbar (aber ohne Hinweis darauf) die früheren Analysen des P. durch SELZ (1913, 1922), dessen Beschreibung des antizipierenden →Schemas und der Lösungsmethoden (determinierte Mittelfindung, determinierte Mittelaktualisierung, die reproduktiv, zufallsbedingt oder unmittelbar sein kann) bahnbrechend war, aber selten zitiert wird. Heute sind die von SELZ dargestellten Lösungsmethoden z. T. Vorbilder für Simulationen des P. mit Hilfe von Computern. (→künstliche Intelligenz, NEWELL & SIMON 1961, 1972). →GPS, →Realitätsbereich. Beim Problemlösetraining wird Bezug genommen auf die allgemeine und kognitive Psychologie, die sich mit Aspekten menschlicher Problemlösung beschäftigt (vgl. z. B. NEWELL & SIMON, 1972; DÖRNER, 1974, 1979). Eine Situation wird dann als Problem erlebt, wenn eine Reaktion verlangt wird, die der Person nicht unmittelbar zur Verfügung steht. Dabei kann das Problem darin bestehen, daß der Klient 1) nicht dazu in der Lage ist, den Ausgangszustand klar und präzise zu analysieren, 2) keine Vorstellungen über den Zielzustand hat oder 3) zwar klare Vorstellungen über den Ausgangs- und Zielzustand hat, aber nicht über die Mittel verfügt, die Überführung zu bewältigen. Das Vorgehen untergliedert sich in sechs Problemlöseschritte: 1) Problembewußtsein wecken; 2) Benennung und Beschreibung des Problems; 3) Sammlung von Lösungs-Alternativen; 4) Treffen von Entscheidungen; 5) Verwirklichung der Entscheidung; 6) Bewertung der Entscheidung.

Allgemeines Ziel ist, Bewältigungsstrategien für konkrete Probleme im Alltag sowie allgemeine Problemlösungs-Kompetenzen zu vermitteln. Das Training wird insbesondere im Rahmen der kognitiven und der interpersonalen Verhaltenstherapie, insbesondere bei Depressionen, Schizophrenie, Alkoholismus und Paarproblemen, für Personengruppen unterschiedlichen Alters und unterschiedlicher sozialer Schichten eingesetzt und zeigt ein sehr positives Wirkungsprofil. Verbesserungen gingen weit über die eigentliche Symptomatik hinaus. **[L]** SÜLLWOLD 1965, LÜER 1973, SEIDEL 1976, DÖRNER 1976, 1981

R. Bergius/F. Caspar

Problemlösungslernen, Wirkungen der Erfahrungen beim Lösen von →Problemen. KATONA (1949) hat gezeigt, daß die Wirkungen des mechanischen Assoziierens weniger günstig für die Übertragung (→Transfer) auf das Lösen ähnlicher Probleme ist als die Einsicht in die Struktur des Problems, die durch Beispiele oder Regeln vermittelt wird (vgl. BERGIUS 1964). *R. Bergius*

Problemraum, der gedachte Bereich (die interne Repräsentation) des Problems, in dem →Problemlösen stattfindet und der durch eine Menge von Zuständen oder Situationen oder Objekten und durch eine Menge von →Operatoren gekennzeichnet ist (DÖRNER 1974, WALCHER 1978). →Realitätsbereich

Problemschwierigkeit, wird bestimmt durch Problemmerkmale (Umfang, →Problemkomplexität, Barrieretyp) und Personmerkmale (Faktenwissen, Operationswissen).

Proception →Prozeption

process tracing [engl. *trace* Strang, Spur], Prozeßverfolgung, experimentelle Techniken, mit denen versucht wird, die von einem Entscheider (→Entscheidung) oder Problemlöser (→Problemlösen) verwendeten →Operatoren möglichst lückenlos und in der richtigen Reihenfolge zu erfassen. Wichtige Methoden des p.t. sind (1) die Konstruktion spezifischer Entscheidungs- oder Lösungsalternativen, deren Wahl Rückschlüsse auf den Prozeß zuläßt, (2) die Registrierung der Informationsaufnahmesequenzen, z. B. durch Analyse der Blickbewegungen oder Informationsabfragen am →Computer und (3) die Analyse von verbalen Denkprotokollen (→lautes Denken). **[L]** HUBER 1982 *A. Engemann*

Prodrom, Prodromalstadium, Vorläuferstadium, das den eigentlichen Krankheitserscheinungen vorausgeht.

Produktionsprinzip der Identifikation (ACH) →Identifikation

Produktionssystem →Netzwerk-Modell, →ACT

Produktionstheorie, die Auffassung, daß die Gestalten zusätzlich Produziertes, d. h. zu der Summe (der Teile) hinzukommende Inhalte seien, die sich auf primär gegebenen Stücken subjektiv aufbauen und solcherart subjektiv bedingte, beliebige Gebilde sind. Die Selbstgliederungstheorie betrachtet demgegenüber das Werden der Gestalten als einen Prozeß, bei dem ohne «Beteiligung» des Wahrnehmenden die Gestalt sich selbst ausgliedert. →Österreichische Schule

produktives Denken, syn. schöpferisches Denken, ein →Denken, das – vor allem durch Synthese von Erfahrung und Phantasie – zu neuartigen Ergebnissen (z. B. im →Problemlösen) kommt. →Kreativität

Produktivität, (allg.) Bez. für Leistung, Ertrag, gesteigerte Leistungsfähigkeit, ähnlich →Kreativität. • (arbeitsps.) hat die P. Bedeutung wie die →Effektivität.

Produkt-Moment-Korrelation, syn. PEARSON-, Maßkorrelation. Ein parametrisches Verfahren zur Bestimmung des Ausmaßes der Wechselbeziehung zwischen zwei quantitativen Variablen.

Die P-M-K wird als mittleres standardisiertes Abweichprodukt (standardisierte Kovarianz) nach folgender Formel berechnet

$$r = \frac{\Sigma x \cdot y}{\sigma_x \cdot \sigma_y \cdot n}$$

wobei x und y die Abweichungen der Maßzahlen X und Y von ihrem Mittelwert bezeichnen. Voraussetzungen für die Anwendung der P-M-K sind das Vorliegen von Intervallvariablen und lineare Regression der beiden Variablen aufeinander. Bei nichtlinearer Regression zweier Variablen erfaßt die P-M-K nur den linearen Anteil des Zusammenhanges. *G. Mikula*

Produktsumme, als P. wird in der Statistik die Summe der Produkte der zusammengehörenden Maßzahlen einer bivariaten Verteilung bezeichnet. Die P. bildet ein Glied in den Berechnungsformeln verschiedener bivariater statistischer Maße wie z. B. in der Rohwertformel der Bestimmung der Produkt-Moment-Korrelation. *G. Mikula*

Professiographie, analytische Methode der →Berufskunde

Profil, Profilmethode, graphisches Verfahren zur Veranschaulichung der Ergebnisse von Messungen (z. B. der Eigenschaften eines Pb, Leistungen einer Gruppe usw.).

Als erster hat der russische Mediziner ROSSOLIMO (1860–1928) für das BINET-SIMON-Verfahren die Profildarstellung eingeführt. Im Fortgang wurden von CLAPARÈDE und GIESE Verbesserungen vorgeschlagen. P. dient v. a. zur anschaulichen Darstellung der versch. Testresultate eines Pb, z. B. bei einer Testbatterie. Der Vorzug der Profile ist die Veranschaulichung der Meßergebnisse. Während eine solche Betrachtung als intuitiv und dadurch meist mit Fehlinterpretationen behaftet ist, wurden unter Beachtung von →Konfidenzgrenzen, die vom Standardfehler und vom Stichprobenumfang abhängig sind, zur Interpretation eines Testprofils stat. Verfahren vorgeschlagen, um Unterschiede im Testprofil zufallskritisch abzusichern. Ein gleiches Vorgehen ist für den Vergleich von Profilen (Unterschiede bzw. Ähnlichkeiten) zw. Pbn oder Pbn-Gruppen erforderlich. **[L]** ROSSOLIMO 1926, LIENERT 1956, 1957

Profilähnlichkeit →Profilvergleich

Profilverfahren **[T]** ROSSOLIMO

Progeria, Progerie [gr.], vorzeitige Vergreisung. →Kleinwuchs

Progesteron, weibliches →Gonadenhormon, wichtigstes →Gestagen. Bildung in der zweiten Hälfte des Menstruationszyklus im Corpus luteum, auch in Nebennierenrinde und Testes. Bereitet Nidation des Eis vor, indem Heranwachsen der Uterusschleimhaut, deren Blutversorgung und eine Anreicherung von Nährstoffen gefördert wird. P. spielt eine wichtige Rolle als Zwischenprodukt bei der Synthese der Nebennierenrindenhormone, der →Androgene und der →Östrogene. P. hat zentralnervöse Effekte, so Förderung von →GABA. Reduktion von →Catecholaminen, was zu Spekulationen über die Ätiologie von Schwangerschaftsdepressionen Anlaß gegeben hat. P. hat viele natürliche und synthetische Verwandte (Progestine, Progestagene). Exogene akute Zufuhr führt nur zu kurzdauernden Wirkungen (einige Stunden). Erzielt werden Leistungsminderungen und subjektive Beeinträchtigungen. **[L]** NETTER et al. 1998 *W. Janke/P. Zimmermann*

Prognose, Vorhersage, man kann zwischen kausaler P. und statistischer P. unterscheiden. Eine kausale P. kann gemacht werden, wenn für das Eintreten der zukünftigen Situation eindeutige Gesetzmäßigkeiten als verursachend angenommen werden können. Von statistischer P. spricht man, wenn die Situation oder das Ereignis nur mit mehr oder weniger hoher Wahrscheinlichkeit vorausgesagt werden kann. Im Bereich der Vorhersage des menschlichen Verhaltens auf der Grundlage von diagnostischen Daten unterscheidet man noch je nach Verarbeitungsmodus der Daten zwischen statistischer und klinischer Vorhersage. Nach MEEHL (1954) spricht man von statistischer Vorhersage, wenn die diagnostisch relevanten Informationen (Testwerte, Explorationsdaten usw.) zum Zwecke der Klassifikation von Individuen nach einem festgelegten Algorithmus verarbeitet werden und das Ergebnis in empirisch fundierten Wahrscheinlichkeitsaussagen besteht. Eine klinische Vorhersage liegt dann vor, wenn diese Wahrscheinlichkeitsaussagen nicht gemacht werden und wenn aufgrund der Beschreibung eines Individuums Hypothesen oder Vermutungen über das weitere Verhalten geäußert werden. [L] MERZ 1966 *H. Häcker*

Programm, zeitlich und sachlich geordnete Auflistung von Einzelschritten und -maßnahmen zum Erreichen eines individuellen oder kollektiven Handlungszieles. • In der →Verhaltenstherapie oft syn. mit Therapieplan.

• In der elektronischen Datenverarbeitung Folge von Instruktionen, die ein →Digitalrechner nacheinander ausführen muß, um eine Aufgabenstellung zu bearbeiten. Ein System von Instruktionen und deren Semantik und Syntax bilden eine →Programmiersprache. Das P. für einen →Analogrechner besteht in einem Schaltplan für die Verbindungen zwischen den Rechnerbausteinen. Die Kognitionsps. hat sich das Ziel gesetzt, dem menschlichen Verhalten zugrunde liegende «Pläne» zu erkennen, die in Analogie zu Computerprogrammen gedacht werden: Für einen Organismus ist ein Plan im wesentlichen dasselbe wie ein Programm für den Computer (MÜLLER et al. 1960).

Programmieren, Erstellen eines →Programmes für einen →Digitalrechner mit Hilfe einer →Programmiersprache.

Programmiersprache, Menge von Instruktionen, semantischen Bedeutungszuordnungen und syntaktischen Regeln, die es erlaubt, Algorithmen so zu formulieren, daß sie von einem →Digitalrechner ausgeführt werden können.

Bei Taschen- und Tischrechnern besteht die P. aus Befehlen, die unmittelbar physikalisch realisiert werden (z. B. «+», «–», «speichere Inhalt des Arbeitsregisters in Speicher 1» usw.). Den Befehlen entsprechen hier Eingabetasten, durch deren Druck im Rechner die Ausführung der entsprechenden Operation ausgelöst wird. Bei der Bearbeitung komplexerer Probleme auf größeren Computern soll der Benutzer von physikalischen Details der Rechenabläufe, vor allem von der Planung der Speicherbelegung mittels Adressen und arithmetischen Mikrobefehlen, entlastet werden. Das geschieht durch höhere P., deren Instruktionen und Verknüpfungsregeln eher bestimmten Problembereichen als den physikalischen Abläufen im Computer angenähert sind. Ältere Beispiele solcher algorithmischer P. sind FORTRAN *(FORmula TRANslation)*, ALGOL *(ALGOrithmic Language)*, COBOL *(COmmon Business Oriented Language)* und BASIC *(Beginners All-purpose Symbolic Introduction Code)*. Neuere algorithmische P. sind Pascal und C. Im Kontext der künstlichen Intelligenz (KI) wurden «sehr hohe» P. entwickelt (Lisp, Prolog), die logische Relationen auswerten, ohne daß die zugrundeliegenden Algorithmen dem Programmierer gegenüber noch in Erscheinung treten. Der Computer übersetzt mit einem Compiler genannten Programm ein in höherer P. geschriebenes Programm in Maschinencode, der dann die physikalischen Abläufe des Rechners steuert. *W. Glaser*

programmierter Unterricht (pU), von amerikanischen Entwicklungen ausgehend, löste die Idee des pU besonders in den sechziger Jahren auch in Deutschland eine sehr starke Bewegung aus. Der pU stellt den ersten konsequenten Versuch dar, die Ergebnisse der →Lerntheorie, besonders des SKINNERschen operanten Konditionierens, auf die Organisation menschlichen Lernens zu übertragen. Übergeordnetes Prinzip ist es, Lerner in vorbestimmten kleinen Lernschritten (→frame) auf ein definiertes Verhaltensziel hinzuführen.

Dies soll durch eine lineare (SKINNER) oder verzweigte (CROWDER) Folge von Stimuli und entsprechenden Reaktionen des Lerners geschehen, über deren Richtigkeit er sofort Rückmeldung erhält (→Verstärkung). Die verbreitetste Darbietungsform des pU sind Buchprogramme; daneben wurden und werden zahlreiche Versuche unternommen, die Darbietung durch Lernmaschinen vorzunehmen. Diese Versuche reichen von sehr einfachen Geräten, die dem Lerner durch eine Sichtscheibe nur den jeweiligen Lernschritt bzw. eine Aufgabe darbieten und anschließend die Richtiglösung aufzeigen, bis zu Lernprogrammen, die über PC oder Großrechner gesteuert und ausgegeben werden (CORRELL). →Lernen, programmiertes

Progressive Matrices Test [T] RAVEN

Progressive Muskelentspannung, (vgl. auch →Entspannungstherapien) nach JACOBSON (1938) wird dabei Entspannung durch Spannung und Anspannung bestimmter Muskelgruppen erreicht. Das natürliche Entspannungserlebnis, das auf starke Anspannung folgt, wird genutzt und in Entspannunngssuggestionen eingebaut. P.M. kann von Therapeuten, aber auch mit Tonbändern vermittelt werden; eine Kombination ist häufig. Später geben Patienten sich die Instruktion selber. Es handelt sich hier um eine recht gut untersuchte Therapiemethode, allein oder als Teil z. B. der →Systematischen Desensibilisierung. Die P.M. kann als ein für die klinische Praxis relevantes Therapieverfahren gelten, wobei es deutliche Hinweise auf differentielle Wirksamkeit gibt. Bessere Behandlungserfolge werden bei jüngeren und weniger gestörten Patienten erzielt. Anwendungsbereiche u. a.: Hypertonie, Schlafstörungen, Kopfschmerzen, Angst- und Spannungsgefühle. *F. Caspar*

progressive Paralyse →Paralyse

Projektion [lat. *proicere* vorwerfen, hervortreten lassen], das Hinausverlegen (Rückverlegen) von Innenvorgängen nach außen – so bei den Empfindungen oder dem Erleben subjektiver Qualitäten als Eigenschaften äußerer Dinge (Psychoanalyse).

P. ist die unbewußte Verlagerung von Triebimpulsen, eigenen Fehlern, Wünschen, Schuld- und ähnlichen Gefühlen auf andere Personen und Situationen oder Gegenstände. Diese (fälschliche) Wahrnehmung hilft in der Regel, die implizit erlebte Angst zu verringern. FREUD hat in dieser Bedeutung (d.h. als →Verdrängung, als ein →Abwehrmechanismus) den Begriff P. 1895 eingeführt; der «Mechanismus» der P. wird zu diagnostischen Zwecken ausgenutzt.

In der physiol. Psychologie bezeichnet P. das Hinausverlegen von Sensationen in die Peripherie: Projizierte Empfindungen können im Prinzip innerhalb aller Sinnesempfindungen auftreten, aber nur der projizierte Schmerz ist klinisch bedeutsam. Solche Schmerzen treten z. B. bei Kompressionen des Spinalnerven beim akuten Bandscheibensyndrom auf. Die in den afferenten Fasern ausgelöste Aktivität (Schmerzempfindung) wird von unserem Bewußtsein in das Versorgungsgebiet des Nerven projiziert, von wo auch normalerweise die Reize stammen. →Projektionsareale, →Gehirn. [L] JOHNES 1978, SCHMIDT & THEWS 1995

C. Becker-Carus

Projektionsfasern →Gehirn

Projektionsfelder →Assoziationsfelder, →Gehirn

projektive Tests, projektive Verfahren, eine Gruppe von Tests, bei denen für das Zustandekommen der Reaktion des Pbn auf den Teststimulus der Mechanismus der →Projektion benutzt wird. Die p.V. gehen davon aus, daß sich der Pb in die Deutungen und Gestaltungen, die er bei dem Test vorzunehmen hat, projiziert. Der Diagnostiker erschließt dann aus den in die Testvorlagen projizierten Inhalten die Eigenschaften, Probleme, Bedürfnisse etc. des Pb.

Die Bez. «projektive Verfahren» stammt entgegen oft geäußerter Ansicht nicht von FRANK, der nur 1939 die Definition gab: «Das Wesen eines projektiven Verfahrens besteht darin, daß es ... hervorlockt, was ... Eigenwelt ... des Probanden ist.» Schon WRIGHT (1933) und MURRAY (1938) verwendeten sie. Und sowohl BINET (1905) wie EBBINGHAUS (1891) testeten «projektiv». Über das Zustandekommen der Aussagen kann nichts erschlossen werden. Es wird nur auf mutmaßliche Ursachen zu den Aussagen gefolgert. Dies veranlaßte CATTELL, die Bez. →Misperceptiontest vorzuschlagen. MEILI unterscheidet zwischen affektiver Projektion (z. B. bei den Bildern des TAT) und struktureller Projektion (z. B. RORSCHACH). Der diagnostische Schluß vom Testverhalten zum Persönlichkeitsmerkmal ist also stark interpretativ. Die Problematik liegt in dem Mechanismus der Projektion. Nach FRANK besteht, wie oben gesagt, das Wesen eines p.V. darin, daß es aus dem Pb etwas hervorlockt, was auf verschiedene Weise Ausdruck der Eigenwelt wie der Persönlichkeit des Pb ist. Um den Vorgang der Projektion diagnostisch auswerten zu können, wird häufig auf den klassischen Projektionsbegriff FREUDscher Herkunft zurückgegriffen, bei dem die Hauptkomponente die Verdrängung darstellt. Diese einseitige Betrachtung hat FREUD selbst nicht beibehalten. Mehr auf rein theoretischer Basis wurden von anderen Autoren verschiedene mögliche Projektionsmechanismen beschrieben. Von attributiver Projektion spricht man, wenn die eigenen Verhaltensweisen anderen zugeschrieben werden. Autistische Projektion würde vorliegen, wenn z. B. die Bedürfnisse der Person die reale Außengegebenheit überformen. Wenn das eigene Verhalten durch den Vorgang der Rationalisierung kommentiert wird, so würde man von rationalisierter Projektion sprechen. Während aus der Sicht der Psychoanalyse die die Projektion auslösende Reizgegebenheit von untergeordneter Bedeutung war, trat der Gesichtspunkt des Stimuluscharakters durch die p.V. wie z. B. beim RORSCHACH-Test und TAT mehr in den Vordergrund (HÖRMANN 1964). Legt man an die p.V. die strengen Kriterien der Güte eines Tests, so haben sich diese Verfahren als diagnostisches Hilfsmittel wenig bewährt. Auf die sehr unbefriedigend ausgefallenen Testgütekriterien wurde argumentierend entgegnet, daß die p.V. andere Qualitäten als die durch Testgütekriterien meßbaren erfassen. Ein weiteres Argument bezog sich auf den Umfang der mit dem Verfahren erfaßten Dimensionen. Die p.V. sollten nicht einzelne Aspekte der Persönlichkeit, sondern die Gesamtpersönlichkeit erfassen. Da sie jedoch diesen Anspruch nicht aufrechterhalten können und die qualitativ anderen Dimensionen in größerem Umfange noch nicht nachweisen konnten, kommt GUILFORD z. B. zu dem Schluß, daß ihre Anwendung auf Bereiche begrenzt bleiben sollte, bei denen es um Persönlichkeitsbeschreibungen im psychoanalytischen Sinne geht.

H. Häcker

Projektmethode, das teilweise lernps., teilweise ideologisch begründete Verfahren, in dessen Mittelpunkt das «Projekt» steht. Idealtypisch ist das Projekt dadurch gekennzeichnet, daß es in einer konkreten sozialen Situation angesiedelt ist, die P. dadurch, daß sachgerichtetes, sachabhängiges, planvolles Handeln in der Regel in kooperativer Form stattfindet.

Prolactin inhibiting hormone, Abk. PIH, Prolaktin hemmendes Hormon des Hypothalamus. PIH ist chemisch identisch mit →Dopamin. *W. Janke*

Prolaktin, Abk. PRL, Hormon des Hypophysenvorderlappens (acidophile Epithelzellen), erhöhte Bildung in Schwangerschaft, mit vielfältigen physiol. u. ps. Wirkungen. Die wichtigste physiologische ist die Stimulation des Wachstums der Brustdrüsen und der Laktogenese in der Schwangerschaft. Die Ausschüttung wird durch das Hypothalamushormon →PIH (Prolaktin inhibiting hormone) gehemmt, das offensichtlich identisch ist mit →Dopamin. Förderung der Ausschüttung erfolgt durch TRH und mehrere →Neuropeptide sowie →Östrogene. Dopamin-Agonisten haben einen hemmenden Effekt, Dopaminantagonisten (so →Neuroleptika) einen stimulierenden Einfluß auf die Freisetzung. P.-Sekretion dient als Indikator für Transmitterfunktionen, da es durch viele transmitterwirksame Substanzen freigesetzt wird. →Releasing-Hormone, →Inhibiting-Hormone *W. Janke*

prolaktinhemmendes Hormon, Abk. PIH, Hypothalamushormon, das die Freisetzung von Prolaktin aus dem Hypophysenvorderlappen hemmt. P.H. ist chemisch identisch mit →Dopamin.

Prolepsie, Prolepsis [gr. Vorwegnahme], (allg.) die vorauseilende Entwicklung wie die einzelne vorzeitige Knospe an einer Pflanze oder das vorzeitige Auftreten eines einzelnen Krankheitssymptomes. • Das Vorziehen des in einem Sprachereignis (Sprechverlauf) erst an späterer Stelle richtig plazierten Teilelementes (→Stammeln). Das Phänomen wurde von W. STERN als Zeichen noch unvollständiger Integration einzelner Sprachfunktionen in der kindlichen Sprechentwicklung angesehen, findet sich aber auch bei bestimmten Formen der →Aphasie bei Erwachsenen.

Promethazin, WZ Atosil®, Psychopharmakon aus der Reihe der →Neuroleptika vom Typ der →Phenothiazine. Therapeutische Verwendung als →Antihistaminikum. Kompetitive Aufhebung der Wirkung von →Histamin an den H_1-Rezeptoren, desaktivierende Wirkung. [L] BOUCSEIN & JANKE 1974 *W. Janke*

Promiskuität [lat. *promiscuus* gemischt], Begr. zur Kennzeichnung des gehäuften, flüchtigen, hetero- wie homosex. Verkehrs.

prompting [engl. *prompt* eingeben, zuflüstern, anreizen], Lernhilfen, Denkanstoß, Signal für den →Abruf von Gedächtnisinhalten. →programmierter Unterricht

Proopriomelanocortin, Abk. POMC, endogene Substanz, Peptid, Vorläufer bei der Synthese von →β-Endorphin, →ACTH und →MSH, synthetisiert in mehreren Hirnstrukturen. →Hormone *W. Janke*

Propädeutik, Einführung, Vorübung.

Propaganda [lat.], ein im 17. Jh. (mit dem Einsetzen der *«congregatio de propaganda fide»*) in Sprachgebrauch gekommener Begr. für alle Maßnahmen zur Ausbreitung von Ideen. Ebenso für diejenigen Handlungen, die die Handlungen anderer bestimmen oder beeinflussen sollen. Auch Meinungsäußerungen können P. sein, wenn sie das Ziel der Einwirkung auf die Meinung anderer beinhalten. • Die wirtschaftliche P. ist im wesentlichen Werbung für Verbrauch, Produkte etc. →Werbepsychologie

Propandiole, nur noch historisch bedeutsame Substanzklasse von Psychopharmaka aus der Gruppe der →Tranquillantien. Hauptvertreter ist →Meprobamat. *W. Janke*

Propanolol, WZ Obsidan®, WZ Dociton®, häufig benutztes Arzneimittel mit sympathikolytischer Wirkung aus der Klasse der nichtselektiven →β-Rezeptorenblocker, d. h. Wirkung wird über β1 und β2-Rezeptoren. P. ist der bestuntersuchte Stoff dieser Klasse, auch bezüglich psychischer Komponenten wie Angst. Bei Gesunden anxiolytische Wirkungen nachgewiesen. [L] LADER & TYRER 1972 *G. Erdmann/W. Janke*

propensity [engl. Antrieb, Trieb, Triebkraft], ein ps. Begr. für das zielgerichtete Verhalten. Inbes. hat William MCDOUGALL diesen Begr. zur Ablösung des vieldeutigeren Wortes Instinkt eingeführt (instinct = *innate propensity*). R. B. CATTELL schlug zusätzlich die Unterscheidung nach →erg (für angeborene) und metaerg (für erworbene *propensity*) vor.

Prophylaxe, Psychoprophylaxe →Prävention

Propofol, WZ Disoprivan®, →Narkotika, das bei intravenöser Verabreichung zu einem 5–10minütigen Bewußtseinsverlust führt. Meist zur Narkoseeinleitung zusammen mit anderen Narkosemitteln angewandt. *W. Janke*

Proportionseindrücke (BÜHLER), die bei der Wahrnehmung von Raum- bzw. Zeitgestalten bedeutsamen Beachtungen der Größenverhältnisse. Für die Verhältniswerte der Raumgrößen bestehen besondere «Wohlgefälligkeitsproportionen» (Goldener Schnitt). →experimentelle Ästhetik

Proposition, Satz, Urteil, Behauptung, in der Sprachps. die Verbindung eines Prädikats mit seinen Argumenten, daher auch als →Prädikat-Argument-Struktur bezeichnet. P. konstituieren die semantische Tiefenstruktur sprachlicher Äußerungen. [L] GRIMM & ENGELKAMP 1980 *H. Grimm*

Propriorezeptor →Rezeptor

Propriozeption, durch Propriorezeptoren (→Rezeptor) in Muskeln, Sehnen und Gelenken vermittelte Wahrnehmung der Stellung und Bewegung des eigenen Körpers; teilweise syn. zu →Kinästhesie verwendet. In der Wahrnehmungslehre GIBSONS (→ökologische Optik, →direkte Wahrnehmung) allgemeinere Bedeutung als ich-bezogene Wahrnehmung (Haltungen und Bewegungen) unabhängig von der Art der Rezeptoren. *H. Heuer*

propriozeptive Empfindungen, Wahrnehmungen aus dem eigenen Körper. Bei Panikstörungen und Hypochondrie ist das Achten auf p.E. oft übersteigert u. muß i. d. Therapie besonders behandelt werden.

propriozeptive Reflexe, Eigenreflexe, z. B. solche, die bei Muskeln, Gefäßen usw. den →Tonus steuern

Proprium [lat.] →Selbst, →Ich • G. W. ALLPORT (1959) hat den Begr. eingeführt für alle Aspekte, die die innere Einheit der Persönlichkeit ausweisen.

Propulsion [lat. *propellere* vorwärtsstoßen], Nachvorneschießen in der Körperhaltung als Folge abnormer Innervationsimpulse bei *paralysis agitans* oder bestimmten Formen der Epilepsie. Retropulsion und Lateropulsion: Neigung zum Rückwärts- und Seitwärtsschießen. • P. äußert sich auch in beschleunigtem →Sprechtempo (→Tachylalie) bei extrapyramidalen Erkrankungen (→Dysarthrie). Die Sprech-P. hat eine funktionale Ähnlichkeit mit der intraverbialen →Akzeleration beim →Poltern. Dagegen ist die →Tachyphemie deutlich davon zu unterscheiden.

propulsives Ich →Ich

Prose Appreciation Test [T] CARROLL

Prosencephalon [gr. *proso* nach vorn zu, *enkephalos* den Kopf betreffend], Vorderhirn, →Gehirn

Prosopagnosie, Unfähigkeit, Gesichter zu erkennen. Ursache hierfür ist meistens eine Hirnschädigung.

prosoziales Verhalten, im Sozialisierungsprozeß und im Allg.: die positiv bewerteten Verhaltensweisen im Ggs. zu negativ bewerteten, also: →helfendes Verhalten, →Kooperation, Teilen *(sharing)*, Spenden usw. im Ggs. zu Aggression, Zerstörung, egoistischem Verhalten. Das p.V. hat zwei Formen: altruistisches Verhalten und Wiedergutmachung *(restitution)*. →Altruismus. [L] BAR-TAL 1976, STAUB 1982, OLWEUS, BLOCK & RADKE-YARROW 1986

Prospect-Theorie, von KAHNEMAN und TVERSKY (1982) entwickelte Alternative zur →SEU-Theorie mit folgenden Annahmen: (1) der subjektive Nullpunkt für den Nutzen ist bezugssystemabhängig (*framing* bei D. KAHNEMAN und A. TVERSKY), (2) die Funktionen im positiven Teil und im negativen Teil der Nutzenfunktion sind unterschiedlich steil, so daß bei positivem N. das Verhalten risikoaversiv ist und bei negativem N. risikofreudig, (3) an die Stelle der subjektiven Wahrscheinlichkeiten tritt eine gekrümmte Gewichtsfunktion, die für die Werte nahe 0 und 1 nicht definiert ist. *A. Zimmer*

Prostaglandine, hormonähnliche in zahlreichen Geweben produzierte Stoffe mit vielfältigen Wirkungen auf innere Organe und Hormonsysteme. Entdeckung durch Euler (Nobelpreis). P. besitzen große Bedeutung beim Entstehen von Entzündungen mit Schmerz. Sie sensibilisieren die Schmerzrezeptoren, sind an der Bildung von Dauerschmerz maßgeblich beteiligt und fördern die Erregungsübertragung nozizeptiver Impulse im ZNS. Periphere →Analgetika hemmen die Bildung von P. *W. Janke*

prosthetisches Kontinuum →metathetisches Kontinuum

Prostigmin® →Neostigmin

Protanopie, Nicht-Sehen der ersten Farbe des Spektrums, d. h. Rotblindheit →Farbenblindheit

proteanisches Verhalten →Täuschungsverhalten

Protein, aus →Aminosäuren zusammengesetzte Riesenmoleküle; Hauptbestandteil aller →Enzyme und somit für jeden Organismus essentiell.

protektive Funktion [lat. *protegere* schützen], Bez. für die sehr heterogenen reflektorischen, instinktmäßigen (von den Reflexen bis zu den Ängsten reichenden) abwehrenden Funktionen, die für den Organismus eine Schutzleistung vollbringen. Im Zusammenhang mit ps. Störungen spielt die p.F. sozialer Einbettung eine wichtige Rolle. Weil Menschen mit psychischen Problemen oft nicht gut eingebettet sind, kommt in der Psychotherapie dem (Wieder-)Herstellen guter zwischenmenschlicher Beziehungen (z. B. im Training sozialer Kompetenz, →Verhaltenstherapie und der Interpersonalen Therapie) eine besondere Bedeutung zu. *F. Caspar*

protensity [engl.], zeitliche Dimension bei geistigen Prozessen

Protokoll, die schriftliche Niederlegung der sprachlichen Äußerungen und Verhaltensweisen, Ausdruckserscheinungen einer Vp bei einem Experiment bzw. eines Pb bei einer Exploration oder Testanwendung durch den Vl. • In der positivistischen Erkenntnislehre sollen P.ansätze und P.begriffe Aussagen über beobachtete Fakten zum Inhalt haben – im Ggs. zu hypothetischen Sätzen.

protopathische Sensibilität →Sensibilität

Prototyp, kognitionsps. Grundbegriff, dem ein bestimmtes Prinzip der strukturellen Organisation (konzeptueller wie perzeptueller) kognitiver Repräsentationen (Wissen) zugrunde liegt.
Dabei wird angenommen, daß die einer →Kategorie zu subsumierenden Elemente sich untereinander danach unterscheiden lassen, in welchem Maß sie jeweils für die Kategorie als Ganzes «typisch» (prototypisch) erscheinen (Gradstufen bzw. Kontinuum von Prototypikalität; verwandt mit dem →Prägnanzstufen-Konzept der →Gestaltpsychologie). So wird ein Schäferhund dem die Kategorie «Hund» verkörpernden Prototyp vermutlich näherstehen als ein Pekinese oder als eine Dogge. **[L]** ROSCH & LLOYD 1978, ECKES & SIX 1984

Protreptik, protreptische Therapie, Überrumpelungsverfahren, Bez. für die therapeut. Verwendung kräftiger, akzentuierter, geschrieener Befehle wie auch (gegensätzlich) geflüsterter Worte in einem halbdunklen Raum u. a. (evtl. unterstützt durch Hilfen wie das Schütteln des Patienten, elektr. Schmerzreiz etc.), um «den Patienten in eine passive, willenlos aufnahmefähige Einstellung nach Art des Halbschlafes zu bringen» (KRETSCHMER 1975). →KAUFMANN-Methode

Proxemik [engl. *proxemics*, von lat. *proximare* sich nähern], als Begr. in Anlehnung an *«phonemics»* (→Phonemik) durch den Anthropologen E. T. HALL eingeführt. Unter P. versteht HALL die Untersuchung der Ausnutzung des Raumes durch Interaktionspartner und der damit zusammenhängenden wahrnehmungshaften Orientierung im Raum.
Gegenüber einem allg. ökologisch-ps. Ansatz (→Ökologische Psychologie) ist die Forschungsrichtung der P. eingegrenzter. Sie versteht das Raumverhalten als ein eigenes menschliches Kommunikationssystem (→nichtverbale Kommunikation), dessen Basiseinheiten (Körperhaltung: stehen, sitzen usw.; Körperberührung: festhalten, streicheln usw.; Orientierungswinkel der Interaktionspartner: gegenüber, Seite an Seite usw.; Geruchsempfindungen u. a.) über die verschiedenen Kommunikationskanäle übermittelt werden und gemeinsam jeweils ein komplexes Pattern des Raumverhaltens bilden. Das Raumverhalten ist kulturspezifisch geformt, gleiches Verhalten kann in verschiedenen Kulturen eine unterschiedliche Bedeutung haben; einmal gelernt, wird es weithin außerhalb der bewußten Aufmerksamkeit wahrgenommen und ausgeführt. Vor allem wurden seither interpersonale Distanzen in Interaktionen untersucht. HALL unterscheidet für die amerikanische Gesellschaft 4 Distanzzonen:

intime (bis 0,5 m), persönliche (0,5–1,5 m), sozial-konsultative (1,5–4 m), öffentliche (ab 4 m) Distanz. →Territorialverhalten, Individualdistanz. [L] HALL 1966, 1968, GRAUMANN 1972

proximal [lat. *proximus* der nächste], dem Rumpf nahegelegen im Ggs. zu →distal

Proximalreiz →distales Objekt

Prozac® →Fluoxetin

prozedurales Wissen →Wissenserwerb

Prozentrang, mit dem P. einer Maßzahl wird der Prozentsatz jener Fälle einer Verteilung (z. B. der Eichpopulation) bestimmt, der gleich große oder kleinere Werte (Scores) als die jeweilige Maßzahl besitzt. Der P. läßt sich aus der Summenkurve über die kumulative Häufigkeit bestimmen und ist die inversive Funktion des Centils. Er findet hauptsächlich bei der Erstellung von Normen für Testverfahren Verwendung. *G. Mikula*

Prozentrangnorm →Prozentrang, →Normskalen

Prozentrangskala →Normskalen

Prozeption, nach ALLPORT Bez. für die Wahrnehmung, die nicht lediglich eine Übertragung äußerer Konfigurationen auf die Erfahrung ist, sondern durch mitmenschliche und kulturelle Faktoren und durch die Persönlichkeit des Wahrnehmenden beeinflußt wird. P. bezeichnet auch den Prozeß des persönlich relevanten Verhaltens von der Wahrnehmung bis zur folgenden Handlung. [L] ALLPORT 1960

Prozeß [lat. *processus, procedere* Fortgang, fortschreiten], in der Ps. Bez. für Vorgänge (Abläufe wie Wahrnehmungs-, Lern-, Denkprozeß u. ä.), für längerfristige Veränderungen (Entwicklungs-, Pubertäts-, Reifungs-, Krankheits-, Alterungsprozeß). P. sind auch →Konstrukte und Bez. für die Informationsverarbeitung und Handlungsregulation. →Entwicklung, →Schub, →Phase, →Therapie.

Prozeßanalyse, freier oder an Raster bzw. skalierende Verfahren gebundener Versuch, die persönlichen und sozialpsychologischen Aspekte eines Gruppenverlaufes (meist einer zeitlichen Einheit) zu beschreiben, etwa in Kategorien von Sympathie, Vertrauen, Machtausübung, Entwicklung von Kohäsion, Kooperationsfähigkeit etc.

Prozeßdiagnostik, diagnostisches Vorgehen mit ps. Verfahren, welche mit dem Ziel eingesetzt werden, bei Probanden oder Probandengruppen Veränderungen festzustellen. Von den Methoden der →Statusdiagnostik wird gefordert, daß die dafür eingesetzten Verfahren, die für die Prozeßbeschreibung bedeutsamen Zeit- und Bedingungsvariablen Komponenten von ps. Merkmalen erfassen können.

Prozeßforschung, Forschung zur →Wirkung von Psychotherapie besagt i. a. wenig über die Wirkweise von Therapien. In der P., dem die Wirkungsforschung ergänzenden Teil der →Psychotherapieforschung, wird mit qualitativen und/oder quantitativen Methoden genauer nachvollzogen, was sich innerhalb von Therapien abspielt. Dabei können verschiedene Perspektiven (Pat./Therapeut/unabh. Beobachter) und verschiedene Arten von Daten (Fragebögen, Videobänder usw.) berücksichtigt werden. Oft wird Prozeß- mit Ergebnisforschung kombiniert. Inzwischen liegen viele gesicherte Ergebnisse zu diversen Prozeßvariablen vor. [L] ORLINSKY et al. *F. Caspar*

Prozeßvariable, hypothetische, die an einem Vorgang beteiligte Variable, die zwar selbst nicht direkt beobachtbar ist, auf die aber auf Grund anderer Beobachtungen geschlossen wird.

PRT, Abk. für *psychological refractory time* →Refraktärzeit, psychologische

prüfende Verfahren →entfaltende Tests

Prüfungsangst, vor und während des Ablegens von Prüfungen aktualisierter beengender, nicht selten mit Ratlosigkeit und Verzweiflung einhergehender, die willens- und verstandesgemäße Steuerung der Persönlichkeit beeinträchtigender Gefühlszustand.

Die Prüfungsangst (PA) muß einerseits als Ausdruck gewisser Unzulänglichkeiten der in unserem Schul- und Bildungssystem vorwiegend nur als Auslese- und Zuteilungsmaßnahmen fungierenden Prüfungen und als Signalfunktion für die Wirksamkeit von für den Geprüften nicht ganz durchschaubaren Herrschafts- und Machtausübungen verstanden werden; ein Aspekt, der sich schon aus der geschichtlichen Entwicklung der Leistungsbeurteilung aufdrängt (KVALE 1972). Insofern aber, selbst bei optimaler Konstruktion der in einem sozialen System eingebauten Prüfungen, ein Teil der Individuen immer eher Angstreaktionen zeigen dürfte, während andere nicht so reagieren, verweist PA andererseits auch auf die besonderen lebensgeschichtlichen und situativen Umstände des Prüflings. Beide Momente weisen PA als einen besonders wichtigen Aspekt der →Schulangst aus.

In den letzten zwei Jahrzehnten wurde eine

Fülle von Erkenntnissen zu vier wesentlichen Aspekten der PA erarbeitet:

- zu den Komponenten der Prüfungssituation, die besonders angsterregend wirken (SARASON et al. 1960, 1971);
- zu den Auswirkungen der PA, die von momentanen Leistungsschwächen bis zu Persönlichkeitsstörungen reichen (SPERLING 1969);
- zur Abklärung der faktoriellen Struktur des Konstruktes PA, insbes. zum Zusammenhang mit →Intelligenz, →Schulleistung und →Kreativität (FLESCHER 1963), mit →Motivation (THURNER 1970), Sozialschicht und Geschlecht (SARASON et al. 1971);
- zu Fragen der Meßbarkeit (GÄRTNER-HARNACH 1972).

Die Erforschung der PA muß als noch im Anfangsstadium befindlich betrachtet werden; praktische Ratschläge zur Vermeidung oder wenigstens Verringerung der →Angst in Prüfungssituationen fallen bislang entweder sehr vage oder radikal und unrealistisch aus (SADER et al. 1971). →Testangst. [L] FLESCHER 1970, GÄRTNER-HARNACH 1972, KROHNE 1976, KVALE 1972, SADER 1971, SARASON 1960, SPERLING 1969, THURNER 1970 *G. Schusser*

Prüfungs-Experiment (W. STERN), eine für die differentielle Ps. charakteristische Form des ps. Experiments, in dem mit Hilfe von Tests Ausprägungsgrade bestimmter Leistungs- oder Persönlichkeitsmerkmale beim Pb festgestellt werden.

Prüfungsforschung, Examensforschung, Sammelbezeichnung für empirische Untersuchungen und theoretische Erklärungsansätze aus Pädagogik, Psychologie, Soziologie und Medizin, die sich – besonders seit den dreißiger Jahren – mit der Leistungsproduktion und -bewertung in Prüfungssituationen befassen. Während in älteren Arbeiten (vgl. HARTOG & RHODES 1936) die Frage der Meßqualität von Prüfungen im Vordergrund stand (→Objektivität, →Reliabilität, →Validität), kamen später Fragen der Prüfungsgestaltung (Gruppenprüfung, Öffentlichkeit, kumulative Prüfung) sowie der gesellschaftlichen Funktion und Legitimation des Prüfwesens (vgl. KVALE 1972) hinzu.

Empirische Untersuchungen haben wiederholt gezeigt, daß die meßmethodische Qualität von in freier Form verfaßten schriftlichen Prüfungsarbeiten (Aufsätze, Essay-Tests) sowie von mündlichen Prüfungen die oft weitreichenden Konsequenzen nicht rechtfertigt, die aus ihnen abgeleitet werden. Mehrere unabhängige Beurteiler derselben Arbeit oder Prüfung korrelieren in ihren Urteilen nur mittelhoch, die Noten streuen oft über die gesamte Skala. Verschiedene Prüfungsformen (mündlich, schriftlich, *multiple choice,* praktisch) korrelieren auch beim selben Prüfungsgegenstand oder -fach nur schwach, der Vorhersagewert von Prüfungen für den späteren Ausbildungs- oder Berufserfolg ist demnach meist gering.

Unter den Faktoren, die die Leistungsproduktion beim Kandidaten (meist negativ) beeinflussen, hat die →Prüfungsangst besondere Beachtung gefunden (vgl. GÄRTNER-HARNACH 1972).

Eine Reihe von Faktoren können den Urteilsprozeß und sein Ergebnis beim Beurteiler (Prüfer, Beisitzer, Protokollant) beeinflussen wie Vor- oder Zusatzinformationen über den Kandidaten, Abfolge der Kandidaten, Tagesschwankungen, Person und Verhalten des Mitprüfenden (ENGEMANN 1981). Die Kritik des Prüfungswesens hat bisher jedoch kaum zu faktischen Veränderungen geführt. [L] KLAUER 1978, PRAHL 1976 *A. Engemann*

Prüfverfahren →Tests, statistische

PSB, Prüfsystem für Schul- und Bildungsberatung [T] HORN

PSE, Abk. für *point of subjective equality,* Punkt subjektiver Gleichheit →psychophysische Methoden

pseudo... [zu gr. *pseudein* belügen, täuschen], in Wtvb. falsch, scheinbar, vorgetäuscht [E]

Pseudoeigenschaft, nach BAUMGARTEN (1928) Eigenschaft, die nur dem äußeren Scheine nach bzw. bei oberflächlicher Deutung festzustellen ist.

Pseudofovea, die Bildung einer neuen Stelle des deutlichen Sehens anstelle der funktionell ausgefallenen anatomischen Fovea. Auch beim Schielenden wird eine P. gebildet.

Pseudohalluzinationen, Trugwahrnehmungen, die im Ggs. zu den Halluzinationen als unwirklich erkannt werden. KANDINSKY, der sie erstmals 1885 beschrieb, nannte sie Wahrnehmungen, die «der Leibhaftigkeit» entbehren, im «sicheren subjektiven Raum» erscheinen und dennoch in «voller Wahrnehmungsadäquatheit der Empfindungselemente vor dem geistigen Auge» stehen. [L] JASPERS 1965

pseudoisochromatische Tafeln, Tafeln, die in vielen farbigen Punkten durch unterschiedliche Färbung Zahlen oder Buchstaben erkennen lassen. Der Farbenblinde (-untüchtige) erkennt dann alle oder einzelne Zahlen (Buchstaben) nicht. →Farbenblindheit

Pseudokonditionierung, Reflexintensivierung, eine bedingte Reaktion wird von einem neutralen Reiz ausgelöst, obgleich sie vorher nicht mit ihm gepaart worden ist.

Pseudolismus, Pseudologismus [gr. *pseudologein* falsch reden, lat. *pseudolus* der Lügner], krankhafte Lügensucht (z. B. der Psychopathen). P. erscheint gehäuft auf sexuellem Gebiet (Sichwichtigtun mit Handlungen und Erlebnissen). Der Pseudologe ist sich meist seiner erlogenen Rolle bewußt.

pseudologia phantastica, phantastisches Lügen, wobei die Kranken selbst an die Wahrheit des Vorgebrachten glauben.

pseudologisch, Bez. für krankhaft lügnerisch. SCHNEIDER (1950) hat die «pseudologischen Geltungsbedürftigen» als bes. Psychopathen-Gruppe beschrieben.

Pseudoneurosen, Scheinneurosen. Bez. von FRANKL (1956) für Erkrankungen des vegetativen und endokrinen Systems mit psychogenen Überlagerungen.

Pseudopsychopathien, Persönlichkeitsveränderungen, die einer Psychopathie ähnlich sehen, jedoch durch organische Hirnprozesse (z. B. postenzephalitische) ausgelöst sind.

Pseudo-Selbst, das verinnerlichte Rollenmuster, das das soziale Selbst (bei FREUD: Über-Ich, bei JUNG: Persona) vorschreibt (FROMM 1955).

Pseudoskop, Gerät zur Vertauschung der Netzhautbilder, wodurch die Reliefs der gesehenen Objekte umgekehrt erscheinen, ein Balken also als Rinne erscheint u. dgl.

Psi, ψ, der gr. Buchstabe wird als Symbol für Psychisches gebraucht. • Zunehmend auch gebräuchlich für Parapsychisches (Paranormales).

Psi-Funktion, eine für die Erklärung paraps. Phänomene angenommene psychische Funktion. →Parapsychologie

Psi-Gamma, Bez. für paranormale Erkenntnis

Psi-Kappa, Bez. für paranormale Aktion (z. B. Psychokinese)

Psilocin, Substanz aus der Gruppe der Indolamine, zur Klasse der →Psychotomimetika bzw. →Halluzinogene bzw. →Rauschmittelgehörend; kommt zusammen mit →Psilocybin in einer mexikanischen Pilzart vor.

Psilocybin, Substanz aus der Gruppe der Indolamine, zur Klasse der →Psychotomimetika bzw. →Halluzinogene bzw. →Rauschmittel gehörend, kommt in einer mexikanischen Pilzart vor, ruft wie →LSD und →Mescalin Störungen des Bewußtseins, der Wahrnehmung, des Denkens und der Affektivität hervor. Aktives Stoffwechselprodukt von P. ist →Psilocin. Beide sind chemisch dem Neurotransmitter →Serotonin verwandt mit ps. anregenden Wirkungen. *W. Janke*

Psi-Missing, Bez. dafür, daß das Ausbleiben einer erwarteten Wirkung parapsychisch zu deuten sei.

Psi-System, bei S. FREUD der Oberbegr. für die verschiedenen «psychischen Mechanismen» wie Gedächtnis-System, System des Unbewußten und des Vorbewußten.

PSR, Abk. für Patellarsehnenreflex, →Kniesehnenreflex

PST, Abk. für Picture Story Test [T] SYMONDS

Psychagogik, «Seelenführung» mit dem Ziel der Umleitung und Umorientierung des Menschen. Erstrebt wird die Ausreifung und Vollentfaltung der Persönlichkeit.

Hierzu dienen Methoden, die an die Einsicht appellieren, sich um Selbsterkenntnis bemühen und durch Schulungs-, Übungs- und Entspannungsverfahren die Harmonisierung erreichen wollen. Auch im Rahmen der →Psychotherapie und der Pädagogik wird P. betrieben. – Die P. ist zu einer recht verzweigten und auf vielfältige erzieherische, fürsorgerische und seelsorgerische Anforderungen ausgerichteten Institution herangewachsen (Erziehungsberatung, ps. Betreuung von Kranken ohne eigentliche Psychotherapie, Kinder- und Schulkindergärten usw.). Die Fachkräfte sind in der «Vereinigung Deutscher Psychagogen» zusammengefaßt. [L] KERSTEN 1941, KURTH 1960, ZEISE 1958

Psychalgien [gr. *algos* Schmerz], psychogene Schmerzzustände, die meist mit emotionalen (neurasthenischen, hysterischen) Äquivalenten einhergehen und nicht mit den anatomisch bedingten Schmerzbegrenzungen übereinstimmen. Bestimmte Kopf-, Herz-, Brustschmerzen sind bekannte Beispiele.

Psychasthenie, «Seelische Schwäche», von JANET (1892) geprägter Begr. für konstitutionelle ps. Kraftlosigkeit mit Neigung zu depressiven Verstimmungen, Selbstunsicherheit, Schreckhaftigkeit, Unfähigkeit, seelischen Belastungen standzuhalten, starker Ermüdbarkeit. JANET stellte die P. der →Hysterie gegenüber.

Psychastheniker, Bez. für abnorme, durch weitgehende Unfähigkeit bei der Bewältigung der Lebensanforderungen gekennzeichnete Persönlichkeit. →Psychopath, →Psychopathie

Psychästhesie, psychästhetisch, seelische

Empfindlichkeit bzw. ps. empfindlich und empfindsam

psychästhetische Proportion, nach KRETSCHMER das Verhältnis, in dem beim →Schizothymen empfindliche (hyperästhetische) und kühle (anästhetische) Gemütsanteile zueinander stehen. Verhältnis von Unempfindlichkeit zu Überempfindlichkeit.

Psyche [gr. *psychein* hauchen], das Wort bedeutet ursprünglich Hauch, dann Atem. Da der Atem Kennzeichen des Lebens ist, wurde P. gleichbedeutend mit dem Leben und zuletzt mit der Seele als dem Prinzip des Lebens. Dabei bedeutet P. dann die Hauch- oder Schattenseele im Ggs. zur Körperseele. Auch heute noch ist das Wort mehrdeutig. In der Psa. steht P. für die Gesamtheit Bewußtes-Unbewußtes. Grundsätzlich ist P. gegensätzlich zum Körper *(soma)*.

psychedelisch, syn. für →psychodelisch

Psychiatric Screening Test **[T]** SASLOW

Psychiatrie, Teilgebiet der Medizin, das sich mit der Diagnostik, Klassifikation (→ICD-10; →DSM-IV) und Behandlung von Menschen mit psychischen Störungen befaßt. Es bestehen starke Überlappungen und Interaktionen mit der Klinischen Ps. Die vorherrschenden Klassifikationssysteme verwenden den Begriff Störung statt des Begriffs Krankheit und beschränken sich weitgehend auf eine Präzisierung der Symptomatologie. Damit sollen problematische ätiologische Annahmen vermieden werden. Zunehmend hat sich eine biopsychosoziale Betrachtungsweise durchgesetzt (DÖRNER & PLOG 1996; HUBER 1994).
Das psychiatrische Versorgungssystem enthält ambulante Anteile (vor allem niedergelassene Nervenärzte), komplementäre Dienste (KAUDER 1997; URBAN 1997) und stationäre Anteile (Psychiatrische Kliniken, psychiatrische Abteilungen an Allgemeinkrankenhäusern).
Durch die Enquête zur Lage der Psychiatrie (DEUTSCHER BUNDESTAG 1975) ist eine starke Bewegung zur Veränderung der psychiatrischen Versorgung in Gang gekommen, die in Deutschland trotz erfolgversprechender Ansätze noch lange nicht abgeschlossen ist (RÖHRLE 1995). Besonders hervorzuheben sind die Forderungen nach Versorgung in der Gemeinde mit Hilfe vernetzter Dienste, die ambulante vor der stationären Versorgung, die Gleichstellung von psychisch und somatisch Kranken und ein möglichst starkes Ausmaß an Selbstbestimmung (Empowerment) der psychisch kranken Menschen.
Die Behandlung psychisch kranker Menschen enthält neben der meist als unabdingbar angesehenen Pharmakotherapie zunehmend auch psychotherapeutische Anteile unterschiedlicher Orientierung und mit sehr unterschiedlichen Zielsetzungen (HUTTERER-KRISCH 1996).
In der stationären psychiatrischen Versorgung existieren in Deutschland weiterhin psychiatrische Großkrankenhäuser mit vielfältigen Spezialstationen. Inzwischen gibt es aber eine Reihe von psychiatrischen Krankenhäusern und an Allgemeinkrankenhäuser integrierte Abteilungen, die sektorisiert sind, auf Spezialstationen verzichten und somit eine Durchmischung der Patientinnen und Patienten unterschiedlichster Diagnosen und Lebensalter anstreben und in denen alle Stationen offen sind (KRISOR 1993; KRISOR & PFANNKUCH 1997; SCHMIDT 1995; WERNER 1997).
Die →Kinder- und Jugendpsychiatrie (REMSCHMIDT1988) ist ein eigenes Teilgebiet. **[L]** DEUTSCHER BUNDESTAG 1975, DÖRNER & PLOG 1996, HUBER 1994, HUTTERER-KRISCH 1996, KAUDER 1997, KRISOR 1993, KRISOR & PFANNKUCH 1997, REMSCHMIDT 1988, RÖHRLE 1995, SCHMIDT 1995, URBAN 1997, WERNER 1997 *L. Schmidt*

Psychiatrie, biologische, Richtung der Psychiatrie, die sich mit sog. biologischen, d. h. somatischen Aspekten befaßt. Wichtige Teilbereiche ergeben sich bei Einbeziehung von Disziplinen wie Genetik und Neurochemie. Irrtümlicherweise wird oft die Verwendung von Pharmaka in der Therapie als charakteristisch für die P. angesehen. **[L]** BARONDES 1996, TRIMBLE 1996, FRIZE 1989 *W. Janke*

psychical research [engl.], wörtl. «psychische Forschung». In den angelsächsischen Ländern Bez. für die →Parapsychologie.

Psychiker →Somatiker

psychisch, Ggs. zu physisch, körperlich, somatisch. Zusammenfassende Bez. für alle mehr oder weniger bewußten Prozesse des Erlebens (Wahrnehmen, Fühlen, Denken, Wollen) wie auch für die Prozesse der unbewußten Verarbeitung von Erlebtem. Nicht syn. mit «seelisch».

psychische Beanspruchung, Auswirkung verschiedener ps. belastender Faktoren auf die innere Anspannung. Der Grad der inneren Anspannung läßt sich unter bestimmten Voraussetzungen durch Skalierungsverfahren oder durch physiol. Messungen erfassen. Die erlebte innere Anspannung entspricht der Höhe der allgemeinen, zentralen Aktiviertheit. →Aktivation, →Streß

psychische Energie, die in den ps. Vorgängen und Abläufen hervortretende «Kraft». Sie hat allerdings übertragene Bedeutung, da es sich nicht um eine der mechanischen vergleichbare Energieform handelt.

psychische Sättigung, nach DIN 33405 ein Zustand der nervös-unruhevollen, affektbetonten Ablehnung sich wiederholender Tätigkeiten o. Situationen, bei denen das Erleben des Auf-der-Stelle-Tretens, des Nichtweiterkommens vorliegt. Weitere Symptome sind: Ärgerlichkeit, Leistungsabfall und Ermüdung. P.S. unterscheidet sich von Monotonie und herabgesetzter Vigilanz durch eine nicht abgesunkene oder sog. gesteigerte Aktivierung. →Sättigung, psychische

Psychische Störung, in den neuen psychiatrischen Klassifikationssystemen (ICD-10, DSM-IV) wird durchgehend der Begriff Störung (Disorder) verwendet, um den vor allem ätiologisch vorbelasteten Begr. Krankheit zu vermeiden. *L. Schmidt*

psychisches Tempo →Psychomotorik

psychisches Trauma →Trauma

psychische Viskosität, Zähflüssigkeit, z. B. als epileptische Wesensveränderung

Psychismus, eine dem →Idealismus und auch dem Spiritualismus nahestehende und das Psychische zentral wertende philosophische Auffassung. Alles Wirkliche ist ps. Natur.

Psychoakustik, Sammelbez. für die Psychologie einschl. Physiologie und Physik der Schallwahrnehmung (SCHICK 1979).

Psychoanaleptika, Bez. nach DELAY und DENIKER für Psychopharmakagruppe, bestehend aus Psychotonika (→Psychostimulantien), →Nootropika und einer Teilgruppe der →Antidepressiva *W. Janke*

Psychoanalyse, «Seelenzergliederung», ursprünglich ein von BREUER und FREUD Ende des 19. Jahrhunderts geschaffenes Verfahren zur Heilung seelisch bedingter Erkrankungen (→Katharsis), später von FREUD zu einer tiefenps. Lehre ausgebildet.

Nach der P. wird das seelische Leben vom →Unbewußten beherrscht. Das Unbewußte ist ein eigenes seelisches Reich mit eigenen (vor allem sexuellen) Wünschen, Ausdrucksformen und besonderen «Mechanismen». Schon das Kind besitzt ein reichhaltiges Sexualstreben, das an bestimmte Körperteile (→erogene Zonen, →orale Phase, →anale Phase) geknüpft ist, darauf an den Geschlechtsteil («phallisches» Stadium). Mit etwa 5 Jahren tritt eine →Latenzphase in der Entwicklung des Geschlechtstriebs auf, bis mit der Pubertät das «genitale» Stadium erreicht wird. Bei Störungen der Sexualentwicklung kommen →«Fixierungen» auf einem bestimmten Stadium vor, ebenso →«Regressionen» (Rückfall auf eine frühere Stufe) bei seelischen Konflikten. Das Sexualstreben setzt sich über alle Schranken der Konventionen hinweg. Zuerst ist es auf den eigenen Körper gerichtet (autoerotisch), später wendet es sich auf die Personen der Umwelt, namentlich auf den andersgeschlechtlichen Elternteil (→Ödipus-Komplex). Die Auseinandersetzung mit dem Ödipus-Komplex ist für die Charakterentwicklung von entscheidender Bedeutung. Die Forderungen des Geschlechtstriebes stoßen auf Widerstand, es kommt zu Konflikten, die nicht durch bewußte Entscheidung gelöst werden, und die affektgeladenen, unlustbetonten Vorstellungen werden aus dem Bewußtsein verbannt, ins Unbewußte abgedrängt, aktiv vergessen (verdrängte →Komplexe). Sie sind dadurch aber nicht ausgelöscht, sondern es kommt zu einer Aufstauung der →«Libido», der sexuellen Energie. Die verdrängten Inhalte zeigen sich nun in allerlei Maskierungen in sog. →Fehlhandlungen, wie Vergessen, Versprechen, Verschreiben, und vor allem im →Traum. Auch im Traum ist ein →«Zensor» wirksam, wodurch die latenten Traumgedanken in den manifesten Trauminhalt umgeformt werden (Traumarbeit). Der Traum wurde FREUDS *«via regia»* zum Unbewußten. Aus den Traumsymbolen muß die eigentliche Bedeutung erschlossen werden. So erscheinen z. B. im Traum längliche und spitze Gegenstände als Symbole für das männliche, Hohlräume, Schachteln, Zimmer u. dgl. als Symbole für das weibliche Genitale. Die →Verdrängungen, die regelmäßig bis in das Kindesalter zurückführen, sind die Grundlage der Neurosen. Die aufgestaute Libido sucht einen Ausweg, die neurotischen Symptome sind der Ausdruck einer sexuellen Ersatzbefriedigung.

Von besonderer Bedeutung sind bei den Neurosen der →Ödipus-Komplex und der →Kastrationskomplex (Angst vor Strafe für unerlaubte sexuelle Wünsche und Handlungen). Bei der psa. Behandlung der Neurosen werden aus der Traumdeutung und den freien Einfällen, die der Patient in ruhiger Selbstbesinnung äußert (freie →Assoziation), die krankheitsbildenden Ursachen rekonstruiert und ihm gegen seinen oft sehr starken Widerstand bewußt gemacht.

Hierbei tritt dann die →«Übertragung» auf,

d. h., der Patient identifiziert den Analytiker mit anderen Personen (namentlich mit den Eltern) und wendet ihm daher die durch die Behandlung neu erwachten Gefühle (der Zuneigung oder Abneigung) zu, die mit der Entstehung der Neurose verbunden waren und die diesen Personen einst galten. Aufgabe des Analytikers ist es nun, den Patienten so zu führen, daß er die emotionalen Spannungen nicht mehr verdrängt, sondern bemeistern kann. Zur Neurose wirken sie sich aus, wenn die Verdrängungen zu frühzeitig und zu stark auftreten. Beim gesunden Menschen findet die Libido einen Ausweg in ihrer →«Sublimierung», d. h. in der Verwertung der sexuellen Energie für andere Ziele. Hieraus sind nach FREUD alle Kulturleistungen zu verstehen. Ziel der Psychoanalyse ist es daher letztlich, dem Neurotiker die Fähigkeit zur Sublimierung wieder zu verleihen. In einer späteren, spekulativen Weiterbildung seiner Lehre kam FREUD dazu, neben Sexualtrieben und Ich-Trieben, die auf die Erhaltung des Lebens gerichtet sind, zerstörende, verwüstende →Todestriebe anzunehmen, deren Ziel die Vernichtung des Lebens ist. In der Struktur des Seelenlebens unterscheidet FREUD in späteren Schriften das →«Es» (in Anlehnung an GRODDECK 1923), die Sphäre des Unbewußten, der primitiven Wünsche und Triebe, das →«Ich» als den Träger des bewußten Erlebens und das →«Über-Ich», den Träger des Ich-Ideals und des Gewissens, als die Instanz, von der die Verdrängungen ausgehen. Die von FREUD selbst in Gang gesetzte Weiterentwicklung der Psa. wurde von seinen Schülern fortgesetzt. Hervorzuheben ist insbes. die Einführung der psa. Ich-Psychologie durch HARTMANN, KRIS und LOEWENSTEIN sowie die Begriffserweiterung und -wandlung des →Narzißmus durch KOHUT u. a. und die Einbeziehung der sozialps. und ökolog. Dimension (ERIKSON, FROMM, MITSCHERLICH u. a.). Letztere führte auf der methodischen Seite zur Entwicklung der psa. →Gruppentherapie. Auch neue tiefenps. Richtungen haben sich von der Schule FREUDs abgezweigt. Die bedeutendsten von ihnen sind die →Individualpsychologie ADLERS und die →Analytische Psychologie C. G. JUNGS und die neofreudianischen bzw. neops. Schulen K. HORNEYS, S. SULLIVANS und H. SCHULTZ-HENCKES. Die von FREUD selbst gegebene Definition lautet: «Psychoanalyse ist der Name (1) eines Verfahrens zur Untersuchung seelischer Vorgänge, welche sonst kaum zugänglich sind; (2) einer Behandlungsmethode neurotischer Störungen, die sich auf diese Untersuchung gründet; (3) einer Reihe von psychologischen, auf solchen Wegen gewonnenen Einsichten, die allmählich zu einer neuen wissenschaftlichen Disziplin zusammenwachsen.». **[L]** BALLY 1961, BIRAN 1962, FREUD 1948, FROMM 1941, HARTMANN 1972, JONES 1960, KOHUT 1974, RAPOPORT 1959, WYSS 1961

Psycho-Anthropologie →Anthropologie

Psychobiologie, Biologie der Psyche. Eine Lehre, die in allen ps. Abläufen die biol. Vorgänge so entscheidend beteiligt sieht, daß sie rein biol. Erklärungen für angezeigt hält.
• Adolf MEYER (1935) stellte mit dem System der P. der beschreibend und statistisch orientierten Nosologie der KRAEPELINschen Tradition eine dynamische Theorie entgegen. Er suchte auch der →Psychoanalyse ein homogeneres Begriffssystem zu geben. Das Wort *ergon* hat bei MEYER allgemeinste Bedeutung für Verhalten und Leistung. Ergasien bezeichnen die Einheit der somato-psychischen Gesamtfunktion des Individuums; Dysergasien sind psychiatrische Zustandsbilder (vergleichbar den akuten exogenen Reaktionstypen BONHOEFFERS). • In der neueren amerik. Literatur wird *psychobiology* und *biological psychology* praktisch gleichbedeutend mit *physiological psychology* gebraucht, →Physiologische Psychologie

Psychochirurgie, nicht mehr durchgeführte chirurgische Eingriffe (vor allem hirnchirurgische) zur Therapie bei einigen ps. Schädigungen oder Erkrankungen, die nur noch operativ angehbar sind (z. B. schwere Schmerzzustände, best. Depressionen, Psychosen). →stereotaktische Eingriffe

psychodelics →Psychopharmaka

Psychodelika, syn. →Halluzinogene bzw. →Psychotomimetika, →Rauschmittel

psychodelisch, syn. psychedelisch, Bez. für Zustand mit (erhöhter) sensorischer Empfänglichkeit, meist begleitet von Sinnestäuschungen (Halluzinationen) und euphorischer bzw. depressiver Stimmungslage.

W. Janke

Psychodiagnostik →psychologische Diagnostik

psychodiagnostisches Gespräch [engl. *interview*, frz. *entretien*], eine mit diagnostischer Zielsetzung und unter methodischer Kontrolle verlaufende Begegnung zwischen Pb und Untersucher.

Ohne Bindung an besondere Aufgaben wie in der Testdiagnostik, ist das pd. G. zugleich ein

P

Explorieren (→Exploration), ein Erkunden, und ebenso ist es das Aufnehmen der →Anamnese. Die dem pd. G. nahestehenden (auch gleichbedeutenden) Bez. Erkundungsgespräch (ARNOLD 1957), Entfaltungsdialog (HEISS 1949) belegen dies. Und keine individuelle Diagnostik kommt ohne zusätzlich erschließendes Gespräch aus. Die Formen des pd. G. ergeben sich aus dem Zweck. Man unterscheidet zwischen dem Gespräch als Informationssammlung, als Instrument der Persönlichkeits- und Eignungsdiagnostik und als Mittel der Beeinflussung. Der Gesprächszweck entscheidet auch über den Freiheits- bzw. Gebundenheitsgrad des Gesprächs und über die Frage, ob es in dualer Form oder mit Partnern beim Untersucher bzw. beim Pb geführt wird. Sozialps. Determinanten (Persönlichkeit des Untersuchers, Rollenproblem u. dgl.) sind schließlich ebenso entscheidend wie Fragen der Gesprächstechnik (Raum, Zeit, Sprache, Ausdruck, Formulierung). →Beratung. [L] SCHRAML 1975

Psychodrama, das klassische Psychodrama nach MORENO (1959; LEUTZ, 1974) ist eine psychotherapeutische (interpersonelle und interaktionelle) Aktions-Methode, bei der Vorstellungen, Situationen, interpersonelle wie intrapsychische Konflikte über die Verbalisation hinaus in Handlung und szenische Darstellung umgesetzt werden. Hierdurch sollen Emotionen und Konflikte sichtbar gemacht, wiedererlebbar und veränderbar werden. Die zugrundliegenden Prinzipien sind Begegnung, Spontanität, Kreativität, Spiel und Handeln.

Es werden die Konstituenten Bühne, Protagonist (Problemsteller), Leiter bzw. Therapeut, Mitspieler, Gruppenteilnehmer und Psychodrama-Techniken (Rollenwechsel, Doppeln, «leerer Stuhl», Spiegeln) unterschieden.

Das Psychodrama verläuft in drei Phasen, der Erwärmungs- oder Initialphase (Problemfindung), der Spiel- oder Aktionsphase (Problembearbeitung) und der Gesprächs- oder Integrationsphase. Psychodrama kann in unterschiedlicher Form umgesetzt werden: protagonistenorientiertes Psychodrama, gruppenzentriertes Psychodrama, Monodrama, Rollenspiel, Soziodrama, Stegreifspiel.

Eine wichtige Wirkvariable scheint die affektive und aktive Beteiligung der Patienten am psychodramatischen Prozess zu sein. Insgesamt ist diese Therapieform allerdings noch nicht ausreichend untersucht. Die bisherigen Ergebnisse sprechen dafür, daß das Psychodrama eher als Komponente in einem umfassenden Behandlungsangebot und weniger als eigenständige Behandlungsmethode von Bedeutung ist. [L] MORENO 1959, 1981, LEUTZ 1974, 1980, PETZOLD 1978 *F. Caspar*

Psychodysleptika, Bez. für Psychopharmakagruppe durch DELAY und DENIKER, die Dysfunktionen ps. Vorgänge auslösen, syn. →Halluzinogene, →Psychotomimetika. *W. Janke*

Psychoendokrinologie, Teilgebiet der Endokrinologie, das sich mit den ps. Wirkungen von Hormonen befaßt. [L] HELLHAMMER & KIRSCHBAUM 1998, HELLHAMMER et al. 1996, HOLMES 1990, NEMEROFF & LOOSEN 1987 *W. Janke*

Psychoenergizer, syn. für Antidepressiva und für Psychotonika. →Psychopharmaka

psychogalvanische Reaktion, (PGR), auch GHR (galvanische Hautreaktion), engl. GSR *(galvanic skin response)*, EDR *(electro dermatic reaction)*; heute: EDA (Elektrodermale Aktivität).

Die zuerst von G. FONTAINE beobachtete, dann von C. FÉRÉ (1888) und J. TARCHANOFF (1890) beschriebene, im Anschluß daran besonders von O. VERAGUTH untersuchte Erscheinung, daß sich die elektrische Leitfähigkeit bzw. der Widerstand, den die Haut einem durch sie geleiteten schwachen (2 bis 10 mA/cm) Gleichstrom bietet, beim Eintreten sensorischer Reize, motorischer Reaktionen oder bestimmter seelischer Prozesse in charakteristischer Form ändert: rasches Absinken (Negativierung), darauf wieder langsames Ansteigen des Widerstandes (exosomatischer galvanischer Hautreflex). Eine gleichartige Erscheinung, rasches Absinken (Negativierung), dann langsames Ansteigen, kann auch bei der Messung von Aktionspotentialen der Haut (also ohne Verwendung einer äußeren Stromquelle) beobachtet werden (endosomatische galvanische Hautreaktion). Der Entstehungsmechanismus der Erscheinungen ist noch nicht völlig geklärt. Doch scheint die Hautwiderstandsänderung im wesentlichen von der (Innervierungs-)Aktivität der Schweißdrüsen bestimmt zu sein (und nicht so sehr von der absolut produzierten Schweißmenge). Die ps. Bedeutung der EDA-Kennwerte ergibt sich aus der Steuerung der Schweißdrüsen ausschließlich durch den Sympathicus (→Gehirn). In der Praxis unterscheidet man: (1) Basalwiderstand (Basiswerte, Grundniveau). Langzeitige Änderungen, die sich während des Tagesablaufes, beim Lösen von Aufgaben und in Zusammenhang mit emotionalen Umstimmungen ergeben. (2) Die PGR im engeren Sinne (SCR bzw. SRR s. u.) besteht in zusätzlichen kurzfristigen, zum Teil mehrphasigen Senkungen des Hautwiderstandes, die durch äußere oder auch innere Stimulation («Spontanfluktuation», «Spontanschwankungen») ausgelöst werden können.

In der Psychophysiologie werden vor allem die kurzfristigen Änderungen zur Untersuchung z. B. des Aktivierungsniveaus oder zur Abschätzung der Intensität zugeordneter Emotionen herangezogen. Während diese phasischen Änderungen sich in der Regel nur in einem Bereich von weniger als 300 Ohm abspielen, schwanken die Änderungen des (tonischen) Grundwiderstandes sowohl zwischen Personen als auch innerhalb ein und derselben Person zwischen 10 und 500 Kilo-Ohm.

Zur besseren begr. Klärung des Phänomenbereiches schlugen VENABLES & MARTIN (1967) im englischen Sprachraum folgende eindeutigere Bez. vor, die als Kürzel auch im deutschen Sprachraum übernommen wurde: SRR (*skin resistance response*, Hautwiderstandsreaktion); SLR (*skin resistance level*, Hautwiderstandsniveau), SCR (*skin conductance response*, Hautleitfähigkeitsreaktion. Reziprokwert des Widerstandes), SCL (*skin conductance level*, Hautleitfähigkeitsniveau. Reziprokwert des Widerstandes), SPR (*skin potential response*, Hautpotentialreaktion), SPL (*skin potential level*, Hautpotentialniveau). **[L]** BECKER-CARUS et al. 1979, EDELBERG 1967, VENABLES & MARTIN 1967, BÖSEL 1986, MARTIN & VENABLES 1980, BOUCSEIN 1992

C. Becker-Carus

psychogen, aus psychischen, seelischen Vorgängen entstanden. Der Begr. bezeichnet besonders körperliche Störungen und Anomalien des Verhaltens, die auf ps. Ursachen beruhen oder denen eine eher psychol. als physiol. Verursachung zugeschrieben wird. Ggs. physiogen, somatogen.

Psychogenesis, Entstehen bzw. Entwicklung der Seele oder des Seelenlebens (z. B. vom Kinde zum Erwachsenen). Syn. →Entwicklungsps.

psychogenetisches Grundgesetz, Bez. für die Annahme einer Parallele zum →biogenetischen Grundgesetz: Die ps. Ontogenese ist Wiederholung der ps. Phylogenese. **[L]** BERGIUS 1959

Psychognosis, die vorwissenschaftliche Seelenkunde, die über die Jahrtausende hinweg durch eine Vielzahl von Beobachtungen, Charakterbeschreibungen und Selbstbesinnungen eine wachsende Menschenkenntnis geliefert hat. M. DESSOIR griff hierfür die Bezeichnung P. auf. Nach ihm sind die Sinnsprüche der Gnomiker des 7. Jh. v. Chr. früheste Belege der Psychognosis. THEOPHRAST und AUGUSTIN haben neben vielen anderen ebenso Anteil an der Weiterentwicklung der P. wie Balthasar GRACIAN, K. Ph. MORITZ und LICHTENBERG oder KANT und SCHOPENHAUER. **[L]** DESSOIR 1911

Psychognostik (STERN 1911), Menschenkenntnis auf Grund psychologischer Untersuchungsweisen, wie sie die differentielle Ps. kennt. Die Psychognostik wird ergänzt durch die →Psychotechnik.

Psychogone, im →Okkultismus behauptete feinstoffliche Gebilde und Ausscheidungen der →Aura.

Psychogramm, wörtl. Seelenschreibung. Aufzeichnung, übersichtliche Darstellung aller ps. sowie der wichtigen somatischen Daten, die an einer Person erhebbar sind, einschl. deren Interpretation bzw. Kommentierung. →Anamnese, →Psychographie. **[T]** RORSCHACH

Psychographie, als direkter Abkömmling der differentiellen Ps. geht die P. davon aus, daß das Individuum in seinem Aufbau, seiner Struktur, seinen charakterlichen Werten wie auch in seinen →Radikalen usw. durch Maßzahlen (Bewertungen) in einem Psychogramm deutlich gemacht werden kann.

Im allgemeinen werden in einem solchen Schema die grundlegenden biologischen Fakten (Vitalität, Körperbauform, Gesundheitsstand), die Faktoren Intelligenz, Temperament, Fähigkeiten, Fertigkeiten aufgenommen, d. h. die Frage, wie die aufgenommen Variablen zueinander in den Wertziffern stehen und weiterhin die Bedeutung der →Schätzung mit dem damit verbundenen →Hof-Effekt. Allerdings bleiben eine Reihe von Eigenschaften unberücksichtigt. **[L]** G. W. ALLPORT 1949

psychohydraulisches Energiemodell, Zusammenfassung der doppelten Quantifizierung des Verhaltens in einem Modell durch K. LORENZ (1950). Es veranschaulicht das Zusammenwirken der Stärke der endogenen Produktion aktionsspezifischer Energie und der Reizkumulation im angeborenen →Auslösemechanismus (AAM) bei der Aktualisierung der Instinkthandlung (TEMBROCK 1961).

R. Bergius

Psychohygiene, von MEYER und anderen be-

gründete Disziplin, deren Aufgaben in einem grundlegenden Programm schon im Jahre 1907 festgelegt wurden.
Die Hauptpunkte sind:
1) Sorge für die Erhaltung der seelischen und geistigen Gesundheit und Verhütung von Geistes- und Gemütskrankheiten.
2) Vervollkommnung der Behandlung, Pflege und Überwachung der Geistes- und Gemütskranken.
3) Aufklärung über die Bedeutung der seelischen und geistigen Anomalien für die Erziehung, für das Berufs- und Wirtschaftsleben sowie für die Ausübung von Verbrechen.

Diese Aufgaben, nämlich die Behandlung und Nacherziehung des kranken Menschen, die Aufklärung seiner Umweltpersonen (negative P.) und die Erhaltung der seelischen und geistigen Gesundheit in der Gesellschaft sowie die Verhütung von Neurosen und Psychosen, Süchten und Verbrechen durch wirksame, psychologisch fundierte pädagogische und psychagogische, soziale und politische Maßnahmen (prohibitive P., Psychoprophylaxe) bilden die Grundziele der P. Sie haben sich zu einer multidisziplinären Wissenschaft entwickelt.
Geschichtlich ist daran zu erinnern, daß zu allen Zeiten die geistig-seelische Gesundheit als hygienische und erzieherische Aufgabe erkannt worden ist. Sämtliche Kulturvölker des Altertums lassen entsprechende Bemühungen erkennen. Für das 19. Jh. und Deutschland sei an HUFELAND erinnert. Der Gießener Psychiater R. SOMMER (1864–1937) gründete einen dt. Verband für ps. Hygiene. Seit 1948 sind die psychohygienischen Gesellschaften in der Weltföderation für seelische Gesundheit (WFMH – *World Federation for Mental Health*) zusammengefaßt. P. ist auch Aufgabe der UNESCO. →therapeutische Gemeinschaft, →Gemeindepsychologie. **[L]** BREZINA & STRANSKY 1955, FEDERN 1956, MENG 1939, TRAMER 1960

Psychoide, vorseelische, doch seelenartige Ganzheiten. Nach JUNG diejenige «seelenähnliche» Schicht, die (teils angrenzend an die chemischen Körperabläufe, teils an den Raum des Archetypischen) der Triebwelt nahesteht.

Psychoimmunologie, Teilgebiet der Immunologie, das sich mit der Beziehung zwischen Immunsystem und ps. Vorgängen befaßt. **[L]** HELLHAMMER & KIRSCHBAUM 1998, SCHEDLOWSKI & TEWES 1996 *W. Janke*

Psychokinese →PK-Test

psychokritische Pädagogik, von POPPELREUTER (1933) geprägter Begr., mit dem er, von experimental-psychologischen Arbeiten ausgehend, auf die Grenzen jedes Verstehens und damit auch auf das Unvollkommene alles Wissens und aller Bildung ausführlich eingegangen ist. Er zeigt, wie der Mensch beim «Verstehen» den «gröbsten Selbsttäuschungen» verfällt und ständig von der Gefahr des Scheindenkens, des Scheinwissens und des Scheinschöpferischen bedroht ist. →dialektisches Scheindenken

Psycholepsie, Bez. für den plötzlichen und kurzzeitigen Zusammenbruch der ps. Spannung mit Aussetzen des Denkens, besonders bei Psychasthenien und Schizophrenien. →Gedankenentzug

Psycholeptika, Bez. nach DELAY und DENIKER für Drogen mit dämpfendem Einfluß auf psychische Vorgänge. →Psychopharmaka, →Tranquillantien, →Hypnotika, →Neuroleptika, →Psychotomimetika *W. Janke*

psycholeptisch, Wirkungsart von chemischen Stoffen, desaktivierend, müdemachend.

Psycholinguistik, Gegenstandsbereiche der P. sind die Erforschung der Sprachverarbeitung (Sprachwahrnehmung, Sprachverstehen, Textverstehen, Produktion, Sprache und Gedächtnis etc.), das Verhältnis zwischen Sprache und Denken, der →Spracherwerb (Spracherlernen, Sprachentwicklung) sowie →Sprachstörungen (Aphasien, Sprachentwicklungsstörung, Sprachentwicklungsverzögerung, Dysphasien).
Die Bezeichnung P. – heute gleichbedeutend mit dem älteren Terminus «Sprachpsychologie» verwendet – unterstrich zum Zeitpunkt ihrer Entstehung in den fünfziger Jahren die Hoffnung auf eine neue Art interdisziplinärer Kooperation zwischen Linguistik und Psychologie (vgl. OSGOOD & SEBEOK 1954). Erwartet wurde eine fruchtbare Arbeitsteilung, wobei die Linguistik sprachliche Systeme analysieren und in →Grammatiken (anfänglich in sog. Konstituentenstrukturgrammatiken oder Phrasenstrukturgrammatiken, später →Transformationsgrammatiken) beschreiben sollte, während die Psychologie die Verwendung dieser Systeme und ihren Erwerb zu erklären hatte.
Rückblickend läßt sich die Geschichte der P. in mehrere Phasen einteilen, die von unterschiedlichen Allianzen zwischen linguistischen und psychologischen Theorien geprägt waren (vgl. FILLENBAUM 1971, HÖRMANN 1970, 1976, ENGELKAMP 1974; FOSS & HAKES 1978, GRIMM & ENGELKAMP 1981). Wichtigste Partner einer

ersten, optimistischen Phase waren der linguistische Strukturalismus (→IC-Analyse, Distributionalismus) und neobehavioristische →Lerntheorien (z. B. STAATS 1971). Erst- und Fremdspracherwerb wurden als schrittweiser Aufbau von Gewohnheitsfamilien aus syntagmatischen und paradigmatischen Assoziationen verstanden. Hypothesen zur Sprachverarbeitung lehnten sich eng an mathematische →Kommunikationstheorien an (Wahrscheinlichkeitsstruktur der Sprache, →Sprachstatistik, →Automat).

Danach folgte eine Phase, die sich durch eine Verbindung zwischen der generativen Linguistik (→Sprachtheorie) und der kognitiven Psychologie auszeichnete. Bedeutsam war CHOMSKYS (1965) Hypothese von der Grammatik als Modell der sprachlichen →Kompetenz eines Sprechers/Hörers, die von der →Performanz (der Sprachverwendung, -verarbeitung) zu trennen war (zur Problematik der Unterscheidung vgl. HERRMANN 1985, PYLYSHYN 1973). Besonders einflußreich war die generative Konzeption von einer Grammatik als Regelsystem, das potentiell unendliche und nie gehörte Sätze erzeugen kann und damit entscheidend über assoziative Netzwerke (→Netzwerk-Modell) und Gewohnheitsfamilien hinausgeht.

Vordringlichstes Ziel der P. war die empirische Überprüfung der sog. psychologischen Realität linguistischer Grammatiken. Dabei lösten verschiedene Korrespondenzhypothesen einander ab: Ansätze, die starke Isomorphien zwischen linguistischen Einheiten und Regeln einerseits und mentalen Einheiten und Verarbeitungsschritten andererseits postulierten, wurden von schwächeren Hypothesen ersetzt, in denen nur noch die von der Linguistik postulierten Strukturebenen (z. B. →Tiefenstruktur und →Oberflächenstruktur) als psychologisch «real» galten. An Stelle linguistischer Regeln und Ableitungsschritte traten Verarbeitungsstrategien (vgl. BEVER 1970, FODOR et al. 1973).

In den siebziger Jahren begann eine weitere Phase psycholinguistischer Reflexion, die von einem zunehmend indirekten und damit wesentlich «ernüchterten» Verhältnis zwischen linguistischem Modell (einer atemporalen Erkenntnisstruktur) und seiner möglichen psychologischen Interpretation ausging. Dabei orientierte man sich zunehmend an anderen theoretischen Strömungen der Linguistik, insbes. der Forschung zur →Semantik (Satzsemantik, →Proposition, Wortsemantik) und →Pragmatik (vgl. HÖRMANN 1976, ENGELKAMP 1974). Im Zusammenhang mit der Untersuchung der Organisation des Gedächtnisses rückte das mentale →Lexikon ins Zentrum des Interesses (→Prototyp, Satzgedächtnis).

In den 80er Jahren wurden aufgrund der Verfügbarkeit neuer Rechner und entsprechender Software Modelle entwickelt, die sich sowohl mit den repräsentationellen (deklarativen) als auch prozeduralen Aspekten mentaler Vorgänge im allgemeinen beschäftigten und damit auch neues Licht auf die Sprachverarbeitung warfen (vgl. JOHNSON-LAIRD 1983). Zu den in diesem Zusammenhang auch gegenwärtig noch wichtigen Themen gehört die Frage nach dem Ausmaß serieller vs. paralleler Informationsverarbeitung (vgl. dazu neuere →konnektionistische Ansätze, z. B. BECHTEL & ABRAHAMSSEN 1991) sowie die Hypothese der Modularität sprachlicher Wissenssysteme und kognitiver Organisationsformen im allgemeinen (vgl. FODOR 1983, kritische Stellungnahmen in GARFIELD 1987).

Ungeachtet der verschiedenen Phasen von Annäherung und Desillusionierung, die für das Verhältnis zwischen Linguistik und Psychologie insgesamt kennzeichnend sind, hat die P. eine Reihe wichtiger Ergebnisse hervorgebracht. Dies gilt insbes. dank mannigfacher Möglichkeiten, auditive Stimuli zu manipulieren, für die experimentelle Untersuchung der Sprachwahrnehmung und des Sprachverstehens, vgl. vor allem die sog. *«on-line»*-Forschung mit ihren vielfältigen Methoden (*«shadowing»*, →dichotisches Hören, *«monitoring»* etc., vgl. MARSLEN-WILSON 1976). Da die Prozesse der Sprachproduktion nicht in gleicher Weise experimentell zugänglich sind (zumindest gilt dies für die Sprecherintention), gewinnt die Produktionsforschung ihre Belege für verschiedene Stufen der Sprachplanung aus der Beobachtung von Versprechern (→Antizipationen, Perseverationen, Substitutionen, Vertauschungen, Versprecher etc.), Pausen- und Verzögerungsphänomenen sowie →Aphasien (BERG 1988, LEUNINGER 1989, LEVELT 1989).

Auch zum Spracherwerb liegt mittlerweile eine stattliche Anzahl von Querschnittstudien vor (vgl. SLOBIN 1985). Nach wie vor steht dabei – für den Erstspracherwerb und den Zweitspracherwerb – die Auseinandersetzung zwischen neobehavioristischen (neuerdings konnektionistischen) →nativistischen und kognitivistischen Ansätzen im Mittelpunkt (vgl. die Diskussion zwischen CHOMSKY, PIAGET u. a. in PIATTELLI-PALMARINI 1980, FELIX 1987, GOODLUCK 1991). Auch hier haben mit der Verfügbarkeit «lernfähiger» Programme formale Lernbarkeitstheorien (d. h. Theorien der Lernbarkeit «im Prinzip») Bedeutung gewonnen (vgl. BERWICK 1985). *R. Tracy*

Psychologe, der die Ps. als Forscher, Lehrer oder Praktiker vertretende Fachmann, der eine wissenschaftlich-psychologische Ausbildung durchlaufen hat. Im übertragenen Sinn diejenige Persönlichkeit ohne eigentliche Fachausbildung, die etwa als Schriftsteller, Dichter, Politiker, Wirtschaftler usw. bei ihren Handlungen, in Reden, Schriften usw. ein besonderes ps. Verständnis und Wissen erkennen läßt (z. B. GOETHE als Psychologe).

Als Berufsbezeichnung wie als Berufsstand ist der P. noch jung. In Deutschland hat vor allem die seit 1941 eingeführte Diplom-Prüfung zur Konsolidierung beigetragen. Die Diplom-Prüfung (mit der Berechtigung, sich als Diplom-Psychologe zu bezeichnen) bildet den ordnungsgemäßen Abschluß des Studiums und der damit verbundenen praktischen Berufseinführung (Praktika). Die Studien- bzw. Prüfungsfächer sind: Allgemeine Ps. – Methodenlehre – Entwicklungsps. – Differentielle Ps. (Ps. der Persönlichkeit) – Sozialps. – Physiologische Ps. Dazu kommen im 2. Studienabschnitt drei Schwerpunktbereiche:

1) Methodik (ps. Diagnose, Interventionsmethoden und weitere Techniken);
2) Anwendung (Pädagog. Ps., Klinische Ps., Arbeitsps., Forensische Ps. oder ein weiteres Teilgebiet der Angew. Ps.);
3) Grundlagenvertiefung (Theoret. Ps., Mathemat. Ps. oder ein Sachgebiet der Allgemeinen Ps.).

Für die in Forschung und Lehre tätigen Psychologen besteht als fachliche Vereinigung und Repräsentation die Deutsche Gesellschaft für Psychologie (gegr. 1904 als Gesellschaft für experimentelle Psychologie). Sie ist mit ihren Kongressen für das deutsche Sprachgebiet zuständig, so wie für das englische Sprachgebiet (und weltweit) die *International Union of Psychological Science* (→IUPS) mit Kongressen in dreijährigem Turnus, die *International Association of Applied Psychology (→Association Internationale de Psychologie Appliqué)* und weitgehend auch die *American Psychological Association* (→APA) mit wissenschaftlichen Fachzeitschriften. • Die Belange des Berufsstandes und die Berufsinteressen werden in der Bundesrepublik vor allem vom Berufsverband Deutscher Psychologen (→BDP) vertreten. Die praktisch-berufliche Betätigung der Psychologen ist über die Sparten Forschung – Ausbildung – Beratung – Therapie so breit verzweigt, daß der BDP folgende Sektionen schuf: Arbeits- und Betriebsps. – Ausbildung in Ps. – Forensische Ps. und Kriminalps. – Freiberufliche Psychologen – Klinische Ps. – Markt- und Kommunikationsps. – Politische Ps. – Schriftps. – Verkehrsps. Erwähnung verdient noch, daß viele weitere Vereinigungen dem Psychologen Brücken bieten zu speziellen Fachgebieten wie die «Deutsche Gesellschaft für Psychotherapie und Tiefenpsychologie», die «Deutsche Gesellschaft für Verhaltenstherapie», die «Gesellschaft für wissenschaftliche Gesprächspsychotherapie», die «Gesellschaft für medizinische Psychologie», die «Deutsche Vereinigung für Jugendpsychiatrie», Gesellschaften für Religionsps., für empirisch-pädagogische Forschung, für Sexualps. u. a. m. Sehr zahlreich sind schließlich noch die Zusammenschlüsse von Psychologen (und Nichtpsychologen) in Gruppen zur Lebens-, erzieherischen und auch psychotherapeutischen Führung bzw. Gestaltung. **[L]** KRAAK 1980, LAUCKEN & SCHICK 1977

Psychologem, Bez. für eine ps. Behauptung, Theorie oder Lehre

Psychological Abstracts, eine monatlich in Zeitschriftenform erscheinende und von der →APA herausgegebene Sammlung von Kurzfassungen über Veröffentlichungen auf dem Gebiet der Psychologie und einiger Nachbargebiete. Die P.A. erscheinen in englischer Sprache und umfassen die Publikationen fast aller Länder der Erde.

Psychologie [gr. *psyche* Leben, Seele], die alte Definition als «Wissenschaft von der Seele» oder «Seelenkunde» ist unzulänglich, da sie als bloße Übersetzung des Wortes zur Aufklärung seiner Bedeutung nichts beiträgt. Die Gegenposition, die Annahme der «Psychologie ohne Seele» (F. A. LANGE 1866), siegte erst mit den Erkenntnisfortschritten (u. a. bes. der Physiologie) im 19. Jh. Der heutigen Auffassung entspricht besser: «Psychologie ist die Wissenschaft, welche die bewußten Vorgänge und Zustände sowie deren Ursachen und Wirkungen untersucht» (ROHRACHER) oder die Definition PAULIS: «Die Psychologie ist die Wissenschaft von den subjektiven Lebensvorgängen, die gesetzmäßig mit den objektiven verknüpft sind». Diese Begriffsbestimmung kennzeichnet die Psychologie als eine Erfahrungswissenschaft und beinhaltet grundlegende Prinzipien (nach PAULI): (1) Das Prinzip des Geschehens: Gegenstand der Psychologie bildet eine Gesamtheit von Vorgängen, nicht etwas Beharrendes. (2) Das Prinzip des Lebens oder des Organischen: Diese Vorgänge gehören zu den Lebenserscheinungen und besitzen daher deren allgemeine Kennzeichen: Bindung an eine Einheit (das Individuum), Abhängigkeit untereinander («ganzheitliche« Beschaffenheit), individuelle Ausprägung, onto- und phylogenetische Entwicklung, damit Anpassung und Vererbung, weiterhin Zustände der Gesundheit und Krankheit, Erscheinungen der Zweckmäßigkeit usw. (3) Das Prinzip der Subjektivität: Es handelt sich um Vorgänge, die nur von ihrem Träger, dem Subjekt, unmittelbar erfahren werden, um «Innenzustände», «Erlebnisse», im Ggs. zu körperlichen Lebensvorgängen und den Vorgängen in der Außenwelt (Einmaligkeit der inneren Erfahrung). (4) Das Prinzip der gesetzmäßigen Verknüpfung: Die seelischen Vorgänge kommen nicht für sich allein vor, sondern stehen im Zusammenhang mit objektiven (körperlichen) Lebensprozessen. Aus diesen Prinzipien gehen noch weitere Folgerungen, die das Wesen der Psychologie betreffen, hervor, z. B. bezüglich der Methodik: Beobachtung als allg. Grundlage, Anwendung statistischer Verfahren, Heranziehung physiologischer Methoden. Die Aufgaben der Psychologie bestehen in der Erforschung der seelischen Erscheinungen mit dem Ziel der Beschreibung oder Erklärung (reine Psychologie) und in der Anwendung der gewonnenen Erkenntnisse auf Anforderungen des kulturellen, sozialen und wirtschaftlichen Lebens (angewandte, praktische Psychologie). →Methoden, Experiment.

Einteilung nach Hauptgebieten*

I. Empirische Psychologie (hierin auch ohne feste Abgrenzung die Experimentelle Psychologie)

1. Allgemeine Psychologie
2. Entwicklungspsychologie
3. Differentielle Psychologie (Persönlichkeitsforschung)
4. Tierpsychologie, Ethologie
5. Vergleichende Psychologie
6. Sozialpsychologie
7. Völkerpsychologie
8. Kulturpsychologie
9. Politische Psychologie
10. Religionspsychologie
11. Psychopathologie
12. Arbeits-, Berufs- und Wirtschaftspsychologie (hierzu auch Betriebs- und Werbepsychologie)
13. Pädagogische Psychologie, Psychagogik
14. Interventionspsychologie, Psychotherapie
15. Klinische Psychologie
16. Medizinische Psychologie
17. Forensische Psychologie
18. Pharmakopsychologie
19. Sportpsychologie
20. Wehrpsychologie
21. Ökologische Psychologie

II. Theoretische Psychologie

Aufgabe der Theoretischen Psychologie ist es, auf Grund der empirischen Befunde und unter Überprüfung der einzelnen Theorien die allgemeinsten Gesetzmäßigkeiten des Psychischen aufzustellen, um hieraus die einzelnen Erscheinungen zu begreifen und abzuleiten. Als Beispiele seien angefügt die Feldtheorie von LEWIN (→Topologische und Vektorpsychologie) und die Bezugssystemforschung (→Adaptations-Level, Bezugssystem).

III. Philosophische Psychologie

Sie behandelt als Teilgebiet der Philosophie die letzten Fragen nach dem Wesen des Psychischen. Hierzu gehören auch die Probleme der Unsterblichkeit der Seele, der Willensfreiheit und des Leib-Seele-Zusammenhanges. – Soweit die nicht-(bzw. vor-)empirischen Bemühungen zugehören, ist die Bez. spekulative Psychologie zuständig. – Vgl. die beigefügten Übersichten («Grundlagen der Psychologie, Lehr-, Forschung- und Anwendungsgebiete» sowie «Richtungen der Psychologie»), die als Orientierung über die Verzweigung der Ps. dienlich sein können.

Anmerkungen zur Geschichte

Zahlreiche ps. Ansätze finden sich bei den griechischen Philosophen im Zusammenhang mit der Behandlung des Wesens und des Ver-

* Aus den durch das gesamte internationale Schrifttum belegten Fachbegriffen der heutigen ps. Forschung hat die APA *(American Psychological Association)* eine Klassifikation erstellt, die die Psychologie in einer Ordnung von 27 Hauptgebieten, dazu Nebengebieten und sehr vielen Deskriptoren veranschaulicht. Diese liegt der Literaturdokumentation der →«Psychological Abstracts» zugrunde. →PASAR

hältnisses von Geist und Materie (THALES VON MILET, HERAKLIT, ANAXIMENES, ANAXIMANDER, EMPEDOKLES, ANAXAGORAS, DEMOKRIT, EPIKUR u. a.). PLATON und ARISTOTELES bildeten die Lehre von den verschiedenen Seelenteilen aus und begründeten damit eine Art Schichtentheorie.

ARISTOTELES behandelte als erster die Psychologie in systematischer Weise, wobei er neben spekulativen Betrachtungen auch empirische Tatsachen verwertete (Assoziationsgesetze). Das Mittelalter befaßte sich im wesentlichen mit der Ausdeutung und Weiterführung der aristotelischen Psychologie in Verbindung mit der christlichen Lehre (AUGUSTINUS, THOMAS VON AQUINO u. a.). Der Bezeichnung «Psychologie» wurde erst im 16. Jh. der Weg gebahnt. MELANCHTHON (1497–1560) benutzte in seinen Vorlesungen als erster Ps. dafür, daß die «Seele» ein der wissenschaftl. Behandlung würdiger Gegenstand sei. Rudolf GOCLENIUS (1547–1628) hat erstmals das Wort Ps. als Buchtitel verwendet (Psychologia, 1590), und Otto CASMANN (1562–1607) veröffentlichte eine «Psychologia anthropologica» (1594). Auf die Psychologie der Neuzeit hatte DESCARTES' Unterscheidung von *res cogitans* und *res extensa* entscheidenden Einfluß (zuvor war die Trennung von leiblichen Vorgängen und Bewußtseinsprozessen nicht üblich). LEIBNIZ führte den Begriff der Apperzeption ein und beachtete auch die unbewußten Vorgänge *(petites perceptions)*. Chr. WOLFF schied programmatisch eine *psychologia-rationalis* von einer *psychologia-empirica*. Auf J. N. TETENS geht die üblich gewordene Aufteilung der Ps. nach Denken (Vorstellen), Fühlen und Wollen zurück. Von großer Bedeutung für die weitere Entwicklung wurde die Assoziationspsychologie der englischen Empiristen LOCKE, HUME und später ihrer Nachfolger J. MILL, J. St. MILL und BAIN.

Das 19. Jh. führte zur modernen Psychologie in mehreren Richtungen: Die zeitgenössische Philosophie hatte die theoretischen Grundlagen gelegt, die Physiologie (bes. Nerven- und Sinnesphysiologie) gab das methodische Beispiel, sogar aus der Astronomie kamen Anregungen (pers. Gleichung) für die empirische Erforschung des seelischen Geschehens.

HERBART forderte, Psychologie als Erfahrungswissenschaft und mit Hilfe der Mathematik zu betreiben. DROBISCH setzte sich für eine empirische Ps. nach naturwissenschaftlicher Methode ein. Die Psychologie suchte neuen und festeren Stand als «Wissenschaft ohne Seele» (LANGE). FECHNER nahm die entscheidende Verknüpfung von Experiment und Mathematik vor. Er leitete aus dem WEBERschen Gesetz sein psychophysisches Grundgesetz ab (FECHNERsches Gesetz) und schuf damit als erstes Teilgebiet der experimentellen Psychologie die Psychophysik. Die psychologische Forschung schritt nun rasch voran, zunächst besonders auf dem Gebiet der Wahrnehmungslehre. FECHNER begründete 1876 die Experimentelle Ästhetik. WUNDT richtete 1879 in Leipzig das erste psychologische Laboratorium ein und bildete die Psychologie allmählich zu einer systematischen Wissenschaft aus. Es folgten rasch – besonders durch Schüler von WUNDT – weitere Institute: 1881 Göttingen (G. E. MÜLLER), 1883 Baltimore, John-Hopkins-Univ. (HALL), 1886 Kasan (BECHTEREW), 1889 Paris, Sorbonne (BEANUS & A. BINET). EBBINGHAUS untersuchte 1885 das Gedächtnis experimentell. Die Zeit um die Jahrhundertwende brachte weitere Bereicherungen. Zu erwähnen sind: Die experimentelle Untersuchung des Denkens und Wollens durch die Würzburger Schule, die Entdeckung der bedingten Reaktion durch PAWLOW, die ersten vergleichenden «Messungen» der Intelligenz von BINET und SIMON, die Begründung der Faktorenanalyse durch SPEARMAN. Das Interesse an der individuellen Besonderheit machte sich stärker geltend (STERN, Differentielle Psychologie). Fast gleichzeitig kamen die ersten praktischen Anwendungen der Psychologie in Pädagogik, Rechtswesen, Wirtschaft und Arbeitslehre. Es entstanden die Anfänge der Pharmakopsychologie.

Außerhalb der akademischen Psychologie begründete FREUD die Psychoanalyse. Als eine Gegenströmung zur experimentellen (naturwissenschaftlichen) Psychologie entstand die geisteswissenschaftliche Psychologie (DILTHEY, SPRANGER). Das 20. Jh. brachte alsbald den Beginn der Gestaltpsychologie (WERTHEIMER, KÖHLER, KOFFKA) sowie die Begründung des Behaviorismus (WATSON), weiter die Anfänge einer empirischen Sozialpsychologie (MOEDE). In den zwanziger/dreißiger Jahren wurden die ersten der heute gebräuchlichen Persönlichkeitstests ausgebildet (RORSCHACH, MURRAY). Auch die wichtigsten Typologien entstanden in dieser Zeit (KRETSCHMER, JAENSCH, JUNG, PFAHLER).

Intensität und Umfang der ps. Arbeit haben seither auf allen Gebieten der Forschung und Praxis sehr erheblich zugenommen. In der

Die Psychologie, ihre Grundlagen sowie ihre Lehr-, Forschungs- und Anwendungsgebiete (einschließlich historischer Richtungen)

Philosophisch-metaphysische Psychologie	Psychologie als selbständige Erfahrungswissenschaft (Empirische Psychologie)					
	Lehr- und Forschungsgebiete nach			Grundannahmen und Methoden	Lehr- und Forschungsgebiete nach	
	Gruppen (Formkreisen)	Stufen (Übergängen) und Zuständen	Anlagen (Fähigkeiten)		gesellsch. Orientierung	praktischer Anwendung
Leib-Seele-Problem (Ontische Grundlagen von: – Erleben – Erkennen (Kognition) – Denken – Fühlen (Emotion) – Wollen (Volition) Fragen nach: – Wesen des Seelischen – Philosophischen Deutungen – Unsterblichkeit – Willensfreiheit – Verantwortlichkeit – Grenzen des Psychischen – «Psychoide»	Kinderpsychologie Jugendlichenpsychologie Erwachsenenpsychologie Ps. des Alterns Sozialpsychologie Völkerpsychologie Massenpsychologie Anthropologische Psychologie Rassenpsychologie Primitivenpsychologie Tierpsychologie Pflanzenpsychologie	Entwicklungspsychologie Individualpsychologie Pathopsychologie Psychopathologie Tiefenpsychologie Sexualpsychologie Parapsychologie Psychologie aller Sonderzustände wie Suggestion, Hypnose usw.	Denkpsychologie Intelligenzpsychologie Gefühlspsychologie Willenspsychologie Charakterologie Funktionspsychologie Ausdruckskunde Sinnespsychologie Wahrnehmungspsychologie	Assoziationspsychologie Strukturpsychologie Konstitutionspsychologie Schichtentheorie Integrationspsychologie Typenpsychologie Elementenpsychologie Gestaltpsychologie Ganzheitspsychologie Physiologische Psychologie	Kulturpsychologie Sprachpsychologie Religionspsychologie Geschichtspsychologie Kunstpsychologie Musikpsychologie Rechtspsychologie Politische Psychologie u.a. Pädagogische Psychologie Psychagogik Medizinische Psychologie Psychotherapie Umweltpsychologie	Arbeitspsychologie Berufspsychologie Wirtschaftspsychologie Werbepsychologie Industrielle Psychologie Subjekts- und Objektspsychotechnik Sportpsychologie Luftfahrtpsychologie Pharmakopsychologie Psychagogik Ökopsychologie Klinische Psychologie Medizinische Psychologie Psychotherapie Verkehrspsychologie Gerontopsychologie
				Beschreibende (deskriptive), erklärende (explikative), vergleichende (differentielle), verstehende, geisteswissenschaftliche, naturwissenschaftliche Psychologie		
Allgemeine Psychologie = Zusammenfassung der Grundtatsachen des Seelenlebens (Wahrnehmung, Denken, Fühlen, Wollen, Interaktion, Kommunikation)				Selbstbeobachtung Reflexionspsychologie Fremdbeobachtung Ausdruckskundl. Deutung Exp. Psychologie Psychol. Diagnostik Psychoanalyse Diagnostik mit Befragung, Exploration, Analyse, Test, Apparat, Arbeitsprobe, Messungen verschiedener Art, Hypnose, Suggestion u.a.		

Richtungen der Psychologie

(Übersicht)

Richtung	Autoren, die sie einführten	Wesentliche Kennzeichen
Aktpsychologie	F. BRENTANO, C. STUMPF	→Stw.
Analytische Ps.	viele; (spez.) C. G. JUNG	→Stw.
Apperzeptionspsychologie	W. WUNDT	→Stw.
Assoziationspsychologie	HOBBES, HUME u. a. J.F. HERBART	→Stw.
Atomistische Ps.	W. WUNDT u. a.	Die ps. Vorgänge werden in «Elemente» aufgeteilt und losgelöst vom Zusammenhang erforscht; a. Ps. steht im Ggs. zu →Ganzheit, Gestalt, Struktur. Der frühe Behaviorismus und die Assoziationsps. sind Mitbegründer
Aussagepsychologie	W. STERN A. BINET	→Stw.
Behaviorismus	J.B. WATSON	→Stw.
Beschreibende Ps.	W. DILTHEY	→Stw.
Bewußtseinspsychologie		→Bewußtsein
Deskriptive Ps.		→Stw.
Dynamische Ps.		versch. Bez. für versch. ps. Richtungen, die in der besonderen Betonung des Prozeßcharakters des Psychischen als Ausfluß von «Kräften» sich nahestehen. Die Zuwendung zur →Triebdynamik, den →Antrieben und →Motivationen ist dabei ebenso kennzeichnend für jede dyn. Ps. wie die Betonung des Lebenslaufs. Dabei bezeichnet Dynamik sowohl den Wechsel wie die Veränderung an sich, wie die Kräfte, die sie verursachen. Zur dyn. Ps. gehören geschichtlich schon Ansätze, wie sie bei HERDER und NIETZSCHE, ebenso bei DILTHEY und FREUD u. a. festzustellen sind. – Seither haben die dyn. Ps. u. a. gefördert: MCDOUGALL (hormische Ps.), LEWIN (Feld), HEISS (Charakter), THOMAE, ALLPORT (Persönlichkeit). Auch die Motivationsps. von WOODWORTH wird d. Ps. genannt.
Elementenps.	W. WUNDT, G. E. MÜLLER	→Stw.
Empirische Ps.	G. TH. FECHNER H. HELMHOLTZ W. WUNDT G. E. MÜLLER	Gestützt durch das methodische Prinzip des Empirismus, die Verifizierbarkeit durch Erfahrung (Beobachtung, Experiment, Messung, Umfrage, statistische Erhebung) sicherzustellen, sind vor allem Experimentelle Ps., →Behaviorismus, →Operationismus, →Reflexologie, →objektive Ps. zugehörig
Erfahrungsseelenkunde		→Stw.
Existentialistische Ps.	versch. (spez.) L. BINSWANGER	Philosoph. Richtung mit der Auffassung, daß die Gehalte der Erfahrung, die introspektiv erfaßbar sind, eigentlicher Gegenstand der Ps. seien. Enge Beziehung zum Strukturalismus (→Struktur).

Richtung	Autoren, die sie einführten	Wesentliche Kennzeichen
Existentielle Ps.	versch.	Philosoph. Richtung der Existenzbeachtung, verbunden mit Selbstreflexion und phänomenologischem Vorgehen als Methode (Existenzanalyse, Daseinsanalyse u. a.)
Funktionalismus	J. DEWEY J. R. ANGELL	Die Hauptrichtung der amerik. Ps. neben dem Strukturalismus zu Anfang des 20. Jhds. Weitere Vertreter H. CARR, E.E. THORNDIKE (Chicago-School)
Ganzheitsps.	F. KRUEGER F. SANDER u. a.	→Stw.
Geisteswissenschaftl. Ps.	W. DILTHEY E. SPRANGER	→Stw.
Gestaltps.	Chr. Frh. V. EHRENFELS M. WERTHEIMER W. KÖHLER K. KOFFKA	→Stw.
Historische Ps.	W. MCDOUGALL u. a.	Die Ps. sei nur aus ihrer Geschichte erkennbar, da der Mensch sich im Laufe der Zeit wandle (vor allem in den höheren geistigen Prozessen). Verwandte Richtung: epochal-ps. Forschung (MUCHOW, THOMAE u. a.).
Hormische Ps.	W. MCDOUGALL u. a.	Im Ggs. zur einseitigen Wahrnehmungs- und Denkps. befaßt sich die h.Ps. mit den Motivationen und inbes. den dynamischen Aspekten des Verhaltens, den fundamentalen Bedürfnissen und der organismischen Zielstrebigkeit. Die h. Ps. wird auch als teleologische Ps. bezeichnet. →dynamische Ps.
humanistic psychology USA)	A. MASLOW	Als «3. Kraft» (MASLOW) neben der (in dominierenden →Psychoanalyse und dem →Behaviorismus bemüht sich die h. Ps., der gesunden und schöpferischen Persönlichkeit gerecht zu werden. Ziele sind «Selbstverwirklichung», «Selbstaktualisierung», «Selbsterfüllung». Die Vertretung des humanistisch-ps. Anliegens in der →Psychotherapie von C.R. ROGERS hat zur Verbreitung wesentlich beigetragen. Nach CH. BÜHLER (1971) wird heute als die wichtigste Aufgabe der h. Ps. angesehen: «Der Theorie eine wissenschaftl. zuverlässige Basis zu geben und die bisher unzureichend entwickelte Methode der Erfassung der Person als Ganzes gültig zu definieren.»
Individualps.	A. ADLER	→Stw.
Inhaltsps.		Die Inhalte und Gehalte des ps. Erlebens im Ggs. zu den →Funktionen werden stärker beachtet. So können die versch. Ps. mit ganzheitlicher, geisteswissenschaftlicher, tiefenps. und auch charakterkundlicher Ausrichtung als I. bezeichnet werden.
Integrationspsychologie	E. R. JAENSCH	→Stw.

P

Richtung	Autoren, die sie einführten	Wesentliche Kennzeichen
Introspektive Ps.		Die in unmittelbarer «Selbstgegebenheit» vorgefundenen Phänomene werden vordergründig beachtet. Die Phänomenologie steht der i. Ps. nahe, ebenso die exp. Selbstbeobachtung.
Kognitive Ps.	versch.	→Stw.
Kritische Ps.	K. HOLZKAMP	In Auseinandersetzung mit der Studentenbewegung (FU Berlin) entwickelt, steht diese k. Ps. auf dem Boden des historischen Materialismus und versucht, Ps.forschung unter dem Gesichtspunkt der Verwertung für die Masse der Bevölkerung zu betreiben. K. Ps. stellt sich in Ggs. zur sog. bürgerlichen Ps.
Leistungsps.	K. BÜHLER	→Werkps.
Naturwissenschaftl. Ps.		Das seelische Geschehen wird als Lebens-, d. h. Naturgeschehen aufgefaßt und vorwiegend empirisch mit exakten, systematisch entwickelten Methoden untersucht. Kennzeichnend ist die umfangreiche Verwendung von →Experiment und Statistik
Neobehaviorismus	E. C. TOLMAN, C. L. HULL, B. F. SKINNER	→Stw. Behaviorismus
Neopositivismus	M. SCHLICK O. NEURATH	Nur Aussagen, die unter streng exp. Bedingungen verifizierbar (oder falsifizierbar) sind, werden als wissenschaftliche anerkannt. Der N. unterdrückt jederart Mentalismus (nicht als Handlung beobachtbar!), er steht dem →Operationalismus nahe.
Objektive Ps.	J. B. WATSON I. P. PAWLOW u. a.	→Stw.
Objektivierende Ps.		→subjektivierende Ps.
Operationalismus	P.W. BRIDGMAN	syn. Operationismus, →Stw.
Operationismus		→Stw.
Organismische Ps.	A. GELB K. GOLDSTEIN J. KANTOR	Ps. Theorien, die die Bedeutung des Organischen, des Organismus und seiner anpassenden Funktionen an die Umwelt betonen. Übergänge zur Ganzheits- und Gestaltps.
Phänomenologische Ps.	E. HUSSERL A. PFÄNDER M. SCHELER	Eine Richtung, die die phänomenologische Methode (→Phänomen) mit aller methodischen Strenge zum Ausgang hat. Sie wurde von der →Gestaltpsychologie und anderen ps. Richtungen (→existentielle Ps.) sehr beachtet. Sie selbst bezeichnet sich als «rein deskriptive, das Feld transzendental reinen Bewußtseins in der puren Intuition durchforschende Disziplin».
Physiologische Ps.	J. MÜLLER W. WUNDT R. B. CATTELL	Die Ps., die den Zusammenhang zwischen seelischem und körperlichem Geschehen in Anlehnung an die Physiologie zu klären sucht. Im besonderen auch die Ps., die den Vorgängen des Nervensystems (des Gehirns) und der Sinnesorgane nachgeht. Die Psychophysiologie befaßt sich auch mit allg. psychosomatischen Problemen (Dependenzanalysen zwischen ps. und physiologischen Variablen).

Richtung	Autoren, die sie einführten	Wesentliche Kennzeichen
Praktische Ps.		→Stw.
Reflexionsps.		Das Bemühen, ps. Erkenntnisse nur aus der Erlebnisbeobachtung abzuleiten.
Reflexologie		→Stw.
Subjektivierende Ps.		Gegenposition zu allen objektivierenden Annahmen und Theorien. Geistig-seelische (Bewußtseins-)Prozesse seien nur aus sich erklärbar. Die s. Richtungen stehen dem Mentalismus *(mentalism)* nahe.
Strukturalismus	W. WUNDT E. B. TITCHENER	Ps. Richtung, die von WUNDT herkommend und mit TITCHENER als Initiator in den USA (bis zum Aufkommen des Behaviorismus) neben und gegenüber dem Funktionalismus bestand. Die Analyse der Struktur mentaler Prozesse wurde gegenüber dem Funktionalismus betont. Der Verstand als Summe von Grundelementen des Bew.: Empfindungen, Vorstellungen und Gefühle.
Teleologische Ps.		→Hormische Ps.
Topologische Ps.	K. LEWIN	→Topologische und Vektorps.
Vektorps.	K. LEWIN	→Topologische und Vektorps.
Vergleichende Ps.	G. KAFKA H. WERNER	Komparative Ps., deren Aufgabe es ist, die Ergebnisse einzelner Gebiete, insbes. der Entwicklungs- und Kinderps., der Ps. der Primitiven und der Tierps. wie auch der Geisteskranken, im Hinblick auf Gemeinsamkeiten und Verschiedenheiten zu untersuchen und hieraus Einsichten zu gewinnen.
Verhaltensps.	K. BÜHLER	Die auf das Verhalten reduzierte Ps., auch Bez. für den →Behaviorismus. Neuerdings greift die V. weiter aus und versteht sich als Teil der Sozialps. sowie als Wissenschaft der kulturspezifischen Verhaltensweisen.
Verstehende Ps.		→Stw.
Werksps.		→Stw.
Zergliedernde Ps.		→Analytische Ps.

Zeit zwischen den beiden Weltkriegen ist – u. a. infolge der Emigration bedeutender Psychologen – die führende Stellung von der deutschen auf die amerikanische Psychologie übergegangen. Die katastrophale Situation nach dem Ende des Zweiten Weltkrieges erzwang im geteilten Deutschland einen schwierigen Weg des Wiederaufbaues der Forschung und Lehre. Dabei leistete das Ausland – besonders auch amerik. Wissenschaftler und Praktiker – wertvolle Hilfe. Für die Lehrstühle fanden sich anfangs nur schrittweise geeignete Persönlichkeiten, die keine oder nur geringe nationalsozialistische Kontakte gehabt hatten (was von den Besatzungsmächten mit einem Lehrverbot belegt wurde). Ab 1950–1955 gewann dann endlich in der BRD die Psychologie ihre (heute international) bedeutende Stellung. Die weitere Entwicklung bis zur Gegenwart läßt in der deutschen Ps. gewisse Vorzugsgebiete und (international) neue Interessenfelder erkennen wie therapeut. Verfahren in der klinischen Ps., Psycholinguistik, ökologische Ps., psycho-physiologische Methodik. – Zur Gegenwartsentwicklung geben die jeweiligen Präsidenten der →DGfPs eine Bestandsaufnahme in den Kongreßberichten. **[L]** ANSCHÜTZ 1953, BORING 1950, DORSCH 1963, FLUGEL 1950, HEHLMANN 1963, MAIKOWSKI et al. 1976, METZGER

P

1975, MURPHY 1949, PONGRATZ 1967, ROBACK 1964, SAHAKIAN 1975, WATSON 1978, WERTHEIMER 1971, BROZEK & PONGRATZ 1980, HOFSTÄTTER 1984 *F. Dorsch*

Psychologie der Aussage →Forensische Psychologie, →Wahrheit

Psychologie des Alterns, die anstelle der syn. gebrauchten Begr. Gerontologie bzw. Gero(nto)-Psychologie angepaßtere Bez., da das Altwerden nicht auf die «Geronten» beschränkt ist. Das Altern beginnt, wenn im Lebensablauf der Höchststand der ps.-physiologischen Leistungsfähigkeit überschritten wird und die regressiven Veränderungen vorherrschen. Nach BÜRGER (1960) bedeutet das Altern die negative «Veränderung der lebenden Substanz als Funktion der Zeit». Doch dieser «Altersabbau», der exakt genommen schon mit der Geburt beginnt, verläuft sehr unterschiedlich. Das körperliche und das seelisch-geistige Altern sind bald gleich-, bald gegengerichtet: Der Alte mit körperlichem Verfall neben ps. Verjüngung ist keine Ausnahme. Und innerhalb der ps. Funktionen können sehr wohl schwindendes Gedächtnis und rückläufige Erlebnisfähigkeit neben «Weisheit» und gedanklicher Klarheit auftreten. Das um 1920 in den USA entstandene Defizit-Modell (d. h. die linear verlaufende Abnahme von Qualität und Quantität der Leistung und Produktivität) ist nur pauschal als Leitlinie für das gerontologische Geschehen anzuerkennen.

Gesichert erscheint, daß jedes Altern mit der Verlangsamung aller vom ZNS gesteuerten Verhaltensreaktionen einhergeht. Die Annahme eines allg. Faktors «Verhaltensverlangsamung» hat deshalb einige Bedeutung. Sie wurde auch durch weitere Annahmen zu stützen gesucht; so erklärt die *«neural noise»*-Hypothese die Verlangsamung damit, daß die ungerichtete neurale Aktivität im Alter gesteigert ist (neurales →«Rauschen») und die absoluten Schwellen, weniger die Unterschiedsschwellen, gestört sind (BIRREN 1972). Nach der *«excitability»*-Hypothese soll die unterschwellige Erregung der Neuronen das altersbedingte Nachlassen des retikulären Aktivierungssystems mit verlängerten Synapsenzeiten die Verhaltensveränderung auslösen (BIRREN 1972).

Doch die Ps.d.A. wird heute mehr als bisher auch aus sozialps. Überlegungen zu deuten gesucht. Der alternde Mensch – so wird gesagt – altert vor allem auch durch seine sich wandelnde und zunehmend schlechter werdende sozialps. Position. Eine Austauschtheorie (HOMANS 1968, BLAU 1967) besagt hierzu, daß der «soziale Austausch» (der *«do ut des»*-Mechanismus), der auf den meisten Altersstufen zum Vorteil der Partner funktioniert, dem alten Menschen gegenüber versagt. MARTIN (1971) hebt hierzu als Beispiel hervor, wie gegenwärtig nur allzu oft vor dem Ableben des alten Menschen der Austausch ehemals empfangenen Nutzens soweit abgeschlossen ist, daß der «Kosten-Nutzen-Vergleich bei den letzten Erkrankungen nicht mehr die Belastung der häuslichen Pflege rechtfertigt, sondern zur Überweisung ins Krankenhaus führt» (zit. nach SCHNEIDER 1974). Die «Disengagementtheorie» (CUMMING & HENRY 1961) betont ähnlich die im Alter abnehmende Rollenaktivität. «Wenn der Alternsprozeß abgeschlossen ist, hat das Gleichgewicht, daß im mittleren Erwachsenenalter zwischen dem Individuum und seiner Gesellschaft bestand, einem neuen Gleichgewicht Raum gegeben, daß durch eine größere Distanz und durch einen veränderten Typus der Beziehungen gekennzeichnet ist». Anders sieht die Aktivitäts-Theorie den Zusammenhang, indem sie die Möglichkeit bejaht, durch altersangepaßte Aktivitäten «Verluste» auszugleichen und damit «erfolgreiches Altern» zu ermöglichen (wozu jedoch kritisch zu fragen ist, wie dies in unserer Gesellschaft, die den geistig-seelischen Abbau der Alten mehr fördert als ihn zu mindern, möglich sein soll. LEHR empfiehlt die psychologische Intervention als eine neue Aufgabe der Gerontologie). Eine →compensatory-engagement hypothesis (HAVIGHURST 1969) geht von Beobachtungen aus, die zwischen Disengagementtheorie und Aktivitätstheorie vermitteln. Die Minoritäts- und die Sozialisationstheorie beachten weitere Ausschnitte im Alternsverlauf. Die erstere mit der Betonung, daß die Alten eine Minderheit darstellen mit der generell allen Minderheiten zukommenden Negativität im sozialen Gefüge, und die Sozialisationsthese hebt hervor, daß die Verhaltenssteuerung über das gesamte Leben immer neu gelernt werden muß, dieses «Lernen» aber mit zunehmendem Alter versagt, teils weil «der Alte» versagt, teils weil die Gesellschaft die notwendige Hilfestellung verweigert.

Die Ps.d.A. ist nicht bloß ein «akademisches» Forschungsproblem. Heute muß diese Ps. sogar wichtige praktische Aufgaben lösen helfen, sowohl im Interesse des einzelnen alten Menschen, der zumeist immer noch in aussichtsloser Abwehr gegen sein individuelles Altersschicksal angeht, wie nicht minder im Interesse der Gesellschaft, die dadurch, daß der Anteil der Alten an der Gesamtbevölkerung angestiegen ist, vor einer schwierigen Situation steht. [L] LEHR 1977, REIMANN 1974, SCHNEIDER 1974, BIRREN & SCHAIE 1985, BALTES et al. 1989, OSWALD et al. 1991

psychologische Diagnostik, die in Abgrenzung zu anderen diagnostischen Verfahren (z. B. medizinische Diagnostik) gewählte Bez. für alle Methoden und deren Anwendung, die zur Messung bzw. Beschreibung inter- und intraindividueller ps. Unterschiede verwendet werden.

Während vereinzelte unsystematische, aber auch systematische Versuche zur Diagnose und Prognose von Verhaltensweisen bis in die frühe chinesische und urchristliche Kulturepoche zurückreichen, ist eine wissenschaftl. ps.D. in der westlichen Welt erst zu dem Zeitpunkt zu verzeichnen, als neben der am klassischen Experiment orientierten exp.Ps. die Fragestellung nach persönlichkeitsbedingten, zwischen Individuen variierenden Reaktionsweisen erkannt, als Fragestellung formuliert und systematisch untersucht wurde. Als Begründer dieser different. Betrachtung ist GALTON zu nennen, der den Anstoß für ps.d. Methoden gegeben hat. Für den Bereich der temperamentsbezogenen Eigenschaften wurden entsprechende Initiativen zur Entwicklung objektiver Meß- bzw. Beschreibungsverfahren durch pragmatische Fragestellungen der Systematisierung u. Ökonomisierung von psychiatrischen Klassifikationen angeregt. Obwohl die Forschungsbemühungen seit einem halben Jh. auf diesen Gebieten intensiv vorangeschritten sind, ist zum heutigen Zeitpunkt in keiner Weise weder im Bereich der Grundlagenforschung noch in der Anwendung ein Forschungsstand erreicht, der als befriedigend bezeichnet werden kann. Während über längere Zeit die exp. und different. Ps. in keinem aufeinander bezogenen Verhältnis standen, wird erst heute die Beziehung von ps.D. und allg. (exp.) Ps. wieder gefordert. Diese Verbindung liegt nahe, da die formale oder logische Struktur des Experiments und des Tests gleich oder ähnlich ist. Nur die Ziele der beiden Verfahren sind unterschiedlich. Während das →Experiment über eine Anzahl von Pbn zu allg. Gesetzmäßigkeiten kommen will, soll ein Testwert bei einer Vp die Ausprägung einer Dimension oder Funktion innerhalb eines definierten Kontinuums angeben. Genau wie im Experiment ein Verhalten über eine Aufgabe provoziert wird, zielt der Test auf eine Verhaltensstichprobe ab. Von dieser Verhaltensstichprobe soll auf ein zu diagnostizierendes bzw. prognostizierendes Verhalten geschlossen werden. Dieser Schluß vom Index zum Indizierten kann nicht beliebig gezogen werden. Die empirische Sicherung der Beziehung von Testverhalten und Realverhalten wird über verschiedene Stationen der Ermittlung der →Testgütekriterien vorgenommen. Weist ein solches diagnost. Verf. die Kriterien der Standardisierbarkeit und Kontrollierbarkeit auf, so spricht man von einem Test. Eine in diesem Gesamtrahmen zu sehende Forschungssystematik ist die der Einteilung und Abgrenzung von Variablen oder Variablenbereichen. Daraus resultiert die mögliche Einteilung der psychodiagnostischen Tests nach den Variablen der →Intelligenz, der →Persönlichkeit, der →Motive und →Einstellungen. Während der Sektor der intellektuellen und allgemeinen Leistungen sowohl durch theoretisch gut fundierte als auch von der Praxis her als relevant geforderte Verfahren mit Tests gut repräsentiert ist, haben die auf die Persönlichkeitseigenschaften übertragenen Methoden zu einem wesentlich weniger befriedigenden Stand geführt. Entsprechend der im grundlagenwissenschaftlichen Bereich noch nicht weit fortgeschrittenen Motivations- bzw. Interessenanalyse, sind auf diesem Gebiet nur wenige wissenschaftl. fundierte Verfahren zu verzeichnen. Der Sachverhalt, daß psychodiagnostisch relevantes Verhalten sich in sehr verschiedenen Situationen beobachten, provozieren, auswerten und anwenden läßt und daß es sehr viele Vorstellungen und Definitionen von Persönlichkeit gibt, hat gleichfalls zur heutigen Situation beigetragen. Auch der Umstand, daß sich sehr viele Verfahren in der Standardisierung nicht bewährt oder grundsätzlich für diese nicht geeignet haben, reduziert die Vielfalt an möglichen Informationsquellen. Auf diese Weise haben sich in der Anwendung die →Persönlichkeitsfragebogen, die →objektiven Tests und die →projektiven Verfahren mit unterschiedlicher Bewährung durchgesetzt. Wenn auch die Funktion der ps.D. vorrangig als diejenige der optimalen Hilfe für die Entscheidungsfindung betrachtet werden kann, so sollte nicht unberücksichtigt bleiben, daß zwischen ps.D. und empirischer Persönlichkeitsforschung ein Interdependenzverhältnis besteht. Die Persönlichkeitsforschung erarbeitet den Rahmen, in dem sich die ps.D. beschreibend, messend, klassifizierend, prognostizierend bewegt. Auf der anderen Seite sind die Verfahren der ps.D. Meßverfahren und Hilfsmittel für die empirische Persönlichkeitsforschung. Die ps.D. muß bezüglich der von ihr zu diagnostizierenden Einheiten und der damit in Zusammenhang stehenden Meßtechniken gewisse Grundannahmen machen. Die klassische Diagnostik geht im ersten Punkt von relativ konstanten Eigenschaften und Dimensionen aus und hat für die Meßstrategien hauptsächlich die →Testtheorie zugrunde gelegt.

So haben Mißbrauch der Testverfahren, inadäquate Anwendung, die mangelnde Bereitschaft, überalterte Verfahren aufzugeben und neue, adäquate Konzeptionen zu realisieren, das Unbehagen in der ps.D. über die Grenzen der wissenschaftl. Kontrolle und Anwendung zu den von der ps.D. betroffenen Pbn und der breiten Öffentlichkeit beigetragen. In dem Maße jedoch, in dem auf der Grundlage von bewährten Verfahren neuere Konzeptionen mit einbezogen werden, wird sich die Qualität von wissenschaftl. fundierten und bewährten Verfahren gegenüber unqualifizierten Techniken als Vorteil herausstellen. Verbesserungen bisheriger Methoden und die Verwirklichung neuer Ansätze kennzeichnen heute bereits die ps.D. So wird z. B. zur Erhöhung der Ökonomie von diagnostischen Maßnahmen und zur Stärkung der Effektivität auf die Computerhilfe zurückgegriffen (→Computerdiagnostik). Im Bereich der Meßverfahren kommt den →objektiven Tests (speziell psychophysiol. Meßverfahren) mehr Bedeutung zu. Auch die für klinische und therapeutische Zwecke notwendige Diagnostik des Einzelfalls, z. B. speziell für therapeutische Kontrollen, wird von der ps.D. in neuerer Zeit stärker aufgegriffen. Der ps.D. werden verschiedene Funktionen zugesprochen. **[L]** ANASTASI 1968, ARNOLD 1972, CRONBACH 1970, HARTMANN 1970, MEILI & STEINGRÜBER 1978, PAWLIK 1976, JAEGER & PETERMANN 1992 *H. Häcker*

psychologische Ökologie, von LEWIN vorgeschlagener Begriff, unter dem sich die Ps. mit bestimmten «nichtpsychologischen» Gegebenheiten befassen sollte, und zwar solchen, die «Grenzbedingungen des Lebens des Individuums und der Gruppe» mitkonstituieren, beispielweise Klima, Verkehrsverhältnisse, Gesetze eines Landes oder einer Organisation, und die somit gleichsam rahmenhafte Vorgaben für (ps. relevante) Situationen und Handlungen bilden. **[L]** KAMINSKI 1986, MILLER 1986 *G. Kaminski*

Psychologismus, einerseits die Überbewertung der Psychologie als Grundlage aller Wissenschaften, andererseits ein Urteil im abwertenden Sinne. • Im Begr. P. steckt auch die Frage, ob die Ps. eine Wissenschaft der Erkenntnis von Gesetzmäßigkeiten und Normen sei oder ob solche Werte nicht erklärt werden können.

Psycholyse, psycholyt. Therapie, die von R.A. SANDISON u. a. in den USA eingeführten Verfahren der Ergänzung der psa. Behandlung durch Anwendung von →Halluzinogenen (LSD, Meskalin). Wird nur noch vereinzelt angewendet; Wirksamkeitsbelege liegen nicht vor.

Psycholytika →Psychpharmaka

Psychom, Bez. für das psychische Geschehen (bei HAECKEL und FOREL). • HELLPACH hat den Begr. auch für die seelische Verfassung im Zusammenhang mit dem körperlichen (auch krankhaften) Geschehen (unter Berufung auf HELLPACHS →Genom) eingeführt. So beschreibt HELLPACH (1946) das P. des Fiebers, der Tuberkulose u. a. m. **[L]** HELLPACH

Psychometrie, ursprünglich die Untersuchung der zeitlichen Verhältnisse in den seelischen Vorgängen, heute die Messung ps. Erscheinungen ganz allgemein, auch das Forschungsgebiet, das sich mit der Messung des Ps. beschäftigt.

Die P. hat sich aus der →Psychophysik entwickelt, ihr Gegenstand ist weit umfangreicher: Untersuchung der funktionalen Beziehungen zwischen ps. oder zwischen ps. und nichtps. Variablen und Herstellung ps. Skalen (→Skala, Skalierung). Es handelt sich dabei (a) um Beziehungen zwischen Reizen und den dadurch hervorgerufenen Erlebnissen. (Dies ist der Problemkreis der Psychophysik im herkömmlichen Sinn.) Der Ausdruck «Reiz» ist dabei weit gefaßt, es können damit alle Gegebenheiten außerhalb des Organismus gemeint sein. Weitere Forschungsbereiche bilden (b) die Beziehungen zwischen körperlichen (physiologischen) Vorgängen und ihren ps. Korrelaten (z. B. zwischen einer körperlichen und einer emotionalen Veränderung) und (c) die funktionalen Beziehungen der ps. Variablen untereinander, z. B. zwischen der Verlaufszeit eines seelischen Vorgangs und dem Grad der Motivation. Die unter (b) und (c) genannten Problemkreise sind bis jetzt weit weniger erforscht worden als der unter (a) angeführte, doch bildet die psychometrische Forschung einen Schwerpunkt der ps. Forschung überhaupt. Sie besitzt auch wachsende praktische Bedeutung. →Paarvergleich, →Rangordnung, →Schätzverfahren, →Wahlmethode, →Psycholexie. [L] GUILFORD, TORGERSON, THURSTONE, WOODWORTH & SCHLOSBERG 1971

Psychomimetika, Substanzen, durch die psychoseähnliche Symptome, sog. experimentelle Psychosen («Modellpsychosen») erzeugt werden. Beispiele: Meskalin, Lysergsäurediäthylamid (LSD). →Psychopharmaka

Psychomotilität →Psychomotorik

Psychomotorik, Willkürmotorik, willkürliche Bewegungen, die einem Zweck dienen; die Grenze zu →Reflexen ist unscharf. Wichtige Merkmale der P. sind ihre Verzahnung mit Wahrnehmung und kognitiven Prozessen. P. als Teilgebiet der →(Allgemeinen) Psychologie mit enger Verbindung zur →Differentiellen und →Angewandten Psychologie; gleichzeitig Teil einer interdisziplinären Bewegungswissenschaft *(kinesiology, movement science).*

In der Geschichte der Psychologie hat die Psychomotorik nie eine so zentrale Rolle gespielt wie etwa die Wahrnehmung; von wichtigen Strömungen wie etwa dem →Strukturalismus oder →Behaviorismus wurde sie völlig vernachlässigt. Hinzu kommen die technischen Probleme der →Bewegungsanalyse, die ohne Computer nur mit großem Aufwand zu bewältigen sind. Wichtige Phasen in der Entwicklung des Teilgebietes: um die Jahrhundertwende Untersuchungen des Erwerbs sensomotorischer →Fertigkeiten (BRYAN & HARTER, THORNDIKE) und der →Zielbewegung (WOODWORTH); zwischen den Weltkriegen →ganzheits- (KLEMM) und gestaltpsychologische (DERWORT) Untersuchungen; im und nach dem Zweiten Weltkrieg Untersuchungen des →Tracking (CRAIK) und der →Zielbewegung (FITTS) unter dem Einfluß der →Kybernetik; in den 50er Jahren extensive Untersuchungen interindividueller Unterschiede (FLEISHMAN, →psychomotorische Faktoren) und der Übung vor allem am →pursuit rotor; seit Mitte der 70er Jahre zunehmende Bedeutung des Gebietes, bedingt u. a. durch neue Strömungen in der →Kognitiven Psychologie und →Wahrnehmungspsychologie sowie die Entwicklung einer interdisziplinären Bewegungsforschung.

Wichtige Problemkreise der Psychomotorik sind die →motorische Vorbereitung, die →Bewegungssteuerung, die →Koordination, das →Bewegungsgedächtnis, das motorische →Lernen, die motorische →Entwicklung, individuelle Unterschiede (z. B. →persönliches Tempo); Rückschlüsse von Bewegungsmerkmalen auf die Persönlichkeit sind Gegenstand der Ausdruckspsychologie. [L] HEUER 1990, SCHMIDT 1989, ROSENBAUM 1990

psychomotorische Faktoren, um sowohl die Anzahl der gegeneinander abgrenzbaren Dimensionen zu erheben, als auch Tests zur Vorhersage des psychomotorischen Leistungsverhaltens bei Eignungsuntersuchungen verwenden zu können, wurde mit der Methode der →Faktorenanalyse versucht, sämtliche Leistungen, bei denen motorische Prozesse eine Rolle spielen, auf die hinter ihnen stehenden hypothetischen Konstrukte zurückzuführen. Je nach einbezogenen psychomot. Variablen und Testverfahren wurde eine unterschiedliche Anzahl von Faktoren ermittelt. GUILFORD (1964) gibt in einer Matrix für die psychomot. Faktoren einen Überblick über bisher bekannte Dimensionen. Der Stärkefaktor resultiert aus Leistungsproben der verschiedenen Körperteile. Motorische Leistungsproben, bei denen der Kräfteeinsatz maßgeblich ist, um die Bewegung in Gang zu bringen, lassen sich unter den Faktor Beschleunigung oder Antrieb zusammenfassen. Die Schnelligkeit, mit der eine Bewegung dann weiter durchgeführt wird, bildet bezüglich der verschiedenen Gliedmaßen ebenfalls einen Faktor, den der Geschwindigkeit. Der Faktor des statischen Gleichgewichts resultiert aus Aufgaben des Balancierens. Werden bei etwas schwierigeren Bewegungsaufgaben Genauigkeitsleistungen verlangt, so lassen sich diese ebenfalls wieder faktoriell zusammenfassen (dynamischer Genauigkeitsfaktor). Je nachdem, welche Körperteile für die Koordination von Bewegungen benötigt werden, lassen sich Handgeschicklichkeitsfaktoren oder Fingerfertigkeitsfaktoren ermitteln. Die für sportliche Tätigkeiten notwendige allgemeine Beweglichkeit läßt sich auch faktorenanalytisch unter Heranziehung solcher «Flexibilitätsübungen» als Gelenkigkeitsfaktor nachweisen.

PAWLIK (1968) hat die verschiedenen psychomotorischen Faktoren nach dem Grad ihrer Bestätigung zusammengestellt. Mit apparativen Tests (z. B. →pursuit-rotor) konnte der Faktor der psychomotorischen Koordination gesichert werden. Der Faktor der Zielbewegungskoordination *(aiming)* wird gefunden, wenn mit Papier- und Bleistifttests Aufgaben

Betroffene Körperteile	Art der Befähigung						
	Stärke	Stoß-Vermögen	Schnelligkeit	Genauigkeit statische	dynam.	Koordination	Gelenkigkeit
molar	allg. Körperstärke	allg. Reaktionszeit		stat. Gleichgewicht	dynam. Gleichgewicht	molare Körperkoordination	
Rumpf	Rumpfstärke						Rumpfgelenkigkeit
Glieder	Gliederstärke	Gliederpropagation	Armgeschwindigkeit	Armsicherheit	sicheres Armzielen		Beingelenkigkeit
Hände		Klopfen	Handgeschwindigkeit		sicheres Handzielen	Handgeschick	
Finger			Fingergeschwindigkeit			Fingergeschick	

Matrix für die psychomotorischen Faktoren (nach GUILFORD 1964)

wie *dotting* durchgeführt werden. Werden bei der Bewegungsausführung Handgelenk und Armgelenk mitbenutzt, so läßt sich der Faktor *tapping* ermitteln. Werden Arm-Hand-Bewegungen auf ihre feinmotorische Sicherheit hin beansprucht, so läßt sich aus diesen Aufgaben der Faktor der Bewegungsruhe *(steadiness)* ableiten. Als speziellere Faktoren der Psychomotorik ist der Faktor der Händigkeit, das allgemeine motorische Tempo und die Artikulationsgeschwindigkeit aufzuführen. Unter diesen Faktoren könnten auch noch diejenigen, die sich mit der Schreibmotorik in Beziehung bringen lassen, hinzugerechnet werden. **[L]** FLEISHMAN 1954, PAWLIK 1968 *H. Häcker*

Psycho(neuro)endokrinologie, eine neuere Forschungsrichtung, die mit allen Problemen der endokrinen Verhaltenssteuerung (insbes. bei psychopathologischen Störungen) befaßt ist. →Hormone. **[L]** BLEULER 1979

Psychoneuroimmunologie, dieser noch sehr junge Forschungsbereich befaßt sich mit den Wechselbeziehungen zwischen dem Nervensystem, dem Hormonsystem, dem Immunsystem und ps. Prozessen. Obwohl viele Kommunikationswege zwischen den Systemen noch unerforscht sind, ist heute schon sehr gut dokumentiert, daß das Immunsystem in der Lage ist, auf neurochemische Signale von Nerven- und Hormonsystemen zu reagieren. Andererseits wissen wir auch, daß Funktionen des Nerven- und Hormonsystemes (Psychoneuroendokrinologie) von Produkten des aktivierten Immunsystemes beeinflußt werden. Die Existenz dieser Wechselbeziehungen bildet die experimentelle Grundlage für die Erforschung von Verhaltenseffekten auf das Immunsystem bzw. von Auswirkungen immunologischer Prozesse auf das Verhalten. Die Erforschung dieses komplexen Netzwerkes wird in enger Kooperation von Immunologen, Endokrinologen, Physiologen, Pharmakologen, Psychologen, Onkologen und Pychiatern betrieben. **[L]** SCHEDLOWSKI & TEWES 1996; FEHM 1994 *C. Becker-Carus*

Psychoneurosen, nach FREUD diejenige Gruppe der →Neurosen, deren ps. oder somatische Symptome Ausdruck einer unvollständigen Triebverdrängung auf dem Hintergrund eines chronischen, meist schon in die frühe Kindheit zurückreichenden Triebkonflikts darstellen. Je nach der Triebabwehr und dem Triebschicksal entwickeln sich die einzelnen Formen der P. (1) hysterische Syndrome (einschließlich der →Organneurosen); (2) die phobischen Syndrome (→Phobie); (3) die anankastischen Syndrome (→Zwang); (4) die Charakterneurosen. Die P. werden von FREUD den vegetativen oder →Aktualneurosen gegenübergestellt.

psychonom, dem Bereich des Psychischen zugehörig • Bez. für alles, was nur im Zusammenhang mit seelischen Erscheinungen nachweisbar ist. Ggs. apsychonom.

Psychopath, wörtl. der «seelisch Leidende», d. h. der in besonderer Weise von der Norm ps. Verhaltens Abweichende. Nach K. SCHNEIDER (1976) sind P. Persönlichkeiten, die an ihrer

Abnormität leiden oder unter deren Abnormität die Gesellschaft leidet. Heutzutage wird der Begr. P. durch den der →«abnormen Persönlichkeit» ersetzt.

Psychopathie, wörtlich die «Krankheit» des →Psychopathen. 1888 wurde erstmals durch den Psychiater J.L.A. KOCH die Formgruppe «psychopathische Minderwertigkeit» abgegrenzt. Die P. bezieht sich vor allem auf eine abnorme (negative) charakterliche Abweichung (Affektivität, Willensbildung). Die Schwierigkeit der Abgrenzung der P. gegenüber Formen der Psychose und Neurose hat dazu geführt, daß der P.begriff heute vielfach gemieden wird. Man hat unterschiedliche «Formen» der P. abgegrenzt, vgl. Tabelle; → Soziopathie, → medizinisches Modell

anankastische	heitere
asthenische	hyperthyme
autistische	hypochondrische
depressive	hypomelancholische
dysphorische	hypothyme
dysthyme	idiopathische
emotive	kriminelle
epileptoide	paranoide
erregbare	phlegmatische
euphorische	poikilothyme
explosible	querulatorische
fanatische	schizoide
geltungssüchtige	stimmungslabile
gemütlose	triebanomale
haltlose	willenlose
heboide	zyklothyme

Formen der Psychopathie

Psychopathologie, die Wissenschaft von den krankhaften Veränderungen des Seelenlebens (besonders von den Psychosen und Psychopathien). Sie bildet die wissenschaftliche Grundlage der Psychiatrie.

Der Entwicklung nach geht die P. entsprechend der Bedeutung ihres Themas weit zurück. Man kann THOMAS VON AQUIN mit seinem Kommentar (zum ersten ps. Lehrbuch «de anima» von ARISTOTELES) an die Spitze stellen, da dieser dort – allerdings von einem philosophischen Standpunkt ausgehend – auch ps. Störungen beschrieben hat. Neuzeitlichen Auftrieb bekam die P. jedoch erst im 19. Jh. mit dem gleichzeitigen Wachsen der Psychiatrie und Neurologie und insbes. durch die Erkenntnisse um die Hypnose und Suggestion sowie um die Hysterie. Namen wie BERNHEIM, LIEBAULT, JANET, CHARCOT, RIBOT belegen dies, wozu für das 20. Jh. die Anregungen kommen, die von S. FREUD und seinen Nachfolgern ausgehen. Nicht minder hat die Psychiatrie und ihre Wandlung auf die Entfaltung der P. gewirkt. Die «Schilderer» (wie GRIESINGER, KRAEPELIN und viele andere), ebenso die gegensätzlichen «Analytiker» (WERNICKE u. a.) sind hierbei die Anreger, bis K. JASPERS dann die P. «zum Rang einer methodisch gegliederten Wissenschaft» erhob. [L] BASH 1955, BLEULER 1966, BRUN 1954, GRUHLE 1952, HOFF et al. 1955, JASPERS 1965, KOLLE 1970, WYRSCH 1960

Psychopharmaka, Substanzen, die ihre Wirkung über eine direkte Einwirkung auf das ZNS vermitteln und das Erleben wie das Verhalten (überwiegend reversibel) verändern. Der wichtigste Wirkungsmechanismus ist die Interaktion mit →Neurotransmittersystemen. Zu den P. gehören neben Arzneimitteln auch Genußmittel wie Kaffee, Tee und Alkohol. Vielfach läßt man heute nur noch die modernen, seit 1952 chemisch neu entwickelten und zu weltweiter Verbreitung gekommenen →Psychostimulantien, →Tranquillantien, →Neuroleptika und →Psychotomimetika (Halluzinogene) als P. gelten. Die Vielzahl und die Wirkungsvielfalt hat es mit sich gebracht, daß die P. mit sehr verschiedenen Bez. belegt sind und auch nur unbefriedigend systematisch geordnet bzw. klassifiziert werden können. Faktoren wie die Dosierung, die Situation, in der sich der Patient oder Benutzer befindet, aktuelle und habituelle Persönlichkeitsmerkmale (z. B. Neurotizismus, Extra-/Introversion, Alter) modifizieren zudem die Substanzwirkung oft entscheidend (→differentielle Pharmakopsychologie). Dies hat auch zu unterschiedlichen Einteilungen der P. für den Bedarf einzelner Fachgebiete (Pharmakologie, Psychiatrie, Psychologie) geführt. Die Tabelle erläutert die Vielfalt der Begriffe und die gegenwärtig gebräuchlichste Einteilung mit Beispielsubstanzen. [L] BENKERT & HIPPIUS 1996, FORTH et al. 1996, FOX & RÜTHER 1988, JANKE 1994, JULIEN 1997, LAUX et al. 1997, MUTSCHLER 1997, RIEDERER et al. 1992–1995, SCHULZ & SCHMOLDT 1994, SCHWABE 1997 *W. Janke/M. Ising*

Psychopharmakologie, Teilgebiet der Pharmakologie, speziell der →Neuropharmakologie, das sich mit der Erforschung der physiologischen und ps. Wirkungen und der biochemischen Wirkungsmechanismen von psychotropen Substanzen, bes. →Psychopharmaka, befaßt. Häufig benutzt als zusammenfassende

Tab. 1 Gruppen von psychotropen Substanzen und deren Wirkungsweise (zu «Psychopharmaka»)

1 Analeptika	15 Neuroplegika	29 Psychotonika
2 Analgetika	16 Phantastika	30 Psychotoxika
3 Antidepressiva	17 psychodelics	31 Relanxantien
4 Anxiolytika	18 Psychoanaleptika	32 Sedativa
5 Ataraktika	19 Psychodysleptika	33 Stimulantien
6 Eidetika	20 Psychoenergizer	34 Thymoanaleptika
7 Energetika	21 Psycholeptika	35 Thymoleptika
8 Excitantia	22 Psycholytika	36 Thymoplegika
9 Halluzinogene	23 Psychoplegika	37 Tranquilizer
10 Hypnotika	24 Psychosedativa	38 Tranquillantien
11 major tranquilizer	25 Psychosomimetika	39 true drug
12 minor tranquilizer	26 Psychostimulantien	40 Wahrheitsdroge
13 Narkotika	27 Psychotogene	41 Weckamine
14 Neuroleptika	28 Psychotomimetika	

anregend aktivierend belebend z. B. Nrn.	beruhigend dämpfend entspannend z. B. Nrn.	abnorme Zustände erzeugend z. B. Nrn.
1, 3, 7, 8, 18, 20, 26, 29, 31, 33, 41	2, 4, 5, 10, 12, 13, 14, 15, 18, 31, 32, 36, 37, 38	6, 7, 9, 16, 17, 19, 25, 30

Analeptika: anregende bis erregende Substanzen; Analgetika: Mittel zur Schmerzminderung bzw. -ausschaltung; Antidepressiva: Mittel zur Stimmungsaufhellung, Dämpfung der Unruhe und Agitiertheit bei Depressiven; Anxiolytika: von Angst befreiende Wirkstoffe; Ataraktika: syn. mit Tranquillantien; Eidetika: bilderspendende Wirkstoffe; Energetika: syn. mit Psychotonika; Excitantia: Atmung, Herz und Kreislauf anregende Mittel; Halluzinogene: Halluzinationen erzeugende Stoffe; Hypnotika: Schlafmittel; major tranquilizer: syn. mit Neuroleptika; minor tranquilizer: syn. mit Tranquillantien; Narkotika: Narkoseeinleiter; Neuroleptika: vegetativ ausgleichende, psychisch dämpfende, aber ohne Bew.beeinträchtigung wirksame Mittel zur Behandlung von Schizophrenien; Neuroplegika: syn. mit Neuroleptika; Phantastika: syn. mit Halluzinogene; psychodelics: syn. mit Psycholytika; Psychoanaleptika: Substanzen mit vorwiegend anregender Wirkung (dazugehörig: Stimulantien, z. B. Antidepressiva); Psychodysleptika: syn. mit Psycholytika; Psychoenergizer: syn. mit Antidepressiva und Psychotonika; Psycholeptika: Substanzen mit vorwiegend dämpfender Wirkung (dazugehörig: Neuroleptika, Tranquilizer, Hypnotika, Narkotika); Psycholytika: syn. (mehr/minder) mit Eidetika, Depersonalisantien, Phantastika u. a. Gruppenbez. für Substanzen, die einen von der personeigenen Norm abweichenden Zustand hervorrufen; Psychosomimetika: Auslöser psychoseähnlicher Zustände; Psychotonika: Stoffe mit anregender Wirkung, syn. mit Psychostimulantien; Psychotoxika: syn. Halluzinogene, Psychosomimetika; Relaxantien: Mittel mit entspannender, ausgleichender Wirkung.

Tab. 2 Feingliederung von Psychopharmaka, Beispielsubstanzen, globale Wirkungsmerkmale und therapeutische Anwendung nach JANKE 1981a

	Psycholeptika									Psychoanaleptika				Psychodysleptika	
	Neuroleptika	Tranquilizer	Hypnotika	Narkotika	Anästhetika		Analgetika		Alkohol	Antidepressiva	Stimulantien		Förderer cerebraler Aktivität	Psychotomimetika	Rauschmittel
					allg. A.	lokale A.	zentrale A.	periph. A.			zentrale Analeptika	Psychostimulantien			
Untergruppen und Präparatbeispiele	*Phenothiazine:* Chlorpromazin (Megaphen[R]) *Butyrophenone:* Haloperidol (Haldol[R]) Rauwolfia-*Alkaloide:* Resurpin[R]	Meprobamat (Miltaun[R]) *Benzodiazepine:* Diazepam (Valium[R]) Chlordiazepoxyd (Librium[R])	*Barbiturate:* Phenobarbital (Luminal[R]) *Nicht-Barbiturate:* Gluthetimid (Doride[R])	*Inhalations-N.:* Lachgas (= Stickoxydul) Halothan *Injektions-N.:* Hexabarbital (Evipan[R])	Stickoxydul (Lachgas)	Procain (Novocain[R])	Morphin	Acetylsalicylsäure (Aspirin[R])		*Trizyklische A.:* Imipramin (Tofranil[R]) *Monoaminooxidasehemmer:* Iproniazid	Penetrazol	*Amphetamine:* Methamphetamin (Pervitin[R]) *Nicht-Amphetamine:* Fenetyllin (Captagon[R])	Cinnazizin (Stutgeron[R]) Piracetam (Normobrain[R])	LSD Meskalin	*Kokain* *Cannabis-Derivate* (Haschisch, Marihuana) *Anticholinergica* (Atropin)
Globales Wirkungsmerkmal	Reduktion von Erregung und psychotischer Erlebnisproduktion	Reduktion von Erregern und Angst	Schlafinduktion, in hohen Dosen Ausschaltung des Bewußtseins	Ausschaltung des Bewußtseins	Allgemeine Blockierung sensorischer Empfindungen	örtlich begrenzte Blockierung sensorischer Empfindungen	Schmerzhemmung	Schmerzhemmung	Dämpfung von Erregung, Sedierung	Aufhellung der Stimmung und Antriebssteigerung (bei Depression)	Erregung des ZNS	Subjektive und objektive Aktivierung, Beseitigung von Müdigkeit	Normalisierung gestörter kognitiver Funktionen	Wahrnehmungs- und Denkstörungen, Ichstörungen	Bewußtseinserweiterung
Therapeutische Anwendung	Schizophrenie	Angst; Spannung vegetative Dystonie	Schlafstörung, Erregung, Narkose	Narkose	größere Operationen	Zahnextraktion, örtliche Eingriffe	Schmerz	Schmerz	--	Depression	Heilkrämpfe bei therapieresistenten Depressionen und Schizophrenien	Erschöpfung	cerebrale Insuffizienz	--	--

Kennzeichnung für alle sich mit Psychopharmaka befassenden Wissenschaften. In diesem Fall sind →Pharmakopsychiatrie, →Pharmakopsychologie, →Neuropharmakologie und andere Wissenschaften impliziert. [L] BLOOM & KUPFER 1995, COOPER et al. 1996, FELDMAN et al. 1997, FRITZE 1989, IVERSEN et al. 1975–1988, JULIEN 1997 *W. Janke*

Psychopharmakotherapie, Teilbereich der Psychiatrie, der sich mit der Reduktion bzw. Beseitigung von psychischen Syndromen durch psychisch wirksame Substanzen, v. a. Psychopharmaka, befaßt. Die zugehörige Grundlagenfoschung wird in der Neuro-Psycho-Pharmakologie betrieben, an der medizinische, biologische und psychologische Fächer beteiligt sind.

Die Therapie von ps. Erkrankungen mit →Psychopharmaka hat seit 1952 ältere Somatotherapien wie Elektrokrampf-, Insulin- und Cardiozolschock weitgehendst abgelöst. Heute werden Pharmakotherapie und Psychotherapie, bes. Verhaltenstherapie, für best. Störungen, so Depression, Angststörungen, kombiniert. Mehrere Untersuchungen erbrachten bei Erkrankungen wie Depression keine nachweisbaren Unterschiede zwischen pharmako- und psychotherapeutischen Ansätzen. Die Kombination beider Therapien scheint nicht additiv zu sein. Erklärungen dafür sind noch nicht abschließend zu beurteilen. Es wird eine gemeinsame therapeutische Endstrecke diskutiert und der Überlegung einer gemeinsamen ätiologischen Endstrecke gegenübergestellt. Wichtige Teilfelder sind Prädiktionsforschung (Vorhersage der therapeutischen Wirkung), differentielle Pharmakotherapie und Pharmakotherapiekontrolle. Prädiktionsforschung und differentielle P. sind seit 1965 wichtige Themen, wobei als moderierende Faktoren ps., soziodemographische und somatische Parameter einbezogen wurden, letztere in der Markiervariablenforschung. Für praktisch alle ps. Störungen ist P. eher symptomreduzierend als kausal begründet. Durchgreifende Erfolge sind dabei für die Schizophrenie, für Depression und für einige Angstformen erzielt worden. Für bestimmte Störungen sind bislang eher keine durchgreifenden Erfolge erzielt worden, so für Neurosen, Persönlichkeitsstörungen, Leistungsbeeinträchtigungen bei hirnorganischen Störungen.

Pharmakotherapieevaluation erfordert Placebokontrollen, was in der Regel schwierig zu realisieren ist, besonders bei Kindern. Bei allen Problemen haben Psychologen methodische Beiträge zu leisten. [L] BENKERT & HIPPIUS 1996, LAUX et al. 1998, BARRETT 1987, COPER & SCHULZE 1991, KLEIN et al. 1980, LEHMANN et al. 1995, RIEDERER et al. 1992–1995, STOLL & RICKELS 1995 *W. Janke*

Psychophonetik, neuere und randunscharfe Bez. für ein uneinheitliches Forschungsgebiet mit heterogenen ps. Fragestellungen, die mit der →Phonetik des lautsprachlichen Verhaltens (→Sprechen) zu tun haben (formal analoge Bildungen: Psychosemantik, Psychosyntaktik).

Im Rahmen einer P. kann man Probleme behandeln, die zusammenhängen (1) mit der Psychomotorik der →Artikulation; (2) mit psychisch oder zentralnervös bedingten Störungen der Artikulation (→Sprechstörungen); (3) mit der phonetischen Seite der Sprachwahrnehmung (→Sprachrezeption), insbes. (4) mit der perzeptiven Verarbeitung phonetischer Reizmuster im internalisierten System der einzelsprachlichen →Phoneme (Lautklassen) und ihren →distinktiven Merkmalen (JAKOBSON & HALLE 1956); (5) mit der Silbengliederung (→Silbe) des phonetischen Reizflusses; (6) mit diachronischen (sprachgeschichtlichen) Phänomenen wie Lautverschiebungen unter ps. Aspekt; (7) mit dem Zusammenhang zwischen der Lautgestalt eines Wortes und der zugeordneten Bedeutung (→Lautsymbolik, →Lautgebärde, →Lautmalerei); (8) mit intraindividuellen Varianzen der →Phonation (Realisierung des phonetisch Standardisierten) bei verschiedenen Motivations- und Affektlagen; (9) mit interindividuellen Varianzen der Phonation, insbes. habituellem Sprechausdruck (→Sprachdiagnostik), der mit generellen Merkmalen der individuellen Persönlichkeit zusammenhängen kann (→Ausdruckspsychologie). *S. Ertel*

Psychophysik, Lehre von der Beziehung zwischen Seele und Körper, insbes. die Wissenschaft von den Beziehungen zwischen physischen Reizen und den ihnen entsprechenden Erlebnissen. Das Interesse der P. richtete sich im Laufe ihrer historischen Entwicklung auf verschiedene Teilprobleme.

Das älteste Problem der P. ist die Bestimmung von →Reizschwellen und →Unterschiedsschwellen für die verschiedenen Sinnesempfindungen. E. H. WEBER (1834) entdeckte bei Untersuchungen über den Tastsinn die nach ihm benannte Regelhaftigkeit (→WEBERsches Gesetz), daß die relative Intensitätsunterschiedsschwelle (zumindest in mittleren

Reizbereichen) eine Konstante darstellt. G. Th. FECHNER und G. E. MÜLLER entwickelten die wichtigsten Methoden zur Bestimmung von Reiz- und Unterschiedsschwellen. →psychophysische Methoden.

FECHNER (1859), der als Begründer der wissenschaftlichen P. gilt, leitete aus dem WEBERschen Gesetz unter Hinzufügung der Annahme, daß eben merkliche Unterschiede über die ganze Skala der Reizgrößen hinweg subjektiv gleich groß seien, das nach ihm benannte →FECHNERsche Gesetz $E = k \log R + c$ ab, wonach die Empfindungen E in arithmetischer Reihe wachsen, wenn die Reize R in geometrischer Reihe zunehmen. PLATEAU (1872) und MERKEL (1888) gingen nicht, wie FECHNER, von Schwellenbestimmungen und Zusatzannahmen über die Größe eben merklicher Empfindungsunterschiede aus, um die Empfindungsgrößen zu skalieren (indirekte Skalierungsmethoden), sondern benutzten Verfahren, welche eine direkte Beurteilung der Größenbeziehungen von Empfindungen durch die Vp erforderten, heute als «direkte Skalierungsmethoden» bezeichnet (→Skalierung). So entwickelte der Erstgenannte die «Methode der mittleren Abstufung», welche die Herstellung eines Reizes verlangt, der empfindungsmäßig in der Mitte zwischen zwei vorgegebenen Reizen liegt. Letzterer wandte bereits die sogenannte «Verhältnisherstellungsmethode» an, indem er Reizstärken subjektiv verdoppeln ließ. Die Beziehung der solcherart gewonnenen subjektiven Skalenwerte ψ zu den Reizwerten ϕ entsprach nicht dem FECHNERschen Gesetz, sondern, wie STEVENS (1953) für verschiedene Sinnesgebiete bestätigen konnte, einem →Potenzgesetz $\psi = k\phi^n$. Dies ist gleichbedeutend mit einer doppelt-logarithmischen Abhängigkeit $\log \psi = n \log \phi + k$.

Neben der Diskussion über die Diskrepanzen zwischen den beiden mittels verschiedener Methoden gewonnenen «Gesetzen» wird von Anbeginn der P. an auch eine Kontroverse über die Ursachen des Zustandekommens einer einfach- bzw. doppelt-logarithmischen Reiz-Empfindungsurteils-Beziehung geführt. Die Transformation könnte am Übergang von Reiz zu physiologischer Sinnerregung, von Sinneserregung zu Empfindung oder von Empfindung zu quantitativem Urteil stattfinden. Im Vordergrund der Auseinandersetzung steht einerseits die Hypothese einer elektrophysiologischen Transformation von Reiz zu nervöser Erregung, andererseits die Deutung im Sinn von Lernprozessen, aufgrund deren den Empfindungen unterschiedlicher Intensität bestimmte quantitativ formulierte Urteile zugeordnet werden. →Signaldetektions-Theorie, →Ankerreiz. [L] FECHNER 1907, SIXTL 1964, WIRTH 1912, WOODWORTH & SCHLOSBERG 1954, GIGERENZER & SARRIS 1982

Psychophysik der Arbeit (MEUMANN), quantitative Messung von Arbeitsleistungen in Untersuchungsreihen mit Abstufungen und Änderungen der verschiedenen Bedingungen

Psychophysiologie →physiologische Psychologie

psychophysiologische Methodik, eine spezifische Kombination bestimmter med.-physiolog. Untersuchungsverf. mit teilweise erheblich veränderter Auswertetechnik und verschiedenen Verf. der ps. Beobachtung, Diagnostik und Verhaltensmodifikation. Sie dient speziell der Beziehungserfassung zwischen beobachtbarem Verhalten, physiol. Prozessen des zentralen sowie des peripheren vegetativen Nervensystems und den subjektiven Erlebensmerkmalen des Individuums.

Nach ihrer methodischen Grundstruktur lassen sich (nach JANKE) vier Untersuchungstypen unterscheiden: (a) Induktion bestimmter Umweltvariationen (definierte Einzelreize, komplexe Situationen) und Beobachtung der damit korrespondierenden Änderungen des Verhaltens und der physiol. Vorgänge. (b) Variation der Intensität oder Qualität von Verhaltens- bzw. Erlebensmerkmalen und Beobachtung der damit verbundenen physiol. Veränderungen. (c) Variation physiol. Prozesse durch Läsionen, Reizungen oder chemische Manipulation (Pharmaka) und Beobachtung der damit korrespondierenden Änderungen der Verhaltens- und/oder Erlebensmerkmale. (d) Rückmeldung der Verlaufsstruktur einzelner oder mehrerer biologischer (physiol.) Parameter an die untersuchte Person und Registrierung (Beobachtung) der auftretenden Veränderungen (Lern- und Konditionierungsprozesse, *biofeedback*). Wichtigste Maße sind:

I. Elektrophysiologische Maße

(1) Muskuläres System: Das Elektromyogramm (EMG) dient der Erfassung von «Muskelaktionspotentialen» und stellt ein indirektes Maß für die Kontraktionsstärke von Muskeln dar. Mittels Oberflächenelektroden (Nadelelektroden sind in der Psychophysiologie selten) wird über bestimmten Muskeln bzw. Muskelgruppen (vielfach wird die Stirn- oder Nackenmuskulatur verwendet) abgelei-

tet, über elektronische Einheiten verstärkt, verrechnet und über einen Polygraphen in Kurvenform dargestellt, meist definiert als Zeitintegral (Amplituden-Frequenz-Produkt). Unter kontrollierten Bedingungen gilt das EMG als ausgezeichneter Indikator allg. ps. Aktiviertheit (→Aktivation). So sind intra- und interindividuelle Vergleiche nur bei gleich exakter Elektrodenlokalisation möglich. Anwendung findet das EMG als Indikator für Spannungs- und Angstzustände zur Kontrolle des Therapieerfolges in der Verhaltenstherapie. – «Tremor»: Erfaßt werden mittels Tremometer die den Willkürbewegungen überlagerten unterschiedlich starken Schwingungen (5–15 Hertz und 0,05–3 mm Amplitude im Normalzustand) an Finger oder Hand. Es bestehen signifikante, aber relativ niedrige Korrelationen zur subjektiven inneren Spannung – «Mikrovibration» («Mikrotremor»): Die Ableitung dieser ständigen Schwingungen (Bereich 7–18 Hertz, Amplitude 1–5 Micron) erfolgt standardgemäß von der Dorsalseite des Unterarms z. B. durch elektromagnetische Wandler. Als Maß findet die relative Amplitude der Mikrovibration Verwendung, die sich bei allen Arten ps. Anspannung mit steigender Intensität erhöht (KUNA 1964, ROHRACHER & INANAGA 1970). – Weitere Verfahren dienen der Erfassung der «Lidschlagfrequenz» (Elektroden- oder photoelektrische Aufnehmer) und der «Augenbewegungen» (Elektrookulogramm EOG, Elektronystagmogramm ENG) sowie der Bewegungsmessung (Aktometrie). Sie dient der Aufzeichnung der allgemeinen motorischen Aktivität eines Individiums über einen längeren Zeitraum während des Wachens oder insbesondere während des Schlafes. Das Aktogramm wird meist mit Hilfe eines am Handgelenk oder am Körper montierten Aktometers (→Aktometer) oder durch Lagerung der Versuchsperson auf einer bewegungsempfindlichen Unterlage registriert. Beim Tier werden die Bewegungen ebenfalls mittels einer bewegungsempfindlichen Unterlage oder z. B. durch im Käfig installierte Lichtschranken aufgenommen.

(2) Kardiovaskuläres System: «Herzfrequenz». Erfassung der Herzaktionspotentiale mittels des Elektrokardiogramms, EKG (→Elektrodiagnostik), verschiedene Standardableitungen über Oberflächenelektroden, Verstärkung der Biosignale und Registrierung über einen Polygraphen.

In den aufgezeichneten Kurven (Abb.) werden die R-R-Abstände als Maß für die Herzfrequenz verwendet, auf deren Auswertung die Psychophysiologie sich meist beschränkt. Die Herz- bzw. Pulsfrequenz ist eine der am häufigsten in Aktivierungs- und Emotionsforschungen verwendeten vegetativ-physiol. Größen, da sie relativ einfach zu erfassen ist, andererseits sind die Maße des kardiovaskulären Systems in höchst komplizierter und empfindlicher Weise mit den verschiedensten Verhaltensdaten verknüpft (z. B. Steigerung der Herzfrequenz bei Inspiration oder Blutdrucksenkung) (C. G. GUNN 1972, BARTENWERFER 1969). – «Blutdruckerfassung» indirekt über Mikrophon für KOROTKOW-Geräusch oder direkt durch Druckaufnehmer in der Humanpsychophysiologie, was den Nachteil einer relativ großen Ungenauigkeit hat und darüber hinaus nicht die Möglichkeit zu kontinuierlicher Messung bietet. Plethysmogramm dient in der Psychophysiologie der peripheren «Durchblutungsmessung» zumeist als Fingerplethysmographie über Druckaufnehmer, Impedanzmesser oder photoelektrische Aufnehmer oder als Photoplethysmogramm am Ohrläppchen. Die ebenfalls über elektronische Verstärkung und einen Polygraphen erhaltenen Kurven geben als indirekte Messungen Schätzungen des jeweiligen Pulsvolumens und seiner Änderung. Verwendung findet dieses Maß vor allem in der Aktivierungs- und Emotionsforschung (LUDWIG & BECKER-CARUS, 1986).

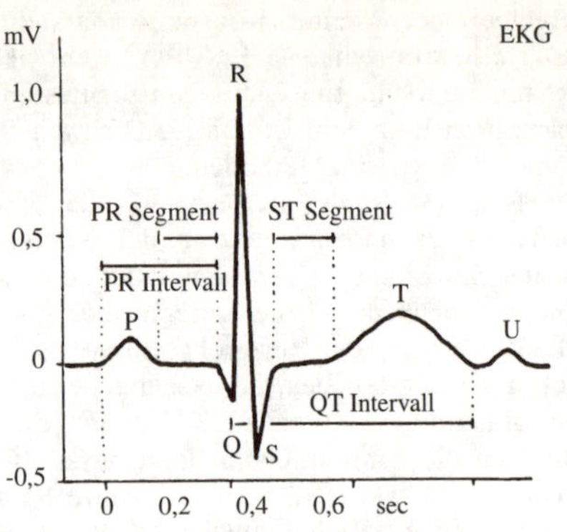

Abb.: Kurvenverlauf im EKG

(3) Respiratorisches System: «Atemfrequenz». Diese kann sowohl durch ein in den Nasenraum eingeführtes Thermoelement (Thermistor), das die bei jedem Atemzug auftretende Temperaturänderung in elektrische Spannungsänderungen umsetzt, oder mit ei-

nem um den Brustkorb gelegten sog. Dehnungsmeßstreifen (Thoraxspirale, der die Brustkorbdehnung in eine entsprechende Spannungsänderung umwandelt) erfaßt werden. Die Befunde über Beziehungen zu anderen Verhaltensweisen sind oft widersprüchlich und bedürfen zumindest einer sorgfältigen Interpretation (LEGEWIE 1969). Weitere in der Psychophysiologie weniger angewandte Verfahren sind die Pneumotachographie zur Messung der «Atemströmungsgeschwindigkeit» mittels Atemmaske und Differenzdruckwandler sowie die Spirographie zur Messung des «Atemvolumens» und des «Atemgasstoffwechsels» mittels Atemmaske, Spirometer und Gasanalysatoren (Respiratorischer Quotient CO_2/O_2).

(4) Elektrische Erscheinungen der Haut: «Hautwiderstand» (Elektrodermatogramm), →psychogalvanische Reaktion (PGR), heute: elektrodermale Aktivität (EDA). Diese Methode, die wohl die am meisten benutzte ps.-physiol. Methode darstellt, beinhaltet eine Vielzahl von Varianten auch hinsichtlich der aus ihr deduzierten Kennwerte für die elektrodermalen Erscheinungen. Durchgesetzt hat sich die Unterscheidung zwischen Grund- oder Basiswiderstand (*skin resistant level,* SRL) und der kurzzeitigen Widerstandsänderung (*skin potential response,* SPR), der eigentlichen →psychogalvanischen Reaktion. Weitere Kennwerte sind Latenz, Amplitude, Halbwertzeit und Häufigkeit der PGR. Bei allerdings sorgfältiger Kontrolle der vielfachen Fehlerfaktoren kann diese Methode durchaus als brauchbar angesehen werden, mit der bereits zahlreiche signifikante Beziehungen zu ps. Prozessen gefunden werden konnten.

(5) Zentrales Nervensystem: «Elektroenzephalogramm» («EEG»). Aufzeichnung der mit Oberflächenelektroden an der Kopfhaut abgenommenen bioelektrischen Aktivität des Gehirns (Oberflächen-EEG), es stellt Summenpotentiale der corticalen Aktivität (Elektrocorticogramm ECG) dar, sowie die in neuerer Zeit erst möglich gewordene Ableitung von auch tiefer liegenden Hirnstrukturen mittels stereotaktisch implantierter Elektroden (Elektrosubcorticographie) (Tiefen-EEG). – Das in der Psychophysiologie zumeist verwendete Oberflächen-EEG erlaubt bereits vielfache Anwendung zur Diskrimination z.B. verschiedener Schlafstadien (→Schlaf) sowie innerhalb des Wachzustandes Diskrimination verschiedener Intensitäten ps. Anspannung. – «Evozierte Potentiale» («EVP»): Die innerhalb der im EEG erfaßten elektrischen Spontanaktivität verborgenen spezifischen corticalen Erregungskorrelate von verschiedenen äußeren Reizen (z.B. Licht, Ton) werden durch Summation und Mittelung aus dem Spontan-EEG einer größeren Zahl von Reizwiederholungen herausgefiltert. Ihr Verlauf scheint bei Wahrnehmungsprozessen modalitäts-, qualitäts- und intensitätsspezifisch sowie ein Korrelat von spezifischen Erlebnisqualitäten zu sein (REGAN 1972, GUTTMANN 1978). – «Kontingente negative Variation» («CNV»). Eine langsame negative Potentialschwankung, die über bestimmten Projektionsfeldern des Gehirns ebenfalls durch Summation und Mittelung aus dem Spontan-EEG herausgefiltert werden kann und als (z.B. motorische) Bereitschaftsreaktion angesehen wird (TECCE 1972).

II. Biochemische Maße

Für Verhaltensparameter bedeutsame Substanzen, deren Konzentrationsbestimmung beim Menschen zumeist auf Urin- oder Blutplasmaproben vorgenommen wird, sind «Katecholamine» (Adrenalin, Noradrenalin, Dopamin) sowie «Lipide» und verwandte Substanzen, deren Konzentration bei (nach) ps. Erregung erhöht ist. Dank der neueren und verfeinerten chemischen Analysetechnik ist es heute auch zunehmend möglich, Hormonparameter (z. B. Cortisol, ACTH) sowie eine Reihe psychoimmunologischer Variablen zu bestimmen. →Psychoneuroimmunologie.

Auch die Bestimmung der «Nucleinsäurekonzentration» im Gehirn im Tierexperiment gehört hierher (Bezug zu Lernprozessen) (DEUTSCH 1973). Die Auswahl der somatischen Variablen, die zum Vergleich mit Verhaltensparametern herangezogen werden, ist im Einzelfalle abhängig von der Fragestellung der Untersuchung, von der Ökonomie und der technischen Durchführbarkeit sowie von der Meßgenauigkeit der Verfahren. Insbes. ergeben sich dadurch bei den physiol. Methoden vielfach Einschränkungen gerade auch bei meßtechnisch zuverlässigen Verfahren, da die Untersuchungen möglichst am «unbehinderten» Menschen oder in einer möglichst natürlichen Situation und ohne solche Manipulationen durchgeführt werden sollen, die mehr oder weniger erhebliche ps. Nebenwirkungen verursachen.

Die ps.-physiol. Untersuchung erfolgt in der

Regel in einem besonders hergerichteten Labor, in welchem nicht nur die Meßgrößen, sondern auch die Reizvorgabe standardisiert oder systematisch variiert werden können oder auch die Möglichkeit besteht, die Reizvorgabe gemäß der eingehenden Meßdaten zu steuern *(biofeedback)*. Hier eröffnen sich speziell durch den Einsatz von Prozeßrechnern (Computer) neue Möglichkeiten. Anwendung finden hier Methoden der →Konditionierung vegetativer und motorischer Reaktionen, die z. B. für die →Verhaltenstherapie von Bedeutung sind. Ferner finden hier auch Methoden zur Bestimmung sensorischer Schwellen oder →Orientierungsreaktionen sowie der Habituation u. a. m. ihre Anwendung. Von besonderer Bedeutung für die ps.-physiol. Methodik ist schließlich die Entwicklung biotelemetrischer Systeme zur drahtlosen Übertragung der von in Alltagssituationen frei beweglichen Personen abgenommenen Biosignale. **[L]** Becker-Carus 1981, Ludwig & Becker-Carus 1986, Schmielau et al. 1990, Martin & Venables 1980, Schandry 1989, Guttmann 1982, Schönpflug 1969, Legewie & Nusselt 1975, Schedlowski & Tewes 1996 *C. Becker-Carus*

psychophysische Methoden, von Fechner (Elemente der Psychophysik, 1860) zusammengestellte drei klassische Methoden, um das Verhältnis zwischen (eindimensionalen) physikalischen Reizgrößen und ihrer Eindrucksbeurteilung (→Empfindung) zu messen. Dazu benutzte er Schwellenbestimmungsmethoden, welche verglichen mit den direkten Methoden (→Skalierung, →Psychophysik) indirekte Verfahren sind. Ferner beschrieb er wesentliche Fehlerquellen (Raum-, Zeitfehler).

(1) Methode der ebenmerklichen Unterschiede, Grenzverfahren, Methode der kleinsten wahrnehmbaren Unterschiede (engl. *method of limits*). (a) Feststellung der (absoluten) Schwelle: Der physikalische Reiz (z. B. Frequenzen eines Schalles) wird mehrmals in kleinen Schritten von unhörbar bis hörbar gesteigert (aufsteigendes Verfahren) bzw. von hörbar bis unhörbar verkleinert (absteigendes Verfahren). Die Vp gibt zu jedem Reiz ein Urteil ab, z. B. hörbar – nicht hörbar. Die errechneten Reizgrößen, die beim aufsteigenden und absteigenden Verfahren jeweils in der Kategorienmitte zwischen hörbar und nicht hörbar liegen, werden gemittelt und ergeben die Schwelle. Diese Methode wird primär zur Feststellung der Schwelle (z. B. untere wie obere Hörgrenze) benutzt, und von dieser Grenzbestimmung leitet sich der Name Grenzverfahren ab. (b) Zur Feststellung der ebenmerklichen Unterschiedsschwelle wird ein Vergleichsurteil erhoben. Ein Standardreiz wird vorgegeben. Die Vp soll vom Vl mehrmals aufsteigend oder absteigend vorgegebene Vergleichsreize danach beurteilen, ob sie größer, gleich oder kleiner sind als der Standardreiz. Die Vorgabe der Vergleichsreize erfolgt im Regelfall zeitlich versetzt zur Vorgabe des Standardreizes. Es wird ein Unsicherheitsintervall berechnet als Differenz zwischen dem Mittelwert der Reize, die in die Kategorienmitte zwischen Größer- und Gleichurteilen fallen, und dem Mittelwert der Reize, die in die Kategorienmitte zwischen Kleiner- und Gleichurteilen fallen. Die Hälfte diese Unsicherheitsintervalles ergibt die ebenmerkliche Unterschiedsschwelle. Der Mittelpunkt des Unsicherheitsintervalles ist der Punkt subjektiver Gleichheit, der theoretisch gleich dem Standardreiz sein sollte. Üblicherweise weicht er von diesem ab. Diese Differenz wird als konstanter Fehler bezeichnet.

(2) Methode der richtigen und falschen Fälle, Konstanzverfahren (engl. *method of constant stimuli*), Frequenzmethode. (a) Zur Feststellung der Schwelle wird eine Serie gleichmäßig abgestufter physikalischer Reize mehrfach einer Vp in Zufallsfolge vorgegeben. Diese Reizverteilung wird um den vermuteten Schwellenwert liegend gewählt. Die Reize bleiben während des Verfahrens konstant (Konstanzverfahren). Die Vp muß beurteilen, ob sie den jeweiligen Reiz wahrnimmt oder nicht (richtige oder falsche Fälle). Es ergibt sich eine Verteilung der Häufigkeit (Frequenzmethode), mit der die einzelnen Reize wahrgenommen werden. Der Reiz, der in 50 % der Fälle wahrgenommen wird, ist der Schwellenreiz. (b) Zur Feststellung der Unterschiedsschwelle werden die Vergleichsreize mit dem Standardreiz, um den sie streuen, verglichen, ob sie diesem gleich oder ungleich sind. Es ergibt sich eine Häufigkeitsverteilung der Gleichurteile. Der Reiz, der in 50 % der Fälle ein Gleichurteil erfährt, ist der Punkt subjektiver Gleichheit. Der konstante Fehler ergibt sich als Differenz zwischen Standardreizgröße und dem Punkt subjektiver Gleichheit. Die ebenmerkliche Unterschiedsschwelle ergibt sich als der (halbe) Bereich zwischen dem 1. Quartil (25 % Gleichurteile) der Häufigkeitsverteilung. Dieser Bereich entspricht dem wahrscheinlichen Fehler. Es können auch mehrere Urteilskategorien vorgegeben

werden (z. B. größer, gleich, kleiner). Die Berechnung der Unterschiedsschwelle kann auch statistisch anders erfolgen. →Signaldetektionstheorie.
(3) Methode der mittleren Fehler, Herstellungsverfahren, Methode der Reizfindung (engl. *method of average error, adjustment method*). (a) Schwellenbestimmung: Die Vp selbst (Methode der Reizfindung) variiert physikalische Reize im Schwellenbereich, bis sie den Reiz gerade noch wahrnimmt. Das Mittel aus mehreren Wiederholungen ist die Schwelle. (b) Unterschiedsschwellenbestimmung: Die Vp variiert mehrmals einen physikalischen Vergleichsreiz solange um einen Standardreiz hin und her pendelnd, bis sie einen Gleicheindruck hat. Das Mittel der Reize, die diesem Gleicheindruck entsprechen, ist der Punkt subjektiver Gleichheit, die Standardabweichung dieser Reize entspricht der ebenmerklichen Unterschiedsschwelle. Der wichtige Unterschied zum Grenzverfahren besteht darin, daß die Vp ein Gleichurteil über Standard- und Vergleichsreiz abgibt. Die verschiedenen Methoden führen zu unterschiedlichen Schwellenmaßen. Stellt man die Funktion über den Zusammenhang zwischen den (Standard-)Reizen eines physikalischen Reizkontinuums und den jeweils zugehörigen Schwellen (Empfindungsgrößen) auf, ergibt sich das →FECHNERsche Gesetz. Das Anliegen der klassischen Psychophysik wurde weiterentwickelt bzw. verändert aufgenommen in der →Skalierung. *P. Day*

psychophysische Theorie der Wahrnehmung →Konstanz

psychophysischer Parallelismus →Parallelismus, →Leib-Seele-Problem

Psychophysisches Grundgesetz →FECHNERsches Grundgesetz

Psychoplegika →Psychopharmaka

Psychoreflexologie (BECHTEREW 1907), auch →objektive Psychologie genannte Anschauung, die die ps. Vorgänge als «neuropsychische» allein gelten läßt und subjektiven Ausdeutungen und Beobachtungen keinen Raum gewährt. Alle seelischen Vorgänge zeigen sich im Körperlichen, aus dem sie stammen.

psychoregulatives Training, innerhalb der →Sportpsychologie ein Sammelbegriff für verschiedene Formen systematischen Einübens ps. Techniken, die ps. Bedingungen für Handlungsvorbereitung, -ablauf, -ergebnis und Ergebnisverarbeitung bei (leistungs-) sportlichen Tätigkeiten optimieren sollen. Es werden z. T. unkritisch ps. Interventionsverfahren übernommen, z. B. →mentales Training, →Autogenes Training, →Biofeedback, →systematische Desensibilisierung. Empirische Hinweise auf Leistungsverbesserung durch p.T. sind spärlich. **[L]** EBERSPÄCHER 1979 *P. Day*

Psychose syn. psychotische Störung
Der Psychiater und Neurologe GRIESINGER (1817–1868) nahm noch eine Einheitspsychose an. Seitdem ist besonders durch KRAEPELIN und BLEULER eine systematische Einteilung in verschiedene Psychoseformen erfolgt. Es werden unterschieden: Erschöpfungspsychosen (Kollapsdelirium, Delirium acutum, akute Verwirrtheit), Infektions- und Intoxikationspsychosen (P. bei Infektionen und Vergiftungen), Neuropsychosen (Epilepsie), Degenerationspsychosen (Dementia praecox, Paranoia, manisch-depressives Irresein), Organpsychosen (Dementia paralytica, Arteriosklerotische Psychosen, Dementia senilis), epochale Psychosen (die in Übergangsperioden auftreten wie in Adoleszenz und Menopause). Die beiden ersten Formen faßt man als exogene P. zusammen, weil die äußeren Krankheitsursachen überwiegen, und stellt sie den übrigen Formen als endogene P. gegenüber, die wesentlich durch Anlagen und erbliche Belastung bedingt sind.
An Formkreisen stehen sich →manisch-depressives Irresein (KRAEPELIN), →Schizophrenie (BLEULER) und →Epilepsie gegenüber. Zur Behandlung von P. vgl. →Schizophrenie. In der depressiven Phase kann wie bei Major Depressions mit interpersonaler o. kognitiver Therapie behandelt werden, die Erfolge sind jedoch weniger gut. →Manie **[L]** BLEULER 1966, BUMKE et al. 1948, GRUHLE 1956, HOFF et al. 1955, WYRSCH 1960

Psychose, akute traumatische, früher Kommotions- und Kontusionspsychose genannt. Diese akute «traumatische Ödempsychose» steht dem →Psychosyndrom BONHOEFFERS nahe und unterscheidet sich von dem chronischen →organischen Psychosyndrom und seinen entzündlichen Komplikationen. Während im ersteren Falle nach der Gewalteinwirkung des Hirntraumas die Psychose einen regressiven Verlauf zeigt, läuft im zweiten Falle der psychotische Prozeß allmählich an. Bei subduralem und epiduralem Hämatom (Blutungen nahe der Hirnhäute) und zerebralen Fettembolien treten sowohl primäre als auch sekundäre Traumafolgen mit epileptischen oder choreatischen Syndromen, katatoner Sperrung, →Akinese, →Stupor, →Mutismus,

→KORSAKOW ähnlichen Psychosen, →depressiven oder manischen Bildern oder Wahnpsychosen auf.

psycho-(senso-)motorische Testmethodik, die Erfassung der →Sensomotorik und der →Psychomotorik bzw. der psm. Persönlichkeitsvariablen durch Tests (Testapparate, Reaktionsgeräte) ist von der exp. Ps. früh aufgegriffen worden. Schwierigkeiten bereitet, daß deutliche Abgrenzungen oft unmöglich sind. Mit den Arbeitsproben, dem Dynamometer, dem Ergographen, dem Supportapparat, dem Tapping, dem Laufsteg (Balancieren), mit Reaktions- und Determinationsgeräten und differenzierten «Prüfständen» (auch Simulatoren) verfügen wir heute über Prüfmittel zur Registrierung aller Art psychosensorischer und psychomotorischer Abläufe. Ebenso über Tests, die die Motorik unter besonderen Belastungen (Motivationskonflikte, Suggestion, Schreck, Befehl, Zwang) erkennen lassen. Von besonderer Bedeutung sind im Bereich der kindlichen Motorik die Forschungen mit Testenwicklungen von **[T]** OSERETZKY und **[T]** GESELL. **[L]** FAHRENBERG 1964

Psychosomatik, psychosomatische Medizin [gr. *psyche* Seele, *soma* Körper], die medizinisch-ps. Krankheitslehre, die psychischen Prozessen bei der Entstehung körperlicher Leiden wesentliche Bedeutung beimißt. Der Begriff «ps.M.» geht zurück auf HEINROTH (1818), der eine Psychogenese der meisten körperlichen Krankheiten vertrat und verblieb ohne breiteren Einfluß. Neu eingeführt als Begriff, Theorie und Behandlungsmethode wurde ps.M. Anfang dieses Jh. durch Psychoanalytiker (FREUD, ABRAHAM, GRODDECK), durch Internisten (V. v. WEIZSÄCKER, BILZ, HEYER) und Physiologen (CANNON, W. R. HESS).

Ps.M. bezeichnet (1) im engeren Sinne eine nosologisch begrenzte Gruppe von Störungen mit Symptomen, deren Verständnis und Behandlung durch Einbeziehung des Seelischen bestimmt werden. (Bronchialasthma, essentielle Hypertonie, Magengeschwür, Ekzem). (2) Im weiteren Sinne auch körperliche Beschwerdebilder ohne krankhaften organischen Befund. Diese werden als «vegetative» oder «funktionelle Störungen» bezeichnet. Das DSM II *(«Diagnostic and Statistical Manual of Mental Disorders»* der *American Psychiatry Association)* enthält neben organisch nicht begründbaren Psychosen und Neurosen als Kategorie 6 die psychophysiologischen Störungen (= psychosomatische Störungen), «charakterisiert durch körperliche Symptome, die durch emotionale Faktoren verursacht werden und ein einzelnes Organsystem betreffen, das gewöhnlich unter Kontrolle des →autonomen Nervensystems steht». Im späteren DSM III-R werden die verschiedenen Anteile komplizierter auf verschiedene «Achsen» aufgeteilt. (3) Eine Art ganzheitliche medizinische Philosophie, wonach Krankheit durch die Beziehung zwischen dem Individuum und seiner Umwelt entsteht, wobei nach verschiedenen Schulen den psychoanalytisch aufdeckbaren Verarbeitungsmechanismen und/oder den lerntheoretisch analysierbaren und durch Umweltfaktoren bedingten Lernprozessen des Individuums besondere Bedeutung zukommt, die sich in den Behandlungsmethoden des Arztes/Psychologen auswirkt. (4) Eine erweiterte Interpretation von (3), die das Gewicht auf die ökologischen und sozioökonomischen Faktoren der Gesellschaftsordnung als Auslöser psychosomatischer Erkrankungen legt.

Die P. erstrebt einerseits eine Korrektur und Erweiterung der Psychotherapie, andererseits einen Ausbau der normalen somatisch-physiologisch ausgerichteten Medizin. Der Nachweis, daß einem gehäuften Auftreten schwerer Krankheiten ein signifikanter Anstieg oft konfliktreicher Lebensumstellungen vorausging (RAHE & ARTHUR 1965) zeigt, daß eine organische Krankheit sich in einer krisenhaften Lebenssituation entwickelt und daß sich bestimmte Organkrankheiten (z. B. Magengeschwür bei anhaltendem Streß) einem bestimmten ps. Befund zuordnen lassen.

Heftige Kritik erfuhr insbes. die psa. ausgerichtete psychosomatische Medizin von seiten der Psychiatrie (H. J. WEITBRECHT 1955). Neuere Forschungsarbeiten bedienen sich zunehmend genauerer Untersuchungsmethoden sowohl zur Erfassung der ps. Variablen (psychometrische Verfahren) als auch zur fortlaufenden Registrierung physiologischer Veränderungen. (→Psychophysiologie), sowie Methoden des operanten Konditionierens autonomer Funktionen zur Analyse der vielfach über das autonome Nervensystem (→Nerv) und endokrine Drüsen gesteuerte Mechanismen solcher Krankheitsentstehungen.

Bei Berücksichtigung der Interaktion von körperlicher (genetischer) Disposition, gegebenen Umweltfaktoren und individueller ps. Verarbeitung (Lernprozesse, Verarbeitungsmechanismen) lassen sich noch folgende Anmerkungen zu den heute besonders beachteten «psychosomatischen Störungen» geben:

Hypertonie – Sie ist eine der häufigsten Erkrankungen überhaupt und ein Hauptrisikofaktor kardiovaskulärer Erkrankungen. Die Psychoanalyse betont die Unfähigkeit der Hypertoniker, Ärger und Aggression angemessen auszudrücken. Neuere Untersuchungen gehen eher von einem allgemeinen Mangel an Kontrolle sowie kulturellem Streß als pathogenetisch bedeutsamen Faktoren aus, wobei die Hypertonie als heterogene Erkrankung zu sehen ist, in deren Untergruppen verschieden ps. Faktoren unterschiedliches Gewicht haben dürften.

Migräne – Aus der klinischen Beobachtung wurde eine sogenannte «Migränepersönlichkeit» abgeleitet, die gekennzeichnet ist durch ein überhöhtes Anspruchsniveau, eine hyperperfektionistische Einstellung, übertriebenes Kontrollbedürfnis etc.

Ulcus duodeni – Bei Ulcuspatienten wurden in der Vorgeschichte immer wieder Trennungserlebnisse festgestellt, so z. B. Verlust der Gruppenzugehörigkeit (Gastarbeiter), die zu intensiven Abhängigkeitsbedürfnissen führen. Von lerntheoretisch orientierten Forschern werden als wesentlich Faktoren übermäßiges Vermeidungsverhalten sowie mangelnde Kontrolle der Verhaltenskonsequenzen genannt.

Colitis ulcerosa – Erkrankung des Colon und Rectums. Als v. a. den Verlauf ungünstig beeinflussende Faktoren werden Depression und extreme Bindungs- und Abhängigkeitskonflikte genannt.

Asthma bronchiale – Als bedeutsame ps. Faktoren gelten eine starke Bindung an die Mutter sowie gestörte Familienbeziehungen. Die Psychoanalyse sah im Asthma den «Schrei nach der Mutter». Lerntheoretische Modelle betonen die Überlagerung einer körperlichen Disposition durch Prozesse des klassischen und operanten Konditionierens sowie des Modellernens.

Koronare Herzerkrankung →Typ A, Typ B. Die früher überwiegend psychoanalytisch orientierte ps. Behandlung dieser Störungen wird zunehmend durch verhaltenstherapeutische Methoden ergänzt wie Biofeedback, systematische Desensibilisierung, operante Verfahren, Anti-Streß-Training etc., die erfolgversprechend scheinen. [**L**] zu Psychosomatik allgemein: ALEXANDER 1951, 1971, BRÄUTIGAM & CHRISTIAN 1973, FREYBERGER 1977, JORGES 1965, KÖHLER 1985, RAHE 1968,v. WEIZSÄCKER 1947;. [**L**] speziell zu psychosomatischen Krankheiten: v. UEXKÜLL 1979, WEINER 1977, WILLIAMS & GENTRY 1977, MILTNER et al. 1986

Das Hauptinteresse der Psychosomatik liegt auf dem Zusammenhang von emotionalen Prozessen und Erkrankungen, bei denen keine klare organische Grundlage ermittelt oder der Organbefund das Gesambild der Krankheit nicht hinlänglich erklären kann. Im Vordergrund stehen analytisch und verhaltenstherapeutisch ausgerichtete ätiologische Hypothesen und Behandlungsverfahren. Wirkungskontrollen mit positiven Ergebnissen liegen v. a. für die verhaltenstherapeutische Behandlung verschiedener Störungen vor.

C. Becker-Carus/F. Caspar

Psychosomatose, Organneurose →Neurose

Psychosomimetika, syn. →Halluzinogene, →Psychopharmaka

Psychostimulantien, Untergruppe der →Psychoanaleptika, psychotrope Stoffe mit stimulierender Wirkung auf das ZNS in der Regel schon nach einmaliger Gabe. Kennzeichnend sind Erhöhung der subjektiven Aktiviertheit, Beseitigung von Müdigkeit, Leistungsverbesserung, v. a. hinsichtlich der Geschwindigkeit, nicht unbedingt der Genauigkeit, Verbesserung der Stimmung, jedoch bei hohen Dosen oft Mißstimmung (Dysphorie). Die meisten Stoffe haben auch sympathikomimetische Wirkungen, daher auch vegetative Symptome wie Herzklopfen. Klinisch bedeutungsvoll ist die appetithemmende Wirkung der meisten P. Nach Abklingen der Wirkung häufig Zustände, die denen in der Wirkungsphase entgegengesetzt sind, so Müdigkeit und schlechte Stimmung (sog. Rebound-Effekt). Bei längerem Gebrauch Abhängigkeit, bes. bei →Amphetaminen; bei einigen Gruppen nur Mißbrauch (z. B. →Coffein). Die wichtigsten Gruppen sind →Cocain, die →Amphetamine (z. B. Methamphetamin = Pervitin) und Nicht-Amphetamine wie →Metylphenidat (Ritalin®), →Fenetyllin (Captagon®), deren Wirkung über eine Erhöhung von Noradrenalin und Dopamin an den entsprechenden Synapsen vermittelt wird. →Coffein, das zu den Methylxanthinen zählt, wirkt über die Blockade der Adenosinrezeptoren. Ein untypischer Stoff wegen geringer subjektiver Aktivierung ist →Pemolin (Tradon®). P. (v. a. Methylphenidat = Ritalin®) werden bei der Therapie von Kindern mit hyperkinetischem Syndrom eingesetzt. Einsatz als →Appetitzügler fanden einige Stoffe (Fenfluramin =Pondrax®, Phenmetrazin = Preludin®). Von den Psychostimulantien schwer abzugrenzen sind die zentralen Sti-

P

mulantien (→Analeptika), die die Erregtheit des ZNS erhöhen und in hohen Dosen zu zerebralen Krampfanfällen führen (→Picrotoxin, →Pentetrazol). Auch Stoffe aus der Gruppe der →Antidepressiva können stimulierende Wirkungen über eine Erhöhung der Verfügbarkeit von Noradrenalin entfalten, so →Imipramin, →Amitryptilin. [L] EGGERS 1992, JANKE & AMELANG, 1965, JULIEN 1997, KOELEGA 1993 *W. Janke/P. Zimmermann*

Psychosyndrom, Sammelbegriff für verschiedene organisch (cerebral) bedingte Störungen der ps. Funktionen. Der Gemeinsamkeit der Verursachung der Störungen im Organischen (es gibt eine unbegrenzte Vielzahl möglicher körperlicher Noxen) steht aber nur eine begrenzte Anzahl von in Erscheinung tretenden Krankheitsbildern (psychopathologische Syndrome) gegenüber. Eine spezifische Zuordnung von Syndrom und Noxe ist nur bedingt möglich. Es lassen sich folgende Formen unterscheiden:

1) organisches Psychosyndrom (psychoorganisches Syndrom – E. BLEULER 1916). Durch chronisch diffuse Gehirnschädigung entstehende Symptomentrias: Merkfähigkeitsstörung (→KORSAKOW-Syndrom), Orientierungsstörungen, Denkstörungen, besonders der Kritik- und Urteilsfähigkeit, außerdem affektive Inkontinenz. Tritt häufig ein als Folge von Hirnschädigungen durch Krankheit, äußere Einwirkungen oder Alterungsprozesse.
2) hirnlokales Psychosyndrom (M. BLEULER 1943). Syndrom psychischer Veränderungen nach umschriebener hirnlokaler Schädigung, bei der vor allem der Antrieb und die Affektivität betroffen sind.
3) endokrines Psychosyndrom (M. BLEULER 1948), psychopathologische Symptomatik je nach der Erkrankung der endokrinen Organe: Hyperthyreose (→BASEDOWsche Erkrankung), Hypothyreose, →Myxödem, Hypoparathyreodismus, ADDISONsche Krankheit, adrenogenitales P. und →Dystrophia adiposogenitalis. Die Störungen bestehen zumeist in der Steigerung oder Abschwächung der hormonalen Funktion. →Hormone.
4) akutes hirnorganisches Psychosyndrom (K. BONHOEFFER 1912), akuter, exogener Reaktionstypus, somatogene Psychose. Die Krankheit ist zumeist Folge schwerer körperlicher Allgemein- und Hirnerkrankung (Infekt, Intoxikation, akute diffuse Hirnschädigung). Je nach Schwere der Erkrankung oder der individuellen ps. Eigenart treten verschiedene Symptome auf, wobei die Bewußtseinsstörung im Vordergrund steht. Zumeist rasche Remission, oft Übergang in ein residuales, organisches Psychosyndrom.
5) Frühkindliches exogenes Psychosyndrom (R. LEMPP 1964), durch diffuse Schädigung des Gehirns (prä-, peri und postnatal) hervorgerufene ps. Störungen, die sich im Laufe der Entwicklung des Kindes als erhöhte motorische Unruhe, Konzentrationsschwäche, Reizüberempfindlichkeit u. a. manifestieren und mit der Pubertät abklingen.

Psychosynthese, ein als Ergänzung bzw. i. Ggs. zur Psychoanalyse gebildeter Begr. für alle synthetischen Maßnahmen der Psychotherapie. Die Selbstfindung und offene Entwicklungsmöglichkeiten (verbunden mit appellativen Verfahren) werden für wichtiger erachtet als letzte ursächliche Aufhellung.

Psychotechnik, nach W. STERN, der den Begr. einführte, Menschenbehandlung i. Ggs. zur Psychognostik (Menschenkenntnis).

MÜNSTERBERG definierte anschließend den Begr. im weiteren Sinne als Anwendung ps. Verfahren auf die gesamte Kultur, so die Gesellschaftsordnung (Berufsps., Gruppenps. mit Verkehrsformen u. Menschenkenntnis), Volksgesundheit (Psychotherapie, Psychoanalyse, Hypnose, Eugenik), Wirtschaftsleben (TAYLOR-System, Eignungsps., Reklame), Recht (Zeugenaussage, Tatbestandsdiagnostik, Verbrechensstatistik, Urteilsstatistiken), Erziehung (experimentelle Pädagogik, Unterrichtspläne, Übungsschulen, Begabtenauslese, Sonderschulwesen), Kunst (experimentelle Ästhetik, Ps. des Spiels, Kunstschaffen, Einfühlung, Gefühlsuntersuchung, Sinneswahrnehmung) und Wissenschaft (z. B. Sprachtypen, Völkerkunde, Geschichte, Musik, Vererbungswissenschaft, Kulturgeschichte).

P. ist also nicht «Technik der Psychologie», analog z. B. Schreibtechnik. Ebensowenig nur Ps. der Technik (etwa als Ps. im Maschinenbau, industrielle Ps.), wenn auch eingeengt gegenüber der MÜNSTERBERGschen Definition P. heute vorwiegend zur Bez. der ps. Methoden geworden ist, die im wirtschaftlichen, gewerblichen und industriellen Leben dazu dienen, die Berufseignung, die Arbeitsplatzzuteillung, die Arbeitsleistung zu klären und zu verbessern.

Auch der Begr. «Technopsychologie» wurde in diesem Zusammenhang geprägt. Die weiteren, oben aufgeführten Gebiete werden heute als Aufgaben der «angewandten Psychologie» gesehen. Schon STERN (1903) definierte diese Trennungslinie wie folgt: «Liefert die angewandte Psychologie als Psychodiagnostik die Hilfsmittel, persönliche Werte zu beurteilen, so liefert sie als Psychotechnik die Hilfsmittel, wertvolle Zwecke durch geeignete Handlungsweisen zu fördern ... Denn ihre Aufgabe ist: Herstellung des Optimums in dem Verhältnis von Mittel und Zweck.» GIESE hat zusätzlich die Unterscheidung eingeführt nach →Subjektspsychotechnik und →Objektpsychotechnik. Letzere hat die Aufgabe der Anpassung der objektiv gegebenen Bedingungen (Arbeitsplatz, Werkzeug, Belüftung, Lüftung usw.) an die psychischen Voraussetzungen und Möglichkeiten des Menschen. →Angew. Psychologie, →Arbeitspsychologie, →Ergonomie, →Arbeitsgestaltung.

F. Dorsch / S. Greif

Psychotherapeut, der die →Psychotherapie ausübende Fachmann

Psychotherapie, die gezielte, professionelle Behandlung psychischer und/oder psychisch bedingter körperlicher Störungen mit psychologischen Mitteln. Gespräche gehören immer zur P., oft kommen aber auch spezifische Techniken, wie Verhaltensübungen, →Biofeedback u. a. hinzu. P. kann auch in Kombination mit Medikamenten eingesetzt werden (→Kombinationsbehandlung).Traditionell sind verschiedene Formen der Psychotherapie Therapieschulen, wie →Psychoanalyse, →Gesprächspsychotherapie, →Verhaltenstherapie, u. a. m. zugeordnet, die sich oft um Gründerpersönlichkeiten gebildet haben. Immer mehr wird aber versucht, Schulgrenzen zu überwinden (→Integration) und schulspezifische Annahmen zu →Ätiologie, Wirkweise und Wirksamkeit empirischer Überprüfung zu unterziehen. →Indikationen werden immer mehr spezifisch nach einzelnen Störungen und weiteren Merkmalen von Patienten vorgenommen.

Psychotherapie wird ambulant, stationär und teilstationär, einzeln, in Gruppen, Paar- und Familientherapie angewendet. In der Regel haben Psychotherapeuten im Anschluß meist an ein Psychologie- oder Medizinstudium eine Postgraduierten-Ausbildung in einer bestimmten Methode absolviert.

Die Wirksamkeit von Psychotherapie und ein gutes Kosten-Nutzen-Verhältnis gelten generell als gut belegt, wobei zwischen verschiedenen Verfahren und Patientengruppen zu unterscheiden ist. Argumente für eine Psychotherapieindikation sind oft das Fehlen medikamententypischer Nebenwirkungen und bessere Stabilität gegenüber Rückfällen. [L] CORSIN, GRAWE, KRIZ, REVENSTORF *F. Caspar*

Psychotherapieforschung, in der P. werden →Wirksamkeit und Wirkweise von Psychotherapien untersucht. Während in einer frühen Phase v. a. die über spontane Remission hinausgehende Wirkung von Psychotherapie überhaupt zur Diskussion stand, später die Frage einer generellen Überlegenheit einzelner Ansätze, geht es immer mehr um die Wirkung bestimmter Vorgehensweisen bei bestimmten Patientengruppen sowie um die Bestimmung wirksamer Faktoren. Zu unterscheiden ist dabei Forschung, die Therapien unter einschränkenden Bedingungen (z. B. enge Patientenselektion) grundsätzlich untersucht, Forschung, die Th. unter üblichen Praxisbedingungen (z. B. hohe →Komorbidität) untersucht, zwischen Ergebnis- und Prozeßforschung. Inzwischen stehen technisch (z. B. Videogeräte) und methodisch vielfältige Möglichkeiten zur Verfügung, die aber nicht immer sinnvoll eingesetzt werden. Als Regel gilt, daß wichtige Merkmale aus verschiedenen Perspektiven (Patient, Bezugspersonen, Therapeut, unabhängige Beurteiler) zu messen sind. Wichtig ist auch, daß Wirkungen nicht nur kurzfristig untersucht werden (→Follow Up). P. ist eine wichtige Triebfeder für die Weiterentwicklung sowohl von Konzepten als auch konkreten Behandlungsansätzen. Vertreter einzelner Therapieschulen lehnen Forschung mit strengerer Methodik grundsätzlich mit dem Argument ab, Psychotherapie sei nicht meßbar, berauben sich damit aber einer wichtigen Möglichkeit der Legitimation und Weiterentwicklung. [L] BERGIN & GARFIELD *F. Caspar*

Psychotiker, der an einer Psychose Leidende

Psychotizismus,Bez. für die psychotische Störung im Persönlichkeitsaufbau. • Fundamentaler Faktor in der Persönlichkeitstheorie von EYSENCK

Psychotogene →Psychopharmaka

Psychotomimetika, syn. Psychodysleptika, Psychosomimetika, Psychodelika, Halluzinogene, Alltagsbez. Rauschmittel, nach DELAY u. DENIKER neben den Psychoanaleptika und Psycholeptika die 3. Hauptgruppe der →Psychopharmaka. P. sind Stoffe, die schon in niedriger Dosis zu Störungen der Wahrnehmung (z. B. Halluzinationen) und Orientierung (z. B. Depersonalisation) führen. Sie können vorübergehend Zustände auslösen, die Ähnlichkeit mit Psychosen haben (sog. →Modellpsychosen). Prototypische Stoffe sind →Mescalin, →LSD, →Psilocybin, →Phencyclidin. Strukturchemisch handelt es sich um unterschiedliche Klassen, wobei Ähnlichkeiten mit biogenen Stoffen bestehen, vor allem mit →Serotonin (→LSD, →Psilocybin, →Ololiuqui, →Harmin, →Bufotenin) und mit den →Catecholaminen (→Mescalin, →DOM) und →Glutamat (→Phencyclidin). Dementsprechend sind die Wirkungsmechanismen auch verschieden, so sind die serotoninbeeinflussenden Stoffe wie LSD et al. Serotonin-Antagonisten (5-HT_2). Einige Stoffe, die erst in höheren Dosen psychotomimetisch bzw. →psychodelisch wirken, werden meist nicht zu den P. gerechnet, obzwar sie als eigene Klasse dazugerechnet werden könnten, etwa die →Anticholinergika →Atropin und →Scopolamin. P. sind ursprünglich aus Pflanzen gewonnen und seit Jahrtausenden in allen Erdteilen als Genuß- und Rauschmittel, auch zu kultischen Zwecken, verwendet worden, [L] JULIEN 1997, SNYDER 1994 *W. Janke*

psychotomimetisch, Wirkungsart von Substanzen, die psychoseähnliche Wirkungen haben, so Halluzinationen, Bewußtseinsveränderungen. *W. Janke*

Psychotonika →Psychopharmaka

Psychotonika, syn. für →Stimulantien

Psychotoxika, bisweilen (selten) benutzte Begriffe für Substanzen, die bereits in niedrigen Dosen negative ps. Wirkungen hervorrufen. →Psychopharmaka *W. Janke*

Psychotoxikologie, Teilgebiet der Toxikologie, das sich mit den ps. Wirkungen von Vergiftungen befaßt. [L] HARTMAN 1995, FORTH et al. 1996 *W. Janke*

Psychotronik, psychotrone, auch bioplasmatische Energie, Bez. für eine vermutete Energieform, die paranormale Phänomene ermöglichen soll.

psychotrop, auf das Psychische wirkend, ps. Prozesse beeinflussend

psychotrope Substanzen, Bez. für Substanzen (Wirkstoffe, Drogen, natürliche oder synthetische), die vorwiegend ps. Veränderungen hervorrufen. →Psychopharmaka *W. Janke*

PsycINFO, Datenbanksystem internationaler psychologischer Literatur, in dem Zeitschriftenaufsätze, Dissertationen, Bücher und Buchkapitel hauptsächlich von Autoren aus dem anglo-amerikanischen Sprachraum nachgewiesen werden. Anfang 1998 sind in P. nahezu 1.100.000 Publikationen ab dem Erscheinungsjahr 1967 in Abstracts dokumentiert; monatlich kommen rd. 4.300 Nachweise hinzu. Das Datenbanksystem, das in englischer Sprache absuchbar ist, liegt in verschiedenen online-Versionen vor. In der CD-ROM-Version PsycLIT reichen die Literaturnachweise bis zum Erscheinungsjahr 1974 zurück. Produzentin von PsycINFO/PsycLIT ist die →American Psychological Association (APA).

PSYNDEX, Datenbank psychologischer Literatur aus den deutschsprachigen Ländern, weist in Kurzreferaten deutsch- u. englischsprachige Zeitschriftenaufsätze, Bücher, Sammelwerksbeiträge, Reports und Dissertationen von Autoren aus den deutschsprachigen Ländern nach sowie einschlägige audiovisuelle Medien. Anfang 1998 umfaßt PSYNDEX mehr als 130.000 Nachweise ab dem Publikationsjahr 1977. Monatlich kommen ca. 800 aktuelle Nachweise hinzu. Die Datenbank, die in dt. u. engl. Sprache absuchbar ist, wird in Online-Versionen von den Hosts Deutsches Institut für Medizinische Dokumentation und Information (DIMDI) in Köln und Gesellschaft für Betriebswirtschaftliche Information (GBI) in München angeboten und kann, kombiniert mit der Datenbank →PSYTKOM, als SilverPlatter CD-ROM «PSYNDEXplus with TestFinder» abonniert werden. PSYNDEX wird von der →Zentralstelle für Psychologische Information und Dokumentation (ZPID) produziert.

PSYTKOM, die Datenbank Psychologischer und Pädagogischer Testverfahren, weist in den deutschsprachigen Ländern entwickelte und angewandte Tests, Skalen, Fragebögen, Interviewmethoden, Beobachtungsmethoden, apparative Verfahren, Methoden der computerunterstützten Diagnostik und andere diagnostische Instrumente nach. Neben selbständigen, in Testverlagen publizierten Verfahren sind auch zahlreiche informelle Forschungsinstrumente dokumentiert. Die zitierten Testverfahren sind entweder sehr ausführlich beschrieben mit Angaben zu Testkonzept, Testkonstruktion, Testgütekriterien, Durchführungs- u. Auswertungsmodalitäten, Anwendungsmöglichkeiten u. kritischer Bewertung o. in einem Kurzreferat dargestellt. Anfang 1998 umfaßt P. mehr als 3.500 Testnachweise. Die Datenbank, die halbjährlich aktualisiert wird und in dt. u. engl. Sprache absuchbar ist, wird online vom Host Deutsches Institut für Medizinische Dokumentation und Information (DIMDI) in Köln angeboten, außerdem kann sie zusammen mit der Datenbank →PSYNDEX als SilverPlatter CD-ROM «PSYNDEXplus with TestFinder» abonniert werden. P. wird von der →Zentralstelle für Psychologische Information und Dokumentation produziert. Die Testnamen sämtlicher in P. dokumentierten Verfahren werden von der Zentralstelle (ZPID) jährlich in einem Testverzeichnis aufgelistet.

P-Technik, bei der P-T. der Faktorenanalyse werden bei einer Stichprobe von Vpn zu verschiedenen Zeitpunkten dieselben Variablen gemessen. Die Variablen werden über die Situationen interkorreliert und faktorenanalysiert. Die auf diesem Wege gewonnenen Faktoren nennt man Zustandsfaktoren (*state*-Faktoren). →O-Technik, →Kovariationsschema

PTV, praktisch-technisches Verständnis **[T]** AMTHAUER

pU, Abk. für →programmierter Unterricht.

pubertas praecox [lat.], verfrühte Pubertät. Unter pathologischen Bedingungen, z. B. bei Tumoren der Keimdrüsen, bei Knaben auch durch Tumoren der Nebennierenrinde (→Hormon-Tabelle), vorzeitig eintretende Pubertät mit rascher Ausprägung der sekundären Geschlechtsmerkmale. Reifezeichen treten bei Knaben vor dem 10., bei Mädchen vor dem 8. Lebensjahr auf. Ps. Merkmale sind dabei neben Reizbarkeit u. ä. die Rat- und Hilflosigkeit dem eigenen Körper gegenüber.

Pubertät [lat. *pubertas* Mannbarkeit], der Zeitraum im Entwicklungsverlauf, währenddem sich die sekundären Geschlechtsmerkmale und die Geschlechtsreife sowie ein Übergang zur geistig selbständigen Individualität einstellen. Einteilung: Vorpubertät m. 12, w. 10. Pubertät und Nachpubertät m. 18, w. 16; erste Blutung etwa im 13., erste Pollution etwa im 14. Lebensjahr. Die Zeiten schwanken nach Stadt, Land, Süden, Norden, Rassen, Milieu u. a. m. An Merkmalen werden genannt: Stimmungs- und Gefühlsschwankungen, Neigung zu Reflexion, Kontaktscheu, Hervortreten einzelner Überwertigkeiten, Negativismus, aktive Auseinandersetzung mit der Wertwelt des Erwachsenen. Das Grunderlebnis wird als Sehnsucht bezeichnet. Themen der P.-Forschung sind der Einfluß der P. auf die →Identität (HILL & MÖNKS 1977) und die Hinweise darauf, daß die Sturm- und Drangerscheinungen nicht zwangsläufig sind (BANDURA 1964). →Jugendalter, →Entwicklungsphasen. **[L]** ROOT 1973, JERSILD 1978

Public Relations, (abgek. «PR») [engl.]) «öffentliche Beziehung» im Sinne der Vertrauenswerbung bzw. der Pflege der öffentlichen Meinung. Wort, Begriff und Methoden sind in den USA entstanden. Als ihre Aufgabe wird angegeben: Mit objektiven Argumenten Unkenntnisse über eine Einrichtung des Staates, einen Betrieb usw. zu zerstreuen, den Stand einer Sache und deren Bedeutung für das öffentliche Leben klarzustellen, die Wirksamkeit dieser Sache zu beschreiben. Die PR-Aktionen stellen keine Verkaufswerbung oder Anpreisung im engeren Sinne dar, sondern sollen das Zutrauen zu einem Einzelunternehmen, einer Wirtschaftsgruppe, einer Organisation oder auch staatlichen Einrichtungen und Maßnahmen fördern. Die Aktion appelliert weniger an Gefühle (wie die Werbung) als an den Intellekt. Häufig handelt es sich dabei um «strategisch planvolles Vorgehen»: Aufmerksamkeitsweckung, Wohlwollen, schließlich Kontakt bzw. Bereitschaft der Öffentlichkeit, sich für das Propagierte aktiv einzusetzen.

Pufferreiz, ein zu Anfang eines Versuches gesetzter Reiz, durch den die Vp mit dem Ablauf des Versuches vertraut gemacht werden soll.

Pulfrich, Carl P. (1858–1927), Physiker /Jena

Pulfrichsches Phänomen, Wahrnehmungstäuschung: Eine Marke, die in einer Ebene pendelt, schwingt nur bei gleicher Beleuchtungsstärke für die beiden beobachtenden Augen ebenflächig. Stellt man eine ungleiche Beleuchtung (etwa durch verdunkelndes oder farbiges Glas vor einem Auge) her, so entsteht eine scheinbar kreisende Bewegung. →Scheinbewegung

Pulsfrequenz, Zahl der Pulsschläge pro Minute. P. entsteht durch den systolischen Blutauswurf des Herzens und setzt sich im Kreislauf als Druck- u. Volumenschwankung fort. P. kann im arteriellen Gefäßsystem an versch. Körperstellen ermittelt werden und gibt somit die Herzfrequenz wieder. P. beträgt im Durchschnitt bei Erwachsenen (ohne Erregung o. Belastung) 65–80/min. (Ruhepuls), bei Kindern und Senioren ist die P. höher. In der Ergonomie stellt der Arbeitspuls, der bei phys. Belastung zum Ruhepuls hinzukommt, einen Indikator für geleistete Arbeit dar. Der Gesamtpuls setzt sich aus Ruhe- und Arbeitspuls zusammen.). →psychophysische Methodik

Pumpe, Pumpwerk [T] SCHULZ

punktbiseriale Korrelation, parametrisches Verfahren zur Bestimmung des Ausmaßes der Wechselbeziehungen zwischen einer quantitativen, normalverteilten Variablen und einem dichotomisierten oder Alternativmerkmal. Die Berechnung der p.K. erfolgt nach der Formel

$$r_{pbis} = \frac{M_p - M_q}{s} \sqrt{p \cdot q}$$

wobei Mp den Maßzahlmittelwert der Individuen in der einen und Mq den der Individuen in der anderen Klasse des Alternativmerkmals bezeichnen. *G. Mikula*

punktieren →Tapping-Test

Punktschrift →BRAILLE-Schrift

Punktschwanken →autokinet. Phänomen

Punkt-Vierfelder-Korrelation, parametrisches Verfahren zur Bestimmung des Ausmaßes der Wechselbeziehung zwischen zwei Alternativvariablen. Die Berechnung des P.-V.-Koeffizienten, häufig als Phi-Koeffizient bezeichnet, erfolgt nach der Formel

$$r_{\Phi} = \frac{ad - bc}{\sqrt{(a+b) \cdot (c+d) \cdot (a+c) \cdot (b+d)}},$$

wobei ad und bc die Produkte der beiden Diagonalwerte in einem Vierfelderschema bezeichnen. Die Signifikanz von r_{Φ} wird über χ^2 geprüft, wobei $\chi^2 = N \cdot r_{\Phi}$ mit df = 1 ist. *G. Mikula*

Pupillenreflex, die Einstellung der Pupillenweite auf Lichtreize entsprechend der Lichtintensität

Pupillometer, Meßvorrichtung zur Ermittlung der Pupillenweite. Bei Lust, Schreck u. a. tritt Erweiterung auf.

Puppenspiel **[T]** RAMBERT

Purdue pegboard →Steckbrett

Purging [engl.] [lat. *purgere* reinigen, abführen, sühnen], Verhalten, das bei →Eßstörungen auftreten kann, indem – als ungeeignete Maßnahmen zur Kompensation von (vermeintlich o. tatsächlich) übermäßiger Nahrungsaufnahme – Erbrechen induziert wird und/oder Laxantien oder Diuretika mißbraucht werden.

Purkinje, Johannes Evangelista, Ritter v. (1787–1869), tschech. Mediziner, Physiologe, Pathologe / Breslau, Prag

Purkinjesche Aderfigur, entoptisches Bild der Netzhautgefäße (→entoptische Erscheinung). Kommt zustande beim Betrachten einer dunklen Fläche und gleichzeitigem Hin- und Herbewegen einer Lichtquelle seitlich vom Auge.

Purkinjesches Phänomen, bei Dunkeladaptation heller als Rot aussehendes Blau erscheint bei Helladaptation und stärkerem Licht dunkler als das Rot. Dieser Wechsel erklärt sich aus der Verschiebung der →spektralen Hellempfindlichkeitskurve. Damit hängt auch die Erscheinung zusammen, daß Gemälde in der Dämmerung anders «leuchten» als im Hellen (Grün und Blau treten hervor). →Duplizitätstheorie, →Helligkeit, spezifische

purposive behavior →Behaviorismus

Purposivismus [engl. *purpose* Absicht, Ziel, Zweck], wörtlich svw. «Zielstrebigkeitslehre». Bez. für den üblichen und meist gar nicht ausdrücklich vertretenen Standpunkt, wonach Handlungen durch Ziele (bzw. Zielvorstellungen) bestimmt oder beeinflußt werden. • Spezieller ist P. im Neobehaviorismus (→Behaviorismus) die Ansicht, daß man das Verhalten von Tieren auch unter Wahrung behavioristischer Grundsätze als zielbestimmt deuten könne *(«purposive behaviorism»)* (TOLMAN).

pursuitmeter →Sinnesfunktionen

pursuit rotor, ein 1922 von KOERTH beschriebenes und zusammen mit C. E. SEASHORE entwickeltes Gerät zur Prüfung der motorischen Geschicklichkeit bei einer Auge-Hand-Koordinationsaufgabe. Der p.r. stellt eine Weiterentwicklung von →apparativen Tests dar, bei denen die Augenbewegungen beim Verfolgen von bewegten Objekten (Pendeln) oder die Auge-Hand-Koordination bei kreisenden Pendeln registriert wurde (→Sinnesfunktionen).

Beim p.r. kreist eine Scheibe mit einem Zielpunkt. Die Vp muß mit einem Griffel den Zielpunkt verfolgen. Als Maßzahl für die motorische Leistung gilt die Kontaktzeit mit dem Zielpunkt. Es gibt heute versch. technische Versionen. Während frühere Ausführungen hauptsächlich elektromechanisch funktionierten, wurde innerhalb der «Motorischen Leistungsserie» (**[T]** SCHOPPE) eine photoelektrische Version gewählt. Der p.r. wurde außerdem in der lerntheoretisch orientierten Persönlichkeitsforschung (z. B. von EYSENCK) als apparativer Test zum Nachweis der →reaktiven Hemmung verwendet. Wird die p.r.-Leistung unter massierter Übung gefordert, so ist der Leistungsanstieg gegenüber verteilter Übung wesentlich geringer. EYSENCK hat die Leistungswerte beim p.r. gleichzeitig zum Nachweis des →Reminiszenzeffektes benutzt. Extravertierte Vpn zeigen gegenüber Introvertierten einen höheren Reminiszenzeffekt.

[L] AMMONS 1955, EYSENCK 1947 *H. Häcker*

putamen [lat. Schale, Hülse] →Gehirn

Puzzle-box **[T]** HEALY-FERNALD

Puzzle-Test **[T]** BINET

Pygmalion-Effekt, ein von ROSENTHAL und Mitarbeitern untersuchter Effekt, der die Auswirkung der →self-fulfilling-prophecy im

Bereich pädagogischer Interaktionen beschreibt. Für eine Reihe von Dimensionen im Bereich pädagogischer Maßnahmen wurden Daten vorgelegt, die von den Autoren dahingehend interpretiert werden, daß die von Lehrern gegenüber dem Schüler gehegten Erwartungen, Einstellungen, Überzeugungen und Vorurteile das vom Schüler gezeigte Verhalten tatsächlich beeinflussen. Gegen die von ROSENTHAL vorgelegten Ergebnisse wurden bezüglich der methodischen Anlage der Untersuchungen wie auch gegen die Interpretation der Daten kritische Einwände vorgebracht. →Versuchsleitereffekt [L] ROSENTHAL & JACOBSON 1971 *H. Häcker*

Pykniker [gr. *pyknos* dicht, fest, stark], der kräftig (breit) Gewachsene, der breitwüchsige Körperbautyp (KRETSCHMER). →Körperbautypen, →Typologie (Konstitutionstypen)

Pyknolepsie, vom Mannheimer Neurologen FRIEDMANN um die Jh.wende beschriebene Form und heute veraltete Bez. von Epilepsieformen bei Kindern (meist 4.–9. Lj.).

pyknomorph, Begr. aus der Konstitutionstypologie von CONRAD (1941). Die pyknomorphe Wuchstendenz ist gekennzeichnet durch stärkeres «Tiefenwachstum» und geringeres Längenwachstum. [L] CONRAD

Pyramidenbahn [lat. *tractus corticospinalis*], bei Mensch und Säugetieren Nervenfasern, die in den motorischen Arealen beider Großhirnhälften entspringen, im verlängerten Mark zu 75-90 % jeweils auf die Gegenseite kreuzen (Pyramidenkreuzung) und im dorsalen Quadranten des Rückenmarks als Pyramidenseitenstrangbahn weiterlaufen und zu den Skelettmuskeln führen, während der andere, kleinere Teil ungekreuzt in den vorderen mittleren Abschnitten weiterverläuft. Auf ihrem Weg in das Rückenmark geben die Axone zahlreiche Kollateralen zu den für die Motorik wichtigen Strukturen ab, u. a. zum Thalamus, zu den Kernen des Brückenhirns und von dort Moosfasern zum →Kleinhirn und wahrscheinlich auch zur *fovea reticularis*. Die P. vermittelt die Impulse, die zur Funktion der willkürlichen Muskulatur unerläßlich sind. Eine Unterbrechung der P. führt beim Menschen zu einer oft schlagartigen Stillegung des Bewegungsmechanismus einer oder beider Körperseiten (z. B. Schlaganfall). [L] SCHMIDT & THEWS 1995 *C. Becker-Carus*

Pyrethroide, chem. Stoffe, natürlicherweise in Pflanzen vorkommend, als Schutzmittel in Holz, Teppichen und Landwirtschaft (u. a. Gewächshäuser) verwendet, z. B. zur Insektenvernichtung (Insektizide). P. haben neurotoxische Wirkungen, u. a. durch Beeinflussung der Zellmembran. Toxische Wirkungen von leichten vegetativen Störungen und Befindlichkeitsstörungen bis zu schwersten Vergiftungen mit Krämpfen. →Umweltschadstoffe *W. Janke*

Pyritinol, WZ Enzephabol®, Psychopharmakon aus der Klasse der →Nootropika. Wirkt relativ unspezifisch über die Beeinflussung des Gehirnstoffwechsels (z. B. Erhöhung der Glukoseverwertung, Aktivierung des Nukleotid-, Phospholipid- oder Proteinstoffwechsels). [L] HERRSCHAFT 1992, HERRMANN et al. 1986, RIEDERER et al. 1992 *W. Janke/M. Ising*

Pyromanie [gr. *pyr* Feuer], krankhafter Trieb, Brände zu legen und anzusehen

Q

Q, Symbol für →Assoziationsquotient

Q, Abk. für →Quartil

Q [engl.], Abk. für *questionnaire (questionary)*, Fragebogen, Persönlichkeitsfragebogen →Q-Daten

Q-Analyse →Q-Technik

Q-Daten [engl. *questionary data, questionnaire data*], nach R. B. CATTELL diejenige Gruppe von Daten zur Persönlichkeitsbeschreibung (neben den →L-Daten und den →T-Daten), die aus der Selbstbeurteilung des Individuums mit Fragebogen oder Interviews erhoben werden. CATTELL hat über Q-Daten 10–12 stabile Persönlichkeitsdimensionen ermitteln können. Da diese Q-Daten über Selbsteinschätzungen und Selbstbeurteilungen entstehen, sind sie gegenüber Verfälschungsabsichten nicht stabil. →16PF, →T-Daten, →Faktorentheorien der Persönlichkeit. →Fragebogen [L] CATTELL 1973, HERRMANN 1972

Q-Korrelation, von einer Q-K. wird gesprochen, wenn n Individuen über m Merkmale korreliert werden, wobei m > n. Diese Art Korrelationstechnik, die sich in statistischer Hinsicht in keiner Weise von der üblichen R-Technik unterscheidet, geht auf STEPHENSON (1935) zurück.

Q-Sortierung, Q-Methode, ein von STEPHENSON 1935 entwickeltes Verfahren zur Erforschung der Persönlichkeit. Dem Pb werden Aussagen (z. B. Ich fühle mich unsicher) vorgelegt, und er soll sie nach dem Grad des Zutreffens auf die eigene Person in 11 Kategorien einordnen.

Der Grad der freien Selbstbeurteilung wird im Regelfall aus statistischen Gründen eingeschränkt, indem die Anzahl der pro Kategorie einzuordnenden Selbstbeurteilungen vorgegeben wird. Die mit der Q.-S. erhobenen Selbstaussagedaten können mit korrelationsstatistischen Methoden (Q-Technik) weiterverarbeitet werden.• ROGERS hat die Q-Methode 1951 erstmals zur Therapiekontrolle eingesetzt. Die Klienten müssen u. a. ihr reales Selbstbild (aktuelle Befindlichkeit) und ihr ideales Selbstbild mittels der Q. einschätzen. Annäherungen zwischen Real- und Idealbild im Laufe einer Therapie werden als Erfolg gewertet. [L] ROGERS 1951, STEPHENSON 1935 *P. Day*

Q-Technik, syn. Q-Analyse, eine →Faktorenanalyse, die von Q-Korrelationen ausgeht. Da bei der Q.-T. Personen faktorisiert werden, können die extrahierten Faktoren als Typen interpretiert werden. Die Faktorenmatrix einer Q.-T. enthält die Faktorenladungen der einzelnen Personen in den Typenfaktoren. Zwischen R- und Q-Technik besteht insofern Reziprozität, als die Faktorenmatrix der R-Technik gleich der Faktorenwertmatrix der Q-Technik ist, und umgekehrt. →Kovariationsschema, →R-Technik *G. Mikula*

Quadrat, griechisch-lateinisches, als Ausweitung des lateinischen Quadrats können mit dem griechisch-lat. Q. vier Variationsquellen untersucht werden. Das Prinzip dieses varianzanalytischen Versuchsplanes ist dasselbe wie das des lateinischen Quadrats. Wie dort können auch hier nur die Haupteffekte (Zeilen, Spalten, lateinische und griechische Buchstaben) statistisch überprüft werden, nicht aber →Wechselwirkungen zwischen den untersuchten Variablen. →Quadrat, lateinisches *G. Lüer*

Quadrat, lateinisches, varianzanalytischer Versuchsplan, in dem drei Variationsquellen (verteilt auf Zeilen, Spalten und Buchstaben) realisiert werden können. Dabei steht in jeder Zeile die Kombination von drei Versuchsbedingungen. Da jede mögliche Dreierkombination von Variationsmöglichkeiten nur ein einziges Mal vorkommt, ist das l. Q. sehr ökonomisch im Vergleich zum entsprechenden dreifaktoriellen Versuchsplan. Für die Anordnung der Versuchsbedingungen (jede Stufe des 3. Faktors darf nur einmal in jeder Zeile und Spalte vorkommen) gibt es immer verschiedene Möglichkeiten, die mit der Größe des Planes stark zunehmen. Mit dem l. Q. können nur Haupteffekte, aber keine →Wechselwirkungen untersucht werden. *G. Lüer*

Quadrate-Test [T] HECTOR

quadratische Abweichung, syn. Abweichungsquadrat, die quadrierte Abweichung einer Maßzahl vom Mittelwert der Verteilung. Die q.A. findet bei der Berechnung verschiedener statistischer Kenngrößen Anwendung.

quadratischer Trend →Trend

Quadratsumme, die Summe der quadrierten Abweichungen der Maßzahlen von ihrem Mittelwert. Sie bildet den Zähler in der Formel zur Berechnung der Varianz.

$$\Sigma x^2 = \Sigma (X - M_x)^2 = \Sigma X^2 - \frac{(\Sigma^\circ X)^2}{N}$$

Werden aus einer Population mehrere Stichproben entnommen, läßt sich die Q. aller Maßzahlen aus allen Stichproben («Quadratsumme Total»), d. h. die Summe der quadrierten Abweichungen der Maßzahlen vom gemeinsamen Mittelwert, in verschiedene additive Komponenten zerlegen: (1) die «Q. innerhalb», die mittlere Q. aus den einzelnen Stichproben, (2) Die «Q. zwischen», die Summe der Abweichungsquadrate der Stichprobenmittelwerte vom gemeinsamen Mittelwert (MM). Über beide Q. läßt sich die Populationsvarianz genauer abschätzen als auf Grund einer einzelnen Stichprobenvarianz, da sie auf einer größeren Anzahl von Freiheitsgraden beruht. Die Tatsache, daß in die «Q. zwischen» auch etwaige Unterschiede zwischen den Stichproben eingehen, wird in der Varianzanalyse, beim Vergleich mehrerer Stichproben hinsichtlich der zentralen Tendenz, nutzbar gemacht, und die Schätzung der Populationsvarianz auf Grund der «Q. zwischen» mit der auf Grund der «Q. innerhalb» (der Fehlervarianz) verglichen. →Varianzanalyse *G. Mikula*

Quadrattäuschung, bei zwei gleich großen Quadraten, von denen das eine auf der Spitze steht, erscheint dieses größer.

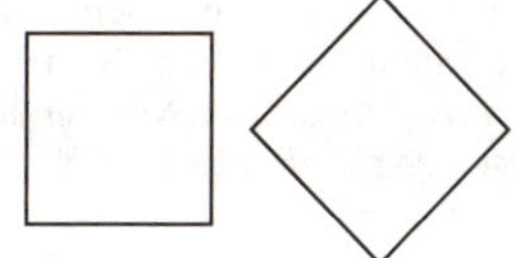

Qualifikation, berufliche, Oberbegriff für die Gesamtheit der leistungsbezogenen Merkmale einer Person zur erfolgreichen Bewältigung der Anforderungen von →Arbeitstätigkeiten. Als Hauptmerkmale werden in der Regel fachliche Kenntnisse, Handlungskompetenzen und Fähigkeiten betrachtet.

Im Unterschied zur →Differentiellen Psychologie und zu Faktorentheorien der Persönlichkeit basieren industriesoziologisch geprägte Konzepte der Q. eher auf Zusammenfassungen von Befragungsergebnissen und Expertenmeinungen über typische Qualifikationsanforderungen (vgl. im Unterschied dazu standardisierte Methoden der →Anforderungsanalyse). Neben fachlichen gewinnen sogenannte überfachliche Q., insbes. soziale Qualifikationen (als Befähigung zur Kommunikation) und Schlüsselqualifikation für die Bewältigung der Anforderungen durch Teamarbeit, in der modernen Industrie an Bedeutung (MERTENS 1974). Der Prozeß des Erwerbs der Q. wird als →Qualifizierung bezeichnet (→Aus- und Weiterbildung). **[L]** SEMMER & SCHARDT 1982 *S. Greif*

Qualifizierung, ist die zielgerichtete und geplante Veränderung arbeitsbezogener und allgemeiner Fertigkeiten und Handlungskompetenzen erwachsener Menschen (GREIF & KURTZ 1989). Während insbes. im anglo-amerikanischen Sprachraum im Gebiet der →Arbeits- und Organsiationspsychologie ein weitgefaßter Begriff (→Training) bevorzugt wird, ist in der Berufspädagogik, Industriesoziologie und arbeitspsychologischen Handlungstheorie der Begriff der Q. gebräuchlicher. Er stellt die Bedeutung langfristiger Sozialisationsprozesse und Wechselwirkungen zwischen Arbeitsanforderungen allgemeiner Persönlichkeitsentwicklung heraus (→Aus- und Weiterbildung →berufliche Sozialisation). **[L]** BAITSCH & FREI 1980, SEMMER & SCHARDT 1982. *S. Greif*

Qualität, Eigenschaft, Beschaffenheit, Eigenart, Güte, im Ggs. zur →Quantität. • In der Ps. wird unter Q. die Eigenart eines Erlebnisinhaltes verstanden, z. B. bestimmte Farbe, bestimmter Ton, bestimmtes Gefühl. Innerhalb der Qualitäten der «Empfindungen» (sensorische Informationskanäle) unterscheidet man die →Modalitäten. →auch: Intensität. • Bei FREUD sind das Bewußte, das Vorbewußte und das Unbewußte ps. Qualitäten.

qualitative Merkmale, q.M. können ausschließlich in inhaltlich verschiedene Klassen einer Nominalskala gegliedert werden, zwischen denen keine zahlenmäßigen Relationen bestehen. Nach Anzahl der möglichen Klassen wird zwischen Alternativmerkmalen (z. B. Geschlecht) u. mehrklassigen q.M. (z. B. Familienstand) unterschieden. Q.M. sind diskrete (diskontinuierliche) Variablen. →Skala *G. Mikula*

Q

Qualitätssicherung [engl. *Quality Assurance*], wird im Unterschied zur nachträglichen Qualitätskontrolle am Ende des Fertigungsprozesses zur Umschreibung umfassender Verbesserungen im gesamten Produktions- und Arbeitsprozeß aus der Sicht der Kunden verwendet. Unterschieden wird die technische Qualität (Meßeinrichtungen, Materialien, Maschinen und Werkzeuge), Verfahrens-Qualität (Organisationsstrukturen, Prüfverfahren, Abläufe, Normen) und soziale Qualität (Arbeitsplatzbedingungen, Führungsverhalten, Motivation, Kooperationsbereitschaft). Die Q. versucht, Ursachen von Qualitätsproblemen zu ermitteln und durch geeignete Maßnahmen (→Total Quality Management) zur Verbesserung der Kundenzufriedenheit umzusetzen. [L] LITTLE 1992 *S. Greif*

Qualitätsstadium →Apperzeptionskategorien

Qualitätszirkel (QZ), sind im allg. kleine Gruppen aus 5-9 Mitarbeiterinnen und Mitarbeitern der unteren Hierarchieebenen einer Organisation, die sich regelmäßig auf freiwilliger Grundlage treffen, um selbstgewählte Probleme aus ihrem Arbeitsbereich zu bearbeiten (BUNGARD 1991). Das Qualitätszirkel-Konzept versucht, die reichhaltigen praktischen Erfahrungen der Mitarbeiterinnen und Mitarbeiter zur Verbesserung ihrer Arbeitsprodukte, Arbeitsorganisation und -bedingungen zu nutzen.

Die QZ treffen sich in der Regel ein- bis zweimal im Monat für jeweils ein bis zwei Stunden. Die Gruppengespräche werden im Idealfall durch ausgebildete Moderatoren mit Problemlösetechniken (z. B. →Brainstorming) angeleitet. Die Gruppen können Experten zur Beratung heranziehen. Die erarbeiteten Lösungen werden schließlich von einem Entscheidungsgremium bewertet und zur Umsetzung empfohlen. [L] BUNGARD & ANTONI 1993 *S. Greif*

Quantenmechanik, Mechanik der Atomelektronen. →Theorien, physikalische

Quantentheorie →Theorien, physikalische

Quantifikation, die Rückführung von Qualitativem auf Quantitatives, z. B. die Rückführung der Farbqualitäten auf die ihnen entsprechenden Schwingungszahlen. • In der naturwissenschaftlichen Forschung ist Q. ein unbedingt notwendiges Verfahren, da durch sie eine exakte Bestimmung der Erscheinungen ermöglicht wird und sie vergleichbar und überschaubar und in ihren Wirkungen und Abhängigkeiten erkennbar werden. Im übrigen ist die Q. häufig eine Voraussetzung der Theorienbildung. In der Ps. ist die Q. mit einer gewissen Vorsicht anzuwenden. Vor allem ist darauf Rücksicht zu nehmen, daß die ps. Vorgänge nicht selbst, sondern nur ihre Äußerungen exakt erfaßt werden können.

Quantifizierung, die Zuordnung von Zahlen zu Merkmalen. Handelt es sich dabei um qualitative Merkmale, kann eine Q. nur durch Zählung, d. h. Feststellen von Klassenhäufigkeiten erfolgen. Bei quantitativen Merkmalen ist Q. gleichbedeutend mit Messung. *G. Mikula*

Quantität, Menge, Anzahl, allg. meßbar im Ggs. zur →Qualität. • In der Ps. ist Q. insbes. die Grundlage aller quantitativen Methoden.

quantitative Merkmale, variieren in ihrem Ausprägungsgrad und sind daher (grundsätzlich) einer Messung zugänglich. Es wird angenommen, daß q.M. kontinuierlich sind, dies auch dann, wenn die angewendeten Meßmethoden nur diskontinuierliche Werte ermöglichen (z. B. Gedächtnis: Anzahl der gemerkten Elemente). Je nach Art der möglichen Quantifizierung wird zwischen Ordinal-, Intervall- und Verhältnisvariablen unterschieden. *G. Mikula*

Quartile, jene drei Werte einer Häufigkeitsverteilung, die diese in vier gleich große Bereiche teilen. Bis zum 1. Q. einer Verteilung liegen daher 25 % aller Fälle, bis zum 2., dem Median, 50 % und bis zum 3. Q. 75 %. Das 1. und 3. Q. werden auch als unteres und oberes Q. bezeichnet. Q. werden zur Bestimmung von Dispersionsmaßen für Ordinalvariablen (mittleres Quartil) und zur Bestimmung der Schiefe und des Exzesses einer Verteilung verwendet. *G. Mikula*

Quartimax-Methode, analytische Methode der Rotation, einer Faktorenmatrix zur →Einfachstruktur. Die Varianzen der Faktorenladungen pro Variable werden maximalisiert. →Faktorenanalyse

Quasibedürfnis, eine von LEWIN (1926) eingeführte Bez. für abgeleitete Bedürfnisse, die gewöhnlich von den ursprünglichen B. abhängig bleiben: Wirkungen von Vornahmen, Vorsätze. • Nach ZEIGARNIK sind Q. Nacheffekte unerledigter Handlungen. →ZEIGARNIK-Effekt

quasistationärer Prozeß, die Aufrechterhaltung einer Verlaufsgestalt (z. B.: Ein Fluß, der sich fortbewegt und doch eine erkennbare Gestalt behält). In der →Gestalttheorie verwendeter Begriff, insbes. in der Lehre vom →Isomorphismus von KÖHLER.

Quecksilber, Schwermetall (→Metall) in Luft, Boden, Nahrungsmitteln u. a. vorkommend, in höheren Dosen und bei chronischer Exposition neurotoxische Wirkung mit ps. Folgen, so Störungen der Aufmerksamkeit und der Intelligenz hervorrufend. Q. wird verdächtigt, eine Rolle bei Zahnersatz mit Amalgamfüllungen in Zähnen zu spielen und Beschwerden wie Kopfschmerzen hervorzurufen. [L] HARTMAN 1995, SEIDEL 1996 *W. Janke*

Quellenverwertungs-Test [T] GIESE

Querdisparation, horizontale Abweichung der beiden →Netzhautbilder eines →distalen

Objekts von →korrespondierenden Netzhautpunkten. Die Querdisparation ist für die auf dem →Horopter liegenden Objekte Null; wenn die Querdisparation steigt, findet sich im Bereich des PANUMschen Areals zunächst →Einfachsehen, bei größerer Querdisparation →Doppeltsehen. Ferner steigt bei zunehmender Querdisparation zunächst der →Tiefeneindruck (→räumliches Sehen); wird die Querdisparation zu groß, nimmt die wahrgenommene Tiefe wieder ab; die Empfindlichkeit für die Wahrnehmung von Tiefe durch Querdisparation ist sehr hoch; die wahrgenommene Tiefe (bei gegebener Querdisparation) hängt von der Entfernung des Fixationspunktes vom Beobachter ab (→Konstanz). – Für Objekte, die hinreichend weit vom Horopter entfernt liegen, ist die Querdisparation so groß, daß man Doppelbilder sehen müßte; u. a. infolge des →Sehwettstreits werden die im Alltag normalerweise nicht gesehen.

Analog zum →Sehwinkel wird auch die Querdisparation durch einen Winkel angegeben. Für den im Bogenmaß gemessenen Disparationswinkel gilt näherungsweise η [rad] = $i\delta/D^2$ mit D als Entfernung des Fixationspunktes, δ als Tiefe und i als Abstand zwischen den Drehpunkten beider Augen; der Disparationswinkel ist die Differenz zwischen (a) dem Winkel zwischen den beiden Richtungslinien zum interessierenden Objekt und (b) dem →Konvergenzwinkel (absolute Querdisparation; für die relative Querdisparation wird der Fixationspunkt durch ein zweites Objekt ersetzt und der Konvergenzwinkel durch den Winkel zwischen den beiden Richtungslinien zu diesem Objekt). [**L**] TYLER 1983 *H. Heuer*

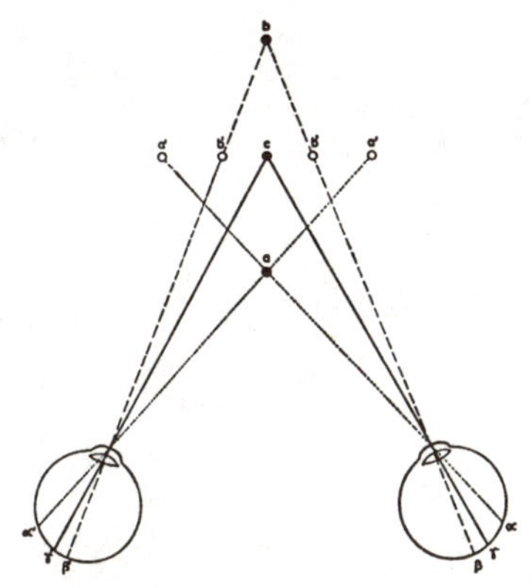

Querdisparation
Entstehung von Doppelbildern
c = fixiertes Stäbchen
b = entferntes Stäbchen
b′b′ = zugehörige Doppelbilder
ββ′ = entspr. Netzhautpunkte
a = nahes Stäbchen
a′a′= zugehörige Doppelbilder
αα′ = entspr. Netzhautpunkte

Querschnittuntersuchung (-modell), differential-psychologische oder diagnostische Untersuchung zur Ermittlung bestimmter Fakten in den versch. Abhängigkeiten, z. B. Ermittlung der Leistungsfähigkeit in der Abhängigkeit vom Alters- bzw. Entwicklungsfortschritt. Für generelle Aussagen (d. h. für ein Querschnittsmodell) müssen Personengruppen herangezogen werden, die für die in Frage stehenden Fakten repräsentativ sind (→Kohorte). →Längsschnittuntersuchung

Querulant [lat. *queri* klagen, sich beschweren], ein Mensch, der sich leicht ins Unrecht gesetzt fühlt und dann starrsinnig auf seinem vermeintlichen oder tatsächlichen Recht besteht, wobei sein Verhalten in keinem vernunftgemäßen Verhältnis zur Situation steht.

Questionnaire →Fragebogen. Ein aus dem Französischen in die angelsächsische Ps. übergegangener und von dort in den dt. Sprachgebrauch übernommener Begr. für ein Inventar von Fragen. Meist dient er zur Ermittlung von Meinungen, Einstellungen und Personmerkmalen. →Q-Daten

Quietiv, [lat.], svw. Beruhigungsmittel

Quilonum® →Lithiumacetat

Quinkunx [lat. *quincunx* – von *quinque* = 5 und *uncia* = 1/12, d. h. 5/12 – in schrägen Reihen gesetzt] (GALTON), Trichterapparat mit keilförmig angeordneten Stiften. Werden Schrotkugeln eingeschüttet, so ordnen sich diese beim Vorbeilaufen an den Stiften nach der sog. →GAUSSschen Kurve auf und verteilen sich nach der in der Statistik benutzten Wahrscheinlichkeitsberechnung. Apparat dient zur Darstellung der Verteilungstheorie.

Quota-Auswahl →Quoten-System

Quote [lat.], rechnungsmäßiger Anteil. Zugleich hat die Q. (z. B. als Stichprobenquote) in der Zusammensetzung, den Merkmalen usw. dem Ganzen zu entsprechen. →Stichprobe, →Quotensystem

Quoten-System, in der →Meinungsforschung gebräuchliches Prinzip der Stichprobenauswahl. Nach bevölkerungsstatist. Unterlagen erfolgt eine anteilmäßige Aufschlüsselung der Population (im allgemeinen nach den Kriterien Wohnort, Alter, Beruf, Geschlecht). Der Interviewer erhält eine Quotenanwei-

Q

sung, in der die Zusammensetzung der von ihm zu befragenden Stichprobe angegeben ist. Er wählt die Personen selbständig aus. →Interview

Quotenverstärkung, partielle oder intermittierende →Verstärkung mit fixem oder variablem Verhältnis *(ratio)* zwischen verstärkten und nicht-verstärkten Reaktionen. Syn. Ratenverstärkung. →Verstärkungsplan

Quotient [lat.], Zahlenverhältnis (Zähler und Nenner), Ergebnis einer Division. →Intelligenzquotient, Entwicklungsquotient

R

R, Symbol für *response,* Reaktion

R, Reiz (namentlich in der Physik)

r, Symbol für →Korrelationskoeffizient

RAAS, Abk. für →Renin-Angiotensin-Aldosteron-System

race model [engl.] →Wettlaufmodell

Radiästhesie, Strahlenfühligkeit, Empfindsamkeit für Erdstrahlen

radikal [lat. *radix* Wurzel], als Verhaltensbezeichnung svw. wie übergründlich, extrem. • Struktur-psychologisch hat das R. die Bedeutung von letztlich bestimmenden Grundwerten des Charakteraufbaus. Weitgehend deckt sich solcherart das R. mit den →Primeigenschaften bei PH. LERSCH bzw. Wurzelformen bei E. KRETSCHMER. G. EWALD benutzt den Begr. →Charakterradikale (→Typologie, Temperamentenlehre), und R. B. CATTELL hat in seine Persönlichkeitstheorie die Bez. Wurzeleigenschaften (→*source traits)* eingeführt. Diese Eigenschaften sind als erblich verankert anzusehen.

Radikale, freie, im Organismus bei der Oxidation von Nahrung entstehende Atome, Moleküle, die als reaktionsfähige Radikale (freie Elektronen-Valenz) alle im Organismus vorkommenden Verbindungen oxidativ verändern und/oder damit Zellen beeinträchtigen können. Sie werden auch als Prooxidantien bezeichnet. Ihre Wirkungen können verhindert werden durch Antioxidantien, die beim Gesunden im Gleichgewicht mit den Prooxidantien stehen. Ist das nicht der Fall, so kommt es zu oxidativem Streß, der zu Krankheit führen kann. Stimulationsbedingungen dafür sind u. a. Zigarettenrauch, Strahlung (UV-Licht), körperliche Belastung, Entzündungen, mehrfach ungesättigte →Fettsäuren. R. werden erforscht bezüglich Beteiligung an der Entstehung von alkoholismusbegleitenden Erkrankungen, u. a. Hirnatrophie, Polyneuropathie sowie neurodegenerativen Erkrankungen, u. a. M. Parkinson und M. Alzheimer. [L] →Antioxidantien, →Mikronährstoffe, SIESS 1991,1997 *W. Janke*

Ragoni-Scinas-Kontrastversuch, zwischen zwei weißen Flächen, die senkrecht zueinander stehen, ist eine farbige Glasplatte so angebracht, daß sie zu jeder Fläche im Winkel von 45° steht. Ein auf der einen Fläche befindliches Quadrat erscheint durch das Glas betrachtet in dessen Komplementärfarbe, dagegen ist ein von der anderen Fläche im Glas gespiegeltes schwarzes Quadrat in der Farbe des Glases.

Rahmenkoordination, →Koordination, die die qualitativen Eigenarten eines Bewegungsmusters ausmacht (z. B. Schwimmen, Schlips binden); soll relativ abrupt erworben und kaum vergessen werden (im Ggs. zur Feinkoordination). [L] RÜSSEL 1976 *H. Heuer*

RAM, Abk. für *Random Access Memory,* Schreib- u. Lese-Speicher im Computer mit wahlfreiem Zugriff zur vorübergehenden Speicherung, in den Daten hineingeschrieben oder aus dem Daten herausgelesen werden können.

Randkontrast →Kontrast

Randneurose, Bez. von J. H. SCHULTZ (1955) für eine seelische Fehlhaltung (Neurose), die beim Patienten gleichsam «außen an der Persönlichkeit» liegt, wie z. B. falsche Schlafgewohnheiten, die zur Schlaflosigkeit und darüber zu einer →Neurose führen.

Randomisierung →Zufallsauswahl

randomizer →Zufallszahlengenerator

Randpersönlichkeit [engl. *marginal man*], veralteter Begriff in der Gruppenpsychologie. Die soziale Stellung der R. ist gekennzeichnet durch die gleichzeitige Zugehörigkeit zu zwei Gruppen mit starker gegenseitiger sozialer Distanz. Hierzu kommt, daß beide Gruppen einen Heterostereotyp (→Stereotyp) gegenüber der R. entwickeln. Diese soziale Einstellung äußert sich meist in Unsicherheit und stereotypisierendem Denken der R. →marginal *E. Klippstein*

Randpsychosen, atypische (Misch)psychose; nicht allg. anerkannte Untergrupppe der nicht-org. Ps. mit Symptomen der Schizophrenie →Entlastungsdepression

range [engl.] →Streubreite

Rangier-Test [T] GIESE, SANDERS, TRAMM

Rangkorrelationen, Bez. für alle jene Korrelationsverfahren, die auf Rangdaten aufbauen. R. wurden u. a. von SPEARMAN (→SPEARMANscher Korrelationskoeffizient) und KENDALL (→KENDALLS τ, →KENDALLS W) entwickelt.

Rangordnung [engl. *rank order*], die Anordnung einer Anzahl von Individuen bzw. Daten (Schätz- oder Meßwerten) nach einer Reihenfolge.

Rangordnung, soziale, (1) durch Binnengliederung der →Gruppen entstehende hierarchische Ordnung der Positionen, denen (dadurch) ein Ort entlang eines →Status-Kontinuums zukommt; (2) Soziometrische Rangordnung, definiert durch die Häufigkeiten der Bevorzugungen und Ablehnungen der einzelnen Gruppenmitglieder (HÖHN & SEIDEL 1969); (3) Die Stellung in der Geschwisterreihe kann als s.R. dargestellt werden (ADLER); (4) Prestige und Machtzuschreibung oder -verteilung an Stände, Schichtungen oder Klassen in einer Kultur (davon abgeleitet: sozioökonomischer Status, SES). Ein Beispiel für (1), s.R. als Produkt des Gruppenbildungsprozesses ist die Hackordnung auf dem Hühnerhof (SCHJELDERUP-EBBE). Die Schlußfolgerungen aus ähnlichen Beobachtungen bei Primaten sind wahrscheinlich voreilig, wie KOLATO durch die Sammlung widersprechender Befunde belegt. Danach habe die R. bei Primaten keine entspechende soziale Funktion. Beim Menschen kann der Status (wie die Position) verliehen oder erworben sein (LINTON). Eine Person kann mehrere verschieden hohe Status haben, je nach dem sozialen System, das man in Betracht zieht, die s.R. nach dem beruflichen, dem auf Freizeit u. Hobby bezogenen, dem ökonomischen oder dem bildungsmäßigen Rangordnungssystem. Die Begriffe der s.R. unter (1), (4) und evtl. (2) bestimmen jenen von KLUTH (1957) gemeinten Status des Menschen, der das tragende Element seines Daseins, seines Selbstvertrauens und seiner Sicherheit ist. Hoher Status ist meist mit Toleranz gegenüber Normabweichungen verbunden (*idiosyncrasy credit*, HOLLANDER 1958). Eine Person mit hohem Status wird (a) bewundert, (b) mit Ehrerbietung behandelt, (c) nachgeahmt, (d) als anregend und (e) als Mittelpunkt der Anziehung erlebt. (BENOIT-SMULLYAN, nach HARTLEY & HARTLEY 1955). Für die s.R. als sozioökonomische Statusverteilung werden verschiedene amerikanische Meßmethoden von MOORE (1969) revidiert, der feststellt, daß wegen der Möglichkeit, mehreren Gruppen anzugehören, dieses Maß häufig kein Verhaltensprädiktor sei; Standes-(Klassen-) Zugehörigkeit ist also eine nur wenig analysierte soziologische, keine ps. Bedingung für das Verhalten. Streben nach Status und Statusverlust sind dagegen wichtige ps. Aspekte (HARTLEY & HARTLEY 1955). →Prestige, soziale →Rolle. **[L]** MOORE 1969

R. Bergius

Ranschburg, Paul (1870–1945), ungar. Psychiater

Ranschburgsches Phänomen, besonders ausgeprägte retroaktive (rückwirkende) →Hemmung des Lernens, Behaltens und Reproduzierens, wenn zwei unmittelbar aufeinander folgende Items gleich oder sehr ähnlich sind. **[L]** RANSCHBURG 1905, WELLEK 1963

Ranvier, Louis Antoine (1835–1922), Anatom, Pathologe / Paris

Ranviersche Einschnürung, in regelmäßigen Abständen vorkommende ringförmige Einschnürungen der Myelinscheide markhaltiger Nervenfasern →Nerv

Rapport [frz. Beziehung], intensive Therapeut-Klient-, Hypnotiseur-Hypnotisierter-, Vl-Vp-Beziehung, die sich auf Vertrauen gründet, aber auch Ablösungsschwierigkeiten (in der Psa. als Übertragungsbeziehung intensiv bearbeitet) beinhalten kann. Allg. ist R. die «auf Befehl» erfolgte Berichtserstattung.

Raptus [lat. *rapere* fortreißen], Bez. für einen abrupt einsetzenden Erregungszustand, z. B. bei schwerer Depression

RAS Abk. f. Retikuläres Aufsteigendes System →ARAS

Rasch, Georg (1901–1980), dän. Mathematiker (Biometrik)

Rasch-Modell, stochastisches Modell in der →Testtheorie, →verbundene Messung

Rasse, (biol.) Unterart, Subspezies, gut von anderen R. unterscheidbare Gruppe von Populationen, die gegenüber einer anderen Gruppe von Individuen geographisch getrennt ist u. mindestens einen gemeinsamen reinerbigen Unterschied besitzt. (anthrop.) Gruppe von Menschen mit vererbten gemeinsamen körperl. Mermalen und meist gemeinsamem hist. u. kult. Hintergrund. →Art

Rassenpsychologie, mit der körperlichen Differenzierung der Hominidenrassen gehen ps. Differenzierungen einher, die jedoch sehr schwer eindeutig zu fassen sind, da in alle sog. Rassenmerkmale die allgemeinen Variationen der Konstitution, Struktur, des Charakters, der äußeren Einflüsse i. w. S. hineinragen. Solche Problematik zeigt die von CLAUSS gegebene ps. Zuordnung: Nordische Rasse = Leistungsmensch, fälische = Verharrungsmensch, westische = Darbietungsmensch (will anderen gefallen), orientalische = Offenbarungsmensch (bezieht alles auf Gott), vorderasiatische = Erlösungsmensch (zwiespältig, hoher Idealist oder radikaler Materialist), ostische (alpine) = Enthebungsmensch. «Rassenseelische» Schematisierungen und voreilige Vereinfachungen haben – besonders bei gleichzeitigem politischem Mißbrauch – größten Schaden gestiftet. [L] CLAUSS 1929, KLINEBERG 1936, PETERS 1932

Rassismus, moderner, unter R. wird in der Regel diskriminierendes Verhalten gegenüber Personen oder Gruppen verstanden, die einer anderen Ethnie («Rasse») angehören. Repräsentiert in individuellen Vorurteilen oder aber auch in sozialen Strukturen bzw. Institutionen («institutioneller R.»). Altmodische Rassisten sind Personen oder Gruppen, deren bigotte Überzeugungen gegenüber Minoritäten derartig offenkundig sind, daß sie in weiten Teilen der Öffentlichkeit auf Ablehnung stoßen. Die subtilere Form dieses R. ist der moderne R. (SEARS 1988), der seine negativen Einstellungen und Vorurteile gegenüber Minderheiten offensiv dadurch vertritt, daß kulturelle Traditionen, demokratische Ideale, individuelle Freiheiten und eine anspruchsvolle Arbeitsmoral hochgehalten werden, was von großer allgemeiner Akzeptanz ist. In der Sozialps. vor allem durch MCCONAHAY (1986) bekannt geworden. [L] DOVIDIO & GAERTNER 1986, MACKIE & HAMILTON 1993 *B. Six*

Ratenverstärkung →Quotenverstärkung

rater, [engl.], Beurteiler

Rateversuch →SHANNONscher Rateversuch

rating, [engl.], Einstufung, Schätzung

rating-scale, Beurteilungsskala, Schätzskala

rationale [engl.], Prinzip, logische Grundlage, Grundannahme

Rational-emotive Therapie (RET) [engl. *rational-emotive-therapy* (RET)], eine den →kognitiven Verhaltenstherapien zuzurechnende, von A. ELLIS (1977) entwickelte Methode der Psychotherapie, die von der Einschätzung ausgeht, daß damit psychische Probleme oft schneller und wirksamer bearbeitet werden können als mit traditionellen Formen der Psychoanalyse. Ausgangspunkt war die Annahme, daß Menschen sich, letztlich auf biologische Schwächen zurückführbar, ständig mit automatisierten, «irrationalen Annahmen» re-indoktrinieren und so ihre Probleme selber verursachen. Problematische Gefühle und Verhaltensweisen entstehen nach dem «ABC»-Ansatz (A = activating event, Auslöser, B = belief, Bewertung, C = consequence) nicht zwingend aus einem bestimmten Ereignis oder Faktum, sondern erst aufgrund von Bewertungen. Solche Bewertungen können dabei sehr konkret («Verhalten X von Person Y bedeutet, daß sie mich ablehnt»), aber auch auf philosophischer Ebene sein («ich kann nur in einer Welt leben, die fair ist»). In der Therapie wird der Einfluß problematischer Annahmen analysiert und Alternativen diskutiert. Dies kann in unterschiedlicher Weise geschehen. Traditionell bedeutsam ist der «sokratische Dialog», in dem beim Patienten Fragen und Widersprüche erzeugt werden, wodurch er selber auf bessere Alternativen kommt. Es werden, insbesondere auch zur Übertragung erarbeiteter «Einsichten» ins reale Leben, Imaginations- und Verhaltensübungen etc. verwendet.

Die RET gilt, v. a. im Rahmen einer nicht auf kognitive Techniken i. e. Sinn beschränkten Therapie, als ein wirksames therapeutisches Mittel, v. a. in Einzeltherapie. Anwendung u. a. bei Depressionen, Ängsten, Eheproblemen, sexuellen Problemen und psychosomatischen Störungen. [L] ELLIS 1977 *F. Caspar*

Rationalisierung, Rationalisation, alle praktischen, besonders technisch-wirtschaftlichen Bemühungen um die bestmögliche Leistungshebung, Ertragssteigerung, Arbeitsverbesserung (Betriebsrationalisierung), Standardisierung, Automatisierung u. a. m. • Tiefenps. bedeutet R. das verstandesmäßige Rechtfertigen eines Verhaltens (Innere Ausrede). Das Ich ersetzt aus dem Es stammende, wahre, aber nicht eingestandene Motive (vom Über-Ich verboten) durch unwahre, aber eingestandene Motive (vom Über-Ich nicht verboten).

Rationalismus, der erkenntnistheoretische Standpunkt, daß die Erkenntnis im wesentlichen auf der Vernunft, nicht auf der Erfahrung beruht. Gegensatz: Empirismus, Sensualismus. →Sprachtheorie • Die Geisteshaltung, in der die Vernunft bestimmend ist oder wenigstens vorherrscht. Ggs. Irrationalismus

Rationalität, (1) kognitive R.: Strategie der Informationsverarbeitung, die am besten dazu geeignet ist, zu einem korrekten Urteil zu gelangen. (2) R. der Entscheidungsfindung: Berücksichtigung aller Informationen zu dem Zweck, eine Entscheidung zu treffen, die optimal alle beteiligten Interessen berücksichtigt, d. h. eine Entscheidung für die Option mit der günstigsten Kosten-Nutzen-Bilanz. Irrationalität der Urteilsbildung kann jedoch zum rationalen Verhalten gehören, wenn die Person durch Fehlurteile Konflikte vermeidet. *R. Bergius*

Ratio-Skala, ratio scale →Verhältnisskala

Rationalismus, kritischer →Kritischer Rationalismus

Raum, das Medium zwischen →Grenzen, das

den Lebewesen Bewegung ermöglicht. Für den Menschen im Regelfall der (Luft-)raum über dem (Erd-)boden zwischen Hindernissen. Der über Sinne und Bewegungen zugängliche Raum ist dem Individuum mit vielen Verhaltens- und Erlebnismerkmalen (kognitiv) gegeben. Psychologische Untersuchungen richten sich unter phänomenaler und/oder funktionaler Betrachtungsweise einmal eher auf sensomotorisch-kognitive Vorgänge am Individuum, die «Raum» vermitteln (z. B.: →räumliches Sehen, →Greifraum, Raumbegriff nach PIAGET, räumliches Vorstellungsvermögen als →Intelligenzfaktor, →Körperschema, →Lebensraum), zum anderen eher auf Objektmerkmale des R. (z. B.: Raumqualitäten wie hallend, hohl, durchsichtig; Gestimmtheiten wie drückend). Merkmale von Raumsystemen untersucht die →Ökologische Psychologie. *Affordance* (GIBSON 1979) bezeichnet u. a. den Aufforderungsgehalt räumlicher Gegebenheiten, z. B. Begehbarkeit. Mehrere Betrachtungsweisen können auch gleichzeitig in die Erforschung des R. als Verhaltensfeld eingehen: →behavior setting, →Territorialverhalten, →Proxemik, →Habitat, →Privatheit, →kognitive Landkarte. • R. wird als Ordnungskonzept für Relationen zwischen Variablen benutzt, z. B. Problemraum, Handlungsraum (Relation der Zustände, die eine Aufgabe durchläuft, wenn ein Lösungsweg gesucht wird bzw. verfügbar ist), Farbraum, →Farbenkreis, →Urfarbenkreis.

Raum wird methodisch als mathematisch abstrakte Relation von Dimensionen aufgefaßt, auf denen Zustände von Variablen metrisch darstellbar sind, z. B. →Farbenoktaeder, →Farbenanalyse, →mehrdimensionale Skalierung, semantischer Raum (→semantisches Differential). • Raum ist auch in anderen Wissenschaften ein z. T. zentrales Konzept. In Philosophie (Empirismus) und Physik sind Raum und Zeit Grundkategorien (ausgezeichneter Spezialfall: dreidimensionaler euklidischer Raum). Architektur kann als Gestaltungswissenschaft vom Raum aufgefaßt werden. Aus der Ethnologie (→Proxemik) und Ethologie (→Territorialverhalten, →Habitat, →Funktionskreis) wurden verschiedene Konzepte entlehnt, wobei sie z. T. einem deutlichen Bedeutungswandel unterliegen. **[L]** BISCHOF 1966, BOLLNOW 1972, GIBSON 1979, KRUSE 1974, PIAGET & INHELDER 1971

P. Day

Raumaufteilungsbrett **[T]** SCHULZ

Raumbild-Test **[T]** YERKES

Raumfahrtpsychologie [engl. *space psychology*], ein entsprechend der Entwicklung der bemannten Raumfahrt aus der Luftfahrt abgeleiteter spezieller Zweig der →Luftfahrtpsychologie. Schwerpunkte: Verhalten der Besatzungen (Astronauten, Kosmonauten, Nutzlastspezialisten) im geschlossenen System in künstl. Atmosphäre, psychophysische Belastungsreaktionen auf extreme Umweltbedingungen (Schwerelosigkeit, Beschleunigung, Strahlung, Bewegungsarmut, Isolation, Monotonie), Training, Selektion. Anthropotechnische Anpassung der Raumfahrzeugführungs- und Arbeitssysteme an den Menschen. Lange vor Beginn der bemannten Raumfahrt hat in den amerikanischen und russischen R.-Zentren Grundlagenforschung über die Verträglichkeit extremer und künstl. Umweltbedingungen im Hinblick auf den extraterrestrischen Einsatz begonnen. Die Autoren B. S. ALYAKRINSKIY, O. N. KUZNETSOV, K. GALUBINSKA, V. V. PARIN und F. D. GARBOV in der ehemaligen UdSSR; T. M. FRASER, S. J. GERATHEWOHL, B. O. HERTMAN, S. B. SELLS und Ch. A. BERRY in USA haben die Entwicklung initiiert, die schließlich zu den spektakulären Mondflügen des Apolloprogramms und den orbitalen Einsätzen des amerik. Skylab- sowie des russ. Sojus-Programms geführt haben. Schwerpunkt der gegenwärtigen Raumfahrt ist die Nutzung von Orbitalflügen für wissenschaftlich-technologische Vorhaben, für die vorwiegend Wissenschafts-Astronauten eingesetzt werden. Für das Europ. Raumfahrtprogramm hat die *Europ. Space Agency* (ESA) das vom DFVLR-Inst. f. Flugmed. entwickelte med. und ps. Auswahlverfahren für Nutzlastspezialisten als verbindliche Standards herausgegeben. **[L]** European Space Agency 1977, FLINN et al. 1963, GOETERS 1978, HARTMAN et al. 1976

Raumfehler (FECHNER), ein konstanter Fehler, der beim Verfahren des →Paarvergleichs u. bei verwandten Methoden auftreten kann. Wenn jeweils zwei Reize an versch. Stellen dargeboten werden (z. B. rechts u. links, oben u. unten), so kann die Stellung das Urteil beeinflussen. Der Fehler ist zu vermeiden, indem dafür gesorgt wird, daß jeder Reiz gleich häufig an jeder Stelle erscheint. →Zeitfehler

E. Klippstein

Raumkanal →Kanal

Raumkombination, räumliche Vorstellung **[T]** AMTHAUER, FRIEDRICH, LIENERT, MEILI, RYBAKOW

räumliches Hören, Wahrnehmung der räumlichen Lage einer Schallquelle (in der Umwelt oder, bei Verwendung von Kopfhörern, auch innerhalb des Kopfes). Die Wahrnehmung der Richtung einer Schallquelle in einer horizontalen Ebene wird wesentlich durch die →binauralen Differenzen im Schalldruckpegel sowie die binauralen Zeitdifferenzen bestimmt (das eine Ohr liegt von der Schallquelle weiter entfernt als das andere und zudem auf der der Schallquelle abgewandten Seite des Kopfes); Zeitdifferenzen beziehen sich auf die Zeitpunkte, zu denen relativ abrupte Änderungen im Schall die beiden Ohren erreichen. Beim →monauralen Hören finden sich richtungsabhängige Änderungen des Schalls (wegen der Ohrmuschel), die ebenfalls Richtungshören erlauben, das zudem durch Kopfbewegungen gefördert wird. Die Vorn-hinten-Unterscheidung wird ebenfalls durch Änderung des Schalls durch die Ohrmuschel ermöglicht, ferner durch Kopfbewegungen; gleiches gilt für die Unterscheidung verschiedener Höhen. Entfernungshören wird ermöglicht durch das Sinken der →Schallintensität mit dem Quadrat der Entfernung sowie, bei Entfernungen von mehr als ca. 15 m, durch die Veränderung im →Spektrum des Schalls (hohe Frequenzen werden stärker abgeschwächt als niedrige). *H. Heuer*

räumliches Sehen [engl. *space perception*], dreidimensionale visuelle Wahrnehmung (der engl. Begriff *spatial vision* hat eine andere Bedeutung). Das zentrale Problem des r.S. ist das Entstehen einer dreidimensionalen Wahrnehmung aus zweidimensionalen Netzhautbildern; traditionell werden dazu Hinweisreize für Tiefe *(depth cues)* beschrieben, Merkmale der Netzhautbilder, der →Konvergenz und der →Akkommodation, die von der Tiefe abhängen. Genauer handelt es sich um Merkmale des →Proximalreizes, die auf der einen Seite von der Tiefe/Distanz des →distalen Objekts abhängen und die auf der anderen Seite die anschauliche Tiefe/Distanz beeinflussen. Die Begriffe der Tiefe und Distanz (Entfernung) werden nicht immer klar unterschieden; wenn sie unterschieden werden, bezieht sich die Distanz auf den Beobachter (egozentrische Distanz), die Tiefe aber auf zwei →distale Objekte (auch als relative Distanz bezeichnet). Die verschiedenen Hinweisreize hängen z. T. von der Distanz und z. T. von der Tiefe ab.

Im Nahbereich ist das →binokulare Tiefensehen dem →monokularen überlegen (demonstrierbar z. B. im →Fadenversuch); Ursache dafür ist die binokulare →Parallaxe (→Querdisparation), deren Einfluß auf das räumliche Sehen zu einem umfassenden Forschungsgebiet geworden ist (stereoskopisches Sehen: Wahrnehmung auf der Grundlage von Information, die nur binokular verfügbar ist). Das →monokulare Tiefensehen kann durch Kopfbewegungen erheblich verbessert werden; Ursache dafür ist die →Bewegungsparallaxe. Das bewegte →Netzhautbild (→Fließmuster) enthält eine Vielzahl weiterer Merkmale, die zu Tiefeneindrücken führen (→Bewegungswahrnehmung, →Stereokinese); die Analyse solcher Merkmale ist ein Gebiet der →ökologischen Optik. Bei unbewegtem Netzhautbild tragen u. a. folgende Merkmale zum Tiefeneindruck bei: →Perspektive, Unterschiede in der Textur von Oberflächen (→GIBSON-Gradienten), relative Größe (relativ kleinere Objekte erscheinen weiter entfernt), Verdekkungen (ein verdeckendes Objekt erscheint näher als ein verdecktes), Licht-Schatten-Verteilung (Kreise, die oben hell sind und unten dunkel, erscheinen als Ausbuchtungen, Kreise, die oben dunkel sind und unten hell, als Einbuchtungen; der Einfluß der Licht-Schatten-Verteilung auf die erlebte Tiefe impliziert eine Beleuchtung von oben), relative Höhe im Gesichtsfeld (höhere Objekte erscheinen weiter entfernt als niedrigere, sofern sie unterhalb des Horizonts liegen). Alle hier genannten Hinweisreize (oder Tiefeninformation) betreffen die Tiefe i. e. S., nicht die (egozentrische) Distanz; sie geben jedoch indirekt über die Distanz Aufschluß, wenn die Distanz zumindest eines Objekts in einer Tiefenstaffelung gegeben ist. *H. Heuer*

räumliches Vorstellen, (ps.-diagnost.) eine zwar deskriptiv gut abgrenzbare Fähigkeit, bei deren Erfassung auch prakt. Intelligenz, Handgeschick, techn. Verständnis u. a. hineinspielen. Die Fähigkeit ist für viele Berufsarbeiten als wichtig erkannt. Die Tests reichen vom →Formenbrett, der von BINET eingeführten Découpage bis zum Würfeltest ([T] BLUMENFELD), den Blocktests ([T] ELLENBRUCH u. [T] O'CONNOR), der Bauprobe ([T] KLEMM) und den Formlegetests (Puzzlemethode, [T] RYBAKOW, [T] LIENERT) in Papier u. a. Ebenso zahlreich sind die Beurteilungsverf. (z. B. beim Würfel: gedankliches Aufteilen des Würfels, Abwickeln, Zusammensetzen, Ergänzen, Ergänzen nach Kippen u. a. m.). Auch zwischen Raumvorstellungs- und Raumorientierungsverfahren muß unterschieden werden. [T] ABELSON, BINET, FRIEDRICH, GIESE, GRÜNBAUM, KNOX, LIENERT,

MEILI, PINTNER-PATERSON, POPPELREUTER, RUTHE, RYBAKOW, SEGUIN, SCHULZ, STERN, TRAUBE, YERKES →Sinnesfunktionen

Raum, persönlicher [engl. *personal space*], →Grenzkontrolle

Raumphantasie, die räumliche Ausdeutung von Zeichnungen und Darstellungen durch die Phantasie, ebenso die auch nicht vom Konkreten ausgehende, auf das Räumliche bezogene Vorstellung.

Raumschwelle, in der Tastwahrnehmung die kleinste Entfernung zweier Punkte, die auf der Haut noch eben als getrennt wahrgenommen werden. Die R. ist sehr verschieden und beträgt z. B. auf der Zungenspitze 1 mm, auf dem Rücken 60 mm. • Beim Sehen ist die R. die Größe des Gesichtswinkels, bei dem vom einzelnen Auge zwei Punkte noch eben getrennt wahrgenommen werden (Auflösungsvermögen).

Raumsinn →räumliches Sehen

Raumsymbolik, Begr. für das Beachten und Deuten des Merkmals «räumliche Anordnung». In der →Graphologie wird die R. besonders hervorgehoben. Auch bei der tiefenps. Traumdeutung wird auf die R. Wert gelegt (z. B. unten : oben = unbewußt : bewußt).

Raumtäuschung, Irrtümer im Einschätzen von Winkeln, Flächen, Strecken, Körpergrößen. →geometrisch-optische Täuschungen

Raumverhalten →Proxemik

Raumwahrnehmung →räumliches Sehen

Rausch, Zustand gesteigerter und überschießender Stimmungen und Gefühle, der sowohl durch Rauschmittel (z. B. Alkohol) als auch durch erregende, meist begeisternde Erlebnisse hervorgerufen wird. • Der pathologische Rausch ist ein vor allem durch Alkohol- und →Rauschmittel hervorgerufener Dämmerzustand mit Verkennung der Umgebung und mit Sinnestäuschungen, evtl. verbunden mit Angst, Wut, Unruhe, Delir, Illusionen, Halluzinationen und ggf. Terminalschlaf.

Rauschen [engl. *noise*], ursprünglich in der →Akustik als Sonderfall eines →Geräusches Bez. für ein irrelevantes oder störendes Schallereignis, dessen Verlauf im Ggs. z. B. zu →Lärm [engl. ebenfalls *noise*] hinsichtlich Frequenz und Intensität relativ kontinuierlich ist. R. gilt als wesentlicher Störfaktor bei der Nachrichtenübertragung, besonders bei der →Sprachrezeption, weil es die →Maskierung der Signale bewirkt.

Für systematische Laboruntersuchungen verwendet man ein aus allen hörbaren Frequenzen gleichverteilt zusammengesetztes R., das «Breitbandrauschen» oder – in Analogie zum Ergebnis der Mischung aller Spektralfarben – «weißes» R. genannt wird. Für R., in dem nicht alle Frequenzen gleichmäßig enthalten sind oder das nur aus einzelnen Frequenzbändern besteht, findet man gelegentlich noch die Bezeichnung «rosa» R. Eine erweiterte Bedeutung erhielt R. durch die Informationstheorie: Hier ist R. die allgemeine, nicht auf die auditive Sinnesmodalität beschränkte Störgröße, deren Ausprägung relativ zum Signal ein Maß für die Beeinträchtigung der Übertragungsqualität liefert. So weist z. B. ein verwaschenes, von einem entfernten Sender stammendes Fernsehbild einen hohen Anteil von «visuellem» R. auf.

Rauschgifte, -mittel, diejenigen →Drogen unterschiedlicher Provenienz und Zusammensetzung, die durch Einnehmen, Rauchen, Schnupfen, Schlucken oder Spritzen das ZNS lähmen, beruhigen, erregen, beleben bzw. die Wahrnehmung verändern, aber auch die wiederholte Anwendung und damit Suchtgefahren stimulieren. Die R. sind seit alters soziokulturelle (kultische) Fakten. Besonders bekannt und gebräuchlich: Alkohol, Kaffee, Tabak, Opium, Morphin, Heroin, Kokain, LSD, Meskalin, Haschisch. →Pharmakopsychologie

Rauschmittel, Alltagsbezeichnung für Stoffe, die zur Induktion von Rauschzuständen (selbst) verabreicht werden. Seit Jahrhunderten wurden R. im Rahmen religiöser Handlungen und Riten verwendet. Der Begriff ist in der Pharmakologie nicht gebräuchlich. Dic meisten R. sind →Halluzinogene oder →Psychotomimetika. Die wichtigsten R. sind →Belladonna-Alkaloide, wie →Atropin oder →Scopolamin, →Mescalin, →Psilocybin, →Cocain, →Amphetamine und inhalierbare Stoffe (→Schnüffelstoffe) **[L]** BALICK & COX, 1997, HESSE 1938, REKO 1938, SCHMIDTBAUER & SCHEIDT 1997, SNYDER 1994

W. Janke

Rautenhirn →Gehirn

reaction formation [engl.] →Reaktionsbildung

Rauwolfia-Alkaloide, psychotrope Stoffe aus der in Indien beheimateten Pflanze Rauwolfia serpentina mit antipsychotischer Wirkung, deshalb zu den →Neuroleptika gerechnet. Wichtigste Substanz ist →Reserpin, heute nicht mehr als Neuroleptikum angewendet. **[L]** BALICK & COX 1997 *W. Janke*

readability [engl.], Lesbarkeit →readability formula, →Verständlichkeits-Forschung

readability formula [engl.], Verständlichkeits-Formel, bes. in der älteren Verständlichkeits-Forschung (z. B. FLESCH) verwendete, empirisch gewonnene Formel zur einfachen Bestimmung der →Verständlichkeit *(readability)* von Texten. R. messen jedoch fast ausschließlich nur bestimmte Aspekte von Wortwahl und Satzbau (sprachliche Formulierung) und werden damit der mehr-dimensionalen Bedingtheit der Verständlichkeit von Mitteilungen nicht gerecht. Besser sind →Schätzskalen bzw. →Kategorien-Systeme zur Beurteilung der Verständlichkeit von Mitteilungen, die allerdings weitgehend noch entwickelt werden müssen. **[L]** KLARE 1963

reading (-readiness, -aptitude) Test, Lesetest, →Schulleistungs-Tests

Reafferenz (E. v. HOLST), Prinzip, das die Wiederherstellung der normalen Haltung und Stellung nach passiver Veränderung als auch die willkürliche Einnahme von Sollstellungen anhand einer dynamischen Gleichgewichtstheorie verständlich macht. Je extremer die einzunehmende Haltung von der normalen abweicht, um so mehr Energie muß aufgewandt werden, damit ein gleiches Maß an Veränderung erreicht wird, z. B., wenn bereits 10° Abweichung von der Normal-Horizontalen bei Fischen vorliegt, muß für weitere 10° Abweichung ein höherer Betrag an Energie eingesetzt werden als für die ersten 10°. Es entfällt die in der Reflexlehre nötige Zusatzannahme, daß bei Willkürhaltungen eine Hemmung der Reflexe erfolgt, und es wird im Gegensatz zu dieser Lehre der Nachweis erbracht, daß die Bewegungen (→Motorik) abhängig sind von der Impulshäufung. Werden die Statolithenapparate passiv durch Schräglage in ungleiche Erregung versetzt, erfolgt ein Ausgleich im Sinne der Balance. Bei Willkürbewegung wird eine zentralnervöse Ungleichheit niederer motorischer Zentren erzeugt, die den Körper aus der Normallage in die gewünschte Position bringt, unter der Erhöhung der Spannung im nun wieder gleichgewichtigen System. Während der Bewegungsausführung setzt ein afferenter Rückstrom ein. Dieser Rückstrom (negativ) deckt eine angenommene Effektorkopie (positiv) im Zentralnervensystem ab. Es erfolgen so lange Korrekturen, bis beide deckungsgleich sind und damit die Normal- oder Sollhaltung stabilisiert ist. Dies ist ähnlich wie bei einem *«feed back system»*, →Kybernetik. Z. B. ist beim gelähmten Augenmuskel und intendierter Augenbewegung die Effektorkopie durch keinen afferenten Rückstrom gelöscht, da keine Realbewegung erfolgt. Obwohl keine Retinalverschiebung vorliegt, «springt» das Wahrnehmungsfeld. Gewöhnlich wird die Retinalverschiebung bei Realbewegung durch die Reafferenz gelöscht, und es erfolgt keine Bewegung des Anschauungsraumes. **[L]** v. HOLST 1950

Reakt, eine von HELLPACH eingeführte Bez. für die einen Akt beantwortende Handlung, z. B. (aus der unübersehbar großen Zahl) Spiegelreakte (z. B. der Gegengruß auf einen dargebotenen Gruß), Folgereakte (z. B. Ausführung einer Anordnung), Fluchtreakte (z. B. man geht einem Bekannten, den man von weitem sieht, aus dem Weg), Schleierreakte (Überlagerung eines näherliegenden Reaktes, z. B. überlautes Reden, wenn man sich fürchtet). **[L]** HELLPACH

Reaktanz, (1) Bez. für best. Widerstand (Blindwiderstand) bei Wechselstrom; (2) Als ps. R. gilt in Analogie zu (1) die von BREHM (1966) eingeführte Bez., mit der die Verweigerung von erbetener Hilfeleistung, dann aber auch andere negative Reaktionen auf die Bedrohung oder Einschränkung der Handlungsfreiheit erklärt werden sollen. Gemeint ist der Widerstand einer Person gegen den von einer anderen Person ausgeübten Druck in Richtung auf eine Beschränkung der Wahl zwischen Handlungsalternativen, so z. B. gegen versuchte Einstellungsänderung (→Bumerangeffekt), gegen Verringerung der sozialen →Distanz (→Territorialverhalten), gegen Beeinflussung des Kauf-, Konsum- und politischen Verhaltens etc. (vgl. GNIECH & GRABITZ 1978). Die Einengung der Freiheit kann besonders stark erlebt werden, falls sich die eine Person der anderen verpflichtet fühlt *(commitment)*. Die Theorie zur Erklärung der R. ist durch die Annahme erweitert worden, daß der Verlust der Kontrolle über (die Person betreffende) Ereignisse eine zusätzliche Ursache für R. sei. R. kann durch Druck auf konformes Verhalten unterdrückt werden und scheint nicht ausschließlich durch situative Momente, sondern auch persönlichkeitsspezifisch bestimmt zu sein.

Ein guter Teil des in Psychotherapien auftretenden Widerstandes kann als R. verstanden werden. **[L]** BERKOWITZ 1973, GRABITZ & GNIECH 1973 *R. Bergius*

Reaktion, Gegenwirkung, Rückwirkung. Antwortendes Verhalten auf Reize bzw. Reizsituationen in Form von Bewegungen (z. B. Reflexen) oder – durch Vorerfahrungen und kognitive Prozesse modifiziert – als komplexe Verhaltensweise bzw. zielgerichtete Handlung.

Reaktionsbildung, (allgemeinps.) das Zustandekommen einer Reaktion. • (psa.) ein →Abwehrmechanismus des Ich bzw. die Entwicklung einer dem ursprünglichen, aus dem Es stammenden Triebimpuls entgegengesetzten Verhaltensweise. So wird z. B. ein ursprünglicher starker Haß gegen eine Person durch eine überzärtliche Liebe ersetzt oder eine ursprüngliche Schmutzlust durch eine übertriebene Reinlichkeit. Diese R. ist die Folge strenger Verbote des Über-Ich gegenüber diesen ursprünglichen Es-Impulsen. Die normale Abwehr durch das Ich mit der →Verdrängung reicht im Hinblick auf die Über-Ich-Strenge nicht aus und muß zur Vermeidung einer Bestrafung durch das Über-Ich durch eine Mobilisierung des gegenteiligen Impulses verstärkt werden. Alle R. sind durch eine der Realität nicht entsprechende Intensität ihres Motivs gekennzeichnet.

Reaktionseinstellung →response set

Reaktionsfähigkeit, Möglichkeit, auf Reize richtig zu antworten. Vom Informationsfluß her wird unterschieden zwischen sensorischer R., zentraler Verarbeitung und effektorischer R. (z. B. Betätigung von Tasten, →Reaktionsversuch). Die individuelle R., von der →Psychotechnik besonders beachtet, wirkt sich bei überraschenden Situationen (eingeschränkte Handlungsantizipation) und bei Sport aus. Die R. wird durch Messung der →Reaktionszeit ermittelt, die durch Monotonie, Ermüdung und Drogen erhöht wird. Durch Behinderung wird die R. eingeschränkt (aber: Kompensationsmöglichkeiten). *H. Ries*

Reaktions-Generalisation →Generalisation

Reaktionsmethode, Reaktionsversuch, →Reaktionszeit

Reaktionsnorm, die (vorwiegend) ererbte Art und Weise, wie ein Organismus auf Reize seiner Umwelt antwortet.

Reaktionspotential [engl. *reaction potential,* auch *excitatory potential,* →sEr], in dem theoretischen System von C. L. HULL Bez. für die hypothetisch angenommene Stärke einer Tendenz, in bestimmter Weise zu reagieren. Gedacht als Produkt aus Antrieb, Habitstärke und Stimulusdynamik unter Abzug der reaktiven und konditionierten Hemmung. **[L]** HULL 1952

Reaktionsprüfgeräte **[T]** MIERKE, KLEBELSBERG

Reaktionspsychose, von BLEULER (1930) gebrauchter Begr. für schwere seelische Störungen, die durch Umwelteinflüsse wie Gefangenschaft oder große Enttäuschungen zustandegekommen sind.

Reaktionssimulator, Bez. für Geräte, die mit einem «Schockgenerator» (Schockerzeuger) die Fehler, die die Vp im Versuch macht, mit elektrischen Stomstößen (z. B. über Fingerelektroden) «bestrafen». BUSS (1961) hat solche Apparate zur Aggressionsmessung konstruiert. Die Spannung (Volt) gilt als Maß für die Aggression. • MILGRAM (1974) entwickelte gleichartige Geräte zur Untersuchung des gehorsamen Verhaltens. • Zur Unfällerauslese sind Apparate, die bei Fehlverhalten einen elektr. «Schlag» versetzen, schon von den Psychotechnikern der 20er Jahre entwickelt worden. So konstruierte GIESE (1928) unter der Bez. →Rotator (Unfällerrotator) ein Gerät, bei dem Kontakte unter einem rotierenden und mit Induktionsstrom geladenen Flügelpaar zu bedienen waren.

Reaktionstypen →Typologie (Reaktionstypen)

Reaktionsversuch, Experiment oder Test, worin →Reaktionszeiten gemessen werden.

Reaktionszeit (RT) [engl. *reaction time*], Zeit, die (unter bestimmten Bedingungen) vergeht zwischen einem Signal (Reiz) und dem Beginn der mechanischen Bewegungsantwort (offen beobachtbare Reaktion) auf dieses Signal, unter der →Instruktion, möglichst schnell zu reagieren. RT-Angaben bestehen im Regelfall aus Durchschnittswerten. Üblicherweise wird die RT auf Signale gemessen, die in einer durch ein Achtungssignal angekündigten Vorperiode (ca. 1-3 sec Dauer) zufallsverteilt erscheinen: Ist der Signalzeitpunkt vorhersagbar, so spricht man von Antizipationszeit, die 0 sec betragen kann, oder die Reaktion kann sogar vor dem Reiz erfolgen (Frühstart). Um zu verhindern, daß die Vp antizipativ reagiert, werden in die Reaktionsversuchsserie Fangdurchgänge [engl. *catch-trials*] eingestreut: Es erfolgt eine Signalankündigung, aber kein Signal. RT bezieht sich auf instruierte, «willkürliche» Bewegungsantworten auf vereinbarte Signale, nicht auf physiologische Reflexe. Die Bez. «Latenzzeit» (→Latenz) sollte für die Zeit zwischen Reiz und habitueller, konditionierter Reaktion (behavioristisch/reflexologisch gedeutete S-R-Verknüpfung) reserviert bleiben. Ferner wird Latenzzeit zur Bez. der Dauer verschiedener physiologischer Signalleitungsprozesse benutzt. Die «Bewegungszeit», Zeit zwischen Signal und Ende der Reaktion, sollte nicht als RT bezeichnet werden. Die RT kann als Summe versch. Zeit erfordernder Teilvorgänge aufgefaßt werden, u. a. werden unterschieden der sensorische Reizleitungsteil, die zentrale, kognitive Verarbeitungszeit und die motorische Reizleitungszeit. Unter der Voraussetzung, daß die peripheren (sensorischen, motorischen) Zeiten bekannt bzw. konstant sind, kann auf die zentrale, kognitive Verarbeitungszeit geschlossen werden, was dazu führt, daß verschiedene Spielarten der RT-Messung einen wichtigen methodologischen Bestandteil der Ps. bilden. Übliche einfache Reaktionszeiten (s. u.) betragen auf einen Lichtreiz ca. 180 ms, auf einen akustischen Reiz ca. 140 ms, auf einen taktilen Reiz (z. B. Stirn berühren) ca. 130 ms. Unterscheidungsreaktionen (s. u.) und Wahlreaktionen (s. u.) dauern bis zum Vierfachen der einfachen RT. Die minimal erreichbaren Zeiten werden irreduzibles Minimum genannt. Problemgeschichtlich geht die Untersuchung der RT auf den Astronomen BESSEL (1822) zurück. Verkürzt dargestellt: Bei der Reaktion auf einen Uhrschlag, um den Ort eines Himmelskörpers zeitlich festzustellen, gab es konstante Unterschiede zwischen verschiedenen Beobachtern. Diese Unterschiede drückt BESSEL als Differenzen aus. Solch eine Differenz wurde von ROBINSON (Astronom, 1830) persönliche Gleichung genannt. Nach der Konstruktion des Vorläufers der Stoppuhr, dem Chronoskop von HIPP (1842), wurde es möglich, nicht nur die relativen Unterschiede der Zeiten anzugeben, sondern diese absolut zu messen. Die absolute persönliche Gleichung, eine Form der RT, war meßbar geworden. Die Gründe für deren personabhängige Verschiedenheit wurden noch von J. MÜLLER (1834) als zentral, «kognitiv» bedingt angesehen, da er die periphere Reizleitungszeit gleich 0 sec ansah. HELMHOLTZ (1859) gelang es als erstem, die periphere Reizleitungszeit zu messen. Er nannte diese Zeit Latenzzeit. Die Beobachtungsaufgabe des Astronomen verlangte im Prinzip die Verknüpfung eines optischen und akustischen Ereignisses. Solche intermodalen Verknüpfungen hatte HERBART (1816) Komplikation genannt. WUNDT (1863) griff diese Bez. auf und untersuchte eine der astronomischen Beobachtungssituation analoge im Labor (Feststellung der Stellung eines Pendels zu einer bestimmten Zeit). Diese Versuche nannte er Komplikationsversuche, später auch Reaktionsversuche, Reaktionszeitmeßversuche, die er als prototypisch für die Untersuchung von Willenshandlungen ansah. L. LANGE (1888), ein Schüler WUNDTS, untersuchte die Wirkung der Einstellung *(set)* auf die Reaktionszeit und fand, daß die RT kürzer ist, wenn die Vp sich auf die Reaktion (motorische Einstellung) konzentriert, als wenn sie sich auf den Reiz (sensorische Einstellung) konzentriert. EXNER (1873) untersuchte die Wirkung der Aufmerksamkeit auf die RT, und er prägte den Begriff RT. Die Arbeiten von EXNER und LANGE bilden einen Beginn der experimentellen Aufmerksamkeitsforschung, die u. a. von KÜLPE & ACH introspektiv weitergeführt wurden. J. M. CATTELL, ein Schüler WUNDTS, promovierte 1903 über Reaktionszeiten. Er untersuchte u. a. assoziative Vorgänge mittels RT und kann als ein Vorläufer bestimmter experimenteller psycholinguistischer Methoden angesehen werden. Auf seine Zusammenarbeit mit F. GALTON geht die amerik. Tradition der Eignungs-Feststellung mittels RT-Maßen zurück. Eine parallele Entwicklung verlief auch in Europa, z. B. in der deutschen Psychotechnik. GIESE (1920) unterschied bei den Reaktionsversuchen u. a. Kettenreaktionen und Serienhandlungen (s. auch MIERKE [T]). DONDERS (1868) entwickelte die Substraktionsmethode, um den Zeitverbrauch ps. Teilvorgänge bei Reaktionsversuchen zu messen. Der Methode liegt folgender Gedanke zugrunde: Wenn die RT auf einen Reiz 200 ms dauert und die auf zwei Reize (Unterscheidungsreaktion) 240 ms, so bedarf es für die Unterscheidung 40 ms. Die Substraktionsmethode wird heute noch vielfältigst angewendet. MERKEL (1885) untersuchte als erster systematisch Wahlreaktionen. U. a. unter Rückgriff auf MERKELS Daten formulierte HICK (1952) das nach ihm benannte Gesetz über die Abhängigkeit der RT von der Alternativenanzahl (→HICKsches Gesetz). PIERON (1919), ein Schüler BINETS, bearbeitete ebenfalls systematisch die RT-Problematik. Er entwickelte den Fallstab, eine einfache apparative Vorrichtung zur Messung der RT. Der Beginn des Fallens eines Stabes ist Reiz, die RT läßt sich errechnen aus der Länge der Strecke, die der Stab gefallen ist, bis die Vp ihn stoppt.

Die R. kovariiert mit einer großen Anzahl ps. Variablen, außer mit der Sinnesmodalität des Reizes z. B. noch mit der Intensität des Reizes, Ort und Fläche der gereizten Netzhautstelle beim optischen Reiz, Modalität und ausführendem Organ der Reaktion (z. B. gesprochenes Reaktionswort, Tastendruck mit linker

/rechter Hand, Pedaldruck mit linkem/rechtem Fuß), Aufmerksamkeit, Ermüdung, Geschwindigkeits-Genauigkeits-Abgleich (engl. *speed-accuracy-tradeoff*) (WENDER, COLONIUS & SCHULZE 1980) und Komplexität der inneren Prozesse zwischen Reiz und Reaktion. Seit DONDERS (1868) unterscheidet man die Einfach- oder a-Reaktion auf nur einen Reiz (z. B. weißes Licht) und Zuordnung einer best. Reaktion (z. B. Tastendruck) von der Wahl- oder b-Reaktion, in der die Vp nicht weiß, welche von mehreren Reizalternativen (z. B. grünes oder rotes Licht) erscheint, wobei zu jeder Reizalternative eine eigene Reaktionsalternative gehört, und von der Unterscheidungs- oder c-Reaktion, in der mehreren Reizalternativen eine Reaktion zugeordnet ist, derart, daß nur auf einen Teil der Reize reagiert werden soll. **[L]** BORING 1950, PACHELLA 1974, WOODWORTH & SCHLOSBERG 1966 *P. Day/W. Glaser*

Reaktion unter Zeitzwang **[T]** POPPELREUTER

reaktiv, rückwirkend, Bez. für ein Geschehen, das die Folgeerscheinungen eines anderen darstellt, in der Ps. für ein Verhalten, das unmittelbar auf Umweltreize hin eintritt. Ggs. aktiv, spontan.

reaktive Anspannungssteigerung (DÜKER 1963) →Leistungssteigerung, reaktive

reaktive Hemmung, die Annahme von HULL (1952), daß analog der Refraktärphase bei der Erregung von Nervenzellen nach jeder Reaktion ein mit der Zeit schwächer werdender Widerstand gegen das sofortige Wiederauftreten der gleichen Reaktion entsteht. Die r.H. wird auch als negativer Antrieb (Antrieb, nichts zu tun) klassifiziert. →Reaktionspotential, →Hemmung

Reaktivitätstest, pharmakologischer, Verabreichung eines chemischen Stoffes und Erfassung der individuellen Reaktion zum Zwecke der Prüfung der individuellen Reaktion auf chemische Stoffe. Im englischen Sprachbereich hat sich der Begriff *drug challenge test* eingebürgert, der auch in Deutschland gebraucht wird. Sog. →Funktiontests stellen eine spezielle Klasse dar. **[L]** JANKE & KALLUS 1995, RUSSELL 1987, GAEBEL & RENFORDT 1989 *W. Janke*

Realangst, bei FREUD Bez. für die →Angst vor einer äußeren Gefahr, äußeren Gegebenheiten, die für das Subjekt eine reale Bedrohung darstellen. Die R. steht im Ggs. zur Triebangst, sie bezeichnet nicht die Angst selbst, sondern das, was diese erzeugt. Nach FREUD kann und muß zur R. erzogen werden, da Kinder zuerst keine kennen.

Realisieren →Aktualisieren

Realisierung, Verwirklichung, Wirklichwerden. I. e. S. die von KÜLPE begründete Wissenschaftsmethode der Setzung (Anerkennung) bzw. Bestimmung von Realem als Wirklichem mit Betonung der Wahrnehmung als der Erfahrungsgrundlage und des Denkens als dem Vermittler der Strukturen und der Gesetzlichkeiten des Wahrgenommenen. Eine eigene Form der Denkpsychologie wurde mit dieser Methode verbunden (→Würzburger Schule).

Realismus, realistisch, Realität, die philosophische Richtung, die den sog. Wirklichkeitsstandpunkt zum Leitprinzip hat und damit eine außerhalb des Bewußtseins liegende Wirklichkeit behauptet. Vom naiven R. bis zum kritischen R. bestehen zahlreiche Übergänge in der Annahme der Bedeutung des real Wahrgenommenen. • I. w. S. ist Realität auch die erlebte Welt, das unmittelbar Anzutreffende gegenüber dem Vergegenwärtigten.

Realitätsbereich, fundamentaler Begriff in der Problemlösungsps., mit dessen Hilfe bestimmte Vorgegebenheiten für den Problemlöser beschreibbar und abgrenzbar gemacht werden sollen, entspricht etwa *«task environment»* (→Aufgabe). Problemlösungen spielen sich danach innerhalb je spezifischer «Bereiche» ab, die ganz allgemein durch Zustände und alle möglichen Übergänge zwischen ihnen gekennzeichnet werden können. Sowohl die Zustände als auch die Übergänge (auch →«Operatoren») können unter verschiedenen inhaltlichen und formalen Gesichtspunkten taxonomisiert werden. So können (DÖRNER 1974) beispielsweise die Bereiche «Schach» und «Autoreparatur» systematisch voneinander unterschieden werden. Besonders konsequenzenreich ist die Unterscheidung von statischen und dynamischen (sich selbständig verändernde Komponenten enthaltenden) R.bereichen. *G. Kaminski*

Realitätsleugnung, nach der →Psa. ein →Abwehrmechanismus des →Ich gegenüber der Realität, bei welchem eine Negation relevanter Fakten stattfindet. Das Ich nimmt bei der R. bestimmte bedeutsame Tatbestände oder Vorgänge einfach nicht wahr, z. B., eine Frau ignoriert den Betrug, den ihr Mann an ihr begeht, vollständig. Die R. unterscheidet sich trotz gewisser Ähnlichkeiten eindeutig von der →Projektion und der Isolation.

Realitätsprinzip, nach FREUD das Prinzip, das die nur an dem Triebreiz orientierten und auf unmittelbare Triebbefriedigung gerichteten Impulse aus dem →Es nach ethischen und sozialen Forderungen abwandelt. So wird das Individuum davor bewahrt, in Verfolgung der nach dem →Lustprinzip ausgerichteten Triebwünsche in bedrohliche Konflikte mit der Realität zu kommen. Das →Ich und das →Über-Ich werden vom R. regiert. [L] FREUD 1945

reasoning [engl.], schlußfolgerndes Denken, →Schlußprozesse

Rebirthing, [engl. wiedergeboren werden], wurde Mitte der 70er Jahre von ORR begründet und mißt der Geburt eine überragende Bedeutung zu: Die Persönlichkeit eines Menschen wird hiernach durch die im Geburtserleben gewonnenen Eindrücke von Selbst und Realität gebildet. Über das Wiedererleben der Geburt soll der Klient dazu befähigt werden, seine persönlichen Konzepte zu überprüfen, zu entscheiden, ob er diese realitätsgerechter formulieren oder aufgeben will. Beim R. kommen zwei Haupttechniken zur Anwendung: 1. Die Methode des ununterbrochenen Atmens, bei der zwischen Ein- und Ausatmen bei einem einfachen Atemrhythmus keine Pause gelassen wird (Hyperventilation). Wird über einen längeren Zeitraum geatmet, soll die Aufmerksamkeit vom Einhalten des Atemrythmus abrücken und sich rückblickend Ereignissen der persönlichen Vergangenheit zuwenden. 2. Die Methode der Affirmation: Feststellungen über Veränderungen bezüglich des gegenwärtigen realen Lebens werden wiederholt angehört, aufgesagt oder aufgeschrieben. Es handelt sich hier um eine regressive Methode, die starke körperliche Effekte und Erfahrungen bewirken kann. Die genannten Verfahren beziehen sich auf das körperliche, geistige, emotionale und spirituelle Erleben. Es wird eine «Wiedergeburt» auf allen diesen Ebenen angestrebt. Ein weiterer Anwendungsbereich des R. wird in Anspruch genommen, ohne daß hinreichende Wirksamkeitsnachweise vorliegen würden. In jüngerer Zeit mehren sich Hinweise auf unerwünschte Nebenwirkungen. *F. Caspar*

Recency-Effekt [engl. *recency* Neuheit, Frische], Bez. für das Phänomen, daß die letzten Elemente beim Erlernen von Lernmaterial in der Reproduktion bevorzugt werden. →Primat-Rezenz-Effekt

Rechenautomat →Analogrechner, →Digitalrechner

Rechenschwäche →Dyskalkulie

Rechen-Tests, Dauer-Rechenversuch [T] DÜKER, KRAEPELIN, PAULI

Rechnen, ein in der experimentellen Ps. häufig verwendetes diagnostisches Verfahren teils bei der Intelligenzuntersuchung, teils zur Ermittlung von Ermüdung, Konzentration, Aufmerksamkeitsverteilung u. a. m. →Addiermethode

Rechnen in fremden Systemen [T] VOIGT

Rechtschreibe-Tests →Schulleistungstests

Rechtspsychologie, Teil der Ps., der sich umfassend (i. Ggs. zur forensischen Ps.) mit den psychischen Grundlagen und den vielfältigen Bedingungen der Rechtsauffassung und Rechtshandhabung befaßt. Im besonderen ist die R. der Untersuchung der Fragen gewidmet, die mit Strafe, Willensfreiheit beim Begehen der Straftaten und Strafdurchführung im Zusammenhang stehen. →Forensische Psychologie. [L] HOMMERS 1991, WEGENER 1992

recodieren, rekodieren [engl. *recode* neu verschlüsseln], semantische Codierung (→Code) des im Kurzzeitgedächtnis gespeicherten Inhalts; gemäß der Mehrfachspeicher-Hypothese des →Gedächtnisses ein Vorgang, der bei dem →Abruf der Items mit Hilfe von Informationen, die im Langzeitgedächtnis gespeichert sind, abläuft. (Vgl. BREDENKAMP & WIPPICH 1977). Produkte des r. sind aber auch die bereits von G. A. MILLER (1956) beschriebenen →chunks und die von BOUSFIELD beobachteten →cluster, überhaupt alle auf einem höheren Codierungsniveau stehenden Organisationseinheiten, die aus dem vorläufig codierten, eingegangenen Material *(input)* neu gebildet werden, um die Langzeitspeicherung zu ermöglichen und die Kapazität und Reproduktion zu verbessern. *R. Bergius*

Reduktion [lat. *reducere* zurückführen], sehr allgemeine Bez. für Verminderung, Verkleinerung, Zurückführung von Erscheinungen auf Ursachen, komplexeren Gegebenheiten auf einfachere Bedingungen oder Besonderem auf Allgemeines. • In der →Wissenschaftstheorie werden Triaden von Sätzen wie das folgende Beispiel heute als wissenschaftliche Systematisierung bezeichnet: (1) Alle Edelmetalle sind gute Stromleiter, (2) Silber ist ein Edelmetall und (3) Silber ist ein guter Stromleiter. Die formale Logik nennt die Ableitung von (3) aus (1) und (2) einen gültigen Schluß im Modus Barbara. Die wissenschaftliche Systematisierung ist die Grundlage fast aller Argumentations- und Ableitungstechniken in den empirischen Wissenschaften. R. war lange Zeit der Oberbegriff für alle in wissenschaftlichen Systematisierungen gebräuchlichen, lo-

R

gisch oder methodisch begründeten Ableitungen, also für die →Deduktion [logisch gültiger Schluß von (1) und (2) auf (3)], die →Falsifikation [logisch gültiger Schluß von nicht-(3) und (2) auf nicht-(1)], die →Induktion und die →Verifikation [logisch nicht gültiger, aber methodisch zu begründender Schluß von (2) und (3) auf (1) oder von (1) und (3) auf (2)]. Der Begriff R. wird z. B. noch von BOCHENSKI ausgedehnt verwendet und erläutert, hat jedoch inzwischen an Bedeutung verloren, da man heute die spezielleren Ausdrücke Deduktion, Falsifikation usw. bevorzugt. • Die →Phänomenologie (HUSSERL) lehrt, daß der alltägliche Umgang mit den Dingen ebenso wie die empirisch-wissenschaftliche Untersuchung die Wesenserkenntnis ihrer Gegenstände geradezu systematisch verfehlen. Sie entwickelt eine erlernbare Methode anschauender Analyse, die als Wesensschau «zu den Sachen selbst» vordringen soll.

Nach phänomenologischer Auffassung ist der «reine» Gegenstand im alltäglichen und wissenschaftlichen Erkennen «immer schon» durch subjektive Einflüsse wie Erfahrungen und praktische Erwartungen, Handlungszwänge, Einstellungen und Interessen, durch ein Übergewicht der Interpretation, in die Gewußtes, Erschlossenes und theoretisch Erwartetes einfließen, über das «wirklich» Gegebene und durch Traditionen, Normen und Methoden der Gegenstandserfassung verstellt. Das Durchstoßen dieser Verdeckungen, das Vordringen zum Gegenstand selbst in einer sensiblen, streng nur dem wirklich Gegebenen zugewandten und die sich ständig aufdrängenden Deutungen immer wieder zurückweisenden, schauenden Erkenntnishaltung wird R. oder Epoché genannt (BOCHENSKI 1954, 1971, Seifert 1970, 1977).

W. Glaser

Reduktionismus, damit werden in der Ps. häufig Theorien bezeichnet, die sich in ihren Grundannahmen hinsichtlich des Teil-Ganz-Verhältnisses und anderem weitgehend an der älteren Physik (klassische Mechanik) orientieren. R. ist z. B. die isolierte Betrachtung von einzelnen Elementen, ohne ihre Verflochtenheit in einem Ganzen in Rechnung zu ziehen, oder die Beachtung der Ganzheiten als einfache (summenhafte) Zusammensetzung konstanter Einzelteile (Atome, Elemente). Ebenso liegt R. vor, sobald Prinzipien, die auf einer niedrigeren Betrachtungsebene gelten, wie einfache Lerngesetze (im Tierversuch gewonnen), ohne weitere Vorbehalte auf eine höhere Ebene und auf menschliches Lernen übertragen werden. Der →Psychologismus ist eine Form des R. [L] SLOANE 1945

Reduktionslage, Beobachtungsdaten können je nach Ausdehnung ihrer Verteilung versch. Klassen zugeordnet werden. Die Zusammenfassung zu Klassen nennt man R.

Reduktionssprache, aus einer Kultursprache durch Vereinfachung (Reduktion) entstandene Neusprache (mit Anpassung etwa auch an eine Eingeborenensprache der Farbigen), z. B. Afrikaans, das aus Holländisch im Verkehr mit den südafrikanischen Eingeborenen entstanden ist. Verzicht auf Deklination, Personalendungen beim Verbum, Geschlechtsunterschied. Die R. zeigen Parallelen zur Kindersprache, aber auch zur pathologischen Sprachreduktion bei Schizophrenen.

Reduktionsteilung, (biol.) erste Reifeteilung der →Meiose, bei der das väterliche vom mütterlichen Chromosom der Chromosomenpaare getrennt wird. Die Aufteilung der väterlichen und mütterlichen Chromosomen auf die beiden Tochterzellen erfolgt zufallsbedingt. →Äquationsteilung. *P. Drüge*

Redundanz [lat. Überfluß], Weitschweifigkeit, Überladung einer Aussage mit überflüssigen Elementen. • Ein informationstheoretischer Begr. für nicht ausgenutzte Information bzw. Abweichung von dem maximal möglichen Informationsbetrag. R. ist im einfachsten Fall ein Maß für den Grad der Abweichung einer gegebenen Verteilung von Wahrscheinlichkeiten von einer Gleichverteilung. R. wird in der Ps. häufig als Maß für Struktur, Ordnung, Abweichung von einem völlig ungeordneten Zustand verwendet. →Informationstheorie

Die R. einer Nachricht macht zwar einen erhöhten Übertragungsaufwand erforderlich, doch bietet sie auch einen gewissen Schutz vor Übermittlungsstörungen, da die Regelhaftigkeit der Zeichenfolge Schlüsse auf das Fehlen oder auf die Fehlerhaftigkeit von Zeichen zuläßt (Kontextredundanz). Jede sprachliche Mitteilung ist schon deshalb redundant, weil die einem begrenzten Repertoire entnommenen Sprachzeichen (Buchstaben, Silben, Wörter etc.) unterschiedlich häufig auftreten und weil sie gemäß orthographischen und syntaktischen Regeln zueinander in seriellen Wahrscheinlichkeitsrelationen stehen (→Sprachstatistik, →Grammatik).

E. Mittenecker/H. E. Zahn

Rees-Eysenck-Index, ein aus den Körpermaßen Körperhöhe und Brustbreite zusammengesetzter Index zur Bestimmung der Zugehörigkeit zu einem Körperbautypus, der sich nach der Formel

$$\frac{\text{Körperhöhe} \cdot 100}{\text{Brustbreite} \cdot 6}$$

berechnet. →STRÖMGREN-Index

REFA, Abk. für «Reichsausschuß für Arbeitszeitermittlung» (1936 umbenannt in «Reichsausschuß für Arbeitsstudien»; Bez. seit 1948 «Verband für Arbeitsstudien, REFA e.V.»). 1924 wurde dieser Ausschuß von Industriellen und Ingenieuren gegründet mit dem Ziel, die →Zeitstudie zur →Arbeitsstudie auszubauen und darüber hinaus den industriellen Arbeitsprozeß in der Vielfalt der Beziehungen zwischen Mensch und Arbeit zu beachten und zu untersuchen (Rationalisierung, Arbeitsschulung usw.).

reference-group, Bezugsgruppe →Gruppe

Referenz, zentrale Funktion der Sprache (oder eines anderen Zeichensystems, z. B. der Gestik), die beinhaltet, daß man mit einem oder mehreren sprachlichen Zeichen auf etwas Außersprachliches verweisen kann. Ziel ist dabei, die Aufmerksamkeit eines Hörers/Lesers auf einen bestimmten Gegenstand, eine bestimmte Person etc. zu lenken. Dazu muß auf das Gemeinte so verwiesen werden, daß der Hörer/Leser es nicht mit anderen Alternativen verwechseln kann.

T. Pechmann

Reflektierendes Team, Systemtherapeutischer Ansatz des norweg. Psychiaters Tom ANDERSEN. Kernidee:
In der Weiterentwicklung des →Mailänder Modells finden Therapiegespräche statt, die von anderen anwesenden Therapeuten mitverfolgt und in Anwesenheit der Klienten kommentiert werden.[L] ANDERSEN 1990

Reflektoplastik, Anaglyphenbilder, ineinander gezeichnete stereoskopische Bilder, von denen das eine in blauer oder grüner, das andere in roter Farbe gehalten ist. Durch eine Brille mit einem roten und einem blauen (grünen) Glas werden die Bilder betrachtet, wobei das gleichfarbige Bild ausgelöscht wird und ein räumlicher Eindruck entsteht. →Stereoskop

Reflex [lat. *reflexus* das Zurückbeugen, aus *re* u. *flectere*], (allg.) das Zurückwerfen z. B. von Licht, Schall usw. (Reflexion). • (physiol.) Eine auf einen bestimmten Reiz hin bei Mensch und Tier automatisch und unwillkürlich ablaufende Reaktion. Vom Eigenreflex wird der Fremdreflex unterschieden. Die vom Sinnesorgan (z. B. beim Kniesehnenreflex im Muskel bei erzwungener Dehnung) ausgehende nervöse Erregung wird im Sinnesnerv zum Rückenmark, verlängerten Mark oder Hirnstamm geleitet. Hier kommt es zur Umschaltung über eine →Synapse (= monosynaptisch beim Eigen-R.) oder über mehrere Synapsen (polysynaptischer R., Fremd-R.) auf efferente Bewegungs- oder Drüsennerven, die die Reaktion im Erfolgsorgan auslösen (→Kniesehnenreflex). Nach ihrer Entstehung unterscheiden sich von diesem natürlichen Reflex die →bedingten Reflexe. Bei einfachen R. werden nur ein Muskel bzw. eine Muskelgruppe aktiviert (Lidschluß-, Kniesehnen-R.). Als kompliziertere R. gelten z. B. Flucht-, Abwehr-, Schutz-, Begattungs-R.; als unbedingt lebenswichtig die von der Schleimhaut des Mundes, des Rachens und der Luftröhre gesteuerten Saug-, Schluck- und Husten-R. (→Reflexbogen).
Entwicklungsps. bedeutsam sind →Greif- und →MORO-Reflex. • Die erste klare Unterscheidung von Willkür- und Reflexhandlung vollzog der engl. Physiologe Marshall HALL (1790–1857), während der Begr. bereits ein Jh. früher von ASTRUC eingeführt worden war. GALEN beschrieb schon den Pupillarreflex. In der →Reflexologie erfuhr der Begr. eine Ausweitung zur Gesamterklärung aller seelischen Vorgänge. [L] SCHMIDT & THEWS 1995

C. Becker-Carus

Reflexbewegung, die unwillkürliche Bewegung auf Grund eines auslösenden Reizes, z. B. Lidschließen bei plötzlichem grellem Licht. →Eigenreflex, →Reflex

Reflexbogen, das Schema der anatomischen Grundlage des →Reflexes, d. h. die sensorischen neuronalen und effektorischen Stationen, die beim Ablauf eines Reflexes nacheinander aktiviert werden. Die vom Rezeptor (z. B. Sinnesorgan) bei Reizung ausgehende Erregung wird über afferente zentripetale, sensible Fasern zu einem Reflexzentrum (Interneurone im ZNS →Rückenmark) geleitet. Dort erfolgt Umschaltung auf den efferenten zentrifugalen Nerv (motorische Einheiten, Motorneuron), der die Erregung zu dem ausführenden Erfolgsorgan dem Effektor (z. B. Muskel) führt, s. Abb. Die Zahl der Interneurone ist sehr unterschiedlich; beim monosynaptischen Dehnungsreflex ist als einzige Ausnahme der afferente Schenkel direkt mit dem efferenten Schenkel gekoppelt. Die Latenzzeit des Reflexes hängt einerseits von der Leitungsstrecke im afferenten und efferenten Schenkel ab, andererseits auch von

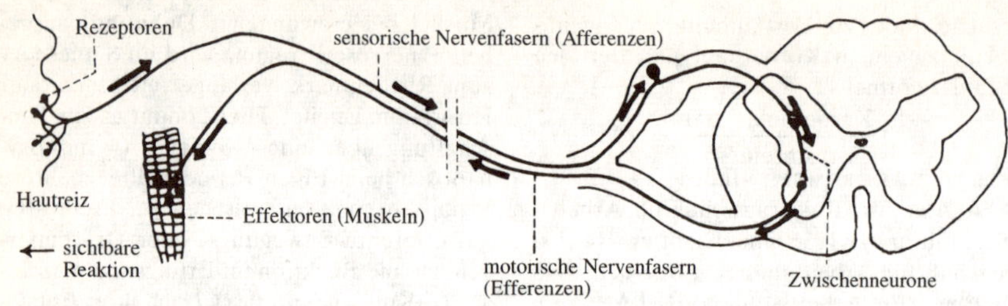

Abb.: Reflexbogen

der Zahl der Interneurone im Reflexzentrum. [L] SCHMIDT & THEWS 1995 *C. Becker-Carus*

Reflexhemmung, die willentliche Unterdrückung des Ablaufs einer Reflexbewegung (z. B. des Hustens), auch die (nicht willkürliche) Abschwächung der Reflexe durch Einflüsse aus dem Großhirn oder durch andere gleichzeitig ausgelöste Reflexbewegungen. →Hemmung *C. Becker-Carus*

Reflexion, neben der physikalischen Wortbedeutung für das Zurückwerfen von Wellenbewegungen bezeichnet R. vor allem das «Sich-Zurückwenden» des Denkens und des Bewußtseins auf sich selbst. Allgemein hat R. die Tendenz des Sich-Innewerdens; sofern es auf das Denken bezogen wird, besteht die Definition von ARISTOTELES zu Recht, nach der R. das Wissen vom Wissen erstrebe.

Reflexionspsychologie →Psychologie (Richtungen)

Reflexivität, Tendenz zum überlegten, besonnenen Handeln im Ggs. zur Impulsivität. →Denkstil, →Äquivalenz

Reflexologie, im Sinne BECHTEREWS (1907) der Versuch, möglichst alle seelischen Inhalte aus physiologischen Reflexvorgängen zu erkennen bzw. abzuleiten (→bedingter Reflex).

Reflexumkehr [engl. *reflex reversal*], Änderung/Umkehr eines polysynaptischen →Reflexes im Verlauf einer willkürlichen Bewegung; in der Stemmphase und Schwingphase des Schrittzyklus (→Gang) z. B. unterschiedliche Reflexantworten auf Berührung der Haut am Fuß/Bein. *H. Heuer*

Reflexzentren, Begr. ist ungebräuchlich, →Reflexbogen, →Rückenmark

refraktäre Phase [lat. *refractarius* halsstarrig, unempfänglich], der auf die Kontraktion folgende Zeitabschnitt, in dem reizbares Gewebe unerregbar ist. Unterschieden werden die absolute r.Ph. (völlig unerregbar) und die relative r.Ph. (schwach oder nur durch starken Reiz erregbar).

Refraktärphase, psychologische, PRT [engl. *psychological refractory time*], in Anlehnung an die physiologische Refraktärzeit (→refraktäre Phase) gebildeter Begriff. Soll auf zwei zeitlich dicht hintereinander folgende Reize reagiert werden, so verändert (verlängert) sich die →Reaktionszeit auf den zweiten Reiz in Abhängigkeit von der Intervalldauer zwischen den Reizen (ISI, *interstimulus interval*). *P. Day*

Refraktärphase, (sexualpsych.) Zeit der Nichterregbarkeit, die auf eine Aktivitätsphase folgt. Die R. des Mannes nach dem Orgasmus ist i. a. ausgeprägter als die der Frau, bei der die Orgasmusphase rasch in eine Plateauphase übergeht, aus der ein neuer Orgasmus möglich ist.

Refraktion, Brechung. Der Begr. wird vor allem auf das Lichtbrechungsvermögen des Auges und dessen Anomalien (→Auge) bezogen.

Regel, wird in der Ps. als erlernbares, Verhalten steuerndes Prinzip verstanden. Insbes. von der →Linguistik aus (→Grammatik) nahm der Begr. über die →Psycholinguistik Einfluß auf die Ps. Er sollte das für dispositionelle Organisation im Bereich der →Sprache fragwürdig gewordene Prinzip der assoziativen Verknüpfung ersetzen und neue Formen der →Hierarchisierung kognitiver Organisation modellieren helfen. [L] HERRMANN 1972, OSGOOD 1963 *G. Kaminski*

Regelkreis, bis zum ersten Drittel des 20. Jahrhunderts galt die Kategorie von Ursache und Wirkung als einziges methodisches Prinzip, das eine theoretische Welterkenntnis in Gesetzesaussagen erlauben sollte.

Erkenntnisse der Biologie zur Frage der Homöostase und der Urstabilität, d. h., wie es Organismen gelingt, physikalisch labile (Körpergewicht) oder Störungen unterliegende indifferente (Körpertemperatur) Systeme zu stabilisieren, führten zur Annahme eines Denkmodells, in dem, kausal formuliert, eine

Wirkung auf ihre eigene Ursache als Ursache zurückgeführt, also rückgekoppelt wird. In der Technik entstand das gleiche Problem bei der Verlagerung der Kontrolle physikalischer Zustände oder Prozesse vom Menschen auf Maschinen. Älteste Beispiele für R. sind der Fliehkraftregler der Dampfmaschinen im 18. Jahrhundert und der Thermostat.

Von einem R. kann überall da gesprochen werden, wo an einem Geschehen folgende Aspekte unterscheidbar sind:

- «Regelgröße», eine Variable, deren Ausprägung so auf sie konstituierende Gegebenheiten zurückwirkt, daß die Einhaltung eines (nicht notwendigerweise zeitlich konstanten) Sollwertes auch beim Vorliegen von Störungen (Störgröße) in bestimmten Genauigkeitsgrenzen und mit beschreibbaren zeitlichen Übergangsfunktionen möglich ist.
- «Regelstrecke», ein System, das in Abhängigkeit von einer oder mehreren Eingangsvariablen *(input)* die Regelgröße als Ausgangsvariable *(output)* erzeugt.
- «Sollwert-Istwert-Vergleicher», ein System, das als Eingangsvariable, gegebenenfalls über Meßfühler, Sollwert und Regelgröße zugeführt erhält und als Ausgang eine Information über die Sollwert-Istwert-Abweichung, in einfachen technischen Fällen deren arithmetische Differenz, liefert und
- «Regler», ein System, das die Ausgangsinformation des Vergleichers in ein Signal umwandelt, das der Regelstrecke zugeführt wird und dort die Ausprägung der Regelgröße steuert.

Von Regelkreis spricht man, da der geschlossene Informationsfluß Regelgröße – Vergleicher – Regler – Regelstrecke – Regelgröße topologisch Kreisstruktur hat.

Diese Kreisstruktur wird als Rückkoppelung [engl. *feedback*] bezeichnet. Der Terminus Regelung ist für diese Kreisstrukturen vorbehalten, während die Beeinflussung von Systemen ohne Rückkoppelung als Steuerung bezeichnet wird.

Die mathematische Beschreibung des Zeitverhaltens von Regelkreisen führt in vielen einfachen Fällen auf Differentialgleichungen zweiter Ordnung, meist jedoch auf kompliziertere oder nur annäherungsweise auswertbare Terme. Ein wichtiges Klassifikationsschema unterscheidet zwischen Proportional-(P-), Integral-(I-) und Differential-(D-)Regelung. Kombinationen dieser Eigenschaften lassen sich

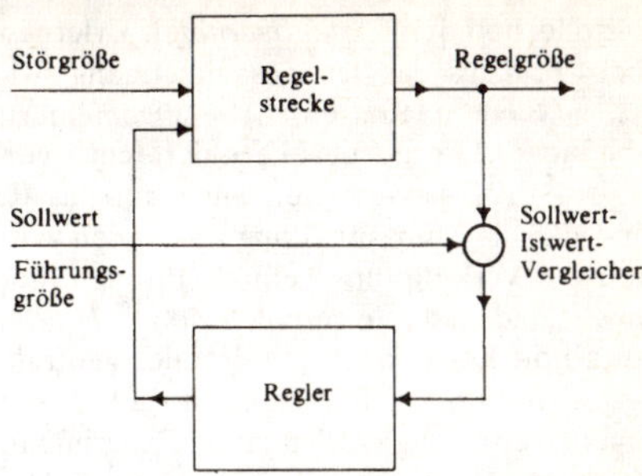

durch Buchstabenkombinationen ausdrücken (z. B. PDI-Regelung). Eine P-Regelung liefert bei Sollwertabweichung der Regelgröße eine Rückstelltendenz als Funktion der Sollwertabweichung. Bei der I-Regelung ist die Rückstellgeschwindigkeit eine Funktion der Sollwertabweichung, der Rückstellprozeß integriert also die Sollwertabweichung über die Zeit, und bei der D-Regelung ist die Rückstelltendenz eine Funktion des Differentialquotienten der Sollwertabweichung nach der Zeit. Im allgemeinen spricht man von R. nur bei negativer Rückkoppelung, bei einer Polung also, bei der eine Sollwertabweichung eine Gegensteuerung der Regelstrecke auslöst. Positive Rückkoppelung führt hingegen im Falle von Sollwertabweichungen zu einer Tendenz zur Vergrößerung dieser Abweichung, ein für ps. Prozesse, z. B. *circulus vitiosus,* brauchbares Modell. Auch bei negativer Rückkoppelung kann die Wiederherstellung des Sollwertes nach einer Störung unmöglich sein: Wenn der Verstärkungsfaktor des Regelkreises bezogen auf die übrigen Kenngrößen (z. B. Zeitkonstanten) zu groß ist, wird der R. instabil und beginnt zu schwingen.

Die Binnenstruktur der Elemente des R. kann wiederum einen R. darstellen, die Regelgröße eines R. kann den Sollwert eines anderen R. bilden. Bei komplexem Zusammenwirken mehrerer R. spricht man von vermaschten R. In der Auge-Hand-Koordination ist z. B. die Positionierung der Hand Regelgröße im R. Auge-Hand, Sollwert im R. Muskelfaser-ZNS. Strukturen, die auf das Modell R. abgebildet werden können, sind in der Ps. häufig. Das Modell ist jedoch nur da fruchtbar anzuwenden, wo die Variablen und Prozesse, die den Elementen des Modells zugeordnet werden, hinreichend identifizierbar und metrisierbar sind. Solange diese Präzisierungen nicht vorliegen, bleibt das Sprechen vom Regelkreis metaphorisch und analogisierend. [**L**] STEINBUCH 1961, GILLE et al. 1964 *W. Glaser*

Regellernen [engl. *rule learning*], Erlernen eines Prinzips, das den Zusammenhang zwischen Gliedern (Konzepten) verallgemeinert; oberste (7.) Stufe der Lernhierarchie von GAGNÉ (1977). Voraussetzungen für das R. sind, daß die Konzeptbildung verstanden wird und die Verknüpfung gelingt (Problem der unverstandenen rein verbalen Kette). *H. Ries*

regelnde Reize, auch innere oder zentrale Reize (PAULI), die Bedingungen sind für die innere Verfassung der Vp im ps. Experiment. Zu ihnen gehört insbes. die →Instruktion. Die eingeführten unabhängigen Variablen, auf die die Vp reagieren soll, werden im Unterschied dazu auch auslösende Reize genannt. In der neueren Ps. benutzt man für letztere auch den engl. Ausdruck *treatment*.

Regelung, (allg.) Bez. für die Funktion von Gesetzen und Verordnungen und für Absprachen zur Lösung von Interessenkonflikten. • In kybernetischer Betrachtungsweise Bez. für die Darstellung einer Variablen und ihres Wertes als Regelgröße in einem →Regelkreis. *W. Glaser*

Regelungstheorie →Kybernetik, →Regelkreis

Regenbogenhaut, Iris, →Auge

Regeneration, Wiederherstellung eines früheren Zustandes; Heilung

regio olfactoria →Geruch

Region →topologische und Vektorpsychologie

Registrier-Test [T] SCHULZ

Regression [lat.], das Zurückschreiten, Zurückgreifen sowohl im Sinne der Rückbildung als Atrophie, Degeneration, Dissimilation als auch des Zurückgreifens auf frühere Entwicklungsstadien. →Atavismus • Psa. ist R. ein →Abwehrmechanismus des Ich. Das Zurückfallen von einer genetisch späteren auf eine genetisch frühere Entwicklungsstufe als Folge einer schweren →Frustration. Bei der R. verlagert sich die →Libido auf frühere erogene Zonen und werden frühere Objekte erneut mit Libido besetzt. Den Anlaß zur R. bilden endgültige schwere Versagungen von Liebeswünschen. • Statistisch bezeichnet R. die Tatsache, daß geschätzte bzw. vorhergesagte Standardwerte einer abhängigen Variablen näher dem Stichprobenmittelwert liegen als die der unabhängigen Variablen. Von F. GALTON wurde die stat. R. eingeführt. →Regressionsprinzip

Regression, atavistische →Atavismus

Regressionsanalyse, Regressionsrechnung, ein statistisches Verfahren zur Analyse und Spezifikation der funktionalen Abhängigkeit einer Variablen Y (abhängige Variable, Kriteriumsvariable) von einer oder mehreren Variablen X_i (unabhängige Variablen, Prädiktorvariablen). Je nach der Zahl der Prädiktorvariablen unterscheidet man zwischen einfacher und multipler R.

Die Art des funktionalen Zusammenhangs zwischen Y und X_i wird durch die →Regressionsgleichung und die in ihr enthaltenenen →Regressionskoeffizienten festgelegt; im allgemeinen wird die Variable Y als lineare Funktion der Prädiktorvariablen X_i aufgefaßt, doch kommen auch nichtlineare Regressionen vor. Die R. erlaubt u. a. Vorhersagen beliebiger Werte der Kriteriumsvariablen Y aufgrund der Kenntnis der entsprechenden Werte der Prädiktorvariablen X_i sowie im Falle multipler R., wenn die Prädiktorvariablen untereinander unkorreliert sind, eine Bestimmung der Beiträge, die von den einzelnen Prädiktoren zur Vorhersage der Kriteriumsvariablen geleistet werden. Die Anwendung der R. setzt u. a. Intervallskalencharakter (→Skala) und →Normalverteilung der Daten sowie →Homoscedastizität voraus. *G. Mikula*

Regressionsgerade →Regressionslinie

Regressionsgleichung, die mathematische Gleichung der Regressionslinie. Sie definiert die Art des funktionalen Zusammenhangs zwischen der Kriteriumsvariablen Y und dem (den) Prädiktor(en) X_i. Im Falle einfacher linearer Regression lautet sie

$$Y' = a + bX = M_y + r_{xy}\left(\frac{s_y}{s_x}\right)(X - M_x)$$

wobei a und b die →Regressionskoeffizienten, r_{xy} die Korrelation der beiden Variablen, M_x und s_x Mittelwerte und Standardabweichung der Prädiktorvariablen und M_y und s_y die entsprechenden Statistiken der Kriteriumsvariablen bezeichnen. Für die multiple lineare Regression lautet die R. in allgemeiner Form $Y' = a + b_1X_1 + b_2X_2 + \ldots + b_kX_k$. *G. Mikula*

Regressionskoeffizient, als R. bezeichnet man die beiden Koeffizienten a und b der Regressionslinie, häufig ist aber auch nur b damit gemeint. Im Falle linearer Regression bezeichnet a den Abstand des Schnittpunktes der Regressionslinie mit der Ordinate vom Koordinationsursprung, b die Steigung der Regressionslinie. Ihre Bestimmungsgleichung lautet im Falle einfacher, linearer Regression:

$$a_{yx} = M_y - M_X b_{YX}; b_{YX} = r_{YX}\left(\frac{s_y}{s_X}\right)$$

G. Mikula

Regressionslinie, die durch die →Regressionsgleichung gegebene Linie im Koordinatensystem, welche die Beziehung zwischen der Kriteriumsvariablen Y und den Prädiktorvariablen X_i veranschaulicht. *G. Mikula*

Regressionsprinzip, Rückschlaggesetz, besagt, daß die Nachkommenschaft im Mittel dem Durchschnitt der Bevölkerung näher steht als die (etwa hochbegabten) Eltern. Ergänzung dazu ist das Gesetz vom Ahnerbe. Die Eigenschaften von Nachkommen stammen zu 1/2 von den Eltern, 1/4 von Großeltern, 1/8 von Urgroßeltern usw.

regressiv, rückschreitend im Ggs. zu progressiv

Regulation, Regulationsfunktion, im wesentlichen aus der Tradition der sowjetischen Ps. erwachsene Begr., die an spezifische theoretische und methodische Voraussetzungen gebunden sind (RUBINSTEIN 1964). Mit R. sind meist Vorgänge gemeint, die den geplanten Ablauf und Abschluß von (insbes. zielgerichteter) Aktivität (→Handlung) gewährleisten («Ausführungsregulation»), aber auch solche, die am Zustandekommen einer Handlung beteiligt sind («Antriebs-» oder «Anregungsregulation»). Sowohl Reafferenzen, Signalwahrnehmungen u. a., im engeren Sinne kognitive Prozesse, als auch Emotionen können Regulationsfunktionen ausüben (→Kybernetik, →TOTE-Modell). • Besondere Beachtung fand u. a. seit WYGOTSKYS Beobachtungen und Interpretationen von →egozentrischer Sprache die R.funktion der inneren und äußeren →Sprechtätigkeit (→Sprache, innere), die «Funktionen der Planung und der Lenkung» von Handlungen übernimmt (1964). Tätigkeit kann jedoch auch durch begleitendes Sprechen beeinträchtigt werden (HACKER 1973). *G. Kaminski*

Regulationsebene →Ebene

Rehabilitation, Wiedereingliederung. Maßnahme zur Wiederherstellung allg. und spez. Fähigkeiten und Fertigkeiten, die vor einem Unfall, einer Krankheit bzw. einer psychosozialen Störung vorhanden waren.

Es geht dabei nicht um Höchstleistungen, sondern altersgerechtes Funktionieren. Psychologische R. kann in verschiedenen Bereichen eingesetzt werden. In der körperlichen R. können bei peripheren Lähmungen, spastischen Störungen und Inkontinenz Biofeedback- und verhaltenstherapeutische Verstärkungs-Verfahren eingesetzt werden. Neuropsychologische R. nach →Hirnschädigungen wird an die Art der Ausfälle angepaßt. Aufmerksamkeitsübungen und Gedächtnistraining sind meist die wichtigsten Trainingsformen. Zur R. bei psychischen Problemen kann jegliche Art wirksamer Psychotherapie mit einer Betonung der für die R. relevanten Aspekte eingesetzt werden. Die Bemühungen der R. in der Sozialpsychiatrie gehen dahin, nicht mehr nur eine relative Optimierung der Funktionstüchtigkeit anzuzielen, sondern die Gesamtpersönlichkeit in ihrem sozioökonomischen Beziehungsgefüge zu erkennen und hierauf folgend eine an den speziellen Gegebenheiten orientierte, umfassende Förderung der sozio-psycho-biologischen Umstände einzuleiten. Nicht zuletzt, um den in der konventionellen Psychiatrie häufig beobachteten «Drehtüreffekt» zu vermeiden, wird die R. schrittweise durchgeführt mit dem Einsatz auch präventiv wirksamer Maßnahmen, wie z. B. Tages- bzw. Nachtkliniken, Selbsthilfegruppen, Patienten-Clubs etc. Im internationalen Vergleich ist der R.-Bereich in Deutschland besonders gut ausgebaut. *F. Caspar*

Reharmonisierung, Weg und Prozeß zum ps. Gleichgewicht (Balance, gute Gestalt) nach dessen zeitweisem Verlust. Beispiele: (entwicklungsps.) nach Erreichen der Geschlechtsreife (zwischen dem 14. und 18. Lbj.) zunehmende Übereinstimmung der Körperproportionen und der Motorik. (sozialps.) Widersprüche zwischen Denken und Handeln werden ausgeglichen: Reduktion der →kognitiven Dissonanz. →Äquilibration

rehearsal [engl. Wiederholung, Probe], bei Lernexperimenten das innere Hersagen des Lernmaterials in Intervallen zwischen der Darbietung und der Prüfung, mit oder ohne Selbstinstruktion.

Reid-Bewegungstäuschung, Bez. für die von R.L. REID angegebene, der optischen Vertikalen-Horizontalen-Täuschung entsprechende Bewegungstäuschung. **[L]** WITTE 1966

Reid, Robert Leslie (*1924), engl. Psychologe

Reife, im Unterschied zum →Jugendalter (der Zeit der Reifung) das mittlere Lebensalter. Es ist beim Menschen dadurch ausgezeichnet, daß die Suche nach den allgemeinen Lebensidealen und Zielen abgeschlossen ist und das Individuum sich auf die Erfüllung seiner Aufgaben bzw. die Bewältigung der Lebensanforderungen konzentriert. Die Reife bringt notwendigerweise eine Einschränkung der Möglichkeit weiterer Entwicklung mit sich, insofern z. B. die bestimmenden Interessen und Einstellungen ausgebildet und wichtige Entscheidungen (Berufswahl u. dgl.) vollzogen sind.

Reifeweihe →Initien, Initiation
Reifezeit →Pubertät
Reïfikation [lat.], Verdinglichung. →Hypostase
Reifung, die Ausfaltung von keimhaft angelegten Verhaltens- und Erlebnisweisen; stellt einen Teil des Entwicklungsvorganges dar. R. ist Voraussetzung für die im Laufe der →Entwicklung zu beobachtenden Veränderungen in Leistung und Verhalten. Dazu gehört die körperliche Entwicklung im Sinne von Wachstum; für die seelische Entwicklung ist die R. des Muskel- und Nervensystems von Bedeutung sowie die altersabhängige Veränderung im Zusammenspiel der →endokrinen Drüsen. Erstere sind für die →Funktionsreifung wichtig, die Veränderungen im endokrinen System haben Einfluß auf die triebhafte und →affektive Verhaltenskomponente. • Die für die Entwicklung entscheidenden R.Prozesse liegen vorwiegend in der frühen Kindheit. R. schafft zu jeweils bestimmten Zeitpunkten optimale Lernbedingungen für bestimmte Angebote der Umwelt. [L] OERTER 1972, SCHENK-DANZINGER 1971
Reifung, körperliche, Bez. für diejenige Veränderung der Form der Lebewesen, die spontan und aus inneren Gründen erfolgt. • Beim Reifungsablauf des Kindes (→Altersperioden, →Entwicklungsalter) ist der damit einhergehende Gestaltwandel zu beachten. Der erste ist der Übergang von der fülligen Kleinkindform zur schlanken Schulkindform um das 6. Jahr. Beim zweiten Wandel entfalten sich mit dem Eintritt in die Geschlechtsreifung die primären und sekundären Geschlechtsmerkmale.
Reifungsteilung →Meiose
Reihenbildung (Reihung) [T] STERN
Reihenfotografie, Verfahren zur Veranschaulichung und Erfassung von Bewegungsverläufen durch Aneinanderreihen oder Übereinanderkopieren sukzessiver Einzelaufnahmen. Zur R. zählt auch das →Lichtspurverfahren (→Bewegungsanalyse). Die R. wurde bereits im vorigen Jh. entwickelt.
Reihung →Vielschichtigkeit
Reime finden [T] BINET
reinforcement [engl. Bekräftigung] →Verstärkung, →bedingter Reflex
reinforcement, partial, partielle Verstärkung, →Verstärkungsplan
Reinkarnation [lat. *reincarnare* wieder einkörpern], Wiedergeburt, Wiederverkörperung einer Seele. Die mit der Vorstellung der Seelenwanderung einhergende Annahme der Wiederholung des Individuallebens in neuer Diesseitsverkörperung.

Reinlichkeitserziehung (-gewöhnung) →Enuresis
Reiz, Stimulus, in der Psychologie die äußere oder innere Einwirkung, die über →Rezeptoren (Sinnesorgane) auf einen Organismus einwirken kann. Die Reaktionsfähigkeit des Organismus heißt Reizbarkeit (Irritabilität, Erregbarkeit) und ist allgemeines Kennzeichen des Lebendigen. Jeder Reiz braucht eine bestimmte Stärke, um eben noch bemerkt zu werden (Reizschwelle), genauer: Der Reiz muß sowohl zwischen den Reizintensitätsschwellen als auch innerhalb der Reizqualitätsschwellen liegen (→Psychophysik). Beim Überschreiten einer bestimmten Intensität bewirken alle Reize eine Schmerzempfindung (Mitreizung der Schmerzrezeptoren).
Reizverarbeitung heißt der Gesamtvorgang von der Aktivierung des Rezeptors bis zur Auslösung der Empfindung oder Reaktion. Die Empfindlichkeit eines Sinnesorgans für Reize ist nicht konstant, sondern in gewissen Grenzen von dessen jeweiligem Zustand (→Adaptation, →Habituation) sowie von Einstellungen des Individuums (Konzentration, →Aufmerksamkeit, →Aktivation, →Adaptationsniveau) abhängig.
Reizgeneralisierung bezeichnet den Umstand, wenn eine →bedingte Reaktion nicht mehr nur auf eine eng beschriebene Reizgröße erfolgt, sondern auch von anderen ähnlichen Reizen ausgelöst werden kann, →bedingter Reflex. Reizdiskrimination, wenn bei der Wahrnehmung ähnlicher Reize (z. B. Töne) ein Organismus durch entsprechendes Diskriminationstraining zwischen diesen Reizen zu unterscheiden lernt und unterschiedlich reagiert. →Signal, →Stimulus. [L] ZIMBARDO 1992. *C. Becker-Carus*
Reizdiskrimination, das Erkennen von Unterschieden zwischen Reizen bzw. das unterschiedliche Reagieren auf versch. Reize. →Diskriminieren-Lernen
Reizeinstellung, im →Reaktionsversuch die auf das Erscheinen des Reizes gerichtete sensorielle Einstellung im Unterschied zur motorischen oder muskulären Einstellung
Reizfehler →Reizirrtum
Reizgeneralisation →Generalisation →Reiz
Reizhaar, Haar-Ästhesiometer, ein an einem Griff befestigtes Haar, mit dem man punktweise feinsten Druck auf die Hautoberfläche zur Ermittlung der Druckpunkte ausüben kann.
Reizhandlungen, alle aus Reizen folgenden, d. h. reaktive Handlungen
Reizhöhe, diejenige Intensität eines Reizes,

die noch eine Empfindung auslöst, auch als obere Reizschwelle bezeichnet. Reize, die diese Grenze übersteigen, lösen keine adäquaten Empfindungen, sondern nur noch Schmerz aus. →Schmerzschwelle

Reizirrtum [engl. *stimulus error*] (TITCHENER), eine Fehlerquelle der ps. Untersuchung, die in dem Vorurteil gegeben ist, daß eine Empfindung den äußeren Reizen entsprechen müsse, z. B. die Annahme, daß man das tiefste Schwarz in einem lichtlosen Raum wahrnehmen würde, während man hier tatsächlich das sog. subjektive Augengrau sieht. Das tiefste Schwarz wird dagegen nur als Kontrasterscheinung wahrgenommen, z. B. als schwarzer Fleck auf einem weißen Papier. KÖHLER nennt dieses Phänomen Objektentgleisung.

Reizkonfrontation →Konfrontationstherapie

Reiz-Reaktions-Generalisation →Generalisation

Reiz-Reaktions-Psychologie →Behaviorismus

Reizschwelle, die untere Grenze, von der ab ein Sinnesorgan Reize empfindet. Darunter findet keine Wahrnehmung statt. Die R. kennzeichnet die Minimalempfindung. →psychophysische Methoden

Reizspur [engl. *stimulus space*], von C. L. HULL gebrauchte hypothetische Bez. für die allmählich abklingende Nachwirkung eines Reizes im Organismus. →Engramm, Spurenfeld

Reizsuche, das aus der triebhaften Unruhe (im Zusammenhang mit Trieben wie Nahrungssuche, Sexualtrieb, sozialen Trieben, Aggression, Flucht) hervorgehende Suchen der Reizkomplexe, an oder mit denen der Trieb sich befriedigen könnte.

Reizsüchtige [engl. *stimulus addicts*], im Anschluß an die antagonistische Aktivierungstheorie von FISKE & MADDI 1961 eingeführte Bez. für Personen, deren «Reizhunger» (*sensation-seeking-motive*), besonders ausgeprägt ist, weil sie gewohnheitsmäßig zu ihrem Wohlbefinden ein hohes inneres Aktivierungsniveau brauchen, das von Umwelten mit hohem Aktivierungspotential abhängig ist. →Sensation-seeking

Reizsummation, wenn ein einzelner Reiz nicht ausreicht, um eine Empfindung oder einen Reflex auszulösen, so kann wiederholte Reizung oder Einwirkung über einen gewissen Zeitraum hinweg im Sinne von Reizsummation den betreffenden Vorgang schließlich in Gang bringen (z. B. Niesreflex). Übertragend spricht man z. B. in der Reklameps. von R. dort, wo man sich durch fortgesetztes Darbieten eines bestimmten Begriffs oder Zeichens eine Wirkung verspricht. [L] SCHMIELAU et al. 1990, SCHANDRY 1989, BRANDIS et al. 1991

Reizsummenregel, (Reizsummenphänomen), nach SEITZ in der Verhaltensforschung Bez. für die Tatsache, daß →Schlüsselreize, die eine Instinkthandlung auslösen, additiv zusammenwirken. Für das Eintreten der Reaktion ist wesentlich, wieviel an Reizwerten im ganzen vorhanden ist, unabhängig davon, wie stark oder schwach ein einzelner Schlüsselreiz ist. Daher kann ein schwacher oder sogar fehlender Schlüsselreiz in der gesamten Reizkombination durch einen anderen, besonders starken, kompensiert werden. Der Begriff des Reizsummenphänomens besagt jedoch nicht, daß eine Addition der Reizparameter im streng mathematischen Sinn erfolgt. Man nimmt an, daß sich die von Reizen ausgehenden Erregungen im Nervensystem (→Auslösemechanismus) irgendwie summieren und die Instinkthandlung auslösen. (→psychohydraulisches Energiemodell). Da die Reize durchaus verändert werden können, ohne die auslösende Wirkung zu zerstören, konnte mit Erfolg versucht werden, die Einzelreize zu übertreiben. Attrappen mit derartig supernormalen Reizen (z. B. auch in Cartoons) lösen das Verhalten stärker aus als die natürlichen auslösenden Objekte. [L] TINBERGEN 1972, FRANCK 1985, SCHMIELAU et al. 1990

Reizüberflutung, Bez. für den durch Menge, Umfang und Verschiedenartigkeit der auf den Menschen einwirkenden Reize gegebenen Zustand, der durch die Möglichkeit selektiver Wahrnehmung kompensiert wird. In der Verhaltenstherapie wird R. (engl. *flooding*) oder auch «Implosion» bei Angststörungen u. Phobien eingesetzt, indem der Klient massiv mit den angstauslösenden Reizen konfrontiert wird, um ein Verhalten der Angstvermeidung i. S. der op. Konditionierung der angstbesetzten Reiz-Reaktionsverknüpfung zu erreichen (Desensibilisierung). →Überflutungstherapie, →Konfrontationstherapie

Reizumfang, das Gebiet zwischen Reizschwelle und Reizhöhe, in dem mit der Reizänderung eine Empfindungsänderung parallel geht.

Reiz, unterschwelliger →Reizschwelle

Reizvariable, die kontinuierlich oder in Stufen veränderliche Quantität oder Qualität eines Reizes bzw. eines definierten Merkmals einer Reizsituation. Auch als S-Variable [nach lat. *stimulus* Reiz] bezeichnet. →Reiz

Reizverarmung, Abnahme der Zahl der Reize, →Deprivation.

Reizwort, der Vp akustisch oder optisch dargebotenes Wort, auf das sie eine Reaktion geben soll, die wiederum in einem Wort (Reaktionswort) oder in einer bestimmten Handlung oder in einer Ausdruckserscheinung (z. B. psychogalvanische Reaktion) bestehen kann.

Reizwortliste →Erzählmethode, →Tatbestandsdiagnostik, →Assoziationsversuche

Reklame, Reklamepsychologie →Werbepsychologie

Rekonstruktionsmethode (MEUMANN, FERNALD), ein experimentelles Verfahren für Gedächtnisuntersuchungen. Gelernte Eindrücke werden der Vp zur Reproduktion einer gegenüber den früheren Darbietungen veränderten Reihenfolge zur Verfügung gestellt. Die Aufgabe der Vp besteht in der Wiederherstellung der ursprünglichen Ordnung.

Rekursionsprinzip →Rekursivität

Rekursivität [lat. *recurrere* zurücklaufen], bezeichnet die Möglichkeit, bestimmte sprachliche Elemente im →Satz bzw. Satzgefüge ständig (bis ins Unendliche) zu wiederholen. Beispiel: «Ein kleiner, dicker, alter, freundlicher ... Mann» oder «Der Mann, der den Täter, der den Pfahl» (→embedding). Eine →Grammatik, die die Erzeugung von Sätzen beschreiben will (→generative Grammatik), wird diesen Aspekt der →«Kreativität» von Sprache, d. h. der Möglichkeit zur Bildung unendlich vieler verschiedener Sätze, durch Einführung rekursiver (Ersetzungs-)Regeln berücksichtigen müssen, die das gleiche Symbol auf beiden Seiten des Ersetzungs-Symbols enthalten (A →AB). Die praktische Anwendung rekursiver Regeln ist begrenzt.

Relation, das sachliche oder bedeutungshafte Voneinanderabhängen, Aufeinanderangewiesensein, Aufeinanderwirken. Relationsstadium →Apperzeptionsstadium

Relationstheorie, die gegen die Annahmen der →Gestaltps. gerichtete Auffassung, daß die Gestalt durch die zwischen ihren Teilen bestehenden Beziehungen oder durch die zwischen den Elementen der die Gestalt fundierenden Reize bestehenden Beziehungen erfaßt werde. Gestalt ist hiernach identisch mit der Erfassung von Relationen.

Relativ, Begr. in der Meßtheorie, die Menge der empirischen (beobachteten) Dinge und der dazugehörigen Relationen: empirisches R.; die Menge der numerischen Dinge (z. B. Zahlen) und ihrer Relationen: numerisches R.

relative Häufigkeiten, die auf den Gesamtstichprobenumfang bezogenen Klassenfrequenzen einer →Häufigkeitsverteilung. Zur graphischen Darstellung von r.H. werden meist Säulen- oder Sektordarstellungen verwendet. *G. Mikula*

relative Koordination, lockere Form der →Koordination, die weder durch eine strenge wechselseitige Abhängigkeit (absolute Koordination) noch durch völlige Unabhängigkeit gekennzeichnet ist. Relative Koordination ist ein Kompromiß zwischen →Magneteffekt und →Beharrungstendenz. [L] v. HOLST 1936, 1939 *H. Heuer*

relative Unterschiedsschwelle →Unterschiedsschwelle

Relativität (linguistisch) →SAPIR-WHORF-Hypothese

Relativitätsprinzip, kulturelle Relativität. Bez. für den Sachverhalt, daß das menschl. Verhalten relativ ist zu den gegebenen Bedingungen der menschl. Gesellschaft.

Relativitätssatz, Bezeichnung für die bei zahlreichen ps. Erscheinungen aufgewiesene Tatsache, daß sich eine subjektive Größe mit einer objektiven Variablen, von der sie abhängt, derart ändert, daß sie anfangs schneller, später immer langsamer einem Grenzwert sich nähert (im Sinne der logarithmischen Kurve). Beispiele hierfür sind: Der Zusammenhang von Reiz und Empfindung (→FECHNERsches Gesetz), das Anwachsen der Gedächtnisleistung mit der Anzahl der Darbietungen (Gedächtniskurve), die Zunahme des Sprachschatzes mit dem Alter u. a. m. [L] PAULI & ARNOLD 1957

Relaxantien, unspezifische und ungenaue Bezeichnung für entspannende Pharmaka. Je nach Funktionsbereich, auf die sich die Entspannung beziehen soll, sind Spezifikationen möglich, etwa →Muskelrelaxantien, Psychorelaxantien (Synonym für →Tranquillantien). [L] FELDMAN et al. 1997 *W. Janke*

Relaxation [lat. *relaxare* lockern, öffnen, erweitern], Lockerung, Erschlaffung (z. B. des Muskeltonus) →Entspannung

Relaxation, progressive, Bez. für die von E. JACOBSON 1938 eingeführte Technik, bei der mit erlernbarer Tonuskontrolle einzelner Muskelpartien →Entspannung bewirkt wird. →Desensibilisierung bei Angstzuständen. →Progressive Muskelentspannung

Relaxationstherapie, Bez. für diejenigen psychosomatischen Verfahren wie →Autogenes Training, →Yoga, auch medikamentöse Behandlung, die mit Entspannung und Ruhigstellung eine therapeutische Hilfe geben. •

Sog. *Biofeedback*-Geräte ermöglichen die Eigenkontrolle von Muskelspannung (EMG), Hautwiderstand (PGR) u. a., →Entspannungsmethoden, →psychophysiol. Methodik

Releasing factors →Releasing Hormones

Releasing Hormones, Freisetzungshormone, im Hypothalamus produzierte Neurohormone, die die Produktion des Wachstumshormons (→GH) und der →glandotropen Hormone im Hypophysenvorderlappen anregen. Stoffe, die die Produktion der Hypophysenhormone hemmen, nennt man Inhibiting hormones, bzw. -faktoren. *W. Janke*

Reliabilität, Zuverlässigkeit, das Gütekriterium einer Meßmethode und speziell eines standardisierten Tests, das die Meßgenauigkeit angibt. Die R. gibt also an, wie genau ein Test das mißt, was er messen soll, ohne daß dabei die →Validität berücksichtigt wird.

Allgemein geht das Konzept der R. davon aus, daß die Messung eines Merkmals mit Meßfehlern behaftet ist. In der klassischen Testtheorie gilt, daß sich die Testrohwerte aus einem wahren Varianzanteil und aus einem Fehlervarianz-Anteil zusammensetzen:

$$s_x^2 = s_\infty^2 + s_e^2 .$$

Als Zuverlässigkeitskoeffizient wird das Verhältnis der wahren Varianz zur gesamten Varianz definiert:

$$r_{tt} = \frac{s_\infty^2}{s_x^2} .$$

Je nachdem, welche Methoden zur Reliabilitätsbestimmung angewandt werden, kann man verschiedene Aspekte der R. unterscheiden: (1) Retest-R. *(stability)*. Da in diese Methode Erinnerungseinflüsse sehr stark eingehen, kann sie um Schein-R. zu vermeiden, nur bei Tests angewendet werden, welche diesem Einfluß nicht unterliegen. Wird die Testwiederholung nach einem längeren Zeitintervall durchgeführt, so geht in die Wiederholung auch noch die Merkmalskonstanz bzw. -variabilität mit ein. *Speed*-Tests und Fragebogen eignen sich für diese Art der R.messung. (2) Paralleltest-Methode [engl. *equivalence*]. Liegen zwei äquivalente Testformen vor (→Paralleltest), so kann die R. mit dieser Methode bestimmt werden. Sie gilt als die beste Schätzung der R., jedoch kann sie nur selten durchgeführt werden, da gute Parallelformen nicht in größerer Zahl vorliegen und sich nicht für alle Testdesigns eignen. (3) Testhalbierungsmethode oder innere Konsistenz. Sie kann dann durchgeführt werden, wenn eine Testwiederholung ausgeschlossen ist und keine Paralleltests vorliegen. Wird der Test an einer Stichprobe durchgeführt, dann in zwei äquivalente Hälften aufgeteilt und die R. des gesamten Tests geschätzt, spricht man von →split-half-Methode. Die →Konsistenzanalyse betrachtet jede Testaufgabe als «halbierten» Test. Die Konsistenz des Verfahrens wird mittels einer Formel unter Einbeziehung des Trennschärfekoeffizienten und des Schwierigkeitsindexes berechnet. Die Berechnung der inneren Konsistenz nach der Halbierungstechnik und der Konsistenzanalyse setzt einen homogenen Niveautest voraus. Die statistischen Kennwerte für die verschiedenen R.aspekte sind folgende: Aus der Testwiederholung resultiert ein Korrelationskoeffizient. Ein solcher liegt ebenfalls vor, wenn die *split-half*-Methode und die Paralleltest-Methode angewandt wird. Aus der Konsistenzanalyse resultiert der Konsistenzkoeffizient.

Die Höhe des R.koeffizienten ist als statistisches Maß in Form des Korrelationskoeffizienten von verschiedenen Bedingungen abhängig, die zur falschen Einschätzung der R. führen können. Die unterschiedliche Streuung bei den Testrohwerten ist z. B. eine solche Bedingung. Wird der Reliabilitätskoeffizient an einer Stichprobe gewonnen, bei welcher die Streuung der Testwerte reduziert ist, so wird der R.koeffizient mit dieser Messung unterschätzt. **[L]** STANLEY 1971 *H. Häcker*

Religionspsychologie, Teilgebiet der Psychologie, Religionswissenschaften und Theologie. Die R. erforscht das Erleben und Verhalten, das im Zusammenhang mit religiösen Phänomenen steht (z. B. Gottesvorst., Weltverständnis, Heilsbegriffe etc.).

Nachdem in den letzten Jahrhunderten religionspsychologisch bedeutsame Phänomene durch Philosophie und Theologie beschrieben und erklärt wurden, hat sich die empirisch orientierte Ps. mit diesen Phänomenen befaßt. Die ersten systematischen R.-Analysen gehen auf HALL und das Jahr 1882 zurück. An der Clark-University befaßte sich HALL hauptsächlich mit der moralischen und religiösen Erziehung von Kindern. In Deutschland beschäftigte sich WUNDT im Rahmen seiner völkerps. Analysen mit der R. Eine weitere Forschungsrichtung hat sich an die exp. Introspektionsmethode der Würzburger Schule orientiert.

So wurde dabei auf der Grundlage der Lektüre von religiösen Texten die Vp aufgefordert, ihre Gefühle, Vorstellungen und sonstigen kognitiven Prozesse wiederzugeben. Bei diesen

Forschungsbemühungen stand v. a. die Analyse des rel. Erlebens im Mittelpunkt. Auch die phänomenologisch-hermeneutisch orientierte Ps. widmete sich in den 20er Jahren dem rel. Erleben. Mit dem Argument, daß solche Bewußtseinslagen weder dem Experiment noch der Introspektion zugänglich sind, wurden die rel. Lebensformen über literarische Dokumente untersucht. Auch in den psychodynamischen Systemen von FREUD und JUNG wurde versucht, rel. Leben zu interpretieren. Für FREUD stellt die Religiösität eine Illusion dar, die aus unbewußten Schuldgefühlen entsteht. Eine lange Tradition hat ebenso die Forschungstradition auf der Basis von Einstellungsskalen. Hier sind bes. die Skalenentwicklungen von THURSTONE und CHAVE (1929) zu nennen. Auch über die Methode der summierten Schätzungen nach LICKERT (1932) und über die Skalogrammanalyse nach GUTTMAN (1941) sind entsprechende Einstellungsmessungen vorgenommen worden. Im deutschsprachigen Raum befaßten sich versch. Autoren mit Skalen, die Aspekte des rel. Erlebens und Verhaltens erfassen sollten. So konstruierten z. B. DEUSINGER & DEUSINGER (1974) einen Fragebogen, der zu «Kirche, Gott und Christus» entsprechende Kennwerte über individuell vorfindbare Tendenzen erfassen sollte. In diesem Zusammenhang sind auch die «Klerikalismus-Skala» von SCHENK (1980), die «Transzendenz-Skala» von BOTTENBERG (1982) sowie die Skala von ZWINGMANN, MOOSBRUGGER & FRANK (1995) zum «Glaubensbekenntnis» zu erwähnen. Im Rahmen der multidimensionalen Analyse stand die Frage nach den unterscheidbaren Subdimensionen religiösen Erlebens im Vordergrund (z. B. GLOCK, 1962, BOSS-NÜNNING, BECKER & WEISER, 1988). Nur wenige multidimensionale Untersuchungen wurden zur Beziehung zw. Religiösität und Persönlichkeit durchgeführt (KIM 1988).

Mit Hilfe der multidimensionalen Skalierung wurde versucht, die Urteilsräume rel. Vorstellungen zu modellieren. Während im internationalen Raum anhand der Zeitschriften und Textbücher ein reges Interesse an ps. Analysen religiöser Phänomene erkennbar ist, ist eine solche Aktivität im dt. Sprachraum kaum zu erkennen.

Problem jeder religionsps. Betrachtung stellt das Faktum dar, daß rel.ps. Untersuchungen jew. auf dem Hintergrund spez. Religionsgruppen (z. B. Christen, Buddhisten, Moslems etc.) zu sehen sind und somit die rel.ps. ermittelten Befunde nicht über Religionssysteme hinweg verallgemeinerbar sind. [L] BAYER 1993, HUBER 1996, GORSUCH 1988 *H. Häcker*

Religionssoziologie, ein von WEBER (1922) begründeter Forschungszweig, dessen Hauptgegenstand die Wechselbeziehung zwischen Eigenart und Gestaltung der Religion einerseits und den Erscheinungen des Gemeinschaftslebens andererseits bildet. [L] MENSCHING 1968

religiöser Typus →Typologie (Lebensformen)

REM [engl. *rapid-eye-movement*] →Schlaf

REMD [T] REY

Remergil®→Mirtazepin

Reminiszenz [lat.], Erinnerung, Wiedererinnern. Bez. für den Lernerfolgsanstieg (bei einer teilweise erlernten Aufgabe), der auf eine eingeschobene Ruhepause zurückzuführen ist. Die R. ist u. a. abhängig von der Pausenlänge, vom Lernniveau vor der Pause und von dem Grad der Massierung der Übung vor der Pause. Die R. wird auch als Spezialfall der altbekannten Erfahrung bezeichnet, daß bei verteilter Übung mit Pausenfolgen bessere Leistungen erzielt werden als bei massierter Übung. R. kann damit auch als die Wirkung einer einzigen Pause gesehen werden. Das BALLARD-WILLIAMS-Phänomen (beschrieben von BALLARD 1913 und bestätigt von WILLIAMS 1926), wobei Gelerntes nach längerem zeitlichen Abstand seit der Einübung besser reproduziert werden kann als nach Abschluß des Lernens, wird gelegentlich auch als R. bezeichnet, verdient dies nach HOVLAND aber nicht, weil innerhalb des Abstandes vom Gelernten Gelegenheit zum Nachlernen sich bietet. Das WARD-HOVLAND-Phänomen mit Leistungsanstieg nach einem Intervall von 2 bis 10 Minuten wird als echter Reminiszenzeffekt bewertet. Für die Erklärung der R. wird angenommen, daß die Phänomene →Ermüdung und →Perseveration eine Rolle spielen. (Die Pause bedeutet eine Erholung gegenüber der Ermüdung und die Perseveration die Fortführung des Lernprozesses.) Zur Deutung der R. kommen auch die von HULL eingeführten Hemmungskonstrukte hinzu: →reaktive Hemmung und →konditionierte Hemmung. EYSENCK (1965) versucht, die R. mit einer Dreifaktorentheorie zu erklären.

R. Bergius

Remission, remittierend [lat. *remittere* zurücksenden, nachlassen], das vorübergehende Nachlassen, vor allem bei Krankheitssymptomen.

Remoxiprid, WZ Roxiam®, Psychopharmakon aus der Klasse der atypischen →Neuroleptika vom Typ der Benzamide, das selektiv D_2-Rezeptoren blockiert. Antipsychotische Wirksamkeit mit geringen extrapyramidalen Nebenwirkungen trotz D_2-Wirksamkeit. In Deutschland nicht im Handel. [L] JULIEN 1997 *W. Janke*

Renin, Stoff, der bei Minderdurchblutung (pathologisch erniedrigter Blutdruck oder reduziertem Blutvolumen) der Niere dort freigesetzt wird. Es wandelt das im Blut zirkulierende Angiotensinogen in Angiotensin I um und ist damit Bestandteil des →Renin-Angiotensin-Aldosteron-Systems, das an der Regulation der Kreislauffunktionen beteiligt ist. Freisetzung bei Durst. [L] LÖFFLER & PERTRIDES 1997 *P. Weyers/W. Janke*

Renin-Angiotensin-Aldosteron-System, Abk. RAAS, System verschiedener Hormone (→Renin, →Angiotensin I u. II, →Aldosteron) zur Regulation des Blutdrucks und des Wasser-Elektrolyt-Haushalts des Körpers. [L] LÖFFLER & PETRIDIS 1997 *P. Weyers/M. Ising*

Replikation [engl. *replication*], (allg.) Wiederholung. • (ps.) Unterteilung bei Experimenten in Abschnitte, von denen jeder alle wesentlichen Parameter enthält (die sog. *replica*), um die exp. Bedingungen von anderen, evtl. einflußnehmenden Bedingungen zu unterscheiden. →Paralleltest

Repräsentant, Repräsentation, der Vertreter oder auch der Darsteller für eine bestimmte Idee, Vorstellung oder Sache. Die R. ist in der Ps. ein vielfach angewandter Hilfsbegriff zur Verdeutlichung des Vorstellungsaktes.

Repräsentation, unter ps.-theoretischen Voraussetzungen verwendete Sammelbez. für alle Arten von Abbildungen, die in höheren tierischen Organismen und beim Menschen verwirklicht werden. Repräsentiert, in einem anderen Menschen abgebildet sein, können sowohl externe Objekte und Vorgänge als auch – beim Menschen – erlebnishafte Gegebenheiten (→symbolic processes, →Vermittlungstheorie). R. kann in unterschiedlichem Grade verwirklicht werden: perzeptiv-momentan; vorstellungsartig überdauernd (→Vorstellung, →imagery); zum →Handeln und zum →Problemlösen (→Denken) wird ein Feld (VAN DEGEER 1957), ein «Operatives Abbild-System» (OAS; HACKER 1973) aufgebaut und präsent gehalten, was durch eine Art Arbeitsgedächtnis ermöglicht zu werden scheint (DÖRNER 1974); überdauernde R. stehen als Wissen speziell als →Zeichen und Zeichensysteme (→Symbol) zu aktueller Verwendung zur Verfügung. Die Möglichkeiten und Formen der R. machen auch in der Ontogenese eine Entwicklung durch (→Symbolfunktion, →ikonische R., →Sprachentwicklung), wobei höher entwickelte oft summarisch als kognitive R. bezeichnet werden. [L] KAMINSKI 1964 *G. Kaminski*

Repräsentation, interne bzw. mentale, zentraler Begriff der →Kognitiven Psychologie, der nicht nur die Organisationsformen individuellen Wissens umfaßt, sondern auch die Prozesse der Veränderung dieses Wissens (→autonome Veränderungen), der Ableitung neuen Wissens mittels bewußter oder unbewußter Schlußfolgerungsprozesse und der Generierung von Handlungsplänen. Die o. g. Problemkomplexe werden z. Z. in Anlehnung an den Sprachgebrauch der Informatik bzw. in Analogie zur maschinellen Informationsverarbeitung modelliert; so wurden hinsichtlich der Organisationsformen unterschiedliche «Formate» postuliert (deklarativ vs. prozedural; semantisch vs. imaginal; propositional vs. episodisch etc.). In modernen Assoziationstheorien (ANDERSON & BOWER 1973: →HAM; ANDERSON →ACT) werden analog zur elektronischen Speicherung in Netzwerken Relationen und Prozesse postuliert (üblicherweise in Form von Produktionsregeln), in denen sich durch ausbreitende Aktivierung *(«spreading activation»)* Gedächtnis-, Schlußfolgerungs- und Plangenerierungsphänomene beschreiben lassen. Die Notwendigkeit, eine von der unmittelbaren Wahrnehmung abstrahierte mentale Repräsentation anzunehmen, geht auf KANTS Schematheorie zurück («Schema als kognitiver Mechanismus, der ein Bild dem Begriff zuordnet») bzw. auf HOEFFDINGS Problem der Zuordnung von Reiz und Wahrnehmung. *A. Zimmer*

Repräsentationsschluß, Rückschluß, der Schluß von einem Teil aufs Ganze. →Inklusionsschluß und →Transponierungsschluß

repräsentativ, als r. werden Stichproben bezeichnet, die in ihrer Zusammensetzung der Population entsprechen, der sie entnommen wurden. Zur Herstellung r. Stichproben können Zufallsverfahren oder gesteuerte Verfahren verwendet werden. Auf Grund von Stichprobenergebnissen lassen sich nur dann Schlüsse auf die Population ziehen, wenn die Stichproben, aus denen sie gewonnen sind, für die Population r. sind. *G. Mikula*

Repräsentativbefragung →Meinungsforschung

Repräsentativgruppenmethode, statistische Methode zur Validitätsbestimmung eines Tests, bei der die Validitätsstichprobe mit der später zu testenden Pbn-Gruppe in den wesentlichen Merkmalen identisch ist. →Extremgruppenmethode

Repräsentivitätsheuristik [engl. *representativeness heuristic*], einfache Suchmethode für die Entscheidung, ob ein Ereignis A Element der Population B sei, gemäß der Ähnlichkeit zwischen A und B (statt gemäß der Wahrscheinlichkeit). **[L]** KAHNEMANN & TVERSKY 1973

Repression [engl.], Bez. für →Verdrängung (gelegentlich auch für Motivrückdrängung)

Repression-Sensitization, Bez. für den Gegensatz →Verdrängung-Sensibilisierung gegen die Verdrängung. →coping • *represser-sensitizer* bez. den Verdränger (Person mit Neigung zu hoher Angstverleugnung), im Ggs. zum Überbetoner (Person mit Neigung zu hoher Gefühlsempfindlichkeit). **[L]** BYRNE 1964, KROHNE 1976

Reproduktion, Bez. für das Wiederhervorbringen von früher angeeigneten Bewußtseinsinhalten

Reproduktionsmethoden →Gedächtnismethoden

Reproduktion, spontane, Versuche von KÖHLER und RESTORFF (1933, 1937) ergaben, daß die Erinnerung an ein früher Dagewesenes erfolgen kann, ohne daß eine spezifische Einstellung darauf nötig ist. Als Erklärung dient die optische Paarbildung, die je nach Aufbau des Zwischenfeldes und den mit dem Paar mehr oder weniger ähnlichen Gebilden sich stärker oder schwächer vom Zwischenfeld abhebt. Ein augenblicklich gesehenes Ding tritt mit dem früheren zusammen, wodurch es dynamisch aufgeladen und reproduziert wird. Ist das rezente Ding, Geschehen usw. Unterganzes oder echter Teil eines Ganzen, so wird das größere Gesamtganze reproduziert. Entscheidende Bedingung für die sp. R. ist die Ähnlichkeit (HÖFFDING 1887) des rezenten Ganzen oder Teilganzen. Die Leichtigkeit bzw. Schwierigkeit der R. hängt entscheidend von den Zwischenfeldbedingungen ab. Ist die Spur im Spurenfeld von anderen gut abgehoben, so tritt sp. R. eher ein als im umgekehrten Fall. LEWIN forderte für die sp. R. die Annahme der dynamischen Gerichtetheit, d. h. die Einstellung als reproduktiv-auslösendes Moment, damit der Prozeß aktualisiert werden kann. Neuere Untersuchungen (FUCHS 1954) ergaben, daß in den von KÖHLER angeführten Experimenten Einstellungen im Sinne LEWINS wirksam sind. Die Möglichkeit der sp. R. wird damit nicht verworfen.

reproduktives Denken, Strom der Erinnerungen • Problemlösen mit Hilfe der Wissensaktualisierung im Sinne von SELZ (1913, 1922).

rep-test [engl. *role-construct-repertory-test*], Rollen-Konstrukt-Repertoire-Test, von KELLEY 1955 eingeführtes Verfahren zur Messung (richtiger: zur Erhebung) von personalen →Konstrukten, weiterentwickelt zu versch. Formen der *repertory-grid-technique* (Technik des Repertoire-Gitters). →Gittertechnik

requisite decision models [engl.], Strukturierung und Darstellung eines Entscheidungsproblems so, daß es nach Form und Inhalt von einer Gruppe von Personen akzeptiert und für die Lösungsfindung als ausreichend betrachtet werden kann. R.d.m. haben anders als empirisch-deskriptive →Modelle →«heuristische» Funktion beim Lösen eines konkreten Problems und beanspruchen keine →Validität über die konkrete Situation hinaus. **[L]** PHILLIPS 1984 *A. Engemann*

research [engl.], Untersuchung, Forschung, systematischer Versuch einer Antwort auf eine Fragestellung. →Methoden wissenschaftlicher Forschung beschreibt die Methodenlehre.

Reserpin, Substanz mit antipsychotischer und blutdrucksenkender Wirkung. R. ist ein Alkaloid der Pflanze Rauwolfia serpentina, die in der indischen Volksheilkunde seit Jahrhunderten verwendet wurde. Die antipsychotische Wirkung ist verknüpft mit dem Auftreten von extrapyramidalen Wirkungen. →Rauwolfia-Alkaloide *W. Janke*

Residuum [lat. Rest, Rückstand], Gedächtnisspur, →Engramm, Spurenfeld. • faktorenanalyt. Begr. →Restvarianz • Rest einer Störung.

Resignation, Entsagung, Sichfügen in das Unabwendbare. Kennzeichnend ist stets ein Verzicht.

Resignation, dynamische / neurotische, Unterscheidung von HORNEY, bei der «dynamischen» R. wird die Niederlage nicht zugegeben und auf eine bessere Gelegenheit gewartet, bei der «neurotischen» R. erfolgt ein Rückzug vor einem Konflikt durch bleibende R., oberflächliche Lebensweise oder neurotische Rebellion gegen sich oder die Gesellschaft. *H. Ries*

Resonanz [lat. *resonare* widerhallen], Mittönen eines Körpers beim Ertönen seines Eigentons und ebenso allgemein das Mitschwingen eines Körpers. • In der Ps. bezeichnet man mit R. das Mitansprechen von Gefühlen bzw. den Widerhall, den Gefühle oder Gedanken in einem anderen Menschen finden.

Resonanzmethode, intuitives, auf Einfühlung beruhendes Ausdrucksverstehen. Nach STERN alle Verfahren, die strukturelle Anlagen Verstorbener, etwa geschichtlich bedeutender Menschen, nachträglich auf Grund der hinterlassenen Werke (Dichtungen, Zeichnungen) zu ermitteln suchen. Wesentliches Hilfsmittel sind die Einfühlung und die damit verbundene motorische Einstellung beim Reproduzieren von Werken des Verstorbenen (Singen eines Liedes, Lesen eines Gedichtes, Abzeichnen einer Zeichnung usw.). →Ausdruckstheorien

Resonanztheorie (HELMHOLTZ), die Annahme, daß beim Hören die Fasern der Basilarmembran im Ohr wie Resonatoren auf die Töne antworten und auf eine Wellenbewegung ansprechen, sobald diese gleiche Eigenschwingungsperiode besitzen wie sie. Differenztöne erklärt HELMHOLTZ aus Bewegungen des Trommelfells und der Gehörknöchelchen. →Schallbildertheorie

Resonator, hohler Metallkörper zur Analyse von Tönen, Tonverbindungen und Geräuschen über die →Resonanz.

Respiration, äußere Atmung der Lebewesen mit Hilfe von Sauerstoffaufnahme und Kohlendioxydabgabe. Die Atmungstätigkeit gehört zu den unwillkürlichen physiol. Reaktionsmustern, die artspezifisch, den Lebensgewohnheiten der Gattung entsprechend, ausgerichtet und mit spezifischen Anpassungsmöglichkeiten an die jeweiligen Zustände des Organismus ausgestattet sind. Bei der Sprechtätigkeit des Menschen (→Sprachproduktion) z. B. verändert sich der Atmungsrhythmus infolge eines veränderten Verhältnisses von Ein- und Ausatmung. [L] LENNEBERG 1967 *G. List*

Respirographie, Atmungsmessung, →psychophysiologische Methodik

respondent [engl.], Befragter, Interviewpartner, Proband bei Interviews, Gesprächen oder Befragungen. • →operant

response [engl. Antwort, Erwiderung, Reaktion], grundsätzlich eine zeitlich begrenzte, dabei oft auch relativ komplizierte Verhalteneinheit innerhalb dessen, was der Organismus auf einen Stimulus hin tut (BERGIUS). *conditional response* →bedingter Reflex; *delayed response,* eine längere Zeit nach dem Verschwinden des auslösenden Reizes auftretende Reaktion; *overt response,* die im Verhalten (z. B. als Aussage) unmittelbar hervortretende R.; *covert response,* die von einem Beobachter nicht unmittelbar festzustellende R. →Reaktion

response-bias, Antworttendenz, -verzerrung. →response-set, →bias

response-cost →Verstärkerentzug

response-set, Antworttendenz, wird die Antwort eines Pbn auf die Testaufgabe eher durch die Form der Testaufgabe hervorgerufen, ist diese Antworttendenz konsistent und verfälscht das Testergebnis, so spricht man nach CRONBACH (1946) von r.s. Es ließen sich eine Reihe von solchen Antworttendenzen nachweisen. Tendiert die Vp eher dazu, eine Ja-Antwort zu bevorzugen, so spricht man von →Ja-Sage-Tendenzen, Zustimmungstendenzen oder *acquiescence.* Läßt die Testantwort eine unentschiedene Antwort zu, so konnte man feststellen, daß bestimmte Vpn diese Antwortkategorie bevorzugen. Auch die Wahl extremer Antwortkategorien ist als eine solche Antworttendenz entdeckt worden. Ein sehr systematisch untersuchter r.s. ist die soziale Erwünschtheit. Sie ist dadurch gekennzeichnet, daß der Pb die seiner Meinung nach sozial erwünschte Antwort gibt. Geht das verfälschende Verhalten des Pbn über die Beantwortung von Testitems hinaus, so spricht man genereller von →Simulation bzw. →Dissimulation. Da die r.s. die Meßintention der Tests maßgeblich beeinflussen, die Fehlervarianz also erhöhen, ist man bemüht, über die Konstruktion von Testverfahren solche r.s. auszuschalten oder durch entsprechende Korrekturmaßnahmen nach der Testdurchführung zu korrigieren. So enthalten z. B. die Persönlichkeitsfragebogen MMPI ([T] HATHAWAY, MCKINLEY) oder der 16PF (CATTELL & EBER) sog. Korrekturskalen bzw. *motivation distorsion scales*, welche eine solche Korrektur zulassen. Auf Grund dieser Verfälschungsmöglichkeiten hat CATTELL für die Messung von Persönlichkeits- bzw. Motivdimensionen →objektive Tests entwickelt. [L] CATTELL 1950 *H. Häcker*

Ressentiment [frz. *ressentiment* heimlicher Groll, *resentir* lebhaft empfinden], wörtlich das Wiedererleben eines Gefühls, insbes. eines schmerzlichen und dabei sich verstärkenden Nachgefühls. Auch Abneigung, Vorurteil, Unterlegenheit, Neid. Vor allem NIETZSCHE führte den Begr. in den allg. Sprachgebrauch ein.

R

Ressource [lat. *resurgere* wiedererstehen, frz. *ressource*, engl. *resource*, meist im Plural], Hilfsquelle, Rückgriff auf Produktionsmittel wie Rohstoffe und Energieträger, aber auch Geld, Finanzen. Rohstoff- und Energiekonsum bzw. -einsparung sind Themen der →Wirtschaftspsychologie (BERGIUS 1976). →soziales Dilemma. [L] JOEGES 1980, PECCEI 1979

Ressourcenorientierung, u. a. →anagogische Methode

Ressourcen-Theorie →Aufteilungsgerechtigkeit

REST, Abk. für *restricted environmental stimulation,* beschränkte Anregung durch die Umgebung. Bei verschiedenen Verhaltensstörungen als ps. Behandlung eingesetzt. Bereits nach 24 Stunden REST, meist gekoppelt mit Selbstinstruktionen, die vom Therapeuten eingespielt werden, treten langanhaltende Reduktionen von Rauchen, Freßsucht, Phobien, manchen kindlichen Verhaltensstörungen und psychiatrischen Störungen auf →Deprivation (sensorische). [L] SUEDFELD 1980

N. Birbaumer

Restitution, Wiederherstellung, z. B. Abheilung intellektueller Schäden bei Hirnverletzten, Psychosen usw. Als Verfahren zur R. früherer Funktionsleistungen sind besondere Restitutions-Übungen entwickelt worden. →Rehabilitation

Restorff-Effekt, in einen Lernstoff eingefügte, andersartige Elemente werden besser gelernt als der umgebende, in sich homogene Lernstoff. →retroaktive Hemmung

Restorff, Hedwig v. (verh. TRENDELENBURG) (1906–1962), Schülerin von W. KÖHLER, Psychologin, Ärztin / Berlin, Freiburg

Restriktion [lat. *restringere* zurückbinden], Einschränkung, z. B. eines Urteils. • In der Ps. bisweilen Bez. für Abwendung, Flucht vor der Umwelt wie vor der Innenwelt (i. Ggs. zur Aggression).

restringierter Code →Soziolinguistik

Restvarianz, als R. wird jener Teil der Gesamtvarianz von Daten bezeichnet, der nicht auf systematische, experimentelle Variation zurückzuführen ist. Die R. stellt bei der Berechnung der →Varianzanalyse die Prüfgröße dar, mit der die «Varianz zwischen» verglichen wird, wenn keine direkte Schätzung der Fehlervarianz («Varianz innerhalb») möglich ist.

G. Mikula

Resultante, die Vektorsumme gerichteter physikalischer Größen. In allg. Bedeutung: die sich aus dem Zusammenwirken mehrerer Bedingungen ergebende Folgeerscheinung, z. B. der sich aus mehreren ps. Vorgängen ergebende neue Zusammenhang (WUNDTS Prinzip der schöpferischen Resultanten).

RET, Abk. für *rational-emotive therapy* →Rational-emotive Therapie

Retardation, Retardierung, Zurückhaltung, Verlangsamung. • In der Ps. Bez. für Entwicklungsverzögerung (z. B. Verlangsamung der Intelligenzentfaltung relativ zur Altersnorm). • (biol.) Das Zurückbleiben in stammesgeschichtlicher, auch individualgenetischer Hinsicht (z. B. beim Vergleich von Mensch und Tier die lange Kleinkindphase). • Retardationstheorie, syn. Fetalisationstheorie, die von dem niederländ. Anatomen L. BOLK u. a. vertretene Annahme, daß beim Menschen die körperl. Reifung zugunsten der Hirnentwicklung verzögert abläuft. Ggs. →Akzeleration

Retention [lat.], Zurückhaltung, Behalten. Nach KRETSCHMER Zurückhalten nicht verarbeiteter Erlebnisse. • Nach SCHULTZ-HENCKE die durch mangelnde Äußerungs- und Hingabefähigkeit gekennzeichnete Persönlichkeitsvariable.

retentive Hemmung, nach SCHULTZ-HENCKE (1947) wie die →kaptative Hemmung eine Hemmung des Besitzstrebens. Der Begriff «retentiv» beinhaltet das Gleiche wie der Begriff «anal» bei FREUD, ist jedoch unabhängig von der FREUDschen Theorie zu verstehen. Die r.H. äußert sich in einer Einschränkung der Strebungen des Behalten-Wollens.

E. Klippstein

Retest-Methode, zur Bestimmung der Zuverlässigkeit eines Tests wird er nach einem bestimmten Zeitraum wiederholt und die Korrelation mit den Ergebnissen der ersten Untersuchung ermittelt. →Reliabilität

retikuläres System →formatio reticularis

Retina [lat. *rete* Netz], die Netzhaut, →Auge

retinal fixierte Bilder, stabilisiertes Netzhautbild, von PRITCHARD entwickelte Technik, bei der mittels einer Kopplung von Projektoren und Kontaktlinsen sichergestellt wird, daß trotz Sakkaden und sonstigen Blickbewegungen ein Bild stets auf den gleichen Bereich der Retina projiziert wird. Nach spätestens 60–90 sec. werden Teile des Bildes nicht mehr wahrgenommen, am Ende das gesamte Bild. Dies geschieht jedoch nicht zufällig, sondern in sinnvollen Teilen und in Abhängigkeit von der Aufmerksamkeit. D. A. NORMAN hat gezeigt, daß ein vergleichbarer Vorgang auch bei nicht r.f.B. auftritt, wenn die Konturen unscharf sind. Diese Ergebnisse werden als Beleg für *«chunking»* im Prozeß der visuellen Wahrnehmung interpretiert.

A. Zimmer

Retinex-Theorie, von LAND aufgestellte Theorie der Farbwahrnehmung unter natürlichen Bedingungen, d. h. bei wechselnden Beleuchtungen. Die dabei auftretenden Phänomene von Helligkeits- und Farbkonstanz sind für LAND keine erklärungsbedürftigen Sonderfälle der Farbwahrnehmung, sondern der Regelfall für das gekoppelte *Retin*a-Cort*ex*-System (daher Retinex), in dem die relative Reflektanz von Objekten unabhängig von der Strahlungsenergie bewertet wird. Die Pigmente der Retina werden als sensitiv für lange, mittlere und kurze Wellen angenommen, die dementsprechend auch die Achsen der Retinex (→Farbraum) darstellen. Aus diesem Code von der retinalen Reizverteilung wird im Cortex die wahrgenommene Helligkeit bzw. Farbe konstruiert. Technisch kann dieser Konstruktionsprozeß durch die Berechnung des Verhältnisses der Integrale des Produkts von Zäpfchen-Absorption, Reflektanz und Beleuchtung für angrenzende Flächen simuliert werden. **[L]** LAND 1977 *A. Zimmer*

retrieval [engl.] →Abruf

retro... [lat.] in Wtvb. rückwärts, nach hinten **[E]**

retroaktive (rückwirkende), proaktive (vorwirkende) Hemmung [lat. *retro* rückwärts], wird eine Serie sinnloser Silben gelernt und anschließend eine zweite Serie irgendwelchen Materials, so kann die zweite Serie auf die Erinnerung der vorher gelernten einen ungünstigen Einfluß ausüben (r.H.). Entsprechend kann untersucht werden, ob vorher gelerntes Material auf die Wiedererinnerung des später Gelernten ungünstig wirkt (p.H.). Das Phänomen der r.H. wurde zuerst von G. E. MÜLLER und PILZECKER (1900) untersucht und als Folge der Stärke der Prozesse im Gedächtnis interpretiert. Eine andere Deutung der r.H. lieferte v. RESTORFF (1933), wonach diese durch Bereichsbildung im →Spurenfeld zustandekommt. Solche Bereiche organisieren sich nach →Ähnlichkeit der Spuren. Enthalten zwei gelernte Serien viele ähnliche Elemente, schließen sich die Spuren solcher ähnlicher Elemente aus beiden Serien zusammen, wodurch die Erinnerungshemmung verursacht werden soll.

• Das Phänomen der r.H. und p.H. kann auch im Sinne eines negativen Übertragungseffektes (→transfer) angesehen werden, vgl. DÜKER 1967. →Hemmung, →Interferenz

retroaktive Suggestion, Suggestion, die veranlaßt, Erinnerungsbilder und frühere Bewußtseinsinhalte zu aktivieren.

retrograd [lat. *gradi* schreiten, gehen], rückläufig, zurückgehend. Ggs. →anterograd

retrograde Amnesie, zurückgreifender Erinnerungsausfall, nach Unfällen auftretender, immer weiter in die Vergangenheit fortschreitender Erinnerungsverlust, der sich wieder (in umgekehrter Folge) beheben kann. Auch ein Erinnerungsausfall, der sich auf eine Zeit erstreckt, in der Auffassung und Merkfähigkeit noch normal waren, und der sich nicht weiter ausbreitet. →Amnesie

Reuptake [engl.], Wiederaufnahme eines in den synaptischen Spalt ausgeschütteten →Neurotransmitters in den präsynaptischen Teil der Synapse. Chemische Stoffe können diese fördern oder hemmen. **[L]** FELDMAN et al. 1997 *W. Janke*

Reversibilität [lat. *revertere* umkehren, zurückkehren], Umkehrbarkeit. Eine math. Operation kann z. B. durch ihre Umkehrung rückgängig gemacht werden ($A + A' = B; B - A' = A$). In der Theorie der →kognitiven Entwicklung von PIAGET ist R. ein wichtiges Charakteristikum des Denkens des Kindes ab dem konkret-operationalen Stadium.

Reversion, Umschlag, bezogen auf R.figuren, die bei Betrachtung «bedeutungsgemäß» umschlagen. Beispiele: →NECKERscher Würfel, →SCHRÖDERsche Treppe, →RUBINscher Becher, →WUNDTscher Serviettenring. Auch Vexier- bzw. Kippfiguren genannt. Die R. spielt in der Ps. beim →Figur-Grundverhältnis und damit auch in der →Gestaltpsychologie eine besondere Rolle. →geometrisch-optische Täuschungen. →SCHAEFER-MURPHY-Effekt. • Psa. ist R. (nicht syn. mit →«Verkehrung ins Gegenteil») ein →Abwehrmechanismus des Ich. Die Rückwendung eines aus dem Es stammenden und ursprünglich gegen ein äußeres Objekt gerichteten Triebimpulses gegen die eigene Person. Die R. ist die Folge eines den Triebimpuls betreffenden Verbotes des Über-Ich und hat als Ziel die Bestrafung des Ich. Dabei kann die R. auch als Abwehr des Triebimpulses mittels →Verschiebung, d. h. durch →Substitution des äußeren Objektes durch das Ich interpretiert werden. Die R. des Sexualtriebs ist gleichbedeutend mit dem sekundären →Narzißmus, während die R. des Aggressionstriebes zum →Masochismus führt.

Revierverhalten, syn. →Territorialverhalten

Revisions-Test [T] GIESE, MARSCHNER, STENDER

reward [engl.] →Belohnung

Rezeption, Empfangen, Aufnehmen, Übernahme, im engeren Sinn svw. Reizaufnahme, Wahrnehmung

rezeptive Felder, der sensorische Bereich aller jener Punkte (z. B. der Retina oder der Körperperipherie), von denen aus ein nachgeschaltetes sensorisches Neuron durch spezifische Reize beeinflußt werden kann, wird als r.F. dieses Neurons bezeichnet. Rezeptive Felder, z. B. der Retina, der Haut oder der Basilarmembran, sind dadurch charakterisiert, daß ihre Rezeptoren zumeist über Zwischenneurone alle gemeinsam auf ein ganz bestimmtes zugehöriges Neuron verschaltet sind (r.F. eines Neurons), wie dies zuerst von KUFFLER (1950) beim Auge entdeckt, und später von HUBEL und WIESEL ausgearbeitet wurde. Hierbei zeigte sich, daß r.F. eine Unterstruktur aufweisen, die darin besteht, daß Teile dieser Felder, zumeist ringförmige Peripherie außen und zentraler Bereich innen, unterschiedliche (in der Regel entgegengesetzte) Reaktionen am zugehörigen Neuron auslösen, d. h. erregen bzw. hemmen. Z. B. erfolgt auf eine Reizung im Zentrum eines Feldes eine gesteigerte Impulsrate (on-Antwort), die nach dem Reiz zur Ruhefrequenz zurückkehrt, dagegen erfolgt auf eine Reizung im Randfeld (Peripherie) eine Reduktion (Hemmung) der Impulsrate (off-Antwort). Ein solches r.F. wird als «An-Zentrum»-Feld (on-Zentrum-Feld) bezeichnet und das zugehörige Neuron als on-Zentrum-Neuron. Ebenso häufig kommen umgekehrt organisierte «Aus-Zentrum»-Felder (off-Zentrum-Felder) vor, mit einem zugehörigen off-Zentrum-Neuron (s. Abb.).

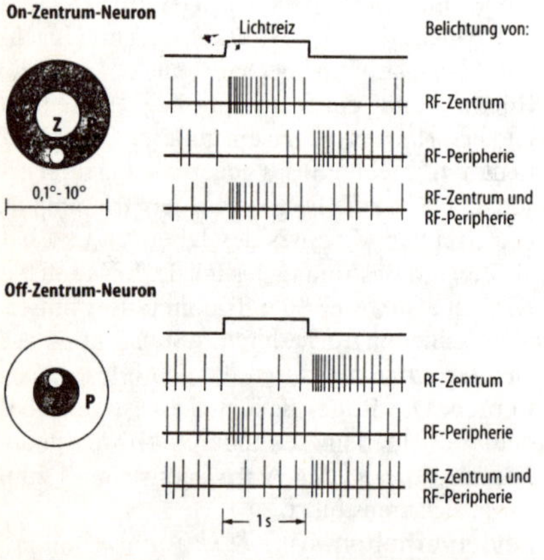

Funktionelle Organisation rezeptiver Felder der Ganglienzellen der Säugetiernetzhaut

Die Größe der r.F. reicht von sehr kleinen r.F., z. B. bei den Neuronen des visuellen Cortex mit nur 0,02 mm Netzhautoberfläche bis zu Neuronen mit sehr großen r.F., etwa der Körperoberfläche eines ganzen Armes. Die Größe eines r.F. kann aber auch durch zentral gesteuerte Hemmungsmechanismen verkleinert werden, oder die relative Größe von Zentrum und Peripherie kann, zentral gesteuert, verschieden eingestellt werden. Z. B. werden bei der Dunkeladaptation des Auges die on-Zentren der r.F. der Retina-Ganglienzellen relativ zur off-Peripherie vergrößert. Die Ausbildung und Eigenschaften cortikaler rezeptiver Felder lassen sich zumindest während der frühen Entwicklung durch visuelle Erfahrung beeinflussen. Felder verschiedener nachgeschalteter Neurone überlappen sich, d. h. einzelne Rezeptorzellen (z. B. der Retina) können gleichzeitig zum jeweiligen r.F. verschiedener Neurone gehören. Funktionell lassen sich die r.F. auch als Filter oder Detektoren beschreiben, die je nach ihrer Organisation selektiv Einzelantworten auf bestimmte Reize ausfiltern. So gibt es in dem visuellen Cortex Neurone mit unterschiedlich gestalteten r.F.: längliche, balkenförmige mit jeweils verschiedener Raumorientierung, andere, die zusätzlich nur auf Bewegung reagieren, wieder andere haben versetzte binokulare Felder, so daß sie maximal bei bestimmter Querdisparation reagieren (Tiefensehen).

Die nach dem Prinzip der →lateralen Inhibition verschalteten Felder führen in ihrer Wirkung z. B. zu einer Hervorhebung der Kontrastwirkung (→Kontrast) von Grenzen zwischen dunklen und hellen Feldern sowie zur Verschärfung des räumlichen Unterscheidungsvermögens oder der Erkennung räumlich ausgerichteter linearer Muster (Mustererkennung). **[L]** HUBEL 1962, 1971, 1989, BEKKER-CARUS 1981, LINDSAY u. a. 1981, BIRBAUMER & SCHMIDT 1996 *C. Becker-Carus*

Rezeptor (I) [lat. *recipere* zurücknehmen, bekommen], Empfänger, Empfangsorgan, vielfach gleichbedeutend mit Sinnesorgan; während →«Sinne» auch als Aufnahmeorgane entsprechend den subjektiv erlebbaren Sinnesqualitäten verstanden wurden, bezeichnet Rezeptor (1) in der →Sinnesphysiologie reizaufnehmende und verarbeitende (codierende) Strukturen, deren Aktivität u. U. nicht unbedingt perzeptive Erlebnisse hervorrufen muß, wie z. B. die verschiedenen Chemorezeptoren im Hypothalamus oder Pressorezeptoren zur Steuerung des Blutdrucks. R. sind demnach durch ihre biologisch kybernetische Funktion als Informationswandler gekennzeichnet. Die einzelne R.zelle, auf ein enges Reizspektrum spezialisiert, erzeugt bei Reizung ein elektrisches «Generatorpotential» (= Rezeptorpotential), das mit ansteigender Reizung zunimmt, und beim Überschreiten einer jeweils bestimmten Depolarisationsgrenze (beim auf Druck reagierenden PACINIschen Körperchen 10 mV) wird im fortleitenden sensiblen Nerven ein Aktionspotential erzeugt bzw. bei stetiger Reizung rezeptive Aktionspotentiale. Bei konstanter Dauerreizung kommt es zur Abnahme der Aktionspotential-Frequenz (→Adaptation). – Bei unterschiedlicher Einteilung werden unterschieden: Telerezeptoren (für entfernte Vorgänge), Exterozeptoren (für unmittelbare äußere Umgebung), Interozeptoren (für inneres Milieu), Viszerozeptoren (spezieller für den inneren Organbereich), Propriozeptoren (für jeweilige Körperlage im Raum, Muskel- und Sehnenspannungen), Chemorezeptoren (für Änderungen des chemischen Milieus), Nocirezeptoren (Schmerzrezeptoren), Osmozeptoren (osmotischer Druck in Körperflüssigkeiten).

(2) In der Molukularbiologie werden heute darunter Molekülkomplexe in Zellmembranen verstanden, die mit anderen Molekülen (z. B. Hormonen) spezifisch reagieren. Auch in dieser Weise wird der Begriff Rezeptor heute zunehmend in Lehrbücher der physiologischen Psychologie und Psychologie übernommen. Aber auch in der Sinnesphysiologie gibt es heute unterschiedliche Bedeutungen. So verstehen Anatomen unter einem Rezeptor eine morphologisch charakterisierbare Sinneszelle, während Sinnesphysiologen als Rezeptor einen Membranabschnitt einer Sinneszelle oder einer rezeptiven Nervenendigung ansehen, der darauf spezialisiert ist, Reize aufzunehmen. Neuerdings wird versucht, diesen «sinnesphysiologischen Rezeptor» als «Sensor» zu bezeichnen (z. B. SCHMIDT & THEWS 1995). [L] GANONG 1979, KEIDEL 1971, MÖRIKKE et al. 1989, SCHMIDT & THEWS 1995, BIRBAUMER & SCHMIDT 1996 *C. Becker-Carus*

Rezeptor (II), spezifische Struktur in der Zellmembran, an der sich ein körpereigener oder zugeführter Stoff bindet, was mit einer bestimmten Änderung verbunden ist, etwa Öffnung eines Ionenkanals oder Aktivierung eines →*second messenger*. Chemische Stoffe können diese Bindung fördern oder hemmen. Für das Verständnis der Wirkung chem. Stoffe haben →Autorezeptoren eine große Bedeutung. R. können wie Eigenschaften zeitlich konstant oder labil sein und mit ps. und som. Zuständen variieren. Bedeutungsvoll sind krankheitsbezogene und pharmakonbezogene Variationen. Sie können vermehrt oder vermindert sein, was sich durch chemische und physiologische Methoden nachweisen läßt. Bei chron. Medikation kann die Anzahl und/oder die Sensitivität der Rezeptoren zunehmen (sog. «Heraufregulierung», engl. *up regulation*) oder abnehmen (sog. «Herunterregulierung», engl. *down-regulation*) [L] BRADFORD 1995, FELDMAN et al. 1997, FRITZE 1989 *W. Janke*

Rezeptorenblocker, Stoffe, die die Wirkung von →Transmittern an den prä- oder postsynaptischen Rezeptoren hemmen. Eine besondere Bedeutung haben adrenerge R., die in α- und β_1- sowie β_2-Blocker differenziert werden können. In der Therapie wichtig sind die β-Rezeptorenblocker, die u. a. bei kardiovaskulären Störungen sowie Angst eingesetzt werden. [L] FELDMAN et al. 1997 *W. Janke*

Rezessivität, rezessiv [lat. *recedere* zurücktreten], zurückschlagend, gedeckt, überdeckt. R. nennt die Vererbungslehre eine Eigenschaft, die wohl erbgutmäßig noch vorhanden ist, aber nicht beim individuellen Träger in Erscheinung tritt. Nur bei der Vereinigung von zwei gleichen r. Anlagen gelangt diese zur Auswirkung oder dann, wenn die r. Anlage im männlichen →Geschlechtschromosom liegt und (deswegen) keinen dominanten Partner hat.

Rezidiv, Rückfall. Eine Störung, die verschwunden war (z. B. durch Therapie), tritt wieder auf. Erklärungsversuch für das Zustandekommen: Interaktionsprozesse zwischen unbehandelter und behandelter →Verhaltensebene. [L] BIRBAUMER 1979

Rezipienten-Variablen, die in der exp. Forschung zum →Altruismus am Empfänger (einer Hilfe oder Wohltat) isolierte Variable, z. B. Attraktivität, Unselbständigkeit, «Wir-» bzw. «Außen-»Gruppen-Zugehörigkeit, Einheiten der sozialen Reziprozität, tatsächliche oder attribuierte Macht u. ä.

reziprok [lat. *reciprocare* hin und her bewegen, auf gleicher Bahn zurückbringen], wechselseitig sich bedingend

reziproke Hemmung →Hemmung

r_G-s_g, Symbol für die antizipierte Ziel-Teilresponse mit ihrer sensorischen Komponente, die nach HULL komplizierte Ketten von zweckvollen Handlungen erklären soll.

Rhathymia [gr. Leichtsinn, Sorglosigkeit], Bez. für eine GUILFORDsche Persönlichkeitsdimension, die hoch mit der EYSENCKschen Dimension Extravertiertheit korreliert. [T] GUILFORD

Rheinhauser Gruppentest [T] SCHREIBER

Rheobase [gr. *rheos* das Fließen, Strom], das elektr. Potential, das gerade noch eine Reaktion an Nerven oder Muskeln hervorruft. R. ist gleichbedeutend mit galvanischer Reizschwelle. →Chronaxie

Rheotaxis [gr. *rheos* das Fließen, *taxis* Anordnung], (biol.) freie Ortsbewegung, die durch einen Strömungsreiz ausgelöst wird. Fische z. B. bewegen sich immer gegen den Wasserstrom. →Taxis, →Tropismus

Rheotropismus, (biol.) Wachstumsbewegung, die durch einen Strömungsreiz ausgelöst wird. →Taxis, →Tropismus

Rhine, Joseph Banks (1896–1980), Begründer der experimentellen Parapsychologie, der bereits im Jahre 1927 an der Duke-University seine Untersuchungen zur extrasensorischen Wahrnehmung (ESP) durchführte.

Rhinencephalon [auch -enzephalon, -enkephalon], Riechhirn. Phylogenetisch der älteste Teil (Allocortex) des Endhirns (Telencephalon). →Gehirn

Rhinophonie, Rhinolalie →Näseln

Rhodopsin →Farbensehen, →Sehpurpur

Rhombencephalon [auch -enzephalon, -enkephalon], Rautenhirn →Gehirn

Rhythmus, (bei ARISTOTELES die stoffliche, bei ARISTOXENOS die zeitliche Ordnung), ist der Pulsschlag innerhalb eines metrischen Gerüstes und bildet die →Agogik des vorgegebenen Metrums. Zahlreiche Theorien seit der Antike. Beeinflussung biorhythmischer Vorgänge durch Rituale bei Naturvölkern. Heute: Verwendung von Rhythmus bei psychomotorischen und anderen Störungen im Sinne schöpferischer Entfaltung (Musik, Atmung, Bewegung, Gymnastik u. a.). →Takt, →Biorhythmus.

RI, Abk. für *retroactive inhibition,* →retroaktive Hemmung

Ribonukleinsäure, Abk. RNS, engl. RNA, Bestandteil der Zelle, von Bedeutung für die Realisierung der genetischen Information (Anordnung der Aminosäuren bei der Synthese von Proteinen). Die Annahme der Psychologie, in der RNS ein Substrat für Gedächtnis zu haben, hat sich nicht bestätigt, auch wenn sie indirekt an der Gedächtnisbildung beteiligt sein dürfte. [L] LÖFFLER & PETRIDES 1997 *W. Janke*

Ribotsches Gesetz, Regel über den Abbau des Gedächtnisses bei Hirnschädigung und im Alter. In umgekehrter Reihenfolge wie beim Aufbau werden zuerst die jüngsten Erinnerungen, die Affekte, das Komplexe und das Ungewohnte, zuletzt dagegen die ältesten Erinnerungen, die eingewurzelten Gewohnheiten, das Einfache und das Gewohnte gelöscht.

Ribot, Theodule Armand (1839–1916), franz. Philosoph und Psychologe

Richtungsdisposition, da in jeder →Disposition Potenz und Tendenz zugleich enthalten sind, unterschied STERN (1935) die Richtungsdisposition von der Rüstungsdisposition. So ist die Intelligenz Rüstungsdisposition, da es auf die instrumentale Bedeutung ankommt. Interessen sind dagegen Richtungsdispositionen entsprechend dem Tendieren auf ein bestimmtes Ziel. Die sog. «praktische Intelligenz» ist gleichfalls Richtungsdisposition.

Richtungshören →räumliches Hören

Richtungshören, gestörtes, gestörte Schall-Lokalisation, die Unfähigkeit, bei binauralem Hören den Standort einer Schallquelle herauszufinden, ist wesentlicher Bestandteil einer zentralen Hörstörung. →akustische Agnosie. [L] ARNOLD 1970

Richtungslinie, Richtungsstrahl, Linie von einem Punkt auf einem →distalen Objekt durch den →Knotenpunkt des Auges; ihr Schnittpunkt mit der Netzhaut ist die Position des Bildpunktes (→Netzhautbild). Die Richtungslinie, die in der *fovea centralis* (→Auge) auf die Netzhaut trifft, heißt auch Blicklinie; der zugehörige Punkt auf dem distalen Objekt ist der Blickpunkt. Der Knotenpunkt des Auges ist nicht ohne weiteres zu bestimmen; statt seiner wird auch die Mitte der →Pupille verwendet. Für die meisten praktischen Zwecke ist der Unterschied vernachlässigbar; auch der Unterschied zu Linien durch den Drehpunkt (→Augenachsen) ist gering. Statt von Richtungslinien wird auch von Visierlinien oder Gesichtslinien gesprochen (engl. *visual line, visual axis, line of sight*). Die exakte Definition der Begriffe kann variieren. *H. Heuer*

Richtungsvorstellung, eine Vorstellung von etwas Gesuchtem, die dieses nur undeutlich, andeutungsweise oder abstrakt enthält, z. B. die undeutliche Ausgangsvorstellung beim Vorgang des Sichbesinnens auf einen Namen. →Tatonnement

Riechen →Geruch

Rigidität [lat. *rigidus* starr], Starrheit, Unbeweglichkeit, mangelnde Elastizität vor allem ps. Funktionen. Der Begr. belegt (besonders gegenüber der ähnlichen →Perseveration) das «Nicht-loskommen-Können» von Denk- und Handlungsweisen und Einstellungen. Ggs. →Flexibilität

Auch ist R. nicht bloß eine allg. Eigenart, sondern tritt ebenso in Teil-Bezügen hervor, z. B. als motorische, affektive, kognitive R. LUCHINS & LUCHINS 1959 geben einen kritischen Überblick über Untersuchungen der versch. Bedeutungen von R., die in der Ps. eine Rolle gespielt haben. • Physiologisch ist R. Bez. für den gespannten Muskelzustand, für die Starrheit der Muskulatur (→Rigor). Eindeutige Beispiele in der Hypnose oder bei Schädigung von Nervenbahnen.

Rigidität, habituelle, nach CATTELL die Unfähigkeit, Verhaltensweisen, die von der Person einmal angenommen und gebahnt sind, umzustrukturieren *(disposition rigidity)*. Zu unterscheiden von der aus einer Trägheit der ps. Prozesse resultierenden Unfähigkeit der raschen Umstellung. Habituelle Rigidität ist wesentlich am Entstehen psychischer Störungen beteiligt, indem sie eine Anpassung an veränderte Voraussetzungen beim Menschen selber und in seiner Umgebung verhindert. Psychotherapien dienen u. a. zum Überwinden von Rigidität, andererseits werden sie durch diese oft erschwert (→Persönlichkeitsstörungen)

Rigor, [lat. *rigor* Steifheit, Starre], erhöhte Ruhespannung der Muskulatur. Die Muskulatur setzt passiven Bewegungen einen zähen Widerstand entgegen. Dieser Widerstand ist gleichmäßig, vermindert sich jedoch im Schlaf und schwindet in der Narkose. Wenn →Tremor besteht, wird die Rigidität der Muskulatur ruckweise geändert, was sich bei der Prüfung der passiven Beweglichkeit als Zahnradphänomen auswirkt.

Rigorismus [lat. *rigor* Unbiegsamkeit], die starre, strenge, unnachgiebige Vertretung eines Standpunkts, z. B. ethischer R. bei KANT

Riluzol, Substanz, die eine neuroprotektive Wirkung haben soll. [**L**] SALETU et al. 1996

Rindenbezirk →Gehirn

Rindenblindheit →Agnosie, →Sehbahn

Ringsektorentäuschung, geometr.-opt. Täuschung. Gleich große Ausschnitte einer Ringfigur erscheinen nebeneinandergelegt versch. groß. →JASTROWsche Täuschung

Rinne, Heinrich Adolf (1819–1869), Physiologe, Psychiater / Göttingen, Hildesheim

Rinne-Versuch, dient zur Unterscheidung zwischen Mittelohr- und Innenohrschwerhörigkeit. Eine angeschlagene Stimmgabel wird auf den Kopf aufgesetzt und, sobald sie dort nicht mehr hörbar ist, vor das Ohr gehalten. Wird sie dort erneut gehört, ist die Schalleitung intakt, andernfalls gestört.

Risiko, das besondere Kennzeichen einer Situation, die durch mangelhafte Voraussehbarkeit des Kommenden mögliche Schäden, Verluste u. dgl. in Aussicht stellt. →Risikoverhalten

Risiko-Homöostase, ein Verkehrsteilnehmer läßt soviel an Gefahr zu, wie es seiner Persönlichkeit entspricht. Vergrößert sich das wahrgenommene Risiko, verhält sich der Verkehrsteilnehmer vorsichtiger – und umgekehrt. Dieser von Gerald J. S. WILDE vorgestellte Vorgang der Kompensation führt dazu, daß technisch und rechtlich geschaffene neue Sicherheitsreserven – sofern sie vom Verkehrsteilnehmer wahrgenommen werden – bald durch riskanteres Verhalten verspielt werden. Andererseits werden Gefahren auch manchmal überkompensiert. Das subjektive und das objektive Risiko sollten einander entsprechen (KLEBELSBERG). Die Risikowahrnehmung kann durch Belohnungen und durch positive Erwartungen *(Incentives)* verbessert werden (WILDE). Das Konzept der R.-H. läßt sich auch auf andere Lebensbereiche übertragen. [**L**] KLEBELSBERG 1982, WILDE 1988, 1992 *W. Echterhoff*

Risikoschub-Effekt [engl. *risky shift-effect*], individuelle risikohafte Entscheidungen werden in und nach der Interaktion in der Gruppe verändert – meist in Richtung auf größere Risikobereitschaft oder Risikofreudigkeit. Das vor allem mit Fragebogen untersuchte Entscheidungsverhalten wird mit einer ganzen Serie von Konzepten und Modellen erklärt, wie z. B. der Führungs-Hypothese, der Risiko-Rhetorik-Hypothese, normativer und kultureller Standards, der Gewöhnungs- und Bekanntheits-Hypothese. Die meisten Erklärungen waren partieller Natur, die Entscheidungen mehr oder weniger beliebig bzw. konsequenzenlos für die Vpn., so daß in den letzten zehn Jahren kaum noch Publikationen zu diesem Themengebiet erschienen sind. [**L**] LAMM 1969, 1979, KOGAN & WALLACH 1967, SIX 1981, WITTE 1989 *B. Six*

Risikostudien/-forschung [engl. *high-risk-studies*], haben in der Klinischen Ps. zum Ziel, solche Individuen aus einer Population herauszufinden, die mit hoher Wahrscheinlichkeit gefährdet sind, im Verlaufe ihres weiteren

Lebens psychische Störungen auszubilden. Langfristiges Ziel der Risikoforschung ist es, über die Ermittlung von Risikofaktoren die Inzidenzrate psychopathologischer Erkrankungen zu verringern. Zu den Pionieren der Risikoforschung gehören KRAEPELIN und sein Mitarbeiter OEHRN (1889, 1896) und in neuerer Zeit GARMEZY (1971) sowie MEDNICK & SCHULSINGER (1979); letztere sind besonders durch Arbeiten über die Vorhersage eines erhöhten Schizophrenierisikos bekannt geworden. • Teil der angewandten Sozialps. sind Untersuchungen der Risikoakzeptanz in Verbindung mit Großtechnologien. RENN 1981, JUNGERMANN 1982 *P. F. Schlottke*

Risikoverhalten, (Rv.) bezeichnet Verhalten in Risikosituationen (Rs.) und bedeutet somit nicht riskantes Verhalten. Rs. können dadurch gekennzeichnet werden, daß (a) in einer bestimmten Ausgangslage verschiedene Handlungsalternativen mit ensprechenden Handlungszielen gewählt werden können und daß (b) das Nichterreichen des gewählten Handlungsziels zu einem Zustand führt, der subjektiv unerwünschter ist als die Ausgangslage. Risiko bedeutet dabei den wahrscheinlichen Anteil subjektiv negativ gewichteter Handlungsausgänge (bezogen auf die Ausgangslage) an allen möglichen Handlungsausgängen. Rv. als besonderer Fall von Entscheidungsverhalten in Ungewißheitssituationen wurde zunächst überwiegend von Ökonomen und Mathematikern im Rahmen der Entscheidungs- und Spieltheorie untersucht. Dabei ging es vor allem um die «optimale» Entscheidung, die nach dem Grundsatz des maximalen Nutzens ermittelt werden sollte (BERNOULLI 1738). Mit fortschreitender Entwicklung dieser Forschungsrichtung fanden subjektive Momente der Entscheidungskriterien zunehmende Beachtung, so etwa im Modell der maximalen subjektiven Nutzenerwartung (SEU = *subjectively expected utility,* SAVAGE 1954), bei dem nicht mehr eine überindividuelle, «objektive» Ereigniswahrscheinlichkeit im Vordergrund steht.

Entscheidungs- und spieltheoretische Analysen des Rv. erscheinen unter ps. Gesichtspunkt nicht genügend repräsentativ für ein Verhalten in Rs., da sie sich meist auf Situationen beschränken, in denen dem Entscheidenden die Ereigniswahrscheinlichkeiten bekannt sind (z. B. Glücksspiele und Wetten). Demgegenüber zeichnen sich folgende Schwerpunkte in der Entwicklung der ps. Erforschung des Rv. ab: (1) Untersuchungen des Rv. in Situationen mit Verlustmöglichkeiten, deren Wahrscheinlichkeiten dem Entscheidenden nicht oder nur teilweise bekannt sind und bei denen die Handlungsausgänge sowohl von außerindividuellen Verhaltensbedingungen als auch vom individuellen Verhalten abhängen. (2) Bevorzugte Verwendung stochastischer Entscheidungsmodelle, bei denen Sachverhalte wie Inkonsistenz (unterschiedliche Entscheidungen bei gleichem Entscheidenden, gleichen Handlungsalternativen und gleichen Entscheidungsbedingungen) und Intransitivität der Alternativbevorzugung (A wird B, B wird C, C wird A vorgezogen) mehr berücksichtigt werden als in deterministischen Entscheidungsmodellen, wo die Alternativenwahl durch den größten subjektiv erwarteten Nutzen bestimmt wird. (3) Stärkere Einbeziehung feldtheoretischer Interpretationsmöglichkeiten, aus denen sich (im Ggs. zum SEU-Modell) eine Wechselbeziehung zwischen subjektivem Nutzen und subjektiver Wahrscheinlichkeit ergibt (LEWIN et al. 1944, IRWIN 1953, VAN DER MEYER 1963). (4) Bevorzugung deskriptiver Zielsetzung (Beschreibung des Verhaltens in Rs.) gegenüber normativen Zielsetzungen (wie soll sich das Individuum in Rs. verhalten?) und damit Betonung persönlichkeits- bzw. differentiell-ps. (KOGAN & WALLACH 1964) und sozialps. Gesichtspunkte (z. B. das exp. und theoretisch noch umstrittene *risky-shift*-Phänomen, wonach Individuen in der Gruppe zu riskanteren Entscheidungen neigen sollen als allein; KOGAN & WALLACH 1967). (5) Untersuchung der Beziehungen zwischen Rv. und Leistungsmotivation (insbes. Anspruchsniveau), wobei von Wechselwirkungen zwischen Erfolgs- und Mißerfolgsmotivation, subjektiver Erfolgswahrscheinlichkeit und Aufgabenanreiz (ATKINSON 1957, vgl. SCHNEIDER 1973) ausgegangen wird. (6) Betonung des zeitlichen Verlaufs des Rv. als Konfliktverhalten bei gegensätzlichen Leistungs- und Sicherheitstendenzen, die bis zum Entscheidungszeitpunkt beide maximiert und erst dann gewählt werden (KLEBELSBERG 1969) und/oder als informationsverarbeitendes Verhalten in Form sequentiellen Vergleichens von vier Risikodimensionen (Gewinn- und Verlustwahrscheinlichkeit, Gewinn- und Verlusthöhe; PAYNE 1973).

Zugrunde gelegte Risikobegriffe, gewählte Rs. und Untersuchungsmethoden sind möglicherweise Ursachen für die sehr unterschiedlichen Ergebnisse in der bisherigen ps. Forschung und für das Fehlen einer einheitlichen Theorie des Rv. Die vorläufigen Ergebnisse weisen auf eine überwiegend situative und weniger individuelle Bedingtheit unterschiedlichen Rv. hin. **[L]** SCHWENKMEZGER 1977 *D. Klebelsberg*

Risikowahl-Modell, ein «Erwartung mal Wert-Modell» von ATKINSON (1957), das Voraussagen bei Risikowahlen macht und sich für Leistungshandeln als fruchtbar erwies. →Entscheidungstheorie, →Leistungsmotivation **[L]** HECKHAUSEN 1980

risky shift [engl.] →Risikoverhalten

risky shift-effect →Risikoschub-Effekt

Risperdal® →Risperidon

Risperidon, WZ Risperdal®, Psychopharmakon aus der Klasse der →Neuroleptika, speziell der Benzisoxazole. Atypisches Neuroleptikum mit kombiniertem D_2-/5-HT-Antagonismus. Zusätzlich bindet Risperidon an H_1- und α_1-Rezeptoren, allerdings ohne anticholinerge Wirkungen. R. hat eine mehr als 20mal höhere Affinität zu 5-HT_2-Rezeptoren als zu D_2-Rezeptoren. Die verschiedenen Angriffsorte, verbunden mit den Interaktionen zwischen Serotonin- und Dopaminsystem, sind vermutlich für die klinischen Wirkungen, antipsychotische Wirkungen ohne extrapyramidale Symptome verantwortlich. *W. Janke/M. Reuter*

Ritalin →Methylphenidat

Ritanserin, Psychopharmakon aus der Klasse der Serotonin-Antagonisten. Wirkt auf 5-HT_2A/C-Rezeptoren. Nach ps. Untersuchungen desaktivierende Effekte. Klinisch erprobt bei Alkoholentzug. **[L]** RAMMSAYER 1994, WESEMANN & WEINER 1993 *W. Janke*

Ritual, Ritualisierung [lat. *ritus* Sitte, Brauch], allg. feierlicher Brauch mit relig. oder gesellschaftl. Bedeutung, z. B. Initiationsriten bei Naturvölkern. • Jedes stereotype Verhalten, das nicht situationsangepaßt zu sein braucht und weitgehend sinnentleert sein kann, aber eine Funktion zu erfüllen scheint, z. B. ritualisiertes Handeln bei Gefahr, bei Entspannung, bei Danksagung. • Erstarrte Verhaltensabfolge, deren Einhaltung verpflichtend ist, z. B. das Abendlied bei Kleinkindern; zwanghaftes Verhalten bei Neurosen, z. B. Waschzwang. *H. Ries*

Ritualisierung, (biol.) Formalisierung von Instinkthandlungen, Veränderung eines Verhaltensmusters zum →Signal. Im →Kommentkampf z. B. werden agonistische Verhaltensweisen, die den Gegner beschädigen oder töten können, zu reinen Drohgebärden ritualisiert. *V. Preuss*

Rivotril® →Clonazepam

RMS-Fehler [engl. *root mean squared error, root mean square error*], Genauigkeitsmaß beim →Tracking und anderen Bewegungsleistungen; positive Quadratwurzel aus Durchschnitt (oder Summe) der quadrierten Fehler zu einzelnen Zeitpunkten.

RNS [engl. RNA] →Ribonucleinsäure

RNS-Theorie des Gedächtnisses, besagt, daß die Bildung von →Engrammen durch die Änderung der Abfolge der Sprossenknoten (oder Basen) der Ribonucleinsäure bewirkt sei. **[L]** HYDEN 1968

Robinson-Alter →Entwicklungsphasen

Robinson, Edward Stevens (1893–1937), Psychologe / Yale Univ.

Robotik, Teilgebiet der →Künstlichen Intelligenz, das sich mit der Steuerung von Robotern beschäftigt.

Robustheit von Prüfverfahren, das Ausmaß, in dem statistische Prüfverfahren anfällig gegen eine Verletzung ihrer Voraussetzungen sind. Sie bezeichnet also den Grad, in dem die zu ziehenden Wahrscheinlichkeitsschlüsse durch Nichterfüllen der Voraussetzungen verfälscht werden. Z. B. ist die →Varianzanalyse ziemlich robust gegen Abweichungen von der Normalverteilung, etwas weniger gegen solche der Varianzhomogenität. *G. Mikula*

ROC, ROC-Kurve, Abk. für *Receive Operating Characteristic,* Empfänger-Verhaltens-Charakteristik, →Signaldetektions-Theorie

rod-and-frame test, Stab-Rahmen-Test, eines der Verfahren zur Bestimmung der →Feldabhängigkeit (WITKIN).

Rohwert [engl. *raw score*], Bez. für die Anzahl der Punkte oder der gelösten Einzelaufgaben, die bei einer Vp bei einem bestimmten Test festgestellt wurde. Dieser Wert ist insofern «roh» bzw. ungenügend, da er keinen Ausdruck der Leistung im Vergleich zu einem allgemeinen Maßstab darstellt und auch nicht erlaubt, Leistungen bei verschiedenen Tests zu vergleichen. Die R. müssen deswegen meist in →Standardwerte transformiert werden.

Rohypnol® →Flunitrazepam

Rolipram® →Flunitrazepam, →Antidepressiva

Rolle, (1) vom Begr. der dramat. R. des altgriechischen Schauspiels als ein durch Thema und Inhalt vorgeschriebenes Verhalten eines Akteurs abgeleitet, bedeutet R. in der →Sozialps. die Summe der von einem Individuum erwarteten Verhaltensweisen, auf die das Verhalten anderer Gruppenmitglieder abgestimmt ist. Eine R. ist zwar von ihren möglichen Trägern abhebbar, sobald diese aber eine

R. übernehmen, werden sie von Erwartungen hinsichtlich ihrer eigenen R., der Partnerrolle (den Partnerrollen) und der Art des Zusammenspiels zwischen den beiden (mehreren) R. geleitet (HOFSTÄTTER 1973). Der Begr. R. gewann um so mehr an Bedeutung, je mehr der Mensch als Person im Zusammenhang mit anderen in der Gruppe betrachtet wurde. Die R. erscheint dann als ein geordnetes Modell von Verhaltensweisen, relativ zu einer gewissen →Position des Individuums in einem interaktiven Gefüge; als ein Satz von Erwartungen (Rollenerwartungen) bezüglich des Inhabers der Position. (2) Der Mensch kann nicht vollständig in seine R. eingehen. Er ist mehr, als er in seiner R. darstellt. Die Gruppenzugehörigkeit des Menschen erzeugt eine stete R.differenzierung und läßt ebenso R.konflikte entstehen. In der sog. →«fixed role therapy» nach KELLY lernen Menschen, unvertraute Rollen auszuprobieren, um so ihr Repertoire zu erweitern.→Spiel, →Psychodrama, →rollentheoret. Persönlichkeitsauffassungen, →Rangordnung, soziale

rollende Straße, Bez. für Prüfstände zur Verkehrseignung, wobei auf einem über Rollen laufenden Band durch Bedienung eines Steuerrades einer aufgezeichneten Linie (Spur) zu folgen ist. Auch ist auf weitere Reize zu reagieren. Das erste Modell konstruierte **[T]** RUPP unter der Bez. Lenkprobe. →Reaktionssimulator

Rollendisposition, nach KRECH et al. (1962) eine primäre interpersonale (soziale) Verhaltenseigenschaft, wie z. B. Forschheit, Couragiertheit (Gegenpol: soziale Schüchternheit); Überlegenheit, Dominanz (Gegenpol: Unterwürfigkeit); Neigung zum Ergreifen sozialer Initiative (sozial passiv); Selbständigkeit, Unabhängigkeit (Unselbständigkeit) u. a.

Rollendivergenz, geringe Korrelation zwischen dem leistungsmäßigen Beitrag zur Erreichung von Gruppenzielen und der Beliebtheit bei den übrigen Gruppenmitgliedern (Tüchtigkeit vs. Beliebtheit) gibt es nicht nur für die →Führung.

Rollenkonflikte, R. können zw. Anforderungen verschiedener Rollen einer Person (sog. Interrollenkonflikt) o. innerhalb einer sozialen Rolle (Intrarollenkonflikt) entstehen und zu Nichterfüllung bzw. Verletzung der Rollenerwartung führen, die in der Regel Sanktionen unterliegt. Wesentlich ist die Unterscheidung zwischen formeller und informeller sozialer Rolle mit verschiedenen Graden der Verbindlichkeit von Erwartungen.

Rollenspiele →Psychodrama

rollentheoretische Persönlichkeitsauffassung, aus der Tatsache, daß ein Individuum im Laufe des Sozialisationsprozesses in verschiedene →Positionen und →Rollen hineinwächst, die seine Eigenart kennzeichnen, ergibt sich die Möglichkeit, Persönlichkeit als «Schnittpunkt» aller Positionen, die sie in einem sozialen Gefüge innehat, bzw. als System von internalisierten Rollen zu beschreiben. Ausgangspunkt der Definition von Persönlichkeit in diesem Sinne ist somit nicht das Individuum, sondern die Kultur, die Gesellschaft bzw. die Interaktion ihrer Mitglieder. Rolle als Einheit der Kultur ist dann die strukturierte Abfolge gelernter Handlungen, ausgeführt von einer Person in einer Interaktion (SARBIN).
CATTELL spricht im Rahmen seines Persönlichkeitssystems u. a. von *«roletraits»* als einer Klasse dynamischer Merkmale des Menschen. Er versteht darunter Merkmale, die mit der Rolle einhergehen, die Menschen in der Gesellschaft bzw. in ihrer sozialen Gruppe übernehmen. Der Mensch hat bereits (als Vater, Lehrer, Taubenzüchter ...), insofern er diese Rolle einnimmt, spezifische Merkmale, die sein Verhalten «determinieren». Dem Einwand, daß die Fassung von Persönlichkeit soziale Determinanten überbetone, damit mögliche interindividuelle Differenzen vernachlässige, begegnen Vertreter der R.theorie mit der Annahme einer individuell verschiedenen «Rollenselbstdeutung» oder mit der Definition von Persönlichkeit als «Handlungssystem», das aus der Interaktion von →Selbst und Rolle entsteht (SARBIN). *E. Roth*

Rollentheorie, seit SARBINS (1954) Handbuchartikel übliche Bez. für relativ heterogene Hypothesen über Inhalt und Funktion uneinheitlicher Rollenkonzepte. BIDDLE & THOMAS (1966) wiesen daher den Anspruch einer umfassenden Theorie zurück. HABERMAS (1973) und HAUG (1974) kritisieren die der R. immanenten Anpassungsvorgänge des Individuums an anscheinend invariant und übermächtig vorgegebene gesellschaftliche Verhältnisse sowie die schichtenspezifischen Verlaufsformen der →Sozialisation. Untersuchungen zur mehrfachen Gruppenzugehörigkeit und den damit verknüpften Konflikten sollten zu einer Eingrenzung der Aussagen, einer zunehmenden Vereinheitlichung der Begriffsbestimmung von →Rolle und evtl. zu mehreren R. mittlerer Reichweite führen. **[L]** SARBIN & ALLEN 1968, SECORD & BACKMANN 1974, SADER 1969 *H. Ries*

Rollenübernahme →Perspektivenübernahme

Rolle, semantische, der Begr. s.R. definiert die →semantische Relation zwischen einem Verbum und einer nominalen Ergänzung dieses Verbums. Diese Art Relation wird im Gegensatz zur →syntaktischen Relation (z. B. Subjekt-von) semantisch definiert (z. B. Agent-Aktion, Patient-Aktion usw.). So bezeichnet in dem Satz «Das Holz trocknet» «Holz«» die syntaktische Relation Subjekt und die s.R. Patient, weil «Holz» hier von dem Vorgang des «Trocknens» betroffen wird, weil es diesen Vorgang erleidet. Die s.R. werden auch Argumente genannt. Eine Zusammenstellung von s.R. haben FILLMORE (1968) und CHAFE (1970) versucht. Über den Einfluß dieses Konzeptes auf die Satzverarbeitung informiert ENGELKAMP (1974). *J. Engelkamp*

ROM, Abk. für *Read Only Memory,* Festwertspeicher des Computers. Es handelt sich um einen Speicher-Chip mit den vom Hersteller eingebrannten Daten bzw. Programmen, die nur gelesen werden können. →RAM.

romantischer Charakter →Typologie (Lebensgefühl)

Romberg, Moritz Heinrich (1795–1873), Neurologe / Berlin

Romberg-Versuch, R.-Test, Vergleich der Standsicherheit mit parallel dicht nebeneinander stehenden Füßen bei offenen bzw. geschlossenen Augen.

Rooming in [engl.], Begr. für die Unterbringung von Neugeborenem und Mutter im gleichen Raum im Anschluß an die Geburt. Der frühe ständige Kontakt ist von elementarer Bedeutung für eine vertrauensvolle Mutter-Kind-Beziehung (optimiert noch durch eine häufige Präsenz des Vaters). **[L]** RAUH 1978, PAPOUSEK 1979

Rorschach, Hermann (1884–1922), schweiz. Psychiater / Münsterlingen, Zürich, Moskau

Rorschach-Test →projektive Tests, **[T]** RORSCHACH

Rosanoff, Aaron Joshua (1878–1943), amerik. Psychiater / Hospitalarzt, Militärarzt / Univ. of Southern California (Los Angeles)

Rosenthal-Effekt, auch Pygmalion-Effekt. Theorie, wonach Erwartungen (einer Person gegenüber) tendenziell entsprechende Realisierungen bedingen; das heißt z. B., ein vom Lehrer für intelligent befundener Schüler wird gute Leistungen bringen, ein für unintelligent befundener schlechte. →self-fulfilling-prophecy (selbsterfüllende Prophezeiung).

Rosenthal, Robert H. (*1933), Psychologe (Sozialps., Kommunikation) / Harvard-Univ.

Rossolimo, Grigoriy Ivanovich (1860–1928), Neurologe, Pädiater / Moskau

Rossolimo-Profil →Profil

Rotation, die analytische oder graphische Transformation einer Faktormatrix zum Zweck einer inhaltlichen Interpretation der extrahierten Faktoren. Ein häufig verwendetes Rotationskriterium ist das der faktoriellen Einfachstruktur von THURSTONE (1947). Es fordert, daß die Faktoren derart rotiert werden, daß auf (oder nahe) ihnen möglichst viele Endpunkte der Merkmalsvektoren liegen. Bei graphischer (visueller) R. geschieht dies durch subjektive Beurteilung der Faktorenstruktur, bei analytischer R. durch die mathematische Definition von Maximum- oder Minimum-Optimalwerten. R.methoden lassen sich nach dem Winkel, den die Faktoren miteinander einschließen, in orthogonale und schiefwinklige R. unterteilen. →Faktorenanalyse *G. Mikula*

Rotationstachistoskop →Tachistoskop

Rotator, Umlaufgerät (GIESE) zur Feststellung der «Unfäller», die bei Handhabungen am Apparat in die umlaufenden Teile geraten und, als Schreckreiz, dabei einen elektrischen Schlag erhalten.

Ro-Test [T] RORSCHACH

Rot-Grün-Blindheit →Farbenblindheit

Roxiam® →Remoxiprid

R-p-Diagramm (Reiz-Prozent-Diagramm) →S-p-Diagramm

RPR, Abk. für Radiusperiostreflex

R-R-Gruppen, Rotations-Reflexions-Gruppen, zentrales Konzept in GARNERS informationstheoretischem Zugang zur Mustererkennung; danach bemißt sich die Redundanz eines Musters nach der Anzahl von Rotationen und Reflexionen, die das ursprüngliche Muster unverändert lassen (→Symmetrie). **[L]** GARNER 1974 *A. Zimmer*

R-S-Intervall, Response-Schock-Intervall

RSS, Reinforcement Survey Schedule **[T]** CATTELL et al.

RT, Abk. für *reaction time,* →Reaktionszeit

R-T, Rechtschreibungstests **[T]** JÄGER

R-Technik, in der R-T. der →Faktorenanalyse wird eine Interkorrelationsmatrix faktorisiert, deren Koeffizienten durch Korrelation von m Merkmalen über n Individuen berechnet wurden, wobei n>m. Sie stellt die allgemeinste Art der Korrelations- bzw. Faktorenanalysetechnik dar und ist zur →Q-Technik insofern reziprok, als ihre Faktormatrix der

Faktorenwertmatrix der Q-Technik entspricht. Die auf Grund einer R-T. extrahierten Faktoren werden als Merkmalsfaktoren interpretiert. →Kovariationsschema *G. Mikula*

Rubin, Edgar John (1886–1951), dän. Psychologe / Kopenhagen

Rubinscher Becher, die bekannte schwarzweiße Umspringfigur (1921), die je nach Beachtung des weißen Innenfeldes einen Becher (Pokal) oder der zwei schwarzen Außenfelder 2 Gesichter in Scherenschnittart (Profile) darstellt. →Reversion

Rubinstein, Sergej Leonidovich (1898–1960), Begründer der sowjetischen Bewußtseinspsychologie. R. begründete 1943 die materialistische sowjetische Psychologie.

Rückenmark [lat. *medulla spinalis*], der innerhalb des R.kanals der Wirbelsäule liegende, das verlängerte Mark fortsetzende Teil des ZNS. Das R. stellt einen walzenförmigen Strang aus grauer Substanz (innen) und einer diese mantelartig umhüllenden weißen Substanz dar, von dem die Spinalnerven ausgehen. R. entsteht aus einer Einsenkung des Ektoderms, aus der auf der ganzen Rückenseite des Embryos das Neuralrohr wird. Bis auf die Gehirnbläschen am vorderen Abschnitt wird das Neuralrohr später von Knochen, den Wirbeln der Wirbelsäule umgeben. Die Säule der grauen Substanz, die hauptsächlich aus Nervenzellen besteht, während die weiße Substanz vor allem die markhaltigen Fasern (Leitungsbahnen) enthält, erscheint auf dem Querschnitt schmetterlingsförmig. Sie gliedert sich jederseits in zwei durchlaufende Vorsprünge: Vorder- und Hinterhorn (bzw. Vorder- und Hintersäule). Durch sie wird die weiße Substanz in jeder Hälfte des Querschnitts in drei Stränge gegliedert: Hinterstrang (dorsal), Seitenstrang (zwischen Hinter- und Vorderhorn) und Vorderstrang (siehe Abb.) Jede durch eine hintere Wurzel (sensibler Neurit des Spinalnervs) eintretende Erregung kann auf gleicher Ebene auf die Vorderwurzel übertragen werden, von wo sie durch die afferenten Fasern auf die Muskeln wirkt (→Reflexbogen). Jedem Wirbel entspricht je ein Wurzelpaar, nämlich 8 Halswurzeln, 12 Brust- und 5 Kreuzbeinwurzeln. Demgegenüber verlaufen in der weißen Substanz die Nervenbahnen, die die Steuerimpulse vom Gehirn efferent auf die motorischen Nerven übertragen, das sind die im Vorder- und Seitenstrang gelegenen Pyramidenbahnen. Die in den Hintersträngen aufsteigenden afferenten Bahnen leiten die von den Empfindungsnerven aufgenommenen Eindrücke an

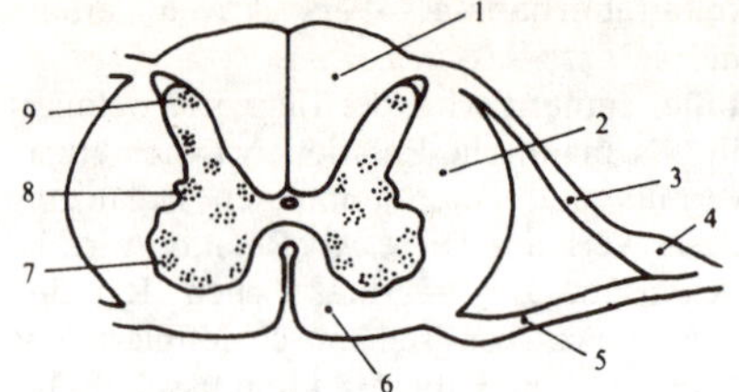

1 Hinterstrang
2 Seitenstrang
3 Hinterwurzel
4 Spinalganglion
5 Vorderwurzel
6 Vorderstrang
7 motorische Zellgruppen (Kerne) im Vorderhorn
8 vegetative Zellgruppen im Seitenhorn

Groß- und Kleinhirn. Ferner senden die peripheren Nerven an ihrem Beginn Verbindungsäste *(rami communicantes)* zum sympathischen (vegetativen) Nervensystem. Dadurch können Erregungen aus inneren Organen (z. B. den Eingeweiden) das Rückenmark und über die Vorderseitenstrangbahnen das Zwischenhirn erreichen. Wie das Gehirn ist auch das Rückenmark von drei Hüllen umgeben: weiche Rückenmarkhaut, Spinnwebenhaut (zwischen ihnen die Gehirn-Rückenmarksflüssigkeit) und harte Rückenmarkhaut, die an den Wirbeln anliegt. [**L**] SCHMIDT & THEWS 1990, MÖRICKE et al. 1989

C. Becker-Carus

Rückfallkriminalität →Kriminalprognose

Rückinformation, Erfahrung der Wirkung eines Verhaltens, die bei Vergleich mit der Erwartung als Erfolg, Mißerfolg, Hilfe (zur Verhaltensregulation) gewertet wird. →feedback, →Rückkoppelung

Rückkoppelung, die Rückmeldung (der Rückfluß) eines Effektsignals (Reaktion) auf das Regelkreissystem. →Regelkreis, →Biofeedback

Rückkreuzung, Kreuzung eines Bastards der ersten Generation mit einem Elternteil

Rückmeldung →feedback, →Rückkoppelung

Rückmutation, durch R. wird das mutierte Merkmal wieder zum ursprünglichen Merkmal

Rückschlaggesetz →Regressionsprinzip

Rückverlegungshypothese, (exzentrische Projektion), die introspektive Beobachtung, daß Sinneswahrnehmungen gewöhnlich außerhalb des Körpers an der Stelle lokalisiert werden, wo sich das Reizobjekt befindet. So wird das Blau gesehen, als befinde es sich am Himmel und nicht in der →Retina. (HELM-

HOLTZ nahm hierzu fälschlich/unnötig an, daß die Reize vom ZNS über die Nervenbahnen zurück in die Peripherie transportiert werden). Beim projizierten Schmerz wird subjektiv die Schmerzempfindung in das Versorgungsgebiet des gereizten Spinalnerven zurückverlegt. →Projektion

Rückwärtsplanung →Problemlösen

rückwirkende Hemmung →retroaktive Hemmung

Rudiment, rudimentär, rudimentäre Bewegungen, etwas nicht voll Ausgebildetes, z. B. ein auf früher Stufe der Stammesentwicklung stehengebliebenes Organ. Nur andeutungsweise vorhanden. Bei Bewegung, Mimik und Gebaren (d. h. in der →Ausdruckskunde) spricht man von Rudimentärformen, wenn eine Bewegung, die vormals voll ausgeprägt war, auf Andeutungen zurückgegangen oder auch über das Ansatzweise nicht hinausgekommen ist (z. B. Mundwinkel senken für Bitterkeit, Ablehnung).

Ruffinische Kolben, Wärmerezeptoren der Haut. →Hautsinne

Ruhepotential, unterschiedliche Ladung zwischen Innenseite (negativ) und Außenseite (positiv) der Nervenmembran im Ruhezustand des Nervs. Ggs. Aktionspotential, →Nerv

Ruhepuls, die – aufgrund der individuellen Leistungsfähigkeit – in Ruhe vorherrschende Pulsfrequenz. R. wird im Sitzen, Liegen oder Stehen gemessen →Puls

RULEG [aus engl. *rule* (Regel) und e. g. (Beispiel) Regel-Beispiel-Methode (Technik)], Bez. für ein Verfahren beim →programmierten Unterricht.

Rundfunk →Massenmedien

Rüstungsdisposition →Richtungsdisposition

R-z-Diagramm (Reiz-Wert-Diagramm) →S-z-Diagramm

S

S, Symbol für Stimulus, Reiz, Situation
S, Empfindungsstärke [lat. *sensus*]
s, Symbol für Spannung (LEWIN)
saccadiert, sakkadisch [frz. *saccadé*], ruckweise; nicht flüssiger Bewegungsablauf
Sacculus →Ohr
Sachdenkprobe [T] ARNOLD, GOLDSTEIN, KASANIN, ZILIAN
Sachvorstellung →Wort-(Sach-)vorstellung
Sachvorstellungstypen (MEUMANN) →Typologie (Tabelle), →Wort-(Sach-)vorstellung
Sadismus, (Begr. eingeführt von KRAFFT-EBING, benannt nach dem frz. Schriftsteller Marquis de SADE 1740–1814), sex. deviantes Verhalten mit Befriedigung bis zum Orgasmus durch Schmerzzufügen, Mißhandeln, Demütigen. Der S. ist die Gegenposition zum →Masochismus. • I. ü. Bed. eine Form des extremen Willens zur Schädigung. «Im Wehtun der Bosheit entdeckt der Wille zur Macht die letzte Möglichkeit seiner Betätigung und zwar dann, wenn er seine Überlegenheit auf anderen Wegen nicht zu erweisen vermag» (LERSCH 1956). • (psa., psth.) Sadistisches Verhalten und sadistische Zwangsgedanken als reaktive (kompensatorische) Äußerungen beim gehemmten Neurotiker.
Sadomasochismus, Bez. für das Zusammenspiel von →Sadismus und →Masochismus als Ziel sex. Befriedigung im gleichen Individuum. Nur deutlich ausgeprägte Formen können damit bezeichnet werden, da (so nach FREUD) in Grenzen beide Triebrichtungen im Menschen angelegt sind.
sado-masochistic attitude [T] JACKSON
SAE, Abk. für *Standard Average European*, von WHORF (1973) eingeführte Bez. für eine Gruppe vorwiegend europäischer Sprachen, die hinsichtlich ihrer →grammatischen Grundstrukturen relativ ähnlich sind. Das «Standard Durchschnitts-Europäisch» stellt er wesentlich anders strukturierten Indianersprachen gegenüber (→SAPIR-WHORF-Hypothese). *G. Kaminski*
sagittal [lat. *sagitta* Pfeil], parallel zur Pfeilnaht des Schädels verlaufend, also von der Stirn zum Hinterhaupt, vom Bauch zum Rücken. Sagittalebene: Jede parallel zur →Medianebene durch den Körper gelegte Ebene.
Sakkade, sehr schnelle, ruckartige Augenbewegung zum Wechsel des Fixationspunktes; die Dauer von Sakkaden wächst etwa linear mit der Weite (für Weiten oberhalb von ca. 5°: 20 bis 30 ms + 2 ms/°). Bei großen Weiten fallen Sakkaden typischerweise zu kurz aus, und ca. 200 ms nach Beginn der ersten Sakkade folgt eine Korrektursakkade, auch wenn das Fixationsziel nicht mehr sichtbar ist. Bereits kurz vor Beginn und über die Dauer der Sakkade hinaus ist die Empfindlichkeit des Sehens vermindert *(saccadic suppression)*. Den Zweck der maximal schnellen Bewegung kann man in der Minimierung der Zeit sehen, während der das Sehen durch ein bewegtes/verwischtes →Netzhautbild beeinträchtigt ist. Von den willkürlichen Sakkaden sind die unwillkürlichen Mikrosakkaden (Weiten von wenigen Winkelminuten) abzugrenzen, die während einer Fixation beobachtet werden können.
Ohne Hilfsmittel gut zu beobachten sind Sakkaden beim Lesen, die eine geringe Winkelbreite haben; bei schwierigeren Texten sind sie kürzer, bei leichteren Texten weiter; die Fixationsintervalle zwischen den Sakkaden dauern ca. 250 ms. [L] CARPENTER 1977 *H. Heuer*
salience [engl.], Bedeutsamkeit, das Hervortreten
salivation [engl.], Speichelbildung, für PAWLOW ein wichtiges Reaktionsmaß. →S-R-Theorie, →Lernen, →PAWLOWscher Hund
Salpêtrière, berühmtes Hospital in Paris. CHARCOT entwickelte dort seine Theorien über Hysterie. Auch FREUD ließ sich 1886 als Assistenzarzt an der S. von CHARCOT einführen. In Verbindung mit diesen Theorien spricht man von der Salpêtrière-Schule (Pariser Schule). Die S. war zuerst Allgemeinkrankenhaus. Epileptiker und Hysteriker waren stark vertreten. Später (unter Ph. PINEL) wurde sie psychiatrische Klinik.
Salzburger Treffen, der erste Kongreß (1908), auf dem FREUD einem wissenschaftlichen Publikum seine Theorien vortrug und auch den ersten Kontakt mit BLEULER und JUNG aufnahm. Zwei Jahre später wurde die «Internationale Psychoanalytische Gesellschaft» gegründet (1910).
SAM, Abk. für Satz-Assoziations-Methode, Bez. für alle →Satzergänzungs-Verfahren.
sample [engl.] →Stichprobe
Sampling-Theorie der Intelligenz, von

THOMSON und THORNDIKE entwickeltes Intelligenzmodell. Demnach liegt jeder Intelligenzleistung eine ganz bestimmte Stichprobe aus der Grundgesamtheit nicht näher identifizierter Elementarfaktoren zugrunde. →Intelligenzfaktoren

Sandbaukasten, Kasten mit etwa 1 qm Fläche, darin Sand, Schaufel und verschiedene Modelle von Häuschen, Bäumen, Tieren, Fahrzeugen usw. Man veranlaßt die Vp zum freiproduktiven Schaffen auf eine angepaßte Instruktion (z. B.: Gestalte eine Landschaft). →Spieltherapie

Sanddünen-Verteilung, die von ALLPORT benutzten Daten zur Aufstellung der J-Kurven-Hypothese werden von MCDAVID & HARARI (1968) mit Hilfe einer sog. S. neu interpretiert (zit. nach BRANDT & KÖHLER 1972).

Sandersche Täuschung, Parallelogrammtäuschung. Die Diagonale (vgl. Abb.) links erscheint merklich länger als die rechte, ist aber ebenso lang. →geometrisch-optische Täuschungen

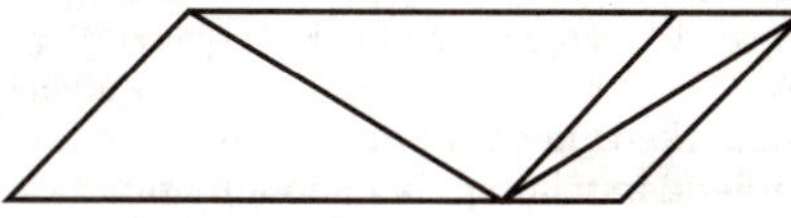

Abb.: Sandersche Täuschung

sanguinischer Typus →Typologie (Temperamente)

Sanktion, Bewertung eines Verhaltens durch Einzelpersonen oder Gruppen. Positive S. ist eine ausdrückliche Billigung, negative S. ist eine Mißbilligung. S. dienen der Unterscheidung zwischen erwünschtem (normangemessenem) und unerwünschtem Verhalten und haben meist eine Stabilisierung bestehender Verhältnisse zur Folge. Allerdings sind auch Gegeneffekte wie →Reaktanz oder Ablehnung der die S. aussprechenden Personen möglich. S.formen: Strafe, Tadel, Lob. *H. Ries*

Sapir-Whorf-Hypothese, ein Komplex von Behauptungen, die sich auf das Verhältnis von →Sprache und →Denken beziehen.

Der Sprachforscher WHORF (1956) behauptete, ähnlich wie sein Lehrer SAPIR, auf Grund des Vergleichs von Indianersprachen mit →SAE-Sprachen, daß angesichts der nachweislichen erheblichen Verschiedenheiten dieser Sprachen in ihren →semantischen und →syntaktischen Charakteristika das Weltbild, damit das Denken der jeweiligen Sprachgemeinschaften unterschiedlich sein müßte. In Verallgemeinerung wird daraus das «linguistische Relativitätsprinzip», dem implizit die Annahme eines linguistischen →Determinismus zugrunde liegt, wonach – wie schon weit früher W. v. HUMBOLDT vermutet hatte – strukturelle Merkmale einer Sprache die Welt-Sicht und das Denken ihrer Benutzer bestimmen bzw. wesentlich mitbestimmen sollen. Eine die empirische Prüfung ermöglichende Präzisierung dieses Hypothesenkomplexes erwies sich als nur sehr eingeschränkt realisierbar (→codability), so daß diese Behauptungen trotz einiger für sie günstiger Untersuchungsergebnisse umstritten bleiben. (LENNEBERG 1967, dt. 1972). **[L]** GIPPER 1972, WHORF 1956 *G. Kaminski*

Sarin, hochtoxischer Stoff aus der Gruppe der irreversiblen Cholinesterasehemmer, der als Kampfstoff entwickelt wurde. →Organophosphate *W. Janke*

Saroten®→Amitriptylin

SASKA, Synonym-Antonym-Selektions-Klassifikations-Analogietest **[T]** RIEGEL

SAT, Abk. für →speed-accuracy tradeoff

Satisfizierungsprinzip [engl. *satisficing principle*], Befriedigungsprinzip in der →Entscheidungstheorie.

Sättigung, psychische, ein Erlebnis, das auftreten kann bei fortwährender Ausführung einer bestimmten Handlung, beim Anhören z. B. von Musik über einen längeren Zeitraum u. a. m. Es tritt bei fast allen Tätigkeiten auf, gleich ob ausführend oder aufnehmend. Das Phänomen wurde von K. LEWIN und A. KARSTEN (1927) untersucht: Vpn mußten z. B. auf einem Blatt Papier monoton kleine Striche zeichnen. Dabei zeigten sich nach einer bestimmten Zeit Gestaltzerfall und spontane Variation, bis sich die Versuchspersonen schließlich für unfähig erklärten, die Tätigkeit weiter auszuführen. Dieser Endzustand wird als ps.S. bezeichnet. Keine Ermüdung im physiologischen Sinn, denn die Vpn waren in der Lage, unmittelbar ihre Aufgabe fortzuführen, wenn man der Tätigkeit durch eine veränderte Instruktion einen anderen Sinn gab. Ferner zeigte sich, daß S. bei größerer Ichnähe der Aufgabe eher eintrat als bei relativer Ichferne. Auch in Tierversuchen läßt sich zeigen, daß bei S. infolge genügender Nahrungsaufnahme nichts mehr von demselben Futter angenommen wird, das Tier jedoch spontan wieder zu fressen beginnt, sowie anderes Futter gereicht wird bzw. nach Veränderung der gesamten Freßsituation (D. KATZ). →Monotonie. **[L]** KARSTEN 1927

Sättigung, semantische, der Bedeutungsverlust, den ein Wort durch massierten Gebrauch erfährt. Läßt man z. B. ein Wort eine Zeitlang wiederholt laut von einer Person aussprechen und mißt die Wortbedeutung vor und nach dem wiederholten Aussprechen mit dem →semantischen Differential, so zeigt sich eine Bedeutungsabnahme. Das Wort wird nach dem Aussprechen bedeutungsneutraler eingestuft. Vgl. alltagssprachliche Ausdrücke wie «abgedroschen», «sinnentleert» usw. Konditionierungstheoretisch wird die semantische Sättigung als →Extinktion des konditionierten Anteils einer Wortbedeutung interpretiert (→bedingte Reaktion): Die wiederholte Aussprache eines Wortes ohne die Möglichkeit zur Bekräftigung der Verbindung zwischen Wortzeichen und Bedeutung führt zu einem allmählichen Verblassen der Bedeutungsanteile, die konditionierbar sind. Experimentelle Untersuchungen zu diesem Phänomen stammen vor allem von LAMBERT & JAKOBOVITS (1960). **[L]** HÖRMANN 1967

J. Engelkamp

Satz, grundlegender Begriff und Untersuchungsgegenstand der modernen →Grammatik, speziell der →Syntax, aber auch der modernen →Psycholinguistik. Wie für das →Wort fehlt bis heute eine allgemein anerkannte Definition. Der Satz gilt allgemein als die umfassendste sprachliche Einheit, in der alle Strukturmerkmale (→Struktur) der →Sprache zu finden sind. Die moderne →Texttheorie weist allerdings darauf hin, daß Sprache primär nicht in Gestalt von Sätzen vorkommt, sondern in Gestalt von Texten mit einer kommunikativen Funktion und in einer sozialen Situation (was bes. anhand der sog. →Ein-Wort-Sätze deutlich wird), so daß auch die Untersuchung und Beschreibung von Sätzen (z. B. hinsichtlich ihrer →Bedeutung oder ihrer →Grammatikalität) nur vom Text her, von dessen kommunikativer Funktion sowie von der sozialen Situation her, in der er geäußert wird, erfolgen kann. – Die Zerlegung der Sätze führt nach der traditionellen Grammatik über die Satzglieder und die Satzgliedteile als den funktionalen Bestandteilen der Satzglieder zu den Wörtern. Zusammengehörende Wortgruppen nennt man auch Phrasen oder Syntagmen. Die Kombination von Haupt- und Nebensätzen heißt Satzgefüge. **[L]** SCHMIDT 1973

Satzentwicklung, das Entstehen der gesprochenen Sätze in der Kindersprache. Stufenfolge: (1) Einwortsatz. (2) Sätze aus zwei (und mehr) Wörtern. (3) Einführung des Zeitwortes sowie von Deklination, Konjugation. Dauert bis zum 3. Jahr. (4) Entwicklung zum grammatikalisch und syntaktisch richtigen Satz. →Sprachentwicklung

Sätze ordnen durch Kombination **[T]** LEIPZIGER LEHRERVEREIN

Satzergänzungs-Verfahren, eine Gruppe von Tests innerhalb der verbalen Ergänzungsverfahren, bei denen angefangene Sätze vollendet werden sollen. Diese Verf. beruhen auf der Projektionshypothese. Das Testresultat wird interpretativ verwertet. →verbale Ergänzungsverfahren

Satzverifikation, Technik zur Identifikation zugrundeliegender Begriffsstrukturen, in der Sätze der Form «Objekt X ist ein K» verwendet werden, wobei für K verschiedene abstrakte Oberbegriffe eingesetzt werden. Die Zeiten für die Bejahung eines korrekten Satzes korrespondieren in etwa mit der Anzahl notwendiger Abstraktionsschritte (A. M. COLLINS & M. R. QUILLIAN 1972) (→Chronometrie), wenn Objekte gleicher →Typikalität verwendet werden. Ist K eine basale Kategorie, dann ist dafür die S. schneller als bei Unter- und Oberbegriffen für K. **[L]** HOFFMANN 1982

A. Zimmer

Sauberkeitsgewöhnung →Enuresis

Säulendarstellung, Säulendiagramm, Bez. für die in aneinandergereihten Rechtecken (Säulen) gebotene graphische Darstellung. →Häufigkeitsverteilung

Saumschneideprobe **[T]** SANDER

scanning [engl. *to scan* skandieren], Zerlegen, Abtasten, Durchmustern. →fokussieren

scapegoat [engl.], Sündenbock, →Sündenbock-Theorie

Scedastizität [engl. *scedasticity*], Begr. zur Variabilität der Spalten und Zeilen eines Verteilungsdiagramms. • Homoscedastizität, Bez. für dieselbe Standardabweichung von Zeile und Spalte innerhalb der Grenzen der Zufallswahrscheinlichkeit. • Heteroscedastizität, Zeilen- und/oder Spalten-Standardabweichung ist größer als die Zufallswahrscheinlichkeit.

Sceno-Test **[T]** STAABS

Schablonenvergleich, [engl. *template matching*] (SELFRIGDE & NEISSER 1960), beim Mustererkennen sollen «Prototypen» oder «kanonische Gestalten» mit den zu erkennenden neuen Figuren zusammengehalten werden, um die Übereinstimmung zu prüfen. Sch. wird auch zur Erklärung der Sprachwahrnehmung und der visuellen Worterkennung angenommen. **[L]** NEISSER 1974

Schädelbruch →commotio cerebri, →contusio cerebri

Schädelindex, Maßverhältnis am Schädel, insbes. Verhältnis von Breite zu Länge (Breiten-Längen-Index).

Schädellehre →Phrenologie

Schaefer-Murphy-Effekt, die bevorzugte Wahrnehmung einer bestimmten Figur-Grund-Verteilung bei sog. Kippfiguren (→Reversion), nachdem im vorangehenden Training mit den Figurteilen auf die Darbietung des einen Teils eine Belohnung, auf die des anderen Teils eine Bestrafung gefolgt ist. Der exp. Nachweis für die Rolle der gelernten Motivation in der Wahrnehmung ist von SCHAEFER & MURPHY (1943) geliefert worden. DEMBER 1966

Schaefer, Roy (*1922), Psychologe/Yale Univ.

Schall, vom Ohr als Schallempfindung wahrnehmbare Luftschwingungen zwischen ca. 16 und 20000 Hz. Die unterhalb liegenden Schwingungen heißen Infra-Schall, die oberhalb liegenden Schwingungen Ultra-Schall. →Schwingungszahl

Schallanalyse →Sprachtypen

Schallbild, graphische Darstellung des Frequenzspektrums eines Tones

Schalldruck, physikalisches Maß für die Stärke eines →Schalls (Kraft pro Flächeneinheit); Wurzel aus dem über die Zeit berechneten →Mittelwert der quadrierten Abweichungen des Drucks vom statischen Druck. Als Einheiten werden verwendet: 1 μ bar (Mikrobar) = 1 dyn/cm^2 = 10^5 μ Pa (Mikropascal) = 10^2 N/m^2 *H. Heuer*

Schalldruckpegel [engl. *sound pressure level*], physikalisches Maß für die relative Stärke eines →Schalls in der Einheit →Dezibel (dB SPL). Der Schalldruckpegel ist definiert als L = 10 log (kp^2/kp_0^2) = 20 log (p/p_0) mit p als Schalldruck des interessierenden Schalls und p_0 als Bezugs-Schalldruck, der gleich 20 μPa = $2 \cdot 10^{-4}$ μbar gesetzt ist (dieser Wert entspricht der →absoluten Schwelle für einen Ton mit einer →Schwingungszahl von 1000 Schwingungen pro Sekunde); kp^2 und kp_0^2 sind die →Schallintensitäten. Als Bezugs-Schalldruck werden gelegentlich andere Werte verwendet, z. B. die individuelle →absolute Schwelle für einen bestimmten Schall (dB SL, SL: *sensation level*). *H. Heuer*

Schallintensität, physikalisches Maß für die Stärke eines →Schalls (Leistung pro Flächeneinheit); Einheit ist W/m^2. Bei Ausbreitung des Schalls in einem gegebenen Medium mit gegebener Geschwindigkeit ist die Schallintensität dem Quadrat des Schalldrucks proportional.

Schallokalisation →Richtungshören

Schallpendel, Vorrichtung zur Erzeugung von Schall verschiedener Intensität. →Fallphonometer

Schallschüssel, ein Hilfsmittel zur Bestimmung der Reaktionszeit von sprachlichen Reaktionen (z. B. beim Assoziationsversuch).

Scham, Schamgefühl, Sich-schämen, eine Reaktionsform zum Erleben des Bloßgestelltseins, des Schuldigseins, des Versagthabens, des Prestigeverlustes u. ä. – oft einhergehend mit vegetativen Sensationen (Erröten, Herzklopfen). Die S.phänomene sind «vielgestaltig, bieten verwickelte Probleme und können nach verschiedenen Gesichtspunkten betrachtet und untersucht werden» (KUHN 1973). Das Erleben der S. ist ein peinliches Gefühl mit Verlust an bejahender Beziehung zu sich selbst, zum Mitmenschen, zur Welt. Nach SCHELER (1957) hat die S. eine unersetzliche positive Bedeutung dadurch, daß sie beim Geschlechtstrieb echte Liebe und bloße Sinneslust zu unterscheiden zwingt. Man trennt nach Leibesscham und seelischer S., nach «verbergender» und «behütender» S., wobei letztere dem Menschen hilft, peinliche Erfahrungen zu vermeiden (E. STRAUS 1960). Auch «rückblickende» neben «vorausblikkender» S. wurden beschrieben (BOLLNOW 1947). Die Gegenwart zeigt einige Tendenz, das S.phänomen zu unterdrücken: als falsche Erziehung, ja schädliche Zutat der Erziehung, als Entstellung eines ursprünglichen Naturzustandes oder auch als verwerfliche Hemmung der normalen Sexualentwicklung.

Schatten, die Analytische Ps. (C. G. JUNG) versteht unter dem Schatten die bisher im Ich-Aufbau vernachlässigten Eigenschaften. Er setzt sich zusammen aus teils verdrängten, teils gar nicht gelebten psychischen Zügen des Menschen, die aus sozialen, erzieherischen oder anderen Gründen vom Mitleben ausgeschlossen wurden und darum der Verdrängung anheimfielen. Demzufolge kann der Schatten durch positive oder negative Qualitäten gekennzeichnet sein. Es gibt (1) einen persönlichen S. (verdrängte Eigenschaften der betreffenden Person), (2) einen kollektiven S. (vom jeweiligen Kulturkreis verdrängte Eigenschaften) und (3) einen archetypischen S. (die nicht mehr reduzierbare Destruktivität im Menschen). In die →Individuation gehören als 1. Etappe das Bewußtmachen der Schatteneigenschaften und nachfolgend ihre Integration, d. h. ihre Nachreifung bzw. die bewußte Übernahme der Verantwortung für gelebte Schattenseiten. [L] JACOBI 1959, 1965, JUNG 1976

Schätzfehler, (allg.) Fehler der subjektiven Beurteilung, z. B. bei einer Schätzung *(rating)* von Zeitstrecken als Unter- oder Überschätzung. Der S. wird meist in ±% der tatsächlichen Größe angegeben. →Milde-Effekt, →Aggravation. • (stat.) Fehler bei der Schätzung von Parametern aus Statistiken mit Differenzierung nach Standardfehler (→Stichprobenfehler) und wahrscheinlichem Fehler. →Standardschätzfehler

Schätzskala [engl. *rating scale*], Schätzer *(rater)* beurteilen die Ausprägung eines intensionalen Merkmals (z. B. Gefühls), das sich nicht wie ein extensionales Merkmal (z. B. Distanz) mit einem Instrument (Meterstab) messen läßt, mit Hilfe einer psychometrischen Skala, auf der Intensitätsstufen (häufig von 1–7, wenig ausgeprägt – stark ausgeprägt) vorgegeben sind. So gewonnene Messungen können auf Ordinal- und Intervallskalenniveau weiterverarbeitet werden und sind wichtiger Bestandteil der ps. Meßmethodik. • GALTON hat 1883 vermutlich als erster eine Schätzskala entwickelt, um die Lebhaftigkeit von Eindrücken zu messen. *P. Day*

Schätzung [engl. *rating*], die qualitative oder quantitative Bestimmung eines Merkmals ohne den Gebrauch eines äußeren Maßstabes. Auch die eindrucksmäßige Feststellung einer Anzahl, ohne zu zählen.

Im Unterschied zur Messung, bei der eine Wahrnehmung (nämlich die des Meßobjekts) direkt auf eine andere (die des Maßstabs) bezogen wird, besteht die S. darin, daß an das Wahrgenommene ein «inneres» Bezugssystem herangetragen wird, das aus früheren Erfahrungen gebildet worden ist. Schätzwerte erreichen in der Regel nicht den Präzisions- und Objektivitätsgrad von Meßwerten, da sie in weit höherem Maß als diese zufälligen und systematischen Fehlern unterworfen sind. In der Ps. müssen in großem Umfang Methoden der S. angewendet werden, da zahlreiche komplexe Merkmale (z. B. viele Persönlichkeits- und Verhaltensmerkmale) nicht mit Meßinstrumenten, sondern nur eindrucksmäßig erfaßt und beurteilt werden können. Zur Erhöhung der Exaktheit der S. bedient man sich verschiedener Möglichkeiten (z. B. spezielles Training der Beobachter, Gebrauch von →Schätzskalen). [L] TRAXEL 1974

Schätzverfahren, die Beurteilung eines Merkmals auf Grund einer →Schätzskala

Schätzwert, aus endlichen Serien von Meßwerten gewonnene statistische →Maßzahl. →Parameter

Schau, in ps. Sicht eine Form des Deutens und Verstehens (Wesensschau): Je nach Ausgang und Ziel herrscht in dem Begr. mehr das Intuitive, unmittelbare Erschauen oder die logisch-begriffliche Bedeutungsschau vor.

Schaulust →Partialtriebe

Scheibenaufgabe →Turm von Hanoi

Scheinbewegungen [engl. *apparent motions*], scheinbare Bewegungen physikalisch unbewegter Objekte (→Bewegungstäuschungen); in engerem Sinne wird die stroboskopische Bewegung als Scheinbewegung bezeichnet (→Phi-Phänomen, →stroboskopische Erscheinungen). Die Gestaltps. hat sich ihrer im Zuge der allgemeinen Untersuchung zu den Wahrnehmungsvorgängen (optische Täuschungen usw.) angenommen. Auch die technische Verwendung der →stroboskopischen (kinematographischen) Erscheinungen hat mitgewirkt und ließ die Überlegungen und Experimente von FARADAY (1831), PLATEAU (1833), MACH (1875) oder auch das von HORNER entwickelte «Lebensrad» wieder in Beachtung treten. Die Theorien von MARBE (Reizverschmelzungs- bzw. Nachbildtheorie) und von WUNDT (reproduktive Assimilationen) entstanden. An den neuen Deutungen der S. haben sich vor allem WERTHEIMER, KOFFKA, BENUSSI und LINKE beteiligt. Eine Reihe verschiedener Verfahren wurde zur Erzeugung von S. entwickelt (z. B. die einfache Nacheinander-Exposition von Kreisbögen und Punkten oder von sich überschneidenden Quadraten mit Punkten, wobei diese zum «Springen» gebracht werden, Versuche mit Aufhellung rotierender Scheiben und vieles andere mehr). Dabei lernte man, die S. in Einzelphänomene zu zerlegen, die man mit Alpha-, Beta-, Gamma-, Delta- und Epsilon-Bewegung oder auch als sog. →KORTEsche Gesetze bezeichnet hat. WERTHEIMER, der die Bewegung als eine Erscheinung auffaßte, die so elementar sei wie die Empfindung und die nicht in einfachere Bestandteile zerlegt werden könne, benannte die S. deswegen Phi-Phänomen (Phänomen *sui generis*). →Bewegungsnachbild.

Scheinkorrelation, als S. bezeichnet man eine in einem →Korrelationskoeffizienten ausgedrückte wechselseitige Beziehung zwischen zwei Variablen, die nicht auf einen tatsächlich existierenden Zusammenhang der beiden Variablen zurückzuführen ist, sondern darauf, daß beide Variablen mit einer dritten und eventuell mit weiteren in der Analyse unberücksichtigten Variablen kovariieren. Bei Kenntnis derartiger Variablen kann die S. u. a. durch den Einsatz des Verfahrens der →partiellen Korrelation vermieden werden. Die S. ist von der künstlichen Korrelation zu unterscheiden, die aufgrund einer irrepräsentativen Stichprobenauswahl entstehen kann und einen anderen (engeren oder weniger engen) Zusammenhang zwischen den Variablen anzeigt, als er in der Population tatsächlich existiert. • Der Korrelationskoeffizient ist ein Maß für den statistischen Zusammenhang zweier oder mehrerer homogener Variablenverteilungen. Dieser Zusammenhang kann fehleingeschätzt (Scheinkorrelation) werden, wenn weitere Variablen so mit den in die Korrelation eingehenden Variablen konfundiert sind, daß sich ein gegenüber dem eigentlichen Zusammenhang veränderter Wert ergibt. Häufige Gründe für S. sind Extremgruppenauswahl, Versuchsleitereinflüsse. Man spricht ebenso von S., wenn zwei oder mehrere Variablenverteilungen nur zufällig korrelieren.

G. Mikula/P. Day

Scheitellappen →Gehirn

Schema, Mehrz. Schemata [gr. Gestalt], Form, Muster, vereinfachte anschauliche Darstellung; Gerüst, Entwurf, Plan. Die beiden Bedeutungsaspekte der Begr., die Vereinfachung durch →Abstraktion vom Individuellen und Unwesentlichen sowie die Betonung der Beziehungen zw. (auswechselbaren) Teilen, also der →Struktur von Sachverhalten, sind in der →Kognitionsps. mehrfach angewendet worden: (1) auf die →Wissensaktualisierung und Mittelfindung beim Lösen von Aufgaben (antizipierendes Sch., SELZ 1913, 1922, →Problemlösen); (2) auf die Umformung von Informationen bei der Speicherung im Gedächtnis (BARTLETT 1932, RUMELHART), für Geschichten- und Aktionsschema auch →frame oder →Skript (SCHANK & ABELSON) in der Gedächtnis- und Wissensforschung; (3) auf die Koordination von →sensomotorischen Mustern oder von inneren Handlungsregeln (Operationen) mit Objekten, abhängig von der Erfahrung im Umgang mit ihnen (z. B. Saugschema, Raumschema, PIAGET 1947) →Assimilation; (4) auf das informationstheoretisch erklärte Mustererkennen (ATTNEAVE 1954, 1965, später: Prototyp, →Schablonenvergleich); (5) auf Bedeutungsstrukturen in Organismen; jedes Sch. entspricht einer Klasse von →äquivalenten Reizen oder äquifinalen Responses, →Äquifinalität. Die wichtigsten Verwendungen des Begr. dürften (1), (2) und (3) sein, während (4) eine Weiterentwicklung von (2) und deren Anwendung auf die Wahrnehmung von individuell variierten Figuren und Zeichen ist. Das antizipierende Sch. beschreibt SELZ als teilw. unausgefüllten Wissenskomplex, bestehend aus den Beziehungen zw. Begriffen und Sachverhalten mit einer Leerstelle, die nach gelungenem Suchvorgang besetzt ist; es ist eine geistvolle Erweiterung des Begr. «Aufgabe» i. S. der Würzburger Schule. Die typisierende Vereinfachung von Gedächtnisinhalten erfolgt nach BARTLETT durch →Nivellierung, →Akzentuierung oder →Pointierung. Weitere Anwendungen – mit Bedeutungsverschiebungen in versch. Kontexten – erstrecken sich (5) auf die Repräsentation des eigenen Körpers, die u. a. zum Erlebnis des →Phantomgliedes führen kann (Körperschema, SCHILDER 1923); (6) auf Instinkthandlungen bzw. deren Auslösung (angeborener →Auslösemechanismus, z. B. Kindchenschema, LORENZ, TINBERGEN); (7) auf das Lernen mit Einsicht in Stukturen (schemaorientiertes Lernen, SKEMP 1971); (8) auf die Orientiertheit über die persönlichen Lebensumstände oder eigene Lage (situatives Sch., →Lageschema, THOMAE 1951, 1968); (9) auf die soziale →Distanz oder allgemeiner auf erlebte habituelle Zusammengehörigkeitsbeziehungen (soziales Sch., KUETZE 1962). BRUNSWICK & REITER (1938) benutzten schematisierte Gesichter (Sch.zeichnungen) in der Ausdrucksforschung (→Eindruckscharakter).

Vor allem im Zusammenhang mit der Kognitiven →Verhaltenstherapie wird auch in der Klinischen Psychologie der Schema-Begriff in unterschiedlichen Varianten verwendet. Es wird davon ausgegangen, daß dysfunktionale Schemata bei der Entstehung und Aufrechterhaltung psychischer Störungen, wie z.B. Depressionen, eine wichtige Rolle spielen und in Psychotherapien verändert werden müssen. [L] MAHONEY, BECK, GRAWE

R. Bergius/F. Caspar

Schema-Test [T] GIESE

Schematheorie, Theorie zu Steuerung und Erlernen einfacher Bewegungen (SCHMIDT 1975). Die S. postuliert Steuerung durch generalisierte →Bewegungsprogramme; für die Anpassung der Parameter des Programms an die intendierten Eigenschaften der Bewegung wird ein Schema *(recall schema)* benötigt, für die Bestimmung der sensorischen →Rück-

S

meldungen der intendierten Bewegungen ein zweites Schema *(recognition schema)*. Der Begriff des →Schemas wird hier in einer speziellen Weise verwendet, nämlich als Regel, die die Programm-Parameter bzw. sensorischen Rückmeldungen für bestimmte Bewegungsmerkmale (z. B. Weite, Dauer) spezifiziert. Eine extensiv untersuchte Vorhersage der S., die allerdings nicht immer bestätigt wurde, ist die Überlegenheit variabler gegenüber konstanter Übung *(variable-practice hypothesis)*: Das Schema, als Regel, soll demnach besser gelernt werden können, wenn viele verschiedene statt wenige ähnliche Bewegungen erfahren werden. *H. Heuer*

Schetismus, fehlerhafte Artikulation der sch-Laute (→Sigmatismus), z. B. Schule wie «Fule»

Schicht, Schichtung [engl. *stratification*], Begr., der in der Ps. für die Annahme übernommen wurde, daß Anlagen, Fähigkeiten, Aufbau der Person, das soziale Gefüge u. a. m. in einem «geschichteten» Zusammenhang stehen. →Schichttheorie, →soziale Klasse

Schichtarbeit, wird jede von einer typischen Wochenarbeitszeitregelung (Montag bis Freitag, zwischen etwa 7.00 bis 17.00 Uhr) abweichende Regelung der Arbeitszeit genannt. Zu unterscheiden sind feste Schichten (z. B. Dauernachtschicht) von wechselnden Schichten (z. B. abwechselnd Früh-, Spät- und Nachtschicht) sowie vollkontinuierliche Schichtsysteme, bei denen einschließlich Wochenende rund um die Uhr gearbeitet wird (Konti-Systeme) sowie flexible und diskontinuierliche Systeme mit kurzer oder langer Rotationsphase. Bei der Untersuchung der psychischen Folgen der Schichtarbeit sind Erkenntnisse über biologische Rhythmen von Bedeutung, weil sich Biorhythmen nur langsam an wechselnde Schichtzeiten anpassen. Zu beachten sind nicht nur Veränderungen des psychischen Befindens, Schlafstörungen und chronische Ermüdung, sondern auch Folgen für das Familienleben, Freizeitverhalten und die Beteiligung am öffentlichen Leben. →Arbeitszeit. **[L]** NACHREINER et al. 1989; FRESE & OKONEK 1984. *S. Greif*

Schicht, soziale →soziale Klasse

Schichttheorie, Schichtenlehre, die auf PLATO zurückgehende Vorstellung, daß das Seelische in übereinander gelagerte Schichten aufgegliedert sei, und die von ARISTOTELES vertretene Annahme, daß das gesamte Sein 5-schichtig sei (Materie, Dinge, Lebewesen, Seele u. Geist), wurde in der Neuzeit unter mehreren Aspekten wieder aufgenommen. • Aus philosoph. Sicht sieht HARTMANN den Aufbau des Kosmos aus anorganischen, organischen und geistigen Schichten, wobei die jeweils «niedrigere Schicht» die höhere zwar trägt, aber auch wechselseitige Abhängigkeiten angenommen werden. • Aus physiol. Sicht wurde dieses Schichtmodell auf den Aufbau und die Funktion des Gehirns bezogen. KRAUS (1919, 1926) prägte die Termini »Tiefenperson» (für die subcorticalen Bereiche) und «Corticalperson». • Aus psa. Sicht trug das Persönlichkeitsmodell FREUDs (tiefenps. Persönlichkeitsmodelle) aus Es, Ich und Über-Ich zur Grundlegung der Schichtentheorie bei. • Schließlich wurde das Schichtmodell auch auf vergleichende bzw. Entwicklungsps. übertragen (WERNER 1953). Diese Ansätze wurden vor allem in der deutschsprachigen Ps. zu Schichtmodellen der Person ausgebaut. • H. F. HOFFMANN entwickelte eine Theorie mit den vitalen Trieben, die der Befriedigung elementarer Lebensbedürfnisse dienen, als der tiefsten Schicht, darüber die strebenden Gefühle als nächsthöhere und der Geist als höchste Schicht. • Einen weiterreichenden Schichtenaufbau hat ROTHACKER (1952) geboten. Er geht aus von der Unterscheidung nach Tiefenperson oder Es-Schicht und Personschicht. Die Tiefenperson (dreifach gestuft) umfaßt das «Leben im Menschen» als biologisch-vegetative Vorgänge, das «Tier im Menschen» als animale Triebe und Triebemotionen, die ausschließlich menschlich-emotionale Schicht (Seele nach KLAGES). Die Personschicht, das eigentliche Ich, umfaßt die Vollzüge des Denkens und Wollens. Sie ist identisch mit dem den endothymen Grund überbauenden noëtischen Oberbau bei LERSCH. • Weiterhin hat THIELE (1940) eine Unterscheidung aufgestellt nach somatopsychischer (vitaler) Schicht, thymopsychischer Schicht, die das höhere Gefühls- und Gemütsleben umfaßt, und poiopsychischer Schicht, die den Willen umfaßt, wie er sich in Willensakten, im Denken und im Handeln entfaltet. • Eine grundsätzliche Erhellung der «vertikalen» Ordnung der seelischen Dispositionen und damit der Möglichkeit, eine Schichttheorie aufzustellen, hat STRUNZ (1942) geboten.

Der Anspruch der S., eine «integrale Psychologie» (GILBERT 1959) zu liefern, wurde kritisiert (EYSENCK 1959). **[L]** MATHEY 1960 *E. Roth*

Schicksal, der Lebenslauf des Menschen, wie er sich aus eigenen Strebungen und äußeren

Einflüssen ergibt. • I. e. S. nur die Gesamtheit der Geschehnisse, die den Lebensweg eines Menschen entscheidend bestimmen und oft als von einer höheren Macht zugefügt bzw. als Vorherbestimmung angesehen werden.

Schicksalsanalyse, Bez. von L. SZONDI für die von ihm in tiefenps. Ausrichtung entwikkelte Durchforschung (Analyse) des Lebensablaufs.

Beachtet werden in Ausweitung der engeren Personsphäre die Familie, Freundschaften, Partner, Beruf, Krankheit. Der Begr. der individuellen Existenzskala wurde hier eingeführt. Damit hat SZONDI Faktoren ins Spiel gebracht, die von dem familiären Unbewußten (das von ihm als Annahme neu eingeführt wurde und vergleichbar ist dem «persönlichen Unbewußten» von FREUD sowie dem «kollektiven Unbewußten» von JUNG) über die «Wahl» gelenkt werden (→Tropismus). Soweit Fehler der Wahl hervortreten, sieht die S. als Therapie ihre Aufgabe darin, den «wahlkranken» Menschen zu heilen. **[L]** SZONDI 1948

Schiefe, Schiefheit [engl. *skewness*], Asymmetrie einer Verteilung. Schiefheitsmaß: Statistische →Maßzahl als numerischer Ausdruck für die Größe der Asymmetrie einer Verteilung.

Schielen, Strabismus, ein Stellungsfehler der Augen, wodurch die Abbildung nicht auf korrespondierende Punkte der beiden Netzhäute erfolgt. Die Augen weichen einwärts oder auswärts ab. Meist übernimmt ein Auge die Fixierung, und das Bild des abweichenden Auges wird unterdrückt. **[L]** OHM 1958

Schiff-Test [T] KNOX

Schilddrüse [lat. *glandula thyreoidea*], innersekret. Organ vor dem Kehlkopf. Bildungsort der S.hormone (Thyroxin). Diese fördern u. a. die Oxydationsvorgänge im ges. Organismus. Überfunktion: →BASEDOW – Unterfunktion: →Myxödem. →Hormone

Schilddrüsenhormone, von der Schilddrüse sezernierte Hormone, Trijodthyronin (T3) und Tetrajodthyronin (T4). Ihre Regulation erfolgt in negativen Rückkopplungskreisen mit dem Hypophysenhormon →Thyreotropin (TSH) und dem Hypothalamus-Freisetzungshormon →TRH. S. üben nicht nur endokrine Wirkungen aus, sondern beeinflussen auch das Nervensystem direkt. S. bewirken eine Erhöhung des Energieumsatzes und moderieren die Wirkung anderer Hormone, so etwa →Adrenalin. T3 fördert Wachstum und Reifung von Gehirn und Knochen. Mangel an S. beim Neugeborenen kann deshalb zu Zwergwuchs und Intelligenzdefekten führen, im Extremfall zu →Kretinismus. *W. Janke*

Schirm-Effekt, Bez. für das besondere Phänomen in der Wahrnehmung, daß ein Objekt ein anderes teilweise verdeckt, ohne daß das verdeckte Objekt irgendwie unvollständig erscheint. →Tunnelphänomen. **[L]** MICHOTTE 1974

Schizo..., Schisto... [gr. *schizein* trennen, spalten], Vorsilbe, die allgemein den Zustand des Gespaltenseins, der Abspaltung bezeichnet **[E]**

schizoid, Schizoidie, der →Schizophrenie ähnlich. • In der Typologie KRETSCHMERS Bez. für abnorme (psychopathische) Persönlichkeiten, die in ihrer seelischen Eigenart zwischen den (gesunden) Schizothymen und den Schizophrenen stehen. Schizoide Personen weisen Symptome der Schizophrenie in leichten Graden auf (z. B. Kontaktschwäche, starkes Mißtrauen).

schizophren, Schizophrener, (1) an →Schizophrenie leidend, der Schizophrenie-Kranke; (2) (umgangssprachl.) gegensätzlich, zerrissen, verrückt, absurd, idiotisch.

Schizophrenie [zu gr. *schizein* spalten *phren* Seele, Gemüt, Zwerchfell], als Begr. von E. BLEULER 1911 eingeführt, stellt die S. ein sehr vielfältig ausdeutbares Geschehen dar, wobei die vertretbaren Annahmen vom rein biologischen Versagen (d. h. ohne wesentliche ps. Beteiligung) bis zur psychogenetischen Totalerklärung aller Vorgänge und Zustände reichen. Der Schizophreniebegriff ist nicht standardisiert, er ist nur ein Syndrom. Drei «Modelle» seien hierzu genannt: (1) S. ist eine Gruppe der endogenen Psychosen mit den Merkmalen: weitgehend erblich, früh angelegt; Lebensschicksal und Familienkonstellation haben zusätzliche Bedeutung, chronischer Verlauf in Schüben, Persönlichkeitszerfall. (2) S. ist eine in der Person tief verwurzelte Störung der Informationsverarbeitung und Kommunikation (Perseverations- und Verkettungsprozesse). (3) S. erwächst überwiegend aus Problemen beim Erleben und Verhalten.

S. ist eine Gruppe von heterogenen, aber z. T. schwer unterscheidbaren extremen Verhaltensstörungen. Ca. 1 % der Bevölkerung ist davon betroffen, 1/4 bis 1/5 aller Neuaufnahmen in psychiatrischen Krankhäusern. Nur etwa 1/3 benötigt Dauerpflege, ein Großteil der Schizophrenen ist bei günstigen sozialen Bedingungen wieder in Familie und Arbeitsleben eingliederbar (ULLMANN & KRASNER 1975). Bezeichnung Schizophrenie (BLEULER) und Dementia praecox (KRAEPELIN) irreführend, da weder «Spaltung» noch «frühzeitige Demenz» aus heutiger Sicht ein charakteristisches Kennzeichen darstellen.

Diagnostik der Schizophrenien ist trotz internationaler Vereinheitlichung und gestiegener Objektivität wenig reliabel und erlaubt keine klare Trennung zwischen den verschiedenen Schizophrenieformen und keine präzise Prognose über Verlauf und Therapieindikation. Interviewskalen erlauben objektive und vergleichbare Beschreibung der Hauptsymptome (z. B. PSE, *present state examination*). Hauptkennzeichen: (1) Denkstörung, einzig essentielle Störung bei allen Formen: Inkohärenz, Neologismen, lose Assoziationen, Wahn. (2) Wahrnehmungs- und Aufmerksamkeitsstörung: Depersonalisation, Körpergefühlsstörung, Halluzinationen (meist akustisch), Selektionsschwierigkeiten und Reizüberflutung. (3) Motorische Störungen: bizarres Verhalten, schnell wechselnd, katatone Immobilität oder Überaktivität. (4) Affektive Störungen: flach-hedonisch und unangepaßt, außerhalb Kontext oder ambivalent zwischen Extremen schwankend. (5) Soziale Isolation: kaum Freunde, wenig heterosexuelles Interesse, kontaktscheu. Diagnostische Kategorien (nach ICD-9): Essentielle Symptome (ES) für Schizophrenie: Wahn, Halluzinationen und formale Denkstörung. Die Subtypen sind: (1) Desorganisiertheit, Hebephrenie (Affekt flach, simpel, inkongruent). (2) Katatonie (katatoner Stupor, Rigidität, Erregung). (3) Paranoid (Verfolgungs-, Eifersuchts- oder Größenwahn). Hauptdimension aller Subtypen: akut (weniger als 3 Monate) oder chronisch (seit 2 Jahren), praemorbid gut oder schlecht angepaßt, Partnerschaft (Ehe) verkürzt den Verlauf.

Ursachen: multikausal, Varianzanteile (Bedeutung) der verschiedenen Ursachen z. Zt. nicht klar bestimmbar: biologische, psychologische und soziale Faktoren wirken zusammen. (1) Biologische Faktoren: Vererbung, Schwangerschaft und Geburt, Jahreszeit der Empfängnis, Neurobiochemie, Psychophysiologie. Eine starke genetische Beteiligung ist durch Adoptionsstudien und getrennt aufwachsende Zwillinge nachgewiesen. Das Risiko zu erkranken, wenn ein oder beide biologischen Eltern S. sind, ist bis zu 30mal höher, unabhängig davon, ob Kind bei biologischen Eltern aufwächst. Geburtskomplikationen erhöhen das Risiko. 7 von 10 Schizophrenen mit niederem genetischen Risiko werden von Januar – April geboren. Gestörte Balance von Neurotransmittern und/oder Neuropeptiden in subkortikalen Hirnregionen wahrscheinlich, aber ungeklärt. Psychophysiologisch evozierte Potentiale um 100 msec. erhöht, danach erniedrigt (Selektionsdefekt). Pupillen zu lange erweitert, Hautwiderstand-*recovery* bei Risikokindern beschleunigt, kortikale Gleichspannungsverschiebungen reduziert und verlängert (→CNV & →PINV), Schlafzyklus relativ normal, aber keine →REM-Kompensation nach Deprivation. (2) Psychologische Faktoren: Selektive Aufmerksamkeit gestört, Überselektivität oder Reizüberflutung die Folge. Aufmerksamkeitsspanne zu kurz, Ablenkbarkeit daher erhöht, keine stabilen Erwartungen (*segmental set* nach SHAKOW 1979). Erhöhte Sensibilität auf Ambivalenz in Reizsituation, daher auch erniedrigte Streßtoleranz, Anhedonie (häufig bei Hebephrenie) und Körpergefühl verändert (meist bei Paranoia). (3) Sozial: Gestörte Kommunikation in Familien erhöht Risiko, wenn genetische Verletzbarkeit gegeben: Familienmitglieder stören Aufmerksamkeitsentwicklung durch selektive Nichtbeachtung, mehr negative Kommentare und mehr Aufforderungen *(emotional overinvolvement)*, amorphe statt differentielle und fragmentarische statt integrierte Kommunikation. Kommunikation außerhalb der Familie meist normal, «kognitiver Egozentrismus» (LIDZ) bei Eltern häufig.

Therapie: Da die Ursachen der Sch. nur in Ansätzen bekannt sind, gibt es keine umfassende Ursachen-Therapie. Bei Positivsymptomatik (Typ 1-Erkrankung) bringt die medikamentöse Behandlung mit Neuroleptika, die in aller Regel zunächst im stationären Rahmen begonnen und überwacht werden muß, oft gute Erfolge. Negativsymptomatik kann dadurch weniger beeinflußt werden. Die psychotherapeutische Behandlung hat zum Ziel, mit dem Patienten zusammen ein Milieu bzw. Lebensbedingungen und Abschirmungsstrategien zu erarbeiten, bei denen die bei Schizophrenen zugrundeliegende Vulnerabilität für eine Über- bzw. Unterstimulierung berücksichtigt wird. Therapie bedeutet immer auch psychoedukative Aufklärung des Erkrankten und seiner Familie über die Sch., um so einem besseren Umgang mit der Sch. zu ermöglichen.

Auch bei länger hospitalisierten Patienten können kognitive und soziale Fähigkeiten in der Störung angepaßten Trainings ausgebaut werden (BRENNER et al.). Unklar bleibt dabei

allerdings, ob damit eine Reduktion der kognitiven Störungen erreicht wurde oder bessere Kompensationsstrategien gelernt wurden. Von großer Bedeutung ist die Versorgung außerhalb der Klinik, etwa durch die sozialpsychiatrischen Dienste, die für chronisch Erkrankte auf ambulanter Basis Alltagshilfen stellen und den für die Kranken so gefährdeten Bezug zur Realität aufrechterhalten helfen. Eine weitere wichtige psychologische Ansatzstelle ist die Rückfallprophylaxe mit der Familie, um der häufigen Verbindung von emotionalem Überengagement mit übermäßiger Kritik gegenüber dem Patienten entgegenzuwirken. Auch hier sind Erfolge belegt.
[L] KATSCHNIG 1977, SCHULTE & TÖLLE 1977, SHAKOW 1979, WYNNE 1978, BRENNER

N. Birbaumer/F. Caspar

Schizothymie, nach KRETSCHMER eine Temperamentsform mit Affinität zum leptosomen →Körperbau. Der Grundzug der S. ist die Absonderung des Innenlebens von der Außenwelt, die Neigung zum Insichhineinleben, zur Ausbildung einer abgegrenzten Individualzone, einer inneren wirklichtkeitsfernen Raum-, Ideen- oder Prinzipienwelt, eines pointierten Gegensatzes zwischen Ich und Außenwelt.
Je nach der Art der Psychästhesie und Psychomotilität bzw. je nach dem Mischungsverhältnis der hierbei kontrastierenden Züge unterscheidet man hinsichtlich der Psychästhesie die Hyperästhesie (Überempfindlichkeit und Verletzbarkeit, Empfindsamkeit und Feinfühligkeit) und Anästhesie (Unempfindlichkeit und Stumpfheit, Gleichgültigkeit und Gefühlskälte, Gleichmut und Unerschütterlichkeit) und hinsichtlich der Psychomotilität die Rigidität (Zähigkeit, Ausdauer, Starrheit, Konsequenz, Systematik, Fanatismus) und Elastizität (Sprunghaftigkeit, Biegsamkeit, Wendigkeit, Haltlosigkeit, Launenhaftigkeit). Je nach dem Mischungsverhältnis erscheint der Grundzug mehr als ein empfindsames Sichzurückziehen von der Masse der Mitmenschen oder mehr als gleichgültiges kühles Verhältnis zu ihnen ohne Rücksicht und inneren Rapport. KRETSCHMER hat eine ganze Reihe von Einzeltypen beschrieben, vom feinsinnigen Schwärmer, dem weltfremden Idealisten, dem Formaristokraten, dem Klassizisten, dem weltflüchtigen Romantiker, dem tragischen Pathetiker, dem krassen Expressionisten bis hin zum zähenergischen, unbeugsamen, prinzipiellen und konsequenten, diplomatischbiegsamen oder kalt berechnenden Alltagsmenschen.

Schlaf, (vgl. →Erholungstheorie des Schlafs), ein gewöhnlich periodisch auftretender, der Erholung dienender Zustand der Ruhe und des Sich-Abschließens von der Umwelt unter Herabsetzung oder Aufhebung des Tagesbewußtseins und der willkürlichen Bewegung. Man unterscheidet heute zumindest zwei Formen des S.: den orthodoxen (Non-REM-S., traumloser S.) und den paradoxen oder REM-S. [engl. *rapid-eye-movement* schnelle Augenbewegungen]. Polyphasischer S. heißt der typische Schlafrhythmus im Neugeborenen- bis Vorschulalter mit mehr als einer S.-phase pro 24 Stunden mit mittäglichen Nickerchen (= «*naps*»). Der normale Schlafrhythmus des Erwachsenen ist biphasisch. Diese Schlafphasen, wie auch die 4 bzw. 5 Stadien der Schlaftiefe (s. Abb. 1), lassen sich mittels der S.-Eletroenzephalographie einschließlich weiterer Ableitungen wie EOG, EMS (Polysomnographie) unterscheiden und bestimmen, ohne den Schläfer zu wecken. Jeder reguläre Schlaf beginnt mit orthodoxem S. geringer Schlaftiefe und führt nach spätestens 50 Min. zum ersten und meist längsten (20–30 Min.) Tiefschlafstadium (s. Abb. 2). Im orthodoxen Tief-S. sind die meisten Körperfunktionen herabgesetzt: reduzierte Herz- und Atemfrequenz, verengte Pupille («S.Miose») als Zeichen des verminderten sympathischen und vermehrten parasympathischen Tonus. Die mit dem Auftreten der Delta-Wellen (→EEG) im Tiefschlafstadium korrelierte Erhöhung des Wachstumshormonspiegels im Blutplasma weist auf eine mögliche Rolle des orthodoxen S. beim (Wieder-)Aufbau (vermehrte mitotische Zellteilungen) und der Geweberestituierung hin. Auch die Verlängerung des Non-REM-S. nach körperlichen Anstrengungen weist auf den restitutiven Charakter dieser S.-phase hin. Der REM-S. zeigt bei praktisch vollständigem Erlöschen des Muskeltonus (auch bei Untertemperaturen kein Kältezittern mehr) eine stärkere Aktivierung: Herzfrequenz, Blutdruck wie auch Atemfrequenz steigen an und werden unruhiger. Die Gesamthirndurchblutung, die sich im Non-REM kaum ändert, nimmt nach autoradiographischen Untersuchungen (Katze) beim Übergang zum REM-S. um etwa 200 % zu. Die REM-Phasen werden gewöhnlich mit kurzer →EMG-Aktivität (Bewegung) eingeleitet. Das EEG zeigt schnelle Wellen niederer Amplitude, und die Aktivität einzeln gemessener Neurone der Hirnrinde zeigt mindestens ebenso hohe, teils etwas höhere mittlere Entladungsfrequenzen wie im aktiven Wachzustand.

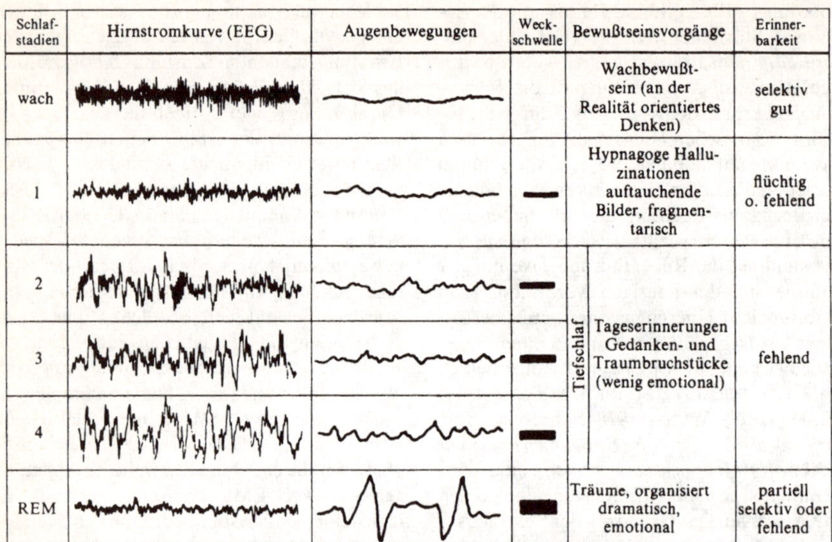

Schlafstadien	Hirnstromkurve (EEG)	Augenbewegungen	Weckschwelle	Bewußtseinsvorgänge		Erinnerbarkeit
wach				Wachbewußtsein (an der Realität orientiertes Denken)		selektiv gut
1				Hypnagoge Halluzinationen auftauchende Bilder, fragmentarisch		flüchtig o. fehlend
2				Tiefschlaf	Tageserinnerungen Gedanken- und Traumbruchstücke (wenig emotional)	fehlend
3						
4						
REM				Träume, organisiert dramatisch, emotional		partiell selektiv oder fehlend

Abb. 1: Wie im Wachen, so bestehen auch im Schlaf regelmäßige Beziehungen zwischen dem Aktivitätszustand des Gehirns – wie er sich im Elektroenzephalogramm zeigt – und dem psychischen Erleben. Die Nervenzellen des Gehirns sind auch während des Schlafs aktiv. Ein «Abschalten» gibt es nicht.

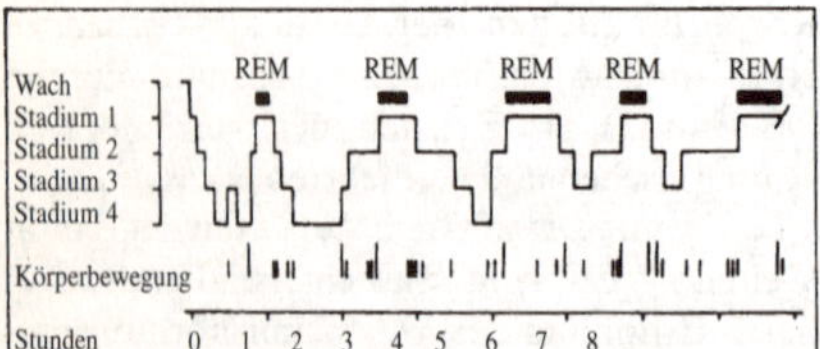

Abb. 2: Unsere Schlafenszeit gliedert sich in etwa drei bis fünf periodische Wechsel der Schlaftiefe, die zumeist mit einer REM-Phase abschließen. Die Dauer einer jeden Phase beträgt etwa 90 Minuten.

Die (unter geschlossenen Augen) auftretenden horizontalen und vertikalen konjugierten raschen Augenbewegungen, die eine Unterteilung des REM-S. in einen tonischen und einen phasischen Anteil zulassen, zeigen oft Übereinstimmungen mit dem Trauminhalt, der im REM-S. (= Traum-S.) seinen höchsten Grad an Organisiertheit, Emotionalität und Dramatik erhält. Die nach selektiven REM-S.-Entzug (durch gezieltes Wecken) beobachteten ps. Störungen (Hyperphagie, neurotische Reizbarkeit, Gedächtnislücken u. a.) lassen sich zur Zeit noch nicht mit Sicherheit auf den intendierten «Traumentzug» zurückführen. Dem REM-S. wird heute eine wesentliche Bedeutung für die Konsolidierung (und Umschichtung?) von Gedächtnisinhalten zugesprochen, die wir vermutlich als Traum miterleben. Während oder kurz nach dem REM-S. geweckt können wir über Träume berichten, die bereits nach 30 Min. nachfolgendem Non-REM-S., der die Konsolidierung zu hemmen scheint, nur noch in 8,9 % der Fälle erinnert werden können. Die in der Regel 4–6 REM-S.phasen einer Nacht nehmen gegen Schlafende an Länge zu. Ihr zeitlicher Anteil am Gesamtschlaf beträgt bei Neugeborenen etwa 50 %, bei über 80 Jahren etwa 14 %. Schlafwandeln (→Somnambulismus), das insbes. bei Adoleszenten vorkommt, tritt entgegen der früheren Ansicht, daß dies ein «somatisierter Traum» sei, nur im Stadium 3 und 4 (Tiefschlaf) auf. Entsprechendes gilt für das Bettnässen beim Kind *(enuresis nocturna)*, sowie das Sprechen im Schlaf *(somniloquie)*, oder die Nachtangst der Kinder *(pavor nocturnus)*, die ebenfalls hauptsächlich im Stadium 4 auftritt.

Nach den neueren «aktiven Schlaftheorien», die auf dem experimentellen Nachweis gründen, daß der Schlaf-Wach-Rhythmus von verschiedenen Strukturen im Brückenhirn und verlängertem Mark gesteuert wird, ist der S. ein vom ZNS aktiv induzierter Vorgang. Zu den unspezifischen Hemmungsstrukturen, die sowohl indirekt hemmend auf das «ARAS» in der *formatio reticularis* als auch direkt synchronisierend auf den Cortex wirken, gehören: der *nucleus raphé*, der durch Freisetzung des Monoamins Serotonin (5-HT) den Schlaf langsamer Wellen (= orthodoxer Schlaf) einleitet. Der *nucleus caerulus*, von dessen Aktivität (Freisetzung von Noradrenalin) der Übergang zum paradoxen S. ahängig ist; ferner der vordere Hypothalamus sowie der orbitale Frontalcortex. Die Wirksamkeit solcher «hypnogener» Systeme wurde durch ihre elektrische Stimulation belegt, die bei bestimmten Reizparametern (3–7 Pulse/sec im medialen Thalamus) normales Schlafverhalten auslösen. **[L]** Becker-Carus 1981, Jovanovic 1974, Koella 1988, Clarenbach et al. 1991, Faust et al. 1991, Borbely 1987, Hobsob 1990, Berger 1992, Becker-Carus 1995, 1997 *C. Becker-Carus*

Schläfenlappen [lat. *lobus temporalis*] →Gehirn

Schlafkur, medikamentös erzeugter, therapeutisch erwünschter Dauerschlaf von Tagen bis Wochen. Zumeist mit dem Ziel, Erregungs- und Erschöpfungszustände zu beenden bzw. einen neuen psychosomatischen Zustand zu ermöglichen. Die S. soll auf russische Anregungen bzw. die Lehren Pawlows zurückgehen. →Wirksamkeit

Schlafmittel →Hypnotika

Schlafstörungen, (syn. Agrypnie, Insomnie) Störung der normalen Schlaffunktionen, insbes. Schwierigkeiten beim Ein- und Durchschlafen, Störung der Dauer, Qualität und des Zeitpunktes des Schlafs. Bei vielen Schlafgestörten fehlt auch der Tiefschlaf im ersten Schlafdrittel, oder der ca. 90minütige (ultradiane) zyklische Ablauf von NON-REM-Schlaf und REM-Schlaf ist gestört. Die Eingrenzung der vielfältigen Ursachen der Schlafstörungen erfolgt heute in der Weise, daß neben Fragebogenerhebungen im Schlaflabor eine nächtliche Polisomnographie erhoben wird. Sie beinhaltet u. a. die Messung der Gehirnströme, der Augenbewegungen, des Tonus der Haltemuskulatur, kardiologische und respiratorische sowie weitere muskuläre Funktionen, die eine differenzierte Diagnose der vielfältigen Schlafstörungen ermöglicht. Derzeit gibt es keine weltweit einheitliche Regelung, nach der Schlafstörungen klassifiziert werden. Im Vordergrund stehen drei häufig verwendete Klassifikationssysteme: das →DSM-IV (Diagnostic and Statistical Manual), die →ICD-10 (International Classification of Diseases) und die internationale Klassifikation der Schlafstörungen ICSD (International Classification of Sleep Disorders). Die ICSD beinhaltet vier Hauptrubriken: Dissomnien, Parasomnien, Schlafstörungen bei körperlichen/psychiatrischen Erkrankungen und sog. vorgeschlagene S., deren Entität wissenschaftlich noch nicht ausreichend geklärt wurde. Die am häufigsten vorkommenden primären Insomnien («Schlaflosigkeit») im engeren Sinne sind in der ICSD den Dissomnien und dort den intrinsischen Schlafstörungen zugeordnet. Es handelt sich um die häufigste psychophysiologische Insomnie sowie die selteneren Erkrankungen: idiopathische Insomnie und Fehlbeurteilung des Schlafes. Insomnien stellen mit einer Prävalenz von 14 bis 35 % eines der häufigsten Gesundheitsprobleme dar. Sie nehmen mit dem Alter zu, Frauen scheinen häufiger betroffen zu sein als Männer. Insomnien zeigen eine hohe Komorbidität mit psychischen Erkrankungen, insbesondere mit Depressionen.

Bei den Schlafstörungen stellt die medikamentöse Behandlung nur für Kurzzeit-Behandlungen, z. B. bei vorübergehender starker Belastung, eine empfehlenswerte Möglichkeit dar, v. a. weil medikamentös keine natürlichen Schlafmuster erzeugt werden können. Psychologische Interventionen umfassen Information (oft schlafen die betreffenden Personen mehr als sie meinen, und Schlafmangel hat längst nicht so negative Auswirkungen wie befürchtet), die Korrektur ungünstiger Schlafgewohnheiten, Entspannungsverfahren wie →progressive Muskelrelaxation, →Autogenes Training etc. zur Reduktion von Anspannung und Angst, kognitive Verfahren (Bearbeitung belastender Gedanken) und verschiedene Ansätze zum Bearbeiten der belastenden Probleme. Als besonders wirksam erwiesen sich kombinierte Behandlungen. **[L]** Clarenbach et al. 1991, Faust et al. 1991, Berger 1992, Becker-Carus 1995, Schulz et al. 1997 *C. Becker-Carus/F. Caspar*

S

Schlaftiefe, Schlaftiefenmessung, die S. wird üblicherweise durch Messung der →Weckschwelle bestimmt. Sie wird operational definiert auf der Basis des Widerstandes, den der Organismus einer Unterbrechung des Schlafes entgegensetzt. Ist ein Individuum durch gegebene Sinnesreize nur schwer zu wecken, wird angenommen, daß es tief schläft, andernfalls leicht. Nach dieser Methode ist der Schlaf im ersten Drittel der Nacht tiefer (hohe Weckschwelle) als im zweiten und in diesem wiederum tiefer als im dritten (niedrige Weckschwelle). Bei älteren Apparaten wurden Schallreize durch Metallkugeln oder

Fallpendel ausgelöst, die man aus verschiedener Höhe auf eine Unterlage auftreffen ließ (Fallphonometer), und die je nach der Höhe der Fallstrecke verschieden starke Geräusche hervorbrachten. Heute verwendet man als Weckreize meist auf Tonband aufgenommene Geräusche von genau bestimmter Lautstärke. Auch Wärme-, Kälte-, Licht-, Berührungs- und elektrische Reize werden als Weckreize verwendet. Die Schlaftiefenmessung zu verschiedenen Zeiten des Schlafs ergibt eine Schlaftiefenkurve. Außer der Bestimmung mit Hilfe von Weckreizen versucht man, die Schlaftiefe auch durch Registrierung der Körperbewegungen während des Schlafs zu erfassen, deren Häufigkeit sich umgekehrt zur Schlaftiefe verhält. Da die Weckschwellenorientierte Definition unbefriedigend ist, finden sich in der Literatur versch. andere Ansätze. So läßt sich die Schlaftiefe z. B. aus der momentanen Form (Frequenz, Amplitude, Leistungsmaxima in gegebenen Frequenzbändern) des →EEGs ermitteln. Die prinzipielle Weckbarkeit aus dem Schlaf variiert im Laufe der Nacht in Abhängigkeit von der sog. Schlaftiefe, als deren Maß üblicherweise die Weckschwelle bestimmt wird. (Mindestintensität eines Weckreizes). Das «Abschalten» des Organismus gegenüber der Außenwelt im Schlaf geschieht einerseits durch verschiedene periphere Mechanismen (z. B. verengte Pupille, aktiver Lidschluß im NON-REM-Schlaf, aktiv induzierte Anspannung der Mittelohrmuskeln im REM-Schlaf) als auch durch zentrale Hemmung afferenter Impulse. Die Höhe der Weckschwelle bzw. der Schlaftiefe ist abhängig von: dem Schlafstadium, dem Zeitpunkt der Nacht, dem circadianen Effekt, der vorausgegangenen Wachdauer, dem Alter und von pharmakorgenen Einflüssen (Hypnotika erhöhen, Stimulantien erniedrigen die Weckschwelle). Spontanes Erwachen tritt deutlich häufiger aus dem REM- als dem NON-REM-Schlaf auf, so daß angenommen wird, daß der REM-Schlaf mit seiner ausgeprägten vegetativen und zentralnervösen Aktiviertheit physiologisch gesehen optimale Bedingungen für den Übergang vom Schlaf zum Wachzustand darstellt. →Schlaf. **[L]** Clarenbach et al. 1991, Müller 1997, Becker-Carus 1997 *C. Becker-Carus*

Schlafwandeln →Somnambulismus (Noctambulie), →Schlaf

Schlafzustände, unwillkürlich und ohne eigentliche Ermüdung eintretender oder abnorm anhaltender Schlaf, besonders bei Hysterie, Epilepsie, Gehirngeschwulst u. a. →Lethargie

Schlagfertigkeitsprüfung [T] Giese

Schlankheitsschwelle (Bühler), bei der Wahrnehmung diejenige Größe, um die ein räumliches Gebilde (etwa ein Rechteck) gegenüber einem anderen von gleicher Grundlinie verändert werden muß, damit es schlanker als dieses erscheint.

Schleusenwärterfunktion →Kanalmodell

Schlußantrieb, Arbeitssteigerung gegen Ende einer Tätigkeit (Endspurt).

Schlüsselerlebnis, ein von E. Kretschmer eingeführter Begr.: Erlebnisse, die besonders geeignet sind, aus einer bestimmten Persönlichkeit die gerade für sie bezeichnenden Reaktionen herauszuholen. Charakter und Schlüsselerlebnis passen zusammen wie Schlüssel und Schloß.

Schlüsselreiz, (biol.) Reizmuster, das eine mehr oder weniger spezifische (meist angeborene) Reaktion auslöst. Die wirksamen Bestandteile eines S. werden experimentell mit Hilfe von →Attrappen analysiert. *V. Preuss*

Schlußprozesse [engl. *syllogistic reasoning*], nach den Regeln der Logik vollzogene Denkschritte von Obersätzen (Prämissen) zur Folgerung (Konklusion), vielfach nicht nur als normative Regel der Logik, sondern auch als ps. Vorgang angesehen und als solcher z. B. von Wertheimer (1925, 1963) untersucht. →Deduktion

Schmecken →Geschmack

Schmerz, unangenehme sensorische Erfahrung, die in vielen Qualitäten gegeben sein kann (z. B. stechend, ziehend, spitz, dumpf, brennend, juckend). Tritt auf bei Verletzung der Körperoberfläche (Nozirezeptoren →Schmerzpunkte), bei Reizung innerer Organe als Tiefenschmerz, meist dumpf ziehend und weit ausstrahlend (erschwert die Diagnostik eines entzündeten Organes), ferner bei überstarker Reizung eines Rezeptors (Schmerzschwelle bei überlauten Tönen).

Für die Schmerzentstehung werden einige adaptationsfähige Rezeptoren und zugehörige neurale Systeme angenommen. Oberflächenschmerzen lassen sich durch gleichzeitige andere Reize hemmen (z. B. Vibration, Schlenkern eines verletzten Fingers). Die Empfindlichkeit für Schmerz ist interpersonal und situationsabhängig (Aufmerksamkeitszuwendung, Schockzustand) sehr verschieden. Neben Schmerzen auf Grund von Verletzungen gibt es vermutlich →neurohumoral ausgelöste wie z. B. allergische Schmerzen. Zentral ausgelöste S. sind die z. T. extremen Phantomschmerzen, die an Stellen amputierter Gliedmaßen auftreten können. I. ü. S. spricht man von S. bei unlustgetönten Stimmungen (seelischer Schmerz, Weltschmerz). GELDARD 1972, SAUERBRUCH & WENKE 1936

S. gilt im med. Krankheitsmodell als Signal für körperliche Schädigung. Klin.-ps. Erkenntnisse konzentrieren sich auf die Abhängigkeit der Schmerzerfahrung von subjektiv-ps. Bewertungskategorien (Erfahrung, Erinnerungsvermögen, Kulturkreis).

Die Schmerzreaktion wird nach FORDYCE (1976) in einem trimodalen Modell operationalisiert. Offenes Schmerzverhalten: Klagen über Schmerzen, nonverbales Schmerzverhalten (Mimik, Gestik); verdecktes Schmerzverhalten: Gedanken, Gefühle, Vorstellungen; physiologische Schmerzreaktion: Veränderungen kardiovaskulärer Parameter, Atmung, Muskelspannung etc. Verhaltensanalytisch kann respondentes und operantes Schmerzverhalten unterschieden werden. Respondent: körperschädigende Reize rufen Schmerzen hervor; operant: negative und positive Konsequenzen kontrollieren Schmerzen (LARBIG 1980). Wesentlichen Einfluß auf Neurophysiologie und Psychotherapie des Schmerzes hat die *gate-control*-Therapie von MELZACK (1978). In den Hinterhörnern des Rückenmarks wird das *gate* (Tor, Schleuse) durch den spinalen «Tormechanismus» modifiziert. Der spinale *gate*-Mechanismus steht unter der zentralen Kontrolle kognitiver Prozesse *(central control trigger)*, die über dicke schnelleitende Fasern aktiviert, efferent die Nervenübertragung in den Hinterhörnern regulieren.

Die MELZACKsche Schmerztheorie bietet viele Erklärungsmöglichkeiten für die Wirkungsmechanismen verschiedener Schmerztherapien (→Akupunktur, transkutane Nervenstimulation, Hypnose, kognitive und operante Verfahren). Nach neueren Befunden der biochemischen Forschung spielen vor allem das Endorphinsystem, Substanz P, Prostaglandine und andere Neurotransmitter an der Schmerzübertragung eine wesentliche Rolle.

Wegen der Verbreitung von Sch., der starken Lebensqualitätsbeeinträchtigung durch chronischen Schmerz und der beschränkten Möglichkeiten somatischer Therapie bei einigen Schmerzformen sind hier weitere therapeutische Ansätze von großer Bedeutung. Gute Wirkung zeigt Biofeedback an den relevanten Muskeln bei Kopf- und Rückenschmerzen, allerdings nur, wenn die gelernte Muskelentspannung dauerhaft weiter geübt wird. Eine vergleichbare Wirkung hat die →Progressive Muskelrelaxation nach JACOBSON, bei der das Weiterüben leichter durchführbar ist, da keine Apparate gebraucht werden. Gute und dauerhafte Besserung wurde auch unter →Hypnose erzielt. Auch operante Schmerzbehandlungen, die der Förderung von Aktivität und dem Aufgeben von Schmerz- und Schonverhalten dienen, haben sich als effektiv erwiesen. Ein wichtiger Wirkfaktor dürfte das Erleben sein, dem Schmerz nicht ohne Kontrolle ausgeliefert zu sein. **[L]** FLOR *W. Larbig/F. Caspar*

Schmerzmesser →Algesimeter

Schmerzmittel →Analgetika

Schmerzpunkte, punktförmige Hautstellen, die von Schmerznervenendigungen versorgt und daher schmerzempfindlich sind. Auch als Nozirezeptoren bezeichnet.

Schmerzschwelle, diejenige Intensität eines Reizes (z. B. eines Schall- oder Lichtreizes), bei der dieser neben der ihm entsprechenden Empfindung auch Schmerz auslöst bzw. bei dem die adäquate Empfindung in eine Schmerzempfindung übergeht.

Schnecke →Ohr

Schnelligkeitstest →Speed-Test

Schnitte entfalten [T] BINET

Schnittstelle [engl. *interface*], bei der konzeptuellen oder funktionalen Analyse von (informationsverarbeitenden) Systemen kann es zweckmäßig sein, das Gesamtsystem in Untersysteme «aufzuschneiden». An solchen S. passen Systemteile funktional zusammen, können sie interagieren. Entspricht einer Paßstelle zwischen Teilsystemen ein physisch unabhängiges Element, so wird auch dieses S. genannt, z. B. serielle S. Bei der Untersuchung von Mensch-Computer-Systemen sind Fragen nach der Gestaltung der Benutzer-S., den Informationsübergabestellen zwischen Mensch und Maschine (z. B. Bildschirminhalt, Dateneingabevorrichtungen) zentral. **[L]** DZIDA 1983, CARD, MORAN & NEWELL 1983 *P. Day*

Schnüffelstoffe, Substanzen, die inhalatorisch mißbraucht werden, um psychische Effekte zu erzielen, bes. euphorische Stimmung. Die bedeutsamsten S. sind Lösungsmittel (→Lösemittel). **[L]** HARTMAN 1995, SHARP et al. 1992, THOMASIUS 1995 *P. Weyers/W. Janke*

Schock [frz. *choc*, engl. *shock* Erschütterung, Stoß, Schlag], das reflektorische plötzliche Aussetzen gewisser normaler Körperfunktionen, z. B. Puls, Bewußtsein, Atmung, bei unerwarteten Störungen (Verletzungen, innersekretorischen Vorgängen). Man unterscheidet (1) Anaphylaktischer S., durch Übersensibilisierung eintretende Zyanose, Streckkrämpfe, Aussetzung der Atmung. (2) Apoplektischer S. nach Hirngefäßverletzungen. (3) Bauchschock: nach starkem Stoß gegen den Bauch. (4) Hypoglykämischer S.: Schwächegefühl mit Schweißausbruch. (5) Psychischer oder Nervenschock mit Gemütserschütterung und traumatischer Neurose. (6) Traumatischer S., Wundschock nach größeren Verletzungen. (7) Apperzeptiver S. Das Blockieren der Apperzeption durch Schockwirkung (Orientierungsverlust, Fassungslosigkeit). – In ps. Bedeutung hat der Begr. S. Verbreitung gefunden, um die Plötzlichkeit, das Unerwartete und die Intensität der nervösen oder auch psychischen Reaktion zu kennzeichnen. Psychischer Schock und Nervenschock können eine traumatische Neurose veranlassen. • Als S. werden auch best. Symptome gewertet, die bei der Beantwortung von **[T]** RORSCHACH-Tafeln zu beobachten sind (z. B. Rot-S.).

Schockgenerator →Reaktionssimulator

Schocktherapie, →Elektrokrampftherapie

schöpferische Synthese, nach WUNDT ein allgemeines Prinzip des ps. Geschehens. Es besagt, daß die Eigenschaften eines Zusammenhangs ps. Vorgänge nicht in der Summe der Eigenschaften seiner Komponenten bestehen, sondern daß in der Verbindung völlig neue Eigenschaften auftreten, die aus denen ihrer Elemente nicht zu erklären sind. Das Prinzip der s.S. entspricht im wesentlichen dem der →Ganzheit.

Schrankenwärtertest **[T]** HENCKEL

Schreck, Schreckreaktion [engl. *startle reflex, -patterns, -response*], der unlustvolle Affekt, der als Reaktion auf plötzlich Wahrgenommenes oder Vorgestelltes auftritt, wenn dieses als bedrohlich erlebt wird.

Körperliche Erscheinungen sind hierbei: Zusammenfahren, Erblassen, Schweißausbruch, gesteigerte Herzfrequenz u. a. Tiefergehende Folgen sind die Schrecklähmung bzw. die Schreckneurose. Von Bedeutung ist auch die Schreckaphasie, d. h. der plötzliche Verlust der Sprache nach Erschrecken. • Als Schrecksekunde wird (z. B. beim Autofahren) die Zeit bezeichnet, die zwischen Reiz (Auftreten der Gefahr) und Reaktion (beantwortende Handlung) liegt. Die Dauer ist je nach den Umständen unterschiedlich. In der Verkehrs-Rechtsprechung werden mindestens 0,8 sec. zugebilligt. →Reaktionszeit

Schreckstoffe, (biol.) von Tieren abgegebene chemische Substanzen, die Artgenossen oder Artfremde vor einem Freßfeind warnen oder diesem die Beute verleiden. Verletzte Elrizen z. B. sondern einen S. ab, der bei anderen Fischen →Fluchtverhalten auslöst.

Schreiben, in der Psychologie unter den Gesichtspunkten der →Psychomotorik und →Graphologie (→Schreibmotorik) behandelt. Zur Analyse des Schreibens werden spezielle Geräte wie Digitalisiertabletts, →Schreibwaage usw. verwendet; eine genaue Registrierung der →Koordination aller verschiedenen Gelenkbewegungen, die letztendlich im Schriftverlauf resultieren, ist bisher nicht möglich. Die kursive Schrift wird in der Regel in einzelne Striche (engl. *strokes*) segmentiert. Eine wichtige Untersuchungsmethode ist auch die Analyse von Fehlern. Modelle der →Bewegungssteuerung beim Schreiben haben als zentrale Komponente meist ein hierarchisch organisiertes →Bewegungsprogramm, dessen kleinste Einheiten die Striche sind. Bei Annahme bestimmter Geschwindigkeitsprofile für einzelne Striche läßt sich die individuelle Handschrift mit hoher Genauigkeit reproduzieren. Wie beim Malen findet sich auch beim Schreiben eine näherungsweise Gültigkeit des Gesetzes der konstanten Figurzeit; innerhalb eines Schriftzuges variiert die Geschwindigkeit mit der Krümmung (bei stärkerer Krümmung ist sie kleiner). **[L]** ROSENBAUM 1990 *H. Heuer*

Schreibmotorik, Graphomotorik, die Gesamtheit der Bewegungsabläufe beim Schreiben.

Die apparative kurvenmäßige Erfassung der Schreibdruck-, Griffdruck- sowie Schreibrhythmus-Verlaufsformen dient zur klinischen und praktischen Diagnostik, insbes. der Funktion des Antriebs, der Affektivität und des Temperaments im normalen und pathologischen Bereich. Methodisch und apparativ wurde die Differentialdiagnostik der Feinmotorik zu einem speziellen Untersuchungsverfahren ausgebaut.

Schreibwaage, Schriftwaage, Vorrichtung, um die Schreibdruckbewegungen auf die Schreibunterlage zu registrieren. Gleichzeitig kann das Schreibtempo von Buchstaben, Silben und Worten usw. gemessen werden. An Geräten stehen zu Verfügung: die alte Schriftwaage nach KRAEPELIN; verfeinerte Schreibwaagen nach GILDEMEISTER und WIRTZ, KATZ («Skriptochronograph»), LUTHE, STEINWACHS; elektrische Schreibwaagen nach v.

BRACKEN und MÜHLFELD sowie STEINWACHS und BOUCKE (Infraton-Druckkondensatoren).

Schriftexpertise, Ermittlung des Urhebers einer Schrift durch Vergleich der fraglichen Schrift mit Schriften bekannter Urheber. [L] PFANNE 1973

Schriftvergleich →Schriftexpertise

Schroedersche Treppe, bekannte →Kippfigur, die bei längerer Betrachtung abwechselnd als Treppe oder als überhängende Mauer erscheint. →geometrisch-optische Täuschungen

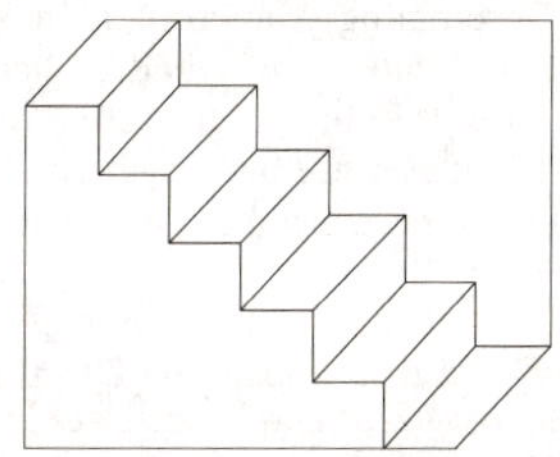

Schub, in der Ps. und Pathologie die Bezeichnung für einen Vorgang, der sich nicht gleichförmig fortschreitend entwickelt, sondern fallweise in unregelmäßigen Zeitabständen akut wird bzw. sich steigert.

In der Psychopathologie Kennzeichnung für die Entwicklungsweise der Schizophrenie, die nicht stetig ist, sondern in einzelnen, in längeren zeitlichen Abständen aufeinander folgenden Verstärkungen der Krankheitserscheinungen besteht («schubweiser» Verlauf). JASPERS definiert S. als «diejenigen akuten Vorgänge, die die dauernde Veränderung oft unter stürmischen Erscheinungen herbeiführen, und alle die späteren Vorgänge, die diese Veränderung weiter verstärken». Sie sind zu unterscheiden von →Phasen und →Reaktionen.

Schulangst, Sammelbez. für versch. vor und während des Schulbesuchs aktualisierte Formen des Erlebens von →Angst, die sich weder hinsichtlich der Ursachen noch der Erscheinungsweisen und Auswirkungen in einen geschlossenen theoretischen Bezugsrahmen fügen lassen. Schon die definitorische Frage, was im Verhalten und Erleben eines Schülers gegeben sein muß, um ihn als schulängstlich einzustufen, stößt auf erhebliche Schwierigkeiten; es besteht bislang keine Übereinstimmung darüber, ob sich die jeweils gemeinte Symptomatik aus relativ überdauernden Persönlichkeitseigenschaften zusammensetzen soll oder ob auch schon kurzzeitig auftretende Verhaltensauffälligkeiten – wenn sie nur angstbedingt und schulrelevant sind – die Verwendung des Begr. S. rechtfertigen sollen; ferner, ob der Begr. S. nur für angstbetonte schulisch bedingte Verhaltensstörungen (z. B. Leistungsabfall, Schulverweigern, Schulschwänzen, Schlafstörungen, Übelkeit) oder auch schon für die kaum merklichen Reaktionen (Nervosität, Handschweiß, Herzklopfen etc.) verwendet werden soll, denen (noch) keine negativen, insbes. leistungsbeeinträchtigenden Verhaltensauffälligkeiten korrespondieren.

Je nach definitorischer Abgrenzung müssen die zu konstruierenden Erhebungs- und Meßverfahren (Fragebogen, Beurteilungsratings u. ä.) und die sich daraus ergebenden Daten über Auftretenshäufigkeit und -intensität von S. unterschiedlich ausfallen – sie schwanken zwischen 5 und 60 %, wobei bei etwa 20 % der Schüler angstbedingte Leistungsbeeinträchtigungen angenommen werden dürfen. Als besonders bedenklich muß gelten, daß S. offensichtlich im Verlauf der Schulzeit zunimmt und auch bei der Erprobung neuer Schulmodelle kaum zurückgeht (GÄRTNER-HARNACH 1972). Als Ursachen für das Auftreten von S. werden angesehen:

- überstarke Bindung ans Elternhaus (= Angst vor dem Verlassen der familiären Geborgenheit);
- vereinzelt auftretende unangenehme Erlebnisse in der Schule, die auf Grund latenter Persönlichkeitsschwächen bzw. neurot. Dispositionen traumatische Wirkung entfalten;
- Umstellungsschwierigkeit auf ungewohnte Verhaltensvorschriften und -erwartungen in der Schule;
- Dissonanz von Unterrichts- und Erziehungsstil des Lehrers und Verhaltens- und Denkstil des Schülers;
- Leistungsdruck und -überforderungen, die unserem auf Auslese angelegten Schulsystem immanent sind (→Prüfungsangst).

Bei der Planung therapeutischer Maßnahmen ist zu berücksichtigen, daß neben dem Faktor Trennungsangst, soziale Ängste, Schulleistungsangst, Depression, Ängste vor bestimmten Objekten oder Personen eine Rolle spielen können. Oft beziehen therapeutische Maßnahmen Elternhaus und Schulsituation mit ein. Zu entsprechenden Therapien liegen kaum empirische Befunde vor. Psychodynamische wie auch verhaltenstherapeutische Ansätze, oft auch kombiniert, scheinen hilfreich zu sein. [L] ANDREAS et al. 1976, BÖHM 1976, FITTKAU 1969, HENRICH 1967, MÜHLE 1967, ZIELINSKI 1967 *G. Schusser/F. Caspar*

Schuld, Schuldgefühle, resultieren aus dem Unbedingtheits- und Wirklichkeitscharakter der sittlichen Forderung deutlich als Mahnung des →Gewissens.

Schuldfähigkeit, Begriff für strafrechtliche Verantwortlichkeit. Ein Täter ist nicht schuldfähig, wenn er infolge unvollkommener Entwicklung seiner geistigen und seelischen Fähigkeiten (§ 3 JGG) oder infolge krankhafter seelischer Störung, Schwachsinn, tiefgreifender Bewußtseinsstörung oder einer anderen schweren seelischen Abartigkeit nicht in der Lage war, das Unrecht der Tat einzusehen oder nach dieser Einsicht zu handeln (§ 20 StGB). Psychol. werden als Sachverständige zugezogen zur Beurteilung der Frage, ob im Augenblick der tatbestandsmäßigen Ausführung der Tat beim Täter ein hochgradiger Affekt vorgelegen hat und welche Auswirkungen dieser gegebenenfalls auf die Einsichts- und die Steuerungsfähigkeit gehabt haben kann. [L] UNDEUTSCH 1974 *U. Undeutsch*

Schulforschung, untersucht die Organisation, den Unterricht, die Lehrerfunktionen, das Schülerverhalten und das Zusammenwirken aller Bestandteile der Schule. S. kann als Feldstudie, als Feldexperiment (Schulversuche) oder als Laborexperiment (Laborschule) angelegt sein. Schulforschung dient oftmals der Innovation vornehmlich unter politischer oder gesellschaftlicher Zielsetzung (z. B. größere Schuleinheiten bilden, Erprobung neuer Schulformen, Einführung von mediengestütztem Unterricht, Evaluation geänderter Curricula). [L] MIETZEL & RÜSSMANN-STÖHR 1986, WEIDENMANN & KRAPP 1986

Schulleistungs-Tests (Schul-Lese-Schreibleistung), Bez. für Verf., die das Tatsachenwissen in Schulfächern (z. B. Lesen, Schreiben, Deutsch, Fremdsprachen, Mathematik, Physik, Geschichte, mehrere Fächer zugleich) feststellen, aber auch das aufgabengerechte Umgehen mit diesen Kenntnissen aufzeigen. Als standardisierte Verf. sind diese Tests den üblichen mündlichen und schriftlichen Kenntniserhebungen überlegen. Breit ausgebaut ist die Beurteilung des Lesens und Schreibens (Auffassung, Geschwindigkeit, Wortbedeutung, zentraler Gedanke) sowie die Abklärung der spezifischen Lese- und Rechtschreibschwäche (Legasthenie mit ihren Symptomen Reversion, Inversion, Umstellung). Die Tests bieten zumeist Buchstabenfolgen, Silbenfolgen, Wortreihen, Geschichten, Reihen immer schwierigerer Wörter, Zahlen u. a. Auch Spiegellesetests, Spiegelschreibtests, Lautverschmelzungstests, visuelle, akustische, visuell-auditive Wortverschmelzungstests sind entwickelt worden. [T] BIGLMAIER, BUSEMANN, SCHENK-DANZINGER, WALTER [L] INGENKAMP 1971, SÜLLWOLD 1960

Schullernen →Lernen, schulisches

Schulnoten-Norm →Standardwert

Schulpsychologe, der im Lebens- und Beziehungsraum der Schule (i. w. S.) tätige Psychologe, mit dem Hauptaufgabengebiet: Diagnose und Beseitigung von Problemen, die im Rahmen des schulischen Arbeitens bei Schülern und/oder Lehrern auftreten. Gemäß dieser Arbeitsbeschreibung richten sich die Aktivitäten des S. sowohl auf den Abbau von individuellen Defiziten einerseits als auch – soweit diese Defizite dadurch bedingt erscheinen – auf den Abbau von Defiziten der schulischen Institutionen.

Angesichts der Komplexität dieser Aufgabenfelder gerät die Konzeption des S. als eines «Einmann-Betriebs» oder eines «Mädchens für Alles» (AURIN) – ein Psychologe je Schule bzw. max. je 2000 Schüler –, die auch für den sog. «Schulpsycholgischen Dienst» der Bundesländer maßgeblich ist, zunehmend unter Kritik; es gibt Bemühungen, dieses Konzept zu ergänzen durch ein System von →Beratungslehrern. →Schulpsychologie. [L] M. MÜLLER 1973, ROEBER 1974, AURIN 1977 *G. Schusser*

Schulpsychologie, die Anwendung ps. Erkenntnisse, insbes. der pädagogischen und der Entwicklungsps., auf die Erfordernisse der Schule sowie die ps. Forschung und Praxis im Bereich der Schule, z. B. die Diagnose der Ursachen von Lernschwierigkeiten und deren Behebung oder die sozial- und organisationspsychologische Analyse und Verbesserung zwischenmenschlicher Prozesse (z. B. Beliebtheitsgefüge, Befehlsketten), situativer Momente (z. B. Schulklima, Gruppenatmosphäre) und vorgegebener Strukturen (z. B. Gebäudegröße und -gestaltung, gesetzl. Regelungen etwa in bezug auf Fächerwahl oder Leistungsbeurteilung). Die Aufgabenbereiche differenzieren sich weiter aus und sind als Ausdruck des zunehmenden Bemühens zu deuten, fachpsychologisches Wissen im schulischen Bereich zu popularisieren (WEINERT) – wie dies ähnlich auch im sozialpädagogischen Bereich geschieht. Dabei ergeben sich zunehmend fruchtbare Rückwirkungen auf Theoriebildung (insbes. im Bereich der Lernpsychologie, aber auch der Sozial- und Persönlichkeitspsychologie →Einstellungs- und Angstforschung) und Forschungsmethoden (multivariate Untersuchungsdesigns, Kasuistik) der Psychologie selbst. [L] ARNHOLD 1975/1977 *G. Schusser*

Schulreife, ein Begr., der die für eine erfolgreiche Teilnahme am Grundschulunterricht notwendige Befindlichkeit des Kindes zu definieren versucht, wobei die zum Erwerb der Kulturtechniken im Rahmen eines schulisch organisierten Unterrichts notwendigen Fähigkeiten und Fertigkeiten kognitiver, affektiver und motorischer Art als Kriterium verwendet werden. Die Feststellung der S. erfolgt durch hierfür entwickelte (Gruppen)Tests (z. B. Unterscheiden, Wiedererkennen, Zuordnen von Mengen).

Schulreife-Tests, Bez. für Verf. zur Beurteilung des geistigen und sozialen Entwicklungsstandes im Hinblick auf die Einschulung. Der S. ist somit der auf die Schulanforderungen ausgerichtete →Entwicklungstest. Die zu erfassenden schulkindcharakteristischen Fähigkeiten sind: Beobachtung (auch kritische), Konzentration, Gedächtnis, Formauffassung, Formunterscheidung, Erfassen von Größen, Mengen, Ordnungen, bildlich gebotenen Gegenständen u. Situationen, Sprachverständnis, Begriffsbildung, körperlicher Entwicklungsstand, Körperbeherrschung, Feinmotorik, soziales Verhalten. Bekannte S. sind HETZER-TENT (Weilburger Testaufgaben), KARAS-SEYFRIED (Wiener S.), KERN, KESSINGER-SCHMADERER-WALTER (Münchener Auslesetest), KLEINER (Göppinger S.), KRETSCHMER-HÖHN, MEIS (Kettwiger S.), NOLTE (Flens- burger S.), PFAFFENBERGER (Visueller S.), ROTH-SCHLEVOIGT-WÜLLWOLD-WICHT (Frankfurter S.), SCHREIBER (Rheinhauser Gruppentest), STREBEL (S. für Schweizer Kinder). Amerikan. Tests: BINION-BECK, BRENNER, HILDRETH-GRIFFITH, LEE-CLARK, MONROE, MURPHY-DURELL. Zur grundsätzlichen Kritik an den S. [L] SCHLEIFER 1971

Schul-Tests, Bez. für alle Verf., die den Erfolg von Unterricht und Erziehung deutlich machen und abklären, ob und wieweit beim einzelnen Jugendlichen (ggf. Erwachsenen) bestimmte Unterrichtsziele erreichbar sind. Man unterscheidet →Schulreifetests und →Schulleistungstests, dazu kommen schulwichtige Entwicklungs- u. a. Tests. • Seit den ersten deutschen Schul-Tests von MOEDE-PIORKOWSKI-WOLFF (1917), PETER-STERN (1918), BOBERTAG & HYLLA benutzt man Ortsbezeichnungen. Eine Zusammenfassung bieten die «Deutschen Schultests». [T] INGENKAMP [L] INGENKAMP 1971, SÜLLWOLD 1960

Schulversager, Bez. für Schüler, die mit den schulspezifischen Verhaltenserwartungen, -vorschriften und -sanktionen ganz allgemein, mit den Leistungsanforderungen im besonderen, nicht zurechtkommen, so daß sie entweder einzelne Schuljahre wiederholen oder in eine andere Schule (zumeist niedrigeren Anforderungsniveaus) wechseln müssen *(»dropouts»)*. Die weit verbreitete Ansicht, es handle sich dabei um den leistungsschwächeren Teil der Schülerpopulation, ist unangemessen, da mittlerweile ausreichend belegt ist, daß ein erheblicher Teil dieser Schüler sich weniger im Leistungsniveau als vielmehr in der qualitativen Art ihres (Leistungs-)Verhaltens vom Großteil der Schülerpopulation unterscheidet, nämlich z. B. in der Art der Phantasietätigkeit, in der Direktheit zwischenmenschlicher Kontaktnahme, im Denkstil. →Schulangst, →Schulleistungs-Tests, →Schulpsychologie, →Lernstörungen. [L] GLÖTZL 1979, HÖHN 1967, SCHLEIFER 1971 *G. Schusser*

Schulversuch, Bez. für alle möglichen Erneuerungsansätze im bestehenden Schulsystem. Weitgefaßt: sowohl neue Konzeptionen und Erprobungen ganzer Schulen als auch Teilreformen innerhalb des trad. Schulsystems oder einzelner Schulen (z. B. Erprobung neuer Leistungsbeurteilungsverfahren in einer Jahrgangsstufe einer Schule); enger und häufiger verwendet: Erprobung neuer Konzeptionen für ganze Schulen/Schulkomplexe (Schulzentren, Orientierungsstufen etc.), wofür häufig auch die Bez. «Versuchsschule» oder «Modellschule» gebraucht wird. Aufgabe/Funktion von S. ist es, angesichts der hinlänglich bekannten Mängel des bestehenden Schulsystems laufend Verbesserungsansätze zu planen, zu erproben und auf ihre Einführbarkeit in den Regelschulen zu überprüfen. Damit bekommen S. von Anfang an, ja prinzipiell, einen ambivalenten Status: Einerseits würden sie, im Fall der Überlegenheit des Erprobten über das Bestehende, Letzteres gefährden – insofern werden sie von den Anhängern des Bestehenden stets kritisch beobachtet; andererseits, im Fall der Unterlegenheit des Erprobten gegenüber dem bestehendem System, stehen sie in Gefahr, als bloße (noch dazu teure) Spielereien notorisch Reformgläubiger abgewertet zu werden (so als hätten sie erbracht, was «man» ohnehin hätte wissen

können). Die Rolle der relevanten Wissenschaften kann insofern nicht minder ambivalent ausfallen: Einerseits beraten sie bei der Planung und Erprobung von S., andererseits sollen sie diese mitgetragenen Konzeptionen hinterher kontrollieren und beurteilen.
Bei der Bund-Länder-Kommission für Bildungsplanung waren bis zum 1. 1. 1973 (= Höhepunkt der Reformbewegung) insgesamt 466 «Modellversuche im Bildungswesen» angemeldet worden. [L] AURIN 1973, FLITNER 1977, H.-G. ROTH 1975 *G. Schusser*

Schutzhemmung →Überbelastungshemmung

Schutztrieb, als besonderer Trieb angenommenes zweckmäßiges instinktives Verhalten bei Tieren und Menschen zum Schutz des eigenen Lebens oder des Lebens der Nachkommen, das sich z. B. in der Verteidigung bei Bedrohung oder in der Flucht bei Gefahr äußert.

Schwankungen, die Abweichungen eines Merkmals (Zustands oder Vorgangs) von einer mittleren Lage bei dem gleichen Individuum (intraindividuelle S.) oder in einer Gruppe von Individuen (interindividuelle S.). S. sind kennzeichnend für alles Lebendige; sie finden sich bei allen ps. Merkmalen und Leistungen. Meßbare S. werden als Abweichungen von einem Mittelwert dargestellt. →Variation, →Variabilität

Schwankungsbereich →Streuungsmaß

Schwebungen [engl. *beats*], rhythmische Schwankungen der Lautstärke eines Zusammenklangs von zwei Tönen, deren Schwingungszahlen sich wenig voneinander unterscheiden. Die Zahl der Schwebungen pro sec. ist gleich dem Unterschied der Schwingungszahlen der Teiltöne.

Schweigepflicht, gemäß §203 StGB (vgl. auch Berufsordnung für Psychologen des →BdP) ist der Psychologe verpflichtet, über alle ihm in Ausübung seiner Berufstätigkeit und bekannt gewordenen Tatsachen zu schweigen, soweit nicht das Gesetz Ausnahmen vorsieht oder ein bedrohtes Rechtsgut überwiegt. Diese S. ist auch gegenüber Familienangehörigen des Klienten und gegenüber Vorgesetzten zu wahren. Die Schweigepflicht kann entfallen, wenn der Klient eine Entbindung von ihr deklariert, ferner gegenüber Helfern/Mitarbeitern des Psychologen sowie ggf. im Kollegenkreis bei gleichzeitiger Behandlung von mehreren Psychologen und Ärzten.

Schwelle, der Grenzwert bei Empfindungen. →Reizschwelle, →Unterschiedsschwelle, →psychophysiologische Methoden. • Als Schwelle des Bew. wird auch jene Grenze bezeichnet, über die hinaus uns alles klar und voll bewußt erscheint (Wachbewußtsein) und unterhalb derer alle Inhalte liegen, die als unterbewußt gelten.

Schwereempfindung, Gewichtsempfindung. Beruht auf Muskel-, Gelenk- und Tastempfindung. Bei ruhender Hand beträgt der ebenmerkliche Zuwachs 1/3, bei bewegter 1/17 des ursprünglichen Gewichts.

Schwererziehbarkeit, geringe Beeinflußbarkeit im Hinblick auf eine Erziehungsnorm. KLINK (1962) nennt S. die schwere, Erziehungsschwierigkeit die leichtere Form. Derzeit wird eher von Verhaltensauffälligkeit oder Verhaltensstörung gesprochen, um die mehrdimensionale, relativ wertfreie Diskussion zu erleichtern. Bei S. werden Erwartungen im ps.-sozialen Bereich nicht erfüllt. Bedingungshintergründe, die zu erwägen sind: Überforderung, Mißerfolgserwartung, Verwöhnung, lieblose Erziehung, soziale Isolation, Konflikte mit Erziehern, andere Zielsetzung, negative Modelle, Entwicklungsstörung, Ich-Schwäche, organische Schädigung. Psychologen sind bei S. im Rahmen der Erziehungsberatung und zunehmend auf verschiedenen Ebenen auch prophylaktisch tätig, wobei berücksichtigt wird, daß S. auch bei Erziehern und Institutionen möglich ist. [L] BACH 1975, J. SCHMIDT 1978 *H. Ries*

Schwerhörigensprache, Dysregulationen der →Sprachproduktion durch Einschränkung der exterozeptiven (auditiven) Rückmeldungen; zu hohe Stimmlage, kreischender und überlauter Stimmklang (→Monotonie, →Monodynamik) sowie fehlerhafte Artikulation verschiedener Phoneme (audiogene →Dyslalie).
Angeborene oder frühkindlich erworbene →Hörstörungen behindern neben den Kontrollfunktionen die zur →Sprachentwicklung notwendige Aufnahme aller Sprachmuster aus der Umwelt (→Sprachrezeption), so daß die S. des Kindes auch anhaltenden →Dysgrammatismus und engen →Wortschatz aufweist. Früherkennung (→Audiometrie) und -behandlung (elektr. Hörhilfen, Hör- u. Sprachtraining sowie Früh-Lesenlernen) sind daher dringend notwendig. [L] BIESALSKI 1973, SEEMAN 1969

Schwerin-Kurve, Darstellung der U-förmigen Beziehung zwischen der Gedächtniswirksamkeit von Werbematerial und dem erzeugten Gefühlston.

Schwermut, das Erlebnis einer «Gedrücktheit» und Leere. LERSCH hebt die Lichtlosigkeit der S. hervor als Ggs. zur Heiterkeit mit dem Erleben einer inneren Helle. Mattigkeit, Armut des Lebens, Müdewerden, Hinneigen zur Nachtseite und zum Tode – alles Umschreibungen der S., in der wohl das «unerfüllte Verlangen nach Sinngehalten der Welt, in denen das Dasein einen Halt und seine eigene Fülle findet», zum Ausdruck kommt. Das Dasein steht vor dem Sinnleeren. →Melancholie

Schwierigkeitsabstufung →Steigerungsprinzip

Schwierigkeitsindex, p-Index, Maßzahl (Prozentwert), welcher eine Aufgabe eines Tests bezüglich ihrer Lösungswahrscheinlichkeit charakterisiert. →Itemanalyse

Schwindel, Vertigo [lat.], Gefühl des gestörten Gleichgewichts (die Umgebung oder der eigene Körper scheinen sich zu drehen – Drehschw., der Boden zu schwanken – Schwankschw.), z. T. verbunden mit Übelkeit, Schweißausbruch, Schwarzwerden vor den Augen u. a., verursacht durch Schäden bzw. Erkrankungen im Ohr, Kleinhirn, Hypotonie, Kreislauf, zerebrale Sklerose, Intoxikation (Alkohol) u. a.

Schwingungszahl, bei Tönen die Zahl der Schwingungen in der Sekunde (Frequenz). Als Normalton gilt das eingestrichene a = 440 Schwingungen/sec = Kammerton. Die Tonleitertöne verhalten sich, wenn der Grundton gleich 1 gesetzt wird, der S. nach wie $\frac{9}{8}, \frac{5}{4}, \frac{4}{3}, \frac{3}{2}, \frac{5}{3}, \frac{15}{8}$. Die S. bestimmt die Tonhöhe. Die musikalischen Töne liegen zwischen 40 und 4 000 Schwingungen. Überhaupt hörbar sind solche zwischen 15 und 20 000. Die →Lautstärke von Tönen ist auch von ihrer Frequenz abhängig.

Schwundquote [engl. *attrition*], Verhältnis der ausgefallenen zu den verbliebenen Einheiten (z. B. Kursteilnehmer am Ende des Kurses, Probanden in Nachuntersuchungen).

scientific management →TAYLOR-System

Scopolamin, syn. Hyoscin, als Medikament seit einigen Jahren nicht mehr im Handel, zur Klasse der →Anticholinergika gehörende Substanz, mit starken zentralnervösen und demgemäß ps. Effekten, in Nachtschattengewächsen (Tollkirsche) vorkommend, zu den Belladonna-Alkaloiden gehörend, seit Jahrhunderten mißbraucht. Hinsichtlich vieler physiol. Wirkungen mit →Atropin vergleichbar (z. B. Speichelreduktion, Reduktion von EEG-Arousal bei Stimulation, langsame EEG-Wellen). Ps. Wirkungen sind jedoch zum Teil andersartig; beim Menschen im Unterschied zu Atropin müdemachend und leistungshemmend (bes. Konzentration, Vigilanz, Gedächtnisbeeinträchtigung, bes. Arbeitsgedächtnis). Die Wirkung hält mehr als 5 h an. In höheren Dosen →psychotomimetisch. Die S.-Wirkung wurde als Modell für kognitive Veränderungen bei der →Alzheimerschen Krankheit vorgeschlagen. In Tierversuchen zeigt S. überraschenderweise keine desaktivierende Effekte. Viele Versuche zeigen Aktivitätssteigerung. S. führt im Tierversuch zur Verzögerung der Habituation an neue Stimuli. **[L]** JULIEN 1997, OTT & OLDIGS-KERBER 1992 *W. Janke/M. Reuter*

score [engl. Kerbe, Rechnung, 20 Stück, Punkt], geschätzter oder gemessener Zahlwert, Meßwert, Punktzahl (z. B. bei Testergebnissen).

scoring, Zuweisen einer Maßzahl

screening, wird ein Selektionsprozeß stufenweise durchgeführt (→sequentielle Strategie), so wird die erste Phase der groben Auslese als s. bezeichnet. Dem s. folgt dann die →Selektion. Das Ergebnis des s.-Verfahrens wird als s.-Index bezeichnet. Der s.-Index ist der Prozentsatz derjenigen Pbn, welche im s.-Verfahren erkannt, ausgeschieden usw. wurden. Auch der Selektionsprozeß der Items bei der Testkonstruktion wird als s. bezeichnet. *H. Häcker*

Script, Skript [engl. schriftliche Aufzeichnung, Drehbuch], eine Eintragung (Speicherung) im Langzeitgedächtnis (→Gedächtnis), welche die reguläre Ereignisabfolge in bestimmten (spezifischen) Situationen, Kontexten (z. B. Restaurant, Arzt, Bahnfahrt) beschreibt. Beispiel: Betreten einer Gaststätte, Platz nehmen, auswählen, bestellen, essen, bezahlen, G. verlassen. Ein S. kann Rollen (Gast, Bedienung, Wirt, andere Gäste) und Verzweigungen für speziellere Unterskripts (z. B. Art des Lokals) enthalten. Das im S. gespeicherte Wissen dient der Orientierung in häufig auftretenden Situationen.

Der Begriff S. wird auch in der Kognitiven →Verhaltenstherapie und der →Transaktionsanalyse verwendet. **[L]** SCHANK & ABELSON 1977 *A. Engemann*

SD, Abk. für *standard deviation* →Standardabweichung

SD, Abk. für *social desirability* →soziale Erwünschtheit

S^D, (auch S+), Symbol für den Trainingsreiz beim →Diskriminieren-Lernen, bei dessen Anwesenheit verstärkt wird, im Ggs. zu dem mit Nichtverstärkung verbundenen $S\Delta$, auch S^-.

S

SDET, Entwicklungs-Test für das Schulalter [T] SCHENK-DANZINGER

SE, Abk. für *standard error,* Standardfehler →Stichprobenfehler

Second messenger, chemische Systeme, die alternativ oder zusätzlich zu den primären Mechanismen (über botenstoffgesteuerte und →Ionenkanäle) die Wirkung chemischer Stoffe vermitteln. Bei einer Aktivierung eines Rezeptors durch einen chemischen Stoff führt eine biochemische Veränderung zu Aktivierung eines zweiten Stoffes, S.m., im Zellinneren. Der aktivierte S.m. kann seinerseits eine Reihe von Folgereaktionen in Gang setzen. Im Vergleich zur schnellen Ionenkanalübertragung nimmt dieser Mechanismus mehr Zeit in Anspruch und erzeugt (von der Inaktivierung des S.m. abhängige) längeranhaltende Effekte. S.m.-Systeme sind hochinteressant, da sie zu der Erklärung beitragen, wie das ZNS Veränderungen und Konsolidierungen ps. Phänomene (wie z. B. Behalten) über die Zeit hinweg bewerkstelligt. Als S.m. fungieren z. B. Ca^{++}, zyklisches Adenosinmonophosphat und Inositoltriphosphat. [L] BRADFORD 1995, FELDMAN et al. 1997 *W. Janke/M. Ising*

Sedativa, Stoffe (Pharmaka, Drogen), die zur Minderung von psychischer u.motorischer Erregtheit sowie zur Reduktion von Aktiviertheit verwendet werden. Bisweilen wird der Begriff auch zur Kennzeichnung von Stoffen mit hemmender Wirkung auf das ZNS verwendet. Meist niedrig dosierte Schlafmittel. Die heute verwendeten sind meist →Benzodiazepine, pflanzliche Beruhigungsmittel (z. B. →Johanneskraut), →Phytopharmaka. →Tranquillantien, →Neuroleptika, →Psychopharmaka *W. Janke/P. Weyers*

sedieren [lat.], dämpfen, beruhigen

Sedierungsschwelle, von SHAGASS eingeführter Begriff zur Kennzeichnung der Dosierung einer hemmenden Substanz (meist Amobarbital), bei der Sedierung auftritt. Als Sedierungskriterium dienen u. a. das EEG und verwaschene Sprache. Die S. ist besonders hoch bei Ängstlichen und Dysthymen i. S. EYSENCKS. [L] CLARIDGE 1967 *W. Janke*

Seele, Psyche [gr. *psyche,* lat. *anima*], ursprünglich das lebensspendende Prinzip im Menschen, auch die den Leib gestaltende und bewegende Kraft. Neben der S. beim Menschen findet sich auch die Annahme einer Seele bei Tieren, Pflanzen und bei unbelebten Dingen und Naturerscheinungen (→Animismus); weiterhin der Glaube an eine Weltseele, teils mit der Annahme, daß die individuelle S. in diese eingehen kann oder mit ihr letztlich identisch ist. In vielen Kulturen verbreitet ist die Idee einer dem Körper innewohnenden, unsterblichen S. PLATON unterschied die drei Seelenvermögen Begierde, Mut bzw. Willen, Denken bzw. Vernunft, die er den Körperteilen Unterleib, Brust und Kopf zuordnete. In ähnlicher Weise unterschied ARISTOTELES eine (allen Lebewesen eigene) vegetative, eine animalische und eine (dem Menschen zukommende) vernünftige S. Letztere wurde oft als unsterblich aufgefaßt und wird häufig auch als →Geist bezeichnet. Einflußreich war DESCARTES' Dualismus, wonach die Seele denkende Substanz ist, im Unterschied zur ausgedehnten Substanz, der Materie (→Leib-Seele-Problem). In der zeitgenössischen Philosophie und Psychologie dominiert die Auffassung, daß es keine substantielle Seele gibt und daß die sog. seelischen (psychischen, mentalen) Vorgänge auf das Zentralnervensystem als physischen Träger angewiesen sind. Die Annahme einer substantiellen S. ist nicht notwendig, um Verhalten zu erklären. Sie ist auch nicht phänomenologisch begründbar, im Unterschied zu den Erlebnissen (→Bewußtsein), die als Ereignisse Gegenstand innerer Erfahrung sind (→Selbstbeobachtung). Die verbreitete Annahme einer subst. S. ist erklärbar einerseits durch religiöse Motive, andererseits durch den jeweils unterschiedlichen Erkenntnisstand: Vor der Entwicklung der Kybernetik und Informationswissenschaft war es schwer vorstellbar, daß ein physisches System allein zur Selbststeuerung und komplexen Informationsverarbeitung fähig sein könnte. Im →Behaviorismus und →Neobehaviorismus wurde der Begriff S. zusammen mit allen mentalistischen Begriffen als wissenschaftlich unbrauchbar erklärt. Mit dem Einfluß der neueren →kognitiven Ps. wurden mentalistische Begriffe (Wahrnehmen, Verstehen, Denken) wieder als notwendig anerkannt, doch findet der Begriff S. wegen seiner Assoziation mit metaphysischen Fragen (Unsterblichkeit, Beziehung zu Gott) kaum Verwendung. Im Engl. gibt es für die Gesamtheit der mentalen Vorgänge den Begriff *«mind»*, im Unterschied zu *«soul»*. *V. Gadenne*

Seelenanästhesie, Tastblindheit, Verlust der Fähigkeit, etwas durch Betasten zu erkennen

Seelenblindheit, Verlust der optischen Erinnerungsbilder durch Zerstörung des optischen Erinnerungsfeldes. Der Betroffene sieht zwar noch, erkennt aber das Gesehene nicht. →Agnosie

Seelenlähmung, nach NOTHNAGEL Verlust der Bewegungs-Erinnerungs-Bilder für eine Extremität oder Körperseite. Nach BRUN (1954) lähmungsartiger Zustand, bei dem die aktive Beweglichkeit dadurch fehlt, daß dem motorischen Zentrum wegen Unterbrechung der →Assoziationsbahnen die sensiblen Anregungen nicht mehr zugehen. – Auf besondere Aufforderung hin können die Muskeln gebraucht werden. →Apraxie

Seelenvermögen, Begr. der älteren Ps. Denken, Fühlen und Wollen wurden als selbständige «Vermögen» angesehen, ebenso grenzte man Erkenntnisvermögen, Begehrungsvermögen, Vermögen von Lust und Unlust usw. ab. →Psychologie

Seelenwanderung, Hinüberwandern der Seele beim Tode in den Körper eines neu entstehenden Wesens in menschlicher, tierischer, göttlicher (oder «höllischer») Gestalt. Bei Naturvölkern als Vorst. des Hinübergehens in den Leib einer Schwangeren und als großes metaphysisches System in allen indischen Religionen (bes. Hinduismus, Buddhismus), die den menschlichen Taten im abgelaufenen Leben eine nachwirkende Kraft zuschreiben.

Segmentinnervation, die Innervation der einzelnen Körperbezirke aus bestimmten Rückenmarkssegmenten. →HEADsche Zonen

Segmenttäuschung →JASTROWsche Täuschung

Sehbahn, die afferente Nervenverbindung von der Retina (→Auge) zu den Sehzentren im →Gehirn.

Die aus dem Bulbus des Auges austretenden Axone der jeweils dritten Ganglienzelle der Retina verlaufen durch den *nervus opticus* und den *tractus opticus* und enden im *corpus geniculatum laterale* (im Thalamus). Die Fasern aus den beiden nasalen Retinahälften (Abb.) kreuzen sich im *chiasma opticum,* während die Fasern der temporalen Retinahälften ungekreuzt weiterlaufen (die Fasern der *foveae centrales* kreuzen teilweise). Die Fasern der nasalen Retinahälfte des einen und der temporalen Hälfte des anderen Auges werden im *corpus geniculatum laterale* über →Synapsen und Neurone umgeschaltet, deren Axone den *tractus geniculocalcarinus* (die «GRATIOLETsche Sehstrahlung») bilden und zum Okzipitallappen des Cortex verlaufen, wo sich die primäre Projektionsfläche des Sehens (visueller Cortex, BRODMANN-Areal 17) befindet. Ausfälle in diesen Zentren verursachen totale Blindheit (= →Rindenblindheit) bei vollkommener Funktionsfähigkeit der Sehorgane (z. B. Pupillenreflexe). →Agnosien, →Lokalisation. **[L]** GANONG 1979, HUBEL 1989, SCHMIDT & THEWS 1990, BRANDIS & SCHÖNBERGER 1991

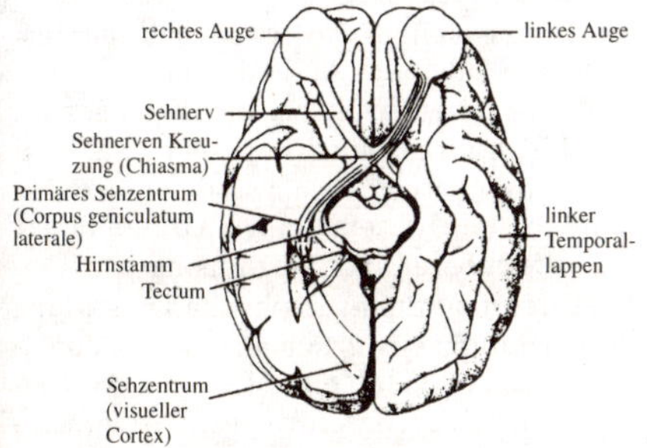

Abb.: Sehbahn

Sehen [engl. *vision*], die durch die Funktion des →Auges vermittelte Wahrnehmungsart; zu trennen nach der physiolog. Seite (Auge, Stäbchen, Zapfen) und der psychologischen (Wahrnehmung von Helligkeiten, Farben und Räumen), womit das Sehen je nach Aspekt als Teilvorgang oder als Gesamtleistung mit →Perzeption und →Selektion bis hin zur vollen →Informationsverarbeitung definiert werden kann. →Auge, →Farbe, →Sinne. **[L]** GANONG 1974, SCHMIDT & THEWS 1990

Sehfeld →Gesichtsfeld

Sehgröße, anschauliche Größe eines →distalen Objekts. Wesentliche Bestimmungstücke der S. sind der →Sehwinkel (Größe des →Netzhautbildes) und die Entfernung des →distalen Objekts. Obwohl der Sehwinkel mit zunehmender Entfernung abnimmt, bleibt die S. konstant, solange ein ausreichendes →Entfernungssehen möglich ist (Größenkonstanz, →Konstanz); entsprechend steigt die S. bei konstantem Sehwinkel und zunehmender Entfernung an; wenn das Entfernungssehen unmöglich gemacht wird (z. B. einzelnes Objekt in homogenem/dunklem Feld, das →monokular durch ein kleines Loch von z. B. 1 mm Durchmesser betrachtet wird; durch das kleine Loch wird die →Akkommodation ausgeschaltet), bricht die Größenkonstanz zusammen; sie wird auch bei extrem großen Entfernungen unwirksam. Außerdem hängt die S. vom Kontext ab (z. B. →DELBOEUF-Täuschung). *H. Heuer*

Sehhügel [lat. *thalamus opticus*] →Gehirn

Sehlage, Richtung, die die Dinge im Raum (abgesehen von der Sehtiefe) gegenüber dem Beobachter zueinander einnehmen: links,

S

rechts, oben, unten, vorn, hinten, senkrecht, waagerecht.

Sehproben, verschiedene Anordnungen zur Messung der Sehschärfe, z. B. Tafeln mit Buchstaben verschiedener Größe, die vom Probanden aus bestimmter Entfernung abgelesen werden sollen, oder mit →LANDOLT-Ringen. →Sehschärfe

Sehpurpur, Rhodopsin, rötliche Substanz in den Stäbchenenden der Netzhaut, die infolge der Lichteinwirkung «ausgebleicht» wird und sich im Dunkel wieder erholt.

Sehraum →Raum, →räumliches Sehen

Sehschärfe, Fähigkeit zur →visuellen Wahrnehmung feiner Details. Zur Messung der Sehschärfe werden →Sehproben mit bestimmten Optotypen verwendet (z. B. Buchstaben →SNELLENsche Tafeln, Ringe mit Lücken →LANDOLT-Ringe); das Maß für die Sehschärfe ist der Visus, der Kehrwert des →Sehwinkels (gemessen in Winkelminuten) des kritischen Merkmals des Optotyps (z. B. der Lücke im LANDOLT-Ring, Strichdicke der Buchstaben der SNELLENschen Tafel).
Zur Messung der individuellen Sehschärfe werden standardisierte Verfahren verwendet. Die Sehschärfe hängt von einer Vielzahl von Faktoren ab, z. B. ist sie bei schwacher Beleuchtung und im peripheren →Gesichtsfeld schlecht. Für experimentelle Zwecke werden mannigfache andere Verfahren verwendet; eine besonders hohe räumliche Auflösung kann man bei NONIUS-Figuren finden: Die Versetzung zweier senkrechter Linien gegeneinander wird bereits bemerkt, wenn ihr Sehwinkel nur wenige Winkelsekunden beträgt.
In der angelsächsischen Literatur ist die Sehschärfe i. a. durch ein Zahlenpaar wie 20/20 angegeben; die erste Zahl gibt die Distanz der Reize an (in Fuß), die zweite Zahl die Distanz, bei der der Sehwinkel eine Winkelminute beträgt; die Angabe 20/20 enspricht also Visus 1, 20/30 ist schlechter. **[L]** RIGGS 1965 *H. Heuer*

Sehstrang [lat. *tractus opticus*] →Sehbahn

Sehtäuschungen →geometrisch-optische Täuschungen

Sehwettstreit, binokulare Rivalität bei →dichoptischen Reizen; «Wettstreit» unterschiedlicher Bilder auf →korrespondierenden Netzhautpunkten. In der Regel entspricht die Wahrnehmung dem Bild des einen Auges, während das des anderen Auges unterdrückt wird; welches Bild dominiert, hängt z. B. von Helligkeit und →Kontrast ab (Bilder mit Konturen dominieren solche mit relativ gleichförmigen Flächen); bei geeigneten Reizen finden sich Schwankungen, so daß abwechselnd das eine oder andere Bild gesehen wird (willkürlich kaum zu beeinflussen). Beim natürlichen Sehen sind unterschiedliche Objekte auf fast allen →korrespondierenden Netzhautpunkten abgebildet; eine Ausnahme bilden nur die Punkte, auf denen auf dem Horopter liegende Objekte abgebildet werden. Eine Mischung dichoptischer Reize findet sich, wenn Konturen im einen Reiz jeweils mit relativ homogenen Flächen im anderen zusammenfallen (z. B. eine senkrechte und eine waagerechte Linie werden gleichzeitig gesehen außer in der Nähe des Kreuzungspunktes: Dort besitzt die eine Linie eine Lücke). Bei bestimmten dichoptischen Reizen kann →stereoskopischer Glanz auftreten. **[L]** TYLER 1983 *H. Heuer*

Sehwinkel, Winkel zwischen zwei →Richtungslinien; für den im Bogenmaß gemessenen Sehwinkel gilt annäherungsweise α [rad] = S/D mit S als Strecke zwischen den zu den Richtungslinien gehörenden Punkten auf dem →distalen Objekt (meist Randpunkte) und D als Entfernung vom Auge; der Sehwinkel wird also kleiner, wenn die Entfernung eines Objekts größer wird. Der Sehwinkel kennzeichnet die Größe des →Netzhautbildes der Strecke S. *H. Heuer*

Sehzentrum →Sehbahn, →Gehirn

Sein, Dasein, Existenz, In-der-Welt-sein, Gegebensein. • In der Ps. sind vor allem So-Sein und Sein zu unterscheiden, wobei ersteres ein bestimmtes S., eine Weise, einen Modus des Seins darstellt, dem bestimmte Eigenschaften anhaften, und letzteres das «Wesen», die Existenz als solche bezeichnet. Auch Sein und Schein sind im Ps. notwendige Unterscheidungen.

Seitigkeit →Lateralität

Sekretin, Hormon aus der Gruppe der gastrointestinalen Gewebshormone (→Hormone).

Sekretion, Absonderung von Drüsenprodukten (Flüssigkeiten und festen Substanzen). Äußere S. heißt die Absonderung der «exokrinen» Drüsen, z. B. Speicheldr., Magendr., weibl. Brustdr., Hautdr. • Als innere S. wird die Absonderung chemischer Reizstoffe durch bestimmte «endokrine» Drüsen direkt in das Blut bezeichnet. →Hormone

Sektorendiagramm, graphische Darstellung der →Häufigkeitsverteilung einer Nominalvariablen (→Skala); die relativen →Häufigkeiten der Klassen werden durch entspr. große Sektoren eines Kreises veranschaulicht.
E. Mittenecker

Sekundäranalyse, unter S. werden unterschiedliche Strategien verstanden, die zum Ziel haben, Untersuchungen (Experimente, Programme etc.) zu evaluieren. Eine solche Bewertung kann unter einer neuen Fragestellung, unter unterschiedlichen bzw. anderen Datenanalysetechniken oder anderer theoretischer Fragestellung vorgenommen werden. S. kann auch als Re-Analyse der Rohdaten einer Primäranalyse und zudem als Bewertung und Integration von Primäranalyse ohne Datenanalyse verstanden werden. Werden statistische Analysen und Integration der Rohdaten aus mehreren Primäranalysen bzw. statistische Analysen und Integration der Ergebnisse mehrerer Primäranalysen durchgeführt, so handelt es sich um →Metaanalysen. Ausgangspunkt solcher S. sind die meist in den Sozialwissenschaften aufgrund von Stichproben und Selektion von Variablen inkonsistenten Ergebnisse beim Vergleich von Untersuchungen zu gleichen oder ähnlichen Fragestellungen. [L] WITTMANN 1986 *H. Häcker*

Sekundäreigenschaften →Sekundärfaktoren

sekundäre Antriebe, die erworbenen Antriebe. →primäre Antriebe

sekundärer Verstärker, nach HULL ein Reiz, der wiederholt gleichzeitig mit einem Verstärker anwesend ist (→Verstärkung) und dadurch dessen Eigenschaft, unmittelbar vorhergehendes Verhalten in ähnlichen Situationen wahrscheinlicher zu machen, erhält. Syn. konditionierter Verstärker. Sekundäre Verstärkung wird meist angenommen, wenn Lernen ohne beobachtbare (primäre) Verstärkung, z. B. ohne Futteraufnahme, erfolgt ist. In der modernen (kognitivistischen) Ps. wird der Effekt des s.V. durch die Information erklärt, die er über die antizipierte Anwesenheit eines primären Verstärkers gibt. *R. Bergius*

sekundäres Willenserlebnis (BRENTANO), das Anstreben eines Zieles, um damit ein anderes, ursprüngliches, primäres Ziel zu erreichen. Ggs. →primäres Willenserlebnis. [L] ROHRACHER 1971

Sekundärfaktoren, syn. Faktoren 2. Ordnung, Faktoren, die aus den Interkorrelationen der Primärfaktoren extrahiert werden. Werden Variablen bzw. Testwerte interkorreliert bzw. faktorenanalysiert, so erhält man Faktoren 1. Ordnung bzw. Primärfaktoren. Im Bereich der Variablen von Persönlichkeitseigenschaften spricht man dann von Primäreigenschaften.

Werden die so gewonnenen Ladungen auf der Basis der schiefwinklig rotierten Faktoren als Interkorrelationsmatrix betrachtet und einer weiteren Faktorenanalyse unterzogen, so stellen die extrahierten Faktoren S. dar. Bezieht man diese wieder auf Persönlichkeitseigenschaften, so spricht man von Sekundäreigenschaften. Faktoriell konstruierte Persönlichkeitsfragebogen lassen in der Regel die Auswertung auf dem Niveau von Primär- als auch Sekundäreigenschaften zu. *H. Häcker*

Sekundärfunktion →Typologie (Primär-Sekundär-Funktionstypen). →Primärfunktion

Sekundärgruppe →Gruppe

Sekundärvorgang →Primärvorgang

Selbst (I), begriffsanalytisch lassen sich verschiedene Bedeutungen des hypothetischen Konstrukts «Selbst» herausarbeiten, von denen folgende als die relevantesten erscheinen: Das S. als personinhärentes Entwicklungsprinzip (JUNG, GOLDSTEIN, MASLOW, BÜHLER, REVERS u. a.), wobei das Ziel der Entwicklung in der Realisierung des «eigentlichen S.» als Urgrund des personalen Werdens zu sehen ist. In Abhebung davon das soziale S., das sich in Abhängigkeit vom Urteil der (bedeutsamen) Interaktionspartner bildet (W. JAMES, MEAD, C. ROGERS, SNYGG & COMBS, KRECH, CRUTCHFIELD & BALLACHEY, VERNON u. a.). Dabei ist zu unterscheiden zwischen einem S.bild (Art und Weise, wie sich ein Individuum selbst sieht bzw. welche Fähigkeiten, Rollen etc. es sich selbst zuschreibt) und einem Idealbild (als Ausdruck dafür, wie eine Person sein möchte auf Grund der internalisierten Normen und Werte seiner Bezugsgruppe). Selbst-Verwirklichung bedeutet dann u. a. das Streben nach Verringerung der Distanz zwischen S.bild und Idealbild. Eine systematisch-eklektizistische Integration dieser verschiedenen Aspekte des S. hat G. W. ALLPORT mit seinem Konzept des Proprium versucht, das sich stark an die JAMESsche Konzeption von «Ego» und «Me» anlehnt (→S.theorien der Persönlichkeit) und somit sowohl die «personalen» wie die «sozialen» Komponenten zu einem Funktionskreis des «propriaten» Strebens nach S.verwirklichung und S.vervollkommnung vereinigt. Neben dieser grundsätzlichen Darstellung der wesentlichsten Bedeutungsgehalte des S.begriffs, denen alle anderen Auffassungen subsumiert werden können, seien an nomenklatorischen Nuancierungen als auffindbaren Definitionselementen des S.konzepts noch genannt: S.identität, S.erhöhung und -ausdehnung (Expansion), S.erfüllung, S.realisierung und -aktualisierung, S.achtung und -wertschätzung, S.ideal, S.wahrnehmung und -bewertung, S.bewußtsein, S. als Gewußtes und als Wissendes, S. als Struktur und als Prozeß, S.konsistenz und -inkonsistenz, S.integration und -desintegration, S.einsichtigkeit, Tiefen-S., soziales S., materiales S., Körper-S., geistiges S., zentrales S. (Zentralität), S.aktualität, Individualität und Subjekthaftigkeit des Selbst, Selbsterleben u. a. [L] SULS 1982 *H.-J. Herber*

Selbst (II), in der →Analytischen Ps. ist das S. die letzte Stufe der →Individuation. Es ist (1) ein Archetyp der Ganzheit, der den →Individuationsprozeß steuert und reguliert, (2) eine annäherungsweise Vereinigung von Bewußtsein und Unbewußtem zu einer umfassenderen, vollständigeren Persönlichkeit mit hellen und dunklen Seiten und (3) eine dem Ich übergeordnete Instanz, zu der sich das Ich bewußt werdend und entscheidend oder aber passiv-geschehen-lassend verhalten muß.

Das S. steuert die Konstellation der →Archetypen, die die →Individuation vorantreiben. →Symbole des S. zeichnen sich durch höchste Numinosität aus und wirken persönlichkeitsverändernd, positiv-heilend und negativ-zerstörend (in der Psychose) und können sich beispielsweise darstellen als: alter Weiser, große Naturmutter, göttliches Kind, goldene Kugel, Kristall oder Mandala. [L] JACOBI 1959, 1965, JUNG 1976

Selbstachtung →Selbstwertgefühl

Selbstaktualisierung, soziale, Ggs. →Abhängigkeit, soziale

Selbstaufforderung, philosophisch-handlungstheoretischer Terminus, der, ungefähr bedeutungsentsprechend mit →Vorsatz, auch in der Handlungspsychologie Eingang gefunden hat. [L] WERBIK 1978

Selbstaufmerksamkeit, auf das →Selbst gerichtete Aufmerksamkeit. Ausgehend von MEADS Auffassung über die Entstehung des Selbstkonzepts und auch von BEMS Theorie der Selbstwahrnehmung, mit der u. a. die →Einstellungen *(attitudes)* aus der Beobachtung des eigenen Verhaltens abgeleitet werden, entwickelten DUVAL & WICKLUND 1972 eine Theorie der objektiven S. *(self-awareness)*. Durch Selbstkonfrontation (exp. z. B. mit Hilfe von Spiegel oder Tonbandgerät erzeugt) oder Selbstreflexion wird die Aufmerksamkeit von der Umwelt weg auf das eigene Selbst gelenkt. Das Hauptinteresse der exp. Forschung liegt bisher bei den Folgen des Vergleichs des Ergebnisses der Selbstwahrnehmung (Realselbst) mit einem Ideal oder mit sozialen Normen und bei der Wirkung des S. auf die Einstellungs-Verhaltens-Konsistenz (PRYOR et al. 1977). →Selbstbeobachtung.

R. Bergius

Selbstbehauptung →Selbstsicherheit

Selbstbeherrschung, nach PAULSEN (1921) die «Kraft, durch den vernünftig-sittlichen Willen das Eigenleben im Sinne menschlicher Vollkommenheit zu gestalten, unabhängig von den Naturtrieben und Affekten». →Selbstkontrolle

Selbstbekräftigung →Selbstkontrolle

Selbstbeobachtung, Introspektion, die bewußt auf seelische Vorgänge und Zustände gerichtete Aufmerksamkeit, um die verschiedenen Phasen des Ablaufs ps. Vorgänge und die Mannigfaltigkeit der Inhalte festzustellen und zu beschreiben. Systematisch durchgeführt ist die S. eine der Forschungsmethoden der Ps. Sie gliedert sich, je nach ihrer Anwendung, in «eigene S.», wobei sich der Forscher selbst der S. unterzieht, oder in «vermittelte S.», bei der ps. Vorgänge anderer Personen als Ergebnisse ihrer S. mitgeteilt werden.

Als sich die Ps. im vorigen Jahrhundert mit dem Gegenstand «Bewußtsein» oder der «inneren Erfahrung» als selbständige Wissenschaft etablierte, war – da man bew. Erleben nirgendwo anders findet als in sich selbst – die S. ihr wichtigstes methodisches Instrument. Insofern Erleben als individuelle Gegebenheit an die Innenwelt seiner individuellen Träger gebunden ist, sprach man der S. auch in der Persönlichkeitsforschung eine wesentliche Bedeutung zu. Als zureichende ps. Methode der Datengewinnung wird die S. aber wie folgt kritisiert: (a) die Gefahr der Selbsttäuschung (auf die schon BRENTANO hinweist), besonders wenn die S. zugleich eine Selbstbeurteilung provoziert oder eine moralische bzw. eine soziale Bewertung miteinschließt; (b) die Frage, ob es gelingt, trotz der unbestrittenen möglichen Rückwendung der Erkenntnisintention auf das eigene →Selbst (→Reflexion) im strengen Sinne gleichzeitig ein Erlebnis zu haben als es auch zu beobachten; (c) die Tatsache, daß jede →Beobachtung als solche das zu beobachtende Phänomen ändert; (d) das Problem, inwieweit unsere Sprache dazu ausreicht, die außerordentlich differenzierten und veränderlichen, flüchtigen ps. Vorgänge auszudrücken; (e) das wissenschaftliche Kriterium der Vergleichbarkeit kann nicht erfüllt werden. Auf Grund dieser Einwände wird die S. von vielen Forschern abgelehnt, besonders von den Behavioristen.

BRENTANO und ACH messen der S. – trotz Bedenken – neben dem Experiment eine beträchtliche Bedeutung bei, wenn sie systematisch durchgeführt wird. Für die S. spricht, daß sie für das individuelle Erleben der Wahrnehmung des Denkens, Fühlens, des Bedürfnisses etc. den einzig möglichen direkten Zugang bildet. Die Schwächen dieser Methode können durch Ergänzungsverfahren (z. B. Ausdrucksbeobachtung, Analyse psychopathologischer Erscheinungen, Studium von Selbstbiographien) etwas gemildert werden.
In der Psychotherapie, v. a. der Verhaltenstherapie, dient die systematische Selbstbeobachtung als wichtige Datenquelle für die Problemananalyse und kann u. U. wegen der größeren Aufmerksamkeit und Konfrontation mit unangenehmen Verhaltensweisen allein zu einer Reduktion derselben führen. →Selbstaufmerksamkeit, →Selbsterkenntnis, →Beobachtung, →Fremdbeobachtung. [L] ACH 1905, 1935, BRENTANO 1959, LERSCH 1962, PAULI 1972, ROHRACHER 1961, E. ROTH 1969, SALBER 1960, SCHILLING 1948, BEM 1972 *F. Caspar*

Selbstbesinnung →Reflexion

Selbstbewußtsein, im Ggs. zum Außenweltbew. das Erleben der geschlossenen Eigenheit und Einheit des persönlichen Ich. I. ü. S. die Willenshaltung (Handlung) der Person in Beziehung zum Geltungstrieb.

Selbstbild, Selbstkonzept, die Kognitionen und Gefühle, die man sich selbst gegenüber hat. →Selbst. Das S. entsteht sowohl durch die →Selbstbeobachtung der eigenen Erlebnisse und des eigenen Handelns als auch durch die verschiedenen Formen der Beurteilung durch andere (Lob, Tadel, Lohn und Strafe). Letztere führt auch zu dem idealen S. und zur →Ich-Ideal-Diskrepanz. →Selbsterkenntnis. Die Beziehung zu anderen ist außerdem gegeben in dem vermuteten Fremdbild, d. h. den Annahmen, die man über das Bild macht, das vermeintlich andere von einem selbst haben. Das vermutete Fremdbild ist ein konstituierender Teil des Fremdbildes, das in der →interpersonalen Wahrnehmung entsteht, und geht über in das soziale S., das mit dem S. verglichen wird. Das vermutete fremde S. ist ebenfalls ein Teil des Fremdbildes (z. B.: «er ist eingebildet»), weil es die Kognitionen und Gefühle beschreibt, die nach eigener Meinung der andere sich selbst gegenüber hat. →Selbsttheorien der Persönlichkeit, →Q-Sortierung. [L] FILIPP 1979 *R. Bergius*

Selbstbiographie →Autobiographie

Selbsteinsicht →Selbsterkenntnis

Selbsteinstellungsmethode →Herstellungsverfahren

Selbstentfaltung, Persönlichkeitsentfaltung, oftmals in demokratischen Verfassungen verankertes Recht von Bürgern auf Zuwachs an Handlungskompetenz auf freiheitlicher Grundlage. Geht hinein in die Auswahl der Ziele für →Bildung und gehört zu den inhaltlichen Fragen der Motivationsforschung (→Leistungsmotivation, →Bedürfnishierarchie). Empirische Studien über Möglichkeiten und Grenzen von S. finden sich nur indirekt in Studien mit anders gelagerter Thematik (z. B. →Arbeitszufriedenheit, →Ich-Forschung, →Hilflosigkeit, →Verstärkerkontrolle).

Selbsterfahrung, hat allgemein zum Ziel, sich selber besser kennenzulernen und in der Folge weiterzuentwickeln. Dies kann für daran interessierte Personen ein Selbstzweck sein, oft ausgelöst durch persönliche Krisen, die nicht zu Störungen von Krankheitswert und damit nicht zur Inanspruchnahme professioneller Therapie führen. Selbsterfahrung wird in der Regel auch als Teil von Psychotherapieausbildungen vorgeschrieben: Persönliche Schwächen, die eine therapeutische Tätigkeit beeinträchtigen könnten, sollen erkannt und die Flexibilität in der Beziehungsgestaltung vergrößert werden. S. kann einzeln und in Gruppen durchgeführt werden. Eine besondere Form ist die →Lehranalyse. Daß S. tatsächlich zu den erwünschten Effekten führt, ist empirisch nicht belegt, was angesichts des hohen Kostenanteils von S. für einige Therapieausbildungen unerfreulich ist. *F. Caspar*

selbsterfüllende Prophezeiung →self-fulfilling prophecy

Selbsterhaltungstrieb, Sammelname für die Antriebe zu allen Verhaltensweisen, die für die Erhaltung des normalen Zustandes, der Gesundheit, des Lebens eines Individuums zweckmäßig sind, wie z. B. «Nahrungstrieb», «Verteidigungstrieb» usw. →Arterhaltungstrieb

Selbsterkenntnis, Hinwendung des Erkennens auf das eigene Ich. Das Selbst als eine gestaltete und überdauernde Vorstellung in der Erfahrung des Menschen wird auf seine Eigenarten untersucht (eigenes Sein, Verhalten, Anlagen, Fähigkeiten, Einstellungen, Motivationen). Diese Vorstellung hat ihre eigene Entwicklungsgeschichte und ist jedem Individuum in je für ihn einzigartiger Weise gegeben.
Als Voraussetzung für die Entfaltung und Gestaltung der eigenen →Persönlichkeit wurde

S. schon bei den Griechen der Antike als Grundlage gefordert, wie es u. a. aus der Aufschrift des Apollotempels in Delphi hervorgeht: *«Gnothi seauton»* («Erkenne dich selbst»). Die S., das Innewerden des →Selbst, beruht einerseits auf der →Selbstbeobachtung, andererseits auf Rückempfindungen, welche aus der Konfrontation des Menschen mit Problemen in seiner Umwelt und der zwischenmenschlichen Kommunikation erfaßt werden. Trotz der berechtigten Forderung nach S. (PASCAL, KANT) hat es an skeptischen Stimmen ihr gegenüber nie gefehlt (GOETHE, NIETZSCHE), welche auch auf die Neigung des Menschen hinweisen, sich (auch) vor sich selbst zu maskieren. Die →Psychoanalyse hat diese Tatsache in hinreichenden Untersuchungen bestätigt. Das andauernde Bemühen um S. als Voraussetzung für ihren Berufsauftrag wird für die Pädagogen besonders von LANGEVELD, SPRANGER und KERSCHENSTEINER, für die Psychologen besonders von HECTOR gefordert. Die tiefenps. Schulen tragen seit langem dieser Notwendigkeit Rechnung, indem sie von jedem auszubildenden Analytiker eine eigene Lehranalyse fordern. Die S., wie sie HECTOR vorschlägt, soll an kein Lehrsystem gebunden sein, mit der Übersicht über den eigenen Lebenslauf beginnen, äußere Situationen und seelische Umstände der persönlichen Entwicklung betreffen und so eine kritische Beurteilung der Besonderheiten des eigenen seelischen Seins ermöglichen. Da das →Selbst in ganz bestimmter Weise wahrnehmungsmäßig erkannt und verkannt werden kann, besteht die Möglichkeit der Selbsttäuschung. Diese wiederum kann zu Schwierigkeiten bei einer realitätsnahen Anpassung an eine gegebene Umwelt führen. Die therapeutischen Bemühungen zielen auf eine Korrektur der S. und die daraus mögliche Lösung der indiv. Konflikte. **[L]** W. ARNOLD 1969, BROCKDORFF 1942, DRIESCH 1942, HECTOR 1971, HOFSTÄTTER 1959, KANTHACK 1958, KATZ 1972, KRECH et al. 1974, LANGEVELD 1969, LITT 1948, SARTRE 1973, SCHELER 1919

Selbstexploration, von TRUAX eingeführte Klientenvariable. Der Klient setzt sich mit den eigenen Empfindungen, Haltungen und Bedürfnissen auseinander, um seiner eigenen Zielperspektive näher zu kommen. Hohe S. ist ein wichtiger Bestandteil der Klient-Therapeuten-Interaktion. **[L]** GARFIELD & BERGIN 1978 *H. Ries*

selbstgesteuertes Lernen, beim s.L. bestimmt das Individuum sein Handeln eigenständig unter Verzicht auf Fremdsteuerung. In neobehavioristischen Ansätzen zur Verhaltensmodifikation ist s.L. auf das Konzept der Selbstkontrolle bezogen. Nach GLYNN, THOMAS & SHEE (1973) bezeichnet Selbstkontrolle einen aus 4 Komponenten zusammengesetzten Verhaltenskomplex. (1) Selbstwahrnehmung: Die Person prüft, ob sie ein bestimmtes Zielverhalten gezeigt hat. (2) Selbstregistrierung: Die Person registriert die (Auftretens-)häufigkeit dieses bestimmten Verhaltens. (3) Selbstbestimmung der Verstärkung: Die Person bestimmt die Art und Quote ihrer Verstärkung. (4) Selbstverabreichung von Verstärkung: Die Person verabreicht sich entsprechend ihres Verstärkerplans ihre Verstärkung.
Selbstkontrolle bedeutet hier, daß die Person die Reize setzt, die ihr Verhalten kontrollieren. Demgegenüber bedeutet Kontrolle in den kognitionsps. Ansätzen Steuerung: Sie bezeichnet, daß ein intelligentes System die Prozesse der Aufnahme und Verarbeitung von Reizen steuert. BROWN (1978) hat im Zusammenhang mit der Analyse von Verstehens-, Problemlöse- und Gedächtnisaufgaben 4 kognitive bzw. metakognitive Komponenten für s.L. herausgearbeitet, die hier nur verkürzt wiedergegeben werden können. (1) Metaverständnis: Was weiß ich? Was kann ich wissen? Was sollte ich wissen? (2) Vorhersage: Wie gut werde ich welches Problem lösen? (3) Planung: Wie gut und in welcher Abfolge soll ich vorgehen? (4) Überwachung, Prüfung, Bewertung: Wie gut/adäquat tue ich es gerade/habe ich es getan? Diese und ähnliche Ansätze sind bewußtseins- oder einsichtszentriert und stehen damit dem s.L. näher als neobehavioristische Konzepte. **[L]** GLYNN et al. 1973, BROWN 1978 *H. Mandl*

Selbstgliederungstheorie →Produktionstheorie

Selbsthilfegruppen, Kleingruppen, die ohne oder nur mit marginaler Beteiligung von Therapeuten mit ihren Problemen und Konflikten umgehen lernen sollen (MOELLER 1978, 1984). S. bestehen für psychosoziale Probleme vielfältiger Art und im Bereich der Medizin zur Verarbeitung von schweren Krankheiten und ihren Folgen. S. gibt es für Patienten, aber auch Angehörige. Beispiele sind S. für Alkoholiker-S., die für die Rückfallprophylaxe sehr wichtig sein können, und S. für die Angehörigen von Hirnverletzten, deren Ausfälle oft dramatische Folgen für Familien haben. Bei leichten psychischen Problemen können S. durchaus eine Inanspruchnahme fachlicher

Hilfe überflüssig machen, es ist allerdings für Laien in der Regel schwer zu beurteilen, ob ihr Leidenszustand durch kompetente fachliche Hilfe schneller oder gründlicher verbessert werden könnte. Eine vorherige Abklärung oder eine Kombination von S. mit Psychotherapie i. e. S. ist daher oft empfehlenswert. *L. Schmidt/F. Caspar*

Selbsthypnose →Autohypnose

Selbstinstruktion, ein von D. MEICHENBAUM entwickelter Ansatz innerhalb der Kognitiven →Verhaltenstherapie mit guter Wirksamkeit, bei dem Menschen lernen, ihr Verhalten und Empfinden gezielt durch an sich selber gerichtete Anweisungen zu steuern. S. ist u. a. ein geeignetes Mittel, Selbstkontrolle aufzubauen und außerhalb kritischer Situationen gewonnene Einsichten auch in diesen wirksam werden zu lassen. S. wird in der Regel eingebettet in umfassendere Therapien verwendet. *F. Caspar*

Selbstkongruenz →Echtheit

Selbstkontrolle, in der kognitivistischen Verhaltensmodifikation (MEICHENBAUM) gefördertes Verfahren, durch Selbstbekräftigung eine ursprünglich schwächere Verhaltenstendenz dominant zu machen (z. B. Mäßigung vs. Eßlust). Bei SKINNER die Annahme, daß die Person aus verschiedenen (mindestens zwei) Reaktionssystemen bestehe, die sich gegenseitig wie physisch selbstständige Personen beeinflussen können. Umgangssprachlich: Selbstbeherrschung. S. ist z. B. beim →Belohnungsaufschub notwendig. *R. Bergius*

Selbstkontrolltherapien (Selbstkontrolle, Selbstmanagement, Selbststeuerung, Selbstregulation), zielen darauf ab, daß der Patient sein eigenes Verhalten so regulieren kann, daß sich die Auftretenswahrscheinlichkeit und/oder die Intensität des problematischen Verhaltens verringern. Den verschiedenen Interventionsstrategien, die unter diesem Begriff zusammengefaßt werden, ist gemeinsam, daß der Therapeut den Patienten zu bestimmten Änderungen im Verhalten anregt, ihn zur Übernahme eines Programms motiviert und bei der Erstellung der einzelnen Therapieschritte sowie bei der Durchführung berät und unterstützt. Die Systematik der Beschreibung und Einordnung der Selbstkontrollverfahren fällt bei den einzelnen Forschern und Therapeuten z. T. recht unterschiedlich aus. Eine häufig benutzte Gruppierung dieser Methoden macht die Unterscheidung zwischen: (1) Techniken, die sich auf verschiedene Abschnitte des zunächst von KANFER (1971) vorgeschlagenen Arbeitsmodells zur Selbststeuerung beziehen: Selbstbeobachtung (Identifizierung des Problems), Selbstverpflichtung, Selbstbewertung, Selbstverstärkung und Selbstbestrafung; (2) Verfahren der verdeckten Konditionierung (verdeckte Verstärkung, Löschung, Desensibilisierung); (3) Methoden, die zu den →kognitiven Verhaltenstherapien i. S. von MAHONEY zu rechnen sind: Rational-Emotive-Therapie (RET) nach ELLIS, die kognitive Therapie nach BECK, MEICHENBAUMS Selbstinstruktionstherapien, das Problemlösetraining nach D'ZURILLA & GOLDFRIED. **[L]** KANFER 1977, KANFER & GOLDSTEIN 1977 *P. F. Schlottke*

Selbstmord →Suicid

Selbstorganisation, eigenständige Strukturierung und Ordnung der Prozesse in einem physikalischen, biologischen oder sozialen System (vgl. KRIZ 1992). In der →Arbeits- und Organisationspsychologie und ihren Nachbardisziplinen wird der Begriff S. unter Verweis auf selbstorganisierte →Gruppenarbeit und selbstorganisiertes (oder selbstgesteuertes) Lernen (→Aus- und Weiterbildung) sowie zur Beschreibung geplanter, nicht geplanter oder auch chaotischer Prozesse in Organisationen verwendet. Der Begriff →Management bezieht sich speziell auf zielgerichtete, nach Kriterien der →Effizienz geplante Tätigkeiten. Da der Begriff der S. zusätzlich auch die spontanen und nicht vorhersehbaren Prozesse und Ergebnisse umfaßt, ist er allgemeiner als der mitunter synonym verwendete Begriff Selbstmanagement (→Management).
Aus den Naturwissenschaften entlehnte Theorien der S. werden auch zur Beschreibung selbstdeterminierter, dynamischer und chaotischer Prozesse in Verwaltungen und Industrieorganisationen herangezogen (KASPER 1991, KIRSCH & KNYPHAUSEN 1991, PROBST 1987). Nach WEICK (1977) interpretieren Organisationen und ihre Mitglieder ihre Umwelt an Sinn- und Deutungsmustern des eigenen Handelns und versuchen die «Realitäten» sinnstiftend so zu konstruieren und zu verändern, damit organisationale Identität erhalten bleibt. Nach konstruktivistischem Organisationsverständnis bilden soziale Systeme wie Industriebetriebe ihre Strukturen durch kontinuierliche Kommunikationsprozesse. Personen interessieren nur insoweit, wie sie an diesen Prozessen teilhaben und gehören mit ihren Merkmalen zur Umwelt des sozialen Systems. Diese Abstraktion von Personen als ganzheitliche Systemelemente und die Auf-

fassung, daß Prozesse in →Organisationen nicht vorhersehbar und zielgerichtet planbar sind, ist umstritten. Es gibt Versuche, Annahmen der Selbstorganisationstheorie mit handlungspsychologischen Annahmen zu verbinden (vgl. GREIF 1994). [L] KIRSCH & KNYPHAUSEN 1991, PROBST 1987, WEICK 1977

S. Greif

Selbstreizung, bei Reizentzug (→Deprivation) auftretende bis zur Selbstverstümmelung reichende Versuche, aus der Mangelsituation zu kommen.

Selbstsabotage →Selbst

Selbstsicherheit, Selbstbehauptung [engl. *assertiveness, self-assertion*], die Fähigkeit, in definierten mikrosozialen Konflikten ohne Angst mit einem adäquaten Verhalten zu reagieren. S. wird auch als «soziale Kompetenz» bezeichnet und wurde als Gegenbegriff zur «sozialen Angst» in die Verhaltenstherapie eingeführt. Während früher (WOLPE 1958) mit S. alles nicht-ängstliche Verhalten gemeint war, wird heute eine deutliche Abgrenzung zu aggressivem Verhalten vorgenommen. S. ist jedoch nicht nur durch Abwesenheit starker Angst und durch flexibles Verhaltensrepertoire zu kennzeichnen. Vielmehr muß die Fähigkeit zur Diskrimination sozialer Situationen und zur Entscheidung zwischen mehreren Verhaltensalternativen hinzukommen. Weiterhin ist eine übergreifende Normorientierung dergestalt nötig, daß sich das Individuum erlaubt, eigene Bedürfnisse zu haben und aktiv für sie einzutreten, ohne dabei andere zu beeinträchtigen oder langfristige Bindungen unmöglich zu machen. Der Begr. S. sollte auf konkrete Situationen und Verhaltensziele bezogen werden. Als situationsübergreifendes Persönlichkeitsmerkmal ist S. empirisch nicht bestätigt. [L] ZIMMER 1978

D. Zimmer

Selbstsicherheitstraining [engl. *assertiveness training*], verhaltenstherapeutische Technik, eines der bestens kontrollierten und effektivsten Breitbandverfahren, bei dem versch. Prinzipien der Verhaltenstherapie zum Einsatz kommen, um soziale Ängste, Verhaltensdefizite und Interaktionsschwierigkeiten zu behandeln. Im engeren Sinne sind die Ziele: Reduktion von Ängsten, Aufbau und Erweiterung eines flexiblen Verhaltensrepertoires, die Fähigkeit zur Diskrimination sozialer Situationen und die Entscheidung bei der Auswahl von Verhaltensstrategien sowie die Selbstakzeptierung eigener Bedürfnisse und rationaler Normvorstellungen. Häufig spielen folgende Zielverhaltensklassen eine große Rolle: Angst, unberechtigte Forderungen abzulehnen; Angst, eigene Wünsche und Forderungen mit Nachdruck zu vertreten; offener und direkter Ausdruck positiver und negativer Gefühle; Kontakt-Ängste; Angst vor eigenen Fehlschlägen und Kritik anderer. In Einzeltherapien und Gruppentherapien, die zwischen 10 und 40 Sitzungen dauern, werden meist folgende Methoden angewandt: Hierarchisch abgestufte Übungen als Rollenspiele und in vivo, d. h. in der Realität, oft unter Einbeziehung realer Bezugspersonen. Instruktion, Modell-Lernen, Feedback und Verstärkung, Tonband- und Video-Feedback, Selbstregulationsverfahren und Methoden der kognitiven Umstrukturierung. Vertrauen in das eigene Verhaltensrepertoire (Kompetenz-Vertrauen oder *self-efficacy*: BANDURA) wird v. a. über real bewältigte Erfahrungen in schwierigen Situationen erreicht. Bei den teilweise mehrjährigen Katamnesen wurden positive Generalisierungseffekte auf andere Lebensbereiche beobachtet. Negative Effekte wurden v. a. von Ansätzen erzielt, die weniger prosoziales als vielmehr aggressives Durchsetzungsverhalten trainierten. [L] ULLRICH *F. Caspar*

Selbststeuerung →Selbstkontrolle, →Selbstinstruktion

Selbstsuggestion →Autosuggestion

Selbsttäuschung →Selbsterkenntnis

Selbsttheorien der Persönlichkeit, der Begr. →Selbst hat in den modernen Persönlichkeitstheorien seit W. JAMES (1890) eine zweifache Bedeutung bekommen: Einerseits ist er definiert als das Total der Einstellungen und Gefühle sich selbst gegenüber, andererseits wird er definiert als eine Gruppe von ps. Prozessen, die das Verhalten im Sinne einer optimalen Umweltanpassung steuern. Diese zwei Auffassungen des Selbstkonzepts sind so unterschiedlich, daß es besser wäre, je einen eigenen Ausdruck einmal für das Selbst als Objekt, ein andermal für das Selbst als Prozeß (Psychoanalyse), als dynamisches Ego (JAMES), als transzendentales Ich (KANT) zu prägen. In den gegenwärtigen Theorien wird das Selbst sowohl in der einen wie in der anderen Bedeutung gebraucht. In keiner modernen Selbsttheorie jedoch, ob sie nun das Selbst als Objekt oder als Prozeß auffaßt oder auch (in undifferenzierter Weise) als beides, hat es noch die Bedeutung eines «inneren Männchens», welches das Verhalten steuert: als «Homunculus», «Mann in der Brust» oder als leibunabhängige Seelensubstanz. Vielmehr versteht man unter dem Selbstbegriff das Objekt ps. Prozesse bzw. diese Prozesse selbst, die alle dem naturwissenschaftlichen kausalen Erklärungsschema genügen müssen. Das Selbst ist also heute kein Begr. mehr mit metaphysischem oder religiösem Bedeutungsgehalt, sondern ein hypothetisches Konstrukt, das als (logisches) Zwischenglied zwischen der Stimulierung des Organismus und seiner Reaktion fungiert. Die modernen Selbsttheorien repräsentieren in ihrer Vielfalt heute einen ernstzunehmenden Versuch, bestimmte Erlebens- und Verhaltensphänomene, wie sie sich aus mehr oder weniger kontrollierter Selbst- und Fremdbeobachtung ergeben, zu beschreiben und in einen wissenschaftl. Erklärungszusammenhang zu bringen. Auch in der Sicht dynamischer Selbsttheorien (vorwiegend psa. Provenienz) bedeutet das «Selbst als Tür» (vgl. FREUDS Akt-Ich, dessen Konzeption bereits bei BRENTANO zugrunde gelegt war) nichts anderes als einen Komplex von Steuerungsprozessen. Als «phänomenales Selbst» (SNYGG & COMBS 1949) oder als «System persönlicher Konstrukte» (KELLY 1955) liegen Versuche vor, das Selbstkonzept als analytische Einheit im Bedingungssatz individuellen Verhaltens für die Weiterentwicklung der Persönlichkeitsps. fruchtbar zu machen. Auch die theoretische Integration mit den Bereichen der Wahrnehmungs-, Entwicklungs-, Sozial-, Pädagogischen und Klinischen Ps. wird mit dem Ziel einer weiteren Nutzbarmachung des Selbstkonzepts verfolgt. Das Problem einer adäquaten Operationalisierung ist allerdings noch nicht gelöst. *H.-J. Herber*

Selbstverständlichkeiten, von GEHLEN (1958) und HOFSTÄTTER (1967) bevorzugte Bez. für das, was in einer Kultur, Gruppe usw. (im Sozialisierungsprozeß) als «nicht-fragwürdig» gilt. Die Begründung der S. ist bisweilen sehr problematisch, doch dafür bieten diese weitgehend das Gefühl der Geborgenheit des Individuums.

Selbstverstärkung →Selbstkontrolle

Selbstvertrauen, ein auf kräftiges Eigenmachtgefühl gegründetes Gefühl, mit möglichen Schwierigkeiten fertig zu werden. Bei naivem übersteigerten Eigenmachtgefühl beruht S. auf dem Übersehen von realen Hindernissen (LERSCH). Die subjektive Erfolgswahrscheinlichkeit kann jedoch nach HECKHAUSEN (1980) nicht allein durch das →Selbstkonzept (der Begabung) erklärt werden, es müßten mit ihm vielmehr spezifische Motivparameter kombiniert werden. Das auf moralisches Handeln erstreckte S. hat seinen Grund im →Selbstwertgefühl. →Selbstsicherheit ist ein dem S. verwandter Begr., der in der Verhaltenstherapie gebraucht wird. *R. Bergius*

Selbstverwirklichung →Selbst

Selbstwahrnehmung →Selbstbeobachtung

Selbstwerdung →Selbst

Selbstwertgefühl, [engl. *self-esteem, self-regard*], neben dem Eigenmachtgefühl und der Zufriedenheit nach LERSCH eine stationäre Gestimmtheit des Selbstseins (→Selbst), mit dem der Mensch sich als Träger eines Wertes erlebt. Seine Verneinung ist das →Minderwertigkeitsgefühl. Unsicherheit im S. wird meist durch sozialen Vergleich (→Vergleichsprozesse, soziale) zu beheben versucht. In der Persönlichkeitsps. von ROGERS und seiner →nicht-direktiven Psychother. ist unbedingte positive Hochachtung *(unconditional positive regard)* oder Akzeptierung entscheidende Voraussetzung für die Entwicklung des S., das hier unbedingte positive Selbstachtung genannt wird und bei der keine Selbsterfahrung als mehr oder weniger wert für die Selbsteinschätzung erlebt wird. *R. Bergius*

selection ratio [engl. *ratio* Rate, Anteil, Verhältnis], bei den diagnostischen Ausleseverfahren bezeichnet s.r. den Anteil der Angenommenen an der Gesamtzahl der Berücksichtigten (Beurteilten). →Ausleseverhältnis

selective exposure, im Rahmen der Dissonanztheorie die selektive Suche nach neuen Informationen, die primär dazu verwendet werden, die getroffenen Entscheidungen zu validieren.

Selegilin, WZ Movergan®, Pharmakon aus der Gruppe der →Antiparkinsonmittel. S. hemmt selektiv den Abbau von →Dopamin, indem es selektiv das dopaminabbauende Enzym →Monoaminoxidase B sowie Wiederaufnahme von Dopamin hemmt. S. wird in Kombination mit L-Dopa gegeben.

W. Janke/H. Schröder

Selektion [lat. Auslese], (allg.) Bez. für den Prozeß und die Funktion der Auslese. (1) testdiagnostisch: Werden Pbn auf Grund von diagnostischen Daten entweder aufgenommen oder zurückgewiesen, werden sie also nur einer Kategorie zugeordnet, so spricht man von S. bzw. S.entscheidungen. Wird die S. sequentiell durchgeführt (→sequentielle Strategie), so werden die ersten groben Sondierungen als →screening bezeichnet. →Klassifikation

(2) biolog.: Der für die Evolution in der Natur

entscheidende Prozeß (Zuchtwahl). Einen S.vorteil besitzt eine Mutante gegenüber anderen Individuen der gleichen Art, wenn sie fähig ist, mit weniger Energieaufwand die gleiche Anzahl von ihrerseits wieder zur Fortpflanzung gelangenden Nachkommen zu erzeugen. →Abstammungslehre.

(3) sprachps.: Vor allem die Auswahl der lexikalen Einheiten, speziell bei der Produktion von Sätzen (→Sprachproduktion). Nicht jede Einheit kann mit jeder anderen kombiniert werden. Um unzulässige →Kombinationen zu vermeiden, sieht das Lexikon (→Wörterbuch) bei den einzelnen lexikalen Eintragungen Informationen über Selektionsrestriktionen vor, das sind Angaben darüber, mit welchem →Kontext die betreffende Eintragung kompatibel ist. Die Angaben werden in Form semantischer Merkmale (Bedeutungselemente) gemacht (→Bedeutung), die der Kontext erfüllen muß. Das heißt, daß bestimmte Bedeutungskomponenten im Kontext einer lexikalischen Einheit auftreten müssen, soll eine Äußerung nicht inakzeptabel werden. Eine ps. Theorie der S. liefert BROADBENT (1964). Die sprachlichen S.vorgänge können bei Aphatikern gestört sein (→Aphasie).

Selektionsrate →Ausleseverhältnis

Selektionsrestriktion →Selektion

Selektionsstrategien, bei S. handelt es sich um Auswahl im Begriffsbildungsexperiment. →fokussieren [L] BRUNER, GOODNOW & AUSTIN 1956

selektive Wahrnehmung, eine Bez. für die Wirkung der unwillkürlichen (manchmal auch willkürlichen) →Aufmerksamkeit, d. h. für die Tatsache, daß aus der Menge der gleichzeitig vorhandenen Reize nur einige «ausgefiltert» und beachtet werden. HERNANDEZ-PEON (1966) weist sensorische →Hemmung bedeutungsloser (unwichtiger) Reize als physiol. Mechanismus der s.W. nach.

self-awareness [engl.], Selbstwahrnehmung. →Selbstbeobachtung, →Selbstaufmerksamkeit

self efficacy [engl. Selbst-Wirksamkeit] A. BANDURA nimmt an, daß eine Verbesserung der *self-efficacy expectation* aufgrund von Bewältigungserfahrungen ein zentrales Wirkprinzip bei Psychotherapien ist. [L] BANDURA →soziales Lernen

self-disclosure, [engl. *disclosure* Enthüllung, Offenbarung] die individuell variierende Bereitschaft, anderen Personen Informationen über die eigene Person mitzuteilen, die für die eigene Person sehr zentral und bedeutsam sind. Das Ausmaß an *self-disclosure* wird z. T. von sozialen Normen gesteuert, da in der Regel selbstrelevante Informationen nur an wenige, vertraute Personen weitergegeben werden.

self-destroying-prophecy, [engl.] sich selbst zerstörende Prophezeiung, die eine Vorhersage darstellt, deren Eintreffen durch das Bekanntwerden der Vorhersage verhindert wird. Dieses Phänomen wird nach dem Prinzip der →self-fulfilling-prophecy erklärt.

self-fulfilling-prophecy, [engl.] selbsterfüllende Prophezeiung, die von dem Soziologen MERTON so bez. Beobachtung, daß die Wahrscheinlichkeit des Verhaltens eines Menschen zunimmt, wenn dieses Ereignis bzw. dieses Verhalten erwartet wird. MERTON (1948) ging dabei von dem sog. THOMAS-Theorem aus, nach welchem ein Ereignis real ist, wenn man es als real definiert. Als Erklärung des Phänomens wurde angenommen, daß die Erwartungen, die an das Individuum gestellt werden, vom Individuum sukzessiv als Selbstkonzept übernommen werden und verursachend für das Verhalten wirken. Sowohl die für den Nachweis der s. gewählte Methodik der exp. Anordnung als auch die von den Autoren vorgeschlagene Theorie zur Beschreibung und Erklärung der s. wurde einer ausgiebigen Kritik unterzogen. →Pygmalion-Effekt *H. Häcker*

self-handicapping, [engl. *handicap* Benachteiligung, Behinderung] Strategie, die vor selbstwertbedrohlichen Mißerfolgen schützt, indem vor entscheidenden, wichtigen Situationen ein Tatbestand herbeigeführt wird, der es einem selbst, aber auch anderen ermöglicht, Mißerfolge diesem Ereignis *(«handicap»)* zuzuschreiben und nicht dem eigenen Unvermögen (z. B. Alkohol oder Drogen vor Prüfungen).

self-monitoring [engl. Selbstüberwachung], Ausmaß an Kontrolle, das andere über sich und ihre Umgebung haben (SNYDER 1987). Personen mit einem hohen Ausmaß an Selbstüberwachungstendenzen *(high s.-m)* sind solche, die in sozialen Kontexten sehr aufmerksam ihre Umgebung beobachten, um daraus Schlüsse für ihr eigenes angemessenes Verhalten zu ziehen, während Personen mit geringer Selbstüberwachungstendenz *(low s.-m.)* eher ihren eigenen Gefühlen und Einstellungen trauen und sich darauf verlassen. Zur Erfassung des Konstrukts liegen entsprechende Skalen vor. →Metakognition

Selye, Hans (1907–1982), Begründer des Streß-Konzepts. Studium in Prag, Paris, Rom.

Direktor des Inst. of Experim. Medicine and Surgery, Univ. of Montreal. Präsident des International Inst. of Stress.

Semantik, allgemeine (A. S.) [engl. *general semantics* (GS)], erstrebt eine Veränderung unseres Verhältnisses zur →Sprache und erwartet davon eine Reduzierung der menschlichen Konflikte. Ihr Ziel ist die Verbesserung der menschlichen Beziehungen. Das Mittel, dieses Ziel zu erreichen, ist die Bewußtmachung der linguistischen →Relativität und des linguistischen →Determinismus. Begründet wurde die A. S. in den USA durch den Polen KORZYBSKI (1933). Ihr bekanntester Vertreter ist HAYAKAWA (1949). Im Mittelpunkt der A. S. steht die Beziehung Sprache – Denken. Nach der A. S. hält der Mensch das, was ihm die Struktur der Sprache zeigt, fälschlicherweise für die Struktur der Wirklichkeit. Diese Einstellung soll abgebaut werden. Deshalb lautet das Hauptprinzip der A. S.: Die Sprache verhält sich zur Wirklichkeit wie eine Landkarte zum Gelände. Das heißt, die Sprache bildet einzelne Aspekte der Wirklichkeit ab (Prinzip der Nicht-Identität). Das zweite Prinzip der A. S. ist das der Nicht-Vollständigkeit: Was die Sprache darstellt, ist weniger als das Dargestellte. Die Landkarte muß immer von Einzelheiten des Territoriums absehen. Das dritte Prinzip der A. S. lautet, wir verwenden die Sprache, um über Sprache zu sprechen, wir fällen Urteile über Urteile, werten Wertungen (Prinzip der Selbstreflexivität). Mit dem Bewußtmachen und dem Gegenwärtighalten dieser Prinzipien soll erreicht werden, daß der Mensch lernt, nicht auf die sprachlichen Etiketten, sondern auf das zu reagieren, worauf sie sich beziehen, auf die nichtverbale Realität. Damit soll der Gefahr von Vorurteilsbildungen vorgebeugt und eine durch Reflexion verzögerte, an der Realität selbst orientierte Reaktionsweise erreicht werden (HÖRMANN 1967). **[L]** BÜHRING 1973

J. Engelkamp

Semantik, generative →generative Semantik

Semantik (Semiologie), Teilgebiet der allgemeinen →Semiotik; manchmal auch synonym zu →Semiotik verwendet. Der Begriff S. (bzw. seltener Semiologie) wird in verschiedenen wissenschaftl. Disziplinen wie in der Linguistik, in der mathematischen Grundlagenforschung oder in der philosophischen S. in leicht unterschiedlichen Bedeutungen verwendet. In der Linguistik taucht der Begriff S. als Übersetzung von BREALS *«la sémantique»* (1897) zuerst um die Jahrhundertwende auf. Er bezeichnet zunächst die Lehre von der Wortbedeutung, später auch die Lehre von der Satzbedeutung (→Bedeutung). In der Linguistik werden zwei Richtungen unterschieden: die historische oder traditionelle S. und die strukturelle S. Die historische S. beschäftigt sich mit der Erforschung der Grundformen und Grundbedeutungen der Wörter sowie mit ihren lautlichen und inhaltlichen Veränderungen. Soweit die Bedeutungsveränderungen betroffen sind, spricht man auch von Semasiologie. Die strukturelle S. untersucht dagegen die Wort- und Satzbedeutung. Sie ist ein Teilgebiet der strukturellen Linguistik. DE SAUSSURE (1916) beschrieb als erster einen strukturellen Ansatz in der linguistischen S. Hiernach bekommt der einzelne Begr. seine Bedeutung durch seinen Platz relativ zu anderen Begr. in der Sprache. In Deutschland wurde der strukturelle Ansatz zuerst in der inhaltsbezogenen Linguistik vertreten. Die beiden wichtigsten methodischen Ansätze wurden von TRIER (1931) und PORZIG (1934) erarbeitet. TRIER führte den «Sinnbezirk» bzw. das →«Wortfeld» als paradigmatisches Ordnungsprinzip ein, PORZIG entwickelte das Konzept der «wesenhaften Bedeutungsbeziehungen» als syntagmisches Ordnungsprinzip (→Assoziation). Die strukturelle S. bemühte sich zunächst, die Bedeutung der einzelnen lexikalen Einheiten (Wörter, →Morpheme) als Bündel kleinster semantischer Bedeutungskomponenten (Bedeutungselemente, semantische Merkmale, *semantic features*) zu definieren. Eine analoge Auffassung findet sich in der Ps. z. B. bei JOHNSON (1970), der von *elementary cognitive characteristics* (ECC) spricht. Die wichtigste Methode zur Aufdeckung solcher Bedeutungskomponenten ist die Komponenten-Analyse *(componential analysis)*. Die Konstitution der Wort- bzw. Morphembedeutung durch semantische Merkmale entspricht der intensionalen Definition des Bezeichneten beim Zeichenbegriff (→Zeichen). Erst in jüngster Zeit haben die Linguisten sich ernsthaft mit dem Problem einer kombinatorischen S. auseinandergesetzt, d. h. mit der Frage, wie sich die Bedeutung größerer Einheiten, z. B. die Bedeutung eines Satzes, aus der Bedeutung der Wörter oder Morpheme, die ihn konstituieren, ableiten läßt und welche lexikalen Einheiten miteinander kombinierbar sind (→Selektion). Die naheliegende Vorstellung, daß Satzbedeutung die Summe ihrer Wort- und Morphembedeutungen ist, erweist sich als entschieden zu einfach. Gleiche Wörter ergeben z. B. nicht in jedem Fall gleiche Satzbedeutung. Dies führte dazu, die S. von der →Syntax abhängig zu machen. KATZ & FODOR (1963) schlagen in ihrer klassischen Arbeit zu einer Theorie der S. vor, die Zusammensetzung der Wort- bzw. Morphembedeutungen zur Satzbedeutung mit Hilfe von Projektionsregeln entlang den syntaktischen Relationen der →Tiefenstruktur der generativen Transformationsgrammatik von CHOMSKY (1965) verlaufen zu lassen (→Grammatik). Dort wird die semantische Komponente der gesamten Grammatik einer Sprache so betrachtet, als funktioniere sie auf der Grundlage einer syntaktischen Tiefenstruktur, die dann durch Transformationen in eine →Oberflächenstruktur überführt wird. Praktisch bedeutet dies: Die syntaktische Komponente der Grammatik erzeugt Ketten von Wortklassen, denen durch die semantische Komponente, speziell das Lexikon oder →Wörterbuch, einzelne Wörter bzw. Morpheme zugeordnet werden. Andere Linguisten nehmen dagegen an, daß zunächst mittels der semantischen Komponente der Grammatik eine Bedeutungsstruktur erzeugt wird, die dann direkt in die Oberflächenstruktur transformiert wird (→generative Semantik). Die syntaktischen Relationen werden durch →semantische Rollen ersetzt. Daneben hat besonders PAIVIO (1971) eine Theorie entwickelt, die Satzbedeutung in größte Nähe zum anschaulichen →Denken bringt. Neben der bisher besprochenen →denotativen Bedeutung, die der S. im engeren Sinne zugeordnet wird, gibt es noch einen Bedeutungsaspekt, der eher der →Pragmatik zuzuordnen ist und der oft als →konnotative Bedeutung gekennzeichnet wird. Die Hauptdimension dieses Bedeutungsaspekts betrifft die Bewertung des durch die denotative Bedeutung erfaßten Sachverhalts; dabei generalisiert die Bewertung entlang der denotativen Bedeutung (→semantische Generalisation). Der konnotative Bedeutungsaspekt ist es auch, der bei massierter Wiederholung eines Wortes die →Sättigung erfährt. Der konnotative Bedeutungsaspekt wird u. a. in der →Psychophonetik behandelt (ERTEL 1969). *J. Engelkamp*

semantisches Differential [engl. *semantic differential*], ein von OSGOOD entwickeltes Skalierungsverf. zur Messung der konnotativen →Bedeutung (affektiven Qualität, →Konnotation) beliebiger sprachlicher oder nichtsprachlicher Stimuli. Im deutschen Sprachbereich werden auch die Bez. Polaritäts- oder Polaritätenprofil und Eindrucksdifferential verwendet. Der Beurteiler hat vorgegebene Stimuli, z. B. Begriffe, auf einen Satz vorgegebener, meist mit Adjektiven bipolar etikettierter Rating-Skalen (→Schätzskala) vom Typ LIKERTS einzustufen.

Z. B. Liebe: rund 3–2–1–0–1–2–3 eckig. Urteilsgrundlage soll die lediglich metaphorische Beziehung, die gefühlsmäßige Affinität der Begr. sein, die denotativ (sachlich) oft nichts miteinander zu tun haben (z. B. Liebe paßt eher zu rund, hat aber mit geometrischer Form nichts zu tun). Im typischen Anwendungsfall werden nach Einstufung einer Stichprobe von Begr. auf einem Satz von Skalen die Skalen-Variablen interkorreliert und faktorenanalytisch auf zugrundeliegende Dimensionen reduziert. Sprachvergleichende Untersuchungen OSGOODS mit dem s.D. haben gezeigt, daß folgende drei Dimensionen universell auftreten: *evaluation* (Valenz, z. B. angenehm – unangenehm), *potency* (Potenz, z. B. stark – schwach), *activity* (Aktivität, Erregung, z. B. erregend – beruhigend). Diese konstituieren den affektiven «semantischen Raum» (→Semantik). Die konnotative Ähnlichkeit zwischen je zwei Begr. wird durch Distanzen zwischen Punkten in diesem Raum metrisch repräsentiert. Zu den noch ungelösten methodologischen Problemen des s.D. gehören das der Wechselwirkung zwischen Urteils- und Skalenbegriff *(concept-scale interaction)* und die Ausschaltung oder Isolierung des Einflusses denotativer Bedeutungsrelationen. Das s.D. ist als generelles (unspezifisches) Meßverfahren bei Untersuchungen zur Allg. Ps., zur Persönlichkeits- und Sozialps. verwendet worden. Es wird eingesetzt etwa bei Fragen der Emotion, der →Motivation, der →Einstellung, der →Synästhesie, der →Persönlichkeitsmessung, der →Soziometrie und bei angewandten Problemen, z. B. affektive Wirkung durch Industriewerbung, durch politische Slogans usw. [L] OSGOOD et al. 1957, SNIDER & OSGOOD 1969 *S. Ertel*

semantisches Merkmal, ein s.M. ist eine elementare Bedeutungsdimension, die es ermöglicht, Wörter bzw. Gruppen von Wörtern zu unterscheiden. Die wichtigste Methode zur Entdeckung s.M. ist die Komponentenanalyse (ENGELKAMP 1974). Für eine Gruppe von Wörtern werden die relevanten gemeinsamen (für Mann und Frau z. B. menschlich, erwachsen) bzw. unterscheidenden Bedeutungsdimensionen (für Mann und Frau z. B. Geschlecht) gesucht. S. M. lassen sich im Hinblick auf ihre Allgemeinheit bzw. Spezifität unterscheiden. Je allgemeiner ein s.M. ist, um so umfassender ist die Klasse von Wörtern, die es beschreibt. Das Konzept des s.M. hat sich für die Sprachpsychologie als äußerst anregend erwiesen (HÖRMANN 1976). So lassen sich z. B. über das Konzept des s.M. Gruppen von Wörtern kennzeichnen, die einem gemeinsamen semantischen Feld (→Wortfeld) angehören (CLARK & CLARK 1977). *J. Engelkamp*

Semantisierung, (biol.) die Entwicklung einer Verhaltensweise zum reinen Signal, syn. →Ritualisierung

Semasiologie →Semantik, →Semiotik

Semiologie →Semantik, →Semiotik

Semiotik, allgemeine Zeichentheorie. Sie stellt nach BREKLE (1972) das theoretische Paradigma für spezielle Zeichentheorien dar. Paradigma heißt, die S. kann als Metatheorie für spezielle Zeichentheorien wie z. B. für die Linguistik angesehen werden, insofern in der S. Begriffe wie →Zeichen, →Bedeutung usw. eingeführt und definiert werden, die bei der Konstruktion spezifischer Zeichentheorien als brauchbare Elemente dieser Theorien eingesetzt werden können. Die allgemeine Zeichentheorie besteht aus drei aufeinander bezogenen Komponenten, der →Syntax, der →Semantik und der →Pragmatik.

Die allgemeinste Voraussetzung für die Herstellung eines Zusammenhanges zwischen diesen Komponenten ist, daß sie alle in charakteristischen Beziehungen zu bestimmten Zeichenformen stehen. Die Syntax hat es mit den Relationen zwischen verschiedenen Zeichenformen bzw. zwischen Reihen von Zeichenformen zu tun. Diese Komponente muß jedoch notwendig durch eine semantische ergänzt werden, weil es eine wesentliche Bedingung eines semiotischen Prozesses ist, →Informationen durch Abfolgen von Zeichenformen zu vermitteln. Dies ist erst möglich, wenn die Zeichenformen etwas bedeuten, wenn eine Abbildungsbeziehung zwischen Zeichenformen und deren Abfolge einerseits und Objekten oder Sachverhalten andererseits hergestellt wird. Diese Abbildungsbeziehung geschieht durch die Regeln der semantischen Komponente. Nach BREKLE (1972) stellt eine semantische Regel eine Abbildungsbeziehung zwischen der Menge von Objekten oder Sachverhalten ($x_1 \ldots x_n$) – deren Elemente jeweils durch die Merkmalsmenge $\{\alpha, \beta, \ldots, \gamma\}$ charakterisiert sind – und einer Zeichenform A her. Damit fungiert die begriffliche Merkmalsmenge $\{\alpha, \beta, \ldots, \gamma\}$ als wesentliche Konstituente einer semantischen Regel für die Abbildung von Mengen der Art $\{x_1 \ldots x_n\}$ auf Zeichenformen der Art A. Bei der Beschreibung natürlicher (menschlicher) Sprachen geschieht die Abbildung von Zeichenformen auf Objekte oder Sachverhalte traditionell durch das Lexikon (→Wörterbuch). Die Abbildungsbeziehung zwischen einer Zeichenform und einer Menge von Objekten oder Sachverhalten heißt Zeichen. Die Zeichenformen und ihre Beziehungen zu den Objekten oder Sachverhalten können verschieden sein. Man unterscheidet nach PEIRCE (1932) →Index-Zeichen, →ikonische Zeichen (u. a. anschauliches →Denken) und →Symbole. Mit der Rolle des anschaulichen Denkens bzw. der Vorstellung bei der Verarbeitung sprachlicher Zeichen beschäftigt sich die →«*imagery*»-Forschung (PAIVIO 1971).

Die pragmatische Komponente behandelt die Beziehungen zwischen Zeichenbenutzern (Sprechern – Hörern) und syntaktisch geformten und semantisch interpretierbaren Zeichenreihen. *J. Engelkamp*

Sender, in der →Datenverarbeitung die Stelle der «Verschlüsselung». →Code, →Kommunikation

Seneszenz [lat.], Altwerden, Altern, der altersbedingte körperl. und geistige Leistungszerfall. →Ps. des Alterns

senil [lat. *senilis*], greisenhaft; Senium Greisenalter, Senilität Greisenhaftigkeit, Vergreisung, *senilitas praecox* vorzeitiges Greisenalter, der verfrühte Verfall.

Sensation [lat. *sensus* Sinn, Wahrnehmung], Sinnesempfindung, Sinneseindruck; auch die krankhafte Empfindung. • Nach allg. Sprachgebrauch auch Bez. für das Aufsehenerregende.

Sensation-seeking, nach ZUCKERMAN (1978) eine Verhaltensdisposition auf genetischer Basis für ein Konstrukt für das Suchen nach neuen Anreizen. Gekennzeichnet ist S. durch das Bedürfnis nach abwechslungsreichen, neuen und komplexen Eindrücken sowie durch die Bereitschaft, um solcher Eindrücke willen physische und soziale Risiken in Kauf zu nehmen. Das Konstrukt geht auf sensorische Deprivationsstudien, auf FREUDS Konzept der Trieb- oder Spannungsreduktion und auf das Modell der optimalen Stimulation und Erregung zurück. ZUCKERMAN hat eine Sensation-seeking-Skala mit vier Subskalen entwickelt: TAS (*Thrill- and adventure-see-*

king – Tendenz zu risikoreichen Aktivitäten i. Sport u. Freizeit mit hohem Erlebniswert), ES (*Experience-seeking* – Tendenz zu neuen Erfahrungen durch Reisen, Kunst, interessante Personen, Drogen etc.), DIS (*Disinhibition* – Tendenz zur Enthemmung in soz. Situationen, z. B. Parties, i. sex. Beziehungen etc.), BES (*boredom-susceptibility* – Tendenz, monotonen, sich wiederholenden Darbietungen und Tätigkeiten sowie langweiligen Personen aus dem Wege zu gehen). Die vier Dimensionen wurden an zahlreichen externen Verhaltensvariablen validiert. *H. Häcker*

sensibel [lat. *sensibilis* von *sentire* wahrnehmen, fühlen, empfinden], zur Empfindung gehörend, wahrnehmbar, z. B. in *mundus sensibilis* = die Welt der wahrnehmbaren Dinge. Im weiteren Sinne empfindlich, feinfühlig.

sensibilisieren, sensitivieren, die Empfindlichkeit/Empfänglichkeit für einen Reiz verbessern. Ggs. desensibilisieren, unempfindlich machen, z. B. gegenüber Angstzuständen. • In fast allen therapeutischen Ausbildungsformen (z. B. Training in Gesprächstherapie, *sensitivity-training*, T-Gruppen, →BALINT-Gruppen) wird versucht, durch Beachtung von Interaktionsmustern und -effekten Fähigkeiten zu entwickeln, die die Interaktion in Beratung und Therapie fördern soll. • Die Sensibilität wird auch als Grundlage der →Kreativität und der →Neurose aufgefaßt. *H. Ries*

Sensibilisierung, Begr. für die Tatsache, daß heftige Gemütserschütterungen eine gesteigerte Reaktivität hinterlassen können. Analog zur Pathologie, wo eine durchgemachte Affektion, statt zu immunisieren, anfälliger machen kann, liegt mit der S. Ähnliches im ps. Bereich vor.

Sensibilität, die Fähigkeit zur Empfindung, Feinfühligkeit. Oft wird der Begriff weiter gefaßt und die Irritabilität = Reizbarkeit einbezogen. Unterschieden werden: Oberflächensensibilität für Berührungs-, Druck-, Schmerz-, Temperaturempf. und die Fähigkeit zur Lokalisation der Hautreize sowie Tiefensensibilität für die Empf. der Lage, Bewegung, Vibration und Muskelspannung. • Zu unterscheiden ist auch nach epikritischer und protopathischer S. (HEAD 1905). Erstere ermöglicht feine Unterscheidungen hinsichtlich Schmerz, Druck und Temperatur, letztere vermittelt Schmerzempfindungen und starke Temperaturschwankungen in vager und schwer lokalisierbarer Form. Beide Rezeptoren leiten auf versch. Nervenbahnen weiter, beide liegen in der Haut.

Sensibilitätsstörungen, typische Ausfälle der →Sensibilität oder Reizerscheinungen mit oder ohne Beteiligung der motorischen und sekretorischen Funktionen (An-, Hyp-, Hyperästhesie, An-, Hyp-, Hyperalgesie usw.). • Psychogene S. lassen zumeist ihre anatomische Begründbarkeit vermissen.

sensitiv, übermäßig empfindlich. Dementsprechend die Bezeichnung sensitive Reaktion und sensitive Reaktionstypen. Der «Sensitive» mit seiner gesteigerten Empfindsamkeit und Reaktionsbereitschaft schlägt die Brücke zum Hyperästhetiker, aber auch zum Neurotiker. →Beziehungswahn

sensitiver Beziehungswahn, der Wahn, beobachtet, verfolgt, beeinflußt zu werden, und zwar wegen einer moralischen Verfehlung. Der s.B. stellt die paranoische Reaktion des sensitiven Charakters dar. Beispiel: Auf eine sexuelle Verfehlung folgt die moralische Selbstverurteilung und verstärkt sich das Erleben der eigenen moralischen Insuffizienz. Hieraus entwickelt sich die Angst vor dem Entdecktwerden, und aus dieser Angst wiederum erwächst ein Beachtungswahn und schließlich ein Verfolgungswahn.

sensitiver Charakter, die durch eine sensitive Lebenseinstellung geprägte Persönlichkeit. Die Einstellung ist nach KRETSCHMER durch eine erhöhte Empfindlichkeit und Verletzbarkeit des Selbstwertes und durch eine erhöhte Neigung zur Selbstentwertung und Selbstbeschuldigung auf dem Hintergrund einer starken Selbstwertunsicherheit gekennzeichnet. Solche Menschen besitzen ein überstarkes Bedürfnis nach Bestätigung von außen zur Stützung ihres zermürbenden Minderwertigkeitsgefühls. Sie sind in übertriebener Weise selbstkritisch, stellen an sich die höchsten Anforderungen, vor allem in moralischer Hinsicht, und suchen für jeden Mißerfolg die Schuld immer bei sich. Außerdem findet sich bei ihnen eine Neigung zu Beziehungsideen. Nach KRETSCHMER entsteht die sensitive Lebenseinstellung aus der Kontrastierung der nach außen in Erscheinung tretenden asthenischen und der «inneren» sthenischen Einstellung. Den Gegensatz zur sensitiven Einstellung bildet die expansive Einstellung.

Sensitivität →sensitiv

Sensitivity-Training, neben den →Encounter-Gruppen die wichtigste gruppendynamische Trainingsform. Das S.-T. (auch *human-relations-training*) befaßt sich z. B. mit dem Interessenkonflikt zwischen Arbeitnehmer und Arbeitgeber und sucht Lösungen zur Produktionssteigerung bei gleichzeitigem Abbau der Entfremdung im Arbeitsprozeß. Dabei wird von der Annahme ausgegangen, daß Kommunikationsstruktur und Führungsstil das Wohlbefinden der Betriebsangehörigen beeinflussen und daß das Wohlbefinden sich auf den Arbeitsprozeß auswirkt. Zur Verbesserung der Arbeitsatmosphäre werden Gruppenarbeit statt autoritärer Lenkung und Offenheit gegenüber fassadenhaftem Rollenverhalten angestrebt. Dazu werden die Wahrnehmung für das Innenleben anderer, die Einsicht in eigene und fremde Einstellungen und Rollen, Offenheit und Rückmeldung über zwischenmenschliche Beziehungen trainiert. Sensitivity-Gruppen unterscheiden sich danach, ob sie mehr die Organisationsstruktur oder die individuelle Entwicklung in den Vordergrund stellen. Im ersten Fall nehmen die Betriebsangehörigen gemeinsam an den Trainingsprogrammen teil, im zweiten Fall können Angehörige verschiedener Betriebe in anonymen Gruppen zusammenkommen. *D. Revenstorf*

sensomotorisch, Bez. für Nervenprozesse, bei denen sowohl sensorische wie motorische Fasern in Tätigkeit sind, so wie für die Nervenstruktur, die der Träger dieses Prozesses ist. Hierher gehören die primären und sekundären somatosensorischen Felder der Hirnrinde, die auch als sensomotorischer Cortex bezeichnet werden. (→Gehirn). In entsprechendem Sinne auch Bez. für Prozesse, in denen ein unmittelbarer Zusammenhang zwischen Wahrnehmungen und Verhalten besteht, z. B. bei der Koordination von Auge- und Handbewegungen (visumotorische Koordination). Solche Koordinationsprozesse können als →Wirkungsgefüge entweder genetisch weitgehend fixiert sein, oder wie die Auge-Hand-Koordination (*perceptual-motor*-Koordination) des Menschen durch ständige Lernprozesse mit aktivem und passivem Feedback über Propriozeptoren (→Rezeptoren) adaptiv und plastisch bleiben bzw. sich ohne Stimulation überhaupt nicht entwickeln können. Dies zeigten Studien, in welchen die Personen normale Stimulation erhielten, aber daran gehindert wurden, übliche motorische Reaktionen auf die Stimulation durchzuführen. Unter solchen Bedingungen unter denen z. B. die Tiere sich nicht selbst bewegen konnten, sondern nur umhergetragen wurden, kann sich die perceptual-motorische Koordination nicht entwickeln. **[L]** BECKER-CARUS 1969, HELD et al. 1976, ATKINSON et al. 1996

C. Becker-Carus

Sensitization [engl. *sensitize* sensibilisieren], Sensibilisierung, empfindlich machen, gefühlsempfindlich machen. →Repression-Sensitization

sensitizer [engl.] →represser

Sensomotorik →sensomotorisch, sensomotorisch

sensomotorische Tests →psycho-(senso-) motorische Testmethodik

sensoriell, sensorisch, auf die Sinne bezogen, z. B. sensorielle →Aphasie = Worttaubheit, Wortblindheit

sensorische Deprivation →Deprivation

sensorische Einstellung, best. Einstellung bei RT-Versuchen, →Reaktionszeit

sensorisches Register →Gedächtnis

sensorisches Rindenfeld →Gehirn

sensorisches Vorkonditionieren [engl. *sensory preconditioning*], in der Periode des s.V. werden zwei bedingte Reize (→bedingter Reflex, →Lernen) wiederholt geboten. Danach erfolgt die →Konditionierung mit einem der beiden Reize, die Prüfung mit dem anderen. Klassischer Versuch von BROGDEN (1939), vgl. SEIDEL (1959).

sensorisch-tonische Feldtheorie [engl. *sensory-tonic field theory*], von WERNER (WERNER & WAPNER 1949) entwickelte Wahrnehmungstheorie, die versucht, die Interaktion von sensorischen und motorischen Prozessen bei der Perzeptbildung zu integrieren. Tonisch bezieht sich in dieser Theorie sowohl auf nervöse Prozesse wie auf die Gestimmtheit, dynamische Ausgerichtetheit des ps. Systems.

P. Day

Sensorium [lat.], ältere Bez. für Bewußtsein, das Wahrnehmen, «Sinnesapparat»

Sensualismus, ps. und erkenntnistheoretische Anschauung, nach der alle Erkenntnis und alle Bew.inhalte von den Sinnesempfindungen abhängig sind. Seelenleben ist die Summe von Empfindungen und deren Nachwirkungen, verursacht durch innere und äußere Reize.

Sensumotorisches Stadium, erstes Stadium (→Stufe) der kognitiven Entwicklung nach PIAGET mit der Betonung der Koordination von Sinnesorgan und Bewegung: →Schema, →Akkommodation, →Assimilation.

Sentence Completion Test →Satzergänzungs-Verfahren

Sentiment [lat. *sentire* fühlen], Gefühl. In der hormischen Ps. (Ps.-Richtungen) von W. MCDOUGALL ist S. eine Art Gesinnung, die sich im Prozeß affektiver Organisation der Triebkräfte einer Persönlichkeit gegenüber bestimmten Objekten (nicht Handlungen) ausprägt. Z. B. Zu- und Abneigung, Liebe, Haß.

sentiments, Bez. im faktorenanalytischen/dynamischen Motivationskonzept v. CATTELL. Bezeichnet Motivinhalte, -dispositionen, die als kulturell kanalisierte Produkte «angeborener Triebe» die Dimensionen Sexualität, Selbstbehauptung, Sicherheits-Furcht, Narzißmus und Aggression umfassen. S. sind als soziale und kulturell bedingte Einstellungen zu verstehen. Sie umfassen das Selbstbild, das Über-Ich, die beruflichen Einstellungen, die Einstellung zum anderen Geschlecht und die Elternbeziehung. S. werden im [T] Motivation-Analysis-Test über entsprechende Items operationalisiert. *H. Häcker*

Sentimentalität, Empfindsamkeit, Schwärmerei. Ein Zuviel an Gefühl, das leicht in Gefahr kommt, unecht zu werden.

SEP, Abk. für sensorisch evozierte Potentiale. Elektrische Gehirnreaktionen auf Einzelreize, auch ERP [engl.], Abk. für *event-related potentials.*

separate-activation model →Wettlaufmodell

sequentielle Strategie, nach CRONBACH & GLESER (1957) dasjenige Vorgehen bei der Selektion, bei dem schrittweise von Testung zu Testung entschieden wird, welche weiteren Informationen über die Pbn eingeholt werden. Während bei dem konventionellen Vorgehen *(«battery procedure»)* mehrere Testwerte von allen Pbn erhoben werden, diejenigen Pbn, welche die höchsten Testwerte erreicht haben, angenommen werden, der Rest abgewiesen wird, werden beim sequentiellen Vorgehen die Gruppen der Angenommenen, die der Abzuweisenden und diejenigen, welche weiter getestet werden, gebildet. Erst durch die neue Testuntersuchung werden weitere Entscheidungen gefällt. *H. Häcker*

sequentielle Tests, →Signifikanztests, bei denen anläßlich des Ergebnisses einer jeden Einzelbeobachtung festgestellt wird, ob der Versuch fortgesetzt werden muß oder ob eine Entscheidung über die experimentelle Hypothese getroffen werden kann. S. T. finden bei Experimenten oder Beobachtungen Verwendung, die möglichst ökonomisch (mit möglichst kleinem Stichprobenumfang) durchgeführt werden sollen und die ein sukzessives Vorgehen gestatten. *E. Mittenecker*

$_{S}E_{R}$, Symbol für →Reaktionspotential (ursprünglich *excitatory potential,* HULL), Symbol bei SPENCE: E

Serienhandlung, die aus bestimmten, aufeinanderfolgenden Teilhandlungen notwendig sich zusammensetzende Handlung und Gesamtheit einer Tätigkeit. Beispiel: Das Arbeiten an einer Zahlkasse, die Tätigkeit an elektrischen Schaltvorrichtungen. Im Exp. prüft man (etwa in der Arbeitsanalyse oder zur Klärung der Eignung) den Ablauf der zu einer Gesamthandlung gehörenden Teilhandlungen. Z. B. muß beim Aufleuchten eines Signallichts die Vp ein bis acht Teilhandlungen hintereinander ausführen, um die Lampe vorschriftsmäßig zum Erlöschen zu bringen. →Reaktionsversuch

Serienhandlungsprüfer [T] GIESE

Serotonin, 5-Hydroxytryptamin, 5-HT, biogene Substanz (Amin) aus der Klasse der →Indolamine. Im ZNS →Neurotransmitter. Bereits in den 30er Jahren als Enteramin bezeichnet. Im ZNS wird S. hauptsächlich in den Raphekernen gebildet. Die Synthese erfolgt unter Beteiligung verschiedener Enzymsysteme über die Zwischensubstanz →5-Hydroxytryptophan (5-HTP) aus →Tryptophan. Die Inaktivierung vollzieht sich durch →Monoaminooxydase oder Wiederaufnahme in die Nervenzelle. →MAO-Hemmer und →Serotonin-Wiederaufnahmehemmer (SSRI-Hemmer) potenzieren daher die Wirkung von S. Da S. nicht die Bluthirnschranke passiert, werden zur Variation von S. außer Pharmaka der Präcursor 5-HTP oder Verminderung des Ausgangstoffs Tryptophan (Tryptophan-Depletion) benutzt. Die bisher bekannten S.-Rezeptoren lassen sich grob in 7 Subtypen gliedern (5-HT_1 bis 5-HT_7), davon sind für das Verhalten wichtig 5-HT_{1A} und $5\text{-HT}_{2A,\,2c}$ und 5-HT_3. Wichtige durch Serotonin vermittelte Funktionen sind Eßverhalten (Sättigung), Verhaltenshemmung/Angst, Impulskontrolle/Aggression, Deaktivation/Schlaf, Stimmung, Sexualität, Schmerz, Gedächtnis. Die ps. Bedeutung geht aus psychopathologischen Phänomenen hervor, so Angst- und Zwangsstörungen, Depression, Aggressions-, Eß-, Schlafstörungen. Genetische Untersuchungen legen nahe, daß defiziente Serotoninaufnahme (Transporterdefekt) mit Vulnerabilität für Angststörungen verbunden ist. Daß bestimmte Depressionen, aber auch Störungen der Impulskontrolle mit verminderter Verfügbarkeit von S. zusammenhängen, wurde in der S.-Hypothese der Depresssion und anderen Theorien formuliert. Verfügbarkeit u. Aktivität von S. kann durch →serotoninbeeinflussende Substanzen vermehrt/vemindert werden. [L] BROWN & van PRAAG 1991, FELDMAN et al. 1997, LESCH & BECKMANN 1990

W. Janke/P. Netter

serotoninbeeinflussende Pharmaka →serotoninbeeinflussende Substanzen

serotoninbeeinflussende Substanzen, Stoffe, die die biologische Verfügbarkeit/Aktivität von →Serotonin erhöhen (Agonisten) oder erniedrigen (Antagonisten). Ausgedehnte Forschungsvorhaben bemühen sich, möglichst Rezeptor-spezifisch wirkende agonistische und antagonistische Pharmaka zu entwickeln. Die verfügbaren Stoffe können wie bei anderen Transmittern die Synthese (selektive Blockade durch 5-Chlorphenylalanin), Präcursoren, die Freisetzung sowie die Wirkung am Rezeptor (Antagonisten sind →Ritanserin, Ketanserin (5-HT_2-Rezeptoren)) und die Inaktivierung und die Wiederaufnahme in die präsynaptischen Vesikel (Hemmung der Wiederaufnahme durch SSRI) beeinflussen. Stoffe (z. B. Reserpin, LSD) führen durch Entleerung der zentralen Speicher zu einer Verarmung der Gewebe an S., der verhaltensmäßige Veränderungen entsprechen können (z. B. Depression). Agonisten sind folgende Gruppen: 1. Serotonin-Wiederaufnahme-Hemmer, die relativ selektiv die Wiederaufahme von →Serotonin in die Synapse hemmen. (selektive, Abk. SSRI). Wichtige Stoffe sind u. a. →Citalopram, Sertralin, →Fluvoxamin, →Fluoxetin, →Clomipramin, Zimelidin. Die meisten gehören zu den neueren →Antidepressiva. Ihr therapeutischer Einsatz erstreckt sich auch auf die Behandlung von Zwangserkrankungen und Panikangst. Serotonin-Antagonisten sind u. a.: Ritanserin(5-HT_2a,c), Serotonin-Agonisten sind u. a. →Buspiron und →Ipsapiron (5-HT_{1A}). Die Verabreichung von Serotonin-Agonisten stellt eine wichtige Klasse von →Reaktivitätstests dar, die Hinweise auf serotoninerge Subfunktionen geben durch Messung der Freisetzung von Hormonen (z. B. →Cortisol, →Prolaktin). [L] FEIGHNER & BOYER 1996, FELDMAN 1997, NETTER 1988, RIEDERER et al. 1992, 1993, WESEMANN & WEINER 1992 *W. Janke/P. Netter*

Serotonin-Wiederaufnahmehemmer, selektive, Abk. SSRI, Substanzen, die relativ selektiv die Wiederaufnahme von →Serotonin hemmen. Wichtige Stoffe sind u. a. →Citalopram, →Sertralin, →Fluvoxamin, →Fluoxetin, →Clomipramin, →Zimelidin. Die meisten gehören zu den neueren →Antidepressiva. Ihr therapeutischer Einsatz erstreckt sich auf die Behandlung von →Zwangserkrankungen. [L] FEIGHNER & BOYER 1996, MONTGOMERY 1995, NETTER 1988, RIEDERER et al. 1992, 1993, WESEMANN & WEINER 1993

Seroxat®→Paroxetin

Sertralin, WZ Gladem®, Zoloft®, neuartiges Antidepressivum aus der Gruppe der selektiven →Serotonin-Wiederaufnahmehemmer

Serviettenringfigur →WUNDTscher Serviettenring

SES, Abk. für *socioeconomic status* →Status, sozioökonomischer

SET [T] KROUT

set [engl.], vieldeutiger Begr., in der Ps. meist svw. Ausgerichtetsein, Einstellung. Als s. wird die kurzzeitige Disposition eines Organismus angesehen, derzufolge die Wahrnehmung oder das Verhalten in einer bestimmten Richtung verändert wird. Die Wirkung des s. spielt bei der Durchführung von Experimenten oder Tests eine Rolle. Vom s. ist die *attitude* zu unterscheiden, womit eine langandauernde Einstellung bezeichnet wird.

S-E-T, Gruppentest für soziale Einstellung [T] JOERGER

setting [engl. Setzen, Anordnung], Milieu, Umgebung, Situation, Arrangement, vor allem verwendet in den ps. Teildisziplinen, in denen die Bedeutung sozioökologischer Faktoren wichtig ist (z. B. Sozialps., Klinische u. Ökologische Ps.). →behavior setting, →ökologische Ps.

Didaktisch ist s. die Bildung von leistungshomogenen Gruppen in einzelnen Unterrichtsfächern unter Beibehaltung der heterogenen Zusammensetzung der Stammklasse in den übrigen Fächern, →streaming.

SEU/SEV, Abk. für *subjective expected utility/value,* der subjektiv definierte Nutzen, der von einer von mehreren Alternativen erwartet wird. →Entscheidungstheorie, →Risikoverhalten

Sexologie, nach M. HIRSCHFELD Sammelbez. für die Beschreibung der Beziehungen des Sexuellen zum gesamten kulturell-zivilisatorischen Geschehen. Oberbegr. zu Sexualbiologie, -hygiene, -pädagogik, -pathologie, →-psychologie

Sexualdelinquenz →Sexualverbrechen

Sexualerziehung, Sexualpädagogik, seit der Antike je nach den gesellschaftl. Auffassungen von Sexualität und entsprechenden Normen mehr oder weniger exponierter Teilbereich der Erziehung und, mit Beginn und Fortschreiten der Kritik an der bürgerlichen Gesellschaft und ihrer Moral, der erziehungswissenschaftlichen Reflexion. Anthropolog. und sozialwissenschaftliche Erkenntnisse, vor allem auch der Psychoanalyse, stützen die Forderung nach einer unbefangenen Bejahung der Sexualität und der Ermöglichung zugehöriger Lernprozesse mit dem Ziel einer Integration des ausgegrenzten Sexualitätsbereichs in menschliches Leben und personale Struktur. Das Gemeinsame aller modernen pädagogischen Bestrebungen ist eine emanzipatorische gegenüber einer traditionell-repressiven Sexualerziehung, erreichbar durch «Enttabuisierung» der Sexualität und des Sexualverhaltens und Vermittlung von Kenntnissen ihrer Entwicklungsformen und Einsicht in ihre soziale Bedingtheit. Durch vorgängige Akzentuierung von unterschiedlichen politischen Standpunkten im Hinblick auf die Erziehungsziele der Sexualpädagogik gerät diese allerdings vielfach wieder in eine Abhängigkeit, der sie gerade entronnen zu sein glaubte. →Erziehung, →Pädagogik, →Erziehungsziel. [L] HAUN 1971, KENTLER 1970, 1971, SCARBATH 1969 *G. Mühle*

Sexualhormone →Gonadenhormone

Sexualität [lat. *sexus* Geschlecht], ein mehrdeutiger Begr., der sowohl die reine Geschlechtlichkeit des Männlichen und Weiblichen bedeutet wie auch den Geschlechtstrieb mit seiner besonders weitreichenden Variation und Ausstrahlung und seiner kulturellen Gestaltungskraft (→Trieb). Herkömmlich definiert man S. als die Gesamtheit aller mit dem Sexus begründeten (begründbaren) Lebensäußerungen, wobei jedoch in Grenzfällen deren sex. Zugehörigkeit nur schwer entscheidbar ist (hat z. B. das Kleinkind beim Daumenlutschen Lustgefühle sex. Art?). Der gegebenen Definition der S. wird hinzugefügt, daß sie zu den nicht-homöostatischen Regelungen (→Homöostase) gehöre. Sie besitze dafür keinen genügend eindeutigen Sättigungsmechanismus, sie ist nicht wie Hunger, Atmung, Ausscheidungsfunktionen u. ä. auf die bloße Stillung eines physiol. Bedürfnisses reduzierbar. Psychologisch ist jedes Verhalten als sex. zu werten, das zugleich die körperlich-nervliche Erregung des Geschlechtsorganes (Reizung) mit intensiver ps. Beteiligung ausweist – gleich ob dies in individuellem Alleingang, in der Begegnung zweier Geschlechter (zur Kopulation oder nur zur geschlechtlichen Befriedigung) oder auch zwischen Individuen gleichen Geschlechts abläuft. Ob S. «instinktiv» dem Menschen zueigen ist (mit allen Vorbehalten gegen die Bedeutung des →Instinktes) oder ob für sie Prinzipien der →Lerntheorien zu gelten haben (wofür z. B. die bekannten Exp. von HARLOW mit Affen sprechen), bleibt zur Klärung noch ebenso Forschungsziel wie die vielfältigen Probleme, die nach Überwindung der lange Zeit im Sexualbereich herrschenden Tabuisierung aus umfassenden Erhebungen zum «Intimverhalten» (KINSEY-Reports u. a.) bekannt geworden sind. Die S. variiert in ihrer Erscheinung (Ausformung) auch noch äußerst stark mit den versch. kulturell-gesellschaftlichen Strukturen (Patriarchat, Matriarchat u. a. m.) sowie dem rituell herrschenden sex. Brauchtum (→Beschneidung). [L] FORD & BEACH 1968, GIESE 1952, HARLOW 1962, KINSEY et al. 1948, 1953, SCHORSCH & SCHMIDT 1975 →Sexualpsychologie *F. Dorsch*

Sexuallockstoffe →Pheromone

Sexualpsychologie, Sexualwissenschaft, Teilgebiet der Ps., das alle mit der Sexualität zusammenhängenden ps. Vorgänge und Verhaltensweisen in ihrer Verschiedenheit bei Mann und Frau und in ihrer Entwicklung sowie in ihren Erscheinungsformen zu erforschen und zu beschreiben hat. FREUD wies in besonderer Weise und für unsere Zeit erstmals (theoretisch ausgerichtet) auf die grundlegende und über alle Lebensbereiche ausgebreitete Bedeutung der Sexualität hin. Nicht nur die Neurosenlehre, auch die allgemeine Ps., die Pädagogik, die Soziologie und nicht zuletzt die Geisteswissenschaften haben daraus Nutzen gezogen. Doch eine eigene Sexualpsychologie entstand noch nicht. Der Anstoß hierfür lag in der Interessenzuwendung einzelner Ärzte, die wie P. PENTA in Italien (1896) und M. HIRSCHFELD in Deutschland (1908) mit eigenen Veröffentlichungen hervortraten. Auch Namen wie W. FLIESS, R. KRAFFT-EBING, M. MARCUSE und A. MOLL sind zu nennen. Der Begr. Sexualwissenschaft wurde 1906 durch I. BLOCH geprägt und als selbständige Disziplin «vom Sexuellen, d. h. von den Erscheinungsformen und Wirkungen der Sexualität in körperlicher und geistiger, in individueller und sozialer Beziehung» definiert. Auf zwei vorherrschende Probleme wurde dabei verwiesen: die Bedeutung des sexuellen Chemismus und die Bedeutung der sexuellen Variabilität. Ersteres mag an die Hormonforschung jener Zeit erinnern, während letzteres darauf hinweist, wie die Deszendenztheorie, Eugenik, Fragen der Bisexualität und der sexuellen Zwischenstufen im Vordergrund des Interesses standen. Sexualps. war jener Zeit das individuelle sexuelle Erleben wohl wichtig, und auch das Streben nach einer natürlichen Sexualethik war wach, aber erst in der Weiterentwicklung kam es zu einer Forschung im heutigen Sinn, die auch mit modernen Forschungsmitteln (Interviews, Fragebogen) das Wesen und die Erscheinungsformen der Sexualität zu klären sucht. Seit 1950 treten dazu Kongresse in Erscheinung. In USA ist die Sexualpsychologie wohl am stärksten von KINSEY durch dessen Tatbestandsaufnahmen (Sozialstatistik der körperlichen Vorgänge der Sexualität) vorangetrieben worden. Als Ertrag wurde die hohe Variabilität der sexuellen Verhaltensweisen u. damit auch die Häufigkeit vieler bisher als abwegig betrachteten sexuellen Reizsituationen erwiesen. [L] BORNEMANN 1980, FORD & BEACH 1968, GIESE 1968, KINSEY 1948, MASTERS & JOHNSON 1966, MEAD 1930, SCHMIDT 1976 *F. Dorsch*

Sexualtherapie, die heutige Behandlung funktioneller Sexualstörungen wurde als Kurzzeittherapie besonders gefördert durch die empirischen Arbeiten von MASTERS und JOHNSON (1979). Sie beziehen erstmals Partnerschaftsprobleme mit ein und versuchen in realen Übungen, die hierarchisch strukturiert sind, Ängste abzubauen, das Verhaltensrepertoire zu erweitern und Fehlinformationen und problematische Normen zu reflektieren. Je nach der Diagnose in der Problem- bzw. Verhaltensanalyse und der therapeutischen Orientierung werden im Aufbau der S. Elemente der Psychoanalyse, der Kommunikationstherapie oder anderer Schulen angewendet. Hauptfaktoren bei der Entstehung sexueller Funktionsstörungen sind eine sexualfeindliche Erziehung, zu der verstärkend oft hohe Leistungsnormen und Funktionsdruck kommen. Dadurch entstehen Schamgefühle und Ängste. Falsche Informationen und unreflektierte Normen können ebenso beteiligt sein wie allgemeine Probleme der Partnerschaft. Hier sind Kommunikations- und Verhaltensdefizite, aber auch wechselseitige Ablehnung, depressive Interaktionsstile und mangelnde körperliche Akzeptierung als bedeutsam gefunden worden. Ein nicht unbeträchtlicher Faktor ist in der falschen Beratung und Therapie zu suchen, über die lange Zeit Fehlinformationen verbreitet wurden.

Die Sexualtherapie wird zumeist als Paartherapie durchgeführt. Gute Ergebnisse (ca. 50 % Heilung), bes. bei Kombination verschiedener Verhaltenstherapie-Methoden. [L] ZIMMER 1985 *D. Zimmer*

Sexualverbrechen, Sexualdelinquenz, Sammelbez. für die sehr verschiedenartigen sex. Handlungen, soweit sie gegen allg.-menschliche oder auch gegen bestimmte, in einem Kulturkreis oder einem Land herrschende Normen verstoßen. Für die ps. Forschung und Praxis (als Hilfe für die Prophylaxe) sind Analysen der spezifischen Deliktforschung, der Delinquenten nach Personstruktur, sozialer Herkunft und Entwicklung, Tatbestände u. a. m. wichtig.

Sexualverhalten, (biol.) Sammelbegriff für Verhaltensweisen gleichartiger Tiere, die dem Sexualpartner gegenüber geäußert werden. →Fortpflanzungsverhalten

S^F (auch S^-), Symbol für einen mit einer Nichtverstärkung verbundenen Reiz

s-Faktor, der von SPEARMAN angenommene und durch Faktorenanalyse aufgewiesene spezifische Faktor *(specific factor)* im Aufbau der Intelligenz. →g-Gaktor, →Intelligenzfaktoren

shadowing [engl. beschatten, überdecken], auf CHERRY (1953) zurückgehende exp. Technik zur Untersuchung der selektiven →Aufmerksamkeit, bei der einer Vp mittels Lautsprecher oder Kopfhörer für jedes Ohr verschiedene akustische Reize dargeboten werden. Die akustischen Reize (Töne oder Sprache) können sich in der Lautstärke oder in der Tonhöhe, nach der Stimmlage des Sprechers oder nach dem Textinhalt unterscheiden. Die Aufgabe der Vp besteht darin, nur einen an einem Ohr ertönenden Reiz bzw. Text zu beachten und begleitend nachzusprechen oder sich zu merken, hingegen den am anderen Ohr ertönenden Reiz bzw. die andere Information auszublenden. Geprüft wird, wieviel und welche Information mit demjenigen Ohr *(shadowed ear)* aufgenommen und verarbeitet bzw. nachgesprochen wurde, mit dem die Reize gemäß der Instruktion beachtet werden sollte. →Cocktailpartyphänomen [L] CHERRY 1953, MORAY 1970 *K. H. Stapf*

Shannon, Claude Elwood (*1916), amer. Mathematiker , Harvard-Univ.

Shannonscher Rateversuch, Verf. zur subjektiven →Information über die Erwartungswahrscheinlichkeit von →Zeichen.

Shannon-Wienersche Entropieformel →Informationstheorie, →Entropie

shaping, von SKINNER eingeführte Verhaltensgestaltung durch →Verstärkung der dem Lernziel allmählich immer näher kommenden (approximativen) Verhaltensteile. Entscheidend ist die richtige zeitliche Anordnung *(timing)* der Verstärkungen. s. wird auch in der →Verhaltenstherapie angewendet. →bedingter Reflex

sharpening →Akzentuierung. Ggs. →Nivellierung, →Denkstil

Sheldon-Typen, Körperbautypen, →Typologie (Konstitutionstypen)

Sheldon, William Herbert (1899–1977), Psychologe, Konstitutionsforscher / Chicago, Cambridge, New York

Sheppardsche Korrektur, eine von SHEPPARD vorgeschlagene Korrektur, die z. B. bei der Berechnung der Varianz von in Klassen zusammengefaßten Daten Anwendung findet. Da auf Grund derartiger Daten berechnete Varianzkennwerte die tatsächliche Varianz überschätzen und da die Größe des resultierenden systematischen Fehlers von der Klassenbreite B abhängt, wird die errechnete Varianz nach der Formel

$$s^2_{korr} = s^2 - \frac{B^2}{12}$$

korrigiert.

Sheppard, William Fleetwood (1863–1936), austral. Mathematiker / Cambridge

Shock →Schock

Shock-Absorber, bei jeder Anwendung von psychodiagnostischen Verfahren ist mit «Prüfungsunbehagen», bisweilen «Prüfungsangst» zu rechnen. Die Schwierigkeiten können verringert werden, wenn man der eigentlichen Test-Untersuchung eine Aufgabe vorausgehen läßt, die ohne Bewertung bleibt: Shock-Absorber oder Pufferreiz.

shuttle-box [engl. *shuttle*, hin- und herlaufende Weberschiffchen], Zwei-Kammer-Käfig für Tierversuche

Sicherheit, Zustand ohne Schädigung oder Wahrnehmung eines Zustands ohne Schädigung oder potentieller Schädigung (→Unfallforschung, →Verkehrspsychologie, →Illusion, →Kontrollüberzeugung). S. betrifft den Zustand von Individuen in natürlicher, sozialer oder technischer Umgebung. Sicherheitswissenschaft befaßt sich mit der Beschreibung, Analyse und Verbesserung von S. Die Messung von S. erfolgt u. a. über Unfalldaten (z. B. Indices), Erfassung von Konfliktsituationen, durch Systemanalysen und durch Merkmale der Wahrnehmung («tolerierte Unsicherheit»). [**L**] ECHTERHOFF 1981, HOYOS & ZIMOLONG 1990, JUNGERMANN 1982, KUHLMANN 1979 *W. Echterhoff*

Sicherheitsgrenze, -schranke, -schwelle →Vertrauensintervall

Sicherheitsmarginal, nach D. KATZ muß bei jeder ps. Leistung, die ihrer Natur nach die Erreichung eines bestimmten Grenzwertes fordert, dieser Grenzwert um einen wenn auch nur minimalen Betrag überschritten werden, um die Leistung sicherzustellen.

Sick Building Syndrome, syn. *building sickness, tight building syndrome, office illness*. Bezeichnung für ein umweltausgelöstes Krankheitssyndrom. Unspezifische ps. und körperliche Beschwerden (Reizung von Augen, Nase und Rachen, Trockengefühl an Schleimhäuten und Haut, Kopfschmerzen, Müdigkeit, Benommenheit, vermehrte Atemwegsinfektionen). Auftretend in bestimmten Gebäuden (meist mit raumlufttechnischen Anlagen ausgestattet), bei Verlassen des Gebäudes nachlassend. Beziehungen zur Raumluftqualität wird diskutiert. Wahrscheinlich multifaktoriell bedingtes Syndrom. Die Beziehung zum →MCS ist nicht geklärt. [**L**] HARTMAN 995, SEIDEL 1996 *M. Hüppe/W. Janke*

Siebung, Grobauslese →screening

Sigma [gr. Buchstabe], Symbol für die Standardabweichung σ^2 = Varianz. →Streuungsmaße • Zeichen für 1/1000 Sekunde. • Σ = Summe.

Sigmatismus, Lispeln, die weitverbreitete, fehlerhafte Artikulation der Zischlaute s, ch (Chitismus), sch (Schetismus) und ihrer Verbindungen mit anderen Lauten, z. B. ts (z) oder ks (x). Je nach dem jeweiligen Stellungsfehler der Zunge, der Lippen oder Gaumensegel beschreibt man den *S. interdentalis, S. addentalis, S. lateralis* (Hölzeln), *S. labiodentalis, S. nasalis* und andere Formen. Wird der Zischlaut durch ein anderes, richtig gebildetes →Phonem ersetzt (z. B. durch f), nennt man dies Parasigmatismus (→Paralalie). Vielfältige Ursachen sind zu bedenken (→Stammeln).

Signal, nach DIN 44 300 «die physikalische Darstellung von Nachrichten oder →Daten» • Ein Ereignis, das eine von seiner Eigenart unterschiedene Bedeutung mit sich führt und dadurch bei der einseitigen oder wechselseitigen →Kommunikation zwischen Systemen als Träger von →Information wirkt. Ein →Reiz hat deshalb nur dann den Charakter eines Signals, wenn nicht seine direkte physikalische Einwirkung, sondern seine (in der Regel gelernte) Bedeutung Verhalten auslöst und steuert (Schlüsselreiz). Diese Unterscheidung wird von PAWLOW nicht getroffen. Für ihn konstitutieren alle nichtsprachlichen verhaltenswirksamen Reize (auch bei direkter physikalischer Einwirkung) das «erste Signalsystem», während die Sprachzeichen samt Kombinationsregeln wegen ihrer die «Realität» symbolisierenden Funktion das →zweite Signalsystem bilden. *H. E. Zahn*

Signal, analoges, nach DIN 44300 «ein Signal, dessen →Signalparameter eine Nachricht oder Daten darstellt, die nur aus kontinuierlichen Funktionen besteht bzw. bestehen».

Signaldetektions-Theorie, syn. Signalentdeckungstheorie [engl. *theory of signal detectability* (TSD)], hat ihren Ursprung in den 50er Jahren bei der Behandlung von Problemen, die sich bei der Entwicklung von elektronischen Sensoren zur Entdeckung von Signalen bei Anwesenheit von Störungen ergaben. Formal steht sie auch in engem Zusammenhang mit der statistischen →Entscheidungstheorie. Bereits im Jahre ihrer Veröffentlichung erschien die erste Anwendung auf Probleme der visuellen Wahrnehmung (Tanner & Swets). Die TSD kann jedoch grundsätzlich auch auf viele andere Entscheidungsprobleme außerhalb der Wahrnehmung, z. B. in der Diagnostik, angewendet werden. Sie geht von der Frage aus: Unter welchen Bedingungen wird das Vorhandensein eines schwachen Signals vor einem Hintergrund von Störsignalen oder gegenüber anderen Signalen, welche gelegentlich mit dem relevanten Signal verwechselt werden können, gemeldet?

Damit wird die Meldung «Signal vorhanden» bzw. «nicht vorhanden» nicht mehr als direkter Ausdruck der Empfindlichkeit bzw. Unterschiedsempfindlichkeit für die betreffende Signalart angesehen, sondern als ein Problem der Entscheidung zwischen zwei Reaktionsalternativen unterschiedlicher Wahrscheinlichkeit und unterschiedlicher (mehr oder weniger hoch bewerteter) Konsequenzen aufgefaßt.

Ausgangspunkt der Formalisierung ist die Annahme, daß eine Beobachtung x vorliegt und auf Grund der unterschiedlichen Wahrscheinlichkeit dieser Beobachtung in den einander überschneidenden Verteilungen der «Signale» bzw. der «Störung» die Entscheidung über die Reaktion «Signal» oder «kein Signal» gefällt wird. Die normative (optimale) Lösung, welcher der tatsächliche Entscheidungsvorgang nahzukommen scheint, leitet sich erstens von der Größe des *«likelihood ratio»*

$$1\,(x) = \frac{p\,(x|s)}{p\,(x|n)},$$

dem Verhältnis der bedingten Wahrscheinlichkeit von x unter der Annahme der Zugehörigkeit zur Signal- bzw. Störungs-Verteilung ab. Sie hängt zweitens aber auch vom subjektiven Wert, der den richtigen Entscheidungen in beiden Richtungen (Treffern und richtigen Verneinungen) und damit auch den beiden möglichen Fehlern, die riskiert werden (falscher Alarm und Nicht-Erkennen), zugeschrieben wird, also von der *pay-off matrix* (→Entscheidungstheorie), ab. Der kritische Wert β von l(x), bei dessen Überschreitung für Anwesenheit des Signals entschieden wird, wird z. B. um so höher liegen, je größer die (negative) Bedeutung von «falscher Alarm» ist, anders ausgedrückt, je teurer einem ein falscher Alarm zu kommen scheint. Die individuelle Eigenart einer Detektionsvorrichtung bzw. eines Beobachters bei gegebenem s/n-Verhältnis wird als *«receiver operating characteristic»*, graphisch als sog. ROC-Kurve, dargestellt. In ihr ist die Wahrscheinlichkeit für «Treffer» und für «falschen Alarm» für jeden möglichen Wert von β dargestellt. Wird der Abstand der mittleren Signalintensität von der mittleren Störintensität verändert (d. h., ist das Signal im Durchschnitt leichter oder schwerer zu erkennen), dann ändert sich mit dem Parameter

$$d' = \frac{\mu_s - \mu_n}{\sigma_n}$$

(standardisierter Abstand der Mittelwerte von Signal und Störung) auch die ROC-Kurve.

Am häufigsten wurde die TSD in der Ps. bisher in der theoretischen Analyse des Erkennens schwellennaher Unterschiede von Sinnesreizen angewendet. Exp. gefundene ROC-Kurven und Daten zur Stabilität des Parameters d′ unter variierenden Bedingungen können mit den normativen Erwartungen des TDS verglichen und zur Ableitung ps. Theorien der Signalentdeckung herangezogen werden. [**L**] Coombs et al. 1970, Green & Swets 1966, Velden 1982 *E. Mittenecker*

Signal, digitales, nach DIN 44300 «ein Signal, dessen →Signalparameter eine Nachricht oder Daten darstellt, die nur aus Zeichen besteht bzw. bestehen».

Signale, (biol.) Reizmuster (körperliche Strukturen, Lautäußerungen, Duftstoffe, spezifische Verhaltensweisen) im Dienste der inner- und/oder zwischenartlichen →Kommunikation. S. haben meistens Auslöserfunktion. Artspezifische S. können durch →Mimikry von artfremden Tieren nachgeahmt werden. →auch Ritualisierung *V. Preuss*

S

Signalentdeckungstheorie →Signaldetektions-Theorie

Signalparameter, nach DIN 44300 «diejenige Kenngröße des →Signals, deren Wert oder Werteverlauf die Nachricht oder die Daten darstellt».

Signalsystem, zweites →zweites Signalsystem

signal-to-noise ratio [engl.], Signal-Rausch-Verhältnis, Abk. *s/n*, psychophysikalisches Konzept. Ganz allgemein versteht man darunter das Energieverhältnis zwischen einem wahrzunehmenden Signal *s* und einem Hintergrundgeräusch *n*. *R. Ulrich*

Signifikanz [lat. *significare* zu erkennen geben, anzeigen], Bedeutsamkeit, insbes. die statistische Bedeutsamkeit, z. B. des Unterschieds von Mittelwerten oder eines Korrelationskoeffizienten.

Signifikanzniveau, ist die Größe des tolerierten →Fehlers erster Art (α-Fehlers) bei der Interpretation von Stichprobenergebnissen. Am häufigsten wird auf dem 1 %- oder auf dem 5 %-S. entschieden. →Nullhypothese

Signifikanztest, Verfahren zur Ermittlung der statistischen →Signifikanz von Stichprobenergebnissen. S. prüfen gewöhnlich die Wahrscheinlichkeit für das in der Stichprobe aufgefundene Ergebnis unter der Annahme der →Nullhypothese.

Silbe, die kleinste Sprecheinheit, die aus dem S.träger, einem Vokal oder Diphthong, und keinem, einem oder mehreren Konsonanten besteht (BÜNTING 1971). S. sind wie →Morpheme aus →Phonemen, den kleinsten Lauteinheiten (→Laut), aufgebaut; im Unterschied zum Morphem ist der S. jedoch keine Bedeutung streng zugeordnet. S. und Morpheme können Wörter deshalb unterschiedlich segmentieren. Das Wort «Ho-sen» besteht z. B. aus den beiden S. «Ho-» und «sen», aber aus den Morphemen «Hose-» und «n», wobei das erste ein lexikalisches und das zweite ein grammatisches Morphem bildet. Während häufig dem Morphem die größere sprachps. Relevanz zugesprochen wird, darf nicht übersehen werden, daß der S. bei der laut-artikulatorischen →Sprachproduktion und →Sprachrezeption eine entscheidende Rolle zukommt (LENNEBERG 1972). Kinder lallen z. B. S. und nicht Morpheme. Ebenso spielt die S. bei der →Sprachdiagnostik und in der Lernps. eine wichtige Rolle. Hier werden sinnlose S. (→Trigramme, CVC-S.) häufig als Lernmaterial benutzt. Dabei erweisen sich die Bedeutungshaltigkeit (→meaningfulness), →Wahrscheinlichkeitsstruktur sowie →familiarity als wirksame Eigenschaften. *J. Engelkamp*

Silbenstammeln →Stammeln

Silbenstolpern, das Verdoppeln, Versetzen, Umstellen oder Auslassen von Silben und Buchstaben beim Sprechen; gehäuft bei progressiver Paralyse. Syn. literale Ataxie.

silent organization, stille Organisation. →Plateaubildung

Silomat® →Clobutinol

Simmondssche Krankheit, Hypophysenvorderlappeninsuffizienz →Hormone

Simon-Effekt, der Effekt der →Kompatibilität einer irrelevanten Position eines Reizes auf die → Reaktionszeit. Soll z. B. auf ein Dreieck mit der rechten Hand reagiert werden und auf einen Kreis mit der linken, so ist die Reaktionszeit beim Dreieck kürzer, wenn es auf der rechten Seite dargeboten wird als bei Darbietung auf der linken Seite; bei der Reaktion auf den Kreis ist der Unterschied entsprechend umgekehrt. *H. Heuer*

Simon, Theodore (1873–1961), Psychologe / Paris →BINET

Simulation [lat. *simulare* ähnlich machen, nachahmen], Vortäuschung, Verstellung, z. B. bei Aussagen oder Krankheitssymptomen (→Diagnose). • Vereinfachte Darstellung oder Abbildung eines Realitätsausschnittes durch ein Simulationsmedium (z. B. Film, Computerbildschirm) zu Vorführ-, Experimentier- oder Schulungszwecken (z. B. Pilotenausbildung). • Modellhafte Nachbildung ps. (meist kognitiver) oder sozialer Prozesse auf einem →Digitalrechner (Computersimulation) mit dem Ziel, zu einem besseren Verständnis dieser Prozesse und der sie beeinflussenden Größen zu gelangen. Das der S. zugrunde liegende Computerprogramm hat dabei den Status eines theoretischen →Modells (Computermodell). →artifizielle Intelligenz

[L] LEHMAN 1977 *A. Engemann*

Simulations-Test [T] EYSENCK

simultaneous scanning, Selektionsstrategie bei der Begriffsbildung. →fokussieren

Simultankontrast →Kontrast

Simultanschwelle, die →Schwelle, die sich bei gleichzeitiger Darbietung von Reizen ergibt, insbes. auf dem Gebiet des Tastsinns (→Raumschwelle), Ggs. Sukzessivschwelle.

Single [engl. *single*, lat. *singulus* allein, einzeln], Begr. der Sozialwissenschaften (neben anderen Bedeutungen), der aus USA in den dtsch. Sprachgebrauch gekommen ist für Personen, die besonders in den Lebensjahren

25–50 (z. T. gewollt) ohne engere Bindung an einen Partner leben.

Sinistralität [lat, *sinister* links], Linkshändigkeit, →Lateralität, →Händigkeit

Sinn, in jeder Wissenschaft hat der S. als das Sinnvolle, zugleich Geordnete und sich selbst Rechtfertigende hohe Bedeutung. In der Gestaltps. ist der S. besonders verbunden mit der Erfüllung von Gefordertem (→Prägnanztheorie und →Gefordertheit) wie z. B. der Art der Zusammenfassung von Teilen zu einem Ganzen oder der Wirksamkeit von →Bezugssystemen. • Im Raum der Psychotherapie hat V. E. FRANKL dem S. (als «Wille zum Sinn») eine zentrale Bedeutung gegeben. →Existenzanalyse, →Logotherapie, →Verstehen, →Teleologie

Sinne, Sinnesorgane, dienen dem Organismus zur Aufnahme verschiedenartigster →Reize und vermitteln dem →zentralen Nervensystem die vielfältigen Informationen über das innere und äußere Milieu des Organismus. Die S. enthalten →Rezeptoren, Zellen, die spezifisch verschiedene Energieformen der Umgebung derart in nervöse Impulse umsetzen, daß die Information des Reizes durch die Impulsfrequenz und/oder die Zahl der Rezeptoren verschlüsselt wird.

Die Rezeptoren eines Sinnesorganes reagieren auf eine ausgewählte Energieform mehr oder weniger spezifisch, d. h. mit wesentlich niedrigerer Reizschwelle als andere Rezeptoren (adäquate Reize, →spezifische Sinnesenergien). So reagieren die Stäbchen und Zapfen des Auges vornehmlich auf Licht (adäquater Reiz), doch reagieren sie auch auf Druck, wenn auch mit einer wesentlich höheren Reizschwelle als die Druckrezeptoren in der Haut; eine Einteilung der Sinne nach ihrer Modalität, dem Sinnesorgan und den Rezeptoren gibt die beistehende Tabelle. Auch diese Einteilung nach den heute gebräuchlichsten Kriterien ist nicht voll befriedigend. Eine ältere Einteilung nach den qualitativen Unterschieden der Erlebnisse umfaßt 12 Sinne. In der klassischen Medizin des Altertums und der frühen Neuzeit wurden 5 Sinne unterschieden:

Gesicht, Gehör, Geschmack, Geruch, Gefühl. Etliche Sinnesorgane haben überwiegend oder ausschließlich die Aufgabe, als Meßfühler an der Regelung physiologischer Prozesse mitzuwirken. Manche von ihnen vermitteln keine bewußten Empfindungen z. B. →Propriozeptoren zur Erfassung der Muskellänge oder Sehnendehnung. [L] KEIDEL 1971, SCHMIDT & THEWS 1995 *C. Becker-Carus*

Sinnenvikariat [lat. *vicarius* stellvertretend], Stellvertretung eines Sinnes durch einen anderen, z. B. Tastempfindung für fehlende optische Wahrnehmung bei Blinden.

Sinnenwelt, die Gesamtheit der durch die Sinnesorgane vermittelten Bew.inhalte in einer wahrnehmbaren und wahrgenommenen Welt *(mundus sensibilis)*.

Sinnesempfindungen →Empfindungen

Sinnesenergie →spezifische Sinnesenergie

Sinnesfunktionen, Bez. für die den Sinnesorganen (→Sinne) zukommenden Funktionen. Weiteres →Sehen, →Hören etc. • In der Ps. sind die S. bedeutsam u. a. bei der Grundlagenforschung, in der Persönlichkeitsps. und besonders bei der Diagnostik. Der nachstehende Überblick belegt die Methoden und Möglichkeiten zur Beurteilung (Messung) von sensorischen und sensomotorischen Funktionen:

1) *Zur visuellen Wahrnehmung:* Das Augenmaß wird geprüft mit dem Schätzen und Vergleichen von Längen, Breiten und Dicken. Linien, Kreise und Kreisbogen sind nach Größen zu ordnen, zu halbieren (dritteln), bzw. die Mittelpunkte sind einzuzeichnen. – Apparativ läßt man mit Mikrometern oder verstellbaren Winkeln vorgegebene Einstellungen nachstellen. Zahlreiche Geräte wurden erdacht, so u. a. Augenmaßprüfer (BLUMENFELD, SACHSENBERG-DOLEZAL, SCHULTE), Kreismittelpunktbestimmer (SCHULTE), Optometer (MOEDE), Schraubenvergleichstest (SCHULZE), Streckenteiler (BAUMGARTEN), Winkelschätzer (MOEDE, SCHULZE). Die Tiefenwahrnehmung wird mit dem Tiefensehapparat geprüft. Auch das sog. Kugelfallgerät kommt in Betracht. Weiteres Gerät: Entfernungsschätzprüfer nach SCHULTE. Für die Farbtüchtigkeit bedient man sich der pseudoisochromatischen Tafeln von STILLING und ISHIHARA. Die Wollfadenprobe von HOLMGREN ist unhandlicher. Die Formvisualität (als Befähigung zum Erfassen verwickelter optischer Gebilde wie z. B. Schnitte) bzw. die Gestaltauffassung und die räumliche Vorstellung werden geprüft mit den Tests nach ABELSON (geometrische Figuren), BINET (*Découpage*), BLUMENFELD (Würfel), FRIEDRICH (Stablücken), GRÜNBAUM (Abstraktion), KLEMM (Bauprobe), MEUMANN (Symmetriezeichnen), O'CONNOR (Wiggly-Block), POPPELREUTER (Abwicklung), RUTHE (Würfel), RUPP (Abwicklung und Waben), RYBAKOW (Kombination), SCHULZ (Kordelversuch), STERN (Formvariator), YERKES (Steinhaufen).

Sinnesmodalitäten und -organe (→Stw. Sinne)

Sinnesmodalität	Sinnesorgan	Einteilung Receptoren	Sinne
Gesicht	Auge		
Gehör	Ohr	Teleceptor	
Geruch	olfactorische Membran (Chemoreceptor)		spezielle S.
Geschmack	Geschmacksknospen (Chemoreceptor)	Interoceptor	
Winkelbeschleunigung	Bogengänge		
Linearbeschleunigung	Utriculus		
Schmerz	freie Nervenendigungen (Nociceptor)		
Berührung	MEISSNER-Körperchen etc.		Haut-Sinne
Druck	PACINI-Körperchen	Exteroceptoren	
Wärme	RUFFINI-Endorgane		
Kälte	KRAUSE-Endkolben		
Muskeldehnung	GOLGI-Sehnenorgane	Proprioceptoren	
Muskeldehnung	Muskelspindeln		
Gelenkslage	Nervenendigungen um Gelenke		
arterieller Blutdruck	Wand von Carotissinus u. Aortenbogen		
«zentraler» Venendruck	Wand der großen Venen, Vorhöfe		viscerale S.
Lungendehnung	Vagusendigungen in Lungen	Interoceptoren	
Bluttemperatur i. Kopf	Hypothalamuszellen	(Viscerocep-	
O_2-Partialdruck	Carotis- und Aortenkörperchen (Chemoreceptor)	toren)	
Liquor-pH	Receptoren an der ventralen Oberfläche der *Med. oblong.*		
osmot. Druck d. Plasmas	Receptoren im vord. Hypothalamus		
arterio-venöse Blutzuckerdifferenz	Zellen im Hypothalamus (Glucostaten)		

Geschwindigkeitsmesser konstruierten GIESE, MOEDE u. a., wobei z. B. zwei aus einem Kasten (mit Antrieb) herausragende Wellen auf gleiche Drehzahl zu bringen sind.

2) *Zur auditiven Wahrnehmung:* Die Gehörprüfung geschieht bei durchschnittlichen Anforderungen an die Diagnose (etwa Berufsauslese) mit der Flüstersprache, während eine genauere Untersuchung Spezialapparate benötigt. →Audiometrie.

3) *Zur Geruchs- und Geschmackswahrnehmung:* Feststellung durch Zuordnung verschiedener Gerüche (wobei einzelne Gerüche doppelt und dreifach in neutralen Glasflaschen vertreten sind). Gleiches Verfahren mit Geschmacksproben.

4) *Zur Tastwahrnehmung:* Das Ästhesiometer hat seine Bedeutung in der Diagnostik eingebüßt. MOEDE konstruierte einen «Taktometer», «Tastsinnprüfer» (zwei dicke, ineinanderlaufende Zylinder, die mit Mikrogetrieben auf gleiche Höhen einzustellen sind, wobei der Niveauunterschied zu tasten ist). Zur Tastwahrnehmung gehören auch die Tests mit Gewichtevergleich (BINET) sowie das Gravimeter. Ebenso die bekannten Sandpapierproben und Metallflächenproben. Eingehend wurden von der Psychotechnik die kinästhetischen (Bewegungs-)Empfindungen beachtet, so die Lageprüfung durch geforderte Winkeleinstellung des Armes, des Fußes oder Rumpfes, wobei dann an einem Kinematometer der Winkel abgelesen wurde. Auch für das Widerstandsempfinden wurden Geräte konstruiert, so der Gelenkprüfer und Handgelenkprüfer (BLUMENFELD, MOEDE, SCHULZE), Bolzenpasser (MOEDE), Ge-

lenkempfindungsprüfer (SCHULZE), Lehrenpasser (MOEDE), Druckwiderstandsprüfer (SCHULTE).

5) *Zum Handgeschick:* Die Handkraft wird durch das Dynamometer bzw. den Ergographen (auch Arbeitsschreiber) registriert. Die «Ergographie» hat sich zu einem über die Handkraft hinausgehenden Zweig psycho-physischer Diagnostik entwickelt. Konstruktiv sind daran MOSSO, MOEDE, DUBOIS, WEILER u. a. beteiligt. MOEDE konstruierte auch einen «Taschen-Ergographen».
Die Impulsgebung der Hand wurde von WHIPPLE u. a. mit dem *Tapping*-Test (Klopf-Test) erforscht. Ein Aktionsprüfer (GIESE) und ein Impulsmesser (MOEDE) kamen hinzu. Das Tremometer als Apparat, bei dem Löcher und Linien in einer Metallplatte mit einem Kontaktstift zu durchlaufen sind und an dessen Entwicklung BAUMGARTEN, BLUMENFELD, CHRISTIAENS, BISCHOF, MEUMANN, MOEDE, SACHSENBERG-DOLEZAL, WHIPPLE beteiligt sind, mißt die Ruhe und Treffsicherheit der Hand. Auch eine Hammerprobe (HEILANDT) und ein Zuschlagprüfer (GIESE) wurden konstruiert. MOEDE fertigte einen Zielhammer (Hammer mit Aufschlagdorn) sowie einen Richtschlagprüfer, SCHULTE einen Treffsicherheitsprüfer u. a.
Die Zusammenarbeit der Hände (das Handgeschick i. e. E. wird teils mit Support-Apparaten, Zweihandprüfern (nach BLUMENFELD, MOEDE, LAHY, SCHULZ), teils mit einem Storchschnabel (nach RUPP) und schließlich mit der weit bekannten Drahtbiegeprobe sowie dem Streifenfalten geprüft. Das Unterstiftzeichnen (POPPELREUTER) wie auch das Ausschneiden mit Schere wurden eingeführt. Letzteres in mannigfacher Form, wie die Ausschneideprobe nach HUTH, die Saumschneideprobe nach SANDER (KLEMM & HERMANN), die Krug-Schneideprobe nach KROEBER, das Briefumschlag-Schneiden nach POPPELREUTER. Auch besondere Geschicklichkeitsproben wurden erdacht und konstruiert, z. B.: Wickelkugel (MOEDE), Plättchen oder auch Perlen aufreihen (MOEDE, SCHULTE), Schraubenleisten, Röhre mit Fallgewicht (SCHULTE), Stacheligel (BLUMENFELD), Nähnadeln einfädeln, Linienprisma (MOEDE), das Testmittel *«rondelles»* von PIORKOWSKI, wobei Plättchen auf einen Halter mit drei Nadeln aufzustecken sind, und der von C. B. FRISBY (England) entwickelte Versuch, wobei kleine Metallkugeln in Röhrchen einzufädeln sind (ohne und mit Pinzette).
Zur Leistungsmessung der visuell-motorischen Koordination wurden unter der Bez. Pursuitmeter bzw. →pursuit rotor *(rotary pursuit)* Geräte gebaut, bei denen der Pb den aus einem schwingenden oder kreisenden Gefäß auslaufenden Sand (Wasser) aufzufangen hat. Die aufgefangene Menge ist Leistungsmaß. Auch das Verfolgen eines markierten Punktes auf einer rotierenden Scheibe mit einem Kontaktstift gestattet die Messung der Leistung: Kontaktzeit ist Maß der Leistung.

6) *Die Gesamtkörperkraft* suchen POPPELREUTER mit der Eimerprobe, GIESE mit dem Kurbeldynamometer und SCHULTE mit dem Kraftprüfer für Hubkraft festzustellen. Auch eine Körpergeschicklichkeit hat man getestet, besonders bei den Untersuchungen auf Unfallgefährdung (Testmittel etwa das Durchkriechen durch einen engen Raum). Für Maschinenschreiberinnen hat SCHULTE einen Anschlagprüfer entwickelt.

7) *Die Anfälligkeit für den Drehschwindel* sucht man durch den →Drehstuhlversuch (GADE) zu klären, bei dem die Vp sitzend und mit verbundenen Augen karussellartig mit wechselnder Geschwindigkeit und Drehrichtung um ihre Achse gedreht wird.

F. Dorsch

Sinnesorgan →Sinne

Sinnesphysiologie, die Lehre von den mit den Wahrnehmungsprozessen verknüpften physiologischen Vorgängen in den Sinnesorganen (→Sinne, →Rezeptor) und den Nervenbahnen. Sie untersucht Lage, Struktur und Erregungsbedingungen der verschiedenen Rezeptoren sowie die Fortleitung und fortschreitende Integration der Erregungen im ZNS. Dabei beschränkt sie sich nicht nur auf die Beschreibung der physikalisch-chemischen Reaktionen an diesen Strukturen (sog. objektive Sinnesphysiologie), sondern beschäftigt sich auch mit den Bedingungen und Gesetzmäßigkeiten, die den subjektiven Empfindungen und Wahrnehmungen zugrundeliegen. In der praktischen Medizin werden meist subjektive Empfindungen des Patienten zur Prüfung der Leistungen von Sinnesorganen herangezogen, etwa bei Hör- oder Sehtests. Dieser bis vor kurzem als subjektive Sinnesphysiologie bezeichnete Wissenschaftszweig wird heute der Wahrnehmungspsychologie (→Sinnespsychologie) zugeordnet. →biologische Psychologie, Psychophysiologie der Sinne. [L] SCHMIDT & THEWS 1995 *C. Becker-Carus*

Sinnespsychologie, der Teil der Ps., der sich mit den psychischen Erscheinungen im Bereich der Sinne befaßt. YOUNG, PURKINJE, Joh. VOLKMANN gelten als die Begründer der S. und FECHNER, HELMHOLTZ, HERING, WUNDT als die großen Schrittmacher. Heute wird der Begriff S. kaum noch gebraucht. Die Erforschung der Sinnesempfindungen und -funktionen teilt sich auf in die Teilgebiete: →Sinnesphysiologie, →Psychophysik, →Wahrnehmungspsychologie. *C. Becker-Carus*

Sinnesqualität, Art (Inhalt) der Sinnesempfindung, wie rot, bitter, kalt usw.

Sinnesreize →Reiz

Sinnessystem, die zusammengehörige Gruppe von Rezeptoren (spez. Sinneszellen) und Nerven (Leitungsbahnen), die «Meldungen» (überschwellige Reize) zum Gehirn leiten.

Sinnestäuschung, Verkennung der objektiven Gegebenheiten durch die Sinnesorgane einschl. der weitergehenden Reizverarbeitung im Gehirn. Zu unterscheiden sind →Illusion und →Halluzination. Bei ersterer ist ein Objekt vorhanden, während es sich bei der Halluzination um keine in der Außenwelt objektiv vorhandenen Gegebenheiten handelt. Sinnestäuschungen stellen einen wichtigen Zugang zur Untersuchung der Wahrnehmung dar; sie zeigen die Grenzen «fehlerfreier» Funktion an und erlauben dadurch Rückschlüsse auf die Funktionsprinzipien.

Sinnestypen →Typologie (Vorstellungstypen)

Sinneswahrnehmung →Sinne

Sinneszentren, Gehirnregionen, von denen anzunehmen ist, daß in ihnen bestimmte Sinneseindrücke zustandekommen. →Gehirn

Sinnkriterium, im modernen Empirismus wird dafür, daß eine synthetische Aussage als empirisch sinnvoll bezeichnet werden darf, gefordert, daß die Aussage der Nachprüfung durch die Erfahrung nicht grundsätzlich entzogen ist. *D. Dörner*

sinnliche Gefühle, die empfindungsbedingten →Gefühle, wie z. B. Unlust infolge von Hunger, Schmerz usw.

sinnlose, sinnarme Silben, CVC-Trigramme nach der Bildungsregel Konsonant, Vokal, Konsonant. Von EBBINGHAUS (1885) in die exp. Gedächtnisps. eingeführte sprachl. Einheiten (z. B. lur, vob, joz, jüf), um den Bedeutungsgehalt und Schwierigkeitsgrad des Lernmaterials kontrollieren zu können. →Trigramm *P. Day*

sinnloses Lernen [engl. *rote learning*], rein mechanisches Lernen, bloßes Üben und Auswendiglernen. →Lernen, →sinnlose Silben

Sinntherapie →Logotherapie

Sippe, Sippenverband, die sozialps. (als Gruppe, Verband) und vererbungsps. (durch die bestehende Blutgemeinschaft) wichtige Gemeinschaft. →Clan, →Familie

$_{S}I_{R}$, [engl. *inhibition*], Symbol für konditionierte Hemmung (HULL)

SIT, Stanford-Intelligenz-Test [T] (BINET-Abkömmling)

Sitte, eine in einer Gemeinschaft (Stamm, Glaubensgemeinschaft, Gesellschaftsklasse) als Ausdruck einer Werthaltung geschichtlich entstandene Verhaltensform, die kein staatliches Gesetz ist, deren Befolgung aber als Verpflichtung erlebt wird und deren Nichtbefolgung als anstößig gilt.

Sittengesetz, moralisches, sittliches Gesetz, Gebot. Von ps. Interesse ist die Frage, wie weit eine Grundlage zur sog. Sittlichkeit a priori im Menschen angelegt ist. →Gewissen

sittliches Verständnis [T] MOERS, ROTH

Situation, Gesamtsachlage, aus der ein bestimmtes Verhalten des Menschen folgert. Es gibt immer wiederkehrende Grund-S., wie Hunger, Tod, Besitz, Liebe, Krieg, Beruf, gesellschaftliche Lage, Naturkatastrophen usw., die artverschiedenes Verhalten hervorbringen. LEWIN gebraucht den Begriff S. für Person plus psych. Umgebung syn. mit →Lebensraum. →setting

Situationismus, Begr. für ein von MISCHEL (1968) in die Persönlichkeitsforschung und Differentielle Psychologie wieder eingeführtes Argument, daß menschliches Verhalten – i. Gegens. zu den von der trait-Psychologie postulierten Ansätzen – von Situation zu Situation stark variiert und daher die Prognosen für zukünftiges Verhalten relativ unzuverlässig sind. MISCHEL führte diese Argumentation auf eine Analyse einiger Untersuchungen zurück, bei denen das Verhalten nur unzureichend mittels psychologischer Konstrukte vorhersagbar war. Der S. hat auch Stellung zu der Entstehung von interindividuellen Differenzen innerhalb der differentiellen Psychologie genommen und erklärt diese Differenzen aus den vorausgegangenen Lern- bzw. Sozialisationsbedingungen. Der S. greift somit die aus den 20er Jahren von einer Forschergruppe (HARTHORNE, MAY & MALLER) vorgelegten Befunde zurück. Die Autoren haben in einer Untersuchung zur Effektivität von religiöser Unterweisung herausgefunden, daß das

Verhalten von Schülern bzgl. Ehrlichkeit etc. von Situation zu Situation variiert. Zu diesen Befunden gibt es jedoch eine Reihe grundsätzlicher Bedenken. Zunächst ist es völlig berechtigt anzunehmen, daß das Verhalten von jüngeren Kindern in entwicklungspsychologischer Perspektive noch keine Stabilität erreicht hat. Außerdem konnten Re-Analysen zu diesen Befunden zeigen, daß bei der Selektion von reliablen Meßwerten eine weit höhere transsituative Konsistenz erreicht werden konnte. Gegen den S. wurde bedeutsame Kritik geäußert. So ist z. B. die Bedeutung von einer Situation für das Verhalten von Individuen wie auch der Unterschied i. d. Bewertung von Situationen nicht geklärt. Bei der Unterscheidung von sog. schwachen u. starken Situationen ist die Stärke bzw. Schwäche für Individuen von Bedeutung. Außerdem muß unterschieden werden zwischen Situationen, die von Individuen aufgesucht werden, und solchen, denen sich Individuen nicht entziehen können. Es wäre also wichtig, Taxonomien von Situationen zu erstellen, die dieser intra- u. interindividuellen Differenzierung gerecht werden. *H. Häcker*

Situationsanalyse →Denken, heuristische Methoden

Situationsangst →Angst

Situationspsychose, durch bestimmte äußere Lagen ausgelöste Psychose, z. B. →Haftpsychose

Situations-Test [T] BARUK, BAUMGARTEN, MOEDE

Sixteen Personality Factor Questionnaire [T] CATTELL

Skaggs, Ernest Burton (*1893), Psychologe / Wayne Univ.

Skaggs-Robinson-Hypothese, Annahme über die Auswirkung der →Ähnlichkeit von Lerninhalten auf das →Behalten

Skala [lat.-ital. *scala* Treppe, Leiter], Stufen- oder Reihenfolge zur Charakterisierung eines Merkmals; Vorschrift, nach der Messungen oder Schätzungen ausgedrückt werden; auch die entsprechende Einteilung an einem Instrument. Nach einer S. werden meist quantitative Bestimmungen eines Merkmals angegeben; oft handelt es sich aber auch um eine nicht durch Zahlen gekennzeichnete Ordnung. Eine S. wird z. B. für die Farbqualitäten durch den Farbenkreis, für die Töne durch die Tonleiter, für Schulleistungen durch die Notensysteme dargestellt. Viele Tests streben die Einordnung eines individuellen psychischen Merkmals in eine definierte S. an (z. B. Intelligenzhöhe, Grad der Introversion). Man unterscheidet in der Psychologie vier Typen von S., je nach der Art der Bestimmungen, die damit getroffen werden: (a) Die Nominalskala. Hier handelt es sich nicht um eine Stufenfolge, sondern lediglich um eine Klassifikation von Merkmalsklassen. So wenn verschiedene Gruppen von Vpn unterschieden und miteinander verglichen werden, z. B. nach der Berufszugehörigkeit. Die Benennung der einzelnen Kategorien durch Ziffern oder Buchstaben ist willkürlich, die Folge der Kategorien ist also gleichgültig. Es kommt nur darauf an, daß die Bedeutung der Kategorien klar definiert ist und daß jeder Merkmalsträger in die Gruppe eingeordnet wird, der er zugehört. Innerhalb der Kategorien muß Identität hinsichtlich eines Teilmerkmals herrschen. Dieser S.typus stellt eine Vorform der S. im eigentlichen Sinn dar. (b) Die Ordinalskala (Rangskala). Hier wird eine Abstufung im Sinn eines Mehr oder Weniger, Größer oder Kleiner u. dgl. getroffen, ohne daß dabei auf das Ausmaß der Unterschiede geachtet wird. Eine solche Folge liegt z. B. vor, wenn die Schüler einer Schulklasse nach der Güte ihrer Leistungen geordnet werden. Aus den Rangzahlen, die den einzelnen Personen zugeteilt sind, ist dann zu ersehen, welche Stellung in der Reihe der einzelne einnimmt. Es ist jedoch aus den Zahlen nicht zu erkennen, wie groß der Abstand zwischen jeweils zwei Rangplätzen ist. So könnte z. B. der beste Schüler um sehr viel besser sein als der zweitbeste, dieser aber nur wenig besser als der drittbeste. (c) Die Intervallskala. Im Unterschied zur Ordinalskala bestehen hier gleiche Abstände zwischen den Skaleneinheiten in bezug auf das gemessene Merkmal. Wird z. B. die Güte einer Leistung nach einer solchen Skala ausgedrückt, so ist eine Leistung von der Größe 10 gegenüber einer solchen von der Größe 8 um den gleichen Betrag besser wie diese gegenüber einer Leistung von der Größe 6. Hier kann man erst von «Messen» im eigentlichen Sinn sprechen. Auch die in Grad Celsius geeichte Temperaturskala entspricht diesem Skalentyp. Die Intervallskala besitzt jedoch keinen oder nur einen willkürlich festgelegten Nullpunkt. Daher erlaubt sie keine Aussagen über die Verhältnisse der danach gemessenen Größen. (d) Die Verhältnisskala (auch Absolutskala genannt). Sie besitzt einen echten Nullpunkt, d. h., bei dem Skalenwert 0 ist auch das gemessene Merkmal 0. Daher bestehen nicht nur gleiche Abstände zwischen den Skalenwerten 2, 4, 6 hinsichtlich des gemessenen Merkmals, sondern es bedeutet auch 6 die dreifache Größe dieses Merkmals, 4 die doppelte gegenüber 2. Beispiele für solche S. sind die Längenmaße, aus der Psychologie das →FECHNERsche Gesetz. Zur Herstellung von S. dienen die Verfahren der →Skalierung. →Psychometrie, →Rangordnung, →Schätzskala

Skalierung, die Herstellung einer Skala, insbes. einer Intervall- oder Verhältnisskala (→Skala) für ein zu messendes Merkmal. Zu diesem Zweck gibt es in der Psychologie zwei Gruppen von Methoden, die «indirekten» und die «direkten» Skalierverfahren. (1) Den indirekten Verfahren liegt die Annahme zugrunde, daß zwei Größen (z. B. Intensitätsgrade eines Reizes) auf der zu erstellenden Skala der Erlebnisgrößen um so näher beieinanderliegen, je häufiger sie als gleich empfunden (bzw. beurteilt) werden, und um so weiter voneinander entfernt sind, je häufiger ihre Verschiedenheit bemerkt wird. Aus den Häufigkeiten der Urteile (z. B. aus den Proportionen von «Größer»-, «Gleich»- und «Kleiner»-Urteilen beim Vergleich von Reizgrößen) wird dann auf die Stellung der Empfindungsgröße zueinander geschlossen. So besteht z. B. zwischen den Reizgrößen A und B der gleiche Größenunterschied der Empfindung wie zwischen C und D, wenn A und B ebenso oft miteinander verwechselt werden wie C und D. FECHNER hat um 1850 als erster dieses Prinzip angewendet, indem er zur Gewinnung des nach ihm benannten Gesetzes die einzelnen ebenmerklichen Empfindungsunterschiede als untereinander gleich betrachtete und den ebenmerklichen Unterschied zur Einheit der Empfindungsstärke machte. Eine allgemeine theoretische Grundlage der indirekten Skalierung hat THURSTONE 1927 mit seinem Gesetz vom →Vergleichsurteil *(law of comparative judgment)* geschaffen. 2. Die direkten S.methoden verlangen von der Vp eine Beurteilung der Beziehungen zwischen den psychischen Größen, die unmittelbar zur Skalenbildung verwertet wird. So ist z. B. zu zwei gegebenen Graustufen eine weitere zu suchen, die bezüglich der Helligkeit genau in der Mitte zwischen den beiden liegt, oder eine Lautstärke zu finden, die doppelt oder dreimal so stark ist wie eine andere, oder es ist anzugeben, wie sich zwei Gewichtsreize in Teilen von 100 zueinander verhalten. Die Angaben über die subjektiven Größen werden dann direkt zu den Reizgrößen in Beziehung gesetzt. (2) Die direkten S.methoden sind nur wenig jünger als die indirekten, wurden zunächst aber nur selten angewendet (PLATEAU, MERKLE), da man lange Zeit an ihrer Exaktheit zweifelte. In neuerer Zeit hat die direkte Skalierung sehr starken Auftrieb erhalten. Die mit indirekten Verfahren aus Vergleichsurteilen gewonnenen S. besitzen keinen Nullpunkt, und es bedarf daher einer ergänzenden Information, um sie in eine Verhältnisskala umzuwandeln. Die mit Verhältnisurteilen arbeitenden direkten S.methoden führen dagegen sofort zu einer Verhältnisskala. →Psychometrie. →Psychophysik, →psychophysische Methoden. **[L]** GUILFORD 1954, SIXTL 1967, STEVENS 1951, TORGERSON 1958, THURSTONE 1929, WOODWORTH & SCHLOSBERG 1966

Skalierung, multidimensionale →multidimensionale Skalierung

Skandieren, das Deklamieren von Gedichten in der →monodynamischen Akzentuierung, in der monotonen Sprechmelodie und im starren Rhythmus der Versfüße, nicht mit der reichhaltig modulierten →Prosodie natürlicher Wortfolgen. • →Dysarthrische Sprachstörung mit einer verlangsamten (→Bradyarthrie) und oft stockenden, staccatoähnlichen Redeweise, bei der jede einzelne Silbe betont wird. Häufig in Zusammenhang mit →Ataxien bei Funktionsstörungen des Kleinhirns oder nach zerebraler Kinderlähmung. Nicht zu verwechseln mit den Sprechpausen der ungestörten Sprachproduktion.

Skepsis, Skeptizismus [gr.], Zweifel. Philosophische Richtung, die den Zweifel zum Prinzip des Denkens macht.

Skiaskopie [gr. *skia* Schatten], Verf. zur Messung der Refraktion d. Auges u. qualitativen Beurteilung von Trübungen der optischen Medien

skill →Fertigkeit

Skinner, Burrhus Frederic (1904–1990), Psychologe / Minneapolis, Bloomington, Cambridge (Harvard-Univ.)

Skinnerscher Kasten (Skinner box), Apparat für Tierexperimente, der eine Vorrichtung enthält, mittels derer bei Druck auf einen Hebel ein Stück Futter in einen Behälter fällt. Während das Tier gewöhnlich zunächst nur durch einen Zufall (→trial and error) die richtige Bewegung macht, wird sein Verhalten mit der Zeit zielgerichtet. Der Lernerfolg wird als Herstellung eines →bedingten Reflexes gedeutet. Der S. K. ist eine Weiterentwicklung einer ursprünglich von THORNDIKE (1898) zu Untersuchungen über das Lernen bei Tieren entwickelten Methode mit Puzzlebox, Problemkasten (Vexier-, Experimentierkäfig). →Labyrinthverfahren, →Vexierkasten, →Operant

Sklera, Lederhaut des →Auges

Sklerose [gr. *skleros* trocken, spröde], krankhafte Organverhärtung

Skotom [gr. *skotos* Finsternis, Dunkelheit], zeitweiliger oder dauernder Ausfall an einer umschriebenen Stelle des Gesichtsfeldes, z. B. zentrales, peripheres, halbmondförmiges Skotom. Es wird als positives S. bezeichnet, wenn es dem Träger als Fleck oder auch als Einschränkung der Farbwahrnehmung zum Bewußtsein kommt, als negatives oder objektives S., wenn es, nur durch Perimeter nachweisbar, von Arzt festgestellt wird. →Flimmerskotom

Skotomisation, Nichtsehen der oder eines Teils der Realität. →Realitätsleugnung

skotopisches Sehen, das auf Erregung der →Stäbchen beruhende Dämmerungssehen

Skript →Script

S-Kurve, Kurvenverlauf, wie er bei Integration der GAUSSschen Normalverteilung entsteht. Andere Beispiele für S-K. sind die sog. GOMPERTZ-Kurve und die logistische Funktion, die zur Beschreibung des organischen Wachstums und der Zunahme der Bevölkerung geeignet sind, sowie die →psychometrische Funktion. Auch die Durchschnittslernkurve hat man durch die S-K. zu beschreiben versucht, wogegen aber Einwände erhoben werden können. *G. Lüer*

SL, Abk. für *serial learning,* Reihen-Lernen

sleeper-Effekt, die mit Hilfe von Nachrichten zu erzeugende Meinungsänderung tritt nicht sofort nach dem Nachrichtenempfang, sondern etwas später auf (WEISS 1953). GILLIG & GREENWALD (1974) haben nach Versuchen mit über 700 Probanden und drei verschiedenen Meinungsgegenständen das Vorhandensein des s.-E. in Frage gestellt. GRUDER u. a. halten diese Schlußfolgerung für voreilig, weil sie in der kritischen Untersuchung nach einem zu kurzen Intervall geprüft worden sei. Der s.-E. wird durch die Ablösung (Dissoziation) des →Abwertungshinweises *(discounting cue)*, der von der Unglaubwürdigkeit des Kommunikators ausging, von den positiven (überredenden) Argumenten für die →Einstellungsänderung erklärt. **[L]** COOK, GRUDER, HENNIGAN & FLAY 1979, PRATKANIS, GREENWALD, LEIPPE & BAUMGARDNER 1988 *R. Bergius*

slots [engl. Schlitz, Eingabeöffnungen an Automaten], Leerstellen in Schemata, in die Werte eingesetzt werden können.

$_{S}L_{R}$, Symbol für Reaktionsschwelle (HULL)

Smirnov, Nikolaj Vasilevich (*1900), Mathematiker / Moskau

Snellen, Herman (1834–1908), Ophthalmologe / Utrecht

Snellensche Tafeln, →Sehproben zur Messung der →Sehschärfe; die →Optotypen sind Buchstaben bestimmter Form, die der Beobachter lesen muß; die Buchstaben haben gleiche Breite und Höhe, die Dicke der Linien beträgt ein Fünftel davon.

SOA, Abk. für *stimulus onset asynchronism*, Reizeinsatz-Ungleichzeitigkeit, z. B. zeitlich versetzter Beginn des relevanten und irrelevanten Reizes bei Untersuchungen zum STROOP-Phänomen. →Interstimulusintervall

social competence →Sozialkompetenz

social desirability →soziale Erwünschtheit

social engineering →human engineering

social facilitation →Erleichterung, soziale

Social Impact Assessment (SIA), Verfahren zur antizipatorischen Abschätzung der psychosozialen Auswirkungen geplanter größerer Umweltveränderungen, beispielsweise der Errichtung größerer städtebaulicher oder technischer Projekte (auch *Technology Assessment*). Mittels verschiedenartiger Erhebungsmethoden versucht man vorherzusagen, in welchem Ausmaß Interessen der verschiedensten Betroffenen von den projektierten Veränderungen tangiert werden würden, um so für politische Entscheidungsprozesse eine breitere und zuverlässigere Informationsbasis zu bekommen. **[L]** BELL et al. 1978 *G. Kaminski*

social-judgement-Theorie →soziales Urteil

social loafing, soziales Faulenzen, Verhalten von Mitgliedern einer Gruppe, sich in Leistungssituationen weniger anzustrengen, als sie individuell in der Lage wären. In den Arbeiten zum Leistungsverhalten in Gruppen wird s.l. zu den Prozeßverlusten gerechnet und tritt primär bei additiven Aufgaben auf. (RINGELMANN-Effekt).

social perception →soziale Wahrnehmung

Sodomie [nach der biblischen Stadt Sodom], Bez. für sex. Mensch-Tier-Beziehungen verschiedenster Art.

Softwareergonomie, S. ist ein interdisziplinär angelegtes Spezialgebiet der→Ergonomie, an dem im wesentlichen Informatik und →Arbeitswissenschaft einschließlich Psychologie beteiligt sind. Im weitesten Sinne richtet sich die S. auf die menschengerechte Gestaltung der Interaktion zwischen Mensch und

Computer unter Berücksichtigung von Nutzer- und Aufgabencharakteristika, aber auch organisatorischer und sozialer Randbedingungen. Als software-ergonomisches Gestaltungskriterium wird u. a. die Benutzerfreundlichkeit, d. h. die leichte und effiziente Benutzbarkeit von Softwaresystemen, insbes. der Ein- und Ausgabemedien, der sogenannten Schnittstelle zwischen Mensch und Computer (syn. Dialogschnittstelle) formuliert. Das Ziel der S., sowohl eine nutzer- als auch aufgabengerechte Gestaltung von Software zu leisten, stellt besondere Anforderungen an Methoden der →Arbeitsanalyse (→Aufgabenanalyse und →Tätigkeitsanalyse), Gestaltung und →Evaluation. Für die Gestaltung von Software-Systemen hat sich der Versuch, aus allgemeinpsychologischen Theorien und Modellen (→Mensch-Computer-Interaktion) konkrete Gestaltungskonzepte abzuleiten, bisher eher als begrenzt erwiesen. Konzepte aus der (kognitiven) Psychologie im Bereich der S. spielen aber bis heute eine bedeutende Rolle. Schon früh sind Ansätze entstanden, welche die Nutzer durch partizipative Gestaltungsmethoden und iteratives Design aktiv in den Bewertungs- und Gestaltungsprozeß mit einbeziehen, um eine bestmögliche Anpassung an personale und situationale Anforderungen zu erreichen. Computergestützte Arbeitssysteme mit komplexer Software haben sich in Industrie und Verwaltungen generell durchgesetzt. Für die Umsetzung softwareergonomischer Gestaltungskriterien, wie z. B. Benutzerfreundlichkeit, spielt deren Operationalisierung in Form von Gestaltungsrichtlinien, und Festschreibung in Form von anerkannten Normen und Standards (z. B. ISO 9241) eine wichtige Rolle. **[L]** SHNEIDERMAN 1992, BALZERT et al. 1988, FÄHNRICH 1987, HELANDER 1988 *K. C. Hamborg*

Solipsismus [lat. *solus ipse* allein ich selbst], theoretischer Egoismus als philosophische Richtung, die das subjektive Ich zum einzig Seienden erklärt. Ein methodischer S. dient zur Grundlegung der Erkenntnistheorie des Neo-Positivismus (CARNAP).

Sollwert, der Wert, den eine Größe im betrachteten Zeitpunkt unter festgelegten Bedingungen haben soll (Normenblatt DIN des dt. Normenausschusses).

Soma [gr.], Körper

Somästhesie, die gesamte Haut- und Tiefensensibilität (Berührung, Druck, Wärme, Kälte, Jucken, Kitzel, Schmerz u. a.).

Somatiker, in der Geschichte der →Psychiatrie vor allem des 19. Jh. die Bez. für diejenigen Psychiater (wie GRIESINGER, MEYNERT), die im Ggs. zu den Psychikern (wie HEINROTH, IDELER) die Auffassung vertraten, daß bei den Psychosen nicht die «Seele», sondern der Körper krank macht. These: Geisteskrankheiten sind Gehirnkrankheiten vs. die Seele macht sich selbst und den Leib krank.

somatisch, körperlich, auf den Körper bezogen im Ggs. zu psychisch.

Somatisierung, der Übergang seelischer Konflikte in eine Organerkrankung (z. B. Magengeschwür). • Überleitung in Körpererlebnisse beim →Autogenen Training, in der →Hypnose (J. H. SCHULTZ 1951).

Somatisierungsstörung, Störungsform aus der großen Klasse der →somatoformen Störungen. Kennzeichnend sind vielfältige, oft wechselnde und wiederholt auftretende körperliche Symptome ohne nachweisbare körperliche Ursachen. Es können alle Körperteile und -systeme betroffen sein, wobei Schmerz, gastrointestinale Beschwerden, pseudoneurologische und sexuelle Symptome besonders häufig sind. →ICD-10, →DSM-IV *L. Schmidt*

Somatoforme Störungen, Sammelbegriff für eine große Gruppe von Störungsformen, die sich in körperlichen Symptomen manifestieren und subjektiv meist als körperliche Krankheit interpretiert und im Medizinsystem präsentiert werden. Es dürfen keine wesentlichen medizinischen Krankheitsursachen, keine direkten Substanzwirkungen oder übergeordnete psychische Störungen vorliegen, durch die die Symptome erklärt werden könnten. Außerdem sind simulierte oder durch Selbstverletzung herbeigeführte Symptome davon abzugrenzen. Die Untergruppen in →ICD-10 und →DSM-IV sind nicht einheitlich und umfassen vor allem Somatisierungsstörung, hypochondrische Störung und Schmerzstörung. →Psychosomatik *L. Schmidt*

somatogen, aus körperlicher Verursachung im Ggs. zu →psychogen.

Somatoliberin →GH-Freisetzungshormon

Somatologie, die Lehre vom Körper und seinen Eigenschaften im Unterschied zur →Psychologie.

Somatomedine, syn. *Insulin-Like Growth Factors* (Abk. IGFs), in der Leber, aber auch in anderen Organen und Geweben wie Niere und Muskulatur gebildete wachstumsfördernde Faktoren. Bildung der S. wird durch →Wachstumshormone angeregt. Das wichtigste S. ist Somatomedin C, das über Verstärkung der Proteinsynthese in allen Körperzellen die Zellteilung stimuliert; kurzdauernde insulinartige (→Insulin) Wirkung, daher auch *Insulin-Like Growth Factor I*, Abk. IGF I. **[L]** FORTH et al. 1996, MUTSCHLER 1996

M. Ising/W. Janke

Somatopsyche →Allopsyche

Somatopsychologie, ältere Bez. für die Analyse von den körperlichen Begleiterscheinungen psych. Prozesse →physiologische Ps.

Somatostatin →GH-Hemmungshormon

Somatotherapie, Therapie, insbes. Psychotherapie vom Körperlichen aus (z. B. durch Atmung, Entspannung, Haltung, Tanz).

Somatotropes Hormon, Somatotropin, →Wachstumshormon, Abk. STH, GH (für engl. Growth Hormone) *W. Janke*

Somatotropin →Wachstumshormon

Somatotypologie, svw. →Körperbautypen, körperbaulich-konstitutionelle →Typologie

Somnambulismus [lat. *somnus* Schlaf, *ambulare* herumgehen], Schlafwandeln, Nachtwandeln, Noctambulie (die Sonderform des S. zur Vollmondzeit = Mondsucht, Lunatismus). Beim S. werden Handlungsfolgen wie Aufstehen, Ankleiden, bestimmte Erledigungen aus dem Schlaf heraus ausgeführt. Nachträglich besteht Erinnerungslosigkeit. • Die Parallele zur Tiefenhypnose hat schon CHARCOT erwähnt, sie hat wohl dazu geführt, daß mit S. das Stadium tiefer Hypnose schlechthin bezeichnet wird, in dem der Hypnotisierte nach gegebenem Auftrag Handlungen ausführt. →Schlaf

Somniloquie [lat. *somnus* Schlaf, *loqui* reden], im Schlafe reden. →Schlaf

Somnolenz, Bewußtseinstrübung leichten Grades, Benommenheit, krankhafte Schläfrigkeit. • Bewußtseinseinschränkung, Schläfrigwerden im Anfangsstadium der Hypnose.

S.O.N [T] SNIJDERS

Sonderpädagogik, auf wissenschaftlichen Erkenntnissen vor allem auch sozialpädagogischer, psychologischer, soziologischer, psychotherapeutischer und medizinischer Art aufbauende Lehre von intensivierter Erziehungshilfe und deren Praxis bei außergewöhnlichen Schwierigkeiten der →Erziehung. Dabei handelt es sich um solche Kinder und Jugendliche, die mit üblichen pädagogischen Mitteln nicht allseitig zu fördern sind, weil sie Behinderungen körperlicher oder geistiger Art (Verkrüppelung, spastische Lähmungen u. dgl.), Sinnesschwäche (blind, sehschwach, taub, schwerhörig, taubblind), dauernde oder nur durch längerfristige Behandlungen zu behebende Verhaltensauffälligkeiten (z. B. Sprachfehler), soziale Anpassungsschwierigkeiten (Neuropathie, Psychopathie) oder Lernschwierigkeiten (Lernbehinderte) aufweisen. Ziel ist die optimale Realisierung der individuellen Möglichkeiten eines Kindes oder Jugendlichen und eine unter gegebenen Bedingungen sinnvolle, den sozialen Anforderungen entsprechende Eingliederung in gesellschaftliche und berufliche Gruppierungen und Institutionen. Das erfordert unterschiedliche, auf die Besonderheit der Fälle ausgerichtete Bildungsinstitutionen (Sonderschulen und -heime) und entsprechend ausgebildete Lehrer, Erzieher und Therapeuten. • Der syn. gebräuchliche Begr. Heilpädagogik ist wenig geeignet. Eine Heilung im speziellen Sinne ist bei dem bez. Personenkreis nicht möglich, sondern nur Hilfe, Förderung und Rehabilitation. *G. Mühle*

sone [engl.] →Lautstärker, Einheit der →Lautheit.

Sonometer, ein von HUGHES entwickeltes Gerät zur Bestimmung der Empfindlichkeit des Ohres. Der Apparat benutzt das um 1878 erfundene Mikrophon. →Akumeter, →Audiometer

Sophisten, Sophistik [gr. *sophia* Weisheit], Weisheitslehre, gr. Philos.-Schule des 5./4. Jh. v. Chr. Merkmale: Rhetorik (auch mit Scheinbeweisen: sophistische Haltung), Anthropologie (PROTAGORAS: Der Mensch als Maß aller Dinge), Psychologisierung des Götterglaubens (KRITIAS), Sozialethik, Dialektik (GORGIAS).

Sopor, soporös [lat. tiefer Schlaf], Bewußtseinseinschränkung mittleren Grades, starke Benommenheit und Schläfrigkeit, die etwa zwischen →Somnolenz und →Koma liegt.

$_{S}O_{R}$ (HULL) →Oszillation

SORKC →Verhaltensformel, →Verhaltensdiagnositk

Sortierapparat, Sortierkasten, Tests (Apparate), die das Aussortieren von Material verlangen. Meist Kästen mit Querwänden und Schlitzen. Der Schwierigkeitsgrad hängt vom Material bzw. dessen Abwandlungen ab. Zahlreiche Konstruktionen liegen vor. **[L]** BLUMENFELD, GIESE, MOEDE, POPPELREUTER

Sortiertest →KASANIN

Sosein, die Beschaffenheit im Unterschied zum Dasein *(essentia – existentia)*. →Sein

Sotalol, WZ Sotalex®, WZ Sotalol-ratiopharm®, Pharmakon mit sympathikolytischer Wirkung aus der Klasse der nichtselektiven

S

→β-Rezeptorenblocker. Verlängert außerdem die Aktionspotentialdauer im Herzen durch Blockade von Kalium-Kanälen und wird deshalb als Antiarrhytmikum (Klasse III) eingesetzt. [L] →β-Rezeptorenblocker *W. Janke*

source trait [engl. *source* Quelle, Ursprung] Grundeigenschaften →Persönlichkeitsfaktor

Soziabilität, Begr. zur Kennzeichnung des menschlichen Kontaktbedürfnisses (Geselligkeit) wie auch der individuellen Fähigkeit zur gesellschaftlichen An- und Einpassung.

Sozialaggregat, soziales Aggregat, Bez. für das lockerste mitmenschliche Kontaktverhältnis. →Gruppe

Sozialanthropologie, soziale Anthropologie, sozio-kulturelle Anthropologie, ein mehr oder weniger mit →Kulturanthropologie *(cultural anthropology),* →Ethnologie, →Ethnographie bedeutungsgleicher Begr. • S. ist auch Bez. für eine aus der naturalen Betrachtungsweise der menschlichen Gesellschaften (→Sozialdarwinismus) hervorgegangene Lehre. [L] BERNSDORF 1972

Sozialarbeit [engl. *social work*], Bereich und Tätigkeit des sozialen Dienstes in einer Gemeinschaft mit dem Ziel der Verbesserung der sozialen Situation. Mit der Umbenennung des Fachschulfaches S. in Sozialpädagogik einher geht die umstrittene Änderung der Tätigkeitsbezeichnung S. in Sozialtherapie. Aufgaben der S. sind Hilfe (Not lindern, Feldbedingungen ändern, →Innovation), Kontrolle (Schutz, Erziehungsfürsorge) und Bildung (traditionell «Pflege» genannt). Sozialarbeiter(-pädagogen) arbeiten dazu mit Psychologen, Politikern, Ärzten, Juristen u. a. zusammen. In der →Gemeindeps. arbeiten Psychologen zunehmend mit Vermittlern (Mediatoren) zusammen, die aus dem Milieu kommen und sowohl die Zielgruppenmitglieder als auch die Psychologen verstehen. →Beratung, →Interaktion, →Familientherapie. *H. Ries*

Sozialdarwinismus, die auf H. SPENCER (nicht auf DARWIN) zurückgehende Annahme der «natürlichen Auslese» und des «Überlebens des Tauglichsten» *(survival of the fittest)* auch bei den menschlichen Gesellschaften. [L] BERNSDORF 1972

soziale Adaptation →Anpassung

soziale Bewegung, als Thema der Soziologie behandelter Versuch von Gruppen, eine alte Wertordnung in einer Gesellschaft durch eine neue (vermeintlich bessere) zu ersetzen. Innerhalb der s.B. kommt es oft zu kollektiven Aktionen wie Demonstrationen oder *sit ins.* Die Motivation einzelner, an kollektiven Aktionen teilzunehmen, ist auch Forschungsgegenstand in der →Massenps.

soziale Bewertungs-Theorie [engl. *social evaluation theory*], im Rahmen der sozialen Austauschtheorie (→Interaktion) werden Wettbewerb und Kooperation unter Gesichtspunkten des Wertes für den Einzelnen betrachtet (PETTIGREW 1967).

soziale Deprivation →Deprivation

soziale Distanz →Distanz, soziale

soziale Entwicklung →Sozialisation

soziale Erleichterung →Erleichterung, soziale

soziale Erwünschtheit [engl. *social desirability*], eine von EDWARDS untersuchte Antworttendenz bei der Beantwortung von Persönlichkeitsfragebögen oder anderen Selbsteinschätzungsverfahren. Die Vp tendiert dazu, nicht die für sie zutreffende Antwort als Ergebnis der Selbsteinschätzung zu geben, sondern diejenige, von der sie erwartet, daß sie sozial gebilligt oder erwünscht ist. Zur quantitativen Bestimmung der Neigung zu s.E. wurde von EDWARDS eine sog. SD-Skala entwickelt. →Persönlichkeitsfragebogen. [L] MUMMENDEY 1981 *H. Häcker*

soziale Hemmung →Hemmung

soziale Intelligenz →interpersonale Kompetenz

soziale Interaktion, die Vorgänge der gegenseitigen Beeinflussung zwischen einzelnen Personen und sozialen Gruppen sowie die dadurch entstehende Veränderung z. B. von Verhaltensweisen und Einstellungen

soziale Isolation →Deprivation, →Kaspar Hauser

soziale Klasse, soziale Schicht, nicht eindeutig definierbare Begriffe, die in der →Soziologie für die Bez. von gesellschaftlichen Großformationen benutzt werden und die ps. Beziehungen zu Merkmalen wie →Status, →Macht und →Rangordnung haben. Die Bestimmung der Zugehörigkeit einer Person zu einer s.K. oder s.Sch. wird in der Sozialps. ersetzt durch verschiedene Methoden der Kennzeichnung des sozioökonomischen Status. →WARNER-Index

soziale Kognition, sozialps. Forschungsgebiet, das die gesamte Informationsaufnahme und -verarbeitung bezüglich der sozialen Welt des Individuums und ihrer Beziehungen umfaßt, also im Schnittpunkt von Kognitions- und Sozialps. steht. →interpersonale Wahrnehmung, →soziales Urteil, →soziales Vorurteil, →Einstellung, →Vergleichsprozeß, soziale →Balancetheorien, →Geizhals, kognitiver

soziale Kohäsion, der bes. durch gemeinsame Motive und Ziele gewährleistete innere Zusammenhalt einer sozialen Gruppe

soziale Kompetenz, das Training der s.K. ist bedeutender Bestandteil vieler →Verhaltenstherapien. →interpersonale Kompetenz, Kompetenztraining →Selbstsicherheit, →Sozialkompetenz

soziale Mobilität, das in versch. Gesellschaften und Kulturen unterschiedliche Ausmaß, in dem die einzelnen Angehörigen ihre Zugehörigkeit zu einer bestimmten sozialen Klasse wechseln bzw. wechseln können.

soziale Motivation, Motivation bzw. Anreiz zu →Aggression, →helfendem Verhalten und sonstiger sozialer →Interaktion und außerdem die im sozialen Kontext gelernte oder beeinflußte →Motivation. Nach ZAJONC (1965) bewirkt die bloße Gegenwart von anderen Personen eine Erhöhung des allg. Antriebs (*general drive* i. S. HULLS). BRODY (1980) berichtet über kognitivistische Kritik an dieser Auffassung. Pro- und antisoziale Motivation, wie etwa Aggression und Hilfehandeln, konnten in den letzten Jahren insbes. unter Zuhilfenahme attributionstheoretischer Konzepte weiter aufgeklärt werden (MUMMENDEY 1983; WEINER 1986). **[L]** BERKOWITZ 1969, AJZEN & FISHBEIN 1980 *H. D. Schmalt*

soziale Norm →Norm(en), soziale

Soziale Phobie, ausgeprägte Angst vor der Beurteilung durch andere Menschen in relativ kleinen Gruppen, häufig in Leistungssituationen. Die angstauslösenden Situationen werden häufig vermieden. *L. Schmidt*

Sozialepidemiologie, Wissenschaft, die die Zusammenhänge psychischer Störungen mit sozialen Faktoren (Kulturunterschiede, soziale Schichtung, Urbanisierung, soziale Mobilität u. a. m.) untersucht.

soziale Prozesse, Theorie der s.P. nach HOMANS (1958, 1967) sind die grundlegenden s.P., aus denen erst die Strukturen und Systeme der Soziologie hervorgehen, Austauschprozesse: Das soziale Verhalten des Menschen sei Funktion seiner Folgen *(payoffs)*; allerdings räumt HOMANS auch ein, daß die Belohnungen oder Verstärkungen der Handlungen keine absoluten Werte haben. Mit seinem dritten Grundsatz werden sie relativiert, indem anerkannt wird, daß Belohnungen mehr oder weniger wertvoll für jemanden sein können und daß die Wahrscheinlichkeit der Ausübung einer Tätigkeit von dem Wert der Belohnung für den einzelnen abhängt (GRAUMANN 1972). *R. Bergius*

soziale Rangordnung →Rangordnung, soziale

sozialer Austausch [engl. *theories of social exchange*] →Interaktion

sozialer Motivationstest **[T]** INGENKAMP, Deutsche Schultests IV

sozialer Status →Rangordnung, soziale

sozialer Typus (SPRANGER) →Typologie

sozialer Vergleich [engl. *social comparison*] →Vergleichsprozeß, sozialer

soziales Aggregat →Gruppe

soziales Dilemma [engl. *commons dilemma* = ALLMENDE-Klemme], Konflikt zwischen dem (vermeintlichen) persönlichen Interesse und dem Gemeinwohl (kollektivem Handeln), durch zwei Wahlmöglichkeiten gekennzeichnete Situation: (1) für jeden einzelnen ist das sozial schädigende, antisoziale Verhalten dominant, weil es Gewinn bringt (z. B. Energieverschwendung); (2) das Ergebnis ist ein Gleichgewicht, weil sich kein Partner zur Änderung seines Verhaltens veranlaßt sieht, das aber defizient ist, weil alle Partner ein kooperatives (z. B. Energie sparendes) Verhalten vorziehen müßten, das für die Gesamtheit vorteilhaft wäre. Der Nutzen für das Ganze wird erzielt durch ein für das Individuum kostenreiches (altruistisches, normorientiertes) Verhalten. →Dilemma, →prisoner dilemma game. **[L]** HARFIN 1968, DAWES 1976, 1980, SAMUELSON & MESSICK 1986 *R. Bergius*

soziales Handeln →Idealtypen des sozialen Handelns

soziales Klima, in der Ökopsychologie als ein globales Charakteristikum einer Institution, einer (sozialen) Umgebung verstanden (auch *«social atmosphere», «organizational»* oder *«environmental clima»;* MOOS 1974). Institutionen wie Kliniken, Schulen, Universitäten können den Bedürfnissen der in ihnen lebenden Menschen mehr oder weniger entgegenkommen oder widerstreiten (→Führungsstil). Derartige «Passung» *(enviromental fit)* kann unter verschiedenen Perspektiven, in verschiedenen Teilbereichen beurteilt und mit Hilfe von Einschätzskalen gemessen werden. *G. Kaminski*

soziales Lernen, das Lernen sozial bedeutsamer Verhaltensweisen, Inhalt des Sozialisierens. S. L. besagt auch Lernen im sozialen Kontakt mit Vorbildern (Modellen) oder auch nur mit Verstärkungen durch Personen. In der Revision seiner Theorie des s.L. stellt BANDURA (1977) die Selbst-Wirksamkeit *(self-efficacy),* d. h. die Beurteilung der Möglichkeit eigenen Wirkens und Bewirkens durch den Lernenden in den Mittelpunkt.

Auch in der Psychotherapie spielt s.L. eine wichtige Rolle, und eine Vergrößerung der →self efficacy expectation ist v. a. auch i. d. Therapie von Ängsten ein wichtiges Leitprinzip →Lernen. [L] BANDURA & WALTERS 1963, BANDURA 1977

soziales Netzwerk [engl. *social network*], Bezeichnung für Interaktionsstrukturen mit materiell, emotional unterstützenden und Sinndeutungsmuster festlegenden Funktionen (→Gruppe). S. N. ist ein Schlüsselkonzept der →Gemeindepsychologie, das deskriptiv, funktionalistisch und kausalistisch verwendet wird. S.N. wird häufig zusammen mit dem Konzept soziale Unterstützung [engl. *social support*] verwendet, wobei die Betonung auf institutionellen, materiell-physischen Aspekten der Umwelt liegen kann. Beide Begriffe werden zusammengezogen zu Unterstützungsnetzwerk, dessen angemessene Gestaltung in der Gemeindeps. Voraussetzung zur Lösung der meisten →Krisen darstellt. →Krisenintervention [L] GOTTLIEB 1981, RÖHRLE 1985 *P. Day*

soziale Unterstützung →soziales Netzwerk

soziales Urteil, Theorie des s.U.; analog zur Zuordnung von Punkten auf dem psycholog. Kontinuum der Empfindungen zu Punkten auf dem physikalischen Kontinuum, den Reizen (Psychophysik), sollen Punkte auf einem Kontinuum von Einstellungs-Items den versch. sozialen Sachverhalten zugeordnet werden. SHERIF & HOVLAND (1961) beschreiben u. a. die Wirksamkeit von Kontrast und Assimilation bei diesen Urteilsprozessen und bezeichnen den Bereich des Kontrastes als *latitude of rejection* (Ablehnungsbereich) und den der Assimilation als *latitude of acceptance* (Annahmebereich). →Assimilation-Kontrast-Theorie, →Ablehnung, soziale, →Einstellungsskalen *R. Bergius*

soziales Vorurteil →Vorurteil, →Stereotyp

Sozialethik →Ethik der Normen und Prinzipien menschenwürdigen Zusammenlebens unter besonderer Berücksichtigung des Prinzips der Gerechtigkeit in sozialen Institutionen wie Familie, Schule, Betrieb, Erziehung, Moral, Recht. Mit ps. Fragestellungen und Methoden kann das Verständnis der Entstehung und Bewältigung sozialethischer Probleme gefördert werden. Der Begr. des «sozialethischen Problems» oder der «sozialethischen Differenz» enthält das Problemverständnis: daß ein Widerspruch besteht zwischen einer ethischen Norm oder Rechtsnorm einerseits und einer historisch realisierten Praxis oder Rechtswirklichkeit andererseits; enthält weiterhin die Problemkarriere: wie die Soziogenese des Problems verlaufen ist und daß es sich aus den realisierten Praxis- oder Lebensformen herausentwickeln werde; und das Problemlösungsverständnis: daß im moralischen oder Verantwortungsdiskurs anerkannt wird, daß der Widerspruch in Richtung auf Verwirklichung der ethischen oder Rechtsnorm überwunden werden soll.

Sozialethische Probleme (z. B. im Bereich von Arbeit, Wohnen, Bildung, körperlicher und psychischer Gesundheit, sozialer Sicherheit, Umweltschutz, Umgang mit Minderheiten) stellen Herausforderungen dar an die Ps. als Wissenschaftssystem und als Anwendungssystem: einerseits gesellschaftliche Herausforderungen an das ps. Anwendungssystem, als in zunehmendem Maße Psychologen in den genannten Bereichen als Berater, Planer, Schiedsrichter oder Erzieher oder Therapeuten tätig sind; andererseits wissenschaftliche Herausforderungen an das ps. Wissenschaftssystem, insofern das Verständnis der Entstehung und Bewältigung sozialethischer Probleme die Überwindung der Dauerkrise in der Psychologie (K. BÜHLER 1927) im Zuge der Klärung theoretisch-ps. Fragen nach Lebensqualität und den Entwicklungs- und Innovationschancen im nationalen und internationalen Rahmen verspricht: Gesellschaftspolitik, Entwicklungshilfe, Weltfriede, Menschenrechte.

Im Sinne der genetischen →Epistemologie (PIAGET) können philosophische Probleme der Ethik mit entwicklungspsychologischen, speziell moralwissenschaftlichen Fragestellungen und Methoden zu lösen versucht werden. Damit wird das historische und systematische Abhängigkeitsverhältnis der Psychologie von der Philosophie vom Kopf auf die Füße gestellt. Dies kann nach PIAGET und KOHLBERG (1971) dadurch gelingen, daß die →Ontogenese der →Moralentwicklung als die entwicklungsabhängige Bereitschaft aller von einem sozialethischen Problem Betroffenen beschrieben wird, ihre interaktive Kompetenz für eine gerechte Lösung des anstehenden Konflikts einzusetzen (MILLER 1980). [L] FAIRWEATHER & TORNATZKY 1977, GOODSTEIN & SANDLER 1978

soziale Wahrnehmung, Bez., die hinweist auf die Teilbedingtheit und Veränderung der Umweltorientierung durch soziale Interaktionen in Vergangenheit und Gegenwart sowie durch Erwartungen über soziale Ereignisse. Die Wahrnehmung von Personen (Personenwahrnehmung) und sozialen Ereignissen stellt einen Spezialfall dar. Unter s.W. fallen Phänomene wie die Akzentuierung (Vergrößerung, Beachtungszunahme, Selektion) von Zielgegenständen der Bedürfnisse und Absichten (BRUNER & POSTMAN), die Beeinflussung der Wahrnehmungen (meist jedoch des Wahrnehmungsurteils) unter Konformitätsdruck (ASCH) und die Untersuchungen zur Wahrnehmungsabwehr (perceptual defence) und Sensitivierung (ERIKSEN, BYRNE). [L] GRAUMANN 1956, ALLPORT 1955, KAMINSKI 1959, TAJFEL 1969, TAGIURI 1969, HOLZKAMP 1972 *R. Bergius*

sozialintegrativ, demokratischer (nach LEWIN) Führungs- bzw. Erziehungsstil im Unterschied zu «autokratisch» (autoritär nach LEWIN) und «*laissez-faire*». TAUSCH & TAUSCH (1991) untersuchten diese Stile im Erziehungsverhalten von Lehrern. Ein sozialintegrativer Führer übt lediglich ein mittleres Maß an Kontrolle aus und läßt seine emotionale Wärme (Wertschätzung des anderen bzw. Zuneigung zum anderen) deutlich erkennen. [L] LEWIN, LIPPIT & WHITE 1939, MIETZEL & RÜSSMANN-STÖHR 1986, OERTER & MONTADA 1987, TAUSCH & TAUSCH 1991

Sozialindikatoren, verschiedene das Sozialleben betreffende Kenngrößen, die den Qualitätszustand einer Gesellschaft anzeigen sollen. Sowohl objektive Daten aus verschiedenen gesellschaftlichen Subsystemen (wie z. B. Arbeitslosenquote, Säuglingssterblichkeit, verschiedene bildungs- und kriminalstatistische Parameter, Grad der Luftverschmutzung, durchschnittliche Zeitaufwendung für bestimmte Freizeitbetätigungen) als auch subjektive Einschätzungen von Zufriedenheit und Wohlbefinden können als Kriterien für Planung und Evaluation von sozialen Maßnahmen verwendet werden (→Lebensqualität). [L] ANDREWS & WITHEY 1976, MANN 1977 *G. Kaminski*

Sozialisation, Sozialisierung, gelegentl. auch Vergesellschaftung, Bez. für die Anpassung (das Hineinwachsen) des Individuums, vor allem des Kindes in die «Normen» der Gesellschaft. S. ist sowohl ein Prozeß, der aus dem Individuum entwicklungsgemäß (Anlagen, Fähigkeiten) abläuft, als auch eine Aufgabe, die erzieherisch (lenkend, führend, anleitend) von der Gesellschaft geleistet wird.
Die volle Aufnahme der Normen, wobei die Überzeugungen, Verhaltensstandards etc. der Gesellschaft als »eigen» erlebt werden, ist die →Internalisierung. S. als das vom Leben geforderte Erlernen immer neuer Rollen dauert durch alle Lebensalter. →Idenfikation. • Einige Autoren führten zusätzlich den Begr. Enkulturation ein für die Aufnahme der tradierten kulturellen Werte. [L] GOSLIN 1969, HURRELMANN & ULICH 1980

sozialisierte Sprache, tritt nach PIAGET (1972) ungefähr im Alter zwischen 7 und 8 Jahren auf; zu dieser finden sich Kinder häufig in Kleingruppen zusammen, und nonverbale Handlungen wie mimische und gestische Äußerungen verlieren innerhalb der Sprechsituation an Bedeutsamkeit (→nichtverbale Kommunikation). Diese Veränderung in der →Sprachentwicklung geht der kognitiven Entwicklung voraus; das →Denken ist zu diesem Zeitpunkt immer noch →egozentrisch zu nennen, so daß eine wichtige Funktion der sozialisierten Rede in einer entsprechenden Sozialisierung kognitiver Vorgänge besteht. Von der Unterscheidung in die zwei großen Gruppen von Äußerungen ausgehend, den egozentrischen und den sozialisierten, kommt PIAGET dazu, letztere in fünf Grundkategorien aufzuteilen, wobei der ersten eigentlich ein übergreifender Stellenwert zukommen müßte: (1) Angepaßte Information: Das Kind geht auf den Standpunkt des Partners ein und will auf ihn einwirken. (2) Kritik: Das Kind äußert sich über die Arbeit und das Verhalten anderer, wobei die Äußerungen eher affektiven als intellektuellen Charakter haben. (3) Befehle, Bitten, Drohungen: Das Kind wirkt auf andere ein. (4) Fragen und (5) Antworten: Es besteht jetzt das Bedürfnis nach echten Antworten sowie auch die Bereitschaft, diese selbst zu geben. Ist bei PIAGET das s. Sprechen erst nach dem egozentrischen möglich, so wird bei WYGOTSKI (1964) umgekehrt die sozialisierte Rede als Vorbedingung für die egozentrische betrachtet. *H. Grimm*

Sozialisierungsphase, Zeitraum plastischer Ansprechbarkeit auf bestimmte Sozialpartner. Daß Früherfahrungen das Verhalten von Tieren stark festlegen können (→Prägung), zeigten Unters. von HARLOW (1962) mit Rhesusaffen, FREEDMAN (1961) mit Hunden und LORENZ bei Wasservögeln. Die Übertragbarkeit und vor allem die Irreversibilität dieser Sozialiserungswirkung beim Menschen ist umstritten (→Hospitalismus). [L] BOWLBY 1973, HESS 1975, SCHMALOHR 1972, SLUCKIN 1973 *H. Ries*

Sozialkategorie, demographische Gruppe, Personenmenge mit mehr oder weniger gleichen, insbes. sozial relevanten Merkmalen (z. B. Gastarbeiter, geschiedene Frauen)

Sozialkompetenz, ein von E. A. DOLL verwendeter Begr. zur Beschreibung des Sozialverhaltens. Mit der S. ist vor allem die Befähigung des Individuums gemeint, sich selber helfen zu können und sozialen Kontakt zu Mitmenschen aufzunehmen. Damit verbunden ist die Verantwortung des Menschen für sich selber und für andere Individuen. Mit der von DOLL publizierten «*Vineland Social Maturity Scale*» soll der Grad der Sozialreife und damit auch der S. festzustellen sein. In Analogie zum IQ schlägt DOLL die Ermittlung eines SQ (Sozialquotient) vor, der aus dem Bruch Sozialalter (Punktwert im Test) dividiert durch das Lebensalter errechnet wird. **[T]** DOLL *G. Lüer*

Sozialmedizin, ein vieldeutiger Begr., der zusammen mit Sozialhygiene und *«preventive medicine»* gebraucht wird und vieles deckt, was als öffentliche Gesundheitspflege verstanden wird. Auch die Sozialversicherung wird als zugehörig zum Begr. S. angesehen.

Sozialökologie [engl. *social ecology*], Sammelbezeichnung für Arbeitsrichtungen in der Ps. und in benachbarten Disziplinen, denen gemeinsam ist, daß sie sich theoretisch und empirisch mit sozialen (teils auch nichtsozialen) Einflußfaktoren befassen, wie sie in natürlichen Umgebungen wirksam werden, beispielsweise Einflüssen aus der alltäglichen und familialen oder schulischen Umgebung auf die Sozialisation. **[L]** BRONFENBRENNER 1976, MOOS & INSEL 1974 *G. Kaminski*

Sozialpädagogik, Begr. wurde von P. NATORP eingeführt für den Teil der →Pädagogik, der von der Gemeinschaft her bestimmt wird und die Erziehung auf die Gemeinschaft hin zum Inhalt hat. →Sozialarbeit

Sozialpathologie, ein nicht eindeutiger Begr., da er einerseits eine Sammelbezeichnung für alle Wissenschaften ist, soweit sie sich mit der sozialen Seite der Krankheiten beschäftigen, und andererseits eine Bez. für diejenige Wissenschaft darstellt, die die Krankheitserscheinungen des sozialen Organismus zum Thema hat. →Soziopathie. **[L]** BERNSDORF 1959

Sozialphysik, ein historisch gewordener Begr. von A. COMTE zur Bez. einer quantifizierenden Lehre von den gesellschaftlichen Vorgängen.

Sozialphysiologie, ein historisch gewordener Begr. von SAINT-SIMON. Die Gesellschaftslehre soll Beobachtungs- und Erfahrungswissenschaft sein. Die Physiologie wurde damals und in diesem Sinne besonders hoch gewertet.

Sozialpsychiatrie, Begr., der erstmals bei L. L. BERNARD 1943 erwähnt wird. Er resultiert aus der Kritik am Medizinischen Modell (etikettierende Diagnose ps. Leidens nach Art körperlicher Krankheiten), aus der die moderne S. entstand. Sie betont bei Diagnose und Therapie individueller und/oder zwischenmenschlicher Störungen den Einfluß soziokultureller und ökonomischer Faktoren, welche eine schichtbezogene Chancenungleichheit bedingen. Realisierungsversuche entsprechend empirischer Forschungsergebnisse, z. B. in →therapeutischen Gemeinschaften, stoßen dabei häufig auf den Widerstand konventioneller Normensysteme. Zumindest tendenziell entwickelte sich bereits die Einsicht in die Notwendigkeit einer Pathologie der sozialen Kommunikation. →double-bind-hypothesis

Sozialpsychologie, (Sozialps.) Teil der Psychologie (und anderer Sozialwissenschaften) mit dem Schwerpunkt bei der Erforschung des Verhaltens (und Erlebens) des einzelnen in →Interaktionen mit anderen. Die Definition umschreibt die Abhängigkeit individueller Prozesse und Strukturen der Person von der Wechselwirkung mit dem Verhalten anderer Personen (in Gruppen) und von der Beeinflussung durch immaterielle und materielle Produkte (i. w. S.) der anderen Menschen in Geschichte und Gegenwart; außerdem wird durch den Terminus «Wechselwirkung» auf den Beitrag der «sozialisierten» Person zu den Erzeugnissen und Strukturen der anderen (der Gesellschaft) hingewiesen.

Die Grundprobleme der Sozialps. werden philosophisch bereits im Altertum gesehen: Wie überträgt eine Generation ihre Kultur und ihre Denkformen auf die nächste? Was ist die soziale Natur des Menschen? (ALLPORT 1968). Die Anfänge der Sozialps. sind im Europa der Wende vom 19. zum 20. Jh. zunächst als spekulative Versuche zur →Massenpsychologie (LEBON, TARDE, SIGHELE), dann als erste systematische Ansätze (ROSS 1908, MCDOUGALL 1908) zu sehen, obwohl Sozialps. als positivistische Wissenschaft bereits von COMTE als die letzte erklärende Wissenschaft, die auf Biologie und Soziologie aufbaut, unter der Bez. *la morale* gefordert worden ist (ALLPORT 1968). Wenn man *la morale* mit Verhaltenswissenschaft übersetzt, was COMTEs Meinung entsprechen würde, wird deutlich, daß eine Ps. ohne Berücksichtigung

der sozialen Bezüge nach seiner Auffassung unrealistisch ist.
Wenn heute die Sozialps. kein geschlossenes oder einheitliches Bild bietet, liegt das einerseits an den meist humanitären oder praktisch-sozialpolitischen (meliorativen) Interessen der Forscher und andererseits an der Vielfalt der theoretischen Ansätze innerhalb der →Allgemeinen Psychologie. Die ersten Sozialpsychologen sind um die Werte der Freiheit und der individuellen Rechte besorgt, die sie unter den zunehmenden Reglementierungen der industriellen Massengesellschaft bedroht sehen. Sie bemühen sich um die Kontrolle der Phänomene Führertum, Vorurteil, Gerücht, Propaganda, Kriminalität sowie auch um die Probleme der internationalen und Rassenspannungen und der politischen Meinungsbildung in der Demokratie. In ihren Forschungen benutzen sie Begr. aus jenen ps. Theorien, die ihnen gerade vertraut sind oder die sich als handlich und leicht verständlich erwiesen haben. Aus den älteren philosoph. Antworten auf Fragen nach dem Verhältnis von Individuum und Gesellschaft und nach den Motiven des Individuums für sein soziales Verhalten werden alle einmal gegebenen Antworten auch von Sozialpsychologen übernommen: Lust und Unlust (Hedonismus), Herdentrieb, Sympathie, Egoismus, Machtstreben, Nachahmung und Suggestion probieren sie als Erklärungsprinzipien durch. Im Anschluß an McDOUGALL (1908) bildet etwa zwei Jahrzehnte hindurch die Instinktlehre den theoretischen Hintergund der sozialps. Ansätze. Auch in dem beträchtlichen psa. Einfluß dienen die den Instinkten verwandten Triebe (Es-Kräfte) zur Erklärung der beeindrukkenden Irrationalität des Verhaltens. Die Lehren von der neuentdeckten Hypnose und vom Unbewußten stehen in enger Beziehung sowohl zu den Anfängen der Massenps. als auch zu denen der psa. Theorie. Das Interesse der Sozialwissenschaften an FREUDS Lehre ist aber wohl eher durch die angebotene Erklärung für die Kontrollfunktion der Gesellschaft und den Sozialisierungsprozeß zu verstehen. Das allgemeine Prinzip, das alles erklärt, ist der Konflikt zwischen den egoistischen Trieben und der Notwendigkeit des Miteinander-Auskommen-Müssens in der Gesellschaft. Sobald der Instinktbegriff als Hindernis für die Forschung angesehen wird, dringen andere Erklärungsbegriffe auch in die Sozialps. ein: Konditionieren, Verstärken, kognitive Organisation und schließlich Abkömmlinge des Begriffs der Gruppenseele, die →Institution und die →Rollen. Nebenher bleiben in vielen Bereichen die psa. Lehre mit der alles erklärenden Sexualität, Frustration, Angst und den Abwehrmechanismen, sowie die Ich-Psychologie mit den Erklärungsbegriffen →Identität und Entfremdung «Günstlinge der Erklärung» (ALLPORT 1968). Sogar die soziale Klasse wird gelegentlich in der Sozialps. als ps. unabhängige Variable eingesetzt. Die Vermutung, daß interindividuelle Persönlichkeitsunterschiede innerhalb von sozialen Klassen größer sind als die Unterschiede zwischen den durchschnittlichen Repräsentanten («Modalpersönlichkeiten») der verschiedenen Klassen, wird bestärkt durch kritische Berichte über den Klassen-Begriff in der Sozialps. (MOORE 1969). Das gleiche gilt für Rassen und Völker (KLINEBERG 1966).
Ein altes Problem, das nicht nur historische Bedeutung hat, ist die Interpretation der Wirkungen und Leistungen der sozialen Einheiten (Kulturen, Gesellschaften, Gruppen) als Effekte einer «Gruppenseele». In Analogie zum individuellen Organismus wird das soziale Gebilde (z. B. auch der Staat) als Organismus aufgefaßt, der Seele und Geist hat. LAZARUS & STEINTHAL wollen in ihrer «Zeitschrift für Völkerpsychologie und Sprachwissenschaft» (1860–1890) die Leistungen des Volksgeistes würdigen, und WUNDT schreibt darin sein Programm für seine 10bändige Völkerpsychologie, die aber erst von 1910 bis 1920 erscheint. Er sieht in der sozialen Ps., die er nur zur besseren Unterscheidung von der Soziologie eben Völkerpsychologie nennt, den Zweig der Ps., in dem die höheren und komplexeren geistigen Tätigkeiten behandelt werden. Hauptsächlich Sprache, Sitte und Mythos erklären die Entstehung der individuellen Apperzeptions-Massen, die im einzelnen bestimmen, welche Eindrücke der äußeren Welt kreativ verarbeitet werden. Die Geschichte der Sozialps. ist aber nicht durch WUNDTS Programm bestimmt worden (SODHI 1954), wenn auch Äquivalente für die «Volksseele» weiterhin offen oder versteckt in den Theorien vorkommen. Außer analogischen Lehren nennt ALLPORT folgende theoretische Annahmen zur Erklärung des eigenartig überdauernden Charakters der größeren sozialen Einheiten: kollektives Unbewußtes, objektiver Geist, Volksgeist, kollektive Vorstellungen und in der letzten Form den Kulturdeterminismus und die Lehren von den gemeinsamen Rollen-Segmenten.

Die exp. Sozialps. führt Fragestellungen der Massenps. über in die Analyse von Vorgängen in der Gruppe, insbes. der Veränderung des Leistungsverhaltens einzelner, die in Gegenwart von anderen arbeiten (MOEDE 1920, F. H. ALLPORT 1924).
Die Funktion des sozialen Faktors wird als soziale Erleichterung, soziale Förderung, sozialer Zuwachs angesehen. Neben der quantitativen Vermehrung der Produktion werden aber auch bei der Arbeit in Gegenwart von anderen qualitative Verschlechterungen der Leistungen und bei einzelnen Personen auch Verringerungen der Leistung festgestellt – im Vergleich zur isolierten Arbeit. Die Analyse der Bedingungen der verschiedenen Ergebnisse fördert die Theorie der sozialen Interaktion, die zunächst von MOEDE etwas vernachlässigt worden ist. Außer dem Gruppeneinfluß auf Arbeitsergebnisse werden bald noch weitere Themen exp. behandelt.
Eine kräftige Belebung erfährt die sozialps. Forschung wohl im Zusammenhang mit der Weltwirtschaftskrise Anfang der dreißiger Jahre und mit der Bedrohung durch totalitäre Systeme. Die weitere Entwicklung vollzieht sich im wesentlichen in Amerika. Der dort immigrierte LEWIN übt einen großen Einfluß aus. Mit LIPPIT und WHITE führt er den Begriff des sozialen Klimas oder der Gruppenatmosphäre ein und belebt die Erfindung von lebensnahen Labor- und Feldexperimenten zur →Gruppendynamik, Gruppenstruktur, zum Gruppenzusammenhalt und zur Gruppenentscheidung.
Die Ausweitung des Feldbegriffs vom «Lebensraum» des Individuums auf die Gruppenprozesse kann allerdings wie eine Grenzüberschreitung vom ps. zum soziologischen Raum begriffen werden. Trotzdem hat sich im Anschluß an diesen Schritt eine intensive ps. Kleingruppenforschung entwickelt. Als Weiterführung der gestaltps. Ansätze sind die kognitivistischen Gleichgewichts- bzw. Dissonanztheorien zur Erklärung von Stellungnahmen zweier Personen zu einem Objekt und von Einstellungsänderung zu sehen. Parallel mit der hier geschilderten Entwicklung, meist ohne theoretischen Kontakt, entstehen die Einstellungsforschung, die ursprünglich auch Attitüdenforschung genannt worden ist, und die damit verbundenen Techniken der Messung (THURSTONE 1929, LIKERT 1932, GUTTMAN 1944 und BOGARDUS →Einstellungsskalen). Sozialps. ist gelegentlich geradezu als Wissenschaft von den sozialen Attitüden definiert worden. Das praktische Interesse von Politikern und Wirtschaftlern bezieht sich in diesem Zusammenhang auf das kollektive Verhalten (Wahlen, Konsum, Mode) und fordert entsprechende Erhebungs- und Befragungstechniken (GALLUP 1936). Die mit der Sozialps. manchmal verwechselte kulturanthropologische Forschung (LINTON 1942, KARDINER 1945, KLUCKHOHN & MURRAY 1948) bezieht ihre Erklärungsbegriffe im wesentlichen aus der psa. Persönlichkeitslehre (mit Betonung der Erziehungskonflikte in kritischen Perioden der Kindheit) und aus der Volksgeist-Ideologie und fördert die Auffassung von der Modalpersönlichkeit durch Rollenübernahme.
Der heutige Stand der Sozialps. ist entsprechend der Vielzahl der historischen Ansätze, die fast alle nachwirken, wegen der Uneinheitlichkeit in der Theorie und der Nichtübereinstimmung hinsichtlich des Forschungsgegenstandes schwer darzustellen. Derzeit überwiegen kognitive Erklärungsansätze, wobei deutlich zu beobachten ist, daß die z. T. vernachlässigten emotionalen und affektiven Prozesse mehr und mehr an Bedeutung gewinnen. Die derzeit aktuelle Sozialps. ist zum einen sehr stark grundlagenorientiert und teilt manche Problemgebiete mit der →Allgemeinen Ps., zum anderen ist sie sehr stark um Anwendungsgebiete bemüht, wie z. B. Minoritätenforschung, Geschlechtsrollenstereotype, Technologiefolgeprobleme, Umweltprobleme, Entscheidungsverhalten im Alltag, Zeugenausagen vor Gericht, Gewalt und Wirkung von Gewalt, Vandalismus und Hooliganismus.
Eher selten wird Sozialps. heute noch als Teil der Soziologie verstanden (oder wenigstens als nahe Verwandte). Statt auf der höheren Analyse-Ebene mit soziologischen Begriffen zu erklären, wird die Erklärung auf die ps. Analyse-Ebene zurückgeführt, d. h. mit Begriffen des individuellen Verhaltens in der Wechselwirkung mit anderen Individuen oder deren Erzeugnissen (z. B. den Symbolen, den sprachlichen Zeichen und Inhalten) gearbeitet. Man könnte Sozialps. als das Ganze der Allgemeinen Ps. auffassen, weil es kein menschliches Verhalten ohne sozialen Kontext gibt. ALLPORT hält das zwar für theoretisch gerechtfertigt, aber etwas unpraktisch, weil es ps. Phänomene gebe, die man ohne explizite Berücksichtigung der sozialen Wechselwirkung behandeln könne (eigentlich bleibt nur eine etwas unmodern gefaßte Psy-

chophysik; ALLPORT meint aber noch: sensorische Prozesse, emotionale Funktionen, Gedächtnisspanne und Persönlichkeitsintegration und sagt dazu, daß Sozialps. die Allgemeine Ps. überschneide, aber nicht mit ihr identisch sei).

Das Individuum im sozialen Kontext und der soziale Kontext selbst sind also Hauptthemen der Sozialps. Die erste Themengruppe wird im psychophysiolog. Ansatz gesehen und wirft Probleme der sozialen Motivation, des sozialen Lernens, der sozialen Kognition, der Attitüdenstruktur, -funktion und -änderung, der Sozialisierung im Sinne der Integration sozialer und kognitiver Variablen, der Psycholinguistik, des Spielverhaltens und der Ästhetik auf, d. h. aller Phänomene, die auch Gegenstand der Allgemeinen Ps. und ihrer Unterdisziplinen, der Allgemeinen Entwicklungsps. sowie der Allgemeinen Persönlichkeitps. sein können. Dazu kommen aber die Themen der zweiten Gruppe, die eigentlich Forschungsgegenstände der Soziologie sind: Wie soll man verstehen, daß Gruppen und Kulturen bestehen bleiben können, obgleich die einzelnen Mitglieder (die u. a. Gegenstand ps. Forschung sind) ausgetauscht werden können? Auch die in der →Gruppe (in Kulturen) stattfindenden Prozesse der Gruppenbildung, Rollendifferenzierung, Zielsetzung, Führung, Institutionenbildung etc. sind alle auf ps. Prozesse zurückführbar. Aufgabe der Sozialps. ist es also, globale Begriffe wie →Rolle, →Institution, →Gruppe auf ps. Variablen zu reduzieren.

Diese sicherlich sehr schwierige Arbeit macht Soziologie nicht überflüssig, sondern ist ein Bemühen auf anderer Analyseebene (Wissenschaft kann stets auf höheren und niederen Abstraktionsebenen betrieben werden.). Auch die →Kulturpsychologie, die Nationalcharaktere, das kollektive Verhalten (Massen und soziale Bewegungen) sind legitime Themen der Sozialps., wenn sie entsprechend behandelt werden. Es geht um die Erklärung des Beitrags des einzelnen zu den Gruppenphänomenen sowie der Veränderung des einzelnen durch diese.

Die Angewandte S. ist zur Zeit deutlicher von der Allgemeinen Sozialps. zu trennen als in der ersten Blütezeit der Sozialps., die im wesentlichen durch Bearbeitung praktischer Fragen des gesellschaftlichen Lebens heraufgeführt wird: Es bleiben praktische Probleme, deren Lösungsversuche neben ihrer Bedeutung für das Überleben der Menschheit und für die Qualität dieses Überlebens auch theoretische Klärungen versprechen: Vorurteil und Beziehungen zwischen den Völkern, Wirkungen der Massenmedien, Führung und Kooperation in industriellen Betrieben, Psychologie der Wirtschaft, der Politik, der Erziehung und besonders die sozialps. Aspekte der internationalen Beziehungen (Verhandlungen, Änderung der Risikobereitschaft *(risky shift)* in Gruppen und bei Gruppenvertretern), der Moral, Religion und geistigen Gesundheit. ALLPORT (1968) meint, daß unter der großen Menge empirischer Befunde einige seien, die nur ein beschränktes Phänomen unter den restriktiven empirischen Bedingungen erklären, und spricht von elegant aufpolierten Trivialitäten. Als Reaktion darauf sei eine Tendenz zur umfassenden theoretischen Erklärung (zur integrativen Theorie) zu beobachten. Wenn das so ist, werden auch wieder alte Irrtümer lebendig werden, und zwar immer dann, wenn der Theoretiker die Geschichte der Sozialps. und die Fülle der inzwischen erarbeiteten exp. Befunde nicht genügend kennt. →interpersonale Kompetenz, →interpersonale Wahrnehmung, →prosoziales Verhalten, →Soziometrie, →Kommunikation. **[L]** BRIGHAM 1991, FREY & IRLE, 1985–1993, GRAUMANN 1969, 1972, HERKNER 1991, LINDZEY & ARONSON 1985, SAKS & KRUPAT 1988, HOGG & VAUGHAN 1995, MYERS 1996, STROEBE, HEWSTONE & STEPHENSON 1996 *R. Bergius/B. Six*

sozialpsychologische Diagnostik, die s.D., die vor allem Diagnostik der sozialen Einstellungen ist und es mit zwischenmenschlichen Kontakten und Beziehungen zu tun hat, wird mit sehr verschiedenen Methoden durchgeführt. (1) Kontaktsituationen mit einem oder wenigen Partnern: Hierher gehören die Partnerversuche von **[T]** HANSELMANN, **[T]** HENNING, wobei es sich um Aufgaben wie gemeinsames freies Zeichnen oder Werken (Ausschneiden u. a.) handelt. Auch an Bilder oder Vorlagen anknüpfende Gespräche sind entwickelt worden. (2) Gruppensituationen: Anstoß gab hier die Wehrmachtsps. der 20er Jahre mit dem Bedürfnis, das sog. Führerverhalten zu ermitteln. Rundgespräche, Führerproben und sog. Befehlsreihen (d. h. Handlungstests **[T]** RIEFFERT) wurden dafür entwickelt. In den USA trat das *Office of Strategic Service* (OSS) mit Debatte-Tests, Diskussions-Tests und Interview-Tests besonders hervor. – Eine weitere Möglichkeit für die Gruppensituation bietet das →Psychodrama von J. L. MORENO, dessen

S

Rollenspielen zwar psychotherapeutisch angelegt ist, aber gut an die s.D. angepaßt ist. (3) Selbst- und Fremdbeurteilung mit Fragebogen: Viele Fragebögen können zur s.D. zugezogen werden. Besondere Fragebogen-Tests lassen zwei Partner vor und nach einem Kontaktgespräch sich gegenseitig beurteilen oder fordern, wie die *Vineland-Scale* von [T] DOLL, die Beurteilung von Verhaltens-Einheiten. Zuständig sind hier auch viele →Einstellungs-Tests und →Einstellungsskalen (z. B. BOGARDUS-Skala). (4) Projektive Verfahren: Auch der TAT ([T] MURRAY) oder Gestaltungstests wie die von [T] SHNEIDMAN, [T] STAABS werden für die s.D. herangezogen. Ersterer war zudem Ausgang für Testkonstruktionen unter der Bez. «*Interpersonal-Fantasy-Test*». (5) Soziometrie: Das von MORENO entwickelte →Soziogramm hat eine Reihe von Verfahren zur s.D. veranlaßt, bei denen mit dem interpersonalen Auswählen innerhalb eines bestimmten Personenkreises der Pb seine eigene soziale Einstellung offenlegt. Mit besonderem Nutzen hat schließlich die s.D. die heutigen Techniken der Bandaufnahme und zeitlichen Registrierung herangezogen und die Analyse der Interviews und Gespräche verbessert.

Sozialquotient (SQ) →Sozialkompetenz

Sozialverhalten, (biol.) Sammelbegriff für Verhaltensmuster, die von einem Tier in einer Gruppe geäußert werden und sich von den Verhaltensweisen gegenüber fremden Artgenossen unterscheiden. Nahezu alle Elemente des S. lassen sich als ritualisierte Verhaltensweisen anderer Lebensbereiche (Brutpflege, Aggression, Körperpflege usw.) ableiten. Junge Schabrackenschakale z. B. stoßen die Eltern an die Schnauze, was bei diesen Futtervorwürgen hervorruft. Dieses Schnauzenstoßen ist bei adulten Tieren zum Begrüßungsritual geworden. →Ethologie *V. Preuss*

Sozialwissenschaften, [engl. *social sciences*], Sammelbez. für die mit dem sozialen Verhalten im engeren (z. B. Soziologie, Psychologie, Politologie) wie auch weiteren Sinne (z. B. Sozialmedizin, soziale Anthropologie) befaßten Wissenschaften.

Soziatrie, ein als Kurzform (um den naheliegenden Rückschluß von Psychiatrie auf ps. Störungen einzudämmen) aus →Sozialpsychiatrie gebildeter Begriff

Soziobiologie, parallel zur →Psychobiologie und →Humanethologie entwickelte Richtung des Sozialdarwinismus. [L] WILSON, EIBL-EIBESFELDT 1984

Soziodrama →Psychodrama

Soziogramm, Methode nach MORENO (1934), die eine Landkarte von zwischenmenschlichen Beziehungen in einer Gruppe zeigt. Dabei wird eine graphische Darstellung der Ergebnisse des soziometrischen Tests erstellt. Bei dem Netz-S. werden Personen einer Gruppe mit numerierten Kreisen (Vierecken oder Dreiecken) bezeichnet und gemäß ihrer Wahlen mit Pfeilen oder Linien verbunden, die bei Gegenseitigkeit der Wahl verstärkt sein können. Die Anordnung der Personen ergibt sich nie eindeutig aus dem Testergebnis und wird bei größeren Gruppen unübersichtlich. Das Zielscheiben-S. erlaubt die Zeichen für die Gruppenmitglieder nach der Zahl der erhaltenen Wahlen auf konzentrischen Kreisen anzuordnen. BIERSTEDT (1956) schlug Variationen eines Schachbrett-Diagramms vor, in denen jedes Gruppenmitglied hinsichtlich seiner Bevorzugungen, empfangenen und erwiderten Wahlen in Felder eines Schachbrettmusters eingetragen wird, d. h. es erhält einen Ort in dem Diagramm gemäß den von JENNINGS (1937) so genannten Wahl- und Zurückweisungsmustern. HÖHN & SCHICK (1954) verwenden u. a. auch ein Kolumnen-Diagramm (Anzahl der positiven Wahlen über, der negativen unter einer Mittellinie für jedes Individuum). Die bisher genannten Formen des S. wären nur dann ps. Forschungsmittel, wenn in ihnen nur die zwischenmenschlichen Beziehungen, wie sie sich in den je einzelnen Gruppenmitgliedern darstellen, wiedergegeben würden. In dem üblichen Gebrauch gehört das S. dem soziologischen Denken an und führt zu dem fragwürdigen Konzept des sozialen Kraftfeldes zwischen Individuen. Damit könnte es als partielle Darstellung eines Aspekts der «Gruppenseele» gelten. Auch nichtgraphische Wiedergaben zwischenmenschlicher Beziehungen sind als S. bezeichnet worden (ENGELMAYER 1952, WARTEGG 1953). Das S. nach WARTEGG ist im eigentlichen Sinne ein sozialps. Diagnostikum, denn es stellt die soziale Welt eines einzelnen dar. →Soziometrie. [L] HÖHN & SCHICK 1964, DOLLASE 1973 *R. Bergius*

Soziolekt, die in sozialen Gruppen entwickelte Sondersprache, die abweicht von der allg. Verkehrssprache und dem geographisch abgegrenzten Dialekt.

Soziolinguistik, die Beschreibung und Systematisierung linguistischer Merkmale von gruppen-, schicht- und kulturspezifischem Sprachgebrauch in Abhängigkeit von soziologisch erfaßbaren Daten; sie beschäftigt sich demgemäß mit Gesetzlichkeiten von kollektivem Kommunikationsverhalten. Dies stellt die S. in ein komplementäres Verhältnis zur →Psycholinguistik, die ihrerseits mit den Voraussetzungen und dem Vorkommen des Sprechens als sozialer Tätigkeit von Individuen befaßt ist (→Sprachproduktion). Mit der Psycholinguistik verbindet die S. nicht nur das Interesse, mit je unterschiedlichem Schwerpunkt, am Thema →Sprache – Sprechen, sondern auch eine Parallelität in der Wissenschaftsentwicklung im jeweiligen Bereich. In Deutschland haben S. und Psycholinguistik eine bedeutende Tradition (im Falle der S. die →Völkerpsychologie von STEINTHAL & LAZARUS 1860/1890 u. WUNDT 1911/1920), und beide haben in den letzten zwei Jahrzehnten, ausgehend von anglo-amerikanischen Impulsen, eine besondere – wenn auch thematisch jeweils eingeschränkte – Aktualität gewonnen. Diese besteht bei der S. in einem sozialpolitischen Engagement: Ausgehend von der Erkenntnis, daß einerseits in hochentwickelten Leistungsgesellschaften die Sprachfähigkeit eine entscheidende Rolle für persönliche Entfaltungsmöglichkeiten spielt, und von der Beobachtung andererseits, daß unterschiedliche Schichten der Bevölkerung über unterschiedliche sprachliche Gewohnheiten und Fertigkeiten verfügen (bei BERNSTEIN 1970: Mittelschicht: elaborierter →Code; Unterschicht: restringierter Code), wird die Forderung erhoben, durch ausgleichende bildungspolitische Maßnahmen soziale Ungerechtigkeiten zu mildern. Die sich anschließenden Fragen: wieweit «kompensatorische» Spracherziehung in Wahrheit nur eine kurzsichtige, weil aufgesetzte, Kinder ihrem sozialen Milieu entfremdende Angleichung an eine herrschende Norm des «elaborierten» Sprachverhaltens (→Sprachbarriere) bewirke – wieweit Wertschätzungen, die in die Differenzierung von elaboriertem und restringiertem Sprachgebrauch eingehen, nicht selbst ein soziolinguistisches Problem darstellen – wie berechtigt und möglich es insgesamt erscheine, Sprachverhalten nur mit Hilfe strukturell beschreibender und quantifizierender Kategorien aus dem Zusammenhang von kollektiver sozialer Tätigkeit herauszulösen – ob S. nicht vielmehr in den umfassenderen Kontext von Sprachsoziologie zu integrieren sei – solche Fragen stimulieren die gegenwärtige Diskussion in diesem Forschungsgebiet. [L] ERVIN-TRIPP 1969, OEVERMANN 1972, DITTMAR 1973, SCHLIEBEN-LANGE 1973. *G. List*

Soziologie, die Gesellschaftswissenschaft, Beschreibung und Theorie der sozialen Gebilde und des kollektiven Verhaltens. Wenn nur die →Interaktion, →Kommunikation oder →Rollen und Rollenverhalten thematisiert sind, wird S. auf der Mikroebene betrieben und ähnelt manchen Themen der Sozialps.; wenn Gruppen, Kollektive und andere soziale Kategorien behandelt werden, könnte man von der Mesoebene der S. sprechen, und die Beschäftigung mit Kulturkreisen, Schichten, Ständen und Klassen führt auf die Makroebene der S. Außerdem gibt es die speziellen S. der Familie, Jugend, des Berufs etc. (DE JAGER & MOK 1973). Im Bezug auf die Sozialps. ist S. insofern Hilfswissenschaft, als ihre Abstraktionen einige unabhängige Variable definieren, ähnlich wie es in der Psychophysik deren Hilfswissenschaft, die Physik tut. Nach v. WIESE ist die S. die Grundwissenschaft der Sozialwissenschaften. Nach COMTE sollte die von ihm sog. S. allerdings erst zusammen mit der Biologie die letzten Erklärungen in einer neuen Wissenschaft ermöglichen, die er *la morale* nannte und die als Verhaltenswissenschaft verstanden werden muß. WEBER meinte, daß die S. die «Wissenschaft (sei), welche soziales Handeln deutend verstehen und dadurch in seinem Ablauf und seinen Wirkungen ursächlich erklären will». I.w.S. schließt die S. auch die sozialen Prozesse in Tier- und Pflanzenwelt ein. Die Existenzberechtigung der S. wurde von den Nachbarwissenschaften wie Geschichte, Rechtswissenschaft, Nationalökonomie, Psychologie vielfach in Zweifel gezogen, heute beginnt die S. jedoch sich zusehends als empirische, ja experimentelle (→Soziometrie) Wissenschaft zu legitimieren. Die Möglichkeit einer relativen Grenzziehung zwischen den Arbeitsgebieten der S. und der Sozialps. bietet sich z. B. durch die Tatsache, daß sich als Ausgangspunkt der Sozialpsychologie das Individuum mit seinen zwischenmenschlich relevanten psychischen Erscheinungen ansehen läßt, während in der S. «die Gruppe, die nicht weiter ableitbare Grundkategorie, das soziologische Urphänomen» (VIERKANDT) ist. [L] BERNSDORF et al. 1972, KÖNIG 1967, WEBER 1956, DE JAGER & MOK 1973.

R. Bergius

Soziologismus, Bez. für die Überbewertung des Soziologischen. Soziales wird nur durch Soziales erklärt und z. B. psychologische Begründung abgelehnt. • In der Wissenschaftssystematik bedeutet S., daß der Soziologie die zentrale Stellung innerhalb der Wissenschaf-

S

ten überhaupt zugewiesen wird. COMTE vertrat diese Auffassung.

Soziometrie, Bez. für jede Art quantitativer Humansoziologie oder Sozialpsychologie (BIERSTEDT 1956). Bez. für die quantitative Erfassung jeder Art zwischenmenschlicher Beziehungen, «jede Messung aller Arten von sozialen Beziehungen» (MORENO 1951) «ein messendes und darstellendes Verfahren zur Erfassung der innergrupplichen (zwischenmenschlichen) Beziehungen der Verbände» (ENGELMAYER 1952). Noch elf weitere Definitionen gibt darüber hinaus BIERSTEDT (1956), die sich durch genauere Angaben über die Art der zwischenmenschlichen Beziehungen (Präferenz oder allgemein), über die Art der Datengewinnung (Wahlen, Beobachtung, sprachlicher Report) und durch Ein- bzw. Ausschluß der Tiersoziometrie unterscheiden. Die gebräuchlichste Form der S. ist die von MORENO vorgeschlagene Erhebung und Darstellung der positiven Wahlen (gelegentlich auch Ablehnungen) von einem oder mehreren Partnern (mit oder ohne Festlegung der Zahl) meist für das Zusammenarbeiten, -spielen oder bloße Zusammensein in spezifischen Situationen. Nicht immer wird beachtet, daß die Wahlen anders ausfallen können, wenn sie «Ernstcharakter» haben (d. h. in der bezeichneten Situation real berücksichtigt werden), als wenn sie nur im fiktiven Papier- und Bleistift-Test erhoben werden. Die im →Soziogramm dargestellten Ergebnisse lassen im optimalen Fall Gruppenstrukturen erkennen: Beliebtheitsführer (Star, zentrale Figur), Außenseiter, Cliquenbildung und Zusammenhalt (Kohäsion) der →Gruppe. [L] HÖHN & SEIDEL 1969, BIERSTEDT 1956, DOLLASE 1973, HELLER & KRÜGER 1974 *R. Bergius*

soziometrische Disposition, nach KRECH et al. (1962) eine primäre interpersonale (soziale) Verhaltenseigenschaft, wie z. B. Toleranz gegenüber Personen, (Gegenpol: Zurückweisung, Ablehnung); Geselligkeit (Ungeselligkeit); Freundlichkeit (Unfreundlichkeit); Mit- und einfühlend sein (ohne Einfühlung).

Soziopathie, gestörte Beziehung zwischen Individuum und Gesellschaft. Die beiden Extreme sind: (1) S. als Leiden der Gesellschaft an einer Person, die ein chronisch niedriges Aktivierungsniveau (keine Furcht vor Bestrafung) und aktive Stimulation braucht (auch mit der Gefahr wiederholter Gesetzesübertretung); (2) als Leiden der Person an der Gesellschaft, wobei die Etikettierung (→labeling, Stigmatisierung) mit zufälligen Unterschieden zu einem chronischen Kreislauf führt. →Nichtseßhafter *R. Bergius*

space →räumliches Vorstellen

Spaltung der Persönlichkeit, Zerfall der Persönlichkeit bei der →Schizophrenie → multiple Persönlichkeit

Spaltungsgesetz →MENDELsche Regeln

Spannung →Dimension (Gefühle), →System in Spannung

Spannungsempfindung →Kinästhesie

Spasmolytika, Substanzen, die zu einer Tonusverminderung der glatten Muskulatur, insbes. des Magen-Darm-Traktes, führen. Die meisten S. gehören zu den parasympathikolytischen (anticholinergen) oder zu den sympathikomimetischen Substanzen. Entsprechend ihrer Angriffspunkte treten häufig unangenehme vegetative Nebenwirkungen auf (z. B. bei anticholinergen S. Mundtrockenheit), bei einigen Stoffen, z. B. Butylscoplamin kaum vegetative Nebenwirkungen, daher Verwendung als experimentelle Substanz. [L] FORTH et al. 1996 *W. Janke*

Spasmophilie, Neigung zu Muskelspasmen (Erhöhung des Muskeltonus)

Spasmus [gr. *spasmos* Krampf] →Krampf

spastische Lähmung, nicht schlaffe, sondern mit tonischer Kontraktion verbundene Muskellähmung

Spätentwickler →Retardation

Spätertaubung →Gehörlosigkeit

S-p-Diagramm, graphische Darstellung einer Verteilung von Urteilen über Reizgrößen. Als Urteilskategorien kommen z. B. «größer» und «kleiner» in bezug auf einen Vergleichsreiz in Frage. Auf der Abszisse sind die Reize der Größe nach abgetragen, auf den Ordinaten sind die Häufigkeiten der beiden Urteilsmöglichkeiten in Prozenten angegeben. →psychometrische Funktion. [L] WOODWORTH & SCHLOSBERG 1954, TRAXEL 1964

Spearman-Brown-Formel, Schätzformel zur Bestimmung der Gesamtreliabilität eines Tests für den Fall, daß nur ein Teil der Reliabilität bzw. der inneren Konsistenz bekannt ist. Die Formel wird z. B. angewandt, wenn die innere Konsistenz nach der →*split-half*-Methode berechnet wird und lautet:

$$r_{tt} = \frac{2 \cdot r_{12}}{1 + r_{12}}$$

Die Formel geht von der Voraussetzung aus, daß die Streuung der Rohwerte aus der Testhälfte 1 identisch ist mit der Streuung der Rohwerte aus der Testhälfte 2. Die Formel wird auch *«prophecy formula»* genannt. In neuerer Zeit wurden von weiteren Autoren

Formeln entwickelt, welche zum Teil weniger Voraussetzungen beinhalten, zum Teil jedoch auch präziser sind. *H. Häcker*

Spearman, Charles Edward (1863–1945), Psychologe, stud. bei WUNDT / Univ. of London

Spearmanscher Korrelationskoeffizient, Koeffizient einer nichtparametrischen Korrelationstechnik für Ordinalvariablen, der nach

$$\rho = 1 - \frac{6 \Sigma D^2}{N (N^2 - 1)}$$

berechnet wird, wobei D die Differenzen der Rangplätze eines Beobachtungspaars und N die Anzahl dieser Paare symbolisieren. *G. Mikula*

specimen record, eine in Rahmen von BARKERS ökologisch-psychologischem Ansatz entwickelte Methode zur detaillierten alltagssprachlichen Schilderung von Geschehensabläufen in natürlichen Situationen durch geschulte Beobachter, teilweise angewandt auf ganze Tagesabläufe bei einzelnen Personen (z. B. Kindern), teilweise auf das Geschehen innerhalb bestimmter →behavior settings. [**L**] WRIGHT 1967 *G. Kaminski*

speed-accuracy tradeoff, Austausch zwischen oder Abgleich von Geschwindigkeit und Genauigkeit bei der Bearbeitung einer Aufgabe; bei sehr vielen Aufgaben steigt die Genauigkeit bei geringerer Geschwindigkeit und sinkt bei höherer.

Ausführlich untersucht wurde der *s.* bei →Reaktionszeiten und →Zielbewegungen. Bei Reaktionszeiten steigt die Genauigkeit meist negativ beschleunigt an, wenn die Reaktionszeit länger wird. Bei Zielbewegungen wird der *s.* zumeist durch das →FITTSsche Gesetz beschrieben; wenn die Dauer der Bewegung vorgegeben wird, findet sich auch eine lineare Beziehung zwischen Genauigkeit und mittlerer Geschwindigkeit. *H. Heuer*

speed-tests [engl. *speed* Geschwindigkeit], Tests, bei denen die Bearbeitungsgeschwindigkeit als Leistung bewertet wird. Der Schwierigkeitsgrad der Aufgaben ist dabei sehr niedrig. Die Anzahl der Aufgaben ist zumeist hoch bzw. die Bearbeitungszeit limitiert. Zur Messung von interindividuellen Differenzen wird ein Testscore dadurch gewonnen, daß die Testdurchführung begrenzt und die Aufgabenmenge als Leistungsmaß definiert wird, oder es wird ein Zeitscore für die Lösung bzw. Beantwortung einer Aufgabenmenge gebildet. Außer wenigen Tests für spezielle Fähigkeiten, wie z. B. Konzentration, stellen die meisten Testverfahren ein Gemisch zwischen *speed*- und *power*-Komponenten dar. *H. Häcker*

Speichelreflex →bedingter Reflex

Speicher, allg. Vorratsräume oder -gefäße; in der →Informationstheorie und →Datenverarbeitung physikalische Objekte, die Information über die Zeit hinweg bewahren (speichern) können. In der Informationstheorie hat die physikalische Realisierung eines S. sekundäre Bedeutung gegenüber dem strukturellen Aspekt der Speicherung. Ein S. besteht aus Elementen (Zellen), die in einem relevanten physikalischen Parameter wenigstens zweier, willkürlich änderbarer, ohne Eingriff aber über die Zeit hinweg beständiger Zustände fähig sind. Die Zellen sind durch Adressen (in der Regel numerische Angaben von Zeile, Spalte, Ebene in einer matrizenförmigen Anordnung) eindeutig gekennzeichnet und anwählbar. Information kann in einen S. eingeschrieben, mit und ohne Änderung des S.inhalts gelesen oder abgerufen und gelöscht werden. Den beiden Grundformen der Datenverarbeitung, →digital und →analog, entsprechen spezielle S.ausführungen. Die Speicher moderner digitaler Computer basieren meist auf subminiaturisierten, auf Chips angeordneten bistabilen elektronischen Schaltungen (Halbleiterspeicher) oder der Magnetisierbarkeit eisenhaltiger Materialien (Disketten, Fest- und Wechselplatten, Magnetbänder). Man unterscheidet die Bauformen Kernspeicher, Platten- und Trommelspeicher sowie Bandspeicher. Entscheidend für die Wahl des S. sind die Kosten pro Informationseinheit, die reziprok zur geforderten Zugriffszeit variieren. Neuerdings werden auch optische Speicher eingesetzt, bei denen mikroskopisch kleine Markierungen in einem lichtbrechenden Kunststoff die Information tragen. Diese wird mit Hilfe eines Laserstrahls ausgelesen (CD-ROM = *compact disc read only memory,* d. h. CD-Festwertspeicher). Von Nachrichtentechnikern wurde die Unterscheidung von S. und Gedächtnis vorgeschlagen, die von Psychologen nicht immer durchgehalten wird. Im S. kann eine Information nur bei Angabe der Adresse durch entsprechende Befehle geschrieben, gelesen oder gelöscht werden. Der Zugriff zum Gedächtnis geschieht hingegen ohne Verwendung von Adressen nach inhaltlichen Kennzeichen (Inhaltsadressierung) der Information selbst (→ Gedächtnisgesetze), Löschen ist nur partiell möglich. S. und Gedächtnis bezeichnen die unterschiedlichen Strukturen technischer und organismischer Informationsübertragung über die Zeit hinweg. *W. Glaser*

Speicherkapazität, Fassungsvermögen eines →Speichers. Die numerische Angabe setzt ein Maß für die Informationsmenge voraus: bei technischen Systemen die Anzahl von Binärschritten, die zur Darstellung einer Nachricht benötigt werden *(bit)*, die Anzahl zusammenhängender 8-bit-Blöcke *(byte)* oder der Wörter gemäß der Wortstruktur eines bestimmten →Digitalrechners. Als Wort bezeichnet man dabei die mit einem Maschinenbefehl zusammenhängend verarbeitete Folge von *bits* und *bytes* (1 Wort = 2 bis 8 Byte). In der Ps. haben informationstheoretische Maße für die S. bzw. die Gedächtniskapazität eine geringere empirische Bedeutung als die Anzahl behaltener, reproduzierter oder wiedererkannter Elemente in einer Gedächtnisaufgabe, also die Zahl von Zeichen, Wörtern, Zahlen, Reiz- und Reaktionsalternativen oder «Klumpen» (engl. →chunk). [L] MILLER 1956 *W. Glaser*

Speichertheorie →Gedächtnis

spektrale Hellempfindlichkeitskurve, die für die Zwecke der →Photometrie und →Kolorimetrie international normierte Kurve der Hellempfindlichkeit des menschlichen Auges in Abhängigkeit von der Wellenlänge. Sie wurde von der Internationalen Beleuchtungskommission (IBK) besonders mit Rücksicht auf das «Additivitätstheorem der Helligkeiten» (→Photometrie) festgelegt. Sie stellt den Durchschnittswert sehr vieler Beobachtungen unter normierten Bedingungen dar.

spektrale Sättigungskurve, nach der Definition haben alle Spektralfarben maximale Sättigung (→Spektrum). Nach ihrem anschaulichen Sättigungsgehalt (→Farbe) unterscheiden sich Spektralfarben jedoch erheblich voneinander. Es wirken z. B. Violett und Blau gesättigter als die folgenden Grüntöne, und Rot wirkt wiederum gesättigter als Gelb, bei welchem das anschauliche Minimum der Sättigung liegt. Um methodologische Schwierigkeiten bezüglich eines direkten Vergleichs der einzelnen Farben auf Sättigung zu umgehen, definiert man die Sättigung einer Spektralfarbe durch denjenigen Leuchtdichte-Betrag, der einem Standardweiß zugemischt werden muß, um die Empfindung «ebenmerklich farbig» hervorzurufen. Aus diesen Ergebnissen definiert man nach der Formel

$$p = \frac{L\lambda}{Lw + L\lambda}$$

(wobei L = Leuchtdichte einer bestimmten Spektralfarbe und Lw derjenigen für Standardweiß entspricht) den Begriff der «kolorimetrischen Reinheit» *(colorimetric purity)* und schreibt die für jede Wellenlänge festgestellten Werte als Ordinate über dem Spektrum als Abszisse an. Dieses Verf., ein Äquivalent zur Sättigung zu definieren, findet man hauptsächlich bei den angelsächsischen Autoren. Eine andere Möglichkeit besteht darin, für jede Spektralfarbe die Anzahl der Unterschiedsschwellen zu einem Standardweiß auszuzählen und wiederum als Funktion über dem Spektrum darzustellen. Beide Verf. stimmen in bezug auf das Minimum der Sättigung bei ca. 570 nm überein. [L] GRAHAM 1965

spektrale Unterschiedsempfindlichkeit, ermittelt man im psychophysischen Experiment, wie groß an jeder Stelle des Spektrums der ebenmerkliche Farbtonunterschied (→ Unterschiedsschwelle) ist und schreibt diese Werte, in Wellenlängen ausgedrückt, auf der Ordinate über dem Spektrum als Abszisse an, so ergibt sich eine nichtmonotone wellenförmige Funktion. Man erkennt relative Minima im Violett und Blaugrün, Gelb und Rot (etwa 430, 490, 570, 620 nm). Entsprechende relative Maxima liegen bei 460, 530, 600 nm. Die Werte variieren erheblich nach den verschiedenen Autoren. Es ist bemerkenswert, daß die s.U. sich zur physikalischen Variablen nicht im Sinne irgendeines psychophysischen Gesetzes (→FECHNERsches Gesetz oder Exponentialgesetz) verhält. [L] GRAHAM 1965

Spektralfarben [lat. *spectrum* Gespenst], schickt man einen Strahl weißen Lichtes durch ein Prisma auf eine neutral gefärbte Fläche, so erscheint ein farbiges Band mit immer gleicher Reihenfolge der Farben von Rot über Orange, Gelb, Grün, Blau bis Violett. Dieses farbige Band heißt Spektrum. Als Spektralfarben bezeichnet man die im Sinne von NEWTON homogenen Lichter oder gleichbedeutend damit solche, die nur einem sehr kleinen Ausschnitt des sichtbaren S. entsprechen (häufig «Lichter einer Wellenlänge» oder monochromatische Lichter genannt). Für die Psychophysik der Farben haben die Spektralfarben große Bedeutung, weil nur sie durch Wellenlängen physikalisch eindeutig zu kennzeichnen sind. Schwellenwertuntersuchungen (→spektrale Unterschiedempfindlichkeit) u. ä. beziehen sich stets auf das nach Wellenlängen gestufte S. als physikalische Variable. Von S.eichung spricht man in der → Kolorimetrie, wenn die Spektralfraben geometrisch in einem normierten Gemischsystem dargestellt werden. Die physikalische Wellenlängenskala erleidet dabei Verzerrungen und verliert ihre metrischen Eigenschaften. Der Begr. der Eichung bezieht sich hier nur auf die Ausgangsfarben des Gemischsystems.

Spektrum →Farbspektrum, allgemeiner die Beschreibung einer Funktion (der Zeit, des Ortes usw.) durch die Amplituden (oder deren Quadrate) der in ihr enthaltenen trigonometrischen Funktionen unterschiedlicher Frequenzen (→Fourier-Analyse).

spekulative Psychologie, besondere Bez. für die vorempirische →Psychologie

Sperrung, Unterbrechung der ps. Resonanz und Reaktion (etwa für einige Sekunden bis Minuten), vor allem bei Schizophrenen. Der «Kranke« antwortet plötzlich nicht mehr, starrt vor sich hin und scheint nichts mehr zu verstehen. Die S. ist vor allem auf affektbetonte Komplexe zurückzuführen, die während des Gesprächs berührt werden. • Unterbrechung von angefangenen Bewegungen aufgrund eines inneren Gegenantriebs. →Negativismus

Spezies, [lat. *species* Anblick, Gestalt]. Bild, Abbild, z. B. die in den Sinnesorganen erzeugten Bilder, *species sensibiles,* (biol.) →Art

Spezifikationsgleichung, nach Cattell das Verhalten (R) eines Individuums in einer bestimmten Situation als Abhängigkeit von →traits (T) und deren Bedeutung (s). $R_j = {}_{sjA}A + {}_{sjT}T + \ldots {}_{sj}S$. [L] Cattell

spezifische Sinnesenergien, von Johannes Müller 1826 formuliertes Gesetz, nach dem die Qualität einer →Empfindung vom gereizten Sinnesorgan/Nerven abhängt, aber nicht vom Reiz; die Qualität der Empfindung bleibt demnach dieselbe, wenn →adäquate oder → inadäquate Reize (etwa Druck, Stoß, Strom beim Auge) verwendet werden. Müller unterschied fünf spezifische Energien der klassischen fünf →Sinne; allgemeiner läßt sich das Prinzip verstehen als die Abhängigkeit der Wahrnehmungsinhalte vom gereizten Ort z. B. im Cortex (→Gehirn, →Detektor). *H. Heuer*

Sphäre [gr.], Kugel, Himmelskugel, Lebenskreis. • Beim Denken bezeichnet S. das Mitschwingende und Mitanklingende, das wie ein «Hof» sich um die Denkabläufe legt und diese beeinflußt. • Beim Bew. die Bez. für das im «Randbewußtsein» Liegende, in der «Peripherie des Bewußtseinsfeldes», dabei aber zugleich mögliche Quelle für produktive Leistungen.

Sphygmograph [gr. *sphygmos* Zuckung, Puls], Pulsschreiber zur Aufzeichnung der arteriellen Pulskurve

Sphygmomanometer, Blutdruckmesser zur Aufzeichnung der Blutdruckwerte

Spiegel-Lese-Schreib-Test →Schulleistungs-Tests [T] Monroe

Spiegel-Test, Spiegelzeichengerät [T] Meumann-Giese

Spiel, eine Aktivität von Mensch (und Tier), die ohne Zwang und Zweck um ihrer selbst willen ausgeübt wird. Huizinga, ein mit dem Thema sehr vertrauter Autor («homo ludens», 1933) bezeichnet das S. als «primäre Lebenskategorie». Doch genügen solche Aussagen zum Phänomen S. bei weitem nicht, wenn man die ganze Vielfalt spielerischer Betätigung erwägt und dabei an das ins S. traumhaft versunkene Kind denkt, an die zahllosen sportlichen S., die Gesellschaftsspiele, die technischen Spielautomaten, das spielerische Basteln. Man unterscheidet als Spielarten: (1) Funktionsspiele (Motiv ist der Bewegungsdrang. Beim Kind dienen sie der Einübung von Bewegungsabläufen), (2) Fiktionsspiele, Symbolspiele (Wesentlich ist die Entfaltung der Nachahmung, sich in eine andere Rolle versetzen, Herstellung des sozialen Bezugs, Entwicklung der Phantasie), (3) Konstruktionsspiele (Umgang mit Material steht im Mittelpunkt), (4) Regelspiele (Vorgegebene Regeln und Vorschriften sind einzuhalten), (5) Gruppenspiele (S., die ohne Teilnehmerzahl nicht durchführbar sind). Benesch gliedert die S. als Lebenshilfe in 12 Funktionen, darunter S. als Spannungsausgleich, als Selbstverwirklichung, als Lustgewinn, als Ausleben, als Konfrontation. Mit der ps. Beachtung der S. ist eine sehr wechselnde Theorienbildung einhergegangen (nicht gleichbedeutend mit →Theorie der S.), die von den «energetischen Theorien» (zum S. führe Kraftüberschuß, S. sei das Aufsuchen von Spannung und Lösung – Spencer 1855, Heckhausen 1964) über lerntheoretische, kognitionstheoretische, sozialkommunikatorische u. a. Deutungen bis zu den tiefenps. Annahmen mit →Katharsis, →Projektion und Ersatzbefriedigung reicht. Piagets Spieltheorie fand besondere Beachtung, da sie den Wandel im Spielverhalten vom Säugling zum Erwachsenen über drei Phasen zu deuten sucht (Assimilation, Akkommodation, Balance beider Prozesse). Das Kleinkind spielt →sensomotorisch – es stellt die «geistige» Frage, ob sich die Dinge der Umgebung zum «Lutschen» eignen. Im zweiten Lebensjahr treten noch sehr unangepaßte Vorstellungsbilder auf, doch zunehmend verschafft sich das Kind über S. Kenntnisse, die in der Realitätsanpassung des Erwachsenen enden. Eine wichtige Rolle hat das S. auch im therapeutischen Bereich, z. B. als Rollenspiel (→Rolle), innerhalb der →Verhaltenstherapie und im →Psychodrama, als Interaktionsspiel, in der Gruppentherapie u. a. (→Spieltherapie, →Transaktionsanalyse). [L] FLITNER 1973, HECKHAUSEN 1964, HUIZINGA 1933

Spielmethode, spielerische Gestaltungsverfahren, in der ps. Diagnostik diejenigen Tests und Verf., die zum spielerischen Gestalten veranlassen und in solchem Tun Persönlichkeitsvariablen offenlegen. Die S. wird zur Enwicklungsdiagnose und zur Erfassung persönlicher Probleme in jedem Alter verwendet. Alle Spielverf. haben zum Vorteil wie Nachteil die enge Beziehung zu den →projektiven Verfahren – in einiger Hinsicht auch zur →Bildgeschichtenmethode. Einer Standardisierung sind sie wenig zugängig. [L] HÖHN 1964 *F. Dorsch*

Spielstrategie, in der →Theorie der Spiele der Plan eines Spielers, mit dem die Auswahl der Aktionen (oder Züge) unter Berücksichtigung der Situationen festgelegt wird und dessen Ausführung. Es werden «reine» (deterministische) und «gemischte» (stochastische) S. unterschieden.

Spiel-Tests, Tests, die um 1930 meist aus psychoanalytischen Überlegungen entstanden und bei denen mit Material «spielerisch» umgegangen werden kann, im Unterschied z. B. zu den reinen Handlungstests. Haupt-vertreter: Sandbaukasten, Dorftest ([T] ARTHUS), Sceno-Test ([T] STAABS), Welt-(spiel)test. Letzterer ist zuerst von M. LOWENFELD als «Weltspiel» eingeführt und von Ch. BÜHLER als «Welttest» weiterentwickelt worden.

Spieltheorie →Theorie der Spiele

Spieltherapie, Methode der Kinderpsychotherapie auf der Basis unterschiedlicher Orientierungen, die versucht, über das Spiel und die damit verbundenen Verbalisationen psychische Fehlhaltungen und Konflikte zu beseitigen. Kinder und teilweise auch Jugendliche werden in Einzel- und Gruppensituation behandelt, wobei auf direktive Weise die jeweiligen Konflikte von dem Therapeuten gesteuert werden oder auf nicht-direktive Weise, d. h. ohne direkte Eingriffe des Therapeuten in das Spielgeschehen, nur die jeweils gezeigten Verhaltensweisen reflektiert werden. Es gibt Hinweise dafür, daß Spieltherapie positive Wirkungen erzielen kann, für fundierte Wirksamkeitsaussagen ist die Untersuchungsbasis ungenügend. *F. Caspar*

spike →Spitzenpotential

Spina, spinal [lat. Dorn, Stachel], Rückgrat, zum →Rückenmark gehörig. Spinalganglien = die Nervenzellen der hinteren Wurzeln der Rückenmarksnerven.

Spiralennacheffekt →Bewegungsnachbild

Spiritismus, Geisterglaube, Kontakt mit Verstorbenen, Materialisationen, Tischrücken usw. [L] BENDER 1970, DRIESCH 1952

Spiritualismus →Idealismus

Spirometer [lat. *spirare* blasen], Apparat zur Messung der Atmungsluft (Atemvolumen, Vitalkapazität der Lungen).

Spironolacton, Aldosteron-Antagonist, therapeutischer Einsatz bei Krankheiten, bei denen vermehrte Mengen biologisch aktiven Aldosterons zu einer Störung des Wasserhaushalts geführt haben (CONN-Syndrom, Hyperaldosteronismus). Auch Hinweise auf prophylaktische Wirkungen bei Manie. S. hat jedoch auch extrarenale Wirkungen, so antiandrogene Effekte (→Antiandrogen). Beim prämenstruellen Syndrom scheint das Befinden positiv beeinflußt zu werden. S. hat zentralnervöse Angriffspunkte, die hippocampale Mineralocorticoid-Rezeptoren, zu denen es eine hohe Affinität besitzt. Tieruntersuchungen liefern Hinweise auf die ps. Wirkungen, wozu v. a. anxiolytische Effekte gehören. Durch →Scopolamin induzierte kognitive Dysfunktionen konnten mit S. reduziert werden. In Humanuntersuchungen rief S. EEG-Veränderungen und eine Beeinflussung der Schlafstruktur hervor. Der Wirkmechanismus für die ps. Wirkungen wurde noch nicht aufgeklärt. [L] WERNZE 1997

W. Janke/P. Zimmermann

Spitzenpotential, ein im Laufe des Erregungsverlaufs in einem Neuron auftretender negativer Ausschlag im Aktionspotential, der als Reaktion eines erregten Neurons zu deuten ist. Während das S. anhält, ist das entsprechende Neuron nicht weiter erregbar, auch kurze Zeit danach nicht in der sog. absoluten refraktären Phase. Der gesamte Erregungsvorgang dauert bis zu etwa 100 Millisekunden. →Aktionspotential *G. Lüer*

split-brain-Forschung [engl. gespaltenes Hirn], Erforschung der Wirkungen bei Trennung der beiden Großhirnhemisphären durch Zerstörung des *corpus callosum,* der *commissura anterior* und der *massa intermedia* des

Thalamus. Die ps. Effekte wurden erstmals von R. SPERRY, GAZZANIGA und BOGEN (1969) beschrieben. Beim Menschen zur Therapie epileptischer Erkrankungen meist nur Durchschneidung des *c. callosum*. →Hemisphärenspezialisierung, →funktionelle Asymmetrie, →Lateralität. **[L]** SPERRY 1969, GAZZANIGA 1978 *N. Birbaumer*

split-half-Methode [engl. Halbierung], Methode zur Bestimmung der →Reliabilität eines Tests. Mit ihr wird der Aspekt der inneren Konsistenz eines Tests bestimmt. Der Test wird dabei nur einmal gegeben. Die Aufgaben werden dann in zwei gleichwertige Hälften aufgeteilt, die beiden Testhälften werden interkorreliert und die Reliabilität mittels einer Schätzung für den gesamten Test bestimmt. Diese Halbierungsmethode hat zur Voraussetzung, daß der Test aus homogenen Niveauaufgaben besteht.

Spontaneität, Unmittelbarkeit in der Handlungsauslösung, handeln als «Antrieb in sich». Bez. wie Spontanreaktion, Spontanentscheidung belegen den reaktiven Charakter der Handlung etc. wie das Fehlen von Denk- und Kontrollprozessen. →Kurzschlußhandlung

Spontanerholung, Erscheinung, daß ein bereits im Erlöschen begriffener bedingter Reflex nach einer längeren Ruhepause spontan erneut auftritt.

Spontanraum [T] GIESE

Spontanremissionen [lat. *remissio* Nachlassen, Zurückgehen], sind Verbesserungen oder Wegfall von psychischen oder somatischen Problemen ohne fachliche Hilfe. Erklärungen sind das natürliche Fluktuieren von Phänomenen generell (wodurch psychisch stark Belastete im Laufe der Zeit weniger belastet, andere dagegen stärker belastet werden, →Regression), das Wegfallen belastender Probleme, nicht-professionelle Hilfe aus der Umgebung, das Mobilisieren eigener Möglichkeiten der Patienten, aber auch biologische Prozesse. Bei der Untersuchung der →Wirksamkeit von Therapien ist zu belegen, daß die Besserungsrate über derjenigen von Spontanremissionen liegt, was für viele, aber längst nicht für alle therapeutischen Maßnahmen gilt. Bei selektiver Beachtung nur positiver Veränderungen können auch solche Ansätze als erfolgreich erscheinen, denen bei systematischer Betrachtung keinerlei über Spontanremission hinausgehende Wirksamkeit attestiert werden kann. Bei der Beurteilung der Wirksamkeit von Psychotherapie ist allerdings auch zu beachten, daß viele Fälle ohne Therapie nicht stabil bleiben bzw. sich verschlechtern können. *F. Caspar*

Sportpsychologie, Teilgebiet der Ps., das sich mit den Voraussetzungen des Verhaltens und Erlebens im Sport beschäftigt. Die ps. Aspekte sind nur insofern von spezifischer Bedeutung, als der Sport in besonderem Maße gekennzeichnet ist durch Phänomene wie Bewegung, körperliche Anstrengung, Wetteifer und Auseinandersetzung mit speziellen Objekten (z. B. Sportgeräten) und Medien (z. B. Wasser, Schnee) in der Einzel- und Gruppensituation. Differenziert man den Sport selbst, so kann man unterscheiden zwischen Schulsport, Breitensport, Berufssport u. a. Die Sportarten sind im Hinblick auf ihre ps. Anforderungen durch unterschiedliche Merkmale charakterisiert, je nachdem, ob es sich z. B. um Individual- oder Mannschaftssportarten handelt und wie sehr sie Ausdauer, Kraft, Schnelligkeit, Geschicklichkeit oder etwa Trainingsintensität zur Ausübung erfordern. Die Sportps. ist eine vergleichsweise junge Disziplin. In Deutschland erfuhr sie zwischen 1920 und 1940 wesentliche Entwicklungsanstöße durch die Einrichtung von sportps. Laboratorien an der Hochschule für Leibesübungen in Berlin-Spandau (SCHULTE) und in Berlin-Grunewald (SIPPEL). In Anlehnung an die damals verbreitete Psychotechnik stellte SCHULTE Verfahren und Geräte zur Untersuchung von Reaktionsschnelligkeit u. a. zusammen, um auf der Grundlage der Analyse sportlicher Leistungen Eignungsdiagnose zum Sport betreiben zu können. Das Ziel der Untersuchungen SIPPELS lag vor allem darin, den Zusammenhang zwischen Leibesübungen und geistigen Leistungen im Rahmen des Schulunterrichts zu klären. In Leipzig konnte KLEMM einen weiteren Fortschritt in der Sportps. erzielen. Ausgehend von den Ansätzen und Erkenntnissen der Ganzheits- und Gestaltps. überwand er durch Einführung des Begriffes Bewegungsgestalt und der damit verbundenen Analyse vor allem der Speerwurf-, Kugelstoß- und Diskuswurfbewegungen die zuvor übliche Gliederung der Bewegung in Teile und fand bedeutsame Zusammenhänge von Erlebnisqualitäten und motorischem Verhalten. In den Jahren von etwa 1950 bis 1965 läßt sich ein weiterer Entwicklungsabschnitt markieren. Er ist gekennzeichnet durch einzelne Arbeiten von Sportwissenschaftlern, die die ps. Theorien namhafter Wissenschaftler auf Phänomene des Sports übertrugen. So führte z. B. K. KOHL den Ansatz von KLEMM im Rahmen der Sensomotorik weiter; VEIT zeigte in Anlehnung an die KRETSCHMERsche Konstitutionstypologie Zusammenhänge zwischen Körperbau, Charakter und motorischem Verhalten auf, und NEUMANN befaßte sich auf der Grundlage der Persönlichkeitstheorie von LERSCH mit der Persönlichkeitsstruktur von Sportlern im Vergleich zu Nichtsportlern sowie mit der leib-seelischen Entwicklung im Jugendalter unter der besonderen Fragestellung des Einflusses von Leibesübungen im Sport. Die Entwicklung der Sportps. der letzten Jahre läßt erkennen, daß die zuvor an einzelne Personen gebundene Orientierung zugunsten einer Orientierung am traditionellen System der Ps. aufgegeben wurde. So liegen die Schwerpunkte der sportps. Forschung und Literatur auf dem Gebiet der Lern- und Entwicklungsps., der Motivations- und Persönlichkeitsps. sowie der Sozialps. Zentrale Themen sind: mentales Training; sensomotorisches Lernen; motorische Entwicklungstests; psychomotorische Diagnostik verhaltensgestörter Kinder; Beanspruchung und Ermüdung; Sport und ps. Streß; Motivation zur Leistung im Sport; sportspezifische Aspekte der Aggression; Sport und Persönlichkeit; Gruppenstrukturen von Mannschaften im Bereich des Fußballs, des Ruderns, des Basketballs und des Handballs. Neben der Lehre und Forschung stellen sich der Sportps. in zunehmendem Maße Aufgaben der Betreuung und Beratung vor allem im Hochleistungssport. Einzelne Athleten und Mannschaften werden in Zusammenarbeit mit ihren Betreuern auf wichtige Wettkämpfe vorbereitet, wobei Desensibilisierungsmethoden und gruppentherapeutische Maßnahmen im Vordergrund stehen.

Die Situation der Sportps. ist zum einen gekennzeichnet durch eine zunehmende Einengung der Fragestellungen unter Herausarbeitung sportspezifischer, eigenständiger Methoden und Ansätze und zum anderen durch den integrativen Versuch, das Verhalten im Sport z. B. mit Hilfe handlungstheoretischer Ansätze umfassender zu analysieren. Dieser Versuch wirft die noch ungeklärte Frage auf, inwieweit die Sportps. nicht nur als Teilgebiet der Ps., sondern auch als Teilgebiet der Sportwissenschaft aufzufassen ist. **[L]** BÄUMLER 1972, GABLER 1972, KAMINSKI 1973, UNGERER 1973, VOLKAMER 1972, WITTE 1973

H. Gabler

Sprachbarriere, die wesentlichste der sog. Bildungsbarrieren. Die S. bewirkt Minderung der sozialen Aufsstiegschancen in Schule und Beruf durch Einschränkung der sprachlichen Kommunikationsfähigkeit bes. der Unterschichtkinder. Nach soziolinguistischer Theorie der soziokulturellen Determiniertheit verfügen verschiedene gesellschaftliche Gruppen (vor allem Sozialschichten) über unterschiedliche Möglichkeiten in Sprachfähigkeit (→Kompetenz) und Sprachverwendung (→Performanz), wodurch Rollenverhalten und kognitiver Stil des Individuums geprägt werden. Der Sprachgebrauch ist durch den →Code umschrieben (nach B. BERNSTEIN: Unterschicht:Mittelschicht = restringierter:elaborierter Code). →Soziolinguistik. **[L]** BERNSTEIN 1972, BÜHLER 1972, OEVERMANN 1974, LAWTON 1970

G. Mühle

Sprachcode, Sprachkode →Soziolinguistik, →Code

Sprache, ist Gegenstand mehrerer Wissenschaften: Sprachwissenschaft (→Linguistik), Philosophie (→Sprachphilosophie), Psychologie (→Psycholinguistik), Soziologie (→Soziolinguistik), Biologie, speziell Anthropologie, Mathematik, Logik, Computerwiss. (→Programmiersprache) u. a. m. (BARTSCH & VENNEMANN 1973). Da der Phänomenbereich in ihnen jeweils unter spezifisch anderen Voraussetzungen angegangen wird, bezeichnet S., genau besehen, keinen identischen Gegenstand. Abgesehen davon wird die Bez. S. auch schon innerhalb mancher dieser Wissenschaften als mehrdeutig empfunden. Der Linguist DE SAUSSURE (1916) unterschied *langue* (S. als System, als spezifische Einzel-S. wie Deutsch, Englisch), *parole* (S. als aktueller Vorgang, der sich im Rahmen der Vorgaben einer *langue* bewegt), *langage* (S. als allgemeines S.vermögen, als Inbegriff der Möglichkeiten, *langue* und *parole* hervorzubringen bzw. zu verwenden). Sofern die Ps. primär an Vorgängen und deren Vorbedingungen und Effekten beim Individuum interessiert ist, stehen ihr die letzten beiden Begriffsvarianten von S. näher, während die erste eher den Voraussetzungen der Soziologie, allenfalls der Sozialps. entspricht. Sozialps. befaßt sich mit S. im allg. im Rahmen des →Kommunikationsmodells, unter Berücksichtigung der theoretischen Implikationen allg. ps. fundierter S.psychologie. Grob wird dabei zwischen verbaler und →nichtverbaler Kommunikation unterschieden. Eine scharfe Abgrenzung zu Fragestellungen der →Soziolinguistik ist kaum möglich.Die im Rahmen allg. ps. Voraussetzungen arbeitende S.psychologie setzt primär bei der Sprachverwendung des Individuums an (→Performanz) und interpretiert sie in allen ihren Varianten als Verhalten. Die dadurch mitgesetzten theoretischen Implikationen zeichnen bereits die wesentlichsten s.-ps. Fragestellungen vor wie auch ihre Verbindungen zu den traditionellen Forschungsgebieten der allg. Psychologie: Sprachliche Äußerungen (→Sprachproduktion) verwirklichen sich als Kombinationen erlernter (bzw. durch Lernen überformter) Verhaltenseinheiten. Also muß es eine aktualisierbare dispositionelle Grundlage für (aktuelles) S.verhalten, organisiertes gespeichertes «S.wissen» geben, das in Lern- bzw. Entwicklungsprozessen gemäß Lern- und Entwicklungsgesetzen aufgebaut wird (→S.erwerb, →S.erlernen, →S.entwicklung, →Kompetenz).

Die Aktualisierung sprachlichen Verhaltens setzt geeignete allg. motivationale Vorbedingungen voraus, ferner speziellere Zielsetzungs-, Planungs- und Entscheidungsprozesse. Plangerechte Realisierung sprachlichen Verhaltens erfordert begleitende perzeptive Eigenkontrolle. Rezeptives S.verhalten (→S.rezeption) wird außerdem bei der S.verwendung im Sozialkontakt, insbes. beim S.erlernen nötig. Alle genannten Teilprozesse und ihre Bedingungsgrundlagen sind Gegenstand spezifischer s.-ps. Fragestellungen und Theorien. Darüber hinaus kann nach den Beziehungen zwischen Sprachverhalten und anderen Arten äußeren Verhaltens (instrumentellen, problemlösenden, affektiven Verhaltens) gefragt werden, aber auch nach den Beziehungen zwischen den s.spezifischen, S.verhalten fundierenden, kognitiven →Repräsentationen, anderen Repräsentationsformen (Anschauung, →imagery) und repräsentationellen Prozessen (→Denken, →Vorstellen, →Sprache, innere, →symbolische Prozesse). Bei allen Teilprozessen sprachlichen Verhaltens und bei ihren Bedingungsgrundlagen sind intra- und/oder interindividuelle Variationen zu beobachten, für die sich die differentielle S.psychologie interessiert (→S.diagnostik). Insbes. pathologische Varianten (→ Sprachstörungen) und phylogenetischer Vergleich (→Tiersprache) lenken das Augenmerk auf biologische Grundlagen der S. (LENNEBERG 1967). Die zentrale Besonderheit von S.verhalten ist, daß es mit überindividuell geltenden, zu S. organisierten →Zeichen operiert (→Semiotik). Als Zeichenform werden in menschlicher Kommunikation hauptsächlich lautliche und graphische Figurationen, ferner Gebärden (→Gebärden-S.) verwendet. BÜHLER (1934) unterschied 3 Modi der Verwendung von Zeichen: Ausdruck, Appell, Darstellung (→ S.theorie). Kann S.verhalten als partielle Aktualisierung von S.systemen aufgefaßt werden, dann muß seine erfahrungswissenschaftliche Analyse auf die Struktur dieser S.systeme Rücksicht nehmen. Linguistische Analyse natürlicher S. führte zur Identifizierung verschiedener Ebenen in S.systemen, die primär durch die Größenordnung und die Qualität ihrer Einheiten unterschieden werden und denen außerdem jeweils unterschiedliche Regelhaftigkeiten und Funktionen zukommen (→Grammatik, →Hierarchie). Solche Einheiten sind z. B.: → distinktives Merkmal, →Phonem, →Artikulem, →Graphem, →Morphem, →Wort, →Phrase, →Satz, Satzgefüge, Argumentationsfigur usw. Teildisziplinen innerhalb und außerhalb der Linguistik spezialisieren sich jeweils auf einzelne dieser Ebenen: →Phonetik, → Phonologie, →Psychophonetik, →Morphemik, →Semantik, →Syntax, Rhetorik, Stilistik. Inbesondere lautsprachliche Performanz wird zudem mitgestaltet und überformt durch verschiedene, ebenfalls hierarchisch organisierte →paralinguistische Prozesse: →Sprechpausen, Akzentuierung, →Intonation u. a. m. (→Prosodie, →phonemic clause, →Ausdruck). S.ps. hat somit theoretisch und empirisch zu analysieren, in welcher Weise der S.verwender in rezeptivem und produktivem S.verhalten diese vielschichtige hierarchische Organisation des Sprachsystems und ihm entstammende sprachliche Äußerungen verarbeitet und handhabt (→Psycholinguistik). In keinem anderen Verhaltensbereich ist die Ps. bisher genötigt worden, Verhalten in derartigem Differenziertheitsgrad zu analysieren wie im Bereich der S. durch die Vorarbeit der Linguistik. Sie für die Analyse →nichtverbaler Kommunikation nutzbar zu machen, wurde bereits versucht (→Kinesik). Die Tendenz, S.verhalten mehr und mehr unter Berücksichtigung pragmatischer Gesichtspunkte und situationeller Umstände als Handeln im sozialen Kontext zu betrachten, hat eine weitere Komplizierung der theoretischen und empirischen Analyse zur Folge (→Handlung, →Pragmatik, →Sprechhandlung, →Sprechakttheorie). [**L**] HÖRMANN 1967, OLDFIELD & MARSHALL 1968, HERRIOT 1970, LEONTEV 1971, HERRMANN 1972, LIST 1974 *G. Kaminski*

Sprache, innere, subvokales Sprechen [engl. *covert speech, inner speech*], wird in der sowjetischen Ps. primär als lautloses Für-sich-Sprechen verstanden, das mindestens ausschnitt-

S

weise erlebnishaft gegeben ist und in Vorbereitung und Begleitung verschiedenster Tätigkeiten auftreten kann.
WYGOTSKI (1964) hielt i. S. für interiorisierte, in der →Sprachentwicklung mehr und mehr →semantisch und →syntaktisch modifizierte, verdichtete →egozentrische Sprache, die u. a. der →Regulation von Tätigkeiten dient. Damit wurden auch die traditionsreichen Fragen nach der Natur des →Denkens und nach den Beziehungen zwischen →Sprache (bzw. Sprechen) und Denken berührt (→Würzburger Schule, →SAPIR-WHORF-Hypothese). In der Frage nach den psychophysiologischen Grundlagen von i. S. berührt sich die sowjetische Forschung (SOKOLOV 1972) teilweise mit der →motor theory des Denkens (MCGUIGAN 1966), die auf der Basis →behavioristischer Grundanschauungen Denken auf subvokale Sprechaktivität zurückzuführen tendierte und für die i. S. von vornherein mehr den Charakter einer hypothetischen Konstruktion hatte (→ Vermittlungstheorie). In der sowjetischen Ps. wird i. S. theoretisch mit dem PAWLOWschen Konzept des →Zweiten Signalsystems in Verbindung gebracht. Die methodischen Schwierigkeiten der Erfassung von i. S. versucht man durch komplementäre Anwendung heterogener Methoden (introspektive, experimentell-bedingungsanalytische, psychophysiologische) zu überwinden.
[L] MCGUIGAN & SCHOONOVER 1973

G. Kaminski

Sprachentwicklung, Erwerb und Entwicklung von →Sprache sind u. a. an die Entwicklung des ZNS gebunden. Der Beginn des Sprechens beim Kind setzt eine gewisse neurophysiol. Reife der Gehirnmasse voraus, die sich in der entsprechenden Frequenzerhöhung des dominanten →EEG-Rhythmus anzeigt. Auch das Ende des →Spracherwerbs ist durch das zerebrale Wachstum festgelegt, nach LENNEBERG (1967) bei Erreichung von 100 % der Reifungswerte. Dann ist die funktionale Lateralisation der Sprache auf die linke Hemisphäre erfolgt und eine physiol. Reorganisation nicht mehr möglich. D. h., daß im Alter von etwa 15 Jahren sprachfreie Teile des Gehirns keine Sprachfunktionen mehr übernehmen können. Diese Reifungstheorie belegt LENNEBERG durch Beispiele von →Sprachstörungen verschiedenster Genese: Symptome erworbener →Aphasie werden innerhalb weniger Monate nach ihrem Beginn irreversibel, wenn sie nach der zerebralen Lateralisation aufgetreten sind; bei geistig Behinderten verfestigt sich ebenfalls zu diesem Zeitpunkt der erreichte Stand der S. Verschiedene Aspekte der S. können unterschieden werden: (1) Phonologische Entwicklung: Ontogenetisch ist das Schreien die Urform der menschlichen Vokalisation (→Phonation); es ist prävokalisch und weist noch keinerlei kontrollierte →Artikulation auf. In der 6.–8. Lebenswoche treten dann Gurrlaute auf, die vom →Lallen abgelöst werden, wenn die dafür erforderlichen körperlichen Grundlagen (gesteuerte Atmung, Zahnbildung) geschaffen sind. Diese Reihenfolge ist genetisch festgelegt und bildet die Basis für die spätere auditiv-symbolische Entwicklung. Das Lallstadium kann als Übergang gelten, da hier schon auditive Kontrolle der Laute erfolgt, denen allerdings zu diesem Zeitpunkt noch kein symbolischer Gehalt zukommt (→Symbol).
Die wesentlichsten Merkmale der phonologischen Entwicklung sind (u. a. IRWIN 1946): (A) in den ersten 30 Monaten werden mehr Vokale als Konsonanten gebildet; (B) bis zum 2. Lebensjahr wächst die Vokal-Frequenz ständig und steigt danach noch steiler an; (C) erst mit 2 Jahren sind Konsonanten ebenso häufig wie Vokale. Bei den Konsonanten geht die Entwicklung von der hinteren Mundhöhle zur vorderen, umgekehrt werden Frontal-Vokale vor Hinter-Vokalen gelernt. Erst wenn die Unterscheidung in Vokal und Konsonant vorhanden ist, kann des Kind →Phonem-Kontrastierungen lernen. Dabei können nach JAKOBSON (1942) 5 aufeinanderfolgende Stufen unterschieden werden, deren entwicklungspsychologische Relevanz sich aus der Tatsache ableiten läßt, daß die Abfolge der nach →Aphasien wiedergewonnenen Oppositionen derjenigen beim ersten Erlernen der Phoneme entspricht. (2) Semantische und syntaktische Entwicklung: Laute erhalten erst im Verlauf der weiteren Entwicklung →Bedeutung. Erste einzelne bedeutungshaltige Wörter beginnt das Kind etwa mit 18 Monaten zu sprechen. Sie können viele verschiedene Bedeutungen haben (Ein-Wort-Satz; STERN 1907). Diese Äußerungen sind in hohem Maße auf die Stützung durch die Gesamt-Situation angewiesen: Als frühe →Prädikationen sagen sie etwas über ein anwesendes Objekt aus, wobei die affektive und strebungshafte Komponente vorrangig ist (→orektisch). Größere Präzision und abnehmende Situationsbedingtheit des Ausdrucks werden dann erreicht, wenn eine Information mit zwei oder mehr Wörtern ausgedrückt

werden kann. Diese werden nicht einfach aneinandergereiht, sondern ihre Kombinationen weisen nach Meinung verschiedener Forscher erste grammatische Regelmäßigkeiten (→Grammatik) auf: Nach BROWN und FRASER (1963) produzieren Kinder nicht $3^2 = 9$ verschiedene 2-Wort- bzw. $3^3 = 27$ verschiedene 3-Wort-Äußerungen, was bei rein zufälligem Kombinieren von Wörtern zu erwarten wäre, sondern sie bilden nur 4 verschiedene 2-Wort- und 8 verschiedene 3-Wort-Äußerungen, die alle als direkte Manifestationen grundlegender grammatischer Relationen aufgefaßt werden können. Auf einer solchen ersten Grammatik bauen sich nach MCNEILL (1966) weitere Subgrammatiken auf, indem sich zunächst Artikel und Demonstrativ-Pronomen, dann Adjektive und Possessiva als eigene Wortklassen aus der zunächst ungeschiedenen Klasse X herausgliedern. Erste Verknüpfungen erfolgen ohne →Funktionswörter und ohne morphologische Endungen, weshalb sie von BROWN auch als telegraphische Äußerungen (→Telegrammstil) bezeichnet wurden. Anders als in einem echten Telegramm, in dem untergeordnete Satzteile weggelassen werden, treten dabei auch prädikationsfreie Äußerungen auf, die nur durch den →Kontext zu vereindeutigen sind.

Beim Übergang zu einer reiferen Grammatik sind drei die Kreativität und Produktivität der S. demonstrierende Charakteristika bemerkenswert (GRIMM 1973): (A) Übergeneralisierung (Generalisierung) morphologischer Strukturregeln (→Morphem) (Bsp.: «Väters», «gegeht»); (B) Bildung von Imperativ-, Interrogativ- und →Negationsformen mittels einer einfachen Additionsregel ohne Beachtung der Wortstellung (Bsp.: «Nicht kaputt machen.» «Das nicht ein Bibi?»); (C) vielseitige Verwendbarkeit einzelner Wörter (Bsp.: «Wo gehst du?» «Das ist ein Kochherd, ‹wo› man kochen sagt»). Die →syntaktische Entwicklung gilt mit etwa 5 Jahren im wesentlichen als abgeschlossen. Die →semantische Entwicklung verläuft sehr viel langsamer. Zwar wird bis dahin schon ein recht großer →Wortschatz erworben, doch weist das häufige Auftreten von →syntagmatischen und semantischen →Assoziationen sowie von ungrammatischen Satzbildungen (→Grammatikalität) auf die Unvollständigkeit kindlicher Wortbedeutungen hin. Auf der Grundlage der semantischen Merkmalstheorie vermutet MCNEILL (1970) zwei sich nicht ausschließende Weiterentwicklungen des →Lexikons: (a) eine horizontale: Neben dem Erwerb neuer Wörter verändert sich die Bedeutung schon erworbener; (b) eine vertikale: Die Über- und Unterordnungsrelationen der erworbenen Wörter verändern sich. (3) Kommunikative Entwicklung: Das Kind erwirbt die Sprache in der Interaktion mit anderen. Seine früheren Äußerungen haben egozentrischen Charakter, was sich besonders in der referenzlosen Verwendung von Personalpronomen, Demonstrativpronomen und Adverbialausdrücken des Orts und der Zeit zeigt. Die kommunikative Entwicklung (→Kommunikation) vom Egozentrismus hin zur →sozialisierten Sprache wird von FLAVELL (1966) auf die Ausbildung der Fähigkeit zurückgeführt, einen Sachverhalt unter Berücksichtigung der Rollenattribute des Kommunikationspartners innerhalb der gegebenen Situation zu kodieren (→Rolle). Im Detail ist darüber noch wenig bekannt. Dabei wäre zu beschreiben und zu erklären, wie das Kind Verwendungsweisen von Sätzen lernt: wann, wo und wie es sprechen oder schweigen soll. (4) Theorie. Ihre Aufgabe ist es, die beschriebenen Phasen aufeinander zu beziehen und zu erklären, welche Mechanismen und Prozesse für die →Spracherlernung verantwortlich sind. Dafür gibt es verschiedene Ansätze: (A) Spracherlernen wird behavioristisch gefaßt (→Behaviorismus): Die →Bedeutung eines Wortes ist die konditionierte Response (→bedingte Reaktion, →Verbalkonditionierung) auf dieses Wort. Sätze stellen →Assoziationen von Wörtern, d. h. Serien von Responses dar (WATSON 1930, SKINNER 1957). (B) Im neobehavioristischen Ansatz wird die Bedeutung als vermittelnde Response (→Vermittlungstheorie) aufgefaßt, die jedoch wiederum Teil einer beobachtbaren Responseeinheit ist. Die Konstruktion von Sätzen wird ebenfalls mittels Assoziationen erklärt (OSGOOD 1959). (C) Der rationalistische Ansatz hält Spracherwerb nur auf der Grundlage angeborener Dispositionen (→LAD) für möglich; die Erfahrung dient lediglich ihrer Aktivierung. Zwar ist diese Annahme in der →Psycholinguistik umstritten, jedoch wird kaum mehr bezweifelt, daß Spracherlernung Regelerlernung ist, wobei diesen →Regeln ein abstrakter Charakter zugesprochen wird (CHOMSKY 1965). Die wichtigsten Unterschiedlichkeiten dieser Auffassungen lassen sich wie folgt umreißen: (a) Neobehavioristen leiten «Ideen» unter Benutzung von Assoziationsprinzipien aus dem beobachtbaren Verhalten ab. Rationalisten berufen sich auf abstrakte und angeborene Ideen. (b) Da für Behavioristen Ideen letztlich aus Verhaltenselementen bestehen, können sie auch nicht abstrakt sein. Aus diesem Grund müssen sie auch die Auffassung von der Sprache als einer beschränkten Anzahl von Regeln ablehnen und demgegenüber sprachliche Sequenzen im Sinne von →MARKOFF-Ketten verstehen. *H. Grimm*

Sprachentwicklung, verzögerte, bezeichnet nur verspätetes Einsetzen der →Sprachentwicklung (erst im dritten Lebensjahr oder noch später, →Hörstummheit), ein leicht faßbares Störungszeichen, keinesfalls ein spezifisches Krankheitsbild. Ebenso wie beim →Stammeln müssen auch bei der v. S. das Verzögerung bedingende, funktionale Störungsbild (z. B. →Hörbehinderungen, akust. →Agnosien etc.) und dessen Ätiologie (z. B. erbliche Faktoren wie beim →Sprachschwächetyp, frühkindliche Hirnschädigung, Stoffwechselstörung, Erkrankung, mangelhafte sprachliche Vorbilder in der Umgebung etc.) in einer multidisziplinären Sprachdiagnostik berücksichtigt werden. Vor der Annahme einer breiten Streuung im genetisch bedingten Zeitplan der Entwicklung (LENNEBERG 1972) mit anschließend normalem Verlauf ist zu warnen; hochleistungsfähige «Spätentwickler» sind Raritäten.

Spracherlernen, die Frage, wie sich die Fähigkeit zur spontanen →Sprachproduktion und zum Wahrnehmen, Entschlüsseln und Interpretieren von Sprachsymbolen (→Sprachrezeption, →Symbol) entwickelt, wurde und wird verschieden beantwortet. Im hauptsächlichen können drei verschiedene Ansätze unterschieden werden: (1) Behaviorismus: WATSON 1924, SKINNER 1957, (2) Neobehaviorismus: OSGOOD 1953, STAATS 1968, (3) Rationalismus: CHOMSKY 1965, MCNEILL 1966, 1980. Wird im ersten ein Einstufenmodell der →verbalen Konditionierung vertreten, so werden im zweiten →intervenierende Variablen oder →hypothetische Konstrukte als nichtbeobachtbare Zwischenglieder in das →S-R-Modell eingeführt (→Vermittlungstheorie). Die Erklärungsadäquatheit beider Systeme wird wiederum von den Vertretern des Rationalismus in Zweifel gezogen, nach denen Sätze durch Anwendung von Regeln konstruiert werden. Setzt sich heute gegenüber dem assoziationistischen Ansatz immer mehr ein kognitionsps. durch, so wird doch nach wie vor für die Beschreibung des →Bilingualismus und Multilingualismus auf die Mediationstheorie OSGOODS (1953) zurückgegriffen. Daß unter S. primär das →Lernen der sprachlichen Fähigkeit erfaßt wird, d. h., daß darunter Fragen zum →Spracherwerb und zur →Sprachentwicklung fallen, geht auf den in den fünfziger Jahren beginnenden Einfluß der Linguistik und der Anthropologie auf die Ps. zurück. Zwar hatte man seit EBBINGHAUS (1885) mit sog. sinnlosen Silben operiert und Anfang der dreißiger Jahre auch Interesse an Wortbedeutungen als unabhängigen Variablen gezeigt; alle diese Bestrebungen wie auch die Wortassoziationsexperimente waren jedoch primär daraufhin angelegt, bestimmte Aspekte des Lernprozesses zu untersuchen, und nicht daraufhin, wie Entwicklung des ganzen sprachlichen Systems zu verfolgen. *H. Grimm*

Spracherwerb [engl. *language acquisition*], S. und →Sprachentwicklung werden häufig syn. gebraucht; sowohl unter dem einen als auch unter dem anderen Begr. werden Fragen des →Spracherlernens abgehandelt. Soll ein Unterschied getroffen werden, so hat sich eine Theorie des S. wesentlich auch mit den biologischen und neurophysiol. sowie ps. und sozialps. Voraussetzungen für die Erlernung einer Sprache zu beschäftigen. Dabei muß sie sich auch damit befassen, warum trotz aller Anstrengungen der Forscher Primaten Sprache nur in sehr eingeschränktem Sinne erwerben können (→Tiersprache).

Die Frage, wie ein Kind überhaupt dazu kommt, Sprache zu erwerben, wurde seit Jahrhunderten immer wieder Anlaß, um nach dem Ursprung der →Sprache zu fragen. Die am häufigsten auftauchenden Theorien dazu hat THORNDIKE (1943) unter die drei folgenden zusammengefaßt: (1) Ding-Dong-Theorien: Die Gegenstände veranlassen die Menschen zu Lauten. Wie dies aber vor sich geht, bleibt im Dunkeln. (2) Wau-Wau-Theorien: Die Menschen ahmen bei Tieren, Gegenständen usw. gehörte Laute nach. (3) Puh-Puh-Theorien: Sprachlaute entwickeln sich aus instinktiven Lautäußerungen wie dem Stöhnen.

H. Grimm

sprachfreie Tests [engl. *non verbal tests* stumme, nicht-verbale Tests], Bez. für die Testgruppe der Intelligenz-Diagnose, die keine oder möglichst geringe Anforderungen an das Verständnis eines Wort-Materials bzw. an den sprachlichen Ausdruck stellt (z. B. bei ausländischen Schülern, Probanden mit Leseschwierigkeiten, geistig Behinderten). • Zumeist werden Tests verwendet in der Art des Würfel-Tests von [T] KOHS, des Labyrinth-Tests ([T] PORTEUS), des Bildlückentests von [T] HEALY, oder es sind Zahlenreihen zu ergänzen und Zeichnungen mit dem größten Unterschied herauszusuchen, einfache Figuren aus dem «Gedächtnis» zu zeichnen ([T] BENTON) u. a. m. Auch Testserien sind zusammengestellt ([T] ARTHUR) und Gruppentests aufgebaut worden. [T] CATTELL, GOODENOUGH, SNIJDERS, TERMAN

Sprachlabor, bezeichnet zu einem Lehr-Lern-System verbundene Tonbandmaschine und Sprachprogramme, mittels derer – je nach System stärker lehrer- oder lernerzentriert – der Erwerb von Fremdsprachen in weitgehend individualisierter Form stattfindet. Das Schwergewicht der S.arbeit dürfte im Bereich der Übung und Korrektur liegen.

sprachliche Lückenkombination [T] EBBINGHAUS, MINKUS

Sprachphilosophie, sehr heterogene theoretische Überlegungen, denen gemeinsam ist, daß sie sich unter dem Anspruch philosophischer Grundsätzlichkeit mit →Sprache befassen. Es können dabei drei Hauptaspekte unterschieden werden (FAHRENBACH 1970): (1) Frage nach dem Wesen der Sprache, die ähnlich auch von der allg. Sprachwissenschaft (→Linguistik) gestellt wird; (2) kritische wissenschaftstheoretisch-methodologische Reflexion sprachwissenschaftlicher Ansätze; (3) Untersuchung der fundamentalen Bedeutung von Sprache für die Philosophie selbst, insgesamt und in ihren verschiedensten Teilgebieten und Problemstellungen. Im letztgenannten Sinne hat die Sprachthematik in der Philosophie dieses Jahrhunderts ihre eminente Bedeutung gewonnen, was zu tiefgreifenden Auswirkungen auch auf viele Formal- und Realwissenschaften führt. Beispiele für Problemstellungen der S. wären: Funktion der Sprache im Erkenntnisprozeß, logische Analyse natürlicher Sprachen, Möglichkeiten des Aufbaus von Kunstsprachen, Analyse von Grammatik- und →Bedeutungstheorien, Analyse ethischer Aussagen, Zusammenhang zwischen Sprache und Weltanschauung (SAPIR-WHORF-Hypothese), Analyse sprachlichen Handelns (→Sprechhandlung, →Sprechakttheorie). [L] v. KUTSCHERA 1971, SCHNELLE 1973 *G. Kaminski*

Sprachproduktion, bezeichnet sowohl den Vorgang wie das Ergebnis verbaler Äußerung in menschlicher →Kommunikation. Medium der S. ist das Zeichensystem der →Sprache in seiner lautlichen und sprachlichen, evtl. gestischen (→Zeichensprache, →Gehörlosensprache) Repräsentation. Die Ausbildung zur Fähigkeit der lautlichen S. vollzieht sich (anders als das Schreibenlernen, das Gegenstand systematischer Vermittlung ist) in der primären Sozialisation im allgemeinen ungesteuert; sie ist jedoch angewiesen auf die Möglichkeit der →Sprachrezeption: in einer Umgebung ohne Sprache (KASPAR-HAUSER-Phänomen) oder bei organisch bedingtem Unvermögen, Sprache zu vernehmen (Taubheit, →Gehörlosigkeit) kann die Fähigkeit, selbst Sprache zu produzieren, nicht oder allenfalls durch sonderpädagogische Maßnahmen (→Sprachtherapie) nachgeholt und ausgebildet werden. Dies verweist auf die sowohl sozialen wie konstitutionellen Voraussetzungen der S.: Zu den konstitutionellen Voraussetzungen gehören (neben der erwähnten Notwendigkeit, Sprachäußerungen der Umwelt auditiv wahrnehmen zu können) intakte motorische Fähigkeiten, die zentral gesteuert sind, und zwar sowohl die Funktionstüchtigkeit von primären motorischen Hirnleistungen (Vollzug der →Artikulationsbewegungen der Sprechorgane; Schreibbewegungen) wie auch sekundäre motorische Sprachleistungen des Gehirns (Sprachplanung und →Enkodierung in motorische Innervationsmuster). Beide Leistungen können infolge organischer Erkrankung beeinträchtigt sein oder ausfallen. Folgen von Beeinträchtigungen primärer Hirnleistungen bei der S. können vielfältige Artikulationsstörungen sein, Folgen von Dysfunktionen sekundärer Hirnleistungen (Läsionen der für die motorischen Sprachfunktionen verantwortlichen vorderen Hirnbereiche der dominanten Hemisphäre) sind die Erscheinungsformen der «motorischen» →Aphasie (→Sprachstörungen; LURIA 1973). Die soziale Voraussetzung der S. ist die Teilhabe an den Konventionen einer Sprachgemeinschaft. Sie impliziert das Einvernehmen darüber, (1) welche Lautdifferenzierungen aus der Fülle der →Laute, die von menschlichen Artikulationsorganen hervorgebracht werden können, in einer Sprache die Funktion besitzen, Bedeutungsunterscheidungen anzuzeigen (→Phonologie, →Bedeutung); (2) welche Wörter, die mit Hilfe dieser lautdifferenzierenden Konventionen artikuliert werden, welche Sachverhalte bezeichnen (→Semantik); (3) welche Regeln der Verknüpfung von sprachlichen Elementen (→Syntax) beachtet werden müssen, damit akzeptable Äußerungen zustande kommen; schließlich (4) welches konventionalisierte System zur graphischen (oder gestischen) Darstellung von Sprachäußerungen benutzt wird. Auf Grund solcher Kenntnisse über das Instrument der Sprache, im Lauf der individuellen →Sprachentwicklung und je nach den Bedingungen und Umständen der Sozialisation (→Soziolinguistik) allmählich erworben, bildet sich die Befähigung zum differenzierten Einsatz der S. in der sozialen Kommunikation (→Pragmatik) heraus.

Als wesentliches Merkmal dieser Befähigung gilt – bei aller konkreten Unterschiedlichkeit in Sprachbeherrschung und Sprachgewohnheiten – ihr prinzipiell «kreativer» Charakter (HUMBOLDT 1827, PAUL 1888, CHOMSKY 1969): Zum einen ist hiermit auf den Tatbestand abgezielt, daß jeder Sprecher in der Lage ist, für seine S. von endlich vielen Sprachmitteln unbegrenzten Gebrauch zu machen, d. h. beliebig viele neue Sätze zu bilden, die er vorher nie gehört zu haben braucht; zum anderen auf die Geschichtlichkeit und Wandelbarkeit der Sprache selbst und damit auf die Möglichkeit, daß Impulse aktuellen Sprachgebrauchs sich durchsetzen und neue kollektive Äußerungsmöglichkeiten fördern können. Ein weiteres wesentliches Merkmal der S. ist ihre charakteristische Mehrdeutigkeit und Angewiesenheit auf situative Konkretisierung: Sprachliche Äußerungen gewinnen weithin ihre umschreibbare Bedeutung erst (werden erst eindeutig) im Zusammenhang mit den konkreten Bedingungen des Anlasses, zu dem sie gesprochen werden (WITTGENSTEIN 1953). Zu den Kennzeichen der jeweils konkreten Situation müssen neben den beteiligten Kommunikationspartnern, ihrem Erfahrungshintergrund, und neben den äußeren Umständen der Sprechsituation auch die paralinguistischen (→Paralinguistik) und außersprachlichen begleitenden Handlungen beim Sprechen (→Intonation, →Mimik, →Gestik, →nichtverbale Kommunikation) zählen. Für die funktionelle Analyse der S. lassen sich nach BÜHLER (1965) drei Gesichtspunkte hervorheben: der des →Ausdrucks, den ein Sprecher oder Schreiber in der S. seinen Einstellungen, Überzeugungen, Wünschen gibt, der des Appells, der mit einer Äußerung an die Adresse des Hörers oder Lesers gerichtet ist, und der der Darstellung von Sachverhalten; denn S. bezieht sich in der Regel auf bestimmte Inhalte, die zwischen Sprecher und Hörer übermittelt werden. Diese letzte, die Darstellungsfunktion, ist es, die S. gegenüber der Verständigung unter Tieren qualitativ hervorhebt (→Tiersprache): Über Möglichkeiten des Ausdrucks und Appells verfügen auch Tiere, hingegen nur in eingeschränktem Sinne über die Fähigkeit, sich über Sachverhalte zu verständigen, die sich zur Kommunikationssituation in räumlicher und zeitlicher Entfernung befinden. Für die Interpretation des funktionellen Wirkungszusammenhangs von S. sind zwei Arten zu unterscheiden, in denen S. handlungssteuernde Konsequenzen hervorbringt: Einmal ist sie im sozialen Feld das Hauptinstrument der Beeinflussung, Überredung und Überzeugung, d. h. von unmittelbarer Wirkung auf Einstellungen und Handlungen der angesprochenen Kommunikationspartner. Zum anderen kann man der S. (im Zusammenhang der Interaktion von Sprache und →Denken) als sog. «innerer» Sprache die Funktion einer Art »Handlungsanweisung an den Sprecher selbst» zuerkennen (→Sprache, innere). Diese Funktion und ihre Wirkungsweisen im Verlauf der Sprachentwicklung hat besonders WYGOTSKI (1964) hervorgehoben, vgl. PIAGET 1968 (→Egozentrismus). Sie spielt eine wichtige Rolle bei der Erforschung der →Begriffsbildung und insgesamt im Bereich der kognitiven Psychologie. **[L]** BROWN 1970, HERRIOT 1970, HÖRMANN 1977, LIST 1981, MILLER, GALANTER & PRIBRAM 1960, ROMMETVEIT 1968 *G. List*

Sprachrezeption, ist eine Teilfunktion des menschlichen →Kommunikationsvorgangs, Teil also des Funktionskreises, der gebildet wird von: Äußerungsintention, Realisierung von Äußerungen, Sprachwahrnehmung, →Verstehen des Gemeinten, Entwurf und Vollzug der Antwort etc. Medium dieses Kommunikationsprozesses ist das Symbolsystem der Sprache in seiner lautlichen, graphischen, evtl. auch gestischen (→Zeichensprache) Repräsentation. Der rezeptive Anteil läßt sich vom Gesamtgeschehen der Kommunikation schwerlich trennen, denn S. realisiert sich nur in der sozialen Interaktion mit wechselnden Rollen des Sprechens und Hörens (und – bei Aufhebung der Notwendigkeit von räumlich-zeitlichem Zusammentreffen – des Schreibens und Lesens). Ebensowenig sollte S. einfach als der passive Anteil im Gegensatz zum aktiven Teil der Mitteilung aufgefaßt werden, denn S. involviert nicht nur aktive intellektuelle Tätigkeit, es sind auch die Verflechtungen von rezeptiven und produktiven Leistungen ähnlich (→Sprachproduktion). Am deutlichsten tragen diesem Tatbestand

Theorien wie die des «motorischen Verstehens» (BLONSKI 1935, LIEBERMAN et al. 1963; →motor theory) Rechnung, die annehmen, daß der Hörer latent für sich die Sprachproduktion des Kommunikationspartners verbalisieren muß, um über propriozeptive Rückmeldungen der eigenen Artikulationsorgane das Verstehen vollziehen zu können. Hiermit korrespondiert die Problematik, bei organisch bedingten →Sprachstörungen «reine» Produktionsstörungen zu diagnostizieren. Ähnlich schwierig ist die Differenzierung der Rezeptionsleistung selbst in ihre Teilfunktionen: Hier werden gewöhnlich die reinen Wahrnehmungsvorgänge von der eigentlichen Leistung des inhaltlichen Verstehens unterschieden; jedoch hat bereits die Wahrnehmungsleistung keineswegs ausschließlich bedeutungsindifferenten Werkzeugcharakter; sprachliche Wahrnehmung ist, wie andere auch, selektive (→Selektion) und →soziale Wahrnehmung. Man kann sich dennoch die schwerpunkthaften Anteile der sensorischen Sprachwahrnehmung und des Verstehens veranschaulichen, indem man sie mit den aufeinanderfolgenden Arbeitsschritten einer Übersetzungstätigkeit vergleicht: Nachrichten werden mit Hilfe der sensorischen Kanäle entschlüsselt (decodiert) und anschließend in einen eigenen internen →Code übertragen: Verstehen ist somit einerseits, wie Sprachproduktion auch, eine Form der →Encodierung und bedeutet: Sinneinheiten und Sinnzusammenhänge in den →Kontext der eigenen Erfahrung (bildlich: in die Speicher des →Gedächtnisses) einzufügen. Beide Teilfunktionen der S. bedürfen sowohl organischer wie auch durch soziales →Lernen erworbener Voraussetzungen. →Hören und →Lesen verlangen zunächst die organische Funktionstüchtigkeit des Rezeptionsapparats. Störungen dieser sog. «primären» sensorischen Funktionen (eingeschränkte Hör- und Sehfähigkeit, Taubheit, Blindheit) können den Prozeß der S. erschweren oder unterbinden. Im Fortgang des Sprachverstehensprozesses sind es die sog. «sekundären», zentralen Hirnfunktionen, die die Integration des auditiv oder visuell Wahrgenommenen zu Inhalten besorgen, die für das Individuum bedeutungsvoll sind. Diese Funktionen sind lateralisiert, nämlich in der dominanten Hemisphäre des Gehirns lokalisiert, wobei die hintere Hirnhälfte für die Verarbeitung der sensorischen Sprachreize, die vordere für die motorischen Vorgänge beim Sprechen verantwortlich ist. Läsionen in den hinteren Bereichen der dominanten Hemisphäre können zu sensorischer →Aphasie führen (LURIA 1973).

Die durch soziales Lernen erworbenen Voraussetzungen der S. betreffen die Teilhabe am kollektiven Zeichensystem der →Sprache einer Sprachgemeinschaft; denn begreiflicherweise kann Verstehen nur dann stattfinden, wenn Sprecher und Hörer über dieselben Relationen zwischen Lautbildern und den bezeichneten Sachverhalten verfügen und wenn für Sprecher und Hörer dieselben Regeln der Verknüpfung von Sprachzeichen (→Syntax) Gültigkeit haben. Dennoch kann man durchaus nicht eine völlige Übereinstimmung in der Verfügung über die Sprache bei allen Sprechern und Hörern einer Sprachgemeinschaft annehmen. Sprache ist insofern schließlich «lebendiges» Traditionsgut, als sie zwar einerseits die kollektive Lerngeschichte der Sprachgemeinschaft repräsentiert, jedoch im Zuge der Sozialisation jedes einzelnen Sprachteilnehmers neu, unter jeweils unterschiedlichen sozialen Bedingungen und im Kontext jeweils persönlicher Erfahrung angeeignet werden muß. Dies bedingt sowohl naheliegende Übereinstimmung in den Sprachgewohnheiten bei Gruppen der Bevölkerung, die unter vergleichbaren Bedingungen leben (→Soziolinguistik), wie auch die große Vielfalt von Bedeutungsnuancen, die jedes einzelne Sprachzeichen und einzelne Äußerungen in Abhängigkeit von Redesituation und beteiligten Gesprächspartnern besitzen können. Um dieses Problem der Bedeutungsvariation bemüht sich vor allem die ps. Bedeutungsforschung; in der Regel wird dabei eine Unterscheidung getroffen zwischen «denotativen» →Bedeutungen (die für alle Kontexte und Situationen als gleich festgelegt sind und den Untersuchungsgegenstand der traditionellen sprachwissenschaftlichen →Semantik ausmachen) und den «konnotativen» Bedeutungen (die von situativen Bedingungen und emotionalen Gestimmtheiten und Einstellungen beeinflußt sind; OSGOOD et al. 1957). Aus den Problemen, die die Bedeutungsvariabilität und die Situationsabhängigkeit der Sprache für die S. verursachen können, folgt, daß zum Sprachverstehen gewissermaßen auch das Schließen aus paralinguistischen (→Paralinguistik) und außersprachlichen Hinweisen der Redesituation gehört: aus →Intonation, →Sprechtempo, →Sprechpausen, begleitender →Mimik und →Gestik. Das wichtigste Instrument, das bei Unsicherheiten und Unstimmigkeiten in der sprachlichen Kommunikation eingesetzt werden kann (und das zugleich ein Charakteristikum ist, das allein für menschliche Sprache gilt), ist die Möglichkeit, →Metasprache, d. h. Sprache über Sprache zu benutzen, beispielsweise, um zurückzufragen, wie ein Sprecher eine Mitteilung gemeint habe, und um zu diskutieren, welche unterschiedlichen Bedeutungen eine Mitteilung haben könne. →Verständlichkeit. [L] MILLER 1951, HÖRMANN 1977, HERRMANN 1972, ROMMETVEIT 1968 *G. List*

Sprachschwäche, familiärer Sprachschwächetyp. Verschiedene →Sprachstörungen des Kindesalters wie verzögerte Sprachentwicklung, anhaltendes →Stammeln, kaum zu überwindender →Dysgrammatismus, oft in Verbindung mit Unmusikalität und Links- oder Beidhändigkeit sind häufig beim gleichen Individuum zu beobachten und bleiben in ihren Endformen wie Poltern, evtl. auch →Stottern und →LRS bis ins Erwachsenenalter nachweisbar; sie wurden zum Syndrom der S. zusammengefaßt (LUCHSINGER 1941, 1959, ARNOLD 1970). Gleichzeitig wird mit der Bez. familiärer S. eine erbliche, konstitutionelle Grundlage als Ätiologie für dieses Syndrom verantwortlich gemacht. Die Möglichkeit einer solchen Ätiologie ist nicht umstritten; daneben muß aber auch eine frühkindliche Hirnschädigung in Betracht gezogen werden (BÖHME 1966, 1969). Eine einseitige Vorentscheidung dieser Frage nach der Ätiologie vermeidet die Bez. *«language disorders»* (WOOD 1959).

Sprachspiel, ein von WITTGENSTEIN in die →Sprachphilosophie eingeführter Begr. zur Kennzeichnung des Wesens von →Sprache. WITTGENSTEIN warf älteren, Wort- und Satz-→Bedeutungen in den Mittelpunkt stellenden Auffassungen vor, sie würden dem differenzierten und komplizierten alltäglichen Gebrauch der Sprache nicht gerecht und träfen bestenfalls auf wenige spezielle Sprachverwendungsarten zu. Gebrauch der Sprache sei vielfältig mit Tätigkeiten verwoben und basiere auf vorgängiger Kenntnis und mannigfachem unausgesprochenem Einvernehmen, vergleichbar mit an Regeln orientierten Gemeinschaftsspielen. So bezeichnet er sowohl spezielle Sprachverwendungsarten als auch das Gesamt von Sprache und Sprachverwendung als S. (→Sprechhandlung). *G. Kaminski*

Sprach-(Sprech-)Typen, Bez. für die typologische Gliederung nach Körperhaltung und Stimmlage beim Sprechen. Jeder Typus ist einem Temperament zugeordnet. Zuerst von dem Juristen Ottmar RUTZ beschrieben und von dem Germanisten E. SIEVERS (1912) ausgebaut, wurde erst gegliedert nach sphärischen, parabolischen und pyramidalen Typen und dann nach: (1) Abdominaltypus = vorgeschobener Unterkörper, weichfühlendes Temperament; (2) Thorakaltypus = hervortretende Brust, kühles Temperament; (3) Deszendenztyp = Rumpfmuskelanspannung, energisch-kaltes Temperament; (4) Aszendenztyp = aufsteigend-angespannte Muskulatur, energisch-heißes Temperament. SIEVERS bezeichnete die Ermittlung der Typen als Schallanalyse. [L] HEINITZ 1949, IPSEN 1928, RIEFFERT 1932

Sprachstatistik, Gesamtheit der Methoden zur quantitativen Analyse von gesprochenen und geschriebenen Texten mit dem Ziel, allgemeine Gesetzmäßigkeiten sowie sprach-, text- und individuumsspezifische Unterschiede aufzuzeigen und sie (im Bereich der →Psycholinguistik) der ps. Interpretation zugänglich zu machen. Grundlage der Analyse sind Auszählungen und Schätzungen der Häufigkeiten von Sprachelementen und Elementenkombinationen. Als Elemente gelten – je nach Ziel und Komplexität der Analyse – Buchstaben, →Morpheme, →Phoneme, Silben, Wörter, Satzteile und Sätze. Aus den Häufigkeitsverteilungen und aus den daraus nach Methoden der →Informationstheorie gewonnenen Maßen lassen sich generelle und spezifische Aussagen über die Struktur von Sprachen, sprachlichen Mitteilungen und Sprachverhalten herleiten (→ZIPFsches Gesetz, Codabilität (→codability), →Inhaltsanalyse, →Diversifikationsquotient). Die eine sprachliche Mitteilung bildende Abfolge von Sprachelementen kann als →MARKOFF-Prozeß derart analysiert werden, daß sich eine teilweise Entsprechung zwischen der statistisch-informationstheoretischen Struktur des Textes und den dem Sprachgebrauch unterliegenden Regeln (Wortgeläufigkeit, Grammatik, Syntax etc.) zeigt. Durch systematische Variation von sprachstatistischen Kennwerten (→Approximation, →Ordnungsgrad) gelangt man zu allgemein- und differentiell-ps. Aussagen über Lese- und Sprechverhalten. Die vorgefundene text- und autorenspezifische (in der Zeit häufig konsistente) Ausprägung solcher Kennwerte gestattet Rückschlüsse auf die Urheberschaft von Texten (Authentizitätsanalyse). Sprachstatistische Aussagen sind wegen der Vielfalt der möglichen Elementenkombinationen in der Regel nur dann zuverlässig, wenn sie auf Auszählungen sehr großer Textstichproben basieren. Deshalb ist meist der Einsatz elektronischer Datenverarbeitung unerläßlich. [L] FUCKS 1955, G. A. MILLER 1951, SCHNELLE 1968 *H. E. Zahn*

Sprachstörungen, umfassender Begr. für alle Formen abnormen menschlichen Sprachverhaltens. In ihrer Vielfältigkeit spiegeln die S. das Wesen der menschlichen Sprache selbst und erhellen auf ihre Weise die Prozesse der Sprachbenutzung und -beteiligung im Denken und in der Kommunikation sowie deren innerorganismische Voraussetzungen und situative Bedingungen. Eine definitive Abgrenzung der S. gegenüber den interindividuellen und intersituativen Varianten des normalen Sprachvermögens und -verhaltens ist jedoch nicht möglich, solange dieses selbst weder qualitativ noch quantitativ bestimmt werden kann (FILLMORE 1979). Zur Beschreibung der S. müssen folgende Dimensionen unterschieden werden: (1) Erscheinungsbilder; (2) funktionale Charakteristika; (3) Arten der Verursachung (Ätiologie) und ggf. der Prolongation; (4) Zeitpunkte der Verursachung und des Auftretens im Entwicklungs- resp. Lebensverlauf. (1) Jedes Erscheinungsbild einer S. (z. B. →verzögerte Sprachentwicklung, →auditive Unaufmerksamkeit, →Stammeln, →Paraphasie, →Dysphasie, →Dysgrammatismus, →Stottern, →Echolalie) kann durch verschiedene funktionale Störungen (Schwächen oder Fehlsteuerungen in unterschiedlichen perzeptiven, produktiven, speichernden, programmsteuernden oder aktivierenden Systemen des ZNS) hervorgerufen werden; diese Störungen können ihrerseits durch verschiedene aufbauhemmende, biologisch-toxisch-mechanisch schädigende, ungünstige erfahrungsbildende oder situativ verunsichernde Einflüsse auf den Organismus und die Persönlichkeit oder durch Abbauprozesse verursacht werden.

(2) Die vielfältigen funktionalen Charakteristika der S. sind weiterhin zu unterteilen: (2.1) sprachliche Fehlleistungen *(linguistic errors)* wie Verhören, Versprechen, Verlesen, Verschreiben; bei gelegentlichem Auftreten, auch in Müdigkeit, unter Streß oder Alkoholeinfluß und bei leichter Korrigierbarkeit nicht pathologisch; funktionale Ähnlichkeit mit Arbeits- u. Verkehrs-(beinahe)Unfällen; zu ihrer Analyse neben tiefenps. heute auch sprachstatistische (HÖRMANN 1967), kybernetische (HACKER 1973) und neurolinguistische Aspekte (FROMKIN 1980). (2.2) S. mit dem Charakter von →Teilleistungsschwächen, neben denen andere Teilfunktionen oder funktionelle Systeme innerhalb des ZNS intakt sind. (2.2.1) Im Bereich der Sprachrezeption Störungen der Aufnahme, Transformation und Speicherung von Information (LURIA 1973), neben der Behinderung durch Gehörlosigkeit oder Schalleitungs-, Schallempfindungsschwerhörigkeit eine gestörte Schallokalisation; mangelhaftes Auflösungsvermögen für schnelle seriale Reizfolgen bei auditiver →Agnosie und kindlichen →Dysphasien (TALLAL & PIERCY 1978); mangelhafte Transformation der auditiv-kinästhetisch-taktilen Reizmuster in konstantisierte phonematische, sequentielle und rhythmisch-hierarchisch gruppierte Wortklanggestalten (CROMER 1978) bei rezeptiver Dysphasie, sensorischer Aphasie und manchen LRS (→Lese-Rechtschreib-Schwäche); gestörter Zugang über diese Klanggestalten zum Lexikon der semantischen Begriffsgestalten, Entfremdung des Wortsinns und Wortgedächtnisstörungen bei sensorischen und amnestischen Aphasien; verminderte Erfassung von semantisch-relationalen Tiefenstrukturen und Störungen bei deren Transformation in räumliche, zeitliche, logische, mathematische oder andere nichtsprachliche Strukturen bei semantischen Aphasien meist mit Akalkulien; gestörte Sinnerfassung bei Gedichten, Szenenbildern und Schwächen in der Beurteilung ethischer und ästhetischer Sprachaspekte und Wertungen aus sprachlichen Darstellungen (KAINZ 1970); aber auch die Verkennung der musischen Sprachfaktoren sowie des stimmlichen und sprachlichen Ausdrucks (TROJAN 1975). (2.2.2) Im Bereich der Sprachproduktion Störungen der Programmierung, Regulation und Ausführung (LURIA 1973): intentionale Störungen, verminderter Sprechantrieb bei dynamischer Aphasie sensu LURIA (1979), bei transkortikalen Aphasien, →Mutismus und →Autismus Verflachung der ethischen und ästhetischen Sprachaspekte, Verarmung der pragmatischen Differenzierung bei expressiven Dysphasien, Degenerationsprozessen; Störungen des sprachl. u. stimml. Ausdrucks (TROJAN 1975); gestörte Transformation von nichtsprachlichen Strukturen (wie oben) und Vorstellung *(imagery)* in syntaktisch-semantisch korrekte Sätze (Dysgrammatismus); erschwerter Abruf von phonematischen Wortgestalten der Inhalts- resp. Funktionswörter in der Zuordnung zu kognitiv gebildeten

Begriffen und nichtsprachlichen Vorstellungen (Wortfindungsstörungen, Benennungsschwierigkeiten); gestörte Transformation der phonematischen Wortgestalten in sequentielle artikulomotorische oder graphomotorische Impulsabläufe bei motorischer Aphasie; Störungen der kinästhetisch-taktilen Reafferentation der Artikulomotorik bei «afferenter» motorischer Aphasie (LURIA 1970), häufig verbunden mit facio-bucco-lingualen →Apraxien, Gesichtsapraxien (HECAEN & ALBERT 1978); Störungen der Feinkoordination von oraler Motorik, Phonation und Atmung (HARTLIEB 1969, KEIDEL 1977), ungenügende rhythmische und sequentielle Segmentierung der Silben sowie dysmetrisch-ataktische, dyskinetische, propulsive oder verlangsamte Abläufe und andere Störungen der →Prosodie (→Monodynamik, →Monotonie, →Tachyphemie, →Bradylalie, →Skandieren) mit ungenügender Flüssigkeit und Automatisierung, zahlreichen Unterbrechungen, gestörter Pausenregulation und Kontaminationen der einzelnen Elemente bei →Dysarthrien, Poltern, Stottern und manchen LRS. Perzeptive und expressiv-motorische sowie periphere und zentrale Funktionen auf verschiedenen Niveaustufen des ZNS, aber auch sprachliche und nichtsprachliche Funktionsbereiche sind in wechselseitiger Rückwirkung miteinander verflochten; dementsprechend überschneiden sich die funktionalen Störungscharakteristika im konkreten Einzelfall (HECAEN & ALBERT 1978, DIMOND 1980).
(2.3) Untaugliche Strategien zur Überwindung mancher Schwierigkeiten aus (2.2) und Motivationsstörungen wie momentane Erhöhung des Aktivierungsniveaus, Versuche zur bewußten Analyse bei nicht-bewußtseinsfähigen Funktionsanteilen, Sprechangst, Kaschierungsversuche, Verzicht auf die Kommunikation verstellen das Störungsbild zusätzlich. (2.4) Psychotische S. (Dysphrasie, Kataphasie, Schizophasie, Aphrasie) sind eingebettet in das insgesamt gestörte Verhaltensbild bei zentraler Dysregulation von Tonus, Wachheit u. Aktivierung, in den Zerfall der ausbalancierten u. hierarchischen Organisation von Input- und Outputprozessen, der kumulativen Gedächtnisprozesse, der Orientierungsreaktionen sowie der Ausdrucksphänomene (SPOERRI 1964); die Sprachproduktion ist dementsprechend nicht nur linguistisch fehlerhaft, sondern gestört im Realitätsbezug und in den sozialen Funktionen (VETTER 1975). (2.5) S. bei autistischen Kindern sind ebenfalls funktionale Bestandteile von breiteren, biologisch determinierten Defiziten im Bereich des Denkens und der sozialen Kontaktaufnahme und Verständigung sowie in den Prozessen der Orientierungsreaktionen und des kumulativen Gedächtnisses; sie sind gravierender und anhaltender als alle anderen Sprachentwicklungsstörungen; je nach Ausgangsniveau läßt sich selbst verhaltenstherapeutisch (HOWLIN 1980) nur begrenzt der Umfang an sozialer Sprachverwendung, nicht aber die Kompetenz in linguistischer Regelanwendung erweitern (RUTTER 1980). (2.6) Oligophrene S. (Dyslogie) zeigen eingeschränkte und fehlerhafte Sprachbenutzung in allen linguistischen Strukturebenen und pragmatischen Funktionen neben gravierenden Leistungsminderungen in allen höheren ps. Funktionen; z. B. bei DOWN-Syndrom (LENNEBERG 1964), bei schwer Retardierten (WING 1975), bei dementen Zustandsbildern. Dennoch imponiert die Seltenheit des endgültigen Stummbleibens (LENNEBERG 1967) bei Schwachsinn *(mutitas oligophrenica)*.
(3) Verursachung und Prolongation: genetische Abweichungen (Sprachschwäche); Hirnreifungsstörungen; frühkindliche Hirnschädigungen; Stoffwechselstörungen; Mißbildungen, Erkrankungen oder Verletzungen der Hör-, Stimm- und Sprechorgane oder des ZNS; mangelhafte Vorbilder in der sprachl. Umgebung; ungünstige Lernbedingungen; disharmonische Kommunikationsformen; fehlerhafte eigene und Fremd-Verarbeitung von S. sowie entmutigende Umweltreaktionen hierauf; die noch immer umstrittenen ätiologischen Faktoren der psychotischen Zustände etc. (4) Verschiedene biographische Zeitpunkte, an denen S. verursacht werden, bedingen unterschiedliche Folgen für die Entwicklung resp. weitere Lebensbewältigung. Angeborene Gehörlosigkeit z. B. birgt umfangreichere Probleme für den Aufbau geistiger, kommunikativer und sozialer Prozesse sowie für die Differenzierung der Persönlichkeit (NAFFIN 1959, LÖWE 1979) als eine Spätertaubung an entsprechenden Veränderungen; hingegen sind bei Aphasien im Kindesalter günstigere Rehabilitationsverläufe (LENNEBERG 1967), aber auch andere funktionale Störungsbilder als bei Erwachsenen zu erwarten (REMSCHMIDT & NIEBERGALL 1981), hierzu das neurops. Konzept einer «dynamischen Lokalisation» von WYGOTSKI 1965) und LURIA (1970). Zu unterscheiden sind: (4.1) (kon-

genitale) Aufbau- oder Spracherwerbs-Syndrome (z. B. Stammeln, Dysphasie, Dyslexie, LRS), in der deutschsprachigen Neurologie mit der Vorsilbe Dys- gebildete Bezeichnungen; (4.2) Verlustsyndrome (z. B. Aphasie, Akalkulie, Alexie), mit der Vorsilbe A- *(alpha privativum)* gebildete Bez.; (4.3) Degenerations- und Abbau-Syndrome (z. B. senildemente Aphasie, S. bei PICKscher Hirnatrophie). Entsprechend der Komplexität der Pathologie menschlichen Sprachverhaltens begegnen sich in der Erforschung der S. die Interessen von Audiologie, Phoniatrie, Neurologie, Psychiatrie, Pädiatrie, Sprachheilpädagogik, Logopädie, Ethologie, Linguistik, Neurops. und Sprachps. **[L]** SEEMAN 1969, LUCHSINGER & ARNOLD 1970, MORLEY 1972, BIESALSKI 1973, BÖHME 1973, BECKER & SOVAK 1975, WIRTH 1977, PEUSER 1978, LEISCHNER 1979, WYKE 1978, CAPLAN 1980, GOODGLASS & BLUMSTEIN 1973, MOREHEAD & MOREHEAD 1976, CARAMAZZA & ZURIF 1978

Sprachtheorie, zu einer sprachtheoretischen Reflexion im weitesten Sinne rechnet man theoretische Ansätze, deren Ziel es ist, über die Beobachtung von Einzelphänomenen hinaus allgemeine Gesetzmäßigkeiten über die menschliche →Sprache zu formulieren und damit zu definieren, was letztlich unter einer natürlichen Sprache zu verstehen ist und worin sie sich von anderen Kommunikationsformen unterscheidet (SCHLIEBEN-LANGE 1975, WUNDERLICH 1976). Es gibt bis zum heutigen Zeitpunkt keine umfassende Theorie, welche dem Phänomen Sprache in seiner Komplexität gerecht wird und die in der Lage wäre, für alle Ebenen sprachlicher Strukturbildung (z. B. Phonetik, Phonologie, Syntax, Morphologie, Semantik, Pragmatik) entsprechende Gesetzmäßigkeiten vorzulegen. Die Heterogenität verfügbarer Ansätze ist u. a. darauf zurückzuführen, daß man sich sprachlichen Phänomenen mit unterschiedlichen Methoden (z. B. deduktiv oder induktiv) und mit Präferenzen für eher formale oder funktionale Erklärungszusammenhänge nähern kann. Während funktionale Ansätze die soziale Aufgabe sprachlicher Zeichen in der Kommunikation betonen (zur Koexistenz verschiedener Funktionen vgl. schon BÜHLER 1934 und neuere pragmatische Perspektiven), stehen für formal orientierte Arbeiten systeminterne Strukturzusammenhänge im Vordergrund. Zu den für die Psychologie bedeutsamsten formalen Ansätzen gehört die generative Theorie. Nach CHOMSKY (1965, 1985) besteht ihre wichtigste Aufgabe darin, eine Theorie möglicher →Grammatiken zu erstellen. Es gilt also, folgende Abstraktionsstufen zu unterscheiden (BENSE 1978, JANSSEN 1982): (A) die Ebene der Sätze einer jeweiligen Einzelsprache (des Englischen, Russischen, Deutschen etc.), d. h. sprachliche Daten, über die generalisiert werden soll. (Man beachte, daß auch «Satz» schon eine Idealisierung beinhaltet; der Beobachtung zugänglich sind allenfalls Äußerungen in ihren Kontexten.) (B) die Ebene der einzelsprachlichen Grammatik (i. e. einer Grammatik des Englischen, des Russischen etc.), welche eine Beschreibung der jeweiligen Einzelsprache (und damit auch schon einer «Theorie») darstellt. (C) die Ebene der linguistischen Theorie, welche die Gesetzmäßigkeiten enthält, denen sämtliche einzelsprachliche Grammatiken der Ebene (B) gehorchen. Diese Theorie wird auch als →Universale Grammatik bezeichnet (in der Literatur oft abgekürzt als UG), ihre einzelnen Axiome als →Universalien. Die Universale Grammatik enthält ein Inventar von Kategorien, Merkmalen, Regeltypen etc., aus dem alle natürlichen Sprachen schöpfen können. Beschränkt (und «erklärt») durch die Theorie wird also in erster Linie die Form möglicher Grammatiken und nur indirekt die Form natürlicher Sprachen (CHOMSKY 1985). Ein wichtiges Ziel besteht darin zu zeigen, daß sich viele Unterschiede zwischen Einzelsprachen innerhalb eng eingeschränkter Variationsräume (sog. Parameter, vgl. FELIX & FANSELOW 1987, GREWENDORF et al. 1988) bewegen. Für die Psychologie bedeutsam sind weiterhin einige von CHOMSKY (1965) explizit gezogene Parallelen, wonach (a) die linguistischen Theorien ihr psychologisches Äquivalent in einer *a priori* vorhandenen Sprachfähigkeit (Prädisposition) des Kindes finden und (b) die einzelsprachliche Grammatik ein Modell des sprachlichen Erkenntnis- oder Wissenssystems (→Kompetenz) eines Sprechers/Hörers darstellt. CHOMSKYS →nativistische Annahme, daß Universalien weder induktiv entdeckt noch auf allgemeinere kognitive Konzepte und Verarbeitungsprinzipien reduziert werden können, hat eine Fülle kontroverser Diskussionen ausgelöst und das klassische Spannungsverhältnis zwischen verschiedenen erkenntnistheoretischen Positionen (→Empirismus vs. →Rationalismus) und psychologischen Paradigmen (→neobehavioristische, →nativistische und →kognitivistische) neu belebt (vgl. die Diskussion in PIATTELLI-PALMARINI 1980,

HORNSTEIN & LIGHTFOOT 1981, FELIX & FANSELOW 1987). *R. Tracy*

Sprachtherapie, Therapie von →Sprachstörungen. Ausgangspunkt ist eine breitangelegte Diagnostik, vom Entwicklungs- bis zum Hörtest, um den individuellen Sprachentwicklungsstand zu ermitteln. Verhaltenstherapeutische Programme betonen stärker die Einübung bestimmter Äußerungsformen, ein neuerer Ansatz dahingegen das vereinfachte Sprachangebot an das Kind. Unter Umständen müssen inkompatible Verhaltensprobleme zuerst therapiert werden (mangelnde Aufmerksamkeit, Unruhe, Störverhalten). Die Programme gehen von einer langen Übungszeit und der Einbeziehung der Eltern als Co-Therapeuten aus. Es werden z. T. gute Therapieerfolge berichtet. *F. Caspar*

Sprachwahrnehmung →Sprachrezeption

Sprachzentrum, die Rindenareale des →Gehirns, bei deren Ausfall es zu →Sprachstörungen kommt: 1. motorisches S. = BROCAsches S.; 2. sensorisches S. = WERNICKEsches Zentrum; 3. optisches S. oder Lesezentrum. Alle in der dominanten (meist linken) Großhirnhälfte. →Lokalisation, Hemisphärenspezialisierung

Spranger, Eduard, (1882–1963), Begründer der sog. «Strukturpsychologie». Er knüpfte an W. DILTHEY an. Bekannt ist er auch durch seine Typologie der Lebensformen geworden, die dann von **[T]** ALLPORT & VERNON als Werteinstellungstests übernommen wurden.

spreading activation (Aktivierungsausbreitung), ein Begriff aus der kognitiven Psychologie; die P. A. nimmt an, daß die Aktivierung (→Aktivation) eines Gedächtnisinhaltes sich auf konzeptuell assoziierte Gedächtnisinhalte ausbreitet und diese ggf. dadurch aktiviert.

Sprechakttheorie, geht davon aus, daß die sprachliche →Kommunikation sich in Form von regelgesteuerten Sprechakten vollzieht. Sprechakte sind komplexe Akte, in denen verschiedene Aktsorten unterschieden werden können: (a) Äußerungsakte, d. h., der Sprecher äußert bestimmte Wörter einer Sprache; (b) propositionale Akte, d. h., der Sprecher verwendet die Äußerung mit einer bestimmten →Bedeutung (Referenz und Prädikation); (c) illokutionäre (bzw. illokutive) Akte, d. h., der Sprecher vollzieht in und mit dem propositionalen Akt eine bestimmte Sprechhandlung (wie Befehlen oder Behaupten); (d) perlokutionäre (bzw. perlokutive) Akte, d. h., aus der Sprechhandlung ergeben sich Konsequenzen für den weiteren Kommunikations- und Handlungsprozeß der Kommunikationspartner. **[L]** SEARLE 1971, MASS & WUNDERLICH 1972 *J. Engelkamp*

Sprechanalyse, besondere Bedeutung hat die individuelle Sprechweise bei der ps. Diagnostik. Die hier angewandte Analyse des Sprechens sucht Rückschlüsse auf die Person zu gewinnen aus der Einsicht, daß das Sprechen (vergleichbar dem Schreiben) vom Seelischen unmittelbar beeinflußt ist und dementsprechend Sprechertypen sowie kennzeichnende Merkmale für die charakterliche Struktur im individuellen Sprechen vorliegen. Auch zwischen Konstitution und Sprechen sind Bindungen erkannt worden. Schließlich hat man die psychopathologische Bedeutung des Sprechens und die Sprechschulung als Therapie (Stimmbildung) eingehend behandelt. →Sprach-(Sprech-)Typen. **[L]** LUCHSINGER

Sprechangst, Logophobie, die Angst vor dem Aussprechen bestimmter, häufig mißlingender Phonemfolgen, schließlich vor dem Sprechen überhaupt, ist sekundäres Störungssymptom beim Stottern. S. kann aber auch als «inneres Stottern» für sich allein vorkommen oder als Restsymptom nach überwundenem Stottern oder anderen Sprachstörungen. Dann funktionale Ähnlichkeit mit der dynamischen →Aphasie (LURIA 1970). **[L]** ARNOLD 1970

Sprechen →Sprachproduktion

Sprechhandlung, (1) Sprechen selbst (→Sprachproduktion, →Sprechtätigkeit), als →Handlung, als auf ein bestimmtes Ziel (z. B. subjektiv befriedigendes Zum-Ausdruck-Bringen eines bestimmten gedanklichen Inhalts) gerichtete Aktivität interpretiert (→TOTE-Modell). (2) Mit sprachlichen Mitteln beabsichtigte Folgen (spezielle bei →Kommunikationspartnern) herbeiführen. Hier wird die sprachliche Äußerung in ihrer Wirksamkeit in einem weiteren Kontext gesehen, was unter jeweils verschiedene Voraussetzungen in der →Linguistik, speziell der Pragmalinguistik (→Testtheorie), der →Sprachphilosophie (→Sprechakttheorie, →Pragmatik), der Psychologie (→Psycholinguistik), der Soziologie (→Soziolinguistik) geschieht. **[L]** SCHMIDT 1974, WUNDERLICH 1972 *G. Kaminski*

Sprechpausen, die Länge der Pausen innerhalb gesprochener Äußerungen bestimmt in hohem Maße die Variabilität des →Sprechtempos. S. werden in Zusammenhang gebracht mit den Entscheidungsvorgängen bei der sprachlichen →En- und →Decodierung

(HÖRMANN 1967) von Mitteilungen. Sie sind aber auch wichtige Träger der →nonverbalen Kommunikation und somit Gegenstand von →Psycholinguistik und →Paralinguistik.

Sprechtätigkeit, Sprachtätigkeit, Begr. aus der Handlungsregulationstheorie (z. B. HAKKER 1973), der im Zusammenhang mit der Ausführungsregulation von Arbeitstätigkeiten eingeführt wurde. In Anlehung an zahlreiche empirische Befunde, in denen sich die Sprache als förderlich für die Bewältigung sprachfreier bzw. auch sprachgebundener Aufgaben erwiesen hat, wird die analytische und synthetische Funktion der Verbalisierung als förderlich für die Bildung von Handlungsschemata und Plänen erachtet. In spezifischer Bedeutung treten diese Begr. in (übersetzter) sowjetischer Fachliteratur bzw. bei ihr nahestehenden deutschen Autoren auf. Sie werden von verwandten Begr. aus «westlicher» sprachwissenschaftlicher Tradition wie Sprechen, →Sprechhandlung, *parole* (→Sprache) z. T. kritisch abgehoben (LEONTEV 1971). Sie sollen die Implikationen marxistischer Sprachauffassung, d. h. sowohl materialistische (morphologisch-physiologische und phylogenetische) als auch historisch-gesellschaftstheoretische (sozialkommunikative) Aspekte zur Geltung bringen, wobei im wesentlichen auf die Vorarbeit WYGOTSKIS (1969) verwiesen wird. *G. Kaminski*

Sprechtempo, die Ablaufgeschwindigkeit der →Sprachproduktion setzt sich zusammen aus der Anzahl artikulierter →Silben oder →Phoneme und aus der Anzahl und Dauer der →Sprechpausen pro Zeitabschnitt. Die →Artikulation erreicht beim Erwachsenen mit nur geringen interindividuellen Abweichungen (LENNEBERG 1972) die hohe Geschwindigkeit von 5 bis 6 Silben bzw. etwa 14 Phonemen pro Sekunde, auch bei langfristiger Ausführung. Kinder erreichen ein langsameres S. Die individuelle Höchtsfrequenz bei der serialen Erzeugung sinnloser Silben wie ta-ta-ta (artikulatorische Diadochokinese) gleicht der maximalen Geschwindigkeit beim →tapping. Stärkere Variierung des S. durch die unterschiedliche Dauer der Sprechpausen (GOLDMAN-EISLER 1964); z. B. innerhalb von Teilphrasen kürzer als zwischen Teilphrasen oder bei der Beschreibung der Bedeutung eines Erlebnisses doppelt so lang wie bei der Schilderung des Ereignisses selbst und Abnahme der Pausenlänge bei Wiederholung der Darstellung. Vom S. hängen auch die ineinander verzahnten Vorgänge der →Sprachrezeption (OSGOOD 1963) mit der Transformation von akustischen in phonematische, sodann in syntaktische und semantische Strukturen ab (EPSTEIN 1962).

Sprüche-Test [T] BAUMGARTEN

SPSS, Abk. für *statistical package for the social sciences,* Paket von Computerprogrammen vieler in der humanwissenschaftlichen Forschung gebräuchlicher statistischer Verfahren

Spurenfeld, nach Auffassung der →Gestalttheorie bilden die Spuren vergangener Erlebnisse eine «dynamische Ganzheit» (→Feld), die sich nach Gestaltgesetzen organisiert. Jeder in einem bestimmten Augenblick stattfindende Wahrnehmungsprozeß korrespondiert mit dem ihm nach dem →Ähnlichkeitsgesetz zugehörigen S. und verbindet sich mit diesem zu einer Wirkungseinheit (KÖHLER). Solche Ausbildung von in Wechselwirkung stehenden Spurenklassen in den S. wird auch als Bereichsbildung bezeichnet. • Mit Hilfe des S. läßt sich der Einfluß vorhergegangener Erfahrungen auf gegenwärtige Prozesse erklären. Umgekehrt kann der gegenwärtige Prozeß das S. verändern. Dies geschieht z. B. bei der Vervollkommnung einer bestimmten Leistung durch Wiederholung. Dabei wird das S. im Sinne der →Prägnanztendenz verändert, wodurch spätere Wiederholungen gleichsam besser vorgeformte Bedingungen vorfinden. Letzteres entspricht dem Begr. →Bahnung. Schon lange ist bekannt, daß sich die Spur eines wahrgenommenen Gebildes spontan in Richtung auf größere Prägnanz verändert. Hierzu die Erfahrung, daß Partien eines eben gehörten Musikstückes sich nicht sofort, aber nach einem oder mehreren Tagen reproduzieren lassen (KOFFKA). Es läßt sich dies als Spontan-Organisation des S. auffassen (→Organisation).

Spurenzerfall →Gedächtnis

Spurverfolgen →tracking

SQ, Abk. für Sozialquotient, →Sozialkompetenz

SQ3R-System, Abk. für eine Methode, wissenschaftliche Texte zu erarbeiten: S = Überblick verschaffen *(survey)*, Q = Fragen zum Text *(questions)*, R = Lesen mit Beachtung der Fragen *(reading)*, R = Wiedergeben, z. B. Laien informieren *(reporting)*, R = Zusammenfassung von Verstandenem *(review)*. **[L]** ROBINSON 1961

SR (auch S-R, S↑R), in der angelsächsischen Literatur Abkürzung für die Beziehung Reiz-Reaktion *(stimulus response).*

S-R-Kontiguitäts-Theorie, S-R-Verstärker-Theorie, Verhaltens- und Lerntheorien, die als Erklärungsprinzip die →Konditionierung von Responses an zunächst neutrale →Stimuli verwenden. Nach der S-R-K-Theorie genügt die Kontiguität = raumzeitliche Berührung (GUTHRIE), nach der S-R-V-Theorie sind von der Motivation abhängigen Verstärkungen (Bekräftigungen) für den Erwerb der neuen Responses notwendig (HULL). →Lernen, →Kontiguität, →Verstärkung

S-R-Theorie, Abk. für Stimulus-Response-Theorie, Verhaltenstheorie, in der das Lernen ausschließlich als ein Konditionierungsprozeß aufgefaßt wird. →bedingter Reflex

SSA, Abk. für *smallest space analysis,* Gruppe von Verfahren bzw. Computerprogrammen für metrisch →multidimensionale Skalierung.

SSDG [T] SULLIVAN

SSR, Abk. für Stimulus spezifisches Reaktionsmuster im Aktivierungsprozeß →Aktivierung. [L] FOERSTER & SCHNEIDER 1982

SSRI, Abk. für *selective serotonin reuptake inhibitors* →Serotonin-Wiederaufnahmehemmer

S-S-Theorie, Abk. für Stimulus-Stimulus-Theorie, Bez. für verschiedene Verhaltenstheorien, in denen das Orientierungslernen und die Erwartungs- bzw. Signaleigenschaften von *cues* betont werden (z. B. TOLMAN).

SST, Abk. für *stimulus sampling theory,* statistische Lerntheorie, z. B. von ESTES.

s(S_Z), Symbol für ein unter Spannung stehendes Ziel-System (LEWIN)

Stäbchen, die lichtempfindlichen nervösen Elemente der Netzhaut, die das Dämmerungssehen vermitteln, neben den Zapfen für das Farbensehen. →Auge

Stabilimeter, App. zur Registrierung von Körperbewegungen

stabilisiertes Netzhautbild, normalerweise führen die Miniaturbewegungen (→Augenbewegungen) zu einem dauerhaft bewegten →Netzhautbild; mit Hilfe geeigneter Vorrichtungen (z. B. Spiegel auf dem Auge) läßt sich der Reiz mit dem Auge so mitbewegen, daß das Netzhautbild stabil wird. Als Folge davon verschwindet der sichtbare Reiz allmählich stückweise, und es bleibt ein gleichförmiges helles oder dunkles Feld; durch Bewegung wird der Reiz wieder sichtbar. [L] DITCHBURN 1973 *H. Heuer*

Stabilität [lat.], Beständigkeit, Standfestigkeit. • In der Gestaltps. sind S. und der Gegensatz Labilität durch bestimmte dynamische Verhältnisse gekennzeichnete Eigenschaften von Gebilden, Zuständen und Verlaufsformen (→quasistationärer Prozeß). Der S. entspricht meist ein hoher Grad von Organisiertheit, der extremste Fall von Labilität ist der chaotische Zustand. Visuell wahrgenommene Figuren werden stabil genannt, wenn sie den Forderungen an eine «gute Gestalt» entsprechen. • In der Persönlichkeitsps. werden manchmal Menschen als stabil (bzw. labil) bezeichnet, wenn bestimmte Verhaltensweisen unter wechselnden Umständen erhalten bleiben (oder nicht), gelegentlich besonders auf Emotionen bezogen. S. als Dimension der Persönlichkeit →Faktorentheorie der Persönlichkeit (EYSENCK). • Bei Tests ist S. Bez. für die Zuverlässigkeit (→Reliabilität), die in der Testwiederholung gemessen wird (Retest-Reliabilität), sowie für die Konstanz, d. h. die Dauerbrauchbarkeit des Tests bei mehrfach wiederholter Anwendung.

Stablücken-Kombination [T] FRIEDRICH

Staccato-Phänomen →Skandieren

Staffelprinzip →Steigerungsprinzip (Staffelsystem). [T] BINET-SIMON, HERDERSCHEE

Stammeln, Dyslalie [gr. *dys* schlecht, *lalein* sprechen], Erscheinungsbild verbreiteter Sprachstörungen im Kindesalter, nämlich die gestörte Artikulation, bei der bestimmte Phoneme (→Artikuleme) oder Phonemgruppen völlig fehlen (→Mogilalie), durch andere Phoneme ersetzt (→Paralalie, z. B. Parasigmatismus) oder fehlerhaft gebildet werden (Dyslalie im engeren Sinne, z. B. Zunge zwischen den Schneidezähnen beim *sigmatismus interdentalis*), während sie bei manchen Arten des S. auditiv richtig unterschieden werden können. Einteilung nach Fehlerhäufigkeit in partielles S. (Ausfall von 1 bis 2 Lauten), multiples S. (Ausfall von mehr als 2 Lauten; Verständlichkeit vermindert) und universelles S. (gesamter Lautbestand betroffen; Unverständlichkeit = Hottentottismus). Andere Formen sind ferner das Silbenstammeln und das Wortstammeln (besser unregelmäßiges S.); hierbei werden die Phoneme einzeln oder in manchen Verbindungen richtig, in anderen aber fehlerhaft ausgesprochen, ausgelassen (Elision), umgestellt (Prolepsie, Metalepsie) oder ineinander verschmolzen (→Kontamination). Wenn das S. die Periode einer noch unvollkommenen, aber normalen Sprachentwicklung des Kindes (physiologisches S.) überdauert, muß in einer multidisziplinären Sprachdiagnostik deutlich unterschieden werden zwischen den das S. bedingenden, funktionalen Störungen (z. B. Hörbehinderungen, akust. Agnosie, auditive Unaufmerksamkeit; Anomalien im Bau der Sprechwerkzeuge wie etwa Gaumenspalten; Dysglossien, Dysphasien und endlich Oligophrenien) und deren Ätiologie (z. B. frühkindliche Hirnschädigungen, erbliche Faktoren, Stoffwechselstörungen, Erkrankungen, mangelhafte sprachliche Vorbilder in der Umgebung usw.). In der späteren Entwicklung häufig LRS mit ähnlichen Fehlerarten, Poltern, Stottern oder Sprachschwäche. Behandlung möglichst frühzeitig. **[L]** SEEMAN 1969, ARNOLD 1970, BAUER 1973

Stammesgeschichte (Phylogenese), die Entwicklung der Arten in der Zeit. →Abstammungslehre

Stammhirn →Gehirn

Standard, Muster. Statistisch: Durchschnitt; auch svw. genormtes Maß, genormtes Bezugssystem. →Norm

Standardabweichung, statistischer Kennwert der Streuung oder Dispersion einer Verteilung. Die S. ist die positive Quadratwurzel aus dem Durchschnitt der →quadratischen Abweichungen der Maßzahlen vom Mittelwert:

$$\sigma = \sqrt{\frac{\Sigma(X_i - \mu)^2}{N}}$$

Standardfehler, Maß für den →Stichprobenfehler

Standardisierung, die Transformation von Rohdaten in Standardwerte, d. s. Maßzahlen mit einem festgelegten Mittelwert und einer festgelegten Streuung (z. B. M = 100, s = 10). Eine S. wird mit dem Ziel vorgenommen, Messungen, die auf verschiedenen Maßstäben gewonnen wurden, vergleichbar zu machen.

Standardmeßfehler, aus der mangelnden Reliabilität eines Tests resultierender Meßfehler. Es handelt sich dabei um den →Stichprobenfehler des Testwertes. Durch die Berechnung des S. läßt sich die Frage nach der →Signifikanz und nach dem →Vertrauensintervall des Testwertes beantworten. Die Formel für die S. lautet:

$$S_e = S_x \sqrt{1-r_{tt}}$$

Standardnormen →Normskalen

Standardreiz, der bei der psychophysischen Methode des →Konstanzverfahrens konstant gehaltene Normalreiz

Standardschätzfehler, Fehler, der gemacht wird, wenn man von einem Testwert auf einen Kriteriumswert schließt. Er kommt zustande, weil der Kriteriumswert auch mit Fehlervarianz behaftet ist.

Standardskala, normierter Vergleichsmaßstab mit dem Mittelwert 100 und der Standardabweichung von 10. →Intelligenzquotient, →Normskalen, →Standardwert

Standardwert [engl. *standard score*], zahlenmäßiger Ausdruck einer Testleistung in bezug auf die zur Standardisierung des Tests verwendete Population. Dabei wird der Abstand des →Rohwertes (Punkte, gelöste Aufgaben), den eine bestimmte Vp erzielt hat, von dem Durchschnittswert der Standardisierungspopulation im →Streuungsmaß (= Standardabweichung) der Verteilung ausgedrückt. Der S. gibt nicht nur die Möglichkeit an die Hand, die Höhe einer einzelnen Leistung relativ zu einer repräsentativen Gruppe (→Stichprobe) etwa für eine Bevölkerung zu beurteilen, sondern es lassen sich auch beliebige Leistungen unter bestimmten Bedingungen in verschiedenen Tests miteinander vergleichen. Gebräuchliche S. für Testskalen sind: Abweichungs-IQ, C-Normen, Schulnoten-Normen, Stanine-Normen, T-Normen, Z-Normen. →Norm(en), →Normskalen, Normenskalen

Stanford-Intelligenztest (LÜCKERT) **[T]** BINET

Stanford-Revisionen, für die USA standardisierte und weiterenwickelte Formen des BINET-SIMON-Tests: (1) Stanford Revision 1916 von TERMAN; (2) Stanford Revision 1937 von TERMAN & MERRILL; (3) Stanford Revision 1960 von TERMAN & MERRILL. Benannt nach der Leland Stanford Junior University in Kalifornien. **[T]** BINET

Stanine [engl. aus *«standard nine»* Standardwert], statist. Begr. →Normskalen

Starrheit →Rigidität

state [lat. *status* (Zu)stand], Bez. für temporären Zustand (z. B. Aktivation, Entspannung, Stimmung). Im Gegens. zum →trait handelt es sich bei *states* um zeitlich fluktuierende Zustände. CATTELL und SCHEIER haben 1961 bei der Analyse des Konstruktes Angst auf diese Unterscheidung hingewiesen. In der faktorenanalytischen Technik werden sie hauptsächlich durch die →P-Technik oder die differentielle R-Technik ermittelt. **[L]** SPIELBERGER 1972

statisch, in Ruhe befindlich, ruhend, fest, beharrlich. Gegensatz: dynamisch. • Auf das Stehen oder das Gleichgewicht bezüglich. • S. Aufmerksamkeit = andauernde und relativ gleichmäßig-gespannte Aufmerksamkeit im Ggs. zur dynamischen Aufmerksamkeit.

statischer Sinn, die Wahrnehmung der Gleichgewichtsänderungen des Körpers. → Sinne

Statistik (St.), die quantitative Erfassung und

Analyse von Merkmalen, deren zahlenmäßige Ausdrücke bei Meßwiederholungen (am selben Merkmalsträger oder an mehreren gleichartigen Merkmalsträgern) unter sonst gleichen Bedingungen durch nichtsystematische Zufallseinflüsse variieren. Während die Methodenlehre statistischer Verf. als mathematische St. bezeichnet wird, ist mit der allgemeinen St. die Anwendung dieser Methoden gemeint. Hier wird üblicherweise in die beschreibende St. (→Deskriptionsstatistik) und in die Schluß- und Prüfstatistik (→Inferenzstatistik) unterteilt. Mit St. wird auch ein aus den Werten einer →Stichprobe errechneter Kennwert, z. B. das arithmetische Mittel oder die →Varianz, bezeichnet. St. können als Schätzungen für die meisten unbekannten →Parameter dienen. Die Zusammenstellung von erhobenen Daten über ein Merkmal in einer Tabelle wird ebenfalls St. genannt. St. im erstgenannten Sinne hat für die empirische Ps. seit ihren Anfängen – zuerst im Rahmen der Psychophysik – große Bedeutung gehabt. Heute stellt sie ein unentbehrliches Instrumentarium von teilweise recht komplexen Verfahren dar. Die wichtigsten Anwendungsgebiete der St. in der Ps. sind (a) die Auswertung von (im Hinblick auf die in Frage kommenden Verfahren der statistischen Auswertung) sinnvoll geplanten Experimenten und systematischen Beobachtungen auf allen Teilgebieten der ps. Forschung und (b) die Konstruktion, Standardisierung und Validierung von diagnostischen Verfahren. (c) Auch bei der Ausarbeitung theoretischer Modelle in der math. Ps. werden teilweise zur St. zählende mathematische Methoden eingesetzt. In der beschreibenden St. (Deskriptionsstatistik) werden vor allem folgende Verfahren unterschieden: (1) Darstellung univariater (= hinsichtlich eines Merkmals variierender) Häufigkeitsverteilungen. (a) Methoden der zahlenmäßigen (oder graphischen) Darstellung der Häufigkeiten aller Einzelklassen («Häufigkeits-Verteilung» im engeren Sinn) und der Gesamthäufigkeiten bis zu einer bestimmten Klasse der Variablen (kumulative Häufigkeitsverteilung, graphisch: «Summenkurve») (b) Beschreibung der Parameter der Verteilung, wie Mittelwerte und Streuungs- (oder Dispersions-)Maße. Durch Anwendung der deskriptiven Methoden kann auch entschieden werden, ob die Verteilung der Beobachtungsgröße einer der in der St. bekannten theoretischen Verteilungen (wie z. B. Normal-, POISSON-, Student-, χ^2-, F-Verteilung) entspricht oder nahekommt. (2) Die wichtigsten Verfahren zur Deskription bivariater oder multivariater Verteilungen sind die Korrelations- und Regressionsmethoden. Sie dienen vor allem der quantitativen Erfassung von Zusammenhängen (wechselseitigen Abhängigkeiten oder Ähnlichkeiten) zweier oder mehrerer Beobachtungsmerkmale. Die Methoden der Inferenz- oder Induktions-St. gestatten es, die Wahrscheinlichkeiten abzuschätzen, mit denen bestimmte Abweichungen der Stichprobenergebnisse («Statistiken» im zweiten Sinn) von den Parametern der Gesamtheit auftreten (Vertrauensintervall), und in der Folge, nach Festlegung auf eine bestimmte Irrtumswahrscheinlichkeit, die Entscheidung über Beibehaltung oder Verwerfung der →Nullhypothese zu fällen. Für die Praxis der Auswertung von Experimenten und Beobachtungen, die in aller Regel nur an Stichproben vorgenommen werden, sind zur Prüfung der Signifikanz der Ergebnisse (z. B. der Unterschiede zwischen Mittelwerten, der Abweichung einer Korrelation von 0) statistische Tests (→Tests, statistische) ausgearbeitet worden, deren Anwendung im einzelnen die Kenntnis ihrer Voraussetzungen (z. B. bezüglich Skalenniveau und Verteilungsform des Merkmals) erfordert. [L] FERGUSON 1959, HOFSTÄTTER & WENDT 1965, LIENERT 1973, MITTENECKER 1970, PFANZAGL 1966, WINER 1962 *E. Mittenecker*

statistische Inferenz →Inferenzstatistik, →Statistik

statistische Maßzahl →Statistik

statistische Prognose →Prognose

statistische Sicherheit →Vertrauensintervall

statistische Tests →Tests, statistische

statistische Vorhersage →Prognose

statoakustisches Organ, die Zusammenfassung der im →Ohr gelegenen Schnecke mit Basilarmembran sowie →Bogengängen, Sacculus und Utriculus

Statometer, nicht mehr gebräuchliche Vorrichtung zur Ermüdungsmessung, wobei beidhändig über Hebel Gewichte hochzuhalten sind. Der Leistungsverlauf wird registriert.

Status, Zustand, z. B. *status psychicus*

Statusdiagnostik, diagnostisches Vorgehen mit Verfahren, welche mit dem Ziel eingesetzt werden, bei Probanden oder Probandengruppen einen Ist-Zustand festzustellen. →Prozeßdiagnostik

Status, sozialer, mit einer →Position in einer Gruppe verbundenes Ansehen und verbundene Rechte, die einer Person von der eigenen Gruppe offiziell oder inoffiziell zugestanden werden. Äußerlich wird S. häufig durch bestimmte S.symbole gekennzeichnet. Unter dem S.kontinuum versteht man die →Rangordnung innerhalb einer Gruppe. Von LINTON (1936) wird S. mit Position gleichgesetzt.

Status, sozioökonomischer, der soziale →Status, der u. a. durch das Einkommen, die Wohngegend, den Beruf und gelegentlich auch durch das Ausbildungsniveau definiert wird. →WARNER-Index

STDCR **[T]** GUILFORD

S-Technik, bei der S-T. der →Faktorenanalyse wird bei einer Stichprobe von Vpn eine Variable in verschiedenen Situationen gemessen. Die Vpn werden über die Situationen interkorreliert. Aus der S-T. resultieren Typenfaktoren. →T-Technik, →Kovariationsschema

Steckbrett [engl. *pegboard*], apparativer Test, bei dem Stifte in die Löcher eines Holzblocks einzustecken sind. Zuerst aufgekommen bei der Eignungsprüfung von Setzern. **[T]** BETTS, O'CONNOR, MUSCIO, TIFFIN

Steigerungsphänomen, die bei der Erinnerung auftretende Steigerung einer erlebten Freude, Gefahr, pers. Geltung, Kränkung u. a. m.

Steigerungsprinzip (Staffelsystem), Bez. für Tests, die so aufgebaut sind, daß die Lösungsschwierigkeit von Aufgabe zu Aufgabe ansteigt (Staffelung). →Power-Test. • Unter Staffelsystem ist auch diejenige Testanordnung zu verstehen, die BINET eingeführt hat, um durch Verteilung der Tests mit steigenden Schwierigkeiten auf versch. Altersstufen den Entwicklungsstand des Kindes festzustellen.

Steinhaufen-Test **[T]** YERKES

Stenie, stenisch [gr. *stenos*], Enge, Beklemmung, eng (wie in Stenokardie, Stenose). stenischer (stenoplastischer) Typus = schmalwüchsiger (leptosomer) Typus. →Sthenie, →Typologie

Sterbehilfe, Sterbenshilfe, (1) Euthanasie, med. Begr. für die aktive Verkürzung des Lebens von todkranken Personen durch Medikamente oder die passive Beschleunigung des Sterbens durch Absetzen der Intensivbehandlung oder Nichtbehandlung neu eintretender Komplikationen. Die Vernichtung sog. unwerten Lebens bes. durch Nationalsozialisten sollte nicht als Euthanasie bezeichnet werden. (2) Ps. Beistand für Sterbende, der von Angehörigen, Ärzten, Krankenschwestern, Pfarrern und neuerdings auch von Psychologen gegeben werden kann. In den USA gibt es eine spezielle ps. Ausbildung für die S. (WORCHESTER 1961, KASTENBAUM & COSTA 1977). →Euthanasie **[L]** ESER 1976, MAYER-SCHEU 1974

Sterben, organismisches Geschehen unmittelbar vor und bis zum Eintreten des →Todes, das auch bewußt erlebt werden kann. Die ps. Erforschung des S. ist nicht erst durch neuere medizinische Möglichkeiten der Lebensverlängerung angeregt worden, sondern hat schon immer Ärzte beschäftigt (vgl. OSLER 1904), ist jedoch bes. durch die «Interviews mit Sterbenden» (KÜBLER-ROSS 1969) belebt worden. Die von der amerik. Psychiaterin gefundenen S.-Phasen: Verleugnen, Zorn, Verhandeln (mit dem Schicksal), Depression und schließlich Annahme sind wahrscheinlich nicht generell zu finden. Vielfach wird von wiederbelebten Patienten berichtet, daß sie in der vital bedrohlichen Situation der Todesnähe frei von Angst waren. Auch der sog. Körper-Austritt und das rasche Abrollen des eigenen Lebens (Lebenspanorama) kommen in solchen Berichten vor. Die Erforschung des ps. Geschehens beim S. ist Grundlage der ps. Sterbehilfe. →Todespsychologie. **[L]** HAMPE 1975, WIESENHÜTTER 1974, WITZEL 1974

R. Bergius

stereo... [aus gr. *stereos* starr], in Wtvb. fest, körperlich, räumlich, dreidimensional **[E]**

Stereoagnosie →Tastblindheit, Tastlähmung

Stereoanästhesie, Unempfindlichkeit, Unfähigkeit zur →Stereognostik

Stereognostik, stereognostisches Vermögen, Fähigkeit, durch Betasten die Beschaffenheit eines Gebildes festzustellen.

Stereokinese, stereokinetischer Effekt, Bez. für die dreidimensionale Wahrnehmung von zweidimensionalen Objekten (Schatten von Körpern), die in bestimmter Weise bewegt werden.

Stereophonie, räumliches Hören →Richtungshören

stereophonisch, die gleichzeitige Darbietung akustischer, z. B. sprachlicher, Information, von zwei verschieden plazierten Schallquellen aus auf beide Ohren. →monaural, →binaural, →dichotisch

Stereoskop (WHEATSTONE 1838), Gerät für die Darbietung →dichoptischer Reize; wird benutzt für die Untersuchung des beidäugigen (stereoskopischen) Sehens (→Disparation, →räumliches Sehen, →Sehwettstreit). Zwei Bilder desselben Gegenstandes, die, entsprechend dem Augenabstand, von etwas ge-

S

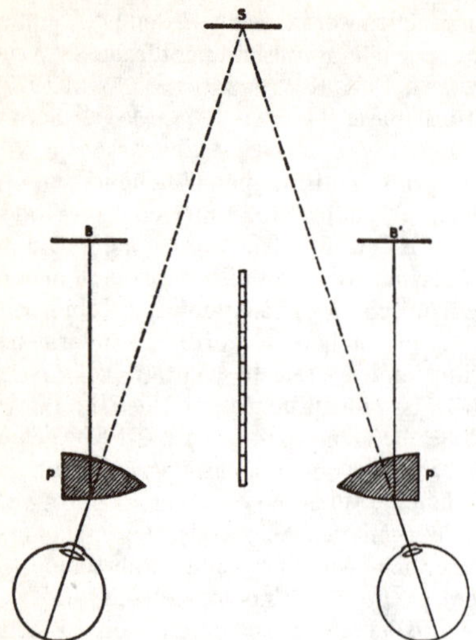

Schema eines Prismenstereoskops. B und B′ sind die betrachteten querdisparaten Bilder, die sich zum plastischen Bild S vereinigen.

geneinander verschobenen Standpunkten aus aufgenommen sind, werden durch Linsen oder Spiegel so dargeboten, daß mit jedem Auge nur das ihm entsprechende Bild gesehen wird. Beide Bilder verschmelzen zu einem einzigen, und infolge der zur Geltung kommenden →Querdisparation entsteht ein plastischer, d. h. räumlicher, dreidimensionaler Eindruck. →Reflektoplastik. • Stereoskope können auf unterschiedliche Arten realisiert werden; im Prinzip werden stets die →Gesichtsfelder beider Augen räumlich getrennt. Die dargebotenen Reize (Stereogramme) können unterschiedlichster Art sein, je nach Zweck der Untersuchung. [L] PAULI & ARNOLD 1957 *H. Heuer*

stereoskopischer Glanz, eine Erscheinung, die bei der Beobachtung verschieden heller oder verschiedenfarbiger stereoskopischer Bilder auftritt. Das vereinigte Bild scheint hinter einer durchsichtigen glänzenden Fläche zu liegen.

stereotaktische Hirneingriffe [gr. *stereos* u. *tassein* anordnen], Stereotaxie, neurochirurgische Verfahren, bei denen nach vorausgegangener Lokalisation der Operationsstelle eine Sonde (z. B. Elektrode, Chemietrode) mit dem am Schädel festsitzenden (= stereotaktischen) Zielgerät durch kleine Bohrlöcher in der Schädelkapsel in das Innere des Gehirns geführt wird. Das Prinzip wurde bereits um 1910 von HORSLEY & CLARK im Tierexperiment entwickelt und fand 1947 durch SPIEGEL & WYCIS seinen Eingang in die Humanmedizin. • S. H. werden sowohl zu diagnostischen als auch zu therapeutischen Zwecken angewendet, z. B. bei «Schüttellähmungen» (→PARKINSONismus) oder Schizophrenien. Durch die mit Hirnatlanten genau vorbestimmbare →Lokalisation der Elektrodenspitzen können recht gezielt bestimmte Hirnstellen z. B. durch Elektrokoagulation (Gerinnung) ausgeschaltet werden (wesentlich geringere Nebeneffekte als bei →Leukotomie). Mit chronisch implantierten Elektroden (bis zu 2 Jahren) können gleichzeitig an verschiedenen Hirnstellen die elektr. Hirnströme auch telemetrisch bei voller Bewegungsfreiheit in Korrelation zum Verhalten beobachtet werden. Es lassen sich mit chronisch implantierten Elektroden auch Anordnungen treffen, in denen sich die Patienten selbst in verschiedenen Hirnregionen elektrisch stimulieren können (hypothalamische Motivationszentren). Mit implantierten Chemietroden (Mikrokanülen) lassen sich gezielt Pharmaka auch für längere Zeit injizieren (→Psychopharmakologie) und das Verhalten sowie (über zusätzliche Dauerelektroden) Veränderungen in der Hirnaktivität beobachten. Neben den unmittelbar klinischen Wirkungen ergeben sich hier auch weitere Einsichten in die Wirkungsweise von Gehirnstrukturen. [L] BECHTEREV 1969, DELGADO 1971, VALENSTEIN 1973, PINEL 1997 *C. Becker-Carus*

Stereotropismus, Reaktion als Hinwendung zu einem Gegenstand bzw. in eine best. Richtung. Syn. Stereotaxis

Stereotyp, stereotyp, Bez. für Abläufe (motorisch, kognitiv, sprachlich), die starr und wie «festgefahren» erscheinen. Stereotypes Verhalten wird einheitlich und wenig variabel in einer bestimmten Konfliktsituation hervorgerufen und ist kaum durch Gründe oder Umstände zu ändern. Stereotype Bewegung: Abnorme, wiederholte oder andauernde Bewegung, Haltung oder verbale Äußerung, z. B. die starren Bewegungsabläufe bei katatonen Psychosen. Von LIPPMANN (1922) in die Sozialwissenschaften eingeführte Bez. für vereinfachende schematisierende und verzerrte Kognition von Aspekten der sozialen Welt (Gruppen, Klassen, Nationen, Berufen etc. sowie von sozialen Institutionen). Das S. für die eigene Gruppe wird auch Autostereotyp, das für andere Gruppen Heterostereotyp genannt. Der Begr. wird mit recht vielen verschiedenen zusätzlichen Bedeutungen verwendet; Starrheit, d. h. geringe Beeinflußbarkeit durch die Erfahrung und die Tönung mit negativen Affekten sind meist mitgemeint. Bei Erhebungen der Auto- und Heterostereotypen von Völkern mit Hilfe von Eigenschaftenlisten (nach KATZ & BRALY 1933) ergeben sich Methodenabhängigkeit und Widersprüche zu der ursprünglichen Definition. SODHI und Mitarbeiter (1953, 1957) übten an dem Begriff Kritik und zogen den Ausdruck «Bilder über Völker» (→Urteile über Völker) vor. In den letzten Jahren ist es auf dem Gebiet der St.-Forschung, die lange Zeit nur ein Schattendasein am Rande der Vorurteilsforschung geführt hat, nicht nur zu einer Vielzahl theoretischer und empirischer Arbeiten gekommen, sondern zu einer Art Loskoppelung der St.-forschung von der Vorurteilsforschung. Als theoretisches Grundmuster überwiegen sog. kognitive Ansätze (HAMILTON 1981). Die weitgehend konsensuell akzeptierte Definition von St. in der Fassung von ASHMORE (1981) lautet denn auch, daß ein Stereotyp «eine Menge *(set)* von Überzeugungen bezüglich der individuellen Merkmale der Mitglieder einer bestimmten sozialen Kategorie» sei. Vor allem in den letzten Jahren sind in einer großen Anzahl von Publikationen Arbeiten zu Geschlechtsrollenstereotypen erschienen, ein Themengebiet, das sowohl theoretisch (ECKES 1994) wie methodisch (WILLIAMS & BEST 1990) erheblich zu Weiterentwicklungen beigetragen hat. →Vorurteil, →Attitüde. [**L**] BASOW 1986, HESS & FERREE 1987, HOFSTÄTTER 1967, MACKIE & HAMILTON 1993, MACRAE, STANGOR & HEWSTONE 1996, SPEARS, OAKES, ELLEMERS & HASLAM 1997 *R. Bergius/B. Six*

Stern, Louis William (1871–1938), Begründer der Differentiellen Psychologie. Promotion in Berlin bei Hermann Ebbinghaus 1882. Professor in Breslau. Ab 1915 Professor für Philosophie und Psychologie, 1933 Emigration an die Duke University, USA.

Sternberg-Paradigma, auch Methode der additiven Faktoren genannt, exp. Technik zur Analyse eines zwischen Reizdarbietung und Reaktion ablaufenden kognitiven Prozesses in einzelne, hintereinandergeschaltete, empirisch unterscheidbare, durch ihre Funktion und ihren Zeitverbrauch zu kennzeichnende Verarbeitungsstufen aufgrund der Reaktionszeitmessung.

Das S. besteht in einem varianzanalytischen Versuchsplan mit der abhängigen Variablen →Reaktionszeit, in dem mehrere (mindestens zwei) unabhängige Variablen (Faktoren), die je mindestens zwei Stufen enthalten, gekreuzt sind. Die Faktoren werden so ausgewählt, daß jeder mindestens eine der zunächst nur vermuteten Stufen mutmaßlich beeinflußt (z. B. Reizqualität – Reizencodierungsstufe, Vergleichsschwierigkeit – Vergleicherstufe, relative Häufigkeit einer Antwort – Antwortausführungsstufe usw.). Ein signifikanter Haupteffekt wird dann als Bestätigung der Existenz einer zugehörigen Stufe und ihrer Beeinflussung durch den entsprechenden Faktor, eine signifikante Zwei-Faktoren-Wechselwirkung als Beeinflussung einer Stufe durch zwei Faktoren, eine Drei-Faktoren-Wechselwirkung als Beeinflussung einer Stufe durch drei Faktoren interpretiert usw. Bedeutsam für die Methode ist vor allem auch der Umkehrschluß: Wenn zwei Faktoren zwei Haupteffekte, aber keine Wechselwirkung erzeugen, kann die Existenz zweier Stufen postuliert werden. Das Verfahren enthält z. T. induktive und statistisch schwache Schlüsse (z. B. vom Fehlen einer Wechselwirkung auf die Existenz zweier Stufen) und kann deshalb nicht mechanisch angewandt werden; es hat jedoch seit Mitte der 60er Jahre in vielen gut durchdachten Versuchsreihen so bedeutsame Resultate erbracht, daß man von einem Durchbruch in der Reaktionszeitforschung sprechen kann. • Mit dem Begriff S. wird oft auch eine spezielle Anwendung der Methode der additiven Faktoren bezeichnet, z. B. STERNBERGS (1966) Experiment zur Suche im Kurzzeitgedächtnis. [**L**] STERNBERG 1969, TAYLOR 1976, ASHBY & TOWNSEND 1980 *W. Glaser*

Sternberg, Saul (*1933), promov. Harvard-Univ., Department of Psychology, New York Univ., New York City

Steroide, anabole, →Anabolika, synthetische Derivate von Testosteron, häufig Verwendung ohne therapeutische Indikation, etwa zur Erhöhung der sportlichen Leistungsfähigkeit. *W. Janke*

Steroide, neurotrope →Neurosteroide

Steroidhormone, Hormone, die chemisch aus Steroiden oder steroidähnlichen Stoffen bestehen. Die wichtigsten S. sind die Sexualhormone. [**L**] MICEVYCH & HAMMER 1995 *W. Janke*

Steuerung →Regelung

Stevens-Gesetz →Potenz-Gesetz

Stevens, Stanley Smith (1906–1973), Psychologe, 1933 Prom. an der Harvard-Univ. bei BORING. Ist v. a. durch seine psychophysischen Experimente zur Tonwahrnehmung und ps. Skalierung bekannt. Angeregt durch

BRIDGMANS logischen Operationalismus versuchte S., eine Brücke zw. Operationalismus und logischem Positivismus zu schlagen.

STH, Abk. für →somatotropes Hormon

Sthenie, sthenisch [gr. *sthenos* Stärke] Kraft, Körperkraft, sthenischer Typus svw. vollkräftiger Körperbautypus, sthenisches Eigenmachtsgefühl (LERSCH) svw. Unternehmungsdrang, Tatendrang. Ggs. →Asthenie

Stichprobe [engl. *sample,* frz. *échantillon*], Teilerhebung oder Entnahme aus einer umfassenderen Grundgesamtheit, bei der die Auswahl im wesentlichen durch Zufall gesteuert wird (d. h., jedes Element muß die Chance haben, in die S. aufgenommen zu werden) und bei der der S.fehler, der durch Beschränkung auf einen Teil des Ganzen besteht, berechenbar ist. Ziel jeder Stichprobenuntersuchung ist es, verbindliche Angaben über die Grundgesamtheit zu machen. Die S. soll repräsentativ sein, was durch die →Zufallsauswahl innerhalb gewisser Grenzen gewährleistet ist. Für die Erstellung einer S. sind gewisse Kenntnisse über die Grundgesamtheit notwendig (Umfang, Streuung der zu untersuchenden Merkmale, regionale Aufgliederung usw.), wofür u. U. eine Voruntersuchung erforderlich wird. Es bieten sich verschiedene S.verfahren an: (1) einfache S.: Die Zufallsentnahme geschieht aus der ganzen Grundgesamtheit. (2) geschichtete S. (Quota-Verfahren): Die Grundgesamtheit wird aufgeteilt (z. B. regional, nach Altersgruppen u. a. m.). Die Schichtung erfolgt möglichst nach dem Prinzip, daß innerhalb der Schichten Homogenität gegeben ist. Zwischen den Schichtungen gilt (a) mit festen Anteilen: Jede Schicht ist gemäß ihrem Anteil an der Grundgesamtheit in der S. vertreten, (b) mit variablen Anteilen: Der Anteil der Schicht an der S. variiert mit der Homogenität der betreffenden Schicht. (3) Klumpen- oder Flächenstichprobenverfahren (→Gebietsstichprobe): Die Grundgesamtheit wird regional aufgeteilt, eine bestimmte Anzahl dieser Regionen zufällig ausgewählt und vollständig erhoben. (4) mehrstufiges Auswahlverfahren: Die Grundgesamtheit wird in mehrere Teilmengen aufgeteilt, eine bestimmte Anzahl davon zufällig ausgewählt, die dann die Grundgesamtheit zu einer neuen S. bildet. (5) Die S. wird als stratifiziert (= geschichtet, von engl. *stratify* schichten) bezeichnet, wenn sie Untergruppen der Bevölkerung proportional repräsentiert. **[L]** KELLERER 1953, YATES 1981

Stichproben-Beobachtung [engl. *time-sampling-observation*], zur Feststellung von Verhaltensweisen und Eigenschaften kann es zweckmäßig sein, die Vp über einen langen Zeitraum bei einer bestimmten Arbeit zu beobachten. Dies geschieht in Abständen, z. B. je 5 Minuten mit halbstündiger Pause.

Stichprobenfehler, die Abweichung eines aufgrund einer Stichprobe berechneten statistischen Kennwertes vom entsprechenden Wert der Population. Die Größe zufälliger Stichprobenfehler nimmt mit steigender Stichprobengröße ab.

Stichprobenverteilung, jede Verteilung von statistischen Kennwerten, die für mehrere Stichproben einer gemeinsamen Population errechnet wurden.

Stickoxydul, syn. →Lachgas

Stick-Test [T] GOLDSTEIN

Stigma [gr. Stich, Punkt], Kennzeichen, Merkmal, Wundmal (Stigmatisierung). →Soziopathie

stilb [gr. *stilbein* glänzen], Abk. sb, Einheit für Leuchtdichte. →lichttechnische Maße

Stillingsche Tafeln →pseudoisochromatische Tafeln

Stimmbruch, Wechsel von Knaben- in Männerstimme, bedingt durch einen Wachstumsschub des Kehlkopfes in der Pubertät. Verzögerung des Stimmbruches = persistierende Knabenstimme *(mutatio tarda)*.

Stimmstörung, Dysphonie (Mißklang der Stimme), Heiserkeit, belegte Stimme u. a. kann organisch bedingt sein durch Tumore, Entzündungen und Mißbildungen des Kehlkopfes, auch durch Muskelerkrankungen, zentrale und periphere Lähmungen der Kehlkopfnerven (Stimmbandlähmung). Vieldiskutierte angeborene S. bei Chromosomenaberration, *Cri-du-chat*-Syndrom (Katzenschrei), verbunden mit geistiger Entwicklungsstörung. Durch Kastration kann eine Virilisierung der Stimme beim Knaben verhindert werden (Kastraten, Sängerknaben), durch Gaben von männlichem Sexualhormon kann die Stimme der Frau vermännlicht werden (Androglottie). Funktionell bedingte Dysphonie kann durch verschiedene Fehler der Stimm- und Atemtechnik (Phonoponose) oder psychogen verursacht sein (Phononeurose). Falsche Stimmtechnik kann bei Beanspruchung der Stimme zu Schreiknötchen führen. Funktionell bedingte S. nennt man beim Redner Rhesasthenie, beim Sänger = Dysodie. Zur Therapie der funktionellen S. gehören Regulierung der Stimm- und Atemtechnik. Inkompletter Stimmbruch beim Knaben ist häufig Ursache einer funktionellen Stimmstörung. Taschenfaltenstimme entweder bei falscher Stimmtechnik oder grober anatomischer Veränderung an den Stimmlippen. Spastische Dysphonie, seltene Form der S., vorwiegend bei zentralnervöser Dysfunktion. Aphonie = Stimmlosigkeit bei Verlust des Kehlkopfes oder schwersten anatomischen Veränderungen. Ersatzstimme ist erlernbar: Ösophagus-, Ructus-, Rülpsstimme. Auch Einsatz von elektrischen Sprechgeräten ist möglich. Funktionelle Aphonie meist psychogen bedingt und heilbar (Logopädie, Stimm- und Spracharzt). **[L]** BIESALSKI 1973, BÖHME 1974, LUCHSINGER 1970

Stimmtherapie →Stimmstörung

Stimmung [engl. *mood*], nach EWERT (1983) diffuse Gefühlserlebnisse, in denen sich die Gesamtbefindlichkeit ausdrückt. Im Unterschied zu Gefühlen im engeren Sinne erstrekken sich S. über eine längere Zeit, stellen den Hintergrund dar, von dem sich Erlebnisse quasi als Figur abheben, und bilden so eine Dauertönung des Erlebnisfeldes. Dadurch können sie vielfältige und z. T. tiefgreifende Auswirkungen auf verschiedene Prozesse wie Wahrnehmung, Denken und soziales Verhalten haben. Stimmungen sind zudem Zustandserlebnisse und daher weniger auf äußere Sachverhalte gerichtet. Sie sind pharmakologisch und in Grenzen auch neurochirurgisch beeinflußbar. Die gegenwärtige Forschung beschäftigt sich neben der Frage der Klassifikation und Diagnose von Stimmungen insbes. mit neurochemischen Fragen und dem Verhältnis von S. und →Gedächtnis (z. B. BOWER 1981). In der Ethologie bezeichnet S. einen hierarchisch organisierten motivationalen Zustand, der sich im Appetenzverhalten äußert (z. B. Brutpflegestimmung)*H. A. Euler*

Stimmungsinduktion, Versuch, Stimmungen experimentell zu erzeugen (MECKLENBRÄUKER & HAGER 1986). Am häufigsten wird wohl die VELTEN-Technik benutzt, bei der selbstbezogene Aussagen autosuggestiv wirken sollen, um positive, gehobene, negative, depressive oder neutrale S. zu induzieren. Der Erfolg ist wie bei allen anderen Verfahren – auch beim Vorspielen von «trauriger» oder «fröhlicher» Musik – nur recht mäßig und schwer zu kontrollieren.

Stimmungsübertragung, (biol.) bei einer S. wird durch Verhaltensäußerungen einzelner Tiere das Verhalten einer ganzen Gruppe beeinflußt. In Abflugstimmung befindliche Graugänse z. B. beginnen umherzuwandern, schütteln den Kopf bei gestrecktem Hals und rufen, bis der gesamte Schwarm hiervon ergriffen wird und gemeinsam auffliegt. Das menschliche Gähnen kann als eine schläfrig machende S. interpretiert werden. *V. Preuss*

Stimulantien, syn. →Psychostimulantien, →Psychoanaleptika

Stimulation, sensorische, Reizung einer Sinneszelle. →Stimulus

Stimulus [lat. Anregung], Reiz, der eine Klasse von Verhaltensweisen auslöst oder in Gang bringt. In der →S-R-Theorie jede Umweltbedingung für ein Verhalten (S), zu der die afferente Stimulusspur (s) gehört sowie propriozeptive (von Körperzuständen ausgehende) Impulse. Es sind distale S. (entfernte Bedingungen für S.) von proximalen S. am Rezeptor wirksame Bedingungen) zu unterschieden. Da die Wirksamkeit der S. von Zuständen des Organismus abhängt, wird das von der S-R-Theorie angestrebte Ziel, die S. als unabhängige Variable einzusetzen, oft nicht erreicht. S-Äquivalenz = Auslösewirkungen von physikalisch unterschiedlichen S. Vom Vl gesetzte S. = nominale S. (situationale, SPENCE). Wirksame S. = funktionale S. (effektive, HULL). →Reiz

stimulus addicts →Reizsüchtige

Stimuluseigenschaften, (1) primäre S.: die sensorische Qualität und Quantität (empfindungsnah); (2) sekundäre S.: Gestaltqualitäten, wie Gliedhaftigkeit in einer Melodie; (3) tertiäre S. →Tertiärqualitäten.

stimulus error →Reizirrtum

stimulus-onset asynchrony, SOA →Interstimulusintervall

stimulus-response-Schema →Behaviorismus

stimulus-sampling-theory, SST, Reiz-Stichproben-Theorie, →mathematische Lerntheorien

Stirnhirnsyndrom, ein hirnlokales Psychosyndrom, hervorgerufen durch Schädigung im Stirnhirnbereich mit besonderen Wesensveränderungen. Vordergründig sind meist Antriebsstörungen (auch Ausfälle beim Sehen und Riechen) und eine gewisse Enthemmung.

Stirnlappen [lat. *lobus frontalis*] →Gehirn

STM, Abk. für *short term memory* →Kurzzeitspeicher, →Gedächtnis

Stochastik, die an der →Wahrscheinlichkeit orientierte, somit auf das «Gesetz der großen Zahl» gründende Betrachtung empirischer Sachverhalte, die vom Zufall abhängig sind.

stochastischer Prozeß, ein Prozeß, in dem die Abfolge der einzelnen (ein- oder mehrdimensionalen) Ereignisse mehr oder minder vom Zufall abhängt. Als s.P. können zahlreiche physikalische und biologische Prozesse beschrieben werden, z. B. der radioaktive Zerfall, Schwankungen der Tagestemperatur und auch ps. Prozesse wie z. B. Lernverläufe. Für die Beschreibung der in s.P. vorhandenen Gesetzmäßigkeiten wurde ein umfangreiches Inventar wahrscheinlichkeitstheoretischer Methoden entwickelt. Ein s.P. ist →ergodisch, wenn die für seinen Verlauf geltenden Wahrscheinlichkeitsgesetze konstant bleiben. →MARKOFF-Prozeß *D. Dörner*

Stock-Test [T] KÖHLER

Stoffwechsel, die Umsetzung der Nährstoffe in körpereigene Substanz, Energie und Abfallprodukte durch biochemische Reaktionen

Stoffwechselhormone, Hormone oder hormonartige Substanzen, die Stoffwechselvorgänge regulieren oder beeinflussen. *W. Janke*

stooge [engl. Handlanger, Helfer], Vertrauter, Mitarbeiter des Versuchsleiters ohne Wissen der Vpn.

Störbarkeit, (ps.) Bez. für die inter- und intraindividuellen Unterschiede sowie das Ausmaß, mit dem auf Störungen in den ps. Abläufen, Funktionen usw. reagiert wird (unterschiedl. Ursachen, wie z. B. Läsionen, path. Prozesse, Pharmaka, Blockbildung u. a. m.). →Interferenz, →Signaldetektions-Theorie

Störexperimente →Störungsexperimente

Störfaktor →Störbarkeit, →Störvariable

Störungsexperimente, Störexperimente, wahrnehmungspsychologische Experimente, in denen die Wahrnehmung durch eine «Störung» verändert wird, z. B. durch eine Umkehrbrille (Vertauschung von oben-unten, rechts-links), eine Farbbrille, Keilprismen usw. Typischerweise finden sich in diesen Experimenten eine →Adaption an die Störung und, wenn die Störung entfernt wird, ein Nacheffekt. Die Experimente dienen der Untersuchung der →Plastizität der Wahrnehmung; z. T. wird die Anpassung an die Störung auch als analog zur Entwicklung der Wahrnehmung gedacht.

Die wohl bekanntesten Störexperimente sind die von STRATTON begonnenen Versuche mit Umkehrbrillen, die später von ERISMANN und vor allem von KOHLER wieder aufgegriffen wurden. Während an diese Brillen eine sehr gute sensomotorische Anpassung erfolgt, bleibt die Änderung der (bewußten) Wahrnehmung unklar; die vereinfachten Folgerungen, daß nach hinreichend langer Zeit wieder »aufrecht» gesehen wird oder nicht, sind nicht haltbar. Einfacher zu durchschauen sind die Ergebnisse bei weniger massiven Störungen, als sie Umkehrbrillen darstellen, z. B. bei Änderung der visuellen Richtung mit Hilfe eines Keilprismas. Je nach Bedingungen kann die Anpassung an diese Situation auf unterschiedliche Arten erfolgen; insbes. kann die visuelle Wahrnehmung unverändert bleiben, während sich z. B. die wahrgenommene Position des eigenen Arms verändert. [L] KOHLER 1966, WELCH 1978 *H. Heuer*

Störung →psychische Störung

Störvariable, Störfaktor, Bez. für die Bedingungen, die den normalen ps. Ablauf bzw. die ps. Funktionen etc. behindern.

Stottern [engl. *stuttering*, lat. *balbutire* stammeln, lallen], ein weder homogener noch klar abzugrenzender Formenkreis von lange bekannten (DEMOSTHENES), verbreiteten (1-2 % der gesamten Population) und quälenden →Sprachstörungen mit vielen Unterbrechungen, engl. *fluency disorders* (nicht →Sprechpausen) im Redefluß. (1) Die vielfältigen Symptome des Erscheinungsbildes zeigen klonische (rasche Phonem-, Silben-, Wortwiederholungen; →Iteration), tonische (Diskoordination und Verkrampfung der Artikulations-, Phonations- und Respirationsmotorik; vor und bei Sprecheinsatz = Initial-S., zwischen Phonemen oder Morphemen = Binnen-S.; mangelhafte motorische Selektivität, Mitinnervation der Gesichts-, Hals-, Rumpf- und Extremitätenmuskulatur und Parakinesen; Sprechen während Inspiration oder mit Residualluft) und gemischte Formen. Hinzu kommt eine Häufung von →Embolophrasien. Bei kindlichen Stotterern finden sich oft Schwankungen des Störungsbildes von mehreren Wochen und Monaten, nicht immer unter erkennbarem Auslöser. Häufig, nicht in allen Fällen, kommen situative Unterschiede ohne interindividuell festlegbare Regel hinzu; schließlich Kaschierungsversuche oder aggressives Einsetzen der Symptome, Sprechangst oder Verzicht auf Kommunikation u. andere sekundäre Störungen. Die nosologische Abgrenzung des S. gegenüber dem →Poltern (FREUND 1934, LUCHSINGER & ARNOLD 1970, SEEMAN 1969, WESTRICH 1978) bereitet Probleme, da die Symptome beider Formenkreise sich häufig im einzelnen Individuum überschneiden, periodisch miteinander abwechseln oder sich in der Entwicklung gegenseitig ablösen.

(2) Hinter den S.-Phänomenen stehen Dysregulationen der neurophysiologischen Prozesse, die mit der Synchronisation, Rhythmisie-

rung und Tempogestaltung sowie mit der Initiierung und Stopp-Regelung der sequentiell-hierarchischen Sprach-, Sprech-, Stimm- und Atemverläufe im Rahmen der Kommunikation befaßt sind (SEEMAN 1969, HARTLIEB 1969) und die gleichzeitig in die Regulation der Aktivierung, des Antriebs, der Aufmerksamkeit innerhalb der gesamten intra- und interpersonellen Situationserfassung verzahnt sind. Betroffen ist die Funktion bestimmter Thalamus-Kerne als Zeitgeber im Zusammenwirken mit den Stammganglien, Teilen des limbischen Systems sowie der *formatio reticularis* in Koordination mit dem sprachmotorischen und frontalen Kortex auf der einen, dem zerebralen System auf der anderen Seite (KEIDEL 1977). (3) Bezüglich der Ätiologie (Verursachung) ist zu unterscheiden zwischen Faktoren, die das neurophysiologische Störungsgeschehen des S. (3.1) hervorrufen können, und solchen, die es (3.2) aufrechterhalten und damit den Zirkel zu einer Sprechneurose schließen können, indem negative Wechselwirkungen zwischen beiden bestehen. (3.1) sind u. a. genetische Faktoren (→Sprachschwäche); Hirnreifungsstörungen; mechanische (Hirnblutung) oder biochemische (z. B. Anoxie, Ikterus) frühkindliche Hirnschädigungen; Stoffwechselstörungen; spätere Hirnverletzungen (aphatisches S.) oder -erkrankungen (postenzephalitisches S.); asynchrone Entwicklung in einzelnen neurophysiologischen Teilsystemen (z. B. auditive vs. taktil-kinästhetische Rückmeldeschleifen; sprachl. Ausdruck vs. Denken); anhaltende Streßbedingungen (übersteigerte Erwartungen an die Sprachentwicklung) oder Konfliktkonstellationen mit emotionaler Belastung (Sprechbedürfnis vs. Versagens- oder Bestrafungsangst). (3.2) wären z. B. falsche Strategien, mit den Störungen fertig zu werden, die zwar nach Ansicht von JOHNSON nur durch die erwachsene Umwelt fatalerweise als S. diagnostiziert und damit fixiert werden, die aber doch primär für viele Kinder sehr quälend sind. Man findet: Umgehen von schwierigen Wörtern oder Lautkombinationen; Überhöhungen des allg. Aktivierungsniveaus; ängstlicher Folgenkanal (HACKER) mit Verschieben der Sensibilitätsschwellen in den auditiven oder taktil-kinästhetischen Rückmeldesystemen und Verstärkung der auditiven Eigenkontrolle; Sprechangst; lerntheoretische Mechanismen mit operantem Konditionieren, Vermeidungslernen (TUNNER & FLORIN, WENDLANDT); Veränderungen der Persönlichkeit unter fehlerhaftem Erziehungsstil oder in Selbstreaktion auf das S. mit Selbstunsicherheit, Bequemlichkeit, Gehemmtheit bei expressiv-affektiven Äußerungen (KRAUSE) und entsprechend untauglichem Lebensstil; triumphierendes Sammeln weiterer erfolgloser Therapeuten etc. (4) Abgesehen von Zuständen nach frühkindlicher Hirnschädigung mit →Dysphasien nach Enzephalitiden oder Hirntraumen und bei Oligophrenien liegen die Schwerpunkte des Einsetzens von S. gehäuft im 3./4., seltener im 7. Lebensjahr und gelegentlich erst in der Pubertät. Das Entwicklungs-S., früher irreführend physiologisches S. genannt (BÖHME 1977), zeigt Abweichungen von normaler kleinkindlicher Sprachproduktion in Tempo, Flüssigkeit und Wiederholungstendenz, unterscheidet sich aber andererseits vom bereits fixierten, späteren S., indem tonische Verkrampfungen und sekundäre Störungen noch weitgehend fehlen. Der Verlauf zeigt im Kindesalter oft kurz- oder langperiodische Schwankungen, während Situationsabhängigkeiten meist erst später auftreten. (5) Entsprechend der Vielfalt der Störungsbilder und der wechselseitigen Interaktion von physiol. und ps. Faktoren kann kein einzelnes therapeutisches Verfahren einen sicheren Erfolg bei allen Stotterern jeder Altersstufe und in allen kommunikativen, interpersonalen Konstellationen versprechen. Stets müssen ein altersadäquates und individuelle, mehrdimensionales Therapieziel festgelegt und dazu eine Kombination aus verschiedenen sprach/sprech-, verhaltens-, persönlichkeits- und sozialtherapeutischen Techniken ausgewählt werden (SEEMAN, van RIPER, FIEDLER & STANDOP, BÖHME, WENDLANDT). Verfügbar sind: atemtechnische Hilfen, Sprechhilfen, Sprechtraining, Mitsprechen, Kaumethode, Akzentmethode, Stopp-Training, rhythmische Sprecherziehung, biokybernetische Therapie, modifiziertes autogenes Training mit Ermutigungs- und Ernüchterungstraining (Übersicht bei BÖHME 1980). Dazu verhaltenstherapeutische Methoden (Übersicht bei FLORIN 1979, WENDLANDT 1980) wie systematische Desensibilisierung, auch über Biofeedback, Selbstsicherheitstraining, Einstellungsänderung, Rhythmisierung, Atemmodifikation, verzögerte Sprachrückkopplung (LEE-Effekt), *Masking* (LOMBARD-Effekt), *Shadowing* (Nachsprechen), negative Praxis, Bestrafungs- oder Belohnungstechniken, Kontingenzveränderung in der Umgebung. Schließlich Anleitung der Eltern, Umerziehung des Kindes. Dazu wird eine medikamentöse Zusatzbehandlung (Schlafkur bei SEEMAN; Haloperidol siehe BÖHME 1980) diskutiert; und endlich sind die kürzlich entstandenen Selbsthilfeorganisationen zu bedenken. Dauerhafte Heilung oder wenigstens Besserung kann bei sorgfältiger und langfristiger Nachkontrolle auch unter Berücksichtigung von Therapeutenwechsel keinesfalls überall nachgewiesen werden, besonders wenn eine Behandlung erst jenseits des 8. Lebensjahres einsetzt (van RIPER & FOUTS 1980). Demgegenüber darf nicht übersehen werden, daß S. im Schul- und Pubertätsalter häufig auch ohne Behandlung überwunden wird. **[L]** SEEMAN 1969, ARNOLD 1970, van RIPER 1973, FIEDLER & STANDOP 1978, BÖHME 1977, 1980, WENDLANDT 1980, BEKKER & ELSTNER 1980

STP, Abk. für engl. Serenity, Tranquillity, Peace, →2,5-Dimethoxy-4-methylamphetamin

Strabismus →Schielen

Strafe →Bestrafung

Strahlenfigur, Sternfigur, →geometrisch-optische Täuschungen

strain, Terminus [engl.] für →Beanspruchung

Straßenbahnerprüfung [T] MÜNSTERBERG, TRAMM

Strategie →Lernstrategie, →Denkstrategie, →Denken, →Entscheidungsstrategie, →Spielstrategie

strategische Therapie →Kommunikationstherapie

stratifizierte Stichprobe →Stichprobe

Stratton, George Malcolm (1865–1957), Psychologe. Studierte als einer der ersten amerik. Psychologen bei WUNDT in Leipzig, ab 1896 Berkeley-Univ. S. wurde bes. bekannt durch seine Umkehrbrillen-Versuche, mit denen er die empiristische Konzeption der opt. Wahrnehmung belegte. →Umkehrbrille

Strattonscher Versuch →Störungsexperimente

straw poll, Probeabstimmung

streaming, Bildung von Niveauklassen mit relativ leistungshomogener Gruppierung über alle Fächer hinweg. →setting

Strebungen, psychische Antriebe, die auf das Erreichen eines Ziels, die Verwirklichung bestimmter Pläne gerichtet sind; Willensrichtungen. Bei LERSCH entstammen die S. dem →endothymen Grund und stellen die oberste Stufe der Antriebserlebnisse dar. →Motiv, →Bedürfnis

Strecken- und Richtungstäuschung →geometrisch-optische Täuschungen

street clinic, Bez. für offene Häuser und Teestuben für die gemeindenahe therapeutische Versorgung vor allem von Drogengefährdeten und jugendlichen Ausreißern in den USA. →Gemeindepsychologie

Strephosymbolie, seitenverkehrte Wahrnehmung (wie im Spiegel).

Stress, Streß [engl. Druck, Zwang], allg. eine Belastung (z. B. *«situation under stress»*). Im Organischen und Ps. jede Belastung, die als solche erlebt wird. Ausgang der heutigen breiten Verwendung des Terminus war eine endokrinologische Untersuchung von SELYE (1948). Hier ist S. die Summe aller nichtspezifischen Erscheinungen einschl. Schädigung und Abwehr. S. kann örtlich sein (wie z. B. bei der Entzündung) oder allgemein (wie beim →Adaptationssyndrom). Der S.-Begr. wird zunehmend zur Kennzeichnung der extremen Belastungen benutzt, denen der Mensch der Gegenwart ausgesetzt ist: nervöse Anfälligkeit, Erschöpfung, Neurosebereitschaft als Folge von seelischem Druck, Ärger, Hetze, Angst durch Häufung tragischer Ereignisse. Folgerichtig, wenn auch die Definition erschwerend, versteht LAZARUS (1966) unter S. nicht nur die belastenden Situationsmomente, sondern auch die Reaktionen auf sie. Zu ihnen gehören neben den genannten ebenso die Bewältigungsstrategien *(coping strategies)*, wie z. B. Flucht, Beseitigung der Bedrohung oder Nicht-Sehen-Wollen der Gefahr (Leugnen, Verdrängen). Die Reduktion von Streß bzw. die Vermittlung von Streßreduktions-Fähigkeit gehört zur Therapie verschiedener Störungen, namentlich Angst- und somatoformen Störungen, aber auch Paarproblemen. Indiziert sind neben einer Reduktion der Streßquellen und Bearbeitung möglicher Konflikte mit verschiedenen Therapieformen v.a. →Entspannungstraining. Ein spezieller Ansatz mit ist das «Streßimpfungstraining» n. MEICHENBAUM, bei dem Betroffene lernen, mit Streß umzugehen. →Distreß, →Eustreß **[L]** KUTASH & SCHLESINGER 1981, NITSCH 1981

R. Bergius

Streß am Arbeitsplatz, in der →Arbeitswissenschaft einschließlich →Arbeits- und Organisationspsychologie finden wir unterschiedliche Begriffe und Definitionen, die auf das Phänomen →Streß bezogen werden können. Die unmittelbaren Auswirkungen von Belastungen werden als psychische →Beanspruchungen bezeichnet. Von S. wird in der Arbeitswelt gesprochen, wenn eine Beanspruchung als unangenehmer Spannungszustand erlebt wird (SEMMER 1988). Genauer läßt sich Arbeitsstreß (im Sinne einer «Streßempfindung») als subjektiv intensiv unangenehmer Spannungszustand definieren, der aus der Befürchtung entsteht, daß eine stark aversive, subjektiv zeitlich nahe (oder bereits eingetretene) und subjektiv lang andauernde Situation besteht, die sehr wahrscheinlich nicht vollständig kontrollierbar ist, deren Vermeidung aber subjektiv wichtig erscheint (GREIF 1991b). Zu unterscheiden sind kurz- und langfristige, unspezifische und spezifische Auswirkungen von Streß. Als Stressoren können diejenigen hypothetischen Belastungen bezeichnet werden, die mit erhöhter Wahrscheinlichkeit zu Streß(-empfindungen) führen. Oft genannte Stressoren sind Zeitdruck und intensive konzentrative Anspannung, Umgebungsbelastungen (Lärm, Hitze, Zugluft, Schmutz usw.), Schichtarbeit, Ärger mit Kolleginnen und Kollegen oder Vorgesetzten oder alltäglich sogenannte «kleine» Ärgernisse (Reibungsverluste in der Arbeitsorganisation →Handlungsunterbrechungen) und Mehrfachbelastungen. Oft gefundene Folgeprobleme von Arbeitsstreß sind psychische Befindensbeeinträchtigungen, wie Gereiztheit, psychosomatische Beschwerden und allgemein erhöhte gesundheitliche Beeinträchtigungsrisiken. Aus betrieblicher Sicht entstehen Kosten durch erhöhte Fehlerrisiken und vor allem durch krankheitsbedingte →Arbeitsabwesenheit. Als praktische Maßnahmen werden Veränderungen der Arbeitstätigkeiten und Umgebungsbedingungen, Entspannungstechniken und andere Trainingsmaßnahmen zum Zeit- und Streßmanagement oder sogenannte Gesundheitszirkel durchgeführt. Gesundheitszirkel sind kleine Arbeitsgruppen, die im Prinzip ähnlich wie →Qualitätszirkel ihre belastenden Arbeitsbedingungen und ihr Gesundheitsverhalten selbständig analysieren und Initiativen zur Verbesserung ergreifen sollen (vgl. ferner →Klinische Organisationspsychologie). Psychophysiologische Untersuchungsmethoden und Indikatoren werden von BOUCSEIN (1991) zusammengestellt, ausgewählte arbeitspsychologische Untersuchungsinstrumente, die einschlägige Skalen zu diesem Bereich enthalten, finden sich im Testanhang (AET, BMS, ISTA, SAA, RHIA, TAI, TBS).

[L] GREIF, BAMBERG & SEMMER 1991, SEMMER 1988, SEMMER & UDRIS 1993 *S. Greif*

Stressor, «Streßauslöser», psycho-sozialer Belastungsfaktor →Stress

Streubreite [engl. *range*], als Dispersionsmaß gibt die S. den Gesamtstreubereich einer Variablen an. Sie wird aus der Differenz zwischen maximalem und minimalem Wert einer Datenreihe errechnet.

Streuung, allg. das Auftreten unterschiedlicher Meßwerte oder deren Abweichung vom gemeinsamen Mittelwert. Häufig wird der Begr. S. auch synonym zu Standardabweichung verwendet.

Streuungsmaße, statistische Kennwerte für die Variabilität von Meßwerten bzw. für deren Abweichung von ihrem gemeinsamen Mittelwert. Zu den bekanntesten S. zählen die Standardabweichung, Varianz, Streubreite, mittlere Variation und das mittlere Quartil.

Streuungszerlegung →Varianzanalyse

Striatum, corpus striatum →Gehirn

Stroboskop [gr. *strobein* drehen], eine rotierende Trommel, auf deren Innenfläche aufeinanderfolgende Phasen einer Bewegung aufgezeichnet sind, die von außen durch Schlitze betrachtet werden können. Beim Rotieren wird eine kontinuierliche Bewegung gesehen. Vorstufe des Kinos.

stroboskopische Erscheinungen, das Entstehen scheinbarer Bewegungen bei an sich ruhend dargestellten Bildern. →Scheinbewegung

Strömgren, Erik Robert Volter (*1909), dän. Neurologe, Psychiater

Strömgren-Index, ein aus einzelnen Körpermaßen zusammengesetzter Index zur Bestimmung der anthropologischen Typenzugehörigkeit. →REES-EYSENCK-Index

Strong, Edward Kellogg, (1886–1963), Interessenforscher, der bereits 1927 den «Strong Vocational Interest Blank» herausgegeben hat. Ph.D. unter J. M. CATTELL am Carnegy-Inst. of Technology. Dort wurden seine ersten Untersuchungen zu Interessensmessungen vorgenommen.

Stroop, John Ridley (*1897), am. Psychologe

Stroop-Verfahren, ein von STROOP 1935 beschriebenes und angewandtes Verfahren zur Messung der individuellen →Interferenzneigung (→Farb-Wort-Interferenz). STROOP hatte dieses Verfahren im Anschluß an die Untersuchungen von WUNDT, CATTELL u. a. zu den Farbbenennungsversuchen mittels Farbvorlagen und Farb-Wort-Vorlagen entwickelt, um die in Konflikt stehenden Reize in ein und dieselbe Testaufgabe einzubeziehen. Das Originalverfahren bestand aus einer Wortkarte, einer Farbkarte und einer inkongruenten Farb-Wort-Karte. Die Wortkarte enthielt schwarze

S

Farbnamen, die Farbkarte enthielt Farbnamen, welche mit der Farbe identisch war. Bei der Farb-Wort-Karte war die Bedeutung des Wortes von der Farbe verschieden. Als Interferenzmaß benutzte STROOP die zeitliche Differenz beim Lesen zwischen Farbkarte und Farb-Wort-Karte. In der Zwischenzeit sind verschiedene weitere Interferenzmaße und Testversionen entwickelt worden, z. B. ein Gruppenverfahren, bei welchem die Farbbenennungen über den Anfangsbuchstaben der Farbe von der Vp notiert werden oder ein erschwertes STROOP-Verfahren, bei dem das inkongruente Farbwort noch auf einer verschiedenfarbigen Unterlage geschrieben ist. **[L]** STROOP 1935, JENSSEN & ROHWER 1966, GLASER & DOLT 1977, EFFLER 1981 *H. Häcker*

Strughold-Preis, Hubertus-STRUGHOLD-Preis, von der Deutschen Gesellschaft für Luft- und Raumfahrtmedizin gestiftet für verdienstvolle Wissenschaftler; er wurde 1982 an den Luftfahrtpsychologen Siegfried J. GERATHEWOHL verliehen.

Struktur [lat. *structura* Bau, Ordnung], (1) die S. ist der formale Aufbau von Ordnungsverhältnissen in einem Zusammenhang. Der Begr. ist sowohl in den Natur- wie in den Geisteswissenschaften wichtig. Ausgedehnten Gebrauch macht besonders die Chemie von ihm, indem sie den Aufbau von Molekülen in bestimmter Anordnung durch Strukturen (Strukturformeln) darstellt. (2) DILTHEY führte den Strukturbegr. in die Geisteswissenschaften ein. Er bezeichnet nach ihm das seelisch-geistige Leben als gegliedertes Gefüge (= Ganzheit), das nicht aus Teilen zusammengesetzt und ein Wirkungsgefüge von teleologischem Charakter ist und von seiner Ziel- und Zweckgerichtetheit her verstanden werden kann. Die →geisteswissenschaftliche Ps. übernahm den Strukturbegr. und baute ihn zum Aufbaugesetz der geistigen Welt aus (SPRANGER). Durch dieses Sturkturgesetz kann sowohl die individuelle Welt eines Menschen als auch eine ganze Kultur (objektiver Geist) begriffen werden. (3) In der →Ganzheitsps. ist die S. ein denknotwendig zu den Erlebnissen hinzugedachtes Prinzip, das die Erklärung seelischer Erscheinungen vom Range der Ganzheit erst möglich macht. (4) In der →Gestaltps. ist die S. im Erleben als Aufbau, Anordnung und Gliederung sowohl der «stehenden» Gebilde (wie in der Gesichtswahrnehmung) als auch der in der Zeit verlaufenden wie Melodie, Bewegungen, Handlungen, Denkprozesse usw. direkt anschaulich gegeben. Die S. bestimmt mit ihren dynamischen Faktoren Art und Größe der durch sie gegebenen →Funktionen. (5) S. ist auch ein Begriff für den Ordnungsgrad in der →Informationstheorie. **[L]** KÖHLER 1920, KRUEGER 1953, METZGER 1953

Struktur, sprachliche, der →Grammatik geht es um die Aufdeckung der S. der →Sprache, d. h. des Verhältnisses der einzelnen sprachlichen Elemente auf den verschiedenen sprachlichen Ebenen, der phonologischen (→Phonologie), der morphologischen (→Morphologie), der syntaktischen (→Syntax) und der semantischen (→Semantik) Ebene, zueinander. Die von den einzelnen grammatischen Schulen angebotenen S.beschreibungen von Sprache unterscheiden sich allerdings beträchtlich. Gemeinsam ist ihnen die Annahme einer →hierarchischen S. der Sprache. Die mit der Einführung der Begriffe →Oberflächen-S. und →Tiefen-S. durch die →generative Transformations-Grammatik erfolgte Differenzierung zweier sprachlicher Beschreibungsebenen erweitert die Möglichkeiten struktureller Sprachbeschreibung. Syntagmatische Beziehungen (mit welchen sprachlichen Elementen zusammen, d. h. in welcher sprachlichen Umgebung, kommen die einzelnen sprachlichen Elemente vor?) und paradigmatische Beziehungen (durch welche sprachlichen Elemente lassen sich die einzelnen sprachlichen Elemente ersetzen?) werden auch im →Assoziationsversuch sichtbar. **[L]** LEPSCHY 1969

Strukturalismus, auf WUNDT und besonders dessen Schüler E. B. TITCHENER zurückgehende ps. Richtung, die grundlegend beachtete und lehrte, daß ps. Einheiten in besonderer Art verbundene (strukturierte) Elemente sind. Dieser S. fragte nach dem «Ist» im Ggs. zur gleichzeitig herrschenden Richtung des Funktionalismus, die auf das «Wozu» zielt. Die Unterscheidung zwischen S. und Funktionalismus hatte schon JAMES getroffen. • S. ist auch in den kultur- und sozialwissenschaftl. Forschungen eine Strömung, die in der Sprachwissenschaft (→Linguistik) ihren Ausgang nahm, speziell in einer die →synchronische Analyse von Sprachen ermöglichenden Methodologie (→Struktur, sprachliche). Allgemeines Kennzeichen strukturalistischer Arbeitsrichtungen ist, »daß menschliche Äußerungen und Verhaltensweisen nicht als isolierte Einzelerscheinungen betrachtet werden, sondern auf dem Hintergrund eines systematischen Zusammenhangs, der ihre Struktur bestimmt» (BIERWISCH 1966). **[L]** SCHIWY 1969 *G. Kaminski*

strukturelle Reduktion, der von LERSCH gebildete Begr. belegt die «Rückführung aller aufweisenden Eigenschaften auf ein ursprüngliches, nicht mehr zurückführbares organisierendes Prinzip, das alle seelischen Züge eines Menschen bestimmt». Die s.R. ist das ideale Ziel jeder strukturellen Ermittlung.

Strychnin, chem. Stoff aus der Gruppe der →Alkaloide, aus dem Samen der Brechnuß (nux vomica), Kreislauf- und atmungsanregende Substanz führt in stärkeren Dosen zu Krämpfen (als Rattengift verwendet), wegen Konvulsionsgefahr heute ohne therapeutische Bedeutung. S. wirkt antagonistisch auf →Glycin-Rezeptoren, durch die Blockade von Hemmungssystemen hat S. eine stark erregende Wirkung auf das ZNS, einschl. Rückenmark, wirkt außerdem bahnend auf γ-motorische Systeme. Durch subkonvulsive Dosen wurde bei Ratten das Behalten verbessert. S. diente als Testsubstanz in der tierexperimentellen Gedächtnisforschung und Neurophysiologie. Der Mechanismus dieser Behaltensverbesserungen ist unklar. [L] FELDMAN et al. 1997, MCGAUGH & HERZ 1972 *W. Janke*

Studenten-Test-Untersuchung [T] CATTELL

Student-Verteilung →t-Verteilung

Study of Values [T] ALLPORT

Stufe [engl. *stage* Stadium], abgrenzbarer, charakteristischer Zeitraum in einem sich weiterentwickelnden Prozeß. Niveau bezeichnet einen bestimmten Punkt der Entwicklung. Dazu müssen sich die Entwicklungsschritte qualitativ unterscheiden, die Veränderung abrupt, synchron, notwendig, festgelegt (Invarianz) in der Reihenfolge und zu einem stabilen Gleichgewicht führen. Phase wird meist gleichbedeutend mit S. gebraucht, beinhaltet aber i. e. S. einen zyklischen Verlauf, wie z. B. in PIAGETS Entwicklungsmodell. Sequenz ist eine Abfolge von S., die für alle späteren S. notwendige und hinreichende Entwicklungsbedingungen sind. →Entwicklungsphasen, →Individuation. [L] BERGIUS 1959, HOPPE-GRAF 1983 *H. Ries*

Stufendiagramm →Häufigkeitsverteilung

Stufentheorie, Entwicklungsmodell, das als erklärendes Entwicklungskonstrukt die Stufe benutzt. Beispiele: GESELL (Sensomotorik), PIAGET (Kognition), KOHLBERG (Moral).

Stupor [lat. *stupere* betäubt sein], ps. bedingte Reaktions- und (oder) Bewegungseinschränkung, abnorme psychomotorische Hemmung mit und ohne Bew.störungen.

Stützmotorik, Bewegungen und Muskelkontraktionen, die willkürliche Bewegungen (Zielmotorik) begleiten und ihnen vorausgehen; dienen vor allem der Aufrechterhaltung des Gleichgewichts bei (bevorstehenden) Verlagerungen des Körperschwerpunktes.

STVM, Abk. für [engl.] *short term visual memory*, visueller →Kurzzeitspeicher

S-Typ →Integrationspsychologie, →Typologie

subception [engl.], unterschwellige Wahrnehmung, Reizaufnahme bei →subliminal dargebotenen Reizen. Der Begriff der unterschwelligen Wahrnehmung erscheint als Widerspruch in sich. Der Widerspruch verschwindet, wenn berücksichtigt wird, daß (1) eine Schwelle kein scharf definierter Punkt ist, sondern ein kontinuierlicher Übergang von Nicht-Wahrnehmung zu Wahrnehmung und zudem von Urteilskriterien (→Signaldetektions-Theorie) beeinflußt wird; (2) der Begriff «Wahrnehmung» so weit gefaßt wird, daß er jede Registrierung von Reizen einschließt; Reize können registriert werden und Verhalten beeinflussen, auch wenn sie nicht bewußt sind (nach dem Kriterium des Beobachter-Berichtes). • Das Phänomen der unterschwelligen Wahrnehmung (oder der nicht bewußten Reizaufnahme) führt immer wieder zu unsinnigen Spekulationen, etwa zur Wirksamkeit in der Werbung (Ende der 50er Jahre) oder zur Wirkung unterschwelliger Texte auf Schallplatten, die Jugendliche zum →Suicid veranlassen können (Gegenstand eines Prozesses in den USA, 1990). [L] DIXON 1971 *H. Heuer*

Subjekt [lat. *subiectus* unterliegend, gegenüberliegend], ursprünglich das Zugrundeliegende, so die Substanz bei ARISTOTELES. Allmählich wurde der Begr. zum «Ich» als dem Gegenüber des «Nicht-Ich», des Objekts. →Versuchsperson

subjektive Persönlichkeits-Tests →Persönlichkeits-Fragebogen

subjektive Tests, eine Gruppe von Tests – meist Persönlichkeitstests –, bei denen im Unterschied zu Intelligenz- und anderen Fähigkeitstests gefordert wird, daß die Vp in der Lage ist, Auskunft über das eigene Erleben und Verhalten zu geben. S. T. werden in der Regel als Fragebogen konzipiert und für die Persönlichkeitsdiagnostik und die Interessenmessung verwendet.

subjektive Wahrscheinlichkeit →Wahrscheinlichkeit

Subjektivismus, die philosophische Richtung, die das Bewußtsein als das primär Gegebene und als Ausgangspunkt vertritt. Im Grenzfall →Solipsismus

Subjektivität, das Vorhandensein oder Gültigsein allein für das Subjekt, für das auffassende Bewußtsein. S. ist ein wichtiges Kennzeichen der ps. Vorgänge; d. h. von niemand anderem direkt zu beobachten. • Einseitiges Urteilen vom eigenen Standpunkt aus, starke Ichbezogenheit im Urteilen.

Subjektpsychotechnik →Objektpsychotechnik

Sublimation, Sublimierung, bei FREUD ein →Abwehrmechanismus des Ich. Fähigkeit, Verzicht auf verpönte Triebe bzw. Wünsche hervorbringen zu können. Neutralisierung der psycho-sexuellen Energie (→Libido) und deren Verwendung für differenzierte soziale und kulturelle Leistungen.

subliminal, unterschwellig. →Schwelle

subliminale Reize, Reize, die nicht wahrgenommen bzw. nicht bewußt aufgenommen werden (z. B. weil sie zu kurzzeitig einwirken), dennoch wirksam sind und auch registriert werden können. →subception

Subordinationsindex, Quotient aus allen Hauptsätzen durch alle Nebensätze, der sich als Indikator für die Sprachfähigkeit nur bedingt bewährt hat. [L] GRIMM 1973

subsidiation [engl.], Beziehung von Mitteln zum Zweck. Nach CATTELL die Wechselbeziehung zwischen →attitudes, →sentiments und →ergs. Eine s.-Kette soll die Gründe dafür verdeutlichen, warum eine Person best. Handlungen vollzieht.

Substantialitätstheorie, Substanzialismus, die Lehre, daß die Seele eine Substanz, ein einheitliches, selbständiges Wesen sei, das den seelischen Vorgängen zugrunde liege. Die Substantialitätstheorie wurde von der rationalen Psychologie und von der Scholastik vertreten. →Substanz

Substanzabhängigkeit, Hauptmerkmal der S. ist ein charakteristisches Muster kognitiver, verhaltensbezogener u. physiologischer Symptome, die anzeigen, daß das Individuum trotz einschneidender substanzbezogener Probleme den Substanzgebrauch fortsetzt. Es liegt ein Muster wiederholter Substanzanwendung vor, das normalerweise zu Toleranzentwicklung, Entzugserscheinungen u. d. unwiderstehlichen Drang (→craving) zur Drogeneinnahme führt. Außer auf Koffein kann S. bei allen Substanzen auftreten. Je nach Art des Suchtmittels und Dauer der Abhängigkeit steht zu Beginn ein körperlicher Entzug, der oft stationär durchgeführt wird. Die Tatsache, daß verschiedene Patienten auf verschiedene Therapieansätze unterschiedlich gut ansprechen, führt typischerweise zu kombinierten Ansätzen bzw. zu einem Ausprobieren verschiedener Ansätze bis zum Erfolg. Dies hängt auch mit oft stark schwankender Veränderungsmotivation der Betroffenen zusammen. Heilung ist ein prozeßhaftes Geschehen, das oft viele Phasen beinhaltet: dazu gehört auch der Rückfall, der oft als persönliches Versagen empfunden wird. Eine Analyse der Auslösemechanismen des Suchtmittelverlangens, Information über verschiedene Aspekte von Suchtentwicklung und -therapie, die Bewältigung von Ursachen der S. (oft «Selbstmedikation» bei einer Vielfalt ursprünglicher Probleme, wie Ängsten, Depressionen und psychischen Traumatisierungen), der Aufbau von alternativen und Selbstkontroll-Strategien sowie der Einbezug von Bezugspersonen, die aus systemischer Sicht eine wichtige Rolle spielen können, sind in Abhängigkeit von Besonderheiten des Falles wichtige Bestandteile der Behandlung von S. Häufig angewendet werden Einsichtstherapien. Doch konnte hier keine Wirksamkeit nachgewiesen werden. Erfolge zeigen sich in Verbindung mit Verhaltens- und biologischen Therapien, meist in Gruppentherapie. Bei Störungen durch psychotrope Substanzen findet oft aversive Konditionierung Anwendung wie z. B. die verdeckte Sensibilisierung (EMMELKAMP). Wichtig ist auch, daß die Betroffenen alternative Verhaltensweisen zum Drogenkonsum erlernen (Entspannung, soziale Fertigkeiten). Als wirksam erwies sich das Kontingenztraining bei Kokain. Insgesamt zeigen die verhaltenstherapeutischen Techniken für Substanzabhängigkeit und Substanzmißbrauch mäßige Erfolge. Ihre Wirksamkeit erhöht sich in Kombination mit kognitiven Methoden wie z. B. dem verhaltenstherapeutischen Selbstkontrolltraining, für das bei 70 % der Betroffenen eine Besserung berichtet wird. Ein weiterer Kombinationsansatz, der den Betroffenen Kontrolle über das Trinkverhalten zu vermitteln versucht ist, das Rückfallpräventionstraining. Biologischer Therapie kommt im Rahmen der substanzbezogenen Störungen unterschiedliche Bedeutung zu. Mal soll sie den Entzug oder Abstinenz erleichtern, mal dafür sorgen, daß der Konsum einer bestimmten Substanz gleich bleibt und nicht eskaliert. Biologische Therapien führen selten allein zu einer Besserung, gelten aber als hilfreicher Bestandteil breiter angelegter Therapieprogramme. Weit verbreitet sind auch Selbsthilfeprogramme deren Erfolge aber unklar sind. [L] NOWAK, SCHIFMAN, BRINKMANN.

Substanzmißbrauch (syn. Abusus), chronische oder übermäßige Anwendung von Medikamenten, Pharmaka und Drogen bei fehlender medizinischer Indikation. →Drogenmißbrauch. Im Gegens. zu →Substanzabhängigkeit umfassen die Kriterien für Substanzmißbrauch keine Toleranzentwicklung, keine Entzugssymptome und kein Muster zwanghaften Substanzgebrauchs. Im Vordergrund stehen somit die schädlichen Konsequenzen wiederholten Substanzgebrauchs. [L] PERKONIGG et al. 1996, 1997, PIAZZA & LEMOAL 1996 *W. Janke*

Substanz P, Neuropeptid zu der Gruppe der Tachykine gehörend mit Funktion als Neurotransmitter bzw. -modulator in der Amygdala, der Substantia nigra, den Basalganglien, dem Hypothalamus und im Rükkenmark. S. erfüllt wahrscheinlich verschiedene Aufgaben: Es vermittelt die nozizeptive Information im Rückenmark, ist an der Verarbeitung sensorischer Information beteiligt, erhöht Erregung und Aktivität und fördert das Sexualverhalten. Einfluß auf die Immunkompetenz. S. gehört zu den am stärksten gefäßerweiternden und damit blutdrucksenkenden Stoffen (→Tachykinine) und beeinflußt die glatte Muskulatur. [L] ALBANI et al. 1995, FELDMAN et al. 1997, MALEK-AHMADI 1992 *W. Janke*

Substanzstadium →Apperzeptionsstadium

Substitution [lat. *substituere* an die Stelle setzen], Ersatz, auch Surrogat. • Medikamentöser Ersatz (des dem Körper fehlenden Stoffes, z. B. Insulin). • Beim Reiz syn. für den konditionellen Reiz. • Bei organbedingten Funktionsausfällen (insbes. Hirnschädigung) die ersetzende Übernahme der Funktion durch Ausgleich. • Ein →Abwehrmechanismus des Ich. Ersetzen eines ursprünglichen Triebobjektes durch ein Ersatzobjekt. Die S. kann eintreten, wenn die Befriedigung eines Bedürfnisses aus inneren oder äußeren Gründen unmöglich ist bzw. verhindert werden soll. So kann z. B. die aus dem Es stammende und gegen ein äußeres Objekt (Vorgesetzter) gerichtete Aggression an einem Ersatzobjekt (Untergebener) entladen werden. Aber es kann ebenso die gegenüber einem äußeren Objekt bestehende Aggression auf das Ich zurückgewendet (→Reversion) werden und damit das äußere Objekt durch das Ich ersetzt werden. Schließlich kann auch eine aus dem Über-Ich stammende und gegen das Ich gerichtete Aggression (Selbsthaß, Selbstbeschuldigung) auf ein äußeres Objekt umgeleitet und damit das Ich durch ein äußeres Objekt (Sündenbock) ersetzt werden.

Substitutions-Test [T] GIESE

Substitutionstherapie [lat. *substituere* unter etwas stellen, ersetzen], Heilbehandlung durch (insbes. medikamentösen) Ersatz eines dem Körper fehlenden Stoffes.

Subsumption [lat. *subsumere* unterstellen], Zurückführen eines besonderen oder eines Einzelfalles auf das Allgemeine; das Unterstellen unter einen Oberbegriff, ein Gesetz.

Subsumptionstheorie des Lernens [lat. *sumptio* Annahme], S.d.L. betrachtet das Lernen als Einordnen (Annehmen) neuer Wissensinhalte in bereits verfügbare Konzepte (AUSUBEL 1974). →advance organizers

Subtraktionsmethode →DONDERsche Subtraktionsmethode, →Reaktionszeit

Suchbereich →Problemlösen

Suchfeld, zur Beurteilung des praktischen Überblicks und der Konzentration im Suchakt sind schon von [T] POPPELREUTER, GIESE u. a. Tafeln verwendet worden, auf denen Zahlen, Zeichen, Buchstaben (auch farbige) regellos verstreut sind. Diese sind vom Pb in aufsteigender Reihe aufzuzeigen. [T] HERWIG wandelt den Test dahin ab, daß die Zahlen verschieden groß sind. [T] HENTSCHEL führte eine Abwandlung damit ein, daß die Zahlenreihe nicht lückenlos ist.

Suchmethode, in seiner Untersuchung zur →Begriffsbildung entwickelte ACH (1921) eine Suchmethode, die weiterentwickelt die Probleme des Findens von Ordnungsgesichtspunkten und der Kategorienbildung erschließen half. →ACH-VIGOTSKI-Methode, →Abruf

Suchmodell →Problemlösen

Sucht [«siechen», krank sein], physische und ps. Abhängigkeit (vgl. →Substanzabhängigkeit). Die →WHO definiert S. als Zustand periodischer oder chronischer Vergiftung, der für das Individuum und (oder) für die Gemeinschaft schädlich ist. Zu unterscheiden zw. Drogenabhängigkeit *(drug dependence)* und Drogenmißbrauch *(drug abuse)*, ebenso zw. psychischen und physischen Suchtfolgen, wobei empfohlen wird, den unscharfen Begr. Droge durch Suchtstoff zu ersetzen.

Suchtkrankenfürsorge, eine Form der Gefährdetenhilfe, die überwiegend von den freien Wohlfahrtsverbänden, von Abstinenzorganisationen und Selbsthilfeorganisationen geleistet wird. Sie umfaßt Maßnahmen der Therapie und Rehabilitation: Kontaktaufnahme und

Motivierung, körperlicher Entzug, Vorbereitung einer stationären Entwöhnungskur, in der mit psycho- und soziotherapeutischen Methoden, Arbeits- und Beschäftigungstherapie, Partnertherapie, Methoden der beruflichen Rehabilitation u. v. a. in 6–9monatigen Kuren gearbeitet wird; Familienfürsorge und Nachsorge über mehrere Jahre.

Suchtstoffe (syn. Suchtmittel), unscharfer Sammelbegriff für natürliche oder synthetische Stoffe, die bei häufigem Gebrauch Drogenabhängigkeit oder Sucht aller Intensitäten hervorrufen (können). Eine Einteilung ist nicht möglich, da viele psychotrope Substanzen Drogenabhängigkeit oder Sucht bei bestimmten Personen und/oder bei Vorliegen außergewöhnlicher Lebensumstände auslösen können. Die größte Bedeutung als S. haben →Alkohol (→Alkoholismus), →Analgetika, →Hypnotika vom Typ der →Barbiturate, →Psychostimulantien, →Rauschmittel.

W. Janke

Suggestibilität →Suggestion

Suggestion [lat. *suggere, suggestum* unterschieben, eingeben], ein besonderer Weg der Übertragung. «Suggestion ist die Beeinflussung des Denkens, Fühlens, Wollens oder Handelns eines Menschens unter Umgehung seiner rationalen Persönlichkeitsanteile auf der Grundlage eines zwischenmenschlichen Grundvollzuges, der zur affektiven Resonanz führt» (STOKVIS & PFLANZ 1961). Diese Definition legt das Gewicht auf die Interaktion. S. ist aber ebenso Begriff für die Fähigkeit des Suggerierenden (Suggestivität), für die suggestive Empfänglichkeit (Suggestibilität) und für den in die S. eingegebenen Inhalt. Die Psychoanalyse versteht unter S. «die Wiederbelebung früherer Objektbeziehungen», was eine →Regression voraussetzt. – Als wesentlichste Teile der S. ergeben sich demnach: 1. eine affektive Gemeinschaftsbildung, 2. die Umgehung rationaler Persönlichkeitsanteile, 3. das Bedürfnis zur →Introjektion auf seiten des Suggerendus. Die Partnerschaft ist bei der S. vorgegeben und auf ein gemeinsames Wertziel ausgerichtet, die Partner sind durch «Rückkoppelung» verbunden und fühlen sich trotzdem frei, denn ihre Zusammenarbeit bleibt ihnen bewußt. – Die Suggestibilität ist abhängig von der habituellen Persönlichkeitsstruktur (Denk- und Urteilsfunktion, Selbständigkeit), weiterhin vom Alter und Geschlecht (bei Kindern und Frauen angeblich erhöht) und von der aktuellen Situation (erhöht bei Angst, unbestimmtem Wahrnehmungsfeld, Mangel an mitmenschlicher Beziehung, im leichten Schlaf, unter der Wirkung bestimmter Pharmaka, in der Masse und in der Hypnose). Entgegen verbreiteter Ansicht besteht zwischen Intelligenz und Suggestibilität keine sichere Korrelation. Mehr oder weniger ist jeder Mensch suggestibel. Die Suggestibilität kann geprüft werden mit dem Körperschwanktest, dem →Pendelversuch, der optischen Täuschung, mit Persönlichkeitstests oder mit →Placebos.

– Auch die Suggestivität erfordert eine herabgesetzte Kritik, ferner Sicherheit und Überlegenheit. STOKVIS und PFLANZ geben 4 Typen der Suggerierenden an: (1) suggestive Eigenschaften werden gekonnt ins Spiel gesetzt, (2) von «Natur aus» suggestiv, doch nicht im Verhalten, (3) suggestives Verhalten nur äußerlich angeeignet, (4) weder suggestive Eigenschaften noch Verhalten, doch ständig neue, erfolglose Suggestionsversuche. Der Suggestionsinhalt muß auf die Erwartungen des Suggerendus, seine Intelligenz, Kultur und ethischen Prinzipen abgestimmt sein. – BERNHEIM und später BAUDOUIN sahen in jeder S. eine Auto-(Selbst-)Suggestion (der individuelle Aspekt der S.). MCDOUGALL, JANET und SCHILDER hielten umgekehrt jede S. für eine Heterosuggestion (der soziale Aspekt der S.). Beide Auffassungen widersprechen sich insofern nicht, als der Mensch zugleich individuelles und soziales Wesen ist. Die S. können zu Krankheiten führen in Form der Iatrogenie (Verursachung durch den Arzt, also Heterosuggestion) oder als Einbildung (Autosuggestion). Und sie können psychogene Krankheiten heilen helfen oder bei organischen Leiden Linderung vermitteln als absichtlich bzw. unabsichtlich herbeigeführte Suggestionen. Mit Heterosuggestion arbeiten die «Überzeugungsmethode» von DUBOIS sowie die →«Protreptik» von E. und W. KRETSCHMER; mit Autosuggestionen die «Selbstsuggestivmethode» von COUÉ u. das →«autogene Training» von SCHULTZ. Die →«paradoxe Intention» von FRANKL und die *«reciprocal inhibition»* von WOLPE und EYSENCK nutzen die negative S. therapeutisch, indem das zu behandelnde Symptom suggeriert wird. S. sind aber trotz häufig negativer Bewertung ein «wesensmäßiger und daher notwendiger Bestandteil» aller sozialen Äußerungen, da «eine Beziehung auf die äußernde Person zugleich miterlebt» wird (E. STRAUS). Sie sind bei Massenerscheinungen (LE BON), in der Gruppendynamik (HOFSTÄTTER) und im Alltagsleben (STRAUS) als unabsichtliche, unvorhergesehene Suggestionen am Werk. Die «vollkommenste Suggestion» sei nach E. STRAUS dann erreicht, «wenn die einzelne Äußerung der Sache nach verständlich ist, wenn sie echt und für den Äußernden bedeutsam ist, wenn Echtheit und Bedeutsamkeit ihm selbst bewußt sind und wenn alle diese Momente von dem Empfänger klar verstanden werden», also gerade das vorliegt, was auch eine rational-sachliche (scheinbar suggestionsfreie) Mitteilung kennzeichnen könnte. [**L**] BAUDOUIN 1926, COUÉ 1925, W. KRETSCHMER 1959, SCHULTZ 1959, STOKVIS & PFLANZ 1961, STRAUS 1925

Suggestion, mentale, geistige Fernwirkung im Sinne der →Telepathie

Suggestionstherapie →Suggestion

Suicid, Suizid, Freitod, Selbsttötung [lat. *suus, sui* u. *caedere, cidere* sich töten]. Die Beendigung des Lebens aus «freiem Entschluß» kann bei ps. Gesunden die Ausweglosigkeit einer persönlichen Situation sein (etwa unheilbare Krankheit), sie kann ebenso mit einer psychopathischen Entwicklung in Zusammenhang stehen (Ausdruck einer angstvollen, verzweifelten Gefühlslage – S. im Affekt) wie auch mit einer Psychose einhergehen. Nach der Auffassung der Tiefenps. stellt der S. das letzte Glied der Reihe: Selbstverurteilung – Selbstquälerei – Selbstschädigung – Selbstverstümmelung dar und damit das letzte Ziel der Selbstaggression und Selbstdestruktion. Als Gründe dieser von FREUD als Manifestation des →Todestriebes aufgefaßten Selbstdestruktion finden sich verdrängte Schuldgefühle. Der unbewußte Sinn des S. liegt in der Sühne von Schuld durch Tod. • Jean AMERY (selbst suizidär) sah das Entscheidende des S. darin, daß in dem Leben, das alle zum Tod und letzten Scheitern verurteilt, das «Nein» als möglich gerechtfertigt ist. Solcher Bewertung des S. stehen die als religiöses Vergehen oder als soziale Schande entgegen. • Nach der Motivstruktur sind zu unterscheiden: Kurzschluß-, Bilanz-, Opfer-S. (z. B. Versicherungs-S. für die Hinterbliebenen) sowie viele Varianten auch des S.-Versuchs (Pseudo-S.). Die meisten S. sind Kurzschluß-S. nach einer akuten Krise (vom Entschluß bis zur Tat weniger als 6 Stunden). In der BRD betrug die Suizidrate (1 S. auf 100 000 Einwohner) durchschnittlich 20,7 im Zeitraum von 1968–1988. Männer begehen ihn doppelt so häufig wie Frauen, die aber häufiger S.-Versuche ausführen. Der S. nimmt bei Belastungen für alle ab (z. B. Krieg) und bei sozialem Druck zu. • Bei der Suizidprohylaxe ist zunächst einmal wichtig, Suizidalität zu erkennen und ernstzunehmen. Regeln wie «wer darüber spricht, tut es nicht» sind falsch. Wiederholungen und konkrete Vorbereitungshandlungen sind wichtige Hinweise. S.-Versuche können auch dann zum Tode führen, wenn dieser nicht als zwingende Konsequenz geplant war. Psychotherapie ebenso wie Medikamente können sowohl helfen, Suizidimpulse zu kontrollieren, als auch zugrundeliegende Probleme zu lösen oder zu mildern. Verträge oder Versprechen, sich nicht ohne Melden an einer fachlich kompetenten Stelle mit 24-Std. Dienst umzubringen, können sehr wichtig sein. Es gibt zwar Menschen, die trotz fachlicher Hilfe S. immer wieder und schließlich mit Erfolg versuchen, vielen gelingt es aber, ihre Situtation so zu verbessern, daß S. später kein Thema mehr ist. Nach S. kann auch die Betreuung von Bezugspersonen wichtig sein, um psychischen Folgeschäden bei diesen vorzubeugen. [**L**] HATTEN 1977, POHLMEIER 1978, THOMAS 1980, ZWINGMANN 1965, GIERNALCZYK & FRICK 1993, GRANDE 1997 *F. Caspar*

Suicidalität, Suizidalität (krankhafte) Selbsttötungsgefährdung

Sukzession, sukzessiv [lat. *successio* Nachfolge], Fortgang, Folge, nacheinander

Sukzessivkontrast →Kontrast

Sukzessivschwelle →Simultanschwelle

Sulcus [lat. Furche] →Gehirn

sulcus calcarinus [lat. *calcar* Sporn], Sehzentrum bzw. Endstelle der →Sehbahn im Hinterhauptslappen *(lobus occipitalis)*. →Gehirn

Sulpirid, WZ Dogmatil®, Psychopharmakon aus der Gruppe der atypischen →Neuroleptika, chem. Benzamid-Derivat. Antipsychotische, antidepressive und anxiolytische sowie stimulierende Effekte bei geringen extrapyramidalen und vegetativen Nebenwirkungen, jedoch endokrinen Effekten. S. blockiert Dopamin-Rezeptoren mit einer hohen Affinität für extrastriatale mesolimbische und tuberoinfundibuläre Dopamin-Rezeptoren. Neben (selektiver Blockade der Adenylatzyklase-unabhängigen) D_2-Rezeptoren werden auch D_3- und D_4-Rezeptoren beeinflußt. In niedriger Dosierung werden nur die dopaminergen Autorezeptoren und die D_3- und D_4-Rezeptoren blockiert, was eine dopaminerge Aktivierung nach sich zieht. Dagegen wird in hoher Dosierung die spezifische Blockade dopaminerger Subklassen aufgehoben und es kommt insgesamt zu einer dopaminergen Inhibition. Diese dosisabhängigen Effekte scheinen für das in niedriger Dosierung aktivierende und antidepressive Wirkprofil verantwortlich zu sein. (S. besitzt praktisch keine Rezeptoraffinität zu zentralen NA-, Histamin-, 5-HT-, Acetylcholin- und GABA-Rezeptoren.) Im Tierexperiment tritt keine Katalepsie auf, und es besteht nur geringer Antagonismus zu Apomorphin- oder Amphetamin-induzierten Stereotypien und Hyperaktivität. [L] FRITZE 1992, KORNHUBER 1992, RAMMSAYER 1997

W. Janke/M. Reuter

Summation der Reize, die Erscheinung, daß eine Anzahl unterschwelliger Reize, von denen jeder einzelne keine Erregung herbeiführen würde, zusammen doch eine Erregung bzw. Empfindung auslösen.

Summationston, →Kombinationston mit einer →Schwingungszahl, die gleich der Summe der Schwingungszahlen zweier gleichzeitig dargebotener →Töne ist.

Summativität, von der →Gestaltps. bes. beachteter und diskutierter Begr. mit den Positionen: Summativität vs. Teil-Ganzes. Die S. ist als ein Zusammen «dann und nur dann eine reine ‹Summe› von ‹Teilen› oder ‹Stücken›, wenn es aus ihnen, und zwar einem nach dem anderen, hergestellt werden kann, ohne daß infolge der Zusammensetzung einer der Teile sich ändert» (KÖHLER 1920). Die Teil-Ganzes-Beziehung ist dagegen Nicht-Summativität (Über-Summativität), beim Ausscheiden eines Teiles ändert sich das Ganze (bekanntes Beispiel: dargebotene Töne). →Ganzheit, →Ganzqualität. [L] RAUSCH 1937

Summenkurve, Summenfrequenzpolygon, graphische Darstellung der Summenverteilung oder kumulativen →Häufigkeitsverteilung.

Sündenbock-Theorie [engl. *scapegoat theory*], ein exp. nicht direkt belegter Erklärungsversuch für die Entstehung von feindlichen Gefühlen zwischen Mitgliedern verschiedener Gruppen: Die innerhalb der eigenen Gruppe erlebten Ursachen für «Aggressionen» werden – zugunsten des Gruppenzusammenhalts – auf Mitglieder von Außengruppen «verschoben». Der Ausdruck ist nicht korrekt, weil in Religionen die Tötung eines Sündenbocks den unmittelbaren Zusammenhang mit der Sühnung einer Schuld hat. [L] LINDZEY 1950, ALLPORT 1952

Super-ego →Über-Ich

Superposition, Überordnung, Überlagerung

Superpositionseffekt, Erscheinungsform der →relativen Koordination, bei dem ein Rhythmus einen anderen überlagert (z. B. bei Flossenbewegungen von Fischen oder Armbewegungen von Menschen).

Superzeichen, →Zeichen (ursprünglich im Sinne der →Informationstheorie) höherer Ordnung, das durch «Superierung», durch (kognitiven) Zusammenschluß von mehreren elementaren Zeichen entsteht (→recodieren, «Komplexbildung» bei DÖRNER 1976). «Zeichen» wird hier jedoch in einem ausgeweiteten Sinne, etwa als Kognition, kognitive →Repräsentation, verstanden. [L] FRANK 1974

G. Kaminski

Support, Testgerät nach Art des Supports der Drehbank. Das Gerät wurde mehrfach entwickelt: MOEDE, SCHULZ, LAHY. →Sinnesfunktionen

Suppressor-Felder [lat. unterdrücken], Bez. für Felder der Hirnrinde, die von MCCULLOCH 1944 entdeckt wurden. Deren Reizung setzt die Aktivität anderer Felder herab, was z. B. bei der Aufmerksamkeit als Herabmindern der Empfänglichkeit für andere Eindrücke von besonderer Bedeutung ist. [L] MCCULLOCH 1944

Suppressor-Test, ein Untertest, der eine →Suppressorvariable enthält. S. korrelieren mit dem Kriterium niedrig, aber mit einem anderen oder mehreren Tests hoch. Der S. trägt zur Validitätssteigerung einer Testbatterie bei.

Suppressorvariable, eine Vorhersagevariable mit einem Satz von →Prädiktoren, die mit dem Kriterium niedrig, mit einem anderen Prädiktor aber hoch korreliert ist. Bei Verwendung von S. kann die multiple Gültigkeit z. B. einer Testbatterie zur Vorhersage eines Kriteriums erhöht werden, da von dem anderen Prädiktor Teile der systematischen Varianz, die nicht mit dem Kriterium korreliert sind, «unterdrückt» werden. S. erhalten ein hohes negatives β-Gewicht, jedoch sind nicht alle negativ gewichteten Variablen S.

G. Lüer

surface trait →Persönlichkeitsfaktor, →Persönlichkeitsstruktur. →source-trait

surgency, Grundwesenszug (F+) der 16 Persönlichkeitsdimensionen ([T] CATTELL, 16 PF). Er charakterisiert unbekümmertes, sorgloses, lebendiges Verhalten. Der Gegenpol wird als desurgency (F-) bezeichnet und steht für nüchternes, kluges, schweigsames Verhalten.

Surrogat →Substitution

survey research →Befragung, →Meinungsforschung, →Demoskopie

Survey-Test, Test zur Bestimmung des Leistungsstandes auf bestimmten Wissensgebieten.

SVIB [T] STRONG

syllogistic reasoning [engl.], schlußfolgerndes Denken. →Schlußprozesse

Symbiose, (biol.) ein direktes Zusammenleben zweier Organismusarten zum beiderseitigen Nutzen. →Ethologie

Symbol [gr. *symbolon*], Zeichen, Kennzeichen, dann Sinnbild, das eine bestimmte nicht ohne Kenntnis des Zusammenhangs ersichtliche Bedeutung ausdrückt oder sogar für einen geheimen Sinngehalt steht.

Das S. ist rational-irrational. Beispiele für solche Symbolik sind: religiöse Zeichen (Kreuz), viele Regeln des sozialen Lebens (Verbeugung u. a. m.), die sog. Blumensprache, Symbolgehalte im Erleben und Handeln sind besonders von der Psychoanalyse untersucht worden. So sollen bestimmte Begr. die Bedeutung von Sexualsymbolen besitzen. Eine große Rolle spielen die Symbole im Traum, in dem die latenten Traumgedanken sich in symbolisch verkleideter Form zeigen. In der →Analytischen Psychologie wird das S. deutlich unterschieden vom Zeichen, das stellvertretend steht wie z. B. die Flagge für den betreffenden Staat. Das S. ist komplexer Natur und enthält Bewußtes und Unbewußtes, Rationales und Irrationales, ist zugleich Bild und Dynamik und spricht die 4 Funktionen Denken, Fühlen, Intuieren und Empfinden an. Wegen dieser vermittelnden Funktion hat das S. große Bedeutung im Energiehaushalt der Psyche, denn es vermag als «Energietransformator» (JUNG) vom unbewußten Bild zur bewußten Erkenntnis zu führen und als Vereinigung von Gegensätzlichem heilend zu wirken. S. begegnen uns vor allem in den Gestaltungen des Unbewußten wie Träumen, Bildern, Märchen, Mythen und in Kunst und Religion. S. ist eine spezielle Klasse von →Zeichen, bei der die Beziehung von Zeichenform und Bezeichnetem (→Bedeutung) durch Konvention geregelt wird. Die S.zeichen werden damit von allen jenen Zeichen abgehoben, bei denen eine natürliche Beziehung zwischen Zeichenform und Bezeichnetem angenommen wird, wie es beim ikonischen Zeichen und beim Index-Zeichen der Fall ist. Die wichtigste Gruppe der S.zeichen sind die Wörter natürlicher Sprachen. Nach dem Prinzip der Arbitrarität zwischen Zeichenform und Bedeutung bei diesen Zeichen kann aus den Wortformen im Normalfall nicht auf Eigenschaften der durch die Wortform bezeichneten Gegenstände oder auf ihre Bedeutung geschlossen werden. Dies erklärt, warum gleichen Gegenständen oder Sachverhalten in den verschiedenen natürlichen Sprachen verschiedene Zeichenformen zugeordnet werden.

Symbolbewußtsein für Wörter, das Verständnis der Wortbedeutung, das Wissen, daß Wörter Zeichen für Gegenstände sind. Tritt beim Kind frühestens mit 1–2 Jahren auf. →Sprachentwicklung

Symbolfunktion, bei PIAGET (1945) die allg. Fähigkeit des Menschen, aber auch bestimmter höherer Tiere, bildhaft-vorstellungsartige →Repräsentationen (→Zeichen) zu entwickeln und zu verwenden. In der Ontogenese tritt die S. nach PIAGET in den letzten Entwicklungsstadien der sensomotorischen Intelligenz in Erscheinung, wobei er annimmt, bildhafte (bei ihm «symbolische») Repräsentationen entstünden aus verinnerlichten sensomotorischen Nachahmungen. [L] PIAGET 1945 *G. Kaminski*

symbolic processes [engl.], symbolische Prozesse, vorwiegend von neobehavioristischen Theoretikern (z. B. MOWRER 1960) verwendeter Sammelname für bestimmte hypothetische Konstrukte, etwa den *«representational mediation processes»* bei OSGOOD (1953) entsprechend. Damit sollen unter →S-R-theoretischen Voraussetzungen alle diejenigen Erscheinungen und Vorgänge zusammengefaßt und interpretiert werden, die von «Kognitivisten» unter Bezeichnungen wie →Bewußtsein, →Denken u. ä. behandelt werden (→imagery, →zweites Signalsystem, →Sprache, innere). Die Ketten-Struktur der S-R-Theorie nötigt dazu, alle →Repräsentationen als Prozesse zu deuten, was speziell für zeitlich überdauernde Repräsentationen von HEBB (1949) als unbefriedigend angesehen und mit eigenen Konzeptionen beantwortet wurde.

G. Kaminski

Symbolisation, ein →Abwehrmechanismus des Ich. Die Ersetzung eines Triebobjektes durch ein Symbol und die Übertragung der ursprünglich gegenüber dem Triebobjekt bestehenden Beziehung auf dieses Symbol, z. B. Ersetzung der Vaterautorität durch militärische Rangabzeichen und die Übertragung der ursprünglich gegenüber dem Vater bestehenden Angst auf militärische Vorgesetzte.

symbolische Repräsentation →Repräsentation

symbolischer Interaktionismus, Betonung der Rolle von Symbolen (im wesentlichen von Wörtern) in sozialen Handlungssystemen. Wörter sind Reize, die für andere Reize, die

Reaktionen auslösen, stehen und dadurch selbst die Fähigkeit erlangen, Reaktionen auszulösen. Grundlagen der Lehre von den symbolischen Interaktionen sind bei MEAD zu finden. In der Sozialisierungsforschung wird der s.I. zeitweilig überbetont im Zusammenhang mit Unterschieden sprachlicher Codierungen, die zwischen sozialen Schichten auftreten sollen (→Soziolinguistik). Experimentelle Nachweise der Rolle der sozialvermittelten verbalen Codierung gibt es schon bei BARTLETT (1932), bezogen auf →Stereotype z. B. auch bei TAJFEL & WILKES (1963). *R. Bergius*

Symbol-Test [T] ROEMER

Symlog, Abk. für *system for the multiple level observation of groups,* ein System für die Mehrebenen-Beobachtung von Gruppen nach BALES und COHEN 1979

Symmetrie, exakte Entsprechung von Größe und Position korrespondierender Teile bezogen auf eine Referenzachse (z. B. bei Spiegelungss./Reflexionss.) oder einen Referenzpunkt (z. B. bei Drehs./Rotationss.) bzw. bei Wiederholung. Spiegelungss., Drehs. und Wiederholungss. treten – zumindest annähernd – bei vielen natürlichen Objekten auf (Kristalle, Pflanzen, Tiere); darüber hinaus spielt die Zentrals. für die Raum- und Bewegungsorientierung (→Bewegungssehen) eine besondere Rolle. Formal gesehen handelt es sich bei den verschiedenen Arten von S. um ineinander überführbare Gruppenstrukturen (H. WEYL). Physikalisch betrachtet werden bei symmetrischen Formen Minima für die zu ihrer Aufrechterhaltung notwendigen Energien erreicht (KÖHLER). Die vor allem von Gestaltpsychologen postulierte Tendenz zur S. bezieht sich in der visuellen Wahrnehmung vor allem auf die Zentrals. und die Spiegelungss. (vor allem mit senkrechter Referenzachse), im akustischen Bereich, speziell bei der Sprach- und Musikwahrnehmung, zeigt sich dagegen eine Tendenz zur Wiederholungss. [L] STEVENS 1984, ZIMMER 1984 *A. Zimmer*

Symmetrie-Täuschung, ein im Optischen wie im Haptischen wirksamer wahrnehmungsdynamischer Effekt (W. WITTE 1960). Ist eine figurale Größe *a* (Strecke, Winkel, Fläche) in eine gleichartige Größe *b* oder eine Gruppe solcher Größen mit *b* als größtem Glied radial- oder axialsymmetrisch eingebettet, so wird die eingebettete Größe gegenüber einer geometrisch gleichen, aber isolierten Größe überschätzt. Das relative Maß dieser Abweichung hängt von einer für alle Täuschungen dieser Art charakteristischen Beziehung zwischen *a* und *b* ab. [L] HELLER & WITTE 1961

Symmetrie-Zeichnen [T] MEUMANN

Sympathie [gr.], Mitgefühl, durch einfühlendes Verstehen bestimmte Zuneigung, zwischenmenschliche →Anziehung, interpersonale Attraktion. Ggs. Antipathie. [L] MIKULA & STROEBE 1977

Sympathikolytika, syn. Sympatholytika, chem. Substanzen, die mit vorwiegend sympathikolytischer Wirkung die Aktivität des Sympathikus hemmen. Repräsentative Beispiele →VNS-Pharmaka. Die praktisch wichtigsten S. sind die →β-Rezeptoren-Blocker. *W. Janke*

sympathikolytisch, Wirkungsart chem. Substanzen, die die Sympathikusaktivität hemmen/blockieren, gemeinsames Kennzeichen ist die Hemmung der Wirkungsentfaltung von biogenen →Catecholaminen, insbes. →Noradrenalin im peripheren VNS. *W. Janke*

Sympathikomimetika, Substanzen, die zu Erregung des Sympathikus führen. Man unterscheidet zwischen indirekten S., die die Wirkung von Noradrenalin an den postganglionären sympathischen Synapsen verstärken (Förderung der Freisetzung oder Hemmung der Inaktivierung) und direkten S., die die Wirkung von Adrenalin und/oder Noradrenalin an den postsynaptischen Rezeptoren nachahmen. Nach Art der beeinflußten Rezeptoren werden α- und β-S. unterschieden. Eine Gleichsetzung der S. mit →Adrenergika ist, obwohl häufig vorgenommen, problematisch, weil (1) das sympathische System nicht allein durch Noradrenalin oder Adrenalin bzw. verwandte Substanzen erregt wird und (2) weil viele adrenerge Substanzen auch auf das ZNS wirken, ohne daß das periphere sympathische System erregt wird. Viele S. haben zugleich starke zentrale Effekte und sind als →Psychostimulantien zu betrachten. Wirkungen von S. sind unterschiedlich entsprechend den Wirkungsmechanismen und den zusätzlich veränderten physiologischen Systemen. Nach den Wirkungsmechanismen können Substanzen, die direkt an den Rezeptoren angreifen (→Rezeptorenblocker), von solchen, die die Biosynthese oder Speicherung der →Catecholamine beeinflussen, differenziert werden. Nach Angriffsorten können α- oder β-Rezeptoren unterschieden werden. Die Effekte von S. auf das Verhalten sind vollkommen unterschiedlich. Es finden sich sowohl stimulierende wie auch desaktivierende Effekte. →VNS-Pharmaka *W. Janke*

sympathikomimetisch, Wirkungsart chem. Substanzen, die den Sympathikus erregen. Sie ist unterschiedlich, je nachdem ob vorzugsweise die sogenannten α- oder β-Rezeptoren erregt werden. Erregung der α-Rezeptoren (z. B. durch Noradrenalin) induziert u. a. Blutgefäßverengung (nur in einigen Systemen, z. B. Haut, Skelettmuskeln, Niere), Speichelflußverminderung, Hemmung der Magensaftsekretion, lokalisiertes (adrenerges) Schwitzen. Erregung der β-Rezeptoren führt u. a. zur Steigerung der Herzfrequenz, Herzschlagvolumen, Dilatation der Blutgefäße der Skelettmuskeln und der Bronchien, Reduktion der Magen-Darm-Motilität (Glykogenmobilisierung, Lipolyse). *W. Janke*

Sympathikotonie, gesteigerte Erregbarkeit des *nervus sympathicus,* mit →Tachykardie, Pupillenerweiterung, vasomotorischer Labilität, verstärkter Schweißabsonderung, gehemmter Darmperistaltik, erhöhter seelischer Erregbarkeit. →Notfallsfunktion, Ggs. →Vagotonie

Sympathikus →Nervensystem

sympathisches Nervensystem →Nervensystem

sympraktisch →empraktisch

Symptom [gr.], Zeichen, Anzeichen, Kennzeichen, aus dem auf etwas anderes geschlossen werden kann. Symptome sind z. B. Verhaltensweisen bzw. Leistungen, die auf bestimmte psychische Vorgänge oder Eigenschaften hinweisen; körperliche Veränderungen, die bestimmte Krankheiten erkennen lassen (Krankheitssymptome); Erscheinungen, die zukünftige Ereignisse ankündigen.

symptomatische Psychosen, Bez. für die körperlich begründbaren (durch organische Schädigung des Gehirns hervorgerufenen, nicht anlagebedingten) →Psychosen, wie symptomatische Epilepsie, sympt. Schizophrenie.

Symptomhandlung (FREUD), anscheinend spielerisch-nebensächliche Handlung, die aber in Wirklichkeit eine unterbewußte Vorstellung andeutet. Sie tritt oft als Zwangsgewohnheit in Erscheinung.

Symptomverschiebung, Symptomsubstitution, Prozeß, der anstelle eines verschwundenen Symptoms ein anderes aufkommen läßt. Symptomwandel, wenn neues Symptom zu anderer Krankheitsklasse gehört. In den sechziger Jahren war das Thema Streitpunkt zwischen Verhaltenstherapie (Mythos S.) und Psychoanalyse (Verhaltenstherapie heilt nicht). FREUDs Erfahrungen, daß nach Hypnose S. auftreten kann, führten zur Erklärung, daß eine erhaltene neurotische Disposition und aktuelle innere Konfliktsituation Entstehungsgrundlage neuer Symptome über Abwehrmechanismen seien. Inzwischen gilt als gut belegt, daß S. selten auftreten, was v. a. damit zu erklären ist, daß, wie immer ein Problem ursprünglich entstanden ist, dessen Eigendynamik (z. B. Teufelskreis der Vermeidung bei Angst) bei der Aufrechterhaltung im Vordergrund steht und erfolgreich behandelt werden kann. Andererseits kann eine Störung z. B aufrechterhalten werden, oder es können problematische andere «Lösungen» entwickelt werden, wenn die Störung für den Betroffenen relevante offene oder versteckte Vorteile hatte. (PERREZ & OTTO 1978). • Lernps. Modell der S. sind Wechselwirkungen zwischen versch. →Verhaltensebenen, die therapeutisch unterschiedlich stark gelöschte Symptomreste wiederbeleben. *F. Caspar*

Symptomverschreibung →negative Übung

Synanon-Gruppen, Selbsthilfegruppen für Drogenabhängige. 1958 in USA erstmals hervorgetreten. Alle Teilnehmer sind Süchtige oder ehemals Süchtige (→anonyme Alkoholiker). Hohe Gruppenkohäsion durch ähnliches Schicksal und wenig geglückte Außenbeziehungen. Strenge Disziplin und Anwendung verbaler Angriffe als Therapie (→Hot-Seat-Technik). Weitere Selbsthilfegruppen sind u. a. *Day-Top, Phoenix-House, Odyssey-House* *H. Ries*

Synapse [gr. *synapsis* Verbindung], Verbindungsstelle zur Erregungsübertragung von einem →Neuron auf ein anderes (→Nerv) oder auf ein Organ (z. B. Muskel). Der Begriff S. stammt von SHERRINGTON (1897) und bezeichnet die Endverzweigung des Axons, durch welche in knöpfchenförmiger Enderweiterung der Kontakt zu anderen Neuronen hergestellt wird. Jede S. besteht aus einem präsynaptischen Teil (dem markscheidenlosen Endknopf eines Neuriten mit der präsynaptischen Membran) (s. Abb.) und dem postsynaptischen Teil, bestehend aus der subsynaptischen Membran z. B. des Dendriten eines anderen Neurons. Beide haben keine direkte Verbindung miteinander, sondern sind durch den 200 bis 600 Å breiten synaptischen Spalt voneinander getrennt. Die Erregungsübertragung erfolgt an diesen «Schaltstellen» des Nervensystems durch chemische Überträgersubstanzen (→Transmitter), die in winzigen Bläschen, den synaptischen Vesikeln, in dem Endknöpfchen gespeichert sind und durch die ankommende elektrische Erregung in den

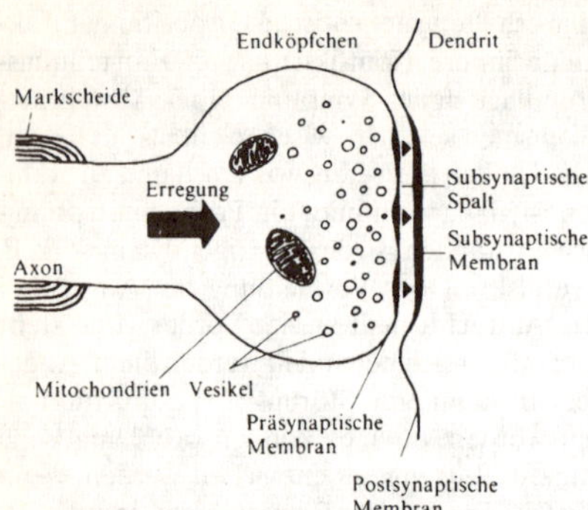

Abb.: Bauplan einer Synapse

Spaltraum freigesetzt werden. Das bewirkt eine Depolarisierung an der subsynaptischen Membran und führt hier zur Entstehung des sog. exzitatorischen postsynaptischen Potentials (EPSP) mit relativ niedriger Amplitude (10–20 mV) und charakteristischem Zeitgang. Wird durch mehrere EPSPs am Neuron eine kritische Schwelle überschritten (Summation, Dekodierung), dann kommt es zur Erregung des gesamten Neurons und zur Entstehung eines Aktionspotentials. Außer diesen exzitatorischen S. gibt es auch inhibitorische (hemmende) S. Bei einer ihrer Formen, der postsynaptischen Inhibition, bewirkt eine entsprechende, freigesetzte Transmittersubstanz nicht eine De-, sondern eine Hyper-Polarisation (weitere Negativierung) der subsynaptischen Membran und damit die Entstehung eines (negativen) inhibitorischen postsynaptischen Potentials (IPSP), das die Erregbarkeit der Nervenzelle herabsetzt und damit auf die Weitergabe anderer – über andere S. an der Nervenzelle ankommende – Erregungen hemmend wirkt. Eine Nervenzelle kann von wenigen bis zu einigen hundert S. angesteuert werden. [L] ECCLES 1964, 1966, SCHMIDT & THEWS 1990, BECKER-CARUS 1981

C. Becker-Carus

Synästhesie, Mitempfindung, d. h. gleichzeitiges Empfinden von zwei verschiedenen Eindrücken bei Reizung eines Sinnesorgans. Hören von Tönen bei Farbeneindruck, Sehen von Farben bei Tönen, Verbindungen zwischen Sehen und Geschmack, Geruch und Geschmacksempfindung, Ton und Geschmack u. a. m. • Synästhetiker ist Bez. für den, der S. erlebt. →Farbenhören. [L] ANSCHÜTZ 1927, ARGELANDER 1927, MAYER-GROSS 1931

synchronisch, bez. in der Sprachwissenschaft (→Linguistik) seit DE SAUSSURE (1916) – im Unterschied zur →diachronischen – eine Betrachtungsweise, in der jeweils einzelne natürliche Sprachen in ihren Elementen und in deren systematischem Zusammenhang beschrieben und analysiert werden, so wie sie zu einem bestimmten historischen Zeitpunkt verwendet werden. [L] LYONS 1970 *G. Kaminski*

Synchronizität [gr.], Gleichzeitigkeit. Insbes. ein Prinzip in der Lehre JUNGS.

Syndrom [gr. *dromos* Lauf], Zeichengruppe, Symptomengruppe. Gruppe zusammengehörender Krankheitserscheinungen; Zusammenspiel genetisch zusammengehörender und charakteristischer Symptome. →Psychosyndrom

Synektik, synektische Methode, zu den sog. Kreativ-Methoden gehörende Technik des Vorgehens, bei der nach dem Prinzip, das Fremdartige vertraut und das Vertraute fremdartig zu machen, verschiedene, vielfach anscheinend irrelevante Elemente zusammengefügt und in Analogie gesetzt werden. Die Absicht besteht darin, für neuartige Weisen der Problemlösung das Bewußtsein zu wecken und Einsicht in die zugrundeliegenden Faktoren zu vermitteln. *G. Mühle*

Synergie, syn. Synergetik, Mitwirken, Zusammenwirken verschiedener Kräfte, Faktoren, Organe zu einer Gesamtleistung; z. B. das Zusammenwirken von Muskeln bei einer Bewegung, das Zusammenspiel innersekretorischer Drüsen. Nach CATTELL die einer Gruppe zur Verfügung stehende Gesamtmenge der «Energie, die zur Erfüllung ihrer Aufgaben aufgewendet wird»: (a) *task-* oder *effective-energy* ist zur eigentlichen Aufgabenerledigung notwendig, (b) *maintenance-* oder *intrinsic-energy* für den Gruppenzusammenhalt, macht die Attraktivität für die Mitglieder aus. →dynamisches Gefüge. [L] HAKEN 1981, KRUSE 1972 *R. Bergius*

Synökie →Ethologie

Synomorphie, von BARKER (1978) eingeführter Begr., bez. das Aufeinanderabgestimmtsein von konkretem Verhalten und seiner unmittelbaren Umgebung (Papier, Bleistift und eine Unterlage ermöglichen Schreiben, →Affordanz; dieses Verhalten ist seinerseits an diese Gegenstände angepaßt, →Akkomodation). Ein Gesamtkomplex aus gleichartig wiederkehrenden, überindividuellen Verhaltensmustern und der Umgebung, an und in der sie verwirklicht werden, wird *»behavior-milieu-synomorph»* oder einfach «ein Synomorph» genannt. Ein definitorisch besonders umgrenzter Spezialfall wäre ein →behavior setting. *G. Kaminski*

Synonymie, synonym, wird zumeist als Ähnlichkeit von →Begr. oder →Bedeutungen interpretiert. Faßt man eine Bedeutung als Bündel semantischer Merkmale, so sind zwei oder mehr Begr. um so synonymer, je mehr Merkmale sie miteinander teilen. S. läßt sich aber auch, wie →Homonymie, auf das Verhältnis von Zeichenform (→Zeichen) und Bezeichnetem bzw. Bedeutung beziehen. Hiernach sind zwei Wörter s., wenn sie verschiedene Formen, aber gleiche Bedeutung haben, d. h. die gleichen Bedeutungskomponenten enthalten. Völlige S., wie sie durch den letzten Definitionsvorschlag postuliert wird, dürfte extrem selten sein, ein Luxus, den sich eine Sprache nur schlecht leisten kann (ULLMANN 1957). Ein anderer Gesichtspunkt, der häufig in Zusammenhang mit S. diskutiert wird, ist die Unterscheidung zwischen kognitiver (→denotativer) u. emotiver (→konnotativer) Bedeutung. Hiernach werden zwei Wörter als s. betrachtet, wenn sie kognitiv identisch sind, aber emotiv unterschiedl. Reaktionen auslösen, z. B. Hund u. Köter. Dieser Zugang ist jedoch nicht unprobl., solange nicht die Beziehung zwischen kognitiver und emotiver Bedeutung hinreichend geklärt ist.

J. Engelkamp

Synopsie, optische Mitempfindung im Sinne der →Synästhesie

synsematisch, Verwendung sprachlicher Zeichen entsprechend den grammatischen Regeln. • Im Ggs. zum sympraktischen Gebrauch (→empraktisch) ist das Zeichenverständnis unabhängig von der Sprechsituation sowie dem vorausgehenden und nachfolgenden Kontext.

syntagmische Assoziation →Assoziation

Syntalität [engl. *group syntality*], von CATTELL (1948, 1951) gebrauchter Ausdruck für die «Persönlichkeit».

Syntax [gr. *syntaxis* Anordnung], Teilbereich der →Grammatik, der sich mit der →Struktur der →Sätze einer →Sprache beschäftigt, d. h. mit den Regeln, nach denen sprachliche Einheiten (→Morpheme, →Wörter) zu Satzgliedern und Sätzen zusammengefügt werden. In der →Semiotik bezeichnet S. (häufiger: Syntaktik oder syntaktische Dimension) diejenige Dimension der →Zeichen, die ihre Beziehungen untereinander darstellt.

Synthesis, Zusammensetzung aus verschiedenen Bestandteilen, auch das Zusammenbringen gegensätzlicher Teile zu einer Einheit mit Ausgleich der Widersprüche. Ggs. →Analyse = Zergliederung, Auflösung in Einzelbestandteile. • Als schöpferische S. (WUNDT) wird die Annahme bezeichnet, daß die aus Elementen zusammengefügten ps. Gebilde mit ihren Eigenschaften über die Elemente hinausreichen.

Synthymie [gr. *thymos* Gemüt], nach H. W. MAYER Einheitlichkeit der Stimmungslage, des Gefühlslebens eines Menschen.

Syntonie [gr. *tonos* Spannung], Bez. für ausgeglichene, einheitliche Stimmung. «Mittellage der diathetischen Proportion» nach KRETSCHMER, der den Begr. S. syn. mit →Zyklotonie benutzt.

System, ein Aggregat von mehreren Einzelvorgängen, die nach bestimmten Gesetzen wechselseitig aufeinander wirken, d. h. dynamisch voneinander abhängig sind, in dem Sinne, daß ein gemeinsamer Effekt erzielt wird. Ein S. kann Untersysteme enthalten, die im Rahmen des Gesamtverbandes relativ selbständig sind. Begr. wie Gestalt und Feld sind Sonderfälle von Systemen. Es lassen sich offene und geschlossene S. unterscheiden. Das Universum wird von vielen als geschlossenes S. bezeichnet. Sonst kommen geschlossene S. im strengen Sinn in der Natur nicht vor. Organismen können als offene S. angesehen werden, die durch ständige Energieaufnahme und -abgabe einen quasistationären Zustand (negative →Entropie) aufrechterhalten (→HUMPHREYsches Prinzip). • Erweitert ist auch dort von S. die Rede, wo dieses nicht wie physikalische S. als Realsystem gegeben ist, sondern erlebnismäßig. Z. B. Dinge, die in der Anschauung als ähnlich erlebt werden, fügen sich zu einem S. zusammen. Auch dort, wo willkürlich gewählte Ordnungsprinzipien Zusammenhänge schaffen, spricht man von S. (LINNEsches S. der Pflanzen). • In der →Kybernetik bezeichnet man als S. einen Realitätsausschnitt, welcher über eine Menge X von Eingangsvariablen (Rezeptoren), eine Menge Y von Ausgangsvariablen (Effektoren) und eine Menge Z von inneren Zuständen verfügt. Der Zustand x_i aller Eingangsvariablen eines Systems zu einem bestimmten Zeitpunkt heißt Eingang *(input)*, der Zustand y_i aller Ausgangsvariablen heißt Ausgang *(output)*. x_i und y_j sind gewöhnlich mehrdimensionale Größen. Der Eingang des «Systems» Mensch ist z. B. der Zustand aller Rezeptorzellen des Nervensystems in einem bestimmten Zeitpunkt. Die Generalität kybernetischer Beschreibungsweisen liegt wesentlich in dem allgemein anwendbaren Konzept des S. begründet. Es lassen sich mit den gleichen Mitteln der System- und Automatentheorie sowohl technische als auch biologische S. beschreiben und vergleichen. Nach der Weise, wie der Ausgang eines S. vom Eingang abhängt, unterscheidet man verschiedene Arten. Existiert eine →Abbildung der Menge der Eingangsgrößen auf die Menge der Ausgangsgrößen, so heißt das S. kombinatorisch. Die Reaktion eines kombinatorischen S. hängt eindeutig vom Eingang des S. ab. Ein Zigarettenautomat ist z. B. ein kombinatorisches S. Hängt der Ausgang eines S. nicht allein vom gegebenen Eingang, sondern zusätzlich von einer vorausgegangenen Folge von Eingangsreizen ab, so spricht man von einem sequentiellen S. In ihm muß die Folge von Eingangsreizen, die dem zu einem bestimmten Zeitpunkt gegebenen vorausging, irgendwie memoriert werden. Dies geschieht durch den inneren Zustand Z des S., welcher sich in Abhängigkeit vom jeweiligen Eingang und vom vorher gegebenen inneren Zustand ändert. Der Ausgang eines sequentiellen S. hängt eindeutig ab vom gegebenen Reiz x_i und dem gegebenen inneren Zustand z_j. Ein lernfähiges S. ist notwendigerweise ein sequentielles. Das Auftreten eines →bedingten Reflexes kann z. B. als Vorgang in einem sequentiellen S. beschrieben werden. Ob der bedingte Reflex nach einem bestimmten Reiz auftritt oder nicht, hängt nicht allein von der Art des Reizes ab, sondern zusätzlich von der Reizfolge, die vorausging. Neben der Unterscheidung von sequentiellen und kombinatorischen S. kann man determinierte und Zufallssysteme unterscheiden. Determiniert ist ein kombinatorisches oder sequentielles S., wenn sich die Abhängigkeiten zwischen Eingang, innerem Zustand und Ausgang in der angegebenen Weise durch Vektorenfunktionen ausdrücken lassen. Von einem kombinatorischen oder sequentiellen Zufallssystem spricht man, wenn sich diese Abhängigkeiten nur durch Wahrscheinlichkeitsfunktionen ausdrücken lassen. Ein kombinatorisches Zufallssystem ist dadurch gekennzeichnet, daß sich die statist. Eigenschaften des Zusammenhanges von Eingang und Ausgang im Zeitverlauf nicht ändern, während dies bei sequentiellen Zufallssystemen der Fall ist. [L] BERTALANFFY 1950, KLIR 1972, TJADEN 1971

D. Dörner

Systemanalyse, ermittelt die Merkmale eines Systems aus der bekannteren inneren Struktur →Systemsynthese

systematische Desensibilisierung, von J. WOLPE (1958) entwickelte verhaltenstherapeutische Behandlungsmethode. Die therapeutische Wirkung der systematischen Desensibilisierung beruht nach WOLPE in einer wiederholten Hemmung der Angst. Durch das gleichzeitige Auftreten der mit Angst inkombatiblen Entspannung wird letzteres schrittweise abgebaut (konditionierte Hemmung). Im einzelnen untergliedert sich die s.D. in drei Maßnahmen: 1) Entspannungstraining: zu Beginn der Therapie lernt der Patient, sich gezielt zu entspannen (progressive Muskelrelaxation nach JACOBSON). 2) Erstellung einer oder mehrerer individueller Angsthierarchien: gemeinsam tragen dann Patient und Therapeut eine Liste angstauslösender Gegenstände/Situationen zusammen, welche entsprechend ihrer angstauslösenden Wirkung in eine Hierarchie gebracht werden. 3) Darbietung der einzelnen Items unter Entspannung: der Patient stellt sich in entspanntem Zustand die wichtigsten Angstsituationen möglichst realitätsnah vor (Konfrontation «in sensu»), dabei wird mit den am wenigsten angstauslösenden Reizen begonnen und erst dann zur nächst schwierigen Vorstellung übergegangen wenn die angstauslösende Vorstellung wenig oder keine subjektive Erregung mehr auslöst usw. Es wurden einige weiterführende Varianten der s.D. entwickelt (s.D. in vivo; s.D. in Gruppen), wie auch alternative Erklärungsweisen zum Wirkungsmechanismus aufgestellt. Anwendung: Prüfungsängste, spezifische Phobien. Die Wirksamkeit ist sehr gut belegt, dennoch hat die Bedeutung der s.D. in der Verhaltenstherapie eher abgenommen, da andere Vorgehensweisen, wie Techniken der →Kognitiven V.t.oder →Konfrontationsmethoden in vivo bzw. ohne Entspannung bedeutsamer wurden und bei häufigen Störungen, wie Agoraphobie, wirksamer sind. →Desensibilisierung, systematische. [L] RACHMAN, WOLPE *F. Caspar*

systematischer Fehler →Fehler

Systemeigenschaft →Bezugssystem

System in Spannung, in der topologischen Ps. von LEWIN (1951, 1963) ist die Wirkung eines Vorsatzes gleichbedeutend mit der Spannung eines Systems in der Person. Anzeichen für das S. soll z. B. die Tendenz zur Wiedererinnerung oder zur Wiederaufnahme einer nicht vollendeten Aufgabenlösung sein, wobei die von der Person übernommene Aufgabe dem Spannungssystem in der Person entspricht. →ZEIGARNIK-Effekt

systemische Therapie, kann zweierlei bedeuten: Den konkreten Einbezug des Systems, in der ein «identifizierter Patient» lebt – insbesondere der Familie – und das Einnehmen einer systemischen Sicht, bei der die dynamischen Wechselwirkungen zwischen einem einzelnen Patienten und Personen in seiner Umgebung unabhängig von der Therapieform (also auch in Einzeltherapie) in den Vordergrund gestellt werden. Die systemische Familientherapie (SELVINI PALAZZOLI et al.1975, 1980, MINUCHIN, 1977) wurde u. a. von der Psychoanalyse, der Kommunikationstheorie (WATZLAWICK et al. 1969), der Systemtheorie und der Kybernetik beeinflußt. Im Einklang mit der Annahme, daß die Familienstruktur als Kontext die inneren Prozesse der Individuuen beeinflußt, setzen Interventionen bei der Veränderung der Systemstruktur/-regeln an (Veränderung der familiären Interaktion). Typische systemische Methoden sind das «zirkuläre» Fragen, Symptomverschreibung, paradoxe Intention, Reframing (Neudefinieren wichtiger Aspekte), Familienskulptur und Hausaufgaben für die Familie oder einzelne Mitglieder. Oft ist eine Ergänzung einer Familientherapie durch Einzeltherapie für den Symptomträger sinnvoll. Familientherapie wird bei einer breiten Palette von Störungen angewendet, anfänglich insbesondere bei solchen, in denen eine Loslösungsproblematik eine Rolle spielt, wie z. B. oft bei →Eßstörungen oder →Substanzabhängigkeit. Wirksamkeitsbelege sind für eine zuverlässige Beurteilung noch unzureichend, es liegen aber einige Hinweise auf gute Wirksamkeit vor. →reflektierendes Team, Kurzzeittherapie [L] SCHIEPEK, v. SCHLIPPE & SCHWEITZER, GRAWE 1995 *F. Caspar*

Systemkausalität, die in einem →System gegebene wechselseitige, dynamische Verbundenheit aller Einzelmomente kann als ein Kausalzusammenhang angesehen werden, der sich von der einfachen, mechanistischen Kausalauffassung (Stoß, Druck usw. als jeweilige Einzelursachen) dadurch wesentlich unterscheidet, daß die dynamische Konstellation des Gesamtverbandes mit allen Einzelvorgängen gewissermaßen im Sinne von Ursache – Wirkung gekoppelt ist. • In der Ps. liegt S. z. B. überall dort vor, wo von →Feld gesprochen wird. Auch der →Gestaltbegr. impliziert den der S. [L] BERTALANFFY, KÖHLER, LEWIN

Systemresponsezeit, syn. systembedingte Wartezeiten. Wartezeit eines Systembenutzers nach der Eingabe auf die erwartete Operation des Systems. Besonders im Gebiet der →Mensch-Computer-Interaktion sind die psychischen und physiologischen Beanspruchungen durch S. untersucht worden. Beanspruchungsfolgen lassen sich bereits bei konstanten und variablen Wartezeiten von etwa acht Sekunden nachweisen. [L] BOUCSEIN 1988, HOLLING 1989 *S. Greif*

System, soziales, das allgemeinste und fundamentale Merkmal eines Systems ist die wechselseitige Abhängigkeit (Interdependenz) von Teilen oder Variablen (PARSONS & SHILS 1951). Da mit Interdependenz eine Ordnung der Beziehungen zwischen den Komponenten (im Gegensatz zur Zufälligkeit der Variabilität) gemeint ist, trifft diese Definition auf soziale →Gruppen zu, in denen eine Tendenz zum Gleichgewicht und zur Erhaltung der Grenzen (auch bei Wechsel der einzelnen Glieder) besteht. Daraus folgt, daß es hinsichtlich der Verträglichkeit (Kompatibilität) einzelner Teile mit dem s.S. Grenzen gibt. Die wichtigsten Prozeßtypen für die Aufrechterhaltung des Gleichgewichts sind Allocation und Integration, also eine dem Gleichgewicht dienende Anordnung der Teile, und die Prozesse der Vermittlung mit der Umgebung der s.S., die bei der Variabilität der äußeren Verhältnisse Eigenschaften und Grenzen des s.S. aufrechterhalten. Für PARSONS & SHILS sind Persönlichkeit und s.S. zwei verschiedene Systeme, die nicht aufeinander reduzierbar sind. Es gibt aber Gemeinsamkeiten: (1) Beide Systeme sind aufgebaut aus den Komponenten der Handlung; (2) beide Systeme sind vom Typ der «Grenzen bewahrenden» und selbsterhaltenden Systeme; (3) beide Systeme durchdringen sich: Persönlichkeit kann nicht ohne das s.S. existieren und umgekehrt; der Prozeß der Integration von Teilen des einen und des anderen Systems ist bezeichnend für ihr Verhältnis zueinander. Der Begr. des s.S. ist die von PARSONS & SHILS vorgeschlagene Lösung des Problems der Gruppenseele oder des Gruppengeistes (ALLPORT 1968). →informationsverarbeitendes System *R. Bergius*

Systemsynthese, versucht, ein System herzustellen, das ein gewünschtes (bekanntes) Verhalten zeigt. Der Weg führt daher vom Verhalten zur gesuchten inneren Struktur. →Systemanalyse

Systemtheorie, versucht im Gegensatz zu einzelwissenschaftlichen Theorien, →Systeme unabhängig von ihrer materiellen Realisierung aufgrund der formalen Merkmale ihrer Komponenten und der Art ihres Zusammenspiels zu beschreiben. Unter S. werden eine Reihe recht heterogener theoretischer und praktischer Ansätze zusammengefaßt: die auf BERTALANFFY zurückgehende «Allgemeine S.», die «kybernetische S.» von N. WIENER (→Kybernetik), →Systemanalyse, Systemsimulation (→Simulation) u. a. [L] LENK & ROPOHL 1978 *A. Engemann*

Systole [gr. *systole* Zusammenziehung], rhythmische Zusammenziehung, besonders des Herzens. →Diastole

S_z, Symbol für ein Ziel-System (LEWIN)

S-z-Diagramm, wie beim →S-p-Diagramm eine graphische Darstellung zur Veranschaulichung einer Urteilsverteilung über Reizgrößen. Während im S-p-D. auf der Ordinate Prozentangaben über das Vorkommen von Urteilshäufigkeit abgetragen sind, sind diese Werte im S-z-D. durch die dazugehörigen →z-Werte ersetzt worden. Dadurch entsteht an Stelle einer →S-Kurve der →psychometrischen Funktion bei Normalverteilung eine Gerade, auf die die Urteilshäufigkeiten über die Reize fallen. [L] WOODWORTH & SCHLOSBERG, TRAXEL *G. Lüer*

Szenario, Scenario, Szenarium [gr.-lat. Szenenbuch], urspr. ein nach Szenen gegliedertes Verzeichnis der Personen und Requisiten eines Theaterstücks. • S. wird heute i. ü. S. in Politik, Wirtschaft und Wissenschaft verwendet und bezeichnet ein System plausibler und in sich schlüssiger Annahmen über die Ausprägung, Wechselwirkung und zukünftige Entwicklung wichtiger politischer, ökonomischer, ökologischer und gesellschaftlicher Größen. Die Annahmen eines S. sind hypothetisch, keine Prognosen. Szenarien (auch Szenarios) werden häufig als Grundlage für formalisierte Planungs- und →Entscheidungsprozesse und in der Computersimulation (→Simulation) verwendet. [L] BOSSEL 1977, JUNGERMANN 1985 *A. Engemann*

Szenenanalyse, Szenenerkennung, ein Prozeß und ein Ergebnis, die der Musteranalyse und der Mustererkennung analog sind, aber wegen der größeren Komplexität des Gegenstandes über sie hinausgehen.

Szondi, Lipot, (1893–1977) Prom. 1919 an der Univ. Budapest. Gründete das staatl. Forschungslaboratorium f. Psychopathologie. Ab 1941 praktizierender Psychoanalytiker in Zürich. Begründer der sog. Schicksalanalyse. [T] MEUMANN

T

Tabelle, übersichtliche Darstellung von Daten (z. B. Zahlen, Zahlenverhältnissen etc. aus statistischen Erhebungen oder Versuchsergebnissen in der Form einer unterteilten Anordnung mit Spalten und Zeilen von Tabellenfächern. Die Übersichtlichkeit der T. nimmt mit steigender Anzahl der Felder ab, daher wird oft das Diagramm (→graphische Darstellung) bevorzugt.

Tabes dorsalis [lat. *tabere* schwinden, *dorsum* Rücken], von ROMBERG 1846 beschriebene «Rückenmarksschwindsucht». Spätform der Syphilis der Hinterwurzeln und Hintersränge des →Rückenmarks. T.d. ist mit organischem →Psychosyndrom verbunden, besonders wenn sie zusammen mit progressiver →Paralyse als Tabo-Paralyse vorkommt.

Tabu [verboten, unberührbar]. Meidungsvorschrift in einer Gesellschaft, deren Verletzung Strafen nach sich ziehen kann.

• FREUD erkannte die sozialps. Funktion als wirksame Einschränkung der Triebbefriedigung, die ein geregeltes soziales Leben ermöglicht. Die T. der modernen Gesellschaft sind vielfach in der Rechtsprechung verankert (z. B. Inzest) oder werden als Verhaltensregeln anerzogen (Sexual-, Rassen-, Religions-, Todes-T.).

• Ein Konflikt bestimmter Motive mit einem T. kann zur Ursache einer Neurose werden.

Tabula rasa [lat.], die leere, unbeschriebene Tafel. Nach Anschauung des →Sensualismus ist die Seele vor aller Erfahrung eine T.r. ALBERTUS MAGNUS führte die Bezeichnung ein.

Tabun, Stoff aus der Klasse der →Organophosphate, als chemischer Kampfstoff in der Nazizeit entwickelt. Wirkungsmechanismus ist eine irreversible Acetylcholinesterase-Hemmung. *W. Janke*

Tachistoskop [gr. *tachistos* schnellste], Vorrichtung, um Objekte (Figuren, Zahlen, Buchstaben, Bilder) dem beobachtenden Auge kurzzeitig darzubieten. Die Darbietungen können bis zu Bruchteilen von Sekunden dauern. Gebräuchliche Konstruktionen waren: (1) Falltachistoskop (WUNDT). (2) Rotationstachistoskop (WIRTH, MICHOTTE, NETSCHAJEFF). (3) Pendeltachistoskop (BERLINER). (4) Spiegeltachistoskop (DODGE). Heutzutage werden ausschließlich elektronisch gesteuerte T. verwendet.

Tachykine, Gruppe von Peptiden, die Ende der 80er Jahre bei vielen Säugern entdeckt wurde. Gegenwärtig sind mehrere T. bekannt, die als →Neuropeptide wirksam sind, so Neurokinin A und B, →Neuropeptid Y und →Substanz P. Wahrscheinlich sind einige →Neurotransmitter. **[L]** FELDMAN et al. 1997, OTSUKA & YOSHIUKA 1993 *W. Janke*

Tachyphylaxie, sehr schnelle (in der Größenordnung von Minuten oder Stunden anstelle von Tagen oder Wochen) Toleranzentwicklung gegenüber chemischen Stoffen. *W. Janke*

Tacrin, WZ Cognex®, Psychopharmakon aus der Klasse der →Nootropika. Wirkt als →Cholinesterasehemmer fördernd auf das cholinerge System. Erhebliche Nebenwirkungen, z. B. Übelkeit, Erbrechen, Diarrhoe, Leberstörungen. **[L]** BENKERT & HIPPIUS 1996 *W. Janke/M. Ising*

tact function [engl.], Benennungsfunktion

tacts (SKINNER), verbale Verhaltensweisen, die etwas über die Umwelt aussagen. →mands

Tafil® →Alprazolam

Tagblindheit, hervorgerufen durch Schädigung des fovealen Gebietes der Netzhaut, wobei das Dämmerungssehen unbeeinträchtigt bleibt.

Tageskreis (Ch. BÜHLER), anteilsmäßige Aufteilung frühkindlicher Verhaltensweisen im Tagesablauf. Beachtet werden die Schlaf- und Dämmerzeiten sowie die negativen und positiven Reaktionen. Auffallend sind dabei die Abnahme des Schreiens zugunsten des «Experimentierspiels» und der fallende Anteil des Schlafes während der Entwicklung vom Säugling zum Kleinkind. **[L]** BÜHLER & HETZER 1927

Tagesreste, in der Psychoanalyse sind T. Elemente des Wachzustandes vom Vortag, die sich in der Traumerzählung und den freien Assoziationen des Träumers finden; sie stehen in mehr oder weniger losem Zusammenhang mit dem unbewußten Wunsch, der im Traum erfüllt wird.

Tagesschwankungen, die Veränderungen in Arbeitsleistung, Blutdruck, Temperatur, Ermüdung usw., die sich im täglichen Ablauf beim Menschen zeigen. →Periodik, →Arbeitskurve

Tagtraum (syn. Wachtraum), das Ausdenken und Ausmalen von unwirklichen, gefürchteten oder gewünschten Situationen im Wachzustand. • In der →topologischen Ps. von LEWIN werden die T. als Lokomotionen auf die Irrealitätsebene bezeichnet.

Takt, die meßbare Grundlage zeitlicher Proportionen und das sichtbare Zeichen der formalen Einteilung eines musikalischen Ablaufs. • Feingefühl

Taktierapparat (WUNDT), Vorrichtung zur Erzeugung langsamer oder rascher Schläge, die von der Vp zu rhythmischen Einheiten zusammengefaßt werden. →Rhythmus

taktil, auf den Tastsinn bezogen. →Tastempfindung

Taktometer →Tastgefühlsprüfer →Sinnesfunktionen

Talbotsches Gesetz (TALBOT-PLATEAUsches Gesetz): Wenn eine zeitlich variierende →Leuchtdichte verschmolzen wird und mit gleichförmiger →Helligkeit erscheint (→Flimmerverschmelzungsfrequenz), dann entspricht die Helligkeit der eines Reizes mit einer konstanten Leuchtdichte, die gleich der über die Zeit gemittelten variierenden Leuchtdichte ist.

Talent [gr. *talanton* Waagschale], (allg.) überdurchschnittliche Begabung; die angeborene Disposition für bestimmte Fähigkeiten, die aber nicht die des Genialen erreicht.

Talisman →Fetisch

Tangorezeptoren [lat. *tangere* berühren], die Sinnesorgane (Hautsinnesorgane) für Berührungs-, Wärme-, Vibrations-Reize. →Sinne

Tanz, zunächst Ausdrucksbewegung. Der Entwicklung nach steht der T. in enger Verbindung mit dem Gesang, dabei ist er gegliedert nach sinnbildlichen und religiösen Gehalten. Ursprüngliche Formen: ekstatischer T., mimische Tänze (für Saat-, Sonnen-, Erntefeste), Jagd- und Kriegstänze. Der ursprüngliche Sinn des Tanzes liegt in seiner Bedeutung als Zauber-, Kult- u. Kriegertanz zur Gewinnung und Beeinflussung höherer Mächte. Später erst wurde er mehr und mehr ein Kunst- oder Unterhaltungsmittel.

Tanztherapie, die T., als deren Begründerin M. CHACE (1942) angesehen wird, ist eine ganzheitliche therapeutische Methode. Es wird von einer wechselseitigen Beeinflussung von Körper und Seele ausgegangen: Psychische Probleme manifestieren sich danach in Muskelspannungen, in der Atmung, in der Körperhaltung und der Bewegungsdynamik. Störungen auf emotionaler, kognitiver und körperlicher Ebene werden hier über das Medium Bewegung angegangen. Je nach theoretischer Orientierung des Therapeuten (z. B. psychoanalytisch, gestalttherapeutisch), der jeweiligen Situation und Merkmalen des Klienten variieren die bei der T. eingesetzten Methoden.
Häufig verden verbale und Bewegungstechniken kombiniert. Der Anwendungsbereich dieser Therapieform ist weit: retardierte, mehrfachbehinderte Kinder, Kinder mit Lernschwierigkeiten, neurotische und psychotische Personen, bes. auch Patienten mit →Eßstörungen. Es liegen keine ausreichenden Wirksamkeitsbelege vor. *F. Caspar*

TAOT **[T]** SCHUBERT

Tapping-Test [engl. *to tap* klopfen], psychomotorischer Test. Pb hat so schnell er kann (oder in dem ihm gemäßen Tempo) mit Bleistift auf Papier (oder z. B. mit elektr. Kontaktstift auf Metall) beliebig (oder in vorgegebene kleine Kreise, Figurstellen u. a.) zu tippen (klopfen). Apparative Abwandlungen liegen vor. Syn.: *Dotting*-Test [engl. *to dot* punktieren], wobei das Ziel-Punktieren verlangt wird. →Sinnesfunktionen (5 b), →psycho-(senso-) motorische Testmethodik

TAQ, Abk. für Test Anxiety Questionnaire **[T]** MANDLER et al.

Tarchanoff-Effekt, Bez. für die ohne Anwendung eines Hilfsstromes durch Abnahme der elektrischen Aktionspotentialdifferenzen zwischen zwei Hautstellen gemessene →psychogalvanische Reaktion

Taschenuhrversuch →Richtungshören

Tastempfindung, durch die Haut (Fingerspitzen) vermittelte Empfindung für Oberflächen von Körpern, räumliche Entfernungen, in Verbindung mit Gelenkempfindungen. Als Tastkörper sind die sog. MEISSNERschen Nervenpapillen zu nennen, von denen bis zu 20 auf 1 qmm Haut kommen. Hier enden die Tastnerven. Sie verteilen sich am dichtesten auf Hand, Fußsohle, Lippen, Sexualorgane, am geringsten auf Rücken und Gesäß. **[L]** KATZ 1925, KEIDEL 1971, WITTE 1966

Tasterzirkel →Ästhesiometer

Tastgefühlsprüfer (MOEDE), syn. Taktometer. Ein flacher Metallring enthält eine bewegliche, runde, kleine Mittelplatte, die mikrometrisch auf gleiche Höhe mit jenem zu bringen ist (Gleicheinstellung).

Tastkörperchen →Tastempfindung

Tastleisten →Papillarlinien

Tastquale, raumfüllendes, nach KATZ (1925) Bez. für ein Tastphänomen, das dadurch gekennzeichnet ist, daß es nicht die Eigenschaft eines Körpers repräsentiert, an welcher dieser mit Sicherheit wiedererkannt werden könnte.

Der subjektive Pol tritt im T. stärker hervor als in der Oberflächentastung.

Tastraum, der durch aktive Bewegung der Gelenke mittels des Tastsinns wahrgenommene dreidimensionale Raum, im Unterschied zum Sehraum.

Tastsinn →Drucksinn, →Tastempfindung

Tastsinnprüfer →Sinnesfunktionen (4)

Tasttäuschung, Täuschung in der räumlichen Tastwahrnehmung. Z. B. scheinen die gleich entfernt bleibenden Spitzen eines Tasterzirkels beim Entlangfahren über die Haut sich einander zu nähern bzw. zu spreizen. Beim Abfühlen zweier Lineale, von denen eines auf der Kante gleichmäßige Kerben enthält, erscheint dieses beträchtlich länger.

TAT **[T]** MURRAY

Tatbestandsdiagnostik, eingeführt von M. WERTHEIMER und J. KLEIN (1904) zur Bezeichnung einer ps. Methode, mit deren Hilfe gezielt untersucht werden kann, ob der Untersuchte eine bestimmte ihn betreffende Tatsache (z. B. Ausführung einer kriminellen oder unerlaubten Handlung) verheimlicht. Die gebräuchlichsten Verfahren sind der →Assoziationsversuch und die Untersuchung mit dem →Polygraphen. *U. Undeutsch*

Tätigkeit [engl. *activity*], wird in deutschsprachiger, am Marxismus und insbes. an sowjetischen Ansätzen orientierter Ps. als zentraler Gegenstand der Ps. angesehen (T.psychologie), wobei Arbeitst. als die für den Menschen wichtigste Form der T. erscheint. T. wird ähnlich wie →Handeln charakterisiert, als aktiv, zielgerichtet, über einfachere, reaktive Formen von Verhalten hinausgehend, von →Bewußtsein aufgabegerecht reguliert (→Regulation), verschiedene ps. Teilaspekte integrativ vereinigend, in seinen Bewußtseinsgrundlagen gesellschaftlich bedingt. **[L]** HACKER 1978, TOMASZEWSKI 1978 *G. Kaminski*

Tätigkeitsanalyse, in der →Arbeitswissenschaft oder →Arbeits- und Organisationspsychologie Untergruppe von Methoden der →Arbeitsanalyse zur Untersuchung und Bewertung von →Arbeitstätigkeiten und -bedingungen nach Kriterien zur menschengerechten Gestaltung der Arbeit (→Arbeitsgestaltung). Im Unterschied zur →Aufgabenanalyse steht bei der T. im allgemeinen nicht die detaillierte Analyse einzelner →Aufgaben oder der Abfolge von Aufgaben (→Arbeitsablaufanalyse), sondern die Analyse allgemeiner Merkmale von Tätigkeiten oder der gesamten Arbeitstätigkeit (bspw. Handlungsspielraum oder Qualifikationsanforderungen in der Arbeitstätigkeit) und Arbeitsbedingungen (bspw. Umgebungsbelastungen, →Belastungen, →Streß am Arbeitsplatz) im Vordergrund.

T. werden in der Regel durch Befragungen (teilstandardisierte und standardisierte Interviews oder Fragebögen) oder durch trainierte Beobachter mit Hilfe von Tätigkeitsbeobachtungen verbunden mit Interviews (sogenannte Beobachtungsinterviews) durchgeführt. Bei strukturellen Merkmalen der Arbeitstätigkeit (Arbeitskomplexität, Variabilität und Entscheidungs- oder Handungsspielraum) finden sich relativ gute Übereinstimmungswerte zwischen entsprechenden Skalen aus Befragungen der Beschäftigten und Beobachtungsinterviews. Bei Belastungsfaktoren wie Zeitdruck oder Fragen zu konfligierenden Anforderungen in der Tätigkeit finden sich dagegen nur geringe Übereinstimmungen. Systematische Vergleiche zwischen Fragebogen- und Beobachtungsskalen und Analysen typischer Fehler dieser Erhebungsmethoden hat ZAPF (1989) durchgeführt. Danach sind entgegen üblichen Einwänden zur Verwendung von subjektiven Fragebögen in der Streßforschung diese Instrumente im Vergleich zu Beobachtungsinterviews zur Prognose zukünftiger Befindensbeeinträchtigungen in Längsschnittuntersuchungen vorzuziehen.

Zur T. gibt es eine Reihe von standardisierten Untersuchungsinstrumenten, die sich in den erfaßten Hauptmerkmalen (→Arbeitsgestaltung) überschneiden. Die Hauptgruppe umfaßt allgemeine Verfahren mit einer großen Brandbreite der einbezogenen Merkmale (**[T]**, vgl. Testanhang: AET, FAA, JDS, SAA, TAI, TBS, für ein Instrument zur T. in Arbeitsgruppen: STA, zur Tätigkeits- und →Organisationsanalyse in Krankenhäusern: vgl. BÜSSING 1993); eine zweite Verfahrensgruppe umfaßt zusätzlich spezielle Skalen zu Belastungen oder Stressoren am Arbeitsplatz (STA, SABA), eine dritte, heterogene Gruppe erfaßt spezielle Einzelmerkmale wie Regulationserfordernisse (VERA) und Regulationserfordernisse (RHIA), oder Problem- und Merkmalsbereiche wie →Arbeitssicherheit (FSD), Hausarbeit und Alltagstätigkeiten (EVA), oder Entscheidungen bei der Einführung von neuen Technologien in Büro und Verwaltung (KABA). Da bei mehreren der spezialisierten Verfahren sehr genaue Analysen einzelner Aufgaben erfolgen, können sie auch zur →Aufgabenanalyse dienen. **[L]** LANDAU & ROHMERT 1989, SCHÜPBACH 1989, ZAPF 1989 *S. Greif*

Tätigkeitsgefühl, Aktivitätsgefühl, nach WUNDT ein Gefühl, das viele ps. Vorgänge begleitet, insbes. für Konzentrationsleistungen charakteristisch ist. Es wurde als eine Verbindung von Erregung und Spannung oder auch als eine solche von Erregung und Lösung betrachtet. →Gefühl

Tatonnement, reproduktives [frz. *tâtonner* unsicher, tappend vorgehen], beim (zunächst vergeblichen) Versuch des →Abrufs eines «vergessenen» Namens benutztes «Abtasten» mit Hilfe von «Stütznamen», die dem Gesuchten ähnlich sind. Von WITTE (1960) als dynamisches Phänomen analysiert.

Taubheit →Gehörlosigkeit

Taubstummensprache →Gehörlosigkeit

Taubstummen-Test [T] HERDERSCHEE

Taucherpsychologie, unter Wasser herrschen physikalische Umgebungsbedingungen, die im Vergleich zu terrestrischen Normalverhältnissen stark verändert sind. Dabei handelt es sich hauptsächlich um Veränderungen in den optischen und akustischen Eigenschaften des umgebenden Mediums sowie um Überdruck (1 atm. pro 10 m Tauchtiefe) und um Kälteeinwirkung. Die T. beschäftigt sich mit der Wahrnehmung, dem Erleben und der Leistungsfähigkeit des Tauchers unter Wasser. Bei speziellen Tauchverfahren ist der Einsatz von Unterwasserhäusern sinnvoll, die einen längeren Unterwasseraufenthalt ermöglichen. So beschäftigt sich die T. auch mit dem Leben in abgeschlossenen Systemen (→Kleingruppe, →Raumfahrtpsychologie). Der Taucher unterwirft sich einer Vielzahl von Entbehrungen und Gefahren. So untersucht die T. ebenfalls Motivations- und Persönlichkeitsprobleme. Taucherps. Forschung wird systematisch von verschiedenen Forschungsinstituten der US Navy betrieben. Im europäischen Ausland haben sich ADOLFSON in Schweden (Leistungsverhalten unter Überdruck) und ROSS in Schottland (Wahrnehmung) experimentell mit Fragen der T. befaßt. Dabei geht es hauptsächlich um mentale und motorische Leistungsbeeinträchtigungen bei Tiefen von mehreren hundert Metern und den dabei notwendigen veränderten Atemgasgemischen (Helium statt Stickstoff). [L] ADOLFSON & BERGHAGE 1974, GOETERS 1978, RADLOFF & HELMRICH 1968

W. Glaser

Tau-Phänomen, ein von GELB (1914) beschriebenes Phänomen. Bietet man drei Lichtpunkte in objektiv gleichen räumlichen Abständen sukzessiv, läßt aber den dritten schneller auf den zweiten folgen als den zweiten auf den ersten (ungleicher Zeitabstand), so scheint der zweite Punkt räumlich dichter am dritten zu liegen, d. h., der ungleiche zeitliche Abstand wirkt sich räumlich aus. Ebenso wird der objektiv gleiche Abstand zwischen zwei Linien, die sukzessiv dargeboten werden, abhängig von dem Zeitabstand der beiden Darbietungen über- bzw. unterschätzt. [L] HELSON & KING 1931

Täuschung, zum Erkennen der T. dienen meist nichtverbale *cues* (nichtverbale Kommunikation). →Personwahrnehmung, →double bind. [L] FUGITA et al. 1980

Täuschungen →geometrisch-optische Täuschungen

Täuschungsverhalten, (biol.) auch proteanes Verhalten. Verhaltensweisen, die darauf ausgerichtet sind, einen Feind von seiner Beute abzulenken. Viele Vögel locken ein Raubtier von der Nähe des Brutplatzes fort, indem sie sich flügellahm stellen. →Totstellverhalten

TAVT [T] SCHUBERT

Tavor® →Lorazepam

Taxilan® →Perazin

Taxis [gr. *taxis* das Ordnen], Bez. für eine durch einen Reiz ausgelöste, freie Ortsbewegung von ein- oder mehrzelligen Organismen. Nach Art des Reizes unterscheidet man chemo-, geo-, photo- usw. taktische Bewegungen. Erfolgt auf den Reiz eine ungerichtete (Schreck-)Reaktion, spricht man von Phobotaxis, ist sie auf die Reizquelle bezogen, von Topotaxis. Hierbei unterscheidet man eine positive T. (bei Zuwendung zur Reizquelle) und eine negative T. (bei Abwendung von der Reizquelle). Den taktischen Reaktionen ist der →Tropismus – eine Wachstumsbewegung – gegenüberzustellen.

Taxometrie, syn. →Taxonomie, numerische

Taxonomie, Bez. für ein Ordnungssystem nach festen Regeln. Das bekannteste Beispiel ist die biologische Klassifikation des Tier- und Pflanzenreiches von LINNÉ, die gleichzeitig einen hierarchischen Aufbau impliziert. Hierarchie ist jedoch nicht notweniges Merkmal einer T., wenngleich die wichtigste T. im erziehungswissenschaftlichen Bereich ebenfalls von einem hierarchischen Aufbau ausgeht. Lernziele im kognitiven Bereich werden nach zunehmender Komplexität (BLOOM), im affektiven Bereich nach zunehmender Internalisation (KRATHWOHL et al.) und im psychomotorischen Bereich nach zunehmender Koordination der Leistung (DAVE) zugeordnet. Im erziehungswissenschaftlichen Sinne versteht man unter T. inhaltlich neutrale, hierarchisch aufgebaute Kategorienschemata zur Beschreibung bzw. Beurteilung zu erreichender oder erreichter Lernziele. Neben der Bestimmung von Lernzielen finden T. zunehmend Verwendung bei der Klassifizierung von Medien (vgl. SCHWITTMANN). →Lernziel. [L] BLOOM 1972, DAVE 1968, GLÜCK 1973, KRATHWOHL et al. 1969, SCHWITTMANN 1973

Taxonomie, numerische [engl. *numerical taxonomy, cluster analysis*], unter n. T. werden Verfahren zusammengefaßt, die, ausgehend von einer Matrix von Ähnlichkeiten (auch Korrelationen) zwischen Objekten oder Variablen, diese in möglichst homogene und disjunkte Klassen einteilen. Außer in den angewendeten Homogenitätskriterien unterscheiden sich die Verfahren prinzipiell darin, ob eine →Hierarchie von Klassifikationen (z. B. JOHNSON 1967) oder nur die Klassifikation auf einer Ebene (z. B. CATTELL & COULTER 1966) bestimmt wird. Die hierarchischen Verf. unterscheiden sich in ihrem Vorgehen zusätzlich noch darin, ob sie aufteilend (divisiv) oder zuordnend (agglomerativ) vorgehen; der Vorteil der agglomerativen Verfahren ist direkte Anwendbarkeit einfacher statistischer Prüfgrößen zur Bestimmung der Homogenität. *A. Zimmer*

Taylor, Harold C. (*1905), Psychologe / USA

Taylor-Russell-Tabellen, von den Autoren gleichen Namens (1939) publizierte Tabellen, welche die Beziehung darstellen zwischen der Höhe der →Validität eines Tests, der Höhe des →Ausleseverhältnisses und des Prozentsatzes derjenigen Pbn, die auch ohne die Anwendung eines Tests in der vom Kriterium geforderten Richtung sich bewährt haben. Aus diesen Tabellen läßt sich ablesen, welchen Erfolg ein Test unter den vorgegebenen Bedingungen hat. *H. Häcker*

Taylor-System, Taylorismus, Gesamtheit der Verfahren zur Erzielung ökonomischer Betriebsführung in Industrie, Technik, Handel und Verkehr. Bezeichnet nach dem amerikanischen Ingenieur F. W. TAYLOR (1856–1915), der seit 1895 Forschungen auf dem Gebiete der Betriebswissenschaft unternommen hat. Der erste Versuch, wissenschaftliche Erkenntnisse zur Bewältigung der menschlichen Probleme in der Industrie zu nützen, hat zahlreiche weitere Systeme der Rationalisierung ins Leben gerufen. TAYLOR suchte für jede Arbeitsverrichtung *«the one best way»*, die einzige und beste Verfahrensweise, die er dann festlegte und vorschrieb. Straffe Zeitausnutzung, technische Vervollkommnung, Lohnregulierung, rationelle Organisierung aller Betriebsvorgänge, →Bewegungs- und →Zeitstudien waren die vorrangigen Ziele des TAYLOR-Systems, das der Autor als *«scientific management»* bezeichnet hat.

TBGB, Testbatterie für geistig behinderte Kinder [T] BONDY

T-Daten [engl. *test data*], nach R. B. CATTELL diejenige Gruppe von Daten zur Persönlichkeitsbeschreibung (neben den →L-Daten und den →Q-Daten), die aus Testergebnissen, Aufgabenerledigungen und Versuchen *(trials)* erschlossen und als Leistung bzw. Verhaltensbeobachtungen erhoben werden können. CATTELL hat 21 sog. →U.I.-Dimensionen faktorisiert, die nur in geringem Umfang mit Dimensionen, die aus Q-Daten stammen, konvergieren. →Persönlichkeitsfaktor, →Faktorentheorie der Persönlichkeit. [L] CATTELL 1958, HERRMANN 1972, SCHEIER 1958. [T] SCHMIDT et al.

TE, Abk. für *time error* →Zeitfehler

Technik [gr. *techne* Kunst, Kunstgriff, Kunstwerk], im weitesten Sinne ist T. das bei jeder menschlichen Tätigkeit einsetzbare Prinzip zur Systematisierung, Verbesserung, Veredlung, Sicherung der Tätigkeitsformen. →technisches Verständnis, →Psychotechnik

technisches Verständnis, Bez. für das Erfassenkönnen von Ursache-Wirkungs-Zusammenhängen technischer (naturwissenschaftlicher) Art sowie von technischen Konstruktionsprinzipien. Man unterscheidet auch technisch-konstruktives Denken und technisch-praktisches Handeln (Findigkeit). Zur Erfassung mit Tests werden zwei Wege beschritten: das Manipulieren an Apparaten und mit mechanisch-technischem Material oder die Stellungnahme zu Abbildungen von technischen, mechanischen Vorgängen. Zum ersten z. B.: [T] SCHULZsche Pumpe, Hebelsystem (MEILI), Hammerwerk (MOEDE). Zum letzteren [T] BENNETT, LIENERT. Störend für die Diagnose ist die mäßige →Reliabilität vieler techn. Tests und die geringe Übereinstimmung der Ergebnisse bei Methodengruppen. [L] MERZ 1971

Technologie, in der Betriebswirtschaft und →Arbeitswissenscchaft einschließlich der →Arbeits- und Organisationspsychologie ein Oberbegriff zur Bezeichnung der Gesamtheit der Verfahren und Methoden bei der Gewinnung oder Verarbeitung von Rohmaterialien zu Produkten in einer →Organisation. Gemeint ist damit nicht nur die Technik im enge-

ren Sinne (z. B. Werkzeuge, mechanische Geräte, computerunterstützte Systeme wie CNC-Drehmaschinen bis hin zu CIM-Technologien), sondern auch die typische Arbeitsweise gruppiert nach der Auflagenhöhe (Einzel-, Serien- und Massenfertigung), nach Art der Aufstellung (Werkstatt, Reihen- und Fließfertigung sowie Prozeßfertigung) oder nach dem Automatisierungsgrad (Handarbeit, Mechanisierung, Automatisierung).
Nach Kontingenztheorien der →Organisation bestimmen Merkmale der →Organisationsumwelt (insbes. Spezialisierung und Dynamik des Produktmarkts), welche T. für die Organisation optimale →Effizienz und →Effektivität erwarten läßt. **[L]** KIESER & KUBICEK 1983, SCHOLL 1993 *S. Greif*

Technopsychologie →Psychotechnik

Teilleistungsschwächen, neurogene Leistungsminderungen einzelner Faktoren oder Glieder innerhalb eines funktionellen Systems (LURIA 1970, 1973), das zur Bewältigung einer komplexen physiol. oder ps. Anpassungsaufgabe wie Atmung, Lokomotion, Rechtschreiben, Rechnen, Denken erforderlich ist. Bei der Möglichkeit des vikariierenden Eintretens einzelner funktioneller Teilglieder füreinander und bei ihrer Polyvalenz, mit der sie in jeweils anderer Konstellation an der Bildung mehrerer funktioneller Systeme beteiligt sind, sind zum Nachweis von T. etliche nach wahrnehmungs-, handlungs-, lern-, gedächtnis- und aktivierungstheoretischen sowie nach neuroanatomischen und neurophysiolog. Gesichtspunkten systematisch variierte Aufgabestellungen erforderlich. In der Abgrenzung zur allg. Lernunfähigkeit (Oligophrenie) finden sich neben T. andere, besser leistungsfähige Teilfunktionen im gleichen Organismus. Über die Ätiologie von T. ist mit dem Begriff nichts ausgesagt. **[L]** GRAICHEN 1973, 1975

Teilzielbildung, strategisches Prinzip, mit dem sich der Problemlöser bei bestimmten Arten von →Problemen die Lösungsfindung erleichtern kann, indem er zunächst einen Zwischenzustand anstrebt. **[L]** KLIX 1971

Tektonik, Aufbau, Struktur. Begriff der →Charakterologie

tektopsychisches Milieu [gr. *tektainomai* bauen] (HELLPACH), künstlich geschaffener Lebensschauplatz eines Individuums, bezogen auf die sogenannte «Kulturlandschaft», d. h. Häuser, Straßen, Gärten, Plätze, Städte, Dörfer.

Telegrammstil, das Weglassen von nebensächlicher (z. B. konnotativer) Information, das Vermeiden von Redundanz in der Formulierung sowie die kostensparende Verringerung der Wortanzahl in sprachlichen Mitteilungen (v. WEIZSÄCKER 1959). Ausgelassen, oder wenigstens mit einem Inhaltswort vereinigt, werden Funktionswörter; dagegen bleiben die – als Morpheme in Worteinheiten eingebundenen – Flexionsendungen erhalten, und morphematische Veränderungen werden ausgeführt (z. B. «eintrafen» statt «wir trafen ein»). • Bez. für →Dysgrammatismus bei →Aphasien sowie für unvollkommenes Sprachvermögen bei Oligophrenie. • Die ersten Zwei- und Mehrwortäußerungen in der normalen kindlichen Sprachentwicklung wurden ebenfalls als T. *(telegraphic speech)* bezeichnet (BROWN & FRASER 1963, BROWN & BELLUGI 1964). Bei Untersuchungen zum Nachsprechen einfacher Sätze hatten die Kinder die Reihenfolge der Wörter beibehalten, die Funktionswörter aber ausgelassen (daher T.); im Unterschied zum T. der ungestörten Sprachproduktion bei Erwachsenen fehlten jedoch hier (wie auch bei dem dysphatischen T.) die Flexionen. Spätere Modifikationen dieser Bez. durch BROWN (1973) unter Berücksichtigung auch der spontanen Sprachäußerungen: Selbst auf dieser frühen Stufe der kindlichen Sprachentwicklung fehlen Funktionswörter nicht gänzlich. Nur einige von ihnen erscheinen nicht, andere treten in häufigen Redewendungen gelegentlich mit auf, und eine dritte Gruppe wird offenbar «voll kontrolliert» eingesetzt. Dieses unterschiedliche Auftreten der sog. Funktionswörter wird unter Anwendung einer *«rich interpretation»* (→Holophrase) in Zusammenhang gebracht mit deren sehr unterschiedlicher Ausdrucksfunktion (z. B. werden Funktionen, die nur eine semantische Modifikation wie etwa den Plural bezeichnen, eher ausgelassen als solche, die eine semantische Relation wie etwa Verschwinden oder Wiederauftauchen eines Gegenstandes ausdrücken). Aber auch vom unterschiedlichen Hervorstechen der Klangbilder von Funktoren im Prozeß der →Sprachrezeption des Kindes scheint deren Verwendung abzuhängen; z. B. treten volle und betonte Silben wie etwa engl. *«there» (milk)* häufiger auf als die in die rhythmische Einheit anderer Silben einbezogenen Formen wie etwa *«is»* in *«there i(s) milk»*.

Telegramm-Test **[T]** LEIPZIGER LEHRERVEREIN

Telekinese [gr. *telos* Ende, *kinesis* Bewegung],

Beeinflussung der Bewegung entfernter Gegenstände durch angeblich okkulte Kräfte.

Telenzephalon →Gehirn

Teleologie [gr. *telos* Ende, Zweck], Lehre von der Zweckmäßigkeit und dem Zweckbestimmtsein alles menschlichen wie auch geschichtlichen und natürlichen Handelns und Geschehens. Die teleologische Betrachtung ist metaphysisch, wenn sie in Analogie zu menschlichen Zwecken und Zielsetzungen auf Außermenschliches schließt. Die T. ist im logischen Sinn die Umkehrung der →Kausalität, da ein gegenwärtiges Phänomen aus seiner zukünftigen Bestimmung, d. h. ein zeitlich Früheres aus zeitlich Späterem, erklärt wird. Häufig wird die T. als notwendige Erkenntniskategorie der Lebenswissenschaften vom «bloß blind kausalen» physikalischen Prozeß abgehoben und als genügender Erkenntnisgrund für eine wissenschaftliche Aussage angesehen. Dazu muß aber auch über die Feststellung der Zweckmäßigkeit eines lebendigen Geschehens hinaus nach der Bedingungsanalyse gefragt werden, um festzustellen, welche funktionalen Abhängigkeiten diese oft vordergründig in Erscheinung tretende T. erst in ihrem Zustandekommen ermöglichen.

teleologisch, auf ein Ziel oder einen Zweck bezogen, einen Zweck unterstellend

teleologische Psychologie, svw. hormische Psychologie, →Psychologie (Richtungen)

Telepathie, syn. Fernfühlen, mentale Suggestion, Telästhesie. Die Erfassung der Bewußtseinsinhalte einer anderen Person auf anderem Weg als durch die Sinneswahrnehmung. →Parapsychologie

Teleplastie →Materialisation

Telerezeptor →Rezeptor

Temazepam, WZ Phanum®, Psychopharmakon aus der Gruppe der →Tranquillantien vom Typ der →Benzodiazepine mit rascher Resorption und mittellanger Wirkungsdauer, verwendet als →Hypnotikum. *W. Janke*

Temperament [lat. *temperare* mäßigen, mischen, *temperamentum* Maß], die vorherrschende Art und die individuelle Eigenart des Ablaufs der seelischen Vorgänge. T. kann auch als Profil der Energetik und Affizierbarkeit, die vorzugsweisen Schwingungsbereiche (KRETSCHMER) bezeichnet werden. Seit HIPPOKRATES bzw. GALEN unterscheidet man vier T., die zugleich als seelischer Ausdruck der vier Hauptsäfte des Körpers aufgefaßt wurden: (1) Sanguiniker [lat. *sanguis* Blut, Kraft]: wechselnder, unbeständiger Stimmungsmensch. (2) Melancholiker [gr. *melas* Schwarz, *chole* Galle]: Schwärmer, Hypochonder, Neigung zu Schwermut und Trübsinn. (3) Choleriker [gr. *chole* gelbe und weiße Galle]: heftiger Willensmensch, aufgeregter Gefühlsmensch. (4) Phlegmatiker [gr. *phlegma* Brand, Schleim]: langsamer, gleichgültiger bis apathischer Gefühlsablauf, willensmäßig kaltblütig. • KRETSCHMER schuf in seiner →Typologie naturwissenschaftliche Grundlagen der T.forschung. GUILFORD untersuchte T. als einen von sieben wichtigen Teilbereichen der →Persönlichkeit: Es sind jene →Eigenschaften, die den Handlungsstil bezeichnen (wie z. B. Fröhlichkeit, Impulsivität usw.). →Faktorentheorien der Persönlichkeit *E. Roth*

Temperamentenlehre (HIPPOKRATES) →Typologie

Temperamentsdimensionen →Faktorentheorien der Persönlichkeit (GUILFORD)

Temperaturenempfindung →Hautsinne

Temperaturpunkte, Hautstellen, die die Temperaturempfindungen vermitteln. Man unterscheidet Kälte- und Wärmepunkte. Diese geben immer die gleiche Empfindung (spezifische Sinnesempfindung). →Kälteempfindung

template matching [engl.] →Schablonenvergleich

Temporallappen, Schläfenlappen des →Gehirns

Tenazität [lat. *tenacitas* das Festhalten], Zähigkeit, Hartnäckigkeit. In der Ps. besonders T. der Aufmerksamkeit, bei Gefühlen, in der Konzentration u. a.

Tendenz [lat. *tendere* spannen, lenken], Richtung, Verlaufsrichtung, z. B. einer Reihe von Meßwerten, aus denen sich eine Kurve bilden läßt. • Die Richtung des Strebens wie z. B. allgemein die in der Struktur angelegte Richtung auf eine besondere Verhaltensweise (strukturelle Tendenz). I. ü. S. auch svw. Absicht. • Unterschieden wird zwischen determinierender T. (Begr. von ACH zu den Denk- und Willensvorgängen), antizipatorischer T. (Begr. der Lernps.) und perseverativer T. (Begr. i. d. Persönlichkeitsforschung).

tendenziöse Apperzeption, nach ADLER der Vorgang, daß die →Apperzeption von bestimmten Tendenzen (→Leitlinien) gesteuert wird.

Tension [lat. *tendere* spannen], Spannung, (1) Spannung der Muskeln (Hyper- und Hypo-T.), (2) T. als gesamte Aktivität, (3) emotionale T.

Teratogene, Stoffe, die bei pränataler Einwirkung auf den Embryo/Fötus Mißbildungen hervorrufen. Die Stärke und Art der

Wirkungen hängt außer vom Stoff und individuellen Faktoren wie Rasse, Lebensalter, Lebensweise vor allem von der Zeit der Einwirkung (sensible Periode) und der Dauer ab. Als besonders sensible Periode gilt die Zeit der Entwicklung des Nervensystems (pränatal 3–8 Wochen). Arzneimittel mit möglicher teratogener Wirkung beim Menschen sind u. a. Zytostatika, Antiepileptika, Alkohol und das aus dem Handel gezogene Thalidomid (Contergan). Die weitaus häufigsten Schäden sind auf Alkoholmißbrauch der Mutter zurückzuführen. [L] ABEL 1989, GANDELMAN 1902, MAJEWSKI 1993 *W. Janke*

Teratologie [gr. *teras, teratos* Wunderzeichen, außergewöhnliche Naturerscheinung; Mißgeburt, dazu die Neubildung *teratogen* Mißbildungen erzeugend], Lehre von Mißbildungen der Lebewesen. Verhaltens-Teratologie *(behavioral teratology)* die Untersuchung der physiol. Grundlagen von Verhaltensdeformationen. [L] LARSSON & HÅRD 1982

Terman, Lewis Madison (1877–1956), Studium Clark-University. 1905 Prom. 1910–1973 Prof. Stanford-Univ., dort 20 Jahre Leiter d. Psych. Dept. T. ist vor allem bekannt durch seine Intelligenzmessungen u. Hochbegabungsforschung. Konstruierte den Stanford-Binet-Intelligenztest. Untersuchte ca. 1500 hochintelligente Kinder. Dadurch konnte er mit dem Vorurteil aufräumen, daß Hochbegabte kränklich, schlecht angepaßt u. exzentrisch sein sollen, sondern nachweisen, daß sie vielmehr körperlich besser entwickelt, gesünder u. erfolgreicher sind.

Termineingebung, eine →posthypnotische Suggestion, durch die einer Person aufgegeben wird, eine bestimmte Handlung zu einer bestimmten Zeit auszuführen.

Territorialität [engl. *territoriality*], ein zunächst aus der Verhaltensforschung stammendes, inzwischen jedoch in der Umweltpsychologie von SOMMER (1959) verwendetes Konzept zur Kennzeichnung von Verhaltensweisen und Kognitionen bei Personen oder Gruppen, die sich aus dem wahrgenommenen Besitzanspruch bezüglich geographischer Räume ableiten. Inzwischen wird standardmäßig zwischen drei Formen von Territorien unterschieden, die hinsichtlich ihrer Bedeutung für den einzelnen bzw. für die Gruppe, hinsichtlich der Aufenthaltsdauer, der subjektiven Interpretation des Besitzanspruches und der Bereitschaft, das jeweilige Territorium zu verteidigen, voneinander abweichen: (a) primäre Territorien wie das eigene Zuhause, der individuelle Arbeitsplatz, (b) sekundäre Territorien wie die Schule, die Firma, der Ort bzw. die Institution, wo man arbeitet, (c) öffentliche Territorien wie Fußgängerzonen, Freizeitparks, Kneipen, Strände. Die vollständige Kontrolle des Territoriums hinsichtlich der Anwesenheit anderer und die Wahl, in einer selbstaufgesuchten Situation zu einer selbstdefinierten Zeit und für eine selbstbestimmte Zeitdauer alleine zu sein, wird als Privatheit bezeichnet. [L] ALTMAN 1975, ALTMAN & CHEMERS 1980, BELL, FISHER, BAUM & GREENE 1990 *B. Six*

Territorialverhalten, (biol.) agonistische Verhaltensweisen, die darauf gerichtet sind, einen Raum für bestimmte Lebensbedürfnisse (z. B. Futter, Balz, Brutpflege) gegenüber Artgenossen zu behaupten. Die meisten Vögel grenzen durch ihren Gesang im Frühjahr ihre Territorien gegen Artgenossen ab. • Abgrenzendes, menschliches Verhalten in sozialen Räumen wird auch als T. bezeichnet. Es wird nur bei Mangel bzw. Einengung wahrgenommen. →Reaktanz. [L] GNIECH & PREUSS 1980, GNIECH & GRABITZ 1978 *V. Preuss*

Territorium →Grenzkontrolle

Tertiärqualitäten, (von Reizen), in der Ästhetik der →Gestaltps. gebräuchlicher Ausdruck für Reizfolgen im Erleben, die am besten mit Bez. belegt werden, wie man sie auch für →Stimmungen braucht (z. B. ein unbehaglich wirkendes Zimmer, ein freundliches Gesicht). [L] KÖHLER 1971

Test, (psychodiagnostisch), Verfahren zur Messung von ps. bedeutsamen Dimensionen. Ein T. kann als spezifisches ps.diag. Experiment bezeichnet werden, mit dem ein oder mehrere Merkmale gemessen werden. Solche T. müssen →Testgütekriterien in hinreichendem Maße besitzen. Sie dienen zur quantitativen Bestimmung des relativen Grades von individuellen Merkmalausprägungen. Psychodiagnostische T. können als Mittel zur Querschnittsdiagnose, zur Längsschnittdiagnose und als Forschungsverfahren eingesetzt werden. →Testkonstruktion

Testangst, das vor und während der Durchführung von →Tests (insbes. von ps. und Schulleistungstests) auftretende Angstgefühl beim Pb/Schüler, das in Extremfällen zur Verzerrung des «wahren» Leistungsvermögens führen kann. Für die Testtheorie und -konstruktion stellt sich Testangst als Problem der Sicherstellung ausreichender Validität dar (die Realibilität muß durch Testangst nicht tangiert werden, falls die Durchführungsbedingungen immer in gleicher Weise angstbesetzt sind). →Prüfungsangst, →Schulangst

Testauswertung, die Gesichtspunkte, die bei der Auswertung der Tests zu berücksichtigen sind (Leistungshöhe, Fehlerzahl, Qualität der Fehler, Zeitbedarf, Alter, Geschlecht, Schulbildung u. a.), haben verschiedene Methoden der Bewertung herausgebildet. Die wichtigsten sind: das Rangreihenverfahren (Ordnen der Resultate nach Rangplätzen), die von GALTON eingeführte Bestimmung von Prozenträngen (Perzentilen) und die Transformation der Leistungsdaten in →Standardwerte.

Test-Batterie, eine Kombination von Einzeltests, welche zum Ziel hat, die →Validität des mit einem einzelnen →Test gemessenen Merkmals zu erhöhen. Die Einzeltests werden also nicht beliebig in die Batterie aufgenommen, sondern für die Validitätssteigerung ausgesucht. Die Interkorrelation der Einzeltests orientiert sich bei der T. nach der Dimensionalität des zu messenden Merkmals. Will man mit einer T. alle Komponenten der →Intelligenz erfassen, so ist eine Anzahl von relativ heterogenen Einzeltests notwendig. Wird z. B. ein homogenes Persönlichkeitsmerkmal gemessen, so werden die Einzeltests hoch miteinander korrelieren. Bei hoher →Korrelation der Einzeltests spricht man von homogener T. Eine heterogene T. ist dadurch gekennzeichnet, daß die Einzeltests untereinander nur schwach korrelieren. Eine allg. Forderung an jede T. besteht darin, daß jeder Einzeltest möglichst hoch mit dem Gesamtscore oder mit einem Außenkriterium korrelieren soll. *H. Häcker*

Testdecke →ceiling-Effekt

Test de deux barrages [T] ZAZZO

Test des trois personnages [T] BACKES-THOMAS

Test du gribouillage [T] MEURISSE

Test du village [T] ARTHUS

Testdiagnostik, dynamische (DTD) von GUTHKE und WIEDEL (1996) eingeführter Sammelbegriff für alle testdiagnostischen Strategien, die über die gezielte Evozierung und Erfassung der intraindividuellen Variabilität im Testprozeß entweder auf eine validere Erfassung des aktuellen und tatsächlichen Standes eines psychischen Merkmals und/oder seiner Veränderbarkeit abzielen. *H. Häcker*

Testeichung, Phase bei der Testentwicklung bzw. dessen Standardisierung, bei der Normwerte gewonnen werden. Individuelle Testergebnisse können auf diese Weise mit Normwerten verglichen werden. Bei der T. stellt die Größe und die Repräsentativität der Eichstichprobe ein gewisses Problem dar. Liegt bei einem zu eichenden Test eine nur geringe →Reliabilität vor, so führen große Eichstichproben zu keiner Verbesserung der Normwerte, da der Standardmeßfehler groß ist. Tests mit durchschnittlicher Reliabilität sollten daher die Normwerte aus Eichstichproben erhalten, welche in hohem Maße repräsentativ sind. Die Eichstichprobe wird bei der Gewinnung von Normen nach den Prinzipien der Stichprobenorganisation durchgeführt. Die aus der T. gewonnenen Vergleichswerte werden in der Regel in →Normskalen transformiert, da auf diese Weise Tests mit unterschiedlichen Rohwerten miteinander verglichen werden können. *H. Häcker*

Testfairneß, Forderung an einen Test, die darin besteht, daß die Testwerte für Pbn bzw. Pbn-Gruppen valide sind und zu keiner ungerechtfertigten und nur durch den Testbias bedingten Diskriminierung gegenüber anderen Gruppen führen. Ein Test weist diese T. zum Beispiel nicht auf, wenn er die Leistung in einem Kriterium unterbewertet, obwohl die tatsächlich erbrachte Leistung höher ist und der Pb bzw. die Pbn-Gruppe dadurch benachteiligt wird. [L] CLEARY 1968 *H. Häcker*

Test-Film [T] GILLE

Testgütekriterien, Gütekriterien für psychodiagnostische Tests. Nach LIENERT (1969) kann man zwischen Haupt- und Nebengütekriterien unterscheiden. →Objektivität, →Reliabilität (Zuverlässigkeit) und →Validität (Gültigkeit) stellen die Hauptgütekriterien dar. Als Nebenkriterien gelten: →Ökonomie, →Nützlichkeit, Normierung (→Normskalen) →Vergleichbarkeit. Testverfahren, die diese Gütekriterien nicht aufweisen, können im eigentlichen Sinne nicht als Test bezeichnet werden, da ihnen die mit wissenschaftl. Methoden überprüften Grundlagen und die für eine Testkonstruktion notwendigen Kontrolluntersuchungen fehlen. Die APA hat 1966 (1974, 1985) die Standards, welche an Tests im Bereich der Psychologie und Pädagogik gestellt werden müssen, in einem Katalog von Anforderungen zusammengefaßt. In ähnlicher Weise hat der BDP in seinen «Berufsethischen Verpflichtungen für Psychologen» in Anlehnung an die *«Standards for Educational and Psychological Tests and Manuals»* die Anforderung an die Methoden, die der Psychologe bei seiner diagnostischen Tätigkeit benutzt, formuliert. Während durch die klassische →Testtheorie das Kriterium der Exaktheit des Meßvorgangs sehr stark in den Vordergrund gerückt wurde, werden diese Kriterien in neuerer Zeit als notwendig, aber nicht hinreichend angesehen, da festgestellt wurde, daß bei der konkreten Anwendung des Tests, z. B. in einer Auslesesituation, die Validität eines Tests durch verschiedene Faktoren beeinflußt wird (→TAYLOR-RUSSELL-Tafeln).

H. Häcker

Testikel, Testes, Testiculi →Keimdrüsen

Test, informeller [engl. *informal test*], Bez. für einen Test, der nicht standardisiert ist.

testing the limits, (Ausschöpfungsverfahren), damit wird die 4. Phase der von KLOPFER vorgeschlagenen mehrstufigen Testaufnahme des RORSCHACH-Protokolls bezeichnet. Auf die Phase der eigentlichen Aufnahme des Testprotokolls erfolgt eine nicht-direktive Befragung. Weitere Unklarheiten in der Aussage des Probanden werden über den Vergleich mit anderen Antworten zu klären versucht. In der Phase des ttl. werden gezielte Fragen gestellt, um z. B. →Erfassungstypus, →Determinanten, Inhalte der Antworten zu klären. Die Methode des ttl. kann auch im Bereich von Leistungstests eingesetzt werden. Bei dieser Methode wird eine ein- oder mehrfache Testwiederholung mit demselben Test oder Paralleltests unter Standardbedingungen oder gemäß klinischen Hypothesen variiert mit dem Ziel, →inkrementelle Validität gegenüber der Einfach-Testung zu erreichen. *H. Häcker*

Testkonstruktion, als T. können die gesamten Maßnahmen von der Planung eines Tests bis hin zur Publikation und Bereitstellung für die Anwendung bezeichnet werden. Es handelt sich dabei um einen sehr aufwendigen und vielstufigen Vorgang, bei dem sehr viele Kontrollschritte eingebaut werden, die dann ihrerseits wieder zu neuen Erprobungen führen. In sehr umfassende Phasen zusammengefaßt, läßt sich die T. ungefähr so beschreiben: Ist das zu messende Merkmal oder →Konstrukt definiert und psychologisch analysiert, so umfassen die planerischen Vorbereitungen die Entscheidungen über das zu wählende *design* (Planung) und die in den Test aufzunehmenden *Items*. Gerade die Güte der ps. Merkmalsanalyse bestimmt einen wesentlichen Teil des späteren Erfolgs des Tests. Testanweisungen und Überlegungen der Antwortmodalitäten gehören in diese Planungsphase genauso wie die Fragen der Aufgabenbewertung oder der geeignetsten sprachlichen Formulierung einer Aufgabe. Das Ergebnis dieser Vorplanungen ist eine vorläufige Testform. Mit dieser können dann die ersten Kontrolluntersuchungen als →Aufgabenanalyse durchgeführt werden. Der Geltungsbereich für die später zu untersuchenden Pbn-Gruppen führt zur Auswahl der Stichprobe für die Aufgabenanalyse. Bei der Aufgabenanalyse (Itemanalyse) müssen diejenigen Testgütekriterien quantitativ bestimmt werden, die auch für den Gesamttest in der Validierungsphase kontrolliert werden. Der Schwerpunkt der Aufgabenanalyse liegt in der →Schwierigkeitsanalyse und →Trennschärfebestimmung der einzelnen Aufgaben. Ziel der Analyse der Einzelaufgaben ist es, schlechte Aufgaben aus dem Test zu eliminieren und weniger geeignete zu korrigieren. Fällt die Aufgabenanalyse nicht befriedigend aus, so müssen neue Aufgaben konstruiert und die Aufgabenanalyse von neuem durchgeführt werden. Da in der Aufgabenanalyse nur die einzelnen Aufgaben für sich betrachtet werden, gilt es, in der Analyse der Rohwertverteilung die an der Analysestichprobe gewonnenen Rohwerte zu kontrollieren. Die empirisch gewonnene Rohwertverteilung muß mit der theoretisch erwarteten einigermaßen übereinstimmen. Andere Verteilungsformen sind auf ihre Andersartigkeit hin genau zu untersuchen und die Ursachen zu ermitteln. Das Ergebnis der Rohwertanalyse kann jedoch auch zu einer Testrevision führen. Sind diese Voranalyseschritte befriedigend ausgefallen, so kann man die Testendform konstruieren und die für die weitere Anwendung notwendigen äußeren Bedingungen, wie Herstellung der Testhefte, der Auswertungsschlüssel usw. schaffen. Einen nächsten Schritt in der Ermittlung der Testgütekriterien stellt die Messung der →Reliabilität dar, deren Ergebnis die Reliabilitätskoeffizienten sind. Die Höhe der ermittelten Koeffizienten muß im Einklang mit dem zu messenden Merkmal stehen: Sind die Reliabilitätskoeffizienten nicht befriedigend, so müssen Maßnahmen für eine Reliabilitätsverbesserung getroffen werden. Ist die Phase der Reliabilitätsmessung abgeschlossen, so wird die →Validität des Tests kontrolliert. Da in dieser Phase in der Regel ein Außenkriterium notwendig ist, erfordert diese Phase einen großen zeitlichen und finanziellen Aufwand. Die Höhe der Validität entscheidet darüber, ob der Test in die Phase der →Testeichung geht oder nicht. Um in der späteren Anwendung ein Testergebnis interpretieren zu können, benötigt man einen Maßstab, mit dem dieses individuelle Testergebnis verglichen werden kann. Diesen Maßstab liefert die Verteilung der Testwerte bei der Eichstichprobe. Diese muß entsprechend der späteren Verwendung ausgewählt werden. Meist handelt es sich um sehr viele Eichstichproben, an denen die Normdaten ermittelt werden müssen. Da die Bereiche der Rohwertverteilungen verschiedener Tests, die evtl. miteinander verglichen werden müssen, selten übereinstimmen, ist es üblich und praktisch, die Rohwerte in Standardnormen umzuwandeln. Zusätzliche Anforderungen an einen Test (z. B. Paralleltests oder Testbatterie) machen weitere umfangreiche Untersuchungen notwendig. Den Abschluß der T. bildet die umfassende Informierung des Testanwenders über die gesamten Phasen und Ergebnisse der Testentwicklung. [L] Lienert & Raatz 1994 *H. Häcker*

Testkuratorium, eine von der →DGPs und dem →BDP getragene föderative Kommission, deren Aufgabe darin besteht, die Öffentlichkeit vor unzulänglichen diagnostischen Verfahren (Tests) und unqualifizierter Anwendung solcher Verfahren zu schützen. Es erfüllt diese Aufgabe durch die Erarbeitung von Stellungnahmen u. Empfehlungen zu den Bereichen Testbewertung, -schutz und -entwicklung. Das T. hat einen Kriterienkatalog für die Testbeurteilung erstellt, mit dem Testverfahren bewertet werden können.

Test moteur [T] Heuyer-Baille

Testobjekt →Prüfgegenstand

Test of musical ability [T] Seashore

Test of primary mental abilities [T] Thurstone

Testosteron, wichtigstes männliches →Gonadenhormon aus der Gruppe der →Androgene, Bildung in den Testes und in der Nebennierenrinde. Steuerung über →FSH der Hypophyse und das Hypothalamushormon →GnRH. Bei Frauen Bildung nur in der Nebennierenrinde (bei Mann und Frau). Gaben von T. führen bei endokrin gestörten Personen, die u. a. unter Impotenz leiden können, oft zur Besserung. Die Wirkung bei Gesunden ist umstritten. Nach Untersuchungen von Düker treten bei leicht erschöpften Personen bei Dauermedikation Leistungsverbesserungen auf. Es besteht ein Zusammenhang zwischen T. und Aggression, der jedoch durch Sozialisationsfaktoren überlagert wird. Allerdings scheinen Kinder aggressiver zu sein, wenn die Mütter während der Schwangerschaft mit synthetischen Androgenen behandelt wurden. Unter Streßbedingung ist die Sekretion von T. reduziert .T. spielt eine ausschlaggebende Rolle bei der pränatalen, evtl. auch ps. Geschlechtsdifferenzierung. [L] Archer 1994, Christiansen & Knussman 1987, Dabbs 1992, Düker 1957, Herrmann et al. 1978, Money & Erhard 1972, Netter et al. 1998 *W. Janke/P. Zimmermann*

Testprofil, die von Rossolimo (1926) eingeführte graphische Darstellung der Testergebnisse mehrerer Einzeltests. Allg. bedeutet T. die Kombination von Einzeltests (Lienert & Raatz 1994).

Die Einzeltests sind dabei mehr oder weniger systematisch zusammengefaßt. Werden z. B. die Untertests eines Intelligenz-, Persönlichkeits- oder Interessentests zusammengefaßt, so spricht man dementsprechend von Intelligenz-Profil, Persönlichkeits-Profil oder Interessen-Profil. Damit das Profil diagnostisch interpretiert werden darf, ist es z. B. notwendig, daß die einzelnen Tests, aus denen das Profil zusammengesetzt ist, reliabel sind. Sie sollen möglichst niedrig untereinander korrelieren (faktoriell rein sein). Da mit der Kombination der Einzeltests im Profil eine Validitätssteigerung bezweckt wird, muß jeder Einzeltest und das gesamte Profil validiert werden. Die Forderung nach niedriger Interkorrelation der Einzeltests hat als Konsequenz zur Folge, daß die Unterschiede zwischen den einzelnen Tests reliabel sind. In der Praxis werden häufig die an ein Profil gestellten testkonstruktiven Forderungen wenig beachtet und berücksichtigt. →Profilmethode *H. Häcker*

Test projektif d'intérêts vocationnels [T] Bemelmans

Test für Kinderuntersuchungen [T] Arntzen

Test für medizinische Studiengänge →TMS

Tests de caractère [T] Heuyer

Tests, statistische, Signifikanzprüfungen. Bez. für sämtliche Verf. der statistischen Analyse, die zur Entscheidung über eine →Nullhypothese dienen. Beispiele: der t-Test für Mittelwertsdifferenzen, der F-Test zur Prüfung der Verschiedenheit von Streuungen, der χ^2-Test für die Analyse einer Verteilung von Häufigkeitszahlen, die Prüfung eines Korrelationskoeffizienten gegen den Wert Null u. a. Alle stat. Tests gründen sich auf bestimmte wahrscheinlichkeitstheoretische Modelle. Zu unterscheiden sind sog. parametrische und nichtparametrische stat. Tests. Die Verf. der ersten Art gehen von der Annahme aus, daß das Merkmal, auf das die Prüfung angewendet wird, in der Grundgesamtheit einer bestimmten Verteilungsform (Normalverteilung) folgt, während in die Verf. der zweiten Art (auch «verteilungsfreie Tests» genannt) keine solchen Voraussetzungen eingehen.

Testsystem, ursprünglich gleichbedeutend mit «Testbatterie» und «Testserie», setzen sich heutige T. aus Bestandteilen versch. Charakters (z. B. Tests, Fragebogen, Beobachtungsbogen, Protokollbogen für Interviews mit Familienangehörigen) zusammen. Die Daten werden in einer Datenbank gesammelt; es werden fortlaufende Validierungsuntersuchungen durchgeführt und deren Ergebnisse in formalisierter Weise bei der Begutachtung der nachfolgenden Untersuchungsfälle verwendet. Verf. dieser Art sind im Bereich der Laufbahnberatung und der klinisch-ps. wie der psychiatrischen Diagnostik entwickelt worden (→Computerdiagnostik), dabei vorzugsweise an Stellen entstanden, die über ein breites Dateneinzugsgebiet verfügen. Neue statistische Verf. werden es in Zukunft voraussichtlich möglich machen, lokale Besonderheiten in Rechnung zu stellen und die Schwierigkeiten zu überwinden, die sich aus dem relativ geringen Umfang der lokal anfallenden Daten ergeben. Voraussetzung dafür wäre die Schaffung zweckgerichteter Verbundsysteme zwischen im übrigen unabhängigen Institutionen (etwa Industrieunternehmen, Kliniken).

[L] ECKHARDT 1976 *H. H. Eckhardt*

Testtheorie, kann als dasjenige Teilgebiet der →Meßtheorie aufgefaßt werden, das sich mit den differentialps. Meßproblemen beschäftigt. Die diagnostische und prognostische Messung von individuell variierenden Merkmalen (wie Intelligenz, Fähigkeiten, Persönlichkeitsmerkmalen) an der Einzelperson stößt auf besondere Schwierigkeiten, da die mittels →Tests gewonnenen Meßzahlen offensichtlich ungenau sind. Dies ist teilweise dadurch bedingt, daß das Testergebnis durch eine unbekannte Anzahl irrelevanter Variablen (äußere Bedingungen wie Beleuchtung, Störgeräusche, vor allem aber innere Bedingungen wie wechselnde Motivation, Stimmung, augenblicklich begünstigte Assoziationen usw.) in einem von einer zur anderen Messung wechselnden Ausmaß mitbeeinflußt wird; dazu kommt, daß selbst die differentialps. relevanten Variablen, von denen das Testergebnis bestimmt wird, im Laufe der Zeit unsystematisch schwanken können, was für die Diagnostiker häufig nicht von Interesse ist. Das Bemühen, die genannten Ungenauigkeiten und Schwankungen bei der Beurteilung des Wertes eines Tests und der Bedeutung seiner Einzelergebnisse zu berücksichtigen, führte zur Entwicklung von Theorien der Reliabilität (→Zuverlässigkeit). Zweitens wird das Testergebnis nicht nur von derjenigen differentialps. Variablen (der Fähigkeit, der Eigenschaft bzw. deren empirisch zugänglicher Auswirkung, dem «Kriterium») determiniert, sondern auch von anderen ps. Variablen (Fähigkeiten, Eigenschaften), an deren Auswirkung auf das Ergebnis der Testbenutzer nicht interessiert ist. Auf diese Tatsache nehmen Ansätze zur Theorie der Validität (→Gültigkeit) Bezug. Mit Hilfe der Reliabilitäts- und Validitätstheorie wurde versucht, formale Prinzipien der Entwicklung von Tests (durch Zusammenstellung einer optimalen Art und Zahl von Einzelelementen oder «Items») abzuleiten (→Aufgabenanalyse) und praktische Prüfverfahren zur Schätzung von Zuverlässigkeit und Gültigkeit zu entwickeln. Die genannten Entwicklungen wurden erstmals in der heute als «klassisch» bezeichneten T. (z. B. GULLIKSEN 1950) zusammengefaßt. Ihren verschiedenen Varianten gemeinsam ist folgende Grundvoraussetzung: Jeder Meßwert eines Individuums kann zerlegt werden in eine «wahre Maßzahl», welche Ausdruck einer Gesamtwirkung aller differentialps. relevanten Ursachen (einschließlich des zu messenden Merkmals) ist, und eine zufällige Komponente, welche zu den wahren Maßzahlen (mit positiven oder negativen Vorzeichen) addiert ist. Dies ist der Ausgangspunkt der klassischen Reliabilitätstheorie. Den Ausgangspunkt der ihr entsprechenden «Faktorentheorie der Validität» bildet folgende Annahme: Die standardisierte wahre Meßzahl ist eine gewichtete Summe der Maßzahlen für verschiedene voneinander begrifflich unabhängige ps. Dimensionen (Faktoren); das gleiche gilt für das Kriterium. Gemeinsamkeiten in der faktoriellen Zusammensetzung (→Faktorenanalyse) von Test und Kriterium bestimmen den beobachtbaren Korrelationszusammenhang zwischen ihnen. Neue Entwicklungen in der T. stellen die sog. «stochastischen Modelle» dar. Sie gehen davon aus, daß zwischen dem Testergebnis und der zu messenden latenten Dimension von Natur aus ein Wahrscheinlichkeitszusammenhang besteht, nicht ein deterministischer, der bloß durch das Hinzukommen von Fehlern verwischt ist. Am ausführlichsten wurde bisher das «spezielle logistische Testmodell» von RASCH (1960) ausgearbeitet (FISCHER 1975). Es bezieht sich auf eindimensionale

Messungen und geht von der allgemeinen Voraussetzung aus, daß jede Person mit einem bestimmten Wert in einer latenten Dimension dieselbe Chance f_i hat, das Item i zu lösen. Die Abhängigkeit der Lösungswahrscheinlichkeit vom Wert in der latenten Dimension heißt «Item-Charakteristik». Wenn sie bekannt ist oder durch Transformation in eine bestimmte Form (z. B. logistische Funktion) willkürlich gesetzt wird, besteht die grundsätzliche Möglichkeit, die Personenparameter ξ für jede Person aus dem Antwortvektor (a_v) mittels Maximum-likelihood-Methode zu schätzen.
Die auf Grund der T. abgeleiteten Prinzipien der Testkonstruktion werden in der Ps. am häufigsten und einfachsten im Bereich der Fähigkeits-, Fertigkeits- und Kenntnistests angewendet. Größere Schwierigkeiten treten bei ihrer Anwendung auf Persönlichkeitstests auf. Gerade von Praktikern auf letzterem Gebiet werden überdies Einwände gegen jede rein meßtheoretische Bewertung der Qualität von Tests erhoben.
Tests können auch als Informationen, welche Entscheidungen erleichtern bzw. optimalisieren sollen, aufgefaßt werden.
Auch komplexere, dafür aber weniger zuverlässige Daten, wie etwa die Ergebnisse von projektiven Tests, könnten bei optimaler Ausnutzung der Information aus den verschiedensten Quellen evtl. von praktischem Wert sein. CRONBACH & GLESER (1957) führten die ersten entscheidungstheoretischen Ansätze von TAYLOR & RUSSELL (1939) (Effektivität von Tests zur Entscheidung über Annahme und Ablehnung von Bewerbern in Abhängigkeit von Validität, von der Grundquote potentiell Geeigneter und von der Selektionsquote) und von BROGDEN (1949) (Nettonutzen der Testanwendung unter Berücksichtigung seiner «Kosten» und des Nutzens bei Entscheidung ohne Tests) weiter und behandelten Entscheidungsstrategien bei Selektions-, Plazierungs- und Klassifikationsproblemen. Sie unterscheiden ein- und mehrstufige bzw. sequentielle Entscheidungsstrategien und «fixierte» (für alle Probanden gleiche) und «adaptive» Behandlung (das weitere Test- bzw. Entscheidungsverfahren wird je nach bereits vorliegenden Testwerten individuell so gestaltet, daß es den größten Nutzen verspricht). [**L**] BUGGLE 1969, FISCHER 1975, GULLIKSEN 1950, MAGNUSSON 1969, LIENERT & RAATZ 1994, JÄGER & PETERMANN 1992 *H. Häcker*

Tetanie, Tetanus [gr. *tetanos* Spannung, Krampf], mehrdeutiger Ausdruck, der sowohl die anhaltende Muskelspannung als Folge zahlreicher rasch aufeinanderfolgender Reizungen als auch den langdauernden tonischen Krampf bezeichnet. • Wundstarrkrampf nach Tetanus-Bazillen-Infektion.

tetanoid →T-Typ

tetrachorische Korrelation, (stat.) die T. bestimmt den latenten Zusammenhang zweier künstlich dichotomisierter Variablen (→Dichotomie). Es seien L_x und L_y zwei latente kontinuierliche Variablen, die an den Stellen γ_x und γ_y dichotomisiert werden. Dadurch ergeben sich die beiden binären Variablen X und Y:

$$X = \begin{cases} 0 : L_x < \gamma_x \\ 1 : L_x \mid \gamma_x \end{cases} \text{ und } Y = \begin{cases} 0 : L_y < \gamma_y \\ 1 : L_y \mid \gamma_y \end{cases}$$

Zielsetzung ist es, die Korrelation ρ der beiden latenten Variablen auf der Grundlage der gemeinsamen Verteilung von X und Y zu bestimmen. PEARSON (1900) entwickelte ein Verfahren zur Bestimmung dieser latenten Korrelation, unter der Voraussetzung, daß L_x und L_y eine gemeinsame bivariate Normalverteilung besitzen. Dieses Verfahren und die ermittelte Korrelation bezeichnet man als T. Die Berechnung der T. ist numerisch aufwendig, so daß spezielle Computerprogramme (BROWN 1977) und hilfreiche Approximationen (DIGBY 1983) zur praktischen Bestimmung der T. entwickelt wurden. Die T. wird vor allem in der psychologischen Testkonstruktion eingesetzt. *R. Ulrich*

Tetradendifferenzen, eine von SPEARMAN 1914 entwickelte Methode zur Feststellung eines einzigen gemeinsamen, mathematischen →Faktors für alle Interkorrelationen von Testdaten. Als Kriterium gilt, daß alle T. Null sein sollten (innerhalb der Zufallsgrenzen). SPEARMANS →g- und →s-Faktor-Theorie der Intelligenz basierten auf der Verwendung von T. Diese Methode ist überholt und wurde durch die →Faktorenanalyse ersetzt. →Faktorenanalyse, →Zweifaktorentheorie. [**L**] SPEARMAN 1914

Tetrajodthyronin, Abk. T4, →Schilddrüsenhormon

Tetrazole, Substanzklasse von Psychopharmaka aus der Gruppe der zentralen →Analeptika mit stimulierender Wirkung auf ZNS und VNS. Hauptvertreter ist →Pentetrazol.
W. Janke

Teufelskreis, ein von KÜNKEL (1950) vorgeschlagener Begr. für den Vorgang, daß äußerlich überspielt wird, was innerlich gegenteilig angelegt und wirksam ist. T. gehört neben den Begr. Krisenhaftigkeit, Wir-Haftigkeit und

T

Ich-Haftigkeit zu den wichtigsten in der Charakterkunde (Tiefenps.) von KÜNKEL. • Der T. ist als *circulus vitiosus* ein Modell zur Dynamik neurotischen Verhaltens: Die inadäquate Reaktion führt zu einem ständig neuen Kreislauf von Angsterzeugung und Vermeidungsversuch. →Neurose

Textkritik-Probe [T] GIESE

Textstruktur, die einem sprachlichen Text zugrunde liegende Bedeutungsstruktur. KINTSCH (1974) versteht unter T. oder Textbasis eine Sequenz von →Prädikat-Argument-Strukturen oder Propositionen. Nicht alle Propositionen einer T. müssen in dem sprachlichen Text ihren Ausdruck finden. Propositionen können in einem sprachlichen Text implizit enthalten sein. Die T. kommt nach KINTSCH im wesentlichen durch die Überlappung der →Argumente der einzelnen Propositionen zustande. Propositionen, die ein Argument in eine T. einführen, sind für die T. bedeutsamer als solche, die Argumente aus anderen Propositionen wieder aufgreifen. Andere Autoren, z. B. RUMELHART (1977), verstehen unter T. vornehmlich ein kognitives Schema. Dieses repräsentiert die Organisationsstruktur eines Textes. Schemata sind ganzheitliche Repräsentationen von bestimmten Ereigniszusammenhängen. Das bekannteste Schema ist die sog. *story grammar* (RUMELHART 1975). Sie repräsentiert die Organisationsstruktur eines Erzähltextes. Sie bildet ein Regelsystem analog zu dem der →generativen Grammatik, das es erlaubt, die Struktur einer Erzählung *(story)* aus dem übergeordneten *story*-Symbol abzuleiten. [L] BOCK 1978 *J. Engelkamp*

Texttheorie, die T. versucht, die Voraussetzungen und Bedingungen konkreter Textproduktion und -rezeption in sprachlichen Kommunikationprozessen zu erforschen. SCHMIDT (1973) hat in diesem Zusammenhang ein Faktorenmodell der idealisierten sprachlichen →Kommunikation vorgelegt, das versucht, alle diejenigen Elemente und Relationen einzufangen, die für eine theoretische Rekonstruktion von sprachlichen Kommunikationsprozessen erforderlich sind. Unter sprachlicher Kommunikation versteht SCHMIDT sprachliches, partnerbezogenes, intentionales und informatives →Handeln, das in Form von «Texten» vollzogen wird. Sprachliches Handeln vollzieht sich in komplexen «Kommunikationsgeschichten», die in Anlehnung an WITTGENSTEINS Begriff des →Sprachspiels Handlungsspiele genannt werden (z. B. eine Schulstunde oder eine Gerichtsverhandlung) und deren Elemente einzelne Kommunikationsakte oder →Sprechakte sind. →Pragmatik. [L] SCHMIDT 1973 *J. Engelkamp*

Texturgradient →GIBSON-Gradient

Thalamus →Gehirn

Thanatopsychologie [gr. *thanatos* Tod] →Todespsychologie, →Sterben

THC, Abk. für Tetrahydrocannabinol, Wirksubstanz von →Cannabis *W. Janke*

Theismus [gr. *theos* Gott], Glaube an den einzigen, persönlichen Gott als Schöpfer, Lenker und Erhalter. →Deismus, →Pantheismus

thema →need

thematisch-athematisches Zeichnen [T] HORN-HELLERSBERG, KINGET, WARTEGG

Thematische Apperzeptions-Tests [T] MURRAY, AMMONS, ANDREW, BACHRACH, BELLAK, BLUM, BRIGGES, JACKSON, LENNEP, SYMONDS, THOMPSON, TOMKINS

Thematisches Zeichnen [T] BUCK, GOODENOUGH, KOCH, MACHOVER, MINKOWSKA

themenzentrierte Interaktion (TZI), bezeichnet ein Verfahren der Gruppenleitung und Gruppenarbeit, bei dem unter Beachtung bestimmter Regeln versucht wird, Thema, Individuum und Gruppe (die häufig konkurrierenden Größen) in Balance zu bringen. Ziel des Verfahrens der TZI ist es u. a., «lebendiges Lernen» durch angstfreie Interaktion zu ermöglichen. [L] COHN 1975

Theophyllin, chem. Substanz aus der Gruppe der sympathikomimetischen →Psychostimulantien *W. Janke*

theoretische Intelligenz, eine wissenschaftl. unverbindliche, doch zur Personcharakterisierung für bestimmte Entscheidungen (z. B. Berufswahl) brauchbare Abgrenzung der →Intelligenz, die vorzugsweise auf das begriffliche Denken, auf abstraktes und systematisches Erkennen gerichtet ist. Die «praktische Intelligenz» zielt auf Konkretes und auf das Handeln.

theoretischer Typus (SPRANGER) →Typologie

Theorie, deduktiv geordnetes System von Gesetzeshypothesen mit einem gemeinsamen Gegenstandsbereich; aus den Grundgesetzen (→Axiome, Postulate) einer T. sind alle anderen Aussagen der T. (Theoreme) deduktiv-logisch ableitbar. Durch die Konstruktion einer T. wird das Wissen über die Phänomene in einem bestimmten Bereich (empirische Befunde, bestätigte Hypothesen) systematisiert, die Axiome sind eine hochkomprimierte Zusammenfassung dieses Wissens. Ziel ist es, möglichst viele Hypothesen durch möglichst wenige Grundgesetze zu →erklären und darüber hinaus Vorhersagen über neuartige Phänomene zu machen. T. spielen eine wichtige Rolle innerhalb von →Forschungsprogrammen. Einflußreiche psychologische T. wurden entwickelt von LEWIN (1936), HULL (1943), FESTINGER (1957), ATKINSON (1964), NORMAN & RUMELHART (1978), ANDERSON (1983). Die meisten psychologischen (und anderen erfahrungswissenschaftlichen) T. werden nicht explizit in deduktiv geordneter Form oder gar in einer formalen Sprache dargestellt; um ded. System handelt es sich dann insoweit, als sie in diese Form gebracht werden könnten. Häufig wird auch eine erste, oft metaphysische Idee, die Ausgangspunkt für die Formulierung eines deduktiven Systems ist, «T.» genannt. Metaphysische Ansätze können heuristisch fruchtbar sein, auch wenn sie zunächst als nicht prüfbar erscheinen. Daher wird die Forderung nach empirischer Prüfbarkeit (Falsifizierbarkeit) in zunehmendem Maße dahingehend interpretiert, einen vorliegenden Ansatz zu möglichst guter Prüfbarkeit hin zu entwickeln und zunehmend strengeren Tests auszusetzen.

Die Begriffe in Grundgesetzen einer T. beziehen sich im allgemeinen auf abstrakte, der Beobachtung wenig zugängliche Entitäten (Atome, kognitive Dissonanz, aktiviertes Schema), wobei es allerdings keine scharfe Grenze zwischen dem «Theoretischen» und dem Beobachtbaren gibt. Um eine T. gut prüfbar zu machen, müssen Zuordnungannahmen über Zusammenhänge zwischen nicht (bzw. schwer) beobachtbaren und gut beobachtbaren Sachverhalten gemacht werden (→Operationalisierung). Eine Gesetzesaussage einer Theorie oder eine Zuordnungsannahme sind niemals isoliert prüfbar. Ein erwartungskonträrer empirischer Befund widerspricht immer nur einer Menge mehrerer Aussagen; der Forscher muß dann entscheiden, welche Aussage er verwerfen und ersetzen will, um zu prüfen, ob sich das neue Gesamtsystem von Aussagen besser bewährt. Qualitätsmerkmale einer T. sind Widerspruchsfreiheit (logische Konsistenz), semantische Konsistenz, →Gehalt, →Einfachheit, →Wahrheit, empirische Adäquatheit. Aus der Sicht des wissenschaftlichen →Realismus dient der Erfolg bzw. Mißerfolg empirischer Vorhersagen als Kriterium, um sich dem Ziel zutreffender (wahrer) Darstellungen (auch nicht beobachtbarer Bereiche) der Realität anzunähern. Der →Instrumentalismus erhebt anstelle der Wahrheitserkenntnis den Vorhersageerfolg (empirische Adäquatheit) zum Selbstzweck und interpretiert T. als mehr oder weniger nützliche Vorhersageinstrumente. Nach dem *Non-Statement-View* (inzwischen meist «Strukturalismus» genannt) sind T. nicht als Systeme von Aussagen, sondern als spezielle mathematische Strukturen ohne Aussagencharakter zu interpretieren; erst der mit Hilfe einer solchen Struktur formulierbare «empirische Satz» behauptet die Anwendbarkeit der Struktur auf empirische Gegebenheiten. T. als deduktive Systeme entstehen in der Regel erst nach der Bewährung einiger Hypothesen mit demselben Gegenstandsbereich. Andererseits geht «T.» in einem erweiterten Sinne jeder Erfahrung voraus, nämlich in Form von Erwartungen, einzelnen Hypothesen, Alltagsauffassungen, Weltanschauungen; Erfahrung ist in diesem Sinne «theorieabhängig», «theoriegeladen». **[L]** GADENNE 1993a, 1993b, POPPER 1966, SUPPES 1977, WESTERMANN 1987.

V. Gadenne

Theorie der Spiele [engl. *theory of games*], eine in ihren mathematischen Begriffen durch v. NEUMANN (1928, 1943) entwickelte Theorie aus dem Bereich der Kombinatorik, die aus dem Studium der Struktur von Gesellschaftsspielen (Schach, Poker usw.) erwachsen ist. Ziel der T. ist die Ermittlung der besten Strategie, die dem Teilnehmer größtmögliche Gewinnchancen sicherstellt. In der weiteren Fortführung (z. B. durch BRAITHWAITE 1955, 1962) wird das ps. bedeutungsvolle Problem behandelt, wie bei Verschiedenartigkeit der Ziele, aber gegebener Kooperation ein Maximum an Befriedigung (Nutzen) für den einzelnen bei fairer Verteilung auf die Partner erreicht werden kann. Hierzu werden Operationen vorgenommen (wie Aufstellung von Vorzugsskalen der Handlungsmöglichkeiten durch die Partner, Inbeziehungsetzen dieser Rangreihen, dadurch Gewinnung von numerischen Werten (nicht absoluten, sondern reinen Verhältnismaßen)), die es erlauben, ein mathematisches, geometrisches oder algebraisches Modell zu bilden, das die isomorphe Abbildung der immanenten Logik der tatsächlichen Situation darstellt. An diesem Modell lassen sich die fairen Verteilungsquoten des «Profits» für die Partner ablesen. Die T. vermeidet den falschen Ansatz bisheriger Theorien der Produktion und Verteilung, die im Anschluß an den Utilitarismus auf der Annahme gründeten, daß der Nutzen als gemeinsame Einheit wie eine Münzeinheit behandelt werden könne. Die unzulässige Anwendung einer solchen interpersonellen Vergleichbarkeit von Vorteilen wird von der T. umgangen. [L] LUCE & RAIFFA 1957, NEUMANN & MORGENSTERN 1967

Theorien, physikalische, hier ist auf zwei Theorien hinzuweisen, die grundlegende Wandlungen des Weltbildes unserer Zeit veranlaßten. Die sich notwendig ergebenden allgemeinen wissenschaftstheoretischen und methodologischen Konsequenzen (insbes. auch für die Ps.) sind in ihrer Tragweite noch nicht zu übersehen. (1) Quantentheorie: Die von M. PLANCK (1900) entwickelte physikalische Theorie, deren Gegenstand die Grundeinheiten von Materie und Energie sind und die die Grundlage der gesamten heutigen Atomphysik darstellt. Nach ihr wird die Strahlungsenergie nicht kontinuierlich, sondern unstetig, in diskreten Quanten abgegeben. Die mathematische Formulierung der Q. stellt nicht das Verhalten der Elementarteilchen selbst dar, sondern unsere Kenntnis dieses Verhaltens. Aussagen über die objektive Realität der Korpuskel sind damit prinzipiell unmöglich. Dieser Sachverhalt wird durch die sog. Unbestimmtheitsrelation (HEISENBERG 1944) ausgedrückt, die weiter die in der Atomphysik vorauszusetzende unvollständige Kenntnis des untersuchten Systems impliziert. Diese Grundvoraussetzung sowie der experimentelle Nachweis der sowohl Wellen- als auch Teilchennatur der atomaren Materie bedingen den rein statistischen Charakter der quantentheoretischen Gesetze. Damit ist die durchgängige Gültigkeit des Kausalitäts- und Determinismusprinzips in der physikalischen Wirklichkeit in Frage gestellt, das Gesetz der Ursache und Wirkung bleibt auf Teilausschnitte der Natur beschränkt, Wahrscheinlichkeitgesetze treten an seine Stelle. (2) Relativitätstheorie: Die von A. EINSTEIN (spezielle R. 1905, allgemeine R. 1915) gegründete Theorie, die sich mit den Begriffen Raum und Zeit sowie der Struktur des Weltalls beschäftigt. Ausgehend vom Relativitätsprinzip der NEWTONschen Mechanik wurde der folgenreiche experimentelle Nachweis erbracht von der Konstanz der Lichtgeschwindigkeit, d. h., sie bleibt unverändert durch die Bewegungsgeschwindigkeit der Meßstation, die diese in Richtung auf die Lichtquelle hat. Daran anschließend wurden in weiterer Fortführung der R. durch stete Wechselwirkung zwischen Experiment und mathematischer Aufarbeitung bzw. Hypothesenbildung folgende wesentlichste Ergebnisse gewonnen: In der speziellen R.: (a) Relativierung von Raum und Zeit, d. h., diese Begriffe sind keine absoluten, sondern nur definierbar aus einem jeweiligen Bezugssystem. Raum als mögliche Ordnung materieller Objekte, Zeit als mögliche Ordnung von Einzelergebnissen. (b) Identität von Masse und Energie, die zwei Erscheinungsweisen desselben Substrats darstellen. Von der allgemeinen R.: (a) Erstmaliger Fortschritt in der Gravitationstheorie über NEWTON hinaus durch die Konzeption sog. Gravitationsfelder. Von hier aus (b) die kosmologische These vom Weltall als nicht-euklidischem, gekrümmtem, unbegrenztem, aber endlichem, vierdimensionalem Raum. Beide Theorien stehen nicht im Ggs. zur klassischen Physik, deren Vorstellungen und Gesetzmäßigkeiten lediglich als Grenzwerte betrachtet werden, die nur für einen bestimmten Erfahrungsbereich gültig sind. [L] BARNETT 1952, HEISENBERG 1955

Therapeutenverhalten →Therapeut-Patient-Beziehung

therapeutische Gemeinschaft, versucht, alle Beteiligten in den Therapieprozeß zu integrieren. Kennzeichen der t.G. sind: freie Kommunikation in jeder Richtung, gemeinsame Analyse der Gruppenprozesse, Maßnahmen zum Abbau der Hierarchie, häufige Gesamt- und Gruppentreffen.

Die t.G. entwickelte sich in unserem Kulturraum zuerst in England zur Betreuung von Kriegsgeschädigten des II. Weltkriegs. Kritiker weisen darauf hin, daß der Einfluß von Verantwortung und Wissensvorsprung des Personals zu einer Kontrolle aller Details führen könne (DEUBELIUS 1981) und die Identifikation zur *folie à deux* oder *folie à plusieurs.* Das Konzept hat mittlerweile an Akualität verloren *H. Ries/F. Caspar*

Therapeut-Patient-Beziehung, Die T.-P.-B. spielt in allen Psychotherapien, aber auch in der ärztlichen Behandlung eine wichtige Rolle, unabhängig davon, ob sie bei einem bestimmten Therapieansatz konzeptuell einen hohen Stellenwert hat oder nicht. Eine vertrauensvolle Beziehung ist die Basis aller spezifischen Maßnahmen, wobei das Beziehungsangebot auf die Bedürfnisse der einzelnen Patienten zuzuschneiden ist; viele ertragen z. B. nicht unbeschränkt Nähe, die einen brauchen mehr Struktur, die anderen mehr Autonomie; dies verlangt von Therapeuten interaktionelle Flexibilität. Die Qualität der Beziehung ist der Faktor, der nachweislich am meisten zum Therapierfolg beiträgt, und Patienten sind gut beraten, diesem Aspekt bei der Wahl ihres Therapeuten große Beachtung zu schenken bzw. Beziehungsprobleme zu thematisieren. Der Psychoanalyse kommt das Verdienst zu, die Th. mit dem Konzept der →Übertragung pointiert thematisiert zu haben, es lassen sich aber nicht alle Aspekte der Th. darunter fassen. Der Vater der →Gesprächstherapie, ROGERS, hielt eine gute Th. nicht nur für eine notwendige, sondern auch eine ausreichende Bedingung für therapeutische Veränderung. Verhaltenstherapeuten haben nachweislich schon gute T.-P.-B. gehabt, bevor sie diesem Thema besondere Beachtung schenkten, auch konzeptuell spielt die Th. aber inzwischen eine wichtige Rolle und ist ein wichtiger Gegenstand der Psychotherapieprozeßforschung →Medizinische Psychologie, →Klinische Psychologie *F. Caspar*

Therapie, psychologische, →Klinische Psychologie

Therapieerfolg, Erreichen eines Zielzustandes mit therapeutischer Unterstützung. Die Frage von EYSENCK (1960), ob die Psychotherapie die Spontanremissionsrate übertrifft, hat die Forschung zu Operationalisierungen des T. angeregt: positive Änderungen in objektiven Persönlichkeitstests, physiol. Maße und beobachtbare Verhaltensänderungen sowie die durchschlagenden Effekte der →Therapeut-Patient-Beziehung und Untersuchungen zur differentiellen Indikation (welche Therapie bei welchem Patienten/Therapeuten). Dazu kommt das Problem negativer Effekte, *detoriation* (gestörtes Gleichgewicht, Belohnung der Symptome, extrem hohe Erwartungen, Ich-Schwäche, Borderline-Situation und psychogener Therapeut). Während methodische Entwicklungen zu verbesserten Versuchsplänen und Meßverfahren führen (→Zeitreihenanalyse, →Doppelblindversuch, RASCH-Skalierung usw.), bleibt noch das Problem des Zielzustandes (z. B. Glück, Wohlbefinden, Freiheit von Beschwerden, mit Problemen leben können) ungenügend bearbeitet. →Wirksamkeit [L] BERGIN & GARFIELD 1971, GARFIELD & BERGIN 1978, PLESSEN 1983, GRAWE et al. 1994 *H. Ries*

Therblig, Umkehrung des Namen →GILBRETH, ein Symbolsystem zur Klassifizierung von Bewegungen. GILBRETH unterscheidet zwischen 17 grundlegenden Bewegungsarten, die er *therblig* nannte. [L] GILBRETH 1921 *G. Lüer*

theriomorph [gr.], tiergestaltig; im Ggs. zu →anthropomorph

thermischer Sinn, Temperatursinn, Wärmesinn

Thermorezeptoren →Hautsinne

Thermotropismus →Tropismus

Thesaurus, nach DIN 1463 «ein kontrolliertes, dynamisches Vokabular von bedeutungsmäßig und generisch verbundenen Termini, das umfassend einen spezifischen Fachbereich abdeckt. Als eine strukturierte Untermenge natürlicher Sprache dient der T. der Beschreibung des Inhalts von Dokumenten und Datensammlungen.» Mit Hilfe des T. werden die in natürlicher Sprache abgefaßten Inhalte von wissenschaftlichen Dokumenten in eine Systemsprache (Dokumentationssprache) und umgekehrt vorgenommen. Ein T. der ps. Fachbegriffe wurde 1974 von der APA herausgegeben (KINKADE). Im ersten Teil des T. werden die →Deskriptoren in ihrer begrifflichen Beziehung zueinander dargestellt (Synonyme und Begriffe mit weiterer und engerer Bedeutung). Im alphabetischen Teil sind die Deskriptoren nach ihrer Buchstabenfolge geordnet. Die hierarchische Ordnung, welche die 17 Teilgebiete der Psychologie nach der Klassifikation der →Psychological Abstracts enthält, bildet den dritten Teil des T. ps. Fachbegriffe. *H. Häcker*

Thigmo- [gr. *thigma* Berührung], in Wortverbindungen svw. Berührungs-, durch Berührung hervorgerufen, z. B. Thigmotaxis (auf Berührung hin eintretende Orientierungsreaktion).

Thioxanthene, Psychopharmakaklasse, chemisch definierte Teilgruppe der →Neuroleptika, chemisch und wirkungsmäßig den Phenothiazinen ähnelnd. *W. Janke*

Thorndike, Edward Lee (1874–1949), tierpsychologisch orientierter Lernpsychologe, der durch sein «Law of Effect» (1898) und später durch das «Law of Reinforcement» prominent wurde. Studium an der Harvard-Univ. bei W. JAMES, Wechsel an Columbia-Univ., wo er ein tierpsych. Labor errichtete.

Thurstone, Louis Leon (1887–1955), Psychologe, Pittsburgh, Chicago, Chapel Hill. Erster akad. Abschluß als Elektro-Ing. (Cornell-Univ., 1912). Dann Ass. im Laboratorium v. Th. A. EDDISON. Dort Forschungen zur Akustik u. Wahrnehmungspsych. 1917 Promotion i. Psych. (Univ. of Chicago). 28 Jahre in der Univ. Chicago Prof. f. Psych. 1932 Präs. d. APA, Begründer u. 1. Präs. der Psychometric Society. Th. wurde bekannt durch Entw. d. multiplen Faktorentheorie u. die daraus entwikkelten Tests zur Messung von primary mental ability-Faktoren.

Thurstone-Skalen, Bez. für eine Methode des Paarvergleichs zur Messung der Items für Einstellungsskalen.

Dabei werden Paare von Feststellungen vorgegeben. Es soll von der Vp angegeben werden, welche Aussagen im Hinblick auf den Gegenstand «günstiger» sind. Die relativen Häufigkeiten der «günstigen» Aussagen werden in einer Matrix angeordnet und dienen zur Ermittlung der Skalenwerte. THURSTONE und CHAVE haben für den Fall einer großen Anzahl von Aussagen, bei dem die Methode des Paarvergleichs sehr langwierig wäre, die Methode der gleicherscheinenden Intervalle vorgeschlagen. Die Aussagen werden nach einer bipolaren Skala mit 9 Intervallen (von «ungünstig – günstig») skaliert. Der Median der Häufigkeitsverteilung der Zuordnung einer Aussage auf der Skala der gleicherscheinenden Intervalle wird als Skalenwert benutzt.

Thymeretika, selten gebrauchte Bezeichnung für eine Untergruppe der →Antidepressiva, die eher aktivierende Wirkung hat *W. Janke*

thymo..., ...thym [gr. *thymos* Seele, Mut, Wille] in Wtvb. Gemüt. **[E]**

Thymoanaleptike, Thymoleptika, Bez. für Drogen zur Therapie von Depressionen. Stimmungsanfeuernde Antidepressiva. →Psychopharmaka

Thymoleptika, nicht mehr gebräuchliche Bezeichnung für stimmungsdämpfende Stoffe

Thymologie →Gemüt

Thymoplegika →Psychopharmaka

Thymopsyche [gr. *thymos* Seele] veraltete Bez. für den Anteil des Gemüts im Seelenleben. Entsprechende Begriffe wurden geschaffen für den Anteil des Intellekts: Noopsyche; Anteil des Körperlichen: Somatopsyche.

thymopsychische Reaktionen (BLEULER), Bez. für Primitivreaktionen wie Wut, Angst, Flucht, reaktive Charakterveränderungen.

Thymose [gr. *thymosis* Zornmütigkeit], die für die Pubertät kennzeichnende Aufwallungsform des Gemüts; Gereiztheit, Widersetzlichkeit, Verträumtsein usw. HELLPACH bezeichnet sie als die Lebenskrise zur Formung des Charakters. →Entwicklungsphasen

Thymus, innersekretorisches Organ hinter dem Brustbein. Steht in Wechselwirkung mit den Keimdrüsen, hat Beziehungen zum Wachstum. Nach der Pubertät Umwandlung in Fettgewebe. Neuerdings wurde seine Bedeutung als primäres Immunitätsorgan (zusammen mit Appendix und Tonsillen) erkannt. →Hormone

Thyreocalcitonin, syn. Calcitonin, →Schilddrüsenhormon, das bei erhöhtem extrazellulären Calcium-Spiegel eine Normalisierung bewirkt. T. ist als Antagonist des Parathormons der Nebenschilddrüse zu betrachten. Ausschüttungs- und Wirkungsmechanismus des T. sind noch nicht geklärt. *W. Janke*

Thyreoida [gr.], Schilddrüse

thyreotropes Hormon, syn. →Thyreotropin

Thyreotropin, Abk. TSH, glandotropes Hormon des Hypophysenvorderlappens, das die Ausschüttung von →Schilddrüsenhormonen anregt. Die Regulation der Ausschüttung vollzieht sich unter dem Einfluß des Hypothalamushormons TRH (Thyreotropin-releasing Hormone) und durch die Menge der im Blut befindlichen Schilddrüsenhormone (negative Rückkopplung). Als →Reaktivitätstest zur Funktionsprüfung der Schilddrüsenachse eingesetzt. *W. Janke*

Thyreotropin-Freisetzungshormon, syn. Thyreotropin Releasinghormon, Abk. TRH (TRF), Hormon des Hypothalamus, das die Freisetzung von →Thyreotropin in der Hypophyse reguliert.

Thyroxin, syn. Tetrajodthyronin, eines der beiden von der Schilddrüse ausgeschütteten Hormone. →Schilddrüsenhormone *W. Janke*

Tic, Tick [frz. *tic*, zucken], Bewegungsabläufe als monoton wiederkehrende, unwillkürliche, motorische Entladungen im Gebiete eines oder mehrerer Muskeln wie etwa Stirnrunzeln, Blinzeln, Leck- und Schmatzbewegungen der Zunge, Gesichtszuckungen. *Tic douloureux:* kurzer Schmerzanfall bei chronischer Trigeminusneuralgie. Der T. ist meist Ausdruck einer zugrundeliegenden affektiven Spannung. Die Behandlung differiert in Abhängigkeit der Intensität des Symptoms und der zugrundeliegenden emotionalen Spannung. Einem Tic kommt nicht immer Krankheitscharakter zu. Bei einer leichteren Form genügt oft eine Beratung der Betroffenen oder Angehörigen. Häufig kommen bei notwendiger Behandlung verhaltenstherapeutische, konditionierende, übende Maßnahmen zum Einsatz. Hilfreich ist auch begleitende Entspannungstherapie. **[L]** HARBAUER & SCHMIDT *F. Caspar*

tie [engl.], Rangplatzbindung, Rangplatzgleichheit (stat.).

Tiefe der Gefühle, nach KRUEGER ein Merkmal der Gefühle. Die Bedeutung des Begr. erhellt am besten aus der Gegenüberstellung zu dem des «oberflächlichen» Gefühls. Während z. B. das Gefühl der Heiterkeit oberflächlich sein kann, ist das Gefühl der Glückseligkeit ein «tiefes». An tiefen Gefühlen soll die Persönlichkeit stärker beteiligt sein als an oberflächlichen. [L] KRUEGER 1928

Tiefenelektroden →Elektrosubkortikographie, →Elektrophysiologie

Tiefenlokalisation, das Wahrnehmen der Entfernung eines Objekts vom Beobachter, die Einordnung eines Dinges in den Raum. Die T. des Gesichtssinnes ist beim Menschen überlegen der des Gehörs und besonders der T. der taktil-haptischen Wahrnehmung. Bei manchen Tieren ist der Geruchssinn vorrangig. →räumliches Sehen, →räumliches Vorstellen, →Querdisparation, →Sinnesfunktionen, →Tiefenwahrnehmungsapparat, →Fadenversuch

Tiefenperson (KRAUS 1919), der von den tieferen, d. h. «unteren» und auch entwicklungsmäßig älteren, der unmittelbaren Lebenserhaltung, dem Trieb- und Gefühlsleben dienenden Hirnteilen (Stammhirn, Althirn) gesteuerte «Personteil». Primitivperson besagt gleiches. Kortikalperson steht dazu im Ggs. In der Schichtentheorie nach ROTHACKER u. a. ist T. die Es-Schicht. →Schichttheorie

Tiefenpsychologie, Sammelbegr. für die Richtung der Psychologie, die vorgibt, nicht an der «Oberfläche» des bewußten Seelenlebens haften zu bleiben, sondern in die unterbewußte und unbewußte Tiefe der Seele hineinzuleuchten und dabei insbes. die Beziehung zwischen Gefühl und Willen «triebdynamisch» in den Vordergrund zu rücken. Ausgegangen von medizinischen Beobachtungen, ist die T. inzwischen Therapie, Wissenschaft und Weltanschauung zugleich geworden. Die Bezeichnung T. kam etwa um 1930 auf, um sowohl alle Richtungen zu umfassen, die von FREUD, ADLER, JUNG, STEKEL u. a. ausgingen, zugleich aber auch, um eine Unterscheidung zwischen der →Psychoanalyse und den Nicht-FREUDschen Richtungen einzuführen. →Psychotherapie

tiefenpsychologische Persönlichkeitsmodelle, Bez. für alle von den Überlegungen der drei großen tiefenpsychologischen Richtungen Psychoanalyse (FREUD), Individualpsychologie (ADLER), Analytische oder Komplexe Psychologie (JUNG) bzw. ihren Schulen ausgehenden Versuche einer Theorie der Persönlichkeit. Gemeinsam sind diesen theoretischen Ansätzen folgende Merkmale: (1) Es handelt sich durchwegs um Modelle, die als Hilfskonstruktion für therapeutische Zwecke entstanden sind. Sie gehen daher über die reine Deskription hinaus und enthalten Elemente einer normativen Anthropologie. (2) Sie weisen eine dynamische Konzeption auf. Die ps. Phänomene werden als Resultat von Konflikten und Kräfteverbindungen betrachtet, denen dranghafter Charakter zugeschrieben wird und die letztlich von einem Trieb (FREUD: Sexualtrieb, →Libido; ADLER: →Geltungstrieb; JUNG: →Lebensenergie, →Libido) abgeleitet werden. (3) Die Aufbau- und Strukturmerkmale der Persönlichkeit werden unter Zuhilfenahme eines hierarchischen Schichtmodells beschrieben (→Schichttheorie). Diese Vorstellung ist am ausgeprägtesten bei FREUD vorhanden (→Es, →Ich, →Über-Ich), aber auch bei ADLER und JUNG mit der Annahme einer der rationalen Gelenktheit nicht unmittelbar zugänglichen Tiefenschicht (→Unbewußtes), der ebenfalls dynamische Relevanz zugeschrieben wird, beibehalten. [L] HOFSTÄTTER 1968 *E. Ardelt*

Tiefensehen →Tiefenlokalisation, →räumliche Wahrnehmung

Tiefensensibilität, die in der Tiefe (des Gewebes) liegende Sensibilität, d. h. dort vorhandene Lage-, Gelenk-, Muskel-, Schwere- oder Widerstandsempfindlichkeit. →VATER-PACINIsche Körperchen

Tiefenstruktur, in der →generativen Transformations-Grammatik (CHOMSKY 1965) das der konkreten →Oberflächenstruktur von →Sätzen zugrunde liegende (abstrakte) System der syntaktischen Beziehungen der einzelnen Bestandteile (Konstituenten) der Sätze zueinander, graphisch dargestellt in einem Basis-P-Marker (→P-Marker). Die T. bestimmt und repräsentiert die Bedeutung der Sätze (sie drückt den Inhalt der Sätze aus), da sie sämtliche lexikalischen (→Lexikon) Bedeutungselemente in ihrem syntaktischen Bezug (→Syntax) enthält. Die Überführung der abstrakten T. in die konkrete Oberflächenstruktur geschieht mit Hilfe von Transformationsregeln. So lassen sich viele von der Oberfläche her kaum erklärbare Ähnlichkeiten, Unterschiede und Ambiguitäten in der Bedeutung von Sätzen durch die Annahme unterschiedlicher →Transformationen bzw. unterschiedlicher T. erklären. – Wenn sich auch das Konzept einer rein syntaktisch definierten T. im weiteren Verlauf der Forschung als nicht haltbar herausstellt (→generative Semantik), so ist es doch CHOMSKYS Verdienst, durch die Einführung der Dichotomie Oberflächenstruktur – T. den Anstoß gegeben zu haben, die sprachlichen Erscheinungen der Oberfläche immer auf dem Hintergrund ihnen zugrundeliegender sprachlicher oder nichtsprachlicher Beziehungen und Relationen zu diskutieren. Zur Anwendung des Begriffs: →Denken, →Grammatik

Tiefenwahrnehmung →Tiefenlokalisation (m. weiteren Verweisen), →räumliche Wahrnehmung

Tiefenwahrnehmung, Entwicklung, Untersuchungen an der «visuellen Klippe» *(visual cliff)* von GIBSON und WALK (1960) bei Kleinkindern (im 6. bis 14. Monat) zeigten, daß bereits im frühen Kindesalter Hinweise der Tiefe beachtet werden können. Neuere Untersuchungen deuten darauf hin, daß zumindest einige Komponenten der Tiefenwahrnehmung angeboren sind. Der Mechanismus der Größenkonstanz (→Konstanz) funktioniert nach Ergebnissen von SLATER et al. (1990) grundsätzlich bereits bei Neugeborenen. Im Alter von nur einem Monat reagieren Säuglinge mit Vermeidungsverhalten, wenn sich ein Objekt schnell auf ihren Kopf zubewegt *(looming)*. Mit 3–4 Monaten nutzen sie →binokulare und ab ca. 6 Monaten auch statische →monokulare Tiefenhinweisreize. [L] WALK & GIBSON 1961, WILKENING & KRIST 1995 *F. Wilkening*

Tiefenwahrnehmungsapparat, Vorr. zur Prüfung der Tiefenwahrnehmung (→Tiefenlokalisation). Fäden mit veränderbarer Entfernung sind der Entfernung nach zu beurteilen. • Das sog. «Kugelfallgerät» ermöglicht gleichfalls die Beurteilung der Tiefenwahrnehmung. →Sinnesfunktionen (1b), →Fadenversuch. [L] PAULI & ARNOLD 1972

Tiermodelle, pharmakologische, tierexperimentelle Anordnungen oder Untersuchungsansätze, die es ermöglichen, mit Hilfe von an Tieren gewonnenen Ergebnissen Aussagen über neurobiologische Grundlagen, Entstehung, Symptomatologie, Mediatoren Prävention und Therapie psychischer Störungen beim Menschen zu machen. Modelle existieren für alle Störungsarten. Für Depression existieren das Modell der gelernten Hilflosigkeit bei unkontrollierbarer aversiver Stimulation, des chronischen milden Streß, Separation, für Angststörungen Konfliktanordnungen, sozialer Interaktionstest, Ultraschallvokalisation bei Rattenjungen, erhöhtes Plus-Labyrinth, defensives Vergraben, für Amnesie und Demenz Scopolamingabe sowie Läsionen des basalen Vorderhirns, für →Drogenabhängigkeit →Drogenselbstverabreichung. Für die Schizophrenie existieren eher unzureichende Modelle, so chronische →Amphetamingabe oder Arousalmodelle. [L] MCKINNEY 1988, WEYERS & FRITZE 1996 *P. Weyers/W. Janke*

Tierpsychologie, nicht mehr gebräuchliche Bez. für die Physiologie des Verhaltens bei Tieren. →Ethologie

Tiersoziologie, Erforschung des Zusammenlebens der Tiere. →Ethologie

Tiersprache, Sammelbez. für verschiedenste, bei Tieren (z. B. Ameisen, Heuschrecken, Bienen, Vögeln, Delphinen) anzutreffende →Kommunikationssysteme. Die Angemessenheit des Begriffs →Sprache wird dabei im allg. in Frage gestellt, vornehmlich von Linguisten negiert (LENNEBERG 1967). Zwar gilt als nachgewiesen, daß Tiere mittels akustischer, optischer, taktiler, olfaktorisacher →Signale auf das Verhalten vor allem von Artgenossen Einfluß nehmen (wobei offenbleibt, ob u. U. so etwas wie «Absichtlichkeit» angenommen werden darf), etwa im Sinne von Drohen, Warnen, Anlocken (Geschlechtspartner, Junge, Beute) u. a. m. Jedoch erscheinen dabei noch zu wenige der menschliche Sprache charakterisierenden Merkmale als erfüllt, so daß die Annahme einer einigermaßen kontinuierlichen phylogenetischen Entwicklung menschlicher Sprache aus tierischen Vorformen wenig Stützung erfährt. Allerdings vollbrachten Schimpansen in neueren Untersuchungen im Medium von →Gebärden- o. a. →Zeichensprachen teilweise überraschende Leistungen (BROWN 1973), die auch qualifizierteren Kriterien menschlicher Sprache (wie Fragen stellen, Verwendung syntaktischer Strukturen u. a. m.) genügen. [L] HINDE 1972, MARSHALL 1974 *G. Kaminski*

time-and-motion study [engl.], Zeit- und Bewegungsstudie. →Zeitstudie, →Bewegungsstudie

time-decay [engl. Zeitverfall], Zerfall von Gedächtnisspuren in der Zeit. →Gedächtnis, →Vergessen

time out [engl. Auszeit, TO], Ausschluß von positiver Verstärkung. T.o. wird von der Verhaltenstherapie neben *response cost* (Entzug positiver Verstärker) als Strafmaßnahme eingesetzt. Probleme: kognitive Repräsentation des →settings (der Betroffene soll diese Maßnahme auch als verstärkerfrei erleben: keine positiven Reize im Raum oder durch die Situation) und Güterabwägung zwischen t.o.

und Störung. →operante Konditionierungstherapien *H. Ries*

time-sampling [engl.], Zeit-Stichproben-Nehmen. →Beobachtung, →Zeitprobentechnik, →Stichprobenbeachtung

timing [engl.], richtige zeitliche Einteilung

Tinnitus aurum [lat. *tinnitus* klingeln, sausen], Ohrgeräusche, z. B. Ohrenklingeln oder Ohrensausen; kann als störendes akustisches Phänomen bei starker psychischer Belastung oder als Symptom einer Erkrankung des (Innen-)Ohres auftreten.

Tintenkleckse deuten [T] DREY-FUCHS, HOLTZMAN, RORSCHACH, ZULLIGER

Tischrücken →Levitation

Titchener, Edward Bradford (1867–1927), Psychologe. Stud. an der Oxford-Univ. und in Leipzig bei WUNDT. Akad. Tätigkeit an der Cornell-Univ., wo er bes. WUNDTs Strukturalismus in den amerik. Sprachraum übertrug.

Titchener-Täuschung, ein Kontrastmuster, wobei von zwei in Abstand nebeneinander stehenden gleich großen Kreisen der eine von größeren, der andere von kleineren Kreisen umgeben ist. Letzterer erscheint größer. **[L]** RAUSCH

Tl, Abk. für Testleiter, Untersucher

TL, Abk. für *terminal limen,* obere →absolute Schwelle

TMS, Abk. für Test für medizinische Studiengänge. Es handelt sich dabei um eine Testbatterie, die mit 13 Subtests die Studieneignung für med. Fächer (Human-, Tier- u. Zahnmedizin) messen soll, mit dem Ziel der Prognose eines künftigen Studienerfolges. Ausgangspunkt der Entwicklung war der quantitative Überhang bei den Studienbewerbern für die med. Numerus-clausus-Fächer und die Tatsache, daß die Abiturnote ein guter Prädiktor für den Studienerfolg ist. Die rechtliche Grundlage für die Durchführung des TMS bildete 1983 ein Beschluß der Kultusministerkonferenz, die die Einführung eines besonderen Auswahlverfahrens zum Wintersemester 1986/87 beschloß. Der TMS wurde auf den Vorarbeiten des →HET aufgebaut und seit 1977 vom Institut für Test- und Begabungsforschung weiterentwickelt. In der ersten Weiterentwicklungsphase (1978–1980) wurden Erprobungen vorgenommen, bei denen v. a. die Überprüfung der zeitlichen Stabilität der Testleistungen, der Übbarkeit von Testleistungen und Analyse der Testfairneß wichtig waren. Der T. umfaßt 13 Aufgabengruppen, die die kognitiven Fähigkeiten und Fertigkeiten erfassen, die für das Medizinstudium besonders bedeutend sind. Es handelt sich dabei um 4 Fähigkeitsbereiche: schlußfolgerndes Denken i. Med. u. Nat.wiss., visuelle Informationsverarbeitung, Merkfähigkeit, differenziertes Sprachverständnis. Im sog. Übergangsverfahren wurden an ca. 65 Bewerbern Analysen zu den psychometrischen Qualitäten des TMS durchgeführt. Bei der Analyse standen folgende Fragen im Mittelpunkt: Meßgenauigkeit des Tests, Schwierigkeitsniveau der Aufgaben, Enge des Zusammenhangs zw. Testleistung und Abiturnote, Trainierbarkeit der Testleistungen, Fairneß gegenüber unterschiedl. Bewerbergruppen, Akzeptanz bei den Bewerbern und Prognosestärke des Testergebnisses bzgl. des Studienerfolges. Der T. ist nach dem Prinzip der →inkrementellen Validität konzipiert und konnte über zahlreiche Validitätsuntersuchungen die Verbesserung der Auswahlentscheidungen bei der Zuweisung von Studienplätzen nachweisen. Da die Zahl der Studienplatzbewerber für die o. g. Fächer rückläufig war, wurde das Verfahren – auch wegen der hohen Kosten – letztmalig im Wintersemester 1997/98 eingesetzt. **[L]** TROST et al. 1997 *H. Häcker*

T-Norm →Normskalen

To, Abk. für →time out

Tod, letztes natürliches Schicksal des Menschen, der sich von allen anderen Lebewesen dadurch unterscheidet, daß er um seinen eigenen Tod weiß, zugleich aber über ihn hinausdenkt. Daher ist ps. bedeutsam, daß der Tod als Faktum die letzten philosophisch/religiösen Fragestellungen nach Transzendenz, Sinnerfüllung und Eschatologie wachhält. →Religionsps., →Todespsychologie, →Sterben

Todespsychologie, die ps.Erforschung des mit dem →Tod zusammenhängenden Erlebens und Verhaltens. Syn. Thanantops., Ps. des Todes, Psychothanatologie. Der Begr. ist abgeleitet von dem umfassenderen Begr. Thanatologie [gr. *thanatos* Tod], der von Ilja Illjitsch MECHNIKOFF 1901 eingeführt wurde und die interdisziplinäre Befassung mit allen Problemen des Todes bezeichnet. Zur Auseinandersetzung mit dem Tod in der Antike und in verschiedenen Kulturen weisen KASTENBAUM & COSTA (1977) Literatur nach. Die ersten Arbeiten zum Themenbereich in der Ps. sind die von FECHNER («Büchlein vom Leben nach dem Tod» 1876), SCOTT («Über Alter und Tod» 1896), HALL (*«Thanatophobia and immortality»* 1915), ELIOT («Über die vom Verlust [engl. *bereavement*] betroffenen Familien» 1930) oder (in der Soziologie) das berühmte Werk von DURKHEIM, der den →«Suicid» 1898 durch die soziale Desintegration (→Anomie) mitbestimmt sah, oder das Werk des Arztes OSLER, der 1904 «letzte Worte» von Sterbenden sammelte und die ärztliche Forderung des Sterbebeistandes erhob. Sie haben lange kaum Resonanz in der empirischen Ps. gehabt. FREUD hat um 1920 sein Konzept vom →Todestrieb entwickelt und damit psa. Überlegungen zum Thema angeregt. Die Überwindung des →Tabus, mit dem es belegt gewesen scheint, beginnt aber erst etwa in der Mitte der 50er Jahre in Amerika mit Hermann FEIFEL (1959) und besonders durch die Veröffentlichung der Psychiaterin KÜBLER-ROSS (1969). Die Forschung zur Suicidprävention ist besonders durch FARBEROW & SHEIDMAN 1965 angeregt worden. Im deutschsprachigen Gebiet gibt es zur T. zunächst weniger Veröffentlichungen als in Amerika, wie WITTKOWSKI 1978 zeigt. Die versch. Themen der T. könnten versch. älteren Disziplinen der Ps. zugeordnet werden. Ein Grund für den Versuch, eine neue Disziplin T. auszusondern, ist wahrscheinlich die relative Vernachlässigung des Themas durch die etablierten: (1) die Entwicklung des Todesbegriffs und der Vorstellungen über den Tod beim Kind: Für ein Kind zwischen dem 1.–3. Lj. ist der Tod soviel wie «bloßes Verschwinden», Abreise, vorübergehende Abwesenheit; zwischen 5 und 9 Jahren tritt demnach erstmals der Gedanke an den individuellen Tod auf, der Tod wird als Folge von Gewalt und Feindseligkeit erlebt; zwischen dem 9. und 12. Lj. wird der Tod als irreversibles Geschehen erkannt.

Die Entwicklung und Veränderung der Todesangst ist ein hierher gehöriges Thema der Entwicklungsps. (2) Die Einstellung zu Tod und →Sterben, zur Ungewißheit über den Zeitpunkt des Todes, die Auseinandersetzung mit dem «Allein-Sterben» und mit dem «Danach» (Jenseitsglaube und Unsterblichkeit) sind Gegenstände der Gerontops. (Ps. des Alterns) und auch der med. Geriatrie, was nicht heißt, daß diese Themen hier stets die ihnen zukommende Beachtung gefunden haben. (3) Die Angst vor dem eigenen Tod und vor dem anderer (Todesangst) sowie die Veränderung von Persönlichkeitsmerkmalen bei versch. Distanzen vom Tod sind eigentlich Forschungsgegenstände der Allgemeinen und Differentiellen Ps., ebenso wie die Abwehrmechanismen und deren allmählicher Abbau (vgl. WITTKOWSKI 1977). (4) Berichte über das Verhalten und über Äußerungen von Sterbenden liegen den Vermutungen über das Sterben zugrunde sowie den Vorschlägen für die ps. →Sterbehilfe, die allerdings schon früher von William WORCHESTER 1961 zu geben versucht worden sind. (5) Der →Suicid und die Suicidprävention werden überwiegend von klinisch-ps. orientierten Forschern untersucht. Sie sind aber auch Themen der T. ebenso wie der →psychogene Tod (auch *Voodoo*-Tod genannt), der ohne äußerlich erkennbare Schädigung des Organismus eintreten kann und z. T. durch absolute Hoffnungslosigkeit erklärt wird (RICHTER 1965). (6) Schließlich sind Trauer und sonstige Folgen des Verlustes, d. h. also der sozialps. Aspekt des Todes von Angehörigen und Freunden als mehrfach behandelte Probleme der T. zu erwähnen (vgl. SCHOENBERG et al. 1970). Die Ausklammerung des Todes aus der Gesellschaft, die heute weitgehend verbietet, Trauer zu zeigen (GORER 1965), habe die Geborgenheit, die es früher im Trauerritual gegeben hat, aufgehoben und zur Privatisierung der Trauer geführt. **[L]** BITTER 1974, KASTENBAUM & COSTA 1977, WITTKOWSKI 1978 *R. Bergius*

Todestrieb, *Thanatos*-Trieb, nach S. FREUD der dem →Lebenstrieb entgegenstehende Grundtrieb des Menschen. Das Ziel des T. ist die Auflösung und Vernichtung des Lebens. Der T. tritt in Form der Aggression und Destruktion in Erscheinung und kann sowohl nach außen gegen andere Menschen (Trennung, Abstoßung, Haß, Vernichtung) als auch nach innen gegen die eigene Person (Selbsthaß, Selbstvernichtung) gerichtet sein. Zwischen T. und Lebenstrieb besteht eine →Fusion (Legierung, Verschränkung), in welcher entweder der T. oder der Lebenstrieb eine Dominanz besitzt. Dominiert der Lebenstrieb, sind diesem aggressive Komponenten beigemischt, und zwar sowohl in seiner Form als Ich-Trieb (Selbsterhaltungstrieb) für den Kampf ums Dasein als auch in seiner Form als Objekt-Trieb (Sexualtrieb) für die Eroberung des Liebesobjektes und für den Kampf mit den Rivalen. – Im Falle der Dominanz des T. überwiegen die aggressiven Komponenten des Lebenstriebs bzw. haben sich gegenüber diesem verselbständigt und wirken sich in der Form des Ich-Triebs als Selbstvernichtungstendenz und Masochismus und in der Form des Objekt-Triebs als Tendenz zur Vernichtung des Sexualobjektes und als Sadismus aus. Der Grund für die Dominanz des T. liegt dabei im Hinblick auf den Ich-Trieb in einer verstärkten Hemmung der Aggression durch das Über-Ich, im Hinblick auf den Objekt-Trieb in einer verstärkten Frustration der Sexualität durch das Sexual-Objekt.

Tod, psychogener, syn. Voodoo-Tod [engl. *voodoo* Zauberkult, Hexerei], Bez. für das (umstrittene) Sterben ohne körperl. Krankheit bzw. Schädigung, allein aus seelischer Ursache. →Todespsychologie • Beim Wodu-Kult, der in einigen Primitiv-Kulturen noch lebendig ist, führt das entsprechende Besessensein mit einem bösen Geist, einem bösen Befehl u. ä. in wenigen Tagen zum Tod. **[L]** RICHTER 1965

Tofranil® →Imipramin

token-economy-system [engl.], Münz-Verstärkungs-Plan, ein von AYLLON & AZRIN 1968 entwickeltes Verfahren innerhalb der Verhaltensmodifikation, bei dem Münzen *(tokens)* als Verstärker verwendet werden. Ein Kontrakt zwischen Therapeut und Klient (bzw. zw. Lehrer und Schüler etc.) legt einmal den Wert einer Münze fest (z. B. 5 *tokens* = 1 Kinobesuch), zum anderen die Art und Häufigkeit erwünschten und unerwünschten Verhaltens in bezug auf Erhalt bzw. Entzug von *tokens*. Angestrebt wird eine der Internalisierung dieses Systems folgende Selbstkontrolle.

Toleranz, Verminderung der Wirkung eines chemischen Stoffes bei wiederholter Verabreichung. Es sind verschiedene Formen zu unterscheiden: phamakokinetische/metabolische (vermehrte Enzymbildung für Abbau), pharmakodynamische/funktionelle (höhere Dosis, um gleiche Effekte in den neuronalen Zielsubstraten zu erzielen), konditionierte und homöostatische Toleranz. Toleranzentwicklung kann vielfältige Ursachen haben. **[L]** FORTH et al. 1996, POULOS et al. 1981 *W. Janke*

Tolman, Edward Chase (1886–1959), Lerntheoretiker

Tolvin® →Mianserin

tomboy [engl.], Mädchen zwischen 8 und 12 Jahren, das sich wie ein Junge verhält **[L]** DALSIMER 1979

Ton, Klang, der sich aus Grundton und seinen Obertönen zusammensetzt. Im Ggs. zum Geräusch wird er durch regelmäßige Schwingungen hervorgebracht (Schallschwingungsgemisch). Nur ein Sinus-Ton (einfache Schallschwingung von Sinus-Form) ist ein Ton.

Tonabsorption, Auslöschung eines Tons in einer Tongruppe (z. B. eines →Kombinationstons) durch einen einzelnen zusätzlichen Ton

Tönesehen, Mitempfindung bei Reizung nur eines Sinnesorgans →Synästhesie

Tonfarbe, Klangfarbe →Klang

tonisch, durch andauernde Muskel-Spannung gekennzeichnet, z. B. t. Krämpfe.

Tonmodulation [lat. *modulari* nach dem Takt abmessen], der Tonfallwechsel im Sprechen nach Tonhöhe und Tondauer. Neben der Akzentuierung (= dynamische Betonung) ist der →Rhythmus von Bedeutung.

Tonograph [gr. *tonos* Spannung] →Tonometer

Tonometer, Apparat zur Messung des Augeninnendrucks. • Blutdruckmesser nach v. RECKLINGHAUSEN. • T. war auch Bez. für den von v. HORNBOSTEL konstruierten Tonvariator.

Tonphysiologie, naturwiss. Methode zur Untersuchung der vegetativen Vorgänge im menschlichen Körper beim Spielen, Singen und Hören.

Tonpsychologie, Teilgebiet der Wahrnehmungsps. Zunächst Lehre von der Schallwahrnehmung, dann erweitert durch den Begr. der Gehörps., die u. a. individuelle Gehör- und Musikbegabungen untersucht. Die angew. T. befaßt sich auch mit der rezeptiven Wirkung von Musik in →Musiktherapie, mit der Beeinflussung des Unbewußten bei Beschallung von Arbeitsplätzen, Supermärkten u. a. m. →Musikpsychologie. Die T. wurde von STUMPF (1890) begründet. Die anfänglich starke Beachtung der T., wozu auch die gründlichen, physiologisch ausgerichteten Arbeiten von HELMHOLTZ, HORNBOSTEL u. a. beitrugen, wurde mit der Entwicklung der →Musikpsychologie rückläufig. Die T. (von WELLEK als Gehör- und Hörpsychologie bezeichnet) ist Grundlagenforschung zur Musikps. **[L]** STUMPF 1890, STEVENS & DAVIS 1938

Tonschwelle →Hörschwelle

Tontaubheit →Amusie

Tonus, der beim lebenden Körper dauernd vorhandene Spannungszustand von Muskeln, Gewebe, Gefäßen usw., gesteuert durch vegetative Nervenzentren und N.bahnen, die ihrerseits vagotonisch bzw. sympathikotonisch geregelt sind (→Vagotonie, →Sympathikotonie). Die Bez. ps. Tonus ist vorwiegend als der personbestimmende Grad der Straffung, als die mehr oder minder geschlossene oder gelöste (gelockerte) Gesamthaltung zu verstehen. →sensorisch-tonische Feldtheorie

Tonvariator (STERN), Vorrichtung, um reine, abstufbare Töne zu erzielen. Eine Flasche aus Metall mit verschiebbarem Boden wird von oben her gleichmäßig mit einem Luftstrom angeblasen.

Tonverschmelzung, Verbindung von Grund- und Obertönen zu einem einzigen musikalischen Ton, ferner beim Zusammenklingen von 2 einfachen Tönen gleicher Intensität. Bei Abstufung nach Stärke der Verschmelzung steht obenan die Oktave (Schwingungsverhältnis beider Töne wie 1:2), alsdann folgen: Quinte (2:3), Quarte (3:4), große Terz (4:5), kleine Terz (5:6), große Sexte (3:5), kleine Sexte (5:8), verminderte Quinte (5:7), verminderte Septime (4:7), große Sekunde (8:9), kleine Sekunde (15:16), große Septime (8:15), kleine Septime (9:16). Nach STUMPF beruht die T. auf besonderer Form des Zusammenwirkens der die akustischen Eindrücke aufnehmenden Nervenzentren.

top..., topo... [gr.] in Wtvb. Ort **[E]**

Topik, seit ARISTOTELES die Lehre von den *topoi*, den logischen «Örtern», d. h. den allgemeinen Gesichtspunkten bei der Behandlung eines bestimmten Themas.

topisches Gedächtnis, Gedächtnis für Ortslagen.

topisches Lernen, topologische Mnemonik, das Erlernen von Inhalten mit Unterstützung von Ortsvorstellungen. Beispiel dafür sind Diagramme, Figuren, Schemata, mit deren Hilfe Inhalte eingeprägt werden.

topographischer Aspekt, Begr. der psychoanalytischen Schule. Bezeichnet die Bestimmung seelischer Vorgänge nach ihrer Lage im Schema von Ich, Es und Über-Ich.

topologische Mnemonik →topisches Lernen

topologische und Vektor-Psychologie, eine von LEWIN (1936) mathematisch formulierte Feldtheorie. Es werden Grundbegriffe aus der Topologie und der Begriff des Vektors verwandt. Die Topologie handelt von allgemeinsten räumlichen Lagebeziehungen ohne Ansehung der Form und Größe räumlicher Gebilde. Vektor ist ein mathematischer Begr., mit dem gerichtetes Geschehen ausgedrückt wird. Von beiden mathematischen Hilfsmitteln dient jedes der Darstellung eines bestimmten Aspektes psychologischer Situationen: Topologisch lassen sich Strukturen darstellen, d. h. die augenblicklichen gegenseitigen Beziehungen ps. wirksamer Momente. Vektoren repräsentieren die sich aus einer bestimmten Konfiguration ergebenden dynamischen Momente im Sinne gerichteter Kräfte. – Das psychologische Feld, von dem LEWIN ausgeht, ist der →Lebensraum. Dieser umfaßt die handelnde Person sowie alle Momente, die für die augenblickliche Handlung bestimmend sind. Da solche sowohl konkrete Gegenstände als auch Bedürfnisse, Einbildungen, ideologische Tabus sein können, ist der Lebensraum nicht anschaulich, sondern mathematisch zu verstehen. Als mathematischer Raum gefaßt, läßt sich auf den Lebensraum die topologische Geometrie anwenden. Dabei wird jeder ps. gegebenen Einzeltatsache eine topologische Region zugeordnet und ps. Beziehungen nach geometrischen Regeln gehandhabt. Eine solchermaßen topologisch ausgedrückte ps. Situation bedeutet eine Erklärung für das augenblickliche Verhalten eines Menschen. Um Voraussagen über das Verhalten machen zu können, müssen die dynamischen Momente der Situation, also die Kräfte, welche eine Veränderung herbeiführen, dargestellt werden. So ist z. B. ein Bedürfnis durch eine Region mit bestimmten dynamischen Eigenschaften (d. i. ein →gespanntes System) darzustellen. Zwischen dieser Region und Regionen, die Anziehendes und Abstoßendes repräsentieren, besteht eine gerichtete Kraft. Eine Region, die z. B. ein Hindernis oder ein Verbot darstellt, ist dynamisch eine →Barriere (→auch: Wand, Wandfestigkeit). Einem jeden dieser Momente entspricht eine gerichtete Kraft, die durch einen Vektor dargestellt wird. Aus der Stellung der Vektoren in einer topologischen Darstellung läßt sich ableiten, welche Region eine Lokomotion ausführen wird, das bedeutet ps. eine bestimmte Handlung. Der topologische Weg, auf dem diese erfolgt, ist nicht ohne weiteres gegeben, sondern setzt die Möglichkeit einer Definition von Richtung voraus. Durch besondere geometrische Überlegungen kam LEWIN zur Konzeption einer →Hodologie, die eine begrifflich eindeutige Behandlung von Richtungsproblemen zuläßt. Die Mathematisierung ps. Gegebenheiten durch die Topologie hat den Vorteil, daß Gegebenheiten dargestellt werden können, die im quantitativen Sinn nicht meßbar sind. Der Begr. Vektor erfordert strenggenommen eine Meßbarkeit ps. Kräfte, um relative Größenbeziehungen mehrerer Kräfte ausdrücken zu können.

Torpor [lat. Erstarrung], Regungslosigkeit, Schlaffheit

Torsion [lat. *torquere* drehen], Drehung um die Längsachse; Abdrehung

Torsionsspasmus, Torsionsdystonie, bei dem seltenen Erbleiden kommt es infolge degenerativer Veränderung im →extrapyramidalen System zu Veränderungen des Muskeltonus und zu →Athetose. Charakteristisch sind krankhafte Überstreckungen der Wirbelsäule, die zu bizarren Körperdrehungen oder Korkzieherbewegungen des Körpers führen. Hierzu gehört auch der spastische Schiefhals *(torticollis spasticus)*.

Total Quality Management (TQM), umfassendes Führungskonzept zur →Qualitätssicherung und Verbesserung der Kundenzufriedenheit mit den Produkten und Dienstleistungen eines Unternehmens. Dabei werden nicht nur Externe als Kunden behandelt, sondern auch die organisationsinternen Abnehmer von Dienstleistungen oder Produkten. (Bspw. wären aus der Sicht der Produktionsabteilung Konstruktionszeichnungen als Dienstleistung der Konstruktionsabteilung zu bewerten, Fortbildungsseminare als Dienstleistung der Personalentwicklungsabteilung, usw.). Gefordert wird eine rückhaltlose Unterstützung eines mehrstufigen TQM-Programms in der Organisation, die aus Schwachstellenanalysen, Sensibilisierungskampagnen, Maßnahmen zur →Qualifizierung von Mitarbeitern und Einrichtung von *Quality Teams* zur Entwicklung von Verbesserungsvorschlägen, Auswahl und Umsetzung der Verbesserungsvorschläge umfaßt. (Zur Ideenfindung werden in der Regel psychologische Kreativitätstechniken wie das →Brainstorming verwendet.) Die Gruppen ähneln →Qualitätszirkeln, vgl. auch die Förderung von Innovationsprozessen durch Maßnahmen der →Personalentwicklung. **[L]** LITTLE 1992 *S. Greif*

TOTE-Einheit, abgek. aus *test – operate – test – exit*, analog VVR-Einheit, abgek. aus Veränderung – Vergleich – Rückkopplung, von G.A. MILLER et al. (1960) vorgeschlagene schematische Darstellung des kybernetisch interpretierten Handlungsablaufs. Der Ist-Wert des Organismuszustandes, d. h. z. B. die gegenwärtig verfügbare Information, wird mit dem Sollwert verglichen *(test)*, aus dem Ergebnis wird eine instrumentelle Handlung gefolgert *(operate)*, deren wahrscheinlicher Erfolg wiederum mit dem Sollwert verglichen *(test)* und bei genügender Übereinstimmung ausgeführt wird *(exit)*. KAMSIKI (1973) hat das Schema erweitert und verbessert. *R. Bergius*

Totstellreflex, besser **Totstellverhalten**, angeborenes →Täuschungsverhalten. Viele Jungtiere stellen auf einen elterlichen Warnruf hin sämtliche Aktivität ein und werden dank ihrer Tarnfarbe für einen Freßfeind optisch kaum wahrnehmbar. →Notfallsfunktion *V. Preuss*

Tötungshemmung, (biol.) angeborene Verhaltensweisen, die das Töten von Artgenossen verhindern. Bei Wölfen z. B. zeigt der in einem Kampf unterlegene eine →Demutsgebärde und löst dadurch beim Sieger eine Beißhemmung aus. *V. Preuss*

Tourette-Störung →Tic

Tourismusforschung, psychologische, eine ps. Aufgabe, die mit vielfältigen Analysen Fragen der Reiseaktivität, der Reisemotivierung, des Erlebens und Verhaltens, des Rollenspielens und der Gewohnheiten beim Reisen u. a. zu durchleuchten sucht. Bedeutsam ist dieser Forschungszweig auch für die Klärung medizinischer und pädagogischer Tourismusprobleme (Gesundheitswert des Reisens, Reisetherapie, Jugendtourismus u. ä.). **[L]** HARTMANN 1974, FINGER et al. 1975

Toxikose [gr. *toxikon* zum Bogen gehörig, Pfeilgift], Vergiftung bzw. durch Vergiftung erzeugte Krankheit.

toxisch, schädigende Wirkung eine chemischen Stoffes

Toxikopsychologie, syn.(neuro)psychologische Toxikologie. 1. Teilgebiet der Pharmakopsychologie oder Neuropsychologie, das sich mit den ps. Begleiterscheinungen bei Vergiftungen befaßt. 2. Teilgebiet, das sich mit den Wirkungen von chemischen Stoffen, bes. von Umweltschadstoffen befaßt.→Psychotoxikologie **[L]** HARTMAN 1995, WEISS & ELSNER 1997 *W. Janke*

TPMO-pattern [engl.], Abk. für die von MURRAY für die soziale Einordnung der Bedürfnisse (→need-press) aufgestellte Formel: *time, place, mode, object* (Zeit, Ort, Weise, Objekt).

tracing, *tracing-test,* ein von WHIPPLE eingeführtes Verf., wobei die Feinmotorik und die Bewegungskoordination mit dem Nachfahren von Linien bzw. zwischen Linien geprüft werden.

tracing-Versuch →Sinnesfunktionen

tracking [engl. *track* Spur], Spurenverfolgung, experimentelle Aufgabe, mit deren Hilfe sich die →Bewegungssteuerung vor allem im Umgang mit Werkzeugen untersuchen läßt. Eine klassische Anordnung ist der →pursuit rotor, der heute in der Forschung kaum noch verwendet wird. Die Struktur einer *trakking*-Aufgabe entspricht der eines →Regelkreises: Vorgegeben wird die Position eines Zielpunktes *(target)*, deren zeitlicher Verlauf die Vorlage *(track)* darstellt (entspricht der Führungsgröße). Die Vp muß mittels einer geeigneten Bewegung einen Folgepunkt *(follower)* mit dem Zielpunkt zur Deckung bringen; dessen Position entspricht der Regelgröße (Zielpunkt und Folgepunkt werden meist auf einem Bildschirm dargeboten). Die Vp entspricht dem Regler, die Position z. B. ihrer Hand der Stellgröße, die Beziehung zwischen z. B. Handposition und Folgepunktposition der Regelstrecke. Der Regelabweichung entspricht die Abweichung der Positionen von Ziel- und Folgepunkt. Beim Folgetracking *(pursuit tracking)* werden Zielpunkt und Folgepunkt dargeboten, beim Kompensationstracking *(compensatory tracking)* nur die Abweichung ihrer Positionen. Alle Variablen und Übertragungseigenschaften in einer Tracking-Anordnung können variiert werden; von besonderer Bedeutung ist die Variation der Transformation der Eigenbewegung der Vp in die Bewegung des Folgepunktes. Prinzipiell lassen sich eine Vielzahl von →Mensch-Maschine-Systemen mit Hilfe von Tracking-Anordnungen simulieren. [**L**] POULTON 1974

H. Heuer

tracking task [engl.], Zielverfolgungsaufgabe

track-tracing [engl.], Spur-Nachfahren

Traction-Effekt, Ziehen- oder Zug-Effekt, →Tunnelphänomen, →Kausalitätswahrnehmung

tractus opticus →Sehbahn

tradeoff [engl.], in der →Entscheidungstheorie das gegenseitige Verrechnen oder Kompensieren von in ihrem Nutzen entgegengesetzten Dimensionen einer Handlungsalternative, z. B. wieviel mehr ist man bereit, für eine komfortablere Ausstattung eines Autos zu bezahlen (→multiattribute Nutzentheorie). [**L**] KEENEY & RAIFFA 1976 *A. Engemann*

Tradition [lat. *tradere* übergeben, anvertrauen], Überlieferung, ein Gemenge von kulturell-zivilisatorischen, geistigen Werten, Werthaltungen, Moralanschauungen und deren Äußerungsformen (Kulturvollzug). Das Wahren (Übernehmen wie Weitergeben) der T. geschieht überwiegend unreflektiert, gewohnheitsmäßig. Das «Tradierte» besitzt den Charakter der →Selbstverständlichkeit. Je mehr Traditionsbewußtsein aufkommt, um so problematischer steht es meist um die T., um so stärker tritt sie in das Spannungsverhältnis zur Idee des Fortschritts. Dem meist mit Autoritätsglauben verbundenen Traditionalismus wird erst ungläubig, dann kritisch, zuletzt revolutionär begegnet. →Moralpsychologie

Tradon® →Pemolin

Trägheit, Bez. für die allen Organismen zukommende Gegenhaltung zur Aktivität – vergleichbar und angenähert der →Perseveration und der →Rigidität. Ein eigener Trägheitsfaktor wird heute angenommen (z. B. von CATTELL). →Inertia-Effekt

Training [engl. Ausbildung, Übung], systemat. →Üben zu körperlicher, geistiger, seelischer Leistungs-(Erfolgs-)steigerung bzw. Fehler-(Versagens-)minderung. Entsprechend werden u. a. Funktions-T., Verhaltens-T., Anti-Havarie-T., motorisches bzw. sensomotorisches, verbales, →mentales bzw. geistiges T. unterschieden. Auch indirekte und direkte (mentale und perzeptive) T.methoden stehen sich gegenüber. Letztere nutzen den →CARPENTER-Effekt. Gutes Beispiel für das T. nach Art und Methode ist im klinischen Bereich das →Autogene T. (aktive Selbstentspannung). →psychoregulatives T., TWI. [**L**] HAKKER 1973

Trainingsfamilie, (psth.) Ersatzfamilie, in der Jugendliche mit Ersatzeltern (Ersatzgeschwistern) für bestimmte Zeit verhaltenstherapeutisch «trainiert» werden.

Trainingsgruppe [engl. *training group, T-group* TG], auch →encounter group, im Rahmen von →sensitivity trainings und →gruppendynamischen Laboratorien verwendete, zentrale Lernform zur Schulung der Selbst- und Fremdwahrnehmung, Kommunikations- und Kooperationsfähigkeit. Standardmäßig 8–12 Teilnehmer mit 1–2 Trainern, die – nicht unähnlich der analytischen Selbsterfahrungsgruppe, aber stärker auf die →Hier-und-jetzt-Situation bezogen – sich die Interaktionen in der Gruppe als Aufgabe und Thema stellen. Ziel ist das sich Einspielen eines →feedback-Systems, das die Selbsterfahrung ermöglicht. [**L**] BACK 1972, SBANDI 1973, YALOM 1972

Trainingsmethoden →Training

trait, ein relativ konstanter Wesenszug, Charakterzug, Eigenschaft einer Person. →Faktorentheorien der Persönlichkeit, →Persönlichkeitsfaktor, →Rolle

Trajektorie, Kurve in einem (mehrdimensionalen) Raum, die den zeitlichen Verlauf des Zustandes eines Objekts beschreibt; in der →Psychomotorik speziell die zeitliche Veränderung von Variablen (z. B. Position, Geschwindigkeit), die den Zustand eines bewegten Körperteils zu jedem Zeitpunkt beschreiben.

Tramadol, WZ Tramal®, Substanz aus der Gruppe der zentralen opioiden →Analgetika, die nicht dem Betäubungsmittelgesetz unterliegt und eine der am häufigsten verschriebenen opioiden Analgetika ist. Die Wirkung entspricht ca. 1/5–1/10 der von Morphin. T. wirkt 4–6 h. [**L**] RADBRUCH et al. 1996 *W. Janke*

Trance [lat. *transitus* Übergang, frz. *trance*], ein mit Bewußtseinseinengung und Willensschwächung verbundener hypnoseähnlicher Zustand mit vielfach nachfolgender Erinnerungslosigkeit, bei dem aber zugleich nicht erwartete (bzw. nicht erwartbare) Aussagen oder Handlungen möglich sein können. Der Trancezustand zeigt Übergänge zur →Ekstase, →Hypnose und zum →Somnambulismus.

Tranquilizer →Tranquillantien

Tranquillantien, Psychopharmaka, die ps. Erregung und Emotionen negativer Valenz (insb. Angst, Traurigkeit, Ärger) beseitigen, ohne daß dies ausschließlich auf unspezifische desaktivierende Eigenschaften zurückzuführen wäre. Im Gegensatz zu den in niedrigen Dosierungen zwar auch tranquillisierenden →Neuroleptika (früher engl. *major tranquilizers*) finden die T. (früher engl.: *minor tranquilizers*) hauptsächlich bei emotional gespannten und ängstlichen Patienten sowie bei Gesunden unter emotionalen Belastungsbedingungen Verwendung. T. haben z. T. Ähnlichkeit mit niedrig dosierten Hypnotika, die als →Sedativa früher die Funktion der heutigen T. und Neuroleptika erfüllten. Wesentlicher Unterschied zu den Sedativa ist die fehlende schlaferzwingende, lediglich schlafanstoßende Wirkung der T. in niedriger Dosierung. Chem. gliedern sich T. (im weiteren Sinne) in folgende Gruppen: a) Meprobamat und Verwandte, b) →Benzodiazepine, c) andere am Benzodiazepinrezeptor angreifende Substanzen (z. B. Zopiclon, Zolpidem), d) 5-HT_{1a}-Agonisten (z. B. Buspiron, Ipsapiron), e) H_1-Antihistaminika, f) Opipramol (verwandt mit trizyklischen Antidepressiva), g) Antidepressiva (als Anxiolytika bei verschiedenen Angststörungen), h) Neuroleptika (in niedriger Dosierung). Neurophysiologisch erfolgt vorwiegend eine Erregungsdämpfung im limbischen und/oder thalamischen System, in hohen Dosen eine Ausbreitung auf andere Strukturen, jedoch keine Narkotisierung, jedoch Verwendung als Narkoseadjuvans. Vegetative Wirkungen treten kaum auf. Häufig sind zentral muskelrelaxierende und spasmolytische Wirkungen. Ps. Untersuchungen ergaben bei niedrigen bis mittleren Dosen keine oder nur geringe Leistungsbeeinträchtigungen, z. T. Verbesserungen in motorischen Funktionen sowie emotionale Stabilisierung ohne oder mit nur geringer Müdigkeit. Die Wirkungen kovariieren mit Persönlichkeitsmerkmalen (u. a. →Neurotizismus, Extraversion) und situativen Bedingungen (→Streß, ps. Beanspruchung), was u. a. zur Annahme einer tranquilisierenden und desaktivierenden Wirkkomponente geführt hat. Tranquilisierung wird verstärkt bei Verschiebung der Ausgangslage habituell oder situativ in Richtung emotionaler Labilität. Deaktivierung tritt in den Vordergrund bei ps. Beanspruchung (→Differentielle Pharmakopsychologie). Für den Nachweis von inter- und intraindividuellen Differenzen werden faktorielle Versuchspläne benutzt, z. B. von medianhalbierten oder Extremgruppen aufgrund von →Fragebogen erfaßter Persönlichkeitsvariablen, Variation von Streß, z. B. induziert durch elektrische Schmerzreize, simulierte Prüfungssituation, *«Delayed auditory feedback»* und →Lärm, Variation der ps. Beanspruchung durch unterschiedliche Testdauer und -schwierigkeit. [**L**] Debus & Janke 1986, Janke & Netter 1986, Janke et al. 1986, Riederer et al. 1995, Spiegel 1995 *W. Janke/M. Reuter*

trans [lat. *trans* über, jenseits] in Wtvb. hinüber, hindurch, übertragen [**E**]

Transaktionalismus, empiristische (→Empirismus) Richtung der Wahrnehmungspsychologie. Ausgangpunkt ist die Uneindeutigkeit der Beziehung zwischen →distalem Objekt und →Netzhautbild (gegensätzliche Auffassung in der →ökologischen Wahrnehmungspsychologie); obwohl bei gegebenem Netzhautbild also im Prinzip sehr viele Möglichkeiten existieren, gibt es meist nur eine einzige Wahrnehmung; die Eindeutigkeit der Wahrnehmung trotz des uneindeutigen Netzhautbildes soll durch Interaktionen/Transaktionen mit der Umwelt bedingt sein, so daß die Wahrnehmung letztendlich den realen Objekten entspricht. Zum Beleg der Theorie werden eine Reihe von Täuschungen angeführt, bei denen z. T. die Wahrnehmung von Teilen nicht den realen Objekten entspricht, damit die Wahrnehmung anderer Teile der gewohnten Welt entsprechen kann (→Amessche Räume). [**L**] Kilpatrick 1961 *H. Heuer*

Transaktionsanalyse, auf Berne (1967, 1975) zurückgehendes Konzept der Einzel- und →Gruppenpsychotherapie, das auf der der Grundlage des humanistischen Menschenbildes und der →Psychoanalyse (Federn, Freud, Erikson, Adler) entwickelt wurde. Das Grundkonzept unterscheidet vier Analyse-Ebenen: Bei der Strukturanalyse werden Verhalten und Erleben als Ausdruck wechselnder Ich-Zustände verstanden: kindliches Ich (spontane Gefühle), Eltern-Ich (internalisierte Werte, und Erwachsenen-Ich (kognitive Strukturen) unterschieden. Bei einer gesunden Persönlichkeit sind die Ich-Zustände klar getrennt und je nach Situation kann die Ich-Haltung wechseln. In der Transaktionsanalyse i.e.S. werden wiederkehrende Kommunikationsmuster im Hinblick auf ihre Transaktionen zwischen den verschiedenen Ich-Zuständen analysiert. Die Transaktionsmuster werden als Ausdruck eingelernter Rollenspiele gesehen, die Manifestationen eines grundlegenden Lebens-Drehbuchs (Skript) sind. In der Spielanalyse werden Verständnis für Beziehungsabläufe und eingelernte Rollen-Spiele erarbeitet. In der Skriptanalyse wird die Ursache für das «Lebensskript» auf elterliche Indoktrinationen (pos./neg.) zurückgeführt. Dem Patienten kommt in dem Veränderungsprozeß eine aktive und selbstverantwortliche Rolle zu. Es liegen bislang keine ausreichenden Wirksamkeitsbelege vor. *F. Caspar*

Transfer [engl. *transfer* Übertragung], Mit-Lerneffekt. Werden bestimmte Vorgänge beim Lernen oder Denken, die in einer ersten Aufgabe erworben sind, auf eine andere übertragen, spricht man von T. Die Übertragung kann die Erledigung der zweiten Aufgabe förderlich oder hindernd beeinflussen (positiver bzw. negativer Transfereffekt). Ein solcher Effekt kann sich auf zeitlich Vorhergehendes sowie Folgendes beziehen (→retroaktive und proaktive Hemmung). Der Transfereffekt ist am stärksten zwischen sehr ähnlichen Situationen und wird schwächer mit abfallender →Ähnlichkeit. In den meisten Fällen zeigt sich, daß T. eintritt, wenn die Aufgabensituation zwar neu ist, ihre Erledigung aber dieselben Reaktionen erfordert wie die Ursprungssituation. Umgekehrt bleibt T. meistens aus, wenn auf die bekannte Situation mit neuen Reaktionen geantwortet werden muß. Es konnte allerdings gezeigt werden, daß auch T. im Sinne neuer Reaktionen auf alte Reize erfolgen kann (BARTLETT 1954). Bedingung dafür ist, daß die Lernsituation schwieriger ist als die Übertragungssituation und nicht umgekehrt. – Das Problem des T. hat besonders in der pädagogischen Ps. eine bedeutsame Rolle gespielt. Hier stellte sich die Frage, wieweit die Beherrschung eines Stoffgebiets die Erlernung weiterer erleichtert. MEUMANN und EBERT (1905) untersuchten das Problem als erste und fanden →Mitübung anderer Fähigkeiten. Die traditionelle Ansicht von der formalen Bildung, nach der die Übung jeder «geistigen Fähigkeit» sich auf alle anderen auswirkt, sah darin eine Stütze. Einwände dagegen wurden schon von G. E. MÜLLER (1905) erhoben in dem Sinne, daß die Übertragung nicht allgemein sei, sondern auf Gemeinsamkeiten des Lernstoffes und der Lernweise eingeschränkt. Einen Schritt weiter ging THORNDIKE mit seiner bekannten Doktrin, daß T. nur dort stattfindet, wo mehrere Situationen identische Elemente enthalten (→identische Elemente, Theorie der). So soll Übung im Addieren sich für das Erlernen des Multiplizierens nur dadurch positiv auswirken können, daß in letzterem ersteres als ident. Element für beide enthalten ist. **[L]** BERGIUS 1964, POSTMAN et al. 1964

Transfert [lat. *transferre* hinübertragen] (CHARCOT), Übertragung von gewissen nur halbseitig auftretenden hysterisch-hypnotischen Erscheinungen (Lähmung, Muskelzusammenziehung) auf die andere Körperseite durch Suggestion, Berührung usw.

Transfer von Kontrolle, klassisch konditionierte Reize (CS) können instrumentelles Verhalten beeinflussen (audikonditionierte Unterdrückung, ESTES & SKINNER 1941). **[L]** GRABITZ & HAMMERL 1985

Transformation, (allg.) Umwandlung, Umformung, Umspannung. • In der Sinnesphysiologie sind mit T. die den Konstanzphänomenen zugrundeliegenden Prozesse gemeint. →Konstanz • Nach GUILFORD (1967) ist T. Produkt (und Operation) des →Denkens (KLIX 1971). • Psychoanalytisch ist T. ein Abwehrmechanismus des Ich und bezeichnet die Abwehr eines Triebimpulses oder Affekts durch seine Verwandlung oder Einstellung. →Konversion, →Sublimation, →Neutralisation. • Auch die Umwandlung (Vertauschen) mathematischer Beziehungen zwischen Elementen eines Systems wird als T. bezeichnet. →Transposition • In der →generativen Transformations-Grammatik wird mit Hilfe von T. die →Tiefenstruktur von →Sätzen in ihre →Oberflächenstruktur überführt.

Transformationsanalyse, auf KAISER (1958) zurückgehendes, von SIXTL (1964) und FISCHER & ROPPERT (1965) unabhängig entwikkeltes Verfahren der orthogonalen Transformation zur gegenseitigen Überführung zweier Faktorenmatrizen; T. ist ein Mittel zum Vergleich der Resultate aus verschiedenen, voneinander unabhängig durchgeführten →Faktorenanalysen. *E. Mittenecker*

Transformations-Grammatik →generative Transformations-Grammatik

Transformation, statistische, jede Umformung von Variablen bzw. Meßwerten aufgrund irgendeiner Vorschrift oder Regel. T. können mit verschiedenen Zielsetzungen vorgenommen werden. In der →Statistik werden sie oftmals eingesetzt, um Meßwerte, welche die für die Anwendung eines bestimmten Analyseverfahrens erforderlichen Voraussetzungen (z. B. Normalverteilung, Varianzhomogenität, Regressionslinearität) nicht erfüllen, mit diesen Voraussetzungen in Einklang zu bringen. In diesem Zusammenhang häufig angewandte s. T. sind u. a. die logarithmische T., die Quadratwurzel-T., die Reziprok-T. und die Winkel-T. Ferner werden s. T. zur Angleichung von Datensätzen vorgenommen, die auf einem unterschiedlichen Skalenniveau (→Skala) erfaßt wurden (z. B. von Meßwerten in Rangdaten), sowie dazu, um Messungen, die mittels verschiedener Maßstäbe gewonnen wurden, vergleichbar zu machen (→Standardisierung). In der →Testkonstruktion erfolgen s. T. im allgemeinen im Dienste der Erstellung von →Normskalen. [**L**] LIENERT 1962 *G. Mikula*

Transinformation, übertragene Information, die von einem Sender auf einen Empfänger übertragene Information (→Informationstheorie). In der Ps. z. B. derjenige Teil der Gesamtinformation, der einem «Reizinventar» und einem «Reaktionsinventar» gemeinsam ist. In diesem Sinne ist die T. ein Kontingenz-Maß. *E. Mittenecker*

transitive Strebungen, diejenigen Strebungen, die nicht an das eigene Selbst gebunden, sondern mit Akten des Einsatzes und des «sich in den Dienst Stellens» verbunden sind: Schaffensdrang, Interessen, Liebe zu etwas, normative Strebungen, soziale Strebungen (Gesellungsstreben), mitmenschliche Gesinnung, Gewissen. [**L**] LERSCH 1954

Transitivismus, nach WERNICKE Symptom der Schizophrenie. Die Abgrenzung (Zuständigkeit) zwischen der eigenen Person und der Umgebung geht verloren. Eigenes wird auf Fremdes übertragen.

Transitivität, formal: R ist eine t. Relation, wenn gilt: (aRb) und (bRc) →(aRc). Beispiele für R sind «größer als» oder «schwerer als» (formal: (a>b) und (b>c) →(a>c)). Sind a, b, c z. B. physische Objekte (d. h. ein empirisches Relativ), dann kann wegen der Möglichkeit des Vorliegens identischer Objekte nur schwache T. gegeben sein (formal: (a≥b) und (b≥c) →(a≥c). Schwache T. ist eine notwendige Voraussetzung eindimensionaler Meßstrukturen (→Meßtheorie). Liegen den Relationen R stochastische Prozesse zugrunde oder werden sie empirisch bestimmt und sind daher fehlerbehaftet, resultieren Meßstrukturen mit stochastischer T. [**L**] FALMAGNE 1985 *A. Zimmer*

transkortikale Aphasie →Aphasie

Transmissionsaufgabe [**T**] GIESE

Transmissions-Test [**T**] LIPMANN-STOLZENBERG

Transmitter →Neurotransmitter

transpersonale Psychologie, ps. Richtung, in der Erfahrungen der Hypnose und Meditation mit orientalischer Mystik, westlicher →Parapsychologie und Spiritismus vereinigt sind. [**L**] TART 1969, 1978

Transponierbarkeit →Gestalt, →Transposition, →EHRENFELS-Merkmale

Transponierbarkeit von Problemlösungen, Bez. für den Sachverhalt, wenn trotz der «äußeren» Verschiedenheit der Probleme ihre gleichartige «innere» Struktur erkannt worden ist und wenn bei den Lösungen die gleichen kognitiven Operationen beteiligt sind (KATONA 1949). →Transfer

Transponierungsschluß, Schluß von einer bekannten →Stichprobe auf eine andere elementfreie Stichprobe aus der gleichen (unbekannten) Grundgesamtheit (→Population). →Inklusionsschluß und Repräsentationsschluß

Transport-Spiel [engl. *trucking game*], auch Speditions-Spiel, von DEUTSCH & KRAUSS (1962) benutzte sozialps. Versuchsanordnung, in der ein →Konflikt dadurch gelöst werden muß, daß zwei Spielpartner sich darüber einigen, wer jeweils eine Einbahnstraße als erster befahren darf. In dem T. sind häufig Tendenzen zu kooperierendem und zu kompetitivem Verhalten gemischt («gemischte Motive»). →soziales Dilemma

Transport-Test [**T**] GIESE

Transposition, als Transponierbarkeit, d. h. Gleichbleiben z. B. der Klangfarbe und der Melodie bei wechselnder Tonhöhe, der räumlichen Form bei wechselnder Lage, Größe und Farbe u. ä., ist die T. eine wichtige und breit erörterte Gestaltqualität. • Als Verhaltenstransposition ist sie Bez. für das Reagieren auf Reizverhältnisse statt auf den absoluten Reiz. Syn. Gestalttransposition (KÖHLER). • In der Mathematik und der Logik ist die T. bedeutungsgleich mit →Transformation.

Transpositionsmethode (OYAMA 1959), Verf. zur Messung →geometrisch-optischer Täuschungen

Transsexualität, Transsexualismus, den Wechsel seines Geschlechtes wünschen. →Transvestismus

transversal, querliegend, querlaufend, auch senkrecht zur Längsachse. Bei Schwingungen und Wellen senkrecht zur Fortpflanzungsrichtung der Welle. Ggs. longitudinal

Transvestismus, Travestie [lat. *trans* Übergang in andere Form, *vestire* kleiden], syn. Transvestitismus, Lustgewinn durch Tragen der Kleider des anderen Geschlechts.

transzendental, ein schon in der Scholastik verwendeter Begriff, der aber erst durch KANT grundlegende Bedeutung bekam. T. ist nicht das über alle Erfahrung Hinausgehende, sondern das ihr *(a priori)* Vorhergehende und die Erfahrung erst Ermöglichende.

Transzendentalphilosophie, nach KANT ein System aller Verstandesbegriffe und Grundsätze, aber nur, sofern sie auf Gegenstände gehen, welche den Sinnen gegeben und also durch Erfahrung belegt werden können.

Transzendenz, das Überschreiten der Erfahrung und der im Bewußtsein gegebenen Grenzen.

Trapeztäuschung, geometrisch-optische Täuschung. Von zwei übereinanderliegenden gleichgroßen Trapezen scheint das eine größer zu sein. →JASTROWsche Täuschung

Trauer, (allg.) eine Form der Reaktion auf einen Person-(Objekt-)Verlust. • FREUD (1915) betonte den besonderen Unterschied zwischen normaler T., pathologischer T. (wobei der Trauernde sich meist schuldig sieht am Verlust und dadurch bedroht) und der Melancholie (als Identifikation des Ich mit dem verlorenen Objekt). Die T. tendiert auf Überwindung. Über Folgen von T. bei Verwitweten berichten z. B. STROEBE & STROEBE 1983. →Trauerarbeit

Trauerarbeit, von FREUD (1915) eingeführter Ausdruck zum Verständnis des ps. Phänomens, daß mit jeder →Trauer die Tendenz auf Milderung des Schmerzes (im Verlust) einhergeht. Intrapsychischer Vorgang, der auf den Verlust eines Beziehungsobjektes folgt und wodurch es dem Subjekt gelingt, sich progressiv von diesem abzulösen. T. wird in verschiedenen Formen der Psychotherapie, v. a. bei Depressionen unterstützt, wobei auch ganz konkrete Maßnahmen, wie gemeinsames Betrachten von Fotos, nachgeholte Trauerrrituale etc. zum Zuge kommen können. [**L**] BOWLBY 1973, KÜBLER-ROSS

Traum, träumen, neben Bedeutungen wie Grenzzustand des Bewußtseins, das Unwirkliche, die Lieblingsvorstellung, das Wunderschöne, bezeichnet T. (in ps. Sicht) das im Schlaf mit der Deutlichkeit von Sinneswahrnehmungen auftretende Erleben. T. läßt sich charakterisieren als besondere Form des Erlebens im Schlaf, häufig von lebhaften Bildern begleitet und oft mit intensiven Gefühlen verbunden (→Angsttraum), an die sich der Betroffene nach dem Erwachen meist nur teilweise erinnern kann. Das T. geht sehr wahrscheinlich mit einer veränderten elektrischen Hirnaktivität (→REM-Schlaf) einher. Nach einigen Befunden kann aber auch außerhalb der REM-Phasen geträumt werden. In unterschiedlich spezifizierter Weise wird heute angenommen, daß das Träumen einen Beitrag zur Integration des psychischen Apparates leistet. Bezeichnend ist die im Laufe der Geschichte wechselvolle Beantwortung der Frage nach dem Wesen. Während in ältesten Zeiten die T.deutung als Kunst bewertet wurde und der T. als Offenbarung Gottes (Bibel), als Sendbote der Götter (HOMER), als göttliche Mahnung (SOKRATES) aufgefaßt wurde, galt der T. zu Beginn des naturwissenschaftlichen 19. Jh. nur noch als körperlicher, unnützer und vielfach auch krankhafter Vorgang (BINZ) oder als Spiegelung der während des Schlafes empfangenen äußeren Sinneseindrücke (JENSSEN) und inneren Körpersensationen, wie z. B. der nicht erloschenen Erregungen der Netzhaut (WUNDT). Als erster brach FREUD mit der Überschätzung der Leibreize für die Entstehung des T. und formulierte, daß der T. «ein sinnvolles psychisches Gebilde» sei, «welches an angebbarer Stelle in das seelische Treiben des Wachens einzureihen ist.» Er nahm weiterhin die im Bereich des Unbewußten liegenden infantilen Triebwünsche als die energetische Traumquelle an. Sie haben die zur Traumbildung notwendige Traumarbeit zu leisten. Sie bringen zunächst die einzelnen Bestandstücke des T. (die latenten T.gedanken) hervor und verwandeln dann diese in die manifesten T.bilder, wobei sie außer der Umsetzung der Gedanken in Bilder die Leistungen der →Verdichtung, der →Verschiebung sowie die sekundäre Bearbeitung vollziehen. Diese sekundäre Bearbeitung geschieht dabei im Hinblick auf die Ansprüche des wachen Bewußtseins nach logischer Ordnung und besteht in einer Zusammenfügung der einzelnen T.bilder zu einer sinnvollen Ganzheit und Einheit. Die vorhergehende T.arbeit der Verdichtung und Verschiebung bei der Verwandlung der T.gedanken in T.bilder erfolgt in Hinblick auf den Traumzensor, den Repräsentanten des Über-Ich bzw. der moralischen Instanz im Menschen und besteht in einem Entstellen, Verhüllen und Verbergen des wahren, in den latenten Traumgedanken enthaltenen Triebwunsches, so daß dieser in einer moralisch nicht anstößigen und das Ich nicht beunruhigenden Form im manifesten T.bild in Erscheinung treten kann. Dadurch erhält der T. einen Wunscherfüllungscharakter. Neue Einblicke in das Traumgeschehen brachten die Untersuchungen von ASRINSKY und KLEITMAN, die bei bestimmten EEG-Anzeichen (→Enzephalograpie) ihre Testschläfer weckten und sich ihre Träume erzählen ließen (→Schlaf). So wurde festgestellt, daß das Träumen regelmäßig jede Nacht und in bestimmten Phasen (REM-Phasen →Schlaf) bei allen untersuchten Personen – auch denen, die angeben, nichts zu träumen – abläuft. Nach unserem gegewärtigen Kenntnisstand wird die Traumentstehung so gedeutet, daß innerhalb der REM-Perioden die ihnen zugrunde liegende psychisch/geistige Aktivität immer dann besondes intensiv wird, wenn ein momentaner Erregungsanstieg in den visuellen, motorischen und anderen aktivierenden Systemen zu verzeichnen ist. So konnte nachgewiesen werden, daß der Hirnstamm im REM-Schlaf spontan Signale erzeugt, die sensorische Informationen enthalten. Diese Signale stammen aber nicht von Außenreizen wie im Wachzustand sondern aus eigener Aktivierung. In dem Maße wie die Sinneskanäle im Cortex durch diese Signale, so wie sonst im Wachzustand durch reale Außenreize, stimuliert werden, werden in ihnen entsprechende Wahrnehmungen (Erinnerungen) hervorgerufen. Diese unverschleierten Gedächtnisinhalte werden eigenständig aber assoziativ miteinander verbunden (Theorie der Aktivierung und Synthese HOBSON 1990). Die phantastische und kuriose Synthese unvereinbarer Elemente entwickelt sich, weil die Prozesse nicht durch die logischen Regeln des Wachzustandes (FREUD sprach von der Kontrolle des Zensors des Ich) kontrolliert werden. Außenreize werden dabei nur schwer integriert und spielen im wesentlichen keine Rolle beim Auslösen oder Strukturieren der Traumerlebnisse. →Schlaf. [L] BECKER-CARUS 1981, 1997, BOSS 1975, FOUKLES 1969, CLARENBACH 1991, SCHMIELAU 1990 *C. Becker-Carus*

Trauma [gr.], Verletzung, Wunde. • I. w. S. eine ps. oder nervöse Schädigung. Störung des seelischen Gleichgewichtes mit nachfolgenden ps. Veränderungen oder neurotischen Erkrankungen als Folge von plötzlich eintretendem, kurz oder länger dauerndem tiefgehendem Erlebnis (Schreck, Angst, Ekel). →Posttraumatische Belastungsstörung

traumatisch, svw. durch Verletzung entstanden, auf einen seelischen Schock zurückführbar

traumatische Neurosen, die durch einen Unfall ausgelöste und durch ein Sicherungsbedürfnis motivierte →Neurose.

Traumdeutung, in der psychoanalytischen Therapie gilt der Traum als ein zentraler Zugang zum Unbewußten, der auch für den therapeutischen Prozeß genutzt werden kann. FREUD sah in Träumen eine Ausdrucksform neurotischer Konflikte. Für JUNG galten sie als eine kompensatorische Funktion zum bewußten Erleben und als hilfreiche Hinweise für das Leben des Träumers. Vier Haupttypen von deutbaren Träumen können unterschieden werden: 1) Situationsträume (dem Träumer wird seine derzeitige Situation vor Augen geführt und/oder es werden künftige Situationen zur «Vorübung» vorweggenommen. 2) Reduktionsträume (in Träumen werden falsche Ansprüche und Einschränkungen richtiggestellt. 3) kompensatorische Träume (Speziallfall der Reduktionsträume; hier werden zum realen Leben gegenteilige Gesichtspunkte herausgearbeitet). 4) Großträume (Träume erscheinen in großer Deutlichkeit, und es besteht ein großes Bedürfnis, sie auszudrücken). Es wird zwischen Traumdeutung auf der Objektstufe (Beziehung des Träumers zu den Personen im Traum) und Traumdeutung auf der Subjektstufe (alle im Traum vorkommenden Gegenstände, Gestalten und Tiere sind Teile des Träumers selbst) unterschieden. Traumdeutung bei JUNG und FREUD erfolgt über verschiedene Methoden. FREUD versuchte u. a. über freie Assoziation zu den immer weiter zurückliegenden Ereignissen bis schließlich zum entscheidenen kindlichen Trauma oder Konflikt zu kommen (Reduktion). JUNG dagegen griff einzelne Bestandteile des Traumes auf und ließ jeweils weitere Einfälle produzieren, die schließlich ein vielseitig verstricktes und immer klareres Bild des Traumes geben (Amplifikation). Auch in nicht-analytischen Therapien kann auf Träume eingegangen werden, sie haben aber einen vergleichsweise geringen Stellenwert. Wirksamkeit und Wirkweise sind kaum untersucht. →Traum *F. Caspar*

Trazodon, WZ Thombran®, Psychopharmakon aus der Klasse der →Antidepressiva mit atypischer Struktur relativ kurzer Halbwertzeit. T. bindet fast ausschließlich an Serotoninrezeptoren, der Wirkungsmechanismus ist unklar, es scheint aber 5-HT_2-Rezeptoren zu blockieren. Ps. Wirkung in desaktivierende Richtung.

treatment [engl.], Behandlung, die eine Person oder Sache einer Handlung oder einem Ziel zuführen. • In der exp. Ps.: Maßnahme zur systemat. Variation der Versuchsbedingungen und die Art, wie jemand den Versuchsbedingungen ausgesetzt wird, • bei der Entscheidungstheorie ist t. jede Entscheidungsmöglichkeit oder Handlungsalternative • Behandlungsmethode bei der Psychotherapie. *H. Ries*

Treffermethode, allg. die Methode, bei Lernversuchen, Testprüfungen usw. die richtige Lösung als Treffer zu bezeichnen und zu bewerten. →Gedächtnismethoden

Treffsicherheitsprüfer →Sinnesfunktionen

Tremograph [gr. *tremein* zittern], Zitterbewegungsschreiber, Bez. für ein Testgerät zum Nachweis der manuellen Ruhe bzw. Unruhe (→Tremor)

Tremometer, Zitterbewegungsmeßgerät, →Sinnesfunktionen

Tremor [lat. Zittern], Bez. für ein krankhaftes, grobschlägiges Ruhezittern der unbeeinflußten Extremität, mit einer Frequenz von 3–7 Ausschlägen in der Sekunde. Durch Muskelkontraktion oder -erschlaffung kann der T. in frühen Stadien verschwinden. Zielbewegungen gelingen gut im Unterschied zum beabsichtigten Zittern. Affektive Erregungen verstärken die Amplitude der Zitterbewegung. Das Zittern äußert sich in einem rasch alternierenden leichten Beugen und Strecken der Finger. Durch die Reibebewegungen des Zeigefingers am Daumen wird der Eindruck des Pillendrehens erweckt. Der senile T. zeigt Übergänge zum arteriosklerotischen T. Der beim chronischen Alkoholismus anfänglich feinschlägige T. wird mit der Zeit grobschlägig. Er ist in Ruhe vorhanden, verstärkt sich bei Bewegungen und Erregungen, läßt sich aber willkürlich unterdrücken. Bei →BASEDOWscher Erkrankung findet sich ein feinschlägiges Erzittern mit der Frequenz von 16–20 Schlägen je Sekunde an den Fingern und 8–9 am Arm. →Mikrovibration

Tremulation, tremulieren, feinschlägige Zitterbewegung, besonders der Stimme

Trend [engl. Richtung, Neigung], die systematische Tendenz einer von der Variablen Zeit (oder einer anderen unabhängigen Variablen) abhängigen Reihe von Beobachtungswerten. Um die Hauptrichtung des Verlaufs der Werte erkennen zu können, werden nicht nur zufällige Schwankungen der Werte innerhalb einer Klasse der unabhängigen Variablen (z. B. eines Kalenderjahres) durch Mittelwertbildung eliminiert, sondern auch zufällige und eventuelle periodische Schwankungen zwischen den Klassen (z. B. ein Mehrjahreszyklus). Der T. wird, wenn möglich, durch eine Gleichung bzw. graphisch als Kurve (Gerade, Polynom, Exponentialkurve etc.) dargestellt. *E. Mittenecker*

Trendanalyse, Trendbestimmung, numerische oder graphische Analyse des →Trends bzw. der Komponenten (wie lineare, quadratische etc.), aus denen der gesamte Trend zusammengesetzt gedacht werden kann.

Trend-Tests, Verfahren zur Prüfung der statistischen →Signifikanz eines in einer Stichprobe festgestellten →Trends bzw. seiner Komponenten.

Trennschärfeindex, Maßzahl (Korrelationskoeffizient), die eine Aufgabe eines Tests bezüglich ihrer Möglichkeit, «gute» von «schlechten» Probanden zu unterscheiden, kennzeichnet. →Itemanalyse

Trennungsangst, bezeichnet die Reaktion eines Kindes, nachdem es in einer meist nicht sehr vertrauten Umgebung von der primären Bezugsperson (meist der Mutter) für kürzere oder längere Zeit zurückgelassen worden ist. Sie äußert sich in einem mehr oder weniger heftigen Protest gegen die Trennung, dem aktiven Versuch, der Bezugsperson zu folgen, einem Absinken der Stimmung, das bis hin zum Weinen und verzweifeltem Schreien gehen kann, sowie in einer Abnahme der Explorations- und Spielaktivität. T. tritt in der Regel um den siebten Lebensmonat herum erstmals auf und klingt nach dem zweiten und dritten Lebensjahr wieder ab. Ihre Entstehung wird häufig mit der Entwicklung von kognitiven Fähigkeiten, insbesondere der →Objektpermanenz (SCHAFFER, BOWLBY, SPITZ) und Änderungen in der Gedächtnisleistung (KAGAN) in Verbindung gebracht. Die Tatsache, daß die primäre Bezugsperson vor dem Auftreten der T. noch ohne seelische Folgen für das Kind ausgetauscht werden kann, was danach nur noch mit Schwierigkeiten möglich ist, weist aber auch auf einen prägungsähnlichen Vorgang hin (BISCHOF-KÖHLER). T. wird häufig mit der →Fremdenreaktion gleichgesetzt (SPITZ), oder es werden für beide Phänomene zumindest teilweise gleiche Entwicklungsvoraussetzungen vermutet (KAGAN). Tatsächlich tritt die Fremdenreaktion aber etwa ein bis zwei Monate nach der T. auf. [L] BISCHOF-KÖHLER 1994, BOWLBY 1976, KAGAN 1980, SCHAFFER 1974, SPITZ 1967 *M. Schneider*

Trennungsprotest →Trennungsangst

Trennwert [engl. *cut-off-score*], ein bestimmter Punktwert oder Summenwert, für den die objektive oder subjektive Vereinbarung getroffen wurde, daß er trennt zwischen akzeptierten und abgelehnten Personen, z. B. in diagnostischen Ausleseverfahren.

Treppenpolygon →Häufigkeitsverteilung

Trevilor®→Venlafaxin

TRF (TRH), Abk. für *thyreotropin releasing factor* (hormone) →Thyreotropin Freisetzungshormon *W. Janke*

Triadenmethode [engl. *complete method of triads*], ein von TORGERSON (1953) entwickeltes Verfahren zur multidimensionalen →Skalierung von Ähnlichkeitsbeurteilungen, die aus →Triadenvergleichen der Reize gewonnen wurden. Die über die THURSTONEschen Gesetze des Vergleichsurteils gewonnenen Distanzschätzungen zwischen je zwei Reizen werden in einem euklidischen Raum angeordnet, von dem durch eine →Faktorenanalyse die Dimensionen ermittelt werden, auf die die Stimuli durch senkrechte Projektionen abgebildet sind. Das Resultat ist eine Anzahl unabhängiger Faktoren, auf die die Ähnlichkeitsurteile zwischen den Reizen zurückgeführt werden. *G. Lüer*

Triadenvergleich, im T. werden drei Reize A, B und C so miteinander kombiniert, daß zu einem Ankerreiz aus den beiden verbleibenden Stimuli derjenige herausgesucht werden muß, der dem Ankerreiz z. B. am ähnlichsten ist. Soll jeder Reiz einmal Ankerreiz sein und ist n die Anzahl der Reize, so können verschiedene Triaden gebildet werden. →Triadenmethode *G. Lüer*

trial-and-error-learning [engl. Lernen durch Versuch und Irrtum], →Versuch und Irrtum

Triazolam, WZ Halcion®, Psychopharmakon aus der Gruppe der →Hypnotika vom Typ der →Benzodiazepine mit sehr kurzen Wirkungszeiten (Halbwertszeit bis 4 h). Hohe Dosierung kann zu Unverträglichkeitsreaktionen und zu anterograder Amnesie führen. *W. Janke*

Trieb, eine Gruppe von ps. Faktoren, die (nach ROHRACHER) folgende Hauptkennzeichen aufweisen: (1) Das Erleben eines Dranges, wobei meistens, aber nicht immer, auch eine Zielvorstellung gegeben ist; (2) Autogene Entstehung, d. h. Triebe treten ohne Mitwirkung des Bewußtseins, unabhängig von Wollen und Denken auf; (3) Gefühlsbegleitung: Die Befriedigung des Triebes verschafft Lust; solange sie nicht möglich ist bzw. verhindert wird, besteht Unlust; (4) Bewußtseinsminderung: Die Klarheit des Denkens und selbst der Wahrnehmungen kann unter der Wirkung des Triebes herabgesetzt sein. Die ersten beiden Merkmale treffen auf alle Triebe zu, die beiden letzten auf die meisten. Als Triebhandlung bezeichnet man solche Handlungen, die sich durch schnelle Aufeinanderfolge von Motiv und Handlung auszeichnen, also unüberlegte (Affekt-)Handlungen. Die wichtigsten Impulse für die Triebtheorie stammen von FREUD (1915). Er beschreibt Triebe als eine aus dem Körperinneren kommende, konstant wirkende Kraft, die den Organismus zu solchen Handlungen anregt, die geeignet sind, die inneren Reizquellen zu verändern. Eine solche Veränderung hebt die Erregung an der Reizquelle (einem Organ) auf und wirkt damit triebreduzierend, was psychologisch als Triebbefriedigung gefaßt wird. HULL (1943) hat diese Triebkonzeption im Sinne einer Bekräftigung (→Bekräftigung, →Verstärkung) konzipiert und hiervon das Lernen (→Lernen) abhängig gemacht. Das Bemühen um Ordnung und Spezifizierung hat zu drei Annahmen geführt: (1) monothematische T.theorie, das menschliche Seelenleben wird auf eine einzige Grundtriebfeder zurückgeführt, z. B. den Sexualtrieb FREUDS und das «Machtstreben» bei ADLER; (2) polythematische T.theorien (KLAGES, MCDOUGALL). Sie sind vor allem eingekleidet in die Lehre von den Instinkten im Sinne angeborener T. MCDOUGALL unterscheidet 18 solcher T.: die der Nahrungssuche, des Ekels, des Sexus, der Furcht, der Neugier, der Fürsorge, der Geselligkeit, der Selbstbehauptung, der Unterwürfigkeit, des Besitzenwollens, des Sich-lustig-Machens, der Behaglichkeit, des Ausruhens, des Wanderns und anderer körperlicher Verrichtungen wie Husten, Niesen, Atmen, Entleerung; (3) athematische T.theorien, erkennen eine Vielzahl von Triebregungen an, halten aber eine Spezifizierung und systematische Gliederung für unmöglich, da unsere aktuellen Handlungen durch die jeweils gegebene Situation mit ihrem konkreten Inhalt bestimmt werden. →Antrieb. [L] ALLPORT 1949, GEHLEN 1958, JASPERS 1965, MCDOUGALL 1947, ROHRACHER 1969, SZONDI 1952 *H. D. Schmalt*

Triebdiagnostik, experimentelle, Bez. für das Verfahren von SZONDI zur Diagnose der dominanten Triebvektoren und Triebbedürfnisse. [T] SZONDI 1966

Trieb-Dressur-Verschränkung, Verhaltensweisen, die sich aus erlernten und angeborenen Elementen zusammensetzen. →Erbe-Umwelt-Problem. Die jeweiligen Anteile können exakt nur exp. dargestellt werden. T. erhöht die Plastizität von Verhalten. *V. Preuss*

Triebdynamik, die Wendung zu einer triebdynamischen Auffassung des seelischen Lebens erfolgte durch die →Psychoanalyse, die Individualps. und die hormische Ps. (→Ps. Richtung), die die Bedeutung gewisser Triebe und Strebungen betonten. • LEWIN hat sich um die Erforschung der «dynamisch-realen Faktoren» der menschlichen Seele bemüht. Er sieht die Ursachen seelischen Geschehens in «gewissen seelischen Energien, die in der Regel auf einen Willens- und Bedürfnisdruck zurückgehen». →topologische und Vektorpsychologie. • Bei SZONDI bildet die →Tropismenlehre den Ausgang zu einer besonderen Theorie der Triebdynamik.

Triebfedern →Charakteraufbau nach KLAGES

Triebreduktion, Abnahme der Triebspannung. (HULL 1943), jede Reiz-Reaktionsverbindung wird verstärkt, wenn gleichzeitig mit ihr eine T. auftritt.

Triebreiz [engl. *drive stimulus*], Abk. S_D oder *D*, Bez. für den von C. HULL hypothetisch angenommenen und durch einen Triebzustand veranlaßten (endogenen) Reiz

Triebtheorie →Trieb, →Instinkttheorie

Triglyzeride, Verbindung von drei Molekülen Fettsäure mit einem Molekül Glyzerin, stellen neben den Kohlenhydraten (Zucker, Glykogen) den bedeutsamsten Energiespeicher der Zelle dar. [L] KOOLMAN & RÖHM 1994 *W. Janke*

Trigramm, als Zeichen höherer Ordnung aufgefaßte Dreierkombination von Einzelzeichen, die einer begrenzten Menge von möglichen Zeichen (Zeichenvorrat, Zeichenrepertoire) entnommen sind. Aus dem Vorrat von 26 Buchstaben zuzüglich Leerstelle (Lücke) lassen sich 27^3 = 19683 T. bilden (→Sprachstatistik). Zur Bestimmung der Auftretenshäufigkeiten von T. in Texten siehe sinngemäß →Digramm. Eine künstlich hergestellte Buchstaben-Abfolge, in der sich die Häufigkeiten der darin enthaltenen T. so verteilen wie in sinnvollem Text, heißt →Approximation 3. Ordnung. T. werden (insbes. in der Abfolge «Konsonant – Vokal – Konsonant») häufig als Material in Lern-, Assoziations- und Gedächtnisuntersuchungen verwendet. Ihre Verwendbarkeit als «sinnarme Silben» hängt von einer Reihe von Bedeutungs-Kennwerten ab, die in umfangreichen Untersuchungen ermittelt worden sind. →sinnlose, sinnarme Silben. [L] SCHÖNPFLUG & VETTER 1974 *H. E. Zahn*

Trijodthyronin, Abk. T3, →Schilddrüsenhormon

Trimodale Faktorenanalyse →Faktorenanalyse

Triplo-X-Syndrom, Genommutation, die zu den Trisomie-Syndromen mit 3fachem x-Chromosom gehört. Führt zu Verhaltensstörungen und psych. Erkrankungen →Geschlechtschromosomenanomalie

Trisomie, Anomalie der Chromosomenzahl, bei der neben dem normalen Diploidensatz ein oder mehrere →Chromosomen überzählig sind. →KLINEFELTER-Syndrom, →DOWN-Syndrom

Tritanomalie, Tritanopie [gr. *tritos* dritte], Farbensehschwäche bzw. Farbenblindheit mit eingeschränkter bzw. fehlender Wirksamkeit des dritten (blau-empfindlichen) Zapfenfarbstoffes. →duale Sehtheorie

Trizyklika, Psychopharmaka, chemisch durch ihre Struktur von 3 Kohlenstoffringen gekennzeichnet *W. Janke*

Troland →lichttechnische Maße

Trommelfell →Ohr

trophisch [gr. *trophein* ernähren], auf die Ernährung bezogen

trophotrop →ergotrop

Tropismenlehre, Bez. für die von Jacques LOEB (1859–1924) aufgestellte Lehre, wonach das Verhalten von Tieren in Analogie zu den Tropismen der Pflanzen zu verstehen und die Annahme von Bewußtsein also überflüssig sei.

Tropismus [gr. *tropos* Richtung], Orientierung der Wachstumsbewegungen bei Pflanzen an äußeren physikalischen Reizquellen. Führen diese zum Reiz hin, handelt es sich um positiven T., führen sie von ihm ab, um negativen T. Es gibt z. B. Geotropismus = T. auf die Erde und die Erdbewegung hin, Helio-, Phototropismus = Bewegung auf Lichtreize, Chemotropismus = Bewegung auf chemische Einflüsse, Hydrotropismus = zum Wasser hin, bei chem. Verbindungen: wasserlöslich. • In die Ps. wurde der Begriff mit neuer Bedeutung durch SZONDI eingeführt. Geno-Tropismus ist die durch identische oder verwandte Genfaktoren wirkende Kraft, welche Menschen zueinander hinzieht. Bei Ausschaltung der genealogischen Verankerung der Triebe spricht man von Triebtropismus. Eine Triebstruktur kann sich in der Wahl eines bestimmten erotischen Partners (Libido-T.), eines Freundes (Idealo-T.), des Berufes (Opero-T.), einer Krankheit (Morbo-T.), der Todesart (Thanato-T.) u. a. bemerkbar machen. Sie wird zur unbewußten Determinante, die affine Erscheinungen erzeugt. Beim Abwehropero-T. vermag das Ich gefährliche Triebbedürfnisse durch ausgedehnte und sozial verankerte Abwehrfunktionen abzuwehren. Von integralem Opero-T. spricht man bei gleichzeitigem Vorhandensein der 3 Formen von Opero-T., die sich in 3 scheinbar unabhängigen Gruppen von Berufswünschen äußern. **[L]** SZONDI 1966

Trotz, diffuse Abwehr fremder Autoritäten ohne inhaltlich bestimmte Intentionen, häufig mit Affektausbrüchen verbunden (Wut). Die verschiedentlich vorgetragene Annahme, daß T. der Einübung des Willens diene, ist bestritten worden. Das Auftreten von T. beim Erwachsenen weist auf einen infantilen Status mit aufgeblähtem Selbstwertgefühl und Geltungssucht hin. Echte Autonomie ist nicht erreicht, die ps. Entwicklung ist gestört und bei einer bloß demonstrativen Pseudo-Souveränität des Ich stehengeblieben. →Trotzphase, →Reaktanz. **[L]** KEMMLER 1957, KROH 1928

Trotzalter, Bez. für die Zeit vom 3.–5. Lbj. (1. Trotzphase) und von 12.–15. Lbj. (2. Trotzphase). →Entwicklungsphasen, →Trotzphase

Trotzphase, Begr. (Ch. BÜHLER) für die bes. Krise in den sozialen Beziehungen des Kindes am Ende des dritten und Beginn des vierten Jahres. In der T. entdeckt das Kind, daß es selbst etwas wollen bzw. sich dem Wollen der Erwachsenen widersetzen kann. Im Verlauf der T. übt es dann diese Fähigkeit um ihrer selbst willen u. gerät in Konflikte mit der Umgebung. Zwischen dem 12. und 15. Lbj. soll nach älterer Auffassung die zweite T. liegen. Zur Zeit wird angenommen, daß vermehrter Trotz bereits im 2. Lbj. auftreten kann und daß T. in Abhängigkeit von sozialen Bedingungen auch ausbleiben können. • Nach psa. Anschauung ist die T. der →Ödipusphase FREUDS zuzuordnen. →Trotz, →Trotzalter

trouble shooting [engl.], Fehler oder Störungen suchen und beseitigen.

true drug, syn. *truth drug*, Wahrheitsdroge, Plauderdroge, psychotrope Substanz, Narkotikum, das Hemmungen und Widerstände aufheben kann und so den Zugang zu sonst nicht erreichbaren Erlebnisinhalten ermöglicht. • Die intra- und interindividuelle Variation bei der «Narkoanalyse» (→Hypnoseanalyse) ist so groß, daß weder die Konstanz noch der Wahrheitswert der zutage geförderten Inhalte zu bestimmen ist. Die Narkoanalyse dient hauptsächlich zur Verkürzung der klassischen Psychoanalyse. Bei Gerichtsverfahren ist sie nicht zulässig. →Psychopharmaka

Trugwahrnehmung →Sinnestäuschung

Truxal® →Chlorprotixen

Tryptamin, Neurohormon, biogenes Amin, das aus der Aminosäure →Tryptophan gebildet wird (Decarboxylierung). T. passiert die Blut-Hirn-Schranke und kann deshalb parenteral verabreicht werden. Es besitzt sympathikomimetische Eigenschaften (z. B. Herzfrequenz-, Blutdrucksteigerung, →Sympathikomimetika). Verwandte des T. (→Dimethyltryptamin) haben psychotomimetische Eigenschaften. →Psychotomimetika **[L]** FELDMAN et al. 1997 *W. Janke*

Tryptophan, essentielle →Aminosäure, aus der über 5-Hydroxytryptophan →Serotonin (5-Hydroxytryptamin) gebildet wird. T. wird jedoch auch z. T. in →Tryptamin, das als Neurohormon zu betrachten ist, umgewandelt. L-Tryptophan wurde vorübergehend als Schlafmittel eingesetzt. Gaben von T. bei Gesunden induzieren schon in kurzer Zeit (ca. 1 h) leichte Verstimmung. T. potenziert die Wirkung von →Monoaminooxydase-Hemmern. T. gilt als «challenge test». So wird →Tryptophan-Depletion als →Reaktivitätstest für das Serotoninsystem vorgeschlagen. Depletion von T. führt zu unangenehmen Nebenwirkungen. **[L]** ELLENBOGEN et al. 1996, SPRING et al. 1987 *W. Janke*

Tryptophan-Depletion, chemischer Reaktivitätstest, bei dem endogenes Tryptophan über eine T.-Mangeldiät erniedrigt wird.

TSD, Abk. für *theory of signal detectability*, →Signaldetektions-Theorie

Tsedek-Test **[T]** BARUK

TSH, Abk. für Thyreoidea stimulierendes Hormon, syn. für →Thyreotropin. **[L]** REILLY et al. 1997 *W. Janke*

T-Skala →Normskalen

T-TAT **[T]** THOMPSON

T-Technik, bei der T-T. der →Faktorenanalyse wird bei einer Stichprobe von Vpn zu verschiedenen Zeitpunkten eine Variable wiederholt gemessen. Die in die Faktorenanalyse eingehenden Interkorrelationen beziehen sich also auf verschiedene Situationen und stellen Situationsfaktoren dar. →S-Technik, →Kovariationsschema *H. Häcker*

t-Test, statistische Prüfverfahren, die auf der t-Verteilung beruhen. Zumeist wird unter t-T.

ein parametrischer Signifikanztest für Unterschiede zwischen den Mittelwerten zweier unabhängiger oder abhängiger Stichprobenverteilungen verstanden. *G. Mikula*

TTR, Abk. für *type-token-ratio,* →Diversifikationsquotient

T-Typ, nach W. JAENSCH der Konstitutionstyp, der im Grenzfall die Kennzeichen der Tetanie (Bewegungsstörung mit Muskelkrampf) besitzt. Ggs. →B-Typ

Tuanima-Test [T] REICH

Tuning-Kurve, Abhängigkeit der Aktivität eines →Neurons von den Ausprägungen eines Reizes auf einer Dimension (→rezeptive Felder); allgemeiner auch Charakterisierung der Reaktion eines →Detektors oder →Filters mit Hilfe →psychophysischer Methoden (Adaptation, selektive). *H. Heuer*

Tunnelphänomen, -bewegung, -effekt, erzeugt man die bekannte →Scheinbewegung und stellt in einigem Abstand von der Darbietungsebene zwischen die beiden Darbietungsstellen einen undurchsichtigen Schirm, so geht die reine Bewegung in die Tunnelbewegung über, d. h., das bewegte Gebilde verschwindet auf der einen Seite hinter dem Schirm und taucht auf der anderen wieder auf. Nimmt man den Schirm weg, ohne daß die Vp dies bemerkt (im Dunkeln z. B.), so verläuft für diese die Bewegung anschaulich noch immer hinter dem Schirm. Entsprechend bleibt das Tunnel-Ph. aus, wenn der Schirm zwar vor der Bewegungsbahn steht, aber ohne Wissen der Vp dorthin gestellt worden ist. Stellt man zwischen Anfangs- und Endpunkt der Scheinbewegung ein massives Hindernis, so wird dieses von dem bewegten Gegenstand anschaulich «durchschlagen» (ERISMANN). • Dem T. stehen weitere, exp. durchforschte Phänomene amodalen Wahrnehmens nahe: der Piston-Effekt (*effet piston:* Kolben-Effekt) sowie der Entraînement-Effekt (Fort-Schiebe-Effekt) und der Lancement-Effekt (Fort-Stoßen-Effekt). Beide Bez. stammen von MICHOTTE →Kausalitätswahrnehmung

Turgor [lat. *turgescere* anschwellen], Turgeszenz, der durch den Gehalt an Körpersäften bedingte Spannungszustand der Gewebe, Blutreichtum

Turing, Alan Mathison (1912–1953), Mathematiker / Manchester

Turing-berechenbar →Automat

Turm von Hanoi, eine Denkaufgabe (ein nach Größe angeordneter Haufen von n Scheiben soll von einem Feld A unter Benutzung des Feldes B in gleicher Reihenfolge auf ein Feld C aufgesetzt werden. Die Scheiben sind einzeln zu transportieren). Die Aufgabe eignet sich zur Analyse relativ überschaubarer Denkprozesse nach informationstheoretischem Ansatz.

Turner-Syndrom, auch ULLRICH-TURNER-Syndrom, Bez. für die Mißbildung der Keimdrüsen, Gonadendysgenesie, durch Chromosomenaberration. Fast ausschließlich bei Mädchen. →KLINEFELTER-Syndrom, →Chromosom

tutorielle Systeme, Bezeichnung für kognitiv ausgerichtete Lernangebote auf Medienbasis, insbes. unter Einbeziehung der adaptiven Möglichkeiten von Computern (→*Computer Based Training* (CBT), →audiovisuelle Lehr- und Lernmittel). Tutorielle Systeme bieten zumeist eine computerunterstützte Lernumgebung, die am besten außerhalb zeitlich organisierter Gruppenlernphasen, z. B. in individuumszentrierter betrieblicher Fortbildung zum Wissenserwerb genutzt werden kann. [L] MANDL & LESGOLD 1988.

t-Verteilung, theoretische, von der →Normalverteilung abweichende Verteilung in der Statistik.

Die Normalverteilung einer Gesamtheit von Daten hat die Parameter $\mu = 0$ und $\sigma = 1$, wenn standardisierte Scores

$$z = \frac{x-\mu}{\sigma}$$

eingesetzt werden. Ist σ unbekannt und wird an seiner Stelle eine Schätzung s aus einer Stichprobe mit ν Freiheitsgraden verwendet, dann verteilen sich die standardisierten Scores

$$t = \frac{x-\mu}{s_\nu}$$

nicht normal. Diese Verteilung wird nach dem Pseudonym, unter dem der englische Mathematiker GOSSET sie veröffentlichte, auch Student-Verteilung genannt. Sie ist symmetrisch und glockenförmig, hat aber etwas weniger Steilheit, daher weniger Wahrscheinlichkeit im mittleren Bereich, mehr in den Ausläufern, als in der Normalverteilung. Die t-V. ist Grundlage für die t-Tests. *E. Mittenecker*

TWI, Abk. für *training within industry,* eine während des Zweiten Weltkriegs in USA entwickelte Methode der «richtigen Unterweisung von Mitarbeitern», der «besseren Gestaltung der Mitarbeiterbeziehungen» und der Arbeitsverbesserung. Kennzeichnende Merkmale sind die «Vier-Stufen-Methode» und die «Konferenz-Methode». Erstere geht auf pädagogische Anweisungen (z. B. HER-

BART) zurück: 1. Stufe des richtigen Vorbereitens; 2. Stufe des Vorführens des Arbeitsvorganges mit Zeigen und Erklären nach Was, Wie, Warum; 3. Stufe mit Ausführenlassen durch den Lernenden mit Befragen nach Was, Wie, Warum; 4. Stufe des Abschlusses mit Überwachen beim Alleinarbeitenlassen. Die Konferenzmethode bemüht sich durch systematische Besprechung der verschiedenen im Arbeitsleben vorkommenden Fälle um die Arbeitsverbesserung. →Formalstufentheorie, →heuristische Regeln

Typ A, Typ B, Persönlichkeitsfaktoren, die das Risiko für das Auftreten einer koronaren Herzerkrankung um das zwei- bis siebenfache erhöhen (Typ A) bzw. erniedrigen (Typ B). Von den Kardiologen FRIEDMAN & ROSENMAN 1959 erstmals beschrieben. Typ A zeichnet sich gegenüber Typ B durch folgende Verhaltensmuster aus: spricht hastig, bewegt sich unruhig, setzt sich unter Zeitdruck, weist erhöhtes Kontrollbedürfnis vor allem in Konkurrenzsituationen auf, verfällt bei länger anhaltender Unkontrollierbarkeit aber in ein Hilflosigkeitsmuster. Damit gehen erhöhter Blutdruck und erhöhte adrenerge/noradrenerge sympathische Aktivität einher. Die Messung erfolgt durch halbstandardisierte Interviews oder Fragebögen oder Verhaltensbeobachtung und erwies sich als reliabel und objektiv. Längsschnittstudien bestätigen das erhöhte Risiko auch 10 Jahre nach der Erstmessung. →Psychosomatik. **[L]** GLASS 1977 *N. Birbaumer*

Typenanalyse →Q-Sortierung

Typenfeststellung, nach STERN (1911) handelt es sich um ein Verfahren zur Feststellung von Typen durch inter-individuellen Vergleich intra-individueller Dispositionsverhältnisse. →Persönlichkeitsps., →Konfigurationsfrequenzanalyse

Typenfragebogen **[T]** ALLPORT-VERNON, SCHOLL, WEISSENFELD

Typenschau-Regel, HELLPACH hat eine eigene Typenschau-Regel mit Typenwerde- und Typenschwellen-Regel formuliert, die berücksichtigt, daß generelle Voraussetzungen für das Beachten des Typischen gegeben sein müssen: «Lebewesengruppen gehen für unsere Wahrnehmung desto mehr in einem Typus auf, je ferner sie uns stehen oder je fremder sie uns sind – und lösen sich für unsere Wahrnehmung desto mehr in Individuen auf, je näher sie uns stehen oder je vertrauter sie uns sind». **[L]** HELLPACH 1946

type-token-ratio (TTR) →Diversifikationsquotient

Typ I-Fehler →Fehler erster Art

Typ II-Fehler →Fehler zweiter Art

Typikalität, nach E. ROSCH der Grad, inwieweit ein Begriff oder Gegenstand zu einer Kategorie paßt. T. beeinflußt z. B. →Wiedererkennen und →Satzverifikation, speziell wenn es sich um basale Kategorien (z. B. Hund, Stuhl) handelt im Gegensatz zu allgemeinen (z. B. Lebewesen, Möbel). Modelle für die Wirkung von T. haben u. a. ROSCH et al. (1978) und HOFFMANN entwickelt. **[L]** HOFFMANN 1982 *A. Zimmer*

Typologie, der Begr. «Typus» als Ordnungskriterium wird sowohl im alltäglichen als auch im wissenschaftlichen Bereich verwendet. Im Ggs. zu «Klasse», «Gattung» und «Art» ist für «Typus» charakteristisch, daß die ihn determinierenden Merkmale mehr oder weniger stark vorhanden sein oder gänzlich fehlen können, ohne daß auf eine Einteilung von Individuen in Typen verzichtet werden muß. Inhaltlich definiert wird «Typus» im allg. entweder als «eine durch einen bestimmten Merkmalskomplex charakterisierte Gruppe» von Individuen oder als «ein Mensch, der alle Merkmale seiner Gruppe in besonders ausgeprägter Weise besitzt», sog. «reine» Typen (ROHRACKER 1965). Diese Merkmale können z. B. konstitutions- (der «lange Dünne»), funktions- (der «Versonnene»), philosophisch-weltanschaulich- (der «Religiöse») oder soziokulturell- (der «Franzose») bezogen sein. Von einer T. spricht man, wenn bestimmte Typenkategorien systematisch auf bestimmte Verhaltensmuster bezogen werden mit dem Ziel, auf Grund beobachtbarer Kategorien nicht beobachtbare Verhaltensdeterminanten zu erschließen bzw. das Verhalten vorhersagen zu können (→Persönlichkeitsdiagnostik).

Die wichtigsten Ansätze innerhalb der Ps. sind: der konstitutionspsychologische von KRETSCHMER bzw. SHELDON, der funktionstypologische von JUNG, PFAHLER, JAENSCH und der philosophisch-weltanschaulich orientierte von SPRANGER. Wissenschaftshistorisch lassen sich die Bestrebungen nach Erstellung einer T. zurückverfolgen bis auf die Temperamenten- bzw. Körperbaulehre von HIPPOKRATES, von denen sich die neueren Ansätze trotz mancher Gemeinsamkeiten durch den Versuch unterscheiden, die aufgestellten Vermutungen über die Zusammenhänge zwischen Typus und Verhaltensmuster empirisch zu untermauern. KRETSCHMER, dessen Werk auch die meisten folgenden Arbeiten nachhaltig zu beeinflussen vermochte, ging von der Beobachtung aus, daß

Psychologische Typen (Übersicht), Körperbautypen

Typenbezeichnung	Autoren	Gliederung und wesentliche Kennzeichen
Affekttypen		Typen aus der Gegensätzlichkeit von Mangel (sehr geringe affektive Ansprechbarkeit, gemütsarm, kontakt- und bindungsschwach) und Übermaß der Affekte (affektprimitive Reaktionen mit Kurzschlußhandlungen).
Anschauungstypen	A. BINET (1980) E. R. JAENSCH u. a.	Ganzheitliche oder einzelheitliche Erfassung, flüchtig oder lange klebend, gefühlsbetont, sachlich u. a. Die A. stehen den →Vorstellungstypen nahe.
Aufmerksamkeitstypen		Syn. Beobachtungstypen – fixierend mit engem, detailgerichtetem Aufmerksamkeitsumfang (objektiv) – distributiv mit weitem, aufs Ganze gerichtetem Aufmerksamkeitsumfang (subjektiv) – fluktuierend
Denktypen	G. DIETER (1934) A. WENZL (1934) H. LEISEGANG (1928)	Typen «typischer Denkformen». Bei DIETER besonders das Gegenüber: formalistisch-theoretischer Typ vs. gegenständlich-praktischer Typ (Stoffdenker). WENZL unterscheidet selbständigen vs. rezeptiven; freien vs. aufgabengebundenen; passiven vs. aktiven; diskursiven vs. intuitiv-sprunghaften; analytischen vs. synthetischen; kritisch-kontrollierenden vs. konstruktiv-schöpferischen; materialen vs. signitiven D.
Einstellungstypen	C. G. JUNG (1921)	Syn. Versionstypen. Introvertierter (introverter) vs. extravertierter (extraverter) Typus. Typen, die sich aus der Reaktionsbereitschaft und der Richtung der seelischen Verarbeitung ergeben. →Introversion, →Extraversion.
Erlebnistypen	H. RORSCHACH (1921)	Über den Test (Formdeuteverfahren) erschlossene Typen: introversiv, extraversiv (extratensiv), koartiert (koartativ), ambiäqual, dilatiert. [T] RORSCHACH
Funktionstypen	C. G. JUNG (1921)	Denktypus – Empfindungstypus – Fühltypus – Intuitionstypus, als Typen der vier seelischen Grundfunktionen Denken, Empfinden, Fühlen, Intuieren. Entscheidend mit den →Einstellungstypen verbunden.
Grundfunktionen	G. PFAHLER (1929)	Typen nach Art und Stärke der Aufmerksamkeit (eng oder weit, fixierend oder fluktuierend, objektiv oder subjektiv, analytisch oder synthetisch, diskret oder total), Perseveration (stark oder schwach), Gefühlsansprechbarkeit (stark oder schwach), Aktivität (stark oder schwach) und Vorwiegen der Ansprechbarkeit nach der Lust-Unlust-Seite
Idealtypus	–	Typus als gedankliche Konstruktion, als normativ gesetzter, allgemein verbindlich gedachter Komplex von Eigenschaften, Anlagen usw. Vgl. Lebensformen
Integrationstypen	E. R. JAENSCH	Typen nach Art, Grad und Richtung der →Integration: I_1-, I_2-, I_3-Typ, D-Typ, S-Typ
Intuitionstypus	–	Syn. intuitiver Typus. Funktionstypus mit stark ausgeprägtem Intuieren und schwachem Urteilen.
Konstitutionstypen	E. KRETSCHMER	Die Typologie geht von beobachtbaren Kriterien (Körperbau, Krankheitsbild u. a.) aus. Sie ist dreigegliedert. Die →Körperbautypen sind Leptoso-

		mer (Astheniker), Pykniker und Athletiker. Daneben abweichende kleine Gruppen, die KRETSCHMER als dysplastische Spezialtypen bezeichnet. Die angesprochenen komplexen Biotypen sind: Zyklothymie – Schizothymie – Barykinesie. KRETSCHMER bezeichnete es als erforschtes Grundprinzip seiner Typologie, daß mit jedem Körperbautypus eine Polarität der Temperamente und ein Kontrastpaar von gegensätzlichen Temperamenten verbunden ist. Zudem haben alle Typen (nur in versch. Ausprägung) an allen Temperamenten teil. So ergibt sich (KRETSCHMER 1975):

Normen:	zyklothym (pyknisch) diathetische Proportion: gehoben, synton, gesenkt	schizothym (leptosom) psychästhetische Proportion: sensibel, trocken, kühl	barykinetisch (athletisch) entonische Proportion: abrupt stetig, phlegmatisch, entonisch
Extremvarianten:	zykloid hypomanisch subdepressiv	schizoid hyperästhetisch anästhetisch	epileptoid explosiv viskös

		Die T. von KRETSCHMER kann als gut ausgebautes Typensystem bezeichnet werden, ohne aber den heutigen Einwänden gegen jede Typologie begegnen zu können. →Faktorentheorien der Persönlichkeit.
Konstitutionstypen	W. H. SHELDON	Die Typologie läuft sehr parallel der von KRETSCHMER mit drei konstitutionellen Komponenten (Endo-, Ekto-, Mesomorphie) und drei temperamentsmäßigen Entsprechungen (Somato-, Viszero-, Zerebrotoniker). →Körperbautypen
Lebensformen	E. SPRANGER	Ästhetischer – ökonomischer – religiöser – sozialer – theoretischer Typus und Machtmensch. «Idealtypen, die als Schemata oder Normalstrukturen an die Erscheinungen ... der historischen und gesellschaftlichen Wirklichkeit angelegt werden sollen» (SPRANGER). →Lebensformen
Lebensgefühl	F. W. SCHELLING F. NIETZSCHE	Apollinischer Typ (in der Art des Apollo: maßvoll, harmonisch, ausgeglichen) vs. dionysischer Typus (in der Art des Dionysos: rauschhaft, leidenschaftlich, heroisch)
Primär-Sekundär-Funktionstypen	G. HEYMANS WIERSMA (1906–09)	In einer der ersten ps. Typologien (auch erstmals mit dem Versuch einer statistischen Absicherung: 2532 Vp) sind die Dominanz der Primärfunktion bzw. der Sekundärfunktion eine diskriminierende Dimension des Verhaltens (Emotionalität, Aktivität, Reaktionsdauer). JUNG und EYSENCK erkannten darin Parallelen zur Extraversion und Introversion. LE SENNE erweiterte die Typologie mit der Gliederung nach nervös, sentimental, leidenschaftlich, cholerisch, sanguinisch, phlegmatisch, amorph, apathisch. Amorpher Typus = der primäre, nicht-aktive, nicht-emotionale T.
Reaktionstypen	–	Typen der seelischen Verarbeitung (Charaktervarianten): anankastischer (zwanghafter, obsessiver, starrer), apathischer, asthenischer, expansiver, melancholischer, sensitiver, sthenischer Reaktionstypus, Erregungstypus, Hemmungstypus. Die Akzente der R. liegen zudem in der Schnel-

		ligkeit, Stärke, Fluidität, Ökonomie des Reagierens, zudem wird als R. auch eine Gliederung nach hysterisch, primitiv u. ä. angesehen.
Romantischer Typus	W. OSTWALD (1909)	Typen aus dem Vergleich von Biographien großer Naturforscher (Klassiker vs. Romantiker). «Während der erste durch die allseitige Vollendung jeder einzelnen Leistung, aber gleichzeitig durch ein zurückgezogenes Wesen und eine geringe persönliche Wirksamkeit auf seine Umgebung gekennzeichnet ist, fällt der Romantiker durch die entgegengesetzten Eigenschaften auf.»
Sprechtypen, Sprachausdruckstypen	E. DRACH O. RUTZ E. SIEVERS J .B. RIEFFERT	Syn. Haltungstypen. Abweichungen der Körperhaltung und Stimmlage sind Ausgang der Typologie. DRACH (1928) leitet vier Typen ab: den Motoriker (antriebsstark, ungehemmt), den motorisch-visuellen (antriebsstark, gehemmt), den Vorstellungstyp und den visuellen Typ. RIEFFERT teilte in 2 Klassen ein, die phonetisch durch ihr Melos bzw. ihren Rhythmus charakterisiert sind. Weiteres →Sprach-(Sprech-)Typen
Temperamentstypen	HIPPOKRATES GALEN	Aus der Antike stammende 4-Temperamenten-Lehre: sanguinisch – phlegmatisch – cholerisch – melancholisch. Der kategorische Charakter (Zuordnung nach entweder – oder) wurde erst in der modernen Typologie erkannt und überwunden. →Temperament
Temperamentenlehre	EWALD (1924)	Typen nach dem sog. Biotonus: biotonisch-quantitativer Typus / strukturell-qualitativer Typus
Vorstellungstypen	J. M. CHARCOT	Syn. Sinnestypen, Auffassungstypen, Typen nach Vorherrschen der Sinnesgebiete und deren Berücksichtigung z.B. bei Assoziationen, Erinnerungen etc.: visueller (auch optischer), akustischer, motorischer (auch kinästhetischer), taktiler, olfaktorischer, gustatorischer Vorstellungstypus
Weltanschauungstypen	E. ADICKES W. DILTHEY K. JASPERS	Bei DILTHEY eine der Verschiedenartigkeit der Sinndeutung der Welt entsprechende Gliederung: Typus des Naturalismus (Materialismus, Positivismus), des Idealismus (Pantheismus), des Idealismus der Freiheit (Theismus). Bei ADICKES die Typen des Theismus, des Pantheismus und des Deismus. Bei JASPERS eine Vielzahl von Geistestypen entsprechend den möglichen Einstellungen: gegenständlich – selbstreflektiert – enthusiastisch
Wort-, Sachvorstellungstypen	E. MEUMANN	Typen, ähnlich den →Vorstellungstypen (CHARCOT)

bestimmte Formen geistiger Erkrankungen (manisch-depressives Irresein und Schizophrenie) vorzüglich bei Menschen eines bestimmten Körperbautyps (pyknisch, leptosom) auftreten. Seine Untersuchungen, die einen statistisch gesicherten Zusammenhang zwischen dem überzufällig häufigen Auftreten der Schizophrenie bei Leptosomen bzw. des manisch-depressiven Irreseins bei Pyknikern ergaben, wurden auch später im wesentlichen bestätigt; eine Aufgliederung der Kranken z.B. nach dem Lebensalter brachte allerdings bedeutende Abschwächungen der Korrelationen. Über den Zusammenhang von Körperbau und Krankheit formulierte KRETSCHMER seine Konstitutionstypen (→Zyklothymie, Schizothymie). Bemerkenswert an seiner T. ist die Annahme, daß der Übergang von gesunden zum kranken Menschen nicht sprunghaft, sondern kontinuierlich ist und die ps. Kräfte, die beim «Normalen» quasi harmonisch zusammenwirken, beim Kranken in einem Mißverhältnis stehen und einzelne Dimensionen scharf überzeichnet sind. SHELDON, dessen Ausgangspunkt nicht im pathologischen, sondern im normalen Bereich liegt, formulierte

ebenso eine Konstitutionstypologie, deren Grundvarianten der endomorph-viszerotone, der mesomorph-somatotone und der ektomorph-cerebrotone Typus sind. Der Konstitutionsbegriff sowohl bei KRETSCHMER als auch bei SHELDON ist die Gesamtheit aller genetischen Grundlagen des Individuums. Dies bildet einen der wichtigsten Ansatzpunkte zur Kritik: Für Umwelteinflüsse und Veränderungen der Konstitutionsdeterminanten etwa durch →Lernen ist kein Raum gegeben. Ging KRETSCHMER von beobachtbaren Kriterien (Körperbau und Krankheitsbild) zur Formulierung seiner T. aus, so versuchten die Vertreter der funktionsorientierten T. spezifische Erlebnisweisen (JUNG, RORSCHACH, PFAHLER) oder Vorstellungsabläufe (JAENSCH) zur Konstruktion ihrer T. zu verwenden. Die Brüder JAENSCH unterschieden verschiedene →Integrationstypen, zwischen deren extremen Polen, dem B-(basedowoid, «überintegriert»)Typus und dem T-(tetanoid, extrem desintegriert)Typus, sie Mischformen (I_1, I_2, I_3, S_2; «Synästhetiker») postulierten.
Die T. wurde einer Reihe von Experimenten unterworfen; die nationalsozialistisch-ideologischen Verirrungen verhinderten eine Weiterentwicklung des Systems. PFAHLER, der zwischen einem «Typus der festen inneren Gehalte» und einem «Typus der fließenden inneren Gehalte» unterscheidet, steht mit seinem System der JUNGschen Unterscheidung zwischem dem Typus der introvertierten und extravertierten Erlebnisform (RORSCHACH: introversiv und extratensiv) nahe. JUNG beachtet in seiner T. noch die Funktionen →Denken, Empfinden (→Empfindung), →Fühlen und Intuieren (→Intuition). Je nach vorherrschendem Grundtypus (→Introversion, →Extraversion) bestehen 8 Erlebnistypen. Der bedeutsamste Vertreter der philosophisch-weltanschaulichen Typologietheoretiker ist SPRANGER. Seine 6 Grundtypen sind: der theoretische, der ökonomische, der ästhetische, der soziale, der politische und der religiöse Mensch. Das Interessante an der SPRANGERschen Theorie ist, daß diese Wertrichtungen nicht nur individuell verschieden ausgeprägt sind, sondern daß eine gegenseitige Wechselwirkung zwischen ihnen besteht. So ist bei einem Menschen, bei dem die theoretische Wertrichtung dominiert, die ökonomische am geringsten ausgeprägt, dem ökonomischen Menschen aber die Religion unbedeutend usw. Nach STRUNZ (1960) handelt es sich im wesentlichen um «Einstellungen, und

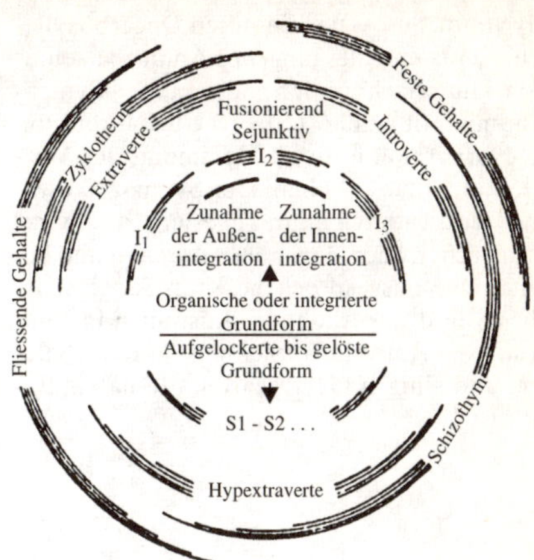

zwar um ganz einseitige und hochgesteigerte Einstellungen», welche gemessen werden können (→Einstellung, →Einstellungsmessung). Die verschiedenen T. haben auch in der frühen →Persönlichkeitsdiagnostik ihren Niederschlag gefunden; die KRETSCHMERsche T. z. B. in der Analyse von Schriftdruckkurven durch STEINWACHS (→Schreibmotorik); der →Werteinstellungstest nach ALLPORT et al. (→[T] ROTH) geht auf die SPRANGERsche T. zurück.
Kritisch ist noch zu bemerken, daß die einen Typus konstituierenden Korrelationen mehrerer Merkmale einen Schluß von einem Merkmal auf ein anderes (Körperbau – Temperament) individualdiagnostisch nicht zulassen. Ferner gilt, daß auch die neueren T. trotz oft auffälliger Gemeinsamkeiten wenig gegenseitige Vergleichbarkeit besitzen. Die typologischen Modelle der Persönlichkeit können gemeinsam mit den Ansätzen der →Differentiellen Psychologie als die wesentlichsten Ausgangspunkte der modernen →Persönlichkeitspsychologie gelten, haben jedoch nur noch eher historische Bedeutung. Sind die analytischen Einheiten der typologischen Modelle zumeist Kategorien menschlicher Erscheinungsformen sowohl körperlicher als auch ps. Art, so sind diese Einheiten bei den Persönlichkeitsmodellen der neueren Ps. →Faktoren, gedacht als voneinander unabhängige →Dimensionen menschlichen Verhaltens. *H. Gachowetz*

typologische Tests, Bez. für Tests und Fragebogen verschiedenster Art, mit denen die «Typenzugehörigkeit» eines Pbn bestimmt werden soll.

Tyramin, aus →Tyrosin durch Decarboxylierung entstehendes biogenes Amin, das seiner Wirkung nach zu den indirekten →Sympathomimetika gehört, die Verfügbarkeit von →Noradrenalin durch Hemmung der Wiederaufnahme erhöhen. Der Sympathikustonus wird dadurch indirekt gesteigert. T. wirkt schwächer, aber länger als Adrenalin und besitzt eine ausgesprochene Kreislaufwirkung, bes. Blutdruckerhöhung. T. ist auch in Nahrung wie Rotwein, fermentiertem Käse, Salami und einigen Gemüsearten (Tomaten, Bananen, Avocado) zu finden, die den Genuß bei antidepressiver Therapie mit →MAO-Hemmern der ersten Generation wegen Blutdruckerhöhung ausschloß.

W. Janke/P. Zimmermann

Tyrosin, natürliche aromatische Aminosäure, Ausgangsstoff der Schilddrüsenhorme, des Melanins sowie der →Catecholamine, wird von Tyrosinhydroxylase unter Anlagerung von OH in Dopa umgewandelt. [L] FELDMAN et al. 1997

W. Janke

U

Üben, Übung, Training, *practice*, ein Verfahren zur quantitativ-qualitativen Verbesserung von Tätigkeiten, und zwar durch häufige, auch systematische Wiederholung. →Arbeitskurve. • Es gibt nach GIESE folgende Übungsformen: Übung durch Gewohnheitsanpassung; trickähnliche Leistungsverbesserungen; Ü. aus biologischer Entwicklung (Jugendliche); eigentliche Funktionsverbesserung (Fähigkeitsschulung); Fertigkeitsschulung; Wiederherstellung verlorengegangener Fähigkeiten (Rehabilitation z. B. bei Unfall- und Kriegsbeschädigten); «Paradoxübung», d. h. Leistungsverschlechterung aus Unlust und Hemmungen; «immanente Übung» als biologisch vorhandene, aber nicht durch Leistungssteigerung zutage tretende Übung, da sie benutzt wird, unter geringem Energieaufwand der Person das leistungsübliche Maß zu erreichen. • Unter mentalem Ü. oder mentalem Training versteht man ein systematisches Verfahren für das Beobachtungslernen (ULICH 1964). • Ü. wird umgangssprachlich auch Lernen genannt, was ps. ungenau ist. Die oben aufgeführten Formen sind z. T. Bez. für die durch Ü. angeregten Prozesse, die in der modernen Ps. durch andere Konstrukte bezeichnet werden.

Überbelastungshemmung, Schutzhemmung, Hemmung durch →Streß. Die bei Streß ausgeschütteten Hormone →Adrenalin und Noradrenalin (den Gegenspielern von Transmittern wie Acetylcholin) hemmen die Reizübertragung an den Synapsen. Beispiele: Denk- und Erinnerungsblockade bei Prüfungen und Unfällen. • Nach PAWLOW ist Ü. eine angeborene unbedingte Hemmung, durch die Rindenzellen beim Auftreten überstarker Reize oder bei der wiederholten einförmigen Reizung geschützt werden sollen. **[L]** PIKKENHAIN 1955

Überdetermination, von FREUD geprägter Ausdruck für die Beobachtung, daß ein Symptom so gut wie immer durch eine Mehrzahl von voneinander unterscheidbaren (unbewußten) Wünschen und Motiven verursacht ist.

Übereinstimmungs-Validität, Validitätsbestimmung, bei der Prädiktor und Kriterium zeitgleich erhoben werden →Validität

Überempfindlichkeit, gesteigerte, das Normalmaß überschreitende Empfindlichkeit gegenüber Reizen (oder Stoffen), so daß außergewöhnliche Reaktionen erfolgen. →Allergie, →Idiosynkrasie

Überflutungstherapie, gehört zu den →Konfrontationstherapien. In der Ü. werden Ängste durch die realen Reize massiert ausgelöst, während in der auf STAMPEL & LEWIS (1967) zurückgehenden Implosionstherapie Angstauslöser, teils übertrieben, nur in der Vorstellung dargeboten werden. Wirksamkeit liegt bei 60 %. Besonders wirksam bei Durchführung in der Gruppe. Anwendung bei Agoraphobie, Zwängen, spezifischen Phobien. **[L]** BLÖSCHL 1979 *F. Caspar*

Überformung, Bez. für die Abwandlung von Verhaltensweisen, Tendenzen u. a. durch soziale oder kulturelle Angleichung (→Sozialisation). • H. THOMAE belegt mit dem gleichen Begr. auch den Vorgang, daß vermeintlich freie Entscheidungen doch durch bestimmte Normen (z. B. Sozialnormen) bestimmt sind.

Übergangswahrscheinlichkeit, →Wahrscheinlichkeit dafür, daß (z. B. in einem →MARKOFF-Prozeß) das Ereignis (der Zustand) A von dem Ereignis (Zustand) B gefolgt wird. Sonderfall der «bedingten» Wahrscheinlichkeit (B/A) mit der Feststellung, daß A zum Zeitpunkt t_i und B zum Zeitpunkt t_j eintritt und daß $(t_i) - (t_j)$ größer als Null ist. In der →Sprachstatistik ermittelt man Ü. zwischen Sprachelementen als Prädiktoren z. B. für die Sicherheit von →Antizipationen. Ü. sind zu unterscheiden von der «Verbundwahrscheinlichkeit» p (A,B) als Wahrscheinlichkeit für das Auftreten des →Digramms AB (in der Abfolge A,B). *H. E. Zahn*

Übergeneralisierung, Übergeneralisation, (Linguistik) inkorrekte →Generalisation (Verallgemeinerung), z. B. von Pluralendungen oder Tempusflexionen auf unregelmäßige Formen (kommte statt kam). In der Kindersprache, tritt Ü. erst auf, nachdem das Kind Regelmäßigkeiten der Wortbildung erkannt hat. →Sprachentwicklung

Über-Ich, von FREUD geprägter Begr. für dasjenige Funktionssystem der Persönlichkeit, das die aus der Familie und Gemeinschaft übernommenen moralischen Motive repräsentiert und nach dem →Moralitätsprinzip bearbeitet.

Die teils bewußten und teils unbewußten Funktionen des Ü. sind:
1) Errichtung eines Wertsystems und dessen Integration im Ich-Ideal (Pflichten und Forderungen, Gebote und Verbote)
2) Ausrichtung der Einstellungen und des Verhaltens nach diesem Wertsystem
3) Ausschaltung der diesem Wertsystem nicht entsprechenden Einstellungen und Verhaltensweisen durch Selbstkritik, Triebeinschränkung usw.

Das Ü. veranlaßt auf Grund dieser Funktionen das Ich zur Abwehr der inkompatiblen Es-Impulse. • Nach FREUD entwickelt sich das Ü. keimhaft schon während der oralen (Entwöhnung) und analen (Reinlichkeitserziehung) Phase, wird aber erst am Ende der frühen genitalen Phase (Ödipussituation) durch die Introjektion sozialer Gebote und Verbote zu einem autonomen Funktionssystem konstituiert. →Ich, →Es, →Gewissen

Überkompensation, Ichmechanismus, der in der Individualpsychologie ADLERS (1907) den Universalmechanismus des Ich darstellt. Die Ü. ist ein Ausgleich und Ersatz einer körperlichen oder sozialen Unzulänglichkeit (→Organminderwertigkeit). Sie resultiert aus einem →Minderwertigkeitsgefühl, mit dem das Ich zunächst auf diese Unzulänglichkeit reagiert, und ist durch das Streben nach Sicherheit, Macht und Überlegenheit motiviert. Man unterscheidet eine direkte und eine indirekte →Kompensation. Bei der direkten K. wird die unterentwickelte Funktion selbst angegangen und überentwickelt, bei der indirekten K. dagegen wird zum Ausgleich für die minderwertige Funktion eine Ersatzfunktion in überstarkem Ausmaße entwickelt. Die einzelnen Kompensationen und Überkompensationen können sich zur Sicherung der bedrohten Macht und Überlegenheit im Charakter verfestigen.

Überlernen, Bez. für die Fortsetzung des Übens, nachdem das Lernkriterium 100prozentig erreicht worden ist. Die früher übliche Erklärung des guten Behaltens durch das Ü. ist nicht zureichend (BERGIUS 1971).

Übersättigungstherapie [engl. *satiation-therapy*], verhaltenstherapeutische Methode (→Verhaltenstherapie), die mit der gehäuften Darbietung von Reizen, die für den Klienten in unerwünschter Weise attraktiv sind, arbeitet. Diese Technik steht in enger Nachbarschaft zur →negativen Übung, und ihre Wirkung wird auch im Rahmen der HULLschen Lerntheorie erklärt. Bei der Behandlung werden die unerwünscht attraktiven Reize nicht wie bisher entfernt, sondern im Gegenteil extrem häufig dargeboten. Die entsprechende Verhaltensweise wird stark gefördert. Unter diesen Bedingungen kann es in kurzer Zeit zu einer Elimination der betreffenden Verhaltensweise kommen. →paradoxe Intention. [**L**]
BLÖSCHL 1979 *M. Limbourg*

Überschreitungswahrscheinlichkeit →Vertrauensintervall

Übersichtigkeit →Hypermetropie

Übersprung, Übersprungshandlung [engl. *displacement activity*], (biol.) befinden sich Tiere in Konfliktsituationen (→Konfliktverhalten), so zeigen sich häufig Bewegungen, die keiner der einander widerstreitenden Stimmungen zugeordnet werden können. Kämpfende Hähne z. B. mit gleichzeitig geweckter Angriffs- und Fluchtintention beginnen im Übersprung gegen den Boden zu picken. →Ersatzhandlung, Mosaikbewegung
V. Preuss

Übersummativität →Summativität

Überträgersubstanzen, chemische Substanzen, die der Informationsübertragung dienen. Hierzu gehören: (1) Ü. an den →Synapsen. (2) →Hormone. (3) →Pheromone. →Transmittersubstanzen

Übertragung, (allg.) eine von der Psychoanalyse beachtete zwischenmenschliche Bindung, die darin besteht, daß der Analysierte seine Erlebnisinhalte im Lauf der Behandlung in Beziehung zum Therapeuten setzt, sie auf diesen überträgt. In der Ü. identifiziert und projiziert der Patient in den Analytiker hinein. Dies ist Voraussetzung jeder Psychotherapie, kann aber auch zur Störung der Therapie werden. Wesentlich ist die Auflösung der Ü. bei fortgeschrittener Behandlung. Ü. und Gegenübertragung weisen auf den gegenseitigen Austausch von Erscheinungsweisen hin, in denen Arzt und Patient (Lehrer und Schüler) einen Teil ihres Selbst zum Ausdruck bringen; der Patient in der Rolle des Kindes, der Arzt in der Vater-, Mutter-Rolle fügen sich hier in ein ergänzendes Zusammenspiel. Dieses Ü.verhältnis ist nur ein Teil der vielseitigen Gefühlsbeziehungen, die eine psychotherapeutische Situation gestalten. Die Ü. findet meist auf einer primitiven Stufe statt, wobei das Wiederauftauchen von Erlebnissen aus der frühen Kindheit vorherrscht. Auf dem Ü.niveau sollen Patient und Therapeut dieselbe «Sprache» sprechen, deren Ausdrucksmittel demselben Niveau entnommen wird. Später kann dann eine Selbstbefreiung erreicht werden. • Bedeutung hat die Ü. beim Denken und Lernen wie auch bei der Wahrnehmung. →Transfer, Gestalt, →Therapeut-Patient-Beziehung

überwertige Ideen →Ideen, überwertige

überzählige Dimension →Dimension

Überzeugungswert-Matrix [engl. *belief-value-matrix*], die Erwartungen und Valenzen (TOLMAN 1932), die jeder neuen Situation entgegengebracht werden und auch determinierend wirksam sind. Die eingebürgerte Übersetzung ist irreführend, weil nicht der Überzeugungswert gemeint ist, sondern die Annahme (Überzeugung) über je einen Sachverhalt und der subjektive Wert, den dieser Sachverhalt hat.

Übung, gruppendynamische, gruppendynamische Spiele, verbale und nichtverbale Übungsformen, deren Technik vom →Psychodrama, den T-Gruppen, Interaktionisten (COHN) und Gestalt-Therapeuten (→Gruppentherapie) stammen. Das *timing* ergibt sich aus den in der Gruppe auftauchenden Problemen, die durch das Spiel verdeutlicht und angehbar gemacht werden sollen. SCHWÄBISCH & SIEMS (1974) stellten ein Programm solcher Übungen für Gruppen ohne Gruppenleiter zusammen (Selbstmodifikation in der Gruppe). Beispiele solcher Übungen sind das →Soziogramm, Rollenspiele, Vertrauensübungen wie «Blindenführung» und «Pendeln und Wiegen», Feedback- und Kommunikationsübungen wie «alter ego», «Kommunikationskette», «heißer Stuhl» u. a. **[L]** ANTONS 1975, BÖDIKER & LANGE 1975 *H. Ries*

Übung, massierte →massierte Übung

Übung, negative →negative Übung

Übungseffekt, jeder quantitative oder strukturelle Leistungszuwachs, sofern er durch wiederholte Reizdarbietungen, Problemexpositionen sowie durch variierendes Antwortverhalten zustande kommt (HASELOFF 1970).

Übungstherapie, alle Maßnahmen, die Übung therapeutisch nutzen, wie Entspannungtherapien, Autogenes Training usw.

Übungsverlust, die Leistungsminderung, die eintritt, wenn eine geübte Tätigkeit nicht mehr ausgeführt bzw. unterbrochen wird.

UCR, Abk. für *unconditioned response* →response

UCS, Abk. für *unconditioned stimulus* →Stimulus

UE, Abk. für →Unterschiedsempfindlichkeit

Uhrzeiger-Vertauscher **[T]** GODDARD

U.I., Abk. für *«universal index»*. Eine von CATTELL gewählte Bez. für das aus →objektiven Tests ermittelte Faktorensystem. Da diese Faktoren noch nicht in so großem Umfange wie diejenigen aus →Q-Daten identifiziert werden konnten, wurden sie ursprünglich ohne genauere inhaltliche Interpretation mit der formalen Bez. versehen. Die Faktoren-Nummern U.I. 1–15 stellen die kognitiven Faktoren dar, während U.I. 16–36 dem Persönlichkeitsbereich zugeordnet sind. Bei einem gegenseitigen Vergleich von Faktoren aus dem Bereich der Q-Daten und denjenigen der →T-Daten hat sich ergeben, daß diese im Bereich der primären Faktorenstruktur nicht verglichen werden können. **[T]** SCHMIDT 1975. **[L]** CATTELL 1973, CATTELL & WARBURTON 1967 *H. Häcker*

Ultraschall →Schall

Ultraviolett →Licht

Umfang der Aufmerksamkeit, die Zahl aller Inhalte, welche die Aufmerksamkeit in einem Augenblick simultan umfaßt.

Umfang des Bewußtseins →Bewußtsein, Bewußtseinsenge

Umfeld, allg. Bez. für das im Feld der Person und die in ihrem Umfeld liegenden Gegebenheiten →Feld. • Als charakterologisches Umfeld bezeichnet LERSCH den Rahmen möglicher Charaktereigenschaften, der durch das Vorhandensein einer bestimmten Eigenschaft auf Grund der charakterologischen Affinitäten erschließbar ist.

Umfrage →Meinungsbefragung, →Datenerhebung

Umgebungseinflüsse →Umwelt

Umgebungs-Test, Bez. von MEUMANN für die Testmittel und Proben, die den Einfluß von Schule, Haus und Familie beim Jugendlichen klären helfen.

Umkehrbrille, Prismenbrille, Brille, mit der das visuelle Feld umgekehrt wird und mit der beobachtet werden kann, wie die Vp lernt, das visuelle Netzhautbild wieder in die Vertikale zu bringen und links und rechts wiederzuerkennen. →STRATTON →Störungsexperimente

Umkehrlernen, auch Umkehrverschiebung [engl. *reversal shift*], erfolgt in einer Versuchsanordnung, bei der zuerst der Vp beigebracht wird, anhand eines best. Merkmals des Reizes das richtige Objekt auszuwählen (z. B. «klein»), danach wird durch entsprechende Verstärkungen auf ein anderes Merkmal der gleichen Dimension («groß») übergewechselt. Die zuerst irrelevanten Dimensionen (Farbe, Zahl der Elemente) bleiben bei diesem →Umlernen irrelevant.→Umlernversuche, experimentelle

Umkehrwechsel [engl. *reversal shift*], innerdimensionales Umlernen (→Umlernversuche, exp.). →Diskriminieren-Lernen

Umklammerungsreflex →Greifreflex

Umlernen, ein belasteter Lernvorgang, und zwar belastet durch vorheriges Lernen, weil in ihm das Ungültigwerden (nicht unbedingt das Verlernen) einer vorher gelernten Verbindung oder Unterscheidung verlangt wird und eine neue, vorher irrelevante Verbindung oder Unterscheidung zu lernen ist. Die meisten →Umlernversuche verlangen das U. von Unterscheidungen, also Diskriminierenlernen. →Hemmung

Umlernversuche, experimentelle, Entscheidungsexperimente zur Erklärung der Begriffsbildung nach der Stimulus-Response-Theorie (→S-R-Theorie) oder Mediationstheorie (→Vermittlertheorie). Eine zuerst gelernte Unterscheidung und Klassifizierung von Figuren (z. B. nach der Größe, unabhängig von der Form) aufzugeben zugunsten einer anderen (z. B. nach der Form, unabhängig von der Größe), ist außerdimensionales Umlernen *(non reversal shift)*. Eine Umkehr der Werte innerhalb der einen Dimension (z. B. der Größe) ist innerdimensionales Umlernen *(reversal shift)*. Letzteres soll nach mechanistischer S-R-Theorie schwerer zu lernen sein als der Wechsel der Dimension. Gegenteilige Versuchsergebnisse legen die Erklärung mit vermittelnden Begriffen nahe. →Lernen, →Denken. [**L**] KENDLER & KENDLER 1962, 1969 *R. Bergius*

Umschlagfiguren, Umspringbilder →Reversion, →geometrisch-opt. Täuschungen

Umstellung, der Vorgang der Einstellung auf neue Sachverhalte. Mit der U. können recht tiefgehende Spannungen verbunden sein. Von besonderer ps. Bedeutung ist die U.fähigkeit als individuell kennzeichnende Persönlichkeitsvariable, die zugleich bestimmte typologische Varianten (→Typus) aufweist. →Flexibilität

Umstimmung, Bez. für eine durch exogene oder endogene Einflüsse hervorgerufene Veränderung der emotionalen Verfassung bzw. i. w. S. einer jeden Ausgangslage für bestimmte Reaktionen.

Umstrukturieren, wie →Umzentrieren, ein Gefüge ändern oder eine Struktur neu sehen. Der von Gestaltpsychologen (1) bei der Analyse des Problemlösens eingeführte Begriff (→Denken) wird auch (2) in Untersuchungen zur →Feldabhängigkeit verwendet und hat schließlich (3) Eingang in gesprächstherapeutische Verfahren gefunden (Umstrukturierungstherapie nach GOLDFRIED & GOLDFRIED 1977).

Umstrukturierungsheurismus →Denkstrategien, →Denken, heuristische Methoden

Umweghandlung, Handlung zum Erreichen eines Zieles auf einem Umweg. Versuche an Schimpansen (KÖHLER 1917) und an Kindern (BÜHLER) haben gezeigt, daß dort, wo weder das instinktive Repertoire und das vorhandene Wissen noch die besondere Beschaffenheit der Situation einen unmittelbaren Weg zur Erreichung eines Zieles weisen, häufig produktiv ein Umweg gefunden wird. Die U. kann als Prototyp der Intelligenzhandlung angesehen werden. Als solche qualifiziert sie sich besonders durch die Transponierbarkeit als auch durch die begleitenden (mimischen) Umstände (→Aha-Erlebnis). →Übersprung • Der Begr. U. wurde vor allem durch LEWIN von der Intelligenzhandlung auf das Handeln in allgemeinen übertragen, also auch auf Willens- und Affekthandlungen. Dabei zeigt es sich, daß die U. entweder in einer →Ersatzhandlung zu einem Ersatzziel als dynamischem Äquivalent führt oder aber Triebbeherrschung voraussetzt, insofern die Steuerung vom Ich und nicht den →Aufforderungscharakteren des Feldes ausgehen muß (→Feldhandlung). Die sich aus dem Charakter der U. ergebenden Probleme der Richtungen der auf das Ziel zuführenden Wege (die U. macht häufig einen Weg notwendig, der scheinbar von dem Ziel fortführt) führten LEWIN zur Konzeption des hodologischen Raumes. →topologische und Vektor-Psychologie

Umwegprobe [**T**] KÖHLER

Umwelt, Bez. f. die Gesamtheit des Lebensraums, der ein Lebewesen umgibt bzw. alle auf dieses einwirkenden Einflüsse (zusätzlich zu den Erbanlagen und begrenzt darauf, daß die Einflüsse bestimmend sind für das Lebewesen). Die Begr. →Milieu und U. stehen sich nahe, sind jedoch nicht identisch. • v. UEXKÜLL konnte zeigen, wie sehr die U. verschiedener Lebewesen qualitative Unterschiede aufweisen. Die «Vogelwelt» ist anders als die «Maulwurfswelt» und die Welt des Hundes eine andere als die seines Herren. Je spezifische Merkwelten und Wirkwelten (→Funktionskreis) bilden die Summen der dem einzelnen Lebewesen zugänglichen Reize und Reaktionen. • HELLPACH und viele andere sind der sozialps. Umwelt nachgegangen. • LEWIN erforschte die U. nochmals in anderer Sicht und begründete von da aus die →topologische und Vektor-Psychologie.

→Umweltps., →Feld, →Ökologie, →Ökologische Ps., →Erbe-Umwelt-Problem, →Sozialisation

Umweltbewußtsein, nach einer Def. des Rats von Sachverständigen für Umweltfragen die «Einsicht in die Gefährdung der natürlichen Lebensgrundlagen der Menschen durch diese selbst, verbunden mit der Bereitschaft zur Abhilfe». →Umweltps. [L] FIETKAU & KESSEL 1979

Umweltpsychologie, während sich *«environmental psychology»* im anglo-amerikanischen Sprachraum als rel. weiter Rahmenbegriff etabliert hat (SAEGERT & WINKEL 1990, STOKOLS & ALTMAN 1987), tendiert man in der dt. Ps. eher dazu, →«Ökologische Psychologie» als den weiteren Begriff zu verwenden und U. mit Rücksicht auf den allg. Sprachgebrauch als Bezeichnung für diejenigen Aktivitäten in ps. Forschung und Praxis zu reservieren, die mit den sog. Umweltproblemen (z. B. Umweltschutz, i. S. v. Abwehr von Luft- und Wasserverschmutzung, umsichtige Nutzung von Ressourcen, Landschaftsschutz u. a. m.) in engeren Zusammenhang gebracht werden können. [L] CONE & HAYES 1984, FIETKAU 1984, GELLER 1987, KAMINSKI 1987, WOHLWILL 1981

Umweltqualität →Lebensqualität

Umweltschadstoffe, anorganische (Metalle wie Blei) und organische Stoffe (Lösungsmittel, Farben), die in der Umwelt (Luft, Wasser, Nahrung) freigesetzt werden und die bei Tier und Mensch das Nervensystem und damit korrespondierende ps. Vorgänge direkt oder indirekt (etwa immunsystembedingt) beeinflussen können. Die Exposition erfolgt über Herbizide, Pestizide, Nahrungszusatzmittel, natürliche Nahrungsschadstoffe, Industrieprodukte u. a. In geringeren Dosierungen meist unspezifische Wirkungen, etwa Aktivierung, negatives Befinden oder Konzentrationsstörungen, in höheren Dosierungen toxische Effekte, etwa Erregtheit, Angst, Verstimmtheit, psychosoziale Zustände. Bei chronischer Exposition neurotoxische Effekte mit langfristigen Folgen, etwa kognitive Defekte. Bei pränataler und frühkindlicher Einwirkung, besonders in sensiblen Perioden, dauerhafte Schäden. Vulnerable Personen können schon bei Exposition von niedrigsten Dosierungen körperliche und ps. Beschwerden aufweisen (→multiple chemische Sensitiviät, MCS). [L] ABEL 1989, FORTH et al. 1996, HARTMAN 1995, SEIDEL 1996 *W. Janke/M. Hüppe*

Umweltwahrnehmung [engl. *environmental perception*], mehrdeutiger Begriff, der (vor allem in seiner angloamerikanischen Form) mindestens drei verschiedene Bedeutungsnuancen annehmen kann: (1) Das Wahrnehmen der unmittelbaren Umgebung, wie es unter natürlichen Bedingungen geschieht, im Unterschied zu denjenigen («künstlichen») Wahrnehmungsmodalitäten, die in der exp. Wahrnehmungsforschung realisiert werden (ITTELSON 1973). (2) Perzeptives und kognitives, teils auch evaluatives Erfassen (auch Interpretieren und Speichern) von Umweltgegebenheiten, mit denen sich typischerweise die Ökops. befaßt: architektonische und städtebauliche Einheiten, Landschaften, größere geographische Einheiten (CRAIK & ZUBE 1976, GOLLEDGE 1987). (3) Nicht klar trennbar von →«Umweltbewußtsein», das Empfänglichsein für diejenigen Aspekte der «Umwelt», die, teilweise weltweit, zunehmend problematischer erscheinen und die im Rahmen der «ökologischen Bewegung» thematisiert werden: Umweltverschmutzung, Ressourcenverknappung, Landschaftszerstörung u. a. m. [L] GIFFORD 1987, KAPLAN & KAPLAN 1982 *G. Kaminski*

Umzentrieren, Schwerpunktverlagerung, von WERTHEIMER 1920 eigeführte Bez. für «Strukturoperationen von größter Bedeutung», die er an Lösungen von räumlichen, mathematischen, logischen und sozialen Problemen demonstrierte. Zentrierung bedeutet Herausfassung bestimmter Merkmale, Zusammenfassung von Teilen oder auch das Begreifen der Teile eines Ganzen von einem best. Teil aus. WERTHEIMER (1957) beschreibt das U. auch als Übergang von einer einseitigen Ansicht zu der Zentrierung, die von der objektiven Struktur der Situation gefordert ist, und sieht in ihm eine Form des Umstrukturierens (→Denken). *R. Bergius*

unanschauliches Denken, jedes Denken verläuft mit anschaulich gegebenem Vorstellungsmaterial. Aber auch unanschauliches «Material» kommt hinzu: →Bewußtheiten, →Bewußtseinslagen, Beziehungen, →determinierende Tendenzen, →anschauliches Denken

Unaufmerksamkeit, auditive, die erschwerte Auslösbarkeit einer →Orientierungsreaktion durch akustische Reize, besonders durch Sprachlaute, obwohl keine gravierenden →Hörbehinderungen vorliegen. Teilsymptom von zentralen Hörstörungen (→Agnosie, akustische), →Autismus oder →Oligophrenie; bei Kindern außerdem von Entwicklungsverzögerungen nach frühkindlicher Hirnschädigung. [L] ARNOLD 1970

unbedingte Hemmung, reaktive Hemmung. →Hemmung

Unbewußtes, Bez. für verborgene Struktur, die dem Individuum wesenseigentümlich ist, in die es selbst aber mit Hilfe des Bew. nicht (oder nur dunkel) hineinleuchten kann. JASPERS erstellte dazu folgende Übersicht: Das U. kann gedacht werden (a) nach seiner Herkunft aus dem Bewußtsein – dann ist es das Mechanisierte (Automatisierte), das Nichterinnerte, das Erinnerbare; (b) nach dem Mangel eines Verhältnisses zur Aufmerksamkeit – dann ist es das Unbemerkte, das Ungewollte, das Unerinnerte, das nicht gegenständlich Gewordene; (c) als eine Macht, als Ursprung – dann ist es das Schöpferische, der Grund und das Ziel; (d) als das Sein – dann ist es das psychisch Reale oder auch das absolute Sein. – Zum U. verdient der Begr. des Unterbewußten hinzugenommen zu werden, wenn dieser auch bisweilen scharf abgetrennt wird (das vom Endothymen und nicht von der Kortikalperson Gesteuerte). FREUD schrieb den ps. Vorgängen die drei Qualitäten zu: bewußt, vorbewußt oder unbewußt. Vorbewußt heißt bei ihm auch bewußtseinsfähig. Als Ggs. trennte HELLPACH das «Entwußte» (das Vergessene oder Verdrängte) vom «Vorbewußten» als das noch nie in das Bewußtsein Gedrungenen (instinkthaftes, kollektives Unbewußtes). Schon der Arzt C. G. CARUS sah den Schlüssel zu Erkenntnis des bewußten Seelenlebens in der Region des Un-Bewußtseins. Gegenüberstellungen von bewußt und unbewußt brachten auch LEIBNIZ, SCHELLING, FECHNER und HERBART. Über E. v. HARTMANN und NIETZSCHE bekam dann der Begr. des U. in der Gegenwart zentrale Bedeutung in der Tiefenps. bzw. der Psychoanalyse. Die dynamische Wechselbeziehung löste dabei das bloße Gegenüber ab. Im besonderen traten hervor: (1) die Deutung von S. FREUD (→Psychoanalyse); (2) die Deutung von C. G. JUNG als persönliches Unbewußtes (→Individuationsprozeß) bzw. als kollektives Unbewußtes (→Archetypen); (3) das familiäre Unbewußte von SZONDI.

Auch in der kognitiven Verhaltenstherapie spielen unbewußte Annahmen und Überzeugungen von Patienten eine wichtige Rolle. Es wird nicht davon ausgegangen, daß es sich um Verdrängtes handeln muß, sondern daß notwendigerweise viele Handlungen automatisiert ablaufen und daß ohnehin nur ein Teil des Gelernten bewußt ist.

unbewußte Schlüsse, Bez. für die von HELMHOLTZ (1866) neben den Empfindungen angenommene Grundlage der Wahrnehmung. In der neueren Ps. entsprechen den u.S. jene Verarbeitungsprozesse *(processing)*, mit denen die *cues* zu Wahrnehmungsresultaten überführt werden.

unbunte Farben [engl. *hueless colors*], weiß, alle Grautöne, schwarz

underachievement →overachievement

underdog-Effekt [engl. *underdog* Unterdrückter], Verlierer-Effekt, Mitleid-Effekt, Ggs. →bandwagon-Effekt

undermanning, in BARKERS Theorie des →*behavior setting* entwickelter, von WICKER (1979) weiter ausgearbeiteter Begriff, mit dem ein «Unterbesetztsein», das heißt ein Zustand eines *behavior setting* charakterisiert werden soll, in dem weniger Teilnehmer *(inhabitants)* anwesend sind, als eigentlich für die minimale Erfüllung aller Funktionen und Rollen erforderlich wäre. Die u.-Theorie sagt voraus, was sich unter diesen Umständen am *behavior setting*, speziell am Verhalten der Teilnehmer, ändert, verglichen mit adäquatem *«manning»*. Entsprechend werden Voraussagen für einen Überbesetztheitszustand *(overmanning)* gemacht. Neuerdings werden die geschlechtsneutralen Bezeichnungen *«under-/overstaffing»* bevorzugt. [L] SAUP 1986

Unechtheit, nach LERSCH Bez. für Äußerungen des Fühlens, Wollens und Denkens, denen kein adäquater seelischer Gehalt entspricht. So kann man sich verpflichtet fühlen, bei einem gegebenen Anlaß Freude, Trauer, Überraschung oder Ergriffenheit zu erleben, ohne daß man die volle innere Bereitschaft hierzu besitzt.

unerledigte Handlung →ZEIGARNIK-Effekt

Unfall, plötzlich auftretendes Ereignis, das meist schädigend für Personen und Objekte eine Handlungs- bzw. Ablaufsequenz unterbricht. Betrachtet man die Anzahl solcher Unfallereignisse in Hinblick auf die Anahl von Handlungs- und Ablaufsequenzen, so muß der Unfall statistisch als seltenes Ereignis betrachtet werden. U.-ereignisse können wegen ihres Seltenheitscharakters bei der Betrachtung von empirischem und statistischem Vergleich nur mit theoretisch-statistischen Verteilungen verglichen werden, die für seltene Ereignisse zuständig sind.

Unfalldisposition, Unfalldisponiertheit, im Sinn eines explikativen Konstrukts angenommene Disposition, die eine Person kennzeichnet, die mit erhöhter Wahrscheinlichkeit an

Unfällen – im deskriptiven Sinn: aktiv/passiv – beteiligt ist. Dabei wird ein Zusammenwirken verschiedener Persönlichkeitsmerkmale im engeren Sinn (z. B. geringe Orientierung an überindividuellen Verhaltensnormen, erhöhte Ichbezogenheit, verringerte willensmäßige Verhaltenskontrolle, erhöhte ps. Gespanntheit; CATTELL, EBER & TATSUOKA 1970) und/oder im weiteren Sinn (tätigkeitsspezifische Leistungsschwächen) angenommen. Individuelles Verhalten am Unfallkriterium zu beurteilen, erscheint aber auf Grund der starken Zufallsabhängigkeit dieses Kriteriums problematisch; dementsprechend wäre es sinnvoller, den Begriff der Unfalldisposition durch einen Begriff der Gefährdungsdisposition zu ersetzen, bei dem der verhaltensspezifische Unfall eingeschlossen, der zufallsbedingte, nicht verhaltensspezifische Unfall jedoch ausgeschlossen ist. [L] HOYOS 1980, KLEBELSBERG 1982 *D. Klebelsberg*

Unfäller, Kennzeichnung einer Person durch eine erhöhte Anzahl von Unfällen innerhalb eines bestimmten Zeitraumes. Der Ausdruck geht auf MARBE (1926) zurück und wird von diesem Autor auch nach sog. «Einsern» und «Mehrern» differenziert und den sog. «Nullern» gegenübergestellt (ein Unfall bzw. mehrere Unfälle bzw. kein Unfall innerhalb von fünf Jahren). Der Ausdruck differenziert jedoch nicht nach der tatsächlichen Unfallhäufigkeit einer Person und dem individuellen Grad ihrer ps. →Unfalldisposition. Aufgrund der starken Zufallsabhängigkeit von Unfallereignissen eignet sich der Begriff des Unfällers in diesem Sinn nicht zur Kennzeichnung von Individuen hinsichtlich ihrer ps. Unfalldisposition. *D. Klebelsberg*

Unfallforschung, bezieht sich in der angewandten Forschung im wesentlichen auf den Umgang mit technischen Systemen der Arbeitswelt (→Arbeitssicherheit) oder des Straßenverkehrs (→Verkehrspsychologie, →menschliches Versagen). Mit größerer Verbreitung von motorisierten Fahrzeugen (ca. ab 1920) verstärkte sich das öffentliche Interesse an Unfallforschung. Die Psychologie gehörte mit zu den Disziplinen, die sich schon früh mit Unfallforschung befaßten. Im Vordergrund stand oftmals die Suche nach →Unfällern und deren Charakteristika. Bis in die 70er Jahre hinein wurde die Unfällertheorie immer wieder behandelt. Nach dem heutigen Stand darf die Unfällertheorie als quantitative Übertreibung einer lediglich in einer Minderheit (geschätzt auf 1 % der Population) vorkommenden und einer lebensphasenabhängigen Erscheinung gesehen werden. Konkurrierend zu dem Unfäller-Ansatz wurden ergonomisch und pädagogisch orientierte Paradigmen entwickelt, die mehr einen systemischen Ansatz der Interdependenz von Person und Umfeld verfolgten. Exemplarisch sei hier die Theorie der →Risiko-Homöostase von WILDE erwähnt. Um die Arbeit von Unfallfachleuten herum entwickelten sich im Verlauf von Jahrzehnten weltweit verschiedene Institute (ECHTERHOFF 1991).

Probleme der Unfallforschung sind z. B.: experimentelle Studien mit Unfällen sind nicht möglich; Unfälle als poissonverteilte Ereignisse benötigen spezielle inferenzstatistische Verfahren; aus Unfalldaten lassen sich nur unzuverlässige Aussagen über Problemlösungen ableiten. Als generelle Erfolge der Unfallforschung können z. B. gelten: Verminderung des Einflusses naiver und tendenziöser Unfallerklärungen; Entwicklung von Konzepten für technische Systeme unter verbesserter Berücksichtigung der Nutzer; Verbesserung der Ausbildung von Nutzern. [L] ECHTERHOFF 1991, HOYOS 1980, HOYOS & ZIMOLONG 1990, KLEBELSBERG 1982

W. Echterhoff

Unfallpersönlichkeit →Unfäller

unfolding [engl.] →Entfaltungstechnik

unfreezing, nach K. LEWIN (1947) Auflokkern (zur Änderung von sozialen Gewohnheiten). • *warming up,* →Auftauen, →Aufwärm-Effekt

Ungewißheit, subjektiv Nichtwissen über, objektiv eine Wahrscheinlichkeit $p < 1$ für das Eintreten eines Ereignisses oder einer Ereignisalternative. Die reziproke Wahrscheinlichkeit 1/p, eine Zahl zwischen +1 und $+\infty$, ist ein monoton steigendes Maß für die U. Die →Informationstheorie bezeichnet den dualen Logarithmus daraus als (partiellen) Informationsgehalt eines Ereignisses. *W. Glaser*

unilateral [lat. einseitig], →funktionelle Asymmetrie

unimodal, eingipflig (bei einer Häufigkeitsverteilung) →bimodal

uniqueness [engl. Einzigartigkeit], zerlegt man die Varianz einer Variablen im Anschluß an eine →Faktorenanalyse in verschiedene Teile, so lassen sich folgende Teile unterscheiden: die gemeinsame, durch die Faktorenanalyse extrahierte systematische Varianz (= h^2), die spezifische (= systematische) durch die Faktorenanalyse nicht aufgeklärte Varianz (= s^2) u. die unsystematische Fehlervarianz (=

U

e^2). Als U. wird die spezifische Varianz plus Fehlervarianz bezeichnet: $U = s^2 + e^2 = 1 - h^2$.
G. Lüer

univariate Versuchspläne, Versuchspläne, in denen eine abhängige Variable gemessen und hinsichtlich der variierten Stufen einer unabhängigen Variablen auf Unterschiede und/oder Gemeinsamkeiten überprüft wird.
G. Lüer

Universalbrett [T] SCHULZ

Universalien, universelle Grammatik, in der →Grammatik versteht man unter U. einerseits Eigenschaften, die allen natürlichen →Sprachen gemeinsam sind (= substantielle U.; hierzu werden in erster Linie die distinktiven Schallmerkmale gezählt; →distinctive feature), andererseits auch das Inventar von Grundbegriffen, welches ein Grammatiker bei der Beschreibung jeder beliebigen natürlichen Sprache erfolgreich anwenden kann (= formale U.; hier werden häufig die wesentlichen Begriffe der →generativen Transformations-Grammatik wie z. B. →Oberflächenstruktur, →Tiefenstruktur, →Transformation) genannt. CHOMSKY (1965) postuliert eine vor dem Erlernen jeder Einzelsprache und dazu unbedingt erforderliche angeborene universelle Grammatik, da nur diese in der Lage sei, den allen Einzelsprachen gemeinsamen «kreativen» Aspekt der Sprache zu erfassen, und da nur so der sprachlichen →Kompetenz des Sprechers/Hörers voll Rechnung getragen werden könne. →Sprachentwicklung

Universalindex (CATTELL) →U.I.

Universalität, das Allumfassende, die Allgemeingültigkeit, die Allgemeinbedeutsamkeit. U. der Gefühle ist Ausdruck für die Tatsache, daß Gefühle durch alle anderen seelischen Prozesse angeregt werden können. • U. von Persönlichkeitsmerkmalen →eigenschaftszentrierte Persönlichkeitstheorien

universe [engl.], Gesamtheit, Grundgesamtheit (stat.)

Unlust →Gefühl

unmittelbares Behalten [engl. *immediate memory*], die kurzzeitige Speicherung von Gedächtnisinhalten. Das u.B. scheint von anderen Gedächtnisleistungen weitgehend unabhängig zu sein. →Gedächtnis (Merkfähigkeit). →Kurzzeitspeicher

unscharfer Begriff [engl. *fuzzy concept*], von ZADEH 1965 eingeführte Bez. für →Begriffe, bei denen die ihren Inhalt bestimmenden Merkmale den zugehörigen Objekten nur in verschiedenem Grade zukommen. Die Objekte haben nicht äquivalente Merkmale. Beispiel: «genialer Schauspieler«, «Psychopath».
[L] KLIX 1971

Unsicherheitsintervall →psychophysische Methoden

Unterbewußtes, der dem →Unbewußten nahestehende (oder mit ihm identische) Begriff des U. wird seit dem 18. Jh. gebraucht, um eine kausale Erklärung für Erscheinungen zu bieten, die innerhalb des Bewußtseins nicht ohne weiteres erklärt werden können. Es wird angenommen, daß ps. Inhalte untertauchen, der Träger keine Kenntnis mehr davon hat, die Inhalte jedoch latent bleiben und teils wieder auftauchen, teils bestimmende Einflüsse auf das Oberbewußtsein ausüben. →Oberbewußtsein, →Unbewußtes, →Komplex, →Tiefenpsychologie, →bewußt-unbewußt

unterbrochene Handlung →Wiederaufnahme von unterbrochenen Handlungen

Unterdrückung →Repression

Untergrund, ein von SCHNEIDER (1976) in seine phänomenologische Theorie der Erlebnisreaktionen aufgenommener Begr. für eine stets vorhandene, doch nur in bestimmten Zusammenhängen wirkende Grundlage des Erlebens. →endogen

Untergrundreaktion →Hintergrundreaktion

Unternehmenskultur →Organisationskultur

Unterricht [engl. *instruction*], jede zwischen mindestens zwei Personen stattfindende, eigens dem Zweck des →Lehrens und →Lernens dienende, im voraus geplante, in ihren Zielen, Inhalten und Verfahren von der Gesellschaft oder einzelnen ihrer Gruppen beeinflußte und in zunehmendem Maße an Institutionen gebundene Veranstaltung (SCHULZ 1973). Die vom Lehrenden beabsichtigte Förderung der Lernenden wird dabei weniger im Bereich des emotionalen und sozialen Erlebens und Verhaltens liegend gesehen – wofür eher der Begriff der →Erziehung gebraucht wird – als vielmehr im Bereich kognitiver Funktionen, gedächtnismäßigen Wissens und motorischer Funktionen (H. ROTH 1969), eine Abgrenzung, der allerdings nur sehr relativer Wert zukommt, denn schon HERBART betonte, daß jeder U. immer auch erzieherische Wirkung habe. Grundsätzlich kann U. in bestimmte Komponenten oder Strukturmomente zerlegt gedacht werden (anthropogene Voraussetzungen, Intentionalität, Methodik, Medienwahl, sozialkulturelle Voraussetzungen), die wiederum jeweils verschiedene Varianten umfassen (SCHULZ 1973);

analog können die im U. ablaufenden zwischenmenschlichen Prozesse nach bestimmten Dimensionen analysiert werden. Alle diese ausgrenzbaren Momente bzw. Dimensionen stehen jedoch im konkreten unterrichtl. Vollzug in einem komplexen Bedingungs- und Wirkgefüge und werden überdies in hohem Maße von situativen Faktoren beeinflußt, so daß jeder U. stets einen mehr oder weniger gewichtigen nicht-planbaren Aspekt enthält, der nur durch Spontaneität und Intuition abzudecken ist (DÖRING 1972) und der Rede von der «Kunst des Unterrichtens» eine gewisse Berechtigung verleiht. Hierin liegen sowohl die Grenzen der Lernbarkeit des Unterrichtens und damit die besonderen Aufgaben der Lehrerausbildung als auch die Problemstellungen der →U.forschung und →U.theorie. *G. Schusser*

Unterrichtsanalyse, das Bemühen, die Komplexität/Ganzheitlichkeit von Unterricht nicht nur situativ-punktuell (anhand sog. «Momentaufnahmen»), sondern auch und gerade hinsichtlich seiner Verlaufsstruktur und Intentionalität nach den wesentlichsten Bestimmungsfaktoren gegliedert zu beschreiben, so daß daraus sowohl Aussagen zu den Auswirkungen bestimmter Unterrichtsarten (und ihrer -methoden, -inhalte, -medien) auf die Schüler als auch Einsichten für eine verbesserte Unterrichtspraxis und Lehrerausbildung gewonnen werden können. In den vergangenen Jahren ist die Skepsis gegenüber empirischen Analyse-Verfahren gewachsen, vor allem, weil mit diesen kaum der multifaktoriellen Struktur von Unterricht, schon gar nicht seiner Intentionalität, Rechnung getragen werden kann; stattdessen wird die Bedeutsamkeit interpretativer, sinndeutender Analysestrategien betont, die Unterricht sowohl aus der Sicht des Lehrers als auch aus derjenigen der/des Schüler(s) aufzuschließen und miteinander zu vermitteln trachten. →Unterricht, →Unterrichtsforschung, →Unterrichtstheorie, →Lehren *G. Schusser*

Unterrichtsforschung (UF), Forschung, die dazu beiträgt, das mit →Unterricht bezeichnete Geschehen besser zu verstehen, vorherzusagen und zu kontrollieren. In einer spezifischeren Bedeutung ist UF empir. Sozialforschung, die sich ausdrücklich mit den Intentionen, Themen, Methoden und Medien des Unterrichtens, den teilnehmenden Personen sowie den zugehörigen Institutionen beschäftigt; noch spezifischer könnte man UF als Forschungsparadigma bezeichnen, bei dem zumindest eine Variable Verhalten oder Charakteristika von Lehrern erfaßt, wobei «Lehrer» sehr weit, auch i. S. von Lehrprogramm, verstanden wird (TROTSENBURG 1973). Der Beginn der UF fällt zeitlich wie auch hinsichtlich der bedeutendsten Autoren mit den Anfängen der →Pädagogischen Psychologie zusammen. Während sie in ihrer ersten Phase (bis in die dreißiger Jahre) noch sehr stark die Ganzheitlichkeit unterrichtlichen Geschehens im Blick hatte, tendierte die UF nach 1945 immer stärker zur Untersuchung einzelner Unterrichtskomponenten und -faktoren. Ende der sechziger, Anfang der siebziger Jahre tritt wieder zu Recht das Bestreben nach Integration der zu den verschiedenen Teilaspekten des Unterrichts zusammengetragenen vielfältigen Teilbefunde in den Vordergrund, so daß auch der Methodenstreit zwischen Vertretern der geisteswissenschaftlich/hermeneutischen Richtung einerseits und denjenigen der sozial- u. verhaltenwissenschaftlich/empir. Richtung andererseits angesichts der zwischen den Forschungsergebnissen und den unterrichtspraktischen Bedürfnissen bestehenden Diskrepanz an Schärfe verliert und die Notwendigkeit einer umfassenden →Unterrichtstheorie deutlich wird. Methoden der UF: In der UF können gemäß der gesamten Aspektivität ihres Gegenstandes alle empir./psychol.-sozialwissenschaftl. Methoden zur Anwendung kommen: verschiedene Formen der Beobachtung, Befragung, Beurteilungsratings, Fragebogentechniken (inkl. Soziogramm), der Test- und experimentellen Verfahren, wobei jeder Methode je nach Arbeitsrichtung unterschiedliches Gewicht zukommt (INGENKAMP 1973). Alle diese Methoden ermöglichen jedoch keine hinreichende Erfassung des Forschungsgegenstandes (Unterricht) insofern, als sie die Begründbarkeit, die Wertbesetztheit und die Intentionalität des unterrichtlichen Handelns nur unzureichend erfassen. UF bedarf deshalb in ganz besonderem Maße auch der Akzentuierung verstehenden, sinndeutenden Vorgehens, wie es von der geisteswissenschaftlich orientierten, vorwiegend hermeneutisch arbeitenden traditionellen Pädagogik entwickelt worden ist und angesichts der immer deutlicher erkannten gesellschaftlichen Determiniertheit allen Unterrichtens auch heute ideologiekritisch erforderlich ist (BREZINKA 1971, KLAFKI 1971, 1973). Arbeitsrichtungen: Untersuchungen zu Fragen der Unterrichtsanalyse, -aufnahme, -mitschau und -bewertung (MEYER

1966); Auswirkungen verschiedener Unterrichtsformen und -methoden (DOHMEN & MAURER 1973, FISCHER 1971); Erkundung verschiedener →Unterrichts- und →Erziehungsstile, ihrer Beeinfluß- und Lernbarkeit sowie ihrer Auswirkungen (HERRMANN 1972); Arbeiten über Auswirkungen von Lehrervorurteilen, -einstellungen und -erwartungshaltungen (HÖHN 1967, ROSENTHAL & JACOBSON 1971); Erhellung der in der Klasse bzw. Lerngruppe vorhandenen Sozialstruktur und ihrer Auswirkungen auf die einzelnen Schüler und das «Klassenklima» (CAPPEL 1970, GROOTHOFF 1972); Verbesserung der schulischen Leistungsbeurteilung (GAUDE & TESCHNER 1971, INGENKAMP 1972) und Erhellung der Relation von →Schulleistung, →Intelligenz und →Kreativität, der Bedeutung schichtspezifischer Verhaltens- und Sprachformen für den Unterricht und den Lernfortschritt der Schüler sowie des Zusammenhangs von Unterrichtsstil, Schülerpersönlichkeit und Lernfortschritt. Verbesserung der Lehrprogramme und ihrer Einsatzmöglichkeiten (GOTTSCHALDT 1972) sowie sonstiger audiovisueller Medien (z.B. Sprachlabor, schulinternes Fernsehen) und Bemühungen um eine kybernetische Deutung schulischer Lernprozesse (FRANK 1969). Gesellschaftsrelevante und -kritische Revision der Lehrpläne und Unterrichtsziele sowie der Umsetzung der fachwissenschaftlichen Strukturen in den Kanon der Schulfächer (BLANKERTZ 1973, ROBINSON 1972, BLOOM 1972). Bei der Vielfalt der sich immer weiter ausdifferenzierenden Arbeitsrichtungen der UF wird ihr Ertrag für die Unterrichtspraxis und auch für die Lehrerausbildung sehr davon abhängen, inwieweit es gelingt, die jeweiligen wissenschaftlichen Erkenntnisse zu einer geschlossenen Disziplin zu integrieren, künftige Forschungsunternehmen stärker i.S. von System- und Feldforschung zu betreiben sowie praktisches Tun und schulpolitische Entscheidung enger, und vor allem längerfristig, zu koordinieren.

Unterrichtsstil, in der →Unterrichtsforschung Bez. für Komplexe typischer Unterrichtspraktiken, die primär auf Organisation und Regulierung von Lernprozessen ausgerichtet und in der Regel von mehr oder weniger bewußten Unterrichtsprinzipien bestimmt sind. Die Stilbilder verschiedener Unterrichtsweisen, zunächst aus der Beobachtung vorwiegend sprachlicher Lehrer-Schüler-Interaktionen oder Äußerungen über Unterricht und Unterrichtssituationen von Lehrern und Schülern gewonnen, gehen von unterschiedlichen Alternativkonzepten (ANDERSON: dominativ:integrativ; C. W. GORDON: instrumental:expressiv:instrumental-expressiv; TAUSCH & TAUSCH: autokratisch:sozialintegrativ etc.) aus und setzen dazu das Leistungs- und Sozialverhalten der Schüler in Beziehung. Die Betrachtung der U. wird immer mehr ersetzt durch die nach Dimensionen, vorwiegend der der Lenkung, Dirigierung und Kontrolle in minimaler bis maximaler Ausprägung und der emotionalen Wärme bis Kälte bzw. Wertschätzung bis Geringschätzung. Darin finden sich die Dimensionen des Erziehungsverhaltens (Liberalität – Kontrolle; Zuwendung – Zurückweisung) wieder. Eindeutige Ergebnisse der Erforschung der U. sind, wenn überhaupt, erst bei Einbeziehung von →Lernzielen, Unterrichtsfächern und -inhalten, also didaktischen Komponenten, zu erwarten. →Erziehungsstil, →Führungsstil, →Lernziel. [L] GORDON 1959, TAUSCH & TAUSCH 1971, WEBER 1973

G. Mühle

Unterrichtstechnologie, schwerpunktmäßig bezeichnet U. Verfahren und Theorien der Entwicklung und des Einsatzes technischer Medien im Unterricht. Das neuere Verständnis der U. bezieht sich auf jedes zweckrationale Vorgehen bei der Planung und Konstruktion von Unterricht unter Einbeziehung wissenschaftlicher Erkenntnisse und Methoden. Dies bedeutet, daß auch der Medieneinsatz an den Bedingungsfaktoren des didaktischen Feldes relativiert wird. Der Anspruch, Unterricht in seiner Gesamtheit systematisch zu planen, zu steuern und zu evaluieren (PETERS), macht den Begriff U. weitgehend zum Synonym für Didaktik.

Unterrichtstheorie, Bez. für das bislang vernachlässigte Bemühen, die Ergebnisse der →Unterrichtsforschung zu einem möglichst geschlossenen, in sich widerspruchsfreien Aussagesystem so zusammenzufassen, daß sowohl die Erfordernisse und Varianten gängiger Unterrichtspraxis miterfaßt und -erklärt als auch weiterführende Fragestellungen für die Forschung ableitbar sind; die Vernachlässigung der U. ist wohl nur vor dem Hintergrund des Fehlens einer wissenschaftlich gesicherten Theorie der Erziehung zu verstehen (BREZINKA 1969).

Als zentrale Anliegen der U. kristallisieren sich heraus: Aufzeigen der Verkürzung, Unterricht kurzerhand auf die mit →Lernen oder →Lehren oder mit →sozialer Interaktion bezeichneten Phänomene einschränken bzw. nur als Anwendungsform dieser auffassen zu wollen. Begründung und Systematisierung der Eigengesetzlichkeit unterrichtlicher Prozesse, weshalb sie sich totaler Planung entziehen (SALZMANN 1973), ja entziehen müssen (HEAD 1970, DÖRING 1972), so daß jede →Unterrichtstechnologie in hohem Maße Raum lassen muß für Improvisation, Herausstellung der «teleologischen Struktur» (W. SCHULZ 1973), in Anbetracht derer einerseits die Begrenztheit der Planbarkeit nicht als Ziel- und Führungslosigkeit mißdeutet werden darf und auf Grund derer andererseits das Lehrer-Schüler-Verhältnis einer besonderen, eben unterrichtsspezifischen Deutung als Relation von Autorität und Partnerschaft bedarf (GAMM 1970, HEITGER 1969). Schließlich die Akzentuierung der Tatsache und ihrer Konsequenzen, daß Unterricht «veranstaltet» wird, d. h. institutionalisiert ist (FÜRSTENAU 1969, DÖRING & KUPFFER 1972). Vor dem Hintergrund dieser Problemstellungen müssen bisherige Versuche, unterrichtliches Geschehen schematisiert abzubilden (z. B. von MITZEL, RUNKEL, RYANS, GAGE), als unzureichend angesehen werden. U. wird sich künftig ausdrücklicher der Mehrdimensionalität ihres Gegenstandes (DÖRING 1972, W. SCHULZ 1973, SCHUSSER 1972) widmen müssen, die mit dem Begriff der «Faktorenkomplexion« nicht ausreichend bezeichnet ist und die einer eigentlichen Modelltheorie bedarf (SALZMANN 1972), soll Unterricht weiter als originärer zentraler pädagogischer Gegenstand verstanden und als solcher immer besser gestaltet werden können. *G. Schusser*

Unterscheidungsaufgabe →Diskriminationsaufgabe, →Umlernversuche

Unterscheidungsreaktion, Diskriminationsreaktion →Reaktionszeit

Unterschiedsempfindlichkeit, abgek. UE, Bez. für die individuell und situationsbedingt wechselnde Fähigkeit der Unterscheidung voneinander abweichender Reize. →spektrale Unterschiedsempfindlichkeit

Unterschiedsschwelle, derjenige Zuwachs, den ein Reiz erfahren muß, damit er gegenüber einem Ausgangsreiz als eben größer bzw. kleiner (stärker bzw. schwächer) beurteilt werden kann. Die U. wird mit →psychophysischen Methoden bestimmt. Nach dem WEBERschen Gesetz ist die relative (d. h. auf den Ausgangsreiz bezogene) U. innerhalb desselben Sinnesgebietes konstant, was aber nur mit Einschränkungen gilt. Sie beträgt (bezogen auf den Ausgangsreiz) z. B. für die Helligkeit 1/100, für gehobene Gewichte 1/50, für die einzelnen Geschmacksqualitäten 1/7 bis 1/4, für auf die Hand aufgesetzte Gewichte 1/3. Auch für die Stärke emotionaler Veränderungen lassen sich U. bestimmen (ausgedrückt in Einheiten physischer Korrelate). →FECHNERsches Gesetz. **[L]** JOHANNSEN, PAULI & ARNOLD, TRAXEL, WOODWORTH & SCHLOSBERG, KLING & RIGGS 1971

Unterschieds-Test (Unterschiedsdefinieren) **[T]** BINET, MEILI, POHLMANN, STERN

Unterstiftzeichnen →Sinnesfunktionen (5 c) **[T]** POPPELREUTER

unvollständige Zeichnungen erkennen [T] ROSSOLIMO

Unvulnerable [engl.], nichtverletzbare Personen, die trotz starker Belastung (kritische Lebensereignisse) gesund bleiben. →Gesundheit, psychische, →coping. **[L]** KATSCHNIG 1980

unwichtigstes Minimum [engl. *least important minimum – LEASTIMP*], →Entscheidungsheuristik, bei der die Entscheidung allein auf der «unwichtigsten» Dimension beruht. Gewählt wird die Alternative, deren Ausprägung mit dem geringsten Wert auf der unwichtigsten Dimension liegt.

UR, Abk. für *unconditioned response,* auch UCR

Urangst, (allg.) die menschliche existentielle Angst • Als psa. Begr. (FREUD) die erste von den Geburtsvorgängen ausgehende Angst (Geburtstrauma).

Urbanisierung, der Großstadtmensch mit vielfältigen psycho-somatischen Folgen ist ein ps. bedeutsames Thema, dem als erster HELLPACH eine eingehende Studie gewidmet hat (1935). • Die besonderen Probleme der jugendlichen Entwicklung durch die U. haben dabei einen eigenen Zweig der Forschung und Jugendarbeit herausgebildet. →Großstadt

Urbild →Idee, →Archetypus

Urfarbenkreis (HERING 1875), die vier Farben Rot, Gelb, Grün und Blau sind im Farbenkreis durch Ähnlichkeit und Verschiedenheit hinsichtlich ihrer benachbarten Mischfarben (z. B. Blaurot und Gelbrot) anschaulich als Urfarben ausgezeichnet. Jeweils zwei Urfarben größter Unähnlichkeit liegen als Gegenfarben (Rot – Grün, Gelb – Blau) auf dem in vier Quadranten geteilten Farbenkreis (Farbenquadrat) diametral gegenüber; Gegenfarben, die mit →Komplementärfarben nicht identisch sind, schließen sich gegenseitig aus: es gibt kein gelbliches Blau, bläuliches

Gelb, rötliches Grün, grünliches Rot. →HERINGsche Gegenfarbentheorie, →Farbensehen, Theorien

Urolagnie [gr. *uron* Harn, *lagnos* wollüstig], Lustgewinn beim Zuschauen des Harnlassens des anderen Geschlechts

Urphantasien, psa. Begr. für die sexuellen Phantasien der frühen Kindheit. Diese werden zuerst real genommen. →Urszene und Kastrationsangst gehen in sie ein. Sie bleiben beim Erwachsenen mehr/minder latent. • Nach FREUD sind die U. eine archaische Erbschaft und nehmen an vielen Träumen, Märchen und Sagen (offen oder verdeckt oder als Motiv) teil. →Urszene

Ursache →Kausalität

Ursachenzuschreibung →Attribuierung, Attribution

Urschrei →Primärtherapie

Urszene, psa. Begr. für die Konfrontierung des Kindes mit dem Sexualverkehr der Eltern. Wird dieser nicht beobachtet, so wird er phantasiert. Nach FREUD erfaßt ihn das Kleinkind als aggressives Verhalten des Vaters gegen die Mutter. →Urphantasien

Urteil, in der Logik: Aussage, die aus Subjekt (Begriff, über den etwas ausgesagt wird), Prädikat (Begriff, der über das Subjekt etwas aussagt) und Kopula (Verbindungswort) besteht. Nach verschiedenen Gesichtspunkten hat man Arten von U. unterschieden, so z. B. KANT nach der «Quantität», der «Qualität», der «Relation» und der «Modalität». • Der ps. Vollzug des U., der Urteilsakt, ist Gegenstand der →Denkps. Es ist zu untersuchen, welche ps. Vorgänge sich bei der Bildung eines U. abspielen. Arbeiten der →Würzburger Schule waren hierfür richtungweisend. Man läßt Vpn bestimmte Denkaufgaben lösen und die dabei auftretenden Erlebnisse beobachten und beschreiben, um daraus Einblick in allgemeine Gesetzmäßigkeiten des Urteilsvorgangs zu erhalten.

Urteile über Völker, von SOHDI et al. (1957) benutzte Bezeichnung für verbales Verhalten, das Indikator für die Kognition und affektive Einstellung bezüglich ethnischer Plurale (Nationen, Völker, Rassen) ist. Mit diesen U. werden Aussagen über nationale Vorurteile, Sympathie-Einstellungen und kollektive Stereotypen gegenüber Völkern gewonnen. Psychologisch relevant sollen nur die individuellen U. sein. Trotzdem wird aus dem objektiven Verbreitungsgrad einzelner hoch verallgemeinerter Urteile auf kollektive Stereotypen geschlossen. Die Befragungsmethoden variieren von der Benutzung mit systematisch gewonnener Eigenschaftenlisten (a) mit begrenzter Zahl der auszusuchenden Items (KATZ & BRALY 1933); (b) mit unbegrenzter Auswahl der Items (SODHI & BERGIUS 1953, CHUNG 1970); über (c) die zusätzliche Angabe subjektiver Verallgemeinerungsgrade für alle Eigenschaften der Liste (BERGIUS et al. 1970); (d) der Benutzung des semantischen Differentials nach OSGOOD (FISCHER & TRIER 1962); zu (e) Angaben der Präferenz bzw. Sympathieratings mit Fragebogen (KLEIN 1972); (f) verschiedenen Skalen wie Ethnozentrismusskala (ADORNO et al. 1950) und sozialer Distanzskala (BOGARDUS) sowie (g) Interviews (KOCH 1965). Es werden verschiedene Bezugsformen der Urteile unterschieden: Ein Deutscher beurteilt Deutsche: S1 – (S1) (Autostereotyp), ein Deutscher gibt Urteile ab über ein anderes Volk: S1 – (S2) (Heterostereotyp), ein Deutscher vermutet, wie Angehörige eines anderen Volkes ihr eigenes Volk beurteilen: (S1 – (S2 – S2) (vermutetes Autostereotyp der anderen), und der Deutsche vermutet, wie die anderen das deutsche Volk beurteilen: (S1 – (S2 – S1) (vermutetes Heterostereotyp). S steht hier für das befragte Subjekt, (S) für die beurteilten Völker. Weitere Differenzierungen der Befragungen schließen Beruf, Geschlecht, Status und Konfession der beurteilten Subjekte ein. Analysen der Komponenten der U. versuchen TRIANDIS et al. (1965), Analysen der Determinanten nimmt GÜNTHER (1975) vor. *R. Bergius*

Urteilsfehler →Milde-Effekt, →Aggravation

Urteilstäuschung, durch Irrtümer, Gedächtnisfehler, Wünsche, Affekte, Vorurteile u. a. m. verursachte Fehlbeurteilung von Sachverhalten

Urvertrauen, von ERIKSON (1950, 1971) benutzte Bez. für eine soziale Einstellung, die Folge einer stabilen Personenumgebung in der frühen Kindheit (nach psa. Auffassung in der frühen und späten →oralen Phase) sein soll.

US, Abk. für *unconditioned stimulus,* auch UCS

U-Test →MANN-WHITNEY-U-Test

Utilitarismus [lat. *utilus* nützlich], Nützlichkeitsstandpunkt, philosophische Richtung, die den Zweck allen Handelns nach seinem Nutzen, besonders für die Allgemeinheit, bewertet.

utility, (1) In der Testtheorie bez. der Begr. ein kombiniertes Maß für die Brauchbarkeit eines Tests, das Validität, Reliabilität und

Ökonomie des Tests einschließt. (2) Begr. für Nutzen →Entscheidungstheorie, →Theorie der Spiele

uV, Abk. für unabhängige Variable

UZG, Abk. für Ultrakurzzeitgedächtnis, sensorisches →Gedächtnis

Uznadzes Volumentäuschung, Einstellungstäuschung, d. h. durch Einstellung bedingte Wahrnehmungs- und/oder Urteilstäuschung, über den Rauminhalt (Volumen) von zwei gleichen Kugeln, nachdem vorher in einer Reihe von Einstellungsdurchgängen in der einen Hand eine kleinere und in der anderen eine größere zur Beurteilung geboten waren. Im kritischen Versuch wird die Kugel für kleiner als die andere (objektiv gleiche) gehalten, die in der Hand liegt, in der vorher die größere war. →Ankerreiz. [L] UZNADZE et al. 1976

V

V, Verhalten (auch B = engl. *behavior*)

V, Symbol für die Dynamik der signalisierenden Reizspur (HULL)

Va, bei LEWIN Abk. für →Valenz

Vaginismus, Scheidenkrampf; krankhafte Empfindlichkeit gegen Berührung d. Scheideneingangs od. gegen Penetration; reflektorisch-muskulärer Abwehrvorgang. Überwiegend psychogen ausgelöst, Lösung d. Krampfes durch plötzlichen Schmerz (Nadelstich), im übrigen Psychotherapie.

Vagotonie [lat. *vagus* umherschweifend, gr. *tonos* Spannung], Steigerung des Vagustonus. Übergewicht des parasympathischen Systems im nervösen Geschehen (Parasympathikotonie) mit Bradykardie, Pupillenverengung, niederem Blutdruck. Ggs. →Sympathikotonie

Vagus, Kurzbez. f. Nervus Vagus, den X. Hirnnerv. Aus dem Gehirn kommender Teil des parasympathischen Systems. →Nervensystem, →Parasympathikus

Valenz [lat. *valere* gelten, wert sein], Wertigkeit, Gewichtigkeit. In der Ps. auch svw. Eindrucksstärke, ein funktionales Interaktionsmerkmal. Begr. von LEWIN eingeführt mit der Unterscheidung nach positiver bzw. negativer V., syn. →Aufforderungscharakter. • In der Tierps. die affektiv erregende Wirkung von Wahrnehmungsgegenständen. • In der Testps. gebraucht MEILI die Bez. «diagnostische Valenz» für Validität, während sich für den gemeinten Sachverhalt der Begr. der →Validität und Zulänglichkeit durchgesetzt hat.

Validierung, Bez. für die Maßnahmen der Überprüfung der →Validität eines Tests

Validität, Gültigkeit, eines der Haupttestgütekriterien, das über die Meßgenauigkeit eines Tests im Hinblick auf ein Kriterium Aussagen macht. Die V. gibt den Grad der Genauigkeit an, mit dem ein Test dasjenige Persönlichkeitsmerkmal oder diejenige Verhaltensweise, das (die) es messen soll oder zu messen vorgibt, tatsächlich mißt (LIENERT 1961). Nach den APA-Richtlinien für pädagogische und psychologische Tests unterscheidet man zwischen inhaltlicher V., kriteriumsbezogener V. und Konstrukt-V. Inhaltliche V. liegt vor, wenn der Test bzw. die Testaufgaben bereits das zu messende Merkmal oder die Eigenschaften beinhalten. Man spricht dann auch von logischer V. Wird der in einem Test gewonnene Testwert zu einem Kriteriumswert in Beziehung gesetzt, so liegt die kriteriumsbezogene V. vor. Obwohl andere V.arten ebenfalls empirisch gewonnen werden bzw. empirisch kontrolliert werden, sprechen manche Autoren von der kriteriumsbezogenen V. als der empirischen V. Je nachdem, aus welchen Daten der Kriteriumswert herangezogen wird, spricht man von innerer bzw. von äußerer (kriteriumsbezogener) V. Wird als Kriteriumswert ein Testwert aus einem Test, der ähnliche Konstrukte oder Eigenschaften bzw. nicht-ähnliche Kostrukte oder Eigenschaften mißt, herangezogen, so spricht man von innerer V. Wird ein Kriteriumswert außerhalb von Testwerten gewonnen (z. B. über ein konkretes Leistungsmaß bzw. über ein Schätzurteil), so spricht man von äußerer V. Der Zeitpunkt der Erhebung von Testwert und Kriteriumswert macht es sinnvoll, zwischen Übereinstimmungs- und Vorhersage-V. zu unterscheiden. Soll ein Testwert Kriteriumswerte vorhersagen, welche erst in der Zukunft liegen, so spricht man von Vorhersage-V. Bei der Übereinstimmungs-V. wird diese Prognose nicht gefordert. Bei der →Konstrukt-V. steht die theoretische Klärung eines Testwertes bzw. einer Variablen im Vordergrund. Sie gibt an, welche psychologische Bedeutung ein Meßwert bzw. eine Variable hat. Die V.bestimmung eines Tests ist zeitlich und finanziell aufwendig. Die Ergebnisse einer solchen Analyse müssen vom Testautor für den Benutzer bekanntgegeben werden. Die Art der Kennwerte der V. eines Tests resultiert aus der verwendeten statistischen Methode. Wird zur Validierung die →Extremgruppen-Methode verwendet, so ergibt sich als V.maß der Unterschied zwischen Gruppenmittelwerten. Wird die →Repräsentativgruppen-Methode verwendet, so ergeben sich je nach der Art der vorliegenden Daten Korrelationskoeffizienten. **[L]** LIENERT & RAATZ 1994, ANASTASI 1968

H. Häcker

Validität, externe →externe Validität

Validität, interne →interne Validität

Validität, ökologische →ökologische Validität

Validitätsgeneralisierung, V. ist das Ergebnis der Anwendung metaanalytischer Techniken auf Validitätsdaten (-koeffizienten). Die aus Validitätsanalysen gewonnenen Koeffizienten, die recht unterschiedliche Parametergrößen haben, haben zunächst zu der Interpretation geführt, daß sie in einer spezifischen Anwendungssituation für die Testkoeffizienten nicht auf andere Situationen übertragbar sind. SCHMIDT & HUNTER (1977) haben metaanalytische Techniken für die Bewertung von Validitätskoeffizienten vorgeschlagen und damit Artefakt-Korrekturen vorgenommen, die Stichprobenfehler und die Unterschiede zwischen Untersuchungsbefunden bzgl. Prädiktor-, Kriterienreliabilität und Streuungsunterschieden eliminiert haben. [L] HUNTER & SCHMIDT 1990 *H. Häcker*

Valium® →Diazepam

Valproinsäure, WZ Convulex®, Antiepileptikum →Antikonvulsiva

Vandalismus, der Begriff wurde 1794 während der Französischen Revolution von H. von GREGOIRE zur Bezeichnung einer sinnlosen Zerstörungswut geprägt. Er leitet sich her von der Plünderung Roms im Jahre 455 durch die Vandalen. In der Ps. bezeichnet V. ein sachbeschädigendes Verhalten, das absichtlich erfolgt und Normen verletzt. Die geplante Verschmutzung und Zerstörung von Sachen wird als Ausdruck eines Konflikts Heranwachsender mit den Interessen, Werten und Normen der Erwachsenen gedeutet, denn die beschädigten Objekte sind überwiegend Gegenstände, die für eine Gesellschaftsgruppe oder eine Einzelperson von besonderer Bedeutung sind oder kulturelle/zivilisatorische Werte symbolisieren. Häufig stimulieren Gruppensituationen das vandalistische Verhalten, welches seinerseits durch den Beifall der Clique verstärkt wird. Die ps. Forschung zieht zur Erklärung vandalistischen Verhaltens Variablen der Person, der Situation, der Institution sowie der sozialen und räumlichen Umwelt heran. [L] KLOCKHAUS & TRAPP-MICHEL 1988 *K. H. Stapf*

Vanillinmandelsäure, neben →MHPG Abbauprodukt von →Noradrenalin

VAR, Abk. für verzögerte akustische Rückmeldung. →LEE-Effekt

Variabilität, Veränderlichkeit, in Biologie und Ps. das Ausmaß des Auftretens von →Variationen, d. h. die Häufigkeit und Größe der Abweichungen eines Merkmals von seinem Durchschnittswert. V. ist eine die lebende Natur allgemein kennzeichnende Eigenschaft.

Variabilitätskoeffizient, im V. wird die Größe der Standardabweichung einer Verteilung nach der Formel

$$V = 100 \cdot \frac{s}{M}$$

auf die Größe des Verteilungsmittelwertes bezogen und damit ein Vergleich des Streuungsmaßes zweier auf verschiedene Skalen bezogener Verteilungen ermöglicht. *G. Mikula*

Variabilitäts-Konstanz-Relation, die Haupterstreckungsrichtung einer Figur ist zugleich die Richtung, in der eine Figur verändert werden kann, ohne ihr anschaulich Schaden zu tun; in der dazu queren Richtung liegt die Figur anschaulich fest. [L] RAUSCH 1952

Variabilitätsnormen, Normwerte eines standardisierten Tests, die sich auf die Streuung der →Eichstichprobe beziehen. Es wird ermittelt, in welchem Abstand sich die Leistung eines Testwertes eines Pb vom Mittelwert der Eichstichprobe befindet. →Normskalen

Variable, veränderliche Größe, Ggs. →Konstante

Variable, abhängige, als a. V. wird im Experiment diejenige Variable bezeichnet, die als Funktion der unabhängigen Variablen gemessen wird und über die Vorhersagen getroffen werden.

Variable, diskrete, eine auf einem diskreten Maßstab gemessene Variable.

Variable, intervenierende, dazwischentretende V., d. h. zwischen vorausgehende Beobachtungen, die antezedente Bedingungen sind, und beobachtetes Verhalten einzusetzende Größe, der außer der Eigenschaft eines mathematisch definierten Funktionsgliedes in der Abhängigkeitsfunktion keine zusätzlichen Eigenschaften *(surplus meaning)* zugeschrieben wird. Diese von MCCROQUODALE und MEEHL vorgeschlagene Unterscheidung von dem hypothetischen →Konstrukt entspricht nicht dem Gebrauch der Begriffe bei TOLMAN. →Behaviorismus, →Operationismus.

Variable, kontinuierliche, eine auf einem kontinuierlichen Maßstab gemessene Variable.

Variable, qualitative →qualitatives Merkmal

Variable, quantitative →quantitatives Merkmal

Variable, stetige →Variable, kontinuierliche

Variable, unabhängige, die im Experiment planmäßig variierte Variable

Variante, Spielart. Das abgewandelte Merkmal. W. STERN nennt die Fähigkeit, Varianten zu bilden, Variativität.

Varianz, statistischer Kennwert der Streuung oder Dispersion einer Verteilung. Die V. ist gleich dem Quadrat der Standardabweichung und wird nach der Formel

$$s^2 = \frac{\Sigma (X - M)^2}{N}$$

berechnet.

Varianzanalyse, unter der Bez. V. wird eine Gruppe statistischer Signifikanztests zur Prüfung von Mittelwertunterschieden einer abhängigen Variablen zusammengefaßt, die auf der Wirkung einer mehrklassigen unabhängigen Variablen (einfache V.) oder auf der kombinierten Wirkung mehrerer unabhängiger Variablen (komplexe V.) beruhen. Das Verfahren basiert auf einer Zerlegung der Variation (Streuungszerlegung) der abhängigen Variablen in verschiedene Varianzkomponenten, die auf bestimmte Ursachen, z. B. auf die Variation je einer unabhängigen Variablen allein oder auf die Kombination der Klassen mehrerer unabhängiger Variablen (Wechselwirkung) oder auf Meßfehler, zurückgeführt werden können (→Quadratsumme). Das Grundkonzept der V. soll anhand einer einfachen V. dargestellt werden: Liegt eine aus verschiedenen Gruppen (Stichproben) zusammengesetzte Datenmenge vor, so kann die Varianz der ihr zugrundeliegenden Population einerseits aus der Varianz der einzelnen Gruppen geschätzt werden («Varianz innerhalb») und andererseits aus der Varianz der Gruppenmittelwerte um ihren gemeinsamen Mittelwert («Varianz zwischen«). Da die erste dieser beiden Schätzungen auf einer größeren Zahl von Daten beruht und von den zwischen den Gruppen möglicherweise bestehenden Mittelwertsunterschieden unbeeinflußt ist, stellt sie die verläßlichere Schätzung der Populationsvarianz dar. Entstammen nun die verschiedenen Gruppen einer gemeinsamen Population und unterscheiden sich in ihren Mittelwerten daher nicht voneinander, dann sollten beide Schätzungen der Populationsvarianz zum gleichen Resultat führen. Unterscheiden sich die Gruppen jedoch in ihren Mittelwerten, dann wird jene Varianzschätzung, die auf der Variation der Gruppenmittelwerte beruht («Varianz zwischen»), größer ausfallen als die auf Grund der Varianzen der einzelnen Gruppen («Varianz innerhalb»). Rechnerisch werden die Varianzschätzungen durch eine Zerlegung der Summe der quadrierten Abweichungen aller Einzelmessungen vom gemeinsamen Mittelwert («Quadratsumme Total») in zwei Komponenten, nämlich in die mittlere Summe der quadrierten Abweichungen der Einzelmessungen vom jeweiligen Gruppenmittelwert («Quadratsumme innerhalb») und in die Summe der quadrierten Abweichungen der Gruppenmittelwerte von ihrem gemeinsamen Mittelwert («Quadratsumme zwischen») gewonnen. Die einzelnen Quadratsummen werden durch die ihnen zugehörigen Freiheitsgrade dividiert und so in Varianzen überführt. Ob die Schätzung der «Varianz zwischen» signifikant größer als die der «Varianz innerhalb» ist, wird mit dem F-Test geprüft, wobei F stets nach

$$F = \frac{\text{Varianz zwischen}}{\text{Varianz innerhalb}}$$

bestimmt wird. Ist der errechnete F-Wert signifikant, so sind zur Feststellung, welche der Gruppenmittelwerte voneinander verschieden sind, nachträglich paarweise Mittelwertsvergleiche durchzuführen. Hierfür wurden einige Verfahren entwickelt. Die Anwendung der V. setzt Intervallvariablen, Normalverteilung der Population und Homogenität der einzelnen Gruppenvarianzen voraus. Während das Verfahren gegenüber Abweichungen von der Normalität robust ist, ist es gegen Verletzung der Homogenität relativ sensibel. Werden die Voraussetzungen nicht erfüllt, so können anstelle einfacher V. verschiedene nichtparametrische Verfahren (z. B. KRUSKAL-WALLIS-Test für unabhängige und FRIEDMAN-Test für abhängige Stichproben) angewendet werden. Ausweitungen des ursprünglichen varianzanalytischen Verfahrens sind u. a. in der →Kovarianzanalyse zu sehen; in neuerer Zeit wurden durch gleichzeitige Berücksichtigung mehrerer abhängiger Variablen auch Parallelen zu multivariaten Verfahren wie z. B. der →Faktorenanalyse hergestellt (multivariate V.). *G. Mikula*

Varianzheterogenität →heterogene Stichprobenvarianz

Varianzhomogenität →homogene Stichprobenvarianz

Variation, jede Abweichung von einem Zentral- oder Durchschnittswert. Der gesamte Spielraum, innerhalb dessen sich alle Varianten finden, heißt Variationsweite oder -breite. →Inter-, Intravariation. • In der Vererbungslehre teilt man die V. nach (a) vererbbaren Veränderungen zwischen Angehörigen derselben Sippe, hervorgegangen aus neuen Verbindungen früherer Erbanlagen = Kombination, (b) Veränderungen, die nur aus den zufälligen Lebensbedingungen (Milieu, Bildung, Aufenthaltsort) folgern = unvererbbare Modifikationen, (c) Änderungen, die vererbbar sind, aber aus unbekannter Ursache stammen und unvorhergesehen auftreten = Mutation. • Als Ausdruck aus der Kombinatorik bezeichnet V. die Möglichkeit, n versch. Elemente in Kombinationen zu k Elementen zu bringen, wobei auch Wiederholungen der Elemente zulässig sind. Aus diesem Grund werden V. häufig auch als Kombination mit Wiederholung bezeichnet. Die Anzahl der möglichen Variationen von n Elementen zur k-ten Klasse bestimmt sich aus

$${}_nV_k = n^k .$$

G. Mikula

Variationsbreite, Spielraum zwischen kleinstem und größtem Wert für ein bestimmtes Merkmal usw. Auch als Schwankungsbreite bezeichnet.

Variationskoeffizient, das auf den Mittelwert bezogene Streuungsmaß.

$$V = \frac{\text{Standardabweichung} \cdot 100}{\text{Mittelwert}} .$$

Varimax-Methode, häufig angewandte analytische Methode der Rotation einer Faktorenmatrix zur →Einfachstruktur. Diese wird durch Maximierung der Varianzen der Faktorenladungen eines Faktors angestrebt. →Faktorenanalyse

Vasodilatierendes Intestinales Polypeptid, Abk. VIP, chemische Substanz aus der Gruppe der Gewebshormone (→Hormone). Als Neuropeptid neuro-(psycho)-Wirkungen.

Vasomotoren [lat. *vas* Gefäß], Nerven, die die Weite der Blutgefäße wie auch den Blutdruck regeln.

Vasopressin, syn. Antidiuretisches Hormon (ADH), Hormon des Hypophysenhinterlappens (Neurohypophyse), dessen Vorläufer im Hypothalamus gebildet wird. Neuropeptid mit neurotroper Wirkung. Es wird auch in anderen Zellen, so im Thymus, gebildet. Somatische Wirkungen u. a. Blutdrucksteigerung, Antidiurese. Störungen, mit ADH-Defizit führen zu Diabetes insipidus. Förderung der Sekretion durch Streß, Nikotin u. a. Verabreichung hat mehrere ps. Wirkungen. Diskutiert wird eine behaltensfördernde, aufmerksamkeitsverbessernde und schmerzreduzierende Wirkung. **[L]** BALTISSEN et al. 1991, FEHM-WOLFSDORF & BORN 1991, POHL et al. 1996, RINAMAN et al. 1995 *W. Janke*

VAT [T] AMMONS

Vaterbindung, Bez. für die emotionale Fixierung auf den Vater (bes. der Tochter, aber auch des Sohnes) mit daraus möglichen Folgerungen, z. B. negative Beeinträchtigung der Beziehungen zu anderen Personen. • Gegensätzlich zur V. ist der Vaterprotest als eine (unbewußt) zur Dauerhaltung sich verdichtende Einstellung zum Vater.

Vaterimago, Bez. nach JUNG für das aus dem kollektiven Unbewußten stammende Vaterbild mit allen Möglichkeiten der Übersteigerung und Einseitigkeit. →Vaterbindung, →Vaterkomplex

Vaterkomplex, bei FREUD Ausdruck zur Bez. einer der wichtigsten Komponenten des →Ödipuskomplexes

Vater-Pacini Lamellenkörperchen, Lamellenkörperchen, die über die Hautnerven verteilt sind. Von VATER (1741) und später von PACINI (1840) beschrieben. Ihre Funktion besteht in der Vermittlung von Tiefensensibilität und Druck, Lageempfindungen der Gliedmaßen.

VBOT [T] Schubert

VE, Abk. für *variable error* →Fehler

Veblen-Effekt, bei manchen Konsumgütern steigt mit zunehmendem Preis ihr Prestigewert (→Prestige); die Nachfrage nach ihnen wird deshalb größer.

Veblen, Thorstein (1857–1929), amerik. Nationalökonom und Soziologe

vegetativ, die Funktion des vegetativen Nervensystems betreffend

vegetative Dystonie, Fehlregulationen des vom Nervus vagus u. N. sympathicus gebildeten veg. Nervensystems ohne nachweisbare Organschädigung, meist verbunden m. Symptomen wie Herzklopfen, -beklemmung, Unruhe, Schlaflosigkeit, Schwindelgefühl, Kopfschmerzen, Magendruck, feuchtkalte Extremitäten. Der Begr. wurde 1934 von B. WICHMANN eingeführt. Nach W. SCHULTE sollte der Begr. nicht synonym mit vegetativer Dysregulation verwendet werden. • Vegetative Syndrome bei und nach umschriebenen Krankheitsbildern und auch die →veg. Labilität auf konstitutioneller Grundlage sollten nicht zur v.D. gerechnet werden. In der psychiatrischen Literatur wird hervorgehoben, daß bei der v.D. die sog. Tiefenperson mit Einschluß der Gemüts- und Gesinnungskräfte in ihrer Kompensierungs- und Gestaltungsfähigkeit von Bedeutung ist. →Dystonie. **[L]** SCHULTE et al. 1977

V

vegetative Empfindungen, die Empfindungen, die von den durch das vegetative →Nervensystem gesteuerten Prozessen (z. B. Atmung, Herztätigkeit, Verdauung, Ausscheidung) vermittelt werden.

vegetative Labilität, Sensibilität, Nervosität, gesteigerte Erregbarkeit, Reaktionsbildung des vegetativen Nervensystems. Sie bildet die Grundlage zur Entwicklung vegetativer Störungen, psychosomatischer Erkrankungen und ist oft mit einer besonderen Gefährdung gegenüber Neurosen verbunden. Symptome sind u. a.: Gesteigerte Sehnenreflexe, Dermographismus, Kopfschmerzen, suggestiv provozierbares →ROMBERG-Symptom, Schreckhaftigkeit, Verdauungsstörungen, nervöses Asthma, starke Ermüdbarkeit, Neigung zu Schweißausbruch, Schlaflosigkeit, Potenzstörungen.

vegetatives Nervensystem →Nervensystem

Veitstanz, Nervenerkrankung →Chorea

Vektor [lat. *vector* Träger], eine mathematische Größe, die durch einen Zahlenwert und eine Richtung bestimmt ist. Ein Ausdruck von der Form (x_1, x_2, ... x_i, ... x_n), wobei die x_i reelle Zahlen sind. In geometrischer Darstellung sind Vektoren gerichtete Strecken; als Anfangspunkt kann der Nullpunkt des Koordinatensystems angesehen werden, als Endpunkt der durch die Koordinaten x_1 bis x_n bestimmte Punkt. Beispielsweise läßt sich die Leistung von n Vpn in einem Test als Vektor im n-dimensionalen Raum ansehen. Mit den Mitteln der Vektorenrechnung lassen sich dann die Beziehungen zwischen verschiedenen Tests übersichtlich darstellen. Anwendung der V.rechnung in der Ps.: Korrelationsrechnung, Faktorenanalyse, Skalierung. →Matrix. K. LEWIN läßt in der von ihm begründeten topologischen und Vektor-Ps. die ps. Vektoren die Kräfte im ps. Feld (→Lebensraum) repräsentieren. [L] HORST 1963

Vektorpsychologie →topologische und Vektorpsychologie

Velten-Technik, eine von VELTEN (1968) zur exp. Induktion pos. und neg. Stimmungen. Einer Vp wird eine größere Anzahl selbstbezogener Aussagen vorgelegt, die eine gedrückte Stimmung bzw. gehobene Stimmung ausdrükken. Außerdem wird eine Anzahl selbstbezogener neutraler Aussagen präsentiert. →Stimmungsinduktion. [L] VELTEN 1968, MECKLENBRÄUCKER & HAGER 1986

Venlafaxin, WZ Trevilor®, Psychopharmakon aus der Klasse der →Antidepressiva. Es zeichnet sich durch Spezifität der präsynaptischen Wiederaufnahmehemmung von sowohl Serotonin wie auch Noradrenalin aus.

Venn-Diagramm, in der Mengenlehre graphische Veranschaulichung von Mengen durch geschlossene Linien (meist Kreise). Die Punkte der eingeschlossenen Flächen stellen die Elemente der Mengen dar. Relationen zwischen Mengen werden dabei prägnant durch die geometrischen Verhältnisse verdeutlicht: die nichtleere Schnittmenge (Und-Verbindung) durch Überschneidung der Kreise, die Mengeneinschlußrelation (Wenn-dann-Verbindung) durch das Enthaltensein einer Kreisfläche in einer anderen usw.

Venn, John (1834–1923), 1862 Dozent für Ethik, 1883 für Logik und Philosophie / Univ. Cambridge (Engl.)

ventral [lat. *venter* Bauch], zur Bauchseite gehörend, bauchwärts.

Ventrikel [lat. *ventriculus* Bäuchlein], Ausbuchtung im Gehirn. →Gehirn

Verallgemeinerung, Generalisierung. →Generalisation

Veränderliche →Variable

Veränderungsschwelle, nach STERN die Unterschiedsschwelle bei der Geschwindigkeitswahrnehmung.

Veranlagung, Sammelbegr. zu den erbmäßig mitgegebenen Voraussetzungen für den Charakter, die Begabung, die Intelligenz, die Person. →Anlagen, →Disposition

Verantwortungsreife, Bez. für die ethische, intellektuelle, emotionale und voluntative Sozialreife, die ein Hineingewachsensein in die soziokulturellen (zeitgebundenen) Normen, Werte und Erwartungen zur Voraussetzung hat. V. ist zugleich Rechtsreife.

verbale Kodierung, sprachliche Kodierung. →Code

verbales Lernen →Lernen

Verbalkonditionierung [engl. *verbal conditioning*], Begriff →behavioristischer Herkunft zur Beschreibung und gegebenenfalls Erklärung von unter spezifischen Lernbedingungen beobachtbaren Veränderungen relativ einfacher Merkmale sprachlichen Verhaltens. Die mit der Erforschung des nichtsprachlichen →Lernens eingeführten Begriffe des klassischen und instrumentellen (operanten) →Konditionierens wurden beim Versuch ihrer theoretischen Generalisierung auch auf sprachliches Lernen übertragen (→Sprachentwicklung, →Spracherlernen).

Experimentelles Paradigma der klassischen V. (= Konditionieren von →Bedeutungen) ist folgende Situation (STAATS): Eine bedeutungslose Silbe (z. B. *YOF*) wird mit jeweils verschiedenen, aber hinsichtlich eines Bedeutungsmerkmals untereinander ähnlichen sinnvollen Wörtern gepaart (z. B. mit Liebe, schön, Ferien, Mutter usw.; gemeinsame Komponente: positiver Gefühlston): Jedes sinnvolle Wort tritt mit der sinnfreien Silbe nur einmal zusammen auf, so daß keine Paarassoziationen (→Assoziation) zwischen irgendeinem dieser Wörter und der Silbe entstehen. Eine anschließende Einstufung der Silbe *YOF*, z. B. auf einem →semantischen Differential, ergibt dennoch eine im Vergleich zu einer Kontrollgruppe relativ positive Beurteilung der Silbe, selbst dann, wenn Wissentlichkeit des Versuchszwecks *(awareness)* bei den Vpn auszuschließen ist. Die Bedeutungs-Teil-Response «positiver Gefühlston» wird – unter Ausschluß assoziativer Verknüpfungen – auf die Silbe *YOF* «klassisch» konditioniert, wie beim PAWLOW-Hund die Speichel-Response auf ein Tonsignal. • Die instrumentelle oder operante V. kennt zwei klassische experimentelle Paradigmen: Nach dem GREENSPOON-Verfahren wird die Vp aufgefordert, eine Zeitlang isolierte Wörter nach freier Wahl aufzusagen. Der Vl bekräftigt das Nennen von Wörtern einer bestimmten z. B. grammatischen (Plural) oder semantischen («menschlich») Klasse möglichst unauffällig durch eine unmittelbar darauffolgende Äußerung wie «gut» oder «mmh». Ein Anstieg in der Produktionshäufigkeit von Wörtern der bekräftigten Art wird als operante V. interpretiert. Nach dem TAFEL-Verfahren erhält die Vp Karten mit einer Anzahl von Wörtern, unter denen sie zur Erledigung einer Satzbildungsaufgabe mehr oder weniger beliebig auswählen darf. Wird dann z. B. das Auswählen von Pronomen der ersten Person aus einer größeren Anzahl von Personalpronomen durch «mmh» etc. bekräftigt, dann wird ein Anstieg in der Wahlhäufigkeit der entsprechenden Wortart als V. interpretiert. Gegen die Erklärung der experimentellen Effekte durch V. wurden kognitivistische Einwände (*awareness*-Problem) erhoben (SPIELBERGER). Die V. wird z. B. für die Verhaltenstherapie anwendungsrelevant. **[L]** STAATS 1964, SPIELBERGER 1965, KANFER 1968 *S. Ertel*

Verbalsuggestion, die durch Worte herbeigeführte →Suggestion

Verbalverhalten, (1) in unspezifischer Bedeutung Sammelbegr. für alle Arten der Sprachverwendung, speziell der →Sprachproduktion (→Sprache, →Sprachrezeption). (2) Sofern V. als Übersetzung von *«verbal behavior»* aufzufassen ist, impliziert dieser Begriff im allg. eine →behavioristisch-S-R-theoretische Interpretation von sprachlicher Aktivität, in extremer Form z. B. von SKINNER (1957) vertreten, von CHOMSKY (1959) kritisiert. V. wird dabei im wesentlichen als MARKOFF-Prozeß aufgefaßt (→Verbalkonditionierung, →Psycholinguistik, →Sprachtheorie). *G. Kaminski*

Verbigeration, stereotypes Wiederholen von Wörtern, einzeln oder auch in →agrammatischen und sinnlosen Kombinationen mit anderen Wörtern oder Wortteilen bei schizophrenen Psychosen (→Dysphrasie). In Unterscheidung zu den Echolalien können die V. über Stunden und Tage verteilt und auch nach längeren Pausen wieder auftreten; sie zeigen auch Veränderungen in der Reihenfolge ihrer Elemente.

Verbindungen, psychische, die von W. WUNDT stammende Bez. setzt ps. Elemente voraus, die dann Verbindungen eingehen und zu p. V. werden: Assoziationen (Verschmelzung, Assimilation, Komplikation, assimilative und sukzessive Erinnerungsassoziation). Apperzeptive Verbindungen (synthetisch-analytisch).

Verbphrase, Verbalphrase (VP) →IC-Analyse

Verbraucherforschung →Meinungsforschung

verbundene Messung [engl. *conjoint measurement*], neben quantitativen Variablen, die eine einfache Meßstruktur besitzen (wie z. B. wahrgenommene Schwere u. ä.), finden sich in der Ps. viele Variablen, die sich auf das Zusammenwirken von mehreren solcher einfach meßbaren Variablen zurückführen lassen (z. B. nach der Lerntheorie von HULL (1952) ist die Leistung proportional dem Produkt von Antrieb, Anreiz und *habit*-Stärke). Die Theorie der verbundenen Messung stellt empirisch prüfbare Axiome auf, mit deren Hilfe festgestellt werden kann, ob durch monotone Transformationen der einfach meßbaren Variablen die theoretisch geforderte additive, multiplikative oder polynomiale Form des Zusammenwirkens erreicht werden kann (KRANTZ et al. 1974). Das von RASCH (1960) aufgestellte probabilistische Testmodell ist als Spezialfall einer polynomialen verbundenen Messung zu interpretieren. *A. Zimmer*

verdeckte Sensibilisierung [engl. *covert sensitization*], dient als Selbstkontrollverfahren dazu, übermäßig starke Auslöser zu neutralisieren (z. B. bei Alkoholismus, abartiger sexueller Orientierung oder anderen Abhängigkeiten). In der Phantasie paart der Klient den bislang als übermäßig positiv eingeschätzten Auslöser mit negativen Ereignissen bzw. das Konsumations-Verhalten wie Trinken mit negativen Konsequenzen (z. B. sich erbrechen), wodurch Vermeidungs- bzw. Flucht-Reaktionen begünstigt werden (Alkohol wegschütten). Dies wird oft in der Phantasie belohnt (verdeckte Verstärkung). V.S. hat sich als Selbstkontrollverfahren insofern bewährt, als oft externe Aversionstherapien ersetzt werden können. [L] MAHONEY 1977 *D. Zimmer*

verdecktes Modell-Lernen, im Rahmen des →Selbstsicherheitstrainings wurde das Verfahren von CAUTELA und KAZDIN entwickelt. Es besteht darin, daß sich der Klient ein oder mehrere Modelle mit adäquatem Sozialverhalten vorstellt und so eigenes Verhalten in realen Situationen vorbereitet und erleichtert. Im Gegensatz zur Selbstinstruktion liegt die Betonung jedoch stärker auf der bildhaften Vorstellung. [L] ZIMMER 1980 *D. Zimmer*

Verdichtung, der von FREUD eingeführte Begr. bezeichnet eine bestimmte ps. Leistung, die durch die Traumarbeit (→Traum) zustande kommt. Die V. besteht dabei in einer Abkürzungsleistung bei der Verwandlung der latenten Traumgedanken in die manifesten Traumbilder, indem (1) gewisse latente Traumgedanken überhaupt weggelassen werden (2) manche latente Traumgedanken nur z. T. in das manifeste Traumbild übergehen, und (3) verschiedene latente Traumgedanken, die eine Gemeinschaft aufweisen, im manifesten Traumbild zu einer Einheit verschmolzen werden.

Verdrängung [engl. *repression*], nach psa. Anschauung elementarster →Abwehrmechanismus des Ich. Der von FREUD eingeführte Begriff bezeichnet die unbewußte Unterdrückung eines Triebbedürfnisses. Die V. ist eine Funktion des Ich und besteht in einem Abdrängen und Abschieben der aus dem Funktionssystem des Es stammenden Triebbedürfnisse aus dem Bewußtsein auf Grund der aus dem Funktionssystem des Über-Ich (Gewissen) stammenden Forderungen nach Einschränkung oder Unterdrückung dieser Bedürfnisse. Dadurch, daß etwas aus dem Bewußt-Sein geschoben ist, ist es noch nicht in seinem Sein aufgehoben. Unbewußt-Sein ist kein Nicht-Sein. Das so weiterbestehende Triebbedürfnis wird infolge seiner Nichtbefriedigung zunehmend stärker und gelangt zu einer funktionellen Dominanz. Die V. stellt im Gegensatz zur bewußten Stellungnahme gegen ein Triebbedürfnis und zum entschlossenen Verzicht auf dessen Befriedigung gerade ein Ausweichen vor einer solchen bewußten Entscheidung dar und erfolgt aus Angst vor der im Falle einer Triebbefriedigung erfolgenden Verurteilung und Bestrafung durch das Über-Ich. Die V. steht auch im Ggs. zu einer nur vorübergehenden Aufhebung eines Triebbedürfnisses durch ein anderes, demselben Funktionssystem des Es entstammenden Triebbedürfnis (z. B. Aufhebung der Aggression durch Sexualität). Sie steht ferner im Gegensatz zu einem nur vorübergehenden Aufschub eines Triebbedürfnisses im Zusammenhang mit der Anpassung an die jeweilige Realität. Die V. beruht vielmehr auf den zwar aus der Realität stammenden, aber durch Introjektion in das Über-Ich eingegliederten und von dorther wirksamen inneren Forderungen, Geboten und Verboten. • Unterschiedlich zur psa. V. ist die Bez. Abdrängung. Sie bezweckt das bewußt-gewollte Wegschieben störender Einflüsse und Gedanken.

Vererbung, Gesamtheit aller körperlichen, intellektuellen und Persönlichkeitsmerkmale, die mit der Vereinigung von Ei- und Samenzelle des Elternpaares im Kind →genetisch festgelegt wird. Träger der genetischen Information in den →Genen sind die →Nukleinsäuren. →Chromosom, →Chromosomenaberration, →Erbe-Umwelt, →Genetik

Vererbung, dominante →Dominanz

Vererbung, geschlechtsgebundene, Weitergabe von Genen, die in den →Geschlechtschromosomen liegen. So sind z. B. beim Menschen die rezessiven Allele für die Bluterkrankheit und die Rot-Grün-Blindheit im X-Chromosom. • Die Klarlegung der g. V. und des Faktorenaustausches geschah durch Th. Hunt MORGAN (Nobelpreis 1933).

Vererbung, rezessive →Rezessivität

Verfolgungswahn, laienhafte Bez. für die wahnhafte, unkorrigierbare Überzeugung, daß die Absichten und Handlungen anderer Personen auf die Verfolgung, Beeinträchtigung, Verhöhnung, Bedrohung usw. des Wahn-Trägers gerichtet sind. Vorkommen bei Schizophrenie, Paranoia, Alkoholpsychosen, senilen Psychosen etc.

Verfügbarkeit, Reproduzierbarkeit, für den erfolgreichen →Abruf von Gedächtnisinhalten und beim →Besinnen mit Hinweisreizen *(cues)* wichtiges Merkmal der Gedächtnisinhalts. V. wird von Gestaltpsychologen und deren Nachfolgern zur Erklärung des Vergessens in den Fällen gebraucht, wo später – bei passenden Abrufsignalen (Hinweismerkmalen) – wieder die Reproduktion gelingt (→*availability*). Im Bereich der →Wahrnehmung und des Problemlösens ist Disponibilität oder Lockerheit (DUNCKER 1935) ein ähnlicher Begriff. Ggs. Gebundenheit. Verfügen über die Zeit →Freizeit. *R. Bergius*

Verfügbarkeitsheuristik [engl. *availability heuristic*], einfache Suchmethode in Urteilsprozessen: die Wahrscheinlichkeit (Häufigkeit) eines Ereignisses wird nach der Lebendigkeit, Bildhaftigkeit und Vordergründigkeit von Beispielen für diese Ereignisklasse beurteilt, d. h. also nach der Leichtigkeit, mit der es erinnert wird. [L] KAHNEMANN & TVERSKY 1973

Vergegenwärtigtes, Vergegenwärtigung, im ps. Akt der Vergegenwärtigung wird Gedachtes, Erinnertes, Erwartetes, Geahntes, Geplantes, Vermutetes, Vorgestelltes, auch begrifflich Gewußtes in das Bewußtsein gerückt. Damit wird das Gedachte usw. zum Vergegenwärtigten im Ggs. zum →Angetroffenen.

Vergenz →Konvergenz

Vergessen, bedeutet als empirischer Begr. «nicht mehr erinnern», «nicht reproduzieren können» oder «nicht wiedererkennen» von früheren Bewußtseinsinhalten. Wenn bedingte Reaktionen von ihren bedingten Reizen nicht mehr ausgelöst werden, spricht man von →Auslöschung oder Extinktion. Zur Erklärung des V. gibt es verschiedene Theorien. Nach verbreiteter, aber nicht allgemein anerkannter Annahme bedingt die Zeit das V. (Spurenzerfall in der Zeit). Mit ihr wird die Gedächtniswirkung vermindert, und zwar um so mehr, je größer der zeitliche Abstand vom Zeitpunkt der Aneignung des Gedächtnismaterials ist. Dies wurde sehr anschaulich schon in der ersten Untersuchung zum Gedächtnis mit der sog. Vergessenskurve (auch Behaltenskurve) von EBBINGHAUS dargestellt. Sie zeigt die jeweilige Anzahl der nach bestimmten Zeitabständen noch erinnerten, aber zuvor vollständig gelernten sinnlosen Silben. Es ist jedoch sicher, daß in der Zeit weitere für das V. spezifische Faktoren wirken: (1) Die angehäufte →reaktive und konditionierte Hemmung; (2) Interferenz, d. h. der Ersatz von Gedächtnisinhalten durch andere (pro- und →retroaktive Hemmung) (HÖRMANN); (3) Störungen des →Abrufs durch verschiedene Einbettung der Abrufsignale in der Lernphase und in der Prüfphase (Paradigma: Eingebettete (GOTTSCHALDT) Figuren); (4) Kognitive Vermeidung, d. h. absichtliche oder undeutlich-unabsichtliche Unterdrückung von Inhalten, die sich in der betr. Situation als unangenehm (negativ verstärkt) erwiesen haben («Verdrängung»). Das von RIBOT (1881) aufgestellte Gesetz des Vergessens besagt, daß der Abbau der Gedächtnisinhalte in umgekehrter Reihenfolge ihres Aufbaus vor sich geht. [L] EBBINGHAUS 1885, FOPPA 1968, HÖRMANN 1964. *R. Bergius*

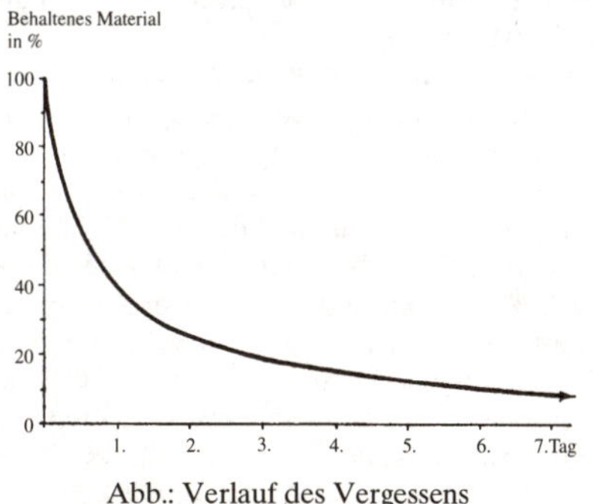

Abb.: Verlauf des Vergessens

Vergleichbarkeit, als Gütekriterium des Tests (→Testgütekriterien) verlangt die V., daß Parallelformen möglich sind und diese auch vergleichbare Ergebnisse liefern.

vergleichende Psychologie →Psychologie (Richtungen)

Vergleichende Schulleistungsmessung [T] HYLLA

Vergleichsprozeß, sozialer [engl. *social comparison process*], nach der Theorie von FESTINGER 1954 die versch. Formen des Messens der eigenen Meinungen, Fähigkeiten und des Status an denen anderer Personen (z. B. der Mitglieder einer →Bezugsgruppe), die mit dem Versuch verbunden sind, die Wahrheit über sich selbst herauszufinden. Der s. V. ist durch sog. soziale Motivation (BERKOWITZ 1969) bestimmt. Sein Ergebnis ist auch Grundlage für das Urteil, ob →Aufteilungsgerechtigkeit gelungen ist oder nicht. [L] FESTINGER 1954, FREY, DAUENHEIMER, PARGE & HAISCH 1993 *R. Bergius*

Vergleichsurteil, Gesetz vom, eine von THURSTONE (1927) vorgeschlagene Gleichung zur eindimensionalen Skalierung von Reizen auf einem ps. Kontinuum. Zur Aufstellung dieser Gleichung sind folgende Grundannahmen nötig: (1) Jeder Reiz, der einer Vp dargeboten wird, ruft eine Reaktion in ihr hervor, die durch einen Skalenwert in ihrem Ausprägungsgrad auf einem ps. Kontinuum repräsentiert ist. (2) Bei mehrmaliger Darbietung des Reizes ist wegen Veränderungen im Organismus mit einer Reaktionsverteilung auf dem ps. Kontinuum zu rechnen, die die Form einer Normalverteilung hat. Der Mittelwert dieser Reaktionsverteilung ist der für den Reiz charakteristische Skalenwert auf dem Kontinuum, die Streuung gibt die Variation um den Mittelwert an. Für zwei im →Paarvergleich dargebotene Reize lassen sich weiterhin auf Grund der Annahme einer Normalverteilung von Differenzen zwischen den Reaktionsverteilungen Skalenpositionen für die beurteilten Reize ermitteln, die in Abständen einer Intervallskala auf dem ps. Kontinuum abgebildet werden. Die im G.v.V. aufgestellte Gleichung läßt sich ohne zusätzliche Annahmen nicht lösen. Aus diesem Grunde führte THURSTONE vereinfachende Bedingungen ein. Nimmt man an, daß auch die Kategoriengrenzen der Klassen auf dem ps. Kontinuum streuen, so läßt sich das Gesetz vom →Kategorialurteil anwenden. [L] GUILFORD 1954, SIXTL 1967, TORGERSON 1958 *G. Lüer*

Vergleichung abgebildeter Gegenstände [T] NETSCHAJEFF

Vergleichung, Methode der paarweisen →Paarvergleich

Verhalten [engl. *behavior*], in seiner ursprünglichen und präzisen Bedeutung bezeichnet der Begr. jede physische Aktivität eines lebenden Organismus, die (im Ggs. zu psychischen Abläufen) grundsätzlich von anderen Beobachtern (d. h. objektiv, i. S. v. intersubjektiv) feststellbar ist. Hierzu gehören z. B. Muskelbewegungen, Drüsensekretionen, vasomotorische Reaktionen, Laut- und Sprachäußerungen. Während beim Begriff der →Handlung meist auch deren psychische Motive unausdrücklich mitgemeint sind, muß beim Begr. des V. nicht an korrespondierende ps. Vorgänge gedacht werden. Der →Behaviorismus deklarierte das V. zum eigentlichen Gegenstand der Psychologie. Damit mußte aber der Begr. V. eine Ausweitung erfahren, die seine genaue Abgrenzung schließlich unmöglich gemacht hat. So werden auch Erlebnisprozesse (Denken, Wollen usw.) heute oft als V. bezeichnet. Die Methode der Beobachtung des V. wurde vom Behaviorismus besonders gepflegt und weiterentwikkelt. →Verhaltensebene, →Verhalten und →Erleben

Verhalten, abnormes →abnormes Verhalten

Verhaltensanalyse [engl. *behavior assessment*], typische Art des Erarbeitens individueller →Fallkonzeptionen bei verhaltenstherapeutischem Vorgehen: In der Bedingungsanalyse werden basierend auf dem →verhaltensanalytischen Interview Auslöser, Merkmale der Person, Reaktionen, Konsequenzen und →Kontingenzverhältnisse nach lerntheoretischen Prinzipien in Beziehung gesetzt (→Verhaltensdiagnostik). Im weiteren Sinne gehören dazu auch →Bedürfnisanalyse und die Analyse der →Therapiebeziehung. *F. Caspar*

verhaltensanalytisches Interview, syn. verhaltensdiagnostisches I. Zentrales Ziel des verhaltensanalytisch geführten Interviews ist die Hypothesengewinnung und -generierung auf dem theoretischen Hintergrund des funktionalen Ansatzes der sozialen Lerntheorie. Die in dieser Weise strukturierte Problemanalyse beschäftigt sich schwerpunktmäßig mit der Identifizierung änderungsrelevanter Erlebnis- und Verhaltensweisen, der Klärung der Rahmenbedingungen für die Entwicklung und die («aktuelle») Aufrechterhaltung der Störung sowie mit der Frage nach den geeigneten Mitteln (Methoden), alternative Ziele (neue, andere Erlebnis- und Verhaltensweisen) mit dem Befragten zu erreichen. Das verhaltensanalytische Gespräch hat immer sowohl diagnostische als auch therapeutische Aspekte. Zu verschiedenen Zeitpunkten des diagnostisch-therapeutischen Prozesses sind sie lediglich unterschiedlich gewichtig. Die Umsetzung dieser Anforderungen wird durch funktionale Analyseschemata (Leitfäden) prinzipiell begünstigt, doch gibt es eine Reihe von Schwierigkeiten, diese Grundprinzipien im realen Gespräch zu verwirklichen. Dazu gehört ganz wesentlich die Beurteilung der subjektiv-verbalen Information hinsichtlich ihrer «Konkretheit» und der vom Klienten angebotenen Sichtweise des Problems. Die Problemkonzeption des Klienten liefert dabei in unterschiedlich expliziter Form wichtige Hinweise für Ansatzpunkte zur Änderung von Verhaltens- und Denkgewohnheiten.

P. F. Schlottke

Verhaltensaspekt (BÜHLER) →Aspekt

Verhaltensbeobachtung →Beobachtung

Verhaltensbiologie →Ethologie

Verhaltensdeterminante, jede Bedingung für das Verhalten und die Interaktion solcher Bedingungen, z. B. funktionale Reize, Kognition der Situation, zentraler motivierender Zustand, Anreiz *(incentive)*, Kognition der möglichen Folgen des Verhaltens und der Wahrscheinlichkeit ihres Eintretens in der antizipierten Situation.

Verhaltensdiagnostik, beansprucht – in teilweisem Gegensatz zur sogenannten «traditionellen» Diagnostik –, interventionsvorbereitende, -begleitende und -kontrollierende Aufgaben zu erfüllen. Die Datenerhebung orientiert sich dabei an dem Ziel, «funktionale Beziehungen» zwischen einzelnen Verhaltensbereichen zu erfassen. Verschiedene verhaltensanalytische Schemata (z. B. S-O-R-K-C-Modell nach KANFER 1969 Verhaltensformel; multimodale Verhaltensanalyse nach LAZARUS 1973) und daraus entwickelte Legenden zur funktionalen Problemanalyse liefern Ordnungsgesichtspunkte für die Strukturierung der zu erhebenden Informationen. Das Problemverhalten wird nach Möglichkeit auf allen drei Ebenen (subjektiv-verbal, motorisch, physiologisch) erfaßt. Mit einer Konkordanz der Daten ist hier allerdings nicht in jedem Fall zu rechnen. Das Rationale der diagnostischen Urteilsbildung, insbes. im Hinblick auf die Zuweisung eines bestimmten Patienten mit einer bestimmten Problematik zu einer ganz bestimmten Behandlungsmethode ist nicht hinreichend geklärt und bedarf weiter einer gezielten Indikations- und Therapieforschung. →Funktionale Verhaltensanalyse. **[L]** SCHULTE 1974 *P. F. Schlottke*

Verhaltensebene, Bereich innerhalb eines Verhaltensmodells. Unterschieden wird zwischen der physiologischen, motorischen (behavioralen), verbal-subjektiven (erlebnismäßigen) V. Andere Einteilungen für V. sind: Körper (Materie und Energie), System (Organismus und Verhalten) und Erleben und Bewußtsein (Konstrukt und Handlung). Maßnahmen auf der V. sind nachweislich die wirksamsten Faktoren in Psychotherapien. **[L]** BIRBAUMER 1975, CHARLTON & WETZEL 1980 *H. Ries*

Verhaltenseigenschaft (KLAGES) →Charakter

Verhaltenseinheit, jeder aus dem Zusammenhang des Gesamtverhaltens auf Grund «natürlicher» Abgrenzungen herauslösbare Verhaltensanteil. Man unterscheidet insbes. «molare» und «molekulare» Einheiten. →molar behavior

Verhaltensformel [engl. *behavior equation*], Formel, die wirksame Bedingungshintergründe des Verhaltens zusammenfaßt. Die V. gibt Hinweise auf veränderliche Variablen. Reize, Reaktionen, körperliche Bedingungen, Konsequenzen des Verhaltens und die Kontingenzverhältnisse (Enge der Verknüpfung) zwischen Verhalten und Konsequenzen werden von KANFER zu S-O-R-K-C (Stimulus – Organismus – Response – Kontingenz – Consequenz) zusammengefaßt. *H. Ries*

Verhaltensforschung, vergleichende →Ethologie

Verhaltensfrequenz, Häufigkeit eines best. Verhaltens. Es ergibt sich aus der Wahrscheinlichkeit des Auftretens und den Verstärkungsbedingungen. Im Tierexperiment variiert durch →Hunger und →Verstärkungsplan. →Lernen, →Verlernen, →Motivation

Verhaltensinventar →Aktionskatalog

Verhaltenskartographie [engl. *behavioral mapping*], typisch ökopsychologisches Datenerhebungsverfahren, bei dem in natürlichen Umgebungen beobachtet und registriert wird, welche Verhaltensarten sich (jeweils mit welcher Häufigkeit und zu welchen Zeiten) in welchen Räumen bzw. an welchen Stellen in bestimmten Räumen abspielen (z. B. Patientenverhalten in Klinikstationen). Mittels Daten dieser Art *(behavior maps)* sollen Einsichten in die Raumabhängigkeit bestimmter Verhaltensarten gewonnen werden. **[L]** BECHTEL et al. 1987, MANDEL 1984 *G. Kaminski*

Verhaltenslehre →Ethologie

Verhaltensmedizin [engl. *behavioral medicine*], von BIRK (1973) eingeführte Bez. für ein interdisziplinäres Forschungsgebiet, bei dem es um die Integration experimentalpsychologischer, insbes. lernpsychologisch-behavioraler Prinzipien und Techniken mit dem medizinischen Vorgehen bei der Erforschung von Krankheiten geht. Weiterer Schwerpunkt ist die Anwendung psychologischer – v. a. verhaltenstherapeutischer – Verfahren bei der Prävention, Diagnose, Behandlung und Rehabilitation insbes. auch organischer Störungen. **[L]** MELAMED & SIEGEL 1980 *H. Flor*

Verhaltensmodifikation, nach einer mit experimentalpsych. Methoden vorgenommenen Verhaltensanalyse werden mit meist aus der Lerntheorie stammenden Verfahren vorhandene Reiz-Reaktions-Muster in ihrer Verknüpfung mit Organismusvariablen u. aufgrund einer bisherigen Lerngeschichte in ein neues Verhaltensrepertoire überführt.

Verhaltensmuster, ein Komplex von →Verhaltenseinheiten, die in charakteristischer Weise miteinander verbunden, gleichzeitig oder in zeitlicher Abfolge auftreten, wie z. B. das «Schreckmuster» [engl. *startle pattern*], das aus einer Anzahl bestimmter einzelner muskulärer und vegetativer Reaktionen besteht.

Verhaltensnorm →Norm(en), soziale

Verhaltenspharmakologie [engl. *behavioral pharmacology*], Teilgebiet, das die Wirkung von Substanzen auf das Verhalten von Tieren untersucht. Eine wesentliche Aufgabe ist die Entwicklung von sog. →Tiermodellen zur Vorhersage von Pharmakawirkungen beim Menschen. Akzeptierte Modelle existieren für →Anxiolytika und →Antidepressiva. Die wichtigsten Methoden entstammen der Forschung zum instrumentellen Lernen. **[L]** BARRETT & MICZEK 1989, CARLTON 1983, DEBUS et al. 1995, SARTER 1996, WEYERS & FRITZE 1994, 1996 *W. Janke*

Verhaltensphysiologie, Teilgebiet der →Verhaltensforschung (neben z. B. Verhaltensmorphologie, kybernetische V.). Eng verbunden mit den grundlegenden Arbeiten von E. v. HOLST, baut sie im wesentlichen auf Methoden der Biologie und Physiologie auf und untersucht nicht einfachste Verhaltensweisen wie Herzschlagmuskelreflexe, Atmung, sondern sucht in erster Linie das Verhalten des gesamten Organismus in seiner Auseinandersetzung mit der Umwelt zu erforschen mit der «messenden Erfassung bestimmter Verhaltensweisen unter systematisch variierten Versuchsbedingungen» am möglichst unbeeinträchtigten Versuchstier. Themen sind u. a. die physiologischen Grundlagen angeborener Bewegungsabläufe (→Erbkoordination), Mechanismen der Reizselektion (angeborene →Auslösemechanismen, K. LORENZ), Motivationsstrukturen und deren hormonelle und hirnphysiologische (Reizung) Steuerungsprinzipen (→Reafferenzprinzip). Im Gegensatz zur «klassischen Physiologie», die zunächst versucht, die elementaren Prozesse zu verstehen, und dann schrittweise zu komplexeren Zusammenhängen fortschreitet, analysiert der Verhaltensphysiologe von der Ebene des Verhaltens «hinab» und versucht, schrittweise zu immer elementareren Vorgängen der Verhaltenssteuerung vorzudringen. Da beide Wege sinnvoll sein können, verwischen sich heute die Grenzen zwischen herkömmlicher Neurophysiologie und Verhaltensphysiologie immer mehr. [L] EIBL-EIBESFELDT 1969, v. HOLST 1969, 1970, MITTELSTAEDT 1961, BUCHHOLTZ 1982, FRANCK 1985 *C. Becker-Carus*

Verhaltenspsychologie →Psychologie (Richtungen)

Verhaltensrepertoire, eine Gesamtheit von Verhaltensweisen bzw. →Verhaltensmustern, die für die Reaktionsweisen einzelner Individuen oder von Gruppen (bzw. auch von Arten) kennzeichnend sind. →Ethogramm

Verhaltenssysteme, in der →Ethologie verwendete Bez. für den Zusammenschluß von (z. T.) artspezifischen Verhaltensmustern im Dienste einer ihnen gemeinsamen Funktion, d. h. also Organisationen von Verhaltensmustern auf höherem Niveau (SCOTT 1969). SCOTT nennt 9 meist im Tierreich aufgefundene V.: Nahrungsaufnahme, Exploration (Erkundung), Schutz- und Behaglichkeitssuchverhalten *(comfort),* sexuelles Verhalten, Kampf, allelomimetisches Verhalten (Nachahmung, Angleichung in der Leistung an andere), epimeletisches Verhalten (Pflegeverhalten), et-epimeletisches Verhalten (pflegeforderndes Verhalten), eliminierendes Verhalten (Entleerung, Verscharren von Kot und Urin, Markieren). TEMBROCK (1961) hat – ebenfalls zur Vermeidung des Instinktbegriffs – für V. die Bez. Verhaltenssyndrome vorgeschlagen. *R. Bergius*

Verhaltenstendenz →latente Verhaltenstendenz

Verhaltens-Tests, Bez. für Tests, die bestimmte, als Ausdruckssymptome und Ausdrucksbewegungen erwünschte Verhaltensweisen hervorlocken. →Handlungs-Tests. [T] GESELL, HENNING, OSERETZKY, RIEFFERT

Verhaltenstherapie, in der VT, die auch als Reaktion auf die Psychoanalyse zu verstehen ist, werden Prinzipien der →Lerntheorie bzw. allgemeiner der Grundlagenpsychologie therapeutisch genutzt. Mit dem Wandel derselben hat sich auch die VT seit ihren Anfängen stark verändert, v. a. durch ein Einbeziehen handlungstheoretischer und kognitiver Konzepte. Wandel wurde auch gefördert durch eine starke Ausrichtung an kontinuierlicher empirischer Überprüfung von Wirksamkeit und Wirkweise. Es ist deshalb nicht erstaunlich, daß die moderne VT weit über die ursprünglichen einfachen Konditionierungsansätze hinausgewachsen ist (→Kognitive Verhaltenstherapie) und derzeit im Hinblick auf ihre Wirksamkeit für ein breites Spektrum verschiedener Störungen – für die oft spezifische, teils manualisierte Vorgehensweisen zur Verfügung stehen – vergleichsweise gut dasteht. Früher konzeptuell vernachlässigte Aspekte, wie die →Therapiebeziehung, Einsicht und innere Konflikte werden vermehrt beachtet. In der Verhaltenstherapie ist eine große Zahl einzelner Therapietechniken entwickelt worden, wie das →Modellernen, das →Training sozialer Kompetenz, das →Problemlösen, die →Paradoxe Intention, die →Systematische Desensibilisierung, das →Biofeedback, die →Aversionsbehandlung, →kognitive Bewältigungstrainings. Oft werden i. S. einer Breitspektrumverhaltenstherapie Methoden kombiniert. Basis für die Therapieplanung sind →Verhaltensanalyse bzw. →Fallkonzeption. VT kann einzeln, in Gruppen, in Paar- und Familientherapie zur Anwendung kommen. Studien zur Wirksamkeit von Verhaltenstherapie untersuchen spezifische Einzeltechniken oder umfassendere Programme. [L] FLIEGEL et al., HEYDEN et al., KANFER et al., LINDEN & HAUTZINGER, MARGRAF *F. Caspar*

Verhaltenswissenschaften [engl. *behavioural sciences*], in Amerika übliche zusammenfassende Bez. für alle Wissenschaften, die sich mit der Untersuchung des Verhaltens von Menschen und Tieren in ihrer gegenständlichen und sozialen Umwelt beschäftigen. Psychologie, Soziologie, Pädagogik, Teile der Anthropologie u. a. Wissenschaften werden hierzu gerechnet.

Verhalten und Erleben, Ausgangspunkte und Betrachtungsebenen der Ps. Die Ausklammerung des Erlebens durch die verhaltenstheoretisch orientierte Ps. (→black box) und ebenso durch extreme Gegenpositionen in der kognitiven Ps. (systematische Selbstbeobachtung) wie auch der Psychoanalyse gehören der Ps.-Geschichte an. Zunehmend wird die Notwendigkeit der «Mehrebenenbetrachtung» (→Verhaltensebene) oder Integration anerkannt. Beispiele: Selbstinstruktionen in der kognitiven Verhaltenstheorie; Funktionseinheit von Bewußtsein und Handlung bei RUBINSTEIN; kognitiv-soziale Lerntheorie der Persönlichkeit von MISCHEL. →Vielschichtigkeit *H. Ries*

Verhältnisskala, eine V. stellt die vollkommenste metrische Klassifikationsgrundlage dar. Ihre Maßeinheiten sind (wie bei der Intervallskala) konstant, ferner besitzt sie einen absoluten Nullpunkt, bei dem das gemessene Merkmal tatsächlich Null ist. Daher sind z. B. auch Aussagen wie «A ist doppelt so groß wie B» möglich. Beispiele für V. sind Gewichts- und Längenskalen.

Verhandeln, Verhandlungsverhalten, eine Form der sozialen Interaktion zur Lösung von Interessenkonflikten. Es wird durch folgende Merkmale gekennzeichnet: (a) Zwei oder mehr Partner (b) haben meist mehrere Strategien zur Verfügung, (c) kennen die möglichen Folgen der Anwendung von Kombinationen dieser Strategien, und (d) die Folgen dieser Kombinationen lassen sich in eine Bevorzugungsordnung bringen (RAPOPORT 1965). Eine Lösung des Interessenkonflikts kommt zustande, wenn einige der von DEUTSCH & KRAUSS (1962) genannten Voraussetzungen erfüllt sind. So müssen die Parteien z. B. der Meinung sein, daß es eine Vereinbarung gibt, die besser oder wenigstens nicht schlechter ist als gar keine und daß es eine Möglichkeit gibt, eine solche zu erreichen. – In sozialps. Untersuchungen des V. werden sowohl strukturelle Momente untersucht, wie z.B. die Symmetrie der Nutzenverteilung, die Art der Drohmöglichkeiten, die Zahl der Verhandlungspartner und der Verhandlungsgegenstände sowie situative Variablen (z.B. Verhandlungserfahrung und Zeitdruck), und schließlich persönliche Variablen, insbes. der Status der Verhandlungspartner, z.B. ob ein Verhandelnder Delegierter ist oder selbständig. →Risikoschub, →Spieltheorie. [L] CROTT, KUTSCHKER & LAMM 1977, PRUITT 1981, RUBIN & BROWN 1975 *R. Bergius*

Verharrungsmensch →Rassenpsychologie

Verhörsuggestion [T] STERN

veridikal [engl. *veridical*], mit der Wirklichkeit übereinstimmend, wahrheitsgetreu, glaubhaft

Verifikation, Verifizierung, Beweis der Wahrheit oder Richtigkeit einer wissenschaftlichen Aussage. Verifizierbar sind singuläre und allgemeine Aussagen der Formalwissenschaften Logik und Mathematik (z. B. «die Summe der Innenwinkel eines ebenen Dreiecks beträgt 180°»). In den Realwissenschaften kann man allenfalls für singuläre Aussagen (z. B. «Proband a erzielte im Test b die Maßzahl c») den Begriff V. verwenden. Bei der Arbeit mit Texten spricht man sinnvoll von der V. eines Zitats. Der logische Empirismus suchte die V. als Methode der Geltungsbegründung realwissenschaftlicher Allgemeinaussagen, also von Hypothesen, Gesetzen und Theorien, zu etablieren. Anknüpfend an HUME (1748, →Erkenntnistheorie) wies POPPER (1934, 1971) jedoch nach, daß realwissenschaftliche Allgemeinaussagen aus logischen Gründen prinzipiell nicht verifizierbar sind, und entwickelte zu ihrer Geltungsbegründung die Methode des Falsifikationismus (→Falsifikation). [L] POPPER 1971 *W. Glaser*

Verinnerlichung →Internalisierung

Verkaufspsychologie, dasjenige Teilgebiet der angewandten Ps., das sich mit den Vorgängen beim Verkauf, insbes. auch dem Verkaufsvorgang mit den vielfältigen ps. Problemen der Kontaktnahme mit den Kunden beschäftigt und Methoden für diese Vorgänge entwikkelt. →Wirtschaftspsychologie. [L] HOBART-WOOD 1955, SMITH 1955 *H. Benesch*

Verkehrserziehung, systematische Anpassung des Menschen, bes. des Jugendlichen (Kindes) an den Straßenverkehr mit dem Ziel, ein einwandfreies Verhalten als Fußgänger, Radfahrer, Kraftfahrer usw. zu erreichen (Beherrschung der Verkehrsregeln, Bildung positiver Verkehrgesinnung mit angemessener Hilfsbereitschaft, Vermeidung unnötigen Lärms u. a.). Träger der V.: Polizei, Verkehrsverbände, Lehrerschaft. Mittel: Unterricht mit prakt. Übungen sowie Aufklärung in Wort und Schrift. [L] GERBER et al. 1977

Verkehrspsychologie, derjenige Zweig der angew. Ps., der sich mit der ps. Grundlagenforschung im Bereich des Verkehrsverhaltens und mit der Verwertung der Ergebnisse aus dieser Forschung für die Beantwortung praktischer Fragestellungen befaßt; als Grundlagenforschung sucht sie nach Gesetzmäßigkeiten und Erklärungsmöglichkeiten für ps. Sachverhalte des Verkehrsgeschehens. Die gegebene Definition gilt, wenn man sich nicht an der in neuerer Zeit als unangebracht erkannten Gegenüberstellung von angewandter Ps. und ps. Grundlagenforschung orientiert, sondern an Unterschieden zwischen angewandter und nichtangewandter Ps., die sich unter den Gesichtspunkten (a) der Problemstellung und (b) der Ergebnisverwertung zusammenfassen lassen. Obwohl sich die V. grundsätzlich auf die Bereiche des Straßen-, Eisenbahn-, Luft- und Schiffsverkehrs zu beziehen hätte, wird ihre Zuständigkeit ganz überwiegend auf den Straßenverkehr begrenzt. Die V. ist somit auch als Teildisziplin der Straßenverkehrsforschung zu sehen und dementsprechend auf enge Zusammenarbeit mit den Disziplinen der Verkehrstechnik, Kraftfahrzeugtechnik, Verkehrsrechtswissenschaft, Verkehrspädagogik und Verkehrsmedizin angewiesen. Als Arbeits-(Aufgaben-) Gebiet der V. sind zu nennen: Verhaltensanalyse: Diese hat deshalb vorrangige Bedeutung, weil sie für andere Arbeitsgebiete die erforderliche Grundlage liefert. Sie untersucht das Verhalten verschiedener Verkehrsteilnehmergruppen teils unter Feld-, teils unter Laboratoriumsbedingungen mit dem Ziel der empirischen Ermittlung relativ allgemeiner Merkmale des Verhaltens im Straßenverkehr. Dabei ist zwischen Beobachtung im Sinn einer Verhaltensbeschreibung einerseits und Verhaltensbeurteilung andererseits zu unterscheiden. Als Beobachtungsmethoden kommen in Betracht: apparative Messungen (Registrierung von Fahrzeugbedienung, Pulsfrequenz, Blickverhalten u. a.), Beschreibung durch mitfahrende Beobachter (Skalierung), Beschreibung durch nachfahrende Beobachter (Skalierung, Filmaufnahme). Die Verhaltensbeobachtung erfolgt demgegenüber im Hinblick auf bestimmte Kriterien (Unfall, Beinahe-Unfall, Verkehrverstoß, Fahrfehler, Verkehrsangepaßtheit). Ergonomische Verkehrpsychologie untersucht die Auswirkungen der äußeren Verkehrsbedingungen auf das Verkehrsverhalten. Dabei handelt es sich um Verhaltensbedingungen, die durch Fahrzeug, Straße und Verkehrsordnung gegeben sind. Der enge Zusammenhang zwischen Grundlagenforschung und praxisbezogenen Folgerungen aus ihren Ergebnissen wird hier ebenso deutlich wie die unmittelbare Zusammenarbeit mit den benachbarten Fachdisziplinen. Beispiele für untersuchte Fragestellungen aus diesem Gebiet: Wahrnehmbarkeit unterschiedlicher Rücklicht-, Blinklicht- und Bremslichtanordnungen; Wahrnehmbarkeit von und Verhaltensbeeinflussung durch Verkehrszeichen; Auswirkungen von Geschwindigkeitsbeschränkungen. Pädagogische Verkehrpsychologie: Ergebnisse der verkehrsps. Grundlagenforschung werden neuerdings auch für die Entwicklung neuer Ansätze in der Fahrausbildung und in der Verkehrserziehung und -aufklärung verwertet, wobei Möglichkeiten einer stärkeren Verflechtung dieser beiden Bereiche gesucht werden. Schwerpunkte sind dabei eine mehr als bisher auf Verkehrssicherheit ausgerichtete Fahrausbildung (Wahrnehmungs-, Defensiv-, Gefahren-Training) und eine systematische Verkehrserziehung im Vorschul- und Schulalter. Auch gruppentherapeutisch orientierte Methoden wurden auf diesem Gebiet entwickelt (z. B. *driver improvement,* Gruppengespräche für ältere Fußgänger). Ps. Untersuchungen der Fahrtüchtigkeit: Hier werden die Einflüsse zeitvariabler individueller Bedingungen, wie z. B. der Einfluß von Ermüdung, Alkohol und Drogen auf das Fahrverhalten untersucht, häufig unter Verwendung von Simulationsmethoden. Ps. Untersuchungen der Fahreignung: Die Eignungsdiagnostik stand lange – besonders in der BRD – im Mittelpunkt der V., tritt aber wegen ihres geringen Wirkungsgrades immer mehr in den Hintergrund gegenüber der ergonomischen und pädagogischen V. Solange an einer – verkehrspolitisch zu rechtfertigenden – Kontrolle der Zulassung zur motorisierten Straßenverkehrsteilnahme festgehalten wird, ist die Bedeutung der Fahreignungsdiagnostik für den Einzelfall unter dem Gesichtspunkt der →inkrementellen Validität nicht zu bestreiten. Dabei werden Persönlichkeitsmerkmale im engeren Sinn (Charaktereigenschaften, Haltungen und Einstellungen), spezifische Leistungsmerkmale (visuelle Wahrnehmung, Psychomotorik), allgemeine Leistungsmerkmale (Intelligenz, Konzentration) und biographische Daten als Prädiktoren verwendet. [L] FORBES 1972, Forschungsgemeinschaft «Der Mensch im Verkehr» – Veröffentl. ab 1965, HOYOS 1965, Kuratorium für

Verkehrssicherheit – Veröffentl. ab 1962, OECD – Veröffentl. ab 1968, SHAW & SICHEL 1971, GERBER 1978, KLEBELSBERG 1982

D. Klebelsberg

Verkehrspsychologische Diagnostik (Auswahl) [T] BRICKENKAMP, FINE, HENCKEL, HERWIG, KIRSCH, KLEBELSBERG, LAUER, MCGUIRE, MIERKE, MOEDE, RUPP, SCHUBERT, SCHUSTER, WILSON

Verkehrssicherheit, →Sicherheit, →Unfallforschung, →Verkehrspsychologie

Verkehrung ins Gegenteil, ein →Abwehrmechanismus des Ich. Mit V.i.G. wird die Umkehrung eines Triebbedürfnisses in sein Gegenteil bezeichnet, eine Umkehrung, welche einmal durch eine Aktiv-Passiv-Umkehr des Triebbedürfnisses selbst und zum anderen durch eine Vertauschung des Triebobjektes durch das Ich (→Substitution) bei einem Gleichbleiben des Triebziels gekennzeichnet ist. So wird etwa das Bedürfnis zu lieben in das Bedürfnis, geliebt zu werden, das Bedürfnis zu quälen (Sadismus) in das Bedürfnis, gequält zu werden (Masochismus), oder das Bedürfnis, jemanden zu sehen, in das Bedürfnis, von jemandem gesehen zu werden, verwandelt. Die V.i.G. steht im Ggs. zur →Reaktionsbildung, bei der bei gleichbleibendem Triebobjekt eine Veränderung des Triebziels stattfindet, sowie im Ggs. zur →Reversion oder Wendung gegen die eigene Person, die durch eine Ersetzung des Triebobjektes durch das Ich bei gleichbleibendem Triebbedürfnis gekennzeichnet ist.

Verkettung, (math.) unter der V. zweier →Abbildungen versteht man ihre Hintereinanderschaltung. Gegeben seien die Abbildungen $f: A \to B$ und $g: B \to C$, so ist ihre Verkettung $g \circ f$ definiert als diejenige Abbildung $g \circ f: A \to C$ mit $g(f(x))$ für alle $x \in A$. *R. Ulrich*

Verläßlichkeit →Reliabilität

Verlaufseigenschaften, auch dynamische Eigenschaften genannt, vor allem die mit dem Temperament verbundenen Eigenschaften wie Intensität, Tempo, Erregbarkeit

Verlaufsgestalt, Charakter und Persönlichkeit sind nicht nur Typus oder Struktur, sie sind auch in ihrer Dynamik zu sehen. Dies ist von KOFFKA, HEISS, THOMAE u. a. aufgegriffen worden und führte dazu, das Miteinander und Gegeneinander in den Abläufen der Antriebe, Strebungen, Gefühle usw. als Verlaufsgestalten zu verstehen und zu interpretieren. HEISS spricht von der Person als Prozeß. Die «Weise» der Daseinsentfaltung kann als V. deutlich gemacht werden, ebenso einzelne Wesenszüge.

Verlaufsversuch, Kausalversuch, Bez. für solche ps. Experimente, die zu dem Zweck angestellt werden und deren Gestaltung es gestattet, die Bedingungen, Abhängigkeiten der beobachteten ps. Prozesse bzw. ihrer Ausdruckserscheinungen oder von Leistungen zu erkennen. →Darstellungsversuch

Verlegenheitsgebärde, (biol.) Verhaltensweise, die durch →Ritualisierung eine abgewandelte Bedeutung hat. Das teilweise Abdecken des Gesichtes mit der Hand (ritualisierte Versteckbewegung) ist beim Menschen Ausdruck von Verlegenheit. *V. Preuss*

Verleiden, biol. Verhaltensäußerung, die den Freßfeind im Moment oder für die Zukunft von einer Beute ablenkt, z. B. durch Scheinangriffe oder aggressive Laute.

Verlernen, die Wirkung (Prozeß und Endzustand) jeder Maßnahme, durch die früheres Lernen rückgängig gemacht werden soll, wie z. B. der →negativen Übung, der →paradoxen Intention oder der →Bestrafung von früher verstärkten Responses und des Gegenkonditionierens. MELTON & IRWIN (1940) nennen V. *(unlearning)* jedoch nur den zweiten Faktor in ihrer →Zweifaktorentherorie der retroaktiven Hemmung, der darin besteht, daß zusätzlich zur eigentlichen Interferenz i. e. S. während der Darbietung der interpolierten (d. h. zwischen Darbietung der Ausgangsliste und ihre Reproduktion geschobenen) Liste aufgerufene Responses aus der Ausgangsliste – weil jetzt inkorrekt – nicht verstärkt werden, so daß ihre Reproduktion später unwahrscheinlich wird. V. ist hier also ein der →Auslöschung sehr ähnlicher Prozeß mit gleichem Ergebnis. [L] BREDENKAMP & WIPPICH 1977; KLING & RIGGS 1971. *R. Bergius*

Verlesen, die falsche Auffassung bzw. auch (beim Lautlesen) die falsche Wiedergabe des Gelesenen. Lesefehler sind meist durch den Vorstellungsverlauf bedingt (z. B. beim sinnvollen Verlesen, wo für ein Wort ein anderes von ähnlicher Gestalt gelesen wird). →Fehlleistung, →Sprachstörungen, →Sprachrezeption

Verleugnung, der von FREUD eingeführte Begr. bezeichnet die Leugnung eines bestimmten unangenehmen Gefühls (Angstgefühl, Minderwertigkeitsgefühl, Unsicherheitsgefühl u. a.) vor dem eigenen Ich und vor der Umgebung. Die V. kann sowohl in der «Phantasie» als auch in «Wort und Handlung» geschehen. Die V. stellt einen Quasi-Abwehrmechanismus des Ich dar. →Realitätsleugnung

Vermeidungskonflikt →Annäherungskonflikt

Vermeidungslernen [engl. *avoidance learning*], lernen, etwas nicht zu tun. Experimentell werden aversive Reize dadurch zu vermeiden gelernt, daß auf begleitende (kontingente), zunächst neutrale Reize das Unterlassen der Annäherung konditioniert wird. Vermeidungsverhalten in Form eines neurotischen Symptoms der Angstvermeidung zeigt großen Widerstand gegen die →Auslöschung. Vom V. unterschieden wird das aktive Entkommen *(escape behavior)* als das Lernen einer positiven Response, mit der Folge, daß die Wirkung eines aversiven Reizes aufhört.
Das Aufgeben von Vermeidungsverhalten spielt für verschiedene Störungen, inbesondere Ängste und Posttraumatische Belastungsstörungen, eine wichtige Rolle. V. a. in →Verhaltenstherapien spielt das Unterbinden von V. eine wichtige Rolle. →bedingte Reaktion, →Verhaltenstherapie, →Aversionstherapie.
R. Bergius

Vermenschlichung →Anthropomorphismus

Vermittlungstheorie [engl. *mediation theory* Mediationstheorie], die Annahme vermittelnder Prozesse (*representational mediating processes*, OSGOOD 1953) soll eine neobehavioristisch-S-R-theoretische Interpretation (→Behaviorismus, →S-R-Theorie) der →Bedeutung von →Zeichen, speziell von sprachlichen →Symbolen ermöglichen (HÖRMANN 1967; →symbolische Prozesse, →Sprache, innere, →zweites Signalsystem). In bestimmten Versionen der V. werden derartige hypostasierte vermittelnde Prozesse als interne rudimentäre sprechmotorische Vorgänge gedeutet, die zugleich die Grundlage von →Bewußtsein und →Denken sein sollen (→Repräsentation, →imagery, →motor theory). *G. Kaminski*

Vermögenspsychologie →Psychologie (Richtungen)

Verneinung, (allg.) die Ablehnung, Verwerfung, Leugnung, Nichtanerkennung eines Tatbestandes. • Nach FREUD stellt die Verneinung in bestimmten Zusammenhängen einen unbewußten Kompromiß zwischen affektiver Ablehnung und intellektueller Anerkennung dar (ein Quasi-Abwehrmechanismus des Ich).

Vernetztheit, Vernetzung, ein Merkmal komplexer →Realitätsbereiche oder Situationen und bedeutet, daß zwischen deren Komponenten vielfältige Abhängigkeiten bestehen, so daß die Manipulation einer Komponente Veränderungen anderer nach sich zieht. In der →Systemtheorie werden solche Systeme auch als integriert bezeichnet. **[L]** DÖRNER et al. 1983 *A. Engemann*

Vernunft, philosoph. Begr. KANT bezeichnet V. als das ganze obere Erkenntnisvermögen. Neben der Sinnlichkeit ist V. ein Hauptquelle der Erkenntnis. Im allg. Sprachgebrauch die geistige Begabung und geistige Betätigung, die nicht so sehr auf die ursächliche Erkenntnis als auf die zweckvolle Betätigung und Einordnung in den Zusammenhang der Dinge gerichtet ist, zudem unterschiedlich zu →Intuition, auch →Instinkt, →Gefühl. • Bei HEGEL ist die Vernunft Weltprinzip: «Was vernünftig ist, das ist wirklich, und was wirklich ist, das ist vernünftig.»

Versagen, →Fehler (II), →menschliches Versagen

Versagung, Vereitelung, →Frustration, →Deprivation

Verschiebung [engl. *displacement*], der von FREUD eingeführte Begriff bezeichnet (1) einen →Abwehrmechanismus des Ich (→Substitution) und (2) eine Funktion des Traumzensors in der Traumarbeit (→Traum). Die V. als Leistung der Traumarbeit besteht im Ggs. zur →Verdichtung nicht in einer Verschmelzung mehrerer latenter Traumgedanken zu einer Bildeinheit, sondern (1) in einer Vertretung eines den latenten Traumgedanken direkt repräsentierenden Traumbildes durch ein diesen latenten Traumgedanken nur indirekt repräsentierendes und auf ihn nur anspielendes Traumbild und (2) in einer Verlagerung des psychischen Akzentes von einem wichtigen auf ein unwichtiges Element des Traumbildes.

Verschlüsselung →Code, →Sender

Verschmelzung [engl. *fusion*], Verbindung einer Mehrzahl von Reizen zu einem Wahrnehmungsgesamt: (1) Verschmelzung gleichzeitiger Reize, z. B. einer Anzahl von Geruchsreizen zu einem Gesamtgeruch; mehrerer miteinander harmonisierender Töne zu einem Akkord. (2) Verschmelzung aufeinanderfolgender Reize, z. B. rasch nacheinander eintretender Tast- oder Lichtreize zu einer einheitlichen Tast- oder Lichtwahrnehmung. →Flimmerverschmelzungsfrequenz

Verschränkung →Instinkt-Dressur-Verschränkung

Versehen, Form der →Fehlhandlung

Versenkung, Begriff der Mystik. Bedeutungsverwandt mit →Intuition, →Kontemplation, →Meditation

Versionstypen →Typologie (JUNG)

Versprecher [engl. *slip of the tongue*], häufigste →Fehlleistung neben «Verschreiben» und «Verlesen». **[L]** CUTTLER 1982

Verstand, Fähigkeit zu gedanklicher Verarbeitung, nach KANT «das Vermögen der Begriffe, Urteile und Regeln»; nach WUNDT «die Fähigkeit, die Gegenstände und ihre Beziehungen durch Begriffe zu denken». Insofern ist der V. mit dem «Intellekt» identisch. Im volkstümlichen Sprachgebrauch hat V. auch noch die Bedeutung des nicht besonders begriffsbetonten Denkens, wie es im «gesunden Menschenverstand» zum Ausdruck kommt. →common sense

Verstandesbegriff →Kategorie

Verständlichkeit, V. bezieht sich zum einen auf die Inhaltserfassung von Texten (→Lesbarkeit). Bei Unterrichtstexten ist die V. um so eher gegeben, je einfacher Satzbau und Wortwahl sind, je besser die äußere und innere Gliederung des Textes ist, je mehr unnötige Längen vermieden werden und je häufiger Merkmale belebender und anregender Motivation auftreten. Die Messung der V. erfolgt üblicherweise durch geschulte Beurteiler, die auf meist 5stufigen Skalen ihre Schätzurteile abgeben.

V. schreibt man zum zweiten einer Mitteilung zu, wenn sie von demjenigen verstanden wird (→Verstehen), für den sie gedacht ist. V. ist damit keine Eigenschaft der Mitteilung an sich, sondern das Ergebnis des Zusammenspiels von (sozial-)ps. Merkmalen des jeweiligen Empfängers der Mitteilung (nämlich seiner mitteilungs-bezogenen →Fähigkeiten und →Motive sowie der →Situation, in der er sich beim Empfang der Mitteilung befindet) und von semiotischen (→Semiotik) Merkmalen der Mitteilung selbst: Die Mitteilung muß (1) inhaltlich geordnet, (2) äußerlich gegliedert und (3) einfach formuliert sein; schwierige Passagen müssen (4) darüber hinaus zusätzlich verdeutlicht, langweilige (5) anregend gestaltet sein. Diesen Bedingungen genügen viele Mitteilungen in unserer Gesellschaft (Wegweiser, Gebrauchs-Anweisungen, Formulare, Lehrbücher u. a.) nur unzureichend. →Kommunikation, →Sprachrezeption, →Verständlichkeits-Forschung. [**L**] LANGER et al. 1974, TEIGELER 1981, GROEBEN 1972

Verständlichkeits-Forschung, untersucht die Bedingungen, unter denen Menschen Mitteilungen verstehen. Die Mitteilungen können aus →Zeichen der unterschiedlichsten Zeichen-Systeme und Kommunikations-Kanäle gebildet sein: Texte, Bilder, Bildzeichen (Piktogramme), Blindenschrift usw. Tatsächlich wird allerdings bisher fast ausschließlich nur die →Verständlichkeit sprachlicher Mitteilungen (Texte) untersucht. Die ältere, vornehmlich angelsächsische V. untersuchte im Zuge der Entwicklung von Verständlichkeits-Formeln (→readability formulas) insbes. den Einfluß der sprachlichen Formulierung auf die Verständlichkeit *(readability)* von Texten, aber auch den Einfluß der typografischen Gestaltung von Texten auf ihre →Lesbarkeit. Die neuere V. gewann weitere Dimensionen der Verständlichkeit von Mitteilungen (inhaltliche Ordnung und äußere Gliederung sowie Verdeutlichung und Anregung) durch die verstärkte Einbeziehung der kognitiven →Lern-Theorie AUSUBELS (1963), der motivationalen →Neugier-Theorie BERLYNES (1960) sowie der klassischen →Informations-Theorie nach SHANNON & WEAVER (1949). Auf seiten der Empfänger wurde insbes. der Einfluß des Alters der Empfänger, ihrer Intelligenz sowie der sozialen Schicht, der sie angehören, auf ihr Verstehen und damit die Verständlichkeit von Texten für sie nachgewiesen. [**L**] GROEBEN 1978, LANGER et al. 1974, SCHLEE 1973, TINKER 1963, URBAN 1977

Verstärker, angenehmer o. aversiver Reiz, angewendet im Prozeß der operanten Konditionierung. Ein non-verbaler V. ist z. B. zustimmendes Nicken bei erwünschem Verhalten. Dieser V. ist sekundär, weil er ein sekundäres Bedürfnis (nach sozialem Kontakt) verstärkt, primäre V. beziehen sich auf Primärtriebe (Hunger, Durst, Sexualität).

Verstärkerentzug [engl. *response cost*], Bestrafung, bei der auf eine bestimmte Reaktion hin ein verstärkender Stimulus entfernt wird. [**L**] KANFER & PHILLIPS 1970

Verstärkerkontrolle, Kontrollüberzeugung, Annahme über den Ursprung der →Verstärkung, insbes. über seinen Ort (→locus of control). Die Verstärkung kann kontingent mit dem Verhalten sein, weil sie ein äußeres Ereignis ohne Einflußmöglichkeit des Handelnden ist, oder sie kann direkt von dem Verhalten des Handelnden abhängig sein: externaler bzw. internaler *locus of control*. →Attribuierung. Die generalisierten Erwartungen bezüglich des Kontrollortes für die Verstärkungen werden z. B. mit einer Skala von ROTTER 1966 zu messen versucht. [**L**] ROTTER 1966, 1975, KRAMPEN 1979, 1980, 1982, LEFCOURT 1981, MIELKE 1982 *R. Bergius*

Verstärkerzentren, Strukturen des Säugetier- und Menschenhirns, die bei Reizung (z. B. elektrische Selbstreizung) Belohnung (*pleasure,* Freude) oder Strafe *(aversion)* vermitteln. Von OLDS und MILNER (1952) durch

Zufall im medialen Vorderhirnbündel (MFB) der Ratte entdeckt. Da diese Strukturen nicht mit primären Triebzentren im Hypothalamus identisch sein müssen, sondern «reine» Belohnung durch elektrische Reizung ohne Triebreduktion erzeugt werden kann, darf man sie als neuronales Substrat von Belohnung und Aversion auffassen. Beim Menschen sind Verstärkerzentren in vielen Arealen des limbischen Systems und des Extrapyramidalsystems gefunden worden. Besser als eine rein anatomische Abgrenzung dürfte die neuropharmakologische Analyse der bei Belohnung und Strafe beteiligten Transmittersysteme sein. Bei Belohnung sind kurzfristige Effekte wohl an noradrenerge Synapsen, länger anhaltende Wirkungen an Endorphinsysteme (→Endorphine) gebunden. **[L]** BIRBAUMER 1975 *N. Birbaumer*

Verstärkung, Form d. instrumentellen bzw. operanten Konditionierung; wesentl. Voraussetzung zum Erlernen v. Verhaltensweisen u. deren Verfestigung im Verhaltensrepertoire. Bestandteil der →VT zum Abbau v. Fehlverhalten u. Aufbau erwünschten Verhaltens. Positive V. ist die «Belohnung» v. Verhaltensweisen, negative V. die Bestrafung bzw. Entzug d. Belohnung (Vermeidungslernen). Neg. V. wirkt durch kurzzeitigen Wegfall eines dauerhaft wirksamen aversiven Reizes ebenfalls belohnend.

Verstärkungsplan [engl. *schedule of reinforcement*], die vor dem Lernen am Erfolg (→Lernen IV, instrumentelles Konditionieren) festgelegte Regel, nach der Verstärkungen (Bekräftigungen) auf die Reaktion folgen oder beim klassischen Konditionieren (→Lernen (3)) auf die dargebotenen konditionierten Reize. (1) Kontinuierliche Verstärkung: auf jede Reaktion bzw. auf jeden Reiz der Reihe folgt eine Verstärkung SR bzw. UCS. (2) Partielle oder intermittierende Verstärkung, und zwar (a) nach fixem zeitlichen Intervall, (b) nach variiertem zeitlichen Intervall, (c) mit fixem Verhältnis zwischen verstärkten und unverstärkten Reaktionen (Reizen), (d) mit variiertem Verhältnis zwischen verstärkten und unverstärkten Reaktionen (Reizen). (SKINNER: *continuous reinforcement, fixed interval schedule, variable interval schedule, fixed ratio schedule, variable ratio schedule)*. Die verschiedenen V. bewirken in der Testphase unterschiedliche Responseraten, d. h. versch. lange Intervalle zwischen den Reaktionen (*inter response time*, IRT). Syn. sind: Verstärkungsprogramm, Bekräftigungsschema. Weitere Variationen und Mischungen der genannten Grundtypen der V. untersuchten FERSTER & SKINNER (1957). *R. Bergius*

Verstärkungsverzögerung, beim klassischen Konditionieren nach PAWLOW werden Verzögerungsintervalle zwischen dem bedingten Reiz (CS) und dem unbedingten Reiz (UCS) in der Dauer von 5 Sek. bis 5 Min. verwendet, die zu proportional verzögerten bedingten Reaktionen (CR) führen (*delayed conditioning,* →bedingter Reflex). Beim instrumentellen Konditionieren wirkt nach SPENCE die →verzögerte Verstärkung nur durch die Vermittlung →sekundärer Verstärker; es kann auch →abergläubisches Verhalten auftreten. Da beim Menschen die V. durch sprachliche →Mediation überbrückt werden kann, benötigen Kleinkinder eher sofortige Verstärkung, während ältere Kinder und Erwachsene auch gut bei V.lernen. *R. Bergius*

Versuchsleiter-Erwartungseffekte (VEE), die sog. «Krise der Sozialpsychologie» wurde u. a. ausgelöst durch eine Reihe von Untersuchungen, die von ROSENTHAL und seinen Mitarbeitern (vgl. ROSENTHAL 1976) durchgeführt wurden und in denen gezeigt werden konnte, daß Vl auf die Ergebnisse ihrer Experimente im Sinne der Bestätigung der von ihnen aufgestellten Hypothese Einfluß nehmen. Die Resultate der Laborexperimente im Sinne der Erwartungen des Versuchsleiters waren dabei weder gefälscht noch wurden die Vpn willlentlich vom Vl dazu angehalten oder unter Druck gesetzt, bestimmte Ergebnisse zu «produzieren». Nach wie vor sind die Erklärungen für diesen Effekt mehr oder weniger unzureichend (BUNGARD 1984). Einer größeren Öffentlichkeit bekanntgeworden ist dieser Effekt unter dem Namen →Pgymalion-Effekt. Die von ROSENTHAL & JACOBSON (1971) durchgeführte Untersuchung an amerikanischen Schulen machte sich diesen VEE insofern zunutze, als Lehrer davon überzeugt wurden, daß in ihren Klassen einzelne Schüler leistungsfähiger seien, als aufgrund ihrer bisherigen Leistungsdaten zu erwarten sei. Die Manipulation der Erwartungen führte z. T. zu Leistungsverbesserungen der Schüler. Generell waren die Ergebnisse dieser und anderer Untersuchungen bei weitem nicht so erfolgreich wie zunächst angenommen. **[L]** GNIECH 1976, MERTENS 1975 *B. Six*

Verstehen, verstehende Psychologie, zur allgemeinen Charakterisierung kann der in der Ps. vertraute Begriff der →Apperzeption, d. h. die im Unterschied zu bloßer Perzeption bewußte, ordnende, in den Bedeutungszusammenhang der Erfahrung einordnende Aufnahme eines Erlebnis- oder Wahrnehmungsinhalts dienen. Zumindest vier Varianten von V. müssen differenziert werden: (1) V. als einfühlendes Erfassen von Motiven und Begründungen menschlicher Handlungsweisen (praktische →Menschenkenntnis, die darauf beruht, daß man sich in den anderen hineinzuversetzen vermag). (2) V. als Evidenz, als Begreifen von Sachzusammenhängen (dieser Sinn steht dem des «Verstandes» begrifflich am nächsten). (3) V. als Einsicht in die Bedeutung von (sprachlichen und anderen) →Zeichen (→Sprachrezeption, →Verständlichkeit). (4) V. als wissenschaftliche Erkenntnismethode (→Hermeneutik), als die Deutung von Sachverhalten und Texten aus der Einmaligkeit ihres Entstehenszusammenhangs und aus der Typik ihrer Erscheinungsformen (WACH 1926, GADAMER 1972, APEL 1955, HABERMAS 1971). Die Ps., die zugleich idiographisch (am Einzelfall interpretierend) und nomothetisch (gesetzbildend, von Gesetzen ableitend) verfährt, räumt prinzipiell dem V. die Rolle einer vermittelnden Kategorie im Sinn der obigen allg. Kennzeichnung als bewußte, ordnende Kognition ein, indem «naives» V. von ihr auf eine wissenschaftliche Basis gestellt werden soll. Jedoch wird von der verstehenden Psychologie das V. eher programmatisch in Anspruch genommen, um das Studium der Psyche als geisteswissenschaftliche Domäne gegenüber naturwissenschaftlicher Erklärungspraxis abzusetzen. DILTHEY (1894) hat so die «sinnerfüllte», beschreibende und zergliedernde als «geisteswissenschaftliche» Ps. (die dem Gegenstand einzig angemessen sei) der «sinnfreien», naturwissenschaftlich erklärenden Ps. (etwa der Assoziationspsychologen der zweiten Hälfte des 19. Jh.) gegenübergestellt. In dieser geisteswissenschaftlichen Tradition stehen u. a. SPRANGER (1966), JASPERS (1971) und GRUHLE (1953). Die Frontstellung von geisteswissenschaftlichen gegen naturwissenschaftliche ps. Verfahrens- und Erkenntnisweisen überholt sich im Zuge der Herausbildung des Selbstverständnisses der Ps. als das einer empirischen Sozialwissenschaft (HOLZKAMP 1972). *G. List*

Versuch →Experiment

Versuchsfehler →Fehler, →Fehlervarianz

Versuchsleitereffekt, die Wirkung des Versuchsleiters (über Motivation, Einstellung, Methode u. a.) auf das Versuchsergebnis. Blindversuch und Doppelblindversuch sind Ansätze zur Vermeidung solcher Wirkung. →ROSENTHAL-Effekt

Versuchsperson (abgek. Vp), eine Person, die nach Anweisung eines Versuchsleiters (Vl) an einem psychologischen →Experiment teilnimmt. In der angewandten Psychologie wird oft auch der mit einem →Test geprüfte Proband (Pb) als Vp oder Tp (Testperson) bezeichnet.

Versuchsplan [engl. *experimental design*], beinhaltet nach KIRK (1968) folgende 5 Schritte bei der exp. Prüfung von Hypothesen: (1) Formulierung der statistischen Hypothese (der prüfbaren Form der Arbeitshypothese) und Planung für das Sammeln und Analysieren von Daten. (2) Festsetzen der Entscheidungsregeln, nach denen die statistischen Hypothesen getestet werden sollen. (3) Gewinnen der Daten nach Plan. (4) Analyse der Daten nach Plan. (5) Entscheidung über die statistische Hypothese und induktive Ableitung hinsichtlich der Richtigkeit der Arbeitshypothese. **[L]** MITTENECKER 1970

Versuch und Irrtum [engl. *trial-and-error-learning*], Versuch-Irrtums-Lernen, eine von THORNDIKE (1911) eingeführte Bez. für den Zugewinn positiver Verhaltensmuster. So lernt z. B. ein Tier, einen Futterkasten, der mit mehreren Riegeln verschlossen ist, die in bestimmter Reihenfolge betätigt werden müssen, zu öffnen, indem es in einer Serie von blinden Versuchen durch Zufall die richtigen Griffe anwendet. Gelernt wird die Bewältigung einer solchen Aufgabe nach THORNDIKE durch das «Gesetz der Wirkung» (*law of effect*), welches besagt, daß der erfolgreiche Ausgang eines bestimmten Vorgehens rückwirkend einen günstigen Einfluß auf das Merken desselben ausübt, während der Mißerfolg für das Merken der vorhergehenden Handlung einen ungünstigen Einfluß darstellt.
Dieser Auffassung von Lernen steht die des Lernens durch Einsicht in die Situation mit spontaner Bewältigung der Aufgabe gegenüber. →bedingter Reflex, →Effekt-Gesetz, →SKINNERscher Kasten

verteiltes Lernen, syn. verteiltes Üben →Lernen

verteilte Übung →massierte Übung

Verteilung, (empir.) Häufigkeit, mit der qualitativ unterschiedliche Merkmale in einem Untersuchungsmaterial beobachtet werden, oder die Häufigkeit, mit der bestimmte Meßwerte eines quantitativ bestimmbaren Merkmals auftreten. • (theor.) Die Häufigkeit, mit der Werte einer Variablen beobachtet würden, wenn die Anzahl der Werte unendlich groß wäre und allein der Zufall die Häufigkeiten in den einzelnen Klassen bedingt hätte. • (stat.) Innerhalb der →Statistik werden versch. Verteilungsformen math. begründet (→Verteilungsfunktion). Diese liegen versch. stat. Schlüssen zugrunde, z. B. Normal-, z-, t-Verteilung. →Inferenzstatistik

verteilungsfreie Verfahren →nichtparametrische Tests

Verteilungsfunktion, Verteilung, (math.) [engl. *distribution function*], sei X eine Zufallsvariable, dann gibt die V. die Wahrscheinlichkeit Pr $(X \leq x)$ an, daß X einen Wert kleiner oder gleich dem festen Wert x besitzt. Die Funktion

$$F(x) = Pr(X \leq x)$$

heißt V. Eine V. muß drei Bedingungen erfüllen: (a) Sie muß monoton mit x zunehmen, (b) $F(-\infty) = 0$ und (c) $F(\infty) = 1$. *R. Ulrich*

Verteilung von Gewinnen →Aufteilungsgerechtigkeit

Vertigo [lat.] →Schwindel

Vertikalen-Täuschung, Mittelsenkrechten-Täuschung, besteht darin, daß die Vertikale im Vergleich zur Horizontalen meist überschätzt wird (besonders deutlich, wenn ihr Fußpunkt in der Mitte der Horizontalen liegt).

Vertrauen, in sozialps. Anwendungen der →Theorie der Spiele die relative Sicherheit von Spielpartnern hinsichtlich des konsequenten interessengerichteten Verhaltens eines Spielers. V. ist eine wesentliche Voraussetzung für die Koalitionsbildung (LIEBERMANN 1964). →Attribuierung. [L] FEGER 1972, DEUTSCH 1973, ROTTER 1971, THORSLUND 1976

Vertrauensgrenze →Vertrauensintervall

Vertrauensintervall, in der Statistik der Bereich, in dem ein Wert mit einer vorgegeben Wahrscheinlichkeit zu erwarten ist und der durch die Vertrauens- oder Sicherheitsgrenzen (Konfidenzgrenzen) abgegrenzt wird. Die Wahrscheinlichkeit, daß der Wert innerhalb des V. liegt, wird statistische Sicherheit oder Signifikanz genannt, während die Gegenwahrscheinlichkeit (d. i. die Wahrscheinlichkeit, das V. zu überschreiten) Grenz-, Irrtums-, Überschreitungswahrscheinlichkeit, Sicherheitsschwelle oder -schranke genannt wird.

Verursachung →Kausalität

Verwahrlosung, Prozeß und Zustand eines Verhaltens v. a. bei Kindern und Jugendlichen, das an die vorherrschenden Erwartungen unangepaßt ist. Ursprünglich war der Begr. auf nicht bewahrte Kinder bezogen: Waisen und Verarmte. Bedingungshintergründe für die V. sind: mißglückte oder fehlende Mutter-Kind-Beziehung (BOWLBY), verwahrloste Modelle und Stigmatisierung. →Schwererziehbarkeit, →abnorm. [L] HERRIGER 1979 *H. Ries*

Verwechslungswahrscheinlichkeit [engl. *probability of confusion*], auch Verwechslungshäufigkeit, ein Maß für die Ähnlichkeit, insbes. von Buchstaben und Phonemen. In Lernexperimenten: die Wahrscheinlichkeit, mit der in der Prüfphase (Testdurchgang) Items der Ausgangsreihe mit Items der interpolierten Reihe vertauscht werden. Bei Untersuchungen zur Kapazität des →Kurzzeitspeichers (Gedächtnisspanne) ist gefunden worden, daß Buchstaben häufiger verwechselt werden als Zahlen (NEISSER 1974). Beim Erkennen von Signalen, Zeichen und Mustern ist die V. ein Maß für die Übertragungsgüte der Information (→Informationstheorie). Wahrscheinlichkeit des «falschen Alarms». →Signaldetektionstheorie

Verwirrtheit, Störung des Zusammenhangs der Vorstellungen, verbunden mit Unfähigkeit zu geordnetem, zielsicherem Denken (Zerfahrenheit) und Verlust der Orientierung in der Umwelt. Vorkommen z. B. bei akuten Psychosen [L] BLEULER 1966, HOFF et al. 1955

verzerrte Räume [engl. *distorted rooms*], →AMESsche Räume

verzögerte Verstärkung [engl. *delayed reinforcement*], zwischen einer Reaktion und dem zur Verstärkung gebotenen Ereignis tritt ein Zeitintervall. Wirkungen auf das Lernen (Erwerb einer S-R-Verbindung) und auf den Widerstand gegen das Auslöschen werden beobachtet. Die Verzögerung der Verabreichung aversiver Reize wird anders beurteilt als die Verzögerung der Kenntnis des Erfolgs (KR) (KLING & RIGGS 1971). Im Sozialisierungsprozeß ist die v.V. eine besonders häufig vorkommende Form der Verstärkung, deren Wirksamkeit mit vermittelnden oder überbrückenden (sekundären) Mechanismen, z. B. mit der →antizipierten Ziel-Teilresponse erklärt wird (MISCHEL 1961, ARONFREED 1968). *R. Bergius*

Verzweiflung →Enttäuschung

Vestibularapparat, Bez. für das im inneren Ohr befindliche Gleichgewichtsorgan (statisches Organ mit 3 Bogengängen, Sacculus und Utriculus), von dem aus auch vegetative Funktionen gesteuert werden.

Vestibulum [lat. Vorhof], Teil des Ohrs, →Vestibularapparat.

Vexierkasten (THORNDIKE), Kasten für Tierversuche ähnlich dem Labyrinthkasten. Das Tier muß Türen in einem Käfig durch bestimmte Bewegungen (Druck gegen Klinken, Fadenziehen) öffnen lernen, um die Freiheit zu erlangen. →SKINNERscher Kasten

VI, Abk. für *variable interval* →Verstärkerplan

VIB [T] STRONG

Vibrationssinn, die Fähigkeit, gröbere bis feinste Schwingungen an der Körperoberfläche wahrzunehmen. KATZ (1925) bezeichnet den Vibrationssinn als Sonderempfindung, genetisch als Stufe zwischen dem älteren (Tast-)Drucksinn und dem späteren Gehörsinn. Rezeptoren sind wahrscheinlich die Drucksinnesorgane der Haut. Durch den Vibrationssinn können auch taube Menschen Musik wahrnehmen. Die Reizempfindlichkeit liegt zwischen 50–500 Schwingungen je Sekunde. →Mikrovibration

vicarious, stellvertretend →VTE

Vielschichtigkeit, Komplexität, Verwickeltheit, Mehrdimensionalität. Betrachtungsweise in der Ps., die den Widerspruch zwischen einfachen Modellen (→Paradigma, →MORGANS Canon) und komplexer Realität ps. Geschehens (Vorwurf des →Reduktionismus) lösen will. Sowohl in der Wahrnehmungs-(Informationsverarbeitung), Denk-, Entwicklungs- und Persönlichkeitsps. als auch in verschiedenen Praxisbereichen wird dies versucht. Aktuelle Beispiele sind Bemühungen um V. und Schulenüberwindung in der →Psychotherapie, →Systemtheorie, →ökologischen Ps., →mehrdimensionalen Skalierung, →common sense Ps. und Mehrebenenanalyse (am Beispiel Sozialisation: GEULEN & HURRELMANN 1980). →kognitive Komplexität [L] KAMINSKI 1970

H. Ries

Vierbilder-Test [T] LENNEP

Vierfelderverfahren, Methode zum Bestimmen von →Korrelationen

Vier-Gruppen-Versuchsplan, der von SOLOMON (1949) entwickelte Versuchsplan stellt eine Kombination zweier Kontrollgruppen-Versuchspläne mit und ohne Vortest dar.

Bereits der Kontrollgruppen-Versuchsplan mit Vortest (Vorher-Nachher-Messung) gestattet, Störvariablen zu kontrollieren, welche die interne Validität von Vortest und unabhängiger Variablen abschätzen und damit eine wichtige Störbedingung kontrollieren, welche die externe Validität gefährdet. Schematisch läßt sich dieser Versuchplan wie folgt darstellen:

		Vortest		Nachtest	
I	R	0_1	X	0_2	Kontrollgruppen-
II	R	0_3		0_4	Versuchsplan mit Vortest
III	R		X	0_5	Kontrollgruppen-
IV	R			0_6	Versuchsplan ohne Vortest

Die Symbole haben folgende Bedeutung: R weist darauf hin, daß die vier Versuchsgruppen I–IV per Randomisierung gebildet wurden, 0 bezeichnet einen Beobachtungs- bzw. Meßvorgang und X symbolisiert, daß eine Gruppe einer experimentellen Variablen unterworfen wurde, deren Auswirkungen gemessen werden sollen. [L] CAMPBELL & STANLEY 1963

K. H. Stapf

Vierstufenmethode der Unterweisung →Formalstufentheorie, →TWI

Vieth-Müller-Kreis →Horopter

Vigilanz (Wachsamkeit), nach MACKWORTH ist V. der Zustand oder der Grad der Bereitschaft, kleine Veränderungen, die in der Umwelt in zufallsverteilten Zeitintervallen auftreten, zu erkennen und auf sie zu reagieren. V. ist also die Beobachtungsleistung bei länger dauernden Beobachtungssituationen. Manche Autoren unterscheiden zwischen V. und Daueraufmerksamkeit. In diesem Fall wäre unter V. ein aufmerksames Beobachten zu verstehen, das selten ein Reagieren erfordert, unter Daueraufmerksamkeit eher ein aufmerksames Beobachten, wobei ein häufigeres Reagieren erforderlich ist. Moderne industrielle Fertigung und Probleme der neuen Kriegstechnik regten V.untersuchungen schon in den dreißiger Jahren an. Dabei interessierte vor allem der Verlauf der V.kurve. In neuerer Zeit wurden auf experimentellem Weg verschiedene Bedingungen untersucht, welche die V.leistung beeinflussen, so z. B. die Dauer der Beobachtungstätigkeit, die Helligkeitsverhältnisse und die Größe, die Bewegung und die Häufigkeit der zu erwartenden und beobachtenden Signale. Zur Klärung des Leistungsabfalls in Dauerbeobachtungssituationen wurden verschiedene Theorien aufgestellt (Ermüdungstheorie, Blockierungstheorie, Aktivierungstheorie, Adaptationstheorie). Zur Feststellung der V.leistung wird im allgemeinen die Anzahl der nicht beachteten Signale oder die Länge der Reaktionszeit bei beachteten Signalen herangezogen. Optimale V.leistungen scheinen mit einer mittleren →Aktivierung zu korrelieren, Über- und Unteraktivierung beeinträchtigen die V. Mit neurops. Erklärungen der Aktivierung hat HAIDER (1969) auch die V., d. h. Aufmerksamkeitsprozesse und Erwartungen, behandelt. [L] SCHMIDTKE & HOFFMANN 1964, BUCKNER & MCGRATH 1963, FRANKMANN & ADAMS 1962, HAIDER 1962 *R. Bergius*

Vigilität, Anspannung und Lebhaftigkeit der Aufmerksamkeit

Vignette [frz. Titelbild, Randverzierung], Grundelement von →Scripts (ABELSON & ROSENBERG 1958), die Codierung eines Ereignisses von kurzer Dauer im Gedächtnis.

Vigotsky →ACH-VIGOTSKY-Methode

Viktimologie, die innerhalb der →Kriminologie untersuchte Beziehung zwischen Rechtsbrecher und Verbrechensopfer. Die V. fordert eine umfassende Analyse der Opferpersönlichkeit unter biol., ps. und sozialen Gesichtspunkten. Durch diese Analyse wird nicht nur eine fundiertere Analyse der Delinquenz überhaupt erwartet, sondern es sollen auch präventive und therapeutische Maßnahmen abgeleitet werden können. *H. Häcker*

Viloxazin, WZ Vivalan®, Psychopharmakon aus der Klasse der →Antidepressiva vom Typ der nicht-trizyklischen Stoffe. Leicht aktivierend. Wirkungsmechanismus über →Noradrenalin ohne stärkere Beeinflussung von →Acetylcholin und →Histamin. *W. Janke*

Vincent-Kurve, -Methode, Bez. für die von S. B. VINCENT (1912) entwickelte graph. Darstellung zu Lernverläufen. →Lernkurve

Vineland Social Maturity Scale [T] DOLL

Vineta-Test [T] LEIPZIGER LEHRERVEREIN

VIP, Abk. für →Vasodilatierendes Intestinales Polypeptid

viril, männlich

virtual reality, [engl.], künstliche, computererzeugte, dreidimensionale Wirklichkeit (Cyberspace). Diese Simulationsmethode ist z. Z. noch in der Entwicklung, wird aber auch schon zu diagnostischen und therapeutischen (Alzheimer, Phobien etc.) Zwecken eingesetzt.

virtuell [lat. *virtus* Kraft, Tugend], dem Vermögen, der Möglichkeit nach vorhanden, aber nicht aktuell wirksam; schlummernd, anlagemäßig

Visierlinie, die Richtung, unter der jeder Punkt eines Objekts gesehen wird. Sie wird bestimmt durch eine Gerade, die Bildpunkt und Pupillenmittelpunkt verbindet. Die vom Netzhautzentrum ausgehende Visierlinie heißt Hauptvisierlinie. Der Winkel, den die von den Grenzpunkten des Netzhautbildes gezogenen Visierlinien zueinander bilden, ist der Sehwinkel. Durch diesen wird das Maß der Erscheinungsgröße eines Objekts mitbestimmt. →Auge

Vision, Gesichtshalluzination, rein subjektive Gesichtswahrnehmungen, Erscheinungen, die Personen, zukünftige Ereignisse usw. vorspiegeln. Vorkommen im Schlaf, Halbschlaf, in Hypnose wie allgemein in Zuständen herabgesetzten Bewußtseins.

viskös [lat. *viscum* Mistel bzw. deren klebriger Saft], klebrig, zähflüssig

visköser Typus →Typologie (KRETSCHMER)

visköses Temperament, Temperamentstyp nach KRETSCHMER mit Affinität zum athletischen →Körperbau. Der Grundzug des v. Temperaments ist eine Zähflüssigkeit und Schwerfälligkeit des gesamten Innenlebens, die als Gleichmütigkeit und Gleichmäßigkeit, als Ausdauer und Zähigkeit, als intellektuelle und affektive Klebrigkeit, als mangelnde Umstellbarkeit und Wendigkeit zum Ausdruck kommt. Das v. Temperament liegt zwischen einem enechetischen und einem explosiven Pol, und je nach dem Mischungsverhältnis dieser kontrastierenden Reaktionsweisen reichen die Einzeltypen vom Phlegmatisch-Indolenten über den Ruhig-Energischen und Pflichtbewußt-Gründlichen bis zum Reizbar-Explosiblen.

Visualität, [lat. *videre* sehen] Bez. für das Gesamtgebiet der optischen Wahrnehmung sowie deren Auffassung und Verarbeitung. In der Diagnostik gehören zur V. z. B. Formauffassung, räumliche Vorstellung, Formgedächtnis. →Sinnesfunktionen

Visual Motor Gestalt Test [T] BENDER

visuell, das Sehen betreffend

visuelle Ermüdung [engl. *visual fatigue*], →visuelles Unbehagen, auch Bez. für objektive Symptome längerer visueller Arbeit (z. B. Änderungen in →Konvergenz und →Akkommodation).

Visuelle Suche (visual search), eine wichtige experimentelle Methode, um grundlegende Prozesse der visuellen Aufmerksamkeit zu analysieren. In der Regel werden die Versuchspersonen instruiert, einen Zielreiz (z. B. ein T unter mehreren Os) zu suchen. Die Reize sind in der Regel unregelmäßig innerhalb eines virtuellen Vierecks angeordnet. Bestimmt wird die Zeit, die die Versuchsperson benötigt, um den Zielreiz in der Menge der Ablenkreize zu bestimmen. Bei dieser Aufgabe wird i. d. R. die Anzahl der Ablenkreize und die Ähnlichkeit des Ziel- mit einem Ablenkreiz erhoben. Je größer die Ähnlichkeit, desto länger dauert die Suche. Hat jedoch die Anzahl der Suchreize keinen Effekt auf die Suchdauer, so spricht man von einem Pop-Out-Effekt.

visuelles Unbehagen [engl. *eye strain*], asthenopische Beschwerden (→Asthenopie), Sehbeschwerden bei längerer visueller Arbeit, z. B. Bildschirmarbeit (z. B. Brennen, Jucken, Rötung der Augen; Kopfschmerzen).

visuelle Kombination [T] RYBAKOE

viszeral, die Eingeweide betreffend

viszerales Nervensystem →vegetatives Nervensystem, →autonomes Nervensystem

Viszerotonie, das mit dem →Körperbautyp der Endomorphie nach SHELDON (1948) korrelierende Temperament. Ausgezeichnet durch allgemeine Entspannung in Haltung und Bewegung, liebt Behaglichkeit und das Weiche, aufgeschlossen für den Mitmenschen, besitzt ursprüngliche Toleranz, offen. Kinder zeigen viszerotone Merkmale. →Typologie (SHELDON)

Vitalempfindungen, Organempfindungen. →Gemeingefühle

Vitalgefühl, die mit den vitalen Trieben verbundenen Gefühle: Hunger, Durst, geschlechtliche Erregung u. dgl.

Vitalismus, die philosophisch-biologische Lehre, daß eine bes. Lebenskraft *(vis vitalis)* alle Lebenserscheinungen entscheidend erhält und beeinflußt. Der V. erwies sich als hemmend für die Entwicklung der modernen Naturwissenschaft, da er die kausale Erklärung und Ableitung der Naturvorgänge erschwerte. Dennoch konnte der V. nicht gänzlich überwunden werden. In der Gegenwart ist er durch DRIESCH kritisch neu begründet worden. Als Neov. mit der Annahme zielstrebiger Richtkräfte wie auch als Psychovitalismus mit der Annahme seelenartiger Einflüsse im lebendigen Geschehen tritt er neu hervor.

Vitalität, Lebenskraft, die Kraft der Lebensfunktionen. Der Begr. dient allg. u. bes. bei Charakterdiagnosen dazu, das Insgesamt der körperlich-seelischen Spannkräfte und Reserven zu kennzeichnen.

Vitamine, lebensnotwendige Substanzen, die im allgemeinen im menschlichen Organismus nicht synthetisiert werden können.

Einige V. sind für das Funktionieren des Nervensystems und damit für ps. Vorgänge von Bedeutung. Chronisch suboptimale Zufuhr, inbes. bei Risikopersonen (Alkoholiker, Raucher) kann zu Störungen führen. B1, B6 und B12 sollen als sog. neurotrope Vitamine analgetische Wirkungen haben. Vitamine sind auch als →Antioxidantien wirksam. Sicher ist diese Rolle bei Vitamin C und E. [L] KASPER 1996 *W. Janke/T. Schreiber*

vividness-Effekt [engl. Lebhaftigkeit], die Wirkung der «Lebendigkeit», d. h. der besonders leichten Abrufbarkeit und Vordergründigkeit von Wissenseinheiten bei suboptimalen Entscheidungen. Die Bildhaftigkeit von Ereignissen kann dazu führen, daß die Wahrscheinlichkeit ihres Vorkommens überschätzt wird. Eine kurze Zeit nach der letzten Erinnerung an das Ereignis kann auch zu seiner Lebendigkeit beitragen.

Vl, Versuchsleiter →Versuchsperson

VMA, Abk. für →Vanillinmandelsäure

VNS-Pharmaka, Substanzen mit Wirkung auf das vegetative Nervensystem; i. e. S. Stoffe, die die Erregungsübertragung auf die Endorgane des VNS beeinflussen. Dem Wirkungsansatz nach können Sympathikus- und Parasympathikusstoffe unterschieden werden. Nach der Wirkungsrichtung sind -mimetika bzw. -lytika zu unterscheiden. Sympathikomimetika (Adrenergika) mit direkter Wirkung auf Alpha- und Beta-Rezeptoren (→Adreno(re)zeptor-Agonisten) sind →Adrenalin, →Noradrenalin, →Isoproterenol, →Orciprenalin; indirekte sind die →Amphetamine, die hauptsächlich eine verstärkte Freisetzung von Noradrenalin an den postganglionären sympathischen Nervenfasern bewirken. Sympathikolytika (Adrenolytika) sind Alpha-Rezeptorenblocker wie Phenoxybenzamin und Beta-Rezeptorenblokker wie →Propanolol und Oxprenolol. Parasympathikomimetika sind →Carbachol, →Pilocarpin, →Arecolin und →Muscarin als direkt auf die muscarinischen Acetylcholin-Rezeptoren wirkende Substanzen; zu den indirekten gehören →Cholinesterase-Hemmer, v. a. →Physostigmin. Wichtige Parasympathikolytika, die →Acetylcholin an muscarinischen Rezeptoren verdrängen, sind →Belladonna-Alkaloide wie →Atropin, →Scopolamin, Papaverin und Verwandte. Die meisten V. haben ps. Wirkkomponenten, die teils über direkte, teils über indirekte Wirkungen auf das ZNS erklärbar sind. Sie spielen wegen der engen Verknüpfung zwischen Emotionen und vegetativen Reaktionen eine wichtige Rolle als Werkzeuge in der physiologisch-psychologischen Emotionsforschung. [L] FORTH et al. 1996, ERDMANN 1986 *G. Erdmann/W. Janke*

Vocational interest blank [T] STRONG

Vokal, Selbstlaut. Die Vokale nehmen eine Mittelstellung zwischen Ton und Geräusch ein. Die «hellen» Vokale haben mehr hohe, die «dunklen» mehr tiefe Teiltöne, wobei die Reihenfolge i-e-a-o-u lautet. →Phonetik

Vokaldreieck, Darstellung der Beziehungen zwischen den Vokalen nach sprachps.-akustischem Gesichtspunkt, analog dem →Farbendreieck (Schema v. HORNBOSTEL 1926)

Vokalsprache, schwerste Form der Dyslalie, bei der die gesprochene Sprache nur aus Vokalen besteht.

Volitionspsychologie →Wille, →Wollen.

Völkerpsychologie, Ethnopsychologie, die mit den ps. Aspekten und Befunden der Völkerkunde (Ethnologie = vergleichende, Ethnographie = beschreibende Völkerkunde) befaßte Psychologie. Von LAZARUS und STEINTHAL 1860 definiert als «Wissenschaft vom Volksgeist, d. h. Lehre von den Elementen und Gesetzen des geistigen Völkerlebens». Ihr «Gegenstand sollen alle gesellschaftlichen Formen sein, die innerhalb der Volksgemeinschaft bestehenden sowie die über das Volksganze hinaus greifenden Beziehungen». V. ist alles, «was im Leben der menschlichen Gemeinschaft geistiger Natur ist».
Elemente des Volksgeistes sind: Sprache, Mythologie, Religion, Kultur, Folklore, Schrift, Kunst und das praktische Leben mit der Entwicklung von Sitte, Moral und Recht. Wesen des Volksgeistes ist ein gleiches Bewußtsein vieler, mit dem Bewußtsein dieser Gleichheit, entstanden durch gleiche Abstammung und örtliche Nähe; «das, was zur Summe der Individuen noch hinzukommen muß, um aus der Vielheit eine Einheit zu machen», «das allen einzelnen Gemeinsame der inneren Tätigkeit». Die Annahme eines Volksgeistes fußt wissenschafts-historisch auf der Verbindung von HEGELS Geschichtsphilosophie («objektiver Geist») mit HERBARTS Analogie zwischen dem Einzelbewußtsein und der Gesellschaft. 1900 weist WUNDT der V. die Aufgabe einer Untersuchung der an das Zusammenleben der Menschen gebundenen ps. Vorgänge zu, «die der allgemeinen Entwicklung menschlicher Gemeinschaften und der Entstehung gemeinsamer geistiger Erzeugnisse von allgemein gültigem Wert zugrunde liegen». Ist bei LAZARUS und STEINTHAL der Volksgeist noch ein selbständiges ps. Subjekt (d. h. die als Individualität gedachten gemeinsamen Lebens- und Kulturäußerungen eines Volkes, wie sie sich zugleich als innere Notwendigkeit und bestimmende Strukturform erweisen), so wird die WUNDTsche Volksseele zum Inbegriff der Wechselwirkung zwischen den einzelnen. Die kollektiv-psychischen Erscheinungen stellen etwas Neues und Eigenartiges dar: WUNDTS Prinzip der →schöpferischen Synthese. Seine V. ist somit keine vergleichende Charakterologie der Völker, sondern nach unseren Begriffen Kulturanthropologie. 1938 hat HELLPACH Volk als Naturtatsache, als geistige Gestalt und als Willensschöpfung gefaßt. Auch die biologischen Grundlagen des Völkerlebens, die Eingriffe schöpferischer Individuen und die Schicksale moderner Kulturvölker werden zum Unterschied von WUNDT behandelt. Bedeutende Beiträge zur neueren V. auf Grund empirischer Untersuchungen haben in Europa die Ethnologen und Soziologen R. THURNWALD und L. LEVY-BRUHL, in Amerika die Kulturanthropologen F. BOAS, M. MEAD und R. BENEDICT geleistet. Über Ergebnisse und Methoden der die ältere V. ersetzenden interkulturellen Forschung *(cross cultural research)* berichten z. B. WHITING 1968 und LAMBERT & WEISBROD 1972. **[L]** BENEDICT 1955, BOAS 1944, HELLPACH 1953, LEVY-BRUHL 1927, MEAD 1930, THURNWALD 1922, WUNDT 1900

Vollzugshandlung [engl. *consumatory response* Zielhandlung], in der →Feldtheorie gebrauchter Ausdruck für Endhandlung

Volumenkurve, graphische Darstellung der Schwankungen des Volumens (z. B. des Pulses)

Voluntarismus [lat. *voluntas* Wille], die Anschauung, die den Willen als entscheidende Lebensfunktion betont. Der Wille erscheint als «schöpferisches Prinzip» bei FICHTE, als «Ding an sich» bei SCHOPENHAUER

Vorbild →Modell

vorbewußt, das Vorbewußte [engl. *preconscious, Pcs*], (allg.) das Ingesamt der latenten, reproduzierbaren Gedächtnisinhalte. Bei FREUD das, was dem aktuellen Bewußtsein entgeht, ohne unbewußt zu sein. Das V. bezeichnet bei FREUD ein System, das von dem System unbewußt durch die Zensur (→Zensor) getrennt ist, die es auch den unbewußten Inhalten und Vorgängen nicht erlaubt, ohne vorherige Umwandlungen ins Vorbewußte zu gelangen.

Vorderhirn, Prosencephalon →Gehirn

Vorhersage →Prognose

Vorhersage-Validität →Validität

Vorkonditionieren, sensorisches →sensorisches Vorkonditionieren

Vorlust, die Lust der Erwartung, z. B. auf Motivbefriedigung. • Bei FREUD insbes. Charakteristikum für das sexuelle Vorspiel und den

Geschlechtsakt selbst als V. gegenüber der Befriedigung im Orgasmus

Vorpubertät, die die eigentliche Pubertät vorbereitende Phase. →Pubertät, →Entwicklungsphasen

Vorsatz, die auf einem Willensentschluß beruhende feste Absicht zur Ausführung einer bestimmten Handlung. Mit dem V. ist eine Zielvorstellung gegeben, die im Sinne einer →determinierenden Tendenz wirkt. LEWIN (1926) bewertet die V.bildung als Schaffung eines Quasi-Bedürfnisses, dem dann eine Reihe von Vorstellungen mit Aufforderungscharakter entsprechen.

Vorschlagswesen, (arbeitsps.) die Bemühungen in der neuzeitlichen Betriebsführung, die Betriebsangehörigen zu organisatorischen, technischen, personellen, sicherheitlichen usw. Verbesserungen anzuregen und Vorschläge in dieser Richtung je nach ihrer Brauchbarkeit zu belohnen.

Vorschulerziehung, institutionalisierte Erziehung und Bildung von Kindern vor ihrem Schuleintritt, in der Regel im Kindergarten vom vierten, in Vorklassen vom sechsten Lebensjahr ab («Elementarbereich» nach der Abgrenzung des Deutschen Bildungsrates). Gefordert werden wegen des Anspruchs auf →Chancengleichheit kompensatorische, ausgleichende Erziehungs- und Bildungsförderung, frühe Individualisierung der Bildungsprozesse (bes. kognitive Funktionen und Sprachbildung), Weckung kreativer Fähigkeiten, Aktivierung des Sozialverhaltens und des emotionalen Bezugs und Aufbau von Selbständigkeit und Kritikfähigkeit durch repressions- und angstfreie («antiautoritäre») Erziehung. Diese verschiedenartigen Postulate entstammen unterschiedlichen pädagogischen Grundhaltungen und implizieren wie alle Erziehungspraxis Ziel- und Normenkonflikte. **[L]** HÖLTERSHINKEN 1971, 1973 *G. Mühle*

Vorstellung, alle diejenigen anschaulichen seelischen Inhalte, die Erinnerungsbilder von →Wahrnehmungen sind. Entsprechend den einzelnen Sinnesgebieten gibt es visuelle, auditive, taktile, Geruchs-, Geschmacksvorstellungen usw. Gemeinsam mit den Wahrnehmungen, von denen sie herrühren, haben Vorstellungen konkreten, gegenständlichen Charakter. Sie unterscheiden sich von jenen dadurch, daß ihre Gegenstände (das Vorgestellte) nicht gegenwärtig sind und auch mit dem Bewußtsein des Nichtgegenwärtigen, sondern nur Vergegenwärtigten, erlebt werden. Weiter erscheinen die Vorstellungen undeutlicher, «blasser» als die Wahrnehmungen. Den Vorstellungen kommt im gesamten psychischen Geschehen größte Bedeutung zu, z. B. im Denken. Man unterscheidet Erinnerungsvorstellungen, die unmittelbar auf frühere Wahrnehmungen zurückgehen, und Phantasievorstellungen, die in Neukombinationen von Erinnerungsvorstellungen bestehen. →Assoziation, →Gedächtnis, →ikonische Repräsentation, →imagery

Vorstellungsgespräche, Bezeichnung für Gespräche mit Stellenbewerberinnen oder -bewerbern zur →Personalauswahl. V. können auch zum persönlichen Kennenlernen, zur Information über die mit einer Position verbundenen →Aufgaben und →Arbeitstätigkeiten oder über die →Organisation dienen. Zweckmäßiger sind →Einstellungsinterviews, die nach psychologischen Erkenntnissen gestaltet sind und systematisch anhand eines Leitfadens strukturiert werden.

Vorstellungstypen →Wort-Sach-Vorstellungen

Vorurteile [engl. *prejudice*], in der klassischen Formulierung von ALLPORT (1971) bezeichnet man mit V. eine ablehnende oder feindselige Haltung gegen eine Person, die zu einer Gruppe gehört, einfach deswegen, weil sie zu dieser Gruppe gehört und deshalb dieselben zu beanstandenden Eigenschaften haben soll, die man dieser Gruppe zuschreibt. Die zahlreichen Definitionen (vgl. SCHÄFER & SIX 1978) orientieren sich in der Mehrzahl an Einstellungsdefinitionen, wobei zumindest in älteren Ansätzen →Stereotype mit der kognitiven Einstellungskomponente identifiziert wurden und Vorurteile entweder nur die affektive oder evaluative Komponente von Einstellungen beinhalten oder aber beide Komponenten. In neueren Ansätzen werden Vorurteile als Ergebnis sozialer Kategorisierungsprozesse verstanden, so daß Vorurteile als Spezialfälle sozialer Urteilsprozesse eingestuft werden. Nach DUCKITT (1992) enthalten V. in der Regel vier Bestimmungsstücke: (1) V. sind ein Intergruppen-Phänomen. Dies trifft zwar auf die Mehrzahl der Vorurteile, aber nicht auf alle zu. V. gibt es nicht nur zwischen Gruppen und gegenüber Gruppen, sondern V. gibt es gegenüber sämtlichen sozialen Sachverhalten, die entlang einer Bewertungsdimension angeordnet werden können, also auch V. gegenüber Moderner Kunst und Musik, Parteien und Organisationen, Personen und Institutionen; (2) V. sind negative Orientierungen, d. h. V. implizieren mehr oder weniger deutlich Diskriminierungen und feindselige Haltungen gegenüber dem Vorurteilsgegenstand; (3) V. sind schlecht, d. h. sie sind nicht nur negativ, sondern werden auch als sozial geteilte Urteile als schlecht, unpassend, unangemessen oder negativ eingestuft. (4) V. sind konzeptuell gesehen Teil der Klasse der Einstellungen. Die damit in der Regel problematisierte Dimensionalität von V. als eindimensional (nur affektiv), zweidimensional (affektiv und kognitiv) oder als dreidimensional (affektiv, kognitiv und konativ) ist eine Verdoppelung der Problemstellung in der Einstellungsforschung und von daher nicht sehr fruchtbar. Das ebenfalls in der Einstellungsforschung zentrale Problem der Relation von Einstellung und Verhalten wird in der V.-forschung zum Problem der Relation von V. und Diskriminierung und erfährt in Rassenunruhen, Rassismus, aggressiven Aktionen gegen Minderheiten und einzelne Nationen ihre Realisierung, die in vielen Gesellschaften zu einem dauerhaften sozialen Problem wird. In den letzten Jahren hat sich die gesamte V.-forschung nicht zuletzt angesichts der sich deutlich absetzenden Stereotypenforschung in mindestens zwei Richtungen entwickelt: zum einen in einen Forschungszweig, der sich mit Grundlagenprozessen der Entstehung und Veränderung von Vorurteilen im Sinne sozialer Urteile beschäftigt, und einem anderen Teil, der V.-forschung in einem engen Zusammenhang mit Theorien und Konzepten aus der Intergruppen-Forschung sieht, die sich u. a. mit Minoritäten, Rassismus, Ethnozentrismus, *ingroup-outgroup*-Relationen und entsprechenden Änderungsstrategien beschäftigt. [L] MARKEFKA 1990, SCHÄFER & SIX, 1978, DUCKITT 1992, BROWN 1995, JONES 1997 *B. Six*

Vorurteilsforschung →Vorurteil, →Stereotyp, →Urteile über Völker. [L] STAPF, STROEBE & JONAS 1986

Vorversuch, ein Versuch, der der eigentlichen Untersuchung, die dann als Hauptversuch bezeichnet wird, vorausgeht und zur Überprüfung der Geeignetheit des exp. Aufbaus dient (erster Überblick über die zu erwartenden Ergebnisse bzw. über die Möglichkeit einer lohnenden größeren Untersuchung) oder den Zweck hat, die Vp mit der im Hauptversuch auszuführenden Tätigkeit vertraut zu machen bzw. ihre Eignung hierzu festzustellen.

Vorwärtsplanung →Problemlösen

Vorzeichen-Test, eines der einfachsten Verfahren zur Prüfung von Unterschieden zwischen Stichproben; die Ausgangsdaten oder ihre Kombinationen (Paare) werden zu Alternativvariablen reduziert (z. B. «überdurchschnittlich – unterdurchschnittlich», «positive – negative Differenz»), und die aufgefundene Proportion der beiden Alternativen wird mittels Binominal-Test oder – bei großen Stichproben – mittels Normalverteilungs-Test auf ihre Abweichung von der Proportion unter der Nullhypothese geprüft. *E. Mittenecker*

vorzeitige Reaktion, eine schon vor dem Reiz erfolgende R. Oft als «antizipierende» R. bezeichnet, wenn ein Vorsignal in der Versuchsreihe dem Reiz vorangeht.

Vorzugsmethode (BALDWIN, MCDOUGALL), Verfahren, bei Kindern und Tieren durch spontane Wahl aus einer Reihe gleichzeitig gebotener Eindrücke einen aussuchen zu lassen, der Interesse erregt (z. B. Auswählen aus bunten Gegenständen). →Wahlmethode

Voyeur, Voyeurtum [frz.], Lustgewinn bis zum Orgasmus durch Zuschauen beim Geschlechtsverkehr anderer (mit oder ohne deren Wissen)

Vp, Abk. für →Versuchsperson, Versuchspartner (Plural: Vpn)

VR, Abk. für *variable ratio* →Verstärkerplan

vs., Abk. für versus [lat. gegen, gegenüber]

VSMS, [T] DOLL

VT, Abk. für →Verhaltenstherapie

VTE, Abk. für *vicarious trial and error*, stellvertretender →Versuch und Irrtum. Innere Probehandlungen als Ersatz für offene Problemlösungsversuche, zuerst bei →Diskriminationsaufgaben erschlossen. →Probehandeln

Vulnerabilitätsfaktoren [lat. *vulnus* Wunde, engl. *vulnerability* Verletzlichkeit], Bedingungen bzw. Ereignisse, die verletzlich machen und in der Vorgeschichte ps. Erkrankter häufig gefunden werden wie Mißhandlung, Verlust oder Scheidung der Eltern, Alkoholismus, ps. Erkrankung in der Familie. →Unvulnerable

VVR-Einheit, Abk. für Veränderung-Vergleich-Rückkoppelung-Einheit, Bez. für die funktionelle Regulationseinheit wie →TOTE-Einheit

Vygotsky-Blöcke [T] VYGOTSKY

Vygotsky, Lev Semenovich (1896–1934), russischer Psychologe, der sich gegen die sowjetische Reflexologie wandte und hauptsächlich auf die Bedeutung des Bewußtseins aufmerksam machte. →ACH

VVT, Verkehrs-Verständnis-Test [T] MÜLLER

W

Waben-Test [T] RUPP

Wachbewußtseinszustände, veränderte, →Bewußtsein

Wachsamkeit, hohe Aufmerksamkeit →Vigilanz

Wachstumshormon, syn. Somatotropin, somatotropes Hormon (STH), engl. *growth hormone* (GH), Hormon, chem. Polypeptid, gebildet im Hypophysenvorderlappen, von dort über das Blut ins Gewebe transportiert. Die Ausschüttung wird u. a. angeregt durch Hypoglykämie (Insulin), auch auf serotonerge Stimulation und körperliche und ps. Belastung. W. hat wie die Androgene anabole Wirkungen. Es stimuliert die T-Lymphozyten und Aktivität der natürlichen Killerzellen (NK), die Bildung von Ribonukleinsäuren und die Proteinsynthese und mobilisiert Fett. Bei Jugendlichen steigert W. die Aktivität der Epiphyse, fördert damit das Wachstum. Mangel in Kindheit führt zu hypophysärem Zwergenwuchs, Überproduktion führt bei Jugendlichen zu Riesenwuchs (Gigantismus), bei Erwachsenen zu Akromegalie. W.wirkt synergistisch zu zahlreichen anderen Hormonen, bes. zu →Gonadenhormonen und →Catecholaminen. Exogene Zufuhr führt u. U. zu erhöhter Aktiviertheit. Mißbrauch in der Drogenszene, therapeutisch bei Magen-Darm-Störungen. [L] HOLMES 1990 *W. Janke*

wachstumshormon-freisetzendes Hormon, Abk. GH-RH, Hypothalamushormon, das die Freisetzung des somatotropen Hormons fördert

Wachstumshormon-hemmendes Hormon, Abk. GHIH, Hypothalamushormon, das die Freisetzung des somatotropen Hormons hemmt

Wachstumsmotive, (MASLOW) →Defizitmotive, →Bedürfnishierarchie

Wachsuggestion, Suggestion, die auf eine im Wachzustand befindliche Person ausgeübt wird, im Unterschied zur Suggestion in der Hypnose.

Wachtraum →Tagtraum

Wachvision, eine →Vision, die im Wachzustand auftritt

Wagnersche Körper →MEISSNERsche Körper

Wahl, Wahlhandlung →Wille

Wahlantworten [engl. *forced choice* und *fixed alternative*], Form der gebundenen (geschlossenen) Aufgabenbeantwortung in einem Fragebogen oder diagnostischen Test. Dem Probanden werden mehrere Antwortmöglichkeiten vorgegeben. Dem Vorteil der objektiven und ökonomischen Auswertung stehen folgende Nachteile gegenüber: Bei Leistungstests muß durch Gleichwahrscheinlichkeit jeder vorgegebenen Antwort ein systematisches Erraten der Lösung vermieden werden. Bei Fragebogen der Meinungsforschung muß jede mögliche Antwort vorgegeben werden, damit eine Beeinflussung der Antwort durch die Frage vermieden wird. *E. Klippstein*

Wahlkonfrontation →Gegenüberstellung

Wahlmethode, aus einer Reihe verschiedener Reize sucht sich die Vp den von ihr bevorzugten aus. Auch Vorzugsmethode genannt. W. liegt auch vor, wenn die Vp auf verschiedenartige Reize zu antworten hat. In der Testpsychologie sind W. diejenigen Verfahren, die ein Wählen (mit seinen Vorzügen zur Erkennung der Handlungstendenzen, Motivierungen etc.) vom Pb fordern. Beispiele sind [T] PFISTER (Farbwahl), [T] PRESSEY (Wortwahl), [T] SZONDI (Physiognomiewahl), [T] TRAMER-BAUMGARTEN (Buchwahl).

Wahlreaktion →Reaktionszeit

Wahn, Veränderung des Realitätsbewußtseins mit nicht korrigierbaren Fehlurteilen über die Wirklichkeit (oft mit Sinnestäuschungen). Die Realität wird in veränderter Bedeutung erfahren. Je nach Form dieser Erfahrung spricht man von Wahnstimmung, Wahnwahrnehmung, Wahnvorstellung, Wahnerinnerung, Wahnbewußtheit. Durch die Wahnarbeit können die Wahnwahrnehmungen zum Wahnsystem ausgebaut werden. Ganz allgemein wird das im Wahnerleben Gegebene als Wahninhalt und das in den verfälschten Realitätsurteilen Geäußerte als Wahnidee bezeichnet. Diese Wahnideen sind durch folgende Merkmale gekennzeichnet:

1) Unbegründbarkeit, außergewöhnliche Gewißheit
2) Unbeeinflußbarkeit, Unkorrigierbarkeit durch Erfahrung und zwingende Schlüsse
3) Unmöglichkeit oder Unwahrscheinlichkeit des Inhaltes.

Nach der Entstehung der Wahnideen unterscheidet man:

a) die wahnhaften Ideen. Diese sind die aus Charakter und Erlebnis verstehbar sich entwickelnden Wahnideen. Das Wahnerlebnis ist hierbei aus einem anderen, nicht wahnhaften Schlüsselerlebnis ableitbar, ist also etwas Sekundäres. Hierzu gehören die melancholischen und manischen Wahnideen (Versündigungswahn, Verarmungswahn, Kleinheitswahn, Größenwahn usw.) und die überwertigen Ideen. Letztere sind stark affektbesetzte, fälschlich für wahr gehaltene und starr beibehaltene Ideen (Erfinderwahn, Eifersuchtswahn, Querulantenwahn usw.).
b) die echten Wahnideen. Diese sind nicht aus einem anderen, zeitlich vor dem Wahnerleben liegenden Erlebnis ableitbar, sondern nur im unvermittelt und plötzlich gegebenen Wahnerleben begründet. Die echten Wahnideen entspringen also unmittelbar einem nicht mehr weiter zurückführbaren Wahnerleben und sind damit etwas Primäres. →Beziehungswahn, →sensitiver Beziehungswahn. **[L]** BLEULER 1966, HOFF et al. 1955, JASPERS 1973

Wahnsinn, ugs. Bez. für eine (unrealistischerweise) als tatsächlich erlebte Wahrnehmung, der eine best. Bedeutung beigemessen wird, z. B. bei Schizophrenien.

Wahrheit, wahr, Übereinstimmung zwischen Behauptung und Sachverhalt. Oberstes Kriterium ist das objektive Sein, die Wirklichkeit. Als wahr wird auch ein Urteil genommen, wenn «das gegenteilige unmöglich evident» sein kann (BRENTANO). →Evidenz. • Unabhängig von der Frage der Gültigkeit solcher Wahrheit, die nicht nur von philosophischem Interesse ist, hat es die Ps. mit der Bedeutung der Wahrheit gegenüber Irrtum, Lüge usw. zu tun, d. h. einerseits mit dem, was man als Wahrheitswillen bezeichnet (der sich in verschiedener Prägung vom Sarkasmus, Wahrheitsfanatismus bis zur echten Werthaltung gegenüber dem Wahrheitserleben darbietet), und andererseits mit der Wahrheit innerhalb der Gedächtniszuverlässigkeit. Letzteres ist auch als eigenes Gebiet (Aussageps., Ps. der Aussage) besonders beachtet worden, wobei das Problem der Zeugenzuverlässigkeit eingehend behandelt worden ist. • STERN gab 1903–1905 eine eigene Zeitschrift «Beiträge zur Psychologie der Aussage» heraus, die sich nicht nur mit der Bedeutung dieses Problems in der Rechtspflege, sondern auch in der Pädagogik, Psychiatrie und Geschichtsforschung befaßte. Im Zeichen des damaligen Interesses stand auch das bekannte, von dem Strafrechtler v. LISZT durchgeführte Experiment im kriminalistischen Seminar der Berliner Universität, bei dem auf Anregung STERNS ein vorher abgesprochener Ablauf eines Streites mitten in der Vorlesung nach dem Ereignis vielfach entstellt und übertrieben von den Zeugen wiedergegeben wurde.

Wahrheitsdroge, Wahrheitsserum →true drogue

Wahrnehmung, Perzeption [engl. *perception*], Vorgang und Ergebnis der Reizverarbeitung. Das Ergebnis ist ein Abbild objektivrealer Umwelt und der eigenen Person (Innenwelt). W. ist der aktuelle und anschauliche Teil des Erkenntnisprozesses und der Erkenntnis und schließt in diesem erweiterten Sinne auch Vorstellungen, Vergegenwärtigtes und Nachbilder ein. Prozesse und Ergebnisse sowie Modelle und Theorien der W. sind Gegenstände der →Wahrnehmungspsychologie. Der Begriff Wahrnehmung ist unscharf definiert. Traditionell wird Wahrnehmung gegen →Empfindung abgegrenzt, wobei Empfindungen als «Elemente» der Wahrnehmung verstanden wurden; diese Unterscheidung wird heute allenfalls noch i. S. von «einfacher» und «komplexer» W. verwendet. In der Regel ist Wahrnehmung bewußt und an Erleben gebunden; der Begriff wird allerdings auch in weiterem Sinne verwendet, so daß unbewußte Wahrnehmung möglich ist. Eine dritte Unschärfe schließlich besteht in der Abgrenzung gegen Denken und Einflüsse von Gedächtnisinhalten und Persönlichkeitsmerkmalen, etwa in der →sozialen Wahrnehmung; die Verarbeitung eines Reizes kann sich weit von diesem entfernen – es kommen z. B. Interpretationen und Bewertungen hinzu –, und die «Grenze der Wahrnehmung» auf diesem Kontinuum wird unterschiedlich gelegt.

Wahrnehmungsabwehr [engl. *perceptual defense*], BRUNER und POSTMAN haben (1947) bei experimentellen Arbeiten entdeckt, daß bei kurzzeitiger Darbietung verschiedene Wörter unterschiedliche Auffassungszeiten hatten oder nicht in gleicher Weise richtig aufgefaßt wurden. Die Autoren stellten fest, daß abgelehnte oder uninteressante Wörter längere Auffassungszeiten hatten oder falsch erkannt wurden, und leiteten von diesen Ergebnissen die Existenz einer «Wahrnehmungsabwehr» ab. Begründet wird dies damit, daß die Wahrnehmung äußerer Reize nicht frei sein kann von der Mitwirkung innerer Bedingungen (Einstellung, Erwartung, Bedürfnis, Abwehr u. a.). →Signaldetektions-Theorie. [L] BRUNER & POSTMAN 1947, GRAUMANN 1956, 1966 *H. Häcker*

Wahrnehmungspsychologie, Teilbereich der Allgemeinen Ps., in dem die Prozesse und Ergebnisse der Reizverarbeitung in Organismen erforscht werden. Wahrnehmung wird betrachtet als (a) Koordination elementarer Empfindungen (Elementenps.); (b) Gestaltgesetzen gehorchend (Ganzheitps.); (c) von der Gesamtsituation mitbestimmt (BRUNSWIK 1934, GIBSON 1950); (d) abhängig von inneren Zuständen wie Sättigung (KÖHLER & WALLACH 1944), Erwartung (HEBB 1949), Bezugssystem (HELSON 1964, SARRIS 1971); (e) dynamischer Prozeß zwischen Reiz (Anreger) und Person in der →Aktualgenese (SANDER 1932) und in der Entwicklung (WERNER, PIAGET); (f) Informationsfluß in einem kybernetischen System (NEISSER 1967, KLIX 1971), der auch aktive Informationssuche und Vergleichsprozesse durch das Gedächtnis einschließt. • Die W. hatte von Anfang an eine zentrale Stellung in der Psychologie, auch in methodischer Hinsicht. Neben dem kognitiven Ansatz (→kognitive Psychologie; Wahrnehmung als Informationsverarbeitung) üben heute der ökologische Ansatz GIBSONS (→ökologische Optik, →ökologische W., →affordance) und der →«computational approach» MARRS wichtige Einflüsse auf die Forschung aus. [L] CARTERETTE & FRIEDMAN 1973, HOCHBERG 1977, METZGER 1966

Wahrnehmungsstile, syn. kognitive Stile. Intraindividuell variierende und interindividuell unterschiedliche Verhaltensmuster, die zur Bewältigung von kognitiven Aufgaben der Informationsaufnahme und -verarbeitung sowie des Denkens und Bewertens eingesetzt werden. Traitpsychologisch orientierte W. sind z. B. Feldabhängigkeit vs. Feldunabhängigkeit, kognitive Kontrolle, konzeptuelle Systeme, Impulsivität vs. Reflexivität, Repression vs. Sensitization, Leveller vs. Sharpener.

Wahrnehmungs-Tests, Bez. für diejenigen Tests, die entweder die Wahrnehmung als solche (als Funktion) prüfen oder einen testmäßigen Anreiz darstellen, den besonderen individuellen Wahrnehmungsgehalt hervortreten zu lassen. ([T] z. B. RORSCHACH, MURRAY, LENNEP, VETTER).

Wahrnehmungstäuschung →Sinnestäuschung

Wahrnehmungszeit [engl. *perception time*, *perceptual lag*], die Zeit, die notwendig ist, bis ein Reiz nach seiner Darbietung bewußt wahrgenommen wird.

wahrscheinlicher Fehler, Begriff der älteren Induktionsstatistik; im Bereich um einen aus einer Stichprobe berechneten Wert S ± w ist mit 50 % Wahrscheinlichkeit der wahre Wert anzunehmen; mit der gleichen Wahrscheinlichkeit liegt der wahre Wert außerhalb dieses Bereiches. Der w.F. ist somit ein Maß für die Ungenauigkeit von Stichprobenergebnissen. Der w.F. des arithmetischen Mittels ist ungefähr zwei Drittel des →Standardfehlers. Dieses Verhältnis gilt für alle Statistiken mit ungefähr normalverteilten Stichproben-Verteilungen. *E. Mittenecker*

Wahrscheinlichkeit, [engl. *probability*], gibt die Sicherheit an, mit der ein Ereignis eintreten wird. In der Wahrscheinlichkeitstheorie wird dieser Begriff präzisiert, um aus der Wahrscheinlichkeit für einfache Ereignisse die Wahrscheinlichkeit von komplexeren Ereignissen berechnen zu können. Wenn beispielsweise die Wahrscheinlichkeit für die Geburt einer Tochter $p = 0.48$ ist, wie groß ist dann die Wahrscheinlichkeit, daß bei fünf Kindern genau ein Sohn und vier Töchter geboren werden? Bei der Definition von Ereignissen geht man i. d. R. von einem Stichprobenraum Ω aus, der alle Elementarereignisse $\{e_1 \ldots e_n\}$ eines Zufallexperiments enthält. Bei einem Würfelwurf wäre der Stichprobenraum $\Omega = \{1,2,3,4,5,6\}$. Es gibt unterschiedliche Möglichkeiten die Wahrscheinlichkeit eines Ereignisses zu definieren.

Gleichwahrscheinliche Elementarereignisse. Wenn alle n Elementarereignisse die gleiche Auftretenswahrscheinlichkeit besitzen, so ist die Wahrscheinlichkeit für das Ereignis e_i gleich $p(ei) = 1/n$. Beispielsweise ist die Wahrscheinlichkeit, mit einem ausblancierten Würfel eine 5 zu würfeln, gleich 1/6. Diese intuitiv leicht nachvollziehbare Definition ist allerdings auf gleichwahrscheinliche Ereignisse beschränkt und außerdem zirkulär, da sie von dem Begriff «gleiche Auftretenswahrscheinlichkeit» ausgeht.

Relative Häufigkeit bei unendlich oft wiederholbarem Zufallsexperiment. Eine ebenfalls eingängige Definition von Wahrscheinlichkeit für ein Ereignis e_i geht von dessen Auftretenshäufigkeit $n(e_i)$ bei N identisch wiederholbaren Zufallsexperimenten aus. Angenommen, bei einem nicht ausbalancierten Würfel seien die verschiedene Ausgänge nicht gleichwahrscheinlich, dann könnte man die Wahrscheinlichkeit für eine bestimmte Augenzahl e_i folgendermaßen definieren

$$P(e_i) = \lim_{N\to\infty} \frac{n(e_i)}{N}.$$

Das Problem bei dieser Definition ist jedoch, daß sie sich nur auf beliebig oft wiederholbare Zufallsexperimente anwenden läßt und so beispielsweise die sogenannte *subjektive Wahrscheinlichkeit* ausschließt, die auch bei nicht-wiederholbaren Zufallsexperimenten formuliert werden kann.

Axiomatische Definition von Wahrscheinlichkeit. KOLMOGOROFF definiert das Konzept der Wahrscheinlichkeit axiomatisch. Der Vorteil dieser axiomatischen Definition ist, daß sie sowohl auf subjektive Wahrscheinlichkeiten als auch auf ungleich wahrscheinliche Elementarereignisse anwendbar ist. Die drei Axiome dieser Definition sind:

- Axiom 1. Jedem Ereignis e_i wird eine positive Zahl $P(e_i) \geq 0$ zugeordnet. Diese Zahl heißt *Wahrscheinlichkeit* des Ereignisses e_i. In der Praxis entspricht diese Zahl oft der relativen Häufigkeit $\frac{n(e_i)}{N}$ des Ereignisses e_i; diese dient dann als eine Annäherung für die wahre Wahrscheinlichkeit $P(e_i)$.
- Axiom 2. Die Wahrscheinlichkeit für das sichere Ereignis Ω ist 1, d. h. $P(\Omega) = 1$. Das sichere Ereignis schließt immer alle Ausgänge eines Zufallsexperiments ein; z. B. alle Seiten bei einem Würfelwurf.
- Axiom 3. Für sich gegenseitig ausschließende (können nicht gleichzeitig auftreten) Ereignisse e_i und e_j ist die Wahrscheinlichkeit $P(e_i \cup e_j)$, daß entweder e_i oder e_j eintritt, $P(e_i \cup e_j) = P(e_i) + P(e_j)$.

Ein weiterer Vorteil dieser axiomatischen Definition von Wahrscheinlichkeit besteht darin, daß sie sich nicht nur endliche, sondern auch unendliche und überabzählbare Stichprobenräume einschließt. *R. Ulrich*

Wahrscheinlichkeit (sprachbezogen), in der →Sprachstatistik ermittelt man die Auftretenswahrscheinlichkeit von Sprachelementen und Elementenkombinationen durch Auszählungen in Stichproben, die so groß sind, daß die Häufigkeitsrelationen weitgehend stabil (textunabhängig) werden. Die so ermittelten W.unterschiede lassen sich im Sinne der →Informationstheorie als →Redundanz der Sprache oder der sprachlichen Mitteilung interpretieren. [L] GOLDBERG 1972 *H. E. Zahn*

Wahrscheinlichkeit-Lernen, ein Lerntyp, der in der *stimulus-sampling*-Theorie von ESTES (SST) eine Rolle spielt: Aus einem vorgegebenen Satz von Reaktionen *(responses)* hat die Vp eine zu wählen; pro Durchgang *(trial)* werden die einzelnen Reaktionen in einem vom Vl festgelegten Verhältnis verstärkt und nicht verstärkt und die Vp lernt die Wahrscheinlichkeit des Auftretens von Verstärkungen schätzen. [L] ESTES 1964; HILGARD & BOWER 1966 *R. Bergius*

Wahrscheinlichkeitssummation [engl. *probability summation*], der Begriff W. stammt von PIRENNE (1943). Ein schwellennaher visueller Reiz läßt sich leichter mit beiden als mit einem Auge entdecken, d. h., die binukolare Reizschwelle ist niedriger als jede der beiden monokularen Reizschwellen. PIRENNE (1943) schlug zur Erklärung dieses Phänomens die Hypothese der W. vor. Danach werden beide Augen als unabhängige Informationskanäle aufgefaßt. Der Reiz gilt als entdeckt, wenn mindestens in einem Informationskanal ein Signal vorhanden ist. Diese Erklärung ist besonders deswegen interessant, weil sie die Vorhersage der binokularen Entdeckungswahrscheinlichkeit aus den monokularen Entdeckungswahrscheinlichkeiten gestattet: Sei p_{LR} die binokulare Entdeckungswahrscheinlichkeit sowie p_L und p_R die monokularen Entdeckungswahrscheinlichkeiten für das linke bzw. rechte Auge, dann gilt unter der Voraussetzung, daß beide Kanäle den Reiz unabhängig voneinander verarbeiten,

$$p_{RL} = p_R + p_L - p_R \cdot p_L$$

woraus zu entnehmen ist, daß $p_{LR} \geq \max(p_R, p_L)$ immer gelten muß. Diese Relation nennt man WS. Von der WS. unterscheidet man die sog. «physiologische Summation». Eine Physiologische Summation liegt vor, wenn die neuronalen Aktivitäten in beiden Kanälen zu einer reaktionsbestimmenden Größe integriert werden. Die Hypothese der Wahrscheinlichkeitssummation wurde in zahlreichen Experimenten überprüft. In der Regel ist die empirisch bestimmte binokulare Entdeckungswahrscheinlichkeit größer als die aufgrund der WS. vorhergesagte, was eher für eine physiologische Summation spricht. Ähnliche Befunde wurden für auditive sowie für multimodale Stimulationen berichtet (FIDELL 1970, MILLER 1982). *R. Ulrich*

WAIS [T] WECHSLER

Wald, Abraham (1902–1950), rumän. Psychologe, Mathematiker, Statistiker an der Columbia Univ.

Wald-Wolfowitz-Test, ein nach seinen Autoren benanntes sequentielles Signifikanztestverfahren (→sequentieller Test)

Wand, Wandfestigkeit, Begr. aus der →topologischen und Vektor-Ps. von LEWIN. Wand ist die Grenze zwischen Teilregionen der Person, sofern sie bestimmte dynamische Eigenschaften hat. Diese bestehen in größerer oder geringerer Durchlässigkeit oder Festigkeit gegenüber Spannungen. Spannung in einer Teilregion (→gespanntes System) kann nur entstehen, wenn diese von einer Wand mit bestimmter Festigkeit umgeben ist, die dem Energieausgleich mit den umliegenden Systemen Widerstand entgegensetzt. Charakterologisch bedeutet Wandstärke die Fähigkeit zum Aushalten von Spannungen (Spannungsbogen, BÜHLER) und zu beherrschtem Handeln.

Ward-Hovland-Phänomen →Reminiszenz

Ward, James (1842–1925), amer. Philosoph, Psychologe an der Harvard-Univ.

Wärmeempfindung, eine durch →Temperaturpunkte vermittelte Sinnesempfindung

Wärmepunkte →Temperaturpunkte

Wärmeübung, eine Stufe im →Autogenen Training

Wärmezentren, die vorwiegend im vorderen Hypothalamus befindlichen Areale zur Koordination der Wärmeregulation. Die W. beeinflussen nicht nur die Bildung und Abgabe von Wärme, sondern auch alle energierelevanten Verhaltensweisen (z. B. Nahrungsaufnahme, Körperhaltung).

warming-up →Anwärm-Effekt

Warner-Index, Beurteilung des sozioökonomischen Status nach WARNER. Er entwickelte den «Index of Status Characteristics (ISC)», bei dem berufl. Status, Einkommen, Wohnsituation u. Wohnlage berücksichtigt werden. Der ISC galt für die US-Verhältnisse der 50er Jahre. [L] WARNER et al. 1949

Warner, William Lloyd (1898–1970), amer. Soziologe an den Univ. von Cambridge, Chicago und Michigan.

Wartezeiten, systembedingte →Systemresponsezeiten

Wasserbehälter [T] GIESE

Wasserfalleffekt, eine optische Bewegungsillusion (gegensinnige →Scheinbewegung, Bewegungssukzessivkontrast). Das Phänomen beschrieb schon ARISTOTELES, die Bez. W. erhielt es 1834 (ADDAMS). Vielseitig beobachtbar, z. B. fahrender Zug: Wasserlauf – sieht man weg auf eine helle Fläche, dann entsteht der Eindruck der Gegenläufigkeit. →Bewegungsnachbild. [L] PAULI & ARNOLD 1957

Wasserrad [T] MOEDE

Watson, John Broadus (1878–1958), Begründer des →«Behaviorismus». Zunächst Volksschullehrer i. South Carolina (in der Freizeit Rattenexperimente), dann Universität Chicago. 1903 Promotion. Leitung des Tier-Laboratorium d. Uni Chicago. 1908–1920 John Hopkins Universität (Baltimore)

Weber, Ernst Heinrich (1795–1878), Anatom, Physiologe / Leipzig

Webersches Gesetz (E. H. WEBER 1834), eine grundlegende Gesetzmäßigkeit der Wahrnehmungspsychologie. Es besagt, daß der Reizzuwachs, der eine eben merkliche Verstärkung der Empfindung bewirkt, in einem konstanten Verhältnis zu dem schon vorhandenen Reizbetrag besteht, die relativen →Unterschiedsschwellen also konstant bleiben. Diese Beziehung ist ausgedrückt in der Formel:

$$\frac{\Delta R}{R} = k$$

(konstant), wobei R die Größe des Ausgangsreizes ist und ΔR der Reizunterschied, der eine Veränderung der Empfindungsintensität bewirkt. Wenn z. B. eine Steigerung der Helligkeit bemerkt wird, wenn zu 100 vorhandenen Kerzen eine hinzukommt, so sind hierfür bei 200 Kerzen zwei, bei 300 Kerzen drei weitere erforderlich, da in diesem Fall

$$\frac{\Delta R}{R} = \frac{1}{100}$$

ist. Auf einem mittleren Bereich von Reizgrößen gilt das WEBERsche Gesetz in guter Annäherung, nicht jedoch bei sehr kleinen und sehr großen Reizstärken. →auch: BRETONsches Gesetz, FECHNERsches Gesetz. [L] FECHNER, PAULI & ARNOLD, WIRTH, WOODWORTH-SCHLOSBERG

Weberscher Stimmgabelversuch, erlaubt die Unterscheidung zwischen Mittelohrschwerhörigkeit und Innenohrschwerhörigkeit (→Hörstörungen). Der Griff einer schwingenden Stimmgabel wird auf die Mitte des Schädels gesetzt; bei Innenohrschädigung erscheint der Ton auf der gesunden Seite, bei Mittelohrschädigung auf der kranken.

Weber-Fechnersches Gesetz →FECHNERsches Gesetz, →WEBERsches Gesetz

Web-Experiment [engl. *web* Netz], Form des psychologischen →Experiments im World Wide Web, dem graphischen Teil des Internet. Eine Versuchsperson in einem Web-Experiment nimmt zur Teilnahme von ihrem Computer aus über die graphische Oberfläche ihrer WWW-Software, einem Web-Browser,

Kontakt auf zum Laborcomputer, auf dem ein sogenanntes Web-Server-Programm läuft. Das Experimentalmaterial wird vom Servercomputer über das Internet auf den Bildschirm der Versuchsperson geschickt. Bestimmte Handlungen der Versuchsperson, etwa Mausklicks und -bewegungen, Texteingabe oder Dokumentabfragen, aber auch Ton- und Videosignale können vom Web-Server zusammen mit Antwortzeiten, Name und Standort des Computers der Versuchsperson und Art des verwendeten Web-Browsers aufgezeichnet und auf vorbestimmte Weise beantwortet werden. Wegen einiger methodologischer und praktischer Vorzüge wird die Methode des Web-Experiments in jüngster Zeit als Ergänzung des methodischen Repertoires der Psychologie verstärkt eingesetzt. [L] REIPS 1997 *U.-D. Reips*

Wechselverhältnis zwischen Konzentration und Distribution, ein Grundsatz, nach dem wir Vorgänge um so aufmerksamer beachten, je weniger Eindrücke im Augenblick vorliegen

Wechselwirkung [engl. *interaction* Interaktion], von einer W. wird gesprochen, wenn sich zwei oder mehrere unabhängige Variablen in ihrem Einfluß auf eine abhängige Variable gegenseitig beeinflussen, wenn also die Wirkung einer unabhängigen Variablen auf die abhängige Variable bei einer Veränderung in einer oder mehreren weiteren unabhängigen Variablen wechselt. Derartige W. können u. a. mit Hilfe der komplexen →Varianzanalyse festgestellt werden. Nach der Zahl der unabhängigen Variablen, zwischen denen eine W. besteht, unterscheidet man zwischen W. verschiedener (erster, zweiter etc.) Ordnung. →Interaktion, →Interaktionismus *G. Mikula*

Wechselwirkung, psycho-physische [engl. *interrelationship*], →Leib-Seele-Problem

Wechsler →Intelligenz-Abbau, →Intelligenz-Struktur, →Intelligenztests. [T] WECHSLER

Wechsler, David (1896–1981), rumän. Psychologe, Psychiater / New York

Weckamine, leistungssteigernde und das Müdigkeitsgefühl beseitigende Pharmaka aus der Gruppe der →Amphetamine. Wichtiges W. sind →Methamphetamin (Pervitin®) und →Amphetamin (Benzedrin®) (nur in den USA im Handel). *W. Janke*

Weckaminpsychosen, die durch Mißbrauch von →Weckaminen hervorgerufenen Störungen.

Weckreaktionszentrum, Wecksystem →Formatio reticularis

Weckschwelle, bei Schlaftiefenmessungen die Reizschwelle, die nötig ist, um den Schlafenden aufzuwecken.

Wehrpsychologie, Teilgebiet der angewandten Ps., das sich im weitesten Sinne mit den ps. Anforderungen des Wehrdienstes befaßt und nicht mehr wie in den Anfängen (seit dem Ersten Weltkrieg) vornehmlich auf die Feststellung der Eignung für die verschiedenen militärischen Verwendungen beschränkt ist. Die Entwicklung der W. verläuft weitgehend parallel mit der Differenzierung der angewandten Ps. Auftrag und Einsatzschwerpunkte der W. richten sich nach der jeweiligen Bedarfssituation in den Streitkräften und nach der Leistungsfähigkeit der ps. Erkenntnismittel. So gelang es bereits ab 1915 amerikanischen Psychologen ([T] YERKES, GODDARD, TERMAN), rd. 1,75 Mio. Wehrpflichtige mit Hilfe des Army Alpha Tests (später: Army General Classification Test) den Erwartungen der Truppe entsprechend zu selektieren. Eine vorübergehende Vorrangstellung genoß die deutsche W. zwischen den beiden Weltkriegen auf eignungsdiagnostischem Gebiet durch Einführung lebensnaher Situationstests (u. a. «Befehlsreihe») und durch subtilen Ausbau der individual-diagnostisch bedeutsamen Charakterkunde (LERSCH, RUDERT, ECKSTEIN, SIMONEIT), was bei zu geringer Beachtung forschungsstatistischer Erfordernisse zugleich ihre Schwäche war. Als Folge der rapiden Entwicklung moderner Führungs- und Waffensysteme mit erhöhten Anforderungen an Wehrtechnik, Logistik und Infrastruktur und mit der notwendigen Anpassung der Streitkräfte an leistungsorientierte Gesellschaftssysteme ergaben sich nach dem Zweiten Weltkrieg z. T. neuartige Aufgabenstellungen für die W., die je nach Tradition und Organisation in den einzelnen Ländern unterschiedlich gewichtet werden.

Zwischen den Wehrpsychologen der westlichen Welt, einschließlich bündnisfreier Länder, besteht ein z. T. vertraglich geregelter enger Erfahrungs- und Informationsaustausch, in den vornehmlich folgende Hauptbereiche einbezogen sind:

(1) Personalpsychologie:

a) Eignungs- und Verwendungsprüfungen bei Wehrpflichtigen, Freiwilligen und Offizieranwärtern mittels Paper/Pencil- und Funktionstests (Reaktionsprüfungen, Funk-, Signal-, Sonartests), die maschinell ausgewertet und u. a. zur Bewährungskontrolle gespeichert werden, was ein leistungsfähiges, der W. zugeordnetes, EDV-Informationssystem voraussetzt.

b) Ps. Prüfungen und Untersuchungen für spezielle militärische und/oder zivile Tätigkeiten (Spezialistenauslese, Laufbahnwechsel, berufliche Umschulungsmaßnahmen) unter Verwendung von Intelligenz-, Leistungs- und Persönlichkeitstests.

(2) Flieger- und Flugpsychologie:

Auswahl von Piloten, Kampfbeobachtern, Flugsicherungspersonal (u. a. mit Hilfe komplexer psychomotorischer Instrumentarien auf flugsimulatorischer Basis); Entwicklung fliegerischer Trainingstechnologien; experimentelle Psychophysiologie in Verbindung mit fliegerischer Beanspruchung; klinische Flugps. bei Flugausfällen, -ängsten, -phobien; Flugunfallforschung.

(3) Psychologische Ergonomie:

Im Verbund mit der med. und techn. →Ergonomie (Anthropotechnik, *human factors engineering*) Erarbeitung von Grundlagen und Richtlinien für Entwicklung und Erprobung von Waffen und Geräten (ergonomische Normen z. B. für Schiffe, Landfahrzeuge, Luftfahrtgerät); Optimierung von Bedienungselementen und Steuereinrichtungen hinsichtlich der menschl. Leistungsfähigkeit; Belastungs- und Arbeitsablaufanalysen zur Wirkungsgradsteigerung des Regelkreissystems Mensch-Maschine.

(4) Klinische Psychologie:

Klinisch-ps. Anamnesen und Therapievorschläge z. B. bei Versagens- und Versagungszuständen mit psychosomatischer Symptomatik; Rehabilitationsmaßnahmen insbes. bei ps. bedingtem Leistungsabfall hochbeanspruchter Spezialisten wie U-Boot- und Taucherpersonal, Kampfschwimmer, Piloten; Streßforschung, sensorische Deprivationsprobleme etwa in verbunkerten Fernmeldeanlagen usw.; Früherkennung gefährdeter und gefährdender Persönlichkeitsstrukturen (Disziplinarausfälle, Risikoverhalten).

(5) Sozialpsychologie:

Untersuchungen der mitmenschl. Beziehungen in der Truppe (Gruppenkohäsion, -dynamik, -interaktion), Führungsstile, der Motivierung des Verhaltens in Extremsituationen; Erstellung von Situationsanalysen bestimmter Laufbahngruppen, Untersuchungen abweichenden Verhaltens; Einstellungsuntersuchungen beispielsweise zum Wehrdienst, Sozialisations- und Meinungsforschung zur Bestimmung des Verhältnisses von Streitkräften und Gesellschaft.

(6) Ausbildungspsychologie:

Entwicklung und Überprüfung von Ausbildungsmethoden, vor allem bei besonders kostenintensiven Ausbildungsgängen (Piloten, Raketenpersonal), rationelle Unterrichtsgestaltung, programmiertes Lernen; Messung des Leistungsstandards militärischer Einheiten in verschiedenen Ausbildungsstadien.

• Ergebnisse wehrpsychol. Projekte werden in militärischen Fachzeitschriften sowie in speziellen Publikationsorganen wie in der BRD «Wehrpsychologische Untersuchungen» referiert. [L] Ansbacher 1949, Flik 1969, Mitze 1971, Rieffert 1922, Simoneit 1933

Weilburger Schultest [T] Hetzer-Tent

Weiterbildungsmotivation, ist Teil allgemeiner →Motivation. →Weiterbildung wird häufig mit freiwilliger Teilnahme angeboten, daher erhält eine intrinsisch angelegte Motivation eine besondere Bedeutung für die Anmeldung zu entsprechenden Bildungsangeboten (Motivation zur Weiterbildung, Zugangsmotivation, Weiterbildungsbereitschaft oder allgemeiner Bereitschaft zur Veränderung, →Bildung). Motivation während der Weiterbildung (Leistungs-, Einsatzmotivation) deckt sich oft mit Lernbereitschaft aus dem schulisch geprägten bzw. external kontrollierten Bereich, bezieht sich jedoch gerade in der klassischen →Erwachsenenbildung (z. B. des Volkshochschulbereichs) auf eine Anschlußthematik (soziale Kontakte) oder im beruflichen Bereich auf die Verbesserung des sozialen Status (z. B. der Funktion bzw. der finanziellen Anerkennung), also eher auf soziogene Aktivatoren. Berufliche Weiterbildung (Fortbildung) wird in großem Umfang durch Betriebe (private und öffentliche) für die eigenen Mitarbeiter angeboten. Hierbei ist der Teilnehmerschwund *(Dropout)* in zeitlich verteilten Veranstaltungen geringer als im privat-freiwilligen Bereich, in dem viele Teilnehmer durch Werbung, finanzielle Individualförderung und individuelle Beratung interessiert werden müssen und nur zum Teil gehalten werden können. [L] Milbach 1991, Sarges & Fricke 1986, Seidel 1983

W. Echterhoff

Weitsichtigkeit →Hypermetropie

Weltanschauungstypen →Typologie

Welt-(Spiel-)Test [T] BÜHLER, LOWENFELD

Werbepsychologie [engl. *ps. of advertising*], Teilgebiet der →Wirtschaftspsychologie innerhalb der angew. Ps. Die Aufgabe der W. ist es, die ps. Grundlagen der Werbung zu analysieren und die Wirkungsweise von Werbungen zu prüfen. Die Analyse der Werbung bezieht sich auf fünf Hauptgebiete: Werbeansatz (Warenbezug, Zielsetzung, Zielgruppen und -gebiete), Werbeverfahren (Werbegattungen, -mittel, -träger), Gestaltungsmerkmale (Werbegestalt, Werbeformung, Werbestützung), Beeinflussungsforschung (informierende und suggestivierende) und Rufcharakteristik (Werbe-Image, Werbewiderstände, Ps. der Werber). Im Unterschied zur vorwiegend allgemeinen ps. Werbeanalyse beschäftigt sich die ps. Werbeprüfung mit der Kontrolle der Werbeauswirkung hinsichtlich der Ansprechbarkeit (intellektuelle, emotionale etc. Reichweite) des umworbenen Publikums für Werbungen, der Wirkungsbreite (Nachwirkungen, Nebenwirkungen, Motivierungswandel) und der Aktivierung (Kenntnisse, Einstellungen, Handlungen) durch Werbungen. Die Methoden der W. (Interview-Techniken, Verhaltensregistrierungen, Sekundärinterpretationen, biotische Verfahren, projektive Tests und experimentelle Verfahren) werden für retrospektive und prognostische Zwecke der Werbeerfolgskontrolle eingesetzt. [L] FISCHER-KOESEN 1967, HOLZSCHUHER 1956, SPIEGEL 1958, v. ROSENSTIEL & NEUMANN 1991

H. Benesch

Werkaspekt (BÜHLER) →Aspekt

Werkpsychologie, Ps. des Werkes, d. h. der aus den menschlichen Werken (in der Wissenschaft, Kunst, Wirtschaft, Musik usw.) erschließbaren psychologischen Gegebenheiten (schöpferisches Schaffen, individueller und konstitutioneller Ausdruck u. a. m.) • W. ist auch Bez. für Leistungsps. →Psychologie (Richtungen)

Werktherapie →Arbeitstherapie

Werkzeichnungen ordnen [T] HUTH

Werkzeugrahmen [T] GIESE

Werkzeugstörungen, Minderung körperlicher Funktionen in einem Teilbereich (Sprache, Denken). →Teilleistungsschwächen, →Sprachstörungen, →Dysarthrie

Wernicke, Carl (1848–1905), Psychiater, Neurologe / Breslau, Halle

Wernickesches Zentrum, sensorische Sprachregion, posteriores Sprachzentrum, Area 22, Hirnrindenbereich der dominanten (meist linken) Hirnhälfte, insbes. im rückwärtigen Abschnitt der ersten Schläfenwindung (oberer posteriorer Temporallappen, →Gehirn), dessen Schädigung nach der zuerst von WERNICKE gemachten Beobachtung zu einer extremen Störung des Sprachverständnisses führt (sensorische →Aphasie), wobei das spontane Sprechen der Patienten aber erhalten bleibt. Nach neueren Untersuchungen ist das W. aber keineswegs ausschließlich für die Sprachperzeption notwendig, sondern auch für die Sprachproduktion in Zusammenarbeit mit dem →BROCA-Areal. →BROCAsche Windung

C. Becker-Carus

Wert, eine nur aus der Beziehung eines Subjekts zum Objekt zugefügte und vom Subjekt als besondere Einschätzung erlebte Eigenschaft; keine objektive Eigenschaft an sich. Den Wertbegriff führte LOTZE in die Philosophie ein. Formal sind unterscheidbar (Wertarten): positiver, negativer, relativer, absoluter, bedingter, unbedingter, subjektiv bedingter Wert. Nach inhaltlicher Unterscheidung gibt es logische, ethische, ästhetische Werte (das Wahre, das Gute, das Schöne). • Fragestellungen der Ps. sind etwa die nach der Entstehung von Wertsystemen, wieweit diese im Menschen angelegt oder erworben sind, ebenso alle Probleme des Werterlebens und die Vorgänge bei Wertungen, womit wiederum die individuelle Wertorientierung und ebenso der Aufbau der dem Individuum (den Gruppen, Kulturen usw.) eigenen Wertsysteme verbunden ist. Die von LERSCH (1962) unterschiedenen Antriebe beziehen sich auf Lebens-, Bedeutungs- und Sinnwerte. Werthaltung und Wertorientierung sind Bez. für verfestigte Wertungen oder Gesinnungen. Werte sind nach KLAGES (1977) situationsübergreifende objektunspezifische Orientierungsleitlinien zentralen Charakters, die den Systeminput einer Person (ihre Wahrnehmungen) wie auch die in ihr ablaufende Inputverarbeitung selektiv organisieren und akzentuieren und gleichzeitig auch ihren output, d. h. ihr Reaktions- oder Verhaltensschema regulieren.

Wertanalyse, eine Form der →Inhaltsanalyse, die z. B. von WHITE auf die Propaganda von Hitler und Roosevelt angewandt worden ist.

Wert, assoziativer →assoziativer Wert

Wertbildung, geschieht sowohl durch Imitation und Internalisation fremder Wertvorstellungen und Werte von frühester Kindheit an als auch durch graduelle positive bis negative, z. T. konditioniert entstandene Eigenerfahrungen des Individuums mit seiner mitmenschlichen und objektnahen Umwelt. W. ist ein wesentlicher Teil der →Sozialisation. Allen Arten der W. gemeinsam ist die affektiv-emotionale Befindlichkeit des Individuums während des Aufbauens von Werthaltungen und Werten. M. EBERHARDT beschreibt am ausführlichsten die Komplexität von Wertentstehung und führt den Begr. der «Werttonbewegung» ein: Das auffälligste Glied oder Element eines Erlebenskomplexes zieht den positiven oder negativen Wertton des Gesamtkomplexes auf sich und tönt (im Unterbewußten des Individuums) neue Erlebenskomplexe entsprechend ein, wenn es in ihnen auftaucht (inzwischen durch den Verf. exp. belegt). Auf diese Weise bilden sich Haftwerte und andere Wertekategorien. OERTER (1966) untersuchte die Entwicklung von Werthaltungen während der Reifezeit. Die W. und die Entwicklung des moralischen Urteils werden von PIAGET, KOHLBERG und BRUNER in Zusammenhang mit der kognitiven Entwicklung gebracht. →Wertforschung

Werte, [engl. *score*], in der exp. Ps. und der ps. Diagnostik sind W. quantitative Dimensionen, die etwas über die Vp aussagen.

Werte, in der Form der individuellen Werthaltungen von KLUCKHOHN (1951) sind W. definiert als eine explizite oder implizite, für ein Individuum oder eine Gruppe charakteristische Konzeption des Wünschenswerten, welche die Auswahl unter verfügbaren Handlungsarten,- mitteln und -zielen beeinflußt. Diese häufig kritisierte Formulierung (GRAUMANN & WILLIG 1983) wird aber auch in der neueren Literatur nicht durch konsensfähigere Definitionen ersetzt. In der Regel werden W. in der Psychologie eher als Maßstab denn als Gut definiert. Die Erfassung von Werten erfolgt meist über Werteinventare (ROKEACH 1973, INGLEHART 1977, SCHWARTZ 1993). Vor allem die großangelegten Studien von SCHWARTZ (1992) und die international replizierbaren Wertdimensionen bestimmen derzeit Auswahl und Verfahren in der Werteforschung. Das durch INGLEHART (1977) initiierte und in Deutschland durch KLAGES (1988) fortgeführte Thema des Wertewandels – von materialistischen zu postmaterialistischen Wertvorstellungen – hat sich in dieser Schärfe zwar empirisch nicht bestätigen lassen, dennoch gibt es Belege für eine Wertverschiebung. Die Kernthese INGLEHARTS, wonach es erhebliche Unterschiede zwischen der Generation vor 1945 und der Nachkriegsgeneration gibt, da zum einen die Vorkriegs-und Kriegsgeneration bei materiellen Gütern erhebliche Defiziterlebnisse hat (Mangelhypothese), zum anderen die Nachfolgegeneration in Zeiten relativen Wohlstandes aufwuchs (Sozialisationshypothese), zeigt sich vor allem darin, daß bestimmte materialistische Werte ihre Priorität verlieren, keineswegs aber vollständig aus dem Wertebewußtsein verschwinden. Die Beziehung zwischen Werten und Handlungen sind eher von theoretischem Interesse und lassen sich in empirischen Untersuchungen als gesicherte Ergebnisse kaum wiederfinden. Das Erlernen von Werten und →Normen – als dem zentralen Thema der Sozialisationsforschung (HURRELMANN 1993) – bleibt als theoretisch und empirisch zu bewältigendes Problem eine Daueraufgabe mit interdisziplinärem Anspruch. *B. Six*

Werteinstellungs-Test **[T]** ROTH

Wertforschung, leitet sich zunächst aus der philosoph. Betrachtungsweise her, ist jetzt aber stärker im Bereich der Sozialwissenschaften und in geringerem Maße in der Ps. anzutreffen mit den Zielen, Verhaltensweisen von Gruppen und Individuen unter dem Aspekt der Werte als Handlungsregulative aufzuhellen und vorherzusagen, wobei vorwiegend Fragebogen- und Schätzverfahren als Meßinstrumente verwendet werden. • Forschungsgegenstände sind überwiegend die normativen Wertvorstellungen und ihre Wirkungen auf Verhaltens- und Handlungsregulative im Rahmen des von der Gesellschaft Erwarteten und Akzeptierten; gelegentlich auch differentielle Individualuntersuchungen konkreter, objektgerichteter Werte des Gewünschten und Abgelehnten. **[L]** PARSONS 1968, THURSTONE 1959, VERNON 1968. KÖHLER 1968, ALLPORT 1968, v. CRANACH-IRLE-VETTER 1965, EBERHARDT 1950, FRIEDRICHS 1968, GRAUMANN 1965, KMIECIAK 1977

Werthaltung →Einstellung, →Gesinnung

Wertheimer-Gestaltps. →Berliner Schule, →Gestaltps.

Wertheimer, Max (1880–1943), Psychologe (Gestalt, produkt. Denken) / Berlin, Frankfurt, New York

Wertigkeit →Valenz

Wertmaßstäbe, in Philosophie und religiösen Ethiken verstanden als kollektive Ausrichtung menschlicher Entscheidungen und Handlungen an vorgegebenen Regeln, die in einem dem Menschen entzogenen, idealisierten Raum festgelegt sind. Die erste systematische Diskussion des Wertbegriffs z. B. in der Soziologie hat zu dem heute häufig gebrauchten Begriff der Normen menschlichen Sozialverhaltens geführt.

Wertprobleme, in der ps. Forschung bewegen sich W. um das Erkennen von individuellen (individuell unterschiedlichen) sowie kollektiven Werten und Wertorientierungen und deren Wirksamsein in Verhalten und Handeln. Die definitorisch notwendige Unterscheidung «Wert» oder «Wertorientierung» von «Attitüde», «Normen», «Motivation» und «Ziel» wird dabei herausgestellt. Attitüden sind auf bestimmte Objektheiten gerichtet. Werte (-orientierungen) sind vorbewußte Vorstellungen oder affektiv gelagerte Verhaltenspotentiale, die wiederum Attitüden beeinflussen können (THURSTONE 1959). Werte und Attitüden bleiben unbewußt, sind aber rationalisierbar. →attitude, →Einstellung

Wertpunkt, die nicht mehr sehr häufig verwendete Transformation von Testrohwerten in Normwerte. Dabei wird vom Mittelwert = 10 und Streuwert = 3 ausgegangen. Die Wertpunktnormierung wird z. B. bei HAWIE und HAWIK verwendet.

Wertpunktskala (WECHSLER) →Normskalen

Wertung, die Einschätzung eines Gegenstandes nach seinem Wert oder Unwert, nach ihren Gründen entweder mehr unmittelbar und unreflektiert (emotionale Wertung) oder durch Überlegung (intellektuelle Wertung) gewonnen.

Wertwandel, die seit Ende der 60er Jahre v. a. von INGLEHART (1977) sowie KLAGES und KMIECIAK (1979) vertretene Auffassung einer durchgreifenden Änderung materialistischer in postmaterialistische Werte in westlichen Industriegesellschaften. Während sich materialistische Werte hauptsächlich auf Arbeitstugenden, phys. und ökon. Sicherheit, auf Selbstbeherrschung und Sparsamkeit beziehen, dominieren bei postmaterialistischer Wertorientierung Partizipationsbedürfnisse, Gruppenzugehörigkeit und Solidarität, Selbstverwirklichungstendenzen und hedonistische Lebensweisen. Die zur These eines W. vor allem an Jugendlichen und jungen Erwachsenen durchgeführten Untersuchungen (JAIDE 1983) blieben nicht ohne Widerspruch. Kritisiert wurde u. a. die schmale, nicht sehr zuverlässige empirische Datenbasis des behaupteten W., die ungenügende Trennung von Kohorten-, Lebenszyklus- und aktuellen wirtschaftlichen Anpassungseffekten sowie der zu kurze Erhebungszeitraum für die angestellten Vergleiche (lediglich 6–8 Jahre, keine wirklichen Längsschnittstudien). • In der gegenwärtigen Situation einer fundamentalen Umstellung von Produktionsbedingungen und weltweiten Marktverhältnissen (Globalisierung), verbunden mit einem dramatischen Anstieg der Arbeitslosenzahlen und einer schmerzhaften Reduktion gewohnter Leistungen des sozialen Sicherungssystems, hat die sozial- und gesellschaftspolitische Diskussion um Arbeits- und Freizeitwerte viel von ihrer ursprünglichen Bedeutung verloren (JÄNICKE 1992). Zu diesem Bedeutungsverlust beigetragen haben die wechselseitigen Einflußnahmen und Durchmischungen von Arbeits- und Freizeitorientierungen. Wertkriterien wie Autonomie und Eigenverantwortung, Spaß und Zufriedenheit, Sinnerfüllung und Engagement gelten heute als weithin anerkannte Gesichtspunkte für die Beurteilung der Attraktivität von Arbeitsplätzen und Berufstätigkeit (OPASCHOWSKI 1989, 1993).

Auf der anderen Seite werden Freizeittätigkeiten instrumentell ausgeübt, spielen leistungsbezogene Dimensionen wie körperliche Fitneß, Gesundheitsvorsorge bzw. effektive Erholung und berufliche Rehabilitation eine große Rolle für die Bestimmung des Freizeitwertes. Hinzu kommen Status- und Prestigefaktoren zur gesellschaftlichen Einordnung der präferierten Freizeittätigkeiten sowie auf der personalen Ebene Einschätzungen unter dem Aspekt der «Glücksmaximierung» und Selbstverwirklichung (GEORG 1995). *G. Winter*

Wesen [gr. *usia,* lat. *essentia*], vieldeutiger Begr.: (1) Einzelding, das lebend oder als lebend denkbar ist; (2) Eigenart, Sosein eines Dinges; (3) das eigentliche Sein im Ggs. zum Schein; (4) das Allgemeingültige (das Wesentliche) als Idee und Sinngehalt.

Wesenseigenschaft →Eigenschaften

West Yorkshire Group Test of Intelligence [T] TOMLINSON

WET [T] WARTEGG

WETR [T] BÜHLER-HETZER

Wettlaufmodell [engl. *race model, seperate-activition model*]. Die ursprüngliche Idee des W. geht auf RAAB (1962) zurück. Es erklärt das Phänomen, daß einfache →Reaktionszeiten bei der gleichzeitigen Darbietung zweier Signale (S_x und S_y) kürzer sind als bei der Darbietung nur eines Signals (nur S_x oder nur S_y). Das W. kann man mit drei Annahmen charakterisieren: (a) Jedes Signal wird in einem separaten Kanal verarbeitet. (b) Die Verarbeitungszeiten X und Y von S_x und S_y sind Zufallsvariablen. (c) Das Signal, das zuerst verarbeitet ist, löst die motorische Reaktion aus. Die Reaktionszeit RT_{sy} in der Doppelsignalbedingung entspricht daher der kürzeren Verarbeitungszeit von X bzw. Y zuzüglich einer motorischen Verarbeitungszeit B, d. h. $RT_{sy} = \min(X,Y) + B$. Wird nur S_x bzw. S_y dargeboten, so gilt ensprechend: $RT_x = X + B$ bzw. $RT_y = Y + B$. Das W. sagt nun kürzere Reaktionszeiten in der Doppelsignalbedingung vorher, da der Erwartungswert $E[\min(X,Y)]$ des Minimums von X bzw. Y kleiner oder zumindest gleich groß sein muß wie der Erwartungswert der Verarbeitungszeit für den schnellsten Kanal: $E[\min(X,Y)] \leq \min(E[X], E[Y])$. Diese Eigenschaft wird in der Literatur auch als statistische Erleichterung bezeichnet. **[L]** COLONIUS 1986, ULRICH & GIRAY 1986 *R. Ulrich*

Wettstreit der Sehfelder →Sehwettstreit

w-Faktor, SPEARMANS «will»-Faktor, →Faktorenanalyse

WFMH, Abk. für *World Federation for Mental Health* →Psychohygiene

WFT **[T]** SCHUBERT

WFT **[T]** WARTEGG

WGTA, Wisconsin General Test Apparatur

Wherry-Doolittle-Verfahren, ein statistisches Selektionsverfahren, mit dem aus einer Anzahl von →Prädiktoren die geeignetsten zur Vorhersage eines Kriteriums ausgewählt werden können. Dieses Verfahren wird z. B. erfolgreich in der Testkonstruktion angewandt, wenn es darum geht, aus einer Testbatterie diejenigen Untertests herauszusuchen, die zur Voraussage einer Kriteriumsvariablen eingesetzt werden können. →multivariate Statistik. →Diskriminanzanalyse *G. Lüer*

Wherry, Robert James, Sr. (*1904), Psychologe, Psychometrik / Ohio State Univ.

Whitney, Donald Ransom (*1915), amerik. Statistiker

WHO, Abk. für →World Health Organization

Whorf-Hypothese →SAPIR-WHORF-Hypothese

Widerspruch, das Verhältnis zweier Urteile, die Entgegengesetztes behaupten und daher nicht beide zugleich wahr sein können; eines von beiden muß wahr und eines falsch sein (Satz vom Widerspruch).

Widerstand, der von FREUD eingeführte Begr. bezeichnet die Kraft, die sich beim Patienten während der psychoanalytischen Behandlung der Bewußtmachung der verdrängten, aus dem Es stammenden Wünsche und Bedürfnisse sowie der verdrängten aus dem Über-Ich stammenden Schuldgefühle entgegensetzt. Dieser W. gegen das Bewußtmachen des Verdrängten ist dabei letztlich ein W. gegen das Wirksamwerden der Behandlung. Die Analyse des W. ist (neben der Analyse der Übertragung) das Kernstück der psa. Behandlung und damit ein Kriterium zur Unterscheidung der tiefenps. von der nichttiefenps. Psychotherapie. Unter verschiedenen Begriffen wird allerdings auch in anderen Therapieformen W. vermehrt Beachtung geschenkt. Generell gilt, daß weniger W. auftritt, wenn Therapeuten methodisch und interaktionell flexibel sind, daß ein gewisses Maß an W. aber auch als Zeichen einer ernsthaften Auseinandersetzung gewertet werden und mit guten Therapieergebnissen einhergehen kann.

Wiederaufnahme von unterbrochenen Handlungen, bei Handlungsexperimenten, die von K. LEWIN angeregt waren, untersuchte OVSIANKINA die Wirkungen, die das Unterbrechen einer Handlung zeitigt. Es ergab sich eine deutliche Tendenz zur Wiederaufnahme der u. H., wenn das Handlungsziel, das die Vp sich gesteckt hatte, noch nicht erreicht war. Da LEWIN jedem objektiven →Bedürfnis bzw. →Quasi-Bedürfnis, das Voraussetzung zu einer Handlung ist, ein →gespanntes System zuordnet, erklärt sich die Tendenz zur W. aus der Spannung des zugeordneten Systems, welches in LEWINS →topologischer und Vektor-Ps. ein →Vektor ist, der auf die W. oder auf entsprechende Ersatzhandlungen gerichtet ist und nach deren Abschluß mit der Spannung des Systems verschwindet. B. ZEIGARNIK zeigte, daß sich das Bestehenbleiben eines gespannten Systems bei Unterbrechung von Handlungen auch gedächtnismäßig in einer bevorzugten Erinnerung an die u.H. äußert (ZEIGARNIK-Effekt, Z.-Quotient). Neu wurde erkannt, daß der Effekt situationsabhängig ist. **[L]** OVSIANKINA 1928, ZEIGARNIK 1927, GREEN 1963

Wiedererkennung, in der →Forensischen Ps. Wiedererkennung des Täters einer strafbaren Handlung, meist auf Grund seines Aussehens, gelegentlich aber auch von Stimme und Sprechweise, meist im Wege der Gegenüberstellung im Rahmen einer Wahlkonfrontation.

Wiedererkennungsmethode, diejenige Methode bei den diagnostischen u. a. Verfahren, die Objekte (Bild, Wort, Ton usw.) darbietet und diese später aus einer Reihe von gleichzeitig mitgegebenen Objekten herausfinden läßt. →Gedächtnismethoden

Wiederholungszwang, (allg.) Neigung des Menschen, Handlungen, Gewohnheiten usw.

mit gewisser Lustbetonung zu wiederholen. Bei absichtlichem Unterlassen der betreffenden Handlung erfolgt Unruhe, Hemmung. Von FREUD eingeführter Begr. zur Kennzeichnung des generellen formalen Phänomens im Erleben und Verhalten des Neurotikers. Der W. ist eine scheinbar persönlichkeitsfremde Kraft im Leben des Neurotikers, die ihn dazu zwingt, immer wieder in dieselbe ungünstige Situation zu geraten, immer wieder dieselben leidvollen Erfahrungen zu machen und immer wieder dieselben zum Mißerfolg führenden Handlungen auszuführen. Der W. erzwingt die Wiederholung eines Traumas und bedingt die Fixierung an spezifische bionegative Erlebens- und Verhaltensformen.

Wiederverstärkung →bedingter Reflex

Wiener Determinationsgerät, Wiener Koordinationsgerät [T] KLEBELSBERG

Wiener kinderpsychologische Schule, Ch. BÜHLER & H. HETZER 1922–1938. [L] HETZER 1982

Wiener, Norbert (1894–1964), am. Mathematiker, Harvard-Univ. → SHANNON

Wiener Schule, ps. bzw. tiefenps. Richtungen, die von FREUD (erster) über ADLER (zweiter) zu FRANKL (dritter Schule) reichen. • Der Kreis um Charlotte BÜHLER (zwanziger Jahre). • Eine Philosophengruppe um M. SCHLICK, R. CARNAP u. a. (logizistisch-empiristische Wissenschaftslehre).

Wiener Schulreifetest [T] KARS-SEYFRIED

Wiggly Block [T] O'CONNOR

Wilcoxon-Test, ein nichtparametrischer Signifikanztest zur Prüfung der Unterschiede der zentralen Tendenz zweier abhängiger Stichproben.

Die Anwendung des W.-T. setzt Ordinalvariablen voraus. Es werden die Differenzen der zusammengehörenden Maßzahlen gebildet und nach ihrer absoluten Größe in eine Rangreihe gebracht. Aufgrund des (ursprünglichen) Vorzeichens der Paardifferenzen werden die Rangplätze in zwei Gruppen geteilt. Die Rangplatzsumme T der kleineren Gruppe wird auf ihre Abweichung vom Erwartungswert

$$T_{pop} = \frac{N\,(N+1)}{4}$$

geprüft. Für kleinere Stichproben sind die kritischen Werte von T tabelliert, für größere Stichproben (N>25) erfolgt die Signifikanzprüfung über die Normalverteilung. *G. Mikula*

Wilcoxon-White-Test, ein nichtparametrischer Signifikanztest zur Prüfung der Unterschiede der zentralen Tendenz zweier unabhängiger Stichproben.

Seine Anwendung setzt Ordinalvariablen voraus. Die Meßwerte beider Stichproben werden in eine Rangreihe gebracht. Die Rangplatzsumme T der Stichprobe mit dem kleineren Umfang (N_1) wird auf ihre Abweichung vom Erwartungswert

$$T_{pop} = \frac{N_1\,(N+1)}{2}$$

geprüft. Für kleinere Stichproben liegen die kritischen Werte von T tabelliert vor, für größere (N>25) erfolgt die Signifikanzprüfung über die Normalverteilung. *G. Mikula*

Wilden-Test [T] SEGUIN

Wille, insbes. in der deutschsprachigen Psychologie des frühen 20. Jahrhunderts war die theoretische und empirische Analyse des Willens ein zentrales Thema. Bei WUNDT ist die Willensbetätigung stark an bestimmte Gefühlsverläufe gebunden. Erregungs-, Unlust- und Spannungsgefühle gehen einer Willenshandlung voran, Lösungsgefühle markieren den Endpunkt einer Willenshandlung (sog. einfache Willenshandlung). Bei den vollständigen Willenshandlungen (→Willkürhandlungen, →Wahlhandlungen) geht zusätzlich eine Phase der Entschließung oder Entscheidung voran, die sich durch die entsprechenden Gefühle ebenfalls dem Erleben mitteilen. MEUMANN betonte nicht so sehr diese gefühlsmäßigen, sondern die kognitiven Bestimmungsstücke von Willenshandlungen: die Zielvorstellung, das zustimmende Urteil dazu und die Herbeiführung der Handlung durch Zielvorstellung und Zustimmung. ACH sieht den Willen an zwei Stellen in einem Handlungsverlauf tätig: bei der Bildung einer Absicht (bei der Entschlußfassung) und bei der Herbeiführung und Ausführung der entsprechenden Handlung. Diese Ausführungstendenz, die Zielvorstellung tatsächlich in Handlungen umzusetzen, hat ACH als «Determinierende Tendenz» bezeichnet. Diese Determinierende Tendenz stellt eine motivationale Tendenz dar, die Intention im Sinne der →Zielvorstellung zu realisieren. LINDWORSKY und insbes. LEWIN haben hieran Kritik geübt (→Ersatzhandlung, →Wiederaufnahme von unterbrochenen Handlungen, →ZEIGARNIK-Effekt). Die neue deutsche Willenspsychologie, die jetzt Volitionspsychologie heißt, hat viele dieser verlorengegangenen Themen wieder aufgegriffen (KUHL 1983; HECKHAUSEN, GOLLWITZER & WEINERT 1987; SCHMALT & HECKHAUSEN 1990). Im Vordergrund steht hierbei die Analyse von kognitiven, emotionalen und motivationalen Prozessen, die für die Realisation einer Handlung von Bedeutung sind. KUHL (1983) hat vorgeschlagen, dies als Handlungs-Kontrolle zu bezeichnen. Aspekte des W. sind in der neueren Ps. als Themen der Entscheidungs- und Handlungstheorien und auch in Forschungen zum →Belohnungsaufschub behandelt worden. [L] ACH, DÜKER, MCDOUGALL, HEISS, KELLER, LERSCH, LEWIN, LINDWORSKY, MEUMANN, MIERKE, PFÄNDER, ROHRACHER, THOMAE

H. D. Schmalt

Willensfreiheit, die «eigentliche, innere spontane Fähigkeit zur Entscheidung. Sie ist nicht bloße Freiheit der Handlung, denn die hängt an äußeren Faktoren, auch nicht Freiheit im Sinne des «Dürfens» (wie rechtliche Freiheit), denn in ihrer Macht gerade steht es, das Dürfen zu überschreiten. Es ist die hinter alledem stehende, schon in der Gesinnung ansetzende Freiheit der Intention oder Initiative selbst.» (HARTMANN 1949). Der Determinismus bestreitet ganz allgemein die W., der Indeterminismus behauptet, daß der irrationale «Personkern» die letzten sittlichen Entscheidungen trifft, wenn auch das Wollen sonst weitgehend durch «äußere Faktoren» determiniert sei. W. wird für das ethisch zurechenbare Handeln (z. B. teilweise im Strafrecht) vorausgesetzt. Ps. ist das Freiheitsbewußtsein von Interesse, d. h. die Tatsache, daß die Erlebnisbeobachtung den Eindruck vermittelt, daß man auch anders hätte handeln können, als man gehandelt hat; doch ist dies kein entscheidendes Argument für die W. Es wurde auch versucht, die Frage mit experimentell-ps. Mitteln zu lösen, besonders von ACH und LINDWORSKY. [L] ACH 1910, CHRISTIANSEN 1947 *R. Bergius*

Willenshandlungen →Wollen

Willenskraft, die Intensität des →Wollens, die Fähigkeit, «die verfügbaren Energien in Richtung auf ein Ziel zu organisieren» (LERSCH)

Willensstil, die Art und Weise, wie der Wille zur Auswirkung gelangt. Nach LERSCH ist kennzeichnend für den W., ob mehr die momentane intensive Stoßkraft oder das spannkräftige Ausharren und Durchhalten bei Willenshandlungen überwiegen.

Willfährigkeit, in der englischen Literatur →compliance oder *yielding*, bezeichnet das relativ konfliktlose Sich-Fügen gegenüber Anordnungen und Verhaltensvorschriften, die zwar der eigenen Tendenz widersprechen, jedoch auf keinen nennenswerten Widerstand stoßen. Ggs. →Konformismus, →Konformität

Williams →BALLARD-WILLIAMS-Phänomen

Willkürhandlung, Willenshandlung, d. h. absichtlich gewollte Handlung. • In der Umgangssprache: launenhafte, ungerechtfertigte Handlung.

Winkelschätzer →Sinnesfunktionen

Winkeltäuschung →geometrisch-optische Täuschungen

WIP, Reduzierter WECHSLER Intelligenztest [T] DAHL

Wirkfaktoren, die Frage nach Wirkfaktoren in der Psychotherapie gehört zu Versuchen, unabhängig von spezifischen, schulorientierten übergeordneten Theorien und konkreten Techniken auf einer mittleren Abstraktionsebene nach wirksamen Prinzipien zu suchen. Als wirksame Prinzipien werden etwa Vergrößerung der Einsicht, motivationale Klärung, Erweiterung der Kompetenzen, Stärkung der Ressourcen, konkrete Hilfe bei der Lösung von Problemen und der Aufbau einer guten Therapiebeziehung genannt. [L] GRAWE 1995

F. Caspar

Wirklichkeit, wird als das An-sich-Seiende definiert, das Objektive, das eigentliche Sein, das in Raum und Zeit Seiende. Man spricht vom W.erleben als einem nicht weiter ableitbaren Phänomen, wobei wirklich ist, was wir leibhaftig wahrnehmen, was uns Widerstand leistet und «im Seinsbewußtsein als solchem» ist (JASPERS). • Den Begr. sinnvoll zu gebrauchen, sieht METZGER in fünf Möglichkeiten: (1) W. ist der Bereich physikalischer, im weiteren Sinne transphänomenaler Realität. (2) W. ist die Realität der erlebten Welt. (3) W. ist das anschaulich Vorgefundene im Unterschied zum nur Vergegenwärtigten. (4) W. bietet den Unterschied von «Etwas» und «Nichts» bzw. von «voll» und «leer». (5) W. hebt das anschaulich Wirkliche vom anschaulichen Schein ab. [L] METZGER 1954

Wirklichkeitsversuch, eine Modalität des ps. Experiments, bei der die mögliche Fehlerquelle des Einflusses der (artifiziellen) Versuchssituation ausgeschlossen werden soll. Um die Lebensechtheit des Geschehens zu gewährleisten, wird den Vpn nicht nur keine Aufklärung über den Zweck des Versuchs gegeben, sondern sie erfahren zunächst auch nicht, daß sie überhaupt an einem Experiment teilnehmen. Das Wirklichkeitsexperiment wird angewendet, wenn das Wissen der Vp um den experimentellen Charakter des Geschehens die zu untersuchenden Erlebnisse oder Verhaltensweisen beeinträchtigen oder unterdrücken würde, z. B. bei der Untersuchung der Glaubwürdigkeit von Zeugenaussagen. Hierzu kann den Vpn eine vorbereitete, durchaus echt wirkende Szene (z. B. ein Streit) vorgespielt werden, anschließend werden sie nach ihren Beobachtungen gefragt. →Arbeitsprobe

Wirksamkeit, von bestimmten therapeutischen Vorgehensweisen ist W. vor allem an den bei der Indikationsstellung relevanten Erwartungen und Versprechungen zu messen, es können aber auch unerwartete positive Effekte auftreten und für den Patienten nicht unmittelbar relevante Kriterien, wie längerfristige Reduktion von Ausgaben durch die Krankenkasse, beigezogen werden. Je konkreter die Ziele (wie z. B. Reduktion von Symptomen, Befindlichkeit), desto leichter kann die Wirksamkeit beurteilt werden. Im Wettbewerb mit pharmakologischen und anderen Behandlungen, aber auch zur Rechtfertigung der finanziellen Aufwendungen für Psychotherapie und andere psychologische Maßnahmen spielt der Nachweis von W. eine immer größere Rolle. Bei der Beurteilung sollten verschiedene Informationsquellen (Patient, Therapeut, unabhängige Beurteiler bzw. Kriterien) berücksichtigt werden. Zur Messung stehen verschiedene Mittel bzw. Meßbatterien zur Verfügung, andererseits wird deren Relevanz v. a. von Vertretern von Therapieansätzen, deren Ziele weniger konkret und symptombezogen sind, teils auch in Frage gestellt. Bei der Untersuchung von W. ist auch die →spontane Remission zu berücksichtigen. Es interessiert i. a. ein Vergleich mit anderen Verfahren, da ja jeweils der Einsatz des im Hinblick auf für relevant gehaltene Kriterien erfolgversprechendsten Ansatzes interessiert. Relative W. kann streng genommen nur bei Zufallszuteilung von Patienten untersucht werden. Die bisherige W.-forschung enthält durchaus praxisgerechte Untersuchungen und erlaubt damit relevante Aussagen, bei der Auswahl von Patienten und Durchführung der Therapien besteht jedoch ein Nachholbedarf an Forschung zur W. unter weniger idealen Bedingungen (z. B. weniger Selektion auf «reine» Störungen). Es geht immer mehr darum, W. nicht von Therapieansätzen pauschal, sondern bestimmte Vorgehensweisen bei bestimmten Störungen und unter bestimmten Voraussetzungen zu untersuchen, weil sonst die Übertragung von Erwartungen auf den Einzelfall problematisch ist.

Während meistens nur die kurzfristige W. untersucht wird, sind die Betroffenen auch an der langfristigen W. interessiert, die in →Follow Up-Studien untersucht wird. Die W. sollte in einer →Kosten-Nutzen-Rechnung stets auch zum Aufwand an Zeit und Geld und anderen negativen Nebenwirkungen in Beziehung gesetzt werden. **[L]** GRAWE, BERGIN & GARFIELD *F. Caspar*

Wirkungsforschung (psth.) →Therapieerfolg

Wirkungsgabelung, Prinzip der gegabelten Wirkung, die innerhalb der Wahrnehmung erfolgte Zerlegung einer Reizgrundlage in zwei anschauliche Komponenten so, daß Summe oder Produkt beider Komponenten der Reizgrundlage entsprechen. Beispiele: Größe bzw. Form des Netzhautbildes sind gegabelt in anschauliche Größe und anschauliche Entfernung des Wahrnehmungsgegenstandes; ebenso objektive Schallstärke in Lautheit und wahrgenommene Entfernung der Schallquelle u. a. **[L]** DUNCKER 1935, METZGER 1954

Wirkungsgefüge, Funktionsschaltbild für das Zusammenwirken von (z. B.) durch Reizung an verschiedenen Gehirnorten aktivierbaren Teilakten (zumeist angeborener Verhaltensweisen). Der Begr. geht auf E. v. HOLST zurück und wird in der →Verhaltensphysiologie und kybernetischen Biologie zur Darstellung von Verhaltensgesetzmäßigkeiten verwendet. →Kybernetik, →System, soziales. **[L]** HASSENSTEIN 1973, v. HOLST & SAINT-PAUL 1960, BECKER-CARUS 1981, EIBL-EIBESFELDT 1984 *C. Becker-Carus*

Wirkwelt-Merkwelt →Funktionskreis

Wirre Gedanken [T] LEIPZIGER LEHRERVEREIN

Wirtschaftspsychologie, Teilgebiet der angew. Ps., das sich mit der Anwendung der Psychologie auf wirtschaftliche Probleme beschäftigt (MÜNSTERBERG 1912). Die W. umfaßt vier Teilbereiche: (1) Gesamtwirtschaftliche Prozesse, (2) Markt (→Marktpsychologie), (3) Arbeitsorganisation (→Organisationspsychologie) und (4) Arbeitsplatz (→Arbeitspsychologie). →Arbeits- und Organisationspsychologie. **[L]** HOYOS et al. 1987 *S. Greif*

WISC [T] WECHSLER

Wissen, Information, Ergebnis eines Erkenntnisprozesses über Gegebenheiten (kognitive Einheiten) und deren Eigenschaften und Beziehungen zu anderen Einheiten und Eigenschaften. Letztere können (CHAFE 1970) auf Zustände, Prozesse oder Aktionen hinweisen. Ein subjektives →Lexikon organisiert das W. und macht es im Gedächtnis verfügbar. W. bedeutet verbal-sprachlich oder ikonisch, d. h. begrifflich oder bildlich, codierte Erfahrungsinhalte (Sachverhalte) und ist damit Voraussetzung für die kognitive →Repräsentation. Das Erkenntnisproblem wird in der Ps. vor allem in der Methodenlehre (z. B. HOLZKAMP 1977), in der kognitiven Ps. (PIAGET 1957) und in der Sprachps. (ENGELKAMP 1976) diskutiert. →Kenntnisse, →Wirklichkeit, Erkennen *H. Ries*

Wissensaktualisierung, das Zugänglichmachen von gespeicherten Wissensbeständen beim reproduktiven Denken; es wurde von SELZ (1913, 1922) analysiert. Die Voraussetzung für die W. wird auch Disponibilität (DUNCKER), →Verfügbarkeit (*availability*, KOFFKA) genannt, wozu u. a. SAUGSTAD (1955) Versuche vorlegte. →Abruf

Wissenschaftstheorie [engl. *philosophy of science*], Metawissenschaft der erkennenden Wissenschaften, hervorgegangen aus der älteren →Erkenntnistheorie durch Beschränkung auf wissenschaftlich entscheidbare Fragen. Als Formalwissenschaft Lehre von den logischen und statistischen Grundlagen sowie allgemeine Methodenlehre wissenschaftlicher Erkenntnisgewinnung. Als Realwissenschaft Theorie der Wissenschaftsgeschichte und -entwicklung, z. T. auch Psychologie, Soziologie usw. der Erkenntnis. Ein Hauptproblem ist das Verhältnis von normativen (W. als System methodischer Regeln, deren Beachtung erst Wissenschaft ermöglicht) zu deskriptiven (W. als rationale Rekonstruktion der Vorgehensweisen in den bestehenden Wissenschaften) Auffassungen. [L] LEINFELLNER 1967 *W. Glaser*

Wissenserwerb, →Lernen (unter →kognitionspsychologischer Betrachtung) von Sachverhalten der Welt oder der eigenen Person, von Strategien für Problemlösungen, von Metakognitionen (Reflexion des eigenen Wissens). Nach GAGNÉ wird oftmals prozedurales Wissen («gewußt wie») und deklaratives Wissen (einzelne Sachverhalte kennen) unterschieden. Strategien des Lehrenden und die des Lernenden beeinflussen den W. bei der Auswahl des Wissensangebots, der Stärke der Zielerreichung und der Integration in bestehende Wissensstrukturen. Didaktische Konzepte versuchen die Sachstrukturen auf die psychischen Strukturen auszurichten. →Gedächtnis, →Lehrziel [L] MIETZEL & RÜSSMANN-STÖHR 1986 *W. Echterhoff*

withdrawal-design →Fallstudie

Witte-König-Effekt →Lückenphänomen

Witte, Wilhelm (1915–1985), Psychologe an den Univ. Heidelberg, Tübingen, Münster, Regensburg

Wohngemeinschaft, therapeutische, mit der Einrichtung erzieherisch-therapeutischer Wohngemeinschaften wird angestrebt, eine familienähnliche Erziehungssituation mit den Möglichkeiten besser kontrollierbarer psychoedukativer und psychotherapeutischer Hilfestellung zu verbinden. Die schulischen und beruflichen Entwicklungen lassen sich in überschaubaren Gruppen, die als längerfristige Lebensgemeinschaften geplant sind, leichter beobachten, bewerten und beeinflussen und u. U. lebenspraktische Kompetenzen alltagsnäher vermitteln. *F. Caspar*

Wollen [engl. *volition*], das Erlebnis des Gerichtetseins auf ein Ziel, das Bestreben, eine bestimmte Handlung auszuführen, der seelische Vorgang, der auf die Verwirklichung eines vorgestellten Erfolgs gerichtet ist. Dabei wird das Ich als Ursache dieses Verhaltens erlebt. Kennzeichnend für das Wollen ist der Entschluß, d. h. die Bildung einer Vornahme, einer Absicht. Der Entschluß beruht auf anderen psychischen Vorgängen, den Motiven, die von emotionaler Natur sind. Auf den Entschluß folgt die ihm entsprechende Willenshandlung, d. h. seine Ausführung. Man unterscheidet bei den Willenshandlungen Triebhandlungen, die unmittelbar nur aus einem Motiv folgen, und Wahlhandlungen, die auf mehreren Motiven beruhen, von denen einem auf Grund von Überlegungen der Vorzug gegeben wird. Der seelische Vollzug des Wollens wird innere Willenshandlung genannt, das sich in körperlichen Bewegungen ausdrükkende willensgesteuerte Verhalten heißt äußere Willenshandlung. ACH (1910, 1935) nennt vier phänomenologische Momente des Willensaktes: das gegenständliche Moment (Bezugsvorstellung und Beziehung zu ihr), das aktuelle Moment («ich will wirklich»), das zuständige Moment (→Bewußtseinslage der Anstrengung) und das anschauliche Moment (Spannungsempfindungen). DÜKER betont, daß das Wollen je nach seiner Intensität im Bewußtseinsgrad variiert, ja daß auch ein unbewußtes Wollen anzunehmen ist. In der modernen Entscheidungs- und Handlungsforschung wird i. a. nicht so differenziert auf den mit der Handlungsaktualisierung gegebenen Willensakt eingegangen. Am ehesten berühren sich damit noch Themen der →Selbstkontrolle (Handlungskontrolle). [L] ACH 1935, DÜKER 1975, LINDWORSKY 1925, KUHL 1983

Wollprobe, Verfahren zur Prüfung der Farbentüchtigkeit. →Sinnesfunktionen

word fluency [engl.] →Wortflüssigkeit

workoholism, workoholic [engl.] →Arbeitssucht

workshop [engl. Werkstatt], Gruppentreffen, bei denen bestimmte Fertigkeiten eingeübt oder bestimmte Problembereiche gemeinsam und praxisnah erarbeitet werden sollen. *B. Feger*

World Health Organization (WHO), Weltgesundheitsorganisation der UNO für übernationale Gesundheitsfürsorge.

Wort, neben dem →Satz grundlegender Begr. der traditionellen →Grammatik sowie hauptsächlicher Untersuchungsgegenstand der älteren →Psycholinguistik bis etwa 1957; dennoch fehlt bis heute eine allgemein anerkannte Definition. Die Segmentierung (Zerlegung) der Wörter im amerikanischen Strukturalismus (BLOOMFIELD 1933) führte zum präziser abgrenzbaren Begriff des →Morphems (Monems) als der kleinsten noch bedeutungstragenden (→Bedeutung) sprachlichen Einheit (neben dem →Phonem als der kleinsten, nicht mehr bedeutungstragenden, aber bedeutungsunterscheidenden sprachlichen (Schall-)Einheit. →Silben sind demgegenüber nur kleinste (Sprech-)Einheiten auf der Ebene der Verwendung von Sprache. Beispiel: das Wort «tragen» läßt sich zerlegen in die Morpheme «trag» und «en», die Phoneme t, r, a, g, e, n sowie die Silben «tra» und «gen». Aus einem (endlichen) Grundbestand von etwa 40 Phonemen setzt sich in Deutschland die (im Prinzip unendliche) Reihe der faktisch etwa 5 000 bis 10 000 Morpheme zusammen. Aus diesen lassen sich unendlich viele deutsche Wörter und Sätze bilden (→generative Grammatik). Häufig unterscheidet man zwischen →Inhaltswörtern und →Funktionswörtern. →Begriff. [L] BÜNTING 1971, LYONS 1968

Wortsassoziation, Bez. für den allg. Vorgang, daß zu Wörtern (Reizwörtern) jeweils Reaktionswörter einfallen können. In der Psychodiagnostik wird hiervon Gebrauch gemacht.

Wortbildungs-Test →WHIPPLE

Wortblindheit →Alexie

Wörterbuch, Wörterbucheinheiten [engl. *dictionary*], eine →Sprache enthält eine große Zahl lexikaler Einheiten (→Wörter, Morpheme), und es ist die Funktion eines W., sie zu listen und alle Informationen (phonologische, syntaktische, semantische usw.) darüber, wie sie in das betreffende Sprachsystem passen, bereitzustellen (→Phonologie, →Syntax, →Semantik). Es wird zwischen praktischen W. und theoretischen W., die Bestandteil linguistischer Theorien sind und das Wissen des Sprachbenutzers über die lexikalen Einheiten der Sprache abbilden, unterschieden. Zur Unterscheidung von praktischen W. *(dictionaries)* wird das theoretische W. auch Lexikon *(lexicon)* genannt. Das Lexikon ist als ungeordnete Liste lexikaler Eintragungen zu denken. Eine lexikale Eintragung enthält die eine lexikalische Einheit konstituierenden Informationen. Diese Informationen sind dreifacher Art: morphologisch als Information über die Wortform (Stamm, Affixe), syntaktisch in Form der syntaktischen Merkmale der Einheit und semantisch als Information über die semantischen Merkmale, d. h. über den →Begriff. Dabei werden jene semantischen Merkmale, die die Bedeutung der betreffenden Einheit konstituieren, von jenen getrennt aufgeführt, die besagen, mit welchem Kontext die betreffende Einheit verträglich ist (→Selektion). Das Lexikon ist Teil der Semantik. Eine ps. Theorie darüber, wie das Lexikon arbeitet, gibt BROADBENT (1964). *J. Engelkamp*

Worte zu einem Satz ordnen [T] BINET

Wortfeld, Menge von →Wörtern, die im Laufe der Zeit aus einer etymologischen Wurzel hervorgegangen sind oder die noch heute von einem Lexem (lexikalisches →Morphem) hergeleitet werden können. Die Konzeption des W. (Sinnbezirk) im Sinne einer strukturalistischen Betrachtungsweise hat als erster TRIER (1931) vertreten. Im Sinne einer strukturellen →Semantik bilden solche Wörter ein W., die zentrale Bedeutungskomponenten (→Bedeutung) gemeinsam haben. Beim Aufstellen konkreter W. und beim Bestimmen der Inhalte seiner Elemente stellen sich jedoch erhebliche theoretische und methodische Schwierigkeiten. Die erfolgversprechendste Methode zur Abgrenzung von W. dürfte im Augenblick im Rekurs auf die Intuition der Sprachbenutzer bestehen, deren subjektive Urteile mittels statistischer Verfahren wie der multidimensionalen →Skalierung in einem gewissen Umfang objektiviert werden können. So gewonnene Felder können jedoch nur das Material für eingehende linguistische Analysen bilden (→cluster, →meaningfulness). [L] GECKELER 1971 *J. Engelkamp*

Wortflüssigkeit [engl. *word fluency*], Faktor des →divergenten Denkens (THURSTONE 1938). Für die testmäßige Erfassung der W.

werden Aufgaben verwendet, bei denen Wörter ergänzt oder Silben fortgeführt werden. →konvergentes Denken

Worthäufigkeit, die →Wahrscheinlichkeit des Auftretens sprachlicher Einheiten z. B. von Wörtern in einer bestimmten Sprache resultiert u. a. aus der Häufigkeit, mit der diese Einheiten – für sich allein genommen – in dieser Sprache vorkommen. Durchschnittswerte ihres Auftretens und damit die W., gewonnen durch Auszählen in Rede, Zeitungen, Büchern etc. (MEIER 1964), bestimmen das Wahrscheinlichkeitsprofil, noch nicht die sequentiellen oder Übergangswahrscheinlichkeiten einer Sprache. Die W. steht in Zusammenhang mit Sicherheit u. Geschwindigkeit von Wahrnehmungs- u. Produktionsprozessen.

Wortpaarmethode [T] RANSCHBURG

Wort-Sach-Vorstellung, Bez. für die beim Assoziieren, Erinnern auftretende bzw. vorherrschende Beziehung zum Visuellen, Akustischen, Motorischen etc. CHARCOT, ebenso MEUMANN begründeten damit →Typologien, wobei letzterer die folgende Gliederung gab: (a) Reine Wortvorstellungstypen. Darunter (1) Visuelle Typen (denken entweder in Bildern von geschriebenen und gedruckten Worten oder vollführen innerlich gesehene Schreibbewegungen). (2) Akustische Typen (denken in Sprechbewegungen). (3) Taktil-motorische Typen (denken in kinästhetischen Schreibbewegungsvorstellungen, mit oder ohne Innervation der Bewegungen); (b) Gemischte Typen (aus 1 bis 3); (c) Ausfalltypen; (d) Kombinationstypen. Ggs. die Sachvorstellungstypen: (a) reine S. Hierunter (1) visuelle; (2) akustische; (3) taktilmotorische; (4) gustative; (5) olfaktorische; (6) emotionelle S., alle unterschieden je nach dem Vorstellen von Bewegungen oder Formen, verbunden mit Innervationen beim Sachvorstellen; (b) Gemischte S. (aus 1 bis 6); (c) Ausfalltypen; (d) Kombinationstypen. Aus Wort- und Sachvorstellungen ergeben sich endlich Kombinationen, so (a) Visuelle Sach-, verbunden mit akusto-motorischen Wortvorstellungstypen; (b) Visuelle Sach- und Wortvorstellungstypen; (c) Visuelle Sach-, motorische Wortvorstellungstypen; (d) Seltene Verbindungen sonstiger Art.

Wortschatz, das gesamte einem Menschen zur rezeptiven und produktiven Sprachbenutzung verfügbare Repertoire an Wörtern; ist weder als endliche noch als situationsunabhängige Größe anzusehen, denn sinnvolle Wortneuschöpfungen und -neukombinationen werden spontan verstanden (LENNEBERG 1972), und die Weite der tatsächlich verwendeten Wortspektren (MEIER 1964) wechselt mit der Höhe des Aktivierungsniveaus in bestimmten Situationen. Passiver und aktiver Wortschatz decken sich in ihrem Umfang nicht. Auch aus sprachstatistischen Erwägungen (HOWES 1964) können absolute Grenzen des W. mit keiner Messung erreicht werden; schon gar nicht mit so begrenzten Stichproben, die zudem bei künstlich isolierter Wortvorgabe nur auf eine Wortsemantik (ENGELKAMP 1973) abheben, wie sie in W.tests verwendet werden. Selbst bei →Dysphasien und →Aphasien können nämlich Entfremdung des Wortsinns u. Wortfindungsstörungen mitunter durch die Zugabe eines der semantischen Struktur entsprechenden Kontextes →deblockiert werden.

Wortschatztest, Test zur Messung einer Komponente der verbalen →Intelligenz (meist zusammen mit anderen Untertests). So besitzt z. B. der HAWIE einen W., der aus 40 Wörtern besteht, deren Bedeutung erklärt und definiert werden soll. Der W. liefert ein Maß für die sprachlichen Kenntnisse, den allgemeinen Vorstellungsumfang und die Lernfähigkeit des Pb. Die Testwerte des W. korrelieren sehr hoch mit dem Gesamtergebnis und sind gegenüber Altersabbau wenig anfällig. [T] WECHSLER

Wortstammeln →Stammeln

Worttaubheit →Agnosie, akustische

Wort-Test, Wortschatz-Test [T] TERMAN, WECHSLER

Wundt-Medaille, eine Plakette mit dem Bildnis W. WUNDTs, die 1905 geschaffen und von der Deutschen Gesellschaft für Psychologie an verdienstvolle Psychologen verliehen wird. Die Auszeichnung erhielten (seit 1948) u. a.: Friedrich SCHUMANN, Willy HELLPACH, Karl BÜHLER, Otto SELZ, Heinrich DÜKER, Wolfgang KÖHLER, Max WERTHEIMER.

Wundts Elementenpsychologie, auch atomistische Ps., Bez., die der Leistung des Begründers der neuzeitlichen Experimentalps. nur in begrenzter Sicht gerecht wird. →Elementenps., →atomistische Ps., →empirische Ps., →physiologische Ps., →Strukturalismus, →schöpferische Synthese

Wundtscher Serviettenring, bekannte →Kippfigur, Beispiel für umkehrbare perspektivische Täuschungen. Je nach Fixation stellt sich der «Ring» anders dar (s. Abb.). →geometrisch-optische Täuschungen, →Reversion, →Figur-Grundproblem

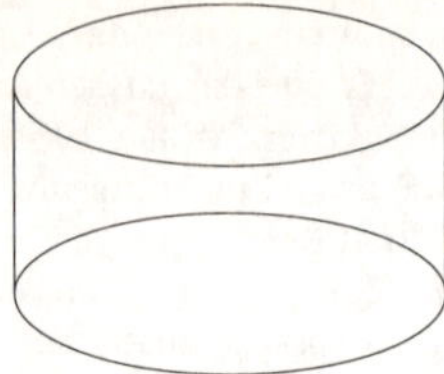

zu Wundtscher Serviettenring

Wundt, Wilhelm Maximilian (1832–1920), Mediziner, Psychologe, Physiologe u. Philosoph, Heidelberg 1852–1873, Zürich 1874 und Leipzig 1875–1920, wo er 1879 das erste «Institut für Experimentelle Psychologie» gründete. WUNDT, eine zentrale Gestalt in der Psychologiegeschichte, hat diese als Wissenschaft der inneren, unmittelbaren Erfahrung in ihren Methoden nach naturwissenschaftlichem Modell zu verselbständigen gesucht (Experiment und Beobachtung). Hauptwerk: Grundzüge der physiologischen Psychologie (1893). WUNDT hat aber ebenso mit seiner 10bändigen «Völkerpsychologie» eine ps. Systematisierung der kulturellen Gemeinschaftsleistungen wie Religion, Sprache, Kunst, Mythen u. a. erarbeitet. 1879 gründete WUNDT das erste ps. Institut der Welt, dem bald viele (besonders in Amerika) folgten und aus denen sehr erfolgreiche Psychologen hervorgegangen sind. Nach BORING hat WUNDT in 68 Jahren 53 735 Druckseiten veröffentlicht.

Wunsch, das Habenwollen als Sehnsucht, das Herbeisehnen eines bestimmten Erlebenszustandes. Einer der Pole des Abwehrkonflikts der FREUDschen dynamischen Konzeption →Motivation

Wunschdenken, illusionäres, magisches, autistisches Denken, vorherrschend erlebnisbestimmend und normal im Kindesalter wie auf den Ausgangsstufen der Kulturen, bei infantilen Erwachsenen, seelischen Störungen und Psychosen.

Wunscherfüllung, bei FREUD das Geheimnis des Traumes. Die Produktion des Unbewußten (Traum, Symptom und besonders Phantasie) sind W., in denen der Wunsch mehr oder weniger verhüllt ausgedrückt wird. FREUD trennte später die Träume der Wunscherfüllung von den Angstträumen.

Wunsch-Test, Wunschprobe [T] WILDE

Würfeltäuschung →NECKERscher Würfel

Würfeltests →räumliches Vorstellen

Würzburger Schule, die von KÜLPE ausgehende, den Sensualismus und die Assoziationsps. bekämpfende Richtung, deren exp. Untersuchungen besonders den Denkvorgängen, Urteilsformen, Zielvorstellungen usw. galten und nachwiesen, daß die seelischen Abläufe («Ich-Akte») von sinnvollem, zielrichtungsbestimmtem Einfluß (determinierender Tendenz) sind. Hauptvertreter ACH, BÜHLER, LINDWORSKY, MARBE, MESSER, SELZ

Wurzelformen der Persönlichkeit, von KRETSCHMER (1975) gewählte Bez. für solche ps. Reaktionsweisen, die (1) einfach, d. h. nicht weiter zurückführbar sind und (2) mit Körperbautypen statistisch korrelieren. W. sind psycho-physische Elemente. →Radikal, →Primeigenschaft, →Grundfunktionen, →Grundeigenschaft.

Wurzelsprachen, die ps. wichtigen einsilbigen Wortsprachen, deren Einzelwörter ohne Bindung, Abwandlung usw. aneinandergereiht und je nach Zusammenhang als Handlung, Gegenstand oder Eigenschaft aufgefaßt werden.

Wut →Lebensgefühl

WZT [T] WARTEGG

Xanthopsie [gr. *xanthos* gelb], Gelbsehen, tritt auf z. B. u. a. durch Schlangengifte
Ximovan® →Zopiclon
XYY-Syndrom, →Chromosomenaberration mit verminderter bis normaler Intelligenz und psycholabiler Persönlichkeit
X-O-Test **[T]** PRESSEY

Yates, Frank (*1902) Statistiker, London
Yates-Test →FISHER-YATES-Test
Yerkes, Robert Mearns (1876–1956), amerik. Psychologe, Harvard-Univ., dann Yale-Univ. Zusammen mit THORNDIKE Begründer der exper. Tierpsychologie und der vergleichenden Psychologie. Mit Hilfe von Labyrinth-Konstruktionen untersuchte Y. die tierischen Lernvorgänge.
Yerkes-Dodson-Gesetz, eine postulierte Beziehung zwischen optimaler Stärke der Motivation und Schwierigkeit der Diskriminierungs-Lernaufgabe; durch Generalisierung aus Versuchen mit Ratten gewonnen, die schwierige Diskriminierung bei schwacher Motivierung rascher lernten als bei starker, während leichtere Aufgaben auch bei starker Motivierung gleich gut gelernt wurden (BROADHURST 1959).
Yoga, die wohl älteste seelenheilkundliche Beeinflussung. System, das durch Seelentechniken und körperliche Praktiken zu höchster Weisheit führen und von Leid befreien will, wobei Unterdrückung der Funktionen des Bewußtseins und asketische Übungen leitend sind. Hauptlehrbuch: Die Yoga-Sutras des Pantanjali (150 v. Chr.). Yoga dringt heute, losgelöst von seinem ursprünglichen religiösen Boden, in Form von (säkularisierten) med. Entspannungstechniken auch in Europa ein. Der «Yogi» ist ein Mensch, Bekenner des Yoga. Hauptsächliche Anwendung von Yoga nach wie vor im nicht-therapeutischen Bereich. Zuverlässige Verbesserungen, auch langfristig, wurden bei Angst- und Spannungszuständen gefunden. *F. Caspar*
Yohimbin, psychotroper Stoff, aus afrikanischer Baumart, verwandt mit den →Rauwolfia-Alkaloiden. Y. ist ein spezifischer α2-Rezeptor-Antagonist. Physiologische und ps. Untersuchungen zeigen kein einheitliches Bild. In niedrigen Dosen finden sich sowohl sympathikomimetische wie auch sympathikolytische Effekte, erst in hohen Dosen treten eindeutig sympathikolytische Wirkungen auf. Durch Y. können Panikattacken induziert werden. Die ps. Effekte scheinen auch dosisabhängig begründet zu sein. Weiterhin verstärkt Y. den Schreckreflex bei gleichzeitiger Verkürzung der Latenz. Y. findet auch Anwendung bei der Therapie sexueller Funktionsstörungen. **[L]** ALBUS 1992, MORGAN et al. 1995 *W. Janke/M. Reuter*
Young-Helmholtzsche Dreikomponententheorie, ausgehend von den Gesetzen der Farbenmischung, wonach die drei Farben Rot, Grün, Blau ausreichen, um alle anderen Farben durch Mischung herzustellen, werden drei Netzhautmechanismen (Komponenten, Absorptionspigmente, Zapfensehstoffe) angenommen, die durch beliebige Strahlenarten in jeweils versch. Verhältnis erregt werden (Trichromatisches System). Aus der gleichzeitigen Erregung der drei Rezeptorarten resultiert die Empfindung Unbunt. Erregung des Rot- und Grünmechanismus führt zur Empfindung Gelb. Gegen diese Theorie macht HERING (1887) geltend, daß aus den Daten der Farbenmischung keine Theorie des Farbensehens hergeleitet werden könne und daß eine Gelbempfindung nicht als Mischfarbe zu erklären sei. →Farbensehen
Young-Householder-Theoreme, Anforderungen, die an Distanzen, die durch eine ps. →Skalierung gewonnen wurden, gestellt werden müssen, um sie im euklidischen Raum abbilden zu können. Die Y.-H.-Th. lauten: (1) Die aus den Distanzen zu bildende Matrix der Skalarprodukte muß positiv semidefinit sein (alle Eigenwerte sind positiv oder Null). (2) Die Dimensionalität der Punktekonfiguration entspricht dem Rang r der Matrix der Skalarprodukte. **[L]** TORGERSON, SIXTL 1967 *G. Lüer*

Z

Zahlenfeld, Zahlentafel →Suchfeld
Zahlenkarten-Ordnen [T] KÖHLER
Zahlenquadrat-Test [T] ABELS
Zahlenreihen [T] LIPMANN, RUTHE
Zahlensortier-Test [T] ABELS
Zahlenvergleich [T] POPPELREUTER
Zahnradaufgabe [T] HERMANN
Zahnraderklärung [T] MOEDE
Zahnradphänomen →Rigor
Zahnschlüssel (MEUMANN), Metallbügel, der bei Reaktionsversuchen zwischen die Zähne genommen wird und durch Sprechen Öffnen eines Stromkreises bewirkt, wodurch ein Chronoskop bedient wird.
Zähneknirschen, syn. Bruxismus, unbewußtes nächtliches Aneinanderreiben des Ober- und Unterkiefers aufgrund psychischer (Streß), orthopädischer (Skeletterkrankungen) oder neurologischer (z. B. bei Multipler Sklerose) Ursachen.
Zapfen →Auge, →Duplizitätstheorie
Zaunphänomen (ROGET), stroboskopische Täuschung, die darin besteht, daß bei einem hinter einem Zaum durch die Zaunspalten gesehenen, in Bewegung befindlichen Wagenrad die Speichen in eigenartiger Weise nach oben bzw. nach unten gekrümmt erscheinen. Die Richtung der Krümmung ändert sich nach der Drehrichtung des Rades (LINKE 1918). Das Rad selbst scheint in Ruhe zu sein.
Zeichen, nach DIN 44330 «Ein Element aus einer zur Darstellung vereinbarten endlichen Menge von verschiedenen Elementen. Die Menge wird Zeichenvorrat *(character set)* genannt. Bsp. für Zeichen sind die abstrakten Inhalte von Buchstaben des gewöhnlichen Alphabets, Ziffern, Interpunktionszeichen, Steuerzeichen und andere Ideogramme. Zeichen werden üblicherweise durch Schrift (Schriftzeichen) wiedergegeben oder technisch verwirklicht durch Lochkombinationen, Impulsfolgen u. dgl.»
Zeichen, (ling.) der zentrale Begr. der →Semiotik, nach DE SAUSSURE (1916) die Verbindung einer Bedeutung mit einer Z.form. Im Z. sind Z.form (*signifiant* Bezeichnendes) und →Bedeutung (*signifie* Bezeichnetes) einander zugeordnet; ein Z. entsteht erst durch die Verbindung einer Z.form mit einem Bezeichneten (semantische Beziehung, →Semantik). Man unterscheidet →ikonische, →Index- und →Symbol-Z.; sprachliche Z. sind meist Symbolzeichen. Die Zuordnung von Z.form und Bezeichnetem ist in natürlichen Sprachen weitgehend beliebig, bis auf jene Fälle, die als →Lautmalerei (→Onomatopöie) bezeichnet werden können. Da Z. in der Regel nur in Z.systemen vorkommen, interessiert, wie die Z. eines bestimmten Systems mit anderen Z. desselben Systems in Beziehung treten (syntaktische Beziehung, →Syntax). Zwei grundsätzliche Beziehungsarten werden unterschieden: die →syntagmatische und die →paradigmatische. Eine syntagmatische Beziehung besteht zwischen den Z. einer Z.folge. Eine Z.folge wird Syntagma genannt. In paradigmatischer Beziehung stehen Z., die einander innerhalb einer bestimmten Umgebung, d. h. an bestimmten Stellen einer gegebenen Z.folge, ersetzen können. *J. Engelkamp*
Zeichenalter →Alter, →Zeichenmethode
Zeichen-Gestalt-Theorie →Behaviorismus
Zeichenmethode, zeichnerische Gestaltungs- und Ergänzungsverfahren, da das Zeichnen enge Beziehungen zur Person haben kann, überrascht nicht die Häufigkeit, mit der es als Test Verwendung findet.
So interessieren – je nach dem Ziel der ps. Diagnostik – das zeichnerische Können oder die einzelnen graphischen Merkmale oder der Inhalt der Darstellung als Symbol, Thema usw. oder die motorische Funktion und der Zeichenvorgang oder das, was in die Zeichnung einfließt (als Projektion). Die Vielzahl der Zeichentests läßt sich wie folgt ordnen.

1) Abzeichnen, Nachzeichnen, Weiterzeichnen von Vorlagen, z. B. geometrische Figuren ([T] BENDER, BENTON, BINET, BUSEMANN, RUPP), Bildnisphotographie.
2) Thematisches Zeichnen ohne Vorlage, z. B. Mann, Person, Mensch ([T] CLOSTERMANN, GOODENOUGH, MACHOVER, Familie ([T] MINKOWSKA), Frau geht spazieren ([T] FAY), Familie in Tieren ([T] GRÄSER), Tiere, Blumen, Pflanzen, Baum ([T] KOCH), Haus, Baum und Person ([T] BUCK). Weitere Themen sind z. B.: Zeichne dich selbst, dein Körperinneres, zwei Männer u. eine Frau bzw. zwei Frauen u. einen Mann.
3) Fortführung vorgegebener Zeichen (mit bestimmtem Aufforderungscharakter) ([T]

HORN-HELLERSBERG, KINGET, WARTEGG, WARTEGG-BIEDMA, WARTEGG-SACHER).
4) Freies Zeichnen [T] SALFIELD
5) Zeichnen in Partnerschaft [T] HANSELMANN
6) Kritzeln [T] MEURISSE

Historisch hat sich das Interesse zuerst der Kinderzeichnung und der Bildnerei der Geisteskranken (PRINZHORN 1921) zugewandt. Später kam die Beachtung individueller Merkmalsausprägungen hinzu. Die Zeichnung wurde «Ausdruck der Person» in der ps. Diagnostik aller Altersstufen. Auch die psychoanalytische Symbolinterpretation trat zunehmend hervor. *F. Dorsch*

Zeichensprache, Sammelbez. für Verständigungssysteme (→Sprache), bei denen andere als die in natürlichen Sprachen üblichen lautlichen und graphischen →Symbole für die Bedeutungsübermittlung in der →Kommunikation verwendet werden. Eine besondere Form von Z. sind die von →Gehörlosen verwendeten →Gebärdensprachen. Genaugenommen ist jede Sprache eine Z., sofern sie Zeichencharakter hat bzw. →Zeichen enthält (→Semiotik). *G. Kaminski*

Zeichentest →Vorzeichentest

Zeichnungen-Fortsetzen [T] RUPP

Zeichnungsstadien →Kinderzeichnung

Zeigarnik-Effekt, bevorzugtes Erinnern von unterbrochenen Handlungen im Vergleich zu abgeschlossenen. →Wiederaufnahme von unterbrochenen Handlungen

Zeigarnik, Bluma Wulforna (*1900), russ. Psychologin. Prom. 1927 in Berlin (bei LEWIN) / Prof. Univ. Moskau. Neben ihren exp. Untersuchungen zu Erinnerungsphänomenen befaßte sie sich mit klinischen Fragestellungen.

Zeigelust, Zeigetrieb →Partialtriebe

Zeit, ein mit vielfältiger Problematik beladener Begriff (ähnlich dem Begr. Raum). Neben seiner Bedeutung in der Physik (→Theorien, physikal.), in der Philosophie, für die Kausaltheorien u. a. m., liegt auf ps. Gebiet die besondere Bedeutung in dem Phänomen des Z.erlebens als eines besonderen Innewerdens der Z. (Vergangenheit = Erinnerungen, Gegenwart = momentane Gedanken u. Handlung, Zukunft = Erwartungen). →Zeit, psychische, →Zeitperspektive

Zeit-Bewegungs-Studien →Zeitstudien

Zeitfehler, ein schon aus der klassischen Psychophysik stammender Begr. Es handelt sich um einen Effekt aus der Gruppe der sog. konstanten Fehler und bezieht sich auf die Reihenfolge, in der zwei Reize der Vp zum Vergleich vorgelegt werden. Von negativen Z. spricht man, wenn der zweite der beiden sukzessiv zu beurteilenden Reize überschätzt wird. Dies führt zu einer Veränderung der Unterschiedsschwelle in Abhängigkeit von der Reihenfolge. Positiver Z., d. h. Überschätzung des zuerst dargebotenen Elementes tritt häufig auf, wenn die zwischen der Reizabfolge liegende Zeit sehr kurz ist. Ob p. Z. oder n. Z. auftritt, hängt noch von weiteren Variablen wie Figur-Grund-Relationen und Modalität (z. B. optisch oder akustisch) ab. – Die bekannteste Theorie dieser Erscheinungen stammt von KÖHLER und LAUENSTEIN, die bestimmte physiologische Prozesse im Spurenfeld zur Erklärung heranziehen. Auch die Theorie des →Adaptationsniveaus von HELSON (→adaptation level) stellt den Z. in Rechnung. Es gibt bisher keine einzelne Theorie, die allen Erscheinungsweisen des Z. gerecht würde. [L] LAUENSTEIN 1933, WOODWORTH & SCHLOSBERG 1954

Zeitgeber →Zeit, psychische

Zeitgedächtnis, Erinnerungsfähigkeit für zeitliche Beziehungen

Zeitkanal →Kanal

zeitliche Hemmung →Hemmung

Zeitperspektive, der Begr. umfaßt das aktuelle Bezogensein auf Vergangenheit, Gegenwart und Zukunft. Der Begr. geht auf FRANK zurück, der unter *time perspective* die Spannweite des zeitlichen Erlebens versteht. Amerikanische Forscher untersuchten *time perspective* in der zeitlichen Ausdehnung und dem Umfang der Zeitspanne, in der Erinnerungen, Ziele, Erwartungen des Menschen liegen. LEWIN hat Z. als bewußtes Bezogensein auf einen mehr oder weniger langen Zeitraum des Vergangenen und Zukünftigen interpretiert. Untersuchungen zur Z. fanden unterschiedliche Zeitbezugssysteme bei Kindern und Jugendlichen verschiedener Altersstufen, bei Menschen verschiedener sozialer Herkunft, bei Normalen und Psychotikern und bei Delinquenten und Nichtstraffälligen. FRAISSE spricht von dem *horizon temporel*, wenn der Mensch gelernt hat, durch Erfahrungen in der Vergangenheit sein Verhalten in der Gegenwart nach der Antizipation von Zukünftigem auszurichten. →Zukunftserleben. [L] FRAISSE 1957, KASTENBAUM 1965, NUTTIN 1980

Zeitprobentechnik der Beobachtung [engl. *time sampling*], ist es nicht möglich, einen Vorgang während seiner gesamten Dauer zu beobachten, so teilt man die Gesamtheit in Zeitintervalle und entnimmt daraus eine Stichprobe von Beobachtungszeiträumen, in denen die →Beobachtung systematisch betrieben wird. *G. Lüer*

Zeit, psychische, erlebte Dauer, Gleichzeitigkeit und zeitliche Folge (Sukzession) von Ereignissen als Funktion der Erlebnismenge (Veränderungen) pro objektive Zeiteinheit (Zeitwahrnehmung) – bis etwa eine Sekunde oder als Gedächtnisfunktion der gesamten Erlebnismenge (Zeitschätzung längerer vergangener zeitlicher Erstreckungen). Die Untersuchung der mit der ps. Z. zusammenhängenden Probleme ist durch die Tatsache erschwert, daß keine physikalischen Objekte die direkten Reize für psychische Reaktionen sind, sondern die Anhaltspunkte für die ps. Z. sehr verschiedene sensorische und emotionale Ereignisse, von denen die ps. Z. «abgehoben» wird. Man kann feststellen, daß Zeitwahrnehmung und Zeitschätzung relativ stark von der gemessenen Uhrzeit abweicht, oder man kann darauf hinweisen, daß die Leistungen der «inneren Uhr» gelegentlich erstaunlich gut sind. «Die zeitlichen Eigenschaften der Welt werden als Realitäten angesehen ... aber sie sind Abstraktionen von Wahrnehmungen, die durch menschliche Eigenschaften den Reizen verliehen werden» (GOLDSTONE & GOLDFARB 1966). Die ps. Zeitmessung ist aber nicht die Leistung einer inneren Uhr im Sinne eines Zeitsinns, sondern ein Teilergebnis der Verarbeitung des sensorischen Inputs durch den Organismus, indem bestimmte Eigenschaften des Input als Zeit definiert werden. Über die entsprechende Abhängigkeit der ps. Z. von einer Reihe der bisher untersuchten unabhängigen Variablen unterrichten FRAISSE 1967, WALLACE & RABIN 1960, DOOB 1971. ASCHOFF nennt «Zeitgeber», was das Schätzen von längeren – circadianen – Dauern in von der Außenwelt isolierten Räumen ermöglicht. Die Länge der metrischen Intervalle, die wahrgenommen oder geschätzt werden, die Art der Begrenzung, die Ausfüllung, aber auch die Meßmethode (verbale Kundgabe mit konventionellen Zeitbegriffen oder Reproduktion) und vieles andere haben Einfluß auf die Genauigkeit der Übereinstimmung zwischen metrischer und ps. Zeit. Dazu kommen noch die im physiologischen Zustand der Person des Probanden gegebenen Faktoren wie Körpertemperatur, Drogenwirkung, vorherige Tätigkeit und – mit unklaren Ergebnissen auch Persönlichkeitsvariablen im engeren Sinne. Die Genauigkeit des subjektiven Zeitmessens ist eine theoretisch weniger wichtige Frage als die nach der Art des zugrundeliegenden Prozesses. Eine Lokalisation wird erwogen, aber meist abgelehnt. «Änderungen im externen oder internen Milieu (besonders periodische), die für den Organismus Bedeutung haben, bringen interne Prozesse in Gang, die mehr oder weniger in Phase mit jenen Änderungen ablaufen, die nicht vollständig unabhängig von ihnen sind, die andauern können oder wenigstens nicht unmittelbar ausgelöscht werden, wenn die externen Bedingungen geändert werden und sie nicht-verbalisierte Merkmale *(cues)* vermitteln für die Entstehung des zeitlichen Motivs» (DOOB 1971). Als Maßeinheiten für die ps. Z. sind die →Zeitschwelle (eben wahrnehmbare Dauer), die Zeitunterschiedsschwelle, die →Präsenz-Zeit (STERN) oder auch die Indifferenzzone angesehen worden. Die Indifferenzzone ist der Bereich, in dem die Überschätzung kurzer metrischer Zeiten in die Unterschätzung längerer metrischer Zeiten übergeht; sie liegt nach verschiedenen Angaben bei 0,6–0,8 s. Der Moment (von BAER) als menschliche Zeiteinheit, die für die temporale Auflösung visueller Reize entscheidend ist (etwa 1/18 s), ist tatsächlich viel variabler, als in solchen Aussagen angenommen wird, →Flimmer-Verschmelzungsfrequenz. Die Zeitschätzung wird im Laufe der Entwicklung des Zeitbegriffs und des Gebrauchs verbaler Zeichen für ihn verändert. Zwischen PIAGET und FRAISSE gibt es eine Kontroverse über die Frage, ob die Zeit eine direkte Funktion der wahrgenommenen Geschwindigkeiten ist oder ob Dauern intuitiv erfaßt werden können (Zeitbegriff) (BOVET et al. 1967). Über weitere Untersuchungen zur Wahrnehmung der Zeit durch Kinder berichten GOLDSTONE & GOLDFARB 1966.

Zeitcharakteristika aller ps. Prozesse: Die funktionale Grundlage der ps. Z. hat eine angemessene Wirkung auf das Verhalten durch die Determination der im Verhalten verwirklichten zeitlichen Verhältnisse. Bewegungs- und Geschwindigkeitswahrnehmung, die als Geschehenswahrnehmung zusammengefaßt werden können (JOHANSSON 1950, 1966), Entstehen von figuralen Wahrnehmungen in der →Aktualgenese, zeitliche Codierung von Gedächtnisinhalten (Stellung in der Reihe) (vgl. TULVING & MADIGAN 1970, UNDERWOOD 1977), verschiedene Aspekte von Lernprozessen (BREUNIG 1973), Informationsverarbeitungs- und Entscheidungszeiten sind die wichtigsten Beispiele dafür. Die Wechselwirkung zwischen der Beeinflussung der ps. Z. durch die Erlebnismenge und der Veränderung der genannten Prozesse durch die Größe der endogenen zeitlichen Einheiten erschwert die in den Anfängen steckende Forschung erheblich. Das gilt im geringeren Maße für die Rückführung der sog. Triebe und Strebungen auf zeitliche Verhältnisse im kognitivistischen Motivationsbegriff. Person-Umwelt-Bezüge werden als Spannungen zwischen gegenwärtigen und zukünfigen Zuständen angesehen. «Je stärker der im Vordergrund stehende Antrieb vor der Erreichung oder Nicht-Erreichung des relevanten Ziels ... ist, um so größer ist die Beschleunigung des zeitlichen Verhaltens *(timing)*.» DOOB (1971) unterscheidet damit nicht deutlich genug zwischen dem «Ausgangszustand» und «Trieb». Die Leistung des automatischen Erwachens ist ein Spezialfall der Zeitcharakteristika von Prozessen («Kopfuhr», CLAUSER 1954).

Zeitorientierung (→Zeitperspektive, Zukunftserleben): Die Ansicht, die eine Person von ihrer Vergangenheit und Zukunft hat. Nach LEWIN (1963) «... umfaßt (die Zeitperspektive) die ps. Vergangenheit und die ps. Zukunft auf der Realitätsebene sowie den verschiedenen Irrealitätsebenen». Sie sei wichtig für das Anspruchsniveau, die Stimmung, Konstruktivität und Initiative des Individuums. Für das Wohlbefinden des Menschen ist sein Ausblick in die Zukunft offenbar (mindestens sehr häufig) wesentlicher als die gegenwärtigen Umstände. Die Zeitperspektive ist also als gegenwärtig wirksam anzunehmen und soll nach BERGIUS (1957) nicht nur als konzeptualisierter und symbolisierter funktionaler Aspekt des Verhaltens konstruiert werden. Es werden Erstreckung, Strukturierung, Dichte und Gerichtetheit der zukünfigen Zeitperspektive unterschieden (KASTENBAUM 1965). Die Messungen der verschiedenen Dimensionen der Zeitperspektive sind methodenabhängig, was vermuten läßt, daß eher spezifische als generalisierte Zeitperspektiven praktische Konstrukte sind (MÖNKS 1967, BERGIUS 1969, KASAKOS 1971). Über den Entwicklungsaspekt der Zeitperspektive berichten GOLDSTONE & GOLDFARB (1966), FRIEDMAN (1982), WILKENING (1981).

R. Bergius

Zeitreihenanalyse, (1) Untersuchungsverfahren, das die →Entwicklung von Personen und →Phänomenen über eine bestimmte Zeit hinweg erhebt und mit Hilfe von →Pfadanalyse, →Kreuzkorrelationen u. ä. auswertet. (2) Die Zerlegung von Reihen, deren Reihungsmerkmal die Zeit ist, in ihre Komponenten (Trend-zyklische Schwankung – saisonale Schwankung – irreguläre Komponente). Es gibt verschiedene Verfahren, bei denen die Verknüpfung der Komponenten entweder als additives oder als multiplikatives Modell gegeben ist. Die Z. wird u. a. auf entwicklungsps., klinisch-ps. (Therapie-)Daten und sonstiges Geschehen prozeßhaften Charakters meist in Einzelfallstudien (→Fallstudie) angewandt. Es müssen Meßdaten eines Phänomens zu mehreren aufeinanderfolgenden Zeitpunkten oder Zeitabschnitten vorliegen. [L] GLASS et al. 1975, REVENSTORF 1979

R. Bergius

Zeitschätzung →Zeit, psychische

Zeitschwelle, (1) absolute Z., der zeitliche Abstand von zwei Reizen, die gerade noch als aufeinanderfolgend wahrgenommen werden und nicht zu einem einzigen Eindruck verschmelzen. Die a. Z. ist für die einzelnen Sinnesgebiete verschieden groß und beträgt für das Hören unter günstigsten Bedingungen etwa 0,002 sec, für das Sehen und den Tastsinn wesentlich mehr (0,01 bis 0,04 sec). (2) relative Z., Unterschiedsschwelle; derjenige Unterschied zwischen zwei Zeitstrecken, der die eine als ebenmerklich länger oder kürzer als die andere erscheinen läßt. Sie beträgt bei kleinen Zeitstrecken ca. 1/20. [L] PAULI & ARNOLD 1957

Zeitschwellenapparat, Vorr., wie →Zeitsinnapparat, zur Untersuchung der →Zeitschwelle

Zeitsinnapparat, Hilfsmittel zur Darbietung von akustischen oder optischen Reizen in wählbaren zeitlichen Abständen oder von Reizen bestimmter Dauer. [L] PAULI & ARNOLD 1957

Zeit, soziale, die Modalform der →ps. Zeit in Kulturen, Schichten oder anderen sozialen Gebilden

Zeitstudie, arbeitsps. Untersuchung des Zeitbedarfs bei Arbeitsvorgängen durch Gliederung des Gesamtvorganges in kleinere Einheiten von Bewegungen. Die Z. bildet die Grundlage für Arbeitsanweisungen, Betriebsvorschriften und Lohnberechnungen. Wird die Z. auf bestimmte Bewegungen bezogen, spricht man auch von «Handzeit», «Griffzeit» usw.; wird sie auf einen maschinellen Arbeitsgang bezogen, so besteht der Begriff «Maschinenzeit». Die Z. geht auf TAYLOR (1911) zurück. →Arbeitsstudie, →Bewegungsstudie,

→Lichtspurverfahren, →Reihenphotographie, →REFA

Zeittäuschung, jede Über- oder Unterschätzung von Zeitstrecken. Man findet (1) zeitliche Größentäuschung. Bei Rhythmisierung (also Intensitätsänderung) wirken Betonungen von Einheiten verlängernd oder verkürzend auf die scheinbare Größe benachbarter Zeitstrecken ein. Bei ungleich langen Zeitstrecken werden erfüllte Strecken überschätzt (→geometrisch-optische Täuschungen). (2) Zeitverschiebung: Die bei gleichzeitiger Darbietung zweier verschiedener Reize zutage tretende Bevorzugung des Reizes, der gegenüber dem anderen als «früher» bezeichnet wird (→persönliche Gleichung, Komplikationsversuch). Positiv nennt man die Zeitverschiebung, wenn der akustische später als der optische Eindruck angesetzt wird; negativ im umgekehrten Falle.

Zeitunterschiedsschwelle →Zeitschwelle

Zeitvorstellung, «Vorstellung» einer Zeitstrecke, z. B. von der Dauer eines Reizes bzw. eines Erlebnisses oder von der Zeit, die seit einem Erlebnis vergangen ist.

Zeitwahrnehmung →Zeit, psychische

Zelle, (biol.) kleinste Einheit des lebenden Organismus, die noch alle Erscheinungen des Lebens (→Stoffwechsel, Beantworten von →Reizen usw.) zeigt. Die Z. besteht aus dem Kern (→Chromosomen) und dem Zelleib mit verschiedenen Organellen («Organe» der Zelle).

Zell(kern)teilung →Mitose, →Meiose

Zensor, Begr. von FREUD. Beim Gegenspiel von unlustvoller Realität und Triebhaftigkeit wird an der Grenze zwischen Ich und Unbewußtem ein Regulator (Zensor) angenommen, der automatisch und unbewußt funktioniert – so unbewußt wie die Reaktionsbewegungen z. B. beim Schreiben oder Autofahren – und nur soviel ins Bewußtsein zuläßt, wie dem Ich zuträglich ist. Dieser Regulator, den man auch als «Reizschutzapparat» (Reizschutz gegenüber den gefährlichen Regungen des Es) bezeichnet, wirkt wie eine Art Zensur.
[L] BRUN 1954, FREUD

Zentile (C), Intervalle einer Häufigkeitsverteilung (z. B. von Testpunkten), in denen je 1 % der Fälle liegt. Die →Perzentile geben die Punktwerte an, welche den jeweiligen oberen Intervallgrenzen entsprechen (daher 100 Z., aber nur 99 Perzentile). Das 25. Z. ist das untere (1.) Quartil, das 50. der Median, das 75. Zentil das obere (3.) Quartil.

Zentraleigenschaft →Kardinaleigenschaft

Zentraleinheit, besteht aus Arbeitsspeicher, Hauptspeicher, internem Speicher (memory), Prozessor (ALU – arithmetic and logical unit) und der Ein- u. Ausgabe-Steuerung (Control-unit). Mittels der →CPU werden Daten unmittelbar vor und nach der eigentlichen Verarbeitung gespeichert. Eine weitere Funktion stellt das Speichern des Programmes für die aktuelle Verarbeitung, die programmgesteuerte Verarbeitung von Daten und die Steuerung der Ein- und Ausgabe-Peripherien von Daten dar. Die CPU kann mit 3 Einheiten 4 Funktionen übernehmen, weil im Arbeitsspeicher sowohl die zu verarbeitenden Daten als auch das steuernde Programm gespeichert sind. Diese Konstruktion geht auf den Mathematiker John von NEUMANN zurück. Im Prozessor findet die eigentliche Verarbeitung der arithmetischen Operationen statt, und es werden logische Vergleiche von Daten vorgenommen. *H. Häcker*

zentral erregte Empfindungen, nach EBBINGHAUS die im Ggs. zu den peripheren Empfindungen unbestimmten, farblosen, reproduzierten Inhalte. Gleichzusetzen mit Vorstellung.

Zentralfurche →Gehirn

Zentralgrube →fovea centralis

Zentralnervensystem, der Teil des Nervenganzen, mit dem die peripheren Nerven funktionell zusammenhängen und von dem sie ausgehen: Gehirn und Rückenmark (abgekürzte Bez. ZNS). →Nervensystem

Zentralstelle für Psychologische Information und Dokumentation, die Zentralstelle für Psychologische Information und Dokumentation (ZPID) an der Universität Trier ist die überregionale und zentrale Dokumentations- und Informationseinrichtung für das Fach Psychologie in Deutschland. Sie hat die Aufgabe, die Informationsversorgung im Bereich Psychologie und damit die Fachkommunikation in Forschung, Lehre und Praxis zu verbessern. Dies geschieht derzeit durch die Dokumentation aktueller psychologischer Publikationen aus den deutschsprachigen Ländern, von audiovisuellen Medien und von Testverfahren. Die Öffentlichkeit wird anhand von online-Datenbanken (→PSYNDEX, →PSYTKOM) und CD-ROM-Datenbanken (PSYNDEXplus with TestFinder) sowie anhand von gedruckten Diensten informiert. Zudem bietet die ZPID vielfältige Dateien im World Wide Web des Internets an (URL http://www.uni-trier.de/zpid/). Auf Anfrage und gegen Entgelt führt sie zu psychologischen Themen individuelle Recherchen in einem breiten Spektrum fachlich relevanter Datenbanken durch.

Zentraltest-Methode [T] ROEMER

Zentralwert →Median

Zentrenhierarchie, (biol.) einem als geordnete Kette ablaufenden Verhaltenskomplex (z. B. dem →Fortpflanzungsverhalten des Stichlings) entspricht nach TINBERGEN (1951) eine ebensolche Ordnung im Zentralnervensystem.

Zentrierung, Begr. aus der Gestaltps., der auf Gewichtsverteilung, Rangordnung der konstituierenden Teile, Eigenschaften usw. des gestalthaften Gefüges hinweist. Jedes seelische Gebilde weist eine bestimmte Z. auf. • PIAGET zerlegt eine visuelle Wahrnehmung in lauter Einzelwahrnehmungen *(centrations)*, die im Laufe der Entwicklung durch höhere Wahrnehmungsfunktionen *(activités perceptifs)* koordiniert werden *(décentration)*. Jede Zentrierung bedeutet eine subjektive Vergrößerung des betr. Bildteils. [L] PIAGET 1961, METZGER 1954

zentrifugal, syn. efferent, →Reflexbogen

zentripetal, syn. afferent, →Reflexbogen

Zentropil® →Phenytoin

Zentroversion, ein von NEUMANN (1956) verwendeter Begr. für die im Menschen angelegte Tendenz zur Selbsterhaltung und Selbstgestaltung und zum Bewußtwerden des ps. Zentrums im Selbst.

Zerebralparese, wörtl. «Hirnlähmung», d. h. Hirnschädigung, die bei der Hirnentwicklung vor, während oder nach der Geburt entstanden ist (Hirndefekte, intrauterine Infektionen, Geburtstraumen u. a.) und mit ein- oder beidseitigen spastischen Lähmungen (→LITTLE-Syndrom), mit →Ataxie, →Athetose, Sprechstörungen, Sehstörungen, Krampfanfällen o. a. verbunden sein kann.

Zerebrotonie, das mit dem →Körperbautyp der Ektomorphie nach SHELDON korrelierende Temperament, das durch Zurückhaltung, Unfähigkeit zu wirklicher Entspannung und Hemmung gekennzeichnet ist. Beim Zerebrotonen sind alle Reize und Reaktionen überstark.

Zerebrum →Cerebrum

zero-sum-game [engl.] →Zweipersonen-Nullsummenspiel

Zerstörungslust →Vandalismus

Zeugenaussage →Aussagepsychologie, →Wahrheit

Zeugentüchtigkeit, wie bei der →Glaubwürdigkeit von Zeugen ist zu unterscheiden zwischen allgemeiner Z. (wenn normal ausgeprägte kognitive und sprachl. Fähigkeiten eine richtige Darstellung erwarten lassen) und spezieller Z. (bei der Annahme einer richtigen Aussage über eine ganz bestimmte Situation). In Einzelfällen kann die spezielle Z. bejaht werden, auch wenn die allgemeine Z. abgelehnt werden muß. [L] ARNOLD 1952

Ziel, Zielstrebigkeit, nach WUNDT die vorausgenommene Vorstellung der Wirkung unseres Handelns. Die Selbständigkeit der Zielsetzung ist von charakterologischer Bedeutung: Antriebskraft der Strebungen, Machtstreben, Selbstgefühl, Selbstwertgefühl, Entschlußkraft u. a. m. konstituieren den Grad und die Richtung der Zielstrebigkeit. [L] KÖHLER 1959, TOLMAN 1933

Zielbewegung, Bewegung von einer Startposition zu einer Zielposition. Der Zusammenhang zwischen Dauer, Weite und Genauigkeit einer Zielbewegung wird durch das →FITTSsche Gesetz beschrieben. Zu den kinematischen (→Kinematik) Merkmalen gehört ein glockenförmiges Geschwindigkeitsprofil, das oft asymmetrisch ist; vor allem bei hohen Genauigkeitsanforderungen erfolgt eine langsame Näherung an das Ziel. Außer bei sehr kurzen Bewegungszeiten (unter ca. 200 ms) steigt die Genauigkeit, wenn Hand und Ziel gesehen werden können; wichtig ist die visuelle Steuerung vor allem in der Schlußphase der Bewegung. [L] HEUER 1990 *H. Heuer*

Zielbewegungsapparat, Vorr. zur Prüfung freier Zielbewegungen

Zieldiskrepanz, Differenz zwischen der Höhe des →Anspruchsniveaus bei einer bestimmten Leistung und der tatsächlich erreichten (oder vom Individuum erreichbaren) Leistungshöhe

Zieldistanz, der durch eine geeignete Metrik zu beschreibende objektive Abstand eines Zustandes in einem →Problemraum oder auch der von einem Problemlöser subjektiv erlebte bzw. abgeschätzte Abstand seiner momentanen Position in seinen Problemlösungsbemühungen vom Zielzustand. [L] DÖRNER 1976

zielerreichendes Lernen →mastery learning, →ATI

Zielsetzungsmethoden, die von LOCKE & LETHAM (1984) entwickelte Motivationstechnik, die unter vier Bedingungen zur Verbesserung von Leistung führt: (1) Ziele sollten klar und spezifisch sein, (2) Ziele sollten schwer erreichbar sein, (3) Ziele sollten akzeptiert werden, (4) Rückmeldungen sollten erfolgen. [L] LOCKE & LATHAM 1984

Zielvorstellung, vermittelndes Zwischenglied bei intentionalen Handlungen (Willenshandlungen), insbes. nach der Interpretation von ACH, auch nach MIERKE (1955); gut vereinbar mit der mechanistischen Erklärung zielgerichteter Handlungen durch die →antizipierte Ziel-Teilreaktion. Die Z. kann als Teilreaktion auf das Stimulusgesamt am Ziel aufgefaßt werden. In einigen neueren einflußreichen Zieltheorien *(goal theories)* (BANDURA 1991, LOCKE & LATHAM 1990) wird die auf ACH zurückgehende Annahme, wonach das Ziel bzw. seine mentale Repräsentanz in Form der Zielvorstellung das wesentliche motivierende Agens sein sollen, zum zentralen Theoriebestandteil. *H.D. Schmalt*

Zipfsches Gesetz, die Wahrscheinlichkeit, mit der ein Wort in einer Sprache auftritt, ist etwa umgekehrt proportional seinem Rangplatz in der Häufigkeitsreihenfolge. Sei p_1 die relative Häufigkeit des Wortes auf dem Rangplatz 1, dann ist nach dem ZIPFschen Gesetz $p_{100} \approx p_1/100$

Zirbeldrüse, syn. Epiphyse, Drüse, die für die Steuerung verschiedener Hormone und die innere Zeitsteuerung verantwortlich ist. →Gehirn

zirkadian, tagesrhythmisch, über den ganzen Tag verteilt

zirkulär [lat. *circularis* rund, rund um], zyklisch, kreisförmig, wiederkehrend, periodisch

zirkulärer Reflex, ein Reflex, durch dessen Wirkung der Reiz für ein wiederholtes Ablaufen von neuem gesetzt wird. So wird z. B. beim Säugling durch Berühren des Handtellers die Hand reflektorisch geschlossen. Beim Schließen der Hand berühren die Fingerspitzen den Handteller, wodurch der Reflex zirkulär in Gang gehalten wird.

Zirkulärreaktion →Kreisreaktion

Z-Norm, Z-Skala →Normskalen

ZNS, Abk. für Zentralnervensystem. →Nervensystem

Zöllnersche Täuschung, mit kleinen Parallelstrichen in schräger Richtung durchsetzte Parallelen a, b, c erscheinen divergent bzw. konvergent. Die Täuschung tritt auch ein, wenn nur eine der Parallelen Querstriche enthält. →geometrisch-optische Täuschungen

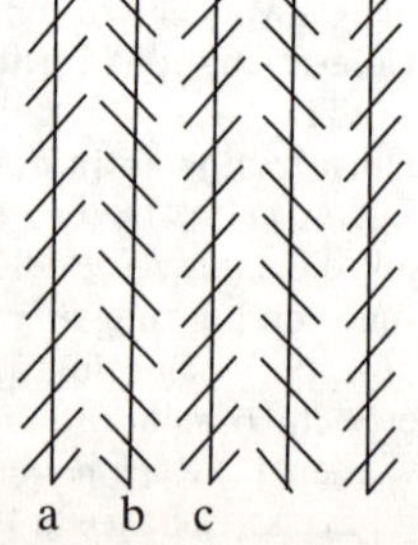

Zoloft® →Sertralin

Zolpidem, WZ Bikalm®, Stilnox®, Psychopharmakon aus der Klasse Tranquillantien und →Hypnotika vom Typ der Nicht-Benzodiazepine, der chemisch neuartigen Tranquillantien und Hypnotika, gilt als spezifischer Agonist des Benzodiazepin-GABA-A-Typ1-Rezeptors mit kurzer Wirkungsdauer (0.7–3.5 h Eliminationshalbwertzeit). Verwendet als Schlafmittel, auch bei der Prämedikation chirurgischer Eingriffe. Schlafverbessernde Wirkung in polygraphischen und ps. Untersuchungen nachgewiesen. **[L]** RIEDERER et al. 1995, FRITZE et al. 1995, UHLIG et al. 1996 *W. Janke/M. Hüppe*

Zone der Zustimmung [engl. *latitude of acceptance*], Annahmebereich, von SHERIF & HOVLAND (1961) eingeführte Bez. für den Bereich auf einer Attitüden-Skala, der für den Befragten noch annehmbare Aussagen enthält. Daran schließt sich eine Zone der Indifferenz und eine Zone der Ablehnung an. Auch Akzeptierungs-, Ablehnungs- und Indifferenzbereich genannt. →Assimilations-Kontrast-Gesetz, →soziales Urteil *R. Bergius*

Zopiclon, WZ Ximovan®, Hypnotikum vom Typ der →Zyklopyrone. Unerwünschte Nebenwirkungen sind bitterer, metallischer Geschmack, trockene Mundschleimhaut, Schläfrigkeit und leichte Einschränkung der Psychomotorik. **[L]** FORTH et al. 1996, MUTSCHLER 1996 *W. Janke*

Zotepin, WZ Nipolept®, Psychopharmakon aus der Klasse der atypischen →Neuroleptika vom Typ der Dibenzothiepinderivate mit mittelstarken antipsychotischen Wirkungen und weniger starken extrapyramidalmotorischen Nebenwirkungen. *W. Janke*

ZPID, Abk. f. →Zentralstelle für Psychologische Information und Dokumentation

Z-Skala →Normskalen

Z-Test [T] ZULLIGER

Zufall, (1) Das Zusammentreffen von zwei oder mehr Einzelerscheinungen, ohne daß ein innerer Zusammenhang (Zusammengehörigkeit, kausale Abhängigkeit) besteht; im Alltag wird auch bei geringer Wahrscheinlichkeit des Zusammentreffens, unabhängig davon, ob ein innerer Zusammenhang besteht oder nicht, von Z. gesprochen. (2) Bei Massenerscheinungen ist Z. die Gesamtheit aller nicht erfaßbaren oder als unwesentlich vernachlässigten Einflüsse auf die Größe einer Beobachtungsvariablen (→Fehler). Die meistens biologischen, psychologischen und sozialen Phänomene sind so komplex, daß es nicht möglich ist, sämtliche Ursachen für die Variation von Beobachtungen zu erfassen. Mit Methoden der →Statistik wird daher versucht, den Anteil an Z. zu eliminieren (z. B. durch Bildung von →Mittelwerten) bzw. in seiner Größe zu bestimmen (z. B. →mittlerer Fehler).

E. Mittenecker

Zufallsapparat (GALTON) →Quinkunx

Zufallsauswahl, Randomisierung, die Auswahl von Individuen, insbes. bei der Bildung einer →Stichprobe durch Verfahren, die jede subjektive Bevorzugung bzw. Vernachlässigung bestimmter Individuen ausschließen, also z. B. die Auswahl durch das Los, nach einer Zufallsfolge von Ziffern oder anderen Techniken.

Zufalls-(zufällige) Fehler →Fehler

Zufallsstichprobe [engl. *random sample*], durch →Zufallsauswahl gebildete Stichprobe

Zufallszahlen, Bez. für Zahlen, die in zufälliger Reihung aufeinander folgen. Sie werden mit einem →Zufallszahlengenerator hergestellt.

Zufallszahlengenerator [engl. *randomizer*], Gerät zur Herstellung von →Zufallszahlen.

Zugriffszeit, Zeit zwischen Reizaufnahme und Wiedergabe (Reproduktion) eines Gedächtnisinhaltes. Die Z. verkürzt sich mit steigender Assoziationsstärke. →Gedächtnis. →Latenz, Reaktionszeit

Zukunftserleben, Zukunftsbewußtsein, Zukunftsbezogenheit. Der Begr. bezieht sich auf alle kognitiven, konativen und affektiven Momente, die auf Kommendes oder Zukünftiges gerichtet sind. Dazu gehören alle prospektiven und propulsiven Erlebnisformen wie Zielstrebigkeit, Hoffnung, Mut, Zuversicht, Unsicherheit, Furcht, Angst u. a. Zukunftserleben kann als Unterganzes im gesamten personellen Zeitbezugssystem betrachtet werden (→Zeitperspektive), welches die dynamischen Vorgänge im Individuum strukturiert, ordnet und lenkt. STERN beschrieb erstmals die Zukunftsbezogenheit der Gefühle in deren richtungsgebender und steuernder Funktion. Experimentalpsychologische Ansätze zum Zukunftsbewußtsein gehen auf KELLER zurück, der im Wissen von Können und im Gefaßtsein-auf-etwas dynamische, steuernde Zukunftstendenzen sieht. KELLER unterscheidet Zukunft auf nahe Sicht von Zukunft auf weite Sicht. Diese Einteilung wurde von BERGIUS übernommen, der persönlichkeitsspezifische und weitgehend situationsunabhängige Tendenzen des Zukunftserlebens aufwies. MÜLLER (1973) konstruierte eine Optimismus-Pessimismus-Skala, GJESME (1980) stellte einen Zusammenhang des Z. mit der Testängstlichkeit her und LAMM, SCHMIDT & TROMMSDORF revidierten die älteren Annahmen über Geschlecht und soziale Klasse als Determinanten des Z., schließlich haben auch FÜCHSLE, TROMMSDORF & BURGER (1980) ein Meßinstrument entwickelt, mit dem versucht wird, interindividuelle Unterschiede des Z. zu erfassen.

• Als ps. Begr. umfaßt Z. die individuellen Formen von Antizipationen, Gerichtetheiten und sonstigen von personellen Zielen ausgehenden Wirkungen. Dagegen zielt die Futurologie, eine soziologische Teildisziplin, mehr auf die Prognose der Entwicklung der Menschheit unter den verschiedenen wissenschaftlichen Aspekten. [L] BERGIUS 1957, KELLER 1932, NUTTIN 1980

Zulänglichkeit, als Gütekriterium des Tests schreibt die Z. vor, daß das, was der Test mißt, auch repräsentativ für das ist, was gemessen werden soll. Die Z. bezeichnet also den Grad der Gemeinsamkeit zwischen Test und Kriterium, ohne daß die →Reliabilität des Tests und des Kriteriums berücksichtigt wird. Die Z. wird nicht durch einen Koeffizienten quantitativ erfaßt. Besitzt ein Test eine geringe →Validität und eine hohe Reliabilität, so weist dies darauf hin, daß er eine geringe Z. besitzt.

H. Häcker

Zuordnungsmethode, vielfach bei Tests (besonders sprachfreien) und auch zur Prüfung der Sinnesfunktionen angewandte Methode, wobei das einer Vorlage Bedeutungsgleiche oder Ähnliche aus einem Vorrat an Material (auch Begriffe, Zeichnungen usw.) zuzuordnen ist.

Zuordnungs-Test [T] FRANKEN

Zurechnungsfähigkeit →Schuldfähigkeit

Zusammensetzungsannahme, geht davon aus, daß sich Entwicklung (Werden) in der Zusammensetzung der ursprünglich unverbundenen Nebeneinander zu immer umfassenderen Verbänden zeigt: Assoziieren von Vorstellungen, Kombinieren beim Denken, integrieren und kollektivieren bei der Persönlichkeitsentwicklung. • Gegenposition: Ausgliederungsannahme, die das einheitlichere Wahrnehmen, Ganzeigenschaft, Gruppenphänomene und Reiz prägnanter deuten kann. [L] METZGER 1954

Zuschlagprüfer →Sinnesfunktionen

Zustandsabhängiges Lernen [engl. *state dependent learning*], Kennzeichnung für das Phänomen, daß unter einem bestimmten Zustand (unter Pharmakon A) aufgenommene Informationen im gleichen Zustand besser als in einem anderen Zustand (ohne Pharmakon A) reproduziert werden kann. [L] BOWERS 1993, ERDMANN 1979 *G. Erdmann/W. Janke*

Zuverlässigkeit →Reliabilität

ZÜWIE (Zürich WECHSLER Intelligenztest für Erwachsene) [T] WECHSLER

Zwang, Zwangs-Störungen, das Leiden an persistierenden Ritualen, die oft viele Stunden andauern und deren Sinnlosigkeit von den Betroffenen erlebt wird. Unterschieden wird zwischen Z.-Verhalten (z. B. Waschzwang oder Kontrollzwang) und Z.-Gedanken (Zählzwang, Grübeln, sinnloses Wiederholen von Inhalten). Eine Unterbrechung der Rituale führt zu hoher Erregung und Unbehagen. Von der Phobie unterscheidet sich der Z. einmal dadurch, daß er meist durch interne Reize ausgelöst wird, daß er als sinnlos erlebt wird und daß kein wirklich erfolgreiches Vermeidungsverhalten existiert. Oft treten Z.-Symptome zusammen mit →Depression auf.
Ätiologie: Während die Psychoanalyse Konflikte während der Analphase vermutet, betonen lerntheoretisch orientierte Entwicklungspsychologen ein inkonsistentes Erziehungsverhalten, rigide überhöhte Ansprüche und Normen sowie unberechenbare Strafreize der Eltern in der Kindheit. Zur Erklärung der Symptomentwicklung werden Laborexperimente zur Entwicklung abergläubischen Verhaltens (SKINNER), Modell-Lernen, inkonsistente, zufällige Strafreize, Bestrafung von Vermeidungsreaktionen, Diskriminations-Unfähigkeiten und gleichzeitige Belohnung und negative Verstärkung einer Reaktion herangezogen. Aufrechterhalten werden Z. oft durch autosuggestive Problemantizipation, unmittelbare Erregungsreduktion nach dem Einzelritual (Angst- bzw. Unsicherheitsreduktion) und die Unfähigkeit, Rituale zu beenden, weil der Erfolg der Rituale nicht überprüfbar ist.
Behandlung von Zwangsverhalten: Zwangsstörungen galten lange als schwer behandelbar. Inzwischen erzielt man v. a. mit verhaltenstherapeutischen Techniken, gelegentlich unterstützt durch medikamentöse Behandlung (Antidepressiva, Anxiolytika), gute Erfolge, die jedoch durchschnittlich niedriger liegen als etwa für Ängste. Die Methode der Wahl bei Zwangshandlungen sind Verfahren der Konfrontation und Reaktionsverhinderung, die den Zirkel von Angst und Vermeidung aufbrechen sollen. Der Patient wird mit der Situation konfrontiert, die seine Zwangsrituale auslöst; in Absprache und mit Zustimmung des Pat. wird verhindert, daß dieser das übliche Vermeidungsritual durchführen kann. Dies führt zunächst zu einem Anstieg, dann Nachlassen der Angst und dem subjektiven Erleben von Kompetenz im Umgang mit dem Problem. Kombiniert wird dieser Ansatz mit Elementen des teilnehmenden Modellernens, bei dem der Patient das Modellverhalten des Therapeuten direkt nachahmen kann. Für eine längerfristige Besserung ist ein selbständiges Üben in gewohnter Umgebung unerläßlich. Hat der Zwang eine stabilisierende Funktion, ist das bei der Therapieplanung zu beachten, Konfrontation kann kontraindiziert sein.
Behandlung bei Zwangsgedanken [engl. *obsession*]: Die Behandlung von Zwangsgedanken gestaltet sich oft schwieriger. Sie entziehen sich der externen Beobachtung und sind deshalb oft schwerer greifbar. Eine Konfrontation in sensu mit wiederholtem Durchgehen vermiedener Gedanken und Vorstellungen zum Erzielen einer →Habituation bzw. Reaktionsverhinderung ist oft das angemessenste Vorgehen. Wichtig erscheint auch, im Rahmen der Psychotherapie den funktionalen Zusammenhang von Zwangsgedanken mit anderen Kognitionen und situativen Bedingungen zu erkennen. Auch hier ist eine Behandlung in natürlicher Umgebung ratsam, um Rückfällen vorzubeugen.
Medikamentöse Therapien konnten mit Antidepressiva Besserung erzielen. Die Wirkung beruht auf der Eigenschaft der Antidepressiva, die Serotoninaktivität im Gehirn zu steigern und die Stoffwechselaktivität in der Orbitalregion der frontalen Gehirnrinde und in den Nuclei caudati auf normale Werte zu senken, also Störungen zu beheben, die bei Zwangsstörungen typisch sind. Interessant ist, daß sowohl verhaltenstherapeutische als auch biologische Interventionen zu ähnlichen Veränderungen im Gehirn führen können. [L] REINECKER 1994 *D. Zimmer/F. Caspar*

Zwangsneurose, FREUDscher Begr. für die vor allem durch Zwangssymptome charakterisierte Form der →Psychoneurose. Die Z. ist aber außer durch Zwangssymptome noch durch eine Reihe weiterer Symptome gekennzeichnet, von denen die wichtigsten sind: abnorm gesteigerte Schuldgefühle, gesteigerte Gewissenhaftigkeit, gesteigerte Gefühlsambivalenz, schwere Entschlußfähigkeit. Der dynamische Faktor im Hintergrund dieser Symptome besteht in einer unvollständigen Verdrängung starker Aggressionen. →Zwang

Zwangsvorstellung →Zwang

Zwangswahlmethode →forced choice method

Zweifaktorentheorie der Intelligenz →Intelligenzfaktoren

Zweifaktorentheorie der retroaktiven Hemmung, Bez. für den Vorgang, daß das interpolierte Lernen (d. h. das Lernen der 2. Reihe nach dem Lernen der ersten und vor dem Prüfen der ersten Reihe) an zwei Orten ansetzt: (a) während des interpolierten Lernens findet zunehmendes →Verlernen der ursprünglichen Responses statt, und (b) die nach dem interpolierten Lernen noch verfügbaren Responses leiden bei der Prüfung unter den rivalisierenden interpolierten Responses (MELTON & IRWIN 1940).

Zweifaktorentheorie des Lernens, Bez. nach MOWRER (1951) für die Annahme, daß klassisches Bedingen das Lernen von Emotionen etc. erkläre, dagegen instrumentelles Bedingen das Lernen von Bewegungen der Skelettmuskulatur (instrumenteller Handlungen). [L] BERGIUS 1964

Zweifaktorentheorie des Vergessens, Bez. dafür, daß die beiden Faktoren →Interferenz und →Anwärmverlust zusammenwirken bei der Prüfung des Lernerfolgs nach einem Intervall.

Zweipersonen-Nullsummenspiel, ist eine Spielregel, nach der in jeder einzelnen Partie der Gewinn eines Spielers gleich dem Verlust des Gegenspielers ist. →Theorie der Spiele

Zwei-Personen-Test [T] HANSELMANN, HENNING

zweiseitige Signifikanzprüfung, statistisches Prüfverfahren bei ungerichteter Fragestellung. Im Rahmen des Signifikanzniveaus werden beide Enden der Prüfverteilung darauf untersucht, ob die Nullhypothese angenommen werden kann.

Zweistufentheorie der Massenkommunikation →Meinungsführer

Zweistufentheorie des Lernens, beim paarweisen Assoziieren werden (a) die Paarglieder vertraut gemacht, und (b) danach finden die Assoziationen statt.

zweites Signalsystem, die menschlichem Tätigsein zugrundeliegende Erfahrung sah der russ. Physiologe PAWLOW in zwei miteinander interagierenden Systemen organisiert: Vermittels des ersten Signalsystems (→Signal) gewinnen Objekte für den Menschen in gleicher Weise wie für das Tier spezifische →Bedeutungen. Das nur beim Menschen anzutreffende z.S., welches das erste gleichsam überlagert, soll die Grundlage für sprachliche →Kommunikation (→Sprache) und menschliches →Bewußtsein bilden. Bei der Konstituierung der Einheiten des z.S. sollen zentrale propriozeptive Komponenten der Sprechmotorik eine wesentliche Rolle spielen (SOKOLOV 1972). →Sprache, innere, →Sprachentwicklung, →Vermittlungstheorie, →labeling, →symbolic processes *G. Kaminski*

Zweiwortmethode [T] MEUMANN

Zweizeilenkorrelation, syn. biseriale Korrelation. Parametrische Korrelationstechnik zur Bestimmung des Ausmaßes der Wechselbeziehung zwischen einem quantitativen und einem alternativ gemessenen, eigentlich aber kontinuierlichen und normalverteilten Merkmal. Die Z. wird nach der Formel

$$r_{bis} = \frac{M_p - M_q}{s} \cdot \frac{p \cdot q}{y}$$

berechnet, wobei M_p den Maßzahlmittelwert der Daten in der einen und M_q den der Daten in der anderen Klasse des dichotomisierten Merkmals, s die Standardabweichung aller Maßzahlen des quantitativen Merkmals, p und q die relative Datenanzahl in den dichotomisierten Klassen und y den Ordinatenwert in der Normalverteilung bezeichnet, der ihre Fläche in die Anteile p und q trennt. Der Ausdruck p·q/y liegt tabelliert vor. *G. Mikula*

z-Wert, ein durch lineare statistische →Transformation gewonnener →Standardwert, der auf eine Verteilung mit einem Mittelwert M = 100 und einer Standardabweichung s = 10 bezogen ist. →Normskalen

Zwillinge (Mehrlinge), in einer Schwangerschaft gleichzeitig entwickelte Kinder. Z. entstehen zweieiig (= ungleicherbig, zweikeimig), wenn 2 (bei Mehrlingen mehr) Eier durch 2 (mehr) Samenfäden befruchtet werden (= ZZ). Sie entstehen eineiig (= erbgleich, einkeimig), wenn nach der Befruchtung eine Spaltung des Keimes eintritt (= EZ). Ist das Geschlecht verschieden, spricht man von PZ (Pärchenzwillinge, Geschwisterzwillinge). Bei EZ sind PZ nicht möglich.

Zwillingsdiagnose, für die Unterscheidung nach eineiigen (= EZ) und zweieiigen (= ZZ) Zwillingen ist eine sog. Ähnlichkeitsdiagnose mit Merkmalen aufgebaut worden, die bei EZ immer oder fast immer, bei ZZ dagegen seltener übereinstimmen: Blutgruppe, Augenfarbe, Haarfarbe, Hautfarbe, Form von Auge, Ohr, Lippen, Zahnstellung, Fingerleisten u. a. Die ps. Merkmale sind für die Diagnose noch zu wenig gesichert. →Zwillingsforschung. [L] VANDENBERG 1966

Zwillingsforschung, eine wichtige, allerdings umstrittene Methode zur Feststellung des Ausmaßes der Erbbedingtheit von körperlichen und ps. Merkmalen (→Erbe-Umwelt-Problem). Als Begründer der Z. gilt GALTON (1875). Die Feststellung des Erb- und Umweltanteils an der →Varianz eines bestimmten Merkmales wird häufig durch Vergleiche und statistische Analyse der →Korrelationen, d. h. der Ähnlichkeiten, zwischen eineiigen →Zwillingen (EZ) und zweieiigen →Zwillingen (ZZ) und durch Analyse der Unterschiede zwischen getrennt und gemeinsam aufwachsenden EZ durchgeführt (BOUCHARD 1981). Es wurde u. a. gezeigt, daß EZ in Wahrnehmungsaufgaben, in motorischer Geschicklichkeit und auf mehreren kognitiven Merkmalen, jedoch nur auf wenigen der CATTELLschen Persönlichkeitsfaktoren ähnlicher sind als ZZ, was als erbliche Beeinflussung dieser Funktionen und Merkmale interpretiert wird. Die Bedeutung des Umwelteinflusses in den skizzierten methodischen Ansätzen konnte u. a. dadurch gezeigt werden, daß bei getrennt aufwachsenden EZ die IQ-Unterschiede zwischen den Zwillingen mit den Unterschieden in der kulturellen Anregung zusammenhängen. Von Kritikern der Z. wird neben spezifischen Problemen (z. B. Feststellung der Eineiigkeit, Annahme des gleichen Umwelteinflusses auf EZ- und ZZ-Paare) betont, daß der methodische Ansatz auf der Fehlkonzeption des additiven Zusammenwirkens von Erbausstattung und Umwelt beruhe und daß durch Z. lediglich das Ausmaß der Umweltstabilität von Merkmalen der Umwelt untersucht werden könne. [L] FARBER 1981, GOTTSCHALDT 1942 *H. Wimmer*

Zwischenfarbensehen, Übergangsfarben. →Farbe, Farbenkreis, Farbenoktaeder

Zwischenhirn →Gehirn

Zwischenton, der bei Schwebungen wahrgenommene Mittelton zwischen den gegebenen Tönen. Anfänglich liegt er dem tieferen dieser sog. Primärtöne näher, verschiebt sich bei Vergröberung der Schwebung zum oberen Primärton, verschwindet endlich und wird alsdann durch einen der Primärtöne subjektiv ersetzt.

Zwischenvariable →Variable, intervenierende

Zwitter, →Hermaphroditismus

Zygote [gr. *zygos* Joch], Verschmelzungsprodukt aus den →Gameten

zyklisch [gr. *kyklos* Kreis], kreisförmig, in Perioden auftretend. →zirkulär

Zyklographie, Zyklogramm →Lichtspurverfahren

Zyklopenauge, Punkt zwischen beiden Augen, Ursprung der erlebten →visuellen Richtung. Bei monokularer Betrachtung scheint ein Stab, der objektiv auf ein Auge zeigt, auf einen Punkt zwischen beiden Augen zu zeigen. *H. Heuer*

Zyklopyrone, Substanzklasse von Psychopharmaka aus der Gruppe der →Hypnotika. Hauptvertreter ist →Zopiclon. Trotz abweichender chemischer Struktur weisen Z. ein mit →Benzodiazepinen vergleichbares Wirkprofil auf (z. B. angst-/spannungslösend, antikonvulsiv, muskelrelaxierend). Z. werden auch für die anästhesiologische Prämedikation eingesetzt. [L] FORTH et al. 1996 *W. Janke*

Zyklostat, Glaszylinder, der mit verschiedenen Geschwindigkeiten gedreht werden kann, dient meistens zur Beobachtung des Verhaltens von Tieren.

Zyklothymie, in der Körperbautypologie nach KRETSCHMER Temperamentsartung mit Affinität zum pyknischen →Körperbau. Der Grundzug des z. Temperamentes ist das Aufgehen in Umwelt und Gegenwart, die Aufgeschlossenheit und Geselligkeit. Das z. Temperament zeigt einen gleichmäßigen Ablauf und ein natürliches Ansprechen auf die Ereignisse der Umwelt. Es variiert hinsichtlich der Stimmungslage zwischen den Polen Heiterkeit und Traurigkeit, hinsichtlich des psychischen Tempos zwischen schnell und langsam und hinsichtlich der Psychomotilität zwischen beweglich und behäbig. Dabei sind Heiterkeit, Schnelligkeit und Beweglichkeit einerseits und Traurigkeit, Langsamkeit und Behäbigkeit andererseits miteinander gekoppelt. Es lassen sich dementsprechend unterscheiden: (1) Der hypomanische Typus, der neben der eigentlichen heiteren noch die zornmütige Stimmungslage aufweisen kann. (2) Der stillvergnügte Typus. (3) Der schwermütige Typus. Bezüglich der komplexen Lebenseinstellung finden sich unter den Menschen mit z. Temperament die Typen des tatkräftigen Praktikers, des sinnenfrohen Genießers, des breitbehaglich schildernden Realisten, des gutmütig-herzlichen Humoristen, des anschaulich-beschreibenden Empirikers, des wohlwollenden und verständigen Vermittlers, des großzügigen Organisators und des Draufgängers.

Heutzutage ist Z. nach →ICD-10 eine Bez. für

eine affektive (zyklothyme) Persönlichkeitsstörung mit instabiler Stimmungslage, die gekennzeichnet ist durch anhaltenden Wechsel zwischen leichter Depression und gehobener Stimmung. Z. ist darüber hinaus auch die Bez. schwerer Formen der manisch-depressiven Krankheit, bei der die manischen und depressiven Phasen oft unmittelbar ineinander übergehen.

Zytokine, syn. →Cytokine

ZZ, Abk. für zweieiige Zwillinge. →Zwillingsforschung, →Zwillinge

TESTANHANG

Anmerkung:

Dieser Testanhang erhebt keinen Anspruch auf Vollständigkeit oder Repräsentativität. Die Herausgeber waren bemüht, die gebräuchlichsten Tests sowie historisch bedeutsame Verfahren aufzunehmen. Der Testanhang wird als Nachschlagewerk verstanden, dessen Angaben den Leser in die Lage versetzen, eine erste grobe Einschätzung vorzunehmen, sowie weitere Informationen einzuholen.

Um den Testautoren gerecht zu werden bzw. um sich über sehr spezielle oder aktuelle Verfahren ein Bild machen zu können, empfehlen wir folgende Lektüre: Brickenkamp, R. (Hrsg.) (1975/1996). *Handbuch psychologischer und pädagogischer Tests*. Göttingen: Hogrefe; sowie Kataloge der Testzentrale Göttingen und der verschiedenen Testverlage.

A Alphabetisches Testverzeichnis

Aachener Aphasietest; AAT — Huber
Abbreviated Intelligence Test; CVS — Wechsler
Ablegeprobe — Couvé
Abstraktion des Gleichen und des Ungleichen — Grünbaum
Abwicklungsmethode (Drachen) — Poppelreuter
Abwicklungsmethode/Lenkprobe/Waben-Test — Rupp
Abzeichentest — Busemann
Abzeichnen/Angefangene Sätze vollenden/Assoziationen, Reizworte — Tiehen
Achievement Motivation Test; AMT — Alschuler
Activities Index; SAI — Stern, G.G
Adaptives Intelligenz-Diagnostikum für Kinder und Jugendliche (6–15 J.); AID — Kubinger
Adjustment Inventory; AI — Bell
Air Crew Classifikation Battery — US AIR FORCE
Airport Diagnostik des komplexen Problemlösens — Obermann
Aktiver Wortschatztest; AWST 3–6 — Kiese
Alexander Performance Scale — Alexander
Allgemeine Depressionsskala; ADS — Hautzinger
Allgemeiner Büro-Arbeits-Test; A-B-A-T — Lienert
Allgemeiner Deutscher Sprachtest; ADST — Steinert
Alternate Uses — Christensen
Alterskonzentrationstest; AKT — Gatterer
American Council on Education Psychological Examination for College Freshmen/High School Students — Thurstone
American School Achievement Tests — Pratt
Amsterdamer Kinder-Intelligenztest; AKIT — Drenth
An Inventory of Factors; STDCR — Guilford
Analogie-Test — Stern, W./Wyatt
Analyse von Ziel- und Partnerorientierung; AZP — Edeler
Analysis of Choices — Benge
Analytischer Intelligenztest; AIT — Meili
Anamnestischer Elternfragebogen — Deegener
Angstfragebogen für Schüler; AFS — Wieczerkowski
Anschaulich-geometrisches Denken — Voigt
Anstrengungsvermeidungstest; AVT — Rollet
Anton Brenner Developmental Gestalt Test of S.R.; BGT — Brenner
Anweisungs- und Sprachverständnistest; ASVT — Kleber
Anxiety Scale Questionnaire →IPAT — Cattell
Apperzeptiver Situationstest; A-S-T — Laufs
Arbeitsbeschreibungsbogen; ABB — Neuberger & Allerbeck*
Arbeitsverhaltensinventar; AVI — Thiel
Arbeitswissenschaftl. Erhebungsverfahren zur Tätigkeitsanalyse; AET — Rohmert & Landau*
Army Alpha Test, Army Beta Test, Army General Classification Test; AGCT — Yerkes/US ARMY
Art Test — Anderson
Arthur Point Scale of Performance Tests — Arthur
Ascendance-Submission Test — Allport
Assertiveness-Training-Programm; ATP — Ullrich de Muynck
Assessment Center; AC — Lattmann, Schuler & Staehle*
Association Adjustment Inventory; AAI — Bruce
Assoziationsexperiment — Jung
Assoziationsliste — Kent
Attitude-Interest Analysis Test; AIAT — Terman
Auffassungs- und Kombinations-Test — Arnold
Aufmerksamkeits-Belastungstest; d2-Test — Brickenkamp
Aufsatzkritik-Test, Begriffliche Reihenbildung, Bildbetrachtung, u. a. — Stern, W.
Auftragstest — Binet
Aufzähltest — Busemann
Auslesetest für Schulneulinge — Walter
Aussageliste zum Selbstwertgefühl für Kinder und Jugendliche; ALS — Schauder
Ausschneideprobe/Werkzeichnungen-Ordnen/Prüfverfahren (1928) — Huth
Bachrach Modification of the TAT — Bachrach
Ball-im-Feld-Test — Terman
Barber Suggestibility Scale; BSS — Barber
Basisdokumentation suizidalen Verhaltens — Kulessa
Basler Befindlichkeits-Skala — Hobi
Bastel-Test — Hanselmann

* siehe «Verzeichnis ausgewählter arbeitswissenschaftlicher Methoden»

Baum-Test Koch
Beck Angstinventar Deutsche Version; BAI Margraf
Beck Hopelessness Scale Beck
Beck-Depressions-Inventar Hautzinger
Befehlsreihe Rieffert
Befindlichkeitsskala; Bf-S v. Zerssen/Koeller
Begabtenauslese-Test Bobertag
Begabungs-Test-System; B-T-S Horn
Begriffsdefinitionen Pohlmann
Behavior Interpretation Inventory Applezweig
Behavior Maturity Scale Joel
Behavior Rating Scales Burdock
Behn-Rorschach-Test; Bero-Test Zullinger
Belastung-Monotonie-Sättigung-Streß; BMS Plath & Richter*
Bellevue Intelligence Scale/11 Wechsler
Benton Visual Retention Test Benton
Beobachtungsbogen für Kinder im Vorschulalter; BBK Duhm
Berger-Skala zur Erfassung der Selbstakzeptanz Bergemann
Berliner Amnesietest; BAT Metzler
Berliner Begabtenauslese Moede
Berliner Intelligenzstruktur Test Jäger
Berliner Luria-Neuropychologisches Verfahren für Kinder; BLN-K Neumärker
Berliner Verfahren zur Neurosediagnostik; BVND Hänsgen
Bero-Test Behn-Eschenburg
Berufsbezogener Rechentest; BRT Balser
Berufsbilder Test; BBT Achtnich
Berufseignungstest; BET Schmale
Berufs-Interessen-Test; BIT Irle
Berufskundliche-Bücher-Auswahltest Baumgarten
Berufswahl-Modellversuch Greub
Berufswahl-Test Baumgarten
Beschwerden-Liste; B-L v. Zerssen/Koeller
Beurteilungshilfen für Lehrer; BFL Janowski
Beurteilungsskalen; GAVERST Müller
Bewältigungsformen; BEFO Heim
Bewegungslineal Brunner
Bilder-Angst-Test für Bewegungssituationen; BAT Bös
Bildererkennungstest Brengelmann
Bilderkombination Franken
Bildertest; BT 1–2 Deutsches Institut für Internationale Pädagogische Forschung
Bildungs-Beratungs-Test (konvergentes Denken); BBT 4–6 Ingenkamp
Bildungsmotivationstest; BMT Leiber
Binetarium Binet
Binet-Simon-Test Binet
Biographisches Inventar zur Diagnose von Verhaltensstörungen; BIV Jäger
Blacky Pictures Test; BP Blum
Block-Design Test, Würfel-Test, Mosaikspiel Kohs
Body-Sway-Test Eysenck
Bourdon-Test, Durchstreich-Test, Test de barrage Bourdon/Meili/Toulouse
Bremsfahrtprobe Herwig
Bristol Social-Adjustment Guides; BSAQ Stott
Bruch- und Dezimalrechentest 6; BDT 6 Haenisch
Bruggemanns Formen der Arbeitszufriedenheit Bruggemann et al./Semmer et al.
Bücherkatalog-Test Tramer
Büro-Test; B-T Marschner
California Achievement Tests; CAT Tiegs
California Infant Scale of Motor Development Bayley
California Preschool Social Competency Scale; CPSCS Levines
California Psychological Inventory; CPI Gough
California Survey Series u. a. Tiegs
California Test of Personality; CTP Tiegs
California Test of Mental Maturity; CTMM Tiegs
Cassel Group Level of Aspiration Test Cassell
Cattell Infant Intelligence Scale Cattell
CAVD-Test; CAVD Thorndike
Charakter-Interpretationstest Eysenck
Charakterologischer Intelligenztest; CIT Wartegg
Charakterologisches Soziogramm Wartegg
Charakter-Struktur-Test Sponsel
Charkow-Test Dunajewski
Check-list motorischer Verhaltensweisen; CMV Schilling
Chiffre Test, Diagramm Test Goddard
Children Manifest Anxiety Scale; CMAS Castaneda
Children's Apperception Test; CAT Bellak
Children's Hypnotic Succeptibility Scale; CHSS London
Children's Personality Questionnaire →IPAT; CPQ Cattell
Children's Personality Questionnaire; CPQ Porter
Cleeton Vocational Interest Inventory Cleeton

* siehe «Verzeichnis ausgewählter arbeitswissenschaftlicher Methoden»

Clooge Qualification Tests; CQT — Bennett
College Characteristics Index; CCI — Stern, G.G
Coloured Progressive Matrices; CPM — Raven
Columbia Driver Judgement Test; CDJT — Fine
Columbia Mental Maturity Scale; CMM 1–3 — Eggert/Schuck
Columbia Mental Maturity Scale; CMMS — Burgemeister
Columbus — Langeveld
Comrey Personality Scales — Comrey
Concealed Figures/Gestalt Completion/Perceptual Speed/Flags/Paper Puzzle/Weights and Pulleys — Thurstone
Contact Personality Factor Test →IPAT; CPF — Cattell
Crichton Vocabulary Scale — Raven
Critical Incident Technique, Methode der kritischen Ereignisse; CIT — Flanagan*
Curve-Block-Series — Mellenbruch
Daueraufmerksamkeitstest — Brunner
Dauerrechenversuch, Arbeitskurve — Kraepelin
Definitionen, Definieren von Unterschieden/Durchstreichetest ohne Modell — Meili
Demenztest — Markowitsch
Denksport-Test; D-S-T — Lienert
Denktraining für Kinder I und II, Programm zur intellektuellen Förderung — Klauer
Dennis Visual Perception Scale; DVPS — Dennis
Denver-Entwicklungsskalen — Flehming
Denver Developmental Screening-Test — Frankenburg
Depressionsinventar für Kinder und Jugendliche; DIKJ — Stiensmeier
Depressionstest für Kinder; DTK — Rossmann
Design Judgement Test — Graves
Determinationsgerät, Reaktionsprüfgerät — Mierke
Deutsche Schultests — Ingenkamp
Deutungstest, Auffassungstest — Wartegg
Developmental Test of Visual Perception — Frostig/dt. Lockowandt
Developmental Test of Visual-Motor Integration; VMI — Beery
Diagnostic Chart for Fundamental Processes in Arithmetic — Buswell
Diagnosticum für Cerebralschädigung; DCS — Weidlich
Diagnosticum für Cerebral-Schädigung; DCS — Hillers
Diagnostik-Probe — Wellek
Diagnostische Aufgabenreihe — Arntzen
Diagnostischer Eltern-Fragebogen; DEF — Dehmelt
Diagnostischer Leistungstest Englisch; DLE 5–6 — Doye
Diagnostischer Test Deutsch; DTD — Nauck
Diagnostisches Interview bei psychischen Störungen; DIPS — Markgraf
Diagnostisches Interview für das Borderline-Syndrom; DIB — Gunderson
Diagnostisches und Evaluatives Instrument zum Autogenen Training; AT-EVA — Krampen
Differential Aptitude Test — Bennett
Differential Aptitude Tests; DAT — Wesman
Differentieller Interessen-Test; DIT — Todt
Differentieller Kenntnis-Test; DKT — Todt
Differentieller Leistungstest – KE; DL-KE — Kleber
Differentieller Leistungstest – KG; DL-KG — Kleber
Differentieller Wissenstest; DDT — Deutsche Gesellschaft für Personalwesen
Differentieller Wissenstest; D-W-T — Fürntratt
Domino-Test; D 48 — Anstey
Doppeldurchstreich-Test — Zazzo
Dortmunder Skala zur Erfassung von Lehrerverhalten durch Schüler; D-S-L — Masendorf
Drahtbiegeprobe/Papierstreifenfalten; D-B-P — Immig, Lienert
Draw-A-Man-Test/Männchentest; DAM — Goodenough/dt. Ziler
Dreidimensionaler Würfeltest; 3DW — Gittler
Dreiwortmethode — Masselon
Driver Attitude Survey; DAS — Schuster
Durchführung als Beobachtungsinterview. Spezielle Analyse belastender Arbeitsfaktoren; SABA — Richter et al.*
Early School Personality Questionnaire →IPAT; ESPQ — Cattell
Echelle de Développement; BLED — Brunet
Echelle de performance — Borelli
Edwards Personal Preference Schedule; EPPS — Edwards
Eigenschaftswörterliste; EWL — Janke
Ein computerunterstütztes Test- und Trainingsverfahren zur Personalentwicklung; Mailbox-90 — Roest
Einfache Eignungsuntersuchungen f. d. psychol. Dienst; EEU — Bundesanstalt f. Arbeit
Embedded Figures Test; CEFT/GEFT/PEFT — Witkin

* siehe «Verzeichnis ausgewählter arbeitswissenschaftlicher Methoden»

Entrance Examination for Schools of Nursing; EESN — Wesman
Entscheidungs-Q-Sort; EQS — Wolfram
Entwicklungstestreihe — Klimpfinger
Entwicklungstestreihe für das Schulalter — Hetzer
Entwicklungstestreihe für das Schulalter, Fortsetzung des HETR — Schenk-Danzinger
Environmental Response Inventory; ERI — McKechnie
Enzephalopathie-Fragebogen; E-F — Meyer-Probst
Eppendorfer Stimmungs-Antriebs-Skala — Supprian
Epreuve de motricité digital — Rey
Erfassung aggressiven Verhaltens in konkreten Situationen bei Kindern; EAS-J; EAS-M — Petermann
Ergänzungstest, Lückentest — Minkus
Erkennungstest — Binet
Erlanger Depressions-Skala; EDS — Lehrl
Ermittlung von Alltagstätigkeiten; EVA — Weyerich et al.*
Erzähl-Test/Fernberatungs-Test/Zeichen-Test — Wartegg
Erzieherfragebogen; EFB — Gutjahr
Erziehungsstil-Inventar; ESI — Krohne
Ethische Einstellung, Fernald-Probe — Fernald
Experimentelle Triebdiagnostik, Triebtest — Szondi
Experten- und Lehrsystem zur psychiatrischen Diagnostik →DSM-III-R (IV); DSM-III-X (IV) — Langer
Eysenck Personality Inventory; EPI — Eysenck
Eysenck-Intelligenztest — Eysenck
Eysenck-Persönlichkeits-Inventar; EPI — Eggert
Eysenck-Withers Personality Inventory for Subnormal Subjects — Eysenck
Fabelmethode — Düss
Fahrer Verhaltensrating — Klebelsberg
Fallgewicht, Perlenaufstecken — Schulte
Familie in Tieren — Gräser
Familien-Beziehungs-Test; FBT — Howells
Familiensystemtest; FAST — Gehring
Family Relations Test; FRT — Bene
Famous Sayings — Bass
Farbentest, Phantasietest — Heckmann
Farbe-Wort-Interferenztest; FWIT — Bäumler
Farbpyramidentest, Farbwahlverfahren; FPT — Pfister
Farbstern-Test — Bullinger
Farb-Test, Farbwahlverfahren, Löscher-Schnell-Test/Löscher-Test — Löscher
Farnsworth Dichotomous Test for Color Blindness — Farnsworth
Fear Survey Schedule for Children — Scherer
Fear Survey Schedule; FSS III — Wolpe
Feldmarkierungstest; FMT — Hentschel
Figure Reasoning Test; FRT — Daniels
Figuren von Rybakow — Meili
Finger Dexterity Test — O'Connor
Flanagan Aptitude Classification Tests, Berufseignungstest; FACT — Flanagan
Formelemente-Test — Morf
Formenbrett, Formboard — Anderson/Dearborn/Goddard/Seguin
Form-Lege-Test, Marburger Formlegespiel; F-L-T — Lienert
Foto-Hand-Test; FHT — Belschner
Four-Picture-Test; FPT — Lennep
Fragebogen zur Erfassung dispositionaler Selbstaufmerksamkeit; SAM — Filipp
Fragebogen zur Erfassung praktischer und sozialer Selbständigkeit; FPSS — Duhm
Fragebogen zur Erfassung v. Dimensionen der Integration v. Schülern; FDI 4–6 — Haeberlin
Fragebogen zur Vorgesetzten-Verhaltens-Beschreibung; FVVB — Fittkau-Garthe*
Fragebogen zur Erhebung v. Kontrollüberzeugungen zu Krankheit u. Gesundheit; KKG — Lohaus
Fragebogen z. Messung v. Einstellungen zu Schwangerschaft, Sexualität, Geburt; SSG — Lukesch
Fragebogen für die Typendiagnostik — Weissenfeld
Fragebogen irrationaler Einstellungen; FIE — Klages
Fragebogen zu Kompetenz und Kontrollüberzeugungen; FKK — Krampen
Fragebogen zu Kontrollüberzeugungen; ICP — Krampen
Fragebogen zu Lebenszielen und zur Lebenszufriedenheit; FLL — Kraak
Fragebogen zum Eßverhalten; FEV — Pudel
Fragebogen zum Trinkverhalten Alkoholabhängiger; FTA — Roth
Fragebogen zum Umgang mit Belastungen im Verlauf; UBV — Reicherts
Fragebogen zur Abschätzung Psychosomatischen Krankheitsgeschehens; FAPK — Koch

TESTANHANG

* siehe «Verzeichnis ausgewählter arbeitswissenschaftlicher Methoden»

Fragebogen zur Arbeitsanalyse; FAA — Frieling & Hoyos*
Fragebogen zur Beurteilung der Suizidgefahr; FBS — Stork
Fragebogen zur direktiven Einstellung; FDE — Bastine
Fragebogen zur Erfassung Kindlicher Steuerung; FEKS — Pauls
Fragebogen zur Erfassung von Aggressivitätsfaktoren; FAF — Hampel
Fragebogen zur Partnerschaftsdiagnostik; FPD — Hahlweg
Fragebogen zur psychotherapeutischen Exploration — Schultz
Fragebogen zur Sicherheitsdiagnose; FSD — Hoyos & Ruppert*
Fragebogen zur subjektiven Arbeitsanalyse; SAA — Udris & Alioth*
Fragebogen-Test, Psychiatric Screening Test — Saslow
Fragmentierter Bildertest — Kessler
Frankfurter Analogietest für 4.–6. Klassen; FAT 4–6 — Belser
Frankfurter Analogietest für 6.–9. Klassen; FAT 6–9 — Barth
Frankfurter Aufmerksamkeits-Inventar; FAIR — Moosbrugger
Frankfurter Körperkonzeptskalen; FKKS — Deusinger
Frankfurter Rechtsfragebogen; FRF — Deusinger
Frankfurter Selbstkonzeptskalen; FSKN — Deusinger
Frankfurter Tests für Fünfjährige – Konzentration; FTF-K — Raatz
Frankfurter Tests für Fünfjährige – Wortschatz; FTF-W — Raatz
französ. vocabulaire-Test; B.V. 4/8 — Bonnardel
Freiburger Beschwerdeliste – Gesamtform — Fahrenberg
Freiburger Fragebogen zur Krankheitsverarbeitung; FKV — Muthny
Freiburger Persönlichkeitsinventar; FPI — Fahrenberg
Freiburger-Aggressionsfragebogen — Selg
French-Bilder-Intelligenz-Test; FBIT — Hebbel
Frostig Test der motorischen Entwicklung; FTM — Frostig
Fuchs-Rorschach-Test; Fu-Ro Test — Drey-Fuchs
Full-Range Picture Vocabulary Test — Ammons/dt. Roth
Fundamental Interpersonal Relations Orientation; FIRO-Scales — Schultz
Furbay-Schrammel Social Comprehension Test — Furbay
Geburtsangstskala; GAS — Lukesch
Gedächtnis-(Merkfähigkeits-) Test — Ranschburg
Geist Picture Interest Inventory; GPII — Geist
Geist-Bilder-Interessen-Inventar; GBII — Stauffer
General Aptitude Test Battery/ BET; GATB — US Employment Service/dt. Schmale
Generelle Interessen-Skala; GIS — Brickenkamp
Geometrische-Figuren-Test — Abelson
Geschichte ergänzen, Sätze ordnen, Vineta-Test, Telegramm-Test — Leipziger Lehrer-Verein
Gestalt Continuation Test — Hector
Gibson Spiral Maze Test — Gibson
Giese-Test-System — Giese
Giessen Test; GT — Beckmann
Gießener Beschwerdebogen; GBB — Brähler
Göppinger Schulreifetest — Kleiner
Gordon Personal Inventory; GPI — Gordon
Gordon Personal Profile; GPP — Gordon
Göttinger Formreproduktions-Test; G-F-T — Schlange
Gottschaldt-Figuren — Gottschaldt
Gottschalk-Gleser-Sprachinhaltsanalyse — Schäfer
Graphomotorische Testbatterie; GMT — Rudolf
Grassi Block Substitution Test; GBSI — Grassi
Griffiths Mental Development Scale for Testing Babies from Birth to Two Years — Griffiths
Griffiths-Entwicklungsskalen; GES — Brandt
Groninger intelligentie test; GIT — Snijders
Grundintelligenztest Skalen 1–3/ Culture Fair Intelligence Test →IPAT; CFT 1–3 — Cattell/Weiss
Grundleistungstest zur Ermittlung der Schulreife — Kern
Gruppentest für die soziale Einstellung; S-E-T — Joerger
Gruppenverfahren zur Messung der individuellen Interferenzneigung — Messick
Guilford-Martin Inventory of Factors; GAMIN — Guilford
Guilford-Martin Personnel Inventory; GMPI — Guilford
Guilford-Zimmermann Temperament Survey; GZTS — Guilford
Hamburger Begabtenauslese — Peter
Hamburger Erziehungsverhaltensliste für Mütter; HAMEL — Baumgärtel

* siehe «Verzeichnis ausgewählter arbeitswissenschaftlicher Methoden»

TESTANHANG

* siehe «Verzeichnis ausgewählter arbeitswissenschaftlicher Methoden»

Maudsley Personality Inventory; MPI — Eysenck
Maudsley Persönlichkeitsfragebogen, Maudsley Medical Questionnaire; MMQ — Eysenck
Maxfield-Buchholz Scale of Social Maturity/Preschool Blind Children — Maxfield
McCarthy Scales of Children's Abilities; MSCA — McCarthy
McGuire Safe Driver Interview – Safe Driver Scale — McGuire
Mehrdimensionale Schmerzskala; MSS — Lehrl
Mehrdimensionaler Persönlichkeitstest für Erwachsene; MPT-E — Schmidt
Mehrdimensionaler Zeichentest; MDZT — Bloch
Memory-For-Designs Test; MFD — Graham
Mengenfolgetest; M-F-T — Guthke
Mental Tests — Cattell
Metaphon Resource Pack — Dean
Méthode des histoires à compléter — Thomas
Methodik der kollektiven Prüfung der Motorik — Oseretzky
Metrische Stufenleiter zur Untersuchung der motorischen Begabung — Oseretzky
Michigan Picture Test; MPT — Andrew
Mill Hill Vocabulary Scale — Raven
Mini Mental-Status-Test; MMST — Folstein
Minnesota Clerical Test — Andrew
Minnesota Counseling Inventory; MCI — Berdie
Minnesota Multiphasic Personality Inventory; MMPI — Hathaway
Minnesota Multiphasic Personality Inventory 2; MMPI-2 — Engel
Minnesota Preschool Scale — Goodenough
Minnesota Rate of Manipulation; MRMT — Betts
Minnesota Raumvorstellung, Minnesota Spatial Relation Test — Trabue
Mirth Response Test, Humor Test — Redlich
Mitarbeiter systematisch Beurteilen — Franke & Kühlmann*
Montagebrett, Hammerwerk montieren — Moede
Moray House Picture Intelligence Test 1 — Mellone
Motivation Analysis Test →IPAT; MAT — Cattell
Motometrische Rostock-Oseretzky-Skala; ROS — Kurth
Motor Age Test — Johnson
Motoriktest für 4–6 jährige; MOT 4–6 — Zimmer
Motorische Leistungsserie — Schoppe
Münchner Alkoholismus Test; MALT — Feuerlein

Münchner Diagnosen-Checklisten für DSM-III-R und ICD-10; MDCL — Hiller
Münchner Schultests — Walter
Münzen ordnen/Registrier-Test/Raumaufteilungsbrett/Mausefalle — Schulz
Music Achievement Test — Aliferis
Music Preference Test of Personality →IPAT — Cattell
Musical Aptitude Test — Drake/Whistler
Myers-Briggs Typenindikator; MBTI — Briggs
Myokinetischer Test — Mira y Lopez
Narzißmusinventar; NI — Deneke
National Foundation Tests — National Foundation
National Intelligence Test, Haggerty Intelligence Examination — Haggerty
Navy Personnel TAT; NTAT — Briggs
Nebraska Test of Learning Aptitude; NTLA — Hiskey
NEO-Fünf-Faktoren-Inventar; Neo-FFI — Borkenau
Neurotic Personality Factor Test →IPAT; NPF — Cattell
Neuroticism Scale Questionnaire →IPAT; NSQ — Cattell
Nietverbaal intelligenieonderzoek van horenden en doofstommen — Snijders
Northwestern Intelligence Tests — Gilliland
Nürnberger-Alters-Inventar; NAI — Oswald
Object Relations Technique; ORT — Phillipson
Objective Analytic, Anxiety Battery; O-A — Cattell
Objektionsaufgabe — Hische
Objektive Testbatterie; OATB75 — Schmidt
Objektive-Analytic Personality Test →IPAT — Cattell
Occupational Interest Inventory — Lee
Omnibus Personality Inventory; OPI — Heist
Ordnen von Gegenständen — Trist-Hargreaves
Ordnen von Gegenständen, Sachdenkprobe, abstraktes Denken, Form-Farbe-T. — Scheerer
Ordnung von Verbrechen und Vergehen nach Schwere — Jacobsohn
Organisation Analysis Inventory; OAI — Van de Ven & Ferry*
Otis Group Intelligence Scale — Otis
Pädagogische Analyse und Curriculum der soz. u pers. Entwicklung; PAC — Günzburg
Paranoid-Depressivitäts-Skala; PD-S — v. Zerssen/Koeller
Pattern Perception Test — Penrose
Pauli-Test; PT — Pauli

* siehe «Verzeichnis ausgewählter arbeitswissenschaftlicher Methoden»

Peabody Picture Vocabulary Test; PPVT — Dunn
Performance Scale — Cornell
Performance Scale — Healy
Personal Audit — Adams
Personal Data Sheet — Woodworth
Personality Inventory; BPI — Bernreuter
Personality Research Form; PRF — Jackson/dt. Stumpf
Personality Research Form (dt.); PRF — Stumpf
Personality Schedule/SRA Tests of Educational Ability — Thurstone
Persönlichkeits- und Interessentest; PIT — Mittenecker
Der 16-Persönlichkeits-Faktoren-Test Revidierte Fassung; 16 PF-R — Schneewind
Persönlichkeitsfragebogen — Brengelmann
Persönlichkeitsfragebogen für Kinder 9–14; PFK 9–14 — Seitz
Persönlichkeitsinventar; ALNEV — Fahrenberg
Persönlichkeitsskalen, System 25 — Hehl
Personnel Classification Test; WPCT — Wesman
Personnel Test for Industry; PTI — Wesman
Physiognomie-Test — Thomae
Physiognomische Tests, Altersinventarium der aktiven mimischen Motorik — Kwint
Pictorial Test of Intelligence — French
Picture Story Test — Symonds
Picture World Test; PWT — Bühler
Porteus Maze Test; PMT — Porteus
Praktisch-technischer Verständnistest; PTV — Amthauer
Present State Examination; PSE — Cranach/Wing
Pressey Classification and Verifying Tests — Pressey
Primary Mental Abilities – Chicago Tests of Primary Abilities; SRA — Thurstone
Problemfragebogen für 11–14 jährige; PF 11–14 — Westhoff
Problemfragebogen für Jugendliche — Roth
Profilverfahren — Rossolimo
Programmsytem für die Psychometrische Einzelfalldiagnostik; PSYMEDIA — Hageböck
Progressive Matrices (advanced/coloured/standard); (A/C/S) PM — Raven
Prüfsystem für Schul- und Bildungsberatung; PSB — Horn
Prüfung der Musikalität — Revesz
Prüfung des sittlichen Urteils — Roth
Prüfung des sittlichen Verständnisses — Moers
Prüfung optischer Differenzierungsleistungen; POD — Sauter
Psychischer und Sozial-Kommunikativer Befund; PSKB — Rudolf
Psycholinguistischer Entwicklungstest; PET — Angermaier
Psycholinguistisches Lesetraining mit dem Kleincomputer — Grissemann
Psycholinguistisches Sprachförderungsprogramm — Lug
Psychologische Eignungsprüfung im Dienste der Berufsberatung — Huth
Psychologischer Fragebogen-Zwischenmenschliches Erleben/Sozialkundetest — Walter
Psychosomatischer Einstellungs-Fragebogen; PEF — Hehl
Purdue Pegboard/P. Adaptability Test/P. Clerical Adaptability Test/P. Mechanical Adaptability Test/P. Hand Precision Test u. a. — Tiffin
Puzzle-Test — Binet
Quick Test; QT — Ammons
Rangeertest, Rangiertest — Sanders/Giese/Huth/Tramm
Räumliche Vorstellung, visuelle Kombination — Rybakow
Reading Aptitude Tests — Monroe
Reading Readiness Test; LCRRT — Lee
Rechenprobe im Fünfersystem — Voigt
Rechtschreibungstest; RT — Althoff
Rechtschreibungs-Tests — Jäger
Recognition Memory Test — Warrington
Regulationshindernisse in der Arbeitstätigkeit; RHIA — Leitner et al.*
Reifetest — Kern
Reinforcement Survey Schedule — Cautela
Reisberg Skalen; BCRS — Reisberg
Reisberg Skalen; FAST — Reisberg
Reisberg Skalen; GDS — Reisberg
Repertory Grid Technik; RGT — Riemann
Revisionstest; Rev.T. — Stender/Marschner
Reynell Developmental Language Scale Revised Edition; RDLS — Reynell
Riegel-Exzenter-Brett — Jacobsen
Rigidität-Dominanzstreben/Mißgeschick zugeben/Risikofragebogen — Schubert
Ring, Prüfung der räumlichen Vorstellung — Royce
Rorschach Technique — Klopfer
Rorschach-Test, Formdeute-Test — Rorschach

* siehe «Verzeichnis ausgewählter arbeitswissenschaftlicher Methoden»

Rosenzweig Picture-Frustration Study; PFT — Rosenzweig
Rotter Incomplete Sentences Blank; RISB — Rotter
Rust Inventory of Schizotypal Cognitions; RISC — Rust
Saarbrücken; programmierter Kurs; MMPI — Blaser
Sachdenkprobe — Bässler
Sachdenkprobe, Objekt-Relationen-Test; ORT — Zilian
Der Salzburger Lese- und Rechtschreibtest; SLRT — Landerl
Saum-Schneideprobe/Bilderreihe/Kontur-Test/Phantasie-Test — Sander
Sceno-Test — Staabs
Schiff-Test, Würfel-Test — Knox
Schlauchfiguren, Test zur Beurteilung des räumlichen Vorstellungsvermögens — Stumpf
Scholl-Test, Kindertest/Fragebogen zur Typenbestimmung — Scholl
School Inventory; SI — Bell
School Motivation Analysis Test →IPAT; SMAT — Cattell/Sweney/Krug
Schulangst-Test; SAT — Husslein
Schulfähigkeitstest Form C — Seyfried
Schulleistungsprüfung lernbehinderter Schüler; S-L-S — Reinartz
Schulreife- und Entwicklungstest — Schreiber
Schulreifetest für Schweizer Kinder — Strebel
Schulreife-Untersuchung — Nolte
Schwarzfuß-Test — Corman
Screening für Somatoforme Störungen; SOMS — Rief
Seashore-Test für musikalische Begabung — Seashore
Security-Insecurity Inventory — Maslow
Selbstbeurteilungsskala für leichte Formen der cerebralen Insuffizienz; c.I.-Skala — Wechsler
Selbstregulations- und Konzentrationstest für Kinder; SRKT-K — Kuhl
Selbstregulations-Strategientest für Kinder; SRST-K — Kuhl
Selektive entwicklungsphysiologische und -psychologische Tabelle — Kiese
Self-Description Questionnaire-I and II — Marsh
Self-Rating Depression Scale; SDS — Zung
Sentence Completion: A Projective Method for the Study of Personality — Holsopple
Ship Destination Test — Christensen
Short Employment Tests; SET — Bennett
Sieben-Quadrate-Test — Hector
Situations-Lerntest; SLT — Leger
Sixteen Personality Factor Questionnaire →IPAT; 16 PF — Cattell/dt. Schneewind & Schröder
Skala zur Erfassung der Selbstakzeptierung; SESA — Sorembe
Skala zur Messung von Arbeitszufriedenheit; SAZ — Fischer & Lück*
Skalen zur Erfassung von Hoffnungslosigkeit; H-Skalen — Krampen
Social Climate Scales — Moos
Social Intelligence Test; SIT — Moss
Southern California Motor Accuracy Test; SCMAT — Ayres
Spearman-Test, Kategorienbildung — Spearman
Spiegel-Test, Spiegelzeichengerät — Meumann
Sprachfreie Entwicklungstests; BSET — Baar
Sprachlicher Leistungstest; SASKA — Riegel
Standard Progressive Matrices, Progressiver Matrizen-Test; SPM — Raven
Standard-Flimmer-Gerät — Bracken
Standardisierter Waben-Test; SWT — Müller
Stanford Hypnotic Susceptibility Scale, Form A,B,C/Form I u. II (SPS); SHSS — Weitzenhoffer
State-Trait-Anxiety-Inventory/State-Trait-Angstinventar; STAI — Spielberger/dt. Laux
Stationsbeurteilungsbogen; SBB — Engel
Steinhaufentest, Würfelanalyse, Block-Counting-Test — Yerkes
Stenquist Assembling Test — Stenquist
Sterne-Wellen-Test — Avé-Lallemant
Stocktest, Umwegprobe, Gegenstandswahl, Hindernisbeseitigen — Köhler
Streßverarbeitungsfragebogen; SVF — Janke
Strong Vocational Interest Blank für Men/Women; SVIB — Strong
Structured Clinical Interview; SCI — Burdock
Strukturiertes Interview für die Diagnose d. Demenz v. Alzheimer Typ, d. Multiinfarkt-Demenz und Demenzen anderer Ätiologie nach DSM-III-R u. ICD-10; SIDAM — Zaudig
Strukturiertes Interview für Schlafstörungen nach DSM-III-R; SIS-D — Schramm
Strukturiertes Klinisches Interview für DSM-III-R; SKID — Wittchen
Study of Values/Werteinstellungstest; SV — Allport
Stycar Hearing Test/Stycar Language Test/Stycar Vision Test — Sheridan

* siehe «Verzeichnis ausgewählter arbeitswissenschaftlicher Methoden»

Subjektive Tätigkeitsanalyse; STA — Ulrich*
Supervisory Behavior Description Questionnaire; SBDQ — Stogdil & Coons*
Symbol Elaboration Test; SET — Krout
Symbolic Play Test – Experimental Edition — Lowe
Symboltest — Roemer
System for Multiple Level Observation of Groups; SYMLOG — Bales & Cohen*
Task Inventory; TI — Drauden, Schuler & Funke*
Task of Emotional Development Test; TED — Cohen
Tätigkeitsanalyseinventar; TAI — Frieling et al.*
Tätigkeits-Analyse-Liste; TAL — Schmidt
Tätigkeitsbewertungssystem – Geistige Arbeitstätigkeiten; TBS-GA — Rudolph*
Tätigkeitsbewertungssystem; TBS — Hacker et al.*
Test der Familie, Familie-Zeichnen — Minkowska
Test der Zahlenreihen und -analogien — Facaoaru
Test des trois personnages — Backes-Thomas
Test du village (Dorftest) — Arthus
Test für mechanisch-technisches Verständnis; MTVT — Lienert
Test für medizinische Studiengänge; TMS — Trost
Test non/verbal de classification générale — Rennes
Test of Behavioral Rigidity; TBR — Schaie
Test of Mental Ability — Henmon
Test of Personality Adjustment, Personal Adjustment Inventory; PAI — Rogers
Test zum divergenten Denken (Kreativität); TDK 4–6 — Mainberger
Test zur Erfassung der Schwere einer Depression; TSD — Obermair
Test zur Ermittlung der Konzentrations- und Gedächtnisfähigkeit; KGT — Dondorf
Test-Anxieties Questionnaire; TAQ — Mandler
Testbatterie für geistig behinderte Kinder im Vorschulalter; TBGB-VA — Beulshausen
Testbatterie für geistig behinderte Kinder; TBGB — Bondy
Testbatterie für entwicklungsrückständige Schulanfänger — Kormann
Testbatterie grammatische Kompetenz; TGK — Tewes
Testbatterie zur Erfassung kognitiver Operationen; TEKO — Winkelmann
Test-Film — Gille
Testreihe für Kinderuntersuchungen — Arntzen
Testreihe zur Prüfung der Konzentrationsfähigkeit von Schülern; TPK — Kurth
Testreihe zur Prüfung von Schweizer Kindern — Biäsch
Tests in Fundamental Abilities of Visual Arts — Lewerenz
Tests of Abstract and Concrete Thinking — Goldstein
Tests of Mechanical Comprehension; BMCT — Bennett
Testserie des Instituts für schulpsychologische Forschung in Berlin — Kulessa/Kunze
Testsystem für hörgeschädigte Kinder; THK — Reimann
Test-Validierungs- und Interpretations-System — Bundesanstalt f. Arbeit
Thematischer Apperzeptions Test; TAT — Murray
Thompson Modification of the TAT — Thompson
Thorndike Test of Word Knowledge/ T. Intelligence Examination for High School Graduates/T.-McCall Reading Scale — Thorndike
Thurstone Temperament Schedule; TTS — Thurstone
Time Appreciation Test — Buck
Token Test; TT — Orgass
Tomkins-Horn Picture Arrangement Test; PAT — Tomkins
Torrance Tests of Creative Thinking — Torrance
Toy World Test; TWT — Bühler
Transmissionstest, Getriebetest, Bleche ordnen — Lipmann
Trierer Alkoholismusinventar; TAI — Funke
Trierer Persönlichkeitsfragebogen; TPF — Becker
Trierer Skalen zur Erfassung der Krankheitsbewältigung; TSK — Filipp
Tsedek-Test, Situationstest — Baruk
Tuanima-Psychotest — Reich
Tübinger Mentale Trainingsprogramme zur Grob- und Feinmotorik; MT 80 — Mayer
Tübinger-Luria-Christensen neuropsychologische Untersuchungsreihe; TÜLUC — Hamster
Tweezer Dexterity Test — O'Connor
Universalbrett I, Pumpwerk — Schulz
Universalbrett II, Kordelversuch — Schulz
Unsicherheitsfragebogen; UFB — Behzadi
Veränderungsfragebogen des Erlebens und Verhaltens; VEV — Zielke
Verbaler Kreativitätstest; VKT — Schoppe
Verbaler Kurz-Intelligenztest; VKI — Anger
Verfahren zur Ermittlung v. Regulationserfordernissen in der Arbeitstätigkeit; VERA — Volpert et al.*

* siehe «Verzeichnis ausgewählter arbeitswissenschaftlicher Methoden»

B Verzeichnis der Testautoren mit Erläuterungen des Testaufbaus*

ABELS, D. **Konzentrations-Verlaufs-Test, (K-V-T),** Zahlensortier-Test
1954. Sortieren von 60 Karten mit je 36 zweistelligen Zahlen zur Diagnose der Konzentration (Verhältnis der Fehler zur Zeit) und des Arbeitsverlaufs (Qualität bzw. Zahl und Art der Fehler).

ABELS →KLEMM

ABELSON, A. R. **Geometrische-Figuren-Test**
1911. Räumlicher Vorstellungstest. In sich kreuzenden Kreisen, Dreiecken Quadraten sind Lagebeziehungen zu erkennen.

ACH →ZILIAN

ACHTERBERG, J. – LAWLIS, G. F. **Health Attribution Test (HAT)**
Der HAT erfaßt 3 Dimensionen: «Internalskala» (Übernahme und Verantwortung zur Erhaltung der Gesundheit); «Powerful Others-Faktoren» (Verlaß auf andere); «Chance-Dimension» (externale Einflüsse).

ACHTNICH, M. **Der Berufsbilder-Test**
AA ab 13. Berufswahltest auf der Basis der Schicksalsanalyse von Szondi. Durchführungszeit ca. 40 Minuten.

ADAMS, C. R. – LEPLEY, W. M. **Personal Audit**
1941–45. AA ab 14. Testet emotionale Einstellung in 9 Richtungen.

ALEXANDER, W. P. **Alexander Performance Scale: A Performance Scale for the Measurement of Practical Ability**
1935–46. AA 8–18. Enthält: The Passalong Test – A Performance Test of Intelligence von ALEXANDER, The Block-Design Test von KOHS und den Cube Construction Test von DOLL. – Beim Passalong-Test sind farbige, quadratische und rechteckige Plättchen in einem gegebenen Feld durch Verschieben nach Vorlagen anzuordnen.

ALFONSO →BIEDMA

ALIFERIS, J. **Music Achievement Test**
1954. Über Stellungnahmen zu Melodien, Harmonie und Rhythmus wird ein Urteil zur Musikalität erschlossen. Testmaterial sind Musikstükke, die auf dem Klavier oder mit Tonband vorgespielt werden.

ALIOTH →UDRIS

ALLERBECK →NEUBERGER

ALLPORT, G. W. **Ascendance-Submission Test**
1928. Fragebogen-Test für verschiedene Konstrukte, insbesondere zur Ermittlung des sozialen Verhaltens.

ALLPORT, G. W. – VERNON, P. E. – LINDZEY, G. **Study of Values (SV)**
1932, 1951, 1960. Ein im Ansatz auf E. Sprangers Lebensformen zurückgehender Interessentest mit den Dimensionen: theoretisch, ökonomisch, ästhetisch, sozial, politisch, religiös. Dt. Bearbeitung von ROTH, E. als Werteinstellungstest.

ALSCHULER, A. S. et al. **Achievement Motivation Test (AMT)**
1971. Der AMT dient dem Zweck, die persönlichen Gefühle, Meinungen und Haltungen zu entdecken und zu verstehen, um somit positive und erreichbare (Lebens-)Ziele definieren zu können. In dem zugehörigen Buch werden Wege zur Zielwahl- und planung sowie alternative Zielerreichungsstrategien aufgezeigt, damit die Fähigkeit der Verwirklichung von gesetzten Zielen verbessert werden kann.

ALTHOFF, K. **Rechtschreibungstest (RT)**
1968. AA ab 13. Der RT besteht aus drei Lükkendiktaten. Er erlaubt Vergleiche innerhalb einer Altersklasse und eignet sich somit für die Eignungsdiagnostik, Berufsberatung, Erkennung von Schulproblemen. Einzel- und Gruppentest. Bearbeitungsdauer pro Diktat ca. 10 Min.

AMMONS, R. B. – AMMONS, H. S. **Full-Range Picture Vocabulary Test**
1948. AA ab 2. Ein Bild-Wort-Test. Auf 16 Tafeln mit je 4 Abb. (Strichzeichnungen) sind mündlich gegebene Begriffe zuzuordnen. Einen gleichartigen Test gaben dieselben Autoren als Quick-Test heraus.

AMMONS, R. B. – AMMONS, C. H. **Quick Test (QT)**
AA ab 2. Intelligenz-Test mit Hilfe von Aufgaben zur Wort-Wahrnehmungsleistung.

AMMONS, R. B. – BUTLER, M. N. – HERZIG, S. A. **Vocational Apperception Test – Advanced Form (VAT – ADV)**
Nach dem TAT-Prinzip aufgebauter Test zur Ermittlung der Berufsinteressenrichtung. Bilder mit Tätigkeiten aus akademischen Berufen wer-

* Jahreszahl = Erstveröffentlichung; AA = Anwendungsalter

den vorgelegt, zu denen Geschichten zu erzählen sind.

AMTHAUER, R. **Intelligenz-Struktur-Test (I-S-T)**
1953. Standardisierte Testreihe, die das allgemeine Intelligenzniveau (IQ) und Schwerpunkte der Begabung (Profil, Struktur der Intelligenz) erschließt. Die Untertests sind: 1. Satzergänzung, 2. Wortauswahl, 3. Analogien, 4. Gemeinsamkeiten, 5. Merkaufgaben, 6. Rechenaufgaben, 7. Zahlenreihe, 8. Figurenauswahl, 9. Würfelaufgabe.

– **Intelligenz Struktur Test 70 (I-S-T 70)**
1970. AA 12–60. Dieser Test ist eine erweiterte Ausgabe des I-S-T. Er bietet die Möglichkeit maschineller Auswertung unter Einsatz eines Beleglesers. Um die Interpretation der Ergebnisse zu präzisieren, werden ein Schulabschluß- und zwei Berufsgruppentableaus angeboten, die eine Strukturerhellung unabhängig vom Intelligenzniveau zulassen. Darüber hinaus kann eine Aussage über die Festigung bzw. Flexibilität im Denken gemacht werden.

Es stehen 6 Testformen zur Verfügung, wobei jeweils 2 als Paralleltest konstruiert sind. Beim I-S-T 70 wurde die Anwendung auf die Pbn-Gruppe 12jähriger ausgedehnt. Außerdem wurde der Untertest Gemeinsamkeiten neu konstruiert.
Für diesen Test liegen eine computergestützte Version sowie ein Computer-Auswerteprogramm vor.

– **Praktisch-technischer Verständnistest (P-T-V)**
1972. AA 13–50. Der Test besteht aus 50 Aufgaben zu technischen und physikalischen Vorgängen und Problemen. Die Aufgaben werden in Form von Zeichnungen dargeboten. Die Antworten sind als Wahlantworten vorgegeben. Die Eichstichprobe für die Normierung umfaßt 4000 Pbn.

ANDERSON, L. D. **Formenbrett, Formboard, Adaptationsbrett**
Paßbrett ähnlich →SEGUIN.

ANDERSON, R. G. **Art Test**
1948. Revision des Kunstverständnistests von →McADORY-WOODYARD.

ANDREW, D. M. – PATERSON, D. G. – LONGSTAFF, H. P. **Minnesota Clerical Test**
1939–59. Die Testaufgabe besteht in dem Vergleichen von Zahlen bzw. Namen.

ANDREW, G. – HARTWELL, S. W. – HUTT, M. L. – WALTON, R. E. **Michigan Picture Test (MPT)**
1951–53. Nach dem TAT-Prinzip aufgebauter Test für Kinder im Alter von 8–14 Jahren. 12 Bilder und 9 Problemkreise (Konflikt in der Familie, in der Schule, mit Autoritätspersonen usw.).

ANGER →INGENKAMP

ANGER, H. – MERTESDORF, F. – WEGNER, R. – WÜLFING, G. **Verbaler Kurz-Intelligenztest (VKI)**
AA Jugendliche und Erwachsene. Test zur Erfassung der verbalen Intelligenz. Durchführungszeit 5 Minuten.

ANGER, H. →BELSER

ANGERMAIER, M. **Psycholinguistischer Entwicklungstest**
1974. Deutsche Bearbeitung des Illinois Test of Psycholinguistic Ability von S. A. KIRK, J. J. McCARTHY. Testbatterie mit 10 Untertests und 2 Zusatztests zur Messung der kognitiven Entwicklung geistig behinderter Kinder. Es können sprachliche Kommunikationsschwierigkeiten und die allgemeine sprachliche Leistungsfähigkeit ermittelt werden. Normwerte liegen für die Altersgruppen 9–12 Jahre vor.

ANSTEY, E. **Domino-Test, Test «D 48»**
1943. Dominofiguren werden in bestimmten Beziehungen vorgegeben. Dabei ist das «Reihengesetz» zu erkennen, nach dem weitere Dominofiguren anzufügen sind. Der Test ist aus der englischen Heerespsychologie hervorgegangen. Die französische Nachbearbeitung erfolgte durch P. Pichot (G. Pire: Test d'intelligence non verbale MGM).

APPLEZWEIG, M. H. – MOELLER, G. **The Behavior Interpretation Inventory**
1957/58 mit «motivation scores». AA ab 17 u. junge Erwachsene.

ARBEITSGEMEINSCHAFT FÜR SCHULTESTE **Göppinger sprachfreier Schuleignungstest (GSS)** →KLEINER
1972. AA 6. (Schulanfänger). Der GSS ist ein Schuleignungstest (Begabungsdiagnostikum), der mittels 10 Untertests systematisch die Schülerpersönlichkeit erfassen soll (Entwicklungsstand, Leistungsbereitschaft, soziale Reife etc.); Einzel- und Gruppentest (bis max. 5 Kinder). Testzeit 42 Min. bzw. 3–4 Std. mit Vorübungen.

ARNOLD, W. **Auffassungs- und Kombinations-Test**
Ein der Sachdenkprobe von →ZILIAN ähnlicher, sprachunabhängiger Test, der Erkennen und Befolgen von bestimmten «Reihungen» fordert (Fähigkeit zur Kategorienbildung).

ARNOLD →HERMANN

ARNTZEN, F. **Testreihe für Kinderuntersuchungen**
Testreihe für Kinder von 9–14 Jahren mit Charakter-, Begabungs- und Kenntnis-Tests. Als Aufgaben sind vorhanden: Wortanalogien,

Briefschreiben, Lückenergänzen, Definitionen, Rechnen, eine Auswahl aus Berufs- und Bücherlisten, Alternativfragen, Wunschprobe (analog →WILDE).

– **Diagnostische Aufgabenreihe**
Testreihe für Jugendliche und Erwachsene mit 12 Aufgaben zum Allgemeinwissen, Aufsatzaufgaben und projektiver Satzergänzung.

ARTHUR, G. **Arthur Point Scale of Performance Tests**
1925–47. AA ab 10. Nichtverbale Entwicklungstestserien in 2 Ausgaben (Form I mit 10 Tests, Revised Form II mit 5 Tests). Aufgenommen sind Tests von Healy, Knox, Kohs, Porteus, Secuin et al. (Formbretter, Legeaufgaben, Würfel-, Bildergänzung usw.).

ARTHUS, H. **Test du village (Dorftest)**
1949. Ein Spieltest (Gestaltungstest), bei dem mit Häuschen, Kirche, Schloß, Fabrik, Rathaus, Schule, Bahnhof, menschl. Figuren u.a. ein Dorf aufzubauen ist. Der Test wurde zuerst in Holland (Utrecht) durch Kuyper und Van Lennep für die Berufsberatung entwickelt, später wurde er für jüngere Kinder (gestützt auf Erfahrungen des Schulpsychiatrischen Dienstes Zürich) durch Ruth Züst (Dorfspiel 1963) modifiziert.

AVÉ-LALLEMANT, U. **Der Sterne-Wellen-Test**
AA ab ca. 3. Test zur Feststellung des Reifestadium im Kindergartenalter sowie von Störsymptomen des Kindes.

AYRES, A. J. **Southern California Motor Accuracy Test (SCMAT)**
1964. Der SCMAT dient dazu, den Grad der senso-motorischen Genauigkeit der visuell gesteuerten oberen Extremitäten bei Nutzung eines Stiftes zu messen (bzw. den Grad der Veränderung dieser Fertigkeit). Er ist geeignet zur Diagnose bei Kindern zw. 4–8 J. und bei neuromuskulär eingeschränkten Erwachsenen, jedoch nicht zur Evaluation des Tremors (wie z. B. bei Parkinson-Patienten).

BAAR, E. **Sprachfreie Entwicklungstests (BSET)**
1957. AA 1–7. Für taube, schwerhörige und sprachgestörte Kinder. Das Verfahren gehört zu den Wiener Entwicklungstestreihen (Bühler-Hetzer-Gruppe).

BACHRACH, A.J. – THOMPSON, C.E. **Bachrach Modification of the TAT**
1949. Abwandlung des TAT (Murray) für Körperbeschädigte.

BACKES-THOMAS, M. **Test des trois personnages**
1969. Ein verbaler projektiver Test für Jugendliche und Erwachsene, bei dem die Testperson dazu aufgefordert wird, sich drei Personen auszudenken und deren Lebensgeschichte zu erzählen. Fragen, die zu diesen imaginären Personen gestellt werden, sind anschließend zu beantworten.

BAILER →HAUTZINGER

BAILLE →HEUYER

BALES, R. F. – COHEN, S. P. **System for Multiple level Observation of Groups (SYMLOG)** → Verzeichnis ausgewählter arbeitswissenschaftlicher Methoden

BALSER, H. – RINGSDORF, O. – TRAXLER, A. **Berufsbezogener Rechentest (BRT)**
AA Schul- (Klasse 8–10) und Berufsschulabgänger. Das Verfahren erfaßt den Wissensstand der Schüler im Lernbereich Mathematik, bezogen auf die Anforderungen der beruflichen Schulen und Ausbildungsbetriebe.

BARBER, T. X. – GLASS, D. W. **Barber Suggestibility Scale (BSS)**
1962. Eine 8-Item-Skala der Hypnotischen Suggestibilität, die sowohl mit als auch ohne («waking suggestibility») standardisiertem hypnotischen Induktionsverfahren angewandt werden kann. Selbst mit Tonbandinstruktion ist eine reliable Differenzierung gegeben.

BARGMANN →INGENKAMP

BARGMANN →BELSER

BARTH, N. →BELSER

BARTEL →INGENKAMP

BARUK, H. **Tsedek-Test, Situationstest, Test zur Ermittlung der ethischen Einstellung**
1945–47. (Tsedek od. Zadik: hebräische Bez. für einen gerechten und barmherzigen Menschen.) Zu 15 Situationen, in denen die problematische, moralische Lage der Gegenwart und bestimmte Handlungsweisen beschrieben sind, hat der Proband zu entscheiden, ob er die Handlung billigt.

BASS, M. **Famous Sayings**
1958. Der Proband wird bei 131 bekannten Redensarten/Sprichwörtern nach seiner Zustimmung bzw. Ablehnung befragt. Durch die sehr allgemeine Beschaffenheit der Aussagen werden Interessen und Bedeutsamkeiten deutlich. Somit ermöglicht der FS-Test eine schnelle und objektive Einschätzung bzw. Voreinteilung bei beruflich wichtigen Aspekten der Persönlichkeit wie Versagerängste, soziale Ergebenheit u. a. Einzel-u. Gruppentest; in 15–30 Min. durchführbar.

BÄSSLER, W. **Sachdenkprobe**
1957. Eine auf den Arbeiten von →ZILIAN aufbauende Sachdenkprobe.

BASTINE, R. **Fragebogen zur direktiven Einstellung (F-D-E)**
1971. AA ab 14. Fragebogen mit 32 Items zur Messung der direktiven Einstellung und Extraversion. Direktive Einstellung wird als Kompo-

nente des autoritären Verhaltens verstanden, das sich verhaltensmäßig in dem Versuch äußert Handlungen und Erlebnisweisen anderer nach eigenen Vorstellungen zu lenken und zu kontrollieren. Die Extraversionsskala wird aus →BRENGELMANN u. BRENGELMANN (1960) entnommen.

BÄUMLER, G. **Farbe-Wort-Interferenztest (FWIT)**
AA 10–85. Der FWIT mißt elementare Fähigkeiten der Informationsverarbeitung (Auswahl, Codierung und Decodierung) im optisch verbalen Funktionsbereich. Mittels des Farbe-Wort-Inkongruenzprinzips nach J. R. Stroop wird die Streßbelastung und damit die konzentrative Beanspruchung variiert.

BÄUMLER, G. **Lern- und Gedächtnistest (L-G-T 3)**
1974. Test zur Messung der Behaltensleistung bei «mittelfristiger» Zeitspanne zwischen Lernphase und Reproduktionsphase. Der Test liegt in 2 Parallelformen (A und B) vor. Anhand der 6 Subtests wird das Erlernen und Behalten von figuralem, verbalem und numerischem Material geprüft.

BAUMERT, I. **WIPKI (Wechsler Intelligenztest für psychiatrisch kranke Kinder)**
1973. Eine Kurzform des HAWIK (→WECHSLER), die insbesondere der vorläufigen, raschen Bestimmung des Intelligenzniveaus innerhalb einer mehrdimensionalen Intelligenzuntersuchung dient.

BAUMGARTEN →TRAMER

BAUMGARTEN, F. **Berufskundliche-Bücher-Auswahltest**
Aus einer Sammlung von 310 Buchtiteln, die sich auf 100 versch. Berufe beziehen, sind die dem Interesse naheliegenden auszuwählen.

– **Situationstest, Test zur Ermittlung der ethischen Einstellung**
12 Darstellungen mit Situationen von lobenswerten und tadelnswerten Handlungen werden mit dem Probanden (Kind) besprochen.

– **Sprüchetest**
Aus einer Sammlung von 240 Sprichwörtern, die die Arbeit und die sozialen Beziehungen zum Inhalt haben, sind 10 auszuwählen.

– **Testmaterial**
1952. Testmittel zur Prüfung der Berufseignung: Charakter, Intelligenz, Handfertigkeit.

BAUMGARTEN, F. – TRAMER, M. **Berufswahltest**
AA ab 10. Der Prüfling hat mehrere Untertests zu lösen, währenddessen wird er beobachtet. Die Auswertung des Berufswahl-Tests gibt Aufschluß über die Berufseignung (Charakter, Intelligenz, Handfertigkeit). Durchführung in max. 1,5 Std.

BAUMGÄRTEL, F. **Hamburger Erziehungsverhaltensliste für Mütter (HAMEL)**
AA 9–14. Fragebogen zum konkreten Erziehungsverhalten der Mutter, der von ihr selbst beantwortet wird. Skalen: Unterstützung, Strenge und Zuwendung.

BAYLEY, N. **California Infant Scale of Motor Development**
1935. Motorischer Entwicklungstest für die ersten 3 Lebensjahre. Körperbewegungen, Gleichgewichtsreaktionen, manuelle Koordination u. ä. sind als Entwicklungskriterien (76 Items) aufgenommen.

BEAUDUCEL, A. →JÄGER, A.O.

BECK, A. T. et al. **Beck Hopelessness Scale**
AA 13–80. Dient der Erfassung der Stärke der Hoffnungslosigkeit bei psychiatrischen Patienten und in der «Normal-Bevölkerung».

BECK, M. **Reaktionsgerät**
1959. Ein Gerät zur Registrierung von Reaktionszeiten, bei dem akustische, optische und kombinierte Reize mit Tastendruck zu beantworten sind.

BECKER, P. **Interaktions-Angstfragebogen (IAF)**
AA 18–65. Fragebogen mit Skalen zur Messung folgender Faktoren: Angst vor (1) physischer Verletzung, (2) «Auftritten», (3) Normüberschreitung, (4) Erkrankungen und ärztlichen Behandlungen, (5) Selbstbehauptung, (6) Abwertung und Unterlegenheit, (7) physischen und psychischen Angriffen, (8) Bewährungssituationen. Durchführungszeit ca. 15 Minuten.

BECKER, P. **Trierer Persönlichkeitsfragebogen (TPF)**
AA 18–80. Der TPF dient der Messung der beiden varianzstarken, orthogonalen «Superfaktoren» der Persönlichkeit «Verhaltenskontrolle» und «seelische Gesundheit» sowie sieben Teilkomponenten der seelischen Gesundheit. Durchführungszeit ca. 20 Minuten.

BECKMANN, D. – RICHTER, H.-E. **Giessen Test (G1)**
1972. Fragebogen zur Erhebung des Selbstbildes. Der Pb soll über 6 Standardskalen seine innere Verfassung und seine Umweltbeziehungen beschreiben. Die 6 Items pro Skala sprechen folgende Bereiche an: soziale Resonanz, Dominanz, Kontrolle, Grundstimmung, Durchlässigkeit, soziale Potenz. Mit diesen Skalen kann auch ein Idealselbstbild erstellt werden. Durch Itemumstellungen kann der GT zur Fremdeinschätzung verwendet werden. Mit dem GT soll ermittelt werden, wie sich der Pb in psychoanalytisch relevanten Kategorien in Gruppenbeziehungen

darstellt. Der Test wird hauptsächlich im klinischen Bereich und bei sozialpsychologischen Fragestellungen eingesetzt.

BEERY, K. E. **Developmental Test of Visual-Motor-Integration (VMI)**
1967. AA 2–15. Der Test bietet eine Serie von 24 geometrischen Formen, die von Kindern (bevorzugt im Vorschulalter) mittels Papier und Bleistift kopiert werden sollen. Er basiert auf der Annahme, daß späterer Schulerfolg bestimmt wird durch früh erlernte Grundfertigkeiten (sehen, hören, sprechen ...). Lehrer sollen Lerndefizite erkennen und durch spezielle Lernprogramme (Organisation von Sinnes- und Körperfunktionen) beheben helfen. Gruppen- und Einzeltest.

BEHN-ESCHENBURG, H. **Bero-Test, Behn-Rorschach-Test**
1921, 1941. Parallel-Serie zum Rorschach-Test, die zusammen mit Zulliger herausgegeben wurde.

BEHZADI, B. **Unsicherheitsfragebogen (UFB)**
Der Fragebpgen wurde parallel zum Selbstsicherheitstraining von →Ullrich, R. u. R. entwickelt, um für dieses Training geeignete Personen auszuwählen, die Trainingswirkung zur prüfen und Informationen über das Konstrukt Selbstsicherheit zu gewinnen.

BELL, H. M. **Adjustment Inventory (AI)**
1934. Fragebogen zur Ermittlung des Anpassungsgrades in 5 Richtungen: Familie, Gesundheit, soziale Umwelt, Emotionalität und Beruf.

– **The School Inventory (SI)**
1936. Zur Klärung der Einstellung (attitudes) gegenüber Schule (High School) und Lehrer.

BELLAK, L. – BELLAK, S. S. **Children's Apperception Test (CAT)**
1949. (Deutsche Bearbeitung von Moog.) Die Prinzipien des TAT sind auf Kinder übertragen worden. Die Bilder zeigen sehr «vermenschlichte» Tierszenen, die dem Kind vertraut sind. Das Testmaterial besteht aus 10 Bildern für Kinder von 3–10 Jahren.

– **CAT – Supplement**
1952. 10 Ergänzungsvorlagen.

– **CAT – Human Figures**
Eine Abwandlung durch menschliche Figuren.

BELSCHNER, W. – LISCHKE, G. – SELG, H. **Foto-Hand-Test (FHT)**
1971. Psychometrisch konstruiertes projektives Verfahren zur Messung der Aggressivität. Der Test besteht aus 34 Fotos, die eine männliche Hand in unterschiedlichen Stellungen zeigen. Die Vp soll angeben, welche Tätigkeit von jeder Hand gerade ausgeführt wird. Die Antworten werden nach einem 18 Kategorien umfassenden System erfaßt. →SELG

BELSER, H. – ANGER, H. – BARGMANN, R. **Frankfurter Analogietest f. 4.–6.Klassen (FAT 4–6)**
hrsg. vom Deutschen Institut für Internationale Pädagogische Forschung. In 2., neu bearb. Auflage seit 1972. Erfaßt die Fähigkeit, Gesetzmäßigkeiten zu erkennen und anzuwenden. Zur Unterstützung von Diagnose und Beratung bei Schulschwierigkeiten/Schulwechsel. Durchführung ca. 60 Min. →BARTH, N. **Frankfurter Analogietest f. 6.–9. Klassen (FAT 6–9).** Erfaßt das logisch-schlußfolgernde Denken. Die Lösung der 45 Aufgaben dauert ca. 30–45 Min. Gruppentestverfahren. Zur Beratung, Beurteilung und Kontrolle geeignet.

BELSER →INGENKAMP

BEMELMANS, F. **Test projectif d'intèrêts vocationnels**
1953. Zu 30 Fotos, die berufliche Betätigungen darstellen, sind zur Klärung der Interessen bzgl. der Berufswahl Fragen zu beantworten.

BENDER, L. **Visual Motor Gestalt Test (VMGT)**
1938. Verfahren zur Prüfung der Gestaltwahrnehmung und Gestaltwiedergabe. Der Test geht von Wertheimers Gestaltpsychologie aus. 9 Figuren (meist geometrische) müssen nachgezeichnet werden.

BENE, E. – ANTHONY, J. **Family Relations Test: An Objective Technique for Exploring Emotional Attitudes in Children**
1957. AA 3–7, 7–15. Mit Hilfe des Testmaterial wird ein Abbild der Familie aufgebaut. Dazu werden standardisierte Fragen gestellt.

BENGE, E. J. **Analysis of Choices**
1948. AA Erwachsene. 8 Skalen. Benge gab neben einigen weiteren Tests die «Occupational Interests: Self Analysis Scale» heraus (1943. 5 Kategorien).

BENNETT, G. K. **Hand-Tool Dexterity Test (HTDT)**
1946. Geschicklichkeitstest für zupackende manuelle Arbeit (Schrauben mit Schlüssel festsetzen usw.). →CRAWFORD

BENNETT, G. K. – BENNETT, M. G. – WIMBURN, W. L. – WESMAN, A. G. **Collage Qualification Tests (CQT)**
1955–61. Intelligenz-Gruppen-Test mit den 6 Kategorien: verbal, numerical, science information, social studies information, total information.

BENNETT, G. K. – FRY, D. E. – OWENS, W. A. **Tests of Mechanical Comprehension (BMCT)**
1940–55. In 4 Formen vorliegend, darunter eine für weibliche Pbn. AA ab 14, auch für Studierende. Anhand von Zeichnungen werden technische und physikalische Vorgänge dargestellt. Zur Bewältigung der Aufgabe müssen einfache physika-

lische (mathematische) Überlegungen angestellt werden.

BENNETT, G.K. – GELINK, M. **The Short Employment Tests (SET)**
1951–56. Verschiedene Testserien zur Eignungsbestimmung bei Verwaltungsangestellten und ähnlichen Berufsgruppen. Eine Ausgabe ist der «American Bankers Association» gewidmet.

BENNETT, G.K. – SEASHORE, H.G. – WESMAN, A.G. **Differential Aptitude Tests**
1947. Eine aus 8 Untertests für die praktische Beratung konstruierte Testbatterie. Die Untertests sind auf der Grundlage faktorenanalytischer Untersuchungen konzipiert. Die Untertests umfassen folgende Bereiche: sprachliches Denken, rechnerische Fähigkeiten, abstraktes Denken, Lösen von physikalisch-technischen Aufgaben, räumliches Vorstellungsvermögen, Rechtschreibleistung und grammatikalische Fähigkeiten. Die Normen wurden an über 50000 Studenten ermittelt.

BENTON, A. L. **Benton Visual Retention Test**
1955. AA ab 8. Test zur Erfassung verschiedener klinischer Symptome. Geometrische Figuren werden kurzzeitig dargeboten und sind aus dem Gedächtnis nachzuzeichnen oder in der multiple-choice-Form aus einer Reihe von vorgegebenen Figuren zu erkennen. Die deutsche Bearbeitung des Testmanuals liegt von O. SPREEN vor.

BERDIE, R.F. – LAYTON, W.L. **Minnesota Counseling Inventory (MCI)**
1953–57. Ein für Ober- und Hochschüler aus dem Minnesota Personality Scale (1941) abgeleiteter Persönlichkeitstest mit 355 Feststellungen zu den 9 Kategorien: family- and social relationships, emotional stability, conformity, adjustment to reality, mood, leadership, validity, question.

BERG →ROTH, H.

BERGEMANN, N. – JOHANN, G. **Berger-Skala zur Erfassung der Selbstakzeptanz**

BERNREUTER, R.G. **Personality Inventory (BPI)**
1935. Fragebogentest zur Messung von 4 Persönlichkeitsdimensionen: Introversion vs. Extraversion, Durchsetzungswille vs. Unterwürfigkeit, Neurotizismus, Selbstgenügsamkeit.

BETTS, G.L. – ZIEGLER, W.A. **Minnesota Rate of Manipulation (MRMT)**
1931–57.Test zur manuellen Arbeitsgeschwindigkeit. Steckbrett mit 60 Löchern, in die Stifte einzusetzen sind. →MUSCIO, O'CONNOR, TIFFIN

BEULSHAUSEN, G. – RACHE, H. – EGGERT, D. **Testbatterie für geistig behinderte Kinder im Vorschulalter (TBGB-VA)**
Modifizierte Form der Testbatterie für geistig behinderte Kinder (TBGB). Sie erlaubt Aussagen über Stärken und Schwächen in den Bereichen Intelligenz, Wortschatz und Motorik.

BIÄSCH, H. – FISCHER, H. **Testreihen zur Prüfung von Schweizer Kindern**
1969. AA 4–15. Völlig neu bearbeitete Ausgabe der von Biäsch 1939 herausgegebenen Testreihe (Verbaltests, räumliche, operationelle Tests u.a.m.). Das aufwendige Verfahren dient der klinischen Diagnostik in Schul-, Berufs- und Erziehungsberatung und in der Kinderpsychiatrie. Entwickelt auf der Grundlage der Binet-Tests (→Binet), beruht der Test vor allem auf den Intelligenztheorien von Binet und Piaget.

BIEDMA →WARTEGG

BIERHOFF, H.W. **Marburger Einstellungsinventar zu Liebesstilen (MEIL)**
Es werden wesentliche Beziehungsdimensionen der Liebe bei heterosexuellen Paaren erfaßt.

BIGLMAIER, F. **Lesetest-Serie**
1963. Enthält Leseabschnitte, einen Worttest und einen Wort-Unterscheidungstest, die in Analogie zur Lesetestserie von →MONROE stehen.

– **Richtig lesen, richtig schreiben im Grundwortschatz**
Das komplette Programm besteht aus vier Disketten: Zur Diagnose der Rechtschreibung sowie mit Übungen zu Fehlerkategorien wie Groß- und Kleinschreibung, Auslassungen/Hinzufügungen, Konsonantenfehler.

BIGLMAIER →INGENKAMP

BINET, A. **Auftragstest, Auftragserledigung**
Gegebene Aufträge sind zu erledigen. Gleiche Tests entwickelten Bobertag, Giese, Poppelreuter et al.

– **Bildbetrachtung**
Bilder werden zur Beschreibung (Beobachtung) vorgelegt. Bekannteste Beispiele sind die von Bobertag dem Binetarium beigefügten Bilder aus den «Münchener Bilderbogen».

– **Bildvergleich, ästhetischer**
Schöne und häßliche Gesichter sind zu beurteilen.

– **Binetfiguren, Bildlücken ergänzen, Erkennungstest**
1908. In Zeichnungen von Gesichtern und Gestalten fehlen Teile (Auge, Mund, Nase usw.), die zu erkennen sind.

– **Definitionen**
1908. Begriffe (sowie deren Abgrenzung zu anderen Begriffen) sind zu definieren. Beispiele für konkrete und abstrakte Begriffe sind: Gabel, Tisch, Pferd, Güte, Barmherzigkeit.

TESTANHANG

– **Dreiwortmethode**
Aus drei Wörtern ist ein Satz zu bilden (Massenlonprinzip).

– **Entfaltungstest, Découpage, Schnitte entfalten**
Zur Prüfung der räumlichen Vorstellung sind gefaltete Papierbogen, an deren Faltkante ein Dreieck abgeschnitten wird, in ihrem entfalteten Zustand zu beschreiben. Zahlreiche Abwandlungen erfolgten in den Binet-Revisionen usw.

– **Kritikfähigkeit, Kritik unsinniger Sätze**
1908. In Sätzen, mit sinnlosen Angaben müssen diese erkannt werden.

– **Merkfähigkeit für Formen, Zahlen u.a.**
Binet berücksichtigt in mehrfacher Weise die Merkfähigkeit für Zahlen, Buchstaben, Sätze usw. durch Nachsprechenlassen von Personen in verschschiedenen Altersstufen.

– **Ordnen von Gewichten, Ordnungstest Gewichte sind der Schwere nach zu ordnen. – Puzzle-Test, Legespiel-Test, Geduldspiel-Test**
Der Puzzle-Test geht ursprünglich auf Binet zurück, obgleich er auch in seiner vielseitigen Gestaltung jetzt schon zahllose Autoren hat. Von B. stammt die Aufgabe für 5jährige, aus 2 Dreiekken ein Rechteck zu legen. →RYBAKOW

– **Reime finden**
Vorgegebene Wörter sind in einer kurzen Zeit zu reimen.

– **Worte zu einem Satz ordnen**
Ungeordnete Worte sind sinnvoll zu ordnen.

BINET, A. – SIMON, Th. **Binet-Simon-Test, Binet-Simon-Prüfung**
1908. Von Binet in Gemeinschaft mit Henri und Simon entwickeltes Verfahren, um die Intelligenz von Kindern und Jugendlichen zu erfassen. Binet ordnete als erster jedem Lebensalter Tests zu, deren richtige Lösung als altersnormal, unter- oder übernormal eingeordnet wird. Die Tests beziehen sich auf Sehen, Hören, Sprache, Kombination, Gedächtnis, Suggestibilität, logisches Denken, Unterschiedsfähigkeit, Definitionen, Kritikfähigkeit, praktische Überlegungen u.a. In der ersten Fassung (1905) wurde das erwähnte «Staffelprinzip» noch nicht angewendet, sondern 30 Tests mit verschiedenen Schwierigkeitsgraden wurden zusammengestellt und als normale Leistung vom 3jährigen 7 gelöste Tests, vom 7jährigen 15, vom 9jährigen 22 und vom über 11jährigen alle 30 Testlösungen verlangt. Idiotie liegt nach Binet bei nur 6, Imbezillität und Debilität bei nicht mehr als 12 gelösten Tests vor. 1908 gingen Binet und Simon dazu über, für jede Altersstufe im erwähnten Sinne Testreihen zusammenzustellen. Das Intelligenzalter (IA) wird so bestimmt, daß man von der höchsten und vollständig gelösten Jahresreihe ausgeht und alle darüber hinaus gelösten Einzeltests der folgenden Jahresreihen zu 1/5 (5 Tests pro Reihe) angerechnet werden. Das Intelligenzalter wird zum Lebensalter in Beziehung gesetzt und daraus der Intelligenzvorsprung oder Rückstand bestimmt. In der weiteren Entwicklung wurden von zahlreichen Forschern Verbesserungen eingeführt. Die wichtigsten sind: der Intelligenzquotient (IQ) von Stern, die Überarbeitung der Testreihen für deutsche (schweizerische) Verhältnisse durch Bobertag, Kramer u.a., für amerikanische Verhältnisse zuerst durch Goddard, dann durch Kuhlmann (Anwendung bis zum 3 Monate alten Kind) und am bekanntesten durch Terman Merril (sog. Stanford-Revisionen; für deutsche Verhältnisse bearbeitet durch Lückert), außerdem hat Terman den Concept Mastery Test herausgegeben. Auch die Zusammenstellung der Testmittel in gebrauchsfertiger Form (Binetarium) hat ihre Geschichte. Die heutige deutsche Form des Binetariums geht auf Norden zurück. →GROFFMANN

BLOCH, R. – MEIER, U. – SCHMID, P. **Der Mehrdimensionale Zeichentest (MDZT)**
1971. Klinischer Zeichentest vor allem für die Differentialdiagnose endogener Psychosen. Der Pb soll unter Zeitdruck (1 Zeichnung/1 min) seine spontanen Einfälle in 30 Zeichnungen festhalten. Diese werden ähnlich wie beim Rorschach-Test erfaßt und nach tiefenpsychologischen Gesichtspunkten interpretiert. →BLOCH

BLUM, G. S. **Blacky Pictures Test (BP)**
1950. 12 schwarzweiße Zeichnungen mit einfachen Szenen, die von Hunden dargestellt werden. Blacky ist ein junger Hund mit Hundevater, Hundemutter usw. Die Bilder sollen auch sexuelle Vorgänge symbolisieren und sind zu Geschichten auszudeuten.

BLUM, L. H. →BURGEMEISTER

BLUMENFELD, W. **Würfel-Test, Würfel-Zusammensetzen (apparativer Test)**
Ein innen hohler Würfel von etwa 10 cm Kantenlänge ist in seine 6 Flächenstücke zerlegbar, wobei die einzelnen Stücke verschieden gefügt und gezapft sind, dient als Testmaterial zur Prüfung der räumlichen Vorstellung. Der zusammengesetzte Würfel wird dem Probanden vorgelegt mit dem Auftrag, ihn zu zerlegen und wieder zusammenzusetzen. Es kann auch nur der zerlegte Würfel dargeboten werden.

BOBERTAG →BINET

BOBERTAG, O. – HYLLA, E. **Begabtenauslese-Test**
1928. Testserie zur Feststellung der Begabung für den Übergang von der Grundschule zu weiterführenden Schulen.

BÖS, K. – MECHLING, H. **Bilder-Angst-Test für Bewegungssituationen (BAT)**
AA 9–11. Der BAT dient zur Erfassung der Selbsteinschätzung bei angstinduzierenden Bewegungshandlungen. Testdauer: ca. 15 Minuten.

BOGEN, H. **Käfig-Test**
Bei diesem Handlungstest wird ein Gegenstand (bei Kindern z. B. Schokolade) vor den Augen des Probanden in einen Käfig gelegt. Der Proband wird aufgefordert, sich den Gegenstand herauszuholen. Diese Handlung kann nur in einer bestimmten Abfolge vollzogen werden. →KÖHLER

BONDY, C. – COHEN, R. – EGGERT, D. – LÜER, G. **Testbatterie für geistig behinderte Kinder (TBGB)**
1971. AA 7–12. Testbatterie, die 6 (bzw. 7) Untertests umfaßt und speziell für geistig behinderte Kinder konstruiert wurde, um deren allgemeine Intelligenz, den Wortschatz, die Merkfähigkeit, den Entwicklungsstand, die Fein- und Grobmotorik zu messen und den sozialen Reifestand abzuschätzen. Die Untertests wurden aus folgenden Originalverfahren entwickelt: Columbia Mental Maturity Scale (Hiskey, Newland) Coloured Progressive Matrices (→RAVEN), Peabody Picture Vocabulary Test (→DUNN), Lincoln-Oseretzky Motor Development Scale (SLOAN), Vineland Social Maturity Scale (→DOLL).

BONDY, C. →WECHSLER

BÖNISCH →WARTEGG

BONNARDEL, R. **Binv. 53, Test d'intelligence générale non verbale, Kategorienbildung**
Ein französischer Test zur Kategorienbildung, der dem Spearman-Test sehr ähnlich ist und Muster verschiedener Art mit drei Abwandlungen als Vorlage bietet, wozu aus sechs verschiedenen weiteren Abwandlungen das Anschlußstück zu selektieren ist. →CATTELL, DUNAJEWSKI

– **B. V. 4 – Test de synonymes-antonymes**
Je 2 Wörter sind daraufhin zu beurteilen, ob sie Gleiches oder Gegensätzliches aussagen.

– **B. V. 8 – Test de compréhension du vocabulaire**
Es sind Reihen mit je 6 Wörtern gegeben; jeweils ein einziges Wort paßt nicht zu den übrigen 5 und ist zu streichen.

BORELLI, M. – OLERON, P. **Echelle de performance**
Nichtsprachliche Testbatterie besonders für sprachgestörte und taubstumme Kinder von 5–8 Jahren zur Intelligenzerfassung. Die von den Kindern zu vollziehenden Aufgaben bestehen in: Würfelbauen nach Vorlage, Arbeiten mit Formbrett und Puzzle, Zusammensetzen, Nachzeichnen.

BORG, G. V. **Der Visual Gestalt Ability Test (VGA-Test)**
AA ab 7. Test zur Erfassung der visuellen Gestaltungsfunktionen. Durchführungszeit ca. 20 Minuten.

BORKENAU, P. – OSTENDORF, F. **NEO-Fünf-Faktoren-Inventar (Neo-FFI)**
Der NEO-FFI nach P. Costa und R. McCrae ist ein multidimensionales Persönlichkeitsinventar, das mit 60 Items fünf Dimensionen der Persönlichkeit erfaßt: Neurotizismus, Extraversion, Offenheit für Erfahrung, Verträglichkeit und Gewissenhaftigkeit.

BOURDON, B. **Bourdon-Test, Durchstreich-Test, Test de barrage**
1895. Zur Prüfung der Aufmerksamkeitsspanne müssen in einer Reihung von Buchstaben, Zahlen oder Zeichen bestimmte Buchstaben aufgesucht und gestrichen werden. Weiterentwicklungen →TOULOUSE, MEILI

BRACKEN, D. **Isolierung (Bildserie)**
1979. Die Verbalisierung eigener Gefühlserlebnisse soll erleichtert, Werturteile, Einstellungen und Rollen sollen illustriert werden. Die Bilder können individuell oder für Gruppenarbeit verwendet werden.

BRACKEN, H. v. – MÜHLFELD, A. **Standard-Flimmer-Gerät**
Ein Apparat, bei dem mit verstellbaren Geschwindigkeiten eine Sektorenscheibe das Flimmern einer Lichtquelle erzeugt. Bei Testpersonen wird die Geschwindigkeit gesucht, bei der die optische Verschmelzungsfrequenz, d.h. der Übergang vom Flimmern (to flicker, daher die Bez. Flicker-Test) zum kontinuierlichen Leuchten eintritt.

BRÄHLER, E. – SCHEER, J. W. **Der Gießener Beschwerdebogen (GBB)**
AA ab 16. Fragebogen zur Erfassung von Einzelbeschwerden.

BRANDT, I. **Griffiths-Entwicklungsskalen (GES)**
AA 1–24 Monate. Deutsche Bearbeitung und Standardisierung der GRIFFITH MENTAL DEVELOPMENT SCALA zur Feststellung des Entwicklungsstandes eines Kindes in den ersten Lebensmonaten sowie zur Überwachung der Entwicklung von «Risikokindern». Mit dem Test soll bei Entwicklungsverzögerungen der frühzeitige Einsatz einer Therapie ermöglicht werden.

BREM-GRÄSER →GRÄSER

BRENGELMANN, J. C. – BRENGELMANN, L. **Persönlichkeitsfragebogen**
Meßdimensionen: Extraversion, Neurotizismus, Rigidität.

BRENGELMANN, J. C. – PINILLOS, J. L. **Bilderkennungstest**
1953 (deutsche Ausgabe). Kurzzeitige Darbietung von mehrdeutigem Bildmaterial. – Die Tests Objekt- u. Bilderkennung sind als Forschungsversuche und nicht für die Diagnostik entwickelt.

BRENNER, A. **The Anton Brenner Developmental Gestalt Test of School Readiness (BGT)**
1964. Schulreifetest für 5- bis 6jährige Kinder.

BRICKENKAMP, R. **Generelle Interessen-Skala (GIS)**
Fragebogen zur Erfassung von 16 Interessengebieten, darunter auch das in jüngster Zeit immer bedeutsamer werdende «Interesse am Umgang mit Computern». Außerdem erschließt die GIS das Ausmaß rezeptiver, reproduktiver und kreativer Verhaltenspräferenzen.

– **Test d 2 – Aufmerksamkeits-Belastungstest**
1962. Ermittlung der Konzentration bei der visuellen Wahrnehmung. Der Pb muß Zeichen rasch und sicher unterscheiden. Die Konzeption des Tests geht auf A. R. LAUER (Erfahrungen in der amerik. Armee) zurück. Der Test stellt eine Weiterentwicklung des Durchstreichtests von →BOURDON dar.

BRICKLIN, B. – PIOTROWSKI, Z. A. – WAGNER, E. E. **The Hand Test**
1959–62. AA ab 6. 10 Karten mit Handabbildungen, wobei der Pb aussagen soll, was jede Hand wohl tut. Der Test soll zur Abgrenzung zwischen Normalen und Neurotikern einerseits und Psychotikern andererseits sowie zur Diagnostik von Aggressionen dienlich sein.

BRIGGS, D. L. **Navy Personnel TAT (NTAT)**
1954. Eine Modifikation des TAT für Marineanwärter.

BRIGGS, K. – BRIGGS-MYERS, I. **Myers-Briggs Typenindikator (MBTI)**
AA Jugendliche ab 16 und Erwachsene. Ein Persönlichkeitstest auf der Basis der Typenlehre C. G. Jungs. 4 Dimensionen sind: 1. Außenorientierung (E), Innenorientierung (I); 2. Sinnliche Wahrnehmung (S), Intuitive Wahrnehmung (N); 3. Analytische Beurteilung (T), Gefühlsmäßige Beurteilung (F); 4. Urteilen (J), Wahrnehmen (P). Durchführungszeit ca. 15 Minuten.

BRUCE, M. M. **Association Adjustment Inventory (AAI)**
1959. AA Erwachsene. Fortentwicklung des Kent-Rosanoff Free Association Test von 1910 – AA ab 4. 13 Skalen: juvenility, psychotic responses, depressed-optimistic, hysteric-nonhysteric, withdrawal-sociable, paranoid-naive, rigid-flexible, schizophrenic-objective, impulsive-restrained, sociopathic-empathetic, psychosomathic-physical contentment, anxious-relaxed, total. →KENT. – Weitere Tests desselben Autors: Business Judgment Test (1953–59), Sales Comprehension Test (1953–57), Sales Motivation Inventory (1953).

BRÜNER, H. – JOVY, D. – KLEIN, K. E. **Psychomotorischer Leistungstest (KT = Kugeltest)**
Ein elektrisch betriebenes Gerät, in dessen 5 verschiedene Walzenöffnungen Stahlkugeln entsprechender Größe hineingelegt werden sollen. Die Freigabe der Walzenöffnungen ist von der Umlaufgeschwindigkeit abhängig.

BRUGGEMANN, A. et al. **Bruggemanns Formen der Arbeitszufriedenheit** →Verzeichnis ausgewählter arbeitswissenschaftlicher Methoden

BRUNET, O. – LEZINE, I. **Echelle de Développement (BLED)**
1951. AA 0–5. Ein verbreiteter frz. Entwicklungstest. Von Gesell sind die vier Hauptverhaltensfelder und von Bühler-Hetzer die Verrechnung übernommen.

BRUNNER, A. **Daueraufmerksamkeitstest**
1963. Bei diesem Gruppentest werden je sechs geometrische Figuren gleichzeitig projiziert. Der Proband muß bestimmte Figuren beachten und deren Anzahl auf einem Arbeitsbogen festhalten. Dauer 50 Minuten.

BRUNNER, W. **Bewegungslineal**
Nachdem der Proband mit einem Lineal einige Striche in bestimmten Abständen sehend gezogen hat, muß er mit verbundenen Augen weitere Striche ziehen.

BUCK, J. N. **The House-Tree-Person-Test (H-T-P)**
1948. Der Test fordert vom Probanden, ein Haus, einen Baum und einen Menschen zu zeichnen. Damit sollen Dimensionen wie Intelligenz und Affektivität erfaßt werden.

– **Time Appreciation Test**
1943–46. AA ab 10.

BUGGLE, F. – BAUMGÄRTEL, F. **Hamburger Neurotizismus- und Extraversions-Skala für Kinder und Jugendliche (HANES, KJ)**
1972. AA 8–16. Persönlichkeitstest, der auf der Eysenckschen Persönlichkeitstheorie aufbaut und aus dem JEPI (→EYSENCK) entwickelt wurde. Er umfasst 68 Items, welche eine Neurotizismus-Skala (Kurz- und Langskala) und eine Extraversions-Skala konstituieren. Die Extraversions-Skala ist in eine Geselligkeitskomponente und eine Aktivitätskomponente aufgeteilt. Der Test enthält außerdem noch eine L-Skala zur Messung der Bereitschaft, den Fragebogen ehrlich zu beantworten.

BÜHLER, Ch. **The Toy World Test (TWT)**
1941–55. AA ab 2. Erstbezeichnung The World Test (deutsche Ausgabe von H. Hetzer und E. Höhn). Handlungstest mit Spielzeug zur Erfassung der Struktur sowie zur Diagnose und Therapie emotionaler Störungen bei Kindern und Erwachsenen. Verwandt mit Sceno-Test. Der Test ist die Weiterentwicklung des «Weltspiels» von →M. LOWENFELD.

BÜHLER, Ch. – HETZER, H. **Kleinkindertest (Entwicklungstestreihe)**

1932. Testreihe für den 1. Lebensmonat bis zum 6. Lebensjahr zur Entwicklungsdiagnose (sinnliche Rezeption, Körperbeherrschung, soziales Verhalten usw.).

BÜHLER, Ch. – MANSON, M. P. **The Picture World Test (PWT)**
1955/56. AA ab 5. Abwandlung des Welt-Tests, wobei anstelle des Materials, mit dem manipuliert und gebaut werden kann, Zeichnungen (Bilder) treten, mit denen auf dem Papier eine «Welt» entworfen werden soll. Anschließend ist diese zu bezeichnen und zu erläutern. Es werden 12 «Welten» (Lebensbereiche) vorgegeben, z. B. Stadt, Kirche, Fabrik, Gebirge, Wüste, eine Traumwelt.

BULLINGER, E. – SEYFRIED, H. **Farbstern-Test**
1954. Abwandlung des Farbpyramiden-Tests nach M. Pfister. Anordnung der Farben in Sternform.

BUNDESANSTALT FÜR ARBEIT. **Einfache Eignungsuntersuchungen für den psychologischen Dienst (EEU)**
1954. Eine zur Prüfung der Arbeits- und Berufseignung aus 40 bisher schon bei der Berufsberatung der Arbeitsämter bewährten, aber unterschiedlich verwendeten Verfahren zusammengestellte Testbatterie. 7 davon bilden die «Kernserie», die einheitlich vorgeschrieben ist. Die übrigen sind Ergänzungen nach Bedarf. Der Test ist gegliedert nach: ganzheitlichen Verfahren, ergänzenden Verfahren, Gedächtnis-Tests, Test zum begriffliches Denken, zum sprachfreien Denken und praktischen Verhalten, zur technischen Begabung, zum Form- u. Farbsinn, zur Handfertigkeit. Die meisten Tests stammen von den schon 1920–30 bekannten Autoren: Binet, Blumenfeld, Giese, Hermann, Hische, Huth, Klemm, Lipmann, Modee, Pauli, Poppelreuter, Rupp, Ruthe, Schulte, Schulz. Initiator der vorliegenden Test-Organisation ist W. Arnold.

– **Test-Validierungs-und-Interpretations-System**
1973. Testsystem zur psychologischen Begutachtung im Rahmen der beruflichen Beratung an den Arbeitsämtern in der Bundesrepublik Deutschland (Berufsberatung von Schulabgängern und Rehabilitanden, Fortbildungs- und Umschulungsberatung, Arbeitsberatung). Das Testsystem setzt sich aus der Testserie für Hauptschulabgänger (EUB), der Testserie für Abiturienten und Hochschüler (MOT) und der Erwachsenen-Test-Serie (ETS) zusammen. Die Testserien enthalten Fähigkeitstests, Selbsteinschätzungsskalen, Interessen- und Persönlichkeitsfragebogen sowie biographische Skalen. Testauswertung und Ergebnisinterpretation (Eignungsbeurteilung für die verschiedenen Berufe u. Ausbildungsgänge) erfolgen zentral über EDV, ebenso die Speicherung der Daten. Durch die Speicherung der Daten ist die Grundlage für eine fortlaufende Validierung der Testserien gegeben. →Computerdiagnostik, →Testsystem. →ECKARDT 1977, ENGELBRECHT 1975

BURDOCK, E. I. – HARDESTY, A. S. – et al. **Behavior Rating Scales**
1959–61. AA Erwachsene, bei der Skala für Kinder 1–16. Besteht aus 5 Teilen: Ward behavior rating scale – Clinical behavior rating scale – Interview behavior rating scale – Work behavior rating scale – Children's behavior rating scale.

– **Structured Clinical Interview (SCI)**
1969. Erhebungsverfahren zur Erfassung psychopathologischer Befunde. Das SCI wurde aus dem Ward Behavior Inventory entwickelt. Mit Hilfe des SCI lassen sich anhand von 179 Items mit Ja bzw. Nein-Antworten Verhaltensmerkmale zu 10 Bereichen quantifizieren: Feindseligkeit, Denkstörungen, Furcht, inkongruentes Verhalten, inkongruente Gedanken, Niedergeschlagenheit, Wahrnehmungsstörungen, körperliche Beschwerden, Selbstwertminderung, sexuelle Probleme. Eine deutsche Übersetzung der amerikanischen Originalausgabe liegt ebenfalls vor.

BURGEMEISTER, B. B. – BLUM, L. H. – LORGE, I. **Columbia Mental Maturity Scale (CMMS).**
1954, 1959.
Nichtsprachlicher Test, besonders für sprachbehinderte Kinder von 3–12 Jahren zur Erfassung der Intelligenz. In Abbildungsreihen müssen die nicht zugehörigen Bilder erkannt werden. Dt. Bearbeitung von SCHUCK, K.-D.

BUSEMANN, A. **Abzeichentest**
1955. Abzeichnen einfacher Figuren zur Ergänzung der gebräuchlichen Intelligenztests und zur Ermittlung der Sonderschulbedürftigkeit. Altersstufen 5, 7, 9, 11 u. 14.

– **Aufzähltest**
1955. Aufzählenlassen aller sichtbaren Gegenstände, die dem Probanden innerhalb von 10 Minuten einfallen. Der Test ist für Erwachsene und Kinder (vom 5. Lebensjahr an) verwendbar.

BUSWELL, G. T. – JOHN, L. **Diagnostic Chart for Fundamental Processes in Arithmetic**
Seit 1925 für Kinder im Alter von 7–13 gebräuchlicher amerikanischer Rechentest.

BUTSCH, CH. →SEASHORE

CARROLL →INGENKAMP

CASSEL, R. N. **The Cassel Group Level of Aspiration Test**
1952–57. AA 10–21. 7 Kategorien zur Ermittlung individuell variierender Tendenzen, besonders des Anspruchniveaus. – Vom gleichen Autor zusammen mit T. C. KAHN wurde der Group Personality Projective Test (GPPT) herausgegeben.

AA ab 11. Tendenzen der Angst, Bedürfnisse, insbesondere schädliche, verbrecherische Neigungen sollen mit dem Test ermittelt werden.

CASTANEDA, A. – McCANDLESS, B. R. – PALERMO, D. S. **Children Manifest Anxiety Scale (CMAS)**
1956. Kinderform der MAS (→TAYLOR). Die Skala enthält in Frageform 42 Angstitems und 11 sog. «Lügenfragen».

CATTELL, J. M. **Mental Tests**
1890. J. M. Cattell hat als erster (neben Galton) den Terminus «Test» eingeführt. Unter «mental tests» verstand er Streckenhalbieren nach Augenmaß, Merkfähigkeit, Minimaldistanz unterscheidbarer Hautreize, Schwellenwerte für Druckempfindung und weitere, mehr sinnesphysiologische Methoden. Mit der exakten Messung dieser einfachen Funktionen versuchte er das intellektuelle Niveau zu erfassen. Daneben wurden komplexe Funktionen mit Assoziations-, Gedächtnis- und einfachen Rechenaufgaben untersucht. Cattell stellte als erster eine Test-Untersuchung für Studenten zusammen.

CATTELL, R. B. **Cattell Infant Intelligence Scale**
1940. AA 3–30 Monate. Für das Kleinkind bestimmte Form der Revised Stanford-Binet Intelligence Scale, Second Revision.

CATTELL, R. B. – WEISS, R. **Grundintelligenztest Skala 2 (CFT 2)**
1972. AA 9–15. Deutsche Version des Culture Fair Intelligence Test (CFT, Scale 2) von Cattell. Dieser Intelligenztest wurde entwickelt, um die grundlegende geistige Leistungsfähigkeit (general mental capacity, g-factor) unabhängig von soziokulturellen und ausbildungsbedingten Einflüssen zu messen. Cattell unterscheidet 2 allgemeine Grundfaktoren der Intelligenz, nämlich die «general fluid ability» und die «general crystallized ability». Der CFT mißt zu einem hohen Anteil die «general fluid ability». Der Test ist aus 2 Testteilen mit je 46 Items aufgebaut und in je 4 Untertests aufgeteilt: Untertest 1 (series = Reihenfortsetzen) 12 Items, 2 (classification = Klassifikation) 14 Items, 3 (matrices = Matrizen) 12 Items, 4 (topology = topologische Schlußfolgerungen) 8 Items.

– **Grundintelligenztest Skala 3 (CFT 3)**
1971. AA ab 14. Deutsche Version der CFT Scale 3 von Cattell und Mitarbeitern. Der Test ist nach derselben g-Faktor-Theorie aufgebaut. Er enthält ebenfalls dieselben Untertests. Die beiden Testteile bestehen jeweils aus 50 Items.

– **Grundintelligenztest Skala 1 (CFT 1)**
→WEISS, R. – OSTERLAND, J.

CATTELL, R. B. und Mitautoren. **IPAT-Tests**
1950. Vorläufer: die ab 1930 ausgegebenen «Cattell Intelligence Tests». Mit Hilfe der Tests sollte der Aufbau der Person mit faktoriellen Methoden und Fragebogen erklärt und meßbar gemacht werden. Die (vielfach abgewandelten und auch mit den Autoren gewechselten) Tests sind z. Z.: (H. W. Eber) Sixteen Personality Factor Questionnaire 16 PF (Fragebogen zur mehrdimensionalen Persönlichkeitsdiagnostik im Erwachsenenalter). Deutsche Bearbeitung von Schneewind-Schröder. – (R. B. Porter) Children's Personality Questionnaire CPQ – (R. W. Coan) Early School Personality Questionnaire ESPQ – (A.B. Sweney, Krug, Laughlin) School Motivation Analysis Test SMAT – (H. Beloff) Jr.-Sr. High School Personality Questionnaire HSPQ – (J. E. King – A. K. Schuettler) Contact Personality Factor Test CPF – (H. W. Eber) Music Preference Test of Personality – (J. L. Horn u.a.) Motivation Analysis Test MAT – (L. B. Luborsky – D. L. Tollefson) Humor Test of Personality – (neun Autoren) Objective-Analytic Personality Test – (A. K. S. Cattell) Culture Fair Intelligence Test – (J. E. King – A. K. Schuettler) Neurotic Personality Factor Test NPF – (I. H. Scheier) Anxiety Scale Questionnaire – (ders.) Objective-Analytic (O-A) Anxiety Battery – (ders.) 8-Parallel-Form Anxiety Battery – (ders.) Neuroticism Scale Questionnaire NSQ. Deutsch bearbeitet als «Denkprobe G» liegt der «Culture Fair (Free) Intelligence Test» vor. IPAT-Tests sind auch in Multi-Aptitude Batteries enthalten, z. B. dem «Job-Test Program» von King.

– **IPAT-Anxiety Scale (Q-Form)**
1957. Persönlichkeitsfragebogen zur Messung der Ängstlichkeit, der diejenigen Items des 16 PF enthält, die den Sekundär-Faktor F (Q) II bestimmen.

CATTELL, R. B. – HORN, J. L. **Motivation Analysis Test (MAT)**
1959. AA ab 18. Objektiver Test zur Messung von 5 «Ergs» und 5 «Sentiments». Es handelt sich bei diesen Dimensionen um die von Cattell und Mitarbeitern auf faktorenanalytischem Wege gewonnenen Motivdimensionen. Als Ergs werden folgende Dimensionen gemessen: mating, assertiveness, fear, narcism-comfort, pugnacity. Unter die Sentiments fallen: self-concept, superego, career, sweetheart-spouse und home parental. Der Test liegt in experimenteller Form in einer deutschen Übersetzung vor.

CATTELL, R. B. – SCHEIER, J. H. **Objective Analytic (O-A) Anxiety Battery**
1960. AA ab 14. Testbatterie aus objektiven Tests zur Messung der Ängstlichkeit. Die Angstbatterie enthält 10 Untertests, davon sind 8 verbale Verfahren und 2 physiologische Messungen (Pulsfrequenz, systolischer Blutdruck). Die mit der Batterie gemessene Komponente der Ängstlichkeit bezieht sich auf die «freie Angst» (U I 24). →FAHRENBERG

CATTELL →SCHMIDT

CAUTELA, J. R. – KASTENBAUM, R. **Reinforcement Survey Schedule**
1967. Fragebogen zur Ermittlung von Verstärkern in und außerhalb der Therapiesituation. Eine deutsche Übersetzung dieser Fragebogen liegt vor. →WINDHEUSER-NIKETTA

CHAPUIS, F. **Labyrinth-Test**
1959. AA ab 16. Zwei Parallelverfahren. Aus vorgedruckten Labyrinthen muß die Vp einen Ausweg finden. Der Weg wird eingezeichnet. Erfaßt werden intellektuelle und charakterologische Faktoren. →PORTEUS, SZYMANSKI

CHRISTENSEN, A. **Luria Neuropsychological Investigation**
1975. Verfahren zur Bestimmung der geistigen Beeinträchtigungen, welche durch lokale Läsionen verursacht sind. Es werden dabei die qualitativen Beeinträchtigungen über eine Syndromanalyse, die die Organisation der höheren geistigen Tätigkeit berücksichtigt, festgestellt. Die «neurops. Untersuchungen» umfassen die Überprüfung der motorischen Funktionen, der akustisch-motorischen Funktionen sowie der Wahrnehmungsleistungen, der sprachlichen Leistungen, der Aufmerksamkeit und der allgemeinen intellektuellen Fähigkeiten. →HAMSTER

CHRISTENSEN, P. R. – GUILFORD, J. P. – (MERRIFIELD, P. R. – WILSON, R. C.). **Alternate Uses**
1960. Intelligenztest für Flexibilität.

– **Consequences**
1958. Spezifischer Intelligenztest für Originalität.

– **Christensen-Guilford Fluency Tests**
1957–59. Mit den Teilen: Word fluency-Ideational fluency – Associational fluency – Expressional fluency.

– **Ship Destination Test**
1955/56. Ein «general reasoning test».

CLEETON, G. U. **Cleeton Vocational Interest Inventory**
1937–43. AA ab 15. 2 Formen für Männer und Frauen mit je 10 Kategorien (z. B. biological sciences, mechanical, finance, creative, agricultural, office work, social service, homemaking-child care).

CLOSTERMANN, G. **Der Mann-Zeichentest**
1959. Ein dem «Draw A Man Test» von Goodenough im Prinzip nahestehender, doch in manchen Teilaufgaben und in der Verrechnung abweichender Zeichentest. Verwendbar zur Ermittlung des Intelligenzniveaus.

COHEN, H. – WEIL, G. R. **Tasks of Emotional Development Test (TED)**
1971. AA 6–12. Der TED ist ein klinisches Instrument, um emotionale und soziale Einstellungen bzw. den sozial-emotionalen Reifegrad zu erheben. Gezeigt werden Bilder mit alltäglichen Situationen und Themen, um bewußte und unbewußte Konflikte, Ängste, Motive etc. zu stimulieren. Angelehnt an den TAT v. Murray (1938) gibt es zusätzliche Rating scales (5 Dimensionen).

COLLEGIUM INTERNATIONALE PSYCHIATRIAE SCALARUM (CIPS),(Hrsg.) **Internationale Skalen für Psychiatrie**
EE 1977, 4. Aufl. überarbeitet und erweitert 1996. Zusammenstellung der gebräuchlichsten klinischen Skalen und Meßverfahren zur Wirksamkeits- und Verträglichkeitsbeurteilung von Intervention in der psychiatrischen und psychopharmakologischen Forschung. Die dargestellten Skalen und Verfahren sind nach verschiedenen Indikationsgebieten wie Angst, Demenz, Psychosen etc. zusammengefaßt.

COMREY, A. L. **Comrey Personality Scales**
Die Skalen bilden ein umfassendes Einschätzungsinstrument bei der Messung von vorrangigen Persönlichkeitsmerkmalen. Die Durchführung liefert Punktwerte auf acht Dimensionsskalen (z. B. Extraversion vs. Intraversion). Jede Skala umfaßt 20 Items. Durch zwei zusätzliche Validitätsskalen ergeben sich insgesamt 180 Items.

CONRAD, W. et al. **Mannheimer Intelligenztest (MIT)**
1971. AA 12–35. Intelligenztest, der 10 wesentliche Dimensionen der faktorenanalytischen Intelligenzforschung mißt. Über 10 Untertests wird das allgemeine intellektuelle Niveau bestimmt: Figurenreihen, Wortbedeutungen, Dominos, Buchstabengruppen, Wortverhältnisse, Mosaikaufgaben, Sprichwörter, Unmöglichkeiten.

CONRAD, W. – BAUMANN, E. – MOHR, V. **Mannheimer Test zur Erfassung des physikalisch-technischen Problemlösens (M-T-P)**
AA Erwachsene. Test zur Berufseignungsdiagnostik für technisch orientierte Berufe.

CONRAD, W. – EBERLE, G. – HORNKE, L. et al. **Mannheimer Intelligenztest für Kinder und Jugendliche (MIT-KJ)**
AA 9–15. Verfahren zur Bestimmung der allgemeinen Intelligenz. Durchführungszeit ca. 60 Minuten.

COONS →STOGDILL

CORMAN, L. **Schwarzfuß-Test**
1974. Projektives Verfahren (18 Bildkarten) zur Ermittlung von Konflikten im Kindesalter. Die deutsche Übersetzung wurde 1977 durchgeführt.

CORNELL, E. L. – COXE, W.W. **Performance Scale**
1934. Ein nichtsprachlicher Entwicklungstest mit den bekannten Aufgaben: Formbrett, Bilderergänzung, Würfel, Labyrinth und Reproduktion von Zeichnungen. Der Test ist neben der Skala von Grace Arthur verwendbar zur Bestimmung eines nichtverbalen Intelligenzquotienten (Cornell-Index).

CORRELL →INGENKAMP

COUVÉ, R. **Ablegeprobe, Scheibenausgeber**
vor 1922. Zweiteilige Versuchsanordnung: Gerät, das automatisch im Abstand von 4 sec zweistellig bezifferte Nummernscheiben (je Arbeitsgang 100 Stück) an einem Auswurfschlitz auswirft. Daneben 42 × 34 cm großer senkrecht stehender Kasten, aufgeteilt in zwanzig 7 × 7 cm große weiße Felder mit zweistelligen Zahlen und jeweils einem Einwurfschlitz. Die Nummernscheiben sind in das zugehörige Feld richtig einzuwerfen. Die Leistung bestimmt die Anzahl der übriggebliebenen oder nicht richtig eingeworfenen Scheiben. Das Gerät wurde für die Prüfmittelserie der ehemaligen Deutschen Reichsbahn entwickelt.

CRANACH, M. v. **Standardisiertes Verfahren zur Erhebung des Psychopathologischen Befundes PSE**
1978. Deutsche Bearbeitung der «Present State Examination» von Wing/Cooper/Sartorius.
Standardisiertes Verfahren zur Erhebung des psychopathologischen Zustandes bei Erwachsenen. Es umfaßt 140, durch Ratings zu erfassende Symptomkategorien, die zu 20 Sektionen zusammengefaßt sind, wie z. B. «Körperliche Gesundheit», «Depressive Verstimmtheit», «Halluzinationen», «Wahninhalte», «Verhalten während des Interviews» etc. Über eine «Syndrom Check List» lassen sich aus den 140 Symptomen zusätzlich 38 Syndrome wie z. B. «Inkohärentes Sprechen», «Mangelnde Energie», «Hypochondrie» etc. ermitteln.

CRAWFORD, J. E. – CRAWFORD, D. M. **Crawford Small Parts Dexterity Test**
1946–56. Geschicklichkeitstest für manuelle Feinarbeit (mit Pinzette und Schraubenzieher sind Stiftchen, Hülsen und Schrauben einzusetzen). →BENNETT

DAHL, G. **Reduzierter Wechsler-Intelligenztest (WIT)**
1972. AA 10–79 für Normale. 15–60 für psychiatrische Patienten. Kurzform des HAWIE (→WECHSLER). Der Test enthält 2 Untertests aus dem Verbalteil des HAWIE (Allgemeines Wissen, Gemeinsamkeiten-Finden) und 2 aus dem Handlungsteil (Bilderergänzen, Mosaiktest).

DAMM →INGENKAMP

DANIELS, J. C. **Figure Reasoning Test**
1949. AA ab 11. Ein nicht-verbaler Intelligenztest, der den Tests von →RAVEN ähnelt. Für 8 Figuren ist das noch fehlende 9. Stück aus beiliegenden anderen Figuren auszuwählen.

DAVIS, A. – EELLS, K. **Davis-Eells Garnes, Test of General Intelligence or Problem-Solving Ability**
1952/53. Ein sprachfreier Test zur Intelligenzdiagnostik bei Kindern im Grundschulalter mit realistischen Bildszenen aus dem Kinderalltag.

DEAN, E. – HOWELL, J. – HILL, A. – WALTERS, D. **Metaphon Resource Pack**
AA ab 7. Metaphon ist ein Diagnose- und Therapieprogramm für Kinder mit Hörschwierigkeiten.

DEARBORN, W. F. **Formenbrett (Formboard)**
Paßbretter ähnlich →SEGUIN.

DECROLY, O. **Lotto-Test, Matching Game**
Zuordnen und Angeben von einzelnen Silhouettenbildern (z. B. eines Schirmes, Birne, Halbmond usw.) zu Karten mit mehreren und gleichen Bildern. Kindertest.

– **Bilderserienverfahren**
1913. Test analog →STERN.

DECROLY →MERRILL-PALMER

DEEGENER, G. **Anamnestischer Elternfragebogen**
Instrument zur Anamnese von psychischen Störungen und Erkrankungen im Kindes- und Jugendalter.

DEEGENER, G. – ALT, M. et al. **Hamster-Test (HT)**
Illustrierter Projektiver Fragebogen zur Untersuchung der emotionalen Stabilität von Kindern.

DEHMELT, P. – KUHNERT, W. – ZINN, A. **Diagnostischer Eltern-Fragebogen (DEF)**
Standardisierte Anamneseerhebung zur Beratung von Eltern, Lehrern usw.

DENEKE, F.-W. – HILGENSTOCK, B. **Das Narzißmusinventar**
AA ab 15. Inventar zur Ermittlung verschiedener Aspekte der Organisation und Regulation des narzißtischen Persönlichkeitssystems. Durchführungszeit ca. 30–45 Min.

DENNIS, R. – DENNIS, M. **Dennis Visual Perception Scale (DVPS)**
1964. Test zur Erfassung visueller Funktionen wie z. B. convergence, visual accuity, focusing, adjustment of distortion, transmission, integration. Mit dem Test sollen Mängel in den Wahrnehmungsfunktionen erkannt werden.

DESPERT →Erzählmethode

DEUSINGER, I. M. **Frankfurter Selbstkonzeptskalen (FSKN)**
AA ab 13. Fragebogen zur Erfassung von 10 Dimensionen des Selbstkonzeptes. Es werden Einstellungen des Probanden zur eigenen Person bestimmt.

DEUSINGER, I. M. **Frankfurter Körperkonzeptskalen (FKKS)**
Verfahren zur Bestimmung von Einstellungen zum eigenen Körper des Individuums, wie z. B. das (1) Selbstkonzept der eigenen Gesundheit und des körperlichen Befindens, (2) Selbstkonzept der körperlichen Effizienz, (3) Selbstkonzept der körperlichen Erscheinung, (4) Selbstakzeptanz und Akzeptanz durch andere; (5) Sorge um das körperliche Wohl etc.

DEUSINGER, I. M. **Frankfurter Rechtsfragebogen (FRF)**
Der FKKS mißt Einstellungen zu Rechtsnormen, Gesetzen, Gesetzgebung und zu Instanzen der Rechtspflege, z. B. zu Justiz, Gericht und Polizei.

DEUTSCHE GESELLSCHAFT FÜR PERSONALWESEN e.V. **Differentieller Wissenstest (DDT)**
1969. AA ab 15. Ein Verfahren zur Ermittlung der Fachkenntnisse auf den Wissensgebieten: Sport, Technik, Chemie, Physik, Biologie, Politik, Wirtschaft, Erdkunde, Geschichte, Kunst, Literatur, Musik. Parallelform A und B. Es liegt eine umfassende Normierung vor.

DIETERICH, M. – GOLL, M. **Handwerklich-Motorischer-Eignungs-Test (HAMET-R)**
AA Berufsanfänger. Verfahren zur Ermittlung der motorischen Berufsreife.

DOLL, E. A. **Vineland Social Maturity Scale (VSMS)**
1935–53. Sozialkompetenz (= sich in persönlichen Angelegenheiten selbst zu helfen) und soziale Verantwortlichkeit kennzeichnen nach Doll die soziale Reife. Die VSMS ist die Methode, mit 117 für beide Geschlechter gültigen Verhaltens«einheiten», die gruppiert sind nach Alter und den Kategorien: allg. Selbständigkeit, Selbständigkeit beim Ankleiden, beim Essen, Selbstbestimmung, Kommunikation, Sozialisierung, Lokomotion, Beschäftigung – und die mit einem Informanten, in absentia des Pb, bewertet werden – die Sozialreife zu bestimmen. Zahlreiche Ergebnisse des VSMS mit normalen und behinderten Kindern, Erwachsenen und Alten, mit Asozialen und Verbrechern wurden veröffentlicht. →MAXFIELD. →REINERT

DONDORF, J. **Test zur Ermittlung der Konzentrations- und Gedächtnisfähigkeit (KGT)**
1968. Ab 10. Unter Zeitdruck soll die visuelle Aufmerksamkeitszuwendung und Gedächtnisleistung geprüft werden. Einzel- und Gruppentest ohne Normtabellen; nur Grobeinteilungen möglich. Durchführungszeit max. 5 Min.

DORSCH →GIESE

DOWNING, J. – AYERS, D. – SCHAEFER, B. **Linguistic Awareness in Reading Readiness**
Der dreiteilige Test mißt Wortschatz-Verständnis und Schreib- und Lesekonzepte. Alter: 4 bis 8 Jahre und ältere Kinder mit Leseschwierigkeiten.

DOYE, P. – LÜTTGE, D. **Diagnostischer Leistungstest Englisch 5–6 (DLE 5–6)**
AA 5.–6. Schuljahr. Lehrbuchunabhängiger Leistungstest für den Englischunterricht.

DRAKE, R.M. **Musical Aptitude Test**
1954. Ein Musikbegabungstest ähnlich →ALIFERIS oder SEASHORE bzw. REVESZ

DRASGOW →FELDMAN

DRAUDEN, G. **Task inventory (TI)** →Verzeichnis ausgewählter arbeitswissenschaftlicher Methoden

DRENTH, P. J. D. **Test voor niet-verbale abstractie**
1965. AA ab 17. Gruppenintelligenztest. – Amsterdamse Kinder Intelligentietest (AKIT). Nichtverbale Intelligenzerfassung bei Schuleintritt.

DREY-FUCHS, Ch. **Fuchs-Rorschach (Fu-Ro)-Test**
1958. Geeichte Parallelserie zum Rorschach-Test, die die Möglichkeit von Kontrollversuchen in kurzen Zeitabständen bietet. Der Test behandelt neuere Deutungsphänomene wie die Dynamik-Deutungen, die Oberflächen-Material-Deutungen, den Wirrschock u.a.m.

DUHM, E. – ALTHAUS, D. **Beobachtungsbogen für Kinder im Vorschulalter (BBK)**
AA 4–6. Beobachtungsbogen zur Ermittlung verläßlicher Informationen über folgende Verhaltensbereiche: Soziales und emotionales Verhalten, Spielverhalten, Sprachverhalten und Arbeitsverhalten. Aufgrund der gewonnenen Informationen können gezielte Förderungsmaßnahmen eingeleitet werden.

DUHM, E. – HUSS, K. **Fragebogen zur Erfassung praktischer und sozialer Selbständigkeit (FPSS)**
Der FPSS ist als Hilfsmittel für Erzieher gedacht. Er dient der Erfassung der praktischen und sozialen Selbständigkeit 4–6jähriger Kinder mittels Elternbefragung und eigener Beobachtung.

DUHM →ROSENZWEIG

DÜKER, H. – LIENERT, G. **Konzentrationsleistungstest, Dauer-Rechenversuch (K-L-T)**
1959. Während längerer Zeit sind Additionen und Subtraktionen zu vollziehen (Darbietung

auch durch Apparat möglich). Erprobt vor allem bei pharmakopsychologischen Versuchen. →DÜKER – LIENERT

DUNAJEWSKI. **Charkow-Test, Figurenreihen-Fortsetzen**
1924. Geometrische Figurenreihe, deren Aufbau durch Zufügen oder Wegnehmen einzelner Glieder in logischer Ordnung stehen, sind um zwei oder mehrere Figuren zu ergänzen. Dabei muß das Aufbaugesetz der einzelnen Reihe erkannt werden.

DUNCKEL, H. **Kontrastive Aufgabenanalyse im Bereich Büro und Verwaltung (KABA)** → Verzeichnis ausgewählter arbeitswissenschaftlicher Methoden

DUNHAM. **Formenbrett, Formboard**
Paßbretter ähnlich →SEGUIN.

DUNN, L. M. **Peabody Picture Vocabulary Test (PPVT)**
1959. AA 3–18. Intelligenztest. Zu mündlich gegebenen Reizwörtern ist jeweils aus 4 Bildern das zuständige zu bezeichnen.

DÜSS, L. **Fabelmethode, Méthode des fables**
1940–56. Ein projektiver Test für Kinder. Es werden Kurzgeschichten (Fabeln) erzählt, in denen das Kind die Aufgabe hat, Situationen zu ergänzen. Dabei werden Aspekte wie Mutter-Vater-Bindung, Abstill-Komplex, Eifersucht, Kastrationskomplex u.a. berücksichtigt.

DVORAK →US-EMPLOYMENT SERVICE

DVORINE, I. **Dvorine Color Vision Test**
Der Test identifiziert Personen mit einem Defizit in der Farbwahrnehmung und bestimmt Art und Ausmaß dieses Fehlers. Durchführungszeit 2–3 Minuten.

EBBINGHAUS, H. **Lückentest, Ergänzungstest, sprachliche Lückenkombination, Kombinationstest**
1897. Ausfüllen von Wort-(Silben-)Lücken in einem Text. Erster Test war «Gullivers Reisen» für Sextaner bis Tertianer. Zahlreiche Abwandlungen. →MINKUS

EDELER, B. – EDELER, D. **Analyse von Ziel- und Partnerorientierung (AZP)**
Zweiteiliger Fragebogen zur «Einstellung zur kooperativen Tätigkeit» (EKT) (inklusive «Zielorientierung») und «Norm- und Wertvorstellungen von Zusammenarbeit».
Das «Beurteilungs-Reflexions-Verfahren» (BRV) dient der soziometrischen Erhebung der Partnerurteile.

EDUCATIONAL TESTING SERVICE. **School and Collage Ability Tests, Sequential Tests of Educational Progress**
1954 – Princeton, N. J. Bewährte und verbreitete amerikanische Schultests. Als Modelle für die →Schulleistungstests anderer Länder vielfach vorbildlich. →SÜLLWOLD

EDWARDS, A. L. **Edwards Personal Preference Schedule (EPPS)**
1953–67. Nichtprojektiver Charaktertest mit 15 Skalen: achievement, deference, order, exhibition, autonomy, affiliation, intraception, succorance, dominance, abasement, nurturance, change, endurance, heterosexuality, aggression. Zusätzlich noch «test consistency» und «profile stability». →MITTENECKER

EDWARDS, A. L. **Edwards Personality Inventory**
1966. Persönlichkeitsfragebogen, der 53 Persönlichkeitsvariablen erfaßt.

EGGERT, D. **Eysenck-Persönlichkeits-Inventar (EPI)**
1974. AA ab ca. 14. Deutsche Version des EPI von →EYSENCK, H. J. – EYSENCK, S. B. G. Der Test ist nach der Eysenckschen Persönlichkeitstheorie aufgebaut. Das Testprinzip basiert auf dem MPI →EYSENCK, H. J. Mit dem Test wird die Ausprägung der Dimension Extraversion-Introversion und Neurotizismus gemessen. Er liegt in 2 parallelen Formen A und B vor.

– **Lincoln-Oseretzky-Skala 18 (LOS KF 18)**
1971. AA 5–13. Test zur Prüfung der motorischen Entwicklung geistig behinderter, lernbehinderter und normaler Kinder und zur Differentialdiagnose motorischer Störungen. Die Skala enthält 18 Aufgaben aus der Hamburger Form der Lincoln-Oseretzky-Motor-Development-Scale.

EGGERT, D. – SCHUCK, K.-D. – RAATZ, U. **Columbia Mental Maturity Scale CMM 1–3**
AA 6–9. Verfahren zur Abschätzung der allgemeinen Intelligenz, die durch bekannte Tests gleichen Gültigkeitsanspruchs (z. B. HAWIK) nur mit höherem zeitlichen Aufwand erfaßt werden kann. Darüber hinaus liefert der Test Anhaltspunkte für eine Prognose der künftigen Schülerleistungen. Durchführungszeit 20–30 Min.

EGGERT, D. – SCHUCK, K. – RAATZ, U. **Columbia Mental Maturity Scale-Gruppenform-CMM-LB**
Vorausleseverfahren für die Intelligenzdiagnostik bei Ein- und Umschulungsverfahren in die Sonderschule für Lernbehinderte gedacht. Er dient zur Einstufung von Schülern in Leistungsgruppen und stellt ein Hilfsmittel zur sonderpädagogischen Begutachtung und Forschung dar.

EGGERT, D. →WECHSLER, D.

EHLERS, B. – EHLERS, Th. – MAKUS, H. **Marburger Verhaltensliste (MVL)**
1978. AA 6–12. Elternbefragungsbogen zur qualitativen und quantitativen Erfassung von Problemverhalten von Kindern. Mit Hilfe von 80

Items werden 5 Skalen (emotionale Labilität, Kontaktangst, unrealistisches Selbstkonzept, unangepaßtes Sozialverhalten, instabiles Leistungsverhalten) erfaßt.

EMMETT →INGENKAMP

ENGEL R. (dt. Bearb.) **Minnesota-Multiphasic Personality Inventory 2 (MMPI-2)**
Der MMPI-2 ist eine überarbeitete und neu normierte Version des MMPI. Es kann als Einzel- oder Gruppenverfahren in der klinischen Psychologie und Psychiatrie wie auch bei persönlichkeitsdiagnostischen Fragestellungen allgemeiner Art eingesetzt werden. Zusätzlich zu den 15 Skalen, die einen Überblick die Bereiche gestörten psychischen Wohlbefindens geben, werden klinische Bereiche wie Suizidtendenz, «Typ-A»-Verhalten, familiäre Anpassung, Zugänglichkeit für Psychotherapien etc. erfaßt.

ENGEL, R. R. – KNAB, B. – DOBLHOF-THUN, C. v. **Stationsbeurteilungsbogen (SBB)**
Fragebogenverfahren zur Erfassung des sozialen Klimas auf psychiatrischen und psychotherapeutischen Krankenhausstationen. Er ist die vollständig neu konstruierte deutschsprachige Adaptation der Ward Atmosphäre Scale von Moos.

ENGELMANN, H. **Maschine zeichnen, Fadenzerreißmaschine**
Nach einer gegebenen Beschreibung soll der zeichnerische Entwurf einer Fadenzerreißmaschine angefertigt werden.

ERZIGKEIT, H. **SKT – Ein Kurztest zur Erfassung von Gedächtnis- und Aufmerksamkeitsstörungen**
AA ab 17. Verfahren zur Evaluation therapeutischer Maßnahmen bei (Hirn-)Organischen Psychosyndromen und dementiellen Erkrankungen.

ETTRICH, K. U. **Kinderbeobachtungsbogen (KBB)**
Verfahren zur frühzeitigen Identifizierung von möglicherweise entwicklungsgefährdeten Schulanfängern.

EYSENCK, H. J. **Body-Sway-Test**
1947. Experimentelle Anordnung zur Messung der Suggestibilität. Die Schwankung, mit der der Pb, der aufrecht mit verbundenen Augen steht, auf den Hinweis reagiert, daß er nach vorne falle, wird gemessen. →FAHRENBERG

– **Maudsley Persönlichkeitsfragebogen (MMQ = Maudsley Medical Questionnaire)**
Fragebogen, der vorzugsweise für klinisch-psychologische Untersuchungen (Neurosen, Simulation-Dissimulation) bestimmt ist.

– **Maudsley Personality Inventory (NPI)**
1959. Fragebogen zur Bestimmung der neurotischen Tendenz und Extraversion.

EYSENCK, H. J. – EYSENCK, S. B. G. **Eysenck Personality Inventory (EPI)**
1964. AA ab ca. 16. Persönlichkeitsfragebogen zur Messung der Dimensionen Extraversion-Introversion und emotionale Stabilität-Labilität (Neurotizismus). Gegenüber dem MPI hat er den Vorteil, in 2 Parallelformen (A und B) vorzuliegen. Die Items sind intellektuell weniger anspruchsvoll formuliert, und die Itemselektion wurde so durchgeführt, daß Extraversion-Introversion statistisch voneinander unabhängig sind. Außerdem enthält das EPI eine L-Skala, welche die Tendenz zur Verfälschung mißt.

EYSENCK, H. J. – FREEMAN, F. **Charakter-Interpretationstest**
1954. 12 Porträtaufnahmen, die nach den Test-Autoren «eine möglichst heterogene Kollektion von Menschentypen» darstellen, werden dem Pb vorgelegt mit der Aufforderung, aus einer beigegebenen Eigenschaftsliste diejenigen Eigenschaften den fotographierten Personen zuzuteilen, die diese am besten charakterisieren.

EYSENCK, H. J. – STÖHR, G. **Eysenck-Intelligenztest**
1972. Selbsttest zur Schätzung der Intelligenz.

EYSENCK, S. B. G. **Junior Eysenck Personality Inventory (JEPI)**
1965. AA 7–16. Persönlichkeitsfragebogen zur Messung der Extraversion und des Neurotizismus nach der Eysenckschen Persönlichkeitstheorie. Das Inventar enthält auch eine L-Skala. Eine deutsche Version dieses Tests wurde von →BUGGLE und BAUMGÄRTEL entwickelt.

– **Eysenck-Withers Personality Inventory for Subnormal Subjects (50-80 IQ)**
Der Fragebogen ist eine Weiterentwicklung des EPI (1964) für Erwachsene und des Junior EPI (1965), er wurde speziell für stationär behandelte Patienten entwickelt. Mittels 52 Items sollen vor allem die Faktoren Extraversion – Intraversion und neurotische Stabilität erfragt werden, um entscheiden zu können, ob der Patient weiter in stationärer Behandlung bleiben sollte.

FACAOARU, C. **Test der Zahlenreihen und -analogien**
Kreativitätstest, der die simultane Erfassung konvergent-deduktiver und divergent-kombinatorischer Denkfähigkeiten sowie wichtiger Problemlösestil-Merkmale (Reflexivität, Aufgabenmotivation, Produktivität und Effizienz) gestattet.

FAHRENBERG, J. **Freiburger Beschwerdeliste – Gesamtform**
1965. Umfragebogen zur Erfassung subjektiv erlebter körperlicher Beschwerden. Die Skala umfaßt 78 Items für 11 Unterskalen, welche für die Beschreibung und zum Vergleich psychosomatisch auffälliger Guppen geeignet ist.

FAHRENBERG, J. – SELG, H. **ALNEV**
Ein Persönlichkeitsinventar zur Erfassung von Aggressivität (A), Offenheit (L = Lügen), Neurotizismus (N), Extra-Introversion (E) und vegetativer Labilität (V). Anwendung vor allem in klinisch-diagnostischen Untersuchungen.

– **Freiburger Persönlichkeitsinventar (F-P-I)**
1970. AA ab 15. Persönlichkeitsfragebogen, der mit 212 Items 9 faktorenanalytisch gewonnene Dimensionen erfaßt. Die 9 auf der Basis der Selbstbeurteilung gewonnenen Dimensionen sind: Nervosität, spontane Aggressivität, Depressivität, Erregbarkeit, Geselligkeit, Gelassenheit, reaktive Aggressivität und Dominanzstreben, Gehemmtheit, Offenheit. 3 Zusatzskalen, die aus den Grundskalen gewonnen werden, erfassen die Dimensionen Extraversion-Introversion, Neurotizismus und Maskulinität-Feminität. Das FPI liegt mittlerweile als FPI-R in einer revidierten und auf 138 Items gekürzten Form vor. Es enthält als neue Konzeption: Lebenszufriedenheit, soziale Orientierung und Leistungsorientierung.

FARNSWORTH, D. **Farnsworth Dichotomous Test for Color Blindness**
1947. AA ab 12. Vom gleichen Autor stammt für die Beurteilung der Farbtüchtigkeit: The Farnsworth-Munsell 100-Hue Test for the Examination of Color Discrimination.

FELDMAN, M. J. – DRASGOW, J. **The Visual-Verbal Test (WT): A Measure of Conceptual Thinking**
1959/60. Für schizophrene bzw. in Richtung Schizophrenie auffällige Patienten.

FERNALD, L. D. **Ethische Einstellung, Fernald-Probe**
vor 1920. Wohl erster Versuch der testmäßigen Erfassung der ethischen Einstellung. Nach Art und Schwere sind verschiedene Vergehen und Verbrechen in eine Rangreihe zu bringen. Es gibt verschiedene Abwandlungen des Tests, z. B. «Wohltätigkeitstest» von v. Rohden, bei dem ein Stiftungsbetrag unter verschieden schweren Notzuständen zu verteilen ist. →BARUK, BAUMGARTEN, JACOBSOHN

FETTWEISS →INGENKAMP

FERRY . →VAN DE VEN

FEUERLEIN, W. – KÜFNER, H. – RINGER, Ch. – ANTONS, K. **Kurzfragebogen für Alkoholgefährdete (KFA)**
AA Jugendliche und Erwachsene. Kurzfragebogen für Alkoholgefährdete.

FEUERLEIN, W. – KÜFNER, H. – RINGER, Ch. – ANTONS, K. **Münchner Alkoholismus Test (MALT)**
1979. Fragebogen zur Erfassung der Alkoholabhängigkeit von Probanden. Der 1. Teil des MALT (F) umfaßt 7 Items zur Einschätzung der Alkoholabhängigkeit aufgrund anamnestischer Daten durch den Arzt. 24 Items umfassen den Selbstbeurteilungstest des MALT. In diesem Teil werden das Trinkverhalten bzw. die Einstellung zum Trinken, die alkoholbedingte psychische und soziale Beeinträchtigung sowie somatische Störungen erfaßt.

FILE, Q. W. – REMMER, H. H. **How Supervise?**
1943–48. Mehrere Formen. Test zur Ermittlung der Eignung zur Personalführung und Beziehungspflege.

FILIPP, S.-H. **Fragebogen zur Erfassung dispositionaler Selbstaufmerksamkeit (SAM)**
AA ab 12. Das Verfahren erfaßt individuelle Unterschiede in der Tendenz, die eigene Person in den Fokus der Aufmerksamkeit zu rücken. Durchführungszeit ca. 10–15 Min.

FILIPP, S. H. →KLAUER, T.

FINE, J. L. – MALFETTI, J. L. – SCHOBEN, E. J. **Columbia Driver Judgement Test (CDJT)**
1965. Zu vorgegebenen Verkehrssituationen (z. T. durch Zeichnungen verdeutlicht) werden jeweils einige Verhaltens- und Handlungsweisen zur Wahl gestellt. Deutsche Übertragung von E. Spoerer.

FIPPINGER →INGENKAMP

FISCH →INGENKAMP

FISCHER, H. →SEASHORE

FISCHER, L. – LÜCK, H. E. **Skala zur Messung von Arbeitszufriedenheit (SAZ)** →Verzeichnis ausgewählter arbeitswissenschaftlicher Methoden

FITTKAU-GARTHE, H. – FITTKAU, B. **Fragebogen zur Vorgesetzten-Verhaltens-Beschreibung (FVVB)** →Verzeichnis ausgewählter arbeitswissenschaftlicher Methoden

FLANAGAN, J. C. **Flanagan Aptitude Classification Tests (FACT), Berufseignungstests**
1951. Testserie zur Prüfung auf 14 verschiedenen, berufscharakteristischen Bereichen (technisches Verständnis, Gedächtnis, Handgeschick, Sprachgefühl, Rechenfähigkeit, Urteilen, Beobachten, bürotypische Arbeiten u.a.m.) mit der Kombinationsmöglichkeit nach den für 30 Berufe angegebenen Berufselementen.

FLANAGAN, J. C. **Critical Incident Technique (CIT)** →Verzeichnis ausgewählter arbeitswissenschaftlicher Methoden

FLEHMING I. et al. **Denver-Entwicklungsskalen**
1973. AA 0;1–0;6. Dieses Grobuntersuchungsverfahren soll den Entwicklungsstand eines Kindes in den Bereichen Sprache, grobe Motorik, Feinmotorik u. Adaption sowie in dem persön-

lich-sozialen Bereich prüfen. Angegebenes Zusatzmaterial nötig.

FOLSTEIN, M. F. – FOLSTEIN, S. E. – McHUGH, P. R. **Mini Mental-Status-Test (MMST)**
Screening-Instrument zur Erfassung kognitiver Störungen bei älteren Personen.

FOLSTEIN, M. F. →KESSLER, J.

FRANKE J. – KÜHLMANN, T.M. **Mitarbeiter systematisch beurteilen** →Verzeichnis ausgewählter arbeitswissenschaftlicher Methoden

FRANKEN. **Bilderkombination, Zuordnungstest, Bildlückenergänzen**
1917. Zuordnung von paarweise zusammengehörigen bildlich dargestellten Objekten oder auch Einfügen von Bildteilen an fehlenden Stellen eines Gesamtbildes. Es liegen zahlreiche Abwandlungen und Fortsetzungen dieses «optischen Lückentests» (Einfügen von Bildteilen) vor.

FRANKENBURG, K. et al. **Denver Developmental Screening-Test**
1967 →FLEHMING, I. et al. (dt).

FRENCH, J. L. **Pictorial Test of Intelligence**
1964. Idividualtest zur Feststellung des allgemeinen intellektuellen Niveaus bei normalen und behinderten Kindern im Alter von 4 bis 8 Jahren. Der Test umfaßt folgende Untertests: Bilder-Wortschatz, Formenunterscheidung, Information und Verständnis, Ähnlichkeiten, Mengen und Zahlen, Kurzzeitgedächtnis. Deutsche Bearbeitung →HEPPEL-HORN

FRENCH, J. W. – EKSTROM, R. B. – PRICE, L. A. **Kit of Reference Tests for Cognitive Factors**
1954–63. AA 11–21. Erster Titel: Kit of Selected Tests for Reference Aptitude and Achievement Factors. Mit je 3–5 Tests werden 24 Faktoren beurteilt, wie Flexibility of closure, Associational fluency, Memory span, Originality etc.

FRIED, L. **Lautbildungstest für Vorschulkinder (LBT)**
AA 4–7. Verfahren zur Erfassung der Lautbildungsfähigkeit von vier- bis siebenjährigen Kindern. Einzelverfahren, das in zwei Testformen, nämlich der Testkurzform (dient der Unterscheidung mangelhafter und der Altersnorm entsprechender Lautbildungsleistung bei Kindern) und der diagnostischen Testform (gibt Aufschluß über den Ausprägungsgrad der Lautbildungsschwäche), vorliegt.

FRIED, L. **Lautunterscheidungstest für Vorschulkinder (LUT)**
AA 4–7. Verfahren zur Überprüfung der Lautunterscheidungsfähigkeit von vier- bis siebenjährigen Kindern. Die Kurzform des Tests (LUT) ermöglicht eine Entscheidung darüber, ob die Lautunterscheidungsleistung eines Vorschulkindes der Altersnorm entspricht oder abweicht. Eine diagnostische Testform (DLUT) gibt Aufschluß über den Ausprägungsgrad der Lautunterscheidungsschwäche und unterstützt deren gezielte Förderung.

FRIEDRICH, A. M. **Kombination von Stablücken (Raumkombination)**
Auf einer Vorlage sind einerseits durchbrochene Stäbe und andererseits herausgenommene Stükke abgebildet. Die Aufgabe besteht darin, die Wiedereinordnung durchzuführen (auch als Hillebrandt-Test).

FRIELING, E. – HOYOS, Graf C. **Fragebogen zur Arbeitsanalyse (FAA)** →Verzeichnis ausgewählter arbeitswissenschaftlicher Methoden

FRIELING, E. et al. **Tätigkeitsanalyseinventar (TAI)** →Verzeichnis ausgewählter arbeitswissenschaftlicher Methoden

FRÖSE, S. – MOLDERS, R. – WALLRODT, W. **Kieler Einschulungsverfahren**
Verfahren zur Feststellung der Schulfähigkeit. Erfaßt wird neben dem kognitiven auch der soziale, motivationale und emotionale Entwicklungsstand des Kindes.

FROSTIG, M. **Developmental Test of Visual Perception**
1961–64. Dt. Bearbeitung 1963 von LOCKOWANDT, O. Test zur Bestimmung der Wahrnehmungsentwicklung bei Kindern von 3–9 Jahren, besonders zur Feststellung visuell-perzeptiver Störungen. Formwahrnehmung mit Figur-Grund-Unterscheidung und Erfassung der räumlichen Lage, der Formkonstanz u. ä. werden überprüft. →REINERT

FROSTIG, M. **Frostig Test der motorischen Entwicklung (FTM)**
AA 5–9. Testbatterie zur Beurteilung der sensomotorischen Entwicklung von Kindern (bzgl. Koordination, Beweglichkeit, Gelenkigkeit, Kraft und Gleichgewicht). Durchführungszeit 25 Min.

FUCHS →DREY

FUNKE, W. – FUNKE, J. – KLEIN, M. – SCHELLER, R. **Trierer Alkoholismusinventar (TAI)**
Fragebogen für therapierelevante differentialdiagnostische Informationen bei Alkoholabhängigen. Insgesamt 90 vierstufig skalierte Fragen dienen dazu, befragte Personen auf den Dimensionen «Schweregrad», «Soziales Trinken», «Süchtiges Trinken», «Motive», «Schädigung», «Partnerprobleme wegen Trinken» und «Trinken wegen Partnerproblemen» einzuordnen.

FURBAY, J.H. – SCHRAMMEL, H.E. **Furbay-Schrammel Social Comprehension Test**
1941/42. AA 15–21. 15 Kategorien: social calls, tea-receptionsparties, dress and personal habits u.a.m.

FÜRNTRATT, E. **Differentieller Wissenstest (D-W-T)**
1969. AA ab 12. Interessentest, der aus 11 Untertests besteht. Es werden das Allgemeinwissen als Indikator geistigen Engagements und spezielle Kenntnisse aus dem Gebiet des Sports, der Politik, Technik, Physik, Chemie, Biologie, Erdkunde, Geschichte, des Geldwesens, der Literatur, Kunst und Musik als Indikator der intellektuellen Aufgeschlossenheit quantitativ bestimmt. Der Test kann im Bereich der Schul-, Bildungs- und Studienberatung eingesetzt werden.

GATTERER, G. **Alterskonzentrationstest (AKT)**
AA 55–95. Verfahren zur Messung der Konzentrationsfähigkeit und Vigilanz speziell für ältere Menschen. Bei Personen mit fortgeschrittener pathologischer Alterung läßt er auch Aussagen über die Stärke des zerebralen Abbaus zu.

GEHRING, T.M. **Familiensystemtest (FAST)**
Der FAST ist eine aus der klinischen Praxis entwickelte Figurentechnik für die Darstellung von emotionaler Bindung und hierarchischen Strukturen in der Familie oder in ähnlichen Sozialsystemen. Das qualitiativ und quantitativ verwendbare Verfahren basiert auf der strukturell-systemischen Familientheorie. Es wird davon ausgegangen, daß gesunde Familien eine balancierte Beziehungsstruktur, deutliche Generationengrenzen und eine flexible Organisationsstruktur aufweisen.

GEIST, H. **Geist Picture Interest Inventory (GPII)**
1959. Interessentest. Aus 44 Gruppen mit je 3 bildlich dargestellten Tätigkeiten soll die Testperson die von ihr bevorzugte auswählen. – Eine Sonderform ist «Picture interest inventory for the deaf» (1962).

GELB →GOLDSTEIN

GERST, M. S. →MOOS, R. H.

GESELL, A. **Kleinkindertests, Pre-School-Tests, Developmental Schedules**
1949. Testreihen zur Entwicklungsdiagnose des Säuglings und Kleinkindes bis zum 5. Lebensjahr aus Verhaltensweisen und Körperbeherrschung. Der weitverbreitete Test liegt in mehreren Übersetzungen vor. →BÜHLER – HETZER

GIBSON, H. B. **Gibson Spiral Maze Test**
1965. Psychomotorischer Papier-Bleistift-Test in Labyrinth-Form zur Messung der Geschwindigkeit, der Genauigkeit und der Art von sensomotorischen Bewegungen. Die Testdurchführung beträgt nur 2 Minuten. Es wird ein Zeit- und Fehler-Score errichtet.

GIESE, F. **Giese-Test-System**
(Bearbeitet von F. Dorsch). 1952. Verfahren zur Berufseignungsuntersuchung, gegliedert nach Intelligenz, Visualität, technischer Veranlagung, kaufmännisch-büromäßiger Eignung u.a. Das Verfahren wird eingeleitet mit einem Gruppen-Intelligenztest (8 aufeinander abgestimmte und sich ergänzende Aufgaben), der einen Überblick über das Intelligenzniveau des Probanden bietet. →DORSCH

– **Arbeitskasten, Arbeitsprobenkasten**
um 1920 (wie alle folgenden Tests und Arbeitsproben). Ein kleiner Kasten mit verschiedenem Inhalt, der so konstruiert ist, daß nach Anweisung eine Reihe von Arbeitsvorgängen wie Kordelspannen, Wägen, Sortieren, Streifenlochen u.a.m. zu verrichten ist. Die Reihenfolge der zu tätigenden Arbeitsvorgänge ist so abgestimmt, daß sie beim Einräumen des Kastens sich gegenseitig bedingen und so eine Kontrolle für den gesamten Arbeitsverlauf bieten.

– **Auftragsorganisation, Besorgungs-Test**
Aufträge sind an Hand eines Stadtplanes sinnvoll zu erledigen.

– **Bastel-Test**
Der Proband soll angeben, was man aus Garnrollen alles basteln kann.

– **Chiffre-Test, Substitutions-Test**

– **Einsetzen von Symbolen (Zeichen) für Zahlen.** →GODDARD – TERMAN

– **Gesten-Test**
Zu Figurenschemata (Männchen) sind Bemerkungen hinzuzufügen, die «passend» erscheinen: Interjektionen, originelle Bemerkungen, Lebensformen u.a.

– **Handarbeitsprobe für Mädchen**
Augenmaß, Schleifenbinden, Kordeldurchziehen und Sticken sind die auf einem Karton vereinten Arbeitsanforderungen.

– **Handschrift-Test**
Eine wechselnd besser und schlechter lesbare Handschrift ist zu entziffern (sprachliche Lückenkombination).

– **Monotonieprüfer (Apparat)**
Stahlkugeln rollen eine schiefe Ebene herab und sind vom Probanden abzufangen und in einen Trichter zu werfen. Der Apparat registriert die abgefangenen wie die nicht erfaßten Kugeln und beschickt die Ebene jeweils von neuem. Man kann diese monotone Arbeit beliebig ausdehnen.

– **Optische Lücken-Kombination**
Abwandlung und Weiterentwicklung der optischen Lücken-Kombination von Franken.

– **Packkiste, Koffer-Test, Transport-Test (apparativer Test)**
In eine Kiste sind Klötze, Installationsmaterial, Stange, Flasche u.a. einzupacken. Ermittlung der praktischen Intelligenz und des allgemeinen Verhaltens (auch körperlich, da auf dem Boden gepackt wird). Man kann den Kisteninhalt auch am Körper aufschichten und transportieren lassen.

– **Quellenverwertungstest, Katalogtest, Textkritikprobe**
Als Beispiele, wie schon vor 1925 auch für geistige Sonderberufe Tests gestaltet wurden, seien drei genannt: im ersten Test (etwa für werdende Redakteure) verlangt man die Bearbeitung eines Themas, z. B. Sozialfürsorge und gibt dem Probanden nur ein einbändiges Lexikon und 1 Stunde Bearbeitungszeit. Im 2. Test (etwa für werdende Bibliothekare, aber auch für Abiturienten allgemein) erhält der Proband 100–150 Katalogkarten mit Verfassern und Titeln und den Auftrag, einen Sachkatalog anzulegen. Zeit bis Fertigstellung. Im 3. Test (etwa für werdende Philologen) erhält der Proband z. B. einen norwegisch-schwedisch-dänischen Mischtext und drei kleine Sprachführer. Er muß den Text genau analysieren.

– **Rangiertest (apparativer Test)**
Test analog →TRAMM

– **Rechnen als «Revision»**
Auf einer handlichen Papptafel stehen in Reihen geordnet je zwei Zahlen mit Additionsergebnissen. Die Fehler müssen vom Probanden erkannt werden.

– **Schematest, Ordnungstest**
Der Inhalt einer Darstellung, z. B. Beschreibung der verschiedenen Verkehrsmittel, ist vom Probanden als Schema (wie in einer Stammtafel) zu bieten. Aufzugliedern sind die verschiedenen Begriffe des Textes als Haupt-, Unter-, Nebenbegriff usw. Der Versuch dient zur Prüfung der Erfassung des Inhaltes und des Inhaltsverständnisses.

– **Schlagfertigkeitsprüfung, Entscheidungsfragen, Gefahrenbenehm-Test**
Zu einer geschilderten Situation ist sofort Stellung zu nehmen oder, wenn sie ohne Abschluß erzählt wird, die «Pointe» zu ergänzen. Oder Entscheidung sofort zu treffen (Reizwort: «Die Gardine brennt»). Oder zu handeln (Reiz: Umfallende Flasche, herabfallende Lampe usw.).

– **Serienhandlungsprüfer (Apparat)**
Ein Apparat, der fordert, daß elektrische Schalter bedient werden und dabei eine aus vielen Teilhandlungen bestehende Gesamthandlung beherrscht wird. Gesamthandlung ist z. B. das Ausschalten von in Abständen aufleuchtenden Lampen. Dafür sind 1–6 Teilhandlungen erforderlich.

– **Spontanraum-Klappenfeld**
Historischer Test nach Giese zur unwissentlichen Verhaltensbeobachtung. Er stammt aus der Zeit vor der Einführung von Einwegscheiben. Die Benutzung von Gegenständen in einem Raum wird elektronisch registriert. Beim Klappenfeld konnten verdeckte Schilder mit Abbildungen aufgeklappt werden. Dabei wurde die Dauer der Benützung registriert.

– **Transmissionsaufgabe**
Auf einer Zeichnung mit 10 durch Transmissionen verbundenen Rädern sind die Drehrichtungen anzugeben.

– **Wasserbehälter**
Ein technischer Funktionszusammenhang wird als Zeichnung vorgelegt. Die Wirkungen des Wasserzuflusses und Abflusses sind zu beschreiben.

– **Werkzeugrahmen (apparativer Test)**
Test zur Beobachtung bei der Arbeit. An einem an der Wand befestigten Rahmen sind Werkzeuge (Hammer, Bohrer, Schraubenzieher, Zangen usw.) nach einem Vorbild (Foto) aufzuhängen.

– **3-Wort-Kombination**
Test analog →MASSELON.

GIESE →GRÜNBAUM, KÖHLER, MEUMANN, MIERKE. →Sinnesfunktionen, Sortierapparat, Konzentrationsprüfgerät

GILLE, R. **Test-Film**
1953. Ein Test, der das situationsbedingte Verhalten und den sozialen Kontakt, wie auch die soziale Selbsteinschätzung untersucht. Die Vp hat zu 69 Situationsangaben (mit schematischen Zeichnungen) Stellung zu nehmen. So muß der Proband angeben, wo er am Familientisch, in der Schulklasse, im Theater sitzen, beim Fußballspiel mitwirken möchte, usw.

– **Test mosaique**
Intelligenztest für Kinder von 6–11 Jahren. Die Fragen werden mündlich gestellt und beziehen sich auf 62 bildliche Darstellungen. Lücken, Fehler, Figurenanalogien, Bilderergänzungen, Absurditäten sind zu erkennen. Der Test wurde für eine große Untersuchung an 95 000 Schulkindern entwickelt.

GILLILAND, A. R. **The Northwestern Intelligence Tests: For Measuring Adaptation to the Physical and Social Environment**
1943–51. AA 13–36 Wochen. Vorm.: Gilliland-Shotwell Intelligence Scale. Kleinkindtest, der für die Entwicklungsbeurteilung von den bei diesem Alter möglichen Verhaltensbeobachtungen (Motorik, Sehen u. Hören, Vokalisation, Kontakt zu Umwelt u. Erwachsenen) ausgeht.

GITTLER, G. **Dreidimensionaler Würfeltest (3DW)**
Verfahren zur Messung des räumlichen Vorstellungsvermögens, das auf der Basis der probabilistischen Testtheorie konstruiert wurde.

GODDARD, H. H. **Formenbrett, Adaptation-Board**
1912. Paßbrett ähnlich →SEGUIN

– **Uhrzeiger-Vertauschen**
Das Vertauschen der Uhrzeiger «in Gedanken» wurde von Goddard der Binet-Revision beigefügt. Seitdem zahlreiche Abwandlungen und auch Einführen des Uhrzeitlesens im Spiegel.

GODDARD, H. H. – TERMAN, L. M. **Chiffre Test, Diagramm Test**
1911–16. Die 24 Buchstaben des Alphabets werden in 4 Liniendiagramme eingeteilt. Der Proband muß sich diese Einstellung merken und soll anschließend aus dem Gedächtnis jeweils Buchstaben durch den zugehörigen Linienanteil ersetzen und daraus z. B. «Komm schnell» in solcher «Chiffrierung» schreiben.

GODDARD →BINET – SIMON

GOLDSTEIN, K. – SCHEERER, M. – ROSENBERG, L. – GELB, A. – WEIGL, F. **Tests of Abstract and Concrete Thinking**
1941–51. Eine Gruppe von 5 Tests, die auf Arbeiten zurückgeht, die K. Goldstein und seine Mitarbeiter während und nach dem Ersten Weltkrieg in Deutschland für die Hirnverletzten leisteten: Goldstein-Scheerer Cube Test / Gelb-Goldstein Color Sorting Test / Goldstein-Scheerer Object Sorting Test / Weigl-Goldstein-Scheerer Color Form Sorting Test / Goldstein-Scheerer Stick Test.

GOODENOUGH, F. L. **Draw-A-Man-Test, Männchen-Test**
1926. Sprachfreier Intelligenztest für Kinder von 3 bis 13 Jahren. Thematisches Zeichnen eines Männchens ohne weitere Anweisung. Dt.Bearbeitung 1958 von ZILER zum **Mann-Zeichen-Test (MZT)** →MACHOVER.

GOODENOUGH, F. L. – HARRIS, D. B. **Goodenough-Harris Drawing Test (GHDT)**
1963. AA 3–15. Fortentwicklung des Draw-a-man-test, erweitert durch eine Draw-a-woman-scale und eine Self-drawing-scale.

GOODENOUGH, F. L. – MAURER, K. M. – VAN WAGENEN, M. J. **Minnesota Preschool Scale**
1932–40. AA ab 1. Verbale und nicht-verbale Intelligenzerfassung des Vorschulkindes.

GORDON, L. V. **Gordon Personal Profile (GPP)**
1953. Persönlichkeitsfragebogen mit 5 Bereichen: Ascendancy, Responsability, Emotional Stability, Sociability. Der Fragebogen bietet die Möglichkeit zur Selbsteinschätzung des Probanden hinsichtlich dieser Aspekte.

– **Gordon Personal Inventory (GPI)**
1956. Ergänzung des vorgenannten Personal Profile mit den Richtungen: Cautiousness – Original Thinking – Personal Relations – Vigor.

GOTTSCHALDT, K. **Gottschaldt-Figuren**
1926. Für gestaltpsychologische Versuche entwickelte einfache graphische Figuren, in denen Teilfiguren «eingebettet» sind, die erkannt werden müssen. Als Test dienen die Figuren zur Diagnose der Visualität; es sind auch Aussagen zu Persönlichkeitsvariablen möglich. →THURSTONE – JEFFRY, WITKIN

GOUGH, H. G. **California Psychological Inventory (CPI)**
1956/57, 1964. AA ab 12. Persönlichkeitsfragebogen, der 18 Dimensionen umfaßt, die nicht faktorenanalytisch gewonnen sind. Die Dimensionen beziehen sich in erster Linie auf soziales Verhalten. Das CPI liegt als deutsche Übersetzung in einer experimentellen Fassung vor. Es basiert nicht auf einer speziellen Persönlichkeitstheorie.

GRAHAM, F. K. – KENDALL, B. S. **Memory-For-Designs Test (MFD)**
1946–60. AA ab 8. Individualtest für Hirngeschädigte. 15 geometrische Figuren sind nach 5 sec Exposition aus dem Gedächtnis nachzuzeichnen. →BENTON

GRÄSER, L. **Familie in Tieren**
1956. Thematisches Zeichnen bei Kindern mit der Instruktion, die eigene Familie (Familiensituation) in Tiergestalten darzustellen.

GRÄSSEL, E. – LEUTBECHER, M. **Häusliche Pflege-Skala (HPS)**
1993. Die 28 Items der HPS dienen zur Erfassung der Belastung bei betreuenden und pflegenden Personen. Es werden drei Schweregrade differenziert. Die Durchführungszeit beträgt 5–10 Min.

GRASSI, J. R. **The Grassi Block Substitution Test (GBSI): For Measuring Organic Brain Pathology**
1947–53. Vorm. Fairfield Block Substitution. Test zur Beurteilung Hirngeschädigter.

GRAVES, M. **Design Judgement Test**
1948. Der Test geht von ästhetischen Prinzipien aus (Bevorzugung bestimmter Kompositionen nach Einheit, Ausgewogenheit, Symmetrie, Proportionen, Rhythmus) und bietet 90 gegenstandsfreie graphische Muster, denen jeweils ein (bzw. zwei) verschlechterte Parallelbilder gegenüberstehen.

GREIF, S. **Heterarchische Aufgabenanalyse (HAA)** →Verzeichnis ausgewählter arbeitswissenschaftlicher Methoden

GREUB, W. **Berufswahl – Modellversuch**
1961. AA ab 14. Test zur selbständigen Ermittlung des passenden Berufes.

GRIFFITHS, R. **The Griffiths Mental Development Scale for Testing Babies from Birth to Two Years**
1951–55. Kleinkindertest mit 260 Verhaltenseinheiten in den beiden ersten Lebensjahren, ausgerichtet auf die fünf Dimensionen: «locomotor, personal-social, hearing and speech, eye and hand, performance».

GRIMM, H. – SCHÖLER, H. **Heidelberger Sprachentwicklungstest (HST)**
1978. Verfahren zur Ermittlung der sprachlichen Fähigkeiten bei Kindern mit normaler und abweichender Sprachentwicklung. Die 13 Untertests sind folgenden 6 Schwerpunktbereichen zugeordnet: Satzstruktur, Morphologische Struktur , Satzbedeutung, Wortbedeutung, Interaktive Bedeutung, Integrationsstufe.

GRIMM, H. – SCHÖLER, H. **Heidelberger Sprachentwicklungstest (H-S-E-T)**
Spezieller Entwicklungstest zur differenzierten und differenzierenden Erfassung der sprachlichen Fähigkeiten von Kindern zwischen dem dritten und neunten Lebensjahr.

GRISSEMANN, H. **Heidelberger Sprachentwicklungstest (H-S-E-T) Schweizer Version**
Schweizer Modifikation zum HSET.

GRISSEMANN, H. – BAUMBERGER, W. **Zürcher Leseverständnistest für das 4. bis 6. Schuljahr (ZLVT 4.–6.)**
Ein Zusatzverfahren zum Zürcher Lesetest. Der ZLVT ist ein individualdiagnostisches Instrument zur Erfassung besonders förderungsbedürftiger Schüler des 4.–6. Schuljahres.

GRISSEMANN, H. – SCHINDLER, K. **Psycholinguistisches Lesetraining mit dem Kleincomputer**
Training, welches auf Kurzzeiterfassung von Wort- oder Satzteilen, Wörtern und Wortgruppen, auf dem Erlesen von kurzexponierten, aufblitzenden schriftsprachlichen Gestalten, die durch erwartete Wortteile, Wörter, Wortgruppen oder Satzteile ergänzt werden sollen, basiert.

GRÜNBAUM, A. A. **Abstraktion des Gleichen und des Ungleichen**
1908. Die von Grünbaum sowie von Moore, Wirth und im weiteren der Gestaltpsychologie durchgeführten Forschungsexperimente zur Abstraktion gaben frühzeitig Anlaß zur Entwicklung von Tests: Vergleichen von Vorlagen mit Zeichen, Linien, mehrstelligen Zahlen oder Buchstaben, die in Kleinigkeiten voneinander abweichen. Tests entwickelten: →GIESE, HUTH, MÜNSTERBERG, POPPELREUTER. Auch →NETSCHAJEFF, HUTH (Werkzeichnungen), SPEARMAN

GÜNZBURG, H. C. **Pädagogische Analyse und Curriculum (PAC) der sozialen und persönlichen Entwicklung**
Deutsche Ausgabe von «Progress Assessment Chart (PAC) of Social and Personal Development», welche systematische Beobachtung und Berichterstattung über das Sozialverhalten geistig behinderter Kinder und Erwachsener liefert.

GUILFORD, J. P. **An Inventory of Factors STDCR**
1943–46. AA ab 16. Persönlichkeitsfragebogen mit den 5 Dimensionen: Social introversion-extraversion, Thinking introversion-extraversion, Depression, Cycloid disposition, Rhathymia.
Die Test-Produktion des bekannten amerikanischen Psychologen greift weit aus. So registriert allein das 6. Mental Measurements Yearbook (Buros) folgende: Ship Destination Test – Alternate Uses – Christensen-Guilford Fluency Tests – Consequences-Decorations-Kit of Reference Tests for Cognitive Factors – Making Objects – Match Problems – Pertinent Questions – Possible Jobs – Driver Attitude Survey.

GUILFORD, J. P – MARTIN, H. G. **The Guilford-Martin Inventory of Factors GAMIN**
1943–48. AA ab 16. Frageliste zur Persönlichkeitsuntersuchung mit den 5 Skalen: general activity (G), ascendance-submission (A), masculinity-femininity (M), inferiority feelings (I), nervousness (N).

– The Guilford-Martin Personnel Inventory (GMPI)
1943–46. AA Erwachsene. Ergänzung und Abart des vorstehenden «Inventory» zur Eigenbewertung der Dimensionen: objectivity, agreeableness, cooperativeness.

GUILFORD, J. P. – ZIMMERMAN, W. S. **The Guilford-Zimmerman Temperament Survey (GZTS)**
1949–55. AA ab 16. Persönlichkeitsfragebogen zur Erfassung folgender Dimensionen: general activity, restraint, ascendance, sociability, emotional stability, objectivity, friendliness, thoughtfulness, personal relations, masculinity.

GUILFORD, J. P. – SHNEIDMAN, E. – ZIMMERMAN, W. S. **The Guilford-Shneidman-Zimmerman Interest Survey**
1948. Interessentest mit 18 Skalen (360 Items). Neben der ablehnenden Stellungnahme zu den aufgeführten Tätigkeiten wird im zustimmenden Fall unterschieden, ob diese als Hobby oder als Beruf bevorzugt würden.

GUILFORD, J. P. – HOLLEY, J. W. **Guilford-Holley L Inventory**
1953–63. AA Erwachsene. Zur Erfassung des Führerschaftsverhaltens mit den 5 Skalen: benevolence, ambition, meticulousness, discipline, aggressiveness.

GUILFORD →CHRISTENSEN

GUILFORD →SCHUSTER

GUNDERSON, J. G. **Diagnostisches Interview für das Borderline-Syndrom (DIB)**
Semistrukturiertes Interview, das deskriptiv die Bereiche erfassen soll, die als besonders charakteristisch für die Borderline-Persönlichkeit erachtet wurden. Das Interview liefert für fünf verschiedene Bereiche Aufschluß: soziale Anpassung, Impulsivität, Affekte, psychotisches Erleben, zwischenmenschliche Beziehungen.

GUTHKE, J. **Mengenfolgetest (M-F-T)**
Kurzzeit-Lerntest für Schulanfänger. Er erfaßt Lernfähigkeit durch Nutzung der Rückmeldung des Schulanfängers in bezug auf das Fortsetzen von Mengenfolgen. Die Anwendung ist geeignet zur frühzeitigen Diagnostik spezieller mathematischer Begabungen.

GUTHKE, J. – JÄGER, Ch. – SCHMIDT, I. **Lerntestbatterie «Schlußfolgerndes Denken» (LTS)**
Die Testbatterie dient der Erfassung der Steigerungsfähigkeit im schlußfolgernden Denken.

GUTJAHR, W. **Erzieherfragebogen (EFB)**
1986, gestützt auf WEISS, M. (1972). Erste Publikation v. Gutjahr et al. (1974). Der EFB soll Kindergärtnerinnen in die Lage versetzen, möglichst umfassende und präzise Aussagen über den psychischen Entwicklungsstand – insbesondere die Schulfähigkeit – von Vorschulkindern zu machen.

HACKER, W. et al. **Tätigkeitsbewertungssystem (TBS)** →Verzeichnis ausgewählter arbeitswissenschaftlicher Methoden

HACKMAN – OLDHAM, G. R. **Job Diagnostic Survey (JDS))** →Verzeichnis ausgewählter arbeitswissenschaftlicher Methoden

HAEBERLIN, U. **Integration in die Schulklasse Fragebogen zur Erfassung von Dimensionen der Integration von Schülern (FDI 4–6)**
Fragebogen zur Erfassung des Integriertseins von Schülern in ihrer Klasse.

HÄCKER →SCHMIDT

HAENISCH, H. – LUKESCH, H. **Bruch- und Dezimalrechentest 6 (BDT 6)**
Curriculumsanalytisch konstruiertes Verfahren zur Messung verschiedener Rechenleistungen zum Bruch- und Dezimalrechnen.

HAGEBÖCK, J. **PSYMEDIA Programmsystem für die Psychometrische Einzelfalldiagnostik**
Computer-Programmsystem für DOS-kompatible Personalcomputer zur zufallskritischen Absicherung von psychometrischen Tests.

HÄNSGEN, K.-D. **Berliner Verfahren zur Neurosediagnostik (BVND)**
Das BVND ist ein Beschwerde- und Selbstkonzeptfragebogen zur Diagnostik neurotischer und funktioneller Störungen. Es gibt drei Formen: Screening, Standardform und Langform.

HAGGERTY, M. E. **National Intelligence Test, Haggerty Intelligence Examination**
1919. Der mit Unterstützung des National Research Council von Haggerty, Terman, Thorndike, Whipple und Yerkes erstellte Test besteht aus zwei Test-Batterien, die beide fünf Untertests enthalten. Skala A umfaßt arithmetical reasoning, Satzergänzung, logische Auswahl, Auswahl nach gleich-gegensätzlich (same-opposite) und «symbol-digit-test». Die Skala B umfaßt Rechnen, Information, Vokabular, Analogie und Vergleichungen. Die Verwandtschaft mit der damaligen Armeeuntersuchung (→YERKES) ist deutlich.

HAHLWEG, K. **Fragebogen zur Partnerschaftsdiagnostik (FPD)**
1995. AA 18–65. Der FPD umfaßt die Instrumente 1) Partnerschaftsfragebogen (PFB), 2) Problemliste, 3) Fragebogen zur Anamneseerhebung. Der PFB besteht aus 30 Items, aus denen Werte für die Skalen 1) Streitverhalten, 2) Zärtlichkeit und 3) Gemeinsamkeit / Kommunikation berechnet werden.

HAMMES, J. →STROOP

HAMPEL, R. – SELG, H. **Fragebogen zur Erfassung von Aggressivitätsfaktoren (FAF)**
1975. AA ab 15. Ein aus dem Freiburger Persönlichkeitsinventar (FPI) entwickelter Fragebogentest zur Erfassung von Bereitschaften zu einigen aggressiven Verhaltensbereichen. Über 77 Items werden 5 Dimensionen der Aggressivität erfaßt: spontane Aggressivität, reaktive Aggressivität, Erregbarkeit (Ärger und Wut), Depressivität mit Selbstaggression, Gewissensstrenge mit Aggressionshemmungen.

HAMSTER, W. – LANGNER, W. – MAYER, K. **Tübinger-Luria-Christensen neuropsychologische Untersuchungsreihe (TÜLUC)**
1980. Deutsche Version des LURIA Psychological Investigation (Christensen 1974). TÜLUC stellt ein multidimensionales Verfahren zur qualitativen und quantitativen Erfassung «höherer kortikaler Funktionen» sowie neuropsychologischer Störungen dar.

HANFMANN →KASANIN

HANSELMANN, H. **Bastel-Test**
Ein kleiner Vorrat an Draht, Schrauben, Garnrollen u. a. wird mit der Aufforderung gegeben, aus dem Material etwas herzustellen.

HANSELMANN, H. **Zwei-Personen-Test, Sozialtest, Ehetest**
1946. Zwei Personen müssen gemeinsam eine Zeichnung anfertigen, wobei jeweils nach bestimmter Zeit (etwa 1 Minute) wechselweise wei-

terzuzeichnen ist. Prüfung auf Kontakt und soziales Zusammenspiel. Test zur Partnerschaftsberatung.

HARDESTY →WECHSLER

HARGREAVES →TRIST

HARRIS, A. J. **Harris Test of Lateral Dominance**
1947. Testverfahren mit 11 Untertests, die die laterale Dominanz bei Kindern erfassen.

HARROWER, M. R. – STEINER, M. E. **Harrower's Group Rorschach, Harrower's Multiple Choice Test, Psychodiagnostic Inkblots**
1941–60. Abwandlungen und Modifikationen des Formdeuteverfahrens von Rorschach. Im Vergleich zum Rorschach-Test ist insbesondere die Darbietung von Deutelisten, aus denen der Pb Deutungen «herauslesen» (objektiv auswertbar) soll, geändert worden.

HARTMANN K. – EBERHARD, K. **Legalprognosetest für dissoziale Jugendliche (LDJ)**
1970. Es wurden 11 prognostisch ungünstige Merkmale (Schlechtpunkte) ausgewählt, die signifikant mit einer ungünstigen Legalentwicklung korrelierten (Eichstichprobe). Die ermittelte Anzahl der Schlechtpunkte lassen auf ein bestimmtes Versagerrisiko schließen.

HASENBRING, M. **Kieler Schmerz-Inventar (KSI)**
Das KSI besteht aus drei Selbstbeurteilungs-Instrumenten zur standardisierten Erfassung der individuellen Schmerzverarbeitung auf emotionaler, kognitiver und Verhaltensebene.

HATHAWAY, St. R. – McKINLEY, J. Ch. **Minnesota Multiphasic Personality Inventory (MMPI)**
1943–51. Ein aus 566 Items bestehender Persönlichkeitsfragebogen zur Erfassung von krankhaften und störenden psychischen Auffälligkeiten. Der Test umfaßt 10 klinische Skalen, die nach den Kraepelinschen psychiatrischen Klassifikationen benannt sind: D (Depression), Hy (Hysterie), Pp (Psychopathie), Mf (maskuline, feminine Interessen), Pa (Paranoia), Pt (Psychasthenie), Sc (Schizoidie), Ma (Hypomanie), Si (soziale Introversion-Extraversion). Der Test enthält Validitätsskalen, welche die Beziehung des Pb zum Test erfassen: L-Skala: Soziale Erwünschtheit, F-Skala: Testverständnis und Bearbeitungssorgfalt, K-Skala: Abwehrhaltung gegenüber seelischen Schwächen. Die K-Skala dient als Korrekturwert, damit die übrigen Skalen schärfer diskriminieren. Die deutsche Bearbeitung des MMPI wurde von SPREEN vorgenommen. Die MMPI-Items lassen sich in eine große Zahl empirisch ermittelter Skalen aufteilen. Dt. Ausgabe MMPI Saarbrükken von SPREEN, O., 1963, sowie Kurzform von GEHRING, A. – BLASER, P. MMPI-deutsch.

HAUTZINGER, M. **Beck-Depressions-Inventar**
Das Beck-Depressions-Inventar ist ein Selbstbeurteilungsinstrument zur Erfassung der Schwere depressiver Symptomatik.

HAUTZINGER, M. – BAILER, M. **Allgemeine Depressionsskala (ADS)**
1993. AA ab 16. Die ADS ist ein Selbstbeurteilungsinstrument zur Messung depressiver Affekte, körperlicher Beschwerden, motorischer Hemmung und negativer Denkmuster. Bearbeitungsdauer ca. 5 Min.

HEALY, W. – FERNALD. **Performance Scale**
1911. Eine frühe Entwicklungstestserie mit puzzle-box, picture completion, construction puzzles, Bildgedächtnis u. a. zur Ergänzung der Binet-Serie.

HEBBEL, G. – HORN, R. **French-Bilder-Intelligenz-Test (FBIT)**
Deutsche Bearbeitung des «Pictorial Test of Intelligence» von J. L. French. Der Test dient der Überprüfung der Sonderschulbedürftigkeit und der Förderung von Kindern im Vorschulalter.

Hebel-Test (nach Meili)
Der Test ermöglicht eine Beurteilung technischer Fähigkeiten. Das Test-Material besteht aus einer Leichtmetallplatte mit 54 genau distanzierten Löchern, 16 passend gelochten Stäbchen verschiedener Länge und Zäpfchen.

HECHT →SCHULTZE

HECK-MÖHLING, R. et al. **Konzentrationstest für 3. u. 4. Klassen (KT 3–4)**
1986. Einzel- und Gruppentest zur Messung der Konzentrationsfähigkeit der Schüler. Diese Leistung wird durch die Genauigkeit, das Arbeitstempo und die Art der Fehler bestimmt. Sprachfreier und intelligenzunabhängiger Durchstreichtest; in einer Schulstunde durchführbar.

HECKHAUSEN →MURRAY

HECKMANN, E. **Farbentest, «Phantasietest»**
etwa 1928. Eine dem Rorschach-Test ähnliche, aber im Gegensatz dazu das Vorlageblatt ganz ausfüllende, wahllos gemischte Farbkombination (Farbkleckse). Der Test wurde zur Bestimmung der Integration nach Jaensch herangezogen. Zuerst wurde durch Fixation eines markierten Punktes ein Nachbild von der Kleckszeichnung erzeugt, dann erfolgte die Betrachtung der Zeichnung durch den Probanden unter den für den Rorschach-Test charakteristischen Bedingungen.

HECTOR, H. **7-Quadrate-Test**
Ein Gestaltungstest, bei dem 7 schwarze Papierquadrate nach «ästhetischem» Belieben anzuordnen sind.

– **The Gestalt Continuation Test**
1960. Sprachfrei. Wurde in Anlehnung an das Musterfortsetzen von →RUPP für die Auslese von Bantu-Arbeitern entwickelt.

HEHL, F.-J. – HEHL, R. **Persönlichkeitsskalen – System 25**
1975. Die Skalen sollen die psychischen Probleme des primär Unauffälligen sichtbar machen. Das Verfahren basiert auf einem System von Persönlichkeitseigenschaften, die untereinander strukturelle und funktionelle Beziehungen eingehen können. Aus 344 Items erhält man 90 Kennwerte. Die Auswertung erfolgt neutral.

HEHL, F.-J. – WIRSCHING, M. **Psychosomatischer Einstellungs-Fragebogen (PEF)**
Das Verfahren umfaßt 10 Einstellungsskalen zu folgenden Bereichen: zu Körper und Gesundheit, zu Familie und Partnerschaft, zu Beruf und Freizeit.

HEIM, E. – AUGUSTINY, K. F. – BLASER, A. – SCHAFFNER, L. – BERNER. **Bewältigungsformen (BEFO)**
Die BEFO wurden zur Erfassung von Copingformen konzipiert, die von Patienten mit (vorwiegend chronischen) Körperkrankheiten eingesetzt werden.

HEISS →PFISTER

HEIST, P. – YONGE, G. **Omnibus Personality Inventory (OPI)**
1962 überarbeitete Form F; Original von HEIST & WILLIAMS (1957). Der OPI wurde erstellt, um die Ausprägung bestimmter Werte, Interessen und Einstellungen einzuschätzen, die maßgeblich an der Selbstwirksamkeit und der intellektuellen Leistungsfähigkeit von Studenten beteiligt sind. Zu den 14 relevanten Dimensionen zählen u. a. Altruismus, Unabhängigkeit, soziale Extroversion, Maskulinität – Feminität.

HELLER, K. – GAEDEKE, A. K. – WEINLÄDER, H. **Kognitiver Fähigkeitstest**
1976. Differentieller Intelligenztest zur Ermittlung des kognitiven Entwickungsstandes von Schülern der 4.-13. Klasse. Der Test ist für die Bildungs- und Schullaufbahnberatung konzipiert und umfaßt folgende kognitive Bereiche: Sprachverständnis, sprachgebundenes Denken, arithmetisches Denken, Rechenfähigkeit, anschauungsgebundenes Denken, konstruktive Fähigkeiten und kognitives Gesamtniveau.

HELLER, K. – GEISLER, H. J. **Kognitiver Fähigkeits-Test-Kindergartenform (KFT-K)**
Der KFT-K dient der Erfassung schulisch relevanter intellektueller Lern- und Leistungsvoraussetzungen. Die allgemeine Intelligenz wird über die vier Subtests (Sprachverständnis, Beziehungserkennen, Schlußfolgerndes Denken, Rechnerisches Denken) ermittelt.

HELLERSBERG, E. F. **Horn-Hellersberg Test (HHT)**
1945–62. AA ab 3. Zeichenergänzungstest, der aus dem «Horn Art Aptitude Inventory» entwikkelt worden ist.

HENCKEL, E. **Kraftfahrer-Testgerät**
1962. Ein für die Deutsche Bundesbahn entwikkelter Fahrsimulator, der aus einem Fahrerstand mit Lenkrad, einem Beschleunigungs- und Bremspedal, einem Rückspiegel und einer Registriereinrichtung besteht. Der Test dauert 20 Minuten und besteht aus drei Phasen: Einarbeitungsphase (5 Min.), Hauptversuch (10 Min.) und Belastungsphase (5 Min.). In der dritten Phase wird der Proband einer «Reizüberflutung» ausgesetzt.

HENMON, V. A. – NELSON, M. J. **Tests of Mental Ability**
Intelligenzprüfverfahren mit 90 Aufgaben für jedenTest. Als Einzel-und Gruppenverfahren anwendbar.

HENNING, H. **Zwei-Personen-Test**
um 1930. Test-Apparate, die jeweils 2 Probanden zur Zusammenarbeit zwingen (z. B. Ausschneiden mit Scheren, die nur gemeinsam bedient werden können).

HENTSCHEL, H. **Feldmarkierungstest (FMT)**
Test zur quantitativen und qualitativen Erfassung der Konzentration. Kleine Zeichen (wie Gabeln mit zwei Zinken) sind in großer Anzahl und teils aufrecht, teils kopfstehend aneinandergereiht. Zusätzlich sind kleine Kreise angebracht. Der Pb muß drei verschiedene Stellungen beachten und markieren.

– **Zahlentafel**
Auf einer Tafel befinden sich 40 Zahlen, verteilt zwischen 11 und 98. Der Suchakt erfordert dadurch einen erschwerten Aufmerksamkeitseinsatz, daß zwar stets die nächsthöhere Zahl gesucht werden muß, aber nur in wechselndem Abstand eine solche als übernächste oder noch höhere Zahl gefunden werden kann.

HEPPEL, G. – HORN, R. **French – Bilder – Intelligenztest**
1976. Deutsche Bearbeitung des Pictorial Test of Intelligence, TLT French

HERDERSCHEE, D. **Intelligenzprüfung taubstummer Kinder**
1919. Wohl das erste Staffelsystem zur Intelligenzprüfung taubstummer Kinder von 3–16 Jahren wurde von Herderschee entwickelt und in der Taubstummenanstalt Amsterdam erprobt. →SNIJDERS

HERMANN →KLEMM

HERMANS, H.M.J. **Leistungsmotivationstest für Jugendliche (LMT-J)**
1976. AA 12–16. Fragebogen zur Erfassung der wichtigsten Komponenten der Leistungsmotivation für intellektuelle Leistungen. Mit Hilfe von 81 Items werden die Dimensionen des Leistungs- und Erfolgsstrebens, der positiven Erfolgsbesorgtheit, der negativen Erfolgsbesorgtheit und das Streben nach sozial erwünschten Erscheinungsweisen erfaßt. Ursprünglich holländischer Test. Die deutsche Fassung ist bearbeitet von U. Undeutsch.

HERMANS, H. – PETERMANN, F. – ZIELINSKI, W. **Leistungsmotivationstest (LMT)**
Verfahren zur Erfassung der Leistungsmotivation bei 15–20jährigen Schülern verschiedener Schulformen sowie bei Studenten.

HERRLICH, J. →SÜLLWOLD, L.

HERWIG, B. **Zahlentafel**
Auf einer Tafel (54 × 81 cm) befinden sich die Zahlen 11–50 in drei verschiedenen Größen und regellos verteilt. Der Pb hat die Zahlen in lückenloser Reihenfolge und möglichst schnell aufzufinden. →Suchfeld

HERWIG, B. – HEYDT, C. **Bremsfahrtprobe**
1924. Für die Diagnose der Verkehrseignung (Reaktions- u. Dispositionsvermögen, Entschlußkraft, Risikoverhalten) geschaffenes, heute bei der Deutschen Bundesbahn und vielen Verkehrsinstituten verwendetes Prüfgerät. Auf der Glasplatte (97 × 27 cm) eines pultförmigen Kastens sind drei Fahrbahnen aufgezeichnet. Eine Wandermarke, das «Fahrzeug» darstellend, ist mittels Kurbelbetätigung (die Beschleunigung bzw. Bremsung bewirkt) so über die Mittelbahn zu führen, daß die in entgegengesetzter Richtung ablaufenden Wandermarken an den «Gefahrenstellen» nicht berührt werden.

HETZER, H. **Entwicklungstestreihe für das Schulalter**
Fortführung des Kleinkindertests von Bühler – Hetzer für das 7. bis 13. Lebensjahr.

HETZER, H. – TENT, L. **Weilburger Testaufgaben zur Gruppenprüfung von Schulanfängern**
1951, 1958, 1967. Ermittlung der Schulreife. Getestet wird mit freiem Zeichnen, Nachzeichnen, Begriffsbildung, Bilderzuordnen, Größenvergleich, Mengenerfassen, Wiedererkennen, Randverzieren, Punktzeichnen und einem «Postspiel». Zusammen mit der Verhaltensbeobachtung sucht der Test nach geistiger, willensmäßiger und sozialer Schulreife zu gliedern.

HETZER →BÜHLER

HEUYER – BAILLE, H. **Motorische Testreihe, Tests moteurs (apparativer Test)**
Aufgaben wie Muttern aufschrauben, Nadeln einfädeln, Perlen aufstecken usw.

HEYNIG →POPPELREUTER

HILLEBRANDT →FRIEDRICH

HILLER, W. – ZERSSEN, D. V. – MOMBOUR, W. – WITTCHEN, H.-U. **Inpatient Multidimensional Psychiatric Scala (IMPS)**
Die IMPS kann als Instrument in klinischen Studien – etwa bei der Evaluation therapeutischer Methoden oder zur Charakterisierung und Verlaufsbeschreibung psychischer Störungen – eingesetzt werden. Zu Ausbildungszwecken (Ärzte, Psychologen, Pflegepersonal) kann das Verfahren der Veranschaulichung von typischem Patientenverhalten dienen und zum Beobachtungs- und Beurteilungstraining eingesetzt werden. Anwendungsbereich: Gesunde und (körperlich und psychisch) kranke Erwachsene.

HILLER, W. – ZAUDIG, M. – MOMBOUR, W. H. **Münchner Diagnosen-Checklisten für DSM-III-R und ICD-10 (MDCL)**
Die MCDL stellen ein einheitlich konzipiertes und in der täglichen Routinediagnostik einsetzbares Instrument dar, das eine Diagnosestellung nach den psychiatrischen Klassifikationssystemen DSM-III-R und ICD-10 ermöglicht.

HILLERS, F. – WEIDLICH, S. **Diagnosticum für Cerebral-Schädigung (DCS)**
1972. AA 8–60. Test, der Hinweise für hirnorganische Schädigungen gibt. Er prüft folgende Funktionen: Gestaltwahrnehmung, Gedächtnis und Merkfähigkeit, Gestaltreproduktion und deren Übertragung ins Motorische, Aufmerksamkeit und Konzentration. Die Untertests stammen aus der Entwicklungstestreihe von Hetzer.

HILLERS, F. →WEIDLICH, S. →LAMBERTI, G.

HILTMANN →PFISTER

HISCHE, W. **Kritiktest, Kritik unsinniger Sätze**
In einem Aufsatz «Tagesausflug» sind zahlreiche Sinnwidrigkeiten enthalten und zu erkennen.

– **Objektionsaufgabe**
Um 10 auf einer Zeichnung aufgeführte Rollen ist ein Band so einzuzeichnen, daß die angegebenen Drehrichtungen der Rollen gewährleistet sind.

HISKEY, M. S. **Nebraska Test of Learning Aptitude (NTLA)**
1941–55. AA 4–10. Ein zur Intelligenzmessung geeigneter Material-Test, der in seiner revidierten Fassung auch für taube Kinder verwendbar wurde.

HOBI, V. **Basler Befindlichkeits-Skala**
Das Verfahren eignet sich für Verlaufsuntersuchungen, in denen die Veränderung der subjektiven Befindlichkeit Erwachsener erfaßt werden soll. Voraussetzung ist, daß die Probanden «testfähig» sind.

Hören – Auditive Wahrnehmungsförderung
Bearbeitet und herausgegeben von A. und E. Reinartz, Ch. Fritze und W. Probst.

HOFER →LIENERT

HÖHN →BÜHLER, KRETSCHMER

HOLMGREN →Sinnesfunktionen

HOLSOPPLE, J. Q. – MIALE, F. R. **Sentence Completion: A Projective Method for the Study of Personality**
1954. Verwendung von Satzanfängen als Projektivmethode besonders für Motive, Wünsche, Konflikte.

HOLTZMAN, W. H. – THORPE, J. S. – SWARTZ, J. D. – HERRON, E. W. **Holtzman Inkblot Technique (HIT)**
1958–61. Vielbeachtete Neuentwicklung des Rorschach-Tests. Projektives Verfahren zur Persönlichkeitsdiagnostik. Gegenüber dem Rorschach-Test unterscheidet sich die HIT in folgenden Punkten: Es wurden zwei gleichartige Tafelserien über Itemanalyse geschaffen. Die Zahl der Klecksbilder wird auf 45 je Serie erhöht. Pro Tafel wird nur eine Antwort zugelassen. Die Testinstruktion und die Befragung ist völlig standardisiert. Jede Merkmalsdimension wird quantitativ und eindimensional erfaßt.

HOOPER, E. H. **The Hooper Visual Organization Test (HVOT)**
1957/58. Ein für organisch Hirngeschädigte bestimmter Visualitätstest.

HOPPE, F. **Hamburger-Schmerz-Adjektiv-Liste (HSAL)**
Die HSAL wurde zur mehrdimensionalen Erfassung des Schmerzerlebens bei Erwachsenen mit akuten und chronischen Schmerzen entwickelt. Es erfaßt affektive und sensorische Schmerzqualitäten anhand von 37 Adjektiven für Schmerzen.

HÖRMANN →ROSENZWEIG

HORN, H.et al. **Bildertest (BT 1-2)**
Hrsg. Deutsches Institut für Internationale Pädagogische Forschung.
1967. AA 1. und 2. Klasse. Sprachfreier Intelligenztest. Die Leistungsfähigkeit in den 8 Teiltests Instruktionen, Nichtpassendes, Ergänzungen, Unsinniges, Spiegelbilder, Folgen, Wesentliches und Reihen erlauben, die intellektuelle Begabung zu diagnostizieren. Bearbeitungsdauer: 110 Min., durchzuführen an 2 Tagen als Gruppentest. Dt. Form des House Picture Intelligence Test 1 von MELLONE, M. A. – THOMSON, G. H.

HORN, W. **Begabungs-Test-System (B-T-S)**
1956. AA ab 8. Faktorenanalytisch konzipiertes Testsystem mit 9 Untertests. Differenziert gut im Bereich der Lernbehinderung.

– **Leistungsprüfsystem (L-P-S)**
1962. Test zur Erfassung der wichtigsten Primärfähigkeiten (im Sinne von Thurstone) und Intelligenz-Leistungsdimensionen bei Kindern und Erwachsenen. Zwei Parallelformen.

– **Prüfsystem für Schul- und Bildungsberatung (P-S-B)**
1969. AA 9–20. Intelligenztest, der 10 Primärfaktoren aus dem Thurstoneschen Faktorensystem enthält. Er ist gegenüber dem L-P-S um diejenigen Tests reduziert, die für die Leistung im schulischen Bereich weniger geeignet sind. Der Test liegt in 2 Parallelformen vor.

HORN →CATTELL

HORN →HELLERSBERG

HORN →INGENKAMP

HOWARD, J. W. **The Howard Ink Blot Test (HIBT)**
1953–60. Abwandlung des Formdeuteverfahrens nach Rorschach. Der Test enthält 12 Tafeln und ist klinisch erprobt.

HOWELLS, J. I. – LICKRISH, J. R. **Familien-Beziehungs-Test (FBT)**
1936. Projektives Verfahren zur Ermittlung der Beziehungsformen zwischen Familienmitgliedern. Die deutsche Bearbeitung wurde von Klüver 1972 vorgenommen.

HOYOS, C. Graf – RUPPERT, F. **Fragebogen zur Sicherheitsdiagnose (FSD)** →Verzeichnis ausgewählter arbeitswissenschaftlicher Methoden

HUBER, W. – POECK, K. – WENIGER, D. – WILLMES, K. **Aachener Aphasietest (AAT)**
Deutschsprachiges Verfahren zur Differtialdiagnose von Aphasien. In vier Untertests werden sprachliche Störungen beim Nachsprechen, beim Lesen und Schreiben, beim Benennen und im Sprachverständnis durch jeweils mehrere Aufgabengruppen von je zehn Items differenziert und objektiv erfaßt. Das Verfahren eignet sich ebenfalls zur Klassifizierung von Aphasien sowie zur Bestimmung von deren Schweregrad.

HUMM, D. G. – WADSWORTH, G. W. **Humm-Wadsworth Temperament Scale**
1935. Persönlichkeitsfragebogen zur Messung von 6 Komponenten der normalen Persönlichkeit. Mit diesem Fragebogen werden die Dimensionen schizoid (autistisch), schizoid (paranoid), zykloid (depressiv), hysteroid und epileptoid gemessen.

HUNT, H.F. **Hunt-Minnesota Test for Organic Brain Damage**
1943. AA ab 16 (Lebensalter) bzw. ab 8 (Intelligenzalter). Spezielle Aufgaben unter Mitverwendung der Revised Stanford-Binet Intelligence Scale.

HUSSLEIN, E. **Schulangst-Test (SAT)**
1978. Projektives Verfahren zur qualitativen Erfassung schulischer Ängste. Mit Hilfe von schulisch bedeutsamen Bildtafel-Inhalten werden über die inhaltsanalytische Auswertung der Erzählungen die emotionale Befindlichkeit, körperliche Reaktionen, Ich-Abwertung, soziale Angst und zukunftsorientierte Bedrohung erfaßt.

HUTH, A. **Konstruktionskasten, Vorlagen nachkonstruieren (apparativer Test)**
Nach verschiedenen Vorlagen sind gegebene Metallteile zusammenzusetzen.

– **Ausschneideprobe**
3 Figuren werden aus einem Bogen ausgeschnitten und aufgeklebt.

– **Werkzeichnungen-Ordnen**
25 Werkzeichnungen, die einander sehr ähnlich sind, sollen geordnet werden.

– **Prüfverfahren (1928)**
AA 6–9. Mit Tests zur Kennzeichnung des kindlichen Entwicklungsstandes.

– **Psychologische Eignungsprüfungen im Dienste der Berufsberatung**
3. Aufl. 1928. Die «Seelenbilder» der Jugendlichen sollen durch psychologische Beobachtungen und Prüfungen in den Bereichen Auffassung, Aufmerksamkeit, Gedächtnis, Assoziation, Phantasie, Denken und Arbeitsweise erfaßt werden. Einzel- und Gruppenprüfungen mit Auswertungstabellen.

HUTH →GRÜNBAUM, TRAMM

HYLLA, E. **Vergleichende Schulleistungsmessung**
Testserie für den Leistungsvergleich im 4. u. 5. Schuljahr.

HYLLA →BOBERTAG, INGENKAMP

IMMIG, G. **Drahtbiegeprobe**
1920/21. Das sehr verbreitete Drahtbiegen nach einer Vorlage geht auf die Firma Carl Zeiss, Jena, bzw. deren Werkschulleiter Immig zurück.

– **Papierstreifenfalten**
1929. Auch das Falten von Papierstreifen (30 cm lang, 1,5 cm breit), wobei wechselnd nach hinten und nach vorne umzufalten ist, wurde bei der Firma Zeiss entwickelt.

INGENKAMP, K. **Bildungs-Beratungs-Test (konvergentes Denken) für 4.–6. Klassen (BBT 4–6)**
Mit dem BBT 4–6 können Daten zur Beratung und Förderung von Schülern gewonnen werden. Der Test besteht aus drei Untertests «Wortbedeutungen», «Zahlenreihen» und «Denkaufgaben» mit insgesamt 60 Aufgaben. Verschiedene Untertest-Kombinationen erlauben differenzierte Vorhersagen für den mathematischen und den sprachlichen Bereich.

INGENKAMP, K. **Deutsche Schultests**
Bezeichnung für eine größere Gruppe von Schulreifetests, Schulleistungstests, Intelligenz-, Begabungs-, Eignungs- und Sozialtests, die unter der Leitung von K. Ingenkamp herausgegeben werden. Die Schultests erfassen den Leistungs- bzw. Entwicklungsstand eines Schülers bzw. von Schülergruppen in den oben genannten Bereichen unter Hinzunahme des Lehrerurteils. Die Schultests stellen eine Sammlung von einer großen Zahl von Aufgaben dar, die repräsentativ für die zu prüfenden Unterrichtsinhalte und -ziele sind und deren Testgütekriterien bekannt oder feststellbar sind. →G. WEISE: Schultests

INGENKAMP, K. – WOLF, B. – CHRISTMANN, H. – LISSMANN, U. – KNAPP, A. – HAENISCH, H. **Bildungs-Beratungs-Test (konvergentes Denken) für 4.–6. Klassen (BBT 4–6)**
Der Test besteht aus vier Untertests: Satzteile, Zahlenreihen, Wortbedeutungen und Denkaufgaben.

IRLE, M. **Berufs-Interessen-Test (B-I-T)**
1955. Der Test ist als Gruppen- und Einzeltest anwendbar. Zur Klärung entscheidender Berufsinteressenrichtungen muß der Proband 162mal zwischen je vier Tätigkeiten wählen. Vertreten sind 9 Berufsinteressenrichtungen (technisches Handwerk, gestaltendes Handwerk, technische und naturwissenschaftliche Berufe, land- und forstwirtschaftliche Berufe, kaufmännische Berufe, verwaltende Berufe, literarische und geisteswissenschaftliche Berufe, Sozialpflege und Erziehung). Jede Richtung ist durch 18 Tätigkeiten vertreten.

IRLE, M. – ALLEHOFF, W. **Berufs-Interessen-Test II (B-I-T II).**
1984. Umfassende Weiterentwicklung des B-I-T. Er besteht aus zwei Parallelformen des bisherigen «forced choice»-Verfahrens. Zwei weitere Parallelformen im «Free choice»-Verfahren (mit denselben Items wie im «forced choice»-Verfahren) liegen vor.

ISHIHARA →Sinnesfunktionen

ITARD →SEGUIN

JACKSON, D. N. **Personality Research Form (PRF)**
1967. Persönlichkeitsfragebogen, der 15 Persönlichkeitsvariablen mißt. Form AA und Form BB enthalten weitere sieben Validitätsskalen mit je 20 Items. Die insgesamt 22 Dimensionen lassen sich in sieben Hauptgruppen zusammenfassen: impulse impression and control, orientation towards work and play, orientation towards direction from other people, intellectual and aesthetic orientation, degree of ascendancy, degree and

quality of interpersonal orientation, test making attitudes.

JACOBSEN. **Riegel-Exzenter-Brett (apparativer Test)**
Ein Riegel ist durch überlegte Manipulationen aus seiner verkeilten Lage zu lösen.

JACOBSOHN. **Ordnung von Verbrechen und Vergehen nach Schwere**
AA 12–18. Test analog →FERNALD.

JÄGER, A. O. **Rechtschreibungs-Tests**
1968. AA ab 13. Drei Diktate, die bei der Deutschen Gesellschaft für Personalwesen erprobt wurden.

JÄGER, A. O. – ALTHOFF, K. **Wilde-Intelligenz-Test (WIT)**
Der WILDE-Intelligenz-Test dient der differenzierten Erfassung der intellektuellen Leistungsfähigkeit von Jugendlichen und Erwachsenen.

JÄGER, A. O. – SÜSS, H.-M. – DEAUDUCEL, A. **Berliner Intelligenzstruktur Test Form 4 (BIS-T4)**
1996. AA 16–19. Test in Baukastenform, der mit vielfältigen und abwechslungsreichen Anforderungen eine große Breite von Intelligenzleistungen erfaßt. Auf der Basis des Berliner Intelligenzstrukturmodells erfaßt der Test die operativen und inhaltsgebundenen Fähigkeiten sowie als deren Integral die Allgemeine Intelligenz. Durchführungszeit ca. 130 Min. (Kurzform ca. 45 Min.). PC-Auswertung möglich.

JÄGER, R. et al. **Mannheimer Biographisches Inventar (M-B-I)**
1973. AA 11–18. Bei diesem Test werden anamnestische Daten zur Vorhersage des Verhaltens, speziell zur Diagnose der Umwelterlebnisse herangezogen. 110 Items werden insgesamt 11 Skalen zugeordnet: Familiensituation, Lebensgewohnheiten, soziale Aktivitäten, Schulverhalten, Arbeitsverhalten, Kreativität, Durchsetzungsvermögen, Leistungsmotivation, Angstreaktionen, allgemeine Einstellung, gesundheitliches-körperliches Empfinden.

JÄGER, R. – JUNDT, E. **Mannheimer Rechtschreibtest (M-R-T)**
1973. AA 13–50. Der M-R-T besteht aus sechs Untertests mit je 20 Items, die eine differenzierte Einschätzung der Rechtschreibeleistung ermöglichen. Diese Untertests wurden nach einer empirischen Fehlerkategorieanalyse konzipiert und umfassen Rechtschreibaufgaben der Dehnung, Kürzung, Konsonantenverwechslung, Vokalverwechslung, Groß- bzw. Kleinschreibung und Fremdwörter.

JÄGER, R. – BEETZ, E. – ERLER, R. – WALTHER, R. **Mannheimer Schuleingangsdiagnostikum**
1976. Test zur Erfassung der Ausprägung der Motorik, der Intelligenz, der Konzentrationsfähigkeit, der Gliederungsfähigkeit und des Gedächtnisses für Schulanfänger.

JÄGER, R. – LISCHER, S. – MÜNSTER, B. – RITZ, B. **Biographisches Inventar zur Diagnose von Verhaltensstörungen (BIV)**
1976. Mehrdimensionaler Fragebogen zur Erfassung diagnostisch bedeutsamer Daten über relevante Aspekte der Biographie, der Umwelt und der Persönlichkeit des Probanden. Der Fragebogen umfaßt 8 voneinander relativ unabhängige Skalen: familiäre Situation, Ich-Stärke, soziale Lage, Erziehungsverhalten, Neurotizismus, soziale Aktivitäten, psycho-physische Konstitution, Extraversion.

JÄGER, R. S. – PETERMANN, F. →SCHAUDER

JANKE, W. – DEBUS, G. **Die Eigenschaftswörterliste (EWL)**
1978. Mehrdimensionales Verfahren zur quantitativen Beschreibung des aktuellen Befindens des Probanden, die in Form einer Selbstbeurteilung mit Eigenschaftswörtern erfolgt. Die EWL liegt in einer Normversion mit 123 Items vor. 15 Sub-Skalen beziehen sich auf leistungsbezogene Aktivität, allgemeine Disaktivität, Introversion-Extraversion, allgemeines Wohlbehagen, emotionale Gereiztheit und Angst.

JANKE, W. – ERDMANN, G. – KALLUS, W. **Streßverarbeitungsfragebogen (SVF)**
Mit dem Fragebogen werden Bewältigungs- bzw. Verarbeitungsmaßnahmen in belastenden Situationen erfaßt. Die vom SVF erfaßten Streßverarbeitungsstrategien umfassen sowohl Merkmale, die kurz- und/oder langfristig zu einer Reduktion als auch zu einer Steigerung der Belastungsreaktion führen können.

JANOWSKI, A. et al. **Beurteilungshilfen für Lehrer (BFL)**
1980. AA 3.–11. Schuljahr. Sie sind auf der Grundlage der fächerübergreifenden «Allgemeinen Lernziele» aller Bundesländer entwickelt worden. Besonders betont wurden die Bereiche des emotionalen und sozialen Lernens. 16 Verhaltensmerkmale werden erfaßt, zu denen es Interpretations- und Folgerungshinweise gibt. Als Ganzes oder in Teilen zur Schülerbeurteilung verwendbar.

JENKINS, C. D. – ZYZANSKI, Ph. D. – ROSENMAN, M. D. **Jenkins Activity Survey (JAS)**
Dieses Verfahren ermöglicht es, mit Hilfe einer Skala das zukünftige Risiko von Personen für koronare Herzerkrankungen vorherzusagen (Typ A Verhalten).

JOEL, W. **Behavior Maturity Scale**
1936. AA 2–6. Beurteilungsskala zur Verhaltensreife, ausgerichtet auf das «Erwachsensein» mit den Kriterien: Soziale Einstellung, Selbstkontrolle, Unabhängigkeit.

JOERGER, K. **Gruppentest für die soziale Einstellung (S-E-T)**
1968. AA 8–15. Über 10 Skalen, die aus der Beurteilung von 16 fotographisch dargestellten sozialen Situationen (Kindergruppen bei Freizeit- und Schulbeschäftigungen) über 4 Antwortalternativen resultieren, werden die Komponenten der Sozialisierung und die Art der Anpassung und der Selbstbehauptung erfaßt.

JOHNSON, H. K. – ZUCK, F. N. – WINGATE, K. **Motor Age Test**
1951. Motorischer Entwicklungstest für neuromuskulär und cerebral geschädigte Kinder bis zum 6. Lebensjahr. Die Testung kann getrennt nach oberen, unteren Extremitäten und Rumpf erfolgen.

JOHNSON, R. H. **Johnson Temperament Analysis (JTA)**
1941–45. AA ab 12. Persönlichkeitstest mit Erfassung von 9 Gegensatzpaaren charakterlicher Dimensionen: nervous – composed, depressive – gayhearted, active – quiet, cordial – cold, sympathetic – hard-boild, subjective – objective, aggressive – submissive, critical – appreciative, selfmastery – impulsive.

JUCKER →KOCH

JUNG, C. G. **Assoziationsexperiment**
Test analog →ZIEHEN. 100 Reizwörter.

JUNG, E. – BIEHL, B. – KRUMM, B. – MAURER, K. – BAUER-SCHUBART, C. **Mannheimer Skala zur Einschätzung sozialer Behinderung (DAS-M)**
Bei diesem semistrukturierten Interview handelt es sich um die deutsche Fassung der Disability Assessment Scedule. Die DAS-M eignet sich besonders für die Verlaufsforschung von Personen mit sozialen Behinderungen.

KAGAN, J. **Matching Familiar Figures Test (MFFT)**
1971. AA 5–12. Der MFFT dient der Erfassung des kognitiven Tempos bei Kindern. Das Konstrukt Impulsivität vs. Reflexivität wird bei der Ausführung von Aufgaben zur optischen Differenzierung gemessen. Der Proband muß unter sechs ähnlichen Bilderalternativen die mit dem Stimulus identische Kopie herausfinden.

KAHN, T. C. **Kahn Test of Symbol Arrangement (KTSA)**
1949. AA Kinder und Erwachsene. Projektive Technik, bei der Symbolfiguren mit kulturell bedingter Sinngebung unter vier verschiedenen Bedingungen auf einem Filzstreifen anzuordnen und zu deuten sind. Die Auswertung erfolgt nach objektiven und «halbobjektiven» Kriterien und erlaubt einen umfassenden Anwendungsbereich. Bearbeitungsdauer: 45 Min. Dt. Bearbeitung von PLAUM, E., 1984.

KALB, G. – RABENSTEIN, R. – ROST, D. H. **Lesen und Verstehen (LUV)**
Lesen und Verstehen ist ein fibel-, lesebuch- und methodenunabhängiges Diagnose- und Trainingsprogramm zur differentiellen Erfassung von Leseschwächen und zur gezielten Förderung sinnverstehenden Lesens.

KAMRATOWSKI →INGENKAMP

KAPP →WITKIN

KARAS, E. – SEYFRIED, H. **Wiener Schulreife-Test**
1962. Ein Test zur Erfassung der intellektuellen, sozialen und körperlichen Schulreife vor der Einschulung in Gruppen- und Einzeluntersuchung. 1967 gaben O. Timp und M. Sonnleitner eine Form B heraus.

KASANIN, J. – HANFMANN, E. **Concept Formation Test (CFT)**
1940. AA Erwachsene. Ein Klötzchen-Sortiertest zum abstrahierenden Denken. Weiterentwicklung des Tests von Vigotski. Der Pb soll herausfinden, wie eine Anzahl von Klötzchen, die sich vielfältig nach Form und Farbe unterscheiden, in Gruppen einzuteilen ist (Kategorienbildung) →ARNOLD, GOLDSTEIN, ZILIAN

KASIELKE, E. – HÄNSGEN, K. D. **Beschwerdenerfassungsbogen (BEB)**
Der BEB ist ein Instrument bei Erwachsenen. Er ist zur Diagnose von Neurosen als Screeningverfahren und als differentialdiagnostisches Verfahren verwendbar.

KASTENBAUM →CAUTELA

KASTNER-KOLLER, U. – DEIMANN, P. **Der Wiener Entwicklungstest (WET)**
Der WET ermöglicht eine Diagnose des allgemeinen Entwicklungsstandes bei Kindern zwischen 3 und 6 Jahren. Er ist vor allem für förderdiagnostische Fragestellungen konzipiert und erfaßt die Funktionsbereiche Motorik, visuelle Wahrnehmung, Gedächtnis, kognitive, sprachliche und sozial-emotionale Fähigkeiten.

KAUFMAN, A. S. – KAUFMAN, N. **Kaufman-Assessment Battery for Children (K-ABC)**
1983. AA 2;6–12;5. Individualtest zur Messung von Intelligenz und Fertigkeiten bei Kindern auf der Basis eines neuartigen Konzepts. Die Autoren trennen dabei die Messung von intellektuellen Fähigkeiten von der Messung erworbener Fertigkeiten. Die vier Subskalen Einzelheitliches Denken, Ganzheitliches Denken, Intellektuelle Fähigkeiten und Fertigkeiten können durch Verhaltensbeobachtungen ergänzt und zu einem

Leistungsprofil zhusammengestellt werden. Testdauer je nach Alter 30–90 Min. Dt. Fassung 1991 von MELCHER, P. – PREUSS, U.

KAUTTER, H. – STORZ, L. **Schulleistungstestbatterie für Lernbehinderte**
Die Testbatterie erfaßt die Leistungen in Rechnen, Rechtschreiben und Lesen und ist speziell auf das Leistungsniveau von lernbehinderten und leistungsschwachen Grundschülern zugeschnitten.

KELLER, G. – BINDER, A. – THIEL, R. D. **Lern- und Arbeitsverhaltenstraining (LAT)**
Das Lern- und Arbeitsverhaltenstraining ist in Anlehnung an das «Arbeitsverhaltensinventar» für jüngere Schüler entwickelt worden. Das Trainingsprogramm bietet die Möglichkeit, Lücken im Bereich des Lern- und Arbeitsverhaltens zu schließen.

KELLER, U. **Neigungs-Struktur-Test**
1962, 1974. Motive des Wollens und Handelns sowie Beziehungen zu geistigen, kulturellen, wissenschaftlichen Sachgebieten, zu Materialien und zur Umwelt werden durch 190 Wahlentscheidungen zwischen Sätzen, die Beziehungen zu Sachgebieten und Tätigkeiten enthalten, offengelegt.

KELLEY →BÜHLER

KELLOG →YERKES

KENT, G. H. – ROSANOFF, A. J. **Assoziationsliste**
Eine Liste von 100 Reizwörtern, die in Assoziationsversuchen an 1000 Vpn erprobt wurde. Die Antworten sind nach der Häufigkeit ihres Vorkommens in Tabellenform aufgegliedert. Diese Tabellen ermöglichen die Feststellung, ob eine Antwort üblich, individuell, auffällig usw. ist. →BRUCE

KERN, A. **Grundleistungstest zur Ermittlung der Schulreife**
1957. Die Gliederungsfähigkeit des Kindes wird als wesentliche Grundleistung betrachtet.

– **Reifetest**
1961. Aufgaben zur Feststellung des kindlichen Entwicklungsstandes bei 7- bis 10jährigen mit Abschreiben, Zeichnen, Gliedern im optischen Raum, Fehlersuchen, Wörterinversion und Diktat.

KERTESZ, A. **Western Aphasia Battery (WAB)**
1977. Die WAB erhebt klinische Aspekte der Sprachfunktion. Über Untertests wie spontanes Sprechen, Hörverständnis, Wiederholen, Benennen, Lesen, Schreiben u.ä., die verbale und nonverbale Fähigkeiten erfassen, lassen sich ein Aphasie- und ein kortikaler Quotient ermitteln.

KESSINGER →WALTER

KESSLER, J. – GROND, M. – SCHAAF, A. **Kognitives Minimal-Screening (KMS)**
Das KMS dient der Diagnostik dementieller Erkrankungen im höheren Lebensalter. Mit ihm kann das Vorhandensein und die Ausprägung kognitiver Änderungen bestimmt werden. Das KMS besteht aus einem Fragebogen mit insgesamt fünf Fragen zur Merkfähigkeit, Aufmerksamkeit und Rechenfähigkeit, verbalen Flüssigkeit und zur Erinnerungsfähigkeit.

KESSLER, J. – SCHAAF, A. – MIELKE, R. **Fragmentierter Bildertest**
Der Test ist ein auf Gollin zurückgehender Wahrnehmungs- und Gedächtnistest. Der Test ist sowohl für experimentelle Studien, z. B. zum impliziten Lernen, als auch für die Untersuchung visueller Informationsverarbeitung und zur Überprüfung höherer integrativer Wahrnehmungsprozesse geeignet.

KESSLER, J. →FOLSTEIN

KIESE, C. – KOZIELSKI, P. M. **Aktiver Wortschatztest für 3–6jährige Kinder (AWST 3–6)**
Der AWST 3–6 ist ein Individualtest zur Messung des aktiven Wortschatzes im Kindergarten- und Vorschulalter. Er wurde zur differentialdiagnostischen Abklärung von Sprachentwicklungsstörungen in der Phoniatrie entwickelt und ermöglicht neben der spezifischen diagnostischen Einschätzung von Sprachentwicklungsrückständen die Ableitung therapeutischer Erfordernisse im Hinblick auf Worterwerb und Begriffserweiterung.

KIESE, C. **Selektive entwicklungsphysiologische und -psychologische Tabelle**
Das Verfahren gibt eine tabellarische Darstellung über die Ausbildung von fünf Entwicklungsdimensionen von der Geburt bis zum Alter von 5 Jahren. Im einzelnen werden der Ablauf der Entwicklung in «Grob und Statomotorik», «Feinmotorik», «Hör-Sprachregelsystem» und «kognitive Fähigkeiten» dargestellt.

KINGETT, I. M. **Drawing Completion Test (DCT), Zeichenergänzungstest**
1952. Test analog →WARTEGG-Zeichentest.

KIPHARD, E. J. – SCHILLING, F. **Körperkoordinationstest für Kinder (KTK)** 1974. Testverfahren zur Feststellung motorischer Defizite geschädigter und verhaltensgestörter Kinder.

KIRSCH, H. **Konzentrations-Belastungstest (KBT)**
1960. Ein Bogen, auf dem 10 senkrechte Reihen mit je 20 Zeichen und ein zugehöriges Suchfeld (dieselben Zeichen neben Zahlen) stehen, wird mit der Instruktion gegeben, die Zahlenwerte je zweier aufeinanderfolgender Zeichen (nachdem sie über das Suchfeld festgestellt sind) zu addieren und die Summe einzuschreiben. Der Test

wurde entwickelt für die Auslese von Bewerbern für den Zivil-Flugzeugführerberuf.

– **Wegfiguren-Test**
Vier mehrfach geknickten und sich auch einmal überschneidenden Linien ist gedanklich nachzugehen und zu notieren, wieviel Links- bzw. Rechtswendungen zu durchlaufen sind.

KLAGES, U. **Fragebogen irrationaler Einstellungen (FIE)**
Mit dem FIE liegt ein standardisiertes Verfahren zur Messung kognitiver Problembereiche von Patienten vor. Darüberhinaus ermöglicht das Verfahren, Therapieziele zu bestimmen und den Therapieverlauf zu kontrollieren.

KLAUER, K. J. **Denktraining für Kinder I, ein Programm zur intellektuellen Förderung**
Das hier vorliegende Trainingsprogramm ist prozeßorientiert und dient der Förderung zentraler Denkprozesse. Wesentliche Bestandteile des Programms sind der Aufbau und die Einübung von Grundstrukturen des Denkens, von bereichsspezifischen Fertigkeiten oder Paradigmen, die exemplarisch erarbeitet und in verschiedene Anwendungsgebiete übertragen werden.

KLAUER, K. J. **Denktraining für Kinder II**
Dieses Programm folgt derselben theoretischen Konzeption wie das Denktraining für Kinder I. In beiden Programmen wird das induktive Denken systematisch eingeübt. Das neue Denktraining ist für 10–12jährige Kinder konzipiert. Es ist aber auch erfolgreich bei schwach begabten älteren sowie bei gut begabten jüngeren Kindern einzusetzen. Alle 120 Aufgaben sind nach entwicklungspsychologischen Kriterien dem Interessen- und Leistungsstand der Altersgruppe angepaßt.

KLAUER, T. – FILIPP, S.-H. **Trierer Skalen zur Krankheitsbewältigung (TSK)**
1993.Multidimensionale verhaltensnahe Erfassung von Bewältigungsverhalten bei schwerer körperlicher Erkrankung. Über Patienten-Selbstauskünfte können einzelne Bewältigungsreaktionen abgebildet und im Profil ausgewertet werden. Eine computergestützte Fassung liegt vor.

KLEBELSBERG, D. v. – KALLINA, H. **Fahrer-Verhaltensrating**
1963. Für die Beobachtung des Verhaltens des Kraftfahrers durch Mitfahrer entwickelte Skalen. In der Fragestellung konkret und streng auf die Fahrzeugbedienung und die Fahrvorgänge bezogen.

KLEBELSBERG, D. v. – GHERI, M. F. **Wiener Koordinationsgerät**
1965. Für Fahreignungsuntersuchungen nach neuen technischen Konstruktionsgrundsätzen entwickelter «Fahrstand». Die Möglichkeit der Selbstbeurteilung der eigenen Leistung durch Vergleich zur objektiven Leistung ist gegeben.

KLEBER, E. W. – FISCHER, R. **Anweisungs- und Sprachverständnistest (ASVT)**
Der ASVT ermöglicht es, Informationen darüber zu erhalten, in welchem Ausmaß die Schüler einer Klasse die im Unterricht gebräuchlichen Anweisungen verstehen, und welche Schüler in diesem Bereich besondere Defizite haben. Der Test erfaßt drei Bereiche: – Anweisungsverständnis (Skala A), Sprachverständnis (Skala S) und «Nachschlagen».

KLEBER, E. W. – KLEBER, G. **Differentieller Leistungstest – KE (DL-KE)**
1974. AA 5;7–6;6. Für die 1. Stufe der Grundschule entwickelter Konzentrations-Belastungstest. Der Test ist als Durchstreichtest konzipiert. Die Testvorlagen, die aus Figuren und Zeichen bestehen, sind kindgerecht aufgebaut.

KLEBER, E. W. – KLEBER, G. – HANS, O. **Differentieller Leistungstest – KG (DL-KG)**
1975. AA 7–10. Testverfahren zur Messung des Leistungsverhaltens bei konzentrierter Tätigkeit. Es wird die Quantität, die Qualität und die Gleichmäßigkeit der Leistung erfaßt.

KLEINER, A. →Arbeitsgemeinschaft für Schulteste

KLEINER, A. – KLEINER, I. – PAFF, G. **Göppinger Schulreifetest**
1953. Stark verbreitetes Testverfahren zur Untersuchung der Schulreife und der Qualität psychologischer Funktionen. Gruppen- u. Einzeltest.

– **Göppinger Oberschulreifetest**
1966. Zur Untersuchung der Reife von Schülern, die weiterführende Schulen besuchen sollen. Gruppen- u. Einzeltest.

– **Göppinger Leistungsprüfung**
1958. Schulreifetest zur Feststellung der notwendigen Mindestkenntnisse gegen Ende des 1., 2., 3. u. 4. Grundschuljahres.

KLEMM, O. **Bauprobe, Würfelbauprobe**
Von Klemm, Hermann und Bienert entwickeltes Testmittel zur Visualität, spez. zur räumlichen Vorstellung. Würfel, aus denen Teile herausgelassen sind, werden vorgelegt. Mit kleinen Würfelchen sind (getrennt von den Vorlagen) die Ergänzungsstücke (Komplementärstücke) aufzubauen.

– **Ablegeprobe**
Mit dem Ablegen von 90 Formklötzen wird ein Einblick in das Arbeitstempo (Konzentration, Willenshaltung) neben allgemeinen organisatorischen Faktoren erschlossen. Abels hat den Test dadurch umgeformt und der Kraepelin-Paulischen Arbeitskurve angenähert, daß 18 Form-

klötze in 15- bis 20facher Wiederholung abzulegen sind.

KLIMPFINGER, S. **Entwicklungstestreihe**
1949. Eine Fortsetzung der Entwicklungstestreihe von Bühler-Hetzer für das 7. Lebensjahr. →SCHENK-DANZINGER

KLOPFER, B. **Rorschach Technique**
1942. Eine in den angelsächsischen Ländern weitverbreitete Fortentwicklung der Rorschach-Technik mit umfangreichen Erweiterungen und Modifizierungen (mehrphasige Testaufnahme, Zusatzsignierungen, eigene Interpretationsmethodik und «Ich-Psychologie»). →SPITZNAGEL u. VOGEL, KLOPFER-DAVIDSON

KNOX, H. A. **Schiff-Test (Ship Test), Würfel-Test (Cube Test)**
Zwei in den nicht-verbalen Entwicklungstestserien häufig aufgenommene Tests: zerlegbares Schiffsbild, 4 Würfel.

KOCH, C. **Fragebogen zur Abschätzung Psychosomatischen Krankheitsgeschehens (FAPK)**
1981. AA ab 16. Fragebogen zur Erfassung psychosomatischer und depressiver Störungen. Er enthält versch. Unterskalen (z. B. emotionale Beziehungsleere, soziale Anpassung, Abwehr sexueller Empfindungen). Der Fragebogen kann als Forschungsinstrument wie auch als Einzeldiagnostikum verwendet werden.

KOCH, I. – PLEIßNER, S. **Konzentrations-Handlungsverfahren (KHV)**
Das KHV erfaßt die Konzentrationsfähigkeit 7- bis 9jähriger Schulkinder über die Variablen «Sorgfalt» und «Schnelligkeit».

KOCH, J.-J. – CLOETTA, B. – MÜLLER-FOHRBRODT, G. **Konstanzer Fragebogen für Schul- und Erziehungseinstellungen (KSE)**
1972. AA 16–22. Einstellungs- und Interessenfragebogen mit sechs Skalen (insgesamt 92 bzw. 97 Items): Allgemeinbildung vs. Spezialisierung, Anlage vs. Umwelt, Berufung vs. Job, Druck vs. Zug, negative Reformeinstellung vs. Veränderungsbereitschaft, Selbstverständnis als Pädagoge vs. Selbstverständnis als Fachwissenschaftler.

KOCH, K. **Baum-Test**
1949. Ursprünglich von Emil Jucker. Ein verbreiteter thematischer Zeichentest, der Hinweise zum Entwicklungsstand und zur Persönlichkeitsstruktur bietet.

KÖHLER, W. **Stocktest, Gegenstandswahl, Umwegprobe, Hindernisbeseitigen (apparativer Test)**
Ein Test zur Prüfung der praktischen Intelligenz, der aus den Beobachtungen und Erfahrungen der berühmten Affenversuche Köhlers erwachsen ist. Köhler nahm an, daß eine Aufgabe nur dann zu lösen ist, wenn eine ausreichende Kenntnis der Möglichkeiten der Handhabung von «Werkzeugen» vorhanden ist (z. B. mit einem Stock durch ein Gitter eine Verriegelung auslösen). In Anlehnung an Köhlers Test wurden von Giese, Lipmann, Bogen, E. Stern, W. Stern weitere derartige Testmittel entwikkelt.

KOHLMANN, C.W. – KÜSTNER, E. – SCHULER, M. – TAUSCH, A. **Der IPC-Diabetes-Fragebogen (IPC-D1)**
Der IPC-D1 erfaßt die krankheitsspezifischen Kontrollüberzeugungen von Patienten mit Typ-I- Diabetes mellitus. Mit 29 Items mißt er die Dimensionen Internalität, Arztbezogene Externalität, Unvorhersehbarkeit sowie Glück und Zufall.

KOHS, S. C. **Block-Design Test, Würfel-Test, Mosaikspiel**
1917. Nachlegen von geometrischen Zeichnungen durch verschiedenfarbige Würfel. Untertest des →WECHSLER.

KORMANN, R. **Testbatterie für entwicklungsrückständige Schulanfänger**
1977. Testbatterie zur Erfassung von Rückständen oder Ausfällen im kognitiven und motorischen Leistungsbereich bei schulpflichtigen Kindern im Alter von 72 bis 84 Monaten. Die Testbatterie kann dann angewandt werden, wenn Kinder wegen fehlender Schulreife zurückgestellt wurden.

KRAAK, B. – NORD-RÜDIGER, D. **Fragebogen zu Lebenszielen und zur Lebenszufriedenheit (FLL)**
Der Fragebogen erfaßt Annahmen und Bewertungen, die die Basis aktuellen Handelns, langfristiger Lebensplanung und Sinngebung des Lebens sind.

KRAAK →INGENKAMP

KRAMER →BINET – SIMON

KRAEPELIN, E. – OEHRN, A. **Dauerrechenversuch, Arbeitskurve**
1888. 1983 Mainzer Revision, bearbeitet und standardisiert von CHRISTIANSEN, E. Fortlaufendes Addieren von je zwei einstelligen Zahlen über einen längeren Zeitraum (z. B. eine Stunde) mit Unterteilungen von je 3 Minuten zur Darstellung der am Arbeitsvorgang beteiligten Faktoren (Übung, Ermüdung, Antrieb usw.). →PAULI →Arbeitskurve

KRAMPEN, G. **ICP-Fragebogen zu Kontrollüberzeugungen**
1981. Persönlichkeitsfragebogen zur Messung des Konstrukts Locus of control (generalisierte Kontrollüberzeugung). Kontrollüberzeugungen werden in dem Fragebogen mit Hilfe von drei Dimensionen gemessen: 1. Internalität, 2. Externalität (Machtlosigkeit), 3. Externalität (Fatalismus). Der ICP-Fragebogen stellt die deutsche Bearbeitung der IPC-Skales von Levenson dar.

KRAMPEN, G. **Fragebogen zu Kompetenz und Kontrollüberzeugungen (FKK)**
Mit dem FKK können das generalisierte Selbstkonzept eigener Fähigkeiten, die Internalität in generalisierten Kontrollüberzeugungen, die sozial bedingte Externalität und die fatalistische Externalität bei Jugendlichen und Erwachsenen erfaßt werden.

KRAMPEN, G. **Diagnostisches und Evaluatives Instrumentarium zum Autogenen Training (AT-EVA)**
Das AT-EVA ist ein interventionsspezifisches Kompendium psychometrischer Verfahren. Das AT-EVA besteht aus sechs Bestandteilen, die sich auf (1) die Eingangsdiagnostik, Kontraindikation und Indikation (2) die Kursbegleitende Prozeßevaluation, (3) die direkte und indirekte Veränderungsmessung (Produktevaluation) sowie (4) die längerfristige Katamnese der Effekte von Einführungskursen zum Autogenen Training beziehen.

KRAMPEN, G. **Skalen zur Erfassung von Hoffnungslosigkeit (H-Skalen)**
1994 (Standardform von Beck, A. T. 1978). Die H-Skalen erfassen mit den negativen Erwartungen einer Person über sich selbst, die Umwelt und ihr künftiges Leben wesentliche Aspekte der kognitiven Depression. Verwendung in der Einzelfalldiagnostik und zur Therapie-Effektkontrolle. Bearbeitungsdauer ca. 10 Min.

KRATZMEIER, H. **Heidelberger Intelligenztest (HIT 1–2)**
Der HIT 1–2 kann als Individualtest oder bei Gruppen von bis zu 15 Kindern angewendet werden. Als Kurzverfahren ermöglicht er dem Grundschullehrer einen Überblick über die kognitive und kreative Leistungsfähigkeit seiner Schüler.

KRATZMEIER, H. **Heidelberger Intelligenztest (HIT 3–4)**
AA 3. und 4. Klasse.

KRATZMEIER, H. **Heidelberger Nonverbaler Test (HNT)**
AA Jugendliche ab 14. Der HNT ist ein sprachfreier Intelligenztest. Neben drei Untertests zur Erfassung der konvergenten Intelligenz (Logik, Reproduktion, Differenzierung) bietet der Test auch die Möglichkeit, mit einem Untertest, die divergente Intelligenz (Kreativität) zu erfassen.

KRATZMEIER →INGENKAMP

KRETSCHMER, E. – HÖHN, E. **Kretschmer-Höhn-Test**
1951. Ein Testverfahren für die Begabtenauslese l0jähriger beim Übergang von der Grundschule in die höhere Schule.

KRÖBER. **Krug-Schneideprobe, Pokalschnitt**
Die vorgedruckte Profillinie eines halben Kruges (Pokals) ist auszuschneiden und dazu spiegelbildlich die ergänzende Linie zu schneiden.

KROHNE, H. W. – PULSACK, A. **Erziehungsstil-Inventar (ESI)**
Das ESI ist ein mehrdimensionaler Fragebogen, mit dem das vom Kind erlebte mütterliche und väterliche Erziehungsverhalten erfaßt werden kann. In besonderem Maße soll es bei der Suche nach möglichen erziehungsbedingten Ursachen von Verhaltensproblemen (Schulangst, schulische Leistungsprobleme, geringes Selbstvertrauen, Aggressivität u. ä.) helfen.

KROUT, J. **Symbol Elaboration Test (SET)**
1950–53. AA ab 6. Projektivtest.

KRÜGER →INGENKAMP

KRUG →CATTELL, R.B.

KUBINGER, K. D. – WURST, E. **Adaptives Intelligenz Diagnostikum (AID)**
1985. 3. Aufl. 1991 überarb. Das AID ist ein adaptives Intelligenztestverfahren für Kinder und Jugendliche zwischen 6 und 15 Jahren. Jeder Testperson werden standardmäßig diejenigen Aufgaben pro Untertest gestellt, die für die Bestimmung ihrer Leistungsfähigkeit am informativsten sind. Eine konventionelle Testvorgabe ist aber ebenfalls möglich. Die meisten Untertests enthalten standardmäßig Gruppen à 5 Aufgaben. Die Testbatterie ist sowohl in Form eines Kurztests als auch eines Normaltests einsetzbar.

KUDER, G. F. **Kuder Preference Record – Occupational**
1956–59. AA ab 14. Führender Interessenfragebogen, ausgerichtet auf 43 Berufe. – Kuder Preference Record Vocational. 1934–56. Dasselbe, ausgerichtet auf Berufsrichtungen. – Kuder Preference Record Personal. 1948–54. Skalendimensionen sind: group activity, stable situations, working with ideas, avoiding conflict, directing others, verification.

KÜHLMANN →Franke

KUHL, J. – CHRIST, E. **Selbstregulations-Strategientest für Kinder (SRST-K)**
Der SRST-K ist ein Test zur Überprüfung des «Selbstregulations-Strategiewissens» bei Kindern. Er dient dazu, zu überprüfen, ob ein Kind über ein seinem Alter angemessenes Ausmaß an Wissen darüber verfügt, welche Strategien es prinzipiell in Situationen anwenden kann, die Selbstregulation erfordern. Die Anwendung des SRST-K ist besonders dort indiziert, wo bestimmte Selbstregulationsdefizite (z. B. im schulischen oder familiären Umfeld) die Vermutung nahelegen, daß ein Kind nicht oder nur unzureichend in der Lage ist, einmal gefaßte Entschlüsse in die Tat umzusetzen und trotz «Versuchungs-

quellen» in der Umgebung bei seinem Vorhaben zu bleiben.

KUHL, J. – KRASKA, K. **Der Selbstregulations- und Konzentrationstest für Kinder (SRKT-K)**
Der SRKT-K ist ein computerunterstützter Test zur Prozeßdiagnostik mehrerer Komponenten der Selbstregulation und der Konzentration. Der SRKT-K wird dem Kind als attraktives Computerspiel vorgstellt. Die Anwendung des Tests erfolgt menügesteuert. Das integrierte Auswertungsprogramm ermöglicht die sofortige Darstellung von individuellen Graphiken auf dem Bildschirm.

KUHLMANN →BINET – SIMON

KULESSA, C. H. E. – MÖLLER, H.-J. – SCHALLER, S. – SCHMIDTKE, A. – TORHORST, A. – WÄCHTLER, C. – WECHSUNG, P. – WEDLER, H. **Basisdokumentation suizidalen Verhaltens**
Mit der Basisdokumentation suizidalen Verhaltens soll dem Forscher und Praktiker ein Leitfaden an die Hand gegeben werden, der es ermöglicht, die nach einer suizidalen Handlung erhobenen Daten zu vereinheitlichen und vergleichbarer zu machen. Die Basisdokumentation besteht in der Kurzform aus acht Hauptpunkten mit jeweils mehreren Unterpunkten (u. a. Diagnose der suizidalen Handlung, psychiatrische und somatische Diagnosen, soziodemographische Daten, wichtige lebensverändernde Ereignisse, frühere psychische Probleme und Auffälligkeiten, Intention, Motive, Durchführung der Suizidhandlung, Ausmaß der Gefährdung, Betreuung, Indikation für die weitere Behandlung).

KUNZE, D. **Testserie des Instituts für schulpsychologische Forschung in Berlin**
Ein Testverfahren für Begabungs- und Leistungsfeststellungen zwischen dem 12. und 16. Lebensjahr. Knüpft an →BOBERTAG – HYLLA an. Alle Tests sind nach dem Prinzip der «Antwortauswahl» konzipiert.

KURTH, E. **Motometrische Rostock-Oseretzky-Skala (ROS)**
Das Verfahren dient der Ermittlung des Entwicklungsstandes koordinativer motorischer Fähigkeiten im jüngeren Schulalter (5–11 Jahre), insbesondere zur Erkennung der Folgezustände einer frühkindlichen Hirnschädigung.

KURTH, E. **Testreihe zur Prüfung der Konzentrationsfähigkeit von Schülern (TPK)**
Die TPK wurde als tätigkeitsorientierter Konzentrationstest konzipiert. Er dient der Erfassung der Konzentrationsfähigkeit von Schülern. Das Verfahren besteht aus einem Abschreibtest, Rechenaufgaben und einer Tiergeschichte (Zuhörprobe) und ist als Gruppentest konzipiert.

KWINT, L. A. **Physiognomische Tests, Altersinventarium der aktiven mimischen Motorik**
1931. Motorischer Entwicklungstest für Kinder von 4–16 Jahren. 26 willkürliche Bewegungen wie Augenbrauenheben, Lidschluß, Lippenspitzen, Zähnefletschen, Wangen aufblasen u. a. in verschiedenen Abwandlungen, zudem verteilt auf Altersstufen, werden als Indikator für den anatomisch-physiologischen Entwicklungsstand gewertet. 26 Items. Formeln für die Norm, den Vorsprung und das Zurückbleiben.

LAMBERTI, G. →WEIDLICH, S.

LANDAU →ROHMERT

LANDERL, K. – WIMMER, H. – MOSER, E. **Der Salzburger Lese- und Rechtschreibtest (SLRT)**
Der SLRT ist ein Verfahren zur differenzierten Diagnose von Schwächen beim Erlernen des Lesens und Schreibens. Der Lesetest ermöglicht eine separate Diagnose zweier Teilkomponenten des Wortlesens: Defizite in der automatischen, direkten Wortkennung und Defizite des lautierenden Lesens.

LANGEVELD, M. J. **Columbus**
1969. AA 5–18. Zur Analyse der Entwicklung zum Erwachsensein durch Bilddeutung. Das projektive Verfahren besteht aus 24 zur Selbstdarstellung anregenden Tafeln, die Aufschluß über Entwicklungsprozesse, den Reifegrad, das Selbstvertrauen sowie das Verhältnis zur Zukunft und zur Lebensbasis geben sollen.

LANGNER, R. **DSM-III-X Experten- und Lehrsystem zur psychiatrischen Diagnostik auf der Grundlage des DSM-III-R**
Das System beinhaltet die diagnostischen Kriterien der im DSM-III-R aufgeführten psychischen Störungen aus dem Gesamtbereich der Psychopathologie und ermöglicht es, diese diagnostischen Kriterien miteinander zu verknüpfen und in Abhängigkeit von den vom Benutzer eingegebenen Informationen selbständig ein diagnostisches Urteil zu bilden.

LASZLO →SZONDI

LAUBER →WECHSLER

LAUER, A. R. **Lauer Driver Reaction Inventory**
1948–57. Revision des «Driving Attitude Inventory».

– **Rogers-Lauer Driver Rating Inventory**
1935–57. Zwei bekannte amerikanische Tests der Verkehrspsychologie.

LAUFS, K. W. **A-S-T – Apperzeptiver Situationstest**
Konzeptionell stellt der A-S-T einen Beitrag zur psychoanalytischen Theorienbildung dar. In einem dreidimensionalen Modell werden folgende Aspekte erfaßt: Soziales (Extraversion/Intraver-

sion), Emotionales (Neurotizismus) und Normatives (Autoritarismus).

LAUGHLIN →CATTELL

LAUX, L. – GLANZMANN, P. – SCHAFFNER, P. – SPIELBERGER, C. D. **State-Trait-Angstinventar (STAI)**
1981. Deutsche Adaptation des State-Trait Anxiety Inventory zur Erfassung von Angst als Zustand (State-Angst) und Angst als Eigenschaft (Trait-Angst). Die zwei Skalen umfassen jeweils 20 Items.

LAWTON →BERDIE

LEDIG →INGENKAMP

LEE, E. A. – THORPE, L. P. **Occupational Interest Inventory**
1943–56 (1956 Revision). AA ab 12. Mit drei Kategorien «fields, types, level of interests» werden 10 Interessenrichtungen ermittelt.

– **Vocational Interest Analyses: A Six-Fold Analytical Extension of the Occupational Interest Inventory**
1951. AA ab 14. Zu sechs Interessenrichtungen wird versucht, einen je spezifischen Ansatz offenzulegen. Z. B. bei der Interessenrichtung «Wissenschaft» die Ansätze chemische Forschung, biologische Forschung, Laboratoriumsarbeit, angewandte Chemie, Produktion, Ingenieurwesen.

LEE, J. M. – CLARK, W. W. **Reading Readiness Test (LCRRT)**
1961. Amerikan. Schulreifetest.

LEGLER, R. **Situations-Lerntest (SLT)**
Kurzzeitlerntest mit Prä- und Posttest sowie Pädagogisierungsphase.
Das Verfahren dient der Differenzierung debiler Kinder und aus anderen Gründen leistungsversagender Kinder im Alter von 7–9 Jahren.

LEHRL, S. – GALLWITZ, A. **Erlanger Depressions-Skala (EDS)**
1977. Selbstbeurteilungsverfahren zur Abschätzung des Ausmaßes depressiver Stimmungen und der Expansivitätseinschränkung.

LEHRL, S. et al. **Mehrdimensionale Schmerzskala (MSS)**
1980. Das standardisierte Basisinventar für Schmerzmessungen erhebt über verbale Schmerzmitteilungen das subjektive Schmerzerleben. Dabei differenziert die MSS zwischen Schmerzintensität und -qualität. Eine computerunterstützte, revidierte Fassung liegt inzwischen vor. Bearbeitungsdauer: 5–10 Min.

– **Kurztest für Allgemeine Intelligenz (KAI)**
1980. AA 17–65. Test zur aktuellen intellektuellen Leistungsfähigkeit. Die zwei Subtests Buchstaben-Lesen und Zeichen-Nachsprechen erschließen ökonomisch und relativ sprachunabhängig die wichtigsten Parameter der augenblicklich verfügbaren Intelligenzfunktionen. Bearbeitungsdauer: 5–8 Min.

LEIBER, H. **Bildungsmotivationstest (BMT)**
1978. AA 15–25. Projektives Verfahren zur Erfassung der Bereitschaft von Probanden, Lernmotivation im Hinblick auf eine spätere Umwandlung in eine berufliche Leistung zu zeigen.

LEIPZIGER LEHRER-VEREIN. **Geschichte ergänzen, Geschichte ausspinnen**
1919. Eine Geschichte wird zu erzählen angefangen und ist weiterzugestalten.

– **Sätze ordnen, «Wirre Gedanken», Vineta-Test**
1919. Auf Streifen gebotene Sätze sind zu ordnen. Eine im Meer versunkene Stadt Vineta ist der Inhalt der Geschichte. Die Geschichte ist in 12 Sätze (Streifen) zerlegt.

– **Telegramm-Test, Finden des Wesentlichen**
1919. Ein Brief (etwa Geschäftsbrief) wird vorgelegt und ist in ein Telegramm umzuformen.

LEITER, R. G. **Leiter International Performance Scale**
1916–52. AA 2–18. Weitere bekannte Tests desselben Autors sind: The Leiter Adult Intelligence Scale und The Leiter Profile, in denen eine Reihe weiterer Tests verarbeitet sind.

LEITNER, K. et al. **Regulationshindernisse in der Arbeitstätigkeit (RHIA)** →Verzeichnis ausgewählter arbeitswissenschaftlicher Methoden

LENNEP, J. van **Four-Picture-Test (FPT)**
1948, 1958. AA ab 10. Projektives Verfahren, bestehend aus vier Bildern, ähnlich dem TAT. Der Proband legt die Tafeln gleichzeitig aus, setzt sie in Beziehung und schreibt dazu eine Geschichte.

LEUTBECHER →GRÄSSEL

LEVINES, S. et al. **California Preschool Social Competence Scale (CPSCS)**
1969. AA 2;6–5;6. Entwicklungstest für Vorschulkinder zur Erfassung der sozialen Kompetenz; zur Ermittlung des interpersonellen Verhaltens und der sozialen Verantwortung. Durch Verhaltensbeobachtung ist das Kind mittels Verhaltensbeschreibungen, die sich in dem Grad der sozialen Kompetenz unterscheiden, einzuordnen.

LEWERENZ, A. S. **Tests in Fundamental Abilities of Visual Arts**
1927. Ein Kunstbegabungstest, der auch einzelne Faktoren der künstlerischen Begabung (Gedächtnis für optische Proportionen, Farbenerkennen usw.) analysiert.

LIENERT, G. **M-T-V-T, Test für mechanisch-technisches Verständnis**
1958. Dem Pb werden 32 zeichnerische Darstellungen zu mechanischen, technischen und physikalischen Vorgängen zur Stellungnahme vorgelegt. →BENNETT.

– **Denksport-Test (D-S-T)**
1964. Ein an Primanern und Primanerinnen standardisierter Test, der mit Denksportaufgaben das «Denk-Niveau» ermittelt und dabei zwischen Hochbegabten Differenzierungen ermöglicht.

– **Der Allgemeine Büro-Arbeits-Test (A-B-A-T)**
1967. 2 Formen. In Anlehnung an den «Psychological Corporation General Clerical Test» wurde der A-B-A-T für das deutsche Sprachgebiet entwickelt und standardisiert. Er besteht aus den sechs Untertests: Karteikartensortieren, Adressenprüfen, Summenprüfen, Rechtschreibungskorrigieren, Textaufgabenlösen, Zeichensetzen und liegt in zwei Formen vor.

– **Drahtbiegeprobe (D-B-P)**
1961. Fortentwicklung der Drahtbiegeprobe (→IMMIG) zu einem standardisierten Test. Formauffassung und Gründlichkeit bei der Ausführung relevant. Insgesamt werden 29 Einzelkriterien berücksichtigt.

– **Form-Lege-Test (F-L-T) (Marburger Formlegespiel)**
1958. Ein dem Prinzip der Puzzlemethode (→RYBAKOW) und ebenso dem Formbrett (→SEGUIN) nahestehender Test, bei dem die Aufgabe darin besteht, 4 Flächenteile, die aus Pappe ausgestanzt sind, in vorgedruckte Figuren (z. B. Buchstabe T, Treppe, Pfeil) einzupassen.

LIENERT, G. A. – HOFER, M. **Mathematiktest für Abiturienten und Studienanfänger (M-T-A-S)**
1972. AA Abiturienten und Studienanfänger. Der Test prüft Mathematikkenntnisse aus den Bereichen Algebra, Geometrie und mathematische Funktionen. Die Aufgaben sind an den Lehrplänen für höhere Schulen orientiert.

LIENERT →DÜKER

LINCOLN-OSERETSKY →SLOAN

LINDER, H. – GRISSEMANN, H. **Züricher Lesetest**
1968, 1980. An 700 Kindern standardisiertes Testverfahren zur psychodiagnostischen Erfassung des Legasthenikers. →GRISSEMANN

LIPMANN, O. **Mathematische Funktionserfassung**
Zahlenreihen versch. Abfolge sind um 2, 3 oder mehr Zahlen fortzusetzen (z. B. 3–9–7–13–11 ...).

LIPMANN, O. – STOLZENBERG. **Transmissionstest, Getriebetest**
1918. Von Auslesen an der Lehrlingsschule der Fa. Loewe, Berlin, stammt die vielfach abgewandelte Benutzung von Modellen mit Transmissionsvorgängen bzw. von Abbildungen mit Riemenscheiben, Zahnrädern, Zahnstangen u. ä. zur Angabe der Laufrichtung und damit zur Beurteilung des technischen Verständnisses.

– **Bleche ordnen**
Den vorerwähnten Auslesen entstammt auch die Prüfung der Formerfassung dadurch, daß Formbleche mit kleinen Abweichungen darauf beachtet werden müssen, welches Blech mit der Vorlage übereinstimmt.

LISCHKE →BELSCHNER

LOCKOWANDT, O. **Frostigs Entwicklungstest der visuellen Wahrnehmung**
1974. Deutsche Adaptation des Development Test of Visual Perception von M. Frostig. Verfahren zur Ermittlung der visuellen Wahrnehmungsleistungen. Der Test umfaßt fünf Subtests: Visuo-motorische Koordination, Figur-Grundstrichunterscheidung, Formkonstanz-Beachtung, Erkennen der Lage im Raum, Erfassen räumlicher Beziehungen.

LOHAUS, A. – SCHMITT, G.M. **Fragebogen zur Erhebung von Kontrollüberzeugungen zu Krankheit und Gesundheit (KKG)**
Basiert auf der sozialen Lerntheorie Rotters. Drei wesentliche gesundheits- bzw. krankheitsbezogene Kontrollüberzeugungen werden unterschieden: (a) Die Einstellung, daß Gesundheit und Krankheit durch die eigene Person kontrollierbar sind, (b) die Einstellung, daß sie durch andere außenstehende Personen kontrollierbar sind und (c) die Einstellung, daß sie nicht kontrollierbar sind (Zufalls bzw. Schicksalsabhängigkeit des eigenen Gesundheitszustandes).

LONDON, P. **Children's Hypnotic Succeptibility Scale (CHSS)**
1962. Eine Abwandlung der Standforder Hypnose-Skala (→WEIZENHOFFER SHSS) für die beiden Altersgruppen 5 bis 13 und 13 bis 17. Ein quantitatives scoring gestaltet sich hier allerdings schwieriger als bei der SHSS. Es werden deshalb vom Autor genaue Richtlinien für qualitative Kriterien und deren Gewichtung in einem Bereich von 0 bis 4 Punkten für jedes Item angegeben.

LONGSTAFF →ANDREW

LORANGER, A. W. **International Personality Disorder Examination (IPDE), i. A. der WHO**
1994. Strukturiertes Interview, um Persönlichkeitsstörungen im Sinne der ICD-10 und DSM-IV Klassifikationssysteme zu diagnostizieren. Anwendung eines Selbstbeurteilungsfragebogens als Screening-Verfahren sowie Computerauswertung möglich. Dt. Ausgabe 1996 von Mombour, W. et al.

LORGE →BURGEMEISTER

LORR, M. – KLETT, J. – McNAIR, D. M. – LASKY, J. J. **Impatient Multidimensional Psychiatric Scale (IMPS)**
1953–62. Test für psychisch Kranke. Skala zur Erfassung von zehn Krankheitsdimensionen.

LOWE, M. – COSTELLO, A. **Symbolic Play Test – Experimental Edition**
Dieser Test bewertet die sprachlichen Fähigkeiten sehr junger Kindern, die in ihrer Entwicklung hinsichtlich Sprachaufnahme und Sprachausdrucksvermögen zurückgeblieben sind.

LOWENFELD, M. **Lowenfeld Mosaic Test**
1948–54. Ein projektives Testverfahren, bei dem als Material fertige Plättchen, die geometrische Figuren darstellen, verwendet werden. Die Plättchen sind auf ein Brett in einer von der Vp frei zu wählenden Art und Weise aufzulegen. Der Test basiert auf der Überlegung, daß das Individuum sein eigenes «Schema» beim Umgang mit solchem Material habe.

– **Weltspiel**
um 1930. Ein Spielverfahren, das mit Häuschen, Menschen, Tieren u. a. Miniaturspielzeug als projektives Verfahren zuerst in der Kinderpsychiatrie Eingang fand. →BÜHLER

LÜCK →FISCHER

LÜCKERT →BINET – SIMON

LÜSCHER, M. **Farb-Test, Farbwahlverfahren, Lüscher-Schnell-Test**
1949. Zwischen Farben ist nach ihrer «Anmutung» zu wählen (Sympathie-Rangordnung).

– **Lüscher-Test**
1971. Persönlichkeitstest (Kurzform des klinischen Lüscher-Tests), der davon ausgeht, daß die Farbwahl Rückschlüsse auf die Persönlichkeit bzw. Störungen dieser zuläßt. Wegen seiner mangelhaften theoretischen Annahmen wird das Lüscher-Verfahren nicht als Test anerkannt.

LUG, J. M. – ANGERMAIER, M. **Psycholinguistisches Sprachförderungsprogramm**
Spiele und Übungen mit Arbeitsmaterial und Kassette. Das Programm ermöglicht eine gezielte Förderung mangelhaft entwickelter sprachlicher Fähigkeiten im sonderpädagogischen und schulischen Bereich. Es fördert die Sprachkompetenz und die Kommunikationsfähigkeit durch eine Vielzahl von Übungen, die in Kindergärten erprobt wurden.

LUKESCH, H. **Geburtsangstskala (GAS)**
1983. Die Skala dient der Ermittlung von psychischen Problemen Schwangerer. Situationen um Schwangerschaft und Geburt sind nach Grad der Angst zu beurteilen. Der Summenwert kann als Indikator für das erlebte Ausmaß von Geburtsangst bewertet werden.

LUKESCH, H. – LUKESCH, M. **Fragebogen zur Messung von Einstellungen zu Schwangerschaft, Sexualität und Geburt (SSG)**
1979. Erfragt fünf Einstellungsbereiche: Offene Ablehnung der Schwangerschaft, Verletzungsangst gegenüber dem Kind, Ablehnung des Stillens, Geburtsangst und Einstellung zur Sexualität. Bearbeitungsdauer 10–15 Min. Normierung für Frauen und Männer.

LURIA →CHRISTENSEN →HAMSTER

MACHOVER, K. **Draw-A-Person Test (DAP), Personen-Zeichnen**
1948. Spontanzeichnen menschlicher Personen mit der Anweisung «Zeichne einen Menschen». →GOODENOUGH

MACQUARRIE, T. W. **MacQuarrie Test for Mechanical Ability**
1925–54. AA ab 13. Test zur Beurteilung der technischen Begabung und Geschicklichkeit mit den acht Skalen: tracing, tapping, dotting, copying, location, blocks, pursult, total.

MAINBERGER, U. **Test zum divergenten Denken (Kreativität) (TDK 4–6)**
1977. Kreativitätstest mit fünf Untertests, die die Kreativität im Sinne des divergenten Denkens messen. Der Test stützt sich auf die von Guilford, Wallach und Kogan entwickelten Aufgaben.

MANDLER, G. – SARASON, S. D. **Test-Anxieties Questionnaire (TAQ)**
1955. Fragebogentest mit 35 Testfragen zur situationsspezifischen, prüfungsbedingten Angsttendenz. Der Fragebogen, der noch nicht standardisiert ist, liegt auch in einer Version für Kinder vor (TASC).

MANSON →BÜHLER

MARE, H. de – SMIT, K. **Maquette-Test**
Bei diesem, in Holland konzipierten Test soll auf einem Brett (1,4 x 1,1 m) mit aufgezeichneten und sich an drei Stellen kreuzenden Straßen und mit Hilfe kleiner Modelle (Wohnhäuser, Bahnhof usw.) in einer Gruppe von höchstens acht Vpn gemeinsam mit einem Protokollführer eine Stadtanlage entworfen werden. Der Test wird soziometrisch (Beteiligung jeder Vp, Außenseiter, Mitläufer, Dominierende, Solitäre, Gruppenführer), leistungspsychologisch, charakterologisch, nach Motorik, Sprechweise und anderen Beobachtungen ausgewertet.

MARGRAF J. – EHLERS, A. **Beck Angstinventar Deutsche Version (BAI)**
Das Verfahren erfaßt die Schwere klinisch relevanter Angst und ist sensitiv für Therapieeffekte. Es erfaßt normale und subklinische Ängste und ist nur geringfügig mit Depressivität konfundiert. Die 21 Items lehnen sich eng an die Symptomlisten des DSM IV für Panikanfäl-

le und generalisierte Angst an. Die Items werden auf einer vierstufigen Skala hinsichtlich der Schwere ihres Auftretens in den letzten 7 Tagen eingeschätzt.

MARGRAF, J. – SCHNEIDER, S. – EHLERS, A. **Diagnostisches Interview bei psychischen Störungen (DIPS)**
Klassifikation psychischer Störungen sowie Erfassung von Informationen, die für die Planung und Durchführung psycho- bzw. verhaltenstherapeutischer Behandlungen notwendig sind. Zusätzlich existiert das Kurzinterview Mini Dips.

MARKOWITSCH, U. J. – KESSLER, J. – DENZLER, P. **Demenztest**
Aufbau: 1. Schätzung des Intelligenzquotienten aus den gewichteten Angaben von Bildungsstatus, Berufsstatus, Geschlecht und Alter. 2. Deutsche Form der Mini-Mental-State nach Folstein et al. als Screeningtest für die weitere Testung. 3. Reproduktions-Gedächtnis-Test (Buschke's Selective Reminding Test). 4. Wortproduktionstest. 5. Handlungstests. 6. Orientierung.

MARSCHNER, G. R. W. **Der Büro-Test (B-T)**
1967. Bei B-T dienen Aufgaben (Arbeitsproben), die der kaufmännischen Tätigkeit entnommen und als Testaufgaben standardisiert sind, der Erfassung der praktisch-kaufmännischen Intelligenz und Anstelligkeit. Der Test ist den Niveautests zuzuordnen. Er ist als Gruppentest geeignet und liegt in zwei Formen vor.

– **Revisions-Test (Rev.-T.)**
1972. AA ab 13. Leistungstest, der auf ein Design von Giese zurückgeht und anhaltende Konzentration bei geistiger Tempoarbeit mißt. Die Aufgabe des Probanden besteht darin, das Ergebnis einfacher Additionsaufgaben zu überprüfen.

MARSH, H.W. **Self-Description Questionnaire-I and -II**
Der Self Description Questionnaire dient der Messung des Selbstkonzepts Jugendlicher.

MASLOW, A. H. **Security-Insecurity Inventory**
1945. Maslow sieht im Gefühl der Selbstsicherheit eine der wichtigsten Determinanten von «mentaler Gesundheit». Das Inventar will innere bewußte Gefühle enthüllen, um Aufschluß über das Selbstvertrauen zu erhalten.

MASSELON, R. **Dreiwortmethode**
1902. Aus drei Wörtern ist ein Satz zu bilden. Eine der ältesten Testaufgaben; früher viel in Intelligenztests verwendet. Zahlreiche Abwandlungen.

MASSENDORF, F. – TÜCKE, M. – KRETSCHMANN, R. – BARTRAM, M. **Dortmunder Skala zur Erfassung von Lehrerverhalten durch Schüler (D-S-L)**
Fragebogen zum erlebten Lehrerverhalten (unterstützend vs. streng) durch die Schüler.

MATHEWS →WOODWORTH

MAXFIELD, K. E. – BUCHHOLZ, S. **Maxfield-Buchholz Scale of Social Maturity for Use with Preschool Blind Children**
1958. AA bis 6. Abwandlung der Vineland Social Maturity Scale von →DOLL.

MAY →INGENKAMP

MAYER, K. – HAMSTER, W. – GÜNTHER, W. **MT 80 Tübinger Mentale Trainingsprogramme zur Grob- und Feinmotorik**
Die Tübinger Mentalen Trainingsprogramme dienen der Behandlung zentralmotorischer Paresen unterschiedlicher Ätiologie. Jeweils acht Übungen zur Grobmotorik (angelehnt an die Gymnastik von Kabat) und Feinmotorik (angelehnt an ergotherapeutische Übungen) werden von den Patienten nach Einübung mental trainiert, d. h. ein planmäßig wiederholtes und bewußtes Sichvorstellen des zu übenden Bewegungsablaufes.

McADORY, S. M. – WOODYARD, E. **Art Test**
1933. Ein Kunstbegabungs- bzw. Kunstverständnistest ähnlich →MEIER, aber stärker auf den Bereich der angewandten Kunst ausgerichtet.

McCARTHY, D. **McCarthy Scales of Children's Abilities (MSCA)**
1970. AA 2;6–8;6. Dienst zur Diagnose des generellen intellektuellen Niveaus sowie der Stärken und Schwächen bei den wichtigen Fähigkeiten von Kindern. Die 18 separaten Tests erlauben auf sechs Skalen Aussagen über die intellektuelle und motorische Entwicklung. Die Auswertung ermittelt u. a. einen generellen kognitiven Index und ein Profil. Testdauer: 45 Min.

McCLELLAND →MURRAY

McGUIRE, F. L. **McGuire Safe Driver Interview – Safe Driver Scale**
1961/62. Beide Tests (Persönlichkeitsexploration mit sozialer Anamnese und Persönlichkeitsfragebogen) werden in der verkehrspsychologischen Forschung und zur Kraftfahrerauslese verwandt. →U. SCHUBERT

McKECHNIE, G. E. **Environmental Response Inventory (ERI)**
1974. Zur Erfassung umweltbezogener Dispositionen. Über acht Umweltskalen und eine Validitätsskala wird das Denken über und die Beziehung zur alltäglichen physischen Umwelt, also die Mensch-Umwelt-Beziehung, erschlossen. Durchführungszeit 30 Min. Anwendung in der Ökologischen Psychologie. Profildarstellung möglich.

McKECHNIE, G. E. **Leisure Activities Blank (LAB)**
1975. Verfahren zur quantitativen Erfassung der Aktivitäten des Freizeit- und Erholungsverhaltens. Der Fragebogen umfaßt 120 Freizeitaktivi-

täten, für die der Proband angeben muß, in welchem Maße diese in der Vergangenheit für ihn von Relevanz waren und in der Zukunft noch von Relevanz sein werden.

McKINLEY →HATHAWAY

MEILI, R. **Analytischer Intelligenztest (AIT)**
1930, 1966. Eine Testserie, die Profildarstellung verwendet und die Intelligenz in den Faktoren: Komplexität, Plastizität, Ganzheit und Flüssigkeit erfaßt. Eine mehr analytische kann von einer mehr erfinderischen, kombinierenden Denkform und eine mehr abstrakt-formale von einer mehr konkret-anschaulichen unterschieden werden. Als Testmittel werden eingesetzt: Bildreihe, Zahlenreihe, Dreiwortmethode, Lückenergänzungen, Figurenelemente, Kombinieren, geometrische Analogien (Formenanalogien).

– **Definitionen, Definieren von Unterschieden**
In Erweiterung des «Binet – Stanford» ist der Unterschied von Fluß-Kanal, Hecke-Geländer, Kind-Zwerg u. a. schwierigeren Gegenüberstellungen zu definieren.

– **Durchstreichetest ohne Modell**
1956. Ein «Aufmerksamkeitstest», der das von Bourdon eingeführte und von T. Toulouse-Pieron abgewandelte Verfahren übernimmt und als Testmaterial kleine Bogen mit + -Zeichen in verschiedener Zusammenstellung zum Durchstreichen verwendet.

– **Figuren von Rybakow**
1956. Neuausgabe als Mappe mit Anleitung, Lösungsformular und Testbogen. →RYBAKOW.

– **Würfelabwicklungen**
1955. AA 14–19. Der Test erfaßt räumliches Vorstellungsvermögen. Gezeichnete Würfelabwicklungen müssen geistig zusammengesetzt werden, um bestimmte Flächen und Kanten auf den Abwicklungen zu markieren. Testauder: 10 Min.

– **Hebeltest**
1956. Test zur Erfassung der praktisch-technischen Begabung. Stäbchen, Zäpfchen und Stekker müssen in einer bestimmten Anordnung auf eine Lochplatte gesteckt werden. Testdauer ca. 20 Min.

MEIS →INGENKAMP

MELCHER, P. – PREUSS, U. →KAUFMANN, A. S. – KAUFMANN, N.

MELLENBRUCH, P. L. **Curve-Block-Series**
1946. Miami-Oxford Curve-Block Series. Der Test ist hinsichtlich seiner Konstruktion dem Wiggly-Block (→O'CONNOR) zur Untersuchung der räumlichen Vorstellung ähnlich.

MELLONE →INGENKAMP

MELLONE, M. A. – THOMSON, G. H. **Moray House Picture Intelligence Test 1** →HORN, H.

MERRILL →BINET

MESSICK, S. **Gruppenverfahren zur Messung der individuellen Interferenzneigung**
Das Verfahren besteht aus 2 Teilen. Im ersten Teil muß die Vp Anordnungen von farbig gedruckten Sternchen mit dem Anfangsbuchstaben der dabei vorkommenden Farbe signieren. Im zweiten Teil sind Farbnamen abgedruckt, wobei Farbname und Druckfarbe inkongruent sind. Der Anfangsbuchstabe der Druckfarbe muß jedem Farbwort zugeordnet werden.

METZLER, P. – VOSHAGE, J. – RÖSLER, P. **Berliner Amnesietest (BAT)**
Das Verfahren dient zur quantitativen Erfassung von leichten bis schweren amnestischen Störungen (Synonyme: Lern- und Merkfähigkeitsstörungen, anterograde Amnesie). In acht Untertests werden mit verschiedenem verbalen und figuralen Material alle bekannten Amnesiemerkmale erfaßt und einer differentiell-diagnostischen Bewertung unterzogen.

MEUMANN, E. – GIESE, F. **Spiegel-Test, Spiegelzeichengerät**
Nachdem schon Meumann das Symmetriezeichnen im Spiegel vorschlug, konstruierte Giese ein Gestell, bei dem der Pb seine Hände nur im Spiegel beobachten kann (Deckplatte). Auf Anweisung des Versuchsleiters sind gerade Striche, besonders auch die Diagonalen, in einem vorgezeichneten Viereck einzuzeichnen. Auch das Nachfahren einer vorgegebenen Spur (zwischen gezeichneten parallelen Linien) u. ä. wird vom Probanden verlangt.

MEURISSE, R. **Kritzel-Test, Test du gribouillage**
1948. Spontane, freie Kritzelei ausgehend von einem Punkt, den der Vl auf einem Blatt Papier markiert und auf das vorher der Pb in die Mitte seinen Namen geschrieben hat.

MEYER-PROBST, B. **Enzephalopathie-Fragebogen (E-F)**
Der E-F dient der Erfassung enzephalopathietypischen Verhaltens von 5- bis 10jährigen Kindern. Als Konstrukt liegt das «Hirnorganisch-psychische Achsensyndrom» nach Göllnitz zugrunde.

MIALE →HOLSOPPLE

MIELKE →INGENKAMP

MIERKE, K. **Determinationsgerät, Reaktionsprüfgerät (apparativer Test)**
D. Mehrzweckgerät zur Ermittlung von Reaktionen, Arbeitsverteilung, Automatisierungstendenzen usw. Zahlreiche Abwandlungen und Vorläufer: z. B. Rieffert-Hebelreaktionsgerät, Giese-Serienhandlungsgerät. Das Gerät wird auch als «Kieler Determinationsgerät» bezeich-

net und damit unterschieden von dem mit technischen Verbesserungen konstruierten Wiener Determinationsgerät. →KLEBELSBERG

MIETZEL, G. **Kombinierter Schultest 3,4,5, (KS 3,4,5)**
Ziel des Verfahrens ist die Überprüfung sprachlicher und mathematischer Fähigkeiten sowie jener Fähigkeiten, die den Umgang mit Hilfsmitteln beinhalten. Der Lehrer erhält durch den Test das Leistungsprofil seiner Klasse. So hat er die Möglichkeiten sowohl die individuellen Schülerleistungen zu beurteilen als auch etwaige Schwächen der Klasse zu beseitigen.

MINKOWSKA, F. **Test der Familie, Familie-Zeichnen**
Thematisches Zeichnen: meine Familie – ich – mein Haus.

MINKUS. **Ergänzungstest, Lückentest**
Ein sprachlicher Lückentest (chinesisches Märchen), in dem logische Ergänzungen (temporale, kausale, finale usw. Konjunktionen) vorzunehmen sind.

MIRA Y LOPEZ, E. **Myokinetischer Test**
Mit diesem Persönlichkeitstest wird versucht, die «Elemente des Charakters» dadurch zu ermitteln, daß der Muskeltonus bei vorgeschriebenen Bewegungen verfolgt wird. Dem Pb werden Linien (vertikale Linien, Kreislinien, Zick-Zack-Linien, Ketten usw.) vorgegeben, die er stehend und blind sowie mit den Händen wechselnd und in verschiedenen Richtungen nachzuziehen hat.

MITTENECKER, E. – TOMAN, W. **Persönlichkeits- und Interessentest (PIT)**
1972. AA ab 15. Der aus dem MMPI (→HATHAWAY et al.) entwickelte Test besteht aus 214 Fragen mit 9 Persönlichkeits- und Interessenbereichen. Die Persönlichkeitsbereiche sind: Selbstkritik, soziale Einstellung, Extraversion, Neurotizismus, manische, depressive, schizoide und paranoide Tendenzen, vegetative Labilität; Die Interessenbereiche sind: Vorliebe für Land- oder Stadtleben, Handwerk, Wissenschaft, Verwaltung, Umgang mit Menschen in Geschäft und Wirtschaft, bildende Kunst, Sprache/Literatur, Musik, soziale Berufe. Der PIT wird vor allem in der Berufsberatung eingesetzt.

MOEDE, W. **Montagebrett, Hammerwerk montieren (apparativer Test)**
1920 (wie auch die folgenden Tests). Zur Untersuchung der technisch-praktischen Begabung und des technisch-konstruktiven Denkens ist auf einem Holzbrett eine Montage (Hammerwerk) durchzuführen.

– **Zahnraderklärung**
Der Pb muß zwei Zahnstangen zeichnen, die einem Zahnrad anliegen und dabei die verschiedenen Wirkungen bei Verschiebung der Stangen erläutern.

– **Nockenaufgabe**
Auf einer Zeichnung ist an einem Rad ein Nocken so anzubringen, daß der dem Rad anliegende Balken bei der Raddrehung sich senkt und dadurch eine Sperrung freimacht. →HERMANN

– **Wasserrad**
Auf einer Zeichnung ist ein Schaufelrad abgebildet, zu dem der Pb sog. Verständnisfragen zu beantworten hat.

– **Schaltprobe mit Lampen**
Auf einer 50 × 50 cm großen Tafel sind im Quadrat vier weiße Lampen angebracht. Jeder dieser Lampen ist eine Reaktionstaste zugeordnet, die entweder per Hand oder Fuß bedient werden kann. Außerdem ist bei Ertönen eines Summers eine Summertaste zu bedienen. Je nachden welche Signallampen aufleuchten, sind die entsprechenden Hand- bzw. Fußtasten zu betätigen.

MOEDE, W. – PIORKOWSKI, C. **Kraftfahrerprüfung**
Von historischer Bedeutung für die Entwicklung der Heerespsychologie in Deutschland (USA →YERKES) ist die Eignungsprüfung für Kraftfahrer, die bei ca. 12 000 Vpn durchgeführt wurde. Prüfungsrichtung waren die Sinnestüchtigkeit, die Aufmerksamkeit, Willensfunktionen und Arbeitsfähigkeit (Erregbarkeit, Schreckhaftigkeit u. a.).

MOEDE, W. – PIORKOWSKI, C. – WOLFF, G. **Berliner Begabtenauslese**
1917. Zur Auslese hochbefähigter Volksschüler für die Untertertia des Gymnasiums wurde ein Verfahren entwickelt, das (ähnlich der Hamburger Begabtenauslese →PETER – STERN) für die damalige Breitenwirkung der Testanwendung größte Bedeutung hatte. Besondere Beachtung fanden die im Verf. enthaltene Gedankenoperation mit Figuren und ein Situationstest (Das große Los).

MÖHLING, R. – RAATZ, U. **Konzentrationstest für das erste Schuljahr (KT 1)**

Hrsg. Dt. Institut für Internationale Pädagogische Forschung.
1974. Konzentrationstest in Durchstreichform. Die Aufgabe, schnell und genau ähnliche Gegenstände zu vergleichen, wird nach Bearbeitungsmenge und Sorgfalt ausgewertet. Testdauer: 5 Min.

MÖHLING, R. →RAATZ, U.

MOERS, M. **Prüfung des sittlichen Verständnisses**
1929. In Anlehnung an die Methode von →FERNALD wird eine Geschichte vorgelesen und der Vp aufgegeben, 7 Zettel mit Motiven zur guten

Handlung in eine Rangreihe zu ordnen und ebenso mit 7 weiteren Zetteln (mit Motiven, die die gute Tat verhindert haben) zu verfahren.

MOMBOUR, W. et al. →LORANGER, A. W.

MONROE, M. **Reading Aptitude Tests**
1935. Amerikan. Schultest zur Ermittlung des Leseleistungsgrades und der besonderen Lesefehler.

MOOG →ROSENZWEIG

MOORE →GRÜNBAUM

MOOS, R. et al. **The Social Climate Scales**
Moos und Kollegen untersuchten eine Reihe von wichtigen soziale Umwelten (Milieus) und konstruierten Methoden zur Messung der charakteristischen Merkmale. So entstanden beispielsweise 1974 die University Residence Environment Scale (URES) zur Messung studentischer (Sozial-)Beziehungen sowie die Ward Atmosphere Scale (WAS) zur Patienten, die sich in stationären Behandlungsprogrammen befinden.

MOOSBRUGGER, H. – OEHLSCHLÄGEL, J. **Frankfurter Aufmerksamkeits-Inventar (FAIR)**
Paper-Pencil-Test zur Erfassung der gerichteten Aufmerksamkeit als Fähigkeit zur konzentrierten, d. h. genauen und schnellen Diskrimination visuell ähnlicher Zeichen unter gleichzeitiger Ausblendung aufgabenirrelevanter Information.

MORENO →Psychodrama, Soziogramm

MORF, G. **Formelemente-Test**
Aus der Beobachtung, daß bestimmte handschriftliche Formbildungen individuell bevorzugt werden, entwickelte Morf Formelemente (systematisch variierte, in Gegensatzpaaren aufgestellte Formbildungen), die zur Wahl vorgelegt werden mit der Frage nach dem Gefallen und dem Grund dafür.

MORTON →YERKES

MOSS, F. A. – HUNT, T. – OMWAKE, K. T. – WOODWARD, L. G. **Social Intelligence Test (SIT): George Washington University Series**
ab 1930. AA ab 15. 6 Feststellungen: Beurteilung sozialer Situationen, Beobachtung menschlichen Verhaltens, Sinn für Humor u. a.

MÜLLER, A. **Beurteilungsskalen (GAVERST)**
1964. Ein Beurteilungssystem für das Kraftfahren das folgende sieben Eigenschaften berücksichtigt: Geschicklichkeit, Antizipation, Einhalten von Vorschriften, Soziale Einordnung, Risikobereitschaft, Stress-Intoleranz, Psychisches Tempo. Zu jeder Eigenschaft existiert eine Skala mit neun Stufen.

– **Verkehrs-Verständnistest (VVT)**
1973. AA ab 16. Test für die Eignung zum Führen von Kraftfahrzeugen. Der Test prüft Wissen und Einsicht in die Gefahren und Risiken beim Fahren (z. B. Gefährdung durch Alkohol) und besteht aus 28 selegierten Items. Es liegen zwei Parallelformen vor. Weitere Tests →SCHUBERT

MÜLLER, A. **Standardisierter Waben-Test (SWT)**
AA ab ca. 10. Der SWT ist ein Zeichentest zur Erfassung der Gestaltwahrnehmung und der nicht-sprachlichen Intelligenz, vornehmlich im unteren und mittleren Bereich. Der SWT dient der ersten Diagnose von Intelligenzstörungen und bei Eignungsuntersuchungen.

MÜLLER, A. – BRICKENKAMP, R. **Kurz-Fragebogen für Problemfälle (KFP 30)**
1970. Kurzfragebogen zur Erfassung von Verhaltensauffälligkeiten, welche in Zusammenhang mit der Auffälligkeit beim Führen eines Kraftfahrzeuges stehen.

MÜLLER, L. et al. **Mathematische Denkaufgaben 6+**
Hrsg.in der Reihe Stufentests von Stark – Frommelt – Rutz.
1973. AA 6. Jahrgangsstufe. Der Test überprüft den Entwicklungsstand von mathematischen Fähigkeiten und Fertigkeiten, die für das weitere Lernen Bedeutung haben. Die Schüler sollen bei der Lösung von Aufgaben zur Mengenverteilung mit den vier Grundrechenarten vor allem die logische Struktur des in der Aufgabe verbal gegebenen Sachverhalts erfassen. – Zur Erkennung von Schülern, die trotz schlechter numerischer Rechenleistungen gute mathematische Fähigkeiten besitzen. Durchführungszeit: 70 Min. In vier Parallelformen anwendbar.

MÜLLER, R. →BRICKENKAMP

MÜLLER, R. →INGENKAMP

MÜNSTERBERG, H. **Berufseignungstests**
1910. Münsterberg erstellt erstmals Tests für die Ermittlung der Berufseignung. Dabei war die Erkenntnis entscheidend, daß jeder Beruf spezifische Anforderungen stelle, die mit Tests «geprüft» werden könnten. Der erste Beruf, für den Münsterberg Tests und ein Ausleseverfahren schuf, war der des Straßenbahners, der zweite der der Telefonistin.

MÜNSTERBERG →GRÜNBAUM

MURRAY, H. A. **Thematischer Apperzeptions Test (TAT)**
1935–43. Eines der verbreitetsten Projektiv-Verfahren. Zu 20 Bildern mit ausdrucksvollen, dramatischen Szenen soll jeweils eine Geschichte erzählt werden. Durch die Identifikation mit den dargestellten Personen soll die Vp ihre eigenen Konflikte in den Geschichten zum Ausdruck bringen. 1958 wurde von W. J. Revers eine deutsche Ausgabe erstellt. →MURRAY – REVERS. Eine besondere Weiterentwicklung des TAT für

eine Methode der Motivmessung haben McClelland und (in Deutschland) Heckhausen und Sader durchgeführt. →KORNADT

MUSCIO, B. **Handgeschicklichkeitstest**
1922. In der von Muscio zusammengestellten engl. Testserie für die Auslese von Schriftsetzern wurde das Handgeschick dadurch geprüft, daß in ein Brett mit zahlreichen kleinen Löchern Stäbchen eingesteckt werden mußten. Dieser Test ist die Ausgangsform des Steckbretts.

MUTHNY, F. A. **Freiburger Fragebogen zur Krankheitsverarbeitung (FKV)**
1988. AA ab 16. Der FKV (102 Items / 12 Skalen) erfaßt Krankheitsverarbeitungsmodi auf den Ebenen von Kognition, Emotion und Verhalten. Die Kurzformd (35 Items / 5 Skalen) eignet sich besonders für Verlaufsmessungen der Verarbeitungsprozesse. In 10–30 Min. bzw. 5–15 Min. durchzuführen. Computergestützte Fassung liegt vor.

NAKAMURA →SCHERER

NATIONAL FOUNDATION. **National Foundation Tests**
Von der National Foundation for Educational Research in England und Wales herausgegebene Serie von Schultests (Reading Comprehension, Verbal Tests, Non-verbal Tests, Number Tests, Arithmetic Progress Tests u. a.) mit den Autoren Barnard, Bate, Harris, Highfield, Land, Pidgeon, Smith, Stuart, Watts.

NAUCK, J. – OTTE, R. **Diagnostischer Test Deutsch (DTD)**
1980. AA 4.–6. Schuljahr. Diagnostiziert die Fähigkeit zur pragmatischen Sprachbetrachtung und -analyse. Der DTD erfaßt die sechs Basisleistungen Teststrukturierung, Instruktionsverständnis, aktiver und passiver Wortschaft, Analogiefindung sowie Leseverständnis. Durchführungszeit: 60 Min. Ein Leistungsprofil kann erstellt werden.

NELSON →HENMON

NETSCHAJEFF. **Vergleichung abgebildeter Gegenstände**
1911. Zwei Tafeln mit je 12 einfachen Zeichnungen werden nacheinander vorgelegt. Die Abweichungen sind zu erkennen.

NEUBERGER, O. – ALLERBECK, M. **Arbeitsbeschreibungsbogen (ABB)** →Verzeichnis ausgewählter arbeitswissenschaftlicher Methoden

NEUMÄRKER, K.-J. – BZUFKA, M. W. **Berliner Luria-Neuropsychologisches Verfahren für Kinder (BLN-K)**
Der BLN-K dient zur Diagnostik isolierter oder globaler Leistungsausfälle aufgrund von Störungen der Hirnfunktion, z. B. nach Traumen, Operationen oder Erkrankungen des ZNS.

NEUMANN, K. **Intelligenztest für 6- bis 14-jährige körperbehinderte und nichtbehinderte Kinder ITK 6–14**
Der ITK ist ein Individualtest zur Erfassung der allgemeinen intellektuellen Leistungsfähigkeit bei 6- bis 14jährigen Kindern.

NIKETTA →WINDHEUSER

NOLTE, E. **Schulreife-Untersuchung**
1950. Das auch als «Flensburger Schulreifetest», bezeichnete Verfahren untersucht mit je 11 Aufgaben die Reife des Schulanfängers. Die Untersuchung kann in Form einer Gruppen- oder Individualprüfung erfolgen.

NORDEN →BINET – SIMON

OBERMAIR, W. et al. **Test zur Erfassung der Schwere einer Depression (TSD)**
1983. Der TSD ermöglicht eine quantifizierte Abschätzung depressiver Zustände und dient vor allem zur Verlaufskontrolle und Effizienzprüfung von Behandlungen. Die Selbstbeurteilung wird anhand von vier Subscores sowie des Gesamtpunktwertes interpretiert. Eine computerunterstützte Fassung liegt vor.

OBERMANN, C. **Airport Diagnostik des komplexen Problemlösens**
Airport ist ein EDV-Programm zur Diagnostik der komplexen Problemlösefähigkeit. Das Programm eignet sich speziell zur Personalbeurteilung bei Führungs- und Nachwuchskräften.

O'CONNOR, J. **Wiggly-Block**
1928 – 51. AA ab 16. Ein Quader (ca. 20 cm lang), der in 9 Einzelteile mit wellenförmigen Schnittflächen zerlegt wird, soll vom Probanden wieder aufgebaut werden. Der Test dient zur Prüfung des räumlichen Vorstellens.

– **Finger Dexterity Test**
1920. Test nach dem Steckbrettprinzip. 3 Stifte (3 cm lang) müssen gleichzeitig mit der Hand aufgenommen und in entsprechende Löcher eines Holz- oder Metallblocks gesteckt werden. →BETTS, MUSCIO, TIFFIN

– **Tweezer Dexterity Test**
1920. Verfahren ähnlich dem Finger Dexterity Test. Jeweils ein Stift muß mit einer Pinzette gefaßt und in ein Loch gesteckt werden.

OLDHAM →HACKMAN

OLERON →BORELLI

OLTMAN →WITKIN

ORGASS, B. **Token Test (TT)**
Deutsche Bearbeitung des Token Tests von E. De Renzi und L. A. Vignolo. Der Token Test ist ein Verfahren zur Aufdeckung rezeptiver Störungen bei Aphasikern.

OSERETZKY, N. I. **Metrische Stufenleiter zur Untersuchung der motorischen Begabung**
1923. Test zur Bestimmung des Entwicklungsstandes der Motorik bei Kindern von 4–16 Jahren. Auf Basis der Ergebnisse der Prüfung der statischen Koordination, dynamischen Koordination, Bewegungsgeschwindigkeit, gleichzeitigen Bewegungen, Präzision isolierter Bewegungen kann das sog. «motorische Alter» bestimmt werden. Insgesamt liegen 60 Aufgaben vor.

– **Methodik der kollektiven Prüfung der Motorik**
Ergänzung zur Durchführung der motorischen Messungen als Gruppenuntersuchung. →REINER

OSWALD, W. D. – FLEISCHMANN, U. M. **Das Nürnberger-Alters-Inventar (NAI)**
Das Inventar NAI hat das Ziel, wesentliche Bereiche der kognitiven Leistungsfähigkeit, des Verhaltens, der Befindlichkeit und des Selbstbildes von Testpersonen hohen Lebensalters gemäß psychometrischen Standards zu erfassen.

OSWALD, W. D. – ROTH, E. **Der Zahlen-Verbindungs-Test (Z-V-T)**
Ein sprachfreier Intelligenz-Test zur Messung der «Kognitiven Leistungsgeschwindigkeit». Er dient der Erfassung der basalen, allen Intelligenzleistungen zugrundeliegenden, weitgehend milieuunabhängigen und genetisch bedingten kognitiven Leistungsgeschwindigkeit (flüssige Intelligenz, perceptual speed oder Bearbeitungsgeschwindigkeit).

OTIS, A. S. **Otis Group Intelligence Scale**
1918. Dem seinerzeit beachteten und verbreiteten Test folgten 1920 Otis General Intelligence Examination: Designed Especially for Business Institutions, 1922 Otis Self-Administering Tests of Mental Ability. Im weiteren Ausbau ließ der Autor unter Einbeziehung der ausgegebenen Tests erscheinen: Otis Classification Test (1923), Otis Quick-Scoring Mental Ability Tests (1936) und Otis Employment Tests (1943).

OTTE, R. →NAUCK, J.

PATERSON, D. G. →ANDERSON – PINTNER – SEGUIN, →TRABUE

PAULI, R. **Pauli-Test (PT)**
ab 1936. Aus dem Arbeitsversuch von →KRAEPELIN-OEHRN (fortlaufendes Addieren) entwickelter standardisierter Test mit genormten Rechenbögen, genauen Anweisungen zur Testdurchführung, zu Normen und zu Korrelationskoeffizienten. Testdauer 1 Stunde. Hrsg. von ARNOLD, W.

PAULS, H. – REICHERTS, M. **Fragebogen zur Erfassung kindlicher Steuerung (FEKS)**
Der Fragebogen untersucht Merkmale konstruktiver bzw. problematischer Einflußnahme 8 bis 12jähriger Kinder auf ihre Eltern in typischen Problemsituationen. Der steuernde Umgang mit den Eltern wird in Form von Verhaltensalternativen in Situationen alltäglicher Kind-Eltern-Interaktionen rekonstruiert.

PENROSE, L. S. **Pattern Perception Test**
1943. AA ab 6.

PERRET, E. – STEMMLE, T. – BLÖCHLIGER, K. – STEMMLEPÖHNER, U. **Zürich-Wechsler-Intelligenztest für Erwachsene (ZÜWIE)**
1970. AA 10–59. Parallelform zum Hamburg-Wechsler-Intelligenztest für Erwachsene (→WECHSLER). Der Wortschatztest des HAWIE wurde als Untertest nicht miteinbezogen. Bei dem ZÜWIE handelt es sich um eine sehr vorläufige Form eines Paralleltests.

PETER, R. – STERN, W. **Hamburger Begabtenauslese**
1918. Der 1. Weltkrieg mit seinen Verlusten an begabten Menschen förderte stark die von der angewandten Psychologie entwickelten Intelligenz-Ausleseverfahren. Zu den bekanntesten der Zeit gehörte neben der Berliner Begabtenauslese von →MOEDE-PIORKOWSKI (für Hochbegabte von 13 Jahren) die Hamburger Auslese (für 9–10jährige Volksschüler) mit Begriffsreihenordnen, Definitionen, Lückentest, Dreiwortmethode, Fabeltest, Kritiktest, Analogiebildung u. a. m.

PETERMANN, F. – PETERMANN, U. **Erfassung aggressiven Verhaltens in konkreten Situationen bei Kindern EAS-J; EAS-M**
Situationsspezifisches Verfahren, das dem Kind Sozialverhalten als ausgestaltete und realitätsnahe Handlungsschilderung nahebringt.

PFAFFENBERGER, H. **Visueller Schulreife-Test (VSR-Test)**
1960. Die visuelle Wahrnehmung des Kindes wird danach beurteilt, ob sie einer entwicklungsmäßig frühen Auffassung, einer klar durchgliederten späten oder einer Zwischenstufe angehört.

PFISTER, M. **Farbpyramiden-Test, Farbwahlverfahren**
1975. Kleine Farbplättchen sind in eine vorgezeichnete Pyramide so einzulegen, daß die Farbkomposition den Probanden zufriedenstellt. Das Verfahren ist durch R. Heiss und H. Hiltmann 1951 einer Anwendung zugänglich gemacht worden, im angelsächsischen Sprachraum durch K. W. Schaie u. R. Heiss. →HEISS, SCHAIE, HOUBEN

PHILLIPSON, H. **Object Relations Technique**
1973. Projektives Verfahren zur Erfassung der interpersonellen Beziehungen.

PICHOT →ANSTEY

PIERON →TOULOUSE

PINILLOS →BRENGELMANN

PIORKOWSKI →MOEDE

PIORKOWSKI →Sinnesfunktionen (Handgeschick)

PIRE →ANSTEY

PLATH, H.-E. – RICHTER, P. **Belastung-Monotonie-Sättigung-Stress (BMS)** →Verzeichnis ausgewählter arbeitswissenschaftlicher Methoden

PLAUM, E. →KAGAN, J.

PLAUM, E. →KAHN, T. C.

POHLMANN. **Definitionen, Begriffsdefinition**
1912. In Anlehnung und Abwandlung der Binetschen Definitionen wurden von P. Begriffe (naturwissenschaftliche, religiöse, sozialethische, von Tätigkeiten und Ereignissen, Tastqualitäten usw.) zur Definition an normale Kinder gegeben.

POPPELREUTER, W. **Abwicklungsmethode («Drachen»)**
um 1920 (wie auch die folgenden Tests). Mit aufgezeichnetem Quadratnetz versehene Blechstücke, die mehrfach abgekantet sind, sollen ohne Berühren oder seitliches Betrachten auf einem Papierbogen (mit gleichem Netzaufdruck), in die Ebene projiziert, aufgezeichnet werden.

– **Briefumschlag-Schneiden**
Ein Briefumschlag ist anhand von fünf Vorlagen zu einzelnen Arbeitsvorgängen aus einem Bogen Papier herzustellen.

– **Mechanismus, Montageprobe (apparativer Test)**
Der Mechanismus einer Maschine wird auseinandergenommen und wieder zusammengesetzt.

– **Reaktion unter Zeitzwang**
Der Test dient der apparativen Erfassung des bewußten Zweckreagierens im Gegensatz zu den «einfachen halbautomatischen Bewegungsreaktionen (Greifreaktionen)». Als Testmaterial dienen acht Zelluloidstreifen (Kerzen genannt) und acht Gummidruckbälle mit sich mehrfach überkreuzenden Schläuchen, die neben den Kerzen in Glasspitzen enden. Der Proband soll nach dem Anzünden der Zelluloidstreifen möglichst schnell den zugehörigen Druckball ausfindig machen um die Kerze auszublasen. Die Kerze brennt etwa 10 Sekunden.

– **Suchfeld**
Aufmerksamkeit und Konzentration im Suchakt. Aufsuchen von Zahlen, z. B. 1–50, die über eine Tafel von z. B. 60 × 80 cm verteilt sind, dazwischen farbige Zahlen, Buchstaben u. a. Zahlreiche Abwandlungen (auch als verkleinerte Tafeln).

– **Unterschriftzeichnen, beidhändige Genauigkeitsarbeit (apparativer Test)**
Unter dem Stift einer Unterstiftapparatur wird der auf einem Brett aufgespannte Vordruck durchgeschoben, wobei die Vordrucklinien möglichst nicht zu berühren sind. Abwandlungen von Schulz und Heynig.

– **Zahlenvergleich, Linienvergleich**
Zwei Testmittel, bei denen das Vergleichen von je zwei kleinen Tafeln mit vielstelligen Zahlen (ebenso mit Liniennetzen) und das Auffinden der nur kleinen Abweichungen gefordert wird. →GRÜNBAUM

PORTER, R. B. – CATTELL, R. B. **Children's Personality Questionnaire (CPQ)**
1968. AA 8–12. Persönlichkeitstest, welcher 14 der von Cattell und Mitarbeitern faktorenanalytisch gewonnenen Dimensionen mißt.

PORTER →CATTELL, R.B.

PORTEUS, S. D. **The Porteus Maze Test (PMT)**
1914–59. AA ab 3. Altbekannter Labyrinth-Test mit zahlreichen Abwandlungen (z. B. Vineland-Revisionen), der sich als Entwicklungstest bewährte.

PRAK, J. L. **Mathematical and Technical Test (M-T Test)**
1948. Nicht-sprachliche Testbatterie in zwei Ausgaben mit je 10 Aufgaben, die teils Anforderungen an das mathematische, teils an das technische bzw. mechanische Verständnis stellen. Der Test ist für viele Anwendungsbereiche verwendbar. Vorzugsweise wird er für Berufsauslesen, technische Ausbildung und industrielle Zwecke eingesetzt.

– **Test bij het schoolbegin**
Zur Beurteilung der Verstandesentwicklung im Kindergartenalter und im ersten und zweiten Volksschuljahr.

– **Wiskundig-technische Proefserie**
Zur Beurteilung der mathematisch-technischen Begabung.

PRATT, W. E. – YOUNG, R. V. – COCKERILLE, C. E. **American School Achievement Tests**
1941–63. Gruppe bekannter Schulleistungstests (Tests zur Prüfung von Kenntnissen und Fertigkeiten). Von Pratt und anderen Autoren wurde ebenfalls als Fortentwicklung der Illinois General Intelligence Scale (1926) der American School Intelligence Test (1961–63) herausgegeben.

PRESSEY, S. L. – PRESSEY, L. C. **Pressey Classification and Verifying Tests**
1922–58. AA versch. In den Formen Primary, Intermediate und Senior Classification bzw. Verifying. Ein alter und für die Entwicklung der Intelligenzmessung bedeutender Test. Weitere Tests: Interest-Attitude-Test, X-O-Test. Die Pbn müssen aus Wortserien jeweils die Worte durch-

streichen, die bei ihnen unangenehme bzw. angenehme Vorstellungen erwecken. Das Angenehme bzw. Unangenehme ist mit einem Kreis zu bezeichnen bzw. durchzustreichen (daher X-O-Test),

PREUSS, U. →MELCHER, P.

PRIESTER →WECHSLER

PUDEL, V. – WESTENHÖFER, J. **Fragebogen zum Eßverhalten (FEV)**
Der FEV erfaßt mit 51 Items Verhaltensdispositionen hinsichtlich des Eßverhaltens auf drei Dimensionen: Kognitive Kontrolle des Eßverhaltens (gezügeltes Eßverhalten); die Störbarkeit des Eßverhaltens und Enthemmung der Kontrolle durch situative Reizkonstellationen und emotionale Belastungen; Hungergefühle und deren Verhaltenskorrelate.

RAATZ, U. – MÖHLING, R. **Frankfurter Tests für Fünfjährige – Wortschatz (FTF–W)**

Hrsg. Deutsches Institut für Internationale Pädagogische Forschung.
1971. AA 5;0–6;0. Der Test erlaubt auf ökonomische und kindgemäße Weise eine Abschätzung des aktiven substantivischen Grundwortschatzes. Das Kind benennt auf Bildkarten dargestellte Gegenstände. Durchführungsdauer: 15 Min.

– **Frankfurter Test für Fünfjährige – Konzentration (FTF–K)**
Durchstreichtest zur Abschätzung der Konzentrationsfähigkeit bzw. deren Förderungsbedürftigkeit. Durchführungsdauer: 10 Min.

RAFFERTY, E. →ROTTER, J. B.

RAMBERT, M. L. **Kasperle-, Guignol-Test, Puppenspiel**
1938. Der Test benutzt die befreiende und lösende Wirkung des Marionettenspiels beim Kind bei gleichzeitiger Testung und charakterologischer Erfassung. Er steht den Tests von Bühler und Staabs nahe.

RANSCHBURG, P. **Gedächtnis- (Merkfähigkeits-)Test**
1907–10. Wortpaarmethode analog →RIES, dazu Darbietung von Aufträgen, Figuren, Personen, Zahlen und anderem Testmaterial zur Prüfung der Merkfähigkeit.

RATHENOW, P. **Westermann Rechtschreibtest 4/5 (WRT 4/5)**
Der Test erfaßt Stärken und Schwächen in der Rechtschreibleistung von Schülern Mitte der 4. bis Anfang der 5. Klasse. Die Ergebnisse liefern Anhaltspunkte für die formale Zusammensetzung und curriculare Gestaltung von Förderkursen und geben Anregungen für die gezielte und individuelle Betreuung rechtschreibschwacher Kinder im herkömmlichen Klassenverband.

RATHENOW, P. – VÖGE, J. – LAUPENMÜHLEN, D. **Westermann Rechtschreibtest 6+ (WRT 6+)**
Der WRT 6+ ermöglicht die Erfassung der Rechtschreibfertigkeit von Schülern vom Ende der 5. bis zum Ende der 7. Klasse.

RAVEN, J. C. **Standard Progressive Matrices (SPM), Progressiver Matrizen-Test**
1938, 1956. Zur Feststellung der Allgemeinbefähigung im Sinne von Spearmans Faktor «g». «A test of observation and clear thinking» (Raven). Es werden Zeichen und geometrische Figuren dargeboten, die in einer bestimmten Weise als Gruppe geordnet sind und in Beziehung zueinander stehen. Es wird eine Lücke gelassen, für die die allein hineinpassende Figur von der Vp aus einem Vorrat weiterer Figuren auszulesen ist. Es sind fünf Problemserien mit je 12 Aufgaben vorhanden (für Erwachsene und Kinder ab 6 Jahre).

– **Coloured Progressive Matrices (CPM)**
1947, 1956. Eine gegenüber der Standardform kürzere, farbige Ausgabe für Kinder von 5–11 Jahren und geistig Behinderte.

– **Progressive Matrices (PM)**
Der PM entspricht zwar der Form von 1947, liegt aber in zwei Ausgaben für Altersgruppen ab dem 11. Lebensjahr vor. Der Test findet z. B. Anwendung für überdurchschnittlich begabte Erwachsene.

– **The Mill Hill Vocabulary Scale**
1943–48. Wortschatztest zur Ergänzung der Standardform des Matrizentests in drei Ausgaben für 4–10-, 11–14- und über 14jährige.

– **The Crichton Vocabulary Scale**
1950. Wortschatztest zur Ergänzung der farbigen Ausgabe des Matrizentests für 4- bis 11jährige.

REDLICH, F. C. – LEVINE, J. – SOHLER, Th. **Mirth Response Test, Humor-Test**
1951. Der Vp wird eine Testserie mit 36 Witzbildern vorgelegt. Sie soll sich zu den Bildern äußern und diese nach Gefallen bzw. Mißfallen einordnen.

REICH, H. **Tuanima-Psychotest**
1955. Ein mit «Strukturanalyse der Seele durch gegenstandsfreie Bilder» bezeichneter Versuch, wobei diese Bilder «Symbole» darstellen.

REICHERTS, M. – MEINRAD, P. **Fragebogen zum Umgang mit Belastungen im Verlauf**
Der Fragebogen untersucht Verläufe der Belastungsverarbeitung in verschiedenen Standard-Situationen. Erfaßt werden Situationseinschätzungen, emotionale Reaktionen, selbst- und umgebungsbezogenes Coping zu Beginn, bei Fortbestehen und beim Ausgang alltagsnaher Streßepisoden.

REIMANN, B. – EICHHORN, R. **Testsystem für hörgeschädigte Kinder (THK)**
AA 5–9. Das THK ist ein leistungsdiagnostisches Verfahren. Es stellt eine Kombination von Entwicklungsstands- und Lernfähigkeitsdiagnostik dar und dient der Ermittlung kognitiver Leistungen im optisch-figuralen Bereich bei schwerhörigen und gehörlosen Kindern.

REINARTZ, A. **Schulleistungsprüfung lernbehinderter Schüler (S-L-S)**
1966. AA 3.–5. Klasse. Untersuchungsverfahren zur Feststellung der Leistungen bei der Aufnahme sowie zur Leistungsdifferenzierung in der 3., 4. und 5. Klasse der Sonderschule für Lernbehinderte.

REISBERG, B. u. a. **Die Reisberg Skalen GDS, BCRS, FAST**
Die Global Deterioration Scale (GDS) und die Brief Cognitive Rating Scale (BCRS) dienen der Einstufung von Demenzen bei älteren Menschen. Die GDS beschreibt als Fremdbeurteilungsskala sieben Ausprägungsgrade eines dementiellen Syndroms als Stadien. Die BCRS ermöglicht die gleiche Aussage anhand von Einschätzungen in zehn Teilbereichen der dementiellen Symptomatik: Konzentration, Kurzzeitgedächtnis, Langzeitgedächtnis, Orientierung, Alltagskompetenz und selbständige Versorgung der Person, Sprache, Psychomotorik, Stimmung und Verhalten, konstruktive Zeichenfähigkeit und Rechenfähigkeit. Das Functional Assessment Staging (FAST) ermöglicht eine Beurteilung der «activities of daily living» (ADL), insbesondere für die Schweregrade 6 und 7 von Demenzen, und es beurteilt differenziert deren Ausprägung im Bereich der Alltagskompetenz und der selbständigen Versorgung der Person.

REMMERS, H. H. – SHIMBERG, B. – DRUKKER, A. J. **SRA Youth Inventory**
1949–56. AA 13–19. Fragebogen zur Klärung der besonderen Probleme und Sorgen Jugendlicher mit den neun Skalen: school, future, myself, people, home, dates and sex, health, general, basic difficulty. (SRA = Science Research Associates, Inc.)

RENNES, P. **Test non verbal de classification générale**
Intelligenzprüfverfahren, das Material aus den Testreihen von R.B. Cattell und dem Army Beta Test (Yerkes) enthält. Kurzprüfung: 20 Minuten.

– **Test verbal de classification générale**
Verbale Parallelserie zu dem nichtverbalen Intelligenzprüfverfahren.

REVERS →MURRAY

REVESZ, G. **Prüfung der Musikalität**
1920. Ein Musikbegabungstest, der frühzeitig bei der testmäßigen Erfassung dieser Begabung sich nicht bloß an Einzelheiten hält, sondern «ganzheitliche» Methoden sucht. →ALIFERIS, DRAKE, SEASHORE.

REY, A. **Epreuve de motricité digitale**
1952. Motorischer Entwicklungstest für Kinder von 6–14 Jahren. Das Fingeranheben aus der flach aufliegenden Hand (bzw. beider Hände) ist Entwicklungskriterium (Hemmungen, Mitbewegungen usw.).

– **Zeichentest**
1941. Rechteck, Quadrat, Dreieck u. a. sind nachzuzeichnen.

REYNELL, J. K. – CURWEN, M. **Reynell Developmental Language Scale Revised Edition**
Die Reynell Developmental Skala dient der separaten Prüfung von Sprachausdruck und Sprachverständnis von Kindern im Alter von 1,5 bis 6 Jahren.

RICHTER →BECKMANN

RICHTER →PLATH

RICHTER, P. et al. **Spezielle Analyse belastender Arbeitsfaktoren (SABA)** →Verzeichnis ausgewählter arbeitswissenschaftlicher Methoden

RIEF, W. – HILLER, W. – HEUSER, J. **Screening für Somatoforme Störungen (SOMS)**
Das Verfahren dient der Erleichterung der Klassifikation, der Quantifizierung sowie der Verlaufsbeschreibung von Personen mit somatoformen Störungen. Es werden sowohl die Kriterien von DSM IV als auch von ICD-10 berücksichtigt. Der Hauptteil des Verfahrens besteht aus einer Beschwerdeliste der Symptome (68 Items), die für eine Somatisierungsstörung von Relevanz sein können. Zur Veränderungsmessung wird eine Sonderform der Fragebogens (53 Items) vorgegeben in dem die einzelnen körperlichen Beschwerden bezüglich ihrer Intensität für die vergangenen sieben Tage eingeschätzt werden.

RIEFFERT, J. B. **Befehlsreihe**
Ein Handlungstest der deutschen Heerespsychologie, bei dem der Prüfling mit Behelfsmitteln (Brettern, Seilen usw.) und mit starker körperlicher Beanspruchung eine befohlene Aufgabe (z. B. einen Steg bauen) ausführen muß.

RIEFFERT →MIERKE

RIEGEL, K. F. **Der sprachliche Leistungstest (SASKA)**
1967. AA ab 16. Test dient zur «Abschätzung der allgemeinen und insbesondere der verbalen Intelligenz Erwachsener und zur Erfassung differentieller Leistungsveränderungen». Er umfaßt den Synonym-, den Antonym-, den Selektions-, den Klassifikations- und den Analogietest (= SASKA).

RIEMANN, R. **Repertory Grid Technik**
Verfahren, mit dem individuelle Dimensionen subjektiven Erfahrens und Erlebens erfaßt werden. Diese ursprünglich von Kelly entwickelte Methode basiert auf der Annahme, daß Personen ein individuelles System von Begriffen entwickeln, um sich in ihrer Welt zurechtzufinden.

ROBINSON →GRAY

ROEMER, G. A. **Symboltest**
1. Stammserie. 1920. 8 Testbilder, die von Rorschach selbst als Parallelserie anerkannt und zu 19 ausführlichen Analysen von gebildeten Probanden benutzt wurden, von denen nur ein Diplomaten-Befund publiziert ist. Die Bildformen sind nach der Mannigfaltigkeit (Polyvalenz) der möglichen Deutungsinhalte systematischer durchgestaltet und sollen zu Deutungen aus einer tieferen ps. Schicht, als beim Rorschachtest anregen. Auch raumrhythmische Komponenten spielen eine Rolle. Dem Wunsch Rorschachs entsprechend werden heute 2 Einleitungstests (mit 4 symmetrischen und 4 asymmetrischen kinästhesiereichen Testbildern) vorgeschaltet.
2. In der Hauptserie (um 1957. 25 Bilder) konnte aufgrund langjähriger statistischer Untersuchungen der Anreiz zu symbolischen Deutungen noch erheblich gesteigert werden. Die vollkommenste Form des Tests ist der Dunkelfeld-Test, wobei die Bilder mit einer besonderen Apparatur langsam aufgehellt werden.

– **Zentraltest-Methode**
Bez. für die Roemersche Gesamt-Untersuchung, wobei die Symboltestserie mit folgenden Tests ergänzt wird: Milieu-Test, Objekt-Test (fremdartige Formen), Kritik-Test (unmögliche oder unwahrscheinliche Darstellungen), Personen-Test (Darstellung von 2 Personen mit anziehender oder abstoßender Wirkung auf den Beschauer), Test für Kombination (surrealistisch ineinander übergehende Einzelszenen), Kurzlicht-Test.

ROEST, F. – SCHERZER, A. – URBAN, E. – GANGEL, H. – BRANDSTÄTTER, C. **Mailbox-90 Ein computerunterstütztes Test- und Trainingsverfahren zur Personalentwicklung**
Ziel des Verfahrens ist die Messung der Arbeitsquantität und -qualität sowie der Fähigkeit, Aufgaben zu delegieren und die eigene Tätigkeit zu organisieren. Der Aufgabenpool besteht aus einem Eingangspostkorb mit Vermerken, Briefen, Gesprächsnotizen, Terminvereinbarungen etc., der in einer vorgegebenen Zeit zu bearbeiten ist.

ROETHER, D. **Vorschul-Lerntest (VLT)**
Der Vorschul-Lerntest dient der Feststellung des Entwicklungsstandes und der Entwicklungspotenzen im anschaulich-konkreten Denken bei Vorschulkindern.

ROGERS, C. R. **Test of Personality Adjustment, Personal Adjustment Inventory (PAI)**
1931. AA 9–13. Der Test enthält folgende Skalen: personal inferiority, social maladjustment, family maladjustment, daydreaming.

ROGERS →LAUER

ROHDE →Erzählmethode

ROHMERT, W. – LANDAU, K. **Arbeitswissenschaftliches Erhebungsverfahren zur Tätigkeitsanalyse (AET)** →Verzeichnis ausgewählter arbeitswissenschaftlicher Methoden

ROLLET, B. – BARTLAM, M. **Anstrengungsvermeidungstest**
1977. AA 10–19. Meßverfahren zur Bestimmung von Vermeidungsstrategien gegenüber Anforderungen der sozialen Umwelt.

RORSCHACH, H. **Rorschach-Test, Formdeute-Test**
1921. 10 Tafeln mit symmetrischen Klecksbildern, von denen 5 grau-schwarz (Tafeln 1, 4, 5, 6, 7), 2 grau mit rot (Tafeln 2, 3) und 3 mehrfarbig sind (Tafeln 8, 9, 10). Der Test ist einer der häufig angewandten projektiven Verfahren und dient hauptsächlich im klinischen Bereich zur Persönlichkeitsdiagnose. Parallelserien und Weiterentwicklungen sind herausgegeben worden von →BEHN, BÖHM, DREY-FUCHS, HARROWER, HOLTZMAN, HOWARD, KLOPFER, ROEMER, ZULLIGER.
Die 10 Tafeln des Tests werden in der festgelegten Reihenfolge von Tafel 1 bis Tafel 10 der Versuchsperson vorgelegt. Die Versuchsperson hat die Aufgabe, die Tafeln zu deuten. Die Antworten werden vom Versuchsleiter notiert. Die Testauswertung gliedert sich in eine formale und eine inhaltliche Analyse. Jede Antwort wird nach 4 Gesichtspunkten signiert.
Mit der Signierung des Erfassungsmodus wird die Art der räumlichen Erfassung der Klecksbilder festgehalten (Ganz- und Detaildeutungen). Der Erfassungsmodus soll Anhaltspunkte über die intellektuelle Struktur quantitativer und qualitativer Art liefern. Bei der Signierung der Determinanten werden die die Antwort bestimmenden Bedingungen festgestellt. Die Determinanten sollen Aufschluß über die spezifische Erlebnisweise des Probanden geben.
Darüber hinaus können die für den Probanden charakteristischen Strebungen und Interessen festgehalten werden, während die sich aus der Häufigkeitsreihe ergebenden Originalitätscharakterisierungen Hinweise auf die Phantasie und Kreativität der Vp ergeben.
Eine besondere Berücksichtigung erfahren die «besonderen Phänomene» (Versager, Farbschock, Symmetriebetonung), die zu psychischen

Störungen in Beziehung gebracht werden können.
Das gesamte signierte Protokoll wird in einem Verrechnungsschema zahlenmäßig dargestellt. Das Psychogramm stellt die intuitive und ganzheitliche Zusammenfassung der einzelnen Auswertungskategorien dar.
Im Mittelpunkt vieler Untersuchungen zum R.-Test stand die Bestimmung der →Testgütekriterien des Verfahrens. Die Interpretationsobjektivität ist dann nicht ausreichend hoch, wenn Einzelmerkmale berücksichtigt werden. Sie steigt jedoch an, wenn die Interpretation auf einer mehr ganzheitlichen Beurteilung beruht.
Da keine äquivalenten Parallelserien bestehen, sind Retestuntersuchungen zur Messung der Komponente der Stabilität methodisch nicht einwandfrei durchzuführen. Da bei einer Testhalbierung die beiden Testhälften kaum vergleichbar sind, ist die Halbierungstestmethode nicht anwendbar.
Unter diesen Bedingungen sind die in der Literatur auffindbaren, sehr unterschiedlichen Angaben über die Zuverlässigkeit zu beurteilen. Es muß davon ausgegangen werden, daß einzelne Reliabilitätsangaben keine gute Schätzung der tatsächlichen Reliabilität des R. darstellen. Auch die Bestimmung der Validität stößt auf viele methodische Probleme. Dies führt dazu, daß der Test bezüglich seiner psychometrischen Qualitäten sehr starker Kritik unterworfen ist. Um ein individuelles Testergebnis sinnvoll interpretieren zu können, muß es in Beziehung zu einer Referenzgruppe gebracht werden.
Mit der Forderung nach Normen für den R.-Test geht die Entwicklung einher, für möglichst viele Komponenten des Tests Grobnormen aufzustellen. Einige Forscher haben sich der Untersuchung der wenig bekannten theoretischen Begründung des R.-Tests gewidmet, z. B. wurde auf experimentellem Weg der Stimulus-Charakter der Tafeln untersucht oder die Bedeutung der Farbkarten für die Häufigkeit der Farbantworten ermittelt.

ROSANOFF →KENT

ROSENBERG →GOLDSTEIN

ROSENZWEIG, S. **Rosenzweig Picture-Frustration Study**
1934–45. In dem vormals als Picture Association Method bezeichneten Verfahren wird versucht, durch Zeichnungen und Frustrationssituationen emotionalen Stress beim Pb auszulösen. Ärgerliche Vorgänge werden dargestellt, zu denen eine Person Vorwürfe macht oder eine Frage, eine Entschuldigung o. ä. vorbringt. Vom Pb sind einer zweiten Person Äußerungen «zuzuteilen».
Die Annahme Rosenzweigs besteht darin, daß der Pb sich mit der benachteiligten Person identifiziert. – Deutsche Bearbeitung von E. Duhm u. J. Hansen (Form für Kinder), sowie von H. Hörmann u. W. Moog (Form für Erwachsene). →DUHM – HANSEN, HILTMANN, HÖRMANN, MOOG

ROSSMANN, P. **Depressionstest für Kinder (DTK)**
1993. AA 9–14. Der Fragebogen besteht aus 55 Items, die sich auf 1) dysphonische Stimmung und Selbstwertprobleme 2) Tendenzen zu agitiertem Verhalten und 3) auf Müdigkeit und andere psychosomatische Aspekte beziehen. Dauer: 10–15 Min.

ROSSOLIMO, G. I. **Profilverfahren**
1910. Ein Intelligenztest mit der Möglichkeit der graphischen Darstellung der Untertestergebnisse. Ordnet man die Leistungen nach 0 bis 10 Punkten (nach 10 Graden), dann erhält man ein anschauliches und besonders auch beim Vergleich mit anderen Probanden übersichtliches «Leistungsbild».

ROSSOLIMO, G. I. **Kritikfähigkeit, Bilderabsurditäten**
1911. Unwahrscheinlichkeiten sind als solche zu erkennen, z. B. ein kahlköpfiger Mann kämmt sich.

ROTH, E. →ALLPORT – VERNON – LINDZEY

ROTH, H. **Prüfung des sittlichen Urteils**
1915. Jugendlichen werden Geschichten mit schwierigen Konfliktsituationen vorgelesen und zur Beurteilung überlassen.

ROTH, H. – SÜLLWOLD, F. – BERG, M. **Problemfragebogen für Jugendliche**
1967. AA 14–19. Fassung des «SRA Youth Inventory» (→REMMERS). Es werden Daten zu acht Lebensbereichen wie Schule, Zukunft, Volk, Geschlechter, Gesundheit u. a. erhoben.

ROTH, J. **Fragebogen zum Trinkverhalten Alkoholabhängiger (FTA)**
Differential-diagnostisches Selbstbeurteilungsverfahren zur Bestimmung der Typen und Phasen der Alkoholabhängigkeit. Der Fragebogen zur Klassifikation des Trinkverhaltens Alkoholabhängiger erfaßt ausschließlich Aspekte des abhängigen Trinkverhaltens. Der FTA enthält 65 Items, die zu fünf Dimensionen verdichtet wurden. Er ermöglicht Aussagen zu: 1. Typ und Schweregrad («Phase») des abhängigen Trinkverhaltens auf der Grundlage der Jellinekschen Konzeption (Gamma- und Deltatyps der Alkoholabhängigkeit). 2. Art und Ausmaß der sozialen Einbettung des Trinkens. 3. Ausmaß des funktionalen Trinkens. 4. Schwere des Kontrollverlusttrinkens und des «gewohnheitsbedingten» bzw. «entzugsbedingten Hintergrundtrinkens».

ROTH →INGENKAMP

ROTTER, J. B. – RAFFERTY, J. E. **Rotter Incomplete Sentences Blank (RISB)**
1950, 1992. AA ab 12. Projektierter Persönlichkeitstest, bei dem der Proband Satzanfänge vervollständigen muß. Das Verfahren wurde entwickelt, um über einen objektiv ermittelten Gesamtpunktwert die allgemeine Anpassung (bzw. Abweichung in Form von Verhaltensstörungen) zu erfassen.

ROYCE, J. R. **Ring, Prüfung der räumlichen Vorstellung**
Falten von Papierstreifen und Drehungen in Schleifenform. Die entstehenden Figuren sind aus den vorbezeichneten Drehrichtungen anzugeben.

RUDOLF, G. **Psychischer und Sozial-Kommunikativer Befund (PSKB)**
Er dient primär der standardisierten Erfassung neurotischer Befunde. Der PSKB ist ein Befundsystem, das Neurosen unter psychoanalytischen Gesichtspunkten beschreibt und dabei den Aspekt der zwischenmenschlichen Beziehungen besonders betont.

RUDOLF, H. **Graphomotorische Testbatterie (GMT)**
1986. AA 4;6–6;11. Die GMT gestattet Aussagen über den Entwicklungsstand der Feinmotorik; eine wichtige Voraussetzung für das Erlernen des Schreibens. Das graphomotorische Leistungsprofil erlaubt u. a. eine Diagnose der Schulreife. Die sieben Teiltests messen Wahrnehmungsfähigkeit, visuo-motorische Koordination, visuelle Form- und Gestalterfassung, Bewegungskontrolle, Hand- und Fingergeschicklichkeit sowie die Fähigkeit zum Umgang mit dem Schreibgerät. Bearbeitungsdauer: 45 Min.

RUDOLPH, E. – SCHÖNFELDER, E. – HAKKER, W. **Tätigkeitsbewertungssystem – Geistige Arbeitstätigkeiten (TBS-GA)**
Der TBS-GA ist ein Verfahren zur objektiven Analyse, Bewertung und Gestaltung von geistigen Arbeitstätigkeiten mit und ohne Rechnerunterstützung.

RUPP, H. **Abwicklungsmethode**
um 1919. Zur Erfassung der räumlichen Vorstellung werden geometrische Körper gezeigt. An einem wird demonstriert, welche Lösung die Abwicklung ergibt, das Gleiche ist darauf von der Vp selbständig vorzunehmen.

– **Lenkprobe**
Als erster konstruierte Rupp den später auch als rollende Straße bezeichneten Prüfstand, bei dem mit einem Lenkrad ein Stift zu führen ist, damit dieser einer Spur (evtl. in einem Staßenplan) folgt, die vor dem Pb über Rollen abläuft.

– **Waben-Test, Zeichnungen fortsetzen**
1923. Angefangene Zeichnungen von Mustern (wie Sechsecke, daher Wabentest, Bogen, Treppen, Mäander) sind weiterzuführen. →Zeichenmethode

RUPPERT →HOYOS

RUST, J. **Rust Inventory of Schizotypal Cognitions (RISC)**
Das RISC ist ein Inventar zur Identifikation und Bewertung von exzentrischen oder bizarren Denkmodellen im Zusammenhang mit akuter Schizophrenie.

RUTHE, P. **Mathematische Funktionserfassung**
1919. Test analog →LIPMANN (Zahlenreihen fortsetzen).

– **Würfeltest, Gedankenoperation mit Würfel**
1919. Ein farbiger (etwa roter) Würfel mit 4 cm Kantenlänge, auf dem weiße Linien in cm-Abstand aufgetragen sind, wird vorgezeigt. Ohne Demonstration ist dann gedanklich der Würfel in solche von 1 cm Kantenlänge zu zerlegen und anzugeben, wie viele auf 3, 2, 1, 0 Seiten rot angestrichen sind. Der Autor hat den Test als Schulrektor bei der damaligen Begabtenprüfung in Berlin eingeführt.

RUTHERFORD →CATTELL

RYBAKOW. **Räumliche Vorstellung, visuelle Kombination**
1910. Die bekannte Rybakow-Methode (Puzzlemethode), wobei geometrische Figuren durch (gedankliches oder eingezeichnetes) Trennen und Umlegen zu einem Quadrat, Dreieck, Kreis usw. zu gestalten sind.

SACHER →WARTEGG

SALDERN, M. v. – LITTIG, K.-E. **Landauer Skalen zum Sozialklima für 4.–13. Klassen (LASSO 4–13)**
Die Landauer Skalen zum Sozialklima versuchen die Einstellung der Schüler zu ihrer Lernumwelt zu erfassen.

SAMTLEBEN →INGENKAMP

SANDER, F. **Saum-Schneideprobe**
Zu einer vorgedruckten Zickzacklinie ist ein gleichmäßig breiter Rand auszuschneiden.

– **Bilderreihe**
Von Sander im Zuge der Untersuchungen zur Aktualgenese dargebotenes Strichbild einer Bauersfrau mit Rechen in 15 Stufen von ersten Andeutungen bis zur vollen Zeichnung.

– **Kontur-Test**
Ein Zeichentest in drei verschiedenen Vorlagen, ähnlich dem vorstehenden. Die vorgelegten Figuren sind hier nicht unterbrochen. Eine der Figuren besteht aus runden, eine aus geraden Linien, eine Figur aus beiden Linienformen.

– **Phantasie-Test**
Ein Zeichentest in drei verschiedenen Vorlagen. Einige wenige Striche und Andeutungen werden als Reizgrundlage vorgegeben und der Proband aufgefordert, aus diesen Teilstrichen wieder ein Ganzes herzustellen, das ihn gefühlsmäßig zufriedenstellt und anspricht.

SANDERS, C. **Rangeertest, Rangiertest**
Test analog →TRAMM.

SANDERS →INGENKAMP

SAPON →INGENKAMP

SASLOW, G. **Fragebogen-Test, Psychiatric Screening Test**
Liste mit Fragen, die vorwiegend auf affektive Erlebnisse ausgerichtet sind.

SAUTER, F. C. **Prüfung optischer Differenzierungsleistungen**
AA 5–8. Differentialdiagnostikum zur Messung der optischen Differenzierungsleistungen, die der Schulanfänger beim Erfassen von Buchstaben, Ziffern, Worten und Zahlen erbringen muß.

SCHÄFER →INGENKAMP

SCHAIE →PFISTER

SCHAIE, K. W. **Test of Behavioral Rigidity (TBR)**
1960. Der TBR mißt mittels dreier Subtests die Fähigkeit, sich Umweltveränderungen anzupassen und Einschränkungen des Lebensraums zu bewältigen. Rigidität wird dabei verstanden als eine Tendenz, Veränderungen, also das Aufgeben alter bzw. den Erwerb neuer Verhaltensmuster, abzulehnen. Durchführungszeit: 30 Min.

SCHAUDER, T. **Aussagenliste zum Selbstwertgefühl für Kinder und Jugendliche (ALS)**
1982, überarb. Aufl. 1991; hrsg. in der Reihe «Treatmentorientierte Diagnostik» von JÄGER, R. S. – PETERMANN, F. Die ALS soll durch die «Methode der Selbstverbalisation» Art (Qualität) und Ausmaß (Quantität) des Selbstwertgefühls von Kindern und Jugendlichen differenziert bestimmen. Das Selbstwertgefühl wird dabei verstanden als Summe verschiedener situations- und personabhängiger -positiver oder negativer Selbsteinschätzungen bezüglich eigener Fähigkeit und Eigenschaften.

SCHEERER – WEIGL. **Ordnen von Gegenständen, Sachdenkprobe, abstraktes Denken, Form-Farbe-Test**
Gegenstände sind nach verschiedenen Kriterien zu gruppieren (Kategorienbildung). Diese sind im folgenden: Form, Farbe, Zweck, Material und Situation. Oder auch: Form, Farbe der Oberfläche, Farbe der Schnittfläche u. a. m. →HANFMANN, TRIST, ZILIAN

SCHEERER →GOLDSTEIN

SCHEIER →CATTELL

SCHENK-DANZINGER, L. **Entwicklungstestreihe für das Schulalter**
1952. Eine Fortsetzung der Entwicklungstestreihe von →BÜHLER – HETZER für die Altersstufen von 6–11 Jahren.

SCHERER, M. W. – NAKAMURA, C. Y. **Fear Survey Schedule for Children**
Verhaltensanalytischer Test zur Feststellung von angsterregenden Situationen bei Kindern. Der Fragebogen umfaßt 80 Items.

SCHILLING, F. **Check-list motorischer Verhaltensweisen (CMV)**
1976. AA 7–12. Erhebungsverfahren mittels 78 Eigenschaftswörtern zur quantitativen Bestimmung und qualitativen Charakterisierung des Bewegungsverhaltens behinderter Kinder.

SCHLANGE, H. – STEIN, B. – BOETTICHER, I. v. – TANELI, S. **Göttinger Formreproduktions-Test (G-F-T)**
1972. AA 6–15. Test, der Hinweise für hirnorganische Schädigungen liefert, die medizinisch-diagnostisch abzusichern sind. Die neun Items sind geometrische Figuren, die aus dem Visual-Motor-Gestalt-Test (→BENDER) übernommen wurden.

SCHLEVOIGT →INGENKAMP

SCHMADERER →WALTER

SCHMALE, H. – SCHMIDTKE, H. **Berufseignungstest (BET)**
1967. AA 13–34, standardisiert. Der Test ist die deutsche Überarbeitung der amerikanischen General Aptitude Test Battery (GATB) für technische Berufe (z. B. Mechaniker, Schlosser, Techn. Zeichner, Elektriker), kaufmännische Berufe und bestimmte Studienberufe. →US EMPLOYMENT SERVICE. →SCHMIDTKE

SCHMALT, H.-D. **Das LM-Gitter**
1976. AA 9–12. Meßverfahren zur Erfassung der Leistungsmotivation.

SCHMIDT, C. F. **Tätigkeits-Analyse-Liste (TAL)**
Das TAL ist ein Instrumentarium zur Ermittlung von Arbeitsanforderungen an die individuellen Leistungsvoraussetzungen von geistig Behinderten. Das TAL enthält neben einem Merkmalskatalog der zu analysierenden Anforderungen einer Tätigkeit auch Merkmalskataloge für reale Tätigkeiten.

SCHMIDT, H. **Mehrdimensionaler Persönlichkeitstest für Erwachsene (MPT-E)**
1981. MPT-E gibt Auskünfte über charakteristische Verhaltensmerkmale eines Menschen, wie z. B. emotionale Stabilität, Rigidität, Risikobereitschaft oder Antriebsspannung. Der Test wurde mit sechs Dimensionen und einer Kontroll-

skala für die betriebliche Praxis entwickelt. Bearbeitungsdauer: 30 Min.

– **Mehrdimensionaler Persönlichkeitstest für Jugendliche (MPT-J)**
1981. AA 14–18. Objektiver Persönlichkeitstest als Ratgeber in Bildungs- und Berufsberatung. Er erfaßt wichtige Verhaltensmerkmale wie emotionale Stabilität, Leistungsmotiviertheit, Aggressivität oder Kontaktverhalten und liegt auch in computerunterstützter Fassung vor. Bearbeitungsdauer: 30 Min.

SCHMIDT, L. R. – HÄCKER, H. – CATTELL, R. B. **Objektive Testbatterie (OATB 75)**
Experimentelle Form von 50 objektiven Tests (Gruppenverfahren) nach den Vorlagen von Cattell und Mitarbeitern in deutscher Sprache. Die experimentelle Form umfaßt die wichtigsten der von Cattell identifizierten UI-Faktoren der Persönlichkeit. Die OATB ist erfolgreich bei diskriminanzanalytischen Untersuchungen zur Trennung klinischer Gruppen. Bei ihrer faktoriellen Strukturbestimmung sind nicht alle UI-Faktoren nach Cattell replizierbar.

SCHNEIDER →INGENKAMP

SCHNEEWIND, K.A. – GRAF, J. **Der 16-Persönlichkeits-Faktoren-Test Revidierte Fassung (16 PF-R)**
Der 16PF-R ist ein objektiver Fragebogentest, der mit 184 Items 16 Primärdimensionen (Wärme, Logisches Schlußfolgern, Emotionale Stabilität, Dominanz, Lebhaftigkeit, Regelbewußtsein, Soziale Kompetenz, Empfindsamkeit, Wachsamkeit, Abgehobenheit, Privatheit, Besorgtheit, Offenheit für Veränderung, Selbstgenügsamkeit, Perfektionismus, Anspannung) und – daraus abgeleitet – 5 Sekundärfaktoren (Extraversion, Unabhängigkeit, Ängstlichkeit, Selbstkontrolle, Unnachgiebigkeit) der Erwachsenenpersönlichkeit erfaßt.

SCHNEEWIND →CATTELL

SCHÖFER, G. **Gottschalk-Gleser-Sprachinhaltsanalyse**
Deutsche Bearbeitung der «Content Analysis of Verbal Behavior» von Gottschalk und Gleser. Das für den deutschen Sprachraum adaptierte Verfahren verfügt über zwei Skalen, die eine differenzierte Aussage über Affekte von Angst und Aggressivität gestatten. Dabei wird unterschieden zwischen «Todesangst», «Verletzungsangst», «Trennungsangst», «Schulangst», «Angst vor Scham und Schande» und «diffuse oder unspezifische Angst» bzw. zwischen «nach außen gerichtete Aggressivität», «nach innen gerichtete Aggressivität» und «ambivalente Aggressivität».

SCHOLL, R. **Scholl-Test, Kindertest**
1953. Ein Kindertest mit Perlenaufreihen, Karten ordnen, Schälchen unterscheiden u. ä. zur pauschalen Erfassung des Niveaus von normalen Kindern im Alter von 1,5–3 Jahren und zurückgebliebenen von 3–10 Jahren.

– **Fragebogen zur Typenbestimmung**
Fragen (Alternativfragen) für die Diagnose der Temperamentscharakteristika des Zyklothymen und des Schizothymen.

SCHOPPE, K.-J. **Motorische Leistungsserie**
1972. Apparativer Test mit elektronischer Steuerung und Registrierung zur Messung der feinmotorischen Leistung. Der Test mißt sieben faktorenanalytisch ermittelte Dimensionen der Motorik: Arm-Hand-Stetigkeit (Tremor), Handgelenk-Finger-Geschwindigkeit, Präzision der Arm-Hand-Bewegung, Geschwindigkeit präziser Arm-Hand-Bewegungen, Handgeschick beim Umgang mit größeren Objekten, Fingergeschick beim Umgang mit kleinen Objekten, psychomotorische Koordination bei gleichförmigen Bewegungen (Pursuit). Zur Operationalisierung wurden folgende Verfahren gewählt: Steadiness-Test, Liniennachfahren, Aiming, Dotting, Umsteckaufgabe. Standardisierungen der Testwerte sind in Vorbereitung. Pro Vp werden 24 Meßwerte in einer Registrierreihe erfaßt.

– **Verbaler Kreativitätstest (VKT)**
1975. AA ab 14. Kreativitätstest, der auf der Basis von Aufgaben zum divergenten Denken in neun Untertests die Kreativität der Probanden erfaßt. Durchführungszeit: 60 Minuten.

SCHOTTMAYER →STÜCKRATH

SCHRAMM, E. – HOHAGEN, F. – GRASSHOFF, U. – BERGER, M. **Strukturiertes Interview für Schlafstörungen nach DSM-III-R (SIS-D)**
Das SIS-D kann ergänzend zu dem nach gleichen Prinzipien entwickelten, Strukturierten Klinischen Interview für DSM-III-R (SKID) oder auch separat angewendet werden, falls nur Schlafstörungen beurteilt werden sollen.

SCHREIBER, B. **Schulreife- und Entwicklungstest**
1954, 1961. Das auch als «Rheinhauser Gruppentest» bezeichnete Verfahren untersucht mit 14 Aufgaben in einer Spielgruppe von 10 bis 15 Teilnehmern die Schulreife. Die Test-Dimensionen sind: soziale Kontaktnahme, Körperbeherrschung, Lernfähigkeit, Konzentration, geistige Produktion, Arbeitsweise. Die zu vollziehenden Testaufgaben sind z. B. Gewichtsvergleich, Würfelanordnen, Figuren aus dem Gedächtnis nachlegen, Nachzeichnen, 80 Plätzchen aus- und umlegen, Falsches im Bild erkennen, Drahtbiegen, Bildgeschichte ordnen, Formbrettversuch u. a.

SCHRÖDER →INGENKAMP

SCHRÖDER →SCHNEEWIND →CATTELL

SCHUBERT, G. **Rigidität-Dominanzstreben**
1959. Fragebogentest zur Klärung des angepaßten Verhaltens im Verkehr.

– **Mißgeschick zugeben**
1959. Der Pb hat zu schätzen, wie oft ihm jedes der aufgeführten Mißgeschicke passiert sein mag.

– **Risikofragebogen**
1961. Der Pb hat sich zu äußern, ob er bestimmte Risiken auf sich nähme.

SCHUBERT, G. – MÜLLER, A. **Verkehrsfreier tachistoskopischer Auffassungsversuch (TAOT)**
1962. Gruppenversuch für die Verkehrs-Eignungsdiagnose. 18 Farbdias, auf denen Objekte aus dem Alltagsleben zu sehen sind, werden je 1/10 sec projiziert. Die dargestellten Objekte sind zwar zum Teil komplexer Natur (z. B. Dorffriedhof), lassen sich jedoch alle mit einem Begriff bezeichnen. Die Probanden haben auf dem Antwortbogen von drei vorgegebenen Antworten (zwei davon sind falsch) die ihrer Meinung nach richtige anzukreuzen.

– **Verkehrsgebundener tachistoskopischer Auffassungsversuch (TAVT)**
1962. Gruppenversuch. 22 Farbdias von Verkehrssituationen werden je eine Sekunde dargeboten. Der Antwortbogen enthält je Aufgabe drei Angaben, von denen eine ein verkehrswichtiges Detail des projiziertes Bildes nennt. Der Proband hat die seiner Meinung nach richtige Angabe anzukreuzen.

– **Verkehrsbilder ordnen (VBOT)**
1962. Gruppenversuch. Der Test ist nach dem alten Prinzip des Bilderordnens konzipiert. Vier gleichzeitig dargebotene Bilder eines Verkehrsvorganges müssen nach ihrer zeitlichen Abfolge bestimmt werden. Die Serie besteht aus 22 Dias, von denen jedes 30 Sekunden dargeboten wird.

– **Wegfigurentest (WFT)**
1962. Änderung des von Kirsch entwickelten Verfahrens als Dia-Gruppenversuch. Der Test besteht aus acht Dias mit je acht Einzelaufgaben. Die Zahl der Links- wie der Rechtswendungen ist von dem Probanden auf einem Bogen zu notieren. Die Darbietungszeit beträgt je 50 Sekunden.

– **Linienverfolgen (LVT)**
1962. Gruppenversuch. Neun extrem gewundene Linien, die sich wiederholt kreuzen und ein verwirrendes Bild ergeben, sind in ihrem Verlauf zu verfolgen. Der Test besteht aus 11 Dias, die je 40 Sekunden dargeboten werden.

– **Verkehrsgebundener tachistoskopischer Auffassungsversuch**
1962. Einzelversuch. Im Unterschied zu dem obengenannten gleichartigen Gruppenversuch werden die 22 Farbdias von Verkehrssituationen je 1/10 sec dargeboten. Der Proband hat anzugeben, was er in dieser Zeitspanne gesehen hat.

SCHUCK, K. D. et al. **Columbia Mental Maturity Scale (CMM 1-3)**
Hrsg. Deutsches Institut für Internationale Pädagogische Forschung.
1975, 1994. AA 6–9 bzw. 1.–3. Klasse. Sprachfreier Gruppen-Intelligenztest für Grundschüler, der als Niveautest eine Abschätzung der allgemeinen Intelligenz erlaubt. Ein Objekt muß aus mehreren dargestellten Alternativen als nicht passend gekennzeichnet werden, da es einem bestimmten Prinzip nicht genügt. Bearbeitungsdauer: 25 Min. Dt. Bearbeitung der Columbia Mental Maturity Scale (CMMS) von Burgemeister, B. B. –Blum, L. H. –Lorge, I.

SCHUERGER, J. M. – CATTELL, R. B. **The High-School Objective Analytic Personality Factor Battery (HSOA)**
1970. AA 12–17. Testbatterie, die über →Objektive Tests 10 von Cattell und Mitarbeitern schon häufiger identifizierten UI-Faktoren mißt. Es handelt sich dabei um folgende UI-Faktoren-Nummern: 16, 19, 20, 21, 23, 24, 25, 28, 32, 33.

SCHULTE, R. W. **Fallgewicht, Perlenaufstecken (Apparativer Test)**
Zwei Tests zur Beobachtung der Reaktions- und Arbeitsweise (Handgeschick): Ein kleines Gewicht ist durch eine Röhre fallen zu lassen und wieder aufzufangen; durchbohrte Holzperlen sind auf Nadeln aufzustecken.

SCHULTE →Konzentrationsprüfgeräte, Sinnesfunktionen

SCHULTZ, J. H. **Fragebogen zur psychotherapeutischen Exploration**
Der Fragebogen erhebt in einem Datenbogen, einem Persönlichkeitsbogen und einem Spezialbogen anamnestische Informationen, die der Arzt/Psychologe auf einem Extrablatt zusammenfaßt. Die Auskünfte betreffen beispielsweise Kindheit, Jugend, Beruf, Ehe oder Einstellung zum Tod.

SCHULTZE, W. – HECHT, K. – SICKERT, O. **Hamburg-West-Yorkshire-Gruppentest**
1953. Die englische Fassung des West Yorkshire Group Test (→TOMLINSON) auf deutsche Verhältnisse übertragen und geeicht. Der Test dient zur Intelligenzprüfung und Begabtenauslese für Kinder von 9,5 –12,5 Jahren.

SCHULZ, W. **Universalbrett I. Daraus besonders: Pumpwerk (Apparativer Test)**
um 1927 (wie die folgenden Tests). Zur Untersuchung der technisch-praktischen Begabung und des technisch-konstruktiven Denkens ist eine Montage (Pumpwerk) durchzuführen. Die «Schulz-Pumpe» wurde ursprünglich auf einem «Universalbrett» aufgebaut, das zugleich dazu diente, eine Grundplatte aus Holz, eine Metall-

platte, Metallsäulen usw. zusammenzufügen und auf einem Rahmen Bleche einzupassen.

– **Universalbrett II. Daraus besonders: Kordelversuch**
Auf einem an der Wand hängenden Brett mit 100 Häkchen sind mit einer Kordel nach Vorlage Muster zu spannen. Die Muster stellen steigende Anforderungen an die Erkennung der Symmetrie, die spiegelbildliche Anordnung usw. – Die im folgenden Test genannten «Münzen» sind Bestandteil dieses Universalbretts. Sie können dazu verwendet werden, auf die Häkchen sortiert oder ohne Rücksicht auf die Reihenfolge aufgehängt zu werden.

– **Münzen ordnen, Organisation (Apparativer Test)**
Numerierte Münzen mit den Zahlen 50 bis 149 sind so auszulegen, daß jede vom Vl aufgerufene Nummer rasch zu finden ist.

– **Registrier-Test**
In 10 Reihen dargebotene Zahlen sind nacheinander im daneben befindlichen Zahlenfeld zu suchen und zu streichen.

– **Raumaufteilungsbrett**
Die Probe soll die Ökonomie in der Materialverarbeitung erkennen lassen. 8 Brettchen von verschiedener Größe mit verschieden geformten Begrenzungslinien sind auf einem quadratischen Brett, das in 25 Quadrate aufgeteilt ist, so aufzulegen, daß möglichst wenig Quadrate bedeckt oder angeschnitten sind.

– **«Mausefalle», Geschicklichkeitsprobe**
In besonderer Abwandlung der in der Psychotechnik auch sonst gebräuchlichen Vorrichtung, wobei Lochscheiben bzw. -ringe oder Ösen auf einem starken, unregelmäßig gewundenen Draht zu befördern sind, hat Schulz den Draht mit einem Geflecht umgeben, das so dicht ist, daß nicht mit der Hand, wohl aber mit Zangenspitzen durchgegriffen werden kann. Die Vp muß durch das korbähnliche Geflecht hindurch die Ringe manipulieren.

SCHUMACHER, G. – CATTELL, R.B. **Deutscher HSPQ (High School Personality Questionnaire)**
1977. AA 13–18. Mehrdimensionaler faktorenanalytisch konzipierter Persönlichkeitsfragebogen zur Messung von 14 Primär-Faktoren der Persönlichkeit.

SCHUSTER, D. H. – GUILFORD, J. P. **Driver Attitude Survey (DAS)**
1962. AA Erwachsene. Zur Testung des Fahrverhaltens entwickelter amerikanischer Erhebungsbogen mit den sechs Skalen: violations, accidents, alcohol, faking, deviance, misses.

SCHÜTT →INGENKAMP

SCHUTZ, W.C. **FIRO-Scales: Fundamental Interpersonal Relations Orientation**
1967. Diese Serie von Meßinstrumenten erfaßt die ganz persönliche Art, mit anderen Menschen umzugehen und anderen gegenüber Gefühle auszudrücken. Abgeleitet von einer dreidimensionalen Theorie interpersonellen Verhaltens, besteht der Test aus mehreren Untertests, die auf sechs Skalen gewertet werden. Sie erfragen z. B. Bewältigungsmechanismen, die Beziehung zu den Eltern, Werteinstellungen, Ehezufriedenheit u. ä.

SCHWARZ →INGENKAMP

SEASHORE, C. E. **Seashore-Test für musikalische Begabung**
Eine Serie von sechs Untertests prüft akustisch gesonderte Bereiche: das Unterscheidungsvermögen für Tonhöhen, Lautstärken, Rhythmen, Tonlängen und Klangfarben. Dt. Bearbeitung 1966 von BUTSCH, Ch. – FISCHER, H.

SEASHORE, H. G. →BENNETT

SEGUIN, E. **Formenbrett, Formboard**
Um 1866. In einem Brett sind geometrische Figuren ausgeschnitten. Diese sind wiedereinzufügen. Von dem franz. Arzt S., der in die USA auswanderte, wurden die Formboards eingeführt und zu einer Art Training bei «Schwachsinnigen» benutzt. Ein Vorgänger war Itard, der um 1804 ein einfacheres Formenbrett benutzte, um einen «Wilden» zu erziehen. Abwandlungen und Verbesserungen erfolgten durch Anderson, Dearborn, Dunham, Ferguson, Goddard, Paterson, Pintner und Trabue.

SEITZ, W. – RAUSCHE, A. **Persönlichkeitsfragebogen für Kinder 9–14**
AA 9–14. Testverfahren mit 72 Items zur Erfassung der Persönlichkeit von Kindern. Der Test umfaßt Items zur Messung von Verhaltensstilen, von Motiven und des Selbstbildes.

SELG, H. **Freiburger-Aggressionsfragebogen**
1968. Ausgehend von einer deutschen Übertragung des Fragebogens von A. H. Buss und A. Durkee wurden 88 Fragen neu zusammengefaßt. Sie sind gegliedert nach körperlich-reaktiver, krimineller, sadistischer, vorgestellter, verbal-reaktiver, verbal-spontaner Aggression u. a. Faktoren (Aggression gegen Tiere, gegen Menschen usw.).

SELG →BELSCHNER

SELG →FAHRENBERG

SEMMER, N. **Instrument zur streßbezogenen Tätigkeitsanalyse (ISTA)** →Verzeichnis ausgewählter arbeitswissenschaftlicher Methoden

SEYFRIED, H. – KARAS, E. **Schulfähigkeitstest Form C**
Schulreifetest zur Identifikation unreifer Schulpflichtiger wie auch schulreifer Vorschulpflichtiger. Das Verfahren bietet darüber hinaus die Möglichkeit einer heilpädagogischen Früherfassung und liefert dem Pädagogen schon vom Schulbeginn an wichtige Anhaltspunkte zur individuellen Betreuung der Schulanfänger.

SHERIDAN, M. **Stycar Hearing Test**
Dieser Test prüft das Hörverständnis von Kindern im täglichen Leben.

SHERIDAN, M. **Stycar Language Test**
Dieser Test erfaßt entwicklungsbedingte Sprachprobleme bei kleinen Kindern.

SHERIDAN, M. **Stycar Vision Test**
Dieser Test liefert Informationen über nahe und ferne Visionen kleiner Kinder.

SHNEIDMAN, E. S. **Make A Picture Story (MAPS)**
1948. Ein Handlungstest. Kartonfiguren sind vor versch. Hintergründen (Wohnung, Keller, Schlafzimmer, Straße, Brücke, Friedhof) aufzustellen und dazu eine Geschichte zu erzählen.

SICKERT →SCHULTZE

SLOAN, W. **The Lincoln-Oseretsky Motor Development Scale**
1948–56. AA 6–14. Revision der Tests von →OSERETSKY.

SNIJDERS, J. Th. – SNIJDERS-OOMEN, N. **Nietverbaal intelligentieonderzoek van horenden en doofstommen**
1939–58. AA ab 3. Standardisierte Testreihe, in die auch ältere Tests – so z. B. der von Binet u. Herder-Schee – aufgenommen sind. Würfel, Stäbchen, Plättchen, Bilder u. Bildreihen, Sortierkarten, Zusammensetz- u. Ergänzungsspiele u. a. werden als Testmaterial benutzt. Deutsche Ausgabe unter dem Titel: Snijders-Oomen Nichtverbale Intelligenztestreihe 1964.

SNIJDERS, J. Th. – VERHAGE, F. **Groninger intelligentie test (GIT)**
1962. Ein in den Niederlanden eingeführter Intelligenztest.

SOREMBE, V. – WESTHOFF, K. **Skala zur Erfassung der Selbstakzeptierung (SESA)**
Das Verfahren erfaßt den Grad der Selbstakzeptierung.

SPEARMAN, Ch. E. **Spearman-Test, Kategorienbildung**
Ein Test, der lineare Muster verschiedener Formgebung so darbietet, daß jeweils zwei prinzipiell unterschiedliche Gruppen sich gegenüberstehen (z. B. sind bei der ersten Gruppe alle Zeichen horizontal oder offen oder konvex, bei der zweiten Gruppe dagegen vertikal, geschlossen, konkav). Aus einem Vorrat von acht Zeichen der beiden Arten sind die herauszusuchen, die zur ersten Gruppe passen.

SPIELBERGER, Ch. D. – GORSUCH, R. L. – LUSHENE, R. E. **State-Trait-Anxiety-Inventory**
1970. Meßverfahren zur Erfassung der zwei Komponenten der Angst: Eigenschaftsangst (A-Trait) und Zustandsangst (A-State). Unter Trait-Angst wird eine erworbene, zeitstabile Verhaltensdisposition verstanden, die ein Individuum veranlaßt, ein breites Spektrum an objektiv wenig gefährlichen und wenig bedrohlichen Umständen als Bedrohung wahrzunehmen. Als Zustandsangst wird die subjektive, bewußt wahrgenommene Unzulänglichkeit und das Spannungsgefühl definiert, das mit einer Erhöhung des Erregungszustandes im autonomen Nervensystem einhergeht.

SPOERER →FINE

SPONSEL, R. **Charakter-Struktur-Test**
1982. Der Test beruht auf der Lehre Fritz Riemanns, der den Charakter in vier Grundstrukturen einteilt, die im Test in 17 Motivgruppen aufgeteilt sind. Der Test versteht unter «Charakter» die grundlegenden Bedürfnissysteme wie beispielsweise Perfektion, Leistung, Kontrolle, Freiheit, Sicherheit.

SPREEN →HATHAWAY

SQUIRE, C. R. **Malteserkreuz-Test, Farbiger Figurentest**
1912. Zwei Tests zur Prüfung der Merkfähigkeit für Formen und Farben.

STAABS, G. v. **Sceno-Test**
Ein Gestaltungstest mit Spielzeug (Bäume, Häuser, Tiere, Puppen, die Eltern, Geschwister, die eigene Person usw. darstellen) zum Aufbau beliebiger Szenen. Der Proband soll «wie ein Regisseur die Figuren miteinander agieren lassen». Der Test war ursprünglich für kindertherapeutische Zwecke gedacht, hat sich aber inzwischen auch für charakterologische und tiefenpsychologische Zwecke bewährt, hierbei geht der Anwendungsbereich auch über das Kindesalter hinaus. →Spiel-Tests.

STAHL, B. **Verhaltensfragebogen für geistig- und lernbehinderte Heimkinder (VFHK)**
AA 6–16. Bei dem Fragebogen handelt es sich um ein Diagnoseinstrument zur Erfassung des sozialen und emotionalen Bereichs bei Heimkindern.

STAUFFER, E. – TROTTMANN-GSCHWEND, A. **Geist-Bilder-Interessen-Inventar (GBII)**
Der Test stützt sich auf visuelle Reizmuster. Typische Berufsarten aus dem Erlebnisbereich der Jugendlichen im Berufswahlalter werden dargestellt. Der Test besteht aus Dreiergruppen (Triaden) von Berufen, aus denen jeweils die

bevorzugte Sparte ausgewählt und 11 bzw. 12 Interessenfeldern zugeordnet werden müssen.

STEIN →SCHLANGE

STEINERT, J. **Allgemeiner Deutscher Sprachtest (ADST)**
1970. AA (vornehmlich 5.–6. Klasse), Einsatzbereich 3.–10. Schuljahr. Die ADST-Testbatterie ermöglicht eine umfassende Diagnose sprachlicher Leistungen auf sechs Sprachebenen in Kombination mit jeweils vier Sprachfertigkeiten. Diese sind Hören, Lesen, Sprechen und Schreiben und ergeben so 24 Einzeltests; deren Ergebnisse im Leistungsprofil darstellbar sind. Es stehen zahlreiche Normen zur Verfügung. Durchführungsdauer: ca. 4 Schulstunden.

STEINGRÜBER, H.-J. **Hand-Dominanztest (H-D-T)**
1971. AA 6–10. Der Test mißt den Grad der Links- bzw. Rechtsdominanz mit drei Untertests: Spurennachzeichnen, Kreispunktieren, Quadratpunktieren.

STENDER, B. **Revisionstest**
1955. Ein Rechentest, bei dem je zwei einstellige Zahlen bereits addiert und vom Pb auf Richtigkeit zu überprüfen sind.

STENQUIST, J. L. **Stenquist Assembling Test**
1917–22. AA ab 14. Zusammensetzen von zerlegten technischen Objekten (z. B. Fahrradklingel). Test wurde schon bei den Armee-Auslesen im 1. Weltkrieg verwendet (→YERKES). – Vom gleichen Autor ist der Mechanical Aptitude Test, ein Papier- und Bleistift-Test zur Ermittlung der mechanischen Begabung.

STERN, E. →KÖHLER

STERN, G. G. **Activities Index (SAI)**
1950. Ein Fragebogen zur quantitativen Ermittlung der die Person bestimmenden Bedürfnisse. Der Bogen setzt sich aus 300 Fragen zusammen, mit denen 42 Bedürfnisse erfaßt werden, wie z. B. Bedürfnis nach Objektivität, Vervollkommnung, Autonomie, Narzißmus, Humanismus.

– **College Characteristics Index (CCI)**
Ergänzung zu vorstehendem Fragebogen. Während dort die individuelle Bedürfnisstruktur ermittelt wird, soll der im College auftretende situative Druck als Ausgang bestimmter Bedürfnisse erfaßt werden.

STERN, K. **Verhaltensbeurteilungsbogen für Kinder (VBK)**
1982. Berlin: Psychodiagnostisches Zentrum der Sektion Psychologie der Humboldt-Universität.

STERN, W. **Analogie-Test**
D. Von drei vorgegebenen Worten stehen die beiden ersten in begrifflicher Beziehung. Zum dritten ist ein viertes Wort zu finden, das eine analoge Beziehung herstellt. Beispiel: Auge verhält sich zu blind, wie Ohr zu...?

– **Aufsatzkritik-Test, Kritikfähigkeit**
1917. In einem Aufsatz sind eingestreute Sinnwidrigkeiten zu erkennen.

– **Begriffliche Reihenbildung (Ordnungstest)**
Begriffe sind unter bestimmten Ordnungsgesichtspunkten in eine logische Reihe zu bringen.

– **Bildbetrachtung**
1904. Zu Aussage- wie Beobachtungsversuchen wurde lange das «Bauernstubenbild» verwendet. Analog →BINET.

– **Bilderserienverfahren**
1917. Bilder, die geordnet eine Geschichte ergeben, werden ungeordnet geboten.

– **Bildkombination, Kombinationstest**
Zusammensetzen von Teilstücken zerschnittener Bilder.

– **Definitionen**
Begriffe (auch deren Unterschiede) sind zu definieren.

– **Figurenordnung**
Geometrische Figuren mit Unterschieden nach rund, eckig, offen, geschlossen, farbig, farblos, dunkel, hell, symmetrisch, asymmetrisch u. a. sind in Gruppen zu ordnen (Kategorienbildung). →GOLDSTEIN.

– **Formvariator**
12 etwa 10 cm lange Metallröhrchen sind durch Gummischnüre verbunden und gestatten, zwei- und dreidimensionale Figuren herzustellen.

STERN, W. →KÖHLER, W.

STIENSMEIER-PEISTER, J. – SCHÜRMANN, M. – DUDA, K. **Depressionsinventar für Kinder und Jugendliche (DIKJ)**
Beim DIKJ handelt es sich um einen Selbstbeschreibungsfragebogen zur Erfassung der Schwere der depressiven Störung bei Kindern und Jugendlichen im Alter von 8 bis 17 Jahren.

STOGDILL, R. M. – COONS, A. E. **Supervisory Behavior Description Questionnaire (SBDQ)**
→Verzeichnis ausgewählter arbeitswissenschaftlicher Methoden

STORK, J. **Fragebogen zur Beurteilung der Suizidgefahr**
1972. AA ab 17. Fragebogen zur Erfassung des suizidaldepressiven Persönlichkeitsbildes. Mit 52 Items wird zum Teil direkt nach dem Suizidverhalten gefragt, zum Teil werden auch Meinungen erfragt.

STOTT, D. H. – SYKES, E. G. **Bristol Social-Adjustment Guides (BSAQ)**
1956–63. AA 5–15. Bekannte Einschätz-Skalen für Lehrer und andere Erwachsene. Unterteilt

nach: The child in school – in residential care – in the family-deliquency prediction instrument.

STREBEL, G. **Schulreifetest für Schweizer Kinder**
1946, 1957. Aus 12 Aufgaben bewährter Testserien (Binet, Bühler-Hetzer, Schenk-Danzinger, Winkler) zusammengestellter Entwicklungstest für Schule und Erziehungsberatung zur Entscheidung über die Schulreife.

STRONG, E. K. **Strong Vocational Interest Blank (SVIB) for Men/for Women**
1927–59. AA ab 17. Die Tests gehören heute zu den meistverbreiteten und bestbearbeiteten in englischer Sprache. Zuerst für die Berufsberatung entwickelt. 60 bzw. 31 Skalen. Hunderte von Fragen zu Berufen bzw. Berufsarbeiten.

STROOP, J. R. **Verfahren zur quantitativen Bestimmung der individuellen Interferenzneigung (Farb-Wort-Interferenztest).** Bearbeitung von HAMMES.
Das Verfahren besteht aus drei Teilen: Karte mit schwarz gedruckten Farbnamen zur Bestimmung der Lesegeschwindigkeit, Karte mit Farbnamen, bei denen Farbname und Druckfarbe kongruent sind (Farbkarte), Karte mit Farbnamen, bei denen Druckfarbe und Farbname inkongruent sind (Farb-Wortkarte). Als Interferenzmaß kann die Differenz der gelesenen Wörter auf der Farbkarte und der Farb-Wortkarte gelten. →BÄUMLER, G.

STÜCKRATH, F. – SCHOTTMAYER, G. **Hamburger Filmtest (projektiver Test)**
Ein Test, der das Filmerleben und seine Einflüsse bei Jugendlichen zu erfassen versucht. Drei Bilder mit Darstellungen von einem Jungen und einem Mädchen im Kino und beim Verlassen des Kinos stellen den Ausgangspunkt für Geschichten dar, die vom Probanden weiter erzählt werden sollen.

STUMPF, H. – ANGLEITNER, A. – WIECK, T. – JACKSON, D. N. – BELOCH-TILL, H. **Deutsche Personality Research Form (PRF)**
Die PRF von N. Jackson ist ein Fragebogen zur Erfassung grundlegender Persönlichkeitsmerkmale im Sinne der Personologie H. Murrays. Das Verfahren ist als umfassendes Persönlichkeitsinventar für den normalpsychologischen Bereich konzipiert und soll eine differenzierte, für den Alltag relevante Charakterisierung des Probanden nach gängigen persönlichkeitstheoretischen Konzepten ermöglichen. Besondere Schwerpunkte liegen dabei auf der Erfassung von Aspekten des Leistungs- und Sozialverhaltens.

STUMPF, H. – FAY, E. **Schlauchfiguren. Ein Test zur Beurteilung des räumlichen Vorstellungsvermögens**
Die «Schlauchfiguren» stellen einen neuartigen Typ Aufgaben zur Diagnose des räumlichen Vorstellungsvermögens dar.

STUTSMAN →MERRILL

SULLIVAN →TIEGS

SÜLLWOLD, L. **Frankfurter Beschwerde-Fragebogen (FBF)**
1991. Der FBF dient der Beschreibung von affektiven und kognitiven Störphänomenen schizophren Erkrankter, die als Indikation für Basisstörungen zu verstehen sind. Der FBF ermöglicht so eine quantitative Erfassung der subjektiv wahrgenommenen Beeinträchtigungen Schizophrener.

SÜLLWOLD, L. – HERRLICH, J. **Frankfurter Befindlichkeits-Skala (FBS) für schizophren Erkrankte**
1987. Zur Diagnostik aktueller Aspekte des wahrgenommenen inneren Zustandes schizophren Erkrankter. Der FBS kann so die innere Verfassung individuell und symptomorientiert mitteilbar machen und eignet sich für Mehrfacherhebungen.

SÜLLWOLD →INGENKAMP; →ROTH

SÜSS, H.-M. →JÄGER, A.O.

SULIVAN, E. et al. **Vision, Hearing, and Motor Coordination**
1951. Fünf altersgerechte Vortests für Kinder im Kindergartenalter, bis hin zu Erwachsenen. Ziel ist es, Kinder mit visuellen, auditiven oder motorisch-koordinativen Schwierigkeiten relativ früh zu entdecken und ihre Förderung einzuleiten. Die drei Untertests dauern insgesamt ca. 15 Min.

SUPPRIAN, U. **Eppendorfer Stimmungs-Antriebs-Skala**
1976. Fragebogen zur Erfassung der depressiven Tagesschwankungen.

SWENEY, A. B. – CATTELL, R. B. – KRUG, S.E. **School Motivation Analysis Test (SMAT)**
1970. AA 12–17. Experimentelle Form eines psychometrischen Motivationstests, der 10 der von Cattell und Mitarbeitern auf faktorenanalytischem Wege gewonnenen Motivdimensionen mißt. Dabei werden sechs Ergs und vier Sentiments erfaßt.

SWENEY →CATTELL

SYMONDS, P. M. **Picture Story Test**
1948. Zwei Bildserien mit je 10 Bildern, die sich an das «Prinzip» und die Technik des TAT anlehnen. Der Test ist für Jugendliche konzipiert.

SZONDI, L. **Experimentelle Triebdiagnostik, Triebtest**
1947. Auswahl von je zwei sympathischen und zwei unsympathischen Physiognomien aus einer Serie von 6 mal 8 Abbildungen von Menschen mit sogenannten «Trieberkrankungen» (Sadismus, Masochismus, Katatonie, Paranoia u. a.). In dem Test wird die Wahl des «Selbstprofils» und des Wunschprofils verwendet. 1956 erschien eine

Modifikation des Tests – der L-Test von C. Laszlo. 1961 hat A. Friedemann den Gruppen-Szondi eingeführt (Diapositiv-Test). →SZONDI, HEINELT, FRIEDEMANN

SZYMANSKI, J. G. **Labyrinth-Auskehrprobe**
1917. Ein Handlungstest, bei dem von 9jährigen Probanden verlangt wird, kleine Kieselsteinchen aus einem schneckenförmig gewundenen Feld herauszukehren. Das Grundbrett ist ca. 50 × 50 cm – die Schnecke wird durch einen 5 cm hohen Streifen (Weite des Schneckenganges ca. 10 cm) gebildet. Das Auskehren erfolgt durch einen 8 cm breiten Stielbesen. Beobachtung des praktischen Verhaltens. →CHAPUIS, PORTEUS

TAYLOR, J. **Manifest Anxiety Scale (MAS)**
1953. Eine aus dem Itempool des MMPI entwickelte Skala mit 50 Items, die manifeste Angst messen. Die Skala ist mit 175 Füllitems auf eine Gesamtzahl von 225 Items verlängert. Das mit dem MAS gemessene Konstrukt ist dem des «allgemeinen Triebniveaus» (Hull, Spence) gleichzusetzen.

TENNSTÄDT, K.-C. – KRAUSE, F. – HUMPERT, W. – DANN, H.-D. **Das Konstanzer Trainingsmodell (KTM)**
Auf der Basis eines handlungstheoretischen Modells wird eine systematische Darstellung unterschiedlicher, für das Lehrerhandeln wichtiger Teilprozesse gegeben, die dann je nach individueller Situation zum Gegenstand des Trainings gemacht werden können.

TENT →HETZER – TENT

TERMAN, L. M. **Ball-im-Feld-Test**
1912. Der Vl zeichnet einen Kreis mit einer Eingangsbezeichnung und stellt dies dem Probanden als ein mit Gras bewachsenes Feld vor, in dem sich ein Ball befände. Der Pb muß einen Weg finden, den Ball zu finden und diesen mit Bleistift markieren.

– **Buchstaben zu Worten kombinieren**
Test analog →WHIPPLE.

– **Wort-Test, Wortschatz-Test**
Wortschatzprüfung beim Kind durch Definierenlassen von dem kindlichen Verständnis zugängigen Wörtern.

– **Terman Group Test of Mental Ability**
1920. Revision: Terman-McNemar Test of Mental Ability. 1941/42.

– **Attitude-Interest Analysis Test (AIAT)**
1936 (mit C. C. Miles). Der auch als F-Test (masculinity-femininity) bezeichnete Test dient zur Feststellung der geschlechtsgerichteten Inklination.

– **Concept Mastery Test**
1956. Für Abiturienten, Studenten, Referendare.

TERMAN →BINET – SIMON (Stanford), GODDARD, HAGGERTY, ZIEHEN

TEWES →THURNER

TEWES, U. – THURNER, F. **Testbatterie grammatische Kompetenz**
1976. AA 10–11. Testverfahren zur Überprüfung der Sprachfähigkeit und der Sprechentwicklung. Mit dem Test wird der Ausprägungsgrad der syntaktischen Sprachfähigkeit ermittelt.

TEWES →WECHSLER

THIEL, R. – KELLER, G. – BINDER, A. **Arbeitsverhaltensinventar (AVI)**
Der AVI ist ein deutschsprachiger Fragebogen zur Diagnose des Lern- und Arbeitsverhaltens. Neben arbeitstechnischen- werden auch emotionale-, motivationale-, personale- und sozialpsychologische Aspekte des Lern- und Arbeitsverhaltens in den 20 Skalen erfaßt.

THOMAE, H. **Physiognomie-Test**
1949. Ein physiognomischer Test mit Bildwahl nach sympathisch-unsympathisch. Ähnlich →SZONDI.

THOMAS, M. **Méthode des histoires à compléter**
1938. Projektiver Test für Kinder von 4–12 Jahren. Den Kindern werden einfache Situationen geschildert. Anschließend wird eine Frage gestellt. Der Test ist ähnlich →DÜSS, doch weniger von analytischen Vorstellungen bestimmt.

THOMPSON, Ch. E. **Thompson Modification of the TAT**
1949. Abwandlung des TAT für Schwarze ab dem 7. Lebensjahr.

THOMSON →INGENKAMP

THOMSON, G. H. →MELLONE, M.A.

THORNDIKE, E. L. **CAVD-Test**
1926. Test-Batterie mit vier Tests zur Prüfung der Intelligenz: Completions (Ergänzungen), Arithmetic problems (Rechnen), Vocabulary (Worterklärung) und Directions (Aufträge).

– **Thorndike Test of Word Knowledge**
1921.

– **Thorndike Intelligence Examination for High School Graduates**
1924.

– **Thorndike-McCall Reading Scale**
1920.

THORNDIKE →HAGGERTY

THORPE →TIEGS

THURNER, F. – TEWES, U. **Kinder-Angst-Test (K-A-T)**
1972. AA 9–15. Angstfragebogen mit 19 Items der aus dem CMAS (→CASTANEDA, McCANDLESS, PALERMO) entwickelt wurde. Der K-A-T erfaßt diejenige Komponente der Angst, die auf

innere Konflikte zurückzuführen ist und als relativ konstantes Merkmal der Person angesehen werden kann.

THURSTONE, L. L. **Interest Schedule**
1937. Ein Interessentest, der in 100 Items mit je zwei gegenübergestellten Gebieten das Überwiegen der technischen, biologischen, rechnerischen, kaufmännischen, sprachlichen, humanitären, künstlerischen, musikalischen, verwaltungsmäßigen und «Überredungs»-Interessen testet.

– **Thurstone Employment Tests**
1922. Examination in Clerical Work – Examination in Typing.

– **Thurstone Temperament Schedule (TTS)**
1949–53.

THURSTONE, L. L. – THURSTONE, Th. G. **SRA Primary Mental Abilities – Chicago Tests of Primary Abilities**
Seit 1938. Intelligenz-Gruppentest, der auf einer Faktorenanalyse basiert. Die Faktoren sind: R (Reasoning = log. Denken) – V (Verbal comprehension = Sprachverständnis) – W (Word fluency = Wortflüssigkeit) – N (Number = Rechnen) – S (Space = Raumvorstellung) – M (Memory, associative = Gedächtnis) – P (Perceptual speed = Auffassungsgeschwindigkeit) – I (Induction = Schlußfolgern).

– **Personality Schedule**
1928–30 (für neurotische Tendenz).

– **SRA Tests of Educational Ability**
1957/58.

– **American Council on Education Psychological Examination for Collage Freshmen**
1924–54.

– **American Council on Education Psychological Examination for High School Students**
1933–54. Daraus später: Thurstone Test of Mental Alertness, SRA Verbal Classification Form, SRA Verbal Form.

THURSTONE, L. L. – JEFFRY, T. E. **Concealed Figures: A Test of Flexibility of Closure**
1956–1959. Gemeinsam mit Jeffry gab Thurstone auch die nachstehenden Tests zur Erfassung einzelner «Faktoren» (Gestalt, Raum, Gewicht u. a.) heraus:

– **Gestalt Completion: A Test of Speed of Closure**

– **Perceptual Speed**

– **Flags: A Test of Space Thinking – Mechanical Movements**

– **Paper Puzzles**

– **Weights and Pulleys: A Test of Intuitive Mechanics**

TIEGS, E. W. **California Achievement Tests (CAT)**

– **California Test of Personality (CTP)**

– **California Test of Mental Maturity (CTMM)**

– **California Survey Series u. a.**
1933. Vom California Test Bureau ausgegebene, bekannte und verbreitete Tests, die in Zusammenarbeit mit W. W. Clark, T. W. Macquarrie, E. Sullivan, L. P. Thorpe et al. entstanden sind.

TIFFIN, J. **Purdue Pegboard**

– **Purdue Adaptability Test**

– **Purdue Clerical Adaptability Test**

– **Purdue Mechanical Adaptability Test**

– **Purdue Hand Precision Test**

– **Purdue Industrial Supervisors Word-Meaning Test** u. a.
1941. Von der Purdue Research Foundation ausgegebene Tests, die in Zusammenarbeit mit J. N. Arnold, R. Dunlap, C. H. Lawshe, H. Moore, H. F. Owen et al. entstanden sind.

TODT, E. **Differentieller Interessen-Test (DIT)**
1967. AA 15–20. Für 132 Tätigkeiten, 60 Berufe und 132 Buch-Zeitschriften-Titel beantwortet der Pb in fünf Stufen (von sehr gern bis sehr ungern) den Grad seiner Zuwendung. Die erfaßten Interessenrichtungen sind Sozialpflege u. Erziehung, Politik, Wirtschaft, Verwaltung, Unterhaltung, Technik, exakte Naturwissenschaften, Biologie, Mathematik, Musik, Kunst, Literatur u. Sprache, Sport. Der Test ist standardisiert und faktorenanalytisch untersucht.

– **Differentieller Kenntnis-Test (DKT)**
Prüft im Mehrfach-Wahlverfahren die Kenntnisse in 13 Bereichen des Allgemeinwissens (Deutsche Gesellschaft für Personalwesen).

TOMAN →MITTENECKER

TOMKINS, S. S. – HORN, D. – MINER, J. B. **The Tomkins-Horn Picture Arrangement Test (PAT)**
1942–59. Nach dem TAT-Prinzip, jedoch mit Bildwahl aufgebauter Test.

TOMLINSON, T. P. **West Yorkshire Group Test of Intelligence**
Verschiedene Tests wurden zu einem Verfahren für die Begabungsauslese zwischen 9,5 und 12,5 Jahren zusammengestellt. Deutsche Bearbeitung →SCHULTZE – HECHT – SICKERT.
Instrument für den Klinischen und Pädagogischen Forschungsbereich und die therapiebegleitende Diagnostik für psychisch Beeinträchtigte und gesunde Erwachsene.

TORRANCE, E. P. **Torrance Tests of Creative Thinking**
1966. Testbatterie zur Erfassung kreativer Leistungen. Die Testbatterie enthält sieben verbale und drei figurale Aufgaben: ask and guess, product improvement, unusual uses, unusual ques-

tions, just suppose, picture construction, lines, picture completion.

TOULOUSE, E. – PIERON, H. **Durchstreich-Test, Test de barrage**
1904. Ein «Aufmerksamkeitstest» analog →BOURDON mit geometrischen Figuren (Quadrate, die viele kleine Abweichungen durch anhängende Linien zeigen). Der Vorzug dieser Figuren soll darin bestehen, daß die Bekanntheit der Buchstaben oder Zahlen ausgeschaltet wird. Eine Weiterentwicklung hat Zazzo geboten, der bestimmte Zeichen in einem ersten Durchgang und dann nochmals zwei Zeichen in einem zweiten Durchgang streichen läßt. →MEILI

TRABUE, M. R. – PATERSON, D. G. et al. **Minnesota Raumvorstellung, Minnesota Spatial Relation Test**
In vier Formbretter sind vom Pb je 58 unregelmäßige Figuren einzusetzen. Test ähnlich →SEGUIN.

TRAMER, M. – BAUMGARTEN, F. **Bücherkatalog-Test**
Aus einer Bücherliste mit 430 Buchtiteln, die sich auf allgemeine Gebiete und besonders auf Berufe beziehen, sind zur Interessenklärung diejenigen zehn Bücher auszuwählen, die der Proband gern lesen oder besitzen würde.

TRAMM, K. A. **Rangier-Test**
Test zur Prüfung der formalorganisatorischen Seite der Intelligenz. Auf einem Grundbrett sind Schienenwege markiert. Auf ihnen sind mit Klötzchen (als Wagen) bestimmte Rangierungen durchzuführen. Zahlreiche Abwandlungen, so von GIESE, HUTH, SANDERS.

TRIST – HARGREAVES. **Ordnen von Gegenständen**
Test analog →HANFMANN.

TROST, G. **Test für medizinische Studiengänge (TMS)**
Testbatterie mit 13 Untertests, welche zur Zeit als Zulassungsverfahren für die Studiengänge Human-, Tier- und Zahnmedizin erprobt wird.

TSCHINKEL, J. →BAAR

UDRIS, I. – ALIOTH, A. **Fragebogen zur subjektiven Arbeitsanalyse (SAA)** →Verzeichnis ausgewählter arbeitswissenschaftlicher Methoden

ULICH, E. **Subjektive Tätigkeitsanalyse (STA)** →Verzeichnis ausgewählter arbeitswissenschaftlicher Methoden

ULLRICH DE MUYNCK, R. – ULLRICH, R. **Das Assertiveness-Training-Programm (ATP)**
1976. Manual zur Einübung von Selbstvertrauen und sozialer Kompetenz. Das Programm enthält einen Unsicherheitsfragebogen, ein Emotionalitätsinventar sowie weiteres Material zu Problemsituationen, Wertorientierung, Rollenfunktion, Aktivitäten und Verstärkern. Die Arbeitsblätter sind im ATP integriert und dienen der Therapiekontrolle.

US AIR FORCE. **Air Crew Classification Battery**
1947. Bez. für die bei der amerikanischen Luftwaffe zur Auslese und speziellen Zuweisung verwendete Fähigkeitsbatterie.

US ARMY. **Army General Classification Test (AGCT)**
Bez. für die bei der amerikanischen Armee zur Auslese und speziellen Zuweisung verwendete Fähigkeitstestbatterie. Zur geschichtlichen Entwicklung →YERKES.

US EMPLOYMENT SERVICE. **General Aptitude Test Battery (GATB)**
1946–65. Fähigkeitstests der amerikanischen Personalbüros für Arbeiter, Angestellte u. ä. Personal. Sehr breit überprüft und erprobt. Die Richtungen der Erfassung sind: Intelligenz, verbale Begabung, rechnerische Begabung, Begabung zum räumlichen Vorstellen, Formerkennung, Schreiberkennung (clerical perception), motorische Koordination, Fingerfertigkeit, Handfertigkeit.

VALENTINE, C. W. **Intelligence Tests for Children**
1945–58. AA bis 15. Verfahren, das neben eigenen Tests bewährte Aufgaben von Binet, Gesell und Merrill-Palmer zur Intelligenzmessung verwendet.

VAN DE VEN, A. – FERRY. **Organisation Analysis Inventory (OAI)** →Verzeichnis ausgewählter arbeitswissenschaftlicher Methoden

VETTER →WARTEGG

VIEWEGER →INGENKAMP

VIGOTSKI →KASANIN

VOIGT. **Anschaulich-geometrisches Denken**
In geometrischen Figuren, die aus vielen Stücken zusammengesetzt sind, sind wechselnd Teilfiguren zu sehen.

– **Rechenprobe im Fünfersystem (u. a. Systemen)**
Rechnen statt im Dezimal- in einem anderen System.

VOIGT →INGENKAMP

VOLKAMER, M. →ZIMMER, R.

VOLPERT, W. **Verfahren zur Ermittlung von Regulationserfordernissen in der Arbeitstätigkeit (VERA)** →Verzeichnis ausgewählter arbeitswissenschaftlicher Methoden

WAGNER, H. **Hamburger Verhaltensbeurteilungsliste (HAVEL)**
1981. AA 7–14. Instrument zur Erfassung kindlicher Verhaltensauffälligkeiten. Relevante Bereiche: Dominanz – Vegetative Labilität – Gewissenhaftigkeit gegenüber schulischen Leistungsanforderungen – Arbeitshaltung.

WAGNER, H. – BAUMGÄRTEL, F. **Hamburger Persönlichkeitsfragebogen für Kinder (HAPEF)**
1978. AA 9–14. Mehrdimensionaler Persönlichkeitsfragebogen zur Erfassung von Neurotizismus, Extraversion, Aggressivität und Leistungsmotivation.

WAGNER →BRICKLIN

WALLASCH, R. **Hintergrund-Interferenz-Verfahren (HIV)**
1980. Verfahren zur Erfassung der Störanfälligkeit gegenüber aufgabenrelevanten Ablenkungsbedingungen bei visuell-motorischen Leistungen, die mit dem →BENDER-Gestalt-Test erfaßt werden.

WALTER, M. **Münchener Schultests**
Bez. für eine Gruppe von Tests, die vom Münchener Testinstitut herausgegeben werden.

– **Auslesetest für Schulneulinge**
(Th. Kessinger – F. O. Schmaderer – M. Walter) ab 1951. Untersucht die Form-, Gestalttüchtigkeit und Intelligenz als Grundfaktoren der Schulleistung. Die Teilaufgaben sind: Formauffassung, Formwiedergabe, Formaufbau, Rechenbereitschaft, Sprach-, Situationsverständnis, freies Zeichnen. Der Test liegt in drei Formen vor. Es folgten 1952 ein Übertrittstest u. 1954 ein Entlaßtest.

– **Psychologischer Fragebogen – Zwischenmenschliches Erleben**
(W. Hoffmann – M. Walter – E. Zorell). 1965. Der Fragebogen zielt auf die Persönlichkeitsentwicklung des Schülers ab.

– **Sozialkundetest**
(A. Brunner – M. Englert – H.Hampel – O. Lex).

WALTER →GRAY

WALTON →ANDREW

WARRINGTON, E. **Recognition Memory Test**
Dieser Test deckt geringe visuelle und verbale Gedächtnisdefizite auf, die ggf. ein Indikator für eine neurologische Krankheit sind.

WARTEGG, E. **Charakterologisches Soziogramm**
Der Proband hat alle Namen zu nennen, die ihm spontan einfallen. Reihenfolge der Namen, besonders auch wichtige vergessene Namen sowie die Stellung der Namen zum Probanden lassen Rückschlüsse (auch auf die Soziabilität) zu.

– **Erzähl-Test, Erzählungs-Test**
Die Anfänge von Erzählungen sind vom Probanden in beliebiger Weise weiterzuschreiben. – Eine Ausführung mit Anfängen, die eine bestimmte Strukturabklärung gestalten, stammt von R. Bönisch.

– **Fernberatungs-Test**
Fragebogen-Test zur Persönlichkeitsdiagnose.

– **Zeichen-Test**
1936. Sehr verbreiteter Gestaltungstest. Acht Felder sind vom Pb unter Benutzung bestimmter abgebildeter Zeichnungsansätze mit Zeichnungen nach sonst freiem Belieben auszufüllen bzw. weiterzuzeichnen.

WARTEGG, E. – BIEDMA, C. J. – D'ALFONSO, P.G. **Zeichen-Test**
1959. Eine Abwandlung des Warteggschen Zeichen-Tests. →BIEDMA

WARTEGG, E. – SACHER, H. **Charakterologischer Intelligenztest (CIT)**
1954. Abwandlung des Zeichentests von Wartegg durch Wegfall der Umrandungen und einer anderen Anordnung der Anfangszeichen.

WARTEGG, E. – VETTER, A. **Deutungstest (Auffassungstest)**
1948. Sechs ungegenständliche, teils schwarzweiße, teils farbige Bilder werden zur Deutung vorgelegt.

WECHSLER, D. **Bellevue Intelligence Scale**
1939–66. Mit diesem Test begann die weitest verbreitete und bestens standardisierte amerikanische Intelligenztestreihe, die auch klinisch bedeutsam geworden ist. Im Ansatz geht der Test auf Binet – Simon zurück. Neben der modernen Gestaltung des Testmaterials ist auch die Berechnung des IQ's weiterentwickelt worden. Auch wird versucht, für den intellektuellen Altersabbau einen «deterioration index (quotient)» zu bestimmen. Die Bestimmung erfolgt dabei durch Verrechnung von beständigen gegen unbeständige Subtests, d. h. solchen, die im Alter stabil bleiben bzw. abfallen.
An weiteren Ausgaben sind erschienen:

– **Bellevue Intelligence Scale 11**
1939–46. AA ab 10.

– **Wechsler Memory Scale**
1945. AA Erwachsene (m. C.P. Stone).

– **Wechsler Intelligence Scale for Children (WISC)**
1949. AA 5–15.

– **Wechsler Adult Intelligence Scale (WAIS)**
1955. AA ab 16. Ersetzt die Bellevue Intelligence Scale I.

– **Wechsler Preschool and Primary Scale of Intelligence (WPPSI)**
1966. AA 4–6.

– Abbreviated Intelligence Test (CVS)
Besteht aus den Serien Comprehension und Similarities der weiteren Wechsler-Tests sowie dem Vocabulary von Thorndike.

– Hamburg-Wechsler-Intelligenztest für Erwachsene (HAWIE)
1956, 1964. Hrsg. C. Bondy. Bearbeiter A. Hardesty u. H. Lauber. →PERRET Parallelform: **Zürich-Wechsler-Intelligenztest für Erwachsene (ZÜWIE)**

– Hamburg-Wechsler-Intelligenztest für Erwachsene – Revision (HAWIE-R)
Neubearbeitung des HAWIE in Anlehnung an die Wechsler Adult Intelligence Scale-R von Wechsler. Der HAWIE-R ist ein Intelligenztest für die Individualdiagnostik. Er besteht aus 11 Untertests (6 Verbaltests und 5 Handlungstests), die den klassischen Wechslerskalen entsprechen. Der Test eignet sich zur Einschätzung des allgemeinen geistigen Entwicklungsstandes und der Untersuchung von alters-, milieu- oder krankheitsbedingten Leistungsbeeinträchtigungen in bestimmten Bereichen. Dt. Revision hrsg. von TEWES, U.

– Hamburg-Wechsler-Intelligenztest für Kinder (HAWIK)
1956, 1963. Hrsg. C. Bondy. Bearbeiter F. P. Hardesty u. H. J. Priester. →HARDESTY. →BAUMERT

– Hamburg-Wechsler-Intelligenztest für Kinder – Revision 1983 (HAWIK-R)
Der Test muß als Einzeltest durchgeführt werden. Er ist nicht anwendbar bei schwer körperbehinderten und geistig behinderten Kindern. Der Test umfasst einen Handlungs-und einen Verbalteil, IQ-Werte können sowohl für die Gesamtleistung als auch gesondert für den Verbal-und Handlungsteil bestimmt werden. Neben der allgemeinen Begabung können bildungsabhängige Einflüsse, Konzentrationsvermögen, Belastbarkeit, Gedächtnis, Wahrnehmungsvermögen, psychomotorische Geschwindigkeit, visuell motorische Koordination und Beobachtungsgenauigkeit geprüft werden. Für diesen Test liegt ein Computer-Auswerteprogramm vor. Dt. Revision hrsg. von TEWES, U.

– Wechsler Adult Intelligence Scale-Revised (WAIS-R) 1981.

– Wechsler Intelligence Scale for Children – Revised (WISC-R) 1974

– Wechsler Preschool and Primary Scale of Intelligence – Revised (WPPSI-R)
Deutsche Ausgabe HAWIVA, 1975. Hrsg. EGGERT, D.

WECHSLER, D. – WEIDENHAMMER, W. – FISCHER, B. **Selbstbeurteilungsskala für leichte Formen der cerebralen Insuffizienz (c.I.-Skala)**
Die c.I.-Skala ist ein Selbstbeurteilungsverfahren, das die klinische Symptomatik einer beginnenden cerebralen Insuffizienz erfaßt. Das Verfahren ist geeignet für leichte Erkrankungsformen, die beispielsweise im c.I.-Test noch keine objektiv nachweisbaren Leistungsdefizite erkennen lassen.

WEIDLICH →HILLERS

WEIDLICH, S. – LAMBERTI, G. **Diagnosticum für Cerebralschädigung (DCS)** nach HILLERS, F.
1972. AA 6–70. Das DCS ist ein Lern- und Gedächtnistest für figurales Material. Das Verfahren eignet sich in der neuropsychologischen Diagnostik zur Erfassung von mnestischen Hirnfunktionsstörungen unterschiedlicher Ätiologie. Eine Zeichenprüfreihe wird dargeboten und muß mit Holzstäbchen aus dem Gedächtnis reproduziert werden.

WEIGL →GOLDSTEIN

WEISS, R. – OSTERLAND, J. **Grundintelligenztest CFT 1, Skala 1. Deutsche Bearbeitung des Culture Fair Intelligence Test (Cattell)**
Testverfahren zur Bestimmung der Intelligenz. Intelligenz wird dabei verstanden als Fähigkeit, in neuartigen Situationen anhand von sprachfreiem, figuralem Material Denkprobleme zu erfassen und Beziehungen herzustellen sowie Regeln zu erkennen, Merkmale zu identifizieren und diese rasch wahrzunehmen. Der Test umfaßt fünf Untertests: Substitutionen, Labyrinthe, Klassifikationen, Ähnlichkeiten und Matrizen.

WEISS, R. H. **Grundintelligenztest Skala 2-CFT 20 mit Wortschatztest (WS) und Zahlenfolgentest (ZF)**
Als sprachfreies Verhalten erfaßt der CFT 20 das allgemeine intellektuelle Niveau (Grundintelligenz) im Sinne der Cattellschen «general fluid ability». Die 3. verbesserte und erweiterte Auflage wurde um neue statistische Analysen ergänzt, insbesodere zur diagnostischen Zuverlässigkeit bei sozial benachteiligten Gruppen, zur prognostischen Validitätsbestimmung bei Schullaufbahnberatungen sowie bei der Diagnose von hirnorganischen Schädigungen in der Neuropsychologie.

WEISS →CATTELL

WEISSENFELD, F. **Fragebogen für die Typen-Diagnostik**
Modifizierung des Schollschen Fragebogens für die konstitutionstypologische Diagnose.

WEITZENHOFFER, A. M. – HILGARD, E. R. **Stanford Hypnotic Susceptibility Scale (SHSS), Form A, B u. C**
Die Skalen stellen im wesentlichen eine Probehypnotisierung mit standardisiertem Induktionsverfahren und anschließenden Prüfungsauf-

gaben dar. Die Alternativitems zielen auf halluzinogene Sonderleistungen, die den Hypnotisierten typischerweise zugeschrieben werden, wie Immobilisationen oder Amnesien. Eine deutsche Übersetzung der Parallel-Formen A und B von E. Engelhardt und die Überprüfung einer deutschsprachigen Version der Form C durch P. Halder liegen vor.

WEITZENHOFFER, A. M. – HILGARD, E. R. **Stanford Profile Scales of Hypnotic Susceptibility, Form I und II (SPS)**
1963. Trotz eines starken gemeinsamen Faktors in allen bekannten Hypnoseskalen lassen sich vor allem bei hoch suggestiblen Probanden deutliche individuelle Differenzen mittels der SPS nachweisen. Die Skala besteht aus insgesamt sechs Untertests: 1. agnosia und cognitive distortion, 2. und 3. positive und negative Halluzinationen, 4. dreams and regressions, 5. amnesia and posthypnotic compulsions, 6. loss of motor control.

WELLEK, A. **Diagnostik-Probe**
Um auch den diagnostizierenden Psychologen auf seine Eignung prüfen zu können, hat W. einen Test entwickelt, der die Zuordnung zwischen Porträt, Handschriftproben und Charakterschilderungen fordert.

WELLEK →SEASHORE

WELTNER →INGENKAMP

WESMAN, A. G. **Personnel Classification Test (WPCT)**

– **Personnel Test for Industry (PTI)**

– **Differential Aptitude Tests (DAT)**

– **Entrance Examination for Schools of Nursing (EESN) u. a.**
ab 1942. Bearbeitet zusammen mit G. K. Bennett, M. G. Bennett, E. M. Potts, H. G. Seashore, W. L. Wallace. →BENNETT

WESTHOFF, K. – GEUSEN-ASENBAUM, C. – LEUTNER, D. – SCHMIDT, M. **Problemfragebogen für 11–14jährige (PF 11–14)**
Mit Hilfe des Problemfragebogens können Daten über das individuelle Erleben und Verhalten bei Kindern und Jugendlichen, insbesondere über das Erleben von Problemen erhoben werden. Dem Diagnostiker wird eine erste Grundlage für ein problembezogenes Beratungsgespräch mit dem Einzelnen oder der Gruppe ermöglicht.

WEYERICH **Ermittlung von Alltagstätigkeiten (EVA)** →Verzeichnis ausgewählter arbeitswissenschaftlicher Methoden

WHISTLER, H. S. – THORPE, L. P. **Musical Aptitude Test**
1950. Ein Musikbegabungstest ähnlich →ALIFERIS oder SEASHORE bzw. REVESZ.

WICHT →INGENKAMP

WIECZERKOWSKI, W. – NICKEL, H. – JANOWSKI, A. – FITTKAU, B. – RAUER, W. **Angstfragebogen für Schüler (AFS)**
1974. AA 9–17. Fragebogen mit 50 Items, der drei verschiedene Komponenten der Angst erfaßt: Prüfungsangst, manifeste Angst, Schulunlust und soziale Erwünschtheit. Zusätzlich enthält der AFS für die 4 Dimensionen siebenstufige Einschätzskalen zur Einschätzung der Vp durch Lehrer oder Vorgesetzte.

WILDE, K. **Wunschprobe, Wunschtest**
1950. Auf einem Kärtchen ist ein Objekt (Pflanze, Tier u. a.) aufgeschrieben. Der Proband soll auswählen, welches Objekt er gerne darstellte bzw. welches er nicht gerne verkörperte.

– **Wilde-Intelligenz-Test**
1963. Eine aus 16 Subtests (Wortgewandtheit, Sprichwörter, Analogien, Zahlenreihen, Abwicklungen, Gedächtnis u. a.) bestehende Intelligenzdiagnose. Der Test wurde nach dem Tod des Autors von →A.O. JÄGER eingeführt und überprüft.

WILLOUGHBY, R. R. **Willoughby Neurotic Tendency Scale**
um 1930. Ein im Zusammenhang mit der Verhaltenstherapie (H. J. Eysenck) beachteter Fragebogen zur Feststellung neurotischer Tendenzen.

WILSON, C. L. **Wilson Driver Selection Test**
1961. Meßverfahren zur Ermittlung der Fahrtauglichkeit mit Hilfe der Dimensionen: visual attention, depth visualization, recognition of simple (of complex) detail, eye-hand coordination, steadiness.

WINDHEUSER, J. – NIKETTA, R. **Liste zur Erfassung von Verstärkern (LEV)**
1972. Deutsche Form der Reinforcement Survey Schedule (RSS) von Cautela und Kastenbaum. Der Fragebogen dient zur Ermittlung von Verstärkern, die für die Therapie eingesetzt werden können. Der 217 Items umfassende Fragebogen ist in vier Teile aufgeteilt: in Teil 1 wird nach Verstärkern für die unmittelbare Therapiesituation gefragt. Teil 2 bezieht sich auf die Verstärker außerhalb der Therapiesituation. Im 3. Teil wird nach sozialen und verbalen Verstärkern gefragt, während im 4. Teil häufig auftretende Gedanken und durchgeführte Tätigkeiten erfragt werden. →WINDHEUSER, NIKETTA

WING, H. D. **Wing Standardized Tests of Musical Intelligence**
1939–61. AA ab 8. Ein Musikbegabungstest, der die von Revesz eingeführte Methodik fortsetzt. Eine deutsche Fassung des Tests liegt vor.

WING, J. K. – COOPER, J. E. – SARTORIUS, N. **Present State Examination**
1973. Standardisiertes Verfahren zur Erhebung des psychopathologischen Befundes.

WINKEL →INGENKAMP

WINKELMANN, W. **Testbatterie zur Erfassung kognitiver Operationen (TEKO)**
1975. AA 5–8. Der Test ermittelt das Entwicklungsniveau verschiedener konkreter Denkoperationen nach Piaget. Folgende Untertests sind in der Batterie enthalten: SE (Substanzerhaltung), ZE (Zahlerhaltung), KI (Klasseninklusion), MA (Matrizen), RL (Raumlage), AS (Asymmetrische Seriation), OZ (Ordinale Zuordnung), RF (Reihenfolgen), ME (Messen).

WIRTH →GRÜNBAUM

WITKIN, H. A. **Embedded Figures Test (EFT)**
1950–57. AA ab 10. →GOTTSCHALDT, THURSTONE – JEFFRY

WITKIN, H. A. – OLTMAN, Ph. K. – RASKIN, E. – KARP, T. A. **Embedded Figures Test**
1951–1971. Papier- und Bleistift-Test zur Messung der Feldabhängigkeit. Der Proband muß bei 24 dargebotenen komplexen geometrischen Figuren einfache Figuren, die ihr vorher dargeboten werden, lokalisieren. Zusätzlich zu dem EFT wurde eine Form für Kinder (CEFT), Vorschulkinder (PEFT) und eine Form für Gruppen (GEFT) entwickelt.

WITTCHEN, H.-U. – SCHRAMM, E. – ZAUDIG, M. – SPENGLER, P. – RUMMLER, R. – MOMBOUR, W. **Strukturiertes Klinisches Interview für DSM-III-R (SKID)**
Das SKID dient in erster Linie zur Erstellung von Differentialdiagnosen psychotischer Störungen nach DSM-III-R. Darüber hinaus werden alle Diagnosen im Längs- und Querschnitt sowie mit Zusatzinformationen über Beginn und Verlauf erhoben.

WITTENBORN, R. J. **Wittenborn Psychiatric Rating Scales**
1955. Skalen für die Abgrenzung und Zuordnung krankhafter psychischer Zustände (Akute Angst, Konversionshysterie, Manie, Depression, Schizophrenie, Paranoia u. a.).

WOLFF →MOEDE

WOLFRAM, U. **Entscheidungs-Q-Sort (EQS)**
Mit diesem Verfahren lassen sich wesentliche Variablen des Entscheidungsverhaltens diagnostizieren. Es dient der Diagnostik und Differential-Diagnostik neurotischer Störungen.

WOLLRAB, H. **Wollrab-Test**
Projektiver Test mit 6 schwarz-weißen Pastellvorlagen, die ohne Abbildetendenzen wolkenähnliche Formkompositionen enthalten. Gewisse Verwandtschaft mit dem Rorschach-Test.

WOLPE, J. – LANG, P. J. **Fear Survey Schedule (FSS III)**
Verhaltensanalytischer Fragebogen zur Bestimmung von angstauslösenden Reizen. Über 5 Antwortkategorien (gar nicht bis sehr stark) werden bei 76 Items die Reaktionen auf angstauslösende Situationen erfragt. Eine deutsche Fassung dieser Frageliste mit 72 Items liegt vor. →WOLPE – LANG, SCHULTE

WOODWORTH, R. S. **Personal Data Sheet**
1918. Der Prototyp der sog. personality inventories (Fragebogen-Tests), der schon im 1. Weltkrieg zur Diagnose neurotischer Störungen verwendet wurde.

WOODWORTH, R. S. – MATHEWS, R. W. **Personal Data Sheet**
1923. Liste mit Fragen, die charakteristisch sein sollen für die Diagnose affektiver Störungen. Fortentwicklung →HEUYER.

WOODWORTH →MERRILL

WYATT, S. **Analogie-Test**
Test analog →W. STERN

YERKES, R. M. **Army Alpha Test, Army Beta Test, Army General Classification Test (AGCT)**
Die von Yerkes organisierte, zusammen mit Dodge, Terman u. a. durchgeführte, einzigartige Massenprüfung zur Festlegung des allgemeinen intellektuellen Niveaus bei ca. 1,5 Mill. amerikanischen Soldaten im 1. Weltkrieg. Der Test stellt eine Erweiterung des Binet-Simon-Verfahrens dar. Die Testserie wurde als «Group Examination Alpha» bezeichnet, zur Unterscheidung von der gleichzeitig ausgegebenen «Beta-Reihe für des Lesens Unkundige bzw. Fremdsprachige». – Weiterentwickelt wurde der Army Alpha Test in neun verbesserten Auflagen herausgegeben. Im 2. Weltkrieg wurden über 12 Millionen Soldaten mit dem nun als AGCT bezeichneten Test geprüft. Schließlich wurde er für den zivilen Gebrauch freigegeben. Er erschien als Army General Classification Test, First Civilian Edition. H. E. Schrammel u. E. R. Wood gaben Revisionen als Army Group Examination Alpha heraus. Auch die Beta-Reihe wurde verbessert und überarbeitet (durch D. E. Kellog, N. W. Morton et al.) und steht nun als Revised Beta Examination zur Verfügung.

– **Analogie-Test**
Test analog →W. STERN

– **Steinhaufentest, Würfelanalyse, Block-Counting-Test**
Zur Prüfung der räumlichen Vorstellung werden perspektivische Abbildungen von Aufbauten mit kleinen Würfeln vorgelegt. Die Anzahl der Würfel (die z. T. nicht sichtbar sind) ist anzugeben. Der Test gehört zum Bestand des «Army Test». Als Abwandlung sei der Raumbild-Test aus dem «New-California-Short-Form-Test» erwähnt, bei dem unter je vier Darstellungen von Würfelhäufungen diejenige von dem Probanden zu finden ist, die einer Vorlage entspricht.

YERKES →HAGGERTY

ZAUDIG, M. – METTELHAMMER, J. – HILLER, W. **Strukturiertes Interview für die Diagnose der Demenz vom Alzheimer Typ, der Multiinfarkt-Demenz und Demenzen anderer Ätiologie nach DSM-III-R und ICD-10 (SIDAM)**
Das SIDAM ermöglicht in einfacher und praktikabler Weise die Diagnose einer Demenz nach DSM-III-R und ICD-10.

ZAWORKA, W. – HAND, I. – JAUERNIG, G. – LÜNENSCHLOß, K. **Hamburger-Zwangsinventar (HZI)**
Der Fragebogen erfaßt «Zwangssymptome» bei unterschiedlichen neurotischen, psychosomatischen, psychotischen und hirnorganischen Erkrankungen. Die Items sind auf Verhaltensebene operationalisiert und frei von persönlichkeitspsychologischen und neurosentheoretischen Konstrukten. Das HZI bildet Denk- und Handlungszwänge etwa gleich stark differenziert ab.

ZAZZO, R. **Doppeldurchstreich-Test, Test de deux barrages**
Test analog →TOULOUSE – PIERON.

ZERSSEN, D. v. – KOELLER, D.-M. **Klinische Selbstbeurteilungsskalen (KSB-S)**
1976. Als Oberbegriff umfassen die Selbstbeurteilungsskalen eine Beschwerden-Liste, eine als Befindlichkeitsskala bezeichnete Eigenschaftswörterliste und eine Paranoid-Depressivitäts-Skala. Diese Skalen können auch unabhängig voneinander für eine standardisierte Erfassung verschiedener Aspekte des subjektiven Befundes verwendet werden. Die Items beziehen sich auf klinisch-relevante Merkmale subjektiver Beeinträchtigung.

– **Die Beschwerden-Liste (B-L)**
1976. AA 20–64. Fragebogenverfahren zur quantitativen Erhebung subjektiver Beeinträchtigung durch überwiegend körperliche Beschwerden und Allgemein-Beschwerden. Die B-L liegt in zwei Parallel-Tests mit je 24 Items vor.

– **Befindlichkeitsskala (Bf-S)**
1976. Skala zur Erfassung der aktuellen Gemütsverfassung. Sie besteht aus 28 gegensätzlichen Eigenschaftspaaren. Die Skala wurde für Verlaufsuntersuchungen bei affektiven Psychosen entworfen.

– **Paranoid-Depressivitäts-Skala (PD-S)**
1976 Die Skala erfaßt das Ausmaß subjektiver Beeinträchtigung durch emotionelle Reduktion vom Typ ängstlich-depressiver Verstimmtheit (D-S bzw. D-S⌈) sowie eine klinisch und faktoriell davon eindeutig unterscheidbare Mißtrauenshaltung und Realitätsfremdheit bis zu ausgeprägter Wahnhaftigkeit (P-S bzw. P-S⌈). Dieser Test liegt auch in einer computergestützten Version vor.

ZIEHEN, T. **Abzeichnen**
1918. Das Abzeichnen einfacher Figuren wurde als Test oft verwendet (Binet und Nachfolger: Quadrat, Rhombus; Terman: 2 Quadrate, die sich teilweise überdecken). Z. führte ein Rechteck ein, dessen obere Seite nach innen eingeknickt ist.

– **Angefangene Sätze vollenden**
Zu einem Haupt- oder Nebensatz ist eine sinnvolle Ergänzung zu finden.

– **Assoziationen, Reizworte**
Auf Reizworte (z. B. Wald, rot, Haus, Krankheit) soll mit einem anderen in Beziehung stehenden Wort reagiert werden. Zahlreiche Abwandlungen.

ZIELKE, M. **Kieler Änderungs-sensitive Symptomliste (KASSL)**
1979. Verfahren für die therapiebegleitende Diagnostik zur Messung von Veränderungen in bezug auf das Therapieziel. Die Therapieziele sind gesprächspsychotherapeutisch orientiert.

ZIELKE, M. – KOPF-MEHNERT, C. **Veränderungsfragebogen des Erlebens und Verhaltens (VEV)**
1978. Fragebogen zur Messung der Stärke und der Richtung der Veränderung im Erleben und Verhalten von Probanden nach Beendigung einer klientenzentrierten Psychotherapie.

ZILIAN, E. **Sachdenkprobe, Objekt-Relationen-Test**
1934, 1955–65. Organisations- und Ordnungsaufgabe (Fähigkeit der Kategorienbildung). Körper, die in Form, Farbe, Größe, Oberflächenbeschaffenheit verschieden sind, werden in bestimmten Reihungen vorgegeben, die vom Probanden sinngemäß fortgesetzt werden müssen. Der Test weist eine Parallele zu der testmäßig allerdings nicht weitergeführten Suchmethode von N. Ach auf. →ZILIAN, ACH

ZIMMER, R. – VOLKAMER, M. **Motoriktest für Vier- bis Sechsjährige (MOT 4-6)**
1984, 1987. 18 Aufgaben mit hohem Aufforderungscharakter erlauben die Messung folgender Motorik-Dimensionen: Gesamtkörperliche Gewandtheit und Beweglichkeit, Feinmotorische Geschicklichkeit, Gleichgewichtsvermögen, Reaktionsfähigkeit, Sprungkraft und Schnelligkeit, Bewegungsgenauigkeit und Koordinationsfähigkeit. Untersuchungsdauer: 15–20 Min.

ZIMMERMANN →GUILFORD

ZULLIGER, H. **Der Behn-Rorschach-Test**
1940/41. Parallel- und Kontrollverfahren zur Rorschach-Methode mit den Tafeln von H. Behn-Eschenburg.

– **Der Zulliger-Tafeln-Test (Tafeln-Z-Test)**
1954. Ein Rorschach-Verfahren mit drei Tafeln für individuelle Untersuchungen.

– **Der Diapositiv-Z-Test**
1948. Dieselben Tafeln zur Untersuchung von Gruppen über Dia-Projektion.

ZUNG, W. D. K. **Self-rating depression scale**
1976. Selbstbeurteilungsskala zur Aufdeckung und Quantifizierung depressiver Zustände. Die Skala umfaßt 20 Statements, bei denen zehn krankheitsorientiert und zehn gesundheitsorientiert sind.

ZÜST →ARTHUS

C Verzeichnis ausgewählter arbeitswissenschaftlicher Methoden

ABB Arbeitsbeschreibungsbogen (Neuberger & Allerbeck 1978).
Fragebogen zur Arbeitszufriedenheit mit Skalen zu den Bereichen Kollegen, Vorgesetzte, Tätigkeit, Arbeitsbedingungen, Organisation und Leitung, Entwicklung, Bezahlung. Ergebnisse: Einzelwerte zu den Teilskalen und Gesamtwert. Das Verfahren wird als Fragebogen mit 4-stufiger Beantwortung bei Einzelitems und 7-stufigen Kunin-Skalen (Schema Gesichter) zur Einschätzung der Zufriedenheit insgesamt durchgeführt. Anwendungsbereich: Alle Arten von Arbeitstätigkeiten.

AET Arbeitswissenschaftliches Erhebungsverfahren zur Tätigkeitsanalyse (Rohmert & Landau 1979).
Tätigkeitsanalyse zur Beschreibung und Bewertung der Anforderungen, Belastungen und Beanspruchungen in der Arbeitstätigkeit, mit Skalen zu energetisch-effektorischen sowie informatorischen Tätigkeitselementen, Arbeitsobjekten und Arbeitmittel, Umgebungseinflüsse, (Beleuchtung, Lärm, Vibration, Klima, Arbeitssicherheit) sowie organisatorischen und wirtschaftlichen Aspekten. Ergebnisse: Vergleich verschiedener Arbeitssysteme, Ermittlung von Anforderungen für Eignungsuntersuchungen sowie die Aus- und Weiterbildung. Skalenwerte und Beschreibungen der Arbeitstätigkeiten und Arbeitsbedingungen. Das Verfahren wird als Beobachtungsinterview durchgeführt. Anwendungsbereich: Alle geistigen und manuellen Arbeitstätigkeiten.

AC Assessment Center (vgl. Lattmann 1989, Schuler & Staehle 1987).
Oberbegriff für verschiedene Methoden zur Personalauswahl und Personalentwicklung (s. auch Assessment Center im Hauptteil des Wörterbuchs). In der Regel wird die Methode nach vorausgehenden Anforderungsanalysen (vgl. Tätigkeitsanalyse) mit 6 bis 12 zu beurteilenden Personen durch trainierte Beurteiler (Personalbeurteilung, Mitarbeiter systematisch beuerteilen) durchgeführt. Je nach Anforderungen haben die zu Beurteilenden verschiedene Aufgaben oder Übungen durchzuführen, wie z. B. Gruppendiskussionen mit und ohne Rollenvorgaben, Vorträge und Präsentationen, Rollenspiele (z. B. Verkaufsgespräche, Bearbeitung eines typischen Postkorbs). Beobachter sind in der Regel Linienvorgesetzte mehrerer Hierarchiebenen sowie Psychologen und Mitarbeiter der Personalabteilung. Sie beurteilen das Verhalten mit Hilfe verhaltensnah formulierter, nach den Anforderungen der Tätigkeit ausgewählten mehrstufigen Ratingskalen. Die Skalenwerte werden für die beurteilten Personen unter Berücksichtigung von Einzelinterviews zusammengefaßt. Die Entscheidung wird den Beurteilten zusammen mit Hinweisen über Stärken und Schwächen sowie Weiterbildungsempfehlungen mitgeteilt.

BMS Belastung – Monotonie – Sättigung – Streß (Plath & Richter 1984).
Fragebogeninstrument zur Erhebung erlebter Beanspruchungsfolgen mit vier Skalen. Ergebnisse: Skalenwerte zur Belastung, Monotonie, Sättigung und Streß. Bewertung der erlebten Beeinträchtigungen. Das Instrument wird als standardisierter Fragebogen durchgeführt. Anwendungsbereich: Montage- und Bedientätigkeiten sowie Überwachungstätigkeiten.

Bruggemanns Formen der Arbeitszufriedenheit (Bruggemann et al., 1975, Semmer et al., 1990).
Fragebogen zur Erfassung verschiedener Formen der Arbeitszufriedenheit. Erfaßt werden vier Typen: zufrieden, resigniert zufrieden, konstruktiv unzufrieden und resigniert unzufrieden. Ergebnisse: Skalenwerte zu den genannten vier Typen. (Der Fragebogen ist auf Anfrage bei Prof. Dr. N. Semmer, Lehrstuhl Arbeits- und Organisationspsychologie, Institut für Psychologie der Universität Bern, Muesmatt-Str. 45, CH-4025 Bern, erhältlich). Das Verfahren wird als Fragebogen mit mehrstufigen Antwortskalen durchgeführt (vgl. Oegerli 1984). Anwendungsbereich: Alle Arbeitstätigkeiten.

CIT Critical Incident Technique, Methode der kritischen Ereignisse (Flanagan 1954).
Halbstrukturierte mündliche oder schriftliche Befragungstechnik. Die Befragten sollen aus eigener Erfahrung konkrete Verhaltensepisoden schildern. Beispielfrage «Erinnern Sie sich an die zurückliegende Arbeitswoche. Gab es eine Situation, in der Sie besonders zufrieden waren? Bitte erzählen Sie, was sich ereignet hat!» Die Schilderungen sollen so verhaltensnah wie möglich protokolliert werden. Komplementär wird nach Episoden gefragt, in denen die Person besonders unzufrieden war. Die geschilderten Ereignisse werden nach inhaltlichen Themen in Kategorien eingruppiert. – Die Methode wurde von Herzberg (Herzberg et al., 1959) zur Erhebung der «Motivatoren» und «Hygiene-Faktoren» in seiner Zwei-Faktoren-Theorie der Arbeitszufriedenheit verwendet. Häufig werden

Abwandlungen der CIT aber auch in Verbindung mit anderen Fragen (z. B. Erfolg und Mißerfolg in der Arbeitstätigkeit) zur Ermittlung von Anforderungen für bestimmte Arbeitstätigkeiten (Tätigkeitsanalye, Assessment Center) oder für Bildungsbedarfsanalyse eingesetzt.

EVA Ermittlung von Alltagstätigkeiten (Weyerich et al., 1992).
Verfahren zur bedingungsbezogenen Aufgabenanalyse von Alltagshandlungen (Haushalt, Familie, sportliche Aktivitäten usw.). Analyseergebnisse: Liste und Anzahl der verschiedenen Alltagstätigkeiten, Anzahl und Anteil der sozial eingebetteten Tätigkeiten, Gesamtdauer des Alltagshandelns und der sozial eingebetteten Alltagstätigkeiten. Das Verfahren wird in Form von Beobachtungsinterviews mit trainierten Beobachtern durchgeführt. Anwendungsbereich: alle Alltagstätigkeiten außerhalb der beruflichen Erwerbsarbeit.

FAA Fragebogen zur Arbeitsanalyse (Frieling & Hoyos 1978).
Deutsche Bearbeitung des «Position Analysis Questionnaire (PAQ)» von Mc Cormick et al. (1969). Anforderungs- und Tätigkeitsanalyse mit Skalen zu den Bereichen Informationsaufnahme und -verarbeitung, Arbeitsausführung (Arbeitsmittel, Bedienelemente, manuelle Tätigkeiten) sowie Umgebungseinflüsse und Arbeitsbedingungen. Ergebnisse: quantitative und qualitative Beschreibung der Arbeitstätigkeiten. Profilvergleiche mit verschiedenen Berufen, Ermittlung von Eignungsvoraussetzungen sowie Anforderungen für Aus- und Weiterbildungsprogramme. Anwendungsbereich: Alle manuellen und geistigen Arbeitstätigkeiten. Das Verfahren wird als Beobachtungsinterview durchgeführt.

FVVB Fragebogen zur Vorgesetzten-Verhaltens-Beschreibung (Fittkau-Garthe, H. & Fittkau, B. 1971).
Fragebogen für Mitarbeiterinnen und Mitarbeiter zur Beschreibung des Führungsstils (Führung) in Anlehnung an den SBDQ (Supervisory Behavior Description Questionnaire) der Ohio-Forschungsarbeiten (Stogdil & Coons 1957). Neben den übersetzten Items aus dem SBDQ wurden zur Testkonstruktion weitere Fragen ergänzt. Nach Faktorenanalysen wurden fünf Skalen konstruiert: 1. Freundliche Zuwendung, 2. Stimulierende Aktivität, 3. Gewährung von Mitbestimmung und Beteiligung, 4. Kontrolle vs. laissez-faire und 5. Freundlichkeit und Aktivität. Die Skalen 1 und 3 werden als Differenzierung zu den Faktoren «Consideration» und die Skalen 2 und 4 zu «Intitiating Structure» des ursprünglichen Fragebogens angesehen. Die Ergebnisse nachfolgender Faktorenanalysen zeigen widersprüchliche Ergebnisse (vgl. Tischer 1980).

FSD Fragebogen zur Sicherheitsdiagnose (Hoyos & Ruppert 1993).
Tätigkeitsanalyse zur Sicherheitsdiagnose von Gefahren, Risiken, Verhaltensanforderungen und Verhaltensbedingungen. Ergebnisse: Beschreibung der Arbeitstätigkeit und Indizes für Gefahrentypen und Gefährdungen, Wahrnehmen und Beachten von Gefahrensignalen, Beurteilen und Vorhersehen von Gefahren, Planen und Vorsorgen, Handlungsanforderungen sowie Zusammenarbeit und sich verständigen. Das Verfahren wird als standardisiertes Beobachtungsinterview durchgeführt.

HAA Heterarchische Aufgabenanalyse (Greif 1991 a)
Verfahren der personenbezogenen Aufgabenanalyse zum Software-Design. Analyseergebnisse: Individuelle Verhaltensprotokolle der Eingaben des Benutzers mit genauen Zeitwerten, subjektive Struktur der Arbeitsschritte und bevorzugte Begriffe für Teilschritte, qualitative Beschreibung der handlungsbegleitenden Emotionen und Überlegungen, Probleme und Vorschläge zur individuellen aufgabenbezogenen Menügestaltung. Methode: Lockfile-Protokolle und Videoaufzeichnungen mit drei Kameras (Bildschirm, Finger auf der Tastatur, Gesicht) und Mischbild. Analyse der Protokolle mit Videokonfrontationstechnik im Anschluß an die Aufgabenbearbeitung. Verkürzte Formen sind möglich. Anwendungsbereich: Vorwiegend Büroaufgaben am Computer in ergonomischen Laborstudien (vgl. Gediga et al., 1989).

ISTA Instrument zur streßbezogenen Tätigkeitsanalyse (Semmer 1984).
Skalen und Indizes zum Bereich (A) Belastungen oder Streß in der Arbeitstätigkeit (Skalen: Intensität, Unsicherheit, arbeitsorganisatorische Probleme, Umgebungseinflüsse, einseitige Belastung, Arbeitsplatzunsicherheit) sowie (B) allgemeine Regulationsanforderungen und Ressourcen (Skalen: Handlungsspielraum, Komplexität, Variabilität, Kooperation, Kommunikation). Ergebnisse: Skalenwerte und Indizes. Das Verfahren kann mit nahezu übereinstimmenden Fragen sowohl als Fragebogenversion durch die Beschäftigten als auch als Beobachtungsinterview (durch trainierte Beobachter) durchgeführt werden. (Für Vergleiche zwischen beiden Versionen siehe Zapf 1989). Anwendungsbereich: gewerbliche Beschäftigte ohne Vorgesetztenfunktionen. (Die Originalfragebögen sind auf Anfrage bei Prof. S. Greif, Fachgebiet Arbeits- und Organisationspsychologie der Universität Osnabrück, Seminarstr. 20, D-49069 Osnabrück erhältlich.)

JDS Job Diagnostic Survey (Hackman & Oldham 1975).
Tätigkeitsanalyse mit Skalen zu den Merkmalen Anforderungsvielfalt, Ganzheitlichkeit, Be-

deutsamkeit, Autonomie und Feedback. Ergebnisse: einzelne Skalenwerte und zusammengesetzter «Motivating Potential Score (MPS)» zur Bewertung der Arbeitstätigkeit im Hinblick auf die Förderung der Arbeits- und Leistungsmotivation. Das Instrument wird als standardisierter Fragebogen durchgeführt. Anwendungsbereich: Alle geistigen und manuellen Arbeitstätigkeiten.

KABA kontrastive Aufgabenanalyse im Bereich Büro und Verwaltung
(Dunckel 1989)
Verfahren der bedingungsbezogenen Aufgabeanalyse zur Aufgabenverteilung zwischen Mensch und EDV-System nach Humankriterien. Analyseergebnisse: Analyse und genauere Kennzeichnung der einzelnen Arbeitsaufgaben und der verwendeten Informations- und Kommunikationstechniken, Beschreibung möglicher Beeinträchtigungen der Humankriterien durch ein EDV-System, Vorschläge zur Arbeitsgestaltung. Das Verfahren wird als Beobachtungsinterview mit trainierten Beobachtern durchgeführt. Anwendungsbereich: Tätigkeiten in Büro und Verwaltung.

Mitarbeiter systematisch beurteilen
(Franke & Kühlmann 1990)
Programm zur Vorbereitung, Durchführung und Kontrolle der Mitarbeiterbeurteilung in der Organisation. Die verschiedenen Programmbausteine enthalten Texte, Abbildungen und Materialien (als Buchfassung oder Disketten lieferbar) zur Vermittlung von Grundkenntnissen über die Notwendigkeit, Grenzen und Möglichkeiten der Mitarbeiterbeurteilung, Grundlagen zum Aufbau eines Beurteilungssystems, Basiswissen für Vorgesetzte.

OAI Organisation Analysis Inventory
(van de Ven & Ferry 1980).
Integratives Fragebogeninstrument zur Organisationsanalyse. Es enthält fünf Module: 1. Macroorganizational module (strukturelle Merkmale der Gesamtorganisation und ihrer Geschichte), 2. Interunit relations module (Abhängigkeiten, Koordination und Kontrolle zwischen organisationalen Einheiten und Positionen), 3. Organizational unit module (Merkmale von Aufgaben, Strukturen, und Prozessen auf Abteilungs- und Arbeitsgruppenebene), 4. Job design module (Merkmale einzelner Arbeitsplätze, Arbeitsanforderungen, Einstellungen zur Arbeit und Berufsgeographie der Beschäftigten) und 5. Performance module (Effizienz und Effektivität der verschiedenen Ebenen).
Im Rahmen des integrativen Ansatzes (vgl. Büssing, 1993) werden vielfältige zusätzliche Datenquellen einbezogen (Organisationsanalyse). Ergebnis ist eine umfangreiche Beschreibung der Organisation mit Skalen, Daten und qualitativen Angaben unter Berücksichtigung betriebswirtschaftlicher, soziologischer und psychologischer Aspekte.

RHIA Regulationshindernisse in der Arbeitstätigkeit
(Leitner et al., 1987)
Verfahren zur bedingungsbezogenen Aufgabenanalyse. Die zur Erfassung der aufgabenbezogenen psychischen Belastungen (A) Regulationshindernisse, wie Erschwerungen, Unterbrechungen und (B) Regulationsüberforderungen, aufgabenimmanent und aufgabenunspezifisch). Analyseergebnisse (quantitativ) Dauer jeder Einzelbelastung, Dauer der Gesamtbelastung, Dauer monotoner Arbeitsbedingungen, Ausmaß des Zeitdrucks. Analyseergebnisse (qualitativ: Beschreibung der psychischen Belastungen, Begründung von Bewertungen, Vorschläge zur Beseitigung von psychischen Belastungen. Wird als Beobachtungsinterview mit trainierten Beobachtern durchgeführt. Anwendungsbereich: Arbeitsplätze in der industriellen Fertigung. Für Tätigkeiten im Bürobereich für Industrieunternehmen wurde ein spezielles RHIA-Büro-Verfahren entwickelt (Leitner et al., 1993).

SAA Fragebogen zur subjektiven Arbeitsanalyse
(Udris & Alioth 1980).
Fragebogen zur Tätigkeitsanalyse mit den Skalen: Handlungsspielraum, Transparenz, Verantwortung, Qualifikation, soziale Struktur, Arbeitsbelastung. Ergebnisse: Skalenwerte zur Beschreibung der Arbeitstätigkeit in den genannten Merkmalsbereichen. Das Instrument wird als standardisierter Fragebogen durchgeführt. Anwendungsbereich: alle geistigen und manuellen Arbeitstätigkeiten.

SABA Durchführung als Beobachtungsinterview. Spezielle Analyse belastender Arbeitsfaktoren
(Richter et al., 1988).
Analyse und Bewertung der Beeinträchtigungslosigkeit (A) unmittelbar gestaltbare Aufgabenmerkmale wie Anzahl von Teiltätigkeiten, sequentielle Vollständigkeit, Bewegungsvielfalt, Zyklusdauer, Rückmeldung, Konflikte zwischen Qualität und Quantität, (B) mittelbar gestaltbare Aufgabenmerkmale wie soziale Konfliktaustragung, Kooperation, Entscheidungen, Planen, Niveau kognitiver Anforderungen, Qualifikationsinanspruchnahme. Ergebnisse: quantitative und qualitative Beschreibung und Bewertung der Beeinträchtigungslosigkeit in der Arbeitstätigkeit.

SAZ Skala zur Messung von Arbeitszufriedenheit
(Fischer & Lück 1972).
Fragebogen mit 37 Items (5-stufige Antwortmöglichkeit) zu den Bereichen ideelle Arbeitszufriedenheit, Freude/Wechselbereitschaft, Bezah-

lung, Aufstiegsmöglichkeiten und Betriebsklima (vgl. Stephan 1991). Ergebnisse: Skalenwerte in den einzelnen Zufriedenheitsbereichen, Gesamtwert. Das Verfahren wird als Fragebogen durchgeführt. Anwendungsbereich: Alle Arbeitstätigkeiten.

SBDQ Supervisory Behavior Description Questionnaire
(Stogdil & Coons1957, deutsche Übersetzung von Tscheulin & Rausche 1970)
Aus dem Amerikanischen übersetzter Fragebogen der Ohio-Gruppe für Mitarbeiterinnen und Mitarbeiter zur Beschreibung des Führungsstils ihrer Führungskräfte (Führung). Erfaßt werden die Faktoren «Rücksichtnahme» (Consideration) und «Planungsinitiative» (Intitiating Structure). Nach einer Studie von Nachreiner (1974) müssen mehrere Items als unbrauchbar ausgeschieden werden. Nachfolgende Faktorenanalysen der reduzierten Fassung zeigen zwei in Anlehung an das Original interpretierbare Faktoren (vgl. Tischer 1980).

STA Subjektive Tätigkeitsanalyse
(Ulich 1981).
Tätigkeitsanalyse in Arbeitsgruppen zur gemeinsamen Untersuchung und Bewertung der Tätigkeiten nach den folgenden Merkmalen: Entscheidungsmöglichkeiten, Abwechslung bei der Tätigkeit, Möglichkeit zum Lernen, gegenseitige Unterstützung und Respektivierung, sinnvoller Beitrag für Betrieb und Konsumenten, persönliche Entwicklungsmöglichkeiten. Ergebnisse: Skalenwerte und Beschreibungen nach gemeinsamen Diskussionsprozessen in der Gruppe, vergleichende Bewertung verschiedener Tätigkeiten oder Aufgaben, Grundlage für die partizipative Veränderung der Aufgabenverteilung und Tätigkeiten. Das Verfahren wird als teilstandardisierte Methode in Gruppen durch Experten angeleitet. Anwendungsbereich: Alle manuellen und geistigen Tätigkeiten.

SYMLOG System for Multiple level Observation of Groups
(Bales & Cohen 1982).
Beobachtungssystem für Gruppenprozesse zur Registrierung des Interaktionsverhaltens (verbales und nonverbales Verhalten), Erschließung subjektiver Eindrücke der Gruppenteilnehmer sowie persönlicher Werte und Vorstellungen aus den Daten. Kann durch trainierte Beobachter oder Selbstanalyse-Gruppen durchgeführt werden (Schneider & Orlik 1982).

TAI Tätigkeitsanalyseinventar
(Frieling et al., 1984).
Umfassendes modular aufgebautes Analyseinstrument mit Teilverfahren und zahlreichen Skalen zu den folgenden Hauptbereichen: I. Emotional beanspruchungsrelevante Tätigkeitsbedingungen, II. kognitiv beanspruchungsrelevante Tätigkeitsbedingungen, III. Qualifikationsanforderungen, IV. Erfolge und zu erwartende Veränderungen.
Je nach Schwerpunkt können verschiedene Teilinstrumente modular ausgewählt werden. Ergebnisse: quantitative und qualitative Beschreibungen und Bewertungen zu den einbezogenen Merkmalsbereichen.

TBS Tätigkeitsbewertungssystem
(Hacker et al., 1983)
Durchführung als Beobachtungsinterview. Analyse und Bewertung von Arbeitstätigkeiten nach Kriterien der Persönlichkeitsförderlichkeit (A): organisatorische und technische Determinanten vollständiger Tätigkeiten, (B) Kooperation und Kommunikation, (C) Verantwortung, (D) erforderliche psychische Prozesse und Repräsentationen, (E) Qualifikations- und Lernerfordernisse. Ergebnisse: Skalenwerte zu den angesprochenen Merkmalsbereichen und Beschreibung der Arbeitstätigkeiten und -bedingungen. Anwendungsbereich: Industrielle Montage-, Bedien- und Überwachungstätigkeiten (TBS-L), für überwiegend geistige Arbeitstätigkeiten mit und ohne Rechnerunterstützung wurde als spezielles Verfahren die TBS-GA konstruiert (Rudolph et al., 1987).

TI Task inventory
(vgl. Drauden 1988, Schuler & Funke 1993).
Einfaches Verfahren der Aufgabenanalyse zur Ermittlung von Anforderungen. Arbeitsplatzinhaber und ihre Vorgesetzte erstellen eine Liste der am Arbeitsplatz auszuführenden Aufgaben. Anschließend werden die Aufgaben mit einer oder mehreren Ratingskalen nach relevant erscheinenden Merkmalen (Häufigkeit, Schwierigkeit, Ausbildungsaufwand, Fehlerrisiken) von den Arbeitsplatzinhabern und ihren Vorgesetzten eingeschätzt.

VERA Verfahren zur Ermittlung von Regulationserfordernissen in der Arbeitstätigkeit
(Volpert et al., 1983)
Verfahren zur bedingungsbezogenen Aufgabenanalyse zu Denk- und Planungsanforderungen. Fünf Ebenen (mit jeweils zwei Unterstufen): 1. sensumotorische 2. Regulation, 3. Handlungsplanung, 3. Teilzielplanung, 4. Koordination mehrerer Handlungsbereiche und 5. Erschließung neuer Handlungsbereiche. Analyseergebnisse (quantitativ): Einstufung der Arbeitsaufgaben nach Denk- und Planungsanforderungen, (qualitativ): Aufgabenbeschreibung, Beschreibung der Denk und Planungsanforderungen, Vorschläge zur Erhöhung der Anforderungen. Das Verfahren wird in Form eines Beobachtungsinterviews mit trainierten Beobachtern durchgeführt. Anwendungsbereich: Arbeitsplätze in der industriellen Fertigung. Für Tätigkeiten im Bürobereich von Industrieunternehmen wurde das VERA-Büro-Verfahren entwickelt (Leitner et al., 1993).

Bibliographie

Abderhalden, E. (Hrsg.). (1910). *Handbuch der biologischen Arbeitsmethoden. Methoden der experimentellen Psychologie.* Berlin: Urban & Schwarzenberg.

Abel, E. L. (1989). *Behavioral teratogenesis and behavioral mutagenesis. A primer in abnormal development.* New York: Plenum.

Abels, D. (1961). *Der Konzentrations-Verlaufs-Test (K-V-T).* Göttingen: Hogrefe.

Abelson, R. P. (1963). Computer simulation of hot cognition. In S. Tomkins & S. Messick (Eds.), *Computer simulation of personality.* New York: Wiley.

Abelson, R. P. & Prentice, D. A. (1989). Beliefs as possessions: A functional perspective. In A. R. Pratkanis, ST. J. Breckler & A. G. Greenwald (Eds.), *Attitude structure and function.* Hillsdale, NJ: Erlbaum.

Abelson, R. P. & Rosenberg, M. J. (1958). Symbolic psychologic. *Behavioral Science, 3,* 1–13.

Abraham, K. (1921). *Psychoanalytische Studien zur Charakterbildung.* Leipzig: Fischer.

Ach, N. (1905). *Über die Willenstätigkeit und das Denken.* Göttingen: Vandenhoeck & Ruprecht.

Ach, N. (1910). Über den Willensakt und das Temperament. In N. Ach (Hrsg.), *Untersuchungen zur Philosophie und Psychologie.* Leipzig: Quelle.

Ach, N. (1921). *Über die Begriffsbildung.* Bamberg: Buchner.

Ach, N. (1926). Beiträge zur Lehre von Perseveration. *Zeitschrift für Psychologie und Physiologie der Sinnesorgane, 12.*

Ach, N. (1935). Analyse des Willens. In E. Abderhalden (Hrsg.), *Handbuch der biologischen Arbeitsmethoden.* Berlin: Urban & Schwarzenberg.

Ach, N. (1944). *Lehrbuch der Psychologie.* Bamberg: Buchner.

Achtenhagen, F. & Meyer, H. L. (Hrsg.). (1972). *Curriculumrevision – Möglichkeiten und Grenzen.* München: Kösel.

Adams, J. S. (1965). Injustice in social change. In L. Berkowitz (Ed.), *Advances in experimental social psychology.* New York: Academic Press.

Adler, A. (1907). *Studie über die Minderwertigkeit von Organen.* Wien: Urban & Schwarzenberg.

Adler, A. (1930). *Praxis und Theorie der Individualpsychologie.* München: Bergmann.

Adler, A. (1954). *Menschenkenntnis.* Zürich: Rascher.

Adolfson, J. A. & Berghage, T. E. (1974). *Perception and performance under water.* New York: Wiley.

Adorno, T. W. (1968). *Einleitung in die Musiksoziologie: Zwölf theoretische Vorlesungen.* Reinbek: Rowohlt.

Adorno T. W. & Dirks, W. (Hrsg.). (1952). *Frankfurter Beiträge zur Soziologie.* Frankfurt: Europäische Verlagsanstalt.

Adorno, T. W. et al. (1964). *The authoritarian personality.* New York: Wiley.

Aebli, H. (1963, 1975). *Über die geistige Entwicklung des Kindes.* Stuttgart: Klett.

Aebli, H. (1969, 1980). Die geistige Entwicklung als Funktion von Anlage, Reifung, Umwelt- und Erziehungsbedingungen. In H. Roth (Hrsg.), *Begabung und Lernen.* Stuttgart: Klett.

Agarwal, D. P. & Goedde, H. W. (1987). Genetik des Alkoholismus. In K. P. Kisker, H. Lauter, J.-E. Meyer, C. Müller & E. Strömgren (Hrsg.), *Psychiatrie der Gegenwart. 3. Abhängigkeit und Sucht* (S. 129–142). Berlin: Springer-Verlag.

Aguilera, D. C. & Messick, J. M. (1977). *Grundlagen der Krisenintervention.* Freiburg: Lambertus.

Ahrens, H. J. (1974). *Multidimensionale Skalierung.* Weinheim: Beltz.

Aichhorn, A. (1977). *Verwahrloste Jugend.* Bern: Huber.

Ainsworth, M. D. S., Blehar, M. C., Waters, E. & Wall, S. (1978). *Patterns of attachment: A psychological study of the strange situation.* Hillsdale, NJ: Erlbaum.

Ajuriaguerra, J. et al. (1976). The developement and prognosis of dysphasia in children. In D. M. Morehead & A. E. Morehead (Eds.), *Normal and deficient child language.* Baltimore: University Park Press.

Ajzen, I. & Fishbein, M. (1980). *Understanding attitudes and predicting social behavior.* Englewood Cliffs: Prentice-Hall.

Ajzen, I. & Madden, T. J. (1986). Prediction of goal-directed behavior: Attitudes, intentions, and perceived behavioral control. *Journal of Experimental Social Psychology, 22,* 453–474.

Albani, F., Riva, R. & Baruzzi, A. (1995). Carbamazepine clinical pharmacology. A review. *Pharmacopsychiatry, 28,* 235–244.

Albert, D. (1968). Freies Reproduzieren von Wortreihen als stochastisches Entleeren eines Speichers. *Zeitschrift für Experimentelle und Angewandte Psychologie, 15,* 564–582.

Albrecht, G. (1979). Die Nichtseßhaftigkeit. In BAG für Nichtseßhaftenhilfe (Hrsg.), *Grundlagenstudie: Erscheinungsweisen, Verlaufsformen und Ursachen der Nichtseßhaftigkeit.* Bielefeld: Bethel.

Albrecht, H. (1961). *Über das Gemüt.* Heft 1 der Reihe Forum der Psychiatrie. Stuttgart: Enke.

Albus, M. (1992). Anxiolytische und anxiogene Substanzen. In J. Oldigs-Kerber & J. P. Leonard (Hrsg.), *Pharmakopsychologie. Experi-*

mentelle und klinische Aspekte (S. 350–364). Stuttgart: Fischer.

ALDERFER, J. R. (1982). Acquisition of cognitive skill. *Psychological Review, 89,* 369–406.

ALEXANDER, F. (1947). *Irrationale Kräfte unserer Zeit.* Stuttgart: Klett.

ALEXANDER, F. (1971). *Psychosomatische Medizin.* Berlin: de Gruyter.

ALFERMANN, D. (1996). *Geschlechterrollen und geschlechtstypisches Verhalten.* Stuttgart: Kohlhammer.

ALLERS, R. (1935). *Temperament und Charakter.* München: Ars sacra.

ALLESCH, G. J. v. (1931). *Zur nichteuklidischen Struktur des phänomenalen Raumes.* Jena: Fischer.

ALLESCH, G. J. v. (1941). Die Wahrnehmung des Raumes als psychologischer Vorgang. *Die Gestalt, 3.*

ALLPORT, F. H. (1924). *Social psychology.* Boston: Mifflin.

ALLPORT, F. H. (1933). *Institutional behavior.* Westport: Greenwood Press.

ALLPORT, F. H. (1934). The J-curve hypothesis of conforming behavior. *Journal of Social Psychology, 5,* 141–183.

ALLPORT, F. H. (1955). *Theories of perception and the concept of structures.* New York: Wiley.

ALLPORT, G. W. (1935). Attitudes. In C. Murchison (Ed.), *Handbook of social psychology* (pp. 798–884). Worchester: Clark University Press.

ALLPORT, G. W. (1942). *The use of personal documents in psychological science.* New York: Social Science Research Council.

ALLPORT, G. W. (1949). *Personality: A psychological interpretation.* New York: Addison-Wesley.

ALLPORT, G. W. (1952). *Treibjagd auf Sündenböcke.* Bad Nauheim: Christian-Verlag.

ALLPORT, G. W. (1954). *The nature of prejudice.* Cambridge: Addison-Wesley.

ALLPORT, G. W. (1958). *Werden der Persönlichkeit.* Bern: Huber.

ALLPORT, G. W. (1959). *Persönlichkeit.* Meisenheim: Hain.

ALLPORT, G. W. (1960). Wahrnehmung und öffentliche Gesundheitspflege. *Psychologische Beiträge, 4,* 384–404.

ALLPORT, G. W. (1962). The general and the unique in psychological science. *Journal of Personality, 30,* 405–422.

ALLPORT, G. W. (1968). The historical background of modern social psychology. In G. LINDZEY & E. ARONSON (Eds.), *Handbook of social psychology.* Reading: Addison-Wesley.

ALLPORT, G. W. (1970). *Gestalt und Wachstum in der Persönlichkeit.* Meisenheim: Hain.

ALLPORT, G. W. (1971). The nature of prejudice. In C. F. GRAUMANN (Hrsg.), *Denken.* Köln: Kiepenheuer & Witsch.

ALLPORT, G. W. & POSTMAN, L. (1947). The psychology of rumor. New York: Holt.

ALTEMEYER, B. (1988). *Enemies of freedom.* San Francisco: Jossey-Bass.

ALTEMEYER, R. A. (1996). *The authoritarian specter.* Cambridge, MA: Harvard University Press.

ALTMAN, I. (1975). *The environment and social behavior. Privacy, personal space, territory, crowding.* Monterey: Brooks/Cole.

ALTMAN, I. & CHEMERS, M. (1980). *Culture and environment.* Monterey: Brooks/Cole.

ALTMAN, S. H. (1965). Social biology of rhesus monkeys: Stochastics of social communication. *Journal of Theoretical Biology, 8,* 490–522.

ALZHEIMER, O. (1957). Die Bedeutung hysterischer Reaktionen bei organischen Hirnerkrankungen und endogenen Psychosen. *Deutsche Medizinische Wochenschrift, 82,* 771–773.

AMEER, B. & GREENBLATT, D. J. (1981). Lorazepam. A review of its clinical pharmacological properties and therapeutic uses. *Drugs, 21,* 161–200.

AMELANG, M. (1986). *Sozial abweichendes Verhalten.* Berlin: Springer-Verlag.

AMELANG, M., AHRENS, H.-J. & BIERHOFF, H. W. (Hrsg.). (1991). *Attraktion und Liebe.* Göttingen: Hogrefe.

AMERICAN PSYCHIATRIC ASSOCIATION (1987). *Diagnostic and statistical manual of mental disorders.* Washington, DC.

AMERICAN PSYCHOLOGICAL ASSOCIATION. (1966, 1974, 1985). *Standards for educational and psychological tests.* Washington: American Psychological Association.

AMMAN, A. N. (1978). *Aktive Imagination.* Olten: Walter.

AMMONS, R. B. (1955). Rotary pursuit apparatus. II: Effect of stylus length on performance. *Psychological Report, 1,* 103.

AMSEL, A. (1958). The role of frustrative nonreward in noncontinuous situations. *Psychological Bulletin, 55,* 102–119.

AMTHAUER, R. (1955, 1973). *Der Intelligenz-Struktur-Test (IST).* Göttingen: Hogrefe.

ANASTASI, A. (1958). *Differential psychology.* New York: Macmillan.

ANASTASI, A. (1964). *Fields of applied psychology.* New York: McGraw-Hill.

ANASTASI, A. (1967). Psychology, psychologist and psychological testing. *American Psychologist, 22,* 297–306.

ANASTASI, A. (1968). *Psychological testing.* London: Macmillan.

ANASTASI, A. (1976). *Differentielle Psychologie* (Bd. 1–2). Weinheim: Beltz.

ANDERSEN, P. & ANDERSSON, S. A. (1968). *Physiological basis of the alpha-rhythm.* New York: Appleton.

ANDERSEN, T. (1990). *Das reflektierende Team. Dialog und Dialoge über die Dialoge.*

ANDERSON, J. E. (1960). The prediction of adjustment over time. In I. ISCOE & H. W. STEVENSON (Eds.), *Personality development in children.* Austin: University of Texas Press.

ANDERSON, J. R. (1976). *Language: Memory and thought.* Hillsdale, NJ: Erlbaum.

ANDERSON, J. R. (1983). *The architecture of cognition.* Cambridge: Harvard University Press.

ANDERSON, J. R. (1985). *Cognitive psychology and its implications.* New York: Freeman.

ANDERSON, N. H. (1974, 1981). Information integration theory: A brief survey. In D. H. KRANTZ, R. S. ATKINSON, R. D. LUCE & P. SUPPES (Eds.), *Contemporary developments in mathematical psychology.* San Francisco: Freemann.

ANDERSON, N. H. (1982). *Methods of information integration theory.* New York: Academic Press.

ANDERSON, N. H. (Ed.). (1991). *Contributions to information integration theory.* Hillsdale, NJ: Erlbaum.

ANDERSON, N. H. (1995). *A functional theory of cognition.* Hillsdale, NJ: Erlbaum.

ANDERSON, N. H. & WILKENING, F. (1991). Adaptive thinking in intuitive physics. In N. H. ANDERSON (Ed.), *Contributions to information integration theory.* Hillsdale, NJ: Erlbaum.

ANDREAS, R., BARTL, M., BARTL-DÖNHOFF, G. & HOPF, W. (1976*). Angst in der Schule.* München: Urban & Schwarzenberg.

ANDREWS, F. M. & WITHEY, S. B. (1976*). Social indicators of wellbeeing. Americans' perception of life quality.* New York: Plenum.

ANGER, H. (1969). Befragung und Erhebung. In C. F. GRAUMANN (Hrsg.), *Sozialpsychologie. Handbuch der Psychologie.* Göttingen: Hogrefe.

ANGERMAIER, M. (1974). *Psycholinguistischer Entwicklungstest (PET).* Weinheim: Beltz.

ANGERMAIER, M. (1974). *Sprache und Konzentration bei Legasthenie.* Göttingen: Hogrefe.

ANGST, J. & WOGGON, B. (1980). Psychopharmakotherapie. In K. P. KISKER, J. E. MEYER, C. MÜLLER & E. STRÖMGREN (Hrsg.), *Grundlagen und Methoden der Psychiatrie.* Berlin: Springer-Verlag.

ANNETT, J. (1979). Memory for skill. In M. M. GRUNEBERG & P. E. MORRIS (Eds.), *Applied problems in memory.* London: Academic Press.

ANOCHIN, P. K. (1967). *Das funktionelle System als Grundlage der physiologischen Architektur des Verhaltensaktes.* Jena: Fischer.

ANSBACHER, H. (1949). *Bleibendes und Vergängliches aus der deutschen Wehrmachtspsychologie.* In Berufsverband Deutscher Psychologen (Hrsg.), 15,3.

ANSCHÜTZ, G. (1914). Zwei neue Ergographen. *Zeitschrift für Pädagogische Psychologie, 15,* 336–338.

ANSCHÜTZ, G. (1927). *Farbe – Ton – Forschung.* Leipzig: Akademische Verlagsgesellschaft.

ANSCHÜTZ, G. (1929). *Das Farbe – Ton – Problem im psychischen Gesamtbereich.* Halle: Marhold.

ANSCHÜTZ, G. (1953). *Psychologie.* Hamburg: Meiner.

ANTONS, K. (1975, 1976). *Praxis der Gruppendynamik.* Göttingen: Hogrefe.

ANTONS, K. & SCHULTZ, W. (1976). *Normales Trinken und Suchtentwicklung.* Göttingen: Hogrefe.

APEL, K. O. (1955). Das Verstehen. *Archiv für Begriffsgeschichte, 1,* 142–199.

ARBEITSGEMEINSCHAFTFÜR METHODIK UND DOKUMENTATION IN DER PSYCHIATRIE (1972). *Das AMP-System.* Berlin: Springer-Verlag.

ARBUCKLE, D. S. (1967). *Counseling and psychotherapy.* New York: McGraw-Hill.

ARCHER, J. (1994). Testosterone and aggression. *Journal of Offender Rehabilitation, 21,* 3–39.

ARENS, H. (1957). *Farbmetrik.* Berlin: Akademie Verlag.

ARENTEWICZ, G. & SCHMIDT, G. (Hrsg.). (1980). *Sexuell gestörte Beziehungen.* Berlin: Springer-Verlag.

ARGELANDER, A. (1927). *Das Farbenhören und der synästhetische Faktor der Wahrnehmung.* Jena: Fischer.

ARGYLE, M. (1972). *Soziale Interaktion.* Köln: Kiepenheuer & Witsch.

ARGYLE, M. (1975). *Bodily communication.* London: Methuen.

ARMSTRONG, P. J., MORTON, C., SINCLAIR, W. & TIPLADY, B. (1995). Effects of nitrous oxide on psychological performance. A dose-response study using inhalation of concentrations up to 15 %. *Psychopharmacology, 117,* 486–490.

ARNHEIM, R. (1928). Experimentell-psychologische Untersuchungen zum Ausdrucksproblem. *Psychologische Forschung, 9.*

ARNHEIM, R. (1977). *Zur Psychologie der Kunst.* Köln: Kiepenheuer & Witsch.

ARNHEIM, R. (1978). *Kunst und Sehen.* Berlin: de Gruyter.

ARNOLD, G. E. (1970). Die Sprache und ihre Störungen. In R. LUCHSINGER & G. E. ARNOLD (Hrsg.), *Handbuch der Stimm- und Sprachheilkunde.* Wien: Springer-Verlag.

ARNOLD, M. B. (1960). *Emotion and personality.* Irvington: Columbia University Press.

ARNOLD, W. (1949). *Das Raumerlebnis in Naturwissenschaft und Erkenntnistheorie.* Nürnberg: Sebaldus.

ARNOLD, W. (1952). Die psychologische Begutachtung der Zeugentüchtigkeit und Glaubwürdigkeit bei Kindern und Jugendlichen. *Psychologische Rundschau, 3,* 265–281.

ARNOLD, W. (1957, 1962). *Person, Charakter, Persönlichkeit.* Göttingen: Hogrefe.

ARNOLD, W. (1961). *Der Pauli-Test.* München: Barth.

ARNOLD, W. (Hrsg.). (1972). *Psychologisches Praktikum: Experimentelles Praktikum.* Stuttgart: Fischer.

ARNOLD, W. (Hrsg.). (1975, 1977). *Texte zur Schulpsychologie und Bildungsberatung.* Braunschweig: Westermann.

ARNTZEN, F. (1970). *Psychologie der Zeugenaussage.* Göttingen: Hogrefe.

ARNTZEN, F. (1978). *Vernehmungspsychologie.* München: Beck.

Aronfreed, J. (1968). *Conduct and conscience: The socialization of internalized control over behavior.* New York: Academic Press.

Arons, L. & May, M. A. (1963). *Television and human behavior.* New York: Appleton.

Aronson, E. (1968). Dissonance theory: Progress and problems. In R. P. Abelson et al. (Ed.), *Theories of cognitive consistency.* Chicago: Rand McNally.

Aronson, E. (1972). *The social animal.* San Francisco: Freemann.

Aronson, E. & Lindner, D. (1965). Gain and loss of esteem as determinants of interpersonal attraction. *Journal of Experimental Social Psychology, 1,* 156–171.

Arthus, H. (1949). *Le village: Test d'activité créatrice.* Paris: Hartmann.

Asanger, R. & Wenninger, G. (Hrsg.). (1980). *Handwörterbuch der Psychologie.* Weinheim: Beltz.

Asch, S. (1946). Forming impressions of personality. *Journal of Abnormal and Social Psychology, 41,* 258–290.

Asch, S. (1948). The doctrine of suggestion, prestige and imitation in social psychology. *Psychological Review, 55,* 250–276.

Asch, S. (1952). *Social psychology.* Englewood Cliffs: Prentice-Hall.

Ashby, F. G. & Townsend, J. T. (1980). Decomposing the reaction time distribution: Pure insertion and selective influence revisited. *Journal of Mathematical Psychology, 21,* 93–123.

Ashby, W. R. (1956). *An introduction to cybernetics.* London: Chapman & Hall.

Ashmore, R. D. (1981). Sex stereotypes and implicit personality theory. In D. L. Hamilton (Ed.), *Cognitive processes in stereotyping and intergroup behavior.* Hillsdale, NJ: Erlbaum.

Asperger, H. (1960). *Autistisches Verhalten im Kindesalter. Jahrbuch für Jugendpsychiatrie.* Bern: Huber.

Atkinson, J. W. (1957). Motivational determinants of risk-taking behavior. *Psychological Review, 64,* 359–372.

Atkinson, J. W. (1964). *Introduction to motivation.* New York: Van Nostrand.

Atkinson, J. W. & Feather, N. T. (1966). *A theory of achievement motivation.* New York: Wiley.

Atkinson, R. C. (1964). *Studies in mathematical psychology.* Stanford: Stanford University Press.

Atkinson, R. C., Bower, G. H. & Crothers, E. J. (1966). *An introduction to mathematical learning theory.* New York: Wiley.

Atteslander, P. (1971). *Methoden der empirischen Sozialforschung.* Berlin: de Gruyter.

Attneave, F. (1965, 1974). *Informationstheorie in der Psychologie.* Bern: Huber.

Aulhorn, E. & Harms, H. (1972). Visual Perimetry. In D. Jameson & L. M. Hurvich (Eds.), *Handbook of Sensory Physiology.* Berlin: Springer-Verlag.

Aurin, K. (1973). Das Dilemma gegenwärtiger pädagogischer Begleitforschung. *Zeitschrift für Pädagogik, 19,* 7–23.

Aurin, K. (1977). Beratung im Spannungsfeld zwischen Überforderung, Weiterentwicklung und Bewährung. In W. Arnold (Hrsg.), *Texte zur Schulpsychologie und Bildungsberatung* (Bd. 2, S. 35–48). Braunschweig: Westermann.

Ausubel, D. P. (1963). *The psychology of meaningful verbal learning.* New York: Grune and Stratton.

Ausubel, D. P. (1968). *Educational psychology.* New York: Holt.

Ausubel, D. P. (1973). *Educational psychology* (Deutsche Übersetzung: Psychologie des Unterrichts). Weinheim: Beltz.

Ausubel, D. P. (1974). Die Verwendung von «advanced organizers» beim Lernen und Behalten von bedeutungsvollem sprachlichen Material. In M. Hofer & F. E. Weinert (Hrsg.), *Reader zum Funkkolleg Pädagogische Psychologie.* Frankfurt: Fischer.

Ausubel, D. P. & Robinson, F. G. (1969). *School learning.* New York: Holt.

Ax, A. F. (1964). Goals and methods of psychophysiology. *Psychophysiology, 1,* 8–25.

Axline, V. M. (1947). *Play therapy.* Boston: Ballantine.

Ayd, F. J. (1989). Fluspirilene. A new longacting injectable neuroleptic. In F. J. Ayd (Ed.), *30 years Jansen research in psychiatry* (pp. 85–89). Baltimore: Ayd Medical Communication.

Babinski, J. (1903). Sur le rôle du cervelet dans les actes volitionnels nécessitants une succession rapide de mouvements. *Revue Neurologique, 10.*

Babkoff, H., Kelly, T. L., Matteson, L. T., Gomez, S. A. et al. (1992). Pemoline and methylphenidate. Interaction with mood, sleepiness, and cognitive performance during 64 hours of sleep deprivation. Special Issue. Stimulants to ameliorate sleep loss during special operations. *Military Psychology, 4,* 235–265.

Bach, H. (1975). *Sonderpädagogik im Grundriß.* Berlin: Marholt.

Bachofen, J. J. (1954). *Mutterrecht und Urreligion.* Stuttgart: Kröner.

Bächtold-Stäubli, H. (Hrsg.). (1927, 1941). *Handwörterbuch des deutschen Aberglaubens.* Berlin: de Gruyter.

Back, K. W. (1972). Beyond words. New York: Russel Sage Foundation.

Backes-Thomas, M. (1969). *Le test des trois personnages.* Neuchâtel: Delachaux & Niestlé.

Baddeley, A. D. (1978). The trouble with levels. A reexamination of Craik and Lockhart's framework for memory research. *Psychological Review, 85,* 139–152.

Bader, A. (Hrsg.). (1975). *Geisteskrankheit, bildnerischer Ausdruck und Kunst.* Bern: Huber.

Bader, A. & Navratil, L. (1976). *Zwischen Wahn und Wirklichkeit: Kunst-Psychose-Kreativität.* Luzern: Bucher.

Baeyer-Katte, W. v. (1957). *Das Zerstörende in der Politik.* Heidelberg: Quelle & Meyer.

Baeyer-Katte, W. v. (1966). *Politisches Fehlverhalten im Vergleich zur Neurose. Schriftenreihe Politische Psychologie.* Frankfurt: Europäische Verlagsanstalt.

Baeyer-Katte, W. v. (1966). *Terror. Sowjetsystem und Demokratische Gesellschaft (1966–1973).* Freiburg: Herder.

Baeyer-Katte, W. v. (1972). Sozialisation im politischen Verhalten. In C. F. Graumann (Hrsg.), *Sozialpsychologie. Handbuch der Psychologie.* Göttingen: Hogrefe.

Baeyer-Katte, W. v., Claessens, D., Feger, H. & Neidhard, F. (1982). *Gruppenprozesse: Analysen zum Terrorismus.* Wiesbaden: Westdeutscher Verlag.

Bahle, J. (1947). *Der musikalische Schaffensprozeß: Psychologie der schöpferischen Erlebens- und Antriebsformen.* Konstanz: Christiani.

Bahnsen, J. (1867). *Beiträge zur Charakterologie mit besonderer Berücksichtigung pädagogischer Fragen.* Leipzig: Brockhaus.

Bahrke, M. S., Yesalis, C. E. & Wright, J. E. (1996). Psychological and behavioural effects of endogenous testosterone and anabolic-androgenic steroids. An update. *Sports Medicine, 22,* 367–90.

Baillargeon, R. (1993). The object concept revisited: New directions in the investigation of infants' physical knowledge. In C. E. Granrud (Ed.), *Visual perception and cognition in infancy.* Hillsdale, NJ: Erlbaum.

Baillod, J. (1986). *Arbeitszeit. Humanisierung der Arbeit durch Arbeitszeitgestaltung.* Stuttgart: Poeschel.

Bairstow, P. J. & Laszlo, J. I. (1978). Perceptions of movement patterns: Recall of movement. *Perceptual and Motor Skills, 47,* 287–305.

Baitsch, C. & Frei, F. (1980). *Qualifizierung in der Arbeitstätigkeit.* Bern: Huber.

Baldus, M. & Holling, H. (1989). Personalmarketing. In S. Greif, H. Holling & N. Nicholson (Hrsg.), *Arbeits- und Organisationspsychologie. Internationales Handbuch in Schlüsselbegriffen* (S. 379–385). München: Psychologie Verlags Union.

Bales, R. F. (1950). A set of categories for the analysis of small group interaction. *American Sociological Review, 15,* 146–159.

Bales, R. F. & Cohen, S. P. (1979). *Symlog: A system for the multiple level observation of groups.* New York: The Free Press.

Bales, R. F. & Cohen, S. P. (1982). Symlog: A system for the multiple level observation of groups (Deutsche Übersetzung). In J. Schneider & P. Orlik (Hrsg.), *Symlog. Ein System für die mehrstufige Beobachtung von Gruppen.* Stuttgart: Klett-Cotta.

Bales, R. F. & Cohen, S. P. (1982). *SYMLOG – Ein System für die mehrstufige Beobachtung von Gruppen.* Stuttgart: Klett-Cotta.

Bales, R. F. & Slater, P. (1955). Role differentiation. In T. Parsons et al. (Ed.), *Family sozialization and interaction process.* Glencoe: Free Press.

Balfour, D. J. K. (1990). The psychopharmacological and neurochemical consequences of chronic nicotine administration. In D. M. Warburton (Ed.), *Addiction controversies* (pp. 90–103). Chur: Harwood.

Balick, M. J. & Cox, P. A. (1997). *Drogen, Kräuter und Kulturen.* Heidelberg: Spektrum.

Bally, G. (1961). *Einführung in die Psychoanalyse Sigmund Freuds.* Reinbek: Rowohlt.

Baltes, P. B., Cornelius, S. W. & Nesselroade, J. R. (1978). *Kohorteneffekte in der Entwicklungspsychologie.* Stuttgart: Kohlhammer.

Baltissen, R., Teppe, M., Boucsein, W., Fehm-Wolfsdorf, G. & Fehm, H. L. (1991). Effects of vasopressin on the habituation of the orienting reaction in men. *Peptides, 12,* 1292–1298.

Balzert, H., Hoppe, H. U., Oppermann, R., Peschke, H., Rohr, G. & Streitz, N. A. (Hrsg.). (1988). *Einführung in die Software-Ergonomie.* Berlin: de Gruyter.

Bamberg, E. (1986). *Arbeit und Freizeit. Eine empirische Untersuchung zum Zusammenhang zwischen Streß am Arbeitsplatz, Freizeit und Familie.* Weinheim: Beltz.

Bandelow, B., Muller, P. & Ruther, E. (1991). 30 Jahre Erfahrung mit Haloperidol. *Fortschritte der Neurologie, Psychiatrie, 59,* 297–321.

Bandura, A. (1964). The stormy decade: Fact or fiction. *Psychology in the Schools, 1,* 224–231.

Bandura, A. (1971). Psychotherapy based upon modeling principles. In A. E. Bergin & S. L. Garfield (Eds.), *Handbook of psychotherapy and behavior change.* New York: Wiley.

Bandura, A. (1973). *Aggression: A social learning analysis.* Englewood Cliffs: Prentice-Hall.

Bandura, A. (1977). Self efficacy: Toward a unifying theory of behavior change. *Psychological Review, 84,* 191–215.

Bandura, A. (1977). *Social learning theory.* Englewood Cliffs: Prentice Hall.

Bandura, A. (1982). Self-efficacy mechanism in human agency. *American Psychologist, 37,* 122–147.

Bandura, A. (1991). Self-regulation of motivation through anticipatory and self-reactive mechanisms. In R. A. Dienstbier (Ed.), *Perspectives on motivation.* Nebraska Symposium on Motivation, 1990, 69–164. Lincoln, NJ: Unviversity of Nebraska Press.

Bandura, A. & Mischel, W. (1965). Modifications of self-imposed delay of reward through exposure to live and symbolic models. *Journal of Personality and Social Psychology, 2,* 698–705.

Bandura, A. & Walters, R. H. (1963, 1969, 1970). *Social learning and personality development.* New York: Holt.

Bannon, M. J., Granneman, J. G. & Kapatos, G. (1995). The dopamine transporter. Potential involvement in neuropsychiatric disorders. In F. E. Bloom & D. J. Kupfer (Eds.), *Psychophar-*

macology. The fourth generation of progress (pp. 179–188). New York: Raven Press.

BAR-TAL, D. (1976). *Prosocial behavior: Theory and research.* New York: Wiley.

BARBER, T. et al. (1974). *Hypnosis, imagination, and human potentials.* New York: Pergamon Press.

BARKER, R. G. (1968). *Ecological psychology.* Stanford: Stanford University Press.

BARKER, R. G. & WRIGHT, H. F. (1971). *Midwest and its children.* Hamden: Shoe String.

BARKER, R. G. et al. (1978). *Habitats, environments, and human behavior. Studies in ecological psychology and ecobehavioral science from the Midwest Psychological Field Station, 1947–1972.* San Francisco: Jossey-Bass.

BARNES, H. E. (1948). *Historical sociology.* New York: McLeod.

BARNES, T. (Ed.). (1993). *Antipsychotic drugs and their side effects.* London: Academic Press.

BARNETT, L. (1952). *The universe and Dr. Einstein* (Deutsche Übersetzung: Einstein und das Universum). Hamburg: Rowohlt.

BARON, R. S., KERR, N. & MILLER, N. (1992). *Group process, group decison, group action.* Buckingham: Open University Press.

BARONDES, S. H. (1996). *Moleküle und Psychosen. Der biologische Ansatz in der Psychiatrie.* Heidelberg: Spektrum.

BARRACO, R. A. & STETTNER, L. J. (1976). Antibiotics and memory. *Psychological Bulletin, 83,* 242–302.

BARRETT, J. E. (1987). Nonpharmacological factors determining the behavioral effects of drugs. In H. Y. MELTZER (Ed.), *Psychopharmacology: The third generation of progress* (pp. 1493–1502). New York: Raven Press.

BARTAK, L. & RUTTER, M. (1975). Language and cognition in autistic and dysphasic children. In N. O'CONNOR (Ed.), *Language, Cognitive deficits, and retardation.* London: Butterworth.

BARTEL, P., BLOM, M., ROBINSON, E., VAN DER MEYDEN, C., DE SOMMERS, K. & BECKER, P. (1991). Effects of two anticholinergic drugs on electroretinograms and visual evoked potentials in healthy human subjects. *Neuropsychobiology, 24,* 205–209.

BARTENWERFER, H. (1961, 1970). Psychische Beanspruchung und Ermüdung. In A. MAYER & B. HERWIG (Hrsg.), *Betriebspsychologie. Handbuch der Psychologie* (Bd. 9). Göttingen: Hogrefe.

BARTENWERFER, H. (1969). Einige praktische Konsequenzen aus der Aktivierungstheorie. *Zeitschrift für Experimentelle und Angewandte Psychologie, 16,* 195–222.

BARTENWERFER, H., KÖTTER, L. & SICKEL, W. (1963). *Beiträge zum Problem der psychischen Beanspruchung* (Bd. 2). Köln: Westdeutscher Verlag.

BARTENWERFER, H. & RAATZ, U. (1979). *Methoden der Psychologie.* Wiesbaden: Akademische Verlagsgesellschaft.

BARTFAI, T. (1995). Galanin. A neuropeptide with important central nervous system actions. In F. E. BLOOM & D. J. KUPFER (Eds.), *Psychopharmacology. The fourth generation of progress* (pp. 563–571). New York: Raven Press.

BARTH, A.-R. (1992). *Burnout bei Lehrern.* Göttingen: Hogrefe.

BARTLETT, F. C. (1932). *Remembering.* Cambridge: Cambridge University Press.

BARTLETT, F. C. (1952). *Denken und Begreifen.* Köln: Kiepenheuer & Witsch.

BARTLETT, F. C. (1954). *The transfer of training. Bulletin of the Cambridge Institute of Education.* Cambridge: University Press.

BARTLETT, M. S. (1947). The use of transformations. *Biometrics, 3,* 39–42.

BARTMANN, T. (1963). Der Einfluß von Zeitdruck auf die Leistung und das Denkverhalten von Volksschülern. *Psychologische Forschung, 27,* 1–61.

BARTSCH, R. & VENNEMANN, T. (Hrsg.). (1973). *Linguistik und Nachbarwissenschaften.* Kronberg: Scriptor.

BASAGLIA, F. (1971). *Die negierte Institution.* Frankfurt: Suhrkamp.

BASH, K. W. (1939). Contribution to a theory of the hunger drive. *Journal of Comparative Psychology, 28,* 137–160.

BASH, K. W. (1955). *Lehrbuch der allgemeinen Psychopathologie.* Stuttgart: Thieme.

BASKIN, D. G., FIGLEWICZ, D. P., WOODS, S. C., PORTE, D. & DORSA, D. M. (1987). Insulin in the brain. *Annual Review of Physiology, 49,* 335– 347.

BASMAJIAN, J. V. (1974). *Muscles alive.* Baltimore: Williams & Wilkins.

BASOW, S. A. (1986). *Gender stereotypes.* Monterey: Brooks/Cole.

BASS, B. M. & DEEP, S. D. (1972). *Studies in organizational psychology.* Rockleigh: Allyn & Bacon.

BASTINE, R. (1972). Gruppenführung. In C. F. GRAUMANN (Hrsg.), *Sozialpsychologie. Handbuch der Psychologie* (Bd. 7). Göttingen: Hogrefe.

BASTINE, R. H. E. (1990). *Klinische Psychologie* (Bd. 1, 2. Aufl.). Stuttgart: Kohlhammer.

BASTINE, R. H. E. (Hrsg.). (1992). *Klinische Psychologie* (Bd. 2). Stuttgart: Kohlhammer.

BATES, E. (1976). *Language and context: The acquisition of pragmatics.* New York: Academic Press.

BATESON, G., JACKSON, D. D., HALEY, J. et al. (1956). Toward a theory of schizophrenia. *Behavioral Science, 1,* 251–264.

BATESON, J. et al. (1969). *Schizophrenie und Familie.* Frankfurt: Suhrkamp.

BAUDOUIN, C. (1926). *Psychologie der Suggestion und Autosuggestion.* Dresden: Reissner.

BAUER, E. (1979). Kritik und Kontroversen der Parapsychologie. In G. CONDRAU (Hrsg.), *Transzendenz, Imagination und Kreativität: Religion, Parapsychologie, Literatur und Kunst. Psychologie des 20. Jahrhunderts* (Bd. 15). Zürich: Kindler.

BAUER, H. (1973). Klinik der Sprachstörungen. In

Biesalski, Böhme, Frank & Luchsinger (Hrsg.), *Phoniatrie und Pädoaudiologie.* Stuttgart: Thieme.

Bauer, K. O. & Rolff, H. G. (Hrsg.). (1978). *Innovation und Schulentwicklung.* Weinheim: Beltz.

Baulieu, E. E. (1997). Neurosteroids. Of the nervous system, by the nervous system, for the nervous system. *Recent Progress in Hormone Research, 52,* 1–32.

Baumann, R. (1965). *ALGOL-Manual der ALCOR-Gruppe.* München: Oldenbourg.

Baumann, U. (1971). *Psychologische Taxometrie.* Bern: Huber.

Baumann, U. & Perrez, M. (Hrsg.). (1990). *Lehrbuch Klinische Psychologie, B. 1 Grundlagen, Diagnostik,* Ätiologie. Bern: Huber.

Baumert, I. (1973). *Untersuchung zur diagnostischen Valenz des HAWIK und die Entwicklung einer Kurzform (WIPKI).* Bern: Huber.

Baumgarten, F. (1928). *Die Berufseignungsprüfungen.* München: Oldenbourg.

Baumgarten, F. (1946). *Die Charakterprüfung der Berufsanwärter.* Zürich: Rascher.

Baumgarten, F. (1947). *Zur Psychologie des Maschinenarbeiters.* Zürich: Rascher.

Baumgarten, F. (1953). *Die Psychologie der Menschenbehandlung im Betrieb.* Zürich: Rascher.

Baumgarten, F. (Hrsg.). (1949). *Fortschritte der Psychotechnik.* Bern: Francke.

Bäumler, G. (1967). *Statistische, experimentelle und theoretische Beiträge zur Frage der Blokkierungen bei fortlaufenden Reaktionstätigkeiten.* Dissertation. Würzburg: Universität.

Bäumler, G. (1970). Verzögerte Sprachrückmeldung und Interferenzneigung. *Zeitschrift für Experimentelle und Angewandte Psychologie, 17,* 357–370.

Bäumler, G. (1974). Ein experimenteller Beitrag zum Ebbinghaus-Paradigma der abgeleiteten Listen. *Zeitschrift für Experimentelle und Angewandte Psychologie, 21,* 499–510.

Bäumler, G. (1974). *Lern- und Gedächtnis-Test (LGT 3).* Göttingen: Hogrefe.

Bäumler, G., Rieder, H. & Seitz, W. (1972). *Sportpsychologie: Theoretische, empirische und bibliographische Beiträge.* Schorndorf: Hofmann.

Baust, W. (1970). *Ermüdung, Schlaf und Traum.* Stuttgart: Wissenschaftliche Verlagsgesellschaft.

Bavelas, A. (1950). Communication patterns in task-oriented groups. *Journal of the Acoustical Society of America, 22.*

Bavink, B. (1914). *Ergebnisse und Probleme der Naturwissenschaften.* Leipzig: Hirzel.

Bavink, B. (1954). *Ergebnisse und Probleme der Naturwissenschaften* (Bd. 10). Zürich: Hirzel.

Bay, E. (1962). Aphasia and non-verbal disorders of language. *Brain, 85,* 411–426.

Bayer, G. (1974). Verhaltensdiagnose und Verhaltensbeobachtung. In C. Kraiker (Hrsg.), *Handbuch der Verhaltenstherapie.* München: Kindler.

Beach, F. A. (Ed.). (1968). *Sex and behavior.* New York: Wiley.

Beals, R., Krantz, D. & Tversky, A. (1968). Foundations of multidimensional scaling. *Psychological Review, 75,* 127–143.

Bechtel, R. B. (1977). *Enclosing behavior.* Stroudsburg: Dowden, Hutchinson & Ross.

Bechtel, R. B., Marans, R. W. & Michelson, W. (Eds.). (1987). *Methods in environmental and behavioral research.* New York: von Nostrand Reinhold.

Bechtel, W. & Abrahamsen, A. (1991). *Connectionism and the mind.* Cambridge, MA: Blackwell.

Bechterew, V. W. (1907). *La psychologie objective.* Paris: Alcan.

Bechterewa, N. P. et al. (1969). *Physiologie und Pathophysiologie der tiefen Hirnstrukturen des Menschen.* Berlin: Volk und Gesundheit.

Beck, A. T. (1967). *Depression: Clinical, experimental and theoretical aspects.* New York: Harper & Row.

Beck, A. T. (1976). *Cognitive therapy and the emotional disorders.* New York: International University Press.

Beck, A. T., Rush, A. J., Emery, G. & Shaw, B. F. (1981). *Kognitive Therapie der Depression.* München: Urban & Schwarzenberg.

Beck, D. (1974). *Kurzpsychotherapie.* Bern: Huber.

Becker, J. B., Breedlove, S. M. & Crews, D. (1992). *Behavioral endocrinology.* Massachusetts: MIT Press.

Becker, K. P. & Elstner, W. (Hrsg.). (1980). *Störungen des Redeflusses.* Berlin: VEB Volk und Gesundheit.

Becker, K. P. & Sovak, M. (1975). *Lehrbuch der Logopädie.* Köln: Kiepenheuer & Witsch.

Becker, P. (1982). *Psychologie der seelischen Gesundheit* (Bd. 1). Göttingen: Hogrefe.

Becker, P. & Minsel, B. (1986). *Psychologie der seelischen Gesundheit* (Bd. 2). Göttingen: Hogrefe.

Becker, W. C. (1961). A comparison of the factor structure and other properties of the 16 PF and the Guilford-Martin personality inventories. *Educational and Psychological Measurement, 21,* 393–404.

Becker-Carus, C. (1969). Verändertes Greifen nach visueller und taktiler Adaptation. *Psychologische Forschung, 33,* 21–36.

Becker-Carus, C. (1975). *Sehen. Informa.* Ingelheim: Boehringer.

Becker-Carus, C. (1977). *Wer träumt schläft besser.* Stuttgart: Franck.

Becker-Carus, C. (1981). *Grundriß der Physiologischen Psychologie.* Heidelberg: Quelle & Meyer.

Becker-Carus, C. (Hrsg.). (1994). *Fortschritte der Schlafmedizin.* Münster: Lit-Verlag.

Becker-Carus, C. (Hrsg.). (1995). *Aktuelle psychophysiologische Schlafforschung.* Münster: Lit-Verlag.

Becker-Carus, C. (1997). Kognitive und emotionale Prozesse im Schlaf. In H. Schulz (Hrsg.), *Kompendium Schlafmedizin.* Landsberg/Lech: Ecomed.

Becker-Carus, C. (1997). Psychische Aktivität im REM-Schlaf. In H. Schulz (Hrsg.), *Kompendium Schlafmedizin.* Landsberg/Lech: Ecomed.

Becker-Carus, C. (1997). Wahrnehmung des Schlafes. In H. Schulz (Hrsg.), *Kompendium Schlafmedizin.* Landsberg/Lech: Ecomed.

Becker-Carus, C., Heyden, Th. & Ziegler, G. (1979). *Psychophysiologische Methoden.* Stuttgart: Enke.

Beckmann, D. & Richter, H. E. (1975). *Der Giessen-Test (GT).* Bern: Huber.

Beckmann, D. & Richter, H. E. (1979). *Erfahrungen mit dem Giessen-Test (GT).* Bern: Huber.

Beckmann, D., Davies-Osterkamp, S. & Scheer, J. W. (Hrsg.). (1981). *Medizinische Psychologie.* Berlin: Springer-Verlag.

Beckmann, H., Franzek, E. & Stöber, G. (1996). Genetic heterogeneity in catatonic schizophrenia. A family study. *American Journal of Medical Genetics (Neuropsychiatric Genetics), 67,* 289–300.

Behn, S. (1957). Über abstrakte Physiognomik. *Psychologische Beiträge, 3,* 169–222.

Beinfeld, M. C. (1995). Cholecystokinin/gastrin. In F. E. Bloom & D. J. Kupfer (Eds.), *Psychopharmacology. The fourth generation of progress* (pp. 585–594). New York: Raven Press.

Bell, P. A., Fisher, J. D., Baum, A. & Greene, T. E. (1990). *Environmental Psychology.* Fort Worth: Holt.

Bell, P. A., Fisher, J. D. & Loomis, R. J. (1978). *Environmental Psychology.* Philadelphia: Saunders.

Bem, D. J. (1972). Self-perception theory. In L. Berkowitz (Ed.), *Advances in experimental social psychology* (Vol. 6). New York: Academic Press.

Bender, H. (1936). *Psychische Automatismen.* Leipzig: Barth.

Bender, H. (Hrsg.). (1970). *Parapsychologie.* Bremen: Schünemann.

Bender, H. (1971). *Unser sechster Sinn.* Stuttgart: Deutsche Verlagsanstalt.

Bender, L. (1938). *Visual motor gestalt test and its clinical use.* New York: American Orthopsychiatric Association.

Bendig, A. W. (1962). The factorial validity of the Guilford-Zimmermann-temperamentsurvey. *Journal of General Psychology, 67.*

Benedict, R. (1955). *Patterns of culture* (Deutsche Übersetzung: Urformen der Kultur). Reinbek: Rowohlt.

Benesch, H. (1962). *Wirtschaftspsychologie.* München: Reinhardt.

Benesch, H. (1968). *Experimentelle Psychologie des Fernsehens.* München: Reinhardt.

Benesch, H. & Dorsch, F. (Hrsg.). (1971). *Berufsaufgaben und Praxis des Psychologen.* München: Reinhardt.

Benesch, H. & Schmandt, W. (1979). *Manipulation und wie man ihr entkommt.* Stuttgart: Deutsche Verlag-Anstalt.

Benkert, O. & Hippius, H. (1976). *Psychiatrische Pharmakotherapie.* Berlin: Springer-Verlag.

Benner, D. (Hrsg.). (1977). *Aspekte und Probleme einer pädagogischen Handlungswissenschaft.* Kastellaun: Henn.

Benninghaus, H. (1976). *Ergebnisse und Perspektiven der Einstellungs-Verhaltensforschung.* Meisenheim: Hain.

Benoit-Smullyan, E. (1944). Status, status types and status interrelations. *American Sociological Review, 9,* 151–161.

Bense, E. (1978). *Die Beurteilung linguistischer Theorien.* Tübingen: TBL-Verlag Narr.

Bente, G. & Frenz, H.-G. (1993). Analyse von Interaktionen. In H. Schuler (Hrsg.), *Lehrbuch für Organsiationspsychologie* (S. 353–375). Bern: Huber.

Benton, A. L. (1978). Some conclusions about dyslexia. In A. L. Benton & D. Pearl (Eds.), *Dyslexia: An appraisal of current knowledge.* New York: Oxford University Press.

Benton, A. L. (1981). *Der Benton-Test.* Bern: Huber.

Benussi, V. (1913). *Psychologie der Zeitauffassung.* Heidelberg: Winter.

Berdie, R. F. (1972). The 1980 counselor: Applied behavioral scientist. *Personal Guiders Journal, 50.*

Berelson, B. (1971). *Content analysis in communication research.* New York: Hafner.

Berenbaum, S. A., Korman, K. & Leveroni, C. (1995). Early hormones and sex differences in cognitive abilities. Special Issue. Psychological and psychobiological perspectives on sex differences in cognition. I. Theory and research. *Learning and Individual Differences, 7,* 303–321.

Berendonk, B. (1992). *Doping. Von der Forschung zum Betrug.* Reinbek: rororo Sport.

Berg, Th. (1988). *Die Abbildung des Sprachproduktionsprozesses in einem Aktivationsflußmodell.* Tübingen: Niemeyer.

Berger, H. (1938). Über das Elektroencephalogramm des Menschen. *Archiv für Psychiatrie, 108.*

Berger, M. (Hrsg.). (1992). *Handbuch des normalen und gestörten Schlafs.* Berlin: Springer-Verlag.

Berger, P. & Luckmann, T. (1966). *The social construction of reality.* Garden City: Doubleday.

Bergin, A. E. et al. (Eds.). (1971). *Handbook of psychotherapie and behavior change.* New York: Wiley.

Bergius, R. (1954). Psychologische Untersuchungen über Wirkungen der Glutaminsäure. *Jahrbuch Psychologischer Psychotherapie, 2.*

Bergius, R. (1957). *Formen des Zukunfterlebens.* München: Barth.

Bergius, R. (1959). Entwicklung als Stufenfolge. In H. Thomae (Hrsg.), *Entwicklungspsychologie. Handbuch der Psychologie* (Bd. 3, S. 104–195). Göttingen: Hogrefe.

BERGIUS, R. (1960). Behavioristische Konzeptionen zur Persönlichkeitstheorie. In Ph. LERSCH & H. THOMAE (Hrsg.), *Persönlichkeitsforschung und Persönlichkeitstheorie. Handbuch der Psychologie* (Bd. 4, S. 475–541). Göttingen: Hogrefe.

BERGIUS, R. (Hrsg.). (1964, 1969). Lernen und Denken. Der Aufbau des Erkennens. In R. BERGIUS (Hrsg.), *Allgemeine Psychologie. Handbuch der Psychologie* (Bd. 1/2). Göttingen: Hogrefe.

BERGIUS, R. (1964). Übungsübertragung und Problemlösen. In R. BERGIUS (Hrsg.), *Allgemeine Psychologie. Handbuch der Psychologie* (Bd. 1/2). Göttingen: Hogrefe.

BERGIUS, R. (1965). Behavioristische Motivationsbegriffe. In H. THOMAE (Hrsg.), *Allgemeine Psychologie. Handbuch der Psychologie* (Bd. 2, S. 817–866). Göttingen: Hogrefe.

BERGIUS, R. (1967). Friede als soziales Verhalten und Erleben. In Hannoversche Landeszentrale für politische Bildung (Hrsg.), *Vom Frieden: Hannoversche Beiträge zur Politischen Bildung* (Bd. 4). Hannover: Jaenecke.

BERGIUS, R. (1969). Vom Zeitsinn zum Verhaltensparameter Zeit. In M. IRLE (Hrsg.), *Bericht über den 26. Kongreß der Deutschen Gesellschaft für Psychologie in Tübingen* (1968, 1–21). Göttingen: Hogrefe.

BERGIUS, R. (1971). *Psychologie des Lernens.* Stuttgart: Kohlhammer.

BERGIUS, R. (1976). *Sozialpsychologie.* Hamburg: Hoffmann & Campe.

BERGIUS, R., WERBIK, H. & WINTER, G. (1970). Urteile über Völker. *Psychologische Beiträge, 12,* 241–310.

BERGIUS, R., WERBIK, H. & WINTER, G. (1971). Urteile über Völker. *Psychologische Beiträge, 13,* 294–317.

BERGLER, R. (1963). *Psychologie des Marken- und Firmenbildes.* Göttingen: Vandenhoeck & Ruprecht.

BERGLER, R. (1966). *Psychologie stereotyper Systeme.* Bern: Huber.

BERGLER, R. & SIX, B. (1972). Stereotype und Vorurteile. In C. F. GRAUMANN (Hrsg.), *Sozialpsychologie. Handbuch der Psychologie* (Bd. 7). Göttingen: Hogrefe.

BERGLER, R. & SIX, B. (1979). *Psychologie des Fernsehens: Wirkungsmodelle und Wirkungseffekte unter besonderer Berücksichtigung der Wirkung auf Kinder und Jugendliche.* Bern: Huber.

BERGLER, R. & SPIEGEL, B. (Hrsg.). (1975). In M. IRLE (Hrsg.), *Marktpsychologie. Handbuch der Psychologie* (Bd. 12). Göttingen: Hogrefe.

BERGLING, K. (1981). *Moral development: The validity of Kohlbergs theory. Stockholm*: Almquist.

BERGSON, H. (1907, 1912). *L'évolution créatice.* Paris: Alcan.

BERGSON, H. (1921). *Das Lachen.* Jena: Diederichs.

BERGSON, H. (1961). *Bericht über den 16. Internationalen Kongreß für Psychologie in Bonn 1960.* Amsterdam: North-Holland.

BERKOWITZ, L. (Ed.). (1964). *Advances in experimental social psychology.* New York: Academic Press.

BERKOWITZ, L. (1964). The effects of observing violence. *Scientific American, 210,* 35–41.

BERKOWITZ, L. (1969). *Roots of aggression: A re-examination of the frustration-aggression hypothesis.* Chicago: Aldine.

BERKOWITZ, L. (1969). Social motivation (Vol. 3). In G. LINDZEY & E. ARONSON (Eds.), *The handbook of social psychology.* Reading: Addison-Wesley.

BERKOWITZ, L. (1972). Social norm, feelings, and other factors affecting helping and altruism. In L. BERKOWITZ (Ed.), *Advances in experimental social psychology* (Vol. 6). New York: Academic Press.

BERKOWITZ, L. (1973). Reactance and the unwillingness to help others. *Psychological Bulletin, 79,* 310–317.

BERKOWITZ, L. (1973). Words and symbols as stimuli to aggressive responses. In J. C. KNUTSON (Ed.), *Control of aggression.* Chicago: Aldine.

BERKOWITZ, M. & OSER, F. (Eds.). (1985). *Moral education: Theory and application.* Hillsdale, NJ: Erlbaum.

BERLYNE, D. E. (1960). *Conflict, arousal, and curiosity.* New York: McGraw-Hill.

BERLYNE, D. E. (1961). Conflict and the orientation action. *Journal of Experimental Psychology, 62,* 476–483.

BERLYNE, D. E. (1969). Laughter, humor, and play (Vol. 3). In G. LINDZEY & E. ARONSON (Eds.), *The handbook of social psychology.* Reading: Addison-Wesley.

BERLYNE, D. E. (1974). *Konflikt, Erregung, Neugier.* Stuttgart: Klett.

BERLYNE, D. E. & MADSEN, K. B. (Eds.). (1973). *Pleasure, reward, preference. Their nature, determinants, and role in behavior.* New York: Academic Press.

BERNE, E. (1967). *Spiele der Erwachsenen.* Reinbek: Rowohlt.

BERNSDORF, W. (Hrsg.). (1959). *Internationales Soziologenlexikon.* Stuttgart: Enke.

BERNSDORF, W. & BÜLOW, F. (1955). *Wörterbuch der Soziologie.* Stuttgart: Enke.

BERNSDORF, W. & BÜLOW, F. (1972). *Wörterbuch der Soziologie.* Frankfurt: Fischer.

BERNSTEIN, B. (1970). *Soziale Struktur, Sozialisation und Sprachverhalten: Aufsätze 1958–1970.* Amsterdam: de Munter.

BERNSTEIN, B. (1972). *Studien zur sprachlichen Sozialisation.* Düsseldorf: Schwann.

BERRY, J. W., POORTINGA, Y. H., SEGALL, M. H. & DASEN, P. R. (1996). *Cross cultural psychology: Research and applications.* (6th ed.). Cambridge: Cambridge University Press.

BERRY, W. (1927). Colour sequences in the afterimage of a bright light. *American Journal of Psychology, 38,* 584–596.

BERTALANFFY, L. v. (1949). *Das biologische Weltbild.* Bern: Francke.

BERTALANFFY, L. v. (1950). The theory of open systems in physics and biology. *Science, 111,* 23–29.

BERUFSVERBAND DEUTSCHER PSYCHOLOGEN. (1981). *Handbuch der Angewandten Psychologie* (Bd. 1–3). Landsberg: Verlag Moderne Industrie.

BERWICK, R. (1985). *The acquisition of syntactic knowledge.* Cambridge, MA: MIT Press.

BERZINS, J. I. et al. (1971). Reappraisal of the A-B-therapist type distinction in terms of the personality research. *Journal of Consulting and Clinical Psychology, 36,* 360.

BESSLER, H. J. (1972). *Aussagenanalyse.* Düsseldorf: Bertelsmann Universitäts-Verlag.

BETHE, A. (Hrsg.). (1925). *Handbuch der normalen und pathologischen Physiologie.* Berlin: Springer-Verlag.

BETTI, E. (1954). Zur Grundlegung einer allgemeinen Auslegungslehre. Tübingen: Mohr.

BETZ, D. (1974). *Psychophysiologie der kognitiven Prozesse.* München: Reinhardt.

BETZEN, K. & NIPKOW, K. E. (Hrsg.). (1971). Der Lehrer in der Schule und Gesellschaft. *Erziehungswissenschaft, 12.*

BEUNER, J. S., OLIVER, R., GREENFIELD, P. M. et al. (1966). *Studies in cognitive growth.* New York: Wiley.

BEVER, T. G. (1970). The cognitive basis for linguistic structures. In J. R. HAYES (Ed.), *Cognition and the development of language* (pp. 279–362). New York: Wiley.

BEXTON, H. H., HERON, W. & SCOTT, T. H. (1954). Effects of decreased variation in the sensory environment. *Canadian Journal of Psychology, 8,* 70–76.

BIÄSCH, H. & FISCHER, H. (1969). *Testreihe zur Prüfung von Schweizer Kindern vom 4. bis 15. Altersjahr.* Bern: Huber.

BIÄSCH, S. et al. (1977). *Angewandte Psychologie als Lebensaufgabe – Gedanken von Hans Biäsch.* Bern: Huber.

BIDDLE, B. J. & THOMAS, E. J. (1966). *Role theory: Concepts and research.* New York: Wiley.

BIEDMA, C. J. & D'ALFONSO, P. (1969). *Der Wartegg-Biedma-Test.* Bern: Huber.

BIERHOFF, H. (1982). Sozialer Kontakt als Determinante der wahrgenommenen Gerechtigkeit: Absolute und relative Gleichheit der Gewinnaufteilung. *Zeitschrift für Sozialpsychologie, 13,* 66–78.

BIERHOFF, H. W. (1990). *Psychologie hilfreichen Verhaltens.* Stuttgart: Kohlhammer.

BIERHOFF, H. W. & MONTADA, L. (Hrsg.). (1988). *Altruismus – Bedingungen der Hilfsbereitschaft.* Göttingen: Hogrefe.

BIERHOFF-ALFERMANN, D. (1989). *Androgynie.* Opladen: Westdeutscher Verlag.

BIERVERT, B. (1990). Erweiterte Marketing Konzepte. In C. G. HOYOS, W. KROEBER-RIEL, L. v. ROSENSTIEL & B. STRÜMPEL (Hrsg.), *Wirtschaftspsychologie in Grundbegriffen* (2. Aufl.). München: PVU.

BIERWISCH, M. (1966). *Strukturalismus: Geschichte, Probleme und Methoden.* Frankfurt: Suhrkamp.

BIERWISCH, M. (Hrsg.). (1980). *Psychologische Effekte sprachlicher Strukturkomponenten.* München: Fink.

BIESALSKI, P., BÖHME, G., FRANK, F. & LUCHSINGER, R. (Hrsg.). (1973). *Phoniatrie und Pädaudiologie.* Stuttgart: Thieme.

BIGELOW, G. E. & PRESON, K. L. (1995). Opioids. In F. E. BLOOM & D. J. KUPFER (Eds.), *Psychopharmacology. The fourth generation of progress* (pp. 1731–1744). New York: Raven Press.

BINET, A. (1903). La science du témoignage. *Annual Review of Psychology, 9.*

BINSWANGER, L. (1933). *Über Ideenflucht.* Zürich: Orell Füssli.

BINSWANGER, L. (1942). *Grundformen der Erkenntnis menschlichen Daseins.* Zürich: Niehans.

BINSWANGER, L. (1956). *Drei Formen mißglückten Daseins: Verstiegenheit, Verschrobenheit, Manieriertheit.* Tübingen: Niemeyer.

BINSWANGER, L. (1957). *Schizophrenie.* Pfullingen: Neske.

BIRAN, S. (1962). Die funktionelle Analyse der neurotischen Störung. München: Reinhardt.

BIRBAUMER, N. (Hrsg.). (1973). *Neuropsychologie der Angst.* München: Urban & Schwarzenberg.

BIRBAUMER, N. (1974). Zur Anwendung psychophysiologischer Methoden in der Verhaltensmodifikation. In C. KRAIKER (Hrsg.), *Handbuch der Verhaltenstherapie.* München: Kindler.

BIRBAUMER, N. (1975). *Physiologische Psychologie.* Berlin: Springer-Verlag.

BIRBAUMER, N. (1976, 1977). *Psychophysiologie der Angst.* München: Urban & Schwarzenberg.

BIRBAUMER, N. & SCHMIDT, R. F. (Hrsg.). (1996). *Biologische Psychologie.* Berlin: Springer-Verlag.

BIRDWHISTELL, R. L. (1968). Kinesics. In D. L. SILLS (Ed.), *International encyclopedia of the social sciences* (Vol. 8). New York: Macmillan.

BIRDWHISTELL, R. L. (1971). *Kinesics and context.* London: Allen Lane.

BIRDWHISTELL, R. L. (1974). Gruppendynamik. In D. L. SILLS (Ed.), *International encyclopedia of the social sciences* (Vol. 5). London: The Macmillan Company.

BIRNBAUM, A. (1968). Some latent trait models and their use in inferring an examiner's ability. In F. M. LORD & M. R. NOVICK (Eds.), *Statistical theories of mental test scores.* Reading: Addison-Wesley.

BIRNBAUM, I. M. & PARKER, E. S. (1977). Acute effects of alcohol on storage and retrieval. In I. M. BIRNBAUM & E. S. PARKER (Eds.), *Alcohol and human memory* (pp. 99–126). Hillsdale, NJ: Erlbaum.

BIRREN, J. E. (1972). *Psychologie des Alterns. Lexikon der Psychologie.* Freiburg: Herder.

BIRREN, J. E. (1974). *Altern als psychologischer Prozeß.* Freiburg: Lambertus.

BIRREN, J. E. & SCHAIE, K. W. (Eds.). (1985). *Hand-*

book of the psychology of aging. New York: Van Nostrand.

Bischof, N. (1966, 1974). Erkenntnistheoretische Grundlagenprobleme. In W. Metzger (Hrsg.), *Allgemeine Psychologie. Handbuch der Psychologie* (Bd. 1/1). Göttingen: Hogrefe.

Bischof, N. (1966, 1974). Psychophysik der Raumwahrnehmung. In W. Metzger (Hrsg.), *Allgemeine Psychologie. Handbuch der Psychologie* (Bd. 1/1, S. 307–395). Göttingen: Hogrefe.

Bischof, N. (1973). *Die biologischen Grundlagen des Inzesttabus. Bericht über den 27. Kongreß der Deutschen Gesellschaft für Psychologie.* Göttingen: Hogrefe, 115–142.

Bischof, N. (1975). A systems approach toward the functional connections of attachment and fear. *Child Development, 46,* 801–817.

Bischof-Köhler, D. (1989). *Spiegelbild und Empathie: Die Anfänge der sozialen Kognition.* Bern: Huber.

Bischof-Köhler, D. (1994). *Motivationale Entwicklung.* Zürich: Stiftung Zentralstelle der Studentenschaft der Universität Zürich.

Bissette, G. & Nemeroff, C. B. (1995). The neurobiology of neurotensin. In F. E. Bloom & D. J. Kupfer (Eds.), *Psychopharmacology. The fourth generation of progress* (pp. 573–583). New York: Raven Press.

Bitter, W. (Hrsg.). (1974). *Alter und Tod – annehmen oder verdrängen?* Stuttgart: Klett.

Bjerstedt, Å. (1956). *Interpretations of sociometric choice status.* Lund: CWK Gleerup.

Blankertz, H. (1971). Pädagogik unter wissenschaftstheoretischer Kritik. In S. Oppolzer et al. (Hrsg.), *Erziehungswissenschaft zwischen Herkunft und Zukunft der Gesellschaft.* Ratingen: Henn.

Blankertz, H. (1973). *Theorien und Modelle der Didaktik.* München: Juventa.

Blaser, P. & Gehring, A. (1972). *MMPI – Ein programmierter Kurs zur deutschsprachigen Ausgabe des Minnesota Multiphasic Personality Inventory von S. R. Hathaway und J. C. McKinley.* Bern: Huber.

Blau, P. M. (1967). *Exchange and power in social life.* New York: Wiley.

Blauert, J. (1974). *Räumliches Hören.* Stuttgart: Hirzel.

Bleeker, C. J. (1955). *Anthropologie religieuse: Etudes publiée sous la direction de C. E. Bleeker, avec l'aide de l'UNESCO.* Leiden: Brill.

Bleuler, E. (1925). *Die Psychoide als Prinzip der organischen Entwicklung.* Berlin: Springer-Verlag.

Bleuler, E. (1966). *Das autistisch-undisziplinierte Denken in der Medizin und seine Überwindung* (Bd. 5). Berlin: Springer-Verlag.

Bleuler, E. (1966). *Lehrbuch der Psychiatrie* (Bd. 10). Berlin: Springer-Verlag.

Bleuler, M. (1964). *Endokrinologische Psychiatrie. Psychiatrie der Gegenwart.* Heidelberg: Springer-Verlag.

Bleuler, M. (1979). Endokrinologische Psychiatrie. In K. P. Kisker, J. E. Meyer, C. Müller & F. Strömgren (Hrsg.), *Grundlagen und Methoden der Psychiatrie* (Bd. 1). Berlin: Springer-Verlag.

Bloch, R. (Hrsg.). (1971). *Bild und Persönlichkeit. Der Mehrdimensionale Zeichentest (MDZT).* Bern: Huber.

Bloch, W. (1959). *Arbeitsbewertung.* Zürich: Verlag Industrielle Organisation.

Block, J. H. (Ed.). (1974). *Schools, society, and mastery learning.* New York: Holt.

Blokland, A. (1995). Acetylcholine. A neurotransmitter for learning and memory? *Brain Research Reviews, 21,* 285–300.

Blondel, C. (1948). *Einführung in die Kollektivpsychologie.* Bern: Francke.

Blonski, P. P. (1935). *Gedächtnis und Denken* (In russischer Sprache). Moskau: Sosekgiz.

Bloom, B. S. (Ed.). (1956). *Taxonomy of educational objectives. Handbook.* New York: McKay.

Bloom, B. S. (1971). *Stabilität und Veränderung menschlicher Merkmale.* Weinheim: Beltz.

Bloom, B. S. (Ed.). (1976). *Taxonomie von Lernzielen im kognitiven Bereich.* Weinheim: Beltz.

Bloom, B. S., Hastings, J. T. & Madus, G. F. (1971). *Handbook on formative and summative evaluation of student learning.* New York: McGraw-Hill.

Bloom, F. E. & Kupfer, D. J. (Eds.). (1995). *Psychopharmacology. The fourth generation of progress.* New York: Raven.

Bloom, L. (1970). *Language development: Form and function in emerging grammars.* Cambridge, MA: MIT Press.

Bloomfield, L. (1933). *Language.* London: Allen & Unwin.

Blöschl, L. (1979). *Grundlagen und Methoden der Verhaltenstherapie.* Bern: Huber.

Blöschl, L. (Hrsg.). (1981). *Verhaltenstherapie depressiver Reaktionen.* Bern: Huber.

Blum, M. L. & Naylor, J. C. (1968). *Industrial psychology.* New York: Harper.

Blume, F. (Hrsg.). (1949). *Die Musik in Geschichte und Gegenwart.* Kassel: Bärenreiter.

Blundell, J. E. (1990). Appetite disturbance and the problems of overweight. *Drugs, 39 (Suppl. 3),* 1–19.

Blundell, J. E., Latham, C. J., Monize, E., Mc Arthur, R. A. & Rogers, R. J. (1979). Structural analysis of the action of amphetamine and fenfluramine on food intake and feeding behavior in animals and man. *Current Medical Research and Opinion, 6,* 34–54.

Boas, F. (1944). *The mind of primitive man.* New York: Macmillan.

Bochenski, I. M. (1954, 1971). *Die zeitgenössischen Denkmethoden.* Bern: Francke.

Bochenski, I. M. (1956). *Logik.* Freiburg: Alber.

Böcher, W. (1976). Zur physiologischen Psychologie menschlicher Gefühle. *Psychologische Beiträge, 18,* 143–173.

BOCK, M. (1978). *Wort-, Satz-, Textverarbeitung.* Stuttgart: Kohlhammer.

BOCKELMANN, H. (1970). Pädagogik: Erziehung, Erziehungswissenschaft. In J. SPECK & G. WEHLE (Hrsg.), *Handbuch pädagogischer Grundbegriffe* (Bd. 2). München: Kösel.

BODEN, M. A. (1977). *Artificial intelligence and natural man.* Hassocks: Harvester.

BODEN, U. (1975). *Eine empirische Überprüfung der Validität der Dogmatismusskala im Hinblick auf einige ausgewählte Implikationen der Dogmatismustheorie.* Dissertation. Erlangen-Nürnberg.

BÖDIKER, M. L. & LANGE, W. (1975). *Gruppendynamische Trainingsformen.* Reinbek: Rowohlt.

BOESCH, E. E. (1980). *Kultur und Handlung: Einführung in die Kulturpsychologie.* Bern: Huber.

BOGARDS, W. (1973). *Methodische Behandlung der Rechenschwäche.* Berlin: Marhold.

BOGARDUS, E. S. (1925). Measuring social distances. *Journal of Applied Sociology, 9,* 299–308.

BOGARDUS, E. S. (1955). *The development of social thought.* New York: Longmans.

BOHM, E. (1972). *Lehrbuch der Rorschach-Psychodiagnostik.* Bern: Huber.

BOHM, E. (1974). *Der Rorschach-Test.* Bern: Huber.

BOHM, E. (1975). *Psychodiagnostisches Vademecum.* Bern: Huber.

BÖHM, W. (Hrsg.). (1976). *Der Schüler.* Bad Heilbrunn: Klinkhardt.

BÖHME, G. (1966). *Störungen der Sprache, der Stimme und des Gehörs durch frühkindliche Hirnschädigungen.* Jena: Fischer.

BÖHME, G. (1969). *Stimm-, Sprach- und Hörstörungen.* Jena: Fischer.

BÖHME, G. (1973). Störungen der Stimme und Sprache bei neuro-psychiatrischen Erkrankungen. In P. BIESALSKI, G. BÖHME, F. FRANK & P. LUCKSINGER (Hrsg.), *Phoniatrie und Pädandiologie* (Bd. 19). Stuttgart: Thieme.

BÖHME, G. (1974). *Stimm-, Sprech- und Sprachstörungen.* Stuttgart: Fischer.

BÖHME, G. (Hrsg.). (1980). *Therapie der Sprach-, Sprech- und Stimmstörungen.* Stuttgart: Fischer.

BÖHRS, H., BRAMESFELD, E. & EULER, H. (1948). *Einführung in das Arbeits- und Zeitstudium.* München: Hanser.

BOLLES, R. C. (1975). *Theory of motivation.* New York: Harper.

BOLLNOW, O. F. (1947). *Die Ehrfurcht.* Frankfurt: Klostermann.

BOLLNOW, O. F. (1955). *Existenzphilosophie.* Stuttgart: Kohlhammer.

BOLLNOW, O. F. (1956). *Das Wesen der Stimmungen.* Frankfurt: Klostermann.

BOLLNOW, O. F. (1972). *Mensch und Raum.* Stuttgart: Kohlhammer.

BOLTE, K. M. (1958). *Sozialer Aufstieg und Abstieg.* Stuttgart: Enke.

BOLTON, N. (1972). *The psychology of thinking.* London: Methuen.

BOND, C. F. & TITUS, L. J. (1983). Social facilitation: A meta-analysis of 241 studies. *Psychological Bulletin, 94,* 265–292.

BOND, N. A. et al. (1962). *Aviation psychology.* Los Angeles: University of California in Los Angeles.

BONDY, C. et al. (Eds.). (1964). *HAWIE: Hamburg-Wechsler-Intelligenztest für Erwachsene.* Bern: Huber.

BONDY, C. et al. (Eds.). (1966). *HAWIK: Hamburg-Wechsler-Intelligenztest für Kinder.* Bern: Huber.

BONHOEFFER, K. (1912). *Die symptomatischen Psychosen.* Berlin: Karger.

BONIN, W. F. (1976). *Lexikon der Parapsychologie und ihrer Grenzgebiete.* Bern: Scherz.

BÖNING, J. (1993). Pathophysiologische und klinische Grundlagen medikamentöser Rückfallprophylaxe bei Abhängigkeitserkrankungen. In P. RIEDERER, G. LAUX & W. PÖLDINGER (Hrsg.), *Neuro-Psychopharmaka, Bd. 6 Notfalltherapie, Antiepileptika, Beta-Rezeptorenblocker und sonstige Psychopharmaka* (S. 85–98). Wien: Springer-Verlag.

BOOR, W. de (1956). *Pharmakopsychologie und Psychopathologie.* Berlin: Springer-Verlag.

BOOTH, D. A. (1967). Vertebrate brain ribonucleid acids and memory retention. *Psychological Bulletin, 68,* 149–177.

BORCHERDING, K. & KISTNER, K. (1982). Entwicklung und Überprüfung eines Modells zur Gruppeneinigung in Choice-Dilemma-Situationen. *Zeitschrift für Sozialpsychologie, 13,* 323–332.

BORCHERT, A. (1900). *Der Animismus.* Freiburg: Caritasverband für das Katholische Deutschland.

BORG, J. & BERGERMAIER, R. (1982). Degenerationsprobleme beim Unfolding und ihre Lösung. *Zeitschrift für Sozialpsychologie, 13,* 287–299.

BORING, E. G. (1933). *The physical dimensions of consciousness.* New York: Appleton.

BORING, E. G. (1942). *Sensation and perception in the history of experimental psychology.* New York: Appleton.

BORING, E. G. (1945). The use of operational definitions in science. *Psychological Review, 52,* 243–245.

BORING, E. G. (1950). *A history of experimental psychology.* New York: Appleton.

BORING, E. G., BRIDGMAN, P. W. & FEIGL, H. et al. (1945). Symposium on operationism. *Psychological Review, 52,* 243–278.

BORING, E. G., LANGFELD, H. S. & WELD, H. P. (1948). *Foundations of psychology.* New York: Wiley.

BORN, J. & DEBUS, G. (1998). Psychophysiologische Korrelate endokrinologischer und pharmakologischer Intervention. In F. RÖSLER (Hrsg.), *Enzyklopädie der Psychologie. Bd. 5 Ergebnisse und Anwendungen der Psychophysiologie* (S. 681–797). Göttingen: Hogrefe.

BORN, J., FEHM, H. L. & VOIGT, K. H. (1986). ACTH

and attention in humans. A review. *Neuropsychobiology, 15,* 165–186.

Bornemann, E. (1980). Sexualität. In *Handwörterbuch der Psychologie.* Weinheim: Beltz.

Bornstein, M. H. (1985). Habituation as a measure of visual information processing in human infants: Summary, systematization, and synthesis. In G. Gottlieb & N. Krasnegor (Eds.), *Measurement of audition and vision in the first year of postnatal life.* Norwood, NJ: Ablex.

Bös, K. (1987). *Handbuch sportmotorischer Tests.* Göttingen: Hogrefe.

Boss, M. (1953). *Der Traum und seine Auslegung.* Bern: Huber.

Boss, M. (1954). *Einführung in die psychosomatische Medizin.* Bern: Huber.

Boss, M. (1957). *Psychoanalyse und Daseinsanalytik.* Bern: Huber.

Boss, M. (1975). *Es träumte mir vergangene Nacht.* Bern: Huber.

Bossel, H. (Ed.). (1977). *Concepts and tools of computer-assisted policy analysis.* Stuttgart: Birkhäuser.

Bossong, B. (1982). Trägheitseffekte bei der Anstregungskalkulation. *Zeitschrift für Experimentelle und Angewandte Psychologie, 29,* 386–394.

Bottenberg, E. H. (1972). *Emotionspsychologie.* München: Goldmann.

Bouchard, TH. J. Jr. & McGue, M. (1981). Familial studies of intelligence. A review. *Science, 212,* 1055–1060.

Boucher, J. & Osgood, C. E. (1969). The Polyanna hypotheses. *Journal of Verbal Learning and Verbal Behavior.*

Boucsein, W. (1988). Wartezeiten am Rechner – Erholung oder Streß? *Zeitschrift für Arbeitswissenschaft, 42,* 222–225.

Boucsein, W. (1991). Arbeitspsychologische Beanspruchungsforschung heute – eine Herausforderung an die Psychophysiologie. *Psychologische Rundschau, 42,* 129–174.

Boulenger, J. P., Salem, N., Marangos, P. J. & Uhde, T. W. (1987). Plasma adenosine levels. Measurement in humans and relationship to the anxiogenic effects of caffeine. *Psychiatry Research, 21,* 247–255.

Bouma, P. J. (1951). *Farbe und Farbwahrnehmung.* Eindhoven: Philips' Gloeilampenfabrieken.

Bourne, L. E. & Restle, F. (1959). Mathematical theory of concept identification. *Psychological Review, 66,* 278–296.

Bousfield, W. A. (1953). The occurrence of clustering in the recall of randomly arranged associates. *Journal of General Psychology, 49,* 229–240.

Bovet, M., Greco, P., Papert, S. & Voyat, G. (1967). *Perception et notion du temps.* Paris: Presses Univ. de France.

Bower, G. H. (1981). Mood and memory. *American Psychologist, 36,* 129–148.

Bower, T. G. (1974). *Development in infancy.* San Francisco: Freeman.

Bower, T. G. (1979). *Human development.* San Francisco: Freeman.

Bowlby, J. (1973). *Bindung.* Frankfurt: Fischer.

Bowlby, J. (1973). *Mütterliche Zuwendung und geistige Gesundheit.* München: Kindler.

Bowlby, J. (1974). *Separation. Anxiety and anger.* London: Hogarth Press and the Institute of Psychoanalysis.

Bowlby, J. (1976). *Trennung: Psychische Schäden als Folge der Trennung von Mutter und Kind.* München: Kindler.

Box, G. E. & Jenkins, G. M. (1970). *Time series analysis, forecasting and control.* San Francisco: Holden Day.

Boynton, R. M. & Whitten, D. N. (1972). Selective chromatic adaptation in primate receptors. *Vision Research, 12,* 529–548.

Brachfeld, O. (1953). *Minderwertigkeitsgefühl beim Einzelnen und in der Gemeinschaft.* Stuttgart: Klett.

Bracken, H. v. (1934). Typen der Sozialstruktur von Zwillingen. *Charakter, 3.*

Bracken, H. v. (1951). *Untersuchungen zur Signifikanz der Methode der Flimmer-Verschmelzungs-Frequenz. Bericht über den 18. Kongreß der Deutschen Gesellschaft für Psychologie in Marburg 1951.* Göttingen: Hogrefe.

Bracken, H. v. (1955). *Untersuchungen zur Diagnose psychischer Ermüdung. Bericht über den 20. Kongreß der Deutschen Gesellschaft für Psychologie.* Göttingen: Hogrefe.

Bracken, H. v. & David, H. P. (Hrsg.). (1959). *Perspektiven der Persönlichkeitstheorie.* Bern: Huber.

Brackwede, D. (1980). Das Bogus Pipeline Paradigma: Eine Übersicht über bisherige experimentelle Ergebnisse. *Zeitschrift für Sozialpsychologie, 11,* 50–59.

Bradford, H. F. (1995). *Chemical neurobiology. An introduction to neurochemistry* (2nd ed.). New York: Freeman.

Bradford, L. et al. (Hrsg.). (1972). *Gruppentraining.* Stuttgart: Klett.

Bradwejn, J., Koszycki, D., Couerouxdu Terre, A., Paradis, M. & Bourin, M. (1994). Effects of flumazenil on cholecystokinin-tetrapeptide-induced panic symptoms in healthy volunteers. *Psychopharmacology, 114,* 257–261.

Braine, M. D. (1963). The ontogeny of English phrase structure: The first phase. *Language, 39,* 1–13.

Braithwaite, R. B. (1955). *Theory of games as a tool for the moral philosopher.* London: Cambridge University Press.

Braithwaite, R. B. (1962). Models in the empirical sciences. In E. Nagel, P. Suppes & A. Tarski (Eds.), *Logic, methodology and philosophy of science.* Stanford: Stanford University Press.

Brand, J. & Clotz, B. (1982). Zum Begriff der Externalität. Eine Gegenüberstellung von Schachters Adipositastheorie, Rotters Kontrollerwartungskonzept und Attributionstheorie. *Psychologische Beiträge, 24,* 181–198.

BRANDIS, H. & ANSORG, R. (Hrsg.). (1994). *Lehrbuch der Medizinischen Mikrobiologie* (7. Aufl.). Stuttgart: Fischer.

BRANDSTÄDTER, J. & BERNITZKE, F. (1976). Zur Technik der Pfadanalyse. *Psychologische Beiträge, 18,* 35–53.

Brandstätter, H. (1978). Organisationsdiagnose. In A. MAYER (Hrsg.), *Organisationspsychologie* (S. 43–71). Stuttgart: Poeschel.

BRANDT, U. & KÖHLER, B. (1972). Norm und Konformität. In C. F. GRAUMANN (Hrsg.), *Sozialpsychologie. Handbuch der Psychologie* (Bd. 7). Göttingen: Hogrefe.

BREAL, M. (1897). *Essay de sémantique.* Paris: Hachette.

BRECHT, K., DEININGER, W. & STEINWACHS, F. (1954). *Über die Hemmung der Schweißsekretion durch Eukliman.* Dissertation. Tübingen.

BREDENKAMP, J. (1966). Eine Analyse der FVF als Ermüdungsindikator. *Zeitschrift für Experimentelle und Angewandte Psychologie, 13,* 199–221.

BREDENKAMP, J. (1982). Psychophysikalische Analysen von Wahrnehmungstäuschungen. *Psychologische Beiträge, 24,* 322–325.

BREDENKAMP, J. & WIPPICH, W. (1977). *Lern- und Gedächtnispsychologie* (2 Bde). Stuttgart: Kohlhammer.

BREEDLOVE, S. M. (1994). Sexual differentiation of the human nervous system. *Annual Review of Psychology, 45,* 389–418.

BREGGIN, P. R. (1980). *Elektroschock ist keine Therapie.* München: Urban & Schwarzenberg.

BREHM, J. W. (1966). *Theory of psychological reactance.* New York: Academic Press.

BREHM, J. W. & COHEN, A. R. (1962). *Explorations in cognitive dissonance.* New York: Wiley.

BREHM, S. S. & BREHM, J. W. (1981). *Psychology of reactance: A theory of freedom and control.* New York: Academic Press.

BREITENBACH, D. et al. (Hrsg.). (1986). *Kontinuität und Fortschritt. SSIP-Bulletin.* Saarbrücken: Breitenbach.

BREKLE, H. E. (1972). *Semantik.* München: Fink.

BRENGELMANN, J. C. (1968, 1972). Persönlichkeit. In R. MEILI & H. ROHRACHER (Hrsg.), *Lehrbuch der Experimentellen Psychologie.* Bern: Huber.

BRENTANO, F. v. (1911). *Von der Klassifikation der psychischen Phänomene.* Leipzig: Duncker & Humblot.

BRENTANO, F. v. (1971). *Psychologie vom empirischen Standpunkt* (Nachdruck der Ausgabe von 1925). Hamburg: Meiner.

BRESCH, C. & HAUSMANN, R. (1970). *Klassische und molekulare Genetik.* Berlin: Springer-Verlag.

BRESINSKY, A. & BESL, H. (1985). *Giftpilze.* Stuttgart: Wiss. Verlagsgesellschaft.

BREUER, J. & FREUD, S. (1907). *Studien über Hysterie.* Wien: Deuticke.

BREUKER, D., MÜHLIG, S. & PETERMANN, F. (1966). Schmerz. In F. PETERMANN (Hrsg.), *Lehrbuch der Klinischen Kinderpsychologie* (S. 587–626). Göttingen: Hogrefe.

BREUNIG, W. (Hrsg.). (1973). *Das Zeitproblem im Lernprozeß.* München: Ehrenwirt.

BREZINA, E. & STRANSKY, E. (Hrsg.). (1955). *Psychische Hygiene.* Wien: Maudrich.

BREZINKA, W. (1969). Über Absicht und Erfolg in der Erziehung. *Zeitschrift für Pädagogik, 15,* 245–272.

BREZINKA, W. (1971). *Von der Pädagogik zur Erziehungswissenschaft.* Weinheim: Beltz.

BREZINKA, W. (1974, 1975). *Grundbegriffe der Erziehungswissenschaft.* München: Reinhardt.

BREZINKA, W. (1978). *Metatheorie der Erziehung.* München: Reinhardt.

BRICKENKAMP, R. (1962). *Test d 2: Aufmerksamkeits-Belastungs-Test.* Göttingen: Hogrefe.

BRICKENKAMP, R. (Hrsg.). (1975). *Handbuch psychologischer und pädagogischer Tests.* Göttingen: Hogrefe.

BRICKENKAMP, R. (1997). *Handbuch psychologischer und pädagogischer Tests.* Göttingen: Hogrefe.

BRIDGMAN, P. W. (1927). *The logic of modern physics.* New York: Pergamon Press.

BRIDGMAN, P. W. (1954). *The logic of modern physics.* New York: Macmillan.

BRIGHAM, J. C. (1991). *Social Psychology.* New York: Harper Collins.

BRINKER, K. (1972). *Konstituentenstrukturgrammatik und operationale Satzgliedanalyse.* Frankfurt: Athenäum.

BRINKMANN, H. (1962). *Die deutsche Sprache.* Düsseldorf: Schwann.

BRISLIN, R. W., CUSHNER, K., CHERRIE, C. & YOUNG, M. (1986). *Intercultural interactions. A practical guide.* Beverly Hills: Sage Publications.

BROADBENT, D. E. (1958, 1964). *Perception and communication.* London: Pergamon Press.

BROADBENT, D. E. (1964). Perceptual and response factors in the organization of speech. In A. V. S. DE REUCK & M. O'CONNOR (Eds.), *Disorders of language.* Ciba Foundation Symposium London: Churchill.

BROADBENT, D. E. (1971). *Decision and stress.* London: Academic Press.

BROADBENT, D. E. (1973). *In defense of empirical psychology.* London: Methuen.

BROADHURST, P. L. (1959). The interaction of task difficulty and motivation: The Yerkes-Dodson law reviewed. *Acta Psychologica, 16,* 321–338.

BROCKDORFF, C. v. (1942). *Die wissenschaftliche Selbsterkenntnis.* Stuttgart: Moritz.

BROCKE, B. (1992). *Biopsychologische Faktoren des hyperkinetischen Syndroms. Eine multimodale Theorie und Forschungsstrategie.* Berlin: Springer-Verlag.

BRODGEN, W. J. (1939). Sensory preconditioning. *Journal of Experimental Psychology, 25,* 323–332.

BRODY N. (1980). Social motivation. *Annual Review of Psychology, 31,* 143–168.

Broich, K. (1995). Antihistaminika. In P. Riederer, G. Laux & W. Pöldinger (Hrsg.), *Neuropsychopharmaka. Bd. 2 Tranquilizer und Hypnotika* (S. 335–342). Wien: Springer-Verlag.

Broman, S. & Bien, E. (1985). *Low achieving children.* Hillsdale, NJ: Erlbaum.

Bronfenbrenner, U. (1976). *Ökologische Sozialisationsforschung.* Stuttgart: Klett.

Bronson, G. W. (1978). Aversive Reactions to strangers: A dual process interpretation. *Child Development, 49,* 495–499.

Brower, K. J. (1992). Anabolic steroids. Addictive, psychiatric, and medical consequences. *American Journal on Addictions, 1,* 100–114.

Brown, A. L. (1978). Knowing when, where, and how to remember: A problem of metacognition. In R. Glaser (Ed.), *Advances in instructional psychology* (Vol. 1, pp. 77–165). Hillsdale, NJ: Erlbaum.

Brown, C. C. (Ed.). (1967). *Methods in psychophysiology.* Baltimore: Williams & Wilkins.

Brown, E. L. & Deffenbacher, R. K. (1979). *Perception and the senses.* New York: Oxford University Press.

Brown, G. & Desforges, C. (1977). Piagetian psychology and education: Time for revision. *British Journal of Educational Psychology, 47,* 7–17.

Brown, J. F. (1928). Über gesehene Geschwindigkeiten. *Psychologische Forschung, 10.*

Brown, J. F. (1961). Visual sensitivity to differences in velocity. *Psychological Bulletin, 58,* 89–103.

Brown, J. L. (1975). *The evolution of behavior.* New York: W. M. Norton.

Brown, J. S. (1948). Gradients of approach and avoidance responses. *Journal of Comparative and Physiological Psychology, 41,* 450–465.

Brown, J. S. & Farber, I. E. (1968). Secondary motivational systems. *Annual Review of Psychology, 19,* 99–134.

Brown, J. W. (1975). *Aphasie, Appraxie and Agnosie* (Deutsche Übersetzung). Stuttgart: Fischer.

Brown, J. W. (1975). *The neural organization of language: Aphasia and neuropsychiatry. American Handbook of Psychiatry.* New York: Basic Books.

Brown, R. (1954). Mass phenomena. In G. Lindzey (Ed.), *Handbook of social psychology* (Vol. 2). Reading: Addison-Wesley.

Brown, R. (1965). *Social psychology.* New York: Free Press.

Brown, R. (1970). *Psycholinguistics. Selected papers.* New York: Free Press.

Brown, R. (1973). *A first language. The early stages.* Cambridge: Harvard University Press.

Brown, R. (1988). *Group processes.* Oxford: Blackwell.

Brown, R. (1995). *Prejudice.* Oxford : Blackwell.

Brown, R. & Bellugi, U. (1964). Three processes in the acquisition of syntax. *Harvard Educational Review, 34.*

Brown, R. & Fraser, C. (1963). The acquisition of syntax. In C. N. Cofer (Ed.), *Verbal learning and verbal behavior.* New York: McGraw-Hill.

Brown, R. & Herrnstein, R. J. (1975). *Psychology.* London: Methuen.

Brown, R. W. (1957). *Words and things.* Glencoe: Free Press.

Brown, R. W. & Lenneberg, E. H. (1954). A study in language and cognition. *Journal of Abnormal and Social Psychology, 49,* 454–462.

Brozek, J. & Pongratz, L. J. (Eds.). (1980). *Historiography of modern psychology: Aims resources-approaches.* Toronto: Hogrefe.

Brügge, A. (1977). *Die Erkrankungen des Bewegungsappartes und seines Nervensystems.* Stuttgart: Klett.

Bruggemann, A., Grosskurth, P. & Ulich, E. (1975). *Arbeitszufriedenheit.* Bern: Huber.

Brugsch, T. & Lewy, F. H. (Hrsg.). (1926). *Die Biologie der Person* (4 Bde). Berlin: Urban & Schwarzenberg.

Brun, R. (1954). *Allgemeine Neurosenlehre.* Basel: Schwabe.

Bruner, J. S. (1960). *The process of education.* Cambridge: Harvard University Press.

Bruner, J. S. (1970, 1980). *Der Prozeß der Erziehung.* Düsseldorf: Schwann.

Bruner, J. S. (1973). *Beyond the information given.* New York: Norton.

Bruner, J. S., Goodnow, J. J. & Austin, G. A. (1956). *A study of thinking.* New York: Wiley.

Bruner, J. S., Oliver, R., Greenfield, P. M. et al. (1966). *Studies in cognitive growth.* New York: Wiley.

Bruner, J. S., Oliver, R., Greenfield, P. M. et al. (1971). *Studien zur kognitiven Entwicklung.* Stuttgart: Klett.

Bruner, J. S. & Postman, L. (1947). Emotional selectivity in perception and reaction. *Journal of Personality, 16.*

Bruner, J. S. & Postman, L. (1951). An approach to social perception. In W. Dennis & R. Lippitt (Eds.), *Current trends insocial psychology.* Pittsburgh: University of Pittsburgh Press.

Brunia, C. H. M. (1987). Brain potentials related to preparation and action. In H. Heuer & A. F. Sanders (Eds.), *Perspectives on perception and action* (pp. 105–130). Hillsdale, NJ: Erlbaum.

Brunia, C. H. M., Haagh, S. A. V. M. & Scheirs, J. G. M. (1985). Waiting to respond: Electrophysiological measurements in man during preparation for a voluntary movement. In H. Heuer, U. Kleinbeck & K.-H. Schmidt (Eds.), *Motor behavior: Programming, control, and acquisition.* Berlin: Springer-Verlag.

Brunswik, E. (1934). *Wahrnehmung und Gegenstandswelt.* Leipzig: Deuticke.

Brunswik, E. (1935). *Experimentelle Psychologie in Demonstrationen.* Wien: Springer-Verlag.

Brunswik, E. (1947). *Systematic and representative design of psychological experiments.* Berkeley: University of California.

BRUNSWIK, E. (1952). *The conceptual framework of psychology.* Chicago: University of Chicago Press.

BRUNSWIK, E. (1956). *Perception and the representative design of psychological experiments.* Berkeley: University of California Press.

BRUNSWIK, E. & REITER, L. (1938). Eindruckscharaktere schematisierter Gesichter. *Zeitschrift für Psychologie, 142,* 67–134.

BRUSH, F. R. & LEVINE, S. (1989). Psychoendocrinology. New York: Academic Press.

BRUSH, R. F. (Ed.). (1971). *Aversive conditioning and learning.* New York: Academic Press.

BUCHSBAUM, M. S., HAIER, R. J. & JOHNSON, J. (1983). Augmenting and reducing: Individual differences in evoked potentials. In A. GALE & J. A. EDWARD (Eds.), *Physiological correlates of human behavior* (Vol. III, pp. 117–138). Orlando: Academic Press.

BUCK, R. (1985). Prime theory: An integrated view of motivation and emotion. *Psychological Review, 92,* 389–413.

BUCKE, D. & LEBOVICI, S. (1960). Leitfaden der Erziehungsberatung. *Praxis der Kinderpsychologie und Kinderpsychiatrie, 4.*

BUCKNE, D. N. & MCGRATH, J. J. (Eds.). (1963). *Vigilance: A symposium.* New York: McGraw-Hill.

BUGGLE, F. (1969). *Methoden psychologischer Diagnostik. Enzyklopädie der geisteswissenschaftlichen Arbeitsmethoden.* München: Oldenbourg.

BÜHLER, Ch. (1933). *Der menschliche Lebenslauf.* Leipzig: Hirzel.

BÜHLER, Ch. (1938). *Praktische Kinderpsychologie.* Wien: Lorenz.

BÜHLER, Ch. (1967). *Kindheit und Jugend.* Göttingen: Hogrefe.

BÜHLER, Ch. (1967). *Das Seelenleben des Jugendlichen.* Stuttgart: Fischer.

BÜHLER, Ch. & ALLEN, M. (1971). *Introduction to humanistic psychology.* Belmont: Brooks Cole.

BÜHLER, Ch. & ALLEN, M. (1974). *Introduction to humanistic psychology* (Deutsche Übersetzung). Stuttgart: Klett.

BÜHLER, Ch. & HETZER, H. (1927). Inventar der Verhaltensweisen. In Ch. BÜHLER et al. (Hrsg.), *Soziologische und psychologische Studien über das erste Lebensjahr.* Jena: Fischer.

BÜHLER, H. (1972). *Sprachbarrieren und Schulanfang.* Weinheim: Beltz.

BÜHLER, K. (1927). *Die Krise der Psychologie.* Jena: Fischer.

BÜHLER, H. & MÜHLE, G. (Hrsg.). (1973). *Sprachentwicklungspsychologie.* Weinheim: Beltz.

BÜHLER, K. (1934). *Sprachtheorie.* Jena: Fischer.

BULMAN, R. J. & WORTMAN, C. B. (1977). Attributions of blame and coping in the Real world. Severe accident victims react to their lot. *Journal of Personality and Social Psychology, 35,* 351–363.

BÜLOW, F. (1955). Gesellschaft. In W. BERNSDORF (Hrsg.), *Wörterbuch der Soziologie.* Stuttgart: Enke.

BUMKE, O. et al. (1948). *Lehrbuch der Geisteskrankheiten.* Berlin: Springer-Verlag.

BUNGARD, W. (1984). *Sozialpsychologische Forschung im Labor.* Göttingen: Hogrefe.

BUNGARD, W. (1991). *Qualitätszirkel. Ein soziotechnisches Instrument auf dem Prüfstand.* Ludwigshafen: Ehrenhof.

BUNGARD, W. & ANTONI, C. H. (1993). Gruppenorientierte Interventionstechniken. In H. SCHULER (Hrsg.), *Lehrbuch für Organisationspsychologie* (S. 377–404). Bern: Huber.

BUNGARD, W. & LÜCK, H. (1974). *Forschungsartefakte und nicht-reaktive Meßverfahren.* Stuttgart: Teubner.

BUNGE, M. (1967). *Scientific research* (Vols. 1, 2). Berlin: Springer-Verlag.

BUNNEY, B. G., BUNNEY, W. E. & CARLSSON, A. (1995). Schizophrenia and glutamate. In F. E. BLOOM & D. J. KUPFER (Eds.), *Psychopharmacology. The fourth generation of progress* (pp. 1205–1214). New York: Raven Press.

BÜNNING, E. (1958). *Die physiologische Uhr.* Berlin: Springer-Verlag.

BÜNTING, K. D. (1971). *Einführung in die Linguistik.* Frankfurt: Athenäum.

BÜRGER, M. (1960). *Altern und Krankheit als Problem der Biomorphose.* Leipzig: Thieme.

BÜRGER, M. & KNOBLOCH, H. (1956). *Die Hand des Kranken.* München: Lehmann.

BÜRGER-PRINZ, H. & GIESE, H. (Hrsg.). (1952). *Schriftenreihe: Beiträge zur Sexualforschung.* Stuttgart: Enke.

BURISCH, M. (1989). *Das Burnout-Syndrom. Theorie der inneren Erschöpfung.* Berlin: Springer-Verlag.

BÜRLI, A. (1973). Computer-unterstützte Testdiagnostik. *Schweizerische Zeitschrift für Psychologie, 32,* 26–45.

BURT, C. (1970). The genetic of intelligence. In B. W. DOCKRELL (Ed.), *On intelligence.* London: Methuen.

BURTON, R. W. (1963). Generality of honesty reconsidered. *Psychological Review, 70,* 481–499.

BUSEMANN, A. (1948). *Stil und Charakter.* Meisenheim: Hain.

BUSEMANN, A. (1955). *Der Abzeichentest.* Göttingen: Hogrefe.

BUSS, A. H. (1961). *The psychology of aggression.* New York: Wiley.

BÜSSING, A. (1992a). *Organisationsstruktur, Tätigkeit und Individuum.* Bern: Huber.

BÜSSING, A. (1992b). Arbeit und Freizeit: Einführung in das Thema. *Zeitschrift für Arbeits- und Organisationspsychologie, 36,* 52–54.

BÜSSING, A. (1993). Organisationsdiagnose. In H. Schuler (Hrsg.), *Lehrbuch für Organisationspsychologie* (S. 445–479). Bern: Huber.

BUTOLLO, W. (1977). Comment on W. Yule: The potential of behavioural treatment in preventing later childhood difficulties. *Behaviour Analysis and Modification, 2,* 33–38.

Butollo, W. (1979). *Chronische Angst: Theorie und Praxis der Konfrontationstherapie.* München: Urban & Schwarzenberg.

Buytendijk, F. J. (1934). *Wesen und Sinn der Spiele.* Berlin: Springer-Verlag.

Buytendijk, F. J. (1956). *Allgemeine Theorie der menschlichen Haltung und Bewegung.* Berlin: Springer-Verlag.

Byrne, D. (1971). *The attraction paradigm.* New York. Academic Press.

Byrne, D. (1964). Repression-sensitization as a dimension of personality. In B. A. Maher (Ed.), *Progress in experimental personality research.* New York: Academic Press.

Byrne, D. & Griffith, W. (1973). Interpersonal attraction. *Annual Review of Psychology, 24,* 317–336.

Callaway, E. (1959). The influence of amobarbital (amylbarbitone) and methamphetamine on the focus of attention. *Journal of Mental Science, 105,* 382–392.

Callaway, E. & Band, R. I. (1958). Some psychopharmacological effects of atropine. *Archives of Neurology and Psychiatry, 79,* 91–102.

Campbell, A., Converse, P. & Rogers, W. (1976). *The quality of american life.* New York: Russell Sage Foundation.

Campbell, D. T. (1961). Conformity in psychological theories of aquired behavioral dispositions. In I. A. Berg & B. M. Bass (Eds.), *Conformity and deviation.* New York: Harper.

Campbell, D. T. & Fiske, D. W. (1959). Convergent and discriminant validation by the multitrait-multimethod matrix. *Psychological Bulletin, 56,* 81–105.

Campbell, D. T. & Stanley, J. C. (1963). Experimental and quasi-experimental design for research on teaching. In N. L. Gage (Ed.), *Handbook of research on teaching* (pp. 171–246). Chicago: Rand-McNally.

Campbell, J. M. (1983). Ambient stressors. *Environment and Behavior, 15,* 355–380.

Cannon, W. B. (1927). The James-Lange theory of emotions: A critical examination and an alternative theory. *American Journal of Psychology, 39,* 106–124.

Cannon, W. B. (1932). *The wisdom of the body.* New York: Routledge.

Canter, D. (1982). Psychology and environmental design. In S. canter & D. Canter (Eds.), *Psychology in practice. Perspectives on professional psychology* (pp. 289–310). New York: Wiley.

Caplan, D. (Ed.). (1980). *Biological studies of mental processes.* Cambridge, MA: MIT Press.

Caplan, G. (1964). *Principles of preventive psychiatry.* New York: Basic Books.

Capol, M. (1965). *Die Qualifikation der Mitarbeiter.* Bern: Huber.

Cappel, W. (1970). *Das Kind in der Schulklasse.* Weinheim: Beltz.

Caramazza, A. & Zurif, E. B. (Eds.). (1978). *Language acquisition and language breakdown: Parallels and divergencies.* Baltimore: The John Hopkins University Press.

Card, S. K., Moran, T. P. & Newell, A. (1983). *The psychology of human-computer interaction.* Hillsdale, NJ: Erlbaum.

Carlton, P. L. (1983). *A primer of behavioral pharmacology.* New York: Freeman.

Carnap, R. (1936). Testability and meaning. *Philosophy of Science, 3,* 419–471.

Carnap, R. (1936/37). Testability and meaning. Parts 1–3. *Philosophy of Science, 3,* 419–471.

Carnap, R. (1936/37). Testability and meaning. Part 4. *Philosophy of Science, 4,* 1–40.

Carnap, R. (1937). Testability and meaning. *Philosophy of Science, 4,* 2–40.

Carnap, R. (1968). The methodological character of theoretical concepts. In H. Feigl & M. Scriven (Eds.), *Minnesota studies in the philosophy of science.* Minneapolis: University of Minneapolis Press.

Carpenter, R. H. S. (1977). *Movements of the eyes.* London: Pion.

Carrol, J. S. & Payne, J. W. (Eds.). (1976). *Cognition and social behavior.* New York: Erlbaum.

Carroll, J. B. (1973). Lernerfolg für alle. In M. Hofer & F. E. Weinert (Hrsg.), *Pädagogische Psychologie (Reader)* (Bd. 2). Frankfurt: Fischer.

Carroll, J. M. (1989). Taking artifacts seriously. In S. Maass & H. Oberquelle (Hrsg.), *Software-Ergonomie 89. Aufgabenorientierte Systemgestaltung und Funktionalität.* Stuttgart: Teubner.

Carter et al. (1951). The behavior of leaders and other group members. *Journal of Abnormal Social Psychology, 46.*

Carterette, E. D. & Friedman, M. P. (Eds.). (1973–1980). *Handbook of perception* (Vol. 10). New York: Academic Press.

Cartwright, D. & Harary, F. (1956). Structure balance. A generalization of Heider's theory. *Psychological Review, 63,* 277–293.

Cartwright, D. & Zander, A. F. (Eds.). (1972). *Group dynamics: Research and theory.* New York: Harper.

Carus, C. G. (1846). *Über Grund und Bedeutung der verschiedenen Formen der Hand in verschiedenen Personen.* Stuttgart: Becker.

Carus, C. G. (1853). *Symbolik der menschlichen Gestalt.* Leipzig: Brockhaus.

Cass, L. K. & Thomas, C. B. (1979). *Childhood pathology and later adjustment.* New York: Wiley.

Cassie, A., Fokkema, S. D. & Parry, J. B. (1964). *Aviation psychology.* The Hague: Mouton.

Castaneda, A., McCandless, B. R. & Palermo, D. S. (1956). The children's form of manifest anxiety scale. *Child Development, 27,* 317–326.

Cattell, R. B. (1944). Psychological measurement: Normative, ipsative, interactive. *Psychological Review, 51,* 292–303.

Cattell, R. B. (1948). Concept and measurement

of group syntality. *Psychological Review, 55,* 48–63.

Cattell, R. B. (1962). Personality measurement functionally related to source trait structure. In S. Messick & J. Ross (Eds.), *Measurement in personality and cognition.* New York: Wiley.

Cattell, R. B. (1965). Factor theory psychology: A statistical approach to personality. In W. S. Sahakian (Ed.), *Psychology of personality.* Chicago: Rand McNally.

Cattell, R. B. (1966). A brief survey of present knowledge and hypotheses on psychophysiological state dimensions. In R. B. Cattell (Ed.), *Handbook of multivariate experimental psychology.* Chicago: Rand McNally.

Cattell, R. B. (Ed.). (1966). *Handbook of multivariate experimental psychology.* Chicago: Rand McNally.

Cattell, R. B. (1973). *Personality and mood by questionnaire.* San Francisco: Jossey.

Cattell, R. B. & Coulter, M. A. (1966). Principles of behavioral taxonomy and the mathematical basis of the taxonome computer program. *British Journal of Mathematical and Statistical Psychology, 19,* 237–269.

Cattell, R. B., Eber, H. W. & Tatsouka, M. M. (1970). *Handbook for the sixteen personality factors questionnaire (16 PF).* Champaign: IPAT.

Cattell, R. B. & Warburton, F. W. (1967). *Objective personality and motivation tests.* Chicago: University of Illinois Press.

Cattell, R. B., Weiss, R. & Osterland, J. (1977). *Culture fair intelligence test (CFT 1): Sprachfreier Grundintelligenztest Skala 1.* Braunschweig: Westermann.

Cautela, J. R. & Kastenbaum, R. (1967). A reinforcement survey schedule for use in therapy, training and research. *Psychological Report, 20,* 1115–1130.

Central Organisation for Traffic Safety in Finland. (1965–1973). *Reports from Talja.*

Chafe, W. L. (1970). *Meaning and the structure of language.* Chicago: University of Chicago Press.

Chambless, D. L. & Goldstein, A. J. (Eds.). (1982). *Multiple perspectives on theory and treatment. Wiley Series on Personal Processes.* Chichester: Wiley.

Chapman, A. J. & Jones, D. M. (Eds.). (1980). *Models of man.* Hillsdale, NJ: Erlbaum.

Charcot, J. M. (1886). *Neue Vorlesungen über die Krankheiten des Nervensystems.* Leipzig: Deuticke.

Charlton, M. & Wetzel, H. (1980). Anthropologische und entwicklungspsychologische Überlegungen. In W. Wittling (Hrsg.), *Handbuch der Klinischen Psychologie* (Bd. 2, S. 78–101). Hamburg: Hoffmann.

Charney, D. S., Bremner, J. D. & Redmond, D. E. (1995). Noradrenergic neural substrates for anxiety and fear. Clinical associations based on preclinical research. In F. E. Bloom & D. J. Kupfer (Eds.), *Psychopharmacology. The fourth generation of progress* (pp. 387–395). New York: Raven.

Chaves, J. F. & Barber, T. X. (1976). Acupuncture analgesia: A six factor theory. In M. Weisenberg & B. Tursky (Eds.), *Pain: New perspectives in therapy and research.* New York: Plenum Press.

Chernoff, H. & Moses, L. A. (1959). *Elementary decision theory.* New York: Wiley.

Cherns, A. (1989). Die Tavistock-Untersuchungen und ihre Auswirkungen. In S. Greif, H. Holling & N. Nicholson (Hrsg.), *Arbeits- und Organisationspsychologie. Internationales Handbuch in Schlüsselbegriffen* (S. 483–488). München: Psychologie Verlags Union.

Cherry, E. C. (1953). Some experiments on the recognition of speech with one and two ears. *Journal of the Acoustical Society of America, 25,* 975–979.

Cherry, E. C. (1967). *Kommunikationsforschung.* Frankfurt: Fischer.

Cherry, E. C. & Taylor, W. K. (1954). Some further experiments on the recognition of speech with one and two ears. *Journal of the Acoustical Society of America, 26.*

Chick, J., Gough, K., Falkowski, W., Kershaw, P., Hore, B., Mehta, B. & Ritson, B. (1992). Disulfiram treatment of alcoholism. *British Journal of Psychiatry, 161,* 84–89.

Cho, A. K. (Ed.). (1994). *Amphetamines and its analogues.* San Diego: Academic Press.

Chomsky, N. (1957). *Syntactic structures.* The Hague: Mouton.

Chomsky, N. (1959). Buchbesprechung. *Language, 35,* 26–58.

Chomsky, N. (1965). *Aspects of the theory of syntax.* Cambridge, Mass: MIT Press.

Chomsky, N. (1969). *Aspekte der Syntax-Theorie.* Frankfurt: Suhrkamp.

Chomsky, N. (1986). *Knowledge of language. Its nature, origin and use.* New York: Praeger.

Chomsky, N. & Halle, M. (1968). *The sound pattern of english.* New York: Harper.

Christiansen, B. (1947). *Willensfreiheit.* Stuttgart: Reclam.

Christiansen, K. & Knussmann, R. (1987). Androgen levels and components of aggression in men. *Hormones and Behavior, 21,* 170–180.

Christie, R. (1991). Authoritarianism and related constructs. In J. P. Robinson, P. R. Shaver & L. S. Wrightsman (Eds.), *Measures of personality and social psychological attitudes.* San Diego: Academic Press.

Christie, R. & Geis, F. L. (Eds.). (1970). *Studies in Machiavellianism.* New York. Academic Press.

Christie, R. & Jahoda, M. J. (Eds.). (1954). *Studies in the scope and method of the authoritarian personality.* Glencoe: Free Press.

Chung, H. T. (1970). *Urteile über die Völker in Korea.* Dissertation. Tübingen.

Church, J. (1961). *Language and the discovery of reality.* New York: Random House.

Cialdini, R. B. & Kenrick, D. T. (1976). Altruism as

hedonism: A social development perspective on the relationship of negative mood state and helping. *Journal of Personality and Social Psychology, 34,* 907–914.

Clarenbach, P. & Fröscher, W. (1993). Antiepileptika. In P. Riederer, G. Laux & W. Pöldinger (Hrsg.), *Neuro-Psychopharmaka. Ein Therapie-Handbuch. Bd. 6 Notfalltherapie, Antiepileptika, Beta-Rezeptorenblocker und sonstige Psychopharmaka* (S. 57–84). Wien: Springer-Verlag.

Claridge, G. (1983). Sedation threshold and personality differences. In W. Janke (Ed.), *Response variability to psychotropic drugs* (pp. 155–166). Oxford: Pergamon.

Claridge, G., Canter, S. & Hume, I. (1973). *Personality differences and biological variations. A study of twins.* Oxford: Pergamon.

Claridge, G., Donald, J. R. & Birchall, P. M. (1981). Drug tolerance and personality. Some implications for Eysenck's theory. *Personality and Individual Differences, 2,* 153–166.

Claridge, G. S. (1967). *Personality and arousal.* Oxford: Pergamon Press.

Claridge, G. S. (1970). *Drugs and human behavior.* New York: Praeger Publications.

Clark, D. (1990). Discriminative properties of drugs of abuse. In D. M. Warburton (Ed.), *Addiction controversies* (pp. 185–201). Chur: Harwood.

Clark, H. H. & Clark, E. V. (1977). *Psychology and language.* New York: Harcourt Brace.

Clark, H. M. (1970). Word association and linguistic theory. In J. Lyons (Ed.), *New horizons in linguistics.* Harmondsworth: Penguin.

Clark, M. S. (Ed). (1991). *Prosocial behaviour.* Newbury Park: Sage.

Clark, W. G. & Guidice, S. (1970, 1978). *Principles of psycho-pharmacology.* New York: Academic Press.

Clauser, G. (1954). *Die Kopfuhr.* Stuttgart: Enke.

Clauss, L. F. (1929). *Von Seele und Antlitz der Rassen und Völker.* München: Lehmann.

Clauss, L. F. (1958). *Die Seele des Andern.* Baden-Baden: Verlag für Kunst und Wissenschaft.

Cleary, T. A. (1968). Test bias: Prediction of grades of negro and white students in integrated colleges. *Journal of Educational Measurement, 5.*

Cloetta, B. et al. (1973). Berufsrelevante Einstellungen als Ziel der Lehrerausbildung. *Zeitschrift für Pädagogik, 19,* 919–941.

Clore, G. L., Hirschberg-Wiggins, N. & Itkin, S. (1975). Gain and loss in attraction: Attributions from nonverbal behavior. *Journal of Personality and Social Psychology, 31,* 706–712.

Cofer, C. N. & Appley, M. H. (1964). *Motivation: Theory and research.* New York: Wiley.

Coghill, G. B. (1929). *Anatomy and the problem of behavior.* Cambridge: Cambridge University Press.

Cohen, J., Chesnik, E. J. & Haran, D. (1972). A confirmation of the inertia psi effect in sequential choice and decision. *British Journal of Psychology, 63,* 41–46.

Cohen, J. & Gordon, D. A. (1949). The Proevost-Fechner-Benham subjective colors. *Psychological Bulletin, 46,* 97–136.

Cohen, J. & Hansel, C. E. (1956). *Risk and gambling: The study of subjective probability.* New York: Logmans.

Cohen, J. & Hansel, C. E. (1961). *Die Lehre von der subjektiven Wahrscheinlichkeit.* Frankfurt: Europäische Verlagsanstalt.

Cohen, R. (1965). Versuche der Quantifizierung von Angst. In H. v. Ditfurth (Hrsg.), *Aspekte der Angst* (S. 111–132). Stuttgart: Thieme.

Cohen, R. & Meyer-Osterkamp, S. (1974). Experimentalpsychologische Untersuchungen in der psychopathologischen Forschung (Bd. 2). In W. Schraml & U. Baumann (Hrsg.), *Klinische Psychologie* (Bd. I u. II). Bern: Huber.

Cohn, R. (1975). *Von der Psychoanalyse zur Themenzentrierten Interaktion.* Stuttgart: Klett.

Cole, S. O. (1967). Experimental effects of amphetamine. A review. *Psychological Bulletin, 68,* 81–90.

Coles, M. G. H. (1989). Modern mind-brain reading: Psychophysiology, physiology, and cognition. *Psychophysiology, 26,* 251–269.

Collaer, M. L. & Hines, M. (1995). Human behavioral sex differences. A role for gonadal hormones during early development? *Psychological Bulletin, 118,* 55–107.

Collins, B. E. & Raven, B. H. (1969). Group structure. In G. Lindzey & E. Aronson (Eds.), *The handbook of social psychology* (Vol. 4). Reading: Addison Wesley.

Collins, M. A. (1988). Acetaldehyde and its condensation products as markers in alcoholism. In M. Galanter (Ed.), *Recent developments in alcoholism* (Vol. 6, pp. 390–404). New York: Plenum.

Collu, R., Barbeau, A., Rochefort, J. G. & Ducharme, J. R. (Eds.). (1979). *Central nervous system effects of hypothalamic hormones and other peptides.* New York: Raven Press.

Colonius, H. (1986). Measuring channel dependence in separate-activation models. *Perception and Psychophysics, 40,* 251–255.

Comer, R. J. (1995). *Klinische Psychologie.* Heidelberg: Spektrum.

Cone, J. D. & Hayes, S. C. (1984). *Environmental problems, behavioral solutions.* Cambridge: Cambridge University Press.

Conger, J. (1977). *Adolescence and youth.* New York: Harper.

Conrad, K. (1941). Der *Konstitutionstypus als genetisches Problem.* Berlin: Springer-Verlag.

Conrad, K. (1958). *Über Begriff und Wesen der Apophänie. Mehrdimensionale Diagnostik: Festschrift für E. Kretschmer.* Stuttgart: Thieme.

Conrad, P. & Sydow, J. (1984). *Organisationsklima.* Berlin: de Gruyter.

Conrad, W., Baumann, E. & Mohr, V. (1980).

Mannheimer Test zur Erfassung des physikalisch-technischen Problemlösens (MTP). Göttingen: Hogrefe.

Conradi, W. (1983). *Personalentwicklung.* Stuttgart: Enke.

Cook, T. D. & Flay, B. R. (1978). The persistence of experimentally induced attitude change. In L. Berkowitz (Ed.), *Advances in experimental social psychology* (Vol. 11, pp. 1–57). Orlando: Academic Press.

Cook, T. D., Gruder, C. L., Hennigan, K. M. & Flay, B. R. (1987). History of the sleeper effect: Some logical pitfalls in accepting the null hypothesis. *Psychological Bulletin, 86,* 662–679.

Cooley, W. W. & Lohnes, P. R. (1962). *Multivariate procedures from the behavioral sciences.* New York: Wiley.

Coombs, C. H. (1965). *A theory of data.* New York: Wiley.

Coombs, C. H. et al. (1970). *Mathematical psychology.* Englewood Cliffs: Prentice-Hall.

Cooper, D. (1967). *Psychiatry and anti-psychiatry.* New York: Barnes.

Cooper, J. & Fazio, R. H. (1984). A new look at cognitive dissonance theory. In L. Berkowitz (Ed.), *Advances in experimental social psychology* (Vol. 17). Orlando: Academic Press.

Cooper, J. R., Bloom, F. E. & Roth, R. H. (1982). *The biochemical basis of neuropharmacology.* Oxford: Oxford University Press.

Cooper, J. R., Bloom, F. E. & Roth, R. H. (Eds.). (1996). *The biochemical basis of neuropharmacology* (7th ed.). Oxford: Oxford University Press.

Copei, F. (1958). *Der fruchtbare Moment im Bildungsprozeß.* Heidelberg: Quelle.

Coper, H. & Herrmann, W. M. (1988). Psychostimulants, analeptics, nootropics. An attempt to differentiate and assess drugs designed for the treatment of impaired brain functions. *Pharmacopsychiatry, 21,* 211–217.

Coper, H., Rommelspacher, H. & Wolffgramm, J. (1990). The «point of no return» as a target of experimental research on drug dependence. *Drug and Alcohol Dependence, 25,* 129–134.

Coper, H. & Schulze, G. (1991). Pharmakotherapie. In W. D. Oswald, W. M. Herrmann, S. Kanowski, U. M. Lehr & H. Thomae (Hrsg.), *Gerontologie* (2. Aufl., S. 389–402). Stuttgart: Kohlhammer.

Corey, E. R. & Star, S. H. (1973). *Marktorientierte Unternehmensplanung.* Essen: Giradet.

Correll, W. (1965). *Programmiertes Lernen und Lernmaschinen.* Braunschweig: Westermann.

Correll, W. & Schwarze, H. (1973). *Lernpsychologie programmiert.* Donauwörth: Auer.

Corsini, R. J. (Hrsg.). (1994). *Handbuch der Psychotherapie.* München: Psychologie Verlags Union.

Coseriu, E. (1973). *Die Lage in der Linguistik. Innsbrucker Beiträge zur Sprachwissenschaft: Vorträge 9.* Innsbruck: Institut für Sprachwissenschaft.

Costa, E. (1983). *The benzodiazepines. From molecular biology to clinical practice.* New York: Raven.

Cotman, C. W., Kahle, J. S., Miller, S. E., Ulas, J. & Bridges, R. J. (1995). Excitatory amino acid neurotransmission. In F. E. Bloom & D. J. Kupfer (Eds.), *Psychopharmacology. The fourth generation of progress* (pp. 75–85). New York: Raven.

Coue, E. (1925). *Die Selbstbemeisterung durch bewußte Autosuggestion.* Basel: Schwabe.

Cowles, J. T. (1937). *Food token as incentives for learning by chimpanzees.* Comparative Psychology Monographs, 14, n. 5.

Crafts, L. W., Schneirla, T. C., Robinson, E. E. et al. (1950). *Recent experiments in psychology.* New York: McGraw-Hill.

Craig, W. (1918). Appetites and aversions as constituents of instincts. *Biological Bulletin, 34,* 91–108.

Craik, F. J. & Lockhart, R. S. (1972). Levels of processing: A framework for memory research. *Journal of Verbal Learning and Verbal Behavior, 11,* 671–684.

Craik, K. H. (1973). Environmental psychology. *Annual Review of Psychology, 24,* 403–422.

Craik, K. H. & Zube, E. H. (1976). *Perceiving environmental quality.* New York: Plenum.

Craik, K. J. (1943). *The nature of explanation.* Cambridge: University Press.

Cranach, M. v. et al. (1980). *Zielgerichtetes Handeln.* Bern: Huber.

Cranach, M. v., Ochsenbein, G. & Tschan, F. (1989). Arbeitsgruppen. In S. Greif, H. Holling & N. Nicholson (Hrsg.), *Arbeits- und Organisationspsychologie. Internationales Handbuch in Schlüsselbegriffen (S.* 109–112). München: Psychologie Verlags Union.

Cranach, M. v., Ochsenbein, G. & Valach, L. (1986). The group as a self-active system: Outline of a theory of group action. *European Journal of Social Psychology, 16,* 193–229.

Crawford, J. L., Morgan, D. W. & Gianturo, D. T. (Eds.). (1974). *Progress in mental health information systems: Computer applications.* Cambridge: Ballinger.

Crepieux-Jamin, J. (1927). *Die Grundlagen der Graphologie und der Schriftexpertise.* Heidelberg: Kampmann.

Crespi, L. P. (1942). Quantitative variation of incentive and performance. *American Journal of Psychology, 55,* 467–517.

Crites, J. O. (1969). *Vocational psychology.* New York: McGraw-Hill.

Crites, J. O. (1974). Career counseling: A review of major approaches. *Counseling Psychologist, 4.*

Cromer, R. F. (1978). The basis of childhood dysphasia: A linguistic approach. In M. Wyke (Ed.), *Developmental dysphasia.* London: Academic Press.

Cronbach, L. J. (1946). Response sets and test validity. *Educational and Psychological Measurement, 6,* 475–494.

Cronbach, L. J. (1950). Further evidence on response sets and test design. *Educational and Psychological Measurement, 10,* 3–31.

Cronbach, L. J. (1955). Processes affecting scores on «understanding of others» and «assumed similarity». *Psychological Bulletin, 52,* 177–193.

Cronbach, L. J. (1970). *Essentials of psychological testing.* New York: Harper.

Cronbach, L. J. (1971). Test validation. In R. L. Thorndike (Ed.), *Educational measurement* (pp. 443–508). Washington: American Council of Education.

Cronbach, L. J. & Gleser, G. C. (1957). *Psychological tests and personal decisions.* Urbana: University of Illinois Press.

Cronbach, L. J. & Meehl, P. E. (1955). Construct validity in psychological tests. *Psychological Bulletin, 52,* 281–302.

Crott, H., Kutschker, M.& Lamm, H. (1977). *Verhandlungen* (Bd. I u. II). Stuttgart: Kohlhammer.

Crott, H. W. (1972). Der Einfluß struktureller und situativer Merkmale auf das Verhalten in Verhandlungssituationen. *Zeitschrift für Sozialpsychologie, 3,* 134–158.

Cube, F. v. (1967). *Was ist Kybernetik?* Bremen: Schünemann.

Cube, F. v. (1971). *Kybernetische Grundlagen des Lernens und Lehrens.* Stuttgart: Klett.

Cube, F. v. & Gunzenhäuser, R. (1967). *Über Entropie von Gruppen.* Quickborn: Schnelle.

Cullen, J. W., Fox, B. H. & Isom, R. N. (Eds.). (1976). *Cancer: The behavioral dimensions.* New York: Raven.

Cumming, E. & Henry, W. E. (1961). *Growing old.* New York: Basic Books.

Curran, H. V. (1991). Benzodiazepines, memory and mood. A review. *Psychopharmacology, 105,* 1–8.

Curry, M. (1946). *Die Steuerung des gesunden und kranken Organismus durch die Atmosphäre.* Riederau-Ammersee: Amer. Bioclimat. Res. Institute.

Cuttler, A. (Ed.). (1882). *Slips of the tongue and language production.* Amsterdam: Mouton.

Czaczkes, J. W. & De-Nour, A. K. (1978). *Chronic hemodialysis as a way of life.* New York: Brunner.

Czikszentmihalyi, M. (1975), *Beyond boredem and anxiety.* San Francisco: Jossey-Bass (deutsch: Das Flow-Erlebnis. Stuttgart: Klett-Cotta, 1987).

Dabbs, J. M. (1992). Testosterone measurements in social and clinical psychology. Special Issue. Social psychophysiology. *Journal of Social and Clinical Psychology, 11,* 302–321.

Dahl, G. (1972). *WIP – Reduzierter Wechsler-Intelligenztest.* Meisenheim: Hain.

Dahme, B., Ehlers, W., Enke, E. et al. (1977). *Lernziele der Medizinischen Psychologie: Empfehlungen zu den Zielen und Methoden des Unterrichts.* München: Urban & Schwarzenberg.

Dahrendorf, R. (1965). *Bildung ist Bürgerrecht.* Hamburg: Wegner.

Dammann, U. (1974). *Datenbanken und Datenschutz.* Frankfurt: Campus.

Danckwortt, D. & Danckwortt, H. (1986). *Eurobarometer registriert Einstellungen der Deutschen.* Informationsdienst-Austausch 1305. Baden-Baden: Nomos.

Danielczyk, W. (1995). Twenty-five years of amantadine therapy in Parkinson's disease. *Journal of Neural Transmission, 46 (Suppl.),* 399–405.

Dann, H. D. (1972). *Aggression und Leistung.* Stuttgart: Klett.

D'Arcais, G. W. & Levelt, W. J. (Eds.). (1970). *Advances in psycholinguistics.* Amsterdam: North Holland.

Darwin, C. (1963). *Die Entstehung der Arten durch natürliche Zuchtwahl.* Stuttgart: Reclam.

Dau, R. (1971). Projekt «Headstart» in Kritik und Gegenkritik. *Zeitschrift für Pädagogik, 17,* 507–515.

Dave, R. H. (1968). Eine Taxonomie pädagogischer Ziele und ihre Beziehung zur Leistungsmessung. In K. Ingenkamp & T. Marsolek (Hrsg.), *Möglichkeiten und Grenzen der Testanwendung in der Schule.* Weinheim: Beltz.

Davies, J. H. (1979). Group decision and procedural justice. In M. Fishbein (Ed.), *Progress in social psychology.* Hillsdale, NJ: Erlbaum.

Davies-Osterkamp, S. (1977). Angst und Angstbewältigung bei chirurgischen Patienten. *Medizinische Psychologie, 3,* 169–184.

Davies-Osterkamp, S. & Möhlen, K. (1978). Postoperative Genesungsverläufe bei Patienten der Herzchirurgie in Abhängigkeit von präoperativer Angst und Angstbewältigung. *Medizinische Psychologie, 4,* 247–260.

Davies-Osterkamp, S. & Pöppel, E. (1980). *Emotionsforschung in der Medizin.* Göttingen: Vandenhoeck & Ruprecht.

Davies-Osterkamp, S. & Salm, A. (1980). Ansätze zur Erfassung psychischer Adaptionsprozesse in medizinischen Belastungssituationen. *Medizinische Psychologie, 6,* 66–80.

Davison, G. C. & Neale, J. M. (1974, 1978). *Abnormal psychology.* London: Methuen.

Davison, G. C. & Neale, J. M. (1979). *Klinische Psychologie.* München: Urban & Schwarzenberg.

Davison, G. C. & Neale, J. M. (1996). *Klinische Psychologie* (4. Aufl.). Weinheim: Psychologie Verlags Union.

Dawes, R. M. (1976). Shallow psychology. In J. Carroll & J. Payne (Eds.), *Cognition and social behavior* (pp. 3–12). Hillsdale, NJ: Erlbaum.

Dawes, R. M. (1980). Social dilemmas. *Annual Review of Psychology, 31,* 169–193.

de Jong, R., Hoffmann, N. & Linden, M. (1980). *Verhaltensmodifikationen bei Depressionen.* München: Urban & Schwarzenberg.

de la Motte-Haber, H. (1972). *Musikpsychologie.* Köln: Gerig.

DE SOUZA, E. B. (Ed.). (1993). *Neurobiology of cytokines.* London: Academic Press.

DE SOUZA, E. B. & GRIGORIADIS, D. E. (1995). Corticotropin-releasing factor. Physiology, pharmacology, and role in central nervous system and immune disorders. In F. E. BLOOM & D. J. KUPFER (Eds.), *Psychopharmacology. The fourth generation of progress* (pp. 505–517). New York: Raven Press.

DE WIED, D. (1997). Neuropeptides in learning and memory processes. *Behavioural Brain Research, 83,* 83–90.

DE WIT, J. & HARTUP, W. W. (Eds.). (1974). *Determinants and origins of aggressive behavior.* Den Haag: Mouton.

DEBUS, G. (1981). Das Konzept der reaktiven Anspannungssteigerung. In L. TENT (Hrsg.), *Erkennen, Wollen, Handeln* (S. 233–252). Göttingen: Hogrefe.

DEBUS, G. (1988). Leistung und Pharmaka. Aktivieren, Koordinieren, Konzentrieren und Steuern als pharmakologische Angriffspunkte. *Archiv für Psychologie, 140,* 247–259.

DEBUS, G. (1992). «Einfache psychische Vorgänge» als Angriffspunkt von Arzneimitteln – Sichtweisen von 1892 und 1992. In J. OLDIGS-KERBER & J. P. LEONARD (Hrsg.), *Pharmakopsychologie. Experimentelle und klinische Aspekte* (S. 44–68). Stuttgart: Fischer.

DEBUS, G. & JANKE, W. (1978). Psychologische Aspekte der Psychopharmakotherapie. In L. J. PONGRATZ (Hrsg.), *Klinische Psychologie. Handbuch der Psychologie* (Bd. 8,1, S. 2161–2227). Göttingen: Hogrefe.

DEBUS, G. & JANKE, W. (1980). Methods and methodological considerations in measuring antianxiety effects of tranquilizing drugs. *Progress in Neuro-Psychopharmacology, 5,* 391–404.

DEBUS, G. & JANKE, W. (1981). Psychopharmacology. *The German Journal of Psychology, 2,* 149–168.

DEBUS, G. & JANKE, W. (1986). Allgemeine und differentielle Wirkungen von Tranquillantien bei gesunden Personen im Hinblick auf Angstreduktion. In W. JANKE & P. NETTER (Hrsg.), *Psychopharmaka und Angst* (S. 135–149). Stuttgart: Kohlhammer.

DECKERT, J. & GLEITER, C. H. (1993). Koffein. In P. RIEDERER, G. LAUX & W. PÖLDINGER (Hrsg.), *Neuropsychopharmaka* (Bd. 6, S. 220–226). New York: Springer-Verlag.

DEESE, J. (1962). On the structure of associative meaning. *Psychological Review, 69,* 161–175.

DEGKWITZ, R. et al. (1980). *Diagnoseschlüssel und Glossar psychiatrischer Krankheiten. Deutsche Ausgabe der internationalen Klassifikation der Krankheiten der Welt-Gesundheits-Organisation (WHO).* Berlin: Springer-Verlag.

DEHMELT, P., KUHNERT, W. & ZINN, A. (1981). *Diagnostischer Elternfragebogen (DEF).* Weinheim: Beltz.

DELGADO, J. M. (1971). *Gehirnschrittmacher.* Berlin: Ullstein.

DEMBER, W. N. (1965). The new look in motivation. *American Scientist, 53.*

DEMBER, W. N. (1966). *The psychology of perception.* New York: Holt.

DEMBER, W. N. & JENKINS, J. J. (1970). *General Psychology: Modeling behavior and experience.* Englewood Cliffs: Prentice-Hall.

DEMBO, T. (1931). Der Ärger als dynamisches Problem. *Psychologische Forschung, 15.*

DEMLING, L. & BARTMANN, K. (Hrsg.). (1970). *Biotelemetrie.* Stuttgart: Thieme.

DERBOLAV, J. (1959). Die Stellung der Pädagogischen Psychologie im Rahmen der Erziehungswissenschaft und ihre Bedeutung für das pädagogische Handeln. In H. HETZER (Hrsg.), *Pädagogische Psychologie. Handbuch der Psychologie* (Bd. 10). Göttingen: Hogrefe.

DERWORT, A. (1938). Untersuchung über den Zeitablauf figurierter Bewegungen beim Menschen. *Pflügers Archiv für die gesamte Physiologie, 240,* 661–675.

DESCARTES, R. (1965). *Meditationen über die Grundlagen der Philosophie.* Hamburg: Meiner.

DESSOIR, M. (1911). *Abriß einer Geschichte der Psychologie.* Heidelberg: Winter.

DESSOIR, M. (1925). *Der Okkultismus in Urkunden.* Berlin: Ullstein.

DESSOIR, M. (1931). *Vom Jenseits der Seele.* Stuttgart: Enke.

DEUBELIUS, W. (1981). Therapeutische Gemeinschaft. In G. REXILIUS & S. GRUBITZSCH (Hrsg.), *Handbuch psychologischer Grundbegriffe* (pp. 1114 f.). Reinbek: Rowohlt.

DEUTSCH, H. (1948, 1953). *Psychologie der Frau* (2 Bde). Bern: Huber.

DEUTSCH, J. A. (1973). *The physiological basis of memory.* New York: Academic Press.

DEUTSCH, J. A. & DEUTSCH, D. (1963). Attention: Some theoretical considerations. *Psychological Review, 70,* 80–90.

DEUTSCH, M. (1973). *The resolution of conflict.* New Haven: Yale University Press.

DEUTSCH, M. & KRAUSS, R. M. (1962). Studies of interpersonal bargaining. *Journal of Conflict Resolution, 6.*

DEUTSCHE GESELLSCHAFT FÜR PERSONALWESEN E.V. (1969). *Differentieller Wissenstest (DWT).* Göttingen: Hogrefe.

DEUTSCHE NORMEN. (1962). *DIN 44300: Informationsverarbeitung, Begriffe.* Berlin: Beuth.

DEUTSCHER BILDUNGSRAT (Hrsg.). (1970). *Strukturplan für das Bildungswesen. Empfehlungen der Bildungskommission.* Bonn: Bundesdruckerei.

DEUTSCHER BILDUNGSRAT (Hrsg.). (1971). *Strukturplan für das Bildungswesen.* Stuttgart: Klett.

DEUTSCHER BILDUNGSRAT (Hrsg.). (1973). *Bildungsgesamtplan* (Bd. 2). Stuttgart: Klett.

DEUTSCHER BILDUNGSRAT (Hrsg.). (1975). *Bericht der Bildungskommission.* Bonn: SVK.

DEUTSCHER BUNDESTAG (1975). *Bericht über die Lage der Psychiatrie in der Bundesrepublik*

Deutschland. Bonn: Universitäts-Buchdruk-kerei.

DICHIARA, G. (1995). The role of dopamine in drug abuse viewed from the perspective of its role in motivation. *Drug and Alcohol Dependence, 38,* 95–137.

DIEDERICH, J. (1971). Unterrichtsforschung. In GROOTHOFF & STALLMANN (Hrsg.), *Neues Pädagogisches Lexikon.* Stuttgart: Kreuz-Verlag.

DIENELT, K. (1955). *Erziehung zur Verantwortlichkeit.* Wien: Bundesverlag.

DILLING, H., MOMBOUR, W. & SCHMIDT, M. H. (Hrsg.). (1991). *Internationale Klassifikation psychischer Störungen. ICD-10. Kapitel V (F) Klinisch-diagnostische Leitlinien.* Bern: Huber.

DILTHEY, W. (1959). *Einleitung in die Geisteswissenschaften. Gesammelte Schriften.* Göttingen: Vandenhoeck & Ruprecht.

DILTHEY, W. (1964). *Ideen über eine beschreibende und zergliedernde Psychologie. Gesammelte Schriften.* Göttingen: Vandenhoeck & Ruprecht.

DILTHEY, W. (1973). *Einleitung in die Geisteswissenschaften. Gesammelte Schriften.* Göttingen: Vandenhoeck & Ruprecht.

DIMASCIO, A., HAVENS, L. L. & KLERMAN, G. L. (1963). The psychopharmacology of phenothiazine compounds. A comparative study of the effects of chlorpromazine, promethazine, trifluoperazine, and perphenazine in normal males: results and discussion. *Journal of Nervous and Mental Diseases, 136,* 168–186.

DIMASCIO, A. & SHADER, R. I. (1972). Butyrophenones in psychiatry. New York: Raven Press.

DIMOND, S. J. (1980). *Neuropsychology: A textbook of systems and psychological functions of the human brain.* London: Butterworths.

DIRKS, H. (1958). *Psychologische Faktoren der Berufsarbeit.* Göttingen: Hogrefe.

DITCHBURN, R. W. (1973). *Eye movements and visual perception.* Oxford: Clarendon Press.

DITCHBURN, R. W. & FENDER, D. H. (1955). The stabilized retinal image. *Acta Ophthalmologica, 2.*

DITTMAR, N. (1973). *Soziolinguistik.* Frankfurt: Fischer.

DITTRICH, A. (1976). Probleme der pharmakopsychologischen Forschung (Bd. 2). In W. J. SCHRAML & U. BAUMANN (Hrsg.), *Klinische Psychologie* (Bd. I und II). Bern: Huber.

DIXON, N. F. (1971). *Subliminal perception.* London: McGraw-Hill.

DIXTON, T. R. & HORTON, D. L. (Eds.). (1968). *Verbal behavior and general behavior theory.* Englewood Cliffs: Prentice-Hall.

DOHMEN, G. & MAURER, F. (Hrsg.). (1974). *Unterricht.* München: Piper.

DOLLARD, J. & MILLER, N. E. (1950). *Personality and psychotherapy.* New York: McGraw-Hill.

DOLLARD, J. et al. (1939). *Frustration and aggression.* New Haven: Yale University Press.

DOLLASE, R. (1973). *Soziometrische Methoden.* Weinheim: Beltz.

DÖLLE, W., MÜLLER-OERLINGHAUSEN, B. & SCHWABE, U. (Hrsg.). (1986). *Grundlagen der Arzneimitteltherapie. Entwicklung, Beurteilung und Anwendung von Arzneimitteln.* Mannheim: Bibliographisches Institut.

DOMIZLAFF, H. (1951). Die *Gewinnung des öffentlichen Vertrauens.* Hamburg: Dulk.

DONDERS, F. C. (1868). Die Schnelligkeit psychischer Prozesse. *Archiv für Anatomie, Physiologie und wissenschaftliche Medizin, 1868,* 657–681.

DONIKE, M. & RAUH, S. (1992). *Dopingkontrollen.* Köln: Bundesinstitut für Sportwissenschaft.

DONSKOI, D. D. (1975). *Grundlagen der Biomechanik.* Berlin: Sportverlag.

DONY, M. (1981). Psychologische Aspekte im Bereich der Anästhesie. In D. BECKMANN, S. DAVIES-OSTERKAMP & J. W. SCHEER (Hrsg.), *Medizinische Psychologie.* Berlin: Springer-Verlag.

DOOB, L. W. (1971). *Patterning of time.* New Haven: Yale University Press.

DÖRING, K. W. (1972). *Lehrerverhalten und Lehrerberuf.* Weinheim: Beltz.

DÖRING, K. W. & KUPFFER, H. (1972). *Die eindimensionale Schule.* Weinheim: Beltz.

DÖRNER, D. (1974). *Die kognitive Organisation beim Problemlösen.* Bern: Huber.

DÖRNER, D. (1976). *Problemlösen als Informationsverarbeitung.* Stuttgart: Kohlhammer.

DÖRNER, D. & KAMINSKI, G. (1988). Handeln – Problemlösen – Entscheiden. In K. IMMELMANN, K. R. SCHERER, C. VOGEL & P. SCHMOOCK (Hrsg.), *Psychobiologie. Grundlagen des Verhaltens* (S. 375–414). Stuttgart: Fischer.

DÖRNER, D., KREUZIG, H. W., REITHER, F. & STÄUDEL, T. (Hrsg.). (1981). *Vom Umgang mit Unbestimmtheit und Komplexität.* Forschungsbericht am Lehrstuhl für Psychologie II der Universität Bamberg.

DÖRNER, D., KREUZIG, H. W., REITHER, F. & STÄUDEL, Th. (Hrsg.). (1983). *Lohhausen. Vom Umgang mit Unbestimmtheit und Komplexität.* Bern: Huber.

DÖRNER, K. & PLOG, U. (1972). *Sozialpsychiatrie.* Neuwied: Luchterhand.

DÖRNER, K. & PLOG, U. (1996). *Irren ist menschlich.* Bonn: Psychiatrie-Verlag.

DÖRR, R. (1929). Allergische Phänomene. In A. BETHE (Hrsg.), *Handbuch der normalen und pathologischen Physiologie* (Bd. 13). Berlin: Springer-Verlag.

DORSCH, F. (1950). Zur Problematik der ärztlichen Berufseignung. *Zeitschrift für Menschliche Vererbungs- und Konstitutionslehre, 29,* 648–664.

DORSCH, F. (1952). *Das Giese-Test-System.* Stuttgart: Wolf.

DORSCH, F. (1958). Eignungsuntersuchung an Abiturienten. *Berufskunde, 4.*

DORSCH, F. (1963). *Geschichte und Probleme der angewandten Psychologie.* Bern: Huber.

DRAUDEN, G. M. (1988). Task inventory analysis in industry and the public sector. In S. GAEL (Ed.),

The job analysis handbook for business, industry, and government (Vol. 2, pp. 1051–1071). New York: Wiley.

DREY-FUCHS, C. (1958). *Der Fuchs-Rorschach-Test (Fu-Ro-Test).* Göttingen: Hogrefe.

DRIESCH, H. (1923). *Leib und Seele.* Leipzig: Reinicke.

DRIESCH, H. (1942). *Selbstbestimmung und Selbsterkenntnis.* Leipzig: Pan Verlag.

DRIESCH, H. (1952). *Parapsychologie.* Zürich: Rascher.

DRÖSLER, J. (1966, 1974). Das beidäugige Raumsehen. In W. METZGER, *Allgemeine Psychologie. Handbuch der Psychologie* (Bd. 1/1, S. 590–612). Göttingen: Hogrefe.

DRÜE, H. (1962). *Edmund Husserls System der phänomenologischen Psychologie.* Berlin: De Gruyter.

DUCHENNE, G. B. (1862). *Mécanisme de la physionomie humaine.* Paris: Asselin.

DUCHENNE, G. B. (1867). *Physiologie des mouvements.* Paris: Baillière.

DUCK, S. (1997). (Ed.). *Handbook of personal relationships.* New York: Wiley.

DÜLFER, E. (1991). *Internationales Management in unterschiedlichen Kulturbereichen.* München: Oldenbourg.

DUFFY, E. (1962). *Activation and behavior.* New York: Wiley.

DUHM, E. (1965). Das Beratungsgespräch als Lernsituation. *Psychologische Beiträge, 8,* 221–236.

DUHM, E. & HANSEN, J. (1957). *Der Rosenzweig P-F Test für Kinder.* Göttingen: Hogrefe.

DÜHRSSEN, A. (1974). *Heimkinder und Pflegekinder in ihrer Entwicklung.* Göttingen: Vandenhoeck & Ruprecht.

DÜHRSSEN, A. (1974). *Psychogene Erkrankungen bei Kindern und Jugendlichen.* Göttingen: Vandenhoeck & Ruprecht.

DUKA, T., CURRAN, H. V., RUSTED, J. M. & WEINGARTNER, H. J. (1996). Perspectives on cognitive psychopharmacology research. *Behavioural Pharmacology, 7,* 401–410.

DÜKER, H. (1931). Psychologische Untersuchungen über freie und zwangsläufige Arbeit. *Zeitschrift für Psychologie, 20.*

DÜKER, H. (1934). Über die Ablenkungsmöglichkeit bei freier und zwangsläufiger Arbeitsweise. *Archiv für Psychiatrie und Nervenkrankheiten, 92.*

DÜKER, H. (1935). Über Methoden und Apparaturen zur Untersuchung fortlaufender Arbeitsprozesse. *Zeitschrift für Psychologie, 133,* 209–221.

DÜKER, H. (1949). Die Bedeutung experimentellpsychologischer Methoden für die Wirkungsprüfung von Pharmaka. *Psychologische Rundschau, 1,* 37–46.

DÜKER, H. (1951). Experimentelle Untersuchungen über die Steigerung der geistigen Leistungsfähigkeit bei Minderbegabten. *Zeitschrift für Heilpädagogik.*

DÜKER, H. (1957). *Leistungsfähigkeit und Keimdrüsenhormone.* München: Barth.

DÜKER, H. (1963). Über reaktive Anspannungssteigerung. *Zeitschrift für Experimentelle und Angewandte Psychologie, 10,* 46–72.

DÜKER, H. (1967). Untersuchungen zur Theorie der «Rückwirkenden Hemmung». *Archiv für die gesamte Psychologie, 119,* 1–15.

DÜKER, H. (1975). *Untersuchungen über die Ausbildung des Wollens.* Bern: Huber.

DÜKER, H. & LIENERT, G. (1959). *Der Konzentrations-Leistungs-Test (KLT).* Göttingen: Hogrefe.

DÜKER, K. & WIEDING, H. (1960). Über die Dauer der leistungssteigernden Wirkung des Pervitins bei geistiger Tätigkeit. *Psychologische Beiträge, 5,* 23–40.

DUKES, W. F. (1965). N = 1. *Psychological Bulletin, 64,* 74–79.

DUNCAN, S. (1969). Nonverbal communication. *Psychological Bulletin, 72,* 118–137.

DUNCKEL, H. (1989). Arbeitspsychologische Kriterien zur Beurteilung und Gestaltung von Arbeitsaufgaben im Zusammenhang mit EDV-Systemen. In S. MAASS & H. OBERQUELLE (Hrsg.), *Software-Ergonomie '89. Aufgabenorientierte Sytemgestaltung und Funktionalität* (S. 69–79). Stuttgart: Teubner.

DUNCKEL, H. (1991). Mehrfachbelastung und psychosoziale Gesundheit. In S. GREIF, E. BAMBERG & N. SEMMER (Hrsg.), *Streß am Arbeitsplatz* (S. 154–167). Göttingen: Hogrefe.

DUNCKER, K. (1935). *Zur Psychologie des produktiven Denkens.* Berlin: Springer-Verlag.

DUNCKMANN, K. (1922). *Die Lehre vom Beruf.* Berlin: Trowitz.

DUNLAP, K. (1932). *Habits: Their making and unmaking.* New York: Liveright.

DUNN, A. J. (1980). Neurochemistry of learning and memory. An evaluation of recent data. *Annual Reviews of Psychology, 31,* 343–390.

DUNNE, D. (1960). *Die Hypnose.* Stuttgart: Günther.

DUNNETTE, M. D. et al. (1963). Effect of group participation on brainstorming effectiveness for two industrial samples. *Journal of Applied Psychology, 47,* 30–37.

DÜRCKHEIM, K. v. (1932). Untersuchungen zum gelebten Raum. *Neue Psychologische Studien, 4.*

DURKHEIM, E. (1970). *Les règles de la méthode sociologique* (In deutscher Übersetzung: Die Regeln der soziologischen Methode). Neuwied: Luchterhand.

DÜSS, L. (1956, 1976). *Fabelmethoden und Untersuchungen über den Widerstand in der Kinderanalyse.* Bern: Huber.

DUVAL, S. & WICKLUND, R. A. (1972). *A theory of objective self-awareness.* New York: Academic Press.

EAGLY, A. & CHAIKEN, S. (1993). *The psychology of*

attitudes. Fort Worth: Harcourt Brace Jovanovich.

Ebbecke, U. (1959). *Physiologie des Bewußtseins in entwicklungsgeschichtlicher Betrachtung.* Stuttgart: Thieme.

Ebbinghaus, H. (1885). *Über das Gedächtnis.* Leipzig: Barth.

Eberspächer, H. (1979). Psychoregulatives Training. In H. Gabler et al. (Hrsg.), *Praxis der Psychologie im Leistungssport* (S. 255–298). Berlin: Bartels & Wernitz.

Eccles, J. C. (1964). *The physiology of synapses.* New York: Academic Press.

Eccles, J. C. (1966). Cerebralsynaptic mechanisms. In J. C. Eccles (Ed.), *Brain and conscious experience.* Berlin: Springer-Verlag.

Eccles, J. C. (1973). *The understanding of the brain.* New York: McGraw Hill.

Eccles, J. C. (1975). *Das Gehirn des Menschen.* München: Piper.

Echterhoff, W. (1981). *Erfolgskontrolle zur Verhaltensbeeinflussung von Verkehrsteilnehmern – Grundlagen und Empfehlungen.* Köln: Verlag TÜV Rheinland.

Echterhoff, W. (1991). *Erfahrungsbildung von Verkehrsteilnehmern* (Forschungsberichte der Bundesanstalt für Straßenwesen Nr. 254). Aachen: Mainz Verlag.

Echterhoff, W. (1992). *Erfahrungsbildung von Verkehrsteilnehmern* (Forschungsberichte der Bundesanstalt für Straßenwesen Nr. 254). Aachen: Mainz Verlag.

Echterhoff, W. (1992). *Verkehrspsychologie – Entwicklung, Themen, Resultate.* Köln: TÜV Rheinland.

Echterhoff, W., Poweleit, D. & Schindler, U. (1994). *Innere Kündigung.* Düsseldorf: Econ.

Eckensberger, L. H. (Hrsg.). (1978). *Entwicklung des moralischen Urteilens: Theorie, Methoden, Praxis.* Saarbrücken: Universität Saarbrücken.

Eckensberger, L. H. (Hrsg.). (1981). *Entwicklung sozialer Kognition: Paradigmen, Theorien, Ergebnisse.* Stuttgart: Klett.

Eckensberger, L. H. & Lantermann, E. D. (Hrsg.). (1985). *Emotion und Reflexivität.* München: Urban & Schwarzenberg.

Eckes, T. (1994). Explorations in gender cognition: Content and structure of female and male subtypes. *Social Cognition, 12,* 1–17.

Eckes, T. & Six, B. (1984). Prototypenforschung: Ein integrativer Ansatz zur Analyse der alltagssprachlichen Kategorisierung von Objekten, Personen und Situationen. *Zeitschrift für Sozialpsychologie, 15,* 2–17.

Eckes, T. & Six, B. (1994). Fakten und Fiktionen in der Einstellungs-Verhaltens-Forschung: Eine Meta-Analyse. *Zeitschrift für Sozialpsychologie, 25,* 253–271.

Eckhard, H. H. (1977). Möglichkeiten des Einsatzes der elektronischen Datenverarbeitung in der psychologischen Eignungsdiagnostik. In J. K. Triebe & E. Ulich (Hrsg.), *Beiträge zur Eignungsdiagnostik.* Bern: Huber.

Eckstein, L. (1937). *Psychologie des ersten Eindrucks.* Leipzig: Barth.

Eckstein, L. (1956). *Die Sprache der menschlichen Leibeserscheinung.* München: Barth.

Edelberg, R. (1967). Electric properties of the skin. In C. C. Brown (Ed.), *Methods in psychophysiology.* Baltimore: Williams & Wilkins.

Edelstein, W. & Hopf, D. (Hrsg.). (1973). *Bedingungen des Bildungsprozesses.* Stuttgart: Klett.

Edinger, L. (1911). *Zehn Vorlesungen über den Bau der nervösen Zentralorgane.* Leipzig: Vogel.

Edwards, A. L. (1957). *The social desirability variable in personality assessment and research.* New York: Dryden.

Edwards, A. L. (1970). *The measurement of personality traits by scales and inventories.* New York: Holt.

Edwards, B. J. & Morley, J. E. (1992). Amylin. *Life Sciences, 51,* 1899–1912.

Effler, M. (1981). Interferenz bei STROOP-Items in Abhängigkeit von Worthäufigkeit, Übung und Wiederholungsrate der Wortkomponenten. *Zeitschrift für Experimentelle und Angewandte Psychologie, 28,* 54–79.

Eggers, C. (1992). Psychostimulantien. In P. Riederer, G. Laux & W. Pöldinger (Hrsg.), *Neuro-Psychopharmaka* (Bd. 6, S. 85–97). Wien: Springer-Verlag.

Eggers, C. (1993). Psychopharmakotherapie bei Kindern und Jugendlichen. In P. Riederer, G. Laux & W. Pöldinger (Hrsg.), *Neuro-Psychopharmaka* (Bd. 1, S. 381–390). Wien: Springer-Verlag.

Eggert, D. et al. (Hrsg.). (1975). *HAWIVA: Hannover-Intelligenztest für das Vorschulalter.* Bern: Huber.

Ehlers, B., Ehlers, T. & Makus, H. (1978). *Marburger Verhaltensliste (MVL).* Göttingen: Hogrefe.

Ehlers, T. (1966). Zur qualitativen Differenzierung pharmakonbedingter Leistungsmotiviertheit. *Arzneimittel-Forschung, 16,* 306–308.

Ehlert, F. J., Roeske, W. R. & Yamamura, H. I. (1995). Molecular biology, pharmacology, and brain distribution of subtypes of the muscarinic receptor. In F. E. Bloom & D. J. Kupfer (Eds.), *Psychopharmacology. The fourth generation of progress* (pp%20.111–124). New York: Raven.

Ehrenfels, C. v. (1890). Über Gestaltqualitäten. *Vierteljahresschrift wissenschaftlicher Philosophie, 14.*

Ehrenstein, W. (1930). Untersuchungen über Figur-Grund-Fragen. *Zeitschrift für Psychologie, 117,* 339–412.

Ehrenstein, W. (1935). *Grundlegung einer ganzheitspsychologischen Typenlehre.* Berlin: Juncker & Dünnhaupt.

Ehrenstein, W. (1952). *Die Entpersönlichung: Masse und Individuum im Lichte neuerer Erfahrungen.* Frankfurt: Kramer.

Ehrenstein, W. (1954). *Probleme der ganzheitspsychologischen Wahrnehmungslehre.* Leipzig: Barth.

EHRENSTEIN, W. (1956). *Intelligentes Denken. Festschrift für Johann Wittmann.* Dortmund: Crüwell.

EHRLICH, D., GUTTMANN, J. & SCHÖNBACH, P. (1957). Postdecision exposure to relevant information. *Journal of Abnormal and Social Psychology, 57,* 98–102.

EHRLICH, D., GUTTMANN, J. & SCHÖNBACH, P. (1965). Die Verarbeitung relevanter Informationen nach einer Entscheidung. In H. THOMAE (Hrsg.), *Allgemeine Psychologie. Handbuch der Psychologie* (Bd. 2). Göttingen: Hogrefe.

EIBL-EIBESFELDT, I. (1967). *Grundriß der vergleichenden Verhaltensforschung.* München: Piper.

EIBL-EIBESFELDT, I. (1970). *Liebe und Haß.* München: Piper.

EIBL-EIBESFELDT, I. (1980). Strategies of social interaction. In R. PLUTCHIK & H. KELLERMANN (Eds.), *Emotion: Theory, research and experience: Theories of emotion* (Vol. 1, pp. 57–80). New York: Academic Press.

EIBL-EIBESFELDT, I. (1984). *Die Biologie des menschlichen Verhaltens.* München: Piper.

EIBL-EIBESFELDT, I. & LORENZ, K. (1974). Die stammesgeschichtlichen Grundlagen menschlichen Verhaltens. In G. HEBERGER (Hrsg.), *Evolution der Organismen* (Bd. 3, S. 572–624). Stuttgart: Fischer.

EISER, J. R. & STROEBE, W. (1972). *Categorization and social judgement.* New York: Academic Press.

EKMAN, G. (1963). A direct method for multidimensional ratio scaling. *Psychometrika, 28,* 33–42.

EKMAN, G., FRANKENHAEUSER M., GOLDBERG, L., BJERVER, K., JÄRPE, G. & MYRSTEN, A.-L. (1963). Effects of alcohol intake on subjective and objective variables over a five-hour period. *Psychopharmacologia, 4,* 28–38.

EKMAN, P. (1984). Expression and the nature of emotion. In K. R. SCHERER & P. EKMAN (Eds.), *Approaches to emotion* (pp. 319–344). Hillsdale, NJ: Erlbaum.

EKMAN, P. & FRIESEN, W. V. (1978). *Facial action coding system.* Palo Alto: Consulting Psychologists Press.

ELBERT, T., ROCKSTROH, B., LUTZENBERGER, W. & BIRBAUMER, N. (1980). Biofeedback of slow cortical potentials I. *Electroencephalography and Clinical Neurophysiology, 48,* 293–301.

ELLIOT, M. A. & MERRILL, F. E. (1950). *Social disorganization.* New York: Harper.

ELSENHANS, T. (1939). *Lehrbuch der Psychologie.* Bearbeitet durch F. GIESE, H. W. GRUHLE & F. DORSCH. Tübingen: Mohr.

EMERSON, R. M. (1962). Power-dependence relations. *American Social Review, 27.*

ENDLER, N. S. & MAGNUSSEN, D. (Eds.). (1976). *Interactional psychology and personality.* Washington: Hemisphere.

ENGELBRECHT, W. (1975). Validierung einer Berufseignungsbatterie und Verwendung der Ergebnisse für eine computerunterstützte Testbefundinterpretation. *Diagnostica, 21,* 97–106.

ENGELKAMP, J. (1973). *Semantische Struktur und die Verarbeitung von Sätzen.* Bern: Huber.

ENGELKAMP, J. (1974). *Psycholinguistik.* München: Fink.

ENGELKAMP, J. (1976). *Satz und Bedeutung.* Stuttgart: Kohlhammer.

ENGELMAYER, O. (1952). *Schulkinder unter sich: Das Soziogramm in der modernen Schule.* München: Kaiser.

ENGEMANN, A. (1981). *Handlungstheoretische Analyse des Urteilsgeschehens in mündlichen Prüfungen.* Dissertation. Tübingen.

ENGLISH, H. B. & ENGLISH, A. C. (1958). *A comprehensive dictionary of psychological and psychoanalytical terms.* New York: Longmann.

EPSTEIN, W. (1962). A further study of the influence of syntactical structure on learning. *American Journal of Psychology, 75,* 121–126.

EPSTEIN, W. (1967). *Varieties of perceptual learning.* New York: McGraw-Hill.

EPSTEIN, W. (Ed.). (1977). *Stabibilty and constancy in visual perception.* New York: Wiley.

ERDELYI, M. (1955). *Einführung in die Wirtschafts- und Betriebspsychologie.* Göttingen: Hogrefe.

ERDFELDER, E. & BREDENKAMP, J. (1993). Deduktive Prüfung. In Th. HERRMANN & W. TACK (Hrsg.), *Enzyklopädie der Psychologie, Serie I, Bd. I Methodologische Grundlagen der Psychologie.* Göttingen: Hogrefe.

ERDMANN, G. (1979). Zustandsabhängiges Lernen bei Psychopharmaka. Psychologische Beiträge, 21, 450–473.

ERDMANN, G. (1983). Autonomic drugs as tools in differential psychopharmacology. In W. JANKE (Ed.), *Response variability to psychotropic drugs* (pp%20.275–292). Oxford: Pergamon.

ERDMANN, G. (1986). Angstbeeinflussung durch vegetativ wirksame Pharmaka. In W. JANKE & P. NETTER (Hrsg.), *Angst und Psychopharmaka* (S. 151–168). Stuttgart: Kohlhammer.

ERDMANN, G. & BECKER, J. (1978). Experimentelle Untersuchungen zur Wirkung von Ephedrin in einer ärgerauslösenden Situation. *Arzneimittel-Forschung, 28,* 1313–1315.

ERDMANN, G. & JANKE, W. (1978). Interaction between physiological and cognitive determinants of emotions. *Biological Psychology, 6,* 61– 74.

ERDMANN, G. & JANKE, W. (1988). Pharmakopsychologie. In R. ASANGER & G. WENNINGER (Hrsg.), *Handwörterbuch der Psychologie* (S. 543–550). München: Psychologie Verlags Union.

ERDMANN, G., JANKE, W., KÖCHERS, S. & TERSCHLÜSEN, B. (1984). Comparison of the emotional effects of a beta-adrenergic blocking agent and a tranquilizer under different situational conditions. I. Anxiety-arousing condtions. *Neuropsychobiology, 12,* 143–151.

ERDMANN, G., JANKE, W., NEUGEBAUER, S. & WÖLWER, W. (1993). On anxiety-specific actions of tranquilizers. *Anxiety, Stress & Coping, 6,* 25–42.

Erfurth, A. & Schmauss, M. (1995). Perspektiven zur Therapie neuropsychiatrischer Erkrankungen mit adenosinergen Substanzen. Fortschritte der Neurologie. *Psychiatrie, 63,* 93–98.

Ericson, K. A. & Simon, H. A. (1980). Verbal reports of data. *Psychological Review, 87,* 215–251.

Erikson, E. H. (1970). *Jugend und Krise.* Stuttgart: Klett.

Erikson, E. H. (1971). *Kindheit und Gesellschaft.* Stuttgart: Klett.

Erismann, T. (1924). *Die Eigenart des Geistigen.* Leipzig: Quelle.

Erismann, T. (1947). *Die Scheinbewegung und ihre Erklärung aus einer Wahrnehmungstheorie. Kongreßbericht Berufsverband der Psychologen.* Hamburg: Noelke.

Erismann, T. (1947). *Psychologie und Recht.* Bern: Francke.

Erismann, T. (1950). *Denken und Sein.* Wien: Sexl.

Erismann, T. (1953). *Sein und Wollen.* Wien: Sexl.

Erismann, T. (1954). *Wahrscheinlichkeit im Sein und Denken.* Wien: Sexl.

Erismann, T. (1958). *Allgemeine Psychologie.* Berlin: de Gryter.

Erlenmeyer, D. (1879). *Die Schrift: Grundzüge ihrer Physiologie und Pathologie.* Stuttgart: Bonz.

Ertel, S. (1964). Die emotionale Natur des semantischen Raumes. *Psychologische Forschung, 28,* 1–32.

Ertel, S. (1966). Ein differentialmethodischer Versuch zum Intelligenzproblem. *Psychologische Forschung, 30,* 151–199.

Ertel, S. (1969). *Psychophonetik.* Göttingen: Hogrefe.

Ertel, S. (1972). Erkenntnis und Dogmatismus. *Psychologische Rundschau, 23,* 241–269.

Ertel, S. (1976). *Der malende Mund.* Bern: Huber.

Ervin-Tripp, S. M. (1969). Sociolinguistics. In L. Berkowitz (Ed.), *Advances in experimental social psychology.* New York: Academic Press.

Eser, A. (Ed.). (1976). *Suizid und Euthanasie als human- und sozialwissenschaftliches Problem.* Stuttgart: Enke.

Estes, W. K. (1964). Probability learning. In A. W. Melton (Ed.), *Categories of human learning* (pp. 90–128). New York: Academic Press.

Etzioni, A. (1969). Social-psychological aspects of international relations. In G. Lindzey & V. Aronson (Eds.), *Handbook of social psychology* (Vol. 5). Reading: Addison-Wesley.

Euler, H. A. & Mandl, H. (Hrsg.). (1983). *Emotionspsychologie: Ein Handbuch in Schlüsselbegriffen.* München: Urban & Schwarzenberg.

Eurich, C. (1976). *Politische Meinungsführer.* Dokumentation. München:.

Europäische Gemeinschaft für Kohle und Stahl: Hohe Behörde. (1967). *Menschliche Faktoren und Arbeitssicherheit.* Studienreihe Arbeitsphysiologie und Arbeitspsychologie. Köln: Bundesanzeiger Verl. Ges.

Everitt, B. J. & Robbins, T. W. (1997). Central cholinergic systems and cognition. *Annual Review of Psychology, 48,* 649–684.

Ewald, G. (1924). *Temperament und Charakter.* Berlin: Springer-Verlag.

Ewald, G. (1959). *Neurologie und Psychiatrie.* München: Urban.

Ewert, O. (1965). Gefühle und Stimmungen. In H. Thomae (Hrsg.), *Allgemeine Psychologie. Handbuch der Psychologie* (Bd. 2, S. 229–271). Göttingen: Hogrefe.

Ewert, O. (1983). Ergebnisse und Probleme der Emotionsforschung. In H. Thomae (Hrsg.), *Motivation und Emotion: Theorien und Formen der Motivation* (Bd. 1, S. 398–452). Göttingen: Hogrefe.

Eyferth, K. & Kreppner, K. (1972). Entstehung, Konstanz und Wandel von Einstellungen. In C. F. Graumann (Hrsg.), *Sozialpsychologie. Handbuch der Psychologie* (Bd. 7/2, S. 1342–1363). Göttingen: Hogrefe.

Eyferth, O. & Thiersch, H. (Hrsg.). (1979). *Handbuch – Sozialarbeit, Sozialpädagogik, soziale Probleme.* Darmstadt: Neuwied.

Eysenck, H. J. (1947). *Dimensions of personality.* London: Routledge.

Eysenck, H. J. (1950). Criterion analysis: An application of the hypothetico-deductive method to factor analysis. *Psychological Review, 57,* 38–53.

Eysenck, H. J. (1951). Neuroticism. Lewins Eugen. *Review, 43.*

Eysenck, H. J. (1952). *The scientific study of personality.* London: Routledge.

Eysenck, H. J. (1957). Drugs and personality. I. Theory and methodology. *Journal of Mental Science, 103,* 119–131.

Eysenck, H.J . (1959). Charakterologie, Schichtentheorie und Persönlichkeit. In H. v. Bracken & H. P. David (Hrsg.), *Perspektiven der Persönlichkeitstheorie.* München: Juventa.

Eysenck, H. J. (1960). *Behavior therapy and the neuroses.* Oxford: Pergamon Press.

Eysenck, H. J. (1960). The development of moral values in children: The contribution of learning theory. *British Journal of Educational Psychology, 30,* 11–21.

Eysenck, H. J. (1960). *The structure of human personality.* London: Methuen.

Eysenck, H. J. (1963). *Experiments with drugs.* Oxford: Pergamon Press.

Eysenck, H. J. (1963). Personality and drug effects. In H. J. Eysenck (Ed.), *Experiments with drugs* (pp. 1–24). Oxford: Pergamon Press.

Eysenck, H. J. (1965). Persönlichkeitstheorie und psychodiagnostische Tests. *Diagnostica, 11,* 3–27.

Eysenck, H. J. (1967). *The biological basis of personality.* Springfield: Thomas.

Eysenck, H. J. (1968). *The psychology of politics.* London: Routledge.

Eysenck, H. J. (1970). *Crime and personality.* London: Paladin.

Eysenck, H. J. (Ed.). (1973). *The measurements of*

intelligence. Lancaster: Medizinische und Technische Publikationen.

EYSENCK, H. J. (1975). *Vererbung, Intelligenz und Erziehung.* Stuttgart: Seewald.

EYSENCK, H. J. (1980). *Intelligenz.* Berlin: Springer-Verlag.

EYSENCK, S. B. G. & EYSENCK, H. J. (1969). *Personality structure and measurement.* London: Routledge.

FABER, V. H. & HAID, H. (1995). *Endokrinologie. Einführung in die Molekularbiologie und Physiologie der Hormone* (4. Aufl.). Stuttgart: Ulmer.

FÄHNRICH, K.-P. (Hrsg.). (1987). *Software-Ergonomie.* München: Oldenbourg.

FAHRENBACH, H. (1970). Positionen und Probleme gegenwärtiger Philosophie, Teil 2: Philosophie der Sprache. *Theologische Rundschau, 35,* 277–306.

FAHRENBERG, J. (1964, 1966, 1971). Objektive Tests zur Messung der Persönlichkeit. In R. HEISS (Hrsg.), *Psychologische Diagnostik. Handbuch der Psychologie* (Bd. 6). Göttingen: Hogrefe.

FAHRENBERG, J. (1967). *Psychophysiologische Persönlichkeitsforschung.* Göttingen: Hogrefe.

FAIRWEATHER, G. W. & TORNATZKY, L. G. (1977). *Experimental methods for social policy research.* Oxford: Pergamon Press.

FALLER, M. (1991). *Innere Kündigung.* München: Hampp.

FALMAGNE, J. C. (1985). *Elements of psychophysical theory.* Oxford: Claredon Press.

FARBER, S. L. (1981). *Identical twins reared apart: A reanalysis.* New York: Basic Books.

FEATHER, N. T. (1982). *Expectations and actions: Expectancy-value models in psychology.* Hillsdale, NJ: Erlbaum.

FECHNER, G. T. (1876). *Erinnerungen an die letzten Tage der Odlehre und ihres Urhebers.* Leipzig: Breitkopf und Härtel.

FECHNER, G. T. (1897). Die Kollektivmaßlehre. In G. F. V. LIPPS (Hrsg.), *Grundriß der Psychophysik.* Leipzig: Göschen.

FECHNER, G. T. (1907). *Elemente der Psychophysik.* Leipzig: Breitkopf.

FEDERN, P. (1956). *Ich-Psychologie und die Psychosen.* Bern: Huber.

FEGER, H. & VAN TROSENBURG, E. (1970). Paradigmen für die Unterrichtsforschung. In K. H. INGENKAMP & E. PAREY (Hrsg.), *Handbuch der Unterrichtsforschung.* Weinheim: Beltz.

FEGER, H. (1964). Neobehavioristische Konfliktforschung. *Archiv für die gesamte Psychologie, 116,* 424–449.

FEGER, H. (1965). Beiträge zur experimentellen Analyse des Konfliktes. In H. THOMAE (Hrsg.), *Allgemeine Psychologie. Handbuch der Psychologie* (Bd. 2). Göttingen: Hogrefe.

FEGER, H. (1972). Gruppensolidarität und Konflikt. In C. F. GRAUMANN (Hrsg.), *Sozialpsychologie. Handbuch der Psychologie* (Bd. 7). Göttingen: Hogrefe.

FEGER, H. (1979). Einstellungsstruktur und Einstellungsveränderung: Ergebnisse, Probleme und ein Komponentenmodell der Einstellungsobjekte. *Zeitschrift für Sozialpsychologie, 10,* 331–349.

FEHM-WOLFSDORF, G. (1994). *Streß und Wahrnehmung. Psychobiologie der Glucocorticoide.* Bern: Huber.

FEHM-WOLFSDORF, G. & BORN, J. (1991). Behavioral effects of neurohypophyseal peptides in normal volunteers. 10 years of research. *Peptides, 12,* 1399–1406.

FEIGE, K. (1934). Präzisionsleistungen menschlicher Motorik: Beiträge zur Psychologie der Leibesübungen. *Beiheft zur Zeitschrift für Angewandte Psychologie, 69,* 1–88.

FEIGHNER, J. P. & BOYER, W. F. (Eds.). (1996). *Selective serotonin re-uptake inhibitors. Advances in basic research and clinical practice.* Chichester: Wiley.

FEIGL, H. (1959). Philosophical embarrassment of psychology. *American Psychologist, 14,* 115–128.

FEIN, G. G., SCHWARTZ, P. M., JACOBSON, S. W. & JACOBSON, J. L. (1983). Environmental toxins and behavioral development. A new role for psychological research. *American Psychologist, 38,* 1188–1197.

FELDKAMP, M. & DANIELCIK, I. (1974). *Krankengymnastische Behandlung der cerebralen Bewegungsstörung.* München: Pfaum.

FELDMAN, R. S., MEYER, J. S. & QUENZER, L. F. (1997). *Principles of neuropsychopharmacology* (2nd ed.). Sunderland: Sinauer.

FELDMANN, E. (1962). *Theorie der Massenmedien.* München: Reinhardt.

FELIX, S. (1987). *Cognition and language growth.* Dordrecht: Foris.

FELIX, S. & FANSELOW, G. (1987). *Sprachtheorie* (Bd. I und II). Tübingen: Uni-Taschenbücher.

FERGUSON, C. A. (1977). Baby talk as a simplified register. In C. E. SNOW & C. A. FERGUSON (Eds.), *Talking to children.* Cambridge: University Press.

FERGUSON, G. A. (1959). *Statistical analysis in psychology and education.* New York: Wiley.

FERNAU-HORN, H. (1969). *Die Sprechneurosen.* Stuttgart: Hippokrates.

FERSTER, C. B. & SKINNER, B. F. (1957). *Schedules of reinforcement.* New York: Appleton.

FESTINGER, L. (1950). Informal social communication. *Psychological Review, 57,* 271–282.

FESTINGER, L. (1954). A theory of social comparison processes. *Hum. Relat., 7,* 117–140.

FESTINGER, L. (1957). *A theory of cognitive dissonance.* Stanford: Stanford University Press.

FESTINGER, L. (1978). *Theorie der kognitiven Dissonanz.* Bern: Huber.

FESTINGER, L., SCHACHTER, S. & SINGER, K. (1950). *Social pressure in informal groups.* New York: Harper.

FESTINGER, L., SCHACHTER, S. & SINGER, K. (1954).

Research methods in the behavioral sciences. London: Dryden.

Feuerlein, W. (1975). *Alkoholismus – Mißbrauch und Abhängigkeit.* Stuttgart: Thieme.

Feuerlein, W., Küfner, H., Ringer, C. & Antons, K. (1979). *Münchner Alkoholismus Test (MALT).* Weinheim: Beltz.

Fiedler, F. E. (1954). Assumed similarity measures as predictors of team effectiveness. *Journal of Abnormal and Social Psychology, 49,* 381–388.

Fiedler, F. E. (1964). A contingcency model of leadership effectiveness. In L. Berkowitz (Ed.), *Advances in experimental social psychology* (Vol. 1). New York: Academic Press.

Fiedler, F. E. (1964). Leader attitudes, group climate and group creativity. *Journal of Abnormal and Social Psychology, 65,* 308–318.

Fiedler, F. E. (1967). *A theory of leadership effectiveness.* New York: McGraw-Hill.

Fiedler, K. (1980). Kognitive Verarbeitung statistischer Informationen. *Zeitschrift für Sozialpsychologie, 11,* 25–37.

Fiedler, P. (1996). Psychotherapie. In PVU-Team (Hrsg.), *Perspektiven der Psychologie. Eine Standortbestimmung* (S. 169–201). Weinheim: Psychologie Verlags Union.

Fiedler, P. A. & Standop, R. (1978). *Stottern.* München: Urban & Schwarzenberg.

Fietkau, H.-J. (1984). *Bedingungen ökologischen Handelns: Gesellschaftliche Aufgaben der Umweltpsychologie.* Weinheim: Beltz.

Fietkau, H. J. & Kessel, H. (1979). *Strategien zur Hebung des Umweltbewußtseins in der Bevölkerung der Bundesrepublik Deutschland.* Wissenschaftszentrum.

Filipp, S.-H. (Hrsg.). (1979). *Selbstkonzept-Forschung: Probleme, Befunde, Perspektiven.* Stuttgart: Klett.

Filipp, S.-H. (1981). *Kritische Lebensereignisse.* München: Urban & Schwarzenberg.

Filipp, S.-H. & Doenges, D. (1983). Entwicklungstests. In K. J. Groffmann & L. Michel (Hrsg.), *Intelligenz und Leistungsdiagnostik. Enzyklopädie der Psychologie* (Bd. II, S. 202–306). Göttingen: Hogrefe.

Fillenbaum, S. (1971). Psycholinguistics. *Annual Review of Psychology, 22,* 251–301.

Fillmore, C. J. (1968). The case for case. In E. Bach & K. Harms (Eds.), *Universals in linguistic theory.* New York: Holt.

Fillmore, C. J. (1979). On fluency. In C. J. Fillmore, D. Kempler & W. Wang (Eds.), *Interindividual differences in language ability and language behavior.* London: Academic Press.

Fingerman, M. (Ed.). (1997). *Endocrine and reproductive biology.* Science Publishers.

Fischer, A. (1917). Über Begriff und Aufgabe der pädagogischen Psychologie. *Zeitschrift für Pädagogische Psychologie, 18,* 5–13 und 109–118.

Fischer, A. (1970). *Die Entfremdung des Menschen in einer heilen Gesellschaft.* München: Juventa.

Fischer, G. & Roppert, J. (1965). *Ein Verfahren der Transformationsanalyse faktorenanalytischer Ergebnisse. Lineare Strukturen in Mathematik und Statistik.* Würzburg: Physika.

Fischer, G. H. (1968). *Psychologische Testtheorie.* Bern: Huber.

Fischer, G. H. (1975). *Einführung in die Theorie psychologischer Tests.* Bern: Huber.

Fischer, H. & Trier, U. P. (1962). *Das Verhältnis zwischen Deutschschweitzer und Westschweitzer.* Bern: Huber.

Fischer, L. & Lück, H. (1972). Entwicklung einer Skala zur Messung von Arbeitszufriedenheit (SAZ). *Psychologie und Praxis, 16,* 64–76.

Fischer, M. (1971). *Die innere Differenzierung des Unterrichts in der Volksschule.* Weinheim: Beltz.

Fischer-Homberger, E. (1970). *Hypochondrie.* Bern: Huber.

Fischer-Koesen, H. (1967). *Experimentelle Werbeerfolgsprognose.* München: Gabler.

Fishbein, M. & Ajzen, I. (1975). *Belief, attitude, intention, and behavior.* Reading: Addison Wesley.

Fisher, J. D., Bell, P. A. & Baum, A. (1984). *Environmental psychology.* New York: Holt, Rinehart & Winston.

Fisher, R. A. (1951). *The design of experiments.* Edinburgh: Oliver.

Fisher, R. J. (1990). *The social psychology of intergroup and international conflict resolution.* Berlin: Springer-Verlag.

Fisher, S. (1973). *Body and consciousness.* Englewood Cliffs: Prentice-Hall.

Fiske, D. W. (1987). On understanding our methods and their facts. *Diagnostica, 33,* 188–194.

Fiske, D. W. & Maddi, S. R. (Eds.). (1961). *Functions of varied experience.* Homewood: Dorsey.

Fiske, S. T. & Taylor, S. E. (1991). *Social cognition.* New York. McGraw-Hill.

Fittkau, B. (1969). Dimensionen des Lehrverhaltens und ihre Bedeutung für die Auslösung von Angst und Sympathie bei Schulen. *Zeitschrift für Entwicklungspsychologie und Pädagogische Psychologie, 1,* 77–92.

Fittkau-Garthe, H. & Fittkau, B. (1971). *Fragebogen zur Vorgesetzten-Verhaltens-Beschreibung (FVVB).* Göttingen: Hogrefe.

Fitts, P. M. (1954). The information capacity of the human motor system in controlling the amplitude of movement. *Journal of Experimental Psychology, 47,* 381–391.

Fitts, P. M. (1964). Perceptual-motor skill learning. In A. W. Melton (Ed.), *Categories of human learning.* New York: Academic Press.

Fitts, P. M. & Jones, R. E. (1947). *Analysis of factors contributing to 460 experiences in operating aircraft controls.* Mem. Rep. No. TSEAA-6944–12. Ohio: Wright-Patterson.

Flanagan, J. C. (1948). *The aviation psychology program in the army air forces.* Rep. No. 1. Washington, DC.

Flanagan, J. C. (1954). The critical incident technique. *Psychological Bulletin, 51,* 327–358.

Flanders, N. A. (1969). Intent, action and feedback. In L. N. Nelson (Ed.), *The nature of teaching.* London: Blaisdell.

Flavell, J. H. (1966). The development of two related forms of social cognition: Role taking and verbal communication. In R. F.

Flavell, J. H. (1979). *Kognitive Entwicklung.* Stuttgart: Klett.

Flechsig, K. H. (1966). *Erziehen zur Kreativität.* Neue Sammlung, 6.

Flechsig, K. H. et al. (1970). Probleme der Entscheidung über Lernziele. *Programmiertes Lernen, 7.*

Flechtner, H. J. (1966). *Grundbegriffe der Kybernetik.* Stuttgart: Wissenschaftliche Verlagsgesellschaft.

Fleishman, E. A. (1954). Dimensional analysis of psychomotor abilities. *Journal of Experimental Psychology, 48,* 437–454.

Fleishman, E. A. & Hempel, W. E. (1956). Factorial analysis of complex psychomotor performance and related skills. *Journal of Applied Psychology, 40,* 96–104.

Fleishman, E. A. & Ornstein, G. N. (1969). An analysis of pilot flying performance in terms of component abilities. *Journal of Applied Psychology, 44,* 146–155.

Flescher, J. (1970). Angst und Leistung intellektuell und kreativ begabter Kinder. In G. Mühle & C. Schell (Hrsg.), *Kreativität und Schule.* München: Piper.

Fletcher, C. (1989). Leistungsbeurteilung. In S. Greif, H. Holling & N. Nicholson (Hrsg.), *Arbeits- und Organisationspsychologie. Internationales Handbuch in Schlüsselbegriffen* (S. 292–295). München: Psychologie Verlags Union.

Fliegel, S., Groeger, W., Künzel, R., Schulte, D. & Sorgatz, H. (1981). *Verhaltenstherapeutische Standardmethoden.* München: Urban & Schwarzenberg.

Flik, G. (1969). *Die Wehrpsychologie in der Bundeswehr.* Wehrkunde, 1.

Flitner, A. (1970). Diskussionsbemerkungen zu den Kindergartenuntersuchungen und zu der Einstellungsskala von A. M. Tausch. *Zeitschrift für Pädagogik, 16*(2), 243–246.

Flitner, A. (Hrsg.). (1973). *Das Kinderspiel.* München: Piper.

Flitner, A. (1977). *Mißratener Fortschritt: Pädagogische Anmerkungen zur Bildungspolitik.* München: Piper.

Florin, E. et al. (1974). Ansätze zur Verhaltenstherapie bei Schizophrenen. In C. Kraiker (Hrsg.), *Handbuch der Verhaltenstherapie.* München: Kindler.

Florin, I. (1979). Überlegungen zur Verhaltenstherapie des Stotterns. In G. Lotzmann (Hrsg.), *Psychologie in der Stimm-, Sprech- und Sprachrehabilitation.* Stuttgart: Fischer.

Florin, I. & Tunner, W. (1975). *Therapie der Angst.* München: Urban & Schwarzenberg.

Floru, R. & Fröhlich, W. (1979). *Psychophysiologie der Aufmerksamkeit.* Bern: Huber.

Flugel, J. C. (1950). *Probleme und Ergebnisse der Psychologie.* Stuttgart: Klett.

Flügge, J. (1963). *Die Entfaltung der Anschauungskraft.* Heidelberg: Quelle und Meyer.

Foa, E. B. & Foa, U. G. (1976). Resource theory of social exchange. In J. Thibaut, J. C. Spence & R. C. Carson (Eds.), *Contemporary topics in social psychology.* Morristown: General Learning Press.

Fodor, J. (1983). *The modularity of mind: An essay on faculty psychology.* Cambridge, MA: MIT Press.

Fodor, J., Bever, T. G. & Garrett, M. (1974). *Psychology of language.* New York: Wiley.

Foerster, F. & Schneider, J. (1982). Individualspezifische, stimulusspezifische und motivationsspezifische Reaktivierungsmuster. *Zeitschrift für Experimentelle und Angewandte Psychologie, 29,* 598–612.

Fokken, E. (1966). *Die Leistungsmotivation nach Erfolg und Mißerfolg in der Schule.* Hannover: Schroedel.

Foltin, R. W. & Evans, S. M. (1993). Performance effects of drugs of abuse. A methodological survey. *Human Psychopharmacology, 8,* 9–19.

Fontes, V. (1954). Entwicklung und Untersuchung der Motorik (Bd. 1). In E. Stern (Hrsg.), *Die Tests in der klinischen Psychologie* (2 Bde). Zürich: Rascher.

Foote, S. L. & Aston-Jones, G. S. (1995). Pharmacology and physiology of central noradrenergic systems. In F. E. Bloom & D. J. Kupfer (Eds.), *Psychopharmacology. The fourth generation of progress* (pp. 335–345). New York: Raven Press.

Foppa, K. (1966). *Lernen, Gedächtnis, Verhalten.* Köln: Kiepenheuer & Witsch.

Forbes, T. W. (1972). *Human factors in highway traffic safety research.* New York: Wiley.

Ford, C. S. & Beach, F. A. (1968). *Formen der Sexualität.* Reinbek: Rowohlt.

Fordyce, W. E. (1976). *Behavioral methods for chronic pain and illness.* St. Louis: Mosby.

Forel, A. (1921). Der Hypnotismus oder die Suggestion und die Psychotherapie. Stuttgart: Enke.

Forschungsgemeinschaft: Der Mensch im Verkehr e.v. (1965, 1968). *Die Auswirkung von Konstitution und Persönlichkeit auf die Unfallgefährdung im Verkehr* (Bd. 5). Köln.

Forschungsgemeinschaft: Der Mensch im Verkehr e.v. (1969, 1973). *Faktor Menschen im Verkehr: Monographien zur Verkehrspsychologie, Verkehrspädagogik und zu verwandten Gebieten* (Bd. 21). Köln.

Forsyth, D. R. (1983). *Group dynamics.* Monterey: Brooks/Cole.

Forth, W., Henschler, D. & Runge, W. (1980). *All-*

gemeine und spezielle Pharmakologie und Toxikologie. Mannheim: Wissenschaftsverlag.

Forth, W., Henschler, D., Rummel, W. & Starke, K. (1996). *Allgemeine und spezielle Pharmakologie und Toxikologie* (7. Aufl.). Mannheim: Wissenschaftsverlag.

Foss, D. J. & Hakes, D. T. (1978). *Psycholinguistics: An introduction to the psychology of language.* Englewood Cliffs: Prentice-Hall.

Foulkes, D. (1969). Die Psychologie des Schlafes. Frankfurt: Fischer.

Fourcin, A. J. (1975). Speech perception in the absence of speech productive ability. In N. O'Connor (Ed.), *Language, cognitive deficits, and retardation.* London: Butterworth.

Fowler, C. A. & Turvey, M. T. (1978). Skill aquisition: An event approach with special reference to searching for the optimum of a function of several variables. In G. E. Stelmach (Ed.), *Information processing in motor control and learning* (Vol. 2–38). New York: Academic Press.

Fox, J. M. (1988). Coffein plus Analgetika. Eine sinnvolle Kombination. *Schmerz, 2,* 183–197.

Fox, J. M. (1992). Antiadiposita. In H. P. Kuemmerle, G. Hitzenberger & K. H. Spitzy (Hrsg.), *Klinische Pharmakologie. Grundlagen, Methoden, Pharmakotherapie. Lehr- und Handbuch für Klinik und Praxis* (4. Aufl., S. 1–10). Landsberg: ecomed.

Fox, J. M. & Rüther, E. (Hrsg.). (1998). *Handbuch der Arzneimitteltherapie. Bd. 1 Psychopharmaka.* Stuttgart: Thieme.

Fraisse, P. (1957, 1959). *Durée de la perception et perception de la durée. La Psychologie du temps: 15. Internationaler Kongreß der Psychologie.* Brüssel: 15, 1957.

Fraisse, P. (1957, 1967). *Psychologie du temps.* Paris: Presses Univ. de France.

Fraisse, P. (1966). Praktikum der experimentellen Psychologie. In W. Traxel (Hrsg.), *Praktikum der experimentellen Psychologie.* Bern: Huber.

Fraisse, P. (1966, 1974). Zeitwahrnehmung und Zeitschätzung. In *Allgemeine Psychologie. Handbuch der Psychologie* (Bd. 1, S. 656–684). Göttingen: Hogrefe.

Fraisse, P. & Piaget, J. (Eds.). (1963, 1966). *Traité de psychologie expérimentale* (Vol. 9). Paris: Presses Univ. de France.

Franck, D. (1985). *Verhaltensbiologie.* Stuttgart: Thieme.

Françon, M. (1972). *Holographie.* Berlin: Springer-Verlag.

Frank, H. (1965). *Informationspsychologie. Kybernetik: Brücke zwischen den Wissenschaften.* Frankfurt: Umschau.

Frank, H. (1969). *Kybernetische Grundlagen der Pädagogik* (2 Bde). Baden-Baden: Agis.

Frank, H. (1974). *Kybernetische Analysen subjektiver Sachverhalte.* Quickborn: Schnelle.

Frank, J. D. (1935). Some psychological determinants of the level of aspiration. *American Journal of Psychology, 47,* 285–293.

Frank, R. & Friedrich-Freisewinkel, G. (1978). Entwicklung und gegenwärtiger Stand psychologischer Differentialdiagnostik. In L. J. Pongratz (Hrsg.), *Klinische Psychologie. Handbuch der Psychologie* (Bd. 8, S. 1562–1726). Göttingen: Hogrefe.

Franke, H. (1975). *Das Lösen von Problemen in Gruppen.* München: Goldmann.

Franke, J. (1967). *Ausdruck und Konvention.* Göttingen: Hogrefe.

Franke, J. (1980). *Sozialpsychologie des Betriebes: Erkenntnisse und Ansätze zur Förderung der innerbetrieblichen Zusammenarbeit.* Stuttgart: Enke.

Franke, J. & Kühlmann, T. (1990). *Mitarbeiter systematisch beurteilen. Ein anwendungsorientiertes Programm zur Vorbereitung, Durchführung und Kontrolle.* Stuttgart: Enke.

Frankel, M. (1971). Personality as a response: Behaviorism. In S. R. Maddi (Ed.), *Perspectives on personality.* Boston: Little.

Frankenhaeuser, M. (1971). Behavior and circulating catecholamines. *Brain Research, 31,* 241–262.

Frankenhaeuser, M. (1980). Psychoendocrine approaches to the study of stressful person-environment transactions. In H. Selye (Ed.), *Selye's guide to stress research* (Vol. 1, pp. 46–70). New York: Nostrand.

Frankl, V. E. (1951). *Logos und Existenz.* Wien: Amandus.

Frankl, V. E. (1952). *Ärztliche Seelsorge.* Wien: Deuticke.

Frankl, V. E. (1956). *Theorie und Therapie der Neurosen.* Wien: Urban.

Frankl, V. E. (1961). *Die Psychotherapie in der Praxis.* Wien: Deuticke.

Frankl, V. E., Gebsattel, V. E. & Schultz, J. H. (1959, 1961). *Handbuch der Neurosenlehre* (Bd. 1–5). München: Urban & Schwarzenberg.

Frankmann, J. P. & Adams, J. A. (1962). Theories of vigilance. *Psychological Bulletin, 59,* 257–272.

Frenkel-Brunswik, E. (1949). Intolerance and ambiguity as an emotional and perceptional personality variable. *Journal of Personality, 18,* 108–143.

Frese, M. & Greif, S. (1983). Arbeit und Persönlichkeitsentwicklung. In R. Silbereisen & L. Montada (Hrsg.), *Entwicklungspsychologie. Ein Handbuch in Schlüsselbegriffen* (S. 214–219). München: Urban & Schwarzenberg.

Frese, M. & Okonek, K. (1984). Reasons to leave shiftwork, psychological and psychosomatic complaints. *Journal of Applied Psychology, 69,* 509–514.

Frese, M. & Zapf, D. (1992). *Fehler bei der Arbeit mit dem Computer.* Bern: Huber.

Freud, A. (1973). *Das Ich und die Abwehrmechanismen* (Nachdruck der Ausgabe von 1936). München: Kindler.

Freud, A. (1975). *Einführung in die Technik der Kinderanalyse.* München: Kindler.

FREUD, S. (1945). Formulierungen über zwei Prinzipien des psychischen Geschehens. In *Gesammelte Werke* (Bd. 8). London: Imago.

FREUD, S. (1948). Gesammelte Werke (18 Bde). In A. FREUD et al. (Hrsg.), *Gesammelte Werke*. Frankfurt: Fischer.

FREUD, S. (1948). Die Traumdeutung. In *Gesammelte Werke* (Bd. 2 u. 3). Frankfurt: Fischer (Reprint).

FREUDENTHAL, H. (1965). *Einführung in die Sprache der Logik.* München: Oldenbourg.

FREUND, H. (1934). Zur Frage der Beziehungen zwischen Stottern und Poltern. *Monatsschrift für Ohrenheilkunde, 68.*

FREUND, H.-J., SABEL, B. A. & WITTE, O. W. (Eds.). (1997). *Brain plasticity. Advances in neurology* (Vol. 73). Philadelphia: Lippincott-Raven.

FREY, B. S. & STOEBE, W. (1980). Ist das Modell des Homo Oeconomicus unpsychologisch? *Zeitschrift für die gesamte Staatswissenschaft, 136,* 82–97.

FREY, D. (Hrsg.). (1978). *Kognitive Theorien der Sozialpsychologie.* Bern: Huber.

FREY, D., DAUENENHEIMER, D., PARGE, O. & HAISCH, J., (1993). Die Theorie sozialer Vergleichsprozesse. In D. FREY & M. IRLE (Hrsg.), *Theorien der Sozialpsychologie* (Bd. 1). Bern: Huber.

FREY, D. & GASKA, A. (1993). Die Theorie der kognitiven Dissonanz. In D. FREY & M. IRLE (Hrsg.), *Theorien der Sozialpsychologie* (Bd. 1). Bern: Huber.

FREY, D. & IRLE, M. (Hrsg.). (1985–1993). *Theorien der Sozialpsychologie* (3 Bde). Bern. Huber.

FREY, K. (1972). *Theorien des Curriculums.* Weinheim: Beltz.

FREY, S., BENTE, G. & FRENZ, H.-G. (1983). Analyse von Interaktionen. In H. SCHULER (Hrsg.), *Lehrbuch für Organisationspsychologie* (S. 353–375). Bern: Huber.

FREYBERGER, H. (1977). *Psychosomatik des Kindesalters und des erwachsenen Patienten.* München: Urban & Schwarzenberg.

FREYE, E. (1997). *Kokain, Ecstasy und verwandte Designerdrogen. Wirkungsweise, Überdosierung, therapeutische Notfallmaßnahmen.* München: Barth.

FREYER, H. (1970). *Gedanken zur Industriegesellschaft.* Mainz: Hase.

FRICKE, R. (1970). *Kriteriums-orientierte Leistungsmessung.* Stuttgart: Kohlhammer.

FRIEDEMANN, A. (1961). *Der Gruppen-Szondi.* Bern: Huber.

FRIEDERICI, A. D. & SCHOENLE P. W. (1980). Computational dissociation of two vocabulary types: Evidence from aphasia. *Neuropsychologia, 18,* 11–20.

FRIEDMAN, W. J. (1982). *The developmental psychology of time.* New York: Academic Press.

FRIELING, E. & HOYOS, C. Graf (1978). *Fragebogen zur Arbeitsanalyse (FAA).* Bern: Huber.

FRIELING, E., KANNHEISER, E., FACAOARU, C., WÖCHERL, H. & DÜRHOLT, E. (1984). *Entwicklung eines theoriegeleiteten, verhaltenswissenschaftlichen Verfahrens zur Tätigkeitsanalyse (TAI).* München: Universität, Institut für Psychologie.

FRIES, C. C. (1957). *The structure of English.* London: Longman.

FRISCH, K. v. (1933). *Aus dem Leben der Bienen.* Berlin: Springer-Verlag.

FRISCHEISEN-KÖHLER, M. (1933). *Das persönliche Tempo.* Leipzig: Thieme.

FRITH, C. D. (1969). Abnormalities of perception. In H. J. EYSENCK (Ed.), *Handbook of abnormal psychology.* London: Pitman.

FRITH, U. (Ed.). (1980). *Cognitive processes in spelling.* London: Academic Press.

FRITZE, J. (1989). *Einführung in die biologische Psychiatrie.* Stuttgart: Fischer.

FRÖBES, I. (1920, 1923, 1929). *Lehrbuch der experimentellen Psychologie.* Freiburg: Herder.

FRÖHLICH, W. D. (1965). Angst und Furcht. In H. THOMAE (Hrsg.), *Allgemeine Psychologie. Handbuch der Psychologie* (Bd. 2). Göttingen: Hogrefe.

FROMKIN, V. A. (Ed.). (1980). *Errors in linguistic performance.* London: Academic Press.

FROMM, E. (1941). *Escape of freedom.* New York: Holt.

FROMM, E. (1945). *Furcht vor der Freiheit.* Zürich: Steinberg.

FROMM, E. (1949). *The fear of freedom.* London: Routledge.

FROMM, E. (1955). *The same society.* New York: Rinehart.

FROMM, E. & SHOR, R. E. (1979). *Hypnosis: Developments in research and new perspectives.* New York: Aldine.

FRÖSTL, W. & MAITRE, L. (1989). The families of cognitive enhancers. *Pharmacopsychiatry, 22,* 54–100.

FUCHS, W. (1923). Experimentelle Untersuchungen über das simultane Hintereinandersehen auf derselben Sehrichtung. *Zeitschrift für Psychologie, 91,* 145–235.

FÜCHSLE, T., FRÖHLICH, G. & BURGER, C. (1982). Nachgebeentscheidung als Reaktion auf Unausgewogenheit in dyadischen Beziehungen. *Zeitschrift für Sozialpsychologie, 13,* 312–322.

FÜCHSLE, T., TROMMSDORF, G. & BURGER, C. (1980). Entwicklung eines Meßinstrumentes zur Erfassung der Zukunftsorientierung. *Diagnostica, 26,* 186–197.

FUCKS, M. (1955). *Mathematische Analyse von Sprachelementen, Sprachstil und Sprachen.* Köln: Westdeutscher Verlag.

FUGITA, S. S., HOGREBE, M. C. & WEXLEY, K. N. (1980). Perceptions of deception: Perceived expertise in detecting deception. *Personality and Social Psychology Bulletin, 6,* 637–643.

FUHRER, U. (1983). Zur Bedeutung des Attributs «ökologisch» in der Psychology: Eine Standortbestimmung. Schweizerische *Zeitschrift für Psychologie und ihre Anwendung, 42,* 255–279.

Fuhrer, U. (1984). *Mehrfachhandeln in dynamischen Umfeldern.* Göttingen: Hogrefe.

Fuller, R. K. (1988). Disulfiram treatment of alcoholism. In R. M. Rose & J. E. Barret (Eds.), *Alcoholism. Origins and outcome* (pp. 237–244). New York: Raven.

Fullern, J. & Thompson, W. (1967). *Behavior genetics.* New York: Wiley.

Furnham, A. F. (1988). *Lay theories.* Oxford: Pergamon Press.

Fürstenau, P. (1959). *Soziologie der Kindheit.* Heidelberg: Quelle.

Gabler, H. (1972). *Leistungsmotivation im Hochleistungssport.* Schorndorf: Hofmann.

Gadamer, H. G. (1972). *Wahrheit und Methode.* Tübingen: Mohr.

Gadenne, V. (1982). Der Bestätigungsfehler und die Rationalität kognitiver Prozesse. *Psychologische Beiträge, 24,* 11–25.

Gadenne, V. (1993a). Theorien. In Th. Herrmann & W. Tack (Hrsg.), *Enzyklopädie der Psychologie, Bd. I Methodologische Grundlagen der Psychologie.* Göttingen: Hogrefe.

Gadenne, V. (1993b). Theorienbewertung. In Th. Herrmann & W. Tack (Hrsg.), *Enzyklopädie der Psychologie, Bd. I Methodologische Grundlagen der Psychologie.* Göttingen: Hogrefe.

Gadenne, V. (1996). *Bewußtsein, Kognition und Gehirn.* Bern: Huber.

Gadenne, V. & Oswald, M. (1986). Entstehung und Veränderung von Bestätigungstendenzen beim Testen von Hypothesen. *Zeitschrift für Experimentelle und Angewandte Psychologie, 33,* 360–374.

Gadenne, V. & Oswald, M. (1991). *Kognition und Bewußtsein.* Berlin: Springer-Verlag.

Gaebel, W. & Renfordt, E. (1989). Objective methods for behavioral analysis in psychiatry and psychopharmacology. Examples and concepts. *Pharmacopsychiatry, 22 (Suppl. 1),* 1–50.

Gaensslen, H. & Schubö, W. (1973). *Einfache und komplexe statistische Analyse.* UTB 274. München: Reinhard.

Gage, N. L. (Ed.). (1963). *Handbook of research on teaching.* Chicago: Rand McNally.

Gage, N. L. (1964). Theories of teaching. In E. R. Hilgard (Ed.), *Theories of learning and instruction.* Chicago: University of Chicago Press.

Gage, N. L. (1977). Theorien des Lehrens. In Loser et al. (Hrsg.), *Theorien des Lehrens.* Stuttgart: Klett.

Gage, N. L. & Berliner, C. (1979). *Educational psychology.* Chicago: Rand McNally.

Gagne, R. M. (Ed.). (1963). *Psychological principles in system development.* New York: Holt.

Gagne, R. M. (1969). *Die Bedingungen des menschlichen Lernens.* Hannover: Schroedel.

Gagne, R. M. (1977). *The conditions of learning.* New York: Holt.

Gallup, G. (1948). *A guide to public opinion polls.* Princeton: University Press.

Gallupe, R. B., Bastianutti, L. M. & Cooper, W. H. (1991). Unblocking brainstorms. *Journal of Applied Psychology, 76,* 137–142.

Galton, F. (1875). The history of twins as a criterion of the relative powers of nature and nurture. *Journal of the Anthropological Institute.* London.

Galton, F. (1883). *Inquiries into human faculty and its development.* London: Macmillan.

Gamm, H. J. (1970). *Kritische Schule.* München: List.

Gandelman, R. (1983). Gonadal hormones and sensory function. *Neuroscience and Biobehavioral Reviews, 7,* 1–17.

Ganong, W. F. (1974). *Lehrbuch der medizinischen Physiologie.* Berlin: Springer-Verlag.

Ganong, W. F. & Martini, L. (Eds.). (1978). *Frontiers in neuroendocrinology* (Vol. 5). New York: Raven Press.

Ganten, D. & Pfaff, D. (1988). *Neuroendocrinology of mood.* Berlin: Springer-Verlag.

Garau, A. & Garcia-Sevilla, L. (1985). Drug postulate of Eysenck in the rat. *Personality & Individual Differences, 6,* 189–194.

Gardner, H. (1991). *Abschied vom IQ: Die Rahmentheorie der vielfachen Intelligenzen.* Stuttgart: Klett.

Gardner, R. A. & Gardner, B. T. (1969). Teaching sign language to a chimpanzee. *Science, 165,* 664–672.

Gardner, R. W. (1953). Cognitive styles in categorizing behavior. *Journal of Personality and Social Psychology, 22.*

Gardner, R. W. & Long, R. I. (1962). Control, defence and concentration effect: a study of scanning behavior. *British Journal of Psychology, 53,* 129–140.

Garfield, J. L. (Ed.). (1987). *Modularity in knowledge representation and natural-language understanding.* Cambridge, MA: MIT Press.

Garfield, S. L. & Bergin, A. E. (Eds.). (1978, 1994). *Handbook of psychotherapy and behavior change.* New York: Wiley.

Garmezy, N. (1971). Vulnerability research and the issue of primary prevention. *American Journal of Orthopsychiatry, 41,* 101–116.

Garner, W. R. (1962). *Uncertainty and structure as psychological concepts.* New York: Wiley.

Garner, W. R. (1974). *The processing of information and structure.* Hillsdale, NJ: Erlbaum.

Garrett, H. E. (1951). *Great experiments in psychology.* New York: Appleton.

Gärtner-Harnach, V. (1973). *Angst und Leistung.* Weinheim: Beltz.

Gaskell, G. & Fraser, C. (1990). The social psychological study of widespread beliefs. In C. Fraser & G. Gaskell (Eds.), *The social psychology of widespread beliefs.* Oxford: Clarendon Press.

Gaude, P. & Teschner, W. P. (1971). *Objektivierte Leistungsmessung in der Schule.* Frankfurt: Diesterweg.

Gaul, D. (1990). *Rechtsprobleme psychologischer*

Eignungsdiagnostik. Bonn: Deutscher Psychologie Verlag.

GAZZANIGA, M. S. (Ed.). (1979). *Handbook of behavioral neurobiology. 2 Neuropsychology.* New York: Plenum Press.

GAZZANIGA, M. S. & LEDOUX, J. E. (1978). *The integrated mind.* New York: Plenum Press.

GEBERT, D. (1978). Organisationspsychologie – Einige einführende Überlegungen. In A. MAYER (Hrsg.), *Organisationspsychologie.* Stuttgart: Poeschel.

GEBERT, D. (1993). Interventionen in Organisation in H. SCHULER (Hrsg.), *Lehrbuch für Organisationspsychologie.* Bern: Huber.

GEBERT, D. & ROSENSTIEL, L. v. (1992). *Organisationspsychologie* . Stuttgart: Kohlhammer.

GEBERT, G. & THOMAS, C. (1992). *Endokrines System.* Stuttgart: Schattauer.

GECKELER, H. (1971). *Strukturelle Semantik und Wortfeldtheorie.* München: Fink.

GEEN, R. G. (1990). *Human aggression.* Milton Keynes: Open University Press.

GEEN, R. G. & O'NEAL, E. C. (Eds.). (1976). *Perspectives on aggression.* New York: Academic Press.

GEHLEN, A. (1958). *Der Mensch.* Bonn: Athenäum.

GEISELBRECHT, W., KRÜGER, D. & WINKEL, M. (1978). Die Gamma-Glutamyl-Transferase als Diagnostikum im forensischen Bereich am Beispiel der Eignungsuntersuchungen alkoholauffälliger Kraftfahrer. *Blutalkohol, 15,* 370–375.

GEISLER, E. (1987). *Psychologie für Architekten. Eine Einführung in die architekturpsychologische Denk- und Arbeitsweise.* Stuttgart: Deutsche Verlags-Anstalt.

GEISSLER, E. E. (1975). *Erziehungsmittel.* Bad Heilbrunn: Klinkhardt.

GELB, A. (1914). Versuche auf dem Gebiet der Zeit- und Raumwahrnehmung. In F. SCHUMANN (Hrsg.), *Bericht über den 6. Kongreß für experimentelle Psychologie.* Leipzig: Barth.

GELB, A. (1929). Die Farbenkonstanz der Sehdinge. In A. BETHE (Hrsg.), *Handbuch der normalen und pathologischen Physiologie.* Berlin: Springer-Verlag.

GELB, A. (1937). Zur medizinischen Psychologie und philosophischen Anthropologie. *Acta Psychologica, 3,* 193–271.

GELB, A. & GOLDSTEIN, K. (1920). *Psychologische Analysen hirnpathologischer Fälle auf Grund von Untersuchungen von Hirnverletzten.* Leipzig: Barth.

GELDARD, F. A. (1972). *The human senses.* New York: Wiley.

GELLER, E. S. (1987). Applied behavior analysis and environmental psychology: From strange bedfellows to a productive marriage. In D. STOKOLS & I. ALTMAN (Eds.), *Handbook of environmental psychology* (Vol. 1, pp. 361–388). New York: Wiley.

GENTNER, D. & STEVENS, A. L. (Eds.). (1983). *Mental models.* Hillsdale, NJ: Erlbaum.

GEORG, W. (1995). Lebensstile in der Freizeitforschung – ein theoretischer Bezugsrahmen. In Ch. CANTAUW (Hrsg.), *Arbeit, Freizeit, Reisen* (S. 13–20). Münster: Waxmann.

GERBER, D., HUBER, O. & LIMBOURG, M. (1977). *Verkehrserziehung im Vorschulalter. Literaturübersicht.* In Bundeshaushalt für Straßenwesen (Hrsg.), Köln.

GERBER, W. D. (1978). *Der Erwachsene als Vorbild im Straßenverkehr: Einstellung und Verhalten.* Frankfurt: Lang.

GERBERT, K. (1966). Einführung in die Flugpsychologie. In Flugmedizinisches Institut der Luftwaffe (Hrsg.), *Bericht Nr. 14.* Fürstenfeldbruck.

GERBERT, K. (1973). Ergebnisse flugpsychologischer Studien über die psychophysischen Belastungen von Luftfahrzeugführer und Besatzungsmitgliedern. *Wehrpsychologische Untersuchungen, 8.*

GERGEN, K. J. (1971). *The concept of self.* New York: Holt.

GERGEN, K. J. (1985). The social constructionist movement in modern psychology. *American Psychologist, 40,* 266–275.

GERSTMANN, J. (1924). Fingeragnosie: Eine umschriebene Störung der Orientierung am eigenen Körper. *Wiener Klinische Wochenschrift, 37.*

GERSTMANN, J. (1930). Zur Symptomatologie der Hirnläsionen im Übergangsgebiet der unteren Parietal- und mittleren Okzipitalwindung. Das Syndrom Fingeragnosie. *Nervenarzt, 3.*

GESCHWIND, N. & HOWES, D. (1964). Quantitative studies of aphasic language. In D. RIOCH & E. WEINSTEIN (Eds.), *Disorders of communication. Proceedings of Association for Research in Nervous and Mental Disease* (Vol. 42). Baltimore: Williams & Wilkins.

GESELL, A. (1954). *Das Kind von fünf bis zehn.* Bad Nauheim: Christian.

GESELL, A. (1958). Jugend – *Die Jahre von zehn bis sechzehn.* Bad Nauheim: Christian.

GESELL, A. & ILG, F. L. et al. (1953). *Säugling und Kleinkind in der Kultur der Gegenwart.* Bad Nauheim: Christian.

GEULEN, D. & HURRELMANN, K. (1980). Zur Problematik einer umfassenden Sozialisationstheorie. In K. HURRELMANN & D. ULICH (Hrsg.), *Handbuch der Sozialisationsforschung.* Weinheim: Beltz.

GHISELLI, E. E. (1963). Moderating effects and differential reliability and validity. *Journal of Applied Psychology, 47,* 81–86.

GIBB, C. A. (1969). Leadership (Vol. IV). In G. LINDZEY & E. ARONSON (Eds.), *Handbook of social psychology* (Vol. 5). Reading: Addison-Wesley.

GIBBS, J. C. (1979). The meanig of ecologically oriented inquiry in contemporary psychology. *American Psychologist, 34,* 127–140.

GIBSON, E. J. (1963). Perceptual learning. *Annual Review of Psychology, 14,* 29–56.

GIBSON, E. J. & WALK, R. D. (1960). The «visual cliff». *Scientific American, 202,* 64–71.

GIBSON, J. J. (1933). Adaptation, aftereffect and contrast in the perception of curved lines. *Journal of Experimental Psychology, 16.*

GIBSON, J. J. (1950). *The perception of the visual world.* Boston: Houghton-Mifflin.

GIBSON, J. J. (1979). *The ecological approach to visual perception.* Boston: Houghton-Mifflin.

GIBSON, J. J. (1982). *Wahrnehmung und Umwelt.* München: Urban & Schwarzenberg.

GIEL, K. & HILLER, G. (1970). Verfahren zur Konstruktion von Unterrichtsmodellen als Teilaspekt einer konkreten Curriculum-Reform. *Zeitschrift für Pädagogik, 16,* 739–781.

GIESE, F. (1923). *Psychotechnisches Praktikum.* Halle: Wendt & Klauwell.

GIESE, F. (1924). Die Arbeitsprobe in der Psychognostik. *Zeitschrift für Angewandte Psychologie, 23.*

GIESE, F. (Hrsg.). (1925). *Handbuch der Arbeitswissenschaft* (10 Bde). Halle: Marhold.

GIESE, F. (1925). *Handbuch psychotechnischer Eignungsprüfungen.* Halle: Marhold.

GIESE, F. (1925). *Theorie der Psychotechnik.* Braunschweig: Vieweg.

GIESE, F. (1928). Psychologie der Arbeitshand. In E. ABDERHALDEN (Hrsg.), *Handbuch der biologischen Arbeitsmethoden. Abt. VI Methoden der experimentellen Psychologie.* Berlin: Urban & Schwarzenberg.

GIESE, F. (1928). *Psychotechnik.* Breslau: Hirt.

GIESE, H. (Hrsg.). (1952). *Wörterbuch der Sexualwissenschaft.* Bonn: Instituts-Verlag.

GIESE, H. (Hrsg.). (1968). *Mensch, Geschlecht, Gesellschaft.* München: Goldmann.

GIESSLER, C. M. (1895). *Über die Vorgänge bei der Erinnerung an Absichten.* Halle: Niemeyer.

GIFFORD, R. (1987). *Environmental psychology. Principles and practice.* Boston: Allyn & Bacon.

GIGERENZER, G. (1981). *Messung und Modellbildung in der Psychologie.* München: Reinhardt (UTB).

GIGERENZER, G. & SARRIS, V. (Hrsg.). (1982). Psychophysik heute: Aktuelle Probleme und Ergebnisse. *Psychologische Beiträge, 24,* 313–351.

GIGERENZER, G. & STRUBE, G. (1982). Axiomatische Analyse der Binarischen Additivität. In G. GIGERENZER & V. SARRIS (Hrsg.), Psychophysik heute: Aktuelle Probleme und Ergebnisse. *Psychologische Beiträge, 24,* 313–351.

GIJS, L. & GOOREN, L. (1996). Hormonal and psychopharmacological interventions in the treatment of paraphilias. An update. *Journal of Sex Research, 33,* 273–290.

GIL, K. M. (1984). Coping effectively with invasive medical procedures: A descriptive model. *Clinical Psychological Review, 4.*

GILBERT, A. R. (1959). Das Schichtenmodell der Persönlichkeit. In H. v. BRACKEN & H. P. DAVID (Hrsg.), *Perspektiven der Persönlichkeitstheorie.* Bern: Huber.

GILBRETH, F. B. (1917). *Das ABC der wissenschaftlichen Betriebsführung.* Berlin: Springer-Verlag.

GILBRETH, F. B. (1921). *Bewegungsstudien.* Berlin: Springer-Verlag.

GILDEMEISTER, M. (1926). Hörschwellen und Hörgrenzen. In A. BETHE (Hrsg.), *Handbuch der normalen und pathologischen Physiologie* (Bd. 11). Berlin: Springer-Verlag.

GILLE, J. C., PELEGRIN, M. & DECAULINE, P. (1964). *Lehrgang der Regelungstechnik. Bd. 1 Theorie der Regelungen.* München: Oldenbourg.

GILLE, R. (1954). Utilité et utilisation du test mosaïque. In Le niveau intellectuel des enfants d'âge scolaire (Ed.), *Travaux et documents* (Vol. 23). Paris: Press Université de France.

GILLE, R. (1959). *Le test-film.* Paris: Presses Univ. de France.

GILLIG, P. M. & GREENWALD, A. G. (1974). Is it time to lay the sleeper effect to rest? *Journal of Personality and Social Psychology, 29,* 132–139.

GILMAN, A. G., RALL, T. W., NIES, A. S. & TAYLOR, P. (Eds.). (1990). *Goodman and Gilmans «the pharmacological basis of therapeutics».* New York: McGraw-Hill.

GILMORE, S. K. (1973). *The counselor in training.* New York: Appleton.

GINOTT, H. G. (1966). *Gruppenpsychotherapie mit Kindern.* Weinheim: Beltz.

GINZBERG, E. (1951). *Occupational choice.* New York: Columbia University Press.

GIPPER, H. (1972). *Gibt es ein sprachliches Relativitätsprinzip?* Frankfurt: Fischer.

GJESME, T. (1980). Dimension of future time orientation in test anxious individuals. *Archiv für Psychologie, 133,* 277–291.

GLASENAPP, H. v. (1943). *Die Religionen Indiens.* Stuttgart: Kröner.

GLASENAPP, H. v. (1949). *Die Philosophie der Inder.* Stuttgart: Kröner.

GLASER, W. R. (1979). Statistische Entscheidungsprozeduren über Hypothesen in den Sozialwissenschaften. In H. ALBERT & K. H. STAPF (Hrsg.), *Theorie und Erfahrung* (S. 117–138). Stuttgart: Klett.

GLASER, W. R. (1991). Führt die Computermetapher in der Psychologie auf einen Irrweg? In D. FREY (Hrsg.), *Bericht über den 37. Kongreß der Deutschen Gesellschaft für Psychologie in Kiel 1990.* Göttingen: Hogrefe.

GLASER, W. R. (1991). Repräsentation bei Mensch und Maschine. *Sprache und Kognition, 10,* 125–135.

GLASER, W. R. & DOLT, M. (1977). A functional model to localize the conflict underlying the Stroop-phenomenon. *Psychological Research, 39,* 287–310.

GLASS, D. C. (1977). *Behavior patterns, stress and coronary disease.* Hillsdale, NJ: Erlbaum.

GLASS, G. H. (1976). Primary, secondary and meta analysis of research. *Educational Researcher, 5,* 3–8.

GLASS, G. V. & ELLETT, F. S. (1980). Evaluation research. *Annual Review of Psychology, 31,* 211–228.

Glass, G. V., Wilson, V. L. & Gottman, J. M. (1975). *Design and analysis of time-series experiments.* Boulder: Colorado Ass. Univ. Press.

Glatzer, W. & Zapf, W. (Hrsg.). (1984). *Lebensqualität in der Bundesrepublik. Objektive Lebensbedingungen und subjektives Wohlbefinden.* Frankfurt: Campus.

Gleiter, C. H. & Deckert, J. (1996). Adversive CNS-effects of beta-adrenoceptor blockers. *Pharmacopsychiatry, 29,* 201–211.

Gloning, I., Gloning, K. & Guttmann, G. (1967). Eine faktorenanalytische Untersuchung des sogenannten Gerstmann'schen Syndroms. *Zeitschrift für Nervenheilkunde, 25.*

Glötzl, H. (1979). *Das habe ich mir gleich gedacht. (Der Einfluß von Lehrerverhalten und Schulsystem auf die Ausprägung und Verfestigung abweichenden Verhaltens).* Weinheim: Beltz.

Glück, G. (1973). Wissenschaftstheoretische Überlegung zur Konstruktion einer didaktischen Medientaxonomie. *Unterrichtswissenschaft, 2/3,* 27–36.

Glynn, E. L., Thomas, J. D. & Schee, S. M. (1973). Behavioral selfcontrol of on-task behavior in an elementary classroom. *Journal of Applied Behavioral Analysis, 6,* 105–113.

Gniech, G. (1976). *Störeffekte in psychologischen Experimenten.* Stuttgart: Kohlhammer.

Gniech, G. & Grabitz, H. J. (1978). Freiheitsentzug und psychologische Reaktanz. In D. Frey (Hrsg.), *Kognitive Theorien der Sozialpsychologie.* Bern: Huber.

Gniech, G. & Preuss, V. (1980). Territorialität. Über das Verhalten in sozialen Räumen. In E. H. Witte (Hrsg.), *Beiträge zur Sozialpsychologie.* Weinheim: Beltz.

Göbbels, H. (1947). *Die Asozialen.* Hamburg: Nölke.

Goeters, K. M. (1978). *Persönlichkeitsstruktur von Forschungstauchern.* In Deutsche Forschungsanstalt für Luft- und Raumfahrt DFVLR-FB-78-11 (Hrsg.). Köln: DLR.

Goldberg, S. (1972). *Die Wahrscheinlichkeit.* Braunschweig: Vieweg.

Goldfried, M. R. & Goldfried, A. P. (1977). Kognitive Methoden der Verhaltensänderung. In F. H. Kanfer & A. P. Goldstein (Hrsg.), *Möglichkeiten der Verhaltensänderung.* München: Urban & Schwarzenberg.

Goldman-Eisler, F. (1964). Hesitation, information, and levels of speech production. In A. V. S. de Reuck & M. O'Connor (Eds.), *Disorders of language. CIBA-Foundation Symposium.* London: Churchill.

Goldman-eisler, F. (1968). *Psycholinguistics: experiments in spontaneous speech.* New York: Academic Press.

Goldmeier, E. (1982). *The memory trace: its formation and its fate.* Hillsdale, NJ: Erlbaum.

Goldstein, E. D. (1984). *Sensation and perception.* Belmont: Wadworth.

Goldstein, I. L. (1974). *Training organizations: Needs assessment, development and evaluation.* Monterey, CAL.: Brooks (2nd ed.).

Goldstein, K. (1927). *Über Aphasie.* Zürich: Orell Füssli.

Goldstein, K. & Scheerer, M. (1941). Abstract and concrete behavior. *Psychological Monographs: General and Applied, 53.*

Goldstein, M. L. (1968). Physiological theories of emotion: a critical historical review from the standpoint of behavior theory. *Psychological Bulletin, 68,* 23–40.

Goldstone, S. & Goldfarb, L. (1966). The perception of time by children. In Kidd & Rivoire (Eds.), *Perceptual development in children.* New York: New York University Press.

Golledge, R. G. (1987). Environmental cognition. In D. Stokols & I. Altman (Eds.), *Handbook of environmental psychology* (Vol. 1, pp. 131–174). New York: Wiley.

Göllnitz, G. (1970). *Neuropsychiatrie des Kindes- und Jugendalters.* Jena: Fischer.

Gomulicki, B. R. (1953). The development and present status of the trace theory of memory. *British Journal of Psychological Monogr. Suppl., 29.*

Goodenough, F. L. (1949). *Mental testing.* New York: Rinehart.

Goodglass, H. & Blumstein, S. (Eds.). (1973). *Psycholinguistics and aphasia.* Baltimore: John Hopkins University Press.

Goodluck, H. (1991). *Language acquisition. A linguistic introduction.* Oxford: Blackwell.

Goodman, L. S. & Gilman, A. (1970). *The pharmacological basis of therapeutics.* New York: Macmillan.

Goodmann, G. (1982). Ergopsychometriy – Testing under physical or psychological load. *German Journal of Psychology, 6,* 141–144.

Goodstein, L. D. & Sandler, I. (1978). Using psychology to promote human welfare. *American Psychologist, 33,* 882–892.

Göppinger, H. (1971). *Kriminologie.* München: Beck.

Gordon, C. W. (1959). Die Schulklasse als soziales System. In P. Heintz (Hrsg.), *Soziologie der Schule.* Köln: Westdeutscher Verlag.

Gorelick, D. A. & Balster, R. L. (1995). Phencyclidine. In F. E. Bloom & D. J. Kupfer (Eds.), *Psychopharmacology. The fourth generation of progress* (pp. 1767–1776). New York: Raven Press.

Görlitz, D., Meyer, W. U. & Weiner, B. (Hrsg.). (1978). *Bielefelder Symposium über Attribution.* Stuttgart: Klett.

Görres, A. (1958). *Methode und Erfahrungen der Psychoanalyse.* München: Kindler.

Görres, A. et al. (1964). *Denkschrift zur Lage der ärztlichen Psychotherapie und psychosomatischen Medizin.* Wiesbaden: Steiner.

Gorsuch, R. L. (1988). Psychology of religion. *Annual Review of Pschology, 39,* 201–221.

Goslin, D. A. (Ed.). (1969). *Handbook of socia-*

lization theory and research. Chicago: Rand McNally.

Gottlieb, B. H. (Ed.). (1981). *Social networks and social support. Sage Studies in Community Mental Health* (Vol. 4). London: Sage.

Gottschaldt, K. (1926). Über den Einfluß der Erfahrung auf die Wahrnehmung von Figuren. *Psychologische Forschung, 8,* 261–317.

Gottschaldt, K. (1933). Der Aufbau des kindlichen Handelns. *Zeitschrift für Angewandte Psychologie, 69 (Beih.),* 1–227.

Gottschaldt, K. (1942). *Die Methodik der Persönlichkeitsforschung in der Erbpsychologie.* Leipzig: Barth.

Gottschaldt, K. (1972). *Psychologie des Programmierten Lernens.* Hannover: Schroedel.

Gottschaldt, K. (1980). Begabung und Vererbung. In H. Roth (Hrsg.), *Begabung und Lernen.* Stuttgart: Klett.

Götz, K. O. & Götz, K. (1972). *Probleme der Bildästhetik.* Düsseldorf: Concept.

Gough, H. G. (1968). An interpreters syllabus for the California Psychological Inventory. In P. McReynolds (Ed.), *Advances in psychological assessment* (Vol. 1). Palo Alto: Science and Behavior Books.

Graber, G. H. (1957). *Psychologie des Mannes.* Bern: Huber.

Graber, G. H. (Hrsg.). (1974). *Pränatale Psychologie.* München: Goldmann.

Grabitz-Gniech, G. & Grabitz, H. J. (1973). Psychologische Reaktanz. Theoretisches Konzept und experimentelle Untersuchungen. *Zeitschrift für Sozialpsychologie, 4,* 19–35.

Graebner, F. (1924). *Das Weltbild der Primitiven.* München: Reinhardt.

Graham, C. H. (Ed.). (1965). *Vision and visual perception.* New York: Wiley.

Graham, P. J. (1977). Possibilities for prevention. In P. J. Graham (Ed.), *Epidemiological approaches in child psychiatry.* London: Academic Press.

Graichen, J. (1973). Teilleistungsschwächen, dargestellt an Beispielen aus dem Bereich der Sprachbenutzung. *Zeitschrift für Kinder- und Jugendpsychiatrie, 1.*

Graichen, J. (1975). Kann man legasthenische und dyskalkulatorische Schulschwierigkeiten voraussagen? *Praxis der Kinderpsychotherapie und Kinderpsychiatrie, 24,* 552–557.

Graichen, J. (1979). Zum Begriff der Teilleistungsstörungen. In R. Lempp (Hrsg.), *Teilleistungsstörungen im Kindesalter.* Bern: Huber.

Grandjean, E. (1967). *Physiologische Arbeitsgestaltung.* München: Ott.

Granit, R. (1947). *Sensory mechanisms of the retina.* London: Oxford University Press.

Grassmann, H. (1853). Zur Theorie der Farbenmischung. *Poggensdorfs Annalen, 89,* 69–84.

Graumann, C. F. (1956). Social perception. *Zeitschrift für Experimentelle und Angewandte Psychologie, 3,* 605–661.

Graumann, C. F. (1960). Eigenschaften als Problem der Persönlichkeitsforschung. In Ph. Lersch & H. Thomae (Hrsg.), *Persönlichkeitsforschung und Persönlichkeitstheorie. Handbuch der Psychologie* (Bd. 4, S. 87–146). Göttingen: Hogrefe.

Graumann, C. F. (1966). Grundzüge der Verhaltensbeobachtung. In E. Meyer (Hrsg.), *Fernsehen in der Lehrerbildung.* München: Manz.

Graumann, C. F. (Hrsg.). (1969). *Einführung in die Psychologie.* Frankfurt: Akademische Verlagsgesellschaft.

Graumann, C. F. (1969). *Motivation.* Frankfurt: Akademische Verlagsgesellschaft.

Graumann, C. F. (1972). Interaktion und Kommunikation. In C. F. Graumann (Hrsg.), *Sozialpsychologie. Handbuch der Psychologie* (Bd. 7). Göttingen: Hogrefe.

Graumann, C. F. (Hrsg.). (1972). Sozialpsychologie. In C. F. Graumann (Hrsg.), *Sozialpsychologie. Handbuch der Psychologie* (Bd. 7). Göttingen: Hogrefe.

Graumann, C. F. (1974). Bewußtsein und Bewußtheit. In W. Metzger (Hrsg.), *Allgemeine Psychologie. Handbuch der Psychologie* (Bd. 1/1). Göttingen: Hogrefe.

Graumann, C. F. (1974). Nicht-sinnliche Bedingungen des Wahrnehmens. In W. Metzger (Hrsg.), *Allgemeine Psychologie. Handbuch der Psychologie* (Bd. 1/1). Göttingen: Hogrefe.

Graumann, C. F. (1980). Experiment, Statistik, Geschichte: Wundts erstes Heidelberger Programm einer Psychologie. *Psychologische Rundschau, 31,* 73–83.

Graumann, C. F. & Willig, R. (1983). Wert, Wertung, Werthaltung. In H. Thomae (Hrsg.), *Enzyklopädie der Psychologie. Theorien und Formen der Motivation.* Göttingen: Hogrefe.

Grawe, K. (1980). *Verhaltenstherapie in Gruppen.* München: Urban & Schwarzenberg.

Grawe, K. et al. (1995). *Psychotherapie im Wandel von der Konfession zur Profession.* Göttingen: Hogrefe.

Grawe, K., Donati, R. & Bernauer, F. (1994). *Psychotherapie im Wandel. Von der Konfession zur Profession.* Göttingen: Hogrefe.

Gray, J. (1971). *Angst und Stress.* München: Kindler.

Gray, J. A. (1987). *The neuropsychology of anxiety* (2nd ed.). Oxford: Clarendon.

Grebe, P. (1966). *Duden, Grammatik der deutschen Gegenwartssprache.* Mannheim: Bibliographisches Institut.

Green, A. R., Cross, A. J. & Goodwin, G. M. (1995). Review of the pharmacology and clinical pharmacology of 3,4-methylenedioxymethamphetamine (MDMA or «Ecstasy»). *Psychopharmacology, 119,* 247–60.

Green, D. M. & Swets, J. A. (1966). *Signal detection theory and psychophysics.* New York: Wiley.

Green, D. R. (1963). Volunteering and the recall of interrupted tasks. *Journal of Abnormal Social Psychology, 66,* 397–401.

Greenblatt, R. B., Chaddha, J. S., Teran, A. Z. &

NEZAT, O. (1985). Aphrodisiacs. In S. D. IVERSEN (Ed.), *Psychopharmacology. Recent advances and future prospects* (pp. 289–302). Oxford: Oxford University Press.

GREENFIELD, N. S. & STERNBACH, R. A. (1972). *Handbook of psycho-physiology.* New York: Holt.

GREENSPAN, F. S. & STREWLER, G. J. (1997). *Basic and clinical endocrinology* (5th ed.). Stamford: Appleton & Lange.

GREIF, S. (1983). *Konzepte der Organisationspsychologie.* Bern: Huber.

GREIF, S. (1989). Exploratorisches Lernen durch Fehler und qualifikationsorientiertes Software-Design. In S. MAASS & H. OBERQUELLE (Hrsg.), *Software-Ergonomie '89. Aufgabenorientierte Systemgestaltung und Funktionalität* (S. 204–212). Stuttgart: Teubner.

GREIF, S. (1991). Organisational issues and task analysis. In B. SHACKEL & S. RICHARDSON (Eds.), *Human factors for informatics usability* (pp. 247–267). Cambridge: University Press.

GREIF, S. (1991). Streß in der Arbeit – Einführung und Grundbegriffe. In S. GREIF, E. BAMBERG & N. SEMMER (Hrsg.), *Psychischer Streß am Arbeitsplatz* (S. 1–28). Göttingen: Hogrefe.

GREIF, S. (1993). Gegenstand und Aufgabenfelder der Arbeits- und Organisationspsychologie. In S. GREIF & E. BAMBERG (Hrsg.), Die *Arbeits- und Organisationspsychologie. Gegenstand und Aufgabenfelder – Lehre und Forschung – Fort- und Weiterbildung.* Göttingen: Hogrefe.

GREIF, S. (1993). Geschichte der Organisationspsychologie. In H. SCHULER, *Lehrbuch für Organisationspsychologie* (S. 15–48). Bern: Huber.

GREIF, S. (1993). Selbstorganisiertes Lernen – Evolutionäres Design von Lernumgebungen. In A. GEBERT & W. HACKER (Hrsg), *Arbeits- und Organisationspsychologie 1991 in Dresden.* Bonn: Deutscher Psychologen Verlag.

GREIF, S. (1994). Handlungstheorie und Selbstorganisationstheorien. Kontroversen und Gemeinsamkeiten. In P. RICHTER & B. BERGMANN (Hrsg.), Von *der Praxis einer Theorie – Ziele, Tätigkeit, Persönlichkeit.* Göttingen: Hogrefe.

GREIF, S., FINGER, A. & JERUSEL, S. (1993). *Praxis des selbstorganisierten Lernens.* Köln: Bund-Verlag.

GREIF, S. & GEDIGA, G. (1987). A critique and empirical investigation of the one-best-way-models in human computer interaction. In M. FRESE, E. ULICH & W. DZIDA (Eds.), *Psychological issues of human-computer interaction in the work place.* Amsterdam: North-Holland.

GREIF, S. & KURTZ, H.-J. (1989). Ausbildung, Training und Qualifizierung. In S. GREIF, H. HOLLING & N. NICHOLSON (Hrsg.), *Arbeits- und Organisationspsychologie* (S. 149–161). München: Psychologie Verlags Union.

GREIF, S. & KURTZ, H.-J. (Hrsg.). (1994). *Handbuch zum selbstorganisierten Lernen.* Göttingen: Hogrefe.

GREIF, S. & WIEDL, K. H. (1990). Störungen betrieblicher Organisationen: Klassifikation und Diagnostik. In U. BAUMANN & M. PERREZ (Hrsg.), *Lehrbuch Klinische Psychologie* (Bd. 1). Bern: Huber, 162–165.

GREUB, W. (1961). *Berufswahl-Modellversuch.* Bielefeld: Bertelsmann.

GREWENDORF, G., HAMM, F. & STERNEFELD, W. (1987). *Sprachliches Wissen.* Frankfurt: Suhrkamp.

GRIFFITHS, R. R. & MUMFORD, G. K. (1995). Caffeine reinforcement discrimination tolerance and physical dependence in laboratory animals and humans. In C. R. SCHUSTER, S. W. GUST & M. J. KUHAR (Eds.), *Pharmacological aspects of drug dependence. Toward an integrated neurobehavioral approach. Handbook of Experimental Pharmacology.* New York: Springer-Verlag.

GRIMM, H. (1960). Transformation von Zufallsvariablen. *Biometrische Zeitschrift, 2,* 164–182.

GRIMM, H. (1973). *Strukturanalytische Untersuchung der Kindersprache.* Bern: Huber.

GRIMM, H. (1977). *Psychologie der Sprachentwicklung.* Stuttgart: Kohlhammer.

GRIMM, H. & ENGELKAMP, J. (1980). *Sprachpsychologie – Handbuch und Lexikon der Psycholinguistik.* Berlin: Schmidt.

GRIMM, H. & ENGELKAMP, J. (1981). *Sprachpsychologie: Handbuch und Lexikon der Psycholinguistik.* Berlin: Schmidt.

GRIMM, H. & SCHÖLER, H. (1978). *Heidelberger Sprachentwicklungstest (H-S-E-T).* Braunschweig: Westermann.

GRINBERG, L. et al. (1959). *Psychoanalytische Gruppentherapie.* Stuttgart: Klett.

GRISSEMANN, H. (1974). *Legasthenie und Rechenleistungen.* Bern: Huber.

GRISSEMANN, H. (1980). *Klinische Sonderpädagogik am Beispiel der psycholinguistischen Legasthenietherapie.* Bern: Huber.

GRISSEMANN, H. (1980). *Psycholinguistische Legasthenietherapie. Eine Arbeitsmappe zum klinisch-sonderpädagogischen Einsatz.* Bern: Huber.

GROEBEL, J. & WINTERHOFF-SPURK, P. (Hrsg.). (1989). *Empirische Medienpsychologie.* München: Psychologie Verlags Union.

GROEBEN, N. (1978). *Die Verständlichkeit von Unterrichtstexten.* Münster: Aschendorff.

GROEBEN, N. (1982). *Leserpsychologie: Textverständnis – Textverständlichkeit.* Münster: Aschendorff.

GROFFMANN, K. J. (1971). Die Entwicklung der Intelligenzmessung. In R. HEISS (Hrsg.), *Psychologische Diagnostik. Handbuch der Psychologie* (Bd. 6). Göttingen: Hogrefe.

GROOS, K. (1899). *Die Spiele der Menschen.* Jena: Fischer.

GROOTHOFF, H. H. (1971). Pädagogische Tatsachenforschung. In H. H. GROOTHOFF & M. STALLMANN (Hrsg.), *Neues Pädagogisches Lexikon.* Stuttgart: Kreuz-Verlag.

GROOTHOFF, H. H. (1972). *Funktion und Rolle des Erziehers.* München: Juventa.

GROSS, D. (1902). *Die cerebrale Sekundärfunktion.* Leipzig: Braumüller.

GROSS, H. (1952). *Moderne Meinungspflege.* Düsseldorf: Droste.

GROSSE-ALDENHÖVEL, H. (1973). *Kultur und Kritik.* Frankfurt: Suhrkamp.

GROSSE-ALDENHÖVEL, H. (1984). Erhöhte Serumaktivitäten von Gamma-GT und Transaminasen im Rahmen verkehrsmedizinischer Eignungsuntersuchungen alkoholauffälliger Kraftfahrer. *Blutalkohol, 21,* 471–478.

GROSSMAN, A. (1997). *Clinical endocrinology* (2nd ed.). Cambridge: Blackwell.

GROSSMANN, S. P. (1967). *The textbook of physiological psychology.* New York: Wiley.

GRUHLE, H. W. (1952). *Lehrbuch der Nerven- und Geisteskrankheiten.* Begr. v. W. WEYGANDT. Berlin: Marhold.

GRUHLE, H. W. (1953). *Verstehen und Einfühlen.* Berlin: Springer-Verlag.

GRUHLE, H. W. (1956). *Verstehende Psychologie.* Stuttgart: Thieme.

GRUND, G. (1957). *Die Anamnese.* Leipzig: Barth.

GRÜSSER, O.-J. & GRÜSSER-CORNEHLS, U. (1987). Gesichtssinn. In R. F. SCHMIDT & G. THEWS (Hrsg.), *Physiologie des Menschen.* Berlin: Springer-Verlag.

GUBISCH, W. (1961). *Hellseher, Scharlatane, Demagogen?* München: Reinhardt.

GUERIN, B. (1993). *Social facilitation.* Cambridge: Cambridge University Press.

GUILFORD, J. P. (1950). Creativity. *American Psychologist, 5,* 444–454.

GUILFORD, J. P. (1954). *Psychmetric methods.* New York: McGraw-Hill.

GUILFORD, J. P. (1956). *Fundamental statistics in psychology and education.* New York: McGraw-Hill.

GUILFORD, J. P. (1956). The structure of intellect. *Psychological Bulletin, 53,* 267–293.

GUILFORD, J. P. (1959). *Personality* (dt. Persönlichkeit. Weinheim: Beltz 1964). New York: McGraw-Hill.

GUILFORD, J. P. (1967). *The nature of human intelligence.* New York: McGraw-Hill.

GUILFORD, J. P. & LACEY, J. I. (1947). Printed classification tests. In US Army Air Forces (Ed.), *Aviation psychology program.* Rep. No. 5. Washington, DC.

GUILFORD, J. P. & ZIMMERMANN, W. S. (1956). Fourteen dimensions of temperament. *Psychological Monographs, 70*(10), 1–26.

GUILHOT, J. et al. (1964). *Musique, psychologie et psychothérapie. Sociales Francaises.* Paris.

GULLIKSEN, H. (1950). *Theory of mental tests.* New York: Wiley.

GUNN, C. G., WOLF, S., BLOCK, R. T. & PERSON, R. J. (1972). Psychophysiology of the cardiovascular system. In N. S. GREENFIELD & R. A. STERNBACH (Eds.), *Handbook of psychophysiology.* New York: Holt.

GUNNE, L.-M. (1977). Effects of amphetamines in humans. In W. R. MARTIN (Ed.), *Drug addiction. Vol. II Amphetamine, psychotogen, and marihuana dependence* (pp. 247–276). New York: Springer-Verlag.

GÜNTHER, R. (1975). *Einige Bedingungen für Urteile über Völker.* Bern: Lang.

GURVITCH, G. (1964). *The spectrum of social time.* Dordrecht: Reidel.

GUTHKE, J., BIEDEL, K. H. (1996). *Dynamisches Testen. Zur Psychodiagnostik der intraindividuellen Variabilität.* Göttingen: Hogrefe.

GUTHRIE, E. R. (1935). *The psychology of learning.* New York: Peter Smith.

GUTJAHR, W. (1959). Zur Psychologie des sprachlichen Gedächtnisses II. Über Aktualisierungsdynamik. *Zeitschrift für Psychologie, 163,* 1–108.

GUTTMANN, G. (1972). *Einführung in die Neuropsychologie.* Bern: Huber.

GUTTMANN, G. (1981). *Lehrbuch der Neuropsychologie.* Bern: Huber.

GUTTMAN, L. H. (1947). The Cornell technique for scale and intensity analysis. *Educational and Psychological Measurement, 7,* 247–279.

HAACK, K. (1927). *Experimental-deskriptive psychologische Untersuchungen zum Flimmerproblem.* Dissertation. Berlin: Karger.

HAAG, F., KRÜGER, H., SCHWÄRZEL, W. & WILDT, J. (1972). *Aktionsforschung: Forschungsstrategien, Forschungsfelder und Forschungspläne.* München: Juventa.

HÄBERLIN, P. (1925). *Der Charakter.* Basel: Spittler.

HABERMAS, J. (1971). *Der Universalitätsanspruch der Hermeneutik. Hermeneutik und Ideologiekritik.* Frankfurt: Suhrkamp.

HABERMAS, J. (1973). *Kultur und Kritik.* Frankfurt: Suhrkamp.

HÄCKER, H. (1996). Idiographie, Typologie, Nomothetik. In K. PAWLIK (Hrsg.), *Enzyklopädie der Psychologie. Grundlagen und Methoden der Differentiellen Psychologie.* Göttingen: Hogrefe.

HÄCKER, H. & ECHTERHOFF, W. (1993). Verkehrspsychologie. In A. SCHORR (Hrsg.), *Handwörterbuch der Angewandten Psychologie* (S. 711–718). Bonn: Deutscher Psychologen Verlag.

HÄCKER, H. & KLEINBECK, U. (1989). Arbeitsmotivation. In S. GREIF, H. HOLLING & N. NICHOLSON (Hrsg.), *Arbeits- und Organisationspsychologie. Internationales Handbuch in Schlüsselbegriffen* (S. 113–118). München: Psychologie Verlags Union.

HACKER, W. & RICHTER, P. (1984). *Psychische Fehlbeanspruchung.* Berlin: Springer-Verlag.

HACKER, W. & SKELL, W. (1993). *Lernen in der Arbeit.* Bonn: Bundesinstitut für Berufsbildung.

HACKER, W. (1973). *Allgemeine Arbeits- und Ingenieurpsychologie. Psychologische Struktur und Regulation von Arbeitstätigkeiten.* Berlin: Deutscher Verlag der Wissenschaften.

HACKER, W. (1978). *Allgemeine Arbeits- und Ingenieurpsychologie. Psychologische Struktur und Regulation von Arbeitstätigkeiten.* Bern: Huber.

HACKER, W. (1986). *Arbeitspsychologie. Psychische Regulation von Arbeitstätigkeiten.* Bern: Huber.

HACKER, W., IWANOWA, A. & RICHTER, P. (1983). *Tätigkeitsbewertungssystem.* Berlin: Humboldt-Universität, Psychodiagnostisches Zentrum.

HACKMAN, J. R.. (1970). Tasks and task performance in research on stress. In J. E. MCGRATH (Ed.), *Social and psychological factors in stress* (pp. 202–237). New York: Holt, Rinehart & Winston.

HACKMAN, J. R. & OLDHAM, G. R. (1975). Development of the job diagnostic survey. *Journal of Applied Psychology, 60,* 159–170.

HAENISCH, H. & ZIEGENSPECK, J. (1977). *Die Orientierungsstufe: Schulentwicklung zwischen Differenzierung und Integration.* Weinheim: Beltz.

HAHN, F. (1960). Analeptics. *Pharmacological Reviews, 12,* 447–530.

HAHN, H., FALKE, D. & KLEIN, P. (Hrsg.). (1994). *Medizinische Mikrobiologie* (2. Aufl.). Berlin: Springer-Verlag.

HAIDER, M. (1962). *Ermüdung, Beanspruchung und Leistung.* Wien: Deuticke.

HAIDER, M. (1969). Elektrophysiologische Indikatoren der Aktivierung. In W. SCHÖNPFLUG (Hrsg.), *Methoden der Aktivierungsforschung.* Bern: Huber.

HAJOS, A. (1969). Verlauf formspezifischer Farbadaptationen im visuellen System des Menschen. *Psychologische Beiträge, 11,* 95–114.

HAJOS, A. (1972). *Wahrnehmungspsychologie.* Stuttgart: Kohlhammer.

HAKEN, H. (Ed.). (1979). *Pattern formation and pattern recognition.* Berlin: Springer-Verlag.

HAKEN, H. (1981). *Erfolgsgeheimnisse der Natur: Synergetik, die Lehre vom Zusammenwirken.* Stuttgart: Deutsche Verlags-Anstalt.

HALL, C. (1905). *Die Wirkungen der Zivilisation auf die Massen.* Leipzig: Hirschfeld.

HALL, E. T. (1963). A system for the notation of proxemic behavior. *American Anthropologist, 65,* 1003–1026.

HALL, E. T. (1966). *The hidden dimension.* New York: Doubleday.

HALL, E. T. (1968). Proxemics. *Current Anthropology, 9,* 83–108.

HALL, G. S. (1904). *Adolescence.* New York: Appleton.

HALL, R. A. (1964). *Introductory linguistics.* Philadelphia: Chilton.

HALLE, M. (1964). On the basis of phonology. In J. A. FODOR & J. J. KATZ (Eds.), *The structure of language.* Englewood Cliffs: Prentice Hall.

HALLGREN, B. (1950). Specific dyslexia: A clinical and genetic study (Vol. 65). In *Acta Psychiat Neurol* (Suppl.).

HAMACHEK, D. E. (1971). *Encouters with the self.* New York: Holt.

HAMBURGER, F. A. (1944). *Das Sehen in der Dämmerung.* Wien: Springer-Verlag.

HAMILTON, D. L. (1981).(Ed.). *Cognitive processes in stereotyping and intergroup behavior.* Hillsdale, NJ: Erlbaum.

HAMMER, R. P. J., EGILMEZ, Y. & EMMETT-OGLESBY, M. W. (1997). Neural mechanisms of tolerance to the effects of cocaine. *Behavioural Brain Research, 84,* 225–239.

HAMMOND, K. R. & BREHMER, B. (1972). Quasi rationality and distrust. In L. RAPPAPORT & B. A. SUMMERS (Eds.), *Human judgement and social interaction.* New York: Holt.

HAMMOND, K. R., STEWARD, T. R., BREHMER, B. & STEINMANN, D. (1975). Social judgment theory. In M. KAPLAN & S. SCHWARZ (Eds.), *Human judgment and decision processes* (pp. 271–312). New York: Academic Press.

HAMPE, J. C. (1975). *Sterben ist doch ganz anders: Erfahrungen mit dem eigenen Tod.* Stuttgart: Kreuz.

HAMSTER, W., LANGNER, W. & MAYER, K. (1980). *TÜLUC – Neuropsychologische Testbatterie.* Weinheim: Beltz.

Handbuch der modernen Datenverarbeitung (1985). *Software-Ergonomie.* Wiesbaden: Forkel.

HANSELMANN, H. (1946). *Über einen Sozial-Test.* Gesundheit und Wohlfahrt.

HANSELMANN, H. (1954). *Ausdruckskunde.* Zürich: Rotapfel.

HARBORDT, S. (1974). *Computersimulation in den Sozialwissenschaften.* Hamburg: Rowohlt.

HARDESTY, F. P. & PRIESTER, J. H. (1966). *Hamburg-Wechsler-Intelligenztest für Kinder: Textband.* Bern: Huber.

HARDIN, G. (1968). The tragedy of the commons. *Science, 162,* 1243–1248.

HARE, A. P. (1962). *Handbook of small group research.* New York: Free Press.

HARE, A. P. (1964). Interpersonal relations in the small group. In FARIS (Ed.), *Handbook of modern sociology.* Chicago: Rand McNally.

HARING, C. & LEICKERT, K. H. (1968). *Wörterbuch der Psychiatrie und ihrer Grenzgebiete.* Stuttgart: Schathauer.

HARLOFF, H. J. (Hrsg.). (1993). *Psychologie des Wohnungs- und Siedlungsbaus.* Stuttgart: Verlag für Angewandte Psychologie.

HARLOW, H. F. (1949). The formation of learning sets. *Psychological Review, 56,* 51–65.

HARLOW, H. F. (1950). Analysis of discrimination learning by monkeys. *Journal of Experimental Psychology, 40,* 26–39.

HARLOW, H. F. (1958). The nature of love. *American Psychologist, 13,* 673–685.

HARLOW, H. F. (1959). Learning set and error factor. In S. KOCH (Ed.), *Psychology* (Vol. 2). New York: McGraw-Hill.

HARLOW, H. F. (1962). The development of affection in primate. In E. L. BLISS (Ed.), *Roots of behavior.* New York: Harper.

Harlow, H. F. (1971). *Learning to love.* San Francisco: Albion.

Harman, H. H. (1967). *Modern factor analysis.* Chicago: University of Chicago Press.

Harmon, P. & King, D. (1986). *Expertensysteme in der Praxis.* München: Oldenbourg.

Harrer, G. (Hrsg.). (1975). *Grundlagen der Musiktherapie und Musikpsychologie.* Stuttgart: Fischer.

Harris, V. & Katkin, E. S. (1975). Primary and secondary emotional behavior: An analysis of the role of autonomic feedback on affect, arousal and attribution. *Psychological Bulletin, 82,* 904–916.

Harris, Z. (1951). *Structural linguistics.* Chicago: University of Chicago Press.

Hartley, E. L. & Hartley, R. E. (1952). *Fundamentals of social psychology.* New York: Knopf.

Hartley, E. L. & Hartley, R. E. (1955). *Die Grundlagen der Sozialpsychologie.* Berlin: Rembrandt.

Hartley, J. & Mohr, G. (1989). Arbeitsplatzverlust und Erwerbslosigkeit. In S. Greif, H. Holling & N. Nicholson (Hrsg.), *Arbeits- und Organisationspsychologie. Internationales Handbuch in Schlüsselbegriffen* (S. 118–126). München: Psychologie Verlags Union.

Hartlieb, K. (1969). *Praktikum der Stimm- und Sprachheilkunde aus biokybernetischer Sicht.* München: Reinhardt.

Hartman, D. E. (1995). *Neuropsychological toxicology. Identification and assessment of human neurotoxic syndromes* (2nd ed.). New York: Plenum Press.

Hartmann, A. (1993). Calcium-Antagonisten. In P. Riederer, G. Laux & W. Pöldinger (Hrsg.), *Neuro-Psychopharmaka. Bd. 6 Notfalltherapie, Antiepileptika, Beta-Rezeptorenblocker und sonstige Psychopharmaka* (S. 197–219). Wien: Springer-Verlag.

Hartmann, E. L. (1973). *The functions of sleep.* New Haven: Yale University Press.

Hartmann, E. L. (Ed.). (1970). *Sleep and dreaming.* Boston: Little.

Hartmann, H. (1958). *Ego psychology and the problem of adaptation.* New York: International University Press.

Hartmann, H. (1972). *Ich-Psychologie.* Stuttgart: Klett.

Hartmann, H. A. (1973). *Psychologische Diagnostik.* Stuttgart: Kohlhammer.

Hartmann, H. A. & Rosenstiel, L. v. (1977). *Lehrbuch der Holzman-Inkblot-Technik (HIT).* Bern: Huber.

Hartmann, K. D. (1974). *Auslandsreisen.* Starnberg: Studienkreis für Tourismus.

Hartmann, K. D. (Hrsg.). (1980). *Politische Bildung und politische Psychologie.* München: Fink.

Hartmann, K. D. & Koeppler, K. (Hrsg.). (1977). *Fortschritte der Marktpsychologie* (Bd. 1). Frankfurt: Fachbuchhandlung für Psychologie.

Hartmann, K. D. & Lind, G. (Hrsg.). (1981). *Moralische Entwicklung und soziale Umwelt.* Frankfurt: Suhrkamp.

Hartmann, N. (1948). *Zur Grundlegung der Ontologie.* Meisenheim: Hain.

Hartmann, N. (1949). *Das Problem des geistigen Seins: Untersuchungen zur Grundlegung der Geschichtsphilosophie und der Geisteswissenschaften.* Berlin: de Gruyter.

Hartog, P. & Rhodes, E. (1936). *An examination of examinations.* London: McMillan.

Hartshorne, H. & May, M. A. (1928). *Studies in the nature of character* (Vol. I.). New York: McMillan.

Hartshorne, H., May, M. A. & Maller, J. B. (1929). *Studies in the nature of character* (Vol. II). New York: McMillan.

Harvey, O. J., Hunt, D. E. & Schroder, H. M. (1961). *Conceptual systems and personality organization.* New York: Wiley.

Hasemann, K. (1964). Verhaltensbeobachtung. In R. Heiss (Hrsg.), *Psychologische Diagnostik. Handbuch der Psychologie* (Bd. 6). Göttingen: Hogrefe.

Haskell, S. G., Richardson, E. D. & Horwitz, R. I. (1997). The effect of estrogen replacement therapy on cognitive function in women. A critical review of the literature. *Journal of Clinical Epidemiology, 50,* 1249–1264.

Hassebrauck, M. & Niketta, R. (Hrsg.). *Psychische Attraktivität.* Göttingen: Hogrefe.

Hassenstein, B. (1973). *Verhaltensbiologie des Kindes.* München: Piper.

Hassenstein, B. (1980). *Instinkt, Lernen, Spielen, Einsicht.* München: Piper.

Hatton, C. L. et al. (1977). *Suicide: Assessment and intervention.* New York: Appleton.

Haug, F. (1974). *Kritik der Rollentheorie.* Frankfurt: Fischer.

Haug, J. J. & Stieglietz, R.-D. (Hrsg.). (1997). *Das AMDP-System in der klinischen Anwendung und Forschung.* Göttingen: Hogrefe.

Haun, R. (Hrsg.). (1971). *Geschlechtserziehung heute.* München: Kösel.

Havighurst, R. J. (1972). *Developmental task and education* (3rd ed.). New York: Davis McKay.

Havighurst, R. J. et al. (Eds.). (1969). *Adjustment to retirement, a crossnational study.* Assen: van Gorcum.

Hawel, W. (Hrsg.). (1975). *Datenverarbeitung in der Psychologie.* Stuttgart: Kohlhammer.

Hawkins, J. E. & Stevens, S. S. (1950). The masking of pure tones and of speech by white noise. *Journal of the Acoustical Society of America, 22.*

Hayakawa, S. J. (1969). *Language in thought and action.* New York: Harcourt.

Hayakawa, S. J. (1969). *Semantik.* Darmstadt: Darmstädter Blätter.

Haynes, R. B., Taylor, D. W. & Sackett, D. L. (Hrsg.). (1982). *Compliance-Handbuch.* München: Oldenbourg.

Hebb, D. O. (1949). *Organization and behavior.* New York: Wiley.

Hebb, D. O., Lambert, W. E. & Tucker, G. R. (1975). Der dritte Weg in der Psycholinguistik. *Psychologie Heute,* 58–66.

Hebbel, G. & Horn, R. (1976). *French-Bilder-Intelligenz-Test (FBIT).* Weinheim: Beltz.

Hecaen, H. & Albert, M. L. (1978). *Human neuropsychology.* New York: Wiley.

Heckhausen, H. (1963). Eine Rahmentheorie: Motivation in zehn Thesen. *Zeitschrift für Experimentelle und Angewandte Psychologie, 10,* 604–626.

Heckhausen, H. (1965, 1970). Leistungsmotivation. In H. Thomae (Hrsg.), *Allgemeine Psychologie. Handbuch der Psychologie* (Bd. 2). Göttingen: Hogrefe.

Heckhausen, H. (1967). *Aktivierung und Leistung. 25. Kongress der Deutschen Gesellschaft für Psychologie in Münster 1966.* Göttingen: Hogrefe.

Heckhausen, H. (1969). Förderung der Lernmotivierung und der intellektuellen Tüchtigkeiten. In H. Roth (Hrsg.), *Begabung und Lernen.* Stuttgart: Klett.

Heckhausen, H. (1972). Interaktion der Sozialvariablen in der Genese der Leistungsmotivation. In C. F. Graumann (Hrsg.), *Sozialpsychologie. Handbuch der Psychologie* (Bd. 7). Göttingen: Hogrefe.

Heckhausen, H. (1973). Entwurf einer Psychologie des Spielens. *Psychologische Forschung, 27,* 225–243.

Heckhausen, H. (1974). *Leistung und Chancengleichheit.* Göttingen: Hogrefe.

Heckhausen, H. (1975). Leistungsprinzip und Chancengleichheit (Bd. 1). In H. Roth & D. Friedrich (Hrsg.), *Bildungsforschung (Deutscher Bildungsrat, Gutachten und Studien der Bildungskommission* (Bd. 50/51). Stuttgart: Klett.

Heckhausen, H. (1980). *Motivation und Handeln: Lehrbuch der Motivationspsychologie.* Berlin: Springer-Verlag.

Heckhausen, H., Gollwitzer, P. M. & Weinert, F. E. (1987). *Jenseits des Rubikon: Der Wille in den Humanwissenschaften.* Berlin: Springer-Verlag.

Heckhausen, H., Schmalt, H.-D. & Schneider, K. (1985). *Achievement motivation in perspective.* New York: Academic Press.

Hector, H. (1971). Selbsterkenntnis als fehlender Psychologiebegriff. *Zeitschrift für Praktische Psychologie, 25.*

Hediger, H. (1940). Biologische Gesetzmäßigkeiten im Verhalten von Wirbeltieren. *Mitteil. Naturf. Ges. Bern,* 37–55.

Hefner, R. M. (1950). *General phonetics.* Maddison: University of Wisconsin Press.

Hehlmann, W. (1963). *Geschichte der Psychologie.* Stuttgart: Kröner.

Hehlmann, W. (1974). *Wörterbuch der Psychologie.* Stuttgart: Kröner.

Heid, H. (1970). Zur Legitimität gesellschaftlicher Verhaltenserwartungen. *Zeitschrift für Pädagogik, 16*(3), 365–394.

Heidegger, M. (1953). *Sein und Zeit.* Tübingen: Niemeyer.

Heider, F. (1927). *Ding und Medium.* Symposion, 1.

Heider, F. (1958). *The psychology of interpersonal relations.* New York: Wiley.

Heider, F. (1977). *Psychologie der interpersonalen Beziehungen.* Stuttgart: Klett.

Heigl-Evers, A. (1972). *Konzepte der analytischen Gruppentherapie.* Göttingen: Vandenhoeck & Ruprecht.

Heigl-Evers, A. (Hrsg.). (1973). *Gruppendynamik.* Göttingen: Vandenhoeck & Ruprecht.

Heigl-Evers, A., Heigl, F. & Ott, J. (Hrsg.). (1993). *Lehrbuch der Psychotherapie.* Stuttgart: Gustav Fischer Verlag.

Heiler, F. (1922). *Die buddhistische Versenkung.* München: Reinhardt.

Heiler, F. (1961). *Erscheinungsformen und Wesen der Religion.* Stuttgart: Kohlhammer.

Heim, E., Augustiny, K. F. & Blaser, A. (1983). Krankheitsbewältigung (Coping) – Ein integriertes Modell. *Psychotherapie, Psychosomatik, medizinische Psychologie, 33,* 35–40.

Heim, E., Heimann, H. & Lukacs, G. (1968). Die psychische Wirkung der mexikanischen Droge «Ololiuqui» am Menschen. *Psychopharmacologia, 13,* 35–48.

Heim, E. & Perrez, M. (Hrsg.). (1994). *Krankheitsverarbeitung* (Jahrbuch der Medizinischen Psychologie, Bd. 1). Göttingen: Hogrefe.

Heimann, H. (1961). Ausdrucksphänomenologie der Modellpsychosen (Psilocybin). Vergleich mit Selbstschilderung und psychischem Leistungsausfall. *Psychiatria et Neurologia, 141,* 69–100.

Heimann, H. (1964). Pharmakopsychologie und Psychiatrie. *Aktuelle Fragen der Psychiatrie und Neurologie, 1,* 295–319.

Heimann, H. & Giedke, H. (1980). *Neue Perspektiven in der Depressionsforschung.* Bern: Huber.

Heimendahl, E. (1961). *Licht und Farbe.* Berlin: de Gruyter.

Heinelt, G. (1964). Bildwahlverfahren. In R. Heiss (Hrsg.), *Psychologische Diagnostik. Handbuch der Psychologie* (Bd. 6). Göttingen: Hogrefe.

Heinrich, K., Linden, M. & Müller-Oerlinghausen, B. (1989). *Werden zu viele Psychopharmaka verbraucht?* Stuttgart: Thieme.

Heisenberg, W. (1944). *Die physikalischen Prinzipien der Quantentheorie.* Leipzig: Hirzel.

Heisenberg, W. (1955). *Das Naturbild der heutigen Physik.* Reinbek: Rowohlt.

Heishman, S. J. & Henningfield, J. E. (1991). Discriminative stimulus effects of d-amphetamine, methylphenidate, and diazepam in humans. *Psychopharmacology, 103,* 436–442.

Heiss, R. (1943). *Die Deutung der Handschrift.* Hamburg: Goverts.

HEISS, R. (1949). *Die Lehre vom Charakter.* Berlin: de Gruyter.

HEISS, R. (1964). *Allgemeine Tiefenpsychologie.* Bern: Huber.

HEISS, R. (1964). Technik, Methodik und Problematik des Gutachtens. In R. HEISS (Hrsg.), *Psychologische Diagnostik. Handbuch der Psychologie* (Bd. 6). Göttingen: Hogrefe.

HEISS, R. et al. (Hrsg.). (1964, 1971). Psychologische Diagnostik. In R. HEISS (Hrsg.), *Psychologische Diagnostik. Handbuch der Psychologie* (Bd. 6). Göttingen: Hogrefe.

HEISS, R., HALDER, P. & HÖGER, D. (1975). *Der Farbpyramidentest.* Bern: Huber.

HEITGER, M. (1966). Die Erziehungswissenschaft in ihrem Verhältnis zur Psychologie und Soziologie. *Zeitschrift für Pädagogik, 12,* 6. Beiheft, 85ff.

HEITGER, M. (Hrsg.). (1969). *Erziehung oder Manipulation.* München: Ehrenwirth.

HELANDER, M. (Ed.). (1988). *Handbook of human-computer interaction.* Amsterdam: North Holland.

HELBIG, E. (1977). *Grundlagen der Lichtmeßtechnik. Technisch Physiologische Monographien.* Leipzig: Akademische Verlagsgesellschaft, 26.

HELBIG, G. (1971). *Geschichte der neueren Sprachwissenschaft.* München: Hueber.

HELD, R. (1965). Plasticity in Sensory-motor-systems. *American Scientist, 213.*

HELLER, D. (1976). *Über das Elektrookulogramm beim Lesen.* Dissertation. Erlangen.

HELD, R. & RICHARD, W. (1976). *Recent progress in perception.* San Francisco: Freeman.

HELLER, K. A. (Hrsg.). (1976, 1979). *Handbuch der Bildungsberatung.* Stuttgart.

HELLER, K. A. & HANY, E. A. (1996). Psychologische Modelle der Hochbegabtenförderung. In F. E. WEINERT (Hrsg.), *Psychologie des Lernens und der Instruktion. Enzyklopädie der Psychologie. Pädagogische Psychologie* (Bd. 2, S. 477–513). Göttingen: Hogrefe.

HELLER, K. A., MÖNKS, F. J. & PASSOW, A. H. (Eds.). (1993). *International handbook of research and development of giftedness and talent.* Oxford: Pergamon.

HELLER, O. & KRÜGER, H. P. (1974). Direkte Skalierung in der Soziometrie. *Psychologische Beiträge, 16,* 203–226.

HELLER, O. & KRÜGER, H. P. (1976). *Ein programmiertes Lehrsystem mit Selbstversuchen.* Bern: Huber.

HELLER, O. & WITTE, W. (1961). Kategoriensysteme und Wahrnehmungsdynamik. *Psychologie und Praxis, 5,* 63–65.

HELLHAMMER, D. H. & KIRSCHBAUM, C. (Hrsg.). (1998). Psychoendokrinologie und Psychoimmunologie. In *Enzyklopädie.* Göttingen: Hogrefe.

HELLPACH, W. (1925). Geschichte der Arbeit. In J. RIEDEL (Hrsg.), *Arbeitskunde* (S. 8–23). Leipzig: Teubner.

HELLPACH, W. (1933, 1951). *Elementares Lehrbuch der Sozialpsychologie.* Stuttgart: Enke.

HELLPACH, W. (1936). *Die Gemütserregung (Thymose) der Geschlechtsreife. Bericht vom IV. Kongreß der Deutschen Gesellschaft für Psychologie.* Jena: Fischer.

HELLPACH, W. (1938, 1954). *Einführung in die Völkerpsychologie.* Stuttgart: Enke.

HELLPACH, W. (1939, 1952). *Mensch und Volk in der Großstadt.* Stuttgart: Enke.

HELLPACH, W. (1946). *Klinische Psychologie.* Stuttgart: Thieme.

HELLPACH, W. (1947). *Das Magethos: Schriftenreihe zur Völkerpsychologie.* Stuttgart: Hippokrates.

HELLPACH, W. (1951). *Grundriß der Religionspsychologie.* Stuttgart: Enke.

HELLPACH, W. (1953). *Kulturpsychologie.* Stuttgart: Enke.

HELLPACH, W. (1977). *Geopsyche.* Stuttgart: Enke.

HELLWIG, A. (1951). *Psychologie und Vernehmungstechnik bei Tatbestandsermittlungen.* Stuttgart: Enke.

HELLWIG, P. (1952). *Charakterologie.* Stuttgart: Klett.

HELMCHEN, H. et al. (Hrsg.). (1973). *Diagnoseschlüssel und Glossar psychiatrischer Krankheiten: Internationale Klassifikation der WHO.* Berlin: Springer-Verlag.

HELMHOLTZ, H. (1856/1866). *Handbuch der physiologischen Optik.* Leipzig: Voss.

HELSON, H. (1964). *Adaptation level theory.* New York: Harper.

HELSON, H. & KING, S. (1931). The tau effect. *Journal of Experimental Psychology, 14,* 202–217.

HELSON, H. & WILKINSON, A. E. (1958). A study of the Witte-König paradoxical fusion-effect. *American Journal of Psychology, 71,* 316–320.

HELWIG, P. (1949). Die Konstitutionspsychologie W. H. Sheldons und das Problem des Typenbegriffs. *Psyche, 2,* 518–550.

HENCKEL, E. (1961). Die Eignung zum Schrankenwärter und ihr testmäßiger Nachweis. *Zeitschrift für Verkehrssicherheit, 7,* 297–305.

HENDRICK, S. S. & HENDRICK, C. (1992). *Romantic love.* Newbury Park: Sage.

HENDRICKSON, A. E. (1972). An integrated molar/molecular model of the brain. *Psychological Reports, 30,* 343–368.

HENKIN, R. I. (1975). The role of adrenal corticosteroids in sensory processes. In R. O. GREEP & E. B. ASTWOOD (Eds.), *Handbook of physiology* (Vol. 7, pp. 209–230). Washington: American Psycological Society.

HENLE, M. (Ed.). (1971). *The selected papers of Wolfgang Köhler.* New York: Liveright.

HENLE, M. (1978). Gestalt psychology and gestalt therapy. *Journal of the History of the Behavioral Sciences, 14,* 23–32.

HENNING, H. (1927). Experimentelle Charakterstudien. *Zeitschrift für Psychologie, 104,* 224– 232.

HENNING, H. (1931). *Psychologie der Gegenwart.* Leipzig: Kröner.

HENNING, H. J. & SIX, B. (1977). Konstruktion einer Machiavellismus-Skala. *Zeitschrift für Sozialpsychologie, 8,* 185–198.

HENNING, W. (1966). *Phylogenetic systematics.* Urbana: University of Illinois Press.

HENNINGFIELD, J. E., SCHUH, L. M. & JARVIK, M. E. (1995). Pathophysiology of tobacco dependence. In F. E. BLOOM & D. J. KUPFER (Eds.), *Psychopharmacology. The fourth generation of progress* (pp. 1715–1729). New York: Raven Press.

HENRICH, H. (1967). *Die Angst des Kindes.* Würzburg.

HENRY, F. M. & ROGERS, D. E. (1960). Increased response latency for complicated movements and a «memory drum» theory of neuromotor reaction. *Research Quarterly, 31,* 448–458.

HENSEL, H. (1966). *Allgemeine Sinnesphysiologie: Hautsinne, Geschmack, Geruch.* Berlin: Springer-Verlag.

HENSLE, U. (1979). *Einführung in die Arbeit mit Behinderten.* Heidelberg: Quelle & Meyer.

HENTIG, H. v. (1954, 1959). *Zur Psychologie der Einzeldelikte* (Bd. 1–4). Tübingen: Mohr.

HENTIG, H. v. (1965). *Die Schule im Regelkreis.* Stuttgart: Klett.

HENTSCHEL, H. (1972). *Der Feldmarkierungstest (FMT).* Bern: Huber.

HENTSCHEL, H. & EHER, A. (1961). Handbuch der gesamten Arbeitsmedizin (Bd. 4). In E. W. BAADER et al. (Hrsg.), *Handbuch der gesamten Arbeitsmedizin.* München: Urban & Schwarzenberg.

HEPHILL, J. K. & COONS, A. E. (1957). Development of the Leader Behavior Description Questionnaire. In R. M. STOGDILL & A. E. COONS (Eds.), *Leader behavior: Its description and measurement.* Columbus: Ohio State University.

HERBART, J. F. (1957). *Umriß pädagogischer Vorlesungen von 1835.* Paderborn: Schöningh.

HERKNER, W. (1974). Inhaltsanalyse. In J. KOLLWIJK & M. WIEKEN-MAYER (Hrsg.), *Techniken der empirischen Sozialforschung* (Bd. 3). München: Oldenbourg.

HERKNER, W. (Hrsg.). (1980). *Attribution – Psychologie der Kausalität.* Bern: Huber.

HERKNER, W. (1991). *Sozialpsychologie.* Bern: Huber.

HERMANN, E. (1966). *Das einzige Kind.* München: Reinhardt.

HERMELIN, B. & O'CONNOR, N. (1970). *Psychological experiments with autistic children.* Oxford: Pergamon Press.

HERNANDEZ, M. & ALFONSO, C. (1997). Psychoactive drugs and sexuality. *International Journal of Mental Health, 26,* 68–78.

HERNANDEZ-PEON, R. (1966). Physiological mechanism in attention. In R. W. RUSSEL (Ed.), *Frontiers in physiological psychology.* New York: Academic Press.

HERON, W. (1928). The warming-up effect in learning nonsense syllables. *Journal of General Psychology, 35.*

HERON, W., DOANE, B. K. & SCOTT, T. H. (1956). Visual disturbances after prolonged perceptual isolation. *Canadian Journal of Psychology, 10.*

HERRIGER, N. (1979). *Verwahrlosung.* München: Kindler.

HERRIOT, P. (1970). *An introduction to the psychology of language.* London: Methuen.

HERRIOT, P. (1974). *Einführung in die Psychologie der Sprache.* München: List.

HERRIOT, P. (1980). Auswahlgespräche und Auswahlkomitees. In S. GREIF, H. HOLLING & N. NICHOLSON (Hrsg.), *Arbeits- und Organisationspsychologie. Internationales Handbuch in Schlüsselbegriffen* (S. 161–164). München: Psychologie Verlags Union.

HERRMANN, Th. (1960). Der Schema-Begriff in der Denkpsychologie. In H. THOMAE (Hrsg.), *Bericht des 22. Kongresses der Deutschen Gesellschaft für Psychologie in Heidelberg 1959* (S. 115–132). Göttingen: Hogrefe.

HERRMANN, Th. (1965). *Psychologie der kognitiven Ordnung.* Berlin: de Gruyter.

HERRMANN, Th. (1969, 1972). *Lehrbuch der empirischen Persönlichkeitsforschung.* Göttingen: Hogrefe.

HERRMANN, Th. (Hrsg.). (1972). *Psychologie der Erziehungsstile.* Göttingen: Hogrefe.

HERRMANN, Th. (1972). *Sprache: Einführung in die Psychologie* (Bd. 5). Frankfurt: Akademische Verlagsgesellschaft.

HERRMANN, Th. (1985). *Allgemeine Sprachpsychologie.* München: Urban & Schwarzenberg.

HERRMANN, Th. & STÄCKER, K. H. (1969). Sprachpsychologische Beiträge zur Sozialpsychologie. In C. f. GRAUMANN (Hrsg.), *Sozialpsychologie. Handbuch der Psychologie* (Bd. 7). Göttingen: Hogrefe.

HERRMANN, Th., STAPF, A. & KROHNE, H. W. (1971). Die Marburger Skalen zur Erfassung des elterlichen Erziehungsstils. *Diagnostica, 17,* 118–131.

HERRMANN, Th. W. (Hrsg.). (1974). *Dichotomie und Duplizität. Grundfragen psychologischer Erkenntnis.* Bern: Huber.

HERRMANN, W. M., MCDONALD, R. J. & BOZAK, M. M. (1978). The effects of hormones on human behavior as measured by psychological tests. *Progress in Neuro-Psychopharmacology, 2,* 469–478.

HERSHENSON, M. (Ed.). (1990). *The moon illusion.* Hillsdale, NJ: Erlbaum.

HERTEL, E. (1939). *Farbenproben zur Prüfung des Farbsinnes* (20. Auflage der Stillingschen Tafeln). Leipzig: Thieme.

HERWIG, B. (1928). Psychotechnische Methoden im Verkehrswesen. In E. ABDERHALDEN (Hrsg.), *Handbuch der biologischen Arbeitsmethoden. Abt. VI Methoden der experimentellen Psychologie.* Berlin: Urban & Schwarzenberg.

HERWIG, B. (1944). Psychologie der Arbeit. In N. ACH (Hrsg.), *Lehrbuch der Psychologie. Bd. 3 Praktische Psychologie.* Bamberg: Buchner.

HERWIG, B. (1950). Möglichkeiten und Probleme

der heutigen Betriebspsychologie. *Psychologische Rundschau, 1,* 204–212.

Herz, A. & Shippenberg, T. S. (1989). Neurochemical aspects of addiction. Opioids and other drugs of abuse. In A. Goldstein (Ed.), *Molecular and cellular aspects of the drug addictions* (pp. 111–141). New York: Springer-Verlag.

Herzberg, F., Mausner, B. & Snyderman, B. B. (1959). *The motivation to work* (2nd ed.). New York: Wiley.

Herzig, E. A. (Hrsg.). (1978). *Betreuung Sterbender.* Basel: Rocom.

Herzog, W. (1983). *Modell und Theorie in der Psychologie: Vorarbeiten zu einer reflexiven Psychologie.* Göttingen: Hogrefe.

Hess, B. B. & Ferree, M. M. (1987). *Analyzing gender. A handbook of social science research.* Newbury Park: Sage.

Hess, E. H. (1975). *Prägung.* München: Kindler.

Hess, W. R. (1948). *Die funktionelle Organisation des vegetativen Nervensystems.* Basel: Schwabe.

Hesse, E. (1938). *Die Rausch- und Genußgifte.* Stuttgart: Enke.

Hetzer, H. (1961). *Kind und Jugendlicher in der Entwicklung.* Hannover: Schroedel.

Hetzer, H. (1982). Kinder- und jugendpsychologische Forschung im Wiener Psychologischen Institut von 1922–1938. *Zeitschrift für Entwicklungspsychologie und Pädagogische Psychologie, 14,* 175–224.

Hetzer, H. & Tent, L. (1967). *Der Schulreifetest.* Weinheim: Beltz.

Heuer, H. (1983). *Bewegungslernen.* Stuttgart: Kohlhammer.

Heuer, H. (1985). Wie wirkt mentale Übung? *Psychologische Rundschau, 36,* 191–200.

Heuer, H. (1990). Psychomotorik. In H. Spada (Hrsg.), *Lehrbuch Allgemeine Psychologie.* Bern: Huber.

Hewstone, M. (1989). *Causal attribution.* Oxford: Blackwell.

Hewstone, M. & Brown, R. J. (Eds.). (1986). *Contact and conflict in intergroup encounters.* Oxford.: Blackwell.

Heymans, G. (1904, 1906). Über Depersonalisation und Fausse Reconnaissance. *Zeitschrift für Psychologie, 36/43.*

Hick, W. E. (1952). On the rate of gain of information. *Quarterly Journal of Experimental Psychology, 4,* 11–26.

Hickey, J. E. & Scharf, P. L. (1980). *Toward a just correctional system.* San Francisco: Jossey-Bass.

Hiebsch, H. & Vorwerg, M. (1979). *Sozialpsychologie.* Berlin: Deutscher Verlag der Wissenschaften.

Hieden-Sommer, H. (1972). Zum Problem des Kurzzeitgedächtnisses. *Zeitschrift für Experimentelle und Angewandte Psychologie, 19,* 400–430.

Hierholzer, K. & Schmidt, R. F. (Hrsg.). (1991). 19. Endokrines System. In *Pathophysiologie des Menschen.* Weinheim: VCH.

Hilbert, D. & Ackermann, W. (1959). *Grundzüge der theoretischen Logik.* Berlin: Springer-Verlag.

Hilgard, E. R. (1965). *Hypnotic susceptibility.* New York: Harcourt.

Hilgard, E. R. (1980). Consciousness in contemporary psychology. *Annual Review Psychology, 31,* 1–26.

Hilgard, E. R. & Bower, G. H. (1966). *Theories of learning.* New York: Meredith.

Hilgard, E. R. & Bower, G. H. (1970, 1972). *Theorien des Lernens.* Stuttgart: Klett.

Hilgard, E. R. & Marquis, D. G. (1940). *Conditioning and learning.* London: Appleton.

Hill, J. & Moenks, F. (1977). *Adolescence and youth in prospect.* New York: Humanities Press.

Hill, K. T. & Sarason, S. B. (1966). The relation of test anxiety and defensiveness to test and school performance over the elementary school years. *Monographs of the Society for Research in Child Development, 31.*

Hiltmann, H. (1964). Wortassoziation und verbale Ergänzungsverfahren. In R. Heiss (Hrsg.), *Psychologische Diagnostik. Handbuch der Psychologie* (Bd. 6). Göttingen: Hogrefe.

Hiltmann, H. (1977). *Kompendium der psychologischen Tests.* Bern: Huber.

Hiltmann, H., Wewetzer, K. H. & Teirich, H. R. (1957). *Gruppenpsychotherapie.* Bern: Huber.

Himmelweit, H. T. et al. (1958). *Television and child.* London: Oxford University Press.

Hinckley, R. G. & Hermann, L. M. (1954). *Gruppenbehandlung in der Psychotherapie.* Zürich: Rascher.

Hinde, R. A. (1959). Some recent trends in ethology. In S. Koch (Ed.), *Psychology.* New York: McGraw-Hill.

Hinde, R. A. (1970). *Animal behavior: A synthesis of ethology and comparative psychology.* New York: McGraw-Hill.

Hinde, R. A. (Ed.). (1972). *Nonverbal communication.* Cambridge: Cambridge University Press.

Hinde, R. A. (1973, 1975). *Das Verhalten der Tiere.* Frankfurt: Suhrkamp.

Hindmarch, I., Aufdembrinke, B. & Ott, H. (1988). *Psychopharmacology and reaction time.* Chichester: Wiley.

Hippius, H., Engel, R. R. & Laakmann, G. (Hrsg.). (1986). *Benzodiazepine. Rückblick und Ausblick.* Berlin: Springer-Verlag.

Hippius, H. & Selbach, H. (Hrsg.). (1969). *Das depressive Syndrom.* München: Urban & Schwarzenberg.

Hirzel, M. (1969). *Partnerarbeit im programmierten Unterricht.* Stuttgart: Klett.

Hische, W. (1950). *Arbeitspsychologie.* Hannover: Weidmann.

Ho, B. T., Richards, D. W. & Chute, D. L. (Eds.). (1978). *Drug discrimination and state dependent learning.* New York: Academic Press.

Hobart, D. M. & Wood, J. P. (1955). *Verkaufs-Dynamik.* Essen: Giradet.

Hobbs, J. R. & Moore, R. C. (Eds.). (1985). *Formal*

theories of the commonsense of the world. Ablex: Publishing Corporation.

Hobson, J. A. (1990). *Schlaf, Gehirnaktivität im Ruhezustand.* Heidelberg: Spektrum.

Hochberg, J. E. (1977). *Wahrnehmung.* Wiesbaden: Westermann.

Hoche, A. E. (1902). *Die Freiheit des Willens vom Standpunkt der Psychopathologie.* Wiesbaden: Bergmann.

Hockett, C. F. (1955). *A manual of phonology.* Bloomington: Indiana University Press.

Hoefert, H. W. (Hrsg.). (1982). *Person und Situation: Interaktionspsychologische Untersuchungen.* Göttingen: Hogrefe.

Höfler, A. (1908). *Grundlehren der Psychologie.* Wien: Freytag.

Hörmann, G. & Körner, W. (Hrsg.). (1991). *Klinische Psychologie. Ein kritische Lehrbuch.* Reinbek: Rowohlt.

Hofer, M. (1969). *Die Schülerpersönlichkeit im Urteil des Lehrers.* Weinheim: Beltz.

Hoff, E. (1992), *Arbeit, Freizeit und Persönlichkeit.* Heidelberg: Asanger.

Hoff, E. & Hohner, H.-U. (1989). Berufliche Sozialisation. In S. Greif, H. Holling & N. Nicholson (Hrsg.), *Arbeits- und Organisationspsychologie. Internationales Handbuch in Schlüsselbegriffen* (S. 186–193). München: Psychologie Verlags Union.

Hoff, H. et al. (1955). *Lehrbuch der Psychiatrie.* Basel: Schwabe.

Hoffmann, J. (1982). *Das aktive Gedächtnis.* Berlin: Deutscher Verlag der Wissenschaften.

Hoffmann, P. (1934). Die psychologischen Eigenschaften der Eigenreflexe. *Ergebnisse der Physiologie, Biologischen Chemie und Experimentellen Pharmakologie, 36.*

Hofstätter, P. R. (1948). *Einführung in die Tiefenpsychologie.* Wien: Braumüller.

Hofstätter, P. R. (1955). *Über die Ähnlichkeit.* Psyche, 9, 54–80.

Hofstätter, P. R. (1957). *Entwicklung.* Fischer Lexikon Psychologie. Frankfurt: Fischer.

Hofstätter, P. R. (1957, 1971). *Gruppendynamik.* Reinbek: Rowohlt.

Hofstätter, P. R. (1959). Über Selbsterkenntnis. *Zeitschrift für Angewandte Psychologie, 6.*

Hofstätter, P. R. (1960, 1968). Tiefenpsychologische Persönlichkeitstheorien. In Ph. Lersch & H. Thomae (Hrsg.), *Persönlichkeitsforschung und Persönlichkeitstheorie. Handbuch der Psychologie.* Göttingen: Hogrefe.

Hofstätter, P. R. (1967, 1973). *Sozialpsychologie.* Berlin: de Gruyter.

Hofstätter, P. R. (1971). *Differentielle Psychologie.* Stuttgart: Kröner.

Hofstätter, P. R. (1984). *Psychologie zwischen Kenntnis und Kult.* München: Oldenbourg.

Hofstätter, P. R. & Wendt, D. (1965). *Quantitative Methoden der Psychologie.* Berlin: Springer-Verlag.

Hogan, R. (1973). Moral conduct and moral character. *Psychological Bulletin, 79,* 217–232.

Hogg, M. A. & Vaughan, G. M. (1995). *Social psychology.* London: Prentice Hall.

Höhn, E. (1964). Spielerische Gestaltungsverfahren. In R. Heiss (Hrsg.), *Psychologische Diagnostik. Handbuch der Psychologie* (Bd. 6). Göttingen: Hogrefe.

Höhn, E. (1967). *Der schlechte Schüler.* München: Piper.

Höhn, E. & Schick, C. P. (1964). *Das Soziogramm.* Göttingen: Hogrefe.

Höhn, E. & Seidel, G. (1969). Soziometrie. In C. F. Graumann (Hrsg.), *Sozialpsychologie. Handbuch der Psychologie* (Bd. 7). Göttingen: Hogrefe.

Hokanson, J. E. et al. (1968). Modification of autonomic responses during aggressive interchange. *Journal of Personality, 36,* 386–404.

Hökfelt, T. G. M., Castel, M.-N., Morino, P., Zhang, X. & Dagerlind, A. (1995). General overview of neuropeptides. In F. E. Bloom & D. J. Kupfer (Eds.), *Psychopharmacology. The fourth generation of progress* (pp. 483–492). New York: Raven Press.

Holding, D. H. (Ed.). (1989). *Human skills.* Chichester: Wiley.

Holland, H. C. (1966). *The spiral after-effect.* Oxford: Pergamon.

Hollander, E. P. (1958). Conformity, status and idiosyncrasy credit. *Psychological Review, 65,* 117–170.

Hollander, E. P. (1967, 1971). *Principles and methods of social psychology.* Oxford: Oxford University Press.

Holling, H. (1989). *Psychische Beanspruchung durch Wartezeiten in der Mensch-Computer-Interaktion.* Berlin: Springer-Verlag.

Holling, H. & Liepmann, D. (1993). Personalentwicklung. In H. Schuler (Hrsg.), *Lehrbuch Organisationspsychologie* (S. 285–316). Bern: Huber.

Holmes, C. S. (Ed.). (1990). *Psychoneuroendocrinology. Brain, behavior, and hormonal interactions.* New York: Springer-Verlag.

Holmes, D. S. (1984). Meditation and somatic arousal reduction: A review of the experimental evidence. *American Psychologist, 39,* 1–10.

Holmes, T. H. & Rahe, R. H. (1967). The social readjustment rating scale. *Journal of Psychomatic Research, 11,* 213–218.

Holsboer, F. (1995). Neuroendocrinology of mood disorders. In F. E. Bloom & D. J. Kupfer (Eds.), *Psychopharmacology. The fourth generation of progress* (pp. 957–969). New York: Raven Press.

Holst, E. v. (1936). Versuche zur Theorie der relativen Koordination. *Pflügers Archiv für die gesamte Physiologie des Menschen und der Tiere, 237,* 93–121.

Holst, E. v. (1939). Entwurf eines Systems der lokomotorischen Periodenbildung bei Fischen. *Zeitschrift für Vergleichende Physiologie, 26,* 481–528.

Holst, E. v. (1939). Die relative Koordination als Phänomen und als Methode zentralnervöser Funktionsanalyse. *Ergebnisse der Physiologie und experimentellen Pharmakologie, 42,* 228–306.

Holst, E. v. (1950). Das Reafferenzprinzip. *Die Naturwissenschaften, 37,* 464–476.

Holst, E. v. (1969, 1970). *Zur Verhaltensphysiologie bei Tieren und Menschen.* München: Piper.

Holst, E. v. & Saint-Paul, U. (1960). Vom Wirkungsgefüge der Triebe. *Die Naturwissenschaften, 47,* 409–422.

Holsti, O. R. (1968). Content analysis. In G. Lindzey & E. Aronson (Eds.), *Handbook of social psychology* (Vol. 5). Reading: Addison-Wesley.

Höltershinken, D. (1971, 1973). *Vorschulerziehung* (Bd. 1–2). Freiburg: Herder.

Holtzmann, W. H. (1965). Personality structure. *Annual Review of Psychology, 16,* 119–156.

Holzinger, K. J. et al. (1937). *Twins: A study of heredity and environment.* Chicago: University of Chicago Press.

Holzkamp, K. (1964). *Theorie und Experiment in der Psychologie.* Berlin: de Gruyter.

Holzkamp, K. (1972). *Kritische Psychologie.* Frankfurt: Fischer.

Holzkamp, K. (1972). Soziale Kognition. In C. F. Graumann (Hrsg.), *Sozialpsychologie. Handbuch der Psychologie* (Bd. 7). Göttingen: Hogrefe.

Holzkamp, K. (1973). *Sinnliche Erkenntnis.* Frankfurt: Fischer.

Holzkamp, K. (1974, 1978). Begabung-Intelligenz. In C. Wulf (Hrsg.), *Wörterbuch der Erziehung.* München: Piper.

Holzschuher, L. (1949). *Praktische Psychologie.* Seebruck: Heering.

Holzschuher, L. (1956). *Psychologische Grundlagen der Werbung.* Essen: Giradet.

Homans, G. C. (1950). *The human group.* New York: Harcourt.

Homans, G. C. (1958). Human behavior as exchange. *American Journal of Psychology, 63,* 597–606.

Homans, G. C. (1960, 1965). *Theorie der sozialen Gruppe.* Köln: Westdeutscher Verlag.

Homans, G. C. (1967). Fundamental social processes. In N. J. Smelser (Ed.), *Sociology. An introduction.* New York: Wiley.

Homans, G. C. (1968). *Elementarformen sozialen Verhaltens.* Köln: Westdeutscher Verlag.

Homburger, A. (1926). *Vorlesungen über Psychopathologie des Kindesalters.* Berlin: Springer-Verlag.

Hommers, W. (Hrsg.). *Perspektiven der Rechtspsychologie.* Göttingen: Hogrefe. 1991.

Honaker, L. M. (1988). The equivalency of computerized and conventional MMPI administration: A critical review. *Clinical Psychology Review.*

Hopf, D. (1974). *Differenzierung in der Schule.* Stuttgart: Klett.

Hoppe, F. (1930). *Erfolg und Mißerfolg.* Psychologische Forschung, 14, 1–63.

Hoppe-Graff, S. (1983). Stufe und Sequenz als beschreibende und erklärende Konstrukte der Entwicklungspsychologie. In R. K. Silbereisen & L. Montada (Hrsg.), *Entwicklungspsychologie* (S. 55–60). München: Urban & Schwarzenberg.

Hoppock, R. (1967). *Occupational information.* New York: McGraw-Hill.

Hord, D. J., Johnson, C. C. & Lubin, A. (1964). Differential effect of the law of initial value (LIV) on autonomic variables. *Psychophysiology, 1,* 79–87.

Hörmann, H. (1960). *Konflikt und Entscheidung.* Göttingen: Hogrefe.

Hörmann, H. (1964). Bedingungen für das Behalten und Erinnern. In R. Bergius (Hrsg.), *Allgemeine Psychologie. Handbuch der Psychologie.* Göttingen: Hogrefe.

Hörmann, H. (1964). Theoretische Grundlagen der projektiven Tests. In R. Heiss (Hrsg.), *Psychologische Diagnostik. Handbuch der Psychologie.* Göttingen: Hogrefe.

Hörmann, H. (1967, 1977). *Psychologie der Sprache.* Berlin: Springer-Verlag.

Hörmann, H. (1976). *Meinen und Verstehen: Grundzüge einer psychologischen Semantik.* Frankfurt: Suhrkamp.

Hörmann, H. & Moog, W. (1957). *Der Rosenzweig P-F Test: Form für Erwachsene.* Göttingen: Hogrefe.

Hofstede, G. (1980). *Culture's consequences: International differences in work-related values.* London: Sage.

Hormuth, S. E. (Hrsg.). (1979). *Sozialpsychologie der Einstellungsänderung.* Königstein: Hain.

Horn, K. (Hrsg.). (1979). *Aktionsforschung: Balanceakt ohne Netz?* Frankfurt: Syndikat.

Horn, W. (1962). *Das Leistungsprüfungssystem (LPS).* Göttingen: Hogrefe.

Horn, W. (1972). *Das Begabungstestsystem (BTS).* Göttingen: Hogrefe.

Hornbostel, E. (1926). Psychologie der Gehörerscheinungen (Bd. 11). In A. Bethe (Hrsg.), *Handbuch der normalen und pathologischen Physiologie.* Berlin: Springer-Verlag.

Horney, K. (1951). *Der neurotische Mensch unserer Zeit.* München: Kindler.

Hornstein, N. & Lightfoot, D. (1981). *Explanation in linguistics.* London: Longman.

Hornstein, W., Bastine, R., Junker, H. & Wulf, C. (1977). *Beratung in der Erziehung.* Funk-Kolleg. Frankfurt: Fischer.

Horowitz, E. L. (1944). Race attitudes. In O. Klineberg (Ed.), *Characteristics of the American negroe.* New York: Harper.

Horst, P. (1963). *Matrix algebra for social scientists.* New York: Holt.

Horst, P. (1971). *Messung und Vorhersage.* Weinheim: Beltz.

Hoskins, R. G. & Sleeper, F. H. (1933). Organic

functions in schizophrenia. *Archives of Neurology, 30,* 123–140.

Houben, A. M. (1964). Farbwahl- und Farbgestaltungsverfahren. In R. Heiss (Hrsg.), *Psychologische Diagnostik. Handbuch der Psychologie* (Bd. 6). Göttingen: Hogrefe.

House, R. J. & Mitchell, T. R. (1974). Path-goal theory of leadership. *Journal of Contemporary Business, 3,* 81–97.

Hovland, C. & Sears, R. R. (1938). Experiments on motor conflict. *Journal of Experimental Psychology, 23,* 477–493.

Hovland, C. (1937). The generalization of conditioned responses. *Journal of General Psychology, 17,* 125–148.

Hovland, C. (1954). Effects of the mass media on communication. In G. A. Lindzey (Ed.), *Handbook of social psychology.* Cambridge: Addison-Wesley.

Hovland, C. & Sherif, M. (1952). Judgemental phenomena and scales of attitude measurement. *Journal of Abnormal and Social Psychology, 47,* 822–832.

Howes, D. H. (1964). Application of the word-frequency concept to aphasia. In A. V. S. de Reuck & M. O'Connor (Eds.), *Disorders of language: Ciba Foundation Symposium.* London: Churchill.

Howes, D. H. (1973). Some experimental investigations of language in aphasia. In H. Goodglass & S. Blumenstein (Eds.), *Psycholinguistics and aphasia.* Baltimore: John Hopkins University Press.

Howlin, P. (1980). The home treatment of autistic children. In L. A. Hersov, M. Berger & A. R. Nicol (Eds.), *Language and language disorders in childhood.* Oxford: Pergamon Press.

Hoyos, C. Graf. (1956). Zur Methodik der Bewährungskontrolle in der Berufseignungsprüfung. *Psychologische Rundschau, 7,* 204–223.

Hoyos, C. Graf. (1965). *Psychologie des Straßenverkehrs.* Bern: Huber.

Hoyos, C. Graf. (1974). *Arbeitspsychologie.* Stuttgart: Kohlhammer.

Hoyos, C. Graf. (1980). *Psychologische Unfall- und Sicherheitsforschung.* Stuttgart: Kohlhammer.

Hoyos, C. Graf, Kroeber-Riehl, W., v. Rosenstiel, L. & Strümpel, B. (Hrsg.). (1980). *Grundbegriffe der Wirtschaftspsychologie.* München: Kösel.

Hoyos, C. Graf, Kroebel-Riel, W., v. Rosenstiel, L. & Strümpel, B. (Hrsg.). (1987). *Wirtschaftspsychologie in Grundbegriffen.* München: Psychologie Verlags Union.

Hoyos, C. Graf & Ruppert, F. (1993). *Der Fragebogen zur Sicherheits-Diagnose. FSD.* Bern: Huber.

Hoyos, C. Graf & Zimolong, B. (Hrsg.). (1990). Ingenieurpsychologie. In *Enzyklopädie der Psychologie.* Göttingen: Hogrefe.

Hruschka, E. (1969). *Versuch einer theoretischen Grundlegung des Beratungsprozesses.* Meisenheim: Hain.

Hubel, D. H. (1971). The visual cortex of the brain. In N. Chalmers, R. Chrawley & S. P. Rose (Eds.), *The biological basis of behavior.* London: Harper.

Hubel, D. H. & Wiesel, T. N. (1962). Receptive fields, binocular interaction and functional architecture in the cat's visual cortex. *Journal of Physiology, 160,* 106–154.

Huber, G. (1994). *Psychiatrie.* Stuttgart: Schattauer.

Huber, H. P. (1973). *Psychometrische Einzelfalldiagnostik.* Weinheim: Beltz.

Huber, O. (1982). *Entscheiden als Problemlösen: Eine Annäherung.* Bern: Huber.

Hubert, W. (1988). *Emotionale Reaktionsmuster und Cortisolveränderungen im Speichel.* Frankfurt: Lang.

Hucker, S. J. & Bain, J. (1990). Androgenic hormones and sexual assault. In W. L. Marshall, D. R. Laws & H. E. Barbaree (Eds.), *Handbook of sexual assault. Issues, theories, and treatment of the offender. Applied clinical psychology* (pp. 93–102). New York: Plenum Press.

Huesman, L. R. & Eron, L. D. (Eds.). (1986). *Televison and the aggressive child: A cross-cultural comparison.* Hillsdale, NJ: Erlbaum.

Huizinga, J. (1938). *Der Mensch und die Kultur.* Stockholm: Bermann-Fischer.

Hull, C. L. (1943). *Principles of behavior.* New York: Appleton.

Hull, C. L. (1951). *Essentials of behavior.* New Haven: Yale University Press.

Hull, C. L. (1952). *A behavior system.* New Haven: Yale University Press.

Hull, C. L. (1965). Quantitative Aspekte der Begriffsentwicklung. In C. F. Graumann (Hrsg.), *Denken.* Köln: Kiepenheuer.

Humboldt, W. v. (1836). *Über die Verschiedenheit des menschlichen Sprachbaus.* Berlin: Dümmler.

Humboldt, W. v. (1963). *Über die Verschiedenheit des menschlichen Sprachbaus.* Darmstadt: Wissenschaftliche Buchgesellschaft.

Hume, D. (1964). *Eine Untersuchung über den menschlichen Verstand.* Hamburg: Meiner.

Humphrey, G. (1933). *The nature of learning in its relation to the living system.* New York: Harcourt.

Humphrey, G. (1951). *Thinking.* New York: Wiley.

Humphrey, G. (1956). Der bedingte Reflex und das Phi-Phänomen. *Psychologische Beiträge, 2,* 215–225.

Humphreys, P., Syneson, O. G. & Vari, A. (Eds.). (1983). *Analysing and aiding decision processes.* Amsterdam: North-Holland.

Hundleby, J. D. (1972). Structure of personality: Surface and source traits. In R. M. Dreeger (Ed.), *Multivariate personality research.* Baton Rouge: Claitors.

Hundleby, J. D. & Connor, W. H. (1968). Interrelationship between personality inventories: The 16 PF, the MMPI and the MPI. *Journal of Consulting and Clinical Psychology, 32,* 152–157.

Hundleby, J. D., Pawlik, K. & Cattell, R. B.

(1965). *Personality factors in objektive test devices.* San Diego: Knapp.

Hunt, E. B. (1962). *Concept learning.* New York: Wiley.

Hunt, E. B., Martin, J. & Stone, P. J. (1966). *Experiments in induction.* New York: Academic Press.

Hunt, J. McV. (Ed.). (1944). *Personality and the behavior disorders: A handbook based on experimental and clinical research.* New York: Ronald.

Hunt, J. McV. (1965). Intrinsic motivation and its role in psychological development. In D. Levine (Ed.), *Nebraska Symposium on motivation.* Lincoln: University of Nebraska Press.

Hunt, J. McV. (1979). Psychological development: Early experience. *Annual Review of Psychology, 30,* 103–143.

Huntington, E. (1948). *Civilization and climate.* New Haven: Yale University Press.

Hüppe, A., Hüppe, M. & Janke, W. (1996). Wirkungen niedriger Coffeindosen auf das Befinden bei vermuteter Analgetikaeinnahme. Ein experimenteller Beitrag zur Mißbrauchsdiskussion. *Zeitschrift für Klinische Psychologie, 25,* 244–247.

Hurlock, E. B. (1949). *Adolescent development.* New York: McGraw-Hill.

Hurlock, E. B. (1974). *Personality development.* New York: McGraw-Hill.

Hurrelmann, K. (1993). *Einführung in die Sozialisationstheorie.* Weinheim: Beltz.

Hurrelmann, K. & Ulich, D. (Hrsg.). (1980). *Handbuch der Sozialisationsforschung.* Weinheim: Beltz.

Hurvich, L. M. & Jameson, D. (1966). Theorie der Farbwahrnehmung. In W. Metzger (Hrsg.), *Allgemeine Psychologie. Handbuch der Psychologie* (Bd. 1/1). Göttingen: Hogrefe.

Huse, E. F. (1980). *Organization development and change* (2. Aufl.). New York: West.

Husen, T. (1959). *Psychological twin research.* Stockholm: Almquist.

Husen, T. (1975). *Begabung und Bildungspolitik.* Hannover: Schrödel.

Husserl, E. (1900). *Logische Untersuchungen* (Bd. 1 ff.). Halle: Niemeyer.

Husserl, E. (1913–1954). *Ideen zu einer reinen Phänomenologischen Philosophie* (Bd. 1 ff.). Halle: Niemeyer.

Husslein, E. (1978). *Der Schulangst-Test (SAT).* Göttingen: Hogrefe.

Huth, A. (1953). *Handbuch psychologischer Eignungsuntersuchungen.* Speyer: Pilger.

Hutterer-Krisch, R. (Hrsg.). (1996). *Psychotherapie mit psychotischen Menschen.* Wien: Springer-Verlag.

Hyden, H. (1968). Activation of nuclear RNA in neurons and glia in learning. In D. P. Kimble (Ed.), *Learning, remembering, and forgetting.* New York: Gordon.

Hyman, H. H. (1942). The psychology of status. *Arch. Psychol., 269.*

Hyman, R. (1953). Stimulus information as a determinant of reaction time. *Journal of Experimental Psychology, 45,* 188–196.

Imai, M. (1991). *Kaizen. Der Schlüssel zum Erfolg der Japaner im Wettbewerb.* München: Wirtschaftsverlag Langen, Müller/Herbig.

Immig, G. (1920). Die Arbeitsprobe. *Praktische Psychologie, 2,* 338–344.

Immig, G. (1929). Die Prüfung der Hilfsarbeiterinnen bei Firma Carl Zeiss, Jena. *Industrielle Psychotechnik, 6,* 81–87.

Ingenkamp, K. (1963). *Psychologische Tests für die Hand des Lehrers.* Weinheim: Beltz.

Ingenkamp, K. (Hrsg.). (1967). *Lese- und Rechtschreibschwäche bei Schulkindern. Kongreßbericht.* Weinheim: Beltz.

Ingenkamp, K. (1971). *Tests in der Schulpraxis.* Weinheim: Beltz.

Ingenkamp, K. (1972). *Die Fragwürdigkeit der Zensurengebung.* Weinheim: Beltz.

Ingenkamp, K. (1973). *Beobachtung und Analyse von Unterricht.* Weinheim: Beltz.

Ingenkamp, K. (1973). *Schätzen und Messen in der Unterrichtsforschung.* Weinheim: Beltz.

Ingenkamp, K. (1973). *Strategien der Unterrichtsforschung.* Weinheim: Beltz.

Ingenkamp, K. & Parey, E. (Hrsg.). (1970). *Handbuch der Unterrichtsforschung.* Weinheim: Beltz.

Ingham, R. J. (1984). *Stuttering and behavior therapy.* San Diego: College-Hill Press.

Inglehart, R. (1977). *The silent revolution: Changing values and political styles among western publics.* Princeton: University Press.

Ipsen, G. & Karg, F. (1928). *Schallanalytische Versuche.* Heidelberg: Winter.

Irle, M. (1955). *Der Berufs-Interessen-Test (B-I-T).* Göttingen: Hogrefe.

Irle, M. (1963). *Soziale Systeme.* Göttingen: Hogrefe.

Irle, M. (1975). *Lehrbuch der Sozialpsychologie.* Göttingen: Hogrefe.

Irle, M. (1979). Das Instrument der Täuschung in der Verhaltens- und sozialwissenschaftlichen Forschung. *Zeitschrift für Sozialpsychologie, 10,* 305–330.

Irwin, F. W. (1953). Stated expectations as functions of probability and desirability of outcomes. *Journal of Personality, 21,* 329–335.

Irwin, O. C. & Chen, H. (1946). Development of speech during infancy: Curve of phonemic types. *Journal of Experimental Psychology, 36,* 431–436.

Isaacson, R. L. & Pribram, K. H. (1975). *The hippocampus: Structure and development.* New York: Plenum Press.

Israel, H. & Goldstein, B. (1944). Operationism in psychology. *Psychological Review, 51,* 177–188.

Itil, T. M., Laudahn, G. & Herrmann, W. M. (Eds.). (1976). *Psychotropic action of hormones.* New York: Spectrum.

Ittelson, W. H. (Ed.). (1973). *Environment and cognition.* New York: Seminar Press.

Ittelson, W. H., Proshansky, H. M. et al. (1977). *An introduction to environmental psychology.* New York: Holt.

Iversen, L. L., Iversen, S. D. & Snyder, S. H. (1975–1988). *Handbook of psychopharmacology* (Vol. 1–20). New York: Plenum Press.

Iverson, S. D. (1995). Interactions between excitatory amino acids and dopamine systems in the forebrain. Implications for schizophrenia and Parkinson's disease. *Behavioural Pharmacology, 6,* 478–491.

Ivic, M. (1971). *Wege der Sprachwissenschaft.* München: Hueber.

Izard, C. E. (1977). *Human emotions.* New York: Plenum Press.

Izard, C. E. (1981). *Die Emotionen des Menschen.* Weinheim: Beltz.

Izard, C. E., Kagan, J. & Zajonc, R. B. (Eds.). (1984). *Emotions, cognition, and behavior.* Cambridge: University Press.

Jackendoff, R. (1987). *Consciousness and the computational mind.* Cambridge, Mass.: MIT Press.

Jackson, P. W. (1973). Die Welt des Schülers. In W. Edelstein & D. Hopf (Hrsg.), *Bedingungen des Bildungsprozesses* (S. 13–26). Stuttgart: Klett.

Jacobi, J. (1957). *Komplex, Archetyp, Symbol.* Zürich: Rascher.

Jacobi, J. (1959). *Die Psychologie von C. G. Jung.* Zürich: Rascher.

Jacobi, J. (1965). *Der Weg zur Individuation.* Zürich: Rascher.

Jacobi, J. (1972). *Die Seelenmaske.* Olten: Walter.

Jacobs, B. L. (1984). *Hallucinogens. Neurochemical, behavioral, and clinical perspectives.* New York: Raven.

Jacobson, M. (1991). *Developmental neurobiology* (3rd ed.). New York: Plenum.

Jaeggi, E. (1979). *Kognitive Verhaltenstherapie.* Weinheim: Beltz.

Jaensch, E. R. (1929). *Grundformen menschlichen Seins.* Berlin: Elsner.

Jaensch, E. R. (1938). *Der Gegentypus. Psychologisch-anthropologische Grundlagen deutscher Kulturphilosophie ausgehend von dem, was wir überwinden wollen.* Leipzig: Barth.

Jaensch, E. R. et al. (1911). Über die Wahrnehmung des Raumes. Ergänzung *Zeitschrift für Psychologie, 6.*

Jaensch, E. R. et al. (1927). *Über den Aufbau der Wahrnehmungswelt und die Grundlagen der menschlichen Erkenntnis.* Leipzig: Barth.

Jaensch, W. (1926). *Grundzüge einer Physiologie und Klinik der psychophysischen Persönlichkeit.* Berlin: Springer-Verlag.

Jaffe, J. H. (1987). Pharmacological agents in treatment of drug dependence. In H. Y. Meltzer (Ed.), *Psychopharmacology: The third generation of progress* (pp. 1605–1616). New York: Raven.

Jaffe, J. H. & Martin, W. R. (1990). Opiod analgesics and antagonists. In A. G. Gilman, T. W. Rall, A. S. Nies & P. Taylor (Eds.), *Goodman and Gilmans «The pharmacological basis of therapeutics»* (8th ed., pp. 508–514). New York: Pergamon.

Jäger, A. O. (1963). Der Wilde-Test. *Zeitschrift für Experimentelle und Angewandte Psychologie, 10.*

Jäger, A. O. (1966). Prognose und Bewährung in der Eignungsdiagnostik. In K. Holzkamp, A. O. Jäger & F. Merz (Hrsg.), *Prognose und Bewährung in der psychologischen Diagnostik.* Göttingen: Hogrefe.

Jäger, A. O. (1967). *Dimensionen der Intelligenz.* Göttingen: Hogrefe.

Jäger, A. O. (1970). Personalanalyse. In A. Mayer & B. Herwig (Hrsg.), *Betriebspsychologie. Handbuch der Psychologie* (Bd. 9). Göttingen: Hogrefe.

Jager, H. de & Mok, A. L. (1973). *Grundlegung der Soziologie.* Köln: Bachem.

Jäger, R. (1975). *Praxis der Psychologie.* Weinheim: Beltz.

Jäger, R., Lischer, S. Münster, B. & Ritz, B. (1976). *Biographisches Inventar zur Diagnose von Verhaltensstörungen (BIV).* Göttingen: Hogrefe.

Jänicke, M. (1992). Das Dilemma des globalen Wachstums. *Blätter für deutsche und internationale Politik, 7,* 780–784.

Jahnke, J. (1975). *Interpersonale Wahrnehmung.* Stuttgart: Kohlhammer.

Jahoda, G. (1996). Ansichten über die Psychologie und die «Kultur». In A. Thomas (Hrsg.), *Psychologie interkulturellen Handelns* (S. 33–42). Göttingen. Hogrefe.

Jahoda, M. et al. (1933). *Marienthal: The sociography of an unemployed community* (Engl. Übersetzung 1972). London: Tavistock Publications.

Jahoda, M., Lazarsfeld, P. F. & Zeisel, H. (1975; Original 1933). *Die Arbeitslosen von Marienthal.* Frankfurt/M.: Suhrkamp.

Jaide, W. (1961). *Die Berufswahl.* München: Juventa.

Jaide, W. (1983). *Wertwandel?* Opladen: Leske.

Jakobson, R. & Halle, M. (1956). *Fundamentals of language* (dt.: Grundlagen der Sprache. Berlin Akademie-Verlag 1960). The Hague: Mouton.

Jaide, W. & Hille B. (Hrsg.). (1977). *Jugend im doppelten Deutschland.* Opladen: Westdeutscher Verlag.

Jakobson, R. (1941). *Kindersprache, Aphasie und allgemeine Lautgesetze.* Universitets Arsskrift. Uppsala.

Jakobson, R., Fant, G. & Halle, M. (1952). *Preliminaries to speech analysis.* Cambridge, MA: MIT Press.

Jakubowicz, C. (1970). Recherches récentes en psycholinguistique. *Année Psychologique, 70.*

James, J. E. (1997). *Understanding caffeine. A biobehavioral analysis.* Thousand Oaks: Sage.

Janet, P. (1892). *L'état mental des hystériques.* Paris: Rueff.

JANIS, I. L. (1958). *Psychological stress – psychoanalysis and behavioral studies of surgical patients.* New York: Academic Press.

JANIS, I. L. (1972). *Victims of groupthink.* Boston: Houghton Mifflin.

JANIS, I. L. (Ed.). (1981). *Counseling on personal decisions. Theory and field research on helping relationships.* New Haven: Yale University Press.

JANKE, W. (1960). Experimentalpsychologische Untersuchung zur Wirkung von Ataraktika auf die motorische Leistungsfähigkeit. *Mitteilungen der Deutschen Gesellschaft für Verkehrsmedizin, 8.*

JANKE, W. (1964). *Experimentelle Untersuchungen zur Abhängigkeit der Wirkung psychotroper Substanzen von Persönlichkeitsmerkmalen.* Frankfurt: Akademische Verlagsgesellschaft.

JANKE, W. (1965). Untersuchungen zur Frage von Wirkungsunterschieden von Fluphenazin nach erst- und mehrmaliger Applikation. *Psychopharmacologia, 7,* 349–365.

JANKE, W. (1966). Über psychische Wirkungen verschiedener Tranquilizer bei gesunden, emotional labilen Personen. *Psychopharmacologia, 8,* 340–374.

JANKE, W. (1976). Psychophysiologische Grundlagen des Verhaltens. In KEREKJARTO, M. v. (Hrsg.), *Medizinische Psychologie.* Berlin: Springer-Verlag.

JANKE, W. (1980). Psychometric and psychophysiological actions of antipsychotics in men. In F. HOFFMEISTER & G. STILLE (Eds.), *Handbook of experimental pharmacology* (Vol. 55, pp. 305–348). Berlin: Springer-Verlag.

JANKE, W. (1981). Probleme pharmakopschologischer Forschung. In E. R. REY (Hrsg.), *Klinische Psychologie* (S. 167–178). Stuttgart: Fischer.

JANKE, W. (Ed.). (1981). *Response variability to psychotropic drugs.* Oxford: Pergamon Press.

JANKE, W. (1986). Untersuchungen zur Placeboreaktivität. Vorhersagbarkeit der Reaktion gesunder Personen. In H. HIPPIUS, K. ÜBERLA, G. LAAKMANN & J. HASFORD (Hrsg.), *Das Placebo-Problem* (S. 151–171). Stuttgart: Fischer.

JANKE, W. (1993). Biopsychologie. In A. Schorr (Hrsg.), *Handwörterbuch der Angewandten Psychologie* (S. 99–109). Bonn: Deutscher Psychologen Verlag.

JANKE, W. (1994). Pharmakologie und Toxikologie. In W.-D. GERBER, H.-D. BASLER & U. TEWES (Hrsg.), *Medizinische Psychologie* (S. 339–362). München: Urban & Schwarzenberg.

JANKE, W. & AMELANG, M. (1965). Untersuchungen zur psychischen Wirkung eines zentralen Stimulans nach verschiedenen Graden psychischer Beanspruchung. *Psychologische Forschung, 28,* 562–586.

JANKE, W. & DEBUS, G. (1972). Double-blind psychometric evaluation of pimozide and haloperidol versus placebo in emotionally labile volunteers under two different work load conditions. *Pharmakopsychiatrie, Neuro-Psychopharmakologie, 5,* 33–51.

JANKE, W. & DEBUS, G. (1975). Pharmakopsychologische Untersuchungen an gesunden Probanden zur Prognose der therapeutischen Effizienz von Psychopharmaka. *Arzneimittelforschung, 25,* 1185–1195.

JANKE, W. & DEBUS, G. (1978). *Die Eigenschaftswörterliste (EWL).* Göttingen: Hogrefe.

JANKE, W., DEBUS, G. & ERDMANN, G. (1986). Angstreduzierende Wirkung von Psychopharmaka bei gesunden Personen. Überblick über Ergebnisse experimenteller Untersuchungen und Schlußfolg. In W. KEUP (Hrsg.), *Biologische Psychiatrie* (S. 339–352). Heidelberg: Springer-Verlag.

JANKE, W., DEBUS, G. & LONGO, N. (1979). Differential psychopharmacology of tranquilizing and sedating drugs. In J. R. BOISSIER (Ed.), *Modern problems of pharmacopsychiatry* (Vol. 14, pp. 13–98). Basel: Karger.

JANKE, W., EHRHARDT, K. J. & MÜNCH, U. (1983). Behavioral effects of carbamazepine after single and repeated administration in emotionally labile subjects. *Neuropsychobiology, 10,* 217–227.

JANKE, W. & ERDMANN, G. (1992). Pharmakopsychologie. In P. RIEDERER, G. LAUX & W. PÖLDINGER (Hrsg.), *Neuro-Psychopharmaka. Ein Therapie-Handbuch. Bd. 1 Allgemeine Grundlagen der Pharmakopsychiatrie* (S. 109–130). Wien: Springer-Verlag.

JANKE, W. & KALLUS, K. W. (1995). Reaktivität. In M. AMELANG (Hrsg.), *Enzyklopädie der Psychologie. C/VIII/2 Interindividuelle Unterschiede – Leistung* (S. 1–89). Göttingen: Hogrefe.

JANKE, W. & NETTER, P. (1981). Zur Wirkung von Psychopharmaka nach einmaliger und mehrmaliger Verabreichung. Ein Beitrag zur Problematik pharmakopsychologischer Akutversuche. In L. TENT (Hrsg.), *Erkennen, Wollen, Handeln. Beiträge zur Allgemeinen und Angewandten Psychologie* (S. 404–423). Göttingen: Hogrefe.

JANKE, W. & NETTER, P. (Hrsg.). (1986). *Angst und Psychopharmaka.* Stuttgart: Kohlhammer.

JANKE, W. & NETTER, P. (1986). Angstbeeinflussung durch Pharmaka. Methodische Ansätze und Grundprobleme. In W. JANKE & P. NETTER (Hrsg.), *Angst und Psychopharmaka* (S. 43–71). Stuttgart: Kohlhammer.

JANKE, W. & SCHMATZER, E. (1962). Experimentalpsychologische Untersuchungen zur Wirkung einer Prothipendyl/Cyclobarbital-Calcium-Kombination im Vergleich zu Cyclobarbital-Calcium. *Arzneimittelforschung, 12.*

JANOV, A. (1973). *Der Urschrei.* Frankfurt: Fischer.

JANOWSKY, D. S. & OVESTREET, D. H. (1995). The role of acetylcholine mechanisms in mood disorders. In F. E. BLOOM & D. J. KUPFER (Eds.), *Psychopharmacology. The fourth generation of progress* (pp. 945–956). New York: Raven Press.

JANSSEN, H. (1982). *Linguistische Erklärung und Bewertung.* Frankfurt: Lang.

JANZ, W. (1974). Beschäftigungstherapie in der Psychiatrie. In G. JENTSCHURA (Hrsg.), *Beschäf-*

tigungstherapie. Grundlagen und Praxis. Stuttgart: Thieme.

Jaspers, K. (1958). *Der philosophische Glaube.* München: Piper.

Jaspers, K. (1960, 1971). *Psychologie der Weltanschauung.* Berlin: Springer-Verlag.

Jaspers, K. (1965, 1973). *Allgemeine Psychopathologie.* Berlin: Springer-Verlag.

Jeffrey, R. C. (1965). *The logic of decision* (dt.: Logik der Entscheidungen). München: Oldenbourg 1967). New York: McGraw-Hill.

Jeffrey, R. C. (1967). *Logik der Entscheidungen.* München: Oldenburg.

Jellinek, E. M. (1960). *The disease concept of alcoholism.* New Haven: Yale Center of Alcohol Studies.

Jenkins, J. J. (1960). Communality of associations as an indicator of more general patterns of verbal behavior. In T. A. Sebeok (Ed.), *Style in language.* Cambridge, MA: MIT Press.

Jensen, A. (1973). How much can we boost IQ and scholastic achievement? (In deutscher Übersetzung: Wie sehr können wir Intelligenzquotient und schulische Leistung steigern?). In H. Skowronek (Hrsg.), *Umwelt und Begabung.* Stuttgart: Klett.

Jensen, A. & Rohwer, W. D. (1966). The Stroop color word test: a review. *Acta Psychologica, 25,* 36–93.

Jentschura, G. (Hrsg.). (1974). *Beschäftigungstherapie. Grundlagen und Praxis.* Stuttgart: Thieme.

Jersild, A. T., Brook, J. S. & Brook, D. W. (1978). *The psychology of adolescence.* New York: McMillan.

Jetter, K. (1975). *Kindliches Handeln und kognitive Entwicklung.* Bern: Huber.

Joel, K. (1908). *Der freie Wille.* München: Bruckmann.

Joel, K. (1928). *Wandlungen der Weltanschauung.* Tübingen: Mohr.

Joerges, B. (1980). *Consumer energy research, an international bibliography.* Berlin: Internationales Institut für Umwelt und Gesellschaft.

Johannsen, D. E. (1941). *The principles of psychophysics; with laboratory exercises.* New York: Edwards.

Johanson, C.-E. & Schuster, C. R. (1995). Cocaine. In F. E. Bloom & D. J. Kupfer (Eds.), *Psychopharmacology. The fourth generation of progress* (pp. 1685–1697). New York: Raven Press.

Johansson, G. (1950). *Configurations in event perception.* Uppsala: Almqvist.

Johansson, G. (1966). Geschehenswahrnehmung. In W. Metzger (Hrsg.), *Allgemeine Psychologie. Handbuch der Psychologie* (Bd. 1/1, S. 745–775). Göttingen: Hogrefe.

Johnson, B. L. (1990). *Advances in neurobehavioral toxicology. Applications in environmental and occupational health.* Chelsea: Lewis.

Johnson, D. J. & Myklebust, H. R. (1971). *Lernschwächen: Ihre Formen und ihre Behandlung.* Stuttgart: Hippokrates.

Johnson, M. G. (1970). A cognitive-feature model of compound free associations. *Psychological Review, 77,* 282–293.

Johnson, N. F. (1965). Linguistic models and functional units of language behavior. In S. Rosenberg (Ed.), *Directions in psycholinguistics* (pp. 29–65). New York: Macmillan.

Johnson, S. C. (1967). Hierarchical clustering schemes. *Psychometrika, 32,* 241–254.

Johnson, W. (1941). *Language and speech hygiene. General semantics.* Monography Nr. 1.

Johnson-Laird, P. N. (1983). *Mental models. Towards a cognitive science of language, inference, and consciousness.* Cambridge: Cambridge University Press.

Jones, C. J., Nesselroade, J. R. & Birkel, R. C. (1991). Examination of staffing level effects in the family household: An application of P-technique factor analysis. *Journal of Environmental Psychology, 11,* 59–73.

Jones, D. (1950). *The phoneme: Its nature and use.* Cambridge: Heffer.

Jones, E. (1960). *Das Leben und Werk von Sigmund Freud.* Bern: Huber.

Jones, E. E. (1965). Conformity as a tactic of integration. *Science, 149,* 144–150.

Jones, E. E. et al. (1971). *Attribution.* Morristown: General Learning Corporation.

Jones, E. E. & Davis, K. E. (1965). From acts to dispositions: The attribution process in person perception. In L. Berkowitz (Ed.), *Advances in Experimental Social Psychology* (Vol. 2). New York: Academic Press.

Jones, E. E. & Gerard, H. B. (1967). *Foundations of social psychology.* New York: Wiley.

Jones, E. E. & Nisbett, R. E. (1972). The actor and the observer: Divergent perceptions of the causes of behaviour. In E. E. Jones, D. E. Kanouse, H. H. Kelley, R. E. Nisbett, S. Valins & B. Weiner (Eds.), *Attribution: Perceiving the causes of behavior.* Morristown: General Learning Press.

Jones, E. E. & Sigall, H. (1971). The bogus pipeline. A new paradigma for measuring affect and attitude. *Psychological Bulletin, 76,* 349–364.

Jones, J. M. (1997). *Prejudice and racism.* New York: McGraw-Hill.

Jones, M. C. (1924). The elimination of children's fears. *Journal of Experimental Psychology, 7,* 382–390.

Jores, A. (1963). *Der Mensch und seine Krankheit.* Stuttgart: Klett.

Jores, A. (1976). *Praktische Psychosomatik.* Bern: Huber.

Jovanovic, U. J. (1974). *Schlaf und Traum, physiologische und psychologische Grundlagen, Störungen und ihre Behandlung.* Stuttgart: Fischer.

Julien, R. M. (1997). *Drogen und Pharmaka.* Übers. d. amer. Aufl. v. 1995. Heidelberg: Spektrum.

Jung, C. G. (1906). *Die psychologische Diagnose des Tatbestandes.* Halle: Marhold.

JUNG, C. G. (1914). *Psychologische Abhandlungen 1914–1957* (12 Bde). Zürich: Rascher.

JUNG, C. G. (1950). *Die Beziehungen zwischen dem Ich und dem Unbewußten.* Zürich: Rascher.

JUNG, C. G. (1952). *Über Synchronizität.* Zürich: Rascher.

JUNG, C. G. (1954). *Von den Wurzeln des Bewußtseins.* Zürich: Rascher.

JUNG, C. G. (1957). *Gesammelte Werke* (18 Bde). Zürich: Rascher.

JUNG, C. G. (1960). *Psychologische Typen.* Zürich: Rascher.

JUNG, C. G. (1964). Symbole der Wandlung. *Gesammelte Werke* (Bd. 5). Zürich: Rascher.

JUNG, C. G. (1964). *Zwei Schriften über Analytische Psychologie.* Zürich: Rascher.

JUNG, C. G. (1967). Die Dynamik des Unbewußten. *Gesammelte Werke* (Bd. 8). Zürich: Rascher.

JUNG, C. G. (1972). Mysterium Coniunctionis I und II. *Gesammelte Werke* (Bd. 14). Olten: Walter.

JUNG, C. G. (1976). Aion – *Gesammelte Werke* (Bd. 9,II). Olten: Walter.

JUNG, C. G. (1976). *Experimentelle Untersuchungen.* Olten: Walter.

JUNG, J. (1967). Cued versus non cued incidental recall of successive word association. *Canadian Journal of Psychology, 21.*

JUNG, J. (1968). *Verbal learning.* New York: Holt.

JUNG, R. & KORNHUBER, H. (Hrsg.). (1961). *Neurophysiologie und Psychophysik des visuellen Systems.* Berlin: Springer-Verlag.

JUNGERMANN, H. (1981). Entscheidungshilfe: Ansätze zur Therapie, Beratung und Analyse unter dem Aspekt der Entscheidung. In W. MICHAELIS (Hrsg.), *Bericht über den 32. Kongreß der Deutschen Gesellschaft für Psychologie in Zürich (1980)* (Bd. 2, S. 465–472). Göttingen: Hogrefe.

JUNGERMANN, H. (1982). Zur Wahrnehmung und Akzeptierung des Risikos von Großtechnologien. *Psychologische Rundschau, 33,* 217–238.

JUNGERMANN, H. (1985). Psychological aspects of scenarios. In V. T. COVELLO, J. L. MUMPOWER, P. J. M. STALLEN & V. R. R. UPPULURI (Eds.), *Environmental impact assessment, technology assessment, and risk analysis.* New York: Springer-Verlag.

KAGAN, J. (1965). Individual differences in the resolution of response of uncertainty. *Journal of Personality and Social Psychology, 2,* 154–160.

KAGAN, J. (1972). Motives and development. *Journal of Personality and Social Psychology, 22,* 51–66.

KAGAN, J. (1980). Perspectives on continuity. In BRIM, O. G. Jr. & KAGAN, J. (Eds.*), Constancy and change in human development* (pp. 26–74). Cambridge: Harvard University Press.

KAGAN, J. & MOSS, H. (1962). *Birth to maturity: A study in psychological development.* New York: Wiley.

KAGELMANN, H. J. & WENNINGER, G. (Hg.). (1982). *Medienpsychologie.* München: Urban & Schwarzenberg.

KAHNEMAN, D. (1973). *Attention and effort.* Englewood Cliffs: Prentice Hall.

KAHNEMAN, D., SLOVIC, P. & TVERSK, A. (Eds.). (1982). *Judgment under uncertainty: Heuristics and biases.* Cambridge: Cambridge University Press.

KAHNEMAN, D. & TVERSKY, A. (1973). On the psychology of prediction. *Psychological Review, 80,* 237–251.

KAHNEMAN, D. & TVERSKY, A. (1979). Prospect theory: An analysis of decision under risk. *Econometrica, 47,* 262–291.

KAINZ, F. (1941). *Psychologie der Sprache* (5 Bde). Stuttgart: Enke.

KAINZ, F. (1946). *Einführung in die Sprachpsychologie.* Wien: Sexl.

KAINZ, F. (1970). Psychologie der Sprache (Bd. 2). In R. LUCHSINGER & G. E. ARNOLD (Hrsg.), *Lehrbuch der Stimm- und Sprachheilkunde.* Wien: Springer-Verlag.

KAISER, G. (1971). *Kriminologie.* Karlsruhe: Müller.

KALLINKE, D., LUTZ, R. & RAMSAY, R. (Hrsg.). (1979). *Die Behandlung von Zwängen.* München: Urban & Schwarzenberg.

KALLMEYER, W. et al. (1974). *Lektürekolleg zur Textlinguistik* (Bd. 1). Frankfurt: Athenäum.

KAMINSKI, G. (1959). *Das Bild vom Andern.* Berlin: Lüttke.

KAMINSKI, G. (1964). Ordnungsstrukturen und Ordnungsprozesse. In R. BERGIUS (Hrsg.), *Allgemeine Psychologie. Handbuch der Psychologie* (Bd. 1/2, S. 373–467). Göttingen: Hogrefe.

KAMINSKI, G. (1970). *Verhaltenstheorie und Verhaltensmodifikation.* Stuttgart: Klett.

KAMINSKI, G. (1973). Bewegungshandlung als Bewältigung von Mehrfachaufgaben. *Sportwissenschaft, 3,* 233–250.

KAMINSKI, G. (1973). Umweltschutz aus der Sicht der Psychologie. *Umschau, 73,* 240–242.

KAMINSKI, G. (1979). Die Bedeutung von Handlungskonzepten für die Interpretation sportpädagogischer Prozesse. *Sportwissenschaft, 9,* 9–21.

KAMINSKI, G. (Hrsg.). (1985). *Ordnung und Variabilität im Alltagsgeschehen.* Göttingen: Hogrefe.

KAMINSKI, G. (1987). Umweltpsychologie: Herausforderungen und Angebote. In J. CALLIESS & R. E. LOB (Hrsg.), *Handbuch Praxis der Umwelt- und Friedenserziehung. Bd. 1 Grundlagen* (S. 127–139). Düsseldorf: Schwann.

KAMINSKI, G. (1990). Handlungstheorie. In L. KRUSE, C. F. GRAUMANN & E. D. LANTERMANN (Hrsg.), *Ökologische Psychologie. Ein Handbuch in Schlüsselbegriffen.* München: Psychologie Verlags Union.

KAMINSKI, G. et al. (1975). *Symposium Umweltpsychologie. Bericht über den 29. Kongreß der Deutschen Gesellschaft für Psychologie.* Göttingen: Hogrefe.

Kaminski, G. & Bellows, S. (1981). Feldforschung in der Ökologischen Psychologie. In J.-L. Patry (Hrsg.), *Feldforschung.* Bern: Huber.

Kaminski, G. & Fleischer, F. (1984). Ökologische Psychologie: Ökopsychologische Untersuchungs- und Beratungspraxis. In H. A. Hartmann & R. Haubl (Hrsg.), *Psychologische Begutachtung. Problembereiche und Praxisfelder* (S. 329–358). München: Urban & Schwarzenberg.

Kaminsky, G. & Schmidtke, H. (1960). *Arbeitsablauf und Bewegungsstudien. Grundlagen des Arbeits- und Zeitstudiums* (Bd. 5). München: Hanser.

Kamlah, W. & Lorenzen, P. (1967). *Logische Propädeutik.* Mannheim: Bibliographisches Institut.

Kandel, E. R., Schwartz, J. H. & Russell, T. M. (1996). *Neurowissenschaften. Eine Einführung.* Heidelberg: Spektrum.

Kanfer, F. H. (1977). Selbstregulation und Selbstkontrolle. In H. Zeier (Hrsg.), *Pawlow und die Folgen. Psychologie des 20. Jahrhunderts* (Bd. IV). Zürich: Kindler.

Kanfer, F. H. (1980). Self-management methods. In F. H. Kanfer & A. P. Goldstein (Eds.), *Helping people change. A textbook of methods.* New York: Pergamon.

Kanfer, F. H. & Goldstein, A. P. (1977). *Möglichkeiten der Verhaltensänderung.* München: Urban & Schwarzenberg.

Kanfer, F. H. & Grimm, L. G. (1980). Managing clinical change. *Behavior Modification, 5,* 419–444.

Kanfer, F. H. & Nay, R. (1981). Behavioral Assessment. In C. M. Franks & G. T. Wilson (Eds.), *Behavior therapy and its foundations.* New York: Guilford.

Kanfer, F. H. & Phillips, J. S. (1970). *Learning foundations of behavior therapy.* New York: Wiley.

Kanfer, F. H. (1968). Verbal conditioning: A review of its current status. In T. R. Dixon & D. L. Horton (Eds.), *Verbal behavior and general behavior theory.* Englewood Cliffs: Prentice-Hall.

Kanizsa, G. (1966). Die Erscheinungsweisen der Farben. In W. Metzger (Hrsg.), *Allgemeine Psychologie. Handbuch der Psychologie* (Bd. 1/1). Göttingen: Hogrefe.

Kanner, L. (1943). Autistic disturbance of affective contact. *Nervous Child, 2.*

Kanner, L. (1944). Early infantile autism. Journal of *Pediatric Psychology, 24.*

Kant, I. (1956). *Kritik der reinen Vernunft.* Hamburg: Meiner.

Kanthack, K. (1958). *Vom Sinn der Selbsterkenntnis.* Berlin: de Gruyter.

Kantowitz, B. H. (1974). Double stimulation. In B. H. Kantowitz (Ed.), *Human information processing: Tutorials in performance and cognition* (pp. 83–131). Hillsdale, NJ: Erlbaum.

Kantowitz, B. H. & Sorkin, R. D. (1983). *Human factors: Understanding people-system relationship.* New York: Wiley.

Kaplan, S. & Kaplan, R. (1982). *Cognition and environment: functioning in an uncertain world.* New York: Praeger.

Karas, E. & Seyfried, H. (1962). *Der Schulreifetest.* Wien: Ketterl.

Kardiner, A. (1945). *Psychological frontiers of psychology.* New York: Columbia University Press.

Karg, P. W. & Staehle, W. H. (1982). *Analyse der Arbeitssituation – Verfahren und Instrumente.* Freiburg: Haufe.

Karsten, A. (1928). Psychische Sättigung. *Psychologische Forschung, 10.*

Karsten, A. (Hrsg.). (1978). Vorurteil. *Ergebnisse psychologischer und sozialpsychologischer Forschung.* Darmstadt: Wissenschaftliche Buchgesellschaft.

Kasakos, B. G. (1971). *Zeitperspektive, Planungsverhalten und Sozialisation.* München: Juventa.

Kasper, H. (1991). Neuerungen durch selbstorganisierende Prozesse. In W. H. Staehle, P. Conrad & J. Sydow (Hrsg.), *Managementforschung* (Bd. 1, S. 1–74). Berlin: de Gruyter.

Kasper, H. (1996). *Ernährungsmedizin und Diätetik.* München: Urban & Schwarzenberg.

Kasper, S. & Möller, H. J. (1996). *Angst und Panikerkrankungen.* Jena: Fischer.

Kastenbaum, R. (1965). The direction of time perspective: The influence of affective set. *Journal of General Psychology, 73,* 189–201.

Kastenbaum, R. & Costa, P. T. (1977). Psychological perspectives on death. *Annual Review of Psychology, 28,* 225–249.

Katchnig, H. & Konieczna, T. (1986). Notfallpsychiatrie und Krisenintervention. In K. P. Kisker et al. (Hrsg.), *Krisenintervention, Suizid, Konsiliarpsychiatrie.* Berlin: Springer-Verlag.

Katona, G. (1949). *Organizing and memorizing.* New York: Columbia University Press.

Katona, G. (1960). *Das Verhalten der Verbraucher und der Unternehmer.* Tübingen: Mohr.

Katschnig, H. (Hrsg.). (1977). *Die andere Seite der Schizophrenie.* München: Urban & Schwarzenberg.

Katz, D. (1911). Die Erscheinungsweisen der Farben und ihre Beeinflussung. Ergänzung *Zeitschrift für Psycholologie, 7.*

Katz, D. (1925). Der Aufbau der Tastwelt. Ergänzung *Zeitschrift für Psycholologie, 11.*

Katz, D. (1948). *Gestaltpsychologie.* Basel: Schwabe.

Katz, D. (1948). *Mensch und Tier.* Zürich: Conzett & Huber.

Katz, D. (1951). Die Psychologie des Sicherheitsmarginals. *Nervenarzt, 22.*

Katz, D. (1953). *Studien zur experimentellen Psychologie.* Basel: Schwabe.

Katz, D. & Braly, K. W. (1933). Racial stereotypes of 100 College students. *Journal of Abnormal and Social Psychology, 28,* 280–290.

Katz, D. & Kahn, R. L. (1978). *The social psychology of organizations.* New York: Wiley.

Katz, D. & Katz, R. (Hrsg.). (1959, 1972). *Kleines Handbuch der Psychologie.* Basel: Schwabe.

Katz, J. J. & Fondor, J. A. (1963). The structure of a semantic theory. *Language, 39,* 170–210.

Kauder, V. (Aktion psychisch Kranke). (Hrsg.). (1997). *Personenzentrierte Hilfen in der psychiatrischen Versorgung* (Psychosoziale Arbeitshilfen 11). Bonn: Psychiatrie-Verlag.

Kaufmann, H. (1970). *Aggression and altruism.* New York: Holt.

Kayser, E. (1980). Der Stellenwert der Gerechtigkeit, individueller und kollektiver Rationalität. *Zeitschrift für Sozialpsychologie, 11,* 112–123.

Kayser, E. (1982). Alltagskonflikte zwischen zwei Personen: Vorschlag eines Analysemodells. *Zeitschrift für Sozialpsychologie, 13,* 278–286.

Keeney, R. L. & Raiffa, H. (1976). *Decisions with multiple objectives: Preferences and value tradeoffs.* New York: Wiley.

Kehrer, H. E. (Hrsg.). (1978). *Kindlicher Autismus.* München: Karger.

Keidel, W. D. (1967). *Kurzgefaßtes Lehrbuch der Physiologie.* Stuttgart: Thieme.

Keidel, W. D. (1971). *Sinnesphysiologie. Teil 1 Allgemeine Sinnesphysiologie, visuelles System.* Berlin: Springer-Verlag.

Keidel, W. D. (1977). Biokybernetische Aspekte bei Hör-, Sprach- und Stimmstörungen. *Sprache-Stimme-Gehör, 1,* 6–17.

Keil, F. C. (1989). *Concepts, kinds, and cognitive development.* Cambridge: Bradford Books.

Keilhacker, M. (1936). Charakterologische Aufsatzuntersuchungen. *Zeitschrift für Angewandte Psychologie, 50,* 149–182.

Keilhacker, M. (1947). *Entwicklung und Aufbau der menschlichen Gefühle.* Regensburg: Habbel.

Keilhacker, M. et al. (Hrsg.). (1967). *Filmische Darstellungsformen im Erleben des Kindes.* München: Reinhardt.

Keiter, F. (Hrsg.). (1969). *Verhaltensforschung im Rahmen der Wissenschaft vom Menschen.* Göttingen: Musterschmidt.

Kelce, W. R. & Wilson, E. M. (1997). Environmental antiandrogens: developmental effects, molecular mechanisms, and clinical implications. *Journal of Molecular Medicine, 75,* 198–207.

Keller, H. (1932). Psychologie des Zukunftsbewußtseins. *Zeitschrift für Psychologie, 124,* 211–290.

Keller, H. (Hrsg.). (1979). *Geschlechtsunterschiede.* Weinheim: Beltz.

Keller, U. (1974). *Neigungs-Struktur-Test.* Bern: Huber.

Keller, W. (1954). *Psychologie und Philosophie des Wollens.* München: Reinhart.

Kellerer, H. (1953). *Theorie und Technik des Stichprobenverfahrens.* München: Deutsche Statistische Gesellschaft.

Kelley, H. H. (1967). Attribution theory in social psychology. In D. Levine (Ed.), *Nebraska symposium on motivation.* Lincoln: University of Nebraska Press.

Kelley, H. H. (1972). Attribution in social intercation. In E. E. Jones et al. (Eds.), *Attribution: Perceiving the causes of behavior.* Morristown, NJ: General Learning Press.

Kelley, H. H. (1973). The process of causal attribution. *American Psychologist, 28,* 107–128.

Kelley, H. H. & Michela, J. L. (1980). Attribution theory and research. *Annual Review of Psychology, 31,* 457–501.

Kelley, H. H. & Stahelski, A. J. (1970). The Social interaction basis of cooperators' and competitors' beliefs about others. *Journal of Personality and Social Psychology, 16,* 66–91.

Kelly, G. A. (1955). *The psychology of personal constructs.* New York: Norton.

Kemmler, L. (1957). Untersuchungen über den frühkindlichen Trotz. *Psychologische Forschung, 25,* 279–338.

Kendler, H. H. & Kendler, T. S. (1962). Vertical and horizontal processes in problem solving. *Psychological Review, 69,* 1–16.

Kendler, H. H. & Kendler, T. S. (1969). Reversal-shift-behavior, some basic issues. *Psychological Bulletin, 72,* 229–232.

Kentler, H. (1970). *Sexualerziehung.* Reinbek: Rowohlt.

Kentler, H. et al. (1971). *Für eine Revision der Sexualpädagogik.* München: Juventa.

Kerlinge, F. N. & Pehazur, E. J. (1973). *Multiple regression in behavioral research.* New York: Holt, Rinehart & Winston.

Kern, A. (1957). *Der Grundleistungstest zur Ermittlung der Schulreife.* Koblenz/Weinheim: Krueger.

Kern, A. (1961). *Der Reifetest.* Koblenz: Krieger.

Kernberg, O. F. (1973). Summary and conclusions of «Psychotherapy and psychoanalysis, final report of the Menninger Foundations psychotherapy research project». *International Journal of Psychiatry, 11,* 62–76.

Kersten, O. (1941). *Praxis der Erziehungsberatung.* Stuttgart: Enke.

Kertesz, A. (1979). *Aphasia and associated disorders. Taxonomy, localization and recovery.* New York: Grune & Stratton.

Kessler, M. & Albee, G. W. (1975). Primary prevention. *Annual Review of Psychology, 26,* 557–591.

Ketterer, M.-W., Brymer, J., Rhoads, K., Kraft, P. & Lovallo, W. R. (1996). Is aspirin, as used for antithrombosis, an emotion-modulating agent? *Journal of Psychosomatic Research, 40,* 53–58.

Keupp, H. (Hrsg.). (1972). *Der Krankheitsmythos in der Psychopathologie. Darstellung einer Kontroverse.* München: Urban & Schwarzenberg.

Keupp, H. (Hrsg.). (1974). *Verhaltensstörungen und Sozialstruktur. Epidemiologie: Empirie, Theorie, Praxis.* München: Urban & Schwarzenberg.

Keupp, H. (Hrsg.). (1979). *Normalität und Abweichung.* München: Urban & Schwarzenberg.

Keupp, H. & Zaumseil, M. (Hrsg.). (1978). *Die gesellschaftliche Organisierung psychischen Leidens. Zum Arbeitsfeld Klinischer Psychologen.* Frankfurt: Suhrkamp.

Kiener, F. (1961). *Hand, Gebärde und Charakter.* München: Reinhardt.

Kiener, F. (1978). Empirische Kontrolle psychoanalytischer Thesen. In L. J. Pongratz (Hrsg.), *Klinische Psychologie. Handbuch der Psychologie* (Bd. 8, S. 1200–1241). Göttingen: Hogrefe.

Kieselbach, Th. & Voigt, P. (1993). Beschäftigungskatastrophe im Osten Deutschlands: die individuellen Kosten der deutschen Wiedervereinigung – Einleitende Bemerkungen. In Th. Kieselbach & P. Voigt (Hrsg.), *Systemumbruch, Arbeitslosigkeit und individuelle Bewältigung in der Ex-DDR* (2. Aufl., S. 15–19). Weinheim: Deutscher Studien Verlag.

Kieselbach, T. & Wacker, A. (1985). Konzeption und Ergebnisse des Symposiums Arbeitslosigkeit – Psychologische Theorie und Praxis. In T. Kieselbach & A. Wacker (Hrsg.), *Individuelle und gesellschaftliche Kosten der Massenarbeitslosigkeit* (S. 17–26). Weinheim: Beltz.

Kieser, A. & Kubicek, H. (1983). *Organisation* (2. Aufl.). Berlin: de Gruyter.

Kiesler, C. A., Collins, B. E. & Miller, N. (1969). *Attitude change: A critical analysis of theoretical approaches.* New York: Wiley.

Kiesler, C. A. & Kiesler, S. (1969). *Conformity.* Reading: Wesley.

Kietz, G. (1948). Der Ausdrucksgehalt des menschlichen Ganges. *Zeitschrift für Psychologie, 93.*

Kilpatrick, F. P. (1961). *Exploration in transactional psychology.* New York: Holt.

Kinkade, R. G. (1974). *Thesaurus of psychological index terms.* Washington: American Psychological Association.

Kinsey, A. C. et al. (1948). *Sexual behavior in the human male.* Philadelphia: Saunders.

Kinsey, A. C. et al. (1953). *Sexual behavior in the human female.* Philadelphia: Saunders.

Kiphard, E. J. (1970). *Bewegungs- und Koordinationsschwächen im Grundschulalter.* Schriftenreihe zur Praxis der Leibeserziehung und des Sports. Schorndorf: Hofmann.

Kiphard, E. J. & Schilling, F. (1974). *Körper-Koordinationstest für Kinder (KTK).* Weinheim: Beltz.

Kirchhoff, R. (1957). *Allgemeine Ausdruckslehre.* Göttingen: Hogrefe.

Kirchhoff, R. (Hrsg.). (1964). Ausdruckspsychologie. In R. Kirchhoff (Hrsg.), *Ausdruckspsychologie. Handbuch der Psychologie* (Bd. 5). Göttingen: Hogrefe.

Kirk, R. E. (1968). *Experimental design. Procedures for the behavioral sciences.* Belmont: Brooks/Cole.

Kirsch, W. & Knyphausen, D. zu (1991). Unternehmen als «Autopoietische» ? In W. H. Staehle & J. Sydow (Hrsg.), *Managementforschung* (Bd. I). Berlin: de Gruyter, 75–103.

Kittel, G. (1973). Mißbildung mit Hör-, Sprach- und Stimmstörungen. In P. Biesalski, G. Böhme, F. Frank & R. Luchsinger (Hrsg.), *Phoniatrie und Pädaudiologie.* Stuttgart: Thieme.

Klafki, W. (1964). Die Stufen des pädagogischen Denkens. In H. Röhrs (Hrsg.), *Erziehungswissenschaft und Erziehungswirklichkeit.* Frankfurt: Akademische Verlagsgesellschaft.

Klafki, W. (1967). *Studien zur Bildungstheorie und Didaktik.* Weinheim: Beltz.

Klafki, W. (1971). Erziehungswissenschaft als kritisch-konstruktive Theorie. *Zeitschrift für Pädagogik, 17*(3), 351–385.

Klafki, W. (1973). Handlungsforschung im Schulfeld. *Zeitschrift für Pädagogik, 19*(4), 487–516.

Klafki, W. (1976). *Aspekte kritisch-konstruktiver Erziehungswissenschaft.* Weinheim: Beltz.

Klages. H. (1988). *Wertedynamik.* Zürich: Edition Interfrom.

Klages, H. & Kmieciak, P. (Hrsg.). (1979). *Wertwandel und gesellschaftlicher Wandel.* Frankfurt: Campus.

Klages, L. (1934). *Vom Wesen des Rhythmus.* Kampen: Kampmann.

Klages, L. (1943). *Graphologisches Lesebuch.* Leipzig: Barth.

Klages, L. (1948). *Die Sprache als Quell der Seelenkunde.* Zürich: Hirzel.

Klages, L. (1949). *Handschrift und Charakter.* Bonn: Bouvier.

Klages, L. (1950). *Grundlegung der Wissenschaft vom Ausdruck.* Bonn: Bouvier.

Klages, L. (1952). *Grundlagen der Charakterkunde.* Bonn: Bouvier.

Klages, L. (1960). *Der Geist als Widersacher der Seele.* Bonn: Bouvier.

Klages, W. (1967). *Der menschliche Antrieb.* Stuttgart: Thieme.

Klare, G. R. (1963). *The measurement of readability.* Ames: Iowa State University Press.

Klasen, E. (1970). *Das Syndrom der Legasthenie.* Bern: Huber.

Klauer, K. J. (1974). *Methodik der Lehrzieldefinition und Lehrstoffanalyse.* Düsseldorf: Schwann.

Klauer, K. J. (1984). Die Wirksamkeit von Zielangaben im Unterricht. In G. Trommsdorff (Hrsg.), *Erziehungsstile. Jahrbuch für empirische Erziehungswissenschaft* (S. 85–103). Düsseldorf: Schwann.

Klauer, K. J. (1973). *Revision des Erziehungsbegriffs.* Düsseldorf: Schwann.

Klauer, K. J. (Hrsg.). (1978). *Handbuch der Pädagogischen Diagnostik.* Düsseldorf: Schwann.

Klauer, K. J. et al. (1972). *Lehrzielorientierte Tests.* Düsseldorf: Schwann.

Klebelsberg, D. (1969). *Risikoverhalten als Persönlichkeitsmerkmal.* Bern: Huber.

Klebelsberg, D. (1974). Zur Psychologie des Placebo-Effekts. *Psychologische Beiträge, 16,* 168–187.

KLEBELSBERG, D. (1982). *Verkehrspsychologie.* Berlin: Springer-Verlag.

KLEBER, E. W. & KLEBER, G. (1975). *Differentieller Leistungstext-KG (DL-KG).* Braunschweig: Westermann.

KLEE, K. (1979). *Pennbrüder und Stadtstreicher. Nichtseßhaften-Report.* Frankfurt: Fischer.

KLEEMEIR, L. B. & KLEEMEIR, R. W. (1947). Effects of benzedrine sulfate (amphetamine) on psychomotor performance. *American Journal of Psychology, 60,* 89–100.

KLEIN, D. F., GITTELMAN, R., QUITKIN, R. & RIFKIN, A. (1980). *Diagnosis and drug treatment of psychiatric disorders* (2nd ed.). Baltimore: Williams and Wilkins.

KLEIN, G. S. (1951). The personal world through perception. In R. R. BLAKE & G. V. RAMSEY (Eds.), *Perception.* New York: Ronald.

KLEIN, J. Th. (1969). The presuppositions of teaching. *Educational Theory, 19,* 299–311.

KLEIN, M. (1971, 1975). *Die Psychoanalyse des Kindes.* München: Reinhardt.

KLEIN, P. (1972). Änderung des Deutschlandbildes junger Franzosen. *Psychologische Beiträge, 14,* 253–282.

KLEIN-VOGELBACH, S. (1977). *Funktionelle Bewegungslehre.* Berlin: Springer-Verlag.

KLEINBECK, U., QUAST, H.-H., THIERRY, H. & HÄKKER, H. (Eds.). (1990). *Work motivation.* Hillsdale, NJ: Erlbaum.

KLEINBECK, U. & RUTENFRANZ, J. (Hrsg.). (1987). *Arbeitspsychologie, Enzyklopädie der Psychologie* (Bd. I, S. 130–184). Göttingen: Hogrefe.

KLEINING, G. (1959). Zum gegenwärtigen Stand der Imageforschung. *Psychologie und Praxis,* 198–212.

KLEINKNECHT, R. A. & DONALDSON, D. (1975). A review of the effects of diazepam on cognitive and psychomotor performance. *Journal of Nervous and Mental Disease, 161,* 399–411.

KLEINMUNTZ, B. (Ed.). (1967). *Concepts and structure of memory.* New York: Wiley.

KLEINMUNTZ, B. (Ed.). (1974). *Essentials of abnormal psychology.* New York: Harper.

KLEINSORGE, H. & KLUMBIES, G. (1962). *Technik der Hypnose für Ärzte.* Jena: Fischer.

KLEIST, K. (1947). *Fortschritte der Psychiatrie* (Aufs. u. Reden d. Senckenberg. Naturforsch. Ges. 4.). Frankfurt: Kramer.

KLEIST, K. (1959). Carl Wernicke (Bd. 2). In K. KOLLE (Hrsg.), *Große Nervenärzte* (3 Bde). Stuttgart: Thieme.

KLEMM, O. (1933). *Pädagogische Psychologie.* Breslau: Hirt.

KLEMM, O. (1934). Ganzheit und Struktur. Festschrift F. Krueger. *Neue Psychologische Studien, 12.*

KLINEBERG, O. (1936). *Race differences.* New York: Harper.

KLINEBERG, O. (1966). *Die menschlichen Dimensionen in den internationalen Beziehungen.* Bern: Huber.

KLING, J. W. & RIGGS, L. A. (Eds.). (1971). *Woodworth & Schlosberg's experimental psychology.* New York: Holt.

KLINGMÜLLER, V. (1955). *Biochemie, Physiologie und Klinik der Glutaminsäure.* Aulendorf: Editio Cantor.

KLIR, G. J. (1972). *Trends in general system theory.* New York: Wiley.

KLIR, J. & VALACH, M. (1967). *Cybernetic modelling.* London: Iliffe.

KLIX, F. (1971, 1976). *Information und Verhalten.* Bern: Huber.

KLIX, F. (1980). *Erwachen des Denkens. Eine Entwicklungsgeschichte der menschlichen Intelligenz.* Berlin: VEB Deutscher Verlag der Wissenschaften.

KLOCKHAUS, R. & TRAPP-MICHEL, A. (1988). *Vandalistisches Verhalten Jugendlicher.* Göttingen: Hogrefe.

KLOPFER, B. & DAVIDSON, H. H. (1974). *Das Rorschach-Verfahren.* Bern: Huber.

KLOPFER, W. G. (1960). *The psychological report.* New York: Grune & Stratton.

KLOPFER, W. G. (1971). Current status of the Rorschach. In P. MCREYNOLDS (Ed.), *Advances in psychological assessment* (Vol. 1). Palo Alto: Science and Behavior Books.

KLUCKHOHN, C. (1951). Values and value orientation in the the theory of action. In T. PARSONS & E. SHILS (Eds.), *Toward a general theory of action.* Cambridge: Harvard University Press.

KLUCKHOHN, C. (1962). *Culture and behavior.* New York: Foll Press.

KLUCKHOHN, C. & MURRAY, H. A. (1948, 1953). *Personality in nature, society and culture.* New York: Knopf.

KLUSSMANN, R. (1993). *Psychotherapie.* Berlin: Springer-Verlag.

KLUTH, H. (1957). *Sozialprestige und sozialer Status.* Stuttgart: Enke.

KLUWE, R. & SPADA, H. (Hrsg.). (1980). *Studien zur Denkentwicklung.* Bern: Huber.

KLUWE, R. H. (1990). Problemlösen, Entscheiden und Denkfehler. In C. Graf HOYOS & B. ZIMOLONG (Hrsg.), *Ingenieurpsychologie* (S. 121–147). Göttingen: Hogrefe.

KLUWE, R. H. (1981). *Metakognition.* Habilitationsschrift. München.

KMIECIAK, P. (1977). Plädoyer für die Wertforschung. *Analysen und Prognosen, 52,* 19–22.

KNOBLOCH, H. (1971). *Graphologie.* Düsseldorf: Econ.

KNUSSMANN, R., CHRISTIANSEN, K. & COUWENBERGS, C. (1986). Relations between sex hormones and sexual behavior in men. *Archives of Sexual Behavior, 15,* 429–445.

KNUTSON, J. N. (Ed.). (1973). *Handbook of political psychology.* San Francisco: Jossey-Bass.

KOCH, J. L. A. (1891). *Die psychopathischen Minderwertigkeiten.* Ravensburg: Dom'sche Buchhandlung.

KOCH, K. (1976). *Der Baumtest.* Bern : Huber.

Koch, M. (1960, 1974). Die Begriffe Person, Persönlichkeit und Charakter. In Ph. Lersch & H. Thomae (Hrsg.), *Persönlichkeitsforschung und Persönlichkeitstheorie. Handbuch der Psychologie* (Bd. 4). Göttingen: Hogrefe.

Koch, M. (1965). *Das Deutschlandbild der Österreicher. Bericht über den 24. Kongreß der Deutschen Gesellschaft für Psychologie.* Göttingen: Hogrefe.

Koch, U. & Neuser, J. (Hrsg.). (1997). *Transplantationsmedizin aus psychologischer Perspektive* (Jahrbuch der Medizinischen Psychologie 13). Göttingen: Hogrefe.

Koch, U. & Schmeling, C. (1978). Umgang mit Sterbenden – ein Lernprogramm für Ärzte, Medizinstudenten und Krankenschwestern. *Medizinische Psychologie, 4,* 81–93.

Koelega, H. S. (1989). Benzodiazepines and vigilance performance. A review. *Psychopharmacology, 98,* 145–156.

Koelega, H. S. (1993). Stimulant drugs and vigilance performance. A review. *Psychopharmacology, 111,* 1–16.

Koella, W. (1973). *Physiologie des Schlafes.* Stuttgart: Kohlhammer.

Koella, W. P. (1986). Psycho- und neuropharmakologische Wirkungen und Wirkungsmechanismen von Anxiolytika vom Benzodiazepin- und Beta-Rezeptorenblocker-Typ. In W. Janke & P. Netter (Hrsg.), *Angst und Psychopharmaka* (S. 73–90). Stuttgart: Kohlhammer.

Koerth, W. (1922). A pursuit apparatur: eye-hand coordination. *Psychological Monographs, 31.*

Koffka, K. (1925). *Die Grundlagen der psychischen Entwicklung.* Osterwieck: Zickfeld.

Koffka, K. (1950). *Principles of gestalt psychology.* London: Harcourt.

Kogan, N. (1967). Risk taking as a function of the situation, the person and the group. In T. M. Newcomb (Ed.), *New directions in psychology* (Vol. III). New York: Holt.

Kogan, N. & Wallach, M. A. (1964). *Risk taking.* New York: Holt.

Kohlberg, L. (1969). Stage and sequence: The cognitive-developmental approach to socialization. In D. A. Goslin (Ed.), *Handbook of socialisation theory and research.* Chicago: Rand McNally.

Kohlberg, L. (1971). From Is to Ought: How to commit the naturalistic fallacy and get away with it in the study of moral development. In T. Mischel (Ed.), *Cognitive development and epistemology.* New York: Academic Press.

Kohler, C. & Kiesel, A. (1972). *Bewegungstherapie bei funktionellen Störungen und Neurosen.* Leipzig: Barth.

Köhler, H., Held, R. & O'Connel, D. N. (1952). An investigation of cortical currents. *Proceedings of the American Philosophical Society, 96,* 290–330.

Kohler, I. (1956). Der Brillenversuch in der Wahrnehmungspsychologie mit Bemerkungen zur Lehre von der Adaptation. *Zeitschrift für Experimentelle und Angewandte Psychologie, 3,* 381–417.

Kohler, I. (1966). Zusammenarbeit der Sinne und Adaptation. In W. Metzger (Hrsg.), *Allgemeine Psychologie. Handbuch der Psychologie* (Bd. 1/1). Göttingen: Hogrefe.

Köhler, W. (1917). *Intelligenzprüfungen an Anthropoiden.* Berlin: Preussische Akademie der Wissenschaft.

Köhler, W. (1920). Die *physischen Gestalten in Ruhe und im stationären Zustand.* Braunschweig: Vieweg.

Köhler, W. (1921). *Intelligenzprüfungen an Anthropoiden.* Berlin: Springer-Verlag.

Köhler, W. (1924). *Die physischen Gestalten in Ruhe und im stationären Zustand.* Erlangen: Verlag der Philosophischen Akademie Erlangen.

Köhler, W. (1933). *Psychologische Probleme.* Berlin: Springer-Verlag.

Köhler, W. (1938). *The place of value in a world of facts.* New York: Liveright.

Köhler, W. (1940). *Dynamics in psychology.* New York: Liveright.

Köhler, W. (1947). *Gestalt psychology.* New York: Liveright.

Köhler, W. (1959). *Dynamische Zusammenhänge in der Psychologie.* Bern: Huber.

Köhler, W. (1971). *Die Aufgabe der Gestaltpsychologie.* Berlin: de Gruyter.

Köhler, W. (1971). The selected papers. In M. Henle (Ed.), *The selected papers of Wolfgang Köhler.* New York: Liveright.

Köhler, W. & Restorff, H. v. (1933). Analyse von Vorgängen im Spurenfeld. I: Über die Wirkung von Bereichsbildung im Spurenfeld. II: Zur Theorie der Reproduktion. *Psychologische Forschung, 18.*

Köhler, W. & Restorff, H. v. (1937). Analyse von Vorgängen im Spurenfeld. I: Über die Wirkung von Bereichsbildung im Spurenfeld. II: Zur Theorie der Reproduktion. *Psychologische Forschung, 21,* 56–112.

Köhler, W. & Wallach, H. (1944). Figural after-effects. *Proceedings of the american philosphical Society, 88.*

Kohlmann, T. (1950). Linkshändigkeit. *Zeitschrift für Nervenheilkunde, 3.*

Kohlmann, Th. (1958). *Die Psychologie der motorischen Begabung.* Wien: Braumüller.

Kohnen, R. (1992). Über die Beeinflussung sozialer Verhaltensweisen durch Pharmaka. Bausteine einer Sozio-Pharmakopsychologie. In J. Oldigs-Kerber & J. P. Leonard (Hrsg.), *Pharmakopsychologie. Experimentelle und klinische Aspekte* (S. 201–215). Stuttgart: Fischer.

Kohnstamm, O. V. (1915). Demonstration einer katatonieartigen Erscheinung beim Gesunden (Katatonusversuch). *Neurologisches Zentralblatt, 34,* 290–296.

Kohut, H. (1974). *Narzißmus.* Frankfurt: Suhrkamp.

Kolata, G. B. (1976). Primate behavior: Sex and the dominant male. *Science, 191,* 55–56.

Kolb, B. & Wishaw, I. Q. (1993). *Neuropsychologie.* Heidelberg: Spektrum.

Kolle, K. (1962). *Einführung in die Psychiatrie.* Stuttgart: Thieme.

Kolle, K. (1962). *Große Nervenärzte* (Bd. 3). Stuttgart: Thieme.

Kolle, K. (1970). *Psychiatrie.* Berlin: Urban & Schwarzenberg.

König, E. (1962). *Experimentelle Beiträge zur Theorie des binokularen Einfach- und Tiefensehens.* Meisenheim: Hain.

König, R. (Hrsg.). (1967). *Beobachtung und Experiment in der Sozialforschung.* Köln: Kiepenheuer & Witsch.

Koolman, J. & Röhm, K.-H. (1994). *Taschenatlas der Biochemie.* Stuttgart: Thieme.

Korczak, D. (1979). *Neue Formen des Zusammenlebens.* Frankfurt: Fischer.

Kornadt, H. J. (1971). Thematische Apperzeptionsverfahren. In R. Heiss (Hrsg.), *Psychologische Diagnostik. Handbuch der Psychologie* (Bd. 6). Göttingen: Hogrefe.

Kornadt, H. J. (Hrsg.). (1981). *Aggression und Frustration als psychologisches Problem.* Darmstadt: Wissenschaftliche Buchgesellschaft.

Kornadt, H. J. (1981). *Aggressionsmotiv und Aggressionshemmung* (Bd. 1). Bern: Huber.

Kornhuber, J. (1992). Potentielle Antipsychotika mit neuartigen Wirkungsmechanismen. In P. Riederer, G. Laux & W. Pöldinger (Hrsg.), *Neuropsychopharmaka. Bd. 4 Neuroleptika* (S. 185–196). Wien: Springer-Verlag.

Kornhuber, H. H., & Deecke, L. (1964). Hirnpotentialänderungen beim Menschen vor und nach Willkürbewegungen, dargestellt mit Magnetbandspeicherung und Rückwärtsanalyse. *Pflügers Archiv für die gesamte Physiologie, 281,* 52.

Kornhuber, J. & Streifler, M. (1992). Adamantanamine. In P. Riederer, G. Laux & W. Pöldinger (Hrsg.), *Neuro-Psychopharmaka. Bd. 5 Parkinsonmittel und Nootropika* (S. 59–76). Wien: Springer-Verlag.

Kornmann, R. (1977). *Testbatterie für entwicklungsrückständige Schulanfänger (TES).* Weinheim: Beltz.

Korzybsky, A. (1958). *Science and sanity* (1933). Lancaster: The International Non-Aristotelian Library Publication.

Kososlyn, S. M. (1981). The medium and the message in mental imagery: A theory. *Psychological Review, 88,* 46–66.

Kotler, P. (1984). *Marketing for nonprofit organisations.* Englewood Cliffs: Prentice Hall.

Kotler, P. & Fox, F. A. (1985). *Strategic marketing for educational institutions.* Englewood Ciffs: Prentice-Hall.

Kottenhoff, H. (1957). Die Versuchsbrille in der praktischen Psychologie. *Psychologische Praxis, 13,* 79–97 und 151–161.

Kottenhoff, H. (1957). Situational and personal influences on space perception with experimental spectacles. *Acta Psychologica, 13.*

Kottenhoff, H. (1961). *Was ist richtiges Sehen mit Umkehrbrillen und in welchem Sinne stellt sich das Sehen um?* Meisenheim: Hain.

Kowarik, O. (1979). *Behandlung der Lese-Rechtschreibschwäche (Legasthenie). Handbuch der Behindertenpädagogik.* München: Kösel.

Kraak, B. (1980). Ausbildung in Psychologie. In R. Asanger & G. Wenninger (Hrsg.), *Handwörterbuch der Psychologie* (S. 43–49). Weinheim: Beltz.

Kraepelin, E. (1896). Der psychologische Versuch in der Psychiatrie. In E. Kraepelin (Hrsg.), *Psychologische Arbeiten* (Bd. 1). Leipzig: Engelmann.

Kraepelin, E. (1902). *Die Arbeitskurve.* Leipzig: Engelmann.

Kraepelin, E. (1915). *Psychiatrie.* Leipzig: Barth.

Kraiker, C. (Hrsg.). (1974). *Handbuch der Verhaltenstherapie.* München: Kindler.

Krampen, G. (1979). Differenzierungen des Konstrukts der Kontrollüberzeugung (locus of control). *Zeitschrift für Experimentelle und Angewandte Psychologie, 26,* 573–595.

Krampen, G. (1980). Machiavellismus und Kontrollüberzeugung als Konstrukte der generalisierten Instrumentalitätserwartungen. *Psychologische Beiträge, 22,* 128–144.

Krampen, G. (1982). *Differentialpsychologie der Kontrollüberzeugungen.* Göttingen: Hogrefe.

Krantz, D. H. et al. (Eds.). (1974). *Contemporary developments in mathematical psychology* (Vol. 2). San Francisco: Freeman.

Krantz, D. H., Luce, R. D., Suppes, P. & Tversk, A. (1971). *Foundations of measurement. Vol. 1 Additive and polynominal representations.* New York: Academic Press.

Kranz, H. W. (1940). *Die Gemeinschaftsunfähigen.* Giessen: Christ.

Krapp, A. (1979). *Prognose und Entscheidung.* Weinheim: Beltz.

Krappmann, L. (1971, 1978). *Soziologische Dimensionen der Identität.* Stuttgart: Klett.

Krasner, L. & Ullmann, L. P. (Eds.). (1965). *Research in behavior modification.* New York: Holt.

Krasner, L. & Ullmann, L. P. (1973). *Behavior, influence, and personality. The social matrix of human action.* New York: Holt.

Krathwohl, D. R., Bloom, B. S. & Masia, B. B. (1969). *Taxonomy of objectives: The classification of educational goals. Handbook II Affective domain.* New York: McKay.

Krathwohl, D. R., Bloom, B. S. & Masia, B. B. (1978). *Taxonomie von Lernzielen im affektiven Bereich.* Weinheim: Beltz.

Kraus, F. (1919, 1926). Allgemeine und spezielle Pathologie der Person. Leipzig: Thieme.

Kraus, H. (1950). *Casework in USA.* Frankfurt: Metzner.

KRAUSE, R. (1972). *Kreativität.* München: Goldmann.

KRAUSE, R. (1977). *Produktives Denken bei Kindern. Untersuchungen über Kreativität.* Weinheim: Beltz.

KRAUSS, R. (1930). Über graphischen Ausdruck. Beiheft der *Zeitschrift für Angewandte Psychologie, 48.*

KRAUSS, R. M. (1966). Structural and attitudinal factors in interpersonal bargaining. *Journal of Experimental Social Psychology, 2,* 42–55.

KRAUSS, R. M. & DEUTSCH, M. (1966). Communication in interpersonal bargaining. *Journal of Personality and Social Psychology, 4,* 572–577.

KRAUTH, J. & LIENERT, G. A. (Hrsg.). (1973). *KFA. Konfigurationsfrequenzanalyse und ihre Anwendung in Psychologie und Medizin.* Freiburg: Alber.

KRECH, D. & CRUTCHFIELD, R. S. (1974). *Grundlagen der Psychologie.* Weinheim: Beltz.

KRECH, D., CRUTCHFIELD, R. S. & BALLACHEY, E. L. (1962). *Individual in society.* New York: McGraw-Hill.

KREFT, D. & MIELENZ, I. (1980). *Wörterbuch soziale Arbeit: Aufgaben, Praxisfelder, Begriffe und Methoden der Sozialarbeit und Sozialpädagogik.* Weinheim: Beltz.

KREITLER, H. & KREITLER, S. (1980). *Psychologie der Kunst.* Stuttgart: Kohlhammer.

KRETSCHMER, E. (1946). Über gestufte aktive Hypnoseübung und den Umbau der Hypnosetechnik. *Deutsche Medizinische Wochenschrift, 71,* 281–283.

KRETSCHMER, E. (1948). *Hysterie, Reflex und Instinkt.* Stuttgart: Thieme.

KRETSCHMER, E. (1950). *Der sensitive Beziehungswahn. Ein Beitrag zur Paraonoiafrage und zur psychiatrischen Charakterlehre.* Berlin: Springer-Verlag.

KRETSCHMER, E. (1961). *Körperbau und Charakter.* Berlin: Springer-Verlag.

KRETSCHMER, E. (1975). *Medizinische Psychologie.* Stuttgart: Thieme.

KRETSCHMER, W. (1959). Protreptik (Bd. IV). In V. E. FRANKL, V. E. GEBSATTEL & J. H. SCHULTZ (Hrsg.), *Handbuch der Neurosenlehre.* München: Urban & Schwarzenberg.

KRISOR, M. (1993). *Auf dem Weg zur gewaltfreien Psychiatrie. Das Herner Modell im Gespräch.* Bonn: Psychiatrie-Verlag.

KRISOR, M. & PFANNKUCH, H. (Hrsg.). (1997). *Was Du nicht willst, das man Dir tut ... Gemeindepsychiatrie unter ethischen Aspekten.* Regensburg: Roderer.

KRIST, H. & WILKENING, F. (1991). Repräsentative Entwicklung. *Sprache und Kognition, 10,* 181–195.

KRISTOF, W. (1966). Das Cliffsche Gesetz im Deutschen. *Psychologische Forschung, 29,* 22–31.

KRIZ, J. (1994). *Grundkonzepte der Psychotherapie.* München: Urban und Schwarzenberg.

KROEBER-KENETH, L. (1968). *Buch der Graphologie; Schriftkunde in neuer Sicht.* Düsseldorf: Econ.

KROEBER-RIEHL, W. (1980). *Konsumentenverhalten.* München: Vahlen.

KROH, O. (1922). *Eine einzigartige Begabung und deren psychologische Analyse.* Göttingen: Vandenhoeck & Ruprecht.

KROH, O. (1922). *Subjektive Anschauungsbilder bei Jugendlichen.* Göttingen: Vandenhoeck & Ruprecht.

KROH, O. (1928). *Entwicklungspsychologie des Grundschulkindes.* Langensalza: Beyer.

KROH, O. (1939). Methodische Erschließung spezifischer Begabungsgrade und -richtungen. In G. JUST (Hrsg.), *Handbuch der Erbbiologie des Menschen* (Bd. 1). Berlin: Springer-Verlag.

KROH, O. (1944). *Entwicklungspsychologie des Grundschulkindes.* Langensalza: Beyer.

KROH, O. (1944). *Psychologie der Oberstufe.* Langensalza: Beyer.

KROHNE, H. W. (1976). *Theorien zur Angst.* Stuttgart: Kohlhammer.

KRONER, B. (1972). Massenpsychologie und kollektives Verhalten. In C. F. GRAUMANN (Hrsg.), *Sozialpsychologie. Handbuch der Psychologie* (Bd. 7). Göttingen: Hogrefe.

KRONFELD, A. (1932). *Lehrbuch der Charakterkunde.* Berlin: Springer-Verlag.

KROPF, D. (1976). *Grundprobleme der Gesprächspsychotherapie.* Göttingen: Hogrefe.

KROPFF, H. F. J. (1951). *Neue Psychologie in der neuen Werbung.* Stuttgart: Poeschel.

KROPFF, H. F. J. (1953). *Die Werbemittel und ihre psychologische, künstlerische und technische Gestaltung.* Essen: Girardet.

KROPFF, H. F. J. (1960). *Angewandte Psychologie und Soziologie in Werbung und Vertrieb.* Stuttgart: Poeschel.

KRUEGER, F. (1914). *Über Entwicklungspsychologie. Arbeiten zur Entwicklungspsychologie.* Leipzig: Engelmann.

KRUEGER, F. (1928). Das Wesen der Gefühle. *Archiv für die gesamte Psychologie, 65,* 91–128.

KRUEGER, F. (1953). Zur Psychologie und Philosophie der Ganzheit. In E. HEUSS (Hrsg.), *Zur Philosophie und Psychologie der Ganzheit: Schriften aus den Jahren 1918–1940.* Berlin: Springer-Verlag.

KRUG, S. (1983). Motivförderungsprogramme. Möglichkeiten und Grenzen, *Zeitschrift für Entwicklungspsychologie und Pädagogik. Psychologie, 15,* 317–346.

KRUG, S. & HANEL, J. (1976). Motivänderung. Erprobung eines theoriegeleiteten Trainingsprogramms. *Zeitschrift für Entwicklungspsychologie und Pädagogische Psychologie, 8,* 274–287.

KRUGLANSKI, A. W. (1980). Lay epistemo-logic process and contents. *Psychological Review, 87,* 70–87.

KRUKENBERG, H. (1923). *Der Gesichtsausdruck des Menschen.* Stuttgart: Enke.

KRUMBOLTZ, J. D. (1966). *Revolution in counseling,*

implications of behavioral science. New York: Houghton Mifflin.

Krumboltz, J. D. (1980). A second look at the revolution in counseling. *Personnel and Guidance Journal,* 463–466.

Kruse, L. (1972). Gruppen und Gruppenzugehörigkeit. In C. F. Graumann (Hrsg.), *Sozialpsychologie. Handbuch der Psychologie* (Bd. 7). Göttingen: Hogrefe.

Kruse, L. (1974). *Räumliche Welt.* Berlin: de Gruyter.

Kruse, L. (1980). *Privatheit als Problem und Gegenstand der Psychologie.* Bern: Huber.

Kruse, L., Graumann, C. F. & Lantermann, E. D. (Hrsg.). (1990). *Ökologische Psychologie. Ein Handbuch in Schlüsselbegriffen.* München: Psychologie Verlags Union.

Kruskal, J. B. (1964). Multidimensional scaling by optimizing the goodness-of-fit to a nonmetric hypothesis. *Psychometrika, 29,* 1–27.

Kubicek, H. & Welter, G. (1985). *Messung der Organisationsstruktur.* Stuttgart: Enke.

Kubie, L. S. (1956). *Psychoanalyse ohne Geheimnis.* Reinbek: Rowohlt.

Kubinger, K. D. (Hrsg.). (1989). *Moderne Testtheorie.* Weinheim: PVU.

Kubinger, K. D. (1995). *Einführung in die Psychologische Diagnostik.* Weinheim: PVU.

Kuethe, J. L. (1962). Social schemas. *Journal of Abnormal and Social Psychology, 64,* 31–38.

Kuffler, S. W. (1953). Discharge patterns and functional organization of mammalian retina. *Journal of Neurophysiology, 16.*

Kugler, J. (1966). *Elektroencephalographie in Klinik und Praxis.* Stuttgart: Thieme.

Kugler, P. G. (Ed.). (1989). *Self-organisation in biological work spaces.* Amsterdam: Elsevier.

Kuhl, J. E. (1983). Emotion, Kognition und Motivation. I: Auf dem Wege zu einer system-theoretischen Betrachtung der Emotionsgenese. *Sprache und Kognition, 2,* 1–27.

Kuhl, J. E. (1983). Emotion, Kognition und Motivation. II: Die funktionale Bedeutung für das problemlösende Denken und für das konkrete Handeln. *Sprache und Kognition, 2,* 228–253.

Kuhl, J. E. (1983). *Motivation, Konflikt und Handlungskontrolle.* Berlin: Springer-Verlag.

Kuhl, J. E. & Beckmann, J. (Eds.). (1985). *Action control. From cognition to behavior.* Berlin: Springer-Verlag.

Kuhlmann, A. (1979). *Zur Risiko-Akzeptanz in der Technik.* Köln: Verlag TÜV Rheinland.

Kuhlmann, T. M. & Franke, J. (1989). Organisationsdiagnose. In E. Roth (Hrsg.), *Enzyklopädie der Psychologie, Organisationspsychologie* (S. 631–651). Göttingen: Hogrefe.

Kuhn, R. (1973). Scham. In C. Müller (Hrsg.), *Lexikon der Psychiatrie.* Berlin: Springer-Verlag.

Kuhn, T. (1967). *Die Struktur wissenschaftlicher Revolutionen.* Frankfurt: Suhrkamp.

Kühnel, G. (1932). Die Konstitutionsformen der Hand. *Zeitschrift für die gesamte Neurologie und Psychiatrie, 141.*

Kukla, A. (1972). Foundations of an attributional theory of performance. *Psychological Review, 79,* 454–470.

Külpe, O. (1904). Versuche über Abstraktion. In F. Schuhmann (Hrsg.), *Bericht über den 1. Kongreß für experimentelle Psychologie in Giessen 1904.* Leipzig: Barth.

Külpe, O. (1912). *Die Realisierung.* Leipzig: Hirzel.

Külpe, O. (1922). *Vorlesungen über Psychologie.* Leipzig: Hirzel.

Künkel, F. (1950). *Einführung in die Charakterkunde.* Zürich: Hirzel.

Künkel, F. (1951). *Die Arbeit am Charakter.* Konstanz: Bahn.

Künkel, F. (1955). *Ringen um Reife.* Konstanz: Bahn.

Kuratorium für Verkehrssicherheit. (1962). *Arbeiten aus dem Verkehrspsychologischen Institut* (5 Bde.). Wien: Bundesverlag.

Kurth, E. (1947). *Musikpsychologie.* Bern: Krompholz.

Kurth, W. (1960). *Psychotherapie.* München: Reinhardt.

Kutash, I. L. & Schlesinger, L. B. et al. (1981). *Handbook on stress and anxiety. Contemporary knowledge, theory, and treatment.* London: Jossey Bass.

Kutschera, F. v. (1971). *Sprachphilosophie.* München: Fink.

Kutter, P. (1983). Psychoanalytische Ansätze. In H. A. Euler & H. Mandl (Hrsg.), *Emotionspsychologie. Ein Handbuch in Schlüsselbegriffen* (S. 52–59). München: Urban & Schwarzenberg.

Kvale, S. (1972). *Prüfung und Herrschaft.* Weinheim: Beltz.

Kwint, L. (1931). Die Evolution der mimischen Psychomotorik. *Zeitschrift für Kinderforschung, 38,* 143–217.

Labhardt, A. (1971). *Klinik der inneren Sekretion.* Berlin: Springer-Verlag.

Lachman, R., Lachman, J. L. & Butterfield, E. C. (1979). *Cognitive psychology and information processing: An introduction.* Hillsdale, NJ: Erlbaum.

Ladefoged, P. (1971). *Preliminaries to linguistic phonetics.* Chicago: University of Chicago Press.

Laing, R. D. (1969). *Phänomenologie der Erfahrung.* Frankfurt: Suhrkamp.

Lakatos, I. (1974). Falsifikation und die Methodologie wissenschaftlicher Forschungsprogramme. In I. Lakatos & A. Musgrave (Hrsg.), *Kritik und Erkenntnisfortschritt.* Braunschweig: Vieweg.

Lakoff, G. (1971). On generative semantics. In D. D. Steinberg & L. A. Jacobovits (Eds.), *Semantics.* London: Cambridge University Press.

Lambert, W. & Weisbrod, R. (Eds.). (1972). *Comparative perspectives on social psychology.* Boston: Little.

Lambert, W. E. & Jakobovits, L. A. (1960). Verbal

satiation and changes in the intensity of meaning. *Journal of Experimental Psychology, 60,* 376–383.

LAMM, H. (1975). *Analyse des Verhandelns.* Stuttgart: Enke.

LAMM, H., SCHMIDT, R. W. & TROMMSDORF, G. (1976). Sex and social class as determinants of future orientation (time perspective) in adolescents. *Journal of Personality and Social Psychology, 34,* 317–326.

LAMM, H. & TROMMSDORF, G. (1973). Group versus individual performance on tasks requiring ideational proficiency (brainstorming). *European Journal of Social Psychology, 3,* 361–388.

LAMNEK, S. (1979). *Theorien abweichenden Verhaltens.* München: Fink.

LAND, E. H. (1977). The retinex theory of color vision. *Scientific American, 237,* 108–130.

LANDAU, K. & ROHMERT, W. (1981). *Fallbeispiele zur Arbeitsanalyse.* Bern: Huber.

LANDAU, K. & ROHMERT, W. (Eds.). (1989). *Recent developments in job analysis.* London: Taylor & Francis.

LANDIS, C. (Ed.). (1953). *An annoted bibliography of the flicker fusion phenomena, covering the period 1740–1952.* Ann Arbor: NRC.

LANDON, J. F., SHER, K. J. & SHAH, J. H. (1993). Effects of oxazepam on anxiety: Implications of Fowles' psychophysiological interpretation of Gray's model. *Psychopharmacology, 113,* 137–143.

LANDY, F. J. (1989). *Psychology of work behavior.* Pacific Grove, California: Brooks/Cole Publishing.

LANE, R. E. (1959). *Political life: Why people get involved in politics.* New York: Free Press.

LANE, R. E. (1962). *Political ideology: Why the american common man believes what he does.* New York: Free Press.

LANG, E. & ARNOLD, K. (Hrsg.). (1996). *Die Arzt-Patient-Beziehung im Wandel.* Stuttgart: Enke.

LANGE, F. (1956). *Sprache des menschlichen Antlitzes.* München: Lehmann.

LANGE, F. A. (1866). *Geschichte des Materialismus.* Iserlohn: Baedecker.

LANGE, H. J. (1971). Algorythmische Diagnostik. *Münchner Medizinische Wochenschrift, 113,* 577–580.

LANGE-EICHBAUM, W. (1928). *Genie, Irrsinn und Ruhm.* München: Reinhardt.

LANGEHEINE, R. (1982). Kausalanalyse qualitativer Daten mit manifesten und latenten Variablen. *Zeitschrift für Sozialpsychologie, 13,* 163–176.

LANGEN, D. (1967). *Die gestufte Aktivhypnose.* Stuttgart: Thieme.

LANGER, G. & HEIMANN, H. (Hrsg.). (1983). *Psychopharmaka. Grundlagen und Therapie.* Wien: Springer-Verlag.

LANGER, I., SCHULZ V. THUN, F. & TAUSCH, R. (1974). *Verständlichkeit in der Schule, Verwaltung, Politik und Wirtschaft.* München: Reinhardt.

LANGEVELD, M. J. (1969). *Einführung in die theoretische Pädagogik.* Stuttgart: Klett.

LANGEVELD, M. J. (1971). *Erziehungskunde und Wirklichkeit.* Braunschweig: Westermann.

LAPLANCHE, J. & PONTALIS, J. B. (1972). *Das Vokabular der Psychoanalyse.* Frankfurt: Suhrkamp.

LARBIG, W. (1980). Schmerzforschung und Schmerzbehandlung, 6, 289–340. In W. WITTLING (Hrsg.), *Handbuch der Klinischen Psychologie.* Hamburg: Hoffmann & Campe.

LARSSON, K. & HÅRD, E. (1982). Some aspects of behavioral teratology research. *Scandinavian Journal of Psychology, 1,* 97–103.

LASHLEY, K. S. (1929). *Brain mechanism and intelligence.* Chicago: University of Chicago Press.

LASHLEY, K. S. (1942). An examination of the «continuity theory» as applied to discriminative learning. *Journal of General Psychology, 26,* 241–265.

LASHLEY, K. S. (1950). In search of the engram. *Symposia of the Society for Experimental Biology, 4,* 454–482.

LASHLEY, K. S. (1950). *Physiological mechanisms in animal behavior.* New York: Academic Press.

LASHLEY, K. S., CHOW, K. L. & SEMMES, J. (1951). An examination of the electrical field theory of cerebral integration. *Psychological Review, 58,* 123–136.

LASSWELL, H. D. (1957). *Politik und Moral.* Stuttgart: Ring-Verlag.

LASSWELL, H. D. et al. (1952). *Comparative studies of elites.* Stanford University, Hoover Institute and Library on war, revolution and peace: Series B. Stanford: Stanford University Press.

LATANE, B. & DARLEY, J. M. (1970). Social determinants of bystander intervention in emergencies. In J. MACAULAY & L. BERKOWITZ (Eds.), *Altruism and helping behavior.* New York: Academic Press.

LATTMANN, C. (Hrsg.), (1989). *Das Assessment-Center-Verfahren der Eignungsbeurteilung.* Heidelberg: Physica.

LAUBENTHAL, F. (Hrsg.). (1964). *Sucht und Mißbrauch.* Stuttgart: Thieme.

LAUBENTHAL, F. & SCHLIACK, H. (1967). *Leitfaden der Neurologie.* Stuttgart: Thieme.

LAUCKEN, U. & SCHICK, A. (Hrsg.). (1977). *Didaktik der Psychologie.* Stuttgart: Klett.

LAUCKEN, U. (1974). *Naive Verhaltenstheorie.* Stuttgart: Klett.

LAUENSTEIN, O. (1933). Ansatz zu einer physiologischen Theorie des Vergleichs und der Zeitfehler. *Psychologische Forschung, 17,* 130–177.

LAUTERBACH, W. & SARRIS, V. (Hrsg.). (1980). *Beiträge zur psychologischen Bezugssystemforschung.* Bern: Huber.

LAUX, G., DIETMAIER, O. & KÖNIG, W. (1997). *Pharmakopsychiatrie* (2. Aufl.). Stuttgart: Fischer.

LAUX, L., GLANZMANN, P., SCHAFFNER, P. & SPIELBERGER, C. D. (1981). *Das State-Trait-Angstinventar (STAI).* Weinheim: Beltz.

Lawler, E. J. (Ed.). (1984 f.). *Advances in group processes.* London: JAI Press.

Lawrence, D. H. & Festinger, L. (1962). *Deterrents and reinforcement: The psychology of insufficient reward.* Stanford: Tavistock.

Lawton, D. (1970). *Soziale Klasse, Sprache und Erziehung.* Düsseldorf: Schwann.

Lazarsfeld, P. F. & Henry, N. W. (1968). *Latent structure analsysis.* Boston: Mifflin.

Lazarus, A. (1979). *Multimodale Verhaltenstherapie.* Frankfurt: Klotz.

Lazarus, R. S. (1961). *Adjustment and personality.* London: McGraw-Hill.

Lazarus, R. S. (1966). *Psychological stress and the coping process.* New York: McGraw-Hill.

Lazarus, R. S. (1981). Streß und Streßbewältigung – ein Paradigma. In S. H. Filipp (Hrsg.), *Kritische Lebensereignisse.* München: Urban.

Le Bon, G. (1895). *Psychologie des foules.* Paris: Alcan.

Le Senne, R. (1949). *Traité de charactérologie.* Paris: Presses Univ. de France.

Leavitt, H. J. (1951). Some effects of certain communication patterns on group performance. *Journal of Abnormal and Social Psychology, 46,* 38–50.

Lederer, G. & Schmidt, P. (Hrsg.), *Autoritarismus und Gesellschaft – Trendanalysen und vergleichende Jugenduntersuchungen.* Opladen: Leske + Buderich.

Ledley, R. S. (1966). *FORTRAN IV programming.* New York: Holt.

Lederer, K. (Ed.). (1980). *Human needs: A contribution to the currant debate.* Königstein: Hain.

Lee, M. C., Schiffman, S. S. & Pappas, T. N. (1994). Role of neuropeptides in the regulation of feeding behavior. A review of cholecystokinin, bombesin, neuropeptide Y, and galanin. *Neuroscience and Biobehavioral Reviews, 18,* 313–323.

Lee, W. (1971). *Decision theory and human behavior.* New York: Wiley.

Lee, W. (1977). *Psychologische Entscheidungstheorie.* Weinheim: Beltz.

Leech, G. (1974). *Semantics.* Harmondsworth: Penguin.

Lefcourt, H. M. (Ed.). (1981). *Research with the locus of control construct.* New York: Academic Press.

Lefcourt, H. M. & Martin, R. A. (1986). *Humor and life stress.* New-York: Springer-Verlag.

Legewie, H. (1968). *Persönlichkeitstheorie und Psychopharmaka.* Meisenheim: Hain.

Legewie, H. & Nusselt, L. (Hrsg.). (1975). *Biofeedback-Therapie.* München: Urban & Schwarzenberg.

Lehman, R. S. (1977). *Computer simulation and modeling.* Hillsdale, NJ: Erlbaum.

Lehmann, E., Heinrich, K. & Klieser, E. (1995). Von der differentiellen Pharmakopsychologie zur differentiellen Pharmakopsychiatrie. Plädoyer für das Experiment in der Klinik. In G. Debus, G. Erdmann & K. W. Kallus (Hrsg.), *Biopsychologie von Streß und emotionalen Reaktionen. Ansätze interdisziplinärer Forschung* (S. 265–274). Göttingen: Hogrefe.

Lehmann, G. (1961). Energetik des arbeitenden Menschen. In E. W. Baader (Hrsg.), *Handbuch der gesamten Arbeitsmedizin* (Bd. 1). Berlin: Urban.

Lehmann, G. & Schmidtke, H. (1961). Die Arbeitszeit. In E. W. Baader (Hrsg.), *Handbuch der gesamten Arbeitsmedizin* (Bd. 1). Berlin: Urban.

Lehnert, H., Reschke, K. & Hellhammer, D. H. (1998). Klinische Psychoneuroendokrinologie. In R. H. Adler, J. M. Herrmann, K. Köhle, O. W. Schonecke, T. Von uexküll & W. Wesiack (Hrsg.), *Psychosomatische Medizin* (S. 895–908). München: Urban & Schwarzenberg.

Lehr, U. (1972, 1977). *Psychologie des Alterns.* Heidelberg: Quelle.

Leiber, H. (1978). *Bildungsmotivationstest (BMT).* Göttingen: Hogrefe.

Leinfellner, W. (1967). *Einführung in die Erkenntnis- und Wissenschaftstheorie.* Mannheim: Bibliographisches Institut.

Leischner, A. (1979). *Aphasien und Sprachentwicklungsstörungen.* Stuttgart: Thieme.

Leitner, K., Lüders, E., Greiner, B., Ducki, A. Niedermeyer, R. & Volpert, W. (1993). *Analyse psychischer Anforderungen und Belastungen in der Büroarbeit. Das RHIA-VERA-Büro-Verfahren.* Göttingen: Hogrefe.

Leitner, K., Volpert, W., Greiner, B., Weber, W. G. & Hennes, K. (1987). *Analyse psychischer Belastung in der Arbeit. Das RHIA-Verfahren.* Köln: Verlag TÜV Rheinland.

Lemke, R. (1956). *Neurologie und Psychiatrie.* Leipzig: Barth.

Lempp, R. (1978). *Frühkindliche Hirnschädigung und Neurose.* Bern: Huber.

Lempp, R. (Hrsg.). (1979). *Teilleistungsstörungen im Kindesalter.* Bern: Huber.

Lenk, H. (Hrsg.). (1977–1984). *Handlungstheorien interdisziplinär* (Bd. I–IV). München: Fink.

Lenk, H. & Ropohl, G. (Hrsg.). (1978). *Systemtheorie als Wissenschaftsprogramm.* Königstein: Athenäum.

Lenneberg, E. H. (1967). *Biological foundations of language.* New York: Wiley.

Lenneberg, E. H. (1972). *Biologische Grundlagen der Sprache.* Frankfurt: Suhrkamp.

Lenneberg, E. H. et al. (1964). Primitive stages of language development in monogolism. *Disorders of human communications, 42.*

Lenz, F. (1950). Über öffentliche Meinung und Meinungsforschung. *Europa Archiv, 51,* 3023–3028.

Lenz, F. (1956). *Werden und Wesen der öffentlichen Meinung.* München: Pohl.

Leon, G. R. (1984). *Case histories of deviant behavior.* Boston: Allyn & Bacon.

Leonhard, K. (1948). *Grundlagen der Psychiatrie.* Stuttgart: Enke.

Leontev, A. A. (1971). *Sprache, Sprechen, Sprechtätigkeit.* Stuttgart: Kohlhammer.

Leontev, A. A. (1973). *Probleme der Entwicklung des Psychischen.* Frankfurt: Athenäum.

Lepper, M. (1984). Social control processes, attributions of motivation, and the internalization of social values. In T. Higgins, D. Ruble & W. Hartup (Eds.), *Social cognition and social behavior: A developmental perspective.* San Francisco: Jossey Bass.

Lepschy, G. C. (1969). Die *strukturale Sprachwissenschaft.* München: Nymphenburger.

Lerner, M. J. & Lerner, S. C. (1981). *The justice motive in social behavior.* New York: Plenum.

Lersch, P. (1954, 1962). *Aufbau der Person.* München: Barth.

Lersch, P. (1961). *Gesicht und Seele.* München: Reinhardt.

Lersch, P. (1961). *Vom Wesen der Geschlechter.* München: Reinhardt.

Lersch, P. (1964). *Der Mensch als soziales Wesen.* München: Barth.

Lersch, Ph. & Thomae, H. (Hrsg.). (1960, 1964, 1966, 1968). Persönlichkeitsforschung und Persönlichkeitstheorie. In *Handbuch der Psychologie* (Bd. 4). Göttingen: Hogrefe.

Lesch, K.-P. (1991). Psychobiologie der Zwangskrankheit. *Fortschritte der Neurologie und Psychiatrie, 59,* 404–412.

Lesch, K.-P. & Beckmann, H. (1990). Zur Serotonin-Hypothese der Depression. *Fortschritte der Neurologie & Psychiatrie, 58,* 405–446.

Leshner, A. I. (1977). Hormones and emotions. In D. Candland, J. Fell, E. Keen, A. Leshner, R. Tarpy & R. Plutchik (Eds.), *Emotion* (pp. 85–148). Belmont: Wadsworth Publications.

Leshner, A. I. (1978). An *introduction to behavioral endocrinologie.* New York: Oxford University Press.

Leuner, B. (1976). *Psychoanalyse und Kunst.* Köln: DuMont.

Leuner, G. (1962). *Die experimentelle Psychose.* New York: Springer-Verlag.

Leuner, H. (Hrsg.). (1980). *Katathymes Bilderleben.* Bern: Huber.

Leuner, H. K. (1962). *Die experimentelle Psychose.* Berlin: Springer-Verlag.

Leuniger, H. (1989). *Neurolinguistik. Probleme, Paradigmen, Perspektiven.* Opladen: Westdeutscher Verlag.

Leuninger, H., Miller, M. H. & Müller, F. (1972). *Psycholinguistik: Ein Forschungsbericht.* Frankfurt: Athenäum.

Leutz, G. A. (1974). *Das klassische Psychodrama nach J. L. Moreno.* Berlin: Springer-Verlag.

Leutz, G. A. (1974). *Psychodrama: Theorie und Praxis.* Heidelberg: Springer-Verlag.

Leutz, G. A. & Oberbohrbeck, K. W. (1980). *Psychodrama.* Göttingen: Vandenhoeck & Ruprecht.

LeVay, S. (1994). *Keimzellen der Lust. Die Natur der menschlichen Sexualität.* Heidelberg: Spektrum.

Levelt, W. J. M. (1989). *Speaking.* Cambridge, MA: MIT Press.

Levelt, W. J. M. (1991). Die konnektionistische Mode. *Sprache und Kognition, 10,* 61–72.

Leventhal, H. (1980). Toward a comprehensive theory of emotion. In L. Berkowitz (Ed.), *Advances in experimental social psychology* (Vol. 13, pp. 139–207). New York: Academic Press.

Leventhal, H. (1982). The integration of emotion: A view from the perceptual-motor theory of emotion. In M. S. Clark (Ed.), *Annual Carnegie Symposium on Cognition* (pp. 121–156). Hillsdale, NJ: Erlbaum.

Levi-Montcaltini, R. & Angeletti, P. V. (1968). Nerve growth factor. *Physiological Reviews, 48,* 534–569.

Levitt, E. E. (1967). *Psychologie der Angst.* Stuttgart: Kohlhammer.

Levitt, R. A. (1975). *Psychopharmacology. A biological approach.* New York: Wiley.

Levy-Bruhl, L. (1927). *L'âme primitive.* Paris: Alean.

Levy-Bruhl, L. (1930). *Die Seele der Primitiven.* Wien: Braumüller.

Lewin, G. R. & Barde, Y. A. (1996). Physiology of the neurotrophins. *Annual Review of Neuroscience, 19,* 289–317.

Lewin, K. (1921, 1922). Das Problem der Willensmessung und das Grundgesetz der Assoziation. *Psychologische Forschung, 2,* 65–140.

Lewin, K. (1926). Untersuchungen zur Handlungs- und Affektpsychologie. *Psychologische Forschung, 7,* 294–329.

Lewin, K. (1926). Vorsatz, Wille und Bedürfnis. *Psychologische Forschung, 7,* 330–385.

Lewin, K. (1927). *Gesetz und Experiment in der Psychologie: Symposion.* Erlangen: Enke.

Lewin, K. (1931). *Die psychologische Situation bei Lohn und Strafe.* Leipzig: Hirzel.

Lewin, K. (1935). *A dynamic theory of personality.* New York: McGraw-Hill.

Lewin, K. (1936). *Principles of topological psychology.* New York: McGraw-Hill.

Lewin, K. (1939). Field theory and experiment in social psychology. *American Journal of Social Psychology, 44.*

Lewin, K. (1946). Action research and minority problems. *Journal of Social Issues, 2.*

Lewin, K. (1947). Frontiers in group dynamics. I: Concept, method and reality in social science; social equilibria and social change. *Human Relations, 1,* 5–41.

Lewin, K. (1948). *Resolving social conflicts.* New York: Harper.

Lewin, K. (1951). *Field theory in social science.* New York: Harper.

Lewin, K. (1953). *Die Lösung sozialer Konflikte.* Bad Nauheim: Christian Verlag.

Lewin, K. (1954). Behavior and development as a

function of the total situation. In L. Carmichael (Ed.), *Manual of child psychology.* New York: Wiley.

Lewin, K. (1963). *Feldtheorie in den Sozialwissenschaften.* Bern: Huber.

Lewin, K. (1969). *Grundzüge der topologischen Psychologie.* Bern: Huber.

Lewin, K. (1981). *Werkausgabe.* C. F. Graumann (Hrsg.). Bern: Huber.

Lewin, K. (1981). Wissenschaftstheorie I. In A. J. Marrow (Hrsg.), *Kurt Lewin – Leben und Werk.* Stuttgart: Klett.

Lewin, K., Dembo, T. et al. (1944). Level of aspiration. In J. Hunt (Ed.), *Personality and the behavior disorders. A Handbook based on experimental and clinical research.* New York: Ronald.

Lewin, K., Lippert, R. & White, R. K. (1939). Patterns of aggressive behavior in experimentelly created social climates. *Journal of Social Psychology, 10,* 271–299.

Lewis, E. C. (1970). *The psychology of counseling.* New York: Holt, Rinehart and Winston.

Ley, P. (1977). Psychological studies of doctor-patient communication. In S. J. Rachman (Ed.), *Contributions to medical psychology* (Vol. 1). Oxford: Pergamon Press.

Leyhausen, P. (1965, 1970). Das Motivationsproblem in der Ethologie. In H. Thomae (Hrsg.), *Allgemeine Psychologie. Handbuch der Psychologie* (Bd. 2). Göttingen: Hogrefe.

Leyhausen, P. (1967). Biologie von Ausdruck und Eindruck. *Psychologische Forschung, 31,* 113–176.

Leymann, H.(1990). Mobbing and psychological terror at workplace. *Violence and Victims, 5.*

Leymann, H. (1993). *Mobbing. Psychoterror am Arbeitsplatz und wie man sich dagegen wehren kann.* Hamburg: Rowohlt.

Liang, Y. (1996). Sprachroutinen und Vermeidungsrituale im Chinesischen. In A. Thomas (Hrsg.), *Psychologie interkulturellen Handelns.* Göttingen: Hogrefe.

Libermann, A. M. et al. (1962, 1963). *A motortheory of speech perception.* Proceedings of the Speech Communication Association. Seminar 2.

Lidz, T., Fleck, S. & Cornelison, A. R. (1965). *Schizophrenia and the family.* New York: International University Press.

Liebel, H. & Uslar, W. (1975). *Forensische Psychologie.* Stuttgart: Kohlhammer.

Liebermann, B. (1964). I-trust: A notion of trust in three-person games and international affairs. *Journal of Conflict Resolution, 8.*

Liebert, R. (1974). Television violence and children's aggression: The weight of evidence. In J. De Wit & W. W. Hartup (Eds.), *Determinants and origins of aggressive behavior.* Paris: Mouton.

Liebert, R., Neale, J. & Davidson, E. (1973). *The early window: Effects of television on children and youth.* New York: Pergamon.

Lienert, G. A. (1958). *Mechanisch-technischer Verständnistest (MTVT).* Göttingen: Hogrefe.

Lienert, G. A. (1962). Über die Auswertung von Variablen-Transformationen in der Psychologie. *Biometrische Zeitschrift, 4,* 145–181.

Lienert, G. A. (1964). *Belastung und Regression.* Meisenheim: Hain.

Lienert, G. A. (1964). *Denksport-Test (DST).* Göttingen: Hogrefe.

Lienert, G. A. (1967). *Die Draht-Biege-Probe (DBP).* Göttingen: Hogrefe.

Lienert, G. A. (1969). *Testaufbau und Testanalyse.* Weinheim: Beltz.

Lienert, G. A. (1971). Die Konfigurationsfrequenzanalyse I. *Zeitschrift für Klinische Psychologie und Psychotherapie, 19,* 99–206.

Lienert, G. A. (1973). *Verteilungsfreie Methoden in der Biostatistik* (Bd. 1). Meisenheim: Hain.

Lienert, G. A. & Janke, W. (1957). Pharmakopsychologische Untersuchungen über 5-phenyl-2-imino-4-oxo-oxazolidin. *Arzneimittel-Forschung, 7,* 436–439.

Lienert, G. A. & Raatz, U. (1994). *Testaufbau und Testanalyse.* Weinheim: Beltz.

Lilli, W. & Frey, D. (1993). Die Hypothesentheorie der sozialen Wahrnehmung. In D. Frey & M. Irle (Hrsg.), *Theorien der Sozialpsychologie* (Bd. 1). Huber: Bern.

Lilli, W. & Rehm, J. (1983). Theoretische und empirische Untersuchungen zum Phänomen der «illusorischen Korrelation» (illusory correlation). *Zeitschrift für Sozialpsychologie, 14,* 251–261.

Lindberg, B. J. (1938). *Experimental studies of colour and non-colour attitude in school-children and adults.* Kopenhagen: Munksgaard.

Linden, M. (1979). Psychiatrische und psychologische Klassifikation depressiver Störungen. In M. Hautzinger & N. Hoffmann (Hrsg.), *Depression und Umwelt.* Salzburg: Otto-Müller.

Linden, M. & Hautzinger, M. (Hrsg.). (1996). *Verhaltenstherapie.* Berlin: Springer-Verlag.

Linder, M. & Grissemann, H. (1981). *Zürcher Lesetest.* Bern: Huber.

Linder, M. (1962). *Lesestörungen bei normalbegabten Kindern.* Zürich: Schweizer Lehrerverein.

Lindner, G. (1969). *Einführung in die experimentelle Phonetik.* München: Hueber.

Lindsay, P. H. & Norman, D. A. (1977). *Human information processing.* New York: Academic Press.

Lindsay, P. H. & Norman, D. A. (1981). *Einführung in die Psychologie: Informationsaufnahme und Verarbeitung beim Menschen.* Berlin: Springer-Verlag.

Lindsley, O. R., Skinner, B. F. & Solomon, H. C. (1953). *Studies in behavior therapy: Status report* (Vol. I). Waltham: Metropolitan State Hospital.

Lindworsky, J. (1925). *Der Wille.* Leipzig: Barth.

Lindworsky, J. (1931). *Experimentelle Psychologie.* München: Kösel.

LINDWORSKY, J. (1932). *Theoretische Psychologie im Umriß.* Leipzig: Barth.

LINDWORSKY, J. (1935). *Psychologie der Askese.* Freiburg: Herder.

LINDZEY, G. (1950). An experimental examination of the scapegoat theory of prejudice. *Journal of Abnormal and Social Psycholoy, 45,* 296–309.

LINDZEY, G. & ARONSON, E. (Eds.). (1968, 1969). *Handbook of social psychology* (Vols. 1–5). Reading: Addison-Wesley.

LINDZEY, G. & ARONSON, E. (Eds.). (1985). *Handbook of social psychology* (Vols. 1 u. 2). New York: Random House.

LINDZEY, G. & BYRNE, D. (1968). Measurement of social choice and interpersonal attractiveness. In G. LINDZEY & E. ARONSON (Eds.), *Handbook of social psychology.* Reading: Addison-Wesley.

LINKE, P. F. (1918). *Grundfragen der Wahrnehmungslehre.* München: Reinhardt.

LINSCHOTEN, J. (1956). *Strukturanalyse der binokularen Tiefenwahrnehmung.* Göttingen: Hogrefe.

LINTON, R. (1936). *The study of man.* New York: Appleton.

LIPMANN, O. (1924). Psychische Geschlechtsunterschiede. *Zeitschrift für Angewandte Psychologie.*

LIPPERT, E. & WAKENHUT, R. (1983). Ethnozentrismus. In E. LIPPERT & R. WAKENHUT (Hrsg.), *Handwörterbuch der Politischen Psychologie.* Opladen: Westdeutscher Verlag.

LIPPMANN, W. (1922). *Public opinion.* New York: Macmillan.

LIPPS, T. (1923). *Psychologie des Schönen und der Kunst* (2 Bde.). Leipzig: Voss.

LIPTON, M. A., DIMASCIO, A. & KILLAM, K. F. (Eds.). (1978). *Psychopharmacology: A generation of progress.* New York: Raven Press.

LIST, G. (1972, 1981). *Psycholinguistik.* Stuttgart: Kohlhammer.

LIST, G. (1974). *Syntagmatische Sprachpsychologie.* Stuttgart: Kohlhammer.

LITT, T. (1948). *Philosophie und Zeitgeist.* Hamburg: Meiner.

LITT, T. (1948). *Die Selbsterkenntnis des Menschen.* Hamburg: Meiner.

LITTLE, A. D. (1970). *The state of the art of traffic safety.* New York: Praeger.

LITTLE, A. D. (1992). *Management von Spitzenqualität.* Wiesbaden: Gabler.

LITTLE, W. J. (1862). *On the influence of abnormal parturition, difficult labours, premature birth and asphyxia neonatorum on the mental and physical conditions of the child, especially in relation to deformities.* Transact. Obstetric. Soc., 3. London: Rivingtons.

LOCHNER, R. (1963). *Deutsche Erziehungswissenschaft.* Meisenheim: Hain.

LOCKE, E. A. (1976). The nature and causes of job satisfaction. In M. D. DUNNETTE (Ed.), *Handbook of industrial and organizational psychology* (pp. 1297–1349). Chicago: Rand McNally.

LOCKE, E. A. & LATHAM, G. P. (1984). *Goal setting: A motivational technique that works.* Englewood Cliffs: Prentice-Hall.

LOCKE, E. A. & LATHAM, G. P. (1990). Goals, expectancies, self-efficacy, valences and performance. In E. A. LOCKE & G. P. LATHAM (Eds.), *A theory of goal setting and task performance* (pp. 63–85). Englewood Cliffs: Prentice Hall.

LOCKE, J. (1962). *Über den menschlichen Verstand.* Berlin: Akademie.

LOEVINGER, J. (1976). *Ego development.* San Francisco: Jossey Bass.

LÖFFLER, G. & PETRIDES, P. E. (1997). *Biochemie und Pathobiochemie* (5. Aufl.). Berlin: Springer-Verlag.

LOHMANN, H. (Hrsg.). (1969). *Gesamtschule – Diskussion und Planung.* Weinheim: Beltz.

LOMBROSO, C. (1893). *Grafologia.* Mailand: Hoepli.

LONGO, V. G. (1966). Behavioral and electroencephalographic effects of atropine and related compounds. *Pharmacological Review, 18,* 965–996.

LONNER, W. J. & MALPASS, R. S. (1994). When psychology and culture meet: An introduction to cross cultural psychology. In W. J. LONNER & R. S. MALPASS (Eds.), *Psychology and culture* (pp. 1–12). Needham Heights, MA: Allyn & Bacon.

LORENZ, K. (1943). Die angeborenen Formen möglicher Erfahrung. *Zeitschrift für Tierpsychologie, 5,* 235–409.

LORENZ, K. (1950). Ganzheit und Teil in der tierischen und menschlichen Gesellschaft. *Studium Generale, 3,* 455–499.

LORENZ, K. (1965). *Das sogenannte Böse.* Wien: Borotha-Schoeler.

LORENZ, K. (1965). Über tierisches und menschliches Verhalten. *Gesammelte Abhandlungen* (2 Bde.). München: Piper.

LORENZ, R. J. (1988). *Grundbegriffe der Biometrie.* Stuttgart: Fischer.

LORENZEN, P. (1958). *Formale Logik.* Berlin: Springer-Verlag.

LOSER, F. (1969). Programmiertes Lehren und Lernen: Voraussetzungen – Möglichkeiten – Grenzen. In Willmann-Institut (Hrsg.), *Der Lernprozeß.* Freiburg: Herder.

LOSER, F. (1969). Die Unterrichtsgrundsätze der Lebensnähe und der Anschauung und ihr Beitrag für eine pädagogische Theorie des Lehrens und Lernens. *Bildung und Erziehung, 22,* 14–31.

LOSER, F. & THERHART, E. (Hrsg.). (1977). *Theorien des Lehrens.* Stuttgart: Klett.

LÖSSL, E. (1978). *Arbeitszufriedenheit im Spiegel wissenschaftlicher Forschung.* Diss.

LOTZE, H. (1912). *Grundzüge der Psychologie.* Leipzig: Hirzel.

LOVAAS, O. I. et al. (1967). The establishment of imitation and its use. *Behavior Research and Therapy, 5,* 171–181.

LÖWE, A. (1979). *Gehörlose und Schwerhörige. Handbuch der Behindertenpädagogik.* München: Kösel.

LOWEN, A. (1979). *Bioenergetik.* Reinbek: Rowohlt.

LUCE, R. D., BUSH, R. R. & GALANTER, E. (1965). *Handbook of mathematical psychology.* New York: Wiley.

LUCE, R. D. & RAIFFA, H. (1957). *Games and decisions: Introduction and critical survey.* New York: Wiley.

LUCHINS, A. S. & LUCHINS, E. H. (1959). *Rigidity of behavior.* Eugene: University of Oregon Books.

LUCHSINGER, R. (1941). *Die erbbiologische Untersuchung der Stimme und Sprache.* Archiv für Sprach- und Stimmphysiologie und Sprach- und Stimmheilkunde.

LUCHSINGER, R. (1951). *Stimmphysiologie und Stimmbildung.* Wien: Springer-Verlag.

LUCHSINGER, R. (1959). Die Vererbung von Sprach- und Stimmstörungen. *Folia Phoniatrica, 11,* 7–64.

LUCHSINGER, R. & ARNOLD, G. E. (1959, 1970). *Lehrbuch der Stimm- und Sprachheilkunde.* Wien: Springer-Verlag.

LÜCKERT, H. R. (1958). *Konfliktpsychologie.* München: Reinhardt.

LÜCKERT, H. R. (Hrsg.). (1964). *Handbuch der Erziehungsberatung* (2 Bde). München: Reinhardt.

LUCZAK, H. & ROHMERT, W. (1980). Ergonomie. In J. RUTENFRANZ, H. LUCZAK, G. LEHNERT, W. ROHMERT & S. SZADOWSKI (Hrsg.), *Denkschrift zur Lage der Arbeitsmedizin und der Ergonomie in der Bundesrepublik Deutschland* (S. 15–22). Boppard: Harald Boldt-Verlag.

LUCZAK, H. & VOLPERT, W. (1987). *Arbeitswissenschaft. Kerndefinition – Gegenstandskatalog – Forschungsgebiete.* Eschborn: Rationalisierungs-Kuratorium der Deutschen Wirtschaft.

LÜER, G. (1973). *Gesetzmäßige Denkabläufe beim Problemlösen.* Weinheim: Beltz.

LUHMANN, N. (1991). *Soziale Systeme.* Frankfurt: Suhrkamp.

LUKASCZYK, K. (1960). Zur Theorie der Führerrolle. *Psychologische Rundschau, 11,* 179–188.

LUKESCH, H. (Hrsg.). (1975). *Auswirkung elterlicher Erziehungsstile.* Göttingen: Hogrefe.

LUKESCH, H. (1975). *Erziehungsstile.* Stuttgart: Kohlhammer.

LUKESCH, H. (1976). *Elterliche Erziehungsstile.* Stuttgart: Kohlhammer.

LUNDH, L. G. (1982). The mind considered as a system of meaning structures. *Scandinavian Journal of Psychology, 23,* 225–242.

LUNEBURG, R. K. (1947). *Mathematical analysis of binocular vision.* Princeton: Dartmouth Eye Institute.

LUNGWITZ, H. (1974). *Die Entdeckung der Seele.* Berlin: de Gruyter.

LURIA, A. R. (1932). *The nature of human conflicts.* New York: Liveright.

LURIA, A. R. (1970). *Die höheren kortikalen Funktionen des Menschen und ihre Störungen bei örtlichen Hirnschädigungen.* Berlin: DVW.

LURIA, A. R. (1973). *The working brain.* Harmondsworth: Penguin Books.

LUTZ, A. (1929). Teilinhaltliche Beachtung, Auffassungsumfang und Persönlichkeitstypus. Ergänzung *Zeitschrift für Psychologie, 14,* 7–85.

LUTZ, H. (1957). *Das Menschenbild der Kinsey-Reporte.* Stuttgart: Enke.

LUTZ, J. (1961). *Kinderpsychiatrie.* Zürich: Rotapfel.

LYONS, J. (1968). *Theoretical linguistics.* London: Cambridge University Press.

LYONS, J. (Ed.). (1970). *New horizons in linguistics.* Harmondsworth: Penguin.

LYONS, J. (1971). *Einführung in die moderne Linguistik.* München: Beck.

LYONS, J. (Hrsg.). (1974). *Neue Perspektiven der Linguistik.* Reinbek: Rowohlt.

LYSINSKI, E. (1956). Berichtigung des Weber-Fechnerschen Gesetzes. *Psychologische Beiträge, 2,* 239–253.

MAAS, A., WEST, St., CLARK, R. D. (1985). Soziale Einflüsse von Minoritäten in Gruppen. In D. FREY & M. IRLE (Hrsg.), *Theorien der Sozialpsychologie* (Bd. 2). Bern: Huber.

MAAS, U. (1973). *Grundkurs Sprachwissenschaft. Teil I Die herrschende Lehre.* München: List.

MAAS, U. & WUNDERLICH, D. (1972). *Pragmatik und sprachliches Handeln.* Frankfurt: Athenäum.

MACAULAY, J. & BERKOWITZ, L. (Eds.). (1970). *Altruism and helping behavior.* New York: Academic Press.

MACCOBY, E. E. (1963). Die Wirkung des Fernsehens auf Kinder. In W. SCHRAMM (Hrsg.), *Grundfragen der Kommunikationsforschung.* München: Juventa.

MACCOBY, E. E. & WILSON, W. (1957). Identification and observational learning from films. *Journal of Abnormal and Social Psychology, 55,* 76–87.

MACCORQUODALE, K. & MEEHL, P. E. (1948). On a distinction between hypothetical constructs and intervening variables. *Psychological Review, 55,* 95–107.

MACH, E. (1875). *Grundlinien der Lehre von den Bewegungsempfindungen.* Leipzig: Engelmann.

MACH, E. (1922). *Beiträge zur Analyse der Empfindungen.* Jena: Fischer.

MACHT, M., SCHULTZ-GAMBARD, E. & MORLEY, J. E. (1995). Neurochemische Regulation der Nahrungsaufnahme und emotionale Reaktivität im Hungerzustand. In G. DEBUS, G. ERDMANN & K. W. KALLUS (Hrsg.), *Biopsychologie von Streß und emotionalen Reaktionen. Ansätze interdisziplinärer Forschung* (S. 129–142). Göttingen: Hogrefe.

MACKIE, D. M. & HAMILTON, D. L. (Eds.). (1993). *Affect, cognition, and stereotyping.* San Diego: Academic Press.

MACKINTOSH, N. J. (1965). Selective attention in animal discrimination learning. *Psychological Bulletin, 64,* 124–150.

MACKWORTH, J. F. (1970). *Vigilance and attention.* Hammondsworth: Penguin Books.

MacLean, P. D. A. (1973). *A triune concept of the brain and behavior.* Toronto: University of Toronto Press.

Macrae, C. N., Stangor, C. & Hewstone, M. (Eds.). (1996). *Stereotypes and stereotyping.* New York: Guilford Press.

Maddi, S. R. (1968, 1972). *Personality theories. A comparative analysis.* Homewood: Dorsey.

Madsen, K. B. (1968). *Theories of motivation.* Kopenhagen: Munksgaard.

Madsen, K. B. (1973). *Modern theories of motivation.* Kopenhagen: Munksgaard.

Madsen, K. B. (1981). Berlyne's theory. In H. J. Day (Ed.), *Advances in intrinsic motivation and aesthetics.* New York: Plenum.

Magnusson, D. (1969). *Test-Theorie.* Wien: Deutikke.

Maher, B. A. (1974). Delusional thinking and perceptual disorders. *Journal of Individual Psychology, 30.*

Maher, B. A. et al. (1964). The determinants of oscillation points in a temporal decision conflict. *Psychological Science, 1.*

Mahl, G. F. & Schulze, G. (1964). Psychological research in the extralinguistic area. In T. A. Sebeok et al. (Eds.), *Approaches to semiotics.* The Hague: Mouton.

Mahling, F. (1927). Das Problem der «Audition colorée». *Farbe-Ton-Forschung, 1.*

Mahoney, M. J. (1977). *Kognitive Verhaltenstherapie.* München: Pfeiffer.

Maier, H. W. (1912). Über katathyme Wahnbildung und Paranoia. *Zeitschrift für die Gesamte Neurologie und Psychiatrie, 13,* 555–610.

Maier, N. R. F. (1961). *Frustration: The study of behavior without a goal.* Ann Arbor: University of Michigan Press.

Maier, N. R. F. (1963). *Problem-solving discussions and conferences-leadership methods and skills.* New York: McGraw-Hill.

Maikowski, R., Mattes, P. & Rott, G. (1976). *Psychologie und ihre Praxis. Materialien zur Geschichte und Funktion einer Einzelwissenschaft in der Bundesrepublik.* Frankfurt: Fischer.

Majewska, M. D. (1994). Neuronal actions of dehydroepiandrosterone. *Annual of the New York Academy of Sciences,* 111–120.

Majewski, F. (1987). Teratogene Schäden durch Alkohol. In K. P. Kisker, H. Lauter, J.-E. Meyer, C. Müller & E. Strömgren (Hrsg.), *Psychiatrie der Gegenwart. 3. Abhängigkeit und Sucht* (S. 243–272). Berlin: Springer-Verlag.

Majewski, F. (1993). Alcohol embryopathy. Experience in 200 patients. *Developmental Brain-Dysfunction, 6,* 248–265.

Malan, D. H. (1965). *Psychoanalytische Kurztherapie.* Bern: Huber.

Malek-Ahmadi, P. (1992). Substance P and neuropsychiatric disorders. An overview. *Neuroscience and Biobehavioral Reviews, 16,* 365–369.

Maletzke, G. (1963). *Psychologie der Massenkommunikation.* Hamburg: Hans Bredow Institut.

Malhotra, M. K. (1966). Figuraler Nacheffekt. *Psychologische Forschung, 30,* 1–104.

Malinowski, B. (1935). *A scientific theory of culture.* Chapel Hill: University of California Press.

Malmo, R. B. (1959). Activation: A neurophysiological dimension. *Psychological Review, 66,* 367–386.

Malraux, A. (1957). *Psychologie der Kunst.* Hamburg: Rowohlt.

Mandel, A., Mandel, K. H., Stadter, E. & Zimmer, D. (1976). *Einübung in Partnerschaft durch Kommunikationstherapie und Verhaltenstherapie.* München: Pfeiffer.

Mandel, D. R. (1984). Methodological approaches to environmental psychology. In J. D. Fisher, P. A. Bell & A. Baum (Eds.), *Environmental psychology* (pp. 379–406). New York: Holt, Rinehart & Winston.

Mandl, H. (1975). *Kognitive Entwicklungsverläufe von Grundschülern.* München: Oldenbourg.

Mandl, H. & Huber, G. L. (Hrsg.). (1978). *Kognitive Komplexität. Bedeutung – Weiterentwicklung – Anwendung.* Göttingen: Hogrefe.

Mandl, H. & Lesgold, A. (Eds.). (1988). *Learning issues with intelligent tutorial systems.* New York: Springer-Verlag.

Mandl, H. & Zimmermann, A. (1976). *Intelligenzdifferenzierung.* Stuttgart: Klett.

Mangoldt, H. v. & Knopp, K. (1958). *Einführung in die höhere Mathematik* (Bd. 3). Stuttgart: Hirzel.

Mann, R. D. (1959). A review of the relationship between personality and performance in small groups. *Psychological Bulletin, 56,* 241–270.

Mann, St. H. (1977). The use of social indicators in environmental planning. In I. Altman & J. F. Wohlwill (Eds.), *Human behavior and environment* (Vol. 2, pp. 307–330). New York: Plenum.

Mann, U. (1973). *Einführung in die Religionspsychologie.* Darmstadt: Wissenschaftliche Buchgesellschaft.

Manz, W. (1968). *Das Stereotyp.* Meisenheim: Hain.

Marbe, K. (1901). *Experimentalpsychologische Untersuchungen über das Urteil.* Leipzig: Engelmann.

Marbe, K. (1910). *Theorie der kinematographischen Projektionen.* Leipzig: Barth.

Marbe, K. (1913). *Grundzüge der forensischen Psychologie.* München: Beck.

Marbe, K. (1916). *Die Gleichförmigkeit der Welt.* München: Beck.

Marbe, K. (1926). *Praktische Psychologie der Unfälle und Betriebsschäden.* München: Oldenbourg.

Marciniak, K. H. (1980). Nichtseßhafte. In *Evangelisches Soziallexikon.* Stuttgart: Kreuz Verlag.

Marco, G. L. (1981). Equating tests in an era of test disclosure. In B. F. Green (Ed.), *New directions for testing and measurement: Issues in te-*

sting – coaching, disclosure, and etnic bias. San Francisco: Jossey-Bass.

Marcuse, H. (1967). *Der eindimensionale Mensch.* Neuwied: Luchterhand.

Marcuse, H. (1968). *Psychoanalyse und Politik.* Frankfurt: Europäische Verlagsanstalt.

Marcuse, L. (1964). *Sigmund Freud.* München: Kindler.

Marcuse, M. (Hrsg.). (1926). *Handwörterbuch der Sexualwissenschaft.* Berlin: de Gruyter.

Marek, J. & Sten, T. (1977). *Traffic environment and the driver.* Springfield, Ill: Thomas.

Marett, R. R. (1900). Preanimistic religion. *Folklore, 11.*

Marett, R. R. (1909). *The threshold of religion.* London: Methuen.

Margraf, J. (Hrsg.). (1996). *Lehrbuch der Verhaltenstherapie* (Bd. 1). Berlin: Springer-Verlag.

Margraf, J. (Hrsg.). (1997). *Lehrbuch der Verhaltenstherapie* (Bd. 2). Berlin: Springer-Verlag.

Markefka, M. (1990). *Vorurteile – Minderheiten-Diskriminierung.* Neuwied: Luchterhand.

Marler, P. & Hamilton, W. J. (1966). *Mechanisms of animal behavior.* New York: Wiley.

Marlowe, D. & Gergen, K. J. (1969). Personality and social interaction. In G. Lindzey & E. Aronson (Eds.), *Handbook of social psychology* (Vol. 5). Reading: Addison-Wesley.

Marr, D. (1982). *Vision.* New York: Freeman.

Marr, R. (Hrsg.). (1996). *Absentismus.* Göttingen: Hogrefe.

Marshall, J. C. (1974). Biologische Aspekte der menschlichen und tierischen Kommunikation. In J. Lyons (Hrsg.), *Neue Perspektiven in der Linguistik.* Reinbek: Rowohlt.

Marshall, W. L., Jones, R., Ward, T., Johnston, P. & Barbaree, H. E. (1991). Treatment outcome with sex offenders. *Clinical Psychology Review, 11,* 465–485.

Marslen-Wilson, W. D. (1976). Linguistic descriptions and psychological assumptions in the study of sentence perception. In R. J. Wales & E. Walker (Eds.), *New approaches to language mechanisms* (pp. 203–229). Amsterdam: North-Holland-Publication.

Martin, J. D. (1971). Power dependence and the complaints of the elderly. *Aging and Human Development, 2.*

Martinet, A. (1963). *Grundzüge der allgemeinen Sprachwissenschaft.* Stuttgart: Kohlhammer.

Maschewsky, W. (1994). Chemische Mehrfachempfindlichkeit (MCS)-eine neue Neurose? *Verhaltenstherapie und psychosoziale Praxis, 2,* 183–196.

Maslach, C. (1982). *Burnout, the cost of caring.* Englewood Cliffs: Prentice Hall.

Maslow, A. H. (1954). *Motivation and personality.* New York: Harper.

Maslow, A. H. (1955). Deficiency motivation and growth motivation. In M. R. Jones (Ed.), *Nebraska symposium on motivation.* Lincoln: University of Nebraska Press.

Maslow, A. H. (1971). *The farther reaches of human nature.* New York: Viking.

Mason, J. W. (1972). Organization of psychoendocrine mechanisms: A review and reconsideration of research. In N. S. Greenfield & R. A. Sternbach (Eds.), *Handbook of psycho-physiology.* New York: Holt.

Mason, S. T. (1984). Catecholamines and behaviour. Cambridge: Cambridge University Press.

Massaro, D. W. (1975). *Experimental psychology and information processing.* Chicago: Rand McNally.

Masselon, R. (1902). *Psychologie des déments précoces.* Paris: Joanin.

Masserman, J. H. (1942). The hypothalamus and psychiatry. *American Journal of Psychology, 5.*

Masters, W. H. & Johnson, V. E. (1966). Human sexual response. London: Churchill.

Matarazzo, J. (1981). Die Messung und Bewertung der Intelligenz Erwachsener nach Wechsler. Bern: Huber.

Matarazzo, J. D. (1980). Behavioral health and behavioral medicine. Frontiers for a new health psychology. *American Psychologist, 35,* 807–817.

Matern, B. (1984). *Psychologische Arbeitsanalyse.* Berlin: Springer-Verlag.

Mathey, F. J. (1960). Zur Schichttheorie der Persönlichkeit. In Ph. Lersch & H. Thomae (Hrsg.), *Persönlichkeitsforschung und Persönlichkeitstheorie. Handbuch der Psychologie* (Bd. 4, S. 437–467). Göttingen: Hogrefe.

Matlin, M. & Stang, D. (1978). *The Pollyanna principle. Selectivity in language memory, and thought.* Cambridge: Schenkman.

Maturana, H. R. & Varela, F. J. (1987). *Der Baum der Erkenntnis – Die biologischen Wurzeln des menschlichen Erkennens.* Bern: Scherz.

Matussek, N. (1997). Geschichte und Geschichten der Neurotransmitterforschung bei Depression und antidepressiven Mechansimen. In B. Rockstroh, T. Elbert & H. Watzl (Hrsg.), *Impulse für die Klinische Psychologie* (S. 91–116). Göttingen: Hogrefe.

May, E. (1949). Induktion und Exhaustion. *Methodos, 1,* 137–140.

May, R. (1969). *Der verdrängte Eros.* Hamburg: Wegner.

Mayer, A. (1951). *Die soziale Rationalisierung des Industriebetriebes.* München: Steinebach.

Mayer, A. (1955). Die gegenwärtige Problematik der Arbeits- und Betriebspsychologie. *Psychologische Rundschau, 6,* 6–18.

Mayer, A. & Herwig, B. (Hrsg.). (1961). Betriebspsychologie. In *Handbuch der Psychologie* (Bd. 9). Göttingen: Hogrefe.

Mayer, A. & Orth, J. (1901). Zur qualitativen Untersuchung der Assoziationen. *Zeitschrift für Psychologie, 26,* 1–13.

Mayer, E. (1967). *Artbegriff und Evolution.* Berlin: Parey.

Mayer-Gross, W. (1931). Über Synästesien im Meskalinrausch. *Farbe-Ton-Forschungen* (Bd. 3).

Mayer-Scheu, J. (1974). Bedingungen einer Sterbenshilfe im Krankenhaus. In W. Bitter (Hrsg.), *Alter und Tod – annehmen oder verdrängen.* Stuttgart: Klett.

McAllister, D. W., Mitchell, T. R. & Beach, L. (1979). The contingency model for the selection of decision strategies. *Organisational Behavior and Human Performance, 24,* 228–244.

McCawley, J. D. (1968). The role of semantics in grammar. In E. Bach & K. Harms (Eds.), *Universals in linguistic theory.* New York: Holt.

McClelland, D. C. et al. (1953). *The achievement motive.* New York: Appleton.

McClelland, D. C. (1965). Toward a theory of motive acquisition. *American Psychologist, 25,* 321–333.

McClelland, D. C. (1975). *Power. The inner experience.* New York: Irvington.

McClelland, J. L. & Rumelhart, D. E. (Eds.). (1986). *Parallel distributed processing. Explorations in the microsturcture of cognition. Vol. 2 Psychological and biological models.* Cambridge, MA: MIT Press.

McCloskey, M. (1983). Irrwege der Intuition in der Physik. *Spektrum der Wissenschaft, 6,* 88–99.

McConahay, J. B. (1986). Modern racism, ambivalence, and the modern racism scale. In J. F. Dovidio & S. L. Gaertner (Eds.), *Prejudice, discrimination, and racism.* Orlando: Academic Press.

McConnell, J. V. (1968). The modern search for the engram. In W. C. Corning & M. Balaban (Eds.), *The mind, biological approaches to the function.* New York: Wiley.

McCormack, R. L. (1959). An evaluation of two methods of cross validation. *Psychological Report, 5,* 127–130.

McCormick, E. J., Jeannert, P. R. & Mecham, R. C. (1969). *The development and background of the Position Analysis Questionnaire (PAQ).* Rep. No. 6. Lafayette, Ind.: Occupational Resarch Center, Purdue University.

McCracken, D. (1962). *A guide to ALGOL programming.* New York: Wiley.

McCracken, D. (1965). *A guide to FORTRAN IV programming.* New York: Wiley.

McCulloch, W. S. (1944). Cortico-cortical connections. In P. C. Bucy (Ed.), *The precentral motor cortex.* Urbana: University of Illinois Press.

McCulloch, W. S. & Pitts, W. (1943). A logical calculus of the ideas immanent in nervous activity. *Bulletin of Mathematica Biophysics, 5,* 135–137.

McDavid, J. W. & Harari, H. (1968). *Social psychology.* New York: Harper.

McDougall, W,. (1908, 1950). *An introduction to the social psychology.* London: Methuen.

McDougall, W. (1921). *The group mind.* New York: Putman.

McDougall, W. (1947). *Aufbaukräfte der Seele.* Stuttgart: Thieme.

McEntee, W. J. & Crook, T. H. (1993). Glutamate. Its role in learning, memory, and the aging brain. *Psychopharmacology, 111,* 391–401.

McEwen, B. S. (1995). Neuroendocrine interactions. In F. E. Bloom & D. J. Kupfer (Eds.), *Psychopharmacology. The fourth generation of progress* (pp. 705–718). New York: Raven.

McGaugh, J. L. (1983). Hormonal influences on memory. *Annual Review of Psychology, 34,* 297–324.

McGaugh, J. L. & Gold, P. E. (1989). Hormonal modulation of memory. In F. R. Brush & S. Levine (Eds.), *Psychoendocrinology* (pp. 305–340). San Diego: Academic Press.

McGaugh, J. L. & Herz, M. J. (1972). *Memory consolidation.* San Francisco: Albion.

McGaugh, J. L., Weinberger, N. M. & Lynch, G. (Eds.). (1990). *Brain organization and memory. Cells, systems, and circuits.* New York: Oxford University Press.

McGhee, P. E. (1979). *Humor: Its origin and development.* San Francisco: Freeman.

McGhee, P. E. & Goldstein, J. H. (1983). *Handbook of humor research.* New York: Springer-Verlag.

McGhie, A. (1969). *Pathology of attention.* Harmondsworth: Penguin.

McGuigan, F. J. (1966). *Thinking: Studies of covert language processes.* New York: Appleton.

McGuigan, F. J. & Schoonover, R. A. (Eds.). (1973). *The psychophysiology of thinking.* New York: Academic Press.

McGuire, W. (1966). Attitudes and opinions. *Annual Review of Psychology, 17,* 475–514.

McGuire, W. (1969). The nature of attitudes and attitude change. In G. Lindzey & E. Aronson (Eds.), *Handbook of social psychology* (Vol. 5). Reading: Addison-Wesley.

McKinney, W. T. (1988). *Models of mental disorders.* New York: Plenum.

McNeil, E. B. (Ed.). (1965). *The nature of human conflict.* Englewood Cliffs: Prentice-Hall.

McNeill, D. (1966). Developmental psycholinguistics. In F. Smith & G. Miller (Eds.), *The genesis of language.* Cambridge, MA: MIT Press.

McNeill, D. (1966). A study of word association. *Journal of Verbal Learning and Verbal Behavior, 5,* 548–577.

McNeill, D. (1970). The development of language. In P. H. Mussen (Ed.), *Handbook of child psychology.* New York: Wiley.

Mead, G. H. (1968). *Geist, Identität und Gesellschaft aus der Sicht des Sozialbehaviorismus.* Frankfurt: Suhrkamp.

Mead, M. (1930). *Sex and temperament.* New York: McClelland.

Mead, M. (1954). *Mann und Weib.* Konstanz: Diana.

Meckenbräuker, S. & Hager, W. (1986). Zur experimentellen Variation von Stimmungen: ein

Vergleich einer deutschen Adaptation der selbstbezogenen Velten-Aussagen mit einem Musikverfahren. *Zeitschrift für Experimentelle und Angewandte Psychologie, 33,* 71–94.

MEDIN, D. L. (1972). Role of reinforcement in discrimination learning set in monkeys. *Psychological Bulletin, 77,* 305–318.

MEDIN, D. L. & SMITH, E. E. (1984). Concepts and concept formation. *Annual Review of Psychology, 35,* 113–138.

MEDNICK, S. A., SCHULSINGER, F. & VENABLES, P. H. (1979). Risk research and primary prevention of mental illness. *International Journal of Mental Health, 7,* 150–164.

MEEHL, P. E. (1954). *Clinical versus statistical prediction.* Minneapolis: University of Minnesota Press.

MEFFERT, H. (1986a). *Marketing.* Wiesbaden: Gabler.

MEFFERT, H. (1986b). *Marktforschung.* Wiesbaden: Gabler.

MEHLHORN, G. & MEHLHORN, H. G. (1977). *Zur Kritik der bürgerlichen Kreativitätsforschung.* Berlin: VEB Deutscher Verlag der Wissenschaften.

MEHLIS, G. (1927). *Die Mystik in der Fülle ihrer Erscheinungsformen in allen Zeiten und Kulturen.* München: Bruckmann.

MEHRABIAN, A. (1972). *Nonverbal communication.* Chicago: Aldine.

MEICHENBAUM, D. (1977). *Cognitive behavior modification.* New York: Plenum.

MEIER, H. (1964). *Deutsche Sprachstatistik.* Hildesheim: Olms.

MEILI, R. (1953). *Der Stand der faktorenanalytischen Forschung. Bericht über den 17. Kongreß der Deutschen Gesellschaft für Psychologie.* Göttingen: Hogrefe, 83–91.

MEILI, R. (1956). *Durchstreichetest ohne Modell.* Bern: Huber.

MEILI, R. (1956). *Figuren von Rybakow.* Bern: Huber.

MEILI, R. (1957). *Anfänge der Charakterentwicklung.* Bern: Huber.

MEILI, R. (1971). *Analytischer Intelligenztest (AIT).* Bern: Huber.

MEILI, R. & ROHRACHER, H. (Hrsg.). (1968, 1972). *Lehrbuch der experimentellen Psychologie.* Bern: Huber.

MEILI, R. & STEINGRÜBER, H. J. (1978). *Lehrbuch der psychologischen Diagnostik.* Bern: Huber.

MEINEFELD, W. (1977). *Einstellung und soziales Handeln.* Reinbek: Rowohlt.

MEINONG, A. (1891). Zur Psychologie der Komplexionen und Relationen. *Zeitschrift für Psychologie, 2,* 245–265.

MELAMED, B. G. (1977). Psychological preparation for hospitalization. In S. J. RACHMAN (Ed.), *Contributions to medical psychology* (Vol. 1). Oxford: Pergamon.

MELAMED, B. G. & SIEGEL, L. J. (1980). *Behavioral medicine.* New York: Springer-Verlag.

MELTON, A. W. (1947). Apparatus tests. Aviation psychology program. In US Army Air Forces (Ed.), *Rep. No. 4.* Washington DC.

MELTON, A. W. & IRWIN, J. M. (1940). The influence of degree of interpolated learning on reactive inhibition. *American Journal of Psychology, 53,* 173–203.

MELTON, A. W. & MARTIN, E. (Eds.). (1972). *Coding processes in human memory.* Washington: Winston.

MELZACK, R. (1978). *Das Rätsel des Schmerzes.* Stuttgart: Hippokrates.

MENG, H. (Hrsg.). (1939). *Psychohygiene. Wissenschaft und Praxis.* Basel: Schwabe.

MENG, H. (1960). *Psyche und Hormon.* Bern: Huber.

MENNINGER, K. (1968). *Das Leben als Balance.* München: Piper.

MENSCHING, G. (1934). *Metaphysik des Ich.* Berlin: Töpelmann.

MENSCHING, G. (1949). *Vergleichende Religionswissenschaft.* Heidelberg: Quelle & Meyer.

MENSCHING, G. (1968). *Soziologie der Religion.* Bonn: Röhrscheid.

MERLEAU-PONTY, M. (1974). *Phänomenologie der Wahrnehmung.* Berlin: de Gruyter.

MERTENS, D. (1974). Schlüsselqualifikationen. Thesen zur Schulung für eine moderne Gesellschaft. *Mitteilungen aus der Arbeitsmarkt- und Berufsforschung, 1,* 36–43.

MERTENS, W. (1975). Sozialpsychologie des Experiments. Hamburg: Hoffmann & Campe.

MERTON, R. K. (1948). The self-fulfilling prophecy. *The Antioch Review, 8,* 193–210.

MERTON, R. K. (1957). *Social theory and social structure.* Glencoe: Free Press.

MERZ, F. (1965, 1970). Aggression und Aggressionstrieb. In H. THOMAE (Hrsg.), *Allgemeine Psychologie. Handbuch der Psychologie* (Bd. 2). Göttingen: Hogrefe.

MERZ, F. (1966). Prognose und Bewährung. In K. HOLZKAMP, A. O. JÄGER & F. MERZ (Hrsg.), *Prognose und Bewährung in der psychologischen Diagnostik.* Göttingen: Hogrefe.

MERZ, F. (1971). Tests zur Prüfung spezieller Fähigkeiten. In R. HEISS (Hrsg.), *Psychologische Diagnostik. Handbuch der Psychologie* (Bd. 6). Göttingen: Hogrefe.

MERZ, F. (1979). *Geschlechterunterschiede und ihre Entwicklung.* Göttingen: Hogrefe.

MERZ, F. & KALVERAM, K. T. (1965). Kritik der Differenzierungshypothese der Intelligenz. *Archiv für Psychologie, 117,* 287–295.

MERZ, F. & STELZL, I. (1977). *Einführung in die Erbpsychologie.* Stuttgart: Kohlhammer.

MESSER, A. (1923). *Das Problem der Willensfreiheit.* Göttingen: Vandenhoeck & Ruprecht.

MESSER, A. (1924). *Empfindung und Denken.* Leipzig: Quelle & Meyer.

MESSER, A. (1934). *Psychologie.* Leipzig: Meiner.

MESSICK, D. M. & BREWER, M. B. (1983). Solvin social dilemmas. A review. In L. WHEELER & P. SHA-

BIBLIOGRAPHIE

VER (Eds.), *Review of personality and social psychology* (Vol. 4). Beverly Hills: Sage.

METZGER, W. (1934). Beobachtungen über phänomenale Identität. *Psychologische Forschung, 19,* 1–60.

METZGER, W. (1949). *Die Grundlagen der Erziehung zu schöpferischer Freiheit.* Frankfurt: Kramer.

METZGER, W. (1950). Zum gegenwärtigen Stand der Psychophysik. *Studium Generale, 4/5.*

METZGER, W. (1952). Das Experiment in der Psychologie. *Studium Generale, 5,* 142–163.

METZGER, W. (1953). *Gesetze des Sehens.* Frankfurt: Kramer.

METZGER, W. (1954, 1975). *Psychologie.* Darmstadt: Steinkopff.

METZGER, W. (1957). *Stimmung und Leistung.* Münster: Aschendorff.

METZGER, W. (1966, 1974). Das einäugige Tiefensehen. In W. METZGER (Hrsg.), *Allgemeine Psychologie. Handbuch der Psychologie* (Bd. 1/1). Göttingen: Hogrefe.

METZGER, W. (Hrsg.). (1966). Wahrnehmung und Bewußtsein. In *Allgemeine Psychologie, Handbuch der Psychologie* (Bd. 1/1, S. 3–115). Göttingen: Hogrefe.

METZINGER, Th. (Hrsg.). (1995). *Bewußtsein.* Paderborn: Schöningh.

MEUMANN, E. (1907). Methoden zur Feststellung des Vorstellungstypus. *Zeitschrift Experimentelle Pädagogik, 4,* 23–63.

MEUMANN, E. (1911). *Vorlesungen zur Einführung in die experimentelle Pädagogik* (3 Bde.). Leipzig: Engelmann.

MEUMANN, E. & EBERT, E. (1905). Über einige Grundfragen der Psychologie der Übungsphänomene im Bereich des Gedächtnisses. *Archiv für die gesamte Psychologie, 4,* 1–232.

MEUX, M. & SMITH, B. O. (1964). Logical dimensions of teaching behavior. In B. J. BIDDLE & W. J. ELLENA (Eds.), *Contemporary research on teacher effectiveness.* New York: Holt, Rinehart & Winston.

MEY, H. G. (1967). Prognostische Beurteilung des Rechtsbrechers: Die deutsche Forschung. In U. UNDEUTSCH (Hrsg.), *Forensische Psychologie. Handbuch der Psychologie* (Bd. 11). Göttingen: Hogrefe.

MEYER, A. (1935). *Krisenepochen und Wendepunkte des biologischen Denkens.* Jena: Fischer.

MEYER, E. (1966). *Fernsehen in der Lehrerbildung.* München: Manz.

MEYER, J. E. (1968). *Depersonalisation.* Darmstadt: Wissenschaftliche Buchgesellschaft.

MEYER, W. U. & FÖRSTERLING, F. (1993). Die Attributionstheorie. In D. FREY & M. IRLE (Hrsg.), *Theorien der Sozialpsychologie* (Bd. 1). Bern: Huber.

MEYER-ABICH, A. (1934). *Ideen und Ideale der biologischen Erkenntnis. Bios.* Leipzig: Barth.

MEYERHOFF, H. (1959). *Leitfaden der Klinischen Psychologie.* München: Reinhardt.

MEYEROWITZ, B. E. (1980). Psychological correlates of breast cancer and its treatment. *Psychological Bulletin, 87,* 108–131.

MICHEL, L. (1963, 1971). Allgemeine Grundlagen psychometrischer Tests. In R. HEISS (Hrsg.), *Psychologische Diagnostik. Handbuch der Psychologie* (Bd. 6). Göttingen: Hogrefe.

MICHOTTE, A. (1954). *La perception de la causalité.* Paris: Presses Univ. de France.

MICHOTTE, A. (1966, 1974). Die Kausalitätswahrnehmung. In W. METZGER (Hrsg.), *Allgemeine Psychologie. Handbuch der Psychologie* (Bd. 1/1, S. 978–998). Göttingen: Hogrefe.

MICHOTTE, A., THINES, G. & CRABGE, G. (1966, 1974). Die amodalen Ergänzungen von Wahrnehmungsstrukturen. In W. METZGER (Hrsg.), *Allgemeine Psychologie. Handbuch der Psychologie* (Bd. 1/1). Göttingen: Hogrefe.

MIDDENDORF, W., SCHNITZERLING, M. & JUNG, H. (1958). *Praktische Bewährungshilfe.* Neuwied: Luchterhand.

MIELKE, R. (Hrsg.). (1982). *Interne/externe Kontrollüberzeugung.* Bern: Huber.

MIERKE, K. (1955). *Wille und Leistung.* Göttingen: Hogrefe.

MIETZEL, G. & RÜSSMANN-STÖHR, C. (1993). *Psychologie in Unterricht und Erziehung. Einführung in die Pädagogische Psychologie für Pädagogen und Psychologen* (4. Aufl.). Göttingen: Hogrefe.

MIKULA, G. (Hrsg.). (1980). *Gerechtigkeit und soziale Interaktion.* Bern: Huber.

MIKULA, G. (1985). Psychologische Theorien des sozialen Austausches. In D. FREY & M. IRLE, *Theorien der Sozialpsychologie* (Bd. 2). Bern: Huber.

MIKULA, G. & STROEBE, W. (Hrsg.). (1977). *Sympathie, Freundschaft und Ehe.* Bern: Huber.

MIKULA, G. & URAY, H. (1973). Die Vernachlässigung individueller Leistungen bei der Lohnaufteilung in Sozialsituationen. *Zeitschrift für Sozialpsychologie, 4,* 136–144.

MILBACH, B. (1991). *Testung psychologischer Motivationsmodelle zur Entstehung von Weiterbildungsbereitschaft.* Frankfurt: Lang.

MILGRAM, S. (1965). Liberating effects of group pressure. *Journal of Personality and Social Psychology, 1,* 127–134.

MILGRAM, S. (1967). *Einige Bedingungen des Autoritätsgehorsams und seiner Verweigerung.* Frankfurt: Europäische Verlagsanstalt.

MILGRAM, S. (1974). *Obedience to authority.* New York: Harper.

MILGRAM, S. & TOCH, H. (1969). Collective behavior: Crowds and social movements. In G. LINDZEY & E. ARONSON (Eds.), *Handbook of social psychology* (Vol. 5). Reading: Addison-Wesley.

MILLAR, K. (1992). The effects of anaesthetic and analgesic drugs. In A. P. SMITH & D. M. JONES (Eds.), *Handbook of human performance* (pp. 337–385). London: Academic Press.

MILLER, G. A. (1951). *Language and communication.* New York: McGraw-Hill.

MILLER, G. A. (1956). The magical number seven. *Psychological Review, 63,* 81–97.

MILLER, G. A., GALANTER, E. & PRIBRAM, K. H. (1960). *Plans and the structure of behavior.* New York: Holt.

MILLER, G. A., GALANTER, E. & PRIBRAM, K. H. (1973). *Strategien des Handelns.* Stuttgart: Klett.

MILLER, G. A. & ISARD, S. (1964). Free recall of self-embedded english sentences. *Information Control, 7.*

MILLER, G. A. & MCNEILL, D. (1969). Psycholinguistics. In G. LINDZEY & E. ARONSON (Eds.), *Handbook of social psychology* (Vol. 5). Reading: Addison-Wesley.

MILLER, L. L. & BRANCONNIER, R. J. (1983). Cannabis. Effects on memory and the cholinergic limbic system. *Psychological Bulletin, 93,* 441–456.

MILLER, M. (1980). *Learning how to contradict and still pursue a common end – the ontogenesis of moral argumentation.* Starnberg: Max-Planck-Institut für Sozialwissenschaft.

MILLER, N. E. (1944). Experimental studies of conflict. In J. Mc. HUNT (Ed.), *Personality and the behavior disorders. A handbook based on experimental and clinical research.* New York: Ronald.

MILLER, N. E. (1948). Studies of fear as an acquirable drive. I: Fear as motivation and fear reduction as reinforcement in the learning of new responses. *Journal of Experimental Psychology, 38,* 89–101.

MILLER, N. E. (1959). Liberalization of basic S-R concepts. In S. KOCH (Ed.), *Psychology: A study of a science* (Vol. 2). New York: McGraw-Hill.

MILLER, N. E. & DOLLARD, J. (1941). *Social learning and imitation.* New Haven: Yale University Press.

MILLER, R. (1986). *Einführung in die ökologische Psychologie.* Opladen: Leske & Budrich.

MILTNER, W., BIRBAUMER, N. & GERBER, W. D. (Hrsg.). (1986). *Verhaltensmedizin.* Berlin: Springer-Verlag.

MINAS, S. (1977). Memory coding for movement. *Perceptual and Motor Skills, 45,* 787–790.

MINSEL, W. (1974). *Praxis der Gesprächspsychotherapie.* Wien: Böhlau.

MINSEL, W. R. & BENTE, G. (1980). Gesprächstherapie. In W. WITTLING (Hrsg.), *Handbuch der Klinischen Psychologie* (Bd. 2, S. 138–164). Hamburg: Hoffmann & Campe.

MINSEL, W. R., LOHMANN, J. & BENTE, G. (1980). Krisenintervention. In W. WITTLING (Hrsg.), *Handbuch der Klinischen Psychologie* (Bd. 2, S. 78–101). Hamburg: Hoffmann & Campe.

MINSKY, M. (1975). A framework for representing knowledge. In P. H. WINSTON (Ed.), *The psychology of computer vision.* New York: McGraw-Hill.

MINTON, H. L., SCHNEIDER, F. W. & NEUBAUER, A. (1995). *Intelligenz und Geschwindigkeit der Informationsverarbeitung.* Wien: Springer-Verlag.

MINUCHIN, S. (1979). *Familie und Familientherapie.* Freiburg: Lambertus.

MIRAY LOPEZ, E. (1965). *Myokinetische Psychodiagnostik.* Bern: Huber.

MIRETZKY, A. (1995). Barbiturate. In P. RIEDERER, G. LAUX & W. PÖLDINGER (Hrsg.), *Neuropsychopharmaka. Bd. 2 Tranquilizer und Hypnotika* (S. 343–353). Wien: Springer-Verlag.

MISCHEL, W. (1961). Preference for delayed reinforcement and social responsibility. *Journal of Abnormal and Social Psychology, 62,* 1–7.

MISCHEL, W. (1968). *Personality and assessment.* New York: Wiley.

MISCHEL, W. (1974). Processes in delay of gratification. In L. BERKOWITZ (Ed.), *Advances in experimental social psychology* (Vol. 7). New York: Academic Press.

MISSENARD, A. (1938). *Der Mensch und seine klimatische Umwelt.* Stuttgart: Deutsche Verlags-Anstalt.

MISSENARD, A. (1949). *Klima und Lebensrhythmus.* Meisenheim: Hain.

MITCHELL, K. (1963). A comparison of the first and second order dimensions of the 16 PF and CPI inventories. *Journal of Social Psychology, 61,* 151–166.

MITSCHERLICH, A. (1950). Ödipus und Kaspar Hauser. *Der Monat, 3*(25), 11–18.

MITTELSTAEDT, H. (1961). Die Regelungstheorie als methodisches Werkzeug der Verhaltensanalyse. *Naturwissenschaften, 48,* 246–254.

MITTENECKER, E. (1953). Perserveration und Persönlichkeit. *Zeitschrift für Experimentelle und Angewandte Psychologie, 1,* 5–31 und 265–284.

MITTENECKER, E. (1960). Die informationstheoretische Auswertung des Zeigeversuchs bei Psychotikern und Neurotikern. *Zeitschrift für Experimentelle und Angewandte Psychologie, 7,* 392–400.

MITTENECKER, E. (1962). *Methoden und Ergebnisse der psychologischen Unfallforschung.* Wien: Deuticke.

MITTENECKER, E. (1964). Subjektive Tests zur Messung der Persönlichkeit. In R. HEISS (Hrsg.), *Psychologische Diagnostik. Handbuch der Psychologie* (Bd. 6). Göttingen: Hogrefe.

MITTENECKER, E. (1966, 1970). *Planung und statistische Auswertung von Experimenten.* Wien: Deuticke.

MITTENECKER, E. & RAAB, E. (1973). *Informationstheorie für Psychologen.* Göttingen: Hogrefe.

MITTENECKER, E. & TOMAN, W. (1972). *Persönlichkeits- und Interessen-Test (PIT).* Bern: Huber.

MITTER, W. & WEISHAUPT, H. (Hrsg.). (1979). *Strategien und Organisationsformen der Begleitforschung.* Frankfurt: Deutsches Institut für Internationale Pädagogische Forschung.

MITZE, W. (1971). Psychologen in der Bundeswehr. In H. BENESCH & F. DORSCH (Hrsg.), *Berufsaufgaben und Praxis der Psychologen.* München: Reinhardt.

MOBLEY, W. H., HORNER, S. O. & HOLLINGSWORTH, A. T. (1978). An evaluation of Precursors of Hospital Employee Thornover. *Journal of Applied Psychology. 63,* 408–414.

MOEDE, W. (1920). *Experimentelle Massenpsychologie.* Leipzig: Hirzel.

MOEDE, W. (1930). *Lehrbuch der Psychotechnik.* Berlin: Springer-Verlag.

MOEDE, W. (1935). *Arbeitstechnik.* Stuttgart: Enke.

MOEDE, W. (1943). *Eignungsprüfung und Arbeitseinsatz.* Stuttgart: Enke.

MOEDE, W., PIORKOWSKI, C. & WOLFF, G. (1918). *Die Berliner Begabtenschule, ihre Organisation und experimentellen Methoden der Schülerauswahl.* Langensalza: Beyer.

MOELLER, M. L. (1978). *Selbsthilfegruppen.* Reinbek: Rowohlt.

MOELLER, M. L. (1984). *Psychologisch-therapeutische Selbsthilfegruppen.* Stuttgart: Kohlhammer.

MOERS, M. (1941). *Das weibliche Seelenleben.* Berlin: Dümmler.

MOHR, B. (1991). *Bildung und Wissenschaft in Deutschland West.* Köln: Bundesanzeiger.

MOHR, G. (1993). Frauenerwerbslosigkeit: Spekulationen und Befunde: In G. MOHR (Hrsg.), *Ausgezählt. Theoretische und empirische Beiträge zur Psychologie der Frauenerwerbslosigkeit* (S. 17–48). Weinheim: Deutscher Studien Verlag.

MOLES, A. (1972). *Théorie de l'information et perception esthétique.* Paris: Denoel.

MOLL, A. (1898). *Untersuchungen über die Libido sexualis.* Berlin: Fischers Med. Buchhandlung.

MÖLLER, C. (1973). *Technik der Lernplanung.* Weinheim: Beltz.

MONAKOW, C. v. & MOURGUE, R. (1930). *Biologische Einführung in das Studium der Neurologie und Psychopathologie.* Stuttgart: Hippokrates.

MONEY, J. & EHRHARDT, S. (1975). *Männlich Weiblich. Die Entstehung der Geschlechtsunterschiede.* Hamburg: Rowohlt.

MÖNKS, F. (1967). *Jugend und Zukunft.* Berlin: Springer-Verlag.

MÖNKS, F. (1967). Zeitperspektive als psychologische Variable. *Archiv für die gesamte Psychologie, 119,* 131–161.

MÖNKS, F. & KNOERS, M. P. (1976). *Entwicklungspsychologie.* Stuttgart: Kohlhammer.

MONTADA, L. (1970). *Die Lernpsychologie Jean Piagets.* Stuttgart: Klett.

MONTESSORI, M. (1954). *Das Kind in der Familie.* Stuttgart: Klett.

MONTESSORI, M. (1971). *Kinder sind anders.* Stuttgart: Klett.

MONTY, R. A. & SENDERS, J. W. (Eds.). (1976). *Eye movements and psychological process.* New York: Wiley.

MOORE, B. (1966). *Zur Geschichte der politischen Gewalt.* Frankfurt: Suhrkamp.

MOORE, N. C. & GERSHON, S. (1990). The brain renin-angiotensin system and behavior. *Dementia, 1,* 225–236.

MOORE, O. K. & ANDERSON, A. R. (1960). Autotelic folk models. *Sociological Quarterly, 1.*

MOORE, W. E. (1969). Social structure and behavior. In G. LINDZEY & E. ARONSON (Eds.), *Handbook of social psychology* (Vol. 5). Reading: Addison-Wesley.

MOOS, R. H. (Ed.). (1984). *Coping with physical illness. 2. New perspectives.* New York: Plenum.

MOOS, R. H. & INSEL, P. M. (Eds.). (1974). *Issues in social ecology. Human milieus.* Palo Alto: National Press.

MOOSBRUGGER, H. (1978). *Multivariate statistische Analyseverfahren.* Stuttgart: Kohlhammer.

MORAY, N. (1970). *Attention: Selective processes in vision and hearing.* New York: Academic Press.

MOREHEAD, D. M. & MOREHEAD, A. E. (Eds.). (1976). *Normal and deficient child language.* Baltimore: University Park Press.

MOREL, J., MELEGHY, T. & PREGLAU, M. (Hrsg.). (1980). *Führungsforschung.* Göttingen: Hogrefe.

MORENO, J. L. (1922). *Das Stegreiftheater.* Potsdam: Kiepenheuer.

MORENO, J. L. (1937). Sociometry in relation to other social sciences. *Sociometry, 1.*

MORENO, J. L. (1946). *Psychodrama.* New York: Beacon Press.

MORENO, J. L. (1951). *Sociometry, experimental method and the science of society.* New York: Beacon House.

MORENO, J. L. (1953). *Who shall survive? Foundations of sociometry, grouppsychotherapy and sociodrama* (1. Aufl. Washington DC 1934). New York: Beacon House.

MORENO, J. L. (1954). *Die Grundlagen der Soziometrie.* Köln: Westdeutscher Verlag.

MORENO, J. L. (1959). *Gruppentherapie und Psychodrama.* Stuttgart: Thieme.

MÖRIKE, K. D., BETZ, E. & MERGENTHALER, W. (1973, 1981). *Biologie des Menschen.* Heidelberg: Quelle & Meyer.

MORIN, P. (1974). *Einführung in die angewandte Organisationspsychologie.* Stuttgart: Klett.

MORLEY, J. E. (1987). Behavioral pharmacology for eating and drinking. In H. Y. MELTZER (Ed.), *Psychopharmacology: The third generation of progress* (pp. 1267–1272). New York: Raven.

MORLEY, J. E. (1989). Appetite regulation: The role of peptides and hormones. *Journal of Endocrinological Investigations, 12, 135*–147.

MORLEY, M. E. (1972). *The development and disorders of speech in childhood.* London: Williams & Wilkins.

MORRIS, G. P. (1975). Language and memory in the severely retarded. In N. O'CONNOR (Ed.), *Language, cognitive deficits and retardation.* London: Butterworth.

MORRISON, D. M. (1985). Adolescent contraceptive behavior. A review. *Psychological Bulletin, 98,* 538–568.

MORROW, A. L., DEVAUD, L. L., PURDY, R. H. & PAUL, S. M. (1996). Neuroactive steroid modulators of the stress response. *Annual of the New York Academy of Sciences,* 257–292.

MORTON, J. (1969). Interaction of information in word cognition. *Psychological Review, 76,* 165–178.

MORUZZI, G. & MAGGOUN, H. W. (1949). Brain stem reticular formation and activation of the EEG. *Clinical Neurophysiology, 1.*

MOSCOVICI, S. (1979). *Sozialer Wandel durch Minoritäten.* München: Urban & Schwarzenberg.

MOSCOVICI. S. (1980). Toward a theory of conversion behavior. In L. BERKOWITZ (Ed.), *Advances in experimental social psychology* (Vol. 13). New York: Academic Press.

MOSER, H. (Hrsg.). (1981). *Fortschritte der Politischen Psychologie* (Bd. 1). Weinheim: Beltz.

MOSER, K. (1992). *Personalmarketing.* Eine Einführung. München: Quintessenz.

MOSER, U. (1953, 1965). *Psychologie der Arbeitswahl und der Arbeitsstörungen.* Bern: Huber.

MOSER, U. (1957, 1965). *Psychologie der Partnerwahl.* Bern: Huber.

MOSER, U., SEIDENSTÜCKER, G. & SEIDENSTÜCKER, E. (1974). Interviewforschung: Modelle des klinischen Gesprächs. In W. F. SCHRAML & U. BAUMANN (Hrsg.), *Klinische Psychologie* (Bd. I und II). Bern: Huber.

MOSIER, Ch. I. (1971). Problems and designs of cross-validation. *Educational and Psychological Measurement, 11,* 5–12.

MOTTE-HABER, H. de la (1972). *Musikpsychologie.* Köln: Gerig.

MOUNIER, E. (1947). *Traité du caractère.* Paris: Seuil.

MOUSTAKES, C. E. (1956). *The self: Explorations in personal growth.* New York: Harper.

MOWRER, O. H. (1939). Stimulus-response analysis of anxiety and its role as a reinforcing agent. *Psychological Review, 46,* 553–565.

MOWRER, O. H. (1960). *Learning theory and the symbolic processes.* New York: Wiley.

MUCHOW, H. H. (1954). *Flegeljahre. Beiträge zur Psychologie und Pädagogik der Vorpubertät.* Ravensburg: Maier.

MUCHOW, H. H. (1962). *Jugend und Zeitgeist.* Reinbek: Rowohlt.

MÜHLE, G. (1967). Furcht und Angst unter entwicklungspsychologischem Aspekt. In H. WIESBROCK (Hrsg.), *Die politische und gesellschaftliche Rolle der Angst.* Frankfurt: EVA.

MÜHLE, G. (1969, 1980). Definitions- und Methodenprobleme der Begabungsforschung. In H. ROTH (Hrsg.), *Begabung und Lernen.* Stuttgart: Klett.

MÜHLE, G. & SCHELL, D. H. (1970). *Kreativität und Schule.* München: Piper.

MÜHLMANN, W. E. (1936). *Rassen- und Völkerkunde.* Braunschweig: Vieweg.

MÜHLMANN, W. E. (1948). Geschichte der Anthropologie. In E. ROTHACKER (Hrsg.), *Geschichte der Wissenschaften.* Bonn: Universitätsverlag.

MÜHLMANN, W. E. (1952). Aspekte einer Soziologie der Macht. *Archiv für Recht- und Sozialphilosophie, 40,* 84–114.

MÜHLMANN, W. E. & MÜLLER, E. W. (Hrsg.). (1966). *Kulturanthropologie.* Köln: Kiepenheuer & Witsch.

MULLEN, B. & GOETHALS, G. R. (1987). *Theories of group behavior.* New York: Springer-Verlag.

MÜLLER, D. (1964). *Programmierung elektronischer Rechenanlagen.* Mannheim: Bibliographisches Institut.

MÜLLER, E. A. (1961). Die physische Ermüdung. In E. W. BAADER (Hrsg.), *Handbuch der gesamten Arbeitsmedizin.* Berlin: Urban & Schwarzenberg.

MÜLLER, G. E. (1878). *Zur Grundlegung der Psychophysik.* Berlin: Hofmann.

MÜLLER, G. E. (1911). Zur Analyse der Gedächtnistätigkeit und des Vorstellungsverlauf. *Zeitschrift für Psychologie* (Ergänzung), *5.*

MÜLLER, G. E. (1930). Über die Farbempfindungen. *Zeitschrift für Psychologie* (Ergänzung). (2 Bde), 17, 18.

MÜLLER, G. F. (1980). Interpersonales Konfliktverhalten. Vergleich und experimentelle Untersuchung zweier Erklärungsmodelle. *Zeitschrift für Sozialpsychologie, 11,* 168–180.

MÜLLER, K. H. & STREKER, I. (1967). *FORTRAN IV Programmieranleitung.* Mannheim: Bibliographisches Institut.

MÜLLER, M. (1973). *Die Schulpsychologische Beratungsstelle.* München: Reinhardt.

MÜLLER, S. (1973). *Untersuchungen zur Messung pessimistischer und optimistischer Zukunftserwartungen.* Köln: Hanstein.

MÜLLER, T. (1997). Weckschwellen, Weckreaktionen. In H. SCHULZ (Hrsg.), *Kompendium Schlafmedizin.* Landsberg/Lech: Ecomed.

MÜLLER, W. E. & KASPER, S. (Eds.). (1997). Hypericum Extract (LI 160). *Pharmacopsychiatry, 30 (Suppl.),* 71–134.

MÜLLER, W. E., RIEDERER, P. & KIENZL, E. (1992). Grundlegende Aspekte der Neurotransmission. In RIEDERER, P., LAUX, G. & PÖLDINGER, W. (Hrsg.), *Neuro-Psychopharmaka. Bd. 1 Allgemeine Grundlagen der Pharmakopsychiatrie* (S. 221–248). Wien: Springer-Verlag.

MÜLLER-ECKARD, H. (1956). *Grundlagen der Geschlechtserziehung.* Stuttgart: Klett.

MÜLLER-LIMMROTH, W. (1959). *Elektrophysiologie des Gesichtssinnes.* Berlin: Springer-Verlag.

MÜLLER-LUCKMANN, E. (1962). *Gerichtliche Psychologie.* Neuwied: Luchterhand.

MÜLLER-OERLINGHAUSEN, B. & GREIL, W. (Hrsg.). (1986). *Die Lithiumterapie.* Berlin: Springer-Verlag.

MÜLLER-OERLINGHAUSEN, B, HAAS, S. & STOLL, K. D. (1989). *Carbamazepin in der Psychiatrie.* Stuttgart: Thieme.

MÜLLER-REISSMANN, K. F. & BOSSEL, H. (1979). Zur Simulation kognitiver Prozesse bei Entscheidungen. In A. KLAGES & P. KMIECIAK (Hrsg.), *Wertwandel und gesellschaftlicher Wandel* (S. 539–555). Frankfurt: Campus.

MUMMENDEY, A. (1983). Aggressives Verhalten. In H. THOMAE (Hrsg.), *Enzyklopädie der Psychologie. Psychologie der Motive, Serie IV* (Bd. 2, S. 321–439). Göttingen: Hogrefe.

MUMMENDEY, H. D. (1981). Methoden und Probleme der Kontrolle sozialer Erwünschtheit (Social Desirability). *Zeitschrift für Differentielle und Diagnostische Psychologie, 2,* 199–218.

MUMMENDEY, H. D. & BOLTEN, H. G. (1981). Die Veränderung von Social-Desirability-Antworten bei erwarteter Wahrheitskontrolle (Bogus-Pipeline-Paradigma). *Zeitschrift für Differentielle und Diagnostische Psychologie, 2,* 151–156.

MUMMENDEY, H. D., BOLTEN, H. G. & ISERMANN-GERKE, M. (1982). Experimentelle Überprüfung des Bogus-Pipeline-Paradigmas: Einstellungen gegenüber Türken, Deutschen und Holländern. *Zeitschrift für Sozialpsychologie, 13,* 300–311.

MÜNSTERBERG, H. (1914). *Grundzüge der Psychotechnik.* Leipzig: Barth.

MÜNSTERBERG, H. (1922). *Psychologie und Wirtschaftsleben.* Leipzig: Barth.

MURPHY, G. (1949). *Historical introduction to modern psychology.* New York: Harcourt.

MURRAY, H. A. (1943). *Thematic apperception test.* Cambridge: Harvard University Press.

MURRAY, H. A. (1963). *Explorations in personality.* Oxford: Wiley.

MUSSEN, H. (Ed.). (1970). *Carmichael's manual of child psychology* (Vol. 1, 2). New York: Wiley.

MUSSEN, P. H., CONGER, J. J. & KAGAN, J. (1978). *Child development and personality.* New York: Harper & Row.

MUTHIG, K. P. & SCHÖNPFLUG, W. (1981). Externe Speicher und rekonstruktives Verhalten. In W. MICHAELIS (Hrsg.), *Bericht über den 32. Kongreß der Deutschen Gesellschaft für Psychologie in Zürich 1980.* Göttingen: Hogrefe.

MUTSCHLER, D. (1969). Kreativität und Intelligenz. *Zeitschrift für Pädagogik, 15*(2), 119–133.

MUTSCHLER, E. (1996). *Arzneimittelwirkungen. Lehrbuch der Pharmakologie und Toxikologie* (7. Aufl.). Stuttgart: Wiss. Verlagsgesellschaft.

MYERS, D. G. (1996). *Social psychology.* New York: McGraw-Hill.

NACHREINER, F. (1974). *Zur Frage der Validität von Fragebogen zur Beschreibung des Vorgesetztenverhaltens.* Dissertation. Köln.

NACHREINER, F. (1978). *Die Messung des Führungsverhaltens.* Bern: Huber.

NACHREINER, F. (Hrsg.). (1988). *Aktuelle Probleme der Belastungs- und Beanspruchungsforschung. Festschrift zum 60. Geburtstag von Joseph Rutenfranz.* Frankfurt: Lang.

NACHREINER, F., VOLGER, A., MEIMAN, T. & VRIES-GRIEVER, A. de (1989). Schichtarbeit. In S. GREIF, H. HOLLING & N. NICHOLSON (Hrsg.), *Arbeits- und Organisationspsychologie. Internationales Handbuch in Schlüsselbegriffen* (S. 407–411). München: Psychologie Verlags Union.

NAFFIN, P. (1959). Die psychologischen Voraussetzungen der Erziehung des taubstummen Kindes. In H. HETZER (Hrsg.), *Pädagogische Psychologie. Handbuch der Psychologie* (Bd. 10). Göttingen: Hogrefe.

NEBER, H. (Hrsg.). (1973). *Entdeckendes Lernen.* Weinheim: Beltz.

NEIDHARDT, F. et al. (1970). *Jugend im Spektrum der Wissenschaften.* München: Juventa.

NEISSER, U. (1967). *Cognitive psychology.* New York: Appleton.

NEISSER, U. (1974). *Kognitive Psychologie.* Stuttgart: Klett.

NEMEROFF, C. B. & LOOSEN, P. T. (Eds.). (1987). *Handbook of clinical psychoendocrinology.* New York: Wiley.

NETTER, K. J. & NETTER, P. (1983). Pharmacokinetic factors. In W. JANKE (Ed.), *Response variability to psychotropic drugs* (pp. 3–29). Oxford: Pergamon Press.

NETTER, P. (1983). Somatic factors as predictors of psychotropic drug response. In W. JANKE (Ed.), *Response variability to psychotropic drugs* (pp. 67–95). Oxford: Pergamon Press.

NETTER, P. (1986). *Systematik der am Placeboeffekt beteiligten Faktoren und Beispiele für ihre statistischen Wirkungen und Wechselwirkungen* (S. 61–75). Stuttgart: Fischer.

NETTER, P. (1988). Geschlechtshormone und geistige Leistungsfähigkeit. Der Beitrag Dükers zur Pharmakopsychologie der Reproduktionshormone. *Archiv für Psychologie, 140,* 261–272.

NETTER, P. (1988). Serotonin reuptake inhibitors in healthy human subjects. In J. MENDLEWICZ & H. M. VAN PRAAG (Eds.), *Advances in biological psychiatry* (Vol. 17, pp. 31–46). Basel: Karger.

NETTER, P. (1990). Types of models in understanding and describing deseases. In L. R. SCHMIDT, P. SCHWENKMEZGER, J. WEINMAN & S. MAES (Eds.), *Theoretical and applied aspects of health psychology* (pp. 29–50). Chur: Harwood.

NETTER, P., CLASSEN, W. & FEINGOLD, E. (1986). Das Placeboproblem. In W. DÖLLE, B. MÜLLER-OERLINGHAUSEN & U. SCHWABE (Hrsg.), *Grundlagen der Arzneimitteltherapie. Entwicklung, Beurteilung und Anwendung von Arzneimitteln* (S. 355–366). Mannheim: Bibliographisches Institut.

NETTER, P., HENNIG, J. & HUWE, S. (1997). Die Bedeutung der Chemopsychologie für die Persönlichkeitsforschung. In H. MANDL (Hrsg.), *40. Kongreß der Deutschen Gesellschaft für Psychologie.* München, 1996.

NETTER, P., JANKE, W., VETTER J. & SCHULTZ-VETTER, S. (1978). Experimentelle psychophysiologische Untersuchungen zur Wirkung von Fenetyllin und Mefenorex. *Arzneimittel-Forschung, 28,* 1310–1312.

NETTER, P. & MATUSSEK, N. (1995). Endokrine Aktivität und Emotionen. In G. DEBUS, G. ERDMANN & K. W. KALLUS (Hrsg.), *Biopsychologie von Streß und emotionalen Reaktionen* (S. 163–186). Göttingen: Hogrefe.

NETTER, P., MÜLLER, M. J., HENNIG, J. & HUWE, S. (1998). Individuelle Differenzen endokrinologischer und immunologischer Meßgrößen. In D. HELLHAMMER & C. KIRSCHBAUM (Hrsg.), *Handbuch der Psychologie, Bd. IV Psychoendokrinologie und Psychoimmunologie.* Göttingen: Hogrefe.

Neubauer, W. F. (1976). *Selbstkonzept und Identität im Kinder- und Jugendalter.* München: Reinhardt.

Neuberger, O. (1990). *Führen und geführt werden.* Stuttgart: Enke.

Neuberger, O. (1991a). *Personalentwicklung.* Stuttgart: Enke.

Neuberger, O. (1991b). *Organisationspsychologie: Eine Disziplin auf der Suche nach ihrem Gegenstand.* Augsburg: Universitätsdruck.

Neuberger, O. & Allerbeck, M. (1978). *Messung und Analyse von Arbeitszufriedenheit. Erfahrungen mit dem Arbeitsbeschreibungs-Bogen (ABB).* Bern: Huber.

Neumann, E. (1956). Die Mutter. Zürich: Rhein-Verlag.

Neumann, J. & Morgenstern, O. (1947). *Theory of games and economic behavior.* Princeton: Princeton University Press.

Neumann, J. & Morgenstern, O. (1967). *Spieltheorie und wirtschaftliches Verhalten.* Würzburg: Physika.

Neumann, O. (1972). Empfindung. In J. Ritter (Hrsg.), *Historisches Wörterbuch der Philosophie* (Bd. 2). Basel: Schwabe.

Newcom, T. M. (1959, 1968, 1972). Varieties of interpersonal attraction. In D. Cartwright & A. Zander (Eds.), *Group dynamics. Research and theory.* New York: Harper.

Newell, A. & Simon, H. A. (1972). *Human problem solving.* Englewood Cliffs: Prentice Hall.

Newell, K. M. (1978). Some issues on action plans. In G. E. Stelmach (Ed.), *Information processing in motor control and learning.* New York: Academic Press.

Newman, O. (1976). *Defensible space: Crime prevention through urban design.* New York: Macmillan.

Nicholson, N. (1989). Arbeitsabwesenheit und Fluktuation. In S. Greif, H. Holling & N. Nicholson (Hrsg.), *Arbeits- und Organisationspsychologie. Internationales Handbuch in Schlüsselbegriffen* (S. 94–97). München: Psychologie Verlags Union.

Nicholson, N., Brown, C. A. & Chadwick-Jones, J. K. (1976). Absence from work and job satisfaction. *Journal of Applied Psychology, 61,* 728–737.

Nickel, H. (1976, 1979). *Entwicklungspsychologie des Kindes- und Jugendalters.* Bern: Huber.

Nickel, K. (1964). *ALGOL-Praktikum.* Karlsruhe: Braum.

Nickel, P., Ruoff, B. A. & Schlottke, P. F. (1975). Technisch-theoretische Funktionsanalyse eines Geräts zur Registrierung von Blickbewegungen (NACIII). *Medizinal-Markt/Acta medicotechnica, 23,* 431–436.

Nicklis, W. S. (1973). *Handwörterbuch der Schulpädagogik.* Bad Heilbrunn: Klinkhardt.

Nida, E. A. (1966). *A synopsis of english syntax.* The Hague: Mouton.

Nipkow, K. E. (1968). Allgemeindidaktische Theorien der Gegenwart. *Zeitschrift für Pädagogik, 14,* 335–365.

Nisbett, R. & Ross, L. (1980). *Human inference: Strategies and short comings of social judgement.* Englewood Cliffs: Prentice Hall.

Nissen, G. (1974). Der kindliche Autismus. In H. Harbauer et. al. (Hrsg.), *Lehrbuch der speziellen Kinder- und Jugendpsychiatrie.* Berlin: Springer-Verlag.

Nitsch, J. (1971). *Theorie und Skalierung der Ermüdung.* Dissertation Berlin.

Nitsch, J. (Hrsg.). (1981). *Streß: Theorien, Untersuchungen, Maßnahmen.* Bern: Huber.

Noble, C. E. (1952). An analysis of meaning. *Psychological Review, 59,* 421–430.

Noble, C. E. (1968). The learning of psychomotor skills. *Annual Review Psychology, 19,* 203–250.

Nohl, H. (1959). *Charakter und Schicksal.* Frankfurt: Schulte-Bulmcke.

Norman, D. A. (1968). Toward a theory of memory and attention. *Psychological Review, 75,* 522–536.

Norman, D. A. (1973). *Aufmerksamkeit und Gedächtnis.* Weinheim: Beltz.

Norman, D. A. & Rumelhart, D. E. (1978). *Strukturen des Wissens: Wege der Kognitionsforschung.* Stuttgart: Klett-Cotta.

Norman, W. T. (1965). Double-split cross validation. *Journal of Applied Psychology, 49,* 348–357.

Normenausschuss Ergonomie (1987). *Psychische Belastung und Beanspruchung.* DIN Norm Nr. 33405. Berlin: Beuth.

Nuthall, G. & Snook, I. (1973). Contemporary models of teaching. In R. M. Travers (Ed.), *Second handbook of research on teaching.* Chicago: Rand MCNally.

Nuthall, G. & Snook, I. (1977). Modelle des Lehrens. In F. Loser et al. (Hrsg.), *Theorien des Lehrens.* Stuttgart: Klett.

Nutt, D. & Lawson, C. (1992). Panic attacks. A neurochemical overview of models and mechanisms. *British Journal of Psychiatry, 160,* 165–178.

Nuttin, J. (1980). *Motivation et perspective d'avenir.* Louvain: Presses Univ. de Louvain.

Nuttin, J. (1980). *Thèorie de la motivation humaine, du besoin au project d'action.* Paris: Presses Univ. de France.

Oberdisse, E., Hackenthal, E. & Kuschinsky, K. (Hrsg.). (1997). *Pharmakologie und Toxikologie.* Berlin: Springer-Verlag.

O'Connor, N. (Ed.). (1975). *Language, cognitive deficits, and retardation.* London: Butterworth.

OECD (Organisation for economic cooperation and development). (1968). *Alcohol and drugs.* Paris: OECD.

OECD (Organisation for economic cooperation and development). (1970). *Driver behavior.* Paris: OECD.

OECD (Organisation for economic cooperation and development). (1970). *Pedestrian safety.* Paris: OECD.

OECD (Organisation for economic cooperation and development). (1971). *Road safety campaigns.* Paris: OECD.

OECD (Organisation for economic cooperation and development). (1972). *Speed limits outside built-up areas.* Paris: OECD.

OEGERLI, K. (1984). *Arbeitszufriedenheit.* Dissertation. Universität Bern.

OEHRN, A. (1896). *Experimentelle Studien zur Individualpsychologie.* Dissertation. Dorpat 1889.

OELRICH, W. (1950). *Geisteswissenschaftliche Psychologie und Bildung des Menschen.* Stuttgart: Klett.

OERTER, R. (1966). *Die Entwicklung von Werthandlungen während der Reifezeit.* München: Reinhardt.

OERTER, R. (1972). *Psychologie des Denkens.* Donauwörth: Auer.

OERTER, R. (1980). *Moderne Entwicklungspsychologie.* Donauwörth: Auer.

OERTER, R. & MONTADA, L. (1987). *Entwicklungspsychologie* (2. erw. u. überarbeitete Aufl.). München: Psychologie Verlags Union.

OEVERMANN, U. (1969). Schichtenspezifische Formen des Sprachverhaltens und ihr Einfluß auf die kognitiven Prozesse. In H. ROTH (Hrsg.), *Begabung und Lernen.* Stuttgart: Klett.

OEVERMANN, U. (1972, 1980). *Sprache und soziale Herkunft.* Frankfurt: Suhrkamp.

OEVERMANN, U. (1974). Schichtenspezifische Formen des Sprachverhaltens und ihr Einfluß auf die kognitiven Prozesse. In H. ROTH (Hrsg.), *Begabung und Lernen.* Stuttgart: Klett.

OGBURN, W. F. & NIMKOFF, M. R. (1950). *Sociology.* Boston: Mifflin.

OGDEN, C. K. & RICHARDS, I. A. (1923). *The meaning of meaning.* London: Routledge.

OHM, A. (1964). *Persönlichkeitswandel unter Freiheitsentzug.* Berlin: de Gruyter.

OHM, J. (1958). *Nystagmus und Schielen bei Sehschwachen und Blinden.* Stuttgart: Enke.

OLDFIELD, R. C. & MARSHALL, J. P. (Eds.). (1968). *Language.* Harmondsworth: Penguin.

OLDIGS-KERBER, J. & LEONARD, J. P. (Hrsg.). (1992). *Pharmakopsychologie. Experimentelle und klinische Aspekte.* Stuttgart: Fischer.

OLDS, J. (1955). Physiological mechanisms of reward. In M. R. JONES (Ed.), *Nebraska symposium on motivation.* Lincoln: University of Nebraska Press.

OLDS, J. & MILNER, P. (1954). Positiv reinforcement produced by electrical stimulation of septal area and other regions of the rat brain. *Journal of Comparative and Physiological Psychology, 47,* 419–427.

OLLER, J. W. (1974). Über die Beziehung zwischen Syntax, Semantik und Pragmatik. In S. J. SCHMIDT (Hrsg.), *Pragmatik* (Bd. I). München: Fink.

OLWEUS, D., BLOCK, J. & RADKE-YARROW, M. (Eds.). (1986). *Development of antisocial and prosocial behavior.* Orlando: Academic Press.

OPASCHOWSKI, H. W. (1989). *Wie arbeiten wir nach dem Jahr 2000? Freizeitimpulse für die Arbeitswelt von morgen.* Hamburg: B.A.T.Freizeit-Forschungsinstitut.

OPASCHOWSKI, H. W. (1993). *Freizeit und Lebensqualität. Perspektiven für Deutschland.* Hamburg: B.A.T Freizeit-Forschungsinstitut.

ORATA, P. T. (1928). *The theory of identical elements.* Columbus: Ohio State University.

ORNSTEIN, R. (1976). *Die Psychologie des Bewußtseins.* Frankfurt: Fischer.

OSBORN, A. F. (1957). *Applied imagination.* New York: Scribner.

OSGOOD, C. E. (1952). The nature and measurement of meaning. *Psychological Bulletin, 49,* 197–237.

OSGOOD, C. E. (1953, 1962). *Method and theory in experimental psychology.* London: Oxford University Press.

OSGOOD, C. E. (1960). Cognitive dynamics in the conduct of human affairs. *The Public Opinion Quarterly, 24,* 341–365.

OSGOOD, C. E. (1962). *An alternative to war or surrender.* Urbana: University of Illinois Press.

OSGOOD, C. E. (1963). On understanding and creating sentences. *American Psychologist, 18,* 735–751.

OSKAMP, S. (1991). *Attitudes and opinions.* Englewood Cliffs: Prentice-Hall.

OSGOOD, C. E., DUCI, G. J. & TANNENBAUM, P. H. (1957). *The measurement of meaning.* Urbana: University of Illinois Press.

OSGOOD, C. E. & SEBEOK, Th. A. (Eds.). (1954). Psycholinguistics. *Journal of Abnormal and Social Psychology, 49.*

OSGOOD, C. E. & TANNENBAUM, P. H. (1955). The principle of congruity in the prediction of attitude change. *Psychological Review, 62,* 42–55.

OSSOFSKY, J. D. (1979). *Handbook of infant development.* New York: Wiley.

OSTWALD, W. (1909). *Energetische Grundlagen der Kulturwissenschaft.* Leipzig: Klinckhardt.

OSTWALD, W. (1909). *Große Männer.* Leipzig: Akademische Verlagsgesellschaft.

OSTWALD, W. (1912). *Der energetische Imperativ.* Leipzig: Akademische Verlagsgesellschaft.

OSTWALD, W. (1917). *Die Farbenfibel.* Leipzig: Teubner.

OSTWALD, W. (1918). *Die Farbenlehre* (4 Bde.). Leipzig: Teubner.

OSTWALD, W. (1918). *Die Harmonie der Farben.* Leipzig: Unesma.

OSTWALD, W. (1936). *Schriftenverzeichnis zur Farbenlehre.* Großbothen: W. Ostwald-Archiv.

OTSUKA, M. & YOSHIOKA, K. (1993). Neurotransmitter functions of mammalian tachykinins. *Physiological Reviews, 73,* 229–308.

OTT, H. & OLDIGS-KERBER, J. (1992). *Das Scopolaminmodell an gesunden Probanden als Prüfstein cholinerger Wirkungen im Rahmen der pharmakologischen Entwicklung von Nootropika* (S. 410–431). Stuttgart: Fischer.

OTTENSMEYER, H. & ZIMOLONG, B. (1980). Ein mi-

misches Klassifikationsverfahren für Interaktionsanalysen. *Psychologische Beiträge, 22,* 458–467.

OTTO, R. (1932). *Das Gefühl des Überweltlichen* (Sensus Numinis). München: Beck.

OVSIANKINA, M. (1928). Die Wiederaufnahme von unterbrochenen Handlungen. *Psychologische Forschung, 11,* 302–379.

OYAMA, T. (1959). A new psychophysical method. Method of transposition or equal appearing relations. *Psychological Bulletin, 56,* 74–79.

PACHELLA, R. G. (1974). The interpretation of reaction time in information processing research. In B. H. KANTOWITZ (Ed.), *Human information processing: Tutorials in performance and cognition* (pp. 41–82). Hillsdale, NJ: Erlbaum.

PAIVIO, A. (1971). *Imagery and verbal processes.* New York: Erlbaum.

PALM, G. (1982). *Neural assemblies.* Berlin: Springer-Verlag.

PALMER, S. E. & KIMCHI, R. (1986). The information processing approach to cognition. In R. J. KNAPP & L. C. ROBERTSON (Eds.), *Approaches to cognition: Contrasts and controversies* (pp. 37–77). Hillsdale, NJ: Erlbaum.

PAPOUSEK, H. & PAPOUSEK, M. (1979). Lernen im ersten Lebensjahr. In L. MONTADA (Hrsg.), *Brennpunkte der Entwicklungspsychologie* (S. 194–212). Stuttgart: Kohlhammer.

PARASURAMAN, R., DAVIS, R. & BEATTY, J. (1984). *Varieties of attention.* New York: Academic Press.

PARDUCCI, A. (1965). Category judgment: A range-frequency model. *Psychological Review, 72,* 407–418.

PAREDES, R. G. & AGMO, A. (1992). GABA and behavior: The role of receptor subtypes. *Neuroscience and Biobehavioral Reviews, 16,* 145–170.

PARKINSON, C. N. (1970). *Parkinsons Gesetz und andere Untersuchungen über die Verwaltung.* Reinbek: Rowohlt.

PARRY, J. B. & FOKKEMA, S. D. (Eds.). (1958). *Aviation psychology in Western Europe.* Amsterdam: Swets & Zeitlinger.

PARSONS, T. (1964). *Beiträge zur soziologischen Theorie.* Neuwied: Luchterhand.

PARSONS, T. (1968). *The structure of social action.* New York: Free Press.

PARSONS, T. (1970). *The social system.* London: Routledge.

PARSONS, T. & BALES, R. F. (1955). *Family, socialization and interaction process.* Glencoe: Free Press.

PARSONS, T. & BALES, R. F. (1956). *Family.* London: Free Press.

PARSONS, T. & SHILS, E. A. (Eds.). (1951). *Toward a general theory of action.* Cambridge: Havard University Press.

PARTY, J. L. (Hrsg.). (1981). *Feldforschung.* Bern: Huber.

PATRICK, J. (1989). Bildungsbedarfsanalyse. In S. GREIF, H. HOLLING & N. NICHOLSON (Hrsg.), *Arbeits- und Organisationspsychologie. Internationales Handbuch in Schlüsselbegriffen* (S. 199–205). München: Psychologie Verlags Union.

PATTERSON, P. H. (1995). Neuronal growth and differentiation factors and synaptic plasticity. In F. E. BLOOM & D. J. KUPFER (Eds.), *Psychopharmacology. The fourth generation of progress* (pp. 619–629). New York: Raven Press.

PAUL, H. (1886). *Prinzipien der Sprachgeschichte.* Halle: Niemeyer.

PAUL, H. (1937). *Prinzipien der Sprachgeschichte.* Halle: Niemeyer.

PAULI, R. (1920). *Über psychische Gesetzmäßigkeiten, insbesondere über das Webersche Gesetz.* Jena: Fischer.

PAULI, R. (1927). *Einführung in die experimentelle Psychologie.* Leipzig: Quelle & Meyer.

PAULI, R. (1933). *Der Arbeitsversuch als charakterologisches Prüfverfahren. Seine sachgemäße Durchführung.* Leipzig: Barth.

PAULI, R. & ARNOLD, W. (Hrsg.). (1957, 1972). *Psychologisches Praktikum.* Stuttgart: Fischer.

PAULUS, P. B. (Eds.). (1989). *Psychology of group influence.* Hillsdale, NJ: Erlbaum.

PAWLIK, K. (1968, 1971, 1976). *Dimensionen des Verhaltens.* Bern: Huber.

PAWLIK, K. (1973). *Tierexperimentelle Untersuchungen zur RNS-Theorie des Lernens. 27. Kongreß der Deutschen Gesellschaft für Psychologie 1970 in Göttingen.* Göttingen: Hogrefe.

PAWLIK, K. (1976). Ökologische Validität: Ein Beispiel aus der Kulturvergleichsforschung. In G. KAMINSKI (Hrsg.), *Umweltpsychologie. Perspektiven – Probleme – Praxis* (S. 59–72). Stuttgart: Klett.

PAWLIK, K. (Hrsg.). (1982). *Multivariate Persönlichkeitsforschung.* Bern: Huber.

PAWLIK, K. (1986). «Naturalistische» Daten für Psychodiagnostik: Zur Methodik psychodiagnostischer Felderhebungen. *Zeitschrift für Differentielle und Diagnostische Psychologie, 9,* 169–181.

PAWLIK, K. & STAPF, K. H. (Hrsg.). (1992). *Umwelt und Verhalten: Perspektiven und Ergebnisse ökologisch-psychologischer Forschung.* Bern: Huber.

PAWLOW, I. P. (1953). *Sämtliche Werke.* Berlin: Zeller.

PAWSON, R. & TILLEY, N. (1997). *Realistic evaluation.* London: Sage.

PECCEI, A. (Hrsg.). (1979). *Das menschliche Dilemma. Zukunft und Lernen.* Wien: Molden.

PEIRCE, C. S. (1932). *Collected papers* (Vol. 2). Cambridge: Harvard University Press.

PELZMANN, L. (1985). *Wirtschaftspsychologie. Empirische Ergebnisse der Arbeitslosenforschung.* Wien: Springer-Verlag.

PERKINS, D. D., MEEKS, K. H. & TAYLOR, R. B. (1992). The physical environment of street blocks and resident perceptions of crime and disorder: implications for theory and measurement. *Journal of Environmental Psychology, 12,* 21–34.

PERKONIGG, A., WITTCHEN, H.-U. & LACHNER, G. (1996). Wie häufig sind Substanzmißbrauch und -abhängigkeit? Ein methodenkritischer Überblick. *Zeitschrift für Klinische Psychologie, 25,* 280–295.

PERLS, F. S. (1974). *Gestalt-Therapie in Aktion.* Stuttgart: Klett.

PERRET, E. et al. (Hrsg.). (1970). *ZÜWIE, Zürich-Wechsler-Intelligenztest für Erwachsene.* Bern: Huber.

PERREZ, M. & BAUMANN, U. (Hrsg.). (1991). *Lehrbuch Klinische Psychologie. Band 2 Intervention.* Bern: Huber.

PERREZ, M. & OTTO, J. (Hrsg.). (1978). *Symptomverschiebung.* Salzburg: Müller.

PETERMANN, F. (Hrsg.). (1980). *Einstellungsmessung – Einstellungsforschung.* Göttingen: Hogrefe.

PETERMANN, F. (Hrsg.). (1991). *Lehrbuch der Klinischen Kinderpsychologie. Modelle psychischer Störungen im Kindes- und Jugendalter.* Göttingen: Hogrefe.

PETERMANN, F. (Hrsg.). (1997). *Fallbuch der Klinischen Kinderpsychologie. Erklärungsansätze und Interventionsverfahren.* Göttingen: Hogrefe.

PETERMANN, F. (Hrsg.). (1997). *Patientenschulung und Patientenberatung.* Göttingen: Hogrefe.

PETERMANN, F. & VAITL, D. (Hrsg.).(1994). *Handbuch der Entspannungsverfahren, Bd. 2 Psychologie.* Weinheim: Psychologie Verlags-Union.

PETERS, H. M. (1948). *Grundfragen der Tierpsychologie.* Stuttgart: Enke.

PETERS, H. M. (1957). Über die Beziehungen der Tiere zu ihrem Lebensraum. *Studium Generale, 10,* 523–531.

PETERS, O. (1971). Was leistet das Konzept der Unterrichtstechnologie? *Aula 6.*

PETERS, W. (1925). Begabungsprobleme. *Zeitschrift für Pädagogische Psychologie, 26,* 12 ff.

PETERS, W. (1925). *Die Vererbung geistiger Eigenschaften und die psychologische Konstitution.* Jena: Fischer.

PETERS, W. (1932). *Rassenpsychologie. Rasse und Geist.* Leipzig: Barth.

PETERS, W. (1956). Vorurteile. *Psychologische Beiträge, 2,* 349–374 und 541–568.

PETERSEN, P. (1924). *Allgemeine Erziehungswissenschaft.* Mülheim: Setzkorn-Scheifhacken.

PETERSEN, P. (1953). *Führungslehre des Unterrichts.* Braunschweig: Westermann.

PETERSEN, P. (1974). *Der kleine Jena-Plan.* Weinheim: Beltz.

PETTIGREW, T. F. (1967). Social evaluation theory: Convergences and application. In D. LEVINE (Ed.), *Nebraska symposium on motivation.* Lincoln: University of Nebraska Press.

PETRIE, A. (1967). *Individuality in pain and suffering.* Chicago: University Press.

PETZOLD, H. & VORMANN, G. (1980). *Therapeutische Wohngemeinschaften.* München: Pfeiffer.

PEUCKERT, R.(1975). *Konformität.* Stuttgart: Enke.

PEUSER, G. (Hrsg.). (1978). *Aphasie: Eine Einführung in die Patholinguistik.* München: Fink.

PEUSER, G. (Hrsg.). (1978). *Brennpunkte der Patholinguistik.* München: Fink.

PEUSER, G. (Hrsg.). (1979). *Studien zur Sprachtherapie.* München: Fink.

PFAHLER, G. (1932). *Vererbung als Schicksal.* Leipzig: Barth.

PFAHLER, G. (1943). *System der Typenlehre.* Leipzig: Barth.

PFAHLER, G. (1943). *Warum Erziehung trotz Vererbung.* Leipzig: Teubner.

PFAHLER, G. (1954). *Der Mensch und sein Lebenswerkzeug.* Stuttgart: Klett.

PFAHLER, G. (1958). *Der Mensch und seine Vergangenheit.* Stuttgart: Klett.

PFÄNDER, A. (1922, 1930). *Zur Psychologie der Gesinnung.* Halle: Niemeyer.

PFÄNDER, A. (1925). *Grundprobleme der Charakterologie.* Charlottenburg: Pan Verlag.

PFÄNDER, A. (1930). *Phänomenologie des Wollens.* Leipzig: Barth.

PFANNE, H. (1973). *Handschriftenverstellung.* Bonn: Grundmann.

PFANZAGL, J. (1966). *Allgemeine Methodenlehre der Statistik I: Elementare Methoden unter Berücksichtigung der Anwendungen in den Wirtschafts- und Sozialwissenschaften.* Berlin: de Gruyter.

PFANZAGL, J. (1966). *Allgemeine Methodenlehre der Statistik II: Höhere Methoden unter besonderer Berücksichtigung der Anwendung in Naturwissenschaft, Medizin und Technik.* Berlin: de Gruyter.

PFAUNDLER, M. v. (Hrsg.). (1942). *Handbuch der Kinderheilkunde.* Berlin: Springer-Verlag.

PFEFFER, J. (1981). Management as symbolic action; the creation and maintenance of organizational paradigms. In L. CUMMINGS & B. STAW (Eds.), *Research in organizational behavior* (pp. 358–385). Greenwich, CO: JAI Press.

PFEIFFER, W. (1978). Transkulturelle Aspekte pathologischen Verhaltens. In L. J. PONGRATZ (Hrsg.), *Klinische Psychologie. Handbuch der Psychologie* (Bd. 8). Göttingen: Hogrefe.

PFEISTER-AMMENDE, M. (Hrsg.). (1949). *Die Psychohygiene.* Bern: Huber.

PFUNGST, O. (1907). *Das Pferd des Herrn von Osten (Der kluge Hans). Ein Beitrag zur experimentellen Tier- und Menschen-Psychologie* (2. Aufl. 1983 m. Titel «Der Kluge Hans». Ein Beitrag zur nicht-verbalen Kommunikation). Frankfurt: Fachbuchhandlung für Psychologie.

PHILLIPS, B. S. (1970). *Empirische Sozialforschung.* Wien: Springer-Verlag.

PHILLIPS, L. D. (1984). A theory of requisite decision models. *Acta Psychologica, 56,* 29–48.

PHILLIPS, M. I. (1987). Functions of angiotensin in the central nervous system. *Annual Review of Physiology, 49,* 413–435.

Phillis, J. W. (1970). *The pharmacology of synapses.* Oxford: Pergamon.

Piaget, J. (1941). *Le développement des quantités chez l'enfant.* Neuchatel: Delachaux & Niestlé.

Piaget, J. (1945). *La formation du symbole chez l'énfant.* Neuchatel: Delachaux & Niestlé.

Piaget, J. (1947). *Le jugement et le raisonnement chez l'enfant.* Neuchatel: Delachaux & Niestlé.

Piaget, J. (1948, 1968). *Le langage et la pensée chez l'enfant.* Neuchatel: Delachaux & Niestlé.

Piaget, J. (1948). *La naissance de l'intelligence chez l'enfant.* Neuchatel: Delachaux & Niestlé.

Piaget, J. (1949). *La construction du réel chez l'enfant.* Neuchatel: Delachaux & Niestlé.

Piaget, J. (1953). *Von der genetischen Psychologie zur Epistemologie* (Bd. 1). Zürich: Diogenes.

Piaget, J. (1957). *Gesammelte Werke – Studienausgabe in 10 Bdn.* Stuttgart: Klett.

Piaget, J. (1961). *Les mécanismes perceptifs.* Paris: Presses Univ. de France.

Piaget, J. (1972). *Urteil und Denkprozeß des Kindes.* Düsseldorf: Schwann.

Piaget, J. (1975). *Der Aufbau der Wirklichkeit beim Kinde.* Stuttgart: Klett.

Piaget, J. (1976). *Die Äquilibration der kognitiven Strukturen.* Stuttgart: Klett.

Piaget, J. (1983). *Meine Theorie der geistigen Entwicklung.* Frankfurt: Fischer.

Piaget, J. & Inhelder, B. (1951). *La génèse de l'idée de hasard chez l'enfant.* Paris: Presses Univ. de France.

Piaget, J. & Inhelder, B. (1971). *Die Entwicklung des räumlichen Denkens beim Kinde.* Stuttgart: Klett.

Piaget, J. & Szeminska, A. (1953). *La génèse du nombre chez l'enfant.* Neuchatel: Delachaux & Niestlé.

Piattelli-Palmarini, M. (Ed.). (1980). *Language and Learning: The debate between Jean Piaget and Noam Chomsky.* London: Routledge & Kegan Paul.

Picht, G. (1964). *Die deutsche Bildungskatastrophe.* Olten: Walter.

Picht, G. (1973). Vom Bildungsnotstand zum Notstand der Bildungspolitik. *Zeitschrift für Pädagogik, 5.*

Pickenhain, L. (1955). Die höhere Nerventätigkeit. In J. Gottschick (Hrsg.), *Die Leistungen des Nervensystems* (S. 696–748). Jena: Fischer.

Piderit, T. (1919). *Grundsätze der Mimik und Physiognomik.* Detmold: Meyersche Hofbuchhandlung.

Pike, K. L. (1943). *Phonetics.* Ann Arbor: University of Michigan Press.

Pike, K. L. (1967). *Language in relation to a unified theory of human behavior.* The Hague: Mouton.

Pilisuk, M. et al. (1965). War hawks and peace doves: alternate resolutions of experimental conflicts. *Journal of conflict resolution, 9,* 491–508.

Pinder, R. M. (1985). Antidepressant drugs of the future. In S. D. Iversen (Ed.), *Psychopharmacology: Recent advances and future prospects* (pp. 44–62). Oxford: Oxford University Press.

Pinel, J. P. J. (1997). *Biopsychologie, eine Einführung.* Heidelberg: Spektrum.

Pinillios, J. L. & Brengelmann, J. C. (1953). *Der Bilderkennungstest.* Göttingen: Hogrefe.

Pinther, A. (1970). Grundprobleme der Beobachtungsmethode. In W. Friedrich (Hrsg.), *Methoden der marxistisch-leninistischen Sozialforschung.* Berlin: DVW.

Pioncare, J. H. (1908). *Science et méthode.* Paris: Flammarion.

Plagenhoef, St. (1971). *Patterns of human motion.* Englewood Cliffs: Prentice Hall.

Planck, M. (1947). *Scheinprobleme der Wissenschaft.* Leipzig: Barth.

Planck, M. (1947). *Das Weltbild der neuen Physik.* Leipzig: Barth.

Planck, M. (1948). *Vom Wesen der Willensfreiheit.* Leipzig: Barth.

Plath, H. E. & Richer, P. (1984). *Ermüdung, Monotonie, Sättigung, Streß (BMS).* Göttingen: Hogrefe.

Platz, W. (1993). Cyproteron. In P. Riederer, G. Laux & W. Pöldinger (Hrsg.), *Neuro-Psychopharmaka. Bd. 6 Notfalltherapie, Antiepileptika, Beta-Rezeptorenblocker und sonstige Psychopharmaka* (S. 137–145). Wien: Springer-Verlag.

Platz, W. E. (1995). Clomethiazol. In P. Riederer, G. Laux & W. Pöldinger (Hrsg.), *Neuropsychopharmaka. Bd. 2 Tranquilizer und Hypnotika* (S. 363–369). Wien: Springer-Verlag.

Platz, W. E. (1993). Disulfiram. In P. Riederer, G. Laux & W. Pöldinger (Hrsg.), *Neuro-Psychopharmaka. Bd. 6 Notfalltherapie, Antiepileptika, Beta-Rezeptorenblocker und sonstige Psychopharmaka* (S. 85–98). Wien: Springer-Verlag.

Plessen, U. (1983). *Verlaufs- und Erfolgskontrolle im psychotherapeutischen Prozeß.* Göttingen: Hogrefe.

Plessner, H. (1961). *Lachen und Weinen.* Bern: Francke.

Ploog, C. (1964). Verhaltensforschung und Psychiatrie. In H. W. Gruhle (Hrsg.), *Psychiatrie der Gegenwart* (Bd. I/1b). Berlin: Springer-Verlag.

Plutchik, R. (1980). *Emotion. A psychoevolutionary synthesis.* New York: Harper & Row.

Poeck, K. (1969). Modern trends in neuropsychology. In A. L. Benton (Ed.), *Contributions to clinical neuropsychology.* Chicago: Aldine.

Poffenberger, A. T. (1942). *Principles of applied psychology.* New York: Appleton.

Pohl, J. (1993). *Verhalten unter Konfliktbedingungen.* Frankfurt: Lang.

Pohlmeier, H. (1978). *Selbstmord und Selbstmordverhütung.* München: Urban & Schwarzenberg.

Pomeranz, D. (1978). Do endorphins mediate acupuncture analgesia? In E. Costa & M. Trabucchi (Eds.), *the endorphins* (pp. 351–359). New York: Raven Press.

Pongratz, L. J. (1951). *Psychologie menschlicher*

Konflikte – Phänomenologie und Theorie. Göttingen: Hogrefe.

Pongratz, L. J. (1967). *Problemgeschichte der Psychologie.* Bern: Francke.

Pongratz, L. J. (1973). *Lehrbuch der Klinischen Psychologie.* Göttingen: Hogrefe.

Pongratz, L. J. (1978). *Zur Kritik kybernetischer Methodologie in der Pädagogik.* Europäische Hochschulschriften. Frankfurt: Lang.

Pope, H. G. & Hudson, J. I. (1984). *New hope for binge eaters: advances in the understanding and treatment of bulimia.* New York: Harper & Row.

Popp, W. (1970). Die Funktion von Modellen in der didaktischen Theorie. In G. Dohmen, F. Maurer & W. Popp (Hrsg.), *Unterrichtsforschung und didaktische Theorie.* München: Piper.

Poppelreuter, W. (1933). *Psychokritische Pädagogik.* Leipzig: Beck.

Popper, K. R. (1934). *Chronometric explorations of mind.* Hillsdale, NJ: Erlbaum.

Popper, K. R. (1966). *Logik der Forschung.* Tübingen: Mohr.

Popper, K. R. (1982). *Das Ich und sein Gehirn.* München: Piper.

Port, K. (1956). *Die Enge des Bewußtseins.* Eßlingen: Port.

Porter, L. W. & Lawler, E. E. (1968). *Managerial attitudes and performance.* Homewood: Dorsey.

Porteus, S. D. (1968). New applications of the Porteus maze test. *Perceptual and Motor Skills, 26,* 787–798.

Portmann, A. (1950). *Das Problem der Urbilder in biologischer Sicht.* Eranos-Jahrbuch 1950. Zürich: Rhein-Verlag.

Porzig, W. (1934). Wesenhafte Bedeutungsbeziehungen. *Beitr. Gesch. dt. Sprache Lit., 58.*

Posner, M. I. (1978). *Chronometric explorations of mind. The third Paul M. Pitts lectures.* Hillsdale, NJ: Erlbaum.

Postman, L. (1962). Repetition and paired-associated learning. *American Journal of Psychology, 75,* 372–389.

Postman, L. (1975). Verbal learning and memory. *Annual Review of Psychology, 26,* 291–335.

Postman, L. et al. (1964). Studies of learning to learn. I–VII. *Journal of Verbal Learning and Verbal Behavior, 3,* 37–49.

Poulton, E. C. (1974). *Tracking skill and manual control.* New York: Academic Press.

Prahl, H. W. (1976). *Hochschulprüfungen. Sinn oder Unsinn.* München: Kösel.

Pratkanis, A. R., Breckler, St. J. & Greenwald, A. G. (Eds.). (1989). *Attitude structure and function.* Hillsdale, NJ: Erlbaum.

Pratkanis, A. R., Greenwald, A. G., Leippe, M. R. & Baumgardner, M. H. (1988). In search of reliable persuasion effects. III: The sleeper effect is dead. Long live the sleeper effect. *Journal of Personality and Social Psychology, 54,* 203–218.

Preiser, S. (1976). *Kreativitätsforschung.* Darmstadt: Wissenschaftliche Buchgesellschaft.

Premack, D. (1950). Toward empirical behavior laws. A positive reinforcement. *Psychological Review, 66,* 219–233.

Premack, D. (1965). Reinforcement theory. In M. R. Jones (Ed.), *Nebraska symposium on motivation.* Lincoln: University of Nebraska Press.

Premack, D. (1971). Language in chimpanzee. *Science, 172.*

Prentice-Dunn, St. & Rogers, R. W. (1989). Deindividuation and the self-regulation of behavior. In P. B. Paulus (Ed.), *Psychology of group influence.* Hillsdale, NJ: Erlbaum.

Press, W. H., Flannery, B. P., Teukolski, S. A. & Vetterling, W. T. (1989). *Numerical Receipes. The art of scientific computing (FORTRAN version).* Cambridge: Cambridge University Press.

Pressmann, M. R. & Orr, W. C. (1997). *Understanding sleep, the evaluation and treatment of sleep disorders.* Washington: American Psychological Association.

Preyer, W. (1928). *Zur Psychologie des Schreibens.* Leipzig: Voss.

Pribram, K. H. (Ed.). (1969). *Memory mechanisms. Brain and Behavior 3.* Harmondsworth: Penguin.

Pribram, K. H. (1971). *Languages of the brain.* Englewood Cliffs: Prentice Hall.

Prichard, J. C. (1835). *A treatise on insanity and other disorders affecting the mind.* London.

Priester, H. J. (1958). *Die Standardisierung des Hamburg-Wechsler-Intelligenztests für Kinder (HAWIK).* Bern: Huber.

Prince, M. (1905). *The dissociation of a personality.* New York.

Prinz, W. (1987). Ideo-motor action. In H. Heuer & A. F. Sanders (Eds.), *Perspectives on perception and action.* Hillsdale, NJ: Erlbaum.

Prinzhorn, H. (1923, 1968). *Bildnerei der Geisteskranken.* Berlin: Springer-Verlag.

Prinzhorn, H. (1926). *Wege zur Charakterologie.* Charlottenburg: Pan Verlag.

Probst, G. J. B. (1987). *Selbst-Organisation. Ordnungsprozesse in sozialen Systemen aus ganzheitlicher Sicht.* Berlin: Parey.

Proctor, R. W. & Reeve, T. G. (Eds.). (1990). *Stimulus-response compatibility: An integrated perspective.* Amsterdam: North-Holland-Publication.

Proshanski, H. M., Ittelson, W. H. & Rivlin, L. G. (Eds.). (1970). *Environmental psychology.* New York: Holt.

Proshanski, H. M. & Seidenberg (Eds.). (1965). *Basic studies in psychology.* New York: Holt.

Prucha, J. (1974). *Sowjetische Psycholinguistik.* Düsseldorf: Schwann.

Pruitt, D. G. (1981). *Negotiation behavior.* New York: Academic Press.

Pryor, J. B. et al. (1977). Self-focussed attention and self-report validity. *Journal of Personality, 45,* 513–527.

Pueschel, S. M. (1996). Central nervous system effects in individuals with phenylketonuria. *Developmental Brain Dysfunction, 9,* 165–179.

PULVER, M. (1949). *Intelligenz im Schriftausdruck.* Zürich: Orell Füssli.

PURDY, D. McL. (1937). The Bezold-Brücke phenomenon and contours of constant hue. *American Journal of Psychology, 49,* 313–315.

PYLYSHYN, Z. W. (1973). The role of competence theories in cognitive psychology. *Journal of Psycholinguistic Research, 2,* 21–50.

PYLYSHYN, Z. W. (1981). The imagery debate: Analoque media versus tacit knowledge. *Psychological Review, 88,* 16–45.

RAAB, D. H. (1962). Statistical faciliation of simple reaction time. *Transaction of the New York Academy of Sciences, 24,* 574–590.

RAAB, E. & EBNER, H. (1982). Rhythmus und musikalisches Erleben. *Zeitschrift für Experimentelle und Angewandte Psychologie, 29,* 315–442.

RACHMAN, S. J. (1972). Clinical applications of observational learning, imitation, and modelling. *Behavior Therapy, 3,* 379–397.

RACHMAN, S. J. (1972). *Verhaltenstherapie bei Phobien.* München: Urban & Schwarzenberg.

RACHMAN, S. J. & PHILIPS, C. (1976). *Arzt und Psychologe.* München: Urban & Schwarzenberg.

RADLOFF, R. & HELMREICH, R. (1968). *Groups under stress. Psychological research in SEALAB II.* New York: Appleton.

RAHE, R. H. & ARTHUR, R. J. (1968). Life-change patterns sourrounding illness experience. *Journal of Psychosomatic Research, 11.*

RAIDT, F. (1993). Innere Kündigung. In: H. STRUTZ (Hrsg.). *Handbuch Personalmarketing* (2. Aufl., S. 74–87). Wiesbaden: Gabler,

RAJECKI, D. W. (1991). *Attitudes.* Sunderland, MA: Sinauer.

RAMBERT, M. L. (1938). Une nouvelle technique en psychanalyse infantile. Le jeu de guignols. *Revue française Psychanalytic, 10.*

RANSCHBURG, P. (1905). Über die Bedeutung der Ähnlichkeit beim Erlernen, Behalten und bei der Reproduktion. *Zeitschrift für Psychologie und Neurologie, 5.*

RAPAPORT, A. (1965). Game theory and human conflict. In E. B. MCNEIL (Ed.), *The mature of human conflict.* Englewood Cliffs: Prentice-Hall.

RAPAPORT, A. & CHAMMAH, A. M. (1965). *Prisoner's dilemma.* Ann Arbor: University of Michigan Press.

RAPAPORT, D. (1959). *Die Struktur der psychoanalytischen Theorie.* Stuttgart: Klett.

RAPPOPORT, L. & SUMMERS, B. A. (Eds.). (1972). *Human judgment and social interaction.* New York: Ronald Press.

RASCH, G. (1960). *Probalistic models for some intelligence and attainment tests.* Kopenhagen: Paedagogiske Institut.

RASCH-BAUER, H. (1957). *Therapeutische Gruppenpädagogik.* Wiesbaden: Verlag für Jugendpflege und Gruppenschrifttum.

RATLIFF, F. et al. (1965). *Quantitative studies on neural networks in the retina.* San Francisco: Holden-Day.

RAUCHFLEISCH, U. (1979). *Handbuch zum Rosenzweig Picture Frustration Test (PFT).* Bern: Huber.

RAUCHFLEISCH, U. (1992). *Allgegenwart von Gewalt.* Göttingen: Vandenhoeck & Ruprecht.

RAUH, H. (1978). Der *Wandel von der traditionellen zur modernen Entwicklungspsychologie. Handbuch für Entwicklungspsychologie.* Stuttgart: Klett.

RAUH, H. (1982). *Bild und Wahrnehmung.* Frankfurt: Kramer.

RAUSCH, E. (1937). Über Summativität und Nichtsummativität. *Psychologische Forschung, 21,* 209–289.

RAUSCH, E. (1952). *Struktur und Metrik figural-optischer Wahrnehmung.* Frankfurt: Kramer.

RAUSCH, E. (1966). Probleme der Metrik (Geometrisch-optische Täuschungen). In W. METZGER (Hrsg.), *Allgemeine Psychologie. Handbuch der Psychologie* (Bd. 1/1). Göttingen: Hogrefe.

RAUSCH, E. (1967). *Über Summativität und Nichtsummativität.* Darmstadt: Wissenschaftliche Buchgesellschaft.

RAVEN, B. H. & EACHUS, H. T. (1963). Cooperation and competition in means-interdependent triads. *Journal of Abnormal and Social Psychology, 67,* 307–316.

RAVEN, J. C. (1956, 1958). *Guide to using progressive matrices.* London: Lewis.

RAZRAN, G. (1949). Semantic and phonetographic generalizations of salivary conditioning to verbal stimuli. *Journal of Experimental Psychology, 39,* 642–652.

REARDON, K. K. (1991). *Persuasion in practice.* Newbury Park: Sage.

REDLICH, F. C., LEVINE, J. & SOHLER, T. P. (1951). A mirth response test. *American Journal of Orthopsychiatry, 21,* 717–734.

REEB, O. (1962). *Grundlagen der Photometrie.* Karlsruhe: Braun.

REGAN, D. (1982). Visual information channeling in normal and distorted vision. *Psychological Review, 89,* 407–444.

REGELSBERGER, H. (1949). Das Elektrodermatogramm und seine Messung. *Medizinische Klinik, 44,* 817–825.

REICHWEIN, R. & FRECH, H. W. (1971). Lehrerbildung: Verführung zur Anpassung oder Befähigung zur Innovation. *Erziehung, 4.*

REID, W. J. & EPSTEIN, L. (1979). *Gezielte Kurzzeitbehandlung in der sozialen Einzelfallhilfe.* Freiburg: Lambertus.

REIMANN, H. (Hrsg.). (1974). *Das Alter.* München: Goldmann.

REINECKER, H. (Hrsg.). (1980). *Bestrafung. Experimente und Theorien.* Salzburg: Müller.

REINECKER, H. (Hrsg.). (1994). *Lehrbuch der Klinischen Psychologie. Modelle psychischer Störungen.* Göttingen: Hogrefe.

REINERT, G. (1963). Entwicklungstests. In R. HEISS

(Hrsg.), *Psychologische Diagnostik. Handbuch der Psychologie* (Bd. 6). Göttingen: Hogrefe.

Reinöhl, F. (1943). *Die Vererbung der geistigen Begabung.* München: Lehmann.

Reips, U.-D. (1997). Das psychologische Experimentieren im Internet. In B. Batinic (Hrsg.), *Internet für Psychologen.* Göttingen: Hogrefe.

Reisner, M. L., Kohli, G., Schindler, L., Hahlweg, K. & Revenstorf, D. (1980). *KPZ: Kategoriensystem zur Beobachtung partnerschaftlicher Interaktion.* Manuskript: München.

Reiter, L. (1975). Krisenintervention. In H. Strotzka (Hrsg.), *Psychotherapie: Grundlagen, Verfahren, Indikationen.* München: Urban & Schwarzenberg.

Reiwald, P. (1948). *Vom Geist der Massen.* Zürich: Pan Verlag.

Reko, V. A. (1938). *Magische Gifte.* Stuttgart: Enke.

Remplein, H. (1950). *Der Aufbau des Seelenlebens bei Mensch und Tier.* München: Reinhardt.

Remplein, H. (1956). *Psychologie der Persönlichkeit.* München: Reinhardt.

Remplein, H. (1965). *Die seelische Entwicklung in der Kindheit und Reifezeit.* München: Reinhardt.

Remschmidt, H. (1968). *Das Anpassungsverhalten der Epileptiker.* Dissertation Tübingen.

Remschmidt, H. (Hrsg.). (1988). *Kinder- und Jugendpsychiatrie in Klinik und Praxis.* Stuttgart: Thieme.

Remschmidt, H. & Niebergall, G. (1981). Störungen des Sprechens und der Sprache. In H. Remschmidt & M. Schmidt (Hrsg.), *Neuropsychologie des Kindesalters.* Stuttgart: Enke.

Rensing, L. (1973). *Biologische Rhythmen und Regulation.* Stuttgart: Fischer.

Resch, M. (1991). *Haushalt und Familie: Der zweite Arbeitsplatz.* Bern: Huber.

Resch, M., Bamberg, E. & Mohr, G. (1993). Frauentypische Arbeitsbedingungen: Ein blinder Fleck in der Arbeits- und Organisationspsychologie. In S. Greif & E. Bamberg (Hrsg.), *Die Arbeits- und Organisationspsychologie. Gegenstand und Aufgabenfelder – Lehre und Forschung – Fort- und Weiterbildung* (S. 113–118). Göttingen: Hogrefe.

Restorff, H. v. (1933). Über die Wirkung von Bereichsbildung im Spurenfeld. *Psychologische Forschung, 18.*

Reuter, H. D. (1997). *Therapie mit Phytopharmaka. Pharmakologie, Indikation, Dosierung.* Ulm: Fischer.

Revenstorf, D. (1996). *Psychotherapeutische Verfahren* (Bd. 1–4). Stuttgart: Kohlhammer

Revenstorf, D. (1979). *Zeitreihenanalyse für klinische Daten.* Weinheim: Beltz.

Revenstorf, D., Hahlweg, K. & Schindler, L. (1979). Interaktionsanalyse von Paar-Konflikten. *Zeitschrift für Sozialpsychologie, 10,* 183–196.

Revers, W. J. (1947). *Persönlichkeit und Vermassung. Eine psychologische und kulturanthropologische Studie.* Würzburg: Schöningh.

Revers, W. J. (1960). Philosophisch orientierte Theorien der Persönlichkeit. In Ph. Lersch & H. Thomae (Hrsg.), *Persönlichkeitsforschung und Persönlichkeitstheorie. Handbuch der Psychologie* (Bd. 4). Göttingen: Hogrefe.

Revers, W. J. (1970). *Das Musikerlebnis.* Düsseldorf: Econ.

Revers, W. J. (1979). *Der thematische Apperzeptionstest (TAT).* Bern: Huber.

Revesz, G. (1946). *Einführung in die Musikpsychologie.* Bern: Francke.

Rheinberg, F. (1995). Flow-Erleben, Freude an riskantem Sport und andere «unvernünftige» Motivationen. In J. Kuhl & H. Heckhausen (Hrsg.), *Motivation, Volition und Handlung. Enzyklopädie der Psychologie.* Göttingen: Hogrefe.

Rhine, J. B. & Pratt, J. G. (1962). *Parapsychologie.* Bern: Francke.

Rhode, A. R. (1957). *The sentence completion method.* New York: Ronald.

Rice, R. W. (1978). Construct validity of the least prefered co-worker score. *Psychological Bulletin, 85,* 1199–1237.

Richter, C. P. (1965). The phenomenon of unexplained sudden death in animals and man. In H. Feifel (Ed.), *The meaning of death.* New York: McGraw-Hill.

Richter, H. E. (1970). *Patient Familie.* Reinbek: Rowohlt.

Richter, H. E. (1972). *Die Gruppe.* Reinbek: Rowohlt.

Richter, P., Heimke, K. & Malessa, A. (1988). Tätigkeitspsychologische Bewertung und Gestaltung von Arbeitsaufgaben. *Zeitschrift für Arbeits- und Organisationspsychologie, 32,* 13–21.

Richter, U. et al. (1946). *Grundriß der Farbenlehre der Gegenwart.* Ann Arbor: Edwards.

Riedel, H. (1967). *Psychostruktur.* Hamburg: Quickborn.

Rieder, H. (1971). *Sport als Therapie.* Berlin: Bartels & Wernitz.

Riederer, P., Laux, G. & Pöldinger, W. (Hrsg.). (1992). *Neuro-Psychopharmaka. Bd. 1 Allgemeine Grundlagen der Pharmakopsychiatrie.* Wien: Springer-Verlag.

Riederer, P., Laux, G. & Pöldinger, W. (Hrsg.). (1995). *Neuropsychopharmaka. Bd. 2 Tranquilizer und Hypnotika.* Wien: Springer-Verlag.

Riederer, P., Laux, G. & Pöldinger, W. (Hrsg.). (1993). *Neuro-Psychopharmaka. Bd. 3 Antidepressiva und Phasenprophylaktika.* Wien: Springer-Verlag.

Riederer, P., Laux, G. & Pöldinger, W. (Hrsg.). (1998). *Neuropsychopharmaka. Bd. 4 Neuroleptika* (2. Aufl.). Wien: Springer-Verlag.

Riederer, P., Laux, G. & Pöldinger, W. (Hrsg.). (1992). *Neuro-Psychopharmaka. Bd. 5 Parkinsonmittel und Nootropika.* Wien: Springer-Verlag.

Riederer, P., Laux, G. & Pöldinger, W. (Hrsg.).

(1993). *Neuropsychopharmaka. Bd. 6 Notfalltherapie, Antiepileptika, Beta- Rezeptorenblocker und sonstige Psychopharmaka.* Wien: Springer-Verlag.

RIEFFERT, J. B. (1922). *Psychotechnik im Heer. Bericht über den VII. Kongreß für experimentelle Psychologie in Marburg 1921.* Jena: Fischer.

RIEFFERT, J. B. (1932). *Sprechtypen. Bericht über den 12. Kongreß der Deutschen Gesellschaft für Psychologie in Hamburg 1931.* Göttingen: Verlag für Psychologie.

RIEMANN, F. (1967). *Grundformen der Angst.* München: Reinhardt.

RIESMAN, D. (1958). *Die einsame Masse.* Reinbek: Rowohlt.

RIEZEN, H. van & SEGAL, M. (Eds.). (1988). *Comparative evaluation of rating scales in clinical psychopharmacology.* Amsterdam: Elsevier.

RIGGS, L. A. (1965). Visual acuity. In C. H. GRAHAM (Ed.), *Vision and visual perception.* New York: Wiley.

RIMLAND, B. (1964). *Infantile autism: The syndrome and its implication for a neural theory of behavior.* New York: Appleton.

RINAMAN, L, SHERMAN, T. G. & STRICKER, E. M. (1995). Vasopressin and oxytocin in the central nervous system. In F. E. BLOOM & D. J. KUPFER (Eds.), *Psychopharmacology. The fourth generation of progress* (pp. 531–542). New York: Raven Press.

RIPER, C. van (1973). *The treatment of stuttering.* Englewood-Cliffs: Prentice-Hall.

RIPER, C. van & FOUTS, A. P. (1980). Der Standpunkt van Ripers zur Therapie bei kleinen Kindern im Initialstadium des Stotterns. In K. P. BECKER & W. ELSTNER (Hrsg.), *Störungen des Redeflusses.* Berlin: VEB Volk und Gesundheit.

RITTER, H. & ENGEL, W. (1969). Genetik und Begabung. In H. ROTH (Hrsg.), *Begabung und Lernen.* Stuttgart: Klett.

ROBACK, A. A. (1964). *A history of American psychology.* New York: Macmillan.

ROBBINS, T. W. (1985). Neuropsychological evaluation of higher cognitive function in animals and man. Can psychopharmacology contribute to neuropsychological theory? In S. D. IVERSEN (Ed.), *Psychopharmacology. Recent Advances and future prospects* (pp. 155–169). Oxford: Oxford University Press.

ROBINSOHN, S. B. (Hrsg.). (1972). *Curriculumentwicklung in der Diskussion.* Stuttgart: Klett.

ROBINSON, F. P. (1961). *Effective study.* New York: Harper & Row.

ROBINSON, J. P., SHAVER, Ph. R. & WRIGHTSMAN, L. S. (Eds.). (1991). *Measures of personality and social psychological attitudes.* San Diego: Academic Press.

ROBINSON, T. E. & JUSTICE, J. B. (Eds.). (1991). *Microdialysis in the neurosciences.* Amsterdam: Elsevier.

ROCK, I. (1957). The role of repetition in associative learning. *American Journal of Psychology, 70,* 186–193.

ROCK, I. (1975). *An introduction to perception.* New York: Macmillan.

ROCK, I. & HARRIS, C. S. (1971). Vision and touch. In R. C. ATKINSON (Ed.), *Contemporary psychology.* San Francisco : Freeman.

ROCKSTROH, B., ELBERT, T., LUTZENBERGER, W. & BIRBAUMER, N. (1979). Slow cortical potentials under conditions of uncontrollability. *Psychophysiology, 16,* 374–380.

ROEBER, E. C., SMITH, G. E. & ERICKSON, C. E. (1974). *Schulische Beratungsdienste.* Freiburg: Lambertus.

ROEDER, K. D. (1968). *Neurale Grundlagen des Verhaltens.* Bern: Huber.

ROEDER, P. M. (1965). Versuche einer kontrollierten Unterrichtsbeobachtung. *Psychologische Beiträge, 8,* 408–423.

RÖHRLE, B. (1990). Gemeindepsychologie. In L. KRUSE, C.-F. GRAUMANN & E.-D. LANTERMANN (Hrsg.), *Ökologische Psychologie. Ein Handbuch in Schlüsselbegriffen* (S. 87–93). München: Psychologie Verlags Union.

RÖHRLE, B. (Hrsg.). (1995). 20 Jahre Psychiatrie-Enquête. *Verhaltenstherapie und psychosoziale Praxis, 27*(4), 463–602.

RÖHRLE, B. & SOMMER, G. (Hrsg.). (1995). *Gemeindepsychologie: Bestandsaufnahmen und Perspektiven.* Tübingen: Deutsche Gesellschaft für Verhaltenstherapie.

ROGERS, C. R. (1951). *Client-centered therapy.* Boston: Mifflin.

ROGERS, C. R. (1952). *Counseling and psychotherapy.* Boston: Mifflin.

ROGERS, C. R. (1974). *On encounter groups.* Middlesex: Penguin.

ROGHMANN, K. (1966). *Dogmatismus und Autoritarismus.* Meisenheim: Hain.

ROHDE-DACHSER, Ch. (1979). *Das Borderline-Syndrom.* Bern: Huber.

ROHMERT, W. & LANDAU, K. (1979). *Das Arbeitswissenschaftliche Erhebungsverfahren zur Tätigkeitsanalyse (AET).* Bern: Huber.

ROHR, A. R. (1975). *Kreative Prozesse und Methoden der Problemlösung.* Weinheim: Beltz.

ROHRACHER, H. (1949). *Mechanische Mikroschwingungen des menschlichen Körpers.* Wien: Urban & Schwarzenberg.

ROHRACHER, H. (1953, 1967). *Die Arbeitsweise des Gehirns und die psychischen Vorgänge.* München: Barth.

ROHRACHER, H. (1960). Methoden zur Registrierung und Auswertung der Mikrovibration. *Psychologische Beiträge, 4,* 118–126.

ROHRACHER, H. (1963, 1971). *Einführung in die Psychologie.* München: Urban & Schwarzenberg.

ROHRACHER, H. (1964). *Steuerung des Verhaltens durch Einstellung. Bericht über den 24. Kongreß der Deutschen Gesellschaft für Psychologie in Wien 1964.* Göttingen: Hogrefe.

ROHRACHER, H. (1969). *Kleine Charakterkunde.* Wien: Urban & Schwarzenberg.

Rohracher, H. & Inanaga, K. (1970). *Die Mikrovibration.* Bern: Huber.

Röhrle, B. & Schlottke, P. (1981). *Verhaltenstheoretisch orientierte Diagnostik.* Salzburg: Müller.

Röhrs, H. (1968). *Forschungsmethoden in der Erziehungswissenschaft.* Stuttgart: Kohlhammer.

Röhrs, H. (1973). *Allgemeine Erziehungswissenschaft.* Weinheim: Beltz.

Röhrs, H. (Hrsg.). (1971). *Der Aufgabenkreis der Pädagogischen Psychologie.* Frankfurt: Akademische Verlagsgesellschaft.

Rokeach, M. (1960). *The open and closed mind.* New York: Free Press.

Rokeach, M. (1973). *The nature of human values.* New York: Free Press.

Rollett, B. & Bartram, M. (1977). *Anstrengungsvermeidungstest AVT.* Braunschweig: Westermann.

Roloff, E. A. (1972). *Erziehung zur Politik.* Göttingen: Schwartz.

Roloff, E. A. (1975). *Politische Bildung in Stufen.* Stuttgart: Metzler.

Rommetveit, R. (1968). *Words, meanings and messages.* New York: Academic Press.

Root, A. W. (1973). Endocrinology of puberty I. *Journal of Pediatries, 83,* 1–19.

Rorschach, H. (1921). *Psychodiagnostik. Methoden und Ergebnisse eines wahrnehmungsdiagnostischen Experiments.* Bern: Bircher.

Rorschach, H. (1972). *Psychodiagnostik. Methodik und Ergebnisse eines wahrnehmungsdiagnostischen Experiments.* Bern: Huber.

Rorschach, H. (1975). *Psychodiagnostics.* Bern: Huber.

Rosch, E. & Lloyd, B. B. (Eds.). (1978). *Cognition and categorization.* Hillsdale, NJ: Erlbaum.

Rosch, M. (1985). Verhalten im sozialen Kontext: Soziale Förderung und Unterdrückung von Verhalten. In D. Frey & M. Irle (Hrsg.). *Theorien der Sozialpsychologie* (Bd. 2). Huber: Bern.

Rose, N. R. & Jamieson, D. W. (1993). Twenty years of Bogus Pipeline Research: A critical review and meta-analysis. *Psychological Bulletin, 114,* 363–375.

Rosemann, H. (1975). Lern- und Verhaltensstörungen. *Arbeitshefte für Psychologie, 15.*

Rosemann, H. (1979). *Intelligenztheorien.* Reinbek: Rowohlt.

Rosen, J. C. & Wiens, A. N. (1979). Changes in medical problems and use of medical services following psychological intervention. *American Psychologist, 34,* 420–431.

Rosenbaum, D. A. (1985). Motor programming: A review and scheduling theory. In H. Heuer, U. Kleinbeck & K.-H. Schmidt (Eds.), *Motor behavior: Programming, control, and acquisition.* Berlin: Springer-Verlag.

Rosenbaum, D. A. (1990). *Human motor control.* New York: Academic Press.

Rosenblatt, F. (1958). The perception. A probabilistic model for information storage and organization in the brain. *Psychological Review, 65,* 386–408.

Rosenstiel, L. v. (1989). Organisationsklima. In S. Greif, H. Holling & N. Nicholson (Hrsg.), *Arbeits- und Organisationspsychologie. Internationales Handbuch in Schlüsselbegriffen* (S. 357–364). München: Psychologie Verlags Union.

Rosenstiel, L. v. (1992). *Grundlagen der Organisationspsychologie.* Stuttgart: Poeschel.

Rosenstiel, L. v. (1993). Kommunikation und Führung in Arbeitsgruppen. In H. Schuler (Hrsg.), *Lehrbuch für Organisationspsychologie* (S. 321–353). Bern: Huber.

Rosenstiel, L. v. & Ewald, G. (1979). *Marktpsychologie* (2 Bde). Stuttgart: Kohlhammer.

Rosenstiel, L. v., Molt, W. & Rüttinger, B. (1972). *Organisationspsychologie.* Stuttgart: Kohlhammer.

Rosenthal, R. (1976). *Experimenter effects in behavioral research.* New York: Wiley.

Rosenthal, R., Hall, J. A., Dimatteo, M. R., Rogers, P. L. & Archer, C. (1979). *Sensitivity to nonverbal communication: The Pons test.* Baltimore: Johns Hopkins University Press.

Rosenthal, R. & Jacobson, L. (1971). *Pygmalion im Unterricht.* Weinheim: Beltz.

Rosenzweig, S. (1938). A general outline of frustration. *Character and Personality, 7,* 151–160.

Rosenzweig, S. (1944). Frustration theory. In J. McV. Hunt (Ed.), *Personality and the behavior disorders. A handbook based on experimental and clinical research.* New York: Ronald.

Ross, C. A. (1958). *Berufseignung und Berufseinsatz.* Köln: Westdeutscher Verlag.

Ross, E. A. (1905). *Foundations of sociology.* New York: Macmillan.

Ross, E. A. (1908). *Social psychology.* New York: Macmillan.

Rossolimo, G. (1926). *Das psychologische Profil.* Halle:

Roth, E. (1967). *Einstellungen als Determination individuellen Verhaltens.* Göttingen: Hogrefe.

Roth, E. (1969). *Persönlichkeitspsychologie.* Stuttgart: Kohlhammer.

Roth, E. (1972). *Der Werteinstellungs-Test.* Bern: Huber.

Roth, E., Oswald, W. D. & Daumenlang, K. (1971). *Intelligenz.* Stuttgart: Kohlhammer.

Roth, H. (1967). Die realistische Wendung in der pädagogischen Forschung. In H. Roth (Hrsg.), *Erziehungswissenschaft, Erziehungsfeld und Lehrerbildung.* Hannover: Schroedel.

Roth, H. (1969). Erziehung aus der Sicht der Pädagogischen Anthropologie. In E. Weber (Hrsg.), *Der Erziehungs- und Bildungsbegriff im 20. Jahrhundert.* Bad Heilbrunn: Klinkhardt.

Roth, H. (Hrsg.). (1969, 1980). *Begabung und Lernen.* Stuttgart: Klett.

Roth, H. (1969). *Pädagogische Psychologie des Lehrens und Lernens.* Hannover: Schroedel.

Roth, H. (1971). *Pädagogische Anthropologie* (Bd. 1). Hannover: Schroedel.

ROTH, H. (1975). *25 Jahre Bildungsreform in der Bundesrepublik. Bilanz und Perspektiven.* Bad Heilbrunn: Klinkhard.

ROTHACKER, E. (1948). *Probleme der Kulturanthropologie.* Bonn: Bouvier.

ROTHACKER, E. (1952). *Die Schichten der Persönlichkeit.* Bonn: Bouvier.

ROTHE, R. (1958). *Höhere Mathematik für Mathematiker, Physiker, Ingenieure* (Teil II). Stuttgart: Teubner.

ROTTER, J. B. (1966). Generalized expectancies for internal vs. external control of reinforcement. *Psychological Monographs, 80*, n. 1, 1–28.

ROTTER, J. B. (1971). Generalized expectancies for interpersonal thrust. *American Psychologist, 26,* 443–452.

ROTTER, J. B. (1975). Some problems and mis-conceptions related to the construct of internal versus external control of reinforcement. *Journal of Clinical and Consulting Psychology, 43,* 56–67.

ROUTTENBERG, A. (1980). *Biology of reinforcement.* New York: Academic Press.

RUBIN, E. (1921). *Visuell wahrgenommene Figuren.* Berlin: Universitas, Deutsche Verlags AG.

RUBIN, J. Z. & BROWN, B. R. (1975). *The social psychology of bargaining and negotiation.* New York: Academic Press.

RUBINSTEIN, S. L. (1970). *Sein und Bewußtsein.* Berlin: Akademie-Verlag.

RUBINSTEIN, S. L. (1971). *Grundlagen der allgemeinen Psychologie.* Berlin: Volk und Wissen (russisches Original: Moskau 1946).

RUBINSTEIN, S. L. (1973). *Sein und Bewußtsein.* Darmstadt: Wissenschaftliche Buchgesellschaft.

RUCH, R. L. & ZIMBARDO, P. G. (1974). *Lehrbuch der Psychologie.* Berlin: Springer-Verlag.

RUCH, T. C. (1951). Motorsystem. In S. S. STEVENS (Ed.), *Handbook of experimental psychology.* New York: Wiley.

RUCH, W. (Ed.). (1996). Measurement of the sense of humor. *International Journal of Humor Research, 9.*

RUCH, W. (Ed.). (1998). *The sense of humor: Explorations of a personality characteristic.* Berlin: de Gruyter.

RUDERT, J. (1926). Kasuistischer Beitrag zur Lehre von der funktionalen Asymmetrie der Großhirnhemisphären. *Neue Psychologische Studien, 1.*

RUDERT, J. (1942). Zum Problem der Triebe und Antriebe des Menschen. *Zeitschrift für Angewandte Psychologie, 63,* 290–327.

RUDERT, J. (1965). Vom Ausdruck der Sprechstimme. In R. KIRCHHOFF (Hrsg.), *Ausdruckspsychologie. Handbuch der Psychologie* (Bd. 5, S. 422–464). Göttingen: Hogrefe.

RUDIN, S. A. (1965). *The psychology of nations. Discovery, 26.*

RUDIN, S. A. (1968). National motives predict psychogenic death rates. 25 years later. *Science, 160,* 901–903.

RUDINGER, G. (1978). Erfassung von Entwicklungsveränderungen im Lebenslauf. In *Jahrbuch für Entwicklungspsychologie 1979* (T. 1, S. 167–175). Stuttgart: Klett.

RUDOLPH, E. SCHÖNFELDER, E. & HACKER, W. (1987). *Tätigkeitsbewertungssystem – Geistige Arbeit.* Berlin: Humboldt-Universität, Psychodiagnostisches Zentrum.

RUFFIN, H. (1957). Melancholie. *Deutsche Medizinische Wochenzeitschrift, 82,* 1080–1092.

RUMELHART, D. E. (1975). Notes on a schema for stories. In D. G. BOBROW & A. COLLINGS (Eds.), *Representation and understanding.* New York: Academic Press.

RUMELHART, D. E. (1986). Parallel distributed processing. Explorations in the microstructure of cognition. In D. E. RUMELHART, J. L. MCCLELLAND & the PDP research group (Eds.), *Foundations.* Cambridge, MA: MIT Press.

RUMPF, H. & MESNER, R. (1971). Anatomie einer empirischen Untersuchung. *Zeitschrift für Pädagogik, 17*(4), 483–505.

RÜSSEL, A. (1961). *Arbeitspsychologie.* Bern: Huber.

RÜSSEL, A. (1976). *Psychomotorik.* Darmstadt: Steinkopff.

RUSSEL, R. W. (1983). Genetic and early environmental factors in response variability to psychotropic drugs. In W. JANKE (Ed.), *Response variability to psychotropic drugs* (pp. 97–124). Oxford: Pergamon Press.

RUSSELL, R. W. (1987). Drugs as tools for research in neuropsychobiology. *Neuropsychobiology, 18,* 134–144.

RÜTHER, E. (1986). *Wirkungsverlauf der neuroleptischen Therapie.* Stuttgart: Fischer.

RUTTENBECK, H. M. (1974). *Die neuen Gruppentherapien.* Stuttgart: Klett.

RUTTER, M. (1980). Language training with autistic children: How does it work and what does it achieve? In L. A. HERSOV, M. BERGER & A. R. NICOL (Eds.), *Language and language disorders in childhood.* Oxford: Pergamon Press.

SACHAR, E. J. (Ed.). (1976). *Hormones: Behavior and psychopathology.* New York: Raven Press.

SACHERL, K. (1957). *Die Pedanterie.* Göttingen: Hogrefe.

SACK, D. A., ROSENTHAL, N. E., PARRY, B. L. & WEHR, T. A. (1987). Biological rhythms in psychiatry. In H. Y. MELTZER (Ed.), *Psychopharmacology. The third generation of progress* (pp. 669–686). New York: Raven Press.

SADER, M. (1966). *Lautheit und Lärm.* Göttingen: Hogrefe.

SADER, M. (1969). Rollentheorie. In C. F. GRAUMANN (Hrsg.), *Sozialpsychologie. Handbuch der Psychologie* (Bd. 7). Göttingen: Hogrefe.

SADER, M. (1994). *Psychologie der Gruppe.* München: Juventa.

SADER, M. et al. (1971). *Kleine Fibel zum Hochschulunterricht.* München: Beck.

SAEGERT, S. & WINKEL, G. H. (1990). Environmental psychology. *Annual Review of Psychology, 41,* 441–477.

Sager, C. J. et al. (Hrsg.). (1972). *Handbuch der Ehe-, Familien- und Gruppentherapie.* München: Kindler.

Sahakian, W. S. (1975). *History and systems of psychology.* New York: Wiley.

Saile, H. & Schmidt, L. R. (1990). Krankenhausaufenthalte bei Kindern. In I. Seiffge-Krenke (Hrsg.), *Krankheitsverarbeitung bei Kindern und Jugendlichen* (Jahrbuch der Medizinischen Psychologie, Bd. 4, S. 225–242). Berlin: Springer-Verlag.

Saks, M. J. & Krupat, E. (1988). *Social psychology and its applications.* New York: Harper.

Salber, W. (1960). Qualitative Methoden der Persönlichkeitsforschung. In Ph. Lersch & H. Thomae (Hrsg.), *Persönlichkeitsforschung und Persönlichkeitstheorie. Handbuch der Psychologie.* Göttingen: Hogrefe.

Salter, A. (1950). *Conditioned reflex therapy.* New York: Creative Age Press.

Salzinger, K., Portnoy, S. & Feldmann, R. S. (1962). The effect of order of approximation to the statistical structure of English on the emission of verbal responses. *Journal of Experimental Psychology, 64,* 52–57.

Salzmann, C. (1972). Gedanken zur Bedeutung des Modellbegriffs in Unterrichtsforschung und Unterrichtsplanung. *Pädagogische Rundschau, 26,* 468–485.

Salzmann, C. (1973). *Unterrichtsplanung. Wörterbuch der Schulpädagogik.* Freiburg: Herder.

Samuelson, C. D. & Messick, D. M. (1986). Inequities in access to and use of shared resources in social dilemmas. *Journal of Personality and Social Psychology, 51,* 960–967.

Sander, F. (1932). Funktionale Struktur: Erlebnisganzheit und Gestalt. *Archiv für die gesamte Psychologie, 85,* 236–260.

Sander, F. (1939). *Gestaltwerden und Gestaltzerfall.* Boreas Festschrift. Athen: BOREA.

Sander, F. & Volkelt, H. (1962, 1967). *Ganzheitspsychologie: Grundlagen, Ergebnisse, Anwendungen.* München: Beck.

Sanders, A. F. & Wauschkuhn, C. H. (1988). Drugs and information processing in skilled performance. In I. Hindmarch & H. Ott (Eds.), *Benzodiazepine receptor ligands, memory and information processing. Psychometric, psychopharmacological and clinical issues* (pp. 23–47). Berlin: Springer-Verlag.

Sandler, J. & Freud, A. (1985). *The analysis of defense: The ego and the mechanism of defense revisited.* New York: University Press.

Sanford, N. (1966). *Self and society.* New York: Atherton Press.

Sapolsky, R. M. (1995). *Stress, the aging brain, and the mechanism of neuron death.* Cambridge: MIT Press.

Sarason, S. B. et al. (1960). *Anxiety in elementary school children.* New York: Wiley.

Sarason, S. B. et al. (1971). *Angst bei Schulkindern.* Stuttgart: Klett.

Sarbin, T. R. (1954). Role theory. In G. Lindzey (Ed.), *Handbook of social psychology* (Vol. 1, pp. 488–567). Reading: Addison-Wesley.

Sarges, W. (1990). (Hrsg.), *Managementdiagnostik.* Hogrefe: Göttingen.

Sarges, W. & Fricke, R. (Hrsg.), (1986). *Psychologie für die Erwachsenenbildung – Weiterbildung.* Göttingen: Hogrefe.

Sarges, W. & Haeberlin, F. (Hrsg.). (1980) *Marketing für die Erwachsenenbildung.* Hannover: Schroedel.

Sarris, V. (1971, 1975). *Wahrnehmung und Urteil: Bezugssystemeffekte in der Psychophysik.* Göttingen: Hogrefe.

Sarris, V. & Lienert, G. A. (1974). Konstruktion und Bewährung von klinisch-psychologischen Testverfahren. In W. J. Schraml & U. Baumann (Hrsg.), *Klinische Psychologie* (Bd. I und II). Bern: Huber.

Sartre, J. P. (1973). *Bewußtsein und Selbsterkenntnis.* Reinbek: Rowohlt.

Sass, H., Wittchen, H.-U. & Zaudig, M. (Hrsg.). (1996). *Diagnostisches und Statistische Manual psychischer Störungen DSM-IV.* Göttingen: Hogrefe.

Satir, V. (1979). *Familienbehandlung.* Freiburg: Lambertus.

Satz, P. & Sparrow, S. S. (1970). Specific developmental dyslexia: A theoretical formulation. In D. J. Bakker (Ed.), *Specific reading disability.* Rotterdam: Rotterdam University Press.

Sauer, C. & Müller, M. (1980). Die Theorie der gelernten Hilflosigkeit: Eine hilfreiche Theorie? *Zeitschrift für Sozialpsychologie, 11,* 2–24.

Sauerbruch, F. & Wenke, H. (1936). *Wesen und Bedeutung des Schmerzes.* Berlin: Junker & Dünnhaupt.

Saugstad, P. (1955). Problem solving as dependent upon availability of functions. *British Journal of Psychology, 46,* 191–196.

Saunders, D. R. (1956). Moderator variables in prediction. *Educational Psychological Measurement, 16,* 209–222.

Saunders, N. (1996). *Ecstasy. Mit Beiträgen zur Situationen in Deutschland und der Schweiz* (3. Aufl.). Zürich: Bilger.

Saup, W. (1983). Barkers Behavior Setting-Konzept und seine Weiterentwicklung. *Psychologische Rundschau, 34,* 134–146.

Saup, W. (1986). Weiterentwicklungen des Behavior Setting-Konzepts im Rahmen der Barker-Schule. In G. Kaminski (Hrsg.), *Ordnung und Variabiliät im Alltagsgeschehen* (S. 44–60). Göttingen: Hogrefe.

Saussure, F. de (1916). *Cours de linguistique générale.* Paris: Payot.

Savage, L. J. (1954). *The foundations of statistics.* New York: Wiley.

Savory, S. E. (Hrsg.). (1985). *Künstliche Intelligenz und Expertensysteme.* München: Oldenbourg.

SBANDI, P. (1973). *Gruppenpsychologie.* München: Pfeiffer.

SCARBATH, H. (1969). *Geschlechtserziehung.* Heidelberg: Quelle.

SCHACHTER, S. (1959). *The psychology of affiliation.* Stanford: Stanford University Press.

SCHACHTER, S. & BURDICK, H. (1955). A field experiment on rumor transmission and distortion. *Journal of Abnormal and Social Psychology, 50,* 363–372.

SCHACHTER, S. & SINGER, J. E. (1962). Cognitive, social and physiological determinants of emotional state. *Psychological Review, 69,* 379–399.

SCHADE, J. P. & FORD, D. H. (1971). *Basic neurology.* London: Blackwell.

SCHAEFER, G. J. (1988). Opiate antagonists and rewarding brain stimulation. *Neuroscience and Biobehavioral Reviews, 12,* 1–17.

SCHAEFER, H. & BLOHMKE, M. (1978). *Sozialmedizin.* Stuttgart: Thieme.

SCHAEFER, M. (1913). Elemente zur moral-psychologischen Beurteilung Jugendlicher. *Zeitschrift für Pädagogische Psychologie, 14,* 47–59 und 90–98.

SCHAEFFER, H. (1970). Ermüdung und Müdigkeit. In W. BAUST (Hrsg.), *Ermüdung, Schlaf und Traum.* Stuttgart: Wissenschaftliche Verlagsgesellschaft.

SCHAETZING, E. (1963). *Die verstandene Frau.* München: Lehmann.

SCHÄFER, B. & SIX, B. (1978). *Sozialpsychologie des Vorurteils.* Stuttgart: Kohlhammer.

SCHAFER, R. & MURPHY, G. (1943). The role of autism in a visual figure-ground relationship. *Journal of Experimental Psychology, 32,* 335–343.

SCHAFERNICHT, A. (1977). *Schulversuche und ihre wissenschaftliche Begleitung: Eine Dokumentation.* Weinheim: Beltz.

SCHAFFER, H. R. (1974). Cognitive components of the infant's response to strangeness. In M. LEWIS & L. A. ROSENBLUM (Eds.), *The origins of fear* (pp. 11–48). New York: Wiley.

SCHAIE, K. & HEISS, R. (1964). *Color and personality.* Bern: Huber.

SCHALLER, G. (1963). *The mountain gorilla: Ecology and behavior.* Chicago: University of Chicago Press.

SCHANK, R. & ABELSON, R. (1977). *Scripts, plans, goals, and understanding.* Hillsdale, NJ: Erlbaum.

SCHANK, R. C. (1972). Conceptual dependency: A theory of natural language understanding. *Cognitive Psychology, 51,* 97–104.

SCHARMANN, T. (1956). *Arbeit und Beruf.* Tübingen: Mohr.

SCHARMANN, T. (1972). Leistungsorientierte Gruppen. In C. F. GRAUMANN (Hrsg.), *Sozialpsychologie. Handbuch der Psychologie* (Bd. 7). Göttingen: Hogrefe.

SCHEDLOWSKI, M. & TEWES, U. (1996). *Psychoneuroimmunologie.* Heidelberg: Spektrum.

SCHEER, J. W. (1981). Psychologie in der medizinischen Ausbildung. In D. BECKMANN, S. DAVIES-OSTERKAMP & J. W. SCHEER (Hrsg.), *Medizinische Psychologie.* Berlin: Springer-Verlag.

SCHEERER, E. (1987). Muscle sense and innervation feelings: A chapter in the history of perception and action. In H. HEUER & A. F. SANDERS (Eds.), *Perspectives on perception and action.* Hillsdale, NJ: Erlbaum.

SCHEIER, J. H. (1958). What is an objective test? *Psychological Reports, 4,* 147–157.

SCHEIER, M. F. & CARVER, C. S. (1977). Self focussed attention and experience of emotion: Attraction, repulsion, elation and depression. *Journal of Personality and Social Psychology, 32,* 625–636.

SCHEIN, E. (1970). *Organizational psychology.* Englewood Cliffs: Prentice-Hall.

SCHELER, M. (1919). *Die Idole der Selbsterkenntnis.* Leipzig: Der neue Geist.

SCHELER, M. (1957). *Über Scham und Schamgefühl: Schriften aus dem Nachlaß.* Bern: Francke.

SCHELL, H. (1972). *Angst und Schulleistung.* Göttingen: Hogrefe.

SCHELSKY, H. (1953). *Wandlungen der deutschen Familie in der Gegenwart.* Dortmund: Ardey Verlag.

SCHEMINSKY, F. (1943). *Die Welt des Schalles.* Salzburg: Bergland-Buch.

SCHENK-DANZINGER, L. (1959). Begabung und Entwicklung. In H. THOMAE (Hrsg.), *Entwicklungspsychologie. Handbuch der Psychologie* (Bd. 3). Göttingen: Hogrefe.

SCHENK-DANZINGER, L. (1971). *Entwicklungspsychologie.* Wien: Österreichischer Bundesverlag.

SCHENK-DANZINGER, L. (1984). *Legasthenie.* München: Reinhard.

SCHEPANK, H. (1986). Epidemiologie psychogener Störungen. In K. P. KISKER (Hrsg.), *Neurosen, psychosomatische Erkrankungen, Psychotherapie.* Berlin: Springer-Verlag.

SCHERER, K. R. (1970). *Non-verbale Kommunikation: Ansätze zur Beobachtung und Analyse der außersprachlichen Aspekte von Interaktionsverhalten.* Hamburg: Buske.

SCHERER, K. R. (1982). *Vokale Kommunikation: Nonverbale Aspekte des Sprachverhaltens.* Weinheim: Beltz.

SCHERER, K. R. & EKMAN, P. (Eds.). (1982). *Handbook of methods in nonverbal behavior research.* Cambridge: Cambridge University Press.

SCHERER, K. R. & EKMAN, P. (Eds.). (1984). *Approaches to emotion.* Hillsdale, NJ: Erlbaum.

SCHERER, K. R. & WALLBOTT, H. J. (1979). *Nonverbale Kommunikation: Forschungsberichte zum Interaktionsverhalten.* Weinheim: Beltz.

SCHICK, A. (1979). *Schallwirkung aus psychologischer Sicht.* Stuttgart: Klett.

SCHIEFER, W. & KANZNER, E. (1967). *Klinische Echo-Encephalographie.* Berlin: Springer-Verlag.

SCHILDER, P. (1923). *Das Körperschema.* Berlin: Springer-Verlag.

SCHILLER, P. (1948). *Aufgabe der Psychologie.* Wien: Springer-Verlag.

SCHILLING, A. (1963). Sprech- und Sprachstörungen. In BERENDES et al. (Hrsg.), *Hals-Nasen-Ohren-Heilkunde* (Bd. II/2). Stuttgart: Thieme.

SCHILLING, F. (1976). *Checklist motorischer Verhaltensweisen (CMV).* Braunschweig: Westermann.

SCHILLING, F. & GADOW, E. (1968). *Selbstbeobachtungen im Hungerzustand.* Stuttgart: Enke.

SCHIWY, G. (1969). *Der französische Strukturalismus.* Reinbek: Rowohlt.

SCHLEE, J. (1973). *Sozialstatus und Sprachverständnis.* Düsseldorf: Schwann.

SCHLEGEL, L. (1973). *Grundriß der Tiefenpsychologie.* München: Francke.

SCHLEIDT, W. M. (1961). Reaktionen von Truthühnern auf fliegende Raubvögel und Versuche zur Analyse ihrer AAMs. *Zeitschrift für Tierpsychologie, 18,* 534–560.

SCHLEIDT, W. M. (1962). Die historische Entwicklung der Begriffe Angeborener Auslösemechanismus und Angeborenes auslösendes Schema in der Ethologie. *Zeitschrift für Tierpsychologie, 19,* 697–722.

SCHLEIDT, W. M. (1974). How fixed is the fixed action pattern? *Zeitschrift für Tierpsychologie, 36,* 184–211.

SCHLEIFER, H. (1971). *Zur Diagnose von Schulversagern.* Stuttgart: Klett.

SCHLIEBEN-LANGE, B. (1973). *Soziolinguistik.* Stuttgart: Kohlhammer.

SCHLIEBEN-LANGE, B. (Hrsg.). (1975). *Sprachtheorie.* Hamburg: Hoffmann & Campe.

SCHLIPPE, A. v. & SCHWEITZER, J.(1997). *Lehrbuch der systemischen Therapie und Beratung.* Göttingen: Vandenhoeck & Ruprecht.

SCHLOSBERG, H. & HEINEMANN, G. (1950). The relationship between two measures of response strength. *Journal of Experimental Psychology, 40,* 235–247.

SCHLOSBERG, H. & SOLOMON, R. L. (1943). Latency of response in a choice discrimination. *Journal of Experimental Psychology, 33,* 361–372.

SCHLOTTKE, P. F. & WAHL, D. (1983). *Streß und Entspannung im Unterricht, Trainingshilfen für Lehrer.* München: Hueber.

SCHLOTTKE, P. & WETZEL, H. (1980). *Psychologische Behandlung von Kindern und Jugendlichen.* München: Urban & Schwarzenberg.

SCHMALE, H. & SCHMIDTKE, H. (1967). *BET: Berufseignungstest.* Bern: Huber.

SCHMALOHR, E. (1971). *Psychologie des Erstlese- und Schreibunterrichts.* München: Reinhardt.

SCHMALOHR, E. (1972). *Frühe Mutterentbehrung bei Mensch und Tier.* München: Kindler.

SCHMALOHR, E. (1986) *Den Kindern das Leben zutrauen. Angewandte Entwicklungspsychologie und -beratung.* Frankfurt: Fischer.

SCHMALT, H. D. (1976). *Das LM-Gitter.* Göttingen: Hogrefe.

SCHMALT, H.-D. & HECKHAUSEN, H. (1990). Motivation. In H. SPADA (Hrsg.), *Lehrbuch Allgemeine Psychologie* (S. 451–494). Bern: Huber.

SCHMEING, K. (1939). *Der Sinn der Reifungsstufen.* Leipzig: Barth.

SCHMIDBAUER, W. (1972). Die *sogenannte Aggression: Die kulturelle Evolution und das Böse.* Hamburg: Hoffmann & Campe.

SCHMIDT, G. et al. (Hrsg.). (1976). *Tendenzen der Sexualforschung.* Stuttgart: Enke.

SCHMIDT, H. D. (1970). *Allgemeine Entwicklungspsychologie.* Berlin: DVW.

SCHMIDT, J. (1978). *Einführung in die Erziehungsberatung.* Darmstadt: Wissenschaftliche Buchgesellschaft.

SCHMIDT, L. R. (1971). Testing the limits im Leistungsverhalten: Möglichkeiten und Grenzen. In E. DUHM (Hrsg.), *Praxis der Klinischen Psychologie* (Bd. 2). Göttingen: Hogrefe.

SCHMIDT, L. R. (1975). *Objektive Persönlichkeitsmessung in diagnostischer und klinischer Psychologie.* Weinheim: Beltz.

SCHMIDT, L. R. (1978). Psychologie der Medizin. *Materia Medica Nordmark, 30.*

SCHMIDT, L. R. (1979). Psychologische Vorbereitung auf belastende medizinische Maßnahmen, die bei Bewußtsein erfolgen. *Medizinische Psychologie, 5,* 229–252.

SCHMIDT, L. R. (1981). Praxis der medizinischen Psychologie. In D. BECKMANN, S. DAVIES-OSTERKAMP & J. W. SCHEER (Hrsg.), *Medizinische Psychologie.* Berlin: Springer-Verlag.

SCHMIDT, L. R. (1981). Psychologische Aspekte der Information und Vorbereitung des Patienten. In H. JUNG & H. L. SCHREIBER (Hrsg.), *Arzt und Patient zwischen Therapie und Recht.* Stuttgart: Enke.

SCHMIDT, L. R. (1982). Organmedizinische und psychosoziale Krankheitsmodelle: Ein Gegensatz? In W. R. MINSEL & R. SCHELLER (Hrsg.), *Psychologie und Medizin.* München: Kösel.

SCHMIDT, L. R. (Hrsg.). (1984). *Lehrbuch der Klinischen Psychologie* (2. Aufl.). Stuttgart: Enke.

SCHMIDT, L. R. & KESSLER, B. H. (1976). *Anamnese: Methodische Probleme und Erhebungsstrategien.* Weinheim: Beltz.

SCHMIDT, L. R. (1992). Psychologische Aspekte medizinischer Maßnahmen: Umfang, Bedingungen, Forschungs- und Praxisprobleme. In L. R. SCHMIDT (Hrsg.), *Psychologische Aspekte medizinischer Maßnahmen* (Jahrbuch der medizinischen Psychologie, Bd. 7, S. 3–30). Berlin: Springer-Verlag.

SCHMIDT, L. R. (1995). Aktuelle Forschungstrends: Gesundheitspsychologie. In W. SENF & G. HEUFT (Hrsg.), *Gesellschaftliche Umbrüche – Individuelle Antworten* (S. 301–314). Frankfurt: VAS.

SCHMIDT, L. R. (1995).Offene, gemeindenahe Standversorgung in der stationären Psychiatrie. *Verhaltenstherapie und Psychosoziale Praxis, 27,* 509–529.

SCHMIDT, L. R. (1997). Medizinische Psychologie und Public Health. In R. WEITKUNAT, J. HAISCH & M. KESSLER (Hrsg.), *Public Health und Gesundheitspsychologie* (S. 52–55). Bern: Huber.

SCHMIDT, L. R., SCHWENKMEZGER, P. & DLUGOSCH,

G. E. (1990). The scope of health psychology. In L. R. Schmidt, P. Schwenkmezger, J. Weinman & S. Maes (Eds.), *Theoretical and applied aspects of health psychology* (pp. 3–28). London: Harwood.

Schmidt, L. R. & Schwenkmezger, P. (1992). Zur Gesundheitspsychologie. Editorial. *Zeitschrift für Klinische Psychologie, 21,* 1–3.

Schmidt, P. (1958). *Dunkle Mächte.* Frankfurt: Knecht.

Schmidt, R. A. (1975). A schema theory of discrete motor skill learning. *Psychological Review, 82,* 225–260.

Schmidt, R. A. (1988). *Motor control and learning: A behavioral emphasis.* Champaign: Human Kinetics Publishers.

Schmidt, R. F. & Thews, G. (Hrsg.). (1980). *Physiologie des Menschen.* Berlin: Springer-Verlag.

Schmidt, R. F. & Thews, G. (Hrsg.). (1995). *Physiologie des Menschen.* Berlin: Springer-Verlag.

Schmidt, S. J. (Hrsg.). (1973). *Texttheorie.* München: Fink.

Schmidt, S. J. (1974). *Pragmatik.* München: Fink.

Schmidt-Koenig, K. & Keeton, W. T. (Eds.). (1978). *Animal migration, navigation, and homing.* Berlin: Springer-Verlag.

Schmidt-Mummendey, A. & Schmidt, H. D. (Hrsg.). (1971, 1973). *Aggressives Verhalten.* München: Juventa.

Schmidtke, H. (1965). *Die Ermüdung.* Bern: Huber.

Schmidtke, H. (1973). *Ergonomie.* München: Hanser.

Schmidtke, H. (1975). *Handbuch der Ergonomie.* München: Hanser.

Schmidtke, H. & Hoffmann, H. (1964). *Untersuchungen über die Dauerbeanspruchung der Aufmerksamkeit bei Überwachungstätigkeit.* Köln: Westdeutscher Verlag.

Schmidtke, H. & Hoyos, C. Graf (1970). Psychologische Aspekte der Arbeitsgestaltung in Mensch-Maschine-Systemen. In A. Mayer & B. Herwig (Hrsg.), *Betriebspsychologie. Handbuch der Psychologie* (Bd. 9). Göttingen: Hogrefe.

Schmidtke, H. & Schmale, H. (1961). *Arbeitsanforderung und Berufseignung.* Bern: Huber.

Schmidtke, H. (1957). Psychische Ermüdung. *Zentralbl. Arb. Wiss., 11.*

Schmielau, F. (1982). Binokulare Summation und die V2-Hypothese. In G. Gigerenzer & V. Sarris (Hrsg.), Psychophysik heute: Aktuelle Probleme und Ergebnisse. *Psychologische Beiträge, 24,* 313–351.

Schmitt, N., Coyle, B. W. & Saari, B. B. (1977). A review and critique of analyses of multitrait-multimethod matrices. *Multivariate Behavioral Research, 12,* 447–478.

Schmitz-Scherzer, R. (Hrsg.). (1973). *Freizeit.* Frankfurt: Akademische Verlagsgesellschaft.

Schmölders, G. (1978). *Verhaltensforschung im Wirtschaftsleben.* Reinbek: Rowohlt.

Schneider, E. (1953). *Psychodiagnostisches Praktikum für Psychologen und Pädagogen.* Bern: Huber.

Schneider, H. D. (1974). *Aspekte des Alterns: Ergebnisse sozialpsychologischer Forschung.* Frankfurt: Athenäum.

Schneider, H. J. (1967). Prognostische Beurteilung des Rechtsbrechers: Die ausländische Forschung. In U. Undeutsch (Hrsg.), *Forensische Psychologie. Handbuch der Psychologie* (Bd. 11, S. 397–491). Göttingen: Hogrefe.

Schneider, H. J. (1974). *Viktimologie.* Tübingen: Mohr.

Schneider, J. F. & Orlik, P. (1982). Vorwort zur deutschen Ausgabe des SYMLOG. In R. F. Bales & S. P. Cohen (Hrsg.), *SYMLOG: Ein System für die mehrstufige Beobachtung von Gruppen* (S. 11–24). Stuttgart: Klett-Cotta.

Schneider, K. (1950). *Die psychopathischen Persönlichkeiten.* Wien: Deuticke.

Schneider, K. (1973). *Motivation unter Erfolgsrisiko.* Göttingen: Hogrefe.

Schneider, K. (1976). *Klinische Psychopathologie.* Stuttgart: Thieme.

Schneider, K. & Schmalt, H. D. (1981). *Motivation.* Stuttgart: Kohlhammer.

Schneider, M. (1966). *Einführung in die Physiologie des Menschen.* Berlin: Springer-Verlag.

Schnelle, H. (1968). *Methoden mathematischer Linguistik. Enzyklopädie der geisteswissenschaftlichen Arbeitsmethoden: Methoden der Sprachwissenschaft.* München: Oldenbourg.

Schnelle, H. (1973). *Sprachphilosophie und Linguistik.* Reinbek: Rowohlt.

Schneller, T. et al. (Hrsg.). (1980). *Medizinische Psychologie. Bd. III Die Integration psychologischer Konzepte in die Medizin.* Stuttgart: Kohlhammer.

Schneller, T. & Wildgrube, K. (1980). Medizinisch-psychologische Interventionsmöglichkeiten im kurativen Bereich. In T. Schneller et al. (Hrsg.), *Medizinische Psychologie. Bd. III Die Integration psychologischer Konzepte in die Medizin.* Stuttgart: Kohlhammer.

Schober, H. (1964). *Das Sehen.* Leipzig: Fachbuchverlag.

Schöchlin, C. & Engel, R. R. (1998). *Drug treatment of craving for alcohol. Metaanalysis of placebo-controlled trials.*

Schoggen, P. (1989). *Behavior settings: A revision and extension of Roger G. Barker's Ecological Psychology.* Stanford: University Press.

Scholl, R. (1927). Die teilinhaltliche Beachtung von Form und Farbe und ihre typologische Bedeutung. *Zeitschrift für Psychologie, 101.*

Scholl, W. (1993). Grundkonzepte der Organisation. In H. Schuler (Hrsg.), *Lehrbuch für Organisationspsychologie* (S. 409–444). Bern: Huber.

Schönpflug, W. (Hrsg.). (1969). *Methoden der Aktivierungsforschung.* Bern: Huber.

Schönpflug, W. (1987). Beanspruchung und Belastung bei der Arbeit – Konzepte und Theorien. In U. Kleinbeck & J. Rutenfranz (Hrsg.), *Ar-*

beitspsychologie, Enzyklopädie der Psychologie (S. 130–184). Göttingen: Hogrefe.

SCHÖNPFLUG, W. & VETTER, G. H. (1974). *Kennwerte von Trigrammen.* Meisenheim: Hain.

SCHOPPE, K. J. (1975). *Verbaler Kreativitätstest VKT.* Göttingen: Hogrefe.

SCHOPPE, K. P. (1974). Das MLS-Gerät: Ein neuer Testapparat zur Messung feinmotorischer Leistungen. *Diagnostica, 20,* 43–47.

SCHORB, A. O. (1965). *Unterrichtsmitschau-Fernsehanlagen im Dienste pädagogischer Ausbildung und Forschung.* Bonn: Dürr.

SCHORR, A. & JILSKI, C. (1987). Klinische Betriebspsychologie oder Klinische Psychologie im Betrieb. Versuch einer Standortbestimmung. *Zeitschrift für Arbeits- und Organisationspsychologie, 31,* 68–76.

SCHORSCH, E. & SCHMIDT, G. (Hrsg.). (1975). *Ergebnisse der Sexualforschung.* Köln: Kiepenheuer & Witsch.

SCHOSTAK, M. W. & STERNBERG, R. J. (1981). Evaluation of evidence in causal inference. *Journal of Experimental Psychology, 10,* 101–120.

SCHOTTLAENDER, F. (1950). *Die Welt der Neurose: Eine Einführung in die Problematik der Psychotherapie.* Stuttgart: Hippokrates.

SCHOTTLAENDER, F. (1961). *Die Mutter als Schicksal.* Stuttgart: Klett.

SCHRAML, W. J. (1969). *Abriß der Klinischen Psychologie.* Stuttgart: Kohlhammer.

SCHRAML, W. J. (1975). Das klinische Gespräch in der Diagnostik. In W. J. SCHRAML & U. BAUMANN (Hrsg.), *Klinische Psychologie* (Bd. I). Bern: Huber.

SCHRAML, W. J. & BAUMANN, U. (Hrsg.). (1975, 1976). *Klinische Psychologie* (Bd. I und II). Bern: Huber.

SCHREIBER, B. (1954). *Ein Schulreife- und Entwicklungstest: Neue Deutsche Schule.*

SCHRODER, H. M. & SUEDFELD, P. (Eds.). (1971). *Personality theory and information processing.* New York: Ronald.

SCHROEDER, D. A., PENNER, L. A., DOVIDIO, J. F. & PILIAVIN, J. A. (1995). *The psychology of helping behavior.* New York: McGraw-Hill.

SCHUBART, W. (1966). *Religion und Eros.* München: Beck.

SCHUBERT, U. (1964). Die Auslese des sicheren Kraftfahrers mit Hilfe eines Persönlichkeitsfragebogens. *Zeitschrift für Verkehrssicherheit, 34.*

SCHUELL, H. (1974). *Aphasia theory and therapy: Selected lectures and papers of H. Schuell.* Baltimore: University Park Press.

SCHÜLE, W. (Hrsg.). (1978). *Wahrnehmungspsychologie.* Frankfurt: Fachbuchhandlung für Psychologie.

SCHÜPBACH, H. (1993). Analyse und Bewertung von Arbeitstätigkeiten. In H. SCHULER (Hrsg.), *Lehrbuch für Organisationspsychologie* (S. 167–187). Bern: Huber.

SCHULER, H. & FUNKE, U. (1993). Diagnose beruflicher Eignung und Leistung. In H. SCHULER (Hrsg.), *Lehrbuch für Organisationspsychologie* (S. 235–283). Bern: Huber.

SCHULER, H. & STEHLE, W. (Hrsg.), (1986) *Assessment Center als Methode der Personalentwicklung.* Göttingen: Hogrefe.

SCHULER, H. (1980). *Ethische Probleme psychologischer Forschung.* Göttingen: Hogrefe.

SCHULTE, D. (1973). Der diagnostisch-therapeutische Prozeß in der Verhaltenstherapie. In J. C. BRENGELMANN & W. TUNNER (Eds.), *Behavior therapy.* München: Urban & Schwarzenberg.

SCHULTE, D. (1974, 1976). *Diagnostik in der Verhaltenstherapie.* München: Urban & Schwarzenberg.

SCHULTE, D. (1976). Ein Schema für Diagnose und Therapieplanung in der Verhaltenstherapie. In D. SCHULTE (Ed.), *Behavior therapy.* München: Urban & Schwarzenberg.

SCHULTE, W. (1962). *Klinik der Anstalts-Psychiatrie.* Stuttgart: Thieme.

SCHULTZ, J. H. (1932, 1979). *Das autogene Training.* Stuttgart: Thieme.

SCHULTZ, J. H. (1951). *Bionome Psychotherapie.* Stuttgart: Thieme.

SCHULTZ, J. H. (1952). *Psychotherapie: Leben und Werk großer Ärzte.* Stuttgart: Hippokrates.

SCHULTZ, J. H. (1952, 1963). *Die seelische Krankenbehandlung.* Stuttgart: Fischer.

SCHULTZ, J. H. (1955). *Grundfragen der Neurosenlehre.* Stuttgart: Thieme.

SCHULTZ, J. H. (1959, 1979). *Hypnose-Technik.* Stuttgart: Fischer.

SCHULTZ, W. (1973). Die Wissenschaft vom Unterricht. In G. DOHMEN & F. MAURER (Hrsg.), *Unterricht.* München: Piper.

SCHULTZ, W. (1973). *Wörterbuch der Schulpädagogik.* Freiburg: Herder.

SCHULTZ-GAMBARD, J. (Hrsg.). (1987). *Angewandte Sozialpsychologie.* München: PVU.

SCHULTZ-HENKE, H. (1947). *Der gehemmte Mensch.* Stuttgart: Thieme.

SCHULTZ-HENKE, H. (1951). *Lehrbuch der analytischen Psychotherapie.* Stuttgart: Thieme.

SCHULTZE, W., HECHT, K. & SICKERT, O. (Hrsg.). (1953). *Der Hamburg-West Yorkshire Gruppentest.* Göttingen: Hogrefe.

SCHULZ, H. (Hrsg.). (1997). *Kompendium Schlafmedizin.* Landsberg/Lech: Ecomed.

SCHULZ, W. (1970). Aufgaben der Didaktik. In D. C. KOCHAN (Hrsg.), *Allgemeine Didaktik – Fachdidaktik – Fachwissenschaft.* Darmstadt: Wissenschaftliche Buchgesellschaft.

SCHULZ, W. (1973). Grundzüge der Unterrichtsanalyse. In G. DOHMEN & F. MAURER (Hrsg.), *Unterricht.* München: Piper.

SCHUMACHER, G. & CATTELL, R. B. (1977). *Deutscher HSPQ – High School Personality Questionnaire.* Bern: Huber.

SCHUMACHER, J. (1996). Prävention und Gesundheitsförderung im Krankenhaus. In H. SCHRÖDER & K. RESCHKE (Hrsg.), *Intervention zur Ge-*

sundheitsförderung für Klinik und Alltag (S. 75–103). Regensburg: Roderer.

Schusser, G. (1972). *Lehrererwartungen.* München: Goldmann.

Schusser, G. (1981). *Die wissenschaftliche Begleitung der Gesamtschulversuche in der Bundesrepublik zwischen Anspruch und Wirklichkeit.* Weinheim: Beltz.

Schuster, M. & Beisl, H. (1978). *Kunstpsychologie.* Köln: DuMont Schauberg.

Schutz, W. C. (1973). *Freude: Gruppentherapie, Sensitivitätstraining, Ich-Erweiterung.* Reinbek: Rowohlt.

Schwabe, C. (1969). *Musiktherapie bei Neurosen und funktionellen Störungen.* Jena: Fischer.

Schwabe, U. (Hrsg.). (1997). *Arzneiverordnungsreport.* Stutttgart: Fischer.

Schwäbisch, L. & Siems, M. (1974). *Anleitung zum sozialen Lernen.* Reinbek: Rowohlt.

Schwartz, J.-C., Arrang, J.-M., Garbarg, M. & Traiffort, E. (1995). Histamine. In F. E. Bloom & D. J. Kupfer (Eds.), *Psychopharmacology. The fourth generation of progress* (pp. 397–405). New York: Raven Press.

Schwartz, Sh. (1993). Universals in the contant and structure of values: Theoretical advances and empirical tests in 20 countries. In M. P. Zanna (Ed.) *Advances in experimental social psychology* (Vol. 25). San Diego: Academic Press.

Schwarz, N. (1982). Homo Heuristikus: Zur Psychologie des kognitiven Geizhalses. *Zeitschrift für Sozialpsychologie, 13,* 343–347.

Schwarzer, C. & Schwarzer, R. (1977). *Praxis der Schülerbeurteilung.* München: Kösel.

Schwarzer, R. (1996). *Psychologie des Gesundheitsverhaltens.* Göttingen: Hogrefe.

Schwarzer, R. & Steinhagen, K. (Hrsg.). (1975). *Adaptiver Unterricht.* München: Kösel.

Schweizer, E., Rickels, K. & Uhlenhuth, E. H. (1995). Issues in the long-term treatment of anxiety disorders. In F. E. Bloom & D. J. Kupfer (Eds.), *Psychopharmacology. The fourth generation of progress* (pp. 1349–1359). New York: Raven Press.

Schwenkmezger, P. (1977). *Risikoverhalten und Risikobereitschaft.* Weinheim: Beltz.

Schwenkmezger, P. & Schmidt, L. R. (Hrsg.). (1994). *Lehrbuch der Gesundheitspsychologie.* Stuttgart: Enke.

Schwidetzky, J. (1950). *Grundzüge der Völkerbiologie.* Stuttgart: Enke.

Schwind, H.-D. & Baumann, J. (Hrsg.), (1990). *Ursachen, Prävention und Kontrolle von Gewalt. Analysen und Vorschläge der Unabhängigen Regierungskommission zur Verhinderung und Bekämpfung von Gewalt.* Berlin: Duncker & Humblot.

Schwittmann, D. (1973). Ansätze zur Medientaxonomierung. *Unterrichtswissenschaft, 2/3,* 37–52.

Schwöbel, G. (1956). *Die Lehre vom allergiekranken Menschen.* Bern: Huber.

Scott, J. P. (1969). The social psychology of infrahuman animals. In G. Lindzey & E. Aronson (Eds.), *Handbook of social psychology* (Vol. 5). Reading: Addison-Wesley.

Scott, W. E. & Cherrington, D. J. (1974). Effects of competitive, cooperative, and individualistic reinforcement contingencies. *Journal of Personality and Social Psychology, 30,* 748–758.

Scott, W. H. (1968). Attitude measurement. In G. Lindzey & E. Aronson (Eds.), Handbook of social psychology (Vol. 5/2, pp. 204–273). Reading: Addison-Wesley.

Searle, J. R. (1971). *Sprechakte.* Frankfurt: Suhrkamp.

Seashore, C. E. (1938). *Psychology of music.* New York: Smith.

Seashore, C. E. (1966). *Seashore-Test für musikalische Begabung.* Bern: Huber.

Seashore, R. H. (Ed.). (1942). *Fields of psychology.* New York: Holz.

Sechrest, H. (1963). Incremental validity: A recommendation. *Educational and Psychological Measurement, 23,* 153–159.

Secord, P. F. (1974). *Social psychology.* New York: McGraw-Hill.

Secord, P. F. & Backman, C. W. (1961). Personality theory and the problem of stability and change in individual behavior. *Psychological Review, 68,* 21–32.

Seeli, P. (1961). *Die persönliche Bewertung.* Bern: Huber.

Seeman, M. (1969). *Sprachstörungen bei Kindern.* Berlin: Volk & Gesundheit.

Seeman, P. (1995). Dopamine receptors. Clinical correlates. In F. E. Bloom & D. J. Kupfer (Eds.), *Psychopharmacology. The fourth generation of progress* (pp. 303–320). New York: Raven.

Seibert, U. (1978). *Soziale Arbeit als Beratung.* Weinheim: Beltz.

Seidel, C. (1983). *Motive und Weiterbildungsbedarf. Zum Zusammenhang von Lernmotivation und Weiterbildungsverhalten.* Opladen: Leske & Budrich.

Seidel, H. J. (1996). *Umweltmedizin.* Stuttgart: Thieme.

Seidel, R. (1976). *Denken – Psychologische Analyse der Entstehung und Lösung von Problemen.* Frankfurt: Campus.

Seidel, R. J. (1959). A review of sensory preconditioning. *Psychological Bulletin, 56,* 58–73.

Seiden, L. S. & Ricaurte, G. A. (1987). Neurotoxicity of methamphetamine and related drugs. In H. Y. Meltzer (Ed.), *Psychopharmacology: The third generation of progress* (pp. 359–366). New York: Raven Press.

Seidenstücker, E. & Seidenstücker, G. (1974). Interviewforschung. In W. J. Schraml & U. Baumann (Hrsg.), *Klinische Psychologie* (Bd. II). Bern: Huber.

Seifert, E. (Ed.). (1963). *Aviation psychology research. Report of the 5th Conference of Aviation.* Bad Godesberg.

Seifert, K. H. (Hrsg.). (1977). *Handbuch der Berufspsychologie.* Göttingen: Hogrefe.

Seiffert, H. (1969). *Erziehungswissenschaft im Umriß.* Stuttgart: Kohlhammer.

Seiffert, H. (1970, 1977, 1983, 1991). *Einführung in die Wissenschaftstheorie: Geisteswissenschaftliche Methoden* (Bd. 2). München: Beck.

Seiffge-Krenke, I. (1974). *Probleme und Ergebnisse der Kreativitätsforschung.* Bern: Huber.

Seiffge-Krenke, I., Boeger, A., Schmidt, C., Kollmar, F., Floss, A. & Roth, M. (1996). *Chronisch kranke Jugendliche und ihre Familien. Belastung, Bewältigung und psychosoziale Folgen.* Stuttgart: Kohlhammer.

Seiler, B. (Hrsg.). (1973). *Kognitive Strukturiertheit.* Stuttgart: Kohlhammer.

Seitz, W. & Rausche, A. (1970). *Persönlichkeitsfragebogen für Kinder zwischen 9 und 14: PFK 9–14.* Braunschweig: Westermann.

Selbach, H. (1963). Zur Regelkreis-Dynamik psychischer Funktionen. In H. Hiltmann & F. Vonessen (Hrsg.), *Dialektik und Dynamik der Person.* Köln: Kiepenheuer.

Selg, H. (Hrsg.). (1971). *Zur Aggression verdammt?* Stuttgart: Kohlhammer.

Selg, H. & Bauer, W. (1971). *Forschungsmethoden der Psychologie.* Stuttgart: Kohlhammer.

Selg, H. & Mees, U. (1976). *Menschliche Aggressivität.* Göttingen: Hogrefe.

Selg, H., Mees, U. & Berg, D. (1988). *Psychologie der Aggressivität.* Göttingen: Hogrefe.

Seligman, M. E. (1975). *Helplessness: On depression, development and death.* San Francisco: Freeman.

Seligman, M. E. (1980). *Gelernte Hilflosigkeit.* München: Urban & Schwarzenberg.

Sells, S. B. & Berry, C. A. (Eds.). (1961). *Human factors in jet and space travel.* New York: Ronald.

Selye, H. (1936). A syndrom produced by diverse nocuous agents. *Nature 138,* 32.

Selz, O. (1913). *Über die Gesetze des geordneten Denkablaufs.* Stuttgart: Spemann.

Selz, O. (1922). *Zur Psychologie des produktiven Denkens und des Irrtums.* Bonn: Cohen.

Selz, O. (1934). Gestalten und Steigerungsphänomene. *Archiv für die gesamte Psychologie, 91,* 319–394.

Semmer, N. (1988). Streß. In R. Asanger & G. Wenninger (Hrsg.) *Handwörterbuch der Psychologie* (S. 744–752). München: Psychologie Verlags Union.

Semmer, N., Baillod, J. & Ruch, L. (1990). Das Modell verschiedener Formen von Arbeitszufriedenheit: Nach 15 Jahren kein Grund zur Resignation. In D. Frey (Hrsg.), *Bericht über den 37. Kongreß der DGPs in Kiel 1990* (S. 648–649). Göttingen: Hogrefe.

Semmer, N. & Schardt, L. (1982). Qualifikation und berufliche Entfaltung bei der Arbeit. In L. Zimmermann (Hrsg.) *Humane Arbeit – Leitfaden für Arbeitnehmer* (S. 73–150). Reinbek: Rowohlt.

Semmer, N. & Udris, I. (1993). Bedeutung und Wirkung von Arbeit. In H. Schuler (Hrsg.), *Lehrbuch für Organisationspsychologie* (S. 133–165). Bern: Huber.

Shagass, C. (1954). The sedation threshold. A method for estimating tension in psychiatric patients. *Electroencephalography and Clinical Neurophysiology, 6,* 221–233.

Shakow, D. (1979). *Adaptation in schizophrenia.* New York: Wiley.

Shannon, C. E. & Weaver, W. (1949). *Mathematical theory of communication.* Urbana: University of Illinois Press.

Sharp, C. W., Beauvais, P. & Spence, R. (Eds.). (1992). *Inhalant abuse. A volatile research agenda. NIDA Research Monograph.* Rockville: U.S. Department of Health and Human Service.

Shaw, L. & Sichel, H. (1971). *Accident proneness.* Oxford: Pergamon.

Shazer, St. de (1989). *Wege der erfolgreichen Kurztherapie.* Stuttgart: Klett-Cotta.

Sheeran, P., White, D. & Phillips, K. (1991). Premarital contraceptive use. A review of the psychological literature. *Journal of Reproductive and Infant Psychology, 9,* 253–269.

Sheldon, W. H. (1948). *The varieties of human physique.* New York: Harper.

Shepard, R. N. (1981). Psychophysical complementarity. In M. Kubovy & J. R. Pomerantz (Eds.), *Perceptual organization* (pp. 279–341). Hillsdale, NJ: Erlbaum.

Shephard, R. N. (1962). Analysis of proximities: Multidimensional scaling with an unknown distance function. *Psychometrika, 27,* 219–246.

Sherif, M. (1937). A study of some special factors in perception. *Archiv für die gesamte Psychologie, 187.*

Sherif, M. & Cantril, H. (1947). *The psychology of ego-involvement.* New York: Wiley.

Sherif, M. & Hovland, C. I. (1961). *Social judgement.* New Haven: Yale University Press.

Shertzer, B. & Stone, S. C. (1968). *Fundamentals of counseling.* Boston: Mifflin.

Shiffrin, R. M. (1975). Short-term store: The basis for a memory system. In F. Restle et al. (Ed.), *Cognitive theory I.* Hillsdale, NJ: Erlbaum.

Shlechter, T. M. (Ed.). (1991). *Problems and promises of computer-based training.* Norwood: Ablex.

Shneiderman, B. (1992) *Designing the user interface.* Reading: Addison Wesley.

Siberer, H. (1914). *Probleme der Mystik und ihrer Symbolik.* Wien: Heller.

Siebeck, R. et al. (1939). *Über seelische Krankheitsentstehung.* Leipzig: Thieme.

Siegler, R. S. (1991). *Children's thinking.* Englewood Cliffs: Prentice-Hall.

Sieland, B. (1994). *Klinische Psychologie I: Grundlagen.* Stuttgart: Kohlhammer.

Sieland, B. (1996). *Klinische Psychologie II: Intervention.* Stuttgart: Kohlhammer.

Siess, H. (1991). Oxidative stress. From basic research to clinical application. *American Journal of Medicine, 91 (Suppl.),* 31–38.

Siess, H. (1997). Oxidative stress. Oxidants and antioxidants. *Experimental Physiology, 82,* 291–295.

Sigaud, C. (1914). *La forme humaine.* Paris: Malvine.

Sigel, J. E. & Hooper, F. H. (Eds.). (1968). *Logical thinking in children: Research based on Piaget's theory.* New York: Holt.

Sikora, J. (1976). *Handbuch der Kreativ-Methoden.* Heidelberg: Quelle.

Silbernagel, S. & Despopoulos, A. (1979). *Taschenatlas der Physiologie.* Stuttgart: Thieme.

Silbernagel, S. & Despopoulos, A. (1991). *Taschenatlas der Physiologie* (4. Aufl.). Stuttgart: Thieme.

Silverstone, T. (Ed.). (1982). *Drugs and appetite.* London: Academic Press.

Silverstone, T. (1986). Clinical use of appetite suppressants. *Drug and Alcohol Dependence, 17,* 151–167.

Simmel, G. (1968). *Soziologie: Untersuchungen über die Formen der Vergesellschaftung.* Berlin: Duncker.

Simon, H. (1927). Aktivere Krankenbehandlung in der Psychiatrie. *Allgemeine Zeitschrift für Psychiatrie, 87.*

Simon, H. A. (1957). *Models of man.* New York: Wiley.

Simoneit, M. (1933). *Wehrpsychologie: Ein Abriß ihrer Probleme und politischen Folgerungen.* Berlin: Bernard & Graefe.

Simoneit, M. (1953). *Charakterologische Symptomlehre.* Stuttgart: Testverlag.

Singer, R. N. (1968). *Motor learning and human performance; an application to physical education skills.* New York: Macmillan.

Singh, M. M., Warburton, D. M. & Lal, H. (Eds.). (1985). *Central cholinergic mechanisms and adaptive dysfunctions.* New York: Plenum.

Sittig, W. & Oldigs-Kerber, J. (1992). Sicherheitspharmakologie und Zentrales Nervensystem: Untersuchungen mit Antihistaminika, Antihypertensiva und Antiinfektiva. In J. Oldigs-Kerber & J. P. Leonard (Hrsg.), *Pharmakopsychologie* (S. 176–186). Stuttgart: Fischer.

Six, B. & Eckes, T. (1996). Metaanalysen in der Einstellungs-Verhaltens-Forschung. *Zeitschrift für Sozialpsychologie, 27,* 7–17.

Six, B. & Schäfer, B. (1985). *Einstellungsänderung.* Stuttgart: Kohlhammer.

Six, U. (1981). *Sind Gruppen radikaler als Einzelpersonen?* Darmstadt: Steinkopff.

Sixtl, F. (1964). Ein Verfahren zur Rotation von Faktorenladungen nach einem vorgegebenen Kriterium. *Archiv für die gesamte Psychologie, 116,* 92–97.

Sixtl, F. (1967). *Meßmethoden in der Psychologie.* Weinheim: Beltz.

Sjöberg, L. (1982). Logical versus psychological necessity: A discussion of the role of common sense in psychological theory. *Scandinavian Journal of Psychology, 23,* 65–78.

Skawran, P. R. (1966). Leistung und Einstellung zur Leistung als Grundlage zur Erfassung der Persönlichkeit. *Zeitschrift für Experimentelle und Angewandte Psychologie, 13,* 283–320.

Skemp, R. (1971). Schema-orientiertes Lernen im Bereich der Mathematik. In E. A. Lunzer & J. F. Morris (Hrsg.), *Das menschliche Lernen und seine Entwicklung* (S. 434–459). Stuttgart: Klett.

Skinner, B. F. (1948). Superstition in the pigeon. *Journal of Experimental Psychology, 38,* 168–172.

Skinner, B. F. (1953). *Science and human behavior.* New York: Macmillan.

Skinner, B. F. (1957). *Verbal behavior.* London: Appleton.

Skinner, B. F. (1959). Verbal behavior. *Language, 35,* 26–58.

Skinner, B. F. (1969, 1974). *Die Funktion der Verstärkung in der Verhaltenswissenschaft.* München: Kindler.

Skinner, B. F. (1971). *Beyond freedom and dignity.* New York: Knopf.

Skinner, B. F. (1971). *Cumulative record.* New York: Appleton.

Skowronek, H. (Hrsg.). (1973). *Umwelt und Begabung.* Stuttgart: Klett.

Slamecka, N. J. (Ed.). (1967). *Human learning and memory.* London: Oxford University Press.

Slater, A., Mattock, A. & Brown, E. (1990). Size constancy at birth: Newborn infants' responses to retinal and real size. *Journal of Experimental Child Psychology, 49,* 314–322.

Slavson, S. R. (1972). *Einführung in die Gruppentherapie von Kindern und Jugendlichen.* Göttingen: Vandenhoeck & Ruprecht.

Sloane, E. H. (1945). Reductionism. *Psychological Review, 52,* 214–223.

Slobin, D. I. (1985). (Ed.). *The cross-linguistic study of language acquisition.* Hillsdale, NJ: Erlbaum.

Slobin, D. I. (1974). *Einführung in die Psycholinguistik.* Kronberg: Scriptor.

Sluckin, W. (1973). *Imprinting and early learning.* Chicago: Aldine Publication.

Smedslund, J. (1972). *Becoming a psychologist: Theoretical foundation for a humanistic psychology.* Oslo: Universitetsforlaget.

Smelser, N. J. (Ed.). (1967). *Sociology: An introduction.* New York: Wiley.

Smith, F. (1978). *Understanding reading, a psycholinguistic analysis of reading and learning to read.* New York: Holt.

Smith, G. H. (1955). *Warum Kunden kaufen.* München: Verlag Moderne Industrie.

Smith, H. W. (1958). Zur Problematik der Massenpsychologie. *Zeitschrift für Soziologie und Sozialpsychologie, 10.*

SMITH, H. W. (1981). Territorial spacing on a beach revisted: A crossnational exploration. *Social Psychology Quarterly, 44,* 132.

SNIDER, J. G. & OSGOOD, C. E. (1969). *Semantic differential technique.* Chicago: Aldine.

SNYDER, M. (1987). *Public appearances/private realities: The psychology of self-monitoring.* New York: Freeman.

SNYDER, M. & SWANN, W. B. (1978). Hypothesis-testing processes in social interaction. *Journal of Personality and Social Psychology, 36,* 1202–1212.

SNYDER, S. H. (1994). *Chemie der Psyche. Drogenwirkung im Gehirn.* Heidelberg: Spektrum.

SNYGG, D. & COMBS, A. W. (1949). *Individual behavior.* New York: Harper.

SODHI, K. S. (1953). *Urteilsbildung im sozialen Kraftfeld.* Göttingen: Hogrefe.

SODHI, K. S. (1954). *Mittel- und westeuropäische Sozialpsychologie. Bericht des 19. Kongeresses der Deutschen Gesellschaft für Psychologie.* Göttingen: Hogrefe.

SODHI, K. S. (1958). Zur Problematik der Massenpsychologie. *Zeitschrift für Soziologie und Sozialpsychologie.*

SODHI, K. S. (1963, 1972). Sozialpsychologie. In R. MEILI & H. ROHRACHER (Hrsg.), *Lehrbuch der experimentellen Psychologie.* Bern: Huber.

SODHI, K. S. et al. (1957). Urteile über Völker. *Psychologische Beiträge, 7.*

SODHI, K. S. & BERGIUS, R. (1953). *Nationale Vorurteile.* Berlin: Duncker.

SOKOLOV, E. (1960). Neuronal models and the orienting reflex. In M. A. BRAZIER (Ed.), *The central nervous system and behavior.* New York: Macy.

SOKOLOV, E. (1963). *Perception and conditioned reflex.* Oxford: Pergamon.

SOKOLOV, E., ARAKELOV, G. G. & LEVINSON, L. B. (1970). Neuronal mechanism of habituation. In V. RUSINOV (Ed.), *Electrophysiology of the central nervous system.* New York: Plenum.

SOLMS, H. (1960). Die Behandlung des Alkoholismus. In H. W. GRUHLE et al. (Hrsg.), *Psychiatrie der Gegenwart* (Bd. 2). Berlin: Springer-Verlag.

SOLOMON, R. L. (1949). An extension of control group design. *Psychological Bulletin, 46,* 137–150.

SOMMER, G. et al. (1978). Gemeindepsychologie. In L. J. PONGRATZ (Hrsg.), *Klinische Psychologie. Handbuch der Psychologie* (Bd. 8, S. 2913–2971). Göttingen: Hogrefe.

SOMMER, R. (1969). *Personal space.* Englewood Cliffs: Prentice-Hall.

SONNEMANN, U. (1950). *Handwriting analysis.* New York: Grune.

SONNTAG, K. (1989). *Trainingsforschung in der Arbeitspsychologie.* Bern: Huber.

SONNTAG, K. (1992). (Hrsg.), *Personalentwicklung in Organisationen. Psychologische Grundlagen, Methoden und Strategien.* Göttingen: Hogrefe.

SORGATZ, H. (Hrsg.). (1979). *Biometrie in der Psychopathologie.* München: Urban & Schwarzenberg.

SOUCEK, W. (1948). Die Existenzanalyse Frankls. *Deutsche Medizinische Wochenschrift, 73,* 594–595.

SOYKA, M. (Ed.). (1996). *Acomprosate in relapse prevention of alcoholism.* Berlin: Springer-Verlag.

SOYKA, M. (1997). *Alkoholismus – Eine Krankheit und ihre Therapie.* Stuttgart: Wiss. Buchges.

SPACAPAN, S. & OSKAMP, St. (1992). (Eds.) *Helping and being helped.* Newbury Park: Sage.

SPANGLER, G. & ZIMMERMANN, P. (1995). *Die Bindungstheorie. Grundlagen, Forschung und Anwendung.* Stuttgart: Klett-Cotta.

SPEARMAN, C. (1914). Theory of two factors. *Psychological Review, 21,* 101–115.

SPEARMAN, C. (1923). *The nature of intelligence and principles of cognition.* London: Macmillan.

SPEARMAN, C. (1927). *The abilities of man.* London: Macmillan.

SPEARS, R., OAKES, P. J., ELLERMERS, N. & HASLAM, S. A. (Eds.). (1997). *The social psychology of stereotyping and group life.* Oxford: Blackwell.

SPEER, E. (1949). *Der Arzt der Persönlichkeit.* Stuttgart: Thieme.

SPEER, E. (1953). *Die Liebesfähigkeit: Kontaktpsychologie.* München: Lehmann.

SPENCE, K. W. (1945). An experimental test of the continuity and noncontinuity theories in discrimination learning. *Journal of Experimental Psychology, 35,* 253–266.

SPENCE, K. W. (1956). *Behavior theory and conditioning.* New Haven: Yale University Press.

SPERLING, E. (1969). *Die akademische Prüfung als institutionelles und persönliches Problem: Blickpunkt Hochschuldidaktik* (Bd. 1). Hamburg: Arbeitskreis Hochschuldidaktik.

SPERRY, R. W. (1969). A modified concept of consciousness. *Psychological Review, 76,* 532–636.

SPERRY, R. W., GAZZANIGA, M. S. & BOGEN, J. E. (1969). Interhemisperic relationships: The neocortical commissures; syndromes of hemispere disconnection. In P. J. VINKEN & G. W. BRUYN (Eds.), *Handbook of clinical neurology.* Amsterdam: North Holland.

SPIEGEL, B. (1958). *Werbepsychologische Untersuchungsmethoden.* Berlin: Duncker & Humblot.

SPIEGEL, B. (1961). *Die Struktur der Meinungsverteilung im sozialen Feld.* Bern: Huber.

SPIEGEL, B. (1965). *Über die Notwendigkeit biotischer Versuchsansätze in der Verhaltensforschung. Bericht des 24. Kongresses der Deutschen Gesellschaft für Psychologie.* Göttingen: Hogrefe.

SPIEGEL, R. (1995). *Einführung in die Psychopharmakologie* (2. Aufl.). Bern: Huber.

SPIELBERGER, D. C. (1965). Theoretical and epistemological issues in verbal conditioning. In S. Rosenberg (Ed.), *Directions in psycholinguistics.* New York: Macmillan.

Spielberger, D. C. (1972). *Current trends in theory and research.* New York: Academic Press.

Spielberger, D. C. (Ed.). (1966). *Anxiety and behavior.* New York: Academic Press.

Spitz, H. I. & Rosecan, J. S. (1987). *Cocaine. New directions in treatment and research.* New York: Brunner/Mazel.

Spitz, R. (1946). *Anaclitic depression. Psychoanalytic study of the child.* New Haven: Yale University Press.

Spitz, R. (1967). *Vom Säugling zum Kleinkind.* Stuttgart: Klett.

Spitznagel, A. & Vogel, H. (1964, 1966, 1971). Formdeuteverfahren. In R. Heiss (Hrsg.), *Psychologische Diagnostik. Handbuch der Psychologie.* Göttingen: Hogrefe.

Spoerri, T. (1964). *Sprachphänomene und Psychose.* Basel: Karger.

Spranger, E. (1925, 1957). *Psychologie des Jugendalters.* Heidelberg: Quelle.

Spranger, E. (1926). *Die Frage nach der Einheit in der Psychologie.* Berlin: de Gruyter.

Spranger, E. (1936). *Probleme der Kulturmorphologie.* Berlin: de Gruyter.

Spranger, E. (1950, 1966). *Lebensformen.* Tübingen: Niemeyer.

Spreen, O. (Hrsg.). (1963, 1977). *MMPI Saarbrükken.* Bern: Huber.

Sprenger, R. K. (1992). *Mythos Motivation. Wege aus einer Sackgasse.* Frankfurt: Campus.

Spring, B., Chiodo, J. & Bowen, D. J. (1987). Carbohydrates, tryptophan, and behavior. A methodological review. *Psychological Bulletin, 102,* 234–256.

Srole, L. (1956). Social integration and certain collorallies. *American Sociological Review, 21.*

Sroufe, L. A. (1977). Wariness of strangers and the study of infant development. *Child Development, 48,* 731–746.

Staabs, G. v. (1978). *Der Sceno-Test.* Bern: Huber.

Staats, A. W. (1964). *Human learning.* New York: Holt.

Staats, A. W. (1968). *Learning, language and cognition.* New York: Holt.

Staats, A. W. (1968). Social behaviorism and human motivation: Principles of the attitude-reinforcer-discriminative system. In A. G. Greenwald et al. (Eds.), *Psychological foundations of attitudes.* New York: Academic Press.

Staats, A. W. (1971). Linguistic-mentalistic theory versus an eyplanatory S-R learning theory of language development. In D. I. Slobin (Ed.), *The ontogenesis of grammar: A theoretical symposion* (pp. 103–150). New York: Academic Press.

Staats, A. W. (1975). *Social behaviorism.* Homewood: Dorsey Press.

Stäcker, K. H. (1977). *Frustration.* Stuttgart: Kohlhammer.

Staehle, W. H. (1985). *Management.* München: Vahlen.

Stampfl, T. G. & Levis, D. J. (1967). Essentials of implosive therapy: A learning-theory-based psychodynamic behavioral therapy. *Journal of Abnormal and Social Psychology, 72,* 496–503.

Stangel-Meseke, M. (1994). *Schlüsselqualifikation in der betrieblichen Praxis.* Wiesbaden: Deutscher UniversitätsVerlag.

Stangel-Meseke, M. & Gluminski, I. (1995). Weiterbildungsevaluation. In K. A. Geissler, G. von Landsberg & M. Reinhartz (Hrsg.), *Handbuch für Personalentwicklung und Training.* Köln: Deutscher Wirtschaftsdienst.

Stanley, J. C. (1971). Reliability. In R. L. Thorndike (Ed.), *Educational measurement.* Washington: American Council of Education.

Stapf, A. & Stapf, K. H. (1988). Kindliche Hochbegabung in entwicklungspsychologischer Sicht. *Psychologie in Erziehung und Unterricht, 35,* 1–17.

Stapf, K. H., Herrmann, T., Stapf, A. & Stäcker, H. (1972). *Psychologie des elterlichen Erziehungsstils.* Stuttgart: Klett.

Stapf, K. H., Stoebe, W. & Jonas, K. (1986). *Amerikaner über Deutschland und die Deutschen – Urteile und Vorurteile.* Opladen: Westdeutscher Verlag.

Stasser, G., Kerr, N. L. & Davis, J. H. (1980). Social influence and group decision making. In P. Paulus (Ed.), *Psychology of group influence.* Hillsdale, NJ: Erlbaum.

Steers, R. M. (1977). *Organizational effectiveness.* Santa Monica, Ca: Goudyear.

Stefflre, B. (1965). Function and present status of counseling theory. In B. Stefflre (Ed.), *Theories of counseling.* New York: McGraw-Hill.

Stegmüller, W. (1965, 1975). *Hauptströmungen der Gegenwartsphilosophie.* Stuttgart: Kröner.

Stegmüller, W. (1969, 1970, 1973, 1974). *Probleme und Resultate der Wissenschaftstheorie und analytischen Philosophie* (Bd. 1–4). Berlin: Springer-Verlag.

Stegmüller, W. (1971). Das Problem der Induktion: Humes Herausforderung und moderne Antworten. In H. Lenk (Hrsg.), *Neue Aspekte der Wissenschaftstheorie* (S. 13–74). Braunschweig: Vieweg.

Stein, D. G., Brailowsky, S. & Will, B. (1995). *Brain repair.* New York: Oxford University Press.

Steinberg, D. D. & Jakobovitz, L. A. (Eds.). (1971). *Semantics.* London: Cambridge University Press.

Steinbuch, K. (1961, 1965). *Automat und Mensch.* Berlin: Springer-Verlag.

Steinbuch, K. (1961). *Die Lernmatrix: Kybernetik 1.* Köln: Westdeutscher Verlag.

Steinbuch, K. (Hrsg.). (1973). *Taschenbuch der Nachrichtentechnik.* Berlin: Springer-Verlag.

Steinhausen, D. & Langer, K. (1977). Clusteranalysen. Berlin: de Gruyter.

Steinhausen, H. C. (1988). *Psychische Störungen bei Kindern und Jugendlichen. Lehrbuch der Kinder- und Jugendpsychiatrie.* München: Urban & Schwarzenberg.

Steininger, K. (1965). Funktionen des Piloten in komplexen Systemen der Flugführung. *Zeitschrift für Flugwissenschaft, 13.*

Steininger, K. (1970). Psychologische Aspekte der Ausbildung von Piloten. *Arbeit und Leistung, 24,* 108–114.

Steininger, K. (1982). Luftfahrtpsychologie in Deutschland. *Psychologische Rundschau, 33,* 265–288.

Steinpreis, R. E. (1996). The behavioral and neurochemical effects of phencyclidine in humans and animals. Some implications for modeling psychosis. *Behavioural Brain Research, 74,* 45–55.

Stellar, E. & Spargue, J. M. (Eds.). (1967–1970). *Progress in physiological psychology* (Vols. 1–3). New York: Academic Press.

Stender, B. (1955). *Diagnostische Strukturanalyse mit Hilfe des Revisionstests.* Dissertation. Braunschweig.

Stephan, E. (1991). Zur Messung von Arbeitszufriedenheit: Implikationen der klassischen Testtheorie und probabilistischer Meßmodelle. In L. Fischer (Hrsg.), *Arbeitszufriedenheit* (S. 133–156). Stuttgart: Verlag für Angewandte Psychologie.

Stephenson, W. (1935). Correlating persons instead of tests. *Character and Personality, 4,* 17–24.

Stephenson, W. (1936). The inverted factor technique. *British Journal of Psychology, 26,* 344–361.

Stern, C. (1968). *Grundlagen der Humangenetik.* Stuttgart: Fischer.

Stern, C. & Stern, W. (1907, 1922). *Monographien über die seelische Entwicklung des Kindes, Bd. 1: Die Kindersprache.* Leipzig: Barth.

Stern, E. (Hrsg.). (1954, 1955). *Die Tests in der klinischen Psychologie.* Zürich: Rascher.

Stern, W. (1900). *Die differentielle Psychologie.* Leipzig: Barth.

Stern, W. (1903). Angewandte Psychologie. *Beiträge zur Psychologie der Aussage, 1.*

Stern, W. (1911). *Die differentielle Psychologie.* Leipzig: Barth.

Stern, W. (1914, 1927). *Psychologie der frühen Kindheit.* Leipzig: Quelle.

Stern, W. (1916). Begabungsforschung und Begabungsdiagnose. In P. Peterson (Hrsg.), *Der Aufstieg der Begabten.* Leipzig: Teubner.

Stern, W. (1935, 1950). *Allgemeine Psychologie auf personalistischer Grundlage.* Den Haag: Nijhoff.

Sternbach, H., Gerner, R. H. & Gwirtsman, H. E. (1982). The thyrotropin releasing hormone stimulation test. A review. *Journal of Clinical Psychiatry, 43,* 4–6.

Sternbach, R. A. (1966). *Principles of psychophysiologie.* New York: Academic Press.

Sternberg, R. J. (1986). A triarchic theory of intellectual giftedness. In R. J. Sternberg & J. E. Davidson (Eds.), *Conceptions of giftedness* (pp. 223–243). Cambridge: Cambridge University Press.

Sternberg, R. J. & Barnes, M. L. (Eds.). (1988). *The psychology of love.* New Haven: Yale University Press.

Sternberg, S. (1966). High-speed scanning in human memory. *Science, 153,* 652–654.

Sternberg, S. (1969). The discovery of processing stages: Extensions of Donder's method. *Acta Psychologica, 30,* 276–315.

Stevens, P. S. (1984). Handbook of regular patterns: An introduction to symmetry in two dimensions. Cambridge, MA: MIT Press.

Stevens, S. S. (1935). The operational basis of psychology. *American Journal of Psychology, 47,* 323–348.

Stevens, S. S. (1935). The operational basis of psychology. *American Journal of Psychology, 47,* 323–330.

Stevens, S. S. (Ed.). (1951). *Handbook of experimental psychology.* New York: Wiley.

Stevens, S. S. (1960). On the new psychophysics. *Scandinavian Journal of Psychology, 1,* 27–35.

Stevens, S. S. & Davis, H. (1938). *Hearing: Its psychology and physiology.* New York: Wiley.

Stieglitz, R.-D. & Baumann, U. (Hrsg.). (1994). *Psychodiagnostik psychischer Störungen.* Stuttgart: Enke.

Stiksrud, A. (Hrsg.). (1984). *Jugend und Werte: Fortschritte der Politischen Psychologie.* Weinheim: Beltz.

Stokols, D. (Ed.). (1977). *Perspectives on environment and behavior: Theory, research, and applications.* New York: Plenum.

Stokols, D. (1978). A typology of crowding experiences. In A. Baum & Y. Epstein (Eds.), *Human response to crowding.* Hillsdale, NJ: Erlbaum.

Stokols, D. & Altman, I. (Eds.). (1987). *Handbook of environmental psychology.* New York: Wiley.

Stokvis, B. (1955). *Hypnose in der ärztlichen Praxis.* Basel: Karger.

Stokvis, B. (1959, 1961). Suggestion, Hypnose. In V. Frankl, V. E. Gebsattel & J. H. Schultz (Hrsg.), *Handbuch der Neurosenlehre.* München: Urban & Schwarzenberg.

Stokvis, B. & Pflanz, M. (1961). *Suggestion.* Stuttgart: Hippokrates.

Stolk, J. M., U'Prichard, D. C. & Fuxe, K. (Eds.). (1988). *Epinephrine in the central nervous system.* Oxford: Oxford University Press.

Stoll, K. D. & Rickels, K. (1995). Pharmakopsychologie und Pharmakotherapieforschung zur differentiellen Wirkung von Tranquillantien und Antidepressiva. In G. Debus, G. Erdmann & K. W. Kallus (Hrsg.), *Biopsychologie von Streß und emotionalen Reaktionen. Ansätze interdisziplinärer Forschung* (S. 247–264). Göttingen: Hogrefe.

Stone, J. E. & Hokanson, L. J. (1969). Arousal reduction via self-punitive behavior. *Journal of Personality and Social Psychology, 12,* 72–79.

Stone, P. J., Dunphy, D. C., Smith, M. S. et al. (1966).

The general inquirer: A computer approach to content analysis. Cambridge, MA: MIT Press.

Stone, T. (Ed.). (1991). *Adenosine in the nervous system.* London: Academic Press.

Stone, W. F., Lederer, G. & Christie, R. (Eds.). (1993). *Strength and weakness.* New York: Springer-Verlag.

Stoodley, B. H. (Ed.). (1962). *Society and self.* New York: Free Press.

Storch, A. (1922). *Das archaisch-primitive Erleben und Denken der Schizophrenen.* Berlin: Springer-Verlag.

Strack, F. (1985). Urteilsheuristiken. In D. Frey & M. Irle (Hrsg.) *Theorien der Sozialpsychologie.* Huber: Bern.

Strasser, S. (1956). *Das Gemüt.* Freiburg: Herder.

Straus, E. (1925). *Wesen und Vorgang der Suggestion.* Berlin: Karger.

Straus, E. (1960). *Die Scham als historiologisches Problem. Psychologie der menschlichen Welt.* Berlin: Springer-Verlag.

Strebel, G. (1957). *Schulreifetest.* Solothurn: Antonius.

Street, C., Antonio, J. & Cudlipp, D. (1996). Androgen use by athletes. A reevaluation of the health risks. *Canadian Journal of Applied Physiology, 21,* 421–440.

Strehle, H. (1956). *Mienen, Gesten und Gebärden.* München: Reinhardt.

Strehle, H. (1956). *Vom Geheimnis der Sprache.* München: Reinhardt.

Stroebe, W. (1971). The effect of judges' attitudes on ratings of attitude statements: A theoretical analysis. *European Journal of Social Psychology, 1,* 419–434.

Stroebe, W. (1980). *Grundlagen der Sozialpsychologie.* Stuttgart: Klett.

Stroebe, W., Hewston, M. & Stephenson, G. M. (Hrsg.). (1996). *Sozialpsychologie.* Berlin: Springer-Verlag.

Stroebe, W., Stroebe, M., Gergen, K. & Gergen, M. (1980). Der Kummer-Effekt: Psychologische Aspekte der Sterblichkeit von Verwitweten. *Psychologische Beiträge, 22,* 1–26.

Stroop, J. R. (1935). Studies of interference in serial verbal reactions. *Journal of Experimental Psychology, 18,* 643–662.

Strotzka, H. (1972). *Einführung in die Sozialpsychiatrie.* Reinbek: Rowohlt.

Strube, G. (Hrsg.). (1977). *Die Psychologie des 20. Jahrhunderts: Binet und die Folgen.* Zürich: Kindler.

Strunz, K. (1960, 1964, 1966, 1968). Das Problem der Persönlichkeitstypen. In Ph. Lersch & H. Thomae (Hrsg.), *Persönlichkeitsforschung und Persönlichkeitstheorie. Handbuch der Psychologie.* Göttingen: Hogrefe.

Stubenrauch, H. (1971). *Die Gesamtschule im Widerspruch des Systems.* München: Juventa.

Stückrath, F. & Schmittmayer, G. (1967). *Fernsehen und Großstadtjugend.* Braunschweig: Westermann.

Stumpf, C. (1883, 1890). *Tonpsychologie.* Leipzig: Hirzel.

Stumpf, C. (1906). *Erscheinungen und psychische Funktionen.* Berlin: Akademie der wissenschaftlichen Abhandlungen.

Stutte, H. (Hrsg.). (1956). *Jahrbuch für Jugendpsychiatrie und ihre Grenzgebiete.* Bern: Huber.

Suedfeld, P. (1980). *Restricted environmental stimulation.* New York: Wiley.

Sullivan, H. S. (1947). *Conceptions of modern psychiatry.* Washington: William Alanson White Psychiatric Foundation.

Sullivan, H. S. (1953). *The interpersonal theory of psychiatry.* New York: Norton.

Süllwold, F. (1964, 1966, 1971). Schultests. In R. Heiss (Hrsg.), *Psychologische Diagnostik. Handbuch der Psychologie.* Göttingen: Hogrefe.

Süllwold, F. (1965). Bedingungen und Gesetzmäßigkeiten des Problemlösungsverhaltens. In C. F. Graumann (Hrsg.), *Denken* (S. 273–295). Köln: Kiepenheuer.

Süllwold, F. (1969). Theorie und Methodik der Einstellungsforschung. In C. F. Graumann (Hrsg.), *Sozialpsychologie. Handbuch der Psychologie.* Göttingen: Hogrefe.

Süllwold, F. (Hrsg.). (1975). *Begabung und Leistung.* Hamburg: Hoffmann.

Suls, J. (Ed.). (1982). *Psychological perspectives on the self.* Hillsdale, NJ: Erlbaum.

Summer, W. G. (1907). *Folkways: A study of the sociological importance of usages, manners, customs.* Boston: Ginn.

Super, D. E. (1957). *The psychology of careers.* New York: Harper.

Super, D. E. & Bohn, M. J. (1971). *Occupational psychology.* London: Tavistock.

Suppe, F. (1977). The search for philosophic understanding of scientific theories. In F. Suppe (Ed.), *The structure of scientific theories.* Urbana: University of Illinois Press.

Suppes, P. (1957). *Introduction to logic.* New York: van Nostrand.

Suppes, P. (1970). *A probabilistic theory of causality.* Amsterdam: North Holland.

Suppes, P. (1977). Is visual space euclidean? *Synthese, 35,* 397–421.

Supprian, U. (1981). *Eppendorfer Stimmungs-Antriebs-Skala ESTA.* Weinheim: Beltz.

Süss, H. J. et al. (1978). Gestalttherapie. In L. J. Pongratz (Hrsg.), *Klinische Psychologie. Handbuch der Psychologie* (Bd. 8). Göttingen: Hogrefe.

Sutanto, W. & de Kloet, E. R. (1991). Mineralocorticoid receptor ligands. Biochemical, pharmacological, and clinical aspects. *Medical Research Reviews, 11,* 617–39.

Swets, J. A. & Kristofferson, A. B. (1970). Attention. *Annual Review of Psychology, 21,* 339–366.

Symonds, P. M. (1928). *Nature of conduct.* London: Mcmillan.

Symonds, P. M. (1946). *The dynamics of human adjustment.* New York: Appleton.

Symposium on psychological aspects of driver be-

havior (1971). Nordwijkerhout, The Netherlands, Institut för Varburg: Road Safety Research.

Szalai, A. & Andrews, F. (Eds.). (1980). *The quality of life.* London: Sage.

Szasz, T. S. (1961). *The myth of mental illness.* New York: Harper.

Szondi, L. (1948). *Schicksalsanalyse.* Basel: Schwabe.

Szondi, L. (1952, 1977). *Triebpathologie.* Bern: Huber.

Szondi, L. (Hrsg.). (1956). *Heilwege der Tiefenpsychologie.* Bern: Huber.

Szondi, L. (1966, 1972). *Lehrbuch der experimentellen Triebdiagnostik.* Bern: Huber.

Tagiuri, R. (1969). Person perception. In G. Lindzey & E. Aronson (Eds.), *Handbook of social psychology.* Reading: Addison-Wesley.

Tajfel, H. (1969). Social and cultural factors in perception. In G. Lindzey & E. Aronson (Eds.), *Handbook of social psychology.* Reading: Addison-Wesley.

Tajfel, H. & Wilkes, A. L. (1963). Classification and quantitative judgement. *British Journal of Psychology, 54,* 101–114.

Tallal & Piercy, M. (1978). Defects of auditory perception in children with developmental dysphasia. In M. Wyke (Ed.), *Developmental dysphasia.* London: Academic Press.

Tapp, J. T. (Ed.). (1969). *Reinforcement and behavior.* New York: Academic Press.

Tart, Ch. T. (Ed.). (1969). *Altered states of consciousness.* New York: Wiley.

Tart, Ch. T. (1978). *Transpersonale Psychologie.* Bern: Olten.

Tartler, R. (1961). *Das Alter in der modernen Gesellschaft.* Stuttgart: Enke.

Täschner, K. L. (1986). *Das Cannabisproblem.* Köln: Deutscher Ärzteverlag.

Tausch, A. & Fittkau, B. (1970). Zur Situation empirischer Erforschung des Erzieherverhaltens. *Zeitschrift für Pädagogik,* 39–49.

Tausch, R. (1954). Optische Täuschungen als artifizielle Effekte der Gestaltungsprozesse von Größen- und Formenkonstanz. *Psychologische Forschung, 24,* 299–348.

Tausch, R. & Tausch, A. M. (1956). *Kinderpsychotherapie in nicht-direktivem Verfahren.* Göttingen: Hogrefe.

Tausch, R. & Tausch, A. M. (1960, 1981). *Gesprächspsychotherapie.* Göttingen: Hogrefe.

Tausch, R. & Tausch, A. M. (1963, 1979). *Erziehungspsychologie.* Göttingen: Hogrefe.

Tausch, R. & Tausch, A. M. (1991). *Erziehungspsychologie. Begegnungen von Person zu Person.* Göttingen: Hogrefe.

Taylor, D. A. (1976). Stage analysis of reaction time. *Psychological Bulletin, 83,* 161–191.

Taylor, H. C. & Russell, J. R. (1939). The relationship of validity coefficient to the practical effectiveness of tests in selection: Discussion and tables. *Journal of Applied Psychology, 23,* 565–578.

Taylor, S. E. (1981). The interface of cognitive and social psychology. In J. H. Harvey (Ed.), *Cognition, social behavior, and the environment* (pp. 189–211). Hillsdale, NJ: Erlbaum.

Taylor, S. E. (1990). Health psychology. The science and the field. *American Psychologist, 45,* 40–50.

Taylor, S. E. & Thomson, S. S. (1982). Stalking the elusive vividness effect. *Psychological Review, 89,* 155–181.

Taylor, W. L. (1953). Cloze Procedure: A new tool for measuring readability. *Journalism Quarterly, 30.*

Tecce, J. J. (1972). Contingent negative variation (CNV) and psychological process in man. *Psychological Bulletin, 77,* 73–108.

Tedeschi, J. T. & Lindskold, S. (1976). *Social psychology.* New York: Wiley.

Teigeler, P. (1972). *Satzstruktur und Lernverhalten.* Bern: Huber.

Teigeler, P. (1981). *Verständlich sprechen, schreiben, informieren.* Bad Honnef: Bock & Herchen.

Tellenbach, H. (1976). *Melancholie.* Berlin: Springer-Verlag.

Tembrock, G. (1964). *Verhaltensforschung.* Jena: Fischer.

Tent, L. (1963). Untersuchungen zur Erfassung des Verhältnisses von Anspannung und Leistung bei vorwiegend psychisch beanspruchenden Tätigkeiten. *Archiv für die gesamte Psychologie, 115,* 105–172.

Tent, L. (1967). Psychologische Tatbestandsdiagnostik. In U. Undeutsch (Hrsg.), *Forensische Psychologie. Handbuch der Psychologie* (Bd. 11). Göttingen: Hogrefe.

Terman, L. M. & Miles, C. C. (1936). *Sex and personality.* New York: McGraw-Hill.

Ternus, J. (1926). Experimentelle Untersuchungen über phänomenale Identität. *Psychologische Forschung, 7.*

Terstiege, H. (1966). *Untersuchungen zum Persistenz- und Koeffizientensatz.* Dissertation. Berlin.

Tesniere, L. (1959). *Éléments de syntaxe structurale.* Paris: Klincksieck.

Tesser, A. (1978). Self-generated attitude change. In L. Berkowitz (Ed.) *Advances in experimental social psychology* (Vol. 11). New York: Academic Press.

Tetens, J. N. (1976). *Philosophische Versuche über die menschliche Natur und ihre Entwicklung.* Hildesheim: Olms.

Tewes, U. (1978). Soziale Interaktion im Krankenhaus. In H. D. Basler et al. (Hrsg.), *Medizinische Psychologie. Bd. II Soziale Aspekte der Medizin.* Stuttgart: Kohlhammer.

Tewes, U. & Thurner, F. (1976). *Testbatterie Grammatische Kompetenz (TGK).* Braunschweig: Westermann.

THIBAUT, J. W. & KELLEY, H. H. (1959). *The social psychology of groups.* New York: Wiley.

THIEME, K. (Hrsg.). (1963). *Judenfeindschaft, Darstellung und Analysen.* Frankfurt: Fischer.

THIERRY, H. & JANSEN, B. (1989). Arbeitszeit. In S. GREIF, H. HOLLING & N. NICHOLSON (Hrsg.) *Arbeits- und Organisationspsychologie. Internationales Handbuch in Schlüsselbegriffen* (S. 131–137). München: Psychologie Verlags Union.

THOMAE, H. (1951). *Persönlichkeit, eine dynamische Interpretation.* Bonn: Bouvier.

THOMAE, H. (1952). Die biographische Methode in den anthropologischen Wissenschaften. *Studium Generale, 5,* 163–177.

THOMAE, H. (1956). *Der Lebenslauf und die biographische Methode in der Psychologie. Moderne Entwicklungspsychologie – Schriften zur wissenschaftlichen Weltorientierung.* Berlin: Lüttke.

THOMAE, H. (1959). Bemerkungen über die Entwicklung der Pädagogischen Psychologie in andern Ländern. In H. HETZER (Hrsg.), *Pädagogische Psychologie. Handbuch der Psychologie* (Bd. 10). Göttingen: Hogrefe.

THOMAE, H. (1959). Entwicklung und Prägung. In H. THOMAE (Hrsg.), *Entwicklungspsychologie. Handbuch der Psychologie* (Bd. 3). Göttingen: Hogrefe.

THOMAE, H. (1959). Entwicklungspsychologie. In H. THOMAE (Hrsg.), *Entwicklungspsychologie. Handbuch der Psychologie* (Bd. 3). Göttingen: Hogrefe.

THOMAE, H. (1960). *Der Mensch in der Entscheidung.* München: Barth.

THOMAE, H. (1965). Motivation. In H. THOMAE (Hrsg.), *Allgemeine Psychologie. Handbuch der Psychologie* (Bd. 2). Göttingen: Hogrefe.

THOMAE, H. (1965). *Die Motivation menschlichen Handelns.* Köln: Kiepenheuer & Witsch.

THOMAE, H. (1968). *Das Individuum und seine Welt.* Göttingen: Hogrefe.

THOMAE, H. (1969). Ansätze zu einer Theorie der Reifezeit. In H. THOMAE (Hrsg.), *Vita humana.* Frankfurt: Athenäum.

THOMAE, H. (1972). Kulturelle Systeme als Sozialisationsvariablen. In C. F. GRAUMANN (Hrsg.), *Sozialpsychologie. Handbuch der Psychologie* (Bd. 7, S. 715–747). Göttingen: Hogrefe.

THOMAE, H. (1972). Soziale Schichten als Sozialisationsvariablen. In C. F. GRAUMANN (Hrsg.), *Sozialpsychologie. Handbuch der Psychologie* (Bd. 7, S. 748–777). Göttingen: Hogrefe.

THOMAE, H. (1974). *Konflikt, Entscheidung, Verantwortung.* Stuttgart: Kohlhammer.

THOMAE, H. (1977). Fallstudie und Längsschnittstudie. In G. STRUBE (Hrsg.), *Die Psychologie des 20. Jahrhunderts.* Zürich: Kindler.

THOMAE, H. & FEGER, H. (1969). *Hauptströmungen der neueren Psychologie.* Frankfurt: Akademische Verlagsgesellschaft.

THOMAS, A. (1983). Psychologische Aspekte interkulturellen Handelns. In A. THOMAS (Hrsg.), *Erforschung interkultureller Beziehungen: Forschungsansätze und Perspektiven* (SSIP-Bulletin, 51, S. 33–41). Saarbrücken: Breitenbach.

THOMAS, A. (1984). Aspekte der Integration von wissenschaftlichem Erkennen und praktischem Handeln im Bereich des interkulturellen Personenaustauschs. In A. THOMAS (Hrsg.), *Interkultureller Personenaustausch in Forschung und Praxis* (SSIP-Bulletin, 54). Saarbrücken: Breitenbach.

THOMAS, A. (Hrsg.). (1985). *Interkultureller Austausch als interkulturelles Handeln* (SSIP-Bulletin, 56). Saarbrücken: Breitenbach.

THOMAS, A. (1992). *Grundriß der Sozialpsychologie.* Göttingen: Hogrefe.

THOMAS, A. (1993). Entwicklungslinien und Erkenntniswert kultur-vergleichender Psychologie. In A. THOMAS (Hrsg.), *Kulturvergleichende Psychologie* (S. 27–51). Göttingen: Hogrefe.

THOMAS, A. & HAGEMANN, K. (1992). Training interkultureller Kompetenz. In N. BERGEMANN & A. L. J. SOURISSEAUX (Hrsg.) *Interkulturelles Management* (S. 174–199). Heidelberg: Physica-Verlag.

THOMAS, K. (1980). *Warum Angst vor dem Sterben?* Freiburg: Herder.

THOMPSON, P.-J. (1991). Antidepressants and memory. *Human Psychopharmacology, 6,* 79–90.

THOMSON, G. H. (1946). *The factorial analysis of human ability.* London: University of London Press.

THORNBERG, S. A. & SAKLAD, S. R. (1996). A review of NMDA receptors and the phencyclidine model of schizophrenia. *Pharmacotherapy, 16,* 82–93.

THORNDIKE, E. L. (1911). *Animal intelligence.* New York: Macmillian Company.

THORNDIKE, E. L. (1932, 1971). *Fundamentals of learning.* New York: AMS Press.

THORNDIKE, R. L. (1963). *The concepts of over- and underachievement.* New York: Teacher's College Press.

THORNDIKE, E. L. & WOODWORTH, R. S. (1901). The influence of improvement in one mental function upon the efficiency of other functions. *Psychological Review, 8,* 247–262, 384–395, 553–564.

THORSLUND, G. (1976). Interpersonal thrust; a review and examination of the concept. *Psychological Report, 6.*

THUMB, A. & MARBE, K. (1901). *Experimentelle Untersuchungen über die psychologischen Grundlagen der sprachlichen Analogiebildung.* Leipzig: Engelmann.

THURNER, F. (1970). Ängstlichkeit: Eine Persönlichkeitsvariable und ihre Auswirkungen. *Psychologische Rundschau, 21,* 187–213.

THURNWALD, R. (1922). Psychologie des primitiven Menschen. In G. KAFKA (Hrsg.), *Handbuch der vergleichenden Psychologie.* München: Reinhardt.

THURNWALD, R. (1932). *Werden, Wandel und Gestaltung von Familie, Verwandtschaft und Bün-*

den im Lichte der Völkerforschung. Berlin: de Gruyter.

Thurnwald, R. (Hrsg.). (1939). *Lehrbuch der Völkerkunde.* Stuttgart: Enke.

Thurstone, L. L. (1924). *The nature of intelligence.* New York: Harcourt.

Thurstone, L. L. (1927). A law of comparative judgment. *Psychological Review, 34,* 273–286.

Thurstone, L. L. (1929). *The measurement of attitude.* Chicago: University of Chicago Press.

Thurstone, L. L. (1931). The measurement of change in social attitude. *Journal of Social Psychology, 2,* 230–235.

Thurstone, L. L. (1934). The vectors of mind. *Psychological Review, 41,* 1–32.

Thurstone, L. L. (1938). *Primary mental abilities.* Chicago: University of Chicago Press.

Thurstone, L. L. (1947). *Multiple-factor analysis.* Chicago: University of Chicago Press.

Thurstone, L. L. (1951). *Creative talent. Proceeding of the 1950 International Conference of Testing Problems.* Princeton, NJ.

Thurstone, L. L. (1959, 1967). *The measurement of values.* Chicago: University of Chicago Press.

Timaeus, E. & Schwebcke, A. (1970). Die Leistungen des «klugen Hans» und ihre Folgen: Ein experimenteller Beitrag zur Psychologie der Versuchsperson. *Zeitschrift für Sozialpsychologie,* 240–252.

Tinbergen, N. (1951). *The study of instinct.* London: Oxford University Press.

Tinbergen, N. (1956, 1972). *Instinktlehre.* Berlin: Parey.

Tinker, M. A. (1963). *Legibility of print.* Ames: Iowa State University Press.

Titchener, E. B. (1909). *Lectures on the experimental psychology of the thougt processes.* New York: McMillan.

Titscher, E. (1980). Meßtheoretische Probleme bei der Erfassung des Vorgesetztenverhaltens mit Hilfe von Fragebögen. In J. Morel, T. Meleghy & M. Preglau (Hrsg.), *Führungsforschung* (S. 120–132). Göttingen: Hogrefe.

Tjaden, K. H. (Hrsg.). (1971). *Soziale Systeme.* Neuwied: Luchterhand.

Toch, H. (1965). *The social psychology of social movements.* New York: Holt.

Todt, E. (1967). *Differentieller Interessen-Test (DIT).* Bern: Huber.

Toelle, R. (1982). *Psychiatrie.* Heidelberg: Springer-Verlag.

Tolman, E. C. (1926). A behavioristic theory of ideas. *Psychological Review, 33,* 352–369.

Tolman, E. C. (1932). *Purposive behavior in animal and men.* New York: Century.

Toman, W. (1951). *Einführung in die moderne Psychologie.* Wien: Humboldt.

Toman, W. (1965, 1974). *Familienkonstellationen. Ihr Einfluß auf den Menschen und seine Handlungen.* München: Beck.

Toman, W. (1968). *Motivation, Persönlichkeit, Umwelt.* Göttingen: Hogrefe.

Toman, W. & Egg, R. (1985). *Psychotherapie.* Stuttgart: Kohlhammer.

Tomaszewski, T. (1978). *Tätigkeit und Bewußtsein. Beiträge zur Einführung in die polnische Tätigkeitspsychologie.* Weinheim: Beltz.

Torgerson, W. S. (1958). *Theory and method of scaling.* New York: Wiley.

Townsend, J. T. & Ashby, F. G. (1983). *Stochastic modeling of elementary psychological processes.* Cambridge: University Press.

Trager, G. L. (1958). Paralanguage. *Studia Linguistica, 13.*

Tramer, M. (1960). *Allgemeine Psychohygiene.* Basel: Schwabe.

Trankel, A. (1971). *Der Realitätsgehalt von Zeugenaussagen. Methoden der Aussagepsychologie.* Göttingen: Vandenhoeck & Ruprecht.

Transport and road research 1972 (1973). London: Transport and Road Research Laboratory.

Trautner, H. M. (1978, 1992, 1997). *Lehrbuch der Entwicklungspsychologie.* Göttingen: Hogrefe.

Travers, R. M. (1967). *Essentials of learning.* New York: Macmillan.

Traxel, W. (1962). Grundzüge eines Systems der Motivierungen. *Archiv für die gesamte Psychologie, 114,* 260–236.

Traxel, W. (1962). Kritische Untersuchungen zur Eidetik. *Archiv für die gesamte Psychologie, 114,* 143–172.

Traxel, W. (1963, 1968). Gefühl und Gefühlsausdruck. In R. Meili & H. Rohracher (Hrsg.), *Lehrbuch der experimentellen Psychologie.* Bern: Huber.

Traxel, W. (1964). *Einführung in die Methodik der Psychologie.* Bern: Huber.

Traxel, W. (1968). *Über Gegenstand und Methode der Psychologie.* Bern: Huber.

Traxel, W. (1974). *Grundlagen und Methoden der Psychologie.* Bern: Huber.

Treisman, A. M. (1965). Verbal responses and contextual restraints in language. *Journal of Verbal Learning and Verbal Behavior, 4,* 118–128.

Treisman, A. M. (1969). Strategies and models of selective attention. *Psychological Review, 76,* 282–299.

Trendelenburg, W. & Schütz, E. (Hrsg.). (1961). *Lehrbuch der Physiologie in Einzeldarstellungen.* Berlin: Springer-Verlag.

Trendelenburg, W. (1961). Der Gesichtssinn. In E. Trendelenburg & W. Schütz (Hrsg.), *Lehrbuch der Physiologie in Einzeldarstellungen.* Berlin: Springer-Verlag.

Tress, W. (1986). *Das Rätsel der seelischen Gesundheit.* Göttingen: Vandenhoeck & Ruprecht.

Triandis, H. C. (1975). *Einstellungen und Einstellungsänderungen.* Weinheim: Beltz.

Triandis, H. C. (1977). *Interpersonal behavior.* Monterey: Brooks/Cole.

Triandis, H. C. & Triandis, L. M. (1965). Some studies of social distance. In J. Steiner & M. Fishbein (Eds.), *Current studies in social psychology.* New York: Holt.

Trier, J. (1931). *Der deutsche Wortschatz im Sinnbezirk des Verstandes.* Heidelberg: Winter.

Trillhaas, W. (1953). *Die innere Welt. Religionspsychologie.* München: Kaiser.

Trimble, M. R. (1996). *Biological Psychiatry* (2nd ed.). Chichester: Wiley.

Triplett, N. (1898). The dynamogenic factors in pace making and competition. *American Journal of Psychology, 9,* 507–533.

Trist, E. L. & Bamforth, K. (1951). Some social and psychological consequences of the longwall method of goalgetting. *Human Relations, 4,* 3–38.

Trojan, F. (1975). *Biophonetik.* Mannheim: Bibliographisches Institut.

Trommsdorff, G. (1971). Intra- und Inter-Gruppenprozesse beim Verhandeln. *Zeitschrift für Sozialpsychologie, 2,* 75–91.

Trotsenburg, E. (1973). Paradigmen für die Unterrichtsforschung. In K. Ingenkamp (Hrsg.), *Strategien der Unterrichtsforschung.* Weinheim: Beltz.

Truax, C. & Carkhuff, R. R. (1969). *Toward effective counseling and psychotherapy.* Chicago: Aldine.

Trubetzkoy, N. S. (1962). *Grundzüge der Phonologie.* Göttingen: Vandenhoeck & Ruprecht.

Tschanz, B. (1972). *Prägung. Lexikon der Psychologie* (Bd. 2). Freiburg: Herder.

Tscheulin, D. & Rausche, A. (1970). Beschreibung und Messung des Führungsverhaltens in der Industrie mit der deutschen Version des Ohio-Fragebogens. *Psychologie und Praxis, 14,* 49–64.

Tuckman, B. W. (1965). Developmental sequences in small groups. *Psychological Bulletin, 63,* 384–399.

Tuggle, F. D. & Barron, N. (1983). A theory of human decision making. In L. Sjöberg et al. (Eds.), *Human decision making* (pp. 163–178). Bedafors: Doxa

Tulving, E. (1968). Theoretical issues in free recall. In T. R. Dixon & D. L. Horton (Eds.), *Verbal behavior and general behavior theory.* Englewood Cliffs: Prentice-Hall.

Tulving, E. (1985). How many memory systems are there? *American Psychologist, 40,* 385–398.

Tulving, E. & Madigan, St. A. (1970). Memory and verbal learning. *Annual Review of Psychology, 21,* 437–484.

Tumlirz, O. (1928). *Probleme der Charakterologie.* Langensalza: Beyer.

Tumlirz, O. (1928). *Die seelischen Unterschiede zwischen den Geschlechtern in der Reifezeit und ihre Bedeutung für den gemeinsamen Unterricht.* Manns Pädagogisches Magazin. Langensalza: Beyer.

Tunicliff, G., Eison, A. S. & Taylor, D. P. (1991). *Buspirone. Mechanisms and clinical aspects* (pp. 97–107). San Diego: Academic Press.

Tunner, W. (1974). Analyse und Modifikation des Stotterns. In C. Kraiker (Hrsg.), *Handbuch der Verhaltenstherapie.* München: Kindler.

Turkkan, J. S. (1988). Behavioral performance effects of antihypertensive drugs: Human and animal studies. *Neuroscience and Biobehavioral Reviews, 12,* 111–122.

Turner, R. H. & Killian, L. M. (1957). *Collective behavior.* Englewood Cliffs: Prentice-Hall.

Tutton, C. S. & Crayton, J. W. (1993). Current pharmacotherapies for cocaine abuse. A review. *Journal of Addictive Diseases, 12,* 109–127.

Tversky, A. & Kahneman, D. (1973). Availability: A heuristic for judging frequency and probability. *Cognitive Psychology, 5,* 207–232.

Tyler, C. W. (1983). Sensory processing of binocular disparity. In C. M. Schor & K. J. Ciuffreda (Eds.), *Vergence eye movements.* Boston: Butterworths.

Tyler, L. E. (1980). The next twenty years. *The Counseling Psychologist, 8,* 19–21.

Überla, K. (1968). *Faktorenanalyse.* Berlin: Springer-Verlag.

Ueckert, T. H. & Rhenius, D. (Hrsg.). (1979). *Komplexe menschliche Informationsverarbeitung.* Bern: Huber.

Uexküll, J. v. (1921). *Umwelt und Innenwelt der Tiere.* Berlin: Springer-Verlag.

Uexküll, J. v. (1940). *Bedeutungslehre.* Leipzig: Barth.

Uexküll, J. v. (1950). *Das allmächtige Leben.* Hamburg: Wegner.

Uexküll, Th. v. (Hrsg.). (1979). *Lehrbuch der psychosomatischen Medizin.* München: Urban & Schwarzenberg.

Uhlig, T., Hueppe, M., Nidermaier, B. & Pestel, G. (1996). Mood effects of zolpidem versus phenobarbital combined with promethazine in an anesthesiological setting. *Neuropsychobiology, 34,* 90–97.

Uhr, L. & Miller, J. G. (Eds.). (1959). *Drugs and behavior.* New York: Wiley.

Ulich, D. (1971). *Konflikt und Persönlichkeit.* München: Oldenbourg.

Ulich, D. (1972). *Theorie und Methode der Erziehungswissenschaft.* Weinheim: Beltz.

Ulich, D. (1976). *Pädagogische Interaktion.* Weinheim: Beltz.

Ulich, D. (1980). *Handlungstheoretische Ansätze. Handbuch der Sozialisationsforschung.* Weinheim: Beltz.

Ulich, E. (1964, 1969). Das Lernen sensumotorischer Fertigkeiten. In R. Bergius (Hrsg.), *Allgemeine Psychologie. Handbuch der Psychologie* (Bd. 1/2, S. 326–346). Göttingen: Hogrefe.

Ulich, E. (1981). Subjektive Tätigkeitsanalyse als Voraussetzung autonomieorientierter Arbeitsgestaltung: Ein blinder Fleck in der Arbeits- und Organisationspsychologie. In S. Greif & E. Bamberg (Hrsg.). *Die Arbeits- und Organisationspsychologie.* Göttingen: Hogrefe.

Ulich, E. (1991). *Arbeitspsychologie.* Stuttgart: Poeschel.

Ullmann, J. F. (1971). *Psychologie lateraler Dominanz.* Bern: Huber.

ULLMANN, L. P. & KRASNER, L. (1969, 1975). *A psychological approach to abnormal behavior.* Englewood Cliffs: Prentice-Hall.

ULLMANN, S. (1957). *Principles of semantics.* Oxford: Blackwell.

ULLRICH, R. & ULLRICH, R. (Hrsg.). (1978). *Soziale Kompetenz* (Bd. 1). München: Pfeiffer.

ULLRICH, R., ULLRICH, R., GRAWE, K. & ZIMMER, D. (1980). *Soziale Kompetenz* (Bd. 2). München: Pfeiffer.

ULMANN, G. (Hrsg.). (1973). *Kreativitätsforschung.* Köln: Kiepenheuer & Witsch.

ULRICH, R. & GIRAY, M. (1986). Separate-activation models with variable base times: Testability and checking of cross-channel dependency. *Perception und Psychophysics, 39,* 248–254.

UNDERWOOD, B. J. (1977). *Temporal codes for memories: Issues and problems.* Hillsdale, NJ: Erlbaum.

UNDERWOOD, B. J., REHULA, R. & KEPPEL, G. (1962). Item selection in paired associate learning. *American Journal of Psychology, 75,* 353–371.

UNDEUTSCH, U. (1967). Forensische Psychologie. In U. UNDEUTSCH (Hrsg.), *Forensische Psychologie. Handbuch der Psychologie. Göttingen*: Hogrefe.

UNDEUTSCH, U. (1969, 1980). Zum Problem der begabungsgerechten Auslese beim Eintritt in die Höhere Schule während der Schulzeit. In H. ROTH (Hrsg.), *Begabung und Lernen.* Stuttgart: Klett.

UNGERER, D. (1973). *Zur Theorie des sensomotorischen Lernens.* Schorndorf: Hofmann.

URBAN, K. K. (1977). *Verstehen gesprochener Sprache.* Düsseldorf: Schwann.

URBAN, M. (1977).Die Rolle der Psychologie und der Psychologen in der außerstationären Psychiatrie. In F. BAUMGÄRTEL, F.-W. WILKER & U. WINTERFELD (Hrsg.), *Innovation und Erfahrung* (S. 217–233). Bonn: Deutscher Psychologen Verlag.

UTITZ, E. (1925). *Charakterologie.* Charlottenburg: Pan-Verlag.

UTZ, H. E. (1979). *Empirische Untersuchungen zum Belohnungsaufschub. Ein Beitrag zur Konstruktvalidierung.* München: Minerva.

UZNADZE, D. N. & PRANGISVTLI, A. S. (1976). Einstellungspsychologie. In M. VORWERG (Hrsg.), *Einstellungspsychologie: Untersuchung der Georgischen Schule.* Berlin: Volk und Wissen.

VALENSTEIN, E. (1973). *Brain control.* New York: Wiley.

VALENTIN, H.(1971). *Arbeitsmedizin.* Stuttgart: Thieme.

VALENTIN, R. (1972). *Empirische Untersuchungen zur Legasthenie.* Hannover: Schrödel.

VALENTINE, W. L. & WICKENS, D. D. (1949). *Experimental foundations of general psychology.* New York: Holt.

VALTIN, R. (1970). Untersuchungen zur Ätiologie der Legasthenie. *Zeitschrift für Pädagogik, 16,* 99–122.

VAN DE GEER, J. P. (1957). *A psychological study of problem solving.* Haarlem: De Toorts.

VAN DER LEEUW, G. (1966). *Phänomenologie der Religion.* Tübingen: Mohr.

VAN DER MEER, H. C. (1963). Decision-making: The influence of probability preference, variance preference and expected value on strategy in gambling. *Acta Psychologica, 21,* 231–259.

VAN DER WILDT, G. & BOUMAN, A. M. (1968). The dependence of the Betzold-Brücke hue shift on spatial intensity distribution. *Vision Research, 8,* 303–313

VAN DIJK, T. A. & KINTSCH, W. (1983). *Strategies in discourse comprehension.* New York: Academic Press.

VAN HEERDEN, P.J . (1963). A new optical method of storing and retrieving information. *Applied Optics, 2,* 387–392.

VAN LAWICK-GOODALL, J. (1971). *Wilde Schimpansen.* Reinbek: Rowohlt.

VAN PRAAG, H. M., PLUTCHIK, R. & APTER, A. (1990). *Violence and suicidality. Perspectives in clinical and psychobiological research.* New York: Bruner/Mazel.

VAN LENNEP, D. J. (1948). *Four picture test.* Den Haag: Nijhoff.

VANDENBERG, St. G. (1966). Contributions of twin research to psychology. *Psychological Bulletin, 66,* 327–352.

VARLEY, J. E. (1965). The autistic child. *Speech Pathology and Therapy.*

VELDEN, M. (1982). *Die Signalentdeckungstheorie in der Psychologie.* Stuttgart: Kohlhammer.

VENABLES, P. H. & MARTIN, I. (Eds.). (1967). *Manual of psychophysiological methods.* Amsterdam: North-Holland.

VERRES, R. & SOBEZ, I. (1980). *Ärger, Aggression und soziale Kompetenz.* Stuttgart: Klett.

VERTHEIM, U., KALKE, J. & RASCHKE, P. (1994). Resultate internationaler und bundesdeutscher Evaluationsstudien zur Substitutionstherapie mit Methadon. Eine Übersicht. (Methadone substitution therapy: A survey of international and German evaluation studies.). *Psychotherapie, Psychosomatik & Medizinische Psychologie, 44,* 128–136.

VETTER, H. J. (1975). Psychopathology and atypical language development. In D. AARONSON & R. W. RIEBER (Eds.), *Developmental psycholinguistics and communication disorders.* New York: Academy of Science.

VETTER, M. (1980). Ich-Entwicklung und kognitive Komplexität. *Zeitschrift für Entwicklungspsychologie und Pädagogische Psychologie, 12,* 126–143.

VINACKE, W. E. (1974). *The psychology of thinking.* New York: McGraw-Hill.

VOEKS, V. W. (1950). Formalization and clarification of a theory of learning. *Journal of Psychology, 30,* 341–362.

VOLCK, G. & REIBER, H. (Hrsg.). (1977). *Schulsonderturnen in der Diskussion.* Schorndorf: Hofman.

Völgyesi, F. A. (1950). *Hypnosetherapie und psychosomatische Probleme.* Stuttgart: Hippokrates.

Volkamer, M. (1972). *Experimente in der Sportpsychologie.* Schorndorf: Hofmann.

Volkelt, H. (1934). Grundbegriffe. Neue *Psychologische Studien, 12.*

Volkelt, J. (1922). *Die Gefühlsgewißheit.* München: Beck.

Volkelt, J. (1925). *Phänomenologie und Metaphysik der Zeit.* München: Beck.

Volkman, J. (1951). Scales of judgment and their implication for social psychology. In R. A. Rohrer & C. W. Sherif (Eds.*), Social psychology at the crossroads.* New York: Harper.

Volpert, W. (1974), *Handlungsstrukturanalyse als Beitrag zur Qualifikationsforschung.* Köln: Pahl-Rugenstein.

Volpert, W. (1975). Die Lohnarbeitswissenschaft und die Psychologie der Arbeitstätigkeit. In P. Grosskurth & W. Volpert, *Lohnarbeitspsychologie* (S. 11–96). Frankfurt/M.: Fischer.

Volpert, W. (1992). *Wie wir handeln – was wir können. Ein Disput als Einführung in die Handlungspsychologie.* Heidelberg: Asanger.

Volpert, W., Oesterreich, R., Gablenz-Kolakovic, S., Krogoll, T. & Resch, M. (1983). *Verfahren zur Ermittlung von Regulationserfordernissen in der Arbeitstätigkeit (VERA). Analyse von Planungs- und Denkprozessen in der industriellen Produktion.* Köln: Verlag TÜV Rheinland.

Voss, H. G. & Keller, H. (Hrsg.). (1981). *Neugierforschung.* Weinheim: Beltz.

Vroom, V. H. (1964). *Work and motivation.* New York: Wiley.

Vroom, V. H. (1969). Industrial social psychology. In G. Lindzey & E. Aronson (Eds.), *Handbook of social psychology* (Vol. 5). Reading: Addison-Wesley.

Wach, J. (1926). *Das Verstehen.* Tübingen: Mohr.

Wächter, H. (1992). Vom Personalwesen zum Strategic Human Resource Management. In H. Staehle & P. Conrad (Hrsg.), *Managementforschung* (Bd. 2, S. 313–340). Berlin: de Gruyter.

Wagner, H. & Baumgärtel, F. (1978). *Hamburger Persönlichkeitsfragebogen für Kinder (HAPEF-K).* Göttingen: Hogrefe.

Wagner, K. (1970). *Graphentheorie.* Mannheim: Bibliographisches Institut.

Wahl, D. F. (1973). *Das Konstrukt der erwartungswidrigen Schulleistungen.* Dissertation. Tübingen.

Wahl, D. R. (1975). *Erwartungswidrige Schulleistungen.* Weinheim: Beltz.

Wahlestedt, C. & Heilig, M. (1995). Neuropeptide Y and related peptides. In F. E. Bloom & D. J. Kupfer (Eds.), *Psychopharmacology. The fourth generation of progress* (pp. 543–551). New York: Raven Press.

Waidner, G., Sturm, J. & Bauer, K. W. (1980). *Methodik der Arbeitsberatung.* Stuttgart: Kohlhammer.

Waitz, Th. (1849). *Lehrbuch der Psychologie als Naturwissenschaft.* Leipzig: Fleischer.

Walcher, K. P. (1978). Objektive Beschaffenheit einer Denkaufgabe und interne Repräsentation ihres Lösungszustands. *Archiv für Psychologie, 131,* 1–19.

Waldmann, M. R. (1996). Knowledge-based causal induction. In D. R. Shanks, K. J. Holyoak & D. L. Medin (Eds.), *The psychology of learning and motivation. Vol. 34: Causal learning* (pp. 47–88). San Diego, CA: Academic Press.

Waldmann, M. R. (1997). Wissen und Lernen. *Psychologische Rundschau, 48,* 84–100.

Waldmann, M. R., Holyoak, K. J. & Fratianne, A. (1995). Causal models and the acquisition of category structure. *Journal of Experimental Psychology: General, 124,* 181–206.

Waldvogel, H. H. (1996*). Analgetika, Antinozizeptiva, Adjuvanzien. Handbuch für die Schmerztherapie.* Berlin: Springer-Verlag.

Walk, R. D. & Gibson, E. J. (1961). Visual depth perception in infants. *Psychological Monographs, 75*(15), 1–44.

Wallace, A. F. C. (1961). *Culture and personality.* New York: Random House.

Wallace, M. & Rabin, L. Z. (1960). Temporal experience. *Psychological Bulletin, 57,* 213–236.

Wallasch, R. (1980). *Hintergrund-Interferenzverfahren für den Bender Gestalt Test (HIV).* Weinheim: Beltz.

Walster, E., Aronson, V., Abrahams, D. & Rottman, L. (1966). Importance of of physical attractiveness in dating behavior. *Journal of Personality and Social Psychology, 4,* 508–516.

Warburton, D. M. (1975). *Brain, behavior and drugs.* London: Wiley.

Warburton, D. M. (1990). *Addiction controversies.* Chur: Harwood.

Warburton, D. M. (1992). Nicotine issues. *Psychopharmacology, 108,* 393–396.

Warburton, D. M. & Wesnes, K. (1984). Drugs as research tools in psychology. Cholinergic drugs and information processing. *Neuropsychobiology, 11,* 121–132.

Ward, I. L. & Ward, O. B. (1985). Sexual behavior differentiation: Effects of prenatal manipulations in rats. In N. Ader, D. Pfaff & R. W. Goy (Eds.), *Handbook of behavioral neurobiology* (Vol. 7, pp. 77–98). New York: Plenum.

Warner, W. L. & Meeker, M. & Eells, K. (1949). *Social class in America.* Chicago: Science Research Associates.

Warr, P. (1987). *Work, unemployment, and mental health.* Oxford: Clarendon.

Watson, D. (1982). The actor and the observer: How are their perceptions of causality divergent? *Psychological Bulletin, 92,* 682–700.

Watson, J. B. (1919). *Psychology from the standpoint of a behaviorist.* Philadelphia: Lippincott.

Watson, J. B. (1930). *Der Behaviorismus.* Stuttgart: Deutsche Verlagsanstalt.

Watson, R. J. (1978). *The history of psychology*

and behavioral science, a bibliographic guide. New York: Springer-Verlag.

Watt, J. J. (1905). Experimentelle Beiträge zur Theorie des Denkens. *Archiv für die gesamte Psychologie, 4,* 289–436.

Wattenberg, W. W. (1955). *The adolescent years.* New York: Harcourt.

Watzl, H. & Rockstroh, B. (Hrsg.). (1997). *Abhängigkeit und Mißbrauch von Alkohol und Drogen.* Göttingen: Hogrefe.

Watzlawick, P., Weakland, J. H. & Fish, R. (1979). *Lösungen.* Bern: Huber.

Watzlawick, P., Beavin, J. H. & Jackson, D. D. (1967). *Pragmatics of human communciation* (dt.: Menschliche Kommunikation. Bern: Huber 1980). New York: Norton.

Webb, E. J., Campbell, D. T., Schwartz, R. D. & Sechrest, L. (1966). *Unobtrusive measures.* Chicago: Rand McNally.

Weber, D. (1970). *Der frühkindliche Autismus.* Bern: Huber.

Weber, E. (1961). *Grundriß der biologischen Statistik.* Leipzig: Fischer.

Weber, E. (1969). *Der Erziehungs- und Bildungsbegriff im 20. Jahrhundert.* Bad Heilbrunn: Klinckhardt.

Weber, E. (1973). *Erziehungstile.* Donauwörth: Auer.

Weber, M. (1922, 1951). *Gesammelte Aufsätze zur Wissenschaftslehre.* Tübingen: Mohr.

Weber, M. (1956). *Soziologie.* Stuttgart: Kröner.

Wechsler, D., Hardesty, A. & Lauber, L. (1964). *Die Messung der Intelligenz Erwachsener.* Bern: Huber.

Wegener, B. (1980). Magnitude-Messung in Umfragen: Kontexteffekte und Methode. *ZUMA-Nachrichten, 6,* 4–40.

Wegener, B., Faulbaum, F. & Maag, G. (1982). Die Wirkung adverbialer Modifikatoren. In G. Gigerenzer & V. Sarris (Hrsg.), Psychophysik heute: Aktuelle Probleme und Ergebnisse. *Psychologische Beiträge, 24,* 343–346.

Wegener, H. (1969). Die Minderbegabten und ihre sonderpädagogische Förderung. In H. Roth (Hrsg.), *Begabung und Lernen.* Stuttgart: Klett.

Wegener, H. & Dörner, D. (1973). Simulation als Forschungstechnik. In G. Reinert (Hrsg.), *Bericht über den 27. Kongreß der Deutschen Gesellschaft für Psychologie in Kiel 1970.* Göttingen: Hogrefe.

Wegner, D. M. & Vallachr, R. R. (1977). *Implicit psychology.* New York: Oxford University Press.

Wehle, G. (1974). Innovation: Modewort oder erziehungswissenschaftlicher Begriff. *Westermanns Pädagogische Beiträge, 26.*

Wehner, T. (Hrsg.). (1992). *Sicherheit als Fehlerfreundlichkeit.* Opladen: Westdeutscher Verlag.

Weick, K. (1977a). Enactment processes in organizations. In B. R. Staw & G. R. Salacik (Eds.), *New directions in organizational behavior* (pp. 267–300). Chicago: St. Clair.

Weick, K. (1977b). Organizations as self-deligning systems. *Organization Dynamics, 6,* 31–46.

Weidenmann, B., Krapp, A., Hofer, M., Huber, G. L. & Mandl, H. (Hrsg.). (1986). *Pädagogische Psychologie. Ein Lehrbuch.* München: Psychologie Verlags Union.

Weidlich, S. & Lamberti, G. (1980). *DCS. Diagnosticum für Cerebralschädigung.* Bern: Huber.

Weigl, E. & Bierwisch, M. (1970). Neuropsychology and linguistics: Topics of common research. *Foundations of language, 6,* 1–18.

Weigl, I. (1980). Interdependenz neuropsychologischer und psycholinguistischer Faktoren in der Aphasie. In M. Bierwisch (Hrsg.), *Psychologische Effekte sprachlicher Strukturkomponenten.* München: Fink.

Weill-Fassina, A. (1970). La planification des actions d'apprentisage. In J. Leplat et al. (Eds.), *La formation par l'apprentissage.* Paris: Presses Univ. de France.

Weimer, H. (1922). Wesen und Arten der Fehler I. Der Fehlerbegriff. *Zeitschrift für Pädagogische Psychologie, 23,* 17–25.

Weiner, B. (1972). *Theories of motivation.* Chicago: Rand McNally.

Weiner, B. (1986). *An attributional theory of motivation and emotion.* New York: Springer-Verlag.

Weiner, F., Graumann, C. F., Heckhausen, H. & Hofer, M. (1974). *Funk-Kolleg: Pädagogische Psychologie.* Frankfurt: Fischer.

Weiner, H. (1977). *Psychobiology and human disease.* Amsterdam: Elsevier.

Weinert, A. B. (1987). *Lehrbuch der Organisationspsychologie.* München: Psychologie Verlags Union.

Weinert, F. E. (1965, 1970). Hunger und Durst. In H. Thomae (Hrsg.), *Allgemeine Psychologie. Handbuch der Psychologie* (Bd. 2). Göttingen: Hogrefe.

Weinert, F. E. (Hrsg.). (1967). *Pädagogische Psychologie.* Köln: Kiepenheuer & Witsch.

Weinert, F. E. (1978). Legasthenieforschung – Defizitäre Erforschung defizienter Lernprozesse? In Deutsche Forschungsgemeinschaft (Hrsg.), *Zur Lage der Legasthenieforschung.* Boppard: Boldt.

Weinert, F. E., Graumann, C. F., Heckhausen, H. & Hofer, M. (1973). *Funk-Kolleg: Pädagogische Psychologie. Grundlagentexte zum Funk-Kolleg.* Frankfurt: Fischer.

Weinert, F. E. & Waldmann, M. R. (1988). Wissensentwicklung und Wissenserwerb. In H. Mandl & H. Spada (Hrsg.), *Wissenspsychologie* (S. 161–199). München: Psychologie Verlags Union.

Weingartner, H., Rapoport, J. L., Buchsbaum, M. S., Bunney, W. E., Ebert, M. H., Mikkelsen, E. J. & Caine, E. D. (1980). Cognitive processes in normal and hyperactive children and their response to amphetamine treatment. *Journal of Abnormal Psychology, 89,* 25–37.

Weingartner, P. (1971). *Wissenschaftstheorie I:*

Einführung in die Hauptprobleme. Stuttgart: Fromann-Holzboog.

WEININGER, O. (1903, 1947). *Geschlecht und Charakter.* Wien: Braumüller.

WEINSCHENK, C. (1965). *Die erbliche Lese-Rechtschreibschwäche und ihre sozialpsychiatrischen Auswirkungen.* Bern: Huber.

WEINSCHENK, C. (1975). *Rechenstörungen.* Bern: Huber.

WEINSTEIN, E. A. (1969). The development of interpersonal competence. In D. A. GOSLIN (Ed.), *Handbook of socialization theory and research.* Chicago: Rand McNally.

WEISE, G. (1975). Intelligenz. Konzentration. Spezielle Fähigkeiten. In G. WEISE, *Psychologische Leistungstests.* Göttingen: Hogrefe.

WEISE, G. (1975). Schultests. In G. WEISE, *Psychologische Leistungstests.* Göttingen: Hogrefe.

WEISENBERG, M. (1977). Pain and pain control. *Psychological Bulletin, 84,* 1008–1044.

WEISS, B. & ELSNER, J. (1997). *Risk Assessment for neurobehavioral toxicity.* Diane.

WEISS, B. & LATIES, V. G. (1969). Behavioral pharmacology and toxicology. *Annual Review Pharmacol, 9,* 297–326.

WEISS, G. (1990). Hyperactivity in childhood. *The New England Journal of Medicine, 323,* 1413–1415.

WEISS, P. (1942). Self-differentiation of the basic patterns of coordination. *Comparative Psychological Monographs, 17.*

WEISS, W. (1953). A sleeper effect in opinion change. *Journal of Abnormal and Social Psychology, 48,* 173–180.

WEITBRECHT, H. J. (1955). *Kritik der Psychosomatik.* Stuttgart: Thieme.

WEITBRECHT, H. J. (1979). *Psychiatrie im Grundriß.* Berlin: Springer-Verlag.

WEIZSÄCKER, C. F. v. (1959). *Sprache als Information. Die Sprache. Vortragsrede der Bayrischen Akademie der schönen Künste.* München: Oldenbourg.

WEIZSÄCKER, V. v. (1947). *Der Gestaltkreis.* Stuttgart: Thieme.

WEIZSÄCKER, V. v. (1947). *Körpergeschehen und Neurose.* Stuttgart: Klett.

WEIZSÄCKER, V. v. (1956). *Pathosophie.* Göttingen: Vandenhoeck & Ruprecht.

WELCH, R. B. (1978). *Perceptual modification. Adapting to altered sensory environments.* New York: Academic Press.

WELFORD, A. T. (1958). *Aging and human skill.* London: Oxford University Press.

WELFORD, A. T. (1974). *Man under stress.* London: Halsted Press.

WELLEK, A. (1938). *Das absolute Gehör und seine Typen.* Leipzig: Barth.

WELLEK, A. (1953). Diagnostik-Probe. Ein Verfahren zur Messung psychodiagnostischer Fähigkeiten. *Psychologische Rundschau, 4,* 52–63.

WELLEK, A. (1955). *Ganzheitspsychologie und Strukturtheorie.* Bern: Francke.

WELLEK, A. (1955). Gehörpsychologie. In F. BLUME (Hrsg.), *Die Musik in Geschichte und Gegenwart.* Kassel: Bärenreiter.

WELLEK, A. (1963). *Musikpsychologie und Musikästhetik. Grundriß der systematischen Musikwissenschaft.* Frankfurt: Akademische Verlagsgesellschaft.

WELLEK, A. (1963). *Das Problem des seelischen Seins.* Meisenheim: Hain.

WELLEK, A. (1963). Ranschburg-Hemmung und absolutes Gehör in der Persönlichkeitsdiagnose. *Archiv für Psychologie, 115,* 61–82.

WELLEK, A. (1966). *Die Polarität im Aufbau des Charakters.* Bern: Francke.

WELLENDORF, F. (1969). Ansätze zur erziehungswissenschaftlichen Theoriebildung in der BRD. In D. GOLDSCHMIDT et al. (Hrsg.), *Erziehungswissenschaft als Gesellschaftswissenschaft.* Heidelberg: Quelle & Meyer.

WELLS, R. S. (1947). Immediate constituents. *Language, 23,* 81–117.

WELTE, W. (1974). *Moderne Linguistik.* München: Huber.

WELTNER, K. (1966). Über die empirische Bestimmung subjektiver Informationswerte. *Grundlagenstudien aus Kybernetik und Geisteswissenschaft, 7,* 1–12.

WELTNER, K. (1970). *Informationstheorie und Erziehungswissenschaft.* Quickborn: Schnelle.

WELZER, H. (1990). *Zwischen den Stühlen. Eine Längsschnittuntersuchung zum Übergangsprozeß von Hochschulabsolventen.* Weinheim: Deutscher Studien Verlag.

WENDER, K. S., COLONIUS, H. & SCHULZE, H. H. (1980). *Modelle des menschlichen Gedächtnisses.* Stuttgart: Kohlhammer.

WENDLANDT, W. (1980). *Verhaltenstherapie des Stotterns.* Weinheim: Beltz.

WENIGER, E. (1965). *Die Theorie der Bildungsinhalte und des Lehrplans.* Weinheim: Beltz.

WENKE, H. (1952). *Die Elitebildung in unserer Zeit. Wissenschaft und Erziehung. Beiträge zur Pädagogik und Kulturpolitik.* Heidelberg: Quelle & Meyer.

WENZL, A. (1933). *Das Leib-Seele-Problem.* Leipzig: Meiner.

WENZL, A. (1934). *Theorie der Begabung.* Leipzig: Meiner.

WEPMAN, J. M. & JONES, L. V. (1966). Studies in aphasia: Classification of aphasic speech by the noun-pronoun ratio. *British Journal of Disorders of Communication.*

WERBIK, H. (1971). *Informationsgehalt und emotionale Wirkung von Musik.* Mainz: Schott.

WERBIK, H. (1974). *Theorie der Gewalt.* München: Fink.

WERBIK, H. (1978). *Handlungstheorien.* Stuttgart: Kohlhammer.

WERNER, H. (1926). *Einführung in die Entwicklungspsychologie.* Leipzig: Barth.

WERNER, H. (1930). Das Problem des Empfindens

und die Methoden seiner experimentellen Prüfung. *Zeitschrift für Psychologie, 114.*

WERNER, H. (1953, 1959). *Einführung in die Entwicklungspsychologie.* München: Barth.

WERNER, H. & WAPNER, S. (1949). Sensory-tonic field theory of perception. *Journal of Personality, 18.*

WERNER, W. (1997). Offene Sektorpsychiatrie 1995: Merzig zum Beispiel. In M. KRISOR & H. PFANNKUCH (Hrsg.), *Was Du nicht willst, das man Dir tut ... Gemeindepsychiatrie unter ethischen Aspekten* (S. 307–326). Regensburg: Roderer.

WERTHEIMER, M. (1912). Experimentelle Studien über das Sehen von Bewegung. *Zeitschrift für Psychologie, 61,* 161–265.

WERTHEIMER, M. (1920). *Über Schlußprozesse im produktiven Denken. Festschrift C. Stumpf.* Berlin: Vereinigung wiss. Verleger.

WERTHEIMER, M. (1925). *Drei Abhandlungen zur Gestalttheorie.* Erlangen: Enke.

WERTHEIMER, M. (1957). *Produktives Denken.* Frankfurt: Kramer.

WERTHEIMER, M. (1963). *Drei Abhandlungen zur Gestalttheorie.* Darmstadt: Wissenschaftliche Buchgesellschaft.

WERTHEIMER, M. (1971). *Kurze Geschichte der Psychologie.* München: Piper.

WESEMANN, W. & WEINER, N. (1993). Serotonin-spezifische Substanzen. In P. RIEDERER, G. LAUX & W. PÖLDINGER (Hrsg.), *Neuro-Psychopharmaka. Bd. 6 Notfalltherapie, Antiepileptika, Beta-Rezeptorenblocker und sonstige Psychopharmaka* (S. 189–196). Wien: Springer-Verlag.

WESLEY, F. & WESLEY, C. (1978). *Das Rollendiktat.* Frankfurt: Goverts.

WESTERMANN, R. (1987). *Strukturalistische Theorienkonzeption und empirische Forschung in der Psychologie.* Berlin: Springer-Verlag.

WESTRICH, E. (1978). Sprach- und Sprechstörungen. In L. J. PONGRATZ (Hrsg.), *Klinische Psychologie. Handbuch der Psychologie* (S. 2372–2411). Göttingen: Hogrefe.

WETZEL, H. (1980). Konzepte der Normalität und Abnormalität des Verhaltens. In G. WITTLING (Hrsg.), *Handbuch der Klinischen Psychologie.* Hamburg: Hoffmann & Campe.

WEWETZER, K. H. (1958). *Zur Differenzierung der Leistungsstruktur bei verschiedenem Intelligenzgrad. Bericht über den 21. Kongreß der Deutschen Gesellschaft für Psychologie in Bonn 1957.* Göttingen: Hogrefe.

WEWETZER, K. H. (1972). *Intelligenz und Intelligenzmessung.* Darmstadt: Wissenschaftliche Buchgesellschaft.

WEYERICH, A., LÜDERS, E., OESTERREICH, R. & RESCH, M. (1992). *Ermittlung von Alltagstätigkeiten.* Berlin: Technische Universität.

WEYERS, P. & FRITZE, J. (1995a). Modelle für depressive Störungen: Möglichkeiten der Weiterentwicklung. In G. DEBUS, G. ERDMANN & K. W. KALLUS (Hrsg.), *Biopsychologie von Streß und emotionalen Reaktionen. Ansätze interdisziplinärer Forschung* (S. 209–232). Göttingen: Hogrefe.

WEYERS, P. & FRITZE, J. (1995b). Tiermodelle der Angst. In S. KASPER & H. J. MÖLLER (Hrsg.), *Angst und Panikerkrankungen* (S. 233–261). Jena: Fischer.

WHITE, J. M. & RUMBOLD, G. R. (1988). Behavioural effects of histamine and its antagonists. A review. *Psychopharmacology, 95,* 1–14.

WHITE, R. K. (1951). *Value-analysis: the nature and use of the method.* Glen Gardiner: Libertarian Press.

WHITE, R. W. (1959). Motivation reconsidered. The concept of competence. *Psychological Review, 66,* 297–333.

WHITING, J. W. M. (1968). Methods and problems in cross-cultural research. In G. LINDZEY & E. ARONSON (Eds.), *Handbook of social psychology* (pp. 693–728). Reading: Addison-Wesley.

WHORF, B. L. (1956). Language, thought and reality. Cambridge: Wiley.

WHYTE, A. V. T. (1977). Guidelines for field studies in environmental perception. In UNESCO (Ed.), *Technical Notes 5.* Paris: MAB.

WICHTL, M. & CZYGAN, F.-C. (1997). *Teedrogen und Phytopharmaka. Ein Handbuch für die Praxis auf wissenschaftlicher Grundlage* (3. Aufl.). Stuttgart: Wiss. Verlagsgesellschaft.

WICKER, A. W. (1984). *An introduction to ecological psychology.* Cambridge: University Press.

WICKLUND, R. A. & BREHM, J. W. (1976). *Perspectives on cognitive dissonance.* Hillsdale, NJ: Erlbaum.

WIELAND-ECKELMANN, R. (1992). *Kognition, Emotion und psychische Beanspruchung.* Göttingen: Hogrefe.

WIENER, N. (1968). *Kybernetik. Regelung und Nachrichtenübertragung in Lebewesen und Maschine.* Hamburg: Rowohlt.

WIERSMA, E. (1906). Die Sekundärfunktion bei Psychosen. *Zeitschrift für Psychologie und Neurologie, 8.*

WIESE, L. v. (1933). *System der Allgemeinen Soziologie.* München: Duncker & Humblot.

WIESENHÜTTER, E. (1974). *Blick nach drüben. Selbsterfahrungen im Sterben.* Hamburg: Furche.

WILDE, G. J. S. (1988). Risk homeostasis theory and traffic accidents: propositions, deductions and discussion of dissension in recent reactions. *Ergonomics, 31,* 441–468.

WILDE, G. J. S. (1992). Accident prevention through incentives for safety in industry and road traffic: an analysis of international experience. In *Der Mensch und seine Risiken in Gesellschaft, Technik und Umwelt – psychologisch, pädagogisch, soziologisch.* Bremerhaven: NW-Verlag.

WILDE, K. (1957). Das Panum-Phänomen und die Entstehung der Kernebene. *Zeitschrift für Experimentelle und Angewandte Psychologie, 4,* 1–30.

WILDER, J. (1931). Das «Ausgangswert-Gesetz», ein unbeachtetes biologisches Gesetz und seine

Bedeutung für Forschung und Praxis. *Zeitschrift für Neurologie, 137.*

Wildgrube, K. (1978). Die Arzt-Patient-Beziehungen. In H. D. Basler et al. (Hrsg.), *Medizinische Psychologie. Bd. II Soziale Aspekte der Medizin.* Stuttgart: Kohlhammer.

Wilkening, F. (1981). Integrating velocity, time, and distance information: A developmental study. *Cognitive Psychology, 13,* 231–247.

Wilkening, F. & Krist, H. (1995). Entwicklung der Wahrnehmung und Psychomotorik. In R. Oerter & L. Montada (Hrsg.), *Entwicklungspsychologie.* München: Psychologie Verlags Union.

Willems, E. P. (1977). Behavioral ecology. In D. Stokols (Ed.), *Perspectives on environment and behavior. Theory, research, and applications.* New York: Plenum.

Willems, E. P. & Alexander, J. L. (1982). The naturalistic perspective in research. In B. B. Wolman (Ed.), *Handbook of developmental psychology* (pp. 116–132). Englewood Cliffs: Prentice Hall.

Willems, E. P. & Raush, H. L. (Eds.). (1969). *Naturalistic viewpoint in psychological research.* New York: Holt.

Willi, J. (1978). *Therapie der Zweierbeziehung.* Reinbek: Rowohlt.

Williams, C. (1997). *The environmental threats to human intelligence.* London: Cassell.

Williams, C. L., Barnett, A. L. & Meck, W. H. (1990). Organizational effects of early gonadal secretions on sexual differentiation and spatial memory. *Behaviour & Neurosciences, 104,* 84–97.

Williams, J. E. & Best, D. L. (1990). *Measuring sex stereotypes.* Newbury Park: Sage.

Williams, R. B. Jr. & Gentry, W. D. (Eds.). (1977). *Behavioral approaches to medical treatment.* Cambridge: Ballinger.

Willis, R. H. (1965). Conformity, independence, and anticonformity. *Human Relations, 18,* 373–388.

Willke, E. (1976). Psychotherapie durch Sport. *Sportunterricht, 25,* 72–77.

Willner, P. (1995). Dopaminergic mechanisms in depression and mania. In F. E. Bloom & D. J. Kupfer (Eds.), *Psychopharmacology. The fourth generation of progress* (pp. 921–931). New York: Raven Press.

Willner, P. & Scheel-Krüger, J. (Eds.). (1991). *The mesolimbic system. From motivation to action.* Toronto: Wiley.

Wilpert, B. (1993). Organisation und Umwelt. In H. Schuler (Hrsg.), *Lehrbuch für Organisationspsychologie* (S. 495–512). Bern: Huber.

Wilson, J. D., Foster, D. W. & Kronenberg, H. (Eds.). (1998). *Williams textbook of endocrinology hormones and growth factors in development and neoplasia* (9th ed.). Philadelphia: Saunders.

Wilson, M. A. (1996). GABA physiology: Modulation by benzodiazepines and hormones. *Critical Reviews of Neurobiology, 10,* 1–37.

Wimmer, H. & Perner, J. (1979). *Kognitionspsychologie.* Stuttgart: Kohlhammer.

Windheuser, J. & Niketta, R. (1972). *Eine deutsche Form der «Reinforcement Survey Schedule» von Cautela und Kastenbaum. Vortrag 4. Kongreß für Verhaltenstherapie.* Münster.

Winer, B. J. (1962). *Statistical principies in experimental design.* New York: McGraw-Hill.

Wing, J. K. (1973). *Frühkindlicher Autismus.* Weinheim: Beltz.

Wing, L. (1975). A study of language impairments in severely retarded children. In N. O'Connor (Ed.), *Language, cognitive deficits, and retardation.* London: Butterworth.

Winick, M. (Ed.). (1988). *Control of appetite.* New York: Wiley.

Winkel, G. H. (1987). Implications of environmental context for validity assessments. In D. Stokols & I. Altman (Eds.), *Handbook of environmental psychology* (Vol. 1, pp. 71–97). New York: Wiley.

Winkler, W. Th. (1949). *Psychologie der modernen Kunst.* Tübingen: Mohr.

Winkler, W. Th. (1954). Zum Begriff der «Ich-Anachovese» beim schizophrenen Erleben. *Archiv für Psychiatrie, 192.*

Winkler, W. Th. (1957). Dynamische Phänomenologie der Schizophrenien als Weg zur gezielten Psychotherapie. *Zeitschrift für Psychotherapie, 7,* 192–204.

Winnefeld, F. (1957). *Pädagogischer Kontakt und pädagogisches Feld.* München: Reinhardt.

Winneke, G. (1985). *Blei in der Umwelt.* Berlin: Springer-Verlag.

Winneke, G. & Lilienthal, H. (1992). Speziesübergreifende Extrapolation in der Neurotoxikologie. Neurophysiologische und neuropsychologische Aspekte. In J. Oldigs-Kerber & J. P. Leonard (Hrsg.), *Pharmakopsychologie* (S. 87–105). Stuttgart: Fischer.

Winter, G. (1990). Die Lebenswelt der Arbeitslosen. In L. Kruse, C.-F. Graumann & E.-D. Lantermann (Hrsg.), *Ökologische Psychologie. Ein Handbuch in Schlüsselbegriffen* (S. 430–434). München: Psychologie Verlags Union.

Winter, G. et al. (1973). *Urteile über Völker in Relation zu Kontakten am Arbeitsplatz und in der Freizeit. Bericht über den 27. Kongreß der Deutschen Gesellschaft für Psychologie.* Göttingen: Hogrefe.

Winterhoff-Spurk, P.(1982). *Fernsehen.* Bern: Huber.

Winterhoff-Spurk, P. (1989). Medienpsychologie: Themen, Befunde und Perspektiven eines expandierenden Forschungsfeldes. *Psychologische Rundschau, 40,* 18–31.

Wirth, G. (1977). *Sprech- und Sprachstörungen.* Köln: Deutscher Ärzte-Verlag.

Wirth, W. (1912). *Psychophysik.* Leipzig: Hirzel.

Wise, R. A. & Rompre, P. P. (1989). Brain dopamine and reward. *Annual Review of Psychology, 40,* 191–225.

Wissemann, H. (1954). *Untersuchungen zur Ono-*

matopoesie. 1. Teil: Die sprachpsychologischen Versuche. Heidelberg: Winter.

WITKIN, H. A. et al. (1954). *Personality through perception.* New York: Harper.

WITKIN, H. A. et al. (1962). *Psychological differentiation.* New York: Wiley.

WITTCHEN, H.-U. (1996). Die Zukunft der Klinischen Psychologie – Zwischen Glanz und Erosion. In PVU-Team (Hrsg.), *Perspektiven der Psychologie. Eine Standortbestimmung* (S. 145–167). Weinheim: Psychologie Verlags Union.

WITTE, E. (1989). *Sozialpsychologie.* München: PVU.

WITTE, E. H. (Hrsg.). (1980). *Beiträge zur Sozialpsychologie.* Weinheim: Beltz.

WITTE, E. H. & MELVILLE, P. (1982). Experimentelle Kleingruppenforschung: Methodologische Anmerkungen und eine empirische Studie. *Zeitschrift für Sozialpsychologie, 13,* 109–124.

WITTE, W. (1952). Das Erlebnis der Grenze und die Grenzen des Erlebens und Verhaltens. *Studium Generale, 5,* 604–616.

WITTE, W. (1952). Zur Geschichte des psychologischen Ganzheits- und Gestaltungsbegriffes. *Studium Generale, 5,* 455–464.

WITTE, W. (1956). *Zur Struktur von Bezugssystemen. Bericht über den 20. Kongreß der Deutschen Gesellschaft für Psychologie in Berlin 1955.* Göttingen: Hogrefe.

WITTE, W. (1960). Experimentelle Untersuchungen von Bezugssystemen. I: Struktur, Dynamik und Genese von Bezugssystemen. *Psychologische Beiträge, 4.*

WITTE, W. (1966). Haptik. In W. METZGER (Hrsg.), *Allgemeine Psychologie. Handbuch der Psychologie.* Göttingen: Hogrefe.

WITTE, W. (1971). Bezugssystem. In RITTER et al.. (Hrsg.), *Historisches Wörterbuch der Philosophie.* Basel: Schwabe.

WITTE, W. (1973). Sprotpsychologische Anregungen der Spiele zur Feier der XX. Olympiade. *Psychologische Beiträge, 15,* 1–50.

WITTGENSTEIN, L. (1953, 1958). *Philosophical investigations.* Oxford: Blackwell.

WITTGENSTEIN, L. (1967). *Philosophische Untersuchungen.* Frankfurt: Suhrkamp.

WITTKOWSKI, J. (1978). *Tod und Sterben: Ergebnisse der Thanatopsychologie.* Heidelberg: Quelle.

WITTLICH, B. (1950). *Wörterbuch der Charakterkunde.* München: Barth.

WITTLING, W. (Hrsg.). (1980). *Handbuch der klinischen Psychologie.* Hamburg: Hoffmann & Campe.

WITTMANN, B. (1972). *Vom Sinn und Unsinn der Hausaufgaben.* Neuwied: Luchterhand.

WITTMANN, J. (1921). *Über das Sehen von Scheinbewegungen und Scheinkörpern.* Leipzig: Barth.

WITTMANN, W. W. & MATT, G. E. (1986). Meta-Analyse als Integration von Forschungsergebnissen am Beispiel deutschsprachiger Arbeiten zur Effektivität von Psychotherapie. *Psychologische Rundschau, 37,* 20–40.

WITZEL, L. (1974). Das Verhalten Sterbender. In W. BITTER (Hrsg.), *Alter und Tod – annehmen oder verdrängen?* Stuttgart: Klett.

WOHLWILL, J. F. (1981). Environmental psychology and environmental problems. *Zeitschrift für Umweltpolitik, 2,* 157–182.

WOLF, H. E. (1978). Zur Problemsituation der Vorurteilsforschung. In S. ROKKAN et al. (Hrsg.), *Wahlverhalten, Vorurteile, Kriminalität* (S. 102–191). Stuttgart: Enke.

WOLF, H. E. (1979). *Kritik einer Vorurteilsforschung.* Stuttgart: Enke.

WOLFF, T. (1959). *Studien zu C. G. Jungs Psychologie.* Zürich: Rhein-Verlag.

WOLFF, W. (1943). *The expression of personality.* New York: Harper.

WOLFF, W. (1948). *Diagrams of the unconscious.* New York: Grune.

WOLFFGRAMM, J. (1997). Abhängigkeitsentwicklung im Tiermodell. In H. WATZL & B. ROCKSTROH (Hrsg.), *Abhängigkeit und Mißbrauch von Alkohol und Drogen* (S. 25–41). Göttingen: Hogrefe.

WÖLKER, H. (1957). *Das Problem der Filmwirkung.* Bonn: Bouvier.

WOLPE, J. (1972, 1981). *Praxis der Verhaltenstherapie.* Bern: Huber.

WOLPE, J. & LANG, P. J. (1964). A fear survey schedule for use in behavior therapy. *Behavior Research and Therapy, 2,* 27–30.

WÖLWER, W. (1994). *Verhaltensunterschiede zwischen Hoch- und Niedrigängstlichen und deren Modifikation durch Alkohol: Humanexperimentelle Untersuchungen zur neuropsychologischen Angsttheorie von J. A. Gray.* Frankfurt: Lang.

WOMACK, J. P., JONES, D. T. & ROOS, D. (1991). *Die zweite Revolution in der Autoindustrie. Konsequenzen aus der weltweiten Studie des Massachusetts Institut of Technology.* Frankfurt: Campus.

WOOD, N. E. (1959). *Language disorders in children.* Chicago: National Society for crippled child and adults.

WOODS, W. A. (1970). Transition network grammars for natural language analysis. *Communication of the ACM, 13,* 591–606.

WOODWORTH, R. S. (1918). *Dynamic psychology.* New York: Columbia University Press.

WOODWORTH, R. S. (1958). *Dynamics of behavior.* New York: Holt.

WOODWORTH, R. S. & SCHLOSBERG, H. (1954). *Experimental psychology.* New York: Holt.

WOODWORTH, R. S. & SCHLOSBERG, H. (1966, 1971). Experimental psychology. In J. W. KLING & L. A. RIGGS (Eds.), *Woodworth and Schlosberg's experimental psychology.* London: Methuen.

WORLD HEALTH ORGANIZATION (WHO). (1973). *Diagnoseschlüssel und Glossar psychiatrischer Krankheiten.* Berlin: Springer-Verlag.

WORMSER, P. (1947). *Die Beurteilung der Handschrift in der Psychiatrie.* Zürich: Rascher.

Worringer, W. (1958). *Abstraktion und Einführung.* München: Piper.

Wörz, R. (1986). *Pharmakotherapie bei Schmerz.* Weinheim: VCH.

Wottawa, H. (1993). (Hrsg.). Computerunterstützte Diagnostik. Themenheft der *Zeitschrift für Arbeits- und Organisationspsychologie, Heft 3/3. Quartal.*

Wottawa, H. & Thierau, H. (1990). *Evaluation.* Bern: Huber.

Wright, H. F. (1967). *Recording and analyzing child behavior.* New York: Harper.

Wright, J. W. & Harding, J. W. (1994). Brain angiotensin receptor subtypes in the control of physiological and behavioral responses. *Neuroscience and Biobehavioral Reviews, 18,* 21–53.

Wulf, C. (1975). Planung und Durchführung der Evaluation von Curricula und Unterricht. In K. Frey (Hrsg.), *Curriculum Handbuch.* München: Piper.

Wulf, C. (1977). *Theorien und Konzepte der Erziehungswissenschaft.* München: Juventa.

Wunderlich, D. (Hrsg.). (1972). *Linguistische Pragmatik.* Frankfurt: Athenäum.

Wunderlich, D. (1976). *Wissenschaftstheorie der Linguistik.* Kronberg: Athenaeum.

Wundt, W. (1862). *Beiträge zur Theorie der Sinneswahrnehmung.* Leipzig: Wintersche Verlagsanstalt.

Wundt, W. (1893, 1911). *Grundzüge der Physiologischen Psychologie.* Leipzig: Engelmann.

Wundt, W. (1900). Völkerpsychologie. Leipzig: Engelmann.

Wundt, W. (1906). *Logik.* Stuttgart: Enke.

Wundt, W. (1922). *Grundriß der Psychologie.* Leipzig: Kröner.

Wundt, W. (1950). *Einführung in die Psychologie.* Bonn: Dürr.

Wurtman, J. J. (1990). Carbohydrate craving. Relationships between carbohydrate intake and disorders of mood. *Drugs, 39 (Suppl. 3),* 49–52.

Wurtman, R. J. & Wurtman, J. J. (1986). *Nutrition and the Brain. Vol. 7 Food Constituents Affecting Normal and Abnormal Behaviors.* New York: Raven.

Wygotski, L. S. (1934, 1969, 1972). *Denken und Sprechen.* Berlin: Akademie-Verlag.

Wygotski, L. S. (1965). Psychology and localization of function. *Neuropsychology, 3,* 381–386.

Wyke, M. A. (Ed.). (1978). *Developmental dysphasia.* London: Academic Press.

Wynne, L. C., Cromwell, R. L. & Matthysse, S. (Eds.). (1978). *The nature of schizophrenia.* New York: Wiley.

Wyrsch, J. (1960). *Gesellschaft, Kultur und psychische Störung.* Stuttgart: Thieme.

Wyss, D. (1961, 1977). *Die tiefenpsychologischen Schulen von den Anfängen bis zur Gegenwart.* Göttingen: Vandenhoeck & Ruprecht.

Yalom, I. D. (1970). *The theory of group psychotherapy.* London: Basic Books.

Yalom, I. D. (1974). *Gruppenpsychotherapie.* München: Kindler.

Yates, A. J. (Ed.). (1962). *Frustration and conflict.* New York: van Nostrand.

Yates, A. J. (1970). *Behavior therapy.* New York: Wiley.

Yngve, V. (1960). A model and a hypothesis for language structure. *Proceeding of the American Philosophical Society, 104,* 444–466.

Young, P. T. (1961). *Motivation and emotion.* New York: Wiley.

Zacny, J. P. (1995). A review of the effects of opioids on psychomotor and cognitive functioning in humans. *Experimental and Clinical Psychopharmacology, 3,* 432–466.

Zacny, J. P., Lichtor, J. L., Zaragoza, J. G. & de Wit, H. (1992). Subjective and behavioral responses to intravenous fentanyl in healthy volunteers. *Psychopharmacology, 107,* 319–326.

Zadeh, L. A. (1965). Fuzzy sets. *Information and Control, 8,* 338–353.

Zahl, P. A. (Ed.). (1950). *Blindness. Modern approaches to the unseen environment.* Princeton: University Press.

Zajac, J. L. (1962). Stereoscopie depth phenomenia with Witte-König-Effect. *Journal of Psychology, 54,* 153–157.

Zajonc, R. B. (1965). Social facilitation. *Science, 149,* 269–274.

Zajonc, R. B. (1968). Attitudinal effects of mere exposure. *Journal of Personality and Social Psychology, 9,* 1–27.

Zajonc, R. B. (1980). Feeling and thinking: Preferences need no inferences. *American Psychologist, 35,* 151–175.

Zangwill, O. L. (1978). The concept of developmental dysphasia. In M. A. Wyke (Ed.), *Development disphasia.* London: Academic Press.

Zanna, M. P. & Rempel, J. K. (1988). Attitudes a new look at an old concept. In D. Bar-Tal & A. W. Kruglanski (Eds.), *The social psychology of knowledge.* Cambridge: University Press.

Zapf, D. (1989). *Selbst- und Fremdbeobachtung in der psychologischen Arbeitsanalyse.* Göttingen: Hogrefe.

Zebrowitz, L. A. (1990). *Social pereception.* Milton Keynes: Open University Press.

Zeigarnik, B. (1927). Über das Behalten von erledigten Handlungen. *Psychologische Forschung, 9.*

Zeise, L. (1958). *Anthropologische Grundkonzeption der Psychagogik. Bericht 21. Kongreß der Deutschen Gesellschaft für Psychologie in Bonn.* Göttingen: Hogrefe.

Zeller, W. (1936). *Der erste Gestaltwandel des Kindes.* Leipzig: Barth.

Zeller, W. (1952). *Konstitution und Entwicklung.* Göttingen: Hogrefe.

Zentralstelle für Psychologische Information und Dokumentation (Hrsg.). (1998). *Verzeichnis psychologischer und pädagogischer Testverfah-*

ren aus der Datenbank PSYTKOM. Kurz- u. Langnamen. Trier: ZPID.

Zerssen, D. v. (1973). Methoden der Konstitutions- und Typenforschung. In M. Thiel (Hrsg.), *Enzyklopädie der geisteswissenschaftlichen Arbeitsmethoden* (S. 35–144). München: Oldenbourg.

Ziehen, T. (1897). *Prinzipien und Methoden der Intelligenzprüfung.* Berlin: Karger.

Zielenski, W. (1967). Beziehungen zwischen Ängstlichkeit, schulischer Aktivität und Schulleistung bei 9–11jährigen Volksschülern. Schule und Psychologie. *Zeitschrift für Jugend- u. Erziehungsberatung.* München.

Zielke, M. (1979). *Kieler Änderungssensitive Symptomliste (KASSL).* Weinheim: Beltz.

Zielke, M. & Kopf-Mehnert, C. (1978). *Veränderungsfragebogen des Erlebens und Verhaltens (VEV).* Weinheim: Beltz.

Zilian, E. (1956). Objekt-Relationen-Test. *Diagnostica, 2,* 17.

Zimbardo, P. (1969). The human choice: Individuation, reason, and order versus deindividuation, impulse, chaos. In W. J. Arnold & D. Levine (Eds.), *Nebraska symposium on motivation.* Lincoln: University of Nebraska Press.

Zimbardo, P. (1980). *Psychology and life.* Glenview: Scott.

Zimbardo, P. G. & Leippe, M. R. (1991). *The psychology of attitude change and social influence.* New York: McGraw-Hill.

Zimmer, A. C. (1984). Foundations for the measurement of phenomenal symmetry. *Gestalt Theory, 6,* 118–157.

Zimmer, D. (1978). Die Entwicklung des Begriffes der Selbstsicherheit und der sozialen Kompetenz in der Verhaltenstherapie. In R. ullrich & R. Ullrich (Hrsg.), *Soziale Kompetenz.* München: Pfeiffer.

Zimmer, D. (1980). Empirische Studien zur Effektivität des Selbstsicherheitstrainings und zur Bedeutung einzelner therapeutischer Elemente – eine Übersicht. In R. Ullrich, K. Graw & D. Zimmer (Hrsg.), *Soziale Kompetenz.* München: Pfeiffer.

Zimmer, D. (1985). *Sexualität und Partnerschaft: Grundlagen und Praxis psychologischer Behandlung.* München: Urban & Schwarzenberg.

Zimny, G. H. (1961). *Method in experimental psychology.* New York: Ronald.

Zimolong, B. (1990). Fehler und Zuverlässigkeit. In C. Graf Hoyos & B. Zimolong (Hrsg.), *Ingenieurpsychologie* (S. 313–345). Göttingen: Hogrefe.

Zinnecker, J. (Hrsg.). (1975). *Der heimliche Lehrplan.* Weinheim: Beltz.

Zinnecker, J. (1981). Jugendliche Subkulturen. *Zeitschrift für Pädagogik, 3,* 421–440.

Zipf, G. K. (1949). *Human behavior and the principle of least effort.* Cambridge: Hafner.

Zivin, G. (Ed.). (1979). *The development of self-regulation through private speech.* New York: Wiley.

Zubek, J. P. (Ed.). (1969). *Sensory deprivation: Fifteen years of research.* New York: Appleton.

Zubin, J. (1936). Technique of pattern analysis. *Psychological Bulletin, 46.*

Zubin, J., Eron, L. D. & Schumer, F. (1965). *An experimental approach to projective techniques.* New York: Wiley.

Zuckerman, M. (1974). The sensation-seeking motive. In B. Maher (Ed.), *Progress in experimental personality research* (Vol. 7). New York: Academic Press.

Zuckerman, M. et al. (1964). Development of a sensation-seeking scale. *Journal of Consulting and Clinical Psychology, 28,* 477–482.

Zulley, J. (1995). Chronobiologische Grundlagen der Schlaf-Wach-Regulation. In: C. Becker-Carus (Hrsg.) *Aktuelle psychophysiologische Schlafforschung.* Münster: Lit-Verlag.

Zullinger, H. (1952). *Der Behn-Rorschach-Test.* Bern: Huber.

Zullinger, H. (1955). *Der Diapositiv-Z-Test.* Bern: Huber.

Zullinger, H. (1966). *Praxis der Zullinger Tafeln- und Diapositiv-Tests.* Bern: Huber.

Zullinger, H. (1977). *Schwierige Kinder.* Bern: Huber.

Zullinger, H. (1977). *Der Zullinger-Tafeln-Test (Tafeln-Z-Test).* Bern: Huber.

ZUMA – Skalenhandbuch Sozialwissenschaftlicher Skalen (1983). Allmendinger et al. (Hrsg.). Informationszentrum Sozialwissenschaften: Bonn.

Zuschlag, B. (1994). *Mobbing. Schikane am Arbeitsplatz.* Göttingen: Hogrefe.

Züst, R. (1963). *Das Dorfspiel: Diagnostische und therapeutische Auswertung eines Testverfahrens nach H. Arthus.* Bern: Huber.

Zwingmann, C. (Hrsg.). (1965). *Selbstvernichtung.* Frankfurt: Akademische Verlagsgesellschaft.

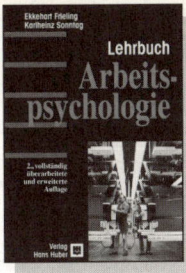

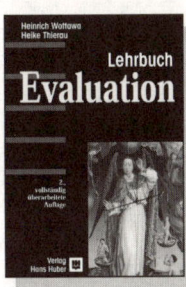

Ekkehart Frieling
Karlheinz Sonntag
Lehrbuch
Arbeits-
psychologie
2., vollständig
überarbeitete
und erweiterte
Auflage
Verlag
Hans Huber

Heinrich Wottawa
Heike Thierau
Lehrbuch
Evaluation
2.,
vollständig
überarbeitete
Auflage
Verlag
Hans Huber

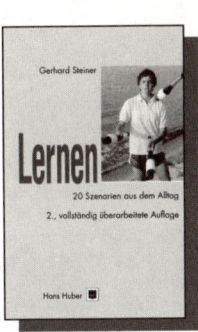